中华人民共和国审计署主办
《中国审计年鉴》编委会编

2018

中国审计年鉴

中国时代经济出版社

图书在版编目(CIP)数据

中国审计年鉴. 2018 / 《中国审计年鉴》编委会编著. —北京 ：中国时代经济出版社，2019.11
ISBN 978-7-5119-2933-4

Ⅰ. ①中… Ⅱ. ①中… Ⅲ. ①审计-中国-2018-年鉴 Ⅳ. ①F239.22-54

中国版本图书馆CIP数据核字(2019)第180562号

书　名：中国审计年鉴2018
Zhongguo Shenji Nianjian 2018
作　者：《中国审计年鉴》编委会

出版发行：中国时代经济出版社
社　址：北京市丰台区玉林里25号楼
邮政编码：100069
发行热线：（010）63508271 63508273
传　真：（010）63508274
网　址：www.icnao.cn
电子邮箱：shenjinianjian@163.com
经　销：各地新华书店
印　刷：廊坊市祥丰印刷有限公司
开　本：787×1092 1/16
字　数：2005千字
印　张：正文71.50印张 彩插2印张
版　次：2019年11月第1版
印　次：2019年11月第1次印刷
书　号：ISBN 978-7-5119-2933-4
定　价：330.00元

ISBN 978-7-5119-2933-4

4月27日上午，审计署召开干部大会，宣布中央关于审计署主要领导调整的决定。中央决定，胡泽君同志任审计署党组书记

6月23日，受国务院委托，审计长胡泽君在第十二届全国人民代表大会常务委员会第二十八次会议上作《国务院关于2016年度中央预算执行和其他财政收支的审计工作报告》

12月23日，受国务院委托，审计长胡泽君在第十二届全国人民代表大会常务委员会第三十一次会议上作《国务院关于2016年度中央预算执行和其他财政收支审计查出问题整改情况的报告》

2018年1月9日，全国审计工作会议在北京开幕

3月20日，中央经济责任审计工作部际联席会议第七次全体会议在审计署召开

3月23日，全国审计机关党风廉政建设工作视频会议在中共审计署党校召开

4月11日至12日，审计博物馆在北京召开2017年审计机关审计文物联络员会议

4月18日，世界审计组织大数据工作组第一次会议在审计署审计干部教育学院召开

5月4日，审计署召开青年干部大会，庆祝建团95周年，表彰优秀共青团员、优秀团干部和先进基层团组织。审计署党组成员、副审计长孙宝厚（第二排左八）出席会议并讲话，审计署党组成员、总审计师、机关党委书记李晓钟（第二排中）主持会议

6月17日，由中国审计学会主办、西南财经大学承办的审计学科建设研讨会暨审计名家高峰论坛在四川省成都市举办

7月6日至8日，中国审计报社、中国时代经济出版社审计通联宣传工作暨审计文化书屋建设工作座谈会在内蒙古呼和浩特市召开。审计署党组成员、中央经济责任审计工作联席会议办公室主任张通（左二）出席并讲话

7月20日，审计署推进“两学一做”学习教育常态化制度化专题研讨班在中共审计署党校开班

9月13日，审计署纪检干部培训班在中共审计署党校开班

9月14日，审计署云南省七州市扶贫审计工作座谈会在云南省怒江傈僳族自治州召开，审计署党组成员、副审计长袁野（左二）出席并讲话

10月27日，审计署召开全署党员干部大会，传达学习党的十九大精神

12月4日，审计署召开全国审计机关视频会议，深入学习贯彻落实中共中央办公厅、国务院办公厅印发的《领导干部自然资源资产离任审计规定（试行）》精神

11月3日，中国内部审计协会在北京召开学习党的十九大精神暨全国内部审计先进集体和先进工作者表彰大会

1月20日，西藏自治区审计工作会议召开。自治区主席齐扎拉（主席台中）、常务副主席姜杰（主席台右二）、房灵敏（主席台左二）参加会议

3月2日，北京市召开全市审计工作电视电话会议。北京市委副书记、市长蔡奇（主席台左二）出席会议并讲话，市政府秘书长李伟（主席台右二）主持会议

3月20日，广东省深圳市审计工作会议召开，市委常委、常务副市长张虎（中）出席并讲话

11月2日至4日，晋陕豫黄河金三角三省六市审计工作交流会在陕西省韩城市召开

11月11日，2017年粤港澳审计论坛在广东省梅州市召开

3月19日，审计署党组成员刘正均（第二排左六）参加西藏经济责任审计组临时党支部"弘扬'老西藏'精神，打造审计铁军"主题党日活动

7月3日，审计署党组书记、审计长胡泽君（左二）在贵州省丹寨县卡拉村看望贫困户

8月1日，在中国人民解放军建军90周年纪念日到来之际，审计署党组书记、审计长胡泽君（左一）亲切慰问驻署武警官兵

9月15日，审计署党组书记、审计长胡泽君（前排中）赴审计署驻武汉特派员办事处调研

10月12日，副审计长秦博勇（中）到湖南省调研长江经济带生态环保情况

11月17日，审计署党组成员、副审计长孙宝厚（右二）在云南省腾冲市调研

9月26日，福建省委常委、副省长周联清（左二）到审计署驻广州特派员办事处交流工作

7月12日，河南省委常委、省纪委书记任正晓（前排中）到省审计厅调研指导工作

8月8日，湖北省委常委、常务副省长黄楚平（左三）到省审计厅调研大数据审计

8月16日，内蒙古自治区党委常委、自治区政府常务副主席张建民（后排左二）、政府副秘书长冯任飞（后排左四）一行到自治区审计厅调研指导

5月15日至19日，审计署副审计长陈尘肇（中）应邀率中国审计代表团访问瑞典审计署，并赴丹麦出席全球审计领导人会商机制第4次会议

5月18日至25日，审计署总审计师李晓钟（左）应邀率中国审计代表团访问越南审计署

5月31日，为期10天的泰国审计官员审计研修班在北京圆满结业

6月5日，审计署举办的“一带一路”沿线国家审计官员研修班在审计署审计干部教育学院开幕

7月12日，审计署党组书记、审计长胡泽君（前排中）在审计署审计干部教育学院会见来华参加“一带一路”沿线中东欧地区高级审计研讨班的外宾

12月4日至10日，审计署组织的第五届非洲地区法语国家部级审计研讨班在审计署审计干部教育学院举办

1月4日，审计署举行宪法宣誓仪式

4月5日，审计署驻哈尔滨特派员办事处党员干部到一曼公园开展主题党日活动，重温入党誓词

5月，审计署办公厅开展“扶贫审计媒体体验营”活动，首站赴四川扶贫审计一线采访调研

5月2日，审计署驻长春特派员办事处邀请中国“雪龙”号极地考察船船长、南极“昆仑”科学考察站站长作极地科普专题讲座

9月29日，审计署驻太原特派员办事处组织全办干部职工开展“喜迎十九大　健步跟党走”主题活动

9月30日，胡泽君（前排左三）、秦博勇（前排左四）、袁野（前排左五）、郑振涛（前排左二）、刘正均（前排左一）等审计署领导参观“砥砺奋进的五年”大型成就展

10月11日，审计署民族宗教审计局到北京农业展览馆参观中央国家机关定点扶贫工作成果展

3月13日，山东省审计厅与山东省国土资源厅签署战略合作框架协议

5月18日至19日，安徽省审计厅在滁州市召开2017年全省重大政策措施落实情况跟踪审计工作交流会

6月30日，吉林省审计厅组织全体党员干部参观省预防职务犯罪警示教育基地，重温入党誓词

11月18日，海南省审计厅审计人员到海南省定安县莲堆村宣讲党的十九大精神

11月24日，贵州省黔西南布依族苗族自治州审计局正式挂牌成立“新时代黔西南州审计讲习所”

审计署驻沈阳特派员办事处到辽宁省彰武县二道河子乡二道河子村开展党日活动

审计署驻南京特派员办事处审计人员在京张高铁项目八达岭长城地下站项目指挥部现场了解工程施工情况

审计署驻昆明特派员办事处审计人员查看槟榔江水电站大坝建设中的废渣处理和植被恢复情况

审计署驻成都特派员办事处为四川省泸定县兴隆镇毛家寨村援建图书室并捐献图书

审计署驻重庆特派员办事处审计人员实地延伸核实农企带动脱贫情况

江苏省审计厅审计人员在江阴市临港实地核查港口业绩

湖南省溆浦县审计人员在领导干部自然资源资产离任审计中查验卫星遥感影像技术分析出的基本农田抛荒图斑疑点

广西壮族自治区审计人员实地察看田林县扶贫乡村公路建设质量情况

四川省广安市审计人员在建设项目跟踪审计中抽测桥梁钢筋施工情况

西藏自治区审计厅驻比如县香曲乡仲耐村第七批工作队邀请那曲地区藏医院专家为村民义务问诊

《中国审计年鉴2018》编辑委员会

李秀才　审计署政法审计局局长
罗　键　审计署教育审计局局长
丁仁立　审计署科学技术审计局局长
李树廷　审计署工信建设审计局局长
孙　波　审计署民政社保审计局局长
金　莹　审计署资源环境审计局局长
矫　强　审计署交通运输审计局局长
郑博奎　审计署农业水利审计局局长
赵保林　审计署贸易审计局局长
张宣波　审计署卫生体育审计局局长
李志民　审计署社会管理审计局局长
梁丽军　审计署经济执法审计局局长
胡力勇　审计署广电通讯审计局局长
蔡　峰　审计署发展统计审计局局长
刘晓梅　审计署群团文化审计局局长
娄　仲　审计署金融审计一局局长
马学斌　审计署金融审计二局局长
罗　键　审计署金融审计三局局长
朱登云　审计署企业审计一局局长
曲建坤　审计署企业审计二局局长
王建雄　审计署企业审计三局局长
禾　云　审计署企业审计四局局长
刘　珊　审计署企业审计五局局长
张　方　审计署企业审计六局局长
李迎珠　审计署企业审计七局局长
李玉萍　审计署企业审计八局局长
胥连碧　中共审计署党组京津冀特派员办事处分党组书记、特派员
庄　军　中共审计署党组驻太原特派员办事处分党组书记、特派员
马文辉　中共审计署党组驻沈阳特派员办事处分党组书记、特派员
尹树伟　中共审计署党组驻哈尔滨特派员办事处分党组书记、特派员
鲍朔望　中共审计署党组驻上海特派员办事处分党组书记、特派员
周敦祥　中共审计署党组驻南京特派员办事处分党组书记、特派员
程　光　中共审计署党组驻武汉特派员办事处分党组书记、特派员
章　轲　中共审计署党组驻广州特派员办事处分党组书记、特派员
赵继旺　中共审计署党组驻郑州特派员办事处分党组书记、特派员
许永利　中共审计署党组驻济南特派员办事处分党组书记、特派员
洪承旭　中共审计署党组驻西安特派员办事处分党组书记、特派员
马晓方　中共审计署党组驻兰州特派员办事处分党组书记、特派员
杨宁生　中共审计署党组驻昆明特派员办事处分党组书记、特派员
王端述　中共审计署党组驻成都特派员办事处分党组成员、副特派员
车列武　中共审计署党组驻长沙特派员办事处分党组成员、正司级审计员兼副特派员
段大波　中共审计署党组驻深圳特派员办事处分党组书记、特派员
常　利　中共审计署党组驻长春特派员办事处分党组书记、特派员
吕劲松　中共审计署党组驻重庆特派员办事处分党组书记、特派员
姜江华　审计署审计科研所所长、中国审计学会第七届副会长兼秘书长
杨蕴毅　审计署计算机技术中心主任

《中国审计年鉴 2018》编辑部

总　编　辑：魏　强
副总编辑：吴兆军
编辑部主任：赵永红
责任编辑：高　山
美术编辑：张　戈

《中国审计年鉴2018》特邀编辑

北　京　孙　波
天　津　张锦琳（组长）　张雁森
河　北　刘　颖
山　西　宁丽丽
内蒙古　于小满　狄智荟
辽　宁　郑希超（组长）　仲继超　乔鹏程
吉　林　张连鹏
黑龙江　黄　洋
上　海　黄　艳　朱　伟
江　苏　印兴国（组长）　杨　珺　陈乙桢
浙　江　陈振宇
安　徽　章笑春（组长）　程　敏
福　建　王康力
江　西　邹水成（组长）　邬晓明　周　波
山　东　于　力（组长）　李晨锋　冉　瑾
河　南　刘翔煜（组长）　张云定　赵功星
湖　北　陈智斌（组长）　张　俊　石　方
湖　南　周阳品（组长）　兰志荣
广　东　黄河清
广　西　睦国华（组长）　陈勇新　田茂祥　蓝于曾
海　南　高　原
重　庆　石纹碧
四　川　康东进（组长）　韩　勇　唐小运　李　历
贵　州　朱　平（组长）　舒　华　刘光美
云　南　李　芸（组长）　汪　文　褚文勋　张倩倩　李玥帆
西　藏　曲　鹏
陕　西　闫万章
甘　肃　张卫东（组长）　梁馨予
青　海　马振民
宁　夏　金　荣
新　疆　李　喜
新疆生产建设兵团　丁　博

编辑说明

一、《中国审计年鉴 2018》是由中华人民共和国审计署主办并组织编纂的第二十二部年鉴，具有较强的权威性、资料性、实用性、前瞻性和馆藏价值。

二、本卷年鉴全面、系统、集中地反映了我国 2017 年审计工作发展的总体概况，起讫时间为 2017 年 1 月 1 日至 2017 年 12 月 31 日。

三、本卷年鉴文字部分由“特载”“审计署工作概况”“地方审计机关”“科研、培训、出版、学术团体”“审计理论与科研”“重要财经审计法规文件”“审计结果公告”“审计署领导重要活动大事记”“审计工作统计”“附录”共 10 部分组成。

四、本卷年鉴基本保持了以往的编纂体例和风格。图片部分有“特载”“会议回放”“领导调研”“国际交往”“基础建设”“一线风采”等 6 部分，形象直观地反映审计工作风貌。本卷年鉴没有收录中央军事委员会审计署的内容。

五、本卷年鉴采用栏目、类目、条目、统计表等体例分类排列，栏目下设类目和条目。各类目和条目在字号、字体及编排上有所区别，以便读者阅读。

六、本卷年鉴采用的稿件均由审计系统和相关部门提供。在编辑过程中得到各级审计机关的大力支持和协助，在此深表谢意。

由于编辑人员水平有限，缺点和遗漏在所难免，敬请广大读者批评指正。

《中国审计年鉴》编辑部

2018 年 12 月

目　录

特　载

国务院关于2016年度中央预算执行和其他财政收支的审计工作报告　胡泽君　1
国务院关于2016年度中央预算执行和其他财政收支审计查出问题整改情况的报告　胡泽君　9
认真学习贯彻习近平总书记系列重要讲话精神　努力开创审计工作新局面　胡泽君　19
在全国审计机关进一步完善和规范投资审计工作电视电话会议上的讲话　胡泽君　28
在全国审计机关贯彻落实领导干部自然资源资产离任审计规定(试行)视频会议上的讲话　胡泽君　33
以习近平新时代中国特色社会主义思想为指导　奋力开创新时代审计事业发展新局面　胡泽君　38
真正研究真问题　真正繁荣真理论　孙宝厚　47
在长江经济带生态环境保护审计培训班上的讲话　秦博勇　50
提高政治站位　认真履行职责　为国有企业健康发展保驾护航　陈尘肇　53
深入贯彻落实习近平总书记系列重要讲话精神　不断深化金融审计工作　张　通　59
在全国扶贫审计视频培训会上的讲话　袁　野　66
在审计机关学习贯彻十八届中央纪委七次全会精神视频会上的讲话　郑振涛　72
着力提高政治能力和专业能力　切实增强履职尽责本领　刘正均　75

审计署工作概况

审计署党组成员·署领导　79
审计署机关　79
审计工作情况　79
办公厅　81
政策研究室　83
法规司　85
电子数据审计司　87
财政审计司　88
税收征管审计司　91
行政政法审计司　92
教科文卫审计司　93
农业审计司　95
固定资产投资审计司　97
社会保障审计司　98
资源环境审计司　99
金融审计司　100
企业审计司　102
外资运用审计司　103
境外审计司　104
经济责任审计司　105
国际合作司(港澳台办公室)　107
机关党委(人事教育司)　108
机关纪委(巡视工作办公室)　110
离退休干部办公室　112
机关服务局　114
审计署派出审计局　116
审计署外交外事审计局　116

审计署发展统计审计局 117
审计署教育审计局 118
审计署科学技术审计局 119
审计署工业审计局 120
审计署民族宗教审计局 121
审计署政法审计局 122
审计署民政社保审计局 123
审计署资源环保审计局 124
审计署建设审计局 125
审计署交通运输审计局 126
审计署农林水利审计局 127
审计署贸易审计局 128
审计署文化体育审计局 129
审计署卫生药品审计局 130
审计署国资监管审计局 131
审计署经济执法审计局 132
审计署广电通讯审计局 133
审计署旅游侨务审计局 134
审计署地震气象审计局 135
审计署驻地方特派员办事处 136
审计署京津冀特派员办事处 136
审计署驻太原特派员办事处 137
审计署驻沈阳特派员办事处 139
审计署驻哈尔滨特派员办事处 141
审计署驻上海特派员办事处 143
审计署驻南京特派员办事处 146
审计署驻武汉特派员办事处 148
审计署驻广州特派员办事处 150
审计署驻郑州特派员办事处 152
审计署驻济南特派员办事处 154
审计署驻西安特派员办事处 156
审计署驻兰州特派员办事处 158
审计署驻昆明特派员办事处 159
审计署驻成都特派员办事处 161
审计署驻长沙特派员办事处 164
审计署驻深圳特派员办事处 165
审计署驻长春特派员办事处 167
审计署驻重庆特派员办事处 169

地方审计机关

北京市 173
天津市 187
河北省 203
山西省 225
内蒙古自治区 241
辽宁省 262
吉林省 277
黑龙江省 292
上海市 310
江苏省 319
浙江省 336
安徽省 350
福建省 369
江西省 383
山东省 398
河南省 421
湖北省 439
湖南省 462
广东省 478
广西壮族自治区 505
海南省 524
重庆市 531
四川省 565
贵州省 590
云南省 603
西藏自治区 622
陕西省 631
甘肃省 645
青海省 664
宁夏回族自治区 674
新疆维吾尔自治区 681
新疆生产建设兵团 696

科研、培训、出版、学术团体

审计署审计科研所 709
审计署审计干部培训中心(审计宣传中心) 710
审计署计算机技术中心 712
审计署国外贷援款项目审计服务中心 714
中共审计署党校　审计署审计干部教育学院 716
审计博物馆 718
中国审计报社 718
中国时代经济出版社 720
中国审计学会 722
中国内部审计协会 724
南京审计大学 725

审计理论与科研

科研成果综述 729
论文摘登 745
新一轮国有企业改革背景下加强国有企业审计的对策 745
国家审计溢出效应研究 748
金融风险现状、应对策略及审计建议——“金融审计与金融风险防控”研讨会综述 752
审计机关如何更好地贯彻落实“三个区分开来” 755
学习宣传贯彻党的十九大精神推动审计工作改革创新与发展系列研究报告之二:运用法治思维和法治方式推动投资审计工作持续健康发展 760
学习宣传贯彻党的十九大精神推动审计工作改革创新与发展系列研究报告之三:党的十八大以来317项审计移送违纪违法问题线索处理结果研究及建议 762
学习宣传贯彻党的十九大精神推动审计工作改革创新与发展系列研究报告之五:关于审计学升为一级学科的调研报告 766

重要财经审计法规文件

中共中央办公厅　国务院办公厅印发《关于划定并严守生态保护红线的若干意见》 775
中共中央办公厅　国务院办公厅印发《关于深化国有企业和国有资本审计监督的若干意见》 778
中共中央办公厅　国务院办公厅印发《关于建立资源环境承载能力监测预警长效机制的若干意见》 781
中共中央办公厅　国务院办公厅印发《领导干部自然资源资产离任审计规定(试行)》 784
国务院关于印发《矿产资源权益金制度改革方案》的通知 786
中华人民共和国国务院令第688号 788
国务院关于印发《划转部分国有资本充实社保基金实施方案》的通知 790
中华人民共和国国务院令第691号 792
国务院办公厅关于印发《政务信息系统整合共享实施方案》的通知 797
关于进一步规范行业协会商会收费管理的意见 800
关于印发《中央财政专项扶贫资金管理办法》的通知 803
关于印发《中央国有资本经营预算支出管理暂行办法》的通知 805
关于修订《农业资源及生态保护补助资金管理办法》的通知 808
关于印发《国有企业境外投资财务管理办法》的通知 811
关于印发地方审计机关2017年度应重点抓好的工作任务的通知 814

国务院国有资产监督管理委员会令第 34 号 819
国务院国有资产监督管理委员会令第 35 号 822

审计结果公告

中华人民共和国审计署审计结果公告(2017 年第 1 号) 827
中华人民共和国审计署审计结果公告(2017 年第 2 号) 840
中华人民共和国审计署审计结果公告(2017 年第 3 号) 848
中华人民共和国审计署审计结果公告(2017 年第 4 号) 862
中华人民共和国审计署审计结果公告(2017 年第 5 号) 921
中华人民共和国审计署审计结果公告(2017 年第 6 号) 922
中华人民共和国审计署审计结果公告(2017 年第 7 号) 931
中华人民共和国审计署审计结果公告(2017 年第 8 号) 942
中华人民共和国审计署审计结果公告(2017 年第 9 号) 949
中华人民共和国审计署审计结果公告(2017 年第 10 号) 960
中华人民共和国审计署审计结果公告(2017 年第 11 号) 962
中华人民共和国审计署审计结果公告(2017 年第 12 号) 964
中华人民共和国审计署审计结果公告(2017 年第 13 号) 966
中华人民共和国审计署审计结果公告(2017 年第 14 号) 968
中华人民共和国审计署审计结果公告(2017 年第 15 号) 970
中华人民共和国审计署审计结果公告(2017 年第 16 号) 972
中华人民共和国审计署审计结果公告(2017 年第 17 号) 974
中华人民共和国审计署审计结果公告(2017 年第 18 号) 976
中华人民共和国审计署审计结果公告(2017 年第 19 号) 977
中华人民共和国审计署审计结果公告(2017 年第 20 号) 979
中华人民共和国审计署审计结果公告(2017 年第 21 号) 981
中华人民共和国审计署审计结果公告(2017 年第 22 号) 983
中华人民共和国审计署审计结果公告(2017 年第 23 号) 985
中华人民共和国审计署审计结果公告(2017 年第 24 号) 987
中华人民共和国审计署审计结果公告(2017 年第 25 号) 989
中华人民共和国审计署审计结果公告(2017 年第 26 号) 991
中华人民共和国审计署审计结果公告(2017 年第 27 号) 993
中华人民共和国审计署审计结果公告(2017 年第 28 号) 995
中华人民共和国审计署审计结果公告(2017 年第 29 号) 998
中华人民共和国审计署审计结果公告(2017 年第 30 号) 999
中华人民共和国审计署审计结果公告(2017 年第 31 号) 1003
中华人民共和国审计署审计结果公告(2017 年第 32 号) 1016

审计署领导重要活动大事记

1月 1035
2月 1038
3月 1040
4月 1043
5月 1046
6月 1048
7月 1051
8月 1053
9月 1055
10月 1058
11月 1059
12月 1062

审计工作统计

2017年审计工作综合情况统计表——全国审计机关 1067
2017年审计工作综合情况统计表——审计署派出审计局 1071
2017年审计工作综合情况统计表——审计署驻地方特派员办事处 1083
2017年审计工作综合情况统计表——地方审计机关 1095
2017年度内部审计情况统计表 1122

附　　录

2017年审计署优秀审计项目和表彰审计项目 1123
2017年地方优秀审计项目和表彰审计项目 1124
2017年全国医疗保险基金审计优秀审计项目和表彰审计项目 1125

Table of Contents

Special Issues

Audit Working Report on Central Budget Implementation and Other Fiscal Income and Expenditure in 2016 …… Hu Zejun 1

Report on Rectifying Problems Found in Audit of Central Budget Implementation and Other Fiscal Income and Expenditure in 2016 …… Hu Zejun 9

Studying and Implementing the Spirit of the Series of Important Speaks of Xi Jinping, Creating a New Situation of Audit Work …… Hu Zejun 19

Remarks at the Audio-Video Conference of National Auditing System on Improving and Regulating Investment Audit …… Hu Zejun 28

Remarks at the Video Conference of National Auditing System on Fully Enforcing Resign Audit of Natural Resources and Assets of Officials …… Hu Zejun 33

Following the Guidance of Xi Jinping Thought on Socialism with Chinese Characteristics for a New Era, Creating a New Situation of Audit in the New Era …… Hu Zejun 38

Truly Studying the True Problem, Truly Booming the True Theory …… Sun Baohou 47

Remarks at the Training Course for Environmental Protection Audit of the Yangtze River Economic Belt …… Qin Boyong 50

Raising Political Stance, Fulfilling the Duties, Securing the Healthy Development of State-owned Enterprises …… Chen Chenzhao 53

Thoroughly Implementing the Guiding Principles from General Secretary Xi Jinping's Major Policy Addresses, and Deepening Financial System Audit …… Zhang Tong 59

Remarks at Video Training Course for National Poverty Relief Audit …… Yuan Ye 66

Remarks at Video Training Course for Audit System Studying and Implementing the Guiding Principles of the 7th Plenary Sessions of the 18th CPC Central Commission for Discipline Inspection …… Zheng Zhentao 72

Raising Political Ability and Professional Ability, Strengthening the Capacity to Perform the Duty …… Liu Zhengjun 75

Overview on the Work of CNAO

Leaders of the CNAO and Members of CNAO Committee of the CPC …… 79

CNAO's Internal Departments …… 79

A Brief Introduction to the Audit Work …… 79

General Office …… 81

Department of Policy Research …… 83

Department of Laws and Regulations 85
Department of Electronic Data Audit 87
Department of Public Finance Audit 88
Department of Revenue Audit 91
Department of Administration, Politics and Law Audit 92
Department of Education, Science, Culture and Health Audit 93
Department of Agriculture Audit 95
Department of Fixed-assets Investment Audit 97
Department of Social Security Audit 98
Department of Resources and Environment Audit 99
Department of Financial System Audit 100
Department of Enterprises Audit 102
Department of Foreign Funds Application Audit 103
Department of Overseas Audit 104
Department of Accountability Audit 105
Department of International Cooperation (Office of HK, Macao and Taiwan Affairs) 107
Department of Party-related Affairs(Department of Personnel and Education) 108
Department of Discipline Inspection (Office of Inspection Tours) 110
Office of Retired Personnel Affairs 112
Department of Logistics 114

CNAO Dispatched Bureau 116
Foreign Affairs Audit Bureau 116
Development and Statistics Audit Bureau 117
Education Audit Bureau 118
Science and Technology Audit Bureau 119
Industry Audit Bureau 120
Ethnic and Religious Audit Bureau 121
Politics and Law Audit Bureau 122
Civil Affairs and Social Security Audit Bureau 123
Resources and Environmental Protection Audit Bureau 124
Construction Audit Bureau 125
Transportation Audit Bureau 126
Agriculture, Forestry and Water Resources Audit Bureau 127
Trade Audit Bureau 128
Culture and Sports Audit Bureau 129
Health and Medicine Audit Bureau 130
National Assets Supervision Audit Bureau 131
Economic Law Implementation Audit Bureau 132
Radio, Film, TV and Communication Audit Bureau 133
Tourism and Overseas Chinese Affairs Audit Bureau 134
Seismological and Meteorological Audit Bureau 135

CNAO Regional Office ······ 136
CNAO Jing-Jin-Ji Regional Office ······ 136
CNAO Taiyuan Regional Office ······ 137
CNAO Shenyang Regional Office ······ 139
CNAO Harbin Regional Office ······ 141
CNAO Shanghai Regional Office ······ 143
CNAO Nanjing Regional Office ······ 146
CNAO Wuhan Regional Office ······ 148
CNAO Guangzhou Regional Office ······ 150
CNAO Zhengzhou Regional Office ······ 152
CNAO Ji'nan Regional Office ······ 154
CNAO Xi'an Regional Office ······ 156
CNAO Lanzhou Regional Office ······ 158
CNAO Kunming Regional Office ······ 159
CNAO Chengdu Regional Office ······ 161
CNAO Changsha Regional Office ······ 164
CNAO Shenzhen Regional Office ······ 165
CNAO Changchun Regional Office ······ 167
CNAO Chongqing Regional Office ······ 169

Local Audit Institutions

Beijing Municipality ······ 173
Tianjin Municipality ······ 187
Hebei Province ······ 203
Shanxi Province ······ 225
Inner Mongolia Autonomous Region ······ 241
Liaoning Province ······ 262
Jilin Province ······ 277
Heilongjiang Province ······ 292
Shanghai Municipality ······ 310
Jiangsu Province ······ 319
Zhejiang Province ······ 336
Anhui Province ······ 350
Fujian Province ······ 369
Jiangxi Province ······ 383
Shandong Province ······ 398
Henan Province ······ 421
Hubei Province ······ 439
Hunan Province ······ 462
Guangdong Province ······ 478

Guangxi Zhuang Autonomous Region ········ 505
Hainan Province ········ 524
Chongqing Municipality ········ 531
Sichuan Province ········ 565
Guizhou Province ········ 590
Yunnan Province ········ 603
Tibet Autonomous Region ········ 622
Shaanxi Province ········ 631
Gansu Province ········ 645
Qinghai Province ········ 664
Ningxia Hui Autonomous Region ········ 674
Xinjiang Uygur Autonomous Region ········ 681
Xinjiang Army Production and Construction Corps ········ 696

Scientific Research, Training, Publication and Academic Institutions

China Audit Society ········ 709
Training Center (Audit Communication Center) ········ 710
IT Center ········ 712
Audit Service Center for Foreign Loan and Assistance Projects ········ 714
Party School of CNAO of CPC, Audit Academy ········ 716
Auditing Museum ········ 718
China Auditing Newspaper ········ 718
China Modern Economic Publishing House ········ 720
China Audit Society ········ 722
China Internal Audit Association ········ 724
Nanjing Audit University ········ 725

Audit Theories and Researches

Review of Research Achievements ········ 729
Selection of the Excellent Theoretical Articles ········ 745
Countermeasures to Strengthen State-owned Enterprises Audit against the Background of New Cycle of State-owned Enterprises Reform ········ 745
Studies on Spillover Effect of National Audit ········ 748
Financial Risks' Current Situation, Countermeasures and Audit Suggestion: Review of Seminar on Financial Audit and Financial Risk Prevention and Control ········ 752
How Audit System Implementing "Three Distinctions" ········ 755
Series of Studying Report on Studying and Implementing the Spirit of the 19th CPC National Congress and Improving Audit Reform and Development II: Using Legal Thinking and Measures to Improving the Healthy Development of Investment Audit ········ 760

Series of Studying Report on Studying and Implementing the Spirit of the 19th CPC National Congress and Improving Audit Reform and Development III: The Processing Result Studies and Suggestions on 317 Clues to Violation of Laws and Discipline Transferred by Audit Since the 18th CPC National Congress ······ 762
Series of Studying Report on Studying and Implementing the Spirit of the 19th CPC National Congress and Improving Audit Reform and Development V: Studying Report on Authorizing Auditing the First Level Discipline ······ 766

Major Laws and Regulations for Financial and Economic Audit

General Office of CPC Central Committee and General Office of the State Council Issuing Opinions on Delineating and Strictly Safeguarding Ecological Conservation Red Line ······ 775
General Office of CPC Central Committee and General Office of the State Council Issuing Opinions on Audit Supervision on Deepening State-owned Enterprises and Assets ······ 778
General Office of CPC Central Committee and General Office of the State Council Issuing Opinions on Establishing Long-term Early Warning Mechanism for Monitoring Regional Environmental and Resource Capacity Conditions ······ 781
General Office of CPC Central Committee and General Office of the State Council Issuing Provisions on the Resign Audit of Natural Resource and Assets of Officials(Trial) ······ 784
Circular of the State Council on Printing and Issuing the Reform Plan of Mineral Resources Royalty System ······ 786
Decree of the State Council of the People's Republic of China (No. 688) ······ 788
Circular of the State Council on Printing and Issuing The Plan on Transferring Part of State-owned Assets to Social Security Funds ······ 790
Decree of the State Council of the People's Republic of China (No. 691) ······ 792
Circular of General Office of the State Council on Printing and Issuing The Plan on Integrating and Sharing Government Information Systems ······ 797
Opinions on Further Regulating Industry Associations and Trade Unions Charging Administration ······ 800
Circular on Printing and Issuing Measures for Administration of Central Government Poverty Relief Funds ······ 803
Circular on Printing and Issuing Interim Administration Measures for Expenditure from Central State-owned Capital Operation Budget ······ 805
Circular on Amending Administration Measures for Subsidy for Agricultural Resources and Ecological Protection ······ 808
Circular on Printing and Issuing Financial Administration Measures for State-owned Enterprises Overseas Investment ······ 811
Circular on Printing and Issuing the Tasks that Local Audit Institutions should Focus on in 2017 ······ 814
Decree of State-owned Assets Supervision and Administration Commission of the State Council (No 34) ······ 819

Decree of State-owned Assets Supervision and Administration Commission of the State Council (No 35) …… 822

Audit Findings Announcements

2017 CNAO Audit Findings Announcement No. 1 …… 827
2017 CNAO Audit Findings Announcement No. 2 …… 840
2017 CNAO Audit Findings Announcement No. 3 …… 848
2017 CNAO Audit Findings Announcement No. 4 …… 862
2017 CNAO Audit Findings Announcement No. 5 …… 921
2017 CNAO Audit Findings Announcement No. 6 …… 922
2017 CNAO Audit Findings Announcement No. 7 …… 931
2017 CNAO Audit Findings Announcement No. 8 …… 942
2017 CNAO Audit Findings Announcement No. 9 …… 949
2017 CNAO Audit Findings Announcement No. 10 …… 960
2017 CNAO Audit Findings Announcement No. 11 …… 962
2017 CNAO Audit Findings Announcement No. 12 …… 964
2017 CNAO Audit Findings Announcement No. 13 …… 966
2017 CNAO Audit Findings Announcement No. 14 …… 968
2017 CNAO Audit Findings Announcement No. 15 …… 970
2017 CNAO Audit Findings Announcement No. 16 …… 972
2017 CNAO Audit Findings Announcement No. 17 …… 974
2017 CNAO Audit Findings Announcement No. 18 …… 976
2017 CNAO Audit Findings Announcement No. 19 …… 977
2017 CNAO Audit Findings Announcement No. 20 …… 979
2017 CNAO Audit Findings Announcement No. 21 …… 981
2017 CNAO Audit Findings Announcement No. 22 …… 983
2017 CNAO Audit Findings Announcement No. 23 …… 985
2017 CNAO Audit Findings Announcement No. 24 …… 987
2017 CNAO Audit Findings Announcement No. 25 …… 989
2017 CNAO Audit Findings Announcement No. 26 …… 991
2017 CNAO Audit Findings Announcement No. 27 …… 993
2017 CNAO Audit Findings Announcement No. 28 …… 995
2017 CNAO Audit Findings Announcement No. 29 …… 998
2017 CNAO Audit Findings Announcement No. 30 …… 999
2017 CNAO Audit Findings Announcement No. 31 …… 1003
2017 CNAO Audit Findings Announcement No. 32 …… 1016

Chronicle of Events

January …… 1035

February ········ 1038
March ········ 1040
April ········ 1043
May ········ 1046
June ········ 1048
July ········ 1051
August ········ 1053
September ········ 1055
October ········ 1058
November ········ 1059
December ········ 1062

Audit Statistics

Comprehensive Statistics of National Audit Work in 2017 ········ 1067
Comprehensive Statistics of CNAO Dispatched Offices in 2017 ········ 1071
Comprehensive Statistics of CNAO Resident Audit Offices in 2017 ········ 1083
Comprehensive Statistics of Local Audit Institutions in 2017 ········ 1095
Statistics of Internal Audit in 2017 ········ 1122

Appendix

CNAO Excellent Auditing Projects and Commended Auditing Projects in 2017 ········ 1123
Local Excellent Auditing Projects and Commended Auditing Projects in 2017 ········ 1124
CNAO Excellent Projects and Commended Projects on National Medical Security Funds Audit in 2017 ········ 1125

特　载

国务院关于2016年度中央预算执行和其他财政收支的审计工作报告

——在第十二届全国人民代表大会常务委员会第二十八次会议上

审计署审计长　胡泽君

（2017年6月23日）

全国人民代表大会常务委员会：

我受国务院委托，报告2016年度中央预算执行和其他财政收支的审计情况，请审议。

按照审计法及相关法律法规，审计署对2016年度中央预算执行和其他财政收支情况进行了审计。重点审计了中央财政管理和决算草案、部门预算执行、重大政策措施落实、扶贫等重点专项资金管理使用情况，以及部分金融机构和中央企业，共审计7900多个单位。我们牢固树立政治意识、大局意识、核心意识、看齐意识，认真落实十二届全国人大四次会议有关决议以及全国人大财经委审查意见，始终坚持依法审计、客观求实、鼓励创新、推动改革，揭露重大违纪违法问题，揭示重大风险隐患和结构性矛盾，反映体制机制问题，在促进政策落实、维护国家经济安全、推动深化改革和经济发展、推进民主法治和反腐败等方面积极发挥作用。

2016年，在以习近平同志为核心的党中央坚强领导下，各地区各部门坚持稳中求进工作总基调，坚持以新发展理念引领经济发展新常态，坚持以推进供给侧结构性改革为主线，适度扩大总需求，扎实推进各项工作，经济社会保持平稳健康发展。从审计情况看，中央预算执行情况总体较好，中央财政一般公共预算收入完成预算的100.02%，保障了发展需要。

——积极的财政政策力度加大。中央财政一般公共预算支出增长4.4%，坚持盘活存量、用好增量，增加的财政赤字主要用于减税降费和支持实体经济发展。实行大规模减税降费，全面推开“营改增”试点。实施“一带一路”建设、京津冀协同发展、长江经济带发展三大战略，区域城乡协调协同发展质量提升。

——民生保障持续加强。全面推进脱贫攻坚，中央财政专项扶贫资金超过600亿元。深化创新驱动，中央本级科技、教育支出分别增长8.4%、6.6%。着力提升公共服务水平，中央本级医疗、农林水支出分别增长7.9%、5.1%，低保、优抚、退休人员基本养老金等标准提高，实现大病保险全覆盖。

——财税领域改革不断推进。持续深化“放管服”改革，取消165项国务院部门及其指定地方实施的审批事项，调整取消部分政府性基金。

深化资源税改革，制定非税收入管理办法。推进中央与地方财政事权和支出责任划分改革，制订实施中央与地方增值税收入划分过渡方案。健全地方政府举债融资机制，加强债务风险分类处置。

——预算管理进一步规范。健全预算管理制度，开展全国行政事业单位资产清查，初步建立中央部门项目支出绩效指标体系，大力推进中央和地方预算公开。有关部门和地方财经法纪观念明显增强，全面整改上年审计查出的突出问题，依法行政、依法理财水平不断提高。

一、中央财政管理及决算草案审计情况

重点审计了财政部具体组织中央预算执行和编制中央决算草案、发展改革委组织分配中央基建投资情况。从审计情况看，财政部和发展改革委认真落实积极的财政政策，围绕推进供给侧结构性改革要求，加强财政和投融资管理，深化预算管理制度改革，优化财政支出结构，加大关键领域和薄弱环节投入，财政资金使用绩效进一步提高。

中央决算草案表明，2016 年，中央一般公共预算收入 72365.62 亿元，支出 86804.55 亿元；政府性基金预算收入 4178.12 亿元，支出 3999.98 亿元；国有资本经营预算收入 1430.17 亿元，支出 1450.61 亿元。从中央决算草案与向全国人大报告的预算执行情况的差异看，2016 年比上年明显缩小，一般公共预算收支差异由 123.54 亿元降为 94.11 亿元，政府性基金收支差异由 19.29 亿元降为 400 万元，国有资本经营预算收支差异由 3.04 亿元降为 0，反映出中央预决算编制水平进一步提高，预算执行的规范化程度也进一步提升。在 2016 年度中央决算草案编制中，财政部进一步规范了决算编制的程序和内容，改进了决算报表和报告，但部分事项未在决算草案中反映，主要是：财政部滞缴的 8 个还贷准备金专户 2016 年利息收入 6.43 亿元，尚未缴入中央国库的煤炭开采水资源费 0.91 亿元，地方归还及中央减免地方的转贷主权外债余额 180.86 亿元，以及利用外国政府和国际金融组织贷款统借自还项目的年初年末余额，还少列报当年外债发生额 0.32 亿元。从财政管理和预算执行具体组织实施情况看，还存在一些需要改进的问题。主要是：

（一）部分预算分配和管理还不够规范。

一是部分项目预算安排未充分考虑上年执行情况。在财政部代编的预算中，对中央节能支出等上年执行率不足 30% 的 6 个项目，2016 年仍安排预算 27.45 亿元、执行率仍不足 30%，其中 2 个项目预算连续两年未执行。批复的部门预算中，对 50 个部门 5696 个项目的结转结余 434.86 亿元，有 46% 未统筹纳入年初预算安排，其中 16 个项目结转结余 7.24 亿元全部未纳入；在 14 个部门 24 个项目结转 41.94 亿元的情况下，继续安排 74.85 亿元，年底结转增至 53.8 亿元。

二是部分预算安排方式与政策要求和实际情况不完全相符。有的直接投向了竞争性领域，其中财政部将文化产业发展专项 21.17 亿元、发展改革委将物流业转型升级专项 2.5 亿元直接投向了竞争性领域的 781 个项目。有的预算安排时项目尚未确定或不具备实施条件等，财政部批复 10 个部门的 14 个项目预算 12.02 亿元，由此当年仅执行 1%；对 5 个已确定实施部门的项目，财政部仍代编预算 62.17 亿元。

三是有些预算收支在一般公共预算、政府性基金预算、国有资本经营预算中的归属还不够明确、安排不够合理。收入方面，对金融企业上缴收益，财政部在一般公共预算和国有资本经营预算中，分别列入 627.42 亿元、103.04 亿元；支出方面，对大中型水库移民后期扶持专项，在一般公共预算和政府性基金预算中，分别安排 36.4 亿元、239.42 亿元；在国有资本经营预算中，超范围安排 1.86 亿元，用于支付政府投资基金股息。

四是部分中央基建投资安排不规范、项目推进慢。发展改革委安排的中央基建投资中，有 23.25 亿元（涉及 22 个项目）存在重复申报、前期工作不完备等问题；有 153.68 亿元未按规定在全国人大批准后 90 日内下达；有 115.4 亿元对地方的基建投资，执行中被调整为中央本级支出。同时，发展改革委下达基建投资计划与财政部据以下达预算指标的间隔较长，2016 年平均为 52 天，影响项目及时推进。抽查重大项目实施情况发现，至 2016 年底，有 188 个项目应开工未开工、244 个逾期未完工、5 个无法实施，导致中央基建投资 58.47 亿元（占安排投资总额的 51%）

闲置。

（二）转移支付管理还不完全适应改革要求。

一是一般性转移支付与专项转移支付界限还不够明晰。一般性转移支付的7大类90个子项中，有66个具有指定用途，安排预算总额比上年增长13%；体制结算补助和固定数额补助中有76%指定了用途。对专项转移支付的认定也缺乏明确标准，如发展改革委负责分配的中央基建投资，2016年对地方转移支付预算3776亿元，执行中细分为84个子项、涉及19个类级科目，按72个具体办法分配，但长期作为1个专项转移支付管理。

二是专项转移支付退出机制还不健全。财政部上报2016年专项转移支付有94个，其中84个未明确实施期限或退出条件，已明确期限的10个中有的未按期退出。清理整合也不到位，94个专项转移支付执行中实际细分为279个具体事项，部分专项整合后仍按原渠道、原办法分配和管理。

三是有些专项资金安排交叉重叠。部门层面，财政部、发展改革委在其管理的专项转移支付中，设立水污染防治等4个相同或类似专项，分别安排预算276.8亿元、80.7亿元。部门内部司局层面，发展改革委投资司、农经司在不同专项中同时安排林区、垦区配套基础设施投资补助，地区司、环资司同时安排污水和垃圾处理设施建设补助。

四是有些专项转移支付管理不够严格。在94个专项转移支付中，有27个专项年初预算2023.11亿元全部未细化到地区，有29个专项预算全部未提前下达地方，有37个提前下达的比例也未达70%。有的专项分配不够规范，财政部分配就业补助等3个专项的674.29亿元预算时，未严格执行因素法等要求；发展改革委分配国有工矿棚户区改造等4个专项时，存在同一地区适用不同区域补贴政策等情况。

（三）财税领域部分事项改革亟待深化。

一是营改增相关配套措施还不够完善。全面推开营改增试点对减轻企业负担、增强市场活力发挥了积极作用，但一些配套措施还不够完善，如随着增值税可抵扣范围扩大，有的行业或企业出现增值税进项与销项税率倒挂，导致新增进项留抵税额超过销项税额，从而占压企业资金；由于向个人采购难以获得增值税专用发票，一些企业无法实现税款抵扣；对旨在减轻建筑施工企业税负的简易计税优惠政策，往往会造成业主单位可供抵扣进项税减少，执行中难以全面落实。

二是政府购买服务改革部分措施不到位。此项改革2014年即已启动，但至2017年4月底，中央部门政府购买服务指导性目录尚未出台；抽查的73家中央单位有44家未在预决算中反映政府购买服务情况；大多数省（本报告对省级行政区统称为省，地市级行政区统称为市，县区级行政区统称为县）仅出台本级的指导性目录。

三是预算评审及绩效管理工作力度有待加强。中央部门项目支出预算评审覆盖面小，对2016年追加预算2381.21亿元涉及的2048个项目，财政部评审了661个（预算203.48亿元）。专项转移支付绩效管理方面，有68个专项的绩效目标未与预算同时下达；评价范围也偏小，实际仅评价14个专项。

对审计指出的问题，财政部、发展改革委等部门正在研究，采取深化改革、改进管理、完善制度等措施加以整改。

二、中央部门预算执行审计情况

审计73个部门（含61个中央部门、10家人民团体和中国邮政集团公司、中国对外文化集团公司）及其332家所属单位，抽查财政拨款预算2517.61亿元（占其财政拨款预算的42%）。审计结果表明，这些部门2016年度预算执行情况总体较好，预算管理的规范化程度和财政资金使用绩效明显提高，“三公”经费和会议费持续压减，公务接待、因公出国（境）费用管理基本规范，但个别部门和一些所属单位预算管理还不严格、部分事项处理还不够规范，主要是：

（一）预算及资产资金管理还有薄弱环节。预算管理方面，三峡办等18个部门和中国交通通信信息中心等50家所属单位预决算编制不够准确，涉及12.87亿元；科技部等11个部门和中国医学科学院等8家所属单位为提高预算执行率等，虚列支出2.67亿元。资产管理方面，知识产权局等11个部门和中国测绘科学研究院等38家所属单位违规出租出借办公用房或设备等，取得收入8.86亿元。资金管理方面，国家信息中心等2个部门和国资委机械机关服务中心等19家所属单位使用虚假发票套取或账外存放9386.26万元；北京四海一家文化传播有限责任公司等8家所属单位将5.28亿元用于违规出借或购买理财产品等，存在安全隐患。此外，还发现未严格执行政府采购规定、会计核算不规范等问题金额59.14亿元。

（二）个别部门公务用车、会议管理和办公用房清理等工作还不够到位。公务用车方面，沈阳铁路监督管理局等38家所属单位未按期完成公车改革，海南省国税局等16家单位无偿占用或超编超标配置公务用车69辆、超预算列支运行费114.51万元。会议管理方面，未编制年度会议计划或计划外召开会议1033个，其中国家中医药局等8个部门262个，水利水电规划设计总院等10家所属单位771个；在非定点饭店召开会议37个，其中银监会7个，环境保护部5个所属单位14个；转嫁或超标准列支会议费481.77万元，其中人力资源社会保障部123.62万元、住房城乡建设部信息中心74.83万元。办公用房方面，有3个单位存在未经批准新建或改扩建办公楼、办公用房超标等问题。

（三）利用部门影响力或行业资源违规收费问题仍然存在。此次审计发现，测绘地信局等5个部门和中国设备管理协会等26家所属单位违规收费2.31亿元，主要是违规开展资质认证、资格考试、评比表彰、中介服务或直接收取赞助等，如安全监管总局2家所属企业违规开展与部门行政审批权相关的安全评价服务，2016年收费1748.38万元；经过审批的221家检疫处理单位有175家是质检系统所属企业，抽查其中12家均未按要求降低收费标准。

审计指出问题后，有关部门通过追回资金、调整账目等整改5.42亿元，并完善了相关财务和预算管理制度，规范了相关管理流程。

三、国家重大政策措施落实跟踪审计情况

各项审计都关注了国家重大政策措施落实情况，并全力做好跟踪审计。从审计情况看，有关部门和地方能够贯彻落实党中央、国务院决策部署，加大简政放权力度，加快转方式调结构，加强资金盘活和统筹使用，推进供给侧结构性改革和“三去一降一补”任务落实，取得显著成效。我们坚持边跟踪审计、边督促整改，按季度报告和公告审计结果，推动大部分问题在审计中得到纠正，促进完善措施812项，取消、下放行政审批和资格认证等315项，停止或取消收费239项；纠正违规收费、收回沉淀资金等667.71亿元，处理处分4113人。近期审计发现的主要问题：

（一）“放管服”改革有些具体措施尚未完全落地。“放管服”改革极大激发了市场活力和社会创造力，但有些具体措施推进力度需进一步加大。审计发现，至2017年3月底，电力安全培训机构资格认可、信息系统工程监理工程师资格认定等21项审批认证等事项未按要求取消、下放；基本医疗保险定点零售药店资格审查等11项行政审批和中介服务事项下放或取消后，未能有效承接或监管未及时跟进，如限额以上项目进口设备免税确认事项取消后，有的企业仍需先缴纳税款担保金再通关，至2017年3月税款担保金余额21.24亿元，不利于企业及时抵扣进口环节增值税；部分能源项目审批、医院管理已建成网上办事系统，但在线办理效率不高，实际很多事项仍线下办理。

（二）涉企收费管理机制还不够健全。有关地方和部门近年不断加强涉企收费治理，乱收费、乱摊派问题得到一定遏制，政府收费规范性有所提高，但有些领域收费的种类较多、标准偏高。有的地方违规自行设立项目收费，或对明令取消、停征、免征的项目继续收费，或未按规定标准和范围收费等，审计发现此类问题涉及收费1.97亿元。在收费管理上，经营服务类收费目录清单还不够细化，审批前置中介服务事项尚未建立完整的目录清单。

（三）个别地方和企业未严格落实淘汰化解产能相关要求。审计的20户中央企业中，有3户未按规定全面淘汰落后产能，其中中国建材未淘汰落后水泥产能600万吨，还租用外部水泥企业139万吨落后产能扩大生产。审计18个省发现，至2016年底，有3个省未按要求关闭或违规批复67处煤矿、涉及产能1259万吨，违规为在建项目办理备案手续、涉及炼铁产能133万吨。

（四）有的政府投资基金和支持小微企业措施未达预期效果。抽查的16个省至2016年底设立政府投资基金235只，实际到位资金中引入社会资本仅占15%；有的基金运作市场化程度不高，其中122只基金的管理公司由政府部门直接指定，103只基金的管理公司有342名高管或投委会成员由政府部门直接指定或委派。抽查的7支小微企业增信集合债券贷出的31.59亿元募集资金中，有28.25亿元（占89%）被发债企业违规转贷，投向偏离了政策目标。抽查20个省的149个政府和社会资本合作收费公路项目中，有91个（占61%）流标或终止。

（五）部分地方政府债务增长较快，有的还违规举债。至2017年3月底，审计的16个省、16个市和14个县本级政府债务风险总体可控，但政府承诺以财政资金偿还的债务余额，较2013年6月底增长87%，其中基层区县和西部地区增长超过1倍；7个省、6个市和5个县本级2015年以来，通过银行贷款、信托融资等形式，违规举借的政府承诺以财政资金偿还债务余额有537.19亿元。同时，有4个省、2个市和2个县尚未成立政府性债务管理领导小组。

对审计指出的问题，有关部门和地方正在研究整改。

四、扶贫资金审计情况

持续跟踪审计扶贫资金管理使用和扶贫政策落实情况，并重点抽查20个省的158个国家扶贫开发工作重点县和集中连片特困地区县，抽查扶贫资金336.17亿元，占这些地区2016年财政扶贫投入的44%，涉及1216个乡镇、3461个行政村和2508个单位，还走访贫困家庭1.66万个。总体上，全国各地贯彻落实中央脱贫攻坚部署，坚持精准扶贫、精准脱贫，加大扶贫投入和资金整合力度，农村贫困人口减少1240万人，易地扶贫搬迁人口超过240万人，贫困发生率下降到4.5%，贫困地区农村居民收入增幅高于全国平均水平，贫困群众生活水平明显提高，贫困地区面貌明显改善。从重点抽查的158个县看，脱贫攻坚任务还十分艰巨，扶贫资金在一些地方具体使用中尚需进一步精准聚焦，个别地方存在扶贫举措不实等问题。

（一）有些地方精准识别等基础工作还不够扎实。有105个县的11.34万名建档立卡贫困人口基本信息不准确或未及时更新，有的已置办高档轿车、商品房等却未及时退出，个别村干部还采取分户拆户等方式将亲属纳入建档立卡对象。有些扶贫措施与困难学生资助、低保、医疗等政策衔接不够或数据不共享，有43个县的2.99万名贫困家庭子女未能按规定享受助学金等教育扶贫资助；有58个县的22.12亿元扶贫贷款和贴息补助未按规定使用；有55个县的367个易地搬迁和以工代赈项目存在前期论证不充分、扶助对象不精准、执行政策不严格等问题；健康扶贫政策在54个县未得到完全落实。

（二）有的地方存在追求短期效应倾向。有53个县的189个项目因脱离实际、管护不到位等，建成后改作他用或废弃，涉及扶贫资金1.41亿元；有24个县的56个项目与贫困户利益联结较弱，集中在龙头企业或合作社，存在“垒大户”“造盆景”现象，涉及扶贫资金5643.68万元；有32个县的81个项目在资金分配中搞简单“平均主义”，涉及补助1.33亿元；19个县已脱贫人口中，有1.7万人存在多计预期收益或义务教育、基本医疗、住房安全“三保障”未落实等被提前脱贫问题。

（三）基层扶贫资金统筹和监管还未完全到位。有119个县财政涉农资金统筹整合试点推进慢，基本还按原渠道、原方式，分头申报、实施和管理，其中84个县形成闲置资金19.54亿元，有6.23亿元闲置两年以上。资金日常监管还不严格，有96个县发生骗取套取、违规使用等问题297个、涉及扶贫资金3.81亿元；阳光化管理要求未能有效落实，有41个县的568个项目未按规定公开公示。

审计指出问题后，有关地方和部门已追回或盘活扶贫资金6.48亿元，促进完善规章制度42项，处理处分44人。

五、重点专项资金审计情况

（一）全国医疗保险基金审计情况。各地持续加强全民医疗保险工作，异地就医结算等服务管理不断完善，医疗保障能力稳步提高，但一些地方落实政策还不到位，基金管理仍存在薄弱环节。审计发现，至2016年6月，有2.65万家用人单位和47个征收机构少缴少征医疗保险费30.06亿元，还有95.09万名职工未参加职工医保；基金管理方面，有923家定点医疗机构、药店及少数个人涉嫌通过伪造诊疗资料、分解住院等骗取套取基金2.17亿元，有关单位还违规出借基金等1.2亿元；药价和收费也不尽合理，有474家医疗机构超过规定幅度加价销售药品和耗材5.37亿元，还有1330家医疗机构自定项目或重复收费等5.99亿元，加重了医保负担。

审计指出问题后，有关地方和单位追回或补充安排资金15.64亿元，调整会计账目14.07亿元。

（二）全国保障性安居工程跟踪审计情况。2016年，各地各部门积极推进安居工程及配套基础设施建设，通过创新棚户区改造融资方式、增加专项建设资金和信贷资金投放规模等措施，筹集资金规模同比增长37%，货币化安置力度持续加大，城乡居民居住条件明显改善，但一些地方仍存在资金使用和项目管理不规范问题。审计发现，至2016年底，因安居工程资金筹集拨付与建设进度不匹配等，有532.3亿元超过1年未及时安排使用，其中321.49亿元（占60%）是通过贷款、债券等筹集的；有10.31亿元被违规用于商品房开发、弥补办公经费、出借等；有4.21亿元被套取骗取或侵占。项目建设管理方面，有744个项目未严格执行设计、施工等招投标规定；有333个项目未严格执行监理、建筑强制性标准等要求，部分项目存在屋顶渗漏、墙面开裂等质量缺陷。

审计还发现，一些地方对保障对象的资格审核和后续监管不到位，有5.49万户不符合条件家庭得以通过审核，违规享受保障性住房1.57万套、补助1.61亿元；有3.36万户不再符合条件的家庭未及时退出，违规享受住房2.63万套、补贴1197.44万元；有5949套住房被违规转借、出租、销售或用于办公经营；还有12.87万套基本建成的住房因配套基础设施建设滞后，搁置1年以上无法交付使用。

审计指出问题后，有关地方和单位追回资金9.05亿元，取消或调整待遇1.91万户，清理收回住房3183套，处理处分315人。

（三）水利和粮食收储等涉农专项资金审计情况。从审计21个省和59个县相关资金管理使用情况看，随着财政投入力度加大，农业水利基础设施建设进度加快，粮食收储和价格形成机制逐步理顺，农业供给侧结构性改革稳步推进，但有些地方落实相关政策措施还未完全到位。抽查41个县的涉农水利建设项目中，有27个县的342个项目（涉及投资143.23亿元）建设未达计划进度，27个县已建成的105个项目（涉及财政投入15.01亿元）因管护不到位、配套设施不完备等效益不佳；抽查粮食收储情况发现，由于政策性粮食收储季短、手续烦琐，检验程序有的达到10道，走访的675户农民中仅有8户在收储点售粮；抽查的610.05亿元涉农资金中，发现违法违规和损失浪费问题78.8亿元（占13%），还有26.29亿元闲置，其中4.06亿元闲置两年以上。

审计指出问题后，有关地方补发、追回专项资金等2.58亿元，统筹整合1116万元，处理处分12人，完善规章制度9项。

（四）自然资源资产管理和节能环保资金审计情况。从审计40个地区自然资源资产管理和18个省节能环保资金使用情况看，有关地方加强环境保护和生态修复，积极推进节能环保重点任务和重大项目建设，资源能源利用效率明显提高，局部环境质量趋于好转，但一些地方自然资源资产开发利用和管理还不够严格。审计的40个地区中，有29个未经批准占用2947.14公顷耕地和2.1万公顷草原、林地，进行房地产开发或采矿等；11个地区已出让的1256.25公顷土地长期闲置，或用于国家明令限制、禁止供地的项目；林地、草原等自然资源资产核算口径不够衔接，抽查地方国土与林业部门公布的林地面积，差异最大的近6成，甚至出现将已退耕还林土地重新确权为耕地等情况；全国草原面积数据自20世纪80年代普查后未再更新，与有些地方现实情况存在差异，影响草原生态保护政策实施及相关财政补助分配的准确性。

审计还发现，有些节能环保项目推进缓慢、未达预期效果。抽查的1053个项目中，受设计变更、资金不足等影响，有31个未按期开工、155个未按期建成，还有9个建成后未达设计目标；抽查新能源汽车推广应用补贴情况发现，一些汽车产销企业采用自产自购、供应电池回购整车等手段获取财政补贴16.72亿元，延伸调查的66家企业中有30家年销量低于500辆；抽查相关专项资金管理使用情况发现，有1.86亿元财政资金被违规使用或套取，有31.58亿元资金闲置。

审计指出问题后，有关地方收回、归还、补拨和盘活资金11.09亿元，完善制度24项，恢复违规占用的草地、林地、耕地5749公顷，处理处分13人。

六、金融审计情况

从跟踪审计工商银行、农业银行等8家重点商业银行信贷投放情况看，这些银行加大重点领域信贷支持力度，加强风险监测预警和防控，金融服务能力进一步提升。审计发现的主要问题：

（一）资金投向仍需进一步优化。8家商业银行2016年信贷规模增长8.9%，但与企业生产经营联系密切的贸易融资有所下降，涉农贷款下降3.27%。办理续贷时部分银行出于风险控制的需要，要求先“还旧”再“借新”，贷款企业只得另行高息自筹资金过渡，延伸调查20家企业筹得过渡资金的年化利率平均27%。

（二）信贷发放和资产管理中存在违规操作问题。审计发现，8家银行的分支机构违规放贷和办理票据业务175.37亿元。在资产质量管理中，有些分支机构采用不及时调整贷款分类、新旧贷款置换、兜底回购式转让等方式，使不良资产信息披露不够充分。

此外，审计还发现，由于跨市场监管规则和标准还不衔接，个别保险公司与其他金融机构合作，通过万能险等筹资入市，影响资本市场秩序。

审计指出问题后，相关金融机构采取清收贷款、加固抵质押、完善手续等措施进行整改，修订制度和工作流程13项，处理处分70人。

七、中央企业审计情况

主要审计了中国石油、中化集团、中船集团等20户中央企业。这些企业加快转型升级，改进经营管理，推动低效无效资产退出，竞争力和影响力明显增强。审计发现的主要问题：

（一）部分企业业绩不实、负担较重。审计20户企业发现，有18户企业采取虚构业务、人为增加交易环节、调节报表等方式，近年累计虚增收入2001.6亿元、利润202.95亿元，分别占同期收入、利润的0.8%、1.7%。至2016年10月，9户企业认定的下属187家“僵尸”和特困企业处置难度较大；抽查所属企业“三供一业”（家属区供水、供电、供热和物业管理）分离移交事项中，有1348项未有实质进展。

（二）部分企业投资经营风险管控比较薄弱。抽查20户企业842项境内重大投资、股权收购、工程建设等业务发现，因决策失误、管理不善等，造成风险605.88亿元；抽查155项境外业务发现，因投资决策和管理制度不完善、调研论证不充分、风险应对不到位等，有61项形成风险384.91亿元；还发现超标准办会、购车、高档消费等问题5.19亿元。

审计指出问题后，有关企业通过整改，增收节支和挽回损失6.9亿元，建立完善规章制度651项，处理处分309人。

八、审计移送的重大违纪违法问题线索情况

上述各项审计中，发现并移送重大违纪违法问题线索600多起，涉及公职人员1100多人。这些问题有以下特点：

（一）国有资产资源和公共权力集中领域问题较多。上述问题中有70%发生在财政资金分配、投资并购、信贷发放、上市融资等审批决策和管理中，多与以权谋私、违规操作有关。如广东省经信委产业发展处原副处长景修元与乡镇业务经办人员等3人，利用审核申报材料之便，骗取并私分中央财政关闭小企业补助1200多万元。

（二）农副产品、黄金、药品等领域偷逃税问题呈多发态势。审计中发现涉嫌偷逃税65亿多元。这类问题多具有团伙化、跨区域特点，通常涉及上下游企业上百家，有的短期集中套票虚开后迅速注销，另设空壳企业或走逃异地继续实施，如在广东、海南等地注册的153家企业，涉嫌冒用其他企业的农产品等海关进口缴款书信息，申报抵扣增值税14亿多元。

（三）非法集资、洗钱等问题影响范围广。审计发现此类问题30多起，大多涉及多个省区，影响人数众多，主要是依托网络和电子技术手段，假借支持“三农”、养老互助等公益名义，或通过商品期货、虚拟货币、衍生工具、跨境理财等“高端”金融产品，吸收公众资金。有些企业和个人还虚构交易，在多个境内外银行账户间快速划转资金，涉嫌洗钱。

（四）民生领域“小官贪腐”问题较为突出。在扶贫、社保、生态环保等审计中发现此类问题300多起，涉及基层经办人员450多人，一般单起金额小、发生频率高，有关人员在立项申报、资金支拨等出入口容假掺假、冒名截留，验收检查搞“走过场”。如江西省南丰县精神病医院在新农合基金结算中，涉嫌盗用患者信息骗取基金309万元，并向3个县的农医局原局长行贿；重庆市云阳县凤鸣镇5名乡镇干部将10个扶贫工程等项目违规发包，验收时明知资料不完整、工程未达标仍予付款，从中获取好处69万元。

九、审计建议

（一）继续深化财税领域改革。建议：一是结合“放管服”改革推进，进一步合理划分中央与地方收入范围，推动形成权责清晰、更加有利于调动中央和地方两个积极性的财税体制。二是完善营改增相关政策措施，推动结构性减税效应充分显现；清理规范政府性基金，加大涉企收费清理力度。三是完善转移支付分配办法，明确转移支付分类标准和退出机制，继续清理整合专项转移支付。

（二）切实加强重点领域监管和风险防控。建议：一是加强跨部门、跨区域监管协作和信息数据共享，增强监管规则的协调性和监管标准的一致性，利用大数据技术提高监管效能。二是依法加强对化解过剩产能、脱贫攻坚、环境保护、境内外重大投资等领域的事中事后监管，确保重大政策措施落实到位。三是重点防范地方政府债务、不良资产、债券违约、影子银行、互联网金融等风险隐患，强化风险评估、预警和应急处置。

（三）着力提高财政管理水平和绩效。建议：一是加大财政资金统筹力度，预算安排时充分考虑结转结余和政策变化等实际情况，避免资金沉淀。二是优化财政支出结构，加大投入力度，着力解决制约经济发展和民生改善的短板，提高支出的精准度和有效性。三是严肃财经纪律，强化预算约束，不断健全财政支出绩效评价及反馈纠偏机制，对虚报冒领、贪污侵占、虚增业绩、铺张浪费等行为严肃问责追责。

本报告反映的是中央预算执行和其他财政收支审计发现的主要问题，有关具体情况作为附件印送各位委员，一并向社会公告。报告中的整改情况仅是截至目前的初步整改结果，有关部门、单位和地方对其他问题正在进一步整改落实中，审计署下一步将认真督促整改，国务院将在年底前向全国人大常委会专题报告整改的全面情况。

委员长、各位副委员长、秘书长、各位委员，我们将更加紧密地团结在以习近平同志为核心的党中央周围，全面贯彻落实党的十八大和十八届三中、四中、五中、六中全会精神，深入学习贯彻习近平总书记系列重要讲话精神和治国理政新理念新思想新战略，自觉接受全国人大的指导和监督，开拓进取、尽责担当，依法履行审计监督职责，更加扎实地把党中央、国务院各项决策部署贯彻好落实好，以优异成绩迎接党的十九大胜利召开！

国务院关于2016年度中央预算执行和其他财政收支审计查出问题整改情况的报告

——在第十二届全国人民代表大会常务委员会第三十一次会议上

审计署审计长　胡泽君

（2017年12月23日）

委员长、各位副委员长、秘书长、各位委员：

受国务院委托，我向全国人大常委会报告2016年度中央预算执行和其他财政收支审计查出问题的整改情况，请予审议。

党中央、国务院高度重视审计查出问题的整改工作，习近平总书记多次作出重要批示指示。李克强总理2017年7月主持召开国务院常务会议，专题研究部署2016年度中央预算执行和其他财政收支审计查出问题的整改工作，强调要限时按项逐条严肃整改，切实构建长效机制。据此，审计署组织全国1万多名审计人员，按照“谁审计、谁负责督促”的原则，按项逐条对《国务院关于2016年度中央预算执行和其他财政收支的审计工作报告》（以下简称《审计工作报告》）反映问题的整改情况进行跟踪督促检查，涉及31个省（区、市）、100多个中央部门和4000多家单位。各地方、部门和单位认真学习贯彻落实党的十九大精神，全面整改审计查出的问题，积极建立健全整改长效机制。

一、各地方、部门和单位认真组织部署落实整改

（一）*严格落实整改主体责任*。按照国务院部署，国务院办公厅转发了审计署2016年度中央预算执行和其他财政收支审计查出问题整改分工方案。相关地方、部门和单位严格落实整改分工方案要求，逐一制定整改台账，实行对账销号。各被审计单位能够切实承担整改主体责任，主要负责人均亲自召开党委（党组）会议或部务会议等专题部署整改工作，有的还成立了以主要负责人为组长的整改工作组。很多地方、部门和单位还把整改纳入督查督办，结合“两学一做”学习教育常态化制度化扎实推进。

（二）*认真履行行业主管责任*。针对审计查出的突出问题，有关主管部门依法承担主管事项的监督管理责任，指导、督促抓好整改工作，有的还组织开展全国范围的专项督查，积极推进健全相关领域和行业发展的长效机制。如国务院扶贫办会同财政部印发《关于认真做好158个贫困县扶贫审计发现问题整改工作的通知》（国开办司发〔2017〕27号）、国务院国资委印发关于进一步加大审计发现问题整改力度的通知，督促地方和企业认真及时落实整改要求。

（三）*积极健全整改长效机制*。各地方、部门和单位均报告了解决审计查出问题长效机制的建立情况，一些地方建立完善了整改协调机制，做到任务、责任、时间节点“三明确”，增强整改合力。如重庆市扶贫办等12个市级主管部门加强协作，建立集中联合督促整改扶贫问题机制；有6个省（市）建立了由社保、卫生、财政、公安等部门组成的省级医保整改工作领导（协调）小组，统管全省医保整改工作。

（四）*强化整改结果运用*。相关部门和单位坚持以整改为契机，举一反三，认真查找管理漏洞和薄弱环节，加强制度建设和规范管理。如国家铁路局结合整改，研究制定了事业单位党委工作规则、政府购买服务指导性目录等多项制度；国家卫生计生委等部门还专门制定了整改工作办法，将审计结果及整改情况纳入干部考核、任免、奖惩等评价内容，对整改不力的单位和人员追责问责。

二、审计工作报告反映问题的整改情况

截至2017年10月底，有关地方、部门和单位通过上缴国库、补征（缴）税款、收回贷（借）款和结转结余、加固抵（质）押等方式整改问题金额4872.5亿元，能够按金额计量的问题整改率（下同）达到95%；处理处分相关责任人员8123人次，制定完善预算和财务管理、境内外投资、司法保障等制度2476项。

（一）中央财政管理及决算草案审计查出问题的整改情况。

1.关于部分事项未在决算草案中反映的问题。财政部修订了有关收益上缴方案，从2017年起调整决算报表格式反映上述事项，其中对2016年决算少列报当年外债发生额的问题，财政部在当年决算草案中对数据差异作了说明。

2.关于部分预算分配和管理还不够规范的问题。

一是对部分项目预算安排未充分考虑上年执行情况的问题。财政部在2017年预算编制中，除保留个别项目并压减代编规模外，对审计指出的其余项目不再代编预算；同时要求部门在申请下一年度预算时，统筹考虑结转结余情况，对结转较多的项目减少2018年预算安排，并及时收回结转结余资金。

二是对部分预算安排方式与政策要求和实际情况不完全相符的问题。国家发展改革委2017年取消了物流业转型升级专项，进一步调整优化中央基建投资，避免财政资金直接投向竞争性领域；对文化产业发展专项直接投向竞争性领域的问题，财政部2017年进一步降低了采取这种方式安排资金的比例，更多通过市场化方式支持文化企业发展。对批复10个部门14个项目预算12.02亿元当年仅执行1%的问题，财政部督促相关部门加快了执行进度，推动重点项目及时完成，并印发通知优化中央本级预算调剂等事项的工作流程，提高办理效率；对确认不能执行的项目结余资金435.75万元，已发文要求上缴财政。

三是对部分中央基建投资安排不规范、项目推进慢的问题。国家发展改革委通过调整投资计划、收回投资、加快实施进度等方式，整改问题金额20.65亿元；印发通知要求加快工作进度，提前开展下一年度投资计划编报工作，促进提高年初细化比例；完善投资计划下达系统模块，加大与财政部对账频率，避免出现工作不衔接等情况；督促有关项目单位加快进度，对确实无法实施的项目调整收回投资计划，已促进329个项目开工或完工，有24个项目调整投资计划，盘活财政资金27.84亿元。

3.关于转移支付管理还不完全适应改革要求的问题。

一是对一般性转移支付与专项转移支付界限还不够清晰的问题。财政部在编制2018年预算时，将进一步清理具有指定用途的一般性转移支付，并会同国家发展改革委研究规范中央基建投资预算分配管理。

二是对专项转移支付退出机制还不健全的问题。财政部已明确要求取消政策到期的转移支付项目或支出方向，如需继续实施应按程序报批；加强专项转移支付清理整合，专项转移支付数量由2016年的94个下降到76个。

三是对有些专项资金安排交叉重叠的问题。部门层面，国家发展改革委加大对属于中央财政事权重大工程项目的支持力度，财政部加强统筹衔接、避免资金投向重叠。司局层面，国家发展改革委将原由农经司安排的国有林区、垦区棚户区配套基础设施投资补助，纳入保障性安居工程配套基础设施专项统筹安排；对地区司、环资司同时安排污水和垃圾处理设施建设补助的问题，将抓紧修订相关政策文件，进一步细化补助标准，同时将建立项目联合审查机制，对可能重复安排的项目在下达前先行对接，避免类似问题再次发生。

四是对有些专项转移支付管理不够严格的问题。财政部分配的3个专项中，2017年已取消人工影响天气补助专项，对就业补助和农业综合开发补助等2个专项严格按因素法等要求分配。

4. 关于财税领域部分事项改革亟待深化的问题。

一是对“营改增”相关配套措施还不够完善的问题。全面推开“营改增”试点以来，财政部会同相关部门，合理确定建筑、金融、房地产和生活服务等4个新增行业的适用税率，起草完成全面推开试点方案；牵头建立全面推开“营改增”试点部际联席会议制度，按照“边试点、边完善”的思路，先后发布8个补充文件。税务总局分5批下发53个文件，解决了74个“营改增”试点政策执行中存在的普遍性问题，推出了160余项简化征管和优化服务的措施。对增值税进项与销项税率倒挂的问题，财政部、税务总局联合印发《关于简并增值税税率有关政策的通知》（财税〔2017〕37号），自2017年7月1日起取消13%的税率、改按11%税率征税；对国家重点鼓励的一些特殊行业，将制定临时性期末留抵退税政策。对向个人采购难以获得增值税专用发票的问题，税务总局推行小规模纳税人网上申请代开增值税发票，并将住宿、鉴证咨询、建筑等行业小规模纳税人纳入自行开具增值税专用发票试点。对建筑业简易计税优惠政策难以全面落实、税负有所增加的问题，税务总局发布《关于进一步明确营改增有关征管问题的公告》（2017年第11号），明确了建筑安装企业销售自产货物、异地预征、税款抵扣、审批时限等政策；联合财政部印发《关于建筑服务等营改增试点政策的通知》（财税〔2017〕58号），明确了部分甲方供材项目的计税方法，联合住房城乡建设部印发《关于做好建筑行业营改增试点工作的意见》（税总发〔2017〕99号），切实保证改革政策措施落地。

二是关于政府购买服务改革部分措施不到位的问题。财政部已编制完成5个部门政府购买服务指导性目录范本，加快编报审核进度，2017年底前将基本完成其他部门指导性目录；要求中央部门编制2018年部门预算时报送政府购买服务支出表；批复2018年部门预算时将对部门开展政府购买服务相关事项予以明确；开展了对地方政府购买服务工作的督查，把分级分部门编制政府购买服务指导性目录作为督查重点，北京、天津、辽宁、湖北、宁夏等省份已完成全部省级部门的指导性目录编制工作，其他大多数省份已有若干省级部门出台了指导性目录。下一步，财政部将继续督导、加快推进。

（二）中央部门预算执行审计查出问题的整改情况。

《审计工作报告》反映的73个部门及其332家所属单位问题，各部门单位已通过上缴财政、归还原资金渠道、调整账目等方式整改84.41亿元，整改率92%，并制定、修订规章制度201项。

1. 关于预算及资产资金管理还有薄弱环节的问题。对预决算编制不够准确、虚列支出的问题，29个部门和58个所属单位整改15.54亿元。对违规出租出借办公用房或设备的问题，11个部门和38个所属单位整改7.9亿元，有的已停止出租出借。对虚假发票套取或账外存放资金的问题，2个部门和19个所属单位已整改9386.26万元；对违规出借资金或购买理财产品等问题，8个所属单位已收回资金5.26亿元。对未严格执行政府采购规定、会计核算不规范等问题，60个部门和308个所属单位已整改52.39亿元。

2. 关于个别部门公务用车、会议管理和办公用房清理等工作还不够到位的问题。对公务用车问题，均已通过退回车辆、归还原资金渠道等方式整改完毕，其中退回无偿占用或超编制配置的公务用车48辆。对会议管理问题，已通过归还原资金渠道、完善相关制度等方式全部整改完毕，其中转嫁的会议费59.2万元已归还原单位。对办公用房问题，相关单位通过清退、调整或封存超标办公用房等方式全部整改完毕。

3. 关于利用部门影响力或行业资源违规收费的问题。对违规收费问题，3个部门和24个所属单位已停止或取消违规收费项目，安全监管总局和中国设备管理协会等8个所属单位出台或修订相关规章制度规范收费行为；质检总局两次下发文件，要求加强培育和引入社会检疫处理单位，截至2017年10月底，35个直属局辖区内增加系统外检疫处理单位12家，系统内检疫处理单位收费标准降低10%。

（三）国家重大政策措施落实跟踪审计查出问题的整改情况。

1. 关于“放管服”改革有些具体措施尚未完

全落地的问题。对未按要求取消、下放的21项审批认证等事项，已取消或下放14项，清理优化5项，停止办理2项。对下放或取消后未能有效承接或监管未及时跟进的11项行政审批和中介服务事项，国家发展改革委等5部门通过增加经费保障、制定指导性文件、主动优化调整办理程序等，强化11项行政审批事项承接能力和监督，其中对限额以上项目进口设备免税事项，国家发展改革委、海关总署要求各地缩短销保办理时间，相关企业缴纳的21.24亿元税款担保金已基本完成销保手续，投资总额5000万元以上的内资鼓励类项目进口设备，11月1日起直接办理减免税手续；海南省食品药品监管和工商部门加强监管数据互联互通，对药品和医疗器械生产经营企业形成联合监管；河北省收回市县暂时无力承接的1项行政许可事项。此外，对部分网上办事系统在线办理效率不高的问题，能源局完善在线审批平台，编制服务指南，已实现能源项目审批“一个窗口”受理和网上办理；抽查的吉林省14家医院中有10家已完成信息系统建设并投入使用，另4家正在安装调试或加快建设。

2. 关于涉企收费管理机制还不够健全的问题。相关地方已退还收费1353.74万元，废止涉企收费文件2项，处理处分8人次。如湖南省郴州市不仅退还审计查出的全部问题金额，还自查并退还价格调节基金等4项收费347.8万元。按照国务院部署要求，国家发展改革委已会同财政部、工业和信息化部、民政部等在全国范围持续清理规范涉企经营服务性收费。截至2017年10月底，有关部门、地方已为企业减负合计1710亿元，提前完成全年减负1700亿元的目标。此外，行政审批中介服务事项由国务院审改办负责清理并公布目录清单，目前中央层面已没有政府定价的行政审批中介服务事项。

3. 关于个别地方未严格落实淘汰化解产能相关要求的问题。中国建筑材料集团有限公司、东风汽车公司已通过淘汰、停止租用落后产能整改完毕；中国船舶工业集团公司制订了淘汰落后产能计划，正在分批次逐步清理。对未按要求关闭或违规批复煤矿问题，相关地方采取撤销新增产能初步设计批复、签订产能置换协议等方式，对违规新增产能的25家煤矿进行清理整顿；对与大型煤矿、饮用水水源保护区或自然保护区重叠的42家煤矿，已采取关闭封井、场地恢复等整改措施。

4. 关于有的政府投资基金和支持小微企业措施未达预期效果的问题。对有的政府投资基金未达预期效果问题，相关地方通过加快推进投资基金设立步伐、参股设立子基金、支持重点领域建设和实体经济发展等方式，进一步带动社会资本投入；建立投资基金管理公司筛选审查管理机制，出台和修订相关投资基金管理办法，推动基金市场化和专业化运作；财政部、国家发展改革委共同修订《政府投资基金管理暂行办法》，强化信用约束和投资项目对接服务，创新政府投资基金事中事后监管模式，并将严格控制新设政府投资基金，清理整合已设立的政府投资基金，明确政府有关部门与基金管理机构的责权利关系，加强财政监管。对存在违规转贷行为的小微企业增信集合债券，国家发展改革委将小微企业债券列为年度重点关注事项，加强存续期监管，督促发行人和银行将资金切实用于小微企业生产经营；相关地方要求发行人及小微企业严格按照债券募集说明书规定使用资金，已限期收回违规使用资金10.04亿元，对部分资金将按照相关规定对小微企业进行筛选，重新委托贷款给符合标准的小微企业。对政府和社会资本合作收费公路项目，有37个项目经调整后以政府与社会资本合作模式推进建设运营，44个项目改由地方政府所属企业建设运营，10个项目积极推进解决遗留问题。

5. 关于部分地方政府债务增长较快、有的还违规举债问题。财政部强化风险评估、预警和应急处置。一是落实地方政府属地管理责任，要求严格遵守政府债务管理制度，提升风险防控能力；二是加强地方政府债务风险警示，核查地方政府违法违规融资问题并公开曝光典型案例；三是进一步摸排债务风险，会同有关部门部署地方清理整改违法违规融资担保问题。审计署在政策落实情况跟踪等审计中，始终关注地方政府债务管理情况，及时发现和报告相关情况。对《审计工作报告》反映的其他地方政府债务问题，相关地方也积极推进整改。对组织管理问题，4个省、2个市和2个县均已按规定成立政府性债务管理领导小组；对违规举债问题，相关地方通过终止或修改协议、撤销承诺函及提前偿还等方式整改253.5亿元；对其余283.69亿元违规举债余额，相关地区与债权人进行协商，制订了整改方案。

（四）扶贫资金审计查出问题的整改情况。

截至2017年10月底，各地通过追回、盘活或避免损失等方式整改32.68亿元，有970人被追责问责，93%的问题得到整改。

1. 关于有些地方精准识别等基础工作还不够扎实的问题。被审计的各县共剔除和清退不符合建档立卡贫困人口10.18万人，重新识别补录贫困人口9.51万人，完善建档立卡数据信息21.68万人，从2018年起实现贫困识别常态化管理。一些地方建立了扶贫对象收入财产与公安、民政、工商、税务等部门大数据比对机制，切实提高贫困对象识别精准度。同时，相关地方扶贫部门加强与教育、金融、卫生等部门和单位的信息共享，积极筹措补助资金，落实财政风险补偿与担保机制等，已按规定向符合条件的贫困家庭发放补助或退还资金4.01亿元，收回违规使用的贷款及贴息补助等2.52亿元；各地共推动精准扶贫政策落实316项，细化或完善制度324项。

2. 关于有的地方存在追求短期效应倾向的问题。对项目建成后改作他用或废弃涉及的1.41亿元扶贫资金，相关地方通过追回资金、责成修补、落实后期管护责任等方式已全部整改。对“垒大户”、“造盆景”、搞简单“平均主义”等问题，相关地方通过追回或补发资金、完善与贫困对象利益联结机制、拓宽精准帮扶渠道等方式，已整改1.88亿元；对“被提前脱贫”人口逐一核查，将不符合政策要求的脱贫人口重新纳入贫困人口或给予财政补助，规范脱贫退出公示公开。同时，国务院扶贫办多次部署开展建档立卡“回头看”等工作，着力解决扶贫工作中的形式主义等问题。财政部会同农业部、国务院扶贫办印发《关于做好财政支农资金支持资产收益扶贫工作的通知》（财农〔2017〕52号），要求各地创新资产收益扶贫机制，通过“保底收益＋按股分红”等模式，切实完善产业扶贫项目与贫困对象的利益联结机制，防止“泛福利化”和“平均主义”。

3. 关于基层扶贫资金统筹和监管还未完全到位的问题。对财政涉农资金统筹整合试点推进慢的问题，财政部、国务院扶贫办印发了《关于做好2017年贫困县涉农资金整合试点工作的通知》（财农〔2017〕4号），对2016年整合试点工作进行了分类排序和通报，指导和督促各地加快推进，同时还联合组织开展了2017年贫困县涉农资金整合专项督查工作。相关地方将社会帮扶资金纳入财政统一管理统筹使用，通过约谈通报、召开项目调度会等措施，已统筹盘活19.8亿元。对资金日常监管还不严格的问题，相关地方已追回被骗取套取、截留挪用资金1.95亿元，并通过加强项目后续管理、完善资金审批手续等方式整改1.11亿元，追责问责412人次。对阳光化管理要求未能有效落实的问题，相关地方通过网站、村务公开栏、公示公告牌等方式，对项目安排全过程进行公示公告。

（五）重点专项资金审计查出问题的整改情况。

1. 全国医疗保险基金审计查出问题的整改情况。截至2017年10月底，相关地方通过补缴补征医保费、归还原资金渠道等方式整改问题金额43.25亿元，整改率97%。其中：对少缴少征医疗保险费的问题，已通过补缴补征或完善征缴办法等整改28.68亿元；对未参加职工医保的问题，通过将相关人员纳入职工医保、完善制度等整改33.16万人；对骗取套取、违规出借基金的问题，已通过收回资金、制订还款计划、移送公安或主管部门处理等整改3.35亿元；对药价和收费不合理的问题，通过收回资金、完善收费制度等整改11.22亿元；处理处分505人次，制定完善制度618项。

2. 全国保障性安居工程跟踪审计查出问题的整改情况。截至2017年10月底，各地已整改问题金额494.6亿元，整改率93%；处理处分1363人次，制定完善制度709项。

一是关于资金管理使用方面的问题。超过1年未及时安排使用的资金中，有479.8亿元已安排使用；被违规使用或骗取、套取、侵占的资金中，有13.74亿元已上缴国库、归还原渠道或移交司法机关处理等。对项目建设管理方面的问题，未严格执行设计、施工等招投标规定的项目中，有703个通过行政处罚、补办手续和完善制度等进一步加强管理；未严格执行监理、建筑强制性标准等要求的项目中，有319个已通过修缮加固等方式整改。

二是关于保障对象资格审核和后续监管不到位的问题。不符合条件或不再符合条件的家庭中，有8.49万户被取消保障资格或调整保障待遇等，追回违规领取的补助补贴1.03亿元；被违规享受或使用的住房中，有3.61万套通过腾退置换、提高租金、补收差价、调整住房性质等方式进行整改；因配套基础设施建设滞后无法交付使用的住房中，有11.4万套完善后投入使用。

3. 水利和粮食收储等涉农专项资金审计查出问题的整改情况。已整改问题金额217.25亿元，整改率92％。其中：未达计划进度或效益不佳项目涉及投资中，有152.06亿元通过加强项目科学管理、严格项目施工流程等方式进行整改；对违法违规和损失浪费问题，有65.19亿元通过上缴、归还、盘活等方式进行整改。对粮食收储中存在的问题，相关部门和地方全面加强粮食流通监管，完善粮食流通体制。同时，相关地方还处理处分62人次，完善相关制度74项。

4. 自然资源资产管理和节能环保资金审计查出问题的整改情况。对未经批准占用耕地、草原、林地的问题，相关地方通过恢复土地原状、完善用地手续、调整规划等方式，整改违规占用的耕地2806.78公顷、草原和林地1.99万公顷。对土地长期闲置等问题，相关地方督促加快项目开发进度，收回闲置土地766.02公顷，责令企业缴纳土地闲置费或出让金480.3万元，还有378.76公顷土地已商定项目开（竣）工时间或正在明确处置方案。对有些节能环保项目推进缓慢等问题，相关地方加快项目实施进度，已开工或建成102个、发挥效益4个；有31个拟调整或取消的项目已上报审批，36个项目明确了完工时限。对相关专项资金被违规使用或套取的问题，相关部门已全部整改；对一些汽车产销企业采用自产自购、供应电池回购整车等手段获取财政补贴问题，工业和信息化部、财政部会同地方全面核查了新能源汽车推广应用情况，对涉及问题的19家企业分别实施了追回资金、罚款、取消补贴申报或生产资质、停产整顿等措施，同时对相关人员进行了追责问责。抽查相关专项资金发现的闲置资金中有23.32亿元已拨付至项目实施单位或收回，有2.33亿元将按项目进度拨付。同时处理处分226人次，完善相关制度47项。

（六）金融审计查出问题的整改情况。

截至2017年10月底，8家重点商业银行已整改问题金额175.37亿元，处理处分73人次，制定完善制度43项。

1. 关于资金投向仍需进一步优化的问题。8家重点商业银行严格执行涉农及扶贫金融服务倾斜政策，切实加大“三农”支持力度；认真落实银监会关于做好2017年小微企业金融服务工作等要求，制定完善相关配套制度文件，优化续贷业务办理流程；建立普惠金融事业部，调整内部考核机制，进一步提升小微和涉农业务金融服务效率。

2. 关于信贷发放和资产管理中存在违规操作的问题。8家重点商业银行按照监管部门统一部署进行自查，重点排查违规放贷、贷款“三查”不严、信用风险暴露不充分等问题，对屡查屡犯的问题加大问责力度。对违规放贷和办理票据业务问题，相关银行通过回收贷款、加固抵（质）押、加强贷后监管等措施已整改完毕，其中收回贷款45.87亿元。对资产质量管理问题，在自查基础上，准确分类、有效管控风险，并按要求披露信息。

（七）中央企业审计查出问题的整改情况。

1. 关于部分企业业绩不实的问题。国务院国资委将问题分类梳理，建立分工督导机制；要求企业层层落实整改责任，按照制度未完善、资金未追回、责任未落实的“三个不放过”原则，切实抓好整改，对问题性质严重的严肃问责。相关企业坚持边审计、边整改，在全国人大常委会听取审计工作报告当天即向社会公告了整改结果。截至2017年10月底，对业绩不实问题，相关中央企业采取调整账目报表、中止违规业务、追究责任、清退追回资金等措施整改完毕，其中：已调整账目报表1790.88亿元，清退追回违规资金3159.82万元，处理处分149人次，完善规章制度75项。

2. 关于部分企业投资经营风险管控比较薄弱

的问题。对境内业务风险问题，相关企业通过采取诉讼清收、追究责任、完善制度等方式，已整改问题金额581.66亿元；对境外业务风险问题，已整改问题金额371.6亿元。此外，对超标准办会、购车、高档消费等问题，相关企业已整改5.07亿元。同时，共处理处分652人次，建立健全相关制度341项。通过整改，共挽回损失12.74亿元。

三、建立健全长效机制情况

各地方、部门和单位按照党中央、国务院决策部署，认真落实习近平总书记和李克强总理重要指示精神，深入研究分析审计揭示的体制机制问题，着力建立健全长效机制。截至目前，有关方面共制定出台、修订完善规章制度2476项，涵盖审计查出问题涉及的各个领域。

（一）进一步深化财税领域改革。

1. 推动形成有利于调动中央和地方两个积极性的财税体制。财政部按照《国务院关于推进中央与地方财政事权和支出责任划分改革的指导意见》（国发〔2016〕49号）的相关要求，会同外交部、教育部、国家卫生计生委等部门积极推进分领域改革。同时，财政部正在按照深化财税体制改革总体方案要求，综合考虑税种属性，在保持中央和地方财力格局总体稳定的前提下，研究制订中央和地方收入划分改革总体方案。

2. 推动结构性减税降费效应充分显现。财政部、税务总局印发《关于简并增值税税率有关政策的通知》（财税〔2017〕37号）、《关于扩大小型微利企业所得税优惠政策范围的通知》（财税〔2017〕43号），税务总局印发《关于进一步深化税务系统“放管服”改革优化税收环境的若干意见》（税总发〔2017〕101号），促进形成减税效应和长期效应。财政部建立完善全国政府性基金和行政事业性收费目录清单“一张网”，并予以公示，明确清单外的收费一律不得收取，取消或停征43项行政事业性收费，降低7项收费标准；取消工业企业结构调整专项资金；取消2项政府性基金、扩大1项免征范围，授权地方自主减免2项政府性基金。国家发展改革委正在按照“横到边、竖到底”的要求，对“三项收费目录清单”进行系统梳理整合，实现中央和地方政府定价管理的经营服务性收费一张清单，将于年内对社会公布；清单内一律实行市场调节价格，实施清单动态调整机制，增强收费透明度，接受社会监督，以进一步减轻企业负担、激发市场活力、促进实体经济发展。

3. 推动继续清理整合专项转移支付。财政部取消了政策到期的转移支付项目或支出方向，以及绩效低下或不适应形势的专项等；在布置编制2018年至2020年中央对地方转移支付支出规划和2018年预算时，要求每年选取一定比例的转移支付开展评估，推动建立转移支付评估退出机制；根据分领域财政事权和支出责任划分改革进展，调整与事权属性不一致的转移支付资金。

（二）进一步提高财政管理水平和绩效。

1. 推动加大财政资金统筹力度。财政部印发《关于进一步完善中央部门项目支出预算管理的通知》（财预〔2017〕96号）等，着力健全结转结余资金管理的制度体系。预算编制中，要求充分预计结转资金，将其与下一年度预算统筹安排；预算执行中，督促中央部门加强对结转资金的跟踪分析，对当年预计无法支出的，及时调剂用于其他急需支出，并将结转资金纳入对中央部门预算管理的考核。

2. 推动提高财政支出的精准度和有效性。财政部、国家发展改革委等部门在预算分配、项目安排中减少了一般性支出和对竞争性领域的支持，确保财力向基本公共服务事业、困难地区和基层倾斜。国家发展改革委加强重大项目建设事前指导，确保支持的项目前期工作成熟，并建立项目日常监管工作机制，保证项目顺利推进。

3. 推动强化预算约束。财政部建立重点绩效评价常态机制，要求中央部门将绩效评价指出问题的整改措施报财政部，进一步加大绩效评价结果及整改情况的公开力度；对中央本级项目支出开展全面绩效自评，部分自评结果向全国人大报告并向社会公开；中央部门积极推进定额标准、经费管理、绩效评价、预算公开等管理改革，预算管理进一步规范；对专项转移支付绩效评价工作，财政部计划从2017年开始用5年时间对所有专项转移支付开展重点绩效评价，逐步扩大向全国人大报送绩效评价报告的范围，并推进公开。同时，严格执行审批制度，落实各级审核责任，加强财政监督检查，严肃追责问责。

（三）进一步促进重大政策措施贯彻落实。

1. 推动“放管服”改革具体措施落地。对限额以上项目进口设备免税确认事项的问题，国家发展改革委明确内资企业投资建设的项目合规且进口自用设备不在《国内投资项目不予免税的进口商品目录》内的，均可享受该政策，同时简化工作程序，海关对企业申请材料审核后，可直接办理减免税手续。对小微企业增信集合债券，国家发展改革委坚持简化企业债券申报程序，着力加强风险防范和改革监管方式。

2. 推动落实淘汰化解产能相关要求。对中央企业未全面淘汰落后产能问题，工业和信息化部支持优势企业搭建产能整合平台，推进联合重组，探索设立主动退出过剩产能奖补专项资金，开展水泥行业转型发展试点；财政部安排奖补资金，加大对钢铁、煤炭行业化解过剩产能的支持引导力度。对相关地方未关闭或违规批复煤矿等问题，国家发展改革委会同有关部门印发《关于认真抓好钢铁煤炭行业去产能目标任务和政策措施落实的通知》（发改运行〔2017〕1319 号），对淘汰落后产能、控制新增产能、监督问责等作出全面规定；与新华社合作研究建立钢铁煤炭行业去产能舆论监督机制，并组织开展专项复查。

3. 推动自然资源资产利用和保护。对违法占地和土地闲置问题，国土资源部修订了建设用地审查报批管理办法，改进了建设用地审批流程，完善了常态化执法检查机制和部门协同推进工作机制，并通过强化土地供应合同约束、土地闲置信用约束和考核监管等机制，推进闲置土地处置。对新能源汽车推广应用问题，工业和信息化部、财政部、科技部、国家发展改革委等部门印发了《关于进一步做好新能源汽车推广应用安全监管工作的通知》（工信部装〔2016〕377 号）、《关于调整新能源汽车推广应用审批责任有关事项的通知》（财建〔2016〕877 号）、《关于调整新能源汽车推广应用财政补贴政策的通知》（财建〔2016〕958 号）等文件，规范产业发展秩序，调整完善补贴政策，提高生产准入和购置补贴技术门槛，改进资金拨付方式，明确各级监管责任，加大违规惩罚力度。

（四）进一步强化重点领域监管和风险防控。

1. 推动跨部门、跨区域监管协作。人民银行牵头成立综合统计、信息共享等工作组，银监会、证监会、保监会积极参与。国土资源部将在新一轮全国土地调查工作中，与农业部、国家林业局等部门对接，推动解决林地、草原数据不衔接问题。税务总局利用大数据技术，推进风险分析、识别及应对工作，有效查处涉票案件，2016 年以来向基层推送涉税风险企业 27 万户、增收 500 多亿元。

2. 推动规范地方政府债务监管和融资机制。财政部、国家发展改革委、司法部、人民银行、银监会、证监会联合印发《关于进一步规范地方政府举债融资行为的通知》（财预〔2017〕50 号），进一步健全规范地方政府举债融资机制，严格规范金融机构接受担保等行为。财政部印发《关于坚决制止地方以政府购买服务名义违法违规融资的通知》（财预〔2017〕87 号），设立“正面清单”和“负面清单”，严禁变相举债；印发《关于试点发展项目收益与融资自求平衡的地方政府专项债券品种的通知》（财预〔2017〕89 号），会同相关部门印发《地方政府土地储备专项债券管理办法（试行）》（财预〔2017〕62 号）、《地方政府收费公路专项债券管理办法（试行）》（财预〔2017〕97 号），逐步建立健全规范的地方政府举债融资机制。

3. 推动防范化解金融风险隐患和境内外国有资产经营风险。银监会强化信用风险管控，推动商业银行不良贷款企稳，依法进一步扩大银行的自主经营权；财政部研究完善呆账核销、贷款减免等制度，加快不良资产处置进度；商务部牵头起草的《关于规范企业海外经营行为的若干意见》和《关于改进境外企业和对外投资安全工作的若干意见》已经中央全面深化改革领导小组会议审议通过，同时建立健全境外投资“双随机、一公开”抽查工作机制，对企业境外投资发现的问题，必要时录入全国信用信息共享平台，实施联合惩戒；国务院国资委正按国务院部署，积极稳妥推进中央企业降杠杆减负债，推动中央企业资产负债率总体持续稳中有降，促进高负债企业负债率逐步回归合理水平。

（五）进一步织密织牢民生资金安全网。

1. 推动完善扶贫工作机制。财政部、国务院扶贫办等6部门修订了《中央财政专项扶贫资金管理办法》（财农〔2017〕8号）、《财政专项扶贫资金绩效评价办法》（财农〔2017〕115号），各地结合当地实际作了进一步细化，夯实脱贫攻坚基础工作，强化基层监管。国务院扶贫开发领导小组脱贫攻坚期内每年组织开展省级党委和政府扶贫开发工作成效考核、脱贫攻坚督查巡查和贫困县退出评估，确保贫困退出有序推进，脱贫结果真实可信。相关主管部门制定了易地扶贫搬迁、教育扶贫、金融扶贫等精准扶贫政策考核管理等制度，并定期组织开展督查。

2. 推动完善医疗和住房保障机制。相关部门和地方全面推行药品购销“两票制”和取消公立医院药品加成；健全对定点机构的长效监管机制，实现“能进能出”的动态管理；深化医保支付方式改革，加快推进全国联网和异地就医直接结算；大力推进医保智能监控系统、医疗机构和医务人员诚信体系等建设，提升信息化实时监管能力。银监会督促银行优化信贷流程，建立责任倒查机制，促进依法合规使用安居工程资金；住房城乡建设部会同有关部门印发了《关于进一步做好公共租赁住房有关工作的意见》（建保〔2017〕111号）、《关于加强和完善建档立卡贫困户等重点对象农村危房改造工作若干问题的通知》（建村〔2017〕192号）。

3. 推动完善涉农工作机制。对粮食收储问题，国家发展改革委、国家粮食局等部门研究起草了完善制度创新方式加强粮食流通监管的意见，并对当年的粮食收储工作专门提出要求。财政部会同水利部印发《中央财政水利发展资金绩效管理暂行办法》（财农〔2017〕30号），建立以绩效评价结果为导向的资金分配机制；研究起草了进一步加强水利工程建设管理工作的通知，强化项目建设、管理和监管责任，保障资金使用效果。

4. 推动完善规范的权力运行机制。相关主管部门建立了重大案件、重大问题的联防联控机制，推行联动执法，严厉打击侵害群众利益等问题。如国务院扶贫办建立了与纪检监察、财政、审计、检察等部门的协作配合机制，充分发挥监督合力；加大对违纪违法典型案例曝光通报力度，在全国持续开展警示教育。

5. 推动建立审计发现问题整改的长效机制。按照国务院部署，审计署在有效衔接和细化既有制度规定、进一步固化成熟做法和经验的基础上，研究起草了关于建立健全审计发现问题整改长效机制的若干意见（征求意见稿），从健全整改工作领导机制和日常机制、完善整改情况报告公告制度、强化整改责任落实和结果运用等方面，明确了被审计单位的整改主体责任，加大了追责问责力度。

四、部分问题未完成整改的原因及后续措施

从整改情况看，尚有少部分问题未得到全面纠正，原因比较复杂，主要有以下几种情况：

（一）属于体制机制制度问题，涉及改革中长期目标，需要通过不断深化改革逐步解决。对一般性转移支付中具有指定用途的资金较多，专项转移支付清理整合不到位等问题，财政部、国家发展改革委等部门不断加大工作力度，逐年健全完善管理，但此类问题的彻底解决，根本上还需要进一步推进中央与地方财政事权和支出责任划分改革，短期内还难以一步到位；对部分预算收支在三本预算中的归属不够明确、安排不够合理的问题，涉及政府预算体系建设的最终目标，目前，财政部等部门正在研究修订预算法实施条例，进一步深化预算管理制度改革，改进和完善现有预算管理模式。

（二）属于历史遗留问题，涉及面广，整改工作还面临一些困难。对企业“三供一业”分离移交、“僵尸企业”和特困企业处置问题，相关企业正加大推进力度，按照有关时间节点要求倒排工期，持续推进处置工作，由于涉及职工安置、资产处置等，推进中还存在一定困难；对存量资金的清理整合工作，因部分项目立项时间跨度大、历史遗留问题多，有待持续推进；对职工医保参保问题，由于部分企业经营困难、务工人员流动性大，需要逐一核实并通知本人，短期内难以彻底整改到位。

（三）客观情况确较复杂或外部条件尚不成熟，整改工作需要持续推进。对资金管理使用中被套取或损失浪费等问题，追回资金时由于涉及单位或个人数量众多，需要协作追缴或通过诉讼途径解决，在行政或法律程序上耗时较长；对违规出租出借办公用房问题，由于受租赁合同期限、违约金额等制约，以及承租方另找办公场所难度大等，难以立即清理腾空，需等合同到期后才能收回；对增值税进项与销项税率倒挂问题，目前全面实行期末留抵结转改退税的时机尚不成熟，财政部正在会同税务总局结合增值税立法工作统筹研究。

（四）个别问题涉及部门间沟通协调，需要一定时间履行必要程序。如中央基建投资计划和项目安排由国家发展改革委负责，相关预算安排和资金审核下达由财政部负责，对其长期作为1个专项转移支付管理、支出方向较多的问题，需要国家发展改革委与财政部共同研究规范。

对以上尚未整改到位的问题，相关地方、部门和单位对进一步整改作出了安排和承诺。一是分类实施整改。对确属历史遗留或整改难度较大的问题，通过不断深化改革、持续推进，作出明确安排并分阶段报告整改结果；对涉及主管部门审批、诉讼等外部因素的，加强统筹协调，形成合力，共同推进。二是加大督促力度。有关单位将进一步落实整改主体责任，逐项、逐条整改。相关部门将认真履行主管责任，加强整改督促，并把审计结果及整改情况作为考核和奖惩的重要依据，严肃追责问责。审计机关将进一步加大跟踪督促检查力度。三是着力构建完善各领域长效机制。按照中央全面深化改革的相关部署和要求，积极推进相关重大改革举措落实，坚持堵塞漏洞、举一反三，健全完善配套措施，切实建立健全适应新形势、新要求的体制机制。

对涉嫌违纪违法的事项，审计机关将查出的问题线索移送后，有关部门正在依纪依法调查处理。

委员长、各位副委员长、秘书长、各位委员，我们将更加紧密地团结在以习近平同志为核心的党中央周围，认真学习贯彻党的十九大精神，以习近平新时代中国特色社会主义思想为指导，按照党中央、国务院的决策部署，依法履行审计监督职责，诚恳接受全国人大常委会的指导和监督，为决胜全面建成小康社会、夺取新时代中国特色社会主义伟大胜利作出新的更大贡献。

附件：1. 4部门关于重点问题的整改情况报告（略）

2. 中央预算单位2016年度预算执行等情况审计查出问题的整改情况（略）

认真学习贯彻习近平总书记系列重要讲话精神 努力开创审计工作新局面

——在推进“两学一做”学习教育常态化制度化专题研讨班上的讲话

审计署党组书记、审计长　胡泽君

（2017 年 7 月 20 日）

同志们：

这次研讨班的主要任务是，深入学习贯彻习近平总书记系列重要讲话精神和治国理政新理念新思想新战略，推进“两学一做”学习教育常态化制度化，并对做好当前和今后一个时期的审计工作进行研究探讨。

2017 年 4 月，中央对审计署主要领导同志作出调整，家义同志调任山东省委书记，这既是对家义同志个人的高度信任，也是对审计机关的充分肯定；派我到审计署任党组书记、审计长，我深感使命光荣、责任重大。到审计署工作 2 个多月来，通过参加党中央、国务院相关会议，与有关同志谈话了解情况，到基层调查研究，亲身参与审计实践，我感受十分深刻。总体感到：审计工作十分重要，党中央、国务院高度重视、大力支持、寄予厚望，社会各界高度关注、非常信任、充满期盼；审计事业使命光荣，涉及经济社会发展各领域和国家治理各环节，已经成为党和国家监督体系的重要组成部分，而且发挥着不可替代的作用；审计队伍值得信赖，全国审计系统是一支政治过硬、素质优良、甘于奉献、能征善战的队伍，值得党和人民充分信任；审计未来充满希望，中央要求对公共资金、国有资产、国有资源和领导干部履行经济责任情况实行审计全覆盖，明确了基本形成与国家治理体系和治理能力现代化相适应的审计监督制度的改革方向。所有这些，都进一步坚定了我们做好审计工作的信心和决心，都是我们砥砺前行的强大动力和坚实基础。下面，我谈三点学习体会，与同志们交流。

一、要推进“两学一做”学习教育常态化制度化

习近平总书记指出，“两学一做”学习教育是推进思想建党、组织建党、制度治党的有力抓手，是全面从严治党的基础性工程，要坚持不懈抓下去。“两学一做”学习教育开展以来，全国各级审计机关认真贯彻落实党中央要求，紧密结合工作实际，坚持真学真做，党组织的战斗力明显提升，党员干部的“四个意识”显著增强，为更好履行审计监督职责提供了坚强的思想保证和组织保障。2017 年 3 月，中共中央下发《关于推进“两学一做”学习教育常态化制度化的意见》，各级审计机关制定了贯彻落实措施。推进“两学一做”学习教育常态化制度化，要求审计机关各级党组织切实履行主体责任，在全覆盖、常态化、重实效上下功夫，坚持把学习教育与审计工作紧密结合，进一步增强审计队伍的凝聚力和战斗力。要重点抓好5个方面：

（一）要真正学深悟透。推进“两学一做”学习教育常态化制度化，首先要解决“怎么学”的问题。学习内容要不断深化。学习党章党规，要联系党的性质宗旨和历史使命，联系自身思想和工作实际，把尊崇党章、遵守党规党纪落到实处；学习系列讲话，要读原著、学原文、悟原理，深入领会基本精神、基本内容和基本要求，把握好蕴含其中的治国理政新理念新思想新战略，把握好贯穿其中的马克思主义立场观点方法。学习方式要务实灵活。要把“两学一做”学习教育纳入党组中心组学习、党支部“三会一课”等内容，注重发挥署党校、署教育学院的作用，增强学习的系统性和针对性。还要针对审计人员出差多、流动性大等特点，灵活运用网站、报刊专栏、微信公众号等渠道，增强学习的时效性。学习制度要有效有力。党组织要有经常学、长期学的计划安排，党员要有学习计划，要健全监督检查机制，把学习教育开展情况作为内部巡视、考核考察的内容，重点检查学习计划执行情况、学习内容掌握情况等。解决“怎么学”的问题，最根本、最关键的是要理论联系实际，联系工作实际学，联系思想实际学，联系廉洁自律和廉洁从政的实际学。在这方面，要切忌学习内容的空对空，搞成理论与实际“两张皮”；切忌学习方法的形式主义，一方面反对形式主义，一方面又以新的形式主义应对旧的形式主义。只有理论联系实际，才能达到学习的效果，才能通过学习促进解决实际问题。

（二）要做到知行合一。推进“两学一做”学习教育常态化制度化，落脚点是要解决好“怎么做”的问题。审计机关各级党组织要以政治合格、执行纪律合格、品德合格、发挥作用合格为标尺，列出“不在组织、不像党员、不起作用、不守规矩”等不合格表现的负面清单，引导广大党员干部时刻牢记自己的第一身份是党员、第一职责是为党工作，充分发挥先锋模范作用。努力做到：理想信念要坚定。党员合不合格，政治上合不合格是管总的；政治上合不合格，有没有坚定的理想信念是打头的。我们要始终坚定对马克思主义的信仰、对社会主义和共产主义的信念，牢记党的根本宗旨，坚决维护以习近平同志为核心的党中央权威和集中统一领导。纪律规矩要严守。严守党的纪律特别是政治纪律和政治规矩，坚持纪律底线不可触碰，做到心有所畏、言有所戒、行有所止。修身律己要自觉。继承发扬党的优良传统和作风，带头做到忠诚老实、光明坦荡、公道正派、实事求是、艰苦奋斗、清正廉洁，带头践行社会主义核心价值观，明大德、守公德、严私德。履职尽责要到位。党员是不是合格，归根到底要体现到履职尽责、发挥作用上。我们要始终保持良好的精神状态和过硬的作风，敢担当、敢作为、敢负责。解决“怎么做”的问题，最根本、最关键的是要做到知行合一，每个党员干部在“两学一做”学习教育中，在实际工作中都要做到知行合一。我们有些干部之所以走向犯罪深渊、成为阶下囚，一个重要原因就是没有做到知行合一，当“两面人”。我们一定要对纪律心有所畏、对法律心有所畏，做知行合一的典范。

（三）要突出问题导向。推进“两学一做”学习教育常态化制度化，“学”要带着问题学，“做”要针对问题改。要敢于正视问题。敢于直面问题、勇于自我革命，是我们党的光荣传统。我们学和做，就是要冲着解决自身存在的突出问题去，善于发现自身的问题，进而不断自我改进、自我完善。要有针对性地查找问题。按照中央要求，各级党委（党组）要着重查找落实全面从严治党主体责任、执行党的理论和路线方针政策、坚持民主集中制等方面的问题；党支部要着重查找组织生活、党员教育管理监督、团结教育服务群众等方面的问题；党员要着重查找理想信念、对党忠诚、旗帜鲜明讲政治等方面的问题。审计机关各级党组织和广大党员要紧密联系实际，开好民主生活会、组织生活会，运用好批评和自我批评的锐利武器，把问题找准、找实、找具体。要有效解决问题。要列出问题清单，有什么问题解决什么问题，什么问题突出就重点解决什么问题，列清楚谁来解决、怎么解决、什么时间解决到位，实行对账销号。要持续跟进，推动思想问题和实际问题一起解决，新问题和老问题一起解决，个性问题和共性问题一起解决，党组织问题和党员个人问题一起解决。

（四）要坚持以上率下。推进“两学一做”学习教育常态化制度化，必须更好发挥领导干部这个“关键少数”的示范带动作用。这既是学习教育的目标要求，也是重要的工作方法。要压实主体责任。审计机关各级党组织要把推进“两学一做”学习教育常态化制度化纳入管党治党的责任清单，党组要切实履行主体责任，专门研究部署、定期分析评估、及时研究改进，发挥好领导核心作用。主要负责同志要强化第一责任人意识，亲自谋划推动、抓好落实。班子成员要落实一岗双责，结合分管工作加强指导。要自觉先学一步、学深一层。凡是对普通党员的学习要求，领导干部都要首先做到，同时更进一步、学深一层。要把学习与自身的工作结合起来，通过学习不断提高马克思主义理论素养，提高用马克思主义立场观点方法解决实际问题的能力，不断增强工作的科学性、预见性、主动性、创造性。要主动先做一步、做实一分。要带头旗帜鲜明讲政治，加强政治历练，积累政治经验，自觉把讲政治贯穿于党性锻炼全过程，使自己的政治能力与担任的领导职责相匹配。要带头坚定理想信念，拧紧世界观、人生观、价值观这个“总开关”，以实际行动让党员和群众感受到理想信念的强大力量。要带头严格自律，正确处理公与私、义与利、是与非、正与邪、苦与乐、亲与清的关系，自觉净化朋友圈、生活圈、社交圈，管住亲属和身边工作人员，以严的要求带动普通党员和群众严守纪律。要带头挑重担、破难题，以比一般同志更积极的态度、更严格的标准、更实干的精神，带动普通党员和群众爱岗敬业、履职尽责。在座的各位同志都是审计系统的“关键少数”，“两学一做”学得怎么样、做得怎么样，审计工作干得怎么样，审计事业长远发展的基础怎么样，关键在于我们自己做得怎么样，在于我们示范引领作用发挥得怎么样。党把我们放在这个重要岗位上，我们就要对党负责、对党的事业负责、对自己负责，坚决把主体责任扛起来，把作用发挥在为党的事业奋斗上，发挥在带好队伍、做好工作上，发挥在带头廉洁自律上，任何时候都不能丝毫懈怠。

（五）要强化支部建设。推进“两学一做”学习教育常态化制度化，必须更好发挥党支部的战斗堡垒作用。这些年来，我们努力打造审计铁军、有效履行审计监督职责，也得益于历届署党组对基层党建工作的高度重视。审计机关各级党组织要牢固树立党的一切工作到支部的鲜明导向，真正把党支部建设成教育党员的学校、团结群众的核心、攻坚克难的堡垒。要加强党支部制度建设。严肃党内政治生活，加强党内监督，严格落实党的组织生活制度，推动党支部把“两学一做”纳入“三会一课”，使“三会一课”成为政治学习的阵地、思想交流的平台、党性锻炼的熔炉。开展主题党日活动要明确主题、紧扣“两学一做”内容，把思想和工作摆进去，让党员从中得到锻炼、得到熏陶、得到收获。要抓好党支部班子建设。把支部书记选好、把支部班子配强，有针对性地加强基层党务干部教育培训，特别是提高组织群众、宣传群众、教育群众、服务群众的能力。要突出抓好审计组临时党组织建设，加强对临时党组织发挥作用情况的监督检查，把“两学一做”开展到一线，做合格党员体现在一线。要选树先进典型。在优秀共产党员、优秀党务工作者和先进基层党组织评选中，要把开展“两学一做”学习教育的情况纳入评选标准。注重选树和积极宣传“两学一做”学习教育先进典型，发挥先进典型的示范、激励、引领作用。选树先进典型，是推进党的建设积极有效的方法，也是看得到、摸得着、易学习的教育方法。我来审计署工作后，看到了广大审计人员默默无闻、无私奉献，有的面对压力坚持真理、坚持原则，有的兢兢业业、实干苦干，有的一年出差300多天搞审计，克服了很多困难。这些人、这些事，使我很受教育、深受感动。在“两学一做”学习教育中，我们要注意选取身边的先进典型，用身边人身边事教育身边的党员，树立积极向上的好风气，营造昂扬奋进的好氛围。

二、要用讲话精神指引审计工作迈上新台阶

审计监督是党和国家监督体系的重要组成部分，对于维护国家经济安全和经济秩序、推动国家治理体系和治理能力现代化具有十分重要的作用。多年来，审计机关在各级党委、政府的领导下，勤勉尽责、锐意创新、勇于实践，走出了一条符合我国经济社会发展实际的审计监督路子，形成了好的思路和举措，这些都要很好地坚持发扬下去。当前和今后一个时期，要坚持以习近平总书记系列重要讲话精神为指导，坚持和发展中国特色社会主义审计监督制度，更加自觉地融入党和国家工作大局，认真落实《“十三五”国家审计工作发展规划》提出的目标、任务和举措，不断适应新形势新任务新要求，依法全面履行审计监督职责，更好地发挥审计在党和国家监督体系中的重要作用。

（一）要坚持围绕中心、服务大局，切实增强政治责任感、历史使命感和职业荣誉感。“五位一体”总体布局和“四个全面”战略布局，是我们党在新形势下治国理政的总方略，审计工作必须围绕这个中心、服务这个大局，着力发挥好4个方面的作用：

一是促进政策落实。发展是我们党执政兴国的第一要务，是全面建成小康社会的基石。这些年来，中央出台了很多推动发展的政策措施，促进这些政策措施落实到位，既是审计监督的分内之事，也是我们有效发挥作用的着力点。要坚持和完善政策落实跟踪审计制度，始终关注重大项目落地、重点资金保障、重大政策落实等情况，促进供给侧结构性改革和“三去一降一补”任务落实，推动经济结构转型升级。要在财税、金融、企业、民生、社保、资源环境、经济责任等各项审计中，始终高度关注国家相关政策措施的落实情况，及时揭露和反映有令不行、有禁不止等行为。要密切关注、及时反映趋势性、苗头性问题，防范各种经济风险，不断提高工作的预见性和主动性，为政策措施调整和完善提供参考。习近平总书记在上周召开的全国金融工作会议上强调，金融是国家重要核心竞争力，要服务实体经济，防控金融风险，深化金融改革，促进经济和金融良性循环健康发展，特别强调要严控地方政府债务增量，终身问责，倒查责任。我们要深入学习贯彻习近平总书记重要讲话精神，加强金融审计和地方政府债务审计，促进防范和化解金融风险。

二是促进提高绩效。监督检查财政财务收支及相关经济活动的真实、合规、效益情况是审计的责任和使命所在，也是我们的看家本领，任何时候都不能弱化和丢掉。各项审计都要把促进提升绩效放在突出位置。要关注公共资金使用绩效，加强财政管理、财务收支审计，重点看财政财务支出的实际效果，促进加强管理、优化结构、提高效益。要加强领导干部经济责任审计和自然资源资产离任审计，加强对“三公”经费、会议经费等的专项审计，促进中央八项规定精神贯彻落实，促进领导干部依法作为、主动作为、有效作为。上个月，受国务院委托，审计署向全国人大常委会作了审计工作报告，社会反响很好，各方面高度赞扬、充分肯定，这首先是因为审计工作做得好。在研究2017年的审计工作报告时，署党组就强调要抓好3点：第一，要高度重视，自觉接受人大监督；第二，坚持稳中求进工作总基调，既要揭示问题、又要促进问题解决，引导社会良好预期；第三，坚持报告、宣传、舆情应对工作同步准备、同步实施，为党的十九大胜利召开营造良好氛围。各位署领导按照分工抓落实，取得了较好效果。按照规定，接下来各级审计机关都要代表本级政府向各级人大常委会作审计工作报告，希望各地坚持稳中求进工作总基调，把报告作好，为党的十九大胜利召开营造良好氛围。这是审计工作坚持围绕中心、服务大局的根本要求。

三是促进深化改革。在审计中，我们不仅要发现和揭示面上的问题，还要深入分析问题的成因，找到问题的症结，积极提出解决问题的办法。要围绕全面深化改革的重大部署，始终关注重大改革任务落实情况，及时反映改革措施不衔接、不配套或相互掣肘问题。密切关注改革发展中的新情况新问题，善于揭示问题的本质，善于分析背后的深层次原因，深入查找体制机制性障碍和制度上的漏洞，积极提出解决突出问题和推动长远发展的建议，促进形成有利于创新的体制机制。

四是促进反腐倡廉。审计监督在反腐败中具有专业性、全面性、经常性等优势，具有独特作用。近年来，各级审计机关把促进反腐倡廉作为一项重要任务，着力揭露重大违纪违法、经济犯罪和腐败问题，着力揭露严重侵害人民群众切身利益的问题，挖出了一批“硕鼠”和“蛀虫”，有力地推动了反腐败斗争深入开展。在今后的工作中，我们要更加突出对财政资金分配和使用、工程建设招投标和物资采购、土地出让和开发利用、金融机构贷款发放和金融创新、国有企业对外投资和资产处置等重点领域、重点环节的审计监督，严肃揭露重大违纪违法问题，促进健全不敢腐、不能腐的长效机制。

习近平总书记在庆祝中国共产党成立95周年大会上深刻指出，今天，我们比历史上任何时期都更接近中华民族伟大复兴的目标，比历史上任何时期都更有信心、有能力实现这个目标。在实现中华民族伟大复兴的中国梦的伟大征程中，审计机关承担着十分重要的职责，能有幸从事审计工作，为党的事业，为国家的富强、文明和进步，为人民群众的福祉尽绵薄之力，是非常光荣和自豪的，我们应当十分珍惜、倍加努力，不断增强政治责任感、历史使命感和职业荣誉感，干一行爱一行专一行精一行，更加奋发有为地投入到审计工作实践中去。审计机关是根据1982年宪法设立的，几十年来，在党中央、国务院和地方各级党委、政府的正确领导下，在全国审计机关和全体审计人员的共同努力下，审计监督在党和国家大局中发挥着越来越重要的作用，也越来越受到社会关注和期待。这其中凝聚着我们几代审计人的智慧和汗水，凝聚着我们几代审计人的努力和拼搏，更凝聚着我们几代审计人的政治责任感、历史使命感和职业荣誉感。我理解，正是这份对审计事业的热爱、这份对审计工作的情感、这份对审计职业荣誉的珍视，汇聚成了审计工作不断向前发展的强大动力，形成了审计事业的吸引力、感召力和生命力。在这方面，我们作为审计机关的领导干部首先要认识到、要从自己做起，并引领全体审计人员共同努力做到。

（二）要坚持依法审计、文明审计，切实提高审计工作质量和效率。依法审计是审计工作的"生命线"，文明审计是审计工作的"保障线"，要始终坚持，不能动摇。

一是开展审计要于法有据。要坚持在法定职责权限范围内开展审计工作，确定审计对象和范围、执行审计的过程都必须依法。要依照法律法规，不断完善审计相关操作程序，严格规范审计取证、资料获取、账户查询等行为。需要强调的是，权力是有边界的，审计机关不是办案机关、不能"包打天下"，在审计中我们发现违纪违法问题线索，应当依法移送相关部门处理。党和人民越是信任我们，我们自己越是要清醒，一定要在法律规定范围内行使职权。比如，要严格规范银行账户查询行为，坚决杜绝"海查"。再如投资审计，这是多年来很有影响的一项审计业务，尤其是在地方审计机关。前不久，全国人大法工委印发《对地方性法规中以审计结果作为政府投资建设项目竣工结算依据有关规定的研究意见》，主要讲到现行地方性法规中的相关规定分为3类，第一类是规定直接以审计结果作为竣工结算的依据；第二类是规定应当在招标文件中载明或者在合同中约定，以审计结果作为竣工结算的依据；第三类是规定建设单位和施工单位可以约定以审计结果作为竣工结算的依据。其中前2类规定限制了民事权利，超越了地方的立法权限，应当予以纠正。因为建设单位和施工单位在民事法律关系上是平等的民事主体，审计法规范的是行政监督关系，而不是民事法律关系。审计是公权力，不能介入民事权利。审计机关要依法行使权力，既然人大已有明确意见，我们就要自觉遵守。实事求是地说，多年来投资审计在经济社会发展中发挥了很重要的作用，但是也有一些法律风险、道德风险。我曾经看过一份材料，反映2008年至2015年审计系统因职务犯罪被追究刑事责任的有88人，其中37人是在投资审计领域发生的，占比高达42%。我们必须进一步规范政府投资审计工作，推动审计结果依法有效运用。

二是审计行为要专业文明。专业文明是依法履行审计监督职责的内在要求。怎样做到呢？一要有专业素养，热爱审计工作，谦虚谨慎、平等待人，既坚持原则，又能充分听取被审计单位和有关方面的意见；二要有专业水平，坚持严谨细致、以理服人，用事实和数据说话，敢于监督、善于监督，不断提高审计的权威性和公信力；三要有专业操守，坚守审计职业道德，严格遵守廉政纪律、保密纪律、工作纪律，特别要严禁"跑风漏气"，这是违反专业操守的，是不允许的。审计机关领导干部，特别是审计现场负责人要带头树立依法审计、文明审计的良好形象，还要防止出现"跑风漏气"。

三是注重工作质量和效率。审计机关人手少、任务重、要求高，尤其是特派办的同志常年出差在外，超负荷工作，很辛苦。越是在这种情况下，越要注重审计工作质量和效率，这涉及审计管理的方方面面。解决这个问题的出路之一，就是加强审计信息化建设，要重视信息化建设，推行数字化审计模式，善于运用信息化提高工作质量和效率；要“统一规划、两级部署”，避免重复建设；要以用为本，加大数据分析应用力度，推进信息共享；要高度重视信息安全，确保万无一失。还要坚持科学考核，在实践中不断完善考核办法，建立健全考核评价体系。我们要树立正确的政绩观，不能唯分论、唯考核论，更不能为追求考核高分而超越审计权限，而是要通过科学考核，考出方向、考出动力、考出成效，促进提高质量和效率。

（三）要坚持客观求实、突出重点，切实促进问题解决和体制机制创新。客观求实是审计工作的基本要求，突出重点是审计工作的基本方法。只有客观求实才能惩恶扬善，审计监督才有公信力；只有突出重点，审计监督才能更有效地发挥作用。

一是要历史全面客观看问题。我们要认真落实习近平总书记关于“三个区分开来”的要求，把在推进改革中因缺乏经验、先行先试出现的失误和错误，同明知故犯的违纪违法行为区分开来；把上级尚无明确限制的探索性试验中的失误和错误，同上级明令禁止后依然我行我素的违纪违法行为区分开来；把为推动发展的无意过失，同为谋取私利的违纪违法行为区分开来。对审计发现的问题，要依据有关法律法规、规章制度，认真甄别、准确定性，既不能避重就轻，也不能以偏概全，更不能张冠李戴。要客观分析问题产生的条件、背景、环境等，明确因果关系，看是不是历史原因形成的，是不是政策或决策失误促成的，是不是客观环境影响造成的，客观审慎作出评价，做到依据准确、范围适当、结论客观。

二是要突出重点，有效利用审计资源。党的十八大以来，以习近平同志为核心的党中央对审计工作提出了新的要求，审计工作在贯彻新发展理念、促进国家经济社会发展中的任务越来越重，除承担传统的财政管理、预算执行、经济责任等审计任务外，还承担大量的政策落实跟踪审计、自然资源资产离任审计等重任，这是对审计队伍的高度信任，也是我们面临的新任务、新挑战。完成好党中央、国务院交给的任务，要求我们必须更加注意突出重点。比如，对领导干部进行经济责任审计，就要紧扣“经济责任”来实施，突出“经济责任”这个重点，而不是全面检查、全面评价。审计人员和审计组要求被审计单位提供资料时，要做好解释沟通工作，使被审计单位和人员明白需要提供的资料范围是与领导干部履行经济责任相关的材料。再如，对领导干部自然资源资产离任审计，中央很快就要下发暂行规定，各级审计机关要认真贯彻执行。署党组考虑，经济责任审计与自然资源资产离任审计尽可能结合起来进行，一次审计、两个报告，避免今年搞了经济责任审计、明年又去搞自然资源资产离任审计。无论是经济责任审计还是自然资源资产离任审计，评价、定责都是难点，我们要遵循审计规律、审计定位，把相关工作做好。

三是要既揭示问题又促进解决问题，推进体制机制创新。审计要做到客观求实、突出重点，还要具体情况具体分析，特别是要从体制机制上创新，促进问题的解决。比如，中央大力推进科技创新，提出了一系列新要求。但是，一些相关管理制度规定没有及时配套，与新要求不相适应，很多科研人员反映仍然受限制、受束缚，这就需要我们促进有关体制机制与时俱进。再如，中央要求推进财政专项资金统筹使用，但是相关部门的制度规定又要求专款专用，打酱油的钱不能买醋。对此，基层反映推进财政资金统筹整合仍然比较困难，这就需要协调相关部门共同推进。这些都说明，在全面深化改革的今天，我们审计不能简单死抠条文，要坚持以是否符合改革方向作为分析判断的标准，着力推动修订完善不合时宜的制度规定，促进有效解决问题。

（四）要坚持打造铁军、提升能力，切实建设高素质的审计干部队伍。队伍建设是审计事业发展的根基，也是永恒的主题。这些年来，我们着力打造审计铁军，为审计事业发展提供了坚强保障。适应新形势新任务新要求，各级审计机关要进一步加强审计队伍建设，持续用力、久久为功，着力建设高素质的审计队伍。

一是信念坚定。要扎实推进"两学一做"学习教育常态化制度化，教育引导审计人员牢固树立"四个意识"，坚定中国特色社会主义道路自信、理论自信、制度自信、文化自信，对党忠诚，对事业忠诚。要把信念坚定体现到做好本职工作的过程中，顺境中不自满、逆境中不消沉，经得起各种赞誉和诱惑的考验，经得起各种风险和挑战的考验。要培育审计人员强烈的责任意识和担当精神，面对困难、矛盾和阻力无私无畏，敢于查真相、说真话、报实情，勤勉敬业、恪尽职守、全心投入。

二是业务精通。审计人员不仅要掌握并精通审计专业知识，还要广泛学习与做好本职工作相关的其他专业知识。比如，开展领导干部自然资源资产离任审计，就涉及环保、土地、森林、测绘等方方面面，如果不懂这些方面的专业知识，搞审计就会很困难。要建立健全审计职业教育培训体系，署教育学院要充分发挥作用，针对审计人员的能力短板，分层分类开展审计职业教育培训，提高培训实效，帮助审计人员切实提高宏观思维、辩证思维、法治思维能力，善于在复杂的经济活动中作出清晰的判断；提高鉴别分析能力，善于由外到内、由表及里、由浅入深地发现问题，透过现象看本质；提高学习研究能力，以理论的厚度支撑拓展审计实践的宽度。实践是最重要的课堂，要坚持实行实务导师制，在审计实务中加强对年轻干部传帮带。为解决工作实践中导师与年轻干部常常不在一个审计组的矛盾，可考虑设立导师组的形式，导师组的成员都负有对年轻干部传帮带的义务。

三是作风务实。审计工作的性质和审计的职业特点决定了我们必须求真务实，必须吃苦耐劳、甘于奉献。审计工作来不得半点虚假，我们必须脚踏实地、严谨细致，使审计结果经得起实践、历史和人民的检验。异地审计是打破人情干扰、提高审计公信力的一个重要举措，很多同志常年出差在外、经常加班加点，没有顽强的作风和吃苦耐劳的精神，是很难坚持下去的。我们必须坚持作风建设永远在路上，时刻保持昂扬向上、甘于奉献的精神状态。

四是清正廉洁。署党组历来高度重视审计机关党风廉政建设，出台了审计"八不准"工作纪律等一系列制度规定，通过持续抓、深入抓，审计机关在这方面总体是好的。但不可讳言，审计机关不是净土，审计人员不是生活在真空中，审计面临的诱惑多、陷阱多，存在被"围猎"的风险，个别审计人员违纪问题也时有发生，甚至违法犯罪。对此我们决不能掉以轻心，要始终保持清醒头脑，廉洁自律、慎独慎微，对审计干部严格教育、严格管理、严格监督，发现问题要依纪依法严肃查处。同时，要注重严暖结合，真诚关心爱护干部职工，在政策允许范围内，尽可能去帮助解决干部职工的实际困难，激发干部职工的归属感和干事创业的积极性。

三、要用讲话精神推动审计改革任务落地见效

党的十八大以来，党中央、国务院对审计改革作出一系列重大决策部署，要求完善审计制度，健全有利于依法独立行使审计监督权的审计管理体制，建立具有审计职业特点的审计人员管理制度，对公共资金、国有资产、国有资源和领导干部履行经济责任情况实行审计全覆盖，到2020年，基本形成与国家治理体系和治理能力相适应的审计监督机制，更好发挥审计在党和国家监督体系中的重要作用。当前，改革的主要任务是，制定领导干部自然资源资产离任审计暂行规定、出台省以下地方审计机关人财物管理改革工作方案、修订《党政主要领导干部和国有企业领导人员经济责任审计规定》。改革的目标是，保障依法独立行使审计监督权，强化上级审计机关对下级审计机关的领导，实现审计全覆盖，更好发挥审计在党和国家监督体系中的重要作用。按照中央要求，前段时间，署领导带队到试点省进行了督察调研。总的看，各地高度重视审计改革工作，各项改革试点任务扎实有序推进，取得了阶段性成果，但也存在一些困难和问题。下一步，我们要深入贯彻落实习近平总书记关于主要负责同志亲力亲为抓改革落实的重要指示精神，各级审计机关主要负责同志要以高度的政治责任感和改革担当精神，进一步聚焦改革目标、凝聚改革共识、坚定改革方向，把情况摸清、把思路理顺、把工作抓实，确保改革举措真落地、见实效。

（一）要把统一思想、提高认识贯穿审计改革始终。审计改革事关审计事业长远发展。我们要提高政治站位，站在全局高度来认识改革、推进改革。

第一，审计改革是党中央、国务院对审计工作的新要求。改革开放30多年来，我国经济社会发展取得了举世瞩目的成就，但同时，我们也面临一些亟待解决的问题。比如，一些地方大气污染、河流污染、土壤污染触目惊心等。环境污染倒逼治理，党的十八届三中全会提出实行领导干部自然资源资产离任审计，这是推进生态文明建设和可持续发展的重大举措，也是党和人民对审计工作的新要求、新期盼。我们要切实增强责任感、使命感，坚决贯彻落实习近平总书记关于“绿水青山就是金山银山”的重要指示精神，着力推进领导干部自然资源资产离任审计相关工作，对党中央负责，对人民群众负责。

第二，审计改革是推进国家治理体系和治理能力现代化的重要内容。推进国家治理体系和治理能力现代化，必须形成科学有效的权力运行制约和监督体系。党中央、国务院要求实行审计全覆盖，凡是涉及管理、分配、使用公共资金、国有资产、国有资源的部门、单位和个人，都要自觉接受审计监督。审计全覆盖要求很高，对各地区、各部门影响很大，在这种情况下，就需要按照国家治理体系和治理能力现代化的要求，充分发挥各个国家机构、国家机关的作用，共同协调、协力推进。实行审计全覆盖事关重大，我们必须坚定不移地推进。

第三，审计改革是依法独立行使审计监督权的重要保障。我国审计发展到今天，取得了很大成绩，但长期以来困扰审计工作的“人少事多”、外部干扰等问题仍然存在，审计机关人财物管理体制还不完全适应新形势新任务新要求等，这些都需要依靠改革来解决。强化上级审计机关对下级审计机关的领导、推进职业化建设等重要改革举措，目的就是要保障审计机关依法独立行使审计监督权，进而更好地发挥审计在党和国家监督体系中的重要作用。

（二）要把坚持顶层设计与尊重基层首创精神贯穿审计改革始终。把中央规划的改革顶层设计与各地实践结合起来，努力创造可复制、可推广的经验。

一是要把握原则要求。中共中央办公厅、国务院办公厅印发《关于完善审计制度若干重大问题的框架意见》及相关配套文件提出了审计改革的一系列具体任务，也明确了改革的原则要求。我们在推进改革任务落实的同时，必须牢牢把握这些原则要求，党的领导必须坚持，党内的请示报告制度必须执行。党的领导是中国特色社会主义事业最重要的特征，也是中国特色社会主义审计制度最重要的特征，任何时候都不能含糊。我们要处理好依法独立行使审计监督权与服务地方党委、政府中心工作的关系，防止把强化上级审计机关对下级审计机关的领导与围绕中心、服务大局开展审计工作割裂开来、对立起来。

二是要把顶层设计与基层首创相结合。一个好的顶层设计，能够契合经济社会发展普遍规律，能够最大程度节约制度建设成本。顶层设计如何，也需要基层实践的检验，不能自说自话。中国这么大，每个省、每个市、每个县的情况都不一样，这就需要我们从实际出发，推进改革中，不能“闭门造车”，但也不能一个地方一个样，搞出几十个版本，那也不行。审计制度是国家政治制度的重要组成部分，不能随便弄。顶层设计和基层实践相结合，才能搞出最合适的方案来，所以要做好“结合”这篇文章。

（三）要把亲力亲为和统筹协调贯穿审计改革的始终。审计改革是一项系统工程，各级审计机关主要负责同志要全程参与、知难而进、真抓实干，把工作做到位。

一是要亲自抓、带头干。党的十八大以来，习近平总书记身体力行、亲力亲为，亲自组织研究谋划和大力推动全面深化改革，为全党作出了榜样。审计改革需要各级审计机关领导干部特别是主要负责同志亲力亲为、班子齐抓共管，班子其他成员千万不要认为改革只是“一把手”的事、是分管改革工作领导的事，自己不管不问、躲清闲；在具体工作中，领导干部不能满足于下达指令、部署任务，到时候听听汇报、画画圈，所有问题都压给下级自行解决，否则改革效率效果会大打折扣。

二是要搞好统筹协调。审计改革大多涉及多个部门、单位，如组织、编制、人社、财政等方方面面，统筹协调非常重要。要把改革任务落实好，需要各部门、各地方党委政府的积极配合支持。如果没有这些配合支持，我们只是出台一个规定，也起不到作用。推进改革，出台规定、意见很重要，但把规定、意见落到实处更为重要。要让这些规定和意见真正发挥作用，更加需要相关方面的通力协作。审计系统内部也要加强统筹协调，牵头司局要加强与特派办、派出局、地方审计机关之间的沟通，统一认识、统筹协调，共同推进改革。

（四）要把以钉钉子精神狠抓落实贯穿审计改革始终。各级审计机关主要负责同志要担负起改革责任，发扬钉钉子精神，锲而不舍，持之以恒，狠抓落实。

一是要明确责任。2017 年审计改革的 3 项任务，有的相对难度大一点，也有的相对难度小一点，但不管改革难度如何，都要明确责任。要按照中央要求，主要负责同志负总责，分管领导直接抓，牵头部门具体抓。在抓改革任务落实上，要及时、主动，不能催一催就抓一抓，过一阵就松一松，要全力以赴、按时保质持续向前推进，确保各项改革任务精准落地。

二是要抓细抓实。推进改革，光说不做不行，空谈误国，我们要一步一个脚印抓好落实。比如，开展自然资源资产离任审计，既涉及国土、环保等很多外部单位，也涉及经责、资环等审计机关内部多个业务部门，不仅协调工作量大、难度大，实践中可能还会遇到一些技术操作层面的问题，中央规定出台后我们要具体问题具体研究、抓细抓实。再如，省以下地方审计机关人财物管理改革涉及方方面面、难度很大，首先要明确人财物管理改革不是垂直管理，关键是要抓住“人”的问题，对审计机关领导班子成员特别是“一把手”的选任，上级审计机关要增强话语权，从提名阶段就要有话语权；对“财”的问题，要从实际出发，具备条件的可以由省级统管，不具备条件的还是由同级财政保障，不管怎么样，要保证审计人员的收入不低于现在水平。当前，改革还面临一个很大的问题，审计队伍越往下事业编制人员占比越高，到县级审计局有的占一半左右。各地要抓住事业单位改革的契机，上下共同努力，推动解决好从事审计业务工作的事业人员身份问题。同时，要继续推进审计职业化建设。总之，推进审计改革事关审计事业的长远发展，是我们这一代审计人无可推卸的责任与使命，必须坚定不移地向前推进。各级审计机关要加强思想政治教育和宣传引导，努力营造良好改革环境，确保改革过程中审计队伍思想稳定，审计业务及其他各项工作有序进行。

同志们，让我们更加紧密地团结在以习近平同志为核心的党中央周围，用习近平总书记系列重要讲话精神武装头脑、指导实践、推动工作，以优异成绩迎接党的十九大胜利召开！

在全国审计机关进一步完善和规范投资审计工作电视电话会议上的讲话

审计署党组书记、审计长　胡泽君

（2017年9月18日）

同志们：

前不久，审计署印发了《关于进一步完善和规范投资审计工作的意见》（审投发〔2017〕30号，以下简称《意见》)。我们今天召开全国审计机关进一步完善和规范投资审计工作电视电话会议，主要任务是研究部署贯彻落实《意见》要求，推动投资审计工作持续健康发展，更好地发挥投资审计监督的职能作用。刚才，北京、广东、云南、陕西、青岛审计机关介绍了各自开展投资审计的做法和成效，分析了工作中存在的问题和困难，提出了贯彻落实《意见》的具体措施。大家讲得都很好，听后很受启发。下面，我讲三点意见。

一、投资审计在我国经济社会发展中发挥着十分重要的作用

新中国审计制度建立30多年来，投资审计作为国家审计的一项重要业务，在促进经济社会发展、推动深化改革、加强反腐倡廉建设、提高政府投资绩效等方面发挥了十分重要的作用。特别是党的十八大以来，全国审计机关在各级党委、政府的领导下，紧紧围绕党委、政府中心工作和人民群众关注的焦点热点问题，依法履行投资审计监督职责，不断加大审计力度，创新审计方式方法，取得了很大成绩，受到各级党委、政府和人民群众的充分肯定。主要体现在：

一是保障国家重大政策措施贯彻落实。在国家重大政策措施贯彻落实情况跟踪审计中，各级审计机关把重大项目推进情况作为重点内容，密切关注中央宏观调控政策落实效果，持续加强对交通、水利、能源等重点领域投资项目审计，保障项目资金落实到位，推动重大项目建设加快实施，促进有效发挥政府投资对经济平稳增长的拉动作用。2014年以来，全国审计机关通过审计，共促进项目新开工或完工1.3万多个，加快项目审批或实施1.58万多个。

二是促进提高政府投资绩效。通过开展政府投资项目工程结算审计、重大投资项目跟踪审计、行业性投资项目审计等，促进加强政府投资管理、优化财政支出结构、避免或减少损失浪费和重复建设。党的十八大以来，全国审计机关共开展投资审计项目25万多个，涉及投资额15万亿元，挽回损失和核减投资额4800多亿元，促进提高了建设资金使用绩效，为各级政府节约了大量宝贵的财政资金。

三是推动深化投资领域改革。通过持续关注国家电力体制改革、城市基础设施建设、交通事业发展等重点领域的改革推进情况，揭示和反映体制性障碍、制度性缺陷和重大管理漏洞，注重分析深层次原因，及时提出审计建议，促进全面深化相关领域改革。比如，根据对高速公路项目

的审计情况和建议，国务院要求以高速公路项目审批为突破口，推进重大项目审批体制改革，推动“简政放权、放管结合、优化服务”。

四是促进保障和改善民生。通过持续加强对公路、铁路、水利等公共基础设施项目审计，促进实现基本公共服务均等化；加大学校、医院、保障性住房等重点民生工程和重大公共事件、重大灾后恢复重建项目的审计力度，揭示和反映移民搬迁、征地拆迁、生态环境保护等方面与人民群众密切相关的问题，积极督促整改，促进及时有效解决民生困难，维护广大人民群众的利益和社会和谐稳定。

五是推进反腐倡廉建设。通过强化对重大公共投资项目立项审批、征地拆迁、工程招投标、设备材料采购、资金管理使用和工程质量管理等重点环节的监督，严肃揭露重大损失浪费、重大质量安全和重大违纪违法问题，推动整治工程建设领域乱象，促进惩治贪污腐败。党的十八大以来，全国审计机关向纪检监察、司法机关移送了一批相关问题线索，相关责任人员受到党纪政纪处分甚至刑事追究。

二、认真落实全国人大法工委研究意见，依法开展投资审计，有效运用审计结果

2017 年 2 月，全国人大法工委印发《对地方性法规中以审计结果作为政府投资建设项目竣工结算依据有关规定的研究意见》，将地方性法规中明确以审计结果作为政府投资或者政府投资为主的建设项目竣工结算依据的分为 3 种情况：一是直接规定审计结果应当作为竣工结算的依据；二是规定建设单位应当在招标文件中载明或者在合同中约定以审计结果作为竣工结算的依据；三是规定建设单位可以在招标文件中载明或者在合同中约定以审计结果作为竣工结算的依据。全国人大法工委明确指出，地方性法规规定的第一、二种情况，在法律上存在两个问题：一是扩大了审计决定的效力范围，即将适用于被审计单位的审计决定扩大适用于被审计单位的合同相对人，限制了施工企业正当的合同权利；二是限制了民事权利，超越了地方立法权限，这两种情况都应当予以清理纠正。地方性法规规定的第三种情况，即规定建设单位可以在招标文件中载明或者在合同中约定以审计结果作为竣工结算的依据的，不存在与法律不一致、超越地方立法权限的问题。

审计署党组高度重视全国人大法工委的研究意见，认为贯彻法工委研究意见精神，对于进一步完善和规范投资审计工作具有重要意义。同时考虑到，投资审计开展时间长、跨度大、涉及面广，为避免对投资审计产生误解和产生新的矛盾、造成不稳定因素，工作中不能搞一刀切、急刹车。因此，署党组反复研究并商全国人大法工委，制定了《关于进一步完善和规范投资审计工作的意见》，从“坚持依法审计，认真履行审计监督职责”“坚持突出重点，切实提高投资审计工作质量和效果”“健全完善制度机制，有效运用投资审计结果”“严格遵守审计纪律，加强廉政风险防控”4 个方面，对投资审计工作进行进一步规范。《意见》特别强调，“对平等民事主体在合同中约定采用审计结果作为竣工结算依据的，审计机关应依照合同法等有关规定，尊重双方意愿”。之所以突出强调这一点，主要考虑：

一是投资审计服务大局的需要。党的十八大以来，以习近平同志为核心的党中央规划了全面建成小康社会，实现“两个一百年”奋斗目标和中华民族伟大复兴的中国梦的宏伟蓝图。实现这一宏伟蓝图，坚持改革开放、坚持和发展社会主义市场经济是必由之路。党的十八届三中全会决定指出，公有制为主体、多种所有制经济共同发展的基本经济制度，是中国特色社会主义制度的重要支柱，也是社会主义市场经济体制的根基。社会主义市场经济本质上是法治经济，必须维护所有市场主体的平等法律地位，保证各种所有制经济依法平等使用生产要素、公平参与市场竞争、同等受到法律保护，营造良好的营商环境，使市场在资源配置中起决定性作用，促进多种所有制经济共同发展。这是党和国家事业发展的大局，包括投资审计在内的审计监督必须服从、服务于这个大局。

在投资建设活动中，负责政府投资和以政府

投资为主建设工程的建设单位与施工单位是平等的民事主体，双方签订的建设工程合同属于民事合同。审计法规范的是审计机关与被审计单位的行政监督关系。审计监督作为公权力，不能介入平等主体的民事权利，除非它们在合同中约定以审计结果作为竣工结算的依据。换句话说，对政府投资和以政府投资为主的建设工程进行审计，加强监督是必要的，这也是审计机关的正常履职行为；关键是不能强制要求以审计结果作为竣工结算依据。如果建设单位与施工单位本着平等自愿的原则，在合同中约定采用审计结果作为竣工结算依据，这符合相关法律规定，审计机关应该予以尊重。如果以地方立法强制要求以审计结果作为竣工结算依据（即全国人大法工委列举的第一、二种情况），就与相关法律规定不相符合，所以只有第三种情况才是合法的。也许有同志会问，今后对没有合同约定以审计结果作为竣工结算依据的政府投资项目，审计机关还可不可以进行审计呢？答案是肯定的。对没有合同约定以审计结果作为竣工结算依据的政府投资项目，审计机关仍然可以审计，但有关部门不能强制要求以审计结果作为竣工结算依据。对审计发现的问题，审计机关应要求被审计单位整改（实际上，这里有两个关系，一是审计监督关系，一是契约交易关系，这是两种不同性质的关系，要区分清楚。希望大家认真领会）。

二是投资审计规范发展的需要。这些年来，各级党委、政府高度重视投资审计工作，为投资审计顺利开展创造了良好外部环境，各级审计机关和广大审计人员勤奋工作，取得了突出成效。随着全面依法治国深入推进、社会主义市场经济不断完善，投资审计中也反映出一些困难和问题。在项目计划管理上，有的地方不顾审计机关人力资源等实际情况，要求“凡投必审”。有的规定投资项目5万元以上的都要送审计机关审计，有的甚至规定所有投资项目都要审计机关审计。巨大的投资审计工作量，严重超出审计机关和审计人员承受能力。应该说，重视审计监督固然很好，但也要注重发挥内部审计和社会审计的作用。在审计程序上，有的审计机关开展投资审计走所谓“简易程序”，实施的项目相当部分属于计划外项目，未经过正式的立项程序，没有列入年度审计项目计划，也未下达审计通知书，不出具正式的审计报告和审计决定等。2014年审计署对地方开展的6万多个投资审计项目调研发现，有半数以上属于走“简易程序”的审计项目。在审计内容上，有的审计机关承担了一些超越投资审计监督职责的事项。如有的代替建设单位承担工程结算审核、征地拆迁费用审计（核定）；有的参与投资项目概（预）算编制、标底审核、材料价格认定、隐蔽工程验收签字等决策和管理环节；有的开展招标控制价审计，超越了审计权限，影响审计公信力，不符合审计法等相关法律法规的规定，影响投资审计工作持续健康发展。

面对新形势新任务新要求，各级审计机关和广大审计人员必须增强法治意识，牢固树立法治思维，坚持依法审计、文明审计，依法规范开展投资审计工作。一要在法定职权范围内开展审计监督，无论是投资审计对象的确定，还是审计程序、审计取证、审计处理等，都要严格依法。二要依法独立行使审计监督权，不参与各类与审计法定职责无关的、可能影响依法独立进行审计监督的议事协调机构，不得参与工程项目建设决策和审批、征地拆迁、工程招标、物资采购、质量评价、工程结算等管理活动，不能既当运动员，又当裁判员。三要坚持突出重点，坚持审计质量优先、有所为有所不为，科学制订年度投资审计项目计划，努力做到审计项目计划与审计资源能力相匹配。四要严格执行国家审计准则关于审计程序和审核审批等要求，严格规范出具审计报告和公告审计结果，确保审计质量。五要依法有效运用审计结果，对审计发现的结算不实等问题，应作出审计决定，要求建设单位整改。六要健全完善审计查出问题整改跟踪检查机制，促进整改落实和追责问责；对审计发现的违纪违法、损失浪费等问题线索，应依法移送有关部门处理。

三是投资审计防控廉政风险的需要。投资审

计领域是审计机关廉政风险防控的重点。从外部环境看，一些地方强制要求将投资审计结果作为竣工结算的依据，部分审计机关甚至直接参与施工单位结算、决算的确认和审核，使得审计机关和审计人员深度介入建设单位与施工单位的利益纠葛，成为施工单位乃至社会中介机构等利益相关方“公关”“围猎”的对象。再加上投资审计项目量大面广、环节多、链条长，客观上造成投资审计廉政风险防控难度较大。从内部管理看，有的审计机关没有建立完善的投资审计内控制度；有的有制度但没有严格执行；有的开展投资审计缺乏必要的公开透明和监督规范，存在严重的廉政风险。据统计，2008 年至 2015 年 6 月，相关部门查处的各级审计机关职务犯罪等违法人员共 88 人，其中投资审计人员 37 人，占比高达 42%。

各级审计机关要针对投资审计的廉政风险点和薄弱环节，加强廉政制度建设，强化对审计权力运行的监督和制约，坚持做到公开透明。全体审计人员要严格遵守廉洁自律各项规定，坚守审计职业道德，不得利用审计职权、个人影响谋取私利。在投资审计工作中，确需购买社会服务的，要审慎处理，严格全过程审核把关；要完善机制，对弄虚作假、恶意串通等严重失信和违反职业道德的社会中介机构、执业人员，要加大通报和责任追究力度，让失信和失德行为受到惩罚。

四是推进投资审计全面发展的需要。由于各种原因所致，一些审计机关开展投资审计时，把主要精力放在审减项目投资额、结算款上。2016 年，审计署对地方开展的 4.2 万个投资审计项目调研发现，其中单纯的工程造价审计近 4 万个，高达 93%。这种只追求审减工程造价，忽视工程建设中的管理漏洞、责任缺失等问题的做法，偏离了审计监督的内在要求。

投资审计是审计机关的法定职责之一。各级审计机关要在依法开展政府投资项目工程结算审计的基础上，坚持着眼长远，以创新的思路和办法推进投资审计转型和全面发展，重点做好 3 个转变，推动投资审计工作行稳致远。一是从数量规模向质量效益转变。要按照围绕中心、服务大局、突出重点、量力而行的原则，加强对政府投资为主，关系全局性、战略性、基础性的重大公共基础设施工程的审计监督。以促进相关单位履职尽责、促进项目顺利完成、促进提高投资绩效为目标，将投资审计的重心转向质量和效益。二是从单一工程造价审计向全面投资审计转变。要立足经济社会发展大局，贯彻落实新发展理念，重点关注投资项目规划布局、投向结构以及经济、社会、环境效益等情况，推动国家宏观政策措施贯彻落实，督促落实项目投资和建设管理主体责任，促进提高投资绩效、深化投融资体制改革和反腐倡廉建设。三是从传统投资审计向现代投资审计转变。要密切关注投融资体制改革中的新情况新问题，开展好公共投资审计；要创新审计理念和技术方法，认真落实“三个区分开来”主要要求，将投资审计的新实践与当前工程建设新技术、现代信息化技术等深度融合，提高投资审计的效率和效果。

三、求真务实，推动基层审计工作全面发展

目前，市县两级审计机关人员占全国审计人员总数的 89%，2016 年开展的审计项目数量约占全国审计项目总量的 87%。可以说，市县两级审计机关既是进一步完善和规范投资审计工作的主力军，也是更好发挥审计在党和国家监督体系中的作用的主力军。从目前情况看，市县审计机关开展投资审计的工作量很大，有的县级审计机关高达 60%，审计重心和力量过于集中在投资审计，不利于审计工作全面发展和充分发挥审计监督作用。新形势下，市县审计机关要认真贯彻落实党中央、国务院对审计工作的新部署新要求，坚持统筹谋划，依法全面履行审计监督职责；省级审计机关要切实加强对市县审计机关的领导和指导，推动基层审计工作全面发展。

一是大力推进审计全覆盖。党的十八大以来，党中央、国务院审时度势，对完善审计制度、保障依法独立行使审计监督权作出一系列重大决策部署。中共中央办公厅、国务院办公厅《关于完善审计制度若干重大问题的框架意见》明确提出，要对公共资金、国有资产、国有资源和领导干部履行经济责任情况实行审计全覆盖。市县审计机关要按照中央部署要求，紧紧围绕党委、政府中心工作，在摸清审计对象底数的基础上，充分考虑审计资源状况，科学制订中长期审计规划和年度审计项目计划，统筹协调好政策落实跟踪审计以及财政、金融、企业、投资、民生、资源环境、经济责任等各项审计，稳步推进审计全覆盖，充分发挥国家审计在保障国家重大决策部署贯彻落实、维护国家经济安全、推动深化改革、促进依法治国、推进廉政建设中的作用。

二是进一步突出审计重点。习近平总书记在“7·26”重要讲话中指出，要按照党的十六大、十七大、十八大提出的全面建成小康社会的要求，突出抓重点、补短板、强弱项，特别是要坚决打好防范化解重大风险、精准脱贫、污染防治的攻坚战，坚定不移深化供给侧结构性改革，推动经济社会持续健康发展。审计机关要认真贯彻落实习近平总书记的重要讲话精神，按照党中央、国务院决策部署，结合本地区经济社会发展实际，进一步突出审计重点，密切关注地方政府债务风险以及农村基础设施建设、异地搬迁扶贫、污染防治等情况，推动国家“十三五”规划、供给侧结构性改革和“三去一降一补”任务落实，为打好三大攻坚战、全面建成小康社会做出应有贡献。

三是认真做好领导干部自然资源资产离任审计工作。党的十八大以来，以习近平同志为核心的党中央着眼于统筹推进“五位一体”总体布局，高度重视生态文明建设，采取了一系列重大举措。按照中央全面深化改革领导小组的部署，在各级党委政府的领导下，自2014年以来，全国审计机关积极开展领导干部自然资源资产离任审计试点，做了大量工作，积累了宝贵经验。近期，中共中央办公厅、国务院办公厅将正式印发领导干部自然资源资产离任审计暂行规定，这方面审计任务很重，各级审计机关要认真做好相关工作，抓好规定贯彻落实。

四是狠抓审计干部队伍建设。新形势下，审计工作任务重、要求高、责任大，以铁的纪律打造审计铁军显得尤为迫切。我们要认真贯彻落实党中央决策部署，以全面从严治党为引领，积极推进“两学一做”学习教育常态化制度化，努力建设信念坚定、业务精通、作风务实、清正廉洁的高素质审计干部队伍。

同志们，审计工作非常重要，投资审计在整个审计工作中具有重要地位，我们要认真履行法定职责，进一步提升投资审计工作质量和水平，以优异的成绩迎接党的十九大胜利召开！

在全国审计机关贯彻落实领导干部自然资源资产离任审计规定（试行）视频会议上的讲话

审计署党组书记、审计长　胡泽君

（2017年12月4日）

同志们：

党的十九大是在全面建成小康社会决胜阶段、中国特色社会主义进入新时代的关键时期召开的一次十分重要的大会。党的十九大系统总结了十八大以来党和国家事业取得的历史性成就、发生的历史性变革，作出了中国特色社会主义进入新时代的科学论断，提出了新时代我们党担负的历史使命，全面阐述了习近平新时代中国特色社会主义思想和基本方略，对决胜全面建成小康社会、开启全面建设社会主义现代化国家新征程作出了战略部署。习近平总书记在党的十九大报告中对加快生态文明体制改革、建设美丽中国作出了全面部署，提出了新的要求。2017年9月，中共中央办公厅、国务院办公厅印发了《领导干部自然资源资产离任审计规定（试行）》（以下简称《规定》）。这是我国生态文明建设的一件大事，也是中国特色社会主义审计发展史上的一件大事，标志着领导干部自然资源资产离任审计由试点进入到全面推开阶段，向制度化、规范化、科学化迈出了坚实的一步，为更好地发挥审计在党和国家监督体系中的重要作用，为审计机关更好地参与建设美丽中国的战略任务创造了条件、提供了契机。我们召开这次全国审计机关视频会议，主要任务就是认真学习贯彻党的十九大精神，推动《规定》的深入落实，交流领导干部自然资源资产离任审计的做法和经验，动员和组织各级审计机关积极投入到此项审计工作中去。下面，我讲几点意见。

一、深刻领会习近平新时代中国特色社会主义思想，充分认识开展领导干部自然资源资产离任审计的极端重要性

开展领导干部自然资源资产离任审计，对审计机关来说既是全新的任务，又是巨大的挑战，同时也是光荣的责任和使命。我们一定要站在党和国家全局的高度，充分认识开展领导干部自然资源资产离任审计的极端重要性，切实把思想和行动统一到党的十九大精神上来，以强烈的政治责任感、历史使命感和职业荣誉感，勇于担当，克难奋进，不负党和人民的重托。

（一）开展领导干部自然资源资产离任审计是审计机关贯彻落实党的十九大精神的重大举措。党的十八大以来，党中央高度重视生态文明建设，纳入“五位一体”总体布局，提出绿色发展新理念。习近平总书记关于生态文明建设、保护资源环境方面的讲话、指示、批示300多次。党的十九大提出，到本世纪中叶“把我国建设成为富强民主文明和谐美丽的社会主义现代化强国”。习近平总书记在十九大报告中深刻指出，“建设生态文明是中华民族永续发展的千年大计，必须树立和践行绿水青山就是金山银山的理念，坚持节约资源和保护环境的基本国策，像对待生命一样对待生态环境，统筹山水林田湖草系统治理，实行最严格的生态环境保护制度，形成绿色发展方式和生活方式，坚定走生产发展、生活富裕、生态良好的文明发展道路，建设美丽中国，为人民创造良好生产生活环境，为全球生态安全作出贡献”；强调“我们要建设的现代化是人与自然和谐共生的现代化，既要创造更多物质财富和精神财富以满足人民日益增长的美好生活需要，也要提供更多优质生态产品以满足人民日益增长的优美生态环境需要”。我们要认真贯彻落实习近平总书记要求，坚持以习近平新时代中国特色社会主义思想武装头脑，指导实践，推动工作。当前，推进绿色发展，着力解决突出环境问题，加大生态系统保护力度，改革生态环境监管体制等任务很重，党中央很重视，人民群众很关注。解决资源环境问题具有战略性、重要性和紧迫性。开展领导干部自然资源资产离任审计，促进领导干部牢固树立社会主义生态文明观，切实履行自然资源资产管理和生态环境保护责任，推动形成人与自然和谐发展的现代化建设新格局，维护生态环境安全和人民群众利益，是审计机关践行绿色发展理念、深入贯彻落实党的十九大精神的重要工作和实际举措。

*（二）开展领导干部自然资源资产离任审计是审计机关维护中央权威的重大政治任务。*党的十八届三中全会作出全面深化改革若干重大问题的决定，将加快生态文明制度建设纳入全面深化改革总体部署，提出对领导干部实行自然资源资产离任审计。中央全面深化改革领导小组专门设立经济体制和生态文明体制改革专项小组，至2017年11月底，习近平总书记主持召开39次中央全面深化改革领导小组会议，其中涉及生态文明体制改革的就有21次；研究通过了245个文件，其中生态文明体制改革相关的文件有46个。中央先后印发《关于加快推进生态文明建设的意见》《生态文明体制改革总体方案》《开展领导干部自然资源资产离任审计试点方案》等。2017年5月26日，习近平总书记在中央政治局第41次集体学习时再次强调，生态环境保护能否落到实处，关键在领导干部，要落实领导干部任期生态文明建设责任制，实行自然资源资产离任审计。开展领导干部自然资源资产离任审计，是中央推进生态文明建设的重大战略决策和重大改革部署，是党中央、国务院对审计机关的新要求，是人民群众对审计工作的新期盼。各级审计机关要牢固树立政治意识、大局意识、核心意识、看齐意识，从讲政治的高度，不折不扣贯彻落实好中央重大决策部署，扎实推进此项审计改革任务落地见效，以实际行动坚决维护以习近平同志为核心的党中央权威和集中统一领导。

*（三）开展领导干部自然资源资产离任审计是更好发挥审计监督作用的新契机新平台。*新中国审计工作走过三十多年不平凡的发展历程，每一次审计制度的改革完善，每一次审计业务的创新发展，都推动了审计监督的能力水平和作用发挥迈上新台阶。多年实践中，我们形成了财政、金融、企业、民生、资源环境、经济责任、涉外等审计板块，审计监督在相关领域都发挥了重要作用。尤其是资源环境审计，从无到有、从试点到全面推开，呈现出强大的生命力和发展潜力。同时，我们也要清醒地认识到，受各种因素制约，资源环境审计在全国发展还不平衡，审计的规范性和深度广度还不够，发挥的作用还十分有限，与党和国家关于推进生态文明建设的要求还有很大差距，与满足人民群众日益增长的美好生活需要还有很大差距。中央出台《规定》，实行经常性的领导干部自然资源资产离任审计制度，为资源环境审计制度化、规范化、科学化创造了新的契机，为发挥审计监督作用提供了新的平台。我们一定要认真学习贯彻落实《规定》，以开展领导干部自然资源资产离任审计为契机，不等不靠，奋发有为，以审计监督的实效，促进各级领导干部牢固树立绿色发展理念，积极推动生态文明建设。

二、深入学习领会《规定》的基本要义和深刻内涵

《规定》既明确了党中央、国务院赋予审计机关的全新工作任务，又推动了审计制度、审计职能改革创新；既是审计机关开展领导干部自然资源资产离任审计的制度保障，又是规范审计行为的重要遵循。

*（一）《规定》体现了中央对生态文明建设的高度重视，对决胜全面建成小康社会、实现“两个一百年”奋斗目标意义重大。*党的十八大提出

"两个一百年"的奋斗目标，从全面建成小康社会的高度，将生态文明建设写进了中国共产党党章，以党的根本大法方式予以明确。党的十九大对决胜全面建成小康社会、开启全面建设社会主义现代化国家新征程作出战略部署，进一步明确加快生态文明体制改革、建设美丽中国。《规定》的出台体现了党中央对生态文明建设的高度重视。《规定》的印发施行，是生态文明制度建设的重要组成部分，是党中央关于生态文明建设的一项战略部署，对加快推进生态文明建设，对确保全面建成小康社会得到人民认可、经得起历史检验，实现"两个一百年"奋斗目标具有重大而深远的意义。

（二）《规定》明确了领导干部自然资源资产离任审计的任务和规范。《规定》可以归纳为5个部分：审计谁、审什么，怎么审，怎么评价，审计结果怎么运用和审计保障措施。第1部分明确了审计目的，规定了领导干部自然资源资产离任审计的内涵定义、审计对象等，明确地方各级党委和政府主要领导干部，各级承担自然资源资产管理和生态环境保护工作部门和单位的主要领导干部是审计对象，解决了"审计谁""审什么"的问题；第2部分规定了领导干部自然资源资产离任审计的工作原则，以及以自然资源资产实物量和生态环境质量状况为基础、关注领导干部贯彻中央路线方针政策、遵守法律法规、作出重大决策、完成目标任务、履行监督责任等审计内容，解决了"怎么审"的问题；第3部分规定了领导干部自然资源资产离任审计的评价方法、评价原则和评价等次，解决了"怎么评价"的问题；第4部分规定了领导干部自然资源资产离任审计结果运用等要求，解决了"审计结果怎么运用"的问题；第5部分规定了领导干部自然资源资产离任审计相关保障措施，各级党委和政府要加强领导，各级负有自然资源资产管理和生态环境保护职责的工作部门要支持、配合审计工作等，解决了"审计保障措施"的问题。

（三）贯彻落实《规定》需要注意的几个问题。一是关于审计对象。《规定》明确审计对象是地方党政主要领导和承担自然资源资产管理和生态环境保护工作部门、单位的主要领导干部。这项工作的名称叫作"领导干部自然资源资产离任审计"，同时，《规定》还明确了领导干部任职期间根据工作需要可以开展审计。所以，领导干部自然资源资产审计主要是对离任的领导干部进行审计，同时，根据工作需要，也可以对任职期间的领导干部开展审计。二是关于审计评价。环境质量由量变到质变有一个过程，资源环境问题无论是产生还是后续治理都呈现出长期性、滞后性的特点。有的资源环境问题有先天的原因，是由自然和历史的因素造成的，很难准确界定具体的发生时间；有的问题还涉及跨区域、跨流域。如果要针对每一个具体问题界定领导干部应承担的具体责任，可能比较困难。因此，《规定》没有要求针对审计发现的具体问题界定领导干部的责任，而是按照5个等次对被审计领导干部履行自然资源资产管理和生态环境保护责任情况进行总体评价；评价标准主要参考3个方面，即任期内资源环境实物量和质量变化情况、约束性指标或目标责任书完成情况、重大生态环境或自然资源毁损事件发生情况。当然，各地自然资源资产和生态环境状况千差万别，需要审计机关结合实际审计情况，根据被审计地区主体功能区定位、自然资源资产禀赋特点、资源环境承载能力等进行准确评价，既不要评价过头，又要防范审计风险。各地要在审计实践中进一步研究细化审计评价标准。三是与经济责任审计的关系。开展自然资源资产离任审计和经济责任审计是党中央、国务院交给审计机关的重要任务，审计对象虽然都是领导干部，但却是两项独立的工作，《规定》确保了领导干部自然资源资产离任审计从审计计划到审计实施的独立性。同时，为避免对同一位领导干部今年开展了经济责任审计、明年又去开展自然资源资产离任审计，《规定》还明确领导干部自然资源资产离任审计也可与领导干部经济责任审计统筹实施。在统筹实施时，审计机关要协调好两项审计的关系，做到一次审计，分别出具一个审计报告和一个审计意见，要准确把握经济责任审计和自然资源资产离任审计两项工作的内涵，突出各自的审计重点，在审计方案制订、审计组分工、审计报告和审计意见起草等方面，保持各自的独立性。审计署也要统筹考虑修改相关规定，避免重复审计和交叉审计。

三、采取有力措施保障《规定》贯彻落实

《规定》为开展领导干部自然资源资产离任审计指明了方向、明确了目标。各级审计机关要凝心聚力抓好贯彻落实，确保各项要求落地见效，促进领导干部牢固树立绿色发展理念和正确政绩观，认真履行自然资源资产管理和生态环境保护责任，推动解决自然资源资产和生态环境领域突出问题，切实维护生态环境安全和人民群众利益。

（一）要统一思想，坚定信心。开展领导干部自然资源资产离任审计是新时代中国特色社会主义审计事业的重要组成部分。这项审计工作涉及领域广、专业性强，从前期审计试点情况看，还存在一些问题和困难，主要是：一些领导干部对生态文明和绿色发展的认识还有待提高；相关基础工作薄弱，特别是自然资源资产负债表编制等一些前置条件尚不完备；审计人员专业技能和知识储备不足，审计能力还不完全适应等。但办法总比困难多。现在中央已明确目标和任务，审计机关必须不折不扣贯彻好、落实好。在决胜全面建成小康社会的重要节点，党中央、国务院把这么重要的任务交给审计机关，是对审计机关的充分信任。我们每个审计人员能有幸从事这项工作，能为生态文明建设贡献自己的绵薄之力，应该感到无比光荣和自豪。我们一定要坚定信心、攻坚克难、敢于担当，全力做好这项工作。

（二）要领导带头，亲力亲为。领导干部自然资源资产离任审计是一项全新的工作，也是审计改革的一项重要任务，需要各级审计机关领导干部特别是主要负责同志全程参与，驰而不息地真抓实干。第一，要明确责任。各级审计机关领导干部要充分认识到，这项审计工作不是阶段性工作和权宜之计，而是事关长远、事关全局的一项重要工作。一把手务必亲自抓、带头干，分管领导要具体抓，领导班子要加强统筹协调，及时研究解决工作中的困难和问题。第二，要带头学习宣传。各级审计机关要把学习贯彻党的十九大精神和习近平总书记关于生态文明建设、绿色发展的重要讲话精神，学习贯彻《规定》作为推进“两学一做”学习教育常态化制度化的重要内容，领导干部要以上率下，带头学、带头做，要大力宣传《规定》，为开展好这项审计工作营造良好氛围。第三，要增强紧迫感。各级审计机关要尽快动起来，不能因不想干而左顾右盼，不能因不会干而观望不动，不能因不好干而徘徊等靠。在具体工作中，领导干部不能满足于开会部署、转发文件、下达指令，要扑下身子、深入一线，研究实施方案如何起草、审计重点如何确定、如何分工、如何评价等，与审计人员共同研究新情况、解决新问题，并及时向本级党委、政府和上级审计机关报告工作情况。

（三）要加强学习，提升能力。领导干部自然资源资产离任审计对审计人员的知识储备和专业技能提出新的更高要求，特别需要具备资源环境专业背景知识。开展领导干部自然资源资产离任审计，为审计人员提供了自我学习、自我提升的空间和舞台。我们要干一行爱一行专一行精一行，努力提高自身的知识储备，提升自己的专业胜任能力。当务之急是要深入学习领会党的十九大精神和习近平新时代中国特色社会主义思想，深刻领会习近平总书记关于生态文明建设的系列重要讲话精神，深刻理解中央关于生态文明体制改革的决策部署以及相关重大政策措施的内容、背景和目标要求，提高宏观思维和分析能力。要认真学习资源环境领域的专业知识，及时收集掌握业内最新法律法规、技术标准等资料文件，积极开展和参与相关专业知识培训，夯实资源环境专业知识基础，做到时刻跟踪业界动态、掌握业界进展。要按照“开门搞审计”的要求，坚持兼收并蓄、博采众长，根据审计需要聘请环境科学、水、土地、森林、草原、法律等相关领域专家提供专家咨询意见，或直接引入第三方机构参与到审计中，增强审计专业技术支持力度。审计机关在招录人员时，要向资源环境专业适当倾斜，着力完善审计队伍知识结构。署里也将加大资源环境审计知识技能培训力度，力争用 1 到 2 年时间对从事自然资源资产离任审计的骨干人员轮训一遍。各省级审计机关也要采取以会代训等方式，加大对市、县审计人员培训力度，尽快提高基层审计人员的技能和水平。

（四）要敢闯敢试，积极创新。领导干部自然资源资产离任审计是一项重大改革任务，需要不断深化和完善。各级审计机关要以改革的精神和担当的勇气，既要敢闯敢试、强力推进，又要大胆创新、善作善成。在审计思路上，要坚持因地制宜、突出重点。一个地区自然资源资产和生态环境涉及水、土、矿、气、林、海等方方面面，在人力资源十分有限的情况下，要坚持有所为和有所不为，根据被审计地区的自然资源资产禀赋和生态环境特点，选择重点资源、重点事项进行重点审计，有效利用审计资源。在审计技术方法上，要大力推进资源环境审计信息化建设，积极探索大数据审计模式，加大自然资源资产和生态环境领域地理信息数据和相关业务、财务等数据收集、挖掘和分析力度，提高资源环境审计数据综合利用水平，提高审计工作效能和水平。在人力资源配置上，一些审计机关目前还没有资源环境审计的专门机构或人员，各地特别是省级审计机关要加强调查研究，根据需要做好资源环境审计机构设置和人员配备，确保有专门人员研究资源环境这个领域，有专门力量从事这项工作。

（五）*要加强协调，主动沟通*。领导干部自然资源资产离任审计涉及组织、发展改革、国土、环保、林业、海洋等多个部门单位。一方面，审计机关要主动加强与组织、纪检、司法等部门的沟通，按规定取得审计委托，及时移交审计结果和审计发现的重大问题线索，推动审计结果在领导干部评价考核和责任追究中的运用，更好发挥审计监督的作用。另一方面，要主动加强与涉及自然资源资产管理和生态环境保护相关业务主管部门的协调沟通，推动加快建立自然资源资产数据共享平台，促进提高土地、水、森林、草原等自然资源资产基础信息数据质量，并有效利用相关部门的数据、资料，争取相关部门的业务和技术支持，发挥监督合力；要积极与统计部门沟通，及时反映审计发现有关自然资源资产信息数据方面的问题，为提高自然资源资产负债表编制的科学性、可用性提供参考。

（六）*要客观求实，促进解决问题*。我国是一个大国，每个省、每个市、每个县的情况都不一样，特别是各地自然资源资产禀赋差异很大，各地生态环境状况也大不相同。这就需要我们坚持一切从实际出发，认真落实习近平总书记关于“三个区分开来”的要求，对审计发现的问题，要依据有关法律法规、规章制度，认真甄别、准确定性，既不能避重就轻，也不能以偏概全，更不能张冠李戴。要客观分析问题产生的条件、背景、环境等，明确因果关系，看是不是历史原因形成的，是不是政策或决策失误促成的，是不是客观环境影响造成的，客观准确作出评价，做到依据准确、范围适当、结论客观。同时，各级审计机关要坚持边审计、边总结、边研究、边思考，将审计实践中好的做法，以及操作中存在的问题及时报告上级审计机关，由省级审计机关汇总后统一向署里反映。署有关业务司也要加强调研指导和服务基层工作，适时掌握《规定》在各地执行的实际情况，及时总结推广好做法、好经验，并抓紧研究起草操作指引。

同志们，开展领导干部自然资源资产离任审计使命光荣，责任重大。让我们更加紧密地团结在以习近平同志为核心的党中央周围，强化政治责任与改革担当，凝心聚力做好这项审计工作，以实际行动学习贯彻党的十九大精神，为生态文明建设做出积极贡献！

以习近平新时代中国特色社会主义思想为指导 奋力开创新时代审计事业发展新局面

——在全国审计工作会议上的讲话

审计署党组书记、审计长　胡泽君

（2018 年 1 月 9 日）

同志们：

刚才，我们传达了李克强总理在听取审计工作汇报时的重要指示，各级审计机关要认真贯彻落实。这次全国审计工作会议的主要任务是，深入学习贯彻党的十九大精神，以习近平新时代中国特色社会主义思想武装头脑、指导实践、推动工作，认真落实中央经济工作会议部署，总结过去工作，研究部署当前和今后一个时期审计工作，奋力开创新时代审计事业发展新局面。

一、过去五年工作的回顾

党的十八大以来，全国各级审计机关认真贯彻落实党的十八大、十八届历次全会和党的十九大精神，深入学习贯彻习近平新时代中国特色社会主义思想，紧紧围绕统筹推进“五位一体”总体布局和协调推进“四个全面”战略布局，坚持依法审计、改革创新、固本强基，推动审计事业取得显著成绩。5 年来，全国共审计 65 万多个单位，促进增收节支和挽回损失 2.5 万亿元，推动健全完善制度 2.38 万项，移送违纪违法问题线索 2.35 万件。

*（一）着力推动党中央、国务院重大政策措施贯彻落实，促进提高发展质量和效益。*我们始终把促进重大政策措施落实作为重中之重，多次专题部署跟踪审计工作。自 2014 年 8 月起，组织全国审计机关持续跟踪审计各地方、各部门贯彻落实中央政策措施情况及效果，密切关注供给侧结构性改革、“放管服”推进、“营改增”实施、重大项目落地、金融服务实体经济等情况，着力推动稳增长、促改革、调结构、惠民生、防风险。全国共促进 2.7 万多个项目开工、完工或加快进度；促进取消、合并、下放行政审批事项、资质认定、收费等 1700 多项。积极配合各级政府督查工作，及时提供相关情况，仅 2017 年国务院第 3 次大督查通报的 16 个典型案例中，就有 14 个是审计提供的线索。

紧密结合党中央、国务院重大决策部署，不断加强各方面审计。财政审计方面，深化预算执行和决算草案审计，持续加大对财政存量、转移支付、专项资金、“三公”经费，以及中央八项规定精神、国务院“约法三章”要求落实情况的审计力度，推动盘活沉淀资金、统筹整合专项资金，促进提高财政资金使用绩效。金融审计方面，对国有重点商业银行、政策性金融机构开展跟踪审计，密切关注金融机构推进供给侧结构性改革、服务实体经济等情况，深入揭示突出问题和潜在风险，促进提高金融服务实体经济的质量和水平，推动进一步加强金融监管。国企国资审计方面，积极推进境内境外审计一体化，重点关注企业经营业绩、法人治理、重大决策、深化改革、提质增效和风险管控等情况，推动国有资本做强做优做大和国有资产保值增值。2016年以来连续开展涉企收费专项审计，摸清情况、提出建议，促进清理规范。民生审计方面，组织开展了“三农”、扶贫、教育、医疗、社保、保障性安居工程等民生资金和项目审计，持续开展扶贫政策落实跟踪审计，连续5年组织开展全国保障性安居工程审计，切实维护人民群众利益。资源环境审计方面，组织开展了土地、矿产资源、节能减排、污染防治等专项审计和调查，2015年起组织开展领导干部自然资源资产离任审计试点，着力推动牢固树立绿水青山就是金山银山的意识，促进生态文明建设。同时，认真履行世界审计组织主席职责，积极开展联合国审计，中国审计影响力持续提升。

*（二）深入揭示和促进防范风险，着力从体制机制层面推动深化改革。*我们始终把揭示和反映经济社会运行中的风险隐患作为重要任务，密切关注财政、金融、政府债务、国企国资等领域，及时揭示部分地方政府债务增长较快、一些金融机构违规经营、部分企业投资经营风险管控薄弱等问题，推动有关方面及时完善防范措施，切实维护经济安全。对审计发现的问题，深入分析体制机制原因，提出有针对性、可操作、能见效的审计建议，推动从根本上解决。全国共报送各类审计报告、专题报告等120多万篇，发布审计结果公告5万多篇；提出防范风险、完善制度、深化改革等方面建议130多万条，被采纳99万多条，推动建立健全规章制度2.38万项。受国务院委托，2017年向全国人大常委会所作的审计工作报告，更加着眼于从推动健全制度、完善管理、深化改革等方面提出建议。地方审计工作报告质量也普遍提高。

*（三）严肃揭示重大违纪违法问题，强化对权力运行的监督制约。*我们始终把推进廉政建设作为审计监督的重要职责，紧盯公共资金、国有资产、国有资源，密切关注财政资金分配、重大项目建设、银行贷款和资本运作、国有股权转让、矿产资源交易等重点领域和关键环节，敢于揭示重大问题。全国共移送违纪违法问题线索2.35万件，涉及4.3万多人。以监督制约权力、促进领导干部依法主动有效作为为目标，坚持党政同责、同责同审，不断深化经济责任审计，全国共审计领导干部16万多名，查出负有直接责任问题金额1万多亿元。同时，严格规范审计行为，努力营造鼓励干事创业的良好环境。强调按法定程序、在法定职权范围内开展审计工作，切实规范审计取证、资料获取、账户查询、延伸审计、审计处理等行为。认真落实全国人大法工委要求，研究出台完善和规范投资审计的意见，明确规定审计不得参与项目决策审批、征地拆迁、工程招标、物资采购、质量评价等管理活动，不得单方面强制要求以审计结果作为竣工结算依据，促进营造良好的营商环境，维护市场经济秩序。认真落实“三个区分开来”要求，坚持历史全面客观看待问题，特别是改革发展中出现的新情况新问题，更加注重保护新产业、新业态、新模式，更加注重从促进新生事物健康发展的角度反映问题、提出建议，推动保护干事创业，营造有利于“双创”的环境。

*（四）跟踪督促审计查出问题的整改，推动建立健全整改长效机制。*我们始终坚持既敢于揭示问题又着力推动解决问题。按照党中央、国务院部署要求，切实加大对审计查出问题整改的跟踪督促力度，推动整改工作逐年向好。自2015年起，全国人大常委会听取并审议审计查出问题整改情况的报告。各地也建立健全了整改情况报告制度。2017年8月至10月，组织全国1万多名审计人员，按照“谁审计、谁负责督促”的原则，按项逐条对审计查出问题的整改情况进行跟踪督促检查，涉及全国31个省（区、市）、100多个中央部门和4000多家单位，有关地方、部门和单位通过上缴国库、补征税款、收回贷款和结转结余等方式整改问题4800多亿元，整改率达到95%；制定完善规章制度2400多项，处理处分8100多人次。

*（五）积极推进审计全覆盖和审计改革重点任务落实，激发审计工作活力。*我们认真落实中办、国办《关于完善审计制度若干重大问题的框架意见》及相关配套文件要求，加强调查研究和统筹谋划，推进各项审计改革任务落地见效。稳步推进审计全覆盖，对中央企业和金融机构的覆盖率达到75%以上。在江苏、浙江、山东、广东、重庆、贵州、云南等7个省（市），积极开展省以下

地方审计机关人财物管理改革试点，进展顺利。研究建立领导干部自然资源资产离任审计、深化国有企业和国有资本审计监督的相关制度。组织修订领导干部经济责任审计规定，并取得阶段性成果。着力推进审计信息化建设，金审工程二期顺利完成、三期正式启动。

（六）认真落实全面从严治党要求，切实加强干部队伍建设。我们始终坚持把党建工作与审计业务工作同部署、同规划、同落实、同检查、同考核，着力加强审计机关党的政治建设、思想建设、组织建设、作风建设、纪律建设。严格执行新形势下党内政治生活若干准则，严守党的政治纪律和政治规矩，牢固树立“四个意识”，坚决维护以习近平同志为核心的党中央权威和集中统一领导。深入开展党的群众路线教育实践活动、“三严三实”专题教育和“两学一做”学习教育，扎实推进“两学一做”学习教育常态化制度化。认真学习宣传贯彻党的十九大精神，开展多层次、多形式、全覆盖的学习培训、党课宣讲和宣传教育，以习近平新时代中国特色社会主义思想指导审计工作，切实把思想和行动统一到党的十九大精神上来。严格执行中央八项规定精神，驰而不息纠正“四风”，2017 年审计署会议和文件数量、会议费较上年分别下降 31%、27%、21%；建立署领导基层联系点制度，进一步加强和改进调查研究。严格执行好干部标准，努力打造审计铁军，建设信念坚定、业务精通、作风务实、清正廉洁的高素质专业化审计干部队伍。加强干部教育培训，成立审计署党校、审计干部教育学院，累计举办培训班 300 多期，培训全国审计干部 3 万多人次。加强廉政风险防控，严格执行廉洁纪律和审计“八不准”工作纪律，有效运用监督执纪“四种形态”，认真接受巡视、巡察，积极整改问题，自觉接受各方面监督。

回顾过去 5 年的工作，我们深切地感受到，审计是党和国家监督体系的重要组成部分，在国家经济社会发展中发挥着越来越重要的作用。这些年审计工作之所以成效显著，主要得益于党中央、国务院和地方各级党委、政府的坚强领导，得益于各有关单位和社会各界的理解支持，得益于全体审计干部的无私奉献。在此，我代表署党组，向全国审计干部及家属表示衷心感谢和诚挚问候！

二、全面贯彻党的十九大精神，努力推动新时代审计工作有新作为

党的十九大是在我国全面建成小康社会决胜阶段、中国特色社会主义进入新时代的关键时期召开的一次十分重要的大会。认真学习贯彻党的十九大精神，把思想和行动统一到党的十九大精神上来，是当前和今后一个时期全国审计机关的首要政治任务。我们要以习近平新时代中国特色社会主义思想为指导，以更新的姿态、更新的举措、更新的作为，奋力开创审计事业发展的新局面。

（一）围绕新时代、新要求、新部署，坚持依法审计、文明审计。党的十九大指出，中国特色社会主义进入新时代，我国社会主要矛盾已经转化为人民日益增长的美好生活需要和不平衡不充分的发展之间的矛盾，这是关系全局的历史性变化，对党和国家工作提出了许多新要求。党的十九大对统筹推进“五位一体”总体布局和协调推进“四个全面”战略布局作了全面部署。中央经济工作会议也强调，我国经济发展进入了新时代，其基本特征就是我国经济已由高速增长阶段转向高质量发展阶段，必须坚持稳中求进工作总基调，坚持新发展理念，紧扣我国社会主要矛盾变化，做好深化供给侧结构性改革、激发各类市场主体活力、加快建设创新型国家、实施乡村振兴战略、实施区域协调发展战略等重点工作。各级审计机关要以习近平新时代中国特色社会主义思想为根本遵循，全面贯彻落实党的十九大精神，坚持围绕中心、服务大局，进一步解放思想、开拓创新、主动作为。

一要推动党中央、国务院重大政策措施贯彻落实，促进我国经济高质量发展。审计机关 1983 年建立之初，主要是对国务院各部门和地方各级人民政府的财政收支、对国家的财政金融机构和企事业单位的财务收支进行审计监督。随着党和国家事业的发展，历经几代审计人的努力奋斗，我国的国家审计功能已有很大的拓展，在国家经济社会发展中具有十分重要和独特的作用。党的十九大对审计监督提出了更高要求，审计机关在政策跟踪、财政、金融、企业、民生、资源环境、经济责任等各项审计中，要立足财政财务收支审计，着力推动中央重大决策部署贯彻落实，促进做好稳增长、促改革、调结构、惠民生、防风险等各项工作，促进提高经济发展质量和效益。这既是党中央、国务院的要求，也是推动经济高质量发展的迫切需要，我们务必凝心聚力、撸起袖子加油干。

二要促进激发各类市场主体的活力，推动社会主义市场经济健康发展。发展社会主义市场经济，必须充分发挥市场在资源配置中的决定性作用，更好发挥政府的作用，实现各类市场主体公平竞争、平等保护，激发各类市场主体的活力。近年来，各类新产业、新业态、新模式层出不穷，培育了经济发展新动能，为我国经济稳定增长撑起一片新天地，必须继续加大对新动能成长的支持和保护力度，这也是新时代审计机关围绕中心、服务大局，依法审计、文明审计的重要着眼点。比如我们规范投资审计，就是为了更好地激发市场主体的活力。投资审计历来是审计工作的亮点和品牌，在促进经济社会发展、推动深化改革、加强反腐倡廉建设、提高政府投资绩效等方面，都发挥了十分重要的作用。但在实践中，一些地方立法曾出现了扩大审计决定效力范围、限制平等民事主体权利等问题。全国人大法工委专门印发意见，要求予以清理纠正。对此，署党组高度重视，制定下发相关文件，召开电视电话会议进行部署，举办专题培训班予以具体指导。通过这些工作，绝大多数同志的思想认识问题解决了，社会各界也给予了积极评价。我们这么做的目的，绝不是不再搞投资审计了，而是要进一步完善和规范投资审计，增强投资审计的权威性和公信力，更好地发挥投资审计在规范市场经济秩序中的作用。

再比如企业审计。中央强调，国有企业是中国特色社会主义的重要物质基础和政治基础，是党执政兴国的重要支柱和依靠力量。在国有企业审计中，我们既要揭示国有资产流失等问题，促进国有资产保值增值，也要提出完善法人治理结构、健全董事会决策制度、规范经营管理等治本建议，从体制机制上推动国有企业在市场中不断焕发活力、提升竞争力，促进国有资本做强做优做大。对待民营企业也有一个认识问题，当前非国有经济总量已占我国经济总量60%以上，创造就业岗位超过80%，成为大众创业、万众创新的重要平台，在国民经济中发挥着越来越重要的作用。民营企业虽然不是国家审计监督对象，但是我们在相关审计中，对涉及民营企业的有关事项，一方面要依法依规提出处理意见，另一方面也要从促进转变政府职能、营造良好营商环境、激发企业家精神的角度，多提建设性意见，促进处理好政府与市场的关系，保护各类市场主体的平等地位，支持民营企业依法经营、公平竞争，促进民营经济健康发展，促进创新创业。

三要始终找准定位和角度。审计是国家治理体系的有机组成部分，审计监督的基本功能是经济监督，主要对所有管理、分配和使用公共资金、国有资产、国有资源的部门单位是否忠实履行法定职责、严格财经纪律，其经济活动是否真实、合法、有效，依法进行检查和评价。我们开展各项审计业务，都必须准确定位，恪守审计的权力边界，不能包打天下。要注重与被审计单位和相关方面交流沟通，谦虚谨慎、平等待人，严谨细致、以理服人，做到善于发现问题、敢于揭示问题、深入分析问题、如实反映问题、提升成果质量。比如，对领导干部进行经济责任审计，是党中央、国务院对审计机关的充分信任，对于决胜全面建成小康社会、建设中国特色社会主义具有十分重要的意义。做好这项工作，要紧扣经济责任。应该认识到，审计机关不是干部管理部门，也不是纪检监察机关，更不是司法机关；对领导干部的经济责任审计，无论是确定审计内容还是进行审计评价，都要紧扣经济责任，不能包罗万象、搞大而全。要遵循"三个区分开来"。对领导干部履行经济责任中存在的问题，要紧扣中央精神和改革发展要求，实事求是地进行分析，看是不是在推进改革中因缺乏经验、先行先试出现的失误，是不是上级尚无明确限制的探索性试验中的失误，是不是为推动发展的无意过失。总之，要坚持历史全面客观地看待问题，让审计评价更准确客观、问题定性更令人信服。同时，要积极推动建立健全容错纠错机制，促进干部想干事、敢干事、真干事、干成事。要敢于担当。经济责任审计要对组织负责，对被审计领导干部负责，对审计事业负责。我们花了那么多时间，做了那么多工作，最后能不能从审计角度，对领导干部在履行经济责任过程中，有没有个人贪腐滥权等情况，有个结论性的评价意见，这既有利于组织上掌握情况，也有利于审计结果的运用，被审计领导干部本人也有这个希望。这样做是否可行，又如何防范审计风险，需要我们在实践中研究和探索。马克思辩证唯物主义认为，人的认识从来都是无限接近真理。只要严格履行程序，严格依法依规，严格在职权范围内开展工作，妥善处理好防范审计风险与运用审计结果的关系，是完全可以兼顾的。领导干部自然资源资产离任审计也是如此，要找准审计定位，客观求实、准确评价。

（二）围绕打好“三大攻坚战”，进一步聚焦审计重点。党的十九大指出，从现在到 2020 年，是全面建成小康社会决胜期，要突出抓重点、补短板、强弱项，特别是要坚决打好防范化解重大风险、精准脱贫、污染防治的攻坚战，使全面建成小康社会得到人民认可、经得起历史检验。中央经济工作会议也强调，今后 3 年要重点抓好决胜全面建成小康社会的“三大攻坚战”。这关系到能否成功跨越我国经济发展现阶段特有的关口，关系到我国经济能否顺利迈向高质量发展阶段。审计机关要增强跨越关口的紧迫感、责任感和使命感，全神贯注、全力以赴，精准聚焦、靶向发力，在推动打好“三大攻坚战”中积极发挥作用。

首先是防范化解重大风险。打好防范化解重大风险攻坚战，重点是防控金融风险。党的十八大以来，各级审计机关密切关注信贷、债市、股市、汇市等领域运行情况，查出并移送了一大批非法集资、地下钱庄、贷款诈骗等违法犯罪问题线索，对于维护金融市场稳定、防范金融风险发挥了重要作用。今后，要继续发挥审计专业性强、触角广泛、反应快速等优势，深入揭示影子银行、不良贷款、表外业务、热钱冲击等风险隐患，及时发出预警。当前，要特别关注地方政府隐性债务风险，这看似在财政领域，但极易引发和衍生金融风险。2013 年，审计署曾组织全国 5 万多名审计人员，对全国政府债务进行了全面审计，摸清了债务底数，及时向党中央、国务院报告，并依法进行了公告，回应了国内外关切，取得良好的社会效果。从目前情况看，地方政府债务风险总体可控，但隐性债务问题不容忽视。各级审计机关要把地方政府隐性债务情况作为审计监督的重点内容，在政策措施落实跟踪审计、财政收支审计、经济责任审计等项目中予以密切关注，有针对性地开展专项审计，摸清情况，推动坚决遏制隐性债务增量、积极稳妥化解隐性债务存量。

其次是精准脱贫。习近平总书记多次强调，全面建成小康社会，“一个都不能少”。打赢精准脱贫攻坚战，关键是瞄准特定贫困群众精准帮扶，向深度贫困地区聚焦发力。党的十八大以来，在党中央、国务院的坚强领导下，我国已有 6000 多万人口稳定脱贫，这是一项前无古人、非常了不起的成就，充分体现了社会主义制度的优越性。这期间，全国审计机关先后对 670 多个贫困县及集中连片特困地区县开展了扶贫资金专项审计和政策跟踪审计，促进追回或归还资金 320 多亿元，在脱贫攻坚中发挥了重要作用，这充分说明审计队伍是一支能打硬仗的队伍。按照党的十九大部署，未来 3 年是脱贫攻坚的关键时期，我国目前还有 3000 多万贫困人口，而且大多属于自然条件差、经济底子薄、贫困程度深的地区。从 2017 年起到 2020 年，每年要实现 1000 多万人口脱贫，越往后脱贫成本越高、难度越大。我们要再接再厉，充分发挥专业优势，按照“中央统筹、省负总责、市县抓落实”的要求，精心组织，善作善成，举全国审计机关之力持续组织开展扶贫审计，实现对贫困地区审计全覆盖，重点关注精准扶贫精准脱贫政策措施落实情况，揭露扶贫资金被挪用滥用、贪污侵占等问题，揭露作风不实、搞形式主义、弄虚作假甚至失职渎职等问题，推动追责问责，让脱贫成效真正获得群众认可，经得起历史检验。

再次是污染防治。打好污染防治攻坚战，重点是打赢蓝天保卫战。2017 年 9 月，中央印发了领导干部自然资源资产离任审计试行规定，这是生态文明制度建设的重大举措，是审计制度改革的重要内容，也是审计机关更好发挥作用的新契机、新平台。署里专门召开全国审计机关电视电话会议进行了安排部署，各级审计机关要以贯彻落实规定为抓手，认真做好这项工作。应当看到，这项工作对审计机关来说是开创性的，既没有成熟的经验可以借鉴，也没有厚实的工作基础可以依赖。2015 年以来，全国共开展审计试点项目 800 多个，涉及被审计领导干部 1200 多人，为规定的出台奠定了实践基础，也积累了宝贵经验。尽管如此，与中央推动绿色发展的要求还有不小差距。我们还要继续探索，不断创新审计方式方法，推动各级领导干部牢固树立绿水青山就是金山银山的意识，促进加快生态文明建设，推动实现经济发展和环境保护双赢。

（三）围绕审计全覆盖和加强党风廉政建设，积极推进审计改革创新。党中央着眼于统筹推进"五位一体"总体布局和协调推进"四个全面"战略布局，要求对公共资金、国有资产、国有资源和领导干部履行经济责任情况实行审计全覆盖。这也是围绕党风廉政建设、发挥审计反腐败"利剑"作用的必然要求，对于实现国家治理体系和治理能力现代化、推进国家审计现代化，都具有重要的现实意义和深远的历史意义。几年来，全国各级审计机关按照党中央、国务院部署要求，做了大量工作，努力推进审计全覆盖，紧紧盯住公共资金使用、公共权力运行等重点环节，严肃揭示重大违纪违法问题，取得显著成绩。适应新时代新任务新要求，我们要更加积极有效地推进审计全覆盖，进一步加大改革创新力度，为依法独立行使审计监督权，充分发挥审计在党和国家监督体系中的重要作用，提供制度机制保障。

一要统筹推进审计管理体制改革和省以下地方审计机关人财物管理改革。改革审计管理体制是党中央的明确要求，也是推进新时代审计事业科学发展的难得机遇。要按照党的十九大关于"构建党统一指挥、全面覆盖、权威高效的监督体系"的要求，把审计管理体制改革与省以下地方审计机关人财物管理改革统筹考虑、统筹实施，加强调查研究，总结实践经验，搞好顶层设计，尊重基层首创精神，坚持试点先行，积极推进审计管理体制改革。要努力营造良好改革环境，确保审计队伍思想稳定、审计业务及其他各项工作有序进行。

二要切实强化上级审计机关对下级审计机关的领导。我国宪法和审计法规定，审计署主管全国的审计工作，地方各级审计机关对本级人民政府和上一级审计机关负责。推进审计一体化，加强审计署对全国审计工作的领导，强化上级审计机关对下级审计机关的领导，这既是法定职责，也是确保审计发挥作用的重要制度性安排；既是审计实践的需要，也是确保国家法治统一的需要。这就要求上级审计机关要切实加强对审计法规政策的解读，及时总结推广经验，帮助基层解决问题和困难，狠抓队伍建设。也就是说，上级审计机关不仅自己要抓业务、干审计，还要指导下级审计机关把审计业务和队伍建设抓好；不仅要自己明白审什么、怎么审，也要指导下级审计机关搞清楚审什么、怎么审，形成全国审计"一盘棋"。从 2018 年开始，审计署将建立省级审计机关主要负责人每年向审计署党组述职报告工作制度，地方审计机关也要建立相应制度。当然，强化上级审计机关对下级审计机关的领导，不是不切实际的发号施令，也不是越俎代庖，要在统筹整合资源、提高整体效能上下功夫。要认识到，审计事业是党和国家的事业，单靠某一级审计机关和有限的审计资源是不够的，只有加强领导，积极推进审计管理体制改革，充分发挥各级审计机关的合力，充分调动全国审计人员的积极性、创造性，才能最大限度地发挥审计监督在进行伟大斗争、建设伟大工程、推进伟大事业、实现伟大梦想中的重要作用。

三要加强对被审计单位内部审计工作的指导和监督。社会主义市场经济是法治经济，需要每一个市场主体守法诚信、充满活力、公平竞争。只有每一个市场主体的细胞是健康的，市场经济才能减少出问题的风险。在我国，审计对象涵盖所有党政机关和国有企事业单位，每个单位又下辖若干层级，只有每个层级都健康、依法、诚信，被审计单位才能有效抵抗风险。因此，我们要着眼于推动市场经济健康发展和建设现代化经济体系，关注被审计单位内部风险防控，减少问题的发生，促进被审计单位事业健康发展。需要明确的是，加强对被审计单位内部审计工作的指导和监督，主要是通过业务培训、经验交流、工作质量专项检查等方式来进行，绝不能把被审计单位的内审机构当成审计机关的内设机构。在这个问题上，审计机关既不能缺位，也不能越位。多年来，按照审计署的部署和要求，中国内部审计协会及各地方协会在指导内部审计方面做了大量工作。现在虽然与审计机关脱钩了，但可以通过合法合规的渠道和方式，加强审计机关与内部审计协会的联系，充分发挥行业协会作用，共同促进内部审计工作健康发展。同时，也要探索如何进一步引导社会审计发挥积极作用。

四要积极推进大数据审计。实现审计全覆盖，需要我们在审计理念、审计方法上不断创新。否则，就会被时代淘汰。另一方面，多年来，人手少、任务重是审计机关面临的主要困难之一。解决这一问题，仅靠传统的翻账本方式是行不通的，寄希望于大量增加编制也是不现实的，出路是科技强审，向信息化要资源，向大数据要效率。要通过信息化、数字化，提高审计监督、过程控制、决策支撑能力，努力抢占审计事业发展制高点。要按照“统一规划、两级部署、以用为本”的原则，积极推进金审工程三期建设，拓展大数据技术运用，在全系统推广数字化审计模式。要努力建设政治过硬、保密观念强，素质过硬、专业能力强，作风过硬、实干精神强，纪律过硬、廉洁自律强的专家型人才队伍，推动审计信息化建设迈上新台阶。

（四）围绕新时代党的建设总要求，努力建设高素质专业化的审计干部队伍。党的十九大提出新时代党的建设总要求和8个方面重点任务，特别强调要建设高素质专业化的干部队伍。实践证明，做好审计工作关键在人，必须着力增强审计干部队伍适应新时代中国特色社会主义发展要求的素质和能力。

一要以政治建设为统领，全面提高干部队伍素质。加强对审计干部的政治教育，严格执行新形势下党内政治生活若干准则，坚定执行党的政治路线，严守党的政治纪律和政治规矩，牢固树立“四个意识”，自觉在政治立场、政治方向、政治原则、政治道路上同党中央保持高度一致，坚决维护以习近平同志为核心的党中央权威和集中统一领导。加强理想信念教育，扎实推进“两学一做”学习教育常态化制度化，用习近平新时代中国特色社会主义思想武装头脑，自觉做共产主义远大理想和中国特色社会主义共同理想的坚定信仰者和忠实实践者。加强业务培训，注重运用网络、视频等现代化手段，扩大培训覆盖面、提高培训效率，结合审计实践需要，开设“审计大讲堂”，建立分级分层集中培训制度，努力建设学习型审计机关，切实增强审计干部宏观思维、辩证思维、法治思维，努力培养专业能力和专业精神。

二要大兴调查研究之风，切实加强领导班子作风建设。认真贯彻落实习近平总书记关于纠正“四风”不能止步、作风建设永远在路上的重要指示精神，锲而不舍抓好作风建设。审计机关各级领导干部要带头转变作风，身体力行，以上率下，形成“头雁效应”。要大兴调查研究之风。各级审计机关的领导同志都要积极开展调查研究，扑下身子、迈开步子、走出院子，深入基层、深入实际、深入一线，听实话、摸实情、出实招。调查研究要紧扣经济社会发展实际，紧扣审计工作实践，既要到工作成效好的地方去总结经验，也要到困难大、矛盾多、情况复杂的地方去研究解决问题。要带头真抓实干。清谈误国、实干兴邦。各级领导干部要在充分听取各方意见的基础上，亲力亲为，干在前面、走在前列，绝不能坐而论道、当甩手掌柜。对中央重大决策部署以及署党组确定的重点任务，要研究具体办法，明确具体责任，一环扣一环地抓下去，推动各项工作落到实处。要树立正确的政绩观，坚持实事求是、科学严谨的专业精神，真正做到对党的审计事业负责，对历史和人民负责。

三要廉洁自律，筑牢拒腐蚀永不沾的钢铁防线。我们这支10万多人的审计队伍是廉洁自律、甘于奉献的。但是我们也不能沾沾自喜、盲目乐观。在我们的队伍中，也曾发生过个别人员在审计现场收受钱物，被追究刑事责任，虽然数额不大，但性质恶劣；有的搞假发票套取费用，身为监督者却违反财经纪律；还有的违规接受被审计单位宴请，等等。这些虽然是个案，而且大多发生在党的十八大以前，但是损害审计机关的良好形象，损害审计监督的权威性和公信力，必须引起高度重视，时刻绷紧廉政建设这根弦，当好反腐倡廉的"排头兵"。

三、扎实做好2018年各项工作

2018年是贯彻落实党的十九大精神的开局之年，是改革开放40周年，是决胜全面建成小康社会、实施"十三五"规划承上启下的关键之年。做好2018年的审计工作，总的指导思想是：全面贯彻党的十九大精神，以习近平新时代中国特色社会主义思想为指导，坚持稳中求进工作总基调，坚持新发展理念，紧扣我国社会主要矛盾变化，按照高质量发展的要求，紧紧围绕统筹推进"五位一体"总体布局和协调推进"四个全面"战略布局，以推进供给侧结构性改革为主线，着眼统筹推进稳增长、促改革、调结构、惠民生、防风险各项工作，聚焦打好"三大攻坚战"，创新审计理念，突出审计重点，依法全面履行审计监督职责，为决胜全面建成小康社会、夺取新时代中国特色社会主义伟大胜利作出积极贡献。关于全国审计工作，署里制定了工作要点和统一组织审计项目计划，提交这次会议讨论，正式印发后要严格遵照执行。2018年要扎实做好以下8个方面的工作。

（一）扎实开展政策落实跟踪审计。要认真组织重大政策措施落实情况跟踪审计，其他各项审计也要密切关注相关领域重大政策措施落实情况。要围绕深化供给侧结构性改革，重点关注"三去一降一补"任务完成、"放管服"改革深化、新旧动能转换等情况，聚焦落后产能退出、行政审批制度改革、国有企业兼并重组、房地产去库存等精准发力。要围绕促进积极财政政策落实，密切关注营改增全面推开、阶段性降费政策接续、一般性转移支付比重、财政支出结构优化、财政绩效等情况，重点检查财政资金有没有效益、减税是不是深化、降费是不是到位，推动提高财政支出的公共性和普惠性，促进财政资金更多向"三农"、创新驱动、民生改善等领域倾斜。要围绕加快建设创新型国家，重点关注科技体制创新、企业科研投入等，着力揭示科技经费管理、科研人员薪酬等方面制约人才智慧发挥和合理流动的体制机制障碍，促进激发科研人员积极性创造性，推动"双创"新发展。审计中，要着力揭示弄虚作假、隐瞒实情，以及不作为、慢作为、假作为等懒政怠政庸政问题，充分发挥审计对推动政策落实的保障作用，促进中央政令畅通。

（二）扎实开展地方政府隐性债务审计。除在相关审计中重点关注外，按照中央部署要求，在地方政府自查的基础上，有针对性地开展重点抽查，搞准口径、摸清底数、分析结构，重点关注是否存在以政府投资基金、政府和社会资本合作（PPP）、政府购买服务等方式变相举债，是否存在脱离当地财力、不顾财政约束的无序举债，是否存在违法违规融资担保等问题，坚决防控隐性债务风险累积可能引发的连锁反应。对地方政府违法违规举债问题，要坚决查处，发现一起、移送一起，并跟踪督促、推动问责。

（三）扎实开展领导干部自然资源资产离任审计。2018年是这项审计工作正式推开的第一年，要在项目安排、人员调配、技术保障等方面予以适当倾斜。审计中，要拓宽工作视野，跳出传统资源环境审计的视角局限，突出生态环境问题与领导干部履职尽责情况的关联，重点关注领导干部履行自然资源资产管理和环境保护责任情况。要在总结试点经验的基础上，探索将定性评价与定量评价相结合，进一步研究细化审计评价标准，确保审计评价有规可依、有章可循。要做好自然资源资产离任审计与经济责任审计的统筹衔接，提高审计效率，避免重复审计。

（四）扎实开展各专项审计。深化财政审计，加强预算执行和决算草案、转移支付、资金统筹整合等审计，推动建立权责清晰、财力协调、区域均衡的中央和地方财政关系，促进建立全面规范透明、标准科学、约束有力的预算制度，保障公共资金安全高效使用；继续加大中央八项规定精神落实情况审计力度。深化金融审计，加强对金融监管部门、金融机构和金融市场运行等方面的审计，重点关注信贷流向、信贷资产质量、金融创新、互联网金融、跨境资本流动等，推动提升金融服务实体经济能力，促进多层次资本市场健康发展，提高金融监管实效。深化企业审计，加大国企国资和境外国有资产、国有企业境外投资的审计力度，重点关注各项改革措施落实、法人治理结构、经营业绩真实性、自主创新等情况，促进国有企业深化改革，加快国有经济布局优化、结构调整、战略性重组，提升国际化经营能力和抗风险能力，推动国有资本做强做优做大，实现国有资产保值增值。深化民生审计，突出抓好扶贫专项审计，持续加大对医保、养老、保障性安居工程等民生资金和项目的审计力度，围绕解决不平衡不充分问题，重点关注民生政策贯彻落实、资金筹集管理使用情况等，促进增强人民群众的幸福感、获得感。深化经济责任审计，推动完善经济责任审计制度，加大党政领导干部经济责任同步审计力度，聚焦经济责任，客观公正评价，促进领导干部廉洁用权、干净干事。深化投资审计，坚持突出重点、量力而行，规范发展、确保质量，着力反映投资结构不合理、重复建设、损失浪费等问题，促进提高公共投资绩效，推动深化投融资体制改革。其他各项审计，也都要精心组织好、实施好。

（五）扎实开展大数据审计。进一步健全完善数据采集和定期报送机制，各有关单位要把数据采集作为重要任务，明确责任、狠抓落实，持续加大数据集中力度，实现跨层级、跨地域、跨系统、跨部门、跨业务数据大集中，保证数据的完整性、连续性、时效性。要强化数据管理，规范电子数据采集、报送、存储、使用、备份等各环节工作，确保数据安全。要积极研究探索数据共享的方式和途径，提高数据运用的便捷性，增强审计人员大数据分析能力，实现数据的有效运用。积极探索多维度、智能化数据分析方法，加强各领域、各层级、各系统间数据关联分析，切实提高发现问题、评价判断、宏观分析的能力，提高对风险因素的感知、预测、防范能力。

（六）扎实推进审计管理体制改革。加强调查研究、统筹谋划，认真总结省以下地方审计机关人财物管理改革的经验和做法。强化上级审计机关对下级审计机关的领导，组织省级审计机关主要负责人向审计署党组述职报告工作。加强审计管理和统筹，进一步完善考核评价办法，更好地发挥考核的激励和引导作用，着力提高审计工作质量和效率。

（七）扎实推进纪律作风建设。要严格落实全面从严治党责任，持之以恒正风肃纪，坚决纠正“四风”，强化中央八项规定精神落实，勇于担当、主动作为；加强廉政风险防控，准确把握运用监督执纪“四种形态”，及时发现纠正苗头性、倾向性问题。

（八）扎实做好审计宣传、理论研究、后勤服务等工作。进一步创新审计宣传方式方法，用审计人的先进事迹和典型事例，讲好审计故事，增强塑造力和感染力，弘扬正能量，培育职业荣誉感和成就感，激发想干事、干成事的精神动力。进一步加强审计理论研究，确保审计科研工作的正确政治方向，加强对审计实践的理论总结和指导。进一步加强审计服务保障，把工作做细、做实。

同志们，新思想引领新时代，新目标赋予新使命。让我们高举中国特色社会主义伟大旗帜，更加紧密地团结在以习近平同志为核心的党中央周围，不忘初心、牢记使命，锐意进取、埋头苦干，奋力开创新时代审计事业发展新局面！

真正研究真问题　真正繁荣真理论

——在审计理论研究骨干培训班上的讲话

审计署党组成员、副审计长　孙宝厚

（2017年5月12日）

大家下午好！很高兴参加今天的培训班。

近年来，特别是党的十八大以来，党中央、国务院对国家审计越来越重视，社会各界对国家审计期望值越来越高，国家审计实践长足发展的同时越来越注重理论探索与创新。在这样的新形势下，中国审计学会举办本次审计理论研究骨干培训班，对进一步推动审计理论创新发展，培养审计理论研究骨干人才，非常必要，也很及时。刚才听了几位同志的发言，很有收获，很受启发。现在我也发个言，与大家交流。我发言的题目即中心思想是：真正研究真问题、真正繁荣真理论。具体谈以下三点。

一、坚持“四个真”，即真问题、真研究、真学问、真有用

扎实有效开展国家审计理论研究，应当高度关注“四个真”，即真问题、真研究、真学问、真有用，而且必须将“四个真”贯穿于整个研究过程的始终。

一是要研究真问题。有的地方、一些时段、有些人员貌似研究了不少问题，剔除彼此共性、相互交叉的问题不说，为数不少的问题本身不能算是真正的问题，甚至只可能是个伪问题。研究这样的问题，理论上没多少意义，实践上也无什么价值；研究者本人可能花了不少工夫，实务工作者不予关注，其他理论研究者也不在意，甚至研究者本人也明知是找不着题目的题目，是个不是问题的问题，是为了研究而进行的研究。我希望大家要坚持问题导向，要善于从审计实践中发现真正的问题，要着重研究审计实践中产生的、困扰一线审计人员的、审计理论界甚至社会各界关注的、需要在理论上加以研究的真正的问题。

二是要开展真研究。首先明确了需要研究的“真问题”之后，接下来就需要进行“真正研究”。毛泽东同志曾说过，研究是一个去粗取精、去伪存真、由此及彼、由表及里的过程。真正研究问题，是艰苦的脑力劳动，有时也需要伴随体力的劳动，必须遵循科学研究规律，运用科学研究方法，真正下一番苦功夫，使认识得到深化，理论得到升华。在研究过程中，不能只是将有关素材简单堆砌就得出结论，也不能简单照搬或无创新、无差异重复论证他人观点，更是绝对不允许抄袭他人研究成果。简单照搬可被归于无能或偷懒，随声附和不属于创新甚至可被视作另有所图，抄袭则无疑是剽窃、是学术不端、是品行上有问题。因此，在找准真问题后，还要真正地去做真正的研究、深入的研究，真下功夫，力戒表面化、简单化、片面化的假研究，杜绝照抄、剽窃的不研究。

三是要做出真学问。顺着从前往后说，有了真问题，加以真研究，研究出来的才可能是真学问；从后往前讲，真学问，必须来自真研究，真正研究了真问题。在多年的学习、研究和工作中，我体会，如果一定要做个区分的话，做工作，重在求同、求和、求实；而做学问，则重在求真、求新、求异。也就是理论研究要追求真理、追求创新、追求不同。真正研究真问题之后，所谓的“真学问”，就是揭示了真理，实现了创新，至少是与他人已有的结论或所用研究方法有所不同。否则，如果研究成果没有体现真知灼见，与已有成果没有两样，同他人看法没有区别，研究方法也没有创新，这不是真学问。

四是要成果真有用。研究必须有其目的性，研究成果“真有用”至少是目的性中的重要一项。某项研究成果引起理论研究者关注，对别人进一步开展理论研究具有借鉴意义，甚至在理论研究领域树起了一座里程碑，这就是对理论研究“真有用”。比如，检索率、引用率等指标都反映了研究成果的影响力。作为实务工作者，我更看重理论指导实践，就是说，研究成果还要对实际工作具有一定的参考价值，甚至起到引领、指导作用。这应当是更为重要的“真有用”。不仅让理论成果能认识世界，我们还要在正确理论指导下改造世界。真正做到理论上清醒，政治上坚定，决策上正确，操作上可行，效果上优化。我希望大家研究出来的成果，少些甚至没有不痛不痒的东西，更多些为国家审计实践发展提供科学理论指导、支持与支撑的真成果，同时也使审计理论春色满园、真正繁荣。

二、把握“四个度”，即政治高度、行业跨度、专业厚度、实践深度

在研究过程中，关注和做到“四个真”，主要是从发现问题、研究问题、解决问题（或回答问题）的脉络讲的。与此同时，大家还要把握好“四个度”，即政治高度、行业跨度、专业厚度、实践深度。

一是要有政治高度。在座的各位不管是审计实务工作者，还是审计理论工作者，都必须坚持党的领导，坚持中国特色社会主义，坚持正确的政治方向，牢固树立“四个意识”，更加自觉地在思想上政治上行动上同以习近平同志为核心的党中央保持高度一致。要不断提升政治能力，把握方向，把握大势，把握全局，善于从政治高度研究和把握问题，坚持用马克思主义立场、观点和方法观察、分析和研究问题，从统筹推进“五位一体”总体布局和协调推进“四个全面”战略布局高度，深刻认识和理解国家审计。如果不能够从政治高度观察、分析和把握问题，研究很难出成果；即使有成果，可能也会出现方向性偏差，甚至起不到正确的作用。

二是要有行业跨度。国家审计是党和国家监督体系的重要组成部分。审计机关通过对被审计单位进行审计、出具不仅局限于对被审计单位有用的成果而发挥作用。审计与改革、发展、稳定、法治、反腐、安全等方面都有关系。因此，开展审计理论研究，绝对不能单纯就审计论审计，必须有更广阔的行业跨度和视野，要关注党和国家事业发展全局，要关注其他监督需求并与之互动，要关注被审计单位、行业及相关领域的发展动态等，必须在宏大的框架下，将审计与相关行业联系起来进行研究。

三是要有专业厚度。作为一项社会活动、一项专业工作，国家审计不仅中国有，世界各国几乎都有；即使在中国，不仅现在有，在古代、近代基本也都有。这就决定了我们对国家审计的研究，应当关注本专业的厚度，不仅要知今，还应当鉴古；不仅要知己，也有必要知彼。博古通今，可以更好地揭示和掌握审计发展规律；横向与他国比较，无疑有利于借鉴经验与教训。仅就研究国外审计而言，我想多说几句。首先要明确，月亮并非只有外国的圆，不能崇洋媚外，不能食洋不化，不能生搬硬套。但是，近一两百年，一些经济较发达国家，国家审计相对成熟或发展较快，这也是事实。我们现在的国家审计机关根据宪法成立并开展工作毕竟才30多年。立足我国实际，对外国审计做一些研究，分析其长短利弊，对我们是有益的，至少可以提供参照，进而少走一点弯路。随着中国国力增强，国际地位提升，以及中国审计与其他国家审计交往和在世界、地区审计组织活动的增多，也为我们研究外国审计提供了很多有利条件。希望审计理论和审计实务工作者，尤其是一些外语能力较强的同志，在开展研究时，要拓展专业厚度，研究外国审计，为我所用。

四是要有实践深度。不论研究审计理论还是研究其他方面，都应当紧密结合实践，并且做到有相当的深度。真正研究真问题，真正有用，就要能在一定程度上解决实际问题。说句老实话，现在有些人拿出来的东西和实践不对路，对审计工作没有什么用处，很大程度上就是因为缺乏实践深度。国外有句名言，理论是灰色的，而实践之树长青。只有立足并深入审计实践，审计理论才可以得到不断应用、检验、修正和完善；也只有立足并深入审计实践，审计理论才能推动审计制度创新、审计事业才能健康可持续发展。

三、重视“三个唯”，即不唯书、不唯上、只唯实

审计理论研究，是书面知识的传承，不同层级审计理论和审计实务工作者都在努力，最终都是为了促进审计实践的发展，同时也离不开实践的检验。因此，我们必须重视“三个唯”，即不唯书、不唯上、只唯实。

一是要坚持不唯书。当然，这不是说搞理论研究就可以不看有关国家审计的重要文件和理论书刊，而是指不要仅仅是从书面中来到书面中去，不要总是拘泥于书上是怎么说的。理论研究的最终落脚点还是要解决实际问题。特别是不直接从事实务的审计理论工作者，一定要多点务实性，有点实际深度，不要只唯书。

二是要坚持不唯上。“不唯上”并不是说上级的文件、领导同志的讲话你不要学、不要看、不要听，而是指研究态度要科学、客观，不能在理论研究中照抄照搬有关领导同志的文章讲话。特别是不专门从事理论研究的审计实务工作者，实际工作中必须服从上级的决定和要求，这是没有疑问的，但在研究审计理论时，一定要少点打官腔，多点理性思维，不要只唯上。

三是要坚持只唯实。研究审计理论，我们坚持不唯书、不唯上，也就意味着应当坚持只唯实。“只唯实”就是专注于从国家审计工作实际出发、立足国家审计实际问题、坚持实事求是的思想路线，去认真、务实地研究，去得出符合实际的结论。无论是审计理论还是审计实务工作者，研究国家审计理论，要相互取长补短，既不要唯书、也不要唯上，而要重在唯实、贵在求真。只有求实、求真，提出真问题，研究真问题，解决真问题（或回答真问题），才能真有用，才能真正推动国家审计实践的发展，也才能真正促进国家审计理论的繁荣。

总之，回到一开始确定的题目上来，希望我们大家能够真正研究真问题，真正繁荣真理论。以上只是受大家发言启发，即兴谈的个人想法，与大家一起交流。不妥之处，敬请各位批评指正。

谢谢大家！

在长江经济带生态环境保护审计培训班上的讲话

副审计长　秦博勇
（2017 年 12 月 11 日）

同志们：

两个月前，经审计署党组同意，资环司组织 11 个省厅和长沙、武汉特派办的同志，在长沙就长江经济带生态环境保护审计的组织方式和重点内容进行了专题座谈。根据大家的建议，为更好地发挥审计促进落实长江经济带“共抓大保护”战略的重要作用，审计署决定开展这次长江经济带生态环境保护专项审计。署党组对这个项目非常重视，在上周五已经进行了视频培训的前提下，决定在教育学院举办这次培训班，就是要进一步统一思想、提高认识、明确重点，确保圆满完成此项审计任务。下面，我讲三点意见。

一、清醒认识当前长江经济带生态环境面临的严峻形势

长江是中华民族的母亲河，长江流域水资源总量约占全国水资源总量的 35%，森林覆盖率达 41.3%，河湖水库湿地面积约占 20%，珍稀濒危植物占 39.7%，是我国重要的生态安全屏障，更是子孙后代生生不息、永续发展的重要支撑。长江经济带覆盖 11 省市，人口和生产总值超过全国的 40%，是我国经济重心所在、活力所在。

党的十八大以来，中央和长江经济带 11 省市相关地方政府加快推进生态文明建设，生态环境保护取得了积极进展，区域生态环境质量有所改善。与此同时，由于多年粗放发展形成的突出环境短板尚未得到弥补、共抓大保护的理念尚未根本树立、生态环境管理体制机制不够完善等原因，长江经济带的生态环境形势仍然严峻：部分区域发展与保护矛盾突出，环境容量超载，沿江重化工业高密度布局，低小散企业直排现象较为普遍，农业面源污染和重金属污染未得到根本遏制，局部江段总磷超标严重，农村地区污水垃圾处理设施建设滞后；流域整体性保护不足，局部江段岸线无序开发挤占生态空间，部分支流和湖泊湿地的生态服务功能呈退化趋势，饮用水安全保障压力大等。随着长江黄金水道开发和长江经济带城市化进程的加快，资源环境可能将承受更大的压力。这种严峻的形势，客观上迫切要求我们持续跟踪，不断加大审计力度，及时分析研究发现影响长江经济带生态环境的突出问题和风险隐患，并积极推动解决，督促长江经济带相关地方政府切实贯彻落实“生态优先、绿色发展”的总体战略，真正把长江经济带建设成为生态文明的先行示范带，确保一江清水绵延后世。

二、深刻认识开展长江经济带生态环境保护审计的重大意义

（一）开展长江经济带生态环境保护审计是贯彻落实习近平总书记重要指示批示和党的十九大精神的重要举措。

2016 年 1 月，习近平总书记在重庆主持召开的推动长江经济带发展座谈会上强调，推动长江经济带发展必须从中华民族长远利益考虑，走生态优先、绿色发展之路，当前和今后相当长的一个时期，要把修复长江生态环境摆在压倒性位置，共抓大保护，不搞大开发。此后，习近平总书记又多次发表重要讲话或作出批示。党的十九大报告将美丽中国作为建设社会主义现代化强国的目标之一，把坚持人与自然和谐共生作为新时代中国特色社会主义的十四条基本方略之一，把污染防治作为决胜全面建设小康社会坚决打好的三大攻坚战之一；强调“建设生态文明是中华民族永续发展的千年大计，必须树立和践行绿水青山就是金山银山的理念，像对待生命一样对待生态环境”，明确了加快生态文明体制改革，建设美丽中国的总体要求，并从推进绿色发展、着力解决突出环境问题、加大生态系统保护力度、改革生态环境监管体制4个方面提出了今后5年的重点任务。

习近平总书记的这些重要指示批示和党的十九大提出的这些新部署新要求新任务，是长江经济带生态环境保护工作的根本方针和主要着力点。开展长江经济带生态环境保护审计，就是审计机关牢固树立“四个意识”、贯彻落实党的十九大精神的具体表现，根本目的就是推动打好污染防治攻坚战，促进建设美丽中国相关重点任务在长江经济带11省市落地见效。

（二）开展长江经济带生态环境保护审计是审计机关责无旁贷、义不容辞的重大政治任务。

为贯彻落实中央领导同志批示精神，审计署决定开展长江经济带生态环境保护审计，这是审计机关的一项重大任务，政治性、政策性都很强。这既是对我们的信任，更是对我们的鞭策。为落实好这项重要政治任务，审计署办公厅出台了有关指导意见，要求在2017年自然资源资产离任审计试点项目中重点关注长江经济带生态环境保护问题，在安排2018年及以后年度审计项目时，优先考虑对沿长江干流和重要支流的市县开展审计，并将长江生态环境保护情况作为首要内容。各级审计机关要切实提高政治站位，正确认识和把握国家审计在长江经济带生态环境保护中的重要作用，扎实做好这次审计。要在摸清长江经济带当前的基本环境状况、生态文明建设推进情况、十八大以来的生态环保投入及成效、存在的突出环境问题等总体情况的基础上，系统谋划、梳理出审计的重点，以钉钉子的精神，深入研究和集中解决普遍性的、关键性的问题，实实在在地抓出成效，以优异成绩回报党中央、国务院对我们的信任和重托。

三、采取有力措施精心组织好长江经济带生态环境保护审计

（一）要认真学习贯彻胡泽君审计长重要讲话精神。

12月4日，审计署召开了全国审计机关贯彻落实领导干部自然资源资产离任审计规定（试行）视频会议。胡泽君审计长从深刻领会习近平新时代中国特色社会主义思想的高度，深刻阐述了开展领导干部自然资源资产离任审计的极端重要性，提出了贯彻落实的具体部署和要求，充分体现了审计机关贯彻落实习近平总书记生态文明思想的坚定决心，充分体现了署党组维护中央权威、推动生态文明建设的政治责任感和历史担当。

长江经济带生态环境保护审计与领导干部自然资源资产离任审计紧密相关、互为补充，两个项目有许多类似的特点和基本一致的审计目标，要破解同样的难题。因此，胡泽君审计长的讲话，对长江经济带生态环境保护审计有重要指导意义。各级审计机关要以学习胡泽君审计长讲话精神为重要抓手，切实贯彻落实党的十九大精神，进一步提高政治站位，把思想统一到中央有关生态文明建设的决策部署上来，结合实际、因地制宜逐项落实工作要求，全力以赴做好这次审计工作。

（二）要吃透方案，务求审计实效。

做好审计工作的第一步，就是要认真组织学习吃透审计工作方案，精准把握审计目标、重点和特点，一要站在政治高位，以大局思维全面把握审计目标。全体审计人员都要深入思考，开展本次审计最终要回答什么问题？向党中央国务院提交一个什么样的报告？以此为出发点，摸清长江经济带11省市生态环境状况，对落实生态环境保护相关政策、完成污染防治目标任务、实施生态保护修复项目和管理使用相关资金的情况作出客观评价，揭示出存在的生态破坏、环境污染突出问题和风险隐患，从体制、机制、制度层面找出问题产生的原因，提出加强和改进相关工作的建议。二要精确突出重点，以精品意识打造高质量审计成果。各审计组要围绕中央关于长江经济带生态环境保护的重大决策部署，围绕人民群众关注的重点生态环境问题，在资源上重点审计水和土地，在内容上重点关注工业集聚（园）区和水质较差的湖库，锁定需要解决的突出问题，发现典型性、普遍性和倾向性问题，形成高质量的审计成果。三要准确把握特点，因地制宜实施审计。长江经济带跨越11省市，各地处在不同的发展阶段，具有不同的发展需求，各地生态质量、资源禀赋、产业结构差异较大，工作方案兼顾长江上中下游地区生态环境问题，涉及面广。各审计组在人力资源有限的情况下，要根据被审计地区实际情况，充分发挥主观能动性和工作积极性，因地制宜选择重点生态环境事项实施审计，如长江上游地区主要关注生态保护、水资源过度开发，中下游地区主要关注突出环境问题和产业结构调整。

（三）要实事求是，做到客观审慎。

各参审单位和审计人员对审计发现的问题，要坚持从实际出发，既要坚持原则，依法依规，又要客观求实，包容审慎，做到认真甄别、准确定性。既要认真落实习近平总书记关于“三个区分开来”的要求，鼓励干事创业和容错纠错，又能精准确定环境污染重大责任，严肃揭示以牺牲环境为代价换取经济一时发展的行为。这里，关键是要正确认识和处理好两个关系：一是发展与保护的关系。要认识到，长江经济带的总体战略是“生态优先、绿色发展”，是在发展中保护、保护中发展，而不是放弃发展。要向被审计单位传递，审计的目的是从根本上解决问题，促进相关地区和企业切实树立绿色发展理念，实现科学、健康发展，而不是脱离当地和企业的状况，提出不切实际的处罚、整改要求，甚至简单的一关了之。二要处理好“存量”与“增量”的关系。要客观分析污染环境、破坏生态问题的产生的条件、背景、环境等，充分听取、研究被审计单位的意见，分析是政策或决策失误促成的，还是客观环境影响造成的？本着“从严控制增量、优化存量”的原则，对增量环境问题坚决揭示和查处，重点查处新上高耗水、污染型工业企业，或新增企业、项目不落实污染防治和生态保护责任问题，促进沿江工业布局和产业结构的不断优化；对存量的环境问题，本着尊重历史、实事求是的原则，准确地界定违规主体和问题性质，督促相关地方和企业合理、有序地逐步解决。

（四）要加强协调，坚持“全国一盘棋”。

这次审计由审计署资环司具体组织，13 个特派办和 11 个省审计厅局参与实施，每个省市由 2 至 3 家单位协作完成审计，参审单位多、被审计单位多、审计事项多。可以预见，人员协调、工作沟通、信息共享等方面难度都比较大。越是如此，各参审单位越是要牢固树立“全国一盘棋”的观念，加强沟通协调，心往一处想、劲往一处使，充分发挥整体合力。署资环司既要加强工作指导，将署领导的工作要求、掌握了解的相关信息及时传递给各审计组，积极协调跨省市的环境事项和问题，又要深入一线开展调研，及时了解掌握审计实施存在的困难和问题，及时研究采取有效措施加以解决。各牵头特派办要协调建立本省（市）各参审单位合作机制，合理划定各自责任分工，及时组织汇总本省（市）审计情况，按要求向署报送审计工作动态和审计报告，如有重大问题要及时报告。各省级审计机关要加强指导，及时与牵头特派办审计组交流情况，按时报送有关资料。对涉及流域（区域）间联防共治机制、产业转移承接协作、基础设施共建共享、环境污染联防联控、跨界生态补偿等问题，不同省市审计组之间加强沟通协调，深入开展合作，共同促进破解跨界生态破坏和环境污染难题。

（五）要创新思路，大力探索审计方式方法。

长江经济带生态环境保护审计涉及面广，专业性强，全体审计人员要积极开拓思路，探索创新审计方式方法，提升审计工作效能和水平。一是积极探索生态环境领域大数据审计模式。资环司和数据司要加强合作，抽调骨干力量成立数据分析组，各现场审计组也要成立数据分析小组，紧扣审计工作方案，加大生态环境领域地理信息数据和相关业务、财务数据分析力度，及时发现疑点交各审计组现场分散延伸核实。二是坚持“开门搞审计”。根据审计工作需要，聘请业务主管部门和专业技术机构的专家和技术人员，或直接引入第三方机构参与现场审计工作，提供培训或专业咨询意见，增强审计专业支持力度。

（六）要严守纪律，坚持依法审计、文明审计。

胡泽君审计长一再强调：依法审计是审计工作的“生命线”，文明审计是审计工作的“保障线”。全体参审人员一定要坚持在法定职责权限范围内开展审计，严格规范审计取证、资料获取、账户查询等行为。要坚持文明审计，谦虚谨慎、平等待人，既坚持原则，又能充分听取被审计单位和有关方面的意见；做到严谨细致、以理服人，用事实和数据说话，不断提高审计的权威性和公信力；要坚决贯彻中央八项规定精神，严格遵守审计纪律、保密纪律和各项廉政规定，不得擅自对外公布审计情况或审计信息。

同志们，长江经济带生态环境保护审计使命光荣，任务艰巨，责任重大。让我们进一步深入学习贯彻落实党的十九大精神，齐心合力，鼓足干劲，为做好这次长江经济带生态环境保护审计贡献力量！

最后，祝大家在培训期间身体健康，预祝培训班取得圆满成功，谢谢大家！

提高政治站位　认真履行职责
为国有企业健康发展保驾护航

——在2017年中央企业领导人员经济责任审计审前培训班上的讲话

审计署党组成员、副审计长　陈尘肇

（2017年4月24日）

同志们：

今天我们举办2017年中央企业领导人员经济责任审计审前培训班，主要任务是深入学习习近平总书记系列重要讲话精神和治国理政新理念新思想新战略，贯彻党中央、国务院深化国有企业和国有资本审计监督的有关部署，落实全国审计工作会议的工作要求，总结2016年的企业审计工作，分析当前企业审计面临的形势和任务，统一思想、提高认识，明确2017年企业审计的目标、思路和重点，确保圆满完成2017年的审计任务。企业司的同志上午还要就审计工作方案作详细的讲解。下面，我就"提高政治站位　认真履行职责　为国有企业健康发展保驾护航"讲几点意见：

一、认真总结，充分肯定2016年企业审计工作成绩

2016年，我们深入学习习近平总书记系列重要讲话精神和治国理政新理念新思想新战略，不断强化"四个意识"，自觉在思想上政治上行动上同以习近平同志为核心的党中央保持高度一致，坚决维护以习近平同志为核心的党中央权威，认真贯彻落实党中央、国务院的各项决策部署，在署党组的正确领导下，企业审计自觉融入经济社会发展大局，按照"核实业绩、揭示问题、推动改革、维护安全、促进发展"的工作思路，深入贯彻落实供给侧结构性改革和深化国有企业改革有关部署，切实加大审计全覆盖力度，坚持依法审计、客观求实、鼓励创新、推动发展，一手抓查处重大违纪违法问题，一手抓揭示体制机制制度性问题，有力地推动了国有企业深化改革和提质增效。通过20户中央企业审计，向有关部门移送了一批重大违纪违法问题线索，上报了一些反映体制机制制度性问题的重要信息要目和专报，中石化等4户企业审计项目被评为署优秀审计项目和表彰审计项目，取得了一批有深度、有影响的审计成果。

（一）围绕党中央重大决策部署，推动重大改革举措落地生根。通过检查稳增长促改革调结构惠民生防风险政策、供给侧结构性改革任务、深化国有企业改革政策、"走出去"战略等执行和推进情况，并对涉企收费、企业提质增效情况开展专项审计，揭示了一些企业落实国家产业政策不力，重大工程建设项目推进缓慢，资源环保政策执行不到位；"三去一降一补"重点任务推进不够，"去库存"进度较为缓慢，违规新增钢铁产能有禁不止，未按期完成"两金"压降目标，厂办大集体改革、"三供一业"剥离、低效无效资产处置等进展较慢；涉企收费主体和类型名目繁多、违规收费和垄断性、强制性收费仍然较多、标准偏高，企业制度性交易成本高企的问题仍未有效解决，从而推动了国有企业积极贯彻落实国家重大政策措施，增强国有经济的整体功能和效益。

（二）围绕制约和规范权力运行，推动企业领导人员守法守纪守规尽责。通过检查"三重一大"决策制度、中央八项规定精神和廉洁从业规定执行情况，揭示了一些企业项目投资、股权收购、工程建设等重大业务中存在的违规决策、管理不善等，造成重大损失或风险；一些企业违反中央八项规定精神，“三公”经费和办公用房超标、召开高标准会议，有的领导人员违规投资经商办企业、亲属或特定关系人依托国有企业开展业务等，其中涉嫌滥用职权、违规决策等造成重大损失、为亲友牟利以及收受贿赂等问题线索，已移送有关部门查处，为干部考核、任免、问责和管理监督提供了参考，推动了企业领导人员遵纪守法意识和自我约束能力的提高。

（三）围绕强化企业风险管控，推动中央企业持续健康稳定发展。通过重点检查经营风险、财务风险、科技创新等影响企业可持续发展的问题，揭示了国有资本运营效益不高，产业布局不合理，一些企业负债率畸高，主业发展乏力，经营风险大；公司治理结构还不完善，一些企业下属机构层级长、数量多，内部监管失灵，“僵尸企业”未得到有效清理，制约长远发展；境外业务监督管理存在盲区和薄弱环节，投资经营损失风险较大；创新能力不强，科技投入不足，部分制造企业核心技术和关键设备进口依赖度较高；虚增经营业绩、损失浪费、国有资产流失等问题仍较突出，促进了企业建立权责清晰、约束有效的经营投资责任体系，提高风险综合防控能力，维护国有资本安全。

（四）围绕完善审计制度，推动出台深化国有企业和国有资本审计监督的若干意见。按照完善审计制度的工作部署，认真落实中央领导同志指示批示精神，组织人员反复研讨，开展相关重大问题理论研究，加强与有关部门的沟通协调，《深化国有企业和国有资本审计监督的若干意见》顺利通过中央全面深化改革领导小组审议并正式印发，对国有企业审计全覆盖、加大境外国有资产审计力度、完善审计工作机制、审计发现问题整改落实等作出了具体安排。我署也出台了贯彻落实意见的工作任务分工方案，对任务推进、工作分工、时间节点等提出了明确要求，勾勒了企业审计今后一段时间的路线图、时间表。

过去一年企业审计取得的成绩，是党中央、国务院高度重视的结果，是署党组正确领导的结果，是企业司、办公厅、政研室、法规司、数据司、财政司、投资司、金融司、境外司、经责司、计算中心、科研所以及其他业务司，与各特派办和地方审计机关团结协作、共同努力的结果，是全体企业审计干部奋力拼搏、无私奉献的结果。在此，我向大家表示敬意和感谢！在看到成绩的同时，我们也要清醒地认识当前企业审计工作面临的艰巨任务和复杂形势，与党中央、国务院的要求，与审计事业发展的规划，与人民群众的期待相比，企业审计工作还存在不少差距：

第一，宏观意识有待增强。主要是对中央重大改革任务及相关政策措施缺乏深入研讨和系统分析，特别是对供给侧结构性改革、深化国有企业改革相关的政策措施研究得不够深入、认识得不够深刻，在审计工作中贯彻落实不到位，有时拘泥于具体的问题，只见树木不见森林，从政策制度层面研究问题、分析原因、提出建议的能力还较为欠缺。国有企业改革文件已经出台了十多项了，希望各审计组、企业司高度重视，对这些文件进行系统的学习研究，把握改革措施的时间节点、推进路线，贯彻落实到审计工作中，梳理存在的进展缓慢、落实不到位等问题，并厘清责任。

第二，审计重点不够突出。主要是对大企业集团审计组织方式、审计方法还缺乏研究总结，有的项目对集团总体情况的摸底和分析重视不够，不同程度存在不会分析或分析不深入的情况，有的连总部的重大经济决策都没有系统梳理，重点领域、重点环节、重点问题在哪都不清楚，抓住一两个线索或者靠举报信就一头扎进下级单位的具体案件线索，报告中重大经济决策没几个问题，财务收支也只剩下只言片语，捡了芝麻丢了西瓜。请各审计组加强企业经营业绩方面的审计工作。

第三，审计质量还不够高。主要是现场审计环节审核把关不严，有的法规审理流于形式，突出表现在：审计报告质量不高，有的问题年年提、年年犯，坚决不改，有的不注重与被审计单位和有关方面沟通协调，交换意见走过场、走形式；有的重大违法违规问题查处还存在“临门一脚软”的问题，攻坚克难能力不足，审计成果做成了“夹生饭”，有的违规情节不清楚，有的关键证据缺失，有的定性不准、责任不清，有的甚至分不清决策失误与滥用职权、罪与非罪，在署里复核审理几上几下，反复补证，不停“拉抽屉”。重大违法违规问题线索，要抓住“四个要素”，即一要查清楚是违法还是违纪违规；二要查清楚违法违纪违规的点在哪里，应报批未报批、应集体决策未集体决策、应环评未环评、应开展可行性研究未开展可行性研究、应评估未评估、应公开招标未公开招标等等；三要查清楚造成什么后果，有没有国有资产流失、利益输送；四要查清楚责任人是谁，有没有“明知”、故意等情节。对银行账户的查询，要严格按照规定审批。

第四，工作作风有待改进。主要是个别审计现场管理还不到位，临时党支部的作用没有充分发挥，党建、廉政、保密等工作责任未有效落实；有的工作拖拉，靠领导点、靠领导推，战线拉得过长，工作效率不高，审计报告未按时上报，20户企业审计的重大违法违规问题线索的落实抓得不紧；有的不严格执行审计程序，存在风险隐患；有的以监督者自居，口大气粗、颐指气使，不文明审计的情形还时有发生。

同志们，这些问题在一定程度上已经影响了企业审计工作的质量和效率，必须引起高度重视、切实采取措施予以改进，更好地发挥审计在党和国家监督体系中的作用。

二、提高政治站位，充分认识深化国有企业审计的重大意义

近年来，党中央、国务院高度重视国有企业审计工作，中央领导同志多次作出重要指示批示，深化国有企业和国有资本审计监督若干意见以“两办”名义颁布实施，也体现了中央对国有企业审计工作寄予了厚望。因此，必须提高政治站位，从讲政治的高度深刻认识深化国有企业审计的重大意义，我体会主要有以下几个方面：

（一）国有企业的地位和作用决定了企业审计的重要性。习近平总书记多次强调，国有企业是中国特色社会主义的重要物质基础和政治基础，关系国家经济安全，是党执政兴国的重要支柱和依靠力量，坚持公有制为主体就要理直气壮发展国有经济。长期以来国有企业为推动经济社会发展、保障和改善民生、增强我国综合实力作出了重大贡献，现阶段在推动我国经济保持中高速增长和迈向中高端水平、完善和发展中国特色社会主义制度、实现中华民族伟大复兴中国梦的进程中，承担着重大历史使命和责任。企业审计伴随着国有企业改革的历程逐步发展，并在深化改革中积极作为，逐渐成为国有企业强治理、反腐败、控风险、防流失的重要监督力量之一，在国有企业监督体系中的作用也日益凸显。

（二）贯彻落实中央决策部署要求加强企业审计。当前我国经济发展进入新常态，要强化创新、协调、绿色、开放、共享的新发展理念，国有企业面临新形势新任务，一些深层次矛盾更加凸显。党中央、国务院要求切实破除体制机制障碍，坚定不移做强做优做大国有企业，并部署了国有企业改革“1＋N”政策体系，出台了10多项改革文件，改革成效逐步显现。但改革进展不平衡、不落实、不协调问题仍然存在；企业自身体制性、机制性、结构性问题仍然较多，一些企业有效制衡的决策执行监督机制尚未形成。同时，中央领导同志多次强调，国有资产是全体人民的共同财富，必须采取有力措施，防止国有资产流失。国有企业审计要认真学习贯彻习近平总书记关于国有企业改革的一系列重要讲话和指示批示精神，牢牢把握正确的改革方向，加大审计监督力度，促进党和国家方针政策、重大决策部署在国有企业贯彻执行，促进国有企业深化改革，提高经营管理水平，推动国有企业做强做优做大。

（三）国有企业存在的亟待解决的突出矛盾和问题要求深化企业审计。近年来，国有企业面临日益激烈的国际竞争和转型升级的巨大挑战，企业审计也发现了一些普遍性、倾向性、典型性问题。主要表现在：一些企业市场主体地位尚未真正确立，现代企业制度还不健全；一些企业管理混乱，内部人控制、利益输送、国有资产流失等问题突出，企业办社会职能和历史遗留问题还未完全解决；国有资产监管体制有待完善，国有资本运行效率需要进一步提高。进一步发挥审计监督作用，要求企业审计必须进一步深化拓展，在监督范围上，实行审计全覆盖，做到应审尽审、有审必严，做到国有企业、国有资本走到哪里，审计就跟进到哪里，不留死角；在监督方法上，要完善审计监督体制机制，改进审计方式方法，推动审计发现的问题整改到位、问责到位；在监督重点上，推动党和国家方针政策、重大决策部署在国有企业贯彻执行，促进国有企业深化改革，提高经营管理水平，防止国有资产流失，促进国有资产保值增值，促进国有企业做强做优做大。

三、尽责担当，切实抓好 2017 年企业审计工作

2017 年是深入贯彻落实“十三五”规划的重要一年，也是贯彻落实深化国有企业和国有资本审计监督若干意见的第一年，还是推进企业审计全覆盖的攻坚之年，署里安排对 36 户中央企业领导人员开展经济责任审计，其中中管企业 12 户，每个特派办承担的 2 户企业同时实施，6 月底现场结束，7 月份报告完成。同时还要对 36 户中央企业境外国有资产投资、运营和管理情况进行专项审计。正因为责任重大、任务艰巨、时间有限，更需要我们进一步增强责任感和使命感，切实把思想和行动统一到中央关于深化国有企业和国有资本审计监督的决策部署上来，把力量凝聚到全国审计工作会议的工作要求上来，把中央精神吃准吃透，把署党组的要求落实落靠，把审计任务搞清搞明，忠实履职、奋发有为，攻坚克难，高质高效地完成各项审计任务。请各位特派员一定要负起第一责任人的职责，加强审计现场的统筹协调和组织领导，特派员和分管副特派员要深入现场，及时研究问题、分析问题，推进问题的查处。

（一）强化“四个意识”，把牢国有企业审计工作的政治方向。

深化国有企业审计工作，是党中央作出的一项重大决策部署。我们要时刻牢记审计工作的政治属性，深入学习贯彻习近平总书记系列重要讲话精神和关于国有企业审计工作的重要指示批示精神，深入学习贯彻习近平总书记治国理政新理念新思想新战略，牢固树立政治意识、大局意识、核心意识、看齐意识，更加坚定地维护以习近平同志为核心的党中央权威，更加自觉地在思想上政治上行动上同以习近平同志为核心的党中央保持高度一致，更加扎实地落实党中央的各项决策部署，真正做到坚决服从核心、自觉服务大局，扎实推进深化国有企业审计的各项工作。

中共中央办公厅、国务院办公厅《关于深化国有企业和国有资本审计监督的若干意见》明确了当前和今后一段时间企业审计的总体思路、工作重点和方式方法。各级审计机关要把贯彻落实意见作为一项重要任务，按照审计署关于学习贯彻落实若干意见的通知要求和工作任务分工方案，要认真组织学习研讨，引导全体审计人员切实吃透精神、把准方向、主动思考、厘清思路，准确把握深化国有企业和国有资本审计监督的目标任务；要适应新常态，践行新理念，贯彻落实稳中求进总基调，推进供给侧结构性改革；要结合本地区实际，坚持依法审计、客观求实、推动发展、统筹安排，研究制定贯彻落实的具体措施，稳妥有序推进；要坚持改革创新精神，主动应对新困难新挑战，探索创新审计理念思路、组织模式、方式方法，着力破解发展难题，努力开拓新路子；要加强与纪检监察、国有资产监管等部门的沟通协调，发挥好监督合力；要加强审计实践的理论总结，既要埋头苦干，也要善于总结提炼，善于把已有的经验总结提炼上升为制度或理论，提升国有企业和国有资本审计工作的层次和水平。企业司要带头开展研究，组织研讨；各特派办也要加强学习；地方审计机关应结合当地实际情况研究贯彻落实深化国有企业审计工作。

2017 年的审计目标，要以党的十八大和十八届三中、四中、五中、六中全会精神为指导，按照统筹推进“五位一体”总体布局和协调推进“四个全面”战略布局的部署要求，认真贯彻落实《关于深化国有企业和国有资本审计监督的若干意见》，围绕“发展、改革、安全、绩效、反腐”目标，进一步加大审计全覆盖力度，揭示中央企业存在的突出问题，客观评价企业领导人员经济责任履行情况并合理界定其对审计发现问题应承担的责任，促进其守法守纪守规尽责，推进供给侧结构性改革，促进国有企业瘦身健体、提质增效，促进国有企业安全、规范、高效走出去开展境外业务，维护境内外国有资产安全完整。

（二）牢牢把握审计重点，着力促发展、促改革、促安全、促绩效、促反腐。

一是要促发展，通过检查国有企业经营发展战略、重大项目建设、落实国家“一带一路”“走出去”战略和生态环境保护等政策情况，开展中央企业境外国有资产投资、运营和管理情况专项审计，揭示国有资本战略布局不合理、重大项目进展缓慢、国际化经营能力和抗风险能力不足、重大环境污染和资源损毁等问题，推动国有经济做强做优做大。国有企业有扶贫任务的，也要检查其推进情况，这也是国有企业的经济责任、社会责任。

二是要促改革，通过检查“三去一降一补”任务落实、国有企业深化改革试点、剥离办社会职能和解决历史遗留问题等情况，揭示改革推进过程中存在的新情况新问题，推动中央供给侧结构性改革、瘦身健体提质增效等重大改革措施的落实落地。

三是要促安全，牢固树立总体国家安全观，通过检查企业投资、运营、财务、创新等方面的风险隐患，揭示盲目铺摊子上项目、国有资本“脱实向虚”、过度负债、研发能力不足、一些核心技术和关键设备过度依赖进口等影响可持续发展的突出问题，维护境内外国有资产安全完整。

四是要促绩效，通过检查国有企业“三重一大”决策制度执行情况及对下属单位的管控情况，经营成果和财务状况的真实、合法、效益，揭示管理使用效益不高、重大损失浪费和严重亏损、虚报经营业绩等问题，促进企业提高经济效益。从以往年度审计情况看，一些企业为做大规模，虚增收入、利润，粉饰经营业绩的问题不少，此次审计也要揭示相关问题。

五是要促反腐，通过检查被审计领导人员及其班子成员落实廉政建设责任制和执行廉洁从业规定等情况，加大对重大违纪违法行为、损害党和人民利益的行为、损害国家利益行为的揭示和查处力度，促进反腐倡廉建设。

（三）坚持“三个区分开来”，客观准确界定领导人员责任。

当前国有企业正处于全面深化改革关键时期，推进改革需要探索创新。习近平总书记强调，要坚持有利于国有资产保值增值、有利于提高国有经济竞争力、有利于放大国有资本功能的方针，推动国有企业深化改革、提高经营管理水平。审计工作中要准确把握当前国企改革的新形势新任务，认真落实“三个有利于”的要求，对审计发现的问题要以是否符合中央决定精神和重大改革方向作为审计定性判断的标准，根据被审计领导人员的履职特点和职责分工，充分考虑相关事项的历史背景、决策程序等要求和实际决策过程，把推进改革中因缺乏经验、先行先试出现的失误和错误，同明知故犯的违纪违法行为区分开来；把上级尚无限制的探索性试验中的失误和错误，同上级明令禁止后依然我行我素的违纪违法行为区分开来；把为推动发展的无意过失，同为谋取私利的违纪违法行为区分开来，审慎作出结论和处理，合理准确认定其应承担的责任。

（四）几点要求。

第一，要聚焦聚焦再聚焦，有效推进审计全覆盖。我们一直强调要聚焦审计重点，要讲究工作方式方法，如果鸡毛蒜皮的事情抓了一大堆，重点的事一个也没抓住，这不仅是作风问题，更是本领问题。2017 年各个特派办的审计任务都较为饱满，充分体现了贯彻落实审计全覆盖的要求。审计中，一定要坚持问题导向，紧扣审计方案，聚焦审计重点，深入揭示国有企业经营管理中存在的突出问题，特别是要重点揭露贯彻落实重大政策措施和重大履职不到位、损害国家和人民利益、重大违纪违法、重大损失浪费、重大环境污染和资源毁损、重大风险隐患等问题，对以权谋私、假公济私、权钱交易、失职渎职、贪污受贿、内幕交易等违法犯罪问题，要始终坚持“零容忍”，坚决查处。大家一定要牢记，推进全覆盖是有重点、有步骤、有深度、有成效的全覆盖，要处理好全面审计与突出重点的关系，不要“眉毛胡子一把抓”，更不能平均用力，要以重点领域和关键环节为突破口，做到重点内容聚焦、重点单位聚焦、审计力量聚焦、审计成果聚焦，对重大问题要查深查透，对重点问题要深入分析原因，推动建立健全体制机制，堵塞制度和管理漏洞，实现审计作用的全覆盖。

各位特派员、分管副特派员一定要认真研究问题、经常梳理问题，听完汇报之后要有明确的工作要求和指向，有力推进问题查处。特别要提醒的是，违规问题的查处和领导人员的责任界定要同步，不能两张皮。

第二，要优化工作流程，提高审计质量和效率。各个审计组要认真落实审计署办公厅关于进一步提高审计工作质量和效率的通知的有关要求，按照工作方案总体安排，按照 4 个月左右的时间安排实施审计项目，在此基础上倒排时间表、协调项目进度，4 月开展调查，5 月至 6 月实施现场审计，7 月各项目实施单位正式向署上报审计报告。现场结束后需要继续核查重大问题线索的，所需投入人员和时限要报主管业务司审核后，报分管署领导批准，原则上在现场结束后一个半月完成核查任务。对受审计资源、手段等条件限制在规定时间内尚未查实的事项，各审计组应按规定程序办理留案待查手续。此次审计只有 2 个月的现场审计时间，并且一个特派办同时做 2 个审计项目，审计工作方案上要求的重点内容一定要完成，不要发现一个重大违纪违法问题线索全体人员都扑上去，审计报告都没有人管，要学会“弹钢琴”“转盘子”，分清轻重缓急，统筹安排。

第三，要明确责任，分工负责。审计组组长对审计项目质量负总责。要加强现场审核，提前组织介入审理，确保按时保质完成任务，对报告中问题的事实、定性、处理处罚等方面存在的重大分歧和疑难事项应提请企业司关注。企业司要加强统筹谋划、组织协调、业务指导、审核把关、总结提炼；要与境外司共同组织做好协调配合，统筹安排、同步实施境外国有资产投资、运营和管理情况专项审计；要做好上传下达，加大分析力度，深入一线进行指导，及时掌握审计进展，督促工作方案落实，分析研究并跟踪重大违纪违法违规问题线索查处进展，统筹反映共性问题，严把审计成果质量关，认真组织复核、会审，提出统一处理原则和修改意见。法规司对审计报告和审计决定要进行抽查。对发现的严重质量问题，要予以通报并在特派办年度考核中体现。

第四，要严格执行各项纪律，依法文明审计。各特派办分党组要切实加强审计现场管理，认真落实全面从严治党和党风廉政建设主体责任，切实推进“两学一做”常态化制度化，要按照严肃党内政治生活，加强党内监督的要求，切实抓好落实。要加强理想信念教育，加强意识形态工作，抓好维稳安全相关工作。要积极探索临时党支部发挥作用的途径，有效发挥党组织的战斗堡垒作用和党员的先锋模范作用。要坚持依法审计，在法定职责权限范围内按照规定程序开展审计工作，凡查询被审计单位及有关人员在金融机构的账户和存款、有关单位和个人房屋权属登记等信息，必须严格按规定办理；调取企业党组会议纪要等重要文件，必须报经审计组组长批准，不得要求纪检监察部门提供案件线索；不得到人事部门调取个人申报事项信息。要严格遵守组织纪律、廉政纪律、保密纪律，严守审计“八不准”工作纪律，该汇报的汇报，该请示的请示，加强人员、文件和电子数据管理，严格遵守保密纪律，不准在网络、微信等社交平台发布与本次审计有关的事项，严防失泄密事件发生。要做到文明审计，用事实说话、以数据服人，说话要和气、态度要和蔼，沟通要充分，除了涉及重大违纪违法违规问题线索需保密外，对审计发现的问题都要认真听取被审计单位的意见，做到依法审计，客观求实。

最后，预祝大家圆满地完成 2017 年企业审计任务，以实际行动和优异成绩迎接党的十九大胜利召开。

谢谢！

深入贯彻落实习近平总书记系列重要讲话精神　不断深化金融审计工作

——在2017年金融审计视频培训班上的讲话

审计署党组成员、中央经济责任审计工作联席会议
办公室主任　张　通

（2017年6月29日）

同志们：

大家上午好！今天我们在这里召开金融审计视频培训会，主要内容是总结2016年以来金融审计工作情况，部署安排2017年下半年金融审计工作任务。同时，这次视频会还安排了即将开展的对3家金融机构经济责任审计工作方案的讲解和相关具体业务的培训。下面，我讲四个问题。

一、2016年以来金融审计工作回顾

在审计署党组的正确领导下，2016年以来，各级审计机关广大金融审计人员深入学习贯彻习近平总书记系列重要讲话精神，紧紧围绕党和国家工作中心，服务改革发展大局，积极适应新常态，践行新理念，坚持继承与创新相结合，稳中求进、求新、求突破，不断提升履职尽责的层次和实效，切实发挥金融审计在推进依法治国、防范风险、维护安全、推动改革等方面的重要作用。2016年以来（含2017年上半年）共组织实施各类审计项目47个，上报审计要情52篇，重要信息要目28篇。审计业务成果继续在全署业务成果中保持高占比，审计质量也持续提升。2016年金融司组织申报的5个审计项目都被评为审计署优秀审计项目。2016年的金融审计工作有以下几个特点。

（一）紧扣改革发展主线，发挥金融审计作用，积极推动供给侧结构性改革。2016年以来，金融审计坚持聚焦供给侧结构性改革和中央重大决策部署特别是“三去一降一补”任务的贯彻落实，有效利用“跟踪”审计模式，精准聚焦，持续发力。一是持续关注货币政策工具的有效性、资本外流新趋势等专题。对MLF等货币政策工具执行中存在的薄弱环节、贸易项下和资本项下的资金跨境流动问题及所暴露出的监管漏洞提出针对性建议，向中央上报了专题材料。二是针对债券市场去杠杆效果不佳、防风险不力反致风险持续累积的问题予以持续跟踪。连续编发了反映相关问题的重要信息要目。三是对专项建设基金在供给侧改革中的作用给予持续关注。对基金拉动投资不力、基金项目前期工作不到位、棚户区改造贷款管理问题依然突出等通过重要信息要目进行了持续反映。四是持续关注了去库存政策的落实效果。及时揭示和反映商业银行信贷资金一段时期内过快流入部分城市房地产市场的问题，为中央及时出台调控政策提供了决策依据。

（二）结合全年项目特点，突出金融监管主题，推动金融改革和监管不断深化。2016年，结合组织实施经责审计，在认真梳理总结历年金融监管部门审计成果的基础上，将领导人员履职尽责同金融市场风险防控、金融资源配置结合起来，监督、管理、发展并重，深入揭示了金融监管部门领导人员职责履行中存在的问题，推动了金融

监管改革的深入发展。一是深入分析了金融市场的一些热点问题。如揭示了同业和信贷资金空转、票据市场案件频发、资本市场大幅波动、证券期货经营机构违规经营突出、保险公司举牌冲击市场秩序等问题，分析了存在的金融监管不作为、慢作为、乱作为的体制机制原因并提出了建议。再如，针对当前一些中小金融机构过度扩张，利用同业存单扩大资产负债规模，套利空转等情况，向国务院报送了重要信息要目。二是剖析了金融领域的诸多乱象。如剖析了大量无资质无牌照机构涉足现金贷业务，部分信贷投放“脱实向虚”空转套利，商业银行通过类信贷业务拉长融资链条、增加融资成本，农信社省联社集中使用资金，A股募集资金多被用于理财产品等投资，新三板募集资金有相当比例资金闲置或被投入二级市场等现象，指出金融监管部门相关监管政策中存在的不足之处，通过揭示问题和提出审计建议，增强了监管政策的针对性和金融机构服务实体经济的能力。三是揭示了金融监管的薄弱环节。重点反映了银行业金融监管指标有待优化、股票期货二级市场公平性问题亟待解决、股权质押融资形成监管套利、跨市场监管合力发挥不充分等问题，特别是对跨市场金融监管协调问题给予关注，反映了分业监管模式下监管部门对市场创新风险识别不足，无法适时跟踪金融机构跨业务领域、跨业务品种进行的金融创新活动，无法及时防范可能产生的金融风险的问题，对推动监管转型，加强和完善金融监管特别是跨市场监管，起到了重要作用。

（三）*积极拓展审计视野，全面防范金融风险，金融审计全覆盖迈出坚实步伐。*党的十八大以来，党中央反复强调要把防控金融风险放到更加重要的位置，要牢牢守住不发生系统性风险底线，要采取一系列措施防范和化解金融风险，维护金融安全和稳定。金融审计紧紧围绕防范金融风险这条主线，以推进审计全覆盖为抓手，不断优化业务架构，提高覆盖面和覆盖“质量”，将更多机构和领域纳入金融审计视野。一是将政策性金融机构全面纳入政策跟踪审计范围。督促政策性金融机构在落实国家宏观政策过程中积极作为，发挥作用。二是将地方金融机构的风险状况纳入关注视野。加大了对地方金融机构的数据集中和分析力度，连续反映了地方金融机构信贷资产质量不实情况突出、中小银行资产质量持续恶化、地方政府隐形举债脱离监管、地方政府性债务置换推进遇到“梗阻”可能导致财政风险向金融机构乃至整个金融市场传递等问题，提出了有针对性的建议。三是通过专题调研、现场支持等多种形式，加强对地方审计机关金融审计工作的指导。落实“以审代训”要求，吸收地方审计机关骨干力量参与审计署组织的审计项目，既传导技能，也强化意识，督促和帮助地方审计机关全面履行职责、提升审计能力。

（四）*重拳打击违法活动，坚持“守正出奇”，逐步提高查处新型违法犯罪活动在审计成果中的比重。*在总量上，全年查处的违法犯罪问题线索近60件，创历史新高。在结构上，一方面，有效发挥经验优势，持续打击手法相对“传统”的违法犯罪活动且力度进一步加大，累计查处非法集资行为10余宗，涉案资金逾300亿元；查处跨境地下钱庄10余个，涉案资金逾1000亿元；查处多名金融监管机构工作人员和金融机构中高级管理人员利用职务便利谋取非法利益的问题线索。另一方面，坚持探索创新，敢于突破以往难以查透的犯罪形式，勇于打击新型的违法犯罪活动。在涉众和诈骗领域，2016年首次编发了虚拟货币诈骗、电信诈骗、非法场外交易平台诈骗以及非法售卖公民信息的审计要情。在资本市场方面，2016年首次编发了反映主板市场欺诈发行、新三板市场欺诈发行、上市公司背信损害中小股东利益、上市公司虚假披露、上市公司主导型的信息操纵、市场主体主导型的信息操纵和新三板市场操纵等问题的审计信息，对营造市场合规文化、维护市场秩序起到了极为重要的作用，也为金融审计持续优化成果结构、确保金融审计始终跟得上市场发展趋势、始终占据打击市场不法活动制高点，奠定了重要基础。

（五）*关注地方金融风险，发挥审计建设性作用，地方金融审计成效显著。*2016年，地方金融审计机关积极发挥及时性、基础性、建设性作用，通过开展地方金融机构资产负债损益审计、地方商业银行贷款投向调查、政策落实跟踪审计等项目，密切关注地方金融风险隐患，防范区域性系统性风险隐患。一是加强审计数据分析平台建设，提升审计监督质效。如重庆市审计局从地方银行审计数据分析平台入手，积极创新完善信息化条件下金融审计的组织模式和审计方法，大力推动分析成果的综合利用；重点结合审计计划和地方金融监管需求，围绕地方银行资产质量、新增贷款投向、财政性账户资金流向等重点内容，按季进行综合专题分析并完成数据分析报告，着力提示管理隐患、预警金融风险。二是充分利用数据平台优势，积极拓展审计领域。如福建省审计厅利用审计数据平台，对某银行服务实体经济发展状况开展专题审计，揭示了信贷资金脱实向虚、企业融资成本高等问题，有力促进了地方金融机构落实宏观政策、服务实体经济和防控金融风险。三是大力督促审计整改，推动审计整改落实。如云南省审计厅按照“分类整改、分段报告”的要求，持续跟踪金融机构资产负债及损益审计整改情况；通过持续的跟踪监督，审计整改率达到93.26%，被审计单位认真查找体制机制障碍、制度缺失和管理上的漏洞，修订完善各类规章制度707项，进一步加强了管理，规范了行为。

（六）完善工作组织模式，升级数据管理平台，助推业务工作“加油提速”。一是进一步完善“总体分析、发现疑点、分散核查、系统研究”的审计组织模式。围绕经责审计、政策跟踪审计和重点商业银行跟踪审计，分别组织了专题研讨，系统总结在项目组织模式上的经验和不足；在经责审计中设立综合组，打破以往简单以机构为界的分工模式，探索以重点板块、重点事项、重点“决策流”所组成的重点“事项群组”来划分审计范围和审计分工，引导审计资源有效服务于审计目标。二是继续推进审计数据平台建设。完成了对中国银行、招商银行的数据平台验收工作，实现了8家重点商业银行数据平台验收全面“收官”；组建大数据工作团队，吸收商业银行、监管部门和金融审计实践在数据分析与治理方面的成熟经验，综合汇总和提炼50多家大中小银行的数据库设计方案，升级推出商业银行审计数据标准2.0版，目前正在申请国家标准立项。三是不断发展大数据分析技术方法，提升数据分析能力。完善和固化涉众金融犯罪、证券市场典型违法犯罪活动数据分析模型，将数据分析视角逐步延伸至外汇市场、期货市场、票据市场、黄金市场，大数据技术服务于审计实践的能力进一步提高；注重将大数据分析实践提升为理论成果。全国自然科学基金课题《基于云架构的商业银行审计大数据标准体系构建研究》已经顺利结题。

（七）打造精品学习品牌，抓好宣传引导和对外交流，全面提升审计干部履职能力和职业荣誉感。一是加强学习平台建设。持续巩固和提升“鹿鸣金融讲堂”建设成果，探索形成“党建”“名家”“菁华”“金英”四大核心板块和主题演讲、辩论研讨等多种组织形式，逐步将之打造成为中央国家机关精品品牌。二是积极开展宣传引导工作。在金融市场上积极发声，传递审计工作正能量。金融司的干部在《金融研究》《国际金融研究》《软科学》等核心期刊发表多篇文章；牵头或参与的“风险防范”和“打击腐败”专题，在2016年审计公告的系列宣传中取得较好成效。三是参与国际交流。金融司认真履行世界审计组织金融工作组分小组组长职责，积极宣传中国审计发展成果，推动经验分享、引领工作走向、服务全球治理，提升中国金融审计的国际影响力和号召力。通过赴美参加会议、发表专题演讲、牵头组织讨论等，进一步落实了“从参与到发声、从发声到引领”的工作思路，获得与会各方的高度评价。

二、当前金融审计工作面临的新任务和新挑战

2016年金融审计工作虽然取得了一定成绩，但我们也清醒地看到，我们的工作离党中央、国务院的要求，离署党组的要求还有很大差距，尤其是2017年国际国内经济形势更加复杂多变；随着各项改革的深入推进，经济发展“新常态”的特征和影响日益显著；一些周期性因素和结构性矛盾交织显现，短期风险和长期积累的深层次问题相互叠加；金融领域改革和发展不断深化，这些都给金融审计工作带来新的任务和新的挑战。

（一）当前国际国内经济金融形势。从国际看，虽然国际金融危机冲击和深层次影响在相当长时期仍将存在，但世界经济缓慢复苏的步伐有所加快，主要经济体走势企稳走强，消费者信心有所增强，全球贸易有所恢复，部分新兴经济体也展现出生产、消费和贸易显著改善的良好局面。在发达经济体方面，美国经济从一季度放缓中快

速恢复。欧洲经济复苏延续，4月份欧元区经济复苏势头增强。日本经济企稳复苏迹象也有所加强，但通胀前景依然疲弱。在新兴市场国家方面，主要新兴市场国家进出口持续显著改善，通胀仍普遍下行，经济发展延续分化格局。

从国内看，经济长期向好的基本面没有改变，经济发展进入新常态。在去杠杆、防风险的政策基调下，信用快速扩张得到初步遏制，4月份社会融资总规模回落，表外融资回归表内，M2增速下降至10.5%。一是通胀保持稳定，核心CPI与快速消费品消费仍在提升，显示社会需求仍旺盛；二是房地产行业仍较为景气，开发投资增速继续加快，去库存效果理想，居民中长期贷款保持高位；三是外汇储备连续3个月回升，FDI已重回净流入，人民币汇率保持稳定，贬值预期已有效减弱。

金融是经济的血液。金融审计要密切关注国际、国内经济金融形势的发展变化，关注热点和难点问题，有针对性地开展审计监督，促进我国国民经济平稳健康发展。

（二）党中央国务院关于金融体制改革的政策要求和我们的职责。2015年12月召开的中央经济工作会议提出要抓好去产能、去库存、去杠杆、降成本、补短板五大任务。一是积极稳妥化解产能过剩，二是帮助企业降低成本，三是化解房地产库存，四是扩大有效供给，五是防范化解金融风险。这些都与金融密切相关。2016年12月召开的中央经济工作会议提出，要继续深入推进“三去一降一补”。会议指出，要在增强汇率弹性的同时，保持人民币汇率在合理均衡水平上的基本稳定。要把防控金融风险放到更加重要的位置，下决心处置一批风险点，着力防控资产泡沫，提高和改进监管能力，确保不发生系统性金融风险。这反映了中央对近一个阶段以来我国部分领域金融风险有所上升这一现象的重视。一方面，世界主要经济体在经济表现和政策取向上的不确定性日益增多，人民币汇率频频受到扰动；另一方面，我国一部分企业负债率偏高，其中有些企业在经济运行中牵扯面还较广，一旦出问题容易对其他单位造成较大影响。在此背景下，将防控金融风险摆在突出位置尤为必要。在防控金融风险的措施方面，中央明确要求，要依法处置信用违约；要有效化解地方政府债务风险，做好地方政府存量债务置换工作，完善全口径政府债务管理，改进地方政府债券发行办法；要加强全方位监管，规范各类融资行为，抓紧开展金融风险专项整治，坚决遏制非法集资蔓延势头，加强风险监测预警，妥善处理风险案件，坚决守住不发生系统性和区域性风险的底线。此外，中央还要求加快金融体制改革，尽快形成融资功能完备、基础制度扎实、市场监管有效、投资者合法权益得到充分保护的股票市场，抓紧研究提出金融监管体制改革方案；加快推进银行体系改革，深化国有商业银行改革，加快发展绿色金融。

从中央的上述要求我们不难看出，金融领域改革已进入深水期和攻坚期，改革涉及的体制机制问题越来越复杂。与此同时，金融风险防范的重要性更加突出，防范系统性和区域性金融风险是当前金融工作的重中之重，审计是党和国家监督体系的重要组成部分，是国家治理的基石。为此，金融审计要迎难而上，要有敢啃硬骨头的精神，不但要敢于揭示改革中遇到的问题和难题，反映各种制度性缺陷、体制性障碍，积极推动各项改革措施的落实，而且要注重分析当前金融领域的热点问题和风险隐患，积极为防范和化解金融风险建言献策。

三、围绕大局，突出重点，认真完成2017年金融审计工作任务

各级金融审计人员要认真学习习近平总书记系列重要讲话精神，深入贯彻落实十八届三中、四中、五中、六中全会，中央经济工作会议和全国审计工作会议精神，一方面要揭示重大违纪违法问题，促进依法行政和科学发展；另一方面要揭示制度性缺陷、重大体制障碍，促进深化改革。具体来说，要重点抓好以下工作：

（一）防范系统性和区域性金融风险。金融审计在注重大案要案查处的同时，要进一步加强对金融机构的产品风险、公司治理风险、政策风险、外汇资产风险的研究分析，从系统、全面和关联的角度提出合理可行的建议，切实提升金融监管能力、防范金融风险、促进金融体制深化改革。

一是关注信贷资产质量。近年来，部分商业银行信贷资产质量持续恶化，一些区域和一些机构不良资产比率过高；有些银行业信贷资产质量不真实，有的甚至还利用理财、同业等资金，通过各种通道进行相互承接。审计中要加强对该类问题的查处力度，并关注资产处置中的违规违法问题。

二是关注债券违约和相关操作。2015 年以来，债券市场违约时有发生，甚至在一些国企中也出现。同时由于部分地方政府在风险处置过程中对债权人利益保护不够，致使诚信体系遭到较大破坏。审计应进一步关注债券违约的风险成因，既要看到经济下行趋势下的客观环境因素，也要注意在债券发行尽职调查、评级、增信等环节是否存在相关机构、人员履职不到位的情况，同时要关注发生违约的债券如何化解，化解方案是否合理，是否存在逃废债等情况。

三是关注影子银行。要关注部分银行通过同业、理财资管等业务，将表内资产腾挪出表，甚至掩盖不良。要关注一些领域，如政府融资平台、房地产等，通过影子银行获得巨额融资，对冲国家财政金融政策效果。此外，影子银行涉及资金分配，要关注是否存在利益输送和权力寻租。

四是关注网络借贷、P2P、电子交易平台、第三方支付平台等“准”金融机构由于业务不规范、监管不到位等可能引发的风险。重点关注互联网金融信息安全机制不健全带来的风险。

五是关注外汇储备。当前虽然外汇流出的势头有所遏制，但汇率预期尚未完全稳定。因此，要继续关注国家外汇储备的管理和运用，以及跨境资本异常带来的流动风险。

（二）关注金融政策绩效，促进宏观政策落实。金融政策绩效主要是指金融监管政策和货币政策的执行情况及效果，包括其科学合理性，同时要兼顾财政政策及相关的宏观经济政策的执行情况和执行效果。

金融体系的风险除了与金融企业自身经营有关，还与金融监管制度的失灵和金融监管机构的失职有很大关系。深化改革越是持续推进，就越不能放松对金融改革政策绩效的审计，也越要发挥审计服务金融治理的重要作用。金融审计要抢占金融监管领域的制高点，不仅要对金融市场开展机构监督和功能监督，更要对金融监管机构进行再监督。应加强对金融监管部门在宏观、微观金融风险的防范措施和成效等方面的再监督，注重对金融监管的科学性、效率性和效果性进行分析和审计评判。

一是要加强对货币政策的研究评估。要关注制定货币政策的流程是否科学合理，商业银行执行落实货币政策是否到位。要关注一些指标，如差别准备金调整、合意贷款规模、宏观审慎评估体系 MPA 的科学性和对各家金融机构的指导效果。

二是要加强对信贷投向政策的研究评估。要关注各家商业银行信贷投向和结构的政策导向，对落后产能、政府融资平台等的限制，对新兴产业的扶持力度，对涉及小微、“三农”、民生领域的扶持力度，房地产开发、住房按揭的信贷政策执行情况等。

（三）加强对金融市场的审计。随着金融混业经营的推进，金融业务和金融风险出现跨行业、跨市场的交叉与传染，现行的以机构为载体的审计受制于行业壁垒、机构壁垒等因素，无法全面揭示金融风险的整体状况。从防范金融风险的角度来看，应该关注的是金融机构的业务活动及其所能发挥的功能，而不是金融机构本身。而功能性金融审计，则是以金融产品所实现的基本功能为依据确定相应的被审计机构和被审计业务，从而能有效地解决混业经营条件下金融创新产品的监管盲区问题，有效避免审计“真空”和重复审计的出现。近年来开展的证券审计、债券审计都属于对功能性审计的尝试与探索，并且均取得良好效果，对于相关市场及监管部门都形成了极大的震动。2017 年应进一步加大这方面的探索力度。

（四）进一步改进金融审计的组织方式。金融审计项目平台数量多、范围广，在审计力量有限的情况下，要满足全覆盖的审计需求，同时发挥各审计模块的合力，需要充分利用和调动审计资源尤其是人力资源，这是金融审计发展的必然趋势。

审计组织方式需要综合考虑以下几个因素：一是特派办资源的调动及对应的审计成果合理分配的原则需要规范和明确，以充分调动特派办的积极性；二是金融司层面各业务小组的人员配备必须足够充分，要配备政策理论水平较高和数据分析能力较强的人员，以保证提供足够的信息素材和问题线索；三是金融司层面各业务小组之间以及金融司与其他业务司局的信息沟通和传导应保持顺畅，资源共享程度要高，以提升组织模式的效率；四是要目类信息的发起需要提前规划和分工，在研究充分的基础上再及时推进，同时要避免类似信息素材的重复研究和发起。

（五）推动大数据技术方法应用。近年来，金融审计始终站在大数据环境下的审计前沿，充分利用自身的平台优势，在总体分析、系统研究、锁定重点方面都有很强的优势。下一阶段，要继续发挥好先发优势，做好大数据审计的经验积累、技术发展、方法总结和成果运用，进一步推进大数据审计向深层次、高水平发展。

一是对系统要研究透。要知道有什么资源能为我所用，从而确定思路。银行的审计数据平台上有数十个系统、上千张表，这些系统都是相对庞杂的信息系统。要想在短时间内弄清楚这些系统有一定难度。因此要保证各业务小组人员的充分配备，而且是要具备一定数据分析能力的骨干，这样才能有效、合理地进行分析研究。

二是要拓展思路、资源共享。要利用外部信息关联分析，批量筛选线索。审计署近年来在计算机审计、大数据分析上投入了大量的人力、物力，取得了较好的成果。现有的分析平台，由于数据量及数据安全等原因，还未实现与其他信息资源的整合分析。在现阶段，可以与数据司等其他有关司局共同开发协作，制定思路。最大限度地信息资源利用才能最大限度地提升审计效率。

三是提升综合业务能力和数据分析能力。在熟悉经济金融政策、金融工具和金融市场特点的情况下，要运用大数据的方式，挖掘出有价值的信息。金融市场的混业经营越来越显著，资金的混用，金融工具的套用以及层层嵌套，使得金融审计越来越难；金融创新越来越多，对金融审计的要求越来越高；审计人员既要懂业务，又要具备数据分析的能力。因此，必须提升审计人员的经济金融政策、金融工具和金融市场等知识的学习，同时加强复合型人才的培养。

四、统筹做好 2017 年的经济责任审计项目

按照审计署 2017 年审计项目计划，金融司将组织 18 个特派办对 3 家金融机构法定代表人开展经济责任审计。同时，对 3 家金融机构境外机构和境外资产运营管理情况进行专项审计。关于此次经责审计项目，我讲两点意见：

（一）关注金融机构经济责任审计项目的特点。此次经济责任审计项目有以下几个特点：

一是审计目标注重体现党中央、国务院对审计工作的指示和要求。此次审计要关注 3 位（原）法定代表人在履职尽责过程中，贯彻落实党中央和国务院决策部署情况，特别是党的十八大以来历次会议和有关文件精神，统筹推进“五位一体”总体布局和协调推进“四个全面”战略布局部署要求的情况；在全面审计、突出重点的基础上，加大对总行战略决策制定执行和运营管理情况的审计力度，关注权力运行轨迹和监督制约的情况，揭示突出问题，客观界定责任，促进领导人员守法守纪守规尽责，推动 3 家金融机构落实国家有关经济金融政策，防范金融风险，维护国有资产安全，增强竞争力和可持续发展能力。

二是审计工作原则注重体现“三个区分开来”的精神。此次审计要认真落实习近平总书记系列重要讲话精神，按照《审计署关于适应新常态践行新理念更好地履行审计监督职责的意见》，把握好基本原则，即坚持依法审计、坚持问题导向、坚持鼓励创新、坚持推动改革，体现审计工作适应新常态、践行新理念的要求。

三是审计内容注重体现 3 家金融机构各自的特点，境外审计统筹安排。此次审计重点聚焦 7 个方面，即贯彻执行国家经济金融政策和决策部署情况、经营业绩情况、公司治理和内部管理情况、业务经营合规情况、重大风险隐患情况、境外机构和境外资产运营管理情况、遵守廉洁从业规定情况等。对 3 家金融机构的审计用同一个工作方案，但在细化的审计事项任务清单中突出了各自特点。在境外审计方面，金融司将统筹安排 3 家金融机构境外机构的审计，统一安排审计内容，共同实施境外审计。

四是组织安排注重整合资源、发挥优势。继续坚持以总行为龙头、“总体分析、发现疑点、分散核查、系统研究”的审计组织方式。加大总行审计的资源配置力度，按照上下协同、多点融合的思路统筹做好项目组织实施工作；运用大数据审计技术方法，加大对业务、数据及信息的统筹分析力度，加强对分支机构审计的指导和协调，发挥总行审计组的龙头作用。

五是工作要求注重精细管理、落实责任。按照扁平化管理的原则，总行审计组要编制审计事项任务清单，将每一项审计任务落实到人，逐一跟踪工作进度，落实工作责任，切实提高工作效率；实行审计情况报告制度，分支机构审计组每两周上报一次审计工作进展情况。金融司在审计过程中要适时召开中期交流会，定期编发审计工作动态，对重要事项及时提出具体意见，加强对各审计组上报的审计文书的审核，确保审计质量。

（二）对此次经济责任审计工作的几点具体要求。在此次经济责任审计过程中，各参审单位要注意以下几个方面：

一是要立足改革发展，着眼金融安全。一方面，各审计组要立足改革发展，认真检查3家金融机构在贯彻落实国家宏观经济金融政策措施和决策部署方面存在的突出问题，加大对体制机制性问题和内控薄弱环节的反映力度，促进中央重大方针政策措施落实到位。另一方面，各审计组要着眼金融安全，关注银行高管人员履职尽责和遵守国家法律法规情况，揭示重大违纪违法、重大履职不到位、重大损失浪费、重大风险隐患及其深层次原因，查找管理漏洞，推动惩治预防腐败和党风廉政建设发展。

二是要准确区分责任，客观作出评价。对有关领导人员履行经济责任过程中存在的问题，要严格按照中共中央办公厅、国务院办公厅《党政主要领导干部和国有企业领导人员经济责任审计规定》及其实施细则的要求准确区分其所应承担的直接责任、主管责任和领导责任，对每个审计事项要全面、历史、客观地看待和分析，要坚持“三个区分开来”的原则，既要如实反映审计发现的问题，又要充分考虑法定代表人任职期间履行经济责任的实际情况，征求金融机构和领导人员本人的意见，客观作出评价，准确界定责任。

三是要加强项目管理，确保审计质量。金融司要加强管理指导，按照“总体分析、发现疑点、分散核查、系统研究”的审计组织方式，运用大数据审计技术方法，加大对业务、数据及信息的统筹分析力度，充分整合审计资源，发挥审计的综合性优势。各特派办审计组现场审计期间要向金融司及时上报项目进展情况和审计发现的主要问题，重要事项应按规定随时报送（涉及境外审计调查的内容应同时报送境外司）。各特派办要确保上报的审计文书质量，严格执行本方案规定的时间进度，切实提高工作效率。

四是要坚持依法文明审计，严守工作纪律。各审计组要严格按照《中华人民共和国国家审计准则》和相关规定开展现场审计和外部调查，确保审计工作进度；严格执行审计署关于加强审计纪律的八项规定，做到廉洁从审；注意加强保密工作，不得随意对外披露审计情况，或私自接受新闻媒体采访；不准利用工作中掌握的各类信息谋取利益。各审计组要加强审计资料管理，安排专人负责保管被审计单位提供的电子数据和文件资料，确保数据和资料的安全完整。

同志们，习近平总书记在2017年4月份中央政治局集体学习讲话中指出，维护金融安全是关系我国经济社会发展全局的一件带有战略性、根本性的大事。金融活、经济活，金融稳、经济稳。作为金融审计工作者，新的时期赋予了我们新的使命。我们要深入学习贯彻习近平总书记系列重要讲话精神，紧紧围绕党中央、国务院对经济金融工作作出的决策部署，以“发展、改革、安全、绩效、反腐”为目标，以改革创新的精神状态、求真务实的工作作风，不断开拓进取，扎扎实实地做好金融审计各项工作，以优异的成绩迎接党的十九大胜利召开。

谢谢大家！

在全国扶贫审计视频培训会上的讲话

审计署党组成员、副审计长　袁　野

（2017 年 7 月 26 日）

同志们：

刚才农业司对 2017 年一季度审计署统一组织特派办和省审计厅（局）实施的 20 个省份 158 个贫困县扶贫审计的情况进行了总结。长沙特派办等 4 个单位就扶贫审计的主要做法和成效，作了交流发言。讲得都很好，情况说得很实，经验总结得很到位，可以看出大家确实做了大量扎实的工作，依法履职尽责，在脱贫攻坚中发挥了审计监督的重要作用。

6 月 23 日，受国务院委托，胡泽君审计长向全国人大常委会作了 2016 年度中央预算执行和其他财政收支的审计工作报告，把扶贫审计情况作为一个单独的重要板块列出来，一方面是基于脱贫攻坚工作在党和国家工作全局中的重要地位，另一方面也充分说明署党组对扶贫审计工作的高度重视。7 月 20 日，在全国审计机关深入学习贯彻习近平总书记系列重要讲话精神、扎实推进“两学一做”学习教育常态化制度化专题研讨班上，署党组书记、审计长胡泽君同志要求，当前和今后一个时期的审计工作，要坚持以习近平总书记系列重要讲话精神为指导，更加自觉地融入党和国家工作大局，着力发挥好促进政策落实、促进提高绩效、促进深化改革、促进反腐倡廉 4 个方面的重要作用。我在这里主要讲这么几点意见。

一、深刻认识加强扶贫审计工作的极端重要性

党的十八大以来，以习近平同志为核心的党中央把贫困人口脱贫作为全面建成小康社会的底线任务和标志性指标，在全国范围内打响了脱贫攻坚战，4 年多来，5500 多万贫困人口摆脱了贫困。脱贫攻坚力度之大、规模之广、影响之深，前所未有。总的看，党中央确定的中央统筹、省负总责、市县抓落实的工作机制得到了贯彻，脱贫攻坚四梁八柱性质的顶层设计基本完成，脱贫攻坚取得明显成效。

习近平总书记身先士卒抓扶贫、亲力亲为促攻坚，为全党作出了表率。习近平总书记说：“党的十八大以来，我最关注的工作之一就是贫困人口脱贫。”几年来，总书记走遍了全国 11 个山区集中连片特困地区，多次主持中央全面深化改革领导小组会议，研究贫困退出、资产收益扶贫、脱贫攻坚责任制等问题，多次主持召开跨省区的脱贫攻坚座谈会。2016 年 7 月 20 日，习近平总书记在银川主持召开东西部扶贫协作座谈会并发表重要讲话，他强调，西部地区特别是民族地区、边疆地区、革命老区、连片特困地区贫困程度深、扶贫成本高、脱贫难度大，是脱贫攻坚的短板，进一步做好东西部扶贫协作和对口支援工作，必须采取系统的政策和措施，必须认清形势、聚焦精准、深化帮扶、确保实效，切实提高工作水平，全面打赢脱贫攻坚战。2017 年 2 月 21 日，中共中央政治局就我国脱贫攻坚形势和更好实施精准扶贫进行第三十九次集体学习。3 月 31 日，习近平总书记主持召开中央政治局会议，听取 2016 年省级党委和政府脱贫攻坚工作成效考核情况汇报，充分肯定了脱贫攻坚取得的成绩，更指出了下一步攻坚克难的重点和难点。6 月 23 日，习近平总书记在山西省太原市主持召开深度贫困地区脱贫攻坚座谈会并发表重要讲话，提出了合理确定脱贫目标、加大投入支持力度、集中优势兵力打攻坚战、区域发展必须围绕精准扶贫发力、加大各方帮扶力度、加大内生动力培育力度、加大组织

领导力度、加强检查督查等8项要求。他强调，脱贫计划不能脱离实际随意提前，扶贫标准不能随意降低，决不能搞数字脱贫、虚假脱贫；要实施最严格的考核评估，坚持年度脱贫攻坚报告和督查制度，加强督查问责，对不严不实、弄虚作假的严肃问责；要加强扶贫资金管理使用，对挪用乃至贪污扶贫款项的行为必须坚决纠正、严肃处理；扶贫工作必须务实，脱贫过程必须扎实，脱贫结果必须真实，让脱贫成效真正获得群众认可、经得起实践和历史检验。

李克强总理多次主持召开国务院常务会议，研究部署易地扶贫搬迁、交通扶贫、教育扶贫、健康扶贫、革命老区扶贫等工作，多次就扶贫重点问题作出重要批示。2016年，国务院印发了《“十三五”脱贫攻坚规划》，明确了脱贫攻坚的总体思路、基本目标、主要任务和重大举措。

扶贫资金是贫困群众的“救命钱”“保命钱”和减贫脱贫的“助推剂”，一分一厘都不能乱花。党中央、国务院高度重视扶贫审计工作。习近平总书记在中央扶贫开发工作会议上强调，要加强扶贫资金阳光化管理，加强审计监管，集中整治和查处扶贫领域的职务犯罪，对挤占挪用、层层截留、虚报冒领、挥霍浪费扶贫资金的，要从严惩处。李克强总理强调，要严格资金监督管理，严惩违法违规行为，抓紧健全制度安排，确保扶贫资金在阳光下运行、真正用在扶贫开发上。“十三五”规划纲要、国务院《“十三五”脱贫攻坚规划》和《脱贫攻坚责任制实施办法》都明确要求，要加强对脱贫攻坚政策落实和重点资金项目的跟踪审计。

各级审计机关和广大审计干部要提高政治站位，正确认识和把握国家审计在扶贫开发工作中的重要定位和作用，要以强烈的政治责任感、高度的历史使命感和职业荣誉感，深刻认识到加强扶贫审计工作的极端重要性，把扶贫审计工作作为一项重大政治任务来抓，全力投入到脱贫攻坚中来。2020年要实现打赢脱贫攻坚战的历史性任务，能为加快弥补全面建成小康社会这块突出的短板贡献我们的力量，是我们这一代审计人的光荣使命和历史担当，我们必须有这种政治责任感、历史使命感和职业荣誉感。党的十八届六中全会强调，全党必须牢固树立政治意识、大局意识、核心意识、看齐意识，自觉在思想上政治上行动上同以习近平同志为核心的党中央保持高度一致。习近平总书记在深度贫困地区脱贫攻坚座谈会上指出，增强“四个意识”，这不是一个口号，不是一句空话，要落实在行动上。能否扎实有效地开展扶贫审计工作，是各级审计机关和审计干部是否牢固树立“四个意识”的试金石，也是推动“两学一做”学习教育常态化制度化是否取得实效的试金石。审计作为党和国家监督体系重要组成部分，各级审计机关要持续加大扶贫审计力度，在推动扶贫政策落实、规范扶贫资金管理、维护扶贫资金安全、提高扶贫资金绩效方面充分发挥审计监督和保障作用。

二、全国扶贫审计工作总体情况

审计署党组始终高度重视扶贫审计工作，认真贯彻党中央、国务院扶贫开发决策部署，坚持把推动扶贫开发、打赢脱贫攻坚战作为重大政治任务，落实脱贫攻坚责任制，坚持全国扶贫审计“一盘棋”，动员全国各级审计力量，统筹谋划“十三五”时期扶贫审计监督全覆盖，建立脱贫攻坚政策落实和重点资金项目跟踪审计机制，持续加大扶贫审计监督的力度。

党的十八大以来，审计署先后印发了《“十三五”国家审计工作发展规划》《关于进一步加强扶贫审计促进精准扶贫精准脱贫政策落实的意见》《贯彻落实“十三五”脱贫攻坚规划具体措施的通知》《关于“十三五”期间定期报送扶贫审计工作有关情况的通知》等多个文件，对“十三五”时期加强扶贫跟踪审计的工作原则、审计重点、工作要求等作出部署，要求各级审计机关紧紧围绕脱贫攻坚目标，沿着“政策”和“资金”两条主线，把推动扶贫政策落实、规范扶贫资金管理、维护扶贫资金安全、提高扶贫资金绩效作为审计工作的着力点，持续加大扶贫审计力度。审计署通过统一组织各级审计机关开展专项审计、跟踪审计等方式，审计扶贫资金1400多亿元，覆盖600多个国定贫困县，揭示和反映了部分地方精准扶贫政策措施落实不到位、扶贫项目绩效不佳、部分扶贫资金长时间闲置或被骗取套取、侵占挪用等各类问题金额300多亿元，查处的500多件涉嫌违纪违法问题线索依法移送司法机关、纪检监察或有关部门调查处理。据初步统计，截至2017年5月末，各地已追回或盘活扶贫资金170多亿元，有1400多名相关责任人受到相关问责处理，促进扶贫政策措施落实或完善规章制度1100多项。

从审计署扶贫审计工作情况看，2013年以来通过专项审计、跟踪审计等多种方式，不断加大扶贫审计力度。在多次组织开展扶贫专项审计的同时，在国家重大政策措施贯彻落实跟踪审计中，持续对精准扶贫、精准脱贫政策措施落实情况和扶贫资金安全绩效情况进行了跟踪审计。在中央部门预算执行审计、地方财政收支审计、党政领导干部经济责任审计等项目中，审计署都将精准扶贫政策措施落实和扶贫资金管理使用情况作为重点内容之一同部署、同审计。正如刚才长沙特派办交流发言中提到的，在扶贫审计中揭示的广西马山县精准识别等扶贫工作推进不力、湖南省花垣县扶贫涉农资金使用中被“雁过拔毛”等一批扶贫领域违纪违法典型案例，公告后引起社会广泛关注，有关部门和相关地方政府及时整改，严肃追责问责，组织开展建档立卡“回头看”工作，开展扶贫资金专项整治，有力地推动了精准扶贫政策的贯彻落实，维护和保障了扶贫资金的安全绩效。扶贫审计还有力地推动了相关改革，贫困县财政涉农资金统筹整合使用试点，就是这些年来审计署持续推动的财政体制改革的重要方面；审计在推动扶贫和低保等扶贫政策制度之间的衔接完善等政策落实方面发挥了重要作用。

从地方审计机关扶贫审计工作情况看，各级地方审计机关积极落实审计署相关要求，将强化扶贫审计工作的各项要求落到实处，动员各级审计力量，组织实施多形式、多层次的扶贫审计项目。不少省份的审计厅（局）科学谋划，统筹安排，把持续加强扶贫政策落实和扶贫资金管理使用审计，作为全省审计工作的重中之重抓好抓实、有序推进，制订了全省扶贫审计的五年计划或方案，并将扶贫审计内容纳入重大政策措施贯彻落实跟踪审计，区县、部门（单位）财政财务收支和领导干部经济责任审计等各类审计项目中，科学谋划扶贫审计全覆盖。一些省审计厅（局）加强全省各级审计机关年度审计计划统筹管理，在审计组织方式上，按照“五统一”原则，抽调骨干力量，实行“上审下”和“交叉审”的方式，统一组织开展全省扶贫审计项目，有效地保障了扶贫审计的广度、深度和审计质量。扶贫审计的内容多、资金量大、对象广，一些省厅积极探索大数据在扶贫审计中的实践和应用，坚持“数据先行”和“数据引领”，打破信息壁垒和信息孤岛，收到了很好的效果。

三、关于进一步做好扶贫审计的几点意见

刚才农业司在总结通报中提到，从审计组织管理上看，还有个别单位对扶贫审计的极端重要性认识不到位，重视不够，人员配备不得力。从审计质量上来看，各地上报的审计报告，问题的广度、深度差别很大，个别地方报告质量不够高。这些问题，反映出我们一些单位在扶贫审计中还存在认识不到位、作风不扎实、依法履职尽责的能力还有待进一步提高等问题。关于进一步做好扶贫审计工作，我这里强调几点：

（一）统筹谋划，加强协作，确保实现全覆盖。各级审计机关要切实增强政治责任感、历史使命感和职业荣誉感，深刻认识到加强扶贫审计工作的极端重要性，坚持“扶贫审计一盘棋”，以省以下审计机关人财物统一管理改革为契机，科学制订计划，抽调精干力量，精心组织，周密安排，严格依法履职尽责，严肃查处扶贫政策措施落实和扶贫资金分配管理使用中的突出问题，确保扶贫审计全覆盖，做到扶贫资金流向哪里，审计就要跟进到哪里。各级审计机关要深入贯彻落实6月23日习近平总书记在深度贫困地区脱贫攻坚座谈会上的重要讲话精神，在持续加大扶贫审计力度的同时，对生存环境恶劣、致贫原因复杂、基础设施和公共服务缺口大、脱贫攻坚任务重、脱贫难度大的深度贫困地区，对保障因病因学致贫返贫、残疾人、老年人等脱贫攻坚重点群体的政策落实，对易地扶贫搬迁、住房安全和产业扶贫等脱贫攻坚重点工作，以及问题多、群众反映大的重点地区和单位，要加大审计频次和力度，组织开展多轮次全覆盖或专项审计，严肃查处骗取套取、贪污挪用、挥霍浪费扶贫资金、侵害贫困群众利益，以及假脱贫、数字脱贫等违纪违法问题。做好扶贫审计中的统筹协调，确保实现全覆盖。

一是要加强中央部门审计的统筹协调。充分发挥财政审计领导小组的作用，财政司会同农业司组织署机关、派出局在财政部具体组织中央预算执行情况审计、发展改革委组织分配中央财政投资情况审计，以及中央各部门预算执行审计中，关注各部门贯彻落实脱贫攻坚任务分工情况，检查财政扶贫资金的分配情况、支出结构优化情况、扶贫和相关涉农资金专项设置、清理整合和管理情况等，将大数据分析的疑点推送给特派办、省审计厅在地方具体审计中核查落实，做好上下联动，在纵向上实现扶贫和相关涉农资金从设立到分配、拨付、管理、使用各个环节的全覆盖。

二是要做好不同审计项目之间的统筹协调。扶贫专项审计、国家重大政策措施落实跟踪审计、财政收支审计、领导干部经济责任审计、社保审计、投资审计等各个业务板块之间要做好统筹，都要把扶贫政策措施落实和扶贫资金管理使用情况作为重要内容同部署、同审计，审计成果也要纳入扶贫审计成果统一反映。

三是要做好审计内容和资金范围上的统筹协调。从审计内容看，不仅审计扶贫资金分配管理使用情况，而且要审计产业扶贫、教育扶贫、健康扶贫、金融扶贫、社保兜底扶贫等各项精准扶贫政策措施落实情况；从资金范围来看，不能仅仅局限于财政专项扶贫资金，凡是统筹用于贫困县脱贫攻坚的交通、教育、农业、水利、林业、卫生、环保等行业扶贫资金和各类社会帮扶资金都应纳入审计范围，做到全覆盖。

四是要做好不同审计机关的统筹协调。中央确定的是“中央统筹、省负总责、市县抓落实”扶贫开发工作格局，这种工作机制也要体现在扶贫审计中。做好审计署相关单位、省审计厅、市县审计机关之间的统筹协调，加强上级审计机关对下级审计机关扶贫审计工作的领导和工作情况检查，既要确保实现全覆盖，也要避免重复审计。像湖南省审计厅对全省51个扶贫开发工作重点县，明确由省厅直接组织实施审计，每年审计50%的县，做到两年轮审一次；对51个扶贫开发工作重点县以外的扶贫项目和资金，明确由相关市州审计机关组织力量进行审计，每年向省厅报送审计情况，确保审计对象全面覆盖。这种“省级牵头、市县参与、全面覆盖、突出重点”的做法就很好。

五是要做好东西部扶贫协作资金和项目审计的统筹协调。2016年12月，中共中央办公厅、国务院办公厅印发的《关于进一步加强东西部扶贫协作工作的指导意见》明确要求，审计机关要依法加强对扶贫政策落实情况和扶贫资金的审计监督。因此，东部的援助地和西部的受援地审计机关要加强东西部扶贫协作审计中的协调配合，实现对东西部扶贫协作政策、资金、项目的审计全覆盖。东部的援助地省份审计机关在国家重大政策落实跟踪审计中，要持续审计中央确定的东西部扶贫协作的各项政策措施当地政府和部门是否及时落实、应该拨付的协作资金是否及时安排和拨付、应该实施的协作项目是否及时落地。援助地审计机关可以与受援地审计机关组成联合审计组对协作资金和项目开展审计，以援助地审计机关为主，受援地审计机关为辅；也可以委托受援地审计机关审计，援助地审计机关选派业务骨干进行指导和督办。无论采取哪种方式，都要做好统筹协调，确保对东西部扶贫协作审计的全覆盖。

（二）坚持问题导向，突出“三个重点”。各级审计机关在扶贫审计中，要紧紧围绕“十三五”期间脱贫攻坚的目标，沿着“政策”和“资金”两条主线，围绕“精准、安全、绩效”的要求，始终坚持问题导向，突出三个重点：

一是跟踪审计精准扶贫、精准脱贫政策措施落实情况。将精准扶贫、精准脱贫相关政策措施落实情况作为国家重大政策措施落实跟踪审计的重点内容，紧紧围绕“六精准”要求，持续关注各地、各部门贯彻落实产业扶贫、金融扶贫、教育扶贫、健康扶贫、易地搬迁扶贫、社保兜底扶贫等政策措施的进展和效果，着力揭露和查处责任不落实、机制不完善、工作不衔接、信息不共享，以及不作为、慢作为、假作为等问题，推动各项政策措施落地生根。要聚焦“两不愁三保障”的脱贫目标，关注精准识贫、精准扶贫、精准脱贫各项政策措施的落实情况，既反映精准识别中不该纳入的纳入了，也要反映应该纳入的没有纳入，还要揭示和反映脱贫质量不高、虚假脱贫、数字脱贫、被脱贫等问题。

二是着力揭露和查处重大违纪违法问题。7月3日，王岐山同志在扶贫领域监督执纪问责工作电视电话会上强调，要严肃查处贪污挪用、截留私分、优亲厚友、虚报冒领，雁过拔毛、强占掠夺问题，对胆敢向扶贫资金财物“动奶酪”的严惩不贷。从审计署统一组织开展的扶贫审计情况看，由于扶贫和相关涉农资金链条长、点多面广，越到基层管理上的薄弱环节越多、监管越不足，扶贫资金使用的违法违规问题还比较突出。

各级审计机关在扶贫审计中要坚持问题导向，严格区分公与私，坚决查处虚报冒领、骗取套取、截留侵占、贪污私分、挥霍浪费扶贫资金，违反中央八项规定精神和国务院“约法三章”等问题，切实维护贫困群众利益。对扶贫领域重大违纪违法问题，要始终坚持“零容忍”，坚决查处，要加强与纪检、检察、公安等部门的协作配合，充分发挥监管合力，督促问题整改，推动严肃问责，共同营造扶贫领域惩治腐败的高压态势，确保扶贫资金真正用在“刀刃”上，发挥应有的效益。

三是着力监督检查扶贫资金和项目绩效情况。要将绩效理念贯穿扶贫审计始终，循着资金流向，从政策要求、预算安排、资金拨付一直追踪到项目和个人，确保扶贫资金安全高效使用。要加大扶贫资金统筹整合使用情况审计力度，重点揭示统筹整合流于形式，扶贫项目盲目决策、脱离实际或损失浪费，甚至垒大户、造盆景、搞大水漫灌等影响扶贫资金绩效和脱贫效果的问题，推动扶贫资金统筹整合使用、提高扶贫项目绩效。

扶贫审计中还要关注扶贫开发工作中出现的新情况新问题，揭示和反映阻碍政策措施落实、制约资金整合的体制性障碍和制度性缺陷，积极提出对策建议，促进完善制度机制。要注重发现和总结各地精准扶贫、精准脱贫工作中好的经验做法，积极推广运用。

（三）*坚持依法审计、客观求实、鼓励创新、推动改革的工作原则*。2016 年，审计署印发的《关于进一步加强扶贫审计促进精准扶贫精准脱贫政策落实的意见》等多个文件都强调“依法审计、客观求实、鼓励创新、推动改革”的工作原则，要求各级审计机关和审计干部正确把握改革和发展中出现的新情况新问题，既不能以新出台的制度规定去衡量以前的老问题，也不能生搬硬套或机械地使用不符合改革发展要求的旧制度规定来衡量当前的创新事项。7 月 20 日，胡泽君审计长在深入学习贯彻习近平总书记系列重要讲话精神、扎实推进“两学一做”学习教育常态化制度化专题研讨班上强调，审计要着力发挥好促进政策落实、促进提高绩效、促进深化改革、促进反腐倡廉四个方面的重要作用，审计过程中要历史全面客观地看问题，要认真落实习近平总书记关于“三个区分开来”的要求；既要揭示问题还要具体问题具体分析，特别是要从体制机制上促进问题的解决。

我们在扶贫审计中，既要坚持问题导向、严格依法审计，严肃查处骗取套取、贪污侵占、挥霍浪费等违纪违法问题，同时，要以是否符合中央决定精神和重大改革方向作为审计定性判断的标准，实事求是地揭示、分析和反映问题，做到“三个区分开来”，审慎作出结论和处理。推动建立完善激励和容错机制。要注重保护扶贫开发中的新生事物，对突破原有制度或规定，但有利于扶贫脱贫政策措施落实，有利于维护贫困群众利益，有利于推进财政资金统筹使用和提高资金绩效的创新举措，要鼓励探索，促进规范和完善。

比如，要切实做好扶贫及相关涉农财政资金统筹整合使用的政策把握。这些年来，审计署始终坚持推动扶贫及相关涉农资金统筹整合使用，多次向党中央、国务院提出相应的意见和建议。在扶贫审计中，要加大对《国务院办公厅关于支持贫困县开展统筹整合使用财政涉农资金试点的意见》贯彻落实情况的跟踪审计力度，切实把握好统筹整合与违规使用的界限，决不能再简单机械地套用不符合改革精神和方向的相关专项资金的规章、制度，简单机械地强调“专款专用”。审计要关注的重点恰恰是那些继续限定扶贫和涉农资金具体用途或干扰统筹整合使用资金，继续以“打酱油的钱不能买醋”、“专款专用”、担心上级监督考核不过关等为借口，造成统筹整合无实质性进展，一边扶贫项目缺资金迟迟不能开工，另一边扶贫资金又长期趴在账上难以发挥效果的问题，促进国务院决策部署落地生根和不断完善。审计中还要特别关注扶贫和涉农财政存量资金真实性问题。一些地方账上只是预算指标体现有存量，而国库存款和专户里根本没这么多钱，资金可能已经被挪用于其他领域去了。这种情况，要引起审计组的重视，在审计资金闲置的问题时，要审计是不是只是“指标”闲置，“钱”还在不在，用哪儿去了。

习近平总书记多次强调，脱贫攻坚工作要实打实干，一切工作都要落实到为贫困群众解决实际问题上，切实防止形式主义，不能搞花拳绣腿，不能搞繁文缛节，不能做表面文章。7 月 24 日，国务院扶贫办专门下发通知，要求各地制止频繁填表报数、迎评迎检、陪会参会等大量耗费基层扶贫部门和扶贫干部精力的行为，解决扶贫领域依然突出的形式主义问题，维护脱贫攻坚工作正常秩序。扶贫审计中必须坚决贯彻落实：一方面，要积极关注和反映基层脱贫攻坚中存在的各种形式主义、不严不实问题；另一方面，要同时把这些要求作为对审计机关、审计人员的严肃要求和纪律，我们自己在扶贫审计工作中要带头克服形式主义，审计中使用的调查表、统计表等要严格控制，不能搞“烦琐主义”，必要的审计表格要明确由审计组、审计人员自己填报，不能推给被审计单位填报，增加基层扶贫部门和扶贫干部的工作负担。这一点，各级审计机关要引起高度重视。

（四）推动实现扶贫资金的阳光化管理。习近平总书记多次强调，要加强扶贫资金监管，实现阳光化管理问题。有关文件也要求全面推行公示公开制度，但从审计的情况看，由于基层政府，尤其是镇村层面，政务公开、村务公开不到位，公示公开的责任主体、监督主体和公示公开的内容、渠道、方式、时限都没有明确的规范和要求，造成公示公开不到位或流于形式问题比较普遍。审计发现，在一些地方扶贫资金项目相关信息的传递和公开，主要依靠镇村干部口头传达、群众之间互相打听，或村务公开栏张贴几页纸就算公开了，公开的渠道、时限、内容、详细程度等随意性大、流于形式，群众缺少完整查询了解扶贫政策和资金项目信息的规范渠道，导致社会监督缺失，一些扶贫资金项目没有真正惠及贫困群众。各审计组在发现了基层干部在扶贫资金分配、扶贫项目安排中优亲厚友、截留侵占等危害扶贫资金安全、侵害贫困群众利益的问题后，应倒追公示公开方面的程序，看看是否有漏洞，是否有可以改进完善的地方，以问题为导向，提出建立健全扶贫资金阳光化管理的制度规范方面的政策建议。

（五）优化组织方式和技术方法，探索加强扶贫领域信息化审计。各级审计机关要进一步优化扶贫审计组织方式和技术方法，加强扶贫审计信息化建设，把大数据审计作为提升扶贫审计质量和成果的重要抓手。要充分运用审计现场项目管理系统，搭建数字化审计指挥平台、审计综合作业平台、审计互动交流平台等信息平台，推进上下级审计机关之间网络互联、审计机关与审计现场之间信息共享。要积极探索大数据在扶贫审计中的实践和应用，在全面采集扶贫审计各领域数据信息的基础上，通过多维度、多领域、多视角的大数据分析，提高扶贫审计效率和审计深度。大数据审计方式下，“总体分析”必须依托于“重点核查”，不能简单把大数据总体分析中发现的疑点直接当作审计问题来反映，必须通过重点核查来验证数据的准确性。像建档立卡精准识别方面，很多地方通过车辆、工商、住房等大数据综合比对发现了很多疑点，但实际情况往往比较复杂，不能简单把数据比对的结果作为问题反映，必须充分核实取证才行。

7月20日，胡泽君审计长在南京的专题研讨班上强调，要坚持打造信念坚定、业务精通、作风务实、清正廉洁的审计铁军。相对其他审计项目而言，扶贫审计条件比较艰苦，很多地方山大沟深、雨雪冰冻，延伸审计交通很不方便。而且，扶贫审计很大的一部分工作量是要深入基层实际、深入项目现场、深入贫困群众、深入田间地头，获取第一手信息和资料，审计干部的言谈举止和行为直接代表公务员和审计人员形象、反映出我们的作风。这就要求审计干部，在扶贫审计中要有坚定的理想信念和为民服务的宗旨意识，要有吃苦耐劳、甘于奉献、脚踏实地、严谨细致的务实作风，要有精通、专业的业务水平，要有更高的工作标准和更严的纪律要求，坚持依法审计、文明审计，严格遵守中央八项规定精神、廉政规定和审计“八不准”工作纪律，严格规范审计程序，充分听取被审计单位和相关方面意见，确保审计反映的问题事实清楚、数据准确、证据确凿、定性合理，自觉树立和维护审计机关和审计干部的良好形象，也传达出党中央坚决打赢脱贫攻坚战的坚定决心，让贫困地区、贫困群众切实感受到党中央的关怀和温暖，增强贫困群众脱贫奔小康的内生动力和信心。

同志们，脱贫攻坚的任务艰巨，时间紧迫，各级审计机关和每一位审计干部，要更加自觉在思想上政治上行动上同以习近平同志为核心的党中央保持高度一致，牢固树立“四个意识”，深刻认识到加强扶贫审计工作的极端重要性，切实增强使命感、责任感和职业荣誉感，紧紧围绕党中央精准扶贫精准脱贫决策部署，持续加大扶贫审计力度，充分发挥审计在党和国家监督体系中的重要作用，以更加饱满的精神状态和优异成绩，迎接党的十九大胜利召开！

在审计机关学习贯彻十八届中央纪委七次全会精神视频会上的讲话

审计署党组成员、中央纪委驻审计署纪检组组长　郑振涛

（2017 年 1 月 11 日）

习近平总书记在十八届中央纪委七次全会上的重要讲话，系统总结十八大以来全面从严治党取得的显著成效，深刻分析当前依然严峻复杂的形势，明确提出了当前和今后一个时期工作的总体要求和主要任务。学习贯彻习近平总书记重要讲话，是当前全党的重要政治任务。

党的十八大以来，党中央高度重视纪检干部队伍建设，对纪检机关寄予厚望。习近平总书记多次提到谁来监督纪委的问题。前不久召开的中央政治局会议，也对加强纪检机关自身建设提出了明确要求。在本次全会上，习近平总书记进一步强调，各级纪委要强化自我监督，自觉接受党内和社会监督，建设一支让党放心、人民信赖的纪检干部队伍，为全党全社会树起严格自律的标杆。七次全会的一项重要内容，就是审议通过了《中国共产党纪律检查机关监督执纪工作规则（试行）》，把监督执纪权力关进制度笼子。我们各级审计机关纪检机构和纪检干部都要认真学习领会习近平总书记重要讲话精神，以忠诚干净担当的具体行动，把讲话精神和全会要求部署落到实处。

一、提高政治站位，增强政治意识和大局意识

我们党是马克思主义政党。政党就要讲政治，执政党更要旗帜鲜明地讲政治。坚持党的领导是当代中国最重大的政治原则，树立政治意识、大局意识、核心意识、看齐意识是加强党的领导的必然要求。“四个意识”是有机整体，“四个意识”关键在政治意识和大局意识，最终要落实到向核心看齐上。只有在思想和行动上提高政治站位，不断从政治意识和大局意识上找到差距，才能真正做到向核心看齐。

政治意识不是虚的，它要求我们在错综复杂的形势下，保持清醒的政治头脑，具有正确的政治思想、坚定的政治立场、敏锐的政治观察力和鉴别力。大局意识更不是空的，服从和服务于党和国家的工作大局，更是各级审计机关依法履行职责的重中之重。能不能铭记自己作为一名党员的政治身份，时刻用党章党规、用共产党员标准来要求自己，能不能养成习惯，始终自觉向以习近平同志为核心的党中央看齐，坚决维护党中央权威和集中统一领导，能不能主动把自己的职责摆进去，对照习近平总书记系列重要讲话要求提高站位、谋划工作，都是政治意识强不强的具体体现。

纪律检查工作是十分严肃的政治工作，纪检干部队伍是政治工作队伍，更要讲政治、顾大局，增强“四个意识”，提高政治站位和政治觉悟。

一是要善于从政治上观察问题。习近平总书记指出：“管党治党不仅关系党的前途命运，而且关系国家和民族的前途命运。”这一重要论述告诉我们，要站在党和国家事业发展全局的高度，认识全面从严治党的重大意义和深刻内涵。全面从严治党，加强党风廉政建设，其根本目的就在于防止党员干部脱离群众、凌驾于群众之上，坚持党的群众路线，时刻保持党同人民群众的血肉联

系，这样才能赢得人民群众的高度信任，巩固党的执政基础。所以说，党风廉政建设和反腐败斗争关乎人心向背和党的生死存亡，是一场输不起的斗争。人心向背就是最大的政治，关乎人心向背的问题都是政治问题，而政治问题任何时候都是根本性的大问题。十八大以来，党中央推进全面从严治党，是以中央八项规定破题。中央八项规定以及之后形成的中央八项规定精神，看似规范的都是“小事”，但“小事”中蕴含着“大道理”，都要站到一定的政治高度，从党的群众路线和群众观点上来认识和理解。正因为这些所谓的“小事”是关系到干群关系和执政基础的政治问题，所以必须在“小事”上较真，寸步不让，管出习惯，久久为功。如果没有这样的政治站位和政治觉悟，仅仅把抓作风当作是上级要求，不能在思想深处触动“密切党同人民群众的血肉联系”这个根本，那这样的抓作风就不能深入、不会持久。

二是要善于从政治上分析问题。纪检机关的首要职责是维护党章党规党纪。在六大纪律中，政治纪律是最重要、最根本的纪律，是打头的、管总的纪律。遵守党的政治纪律是遵守党的全部纪律的重要基础。严重违反党的其他各项纪律，都会侵蚀党的执政基础和执政能力，关系人心向背，说到底都是破坏党的政治纪律。因此，要增强政治警觉性和政治鉴别力，时刻绷紧政治纪律和政治规矩这根弦，始终保持头脑清醒、立场坚定，及时发现和纠正政治偏差，对有令不行、有禁不止、阳奉阴违、拉帮结派的，要严肃查处；要善于透过现象看本质、抓本质，不管违反哪方面的纪律，都要从政治上去审视、去警戒；要心中有全局，立足于保护审计机关这片大“森林”、保障审计事业健康发展这个高度，准确研判分析，找准问题之“树”，对症下药，处理好“树木”和“森林”的关系。

三是要善于从政治上解决问题。纪检工作坚持“惩前毖后、治病救人”的方针，要求我们不断提高思想政治水平和把握政策能力，提升政治水准，强化监督执纪的政治效果。要树立严管厚爱的理念，把纪律挺在前面，运用好监督执纪“四种形态”特别是第一、第二种形态，层层设置防线，做深做细思想政治工作，最大限度地教育、保护、挽救干部，防止“好同志”变成“阶下囚”。要坚持实事求是，准确定性量纪，把握运用好政策，依纪依规、不枉不纵、罚当其过，体现执纪审查的政治性。处分党员干部不是目的，也不是终点，要加强对受处分干部的教育、管理和监督，帮助他们认识错误、改正错误，利用身边人身边事教育和警示各级领导干部，以取得良好的政治、纪律和社会效果。

二、练就过硬本领，深入推进全面从严治党

习近平总书记的重要讲话为巩固全面从严治党成果、做好党风廉政建设工作，指明了方向。王岐山同志代表中央纪委常委会所作的工作报告，部署了2017年七个方面的重点任务。讲看齐不能离开自己的责任，同党中央保持高度一致，不仅要听其言，更要观其行，最终看实际成效。我们要把习近平总书记重要讲话精神和全会工作部署落到实处，既要敢于担当，也要善于担当，担当得起来。

一是要继续在“常”和“长”上下功夫。习近平总书记曾经指出，反腐倡廉必须常抓不懈，拒腐防变必须警钟长鸣，关键就在“常”“长”二字。第一个“常”，是说要经常抓、抓日常、见常态。第二个“长”，是说要长期抓、有恒抓、见长效。当前，全面从严治党取得了显著成效，但仍然任重道远。从全党来看，管党治党宽松软问题尚未根本改变，党风廉政建设和反腐败斗争形势依然严峻复杂。从审计机关来看，在落实管党治党责任、基层党组织建设、作风建设等方面也还存在一些突出问题，并且随着审计覆盖面扩大，审计人员也随时面临严峻复杂环境的考验。对审计机关和审计干部而言，同样都是作风建设永远在路上、党风廉政建设和反腐败斗争永远在路上、全面从严治党永远在路上。我们要拿出滴水穿石的劲头、铁杵磨针的功夫，坚持不懈、持之以恒地抓作风、抓纪律、抓监督，一如既往地严格落实中央八项规定精神，聚焦政治纪律、组织纪律和廉洁纪律，紧盯重点人、重点事、重点岗位，紧盯审计权力运行的全过程。有群众举报的要及时处置，有具体线索的要认真核实，违反党纪党规的要严肃处理。

二是要继续在“严”和“实”上下功夫。习近平总书记在讲话中指出：“管党治党从宽松软走向严紧硬，需要经历一个砥砺淬炼的过程，要严字当头、实字托底，步步深入、善作善成。”严字当头是十八大以来管党治党的鲜明特点。能不能做到真管真严、敢管敢严，考验着我们的政治定力和担当精神。做纪检工作，难免要得罪人，有时可能会被人说“小题大做”“鸡蛋里头挑骨头”。但古人说得好，“当官避事平生耻”。组织把我们放到这个位置上，我们就要有高度的责任感，对干部严格监督，对不良苗头严肃纠正，对违纪问题严肃查处，并且要越往后越严。如果凡事“睁一只眼闭一只眼”，大事化小、小事化了，搞无原则的一团和气，不仅自己要被追责，也会对审计事业发展造成损害。实字托底要求我们一切从实际出发，掌握实际情况，解决实际问题。对于所在单位党风廉政建设整体情况、干部队伍的主要特点、重点监督对象的思想和工作表现、审计过程中的主要风险点等，都要做到心中有数；对于思想、作风、纪律等方面的苗头性、倾向性问题，要及时发现、及时处置；对于管党治党中的突出问题，要有针对性地研究解决。要坚持问题导向和务实作风，有什么问题就解决什么问题，做一件就要成一件，一步一个脚印地把工作做到实处。

三是要继续在“深”和“细”上下功夫。习近平总书记强调：“要敢于较真碰硬，见物见人见细节，从点滴抓起，从具体问题管起，及时发现问题、纠正偏差。”凡事都要具体，一具体就深入。工作报告对2017年工作作了部署，能不能把这些工作落到实处，考验着我们的作风和水平。比如，工作报告提出，要以党的十八届六中全会审议通过的党内政治生活准则和党内监督条例为尺子，加强对贯彻六中全会精神和执行准则、条例情况的监督检查；既要紧盯无视中央八项规定精神、潜入地下公款吃喝等老问题，又要注意发现和纠正以形式主义、官僚主义方式对待党中央决策部署，把同党中央保持一致仅仅当作口号等突出问题；摸清各地区各部门党风廉政建设整体情况，等等。我们都要深入研究，密切结合所在单位实际情况，作出具体布置和周密安排。

三、加强自我监督，忠诚履职尽责

中央纪委七次全会召开前夕，中央电视台播放了3集电视专题片《打铁还需自身硬》，披露了一些纪检监察干部严重违纪违法的案情，可以说是触目惊心。打铁还需自身硬。纪检机关和纪检干部作为监督者、执纪者，只有首先从严管好自己，才有底气和自信履行好职责。事实证明，纪检机关不是世外桃源，纪检干部也不是生活在真空里，监督执纪问责的过程，同其他权力行使过程一样，存在不少责任关键点和廉政风险点。党内监督条例将纪检机关明确为党内监督的专责机关，责任重大。党和人民越是寄予期望，越需要纪检干部肩负起职责、监督好自身。

关于“谁来监督纪委”问题，习近平总书记多次强调过。反复强调纪委要做好自我监督，在十八届中央纪委二次全会上提出要解决“谁来监督纪委”问题，三次全会上提出要解决好“灯下黑”问题，五次全会上要求纪检机关“清理好门户”，六次全会上要求“监督别人的人首先要监管好自己，执纪者要做遵守纪律的标杆”。

这次全会审议通过的监督执纪工作规则（试行），明确相关工作流程，规定有关工作程序、审批权限和具体要求，提炼有效管用实招，上升为制度规范，把纪委的自我监督同接受党内监督、社会监督等有机结合，确保权力不被滥用。这是纪检机关贯彻党的十八届六中全会精神，带头强化自我约束，把监督执纪权力关进制度笼子的实际行动，充分表明了严格自律的担当和决心。制度的生命在于执行，执行制度最终靠人。我们落实监督执纪规则，关键还是要靠自觉。能不能将制度约束转化为自觉行动，检验着纪检干部的党悟和忠诚。各级审计机关纪检机构和纪检干部要认真做好学习贯彻，严格工作规程，加强管理监督，自觉用好手中权力。

全面从严治党永远在路上，纪检机关自身建设同样永远在路上。全面从严治党步步深入推进，必然要求“打铁人”本身要更加忠诚、更有担当、更具能力。要解决好履职水平和履职能力不适应形势要求的问题。纪检干部的手电筒不但照别人，更要照自己，要在政治、思想、作风、守纪、修身等各方面为其他同志作出表率、树立标杆，切实担负起党章赋予的职责，交出优秀答卷。

着力提高政治能力和专业能力
切实增强履职尽责本领

审计署党组成员　刘正均

（2017年11月2日）

习近平总书记在十九大报告中指出：“中华民族伟大复兴，绝不是轻轻松松、敲锣打鼓就能实现的。全党必须准备付出更为艰巨、更为艰苦的努力。”“领导十三亿多人的社会主义大国，我们党既要政治过硬，也要本领高强。”学习党的十九大精神是当前和今后一个时期重要政治任务，结合学习十九大精神的一些体会，围绕着力提高政治能力和专业能力，切实增强履职尽责本领，新时代实现审计新作为跟大家作个交流。

一、牢记使命担当，着力提高政治能力

今天，我们比历史上任何时期都更接近中华民族伟大复兴的目标，比历史上任何时期都更有信心、有能力实现这个目标。使命呼唤担当，新目标新征程鼓舞人心，宏伟蓝图要变成行动，伟大目标要变成现实，关键是抓好落实，每位党员、干部都要做到旗帜鲜明讲政治，牢记使命担当，着力提高政治能力。具体来讲，我体会，提高政治能力应包括以下五个方面：一是提高正确把握政治方向的能力。习近平总书记指出：“政治方向对一个党、一个组织、一个党员干部来说极端重要”，方向决定道路，道路决定命运。中国共产党人的政治方向，就是中国特色社会主义的前进方向，党员、干部作为推动事业发展的中坚和骨干，任何时候都要坚定政治理想，保持强大政治定力和战略定力，补足“精神之钙”，把牢政治方向，坚定道路自信、理论自信、制度自信、文化自信，坚定不移沿着新时代中国特色社会主义道路前进。二是提高坚定立场明辨是非的能力。没有高度的政治警觉就容易丧失政治立场，没有很强的政治鉴别力就可能迷失方向。党员、干部必须不断增强政治敏锐性和鉴别力，必须以理论上的清醒来促进政治上的坚定，提高明辨是非能力，注重提高政治上的洞察力、判断力，在事关政治原则的重大问题上，脑子要特别清醒、眼睛要特别明亮、立场要特别坚定；面对大是大非敢于亮剑、面对矛盾敢于迎难而上、面对危机敢于挺身而出、面对失误敢于承担责任、面对歪风邪气敢于坚决斗争，履行好党和人民赋予的责任，做党的执政地位的坚定拥护者、中央方针政策的坚实宣传者、马克思主义阵地的坚强守护者。三是提高认识大局服务大局的能力。“不谋全局者，不足谋一域”，任何时候都要以大局为重，坚持在大局下行动，自觉站在党和国家工作大局上想问题、看问题，自觉把工作放到大局中去思考和安排，牢牢把握党和国家的工作大局，明大势、观大局、谋大事，才能始终自觉维护党中央权威，始终保持正确的政治方向。四是提高拒腐防变能力。习近平总书记指出：“政治纪律是各级党组织和全体党员在政治方向、政治立场、政治言论、政治行为方面必须遵守的规矩，是维护党的团结统一的根本保证。”严格遵守政治纪律是提高政治能力的基本条件，只有严格遵守政治纪律，党员、干部才能在政治舞台上散发光和热，才谈得上提高和发挥政治能力。任何时候，都要把纪律和规矩挺在前面，始终心存敬畏、手握戒尺，增强政治定力、纪律定力、道德定力、抵腐定力，始终知敬畏、存戒惧、守底线，习惯在受监督和约束的环境中工作生活。五是提高敢于担当攻坚克难的能力。习近平总书记指出："是否具有担当精神，是否能够忠诚履责、尽心尽责、勇于担责，是检验每一个领导干部身上是否真正体现了共产党人先进性和纯洁性的重要方面。"干事业要敢于担当，使命呼唤担当；不干，半点马克思主义也没有！新征程上，不可能都是平坦的大道，我们将会面对许多重大挑战、重大风险、重大阻力、重大矛盾，这就要求党员、干部必须要有强烈的担当精神，珍惜这个伟大的时代，要在以习近平同志为核心的党中央坚强领导下，在习近平新时代中国特色社会主义思想的指引下，坚定不移走中国特色社会主义道路，始终保持战略定力，不断攻坚克难；就是要立足本职工作，怀有强烈的责任意识和担当精神，着力抓好工作落实，做"坚定者、奋进者、搏击者"，不做"犹豫者、懈怠者、畏难者"；就是要在审计中锐意进取、埋头苦干，面对困难、矛盾和阻力无私无畏，敢于查真相、说真话、报实情，勤勉敬业、恪尽职守、全心投入。同时，也要旗帜鲜明为敢担当者担当，为敢负责者负责，为担当者营造想干事、真干事、会干事、干成事的良好氛围。

二、加快知识更新，优化知识结构，着力提高专业能力

习近平总书记强调："各级领导干部要加快知识更新、加强实践锻炼，使专业素养和工作能力跟上时代节拍。"同时还强调，"要努力学习各方面知识，努力在实践中增加才干，加快知识更新，优化知识结构，拓宽眼界和视野，着力避免陷入少知而迷、不知而盲、无知而乱的困境，着力克服本领不足、本领恐慌、本领落后的问题。"面对中国特色社会主义实践过程中出现的新问题、新矛盾、新任务，要跟上时代步伐，党员、干部要大力提高专业能力。我体会，提高专业能力包括以下三个方面：一是提高马克思主义理论思维能力。恩格斯曾指出"一个民族要想站在科学的最高峰，就一刻也不能没有理论思维"，理论上的清晰与彻底能指引我们在纷繁复杂的形势面前辨明方向、找准道路。马克思主义是科学的世界观和方法论，马克思主义理论思维是人们把握客观事物本质和规律的能动性活动，既是党员、干部自我提升的需要，也是其工作职责之所在。党的十八大以来，习近平总书记以马克思主义政治家的战略思维深邃洞察当今时代潮流，以高超的政治智慧和高度的理论自觉回答时代和实践发展对党治国理政提出的新课题，提出一系列富有创见的新理念新思想新战略，形成了习近平新时代中国特色社会主义思想，这是马克思主义中国化最新成果，是中国特色社会主义理论体系的重要组成部分。当前提高马克思主义思维能力，就是要学懂弄通习近平新时代中国特色社会主义思想科学内涵，并作为指导全党全国人民为实现中华民族伟大复兴而奋斗的行动指南，长期坚持并不断发展。二是提高不断学习获取广博知识的能力。毛主席曾说过，"我们的干部要使工作做得好，就要多懂一点，单靠过去懂的一点还不够，那只是一知半解，工作虽然可以做，但是要把工作做得比较好，那就不行，要工作做得好，一定要增加他们的知识。无论党、政、军、民、学的干部，都要增加知识，才能把工作做得更好。"中国特色社会主义事业涵盖了党的建设、治党治国治军、改革发展稳定、内政国防外交等众多领域，党员、干部要适应时代进步和事业发展要求，广泛学习经济、政治、文化、社会、生态文明以及哲学、历史、法律、科技、国防、国际等各方面知识，才能把握"中央基准"，切实领会中央重大决策部署的战略意图和精神实质，才能做到向党中央看齐、向习近平总书记看齐、向党的理论和路线方针政策看齐、向党中央决策部署看齐，把工作做得更好。三是提高专业技术能力。习近平总书记强调："党员干部加强学习，应当坚持干什么学什么、缺什么补什么，有针对性地学习掌握做好领导工作、履行岗位职责所必备的各种知识，努力使自己真正成为行家里手、内行领导。"专业知识、专业技能是做好任何一项工作的基础，工作都是具体的，不同的行业、不同的岗位，都有着不同的工作要求。每个党员、干部所负责的工作，与一定的专业知识的联系是十分紧密的，都离不开相关的专业知识的支撑。党员、干部要精学专业理论，深学业务知识，具备专业思维、专业素养、专业方法，才能有资格对本行业的工作进行有效的组织、指挥和管理活动。

三、忠诚履职尽责，新时代审计要有新作为

习近平总书记指出，新时代要有新气象，更要有新作为。进入新时代、遵循新指南、实施新战略，最终要落到新作为上。审计事业是党和国家事业的重要组成部分，审计工作要自觉放到党和国家工作大局中去思考和安排，不断适应新形势新任务新要求，用习近平新时代中国特色社会主义思想武装审计队伍，不断增强政治责任感、历史使命感和职业荣誉感，依法全面履行审计监督职责。

第一，继续深入加强学习，切实学懂弄通做实党的十九大精神。要按照党中央要求和署党组的安排，原原本本学、认真刻苦学，学深悟透、融会贯通，把深入学习党的十九大精神和习近平新时代中国特色社会主义思想，作为当前和今后一个时期全党的首要政治任务。要深刻认识和把握新时代的新特点、新使命、新部署、新要求，以习近平新时代中国特色社会主义思想为根本遵循，努力提高自己的政治素养和思想理论水平，把学习宣传贯彻党的十九大精神的成效转化为审计履职尽责的实效。一是紧紧围绕贯彻落实党的十九大作出的重大决策部署，紧紧围绕统筹推进“五位一体”总体布局和协调推进“四个全面”战略布局扎实开展审计监督，紧扣我国社会主要矛盾变化，按照“突出抓重点、补短板、强弱项”的要求，聚焦促进解决发展不平衡不充分问题，聚焦促进提升发展质量和效益，聚焦促进满足人民日益增长的美好生活需要，围绕打好“三大攻坚战”，始终关注重大项目落地、重点资金保障、重大政策落实等情况，以促进政令畅通为首要目标，切实维护党中央权威。二是对公共资金、国有资产、国有资源和领导干部履行经济责任情况实行有重点、有步骤、有深度、有成效的审计全覆盖。三是在揭示反映问题时，要在遵循宪法和基本法律法规的基础上，按照“三个区分开来”的要求，既要看到病症，更要找准病因病根，推动解决深层次问题，把最终落脚点放在推动改革发展上，放在推动完善国家治理上。四是要把思想和行动统一到党中央对反腐败斗争形势的判断上来，敢于揭露重大违纪违法问题，为夺取反腐败斗争的压倒性胜利做出积极贡献。五是要围绕报告中提出的“改革审计管理体制”的部署要求，加强调查研究、统筹谋划，在总结审计管理改革试点经验的基础上，坚决把改革制度执行好，改革任务落实好。

第二，进一步增强法治观念，坚持依法审计。习近平总书记在十九大报告中强调“各级党组织和全体党员要带头尊法学法守法用法，任何组织和个人都不得有超越宪法法律的特权”。胡泽君审计长也多次讲权力是有边界的，审计机关不是办案机关、不能“包打天下”，开展审计要于法有据，要坚持在法定职责权限范围内开展审计工作。作为法规司的同志们，在推进审计法制化建设中责无旁贷。一是不断完善审计法律法规和内部规章制度体系。根据党的十九大精神，在广泛征求各方面意见的基础上，做好审计法及其实施条例修订相关工作。修订完善国家审计准则，制定、修订各专业领域的国家审计指南，适时做好其他审计法规、规章和地方性审计法规的制定和修订工作，使审计工作有章可循、有规可依。二是要加强法治宣传教育，提高法治意识，强化法治思维。党的十九大提出，全面依法治国是国家治理的一场深刻革命，必须坚持厉行法治；建设法治政府，推进依法行政，严格规范公正文明执法；各级党组织和全体党员要带头尊法学法守法用法，任何组织和个人都不得有超越宪法法律的特权。各级审计机关法治机构在认真学习贯彻党的十九大精神中，要进一步加强审计法治宣传教育力度，促进审计人员特别是审计机关领导班子成员真正牢固树立法治意识和法治思维，坚持“法无授权不可为、法定职责必须为”的原则，坚持依法审计，养成在法治框架内想问题、作决策、办事情的自觉，要做到审计职责权限法定、审计程序法定、审计方式法定、审计标准法定、审计保障法定，在忠诚履行审计监督职责时，做到监督不缺位、履职不越位、用权不错位。三是推动依法文明审计，维护审计形象。文明审计既是优良作风，实质上也是一种有效的工作方法，核心在于沟通。凡事讲道理、善于听意见，不搞对立、不讲粗话大话。这也是我前些时间强调在审理审核中加强沟通的原因。既要加强审计与被审计的沟通，充分听取被审计对象和相关方面的意见，争取对审计工作的理解和支持，确保审计结论无误，防范审计风险；又要加强上下级审计机关之间的沟通，做到上情下达、下情上传畅通，确保审计工作步调一致、发挥审计监督整体合力；还要加强审计机关与其他监督部门的沟通，推动信息共享、协调配合，提高审计效率和审计结果运用水平。

第三，进一步强化宗旨意识，做好新形势下的行政复议、行政应诉工作。党的十九大提出，“加强预防和化解社会矛盾机制建设，正确处理人民内部矛盾”“践行全心全意为人民服务的根本宗旨，把党的群众路线贯彻到治国理政全部活动之中，把人民对美好生活的向往作为奋斗目标”。近年来，审计机关的行政复议、行政诉讼事项在增多，这一方面说明群众的法律意识在增强，也是我们推进依法治国成绩的体现，另一个方面说明我们依法行政的工作有待加强。同志们要充分认识到行政复议、行政诉讼是人民群众监督审计机关的重要途径，也是审计机关依法有效化解矛盾纠纷的重要方式，把行政复议工作作为化解矛盾纠纷、推动依法审计、提高审计工作质量的重要手段，严格依法办理行政复议，规范行政复议申请受理、审查、决定等程序，提高行政复议办案质量和效率。要充分发挥行政复议化解行政争议的重要作用，积极主动作为，进一步提高行政复议办案质量，严把行政复议立案关，加大案件审查力度，对于依法该撤销的行政行为要坚决依法撤销，该确认违法的坚决依法确认违法，通过积极纠错倒逼依法行政，努力把行政争议化解在行政程序中，同时通过积极纠错倒逼依法审计，善于运用法治方式开展工作，让人民群众在日常生产生活中都能感受到公平正义，为有效化解矛盾纠纷，维护社会和谐稳定做出贡献。

审计署工作概况

审计署党组成员·署领导

审计署党组书记：刘家义（—3月）
胡泽君（4月—）
审计署党组成员：孙宝厚
陈尘肇
张　通
袁　野
李晓钟
郑振涛
刘正均

审计署审计长：刘家义（—3月）
胡泽君（4月—）
审计署副审计长：孙宝厚
秦博勇
陈尘肇
袁　野
审计署总审计师：李晓钟
中央纪委驻审计署纪检组组长：郑振涛
中央经济责任审计工作联席会议办公室主任：张　通

审计署机关

【审计工作情况】　2017年，全国各级审计机关认真贯彻落实党的十八大、十八届历次全会和党的十九大精神，深入学习贯彻习近平新时代中国特色社会主义思想，牢固树立“四个意识”，坚定“四个自信”，贯彻新发展理念，紧紧围绕统筹推进“五位一体”总体布局和协调推进“四个全面”战略布局，深入落实全面从严治党要求，认真履行审计监督职责，积极推进审计制度改革，大力推动审计创新发展，着力建设高素质专业化审计干部队伍，各方面工作取得较大进步。

围绕党和国家中心工作，认真履行审计监督职责　全国各级审计机关提高政治站位，坚决维护以习近平同志为核心的党中央权威和集中统一领导，自觉服务经济社会发展大局，在保障国家重大决策部署贯彻落实、维护国家经济安全和人民群众利益、推动民主法治建设、促进深化改革和推动反腐倡廉建设等方面发挥积极作用。2017年，全国共审计（调查）单位13万多个，提交审计报告15万多篇，通过审计为国家增收节支和挽回损失3180多亿元，促进建立健全制度5100多项，向司法、纪检监察机关移送事项9100多件。

一是着力推动党和国家重大政策措施贯彻落实。制定下发《2017年国家重大政策措施落实情况跟踪审计工作指导意见》，组织全国审计机关持续开展跟踪审计，密切关注供给侧结构性改革、“放管服”重大措施推进、精准扶贫、“三去一降一补”任务落实、金融服务实体经济、“营改增”实施效果等情况，着力推动稳增长、促改革、调结构、惠民生、防风险，着力推动政策落地和改革深化。

二是着力促进提高发展质量和效益。紧密结合党中央、国务院重大决策部署，不断深化各领域审计。财政审计方面，深化预算执行和决算草案审计，继续加大对财政存量、转移支付、专项资金管理、“三公”经费以及重大项目的审计力度，严防公共资金沉淀或“跑偏”，推动加快下达和落实配套资金，促进收回沉淀和整合统筹专项资金。金融审计方面，深入揭示当前金融资产配置不均衡，资金体内循环、空转套利，拉长融资链条增加实体经济成本，以及一些金融细分市场业务无度扩张、监管缺失或不到位等问题，提出审计意见建议，提高金融服务的质量和效率。国企国资审计方面，重点关注企业资产负债损益、法人治理、重大决策、深化改革、提质增效和风险管控的情况，积极探索境内外审计一体化，加大对境外国有资产的审计监督力度；开展中央部门单位涉企收费审计，摸清涉企收费的总体情况，提出清理整顿的建议。民生审计方面，组织开展国家扶贫开发工作重点县扶贫资金专项审计，持续开展扶贫政策措施落实情况跟踪审计，促进追回、盘活或避免扶贫资金损失，推动剔除、清退不符合建档立卡贫困人口，重新识别补录贫困人口，移送违纪违法问题线索，促进扶贫政策落实或规章制度完善；连续第 5 次组织全国各级审计机关开展保障性安居工程跟踪审计。资源环境审计方面，继续组织全国审计机关开展领导干部自然资源资产离任审计试点，探索审计重点内容、评价标准、文书模板、与经济责任审计衔接等审计事项，形成可推广可复制的经验做法；聚焦煤炭钢铁行业去产能政策落实、新能源汽车产业发展等问题，着力推动经济高质量发展。经济责任审计方面，以制约监督权力、促进领导干部依法主动有效作为为目标，坚持“党政同责、同责同审”，全面推行地方党政主要领导干部经济责任同步审计，审计署首次对省级审判机关、检察机关主要负责同志开展经济责任审计；2017 年，全国审计机关共完成 3.97 万名领导干部（人员）经济责任审计，查出负有直接责任问题金额 2100 多亿元。

三是着力促进防范化解风险，从体制机制层面推动深化改革。密切关注地方政府债务、金融、国资国企管理等领域，揭示部分地区隐性债务增长较快、部分地区违规举债融资、部分企业负债率高、主业发展乏力、脱实向虚投资金融业务等风险隐患，深入分析体制机制原因，推动有关方面及时完善防范措施，切实维护国家安全。同时，服务国家外交工作大局，紧紧围绕“一带一路”建设，加大审计领域对外援助力度，全年培训外国审计官员 443 名；认真履行世界审计组织大数据工作组主席职责，积极参与国际标准制定，中国审计影响力不断扩大。

贯彻落实新发展理念，积极推进审计改革创新 全国各级审计机关不断强化改革创新思维，坚持依法审计、文明审计，积极推进审计改革，创新审计方式方法，不断提升审计工作质量和效率。

一是坚持依法审计、文明审计。严格按法定程序、在法定职权范围内开展审计工作，严格规范审计取证、资料获取、账户查询、延伸审计、审计处理等行为。落实全国人大法工委要求，研究出台完善和规范投资审计的意见，明确规定审计不得参与项目决策审批、征地拆迁、工程招标、物资采购、质量评价等管理活动，不得单方面强制要求以审计结果作为竣工结算依据，促进营造良好的营商环境，维护市场经济秩序。坚持历史全面客观看待问题，更加注重保护新业态、新产业和新模式，从推动新生事物健康发展的角度反映问题、提出建议。依法化解行政争议，及时回应群众合理合法诉求，妥善做好行政应诉和政府裁决举证工作，依法办理行政复议案件 79 起，积极应对行政诉讼案件 40 起。

二是稳步推进审计改革重点任务落实。调整审计署全面深化改革领导小组，明确成员单位及其工作职责，优化工作机制。开展重点改革任务落实督察调研，审计署领导带队到 7 个省（市）现场督察改革进展。稳步推进审计全覆盖，对中央一级预算单位实现全覆盖，对中央企业和金融机构的覆盖率达到 75%以上。研究起草并经中共中央办公厅、国务院办公厅印发《领导干部自然资源资产离任审计规定（试行）》。组织开展《党政主要领导干部和国有企业领导人员经济责任审计规定》修订相关工作。深入推进全面贯彻落实《关于深化国有企业和国有资本审计监督的若干意见》。积极推动省以下地方审计机关人财物管理改革试点，7 个省市改革试点总体顺利。积极谋划审计管理体制改革相关工作，召开专家座谈会，主动加强与相关部门沟通协调。

三是着力推进审计信息化建设。按照“统一规划、两级部署、以用为本”的总体思路，推进以大数据审计为核心的审计信息化建设。加快金审工程三期建设，加大数据集中力度，初步形成涵盖财政、金融、企业、社保、资源环保等领域的电子数据体系，推进重点领域数据标准化建设。加强数据安全保密管理。大力推进大数据审计，努力探索信息化条件下审计全覆盖的方法和路径。

四是加强对内部审计的指导。组织修订《审计署关于内部审计工作的规定》，研究制定《关于加强内部审计工作业务指导和监督的意见》。强化对内部审计的指导监督，推进行业内部审计技术方法的交流推广。对部分被审计单位内部审计制度建立、工作开展、质量效果等进行监督评价，推动被审计单位健全完善内部审计机构和相关制度。加大对内部审计协会的业务指导力度，推动其更好地发挥作用。

认真落实全面从严治党要求，努力打造高素质专业化审计干部队伍 认真落实全面从严治党政治责任，着力加强审计机关党的政治建设、思想建设、组织建设、作风建设、纪律建设，努力建设信念坚定、业务精通、作风务实、清正廉洁的高素质专业化审计干部队伍。

一是坚决维护党中央权威和集中统一领导。党中央、国务院重要会议召开和重要文件下达后第一时间传达学习，及时研究制定贯彻落实措施。教育引导审计人员始终正确把握政治方向，坚定站稳政治立场，严守党的政治纪律和政治规矩，在思想上政治上行动上同以习近平同志为核心的党中央保持高度一致。

二是深入学习宣传贯彻党的十九大精神。开展多层次、多形式、全覆盖的学习培训、党课宣讲和宣传教育，切实把思想和行动统一到党的十九大精神上来，用习近平新时代中国特色社会主义思想武装头脑、指导实践、推动工作。

三是强化审计干部教育培训。发挥中共审计署党校、审计干部教育学院作用，加强职业培训体系建设，全年开展培训80多次，培训干部9400多人次，切实提升审计干部的政治能力、业务能力。

四是驰而不息纠正“四风”，强化廉政风险防控。研究制定维护党中央集中统一领导和贯彻落实中央八项规定精神的实施办法，建立署领导基层联系点制度，进一步加强和改进调查研究。改进文风会风，2017年审计署会议和文件数量、会议费较上年分别下降31%、27%、21%。严格执行廉洁纪律和审计“八不准”工作纪律，有效运用监督执纪“四种形态”，自觉接受各方面监督。

（撰稿人：朱雅珊）

【办公厅】 2017年，办公厅人员编制65人，实有63人。设有办公室、审计长办公室、督查处、计划统计处、财务一处、财务二处、秘书处、保密密码处、新闻宣传（政务公开）处、档案处、信访处等11个处室。主要职责：负责文电、会务、值班、机要、档案、举报、督办等机关日常运转工作；承担统计、审计结果公告、新闻宣传、政务公开、门户网站等工作；承担审计署部门预算、国有资产、基建投资、政府采购、机关事务的管理和本级财务核算，以及保密、保卫、扶贫等工作；研究拟订年度审计工作计划；组织办理人大代表建议和政协提案；联系审计署特约审计员；负责与中央纪委等相关部门协调重大案件查处工作；承办审计署交办的其他事项。

领导成员

主　任：魏　强（2月—）
巡 视 员：陈遥征（—5月）
副 主 任：文华宜　武晓晨
　　　　罗　泉（1月—）
副巡视员：许荣荣　赵素琴

工作综述 2017年，办公厅在署党组的正确领导下，在分管审计长的直接指导下，牢固树立“四个意识”，坚定“四个自信”，高度自觉地从党和国家的工作大局出发，紧紧围绕署党组决策部署，认真履行职责，圆满完成各项任务。

聚焦中心工作，认真抓好2018年审计项目安排 坚持以习近平新时代中国特色社会主义思想为指引，认真贯彻落实党的十九大和中央经济工作会议精神，全面梳理党中央、国务院重大决策部署，紧紧围绕统筹推进“五位一体”总体布局和协调推进“四个全面”战略布局，紧紧围绕打好“三大攻坚战”，推动高质量发展，充分发挥审计职能作用，组织起草《审计署2018年度统一组织审计项目计划（草案）》。为切实履行审计署主管全国审计工作职责，推进全国审计“一盘棋”，在征求各单位意见基础上，组织起草全国审计机关2018年度工作要点。

加强调查分析研究，为署领导决策提供参考 组织对地方各级审计机关审计对象底数和审计全覆盖情况进行摸底调查；组织对省级审计机关年度审计项目计划进行汇总分析，提出进一步加强和改进审计项目计划管理的建议；组织对地方审计机关投资审计开展情况进行调研，提出改进建议；组织对村居干部经济责任审计情况进行调研，为署领导全面了解和掌握村居审计开展情况提供翔实数据；着力提高统计数据质量，组织修订统计报表和指标，强化综合分析，全年编发统计简报 14 期，更好服务署领导决策。

强化宣传谋划，讲好中国审计故事 牢牢把握意识形态领导权，积极构建审计宣传（政务公开）工作大格局，进一步增强宣传（公开）的及时性、广泛性和有效性。通过开设专题专栏等方式，持续掀起审计署和全国审计机关学习宣传党的十九大精神热潮。不断加大公开力度，全年共通过署管媒体公开各类信息 3.5 万余篇（次），发布年度审计工作报告、审计发现问题整改情况报告、单项审计结果公告等 32 期。组织开展“打通政策最后一公里”“来自扶贫审计一线的报道”等专题报道，深度挖掘审计一线工作成效、先进典型、感人事迹。加强舆论引导，多管齐下做好审计工作报告、整改报告和重要文件颁布后的政策解读工作。加强与署内各单位以及主管部门、专家、媒体的沟通协同，不断健全完善审计舆情监测报告和应急处置机制。依法依规受理依申请信息公开事项，及时完善制度办法，维护正常办公秩序。

履行议事协调机构办公室职责 多次组织召集和承办审计署国家安全、保密委员会（密码工作）、新闻宣传（政务公开）、信访工作等领导小组单位会议，传达学习习近平总书记关于安全、意识形态等方面的重要批示指示和重要讲话精神、中央和国家有关部委印发的政策文件、审计长有关批示等 60 多件，下发贯彻落实方案和通知 10 多份，向有关部门报送 10 余篇总结材料。

组织办理建议提案答复工作 牵头制订人大代表建议、政协委员提案办理分工方案，及时跟踪建议提案办理情况。全年承办 33 件人大代表建议和政协委员提案。进一步加大建议提案办理情况的公开力度，主办的提案建议复文，除 1 件涉及敏感事项外，其余均向社会公开。

牵头修订完善审计署内部管理制度体系 结合贯彻党的十九大精神和新修订的党章，牵头对审计署制度进行修订完善，起草《中共审计署党组关于坚决维护党中央集中统一领导和贯彻落实中央八项规定精神的实施办法》《省级审计机关主要负责同志向审计署党组述职报告工作的办法》。

狠抓督查持续开展跟踪问效 起草制定关于贯彻落实新形势下加强督促检查工作意见的具体措施，进一步规范审计署督查工作。全年重要督办事项 572 项，督促办结 463 项。坚持分阶段督查、每月有报告、季度有分析、年度有总结等方式，对特派办督查工作开展情况进行调研，推动重点工作落实，提升督查效果。

重大活动服务工作 全年累计牵头承办全国审计工作会议、署党组会、审计长会、审计业务会、改革审计管理体制专家座谈会等会议 100 多次；协调服务署领导到地方调研和宣讲党的十九大精神累计 300 多天；组织署特约审计员赴审计一线调研 10 余次。

财务保障 严格遵守国家财经法纪，进一步强化预算管理。组织各单位提前编制经费开支计划草案，提高预算管理的科学性；采取按月通报、专门约谈、发函督促等方式，推进加快预算执行进度；全面推行电子网银支付，促进财务结算效率质量再上新台阶。2017 年，审计署决算编制在财政部中央部门决算工作考核中获得优秀等次，资产清查工作获得通报表扬。

保密工作 高度重视保密工作，着力夯实保密基础工作，进一步强化网络安全管理、涉密人员管理和定密管理，组织开展形式多样的保密宣传教育，连续两年获得国家保密局自查自评优秀荣誉。建立保密检查长效机制，在自查自评工作中，派出 36 个检查组，对全署 70 个单位进行交叉检查。全年共抽查计算机 4297 台（次），实现被检查单位全覆盖，对发现的风险隐患和不规范问题，及时督促相关单位认真整改。

信访工作 大力加强信访法制化建设，制定出台相关制度，向社会公布《审计署通过法定途径分类处理信访投诉请求清单》。畅通信访渠道，在署门户网站加载 49 部有关法律法规的相关内容。全年共依法依规处理群众信访事项 2644 件。全力以赴做好全国“两会”和党的十九大等重大会议、重大活动期间的信访保障工作。组织特派办开展通过审计化解社会矛盾调查研究，向有关部门报送11篇调研报告。

公文流转 认真做好各类文件、信息、材料的上传下达、沟通协调和审核把关工作，全年共处理各类文件、信函6.82万件。认真做好文稿复核工作，及时发现和纠正差错等问题。进一步精简文件简报，2017年以审计署、审计署办公厅名义印发的正式文件较上年减少27%。坚持每季度对全国70个审计机关公文处理情况进行检查通报。推进无纸化办公，降低行政成本。2017年，被评为中央国家机关优秀机要文件交换站。

档案数字化建设 全年检查接收审计档案1584卷、文书档案10014件，提供查阅2656人次4404卷（件）。按计划启动数字档案室建设，已完成招标和合同签订，系统建设稳步推进，组织完成7个特派办土地审计9827卷的扫描工作，形成电子数据470GB。组织特派办档案人员开展工作研讨，促进档案制度落实。大力开展档案研究和宣传，承担的“新形势下审计档案信息资源开发利用研究”课题，获国家档案局优秀科技成果三等奖。

（撰稿人：郑　欣）

【政策研究室】 2017年，政策研究室人员编制19人，实有16人。设有一处、二处、三处、四处。主要职责：组织对审计工作相关重要问题进行调查研究，提出对策建议；组织对审计工作全局性、战略性、前瞻性问题进行理论研究；承担署党组、审计署重要政策措施、全局性工作部署等重要文稿的起草；牵头起草审计结果报告、审计工作报告，参与重要审计报告的起草；承担审计信息、审计结果公告的审核工作；组织对审计成果进行整理研究和综合利用；承办审计署交办的其他事项。

领导成员

主　　任：郭彩云

副 主 任：尚　锐　胡治海

工作综述 2017年，政策研究室全年起草、修改各类文稿500余篇，审核编发审计报告、审计信息、审计结果公告等250多篇，扎实做好重要文稿起草、“两个报告”及整改情况报告、审计成果综合运用、审计改革相关工作，较好完成各项任务。

政策研究室被评为审计署2015—2017年度司局级文明单位。

重要文稿起草 服务重大会议。研究起草或修改全国审计工作会议、党风廉政建设工作视频会议、学习贯彻党的十九大精神视频会、学习十八届中央纪委七次全会精神视频会、完善和规范投资审计工作电视电话会议、贯彻落实领导干部自然资源资产离任审计规定（试行）视频会议，以及全国审计机关“两个责任”研讨班、推进“两学一做”专题研讨班等重大会议材料20多份。

做好工作总结。起草或修改向党中央、国务院、人大常委会、中央纪委、中央党建工作领导小组等报送的全面从严治党、落实中央重要会议和文件、党建工作要点、意识形态工作的相关报告，向中央改革办报送的重点改革任务落实情况督查工作总结，向国家发改委报送的“十三五”规划纲要重点任务完成情况的报告；完成人民出版社《十八大以来新发展新成就》一书国家审计部分的撰稿等，形成总结性材料50多份。

研究推动审计工作。研究起草审计署关于深入学习宣传贯彻党的十九大精神的通知，提出贯彻落实的具体措施；参与修改推动打好防范化解重大风险、脱贫攻坚、污染防治三大攻坚战的指导意见，修改完善和规范投资审计的意见、2018年审计机关工作要点等，起草具有指导意义的材料20多份。

“两个报告”及整改情况报告 以高度的政治责任感和使命感，全力以赴做实做好相关工作。

构建科学工作机制。从4月到12月持续进行，并按时间节点倒排工期、稳步推进；统筹全室力量，以两个处室为重点，重要事项全员参与；与各业务司及全国人大预工委、国办秘书二局、相关部委保持密切联系、充分沟通。

全面反映成果。在审计结果报告和审计工作报告起草中，综合汇总分析2016年7月以来上报党中央、国务院的300多篇报告、信息等材料，从中提炼出最具报告价值的观点和论据，系统提出深化财税体制改革、加强重点领域监管和风险防控等意见和建议。在审计查出问题整改情况报告起草过程中，综合汇总128个部门、单位和地方的整改情况，并结合审计工作报告分门别类反映全面整改结果。

构建整改长效机制。根据国务院常务会议要求和署党组安排，牵头研究起草《关于建立健全审计发现问题整改长效机制的若干意见》，按程序上报国务院待批。会同各业务司编制审计查出问题整改任务分工责任清单，逐一明确各单位应承担整改责任的具体问题和金额等，向128个单位发出审计整改通知，取得良好成效，按金额计量的整改率达到95%。同时，配合全国人大预算工委开展重点问题整改情况调研，参加调研报告会，对相关主管部门的整改成效进行评价，并将其整改报告审核汇总后报国务院审定，作为审计整改报告的附件首次向社会公告。

审计成果综合运用 编发审计要情、重要信息要目、专题报告等200多份，其中要情、要目全部被中办、国办采用，中央领导同志批示率超过六成；审核编发审计结果公告32期；编发《审计工作通讯》19期，推广地方审计机关和特派办经验做法250多篇。

突出工作重点。贯彻落实署党组部署，着重在促进政策落实、提高质量效益、推进深化改革和促进反腐倡廉等4个方面审核编发信息，重点反映供给侧结构性改革推进、"三去一降一补"任务落实、"三大攻坚战"，以及国有企业、铁路行业、科技体制、"营改增"等重大改革事项推进等方面存在的突出问题。

加强综合分析。综合不同业务司上报的审计信息，深入解剖，分析问题趋势和规律，拓展反映问题的宽度，提升分析和建议的深度，深入查找制度性缺陷和管理漏洞，提出对策建议。

规范编报标准。落实中央专项巡视要求，明确将属于重大问题或重要敏感事项、需要中央领导同志了解掌握或批示处理作为编发审计要情的重要判断依据，将违纪违法问题线索涉及金额仅作为参考指标，切实提高审计要情质量。同时，按署党组要求取消审计署信函等3类信息文种，进一步规范审计成果报送形式。

严格审核把关。注重解决信息编报中存在的信息决策相关性不强、核心观点导向不明、与事实及数据脱节、建议缺乏针对性等突出问题，对信息内容组织、文种采用、事实表述、问题定性、数据引用、政策法规适用以及文字格式等各要素全面加强审核把关。参与考核办法修订，建议将信息质量扣分内容纳入考核，进一步强化审计成果质量管理。

注重沟通协调。进一步加大与中办、国办、国研室、全国人大预工委等相关方面沟通交流力度，按时保质做好中办约稿等工作，参加中办信息部门组织的3次协商会，与国办信息部门保持良好的日常沟通，充分对接党中央、国务院的信息需求和审计署信息选题方向；配合人大做好预算审查、国有资产管理情况报告两个改革事项，认真准备现场调研材料，积极反馈对相关制度的意见建议，从审计视角积极推进改革。

做好相关解读和宣传稿件把关。严格执行有关规定，加强对重要宣传稿件的审核把关，在审计工作报告、全国审计工作会议、审计发现突出问题整改公开、重大会议召开等重大事项中，撰写、核改多篇宣传文稿，强化重大事项的舆论引导。

审计改革相关工作 贯彻署党组决策部署，及时与相关司局密切沟通，与中央深改办保持密切联系，推进各项改革任务落实。

强化重点改革任务督查协调。按照中央深改办要求，协调做好审计署三项重点改革任务落实情况督查相关工作。制订《2017年改革任务分月工作计划》，明确各方责任、把控工作进度。制订督查方案，经署党组会议审议通过后发有关地方执行；组织相关单位对改革任务落实情况进行全面自查，参加署领导7省市改革任务落实情况督查调研，汇总起草督查调研报告。同时，注重及时总结改革经验，分析改革推进中存在的体制机制性障碍，向中央改革办报送相关改革试点工作情况的总结报告等材料。

积极推进改革任务落实。会同资源环境审计司、办公厅，做好《领导干部自然资源资产离任审计规定（试行）》的审核修改和宣传报道工作。配合机关党委（人教司）对5省市省以下地方审计机关人财物管理改革试点情况开展专项调研，研究修改省以下地方审计机关人财物管理改革方案。会同经济责任审计司研究修订《党政主要领导干部和国有企业领导人员经济责任审计规定》。会同办公厅、企业审计司做好《关于深化国有企业和国有资本审计监督的若干意见》出台后的政策解读、舆情引导等宣传工作，研究制订相关工作任务分工方案，促进政策落地生根。

开展相关改革研究及沟通协调工作。按照署党组部署，会同有关司局和单位谋划开展审计管理体制改革前期研究工作，按要求向中央报送相关材料。配合中央深改办、中央编办等部门相关调研工作，对不理解、不配合审计工作甚至限制审计机关事权等声音和行为，有理有节地予以回应，切实维护审计机关权威。（撰稿人：朱雅珊）

【法规司】 2017 年，法规司人员编制 28 人，实有 26 人。设有法规准则处、审理一处、审理二处、审理三处、检查指导处、法律事务处。主要职责：承担审计法律、行政法规、规章制度、审计准则和指南的起草工作；参与起草财政经济相关法律法规草案工作，负责有关协调事项；承担机关有关规范性文件的合法性审核工作；审理有关审计业务事项；监督检查审计署派出机构及地方审计机关的审计业务质量，依法纠正或责成纠正地方审计机关违反国家规定作出的审计决定；承担指导和监督内部审计工作；承担组织协调对社会审计机构出具的相关审计报告核查工作；组织实施审计机关普法依法治理工作；依法办理行政复议、行政诉讼或国务院裁决中的有关事项；负责与公安部等相关部门对重大案件（事项）的移送协调；指导地方审计机关的法制工作；承办审计署交办的其他事项。

领导成员

司　　长：刘正均

副 司 长：季怀银　张　琦

副司级审计员：程　军

工作综述 2017 年，法规司在署党组和分管署领导的正确领导下，以习近平新时代中国特色社会主义思想为指导，深入学习贯彻党的十九大精神，认真履行全面从严治党政治责任，紧紧围绕审计中心工作，勇于担当，忠诚履职，较好地完成各项工作任务，被评为审计署 2015—2017 年度司局级文明单位。

审计制度建设 参与审计领域有关重要政策文件拟定工作，为审计工作提供法制保障。参与修订中办、国办《党政主要领导干部和国有企业领导人员经济责任审计规定》，参与拟定中办、国办《领导干部自然资源资产离任审计规定（试行）》，立足项目审理经验和立法经验，提出意见建议，出具合法性审查意见。配合全国人大常委会法工委对规定“以审计结果作为建设工程竣工结算依据”的地方性法规的立法审查工作，配合投资司研究出台《审计署关于进一步完善和规范投资审计工作的意见》。组织修订《审计署关于内部审计工作的规定》，并同步研究起草《审计署关于加强内部审计工作业务指导和监督的意见》。推动完善军地审计部门沟通协调机制，加强军地审计部门之间的沟通协作。

修订完善审计业务管理制度，规范审计权力运行。围绕规范审计行为，提高审计质量和效率，落实巡视整改要求，组织对《审计业务内部管理规定》进行修改完善。为进一步完善审计业务流程，提高工作效率，组织进行审计业务流程再造专题研究和调研，并积极落实到制度修订中。配合办公厅完成《审计署制度》（修订版）的统稿工作。

做好涉审立法协调工作，为审计监督营造良好的外部法律环境。完成《中华人民共和国能源法》《政府信息公开条例》等法律法规草案复核、征求意见答复等 148 件次，重点研究与审计相关的内容，努力将审计机关依法独立履行审计监督职责的要求体现到相关立法中。

审计质量管理 加强和改进审理审核及审计发现违纪违法问题线索移送工作。加强审计质量控制，推动实现权责清晰、运行高效的审计质量控制机制，认真落实审理审核把关责任，全面推行审计报告和审计业务信息会审制度，严格落实审理分级负责制和审计质量问题定期通报机制，进一步健全重大分歧事项解决机制，推动审计质量再上新台阶。全年共审理、抽审、会审各类审计业务文书 772 份，出具审理审核意见书 654 份，完成审理审核情况通报 10 期。加强与中央纪委、最高人民检察院、公安部的会商协作，全年共会商问题线索 77 件，起草会商纪要 26 期，确保审计发现的违纪违法问题线索依法移送相关部门和单位查处。加强审理结果的总结和利用，选取典型质量问题，组织撰写案例 18 篇，构建审理案例数据库。

深入开展地方审计机关质量检查。组织对 6 个省级审计机关及 12 个市县审计局开展审计项目质量检查，检查中聚焦制度建设、审计计划、审计实施、审计结论、议事协调机构清理退出、行政复议办理情况等方面。完成104个审计项目档案、268份审计决定书和234份审计移送处理书的抽查工作，在发现问题同时，督促抓好整改，促进规范审计行为、提高审计质量。

公平公正做好2017年优秀审计项目评选工作。组织对署机关业务司、派出机构和地方审计机关选送的113个审计项目和2016年度全国医疗保险基金审计项目进行评选，共评选出署优秀审计项目16个，署表彰审计项目26个（其中：全国医疗保险基金审计优秀审计项目6个，全国医疗保险基金表彰审计项目10个）；地方优秀审计项目15个，地方表彰审计项目30个。同时加强评选经验总结，编发2016年优秀审计项目案例点评10篇，充分发挥优秀审计项目的示范和引导作用。

普法依法治理 贯彻落实党中央、国务院关于法治政府建设要求，深入推进依法行政。制定审计署贯彻落实法治政府建设实施纲要实施方案的分工意见，梳理总结任务进展、成效及做法，形成审计署贯彻落实法治政府建设实施纲要等重要改革举措情况的函，报送国务院法制办。举办法治政府建设座谈会，部署安排重点工作，交流探讨工作难点和解决办法，推广好的经验做法。严格落实法治政府建设情况报告制度，向国务院报送《审计署2016年度法治政府建设情况报告》，同时将报告全文在署门户网站和政务微信刊载，接受社会监督。

全面落实“谁执法谁普法”普法责任制。研究出台《审计署贯彻落实国家机关“谁执法谁普法”普法责任制的实施意见》，进一步创新普法方式，扩大普法覆盖面；研究起草《审计署普法责任清单》，进一步明确重点宣传的法律法规规章和责任部门，强化责任落实；按照全国普法办要求，总结审计署2017年普法责任制情况并报送报告，加强经验总结和推广，推荐3个基层审计机关参评“谁执法谁普法”示范点；及时转发司法部、全国普法办等部门《关于加强党内法规学习宣传的通知》等文件12份，积极开展宪法、法律和党内法规等学习宣传教育。

推进建立健全审计署法律顾问和公职律师制度。研究出台《审计署办公厅关于印发贯彻落实法律顾问和公职律师制度的具体实施意见的通知》，对推行法律顾问、公职律师制度作出具体部署安排；会同机关党委（人事教育司）对审计署现有外聘法律顾问进行资质审核、工作评估，以评估结果作为是否续聘的重要依据，实现优留劣汰；协助机关党委（人事教育司）组织完成内部法律顾问和公职律师报名审核工作，审定公布审计署第一批9名内部法律顾问。

加大培训力度，提高审计人员依法审计能力和水平。举办依法审计能力提高班和复核审理能力提高班，围绕行政复议和行政诉讼面临形势和主要问题、审计报告和审计信息复核审理、审计项目质量检查有关情况以及涉嫌犯罪问题线索侦办技巧等专题，对省级审计机关总审计师和法规部门工作人员、特派办法规人员、业务司复核人员等逾220人开展针对性培训。采取送教上门的形式，累计派出师资30人次，结合地方审计机关、派出局、特派办实际开展法治或审计质量控制情况，开展专题培训。

依法做好行政复议工作，有效化解社会矛盾纠纷。健全行政复议审理机制，依法审理行政复议案件。全年共受理行政复议案件79起，已审结45起，撤销审计机关作出的具体行政行为7起，切实发挥行政复议的监督纠错功能，较好地维护人民群众的合法权益，促进审计机关依法行政。加强行政复议指导。为贯彻落实国务院法制办行政复议案件办理工作协调会精神，印发《审计署办公厅关于进一步加强行政复议工作的通知》，对地方审计机关行政复议工作提出指导意见。注重行政复议重点难点法律问题研究。向国务院法制办报送审计署2016年以来行政复议和行政应诉工作情况、关于保护和规范当事人依法行使行政复议权有关问题的意见，提出研究制定滥用行政复议申请权的认定标准、明确申请人补正申请材料权利义务等建议。

妥善做好行政应诉和政府裁决举证工作，自觉接受监督。全年应对行政诉讼案件40起，认真做好答辩举证工作，及时了解司法审查标准，加强与有关单位的沟通协调，依法履行出庭应诉职责，支持配合法院做好开庭审理工作。截至年底，已审结39起，全年未发生败诉案件。应对行政复议裁决1件，按时提交行政复议裁决答复书和相关证据。

为政府信息公开事项、信访事项、重大合同提供法律服务。全年共审核政府信息公开事项94件、信访事项16件、合同33份。

其他工作 完成起草《党的十八大以来审计署完善审计制度、规范审计权力运行的总结报告》等各类材料20余件。完成人大议案提案答复2件，办理署内文件征求意见83件，办理世界审计组织职业准则委员会合规性审计分委员会征求意见3件，办理地方审计机关请示4件。配合机关党委（人事教育司）做好审计署和部分省级审计机关年度业务考核工作，对署机关各业务司、特派办和派出局考核中相关审计业务指标进行考核评分，并对工作定量考核办法中关于审计报告和审计业务信息质量成果考核的相关内容进行修订，完成对9个省级审计机关2016年度审计项目质量控制情况的考核。参加中国与老挝、马尔代夫、越南、柬埔寨等4国的双边审计会晤，讲解中国审计法律法规体系等制度成果。

（撰稿人：李永佩）

【电子数据审计司】 2017年，电子数据审计司人员编制25人，实有21人。设有一处、二处、三处、四处、五处。主要职责：负责审计业务电子数据的归口管理；组织开展审计业务电子数据的采集、验收和整理工作；组织开展跨行业、跨部门、跨地区的数据分析工作，对电子数据进行综合分析和利用；协助各单位开展相关数据分析工作；组织审计政府和国有企业电子政务工程和信息化项目以及信息系统；开展相关专项审计调查；督促被审计单位整改；承担审计署信息化建设工作；对计算机技术中心进行业务指导；指导地方审计机关电子数据审计业务；承办审计署交办的其他事项。

领导成员

司　　长：刘　星（—11月）

副 司 长：王　忠

工作综述 2017年，在以往工作成果的基础上，注重做好队伍建设工作，进一步扩大数据采集范围、完善数据管理体系；不断深化大数据分析和利用，加强大数据审计在揭示宏观风险和推进审计全覆盖中的作用；认真落实政务信息整合共享及审计监督相关工作任务，有序推进以“大数据”为核心的审计信息化建设及审计署网络安全相关工作。

队伍建设 落实新时代审计队伍建设要求，坚持党建引领，强化理论武装，坚定理想信念，打造数据审计铁军。认真抓好党的十九大精神学习宣传贯彻工作，四次组织全司集中学习研读党的十九大报告和新修订的党章，传达中央文件会议精神，贯彻落实署党组各项决策部署和审计长胡泽君讲话精神，并以党小组为单位开展研读原文、撰写心得、交流感悟等活动10余次。切实加强基层党组织建设，把“两学一做”学习教育常态化制度化作为基础性工程，着力提高党建工作水平，坚决落实“三会一课”等党的组织生活制度；以巡视和督导为契机，进行自我完善和提高，认真制定整改措施，并明确整改时间、逐项落实到人，除部分内容需持续执行外，目前已全部整改完毕。强化党风廉政建设，通过司领导讲党课带头学习《中国共产党党内监督条例》、组织观看警示片《打铁还需自身硬》、参观恭王府警示教育基地等活动，以案释纪明纪，强化廉洁奉公意识。深化学习，增强本领，组织年轻同志成立技术方法创新小组，积极开展复杂网络技术、大数据可视化等技术创新的应用实践。

数据管理 扩大数据采集范围，创新数据报送方式。截至年底，数据采集对象扩大至34个部委、37个省（自治区、直辖市、计划单列市，含兵团）及30多个其他单位；探索建立远程数据报送接收的工作机制和流程，顺利完成特派办2个批次地方财政收支数据的远程报送。加强数据标准化，打造大数据平台。对36个省市的国地税数据进行整理，进一步完善税务标准表和地方财政标准表校验方法；与计算中心合作，组织开发审计署大数据中心平台，上线特派办虚拟化桌面应用、数据查询平台和授权管理平台，截至年底已提供各类查询服务8399人次。制度建设先行，优化管理规程，强化安全检查。对2015版《审计署审计业务电子数据管理规定》进行修订，明确数据分类分级管理原则，完善数据授权使用等内容；与计算中心密切配合，梳理管理规程，数据转化时间平均压缩40%；组织对18个特派办数据管理与安全保密情况进行专项检查。

数据分析应用 根据署党组审计数据“以用为本”的要求，不断加强大数据审计作用的发挥。通过跨行业、跨部门、跨地区的数据综合分析利用，揭示反映经济发展问题和风险。如围绕“三去一降一补”，利用大数据开展房地产、“两高一剩”行业、高污染产业综合分析和企业杠杆率分析，揭示全局性的突出问题；围绕维护国家经济安全，通过数据分析反映“隐形资本”、外资异常流动、境外投资、进口固体废物等领域存在的突出问题。通过大数据审计积极推进财政审计全覆盖。组织中央部门预算执行数据分析团队共采集41个中央部门的财务核算数据标准表，从预算执行、中央八项规定执行情况、“三公”及会议费支出情况、资产管理情况等方面入手，发现14类问题疑点，下发各审计组延伸核实，其中多个问题写入部门预算执行审计报告。为审计项目做好数据支持。在2017年省部长、企业领导人员经济责任审计中，与业务司共同组建数据分析团队，为审计项目做好支撑，通过集中分析、上下结合的方式有效地提高数据的使用效率。

政务信息系统整合共享 落实《中共中央办公厅 国务院办公厅关于印发〈国家电子政务总体方案〉的通知》和《国务院办公厅关于印发政务信息系统整合共享实施方案》的工作要求，做好政务信息整合共享和审计监督工作。一是组织开展国务院所属部门信息系统专项审计。完成71个中央部门的政务信息系统专项审计，从信息化建设资金、网络基础设施和信息安全3个方面，对信息系统情况进行摸底，对数据资源及信息安全开展调查，并揭示中央部门信息系统多、孤岛问题严重等问题。二是落实政务信息整合共享督导任务。配合国务院办公厅等部门制定政务信息资源共享管理办法和资源目录编制指南；强化与发展改革委、工业和信息化部等部门的合作沟通，通过定期汇总信息及实地调研等形式，切实做好贵州、水利部等15个地区和部门的整合共享试点督导工作。三是做好“十三五”国家电子政务项目投资情况调查工作。按照《2017年国家电子政务重点任务分工》要求，会同发展改革委等单位开展“十三五”国家电子政务项目投资情况调查。

信息化建设 根据署党组“科技强审”的要求，加快推进审计信息化建设。一是履行署网信办职责，做好审计署网络安全工作。牵头起草审计署加强网络安全和信息化工作、建立网络安全工作责任制等方面的文件，组织开展审计系统网络安全周宣传活动，完成对包括国家电子政务总体方案在内的若干政策文件的研究和意见反馈。二是持续推进金审工程建设。接受对金审工程的审计、竣工财务决算审核等；承担金审工程三期项目办公室综合组工作，对《审计署金审工程三期项目建设管理规定》进行修订，完成部门预算、开支计划、政府采购等的编制和报批，完成沟通协调、会议组织、档案管理等工作。

国际合作交流 为促进大数据审计先进经验和方法的推广，组织、参与各类国内外大数据审计交流活动。履行大数据审计工作组职责，提升我国大数据审计工作的国际影响力。2016年，由中美两国审计署联合提议，经世界审计组织大会批准，成立大数据审计工作组。2017年，电子数据审计司协助国际合作司在南京审计干部教育学院成功举办大数据审计工作组第一次会议，确定工作组工作职责和工作计划，提出工作组研究方向，对各成员国的研究意向等情况组织调研，开通工作组网站。大数据审计工作组为各国最高审计机关在大数据审计领域的相互交流、密切合作建立有效平台，提高中国审计在世界审计组织的影响力。开展大数据审计培训和研讨。2017年，电子数据审计司组织大数据审计培训班，为期15天，邀请长江学者、知名企业专家、审计业务人员授课，介绍大数据最新发展以及在各领域、各行业中的最新应用成果，拓展学员视野；讲解大数据审计案例，帮助参训学员扩展审计思路、借鉴分析方法。组织全国审计机关大数据审计研讨班，近400人参加，通过研讨交流各单位在推动“总体分析、发现疑点、分散核查、系统研究”数字化审计模式深入开展过程中，创新审计组织方式、探索大数据应用的思路、技术方法和成效。

（撰稿人：熊宛皎）

【财政审计司】 2017年，财政审计司人员编制26人，实有24人。设有一处、二处、三处、四处、五处。主要职责：负责财政审计的归口管理；组织审计中央预算执行情况和其他财政收支情况；牵头组织审计中央部门及下属单位的预算执行情况、决算（草案）和其他财政财务收支；组织审计省级人民政府预算执行、决算和其他财政收支情况；组织审计省级人民政府管理的中央转移支付资金；组织审计国家发展改革委、财政部、国家农业综合开发办公室及上述部门（单位）下属单位的预算执行情况、决算和其他财政财务收支；开展相关专项审计调查；具体组织对中央部门、事业单位和人民团体等单位党政主要领导干部实施经济责任审计；具体组织对省级党委和人民政府主要领导干部实施经济责任审计；协助起草审计结果报告、审计工作报告及审计发现问题的纠正和处理结果报告；联系协调派出审计局的审计业务工作；督促被审计单位整改；指导地方审计机关财政审计业务；承办审计署交办的其他事项。

领导成员

司　　长：郝书辰

副 司 长：彭新林　陈　磊

审计成果　2017年，财政审计司履行财政审计领导小组办公室职责，部署并组织实施2017财政审计年度审计工作，坚持“三个区分”和“两手抓、两手硬”，坚持问题导向，在稳步推进财政审计全覆盖的同时，进一步聚焦改革发展的重大任务，突出审计重点，加大对权力运行的监督和制约力度，深挖体制机制制度政策等方面的原因，实现“促反腐”和“促改革”齐头并进。全年共组织完成8类审计项目，完成审计报告26篇，编发各类审计信息76篇，其中，审计要情3篇、重要信息要目27篇、审计长信函2篇、审计情况批转函8篇、信息转送函19篇、审计署值班信息2篇，办理移送处理书15篇。依法向社会发布政策落实跟踪审计结果公告4篇。

财政部具体组织2015年中央预算执行和编制中央决算草案审计项目获得审计署优秀审计项目表彰。

国家重大政策措施落实情况跟踪审计　以推进供给侧结构性改革为主线，继续对31个省、自治区、直辖市（以下统称省）和30个中央部门、10户中央企业进行跟踪审计。全年共审计各类项目7.53万个，累计抽查相关单位7.66万个，其中，审计署直接审计项目9252个，抽查单位5420个，反映问题3446个，涉及问题金额4634.83亿元。审计机关坚持边审计、边督促整改，对查出的问题及时通报，督促各地区、各部门加强整改；按季度出具审计报告并向社会公告审计结果。相关地区和部门对2514名相关责任人进行追责问责，并举一反三，加强制度建设，完善体制机制，健全整改长效机制，推动相关工作取得积极进展。

审计重点揭示反映地方财政收支和政府性债务、银行信贷和资本市场运行等方面的风险隐患及财政资金统筹盘活等方面的问题。针对部分地方政府违规举债、违规担保、财政资金统筹整合不到位等问题提出建议，促进出台配套政策措施79项，纠正违规举债、违规担保等问题金额606.28亿元；促进8家重点商业银行制定完善制度43项，通过收回违规发放的贷款等方式整改问题金额175.37亿元；促进及时下达和落实资金330.38亿元，收回沉淀资金和统筹安排使用财政资金176.21亿元。

审计持续关注并反映脱贫攻坚、城乡低保、保障性住房建设等重点民生领域政策落实和重大项目推进情况。针对相关政策落实不到位、工程推进不力等问题提出建议，促进相关地区和部门出台配套政策389项，推动5037个扶贫项目加快实施，推动8.18万套保障性住房及时分配使用。

审计持续关注环保专项资金分配管理使用、重要生态系统保护和重大修复工程项目进展情况。揭示并促进解决大气、水、土壤污染防治，固体废弃物和垃圾处置等方面存在的突出问题，推动752个污染防治和重要生态系统保护、重大修复工程项目加快实施，督促纠正违规生产、排放等行为1379起，促进出台、完善配套政策制度173项。

审计重点关注钢铁和煤炭等行业化解过剩产能、房地产去库存等供给侧结构性改革任务完成情况。针对部分地区化解过剩产能工作进展缓慢、违规新增产能、房地产去库存不到位等问题提出建议，促进相关地区和部门出台配套政策及改革措施149项，推动15.53亿元中央专项财政奖补资金发挥效益。

审计持续关注各地区各部门推进行政审批制度改革、清理规范涉企收费等政策落实情况。针对行政审批事项取消下放及职业资格取消不及时、清理行政审批中介服务和小微企业税收优惠政策落实不到位等问题提出建议，促进取消下放行政审批事项、减少审批前置条件等294项，取消职业资格许可和认定、企业资质认定等46项，停止或取消收费230项，减少或清退收费金额122.08亿元，出台配套政策措施243项，进一步减轻企业负担。

地方政府性债务审计 审计16个省本级、16个市本级和14个县本级的政府性债务管理情况，审计认为，至2017年3月底政府债务风险总体可控，但发现政府承诺以财政资金偿还的债务余额，较2013年6月底增长87%，其中基层区县和西部地区增长超过1倍；7个省、6个市和5个县本级2015年以来，通过银行贷款、信托融资等形式，违规举借政府承诺以财政资金偿还债务余额537.19亿元。审计后，党中央、国务院高度重视地方政府性债务风险，多次召开专题会议，要求部门强化分工协作，在摸清债务底数、加大查处问责力度以及信息共享等方面形成监管合力，严控地方政府债务增量、积极稳妥化解累积的地方政府债务风险；财政等相关部门完善政策制度，先后在政府购买服务、土地储备、收费公路等领域或行业出台规定；财政部门对审计部门提供的地方政府违法违规融资问题，进行严肃追责问责。

财政部具体组织2016年中央预算执行情况和编制决算草案情况审计 精心设计项目准备、实施、报告、督促整改等审计全流程，以财政部组织中央预算执行情况为主线，重点审计预算分配和管理、资金安全和绩效、财政政策实施和财税改革推进、财政管理等情况。

揭示的主要问题是：部分收入和政府债务相关事项未在决算草案中反映。财政部代编的部分项目预算、批复的部门项目预算等未充分考虑上年执行情况，或是在项目尚未确定或不具备实施条件的情况下安排部分预算，涉及预算资金290多亿元。财政部将文化产业发展专项资金21.17亿元直接投向竞争性领域。金融企业上缴收益、大中型水库移民后期扶持和政府投资基金股息支出等预算收入、支出，在一般公共预算、政府性基金预算、国有资本经营预算中的归属还不够明确、安排不够合理。一般性转移支付中具有指定用途的资金仍较多，有的专项转移支付未明确实施期限或退出条件，有的已明确期限的未按期退出。

在查处问题的基础上，督促财政部组织整改，推动出台有关制度文件，改进预算管理和资金拨付方式，提高财政资金使用绩效。

发展改革委组织分配2016年度中央财政投资等情况审计 重点对发展改革委组织分配2016年中央投资情况，特别是预算安排规范和协调情况进行审计。发现的主要问题是：中央基建投资年初细化到地区的比例有待提高，对地方的中央基建投资在年度中被调整为中央本级投资，对专项转移支付的认定缺乏明确标准，涉及82个专项的对地方中央基建投资长期作为1个专项转移管理；中央基建投资23.55亿元（涉及23个）项目存在重复申报、前期工作不完备等问题，有些专项资金安排交叉重复，预算分配和安排不完全适应改革要求；有的项目推进缓慢，有153.68亿元中央基建投资计划（占3.22%）未按规定在人大批准后90日内下达，发展改革委下达基建投资计划与财政部据以下达预算指标的间隔较长，2016年平均为52天，抽查重大项目实施情况发现，至2016年底有188个应开工尚未开工、244个逾期未完工、5个无法实施，导致中央基建投资63.72亿元（占安排投资总额56%）闲置；因未根据政策变化和实际情况及时调整预算，将物流业转型升级转型2.5亿元投向竞争性领域的65个项目。

预算执行审计 组织安排审计73个部门（含61个中央部门、10家人民团体和中国邮政集团公司、中国对外文化集团公司）及其332个所属单位，抽查财政拨款预算2517.61亿元（占其财政拨款预算的42%）。审计结果表明，这些部门2016年度预算执行情况总体较好，预算管理的规范化程度和财政资金使用绩效明显提高，“三公”经费和会议费持续压减，公务接待、因公出国（境）费用管理基本规范，但个别部门和一些所属单位预算管理还不严格、部分事项处理还不够规范，预算及资产资金管理还有薄弱环节，个别部门公务用车、会议管理和办公用房清理等工作还不够到位，利用部门影响力或行业资源违规收费问题仍然存在。

审计指出问题后，有关部门通过追回资金、调整账目等整改5.42亿元，完善相关财务和预算管理制度，规范相关管理流程。

经济责任审计 组织开展对18名省级地方党政主要领导干部和8名中央部门主要负责人经济责任审计。其中对中央部门主要负责人经济责任审计与相应中央部门预算执行审计先后实施，实现现场审计时点、审计人员、审计内容和审计成果的“四贯通”，有效提高审计查处问题的精准性和深入性，大幅提升审计成果质量和层次。

2016年地方财政收支审计 组织6个特派办对广东、新疆等6个省和新疆生产建设兵团2017年地方财政收支进行审计，在全面摸清财政收支总体情况的基础上，以加强供给侧结构性改革为主线，以防范和化解财政风险、污染防治为抓手，揭示地方政府在组织财政收入、安排财政支出、加强地方政府性债务管理等方面存在的突出问题，分析原因、提出建议。

履行财政审计工作领导小组办公室职责 在审计署财政审计工作领导小组的具体指挥下，继续创新财政审计组织方式和技术方法，提高财政审计组织实施水平。

创新审计管理模式和组织方式。更加注重横向配合和纵向联动，切实以财政收支为主线，以重大投资项目、自然资源资产管理、地方金融和国资管理等为支撑，充分利用现有审计成果，集中审计力量查深查透。

突出问题导向，发挥大数据审计优势。从数据采集入手，初步建立地方财政收支审计数据报送制度，摸索出一套流程规范化、采集标准化、分析模块化、线索精准化的数据管理使用流程，在违法违纪问题线索的挖掘和核查中，通过跨部门、跨行业、跨年度的数据筛查和综合分析，指导现场审计。

加强项目培训和经验总结。组织召开2017财政审计年度的审计培训、财政管理与审计培训班和政策跟踪审计研讨班，讲解财政审计总体方案和重点专项审计工作方案，邀请发改委、财政部有关专家就我国当前经济形势、部门预算管理改革等作专题讲座，研讨和谋划政策跟踪审计，取得良好的效果。

配合开展财政审计工作宣传和舆论引导。向社会公告2017年第一、第二、第三季度国家重大政策措施贯彻落实跟踪审计结果，组织撰写公告解读，配合完成人民网系列专题访谈节目录制，组织专家撰写18篇评论文章（含中英文），引导社会舆论、传递审计正能量。配合在《砥砺奋进的五年》大型成就展展示审计署组织实施政策跟踪审计等工作取得的成就；财政司主要负责同志就2017年政策跟踪审计、财政审计工作开展情况接受中央电视台采访。

开展课题研究，提升财政审计理论水平。推进政府综合财务报告试审工作，组织赴山西、陕西调研政府综合财务报告编制进展情况，组织对海南省本级、海口市本级和五指山市本级试编政府综合财务报告情况进行试审并提交研究报告。组织20个派出局结合审计实践开展20个课题研究，探讨审计前沿问题，拓宽审计工作思路。派员参加国际审计组织相关会议和交流5人次，介绍我国财政审计工作经验，扩大中国的国际影响力。

（撰稿人：刘　琳）

【税收征管审计司】 2017年，税收征管审计司人员编制20人，实有17人。设有一处、二处、三处、四处。主要职责：组织审计中央预算收入执行情况；组织审计国家税务总局、海关总署及上述部门下属单位的预算执行情况、决算（草案）和其他财政财务收支；开展相关专项审计调查；督促被审计单位整改；指导地方审计机关税收征管审计业务；承办审计署交办的其他事项。

领导成员

司　　长：王爱梅

副 司 长：丁德明　许　斌　郭素芳（挂职）

审计成果 2017年，税收征管审计司共实施审计项目5个，出具审计报告10篇，其中政策跟踪审计揭示问题43个，推动建立健全制度规范38项；编发审计要情8期，要目8期，审计署信函1期，审计移送10期。

税务总局2016年度贯彻落实国家重大政策措施情况跟踪审计项目被评为审计署优秀审计项目。

税收审计 进一步提高站位，不断完善“以问题为导向，围绕数据看政策效果、看经济运行、看税收安全”的大数据审计思路，广泛应用“政策＋数据”的方法，通过宏观数据面、行业数据线、企业数据点开展多维分析。重点关注“营改增”等税制改革和税收政策实施情况，先后揭示

“营改增”配套措施不完善等问题。如随着增值税可抵扣范围扩大，有的行业或企业出现增值税进项与销项税率倒挂，导致新增进项留抵税额超过销项税额，从而占压企业资金；由于向个人采购难以获得增值税专用发票，一些企业无法实现税款抵扣；对旨在减轻建筑施工企业税负的简易计税优惠政策，会造成业主单位可供抵扣进项税减少，执行中难以全面落实等问题。通过“贴近一点看政策效果，站高一级看经济运行”，切实推动税收政策落实到位，充分发挥审计支持实体经济发展作用。

聚焦税收征管机制制度漏洞，着力保障税收安全。坚持以政策分析引领数据分析，把国税海关业务关联起来全链条分析，先后揭示涉嫌偷逃税款 130 多亿元，其中重点揭示成品油、黄金、数码产品等领域不法企业涉嫌偷逃税款 65 亿多元。这些不法企业多具有团伙化、跨区域特点，通常涉及上下游企业上百家，有的短期集中套票虚开后迅速注销，另设空壳企业或走逃异地继续实施，如在广东海南等地注册的 153 户企业，涉嫌冒用其他企业的农产品等海关缴款书信息，申报抵扣增值税 14 亿多元。对此，编发要目反映机制制度问题，切实堵塞征管漏洞，推动部门依法行政。

预算执行审计 坚持提升站位，从执行财经纪律层面看预算执行问题，在税务总局预算执行审计中揭示“三公”经费、存量资金、资产管理、政府采购等方面管理不规范、资金使用效益不佳等 14 个问题，涉及金额 2 亿多元。

审计整改 坚持通过政策跟踪审计实地跟踪整改效果，先后赴北京市国税局、地税局和海淀区国税局，通过召开座谈会、延伸企业、现场走访等方式，深入了解整改效果。建立审计整改联动机制，协调主管部门共同研究完善政策，促进加快整改。全年推动税务总局先后下发《关于进一步深化税务系统“放管服”改革优化税收环境的若干意见》等 53 个文件，推出 160 余项简化征管和优化服务的措施，促进形成结构性减税效应和长期效应，有效发挥审计的建设功能。

（撰稿人：宋　歌）

【行政政法审计司】 2017 年，行政政法审计司人员编制 20 人，实有 19 人。设有一处、二处、三处、四处。主要职责：组织审计中共中央纪律检查委员会（监察部）、中央组织部、中央宣传部、中央统战部、中央对外联络部、中央机构编制委员会办公室、中共中央直属机关事务管理局、最高人民法院、最高人民检察院、国家机关事务管理局、全国人大常委会办公厅、政协全国委员会办公厅、审计署和中国人民武装警察部队等单位及上述部门（单位）下属单位的预算执行情况、决算（草案）和其他财政财务收支；开展相关专项审计调查；督促被审计单位整改；指导地方审计机关行政政法审计业务；承办审计署交办的其他事项。

领导成员

司主要负责人：胡家俊

副 司 长：丁伏圣　陈　峰

审计成果 2017 年，行政政法审计司全年牵头组织开展 22 个党群部门 2016 年度预算执行等情况审计，实施国家电网公司和南方电网公司贯彻落实国家重大政策措施情况跟踪审计，组织开展 4 个省级法院、检察院主要领导干部经济责任审计等工作，编发和办理重要信息要目、移送处理书等 17 件。同时，开展对地方审计机关和特派办行政政法审计工作调研，有针对性地加强业务指导，较好地履行职责。

国家重大政策措施落实情况跟踪审计 在电网企业贯彻落实国家重大政策措施情况跟踪审计中，推动重大投资落地，推动重大政策落实，推动减轻企业负担，推动民生短板有效解决。紧盯重大电网建设项目，揭示特高压输电线路利用率低等重大问题，编发的重要信息要目引起国务院领导重视。重点关注供给侧结构性改革“三去一降一补”淘汰落后产能、大气污染防治等问题，突出揭示 6 个省部分中小规模企业去产能控排放不力、部分港口岸电建设投入使用效率不高等问题。结合电网企业职能特点，运用大数据分析方法全面梳理、逐项排查违规涉企收费事项，揭示部分省份电力公司违规收取负荷装置管理费、未按要求停征城市公用事业附加等问题。把维护人民群众根本利益贯穿审计工作始终，着力关注农村电网改造、无电人口等情况，促进解决 3100 多户未通电用户。

预算执行审计 在组织开展预算执行审计工作中，面对参审单位多、审计对象多元、组织实施的难度和工作量大的情况，提前谋划，先期对审计进点工作提出具体意见。在报告复核阶段，早做准备，提前选定复核人员，确保大批量作业人员跟得上、顶得上，草拟实施方案报分管署领导审查，确保工作有序推进。审计过程中注意加强协调，审计准备阶段协调进点等工作，现场审计阶段协调审计组织实施，报告公告阶段协调审计组与业务部门、业务部门与综合部门等的工作，做到沟通联系顺畅，信息传递及时准确，总体运转高效有序。抓好关键，指导好现场，确保顺利进行；会商好线索，确保重大问题查深查透；审核好报告，掌握原则和尺度，既依法审计又客观求实，让审计监督既有力度也有温度。提升成果，多渠道、多方式采用审计组报送的审计信息，同时加强汇总分析和综合提炼，形成专题报告等高水平成果。

经济责任审计 首次组织开展4名省级法院检察院主要领导干部任期经济责任审计。司领导统筹谋划，指导编好审计工作方案，做好审前培训，加强调查研究和审计现场指导。审计过程中，完善程序，强化审核，提高审计工作质量。明确定责依据，严格遵循宪法和相关法律法规，以是否符合中央决定精神和重大改革方向作为审计定性判断的标准，按照“三个区分开来”，妥善处理依法审计与实事求是、推动改革的关系，确保审计结果经得起时间和历史的检验。认真研究，加强沟通，切实做好问题定责，把握原则，统一尺度，严格按照两办规定界定责任，审慎作出结论，坚持辩证地、客观地看待和反映问题。

党建工作 司党支部将深入学习贯彻党的十九大精神及习近平新时代中国特色社会主义思想作为当前和今后一段时期的首要政治任务，组织全体同志收听收看视频转播、参加署统一学习培训，组织集中学习，深入读原著、学原文、悟原理，努力把握精神实质，真正做到学懂弄通做实，切实将党的十九大精神贯彻落实到审计工作中。认真落实全面从严治党主体责任，加强和规范党内政治生活，制定党建工作责任清单，把开展严肃认真的党内政治生活纳入党建工作责任制，扎实推进“两学一做”学习教育常态化制度化，严格落实“三会一课”制度，坚持司领导每季度上一次党课，处室负责人和支部委员进行专题学习宣讲，及时、全面深化党员干部对中央有关会议精神和决策部署的学习，促进增强党性修养，强化宗旨意识，持续深化巩固学习成果。

司党支部将加强党风廉政建设纳入司全年总体工作计划，统一部署落实。持续加强党性教育，筑牢思想防线，创新支部活动方式，提升学习效果，发挥临时党支部战斗堡垒作用。党支部廉政建设与审计工作同安排、同部署、同落实、同检查，督促审计人员筑牢拒腐防变的思想防线。讲政治、守规矩，严守各项纪律规定，坚持以党建引领业务工作，不断提高政治站位，把讲政治、守规矩的要求落到实处，以政治过硬、作风过硬、廉政过硬确保审计过硬。领导班子带头以上率下，做到政治上讲忠诚、组织上讲服从、行动上讲纪律，不断增强政治敏锐性，严守分寸，把好尺度。严格执行各项制度规定，树立大局意识和组织观念，加强组织管理和作风建设，工作中严格落实保密责任，严格执行审计“八不准”工作纪律，严格遵守政治纪律、组织纪律、廉洁纪律、群众纪律、工作纪律、生活纪律等其他有关纪律规定。

相关工作 努力建设高素质审计干部队伍。司领导班子成员认真落实“一岗双责”，坚持民主集中制，严肃党内政治生活，开展批评与自我批评，各项工作率先垂范，切实发挥全司领导核心及表率作用，不断加强班子建设。注重队伍能力培养，通过审计业务迅速培养干部实战能力、以课题研究带动提高队伍视野水平，提升干部的业务水平和综合能力素质。建立健全各项规章制度，坚持用制度管人、管物、管事。紧抓重点环节，做到关键部位重点防控，营造温馨和谐的良好工作氛围，增强干部职工凝聚力和向心力。

（撰稿人：李光辉）

【教科文卫审计司】 2017年，教科文卫审计司人员编制20人，实有21人（其中1人为挂职干部）。设有一处、二处、三处、四处。主要职责：组织审计国务院相关部门及直属单位、地方人民政府管理的教科文卫专项资金；开展相关专项审计调查；督促被审计单位整改；指导地方审计机关教科文卫审计业务；承办审计署交办的其他事项。

领导成员

司　　长：崔振龙

副 司 长：周　晖　崔　明

　　　　　黄快林（挂职，2月—）

审计成果　2017年，教科文卫审计司（以下简称教科司）完成审计项目7个，其中审计项目5个，专项审计调查项目2个。查出主要问题金额5417867.13万元，其中违规金额687141.97万元、管理不规范金额4730725.16万元；审计发现非金额计量问题67个；损益（收支）不实金额55803.63万元；审计发现侵害人民群众利益2399.68万元；出具审计报告和专项审计调查报告16篇，被批示2篇。审计处理处罚金额1355.06万元，其中应上缴财政340.45万元、应归还原渠道资金394.68万元、应调账处理金额953.93万元（其中334万元同时应上缴财政）；移送有关部门处理事项7件，移送处理人员11人，移送处理金额13807.98万元。审计促进整改落实有关问题金额17341.57万元。审计提出建议73条，全部被采纳；推动被审计单位制定整改措施118项，促进被审计单位制定、完善规章制度43项；提交审计信息4篇，被批示、采用3篇。向社会公告审计结果2篇。

国家重大政策措施落实情况跟踪审计　继续对中国电信、中国移动、中国联通3家电信运营商进行政策跟踪审计。围绕供给侧结构性改革和“三去一降一补”五大任务，结合国家“宽带中国”战略、“互联网＋”行动等政策措施确定当期审计要点，重点审计电信运营商在脱贫攻坚、提速降费、农村偏远地区宽带网络建设、“双创”服务能力提升、推动“一带一路”建设，以及年度投资计划完成、重点在建项目建设等内容。审计揭示个别企业未按要求完成“宽带乡村”试点工程，部分省份扶贫对象不精准、资费扶贫政策未按时上线等45个问题，针对相关问题提出审计建议52条，其中中国联通加快推进项目建设、中国移动加快“一带一路”信息通道建设以及3家运营商全面取消手机国内长途和漫游费等3个案例入选向国务院报送的综合报告并予以公告，编发重要信息要目1篇，促进国家提速降费等惠民政策在3家运营商贯彻落实。

会同审计署财政审计司组织8个司局对9个中央部门、8所部属高校、19家科研院所贯彻落实中央财政科研项目资金管理等政策措施情况进行调查。围绕国家有关创新驱动发展战略、科技体制改革的各项任务要求，审计调查科技计划管理改革、科研项目资金管理改革、科研创新激励等政策落实情况。调查发现，中央财政科研项目资金管理等改革进展顺利、初见成效，但科研项目管理中仍存在问题。针对发现的问题，分析体制机制障碍，编发重要信息要目1篇。配合审计署科学技术审计局与科技部、海关总署、财政部等部委沟通，督促相关部委及时出台文件，有效解决科研单位进口科研仪器免税难问题，发挥审计为科研事业服务的作用。

预算执行审计　围绕促进公共资金安全高效和规范管理，做好中国宋庆龄基金会、中国红十字总会2016年度预算执行审计。审计中针对被审单位公益性特点，以财税体制改革工作推进情况、预算执行及决算草案编制情况、财政资金安全和绩效情况为重点，坚持一手抓重大违法违纪、重大损失浪费、重大风险隐患、重大履职尽责不到位等问题，一手抓促进深化改革、推进法治、提高绩效以及体制机制层面的问题，重点关注公共资金分配、资产管理、政策目标实现等方面，注意揭露和查处以权谋私、贪污受贿、骗取套取等重大违法违纪问题，促进公共资金安全规范高效使用。审计揭示相关单位固定资产处置收入未上缴国库、未按规定公开招标、超编制购买公务用车等问题，向有关部门移送案件线索1件，转送审计信息转送函1篇。

交办任务　根据审计署安排，对两所高校校办企业、财务收支等情况进行专项审计调查。调查紧紧围绕“反腐、安全、规范、效益”目标，按照“摸清情况、揭示问题、分析原因、提出建议”思路，对高校校办企业、财务收支等情况进行全面摸底，重点关注校办企业改制、股权转让、财务收支真实合法等情况，特别是贯彻落实中央八项规定中存在的问题，提出促进校办企业发展改革和规范财务收支管理的9条建议，出具专项审计调查报告，向相关部门报送查出的问题线索。

党建工作　司领导班子认真落实支部学习制度，充分发挥自身模范带头作用；支部书记与两位副司长以及各处处长分别签署承诺书，层层压实责任；严格执行民主集中制和领导班子分工负责制，重大事项一律经司长会、司务会集体研究决定，切实做到科学决策、民主决策和依法决策。严格落实“三会一课”制度、民主生活会和组织生活会等制度，在审计项目现场设立临时党组织，开展集体学习、小组讨论；不断丰富组织生活，先后联合审计署文化体育审计局、科学技术审计局，文化部文化产业司等党支部，赴有关单位参观学习；联合审计署行政政法司党支部开展“喜迎十九大共筑中国梦”职工摄影展，营造学习贯彻十九大精神的良好氛围。司领导坚持“两手抓”，将党风廉政建设与审计业务工作同步开展、统筹推进：结合教科司廉政风险点，通过发布廉政告知书、设立廉政督察员、定期开展廉政检查和实行廉政回访等举措进行廉政风险防控；组织“以案释纪明纪 严守纪律规矩”主题警示教育月活动，扎实开展6个主题7场活动；在工作中严格执行中央八项规定和国务院“约法三章”，切实转变文风和会风，压缩会议时间和次数，严格执行公用经费和项目经费报销标准，厉行勤俭节约、反对铺张浪费。

队伍建设 以“两学一做”专项教育为平台，注重理论武装头脑。充分发挥“两学一做”专项教育平台作用，与“三会一课”等组织生活制度相结合，每月开展专题学习、围绕主题进行讨论。十九大召开后及时研究制订学习计划，确定3个方面16条贯彻落实举措，先后派出9名处以上干部参加示范培训班。以综合能力培养为抓手，注重实践锻炼和培训交流。通过审计项目组织实施给年轻同志压担子，11人担任项目主审，全司干部均参与到审计项目中，提升整个团队综合实力；派出7名业务骨干参加审计署组织的业务培训班，切实提升审计干部业务能力；根据工作安排派出5人参加加拿大教育卫生审计培训班、中印青年审计论坛等培训交流，并为中国政府奖学金留学生班、“一带一路”国际培训班讲课3人次；推动多岗位交流，除安排相关同志赴特派办、审计干部教育学院挂职锻炼外，还对3名处级干部岗位进行调整轮换。以锤炼干部务实作风为目标，注重审计一线调查研究。联合审计署科学技术审计局与科学技术部创新发展司深入座谈，围绕习近平总书记关于科技创新的重要讲话以及“十三五”国家科技创新规划进行深入交流。将“走出去”与“请进来”结合起来，组织干部赴科学技术部、自然科学基金会等部委，赴福建、广东等7省（市）调研，分两期邀请17个教科文卫审计开展得比较好的省（市）来京交流座谈，分享各地十八大以来教科文卫审计在如何实现全覆盖、审计技术和组织方式等方面的经验做法。

（撰稿人：郑莉娜）

【农业审计司】 2017年，农业审计司人员编制20人，实有18人。设有一处、二处、三处、四处。主要职责：组织审计国务院相关部门和省级人民政府管理的农业、林业、水利专项资金；开展相关专项审计调查；督促被审计单位整改；指导地方审计机关农业审计业务；承办审计署交办的其他事项。

领导成员

副 司 长：和　杰（主持工作）　张新芳

副司级审计员：胡安明

审计成果 2017年，农业审计司组织实施审计项目6个。查出主要问题金额416.94亿元，其中违规金额57.23亿元、损失浪费金额60.46亿元、管理不规范金额299.25亿元；审计发现非金额计量问题811个；出具审计报告8篇，被批示、采用8篇。移送司法机关、纪检监察机关和有关部门处理事项170件。审计促进整改落实有关问题金额265.87亿元。推动被审计单位制定整改措施和促进被审计单位制定、完善规章制度844项；审计提交信息10篇，被批示、采用8篇。向社会公告审计结果6篇。

精准扶贫政策措施落实情况跟踪审计 在第一季度，组织特派办和地方审计机关对全国158个国家扶贫开发工作重点县（含集中连片特殊困难地区县，以下统称国定贫困县）进行专项审计；第二季度，着重关注贫困县财政涉农资金统筹整合使用情况，组织14个特派办对25个国定贫困县进行专题审计；第三季度，组织3个特派办、20个派出局80余人对甘肃临夏、四川凉山、云南怒江等3个深度贫困地州开展扶贫审计；第四季度，聚焦扶贫领域腐败和作风问题，组织18个特派办、30个省级审计机关对107个国定贫困县进行专项审计。全年组织派出局、特派办、地方审计机关共审计国定贫困县 289 个，抽查扶贫资金 1200 多亿元，发现各类问题金额 90 多亿元，依法向纪检监察、司法机关等移送问题线索 160 多件。截至年底，通过追回或盘活资金等方式整改扶贫资金 40 多亿元，1200 多名相关责任人受到相关问责处理，促进扶贫政策措施落实或完善规章制度 700 余项。

全年跟踪审计国务院扶贫办贯彻落实中央一号文件、政府工作报告、中办国办《贯彻实施〈中共中央、国务院关于打赢脱贫攻坚战的决定〉重要政策措施分工方案》以及领导督办事项等情况，按季度出具审计报告，推动出台《中央单位定点扶贫工作考核办法（试行）》等 5 项政策。

预算执行审计 组织开展国务院扶贫办 2016 年度预算执行等情况审计。审计发现国务院扶贫办未及时推进下属事业单位公车改革等问题；至年底 9 个公告问题中的 8 个已整改完毕；未整改完毕的问题，国务院扶贫办已按照制订的整改方案继续整改。

经济责任审计 3 月至 7 月，组织开展国务院扶贫办主任、党组书记刘永富 2013 年 11 月至 2017 年 4 月任职期间经济责任履行情况审计。通过审计促进完善扶贫制度建设，推动脱贫攻坚相关政策的及时出台，加固脱贫攻坚“四梁八柱”顶层设计，有效推动脱贫攻坚工作。

农业审计 牵头组织对水利部等部门和河北省等 18 个省份涉农水利资金的分配、管理和使用绩效情况进行审计。审计发现骗取套取、挤占挪用财政资金和项目建设管理违法违规问题金额 44.93 亿元，资金闲置和项目推进缓慢 199.09 亿元，涉农水利项目未发挥预期效益和损失浪费 20.45 亿元，以及有关部门和地区在涉农水利资金和项目分配中未执行绩效评价制度等问题。向纪检监察、司法机关等依法移送问题线索 10 件。促进整改到位资金 217.25 亿元，追责问责 62 人次，建立健全规章制度 74 项。

审计管理 贯彻落实党的十九大和习近平总书记关于脱贫攻坚系列重要讲话精神，起草《审计署关于在打赢脱贫攻坚战中进一步加强扶贫审计的意见》，进一步明确扶贫审计的目标、基本原则、重点任务；起草《审计署办公厅关于印发贯彻落实“十三五”脱贫攻坚规划具体措施的通知》，推进“十三五”期间扶贫审计全覆盖；起草《审计署办公厅关于“十三五”期间定期报送扶贫审计工作有关情况的通知》，建立扶贫审计情况报告制度。加强对全国扶贫和农业审计的业务指导，推进形成“一盘棋”的审计格局。举办全国扶贫审计视频培训会，讲解相关知识，推广先进经验；到黑龙江、吉林、甘肃、四川、云南、内蒙古和重庆等地开展项目督导与调研，了解扶贫和农业审计项目开展情况；建立扶贫审计专家库，为进一步开展扶贫审计理论研究、报告评审等提供理论支持和智力保障；更加突出审计质量，推行上级审计机关对下级审计机关的扶贫审计质量检查工作。强化审计科研工作，面向全国审计机关征集扶贫和涉农审计案例，编辑出版《扶贫和涉农审计案例（2017）》一书，涉及政策落实、骗取套取、截留挪用、贪污侵占、以权谋私和项目绩效等常见问题，以情景再现的形式生动、完整地还原审计过程，为全国审计机关更好开展扶贫和涉农审计提供经验借鉴，是扶贫和涉农审计培训的重要参考资料。

交办任务 配合有关部门完成扶贫与农业审计的其他工作。配合新闻媒体完成对扶贫审计的新闻宣传工作。按照全国人大的要求，配合做好审计整改督促和推进工作；加强与中纪委、国务院扶贫办等部门协调联系，配合做好违纪违法问题线索移送、脱贫攻坚第三方评估、中央国家机关定点扶贫成果展和年度考核等工作；办理相关部委及署内其他各司局的回复意见 70 多件，办理全国人大代表建议与全国政协委员提案 7 件；根据署统一安排，在中印审计论坛等国际平台上介绍和推广中国扶贫和农业审计经验和成效。

信息化建设 加大扶贫数据的采集力度，先后采集 6 个扶贫相关系统 281 千兆的数据，初步建立扶贫审计数据库。创新组织方式，编制扶贫领域大数据审计方案，组建农业及扶贫大数据审计分析团队，协调推进大数据审计工作。开展大数据审计培训，为全国各级审计机关的扶贫审计人员讲解相关知识。强化数据分析与政策研究，形成初期审计成果。此外，审计直接推动全国扶贫开发信息系统精准扶贫平台建设，推动建立扶贫数据共享机制，提高贫困识别和帮扶精准度。

党建工作　切实履行全面从严治党主体责任。深入学习宣传贯彻党的十九大精神，向署机关党委报送学习心得5篇、意见建议4条。扎实推进“两学一做”学习教育常态化制度化，全年共开展集中学习12次，其中支部书记讲党课3次，司领导班子成员讲党课1次，专题研讨4次。切实将思想教育、审计业务工作与党建工作紧密结合，开展具有农业、扶贫审计特色的主题党日、主题联学等活动。进一步规范党建基础性工作，全年召开党员大会、支委会各12次，组织生活会3次，民主生活会1次。发展入党积极分子1名。高度重视并积极开展“灯下黑”问题专项整治工作。

相关工作　加强领导班子和干部队伍建设。开展形式多样的学习和培训，加大年轻干部培养力度。全年参加审计署党校组织的培训班20人次，参加相关业务专项培训班16人次。选派1人赴法国参加现代农业审计培训团，推荐1人赴非洲讲学，推荐2人担任南京审计大学留学生实务导师，支持年轻干部参与录制农业审计网络教学视频课件、撰写中印审计研讨会与非洲法语国家高级审计研讨班论文，司内年轻干部自编自导自演的小品《扶贫审计人员的一天》赢得一致好评。

2017年，共登记分发、传阅、办理各类文件1700多份，起草签报31份，办理督查事项43件，起草或汇总各类综合性文稿13件，处理举报信22件，登记、清理档案87份。全年组织7人参加中央和国家机关涉密人员轮训，开展7次全司范围内的保密自查等相关工作，司内保密管理工作得到署保密办的肯定，1人在署保密工作培训班上介绍经验。　　（撰稿人：冯　涛）

【固定资产投资审计司】　2017年，固定资产投资审计司人员编制24人，实有22人。设有一处、二处、三处、四处、五处。主要职责：组织审计中央投资和以中央投资为主的建设项目的预算执行情况和决算以及其他关系到国家利益和社会公共利益的重大建设项目；开展相关专项审计调查；督促被审计单位整改；指导地方审计机关固定资产投资审计业务；承办审计署交办的其他事项。

领导成员

司　　长：许　亚

副 司 长：卢华胜　吴旭东

审计成果　2017年，固定资产投资审计司（以下简称投资司）组织完成北京冬奥会筹办情况跟踪审计、中国国学研究与交流中心竣工决算审计、部门预算执行审计、收费公路资金管理使用情况审计收尾等各项审计任务。累计共编发要信息要目2篇、审计署值班信息1篇、审计信息转送函3篇。移送重大问题线索9件。

组织实施的水利部预算执行等情况审计项目荣获审计署2017年度表彰审计项目。

固定资产投资审计　开展北京冬奥会筹办情况跟踪审计。向国务院上报《关于北京2022年冬奥会和冬残奥会跟踪审计总体安排的请示》；组织实施与北京冬奥会相关的国家重大政策措施落实情况、北京冬奥组委财务收支及相关基础设施项目跟踪审计，与中纪委、国监委就监督保障北京冬奥会建立重要的联系沟通机制，取得初步成果。审计中贯彻落实“绿色、共享、开放、廉洁”四大办奥理念，将贯彻新发展理念、供给侧结构性改革、推进京津冀协同发展战略和“三大攻坚战”嵌入跟踪审计平台。

完成国学中心项目竣工财务决算审计，为项目建设成为精品工程、廉政工程起到不可替代的监督和指导作用。审计中发现竣工财务决算编制质量不高、多计工程价款、工程建设管理存在薄弱环节、资产核算和管理不细化等问题。

预算执行审计　围绕“改革、发展、安全、绩效”的总目标，求真务实，完成国务院参事室和中国致公党中央委员会2016年度预算执行情况审计。

制度建设　为切实解决投资审计中存在的相关制度机制不够完善、部分投资审计工作质量不高和审计结果运用不规范等多年积累的突出问题，投资司负责起草完善和规范投资审计制度文稿。出台《审计署关于进一步完善和规范投资审计工作的意见》。从坚持依法审计，认真履行审计监督职责等4个方面，针对投资审计当前存在的最突出、最紧迫的重大现实问题进行进一步规范和完善。审计署于9月召开全国投资审计电视电话会议。审计长作重要讲话，充分肯定30多年来投资审计发挥的重要作用，强调依法履行审计监督职责和促进有效运用投资审计结果的重要性，提出投资审计转型发展和基层审计全面发展的两大目标，以及投资审计从数量规模向质量效益转变，从单一工程造价审计向全面投资审计转变，从传统投资审计向现代投资审计转变的“三个转变”要求，为投资审计下一步更好地适应新形势、把握新趋势、促进新发展指明方向。12 月，投资司在审计署干部教育学院举办 2017 年投资审计研讨班，围绕“步入新时代，适应新形势，推进投资审计工作新发展”作专题报告，进一步深化认识，澄清疑惑，健全沟通协调机制，提出进一步贯彻落实的具体要求。

审计科研 围绕促进投资审计转型发展和现代化，稳步推进公共投资审计大数据应用研究工作，基本完成公共投资审计新技术应用课题研究。推进公共投资审计理论、前沿理论研究，先后在《财政研究》等国内核心权威刊物上发表《公共投资审计视角下的 PPP 模式研究》《坚持依法审计与创新引领：投资审计发展面面观》《坚持创新引领扎实推进投资审计新发展》等文章。组织编写《投资审计案例集》《国家审计案例》。

国际合作交流 根据审计署统一安排，应美洲开发银行邀请，司长于 8 月 21 日至 25 日赴秘鲁，为秘鲁灾后重建管理机构、受灾省等部门的主要负责人并全国视频直播讲授我国灾后重建跟踪审计的经验，受到热情称赞和一致好评。派出李冬、史小明、王晓峰、张弛等人分别赴越南、菲律宾、南非、匈牙利等国讲授我国公共工程绩效审计、跟踪审计相关情况和案例，参加灾害管理审计培训项目质量评估，交流奥运审计情况。接待坦桑尼亚、越南来访团，介绍我国重大公共工程审计和重大公共事项跟踪审计等情况。

党建工作 全面抓好党建工作，发挥党建工作统领全局的作用。强化党建意识，认真落实党员领导干部“一岗双责”要求，全面履行从严治党第一责任职责。厘清思路，明确党建工作目标任务。压实责任，人岗结合。不断提高党建工作能力水平。党建工作和业务工作相互促进。突出抓政治理论学习、党建工作、审计业务、队伍建设、内部管理等，以党建工作为统领，不断提高全体党员思想和理论水平，带动审计业务工作新作为、新业绩。

扎实开展政治理论学习，不断提高思想站位。认真学习贯彻落实党的十九大精神，持续开展“两学一做”学习教育，及时组织认真学习贯彻习近平总书记关于坚决纠正“四风”问题的重要指示精神，牢固树立“四个意识”，持续纠正“四风”问题。参加审计署组织和安排的各项政治学习。

严格执行党的组织生活制度，夯实党支部基础建设。全面落实“三会一课”制度，提高党课质量，党支部书记、司长许亚讲授的《实干兴业推动投资审计工作实现新发展》党课入选《紫光阁》杂志社主办的《党课》刊物，受到好评，并与其另一篇党课《清廉自许　清廉自守　做清白干净的审计人》一起作为精品党课在人民网、中国共产党新闻网、审计署门户网站等五网联登。组织开展支部活动，按时召开民主生活会和组织生活会，做好发展党员和培养入党积极分子工作。按照署机关党委要求，持续整改“灯下黑”问题，对照基层党组织建设“灯下黑”问题清单，巩固整治成果。

持续加强党风廉政建设，以上率下，做好表率，党支部书记、司领导带头执行党风廉政制度和审计纪律，财务公开、业务公开、党务公开，始终将纪律挺在前面，注重学习，警钟长鸣。将廉政教育融入党支部组织生活和日常工作中，层层传导，压实责任。

相关工作 以人为本，进一步加强领导班子和干部队伍建设，营造风清气正的工作氛围，坚持好干部标准和业绩为先的选人用人导向，重视思想政治工作在队伍建设中的重要作用。关心党员干部，派出业务骨干参加各项业务培训。

持续夯实制度建设和内部管理，加强作风建设，坚持树立雷厉风行、求真务实、纪律严明、团结奋进的优良作风，提质增效成果显著。

派员参加国务院第四次大督查；与中纪委相关部门建立沟通协调机制；经署领导批准，派出多人赴中直机关事务管理局、北京市部门和单位，讲解公共投资审计和工程审计相关内容。

（撰稿人：张　明　夏胜权）

【社会保障审计司】 2017 年，社会保障审计司人员编制19人，实有17人。设有一处、二处、三处、四处。主要职责：组织审计国务院相关部门、省级人民政府管理和其他单位受国务院及其部门委托管理的社会保障基金、社会捐赠资金以及其他有关基金、资金的财务收支；开展相关专项审计调查；督促被审计单位整改；指导地方审计机关社会保障审计业务；承办审计署交办的其他事项。

领导成员

司　　长：陈太辉（—2月）

正司级审计员：杨明（3月—，主持工作）

副 司 长：余　林

审计成果　2017年，社会保障审计司（以下简称社保司）组织地方各级审计机关开展2016年保障性安居工程跟踪审计项目，继续做好全国医疗保险基金审计的后续管理工作，全年合并编发审计要情4期、重要信息要目2篇。按照工作安排，参与住房城乡建设部预算执行审计。

社会保障审计　创新做好保障性安居工程跟踪审计。2016年底至2017年3月，牵头组织地方各级审计机关近2万名审计人员，连续第5次在全国范围组织开展保障性安居工程跟踪审计。重点审计1.72万个安居工程项目，对15.39万户农村危房改造家庭进行入户调查。本次审计在组织方式上进行重大调整，由各省级审计机关具体组织实施辖区内所有安居工程审计。社保司吸收以往统一组织全国审计项目的组织管理经验，强化统一组织与过程控制，引导地方各级审计机关按照统一要求规范实施审计。一是发挥项目考核机制的导向作用。探索对省级审计机关组织开展保障性安居工程跟踪审计情况进行考核，制定项目考核办法，坚持成果和业绩导向，调动地方审计机关的积极性。二是通过分阶段调研督导和中期情况交流加强过程控制。根据审计实施不同阶段特点，分3批累计派出11个调研组赴26个省开展调研督导，及时掌握各地的阶段性工作进展，增强指导、协调的针对性；在项目实施中期组织开展情况交流，促进各地互通有无、取长补短。三是引导各地切实加强质量控制。采取逐级试汇总和正式汇总相结合的模式，重点审核问题定性较为严重或涉及追究责任的问题、涉及问题金额或数量较大的问题，确保重大问题定性和填报准确。保障性安居工程跟踪审计客观评价2016年保障性安居工程工作的主要成效，揭示10.31亿元安居工程资金被违规使用、4.21亿元安居工程资金被套取骗取或侵占、532.3亿元专项资金超过1年未及时安排使用、5.49万户不符合条件家庭违规享受住房保障待遇、5949套住房被违规使用等问题，向国务院报送审计综合报告，并于6月依法公告审计结果。截至9月底，各地已移送公安、纪检监察、检察等部门和地方各级政府问题线索968件。住房城乡建设部和各省级政府采取措施统筹部署和重点督办整改。截至9月底，通过追回上缴、归还原渠道、移交司法机关处理等方式整改问题金额494.6亿元，通过取消保障资格或调整待遇等方式整改违规享受住房保障待遇家庭5.2万户，通过腾退、退还租金和调整住房性质等方式整改被违规使用的保障性住房3266套。各地制定完善安居工程资金管理、保障性住房建设管理和分配使用等方面的制度700多项。

相关工作　对全国医疗保险基金审计和2016年保障性安居工程跟踪审计组织管理工作进行认真总结，梳理大型审计项目组织管理的经验与不足，提炼行之有效的做法，进一步提高今后审计项目工作的质量和效率，提升新常态下的组织开展大型审计项目的能力。

在审计署优秀审计项目评选领导小组的统一领导下，社保司牵头开展对全国医疗保险基金审计优秀审计项目评选工作，共审核各地、各特派办提交的53个项目申报材料，评出优秀审计项目6个、表彰审计项目10个，较好地发挥鞭策和典型引导作用。

组织各地、各特派办编写典型案例故事160篇，从中筛选41篇案例汇集成册，供学习宣传使用；按照《国家审计案例》的编写要求，组织编写重大突发公共事件审计、保障性安居工程审计、医疗保险基金审计三方面的案例，为各级审计机关今后开展项目审计提供有益参考。

（撰稿人：陈　博）

【资源环境审计司】　2017年，资源环境审计司人员编制20人，实有19人。设有一处、二处、三处、四处。主要职责：组织审计自然资源资产、生态环境保护情况；开展相关专项审计调查；督促被审计单位整改；承担亚洲审计组织环境审计委员会秘书处工作；指导地方审计机关资源环境审计业务；承办审计署交办的其他事项。

领导成员

主要负责人：李　锋

副 司 长：丁　雁　刘　峰

副司级审计员：葛晓东

审计成果　2017年，资源环境审计司直接实施审计项目2个，组织实施审计项目3个。全年向国务院报送审计报告2篇，完成专题报告2篇，移送处理书2份，编发重要信息要目10篇、审计署值班信息2篇、审计长批转函1篇、审计信息转送函1篇。

预算执行审计　实施对环境保护部2016年度预算执行等情况审计项目。揭示环境保护部及其下属单位存在的13类15个问题，并对其中2个问题下达审计决定；编发重要信息要目2篇，移送处理书2份。完成《环境保护部政务信息系统审计专题报告》《环境保护部2016年度涉企收费情况审计专题材料》。对原国土资源部开展2017年预算执行等情况的审计。

资源环保审计　2016年12月至2017年3月，组织对18个省份的节能环保重点专项资金实施审计，向国务院报送综合报告，向国务院办公厅督查室报送材料2份，编发重要信息要目2篇、审计长批转函1篇、审计信息转送函1篇。组织实施2017年长江经济带生态环境保护审计项目。

自然资源资产离任审计　2017年4月至6月，组织9个特派办对吉林省、大连市等9省市的党委和政府主要领导干部开展自然资源资产离任审计试点。同时，组织省级和计划单列市审计机关对37个市（县、区）进行审计试点。审计试点涉及83名领导干部。编发重要信息要目6篇、值班简报2篇，向国务院报送46个地区资源环境审计综合报告，向中央组织部报送9省市审计试点情况报告。

起草《领导干部自然资源资产离任审计规定（试行）》。6月26日，经中央全面深化改革领导小组第三十六次会议审议通过，9月19日，中办国办印发《领导干部自然资源资产离任审计规定（试行）》。12月，组织召开全国审计机关贯彻落实《领导干部自然资源资产离任审计规定（试行）》视频会议。署党组书记、审计长胡泽君在会议上讲话，就贯彻落实《领导干部自然资源资产离任审计规定（试行）》精神提出具体要求。全国7万多名审计人员在主会场和各分会场参加会议。

起草并印发审计署《关于加强领导干部自然资源资产离任审计推动打好污染防治攻坚战的意见》，推动各级审计机关贯彻落实规定，并为地方审计机关讲解自然资源资产离任审计相关规定10余次；起草《领导干部自然资源资产离任审计重点事项审计操作指引（试行）》。

完成审计署2016—2017年度重点科研课题“领导干部自然资源资产离任审计研究”，提交研究报告。与审计干部教育学院、中国时代经济出版社合作开展领导干部自然资源资产离任审计网络培训，全国各级审计机关有2万多人参加培训；中国审计数字在线开辟领导干部自然资源资产离任审计知识库专栏。

国际合作交流　完成亚洲审计组织环境审计委员会秘书处日常工作。派员参加世界审计组织环境审计工作组指导委员会会议，非洲、欧洲审计组织环境审计委员会会议，开展多边国际交流活动。参与世界审计组织环境审计工作组生物多样性审计指南更新、绿色城市研究、能源可持续利用等多个项目。赴印度、捷克、厄瓜多尔等国家，进行环境审计双边交流。派出师资为东南亚、非洲等国家最高审计机关开展环境审计业务培训。派员到南京为“中国政府审计奖学金”项目的亚非拉及太平洋地区留学生等项目授课。委托中国时代经济出版社代管的亚洲审计组织环委会网站正式开通。

（撰稿人：张洪伟）

【金融审计司】　2017年底，金融审计司人员编制26人，实有24人。设有一处、二处、三处、四处、五处。主要职责：组织审计中央国有金融机构和国务院规定的中央国有资本占控股或主导地位金融机构的资产、负债、损益；组织审计中国人民银行、国家外汇管理局的财务收支；组织审计中国银行业监督管理委员会、中国证券监督管理委员会、中国保险监督管理委员会和全国社会保障基金理事会及上述单位下属单位的预算执行情况、决算（草案）和其他财政财务收支；开展相关专项审计调查；具体组织对中央国有金融机构和国务院规定的中央国有资本占控股或主导地位金融机构的领导人员的经济责任审计；督促被审计单位整改；指导地方审计机关金融审计业务；承办审计署交办的其他事项。

领导成员

司　　长：王志成

副 司 长：赵圣伟

　　　　　周继军（—7月，交流干部）

审计成果　2017年，金融审计司全年组织实施审计项目25个，对9家重点商业银行开展跟踪审计。查出各类违法违规问题金额1000多亿元。全年共上报审计要情18篇、重要信息要目18篇。

在2017年审计署优秀审计项目评选中，获得优秀项目5个。

国家重大政策措施落实情况跟踪审计　对中国人民银行、中国银行业监督管理委员会、中国证券监督管理委员会、中国保险监督管理委员会、国家开发银行、中国农业发展银行、中国进出口银行开展贯彻落实稳增长促改革调结构惠民生政策措施情况跟踪审计。审计聚焦中央重大决策部署和政策措施的落实，有效利用跟踪审计模式，对准问题持续发力。在中国人民银行的跟踪审计中，揭示商业银行同业业务功能异化、同业存单规模激增但“空转”迹象明显等问题，直接推动监管升级，中国人民银行向审计署专门反馈整改意见并将同业存单正式纳入监管，“虚增”性质的同业存单明显降温。在中国证券监督管理委员会的跟踪审计中，国海证券风险事件爆发后迅速出击，全面摸清全市场代持规模，指出代持正在向中小金融机构聚集，为相关部门采取有力措施处置风险提供重要参考。在政策性金融机构的跟踪审计中，针对“比特币”等虚拟货币乱象频发、风险持续积累的情况以及监管部门在开展风险处置后仍然存在短板等情况，集中反映“比特币”生产仍在持续且消耗大量电力资源、行业垄断风险积聚和下游交易向境外转移等问题，直接推动多个部门联合开展全面有序的风险处置工作。

商业银行审计　对9家重点商业银行政策落实和风险防控等情况进行跟踪审计，首次将中国邮政储蓄银行纳入审计范围。探索尝试设置综合组与各行审计组有效联动的组织模式和定期汇总、定期考核的管理模式。将“三去一降一补”等任务的落实作为重点，揭示和纠正金融领域相关部门、单位落实任务不到位的情况，深入分析体制机制因素，推动完善制度。在去产能和去杠杆方面，揭示和反映商业银行在压缩僵尸企业贷款过程中面临的制度障碍、商业银行市场化债转股因管理机制不顺畅导致议而难行等问题，为相关部门完善制度提供重要依据；针对“现金贷”无序发展、恶性事件频发的问题，集中剖析现金贷畸形的业务模式和监管方面的漏洞。国务院领导对审计成果作出专门批示，下半年出台的监管规定中，有多条举措都与审计反映的问题“精确对应”。

经济责任审计　实施中国工商银行、中国农业银行、中信集团领导人员经济责任审计。从贯彻执行国家经济金融政策和决策部署情况、公司治理和内部管理情况、业务经营合规情况、重大风险隐患情况、境外机构和境外资产运营管理情况5个方面来划分审计范围和审计分工。在界定经济责任的同时，指出部分金融机构流动性风险缺口不断增大、境外投资管理不严等问题，在防范金融风险、提高金融安全方面起到提示作用。

信息化建设　吸收商业银行、监管部门和金融审计实践对数据治理的成熟经验，综合汇总和提炼50多家大中小银行的数据库设计方案，升级商业银行审计数据标准2.0版，在9家重点商业银行范围内全面推开，为下一步集中开展数据治理奠定基础，也为进一步运用高级数据分析手段，实现可视化、自动化分析拓展出更大空间。进一步完善和固化涉众金融犯罪、证券市场典型违法犯罪活动数据分析模型，通过跨市场数据分析服务于审计实践的能力进一步提高。

相关工作　接受中央组织部、中央国家机关工委等上级党组织围绕“两学一做”学习教育常态化制度化等专题的专项调研，获得较高评价。

举办商业银行审计基础培训班、金融审计突破能力提高班和金融审计高级研讨班，提升金融审计队伍的理论素养和履职能力。在基础培训班和突破能力提高班中，大量启用金融审计司和特派办金融审计人员作为讲师分享经验，形成庞大的讲师团。

持续巩固和提升“鹿鸣金融讲堂”建设成果，探索形成“党建”“名家”“菁华”“金英”四大核心板块和主题演讲、辩论研讨等多种形式，逐步成为全署知名、全国评优的精品品牌。探索“鹿鸣讲堂”在线化，通过视频向全国特派办金融处同步直播。

注重加强与地方审计机关的上下联动，将培训向地方审计机关倾斜，进一步优化“以审代训”的组织方式，培养地方审计机关的金融审计骨干。在重点商业银行审计中，探索与北京市审计局、福建省审计厅、江苏省审计厅等地方审计机关上下联动。

注重探索与内部审计机构的内外协同，形成与重点商业银行内审部门的定期交流沟通机制，每季度组织各内审部门开展专题研讨，金融审计司牵头组织各内审部门合作编写专题丛书。

继续深化金融审计国际合作。在世界审计组织金融工作组中的作用发挥更加充分，“从参与到发声、从发声到引领”的工作思路进一步落实。

（撰稿人：熊景伟）

【企业审计司】 2017 年，企业审计司人员编制 26 人，实有 23 人。设有一处、二处、三处、四处、五处。主要职责：组织审计中央国有企业和国务院规定的中央国有资本占控股或主导地位企业的资产、负债、损益；开展相关专项审计调查；具体组织对中央国有企业和国务院规定的中央国有资本占控股或主导地位企业的领导人员的经济责任审计；督促被审计单位整改；指导地方审计机关企业审计业务；承办审计署交办的其他事项。

领导成员

司　　长：郑新举

副 司 长：赵喜林　梁璐璐

审计成果 2017 年，企业审计司（以下简称企业司）全年完成 36 户中央企业 37 名领导人员经济责任审计，牵头组织对 49 个部门和单位、31 户中央企业和金融机构开展涉企收费专项审计和对境外投资运营管理情况的专项审计。全年向国务院、中央组织部等报送专题报告、审计报告 41 篇，共编发审计要情、重要信息要目、信息转送函、移送处理书等 70 余篇，被中办、国办采用 19 篇。中央企业经济责任审计发现违纪违规问题 2000 余项。相关企业调整账目报表、完善规章制度 75 项，处理处分 149 人次。对超标准办会、购车、高档消费等问题，相关企业整改金额 5.07 亿元，同时处理处分 652 人次。建立健全相关制度 341 项。

2017 年度，牵头实施的国资委经济责任审计项目和组织实施的中国中化集团公司经济责任审计等 4 个项目获得审计署表彰。

推进《关于深化国有企业和国有资本审计监督的若干意见》全面贯彻落实 1 月，中办国办印发《关于深化国有企业和国有资本审计监督的若干意见》（以下简称《意见》）。在署党组领导下认真抓好《意见》的学习贯彻落实，坚持以习近平新时代中国特色社会主义思想为指导，深刻领会党的十九大关于建立社会主义现代化经济体系和深化国有企业改革的精神实质和深刻内涵，通过加强组织领导、分工实施、研究制定相应机制等多措并举，将《意见》精神在审计实践中紧密结合，深入落实加强国有企业国有资本审计监督工作。抓好《意见》的宣传报道，围绕社会关注热点话题，在有关媒体发布解读稿，全面准确、客观严谨地做好正面宣传报道解读，及时回应社会关切。督办指导、收集整理各地审计机关贯彻落实情况，向中央深改办报送报告。

企业审计 进一步扩大对国有企业和国有资本审计监督的覆盖面，审计企业的数量比以往年度有较大幅度增长。同时不断拓展和深化审计全覆盖的内容，审计内容涵盖企业贯彻执行党和国家重大政策措施情况，投资、运营和监管国有资本情况，贯彻落实“三重一大”决策制度情况，法人治理及内部控制情况、遵守国家法律法规、遵守中央八项规定精神和廉洁从业规定等方面，促进提高发展质量和效益，促进国有资产保值增值，推动国有资本做强做优做大，增强国有经济活力、控制力、影响力、抗风险能力。

境外国有资产审计 对中央企业境外国有资产投资、运营和管理情况开展专项审计，坚持境内核查与境外延伸调查一体化，积极稳妥、因地制宜地探索灵活多样的审计方式，组织开展核查。揭示中央企业贯彻落实“走出去”战略和推进“一带一路”建设、开展国际化经营中存在的境外投资决策不当、一些境外投资风险较高造成损失及风险等问题。

党建工作 深入学习党的十九大精神，严格落实全面从严治党主体责任，推进“两学一做”学习教育常态化制度化，以习近平新时代中国特色社会主义思想为指导，抓好各项工作的开展。党支部将学习贯彻党的十九大精神作为当前及今后一个时期首要的政治任务来抓。组织召开支部大会、支委会、党小组会集中学习14次，11名司处级党员干部分批参加署党校专题轮训班，组织党员干部积极参与“我与十九大”主题征文活动并撰写5篇学习体会。紧密结合企业审计工作实际，认真学习审计长胡泽君在审计署传达党的十九大精神大会、署党组2017年第四季度中心组学习会上的讲话精神，提出贯彻落实意见。企业司党支部进行换届选举，以支部建设为抓手，新一届党支部及时修订《企业司党支部贯彻落实全面从严治党工作分工与责任落实措施》，制订《推进“两学一做”学习教育常态化制度化实施方案》，进一步明晰支部书记、支部委员、党小组长、党员的职责和责任，形成一级抓一级、层层抓落实的工作体系。重视思想政治工作和意识形态工作，大力加强思想道德建设，抓好全司党员干部的思想政治学习教育和社会公德、职业道德、家庭美德教育，坚持不懈履行好教育党员、管理党员、监督党员的职责。及时掌握干部队伍的思想动态，了解其思想动态和工作生活困难，对家庭有困难和因病住院同志提供帮助。

相关工作 以项目实施为中心锻炼队伍，全体同志完成36户企业审计业务文书的审核、修改、报送工作，大部分年轻同志担负起骨干作用，在实战中得到学习提高。开展大数据审计，提高工作效率，坚持“数据先行”，建立数据采集、报送、管理的方法和机制，以数据分析为抓手，提高干部队伍在信息化条件下的审计能力。与电子数据审计司联合成立核心分析组，统一规划数据采集方案、总体分析，精准锁定疑点。指导各特派办在审计现场搭建分析平台，开展单户企业数据分析。

加大干部交流力度，加强领导班子和队伍建设。严格按照“实、高、新、严、细”的标准管理队伍，树立严谨的工作作风，在审计报告、信息以及督查事项的办理上严谨细致，抓好落实，全年督查事项、领导交办事项均按时办结。

制定完善《企业审计司关于进一步改进工作作风提高工作质量和效率的措施》《信息管理台账》等制度和规范。（撰稿人：郭晋红）

【外资运用审计司】 2017年，外资运用审计司人员编制15人，实有14人。设有一处、二处、三处。主要职责：组织审计国际组织和外国政府援助、贷款项目的财务收支；开展相关专项审计调查；督促被审计单位整改；对审计署国外贷援款项目审计服务中心进行业务指导；指导地方审计机关外资运用审计业务；承办审计署交办的其他事项。

领导成员

司　　长：李凤雏

副 司 长：王　成　邓国军（交流干部）

审计成果 2017年，外资运用审计司组织全国审计机关共审计国外贷援款项目273个，完成4个单位的2016年度预算执行等情况审计，开展国家重大政策措施贯彻落实情况跟踪审计，组织特派办完成世亚行贷款铁路项目审计任务。形成重要信息要目1篇，审计署移送信息1篇，编发审计长批转函1篇，被重要信息要目采用案例2个，形成审计信息转送函7篇。

中国铁路总公司政策跟踪审计项目被评选为2017年度审计署表彰审计项目。

国家重大政策措施落实情况跟踪审计 持续对中国铁路总公司国家重大政策措施贯彻落实情况开展跟踪审计。出具季度审计报告4篇，组织分析研究确立铁路总公司贯彻落实国家重大政策措施情况审计的“7610”重点审计事项，即7个拟统一组织研究和深度加工的专题、6个抓紧完善形成审计信息上报的事项、10个需进一步核查定性的事项。对23个专题事项，督促专人负责牵头组织研究、制订方案和推动落实。

预算执行审计 围绕推动部门预算和财政管理体制改革，完成求是杂志社、中国农工民主党中央、全国哲学社会科学规划办公室、台湾民主自治同盟中央委员会等4个单位2016年度等情况审计。查出违法违规和管理不规范等问题39项，涉及金额1.54亿元，提出审计建议13条。上述4家单位认真整改，出台规章制度5项，修订完善制度2项，进一步规范和加强管理。

外资运用审计 组织完成世亚行贷款铁路项目审计。在做好财务报表审计的基础上加大审计监督力度，着力揭露项目执行中存在的各类突出问题。发现建设资金管理、设备物资采购与工程建设招投标、工程施工管理与铁路运营安全、环境保护等方面的问题13项，涉及金额36.29亿元。

组织完成国外贷援款项目审计。在组织部分特派办、外资中心和各省级审计机关对273个国外贷援款项目进行审计中，发现问题1572个，涉及金额159.49亿元，审计提出建议1090条。

外资审计指导和监督 加强对地方审计机关的业务指导工作。在深入研究制定加强外资审计工作措施的基础上，制发全国国外贷援款项目审计总体工作方案，加强对地方外资审计工作的具体指导，进一步明确外资审计的总体指导思想、目标任务、主要内容和措施办法。研究部署应用审计现场管理系统，推动各地方国外贷援款项目审计的实时沟通与管理。

组织开展国外贷援款项目审计质量检查，加强审计质量控制。组织抽查6个省级审计机关外资项目审计质量，发现国外贷援款项目审计规范化操作较弱的问题仍然存在，审计发现的个别问题未完整披露，个别项目审计意见不恰当，有的事项取证不充分，个别事项审计定性表述不准确、未查深查透，以及部分伞形项目审计管理有待加强等问题。

审计科研 翻译《世界银行亚洲开发银行贷款项目审计指南》，组织《国外贷援款项目财务报表审计技术方法研究》《世界银行贷款项目采购后审研究》等专题研究，按季度定期编撰4期《外资资讯》，形成研究成果《关于开展推动形成全面开放新格局相关问题研究情况的报告》。

相关工作 加强外资审计业务培训，举办外资审计人员工程投资基础班、授权审计项目管理研讨班和外资审计人员高级培训班，得到财政部、世界银行、亚洲开发银行的积极配合。在提升外资审计人员查处问题意识和查办案件能力的同时，为今后进一步加强外资审计工作提供保障，也为各省级审计机关提供外资审计师资力量。

注重外资审计干部培养，鼓励和推动司内人员全面参与外资审计工作发展的规划、重要工作的部署等重大事项研究。推动成立审计实务导师组，指导结合实际制订导师组工作方案，开展“审计问题查证技巧”“审计质量控制”等专题活动。推动多岗位交流，1人到企业挂职、1人在特派办挂职，以期锻炼干部综合能力。

利用“思与新”微信平台，开辟“十九大精神学习”“《大众哲学》每日学”“一日一英语”“每周一文”“一旬一数学”“一月一案例”等多个栏目，开展经常性互动式学习。

（撰稿人：李　双）

【境外审计司】 2017年，境外审计司人员编制14人，实有11人。设有一处、二处、三处。主要职责：负责境外审计的归口管理；组织和协调对国家驻外非经营性机构的财务收支的审计工作；组织和协调以适当方式对中央金融机构和国有企业的境外资产、负债和损益的审计工作；组织开展受托对国际组织的相关审计工作；开展相关专项审计调查；督促被审计单位整改；指导地方审计机关境外审计业务；承办审计署交办的其他事项。

领导成员

司　　长：陈达时

副 司 长：胡学文

审计成果 2017年，境外审计司履行境外审计归口管理职责，推动构建境外审计监督长效机制，扎实开展境外国有资产审计监督，参与组织实施境外国有资产审计项目1个，具体实施中央部门预算执行审计项目2个，组织实施国际机构审计项目1个。

预算执行审计 实施2家中央部门2016年度预算执行等情况审计。审计揭示出有关部门政府采购、会议费管理、书画作品管理、财务核算不规范等问题，相关部门对审计结果高度重视，组织进行积极的整改。审计结果被2篇重要信息要目和1篇审计署信函采用。

境外国有资产审计 参与组织实施境外国有资产投资运营和管理情况专项审计，项目结合36户中央企业和3户中央金融企业领导人员经济责任审计同步实施。组织中央企业数据采集和分析工作，制订并下发数据采集和分析方案，为制订审计实施方案和现场审计提供重点更突出、疑点更聚焦的导航支撑；牵头研究起草专项审计操作指引，印发各特派办执行；引导各审计组深度揭示和分析境外业务存在的突出问题，有针对性地研究提出意见建议；坚持境内审计与境外审计统筹规划，主要立足境内，并在遵循境内外法律法规的基础上，组织审计组赴境外进行专项核查；会同相关业务司汇总审计结果，抓好审计成果的综合利用工作。通过参与组织和实施境外国有资产专项审计，揭示部分国有企业及其境外单位在贯彻落实走出去战略和"一带一路"建设政策措施、境外投资决策和经营风险管控、境外业务中介费等资金管理、境外矿产资源管理、产权管理等方面存在的一系列重大问题，提出完善体制机制方面的意见建议，编写重要信息要目 6 篇。

境外国有资产审计制度建设 参与研究起草《2017 年关于深化国有企业和国有资本审计监督的若干意见》（以下简称《意见》），于 1 月以中办、国办文件印发。《意见》要求加大境外国有资产审计力度，建立健全境外国有资产审计监督机制，为开展境外审计监督提供重要制度保障。根据中央关于改革援外工作的部署和要求，研究提出审计署加强援外资金审计监督、完善援外资金审计监督长效机制方面的规范性意见。

国际组织审计 受科技部委托，继续派员担任国际核聚变能源计划组织财务审计委员会轮值主席，牵头对该组织进行审计。审计中按国际规则办事，注重将法治思维和中国审计理念运用于审计实践，履行好国际义务，展示中国审计形象，审计成效得到该组织理事会和管理层的充分肯定，圆满完成为期两年的轮值主席任期职责。

业务指导 对 3 个副省级以上地方审计机关境外审计工作开展情况进行实地调研，了解情况，分析问题，围绕境外审计工作开展情况和取得的成效、遇到的困难和问题，以及对境外审计工作的启发和建议等，向署领导上报调研报告。5 月中旬，派员随副审计长秦博勇出席山东省审计厅组织召开的全省境外审计工作座谈会，对该省境外审计工作开展情况进行调研和指导。牵头研究起草《国有企业境外国有资产审计操作指引（试行）》，重点围绕"审什么"和"怎么审"，梳理归纳审计目标、审计内容、审计方式方法、组织管理等，为审计人员实施国有企业境外国有资产审计提供操作指引。加强对境外审计案例、境外审计中运用大数据技术等方面的总结提炼，相关研究成果被审计署以不同方式采用。

相关工作 连续第 3 年选派 1 人借调联合国秘书处，连续第 2 年选派 1 人出国留学深造，选派 1 人赴特派办交流。加强审计实战锻炼，注重让年轻同志多参加审计项目并担任主审，提升全司干部的专业能力和专业素养。全司党员干部认真执行个人有关事项报告制度，加强对干部因私出国（境）管理，严格执行考勤制度、会议纪律等各项纪律制度，强化干部遵纪守规意识。切实加强保密安全工作，健全司内保密安全工作机制，组织全司人员签订履行社会治安综合治理工作目标管理责任承诺书、保密承诺书，把责任落实到每个人和每个工作环节。采取警示教育、支部学习等方式开展教育培训，组织 5 次支部党员大会和 4 次司务会议，传达保密安全等文件精神，部署检查工作，加强司内日常检查，每月组织一次计算机和涉密文件保密自查。强化制度建设和基础管理工作，对司内原有 18 项制度规定进行两次清理、修订和完善，设立司内督办台账，健全司内重要事项督办制度。加强文件流转、档案管理等基础性工作，不断提升工作规范化水平，确保责任到人、落实到位。 （撰稿人：梁　晶）

【经济责任审计司】 2017 年，经济责任审计司人员编制 19 人，实有 18 人。设有一处、二处、三处、四处。主要职责：负责经济责任审计的归口管理；承担经济责任审计行政法规草案、规章制度的起草工作；组织和协调经济责任审计工作；组织对审计署直属单位和驻地方特派员办事处以及省级审计机关主要负责人实施经济责任审计；指导地方审计机关的经济责任审计业务；承担中央经济责任审计工作部际联席会议有关工作；承办审计署交办的其他事项。

领导成员

司　　长：胡利民

副 司 长：李珊珊（1 月—）　庞淑芬

工作综述 2017 年，在署党组的领导下，在分管署领导的带领下，经济责任审计司以习近平新时代中国特色社会主义思想为指导，扎实推进"两学一做"学习教育常态化制度化，按照署党组要求，坚持“全面推进、突出重点、健全制度、规范管理、提高质量、深化发展”的工作思路，履行中央经济责任审计工作部际联席会议办公室和审计署经济责任审计工作领导小组办公室（以下简称“两个办公室”）工作职责，开拓进取、扎实工作，顺利完成各项工作任务。

“两个办公室”工作 完成中央经济责任审计工作部际联席会议召集人调整事宜，组织召开中央经济责任审计工作部际联席会议第七次全体会议及其办公室会议，印发《2017 年经济责任审计工作指导意见》。协调组织署有关司局赴联席会议成员单位，听取 2017 年省部级党政主要领导干部和中央企业主要领导人员的意见建议，组织做好关于中央企业负责人经济责任审计职责分工等事宜的沟通协调，研究做好经济责任审计和领导干部自然资源资产离任审计项目统筹，完成个别审计项目终止工作等。

根据审计全覆盖要求，科学制订 2017 年经济责任审计计划及 2018 年经济责任审计计划初步建议，全面推行地方党政主要领导干部同步审计，首次对地方司法机关主要负责同志开展经济责任审计。定期更新维护审计对象数据库，摸清审计对象底数，并向国务院报送署经济责任审计对象情况。

积极推动结果运用，向中央组织部分类别报送 2016 年中管干部经济责任审计结果分析材料、整改情况分析报告，以及党的十八大以来全国经济责任审计结果运用经验总结等材料，推动经济责任审计整改结果作为干部考核考察的重要内容。中央组织部依据 2016 年经济责任审计结果，对部分中管干部进行提醒谈话。

经济责任审计制度建设 负责《党政主要领导干部和国有企业领导人员经济责任审计规定》修订的具体组织工作，先后分 5 轮征求意见 600 余次，分层次组织召开 5 次座谈会，当面听取 14 名审计对象意见。在此基础上完成修订稿，报国务院和中央改革办审核。研究制定《审计署经济责任审计报告复查复核工作暂行规定》《审计署经济责任审计结果文书等材料报送办法》，修订《审计系统内部管理领导干部经济责任审计规定》。审计实践中试行《地方党政主要领导干部经济责任审计指南》等规范性文件，编写《经济责任审计读本》《经济责任审计 100 问》。

经济责任审计 组织实施署经济责任审计项目，其中 2 个项目被评为署优秀审计项目。组织实施审计系统领导干部经济责任审计项目，共对 8 名审计系统领导干部开展经济责任审计，其中省级审计机关主要负责人 6 人、特派办特派员 2 人。通报近 3 年省级审计机关主要负责人经济责任审计的相关情况。做好经济责任审计业务文书的复核会审，共计复核会审近 70 份经济责任审计结论性文书，着力提高经济责任审计质量。

预算执行审计 按照审计“一盘棋 ”的工作安排，组织实施 3 个民主党派年度预算执行审计项目，办理审计信息转送函 1 份，并对以上项目的整改情况进行跟踪检查。

党建工作 加强政治建设，牢固树立“四个意识”。党支部组织党员深入学习贯彻党的十八大、十八届历次全会和十九大精神，支持自主学习与脱产学习相结合，全年共计 14 人次参加党建专题培训学习班。加强组织建设，提升支部凝聚力和战斗力。完成增补支部委员工作，严格落实“三会一课”、谈心谈话等制度，全年召开党员大会 9 次、支部委员会 15 次、党小组会 42 次、党课宣讲 7 次、主题党日活动 5 次、临时党小组活动 4 次，充分发挥基层党支部战斗堡垒作用。加强党风廉政建设，增强规矩意识。建立支部党员干部勤政廉政档案，设立审计项目廉政监督员，扎实开展“以案释纪明纪，严守纪律规矩”主题警示教育月活动。强化整改落实，加强内部管理。对于巡视、督导发现的问题，建立整改台账，及时制订整改方案，逐件逐项整改落实。

相关工作 举办 2017 年经济责任审计高级研讨班，组织署有关司局、特派办、地方审计机关 70 人参加研讨，邀请中央组织部和国研中心有关专家授课，做好新时代经济责任审计工作的顶层设计，提升经济责任审计工作规范化水平。加强对地方经济责任审计工作的调研指导，参加署领导带队、联席会议成员单位相关人员参加的调研组，赴 9 地开展联合调研，了解基层第一手素材，帮助解决存在的问题和矛盾。编发《经济责任审计工作通讯》4 期，宣传经济责任审计行之有效的经验做法。

对外合作交流 派员为缅甸、泰国、厄立特里亚等国际审计培训班授课，派员参加香港华人会计师工会和非洲法语国家审计高级研讨班交流，派员前往坦桑尼亚、秘鲁参加世界审计组织会议等，宣传经济责任审计。（撰稿人：王　祥）

【国际合作司（港澳台办公室）】 2017年，国际合作司（港澳台办公室）人员编制19人，实有17人。设有一处、二处、三处、四处。主要职责：组织开展与世界审计组织、区域审计组织的交流和合作，承担国际审计组织的相关工作；组织开展与外国审计机关的交流和合作，协调实施与外国审计机关的合作项目；开展审计涉外宣传工作；开展国际政府审计动态研究；负责审计署机关及所属单位的港澳台事务和日常外事工作；承办审计署交办的其他事项。

领导成员

司　　长：姜海鹰

副 司 长：周文华　朱伟定

副司级巡视员：赵　兵

工作综述 2017年，在署党组的正确领导下，国际合作司（港澳台办公室）（以下简称国际司）坚持以党建为抓手，通过党建促业务，着力贯彻十九大报告精神和习近平新时代中国特色社会主义思想，开拓进取，审计外交全方位拓展，水平不断提高，中国审计的国际地位继续加强，影响力不断扩大，中国审计对外交流呈现出更加主动、更加自信、更加成熟的大国特色。全年共审批因公出国（境）团组62个，因公出国（境）272人次，接待来访团组24个（正式访问6个），人数309人（正式访问44人），其中接待部级以上代表团14个（部级以上国外审计机关领导人26人）。

筹备亚洲审计组织秘书长工作 2月，在印度尼西亚举办的亚洲审计组织理事会第51次会议上，中国审计署成为该组织2018—2021年秘书长唯一候选人，将在2018年亚洲审计组织第14届大会上正式接任秘书长职位。中国审计署接任亚洲审计组织秘书长筹备工作稳步开展。

多双边审计交流 2017年，审计外事工作积极践行中央外交方针和理念，通过国际审计多双边舞台，引领审计发展和全球治理的前进方向，在亚洲审计组织、世界审计组织等国际组织发挥重要的建设性作用。审计长胡泽君率团赴奥地利出席世界审计组织理事会第70次会议；副审计长孙宝厚赴巴西参加世界审计组织职业准则委员会会议，并顺访加拿大；副审计长秦博勇赴美国参加世界审计组织环境工作组指导委员会会议，并顺访厄瓜多尔；副审计长陈尘肇赴丹麦参加全球审计领导人会商机制，并顺访瑞典；中央经济责任审计工作联席会议办公室主任、审计署党组成员张通赴秘鲁参加《利马宣言》颁布40周年研讨会暨第7次国际反腐败大会；副审计长袁野访问古巴、墨西哥；总审计师李晓钟访问越南、柬埔寨。在各次出访期间，大力推动审计领域各种合作机制建设，交流总结审计理论和实践经验，积极引导国际政府审计领域增进对中国特色社会主义道路、理论、制度、文化的理解和认同。

作为世界审计组织大数据工作组主席，中国审计署5月在南京举办世界审计组织大数据工作组第一次会议，来自18个国家的50余名代表参加会议。

作为世界审计组织多个工作组成员，中国审计署履职尽责，参加世界审计组织政策财务与管理委员会、知识共享委员会、职业准则委员会合规审计分委员会、金融现代化与监管改革工作组、IT审计工作组、国家关键指标工作组、最高审计机关责任与作用工作组、公债工作组、反腐败反洗钱工作组会议，联合国与世界审计组织研讨会、联合国2030可持续发展议程准备工作审计会议、世界审计组织能力建设委员会年度会议和世界审计组织捐助机构合作指导委员会会议等活动，以及非洲审计组织大会、东盟审计组织大会、欧洲审计组织环境审计工作组会议等其他地区审计组织会议，深度参与国际审计组织各领域工作，在国际舞台积极发声，广泛交流，发挥重要影响力。

切实执行双边协议并出席机制性国际审计交流活动。在华举办中国—印度、中国—科威特审计研讨会。有计划接待泰国、马尔代夫、老挝、印度尼西亚等国最高审计机关代表团，并与巴基斯坦和塔吉克斯坦签署合作谅解备忘录。派员参加首届金砖五国最高审计机关工作层会议、圣彼得堡国际经济论坛、中日韩工作层会议。

审计对外援助 6月，“一带一路”沿线国家审计研修班举办，17个国家和地区的39名审计人员参加，受审计长胡泽君委托，副审计长秦博勇在开幕式致辞，并为全体学员做专题讲座。

7月，“一带一路”中东欧地区高级审计研讨班举办，7个国家的14名代表参加研讨。审计长胡泽君会见参会外宾并致辞；副审计长秦博勇出席开班仪式并做专题讲座。

12月，非洲法语国家高级审计研讨班举办，9个国家的16名代表参加研讨，审计长胡泽君作专题讲座并与参会人员交流，副审计长秦博勇、袁野，总审计师李晓钟参加相关活动。

应各国最高审计机关请求，为泰国和缅甸两国分别举办审计培训班，各有25人参加。派出专家赴匈牙利、越南、秘鲁、泰国、厄立特里亚等国开展审计培训授课，介绍中国审计署在审计工作方面成功经验。

继续做好中国政府审计奖学金留学生工作。审计长胡泽君在京会见在南京审计大学就读的48名2016级中国政府审计奖学金留学生。2017级中国政府审计奖学金项目正式开班，面向41个国家招收学员60名。

为进一步提高审计对外援助培训的质量和效果，国际司选拔审计对外援助培训讲师50人，初步建立起对外讲师师资库，为培养一批熟悉审计业务、适应国际话语体系的对外援助培训讲师、加强中国审计署国际审计师资队伍建设打下坚实基础。

港澳台审计交流 履行港澳台事务办公室职能，继续做好对港澳地区审计交流，在一个中国原则下妥善处理好对台审计交往。接待香港华人会计师公会访京团；协调组织“2017海峡两岸暨港澳地区审计理论与实务研讨会”；为20人办理赴澳门、香港境外审计团组工作手续，确保境外审计任务顺利执行。此外，按照国务院港澳办要求，停止委托深圳市外办办理审计署驻深圳特派办因公赴港澳手续，将该权限收回统一管理。

对外宣传 注重审计署英文网站的更新和维护，对重要政策信息、重大审计事项、重要审计成果及时翻译上网，增强信息的针对性和时效性，并采取措施确保十九大期间署英文网站的安全运营；组织《中日韩审计机关工作层会议论文集》和《最高审计机关国际准则》的翻译校对和编纂工作；积极向世界审计组织和亚洲审计组织刊物投稿。

因公出国（境）管理 国际司严格根据工作需要安排因公临时出国、务实节俭安排因公临时出国活动，实行因公临时出国信息公开与成果共享，严格行前公示和经费开支多重审核制度。加强廉政和保密教育，强化出国纪律教育工作。全年办理护照191本、签证158份、港澳签注20份，无丢失证照或拒签情况。（撰稿人：席海昕）

【机关党委（人事教育司）】 2017年，机关党委（人事教育司）人员编制44人，实有39人，另有交流干部4人。设有办公室、组织一处、组织二处、组织三处、组织四处、组织五处、宣传处、教育处和监督处。主要职责：承办署党组全面贯彻落实党中央关于坚持党的领导，全面从严治党，强化党内监督的各项举措，落实好署党组加强党的建设的各项要求；宣传、执行党的理论和路线方针政策；负责署机关、派出机构和直属单位的干部人事、机构编制、教育培训等工作；承办协管省级审计机关负责人的有关事项。

领导成员

常务副书记、司长：胡大华

副 司 长：刘小丽　张　俊

巡 视 员：刘小丽（兼）

副巡视员：王雅静

工作综述 2017年，在署党组的领导下，机关党委（人事教育司）认真学习贯彻党的十八大和十八届三中、四中、五中、六中全会精神，深入学习宣传贯彻党的十九大精神，以习近平新时代中国特色社会主义思想为指导，切实增强“四个意识”，以机关党委工作机构与干部人事部门合署办公为契机，按照“抓党建、促发展、带全局”的工作思路，促进机关党建和干部人事工作不断融合，夯实机关党建基础，加强班子和队伍建设，进一步落实全面从严治党主体责任，提升审计干部队伍素质，各项工作取得新进展。

全面从严治党 印发《审计署2017年全面从严治党工作要点》。举办全国审计机关深入学习贯彻党的十八届六中全会精神认真落实全面从严治党主体责任和监督责任学习班，制订《审计署学习宣传贯彻党的十九大精神工作方案》。做好全署党员干部学习传达会、党组中心组学习（扩大）

会、专题学习会和中宣部专家来署授课辅导的服务工作，配发党的十九大系列学习资料，举办5期司处级干部学习贯彻十九大精神集中轮训班。

印发《关于推进“两学一做”学习教育常态化制度化实施方案的通知》，举办10期学习贯彻党的十八届六中全会精神，强化“四个意识”专题培训班，全署司处级干部参加学习培训。将黄大年、廖俊波先进事迹纳入常态化制度化学习教育内容并提出明确要求。配合署管媒体开展“坚定理想信念，做最美审计人”主题巡展活动。结合工作调研、干部考察、民主生活会督导和年度考核等工作，对各基层党组织经常性学习教育开展情况进行随机调研或督导，跟踪问题整改和长效机制建立情况。

贯彻落实《县以上党和国家机关党员领导干部民主生活会若干规定》，协助组织13个督导组对署各单位民主生活会进行督导。加强临时党组织建设，要求现场审计时间在1个月以上的审计组必须建立临时党支部。严格标准条件，任免基层党组织负责人111人次。举办基层党组织书记培训班。组织各单位党委（机关党委）、党总支（支部），驻署纪检组党支部书记共68人向署机关党委述职，其中16人到署机关参加审计署首次现场述职评议考核。

做好失联党员规范管理和组织处置。完善换届台账，健全按期换届提醒督促机制，严格换届选举报批程序。开展党费收缴工作专项检查和社会组织“两个覆盖”自查。建立党代表和党员违法违纪通报和及时处理工作机制。加强基层党建工作经验总结和创新，2个单位报送的“严格组织生活工作法”被中央国家机关工委评为优秀和示范工作法，4篇党建信息化理论征文和3篇案例受到表彰，党建工作经验在全国机关党建理论研讨会上作交流发言。健全党员电子身份信息，对全署党员信息做到应采尽采，引导各基层党组织利用微博微信等移动客户端服务机关党建。

干部选拔任用　修订《审计署司处级干部选拔任用办法》，借鉴中央十九届“两委”人选的产生和地方省级党委换届考察的经验做法，将民主推荐的会议推荐主体扩大至全体副司局级以上干部，谈话推荐主体扩大至各单位主要负责同志。选取个别特派办试点，采取“先个别谈话推荐，后会议推荐”的民主推荐方式。2017年，全署共选拔任用34名司（局）级干部，署机关选拔任用6名处级干部，指导13个特派办开展处级干部选拔任用工作。

干部考录、调配和交流　全年新录用公务员106人，接收军转干部9人。从新疆、西藏、四川等6个中西部地区审计机关和南京审计大学接收36人到特派办参加审计实践锻炼。选派80人进行交流及挂职。接收5名中西部省份干部到署机关挂职，接收地方审计机关1人到署机关挂职。

干部考核监督　修订《审计署各单位领导班子和领导干部年度综合考核办法》。结合年度考核发现的问题，对5个特派办、6个派出局主要负责人进行提醒谈话。做好个人有关事项报告及查核工作，贯彻执行新修订的《领导干部报告个人有关事项规定》和新制定的《领导干部个人有关事项报告查核结果处理办法》，全署填报不准确的人数占比显著降低。做好群众来信核查工作，将提醒、函询和诫勉情况作为领导干部考核、任免、奖惩的重要依据。开展干部选拔任用工作“一报告两评议”、领导干部选拔任用工作离任检查工作，实施干部兼职、“裸官”、超职数配备干部自查等专项整治工作。

地方审计机关改革试点　开展地方审计机关机构编制和人员状况的全面摸底调查。会同署内相关单位组织开展对7省市改革试点情况的深入调研及督察工作，进一步明确改革的方向、路径和重点。完善厅局级干部信息库，研究并提出对24个省（区、市）审计厅（局）61名领导班子成员职务任免的答复意见。

教育培训　编制并组织落实全署培训规划、年度培训项目计划，做好中央组织部调训和专题研修、党校班学习、境外培训和奖学金项目人选推荐等工作。协助署党组选派省部级干部参加中央组织部调训8人次，选派司局级干部参加中央组织部调训49人次，参加专题研修33人次，选派处级干部参加中央组织部调训3人次。组织、选派5名党员干部参加中央党校中央国家机关分校学习。组织推荐14人参加3个境外奖学金项目申请，18人参加人力资源社会保障系统双证公共管理硕士（MPA）研究生班申请。开展教材、培训理论研究等培训基础建设工作。

组织开展2017年度审计专业技术资格考试和高级审计师评审，开展直属单位职称委托评审工作。申报专业技术人才知识更新工程高级研修项目，办理审计干部教育学院向人社部申报专业技术人员继续教育基地相关工作。

组织开展审计学科建设征文及研讨活动。开展全国审计专业硕士培养工作问卷调查。开展审计科研所博士后工作站申请独立招收博士后、南京审计大学第五届审计长奖学金人选审核、博士服务团成员推荐考核等相关工作。

审计职业化建设 贯彻落实《关于深化职称制度改革的意见》的要求，对高级审计师评审人员范围、条件等进行调整，组织开展高级审计师评审委员会委员调整工作。

文明创建和群团工作 制定2017年审计机关精神文明建设工作指导意见，修订《审计署精神文明建设工作规定》。组织推荐申报全国文明单位，审计干部培训中心（审计宣传中心）被评为"首都文明单位"，审计署计算机技术中心继续保持"首都文明单位标兵"称号。开展署内文明创建活动和文明单位评选复查工作，9个单位被评为司局级文明单位，11个单位继续保持文明单位称号。组织"根在基层·精准扶贫"调研实践活动。在2017—2018年度全国青年文明号申报评选中，审计署2个处室被纳入中央国家机关团工委申报范围。举办"弘扬优良家风"主题故事会，组织参加中央国家机关"图说家史"活动，4名同志获奖，审计署获最佳组织奖。组织女干部积极参加"恒爱行动"，为贫困地区儿童奉献爱心。

其他工作 做好审计署推选出席党的十九大代表候选人预备人选和中央国家机关党代表会议代表人选的具体工作，全署党支部参与率100%，党员参与率99.77%，比十八大代表推荐提名时的党员参与率提高1.43个百分点。配合中央考察组做好十九届中央委员、中央纪委委员推荐考察，配合中央组织部开展审计署领导班子2016年年度考核及"一报告两评议"。

对河北顺平、贵州丹寨、江西会昌等3个县振兴发展有带动性和关键性作用的项目进行重点帮扶。投入137.26万元用于3个贫困县的基层党组织活动场所修缮以及党员教育设施更新。举办江西省赣州市县处级领导干部专题培训班。协调中国地质调查局在顺平和丹寨开展地质调查。制作展板参加中央国家机关定点扶贫工作成果展并组织全署干部参观学习。报送扶贫工作信息《审计署积极推动财政专项资金整合，努力探索扶贫开发新模式》，国务院扶贫开发领导小组副组长，国务院扶贫办党组书记、主任刘永富同志批示"在全国推广宣传"。

协助署党组举办四个季度的中心组学习会和专题学习会。组织召开各单位主要负责同志述责述廉述党建视频会议，具体承办署老领导、署机关相关单位、地方审计机关部分领导同志参加的"审计机关深入推进全面从严治党座谈会"会务工作。完成中央巡视选人用人专项检查问题整改报告、党的十八大以来审计署干部队伍建设情况报告、审计署选人用人经验材料等重要文稿和材料的起草报送工作。

加强合署办公后新机构的自身建设，组织开展公务员信息建库和统计工作等。组织参加并获得全国党建研究会机关专委会和中央国家机关党建研究会的党建课题研究优秀成果奖。组织完成《审计署特派办处级干部成长路径分析研究》《公务员专业素养》课题研究工作，前者在中组部办公厅、国家公务员局综合司联合组织的评审中获得优秀奖。

（撰稿人：周巍巍）

【机关纪委（巡视工作办公室）】 2017年，机关纪委（巡视工作办公室）人员编制15人，实有14人（含交流干部3人）。设有综合室、纪律审查室、巡视督查室。主要职责：承办署党组全面贯彻落实党中央关于党风廉洁建设和反腐败斗争的各项要求；坚持把纪律挺在前面，强化监督责任，负责署机关、派出机构和直属单位的纪检监察工作；负责对署党组派驻纪检组组长进行日常联系和业务指导，组织开展署内巡视等工作；接受中央国家机关纪工委的领导、中央纪委驻审计署纪检组的业务指导和监督检查。

领导成员

机关党委副书记、机关纪委书记：王　刚

机关纪委副书记：刘森标

巡视工作办公室副主任：刘　贝

工作综述 2017年，机关纪委（巡视工作办公室）认真学习贯彻党的十八届六中全会和十八届中央纪委七次全会精神，深入学习贯彻党的十九大精神，主动扛起政治责任，强化监督执纪问责，切实履行机关纪委、党风廉政建设领导小组办公室和巡视工作办公室职责，结合审计工作实际，在探索中实践提高，各项工作稳步推进。

学习贯彻党的十九大精神 根据中央统一部署和署党组安排，按照学懂弄通做实要求，认真学习贯彻习近平新时代中国特色社会主义思想，切实把思想和行动统一到十九大精神上来。组织全体党员干部全程参加署党组部署的各项学习安排，原原本本学习党的十九大报告原文，联系实际深入思考；坚持每周安排半天支部集体学习，分专题系统深入学习报告精神，分享学习体会收获；与驻署纪检组、京津冀特派办机关纪委赴天津市廉政教育基地——新中国反腐败第一大案展览馆开展主题联学，结合学习贯彻落实党的十九大对全面从严治党提出的新要求，交流心得体会；支部负责同志以“深入学习宣传贯彻党的十九大精神，加强纪律作风建设，做正风肃纪的模范和先锋”为题讲授专题党课，启发学习思考，提出落实措施。召开署机关纪委全委会集体学习，纪委委员结合所在单位和机关纪检工作实际谈体会，提出贯彻落实意见建议；对署党组派驻纪检组长和特派办机关纪委先学一步深学一层提出具体要求，推动所在单位党员干部学习；会同驻署纪检组调研检查各基层党组织和党员干部学习情况，总结经验查找问题，督促落实各项学习部署安排。

建立健全机关纪检工作制度机制 为进一步强化审计署机关党委的纪检工作，报经中央有关部门同意，3月，中共审计署党组下发《关于机关党委工作机构与干部人事部门合署办公的通知》，单独设置机关纪委，整合划入巡视工作相关职责，加挂巡视工作办公室牌子，机构名称为“机关纪委（巡视工作办公室）”。机构正式组建后，立即对机关纪检工作各项制度进行建立和完善，明确工作机制、职责定位、责任分工等，理顺工作关系。修订《审计署党风廉政建设工作规定》《中共审计署党组关于落实〈中国共产党问责条例〉的实施办法》《中共审计署党组关于贯彻落实监督执纪“四种形态”的指导意见》《中共审计署党组关于进一步完善履行全面从严治党责任强化党内监督议事协调机制的实施意见》，制定《中共审计署机关纪律检查委员会全体委员会议事规则》《审计署机关纪委（巡视工作办公室）工作规则》《审计署机关纪委监督执纪工作规程》等制度规定，建立执纪监督（案件监督管理）、执纪审查和案件审理相互分离、相互制约监督的工作机制，有序推进监督执纪制度化、规范化。

履行监督职责 开展经常性纪律教育，坚持运用好监督执纪“四种形态”，不断强化监督执纪问责，督促党员遵守党章党规党纪，督促各单位基层党组织和全体党员干部执行党的路线、方针、政策和决议，督促各单位领导班子严格落实署党组决策部署。开展“以案释纪明纪，严守纪律规矩”主题警示教育月和廉政教育“五个一”活动，组织各级党组织累计开展警示教育350多次、党课教育450余次，撰写廉政感言1000余篇；开展新录用公务员、新任处级干部、出国团组纪律提醒和廉政培训，提高审计人员政治意识、责任意识和纪律观念。督促各派驻纪检组长组织对驻在单位开展“聚焦防范化解重大风险”债务审计情况进行专项检查，关注各单位在打好防范化解重大风险、精准脱贫、污染防治三大攻坚战相关重点审计项目中的资源配置、人员安排、工作进展和取得成效等方面的情况，约谈相关负责同志，提出工作要求。建立信访举报工作管理制度，严格程序进行处理，对各特派办收到的信访举报和问题线索集中统一管理，实时跟踪办理过程，加大工作指导力度，提出明确意见，对拟办结问题线索和案件严格审核把关，进行书面审理。2017年共收到信访举报38件（含重复件），了结、办结19件问题线索，其中署机关纪委立案审查1件、诫勉谈话1件、了结7件、暂存1件，初步核实后转特派办机关纪委立案审查并处分1件、了结7件、批评教育1件。截至年底，共给予5人党纪处分，其中司局级干部1人，处级及以下干部4人。

正风肃纪 按照署党组部署要求，对十八大以来署贯彻落实中央八项规定精神、加强作风建设的情况进行梳理，总结经验，提出建立健全作风建设长效机制的意见建议，及时向中央国家机关工委、署党组提交报告。组织全署各单位对2017年以来公款购买消费高档白酒问题进行集中排查，组成6个检查组对21家单位重点抽查。针对“四风”问题易发多发期，一个时间节点一个时间节点地抓，每逢元旦春节、五一端午、中秋国庆等重要节日，在署集中休假期间，利用署专网OA（审计管理系统）、署机关电子显示屏、短信、微信和手机App等多种方式进行廉政提醒，重申关于严禁节假日期间公款赠送节礼、公款旅游、公款吃喝、违规发放津贴福利等纪律要求。开通举报渠道，公开受理对署管干部违反中央八项规定精神问题和“四风”问题的举报，密切关注“四风”新动向。

推进巩固巡视整改成果 为持续推进中央专项巡视和署内部巡视发现问题整改，巩固拓展巡视整改成果，对各单位党组织巡视整改情况进行督查。在组织全署69家单位党组织对照署党组和本单位整改方案开展自查的基础上，会同办公厅、机关党委（人教司）、驻署纪检组等署巡视工作领导小组成员单位，组成5个督查组，对农业审计司、建设审计局、沈阳特派办、干部教育学院等17家单位开展现场督查，与260多名党员干部进行个别谈话，督促整改、巩固成果。

纪检干部队伍建设 坚持打铁必须自身硬，通过专题培训、全员轮训、以案代训等形式，提升能力素质，锤炼纪检队伍。9月，审计署举办首期纪检干部培训班，署党组派驻纪检组长、署机关纪委委员、各基层党组织纪检委员、特派办机关纪委书记、署机关纪委全体人员等专职兼职纪检干部97人参加培训。探索完善署党组派驻纪检组长工作述职制度，督促强化落实监督责任。按照“两个为主”的要求，严格对特派办机关纪委书记的提名、考察、任免程序，确保将最合适的干部选进纪检队伍。（撰稿人：赵广礼）

【离退休干部办公室】 2017年，离退休干部办公室人员编制15人，实有14人。设有综合处、服务一处、服务二处。主要职责：负责署机关、派出审计局离退休干部工作；指导驻地方特派员办事处和审计署直属单位的离退休干部工作；承办审计署交办的其他事项。

领导成员

主　任：陈　音（—11月）

副主任：宫雁军

工作综述 2017年，离退休干部办公室（以下简称离退休办）在署党组的正确领导下，以习近平新时代中国特色社会主义思想为指导，深入学习贯彻习近平总书记治国理政新理念新思想新战略，认真贯彻全国老干部工作“双先”表彰大会和全国老干部局长会议精神，深入贯彻《关于进一步加强和改进离退休干部工作的意见》精神，坚决贯彻署党组决策部署，紧紧围绕审计工作中心，服务审计事业大局，以加强基层党组织建设和思想政治建设为抓手，认真落实离退休干部“两项待遇”，较好地完成年度各项工作任务。

离退休干部的党建工作 离退休办领导班子和党总支在机关党委的领导下，扎实开展党建工作。组织离退休干部各党支部，扎实推进“两学一做”学习教育常态化制度化。深入学习党章、《中国共产党廉洁自律准则》《中国共产党纪律处分条例》等党内法规和《习近平总书记系列重要讲话读本》等书籍，认真开展讨论交流。在离退休干部中开展“畅谈十八大以来变化，展望十九大胜利召开”和“建言十九大”活动，请署党组成员、副审计长孙宝厚为署机关全体离退休干部作“十八大以来审计工作的发展变化”专题宣讲报告。先后组织开展知识竞赛答题、参观生态农业园和民俗文化体验项目，举办“喜迎十九大 感恩庆重阳”诵读会、审计老兵“微感怀微建言”等活动，持续营造喜迎十九大的浓厚氛围。

十九大召开之后，在党总支的组织安排下，离退休干部各党支部结合老同志实际，学习党的十九大精神，采取读原著、讲党课、送学上门、座谈交流、开展知识竞赛答题、参观“砥砺奋进的五年”大型成就展、撰写心得体会等多种方式，迅速掀起学习热潮。

严格执行中央八项规定精神，在离退休干部新春团拜会、主题参观、重阳节诵读会等活动上，坚决杜绝形式化、娱乐化、庸俗化等不良倾向。充分利用党总支会、季度例会、支部委员会、党员大会等时机，抓住节假日、重大活动等关键节点，加强警示教育和思想引导，使离退休干部切实把落实中央八项规定精神化为自觉行动。

组织全体离退休党员认真填报《党员基本信息采集表》《离退休党员个人事项报告表》《退（离）休干部在社会团体兼职情况报告表》，强化离退休党员的组织纪律观念。

落实离退休干部政治待遇和生活待遇 贯彻中央关于离退休干部工作的方针政策，落实重要文件报刊阅读、重要情况定期通报制度。年初组织召开2016年度审计工作情况通报会，党组成员、副审计长孙宝厚代表署党组向全体离退休干部通报2016年度审计工作情况。

全年向各党支部及全体离退休干部发放学习书籍20次，共计2760册，组织离退休干部参加中央组织部、中央国家机关工委组织的专题辅导报告会6次。支部联系人走访慰问离退休干部274人次；巡诊离休干部48人次；保障12名离休干部顺利完成年度体检工作；为28名70岁以上的老同志生日祝寿；协助家属妥善办理6名去世老同志的丧葬善后工作；为14名年满75周岁的老同志申请“一键通”安装服务。

持续办好老年大学，全年组织离退休干部参加各类培训班4480余人次；书画班、摄影班的老同志积极创作作品，先后参加中央国家机关工委举办的书画、摄影展，有8名老同志获奖，离退休办荣获优秀组织奖。利用《离退休干部园地》专刊、离退休干部工作网站、微信群等平台，让老同志通过文字、书法、绘画、摄影等作品积极发声，喝彩点赞。全年办理新退休干部报到手续14人；办理离退休干部出国（境）审批手续43人次。

指导离退休干部工作 根据审计署确定的离退休办负责“指导驻地方特派员办事处和审计署直属单位的离退休干部工作”的职责，于4月组织召开署机关、特派办及直属单位离退休干部工作人员座谈会，对在离退休干部中开展“畅谈十八大以来变化，展望十九大胜利召开”和“建言十九大”活动作出具体部署。组成调研督查组，对离退休干部人数相对较多的8个特派办开展“两项活动”情况进行调研督查，指导离退休干部工作。

在职干部的党建工作 离退休办领导班子深入学习宣传贯彻党的十九大精神，开展“每周一讲”学习活动，按照十九大报告的13个专题，采取室领导原原本本领读、发言处室谈体会、集中观看专题教育片等形式，切实学深悟透十九大精神。

扎实推进“两学一做”学习教育常态化制度化。按照机关党委整治机关党建“灯下黑”要求，查找出学习教育中的突出问题和薄弱环节3个。

加强和改进基层党组织建设，丰富学习教育形式。全年召开全体党员大会34次、支委会17次、党小组会35次，8人次讲党课。着眼创新改革，探索党建新路径。借力快捷高效的“互联网＋”平台，创新党建工作思路和方法，5月，离退休办组织撰写的第六党支部“互联网＋”党建经验材料，在中央国家机关离退休干部基层党组织建设创新和发展经验交流会上被评选为大会交流发言材料之一。

在职干部的廉政和纪律建设 加强廉政风险防控，离退休办主要领导与班子成员、各处处长签订《2017年落实全面从严治党责任承诺书》，补充完善9名处级党员干部的廉政档案，建立主体责任与监督责任层层传导，逐级履职、人人担当的保障机制。

严守政治纪律和政治规矩，狠抓党员干部纪律和规矩意识的强化，坚持集中教育和日常教育并举，引导党员干部牢固树立党性观念，自觉抵制“七个有之”，牢固树立“四个意识”。

深入开展警示教育月活动。党支部书记以“以案释纪明纪，严守纪律规矩”为题为全体党员讲了党课；全体党员干部集中学习《审计干部反腐倡廉教育警示录》和有关审计干部违纪情况通报，每名同志撰写1至2篇廉政感言；先后组织观看《打铁还须自身硬》专题片、召开党小组会剖析违纪违法案例、参观廉政教育基地恭王府等活动。

离退休办领导班子严格执行工作纪律，率先垂范，带动全体在职干部做到严格考勤纪律，规范作息时间，坚决杜绝迟到早退现象，因事因病请假严格按审批权限报批，不得越权；严格会场纪律，各类会议均不得随意请假、缺席、迟到或早退，不得随意进出；严格八小时外纪律，自觉维护自身良好形象。

相关工作 结合离退休干部工作实际，加强相关知识的学习和培训。年初组织为期两天半的集中整训，针对以往离退休干部工作中的薄弱环节，用“见人、见事、见物”的方法持续强化干部作风和能力建设。组织全室干部分别到海关总署、公安部老干部工作部门观摩交流，学习对方的好经验好做法。安排法律知识讲座，领导班子成员和 1 名支委分别以“诚实守信、道德建设”和“树立优良家风”为题为大家讲课，安排 3 人分别介绍信息简报、总结讲话、先进事迹等文体的写作方法。

全年全室干部起草各类文稿、信息 200 余篇，其中，有 3 篇文章在《中国审计报》发表，14 篇文章在紫光阁“老龄和老干部工作”网站登载，2 篇信息在中央国家机关工委《老年工作园地》上被推广。

加强和改进保密工作，定期开展保密自查自评，加强对重点涉密岗位人员保密工作的督促检查；坚持每季度对“三网”计算机和红绿 U 锁的检查、每半年对文件的检查，建立保密工作专项档案。配合署保密办进行 8 次保密安全专项检查；组织保密教育培训、通报相关情况 9 次；组织全室干部参加署保密办组织的保密知识答题活动、组织有关人员参加保密知识培训和考试。

（撰稿人：姜千辉）

【机关服务局】 2017 年，机关服务局人员编制 79 人，实有 72 人。设有办公室、基建办公室、保卫处、机关事务管理处、事业单位财务处、医疗保健处、服务一部、服务二部、文印室、怀柔机构管理处。主要职责：为署机关、双榆树办公区的职工提供就餐、卫生保洁、饮用水、报纸信件收发、理发等服务；为署机关办公楼、双榆树办公楼和自管宿舍楼提供维修服务；为署机关职工提供医疗保健和职工子女统筹医疗服务；为署领导提供专用车、为署机关提供公用车服务；为署内各种会议提供后勤保障服务；为审计署干部培训提供住宿、就餐和培训场地等服务；负责对独立法人服务机构的财务管理和监督。

领导成员

局　　长：张　力（兼审计署总经济师）

副 局 长：潘述功　熊国威

工作综述　2017 年，在审计署党组的正确领导下，审计署机关服务局（以下简称服务局）紧紧围绕审计中心工作，深入推进“两学一做”学习教育常态化制度化，深刻领会习近平新时代中国特色社会主义思想和党的十九大精神，认真履行全面从严治党主体责任，严格贯彻执行中央八项规定精神，忠实履职尽责，较好地完成审计署机关后勤服务管理保障工作任务。

2017 年，审计署荣获北京市市级交通安全先进单位、社会治安综合治理目标管理优秀单位；审计署本级被国管局确定为创建公共机构节能示范单位；服务局被评为社会治安综合治理目标管理基层平安建设优秀单位。

机关后勤管理　服务局认真履行机关后勤管理职责，机关内部管理更加严格规范。继续做好平安单位相关工作，组织签订社会治安综合治理工作目标管理责任书，举办 2017 年度审计署社会治安综合治理暨应急管理工作培训班。组织实施大检查、大排查 25 次，落实各项安全管理措施，确保相关设备设施使用安全运行，杜绝安全隐患。协助办公厅不断健全审计署国家安全工作组织建设，多措并举推进审计署国家安全工作。

指导特派办完成公务用车制度改革后续工作，组织领导在京所属事业单位和企业化管理单位于 2017 年底完成公车改革。推进昆明等 4 个特派办关停酒店，实施房产改造和置换周转住房工作。跟踪培训、疗养机构改革试点工作进度，严格按照批复的实施方案积极做好改革试点工作，确保国有资产安全保值。

规范资产管理和政府采购工作。组织开展资产清查工作，完善行政事业单位资产管理平台中的资产信息，实现资产的定期盘点，确保审计署本级固定资产账账、账卡、账物一致。做好办公用房调配管理工作，确保审计署机关工作人员办公用房符合相关规定。依法依规开展政府采购工作，完成审计工作用箱包招标工作，完成周转住房家具采购工作。

充分发挥党政机关在节约能源资源方面的示范引领作用，推进审计署机关办公区资源回收利用和生活垃圾减量化、资源化、无害化，推进垃圾分类。从细节入手推进节能降耗，提高干部职工节能意识；继续推行无纸化办公，有效降低办公资源消耗。加强物业节能监管，积极发挥物业服务公司在节能工作中的作用。

逐步完善机关后勤管理制度。修订机关事务管理规定、基本建设管理规定两项制度，对其中已售职工住房管理、对老办公区的车辆停放管理、食堂就餐管理、会议室管理等内容结合实际情况进行调整。

机关服务保障 主动与有关部门沟通协调，深入细致做好住户思想政治工作，推进老旧小区综合整治。协调督促公租房项目建设，监督建设方确保质量、工期、安全与造价，该公租房项目已全面完成，用于解决无房职工的住房困难。指导南京、京津冀等特派办实施办公楼维修改造工作。

落实《审计署机关服务手册》各项要求，为干部职工提供暖心贴心服务。在重大审计项目开始前，迅速落实配备审计项目所需的办公室、办公家具、办公设备、办公用品等。在审计项目实施过程中和收尾汇总阶段，对加班的审计人员提供方便食品、医疗服务。为署机关大中型会议以及公务员招录、选调等活动提供会务保障，会议服务未出现差错。

坚持“高效、及时、高质量”的文印服务理念，保质保量完成机关文件资料的录入、扫描和印制工作，保障署公文有序高效运转。

严格落实食品卫生法，认真执行署机关和双榆树办公区食堂餐饮服务工作职责，保证署机关干部职工吃得营养、健康、舒心；定期为干部职工提供主食外卖及副食代购、代售服务。做好署机关一般性医疗保健门诊服务，开展职工健康教育。安排物业机构为交流干部搬家、采购物品，为出差审计干部提供急需的上门物业服务，解决审计干部后顾之忧。

党建工作 服务局党总支、各支部和全体党员深入学习贯彻习近平新时代中国特色社会主义思想和党的十九大精神，强化“四个意识”，坚定“四个自信”，在机关后勤工作中积极践行新理念。在处以上党员干部参加机关党委（人教司）集中轮训的基础上，党总支每周组织处级以上干部研读十九大报告原文和中央领导的学习文章；印发《党建基础知识手册》和《十九大报告关键词手册》；举办群团联合知识竞赛3期；集中观看“不忘初心、继续前进”宣传片；制作全面从严治党、“7·26”重要讲话学习专栏、健康医疗、节约粮食等内容宣传展板16期，让党的十九大精神和党中央以人民为中心的思想深入到每名党员内心。

服务局领导班子和党总支落实全面从严治党主体责任，落实“三会一课”、谈心谈话等党内政治生活制度，召开党总支全体党员大会4次、党总支委员（扩大）会议20余次，总支专题学习8次，班子成员及支部书记讲党课13次，局班子认真召开民主生活会，各支部定期召开党员大会、支委会、党小组会；强化日常监管，切实把纪律和规矩严起来，把从严治党主体责任落实落细。

深入推进“两学一做”学习教育常态化制度化，坚持组织全体党员读原著、学原文、悟原理。党总支书记张力围绕学习习近平总书记重要讲话精神讲党课，号召党总支、支部委员和全体党员讲好“微党课”。结合纪念中国共产党成立96周年、“五四运动”98周年，组织开展爱国主义和革命传统教育活动，践行社会主义核心价值观，切实增强干部职工的使命感、责任感。服务局领导班子研究制定进一步加强深入一线扎实服务实施办法，找准机关事务工作中存在的不平衡不充分的问题，将学习教育的成果落实到后勤保障服务工作中。

严明纪律，贯彻民主集中制，坚持重大事项报告制度，对“三重一大”事项决策坚持民主集中制的组织原则，均通过集体研究决定。健全责任传导机制，将全面从严治党主体责任落到各支部、支委以及处长、党员身上，做到责任层层落实、压力层层传导、工作层层到位。强化内部监督，严格审核把关，对人事、基建、资产等重点处室、关键岗位、重大事项实行重点监督，严格库房实物管理、财务报销审核、固定资产报废审核以及对账、核销工作，发现问题及时进行整改和规范。

相关工作 服务局领导班子严格要求、加强管理，履行领导干部抓班子、带队伍第一职责，坚持正确选人用人导向；不断优化干部队伍结构，2016年底至2017年，通过社会公开招聘、应届毕业生招聘、军转干部接收等途径新录用紧缺专业、研究生学历等工作人员8人，选拔中层管理人员9人，派遣2名处级干部分别前往特派办、派出审计局交流工作；派员参加国管局和有关单位组织的业务培训，切实提升干部职工专业技能和综合素质，扎实推进队伍能力建设。

（撰稿人：王秋悦）

审计署派出审计局

【审计署外交外事审计局】 2017年，审计署外交外事审计局人员编制15人，实有15人。设有一处、二处、三处。主要职责：按照审计署统一部署开展工作；负责审计外交部、中央人民政府驻香港特别行政区联络办公室、中央人民政府驻澳门特别行政区联络办公室、中国人民对外友好协会及上述部门（单位）下属单位预算执行、决算（草案）和其他财政财务收支；开展相关专项审计调查，承办审计署交办的其他事项。

领导成员

局　　长：马学斌

副局级审计员：刘　洁

审计成果 2017年，外交外事审计局完成审计项目4个。查出主要问题金额85593.09万元，审计发现非金额计量问题9个；审计提出建议12条，提交审计报告4篇，向社会公告审计结果2篇。

预算执行审计 组织完成外交部2016年预算执行审计、中国人民对外友好协会2016年预算执行审计。审计工作围绕“发展、改革、安全、绩效”要求，注重上下联动，揭示问题、剖析原因、提出建议，推动部门预算和财政管理体制改革。查出被审计单位2项专项资金预算管理不规范，影响财政资金发挥使用效益和项目政策目标落实，并将问题反映给财政部审计组，形成专题材料；所属服务中心巨额资金沉淀未发挥效益，建议商财政部研究解决资金长期沉淀问题，提高资金使用效益；某部门违反文物保护规定、违规自行筹措资金建设办公楼等，要求商有关部门研究解决。

其他审计项目 完成中国人民对外友好协会会长经济责任审计、中国社会科学院信息化建设情况审计等4个审计项目；先后派出8人次参加财政部、发展改革委和铁路总公司稳增长审计、深度贫困地区扶贫审计、中央财政科研项目资金管理等政策措施贯彻落实情况审计和中国民航局、国家林业局涉企收费审计等。

信息化建设 外交外事审计局组建数据分析团队，首次全面接触到部门278个驻外机构的财务数据，实现驻外机构全覆盖的数据分析审计，对驻外机构整体预算和财务管理状况进行总体评价提供手段，突破多年来对驻外机构审计“有点无面”的监督空白。数据分析审计团队全面应用“总体分析、发现疑点、分散核实、系统研究”的数字化审计方式开展远程审计，数据分析中已核实问题线索将在2017年预算执行审计报告中予以反映，发现的待核实问题线索和内控薄弱、问题较多的驻外机构将作为新一年度预算执行审计的重点进行核查。

党建工作 深入学习党的十九大精神和习近平新时代中国特色社会主义思想，推进“两学一做”学习教育常态化制度化。开展形式多样的学习活动。举办2期党建宣传栏，分享党小组学习心得；1人获得审计署“学习宣传贯彻党的十九大精神”优秀党课讲稿奖励，1人获得“我与党的十九大”征文二等奖。落实“三会一课”制度，全年召开党员大会6次、支委会12次和党小组会36次，局、处领导干部讲党课6次；邀请外交部领事司、条法司等多位司长在党日活动时讲授党课；支部书记讲授的《共产党员必须自觉守住纪律底线，践行道德高线》被作为精品党课上报机关党委。开展形式多样的主题党日活动，与署境外司、国际司，外交部新闻司、行政司、翻译司开展主题联学活动，邀请外交部新闻发言人华春莹、高级翻译张璐分享交流、畅谈感悟；与哈尔滨特派办行政事业处党支部部分党员开展“两学一做”学习教育主题党日活动等。树立党章党规党纪意识，筑牢拒腐防变的思想道德防线。组织深入学习审计长胡泽君重要讲话精神，对照“不在组织、不像党员、不起作用、不守规矩”等不合格表现的负面清单，有针对性地认真查找自身不足，联系工作实际，以问题为导向有针对性地解决党支部问题，促进全体党员干部始终做到“四个合格”。与文化体育审计局、政法审计局共同开展警示教育活动。

相关工作 外交外事审计局继续以“凝心聚力，提速发展，争创‘好队伍、好支部、好管理、好成果’的四好派出局”为发展目标，以“一手抓作风建设提振精气神，一手抓能力建设促进出成果”为发展思路，大力加强审计队伍建设，继续保持“司局级文明单位”称号。

细化基础管理制度，对《外交外事审计局内部分工及工作流程》和《外交外事审计局请假制度》等制度文件进行修订完善；指定文书参加署办公厅组织的2次文书培训；举办文件书写规范、无纸化办公、审计和文书档案归档讲座各1次；参加署统计工作培训、做好各项统计工作并按时报送各项统计报表。

全面推行“干中学”，培养审计实战能力。坚持业务学习制度，紧跟新颁布的法律法规及审计的热点问题，有计划地组织全局同志开展业务学习和讨论，全年开展20次业务学习、1次公文写作研讨及多次项目点评活动。进一步加大干部培养力度，选派1人赴审计干部教育学院交流工作；1人获世界审计组织发展培训委员会IDI专家认证；2人入选审计署对外援助培训师资库。

（撰稿人：王　琛）

【审计署发展统计审计局】　2017年，审计署发展统计审计局人员编制15人，实有14人。设有一处、二处、三处。主要职责：按照审计署统一部署开展工作；负责审计国家统计局、国家粮食局、国家能源局、国家物资储备局、国家信息中心、国务院发展研究中心及上述部门（单位）下属单位预算执行、决算（草案）和其他财政财务收支；开展相关专项审计调查；承办审计署交办的其他事项。

领导成员

局　长：蔡　峰

副局长：李纯琳

审计成果　2017年，发展统计审计局完成审计单位15个，其中审计项目4个，专项审计调查项目11个。查出主要问题金额33.22亿元；出具审计报告和专项审计调查报告13篇。审计促进整改落实有关问题金额5547万元。审计提出建议28条，被采纳28条；推动被审计单位制定整改措施41项，促进被审计单位制定、完善规章制度2项。向社会公告审计结果3篇。

2017年被审计署精神明文建设领导小组授予“司局级文明单位”称号。

国家重大政策措施落实情况跟踪审计　以“推动稳增长、促改革、调结构、惠民生、防风险政策措施落实到位，促进经济平稳运行、健康发展和转型升级”为总目标，继续对国家能源局贯彻落实国家重大政策措施情况开展跟踪审计，按季度出具审计报告4份。通过全面梳理权力清单、责任清单，查找权力运行中的风险点，查处并纠正国家能源局在能源项目、财政补贴审批工作中存在的违规行为，促进简政放权和依法行政。揭示国家能源局大坝安全监察中心违规变相保留国务院已取消行政审批事项，仍然依托行政职能，以评价鉴定名义代替企业开展检查验收，违规涉企收费1400多万元。持续关注重点改革事项，以推进能源领域供给侧结构性改革为切入点，深入研究配售电改革、“绿证”制度和光伏扶贫等问题，促进国家能源局废止并修订1项制度，停止2项违规业务；促使国家能源局出台可再生能源行业管理和监管措施，国家能源局废止有关文件，并对《电力安全培训机构监督管理办法》进行修订。

预算执行审计　完成国家统计局、国家粮食局和国家物资储备局等3个部门2016年度预算执行等情况审计，预算资金审计覆盖率达到100%。审计前在全面梳理、深入分析被审计单位主要业务工作的制度依据、工作流程、具体做法的基础上，科学合理确定审计重点；审计时站在防范和化解重大风险的高度，注重从体制机制上分析相关部门可能存在的制度漏洞和风险隐患，促进被审计单位完善制度、规范管理。在对国家物资储备局的审计中，针对储备局每年采购国家储备物资品种、数量多，金额大的特点，重点关注、剖析其核心业务即采购工作业务；从确定采购物资品种和数量入手，对采购工作环节、程序以及与之相配套的工作制度进行重点审计，最终发现其采购国家储备物资选择供应商、确定中标价格等相关制度不完善不合理，存在重大风险隐患。发展改革委收到相关审计信息后，函复审计署，对反映的问题全面肯定并高度重视，迅速部署整改工作，已着手对国家储备物资采购工作制度进行修订。在对国家统计局的审计中，重点关注国家统计局所属调查队作为地方预算单位取得收入，影响统计独立性和统计数据质量问题，针对此问题草拟《国家统计局调查队从地方政府获取经费问题应亟待规范》审计信息。为此，审计署财政司下发通知，要求其他预算执行审计组，全面梳理非本级财政拨款事项，全面关注中央部门从地方政府取得预算收入问题。国家统计局对此问题及时进行整改，印发《调查队系统地方经费管理指引》等制度，进一步规范地方经费预决算管理。

其他审计项目 完成国务院发展研究中心、国家统计局、国家能源局、国家粮食局、国家物资储备局和国家信息中心等6个单位的信息系统审计。派出审计人员参与审计署统一组织的对国家发改委重大政策措施贯彻落实跟踪审计、精准扶贫专项审计和审计大数据分析等项目。

（撰稿人：闫北方）

【审计署教育审计局】 2017年，审计署教育审计局人员编制15人，实有15人。设有一处、二处、三处。主要职责：按照审计署统一部署开展工作；负责审计教育部、国家行政学院、中央党校及上述部门（单位）下属单位预算执行、决算（草案）和其他财政财务收支，开展相关专项审计调查；承办审计署交办的其他事项。

领导成员

副 局 长：罗 键 张跃挺

审计成果 2017年，教育审计局完成审计项目5个。查出违法违规和管理不规范问题金额5.98亿元，其中违法违规金额1.14亿元、管理不规范金额4.84亿元；出具审计报告和审计专题报告8篇；编发的审计简报、重要审计情况被审计署采用10篇次。审计署采用教育审计局信息编报的审计要目多数被中办、国办采用，得到中央领导批示。教育审计局政策跟踪审计中查处的问题被审计署专题报告采用3个典型案例。

2017年，教育部2016年贯彻落实国家重大政策措施情况跟踪审计项目被评为表彰项目。

国家重大政策措施落实情况跟踪审计 开展教育部稳增长促改革调结构惠民生防风险政策措施跟踪审计。从全面分析教育行业情况入手，审计揭示的“边远贫困地区、边疆民族地区和革命老区人才支持计划教师专项计划”落实不到位；普通高中建档立卡家庭经济困难学生免除学杂费政策管理不到位；教育部“支持高校利用互联网实施远程学历教育”政策管理不到位；全国金融专业学位研究生教育指导委员会等9个专业学位研究生教育指导委员违规收费；教育部高等教育学位和学历管理及认证系统平台未整合，增加高校及认证人负担，增大行政管理成本；教育部所属学位中心未经批准开展中国高质量MBA认证业务；高校学生从事勤工俭学等事项取得收入缴纳个人所得税政策亟待明确；教育部就业指导中心及其下属公司向未取得征信业务资质的单位提供全国学生学籍学历信息数据，存在信息安全风险。

预算执行审计 完成对教育部、中央党校、中国作协的预算执行审计和决算草案审签。审计紧紧围绕“发展、改革、安全、绩效”开展，通过揭示问题，剖析原因，提出建议。

在对教育部的审计中揭示教育部结余资金清理不到位；未按规定上缴中央财政专户；零余额账户使用不规范；所属单位决算少反映收入和支出；所属单位账外存放资金；所属单位资产未入账；已售职工住房未进行资产核销；所属单位房产出租未履行报批程序；在建工程已交付使用未及时确认固定资产等问题。

在对中央党校的审计中揭示占用下属单位车辆；公务用车改革参改部门工作人员报销交通费；转嫁会议费；财政存量资金清理不到位；无预算安排家属住宅加装电梯和扩建工程支出；政府采购程序不完善；预算和决算编报不完整；少计收入、支出；资产未入账；下属单位受托出租资产收入未上缴中央党校本级核算等问题。

在对中国作协的审计中揭示组织作协干部及家属等参观游览；中国作家杂志社等4个单位未经批准开展评选、表彰活动，未承担活动经费并向合作单位收取费用；中国作协以拨代支，多列支出；所属单位伙食费收入私存私放、未计入单位法定账簿；部分所属单位少计收入、支出；中国作协已售职工住房未及时核销等问题。

其他审计项目 教育审计局对教育部及其所属北京大学、清华大学、北京邮电大学进行中央财政科研项目资金管理等政策措施贯彻落实情况专项审计调查。审计揭示主体责任未全面落实；科研项目未全部纳入科技计划管理平台；诚信体系未建立；科研项目评价体系不科学；专家遴选制度不合理，导致评审专家与评审项目专业不匹配，存在外行专家评审非本专业项目、一级学科专家评审分级学科的情况；同类型课题资金量依然“散、小”；科技成果转化慢等问题。

（撰稿人：吴 松）

【审计署科学技术审计局】 2017年，审计署科学技术审计局人员编制15人，实有12人。设有一处、二处、三处。主要职责：按照审计署统一部署开展工作；负责审计科学技术部、国家知识产权局、国家自然科学基金会、中国科学院、中国社会科学院、中国工程院、中国科学技术协会及上述部门（单位）下属单位预算执行、决算（草案）和其他财政财务收支，开展相关专项审计调查；承办审计署交办的其他事项。

领导成员

局 长：涂 莹

副局级审计员：祝旭霞

审计成果 2017年，科学技术审计局完成审计项目7个，其中组织实施审计项目6个，参与实施审计项目1个。查出主要问题金额123895万元，其中违规金额12009万元、管理不规范金额111886万元；审计发现非金额计量问题37个；出具审计报告和专项审计调查报告9篇。审计处理处罚金额2185万元，其中应归还原渠道资金52万元、应调账处理金额2133万元。审计促进整改落实有关问题金额6016万元，其中增收节支78万元、已调账金额1248万元。审计提出建议43条，被采纳36条；推动完善规章制度3项。

国家重大政策措施落实情况跟踪审计 继续对科技部2017年贯彻落实国家重大政策措施和宏观调控部署情况进行跟踪审计。在以前年度已审计143项政策落实情况的基础上，2017年重点审计深化科技体制改革分工任务完成情况、促进科技成果转移转化行动方案分工任务完成情况、创新驱动及区域协调发展战略任务完成情况等39项政策措施落实情况。出具审计报告4篇、审计调查报告1篇。审计抽查资金总量3.2亿元，查出政策落实方面的问题17个。在对中央财政科研项目资金审计调查工作中，查出国家科技管理平台建设、五类科技计划整合以及税收优惠政策落实等方面8个问题，经审计署教科文卫审计司汇总后以署重要信息要目报国务院；“科技部推进科技特派员制度，帮扶贫困地区大力培育‘一县一业’和‘一村一品’，以产业发展带动脱贫”正面案例被署专题报告采用。审计组督促科技部出台有关免税进口科学研究、科技开发和教学用品的管理办法。截至年底，以前报告反映的已经到达整改期限的61个问题中，56个已经整改，5个正在整改。审计报告促进收回财政结存资金5444.95万元，促进出台相关制度3项、规范管理流程1项、落实重大改革任务2项。

预算执行审计 对科技部、自然科学基金会2016年预算执行等情况进行审计。在对科技部的审计中，重点审计部本级和所属3个二级预算单位，审计2016年财政拨款预算合计2882697.36万元，占科技部全部财政拨款预算的76.86%。审计发现未按规定履行由中央管理的厅（局）级干部因公出国相关审批报备程序；部本级出国费用26.57万元违规由所属事业单位承担；未取得发票列支2076.60万元；政府采购未按规定公开招标，涉及金额688.38万元；决算支出不实金额1248.80万元；未经批准无偿出借房产832.92平方米；所属上海培训中心未经批准出租房产，取得租金收入124.47万元等问题。

在对自然科学基金会的审计中，重点审计基金会本级及机关服务中心、新闻传播中心2个二级直属经费自理事业单位，审计2016年度财政拨款预算2101985万元，占部门年度财政拨款预算的83.32%。审计发现2013年至2016年违规多批项目资助款5361.87万元；未按规定收回被终止、撤销项目结余资金581.56万元；17名工作人员违规申请项目获批1035.8万元；1名副主任（中管正局级干部）因公出国未按规定履行审批程序；违规发放津补贴1771.3万元；2幢办公楼未办理权属登记和房屋使用权证；未按期完成公务用车制度改革；未将所属机关服务中心及科学传播中心纳入部门预决算管理，2016年涉及收入规模2154.44万元等问题。

其他审计项目 对自然科学基金会主任2013年2月至2017年3月任职期间经济责任履行情况进行审计。完成对科技部、中国科学院信息化政务系统审计以及中央财政科研项目资金审计调查等项目。派员参与全国扶贫资金审计、法规司审理、财政审计司和电子数据审计司组织的预算执行全覆盖数据分析小组等多项交办工作。

（撰稿人：石福海）

【审计署工业审计局】 2017 年，审计署工业审计局人员编制 15 人，实有 15 人。设有一处、二处、三处。主要职责：按照审计署统一部署开展工作；负责审计工业和信息化部、国家国防科技工业局、中国人民武装警察部队黄金指挥部、中国人民武装警察部队交通指挥部、中国人民武装警察部队森林指挥部、中国人民武装警察部队水电指挥部及上述部门（单位）下属单位预算执行、决算（草案）和其他财政财务收支，开展相关专项审计调查；承办审计署交办的其他事项。

领导成员

局　　长：丁仁立

副 局 长：周树大

副局级审计员：傅少军

审计成果 2017 年，工业审计局完成审计项目 5 个。查出主要问题金额 58.46 亿元，其中违规金额 5718.84 万元、管理不规范金额 57.89 亿元；审计发现非金额计量问题 25 个；出具审计报告 8 篇。审计处理处罚金额 5718.84 万元，其中应归还原渠道资金 5056.09 万元、应调账处理金额 600 万元。审计促进整改落实有关问题金额 5718.84 万元。审计提出建议 29 条，被采纳 29 条；提交的信息被《重要信息要目》采用 3 篇。向社会公告审计结果 2 篇。

国家重大政策措施落实情况跟踪审计 组织实施对工业和信息化部 2017 年度国家重大政策措施落实情况跟踪审计，审计中积极探索新思路新方法，实施“建立一本台账、加强两项联动（上下联动、横向贯通）、梳理三类清单（责任、权力、任务）、统筹四个抓手（资金、项目、政策和重大改革任务）”的工作方略。坚持问题导向，全年共抽审单位 18 个，发现“中国制造 2025”项目组织进展缓慢、中央医药储备资金决算和药品储备资金到位不及时、未及时清理涉企收费事项等问题 16 个，反映推行电信业务经营许可证“绿色通道”快速年检等正面案例 5 个、积极整改违规收取考试费等整改较好案例 2 个，其中“改进增值电信业务经营许可审批工作”“积极推动网络提速降费工作”等 4 个案例同时被审计署报国务院综合报告和审计公告采用。紧扣政策落实效果，关注重大政策落实的“最后一公里”，重点核查新能源汽车双积分政策及动力电池问题、工业和信息化部定点扶贫及片区扶贫情况，以及科技重大专项和重点研发计划等创新驱动领域，延伸审计北京市昌平区小微企业创业创新基地城市示范工作进展情况并向审计署报送审计调查报告。

预算执行审计 完成对工业和信息化部、国家保密局 2016 年度预算执行等情况审计。在对工业和信息化部的审计中，重点关注落实中央八项规定精神、重大项目支出绩效、部门预算收支合规性等三方面内容。审计发现部本级未按规定公开招标直接支付 2963.89 万元；委托 33 家检测机构提供检测服务、所属机关服务中心对外出租部属办公用房收入 506.51 万元未按规定实行“收支两条线”管理；机关服务中心违规从零余额账户向实有资金账户划转资金 1123 万元；所属中国电子工业标准化研究院违规占用下属单位公务用车 9 辆等问题。

在对国家保密局的审计中，针对国家保密局预算规模小、所属单位少的特点，对所有单位实施全覆盖审计，重点审计落实中央八项规定精神、预算收支的合法合规性等。审计发现本级及所属单位超编制配备公务用车、下属单位车辆长期外借使用、所属单位违规收取培训费、往来款长期挂账等问题。

其他审计项目 在对工业和信息化部和国防科技工业局的信息化建设情况审计中，以摸清底数、促进信息系统整合共享为目标，采用填写基本情况表、发放调查问卷、实地核查等方法，重点关注信息系统的建设规划、实际使用和数据应用等三方面内容。审计发现两部委在不同程度上存在信息系统建设缺乏顶层设计、部分信息系统整合不够、部分信息系统扩展性弱、安全管理不规范等问题。

党建工作 坚持党建与审计工作同部署、同落实、同检查，注重发挥党建工作引领促进作用和党支部的战斗堡垒作用。深入学习宣传贯彻党的十九大精神，全年安排党员领读领学十九大报告和新修订的党章 13 次，组织处以上干部参加署处级以上干部学习贯彻党的十九大精神集中轮训班，组织处以下党员参加审计署“我与十九大”

主题征文等活动，其中1个作品获“喜迎十九大干部职工文艺展演活动”署直属机关工会评选的三等奖；2个摄影作品获得“审计采风追梦足迹”庆祝国庆68周年暨喜迎十九大摄影展活动一等奖。推进“两学一做”学习教育常态化制度化，定期组织学习培训并组织4次主题党日活动。严格党风廉政建设，组织全局同志签订《工业审计局落实全面从严治党主体责任承诺书》，开展“以案释纪明纪严守纪律规矩”主题警示教育月等活动4次。

相关工作 重视人才培养，从理论学习和审计实务双方面提升依法审计能力。全年累计组织局内同志参加培训188人次；为3名新到岗人员配备实务导师并提供主审岗位锻炼；派出3人到地方审计机关、特派办交流锻炼；派出1人参加审计署数据分析团队。重视作风建设，以纠正“四风”为契机，查摆问题、立查立改，严抓严管严防“四风”问题反弹。（撰稿人：李　颖）

【审计署民族宗教审计局】 2017年，审计署民族宗教审计局人员编制15人，实有15人。设有一处、二处、三处。主要职责：按照审计署统一部署开展工作；负责审计国家民族事务委员会、国家宗教事务局、中央档案馆（国家档案局）、国家保密局、中国国民党革命委员会中央委员会、中国民主同盟中央委员会、中国民主建国会中央委员会、中国民主促进会中央委员会、中国农工民主党中央委员会、中国致公党中央委员会、九三学社中央委员会、台湾民主自治同盟中央委员会及上述部门（单位）下属单位预算执行、决算（草案）和其他财政财务收支，开展相关专项审计调查；承办审计署交办的其他事项。

领导成员

局　　长：刘晓梅

副 局 长：山军辉

副局级审计员：余其汉

审计成果 2017年，民族宗教审计局完成对5个单位6个项目的审计。查出主要问题金额26861万元，其中违规金额26861万元。出具审计报告和专项审计调查报告6篇，被批示、采用6篇。审计处理处罚金额11416万元，其中应上缴财政23万元、应调账处理金额11392万元。审计促进整改落实有关问题金额10018万元。审计提出建议9条，被采纳9条；推动被审计单位制定整改措施28项，促进被审计单位制定、完善规章制度8项；提交审计信息5篇，被批示、采用3篇。

国家重大政策措施落实情况跟踪审计 在对国家文物局的审计中，发现并揭示国家文物局在未履行审批程序的情况下，直接将文物保护工程相关资质授予所属事业单位不符合条件的2家下属企业，在3年内获利5700多万元问题。派出5人参加扶贫资金、财政部、发改委政策跟踪落实等3个项目的审计。

预算执行审计 在国家民委、国家文物局等3个部门2016年度预算执行等情况审计中，发现并揭示3个部门预算执行及决算草案存在的违纪违规及管理不规范问题金额1.16亿元，提出审计建议8条。根据审计建议，修订完善或新制定内部规范性文件18个。审计发现国家民委、国家文物局个别单位存在超标准支出会议费、违规在研讨会上安排宴请、桌餐并提供酒水和超范围发放公务交通补贴等问题；在全国工商联预算执行审计中，揭示政府采购程序不规范等问题，涉及金额2700多万元；国家文物局“文物科技保护与研究”项目中的46个科技课题，已经支出经费1300多万元，但逾期1年以上未完成；1万多件文物资产管理混乱，部分文物资产未入账，上报审计信息后被审计署重要信息要目采用。

其他审计项目 对国家民委等3个部门开展政务信息系统审计，发现29台服务器、21套数据库软件未使用国产品牌，23个信息系统未确定安全保护等级等问题，已建成的3个信息系统利用率不高、2个信息系统未按期建成等问题，涉及金额100多万元，提出3条完善信息系统安全建设的审计建议。抽调1人参加预算执行审计汇总等工作。

党建工作 加强党的建设，深入学习领会党的十九大精神和习近平新时代中国特色社会主义思想，全年共组织24次集中学习、6次党课宣讲、4次专题研讨、3次主题党日活动，组织观看迎接党的十九大大型专题纪录片、成就展、现场观摩等活动10余次。推进“两学一做”学习教育常态化制度化，结合巡视发现问题整改落实和

“灯下黑”专项整治活动，加强组织、纪律和作风建设。按照全面从严治党要求强化领导班子建设，以交流研讨和审计调研为主要抓手加强干部队伍建设，到国家民委、宗教局等单位座谈和实地调研5次。发展1名中共预备党员，修订《党支部民主生活会制度》。

相关工作 安排经验丰富的同志结合自身实践，交流审计经验6次，组织全局总结研讨全年项目实施情况3次，探索行之有效的审计工作方式方法。重视保密工作，加强组织保密宣传教育，多次组织对计算机使用是否符合保密规定进行检查。制修订《工作职责及分工》《印章管理规定》等内部规章制度，进一步完善内部管理规定，落实了统计、公文、档案、安全等综合工作岗位责任。

（撰稿人：邹晨璐）

【审计署政法审计局】 2017年，审计署政法审计局人员编制15人，实有15人。设有一处、二处、三处。主要职责：按照审计署统一部署开展工作；负责审计公安部、司法部、安全部、中国人民武装警察部队边防局、中国人民武装警察部队警卫局、中国人民武装警察部队消防局及上述部门（单位）下属单位预算执行、决算（草案）和其他财政财务收支，开展相关专项审计调查；承办审计署交办的其他事项。

领导成员

局　　长：李秀才

副 局 长：赵京琳

审计成果 2017年，政法审计局完成公安部、司法部2016年度预算执行审计和公安部涉企收费审计等审计项目3个。查出主要问题金额52152万元，其中违规金额7561万元、管理不规范金额44591万元。审计发现非金额计量问题3个；出具审计报告3篇，专题报告2篇。审计处理处罚金额39749万元，其中应上缴财政7512万元、应归还原渠道资金49万元、应调账处理金额32188万元。审计揭示问题被审计署报国务院和全国人大常委会的《审计结果报告》和《审计工作报告》采用多项，专题报告采用多项，重要信息要目汇总采用5次。提交审计信息1篇。向社会公告审计结果2篇。

财政审计 完成公安部、司法部2016年度预算执行审计。审计发现公安部预算编报不完整、未按时完成所属事业单位公车改革、部分所属单位违规发放津补贴等7个问题。审计发现司法部及所属单位在“三公”经费管理和使用、公务用车改革、结余资金清理、零余额账户管理、政府采购、资产管理等方面存在的10个问题。

审计结束后，政法审计局分别与公安部审计局和司法部计财装备司联合召开审计情况通报会，向公安部、司法部及两个部门所属单位通报审计情况；同时，按照审计署统一要求，对因金额、性质等原因没有在审计报告中反映的问题进行通报。公安部、司法部均高度重视审计情况，截至年底，审计查出的问题已全部整改完成。审计促进整改落实有关问题金额39749万元。审计提出建议7条，被采纳7条；推动被审计单位制定整改措施9项，促进被审计单位制定、完善规章制度2项。

其他审计项目 按照审计署统一组织的涉企收费审计和政务信息系统审计安排，完成公安部涉企收费审计、公安部和司法部政府部门信息化建设情况审计，审计揭示问题被审计署报国务院专题报告采用多项。派员参加发展改革委组织分配中央财政投资审计、地方政府债务审计和凉山临夏怒江三州脱贫攻坚审计。

审计调研 自5月开始对公安部所属10户企业和3个自收自支事业单位，以及公安部户籍制度改革政策落实情况进行调研；对司法部改革任务完成情况进行调研，全面摸查该部承担的85项改革任务，对尚未完成部分的原因及下一步工作打算进行了解，对司法协助交流中心、司法部信息中心等8个近两年未接受过审计的单位进行调研。

党建工作 局党支部第一时间组织党员干部学习贯彻十九大精神，开展“每名党员干部领读领学报告一部分内容、党支部书记讲一次党课、举办一次主题联学、召开一次献计献策座谈会、每人撰写一篇心得体会”的“五个一”学习活动，提出贯彻落实十九大决策部署的意见和措施。扎实推进“两学一做”学习教育常态化制度化，建立“每周一学”学习教育制度，与公安部、司法部相关党支部开展主题联学。加强基层组织建设，制定《政法审计局党支部工作要点》，落实“三会一课”制度，一年中召开党员大会36次、支委会12次、党小组会27次、讲党课4次。推进党风廉政建设，强化“一岗双责”，落实中央八项规定精神，强化廉政风险防控。

相关工作 以提升能力为重点，建立干部能力素质分析制度，加强队伍建设。召开两次支委会，研究分析干部队伍思想和能力素质状况，针对干部队伍存在的业务能力不平衡的问题，提出解决的具体措施。结合“每周一学”，由担任审计或调研任务的同志介绍各自负责工作进展情况、好的方法和经验、存在的问题和不足、下步打算和措施，最后由局领导进行点评。预算执行审计结束后，召开总结会，交流心得，查找差距，共同提高。选送干部参加署举办的各类培训班，全年参加各类培训16人次，其中1人通过培训取得计算机审计中级资格。进一步强化担当意识、保密安全意识、规矩意识，督促全体人员严格遵守审计署和驻在部门的各项管理制度。

（撰稿人：任　勇）

【审计署民政社保审计局】 2017年，审计署民政社保审计局人员编制15人，实有15人。设有一处、二处、三处。主要职责：按照审计署统一部署开展工作；负责审计民政部、人力资源社会保障部、国家外国专家局、中国残疾人联合会、中国宋庆龄基金会、中国红十字会总会及上述部门（单位）下属单位预算执行、决算（草案）和其他财政财务收支，开展相关专项审计调查；承办审计署交办的其他事项。

领导成员

局　　长：贾有长

副 局 长：俞　立

副局级审计员：张东华

审计成果 2017年，民政社保审计局完成审计单位4个。查出主要问题金额283801万元，其中违规金额53263万元、管理不规范金额230538万元；审计发现非金额计量问题3个；损益（收支）不实金额939万元；出具审计报告和专项审计调查报告12篇。审计处理处罚金额228859万元，其中应上缴财政226703万元、应归还原渠道资金546万元、应缴纳其他资金665万元、应调账处理金额945万元。审计促进整改落实有关问题金额7863万元。审计提出建议46条，被采纳39条；推动被审计单位制定整改措施67项，促进被审计单位制定、完善规章制度6项；提交审计信息4篇，被批示、采用2篇。

国家重大政策措施落实情况跟踪审计 完成人力资源和社会保障部、民政部2个部门贯彻落实国家重大政策措施情况跟踪审计。审计以推进深化供给侧结构性改革为主线，以资金、项目、政策和重大改革任务落实、推进情况为抓手，聚焦精准扶贫精准脱贫、政府转变职能、深化简政放权、就业政策实施、人口老龄化应对等情况，重点关注就业扶贫政策落实、低保制度与扶贫政策衔接、职业资格改革、准入证上岗证的清理规范、职业技能培训开展、养老产业发展、社会组织管理等内容。查出资金管理不规范、存量资金统筹盘活不到位等问题，其中4个问题和典型案例被审计署结果报告采用。编发审计信息2篇，编发《重要审计情况》1篇。

预算执行审计 完成人力资源和社会保障部、民政部和国家外国专家局3个部门2016年度预算执行和其他财政收支等情况审计。重点审计3个部门本级及所属15个二级预算单位及所属社会团体，涉及资金38.19亿元，查出问题金额1.55亿元。查出未按规定执行公开招标或政府采购、资金管理不规范等问题，审计提出建议9条，其中，1个问题被审计署2016年度工作报告采用。审计指出的问题，3个部门高度重视，及时进行整改，完善规章制度6项。

其他审计项目 完成人力资源和社会保障部、民政部、中国工程院信息化建设审计，发现存在信息系统建设比较分散、数据资源共享不充分、缺乏顶层设计等问题，提出加强信息系统建设顶层设计和统筹整合、理顺信息系统管理关系、实现信息资源共享、增强风险应对能力等建议。

信息化建设 贯彻落实署领导关于大数据审计的要求，在预算执行审计、贯彻落实国家重大政策措施情况跟踪审计项目中，全面运用大数据技术手段开展审计工作，对相关部门和单位的预算、核算以及决算数据进行比对分析，对业务数据与财务数据、单位数据与行业数据进行关联分析，形成审计一线作业与后台大数据分析一体化。

党建工作 深入学习贯彻十九大精神，组织全局同志集中学习研读党的十九大报告、《中国共产党章程（修正案）》等相关文件；召开专题学习会，局领导班子成员分别参加所在党小组的学习讨论，带头讲党课畅谈学习收获，3 名党小组长结合工作实际交流感想体会。与民政部国家减灾中心党支部联合举办“深入学习贯彻党的十九大精神”主题联学活动。

多措并举，扎实推进“两学一做”学习教育常态化制度化。坚持用习近平总书记系列重要讲话精神武装头脑，推动学习教育向全局党员干部拓展、向经常性学习教育延伸。以“求真务实铸铁军，锐意进取展风采”为主题召开座谈会，围绕审计署党组相关决策部署，坚持抓好党章党规党纪的学习。

加强党支部建设，按照党章规定进行支委改选，形成新一届支部委员。组织专题会议传达落实署领导在全国审计机关落实全面从严治党“两个责任”研讨班上的讲话精神，深入贯彻学习党内监督条例、新形势下党内政治生活若干准则。多种形式开展主题党日活动，局领导班子成员结合学习体会讲党课；开展“以案释纪明纪，严守纪律规矩”主题警示教育月活动，结合案例教育，学习党纪党规，组织全局同志撰写廉政感言 12 篇；组织观看《将改革进行到底》等宣传片，参观“砥砺奋进的五年”大型成就展，以“触摸获得感，共筑中国梦”为题开展主题讨论。

坚守“廉政是审计工作的生命线，审计廉政纪律是高压线”的原则，始终坚持把党风廉政建设和审计业务同部署、同落实、同检查，严格执行审计署廉政建设规章制度。落实党风廉政建设主体责任，局领导模范带头守纪律，率先垂范做表率，全局党员同志严格执行各项纪律和要求，责任事项落实到人；进一步加强审计廉政风险防控，把审计组作为廉政风险管理的重点环节，狠抓“八不准”审计纪律执行，落实廉政承诺、廉政监督员等制度，抓早抓小，防微杜渐。

相关工作 加强领导班子建设和干部队伍建设。局领导班子始终以“四个意识”为指引，坚持理论学习以提高政治水平，坚持业务学习以提高领导水平，坚持民主集中制以提高决策水平。以职业素养为核心，加强思想建设，不断提高党员干部思想政治素养。以责任为核心，加强作风建设，进一步增强审计工作的使命感和责任感。以审计实务为重点，加强业务能力建设，提高审计业务水平。

成立课题研究和编写小组，结合中央部门预算执行审计的特点，对中央部门预算执行开展绩效审计研究，针对部门预算执行绩效审计的现状，分析当前中央部门预算执行绩效审计中存在的问题，尝试构建中央部门预算执行绩效审计的内容体系。

强化审计质量的领导责任，合理划分内部管理责任，强调质量为导向的审计文化，强化审计现场质量控制。加强现场管理，创新技术方法，规范审计证据、审计底稿和取证工作。建立与被审计单位的日常工作协调沟通机制，提升现场审计工作质量和效率。（撰稿人：黄晶玮）

【审计署资源环保审计局】 2017 年，审计署资源环保审计局人员编制 15 人，实有 14 人。设有一处、二处、三处。主要职责：按照审计署统一部署开展工作；负责审计国土资源部、环境保护部、国家海洋局、国家测绘地理信息局及上述部门（单位）下属单位预算执行、决算（草案）和其他财政财务收支；开展相关专项审计调查；承办审计署交办的其他事项。

领导成员

局　　长：茅东萍

副局级巡视员：马受仁（—12 月）　黄树平

审计成果 2017 年，资源环保审计局完成审计项目 7 个。查出主要问题金额 101552 万元，其中违规金额 3158 万元、管理不规范金额 98394 万元；出具审计报告等审计文书 19 篇。审计处理处罚金额 3158 万元，其中应上缴财政 2137 万元、应调账处理金额 1020 万元。撰写或参与撰写的审计信息被《重要信息要目》采用 5 篇，移送处理案件线索 1 件；另有多个问题被审计结果报告和报国务院专题报告以单独案例或汇总形式采用。

国家重大政策措施落实情况跟踪审计 实施国土资源部和环境保护部 2017 年度稳增长政策跟踪审计项目。围绕“放管服”改革，揭示国土资源部所属单位依托行政权力开展中介服务违规收费问题；围绕重大项目推进和重点资金使用，反映全国土壤污染状况详查工作推进缓慢、中央预算内投资项目长期停滞、资金闲置浪费等问题；围绕资源环保领域重大政策落地，反映耕地占补平衡政策落实不到位、高标准农田底数不清管理未实现政策目标、放射源和危险废物监管存在漏洞等问题。审计中运用信息化审计思路方法，通过对各类土地矢量数据的关联对比分析，发现补充耕地数量和质量不到位等多个土地管理方面的问题，提出完善相关专业信息系统的建议，并总结经验形成案例上报。坚持边审计、边督促整改，有关单位停止违规收费 2 项，加快项目推进，积极采取措施促进各项政策落地。

预算执行审计　组织实施国土资源部、国家测绘地理信息局 2016 年度预算执行情况审计。审计中将合规性审计与绩效审计相结合，把财政支出绩效和积极财政政策的实施效果等方面作为审计重点，突出对落实中央八项规定精神和国务院约法三章要求情况的审计，反映国土资源部和国家测绘地理信息局编报虚假项目获取财政资金、未按规定上报财政结余资金、非税收入未上缴财政等问题；揭示有关单位领导公款报销高尔夫球场消费和个人费用、未经批准改造装修办公楼、超标准配置公务用车等问题。通过紧盯审计发现问题的整改情况，推进部门建章立制，规范管理，提高资金使用效益，上缴财政资金 2000 余万元。

经济责任审计　组织实施国土资源部部长任期经济责任审计，围绕贯彻执行国家经济决策、履行重大经济决策和管理职责等方面，突出部门在履行核心职能过程中贯彻落实重大决策部署情况，重点反映部分重大改革任务推进不到位、节约集约用地政策落实不力等问题；注重揭示重大目标任务完成过程中的履职不到位情况，反映重大规划任务未完成、重大经济决策事项论证不充分、监管不到位等问题。审计发现所属单位存在重大违规问题，已经移送相关部门查处。审计强调聚焦经济责任，坚持多作沟通、多听意见，严格把握“三个区分”，客观求实作出审计结论，出具高质量的审计报告。

其他审计项目　对国家海洋局信息系统建设进行专项审计，揭示信息化建设各自为政、集成共享不够、系统使用效率低等问题，促进提高部门信息化建设资金使用效益和公共服务水平。对国家海洋局进行涉企收费情况专项审计。

（撰稿人：王中杰）

【审计署建设审计局】　2017 年，审计署建设审计局人员编制 15 人，实有 15 人。设有一处、二处、三处。主要职责：按照审计署统一部署开展工作；负责审计住房城乡建设部、中华全国总工会、中国共产主义青年团中央委员会、中华全国妇女联合会、中央国家机关工作委员会及上述部门（单位）下属单位预算执行、决算（草案）和其他财政财务收支，开展相关专项审计调查；承办审计署交办的其他事项。

领导成员

局　　长：李树廷

副 局 长：李　丹

副局级审计员：张春雷

审计成果　2017 年，建设审计局完成审计项目 4 个。共查出各类违纪违规和管理不规范问题金额 10.78 亿元。出具审计报告 7 篇。

国家重大政策措施落实情况跟踪审计　对住房和城乡建设部政策措施落实情况进行跟踪审计，围绕国家宏观经济政策、经济形势、社会热点问题，深入住房和城乡建设部业务工作的主线，以项目落地、资金保障、简政放权、政策落实和风险防控为审计重点，在检查权力运行、政策落实情况上下功夫，重点关注重大改革任务落实情况。审计发现该部存在违规进行评比达标表彰、建筑垃圾管理粗放、农村危房改造补助对象不精准等情况，全年出具审计报告 4 篇。通过与业务部门座谈、到地方管理部门延伸、现场查看、调取相关数据资料等方式，对目前社会关心关注的京津冀建筑垃圾管理、农村危房改造、城市总体规划审查、住房公积金管理使用、老旧小区电梯改造、简政放权等与民生相关的内容，开展专题调查，从更高层面提出政策建议。

预算执行审计　组织实施国务院南水北调工程建设委员会办公室、中国外文出版发行事业局 2016 年度预算执行和决算（草案）审计。审计查出 2 个被审计单位本级和 9 个所属单位、社会团体存在财政资金未实行“收支两条线”管理、经营收入未纳入部门预算、以拨代支虚增事业支出、违规使用收入用于投资和支付贷款利息等各类问题22个，涉及违法违规和管理不规范问题金额10.78亿元；被审计单位漏报办公用房面积、下属单位实际使用的办公用房建筑面积超出规定面积等问题。将外文局11.21万平方米的土地自行改变用途、外文局所属公司违规使用出售国有划拨用地等3个问题，撰写成审计简报上报审计署相关司。

其他审计项目 按照数据司和财政司统一安排，承担信息化建设情况审计项目，对国家烟草专卖局信息化建设基本情况、信息系统安全和应用绩效进行审计，查出部分信息系统项目建设进度比较缓慢，部分信息系统使用范围小和频率低，部分信息技术产品国产化率不高、存在一定安全隐患，以及软件资产管理不规范等问题。选派1人参加国家发展改革委2016年度组织分配中央财政投资情况审计，选派2人参加扶贫专项资金审计。

党建工作 认真学习宣传贯彻党的十九大精神，通过审计署统一安排的学习、党支部组织集中学习，以及个人自学等方式，牢固树立“四个意识”，坚定“四个自信”，做到“四个服从”，更加坚定地维护以习近平同志为核心的党中央权威和集中统一领导，更加自觉地在思想上政治上行动上同以习近平同志为核心的党中央保持高度一致。

加强党组织的建设，把落实党内各项组织生活制度作为党内政治生活的重要内容和载体。局领导带头落实“三会一课”制度，制订年度计划，全年共组织召开党员大会、支委会24次，党小组会议36次，党课4次，召开组织生活会、民主生活会、民主评议党员4次，参加署机关组织各类政治学习80余人次。

加强作风建设，全局党员干部认真贯彻中央八项规定精神，积极转变工作作风。落实“一岗双责”，推进党风廉政建设。强化第一责任人的责任，健全责任清单，狠抓责任落实。组织全体党员干部认真学习各项廉政规定，及时学习传达党风廉政建设指示、通报，开展“以案释纪明纪，严守纪律规矩”主题警示教育月活动，筑牢反腐倡廉的思想道德防线。全年未发生违反廉政规定、影响公正执法的问题，维护审计机关清廉公正的良好形象。

相关工作 构建能力建设平台，通过让青年干部担任审计项目主审、起草调研报告等方式，注重在审计实践中给年轻同志压担子、提要求，提供锻炼成长的平台和机会。选派人员参加审计署主审培训班、计算机审计中级培训班、赴国外培训班等各种培训。1人正式加入中国共产党；1人通过2017年审计对外援助培训师资遴选，入选署援外师资名单库；1人通过计算机审计中级考试；1人参加赴美国审计法制培训班并结业。承担财政司课题，撰写《中央部门预算执行审计中关注职能履行情况的几点思考》研究报告；全年在《中国审计》等杂志发表研究文章5篇。

注重发挥党支部思想政治工作的引领作用，关心支持工会工作。组织全体党员干部参观“砥砺奋进的五年”展览，利用业余时间开展健步走、趣味篮球赛等体育锻炼活动，营造团结和谐、奋发向上的干事创业氛围。（撰稿人：赵海斌）

【审计署交通运输审计局】 2017年，审计署交通运输审计局人员编制15人，实有14人。设有一处、二处、三处。主要职责：按照审计署统一部署开展工作；负责审计交通运输部、国家铁路局、国家邮政局、中国邮政集团公司、中国民用航空局及上述部门（单位）下属单位预算执行、决算（草案）和其他财政财务收支，开展相关专项审计调查；承办审计署交办的其他事项。

领导成员

局　　长：矫　强

副 局 长：周子祥

副局级审计员：彭碧莲

审计成果 2017年，交通运输审计局完成审计项目11个。查出主要问题金额59.81亿元。上报审计信息5篇，被审计要目等采用2篇，审计署向国务院、全国人大报送的2016年度中央预算执行和其他财政财务收支的审计情况报告采用反映案例1个。查处重大政策措施跟踪审计问题及反映案例39个，其中被审计署政策跟踪审计报告采纳审计案例2个，审计长批转转送函1件。向社会公告审计结果3篇。

国家重大政策措施落实情况跟踪审计 实施交通运输部和中国民用航空局重大政策贯彻落实情况跟踪审计。按照审计署该项审计工作指导意见的要求，重点关注交通运输部和中国民用航空局落实精准扶贫精准脱贫、“三去一降一补”任务落实、三大战略推进、“营改增”政策等重大决策部署贯彻落实情况。审计反映交通运输部收费公路通行费“营改增”政策落实不到位、交通基础设施政府与社会资本合作（PPP）试点项目未能如期开工、中国民用航空局存量资金规模较大、北京新机场配套空管工程河北区域内土建工程停滞等问题。审计中发现和反映被审计部门主动作为、可复制可推广的经验做法，以及落实审计整改成效较好的案例。如交通运输部落实中央生态文明建设政策，督促天津、河北、山东等地环渤海港口停止接收柴油货车运输集疏港煤炭的案例，被审计署重大政策措施贯彻落实情况跟踪审计公告采用，并被《人民日报》以《三大攻坚战审计看落实》重点报道。

预算执行审计 完成交通运输部、国家铁路局、中国邮政集团公司2016年度预算执行等情况审计。围绕工作方案确定的内容和重点，对3个预算单位专项资金分配、执行、调整、决算编制等环节，进行全覆盖和全流程检查，揭示出预算决算管理、参与分配的中央专项转移支付资金管理、结转结余资金分配和管理使用、“三公”经费管理、政府采购预算编制和采购实施等方面的22个问题。交通运输部所属通信中心预算编报不准确等问题被《国务院关于2016年度中央预算执行和其他财政收支的审计工作报告》采用。

审计反映上述问题后，交通运输部、国家铁路局、中国邮政集团公司高度重视，积极采取措施落实整改，举一反三，认真查找管理漏洞和薄弱环节，加强制度建设和规范管理。国家铁路局结合整改，研究制定事业单位党委工作规则、政府购买服务指导性目录等多项制度，相关情况被写进《国务院关于2016年度中央预算执行和其他财政收支审计查出问题整改情况的报告》。

其他审计项目 完成交通运输部、国家邮政局涉企收费专项审计项目2个；承担交通运输部、中国民用航空局、国家铁路局、国家邮政局政务信息系统审计调查项目4个；派出3人参加四川省凉山彝族自治州和云南省怒江傈僳族自治州福贡县等深度贫困地区扶贫审计；配合审计署执行专项审计任务，抽调业务骨干1人参加财政部年度预算执行审计等。（撰稿人：冯　辉）

【审计署农林水利审计局】 2017年，审计署农林水利审计局人员编制15人，实有14人。设有一处、二处、三处。主要职责：按照审计署统一部署开展工作；负责审计农业部、水利部、国家林业局、国务院三峡工程建设委员会办公室、国务院南水北调工程建设委员会办公室、国务院扶贫开发领导小组办公室及上述部门（单位）下属单位预算执行、决算（草案）和其他财政财务收支，开展相关专项审计调查；承办审计署交办的其他事项。

领导成员

局　　长：娄　仲

副 局 长：孔繁杰

副局级审计员：乔红兵

审计成果 2017年，农林水利审计局组织实施审计项目13个。查出主要问题金额85034万元，其中违规金额4210万元、管理不规范金额80824万元；审计发现非金额计量问题48个；损益（收支）不实金额473万元；出具审计报告和专项审计调查报告14篇。审计处理处罚金额9204万元，其中应归还原渠道资金4210万元、应调账处理金额4994万元；移送有关部门处理事项1件，移送处理人员13人，移送处理金额820万元。审计促进整改落实有关问题金额9204万元，其中已调账处理金额4994万元、其他整改落实金额4210万元。审计提出建议10条，被采纳10条；推动被审计单位制定整改措施3项，促进被审计单位制定、完善规章制度4项；提交审计信息1篇。

国家重大政策措施落实情况跟踪审计 开展对农业部、水利部的政策落实跟踪审计。围绕推进农业供给侧结构性改革、“放管服”改革、精准扶贫精准脱贫等中心目标，准确把握农业政策落实跟踪审计目标和思路，全面梳理农业部、水利部2017年重大任务情况，深入挖掘专项资金整合、土地确权、高标准农田建设和农垦改革等重大支农惠民政策落实中存在的体制机制和具体措施方面的问题，重点关注重大水利工程、“放管服”改革、扶贫、“三大战略”、重点工作任务等重大决策部署贯彻落实情况，坚持“三个区分开来”，严肃查处履职不到位问题，推动政策落地、有效发挥作用。在审计中，共出具审计报告 8 篇，主要反映畜禽养殖废弃物资源化利用、农村土地承包经营权确权登记颁证和重大专项资金分配，以及部分重大水利工程进展缓慢、中小河流治理等水利专项未完成“十二五”规划任务等问题 25 个。

预算执行审计 组织实施农业部、水利部、国务院三峡建设办公室 2016 年度预算执行审计。审计中以习近平总书记关于农业发展、精准扶贫等系列重要讲话为指针，围绕新常态下农业发展面临的主要矛盾和主攻方向，抓住关键环节，理清审计思路，扎实做好每一项部门预算执行审计。审计发现的部分省区水源保护区划定未完全落实问题被审计署采用，水规总院会议费问题作为审计案例纳入审计署 2016 年度审计工作报告报全国人大。

其他审计项目 对农业部、水利部和国家林业局政务信息系统进行审计。审计中牢固树立大局意识和总体国家安全观，以高度的政治责任感，综合运用座谈、查阅文档、观察系统演示等多种审计方式开展审计，结合部门工作业务实际，对政务信息系统的安全和绩效进行客观评价，优质高效地完成任务。上报审计署 3 份政务信息系统审计报告，审计发现的水利部、林业局信息系统 8 个问题被审计署采用。

不断完善联网审计规划，树立数据优先理念，加大数据的关联分析力度，创新组织管理模式，选择重点项目，以保障财政资金使用安全与绩效为切入点，集中力量，上下联动。全面掌握农业专项资金数据，不断探索农业审计路子和方法，促进“三农”政策有效落实。农林水利审计局持续把推进项目资金的整合作为重点，促进管理方式、安排项目、转移支付的变革，通过不断整合，农业部专项资金的项目数量从 3 年前的 20 多类减少到 6 类。水利部部分水利专项资金绩效管理工作不到位等 4 个问题被审计署采用。

开展中国农业科学院科研项目资金管理等情况审计调查；农业部、水利部、林业局、国务院三峡建设办公室 2016 年度涉企收费情况审计。

（撰稿人：米春云）

【审计署贸易审计局】 2017 年，审计署贸易审计局人员编制 15 人，实有 14 人。设有一处、二处、三处。主要职责：按照审计署统一部署开展工作；负责审计商务部、中国国际贸易促进委员会、中华全国供销合作总社及上述部门（单位）下属单位预算执行、决算（草案）和其他财政财务收支，开展相关专项审计调查；承办审计署交办的其他事项。

领导成员

局　　长：许永利

副 局 长：王　磊

审计成果 2017 年，贸易审计局完成审计项目 8 个，提交审计报告 7 篇，编发《重要审计情况》等审计业务信息 3 篇，移送重大违纪违法问题线索 3 起，审计资料被 4 个重要信息要目采用，1 个典型事例被审计署两个报告采用，3 个典型事例被重大政策跟踪审计汇总报告采用。

国家重大政策措施落实情况跟踪审计 实施商务部 2017 年国家重大政策措施贯彻落实情况跟踪审计，审计揭示农村电子商务、农产品冷链物流、“放管服”商事审批制度改革、“一带一路”建设、自由贸易试验区、境外经贸合作区、加工贸易中西部梯度转移等方面政策落实中 11 个典型案例。促进有关部门积极整改，修订完善《关于进一步做好中央财政支持农产品流通体系建设项目工作的通知》等相关制度 6 项。对中华全国供销合作总社的重大政策落实情况进行调研，提出适时进行跟踪审计的建议。

预算执行审计 完成商务部、中国对外文化集团公司 2 个单位的 2016 年度预算执行审计。审计中，注重把握中央部门预算改革方向，在关注预算真实性的基础上，突出预算编制、调整、分配、执行全过程合规和效益，审计揭示预算编制不科学，套取财政专项资金；预算执行不严格，挪用财政资金或结存大、使用效益不高等问题，查出问题金额 145 亿元。2 个重大违规问题移送给有关部门处理，促进被审计单位建立健全规章制度 9 项。

经济责任审计 完成对商务部原部长的任期经济责任审计。审计中，紧紧围绕被审计领导干部权力运行，聚焦“经济责任”，揭示商务部工作中存在的经济政策落实不到位、个别专项资金分配未履行重大事项决策程序等 4 方面 20 多个问题，推进商务部改进相关工作。

其他审计项目 承担商务部、中国国际贸易促进会和中华全国供销合作总社 3 个部门的涉企收费审计以及商务部中央部门政务信息系统审计。派出 3 人参加全署预算执行和重大政策措施贯彻落实情况跟踪审计报告审核汇总；派出 2 人参加集中连片贫困地区扶贫资金审计。

党建工作 以推进“两学一做”学习教育常态化制度化为依托，参加署党组中心组学习（扩大）会，机关党委组织安排的各项学习、培训，全年派出 22 人次参加各项学习培训，累计 200 多天。自行组织多种形式的学习活动。

改选党支部，充实支部成员，加强党支部建设。在经济责任审计期间报请设立临时党支部，加强党员教育和管理，审计组组长孙宝厚参加临时党支部活动，为大家讲党课。全面落实“三会一课”制度，全年召开支部大会 15 次、支委会 11 次，局领导讲党课 3 次；组织专题讨论 7 次。

加强廉政风险防控，深入开展“以案释纪明纪、严守纪律规矩”主题警示教育月活动；支持配合署机关纪委（巡视办）开展监督执纪“四种形态”落实情况调研活动。坚持抓常抓长，抓早抓小，加强提醒教育。全年未发生违反廉政纪律问题。

相关工作 梳理贸易审计局承担的各项管理职责，对日常事务实行清单化管理，按处室分工、细化到人，实行 AB 角管理模式。严格遵守保密纪律，通过各种保密检查。发挥工会、妇联等群团组织作用，增强干部的归属感。贸易审计局被评为审计署 2015—2017 年度精神文明单位。

（撰稿人：曾贤善）

【审计署文化体育审计局】 2017 年，审计署文化体育审计局人员编制 15 人，实有 14 人。设有一处、二处、三处。主要职责：按照审计署统一部署开展工作；负责审计文化部、国家文物局、国家体育总局、中国对外文化集团公司、全国哲学社会科学规划办公室、中国文学艺术界联合会、中国作家协会及上述部门（单位）下属单位预算执行、决算（草案）和其他财政财务收支，开展相关专项审计调查；承办审计署交办的其他事项。

领导成员

局　　长：姜跃山

副 局 长：宋　波

副局级审计员：孙宏慧

审计成果 2017 年，文化体育审计局共完成政策跟踪、预算执行、部长经济责任等审计项目 5 个，开展 2 个部门政务信息系统建设管理专项审计调查，参与中央财政科研项目资金管理专项审计调查和深度贫困地区专项扶贫审计。共查出各类违纪违法问题金额 30740 万元；发现非金额计量问题 20 个；出具审计报告和专项审计调查报告 14 篇。促进整改落实有关问题金额 9330 万元，其中增收节支 144 万元、上缴财政 24 万元、归还原渠道资金 120 万元、调账处理金额 9185 万元。促进建立健全规章制度 3 项、追究责任 2 人。审计发现的中央科研项目资金管理中落实国家政策措施不到位等问题被审计署重要信息要目汇总采用，文化部支持文化创意产业加快发展的案例被署报国务院综合报告采用，涉企收费案件线索被审计署移送有关单位处理。

国家重大政策措施落实情况跟踪审计 完成对文化部、国家体育总局 2017 年度贯彻落实国家重大政策措施落实情况跟踪审计。审计中，将推动中央重大决策部署落实作为首要任务，紧紧围绕统筹盘活财政存量资金、加快培育文化产业、加强文物保护和利用、推进全民健身运动开展、筹办北京冬奥会和冬残奥会等方面政策措施落实，着力推动相关资金落实、项目实施和政策落地生效。

预算执行审计 完成对文化部、中国文联 2016 年度预算执行等情况审计。审计发现文化部出国经费管理不规范、违规发放出国团组交通补贴、违规由所属单位承担活动经费、多列公务用车运行费用、未按规定履行政府采购程序、资产未纳入账内核算、未按规定上缴房产出租收入等问题，发现中国文联财政结余资金未按规定清理、出国经费管理不规范、未按规定报批会议计划、长期占用所属单位车辆、未经批准出租房产且收入未按规定上缴、多计支出、未按规定履行政府采购程序、违规使用财政资金购买银行理财产品、往来账款未及时清理、报社广告经营不规范等问题，促进财政资金高效使用和中央八项规定精神落实，推动部门不断提高预算管理水平。

经济责任审计 完成对中国文联主席的任期经济责任审计。审计中，紧紧围绕贯彻落实党的文艺工作路线方针政策和国家宏观政策及决策部署、重大经济决策、履行管理职责、落实党风廉政建设责任和遵守廉洁从政规定以及审计发现问题整改等方面情况，紧扣主席经济责任履行，以重大经济政策落实、重大财政项目实施情况和效果为切入点，通过揭示问题、界定责任、提出建议，促进领导干部更好地守法守纪守规尽责。

党建工作 深入学习贯彻党的十九大精神，采取每周一学、集中培训、个人自学、交流研讨、主题联学、以考促学等多种方式，坚持读原著、学原文、悟原理，坚持联系实际学、带着问题学、领导带头学。

扎实推进"两学一做"学习教育常态化制度化，深入学习党章党规和习近平新时代中国特色社会主义思想，组织参观《复兴之路》、纪念红军长征胜利主题展览、"砥砺奋进的五年"大型成就展，切实增强政治责任感、历史使命感和职业荣誉感。

始终把"两个责任"扛在肩上，落实"一岗双责"，切实把党建工作目标与审计业务工作目标融为一体，做到一级抓一级、层层抓落实，坚决整改中央和署党组巡视指出的问题，深入开展"灯下黑"问题专项整治。

开展"以案释纪明纪，严守纪律规矩"警示教育，与外交外事局和政法局党支部联合开展"严守纪律规矩，锻造审计铁军"主题教育，引导党员干部知敬畏、存戒惧、守底线，时刻做到心有所畏、言有所戒、行有所止。注重从反面典型中吸取教训，注重抓早抓小抓常，强化审计现场廉政监督，切实做到依法审计、文明审计、廉洁审计。 （撰稿人：王　伟）

【审计署卫生药品审计局】 2017 年，审计署卫生药品审计局人员编制 15 人，实有 14 人。设有一处、二处、三处。主要职责：按照审计署统一部署开展工作；负责审计国家卫生和计划生育委员会、国家食品药品监督管理总局、国家中医药管理局及上述部门（单位）下属单位预算执行、决算（草案）和其他财政财务收支，开展相关专项审计调查，承办审计署交办的其他事项。

领导成员

局　　长：张宣波

副 局 长：杨雅君

副局级审计员：胡　华

审计成果 2017 年，卫生药品审计局完成审计项目 13 个。查出违法违规及管理不规范问题金额 5.92 亿元；出具审计报告、专题审计报告、审计决定等审计文书 17 篇。围绕财政资金管理使用、医药卫生体制改革、食品药品审批监管等方面情况，揭示反映问题或案例 41 个，其中有 8 个在报送国务院的相关专题报告中单独采用，相关成果被重要信息要目采用 4 篇（其中独立编发 1 篇）、部门信息转送函采用 1 篇，移送案件线索 1 件。

国家重大政策措施落实情况跟踪审计 开展对卫生计生委、国家食品药品监督管理总局两个单位的国家重大政策措施落实情况的跟踪审计。在对卫生计生委的审计中，重点关注深化医药卫生体制改革，"放管服"改革、三大攻坚战、盘活财政存量资金等方面政策落实情况。审计共发现问题 12 个，其中涉及财政资金管理使用方面 6 个，涉及国家重大政策落实方面 5 个，其他方面 1 个。审计报告共反映卫生计生委积极促进政策落地、取得较好成效的典型案例 6 个，有 3 个典型事例被审计署报国务院综合报告采用。

在对食药监管总局的审计中，重点关注食品药品审评审批制度改革、"放管服"推进、食品药品监管等方面政策落实情况。审计共发现问题 15 个，其中涉及食药监管政策落实不到位方面 8 个，涉及"放管服"改革进展缓慢方面 3 个，涉及审评制度不完善方面 2 个，其他方面 2 个。审计报告促进整改 9 项。

预算执行审计 对卫生计生委、中医药管理局、中国计划生育协会等 3 个部门开展 2016 年预算执行和决算审计。审计中结合各部门和所属单位业务特点，拓展审计覆盖面，充分利用大数据审计手段查核疑点，注重加强对贯彻中央八项规定精神、"三公"经费和会议费的审计力度。审计共查出虚列支出、违规收费、套取财政资金等违规问题金额 44393.07 万元，其中违规金额

23403.03万元、管理不规范金额20990.04万元。审计处理处罚金额23490.01万元，其中应上缴财政48.72万元、应归还原渠道资金2.42万元、应调账处理金额23438.87万元；审计发现非金额计量问题11个；审计促进整改落实有关问题金额23827.30万元，其中促进增收节支136.68万元、已调账处理金额23680.62万元。大数据审计及成效案例被审计署采用并在全国大数据审计研讨班上作典型经验交流。

其他审计项目 在对卫生计生委财政科研经费管理、使用情况审计调查中，发现部分专项查重机制不完善，导致课题重复立项；重大科技专项资金审批周期长、拨付不及时、项目资金预拨制度未能有效执行等问题。在对卫生计生委、食药监管总局和中医药管理局等部门政务信息系统审计中，查出信息系统顶层设计不足，信息系统建设缓慢等问题。对卫生计生委所属部分单位开展涉企收费审计并按审计署要求报送相关资料。

党建工作 深入学习宣传贯彻党的十九大精神，组织全体党员干部到署机关集中收看十九大开幕式；组织召开支委扩大会议，对学习宣传进行具体安排。落实全面从严治党责任，深入推进“两学一做”学习教育常态化制度化。全年召开全体党员干部大会19次、支委会15次、党小组会45次，召开组织生活会3次、民主生活会和党员民主评议各1次，讲党课10次。开展主题党日活动，将“两学一做”学习教育引向深入，组织开展“参观双清别墅重温入党誓词”“参观恭亲王府，严守廉政纪律”“联学航天精神，助力审计事业”等5次主题党日和联学活动，不断丰富组织生活，坚定理想信念，增强“四个自信”，严守党的纪律和规矩。

（撰稿人：程张鹏）

【审计署国资监管审计局】 2017年，审计署国资监管审计局人员编制15人，实有14人。设有一处、二处、三处。主要职责：按照审计署统一部署开展工作；负责审计国务院国有资产监督管理委员会（以下简称国资委）、国家安全生产监督管理总局（以下简称国家安监总局）及上述部门（单位）下属单位预算执行、决算（草案）和其他财政财务收支，开展相关专项审计调查；承办审计署交办的其他事项。

领导成员

局　　长：朱登云

副 局 长：张世雯

副局级审计员：石绍懿（2月—）

审计成果 2017年，国资监管审计局共实施或参与审计项目6个。查出违规金额1.04亿元、管理不规范金额62.90亿元；出具审计报告和专项审计调查报告10篇。审计处理处罚金额2244万元，其中应归还原渠道资金108万元、应缴纳的其他金额1185万元、应调账处理金额950万元。促进整改落实有关问题资金42.37亿元，其中已上缴财政27万元、已归还原渠道资金108万元、已缴纳其他资金3285万元、已调账处理金额18.56亿元。审计提出建议8条；促进被审计单位建立健全规章制度22项。

国资监管审计局联合企业审计司实施的国资委原主任任期经济责任审计项目获得审计署表彰审计项目。

国家重大政策措施落实情况跟踪审计 实施对国务院国有资产监督管理委员会重大政策措施落实情况的跟踪审计。审计中坚持以习近平总书记治国理政新思想新理念新战略和党的十九大精神为引领，围绕打好“三大攻坚战”、深化国有企业改革、落实“放管服”政策等重大政策措施落实情况，梳理与国资委相关的重点工作任务，创新思路、方法和理念，针对国资委部门职能的特殊性，与业务司加强沟通，构建协作机制，充分发挥审计整体合力作用，创造性地开展审计，其中国资委所属协会违规开展评比表彰活动等多个问题，被审计署政策跟踪审计汇总报告采用。

预算执行审计 实施对国资委、国家安监总局和国家知识产权局等3个部门的预算执行审计。查出违规违纪和管理不规范问题32个，涉及金额50.18亿元，提出审计建议8条，促进建立健全部门规章制度11项。其中，国家安监总局所属企业违规开展与部门行政审批权相关的安全评价服务的问题，在中央部门预算执行审计结果报告和政府工作报告中作为单独案例反映；3个部门所属单位违规出租出借办公用房或设备等问题被政府工作报告采用。

党建工作 将领读领学与宣传交流相结合，组织集中学习党的十九大精神10余次，专题讨论和交流发言20余次，专题党日活动2次，微信平台交流7次，编发学习动态10期。扎实推进“两学一做”学习教育活动常态化制度化。将“两学一做”列入年度党建工作目标进行布置，深入开展“灯下黑”专项整治工作。全年学习党章党纪党规5次，组办学习园地4期，编发工作动态34期，巡视发现问题需要整改的13项任务，已整改完成10项。

进一步加强支部制度建设，全年研究制定党建制度6项，通过完善制度，为推进党建工作责任层层压实党建责任提供重要的制度保障。严肃党内政治生活，规范支部组织生活，全年召开党员大会11次、党员学习会21次、支委会12次、党小组会27次，组织党课宣讲9次。

认真学习中央八项规定实施细则和习近平总书记“反四风”等重要指示精神，组织观看专题政论片，开展党风廉政教育月活动，支部书记带头讲廉政党课。全体党员干部签订《加强纪律和作风建设承诺书》，增强责任意识；完善廉政档案，完善审计现场管理细则，推行审计项目廉政纪律总结报告制度、廉政提醒制度执行常态化，全年开展集体廉政提醒12次、个别廉政提醒6次。

相关工作 细化完善党建、党风廉政建设、业务管理等方面各项规章制度20项；研究制定局领导工作分工、领导班子议事规则等制度，明确管理职责；研究制定贯彻落实“十三五”审计工作发展规划的实施意见，厘清工作思路，着眼长远发展。开展项目总结交流点评，3次邀请业务司围绕提高审计质量开展专题学习培训和交流，查找工作中的差距。建立工作任务动态管理制度，按月计划、督促检查和通报，提高工作效率。制订“业务回炉、能力再造、一人一策”活动实施方案，实施导师辅导制，为培养审计骨干和领军人才构建长效机制。

（撰稿人：籍秀红）

【审计署经济执法审计局】 2017年，审计署经济执法审计局人员编制15人，实有13人。设有一处、二处、三处。主要职责：按照审计署统一部署开展工作；负责审计国家工商行政管理总局（以下简称工商总局）、国家质量监督检验检疫总局（以下简称质检总局）、国务院法制办公室、中国法学会、中华全国工商业联合会及上述部门（单位）下属单位预算执行、决算（草案）和其他财政财务收支，开展相关专项审计调查；承办审计署交办的其他事项。

领导成员

局　　长：梁丽军

副 局 长：张　进

副局级审计员：丁　玎

审计成果 2017年，经济执法审计局全年主要完成工商总局2016年度预算执行情况和局领导任职期间经济责任履行情况审计、质检总局政策措施落实情况跟踪审计等项目5个。反映问题54个，查出主要问题金额215461万元，其中违规金额143970万元、损失浪费金额80万元、管理不规范金额71411万元。审计处理处罚金额14513万元，其中应调账处理金额14513万元。审计促进整改落实有关问题金额73288万元，其中增收节支54525万元、已调账处理金额319万元；审计后挽回（避免）损失14513万元。审计成果被审计署综合汇总报告、重要信息要目等采用11篇。

国家重大政策措施落实情况跟踪审计 实施工商总局和质检总局两个部门的国家重大政策措施贯彻落实跟踪审计项目。审计中紧扣这两个部门的职能和中心工作，围绕“放管服”改革等主要内容，立足宏观、以点带面，灵活采取“上下联动”等多种审计方式，揭示出两个部门在重大政策措施落实过程中存在的降低制度性成本、清理涉企收费不到位等问题36个，其中部分问题被审计署上报国务院综合报告采用。注重反映“放管服”改革推进情况，推动各项决策部署落地生根。反映工商总局未按规定时间及时发布“政府部门涉企信息归集格式规范”，导致已取得的5个中央部门的数据未能整合在国家企业信用信息公示系统中予以公示等一系列问题。聚焦“三去一降一补”等重大任务落实情况，促进企业降费减负目标实现。反映质检总局和工商总局所属行业协会利用行政资源违规开展评比达标项目向企业乱收费等问题。结合派出局工作特点和审计需要，对质检总局口岸检验检疫重大政策措施落实情况开展上下联动审计，反映质检总局监管不力致使进口废纸未严格执行检疫处理有关规定，存在较高的疫病疫情传入风险等问题。

预算执行审计 实施对工商总局和中国法学

会两个单位的预算执行和其他财政收支情况以及决算（草案）审计，重点审计两单位本级及所属单位等单位14个。审计中与重大政策措施落实情况跟踪审计相结合，聚焦中央八项规定精神执行和“三公”经费问题，审计报告反映被审计单位下属某局隐瞒国际规费收入未上缴国库、其所属单位违规发放劳务费、向外单位无依据收取出访费等问题，查出违规违纪金额4.57亿元。

经济责任审计 开展对工商总局领导任职期间经济责任审计。审计报告共反映负有直接责任、主管责任和领导责任的问题9个。

党建工作 经济执法审计局全面落实从严治党主体责任，组织学习宣传贯彻党的十九大精神，扎实推进“两学一做”学习教育常态化制度化，强化党风廉政建设。加强支部建设，使党支部真正成为教育党员的学校、团结群众的核心、攻坚克难的堡垒，促使全局党员领导干部忠诚干净担当、发挥表率作用，促使党员党性坚强、发挥先锋模范作用；加强领导班子和队伍建设，持续改进工作作风、正风肃纪，加强内部管理，打造信念坚定、业务精通、作风务实、清正廉洁的审计队伍。

（撰稿人：李　丽）

【审计署广电通讯审计局】 2017年，审计署广电通讯审计局人员编制15人，实有13人。设有一处、二处、三处。主要职责：按照审计署统一部署开展工作；负责审计国家新闻出版广电总局、新华通讯社、中国外文出版发行事业局、中华全国新闻工作者协会、中国日报社、人民日报社、求是杂志社、光明日报社、经济日报社及上述部门（单位）下属单位预算执行、决算（草案）和其他财政财务收支，开展相关专项审计调查；承办审计署交办的其他事项。

领导成员

局　　长：廖金梅（—8月）

副 局 长：秦　洁

副局级审计员：厉从斌

审计成果 2017年，广电通讯审计局完成审计项目6个。查出主要问题金额122324.08万元，其中违规金额1255.86万元、管理不规范金额121068.22万元；审计发现非金额计量问题18个；损益（收支）不实金额684.53万元；出具审计报告6篇。审计处理处罚金额31497.70万元，其中应归还原渠道资金121.63万元、应调账处理金额31376.07万元；移送司法机关、纪检监察机关和有关部门处理事项2件。审计促进整改落实有关问题金额658.07万元。审计提出建议17条，被采纳15条；促进被审计单位制定、完善规章制度6项；提交审计信息8篇。向社会公告审计结果3篇。

预算执行审计 完成中国日报社、经济日报社、中华全国新闻工作者协会2016年度预算执行等情况审计。在充分审计调查基础上，紧扣审计实施方案确定的重点内容开展工作，突出行业特色和单位特点，综合运用谈话了解、外部延伸、现场盘查等方法，查出违规批准持因私护照出国，受邀出国由对方付费，下属企业承担出国费，以包干等方式支付境外住宿费；超标准购置公务用车，用广告版面置换公务用车；会议费预算不细化，未编制年度会议计划；未编制政府采购实施计划，未执行政府采购或公开招标；违规出租和无偿借用办公用房，未将部分房产和房租纳入法定账簿核算，资产账账不符、账实不符，已完工交付使用工程未办理竣工财务决算；少计发行收入，广告收入长期挂账，以拨代支、少计收支；使用不合规发票报销；未及时清理长期未经营或亏损的所属企业；超标准或违规公款消费等问题。

其他审计项目 完成新华通讯社和国家新闻出版广电总局信息化建设情况审计，揭示信息系统建设缺乏统一规划，个别信息系统项目建设进展缓慢等问题。完成国家新闻出版广电总局涉企收费情况审计，通过广泛调查、随机抽查、重点核查，反映所属单位向企业收取审批前置中介服务费等问题。

党建工作 学习宣传贯彻党的十九大精神，邀请人民日报社、新华通讯社专家解读十九大精神；组织电影党课，观看精准扶贫影片《十八洞村》；研究政策跟踪审计如何贯彻落实十九大确定的任务，明确工作思路。持续推进“两学一做”学习教育常态化制度化。进一步规范党建基础工作，坚持“三会一课”制度，强化“四个意识”，坚定“四个自信”。加强党风廉政建设，组织参观廉政教育基地，撰写廉政感言，将廉政与审计同部署、同执行、同检查，做到警钟长鸣；把纪律挺在前面，严格执行“八不准”审计纪律，严守保密纪律底线和红线，如实填报廉政档案。

相关工作 开展“不忘初心，增强职业荣誉感”大讨论，创办“广电讲坛”，交流学习心得，强化政治责任感、历史使命感和职业荣誉感，营造干事创业的浓厚氛围。激发集体智慧，开展项目总结和业务培训，不断增加知识储备，锤炼顽强作风。开展研究型审计，选派干部参加各类培训，结合审计实践进行报刊管理体制课题研究，用理论指导和促进实践。

（撰稿人：秦　洁　刘　欢）

【审计署旅游侨务审计局】 审计署旅游侨务审计局人员编制 15 人，实有 15 人。设有一处、二处、三处。主要职责：按照审计署统一部署开展工作；负责审计中央台湾工作办公室（国务院台湾事务办公室）、中华全国台湾同胞联谊会、国家旅游局、国务院侨务办公室、国务院港澳事务办公室、中华全国归国华侨联合会及上述部门（单位）下属单位预算执行、决算（草案）和其他财政财务收支，开展相关专项审计调查；承办审计署交办的其他事项。

领导成员

局　　长：张广春

副 局 长：黄致敏

副局级审计员：廖　晖

审计成果 2017 年，旅游侨务审计局共完成审计项目 6 个。查出主要问题金额 86340 万元，其中违规金额 26288 万元、管理不规范金额 60052 万元；审计发现非金额计量问题 6 个；损益（收支）不实金额 31190 万元；出具审计报告和专项审计调查报告 5 篇。审计处理处罚金额 63493 万元，其中应上缴财政 9521 万元、应调账处理金额 53972 万元；移送司法机关、纪检监察机关和有关部门处理事项 7 件，移送处理人员 6 人，移送处理金额 3377 万元。审计促进整改落实有关问题资金 44370 万元。审计提出建议 15 条，被采纳 9 条；促进被审计单位制定、完善规章制度 8 项；提交审计信息 5 篇，被批示、采用 5 篇。向社会公告审计结果 3 篇。

预算执行审计 完成国务院港澳办、中共中央台湾工作办公室和中国侨联 3 个部门 2016 年度预算执行等情况审计。在对被审计单位实现审计范围和重点审计内容全覆盖的基础上，把查处重大违法违规案件线索摆在突出位置，结合内部管理情况，抓住被审计单位的重点部门和管理薄弱环节，关注体制机制问题，提出审计意见和建议。查处并移送案件线索 7 件。其中，审计发现并移送国务院侨务办公室所属中国新闻社原党委书记、社长和原副总编等滥用职权、违规决策为民营企业谋利造成国有资产损失的问题线索，得到侨办和中央纪委驻统战部纪检组领导的高度重视，给予中国新闻社原党委书记开除党籍、取消退休待遇处分，并移送司法机关；分别给予两名《中国新闻周刊》原副总编免职、降职处分；对 1 名《中国新闻周刊》原副总编和财务负责人立案调查等。该案件也成为新闻出版系统反腐的重大案件之一，在被审计单位引起强烈反响。

其他审计项目 根据统一安排，对国务院侨务办公室和国家旅游局的信息化建设情况实施审计。审计过程中，关注被审计单位信息化建设中存在的突出问题，分析制约信息化建设的体制机制性问题，提出改进意见和建议。审计发现信息化建设项目进展缓慢、未按规定进行安全定级或实行分类保护等问题 12 个，其中 7 个被审计署汇总报告采用。

党建工作 深入学习宣传贯彻党的十九大精神，组织全体党员干部到署机关集中收看十九大开幕式，组织召开支委会对学习宣传进行具体安排。坚持抓好党建不断健全责任体系，创新党支部活动组织方式，开展内容丰富、形式多样的支部学习活动，教育和引导全体党员干部进一步坚定理想信念、提高党性觉悟、强化宗旨意识，更好地履行审计监督职责。

相关工作 按照署党组关于强化审计队伍建设的要求，开展“提素质，强实战”主题年活动，进一步提升干部队伍整体素质和实战能力。加强审前培训，在审计项目实施前邀请被审计单位相关领域专家讲解部门基本情况和业务履职特点，提高审计人员的业务能力。结合审计工作，采取党建、业务、局务三位一体培养模式，加强对审计人员特别是年轻审计人员的培养和锻炼。

（撰稿人：林丽华）

【审计署地震气象审计局】 2017年，审计署地震气象审计局人员编制15人，实有14人。设有一处、二处、三处。主要职责：按照审计署统一部署开展工作；负责审计中国气象局、中国地震局、国务院参事室、国家信访局、国家人民防空办公室及上述部门（单位）下属单位预算执行、决算（草案）和其他财政财务收支，开展相关专项审计调查；承办审计署交办的其他事项。

领导成员

局　　长：李志民

副 局 长：班东启

审计成果 2017年，地震气象审计局完成审计项目11个，其中组织实施审计项目8个，参与实施审计项目3个。查出主要问题金额49978万元，其中违规金额1725万元、管理不规范金额48253万元；起草审计报告和专项审计调查报告10篇。审计处理处罚金额16729万元，其中应上缴财政1139万元、应归还原渠道资金39万元、应调账处理金额15551万元。审计促进整改落实有关问题金额3541万元，其中增收节支8万元、已调账处理金额3533万元。审计提出建议14条，被采纳审计意见11条，推动被审计单位制定整改措施15项，促进被审计单位建立健全规章制度6项；提交审计信息2篇；派员参加财政部2017年重大方针政策跟踪审计，参与编写审计要目2篇；向社会公告审计结果3篇。

预算执行审计 完成对中国气象局、中国地震局、国家信访局3个单位的2016年度预算执行等情况审计。在对中国气象局的审计中，查出中国气象局机关向所属单位摊派会议费、科研综合楼成为账外资产、卫星中心应缴未缴财政存量资金等问题。该项目查出的部分其他问题形成审计简报1篇，以移送处理书转有关部门处理。

在对中国地震局的审计中，查出局本级违规列支所属单位人员出国经费、部分办公用房变相出租给下属企业用于经营、违规承担职工小区物业费、基本建设项目结余资金未按规定上缴财政等问题。该项目查出的部分其他问题形成审计简报1篇，以审计信息转送函移交有关部门处理。

在对国家信访局的审计中，查出超预算列支公务用车运行费、未执行政府采购规定以及办公楼完工投入使用后长期未办理竣工财务决算等问题。

其他审计项目 根据审计署统一安排，完成中国气象局、中国地震局涉企收费审计调查项目，发现中国气象局所属部分省（区、市）气象局，违规向企业收取已取消的前置性行政审批项目“建设项目雷电灾害风险评估”和“防雷装置设计技术评价”费用3200余万元；中国地震局地球物理研究所以前年度累计结转地震安全性评价项目等收费长期挂账未纳入预算管理；北京市震害防御与工程地震研究所部分人员在下属企业领取地震安全性评价劳务费等21.13万元等问题。派出2人参加云南省2017年贯彻落实国家重大方针政策措施情况审计和云南省怒江傈僳族自治州扶贫审计。

信息化建设 探索信息化环境下审计组织方式、实施方法等创新，应用计算机辅助审计技术，探索通过联网方式开展非现场审计的模式。选派年轻同志参加审计署财政审计司、电子数据审计司组织的数据分析团队，通过实战化的工作，提升地震气象审计局的信息化审计能力，同时为审计署大数据审计贡献力量。

党建工作 强化党支部建设，严格落实“三会一课”制度，扎实推进“两学一做”学习教育，深入学习党的十八届五中、六中全会，特别是十九大精神，牢固树立政治意识、大局意识、核心意识、看齐意识，坚持以习近平新时代中国特色社会主义思想为指导，坚定维护以习近平同志为核心的党中央权威和集中统一领导。落实党风廉政建设责任制和各项审计纪律，加强惩防体系建设和廉政风险防控，层层传导压力，层层落实责任，加强干部队伍作风建设。

相关工作 强化干部队伍建设，努力提升审计技能和疑难问题突破能力，让年轻同志担任项目主审压担子，邀请一批审计经验丰富的领导干部来局开展讲座，帮助审计干部培养大案要案的分析能力和突破能力，全面提高审计业务能力和水平。

（撰稿人：李　鹏）

审计署驻地方特派员办事处

审计署驻地方特派员办事处根据审计署的授权，依据法律法规和审计署的规定，履行下列职责：审计省级人民政府的预算执行情况、决算和其他财政收支，中央财政转移支付资金；审计海关总署、国家税务总局等中央单位驻地方分支机构或派出机构的预算执行情况和其他财政收支情况；审计中国人民银行、国家外汇管理局驻地方分支机构的财务收支；审计中央所属驻地方的事业单位和社会团体的财务收支；审计中央投资和以中央投资为主的建设项目的预算执行情况和决算；审计中央国有企业、中央国有资本占控股地位或主导地位的企业的资产、负债和损益；审计中央金融机构、中央国有资本占控股地位或主导地位的金融机构驻地方分支机构的资产、负债和损益；审计省级人民政府管理和其他单位受国务院及其部门委托管理的社会保障基金、社会捐赠资金及其他有关基金、资金的财务收支；审计国际组织和外国政府援助、贷款项目的财务收支；对国家财经法律、法规、规章、政策和宏观调控措施执行情况、财政预算管理或国有资产管理使用等与国家财政收支有关的特定事项进行专项审计调查；承办审计署交办的其他事项。

【审计署京津冀特派员办事处】 2017 年，审计署京津冀特派员办事处人员编制 178 人，实有 161 人。设有办公室、法规处、财政审计一处、财政审计二处、行政事业审计处、资源环保审计处、固定资产投资审计处、金融审计一处、金融审计二处、企业审计一处、企业审计二处、社会保障审计处、外资运用审计处、计算机审计处、机关党委（人事教育处）、机关纪委（纪检监察处）16 个处室。审计署京津冀特派员办事处审计范围是：北京、天津、河北。

领导成员

特 派 员：胥连碧（1月—）

副特派员：李伟光　丛　娜　胡尊锴

许朝阳（1月—）

刘　焱（1月—）

纪检组长：孙雅琴

副司级审计员：苑宝良（—4 月）　王俊升

审计成果 2017 年，审计署京津冀特派员办事处共完成审计署下达的审计项目 24 个。出具各类审计结果文书 20 份，查出各类问题金额 1460.80 亿元，提出的审计建议被采纳 81 条，促进被审计单位制定整改措施和建立健全规章制度 166 项，向审计署报送各类审计信息 23 篇，被采用 175 篇次。

独立实施的河北省 2016 年贯彻落实国家重大政策措施情况跟踪审计、与审计署财政审计司联合实施的北京市市长任期经济责任审计、与天津市审计局联合实施的天津市医疗保险基金审计、参与实施的中国铁路总公司 2016 年贯彻落实国家重大政策措施情况跟踪审计等 4 个审计项目被评为审计署表彰项目。

国家重大政策措施落实情况跟踪审计 突出京津冀协同发展规划纲要贯彻落实，突出“三去一降一补”政策执行，突出重大经济风险防范、精准脱贫、污染防治等重点，聚焦政策落实和深化改革，着力反映京津冀三地机制不协调制度不衔接等问题，促进中央政策贯彻落实，提升审计成效。京津冀三地贯彻落实国家重大政策措施情况跟踪审计共查出问题 62 个，典型案例被审计结果公告采用 21 个，促进 60065.42 万元资金拨付或统筹使用，推进 13 个项目加快进度，促进 28 个问题全面完成整改落实。审计反映的去产能任务落实方面的 3 篇审计信息被重要信息要目采用，为推动去产能任务落实发挥积极作用。北京 2022 年冬奥会和冬残奥会跟踪审计紧紧围绕习近平总书记关于办好冬奥会的讲话精神，关注“绿色、共享、开放、廉洁”办奥理念和重点任务落实情况，就北京冬奥会场馆建设、补助资金、生态修复等方面提出存在的问题和改进建议。

财政审计 以促进财税体制改革深化，推动积极财政政策措施贯彻落实，切实防范财政风险、规范财政收支行为、促进提高预算绩效为目标，重点关注财税体制改革推进、“农林水”和“节能环保”专项资金、地方政府性债务、财政存量资金、重大建设项目实施、脱贫扶贫政策落实、土地和矿产资源开发利用等情况。审计反映的地方政府债务管理中值得关注的几个问题被重要信息要目采用，为有效促进地方政府性债务的管理，防范政府性债务风险发挥积极作用。

民生资金（项目）审计 从财政预算管理、资金安排等环节入手，在掌握各项扶贫政策落实总体情况的基础上，围绕“六精准”要求，重点突出精准扶贫精准脱贫相关政策不落实的问题，对产业扶贫、易地搬迁扶贫、教育扶贫、健康扶贫、生态扶贫等具体政策措施的实施进展和效果情况进行审计，关注体制机制上存在的问题。以资金为主线，密切关注财政安排的各类涉农和扶贫资金、信贷资金等是否真正用在扶持项目上，重点发现审计虚报冒领、骗取套取财政资金等重大违法违纪问题。反映基层扶贫资金管理使用的三种典型违规操作问题的审计信息被重要信息要目汇总采用，进而被中办、国办采用。

金融审计 围绕金融工作服务实体经济、防控金融风险、深化金融改革的三大任务，把握金融工作服从经济社会发展、优化结构、强化监管、坚持市场导向四项原则，以防范金融风险、维护金融安全为目标，重点关注贯彻落实中央重大决策部署、稳健货币政策和宏观调控政策落实、风险管控、境外投资、境外并购和境外国有资产管理使用、贯彻落实中央八项规定精神以及领导人员遵守有关廉洁从业规定等情况。审计查出金融机构高级管理人员涉嫌受贿以及非法集资、地下钱庄等问题线索，据此撰写的4篇审计信息被审计要情采用；揭示银行间债券市场通过表外交易加杠杆、第三方支付监管等体制机制问题，提出加强债转股配套政策、加强虚拟货币生产交易整顿等审计建议，上报审计信息并被重要信息要目采用11篇。

企业审计 以促进企业领导人员守法守纪守规尽责，促进提质增效、维护国有资本安全为目标，重点关注贯彻落实中央重大决策部署、国企国资改革、资产负债损益、重大经济决策、化解过剩产能、处置僵尸企业、“营改增”等减税降费、降低企业杠杆、“脱实向虚”未聚焦主业、境外投资、境外并购和境外国有资产管理使用，贯彻落实中央八项规定精神，以及领导人员遵守廉洁从业有关规定和涉企收费等情况，着力揭露重大履职不到位、重大损失浪费、重大环境污染和资源毁损、重大风险隐患等问题，严肃查处以权谋私、假公济私、权钱交易、骗取财政资金、失职渎职、贪污受贿、内幕交易等违法犯罪问题。反映部分央企降杠杆措施不到位等问题的审计信息被重要信息要目采用2篇，牵头组织开展的56户中央企业落实科技创新政策调查中，反映国家科技创新政策不完善、企业落实不到位问题，为推动企业贯彻落实中央政策措施发挥积极作用。反映招标管理和资金风险管控薄弱、薪酬激励机制不健全等问题的审计信息被重要信息要目汇总采用8篇，为促进规范经营和可持续发展发挥一定的作用。

（撰稿人：刘秀芳）

【审计署驻太原特派员办事处】 2017年，审计署驻太原特派员办事处人员编制150人，实有在职干部134人、离退休干部47人。设有办公室、法规处、财政审计处、行政事业审计处、资源环保审计处、农业审计处、固定资产投资审计处、金融审计处、企业审计处、社会保障审计处、外资运用审计处、计算机审计处、人事教育处、机关党委。审计署驻太原特派员办事处审计范围是：山西、内蒙古。

领导成员

分党组书记、特派员：庄　军

分党组成员、副特派员：张晓霞　杨卫东
刘　宇　安志蓉

分党组成员、纪检组长：王　华

正司级审计员：刘文杰

副司级审计员：王晋生（—11月）

审计成果 2017年，审计署驻太原特派员办事处（以下简称太原特派办）共完成审计项目15个。编发审计（调查）报告16篇，上报审计信息87篇，被审计要情、重要信息要目等采用30篇。查出主要问题金额104893703万元，其中违规金额49700万元、损失浪费金额1918万元、管理不规范金额104842084万元；审计发现非金额计量问题190个；损益（收支）不实金额48863万元；审计发现侵害人民群众利益3094万元；出具审计报告和专项审计调查报告20篇。审计处理处罚金额45325万元，其中应上缴财政849万元、应缴纳其他资金52万元、应调账处理金额44423万元；移送司法机关、纪检监察机关和有关部门处

理事项 7 件，移送处理人员 8 人，办结移送处理事项 6 件，6 名人员受到党纪处分，收回资金 3186 万元。审计促进整改落实有关问题金额 6335373 万元；审计促进拨付资金到位 385597 万元；审计后挽回（避免）损失 17574 万元。审计提出建议 97 条，被采纳 94 条；推动被审计单位制定整改措施 211 项；促进被审计单位制定、完善规章制度 23 项；提交审计信息 21 篇，被批示、采用 35 篇。

内蒙古自治区党政原主要领导干部任期经济责任审计项目被审计署评为表彰审计项目。

国家重大政策措施落实情况跟踪审计 审计围绕供给侧结构性改革，注重反映打好"三大攻坚战"相关政策措施落实情况；围绕解决不平衡和不充分问题，注重反映财政、金融、国有企业、生态环境等领域存在的风险隐患。重点关注精准脱贫政策、资金、项目推进落实情况，着力揭示污染防治、废弃物处置中存在的突出问题。在银行金融政策跟踪审计中，发现部分地方政府违规扩大巨额政府债务、个别银行违规经营理财产品引发金融风险隐患等问题；在铁路政策跟踪审计中，发现铁路建设过程中弃土弃渣、煤尘抛洒造成环境污染等突出问题，并形成专题报告。

财政审计 组织实施对山西省国家税务局、中国证券监督管理委员会（以下简称中国证监会）的 2016 年度预算执行及决算草案审计项目。在对山西省国税的审计中，重点围绕税收征管、预算执行和国家税务总局经济责任审计"上下联动"事项展开，发现提前征收税款、延压税款及大量税款未及时退抵等 6 大类问题。其中，"营改增"审计情况形成专题报告。在对中国证监会的审计中，重点关注期货市场运行和大商所重大投资项目等事项，参与查处的某民营企业从事非法结算业务（地下钱庄）问题被审计署以审计要情移送中国证监会。

经济责任审计 组织实施对山西省原党政主要领导干部的经济责任审计。审计重点关注国家重大经济政策措施贯彻落实情况，揭示山西省"一煤独大"的结构性矛盾中产业结构调整、化解过剩产能方面存在的问题，投资效率低下等问题，国资国企改革中的体制性问题，国家资源型经济转型综合配套改革试验区推进缓慢问题，财政风险和金融风险问题，因长期依赖资源发展造成资源破坏、生态脆弱问题等。在山西省高级人民法院主要领导干部经济责任审计中，发现和揭示省法院重大经济事项决策机制不完善、部分重大经济事项未纳入集体决策范围，部分项目未批先建造成前期投入损失以及其他财政财务收支和内部管理问题。在中国国新控股有限责任公司经济责任审计中，发现推进国有资本运营公司改革试点工作不到位、推动中央企业重组方面成效不明显、所属部分企业违规开展融资性贸易业务，虚增收入和成本等问题，并对开展国有资本运营公司试点、以设立基金为主要模式推进试点工作、专职外部董事试点工作存在的主要问题上报专题信息材料。

开展山西省原党政主要领导干部自然资源资产离任审计。按照《领导干部自然资源资产离任审计规定（试行）》的要求，围绕加快推进生态文明建设，践行绿色发展理念，注重反映自然资源资产开发利用中遵守国家法律法规、生态环境保护等情况。审计发现禁采区违规审批、延续矿权，地下水超采严重，采煤沉陷区环境治理进展缓慢等问题。

民生资金（项目）审计 组织实施财政扶贫资金审计项目，共发现 6 大类 18 个问题，其中关于资金统筹整合、教育扶贫、金融扶贫等方面共 5 个问题在国务院综合报告中反映并向社会公告，被审计署重要信息要目采用 1 篇。在山西省农林水专项资金审计项目中，发现山西省病险水库除险加固和水库移民搬迁、山西省农村饮水安全工程建设和运行维护、农田水利项目管理等方面存在的问题。

金融审计 组织开展 8 家重点商业银行跟踪审计，加大对新增贷款投向的跟踪审计力度，重点关注小微企业、"三农"、金融精准扶贫、偏远地区金融服务情况和融资难、融资贵等问题，持续关注不良资产风险、影子银行潜在风险、地方债务风险、房地产市场风险、中小金融机构的流动性风险、涉众型风险、资本市场风险、第三方支付机构风险。

信息化建设 研究解决"异构软件数据共享"技术难题，应用数据库"触发器"原理，实现内部专网平台实时同传，提升工作效率。研究开发

"WINDOWS环境下缓存清理专用工具"，在全办推广应用，有效解决文档自动缓存造成的泄密风险。在审计项目中，开展大数据分析，通过筛查期货交易数据，发现某贸易企业利用场外囤货、场内逼仓的方式影响期货价格获取暴利的线索，被审计署审计要情采用。在山西省原党政主要领导干部经济责任审计中，将图斑数据叠加比对，发现禁采区违规审批、延续矿权等问题。

审计质量管理 结合审计项目特点，改进审理方式，对重点事项实施"嵌入式"全过程跟踪审理，确保审理力量投入精准、审理重点定位精准、审理时点介入精准、审计成果牵引精准。修订完善审理委员会审计报告质量评分标准，强化审计现场审理，夯实全过程审计质量控制责任，确保审计报告质量。探索大项目现场质量控制方法，结合审计实践，总结形成《经济责任审计项目审计质量控制指引》，明确审计任务清单，规范延伸调查等行为；制定《关于山西省经济责任审计项目规范外部检查结果证据转化的意见》，明确外部检查结果证据转化，规范责任界定的证据要求。成立创新委员会，下设数据分析组和政策研究组等5个专门小组，形成加强各专业审计融合和再造审计工作流程的创新实践。

党建工作 深入学习宣传贯彻十九大精神和习近平新时代中国特色社会主义思想。特派办分党组高度重视，多措并举，深入推进。通过制订方案、配发资料、制作展板、开设微课堂、参加审计署学习宣讲活动、邀请专家专题辅导等，有效提升全办干部的政治能力、学习能力和工作能力。相关稿件被《中国审计报》、审计署网站采用20余篇次。

扎实推进"两学一做"学习教育常态化制度化。贯彻审计署党组有关实施方案和南京专题研讨班精神，研究制定18项具体举措予以落实推进。全年共组织15次专题学习和研讨，2次调研学习先进单位经验，带头加强对党章党规和系列讲话的学习，推进常态化制度化不断深化。

全面落实政治责任，切实履行政治担当。坚持把政治建设摆在首位，成立全面从严治党领导小组，与各处室负责人签订责任承诺书。制定工作要点和落实责任清单，确保管党治党责任落实到位。树立一切工作到支部的鲜明导向，加大对支部工作考核力度，支部工作取得明显进步。

加强廉政建设，从严细化要求。学习中央、审计署廉政会议有关精神及要求，加强宣传教育，强化监督检查。全年13次组织学习党风廉政建设重要文件，出台进一步加强廉政监督员工作、纪委委员联系党支部工作等制度。开展综合处室执行纪律情况综合检查，组织"五个一"教育警示活动。组织对14个审计项目22次审计现场综合检查，对46个被审单位进行廉政回访。

特派办分党组自加压力，召开以"党建与业务深度融合，有效提升审计业绩"为主题的专题民主生活会，并在全办范围内召开支部组织生活会，针对查找出的主要问题，制订整改落实方案，列出8个方面26项整改举措，狠抓落实，有效促进党建与业务的深度融合。加强领导班子建设，贯彻民主集中制原则，共组织召开特派办分党组会议、特派员办公会议24次。坚持和完善中心组和专题学习制度，牢固树立"四个意识"，提高政治站位，增强班子建设的内生动力和指导工作的能力水平。

相关工作 加强干部队伍建设。严格按照好干部标准，共选拔任用9名处级干部，组织11名干部交流轮岗，新招录5名公务员，优化干部队伍结构，充实审计力量。加强对干部的教育培训，提高培训针对性和教育实效性，围绕机关党建、审计业务等进行专题辅导，选派干部参加署各类培训共185人次。 （撰稿人：李 妍）

【审计署驻沈阳特派员办事处】 2017年，审计署驻沈阳特派员办事处人员编制150人，实有139人。设有办公室、法规处、财政审计处、行政事业审计处、农业审计处、资源环保审计处、固定资产投资审计处、金融审计处、企业审计处、社会保障审计处、外资运用审计处、计算机审计处、机关党委（人事教育处）、机关纪委（纪检监察处）等14个职能处（室）。审计署驻沈阳特派员办事处审计范围是：辽宁、大连。

领导成员

分党组书记、特派员：李珊珊（—1月）

马文辉（1月—）

分党组成员、副特派员：冷奎英（—11月）

孙玉花 王晓东

贺建荣（1月—，7月起赴新疆维吾尔自治区审计厅挂职）

分党组成员、纪检组长：宋　民

副司级审计员：李正辰　郑广民（1月—）

审计成果　2017年，审计署驻沈阳特派员办事处（以下简称沈阳特派办）完成审计项目9个。查出问题金额1443.95亿元，其中违规金额230.10亿元、损失浪费金额17.12亿元、管理不规范金额1196.73亿元；审计发现非金额计量问题699个；审计处理处罚金额70.50亿元，其中应调账处理金额70.50亿元；审计促进整改落实有关问题资金9.72亿元。移送和办结以前年度案件线索37件。出具审计报告和专项审计调查报告10篇，提出审计建议47条。提交审计信息18篇，被审计署采用63篇次；被审计署工作报告、综合报告和专题报告采用典型事例53个。

独立实施的辽宁省2016年贯彻落实国家重大政策措施情况跟踪审计项目和辽宁省医疗保险基金审计项目、参与实施的税务总局2016年贯彻落实国家重大政策措施情况跟踪审计项目获评审计署优秀项目；独立实施的中国电子科技集团公司法定代表人任期经济责任审计项目和参与实施的中国铁路总公司2016年贯彻落实国家重大政策措施情况跟踪审计项目获评审计署表彰项目。

国家重大政策措施落实情况跟踪审计　聚焦政策落实，实施国家重大政策措施落实情况跟踪审计，出具审计报告4篇、整改建议函4份，揭示污染防治、重大项目推进等方面问题103个，反映典型案例16个，被审计署审计结果公告、审计署专题报告采用案例22个，2篇审计信息被重要信息要目采用，1篇审计信息被审计要情独立采用。审计促进某省落实“放管服”改革、审计促进某村满族特色民居改造项目整改等6个事例被中央电视台《焦点访谈》节目和人民网等媒体报道。

财政审计　在某省政府性债务审计中，围绕深化财政体制改革，摸清该省的债务底数和规模，分析债务结构，揭示该省某市违规通过企业举债数千万元用于发放养老金、违规从企业借款用于采购教学仪器设备、举借大量新债用于偿还存量债务利息等问题，推动坚决遏制隐性债务增量、积极稳妥化解隐性债务存量。

经济责任审计　全年完成某计划单列市党政主要领导干部任职期间经济责任与自然资源资产管理责任履行情况审计、某集团原法定代表人经济责任履行情况审计等4个经济责任审计项目。在某市党政主要领导干部任职期间经济责任与自然资源资产管理责任履行情况审计中，关注生态工程建设、环境治理方面的突出问题，揭示水环境质量下降、违法填海、非法占用林地等多方面问题。审计评价紧扣经济责任，分析问题、处理问题坚持“三个区分开来”原则，实事求是，全面评价。

民生资金（项目）审计　关注精准脱贫政策、资金使用、项目推进的落实情况，助力打好脱贫攻坚战。在扶贫资金审计中，查出某县公职人员和其他不具备条件人员享受财政补贴等问题，16名责任人受到党纪政纪处分，被骗取的扶贫资金被追回；揭示某省扶贫再贷款业务中因制度设计不完善造成额度大量结余未使用、部分贷款企业虚报扶贫效果、相关扶贫部门各行其政未能形成政策合力等问题，促进提高扶贫精准度和政策效果。审计中注意推进完善机制体制，针对医保审计发现的问题，推动某省出台和修订20项制度，促进医疗保险进一步健全、完善。

农业与资源环保审计　在某省农林水专项资金审计中，揭示农村饮水安全工程和运行管理机制不完善、食品安全检（监）测能力不足、农林水专项资金挪用等问题，并促进相关单位及时整改，在推动涉农制度建设、强化资金绩效管理等方面发挥重要作用；持续关注威胁我国林业生态安全的松材线虫疫情问题，相关审计信息引起国务院领导高度重视并转发国家林业局，为我国有效开展新一轮松材线虫防治工作提供重要参考。

金融审计　在重点商业银行跟踪审计中，揭示某地部分商业银行存在高风险担保圈、企业客户评级下降授信增加、大量无还本续贷以及人为调整还款期限或展期、变更借款主体等潜在风险，并对部分地方政府利用影子银行体系隐性举债问题予以重点揭示，防止金融风险与财政风险相互传染问题发生，为守住不发生区域性系统性风险的底线发挥积极作用。

企业审计　在企业审计中，揭示的部分央企公司治理顶层结构不够健全有关改革措施未全面落实、部分国有企业国际化经营中法律和合规风险控制不当造成较大损失等问题，被审计署重要信息要目采用，降低企业经营风险，维护了国有资产安全，从体制机制上推动国有企业在市场中不断焕发活力、提升竞争力，促进国有资本做强做优做大。

信息化建设 全年通过数据分析网向审计署报送财政、国税、地税、工商、民政、医保等备份数据计2.8TB，加工提取财政、国地税等行业标准化数据计10亿余条。优化数据分析，建成沈阳特派办虚拟机数据分析平台，组织全办首届优秀数据分析思路评选展示。完成独立编写的《数据获取技巧》一书的数字出版物录制。

审计科研 加强审计理论研究，强化对审计实践的理论总结和指导，鼓励全办干部通过申报课题、撰写理论研究文章等方式，不断提升宏观分析能力和理论研究水平。为每个处室开通中国知网账户，为审计干部开展理论研究提供丰富资料和便捷检索。与中国审计学会合作开展“新形势下加强审计机关审计风险管理的探究”课题研究，并派出代表在交流成果报告会上作主题发言。

党建工作 牢固树立“抓好党建是最大的政绩”的理念，认真落实全面从严治党主体责任和监督责任，严格落实意识形态工作责任制。把学习宣传贯彻习近平新时代中国特色社会主义思想和党的十九大精神作为年度党建工作第一要务，组织特派办分党组中心组学习和专题学习9次、特派办领导班子成员讲党课27次、开展党的基础知识测试2次，组织征集“我与十九大”主题征文20余篇，1篇在审计署评选中获奖。印发推进“两学一做”学习教育常态化制度化的实施方案，坚持开展经常性学习教育。强化基层党组织建设，开好专题民主生活会和组织生活会，落实好“三会一课”制度；编发“从严治党”资料摘编12期，制作宣传展板8期。开展“戴党徽、树形象”、扶贫主题党日等活动；完成各党支部换届和补选工作，3名预备党员转正，发展2名预备党员；4个异地大型审计项目均设立临时党组织。

坚持教育、制度与监督并重，筑牢廉政防线。抓好责任分解和落实，特派办分党组和各党支部认真落实党风廉政建设主体责任；纪检组长和机关纪委突出监督责任，对决策过程全程监督；逐级签订承诺书，将责任逐级分解，压力层层传导。经常性开展警示教育和廉政提醒，坚持逢会必讲廉政，采取领导干部带头学、丰富载体全员学、抓住“审前”“节前”“干部晋升后”等关键节点强化学等形式，构筑拒腐防变思想防线。强化日常监督，探索实践“一张图、一平台、三检查、两档案”工作法，即编制工作要点，在审计项目实施期间组织对现场巡查、审计组在项目结束后自查和项目结束后到被审计单位回访核查，以及建立审计项目廉政档案和审计人员廉政档案，努力构建拒腐防变的长效机制。

其他工作 努力建设信念坚定、业务精通、作风务实、清正廉洁的高素质审计干部队伍。领导班子认真落实全面从严治党主体责任，坚持民主集中制，“三重一大”等事项集体决策，全年召开特派办分党组会议及特派员会议40次；特派办领导班子成员坚持靠前指挥，全年深入一线时间738天；吸收处室负责人参加特派办分党组中心组学习。

强化青年干部培养，全年开展“全员学、全员讲、全员考”活动5次、培训838人次；落实党管干部原则，选拔任用8名处级干部，对34名干部交流轮岗；关心干部困难困惑，落实谈心谈话制度，召开处级干部和青年干部座谈会，广泛听取和吸纳意见；开通24小时服务热线，全年提供服务80余次；组织“最美审计人”演讲比赛、拓展训练、趣味运动会等活动，丰富职工文化生活，培养团队精神。

2017年，沈阳特派办被评为第五届全国文明单位、辽宁省保密工作先进集体和辽宁省定点扶贫先进单位。

（撰稿人：赵　静）

【审计署驻哈尔滨特派员办事处】 2017年，审计署驻哈尔滨特派员办事处人员编制150人，实有133人。设有办公室、法规处、财政审计处、行政事业审计处、农业审计处、资源环保审计处、固定资产投资审计处、金融审计处、企业审计处、社会保障审计处、外资运用审计处、计算机审计处、机关党委（人事教育处）和机关纪委（纪检监察处）。审计署驻哈尔滨特派员办事处审计范围是：黑龙江。

领导成员

特 派 员：尹树伟

副特派员：范东军　董耀文　孙亚男

纪检组长：汪春贵

副司级审计员：连鸿裕　朱志义

审计成果　2017年，审计署驻哈尔滨特派员办事处（以下简称哈尔滨特派办）共组织完成审计项目10个。查出违规和管理不规范问题金额1905亿元。提交的审计信息被审计要情、重要信息要目等采用59篇，中办、国办采用103篇次，中央领导同志批示34篇。36个典型案例被审计结果公告采用。全年由审计署向司法、纪检等部门移送审计事项7件，自行移送20件，推动处理问责75人。

黑龙江省主要领导干部任期经济责任审计等4个项目被审计署评为优秀和表彰审计项目。荣获审计署2015—2017年度司局级精神文明单位。

国家重大政策措施落实情况跟踪审计　开展国家重大政策措施落实情况跟踪审计，全年反映正面案例8个，揭示某省“放管服”改革和“去产能”工作不到位等问题105个，审计案例被审计结果公告采用36个，推动84个项目加快审批建设，涉及投资18.37亿元，促进财政资金统筹盘活和重点资金到位19亿元。揭示的某省煤炭“去产能”任务未按时完成问题，经国务院督导组调查后，地方政府立即整改，社会反响较大；反映的部分县区应退未退企业税费问题，经有关部门及时整改，切实促进减轻企业负担。

财政审计　关注地方政府性债务风险，揭示某市变相增加隐性政府债务等问题，推动地方政府采取有效措施防范化解债务风险。在税收审计中，反映部分企业利用黄金票虚开发票偷逃税款、成品油生产企业虚开发票偷逃税款、企业利用进口增值税缴款单偷逃税款等问题线索。

经济责任审计　在中央企业和金融机构领导人员经济责任审计中，关注企业经营业绩、法人治理、重大决策、深化改革、提质增效等情况，共反映123个问题。反映中央企业在“走出去”过程中对境外政策、法律和经营风险应对不足，企业间恶性竞争严重，境外项目监管不到位，造成国有资产巨额损失等问题。

民生资金（项目）审计　围绕精准脱贫目标，持续强化扶贫专项审计，全年反映扶贫政策落实、资金管理和项目效益等方面的问题64个，其中揭示骗取套取扶贫资金问题13个，移送省纪检部门问题线索5件，切实维护贫困群众利益。反映的某县产业扶贫政策与贫困户对接机制不健全和某县虚报农村饮水安全项目完工情况等问题，被审计单位迅速整改，相关情况被审计署扶贫审计典型案例宣传采用。揭示的某省两个县扶贫项目建成后闲置和招标管理不规范等问题，经央视新闻报道后，省委和省政府主要领导高度重视，有关部门立即部署落实整改工作，审计反映的问题得到整改。

农业与资源环保审计　在重点流域水污染防治资金审计和领导干部自然资源资产离任审计试点中，重点揭示水污染防治和节能环保专项资金管理、使用等方面存在的突出问题，其中某环保项目进展缓慢问题，中央环保督察组高度重视，7名责任人受到党纪政纪处分。

金融审计　重点关注涉及区域性风险和社会稳定的重大问题，反映的某省3个交易场所违规从事期货业务，个人投资者损失较大问题，经中央领导批示，中国证监会及时清理整顿全国交易场所，有效防止风险外溢，维护社会稳定。

审计质量管理　开展“学法力行尊法有为”法治宣传月活动，宣传法律知识，弘扬法治精神，强化依法审计意识，相关做法被审计工作通讯采用。制定审计延伸管理办法，要求审计人员在法定范围内行使权力，防止“有权任性”。严格执行“首办责任制”“四个清单”“审计报告征求意见稿预上会”等制度，形成全过程闭环式审计质量控制机制。相关质量控制的做法，得到审计署法规司认可，在审计法治建设座谈会上作经验交流。

信息化建设　加大数字化审计力度，在实施金融、企业、财政、社保等审计项目时，利用审计署大数据平台查询分析数据，通过关联分析工商、税务等行业数据，发现非法经营期货、企业循环开票虚增收入、骗取医保资金等多个重大问题线索，有效助推重大违纪违法问题线索的查处，提升审计的效率和精准度。提交的计算机审计案例从全国审计机关134个案例中脱颖而出，在审计署大数据审计交流研讨班演示交流，并得到广泛好评。

党建工作 深入学习宣传贯彻党的十九大精神。按照学懂弄通做实要求，采取突出重点专题学、新旧党章对照学、集中研讨交流学等方式，组织全办党员干部学习宣传贯彻习近平新时代中国特色社会主义思想和党的十九大精神。在特派办网站开辟学习专栏，在特派办微信群开展十九大知识竞答，营造学习氛围，推动全办干部进一步增强“四个意识”，提升用新思想武装头脑、指导实践、推动工作的能力。

扎实推进“两学一做”学习教育常态化制度化，确定每月最后一个周五为“支部党员学习日”。各党支部组织开展“回顾发展历程，感受时代变迁”等主题党日活动，开展“身边人身边事”“最美审计人”等评先选优活动。

加强基层党组织建设，加强一线党员管理，严格落实“三会一课”等制度，结合实际开展“体验式党课”等形式丰富的党课活动。在审计项目设立临时党组织，做到“党员走到哪里，党组织就覆盖到哪里，党建工作就开展到哪里”，相关做法被《光明日报》举例报道。包括“审计项目设立临时党组织”内容在内的党建研究课题，荣获全国党建研究会2017年度课题调研优秀成果二等奖。

持续抓好党风廉政建设，盯住关键环节开展廉政检查，全年开展廉政检查、回访33次。开展“深化审计权力运行监督”专项排查活动，聚焦重点环节、岗位，排查出18个廉政风险点并制定具体防范措施。开展巡视整改情况“回头看”，防止问题“反弹”。

相关工作 加强领导班子建设，特派办领导班子自觉提高政治站位，从信念、能力和作风等方面加强自身建设，坚持带头加强理论学习，严格执行民主集中制，严格落实中央八项规定精神，严格廉洁自律，切实发挥“头雁作用”。

加强干部能力建设，开展干部能力培养调研，制订个性化培养方案，提高干部培养的科学性，组织230人次参加审计署培训，开办哈尔滨特派办“审计讲坛”，落实“实务导师”组制度，发挥政策研究、专项突破、数据分析和审理审核4个专业团队的作用。在审计中提高审计能力，坚持审前培训、审中碰头、审后总结和成果点评“四会”，鼓励青年干部参加审计业务会。

加强干部思想作风建设，开展“四个带头”和“三个珍惜”大讨论，促进干部增强政治责任感、历史使命感和职业荣誉感；强化雷厉风行、狠抓落实的作风；强化意识形态工作，制定“微信十不准”纪律，严格规范干部网络言行。

全面加强保密教育和定密管理，加大保密检查力度，实现计算机保密检查“全覆盖”，排查网络安全隐患，确保网络安全运行；创新机关管理方法，开发机关管理App软件，通过手机完成党建宣传、通知督办、财务审批等事项随时发起、即时审批、实时反馈，提高管理效率；严肃财经纪律，依法理财，科学制定和执行预算，按规定采购和处置资产，开展财务自查和内部审计，加强监督；关心群众生活，看望慰问困难干部及家属，开展趣味运动会等全办性集体活动。做好宣传工作，及时总结提炼工作经验做法，在审计署主管的媒体发表宣传稿件222篇次，上报《工作动态》16期。

（撰稿人：朱　晶）

【审计署驻上海特派员办事处】 2017年，审计署驻上海特派员办事处人员编制150人，实有143人。设有办公室、法规处、财政审计处、行政事业审计处、资源环保审计处、固定资产投资审计处、金融审计一处、金融审计二处、企业审计处、社会保障审计处、外资运用审计处、计算机审计处、机关党委（人事教育处）和机关纪委（纪检监察处）等14个职能处（室）。审计署驻上海特派员办事处审计范围是：上海、浙江。

领导成员

分党组书记、特派员：鲍朔望

分党组成员、副特派员：倪志伟　徐　勇
邵永春　王小霞

分党组成员、纪检组长：陈顺华

正司级审计员：陈顺华（兼）
王俊豪（—11月）

副司级审计员：夏明东

审计成果 2017年，审计署驻上海特派员办事处（以下简称上海特派办）完成审计单位11个，共开展审计和审计调查项目12个。查出主要问题金额854.59亿元，其中违规金额335.50亿元、损失浪费金额4.46亿元、管理不规范金额514.63亿元；发现非金额计量问题136个；损益

（收支）不实金额 73.82 亿元；出具审计报告和专项审计调查报告 7 篇。审计处理处罚金额 123.82 亿元，其中应归还原渠道资金 64 万元、应调账处理金额 123.81 亿元。审计促进整改落实有关问题金额 59.14 亿元；审计促进拨付资金到位 0.54 亿元。审计提出建议 24 条，被采纳 12 条。共被审计要情采用 3 篇、重要信息要目采用 36 篇、审计情况批转函采用 2 篇、审计署信函采用 1 篇次、典型事例采用 42 篇，上报的审计信息被中办、国办分别采用 34 篇次和 36 篇次，党和国家领导同志批示 23 篇次。16 个案例被审计公告采用。

上海市市长任期经济责任审计、2015 年中央预算执行和编制中央决算草案情况审计被评为审计署优秀审计项目，独立实施的上海市 2016 年贯彻落实国家重大政策措施情况跟踪审计、联合实施的中国铁路总公司 2016 年贯彻落实国家重大政策措施情况跟踪审计被评为审计署表彰审计项目。

国家重大政策措施落实情况跟踪审计　按照“突出重点、补短板、强弱项”的要求，以资金、项目、政策和重大改革任务推进情况为抓手，在项目推进、简政放权、企业减负、资金盘活等方面查出一系列问题，切实推动水利等与民生息息相关的重大项目落地。在反映问题的同时，推广上海市当场办结、提前服务、当年落地“三个一批”改革等好的经验做法。注重跟进以前年度项目进展缓慢情况，督促浙江省相关部门加快该省老年医疗中心等项目的推进，切实打通项目落地“最后一公里”。以政府审批事项为切入点，揭示上海市 4 项行政审批取消下放后相关衔接工作不到位、3 项职业资格鉴定未按规定取消，切实规范政府权力运行。关注红顶中介运行，反映上海市环境监测中心依托行政权力违规从事经营活动、上海市园林绿化行业协会在开展工程评比活动中向参评单位违规收取费用的情况。

财政审计　清理盘活财政存量资金，揭示的浙江省嘉兴市财政存量资金 3.98 亿元、上海市以前年度存量资金 1900 万元未及时统筹盘活等案例被公告采用。围绕打赢风险防控攻坚战，重点揭示浙江省部分地方政府通过委托代建、政府购买服务、借道下属国有企业等方式违规举债的重大风险隐患。发现的浙江省安吉经济开发区管理委员会虚增项目投资额、违规举借政府性债务 8 亿元的问题被公告采用，4 名相关责任人受到党纪处分和组织处理。

经济责任审计　在某市党政领导干部经济责任审计中，落实“党政同责、同责同审”原则，反映该市长江经济带国家战略组成项目等中央重大政策进展缓慢、经济决策和民生保障政策执行不到位、经济发展风险职责防范不到位等问题，督促领导干部推动国家重大政策落实，加大民生支出保障力度。

探索领导干部自然资源资产离任审计，注重权力与责任结合、成绩与问题结合，反映某市在自然资源资产管理和生态环境保护重大决策、遵守法律法规、完成环保目标、履行监督责任等 4 个方面存在的 16 个问题，督促有关领导和部门整改。

民生资金（项目）审计　贯彻“六个精准”的扶贫理念，发现某市对口支援省市的援助资金投向产能过剩行业、过早拨付导致资金闲置等问题，推动提高脱贫成效。总结浙江省丽水市通过金融创新破解低收入农民贷款难问题和衢州市推进扶贫健康保险工作为低收入农户再筑保障的扶贫经验被公告采用，推动惠民政策广泛实施、发挥实效。

农业与资源环保审计　着力推动中央环保政策的落地，反映某市未严格贯彻落实环境信息公开制度和企业环境信用评价制度等问题，督促有关部门完善制度，推进绿色低碳发展。在某省节能减排专项资金审计关注资金使用效益，指出中央财政工业企业结构调整专项奖补资金大量闲置、农村生活污水处理设施建成后未运行或不达标等资金使用后不能发挥节能减排效益等问题，推动发挥资金和项目的实效。

金融审计　着重关注金融机构贯彻执行国家经济金融政策和决策部署情况，揭示金融机构违规通过理财等同业渠道向钢铁、煤炭等产能过剩行业和地方政府融资平台提供融资等问题，推动落实“三去一降一补”政策。关注金融机构经营风险和境外资产管理情况，发现资产质量划分不实、违规处置不良资产仍承担风险等情况，揭示境外资产运营中存在的管理不到位等隐患。紧盯金融领域涉众违法犯罪活动的新动向，查处 2 起涉嫌非法集资上百亿元的大案，在风险暴露前提前预警，维护群众利益。

企业审计 在某集团企业领导人经济责任审计中，围绕深化国有企业改革和完善国有资产管理体制，梳理在去杠杆、清理僵尸企业、淘汰落后产能、涉企收费、成本压降、投资布局方面的体制机制问题。重点关注国有企业改革各项政策措施落实情况，发现所属企业执行环保政策不到位、未落实非主业分离重组等问题，反映科技投入不足等影响持续发展动力的隐患，推动企业完善治理。

普法工作 创新设立普法微信公众号，促进审计人员依法审计。在审计中注重向被审计单位等开展普法宣传。贯彻落实“三个区分开来”和“十五个凡是”要求，处理好依法审计与推动改革、鼓励创新、服务发展之间的关系。进一步完善三级审理复核制度，推进流程再造，规范审理复核流程。全面开展现场预审理和审理，将审理关口前移，注重加强实质性审理，从源头防控审计风险。

信息化建设 在重大审计项目中成立数据分析团队，按照“集中分析、发现疑点、分散核查、系统研究”的思路，实践前后台融合的大数据分析方法，注重从宏观层面进行数据深度挖掘和跨领域关联，迅速锁定疑点，发挥精确制导作用。在金融审计项目中，利用交易数据分析，发现多起利用未公开信息交易和金融从业人员内幕交易等违法违规疑点；在自然资源资产离任审计中，全面运用GIS技术进行图斑数据分析，发现未经审批占用辖内森林公园水域用于工业项目、商业项目等问题。

审计科研 上海特派办牵头组织申报的《建立健全领导干部环境保护责任离任审计制度研究》课题，在国家社会科学基金项目正式立项；为中国审计学会理事论坛提供3篇大数据审计论文；组织撰写的《上海地方金融审计数据平台初步构建与应用》课题获上海市金融创新推进奖；发动全办青年审计干部结合工作实践编写案例，汇编《青年审计干部谈审计案例》一书成册。

党建工作 深入学习贯彻党的十九大精神，扎实推进“两学一做”学习教育常态化制度化，开展“重温红船精神、践行审计使命”等主题联学，根据署党组学习十九大精神统一部署，结合实际制定细化措施，把党的十九大精神融入各项具体工作中。切实落实特派办领导班子及成员的全面从严治党主体责任，把抓好党建作为最大政绩，严格落实各项党内生活制度，加强党内民主和监督，特派办领导带头讲党课。探索创新“业务处室党支部+综合处室党支部党员”的1+2对口联系工作制度等党建工作方式。

加强党纪党规教育，引导党员干部守住纪律防线。发挥中心组学习和领导干部的示范引领作用，带头拒腐防变。运用局域网、腾讯通、电子屏、宣传栏等多种载体拓展廉政教育空间，营造廉洁氛围。开展“每周一格言，每月一案例”和“以案释法明纪，严守纪律规矩”等主题教育活动，用身边事教育身边人。出台《上海特派办工作人员微博微信使用提示》，加强日常廉政提醒，重点关注审计现场管理风险点，对重大审计项目开展、重大审计业务问题讨论等全程跟踪、同步跟进。

相关工作 加强队伍建设，严格按照程序开展干部选拔任用，做好干部交流轮岗工作，为审计工作发展夯实人才基础。在安排干部参加审计署组织的各类培训的同时，组织6次有针对性的专题培训，并邀请金融监管、大数据、环保、保密等领域专家开展专题讲座，强作风提能力，增强发展后劲。大力选树宣传先进典型，评选培育思想政治工作的能手、内部管理的行家里手、查核问题的突击手、分析研究的高手、大数据运用的强手等“五手干部”，引导全办干部立足本职，勇于争先。

坚持总体国家安全观，增强防范意识，加强组织领导，严格落实保密责任制和保密管理制度。配合公安部、审计署计算机中心等部门的保密及安全检查，严格开展自查，严防失泄密事件发生。

在政策允许的范围内推行人性化管理服务，积极、主动、热情地解决审计干部工作和生活中存在的困难。通过组织参观爱国主义教育基地、开展“千秋家国梦”经典文学朗读活动、离退休党支部建成“老同志之家”，营造积极、健康的氛围，增强审计干部队伍的凝聚力。多措并举强化“大宣传”舆论引导，传播审计声音，弘扬主旋律，全年近60篇报道被署网站等媒体采用。

（撰稿人：史吉乾　冷萌晓）

【审计署驻南京特派员办事处】 2017 年，审计署驻南京特派员办事处人员编制 150 人，实有 140 人。设有办公室、法规处、财政审计处、行政事业审计处、农业审计处、资源环保审计处、固定资产投资审计处、金融审计处、企业审计处、社会保障审计处、外资运用审计处、计算机审计处、机关党委（人事教育处）、机关纪委（纪检监察处）14 个处室。审计署驻南京特派员办事处审计范围是：江苏、安徽。

领导成员

分党组书记、特派员：周敦祥

分党组成员、副特派员：钱夫中　刘　军
张文莉　王平凡
范厚胜（1 月—）

正司级审计员：刘　利（—5 月）

副司级审计员：刘步龙

审计成果 2017 年，审计署驻南京特派员办事处（以下简称南京特派办）完成审计单位 17 个，其中审计项目 15 个。查出主要问题金额 36776429.78 万元，其中违规金额 1392266.96 万元、损失浪费金额 13488.73 万元、管理不规范金额 35370674.09 万元；审计发现非金额计量问题 182 个；损益（收支）不实金额 6275.07 万元；审计发现侵害人民群众利益 7067.81 万元；出具审计报告和专项审计调查报告 18 篇。审计处理处罚金额 353118.69 万元，其中应上缴财政 1620 万元、应归还原渠道资金 7327.88 万元、应调账处理金额 344170.81 万元；移送司法机关、纪检监察机关和有关部门处理事项 1 件，移送处理人员 1 人，移送处理金额 4792.5 万元。审计促进整改落实有关问题金额 2547760.7 万元；审计促进拨付资金到位 76640.87 万元；审计后挽回（避免）损失 8182.57 万元；移送处理落实事项 10 件。审计提出建议 92 条，被采纳 105 条；推动被审计单位制定整改措施 323 项，促进被审计单位制定、完善规章制度 43 项；提交审计信息 40 篇，被批示、采用 79 篇次。

南京特派办被评为审计署考核优秀等次单位和 2015—2017 年度审计署司局级文明单位，独立和牵头实施的 2 个审计项目被评为审计署优秀项目，联合实施的 1 个审计项目被评为审计署表彰项目。

国家重大政策措施落实情况跟踪审计 对江苏、安徽两省开展国家重大政策措施落实情况跟踪审计，深刻领会全国审计工作会议精神，优化政策跟踪审计的思路和方法，着重在“热、深、精、强”四个字上下功夫，研析热点问题、突出省情，推进审查深度，创新技术方法。全年在政策跟踪审计中揭示精准扶贫、“放管服”、重大建设项目实施等方面问题共计 65 个，其中被审计署公告采用案例 20 个，被纳入国务院督查报告案例 1 个；被审计单位落实整改问题 37 个，有效推动政策落实、项目落地。

财政审计 组织实施江苏省国家税务局税收征管及政策落实等情况审计。审计中始终遵循以规范为标准、以最新的改革要求为方向、以大数据审计为武器的原则，从内部监管入手、从管理机构履职尽责情况入手，提高站位、查找共性、挖掘体制机制性问题。审计组立足税收管理中的缺陷，探索研究体制机制性障碍和制度管理上的漏洞，有效助推税收制度改革。

经济责任和企业审计 组织实施中国电信集团公司原法定代表人经济责任审计、中国民航信息集团公司原法定代表人任期经济责任审计、中国工商银行原法人代表经济责任审计江苏工行浙江工行延伸审计等。在审计中紧紧把握国家重大政策贯彻执行情况和重大决策情况，揭示重大政策措施落实不到位的问题和被审计领导人员“不作为、慢作为、假作为、乱作为”等情况，搜集和了解影响企业经营、发展、运行效率等方面的突出问题和矛盾，揭示体制机制制度缺陷，提出防范化解风险的审计建议。

金融审计 组织实施全国社保基金会 2016 年度预算执行审计、重点商业银行分支机构浙江中行浙江工行延伸审计、重点商业银行分支机构江苏邮储银行延伸审计等项目。审计中关注体制机制障碍，注重防范化解金融风险和维护金融安全。在对社保基金会的审计中，指出社保基金会内部控制制度建设方面不完善，自营指数化投资委托券商管理及评价制度不健全等问题，社保基金会高度重视，深入研究，着力建立健全长效机制，出台《全国社会保障基金境内签约券商管理办法》《自营组合服务券商管理实施办法》等内部控制文件。

农业与资源环保审计 组织实施江苏省农林水专项资金审计、江苏省节能减排专项资金审计、江苏省长江经济带生态环保审计等项目。依照党中央和国务院对农业、资源环保领域的最新精神，宏观把握，深入分析，树立严肃查处重大违法违纪问题的意识，注重保护改革发展中的新生事物。在审计工作中按照“三个区分”的要求，从更全面、全局、宏观、客观的角度对审计发现问题定性。深入分析审计发现问题尤其是普遍性问题发生的深层次原因，揭示问题背后的制度性、体制性、机制性障碍，推动健全完善制度，促进全面深化改革。践行“数据先行”理念，在对长江经济带生态环境保护审计中，广泛收集各主管部门业务系统电子数据，搭建跨行业、跨领域的数据关联分析平台，有力支撑审计工作。

固定资产投资审计 参与实施北京冬奥会重点配套工程京张高铁及崇礼铁路项目跟踪审计。

民生资金（项目）审计 组织实施安徽省扶贫资金审计。持续关注民生资金是否用到实处，群众是否受益，老百姓最关心、最直接、最现实的问题就是民生审计工作的出发点和落脚点，审计人员克服审计现场条件差、交通不便等困难，围绕农民最关心、要求最迫切的事项开展工作、查找问题，坚决捉住侵害农民利益的“黑手”。结合精准扶贫攻坚战的有关最新要求，结合安徽省情，确定将扶贫小额贷款作为审计重点，查处安徽省在扶贫小额贷款发放和使用过程中存在大量“户贷企用”贷款、扶贫效果不持续等一些普遍性问题，该事项上报后被审计署公告，且被列入2018年度全国扶贫审计工作方案的一项重点关注事项，目前安徽省已全面停止“户贷企用”模式发放扶贫小额贷款，扶贫小额贷款真正用于扶持贫困户稳定脱贫。

外资运用审计 组织实施世界银行贷款淮河流域平原洼地重点治理项目审计。

信息化建设 夯实大数据审计基础，构建审计业务标准化数据库，并在此基础上搭建大数据审计综合分析平台，既能够进行数据单个查询与批量查询，又能够进行跨行业、跨区域数据的综合利用与分析，使每个审计业务人员能够迅速找到数据、读懂数据、独立利用数据；整理财政、税收、金融、民生、环保等多领域的政策法规文件，并对每个领域政策法规进行梳理、分类，从多方面入手挖掘大数据审计数据分析思路，分行业构建相应的数据分析模型体系，建立数据分析模型库；选拔具备宏观思维、精通业务和计算机技术、综合分析能力强的信息化审计人才，建立特派办“信息化审计人才库”。在建立大数据审计“三个库”的基础上，进一步探索现场审计与非现场审计相结合，主动出击，注重数据关联分析结果的延伸核实，注重延伸结果的综合分析和应用，揭露和查处重大违法违规问题线索，密切关注经济社会运行中存在的薄弱环节、潜在风险和可能存在的不稳定等因素。

党建工作 组织全办党员干部深入学习宣传贯彻党的十九大精神。制定学习宣传贯彻十九大精神实施意见，列出学习任务清单，明确30多项学习任务；制作学习宣传贯彻十九大精神系列宣传展板，营造全员学习、实时学习的浓厚氛围。组织全办党员干部每人撰写一篇学习十九大精神心得体会，报送的《党员干部热议十九大》《贯彻落实党的十九大精神，审计人在行动》《学懂弄通做实，审计人在路上》等稿件被审计署微信平台、审计署官网等媒体采用近30篇次。推进“两学一做”学习教育常态化制度化，严格监督检查，强化党支部建设，深化文明创建工作。全年共编发63期机关党建工作动态，定期晾晒各支部工作计划及党内组织生活开展情况等，定期检查、定期通报，确保从严治党记在心上、抓在手上。

纪检工作 成立机关纪委（纪检监察处），按照署、办各项部署和要求，发挥监督执纪问责作用，完善制度，加强科学管理，深化廉政风险防控工作，不断营造风清气正的政治生态。纪检组长带领机关纪委（纪检监察处）工作人员，深入到23个审计现场开展现场检查，与审计组人员、被审计单位人员谈话，重点关注审计组工作态度、工作纪律、文明审计、吃住行等方面情况。

审计科研 充实南京特派办理论研究会的力量，成立三大攻坚战审计理论研究小组并定期召开成果交流会，紧密结合审计实务开展研究，自上而下营造理论研究浓厚氛围。南京特派办领导全年在《中国审计》杂志、《今日头条》、审计署微信等媒体发表理论研究文章5篇；全办人员全年共提交署征文22篇，在核心期刊发表理论文章

7篇，完成署办合作课题1项，入选中国审计学会研讨论文2篇。（撰稿人：江　江）

【审计署驻武汉特派员办事处】 2017年，审计署驻武汉特派员办事处人员编制150人，实有146人。设有办公室、法规处、财政审计处、行政事业审计处、农业审计处、资源环保审计处、固定资产投资审计处、金融审计处、企业审计处、社会保障审计处、外资运用审计处、计算机审计处、机关党委（人事教育处）、机关纪委（纪检监察处）。审计署驻武汉特派员办事处审计范围是：湖北、江西。

领导成员

分党组书记、特派员：程　光

分党组成员、副特派员：夏循福　余远华　郝云松　张海燕

分党组成员、署派驻纪检组长：杨选留

副司级审计员：罗旭光

审计成果 2017年，审计署驻武汉特派员办事处（以下简称武汉特派办）共组织实施审计项目（含跨年度项目）21个。查出违规问题金额7.52亿元、损失浪费问题金额81.36亿元、管理不规范问题金额1938.83亿元；向司法、纪检、监察机关移送案件线索和事项10件。

联合实施的税务总局2016年贯彻落实国家重大政策措施情况跟踪审计项目被评为审计署优秀审计项目；联合实施的中国铁路总公司2016年贯彻落实国家重大政策措施情况跟踪审计被评为审计署表彰审计项目。武汉特派办荣获2015—2016年度湖北省省级文明单位称号，涌现出1名全国三八红旗手和1个全国最美家庭。

国家重大政策措施落实情况跟踪审计 主要实施湖北、江西2省2017年国家重大政策措施贯彻落实跟踪审计。在推动“放管服”改革和减轻企业负担方面，重点关注有关部门清理规范行政审批中介服务不到位、乱收费增加企业负担等问题；在推进重大项目建设方面，重点关注铁路、保障性住房等领域重大投资项目的建设及效益情况；在推动财政存量资金盘活及统筹使用方面，重点关注财政存量资金未得到有效整合和使用的情况，并分析深层次原因，促进资金整合和有效使用。除揭示和反映问题外，审计还积极挖掘反映地方在推动中央政策措施贯彻落实方面的好经验好做法，以及积极整改审计发现问题取得实效的典型案例，通过正面肯定实现审计促进地方经济社会不断发展的目标。

财政审计 主要实施湖北省本级和武汉市本级地方政府性债务审计调查等项目。在审计中，持续关注地方政府性债务规模和结构变化情况，客观反映地方政府性债务的规模和特点，对部分地方政府承诺偿还债务的债务率、偿债率、借新还旧率、逾期债务率进行调查，揭示政府性债务管理中出现的新情况新问题；对在地方政府性债务管理系统登记的债务余额进行摸底，并与上级财政批复的地方政府债务余额限额进行对比，了解存在的政府性债务风险情况；揭示和反映政府债务方面存在的重大风险隐患，以及可能导致的区域性财政金融风险；关注企业去杠杆工作推进过程中，在企业兼并重组、资产负债管理、存量资产盘活、不良资产处置、股权融资、债务清理和整合以及企业破产清算过程中存在的问题，有力推动地方政府认真落实预算法，采取措施规范地方政府债务管理。

经济责任审计 完成武汉市党政机关领导人经济责任审计。在审计中总体把握领导干部任职期间履行经济责任的基本情况，重点关注领导干部推动本地区积极贯彻落实中央重大决策部署、推进创新改革任务、履行自然资源资产管理责任、财政管理和防范经济发展风险责任、廉政建设责任制和执行廉洁从政规定等方面的情况，严格按照“三个区分开来”的要求实事求是反映发现问题，研究和客观界定领导干部应承担的责任，审慎对问题进行定性和提出处理意见。

金融审计 实施2017年度重点商业银行跟踪审计项目，具体涉及交通银行武汉分行、建设银行浙江省分行、中信银行杭州分行等。在审计中，重点关注防范财政金融领域重大风险隐患、制度缺陷和监管漏洞。揭示银行资金通过同业、投行和理财业务，利用通道层层嵌套，拉长资金链条，形成资金在金融系统空转，推高企业融资成本、推升资产泡沫的问题；揭示浙江、上海等地金融机构通过表外业务等向地方融资平台大量投入资金，变相增加地方债务，形成地方债务风险，且违反国家宏观调控政策，向房地产企业大量融资，

甚至用于支付土地出让价款的问题。在普惠金融方面，揭示部分银行发行的部分小微企业增信集合债券存在资金用途偏离规定投向、闲置时间较长，地方政府未按规定配套设立政府风险缓释基金等问题。

农业与资源环保审计 实施长江经济带生态环境保护审计、中央节能环保专项资金审计、农林水专项资金审计等项目。在审计中关注自然资源资产管理和开发利用过程中生态环境保护等情况，推动生态环境保护和资源节约利用高效。注意结合地方资源特点开展工作，围绕地方特色资源着重审查相关生态破坏、资源损毁和环境污染等重点问题。审计揭示湖北省一些地方节能减排财政政策综合示范城市建设项目和园区循环化改造项目进展缓慢、江西省部分工业园区未按环评要求建设污水处理设施等问题；反映武汉市森林覆盖率指标任务未完成，中心城区湖泊未实现全面截污，部分片区生活污水未经处理排入附近河湖等问题。

民生资金（项目）审计 实施湖北、江西2省的扶贫审计等项目。在审计中重点关注惠民富民政策落地见效，坚持保障和改善民生，紧紧抓住政策和资金两条主线，关注政府层面落实精准扶贫精准脱贫各项政策，以及扶贫资金分配管理使用的有关情况；每季度选取贫困县开展专项审计，关注产业扶贫、教育扶贫、易地扶贫搬迁、金融扶贫、社保兜底扶贫等政策具体落实情况和资金使用情况。在湖北省扶贫审计中，反映个别地方易地扶贫搬迁项目因选址不科学被迫停工造成建设投资面临损失的问题，部分地区易地扶贫搬迁安置点项目未按规定进行公示，部分地区财政补贴政策未全面覆盖建档立卡贫困人口新型农村合作医疗个人缴费部分等问题。在江西省扶贫审计中，反映个别地区部分建档立卡贫困户家庭学生未享受相应教育补助问题，以及未对扶贫小额信贷资金使用情况进行公开公示等问题。

企业审计 完成中国轻工集团公司法定代表人任职期间经济责任履行情况审计，原武汉钢铁（集团）公司法定代表人任职期间经济责任履行情况审计。在审计中，注重发挥企业审计在推进国有企业改革，促进国有资本保值增值，提高国有经济竞争力方面的作用。紧紧围绕企业领导人经济责任审计工作目标，揭示企业管理中存在的问题，促进企业规范经营，提升企业风险防范能力和核心竞争力，以深化供给侧结构性改革为着力点，重点关注去产能、去库存、去杠杆、降成本、补短板，从企业发展面临的困难入手，研究新情况、解决新问题，促进企业提质增效，为企业发展减轻负担并营造良好经营环境，推动国有资本做强做优做大。结合企业境外资产分布特点，加大对境外国有资产审计监督力度，探索境内境外审计“一体化”，为国有企业境外审计积累经验。

审计质量管理 开展普法宣传，落实“谁执法谁普法”责任制，通过制定普法责任清单、出台普法工作方案、邀请中央在武汉市的高等院校及中科院武汉分院召开普法交流学习会、组织全办审计干部集中深入学习宣传审计法律法规等措施，营造尊法学法守法用法的良好氛围，形成以特派员领导、法规处牵头，各处室分工合作、全员参与的领导体制和工作机制。2017年报送的所有审计报告、审计决定均经过法规部门的审理、审计机关业务会的审定；对外出具的账户、房屋权属登记查询函均经过审计组组长审核、单位主要负责人批准；清理审计移送事项，通过派员了解、函询等方式督促相关部门依法履职；对审理复核过程中发现的问题及时通报、指导解决并进行经验总结，对向被审计单位提出的审计意见建议逐一跟踪落实督促整改，切实保障审计工作质量、防范审计风险。

信息化建设 结合金审工程三期项目建设内容，建设特派办数据分析网和审计数据分析室，推动业务数据规范化、标准化的集中采集、集中处理和集中分析使用，定期更新公布数据资源清单，制定完善数据查询的审批程序，规范数据管理使用。探索创新信息化审计模式，组建数据分析专业团队，拓展大数据分析服务审计一线工作的技术方法和思路，开展财政、税务、海关、工商、民政、社保等行业间的数据交叉关联分析，发现非法集资、虚开黄金及钢铁增值税专用发票、偷逃成品油消费税款等多个重大问题线索。举办大数据审计优秀案例评比活动，为进一步促进大数据审计开展，起到较好示范作用。

相关工作 加强武汉特派办分党组自身建设，严格遵循班子议事规程和决策机制，实行民主与集中相结合，确保正确的民主集中。落实中央八项规定和实施细则精神，认真落实习近平总书记“纠正‘四风’不能止步，作风建设永远在路上”重要指示，认真执行重大事项、个人事项报告制度，执行党员干部婚丧嫁娶相关要求，严格请销假及离开驻地提前报备等相关制度，切实做到令行禁止。加大对干部的培养培训力度，对新录用6名公务员组织办内初任培训，并统一安排到企业进行50天实践锻炼，推荐1名处长到武汉市挂职锻炼，接收1名审计署交流挂职干部和2名新疆西藏交流干部，全年共组织安排66个培训班2451人次的培训，人均学时数达到135小时。注重严暖结合，加强人文关怀，一方面坚持严管队伍，要求全办干部严格执行好办内各项规章制度，全面做好廉政、保密、质量等重点领域的风险防控；另一方面充分关心关爱职工，体现人文情怀。

（撰稿人：熊　莹）

【审计署驻广州特派员办事处】 2017年，审计署驻广州特派员办事处人员编制150人，实有140人。设有办公室、法规处、财政审计处、农业审计处、行政事业审计处、资源环保审计处、投资审计处、金融审计处、企业审计处、社会保障审计处、外资运用审计处、计算机审计处、机关党委（人事教育处）和机关纪委（纪检监察处）等14个处室。审计署驻广州特派员办事处审计范围是：广东、福建。

领导成员

特 派 员：章　轲

副特派员：朱惠红　刘　丹　漆江梅
　　　　　张冬霁

纪检组长：纪　兵

副司级审计员：李钢锋　代　斌（9月—）

审计成果 2017年，审计署驻广州特派员办事处（以下简称广州特派办）完成审计项目15个。查出主要问题金额2472.44亿元，其中违规金额186.99亿元、损失浪费金额20.24亿元、管理不规范金额2265.21亿元；审计发现非金额计量问题1283个；损益（收支）不实金额1.99亿元。审计处理处罚金额1604.46亿元，其中应上缴财政1.01亿元、应归还原渠道资金22.67亿元、应调账处理金额1577.99亿元。提交的审计信息被审计署采用64篇次，被中办、国办采用95篇次，被党和国家领导人批示41篇次。

独立实施的广东省省长任期经济责任审计、广东省医疗保险基金审计和联合实施的税务总局2016年贯彻落实国家重大政策措施情况跟踪审计等3个审计项目被评为审计署优秀审计项目；联合实施的中国铁路总公司2016年贯彻落实国家重大政策措施情况跟踪审计项目被评为审计署表彰审计项目。

国家重大政策措施落实情况跟踪审计 坚持以防范化解重大风险、精准脱贫、污染防治三大攻坚战、“三去一降一补”、贯彻落实中央八项规定精神和供给侧结构性改革等为审计重点，着力查找制约和影响稳增长等政策措施落实的机制体制性障碍，有针对性地提出审计建议，积极推进整改落实，充分发挥审计推动政策落实、促进政令畅通、保障经济社会健康运行和推进国家治理体系和治理能力现代化的重要作用。

财政审计 从推动统筹安排财政资金的角度出发，组织对财政存量资金情况进行审计，揭示某地财政部门未按规定清理财政长期借款27亿元，变相隐藏存量资金，以及预算稳定调节基金28亿元未按照规定盘活统筹使用的问题，通过督促整改促进财政存量资金尽快形成有效支出。关注国家财税改革重大政策落实，揭示反映出“营改增”改革中个别行业税负上升，部分企业进项留抵过大，营业税优惠政策未能平移等问题。

经济责任审计 加强研究学习，突出审计重点，重点抓住与被审计领导干部责任密切相关的事项，注重查明决策过程，揭示私设“小金库”、超范围发放津补贴和违反中央八项规定精神等多项问题。

固定资产投资审计 关注重点项目建设情况，揭示因征地拆迁进展缓慢、项目建设方案反复多次变更或重点工程长期未开工等原因，造成中央预算内投资建设项目等建设进度滞后，财政资金闲置，大量财政资金二次沉淀等问题。围绕公权力使用突出审计重点，密切关注水利等项目在审批、管理、使用环节的问题，揭露某政府违规处置水利投资项目造成国有资产损失等重大违法问题。

民生资金（项目）审计 在广东省医保审计

线索后续核查中，从医药流通环节入手，揭示部分医药经销企业为掩盖流通环节暴利，在无真实贸易背景的情况下，虚构资金流，伪造银行回单，大量接受虚开的增值税专用发票偷逃巨额税款等问题。在审计中总结经验，将如何核查“票流、货流和资金流”等相关审计方法形成一套具有可操作性和可复制性的操作规程。审计中还关注广东省医疗保险业务管理信息化建设中存在的机制体制问题，提出医疗保障制度健全完善的意见。

农业与资源环保审计 在农林水专项资金审计中，加大对水利项目等影响民生问题的审计力度，揭示某市县农村饮水安全工程水质监测处理不达标等问题，有效促进民生问题解决。开展广东省中央节能环保重点专项资金审计，准确抓住“地条钢”生产企业的行为特征，以此为基础开展大数据分析，发现某地多家涉嫌非法加工生产“地条钢”的企业，引起省政府重视，推动在全省范围内开展省市县乡村五级联动清查行动，并形成审计技术方法被国家发展改革委督察组和该省有关主管部门借鉴。在新能源汽车推广应用方面，从申领补贴车辆信息及车辆保险数据分析入手，结合某省推广补贴政策存在漏洞的特点，系统揭示新能源客车经销商普遍虚高车辆售价，涉嫌套取地方财政补贴逾亿元、个别型号车辆存在安全隐患等重大问题，推动该省及时调整推广政策，清算收回被套取的资金。

金融审计 紧抓广东区域特点，持续关注跨境资金流动情况。组织查处某团伙控制多家关联企业，通过虚构转口贸易等方式，骗取开立多家银行巨额信用证，并涉嫌逃汇以及外汇违规汇入等重大问题。并尝试以银行资金分布结果和趋势分析审视重点区域执行国家宏观政策及效果。通过对有关地区重点商业银行的总体信贷投放进行分析，发现重点商业银行近年来金融资源大力投向房地产行业助推房价非理性上涨、资金流入股市未有效遏制影响资本市场稳定、资金在金融体系内空转套利未有效服务实体经济以及去通道去杠杆成效不明显等问题，提出有针对性的政策建议。

企业审计 高度关注企业落实供给侧结构性改革情况、防范化解重大风险等三大攻坚战和涉企收费政策落实情况。通过审计，形成、上报多篇反映国有企业工业结构调整、涉企港口收费、融资性贸易风险、财务杠杆高企问题的信息。围绕深化国有企业改革开展企业审计工作，对央企深化改革中存在的亟待解决问题从体制机制上进行归纳分析，撰写多篇反映国有资本投资公司改革、兼并重组改革试点、混合所有改革、董事会规范化建设、央企总部公司制改革等情况的信息，发挥审计在推动深化国有企业改革中的作用。

信息化建设 改进技术方法，重点研究大数据背景下审计技术方法的创新，主动探索 Neo4j 图形数据库（将结构化数据存放在网络上而不是表中的数据库）和 R－studio（反删除和数据恢复工具）工具运用到审计之中的途径，推动创新行为模式大数据审计，提高审计效率。

审计科研 中标“大数据背景下国家审计技术方法创新研究”课题，结合大数据时代特点和审计主要职责使命，研究大数据条件下的审计目标、审计资源、审计理念、审计方式及技术工具的应用等。参加审计署大数据审计征文和研讨活动，根据审计工作实践进行技术探索、规律总结和理论归纳后形成的大数据审计案例，入选审计署 2017 年度大数据审计研讨班征文，在研讨班上进行经验介绍。参加社会科学基金项目《基于真实性审计的商业银行不良贷款的变动趋势和对策研究》课题研究，参加审计署固定投资审计司《公共投资审计理论研究》课题，结合投资审计实际，探索构建公共投资审计理论，促进审计实践与理论研究的有效结合。

相关工作 狠抓班子队伍建设，着力提升干部履职本领。通过召开专题学习会等方式，强化办、处两级领导干部思想理论武装。组织开展审计法规、公文写作等知识竞赛，设置公益书架展出干部自愿捐书 1000 余本，推动学习型机关建设。开展全办专题培训，先后安排 28 名骨干讲授审计技术与方法，邀请外单位专家开展专题讲座。改进思想政治工作，提振干部队伍精神状态。特派办领导人均与 20 名以上干部开展谈心谈话，及时了解掌握干部思想状况。张贴光荣榜大力宣传身边先进典型。加强人文关怀，切实提升干部队伍的凝聚力和归属感。

完善机关管理机制。进一步落实意识形态、国家安全和社会管理综合治理等专项工作责任制，定期召开会议研究部署工作并抓好责任落实，制作专题板报，经常性短信、微信和腾讯通提醒，组织观看宣传教育片，强化安全、保密、依法和廉洁审计的教育提醒，特派办领导逢会必讲、到场必查、汇报必听、定期必商。修订广州特派办预算和财务管理办法，改进和优化法规审理工作流程。研究制定保密工作责任制，强化保密责任意识。

坚持办务公开，接受全员监督在特派办专网公开分党组会议、特派员会议等重要会议纪要，印发值班简报按月报告重要工作和特派办领导工作情况，确保全员对重大决策管理事项的知情权和监督权。 （撰稿人：甄　晖）

【审计署驻郑州特派员办事处】 2017 年，审计署驻郑州特派员办事处人员编制 154 人，其中公务员编制 150 人、事业编制 4 人，实有 145 人。设有办公室、法规处、财政审计处、行政事业审计处、农业审计处、资源环保审计处、固定资产投资审计处、金融审计处、企业审计处、社会保障审计处、外资运用审计处、计算机审计处、机关党委（人事教育处）、机关纪委（纪检监察处）14 个职能处室。审计署驻郑州特派员办事处审计范围是：河南、青海。

领导成员

特 派 员：赵继旺

副特派员：王彦斌　李　伟

郭　西　杨任杰

纪检组长：薛　亮

副司级审计员：康俊廷

审计成果 2017 年，审计署驻郑州特派员办事处（以下简称郑州特派办）完成审计项目 13 个。查出主要问题金额 3446.18 亿元，其中违规金额 31.92 亿元、损失浪费金额 5.81 亿元、管理不规范金额 3408.45 亿元；审计发现非金额计量问题 708 个；损益（收支）不实金额 165.03 亿元；审计发现侵害人民群众利益 12.43 亿元；出具审计报告 19 篇。审计处理处罚金额 97.55 亿元，其中应上缴财政 0.04 亿元、应归还原渠道资金 0.75 亿元、应缴纳其他资金 0.04 亿元、应调账处理金额 96.73 亿元；移送司法机关、纪检监察机关和有关部门处理事项 9 件，涉及金额 37135.3 万元。审计促进整改落实有关问题金额 75.8 亿元；审计促进拨付资金到位 10.76 亿元；审计后挽回（避免）损失 0.12 亿元。审计提出建议 69 条；促进被审计单位制定、完善规章制度 88 项；提交的审计信息被批示、采用 52 篇。

郑州特派办单独实施的河南省党政主要领导干部任期经济责任审计项目、参与实施的中国铁路总公司 2016 年贯彻落实国家重大政策措施情况跟踪审计项目被评为审计署表彰审计项目。

国家重大政策措施落实情况跟踪审计 围绕统筹推进“五位一体”总体布局和协调推进“四个全面”战略布局，开展河南、青海两省 2017 年国家重大政策措施落实情况跟踪审计，出具审计报告 8 篇，14 个典型案例被国务院综合报告采用。

经济责任审计 完成青海省原党政主要领导干部任职期间经济责任与自然资源资产管理责任履行情况审计，重点关注贯彻执行中央重大经济方针政策及决策部署情况、履行自然资源资产管理责任、财政管理责任、防范经济发展风险隐患责任情况和以往审计发现问题的整改情况，揭示自然保护区生态恢复治理不到位等问题 33 个，分别出具审计报告和审计结果报告要求青海省进行整改，从全面落实中央指示精神、牢固生态保护优先理念等 4 个方面提出审计建议。

民生资金审计 对青海省 2 个县 2016 年扶贫政策落实和扶贫资金分配管理使用情况进行审计，揭示部分扶贫对象不精准、违规使用扶贫资金、扶贫项目脱离实际等问题，其中 18 个案例被审计署 2017 年第 6 号审计公告《158 个贫困县扶贫审计结果》综合采用。

农业与资源环保审计 对青海省 2015 年至 2016 年中央和地方安排的水利专项资金进行审计，抽查项目 29 个、涉及农林水资金 32 亿元；对 2015 年和 2016 年中央财政安排青海省的淘汰落后和化解过剩产能、节能减排综合示范城市建设等 5 项节能减排补助资金和工业企业结构调整专项奖补资金进行审计，揭示个别企业骗取专项资金、部分项目重复申报专项资金或未按期完工等问题。

金融审计 完成地方金融机构审计，从金融机构和监管部门两方面着手，揭示银行互存资金虚增资产等问题。完成对中信集团经济责任审计中的制造业板块审计，从内部管理、资金运用、廉洁从业等方面着手，查出违法违规问题金额50多亿元。完成对部分商业银行分支机构审计，从政策落实、资产质量、资金投向和风险隐患等方面入手，揭示“现金贷”业务无序发展、地方政府违规举债等问题，促进守住不发生系统性风险的底线。

外资运用审计 完成亚洲开发银行贷款中广核德令哈50兆瓦光热发电项目2016年度财务收支和执行情况审计，揭示科研课题进度缓慢导致财政专项科研资金使用效益较低、发电项目工程建设边设计边施工等问题。

企业审计 完成3户中央国有企业法定代表人任职期间经济责任履行情况审计，着力反映国企领导重大事项违规决策造成国有资产流失、个别企业领导干部利用职务之便骗取国有资金、房地产企业去库存缓慢、储备能力不足影响机场用油供应安全等重大问题，推动企业加强内部管理，促进国企改革各项政策措施落实。参与完成中国铁路工程总公司2016年度涉企收费情况审计。

信息化建设 出台审计业务数据管理使用办法、数据分析室管理办法，制作基础数据查询指引，规范数据资源的申请、审批、授权流程，确保数据安全有效使用。为业务处配备数据分析终端机，完成8TB数据采集、校验和整理工作，当年完成数据分析110余次，发现问题线索50余件，2篇案例入选计算机审计中级考试课程。

审计科研 申报并完成与中国审计学会合作的审计机关风险管理研究课题；组织审计案例和征文活动，其中7篇审计案例被审计署采用或入选教学案例库，7篇理论文章在《中国审计》等期刊上发表。对2017年实施的3个经济责任审计项目进行总结，全面总结经验、深度提炼方法、深刻查找不足、积极探索创新，不断拓展深化对中国特色社会主义审计理论的认识。注重在审计实践中将大数据、地理信息技术等理论研究成果，尝试应用于自然资源资产审计、经济责任审计等项目，在实践中检验理论。

党建工作 深入学习宣传贯彻党的十九大精神，组织观看收听会议直播，印发工作方案，制订学习计划，领导班子成员分别到审计一线开展宣讲，组织全办70余名处级以上干部参加审计署集中轮训，各党支部自主开展培训测试和研讨交流，确保学懂弄通做实。以郑州特派办“强党建、铸铁军、固基础、上台阶”年活动为抓手，细化具体措施、强化目标管理、层层夯实责任、加强监督检查，扎实推进“两学一做”学习教育常态化制度化。建立“五个一线”党建工作法，采取以处室党支部和审计组临时党组织交错的“网格式”管理，确保党员干部随时找到组织、始终接受监督。抓好党性教育，牢固“四个意识”、坚定“四个自信”，帮助干部解决好“为什么审计、为谁审计”等问题。持续加大跟踪审理，对审计项目质量实行全程动态管控，保障审计质量。

调整郑州特派办全面从严治党（党风廉政建设、党建）工作领导小组，办分党组书记与班子成员、班子成员与分管处室分别签订落实全面从严治党责任承诺书，审计人员签订参与审计项目廉政承诺书；加强作风建设和纪律建设，全年召开4次中心组学习、8次集体学习，组织参观反腐倡廉基地、观看警示教育片、通报违法违纪案例等，筑牢拒腐防变的思想防线。构筑覆盖全面的监督网络，印发《审计署郑州特派办关于加强审计现场纪律监督检查暂行办法》，班子成员深入审计一线416天，党支部书记履行“一岗双责”，廉政监督员做好风险防控，机关党委（人事教育处）对25个党支部党风廉政工作开展情况进行检查，机关纪委（纪检监察处）对38个审计现场进行监督检查、对32家被审计单位进行回访，同时加强对人财物管理重点环节的监督，完善预算执行提醒机制，严格外勤经费报销，实行发票、流水清单、公务卡支付记录审核三位一体，切实防范廉政风险。

相关工作 加强队伍建设，优化处级班子配备，结合工作需要和干部自身特点，选拔6名处级干部，14名处级干部轮岗交流，满足干部多岗位锻炼和全面发展的需求。优化人才结构，根据人员学历、专业等情况，招录6名公务员、选派10名干部到审计署业务司或艰苦地区交流、挂职；构建牵头处室、配合处室、专业人才协调参与的组织模式，实现人尽其才。加强干部培养，注重将青年骨干放到任务艰巨的岗位上锻炼，结合岗位需求科学安排培训项目，全年组织193人次参加审计署组织的讲授式、研究式、案例式培训项目 41 个，5 人次参加审计署境外培训，全体干部参加审计署网络培训班。发挥共青团、青年委员会、妇女委员会等群团组织联系群众的桥梁纽带作用，助力凝聚起管党治党合力，3 人分别被评为河南省优秀工会干部、审计署优秀共青团干部和优秀共青团员，办团支部被评为审计署先进基层团组织。加强精神文明建设，举办 6 期道德讲堂，开展“我们的节日”活动，组织“最美审计人”主题演讲，帮助对口扶贫村建教室，捐赠书籍电脑，帮扶干部职工 42 人次、慰问老干部 98 人次。强化保密教育和检查，在河南省保密自查自评督查中被评为优秀等次，保密工作人员被评为河南省保密工作先进个人。做好信访工作，全年信访举报案件线索 100%办结，信访工作人员被审计署推选为全国信访系统优秀投诉办理员。

（撰稿人：潘小苏）

【审计署驻济南特派员办事处】 2017 年，审计署驻济南特派员办事处人员编制 150 人，实有 144 人。设有办公室、法规处、财政审计处、行政事业审计处、农业审计处、资源环保审计处、固定资产投资审计处、金融审计处、企业审计处、社会保障审计处、外资运用审计处、计算机审计处、机关党委（人事教育处）、机关纪委（纪检监察处）。审计署驻济南特派员办事处审计范围是：山东。

领导成员

特 派 员：王志伟

副特派员：李 菁 左东明 马敏周

纪检组长：黄 涛

副司级审计员：吴天赞

审计成果 2017 年，审计署驻济南特派员办事处（以下简称济南特派办）完成审计项目 11 个。查出主要问题金额 1770.05 亿元，其中违规金额 122.95 亿元、损失浪费金额 0.83 亿元、管理不规范金额 1646.27 亿元；审计发现非金额计量问题 168 个；损益（收支）不实金额 68.43 亿元，侵害人民群众利益 428 万元；出具审计报告、专项审计调查报告 20 篇。审计处理处罚金额 1105.59 亿元，其中应上缴财政 0.55 亿元、应归还原渠道资金 57.57 亿元、应调账处理金额 1047.47 亿元；移送司法机关、纪检监察机关和有关部门处理事项 8 件（含审计署移送案件线索 6 件），移送处理人员 15 人，移送处理金额 4792 万元。审计促进整改落实有关问题金额 67.17 亿元；审计促进拨付资金到位 2.1 亿元；审计后挽回（避免）损失 1.69 亿元。审计提出建议 86 条，被采纳 83 条；推动被审计单位制定整改措施 161 项，促进被审计单位制定、完善规章制度 13 项；提交审计信息 22 篇，审计信息被审计署采用 53 篇，被中办、国办采用以及中央领导同志批示 91 篇次。

济南特派办实施的中国中化集团公司原法定代表人任期经济责任审计项目、山东省党政主要领导干部任期经济责任审计项目被评为审计署表彰审计项目。

国家重大政策措施落实情况跟踪审计 完成某省 2017 年一季度至四季度国家重大政策措施落实情况跟踪审计，共抽查 238 个单位和 524 个项目，重点关注地方财政收入真实性和财政资金管理、政府性债务和地方金融风险防控等重大政策落实情况。出具审计报告 4 篇，反映积极主动作为事例 11 个，发现问题 109 个，典型事例被审计署报国务院综合报告采用 12 个，促进问题完成整改 26 个，部分整改或正在整改 44 个。其中，对某省财政虚假空转问题整改情况跟踪，促使该省出台制度并明确解决问题的办法和时间；揭示虚开增值税发票偷逃消费税重大问题，促使税务总局开展对地方炼油企业消费税征收的核查。

财政审计 完成某省国税税收征管和预算执行、某市国税税收征管和预算执行等审计项目，揭示某省营改增数据统计不准确、违规审批缓缴税款影响年度税收、未及时清理欠税及滞纳金、未及时核定白酒最低计税价格等问题，反映税务系统决算不实、部门决算“三公”经费反映不完整、部分信息系统资产未及时入账、未及时清理往来款等问题。

民生资金审计 完成某省扶贫资金审计，紧盯贫困人口和扶贫资金的真实性，查出贫困人口识别不准，生态扶贫、健康扶贫政策和资金不到位等问题。

农业与资源环保审计 完成某省 2016 年中央节能环保专项资金审计、农林水专项资金审计等项目，发现个别部门在完成去产能任务中弄虚作假、部分企业虚报冒领奖补资金、部分资金管理使用存在重大漏洞等问题，部分县区水库移民后期扶持资金发放不精准、规模化节水灌溉增效示范项目重复建设、水利项目转分包等问题。

金融审计 完成某金融机构法定代表人任期经济责任审计、某省14家城市商业银行资产信贷真实性专项审计等5个审计项目，以全国金融工作会议精神为指引，确定审计重点，发现部分城市商业银行信贷资产不实、违规理财、隐性债务等问题，揭示金融机构大量资金脱实入虚，违规投向证券、房地产和其他政策限制领域，违规提供信托通道等金融风险，为中国证监会出台相关政策提供了依据。

企业审计 完成3户中央企业领导人员经济责任审计，突出损益真实性，反映企业贯彻落实国家重大政策措施不到位、违规决策或决策不当，通过循环销售虚增收入、签订虚假合同套取银行贷款，违规对外出借资金、虚构采购业务为民营企业融资，所属境外企业无偿对外出借资金、境外投资面临损失等问题，相关做法被审计署《经济责任审计工作通讯》采用。

信息化建设 创新组织方式和数据分析模式，成立数据分析领导小组；在每个项目成立数据分析组，开展跨行业全方位数据分析；以“四硬四强”标准打造数据分析团队，提升利用大数据进行总体研判、宏观分析、交叉关联、现场查核的审计能力。在某银行审计中，通过建立账户异常收支分析模型，发现某集团巨额信贷资金流入地下钱庄，两家境外网络赌博平台通过国内代理组织实施网络赌博等问题。济南特派办开展大数据分析的相关做法，在全国审计系统大数据研讨班上作经验介绍。

审计科研 组织实施中国审计学会关于审计机关风险方面的课题研究。在全办征集理论文章43篇，其中在《中国审计》《中国审计报》等媒体公开发表12篇。围绕改进技术方法，组织撰写医疗保险、保障性安居工程审计等思路方法。围绕加强审计现场管理，组织撰文就审计组长如何抓好现场管理展开探讨。围绕加强人才队伍建设，组织完成《新形势下审计队伍存在的问题及对策》等论文。

党建工作 用习近平新时代中国特色社会主义思想武装头脑，深入学习宣传贯彻党的十九大精神。全办党员干部分5个组开展为期3天的集中学习讨论党的十九大文件，并以党支部为单位开展“每天学习一小时”活动，即每天1个主题、每题1人主讲、每次1个小时，组织撰写学习体会300多篇，被署管媒体采用宣传稿件18篇，相关做法被署纪检组《审计纪检信息》采用。创新形式，推动“两学一做”学习教育常态化制度化。特派办分党组组织召开中心组学习会4次、专题学习会15次，特派办分党组成员在所在支部和审计组讲党课19次；邀请中央候补委员、浪潮集团首席科学家王恩东等先进人物讲党课，组织办内25名同志和家属在道德讲堂讲述先进事迹；审计组临时党支部在汇报业务工作前先汇报党建和廉政工作，在提交审计报告的同时提交党建和廉政工作报告。突出问题导向，开展“我是如何履职的”专题对照检查，列明职责清单和履职情况，以中央专项巡视和署内部巡视为契机，持续推进问题查找整改。通过抓住关键少数、抓实基层支部，查找解决问题，不断夯实党建之基。党建工作做法在全国审计机关落实全面从严治党研讨会上作介绍，2人分别当选中央国家机关党代会和山东省党代会的代表。

加强廉政教育，抓好重要节点的教育提醒，发挥好道德讲堂、精神文明微信群的正面引导作用，开展“以案释纪明纪，严守纪律规矩”主题警示教育、预防职务犯罪专题教育等活动，强化廉洁从审意识。建立健全规章制度，严格规范监督执纪程序，制定纪检部门现场检查办法、廉政档案管理办法、发现问题整改通知单等制度；成立采购小组，出台固定资产、工程物资采购管理办法，有效防范工程建设和物资采购中的廉政风险。实施审计发现问题清单制，规范审计权力的运行。组织对全年实施的所有审计项目进行廉政检查，监督审计发现问题清单制等制度落实情况，促进审计权力规范运行。

相关工作 加强干部梯队和能力建设，选用优秀年轻干部担任处室负责人、在大项目审计中担任主审；派出170人次参加各类型学习培训，举办金融、环保专题讲座5次，办内每季度开展一次案例培训。在政策范围内持续解决干部两地分居、子女入学入托等困难，探访慰问干部职工100余人次，帮扶困难党员群众20人次。以创建全国文明单位为抓手，全体动员、全员参与，扎实开展办公楼综合整治、学雷锋志愿者、道德讲堂等系列创建活动，11月，济南特派办被中央文明委授予第五届“全国文明单位”称号。新华社记者撰写济南特派办同志工作生活的《审计“铁军”怎样炼成》长篇通讯报道在《瞭望》新闻周刊刊登。

提出“站好位、对好表、履好职、创实绩”的工作要求，加强内部管理。在组织管理上，搭建政策跟踪审计平台，初步实现重点项目统一管理，全部资源统筹配置，关联数据系统分析，疑点线索分头延伸，审计成果综合运用。在质量管理上，坚持依法审计，守住审计质量“生命线”，完善异地延伸审批、账户查询等审计现场管理办法，修订审计报告复核流程、审计业务会议规程，确保审计全过程严格依法。在安全管理上，成立国家安全小组和党的十九大期间安全等工作小组，抓好国家安全、网络安全、信访维稳、意识形态等9项工作，出台涉密载体管理办法等规定5项，开展计算机保密、数据保密检查24次，保密工作被山东省国家保密局评为“优秀”等次。

（撰稿人：郑秀芹）

【审计署驻西安特派员办事处】 2017年，审计署驻西安特派员办事处人员编制150人，实有143人。设有办公室、法规处、财政审计处、行政事业审计处、农业审计处、资源环保审计处、固定资产投资审计处、金融审计处、企业审计处、社会保障审计处、外资运用审计处、计算机审计处、机关党委（人事教育处）、机关纪委（纪检监察处）。审计署驻西安特派员办事处审计范围是：陕西、宁夏。

领导成员

分党组书记、特派员：洪承旭

分党组成员、副特派员：张全廉　姚洪敏　刘占波　雷　达

分党组成员、纪检组长：张晓青

正司级审计员：张全廉（兼）

副司级审计员：罗湘萍

审计成果 2017年，审计署驻西安特派员办事处（以下简称西安特派办）完成审计项目16个。查出主要问题金额9515357万元，其中违规金额175143万元、损失浪费金额84211万元、管理不规范金额9256002万元；审计发现非金额计量问题200个；损益（收支）不实金额725949万元；出具审计报告和专项审计调查报告16篇。审计处理处罚金额777175万元，其中应上缴财政681万元、应归还原渠道资金26190万元、应调账处理金额750304万元；移送司法机关、纪检监察机关和有关部门处理事项22件。审计促进整改落实有关问题金额196848万元；审计促进拨付资金到位5195万元；审计后挽回（避免）损失31万元。审计提出建议49条，被采纳49条；推动被审计单位制定整改措施178项，促进被审计单位制定、完善规章制度1项；提交审计信息28篇，被批示、采用45篇。

陕西省医疗保险基金审计项目被评为审计署全国医疗保险基金表彰审计项目；参与实施的中国铁路总公司2016年国家重大政策措施情况跟踪审计项目被评为审计署表彰审计项目。

国家重大政策措施落实情况跟踪审计 开展陕西、宁夏两省（区）政策措施落实情况跟踪审计。审计紧扣工作方案要求，围绕打好三大攻坚战相关政策措施落实情况，促进党中央重大决策部署有效贯彻落实。审计揭示和反映黄河湿地省级自然保护区上万亩湿地生态环境破坏严重、某市地方性债务增长迅速存在债务风险隐患、违规对高耗能行业部分企业电价优惠等问题，被审计署结果公告采用典型案例27个。

财政审计 实施陕西省国税局2016年度预算执行及2015年至2016年税收征收管理情况审计。审计围绕促进落实中央八项规定精神、厉行节约反对浪费条例和国务院“约法三章”要求情况开展工作，促进税务机关严格依法征税、推动税收体制的改革。

经济责任审计 在对中国华电集团原法定代表人的经济责任审计中，审计组认真梳理企业管理薄弱环节，聚焦中央重大决策部署落实和重大经济决策事项，揭露和查处某子公司招待费超标违反中央八项规定精神等违法违纪问题。在对中国西电集团法定代表人的经济责任审计中，围绕贯彻落实供给侧结构性改革和国有企业改革部署，

发现国企改革相关工作推进不力，党风廉政建设和廉洁从业制度执行管理不严等问题。在对陕西省检察院检察长的任期经济责任审计中，按照“求实、求准、求客观”的原则，对省级检察院负责人经济责任审计进行有益尝试，揭示和反映预算执行管理不严格等问题。

民生资金（项目）审计 在陕西省保障性安居工程公租房和棚户区改造项目融资情况调查项目中，揭示部分地市保障性住房项目大量拖欠工程款、部分项目无法推进或推进缓慢等问题。在陕西省扶贫资金审计项目中，发现扶贫政策落实不到位、建档立卡贫困户认定不精准等问题，揭示脱贫攻坚政策措施落实和扶贫资金分配管理使用中存在的违法违规、损失浪费、风险隐患问题，提出改进和加强扶贫资金项目管理、完善相关制度措施的意见和建议。

农业与资源环保审计 在农林水专项资金审计项目中，重视揭示反映制度漏洞和国家重大政策措施执行方面的问题，提出陕西省水利厅未按规定出台省级水利专项资金绩效管理制度等问题，引起地方政府和有关部门的高度重视，及时进行整改，相关地方和单位制定和完善规章制度13项，健全完善长效预防机制。在陕西省节能环保专项资金审计项目中，通过运用工商数据、税收数据、电力数据等相关数据分析和延伸调查，查出重复申报完成化解煤炭过剩产能任务获取奖补资金、部分煤矿企业违规建设和生产等违法违规问题，推进加快生态文明建设。

金融审计 在对中国工商银行和中国农业银行的审计中，结合河北、陕西、山西地域特点，狠抓重大问题线索查处，揭示和查处多起涉及地下钱庄、非法集资等重大违法违纪问题。

外资运用审计 在宁夏银川石嘴山日元贷款水环境综合治理项目财务收支和绩效情况审计项目中，创新审计思路方法，聚焦资金使用效益和项目实施效果，发现和反映银川石嘴山部分水厂水质不达标和水源地防护不到位、项目建成后闲置等问题。

企业审计 在华电集团涉企收费审计项目中，揭示和反映国家收费目录内的政府性基金和行政事业性收费金额大企业负担较重、地方各级政府向企业的摊派屡禁不止等问题，分析原因，提出建议。

信息化建设 配合审计署电子数据审计司和计算机技术中心完成数据分析网调试工作，开通全国工商、增值税专用发票、增值税普通发票、国地税纳税申报、海关报关单多个数据查询平台。在2017年审计项目中组织实施大数据审计，从以往技术工作被动配合审计组开展数据分析，向主动发挥技术引领作用、推进以数据为核心的审计方式的形成，逐步树立用数据说话、用数据决策、用数据管理、用数据创新的新思维、新方法。

审计科研 西安特派办审计理论研究分会以《中国审计学会2015至2019年审计理论研究规划》为统领，坚持理论联系实际，组织开展审计理论研究，推动审计理论创新，发挥理论引导、实践指导等方面的积极作用，促进特派办各项工作科学发展。与中国审计学会合作开展审计机关审计风险管理课题的研究；组织撰写计算机审计中级水平考试案例素材3篇，经审计署审计干部教育学院组织审计系统专家评审，获第一等次、第二等次、第三等次各1篇；组织撰写大数据审计研讨班交流材料1篇。

党建工作 学习宣传贯彻党的十八届六中全会和十九大精神，贯彻全国审计工作会议精神，依法履行审计监督职责。党的十九大召开后，特派办分党组立即召开中心组学习会、专题学习会和全办大会，带头学习研讨、开展宣讲，提出30项学习宣传贯彻具体措施。扎实推进“两学一做”学习教育常态化制度化，出台推进“两学一做”学习教育常态化制度化20条措施，强化党员干部的党性观念和争做合格党员的意识，各党支部、机关工会、妇委会、团支部积极行动，创新学习方式，引导全办党员干部学思践悟。修订完善特派办内各级党组织落实全面从严治党主体责任的意见，逐级量化分解8个方面46项工作任务，自上而下签订落实全面从严治党承诺书，建立“支部书记每月自查、分管办领导每季检查、机关党委定期督查、分党组定期研究”的党建工作落实机制，将全面从严治党落到实处。按照审计署的统一安排，调整设立机关党委（人事教育处）、机关纪委（纪检监察处），按期开展机关党委换届选举，为15个支部选配纪检委员。建立《支部工作记录簿》《支部工作文件夹》，完整归集管理支部工作资料。

开展读书学习、专题研讨和“党课宣讲”60余次，开展主题联学、主题党日、扶贫帮困等党建活动50余次，在特派办专网开辟“不忘初心牢记使命”学习专栏，制作《学习宣传贯彻党的十九大精神》《党章修改的13个要点》《掀起学习热潮凝聚奋进力量》等20余张展板，先后在审计署网站、微信公众号、《中国审计报》等宣传平台刊发8篇学习工作信息。 （撰稿人：侯青杨）

【审计署驻兰州特派员办事处】 2017年，审计署驻兰州特派员办事处人员编制154人（其中事业编制4人），实有136人。设有办公室、法规处、财政审计处、行政事业审计处、农业审计处、资源环保审计处、固定资产投资审计处、金融审计处、企业审计处、社会保障审计处、外资运用审计处、计算机审计处、机关党委（人事教育处）、机关纪委（纪检监察处）等14个职能处（室）。审计署驻兰州特派员办事处审计范围是：甘肃、新疆。

领导成员

分党组书记、特派员：马晓方

分党组成员、副特派员：景东华　张燕飞　赵旭东　李冬波

分党组成员、纪检组长：邓海仪

副司级审计员：张新勇

审计成果 2017年，审计署驻兰州特派员办事处（以下简称兰州特派办）完成审计项目12个。查出违规金额41.88亿元、损失浪费金额16.55亿元、管理不规范金额1894.47亿元；移送司法部门及相关单位处理事项6件。审计促进整改落实有关问题金额131.77亿元。审计发现问题信息被审计署采用39篇，被中办、国办采用及国家领导人批示88篇次。

参与实施的中国铁路总公司2016年贯彻落实国家重大政策措施情况跟踪审计项目被评为审计署表彰审计项目。

国家重大政策措施落实情况跟踪审计 在对某省国家重大政策措施落实情况跟踪审计中，立足地方经济社会发展特点，围绕重点领域，关注落实国家重大政策的具体措施及执行效果，重点揭示弄虚作假、隐瞒实情以及不作为、慢作为等方面的问题。跟踪审计中共发现各类问题100余个，其中14个典型事例被审计署公告，促进57个项目加快审批建设进度，收回结转结存资金7.45亿元，促进完善制度37项，问责追责107人，其中给予党纪处分和诫勉谈话52人。

财政审计 在对某地2016年预算执行情况审计中，审计组提前谋划，多渠道收集资料，组织开展审前培训，提前理清思路、确定重点；加强沟通交流，避免各组之间出现“各自为阵”“信息孤岛”等情况。成立以3名计算机处审计人员为核心的现场审计数据分析团队，做好数据分析、数据引导、数据服务工作，提高审计效率。审计过程中，严格执行“两单一会”制度，倒排工期，落实责任，确保审计任务按计划落实。

民生资金（项目）审计 在对某省扶贫审计项目中，认真分析研究地方扶贫工作各项政策，围绕识别精准、政策精准、措施精准、效果精准问题，着力揭示在识别贫困人口、落实扶贫政策、统筹扶贫资金、保证扶贫资金安全、发挥项目绩效等方面的典型问题。

资源环保审计 在对某省中央节能环保专项资金审计项目中，紧盯饮水安全、空气质量、生态保护修复等重点领域，持续关注污染防治，针对薄弱环节，重点关注化解过剩产能、节能减排和国家级自然保护区生态问题整改情况等，审计反映的“去产能”任务落实、城市二次供水管理等方面的问题被审计署重要信息要目采用。

金融审计 在某银行原法定代表人经济责任审计项目和重点商业银行跟踪审计项目中，立足金融安全，持续关注金融领域新型业务、影子银行风险、不良资产处置以及人民群众生命财产安全等方面的风险，审计揭示的某金融机构违法违规问题被审计要情采用。

外资运用审计 在对新建某铁路亚洲开发银行贷款项目的审计中，着重关注项目在资金使用、施工管理、运营安全、环境保护等方面存在的问题，促进项目规范管理，提高资金使用效益。在对某市大气环境保护项目的审计中，紧紧围绕项目财务收支情况和项目绩效情况，对已完工的环境保护领域政府外债项目进行绩效后评估，从项目单位管理和体制机制制度层面深入总结分析，提出切实可行的建议。

企业审计 在对两户中央企业领导人员的经济责任审计中，坚持以领导人员守法、守纪、守规、尽责情况为重点，紧扣“经济责任”，梳理权力运行关键环节和重点事项，通过建立“三重一大”数据库等锁定审计重点关注事项，反映贯彻落实国家重大政策措施方面存在的问题，揭示影响企业可持续发展的问题，揭露领导人员滥用职权等重大违法问题。

审计质量管理 把好审前谋划培训关、方案执行关、审计成果关和项目总结关，以审计任务清单、审计问题清单和审计组周例会为主要抓手，科学谋划审计重点，强化审计过程管控，严格落实审计目标，强化审计现场管理。完善审理业务流程，推行多样化审理审核方式，实行审计报告征求意见稿和上报稿“双业务会”“双审理”，建立审理档案，规范审理台账登记核销制度，强化审计质量管理。在持续加强财政、金融、企业等审计领域大数据关联比对分析的同时，加大数据分析在扶贫、农业等项目中的应用，保证审计质量。

党建工作 深入学习宣传贯彻党的十九大精神，开展特派办领导和各党支部书记讲专题党课、分层级专题学习研讨、特派办分党组中心组学习、支部集中学习等多项持续深入的学习活动，开展“提振精气神，实干勇担当”喜迎党的十九大主题系列宣传活动，加大对各党支部和党员个人学习情况的督促落实，确保学懂弄通做实。把政治建设摆在首位，严格遵守政治纪律和政治规矩，在政治立场、政治方向、政治原则、政治道路上同以习近平同志为核心的党中央保持高度一致，建立以特派办分党组中心组学习为引领的学习体系，扎实推进“两学一做”学习教育常态化制度化，开展巡视整改“回头看”和“灯下黑”专项整治工作，引导全办干部牢固树立“四个意识”，坚定“四个自信”，筑牢思想根基。规范党内政治生活，建立“两委”委员定期双向汇报工作制，严格落实党内政治生活，拟定并推行具体措施45项，严格落实全面从严治党各项要求。加强党支部建设，严格规范党支部组织生活，打造4个特色党支部，开展“支部书记谈党建”、主题联学等特色活动，建立“三会一课”台账，各党支部召开“三会”300余次，讲党课40余人次，开展特色党日活动11次。强化党风廉政建设，建立机关纪委全委会议事制度，审计项目廉政检查和廉政回访实现“两个百分百”，构建有重点、全覆盖的党风廉政教育体系，通过开展主题警示教育月活动，利用RTX群、微信等平台推送党风廉政建设知识、廉政故事和警言纪语等，让纪律和规矩意识入脑入心。

相关工作 持续强化作风建设，特派办领导班子带头深入一线，在处级干部中倡导“二十四个一点”的工作精神，加大督办通报、强化监督检查、严格责任追究，认真执行各项制度；坚持在一线锤炼作风，在新疆生产建设兵团预算执行、甘肃扶贫等审计项目中锤炼敢打敢拼、不怕吃苦的优良作风。提高干部履职能力，率先将处级干部选拔任用民主推荐程序优化为“先个别谈话推荐，后会议推荐”，提高选人用人的精准性，选拔任用11名处级干部；对23名处级干部进行轮岗，参与完成的审计署处级干部队伍成长研究结果被中央组织部评为优秀奖；坚持“请进来、走出去、自己练”的干部教育培训思路，邀请国务院发展研究中心等部门专家到兰州特派办开展专题辅导讲座，选派业务骨干20余人次外出授课交流，自主完成3个课题研究，在《审计研究》《中国审计》等发表理论文章10余篇，全面提高干部专业素质。着力提升队伍战斗力，建立健全群团组织，开展“全民阅读”“迎七一红歌会”、青年干部演讲等10余项特色活动。（撰稿人：吴建卓）

【审计署驻昆明特派员办事处】 2017年，审计署驻昆明特派员办事处人员编制150人，实有127人。设有办公室、法规处、财政审计处、行政事业审计处、农业审计处、固定资产投资审计处、金融审计处、企业审计处、社会保障审计处、外资运用审计处、资源环保审计处、计算机审计处、机关党委（人事教育处）、机关纪委（纪检监察处）14个职能处室。审计署驻昆明特派员办事处审计范围是：云南、贵州。

领导成员

分党组书记、特派员：杨宁生

分党组成员、副特派员：周应良　文卫国

林　清（1月—）

分党组成员、纪检组长：哈耀卿

副司级审计员：程一平

审计成果 2017年，审计署驻昆明特派员办事处（以下简称昆明特派办）共完成审计署统一组织的审计项目13个。查出主要问题金额31274667万元，其中违规金额482568万元、损失浪费金额43012万元、管理不规范金额30749086万元；审计发现非金额计量问题1012个。提交审计信息被审计署采用64篇，其中审计要情2篇、重要信息要目41篇、审计署移送6篇、特派办移送8篇、信息转送函7篇。91个典型案例被审计署审计工作报告、综合报告、专题报告或审计结果公告采用。

国家重大政策措施落实情况跟踪审计 完成云南、贵州两省全年贯彻落实国家重大政策措施情况跟踪审计，出具跟踪审计季度报告8篇，其中有34个典型案例被审计署公告采用。审计揭示和反映部分单位违规收费、某省8个地州未实现机动车排放检验机构与环保部门联网、85.81万辆机动车未进行排放检验；某省省级药品集中采购平台信息更新严重滞后、影响医疗机构药品集中采购；某县管网补充及庭院雨污分流改造工程未按时完工影响生态保护等问题。

财政审计 参与财政部具体组织2016年度中央预算执行审计和编制中央决算草案情况等审计项目。揭示部分预算安排方式与政策要求和实际情况不完全相符，某部委将文化产业发展专项21.17亿元直接投向竞争性领域；在国有资本经营预算中，超范围安排1.86亿元，用于支付政府投资基金股息等问题。

经济责任审计 完成中共云南省委原书记和云南省原省长任职期间经济责任履行情况审计、原中国中材集团有限公司法定代表人任职期间经济责任履行情况审计、中国铁路通信信号集团公司法定代表人任职期间经济责任履行情况审计、中国农业银行股份有限公司原法定代表人任期经济责任履行情况审计。揭示某市煤炭工业局尹某等人涉嫌滥用职权致使民营煤矿违规获得财政补贴3000万元；某单位负责人违规操作转让国有矿权造成损失1425万元；某公司原副总经理违规向其配偶投资入股的民营企业输送利益；中缅边境方避战人员入境滞留带来突出问题相关突发事件应急处置制度亟待建立完善等问题。

农业与资源环保审计 完成对云南省宣威市、贵州省剑河县等22个国定贫困县扶贫政策跟踪审计、中共云南省委原书记和云南省原省长任职期间自然资源资产管理责任履行情况审计等项目。其中有33个扶贫审计典型案例被审计署采用，上报《涉农财政资金统筹整合中部分难点问题亟待解决》和《怒江傈僳族自治州扶贫审计报告》等2篇专题审计报告。揭示某县3.92万平方米危房校舍未得到及时改造，97所学校学生在临时活动板房中上课；某省出台的健康扶贫规定与中央政策存在偏差，部分贫困人口参加新农合个人缴费未能得到财政补贴；由于存在存量污染源整治责任落实力度偏弱、区域开发落实绿色发展要求不到位、生态环境保护事权与财力不尽匹配等原因，造成抚仙湖保护面临巨大挑战等问题。

金融审计 完成中国工商银行四川省分行2017年政策落实和风险防控等情况审计、中国银行四川省分行2017年政策落实和风险防控等情况审计、招商银行昆明分行2017年政策落实和风险防控等情况审计、重点商业银行跟踪审计。揭示某省某集团公司等3户企业经营风险突出，192.72亿元贷款资产质量分类不准确，存在损失风险；某银行为企业非本行融资314.21亿元违规出具还款担保函，在风险化解过程中形成不良贷款9.97亿元、逾期贷款9亿元、垫款32.69亿元，银行资金面临风险等问题。

信息化建设 推进以大数据运用为核心的审计信息化建设，规范网络、数据安全管理和使用。顺利完成云南、贵州两省地方财政、国税、地税、工商、民政等部门的数据采集、整理、标准表抽取和上报、数据分析网上载迁移等工作。强化网络安全管理，制定《昆明特派办网络安全事件应急预案》等制度；接受网络安全检查1次、数据检查1次，接受省级单位互查1次；开展4次计算机安全培训、网络安全检查、软件正版化检查和网络安全事件应急演练。提交的《持恒心 明责任严管理不断提升计算机保密工作水平》一文，被选为审计署2017年度保密工作培训班交流材料。开展课题研究，探索大数据分析、可视化、图数据库技术等前沿技术运用。

党建工作 制订《学习宣传贯彻党的十九大精神实施方案》，开设“深入学习贯彻党的十九大精神”学习专栏，编发《昆明特派办学习通讯（党的十九大精神学习专刊）》7期。加强组织建设，完成15个支部的换届改选工作；各审计组设立临时党总支2个、临时党支部20个，指导和督促各临时党支部在审计现场组织开展一系列的学习教育活动，充分发挥临时党支部在审计一线的战斗堡垒作用和党员的先锋模范作用。

加强纪检监察工作，全年完成对55个审计（小）组党风廉政建设、纪律执行、文明审计等情况的现场检查。检查组与审计组259人次进行座谈和个别交谈，走访54个被审计单位，谈话并进行不记名问卷调查111人次，提交检查报告及汇总报告5篇，提出建议18条。组织完成全办55名处级干部集中报告个人有关事项，随机抽查核实5人报告。

相关工作 按照中央提出的信念坚定、为民服务、勤政务实、敢于担当、清正廉洁的好干部标准和审计署党组关于干部选拔任用的最新要求，经过民主推荐、确定考察对象、组织考察、讨论决定等环节，选拔7名处级干部。严格按程序完成6名科级干部晋升、3名新录用公务员转正定级等工作。有计划地加大干部在处室间轮岗交流力度，对12名在职干部进行岗位调整，进一步优化人力资源。年内共安排227人次参加审计署组织的境（外）培训、审计业务培训、管理培训、技能补充和更新知识等各类培训。制定出台昆明特派办审计实务导师制实施细则，遴选第一批审计实务导师库入库导师人选。

参与昆明市创建文明城市和参加公益献血活动等倡议书，全年组织青年志愿者活动5次，举办道德讲堂1期。围绕中央文明委2017年8月印发的新测评体系，收集整理精神文明创建工作资料，并成功通过全国精神文明单位复查。做好挂钩扶贫工作，组织14个处室（党支部）100余人次到会泽县以礼社区走访、慰问贫困户；指导驻村扶贫队员实施管理好昆明特派办2016年协调投入的石漠化治理工程、高稳产农田水利配套设施、新建乡村道路等项目。

加强机关规范化建设，制定完善公务接待、职工周转住房、优秀审计项目评选、财务管理等多项内部管理制度；起草或者核改各类政策性文件、年度工作总结、领导讲话、阶段性汇报材料等综合材料和文件500余份，审计报告、重要审计情况、审计简报等各类审计业务文书92篇无差错。加强责任落实，严格保密管理，全年共开展5次审计专网计算机和审计内网计算机全覆盖自查，2次普通密码专项自查。

年内完成审计档案818卷、文书档案629件、其他档案87卷的立卷工作。完成2014年至2016年的文书档案17944拍、2014年至2015年的审计档案168393拍的扫描。作为省级档案管理工作先进单位，牵头召集省级相关单位召开一次档案工作经验交流座谈会。

组织完成2016年度评先评优工作，评选出2016年度工作表现突出的优秀处室5个、先进党支部5个、优秀公务员27名、优秀共产党员13名。

（撰稿人：吴永荣）

【审计署驻成都特派员办事处】 2017年，审计署驻成都特派员办事处在职人员140人。设有办公室、法规处、财政审计处、行政事业审计处、农业审计处、资源环保审计处、固定资产投资审计处、金融审计处、企业审计处、社会保障审计处、外资运用审计处、计算机审计处、机关党委（人事教育处）、机关纪委（纪检监察处）等14个处（室）。审计署驻成都特派员办事处审计范围是：四川、西藏。

领导成员

分党组书记、特派员：吴兆军

分党组成员、副特派员：王端述 吕建伟
戴华虎（外派挂职）
徐永胜（1月—）

分党组成员、纪检组长：屠红梅

正司级审计员：王永红

审计成果 2017年，审计署驻成都特派员办事处（以下简称成都特派办）完成审计项目11个，参与实施审计项目5个。查出主要问题金额23830220万元，其中违规金额67335万元、损失浪费金额24万元、管理不规范金额23762861万元；审计发现非金额计量问题799个；损益（收支）不实金额3230095万元。审计处理处罚金额116604万元，其中应归还原渠道资金19910万元、应缴纳其他资金2027万元、应调账处理金额94667万元；移送司法机关、纪检监察机关和有关部门处理事项25件。审计促进整改落实有关问题金额7345万元；审计促进拨付资金到位214万元；审计后挽回（避免）损失169万元。审计提出建议118条，被采纳72条；促进被审计单位制定、完善规章制度10余项；提交审计报告和审计信息90余篇，被审计署采用73篇次，被批示155篇次。

牵头实施的证监会原主席经济责任审计项目被评为审计署优秀审计项目。

国家重大政策措施落实情况跟踪审计 完成四川省贯彻落实国家重大政策措施情况跟踪审计工作。重点聚焦防范化解重大风险、精准脱贫、污染防治三大攻坚战，并持续跟踪供给侧结构性改革、"放管服"改革等重大决策部署在四川省的贯彻落实情况，先后对宜宾市等5个市州开展延伸审计。全年上报审计报告4份，共发现扶贫、政府性债务、环境保护、简政放权等领域问题194个，涉及金额703亿元，上述问题中有60多个审计案例被审计署综合报告或审计结果公告采用。

经济责任审计 完成对西藏自治区原党政主要负责同志的经济责任审计。审计发现部分目标责任任务未完成、部分重大项目进展缓慢；部分国家重大政策执行不到位；放管服改革不够到位；国有企业监管和法人治理结构不完善，存在风险隐患；财政预算管理不够规范、存量资金清理不够到位、国库现金管理不够规范等问题。

完成对四川省人民检察院原检察长的经济责任审计。审计发现在履行重大经济决策责任、财政财务收支管理责任、内部管理责任、廉政建设责任等方面存在的问题。

完成对中国黄金集团有限公司法定代表人的经济责任审计。审计发现公司在执行部分国家重大政策、经营业绩、境内外经营管理、防范风险隐患、落实廉政建设责任制和执行廉洁从业规定等方面存在的问题。

完成对中国东方电气集团有限公司原董事长、原法定代表人的经济责任审计。审计发现公司在贯彻执行国家经济决策和宏观调控措施、经营业绩、境内经营管理、重大风险隐患、落实廉政建设责任制和执行廉洁从业规定等方面存在的问题。

参与对中国中信集团有限公司法定代表人的经济责任审计。审计发现公司在贯彻执行国家政策和部署、公司治理和内部管理、境外机构和境外资产运营管理、业务经营风险隐患和遵守廉洁从业规定等方面存在问题。

民生资金（项目）审计 对仪陇县等6个国家级贫困县开展扶贫审计。以"安全、精准、绩效"为主线，重点围绕扶贫政策措施落实情况、财政扶贫资金管理使用情况、扶贫项目建设运营及效益情况等3个方面，发现在扶贫资金管理分配使用、扶贫政策落实、扶贫项目推进等方面存在的问题。审计查出的古蔺县相关人员审核不严致使扶贫资金被骗取套取问题被中纪委通报，并在中央电视台《新闻联播》节目中公开曝光；昭觉县扶贫项目建设存在的问题被中央电视台《新闻直播间》点名通报。新华社、人民日报等10家媒体在成都特派办扶贫审计现场开展"媒体体验营"活动，对成都特派办扶贫审计工作进行广泛报道。成都特派办在全国扶贫审计大会上作经验交流。

农业与资源环保审计 完成西藏自治区领导干部自然资源资产管理责任审计项目。审计发现西藏自治区在自然资源资产管理和生态环境保护目标的完成、遵守自然资源资产管理和生态环境保护法律法规、自然资源资产管理和生态环境保护监督责任的履行、自然资源资产和生态环境保护相关资金征管用及项目建设运行情况的组织等方面存在的问题，推动被审计单位制定整改措施37项，促进被审计单位制定、完善规章制度和长效措施11项。

金融审计 派员参加9家重点商业银行相关分支机构2017年政策落实和风险防控情况审计和其他金融专项审计。审计发现部分商业银行在不良资产风险和化解处置、影子银行潜在风险、地方债务风险、涉农贷款未服务"三农"等方面存在的问题。

专项资金审计 对2015年至2016年中央和四川省财政安排的水利专项资金及相关水利项目进行审计。审计中抽查四川省本级、内江市资中县、南充市南部县，发现部分项目建设进展缓慢、部分项目多计工程量、挤占挪用专项资金以及部分建成项目效益不佳等问题。

对四川省2015年至2016年中央节能环保专

项资金进行审计。审计发现四川省在节能环保专项资金申请管理使用、计划任务完成、政策法规执行、节能减排工作开展及绩效等方面存在的问题。

信息化建设 在已建成数据分析室和数据分析网的基础上，开展财政数据“横向到边、纵向到底”的贯通分析试点。研究分析四川、西藏自治区两省区财政税收数据状况、近几年数据分析取得的成效、遇到的主要困难以及下一步工作措施；成立专题攻关小组，与成都市审计局合作立项，以成都市数据为基础，先行尝试对成都市 22 个区县财政数据实现贯通，取得明显成效。

审计质量管理 完善“初审＋复审＋集体审理”三级审理模式，对重要审计项目、“疑难杂症”实行集体审理；加大探索审计质量过程控制，前移质量审核关口，加大项目中检查和跟踪审理力度。制定审计延伸调查台账管理规定，明确需填报的延伸调查单位范围、延伸调查审批程序、台账填报时限等要求，对被审计单位以外的单位或个人开展调查必须经过审批，使审计延伸调查行为得到进一步规范。

审计科研 成都特派办印发推进实施“审计智造”理念，打造审计精品的意见，要求根据审计项目进展情况，围绕审计项目中遇到的难题，不定期召开理论研究座谈会，集体研究体制机制制度方面的问题，为审计项目的开展提供智力支撑，推行“审计智造”。举办理论研究征文活动，充分鼓励青年审计干部撰写理论研究文章；参与由审计署承担的国家自然科学基金课题《基于云架构的商业银行审计大数据标准体系构建研究》，完成与中国审计学会《审计机关审计风险管理研究》的合作课题；四川省医保基金审计中《巧用企业考勤记录查处民营医院骗取医保资金问题》的计算机审计案例被审计署干部教育学院评定为第一等次案例，并被纳入计算机中级考试案例素材库。

党建工作 深入学习贯彻习近平新时代中国特色社会主义思想和党的十九大精神，通过分党组会集中学、中心组学习（扩大）会议讨论学，特派办领导深入审计一线和所在支部进行党课宣讲、专题辅导等措施，带动全办党员干部深入学习。深入推进“两学一做”学习教育常态化制度化，研究制订全办实施方案，提出具体措施 15 条。

制定修订相关规章制度，加强党组织建设。组织研究制定党支部考核办法，全面客观评价支部党建工作；制定党支部活动管理办法，促进党支部规范开展活动、提高活动质量；制定机关党委工作规则，为加强和促进机关党委工作提供制度保障；制定党支部（临时党支部）党建工作清单和检查清单，规范监督检查依据；制定专兼职纪检人员工作职责，健全完善监督制约机制。

坚持把纪律和规矩挺在前面，持之以恒抓好党风廉政教育，组织学习党章党规，传达中央纪委、审计署有关违纪案例通报，扎实开展“以案释纪明纪，严守纪律规矩”主题警示教育月活动，全体党员干部纪律规矩意识进一步增强。纪检机构认真履行监督执纪问责职责，对审计项目进行廉政检查或回访，实现项目“全覆盖”，坚持抓早抓小，防微杜渐，对发现的苗头性、倾向性问题及时提醒。

相关工作 召开特派办分党组会议，专题研究近 3 年领导班子建设情况，进一步查找干部队伍建设的不足，聚焦整改提高。强化青年干部队伍培养，按照“一人一策”原则完善进办 1 年基础培养、3 年实务导师培养、5 年职业规划培养、5 年后分类梯队培养的“135＋”跟踪培养模式。

制订“七五”普法工作规划，对未来 5 年普法工作的工作目标等作出明确规定；细化“谁执法谁普法”方案，落实责任清单，推动普法工作实现精细化、制度化和长效化；深入开展分层次分类别有针对性的法治宣传教育，营造全办尊法学法守法用法的良好氛围。

大力推进机关管理创新，强化目标管理和过程控制，探索建立每月人力资源分布表、审计事项进展控制表、工作督办表和重要管理事项表“四张表管理”制度，切实做到任务到岗、责任到人。贯彻总体国家安全观，严格落实署安全、保密、综合治理等各项要求，大力加强安全教育，提高全员安全意识。落实中央八项规定精神，严格执行中央关于住房、办公用房、公务用车等方面规定，如实报告领导干部个人有关事项。

开展各类有益于营造健康向上氛围的活动。依托临时党支部，组织开展“弘扬老西藏精神，打造审计铁军”等主题党日活动；开展道德经典诵读、选树先进典型、定点扶贫等活动。2人获得审计署优秀共青团员称号，1人被署机关团委向团中央推荐为“青创先锋、青春榜样”人选，审计署办公厅和宣传中心组织拍摄的《青春，加油!》微视频对成都特派办优秀青年干部代表进行宣传报道。成都特派办顺利通过全国文明办复检验收，继续保留“全国文明单位”荣誉称号。

（撰稿人：赵洪超）

【审计署驻长沙特派员办事处】 2017年，审计署驻长沙特派员办事处人员编制150人，实有142人。设有办公室、法规处、财政审计处、行政事业审计处、农业审计处、资源环保审计处、固定资产投资审计处、金融审计处、企业审计处、社会保障审计处、外资运用审计处、计算机审计处、机关党委（人事教育处）、机关纪委（纪检监察处）等14个职能处室。审计署驻长沙特派员办事处审计范围是：湖南、广西。

领导成员

分党组书记、特派员：赵保林

分党组成员、副特派员：车列武　谢岳山
　　黄建宇　辛　风

分党组成员、纪检组长：余宁琪（1月—）

正司级审计员：车列武（兼）

副司级审计员：孙　剑（1月—）

审计成果　2017年，审计署驻长沙特派员办事处（以下简称长沙特派办）共完成审计项目13个。查出问题金额2774.52亿元，其中违规金额67.71亿元；出具审计报告和专项审计调查报告16篇；审计整改金额23.64亿元。审计提出建议26条，被审计单位根据审计建议制定整改措施168项，建立健全规章制度11项。全年编报正式审计信息36篇，含重要审计情况19篇、审计简报17篇，被审计署采用信息54篇次，被党和国家领导人批示或圈阅36篇次，办理审计署移送9件，办内移送8件。

长沙特派办独立承担的2016年湖南省农林水专项资金审计、中国船舶重工集团公司原法定代表人任期经济责任审计、湖南省医疗保险基金审计以及联合实施的中国铁路总公司2016年贯彻落实国家重大政策措施情况跟踪审计4个项目被评为审计署表彰项目。

国家重大政策措施落实情况跟踪审计　开展对湖南、广西两省区的国家重大政策措施落实情况跟踪审计项目。审计以提高发展质量和效益为中心，以推进供给侧结构性改革为主线，着力反映稳增长、促改革、调结构、惠民生、防风险重大任务完成情况。两个审计项目中形成的48个案例被审计署综合报告采用。

经济责任审计　完成广西壮族自治区党政主要领导的经济责任审计。审计中检查领导干部守法守纪守规尽责情况，注意对各级领导干部以权谋私、失职渎职等问题的查处。在审计中搭建大项目平台，紧密结合区域特色，做到精准聚焦、突出重点，在财政收支、金融风险、重大战略、重大经济决策、精准扶贫等方面揭示一批典型问题。

农业与资源环保审计　围绕精准识贫、精准扶贫、精准脱贫，突出“精准、安全、绩效”主线，开展扶贫审计，助力脱贫攻坚。重点关注扶贫政策执行情况，揭示多项产业扶贫政策未能实现政策初衷等问题；重点查处扶贫领域“小官贪腐”，斩断伸向扶贫资金的罪恶之手，共查出精准扶贫政策措施落实不到位等5大类19个问题。长沙特派办受邀在全国扶贫资金审计培训班上作典型发言，“审计署扶贫审计媒体体验营”组织多家媒体对长沙特派办扶贫审计进行专题采访，相关做法和成效在央视《政务直通》栏目、《经济日报》、《瞭望》、人民网等重要媒体上集中报道。

承担广西壮族自治区节能环保专项资金审计和广西壮族自治区党政领导干部自然资源资产管理责任审计。审计中坚持以人民为中心的发展思想，推动解决威胁人民生命财产健康安全的重大生态环境问题，揭示的重大污染问题多次得到党和国家领导人批示，相关问题得到迅速整改。

民生资金（项目）审计　在湖南省医保基金审计项目中，查出部分民营医院骗取医保基金、非法渠道采购药品等多个违规违法问题线索，移交公安机关后，有关责任人被迅速批捕，部分案件受到新闻媒体广泛关注。审计总结整理出一些民营医院骗取医保基金的方式和审计方法。

金融审计　长沙特派办的金融审计工作贯穿于广西壮族自治区党政领导干部经济责任审计、

中信银行总行政策跟踪审计、广东建设银行政策跟踪审计、广州中信银行政策跟踪审计、工商银行总行经济责任审计、长沙光大银行政策跟踪审计等项目之中，全年编发且被审计署采用的与金融相关的信息9篇。

外资运用审计　完成日元贷款湖南省城市垃圾处理审计项目。审计中坚持重点关注环境污染、关注项目运行效益、关注资金使用效益的思路，组织研究设计判定项目建设、运营情况的绩效审计指标体系，揭示部分日元项目建设不达标、处理设施不到位造成环境二次污染、已建成垃圾项目总库容未达到设计批复规模以及部分贷款资金损失和挪用等问题。

企业审计　完成对中国中车集团原法定代表人和中国中丝集团法定代表人的经济责任审计。在对中车集团的审计中，审计组揭示中车集团违规决策、违规采购、违反中央八项规定精神等方面问题60多个，揭露重大问题线索多件。在对中丝集团的审计中，审计组在分析研判该集团经营管理情况的基础上，重点查核和揭示该集团违规开展融资性贸易、违规股权转让和资产处置造成国有资产损失等问题。

党建工作　深入学习贯彻党的十九大精神和习近平新时代中国特色社会主义思想，出台学习宣传贯彻党的十九大精神具体措施29项，开展"我与十九大"主题征文。深入学习领会习近平新时代中国特色社会主义思想的精神实质、重大意义和丰富内涵，推进"两学一做"学习教育常态化制度化，坚持组织党员干部读原著、学原文、悟原理，以新思想武装头脑、指导实践、推动工作。

层层压实全面从严治党主体责任，特派办领导以身作则，带动全办党员干部严格遵守政治纪律和政治规矩，探索"支部工作法"和"一线工作法"，创新党建"微工程"，着力强化基层党组织建设。强化纪律作风建设，完善党风廉政建设制度机制，严格监督执纪问责，严格遵守中央八项规定精神，持续改进工作作风，深化"责任长沙办"建设，修订完善责任清单。

相关工作　不断加强班子和队伍建设，着眼新时代新要求，强化纪律作风建设，增强审计本领，努力建设信念坚定、业务精通、作风务实、清正廉洁的高素质、专业化审计干部队伍。坚持正确的选人用人导向，严格按照好干部标准和组织工作原则，选拔任命7名副处级干部。按干部短板组织精准培训，通过业务讲座、专题交流等方式提升业务能力。选派干部参加中共审计署党校、审计干部教育学院等各类培训班40余期，累计培训干部172人次。有2人通过计算机中级考试，8人取得审计师、会计师等中级技术职称。加强干部多岗位锻炼，全年办内轮岗24人，派出5人赴署机关、西藏、中央巡视组工作。

做好基础工作，加强内部管理，推动文明单位创建。严格财经纪律；开展常态化保密监督检查20余次，防范失泄密风险；加强社会管理综合治理与安全保卫，确保安全不出问题；成功创建"湖南省档案工作规范化管理特级"单位，加强机关文明与法制建设，持续推进湖南省文明标兵单位创建工作。

完善审计质量管理体系，深入一线开展审计现场综合风险防控检查6次，按季度对各项目审计质量问题通报4次，建立健全重大违法违纪问题线索库，切实防范审计风险。提升审计工作层次，全年共编撰9期《政策研究与工作参考》，形成10余份《审计项目业务工作报告》，在《中国审计》上发表理论文章10篇，完成《创新审计技术方法与组织方式研究》等重点课题2个。

做好审计宣传，配合审计署完成辽宁抚顺采煤沉陷区避险搬迁安置、"审计署扶贫审计媒体体验营"等重大宣传活动；30余篇反映审计管理与一线工作的新闻报道被审计署采用，展示长沙特派办审计人员良好的精神风貌。

（撰稿人：罗先鄂）

【审计署驻深圳特派员办事处】　2017年，审计署驻深圳特派员办事处人员编制110人，实有98人。设有办公室、法规处、财政审计处、固定资产投资审计处、金融审计处、企业审计处、社会保障审计处、外资运用审计处、境外审计处、计算机审计处、机关党委（人事教育处）、机关纪委（纪检监察处）。审计署驻深圳特派员办事处审计范围是：海南、深圳；港澳中资机构。

领导成员

分党组书记、特派员：段大波

分党组成员、正司级审计员兼副特派员：张在银

分党组成员、副特派员：赖汉雄　郝士坤

分党组成员、纪检组长：杨恒田

副司级审计员：陈彦钊

审计成果　2017年，审计署驻深圳特派员办事处（以下简称深圳特派办）组织实施审计项目13个。审计查出的违规问题金额567亿元，促进增收节支和拨付资金到位3.7亿元。移送重大违法违纪问题线索6件。上报审计信息21篇，多篇信息成果被审计要情或重要信息要目采用。审计长胡泽君向全国人大常委会的报告中，采用深圳特派办查处的小官巨贪案，中央电视台《焦点访谈》栏目作出报道。

深圳特派办参与实施的财政部具体组织2015年中央预算执行和编制中央决算草案情况审计、证监会原主席任期经济责任审计被评为优秀审计项目。

国家重大政策措施落实情况跟踪审计　在海南和深圳政策跟踪审计中，紧紧围绕习近平总书记对海南建设国际旅游岛、深圳经济特区改革创新先行先试的指示精神，揭示和反映海南国际旅游岛建设、深圳房地产供给侧结构性改革中存在的问题，形成的审计成果得到审计署的肯定。深圳特派办上报的打通政策落实“最后一公里”的3个典型案例，被审计署管媒体采用。

经济责任审计　在经济责任审计中，深圳特派办坚决贯彻署党组的要求，在揭示体制机制性问题的同时，坚决查处危害国家经济安全、损害人民利益和违反中央八项规定及实施细则精神的问题。在中国化工集团经济责任审计、华侨城集团经济责任审计和中国广核集团经济责任审计等多个项目中，揭示反映某企业虚构业务造成税款流失、虚开增值税专用发票等问题线索，多个信息被企业司作为典型案例采用。

民生资金（项目）审计　在海南省扶贫资金审计中，坚持按照中央关于扶贫对象精准、项目安排精准、资金使用精准、措施到户精准、因村派人精准、脱贫成效精准的要求，重点关注涉及人民群众切身利益的问题，揭示虚假产业扶贫等案例21个。

信息化建设　针对审计人力资源紧张的现状，深圳特派办将各处室人员进行整合，集中调配、统筹规划安排，充分发挥以计算机审计为基础的审计数据分析作用，取得良好效果。每一个项目都由承担具体任务的处室或审计组提出重点审计目标、内容和方向，交由计算机分析小组利用已有数据平台进行分析，出具数据分析结果，由审计组进行核查落实。全年累计出具数据分析报告26期，开展数据查询36批次，分析问题线索经审计组查实，有3篇信息被审计要情或署移送等方式采用。

党建工作　深入学习贯彻党的十九大精神和习近平新时代中国特色社会主义思想。坚持以习近平新时代中国特色社会主义思想为指导，在学懂弄通做实上下功夫。办、处两级领导干部带头学，先后2次组织处级以上干部集中专题学习，2位办领导在全办党员大会上作交流，11名党支部书记在党支部大会上作党课交流。将十九大报告细分为11个专题，分党支部开展学习，全办党员干部撰写学习体会80余篇，制作党课课件近20个。

推进“两学一做”学习教育常态化制度化，坚持每月一次的中心组专题学习和每季度一次的中心组学习制度，要求党员干部读原著、学原文、悟原理，全年共组织中心组理论学习12次，参学人员370余人次。召开全办党员大会集中学习11次，各党支部组织主题党日活动等近20次。

抓好党组织建设，制定年度机关党建工作要点，在职责责任、学习内容、组织生活、工作记录和检查监督5个方面探索实施党支部“五个标准化”工作法。严格落实“三会一课”制度，办领导班子成员和党支部书记共计讲党课30余次，各党支部召开党员大会等共计240余次。

特派办分党组认真履行党风廉政建设主体责任，制定2017年度机关纪检监察工作要点，逐级签订全面从严治党责任书。严格执行中央八项规定及实施细则精神，严格控制“三公”经费，严格公务用车和办公用房的使用和管理。全年对16个审计组开展廉政巡查，对11个审计项目16个被审计单位开展廉政回访；加强对重点岗位重点人重点事的监督，制定审计项目廉政台账，细化对审计现场的廉政监督和风险防控。与新晋升处级干部、交流人员和外聘人员开展廉政谈话130

余人次，抓住节假日等关键节点进行廉政提醒。

相关工作 加强办、处两级领导班子建设，认真落实全面从严治党主体责任，坚持民主集中制，坚持“三重一大”等事项集体决策，强化思想理论武装，坚持深入审计一线，加强对审计工作的指导。开展处级干部选拔任用工作，选拔正副处级领导（或非领导）岗位 7 人。增强培训工作的实效性。全年共举办 7 次共计 19 天的集中培训，培训范围涵盖党建、保密、案例教学等。选派 50 多人次参加审计署统一组织的培训，拓宽视野、提升能力。全年开展干部轮岗 25 人次，1 人外出挂职，2 人参加中央巡视组工作。共有 12 人通过中、高级审计师考试，1 人被评为全国会计领军（后备）人才。 （撰稿人：黄　娟）

【审计署驻长春特派员办事处】 2017 年，审计署驻长春特派员办事处人员编制 110 人，实有 103 人。设有办公室、法规处、财政审计处、行政事业与资源环保审计处、固定资产投资审计处、金融审计处、企业审计处、社会保障审计处、外资运用审计处、计算机审计处、机关党委（人事教育处）、机关纪委（纪检监察处）等 12 个职能处室。审计署驻长春特派员办事处审计范围是：吉林。

领导成员

分党组书记、特派员：马文辉（—1 月）

分党组副书记、副特派员：常利（1 月—，主持工作）

分党组成员、副特派员：王　波　刘险峰　王雷鸣（1 月—）

分党组成员、纪检组长：李雪斌

副司级审计员：周　娇　王玉芳

审计成果 2017 年，审计署驻长春特派员办事处（以下简称长春特派办）完成审计项目 14 个。查出主要问题金额 22138627.76 万元，其中违规金额 131980.32 万元、损失浪费金额 1464.83 万元、管理不规范金额 22005182.61 万元；审计发现非金额计量问题 301 个；损益（收支）不实金额 806263.29 万元；审计发现侵害人民群众利益 775.02 万元；出具审计报告 8 篇。审计处理处罚金额 1723482.86 万元，其中应上缴财政 691.31 万元、应归还原渠道资金 24731.06 万元、应缴纳的其他资金 70000 万元、应调账处理金额 1628060.49 万元；移送司法机关、纪检监察机关和有关部门处理事项 11 件，移送处理人员 7 人，移送处理金额 25995.82 万元。审计促进整改落实有关问题资金 319955.19 万元；审计促进拨付资金到位 116374.22 万元；审计后挽回（避免）损失 176.12 万元；移送处理落实事项 17 件。审计提出建议 98 条，被采纳 98 条；推动被审计单位制定整改措施 105 项，促进被审计单位制定、完善规章制度 7 项；提交审计信息 24 篇，被批示、采用 52 篇。

参与实施的税务总局 2016 年贯彻落实国家重大政策措施情况跟踪审计被审计署评为优秀项目；参与实施的中国铁路总公司 2016 年贯彻落实国家重大政策措施情况跟踪审计、独立实施的吉林省 2016 年贯彻落实国家重大政策措施情况跟踪审计和吉林省 2015 年保障性安居工程跟踪审计被审计署评为表彰项目。

国家重大政策措施落实情况跟踪审计 承担吉林省政策措施落实跟踪审计项目。在审计中坚持将促进重大政策措施落实作为重中之重，紧扣社会主要矛盾变化，以推进深化供给侧结构性改革为主线，重点揭示阻碍东北地区持续健康发展的难题困境及体制机制性弊端，推动地方政府采取措施落实整改。按照“突出抓重点、补短板、强弱项”要求，根据东北地区的地域经济特点，重点打好防范化解重大风险、精准脱贫、污染防治“三大攻坚战”，在地方政府性债务、污染防治、地方政府性债务风险向金融系统传导等方面揭示问题，得到地方政府的高度重视并积极落实整改。

经济责任审计 按照“党政同责、同责同审”要求，开展吉林省主要党政领导干部经济责任审计项目。突出对吉林省经济发展中普遍性、倾向性问题的系统核查，遵循“三个区分开来”标准，客观求实、准确评价。在吉林省党政领导干部自然资源资产管理责任审计中，探索大数据技术的运用，制订数据分析方案，将数据分析平台与地理信息系统平台相结合，确定从自然资源准确性和真实性、相关规划编制科学性等方面进行分析研究。通过数据分析和精准延伸，发现部分市县耕地和基本农田划定不准确、个别水源地保护不到位导致水质严重超标等一系列问题线索。

农业与资源环保审计 在节能环保和农林水专项资金审计项目中，重点关注民生资金在使用规范、政策实行、项目推进等方面的落实情况，着力揭示新能源汽车推广效果不理想等问题。

金融审计 按照数字化审计思路，密切关注信贷资金流向、信贷资产质量、金融机构推进供给侧结构性改革等情况。在中信集团经济责任审计以及农业银行内蒙古分行、交通银行吉林省分行等审计项目中，揭示小微企业和涉农扶贫贷款投放质量不高等多项突出问题和潜在风险。

外资运用审计 在世界银行贷款某铁路项目财务收支和项目执行情况审计中，坚持"两手抓力促稳增长"的工作理念，持续跟踪检查铁路总公司"三去一降一补"政策落实完成、铁路建设质量效益等方面有关情况，审计发现的1个问题被审计署重要信息要目采用。

企业审计 围绕领导干部经济责任履行，重点关注国家重大政策措施和战略实施、国有企业深化改革和资产质量等情况。在对中国能建集团领导人员的经济责任审计中，发现企业在贯彻国家经济决策和宏观调控部署等方面存在的问题。在对中国商飞公司领导人员的经济责任审计中，围绕"大飞机"战略重点，揭示项目生产研发中的各项问题隐患，上报的审计信息得到有关部门的重视。

审计质量管理 探索试行延伸审计台账管理规定，着力解决延伸审计工作中的风险隐患问题，实现延伸管理源头明确，延伸流程规范可行，延伸行为有迹可循。强化特派办自行移送事项跟踪管理，印发特派办进一步规范移送事项跟踪管理的通知，完善工作流程，规范跟踪媒介，确保移送事项跟踪工作取得实效。开展审计常用刑事罪名和法律适用编写和案例征集工作，总结审计取证要点，促进提高审计人员依法审计能力。

信息化建设 坚持审计信息化技术"以用为本"，提出"建设1支数据分析团队，利用经济责任审计与稳增长项目2个平台，发挥好信息化技术基础支撑作用、数据分析重点引导作用、区域风险隐患与重大政策执行效果跟踪分析3方面作用"的信息化工作思路，以信息化审计技术方法发现多个审计问题线索，有效提升审计工作效率与影响力。

党建工作 坚持把讲政治放在首要位置，全面理解和准确把握新时代党的建设总要求，引导党员干部不断强化"四个意识"，坚定"四个自信"，做到"四个服从"，自觉在思想上政治上行动上同以习近平同志为核心的党中央保持高度一致。深入学习宣传贯彻党的十九大精神，组织开展多项主题教育活动，引导党员干部学原文、悟原理、知原意，自觉运用习近平新时代中国特色社会主义思想武装头脑、指导实践、推动工作。扎实推进"两学一做"学习教育常态化制度化，研究制订学习计划与实施方案，将"两学一做"作为常规工作固定至党支部"三会一课"基本内容中，邀请青年极地考察专家进行讲座，开展学习黄大年精神和东北抗联精神主题活动，确保"两学一做"学习教育全覆盖、常态化、重实效。坚定扛起全面从严治党主体责任，严格落实组织生活制度，坚持把党建工作与审计业务同部署、同落实、同考核，按照规定程序完成机关党委、机关纪委和各党支部换届选举工作，机关党建基础工作水平得到进一步提升。探索廉政建设新思路新方法，开展对12个审计项目的审中执纪检查，以及经济责任审计全过程廉政监督检查，绘制审计项目廉政风险控制流程图，坚持纪检人员列席审计业务会议，促进党风廉政建设有机融入业务工作的各方面、全过程。

相关工作 结合干部队伍实际，对全办干部提出"讲政治、讲团结、讲纪律、讲学习、讲奉献"的5点期望，并将其贯穿至队伍建设始终。特派办领导班子成员坚持带头学政策钻业务，引领揭示体制机制层面问题、破解屏障，发挥"领头雁"的示范带动作用。以提升处级干部领导力与谋划水平为重点，分层级召开处级干部座谈会，查找能力短板，选择对应措施，提升"关键少数"驾驭复杂局面的能力。做好青年干部培养工作，成立青年工作委员会，建立一人一策青年干部培养档案，组织举办"博约讲堂"，加强宣传政治工作，巩固和发展主流意识形态，鼓励青年干部积极实干、善思巧干，厚积审计工作的知识储备与实践技能。2017年，长春特派办顺利通过复查保持"全国文明单位"荣誉称号，并获得"审计署司局级文明单位"荣誉称号，长春特派办法规处

被评为全国“巾帼文明岗”，机关团委被评为审计署先进基层团组织。（撰稿人：纪　楠）

【审计署驻重庆特派员办事处】　2017 年，审计署驻重庆特派员办事处人员编制 114 人（含 4 名事业编制），实有 105 人。设有办公室、法规处、财政审计处、行政事业与资源环保审计处、固定资产投资审计处、金融审计处、企业审计处、社会保障审计处、外资运用审计处、计算机审计处、机关党委（人事教育处）、机关纪委（纪检监察处）等 12 个处室。审计署驻重庆特派员办事处审计范围是：重庆。

领导成员

分党组书记、特派员：吕劲松

分党组成员、副特派员：王　斌　籍吉生
宋　晖

分党组成员、纪检组长：吴正恩

副司级审计员：代　斌（—9 月）　赵田录

审计成果　2017 年，审计署驻重庆特派员办事处（以下简称重庆特派办）共完成审计项目 16 个。审计查出主要问题金额 25508632 万元，其中违规金额 5726 万元、损失浪费金额 468019 万元、管理不规范金额 25034886 万元。审计发现非金额计量问题 797 个；损益（收支）不实金额 6784902 万元；审计发现侵害人民群众利益 5802 万元；出具审计报告和专项审计调查报告 9 篇。审计处理处罚金额 3933015 万元，其中应归还原渠道资金 230114 万元、应缴纳其他资金 1978 万元、应调账处理金额 3700922 万元；移送司法机关、纪检监察机关和有关部门处理事项 8 件。审计促进整改落实有关问题金额 860186 万元；审计促进拨付资金到位 5135 万元；审计后挽回（避免）损失 20030 万元。审计提出建议 99 条，被采纳 81 条；推动被审计单位制定整改措施 139 项，促进被审计单位制定、完善规章制度 20 项。上报审计信息被审计署采用 67 篇次。

重庆特派办实施或参与实施的财政部具体组织 2015 年中央预算执行和编制中央决算草案情况审计项目、证监会原主席任期经济责任审计项目、重庆市 2016 年贯彻落实国家重大政策措施情况跟踪审计项目获得审计署优秀审计项目表彰；实施的重庆市医疗保险基金审计项目获得审计署全国医疗保险基金审计优秀审计项目表彰；参与实施的中国铁路总公司 2016 年贯彻落实国家重大政策措施情况跟踪审计项目获得审计署表彰审计项目表彰。

国家重大政策措施落实情况跟踪审计　开展国家重大政策措施贯彻落实跟踪审计。聚焦“降成本”，开展涉企收费审计，发现部分行业协会、事业单位依托行政权力或履职便利违规收费的问题；围绕“去产能”，分析重庆市电解铝、水泥、平板玻璃等企业经营销售情况，发现部分企业违规生产、部分地方政府违规给予财政补贴的问题；关注网络小额贷款业务监督管理薄弱环节，推动互联网金融风险专项整治领导小组办公室督促各省停止新批网络小贷牌照。审计揭示资金空转未能有效支持实体经济、违规向小微企业收取常年顾问费增加企业负担；房地产去库存推进缓慢、应收账款与存货“两金”压控等政策落实不力；因征地纠纷影响社会稳定和重点铁路按时建成开通等问题。审计反映的区县政府虚增财力等被署审计结果公告采用。

财政审计　开展地方政府性债务审计，结合地方税收、非税收入、国库集中支付、收发文等数据开展联动分析，发现部分区县地方政府在 PPP 项目中约定固定回报违规形成政府债务以及通过融资平台公司空转财政收入、虚增地方财力等问题。推动地方政府性债务审计整改，审计发现的某区县违法违规举债担保问题的 6 名责任人已受到党内警告、行政撤职等处分。针对审计指出的债务风险应急处置机制不完善问题，相关地区已按照审计建议要求成立政府性债务应急领导机构，并出台应急处置预案。

在国税系统税收征管及预算执行审计中，针对相关部门信息化程度高、数据量较大的特点，在集中采集税收征管、增值税发票、税务主体等信息的基础上，坚持以用为本，在项目前期即完成税款征收、发票虚开、税收优惠等 10 余个专题事项分析，充分发挥数据的引领和导向作用，查实违规提前征收税款、违规延压税款等问题。

民生资金（项目）审计　在财政扶贫资金审计中，按照“聚焦决胜全面建成小康社会，在坚决打好防范化解重大风险、精准脱贫、污染防治攻坚战中切实发挥审计监督的重要作用”的总体要求，紧扣“政策”“资金”两条主线，全年反映扶贫领域问题76个，向重庆市纪检监察等部门移送扶贫领域问题线索6件。审计发现的云阳县凤鸣镇5名乡镇干部将扶贫工程项目违规发包并收受贿赂问题线索，通过审计署移送重庆市有关部门后，相关人员受到撤职、严重警告等党纪政纪处分，涉嫌犯罪问题已移送司法机关依法处理。该案例被2017年审计工作报告采用，中央纪委将其作为扶贫领域腐败问题典型案例予以公开曝光，在当地引起较大震动。

农业与资源环保审计 在农林水专项资金审计中，将核查着力点确定为重大项目建设、重点工程运营、资金绩效管理3个方面，揭示有关区县违规申报水库建设项目获得中央财政补助资金、相关地区农村饮水安全工程运营管护不到位、国家大中型水库移民避险解困政策落实不到位及财政资金闲置等问题。

在节能环保专项资金审计中，重点关注节能减排方面财政资金投入使用情况，相关政策性目标任务完成和节能减排项目的绩效情况，揭示在资金管理、政策落实和项目实施中存在的突出问题和风险隐患，并从体制、机制、制度层面分析问题产生的原因，提出加强和改进相关工作的建议。

金融审计 在商业银行审计中，关注小额网络借贷发展、债券市场风险、第三方支付监管、外汇资金异动等社会热点问题，关注国家外汇储备的异常变化对国家安全的影响，对网络“现金贷”、债券代持、第三方支付、外汇资金监管等问题进行深入查核，就操作的合法合规性进行分析，并提出规范发展的建议。

企业审计 在涉企收费审计中，围绕推进供给侧结构性改革和激发市场活力，注重发现和揭示涉企经营服务性收费和降低铁路物流用能成本存在的典型性问题。审计反映电网企业向铁路运输企业收取电气化铁路还贷电价等增加铁路运输成本的问题，提出取消还贷电费政策，引导铁路部门与地方政府开展电力直接交易等审计建议。上述问题和建议在审计署专题报告中作为典型案例反映，国务院对此高度重视，召开常务会议研究出台取消还贷电价等政策措施。

信息化建设 坚持以“采好数据、用好数据、管好数据”为发展目标，推进审计信息化建设。特派办构筑300M数据高速通路，实现终端虚拟化远程访问，充分满足数据上传、恢复、迁移、分析需求；与重庆市审计局建立协同机制，全面提取数据，深入市级财政等10余部门40多次，累计采集各行业40套数据近10TB。应用数字化审计模式，依托比对分析、聚类分析、关联分析，发现行业协会等违规收费、工程合同违规转包、领导干部套取挪用财政资金等问题。通过使用新的查询工具、加强技术方法提炼、开展培训交流研讨等方式，提升大数据技术应用水平。做好网络安全日常监测预警，定期排查漏洞隐患，加强应急响应演练，防范信息安全风险。

审计质量管理 坚持抓好法治宣传教育，落实“谁执法谁普法”责任制，组织全办干部加强学习，增强尊法学法守法用法意识。严格落实《审计署关于进一步完善和规范投资审计工作的意见》要求，引导投资审计人员牢固树立法治思维。组织传达审计法治建设座谈会精神，抓好“四会”制度落实，引导审计人员严格规范审计取证、资料获取、账户查询等行为，提升依法审计能力，确保在法定职责范围内开展工作、行使职权。推动全过程跟踪审理，强化审计业务会议集体审理功能，抓好审计质量情况季度通报和移送事项结果跟踪，完善与地方纪检监察、公安、检察部门协作机制，发挥互补优势。

审计科研 召开特派办理论研究会理事会会议，研究制定年度审计理论研究工作要点；把审计理论研究工作纳入处室和个人考核范围，在年初和年中的全办大会上，对采取好措施、取得好成效的处室和人员给予充分肯定，突出成果导向。整训期间，邀请审计学会专家来办授课，重点介绍审计理论创新与审计职业发展等内容；邀请审计署相关司局、地方政府、检察机关等单位专家分别围绕“大数据审计”“深化供给侧结构性改革”“职务犯罪问题线索查证”等举行专题讲座，拓宽审计科研的思路和视野。以“建立扶贫政策跟踪审计机制研究”为题，向全国哲学社会科学规划办公室提出立项申请，已立项成功并顺利开题。承担中国审计学会合作课题“审计机关审计风险管理研究”，与审计署审计科研所合作撰写“中央企业在推进‘一带一路’建设中面临的问题及审计对策”研究报告；“政策措施落实情况跟踪审计理论研究与实务研究”课题组阶段性成果在《审计研究》刊发，1篇文章获评全国政府系统督查理论研究优秀文章。

党建工作　深入学习宣传贯彻习近平新时代中国特色社会主义思想和党的十九大精神，特派办分党组带头学、机关党委组织学、党支部集中学、党员干部自觉学，采取“微课堂”“微考试”“微主播”等新举措，引导全办干部在学懂弄通做实上下功夫。

深入推进“两学一做”学习教育常态化制度化，成立全面从严治党工作领导小组，提升“三会一课”成效，通过邀请全国优秀共产党员讲党课、开辟“党建文化墙”、组织6个审计组同步开展党日活动、“互联网＋党建”等形式，不断提升党建成效。开好班子民主生活会，组织专题组织生活会和党员民主评议，严格执行党员领导干部述职述廉报告制度。强化监督执纪，通过案例通报、廉政谈话、参观廉政教育基地等方式，打好“预防针”，念好“紧箍咒”，维护好政治生态。重庆特派办纪检工作获得审计署肯定，作为特派办代表参加中央国家机关纪工委书记专题调研座谈并作交流发言。

相关工作　特派办领导班子带头树牢“四个意识”，坚定“四个自信”，带头干、走在前。加强队伍思想、能力和作风建设，守好意识形态工作阵地，依托积极参训、自主办训、机动培训，实施激励教育、感染教育、作风教育、家风教育等正能量宣传教育。坚持正确选人用人导向，把好“选任考核、招考录用、干部成长、服务管理”四道关口，全年选拔出10名处级干部。坚持内强管理、外树形象，机关综合管理实现新突破。重庆特派办公车改革的调研报告被审计署推荐到全国机关事务管理研究会。重视审计宣传，讲好重庆特派办审计故事，微视频《我的审计我的家》《足迹》多次得到署领导充分肯定，《倾听，一名审计特派员的初心》等稿件被多家主流媒体转载。全年撰写的宣传材料被署《审计工作通讯》采用6篇，被署管媒体采用113篇次。重庆特派办被评为审计署2015—2017年度司局级文明单位，机关团支部获署先进基层团组织称号，2人被评为署优秀共青团干部和优秀共青团员称号；2人在国务院第四次大督查工作中被评为优秀督查队员；2人参加中央巡视组工作获书面肯定。

（撰稿人：赵　拓）

地方审计机关

北京市

【北京市审计局】 2017年，北京市审计局共有干部职工556人，其中研究生学历181人、本科学历332人、大专学历29人；高级职称60人、中级职称253人。设有办公室、行财处、综合处、研究室、法制处、人事处、机关党委、离退休干部处、机关工会、驻局纪检监察组（派驻）、审理处、内部审计指导处、经济责任审计办公室（分局）、经济责任审计一处、经济责任审计二处、财政审计处（分局）、行政事业审计处（分局）、农业与资源环保审计处（分局）、固定资产投资审计一处（分局）、固定资产投资审计二处（分局）、经贸审计处（分局）、社会保障审计处（分局）、金融审计处、第一派出局、第二派出局、第三派出局、第四派出局、第五派出局、第六派出局、第七派出局、第八派出局、第九派出局、第十派出局、宣传教育中心、审计项目绩效考评中心、计算机中心、机关服务中心、审计数据中心等38个处、室、中心。

领导成员

局　　长：马兰霞（8月—）

副 局 长：徐　涓　郭　彤　王　涛
　　　　　曾晓冬

总审计师：石　铝

驻局纪检组组长：徐纪铭

副巡视员：陈应兵（4月—）
　　　　　匡贡献（5月—）

审计成果 2017年，北京市审计机关共审计单位927个。查出主要问题金额21127224万元，其中违规金额148435万元、损失浪费金额10590万元、管理不规范金额20968197万元；审计发现非金额计量问题2146个；损益（收支）不实金额908964万元；出具审计报告和专项审计调查报告1457篇，被批示、采用90篇。审计处理处罚金额591380万元，其中应上缴财政149870万元、应减少财政拨款或补贴208464万元、应归还原渠道资金10547万元、应调账处理金额176070万元；移送司法机关、纪检监察机关和有关部门处理事项58件，移送处理人员199人，移送处理金额186463万元。审计促进整改落实有关问题金额2838342万元，其中增收节支257039万元、已调账处理金额239983万元；审计促进拨付资金到位7030万元；审计后挽回（避免）损失18406万元。审计提出建议3204条，被采纳2079条；推动建立健全规章制度170项；提交审计信息1148篇，被批示、采用656篇。向社会公告审计结果272篇。

国家重大政策措施落实情况跟踪审计 聚焦《北京市人民政府关于组织开展“疏解整治促提升”专项行动（2017—2020年）的实施意见》，跟踪“开墙打洞”整治、疏解区域性专业市场等十项重点任务落实情况；开展冬奥会、冬残奥会、新机场、城市副中心建设跟踪审计，做好“一带一路”高峰论坛、扶贫协作资金、援疆项目审计保障工作；关注京津冀协同发展、“大城市病”治理、科技创新能力和经济发展质量提升等情况，共涉及重点政策72项、重点任务44项、重点工程133个。坚持边审计、边督促整改，推动38个重点项目落地实施，促进30.49亿元资金拨付到位。

推动深化改革，从体制机制层面提出建议 服务国资国企改革，对6个国企进行审计，推进战略重组、风险管控；服务“放管服”改革，调查106个企业涉企收费情况，促进优化营商环境；服务生态文明体制改革，持续开展大气、水污染防治审计，开展15名领导干部自然资源资产离任审计试点，推进制度建设；服务教育、医疗、社保等民生和社会领域改革，连续5年开展保障性安居工程审计，促进保障和改善民生。审计中，严格遵循“三个区分开来”，让审计评价更加准确客观。全年提出审计建议399条，被采纳314条，促进完善制度101项。北京市审计局代表中国审计机关参加上合组织医疗卫生审计研讨会，展示中国医疗卫生审计成果。

规范权力运行，查处重大违纪违法问题 在审计中关注执行中央八项规定情况，关注资金分配、重大项目建设、银行贷款和资本运作、国有股权转让等重点领域关键环节，促进廉政建设。围绕加强对权力的制约和监督，对21名局级领导干部开展经济责任审计，推进履职尽责。共向纪检监察等部门移送违法违纪问题线索34件，涉及198人；按照要求，先后13次向市委巡视办提供审计结果。

加强改革创新，推进审计改革任务落实 推进公共资金、国有资产、国有资源、领导干部履行经济责任情况审计全覆盖；加强对区审计局的领导，首次审核区级年度审计项目计划；开展人财物管理调研，强化对审计管理体制改革的统筹谋划；建立审计整改联席会议制度，开展经济责任审计整改联合督查，审计工作报告涉及的409个具体整改事项，97%已整改；推进审计结果运用，首次向市财政局发函通报预算执行审计情况，促进完善预算管理等制度，经济责任审计结果纳入市委组织部干部管理监督综合查询系统。

加强队伍建设，落实全面从严治党要求 坚决维护以习近平同志为核心的党中央权威和集中统一领导，严守政治纪律政治规矩。深入推进“两学一做”学习教育常态化制度化，抓好“两贯彻一落实”。学习宣传贯彻党的十九大精神，开展多形式、全覆盖的学习宣传教育。切实落实两个责任，坚持把党建工作与业务工作同部署、同落实、同检查、同考核。坚持把纪律挺在前面，严格执行中央八项规定精神，驰而不息纠正四风。加强队伍建设，打造审计铁军。

信息化建设 全面推广应用北京审计信息管理系统，实现审计项目全过程数字化管理。依托北京市电子政务外网，建成北京市审计机关视频会商系统（标清），为实现审计署、市审计局、区审计局三级审计机关的业务会商、视频会议、远程教育培训等，提供方便快捷的视频会商平台。北京市审计局提出“凡是具备计算机审计条件的审计项目，都要应用审计署现场审计实施系统”的要求，审计署现场审计实施系统应用率达到100%。

内部审计 加快推进内部审计政府立法进程，《北京市内部审计规定》于6月通过市政府法制办立项论证，纳入市政府立法计划安排。落实内部审计指导监督长效机制，制定《2017年内部审计指导工作的要点》。推进内部审计整改，面向全市党政机关和国有企事业单位制定发布《关于进一步加强内部审计整改工作的指导意见》。探索内部审计质量工作检查。强化针对性指导和服务，以“内部审计立法”“内管干部经济责任审计”“内部审计信息化、规范化建设”等内容为主题深入内部审计单位开展业务指导。着力提高职业素质，开展各类业务培训11期，覆盖内部审计人员2000余人。

（撰稿人：孙　波）

【东城区审计局】 2017年，东城区审计局人员编制72人，其中公务员编制62人、机关工勤编制3人、事业人员编制7人；实有69人。党组书记、局长侯立华，副局长李辉良、刘立新、田熙娟。设有办公室、人事科、监察科（—7月）、综合科、复核法制科、信息管理办公室、内部审计指导科、固定资产投资审计科、经贸审计科、行政事业审计科、财政审计科、街道财政审计科、社保环保审计科、经济责任审计科等14个科室和东城区审计事务中心1个事业单位。

审计成果 2017年，东城区审计局完成审计项目60个。审计查出主要问题金额30926万元，其中违规金额717万元、管理不规范金额30209万元。出具审计报告和专项审计调查报告118篇，审计报告得到领导批示35篇次。提出审计建议124条，被采纳审计建议82条，被审计单位制定整改措施116项，健全规章制度8项；提交审计信息174篇。向社会公告审计结果19篇。

信息管理办公室与社会保障审计科人员共同撰写的《房屋管理局廉租补贴系统计算机审计案例》和信息管理办公室与行政事业审计科人员共同撰写的《教育委员会单位项目资金使用效率和采购项目固定资产完整性计算机审计案例》在北

京市审计机关2017年度计算机案例审计评选中分别获得应用奖和鼓励奖。

国家重大政策措施落实情况跟踪审计 按照审计署和市审计局统一部署，完成4个保障房工程跟踪审计项目、2017年度重大政策措施落实情况跟踪审计项目。以疏解整治促提升十大专项行动为引领，以审计在国家治理中发挥的作用来推动国家重大决策部署落实。

财政审计 完成东城区2017年度区级预算执行和其他财政收支审计项目、区教委等18个部门预算执行情况和其他财政收支情况审计项目，查出管理不规范金额7796万元、违规金额717万元。首次对区机关事务管理中心代管的41个单位直接进行审计。

经济责任审计 接受区委组织部委托，完成29个单位31名领导干部经济责任审计。查出管理不规范金额18935万元。通过将任中审计与离任审计相结合，不断深化审计内容，坚持对重点内容和问题审深、审透。

固定资产投资审计 开展4项政府重大投资项目跟踪审计，查出管理不规范金额4195万元。审计做到提前介入、过程监督、及时预警、督促整改，进一步规范政府投资行为。

专项资金审计调查 完成4个专项资金管理使用情况的审计调查。通过审计调查，实现从源头上进行防控，促进资金使用合法合规，发挥实效。

相关工作 加强对审计干部的培养，制订年度教育培训计划，建设高素质专业化审计干部队伍。建立并完善中介事务所专业库以及第三方参与审计的相关制度，有效弥补审计人力不足。审计结果公开工作取得新的进展，大财政报告和审计整改落实情况报告公开，审计处罚事项公开，专项审计调查报告公开。

内部审计 组织39个一级预算单位和15个街道办事处的内部审计机构，对2017年度预算执行和决算草案情况进行自查自纠并出具报告。举办区国有企业内部审计人员岗位培训班和内部审计工作交流会，区属国有一、二级企业主管领导和内部审计干部120余人参加培训。

（撰稿人：吴　兰）

【西城区审计局】 2017年，西城区审计局人员编制64人，实有64人。局长佟丽萍（—7月）、涂云国（7月—），副局长耿兵、周春青、张博威、朱岩，调研员赵敬书，副调研员姜宏杰。设有综合办公室、财政金融审计科、固定资产投资审计科、经济责任审计科、科教文体审计科、行政事业审计科、内部审计指导科、社保经贸审计科等16个科室。

审计成果 2017年，西城区审计局完成审计项目46个。查出违规和管理不规范金额23.1亿元，核减工程款0.64亿元，审计处理决定应上缴财政金额0.31亿元。审计提出建议153条，被采纳153条；促进被审计单位制定、完善规章制度36项；提交审计信息213篇。向社会公告审计结果21篇。

国家重大政策措施落实情况跟踪审计 结合全区重点工作，对“疏解整治促提升”专项行动开展情况进行审计，及时反映经验成效，推动相关政策落实到位。按照《关于对2016年西城区京津冀协同发展任务开展专项督查的工作方案》，审查项目进度、实施环节、资金配套及使用，对承担任务的部门逐项核实交办任务完成情况，发现工作中遇到的难点和资金保障问题，分析原因，提出对策建议。

财政审计 开展2016年度区财政局区本级预算执行和19个区级部门预算执行审计项目，推进部门预算执行审计全覆盖。审计中统筹利用审计力量，对重点内容、发现问题、定性处理三方面的统一管理，实现审计工作整体效能最大化。实施联网审计，对区财政局和19个部门的财务数据进行综合审计分析，提高审计效率。

经济责任审计 对14名处级领导干部开展经济责任审计，围绕领导干部履行经济责任的“权利运行”和“责任落实”，制订经济责任审计工作方案，统一问题定性、处理处罚口径及报告格式，实现统筹开展，整体推进。加强联席会议成员单位之间的协作，找准衔接点，审前共商、审中协作、审后运用，密切配合。制定颁布实施《北京市西城区处级领导干部离任经济事项交接办法（试行）》，按照领导干部自然资源资产离任审计有关规定，结合区委区政府印发的《西城区全面推行河长制工作方案》，在对4个街道的审计项目中，首次增加审查河湖管理保护情况的内容。

固定资产投资审计 重点对校舍改造、老旧小区整治、平房修缮、微循环道路等政府投资项目开展审计。审计中关注项目审批、招投标、合同审核、现场管理、造价控制、资金财务等，注重发现项目管理上的薄弱环节。

民生资金（项目）审计 开展对住房保障、文化教育、医疗卫生等涉及民生的专项资金审计。对区属5家三级医院财务管理、生活性服务业发展建设资金管理、区属示范中学运行资金管理、道路清扫保洁资金管理等专项审计调查。在对保障性安居工程的审计中，从分析工程总体情况入手，检查资金筹集、管理和使用情况，保障性住房分配及管理情况，全面揭示问题，促进部署要求全面落实。

内部审计 对资金量大、下属单位较多的教委系统、卫生系统、国资系统、环卫系统报送的经济责任审计成果及下年计划进行分析，转化和借鉴内部审计结果，推动经济责任审计全覆盖落到实处。与部分单位就内部经济责任审计工作进行座谈，帮助其对下属单位开展经济责任审计工作。抽调专职内部审计人员参加区审计局项目，通过“以审代训”的方式，提升内部审计人员业务实操能力。开展优秀内部审计案例评比，组织常务理事单位现场进行专题培训交流和观摩学习，拓宽内部审计人员工作思路。区教委审计科被中国内部审计协会评为2014年至2016年全国内部审计先进集体。

（撰稿人：宋　楠）

【朝阳区审计局】 2017年，朝阳区审计局人员编制86人，实有72人。局长田峡（—2月）、战春燕（2月—），党组书记于良佐（4月—），副局长苗洪（—6月）、杜云超（—5月）、于良佐（4月—）、文晓辉、付秀莲、石磊（8月—），总审计师韩淑文，纪检组长张福祥（—6月），副调研员王信增、尹建华。设有办公室、综合科、法制科、信息化办公室、财政金融审计科、行政事业审计科、经济责任审计科、经济责任审计指导科、固定资产投资审计一科、固定资产投资审计二科、经贸审计科；下设审计指导中心（事业单位）。

审计成果 2017年，朝阳区审计局完成审计项目43个。查出问题金额13.89亿元，其中违规金额0.49亿元、管理不规范金额13.4亿元；审计发现非金额计量问题161个。出具审计报告和专项审计调查报告50篇。被批示50篇。提出审计建议279条，被采纳279条；提交审计信息133篇，被采用140篇次。向社会公告审计结果17篇。

朝阳区审计局2个项目分别被评为北京市审计机关优秀审计项目、表彰审计项目；1个案例入选审计署计算机中级水平考试案例素材库，4个审计项目的计算机应用案例获北京市审计局表彰。

国家重大政策措施落实情况跟踪审计 开展“疏解整治促提升”等政策落实情况跟踪审计，对“疏解整治促提升”专项行动的部署、推进进度和实施效果情况、相关资金到位等情况进行检查。

财政审计 对朝阳区财政局、朝阳区地税局等18个单位开展预算执行审计，对全口径预算、决算草案编制、财政存量资金、政府性债务、重点预算支出和大额专项资金进行检查。

经济责任审计 完成11个单位18名领导干部的经济责任审计，并同步开展4个地区办事处领导干部自然资源资产离任审计。

固定资产投资审计 完成2013年和2014年防汛工程、综合全民健身活动中心等6个建设项目的决算审计。

民生资金（项目）审计 完成怀柔区保障性安居工程跟踪审计和朝阳区新型农村合作医疗基金账户收入、支出和结余情况等审计项目。

企业审计 完成朝阳公园开发经营公司2014年至2016年运营情况等3个企业审计项目。

专项资金审计 完成2016年“煤改电”项目实施情况、朝阳区2015年至2016年文化创意产业发展引导资金管理使用情况、自然资源资产等5项专项审计调查。

内部审计 北京市内部审计协会和高校合作，共举办2期业务培训班，累计组织300余人次参加培训。

（撰稿人：靳　鑫）

【丰台区审计局】 2017年，丰台区审计局人员编制62人，实有56人。局长陈燃，副局长刘月梅、刘海梅，总审计师郭凤芝，副调研员田胜民。设有办公室、人事监察科、综合科、行政事业审计科、财政金融审计科、固定资产投资审计科、经济责任审计一科、经济责任审计二科、内部审计指导科、经贸社保审计科、农林环保审计科等11个科室；下设事业园区审计办事处（事业单位）。

审计成果 2017年，丰台区审计局完成审计项目65个。查出主要问题金额414391万元，其中违规金额367万元、损失浪费金额1万元、管理不规范金额414023万元；审计发现非金额计量问题98个；损益（收支）不实金额17万元；出具审计报告和专项审计调查报告57篇。审计处理处罚金额4624万元，其中应上缴财政1152万元、应缴纳其他资金2884万元、应调账处理金额588万元；审计促进整改落实有关问题资金6166万元，其中增收节支1323万元、已调账处理金额485万元，审计促进拨付资金到位900万元，审计后挽回（避免）损失378万元；移送司法机关、纪检监察机关和有关部门处理事项1件，涉及金额63万元。审计提出建议198条，被采纳182条；提交审计信息86篇，被批示、采用72篇。向社会公告审计结果14篇。

国家重大政策措施落实情况跟踪审计 围绕推进京津冀协同发展，以疏解非首都功能为重点，对“疏解整治促提升”专项行动的部署推进情况开展重大政策跟踪审计。

财政审计 对丰台区2016年度本级预算执行情况和14个区级部门预算执行情况开展审计，并将部门预算执行审计结果全部公开。

固定资产投资审计 开展王佐镇北湖输变电站和区属污水处理厂污泥处置等项目的工程结算审计，揭示工程监管不到位、资金使用违反规定和使用效益不高等问题。

经济责任审计 开展领导干部经济责任审计项目35个，并发布《丰台区党政主要领导干部离任交接经济责任事项核查办法》，实现经济责任精细化审计。向区纪委移送案件线索1件。

专项审计调查 对丰台区5个乡镇1个地区办事处开展农村专项审计调查，审计重点涵盖乡及村“三套班子”履职的规范性、集体经济组织管理规范性以及城乡一体化发展的可持续性等相关情况。

民生资金（项目）审计 开展保障性安居工程跟踪审计，推动安居工程政策落地，维护人民群众住房权益。开展丽泽中学财务收支审计，反映学校在财务管理、合同管理和项目专项管理方面存在的问题。

农业与资源环保审计 开展丰台区自然资源资产审计调查和卢沟桥乡领导干部自然资源资产离任审计，揭示资源环境领域存在的突出问题。

信息化建设 构建联网审计室，成立数据分析小组，获取财政指标、国库集中支付、政府采购等7个业务系统数据及各部门财务数据，实现财政业务系统实时审查，探索预算执行审计提前介入。

相关工作 丰台区审计局在区委年度党建工作检查考核中名列前茅，在区纪委监委组织的年度党风廉政责任制工作检查考核中获得满分。

内部审计 组织区属单位内部审计人员参加新常态下的内部审计、经济责任审计业务培训。完成对西罗园办事处等3个单位的内部审计培训。收集内部审计理论研讨论文8篇，参与北京市内部审计协会组织的评选。 （撰稿人：张 华）

【石景山区审计局】 2017年，石景山区审计局有公务员编制35人、事业人员编制12人、工勤编制1人；实有公务员34人、事业人员8人、工勤人员1人。局长王亚兰，副局长庞晨潮、张凯、马岩（6月—）、温建芳（挂职，12月—），副处级调研员李秀福。设有办公室（主体责任办公室）、审计综合科（信息管理科）、财政金融审计科、固定资产投资审计科、经济贸易审计科、行政事业审计科、经济责任审计科等7个科室，下设石景山区审计指导中心和石景山区审计局经济责任审计中心2个事业单位。

审计成果 2017年，石景山区审计局开展各类审计项目99个。查出管理不规范金额69924万元；出具的26篇审计报告和2篇审计专报被区领导批示。提出审计建议150条；提交信息107篇，被市、区信息主管部门采用；实施审计处罚1项。

石景山区广播电视中心2015年度预算执行和决算草案审计、石景山区教育委员会2013年1月至2016年6月采购资金管理使用专项审计调查2个项目获北京市审计局表彰。

国家重大政策措施落实情况跟踪审计 围绕推进京津冀协同发展，以疏解非首都功能为重点，全过程跟踪审计“疏解整治促提升”专项行动。按照石景山区基本无违建的工作目标，重点关注违法建设拆除专项行动情况、有无拖欠农民工工资等情况。

财政审计 开展区级财政预算执行审计以及区发改委等13个部门的预算执行审计，集中全局计算机骨干全面分析区级财政数据，区级与部门预算审计上下联动开展审计。公开全部13个部门预算执行审计结果，开展水资源审计调查，并将结果对外公开。

经济责任审计 对石景山游乐园、石景山医院、区机关行政管理处3个单位的4名处级领导干部开展任期经济责任审计。其中，对石景山医院的党政领导同步开展自然资源资产审计，重点审计2014年1月至2017年6月石景山医院污水处理、医疗垃圾管理、能源管理使用情况等，首次对领导干部任职期间履行自然资源资产管理和生态环境保护责任进行客观评价。

固定资产投资审计 开展重点建设项目跟踪审计项目74个。对北辛安棚户区改造、保险产业园等重点项目持续进行审计监督，审结完成13项，核减工程造价49579万元。开展2014年至2017年6月石景山区道路维修资金审计调查；对中心城区老旧小区综合整治、中心城区重点区域整治提升等相关行动制订审计工作方案并稳步实施。

专项资金审计 围绕石景山区委、区政府中心工作，开展6个专项审计调查，涉及养老、公车改革、道路维修、街道财力、校园文化、服务群众经费等方面。重点关注政策落实、资金使用绩效、人民群众受益情况，就完善制度、规范管理提出可行性建议。

信息化建设 改进和完善办公系统内现有流程；进一步挖掘现场审计实施系统潜在功能。对石景山游乐园业务系统、石景山医院信息管理系统、区财政局财务集中核算系统的数据结构进行调查研究，为开展数据审计奠定基础。

相关工作 扎实开展“两学一做”常态化制度化专题教育、“两贯彻一落实”教育及党的十九大精神专题学习教育；制定石景山区审计局党支部“1+9”组织生活会制度，规范党内政治生活秩序；严格落实工作纪实制度，履行从严治党主体责任。起草石景山区《关于进一步加强审计整改工作的意见》并由区委办、区政府办印发，建立完善“对账销号”等整改工作机制。信息工作连续10年被评为市审计机关信息工作优秀单位；连续20年被评为首都文明单位，在区政府2017年度绩效考评中被评为优秀等级。

内部审计 发布2017年石景山区内部审计工作要点。采取“以审代训、审训结合”的方式抽调3名内部审计骨干参与预算执行审计。对全区28个委办局和9个街道近60名主要领导、主管领导进行审计相关工作培训。 （撰稿人：王　鑫）

【海淀区审计局】 2017年，海淀区审计局有公务员编制57人、机关工勤编制2人、事业人员编制9人；实有61人。党组书记、局长王彩霞，副局长段敬德、薛为民、苏立杨，总审计师蔡文，纪检组长曹建平（—12月），处级领导邬斌锋（12月—）。设有办公室、人事科（监察科）、行政科、财政金融审计科、行政事业审计科、经济贸易审计科、经济责任审计科、固定资产投资审计一科、固定资产投资审计二科、审计项目复核科、审计督察科等11个职能科（室）和海淀审计信息中心（事业单位）。

审计成果 2017年，海淀区审计局组织开展审计及专项审计调查项目33个。查出问题金额1586307万元，其中管理不规范金额1586307万元；审计发现非金额计量问题56个；审计期间整改金额55947万元；出具审计报告和专项审计调查报告34篇。提出审计建议104条，被采纳73条，被审计单位制定整改措施37项，促进建立健全规章制度7项；提交审计专题、综合性报告和信息简报139篇，被批示采用审计信息92篇。向社会公告审计结果及整改情况17项。

北京市海淀区养老机构建设管理运营情况专项审计调查被北京市审计局评为区（级）审计局优秀审计项目。数据分析与地理信息系统相结合开展国有企业自然资源资产离任审计计算机审计案例、利用联网审计系统查证违规发放资金的审计案例分别获北京市审计局计算机案例评选优秀奖、鼓励奖。

国家重大政策措施落实情况跟踪审计 聚焦海淀区“疏解整治促提升”专项行动情况，按季度开展4个阶段的政策措施落实情况跟踪审计，对违法建设拆除等10项市级专项任务及2项海淀区自加任务完成情况进行审计。

财政审计 加大推进区本级政府全口径预算的全覆盖监督，将公共财政预算、政府性基金预算、国有资本经营预算全部纳入审计范围，实现全口径预算监督全覆盖。同时，按照不低于区属一级预算部门20%覆盖面的要求，检查16个单位预算执行效果和存量资金管理使用情况，加强对贯彻中央八项规定精神和国务院“约法三章”情况的审计。

经济责任审计 受区委组织部委托，根据区经济责任领导小组议定的年度计划，对10个区属行政事业单位和国有企业15名主要领导人员开展任中和离任经济责任审计，重点审查领导干部贯彻执行经济法律法规、市区重大决策部署落实情况、遵守廉洁从政规定、“三公”经费等行政成本支出和厉行节约情况。对温泉镇主要领导干部开展自然资源资产离任审计，审计中利用谷歌地球、GIS等工具，为利用影像资料开展资源审计积累经验。

民生资金（项目）审计 组织开展棚户区改造等460余个项目的跟踪审计和竣工决算审计，关注建设程序履行、招标投标管理、土地利用和征地拆迁、概预算控制等情况，纠正基本建设程序和资金使用方面的问题，促进投资项目规范管理、资金安全使用。在2016年摸清底数基础上，开展水资源审计。以水资源管理和利用、河道治理工程、污水处理和水环境改善以及相关资金使用的合规性为重点开展审计调查，促进水环境治理资金使用效益提高，推动水环境治理体制机制完善，助推水环境质量改善。

专项资金审计 完成区人大交办的区教委基本建设、修缮、安防专项资金管理使用情况的专题询问审计工作，重点审计修缮、安防项目138个，涉及资金总额2.6亿元，延伸40个项目实施单位，发现和剖析项目在申报、审批、基本建设程序履行等环节的问题及成因。对工业公司、中海投2个区属国有企业开展审计，关注结构调整和风险管控情况，审查企业资产负债损益的真实、合法、效益。

内部审计 指导内部审计机构适应形势变化，拓展任务，发挥内部审计职能。出台《海淀区2017年内部审计工作的指导意见》。组织召开北京市海淀区内部审计协会2017年内部审计交流培训会、海淀区内部审计协会与海淀区卫生计生委系统业务交流会，组织会员单位参加北京市内部审计协会举办的专题培训，参加培训120人次。

（撰稿人：乔　捷）

【门头沟区审计局】 2017年，门头沟区审计局公务员编制31人，实有29人；机关工勤编制1人，实有1人。局长王培训，副局长吴海臣（—9月）、邢世悦、张胜、王青。设有经济责任审计科、行政事业审计科、固定资产投资审计科、经贸审计科、财政金融审计科、人事教育监察科、综合法制科、办公室；下设事业单位门头沟区审计指导服务中心，编制13人，实有4人。

审计成果 2017年，门头沟区审计局共完成审计和审计调查项目41个。查出管理不规范金额445399万元，提出审计建议137条。

财政审计 完成预算审计项目18个，查出管理不规范金额392529万元；提出审计建议67条。以“数据分析前移”推进预算执行审计合理布局，打造重点明确、全面覆盖的预算执行审计总体框架。审计中，深化对落实财政管理改革措施情况的监督，关注重大财政制度的执行结果和效果；深化对全口径预算管理情况的监督，关注总体预算编制的完整性和管理情况；深化对区域存量资金管理和使用情况的监督，关注存量资金清理的效果；深化对部门预算编制和执行情况的监督，关注部门资金、资产的使用效果。

经济责任审计 完成对23个单位的领导干部的审计，查出管理不规范金额52869万元，提出审计建议70条。审计中重点关注领导干部廉洁自律情况，以领导干部权力运行为主线，揭示和反映不作为、慢作为、乱作为问题。选择王平镇领导干部离任审计作为自然资源离任审计试点项目，对该镇从矿区转型为商务会议健康养生小镇后的自然资源资产和环境保护责任情况进行检查。

（撰稿人：刘皓楠）

【房山区审计局】 2017年，房山区审计局人员编制54人，实有50人。局长马俊怀，党组书记陈建民，副局长李亮、范江梅、刘志勇、隗永强，总审计师许春成，纪检组长姜品英（—7月）。设有人事教育科、综合科、农业环保审计科、工商基建审计科、行政财政审计科、干部经济责任审计科和办公室、内部审计指导中心。

审计成果 2017年，房山区审计局完成审计项目57个，专项审计调查项目10个。查出主要问题金额1633891万元；出具审计报告和专项审计调查报告98篇。审计处理处罚中应上缴财政4458万元、应减少财政拨款或补贴196191万元、应归还原渠道资金1465万元、应调账处理金额1040万元；移送纪检监察机关处理事项1件。审计提出建议175条；提交审计信息24篇。向社会公告审计结果14篇。

国家重大政策措施落实情况跟踪审计 围绕推进京津冀协同发展，以“疏解整治促提升”为重点，开展各专项行动推进和落实情况的跟踪审计。重点审计财政资金到位、使用和结存情况，对3个进展缓慢的市级重点项目进行督促。

财政审计 对2016年度预算执行及其他财政收支情况开展审计，审计资金量624.16亿元，提出审计建议30余条。区审计局30余人组成11个审计组，对部分区直单位进行部门预算执行情况审计，揭示部分单位超预算支出、决算编制不准确、部分单位固定资产及财务管理不规范等问题。同时，对11个部门预算涉及的问题，实行挂账销账制度，把审计整改工作落到实处。

经济责任审计 对12名处级领导干部开展经济责任审计。审计资金量9.80亿元，查出相关单位违规金额74.22万元、管理不规范金额6617.95万元，查出并收回应缴财政及税收金额243.29万元，提出审计建议18条。对大石窝镇党政领导干部自然资源资产及经济责任履职情况开展离任审计，在走访园林、国土、水务等部门的基础上，摸清大石窝镇自然资源整体情况，关注重点项目、重大决策事项对资源环境的影响，界定相关领导干部在自然资源资产监督管理、保护、利用和资金使用等工作的责任。

民生资金（项目）审计 完成对房山区燃煤锅炉清洁能源改造工程审计，重点关注燃煤锅炉项目改造资金投入管理及使用情况，通过审计发现管理不规范金额14915.10万元，提出审计建议2条，并公开审计结果。派员参加审计署2016年保障性安居工程跟踪审计项目的有关工作。

农业与资源环保审计 完成平原造林工程建设专项资金审计，重点关注审计发现的问题和建议的整改和落实情况，项目资金的拨付和使用情况，提出审计建议2条，督促被审计单位完成审计发现问题的整改，公开审计结果。

相关工作 深刻领悟十九大“不忘初心、牢记使命”的主题，树立党员干部坚定的理想信念，开展“新时代开启新征程，新思想引领新房山”主题党日活动，组织全体机关干部参观“砥砺奋进的五年”大型成就展和北京市审计陈列馆，进一步增强党员干部“四个意识”，坚定“四个自信”。开展打造以“忠诚之心”的审计人、“刚正之脊”的审计人、“抓铁之功”的审计人和“金刚之身”的审计人的“四有审计人”为主题的教育活动，打造审计机关自身建设品牌。分两次组织完成对40个社会专业机构联合体参与房山区政府投资建设项目审计资格的公开招标采购及聘用协议签订工作，对685名拟参与审计的社会中介机构人员进行岗前业务培训。加大审计成果公开力度，将2016年度预算执行审计查出问题整改情况以及10个部门预算执行、2个政府投资和2个专项资金审计结果在网上公开，接受社会的监督。

内部审计 区审计局报送的《新常态下做好内部审计工作的思考》论文荣获北京市内部审计协会内部审计理论研讨三等奖。房山区审计局、区国资委联合举办国资系统企事业单位培训班，27个企事业单位负责人、班子成员、财务主管、审计及财务人员共191人参加培训。召开有各乡镇、街道办事处内部审计机构负责人参加的乡镇内部审计整改工作交流会。（撰稿人：李晓鹏）

【通州区审计局】 2017年，通州区审计局人员编制53人，实有50人。局长周东振，副局长黄海青、梁红梅、梁萍、彭凯泉，副调研员唐传军、姜东升。设有财政金融审计科、行政事业审计科、经贸投资审计科、经济责任审计科、办公室、人事教育科、内部审计指导科、综合指导科；下设专项审计中心（事业单位）。

审计成果 2017年，通州区审计局完成审计项目29个，专项审计调查项目5个。查出主要问题金额28573万元，其中违规金额8029万元、管理不规范金额20544万元；审计发现非金额计量问题31个；出具审计报告和专项审计调查报告43篇。审计处理处罚金额8029万元，其中应上缴财政8027万元、应调账处理金额1万元；审计促进整改落实有关问题金额5366万元；审计促进拨付资金到位5833万元。审计提出建议62条；促进被审计单位制定、完善规章制度2项；提交审计信息145篇，被批示、采用91篇。

国家重大政策措施落实情况跟踪审计 按季度开展重大政策措施落实情况跟踪审计。围绕推进京津冀协同发展，对通州区“疏解整治促提升”专项行动的部署情况、专项行动相关内容的推进进度和实施效果、以前年度政策落实跟踪审计发现问题的整改等情况进行审计。

财政审计 开展区财政局具体组织预算执行情况审计，以及区教委、区卫生计生委等15个区级部门预算执行和决算草案审计。对区政府临时交办的对区财政局委托的25个财政借款项目进行专项审计调查。

经济责任审计 完成7名领导干部经济责任审计项目，开展于家务乡领导干部自然资源资产离任审计试点，对其范围内的水资源资产和大气污染防治管理等情况进行试点审计。

固定资产投资审计 开展政府投资项目149个，包括土地一级开发和棚户区改造项目30个，安置房建设项目16个，其他重点工程建设项目97个、征地拆迁项目5个及房屋征收项目1个。

企业审计 围绕国有企业贯彻执行经济政策和决策部署、企业重大决策和内部管理、财务管理和会计核算等情况，对北京市通州市政工程公司2016年度资产负债损益情况进行审计。

专项资金审计 完成通州区园林绿化局关于完善绿化隔离地区和“五河十路”绿色通道生态林用地及管护政策情况专项审计调查等5个专项审计调查项目。

内部审计 内部审计机构全年共完成审计项目1878个，审计总金额474117万元，提出建议意见被采纳944条。（撰稿人：付立志）

【顺义区审计局】 2017年，顺义区审计局人员编制54人，实有52人。局长范士永，副局长西连仲、绳桂华、侯健，副处级调研员惠芳、田学光、肖建民。设有办公室、综合业务科、财政金融审计科、行政事业审计科、经济贸易审计科、经济责任审计科、固定资产投资审计科、社会保障审计科；下设顺义区内部审计指导所（事业单位）。

审计成果 2017年，顺义区审计局完成审计项目94个。查出主要问题金额202647.66万元，其中违规金额6840.45万元、管理不规范金额195807.21万元；审计发现非金额计量问题74个；出具审计报告和审计结果报告157篇，被批示、采用8篇。审计处理处罚金额52654.26万元，其中应上缴财政6748.78万元、应减少财政拨款或补贴391.50万元、应归还原渠道资金3698.04万元、应缴纳其他资金83.94万元、应调账处理金额41732万元。审计促进整改落实有关问题金额51319万元。审计提出建议143条，被采纳77条；推动被审计单位制定整改措施37项；促进被审计单位制定、完善规章制度6项；提交审计信息67篇，被批示、采用8篇。向社会公告审计结果30篇。

国家重大政策措施落实情况跟踪审计 围绕推进京津冀协同发展，以疏解非首都功能为重点，对“疏解整治促提升”专项行动的部署推进情况进行跟踪审计。重点审计各项工作内容的落实情况，关注占道经营、无证无照经营和“开墙打洞”行为的整治情况，疏解一般制造业和“散乱污”企业治理情况等。

财政审计 对2016年度本级预算执行和其他财政收支情况审计以及部门预算执行情况进行审计，并对国有资本经营预算支出、新型农村合作医疗基金使用情况、2016年度农村连村路路灯项目资金使用情况、老年餐桌项目资金使用及运营情况进行延伸。实现全口径预算审计，部门预算审计覆盖面达到31.52%，完成五年内部审计覆盖所有区级一级预算部门的任务。审计查出管理不规范金额48822.53万元、违规金额2823.93万元。

经济责任审计 完成62名处级领导干部的经济责任审计，实现“去库存、零结转”的目标。审计发现的主要问题集中在非税收入未上缴、未按要求执行政府采购程序、内部控制有待加强等方面，共查出管理不规范金额146927.47万元、违规金额4016.52万元。开展大气资源资产离任审计的试点工作，重点关注大气污染防治相关约束性指标、目标责任制完成情况、清洁空气整治行动执行及资金管理情况等。

固定资产投资审计 对农村地区取暖“煤改电”项目、电量饱和村庄“煤改气”工程进行跟踪审计，加强“无煤化”资金审计监督和廉政风险防控。对养殖业退出项目补偿资金管理使用情况进行跟踪审计，对黑臭水体治理工程、顺义新城牛栏山再生水厂一期工程进行跟踪审计，进一步加强对工程项目建设的监督。

相关工作 深入推进全面从严治党，成立党建工作领导小组，制定党建工作要点，夯实党建主体责任，形成党组书记负总责、分管领导分工负责、党支部推进落实、科室协调配合的党建工作格局，以党支部规范化建设为抓手，推进“两学一做”学习教育常态化制度化，在顺义区党建绩效考核中被评为“优秀”等次。明确党风廉政建设工作任务，逐级明确责任，形成明责、督责、追责的完整链条。在顺义区党风廉政建设责任制检查考核中得分高于平均分。

出台《顺义区审计局登记报告干预审计工作行为管理办法（试行）》，退出各类日常议事协调机构，约束审计人员履职行为，确保依法独立行使审计监督权。开展内部控制规范建设工作，健全完善“三重一大”事项集体决策、印章管理等制度，规范会议制度，局党组会议、局长办公会议均明文印发会议纪要，进一步提升内部管理水平。

内部审计 根据顺义区委组织部的有关规定，11月顺义区内部审计协会申请注销，其职责由区审计局内部审计指导所履行。全年培训内部审计人员157人次，内部审计人员参加网络后续教育

452 人次，累计 8492 学时。

（撰稿人：王一康　郑彩侠）

【昌平区审计局】　2017 年，昌平区审计局公务员编制 31 人、机关工勤编制 5 人、事业人员编制 19 人，实有 50 人。局长陈玉起（—8 月）、秦建柱（8 月—），副局长张爱平、刘会春、田希玲、王立军（—7 月）、王文（7 月—），纪检组长孙仲国（—7 月）。设有办公室、综合法制科、经济责任审计科、财政金融审计科、农林行政文教审计科、经贸审计科、固定资产投资审计科 7 个科室；下设重点工程审计中心和内部审计指导所 2 个事业单位。

审计成果　2017 年，昌平区审计局完成审计项目 92 个。查出问题金额 22371 万元；出具审计报告和专项审计调查报告 92 篇，被采纳审计建议 132 条；移送处理事项 2 件。提交审计信息 129 条，被采用 21 条。向社会公告审计结果 12 篇。

国家重大政策措施落实情况跟踪审计　重点对“疏解整治促提升”专项行动部署的推进情况按季度进行跟踪审计，专项行动涉及 10 个方面 22 项内容 11 个主责部门。对占道经营整治和直管公房清理管理延伸抽查。

财政审计　完成 2016 年度昌平区预算执行和其他财政收支情况审计，13 个单位的 2016 年度部门预算执行和决算草案审计。审计查出问题金额 4234 万元。在审查部门预算编制的科学性、完整性、合理性和预算执行的真实性、合规性与有效性等工作的同时，重心下移，加大对单位“三公”经费、项目支出等重点内容的审计力度，关注公车改革后车辆使用情况、政府购买服务合规性以及项目资金绩效等情况。

经济责任审计　受区委组织部委托，完成 14 名处级领导干部离任经济责任审计，查出问题金额 2697 万元。审计中紧紧围绕经济责任，将重点从财政财务收支向领导干部运行经济权力、履行经济责任方面转移，关注重大经济决策、重大建设项目、遵守法律法规等情况。

农业与资源环保审计　完成区园林绿化局森林资源资产离任审计。重点审查 2012 年 1 月至 2015 年 2 月期间，昌平区森林资源资产基本情况、贯彻落实国家及北京市关于生态文明建设的重大决策部署情况、遵守森林资源资产管理和生态环境保护法律法规等情况。

固定资产投资审计　完成政府投资审计项目 57 个。围绕昌平区 2015 年农村地区“减煤换煤、清洁空气”行动项目、2015 年为民办实事项目、2016 年农民住宅节能保温改造工程、医院病房楼改造工程等项目开展结算审计。送审金额 137922 万元，查出问题金额 15440 万元，核减金额 14318 万元。围绕全区重点民生保障工程、重点功能区建设等中心工作，区审计局组织指导中介审计机构对昌平区工业大院清退项目、阿苏卫循环经济产业园区周边村庄搬迁、未来科学城项目、平原造林等 89 个区域重点工程开展跟踪审计。

企业审计　完成对北京振邦承基开发建设有限公司 2013 年 7 月至 2015 年 12 月开发建设资金来源及使用情况的审计工作，提出审计建议 4 条。

内部审计　发挥内部审计协会“管理、服务、宣传、交流”的职能，加强对内部审计机构的日常指导，搭建交流平台，组织参加市内部审计协会组织的学习、交流活动，提升内部审计人员工作能力和水平。对全区 20 个镇街单位内部审计工作进行检查，重点摸清镇街基层单位内部审计队伍建设、制度建立、审计成果等情况。

（撰稿人：陈婷婷）

【大兴区审计局】　2017 年，大兴区审计局人员编制 59 人，实有 55 人。党组书记、局长李建国（—1 月）、瞿春生（2 月—），党组成员、副局长张强、于洁，党组成员、总审计师王亚男，党组成员、纪检组长刘刚（—10 月），调研员梁萍。设有人事教育科、财政金融审计科、行政事业审计科、企业经济审计科、经济责任审计科、投资审计科、内部审计指导科、审计综合科、办公室；下设内部审计指导所、审计事务管理中心（事业单位）。

审计成果　2017 年，大兴区审计局完成审计单位 52 个，其中审计项目 51 个，专项审计调查项目 1 个。查出主要问题金额 441304.54 万元，其中违规金额 4313.76 万元、管理不规范金额 436990.78 万元；审计发现非金额计量问题 24 个；损益（收支）不实金额 362 万元；出具审计报告和专项审计调查报告 66 篇，出具审计决定书 5 份。审计处理处罚金额 10175.25 万元，其中应上缴财政 2920.51 万元、应减少财政拨款或补贴 2.85 万元、应归还原渠道资金 1454.55 万元、应调账处理金额 5797.34 万元；审计促进整改落实有关问题金额 5550 万元；核减投资额 24524.81 万元。审计提出建议 58 条，被采纳 58 条；提交审计信息172篇，被采用79篇。向社会公告审计结果15篇。

财政审计 完成大兴区财政局开展具体组织本级预算执行和其他财政收支情况审计、区交通局等14个单位开展部门预算执行情况审计、平原造林专项资金管理使用情况进行审计、大气污染防治专项资金绩效进行审计调查。查出违规金额2113.63万元、管理不规范金额419796.83万元，向社会发布审计公告15篇。通过政府信息公开网站和审计局网站向社会公告审计结果和审计调查结果。

固定资产投资审计 以规范政府投资管理、提高投资效益、促进宏观投资政策的落实为目标，坚持促进投资领域“依法规范、优质高效、廉洁透明”的工作思路，全年完成审计项目29个，查出管理不规范金额11203.94万元，核减投资额24524.81万元。

经济责任审计 与大兴区委组织部共同拟定《北京市大兴区本级主要领导干部（人员）经济责任审计轮审暂行办法》，为推动经济责任审计全覆盖，探索措施、方式和方法。完成6个单位10名领导干部的经济责任审计，查出违规金额2200.13万元、管理不规范金额5990.01万元。

审计科研 李艾力等5人撰写的《基层审计机关重大政策措施落实跟踪审计探讨》，郭爽撰写的《从审计处罚的法律适用冲突看法治政府建设》，李宝柱撰写的《中小河道治理工程跟踪审计经验及做法》分别荣获北京审计学会“审计制度的创新与发展”征文活动二、三等奖。

内部审计 大兴区内部审计机构完成审计项目1098个，其中财务收支审计404个、效益审计164个、经济责任审计37个、内部控制评审59个、基本建设审计274个、其他审计160个；审计资金总额10784390.24万元；提出审计意见建议被采纳846条。（撰稿人：王　硕）

【怀柔区审计局】 2017年，怀柔区审计局行政编制27人，实有21人；事业编制31人，实有人员28人；工勤编制6人，实有3人；编外人员4人。党组书记、局长周榕立，党组副书记张艳萍，副局长张文龙、李建华、张红艳，调研员杨封伟、陈志林。设有办公室、综合科、财金科、行财科、固定资产审计科、农林科、社保科；下设内部审计业务指导所、经济责任审计事务所、计算机中心、审理中心等事业单位。

审计成果 2017年，怀柔区审计局完成审计项目50个。查出主要问题金额170688万元，其中违规金额628万元、管理不规范金额170060万元；出具审计报告和专项审计调查报告98篇。移送纪检和有关部门处理事项9件，涉及金额2296万元。审计促进整改落实金额4618万元，其中上缴国库2800万元、调账处理673万元、其他整改落实金额1145万元。审计提出建议375条，被审计单位采纳审计建议92条；推动被审计单位健全完善制度4项、制定整改措施2项；提交审计信息18篇，被批示、采用22篇次。向社会公告审计结果12篇。

国家重大政策措施落实情况跟踪审计 配合北京市审计局完成政策措施落实情况跟踪审计项目，抽调审计力量组成审计组，深入项目单位细致调查，出具审计报告上报北京市审计局。

财政审计 完成怀柔区本级部门预算执行及其他财政收支审计、13个部门单位预算执行及决算草案审计。查出主要问题金额107679万元，审计促进落实整改金额3334万元，提出审计建议89条，被审计单位采纳39条。针对一级预算单位预、决算编制不实，虚列预算支出，未按照规定使用公务卡结算，未按规定进行政府采购，非税收入未编入预算收入计划，扩大项目资金使用范围和改变资金用途，购置固定资产未能及时入账，处置固定资产未经相关部门审批等问题提出整改建议。

经济责任审计 完成经济责任审计项目36个，查出主要问题金额63009万元，提出合理化审计建议286条，被审计单位采纳53条。针对扩大项目支出范围，挤占调剂使用专项业务费，未按规定使用公务卡结算，超现金限额支出，不合规票据入账，固定资产不入账，未按规定进行政府采购，重点项目招投标不规范，重大事项未经党委会、党组会研究决定，非税收入未纳入预算管理等问题作出整改建议，对经济责任人给予正确的评价。

固定资产投资审计 开展政府委托重点建设项目同步跟踪审计。聘请中介机构对雁栖湖生态示范区供水工程项目、怀长路联络线（宽沟路口—石厂环岛段）改建工程项目、雁栖镇陈各庄村西南侧土地一级开发项目等57个重点建设项目实施同步跟踪审计。

专项审计调查 对桥梓镇、怀北镇等7个镇乡政府及企业公司债务情况进行专项审计调查，摸清截至2017年10月底政府债务余额情况。

党建工作 深入学习党的十九大报告精神，以习近平新时代中国特色社会主义思想武装头脑，深入开展“两学一做”学习教育活动，坚持问题导向，把全面从严治党引向深入；突出基层党组织功能，发挥“战斗堡垒”作用，坚持落实“三会一课”制度，全年共召开党课9次、支委会58次、党员大会51次，在全局党员干部中开展的“不忘初心　重温入党志愿书”主题系列党日活动，被区直机关工委评为“十佳主题党日”；落实全面从严治党主体责任，机关各党支部配齐纪检委员。

内部审计 召开怀柔区内部审计协会第三届第六次理事会大会，对2016年工作进行总结，对2017年工作进行部署。学习培训《北京市怀柔区2017年内部审计的指导意见》。

（撰稿人：于江明）

【平谷区审计局】 2017年，平谷区审计局人员编制52人，实有48人。党组书记、局长曹玉敏，副局长于长松、王海顺、梁景文，调研员秦东英，副调研员陈静梅。设有政办室、综合科、行政事业审计科、财政金融审计科、经贸投资审计科、经济责任审计科；下设北京市平谷区经济责任审计所和北京市平谷区项目投资审计中心两个事业单位。

审计成果 2017年，平谷区审计局共完成审计项目49个。查出主要问题金额889978.17万元，其中违规金额1759.99万元、管理不规范金额888218.17万元；损益（收支）不实金额250717.81万元；审计发现非金额计量问题99个；出具审计报告49篇。审计处理处罚金额9024.48万元，其中应上缴财政金额3359.91万元，应减少财政拨款或补贴5215.54万元，应归还原渠道资金103.4万元，应调账处理金额345.62万元；审计促进整改落实有关问题资金117262.46万元，其中增收节支9190.25万元、已上缴财政6119.56万元、已减少财政拨款或补贴2749.73万元、已归还原渠道资金320.96万元、已缴纳其他资金456.89万元、已调账处理金额107615.3万元；移送有关部门处理事项11件。提出审计建议264条，被采纳197条；推动完善规章制度4项；提交审计信息150篇，被采用审计信息30篇次。向社会公告审计结果15篇。

平谷区2014年度“优质煤替代、炉具更换和煤改电采暖设备”资金使用效益情况审计项目被评为2017年北京市审计机关表彰审计项目。

国家重大政策措施落实情况跟踪审计 按照“市区联动、分级实施”的组织方式，完成北京市“疏解整治促提升”专项行动推进情况跟踪审计，每季度向区政府和市审计局报告审计情况。

财政审计 完成2016年度平谷区财政局具体组织区级预算执行审计、16个一级预算单位年度部门预算执行和地方税收征管审计。针对财政预算执行审计中发现的部分财政资金未发挥使用效益，国有资本经营预算、社会保险基金预算及部分决算草案编制不准确，对预算单位非税收入、政府采购、国有资产管理等综合监管不到位的问题；部门预算执行审计过程中发现的普遍存在的未按规定依据财务账编制决算报表，因固定资产不入账和未及时核销资产导致账表不符等问题，提出具体的审计建议。地方税收征管审计中，提出进一步加强和完善征管基础工作、税务信息系统的审计意见。

经济责任审计 完成19名处级领导干部的经济责任审计。坚持审计关口前移，离任审计与任中审计相结合，对审计查出的问题，督促各相关单位及时整改。研究制订《平谷区2017—2021年经济责任审计工作五年轮审计划》。开展熊儿寨乡人民政府主要领导干部自然资源资产离任审计，探索自然资源资产离任审计的范围、内容和适用方法。

固定资产投资审计 完成5个以政府投资为主的建设项目的审计，对其投资、运营、管理及绩效情况进行检查，核减投资额5215万元。通过审计，规范建设程序，形成建设过程监督机制，有效控制投资建设各环节，充分保障基建行为的合法、合规性，规范工程建设成本控制。

专项资金审计 完成对2014年度九年义务教育“两免一补”资金、2012年至2016年新型农村合作医疗基金和上年度平谷区畜禽禁养区域内养殖场（户）关停资金、城乡救助资金的使用效益情况的审计，针对存在的资金管理使用不规范、内控制度不完善、项目组织管理不到位等问题，提出审计建议，督促相关单位进行整改。

其他审计项目 对平谷区医院进行资产、负债审计，审计从重大经营决策方面、内部控制方面、财务核算方面入手，发现违反规定超额计提并发放绩效工资，擅自更改中标结果违规向下属单位输送利益，内部控制体系不完善，存在账外资产、“账外账”风险等问题。对谷财集团进行资产、负债审计，发现收入、费用、资产、负债不实的问题，针对运营管理方面和会计核算方面存在的问题提出审计建议。

内部审计 出台《平谷区审计局关于加强乡镇街道内部审计工作的指导意见》，研究草拟《乡镇审计责任清单》；组织两个街道、16个乡镇的内部审计人员进行业务探讨。（撰稿人：刘兰兰）

【密云区审计局】 2017年，密云区审计局公务员编制33人、行政工勤3人、事业人员编制26人，实有53人。党组书记、局长孙绍志，副局长王明如、任双喜、谢卫东，党组成员王立新。设有办公室、综合科、经济责任审计科、财政金融审计科、行政事业审计科、农业与资源环保审计科、经贸审计科、固定资产投资审计科、社会保障资金审计科9个科室和经济责任审计中心、政府投资审计中心2个事业单位。

审计成果 2017年，密云区审计局完成审计项目68个。查出主要问题金额32220.51万元，其中管理不规范金额32220.51万元；审计发现非金额计量问题72个；出具审计报告和专项审计调查报告89篇。审计处理处罚金额258.88万元，其中应上缴财政255.28万元、应归还原渠道资金3.6万元。核减投资额54234.32万元。审计提出建议106条，被采纳103条；促进被审计单位制定、完善规章制度7项；提交审计信息78篇，被批示、采用40篇。向社会公告审计结果18篇。出具审计处罚决定书1份，审计决定4份。

国家重大政策措施落实情况跟踪审计 重点对2016年政策落实跟踪审计发现问题整改情况、财政存量资金统筹盘活情况、“疏解整治促提升”专项行动进行跟踪审计，通过审计促进打通政策落实的“最后一公里”。

财政审计 对区财政局组织2016年度区本级财政预算执行以及16个部门（单位）预算执行和决算草案情况进行审计，延伸审计所属单位21个，审计预算资金42596.99万元，将各单位会议费、培训费、“三公”经费使用情况及执行中央八项规定、国务院“约法三章”等内容作为审计重点，促进厉行节约，向社会公告审计结果。

经济责任审计 开展经济责任审计项目39个，审结36个，涉及被审计单位115个（次），提交经济责任审计报告59篇，审计发现问题金额30388.61万元，上缴财政238.02万元，提出审计建议56条，出具审计决定书1份。审计中，坚持“党政同责、同责同审”，实现镇街领导干部任职全过程审计，区直领导干部由离任审计向任中审计转变，由凡离必审向计划审计转变。完成区领导任职期间经济责任同步审计发现问题的整改落实。

农业与资源环保审计 以区园林绿化局为试点，重点对区域内森林资源资产的总量、权属、开发利用和保护情况等内容进行审计。通过审计，摸清密云区森林资源资产的情况，揭示林业资源资产管理方面的突出问题。

固定资产投资审计 开展政府投资审计项目18个，出具审计报告8篇。对檀营地区旧村改造项目、南更大街长安小区拆迁安置补偿等审计时间长、涉及面广、问题复杂、百姓上访多的历史遗留的土地一级开发项目成本进行审计。开展京沈铁路客运专线密云段、十里堡镇王各庄棚户区改造等重大项目跟踪审计，重点关注政策补偿、资金使用等情况。

民生资金（项目）审计 按时完成延庆区2016年保障房审计，揭示延庆区在保障房分配和资金使用方面存在的问题，审计结果得到北京市审计局的认可。完成区纪委交办的不老屯镇杨各庄村、太师屯镇南沟村和令公村的审计工作。

内部审计 聘请审计署和全国人大预工委专家给200名内部审计人员授课。开展内部审计质量检查，规范内部审计行为，促进业务质量提高。

（撰稿人：胡艳红）

【延庆区审计局】 2017年，延庆区审计局人员编制62人，实有57人。局长焦万宏，党组副书记张平利，副局长马海林、丁继玲、刘银燕，副调研员杨喜元。设有办公室、综合科、企业审计科、行政事业审计科、财政金融审计科、经济责任审计科、基建审计科、信息中心、内部审计指导中心和委托审计管理中心等10个部门。

审计成果 2017年，延庆区审计局完成审计项目47个，交办、配合事项15个。查出主要问题金额23496万元，其中违规金额7980万元、管理不规范金额15516万元；审计发现非金额计量问题75个；提交审计报告71篇。促进增收节支8858万元；核减投资额278万元；移送处理落实事项3件。提出审计建议140条，提交审计信息11篇，被批示、采用57篇次；向社会公告审计结果14篇。

国家重大政策措施落实情况跟踪审计 分四次对延庆区2017年政策措施落实情况开展跟踪审计，重点检查“疏解整治促提升”专项行动开展情况和是否拖欠农民工工资等，解决个别项目拖欠农民工工资问题。对5个乡镇2016年煤改电、煤改气和燃煤替代工作落实情况进行审计调查。与市审计局联动开展2022年冬奥会和冬残奥会延庆区建设项目2017年阶段性跟踪审计和2016年保障性安居工程跟踪审计。

预算执行审计 对区财政局、地税局、国库延庆支库本级预算执行情况进行审计，重点审计区级预算管理、预算收入完成、财政资金分配、税收征管和预算资金收纳划解情况。对区市政市容委、区教委等14个一级预算单位的预算编制及执行、“三公”经费等情况进行重点审计，通过审计，对预算管理、资金使用、项目管理和财务管理等方面存在的问题进行纠正和处理。审计工作情况向区人大常委会第五次会议作出报告，向社会进行公告。

经济责任审计 对19个镇、乡、街道和区政府部门等共24名党政领导干部开展经济责任审计。审计揭示出部分单位重大经济事项决策制度执行不严格、财务管理基础工作有待进一步规范等问题，向相关单位提出建议和意见。向区纪委移送审计案件线索3件。

农业与资源环保审计 根据市审计局安排和区域特色，对香营乡森林资源资产管理和生态环境保护责任履行情况进行审计试点。通过审计，提出严格履行森林资源管护责任，进一步加强对乡域内涉林案件及承包经营山场的监管，落实森林资源相关制度规定的审计建议和意见。

其他审计项目 开展京津风沙源治理工程审计，对个别项目财务管理不规范、工程进度缓慢等问题，提出审计整改建议和意见。组织对世园会围栏区征地拆迁工程、百眼泉—南辛堡—民主村拆迁改造等13项重点工程投资项目实施跟踪审计；对中小河道治理工程第一阶段建设工程实施竣工决算审计；对北京夏都信达国有资产经营管理中心2016年度资产负债损益情况进行审计。

（撰稿人：刘宝生）

【房山区燕山审计分局】 2017年，房山区燕山审计分局人员编制21人，实有18人。局长夏辉（—3月）、葛干（3月—），副局长王冬卉、黄国威（—2月）、王丽丽（2月—）。设有综合法制指导科、经济贸易审计科、财政金融审计所、行政事业审计科、办公室、经济责任审计所和行政事业贸易审计所。

审计成果 2017年，房山区燕山审计分局完成各类审计项目24个，交办配合项目73个。查出主要问题金额3601.46万元。提出审计建议107条；提交审计信息96篇。

财政审计 总体把握一般公共预算的收支情况，在对地区预算执行情况全面审计的基础上扩大预算单位覆盖面，对燕山地区2016年度财政预算执行和其他财政收支情况作出客观评价。对燕山物价所和燕山公墓2个单位开展财务收支审计，重点审计各单位在内部控制、财务管理等方面存在的问题。受燕山综治办委托，完成“减煤换煤”专项资金审计调查。配合燕山教委完成秋季收费联合检查，配合燕山纪委完成节前“四风”检查。

经济责任审计 受燕山工委组织部委托，以领导干部守法、守纪、守规、尽责情况为审计重点，组织开展经济责任审计项目9个。

固定资产投资审计 调整投资审计方式，围绕重大项目审批、工程招投标、工程结算等关键环节，合理确定审计重点。

其他审计项目 完成地方财政部门信息化建设情况调查和财政信息系统调查。

相关工作 以政治建设为魂、制度建设为基、队伍建设为先、搭建载体为要、提质增效为本为手段，加强支部的党建工作，落实好全面从严治党的责任职责。

内部审计 对燕山地区内部审计人员结构，内部审计开展的深度、广度以及存在的问题进行调研。制定印发《2017年内部审计工作指导意见》，宣传内部审计工作的重要性。加强各单位内部审计人员继续教育和培训，将学习情况纳入燕山办事处绩效考核内容。（撰稿人：许　安）

2017年北京市本级及所辖区级审计工作统计表

金额单位：万元

审计机关	完成审计项目（个）	审计查出主要问题金额	审计处理情况					出具审计报告和审计调查报告（篇）	提出审计建议（条）	提交审计信息（篇）
			审计处理处罚				移送处理事项（件）			
			应上缴财政	应减少财政拨款或补贴	应归还原渠道资金	应调账处理金额				
北京市本级	98	14789455	112127	4317	3715	48590	34	91	399	154
东城区审计局	60	30926						118	124	174
西城区审计局	39	202427	3373			778		67	150	83
朝阳区审计局	43	138860	4802	132	13			50	279	1
丰台区审计局	41	414391	1152			588	1	57	198	86
石景山区审计局	24	69924	564		68	4463		25	150	207
海淀区审计局	29	1589307	1739		25	68798		34	108	139
门头沟区审计局	41	445399						41	137	41
房山区审计局	56	1633891	4458	196191	1465	1040	1	98	175	24
通州区审计局	29	28573	8027	8027		1		43	62	145
顺义区审计局	94	202647	6748	391	3698	41732		157	143	
昌平区审计局	92	22371						92	217	129
大兴区审计局	52	441304	2920	2	1454	5797		66	58	172
怀柔区审计局	50	170688					9	86	375	
平谷区审计局	49	889978	3359	5215	103	345	11	49	264	150
密云区审计局	59	32979	255		3	22		103	118	78
延庆区审计局	47	23496	339			3910	3	71	140	11
燕山审计分局	24	3601		2212				24	107	96

天津市

【天津市审计局】 2017年，天津市审计局人员编制399人，实有337人。设有办公室、行政财务处、法规处（执法监督处）、综合处、内部审计指导监督处、财政审计一处、财政审计二处、行政事业审计一处、行政事业审计二处、行政事业审计三处、行政事业审计四处、金融审计处、企业审计一处、企业审计二处、社会保障审计处、固定资产投资审计一处、固定资产投资审计二处、联网审计处（数据管理处）、经济责任审计处、农业与资源环保审计处、信息化处、人事教育处、老干部处、机关党委、市纪委驻市审计局纪检组；下设审计科研培训中心（事业单位）。

领导成员

局　　长：刘　健

副 局 长：王　菪（—5 月）
　　　　谢津秋　卢　博（—2 月）
　　　　管兴桥
纪检组长：郑若冰
天津市经济责任审计工作联席会议办公室主任：王志楠

审计成果　2017 年，天津市审计机关共计实施审计项目 721 个。查出各类问题金额 190 亿元；促进财政增收节支、资金拨付到位 50.6 亿元。移送案件线索 120 件。

国家重大政策措施落实情况跟踪审计　按照党中央、国务院和市委、市政府部署要求，持续组织市、区两级审计机关对有关部门、各区贯彻落实重大政策措施情况开展跟踪审计。市、区两级审计机关实施 4 轮跟踪审计，按季度上报跟踪审计报告 4 份。重点审计天津市落实中央供给侧结构性改革、推进“三去一降一补”、推进“放管服”改革、参与“一带一路”建设、落实京津冀协同发展战略等相关政策措施，以及防范化解重大风险、精准脱贫（东西部扶贫协作和对口支援）、污染防治等方面的重大项目、资金和重点任务。审计抽查单位 398 个，抽查项目计划总投资额 777.91 亿元，涉及项目 722 个，发现 19 类共 54 个问题。

预算执行审计　对市级预算执行和其他财政收支情况进行审计，实现全市 16 个区财政决算和市级 102 家一级预算单位预算执行大数据全覆盖审计。审计内容包括市级预算执行、决算草案编制和财政管理情况，专项资金使用和重大政策措施落实情况，公共资金和民生资金使用情况，公共投资建设项目实施情况，国有资产运营情况 5 个方面。涉及各类审计对象 658 个，审计财政资金、公共资金、建设项目资金和国有资产 1566 亿元。

起草《天津市审计局配合天津市人大常委会财经预算工委联网工作管理暂行办法》《关于加强市审计局与市国资委协作配合工作办法（试行）》，配合天津市人大加强预算监督，与天津市国资部门形成监督合力。修订《天津市联网实时审计电子数据管理办法（试行）》，强化联网数据安全使用管理。扩大联网范围，丰富数据资源，新增市级单位 22 家，联网单位达 173 家，新增卫生计生委、市残联等 7 个单位下属的二、三级单位 109 家；组织完成 700 家下级单位数据入库工作。深化联网数据在立项审计和实时监控中的应用，全局共下达疑点核查和整改通知 162 份，核查相关单位 312 个，要求 188 个单位纠正违规行为。协助各部门发现重要问题线索 16 件。

经济责任审计　按照区级党委政府、本级部门单位、国有企业、高校和公安五大板块安排经济责任审计项目，全年完成对 49 个部门单位 71 名领导干部经济责任审计。以促进领导干部推动本地区（本部门、本系统）科学发展和守法守纪守规尽责为目标，重点关注贯彻执行中央和市委重大决策部署、遵守法律法规、目标责任完成、重大经济决策、重大投资项目、自然资源资产开发利用和保护、生态环境保护、民生改善以及遵守廉洁从政、从业规定等情况。

固定资产投资审计　完成对天津市对口支援新疆和田地区策勒县、于田县和民丰县（以下简称东三县）自 2016 年 10 月至 2017 年 8 月末援疆资金的管理使用和项目实施情况的跟踪审计。重点关注和田地区项目资金共管专户、交钥匙项目资金专户、东三县项目资金共管专户中资金收支的合法、合规性，重点审查“十三五”规划和年度项目计划执行情况。通过审计，发现“十二五”援疆项目部分资金未及时返还和收回至和田地区资金共管专户、交钥匙项目资金专户管理不规范、和田职业技术学院建设项目的中央和地方配套资金存在不能按时足额到位等问题，有针对性地向前方指挥部提出建议，限期整改。

完成对天津轨道交通集团有限公司承建的天津地铁 5 号线、地铁 6 号线、地铁 4 号线南段工程、地铁 10 号线一期工程、地铁 1 号线东延至国家会展中心项目、南站配套交通工程、滨海国际机场扩建配套交通中心工程、轨道交通 2 号线机场延伸线工程的实施情况的联网实时审计。通过审计，发现地铁项目建设资金来源不足、收取的各类工程建设领域保证金 13850 万元未按国务院要求及时完成清退、部分合同未经招标、部分重大设计变更未经市建委审批即实施等问题。

完成对中心城区东南部重点区域开发建设非经营性公建和基础设施项目资金管理使用及实施情况的审计，重点对黑牛城道两侧地区基础设施及解放南路非经营性公建项目资金使用及完成情况进行抽查，发现区域内一处菜市场规划用地被违规建筑占用、社区文体中心建成后长期被占用、公交站建设滞后、新建公园三年未实现移交且存在安全隐患，城投置地公司利用承建的公共资产为其自身经营项目融资，挤占建设资金、多付工程款；个别项目存在层层转包、建设管理基础工作薄弱等问题，针对发现的问题提出建议。

民生资金（项目）审计 完成对天津市2016年度企业职工基本养老保险基金、城乡居民养老保险基金、城镇职工基本医疗保险基金、城乡居民医疗保险基金、失业保险基金、工伤保险基金、生育保险基金等社会保险基金的联网实时审计。通过审计，发现基本医疗保险长期挂账、其他保险基金从基本医疗保险基金中借支、企业养老保险和居民养老保险基金收入户月末余额未及时上缴财政专户等问题。

完成天津市2016年度住房公积金的联网实时审计。通过审计，发现部分单位15%缴存比例的公积金账户尚未注销、租赁住房提取住房公积金业务审核有待完善、个别银行账户长期未发生收付活动及账户变更未进行财政备案、担保风险准备金专户存储的监控有待加强等问题。

完成对天津市2016年保障性安居工程及配套基础设施的计划、投资、建设、分配、运营等情况的审计。通过审计，发现安居工程资金管理使用、安居工程资金支持和优惠政策落实、安居工程建设管理、保障性住房分配、保障性住房使用和运营等方面存在的问题。

完成对天津市2016年至2017年9月最低生活保障资金的联网实时审计。通过审计，发现250户不符合低保条件的家庭违规领取低保金、4家集中供养机构无开办资质、区民政临时救助资金结余未上缴、部分临时救助对象未进行调查核实和公示、部分镇政府对低保救助对象资格审核管理不到位等问题。

农业与资源环保审计 为深入贯彻落实中办国办自然资源资产审计试点方案以及天津市实施意见，进一步扩大审计试点覆盖范围，组织实施22个试点项目。各级审计机关试点参审人数共110人，其中市级审计机关14人、区级审计机关96人，保障天津市试点工作稳步推进。

天津市审计局直接实施2个试点项目。在天津市海洋局领导干部海洋资源管理责任审计项目中，发现天津市海洋局未建立生态补偿机制，生态补偿费未纳入财政预算管理，补偿资金监管不到位；存在违规围填海现象；违规许可单位和个人进入自然保护区核心区和缓冲区；对涉及自然保护区建设的项目把关不严、监管不到位；未按规定制定重点海域排污总量控制制度。在宁河区领导干部自然资源资产离任审计项目中，主要发现宁河区存在将国家级自然保护区内土地经营租赁用于违法建设湿地公园并造成损失；未完成部分专项行动目标任务和考核目标，个别指标核算基数不清；违规占用基本农田进行植树造林等活动；部分已出让土地闲置；境内部分河道管理范围内存在违法建设或活动；部分高标准农田建设项目建设面积重合、实际建设面积未达到批建面积；多项工程建设项目建设程序不合规；部分市级重点造林绿化工程、沿海防护林工程不符要求。

市审计局指导滨海新区、东丽区、西青区等10个涉农区审计局，对20个乡镇领导干部开展自然资源资产离任审计试点，共涉及38名被审计领导干部，审计重点关注的自然资源主要围绕土地、水、森林3项资源，共发现75个问题。

外资运用审计 根据审计署的委托，完成对亚洲开发银行贷款海河河口地区污染控制与生态恢复项目、全球环境基金赠款中新天津生态城项目执行情况的公证审计。重点关注建设资金到位和使用、项目设备采购、提款报账以及项目投资整体效益等情况。

企业审计 完成对天津药物研究院有限公司等6家企业2017年混合所有制改革专项审计，发现对股权投资在计提减值准备时未对由此产生的负债进行相应调整、计提坏账准备依据不足、计提股权投资减值准备依据不足、多计费用、收入挂账和专利确认范围依据不足、表外应收利息未在清产核资报告中披露、应收账款及产业投资基金债务损失确认依据不充分、房屋评估面积与房产证面积有误差、评估选用案例错误、评估值确认有误以及无形资产、表外利息未纳入评估范围等问题。

完成对天津银行股份有限公司等6个金融企业的非现场大数据联网全覆盖审计。通过审计，发现渤海财险虚构业务套取资金、渤海财险消费高档酒水和赠送礼品、渤海证券未代扣代缴个人所得税、贷款五级分类不准、天津信托贷款违规展期等问题。开展对 44 家市管非金融国有企业非现场大数据联网全覆盖审计。开展 8 个金融企业不良资产情况的专项审计调查。

信息化建设 组织完成“一张网”管理系统优化完善项目的开发建设。按照审计署金审工程三期建设要求，编制完成天津市金审工程三期可行性研究报告，并经审计署和市发改委批复立项。完成天津市审计局移动审计支撑系统的前期设计、招标采购工作。完成等级保护定级备案工作，下发《天津市审计系统等级保护定级指导意见》。完成对门户网站提升改造的招标采购工作。完成局域网网站更新改造和数据迁移后信息比对和补充。完成《天津市审计局办公大楼高清视频监控建设方案》的编制并进行升级改造建设。制定相关制度规定，全面提高审计机关网络安全保密、突发事件应急、项目管理、运维管理等方面的水平。

组织计算机中级培训班 2 批次，其中包括中级培训班 68 人和补考培训班 14 人。组织全市审计系统参考人员到审计署参加计算机中级考试，全年累计参加考试人员 85 人次，为全市审计系统培养计算机审计人才提供有力支持。

审计科研 与中国审计学会的合作课题“政策措施落实情况跟踪审计理论与实务研究”入选《中国审计学会 2016 年合作课题报告选编》。制订 2017 年天津市审计局局级科研课题 8 个方向选题计划，收到 17 个课题申报。与中国审计学会、天津财经大学联合开展以“审计质量与创新”“大数据审计”等为主题的征文活动，收到全市审计机关撰写论文 35 篇。天津市审计局承担的“基于共享理念下审计信息化平台建设的思考”在审计署科研所《审计研究简报》和审计署《审计观察》杂志刊发。

党建工作 深入学习宣传贯彻党的十八届六中全会精神和党的十九大精神，制定《关于落实全面从严治党主体责任和监督责任的实施意见》，成立履行全面从严治党主体责任领导小组，深入开展“维护核心、铸就忠诚、担当作为、抓实支部”主题教育实践活动，推进“两学一做”学习教育常态化制度化。

强化党的思想政治建设和作风建设，开展落实“三个区分、十五个凡是”大讨论，制定进一步加强意识形态工作的意见和意识形态工作责任制实施办法，召开思想政治工作研讨会，青年干部、军转干部座谈会，开展警示教育宣传月活动。

加强基层党组织建设，建立基层党建工作巡查制度，制定《临时党小组工作指南》，督促各支部规范落实“三会一课”等组织生活制度。加强党风廉政建设，运用典型违纪违法案件情况通报、违反中央八项规定精神典型案例、对不作为不担当问题的处理情况通报等反面教材开展警示教育。在重大传统节假日前夕，进行警示提醒。对 68 个审计组进行审前廉政教育，组织签订廉政承诺书。对 11 个审计组执行审计工作纪律情况进行审中检查、审后回访。

相关工作 针对 2016 年下半年市委第十巡视组对市审计局党组专项巡视反馈意见，局党组多次召开会议，研究、部署、推动市委巡视组反馈意见整改落实工作。建立和落实整改工作责任制，党组书记负总责、承担第一责任，班子成员按照职责切实抓好分管范围内的整改工作，履行“一岗双责”。研究出台《巡视反馈意见整改方案》和整改责任清单，向全局干部公布整改任务进展情况，推进各项整改任务按照时间节点逐项进行落实，接受群众的监督。

改进干部选任方法，从以竞争性选拔为主调整为以民主推荐为主的方式选拔任用干部，提高选人用人质量和水平。出台《处科级干部交流轮岗暂行办法》《天津市审计机关开展干部挂职锻炼工作的实施办法》，加大干部选拔任用和交流力度，组织选拔 25 名正、副处级干部，对 7 名处级干部进行交流轮岗，选派 6 名干部到基层锻炼。完善干部监督管理制度，紧紧围绕从严治党的最新要求，制定出台离津外出请假报告、因私出国（境）管理制度，整合领导干部个人事项报告、出入国（境）管理、离津管理、日常考勤等事项，形成全方位的监督格局。制定《天津市审计局工作人员行为守则》，明确审计干部在思想道德、公务行为、机关管理、依法审计、保密管理、社会公德等方面的行为准则，严格干部日常监督管理。

围绕推进审计改革创新完善制度，制定《鼓励创新容错免责实施办法》《审计线索信息库管理暂行办法》《审计执法责任过错追究办法》等。分阶段稳步推进优化审计业务流程，全局19个项目试行审计任务清单和夯实现场取证。审计项目质量检查实现新的突破，利用“上查下”和“下查上”的组织方式，组织机关青年干部组成检查组，对16个区审计局随机抽选32个审计项目进行检查，抽调16个区审计局专职审理人员对市审计局13个审计项目进行2轮次检查。

内部审计 天津市共有内部审计机构869个，其中专职机构254个；内部审计人员2342人，其中专职人员697人。开展财务收支审计、经济效益审计、经济责任审计、基本建设审计等各类审计项目9096个，审计总金额14029.49亿元，促进增收节支14301.67万元。提出审计意见被采纳5607条。开展天津市内部审计先进集体和先进工作者评选活动，共评选出市级先进集体45个，先进工作者72名。5个单位获得全国内部审计先进集体，4名内部审计人员获得“内部审计先进工作者”荣誉称号。

天津市政府办公厅转发市审计局《关于进一步加强内部审计工作的意见》，天津市审计局据此制订《加强内部审计工作实施方案》。采取“以干代训”的方式，从市属国有企业集团中选拔内部审计人员参加经济责任审计。天津市内部审计协会召开会员代表会议，修订章程，换届选举协会秘书长，变更法定代表人。 （撰稿人：张雁森）

【和平区审计局】 2017年，和平区审计局人员编制43人，实有42人。局长赵强，副局长杨士军、马洪新。设有办公室、人事教育科、法制科、内部审计指导科、经济责任审计科、财政审计科、行政事业审计科、企业审计科、固定资产投资审计科、联网审计科。

审计成果 2017年，和平区审计局完成审计和审计调查项目35个。查出主要问题金额427309.8万元，其中违规金额1351.73万元、管理不规范金额425958.07万元；审计发现非金额计量问题25个；出具审计报告和专项审计调查报告35篇，出具审计结果报告34篇，被批示32篇。审计处理处罚金额15952.28万元，其中应调账处理金额14745.42万元、应归还原渠道资金18.94万元、应上缴财政1187.92万元；移送司法机关、纪检监察机关和有关部门处理事项20件。核减政府投资建设项目工程造价5126.13万元；审计促进整改落实有关问题资金15353.51万元，其中增收节支725.96万元。提出审计建议92条；提交审计信息118篇；向天津市审计局报送贯彻落实稳增长措施审计报告4篇、重大事项10篇。

国家重大政策措施落实情况跟踪审计 对和平区财政存量资金情况、“双万双服”活动相关政策落实情况、培育科技企业孵化器相关政策落实情况、建设“众创空间”相关政策落实情况、近一两年来重点工程建设情况、区财政局实拨资金支出进度情况和区部门财政资金支出进度情况等7个专题开展跟踪审计。

财政审计 对本级财政预算执行和其他财政收支情况进行审计，对教委、卫生计生委、建委等8个单位管理和使用的专项资金进行审计，利用联网数据对部门预算执行和其他财政收支情况进行全覆盖审计。

在对和平区部门预算执行情况进行整体分析的基础上运用大数据，重点对一级预算单位进行联网实时审计，通过计算机远程审计与现场核查，下发疑点核查通知书174份。围绕财务管理、政策执行、资金使用三条主线开展联网实时审计监督，配合区纪委完成第二轮巡查及对扶贫助困领域不正之风和腐败问题的专项治理工作，开展违规公款购买消费白酒和潜入地下违规吃喝问题集中排查整治工作，向区纪委移送疑点229条。

经济责任审计 受和平区纪检委、区委组织部委托，对和平区16个单位23名党政领导干部和企业领导人员的任期经济责任情况进行审计，下达审计决定29条，提出审计处理意见57条、审计建议26条，移送问题线索15件。组织召开和平区经济责任审计情况通报暨问题整改集体约谈会，涉及被审计单位36个，处级领导干部43名，就认真履行经济责任和加强审计发现问题整改提出具体要求。

固定资产投资审计 对区财政投资的16个建设项目实施审计调查，揭示工程招投标、政府采购手续、工程量丈量等方面存在的问题。

内部审计 对区属内部审计机构和内部审计人员进行摸底调查，核实全区内部审计机构设置情况，履行“服务、管理、宣传、交流”职能，加强对内部审计的指导。组织开展和平区 2014 至 2016 年内部审计先进集体和先进工作者评选表彰，组织内部审计人员参加天津市内部审计协会组织的理论研讨活动。（撰稿人：李　晓）

【河东区审计局】 2017 年，河东区审计局人员编制 41 人，实有 39 人。局长张大勇，副局长彭承荣、杨城，处级调研员吴海龙。设有办公室、人事科、法制科、财政审计科、内部审计指导科、经济责任审计科、社会保障审计科、联网审计科、固定资产投资审计科、行政事业审计科、财务科。

审计成果 2017 年，河东区审计局完成审计项目 30 个，专项审计调查项目 1 个。查出主要问题金额 501 万元，其中违规金额 501 万元；出具审计报告和专项审计调查报告 34 篇。审计处理处罚金额 501 万元，其中应上缴财政 501 万元。审计促进整改落实有关问题金额 393 万元。提交审计信息 56 篇，被批示、采用 53 篇。

国家重大政策措施落实情况跟踪审计 按照天津市统一部署开展财政专项资金安排拨付情况和财政存量资金结存情况有关国家重大政策措施落实情况、科技企业孵化器、“众创空间”等相关政策落实情况、教育系统中小学校舍改扩建及提升改造等部分重点项目等跟踪审计项目。

财政审计 对区级财政预算实行全覆盖审计，重点关注预算管理职责履行、全口径预算实施、预算资金分配、财政保障性资金安排和存量资金盘活、政府性债务管理等情况。加大对教育、社会救助、再就业、科技等重点民生资金和项目的延伸审计力度，重点对区教育局、区民政局、区人力资源和社会保障局、区科学技术委员会等 4 个单位的部门预算执行以及相关重点民生专项资金管理使用情况进行审计，催缴入库财政存量专项资金 3662.17 万元。

按照天津市统一部署，按季度组织力量对全区政府性债务有关情况进行跟踪审计调查，重点围绕“借、用、管、还”四个环节，对全区政府性债务的总体规模、使用方向、存在的风险等内容加大监督力度。

经济责任审计 召开河东区 2017 年经济责任审计工作联席会议。对近三年的经济责任审计资料进行归纳、梳理，建立河东区经济责任审计范围领导干部审计信息数据库，改善经济责任审计基础性工作。

相关工作 全面贯彻落实天津市委办公厅、市政府办公厅印发的《关于完善审计制度若干问题的实施意见》精神，结合河东区实际情况，草拟《河东区落实〈关于完善审计制度若干问题的实施意见〉的工作方案》。该方案经河东区委常委会和区政府常务会议审议通过，由河东区委办公室、河东区政府办公室联合印发。

开展作风纪律专项整治活动。组织全局干部认真学习传达全区作风纪律专项整治活动动员大会精神，进一步统一全局干部思想认识。根据自身工作实际，对照整治工作要求，成立工作领导小组，研究制订具体实施方案，针对重点岗位和重点环节，深入自查自纠，形成问题清单，制订整改方案，明确整改措施，进一步改进工作作风，提高工作效能。结合作风纪律专项整治，开展“审计担当年”活动，查找 4 个方面问题，制定整改措施 12 项。

抓好廉政建设，贯彻一把手“五不直接分管”制度，建立“副职分管、正职监管，集体领导、民主决策”的相互监督、相互制约的权力运行机制，保障严格执行各项廉政纪律。加强审计组在审计实施现场期间的工作纪律，提高全局干部认真履职、依纪依规干事创业的思想意识，公布举报电话，主动接受被审计单位监督。

内部审计 组织召开全区内部审计工作会议；组织召开全区下属有国有企业的大系统座谈会。结合内部审计工作特点和审计全覆盖要求，开展摸底调查，设计包括内部控制制度、资产负债损益情况、货币资金及账户管理、固定资产管理等有关内容的报表，分发到各基层单位进行填报。

（撰稿人：王敬军）

【河西区审计局】 2017 年，河西区审计局人员编制 42 人，实有 37 人。局长陈丁，副局长王国学（—7 月）、赵艳、张钟、丰珊。设有办公室、法规科、社会保障审计科、财政审计科、行政事业审计科、经济责任审计科、固定资产投资审计科、资源环保审计科、企业审计科、联网审计科、内部审计指导科、审计执行监督科等12个科室；下设河西区审计事务服务中心（全额事业单位）。

审计成果 2017年，河西区审计局完成审计项目30个。审计查出主要问题金额5305.47万元；出具审计报告和审计调查报告30篇。审计提出建议22条；提交审计信息67篇；向天津市审计局报送专题调研报告1篇、向区主要领导报送审计专报2篇。

国家重大政策措施落实情况跟踪审计 对河西区推动国家创新驱动战略政策措施落实情况，“双万双服”活动、培育科技企业孵化器及建设“众创空间”相关政策落实情况，2016年至2017年中央及天津市重点投资项目基本建设及资金监管情况，2017年财政预算执行率情况进行跟踪审计。

预算执行审计 开展区级财政收支及部门预算执行全覆盖审计，24名业务干部打破科室界限组成7个审计组，根据资金体量和资金流合理调配力量，专项资金审计覆盖率达95.38%，反映本级财政预算管理和专项资金管理使用中存在的14类问题。审计项目改变区级财政预算执行报告固有撰写模式，体现会计核算中不规范的问题，反映共性的、体制性的问题，提出改革机制体制方面的审计意见和建议。

经济责任审计 推进河西区党政领导干部和国有企业领导人员年度经济责任自查制度，督促全区60个被审计单位开展自查。受河西区委组织部委托对22名处级领导干部开展经济责任审计。编写《河西区经济责任审计要点问答手册》和《实用案例》。

专项资金审计 开展社区服务群众专项资金审计，从规范资金使用、发挥资金效益方面提出审计建议；开展陈塘科技商务区建设项目资金管理使用情况跟踪审计，反映土地出让速度严重滞后等问题，揭示融资成本高的风险隐患。

固定资产投资审计 完成公共投资政府建设审计项目28个，累计节约财政资金3376.88万元。重新修订《河西区政府投资建设项目审计监督办法》。

（撰稿人：赵广超）

【南开区审计局】 2017年，南开区审计局人员编制48人，实有43人。局长张金刚，副局长王允昌（—9月）、张慧（—12月）、魏丽娟、秦剑宇（12月—）。设有办公室、人事教育科、法制科、内部审计指导科、行政事业审计科、经济责任审计科、企业审计科、财政金融审计科、固定资产投资审计科、联网审计科。

审计成果 2017年，南开区审计局完成审计项目40个。审计查出问题金额256605万元，其中违规金额910万元、损失浪费金额5万元、管理不规范金额255689万元；审计发现非金额计量问题9个；损益（收支）不实金额6092万元；出具审计报告40篇。审计处理处罚金额843万元，其中应归还原渠道资金582万元、应调账处理金额261万元；移送纪检监察机关处理事项6件。审计促进整改落实有关问题金额843万元。提交审计信息并被采用91篇。

南开区审计局在天津市区级审计工作考核中获优秀档次。

国家重大政策措施落实情况跟踪审计 围绕稳增长、促改革、调结构、惠民生、防风险，完成一至四季度南开区贯彻落实国家和天津市重大政策措施情况审计，涉及8个相关政策、6个相关单位。

财政审计 首次综合利用财政预算指标管理系统、国库集中支付系统及财政总预算会计系统开展预算管理与执行情况监督，对区本级公共预算收入、政府性基金收入、预算指标管理使用和财政支付情况进行审计。对区教育局等6个单位部门预算执行情况进行审计，监督检查预决算管理法律法规和财经纪律执行情况、中央八项规定和国务院“约法三章”贯彻落实情况。对南开区财政存量资金情况进行审计，对财政存量资金形成主要原因进行分析，并对2016年跟踪审计发现问题整改情况进行跟踪检查。

完成区财政收支和预算管理及执行情况数据、预算指标管理数据、非税收入和国库集中支付系统数据，以及一级、二级预算单位财务数据采集与核对。以“大数据”为依托，对区一级预算单位实施非现场决算审计。编制审计证据108份，下达核查通知书94份、整改通知书43份。

经济责任审计 完成经济责任审计27个，移送案件线索6件。召开联席会议，加强联席会议成员单位日常沟通协调，注重从制度层面将审计监督融入反腐倡廉工作要求，发挥审计“预防、揭示和抵御”功能。组织新任职领导干部进行专题培训和研讨，提高一把手依法履职能力。根据天津市审计局安排，完成对宁河区公安局局长经济责任交叉审计。

固定资产投资审计 对南开区教育局所属中心小学等3所学校的新扩建校舍工程竣工决算情况进行审计，审计工程结算价款总额12565.08万元，审计核减1067.31万元。

专项资金审计 完成区属12个街道办事处、171个社区居委会社区党组织服务群众专项经费审计，对审计中发现的专项资金未设立单独科目核算、资金使用情况未公示、未执行政府采购、挤占专项资金、虚列支出等问题提出整改建议。

相关工作 抓作风建设，打造过硬班子；抓学习型机关，提升队伍素质；落实全面从严治党主体责任，完善反腐倡廉制度和体制建设。落实巡视巡察整改任务。开展“两学一做”主题党课演讲活动及做“‘四讲四有’合格共产党员”主题演讲会；参观“双学”纪念馆及“利剑高悬、警钟长鸣”警示教育主题展。

内部审计 以保障和服务为目的、以问题和风险为导向、以监督和控制为主线，推动内部审计完善治理。围绕建立健全内控制度和关键控制环节，组织南开区新任职一把手财务知识培训。

（撰稿人：马少波）

【河北区审计局】 2017年，河北区审计局人员编制47人，实有47人。局长李文涛，副局长张凤荣、刘金贵、程凤香（10月—）。设有办公室、人事教育科、法制科、经济责任审计科、财政审计科、行政事业审计科、固定资产投资审计科、企业审计科、内部审计指导科、联网审计科、审计督查科。

审计成果 2017年，河北区审计局完成审计项目37个。查出主要问题金额30648.77万元，其中违规金额504.91万元、损失浪费金额2.18万元、管理不规范金额30141.68万元；审计发现非金额计量问题8个；损益（收支）不实金额1037.25万元；出具审计报告和专项审计调查报告63篇，被批示、采用7篇。审计处理处罚金额1996.26万元，其中应上缴财政1162.22万元、应归还原渠道资金809.33万元、应调账处理金额24.71万元；移送司法机关、纪检监察机关和有关部门处理事项7件，移送处理人员8人，移送处理金额731.15万元。审计促进整改落实有关问题金额1996.26万元。审计提出建议121条，被采纳118条；推动被审计单位制定整改措施8项；促进被审计单位制定、完善规章制度3项；提交审计信息159篇，被采用244篇次、批示4篇次。

国家重大政策措施落实情况跟踪审计 持续开展重大政策措施落实情况跟踪审计，完成审计项目4个。重点关注贯彻落实国家重大政策措施的具体部署、执行进度和实际效果。

财政审计 开展预算执行审计和财政决算全覆盖审计工作，查出主要问题金额3069.85万元，其中违规金额494.05万元、管理不规范金额2575.80万元；审计发现非金额计量问题3个。

依托大数据开展对全区预算单位及其下属单位政府采购情况的无项目审计，通过模型运行、数据分析，共发现疑点202个，向101个疑点单位下发《联网实时审计监督核查通知》，经审计核实未执行政府采购单位41户，未采购金额合计870万元。非现场数据审计与现场核实审计联动式全覆盖审计在财政审计中得到应用。

经济责任审计 完成经济责任审计项目27个，查出主要问题金额27578.11万元，其中违规金额10.85万元、损失浪费金额2.18万元、管理不规范金额27565.08万元；审计发现非金额计量问题4个，审计提出建议107条。加大追责问责力度，移送的问题线索先后有7名领导干部因此被追责问责。完成天津市审计局交办的津南区政府债务审计和津南区公安分局长经济责任审计。

（撰稿人：李仲渊）

【红桥区审计局】 2017年，红桥区审计局人员编制38人，实有36人。局长李萍，副局长纪耀章、王凤英、吴彦龙。设有办公室、财政审计科、行政事业审计科、企业审计科、固定资产投资审计科、经济责任审计科、联网审计科、内部审计指导科、法制科、人事教育科。

审计成果 2017年，红桥区审计局完成审计项目30个。查出主要问题金额86940万元，其中违规金额698万元、管理不规范金额86241万元；

审计发现非金额计量问题25个；损益（收支）不实金额332万元；出具审计报告和专项审计调查报告48篇，被批示、采用5篇。审计处理处罚金额2713万元，其中应上缴财政2427万元、应缴纳其他资金13万元、应调账处理金额273万元；移送司法机关、纪检监察机关和有关部门处理事项7件，移送处理金额105万元。审计促进整改落实有关问题金额81760万元；移送处理落实事项2件。提交审计信息160篇。

国家重大政策措施落实情况跟踪审计　对红桥区财政存量资金、开展“双万双服”、培育科技企业孵化器、建设众创空间、坐落区内市重点建设项目等政策措施落实情况进行跟踪审计，推动区审批局制订《企业发展服务平台建设方案》，区财政局及时拨付专项资金，建设项目工程质量得到整改。

预算执行审计　组织开展区级预算执行、部门预算执行和决算大数据全覆盖审计，对转移支付、财政收支质量、存量资金和中央八项规定精神落实等情况进行审计，审计报告得到区人大充分肯定。开展联网实时审计，实现对全区52个一级预算单位和24个二级预算单位的实时监督，下达疑点核查通知及整改通知142份、审计建议函4份，将联网实时审计监督结果提交红桥区人民政府。

经济责任审计　开展经济责任审计项目14个。查出违规问题金额417万元、管理不规范金额1.06亿元。召开红桥区经济责任审计工作联席会议。修订完善《红桥区审计局经济责任审计操作规程》。

企业审计　对正达房地产开发公司、虹融创业投资担保有限公司开展资产负债损益审计，揭示企业潜在不良资产及资金风险，追缴应纳税款。

其他审计项目　对瓶装液化石油气供应站、铃铛阁社区卫生服务中心改扩建2个民生项目开展审计。参加天津市保障性安居工程审计和红桥区扶贫助困领域不正之风专项治理检查，查出1100余万元拆迁资金公款私存问题，向红桥区纪检部门移送扶贫领域违纪违规线索3件。

内部审计　召开红桥区内部审计工作会议，举办业务培训班，开展内部审计工作现状调研，向红桥区人民政府提出在重点部门、单位设立专职内部审计机构的建议。组织开展市级内部审计先进集体和先进工作者评选活动。

（撰稿人：陈柏羽）

【东丽区审计局】　2017年，东丽区审计局人员编制35人，实有31人。局长时卷林，副局长魏金凤、朱德勇。设有办公室、法制科、财政审计科、行政事业审计科、固定资产投资审计科、经济责任审计科、国有企业审计科、内部审计指导科、信息化科、联网审计科、村居审计科。

审计成果　2017年，东丽区审计局完成审计项目46个，延伸审计单位126个。查出管理不规范金额6621.15万元、违规金额49016.12万元；出具审计报告和审计调查报告67篇。核减工程造价3812.17万元，上缴财政716.50万元。审计提出建议24条；提交审计信息93篇，其中被《中国审计报》刊发10篇。

国家重大政策措施落实情况跟踪审计　完成对“三去一降一补”、区“双万双服”、企业孵化器、众创空间等专项资金的跟踪审计。完成对重点建设项目实施情况及项目预算未执行情况的审计，查出管理不规范金额2627.25万元。按照天津市审计局要求，派出10名审计人员完成保障性安居工程跟踪审计。

财政审计　延伸审计东丽区建委、区教育局等5个单位，审计总金额112.44亿元，审计发现零余额账户向预算单位资金账户拨款等问题，查出管理不规范金额339.86万元、违规金额360.32万元，上缴财政资金360.32万元，提出提高公务卡使用率、加强项目资金管理提高财政资金执行率、加强预算单位银行账户管理防范财政资金风险等3条建议，出具审计决定书1份。按照天津市审计局要求，对蓟州区地方政府性债务情况进行审计。

根据天津市审计局推送的23个审计疑点、1567条疑点记录，核实审计疑点23个、疑点记录1543条，确认367条疑点记录为问题。对东丽区财政局、区水务局等问题相关单位发送《联网实施审计监督检查通知》，并针对问题进行现场核实，发现项目支出连续结转两年及以上未收回预算、上半年批复项目执行率低于50%等问题，要求被审计单位认真完成整改。

经济责任审计 完成对22名领导干部的经济责任审计，延伸审计单位98个，审计总金额159.92亿元，发现预算收入未上缴财政、滞留财政资金等问题，查出管理不规范金额2857.30万元、违规金额1895.78万元，上缴财政资金356.18万元；出具审计决定书6份。提出审计建议17条。按照天津市审计局要求，完成蓟州区公安局局长任期经济责任审计项目。

固定资产投资审计 完成东丽区房管局老旧楼房坡顶维修、东丽湖污水泵站、东丽游泳中心提升改造项目等7项工程竣工决算审计，审计总金额8.34亿元，审计发现虚列项目成本、超付工程款、未履行建设程序等问题，提出审计建议4条，审计查出违规资金49387.27万元、管理不规范金额796.74万元，核减工程造价3812.17万元。梳理东丽区制定的竣工决算审计相关文件，并与区法制办、区发改委、区财政局等相关部门协调，清理投资审计类制度3项。

农业与资源环保审计 以东丽区两个街道办事处为试点，推进东丽区自然资源资产离任审计工作，重点审计土地、水等自然资源资产管理和相关生态环境保护情况，对试点单位负责人履行自然资源资产管理和生态环境保护情况作出评价。审计发现"散乱污"企业清理不彻底，未完成环境质量、污染物排放综合指标等问题。审计提出严格履行生态环境保护责任，进一步提高生态环境质量，强化资源环境监管执法，加大资源环境违法问题处理处罚力度等建议。

企业审计 完成东方财信、东丽湖旅游开发总公司、东丽城投等10家国有企业审计。重点关注企业完善治理、防止国有资产流失，企业改革发展中的"三重一大"事项，重大投资、股权转让及资产处置、对外担保、大额资金运作等债务风险及重大经营风险，揭示企业贯彻经济政策、深化改革和经营管理中存在的突出问题，有针对性地提出改进意见。按照东丽区政府的要求，对东丽区4家融资平台公司的举债情况开展审计调查。

相关工作 落实审计制度改革，结合东丽区审计工作实际，起草《关于完善审计制度的实施方案》并以区委办、政府办文件印发。起草制订《东丽区审计局审计全覆盖实施方案》，经政府专题会讨论通过并发至全区各单位。

内部审计 实地检查区教育局、区园林局、区卫生计生局、区民政局等64个单位内部审计工作开展情况和内部审计制度建立执行情况，并进行分类指导。 （撰稿人：王　凯）

【西青区审计局】 2017年，西青区审计局人员编制24人，实有24人。局长高志，副局长魏奎成、魏津元。设有办公室、法制科、行政事业审计科、财政金融审计科、经济责任审计科、固定资产投资审计科、内部审计指导科、联网审计科。

审计成果 2017年，西青区审计局完成审计项目24个。出具审计报告30篇。促进完善规范管理资金62.02亿元，其中上缴区财政国库资金2391.98万元。审计提出建议73条；提交审计信息67篇。

国家重大政策措施落实情况跟踪审计 按季度完成4个跟踪审计项目，围绕新时代、新要求、新部署，督促落实中央、天津市和西青区经济高质量发展的总要求，开展重大政策措施贯彻落实情况跟踪审计。

预算执行审计 结合运用联网审计手段，开展西青区一级预算单位2016年部门预算执行和其他财政财务收支全覆盖审计。利用财政部门国库集中支付系统数据、银行账户备案数据等5大类数据，重点审计预算单位银行账户未向财政部门备案、单位账户向个人账户划款等8类审计事项。审计查出违规使用福利费、设立银行账户未向财政备案等5大类共性问题，下发《联网实时审计监督整改通知》33份，提出严格预算编制及执行、盘活存量资金、清理对外借款等审计意见和建议9条，监督上缴国库资金2391.98万元。区财政局出台《关于加强预算执行动态监控管理的通知》，进一步规范西青区预算单位财政财务管理。

经济责任审计 完成对西青区大寺镇、辛口镇、区建委等11个单位的处级领导干部经济责任审计，查出管理不规范金额9.18亿元；发现集体决策程序不合规、建设项目未批先建等各类问题45个，从规范决策程序、完善项目建设手续、加强对下属单位监管等5个方面提出审计建议46

条。完成对中北镇、辛口镇2个单位党政主要领导干部自然资源资产离任审计，查出河道水质落实保护工作有待加强等问题6个。审计提出建议5条。

固定资产投资审计 对西青区截污配套改造工程进行审计，重点关注工程的建设程序及项目资金的拨付与使用情况，针对存在问题提出完善审批手续、加强工程项目建设管理等审计建议。对西青区社会治安防控体系视频监控网系统建设工程进行专项审计调查，提出加强工程建设前期调研组织协调工作和加强合同管理、强化合同履行的意见建议。

相关工作 加强和改进新形势下的审计工作，创新审计方式方法，更好地服务于经济社会持续健康发展。以区委办、区政府办名义出台《关于落实完善审计制度若干问题的实施方案》，不断探索审计制度的改革、健全和完善。

（撰稿人：邢　佳）

【津南区审计局】 2017年，津南区审计局行政编制31人、工勤编制3人，实有31人。局长魏瑞荣（—3月）、王玉爱（3月—），副局长王会芬、王凤海（11月—）。设有党建办公室、办公室、财政金融审计科、行政事业审计科、固定资产投资审计科（工业商业审计科）、经济责任审计科、联网实时审计科、法规科、内部审计指导科。

审计成果 2017年，津南区审计局完成审计项目34个，审计单位91个。查出主要问题金额258337万元，其中违规金额8870万元、管理不规范金额249467万元；审计发现非金额计量问题60个；出具审计报告和专项审计调查报告31篇，被批示、采用31篇。审计处理处罚金额9916万元，其中应上缴财政8649万元、应归还原渠道资金181万元、应缴纳其他资金12万元、应调账处理金额1074万元；移送司法机关、纪检监察机关和有关部门处理事项2件。审计促进整改落实有关问题金额5454万元。审计提出建议并被采纳115条；提交审计信息107篇。

国家重大政策措施落实情况跟踪审计 将重大决策部署贯彻落实情况纳入每个审计项目之中，审计查出主要问题金额210万元，发现非金额计量问题6个，出具跟踪审计报告4篇。

财政审计 完成区级预算执行情况审计项目1个、预算部门财政财务收支审计项目2个。利用大数据对54家一级预算单位及部分下级单位数据进行分析。审计查出主要问题金额242035万元，发现非金额计量问题4个，出具审计报告4篇。

经济责任审计 完成经济责任审计项目21个、自然资源资产离任审计项目2个。尝试开展镇党委书记、镇长的同步经济责任审计。以土地自然资源资产管理情况为重点完成双桥河、辛庄镇党委、镇政府主要负责人自然资源资产离任审计。查出主要问题金额16092万元，非金额计量问题50个；出具审计报告21篇、审计意见2篇。

相关工作 配合审计署、天津市审计局开展保障性安居工程审计、公安局局长经责审计、地方政府债务审计、援疆资金管理使用审计、涉农资金回访等5项审计任务；完成区委、区政府及相关部门10项交办任务。

开展主题教育实践活动。学习贯彻落实党的十九大精神。深入开展"听民声"和"双报到""双联系"工作。落实"三会一课"制度。开展不作为不担当专项治理和政府系统纪律作风专项整治工作。逐级签订党风廉政建设责任书。观看警示教育片，参观警示教育基地。

内部审计 津南区共有内部审计机构10个，其中专职机构2个；内部审计人员146人。全年培训内部审计、财会人员170人次。

（撰稿人：宋元昊）

【北辰区审计局】 2017年，北辰区审计局人员编制42人，实有36人。局长张柏林，副局长季建虎（援疆干部）、刘妍、李军、龚宝环（12月—）。设有办公室、法制综合科、行政事业审计科、财政审计科、固定资产投资审计科、经济责任审计科、工商企业审计科、内部审计指导科、联网审计科等9个科室；下设管理农村集体经济组织审计中心（事业单位）。

审计成果 2017年，北辰区审计局完成审计项目41个，专项审计调查项目1个。查出问题金额2036624.63万元，其中违规金额8004.53万元、管理不规范金额2028620.10万元；审计发现非金额计量问题85个；出具审计报告和专项审计调查报告66篇，被批示、采用1篇。审计处理处罚金额7921.74万元，其中应归还原渠道资金7921.74万元。审计促进整改落实有关问题金额88.75万元。审计提出建议137条；促进被审计单位制定、完善规章制度2项；提交审计信息102篇。向社会公告审计结果1篇。

国家重大政策措施落实情况跟踪审计 按季度完成4个跟踪审计项目，主要涉及财政存量资金情况、“双万双服”、众创空间、重大项目建设及“放管服”等政策落实情况，提交跟踪审计报告4篇。

财政审计 配合天津市审计局开展区财政决算非现场审计。运用联网审计手段，开展财政决算非现场审计和无项目审计6个，向被审计单位发送核查函117份，下达整改通知64份，出具无项目审计报告6篇。完成对北辰区大张庄镇、青光镇、双街镇、宜兴埠镇、小淀镇财政决算审计。完成村级债务情况专项调查工作，审计结果得到北辰区领导的高度重视。

经济责任审计 完成21名领导干部经济责任审计和双街镇、宜兴埠镇领导干部自然资源资产离任审计试点工作。与北辰区委组织部共同完成对14名领导干部离任交接的监督工作。

固定资产投资审计 配合天津市审计局完成对西青区新民园农民还迁房项目的保障房跟踪审计。

相关工作 制订《北辰区关于完善审计制度的实施方案》，并以北辰区委办公室、北辰区政府办公室名义印发。修订《北辰区加强政府和国有企业投资建设项目监督管理办法》，全力推进审计监督全覆盖。落实全面从严治党主体责任，严格组织生活，落实“三会一课”制度。开展学习研讨、参观、演讲比赛等特色活动，提升队伍整体水平。

内部审计 成立内部审计工作领导小组，开展业务培训和指导。购置专业书籍300余本赠送各单位内部审计机构，帮助其提高审计业务水平。加强农村审计业务培训，完善对各镇的考核办法，组织互查、互比、互看活动。北辰区审计局荣获2016年天津市内部审计理论研讨组织奖。

（撰稿人：卢丽娜）

【武清区审计局】 2017年，武清区审计局人员编制38人，实有36人。局长沈书奎，副局长顾韵洁（9月—）、杨红艳（11月—）、张亚东（—8月）、谢万俊（—9月）。设有办公室、法制科、行政事业审计科、财政金融审计科、经济责任审计科、固定资产投资审计科、企业审计科、建设工程审计科、联网审计科、整改督查科。

审计成果 2017年，武清区审计局完成审计项目75个，涉及单位69个。查出违规金额109693万元；上缴财政1611万元。出具审计报告78篇。

国家重大政策措施落实情况跟踪审计 对财政存量资金，“双万双服”、科技企业“孵化器”和建设“众创空间”等重大政策措施落实情况进行跟踪审计；对中央投资及市级重点建设项目、各预算单位预算执行进度等各项改革措施推进情况进行跟踪审计。在债务审计工作中，持续跟踪每季度债务数据，关注新增举借债务、融资平台转型，综合分析武清区债务数据变化情况及原因。

财政审计 围绕深化财政预算管理改革、完善政府全口径预算体系和提高财政资金绩效，关注财政性资金征收、分配、拨付、使用环节，对全区2016年度预算执行和其他财政收支进行审计。配合天津市审计局圆满完成区财政决算全覆盖审计。

经济责任审计 完成对34名党政领导干部的经济责任审计，查出违规金额32112万元。开展自然资源资产离任审计试点工作，围绕重点资源、重点部门、重点问题、重点资金，为加快推进领导干部自然资源资产离任审计制度摸索实践经验。

固定资产投资审计 开展专项审计和审计调查等其他各类审计项目9个，审计中重点关注政府投资项目基建程序履行、招投标制度执行、资金管理使用等情况。

企业审计 完成18个区属国有企业资产负债及财务收支情况审计。武清区审计局与区国资委联合发布《关于进一步加强区属国有企业审计监督的实施意见》。

（撰稿人：杨　浩）

【宝坻区审计局】 2017年，宝坻区审计局人员编制34人，实有30人。局长杨有生，副局长陈建波、王洗强、付建军。设有办公室、法制综合科、财政金融审计科、行政事业审计科、固定资产投资审计科、经济责任审计科、企业审计科、农业与资源环保审计科、联网审计科、内部审计指导监督科。

审计成果 2017年，宝坻区审计局完成审计项目40个。查出主要问题金额53761万元，其中违规金额11139万元、损失浪费金额3万元、管理不规范金额42619万元；审计发现非金额计量问题67个；损益（收支）不实金额2572万元；出具审计报告和专项审计调查报告43篇，被批示、采用13篇。审计处理处罚金额50905万元，其中应上缴财政7068万元、应减少财政拨款或补贴616万元、应归还原渠道资金933万元、应缴纳其他资金25万元、应调账处理金额42263万元；移送纪检监察机关和有关部门处理事项14件。审计促进整改落实有关问题金额22377万元；核减投资额44万元。审计提出建议7条，被采纳2条；促进区政府、区委组织部、区纪检委制定、完善规章制度2项；提交审计信息92篇，被批示、采用67篇。

宝坻区农业机械发展服务中心领导人员经济责任审计项目获得天津市审计局表彰审计项目。

国家重大政策措施落实情况跟踪审计 完成由天津市审计局统一组织实施的审计项目4个，发现科技专项结余资金未上缴国库、科技企业孵化器奖励资金未到位、众创空间种子引导基金未到等问题，涉及资金117万元；发现非金额计量问题5个。

预算执行审计 对49个区级预算部门开展全覆盖审计，重点关注预算编制调整执行、账户管理、政府采购、存量资金和政策落实，以及贯彻落实中央八项规定、“约法三章”情况，查出主要问题金额38581万元，其中管理不规范金额38578万元、损失浪费金额3万元，查出非金额计量问题6个，移送有关部门案件线索1件。

经济责任审计 完成11个单位16名领导干部经济责任审计，揭示违规设立“小金库”、套取项目资金等问题40个，涉及主要问题金额11376万元，其中违规金额7615万元、管理不规范金额3761万元；移送纪检机关案件线索11件。完成对宝坻区八门城镇、大口屯镇领导干部实施自然资源资产离任审计试点，查出主要问题金额3043万元，发现违规占地、违规取用水、超标排放等非金额计量问题14个，促进增收节支400万元。

固定资产投资审计 实施对房屋、道路、水利绿化等14项政府投资重点工程跟踪审计。查出主要问题金额313万元，审计促进增收节支44万元。审计发现偷工减料、未按图纸设计施工及未办理施工许可证即开工建设等非金额计量问题18个，下达审计移送处理书3份，向宝坻区委区政府提交审计专报1篇。

专项资金审计 完成美丽村庄建设资金、潮南高铁站建设拆迁改造补偿情况、京津中关村科技城建设拆迁补偿情况、发展众创空间情况的专项资金审计项目4个，查出主要违规问题金额180万元，非金额计量问题4个。（撰稿人：郑芙蓉）

【滨海新区审计局】 2017年，滨海新区审计局实有人员78人。局长李向前，副局长窦效良（—8月）、沐伟、张武（3月—）、张文军（—12月）。设有办公室（法规处）、财政审计处、行政事业审计处、企业审计处、投资审计处、资源环保审计处、综合业务处、经济责任审计处。

审计成果 2017年，滨海新区审计局完成审计项目43个。查出主要问题金额1276835万元，其中管理不规范金额1276829万元、损失浪费金额6万元；出具审计报告和专项审计调查报告47篇，提交审计专题、综合性报告5篇。移送纪检监察机关和有关部门事项6个。提交审计信息81篇。

国家重大政策措施落实情况跟踪审计 按季度完成重大政策措施落实情况跟踪审计，提交审计报告4篇。针对执行政策中存在的问题提出审计意见，部分审计结果被天津市审计局汇总采用后上报审计署及天津市人民政府。

财政审计 完成对新区本级预算执行情况审计；完成对新区纪委，宣传部，公安局交管分局所属塘沽、汉沽、大港三个支队，区委党校预算执行情况的审计，重点审计“智慧监管云平台”项目资金、大配套费、人防易地建设费等专项资金。审计查出新区本级及本级部门预算管理中存资金存量较大、非税收入缴库不及时、挂账资金清理不到位、单位账户清理不彻底、管理体制不完善、内部管理不规范、公务卡管理不规范、未严格执行政府采购程序等问题。

完成开发区管委会预算执行审计，重点审计开发区财政局、基本建设中心、建设和交通管理局、文教卫体局、泰达医院、微电子工业区总公司等16个重点部门和单位，延伸调查泰达自来水公司、泰达津能热电公司、一汽大众基地建设公司、比达商务咨询有限公司等相关单位。审计查出开发区管委会预算管理中存在违规发放补贴、污水处理费未及时上缴国库、供热工程建设费未实行“收支两条线”管理、违规出租资产等问题，提出审计整改要求85条。

固定资产投资审计 开展区委党校建设工程、市容整治及城市绿化工程、津能滨海热电公司和永利供热公司天碱替代供热工程、学校提升改造等多项工程审计，完成审计项目19个，出具审计报告19份。有效纠正建设项目管理中存在的部分项目虚报投资、建设程序不规范、设计不符合要求、监理履职不到位等问题。无人机遥感测绘和激光雷达等技术在投资审计中得到进一步推广应用。

经济责任审计 完成金元宝集团公司、杭州道街、杨家泊镇等新区重点国有企业和行政机关领导干部经济责任审计项目10个。查出企业领导违规兼职、企业领导个人违规向关联企业投资、国有公司转入资产未经评估、以资产对外出资和处置房产承租权与产权未经评估及国资部门审批等问题，将审计发现的私设“小金库”、个别公司领导个人违规投资关联企业等问题移送纪检部门。对个别公司财政资金借款1亿元长期未归还、未经国有资产监管机构批准投资购买商品楼等14个问题，向区政府报送专题报告。完成杨家泊镇和中塘镇领导干部自然资源资产审计，审清两镇2014年至2016年底的土地林业状况、主要指标的变化情况，对任期内领导干部贯彻落实自然资源政策、法律法规情况作出客观评价。完成由天津市审计局统一组织的公安局局长任期经济责任审计，并上报审计报告等资料。

民生资金（项目）审计 按照天津市审计局统一部署，完成2016年葛沽示范镇保障房审计，查出项目建设单位虚假招标、未按合同约定使用融资资金、借用资质施工、施工单位违法转包等问题。

其他工作 参加清理偿还政府欠款工作和区人大预算联网监督工作，完成市财政林业专项资金和储备林贷款绩效审计发现问题整改检查工作。完成天津市审计局布置的新区第三季度债务审计。完成信访交办的汉沽茶淀葡萄科技园匹配资金不到位的上访事项，调查厘清原汉沽区财政拨款情况。

（撰稿人：李兰英）

【宁河区审计局】 2017年，宁河区审计局人员编制30人，实有32人。局长吴凤友，副局长刘玉恒、张维众。设有办公室、财务人事科、综合法制科、行政事业审计科、经济责任审计科、金融基建审计科、财政审计科、农业环境保护科审计科、内部审计指导科、联网审计科。

审计成果 完2017年，宁河区审计局成审计项目44个。查出主要问题金额393080万元，其中违规金额2810万元、管理不规范金额390270万元；审计发现非金额计量问题33个；审计期间整改79万元；出具审计报告和专项审计调查报告66篇。审计处理处罚金额11744万元，其中应上缴财政11367万元、应归还原渠道资金166万元、应缴纳其他资金210万元；移送处理事项6件，移送金额12032万元。审计提出建议60条。提交审计信息、宣传、简报64篇。

财政审计 对宁河区财政局区级预算执行和其他财政收支进行审计；对宁河区教育局、商务委、民政局、卫生和计划生育委员会、人力资源和社会保障局等6个单位部门预算执行情况进行审计，审计中查出主要问题金额205041万元，其中违规金额180万元、管理不规范金额204861万元，非金额计量问题12个。

经济责任审计 对宁河区20个单位26名党政领导干部经济责任履行情况进行审计，查出问题金额175897万元，其中违规金额2630万元、管理不规范金额173267万元；非金额计量问题12个。

农业与资源环保审计 完成对宁河区东棘坨镇党委、镇政府主要负责人任职期间自然资源资产管理和生态环境保护责任履行情况的审计。完成对宁河区潘庄镇党委、镇政府主要负责人任职期间自然资源资产管理和生态环境保护责任履行情况的审计。审计中查出管理不规范金额3125万元，非金额计量问题8个。

其他审计项目 完成审计署统一部署的国家重大政策措施落实情况跟踪审计项目；配合审计署实施城镇保障性安居工程跟踪审计。以提高项目建设资金的管理水平为目标，完成区体育场维修工程审计。完成宁河区委、区政府、区纪委等部门临时交办的宁河区七里海保护区建设管理委员会相关费用审计等6个审计项目。完成对宁河区芦台镇财政决算情况审计，审计中查出管理不规范金额9017万元，非金额计量问题1个。

相关工作 宁河区审计局荣获区委宣传部、区司法局授予的2011—2015年度普法依法治区工作先进单位，宁河区妇联颁发的2015—2016年度三八红旗集体，宁河区精神建设委员会授予的2016年度文明单位等荣誉称号。被中国审计报社评为全国审计宣传工作先进单位，被中国内部审计协会评为宣传先进单位。

内部审计 内部审计机构以规范单位内部财务管理为目标，实施内部审计项目146个，审计资金总额16785万元，促进增收节支78万元，提出审计建议69条。（撰稿人：李宏秋）

【静海区审计局】 2017年，静海区审计局人员编制30人，实有29人。局长周俊明，副局长陈军（—12月）、刘树发、王立俊（12月—），纪检组长魏立军（—9月）。设有办公室（人事教育科）、综合法制科、行政事业审计科、财政金融审计科、企业审计科、固定资产投资审计科、经济责任审计科、农业和资源环保审计科、联网审计科、内部审计指导科；下设天津市静海区审计事务中心。

审计成果 2017年，静海区审计局完成审计项目48个。查出主要问题金额117928万元；审计发现非金额计量问题53个；出具审计报告和专项审计调查报告122篇，被批示、采用3篇。移送司法机关、纪检监察机关和有关部门处理事项14件。提出并被采纳审计建议43条；提交审计信息78篇。

天津市静海经济开发区管理委员会2014年度财政收支情况审计项目获得天津市审计局市级优秀审计项目，联网审计案例《跟踪政策落实关注弱势群体规范残疾人专项补助资金管理使用》入选天津市审计系统10个“经典案例”之一。

国家重大政策措施落实情况跟踪审计 完成4个季度跟踪落实审计项目。查出管理不规范金额42700万元。提出审计建议5条。审计中重点关注有关部门和单位涉及重大项目建设进度及基础设施建设情况，资金保障、简政放权等政策措施落实情况，揭示不作为、慢作为、乱作为的现象，反映体制机制和管理中存在的突出问题。

财政审计 对58个部门（单位）本级财政预算执行及其他财政收支情况进行审计，发现财政部门未按照规定设置预备费、应当纳入国库核算的财政资金通过财政专户核算、未按照规定全部采用国库集中支付方式拨付资金、未按照规定编制国有资本经营预算等问题，查出主要问题金额20144万元。

经济责任审计 受静海区委组织部委托，完成对39个单位61名领导干部任期经济责任审计，查出主要问题金额20718万元、违规金额3万元、管理不规范金额20689万元，审计提出建议15条。根据天津市审计局统一部署，完成对南开区公安分局局长任期经济责任审计，发现公职人员经商办企业、派出所设置“小金库”、涉案物资管理不规范等问题。

农业与资源环保审计 对2个单位4名领导干部进行自然资源离任审计，发现审计问题8个，提出审计建议7条。完成区农委2014—2016年度农村土地承包经营权确权登记颁证补助资金专项审计。

固定资产投资审计 对3个单位进行审计，查出非金额计量问题1个，提出审计建议1条。

企业审计 对区国资委管理的区属国有及国有控股企业的47家企业经营现状进行审计，查出资产损益严重不真实和以个人名义经营办企业等非金额计量问题7个；移送有关部门处理事项4件。提出审计建议4条。

其他审计项目 根据市审计局统一部署，对武清区和滨海新区保障房建设和农村危房改造项目进行专项审计。受静海区委、区政府委托，对静海镇北环工业区天津华泰铜业公司集资、静海镇二街上访、扶贫济困领域不正之风诱发腐败问题治理、2016年区党费收支和党员服务中心财政收支等 14 个项目进行审计。

内部审计 静海区各内部审计机构完成审计项目 102 个，审计总金额 213993 万元，促进增收节支 18 万元。提出合理化建议意见 263 条。

（撰稿人：王永强）

【蓟州区审计局】 2017 年，蓟州区审计局人员编制 38 人，实有 37 人。局长夏景泽，副局长张维东、邹双谊（—6 月）、金宝泉（11 月—）。设有办公室、法制综合科、行政事业审计科、财政金融审计科、农业资金审计科、基建审计科、经济责任审计科、企业审计科、联网审计科、内部审计指导科（挂靠法制综合科）。

审计成果 2017 年，蓟州区审计局完成审计项目 43 个，专项审计调查项目 2 个。查出主要问题金额 27325 万元，其中违规金额 8951 万元、管理不规范金额 18373 万元；审计发现非金额计量问题 269 个；损益（收支）不实金额 338 万元；侵害人民群众利益 35 万元；出具审计报告和专项审计调查报告 55 篇。审计处理处罚金额 8854 万元，其中应上缴财政 7340 万元、应归还原渠道资金 40 万元、应调账处理金额 1473 万元；移送司法机关、纪检监察机关和有关部门处理事项 3 件，移送处理人员 6 人，移送处理金额 375 万元。审计促进整改落实有关问题资金 9187 万元；审计促进拨付资金到位 555 万元。审计提出建议 147 条，被采纳 130 条；提交审计信息 3 篇。

国家重大政策措施落实情况跟踪审计 按照审计署、天津市审计局的统一安排部署，完成蓟州区一至四季度稳增长政策落实跟踪审计调查任务，出具审计调查报告。

财政审计 完成蓟州区财政预算执行和其他财政收支情况审计，向区政府和区人大常委会分别提交审计结果报告和审计工作报告；完成 2 个主管预算单位预算执行情况审计；配合天津市审计局进行区级财政决算全覆盖审计。完成 14 个行政事业单位财务收支审计；完成 3 个镇乡财政收支审计；按照天津市审计局统一安排部署，完成武清区地方政府性债务审计；完成“一村一策”涉农扶持资金审计调查；完成蓟州区养老机构补贴资金专项审计调查。

经济责任审计 受蓟州区委组织部委托，完成 10 个单位 11 名主要领导干部经济责任审计；完成 2 个镇乡领导干部自然资源资产离任审计项目。按照天津市审计局统一安排部署，完成武清区公安局领导干部经济责任专项审计。

固定资产投资审计 完成津围公路北二线（喜邦公路—河北兴隆界）工程项目固定资产投资情况审计，延伸审计相关建设单位。完成区领导交办的对蓟州区官庄镇玉石庄新农村建设试点项目总体情况审计调查摸底工作。

企业审计 完成企业审计项目 5 个，促进企业提高经营管理水平。完成蓟州区委巡察办移交审查天津隆裕恒基物流有限公司等相关企业 2014—2016 年度相关账簿情况，出具审计报告。完成蓟州区政府领导交办的对蓟州区旅游集团债务情况审计调查摸底工作。

其他审计项目 按照天津市审计局统一安排部署，完成武清区、北辰区 2016 年保障性安居工程项目审计。完成蓟州区生态储备林项目审计。

内部审计 蓟州区共有内部审计机构 107 个，内部审计人员 223 人。全年完成审计项目 380 个，审计促进增收节支 63 万元，提出意见建议被采纳 172 条。

（撰稿人：王大为）

2017年天津市所辖区级审计工作统计表

金额单位：万元

审计机关	完成审计项目（个）	审计查出主要问题金额	审计处理情况					出具审计报告和审计调查报告（篇）	提出审计建议（条）	提交审计信息（篇）
			审计处理处罚				移送处理事项（件）			
			应上缴财政	应减少财政拨款或补贴	应归还原渠道资金	应调账处理金额				
和平区审计局	35	427310	1188		19	14745	20	35	92	118
河东区审计局	31	501	501					34		56
河西区审计局	30	5305					4	30	22	87
南开区审计局	40	256605			582	261	6	40		91
河北区审计局	37	30649	1162		809	25	7	63	121	159
红桥区审计局	30	86940	2427			273	7	48	16	160
东丽区审计局	46	55637	717					67	24	93
西青区审计局	24	617806	2392					30	73	67
津南区审计局	34	258337	8649		181	1074	2	31	115	107
北辰区审计局	42	2036625			7922			66	137	102
武清区审计局	75	109693	1628		10000	725202	1	78	64	102
宝坻区审计局	40	53761	7068	616	933	42261	14	43	7	92
滨海新区审计局	43	1276835	37135		229	146706	6	47	25	81
宁河区审计局	44	393080	11367		166		6	66	60	64
静海区审计局	48	117928					14	122	43	78
蓟州区审计局	45	27325	7340		40	1473	3	55	147	3

河北省

【河北省审计厅】 2017年，河北省审计厅人员编制137人，实有141人。设有办公室、机关党委、法规处、人事处、离退休干部处、财政审计处、金融审计处、行政事业审计处、社会保障审计处、固定资产投资审计处、农业与资源环保审计处、外资运用审计处、企业审计处、内部审计管理处、经济责任审计局综合处、经济责任审计局省直部门经济责任审计处、经济责任审计局省属院校及国有企业经济责任审计处、经济责任审计局市县经济责任审计处、经济执法派出审计处、贸易交通派出审计处、文体卫派出审计处、科教派出审计处、农林水派出审计处、发展建设派出审计处；下设直属事业单位：计算机信息审计中心（编制22人，实有21人）、财政审计中心（编制32人，实有32人）、电子数据审计中心（编制10人，实有9人）等3个单位为参照公务员管理，审计系统教育中心（编制25人，实有25人）为全额拨款事业单位。

领导成员

厅　　长：杨晓和

副 厅 长：赵建护（7月—）
　　　　　韩　龙（7月—）
总审计师：段　宁
纪检组长：梁宝卿
经济责任审计局局长：刘西春（6月—）
巡 视 员：李树森（7月—）
副巡视员：刘　军（—3月）

审计成果　2017年，河北省审计机关共完成审计和专项审计调查项目2736个。出具审计报告和专项审计调查报告3250多篇。2个项目被审计署评为地方表彰审计项目。

国家重大政策措施落实情况跟踪审计　全省审计机关对精准扶贫、重大建设项目推进、“三去一降一补”、防范地方债务和金融风险等重大政策落实情况开展跟踪审计，共投入审计人员6195人次，抽审单位5191个、项目3683个，抽审资金总量7925亿元，促进各类项目加快实施305个，促进出台、完善配套政策和建立健全规章制度82项。

在对“三去一降一补”政策跟踪审计中，抽查1057个单位866个项目，涉及资金82.47亿元，推动去产能专项资金发挥效益4.9亿元，淘汰燃煤锅炉3097台，关停企业、矿井1537户；对全省253.74万户的“电代煤、气代煤”工程进行的跟踪审计，出具阶段性审计报告164份；在对简政放权的审计中，促进取消、合并行政审批事项862项，下放行政审批事项1213项，减少审批前置条件、审批环节456项，促进落实税收优惠政策为企业减负5亿元。在对精准扶贫的审计中，省审计厅组织11个市审计局，投入审计力量750人次，对37个国定扶贫县扶贫政策落实、扶贫资金管理及项目绩效等情况进行审计，向省政府报送审计专报7个，推动扶贫资金发挥效益2.6亿元。

财政审计　全省预算执行和财政决算审计项目1511个，延伸审计项目1240个。代省政府向省人大常委会作的省本级预算执行及其他财政收支审计工作报告得到充分肯定；审计查出问题整改报告，省人大常委会满意度测评高达98%。

经济责任审计　对725个单位775名领导干部进行经济责任审计。其中，省审计厅组织全省审计机关对82家单位95名省管领导干部进行经济责任审计。在试点审计基础上，授权各市审计局按照“五统一”原则，异地交叉集中开展41名县区委书记和23所高校的36名书记、校长的经济责任审计。

固定资产投资审计　全省审计机关审计投资项目投资额1474.1亿元，核减投资额112.4亿元。开展张家口冬奥会建设项目工程跟踪审计项目45个，涉及财政资金47.6亿元

民生资金（项目）审计　连续第5年开展保障性安居工程跟踪审计，审计资金总量648.04亿元，相关县政府和部门根据审计建议新制定或修订保障房分配、农村危房改造、经济适用住房分配出售等与民生紧密相关的制度规定14项。

农业与资源环保审计　根据审计署《2017年地方审计机关开展领导干部自然资源资产离任审计试点工作的指导方案》和省委办公厅、省政府办公厅印发的《开展领导干部自然资源资产审计试点工作方案》，省审计厅直接对衡水市进行审计试点。省审计厅组织承德市审计局、保定市审计局对兴隆县、曲阳县进行领导干部自然资源资产离任审计试点审计。针对审计发现的问题，相关市、县政府已组织相关部门和单位进行整改和完善制度政策。

金融审计　持续重点关注并揭示风险，促进地方金融机构加强管理，规范经营，防范和化解金融风险。省委主要领导和相关市委、市政府主要领导高度重视，及时采取一系列重大措施，充分发挥金融审计的预警作用，推动地方金融机构稳健发展。

外资审计　完成审计署授权河北省审计的11个利用外资审计项目，其中贷款项目8个、赠款项目3个，涉及城镇基础建设、林业、水利、能源、环境治理等行业。对外出具无保留意见的中英文审计报告7份、保留意见的中英文审计报告1份。在审计中，将外资项目公证审计同效益审计有机地结合起来，注意揭露有无严重损失浪费、项目效益能否保证等问题，促使外资项目达到设计的目标，产生更大的社会及经济效益。

信息化建设　在金审工程三期建设、数据分析工作、信息系统审计、安全保密建设等方面取得显著进步。省审计厅政务信息系统实现统一登录认证、统一资源调用、统一批示、统一消息，

在全省政务信息系统整合共享推进会上介绍经验。审计署对河北省审计厅信息化建设工作给予充分肯定；省审计厅撰写的《主动创新作为，加大工作力度，充分运用大数据审计方法提高审计能力》一文入选审计署评审的全国审计系统大数据分析交流材料。各市审计局在基础设施、网络建设、视频会议、移动办公等方面进行重点建设，一些市审计局开展预算执行审计数据采集报送和数据分析工作，拓展审计覆盖面。

党建工作 落实全面从严治党总要求，强化理论武装，扎实推进“两学一做”学习教育常态化制度化，举办落实全面从严治党“两个责任”培训班。在党风廉政建设方面，制定《河北省审计厅重大事项报告及廉政提示和跟踪监督制度》，加大对重要时间节点、婚丧等敏感事项的监督力度，强化纪律和规矩意识。

相关工作 全省各级审计机关出台或完善近百项审计业务管理的规章制度。省审计厅出台《河北省审计厅关于实行审计结果通报会的暂行办法》《河北省审计厅关于加强审计结果运用强化审计整改落实的办法（试行）》《关于规范审计业务会议决定文书格式的通知》等10余项审计业务制度规范。（撰稿人：刘　颖）

【石家庄市审计局】 2017年，石家庄市审计局人员编制122人，实有149人。局长刘桂江（—3月）、裴晓青（3月—），副局长张建国、赵英然、钱国伟、尹建明，总审计师刘建新，园区分局局长李国辉，经济责任审计中心主任李强平。设有办公室、人事处、法规处、财政审计处、行政事业审计处、农业与资源环保审计处、固定资产投资审计处、金融审计处、企业审计处、社会保障审计处、外资运用审计处、内部审计管理处、机关党委；下设园区分局、经济责任审计中心、计算机信息中心、审计干部培训中心。

审计成果 2017年，石家庄市县两级审计机关共审计223个单位51名领导干部。查出违规金额27.31亿元、管理不规范金额134.28亿元；移送纪检、司法机关或其他部门处理事项45件，涉及15人。出具审计报告被市委、市政府主要领导批示26次。上缴财政11.78亿元、核减投资额3.11亿元、增收节支14.43亿元。向社会公告审计结果2篇。

石家庄市审计局新华区房屋征收管理办公室的财务收支审计项目被评为河北省2017年优秀审计项目。

国家重大政策措施落实情况跟踪审计 全市共计参与审计6.8万人次，抽审单位738个，抽审项目657个。抽审资金总量461.88亿元，发现问题金额2.03亿元。

财政审计 石家庄市审计局对全市59家一级预算单位实现多专业融合、多角度分析的大数据审计，代市政府所作预算执行审计报告和整改报告得到市人大常委会充分肯定。

经济责任审计 石家庄市审计局组织完成对5名县委书记和11名市直部门主要负责人的经济责任审计；由市政府督查室牵头，对2016年度的经济责任审计查出问题加强督促整改。撰写的领导干部自然资源资产离任审计的调研报告刊发于《中国审计》杂志。

民生资金（项目）审计 连续第4年对全市城镇保障性安居工程进行审计，得到审计署社会保障审计司的肯定。完成市本级和17个县（市、区）新农合医保基金和居民医保基金整合审计；对井陉、赞皇、平山、矿区和灵寿等5个县（区）实施“7·19”灾后重建跟踪审计；完成省审计厅组织的衡水故城县地下水超采综合治理项目审计、石家庄市“电代煤”“气代煤”跟踪审计。

其他审计项目 对平山、赤城、围场、盐山等县实施扶贫资金审计；完成省审计厅组织的衡水故城县地下水超采综合治理项目审计；完成世界银行贷款河北省大气污染防治项目资金审计；对全市20家单位进行关于违反财经纪律问题的专项督查；对20个大中型企业进行纳税评估和税收征管质量检查。

相关工作 出台并完善党组议事规则、落实审计工作七项规定等制度。推进金审工程三期项目建设，成立审计数据分析室，将大项目审计平台用于审计实践。开展农村财务审计调研，对全市内部审计人员进行摸底培训。推行“工作队＋市农广校＋合作社＋农户”合作方式帮助平山县秘家沟村开展26个项目，涉及资金600多万元。

（撰稿人：刘曼曼）

【唐山市审计局】 2017年，唐山市审计局人员编制121人，实有120人。局长王洪江，副局长李桐（—1月）、卢翠娟（2月—）、葛庆学、易敏、李富，总审计师方文亮，纪检组长刘树元，副调研员李建华、赵宗文、邢瑶。设有办公室、法规内审处、经济责任审计一室、经济责任审计二室、财政审计处、行政事业审计处，经贸外资审计处、固定资产投资审计处、农业与资源环保审计处、社保金融审计处和机关党委（机关纪委）、离退休干部处（人事处）；下辖高新技术产业开发区审计局、海港开发区审计局；下设教育培训中心、政府投资审计中心、计算机审计中心。

审计成果 2017年，唐山市县两级审计机关完成审计项目442个。查出主要问题金额4407372万元，其中违规金额232882万元、损失浪费金额8052万元、管理不规范金额4166438万元；审计发现非金额计量问题719个；损益（收支）不实金额910661万元；出具审计报告和专项审计调查报告474篇。审计处理处罚金额825895万元，其中应上缴财政129152万元、应减少财政拨款或补贴217806万元、应归还原渠道资金39284万元、应调账处理金额439653万元。审计促进整改落实有关问题金额369052万元，其中增收节支281652万元（已上缴财政76141万元、已减少财政拨款或补贴203809万元、已归还原渠道资金1702万元）、已调账处理金额87398万元；移送司法机关、纪检监察机关和有关部门处理事项67件。审计后挽回（避免）损失205164万元；核减投资额219473万元。提出审计建议986条；提交审计信息91篇。向社会公告审计结果12篇。

国家重大政策措施落实情况跟踪审计 全市审计机关针对简政放权、重大建设项目、财政资金统筹使用、重大国家重大政策措施落实情况跟踪审计落实、经济领域风险防控情况等5个方面重点事项，共审计单位558个，财政投资建设项目367个，涉及财政资金2517535万元，审计发现问题7个，涉及问题金额74795万元，提出审计建议25条。按照审计署、省审计厅要求，对市本级及14个县区“三去一降一补”及大气污染防治资金国家重大政策措施落实情况跟踪审计落实情况进行跟踪审计，对1个单位、4个县区“电代煤、气代煤”政策执行情况进行跟踪审计，为打通政策落地“最后一公里”发挥职能作用。

财政审计 全市审计机关对142个单位进行预算执行审计，查出主要问题金额2263186万元；对55个单位开展财政决算审计，查出主要问题金额453949万元。唐山市审计局坚持以预算执行情况为重点，加强财政资金绩效审计，共审计一级预算单位33个，延伸审计单位和项目128个，揭示出8个方面87个具体问题，查出主要问题金额567588万元。

全市审计机关共对80个行政事业单位进行财务收支审计，查出主要问题金额1273493万元。唐山市审计局对23个行政事业单位进行审计，延伸审计单位120个，查出主要问题金额1252257万元。对市本级行政机关、事业单位2016年“三公”经费及会议费、培训费管理开支情况进行审计（调查）。

经济责任审计 全市审计机关共对143名领导干部和国有企业领导人员进行任期经济责任审计。查出涉及领导责任违规金额59626万元、管理不规范金额1864018万元，促进增收节支19452万元。唐山市审计局通过对33名领导干部和国企领导人员经济责任审计，查出涉及领导责任违规金额56087万元，纠正管理不规范金额1769475万元，促进增收节支19362万元。

固定资产投资审计 全市审计机关共审计投资项目129个，涉及项目投资额1320924万元，查出主要问题金额219612万元，核减投资额（工程款）219473万元。唐山市审计局对91个重点项目进行审计，涉及项目投资额1277505万元，查出主要问题金额206892万元。组织开展陡河水库水源地治理封闭围挡工程、唐山新科技馆装修及布展工程等5个项目的全程跟踪审计。

民生资金（项目）审计 唐山市审计局组织开展沧州市政府及所属5个开发区、园区和唐山市14个县区的2016年保障性安居工程审计。按照省审计厅部署，唐山市审计局对邢台市新河县、广宗县、平乡县扶贫政策落实和扶贫资金分配管理使用情况进行审计。

农业与资源环保审计 按照省审计厅部署，唐山市审计局对邢台市临西县政府实施的2014—2016年度地下水超采综合治理项目进行审计。结合乐亭县原县长任期期间经济责任审计，进行自然资源资产离任审计试点，为全面开展自然资源资产离任审计探索方法、总结经验。

（撰稿人：孙亚东）

【秦皇岛市审计局】 2017年，秦皇岛市审计局人员编制69人，实有61人。局长刘忠全，副局长王海堂、唐继华、殷建兵，总审计师刘勇，纪检组长张桂琴（—7月）、刘跃文（7月—），副调研员张伟。设有办公室、党总支、监察室、法制科、金融外资审计科、科教卫审计科、投资审计科、经贸审计科、行政事业审计科、农业与资源环保审计科、财政审计科、经济责任审计办公室、社保资金审计科；下设基本建设审计中心（事业单位）。

审计成果 2017年，秦皇岛市县两级审计机关完成审计项目104个。查出违规违纪金额1.4亿元、管理不规范金额125.44亿元；发现非金额计量问题376个。移送问题、案件线索48件。审计提出建议228条；提交审计信息166篇。

国家重大政策措施落实情况跟踪审计 以“三去一降一补”及大气污染防治、“电代煤、气代煤”等国家重大政策措施落实情况跟踪审计落实为抓手，聚焦中央和省、市重大决策部署的贯彻落实情况，督导各项改革措施落地见效。市、县两级审计机关累计投入审计人员277人次，抽查部门或单位182个，审计项目91个，涉及公共资金134.38亿元；共发现问题15个，整改12个。

财政审计 秦皇岛市审计局组织开展市本级2016年度预算执行和其他财政收支审计。查出违规违纪金额5147.18万元、管理不规范金额80923.2万元；移送问题线索8件。对市委统战部、市财政局、市发改委、市残联、市实验中学、北戴河新区管委会等9个重点部门和单位的预算执行情况进行审计，发现存在财政收入不实、专项资金闲置等问题。在2016年度市本级预算执行财政收入延伸审计中，查出应缴未缴各种税费1610.76万元。对抚宁区2015—2016年度财政收支决算开展审计，查出违规违纪金额3658.56万元、管理不规范金额61974.48万元；移送问题案件线索3件。同时，加强对上年度预算执行审计工作报告揭示问题整改落实的督导检查，提高审计问题整改到位率。

经济责任审计 研究制定《关于进一步加强经济责任审计工作的意见》《秦皇岛市领导干部离任经济事项交接办法（试行）》《秦皇岛市经济责任审计项目计划管理办法》等3个文件，并以市“两办”和市经济责任审计领导小组名义印发执行。根据市委组织部的委托，对7名县处级领导干部任职期间履行经济责任情况开展审计，查出“三公”经费和会议费超预算、工程未实行政府采购、施工单位违法分包等问题。对青龙满族自治县党政主要领导干部开展自然资源资产审计试点工作，揭示自然资源资产开发利用、环境保护相关资金管理使用等方面存在的5类20个问题。

按照省审计厅安排部署，市县区局协调联动，调集60人组成4个审计组，对邯郸市涉县、馆陶、鸡泽、广平4名县委书记开展任期经济责任审计，将发现的线索移送相关部门核实处理。

固定资产投资审计 对秦皇岛市西部污水处理厂、北戴河至北戴河机场快速通道PPP项目开展跟踪审计，发现开工不及时、项目资本金不到位等问题，下发跟踪审计意见书并提出处理意见及建议。开展对第二届河北省旅游产业发展大会资金跟踪审计，重点对承办会议资金管理、分配、使用情况进行审核把关。完成柳江煤矿经济适用住房建设涉访问题和秦皇岛大酒店、北戴河东经路宾馆资产、负债和损益情况的审计调查。

民生资金（项目）审计 完成对石家庄市本级2016年保障性安居工程异地交叉跟踪审计项目。查出管理不规范金额31644.89万元；非金额计量问题10个。配合廊坊市审计局，对秦皇岛市本级（含开发区、北新区）及海港区2016年保障性安居工程进行审计。采取“上审下”方式对其他6个县区2016年保障性安居工程实施跟踪审计，发现未按规定取得工程基本建设审批手续、骗取住房保障待遇等6方面29个问题。

完成青龙满族自治县2016年度扶贫审计，发现扶贫资金被挪用、未及时拨付、部分扶贫项目无法实现预期效果等5方面16个问题，涉及资金总额1.53亿元，青龙纪检监察机关对5名责任人员进行责任追究。

按照省审计厅统一部署，派出两个审计组完成对张家口市宣化、万全两区的扶贫审计任务。

完成省审计厅授权的邯郸市邱县地下水超采综合治理补助资金审计，发现挤占专项经费、虚列财政支出等问题，涉及资金1122.7万元。

信息化建设 筹集资金200余万元，购置新型应用服务器、数据库服务器和磁盘阵列等，更新数据分析平台硬件设施；更新远程会议终端设备，提升改造视频会议系统。推进OA与AO的交互应用，实现电子数据分析平台大规模计算、分析、对比模化运作。

审计科研 结合自然资源资产审计试点的实践，承担完成省审计厅下达的领导干部自然资源资产离任审计的重点科研课题研究任务，总结审计试点的成果和做法，将其上升到理论高度，用以指导审计实践。受审计署资源环境审计司邀请，秦皇岛市审计局参加审计署组织的《领导干部自然资源资产离任审计操作指引》的编写工作。

相关工作 学习宣传贯彻党的十九大精神，扎实推进“两学一做”学习教育常态化制度化，以理论中心组学习、民主生活会等为依托，组织党员干部定期开展集体学习。全面落实党风廉政建设责任制，发挥党组织的战斗堡垒和党员的先锋模范作用，自觉把党风廉政建设与审计业务工作统筹谋划、同步推进。认真践行执纪监督“四种形态”，突出抓早抓小，防微杜渐，让谈话提醒、“红脸出汗”常态化。注重加强干部队伍素养能力建设，开展抓基层打基础练基本功活动，提出“远学江浙、近学唐沧”目标定位，下半年组织全市审计机关120名业务骨干分两批赴浙江大学参加综合素质提升培训，收到良好效果。在省审计厅通报的2017年度审计工作成效及亮点中，列举秦皇岛市审计局政策跟踪审计、经责审计、党风廉政建设等10个方面的例子。秦皇岛市审计局荣获“河北省文明单位”称号。

（撰稿人：李　卓）

【邯郸市审计局】 2017年，邯郸市审计局人员编制78人，实有84人。党组书记、局长刘斌（5月—），党组副书记、局长沙启峰（—5月），党组副书记、副局长张文玲（—10月），党组成员、副局长郭兴元、李文灿、王金全（10月—），党组成员、总审计师刘九思，党组成员、纪检组长张许生（—4月），党组成员、经济责任审计办公室主任张大鹏，调研员张文玲（10月—），副调研员王金全（10月—）、戴笑丛。设有办公室、人事处、法规处、财政审计处、行政事业审计处、农业与资源环保审计处、固定资产投资审计处、金融审计处、企业审计处、社会保障审计处、外资运用审计处、计算机审计信息处等12个处室；下设经济责任审计办公室、政府投资项目审计中心、内部审计指导中心等3个事业单位。

审计成果 2017年，邯郸市县两级审计机关完成审计项目215个，其中市审计局完成88个。查出主要问题金额160多亿元；向司法、纪检监察及有关部门移送案件线索30多件。审计提出建议被采纳500余条，市委、市政府领导对审计报告、审计专报等作出批示20多次。

大名县扶贫办公室主任任期经济责任审计项目被审计署评为2017年地方表彰审计项目、被省审计厅评为2017年全省优秀审计项目。邯济铁路扩能改造拆迁补偿审计项目被省审计厅评为2017年全省表彰审计项目。

国家重大政策措施落实情况跟踪审计 认真执行重大政策落实跟踪审计工作方案，出台民生、扶贫、大气污染治理、保障性住房、节能减排淘汰落后产能五个重大政策落实跟踪审计实施方案，重点揭示涉及项目建设、政府投资、节能环保、城市基础设施、农田水利等多个领域重大政策落实不到位，重点项目进度缓慢，滞留专项资金，财政存量资金盘活不力，资金和土地资源闲置等方面存在的漏洞和问题165个。

财政审计 紧扣“财政资金绩效、中央政策执行、政府风险防控”这条主线，进一步加大本级预算执行情况审计力度。核查财政税收、涉农、民生等5大类60多项资金，查出违规及管理不规范金额64亿元，促进市财政增收1.1亿元，督促预算收入上缴入库7618.4万元，加快债券资金、涉农、水利、民生等专项资金拨付4.8亿元；向相关主管部门移送问题线索3件。

经济责任审计 对16名县级领导干部实施经济责任审计。采用“三个清单式审计”（决策清单、审计核查清单、问题清单），以“综合组、财政组、项目组、部门组”四组结合，精准并进，提升审计效能。

固定资产投资审计 全市审计机关共完成重

点投资审计项目30多个，审计资金及投资额74亿元，审减工程造价近4亿元，向相关部门移送处理事项5个，提出针对性审计建议被采纳21条。在揭示问题的基础上，系统分析梳理出政府投资建设项目在立项审批、招投标、征地拆迁、工程造价等多方面存在的18类问题，向市政府提交的《政府投资建设项目存在的问题及建议》审计专报。

民生资金（项目）审计 组织全市120余名审计干部参与大兵团集中作战，先后对大名、馆陶、鸡泽、广平、肥乡5个贫困区县2014年至2016年扶贫政策落实等情况进行审计，对馆陶县、鸡泽县和肥乡区财政涉农资金开展审计调查。配合审计署京津冀特派办对国定贫困县魏县进行审计，实现全市贫困县区审计全覆盖。同时，按照省审计厅统一安排，对张家口市康保县、沧州市海兴县实施扶贫专项审计。

在保障性安居工程跟踪审计中，揭示保障性住房分配和使用管理不规范等5大类17项问题，查出违规和管理不规范金额1.3亿元，市本级2016年棚户区改造开工任务未完成1334套，2680套已竣工验收的保障性住房空置超过一年等问题；追回资金62.7万元，补充安排或盘活资金8874.3万元，将闲置保障性住房投入使用1999套，取消保障对象资格或调整保障待遇173户，清退违规分配使用的保障性住房73套、违规享受农村危房改造待遇人员63人。

农业与资源环保审计 对武强县2014—2016年度地下水超采综合治理项目进行审计，共抽查地下水超采项目8个，揭示出四大方面问题。对涉县自然资源资产离任审计的审计试点，揭示20多个方面问题，查处各类违规和管理不规范金额1.3亿元。

金融审计 完成对五大融资平台公司、中小企业担保公司和诚信住房置业担保公司的审计。揭示融资平台公司在体制机制层面及经营过程中存在的问题，深入分析融资平台公司在债务偿还能力方面存在的风险隐患，提出审计建议，向市政府提交《审计专报》。

其他审计项目 完成全市医疗保险基金审计、“7·19”灾后重建跟踪审计、破产企业职工安置费用等审计项目，配合省审计厅对邯郸市相关的世界银行贷款节水灌溉二期项目、亚洲开发银行贷款河北节能减排促进项目等4个项目进行公正审计，取得较好效果。

信息化建设 以市政府办公厅文件形式向全市各预算单位下发《关于定期报送审计电子数据工作的通知》，实现审计数据采集全覆盖，建立审计数据定期报送机制。部署审计数据分析网，完成与省审计厅数据中心的实时链接，打通数据传输渠道，归集全市30多个市直部门的财务数据，引进开通协同及移动办公系统。

党建工作 全面推进从严治党、从严治审，制定《邯郸市审计局党风廉政建设主体责任落实办法》，市审计局主要领导与分管领导、班子成员与分管处室分别签订党风廉政建设责任书，明确责任。审计组成立临时党支部，现场审计中坚持正常开展组织生活，强化党性教育，发挥党组织在审计工作中的促进指导作用和党员先锋模范作用。

相关工作 加强队伍建设，在全市审计系统开展评选首届十大文明标兵、十大优秀主审、十大信息技术能手和十大核查问题能手的“四个十”先进评选活动，形成“比学赶帮超”的生动局面。邯郸市审计局负责大名县旧治乡李一牌村和李五牌村驻村精准脱贫帮扶工作，驻村工作组同乡村基层干部并肩战斗，办实事、解难事、多干事，带领贫困群众脱贫致富，被评为2017年度全省先进驻村工作队。邯郸市审计局被评为“2014—2015年度河北省文明单位”；被河北省精神文明办公室、省审计厅评为“全省审计系统提质提效、文明服务创建竞赛优胜单位”；被中共邯郸市委市直机关工委评为“先进基层党组织”。

内部审计 邯郸市政府办公厅印发《关于进一步加强内部审计工作的通知》，强化规范内部审计工作。在南京审计大学举办首届50多名人员参加的内部审计干部培训班。邯郸市公安局内审机构获得“全国内部审计工作先进集体”称号。

（撰稿人：李　岳）

【邢台市审计局】 2017年，邢台市审计局人员编制71人，实有69人。局长关峰，副局长刘孟起、杨正学（9月—）、颜住山、刘金锋，总审计师赵春敏（9月—），纪检组长刘兴泉，正处级干部赵兰云、宋万达（9月—）、董书星（—9月），副调研员李永泽（9月—）、董瑞强。设有办公室、人事教育科、机关党委、法规科、财政审计科、金融外资审计科、行政审计科、事业审计科、农业与资源环保审计科、固定资产投资审计科、企业审计科、社会保障审计科、经济责任审计局、高新技术开发区办事处、政府投资审计中心。

审计成果 2017年，邢台市县两级审计机关完成审计项目244个。查出问题金额162亿元。审计处理处罚24.66亿元，其中应上缴财政2.5亿元、应减少财政拨款或补贴485万元、应归还原渠道资金1.39亿元；移送处理案件线索19件，其中移送纪检监察部门处理事项7件，移送其他部门处理事项12件。审计促进整改落实有关问题金额3.32亿元，其中增收节支9814万元。

邢台市审计局实施的威县人民政府县长安庆杰同志任期经济责任审计项目被评为河北省审计厅表彰审计项目；邢台市临城县审计局实施的临城县人民医院2013—2014年度财务收支审计项目被评为河北省审计厅优秀审计项目。

国家重大政策措施落实情况跟踪审计 对全市国家重大政策措施落实情况进行跟踪审计，分季度、有重点地开展审计工作，揭示并反映典型性、普遍性问题45个，并督促整改到位37个。

预算执行审计 完成2016年度市本级预算执行及其他财政财务收支情况审计，对重点项目资金进行延伸抽样审计，揭示预算支出进度较慢、预算支出进度不够均衡、部分预算资金未细化到部门、暂存款和暂付款未及时清理等问题，按时向市政府提交审计报告。

经济责任审计 全年完成市委组织部委托的审计经济责任审计项目31个，其中任中审计项目22个，审计结果为考核、任免、奖惩被审计领导干部提供重要依据。

固定资产投资审计 完成市政府交办的市信访局装修改造工程结算审计项目，完成河北省眼科医院迁建工程竣工决算审计和市三院改扩建工程一期竣工决算审计项目；按照河北省审计厅授权，承担大广高速公路跟踪审计项目，审计中按阶段进展及时向省审计厅投资处汇报进度。

民生资金（项目）审计 按照河北省审计厅安排，对衡水市本级（含滨湖新区、工业新区）2016年保障性安居工程的计划、投资、建设、分配、运营等情况，及配套基础设施建设情况进行审计。完成“电代煤、气代煤”惠民工程审计，在对各主管部门提供的资料进行审核基础上，通过关注资金使用、施工现场勘察、听取农户反映等形式，真正掌握工作开展情况和群众意见，向市政府提出审计建议。

外资运用审计 完成省审计厅统一组织实施的世界银行贷款邢台市大气污染防治项目审计，涉及邢台市本级审计实施和全市20个县、市（区）审计成果的统计汇总。协助省审计厅完成邢台市世界银行贷款林业综合发展项目审计、亚洲开发银行贷款河北省节能减排促进（能效电厂）项目财务收支和项目执行情况审计、世界银行贷款河北省清洁供热示范项目邢台工业余热集中供热子项目邢台旭阳安能热力有限公司审计等项目。

相关工作 鼓励审计人员撰写信息和调研文章，全年被省级以上媒体采用信息及调研文章136篇，其中国家级37篇、省级99篇。组织交通路口维护秩序的邢台文明城市创建活动、“低碳环保绿色出行”活动、“学习十九大拥抱大邢台”徒步走活动，强化全局干部职工文明意识，体验绿色健康生活方式。在中国共产党96周年诞辰之际，开展“迎七一颂党恩”朗诵比赛，让审计干部不忘初心、牢记使命，增强作为共产党员的光荣感和使命感。（撰稿人：贾杨博）

【保定市审计局】 2017年，保定市审计局人员编制61人，实有70人。党组书记、局长方砚烽（—6月）、李习谦（6月—），党组副书记、副局长温丽娜（—10月）、葛新军（10月—），党组成员、副局长范国庆、陈仕强、安清林，党组成员、总审计师梁丽卿，党组成员、纪检组组长朱春友，经济责任审计办公室主任刘栓乔，副调研员张建波、苏海彬。设有办公室、人事处、法制审理处、财政审计处、金融审计处、行政事业审计处、社会保障审计处、外资运用审计处、经贸审计处、农业与资源环保审计处、固定资产投资审计处、计算机审计处、经济责任审计一处、经济责任审计二处等14个职能处室；下设经济责任审计办公室和基建审计中心2个事业单位。

审计成果 2017年，保定市审计局审计项目91个，其中审计项目90个，专项审计调查项目1个。查出主要问题金额956679万元，其中违规金额55008万元、损失浪费金额50万元、管理不规范金额901670万元；审计发现非金额计量问题187个；损益（收支）不实金额23114万元；出具审计报告和专项审计调查报告111篇。审计处理处罚金额54747万元，其中应上缴财政1039万元、应归还原渠道资金52927万元、应调账处理金额780万元；移送司法机关、纪检监察机关和有关部门处理事项33件，移送处理人员22人。审计提出建议141条；提交审计信息39篇。

国家重大政策措施落实情况跟踪审计 组织市县两级审计机关对市本级及县（市、区）贯彻落实国务院稳增长、促改革、调结构、惠民生、防风险国家重大政策措施落实情况进行跟踪审计，审计发现涉及"三去一降一补"，大气污染防治，重点建设项目，精准扶贫、精准脱贫政策落实等方面问题88个。

财政审计 对市本级预算执行情况和市人社局、卫生计生委等10个部门预算执行情况进行审计，并延伸审计部分所属单位。审计发现部分项目支出进度较慢、部门预算未完全执行、存量资金清理效能发挥欠佳以及部分部门及所属单位仍存在违反财经纪律的问题。根据审计结果，向保定市政府提交审计结果报告，代市政府向保定市人大作《2016年度市本级预算执行和其他财政收支审计工作报告》。

经济责任审计 经过与市委组织部的沟通协调，对37名领导干部经济责任履行情况进行审计，其中县（市、区）委书记和县（市、区）长15人、市直部门主要负责同志12人、公检法三长10人。在审计过程中，按照被审计领导干部任职期间"重要决策事项清单""审计核查事项清单""审计发现问题清单"，精准有效地发现被审计领导干部在执行国家政策和上级决策部署、统筹推进本区域经济社会发展、重大决策及事项监管、党风廉政建设4方面存在的问题，进行客观的评价。

固定资产投资审计 保定市审计局开展保定市1千吨大型垃圾转运站项目竣工决算审计和漕河综合治理一期工程项目跟踪审计。

民生资金（项目）审计 对全市保障性安居工程进行跟踪审计，发现安居工程目标任务未完成、安居工程专项资金统筹管理不到位、挤占挪用安居工程专项资金，以及虚报骗取住房保障待遇等问题，并提出审计建议。根据省审计厅安排，对邯郸市保障性安居工程进行交叉审计。对河北省保障住房投资有限公司提请保定市人民政府对其提供棚改贷款项目资金的归集、使用、归还以及项目涉及宗地的土地收储、整理、出让数量、价格情况进行专项审计。保定市审计局对望都县、沽源县、曲阳县扶贫工作进行审计，共审计扶贫资金139455万元，查出违纪违规金额51061万元，移送问题线索85个，提出审计意见建议13条。

农业与资源环保审计 根据省审计厅统一安排部署，保定市审计局对保定市北部禁煤区9个县"电代煤、气代煤"政策执行情况进行跟踪审计。审计中共抽查19个乡镇48个村。通过审计，揭示配套资金缺口大、施工程序有待完善、"电代煤、气代煤"资金使用过程有待进一步规范等问题。保定市审计局对大名县2014—2016年度地下水超采综合治理项目进行审计，对"7·19"灾后重建进行跟踪审计，对市本级包括高新区和白沟新城2016年度中央和省级预算安排的大气污染防治专项资金进行审计。

金融审计 对保定银行股份有限公司风险状况开展专项审计调查，发现在信用风险和操作风险等方面存在的突出问题。

外资运用审计 配合省审计厅对亚洲开发银行白洋淀生态建设和环境治理12个子项目进行审计。

相关工作 以开展"两学一做"专题教育为抓手，牢固树立"四个意识"，加强自身建设、党的建设、审计队伍建设、党风廉政建设，加大监督检查和责任追究力度。保定市审计局领导班子被市委评为"优秀"等级；保定市审计局和部分县（市、区）审计局被市委评为"大气污染防治工作先进单位"。

（撰稿人：郭新正）

【张家口市审计局】 2017年，张家口市审计局人员编制66人，实有80人。局长刘全文，副局长李家富、胡学渊、孟贤君，纪检组长林平，总审计师赵乃筝，调研员宁存英，副调研员贺培峰。设有办公室、机关党委办公室（干部人事科）、监察室、法规科、财政审计科、行政事业审计科、固定资产投资审计科、企业审计科、农业和资源环保审计科、金融审计科、社会保障审计科、经济责任审计一科、经济责任审计二科；下设电子数据分析中心、公共投资项目审计中心事业单位2个。

审计成果 2017年，张家口市县两级审计机关共完成审计项目224个。查出主要问题金额1759561万元，其中违规金额5547万元、损失浪费金额159万元、管理不规范金额1753855万元；审计发现非金额计量问题440个；损益（收支）不实金额633700万元；出具审计报告和专项审计调查报告296篇。审计处理处罚金额521740万元，其中应上缴财政79万元、应归还原渠道资金5230万元、应调账处理金额516431万元；移送司法机关、纪检监察机关和有关部门处理事项18件，移送处理人员1人。审计促进整改落实有关问题金额489346万元；审计后挽回（避免）损失265万元；核减投资额4105万元。审计提出建议415条；推进被审计单位制定完善规章制度9项；提交审计信息401篇。

万全区委书记赵满柱同志、万全区原区长杜平同志任期经济责任审计项目被河北省审计厅评为优秀审计项目；秦皇岛市人民政府2015年和2016年上半年医疗保险基金审计项目被河北省审计厅评为表彰审计项目。

国家重大政策措施落实情况跟踪审计 完成稳增长国家重大政策措施落实情况跟踪审计、张家口市“三去一降一补”及大气污染防治政策落实情况审计、张家口市“电代煤、气代煤”政策执行跟踪审计。

财政审计 完成7个市直单位预算执行情况审计，延伸审计相关单位25个；对8家投融资机构进行审计调查，对10个部门和单位的“三公”经费进行专项调查。张家口市审计局代表市政府所作的预算执行审计工作报告及审计整改报告，受到张家口市人大常委会的充分肯定。

经济责任审计 完成对廊坊市安次、大厂、香河、文安4个区县和廊坊职业技术学院原党政主要领导任期经济责任审计，发现问题172个，涉及资金129亿元，废止和修改不合理文件20余个，其中1名县级领导被问责。完成宣化区、下花园区和张家口银行主要领导任期经济责任审计。

固定资产投资审计 按照审计署、省审计厅任务分工安排，对2016年至2017年开工的17个冬奥项目开展跟踪审计和审计调查。包括宁远机场改扩建等4个交通设施项目、崇礼区天然气工程等3个市政基础设施项目、气象综合观测系统等9个赛事服务项目及张家口赛区绿化美化项目。完成京新高速三期工程跟踪审计。

民生资金（项目）审计 对16个县区的保障性安居工程进行跟踪审计，完成承德市2016年度保障性安居工程跟踪审计。完成张北县2016年度扶贫审计，抽查资金3398万元、项目21个，入户调查124户。制订《张家口市审计局扶贫审计检查工作方案》，抽调全市审计系统业务骨干50余人组成5个审计组，由5名局领导带队，对张北、沽源、康保、尚义、阳原5个深度贫困县进行审计。按照省审计厅安排，对康保县开展扶贫审计；对承德县、涞水县、易县2015—2016年度扶贫政策落实、资金分配管理使用情况实施审计。

农业与资源环保审计 对张家口市绿化资金进行专项审计，对全市大规模植树造林、城乡绿化工程实施跟踪审计。在对宣化区、下花园区的经济责任审计中，将自然资源资产审计纳入其中。对魏县2014年至2016年地下水超采综合治理情况进行审计。

其他审计项目 完成张家口市商业银行资产负债损益情况审计、张家口市建发集团有限公司资产负债损益情况审计。根据市委、市政府领导要求，开展全市税收审计调查，参加全市房地产业综合治税检查。完成市委组织部党费收支，市委办财务收支，市接待服务处下属单位改制清产核资，冬奥办原副主任和组织部干部培训中心主任经济责任等5项党政部门委托的审计事项。

信息化建设 按照省审计厅金审工程建设要求，建立OA无纸化办公平台，实现审计业务动态管理、数据资料查询、公文事项审批流转及电子考勤。依托省审计厅资源，大数据分析室，为扶贫、冬奥、生态等重点审计工作提供技术支撑。

（撰稿人：邢　宇　叶庆红）

【承德市审计局】　2017年，承德市审计局人员编制74人，实有71人。局长王允昌，副局长王双清、刘国锋、魏景林，总审计师谷锦川，调研员陈宝春。设有办公室、人事科、经济责任审计一科、经济责任审计二科、经济责任审计三科、法规科、财政审计科、金融审计科、行政事业审计科、农业与资源环保审计科、固定资产投资审计科、企业审计科、社会保障审计科、外资运用审计科、政府投资项目审计科、机关党委、离退休干部科；下设计算机审计办公室、政府投资项目审计中心2个事业单位。

审计成果　2017年，承德市县两级审计机关完成审计项目214个，专项审计调查项目1个。查出主要问题金额2588515万元，其中违规金额25431万元、损失浪费金额13万元、管理不规范金额2563070万元；审计发现非金额计量问题575个；损益（收支）不实金额369189万元；出具审计报告和专项审计调查报告301篇。审计处理处罚金额157278万元，其中应上缴财政9447万元、应减少财政拨款或补贴154万元、应归还原渠道资金47487万元、应调账处理金额99445万元；移送司法机关、纪检监察机关和有关部门处理事项58件，移送处理人员13人，移送处理金额33739万元。审计促进整改落实有关问题金额115790万元，审计后挽回（避免）损失365万元；核减投资额13917万元。审计提出建议380条；推动被审计单位制定整改措施60项；促进被审计单位建立健全规章制度23项；提交审计信息379篇。

围场满族蒙古族自治县人民政府2014—2015年度财政收支决算和税收征收管理情况审计项目被河北省审计厅评为优秀审计项目。

国家重大政策措施落实情况跟踪审计　全市审计机关围绕精准扶贫精准脱贫政策落实、重点建设项目、“三去一降一补”国家重大政策措施落实情况和防范地方债务风险、金融风险等方面，开展跟踪审计（调查），延伸审计单位636个、抽查资金总量29.19亿元；抽查项目395个、抽查项目总投资41.01亿元；发现问题46个，涉及资金1.84亿元。

财政审计　全市审计机关共对81个单位的预算执行情况展开审计，查出主要问题金额1200485万元；审计财政决算项目26个，查出主要问题金额473694万元。承德市审计局通过对市财政局及市发展和改革委员会、市司法局、市粮食局等13个预算执行部门（单位）开展审计，共查出违规和管理不规范金额22.20亿元。向有关部门制发移送处理书1份。

经济责任审计　全市审计机关共对71名领导干部的任期经济责任进行审计，查出主要问题金额676049万元。在省审计厅授权的石家庄市5个任期经济责任审计项目中，全市审计机关共查出问题26大类97个，审计提出建议46条，移送案件23起。起草《承德市领导干部自然资源资产离任审计规定（试行）》，组织开展兴隆和丰宁2个县领导干部自然资源资产离任审计试点工作，上报审计专报7篇，河北卫视播出对这个审计项目的专访。

固定资产投资审计　全市审计机关共完成投资审计项目37个，项目投资额135643万元，查出问题金额21347万元。其中，承德市审计局共完成审计工程决（结）算项目16个，跟踪审计项目4个，核减投资额1.2亿元。完成承德统建集团改制职工安置费及预留费等3项费用、会龙山东区棚户区回迁楼工程竣工决算及前期实际投入情况和统建长安小区二期代建廉租住房竣工结算审计项目的复核工作。代市政府起草《承德市国家基本建设项目审计办法》。

民生资金（项目）审计　承德市审计局抽出75人，组成10个审计组分别对张家口市本级和3个区及承德市八县一区实施审计；组织开展对隆化县2016年扶贫政策落实和扶贫资金分配管理使用情况的审计。按照省审计厅的统一安排，对张家口市崇礼区、衡水市阜城县2015—2016年度扶贫政策落实和扶贫资金分配管理使用情况进行审计，发现6大类问题，制发移送处理书16份。

农业与资源环保审计　审计承德市本级和高新区大气污染防治专项资金，审计资金总额3503万元。按照省审计厅授权，抽调业务人员15人成立工作组，组织开展献县2014—2016年度地下水超采综合治理项目审计工作，发现4大类问题，查出违规行为金额 3362.23 万元，提出审计建议 8 条。

信息化建设 投资建设数据分析室，成立审计数据分析团队，建立数据报送平台和大数据分析平台，重大审计项目运用大数据开展审计取得良好实效。

相关工作 组织学习十九大精神，开展多次专题党课教育及系列学习讨论活动。加强党风廉政教育，播放纪录片、进行廉政专题讲座，所有审计项目在进点时现场宣布廉政纪律，审计结束进行廉政回访，组织开展“转优促”及治理“微腐败”专项行动。组织开展全市审计系统优秀审计组长（主审）的评选。精准扶贫丰宁满族自治县苏家店乡小庙子村工作组被评为省级优秀驻村工作组。承德市审计局获得全国及全省“文明单位”荣誉称号。 （撰稿人：焦红煜）

【沧州市审计局】 2017 年，沧州市审计局人员编制 37 人，实有 43 人（含工勤编制 3 人）。局长梁治国，副局长郑瑞强，总审计师刘根常，纪检组长张勇军，副调研员李振义。设有办公室、法规科、财政审计科、行政事业审计科、社会保障审计科、农业和环境资源审计科、金融外资和企业审计科、沧州市经济责任审计局、机关党委（人事科）9 个职能科室；下设政府投资审计中心（全额拨款事业编制 26 人）、计算机信息审计中心（自收自支事业编制 10 人）。

审计成果 2017 年，沧州市县两级审计机关共完成审计项目单位 235 个。查出主要问题金额 1214495 万元，其中违规金额 51055 万元、损失浪费金额 196 万元、管理不规范金额 1163243 万元；审计发现非金额计量问题 487 个；损益（收支）不实金额 104667 万元；出具审计报告和专项审计调查报告 263 篇。审计处理处罚金额 84781 万元，其中应上缴财政 37715 万元、应减少财政拨款或补贴 6640 万元、应归还原渠道资金 7860 万元、应缴纳其他资金 44 万元、应调账处理金额 32521 万元；移送司法机关、纪检监察机关和有关部门处理事项 106 件，移送处理人员 58 人。审计促进整改落实有关问题金额 82782 万元；审计促进拨付资金到位 42361 万元；审计后挽回（避免）损失 345 万元；核减投资额 6948 万元；移送处理落实事项 12 件。审计提出建议 469 条；推动被审计单位制定整改措施 6 项；提交审计信息 278 篇。向社会公告审计结果 1 篇。

肃宁县 2014—2015 年度财政收支决算和税收征收管理情况审计项目被河北省审计厅评为优秀审计项目。

国家重大政策措施落实情况跟踪审计 沧州市审计局及各县（市、区）审计局派出审计组，对市本级及各县（市、区）2017 年国家重大政策措施落实情况进行跟踪审计。全市共投入审计人员 11378 人次，抽审单位 333 个，抽审资金总量 144.98 亿元，重点关注存量资金、重大建设项目等方面的问题。被审计单位高度重视跟踪审计发现的问题整改，截至年底已经基本整改到位。

财政审计 全市审计机关开展财政预算执行审计项目和财政决算审计项目 231 个，延伸审计单位 301 个。查出主要问题金额 861752 万元，其中未按规定征收缴纳收入 72551 万元、未按规定纳入预算管理 30446 万元、未按规定征提基金 16807 万元、违规改变项目计划和资金用途 17452 万元、资金滞留闲置 279062 万元、虚列支出 86986 万元。

经济责任审计 组建沧州市经济责任审计局，承担对各县（市、区）市管党政主要领导干部和市直党政部门、市属国有及国有控股企业领导人履行经济责任情况审计工作。全市共开展经济责任审计项目 46 个，审计查出主要问题金额 147562 万元，促进增收节支 107 万元。其中，结合同级预算执行审计，完成市农牧局局长、市质监局原局长、市民服务中心主任 3 名县处级干部经济责任审计，审计共发现问题 47 个，涉及问题金额 3493 万元。按照省审计厅统一部署，对邢台内丘县、南和县，唐山开平区和石家庄幼儿师范学院 4 地共 5 名领导干部进行审计，共发现问题 138 个，涉及问题金额 144152 万元。

固定资产投资审计 全市审计机关共开展政府投资审计项目 17 个，项目总投资额 62013 万元，核减投资额 6859 万元。审计查出主要问题金额 6771 万元，其中未按规定征收缴纳收入 25 万元、虚列支出 60 万元、扩大开支范围或提高开支标准列支 56 万元。

民生资金（项目）审计 全市审计机关共开

展保障性安居工程审计项目16个，查出主要问题金额6476万元，审计促进拨付资金到位807万元，审计后挽回（避免）损失318万元。移送处理事项14件，涉及金额317万元。开展扶贫资金审计项目4个，查出问题金额31764万元。

农业与资源环保审计 对大气污染防治资金、市属13个县（市、区）及邢台市威县地下水超采综合治理项目进行审计，发现问题225个，涉及问题金额11.8亿元。

企业审计 全市审计机关共完成企业审计项目4个，查出问题金额350647万元，其中违规经营194743万元、资产质量不实5115万元、资金闲置706万元、财务收支核算不实147770万元、损失浪费金额164万元。

信息化建设 以信息化建设为审计转型的突破口，开发部署数据分析、协同办公、综合信息上报、扶贫领域监督执纪数据管理、党建工作信息5个平台以及电子数据集中管理、审计人才管理、审计项目管理、审计计划管理、移动视频管理、审计现场管理6个系统，信息化硬件支撑和软件应用建设已成体系

党建工作 推进“两学一做”学习教育常态化制度化。落实党风廉政建设主体责任，完善、制定《党风廉政主体责任清单》等12项党建制度。对原有基层党组织设置进行调整，将1个机关党支部调整为3个，选举配齐支部书记、组织委员和纪律检查委员。

相关工作 围绕“一专多能”要求，组织全市审计系统的159名业务骨干赴浙江大学开展为期一周的审计业务封闭式培训班；依托审计署、省审计厅举办的专业技能培训课程、系统教育培训中心等平台，强基础、补短板；编制《沧州市审计局学习工作记实录》，通过点滴记录、日常总结、定期反思，提高审计干部谨慎性、严谨度；建设文化书屋，精心选购历史、文学、业务等11大类图书、23种报纸杂志。（撰稿人：贾孟玥）

【廊坊市审计局】 2017年，廊坊市审计局人员编制71人，实有64人。局长曹希恩，副局长薛冬、万茂才、赵志生，总审计师施文河，经济责任审计局局长常静明，调研员张铁忠，副调研员李多强、李玉艾。设有办公室、人事教育科、法制科、财政审计科、金融农业审计科、行政事业审计科、固定资产投资审计科、经贸审计科、社保审计科；下设经济责任审计局、固定资产投资审计办公室、审计信息中心。

审计成果 2017年，廊坊市县两级审计机关完成审计项目156个，专项审计调查项目2个。查出主要问题金额982405万元，其中违规金额238561万元、损失浪费金额3485万元、管理不规范金额740363万元；审计发现非金额计量问题405个；损益（收支）不实金额143773万元；出具审计报告和专项审计调查报告189篇。审计处理处罚金额292815万元，其中应上缴财政202255万元、应归还原渠道资金37638万元、应缴纳其他资金365万元、应调账处理金额52551万元；移送司法机关、纪检监察机关和有关部门处理事项36件，移送处理人员5人，移送处理金额81136万元。审计促进整改落实有关问题金额292815万元；审计后挽回（避免）损失32万元；核减投资额300万元。审计提出建议347条；推动被审计单位制定整改措施2项；提交审计信息148篇。

廊坊市审计局实施的廊坊市国土土地开发建设投资有限公司2014年资产负债损益审计项目被省审计厅评为表彰审计项目。

国家重大政策措施落实情况跟踪审计 累计参与跟踪审计人数495人，审计单位438个，抽审项目数量180个，审计资金总量52.08亿元，共发现9个问题，涉及金额2821.66万元；出具审计报告49篇，审计提出建议35条。

财政审计 围绕促进财政做大增量、盘活存量、优化结构、提高绩效的目标，对财政预算和财政专户进行全面审计，分层次提出审计意见。

经济责任审计 对邯郸市4个区的原区委书记开展经济责任审计。完成张家口市审计局实施的对廊坊市部分领导经济责任审计的协调联络服务工作，向廊坊市政府呈报专报2期，向廊坊市委督查室和廊坊市政府督查室呈报审计问题落实情况汇报1篇。

固定资产投资审计 在热点联产集中供热管网工程、大剧院等项目上实施定期、定点、驻场等多种形式的跟踪审计；对天堂河新机场改线工程、永定河泛区治理工程、京台高速等工程进行

审计。

民生资金（项目）审计 对秦皇岛市2016年度保障性安居工程审计，配合省审计厅派驻审计组对廊坊市所辖8个县（市）39个建设项目和311户农村危房改造家庭进行审计延伸调查；根据省审计厅的统一安排，开展对张家口市蔚县扶贫资金审计，共涉及资金27500.73万元；移送问题线索12件，移送4人。

农业与资源环保审计 实施沧州市南皮县2014年至2016年地下水超采综合治理审计，共涉及资金4.54亿元，查出国家重大政策措施落实情况跟踪审计落实、资金管理运行、工程建设管理方面36个问题；移送南皮县纪委案件线索2件。审计提出建议4条。追回违规金额57.96万元。开展世界银行贷款河北省大气污染防治项目审计，基本摸清廊坊市大气污染防治专项资金的预算投入、支出和结转、结余情况，反映廊坊市大气污染防治的主要成效。

企业审计 对全市“电代煤、气代煤”政策执行情况跟踪审计，召开3次跟踪审计工作调度研讨会，呈报4期跟踪审计工作专报。

信息化建设 重点建设投资审计平台、审计数据分析平台、机关事务管理系统等，在重要网络节点增加安全管理设备，对所有接入网络的设备进行全程全时段过滤，定期对全网网络安全设备进行病毒库及防护策略升级。

相关工作 成立深化作风整顿领导小组和问责组，向80多个单位发放《不作为、乱作为、慢作为问题专项清理征求意见表》。召开全市审计机关党风廉政建设工作会议，举办全市审计系统落实“两个责任”培训班。通过工作论坛、送学培训、网络视频教学等形式，提升审计人员技能。开展“星期六文明行动”、“美丽乡村建设”、“传承家风家训，弘扬文明风尚”签名、“七一重温入党誓词”、职工义务献血等活动。廊坊市审计局荣获“第五届全国文明单位”称号。

（撰稿人：孟　楷　刘天琦）

【衡水市审计局】 2017年，衡水市审计局行政编制33人，实有35人；事业编制26人，实有25人。局长葛殿朋，副局长赵春峰、许世红、骆卫华、潘振兴、刘毓韬，调研员高振华。设有办公室、法制科、财政与投资审计科、经贸审计科、行政事业审计科、农业外资与资源环保审计科、经济责任审计办公室、社会保障和金融审计科；下设基建审计中心、计算机辅助审计中心、重点项目建设审计监督中心3个事业单位。

审计成果 2017年，衡水市审计局共完成审计项目57个。查出主要问题金额1117673万元，其中违规金额27920万元、管理不规范金额1089728万元；审计发现非金额计量问题504个。审计促进增收节支28247万元，已调账处理150922万元，核减投资额1897万元；向有关部门移送处理事项25件，23人被问责。审计提出建议221条。

国家重大政策措施落实情况跟踪审计 制定全市2017年度国家重大政策措施落实情况跟踪审计安排意见。在做好市本级工作的同时，加强对县级工作调度和指导，实现上下“一盘棋”。共抽审单位267个，抽审项目180个，发现问题31个，总结反映正面典型案例两件；通过审计推动专项财政奖补资金发挥效益152万元，促进落实税收优惠政策为企业减负7787万元，挽回和避免财政资金损失399万元。

财政审计 预算执行审计与重大政策落实跟踪审计、经济责任审计有机结合，工作中实行“五统一”的原则。通过审计，发现市本级预算编制及资金管理方面的42个问题，涉及资金20.49亿元。创新审计方式，采集42家预算单位及4个县的业务、财务等相关数据，建立市本级预算执行审计分析平台，运用数据筛选实现市本级部门预算单位“三公”经费、会议费、培训费及往来账项审计监督全覆盖。运用数据分析技术，创新审计全覆盖工作模式，对65个部门单位的“三公”经费及培训费、会议费和往来账项资金进行数据分析，并重点核查33个单位，其中15个单位“三公”经费及会议费、培训费存在问题。

经济责任审计 完成16名领导干部的经济责任审计，查出主要问题金额715484万元，向有关部门移送问题事项14个。分阶段实施市直6个单位经济责任审计，并根据省审计厅授权，统筹全市审计力量，组成4个审计小组，采取“三个清单”式审计方法，完成秦皇岛3个县市区委书记和1个学院共计4个单位5名领导人员的经济责任审计。

固定资产投资审计 在园博园跟踪审计中，审理合同文件40份，完成49项工程量的签证核实，规范近6亿元建设资金的管理使用，抽查35种主要苗木规格，跟踪督查监理日志抽检、隐蔽工程报验等多项工作，提出合理化建议45条均被相关单位采纳，挽回国有资产流失39万元。在对“一河三街”亮化工程进行决算审计中，查出问题金额275万元。开展县级政府投资项目执行国家政策情况审计调查，揭示部分建设项目执行建设程序不规范、审批手续不齐全、相关职能部门监督检查不到位等问题。

民生资金（项目）审计 延伸调查271个村的623户农村危房改造家庭，检查35个安居工程项目的建设管理情况，揭示保障性安居工程在政策落实、分配管理、资金管理和使用及安居工程运营管理方面存在的6大类12个问题。促使主管部门召开专题整改动员会，追回被套取挪用资金6万元，取消保障对象资格或调整保障待遇70户，清退违规分配使用的保障性住房43套，将闲置保障性住房投入使用50套。

统筹全市审计力量，阶段性地完成武邑县2016年，承德平泉市2015年、2016年，石家庄行唐县2015年至2017年9月、邢台巨鹿县2015年至2016年扶贫国家重大政策措施落实情况跟踪审计落实和扶贫资金分配管理使用情况的审计，共核查扶贫项目493个，入户调查701户，通过审计揭示贫困人口认定、建档立卡数据不精准，虚报冒领、骗取套取扶贫资金，扶贫资金滞留、闲置未发挥好效益等5大类问题，涉及问题金额62232万元；向有关部门移送案件线索22件。通过督促整改，取消贫困户资格183户，取消低保户资格108户，取消五保户资格9户；完善制度10项，17人被问责。

农业与资源环保审计 根据省审计厅授权，组织人员对河间市人民政府2014—2016年度地下水超采综合治理项目进行审计，揭示地下水治理政策落实、节水压采项目效益、工程和项目管理、项目资金管理4个方面19个问题；向有关部门移送问题线索7件，追回并上缴国库资金146.65万元，封存影响地下水超采综合治理项目机井119眼，6人被问责。

其他审计项目 对衡水和鸣粮油库（国企）2016年度资产负债所有者权益进行审计，查出问题金额1096万元，促进增收节支14万元。完成领导交办的排水管理处、房屋拆迁工程处、污水费稽征所3个单位整体划转的资产清理工作，完成滏阳文化公园迎园博专项活动经费审计等事项。

相关工作 衡水市审计局机关党建工作被市直工委评为优秀等次并获得“先进基层党组织”称号；扶贫工作队被评为全省扶贫脱贫先进驻村工作队。

（撰稿人：袁瑞倩）

【辛集市审计局】 2017年，辛集市审计局行政编制19人，事业编制9人；实有25人。局长温荣波，副局长王荣俊、李树中、赵燕、魏铁旺。设有办公室、法规科、财政金融审计科、行政事业审计科、社会保障审计科、固定资产投资审计科、农业与资源环保审计科和经济责任审计分局。

审计成果 2017年，辛集市审计局完成审计项目58个，其中政府投资审计项目37个。审计资金76.6亿元，查出管理不规范金额4.7亿元，盘活存量资产1.4亿元，增加财政收入553.5万元，为财政节约建设资金2105万元。出具专题审计报告、审计信息50余篇。审计提出建议46条。

国家重大政策措施落实情况跟踪审计 对辛集市2017年国家重大政策措施落实情况和宏观调控部署情况进行跟踪审计。重点审计棚户区改造、铁路建设、城市基础设施建设、精准扶贫、企业税负、存量资金、政府性债务等8项国家重大政策措施的落实情况，审计资金总额16.47亿元。截至年底，审计发现的问题已全部整改到位。

财政审计 对辛集市2016年本级预算执行和其他财政收支情况进行审计，审计资金总额29.63亿元，发现预算编制不到位、预算执行不到位、管理不规范等金额2.88亿元，盘活财政存量资金14655.03万元。对民政局、农牧局、交通局、住建局、水务局、城管局和教育局等8个单位的预算执行情况进行审计。对王口镇、新垒头镇、小辛庄乡的2015—2016年度财政决算情况进行审计。

经济责任审计 受辛集市委组织部的委托，

对工信局原局长、统计局局长、安监局局长、张古庄镇党委书记等进行任期经济责任审计，客观公正地评价其工作实绩。

固定资产投资审计 完成对辛集市环市区道路绿化工程、辛集市建设街东段改造工程、辛集市佳洁水建设日处理6.6万吨污水厂工程、南小陈学校教学楼等37项竣工决算或结算审计，审计资金15829.3万元，为财政节约建设资金2105万元。

其他审计项目 按照省审计厅的统一安排，派出6名审计人员对定州市2014年至2016年保障性安居工程的计划、投资、建设、分配、运营等情况进行审计。完成对辛集市2017年度保障性安居工程的审计、辛集市“电代煤、气代煤”政策执行情况的跟踪审计、河北省审计厅组织的“三去一降一补”项目审计、世界银行贷款河北省大气污染防治项目审计、辛集市束鹿大街新建工程项目的审计。 （撰稿人：陈玉茂）

【定州市审计局】 2017年，定州市审计局人员编制19人，实有22人。局长张大为，副局长张建峰、李国民，纪检组长赵晨光。设有办公室、财政审计科、行政事业审计科、金融与社保审计科、农业与资源环保审计科、经济责任审计科、固定资产投资审计科、综合法制科；下设基础建设审计服务中心（自收自支事业单位）。

审计成果 2017年，定州市审计机关完成审计项目10个。查出主要问题金额222093万元，其中管理不规范金额222093万元；审计发现非金额计量问题19个，损益（收支）不实金额2341万元，核减投资额16万元；出具审计报告10篇。审计提出建议3条。

国家重大政策措施落实情况跟踪审计 根据省审计厅要求，对定州市兴定路东延道路新建工程和定州市城市生活垃圾焚烧发电厂续建项目两个重大建设项目进行跟踪审计，检查其是否按时竣工、政府投资是否发挥经济和社会效益。对“电代煤、气代煤”项目进行审计，成立跟踪审计领导小组，直接负责全市的跟踪审计及检查。

财政审计 对市本级2016年度财政预算执行和税收征管情况进行审计，对市水利局、市国土局、市教育局、市总工会等重点部门预算执行情况进行审计。完成定州第二中学2016年度财务收支审计，对学校的收费情况、财务管理现状及收支真实性、合法性进行检查。

经济责任审计 根据审计项目计划和市委的委托，共对3个乡镇办和1个行政事业单位党政领导干部开展任期经济责任审计工作。

固定资产投资审计 完成对邢邑幼儿园改扩建项目和中医院新建项目的审计，揭示建设过程中资金管理使用、建设程序存在的问题。

其他审计项目 由审计局牵头，与财政、民政部门一起对扶贫工作扶贫资金管理使用和扶贫物资发放中出现的贪污挪用、虚报冒领、截留私分等问题进行集中核查。审计局牵头，与财政局、环保部门一起对大气污染专项资金（世界银行贷款部分）管理使用情况进行跟踪检查审计。抽调人员参加省审计厅组织的保障性安居工程跟踪审计。围绕市委、市政府的工作部署，完成新一中土地搬迁结算、古城项目清算、中山公园等审计工作。

相关工作 开展党的“两学一做”学习教育活动，明确学习要求，局党组带头学习，自觉做到先学、多学、深学。抓好党风廉政工作，实行一岗双责，将党风廉政建设与审计工作一起部署、一起落实、一起检查、一起考核。抽派1人参加省审计厅组织的企业审计知识技能提高培训班并实践参与企业审计项目；选派1人参加省审计厅组织的计算机审计中级培训班学习。全局动员参与创建全国文明城市工作，完成分包路段和小区的创建任务。 （撰稿人：徐荣焕）

2017 年河北省所辖区、县(市)级审计工作统计表

金额单位:万元

审计机关	完成审计项目(个)	审计查出主要问题金额	审计处理情况					出具审计报告和审计调查报告(篇)	提出审计建议(条)	提交审计信息(篇)
			审计处理处罚				移送处理事项(件)			
			应上缴财政	应减少财政拨款或补贴	应归还原渠道资金	应调账处理金额				
石家庄市										
石家庄市本级	100	1045541	217262		4965	13327	34	106	113	310
长安区审计局	5	12119	2107			12	1	9		10
桥西区审计局	4	124082	3444			119122		6	4	33
新华区审计局	6	18149			13		5	9	20	23
井陉矿区审计局	4	16613						6	10	3
裕华区审计局	4	36078						4		12
藁城区审计局	5	482	474					5		4
鹿泉区审计局	4	16007	35		892	6859		4	11	31
栾城区审计局	5	13735	1			3236		8	9	29
晋州市审计局	5	10600	8369		740	41		7	13	29
新乐市审计局	9	43648	28		338	43184		11		38
井陉县审计局	5	9061	1					6		62
正定县审计局	9	20089	13979	237	115			13	3	26
行唐县审计局	5	42451						5	22	16
灵寿县审计局	4	3795						4	3	67
高邑县审计局	6	26663	8					7	14	110
深泽县审计局	7	5361	3267			9	2	9	2	12
赞皇县审计局	4	3246	415					4	8	57
无极县审计局	6	71576	357					10	18	2
平山县审计局	10	38249	114		8000	24558	1	11	25	96
元氏县审计局	5	7473	1950		1766	244	2	5	13	23
赵县审计局	11	60718	13	8	17			19	19	35
唐山市										
唐山市本级	183	2618444	89734	206764	33963	66955	66	178	324	74
路南区审计局	12	30498	1365			28586		17	22	
路北区审计局	15	46060			5067	40993		15	22	

（续表）

审计机关	完成审计项目（个）	审计查出主要问题金额	审计处理情况					出具审计报告和审计调查报告（篇）	提出审计建议（条）	提交审计信息（篇）
			审计处理处罚				移送处理事项（件）			
			应上缴财政	应减少财政拨款或补贴	应归还原渠道资金	应调账处理金额				
古冶区审计局	20	87597	23615		195	700		21	50	
开平区审计局	11	68900						11	41	
丰南区审计局	35	127851	30	712	3			42	49	
丰润区审计局	17	69707	1	150				22	38	
曹妃甸区审计局	21	454900	4308	8263		9327		23	56	
遵化市审计局	11	151008	14		55	74539	1	15	36	
迁安市审计局	28	145234		38		1281		31	60	
滦县审计局	12	87407	97			336		12	40	
滦南县审计局	19	10264	5103			7		27	45	
乐亭县审计局	26	222217	4704			216929		26	66	
迁西县审计局	12	8375	172	1878				15	16	17
玉田县审计局	20	278909	9					19	121	
秦皇岛市										
秦皇岛市本级	47	817586	10137		2689	20268	48	49	132	166
海港区审计局	5	36286	23			2160		5	22	23
山海关区审计局	5							5	13	9
北戴河区审计局	5	17253							2	12
抚宁区审计局	12	1074	49		250	563		15	30	45
青龙满族自治县审计局	12	181	3		24	118		12		4
昌黎县审计局	6	407847	193					7	12	51
卢龙县审计局	5	2210						5		24
开发区审计局	7	411	37			10		7	11	
邯郸市										
邯郸市本级	88	1013752	87596		13421	19849	31	98	278	2
邯山区审计局	8	69968						6	5	
丛台区审计局	5	18442	1					9	8	
复兴区审计局	5	7571	13					6	13	
峰峰矿区审计局	8	39668						7	16	
肥乡区审计局	5	5836				2809		5	7	
永年区审计局	8	269057	55					8	18	
武安市审计局	7	2617	52		209	1028		8	13	
临漳县审计局	6	21059	3		6851	99		6	7	

（续表）

审计机关	完成审计项目（个）	审计查出主要问题金额	审计处理情况					出具审计报告和审计调查报告（篇）	提出审计建议（条）	提交审计信息（篇）
			审计处理处罚				移送处理事项（件）			
			应上缴财政	应减少财政拨款或补贴	应归还原渠道资金	应调账处理金额				
成安县审计局	5	106	9			2		6	5	
大名县审计局	4	482	1					6	7	
涉县审计局	3	7863			7856			2	18	
磁县审计局	7	110513	3				1	8	15	
邱县审计局	5	1946						7	7	
鸡泽县审计局	10	33272	7					11	21	
广平县审计局	5	24097	2					5	9	
馆陶县审计局	23	28956	259			30		41	63	
魏县审计局	5	23101				20118		4	4	4
曲周县审计局	8	7128	6					8	14	
邢台市										
邢台市本级	66	1377852	19767		9601	170517	19	66		
桥东区审计局	17	7273	60					17	38	54
桥西区审计局	7	1417						7	15	65
南宫市审计局	7	97	1			81		7	63	
沙河市审计局	13	1137	9		12	1110		13		58
邢台县审计局	10	32836	2	1				10	5	6
临城县审计局	9	5478	5003		137	250		30	71	
内丘县审计局	8	3488						12	15	
柏乡县审计局	20	31453	3		4071	23042		20	35	10
隆尧县审计局	10	5727						10	50	51
任县审计局	9	4461						14	18	46
南和县审计局	8	1042			51			8		5
宁晋县审计局	15	18214	31				1	15	31	
巨鹿县审计局	14	5490	42					14		
新河县审计局	7	724	2		6	1		4	15	9
广宗县审计局	8	592	9	170	160	262		8	20	8
平乡县审计局	7	6967						7	19	
威县审计局	9	52415	6		3610	48523		9	37	16
清河县审计局	13	8415	24			189		13	18	20
临西县审计局	8	5721	6					6	6	
大曹庄管理区审计局	3	87				86		3	6	

（续表）

审计机关	完成审计项目（个）	审计查出主要问题金额	审计处理情况					出具审计报告和审计调查报告（篇）	提出审计建议（条）	提交审计信息（篇）
			审计处理处罚				移送处理事项（件）			
			应上缴财政	应减少财政拨款或补贴	应归还原渠道资金	应调账处理金额				
保定市										
保定市本级	91	956679	1039		52927	780	33	111	141	39
竞秀区审计局	19	1545	9			13		19	16	27
莲池区审计局	10	126				11		10	32	6
满城区审计局	8	8824	26		1974	1173		8	8	26
清苑区审计局	19	2768			2000	237		34	15	
徐水区审计局	14	172				107		20	18	
涞水区审计局	12	12376	204		415	11513		14	25	22
涿州市审计局	8	7087	20			45		8	22	
安国市审计局	19	461	5				1	24	29	
高碑店市审计局	9	2650	133			8	2	9	5	10
阜平县审计局	12	7578						15	19	
定兴县审计局	7	39116	140					9	10	35
唐县审计局	17	11488	115		27		1	21	60	
高阳县审计局	7	20123	2026			119	3	9	15	22
容城县审计局	5	3167						5	8	4
涞源县审计局	18	9098	14		1	118		18	52	10
望都县审计局	6	12052	279		8567	3027		6	8	
安新县审计局	5	1303					3	5	5	
易县审计局	5	2530				1468		5	10	
曲阳县审计局	7	503	110					7	1	
蠡县审计局	11	3874						11	13	8
顺平县审计局	4	14989	2		5			4	11	
博野县审计局	6	7348				7346		6	14	2
雄县审计局	5	29340					1	5		
张家口市										
张家口市本级	42	1438139			411	499277	12	49	121	282
桥东区审计局	6	28487				187		10	21	11
桥西区审计局	10	1350						16		1
宣化区审计局	12	71265	4				2	13	28	11
下花园区审计局	4	2498				2498		4	6	11
万全区审计局	11	1687				63	1	12	23	3
崇礼区审计局	12	15416	1			68		25	50	1

（续表）

审计机关	完成审计项目（个）	审计查出主要问题金额	审计处理情况					出具审计报告和审计调查报告（篇）	提出审计建议（条）	提交审计信息（篇）
			审计处理处罚				移送处理事项（件）			
			应上缴财政	应减少财政拨款或补贴	应归还原渠道资金	应调账处理金额				
张北县审计局	20	38418			13	36	1	24	44	4
康保县审计局	13	11704	62		3			17	26	9
沽源县审计局	8	54162				1247		12	16	10
尚义县审计局	14	7901	1	1		1577		18	27	8
蔚县审计局	13	5098						16		10
阳原县审计局	12	18658	3				1	14	24	7
怀安县审计局	4	1	1					4		10
怀来县审计局	15	107			3	86		25		6
涿鹿县审计局	8	44090						10	14	8
赤城县审计局	9	18961			4800	10492		11	8	1
察北管理区审计局	5	293						8		3
塞北区管理审计局	2	85						3		1
高新区审计局	4	1241	7			890	1	5	7	4
承德市										
承德市本级	70	2035169	2155		32487	82950	52	82	244	179
双桥区审计局	14	161878	10				2	21	38	9
双滦区审计局	8	91388						10	16	12
鹰手营子矿区审计局	22	1349						44	30	2
平泉市审计局	18	20689						26	21	2
承德县审计局	10	29103				452		11	4	23
兴隆县审计局	14	18336	11		15000	15866		24		17
滦平县审计局	5	394					1	8	6	59
隆化县审计局	6	4696		54			1	6	6	2
丰宁满族自治县审计局	23	83007	32	100		177	2	32		33
宽城满族自治县审计局	15	133865	1					21	15	19
围场满族蒙古族自治县审计局	10	8637	7238					16		22
沧州市										
沧州市本级	99	698168	23863	16699	6640	32565	102	122	205	83
新华区审计局	12	32742						11	22	

（续表）

审计机关	完成审计项目（个）	审计查出主要问题金额	审计处理情况					出具审计报告和审计调查报告（篇）	提出审计建议（条）	提交审计信息（篇）
			审计处理处罚				移送处理事项（件）			
			应上缴财政	应减少财政拨款或补贴	应归还原渠道资金	应调账处理金额				
运河区审计局	8	1971		13		1952		8	51	
泊头市审计局	4	13395	2946			1573	2	6	16	6
任丘市审计局	22	5683	12	161		758		22	6	29
黄骅市审计局	8	55372	10865					8	18	
河间市审计局	10	79808		30	1256	22099	2	15	20	53
沧县审计局	5	139434	22					5		
青县审计局	8	28909				21		8	21	31
东光县审计局	11	80934						11	13	
海兴县审计局	5	8015	5		6568	1440		4	6	
盐山县审计局	7	1176						7	32	57
肃宁县审计局	9	39723	37			121		9	27	
南皮县审计局	4	16				12		6	3	
吴桥县审计局	9	22304		104				9	14	
献县审计局	6	3994				3993		6		4
孟村回族自治县审计局	8	2849	40	1		2		6	15	15
廊坊市										
廊坊市本级	44	582497					36	57	114	27
安次区审计局	7	47542			37620	3538		7	13	2
广阳区审计局	15	1327						23	32	
霸州市审计局	8	542				542		8		9
三河市审计局	14	12826	32					14	40	14
固安县审计局	19	13739	3					22	68	
永清县审计局	6	26277	12					6		42
香河县审计局	10	249144	199815			48466		15	22	15
大城县审计局	9	10119	5					9	1	
文安县审计局	13	6424	2388		18	5		15	35	
大厂回族自治县审计局	11	31968						11	22	39
开发区审计局	2							2		
衡水市										
衡水市本级	57	1117673	28027		219	150922	25	67	221	98
桃城区审计局	30	23718	126					50	106	57

（续表）

审计机关	完成审计项目（个）	审计查出主要问题金额	审计处理情况					出具审计报告和审计调查报告（篇）	提出审计建议（条）	提交审计信息（篇）
			审计处理处罚				移送处理事项（件）			
			应上缴财政	应减少财政拨款或补贴	应归还原渠道资金	应调账处理金额				
冀州区审计局	21	16835	420	164		12548		26	39	23
深州市审计局	16	7155	70					27	47	44
枣强县审计局	22	19164	348	2217	508	5597		22	59	30
武邑县审计局	22	2684	28			188	3	24	67	54
武强县审计局	14	35436	81		5	33800		20	53	50
饶阳县审计局	11	696	147			74		14	40	42
安平县审计局	15	9995	9162			208		20	42	48
故城县审计局	6	2538	14			54		6	21	45
景县审计局	20	3365	50					16		39
阜城县审计局	28	5944	17			22		38	52	33
省直管县										
辛集市审计局	58	47000	553	2100	14655	1650		53	64	21
定州市审计局	10	222093						10	3	

山西省

【山西省审计厅】 2017年，山西省审计厅公务员编制202人，实有175人；事业编制171人，实有134人。设有办公室（政策研究室）、人事教育处（派出机构管理处）、法规处（审计复核处）、综合处、财政审计处（政府采购审计处）、行政事业审计处、农业与资源环保审计处、固定资产投资审计处、金融审计处、企业审计处、社会保障审计处、外资运用审计处、党政领导干部经济责任审计处、事业单位领导人员经济责任审计处、国有企业领导人员经济责任审计处、计划管理处、督查处、内部审计监督指导处、电子数据审计处、机关党委、离退休人员工作处、发展计划审计处、经济贸易审计处、政法审计处、经济执法审计处、农林水审计处、科技文化审计处、建设交通审计处、人劳民政审计处、旅游外事审计处、党群审计处、资源环保审计处、教育卫生审计处、税费征管审计处等34个职能处（室）；下设机关后勤服务中心、计算机技术中心、审计科学研究所、审计干部培训中心、审计人力资源中心、审计业务指导中心、政府投资项目审计中心等7个事业单位。

领导成员

厅　　长：王　亚

副 厅 长：姚安政　南春林

　　　　　张红谱　李建国

总审计师：王银燕

纪检组长：闫建科

巡 视 员：高爱平（—7月）

副巡视员：马建中（—5月）

　　　　　杜永杰（6月—）

　　　　　孙　翔（6月—）

审计成果　2017年，山西省审计厅完成审计项目195个。查出主要问题金额4580.59亿元，其中违规金额253.68亿元、损失浪费金额6.46亿元、管理不规范金额4320.44亿元；审计发现非金额计量问题1897个；损益（收支）不实金额89.36亿元；出具审计报告和专项审计调查报告119篇。审计处理处罚金额466.34亿元，其中应上缴财政 190.93 亿元、应减少财政拨款或补贴 4.93 亿元、应归还原渠道资金 53.61 亿元、应缴纳其他资金 103.19 亿元、应调账处理金额 113.68 亿元；移送司法机关、纪检监察机关和有关部门处理事项 87 件，移送处理人员 13 人，移送处理金额 38.86 万元。审计促进整改落实有关问题金额 148.8 亿元；审计促进拨付资金到位 1.67 亿元；审计后挽回（避免）损失 6377 万元；核减投资额 5221 万元；移送处理落实事项 1 件。审计提出建议 427 条；推动被审计单位制定整改措施 38 项，促进被审计单位制定完善规章制度 4 项；提交审计信息 11 篇。向社会公告审计结果 11 篇。

山煤集团董事长经济责任审计项目被审计署评为全国优秀审计项目。社会保障审计处被评为山西省第四届人民满意的公务员集体。

国家重大政策措施落实情况跟踪审计 持续关注脱贫攻坚工作推进、“三去一降一补”任务落实、“放管服”改革深化等方面的政策措施落实情况，抽查部门单位 2990 个、项目 4057 个，发现问题金额 367 亿元，促进统筹使用资金 78.9 亿元，推动重大政策措施落地见效。

财政审计 贯彻绩效审计理念，采取“1 拖 N”模式，组织开展预算执行和财政决算、税收征管等审计，持续对政府债务、存量资金和中央八项规定精神落实等情况进行审计，查出截留闲置资金 256.36 亿元，促进拨付到位资金 144.68 亿元。8 月 23 日，受省政府委托，山西省审计厅厅长王亚向十二届省人大常委会报告预算执行审计情况。根据政务信息系统整合共享工作的要求，组织实施省直部门信息系统专项审计，共审计 55 个省直部门及其 22 个下属单位，全面摸清省直部门单位信息系统家底和基本情况。

经济责任审计 落实“党政同责、同责同审”要求，创新“经济责任审计+”模式，坚持书记、市长（县长）经济责任与财政决算、部门单位主要领导经济责任与预算执行、企业领导干部经济责任与资产负债损益、校（院）长与书记经济责任、董事长与总经理经济责任“五个同步审”，整合审计资源，提高审计效率，扩大审计覆盖面。审计省管领导干部 102 人，查出领导干部负有直接责任的问题金额 5809 万元，11 名县处级领导干部被移送司法、纪检监察机关处理。

认真贯彻领导干部自然资源资产离任审计暂行规定，实现自然资源资产离任审计和经济责任审计一体化，对 11 名领导干部自然资源资产离任开展审计试点。坚持“开门搞审计”，探索审计方式方法，成立技术支援团队，聘请专业人员参与，建立战略合作关系，借助现代信息技术，积累试点审计经验，推动试点审计工作高质高效开展。

固定资产投资审计 对国省公路干线、静静铁路、阳大铁路、省射击射箭训练基地等项目进行跟踪审计，揭示项目审批管理、征地拆迁、环境保护、投资控制、工程招投标、物资采购、资金管理、建设质量等方面存在的重大违法违规、重大损失浪费和重大安全隐患等突出问题，严肃查处工程建设领域腐败行为，核减投资额 5200 万元。

民生资金（项目）审计 制定审计促进脱贫攻坚政策落实的实施意见，组织全省审计机关同步实施对 56 个贫困县扶贫政策措施落实和扶贫资金分配管理使用情况的审计，抽查乡镇 434 个、行政村 1858 个和单位 898 个，走访贫困户 4675 个，审计发现 14.7 亿元扶贫资金存在不规范问题，占审计资金总额的 19.64%。

持续开展城镇保障性安居工程跟踪审计，抽查安居工程项目 1005 个、农村危房改造 6510 户，追回专项资金 5042.69 万元、退还多收税费利息 303.77 万元、清理违规领取补贴 514.73 万元、清退违规分配住房 277 套。

完成对“全面改薄”（全面改善贫困地区义务教育薄弱学校基本办学条件）工程、新型农村合作医疗机构整体移交、全省住房公积金的审计，切实维护人民群众利益。

金融审计 组织开展对省农信社、中煤财产保险资产负债损益审计和金控集团运行情况审计调查，深度揭示风险隐患，为省委、省政府防范和化解风险提供重要参考，维护经济安全。

外资运用审计 开展对世界银行贷款山西煤层气开发利用项目等 10 项国外援贷款审计，发现问题金额 1.6 亿元。

企业审计 围绕深化国企改革，起草《深化我省国有企业和国有资本审计监督的实施意见》。组织开展对晋能集团、交通投资集团、黄河万家寨水务集团等资产负债损益审计，重点揭示调控措施贯彻落实、经营业绩、经营管理、重大风险隐患以及遵守廉洁从业规定等方面存在的突出问题，发现违纪违规问题金额7.87亿元。

交办任务 根据山西省人民政府安排，审计厅组织全省各级审计机关2114名审计人员开展全省经济社会发展情况审计和审计调查，摸清家底、揭示问题，向省政府提交的专题报告，得到省政府主要领导的充分认可。

信息化建设 完成金审工程三期项目审批程序。启动电子数据审计处工作，制定2017年度工作计划、正版软件使用管理、网络与信息安全突发事件应急预案等规章制度。组织使用正版软件检查、5项网络和信息安全专项检查和十九大期间网络安全保卫工作、信息系统等级保护定期测评，全年没有发生网络安全责任事故。组织信息化建设相关培训120人次。

审计科研 “自然资源资产离任审计制度创新研究”“政策落实情况跟踪审计与推进治理现代化研究”等4个省级科研课题进入研究阶段，实现审计系统承担山西省级重点科研项目研究零的突破；山西省审计厅课题立项，实行专家评审制，评审体制实现由行政确定向专家评审的转变；科研人员独立承担审计项目任务，实现拓宽科研人员培养路径的创新突破。42项山西省审计厅研究课题全部结题，选送中国审计学会的《国家审计学科建设的实施路径研究》理论交流论文获奖并入选论文集。

相关工作 坚持党对审计工作的领导，全面贯彻落实十八届中央历次全会、党的十九大和习近平总书记视察山西重要讲话精神以及省委、省政府重要会议精神，深刻领会习近平新时代中国特色社会主义思想，提出掀起热潮学、联系实际学、深入调研学、推动工作学、增强本领学、从严从实学的“六学”要求。抓牢政治责任、深入推进廉政建设，常态推进整风肃纪、不断加强队伍建设，大力推动“三基建设”，多管齐下，带动形成真管真严、敢管敢严、长管长严的工作氛围，管党治党能力和水平不断提高。

内部审计 起草《关于进一步加强内部审计工作的意见》，以省政府文件印发。在对各部门、单位内部审计工作情况调查了解的基础上，制定2017年全省内部审计工作要点。举办5期内部审计培训，出台并实施“以审代训”管理办法，建立内部审计人才库，储备内部审计专业人员250多名，调配近100人次参与审计项目。组织评选2014年至2016年全国内部审计先进集体、先进工作者，推荐上报的8个单位和个人分获全国内部审计先进集体、先进个人荣誉。

（撰稿人：宁丽丽）

【太原市审计局】 2017年，太原市审计局人员编制128人（其中工勤人员11人），实有120人（含工勤人员7人）；事业单位人员编制20人，实有7人。局长连金会，副局长苗五保、李德明、杨玲，总审计师何茜，调研员李贵生，副调研员徐国强、马晋达。设有办公室、人事教育处、法规处、财政审计处、金融审计处、行政事业审计处、企业审计处、农业与资源环保审计处、社会保障审计处、外资运用审计处、机关党委、离退休人员管理处、经济责任审计分局、政府投资项目审计分局、开发区审计分局、园区审计分局、综合示范区分局、党群审计处、社会和经济发展审计处、政法审计处、文教科卫审计处、城建审计处、经贸审计处等23个职能处（室、分局）；下设后勤服务中心、计算机技术中心2个事业单位。

审计成果 2017年，太原市审计局完成审计项目60个，专项审计调查项目3个，审计及延伸审计单位620个。查出主要问题金额4842976万元；审计发现非金额计量问题458个；出具审计报告和专项审计调查报告65篇。审计处理处罚金额549362万元；移送司法机关、纪检监察机关和有关部门处理事项69件。审计促进整改落实有关问题金额8640.3万元；审计促进拨付资金到位550万元；移送处理落实事项27件。审计提出建议201条；推动被审计单位制定整改措施46项；促进被审计单位制定完善规章制度2项；提交审计信息46篇。

太原市审计局实施的太原市委党校2013—2015年度财务收支情况审计项目、太原市住房公积金管理中心2015年度预算执行及其他财政财务收支情况审计项目被山西省审计厅评为优秀审计项目。太原市审计局连续五年获全省审计系统目标责任考核第一名。

国家重大政策措施落实情况跟踪审计 开展市本级第二、三季度政府重大政策措施落实情况跟踪审计及10县（市、区）审计的组织、汇总工作。配合省审计厅完成第四季度重大政策措施落实情况跟踪审计，查出问题23个，涉及管理不规范金额23.1亿元，收缴和原渠道上缴金额9009万元。

财政审计 开展对市本级10个部门单位的预算执行审计和10个部门单位的财务收支审计、3个城区和不锈钢园区管委会2015—2016年度财政决算审计、六城区教育局机关及其直属部门和所属学校（含幼儿园）财政财务收支审计。

经济责任审计 开展领导干部经济责任审计项目5个，围绕经济事项决策、执行过程监管和决策执行结果等方面展开深入审计，取得良好的审计效果。开展2项自然资源资产离任审计，揭示生态环境和自然资源资产管理中的问题6大类43个。

民生资金（项目）审计 根据审计署安排，开展保障性安居工程交叉审计、扶贫政策落实和资金审计、住房公积金审计、义务教育“全面改薄”（全面改善贫困地区义务教育薄弱学校基本办学条件）专项资金审计、农村合作医疗管理中心整体移交人社部门审计和部分国有企业职工医疗保险基金审计，重点关注规划项目实施和基建项目管理、专项资金内部控制制度建立等问题。

金融审计 开展三县一市农村信用合作联社2015—2016年度资产负债损益审计，查出管理不规范金额153亿元，发现非金额计量问题7个，揭示农村信用联社存在的金融风险。

企业审计 开展4家融资平台的资产负债损益审计，重点关注全市地方性债务风险、融资平台管理运行中的风险；开展涉及民生的供水、热力、公交、黄河供水有限公司4家企业资产负债损益审计。

其他审计项目 开展对新森实业有限公司财务收支情况和太原聚利达通用机械有限公司改制资金使用情况的审计调查。开展太原市财政资金信息化管理情况调查。开展市政府投资的城六区棚户区改造相关情况审计调查和汾河三期工程项目审计。按照省政府要求和省审计厅安排，开展对晋中市经济社会发展情况审计和审计调查。配合市委组织部对43批次372名市管干部进行审计有关事项的审查。

相关工作 太原市审计局持续开展各类学习教育活动，班子队伍建设受到市委、市政府和上级审计机关充分肯定。以学习贯彻落实党的十九大精神为统领，坚持问题导向，瞄准“极端个人主义”，抓好班子队伍建设，扎实开展“正规化建设加强年活动”。 （撰稿人：韩翠峰　韩文俊）

【大同市审计局】 2017年，大同市审计局行政编制97人，实有公务员94人；工勤人员编制8人，实有4人。局长于雅丽，副局长李毓智、李江涛、刘向东（1月—）、徐利民（1月—），总审计师孟建春（1月—）。设有办公室、政策法规科、财政审计科、金融审计科、行政事业审计科、企业审计科、经济责任审计科、社会保障审计科、固定资产投资审计科、农业环保审计科、外资运用审计科、编制人事教育科、离退休人员工作科、机关党委办公室、政法审计科、经济执法审计科、发展经济贸易审计科、农林水审计科、科教文卫审计科、城建交通审计科、党政群审计科等21个职能科室；下设大同市审计复审中心、大同市审计局计算机技术中心2个事业单位。

审计成果 2017年，大同市县两级审计机关完成审计和审计调查项目386个。查出主要问题金额338.2亿元，其中违规金额136.73亿元、损失浪费金额263万元、管理不规范金额201.44亿元；发现非金额计量问题331个，移送案件和问题线索78件。审计提出建议576条。有179人次受到党纪政纪处分和组织处理。审计查出问题整改率达80%以上。

国家重大政策措施落实情况跟踪审计 开展大同市2017年二、三季度重大政策措施落实情况跟踪审计工作，有效推动16个重大项目的落实，加快推进4个县（区）81个村、21905户采煤沉陷区治理搬迁任务的进度，促进易地扶贫搬迁和光伏扶贫项目的实施，有效地整合涉农资金14.41亿元，盘活财政存量资金9.93亿元。

财政审计 对10个单位预算执行情况进行审计，延伸审计二级预算单位21个，提出审计建议27条。共查出欠征欠收、应缴未缴、财政资金管理使用不规范等8类问题，涉及违规金额12亿元，盘活存量资金0.29亿元。6月30日，受市政府委托，审计局局长向人大常委会作审计工作报告。完成对4个县区2015—2016年度财政决算审计，查出违规金额23.45亿元。审计提出建议17条。

经济责任审计 坚持“党政同责、同责同审”，完成经济责任审计项目69个，查出主要问题金额48.47亿元。完成对阳高县原县长自然资源资产离任经济责任试点审计，尝试“三审合一”的审计方式，重点审计水、土地、矿产、森林等自然资源和相关生态环境保护情况。

固定资产投资审计 完成5次市政府安排的材料采购认价审计监督任务。实施对大同市供水排水集团有限责任公司负责建设的排水供水项目的竣工决算审计。

民生资金（项目）审计 根据审计署和山西省审计厅安排，完成扶贫资金、全面改善贫困地区义务教育薄弱学校基本办学条件专项资金、新型农村合作医疗机构整体移交、购买存量商品住房安置古城内棚户区居民项目国开行贷款收支情况、全市住房公积金等民生专项资金审计项目。

金融审计 完成对大同县等8个县（区）农村信用联社2015—2016年度资产负债损益情况的审计，共查出财务、业务违规及潜在风险金额147.76亿元。

企业审计 完成对大同市经济建设投资有限责任公司、大同市经济发展投资有限公司资产经营管理情况审计和对大同市公共交通有限责任公司资产、负债、经营管理情况审计。

交办任务 根据省审计厅的统一安排，完成对吕梁市经济社会发展情况审计和审计调查。完成对大同市采煤沉陷区综合治理领导组办公室管理采煤沉陷区综合治理工程建设资金的筹集、拨付、使用情况的审计，大同市云中商贸物流园区项目投资和建设管理情况的审计和审计调查工作。开展市直部门政务信息系统专项审计。

相关工作 扎实有序推进党的十九大精神进基层宣讲工作，不断加强审计队伍建设。推行审计项目现场审理与报送审理相结合的办法。加大对定点扶贫帮扶村——大同县巨乐乡西阁老山村的精准扶贫，发展特色项目，推进产业扶贫，拓宽产品销售渠道，扶贫工作取得良好成效。6篇论文被列入《山西省审计学会2017—2018年度重点研究课题立项》，审计信息被国家、省、市级刊物或媒体采用26篇。（撰稿人：田　河）

【阳泉市审计局】 2017年，阳泉市审计局人员编制71人，实有63人。局长李润萍（—6月）、巨建军（6月—），副局长郭海天、彭乃良、陈锋，总审计师李军，纪检组长李燕飞（—10月），调研员张东明、李燕飞（10月—）。设有办公室、人事教育科、法制科、计划管理科、财政审计科、行政事业审计科、农业与资源环保审计科、固定资产投资审计科、金融审计科、企业审计科、社会保障审计科、外资运用审计科、经济责任审计科、政策研究室、纪检组（监察室）等15个科室；下设机关后勤服务中心、审计信息中心、固定资产投资审计中心3个事业单位。

审计成果 2017年，阳泉市县两级审计机关完成审计项目427个，专项审计调查项目11个。查出主要问题金额665502.74万元，其中违规金额191089.44万元，损失浪费金额38.56万元，管理不规范金额474372.74万元；审计发现非金额计量问题396个；损益（收支）不实金额47.47万元；出具审计报告和专项审计调查报告381篇。审计处理处罚金额182795.91万元，其中应上缴财政22299.19万元、应减少财政拨款或补贴1499万元、应归还原资金渠道13232.86万元、应缴纳其他资金29378.84万元、应调账处理金额116384.99万元；移送司法机关、纪检监察机关和有关部门处理事项32件，移送处理金额28744.89万元。审计促进整改落实有关问题金额14516.24万元；审计促进拨付资金到位1490万元；审计后挽回（避免）损失1.35万元；核减投资额15704.55万元；移送处理落实事项7件。审计提出建议453条；推动被审计单位制定整改措施34项；促进被审计单位制定完善规章制度25项；提交审计信息89篇。向社会公告审计结果1篇。

国家重大政策措施落实情况跟踪审计 组织全市审计机关对70个部门单位、79个重点项目进行跟踪审计，揭示政策落实方面存在的问题11个，促进出台临时救助、行政审批等制度10余项，落实采煤沉陷区治理配套资金9208万元，推动加快学校校舍建设、取暖工程项目、棚改项目等重点工程的建设进度。

财政审计 以收入征管、债务管控、资金使用为重点，发现阳泉市财政管理方面存在预算编制、税费征缴、国库支付管理、财税政策落实等方面的问题。有效堵塞管理漏洞，增加市级财政收入6513.13万元；推动财税政策有效落实；规范举债工作。

经济责任审计 完成16名领导干部的经济责任审计，查出违规金额1233万元、管理不规范金额10.59亿元，审计提出建议46条，揭示侵蚀国家集体权益、侵害群众切身利益等方面的问题。建立经济责任审计电子数据库。开展盂县县长任职期间自然资源资产管理和生态环境保护责任履行情况审计（试点）。

固定资产投资审计 确立以政府投资审计监督平台为依托，重点项目跟踪审计为龙头的投资审计新模式，对18个合计投资总额89亿元的重大政府投资项目实施长期跟踪审计，向市政府及项目主管部门、建设单位提出审计建议34条，移送处理事项7件，收缴违纪资金10005.84万元，为政府挽回经济损失近7.6亿元。完成项目竣工决算、结算审计项目15个，核减资金8123万元。

民生资金（项目）审计 开展教育、新农合、阳泉职业技术学院、养老公益苑等重大民生项目和民生资金审计。在“全面改薄”专项资金审计中，查出管理不规范金额2.37亿元，移送相关处理事项3件，受到山西省审计厅全省“全面改薄”审计情况通报表扬。

金融审计 在对阳泉市农村信用社2015年和2016年资产、负债及损益审计中，移交省联社阳泉办事处处理事项8件、县级纪检监察部门处理事项1件，其他有关部门处理事项1件。

企业审计 对阳泉市国资委管理的正常生产、占比较高的机械制造、食品加工、商贸3个行业26户企业的国有资产质量及国有资本运营情况进行审计调查。提出深化国有企业改革，完善国有资产管理体制，加快“僵尸企业”改革步伐，盘活闲置资产，激活国有企业活力的审计建议。

其他审计项目 派出市、县审计人员共计148人，成立13个审计和审计调查小组对晋城市截至2016年底经济社会发展情况进行审计和审计调查。对市直各部门政务信息系统开展专项审计调查，并形成专项审计调查报告。对19个网站系统、49个应用系统和5个停用系统提出整合共享建议。

相关工作 认真贯彻落实中央、省、市关于加强基层党组织建设的安排部署，以持续推进“两学一做”学习教育常态化制度化、开展维护核心见诸行动主题教育活动和学习宣传贯彻党的十九大精神为抓手，坚持“三会一课”制度，选派优秀人员参加各类培训43人次。合理配置审计资源，将重大政策措施落实情况跟踪审计与预算执行审计和经济责任审计等有机结合，促进“一审多效、一审多果”，并对多部门、综合性的审计项目实行统一进点、统一部署或大兵团、扁平化的方式开展审计，对部分项目采取整合社会力量和购买中介服务方式开展审计，提升审计效率和质量。阳泉市审计局荣获“山西省第四届人民满意公务员集体”称号。

（撰稿人：张大鹏）

【长治市审计局】 2017年，长治市审计局人员编制117人，实有106人。局长段秀平（—5月）、贾文革（5月—），副局长赵治兴（—2月）、张国庆、江宏凌、车建科，总审计师李秋生（2月—），纪检组长季平（—9月），调研员马宏斌、侯成、赵治兴（2月—）、吕双河，副调研员李秋生（—2月）、宋宏斌（2月—）、段建斌（2月—）。设有财政审计科、金融审计科、行政事业审计科、固定资产投资审计科、经济责任审计科、企业审计科、农业与资源环保审计科、外资运用审计科、社会保障审计科、办公室、计划管理科、人事教育科、老干部管理科、法制科、纪检监察室（11月已撤并）、督查科、党总支；下设经济责任审计分局、固定资产投资审计中心、计算机信息管理中心、后勤服务中心、内审业务指导中心。

审计成果 2017年，长治市审计局完成审计项目71个，专项审计调查项目1个。查出主要问题金额2056395万元，其中违规金额133002万元、管理不规范金额1923392万元；审计发现非金额计量问题542个；损益（收支）不实金额341万元；出具审计报告和专项审计调查报告72篇。审计处理处罚金额34977万元，其中应归还原渠道资金6596万元、应调账处理金额28381万元；移送司法机关、纪检监察机关和有关部门处理事项107件，移送处理金额240995万元。审计提出建议235条；推动被审计单位制定整改措施3项；提交审计信息20篇。

长治市审计局实施的长治县县长2012年至2014年经济责任及2013—2014年度财政决算审计项目、山西省第二建筑设计院院长2012年1月至2015年12月经济责任审计项目被山西省审计厅评为表彰项目。

国家重大政策措施落实情况跟踪审计 长治市审计局对市本级以及长子县、沁县等5个县国家重大政策措施落实情况进行审计，通过持续跟踪、及时反映，督促整改，保障国家重大决策部署的落实。

财政审计 实施长治市本级18个一级预算单位的预算执行情况审计，对长治县和潞城市财政决算情况进行审计。通过审计，揭示财政资金征缴不严格、分配管理不规范、使用绩效不高等问题。

经济责任审计 2017年，长治市审计局对32名党政领导干部经济责任实施审计，其中探索实施1名领导干部自然资源资产离任审计，审计查出主要问题金额575278万元。首次对3名县委书记离任经济责任进行审计。

固定资产投资审计 长治市审计局对2个固定资产投资项目进行审计，严格规范审计取证、资料获取、账户查询、延伸审计、审计处理等行为，树立投资审计的新思维。

民生资金（项目）审计 完成扶贫审计、城镇保障性安居工程跟踪审计、教育系统审计、住房公积金审计和医疗保险审计。重点关注民生资金的使用效益，涉农、教育、社保等资金的管理是否规范，项目是否及时实施等情况，推动民生政策、民生资金和项目切实惠及于民。

金融审计 对长治市13个农村信用联社（农村商业银行）2015—2016年度资产负债损益的真实性、合法性及效益性进行审计，揭示风险监管指标不真实、贷款形态不实、信贷资金服务“三农”偏弱等方面的问题。

企业审计 长治市审计局对3家企业进行审计，重点围绕公司资产负债损益情况、财务收支情况和代扣在岗职工养老保险个人部分专项资金等内容组织实施。

交办任务 派出200余名审计人员赴太原市开展经济社会发展情况审计和审计调查。派出人员参加扶贫领域不正之风和腐败问题专项治理、大气污染综合治理攻坚行动督查巡查等工作。

相关工作 扎实推进“两学一做”学习教育常态化制度化、开展“维护核心见诸行动”主题教育，强化基层党建，在审计点建立临时党小组；强化廉政建设，组织开展警示教育活动。严明审计纪律，加强思想道德建设，加强审计文化建设，提升精神素养。组织200余人次参加审计署、省审计厅各类专项培训。（撰稿人：崔一博）

【晋城市审计局】 2017年，晋城市审计局人员编制79人，实有68人。局长郭彦明（—2月）、李天胜（2月—），副局长王瑞祥（—12月）、王建芳、郭义光（12月—），总审计师曹和生（—12月）、张向阳（12月—），纪检组长尚海根（—11月）、王玉亭（11月—），调研员王瑞祥（12月—），副调研员付敏（—10月）、鲁正义（12月—）。设有办公室、人事教育科、法规审理科、督查科、财政预决算审计科、金融外资审计科、国有资产及企业审计科、民生及社会保障审计科、固定资产审计管理科、行政事业审计科、农林水审计科、经济责任审计科、资源环境审计科、内部审计管理科、重点项目审计科、计划数据信息科、晋城经济开发区审计科，下设审计稽查一所、审计稽查二所、审计稽查三所、审计稽查四所、审计稽查五所及审计信息中心等职能科（室、所、中心）。

审计成果 2017年，晋城市审计局完成审计项目81个。查出主要问题金额44.95亿元，其中违规金额12.13亿元、管理不规范金额32.82亿元；审计发现非金额计量问题171个。审计处理处罚金额22.98亿元，其中应上缴财政22.98亿元。审计促进整改落实有关问题金额1.72亿元；核减投资额0.37亿元；向有关部门移送处理违规违纪线索3件。审计提出建议279条。

国家重大政策措施落实情况跟踪审计 按照审计署统一部署，组织全市审计机关对稳增长促改革调结构惠民生防风险等政策措施的贯彻落实情况进行每季度一轮的跟踪审计，重点审计10项政策措施落实情况，跟踪市直34个部门和6个县（市、区）的104个项目，查出各类问题28个，揭示政策落实不到位、领域改革力度亟待加强等问题，提出整改要求和时限，着力推动资金落实、项目实施和政策落地。

财政审计 对市本级11个部门和单位2016年度预算执行情况进行审计，对所属3个县（市）2015年至2016年财政决算进行审计。按照山西省审计厅统一部署，对朔州市县两级截至2016年底经济社会发展情况实施交叉审计和审计调查。

经济责任审计 根据山西省审计厅授权，对陵川县委原书记、河津市委书记和平陆县委书记任期经济责任履行情况进行审计，为实行“党政同责、同责同审”作出有益探索。对陵川县原县长任职期间自然资源资产管理和生态环境保护责任履行情况进行审计试点，为全面开展党政领导干部自然资源资产离任审计积累经验。

民生资金（项目）审计 根据山西省审计厅安排，对朔州市2016年城镇保障性安居工程及配套基础设施的计划、投资、建设、分配和运营等情况进行审计。（撰稿人：赵　斌）

【朔州市审计局】 2017年，朔州市审计局人员编制62人，实有71人。局长刘彪，副局长张富新（11月—）、谷如发、李华（3月—）、雷占虎（6月—），总审计师韩杰，纪检组长雷占虎（—10月），副调研员高志勇、谭国栋。设有办公室、财政审计科、金融审计科、经贸审计科、行政事业审计科、农业外资审计科、法规科、社会保障审计科、资源环保审计科、固定资产审计科、督查科、经济责任审计科；下设审计信息中心、建设项目审计监督中心、审计听证中心。

审计成果 2017年，朔州市审计局完成审计项目90个，其中组织实施审计项目87个，参与实施审计项目3个。查出主要问题金额15.1亿元，其中违规金额0.83亿元、损失浪费金额0.15亿元、管理不规范金额14.12亿元；审计发现非金额计量问题28个；出具审计报告和专项审计报告90篇。审计处理处罚金额1.23亿元，其中应上缴财政4113万元、应减少财政拨款或补贴1311万元、应归还原渠道资金1445万元、应调账处理金额6728万元；移送司法机关、纪检监察机关和有关部门处理事项131件，涉及24人。审计促进整改落实有关问题金额11.12亿元，其中增收节支2381万元、已调账处理金额6728万元；审计促进拨付资金到位7751万元；审计后挽回（避免）损失21340万元。提交审计信息76篇。审计提出建议215条；推动完善规章制度11项；

国家重大政策措施落实情况跟踪审计 对贯彻落实稳增长促改革调结构惠民生政策措施落实情况进行跟踪审计，共查出6方面49个问题，促进问题整改39项。

财政审计 在预算执行和决算审计中，监督检查预决算管理法律法规和财经纪律执行情况，关注财政支出绩效和积极财政政策的实施效果，促进整合专项、盘活存量、用好增量、优化结构，盘活资金2.22亿元。完成住建管理系统2014年、2015年财务收支审计，查出各类违规及管理不规范金额34998.74万元。

经济责任审计 完成经济责任审计项目32个，通过审计查出领导干部负有直接责任的问题金额2318万元、负有领导责任的问题金额1.15亿元，揭示制度体制性问题8项。

民生资金（项目）审计 持续开展全国城镇保障性安居工程跟踪审计，严肃查处虚报冒领、骗取套取、截留侵占资金等行为，审计移送相关部门处理5人。

其他审计项目 完成政府投资审计项目6个，送审金额13.7亿元，核减工程价款5097万元。开展全市产业结构审计调查、全市煤炭企业审计调查、全市政务信息系统审计调查。

相关工作 深入开展审计职业化培训，市县审计机关共16人通过中级审计资格考试，2人通过高级审计资格考试。选派人员参加审计署和审计厅的培训。论文《关于经济责任审计若干问题的分析讨论》《政府绩效审计中的问题及对策探究》在省级以上刊物发表。朔州市审计局被评为省级精神文明单位、全市目标责任考核先进单位；朔州市审计局机关党委被评为朔州市先进基层党组织。（撰稿人：伊建业）

【晋中市审计局】 2017年，晋中市审计局人员编制78人，实有68人。党组书记、局长李保安，党组成员、副局长张海涛、石红红，调研员贾建华、杨彦红、吕建萍，副调研员李朝龙、常青。设有办公室、法制科、人事教育科、信息管理科、财政审计科、金融外资审计科、行政事业审计科、社会保障审计科、经贸审计科、农业审计科、固定资产投资审计科、经济责任审计科、计划督查科等13个职能科室；下设后勤服务中心、经济责任审计中心、投资审计中心、金审中心等4个事业单位。

审计成果 2017年，晋中市县两级审计机关完成审计项目936个。查出违法违纪、损失浪费、管理不规范金额284.5亿元；全年出具审计报告和审计调查报告858篇。审计处理处罚金额4.78亿元，其中应上缴财政5181.45万元、应减少财政拨款或补贴759.62万元、应归还原渠道资金6924.63万元、应调账处理金额3.49亿元；移送处理事项83件。审计提出建议1575条，重点建议经市委、市人大、市政府采纳后，形成全市性政策措施22个；审计发现问题整改率95.5%，催缴收缴各类财政资金6.6亿元；提交审计信息179篇。

晋中市药材公司原经理任职期内履行经济责任情况审计项目被山西省审计厅评为表彰审计项目。

国家重大政策措施落实情况跟踪审计 以对国家和省市“三去一降一补”“放管服改革”和扶贫政策落实及资金使用管理等情况作为主要内容，采取审计和审计调查并重的方法，开展重大政策措施落实情况跟踪审计，推动政策落实、政令畅通。

财政审计 开展对市财政局、市地税局等19个市直部门（单位）2016年度预算执行情况审计；开展对榆次区等6个县（市）2015至2016年度财政决算审计；对市委办公室等3个单位2015年至2016年财务收支进行审计。完成晋中市环保局2015年预算执行审计及其他财政收支审计和昔阳县2014年、2015年财政决算审计两个项目的复审。

经济责任审计 完成2名县委书记、19名市直部门领导干部和国有企业领导人员的经济责任审计。

固定资产投资审计 对科技馆、博物馆、图书馆建设项目、晋中市第一人民医院迁建项目实施跟踪审计。

民生资金（项目）审计 开展城镇保障性安居工程跟踪审计，2016年全省扶贫专项资金审计，新型农村合作医疗机构整体移交审计，省审计厅安排交叉审计的2015、2016年全省住房公积金审计，晋中市全面改善贫困地区义务教育薄弱学校基本办学条件专项资金审计。

其他审计项目 完成省审计厅安排的晋中全市各农村信用社联合社2015、2016年资产负债损益审计；完成山西省晋中建设集团有限公司资产负债损益审计；完成省审计厅安排交叉审计的忻州市经济社会发展情况审计和审计调查项目。

相关工作 推动“两学一做”学习教育常态化制度化，深入开展“维护核心、见诸行动”主题教育，抓好“三基”建设，筑牢基层组织、夯实基础工作、提升基本能力。组织开展“审计绩效提升年”活动，大力度实施审计价值提升工程、审计全覆盖工程、审计质量提升工程、大数据审计工程。

内部审计 开展对全市内部审计机构设置情况、人员机构情况、工作开展情况的摸底工作。将加强内部审计工作纳入年度重点工作任务，进行细化分解落实。

（撰稿人：闫　蕙）

【运城市审计局】 2017年，运城市审计局人员编制51人，实有58人。党组书记、局长任永吉，党组成员、副局长李乃胜（—11月）、张卫宏，副局长马丽娟，党组成员、总审计师任兴龙，党组成员、纪检书记杨平（—8月），党组成员、调研员董焕朝、牛永贵，党组成员、副调研员姚向国。设有办公室、综合计划科、人事教育科、法制科、党委办、财政审计科、党政领导干部经济责任审计科、企事业领导干部经济责任审计科、行政事业审计科、教科文卫审计科、农业审计科、固定资产投资审计科、企业审计科、社会保障审计科、外资运用审计科、金融审计科、内部审计指导科、资源与税务审计科、审计数据管理科；下设运城市固定资产投资审计中心、运城市自然资产资源审计中心、运城市审计信息中心、运城市经济责任审计中心、运城市计算机审计中心 5 个事业单位。

审计成果 2017 年，运城市审计机关完成审计项目 620 个。查出主要问题金额 1561927 万元，其中违规金额 803780 万元、损失浪费金额 21553 万元、管理不规范金额 736594 万元；审计发现非金额计量问题 1057 个；损益（收支）不实金额 73371 万元；出具审计报告和专项审计调查报告 707 篇。审计处理处罚金额 82470 万元，其中应上缴财政 19816 万元、应减少财政拨款或补贴 10 万元、应归还原渠道资金 20328 万元、应调账处理金额 17595 万元；移送司法机关、纪检监察机关和有关部门处理事项 81 件。审计促进整改落实有关问题金额 10574 万元，其中增收节支 3462 万元、已调账处理金额 5744 万元，审计后挽回（避免）损失 253 万元。审计提出建议 1031 条；提交审计信息 224 篇。

运城市审计局完成的闻喜县人民政府 2016 年政策措施落实情况跟踪审计及 2015 年财政决算审计被审计署评为表彰审计项目。

国家重大政策措施落实情况跟踪审计 把审计工作放到大局中去思考和安排，推进政策落实跟踪审计。对于在审计中发现的问题，以《审计要目》的形式上报政府领导。市政府领导充分肯定审计在 PPP 项目、城投债务、机场发展、企业改制等方面做出的贡献。

财政审计 完成财政收支（预算执行）审计项目 170 个，审计专项资金总额 18481 万元；查出主要问题金额 931349 万元，其中预算主要问题金额 544320 万元、违规使用发票 552 万元、虚列支出 1169 万元、扩大开支范围或提高开支标准列支 83496 万元、擅自处置国有资产 107 万元、会计核算不实 37993 万元。按照山西省审计厅统一部署，对经济社会发展情况开展交叉审计和审计调查。

经济责任审计 在对县委书记经济责任交叉审计中，把党建工作部门纳入审计范围，对组织、宣传、统战、纪检、政法等部门展开审计，完善审计方案，扫除审计盲点，运城市审计局报送的审计实施方案被山西省审计厅推广，审计报告被省审计厅誉为“最有分量的报告”。在垣曲县开展自然资源资产离任试点审计。

固定资产投资审计 以政府采购方式建立参与政府投资审计的社会中介机构库。完成政府投资审计项目 216 个，累计审计投资总额 68561 万元，核减工程投资 11514 万元。对运城市市民服务中心、文化艺术中心等 4 个 PPP 项目前期论证提出建议 50 余条，协助政府科学决策。

相关工作 深入贯彻学习党的十九大精神，以习近平新时代中国特色社会主义思想武装头脑、指导实践、推动工作。请省审计厅、市委政研室等领导进行十九大精神专题宣讲辅导。加强基层党组织建设，运城市审计局党总支升格为党委。制定《外出审计临时党小组实施办法》，实行业务工作与党建工作双周报制度。（撰稿人：李珊珊）

【忻州市审计局】 2017 年，忻州市审计局人员编制 75 人，实有 71 人。局长韩计才，副局长顾连宽、李月文、陈建忠，总审计师韩建柱，调研员李进明，副调研员陈诚。设有办公室（机关党总支）、人事教育科、法制科、财政审计科、行政事业审计科、农业与资源环保审计科、固定资产投资审计科、金融审计科、企业审计科、社会保障审计科、外资运用审计科、经济责任审计分局、审计督查科、党群政法审计科、发展计划审计科、经济贸易审计科、农林文教审计科等 13 个内设机构；另有 4 个派驻机构；下设经济责任审计服务中心、审计局信息中心、固定资产投资审计服务中心等 3 个事业单位。

审计成果 2017 年，忻州市县两级审计机关完成审计项目 732 个。查出主要问题金额 2996622 万元，其中违规金额 76552 万元、损失浪费金额 62 万元、管理不规范金额 2920007 万元；审计发现非金额计量问题 545 个；损益（收支）不实金额 22387 万元；出具审计报告和专项审计调查报告 732 篇。审计处理处罚金额 335243 万元，其中应上缴财政 150697 万元、应减少财政拨款或补贴 6350 万元、应归还原渠道资金 46858 万元、应调账处理金额 119439 万元；移送司法机关、纪检监察机关和有关部门处理事项 85 件。审计促进整改落实有关问题金额 107888 万元。审计提出建议 991 条；提交审计信息 292 篇。

国家重大政策措施落实情况跟踪审计 对忻州市所辖 5 个县（市、区）简政放权、民生保障等方面政策措施落实情况进行跟踪审计。通过审计，促进项目加快实施6个，整合6类专项资金3284.2万元，调整和退出低保、享受保障性住房补贴对象1103户，推动财政资金发挥效益1.6亿元。

财政审计 忻州市审计局开展20个市直部门的预算执行情况审计，5个县（区）的财政决算审计，13个县（市）全面改善贫困地区义务教育薄弱学校基本办学条件专项资金审计。组织实施全市环保专项资金审计，共查出问题金额21.38亿元，移送县级政府和有关部门问题线索4件。根据省审计厅安排，开展大同市经济社会发展情况审计和审计调查，

经济责任审计 开展经济责任审计项目42个，以市委办公厅、市政府办公厅文件印发《忻州市关于贯彻执行〈领导干部自然资源资产离任审计规定（试行）〉的实施意见》，出台《忻州市审计局领导干部自然资源资产离任审计的试点工作方案》。组织实施代县、静乐县县长自然资源资产任中试点审计。

固定资产投资审计 开展忻州城区2017年道路新建改造工程、“五馆一院”工程跟踪审计和5个安置小区的竣工决算等审计项目20个，持续开展市食品药品安全检（监）测能力建设项目跟踪审计等6个批办项目。撰写跟踪审计简报43篇，领导批示43篇，核减征地补偿款及工程造价1.62亿元。

民生资金审计 开展12个县（市、区）和五台山风景名胜区管委会扶贫政策、资金跟踪审计，审计促进资金拨付到位3836.17万元，归还原渠道资金渠道1017.56万元，调账处理120万元，上缴国库31.62万元；促进政策落实11件，处理处分82人；建立完善规章制度3项。开展忻州市新型农村合作医疗机构整体移交审计和住房公积金审计，发现多提风险基金、违规办理存贷款业务、少记增值收益等问题。 （撰稿人：康　晓）

【临汾市审计局】 2017年，临汾市审计局公务员编制39人，实有39人；工勤编制5人，实有7人；全额事业编制6人，实有6人；自收自支事业编制20人，实有21人。党组书记、局长陈焕成，党组成员、副局长毛志中、焦宗宁、张临萍，党组成员、总审计师孙成选，调研员祁全保（—8月）、周宁康（—1月），副调研员陕文全（9月—）、杨国珍（9月—）。设有办公室、人事教育科、法制科、综合科、财政审计科、经济责任审计科、金融审计科、农业环保审计科、社会保障审计科、固定资产投资审计科、外资运用审计科、行政事业审计科、工商企业审计科等13个职能科室；下设经济责任和固定资产投资审计中心、审计信息中心、审计职教中心。

审计成果 2017年，临汾市审计局完成审计项目57个。查出主要问题金额666929万元，其中违规金额326010万元、管理不规范金额340919万元；审计发现非金额计量问题363个；损益（收支）不实金额9610万元；出具审计报告和专项审计调查报告57篇。审计处理处罚金额53767万元，其中应上缴财政24719万元、应归还原渠道资金532万元、应缴纳其他资金7287万元、应调账处理金额21227万元；移送处理人员296人，移送处理金额32901万元。审计促进整改落实有关问题金额23013万元；审计后挽回（避免）损失1720万元；核减投资额13514万元；移送处理落实事项65件。审计提出建议129条；提交审计信息79篇。向社会公告审计结果3篇。

永和县财政决算审计项目被山西省审计厅评为表彰审计项目。

国家重大政策措施落实情况跟踪审计 完成4个季度的国家重大政策措施落实情况跟踪审计，查出主要问题42个，提出审计建议27条，截至年底已经整改问题36个。牵头完成10次上级审计机关稳增长政策审计查出问题的督促整改工作，已整改83个。

财政审计 对16个部门进行预算执行审计，延伸审计单位84个，查出问题81个，追缴财政资金1.22亿元，移送处理事项12件。开展霍州、曲沃、安泽3个县市的财政决算审计，查出违规金额11.32亿元，移送处理事项15件。

经济责任审计 完成8名领导干部的经济责任审计任务，其中市直部门负责人6人、县市长2人。按照省审计厅部署，对霍州市原市长开展自然资源资产离任审计，为全面推开自然资源资产离任审计积累经验。

固定资产投资审计 完成政府投资决算审计项目12个，发现问题18个，提出建议24条，核

减投资 1.35 亿元，节约政府建设资金，规范政府投资项目管理。

民生资金（项目）审计 完成审计署安排的吉县和隰县扶贫专项审计、省审计厅统一组织的9个贫困县扶贫专项审计、市委市政府安排的10个贫困县的扶贫专项审计，查出问题106个，有效促进脱贫攻坚工作。

企业审计 完成对市自来水公司2016年资产负债损益情况审计、市投资集团有限公司融资情况审计、染化集团2016年资产负债损益情况审计。

其他审计项目 完成长治市经济社会发展情况审计和审计调查、4个县委书记的经济责任审计、全市农业信用社审计等专项审计15个，审计结果得到山西省审计厅的高度认可。

相关工作 开展“两学一做”学习教育常态化制度化、“维护核心、见诸行动”主题教育等活动，强化干部职工思想政治建设；组织50名审计干部到浙江嘉兴参观中共“一大”会址；建立科级以上干部廉政档案，全年进行集体谈2次、层层谈1轮、审前谈26次、任前谈3次。临汾市审计局荣获“山西省审计厅2016年度目标责任考核先进单位”“临汾市2016年度目标责任考核先进单位”等称号。 （撰稿人：郭迎建　姜海伦）

【吕梁市审计局】 2017年，吕梁市审计局人员编制53人，实有51人。局长赵学安，副局长贾桥、高博、赵晓岗，总审计师高树泽，调研员王建平。设有办公室、人事教育科、法制科、财政审计科、行政事业审计科、农业与资源环保审计科、固定资产投资审计科、金融经贸审计科、社会保障审计科、外资运用审计科、经济责任审计科、督查室等12个科室；下设审计复核审理中心、网络管理中心、档案管理中心、经济责任审计中心等4个事业单位。

审计成果 2017年，吕梁市县两级审计机关完成审计项目896个。查出主要问题金额396.45亿元，其中违规金额55.29亿元、管理不规范金额341.16亿元，核减工程决算（结算）金额1.19亿元；审计发现非金额计量问题691个；出具审计报告和专项审计调查报告829篇。审计处理处罚金额40251万元，其中应上缴财政1043万元、应减少财政拨款或补贴16万元、应归还原渠道资金5071万元、应缴纳其他资金9650万元、应调账处理金额24469万元；移送司法机关、纪检监察机关和有关部门处理事项46件，移送处理人员1人，移送处理金额4866万元。审计促进整改落实有关问题金额263万元。审计提出建议1300条；推动被审计单位制定整改措施80项；提交审计信息34篇。向社会公告审计结果2篇。

国家重大政策措施落实情况跟踪审计 统一组织市县两级审计机关，抽调130名审计人员，开展政策措施落实情况跟踪审计3次，抽查457个单位、229个项目，发现各类问题285个，督促市县两级政府和相关单位整改问题150个，整改资金24.29亿元，促进完成固定资产投资39.95亿元，促进57项工程完善手续和加快实施进度。

财政审计 吕梁市县两级审计机关共对财政、税务部门和146个预算执行单位2016年度预算执行情况进行审计，查出违规金额23.09亿元、管理不规范金额117.44亿元。吕梁市审计局对兴县、交口县政府财政决算情况进行审计，查出违规金额3472万元、管理不规范金额12.04亿元；对吕梁市新城吕梁师范高等专科学校项目部等15个项目部负责的28个分项目2012—2016年度的财务收支情况进行审计，查出违规金额6万元、管理不规范金额1498万元。按照省审计厅的组织安排，完成对运城市本级及盐湖区、经济开发区、空港经济开发区以及运城所属的12个县（市）的经济社会发展情况审计和审计调查，查出违规金额3061万元、管理不规范金额24967万元。

经济责任审计 吕梁市县两级审计机关共对139名领导干部进行经济责任审计，包括县处级干部28人、乡科级干部85人、其他26人，查出违规金额8065万元、管理不规范金额71005万元。

固定资产投资审计 吕梁市县两级审计机关完成工程建设项目竣工决算（结算、造价）审计453项，送审金额14.63亿元，核减工程决算（结算、造价）金额1.19亿元，查出违规金额146万元、管理不规范金额11922万元。

民生资金（项目）审计 吕梁市县两级审计

机关对吕梁市2016年扶贫资金，全市新型农村合作医疗机构整体移交，全市2015、2016年住房公积金，全市全面改善贫困地区义务教育薄弱学校基本办学条件等专项资金进行审计，涉及单位171个，资金24亿元。通过审计和审计调查，促进整改问题金额2.3亿元，移送纪检监察和主管部门等部门处理事项7件，提出工作建议41条。

金融审计 吕梁市县两级审计机关开展对13县（市、区）农村信用合作社2015年度和2016年度资产负债损益审计，查出主要问题金额2138064万元。

相关工作 吕梁市县两级审计机关全面落实从严治党主体责任，牢固树立“四个意识”特别是核心意识、看齐意识，严守党的政治纪律和政治规矩，严格执行廉政纪律和审计“八不准”工作纪律；深入推进“两学一做”学习教育常态化制度化。吕梁市审计局实现业务会议的无纸化，推行无纸化办公，开展正版办公软件的应用推广，吕梁审计门户网站安全稳定运行。

（撰稿人：王瑞芳）

2017年山西省所辖区、县(市)级审计工作统计表

金额单位：万元

审计机关	完成审计项目(个)	审计查出主要问题金额	审计处理情况					出具审计报告和审计调查报告(篇)	提出审计建议(条)	提交审计信息(篇)
			审计处理处罚				移送处理事项(件)			
			应上缴财政	应减少财政拨款或补贴	应归还原渠道资金	应调账处理金额				
太原市										
太原市本级	63	4842976	30706		8082	510574	69	65	201	46
小店区审计局	7	27962	8		78	2	6	7		
迎泽区审计局	16	312241	538		4926	175		16	56	15
杏花岭区审计局	9	116905			5	855	4	9	44	5
尖草坪区审计局	5	4535	2116					5	26	7
万柏林区审计局	11	115299						11		
晋源区审计局	6	92878						6	23	
古交市审计局	20	109547	2		2	4	1	20	65	22
清徐县审计局	20	26846			361	8679	1	20	44	21
阳曲县审计局	3	827			152	674		3		6
娄烦县审计局	5	1171			200	970		5		
大同市										
大同市本级	115	2950059	6744	91	503	702290	69	115	366	133
城区审计局	17	28033	128	645	256	2568		21	43	4
矿区审计局	22	78669	2156	785	582	5586	8	21	54	
南郊区审计局	9	175493	5678	243	564	4578		11		7

（续表）

审计机关	完成审计项目（个）	审计查出主要问题金额	审计处理情况					出具审计报告和审计调查报告（篇）	提出审计建议（条）	提交审计信息（篇）
			审计处理处罚				移送处理事项（件）			
			应上缴财政	应减少财政拨款或补贴	应归还原渠道资金	应调账处理金额				
新荣区审计局	10	637	637	127	158	2369		11	3	
阳高县审计局	25	3592	757	568	125	2039		27	23	2
天镇县审计局	13	35933	3451	223	259	256	1	8	6	
广灵县审计局	28	13057	7292	458	654	296		19	41	7
灵丘县审计局	93	25064	878	623	553	538		93	3	4
浑源县审计局	6	1702	458	624	24	1025		7	7	
左云县审计局	30	46327	1104	254	256	1158		30	28	2
大同县审计局	18	23448	109	213	938	757		16	2	5
阳泉市										
阳泉市本级	50	301021	9679		8542	116170	18	53	101	4
城区审计局	155	2775						155	12	8
矿区审计局	55	96348	1068					55	49	
郊区审计局	29	134117	4421				5	29	35	38
平定县审计局	66	18885	646		2596		4	66	64	13
盂县审计局	78	112357	7553	1499	2095	215	5	88	192	23
长治市										
长治市本级	72	2056395			6596	28381	107	72	235	30
城区审计局	23	80838					4	23	47	35
郊区审计局	25	39767	20					25	48	
潞城市审计局	17	93892	9610		70	12450	3	17	52	
长治县审计局	18	109432	1		4			18	34	
襄垣县审计局	72	204528	30		103446	77781		72		22
屯留县审计局	37	101680	171				11	37		46
平顺县审计局	18	71078	1052					18	50	33
黎城县审计局	17	116524				4829	12	17	29	40
壶关县审计局	14	40364	654		645	3482	5	14	38	
长子县审计局	46	236122	4633		44389	139	12	46	129	30
武乡县审计局	19	166149	10		1483		9	19	65	16
沁县审计局	6	83439	3078			31590	8	6	25	18
沁源县审计局	33	275638	3329		59	1732		33	85	29
晋城市										
晋城市本级	81	449500	229800				3	71	279	30
城区审计局	46	62098						46	146	6

（续表）

审计机关	完成审计项目（个）	审计查出主要问题金额	审计处理情况					出具审计报告和审计调查报告（篇）	提出审计建议（条）	提交审计信息（篇）
			审计处理处罚				移送处理事项（件）			
			应上缴财政	应减少财政拨款或补贴	应归还原渠道资金	应调账处理金额				
高平市审计局	83	150461						83	213	
沁水县审计局	51	2777	341	999	6	118		51	76	10
阳城县审计局	58	328034	3					58	123	20
陵川县审计局	65	55620	2					65	72	13
泽州县审计局	78	32519	830		4320	1359		78	218	23
朔州市										
朔州市本级	90	15121	4113	1311	1445	6728	131	90	215	76
朔城区审计局	35	9011	251	222	301	2002	3	35	23	41
平鲁区审计局	48	8946	201	295	312	1788	2	54	33	35
山阴县审计局	24	5552	187	287	225	1216	1	29	22	15
应县审计局	29	3512	158	199	199	995	3	31	12	28
右玉县审计局	25	3845	299	255	312	891	1	31	17	34
怀仁县审计局	37	9546	383	298	555	2544	3	38	19	49
晋中市										
晋中市本级	129	1970229	4362		6573	19879	48	103	150	36
榆次区审计局	22	111569	47					25	64	
介休市审计局	73	79541	92				2	37	68	36
榆社县审计局	110	14153				14153		78	111	8
左权县审计局	39	30401	15					39	138	17
和顺县审计局	36	26646		192			2	56	69	27
昔阳县审计局	55	118433	256		249		12	55	134	
寿阳县审计局	91	17337			70		8	84	118	3
太谷县审计局	34	267925	82	8	6	13		34	87	21
祁县审计局	148	115066	228	553		768		148	271	23
平遥县审计局	139	28274	65	7		93	2	139	178	
灵石县审计局	60	65455	35		27	45	9	60	187	8
运城市										
运城市本级	620	1561927	19816	10	20328	17595	81	707	1031	224
盐湖区审计局	56	127953	8				2	90	67	58
永济市审计局	108	6154	1101	4560	223	270	3	108	128	30
河津市审计局	35	33738	37		6		12	37	103	70
临猗县审计局	34	256858	3303			4559	5	39	98	8
万荣县审计局	33	149199	407		29	1375	9	49	53	8

（续表）

审计机关	完成审计项目（个）	审计查出主要问题金额	审计处理情况					出具审计报告和审计调查报告（篇）	提出审计建议（条）	提交审计信息（篇）
			审计处理处罚				移送处理事项（件）			
			应上缴财政	应减少财政拨款或补贴	应归还原渠道资金	应调账处理金额				
闻喜县审计局	57	25115	5	932	6611		6	57	49	35
稷山县审计局	41	33041	40					41	59	56
新绛县审计局	54	937	2	10	36	54	1	57	35	13
绛县审计局	40	69500	15				24	42	92	110
垣曲县审计局	50	8900	8	8000	31	219	6	50	74	48
夏县审计局	63	120604	457		105	2133	13	68	130	12
平陆县审计局	47	83475	4				14	47	147	60
芮城县审计局	49	55642			769		16	59	111	46
忻州市										
忻州市本级	113	1727613	148979	128	39051	107374	82	113	288	188
忻府区审计局	28	37778		43				28	46	
原平市审计局	47	258420	495	3350		668		47	48	17
定襄县审计局	93	212146	6					93	203	
五台县审计局	80	153058	31		3633	20		80	98	25
代县审计局	15	14997				3		15	4	
繁峙县审计局	41	4477	872		512	3092	1	41	55	4
宁武县审计局	108	37258	10					108	31	
静乐县审计局	14	2015	2					14	14	
神池县审计局	29	22213		2146		405		29	45	
五寨县审计局	78	36828		607	532	6835		78	84	
岢岚县审计局	27	42798					2	27	33	52
河曲县审计局	25	29053						25	15	
保德县审计局	23	401466	10	74	53	325		23	31	6
偏关县审计局	15	16495	289		19	713		15		
临汾市										
临汾市本级	57	666929	24719		532	21227	122	57	129	79
尧都区审计局	61	269521	595		16	699	11	61	33	3
侯马市审计局	41	144154	184	679	8975	3789	18	41	70	61
霍州市审计局	32	83458	13	21		23415	5	32	84	24
曲沃县审计局	64	30330	559			2404	11	64	164	
翼城县审计局	39	144409	433		1	145	28	39	79	160
襄汾县审计局	65	106983	62	1327	60	171	22	65	142	
洪洞县审计局	42	306310	2700		16134	80	3	42	108	

（续表）

审计机关	完成审计项目（个）	审计查出主要问题金额	审计处理情况					出具审计报告和审计调查报告（篇）	提出审计建议（条）	提交审计信息（篇）
			审计处理处罚				移送处理事项（件）			
			应上缴财政	应减少财政拨款或补贴	应归还原渠道资金	应调账处理金额				
古县审计局	25	79630	1268		11	800	7	25	72	
安泽县审计局	33	72952	1095			308	13	33	109	
浮山县审计局	68	102913	98	769	1	12883	6	68	82	30
吉县审计局	38	26739	2931		8910	3176	15	38	89	70
乡宁县审计局	47	129197	8484			1302	4	47	48	60
大宁县审计局	16	14353	13			8	2	16	45	40
隰县审计局	64	8513	149				13	64	164	39
永和县审计局	28	22128			5	119	4	28	70	
蒲县审计局	23	77026	2839				5	23	32	
汾西县审计局	19	9578	2611		3	11	3	18	49	38
吕梁市										
吕梁市本级	97	1679566	17		4825	1916	16	96	173	
离石区审计局	14	170606	20					11	18	
孝义市审计局	62	255850						61	170	
汾阳市审计局	37	14369	485	3	42			37	50	
文水县审计局	42	378995	65					33	91	
交城县审计局	20	281432	2		196		2	24	184	2
兴县审计局	9	133212	14			21		9	8	
临县审计局	88	165758	144					88	102	37
柳林县审计局	212	11875	221					212	73	
石楼县审计局	18	135902	2					18	22	2
岚县审计局	83	19205	35				1	83	245	
方山县审计局	80	270947						79	210	
中阳县审计局	9	317277	3	13	5	9	6	9	29	
交口县审计局	125	129506	55			22521		125	28	

内蒙古自治区

【内蒙古自治区审计厅】 2017年，内蒙古自治区审计厅及所属机构人员编制247人，实有191人。设有办公室、综合督查处、人事处、机关党委、机关纪委、法规处、行政政法审计处、金融审计处、财政审计处、税收征管审计处、农业审计处、经贸审计处、固定资产投资审计处、政府投资审计处、社会保障审计一处、社会保障审计二处、党政领导干部经济责任审计处、企事业单位领导经济责任审计处、外资审计处、教科文卫审计处、资源环境审计一处、资源环境审计二处、审理处、离退休人员工作处；驻外审计机构有驻海拉尔审计处、驻赤峰审计处；下设自治区审计科研宣教中心、自治区计算机审计管理中心、审计厅机关事务服务中心、自治区内部审计管理中心等事业单位。

领导成员

党组书记、厅长：靳素平

副 厅 长：吕靖原

党组成员、副厅长：郭少华　刘文磊

党组成员、总审计师：张洪甫

党组成员、驻审计厅纪检组长：张　笑（9月—）

经济责任审计工作联席会议办公室专职副主任：武志杰（11月—）

经济责任审计局局长：靳素平（兼）

审计成果　2017年，内蒙古自治区全区审计机关共审计单位3067个。为国家增收节支28.2亿元，挽回或避免损失4.1亿元，核减投资额21.3亿元。提交审计报告和审计信息2868篇，被批示、采用837篇。向司法、纪检监察机关和有关部门移送处理事项430件。审计提出建议3608条，被采纳2232条。

2017年度，乌兰察布市审计局实施的察右中旗2014—2015年度财政决算及其他财政财务收支审计项目被审计署评为地方表彰审计项目。自治区审计厅驻海拉尔审计处实施的二连浩特市人民政府2014—2015年度财政决算及其他财政收支审计项目、驻赤峰审计处实施的乌海市人民政府2013年和2014年财政决算及其他财政收支审计项目、党政领导干部经济责任审计处实施的内蒙古自治区党史研究室原主任离任经济责任审计项目、行政政法审计处实施的自治区档案局局长任期经济责任项目和2015年度预算执行及其他财政收支审计项目、固定资产投资审计处实施的赤峰市松山区2015年至2016年7月底“十个全覆盖”工程跟踪审计项目、金融审计处实施的华宸信托有限责任公司总经理任期经济责任审计项目、社会保障审计处实施的对呼和浩特市新城区2015年保障性安居工程跟踪审计项目，被自治区审计厅评为优秀审计项目。自治区审计厅财政审计处实施的2015年财政厅组织本级预算执行和其他财政收支及财政厅2015年部门预算执行情况审计项目、经贸审计处实施的内蒙古广播电视网络集团有限公司2012—2014年资产负债损益和董事长任期经济责任审计项目、审理处实施的对自治区文学艺术界联合会2015年部门预算执行及其他财政财务收支情况审计项目、教科文卫审计处实施的自治区科技厅厅长2013年4月至2015年年底经济责任审计项目、企事业单位领导经济责任审计处实施的自治区文化厅厅长任期经济责任审计项目、农业审计处实施的兴安盟科右前旗2014年至2016年7月末扶贫资金审计项目、外资审计处实施的亚洲开发银行贷款内蒙古公路发展项目2015年度财务收支及项目执行情况审计项目，被自治区审计厅评为表彰审计项目。

国家重大政策措施落实情况跟踪审计　组织全自治区1671名审计人员参与国家重大政策措施落实情况跟踪审计。自治区审计厅共提交跟踪审计报告4篇，涉及财政存量资金管理和盘活情况、“旅游+”战略、加快城市基础设施项目建设、防控金融风险等多项政策措施落实情况。通过审计，促进重大建设项目加快推进86个，新开工项目8个，促进建成完工项目19个；盘活或收回结转结存资金3亿元；加快财政资金下达8亿元。其中对内蒙古自治区农信社系统贯彻落实防控金融风险相关政策措施情况的跟踪审计共发现问题387个。通过对审计查出问题的整改落实，被审计单位共建立健全制度80项，以强化内部管理、规范业务操作、调整资产风险分类、增提准备金、降低业务集中度、法律手段追偿等其他方式整改问题278个。

财政审计　对自治区本级2016年预算执行及其他财政收支情况进行审计，查出财政收入不实、违规调整预算、专项资金分配不规范、虚列预算支出等问题，依法进行处理。针对2016年审计查出问题的整改情况，受自治区人民政府委托，3月29日，自治区审计厅向自治区十二届人大常委会第三十二次会议作上年度审计查出问题整改情况专题报告；7月19日，向自治区十二届人大常委会第三十四次会议作审计工作报告。下半年，按照自治区党委、政府的安排部署，自治区审计厅组织全区审计机关对各盟市、旗县区财政收入质量、债务进行审计和审计调查，摸清财政收入虚增空转情况、政府性债务底数，为内蒙古自治区党委、政府决策提供可靠依据。

经济责任审计 按照中央和自治区要求，坚持“党政同责、同责同审”，加大任中审计比重。全自治区审计机关对834名领导干部（其中厅局级16人，县处级107人）进行任中和离任审计，出具审计报告和审计结果报告948篇。在抓好各地区、各部门领导干部经济责任审计的同时，为积极推进领导干部审计监督全覆盖，组织对12个盟市、2个计划单列市审计局局长履行经济责任情况进行审计，有效防止“灯下黑”等问题的发生。

探索可推广、可复制的领导干部自然资源资产离任审计经验及做法。自治区审计厅与内蒙古自治区党委组织部联合印发《关于贯彻落实〈领导干部自然资源资产离任审计规定〉的通知》。自治区审计厅组织人员，对与自然资源资产相关的专业厅局进行历时一个半月调研，在此基础上编制完成《领导干部自然资源资产离任审计操作指引》，印发全自治区审计机关执行。自治区审计厅完成对内蒙古通辽市科尔沁区主要领导干部自然资源资产离任审计项目，组织指导12个盟市、旗县（市、区）开展领导干部自然资源资产离任审计试点工作。内蒙古自治区审计厅提交《关于开展领导干部自然资源资产离任审计试点工作情况的报告》，向自治区政府汇报相关情况以及在坚守生态底线方面采取的主要措施，得到自治区党委全面深化改革领导小组和审计署的充分肯定。在审计署召开的电视电话会议上，自治区审计厅厅长靳素平向全国审计系统作典型经验介绍。

民生资金（项目）审计 按照审计署的统一要求，对通辽市库伦旗等18个贫困旗县2016年扶贫政策落实和扶贫资金分配管理使用情况进行审计；按照自治区党委、政府有关要求，全自治区审计机关组成13个审计组，采取“上审下”的方式，对全自治区的39个贫困旗县扶贫资金分配管理使用、项目建设管理、精准脱贫绩效等情况开展审计，实现对全自治区57个贫困旗县的审计全覆盖。组织对自治区本级相关单位及12个盟市本级、103个旗县，对2016年保障性安居工程的投资、建设、分配、运营等情况进行专项跟踪审计，向司法、纪检监察机关移送违纪违法案件线索17件，向各级政府及其有关主管部门移送审计事项13件，有效促进保障性安居工程政策措施落实。

外资运用审计 完成对4个外资公证审计项目和对财政部门管理的外债项目专户资金及相关费用收支情况审计，有效规范外资管理、使用，促进提高使用效益。

其他审计项目 对全自治区公安系统2015年至2016年专项财政资金使用情况进行审计；完成内蒙古自治区政府常务会议决定的内蒙古旅游专修学校在建项目审计和审计调查。

信息化建设 完善金审工程三期的可行性研究报告和初步设计，推动在自治区的立项工作；全面加强审计信息系统开发部署和平台建设，自主设计并开发审计报告数字化管理系统、被审计对象管理系统和审理系统，建立审计数字化指挥中心，部署自然资源资产审计平台和审理系统，引进新版手机短信群发平台，加强数据采集转换和报送工作，调研推进开展信息系统审计。加强计算机审计培训，全自治区通过审计署计算机审计中级考试人数达到217人。

审计科研 内蒙古自治区审计学会承担的自治区2016年度十大重点社会科学课题——《领导干部自然资源资产离任审计研究》，顺利结项。内蒙古自治区审计学会理事单位撰写的《计算机审计》一书被自治区社会科学界联合会评定为自治区第六届哲学社会科学优秀成果政府二等奖。编撰《领导干部自然资源资产离任审计理论与实践初探》一书，得到审计界的广泛认可。

获得与中国审计学会合作开展课题研究资格，撰写的合作课题《市县审计机关发展研究》和论文《关于审计队伍现状与推进职业化建设的调查与思考》在中国审计学会举办的全国性专题研讨会作主旨发言；撰写的《新常态下国家审计发展对审计学科建设的影响分析》一文入选中国审计学会《国家审计学科建设研究论文集》。

党建工作 全自治区审计机关始终把党的建设摆在首位，坚持提高政治站位，强化责任担当，坚持将全面从严治党作为一条主线贯穿到审计工作各个方面，紧抓党组和机关党委、党支部、党员3个着力点，在推动机关党建与审计工作、与各级党组织、与广大党员深度融合上下功夫。发挥党组班子的示范作用、党支部的战斗堡垒作用、党员的先锋模范作用；推进“两学一做”学习教育常态化制度化；深入学习宣传贯彻党的十九大精神，切实用党的十九大精神武装头脑、指导实践、推动工作，着力在学懂弄通做实上下功夫；加强意识形态工作。坚持从严治党，强化责任担当，全面加强党风廉政建设。认真履行党组主体责任；强化审计机关内部教育管理；驻厅纪检组履行监督执纪问责；严格落实中央和自治区巡视发现问题整改，研究制定总体整改落实措施和《内蒙古自治区审计厅关于落实整改工作实施方案的安排意见》等5项具体措施，并按照整改措施狠抓落实；加强党员干部的监督制约；充分发挥审计监督职能作用；集中开展整治“雁过拔毛”式腐败问题，全自治区审计机关成立集中整治“雁过拔毛”式腐败问题工作领导小组，自治区审计厅制订下发《内蒙古自治区审计机关集中整治“雁过拔毛”式腐败问题实施方案》。

相关工作 为全面落实自治区人民政府办公厅关于审计发现问题整改工作的有关要求，自治区审计厅首次将2016年度自治区本级预算执行和其他财政收支审计查出问题整改情况的报告向社会公开发布，自觉接受社会监督。进一步健全和完善制度机制，制定《党组议事工作规则》《自治区审计厅国有资产管理暂行办法》等。全面加强审计队伍建设，采取集中学习与自学相结合、请进来辅导与走出去学习相结合等形式，采取业务培训、轮岗交流、挂职锻炼、调训学习、以审代培等措施，加大对审计人员的教育培训力度。选派3007人次参加各类培训和调训。

内部审计 组织召开自治区内部审计及内部审计师协会第四届第二次理事会工作会议；组织召开全自治区内部审计“双先”表彰暨经验交流和理论研讨会议。对现行《内蒙古自治区内部审计办法》进行修订完善，上升修改为《内蒙古自治区内部审计条例》，将相关条文修改背景、修改情况说明起草完毕。强化内部审计人员教育培训，提高职业胜任能力，对各单位参加内部审计管理中心举办的各类业务培训班的人员颁发证书；建立内部审计人才库。做好《内蒙古内部审计》的编辑印发工作；将获得2016—2017年度内部审计征文一、二等奖的论文集结成书正式出版发行。

（撰稿人：于小满　狄智荟）

【呼和浩特市审计局】 2017年，呼和浩特市审计局人员编制95人，实有88人。局长郭瑞成，副局长王丽萍、郭厚成，总审计师王晓燕，纪检组长么红霞，调研员戎志军（—12月）。设有办公室、人事科、法规科、督查执行科、财政审计科、金融审计科、外资审计科、行政事业审计科、农业与资源环保审计科、经贸审计科、社会保障审计科、固定资产投资审计科、政府投资审计科、派出审计一科、派出审计二科、派驻开发区审计局、机关党总支、离退休人员工作科、财务科等职能科室；下设审计信息中心、机关事务服务中心、内部审计管理中心和经济责任审计办公室4个事业单位。

审计成果 2017年，呼和浩特市县两级审计机关完成审计项目170个。查出主要问题金额1343756万元，其中违规金额150303万元、管理不规范金额1193452万元；审计发现非金额计量问题195个；损益（收支）不实金额14476万元；出具审计报告和专项审计调查报告170篇。审计处理处罚金额889708万元，其中应上缴财政59032万元、应减少财政拨款或补贴8万元、应归还原渠道资金19290万元、应缴纳其他资金30296万元、应调账处理金额781079万元；移送司法机关、纪检监察机关和有关部门处理事项1件，移送处理金额451万元。审计促进整改落实有关问题金额783605万元；审计促进拨付资金到位10077万元；审计后挽回（避免）损失1371万元；核减投资额1279万元。审计提出建议371条；推动被审计单位制定整改措施12项；促进被审计单位制定完善规章制度2项；提交审计信息166篇。向社会公告审计结果1篇。

呼和浩特市赛罕区审计局实施的赛罕区人民政府法制办公室2015年预算执行及其他财政财务收支审计项目被自治区审计厅评为表彰审计项目。

国家重大政策措施落实情况跟踪审计 对财政存量资金、“旅游＋”战略、城市基础设施重大项目建设、防控金融风险有关政策落实情况实施跟踪审计。

财政审计 重点对呼和浩特市本级2016年预算执行及其他财政收支情况开展审计。通过审计进一步规范财政管理，提高财政资金使用效益。针对2016年审计查出问题的整改情况，受呼和浩特市人民政府委托，向呼和浩特市人大常委会作审计查出问题整改情况专题报告，有效促进审计查出问题的整改落实。

经济责任审计 市县两级审计机关完成82名科级以上领导干部的经济责任审计，审计提出建议163条，被采纳74条。呼和浩特市审计局实施18名处级领导干部的经济责任审计，其中任中审计8人、离任审计10人，促进领导干部守法、守纪、守规、尽责。

固定资产投资审计 完成对呼和浩特市东区集中供热工程项目的竣工决算审计，内蒙古大商城建设项目的审计调查，呼和浩特市5个城市重点基础设施项目征地拆迁资金管理和使用情况审计，呼和浩特市四区范围内承担的65公里快速路两侧绿化、78条“断头路”、大庆主会场及配套设施、国足训练基地5个项目征地拆迁资金审计，以及对呼和浩特市快速路工程项目审定工程结算情况的抽审等审计任务。完成呼和浩特市20个新农村竣工决算项目审计。

民生资金（项目）审计 完成保障性安居工程跟踪审计、2016年扶贫政策落实和分配管理使用情况审计，以及呼和浩特市棚户区资金管理情况、改造及配套基础设施建设的审计。

其他审计项目 完成对呼和浩特市公安局自治区成立70周年大庆专项资金使用情况的审计；完成内蒙古自治区财政收入质量、借出款项等方面的审计调查任务；协助内蒙古自治区审计厅完成内蒙古矿业（集团）有限责任公司董事长和原总经理的任期经济责任审计；组织实施“十个全覆盖”项目竣工决算审计和债务锁定工作。

（撰稿人：郝敏丽）

【包头市审计局】 2017年，包头市审计局人员编制143人，实有109人，其中公务员64人、工勤人员10人、事业编制人员69人。局党组书记、局长李平，副局长崔虎虎、白有明，总审计师史晓红，派驻纪检组长郭建祥，调研员王成虎，副调研员任长武。设有办公室、政工科（精神文明建设办公室）、法制（综合）科、机关党委、财政审计科、行政事业审计科、农业审计科、资源环境审计科、固定资产投资审计科、金融审计科、经贸审计科、社会保障审计科、外资审计科、审理科、党政领导干部经济责任审计科、企事业单位领导经济责任审计科；下设包头市政府投资审计中心（审计培训中心）、计算机审计管理中心、内部审计管理中心（绩效审计中心）。

审计成果 2017年，包头市县两级审计机关完成审计项目252个。查出主要问题金额81.64亿元，促进增收节支和挽回损失6.65亿元，核减投资额0.94亿元；移送问题线索77件，移送金额1902万元。

包头市审计局实施的九原区人民政府2014—2015年度财政决算审计项目被自治区审计厅评为优秀审计项目。

国家重大政策措施落实情况跟踪审计 根据审计署和内蒙古自治区审计厅的统一部署，围绕去产能、去库存、去杠杆、降成本、补短板这五大重点任务，全市抽调业务骨干48人次，完成财政存量资金、“旅游＋”战略、城市基础设施建设和防范金融风险政策措施落实跟踪审计。发现和纠正上有政策、下有对策，有令不行、有禁不止的行为，在资金到位、项目落地、政策执行方面，发挥“督查员”的作用。

财政审计 完成对市本级财政、地税和市民政局、城建委、水务局、旅游局的预算执行审计，对东河区、固阳县的财政决算审计，对政府投资基金的审计调查。配合有关部门对政府性债务进行甄别，对全市“十个全覆盖”债务进行汇总。组织实施对市本级财政资金信息化管理情况和东河区财政收入质量、政府性债务的审计调查。受市政府委托向市人大常委会作审计工作报告、整改工作报告和落实人大审议意见情况的报告；审计工作报告向社会公告。按照自治区审计厅的要求，配合对全市收入质量的审计工作，

经济责任审计 全年审计县级主要领导干部18人，任中审计比例达83%。按照市委、市政府全面深化改革的要求，研究制订《包头市开展领导干部自然资源资产离任审计试点实施方案》，编制森林资源资产指标评价体系。在昆都仑区、九原区、东河区相继开展森林资源资产责任审计，对资源管护不到位、资金使用不规范等问题进行纠正和处理，对领导干部履行相关责任的情况进行评价和界定。

固定资产投资审计 对北梁棚改项目进行持

续跟踪审计，出具审计报告 10 篇，提出审计建议 18 条，推动整改问题金额 10.88 亿元。完成对党政机关综合办公楼、服务中心项目的竣工决算审计。

民生资金（项目）审计 完成对 2016 年全市保障性安居工程的跟踪审计，促进专项资金及时拨付使用 2473 万元，补充安排项目资金 8725 万元，取消违规保障对象资格 141 户，维护困难群众的住房保障权益。按照市政府的要求，完成对公交集团的财务收支审计。按照内蒙古自治区审计厅的要求，开展对呼伦贝尔市、巴彦淖尔市 4 个旗县的扶贫资金审计。深入开展“雁过拔毛”式腐败问题集中整治工作，将其作为重点审计内容，坚决整治和查处损害群众利益的不正之风和腐败问题。

信息化建设 先后投入资金 1300 余万元，引入云计算，实施信息化综合改造一期、二期工程，建成审理室、审计室、电教室和数据分析室。完成 2002 年以来审计档案、文书档案和人事档案的数字化，全局基本实现无纸化办公。做好信息化综合改造三期工程各项准备，立项申请、可研报告已得到批复，启动与财政的联网审计工作。加大计算机人才培养力度，18 人通过审计署计算机中级培训。

党建工作 深入推进“两学一做”学习教育常态化制度化，认真学习宣传党的十九大精神。建立新的党员活动室。严格执行民主集中制，研究制定《党组议事工作规则》和《“三重一大”集体决策制度办法》，层层签订《党风廉政建设责任书》。规范党内政治生活，严格落实“三会一课”“三项制度”等基本制度，被市委组织部确定为全市“机关党组织建设示范点”和“党员教育管理示范点”，被市直机关工委评为全市先进机关党组织，成功承办全市直属机关党建工作现场观摩交流会。全面推开“党支部＋审计组”的组织设置模式，在外派审计组建立临时党支部或党小组。

相关工作 群团工作扎实开展，被评为自治区五四红旗团支部、全市工会工作先进集体、“三八红旗集体”等荣誉称号。精神文明建设成效显著，成功获评自治区文明单位。高度重视意识形态工作，制定《意识形态工作责任清单》和《关于进一步加强意识形态工作的实施意见》，逐级签订《意识形态安全工作责任书》。扎实做好精准扶贫工作，连续两年被评为全市扶贫工作先进集体。实施第二个《干部教育培训五年规划》，全年组织参加各级各类培训 359 人（次），抽调 67 名干部参加挂职、调训和外派审计，参加市委巡察、市纪委督导和案件调查工作。承担中国审计学会“市县审计机关发展研究”课题，代表内蒙古自治区审计厅在全国研讨会上作成果交流。

（撰稿人：王蒙超）

【乌海市审计局】 2017 年，乌海市审计局人员编制 49 人，实有 47 人。局长傅庭琳，副局长韩文生、王卫东（—12 月）、薛峰、刘军甫（12 月—），副调研员白永耀、张丽坪。设有办公室、法规科、经济贸易审计科、固定资产投资审计科、行政事业审计科、农业资源审计科、财政金融外资审计科、社会保障审计科、经济责任审计局；下设内部审计管理中心。

审计成果 乌海市审计局完成审计项目 31 个。查出违规金额 7.48 亿元、管理不规范金额 46.84 亿元；损益（收支）不实金额 89 万元；审计发现非金额计量问题 93 个。审计处理处罚金额 7.3 亿元，其中应上缴财政 6.68 亿元、应减少财政拨款或补贴 1640 亿元、应归还原渠道资金 4478 万元，应调账处理金额 102 万元；出具审计报告和专项调查报告 33 篇。移送司法机关、纪检监察机关和有关部门处理事项 12 件，金额 2394 万元。提交审计信息 50 篇。审计提出建议 79 条；

国家重大政策措施落实情况跟踪审计 按照审计署和内蒙古自治区审计厅的统一部署，对按季度对国家重大政策措施落实情况进行跟踪审计，查出违规金额 2537 万元、管理不规范金额 3.76 亿元。通过坚持边跟踪审计、边督促整改，推动多数问题在审计中得到纠正。

财政审计 对乌海市本级、预算部门的 9 个预（决）算及财务收支进行审计，查出主要问题金额 16.87 亿元。从审计情况看，各部门能够认真组织实施积极的财政政策，加大财政资金统筹使用力度，预算和投资管理进一步规范，但部分单位存在预算编制不完整、财政收入账实不符、应征未征、应缴未缴非税收入和专户收入等问题。

经济责任审计 坚持任中与离任审计相结合

原则，对乌海市7名县处级领导干部进行经济责任审计，其中任中审计6人、离任审计1人，查出管理不规范金额815万元，审计提出建议23条。

民生资金（项目）审计 按照审计署和自治区审计厅统一部署，乌海市审计局完成2016年保障性安居工程跟踪审计，查出主要问题金额1.56亿元，发现非金额计量问题51个。开展财政补贴特殊群体参加企业职工基本养老保险专项审计调查，提交的调查报告得到市领导高度评价。

固定资产投资审计 对乌海市10个政府投资项目进行审计，审计资金总额2.13亿元，核减工程价款1640万元。通过审计，有效提高政府投资的使用效益，促进发挥政府对结构调整和经济发展的引领作用。

审计整改 组织开展对乌海市本级预算执行审计整改、部门预算审计整改、海勃湾区政府财政决算审计整改、重点专项审计整改、经济责任审计整改、政策落实跟踪审计整改、固定资产投资专项审计整改，共涉及197个问题。截至年底，已完成整改174个问题，涉及金额86.11亿元。

（撰稿人：杨　勇）

【赤峰市审计局】 2017年，赤峰市审计局人员编制60人，实有53人。局长曹熙，副局长于宝珠、程秀明、杨树友，总审计师曹立新，纪检组长张丰英（—12月），调研员李志杰（—6月）、寇国安。设有办公室、法制科、财政审计科、外资审计科、固定资产投资审计科、社会保障审计科、经贸审计科、金融审计科、行政事业审计科、农业与资源环保审计科、经济责任审计办公室等11个科室；下设计算机审计管理中心。

审计成果 2017年，赤峰市审计局完成审计项目70个。查出主要问题金额137.5亿元，向纪检监察机关、地方政府及相关主管部门移送移交问题线索26件。向上级审计机关和市委市政府提交专题报告、综合报告18篇，上报各类审计信息105篇。

赤峰市审计局组织实施的元宝山区2014—2015年度财政决算审计项目被内蒙古自治区审计厅评为优秀审计项目。

国家重大政策措施落实情况跟踪审计 完成财政存量资金管理盘活情况政策落实、全市实施“旅游＋”战略、加快城市基础设施重大项目建设和防范金融风险等重大政策落实情况跟踪审计任务。通过审计，查出各类问题43个，揭示个别旗县区清理盘活存量资金力度不够、存量资金未及时盘活、专项资金长期结存，旅游政策未落实、资金闲置或未落实、拨付不及时、项目进展缓慢，城市基础设施项目储备库未建立、滞留挪用专项资金等问题。

财政审计 对11个市本级预算执行部门进行审计，对审计发现的违纪违规问题，及时督促相关部门、单位进行整改。对2015年度预算执行和其他财政收支审计查出问题整改落实情况进行检查督促。6月22日，受市政府委托在市第六届人大常委会第三十七次会议上作审计工作报告，并对2015年预算执行及其他财政收支审计查出违规问题作整改情况报告。组织开展6个旗县区的财政决算审计，查出部分旗县区存在预算编制和批复调整不规范、财政收支不实、挤占滞留专项资金、向非本级预算单位拨款、无预算拨款、挤占滞留专项资金、挪用占地补偿资金等61个问题，移送案件线索13件，其中向市纪委移送涉及“雁过拔毛”式腐败问题线索7件。

经济责任审计 根据市委组织部委托，对14个市直部门、单位和旗县区的14位党政主要负责人开展经济责任审计，查出和纠正个别单位存在的公款私存、虚列支出、扩大开展范围、未缴水资源费、固定资产出售履行手续不全、坐支应上缴财政收入等问题66个。

根据市委改革试点工作任务，对阿鲁科尔沁旗党政负责人草原资源资产管理责任进行审计，针对草原保护建设利用规划工作不完善、草原防火监管薄弱等5类12项问题，提出审计建议。审计中注意总结形成符合实际的审计规范，为全面推开自然资源资产审计奠定基础。

民生资金审计 开展城镇保障性安居工程跟踪审计。针对审计发现的专项资金统筹管理不到位、公租房未办理项目竣工决算和未办理产权登记、违规申报或分配保障房、家庭收入或住房条件发生变化为及时退出保障待遇、部分保障房欠缴租金、租赁补贴发放不及时等问题进行处理处罚，向纪检监察机关移送问题线索6件，向涉事旗人民政府移送处理问题 1 件。根据自治区审计厅的统一安排，组织 49 人成立 4 个审计组，对通辽市 4 个贫困旗县 2016 年至 2017 年 9 月末扶贫资金分配管理使用情况进行审计。

企业审计 根据市政府交办，组成 16 个审计组 44 名审计人员对市直 16 户国有企业资产、负债、损益情况进行审计，基本摸清被审计企业的资产规模、负债和损益状况，为市委市政府进一步加强对国有企业的管理和监督提供可靠依据。

其他审计项目 对新城管委会、赤峰市人民检察院、市红十字会、市仲裁委和昭乌达宾馆等单位进行审计，查出并纠正资产核算不规范、超范围超限额使用现金、收入未上缴财政、违规发放集资利息、少缴税金等问题。

信息化建设 审计管理“1 拖 N”系统已经建设完成并投入使用。成立全额事业单位赤峰市计算机审计管理中心，核定事业编制 10 人。选派优秀年轻审计人员赴审计署、自治区审计厅参加计算机中级培训，提高审计人员计算机审计应用能力与水平，共有 16 人通过审计署计算机中级资格考试。

相关工作 深入扎实推进“两学一做”学习，使之常态化制度化。全面履行党风廉政建设党组主体责任，局党组召开 9 次会议研究部署从严治党、加强党的建设和党风廉政建设工作。逐级签订《党风廉政建设主体责任书》，严格执行《外派审计组临时党小组管理办法（试行）》规定。把握正确政治方向，落实意识形态工作责任。严格落实中央八项规定精神，整治“四风”问题，驰而不息抓好作风建设。 （撰稿人：刘金超）

【通辽市审计局】 2017 年，通辽市审计局人员编制 59 人，实有 54 人。局长史厚纯，副局长王志刚、马砚春、刘庆林，派驻纪检组长李显芳，调研员杜金山。设有办公室、审理法制科、财政税务审计科、行政事业审计科、农业审计科、固定资产投资审计科、金融外资审计科、经贸审计科、社会保障审计科、经济责任审计科、政府投资审计科、计算机审计科、环境资源审计科、开发区审计分局；下设政府投资评审中心、计算机信息服务中心。

审计成果 2017 年，通辽市县两级审计机关组织实施审计项目 627 个，参与实施审计项目 2 个。查出主要问题金额 188138.53 万元；出具审计报告和专项审计调查报告 629 篇。审计促进整改落实有关问题金额 18781 万元，核减投资 15150 万元；审计后挽回（避免）损失 5811 万元。移送案件线索 11 件，其中向纪检部门移送案件线索 2 个，涉及 2 人。审计提出建议 391 条；推动完善规章制度 2 项。提交审计信息 247 篇。

国家重大政策措施落实情况跟踪审计 按照审计署的统一安排，每个季度一个重点，先后完成 2016 年末全市财政存量资金、“旅游＋”政策措施落实情况、城市基础设施重大项目建设、防范金融风险四个方面政策措施落实情况跟踪审计。审计发现存在问题 86 个，问题金额 156173.68 万元。按照市政府要求，完成对“智慧城市”建设项目审计调查。审计发现项目实施进展不均衡，进度参差不齐，项目资金到位率低等 7 个问题上报市政府。

财政审计 完成市级预算单位的预算执行审计 15 个，查出 2016 年末市本级支出预算结转下年支出达 54929 万元等问题。受通辽市政府委托向市人大常委会作审计工作报告，就 2015 年度审计发现问题整改情况作报告。按照预算法的规定，对通辽市本级 2016 年度财政决算（草案）进行审计，代市政府向市人大常委会作市本级 2016 年度财政决算（草案）情况的审计报告。组织各旗县市区审计局、市局各科室在预算执行、政府决算审计中，加大对虚增税收收入和非税收入问题的审计力度，把“虚增”财政收入作为一项重要内容进行专项审计，形成《通辽市审计局关于经济数据造假问题专项审计调查报告》上报市政府。完成对全市旗县市区财政总预算会计“借出款项”和“其他应收款”情况的审计调查，调查报告上报自治区审计厅。完成对扎鲁特旗、开鲁县 2015—2016 年度财政决算审计，发现公共预算收入不高没有形成财力、专项资金未按规定下拨使用等问题。对通辽市公安局（含开发区分局）开展财务收支审计。

经济责任审计 通辽市县两级审计机关对 207 名县处级以下领导干部实施任期经济责任审计，查出各类违规金额合计 2571.03 万元，查出管理不规范金额 564479.46 万元，其中应负主管责任金额 700.38 万元、应负领导责任金额 566350.11 万元。移送相关部门处理 13 件。完成在库伦旗开展的自然资源资产调查和领导干部自然资源资产离任审计试点。

民生资金（项目）审计 对市本级、9 个旗县市区（含开发区）的保障性安居工程项目进行审计，查出部分安居工程项目未按规定完成目标任务、安居工程建设资金管理使用不规范等 14 个问题。对全市义务教育专项补助资金开展审计（审计调查），审计发现旗县市区财政滞留教育专项资金；师资短缺，学校雇佣代课教师现象普遍等 9 个问题，问题金额 16209.1 万元。对全市农村低保资金开展审计，发现农村低保政策执行、资金筹集管理使用、农村低保实施和运行等方面存在的 12 个问题上报市政府。按照自治区审计厅的统一安排，组成审计组对呼伦贝尔市鄂伦春旗、兴安盟扶贫资金开展审计。

企业审计 对霍林河煤业集团有限责任公司 2015 年至 2017 年 9 月资产、负债、损益的真实性、合法性、完整性进行就地审计，审计发现违纪违规问题 11 个，审计提出建议 6 条。

其他审计项目 抽调全市 80 多名审计干部组成 9 个审计组，对全市 9 个旗县市区（含开发区）的“十个全覆盖”债务开展审计调查。组织对全市范围内在建政府投标项目建筑市场领域管理情况进行联合检查，主要针对政府投资 3000 万元以上的项目。完成对通辽市铁路医院康复大楼竣工决算审计。

信息化建设 建成全市审计机关共用的“1 拖 N”审计管理系统。完成 212 家市直行政事业单位的财务预算审计数据采集整理，推进本市财政审计数据库建设。

党建工作 履行党组管党治党主体责任，扎实推进“两学一做”学习教育常态化制度化，健全完善机关党建工作制度，加强机关党支部建设，落实意识形态责任制。落实党风廉政建设主体责任，配合纪检组履行党风廉政建设监督责任。

相关工作 科学谋划，整合资源，创新审计管理，注重审计成果转化，审计质量明显提升，审计权威进一步加强。提升审计质量的举措更加明显。强化领导班子建设，加强队伍建设，充实审计干部队伍，提升审计干部综合能力。配合纪检组集中整治“雁过拔毛”式腐败工作，梳理 2013 年以来审计项目发现或者移交的 15 条问题线索。选派 1 名正科级干部到奈曼旗东明镇达木嘎筒村任扶贫工作队长，协助所包联的贫困村重点抓好“三到村三到户”“金融扶贫富民工程”“十个全覆盖”等项目。（撰稿人：江飞雨）

【鄂尔多斯市审计局】 2017 年，鄂尔多斯市审计局人员编制 98 人，实有 92 人。局长王苏和，副局长蔺海英（—10 月）、杨敏、杨培峰（10 月—），总审计师董政华，纪检组长陈骏驰，调研员武占才（—8 月），副调研员杨文亮（—8 月）。设有办公室、机关党委、法规科、财政审计科、行政事业审计科、农牧业审计科、固定资产投资审计科、金融外资审计科、经贸审计科、社会保障审计科、经济责任审计办公室、资源环境审计科、审理科；下设政府投资项目审计中心、审计信息网络中心、审计干部教育培训中心。

审计成果 2017 年，鄂尔多斯市审计局完成审计项目 28 个。查出主要问题金额 755818 万元，其中违规金额 7759 万元、管理不规范金额 748059 万元；审计发现非金额计量问题 41 个；损益（收支）不实金额 1705 万元；出具审计报告和专项审计调查报告 25 篇。审计处理处罚金额 172666 万元，其中应上缴财政 90229 万元、应减少财政拨款或补贴 3341 万元、应归还原渠道资金 160 万元、应缴纳其他资金 73300 万元、应调账处理金额 5635 万元；移送司法机关、纪检监察机关和有关部门处理事项 18 件，移送处理金额 16317 万元。核减投资额 8628 万元；移送处理落实事项 2 件。审计提出建议 35 条；提交审计信息 68 篇。

鄂尔多斯市审计局实施的阿拉善盟本级及阿拉善左旗、阿拉善右旗 2013—2014 年度水利专项资金的审计（调查）和准格尔旗党委原书记政府旗长任期经济责任两个项目，以及鄂托克前旗审计局实施的达拉特旗 2015 年至 2016 年 7 月底“十个全覆盖”工程的跟踪审计项目，被自治区审计厅评为表彰审计项目。

国家重大政策措施落实情况跟踪审计 按照自治区审计厅统一安排部署，组织市、旗区两级审计人员对全市财政存量资金管理使用情况以及“旅游＋”战略、城市基础建设和金融风险防控相关政策落实情况进行跟踪审计。

财政审计 完成2016年度市本级和10个部门（单位）预算执行和其他财政收支情况审计，以及乌审旗、达拉特旗、东胜区财政决算审计。按照审计厅的统一安排完成兴安盟和鄂尔多斯市达拉特旗地方政府性债务、财政收入质量、“借出款项、其他应收款项”审计调查及鄂尔多斯市其他7个旗区“借出款项、其他应收款项”汇总上报工作。

经济责任审计 坚持“党政同责、同责同审”，对9名领导干部进行经济责任审计，提交审计报告和审计结果报告6篇。成立环境资源审计科，配备人员，完成达拉特旗党政主要领导干部土地资源资产审计工作，审计中应用GIS（地理信息系统），总结形成的《应用地理信息技术发现草原资源资产管理的常见问题》一文被《中国审计》刊登。

固定资产投资审计 贯彻落实自治区审计厅《关于进一步规范投资审计行为的意见》，完成市体育中心等8个工程项目的竣工决（结）算审计和鄂前旗上海庙工业园区等4个精品移民工程项目审计，审计项目投资额91074万元，核减投资额8628万元。

民生资金（项目）审计 按照审计署、内蒙古自治区审计厅的统一安排，采取异地审计方式，完成全市2016年保障性安居工程跟踪审计，赤峰市宁城县和乌兰察布市兴和县、凉城县、丰镇市2016—2017年度扶贫资金审计。

其他审计项目 成立国有企业审计领导小组，组织完成市煤炭产业投资有限公司资产负债及损益情况审计。完成鄂尔多斯市人民政府驻北京、上海联络办事处2014—2016年度财政财务收支情况的审计调查。完成联合国防治荒漠化公约第十三次缔约方大会财政财务收支情况审计。

党建工作 深入落实全面从严治党要求，设置局机关党办和监察室；履行党建主体责任，紧扣“围绕审计抓党建、抓好党建促审计”主题，不断创新载体，加强审计一线党建工作，在审计组成立临时党小组开展活动，充分发挥党组织的战斗堡垒和党员先锋模范作用；扎实开展“两学一做”学习教育，举办“不忘初心跟党走，审计干部延安行”主题教育培训班和鄂托克前旗城川红色教育培训班，提高审计人员政治思想素质。加强党风廉政建设，制定《党风廉政建设主体责任和监督责任清单》，形成层层抓落实的工作机制。

相关工作 加强审计过程监督，以审前谈话、审中不定期到一线督促检查、审后回访的形式，有效防控审计风险。加强队伍建设，认真执行《关于进一步加强全市科级干部管理的暂行办法》，严格按程序推荐处级干部、提任科级干部、轮岗交流干部，选调资源资产、环保、企业财务、税务、计算机等审计人才19人。采取“请进来、走出去”和实践锻炼的方式，加强干部政治学习和业务培训，360多人次参加审计业务等培训，派出540多人次参加外部举办的各类培训。深入开展精准扶贫，累计协调投入扶贫资金60多万元。

（撰稿人：王栓忠）

【呼伦贝尔市审计局】 2017年，呼伦贝尔市审计局人员编制68人，实有64人。局长包宝龙，副局长胡长珍、秦远飞、常雅君，经济责任审计办公室主任黄恩国。设有办公室、法制科、审理科、财政审计科、行政事业审计科、农业审计科、资源环保审计科、固定资产投资审计科、金融外资审计科、经贸审计科、社会保障审计科、经济责任审计一科、经济责任审计二科、机关党总支、离退休人员管理科、固定资产投资审计中心暨审计信息中心。

审计成果 2017年，呼伦贝尔市县两级审计机关完成审计项目350个。查出问题金额125.5亿元，其中查出违规金额41.7亿元、管理不规范金额83.8亿元。审计处理处罚金额20.5亿元，其中上缴财政4.8亿元、减少财政拨款1.6亿元；核减投资额2.4亿元；向有关部门移送案件线索（问题）70件，移送处理人员14人，其中市本级向有关部门移送案件线索（问题）38件，移送处理人员8人。审计提出建议460条；提交审计报告、信息905篇。

呼伦贝尔市审计局实施的对大兴安岭农垦（集团）公司原总经理任期经济责任履行情况的审计项目、额尔古纳市审计局实施的对海拉尔区2015年城镇保障性安居工程情况的审计项目，被自治区审计厅评为优秀审计项目。

国家重大政策措施落实情况跟踪审计 市县两级审计机关审计人员64人，组成26个审计组，对全市财政存量资金规模和结构、财政存量资金管理和盘活情况及“旅游+”战略相关政策措施落实进展情况、国家文化和自然遗产保护设施建设等项目建设推进情况和建设资金管理使用情况进行跟踪审计，查出财政资金闲置未得到有效使用、财政存量资金统筹盘活不到位、违规使用财政资金、财政资金未按时到位、项目进展缓慢等问题。

财政审计 市县两级审计机关组织实施财政审计项目105个。在对市本级财政2016年预算执行及其他财政收支情况审计中，查出部分支出预算不够细化、调整预算程序不规范、未按规定补充预算稳定调节基金和上级专项资金下达不及时等问题。经过审计提交的《2016年航线补贴情况审计报告》，得到多位市领导的批示。

经济责任审计 市县两级审计机关依据中办经济责任审计规定和呼伦贝尔市经济责任审计管理办法，深化审计内容，改进方式方法，开展领导经济责任项目审计135个，审计领导干部140余人。审计查出问题金额22475万元，其中违规金额6174万元、管理不规范金额16300万元。

固定资产投资审计 市县两级审计机关聚焦政府关心、老百姓关注的政府重点投资领域，持续加大城市建设项目的审计监督力度，着力发现和查处工程建设在建设程序、资金管理和使用及工程造价等方面存在的问题，促进建设单位规范工程管理，为政府节约建设成本。呼伦贝尔市审计局在对市公共资源交易中心、政务服务中心和牙克石林业一中风雨场馆工程竣工决算审计中，查出招标控制价编制不规范、未履行政府采购程序发包、错误列支社会保障费、施工单位错误多计工程结算价款等问题，向有关主管部门移送问题线索2件。

民生资金（项目）审计 根据自治区审计厅的统一安排，市县两级审计机关组成13个审计组，对呼伦贝尔市2016年城镇保障性安居工程的投资、建设、分配、运营等情况进行跟踪审计。在对市林业局林业棚户区改造和市新区委员会的城市棚户区改造等项目审计中，审计查出未严格履行基本建设程序、未按规定进行招投标、以前年度审计发现问题整改不到位等问题，向主管部门移送违规违纪问题1件，向纪检监察部门移送违纪线索1件。对呼伦贝尔市红十字会2016年度捐赠款物接收、分配、管理和使用情况进行审计，发现结余资金没有按规定结转等问题。

（撰稿人：王莹莹）

【巴彦淖尔市审计局】 2017年，巴彦淖尔市审计局行政编制33人、事业编制31人、工勤编制5人。党组书记、局长杜振荣，党组成员、副局长杨胜、常泉亮、王秉章，党组成员、总审计师聂玉梅。设有办公室、政策法规科、财政审计科、金融贸易审计科、行政事业审计科、社会保障审计科、农业与资源环保审计科、资源环境审计科、固定资产投资审计科、政府投资审计科、经济责任审计分局等11个科室；下设计算机审计中心（事业单位）。

审计成果 2017年，巴彦淖尔市县两级审计机关完成审计单位240个。查出主要问题金额87.32亿元，其中违规金额10.56亿元、管理不规范金额76.70亿元；审计发现非金额计量问题191个；损益（收支）不实金额531万元；出具审计报告和专项审计调查报告226篇。审计处理处罚金额9492.61万元，其中应上缴财政4149万元、应减少财政拨款或补贴51万元、应归还原渠道资金510万元、应缴纳其他资金2342.61万元、应调账处理金额2440万元；移送司法机关、纪检监察机关和有关部门处理事项53件，移送处理人员4人，移送处理金额9.43亿元。审计促进整改落实有关问题金额4928万元；审计促进拨付资金到位27万元；审计后挽回（避免）损失6293.34万元；核减投资额3.50亿元；移送处理落实事项2件。审计提出建议340条；推动被审计单位制定整改措施14项；提交审计信息733篇。向社会公告审计结果26篇。

磴口县审计局实施的对巴彦套海农场2014年至2015年财务收支的审计项目、五原县审计局实施的对五原县2014年至2016年7月底扶贫资金及地方各级财政配套资金的拨付管理使用及效益情况的审计项目，被自治区审计厅评为表彰审计项目。

国家重大政策措施落实情况跟踪审计 开展

财政存量资金规模和结构、管理盘活情况，实施“旅游+”战略相关政策措施落实情况，加快城市基础设施重大项目建设相关政策措施落实情况，河套农商行等7个金融企业贯彻落实国家防控金融风险相关政策措施情况等内容的跟踪审计。

财政审计 在对巴彦淖尔市本级预算执行的审计中，查出违规向企业出借资金等10类问题，移送主管部门处理问题1件。对市直多个部门预算执行审计中，查出主要问题3类18项。在对磴口县2016年财政决算审计中，查出付款挂账形成财政隐形赤字等17类问题，移送主管部门处理3件。对赤峰市2016年度财政收入质量专项审计调查、财政借出款项、政府债务三项内容的审计中，查出部分旗县财政部门虚增财政收入等29类问题，向自治区纪委监察厅移送案件线索2件。

经济责任审计 完成磴口县委书记、县长等15名主要领导干部任期经济责任审计，查出违纪违规金额1761万元。开展乌拉特中旗领导干部矿产资源资产审计，促进矿业主管部门、国土管理部门立案查处相关问题，催缴土地出让金企业和草原植被恢复费。对五原县领导干部土地资源资产开展审计试点工作，其结果引起该县委、县政府重视，三次召开会议专题研究问题，认真整改落实。

民生资金（项目）审计 对2016年锡林郭勒盟和锡林浩特市城镇保障性安居工程进行审计，查出6大类21个问题，移送纪检委案件线索2件。对2016年度旗县城镇保障性安居工程进行审计，查出8大类26个问题。对赤峰市5个国家贫困旗县扶贫专项资金进行审计，查出7大类161个问题，移送自治区有关部门案件线索4件、纪检部门1件。

其他审计项目 开展“十个全覆盖”审计，工程总投资约230亿元，形成债务约156亿元，其中10项工程债务45亿元，提标扩面工程债务111亿元。完成黄河湿地公园总干渠南岸工程等29项固定资产投资审计，核减2.1亿元，其中工程结算核减16599万元，资产评估结果核减4401万元。

党建工作 围绕党建工作，抓好四个引领：强化党建工作引领，创建“三强”班子、“四型”机关、“五好”审计干部；强化领导班子引领，班子成员带头坚定理想信念、带头严守政治纪律和政治规矩、带头学习教育、带头深入审计现场、带头查摆问题、带头整改落实；强化党支部引领，认真落实市委“党支部建设年”活动；强化共产党员引领，发挥先锋模范作用。将从严治党与从严治审结合起来，将“两学”与学业务结合起来，将做合格党员与做合格审计人员结合起来。扎实推进党风廉政建设，做到班子管理严、队伍管理严、党务管理严、财务管理严、审计项目管理严、党风廉政建设严。（撰稿人：尤红娟）

【乌兰察布市审计局】 2017年，乌兰察布市审计局有干部职工66人。局长安军，副局长吕君亮、林永青、刘永宽，纪检组长石平旺，总审计师严立新，调研员周济生、董鹏飞，副调研员兰志军。设有办公室、法规科、固定资产投资审计科、财政金融审计科、行政事业审计科、社会保障审计科、经贸审计科、农业与资源环保审计科、经济责任审计科、外资审计科、建设项目预算审计中心、建设项目决算审计中心、建设项目审理中心和机关事务服务中心。

审计成果 2017年，乌兰察布市县两级审计机关完成审计项目210个。查出主要问题金额9.5亿元；出具审计报告和审计调查报告121篇。审计处理应归还原渠道2671万元、应调账处理4.7亿元。审计提出建议98篇；提交审计信息260篇。

乌兰察布市审计局实施的对察哈尔右翼中旗2014—2015年度财政决算及其他财政财务收支的审计项目，被自治区审计厅评为优秀审计项目。

国家重大政策措施落实情况跟踪审计 组织实施保障性安居工程、财政存量资金的跟踪审计、“旅游+”战略政策措施落实情况、城市基础设施重大项目建设情况、防控金融风险相关政策措施落实情况的跟踪审计；组织实施财政收入质量审计调查。按照自治区审计厅的统一部署，组织市县两级审计机关50多人，组成5个审计组，开展对阿拉善盟阿拉善右旗，锡林郭勒盟太仆寺旗、多伦县、镶黄旗的扶贫资金的专项审计，对呼伦贝尔市财政收入质量专项审计和政府性债务的审计。

财政审计 完成对党委系统、政府办公厅等

22个部门2016年度预算执行情况和各旗县市区政府财政决算的审计，实现对市直一级预算单位的财政预算执行和11个旗县市区财政决算审计全覆盖。完成市委宣传部、市电视台、市报社、市红十字会的审计，针对存在问题，提出审计处理处罚意见。

经济责任审计 合理划分被审计单位类型，确定审计重点和审计周期，对涉及公共资金、国有资产、国有资源的领导干部履行经济责任情况实行审计全覆盖。乌兰察布市审计局完成对四子王旗、化德县和丰镇市党政主要领导干部的经济责任审计，开展四子王旗主要领导草原资源资产责任审计。按市委组织部的安排，对市司法局、市交通局等8人进行经济责任审计。

固定资产投资审计 按照市委、市政府的要求，完成政府投资审计项目25个。其中集宁机场16个项目、9个其他项目，审减工程资金8.16亿元。

民生资金（项目）审计 开展保障性安居工程政策、资金专项审计调查和重点资金的审计，发现未足额安排安居工程建设资金，出借、占用专项资金，目标未完成等问题，责成被审计单位认真落实审计决定，保证专项资金的使用效益。

信息化建设 2017年，全市金审工程信息化改造工程全面完成，实现与华为大数据中心对接联网，市、县光纤扩容分别达到20兆、4兆。利用审计大数据平台开展扶贫等多个审计项目，实现多维度数据分析，多角度发现线索，多方面提升质量。 （撰稿人：冀　龙）

【兴安盟审计局】 2017年，兴安盟审计局人员编制69人，实有67人。局长孙静波，副局长梁喜发、高明喜，总审计师包书明，纪检组长朱晓咏，经济责任审计工作联席会议办公室主任朱永林，副调研员于景友。设有办公室、法制科、财政审计科、行政政法审计科、农业审计科、固定资产投资审计科、金融外资审计科、经贸审计科、社会保障审计科、审理科、经济责任审计办公室、资源环境审计科、科教文卫审计科、兴安盟纪检委派驻纪检组；下设兴安盟内部审计管理中心（事业单位）。

审计成果 2017年，兴安盟县两级审计机关完成审计项目169个。查出主要问题金额590688万元，其中违规金额79308万元、管理不规范金额511372万元；审计处理处罚金额211862万元，其中应上缴财政80900万元、应减少财政拨款或补贴1764万元、应归还原渠道资金89438万元、应调账处理金额31634万元；审计发现非金额计量问题439个；出具审计报告和专项审计调查报告217篇。审计促进整改落实有关问题金额22966万元，其中增收节支21621万元、已调账处理金额65万元；审计后挽回（避免）损失373万元；移送司法机关、纪检监察机关和有关部门处理事项15件。审计提出建议246条，提交审计信息84篇。向社会公告审计结果5篇。

兴安盟审计局实施的科尔沁右翼前旗原旗委书记、原旗长2014—2015年度任职期间经济责任和财政决算及其他财政收支审计项目，被自治区审计厅评为优秀审计项目。

国家重大政策措施落实情况跟踪审计 按照上级审计机关的统一部署开展政策措施落实情况跟踪审计，涉及财政资金251161.99万元，审计发现问题68个，发现问题金额69400.77万元，被发现有问题的单位已经按照上级审计机关和盟委、行署要求落实整改。

财政审计 结合实际，突出重点，开展兴安盟本级财政预算执行审计。通过计算机进行数据对比分析开展税收审计，查出涉及2008—2015年度缓征税款14611.43万元、提前征税4400万元，发现2016年与2015年对比灵活就业参保人员断保近2100人，企业职工基本养老保险费未能应收尽收等问题。

经济责任审计 印发年度经济责任审计工作的指导意见和审计工作方案，开展对突泉县党政主要负责人任职期间水资源资产责任审计，完成《关于开展领导干部自然资源资产离任审计试点情况的阶段性总结》。

民生资金（项目）审计 开展保障性安居工程跟踪审计及医保资金审计项目，促进项目资金到位830万元，取消保障资格或调整享受待遇的户数26户，追回违规领取补贴资金11.16万元，清退违规分配使用的保障性住房3套，空置住房投入分配481套；医保收回有问题金额208.91万元，清理重复参保5437人，移送的骗保案件已被立案。

党建工作 兴安盟审计局党组召开5次专题会议，深入推进"两学一做"学习教育常态化制度化，落实党风廉政建设两个责任"两清单、两台账"要求，印发《兴安盟审计局党组意识形态工作责任制实施细则》，制定意识形态工作责任清单。兴安盟审计局党支部获得盟直机关"两学一做"学习教育先进党支部、先进基层党组织两项荣誉称号。

相关工作 聘请15名党风政风监督员加强审计队伍纪律作风的监督。选派38人次参加审计署、自治区审计厅组织的各类专业培训；选派4人到审计署特派办参加实战锻炼；选派1人到自治区审计厅参加调训。为扶贫村协调资金50余万元，用于修建文化健身广场、建设民族教育长廊等，为贫困残疾人送去5台轮椅和1副助听器。

（撰稿人：刘继连）

【锡林郭勒盟审计局】 2017年，锡林郭勒盟审计局行政编制34人，工勤编制6人，事业编制5人；实有人员42人。局长包海山，副局长钱文会、刘兴友、陈金旺，总审计师韩淑华（—7），调研员托雅。设有办公室、法制审理科、财政审计科、金融外资审计科、农牧审计科、资源环保审计科、固定资产投资审计科、行政事业审计科、经贸审计科、社会保障审计科、经济责任审计办公室、内部审计管理办公室。

审计成果 2017年，锡林郭勒盟旗两级审计机关完成审计和审计调查项目202个。查出违规金额20.2亿元、管理不规范金额62.3亿元；出具审计专题报告、综合性报告和信息简报459篇。促进增收节支10.9亿元；促进拨付资金到位5.8亿元；挽回损失浪费金额5.9亿元；向纪检、公安及有关部门移送处理事项13件。审计提出建议107条。

东乌珠穆沁旗审计局实施的阿拉坦合力苏木两位书记任期经济责任审计项目，被自治区审计厅评为表彰审计项目。

国家重大政策措施落实情况跟踪审计 采取"上下联动、统分结合"的方式，按季度对财政存量资金管理使用情况政策措施的落实情况、"旅游+"战略相关政策落实情况、城市基础设施重大项目建设相关政策落实情况和防控金融风险相关政策措施落实情况开展跟踪审计，督促上一季度跟踪审计发现问题的整改落实。

财政审计 对锡林郭勒盟本级财政预算执行和其他财政收支进行全面审计，延伸审计8个部门的财政预算执行情况。10月31日，受锡林郭勒盟行署委托，向盟人大工委十二届十四次会议作审计工作报告，以专题形式作年度审计查出问题的纠正和整改情况报告。完成阿巴嘎旗财政决算和盟公安局等3个盟直行政事业单位的财务收支审计。完成满洲里市地方政府性债务、财政暂付款审计项目。

经济责任审计 盟旗两级审计机关对53名科级以上干部进行任中审计，35名科级以上干部进行离任审计，查出主要问题金额51.8亿元，其中领导干部负有领导责任的问题金额50.6亿元。盟审计局完成盟交通局等13个盟直机关事业单位主要领导和3个旗县（区）4名党政主要领导、镶黄旗1名公安局局长的经济责任审计。为有效服务领导决策，盟审计局向盟委、行署上报锡林郭勒盟本级2016年经济责任审计情况的综合报告，得到相关领导的高度重视。完成满洲里市审计局局长经济责任审计。

固定资产投资审计 完成锡林郭勒盟"七网"同建"七业"同兴重大建设项目情况统计和问题汇总工作，有47个重大建设项目符合要求，项目预估总投资388.10亿元；完成全盟"十个全覆盖"项目竣工决算审计和债务锁定情况的汇总。与锡林郭勒盟财政局、交通运输局配合开展锡林郭勒盟旅游公路工程结算审计及评审，审计金额12164.77万元，核减投资近20%。正蓝旗审计局完成9个固定资产投资项目审计，审计金额6211万元，核减投资10%；东乌珠穆沁旗审计局聘请8家工程造价咨询公司完成50个政府投资工程决算审计，审计金额31408万元，核减投资15%；苏尼特左旗审计局聘请中介机构完成64个工程决算审计，审计金额25266万元，核减投资23%。

民生资金（项目）审计 完成审计署统一组织的2016年保障性安居工程跟踪审计、兴安盟科尔沁右翼中旗2016年至2017年7月末扶贫资金审计和乌兰察布市察哈尔右翼前旗、商都县和卓资县3个旗县扶贫资金项目的审计，提出的解决意见和建议得到被审计单位的认可，审计查出的问题得到及时纠正。

党建工作 锡林郭勒盟两级审计机关扎实开展“两学一做”学习教育，制订开展“两学一做”学习教育常态化制度化实施方案，推进全面从严治党要求落实。制订意识形态工作责任制实施方案、意识形态工作责任清单。加强基层党组织建设，修订补充完善党支部制度12项，设立4个党小组，外派的审计组内有3名以上党员的都成立临时党小组。开展党支部“晋位升级”和“党建＋文明审计”、党员固定活动日、“三会一课”等活动。审计局党组书记和班子成员自觉履行“第一责任人”责任和“一岗双责”职责，制定进一步深化落实“两个责任”推动全面从严治党的实施意见，切实解决“四个意识”不强问题。修订完善党风廉政建设17项制度，开展集中整治“雁过拔毛”式腐败问题工作。

相关工作 开展以“十九大精神为引领，转作风、提效能、促发展百日攻坚”行动；开展全系统2016年优秀审计项目评选工作；组织参加审计署、自治区审计厅业务培训60人（次），选派4名审计人员参加自治区审计厅举办的计算机审计中级培训。为多伦县北村11户贫困家庭入股日光温室蔬菜种植合作社19.2万元，2015年和2016年每户分红3000元；资助贫困家庭大学生学杂费5.5万元。 （撰稿人：刘国宾）

【阿拉善盟审计局】 2017年，阿拉善盟审计局人员编制33人，实有31人。局长李东亮，副局长王继平、杨信华，总审计师韩燕，副调研员萨茹拉、黄庭国。设有办公室、法制审理科、财政审计科、行政事业审计科、金融外资审计科、社会保障审计科、农牧业与资源环保审计科、经贸审计科、固定资产投资审计科、经济责任审计科等10个职能科（室）；下设阿盟审计信息化科研中心，核定事业编制7人，在岗6人。

审计成果 2017年，阿拉善盟旗两级审计机关完成审计和审计调查项目99个。查出主要问题金额609406万元，其中违规金额24753万元、管理不规范金额579767万元；出具审计专题、综合性报告和审计信息455篇。促进增收节支19593万元；核减工程投资额26159万元。审计提出建议107条。

阿拉善盟审计局实施的2015年度盟本级预算执行情况的审计项目，被自治区审计厅评为表彰审计项目。

国家重大政策措施落实情况跟踪审计 盟旗两级审计机关完成四个季度的重大政策贯彻落实情况、盘活财政存量资金、“旅游＋”政策落实、加快城市基础设施重大项目建设、防范金融风险等政策措施的跟踪审计。

财政审计 组织完成本级预算执行情况审计工作，对盟妇联、盟市场监督管理局、盟市场监管执法支队、盟产品质量计量检验所、盟食品药品监督管理局、盟供销合作社社属企业等9个单位的财政财务收支、资产负债和损益及其他相关政策执行情况开展延伸审计。开展对阿拉善经济开发区和腾格里开发区2015—2016年度财政决算情况审计，根据专项资金走向延伸审计相关部门和单位。完成财政收入质量、地方政府债务的审计和审计调查。根据阿拉善盟行署工作安排，完成对阿拉善盟行政公署驻呼和浩特办事处、驻北京办事处2013—2017年度财务收支情况审计。完成盟金融办公室主管的中小企业信用担保中心2013年1月至2016年11月资产、负债及所有者权益审计。

经济责任审计 组织对2个经济开发区、7个处局，涉及11名领导干部的经济责任审计。在前两年开展矿产资源资产审计试点的基础上，组织安排对阿拉善经济开发区党工委书记和管委会主任履行大气污染防治责任情况开展试点审计。

固定资产投资审计 全盟完成审计和审计调查单位27个，审计查出主要问题金额144238万元，核减投资额23619万元。

民生资金（项目）审计 根据审计署和自治区审计厅的统一安排和部署，完成对阿拉善盟额济纳旗2016年保障性安居工程跟踪审计；完成对阿拉善盟红十字会2016年度捐赠款物接收、分配、管理和使用以及2016年度经费收支情况审计工作；完成对乌兰察布市化德县2016年至2017年7月扶贫专项资金审计和审计调查。

信息化建设 在财政预决算审计、专项审计、投资审计等多个项目中普遍采用AO（审计实施系统）和相关专业软件，提高审计效率；选派业务人员参加审计署和自治区审计厅组织的审计计算机中级培训，截至年底全盟已有13人取得审计署计算机审计中级资格。

党建工作 阿拉善盟审计局党组树立“抓好党建是本职，不抓党建是失职、抓不好党建是不称职”的理念，切实担负起党建和党风廉政建设主体责任，全面从严治党。加强对党建和党风廉政建设工作的领导，落实“一岗双责”，对分管范围党员干部加强经常性教育，督促其廉洁从政、改进作风。为广大党员干部营造“家”的氛围，营造和谐向上的党内文化氛围，进一步激发广大党员争做“四讲四有”合格党员的热情，增强党支部的凝聚力和战斗力。

内部审计 组织全盟内部审计机构122余人参加由自治区内部审计师协会举办的内部审计后续教育培训班；组织团体会员单位参加内部审计理论研讨论文的撰写，1篇论文在自治区内部审计协会召开的研讨会上获得二等奖；中盐吉兰泰盐化集团有限公司荣获全区内部审计先进集体称号；2名内部审计人员荣获全自治区内部审计先进工作者称号。 （撰稿人：胡 杰）

【满洲里市审计局】 2017年，满洲里市审计局人员编制25人，实有23人。局长程义峰，副局长陈文春、李惠忠、周晓玲。设有办公室、法制科、行政事业金融审计科、经济责任审计科、经贸审计科、固定资产投资审计科、农业与社保审计科、资源环境审计科等8个科室；下设政府投资项目审价中心。

审计成果 2017年，满洲里市审计局完成审计项目70个。查出违规和管理不规范金额170880万元；出具审计报告24篇。审计提出建议26条；提交信息49篇。

国家重大政策措施落实情况跟踪审计 根据自治区审计厅部署，重点审计满洲里市财政存量资金的规模、结构、管理和盘活情况，“旅游＋”战略相关政策措施落实进展情况，加快城市基础设施重大项目建设政策措施落实情况，农村商业银行股份有限公司贯彻落实防控金融风险相关政策措施情况等内容。查出财政预算内非税专户结存资金未及时上缴国库，上级安排的专项转移支付资金未及时拨付等问题，共涉及资金30375万元。针对满洲里市旅游局起草和报审相关规划文件不及时、购买旅游设备支出未计入固定资产等问题提出审计建议。查出满洲里农村商业银行股份有限公司存在信贷资产五级分类错误、抵债资产处置不及时和未办理过户手续等问题，共涉及资金36142.4万元。

财政审计 开展本级预算执行情况审计，查出违规和管理不规范金额84892万元，针对将非预算单位编入年初预算、动用预备费未提出方案报政府审批等问题提出审计建议。完成满洲里市6家单位的财务收支、预算执行和决算审计；对满洲里市交通局等4家单位进行财务收支审计；完成满洲里市产业园区的决算审计和满洲里市互贸区2016年度预算执行和其他财政收支审计。

经济责任审计 对满洲里市质监安监局、满洲里市驻大连办事处等15家单位进行任中和任期经济责任审计，查出违规和管理不规范金额2016.27万元，揭示被审计单位固定资产管理不规范、违规转用零余额账户资金、财务收支核算不实、违规发放津补贴和以前年度审计发现问题整改不及时等问题。

其他审计项目 在保障性安居工程建设审计项目中，查出满洲里市扎赉诺尔中央下放煤矿棚户区改造项目已分配房源7498套无验收手续，151户拆迁户5453万元补偿资金未付先拆等问题。按照自治区审计厅要求，对满洲里市“七网七业”重要建设项目进行审计调查。完成满洲里市2016年度“博爱一日捐”善款募集、管理和使用情况的审计，对满洲里市联众木业有限公司资产负债的审计调查。完成审价项目50个，核减金额9799.02万元。

相关工作 坚持学习教育与“三会一课”、党内生活、主题党日活动和业务工作相结合，学做活动获得实效；对照“四讲四有”将合格党员标准具体化，引导党员立足岗位实际做贡献，围绕中心有作为，关键时刻当先锋；加强党务信息化管理，借助“党建云”平台，细化党员信息、规范党费缴纳、科学安排党日活动和党员学习，提高党务工作的效率。组织举办“讲述审计故事”主题活动，充分展现审计人的精神风貌，审计队伍活力明显提升。狠抓队伍建设，落实“品格为核心、作风为基础、能力为重点、业绩为导向”

的审计队伍管理要求，引导审计人员恪守职业操守。注重教育培训工作，重视审计专业化建设，鼓励审计人员考取相关资质，响应上级审计机关人员交流和轮岗工作相关部署，坚持“走出去、学回来”的培训实践思路，提高审计队伍专业水平。开展文明礼仪进机关、学雷锋志愿服务活动，做好满洲里市文明城创建、扶贫帮困和其他志愿服务工作。（撰稿人：朝鲁门）

【二连浩特市审计局】 2017年，二连浩特市审计局人员编制19人，实有19人。局长裴智汇，副局长刘桂荣、布和。设有办公室、经济责任审计科、财税行政事业审计科；下设审计内审管理中心、资源环境审计中心。

审计成果 2017年，二连浩特市审计局完成审计和审计调查单位33个。查出主要问题金额181393万元，其中违规金额49万元、管理不规范金额181344万元；审计发现非金额计量问题32个；出具审计报告26篇。审计处理处罚金额49万元，其中应归还原渠道资金49万元；移送有关部门处理事项6件。审计促进整改落实有关问题金额16万元。提交审计信息37篇。向社会公告审计结果4篇。

国家重大政策措施落实情况跟踪审计 根据自治区审计厅统一安排，完成国家重大政策措施落实情况审计项目，查出管理不规范金额79528万元。

财政审计 对市财政局具体组织执行市本级预算情况和市地方税务局税收政策、计划、征管的执行情况进行审计，查出管理不规范金额98923万元，审计期间追回被侵占挪用金额16万元。

经济责任审计 完成经济责任审计项目9个，查出管理不规范金额2893万元。通过经济责任审计明确领导干部的主管责任和直接责任，进一步促进廉政建设，同时为干部考核、使用和提任提供客观依据。

民生资金（项目）审计 根据自治区审计厅统一安排，对二连浩特市2016年保障性安居工程及配套基础设施的计划、投资、建设、分配和运营等情况进行审计。

其他审计项目 对二连浩特市绿化竣工决算进行审计，查出违规金额49万元。开展“雁过拔毛”式腐败专项整治工作。结合本级预算执行审计、领导干部任期经济责任审计、民生资金审计、重大政策措施落实情况跟踪审计等审计项目，增加对资金管理、分配、使用等关键环节是否存在“雁过拔毛”式腐败问题的审计内容。

党建工作 发挥党支部主体作用，扎实推进“北疆基层党建长廊”和机关党建标准化建设，落实主体责任，深入推进“两学一做”学习教育常态化制度化，全面落实“三会一课”制度。深入学习贯彻党的十九大精神，坚定理想信念，正确引导全局增强政治责任使命感、历史使命感和职业荣誉感。将廉洁从政教育作为审计人员学习培训的必修课，纳入审计系统学习培训计划。加强廉政纪律教育，严肃党内政治生活，坚持重大决策问题集体讨论、民主决策，并严格执行主要负责人不直接分管财务、干部人事、物资采购，重要事项决策末位表态等规定。

相关工作 采取“请进来走出去”、集中学习与个人学习相结合、参加自治区审计厅组织的培训等方式，着力提高审计人员的政治水平和业务水平。根据二连浩特市委安排，抽调2名业务骨干，参加到市委巡查组工作中，对全市10个部门单位党组及班子成员执行《中国共产党章程》和其他党内法规等情况进行巡查。

（撰稿人：乌仁图雅）

2017 年内蒙古自治区所辖区、县(市)级审计工作统计表

金额单位:万元

审计机关	完成审计项目(个)	审计查出主要问题金额	审计处理情况					出具审计报告和审计调查报告(篇)	提出审计建议(条)	提交审计信息(篇)
			审计处理处罚				移送处理事项(件)			
			应上缴财政	应减少财政拨款或补贴	应归还原渠道资金	应调账处理金额				
呼和浩特市										
呼和浩特市本级	24	1016793	56796		14168	747723	1	24	48	75
新城区审计局	9	1366	385		258	386		9		20
回民区审计局	13	266606						13	21	2
玉泉区审计局	17	15268	405		4549	44		17	34	12
赛罕区审计局	13	8557	699		43	4940		13	45	22
土默特左旗审计局	12	4402	2		16	4383		12	5	
托克托县审计局	28	1266	525					28	21	8
和林格尔县审计局	10	1500	208		252	11		10	25	7
清水河县审计局	35	4839	9	8	3	435		35	92	
武川县审计局	9	23155				23155		9	26	20
包头市										
包头市本级	41	588651	24636	23	185872	38998	38	41	30	574
东河区审计局	36	55013	2819			50		36	22	79
昆都仑区审计局	19	36974	136	3747				19		38
青山区审计局	46	22016	102	2796		1863	2	46	57	137
石拐区审计局	9	4910	2062				1	9	19	17
白云鄂博矿区审计局	20	8399	112	141		5957		20	43	89
九原区审计局	19	3663	386	416	12	338	1	19	20	35
土默特右旗审计局	17	27922	604		10596	1201		17		100
固阳县审计局	10	21233	6889		3		4	10	25	98
达尔罕茂明安联合旗审计局	29	7795	1046	1314		1083	7	29	21	50
稀土高新技术开发区审计局	6	39779	31890		119	2	24	6	11	113
乌海市										
乌海市本级	31	543559	66794	1640	4478	102	12	33	79	50
海勃湾区审计局	11	32650	8	617	1634	2457		12	10	47
海南区审计局	7	1725	1511		84			7		82

（续表）

审计机关	完成审计项目（个）	审计查出主要问题金额	审计处理情况					出具审计报告和审计调查报告（篇）	提出审计建议（条）	提交审计信息（篇）
			审计处理处罚				移送处理事项（件）			
			应上缴财政	应减少财政拨款或补贴	应归还原渠道资金	应调账处理金额				
乌达区审计局	10	6805						19		5
赤峰市										
赤峰市本级	70	1375611	52637	280	383712	562870	26	53	45	263
红山区审计局	42	3004	1	1212	356	12		42	78	54
元宝山区审计局	21	2848	1525			815	4	21	65	18
松山区审计局	24	2093	6	1883	2	200		24	12	8
阿鲁科尔沁旗审计局	24	3411	3411					24	47	
巴林左旗审计局	74	2771	33		24	1171		74	196	51
巴林右旗审计局	29	4012	13	2951		1012		29	53	
林西县审计局	5	2449						5	9	
克什克腾旗审计局	28	1680	432		11	287	4	47	66	27
翁牛特旗审计局	5	172				172		5	12	
喀喇沁旗审计局	21	1581	1		71	1191	3	18	35	
宁城县审计局	51	4473	115	32	282	3584	1	48	80	1
敖汉旗审计局	31	5492	230		791	1945	1	31	46	
通辽市										
通辽市本级	91	154275			145051	2986	9	91	138	63
科尔沁区审计局	383	28					2	383	27	5
霍林郭勒市审计局	29	9959						29	10	13
科尔沁左翼中旗审计局	6	196		97				6	9	15
科尔沁左翼后旗审计局	27	12325	8431			226		27	114	68
开鲁县审计局	30	6612	12	2323	28	72		30	24	10
库伦旗审计局	51	4553	72		130	4385		51	32	23
奈曼旗审计局	3	18	18					3	7	16
扎鲁特旗审计局	9	173	168			4		9	30	34
鄂尔多斯市										
鄂尔多斯市本级	28	755818	90229	3341	160	5635	18	25	35	68
东胜区审计局	35	397868	1878		213		22	35	53	
康巴什区审计局	145	9060	2			23742	2	145	30	193
达拉特旗审计局	530	124057		10051	139		3	530	43	
准格尔旗审计局	92	661284	2010		37	163	16	41	87	65

（续表）

审计机关	完成审计项目（个）	审计查出主要问题金额	审计处理情况					出具审计报告和审计调查报告（篇）	提出审计建议（条）	提交审计信息（篇）
			审计处理处罚				移送处理事项（件）			
			应上缴财政	应减少财政拨款或补贴	应归还原渠道资金	应调账处理金额				
鄂托克前旗审计局	41	98277	580	3276	19	1922	8	41	87	197
鄂托克旗审计局	98	41883	29292	3778	6936	30	12	54	78	45
杭锦旗审计局	78	24318	13869	21450			24	78	234	124
乌审旗审计局	45	133334	2417	1751	927	32	30	55	122	51
伊金霍洛旗审计局	50	466296	76563	8852	39		40	57	185	52
呼伦贝尔市										
呼伦贝尔市本级	39	501924	10683	9576	311	13693	38	39	106	54
海拉尔区审计局	17	108099				70		17	2	51
牙克石市审计局	45	29652	7819	5812	8319	7245	1	45	72	10
扎兰屯市审计局	63	192881	18215		561	4568	23	63	51	86
额尔古纳市审计局	19	6076	11		25			21	22	39
根河市审计局	20	24802	2		31	1962	1	25	30	4
阿荣旗审计局	27	11437	419	3				29	12	62
莫力达瓦达斡尔族自治旗审计局	15	78914	10502		19440	3		16	2	
鄂伦春旗审计局	21	4238	4	390		1451		21	26	1
鄂温克族自治旗审计局	8	54318				38		8	17	
陈巴尔虎旗审计局	16	48660						18	17	
新巴尔虎左旗审计局	16	158095	226		68731	833	2	16	45	4
新巴尔虎右旗审计局	28	34643	160	206	503	52	5	30	47	11
巴彦淖尔市										
巴彦淖尔市本级	83	534085	967		159	1833	23	83	63	147
临河区审计局	18	2091	5		1		1	9	20	
五原县审计局	14	613	2		43	181	6	12	18	
磴口县审计局	35	9914	2413			235	11	34	38	436
乌拉特前旗审计局	11	88639	23	38	30	1	2	11	28	84
乌拉特中旗审计局	12	99474						12	40	33
乌拉特后旗审计局	30	13256	34	13	277	129	7	27	37	
杭锦后旗审计局	37	125151	705			61	3	38	96	33
乌兰察布市										
乌兰察布市本级	17	101396	5		37	45978				
集宁区审计局	12	13817	287		40	75				

（续表）

审计机关	完成审计项目（个）	审计查出主要问题金额	审计处理情况					出具审计报告和审计调查报告（篇）	提出审计建议（条）	提交审计信息（篇）
			审计处理处罚				移送处理事项（件）			
			应上缴财政	应减少财政拨款或补贴	应归还原渠道资金	应调账处理金额				
丰镇市审计局	23	3								
卓资县审计局	14	204	21		141	6				
化德县审计局	33	5594	3	776	2400	50	1			
商都县审计局	33	37								
兴和县审计局	1	926								
凉城县审计局	31	929	236			130				
察哈尔右翼前旗审计局	8	56666								
察哈尔右翼中旗审计局	19	8433	82		1	1357	12			
察哈尔右翼后旗审计局	9	94			52	38				
四子王旗审计局	10	757								
兴安盟										
兴安盟本级	32	191764	56909		3626	27295	7	52	75	58
乌兰浩特市审计局	11	149920						11	23	
阿尔山市审计局	21	50443	1113	1385	36	52	8	33	61	
科尔沁右翼前旗审计局	10	2014	26		17	8		9	4	6
科尔沁右翼中旗审计局	39	25971	468			4279		46	47	19
扎赉特旗审计局	50	50682	71		1			63	36	
突泉县审计局	6	119894	22313	379	85758					1
锡林郭勒盟										
锡林郭勒盟本级	17	133259	4278		3050	125931	4	17		
锡林浩特市审计局	28	337856	122		90036	25654	1	26	4	
多伦县审计局	11	15187						11	47	5
阿巴嘎旗审计局	22	125141	114	631	36	1	2	22	23	68
苏尼特左旗审计局	5	10096		25	1	70				
苏尼特右旗审计局	18	53010	359		17625	34987	5	22	20	8
东乌珠穆沁旗审计局	8	27071	114		20370		1	8	19	86
西乌珠穆沁旗审计局	16	12590	1		20	11		16	14	
太仆寺旗审计局	25	34735	4		17		2	31		

（续表）

审计机关	完成审计项目（个）	审计查出主要问题金额	审计处理情况					出具审计报告和审计调查报告（篇）	提出审计建议（条）	提交审计信息（篇）
			审计处理处罚				移送处理事项（件）			
			应上缴财政	应减少财政拨款或补贴	应归还原渠道资金	应调账处理金额				
镶黄旗审计局	10	13584	28		1820	9800	5	10	22	2
正镶白旗审计局	13	16842	807					13		
正蓝旗审计局	17	54893	199		30			17	57	
乌拉盖管理区审计局	11	45165	18			37879		11	25	4
阿拉善盟										
阿拉善盟本级	26	244842	1916	17304	231	20804	10	28	46	208
阿拉善左旗审计局	29	20821	2770		17592		12	32		5
阿拉善右旗审计局	8	7911	4581					11	29	84
额济纳旗审计局	21	162390			2			20	2	50
阿拉善经济开发区审计局	15	173442	4859				4	15	30	2
省直管县										
满洲里市审计局	70	170880	5112				2	24	26	49
二连浩特市审计局	33	181344			49		6	26		37

辽宁省

【辽宁省审计厅】 2017年，辽宁省审计厅行政编制182人，实有180人；机关工勤编制14人，实有11人。设有办公室、综合计划处、法规处、电子数据审计处、财政审计处、行政政法审计处、教科文卫审计处、农业与资源环境审计处、投资与外资运用审计处、社会保障审计处、企业与金融审计处、经济责任审计处、审计督察处、机关党委办公室（人事处）、派出审计一处、派出审计二处、派出审计三处、派出审计四处、派出审计五处、派出审计六处、派出审计七处、派出审计八处、派出审计九处、派出审计十处、派出审计十一处、派出审计十二处、派出审计十三处、派出审计十四处；下设科研所、信息中心。

领导成员

党组书记、厅长：邢恩先

党组成员、副厅长：段君明（—6月）

刘建亭　陆小平

张　勇

副 厅 长：周　强

党组成员、总审计师：郑希超

党组成员、省纪委驻厅纪检组组长：姜长全

经济责任审计办公室主任：张兴民

副巡视员：朱玉增　刘景浦

审计成果　2017年，辽宁省审计厅完成审计项目73个，专项审计调查项目30个。审计查出违规金额71.84亿元、损失浪费金额1.48亿元；审计发现非金额计量问题2884个；损益（收支）不实金额183.34亿元；审计发现侵害人民群众利益6.14亿元；出具审计报告和专项审计调查报告123篇，被批示28篇；提交审计要情13篇，被批示、采用5篇。审计处理处罚金额221.58亿元，其中应上缴财政28.09亿元、应归还原渠道资金13.04亿元、应缴纳其他资金4.25亿元、应调账处理金额176.17亿元；移送司法机关、纪检监察机关和有关部门处理事项74件，移送处理人员75人，移送处理金额38.35亿元。审计促进整改落实有关问题金额 2.53 亿元；审计促进拨付资金到位 2453 万元；审计后挽回（避免）损失 9 万元；核减投资额 2609 万元。在省政府常务会、党组（扩大）会、省长办公会、省委深改组会议上汇报审计工作 14 次。审计提出建议 768 条。向社会公告审计结果 5 篇。

辽宁省审计厅实施的垃圾处理厂建设和运营情况审计调查项目，被审计署评为表彰审计项目。

国家重大政策措施落实情况跟踪审计 组织各市审计局围绕中央和省委省政府重大政策措施落实情况，按季度开展跟踪审计。一季度重点关注党中央、国务院文件提出的东北振兴重要举措、省政府工作报告明确的任务、推进供给侧结构性改革等重大决策部署的贯彻落实情况；二季度重点关注各地区、各部门 2017 年上半年东北振兴重要举措和省委省政府决策部署贯彻落实情况、财政预算执行情况、政府债务管理情况、生态环境保护情况和 2016 年住宅专项维修资金审计调查发现问题整改情况；三季度重点关注 2017 年省政府工作报告中部分量化指标及“三去一降一补”任务完成情况，各市财政预算编制和执行情况，以及政府债务、企业职工养老保险基金缺口情况；四季度重点关注东北振兴重要举措、省政府工作报告明确的各项工作任务、推进供给侧结构性改革等重大决策部署的贯彻落实情况，以及 14 个市及所属县（区）财政预算执行情况，针对揭示的问题提出审计建议。相关地区和部门认真整改审计发现问题，有效促进政令畅通和辽宁振兴发展战略有效落实。

财政审计 开展省本级财政管理审计，重点审计省本级预算执行、省发展改革委省本级基建投资情况。审计发现部分预算安排未充分考虑上年执行情况、论证不充分，部分省本级基建投资安排不规范；转移支付管理不及时、不到位；政府采购预算编制不完整，部分政府购买服务指导性目录未按规定公开等方面问题。对 17 个省直部门预算执行情况审计，揭示部分单位预算执行、财务管理、国有资产管理等方面存在问题，在深化改革、加强监管、严肃财经纪律等方面提出意见建议。对全省 14 个市财政预算执行情况进行审计，对各市保工资、保运转、保民生支出，财政对企业职工基本养老保险基金补助支出，政府债务还本付息支出等情况给予重点关注。

经济责任审计 辽宁省委书记和省长共同担任辽宁省经济责任审计、领导干部自然资源资产离任审计两个工作领导小组的组长，为审计工作提供坚强的组织领导保障。开展 25 名领导干部经济责任审计，实施中认真贯彻落实领导干部经济责任审计规定及其实施细则，将经济责任审计与预算执行审计相结合，与全省部分公检法机关非税收入和涉案财物管理情况审计调查相结合，与省属学校收支管理情况审计调查相结合，充分整合审计资源，实现一次进点，取得多项审计成果。开展盘锦市领导干部自然资源资产离任审计试点，指导抚顺、丹东市审计局开展领导干部自然资源资产离任审计试点，在审计内容、审计方法、审计组织、审计评价等方面进行探索，形成有益经验，为全面推开自然资源资产离任审计工作打下基础。

固定资产投资审计 开展高速公路绿化审计，揭示相关利益方通过从概算、招投标到结算、验收等全过程系统性违规操作，少数几个团伙操控整个高速公路绿化市场，非法获取巨额利益，部分公职人员涉嫌贪污等重大问题，问题线索已移送相关部门处理。组织各市审计机关对全省“十二五”期间客运站建设及运营情况进行专项审计调查，延伸审计“十二五”以前建设的农村客运站，审计发现各地客运站在项目选址、运营、管理方面存在的问题，分析部分客运站未运营原因，提出增加农村客运站的服务功能，加强客运站维护保养，建立健全决策责任追究制度及责任倒查机制等意见建议。组织开展辽宁援疆资金和项目 2016 年度跟踪审计，核减工程款 1143 万元，揭示援建项目在财务核算、立项申报、组织管理、基本建设程序履行等方面存在的问题。

民生资金（项目）审计 组织开展全省 2016 年保障性安居工程审计，对 29 户单位或居民骗取征地拆迁补偿款、938 户保障对象骗取住房保障待遇、2661 套保障性住房欠缴租金等情况移交相关部门处理。开展 16 个县（市）脱贫攻坚政策落实情况跟踪审计，揭示部分地区产业规划和年度实施方案编制不及时、建档立卡不规范、危房改造底数不清、资金拨付不及时、部分项目进展缓慢等问题，促进扶贫资金规范管理。开展省本级企业职工基本养老保险基金收支管理及缺口情况审计调查和中直单位养老保险缴费情况审计调查，发现欠缴养老保险费、缴费基数不实、少征养老保险费等问题，提出修订征收政策，完善征管体制，全力依法征管，建立责任追究制度等意见建议。

企业审计 组织开展省属企业2016年经营业绩完成情况审计调查，对25户省属国有企业2016年上缴国有资本收益、资产负债率、利润总额等6项指标进行核实，反映企业在业绩考核中应予关注的突出问题，对如何完善考核指标，提高财务核算的准确性、及时性提出审计建议。对省直事业单位业务运营及财务收支情况进行审计调查，揭示省直事业单位经营管理不善、财务及资产管理不规范，部分单位存在不相容岗位兼职、大额现金支出、出借账户等问题，促进省属企业改革重组和事业单位转企改制。开展辽宁省国有资产经营有限公司财务收支审计，重点关注国企执行国家重大政策措施、投资运营和国有资本监管、执行“三重一大”制度、公司法人治理及内部控制等情况，对投资项目进行延伸调查，为推进省属企业去产能、去杠杆、降成本等政策措施落实方面发挥积极作用。

其他审计项目 开展全省公检法机关2015年至2016年非税收入和涉案财物审计调查，共审计调查各级公检法机关143家，揭示部分公检法机关非税收入存在应缴未缴、上缴不及时、违规收费、坐支挪用等问题；涉案财物存在处置不及时、挪用涉案资金、内控制度缺失等问题。开展省直部门信息系统审计，摸清政务信息系统情况，促进清理整合政务信息系统。对辽宁省产业引导基金管理使用情况开展审计调查，揭示引导基金整体推进缓慢、财政资金利用率不高、基金推进进度和效果不理想等问题，审计过程中积极协调解决企业在产业引导基金使用和项目建设等环节遇到的难题，促进产业引导基金在培育新兴产业、助力转型升级中发挥更大作用。

信息化建设 把2017年确定为“大数据建设年”，印发《推进大数据审计实施方案》《辽宁省审计厅审计业务电子数据管理办法（试行）》。构建数字化审计分析系统，完成财政、住房公积金、社保、固定资产投资（援疆审计管理平台）、税务和工商信息查询等模块建设，实现省、市、县三级数据的集中存储和管理。完成OA（审计管理系统）升级改造，依托微信、蓝信、内网等平台，畅通厅机关各处室之间以及厅机关与市县审计机关之间在政策法规、信息宣传、计划统计等方面互动交流与成果共享的渠道，依托信息化推业务工作提质量、上水平。推进OA与AO（现场审计实施系统）交互，在市县两级财政数据的集中处理工作中，实现统一处理标准、统一授权模式、统一应用环境，全面提升辽宁审计系统大数据应用水平。

党建工作 以习近平新时代中国特色社会主义思想为指引，持之以恒加强党的政治建设、思想建设、组织建设、作风建设和纪律建设，牢固树立“四个意识”，坚决维护以习近平同志为核心的党中央权威和集中统一领导，始终把党的建设放在首位。依托“三会一课”等党的组织生活制度，扎实推进“两学一做”学习教育常态化制度化。采取书记讲党课、支部集体讨论、个人自学等方式，深刻领悟党的十九大精神，广大党员干部理论水平和党性修养持续提高。廉政建设方面，落实党组主体责任和主要负责人“第一责任人”、领导班子其他成员“一岗双责”的要求，梳理排查廉政风险点，将党风廉政责任层层压实，落到支部，具体到人，做到审计开展到哪里，反腐倡廉就延伸到哪里。组织审计回访和执行审计纪律监督检查，强化审计人员廉洁从审意识。

相关工作 科学调整内部机构设置，配齐配强各级干部。加强干部教育培训，强化干部计算机审计能力，采取上挂下派、基层遴选、实务导师、“全员讲全员学”等多种方式，持续提高干部能力。

（撰稿人：乔鹏程）

【沈阳市审计局】 2017年，沈阳市审计局人员编制179人，实有152人。党组书记、局长韩力，副局长高洪光，党组成员、副局长陈玉涛（—11月）、刘宝石、周成铀，党组成员、总审计师康健，党组成员、纪检组长张秋艳（—11月），党组成员、经济责任审计办公室主任石静华，副巡视员刘济民、张云静（5月—）。设有办公室、法规处、行政管理处、经济责任审计处、审计信息化管理处、财政审计处、金融审计处、行政政法审计处、教科文卫审计处、农业审计处、固定资产投资审计一处、固定资产投资审计二处、地铁建设审计处、经贸审计处、社会保障审计处、资源环境审计处、外资运用审计处、案件审计处、人事编制处、离退休干部处、机关党委。

审计成果 2017年，沈阳市审计局完成审计项目59个，专项审计调查项目25个。查出主要问题金额478.01亿元，其中违规金额22.17亿元、损失浪费金额7480万元、管理不规范金额455.09亿元；审计发现非金额计量问题559个；出具审计报告和专项审计调查报告84篇。

沈河区企业管理局经济责任审计、沈阳机床领导干部经济责任审计两个项目，分别被辽宁省审计厅评为优秀审计项目和表彰审计项目。

国家重大政策措施落实情况跟踪审计 重点关注文化设施提升工程、环境保护、市直单位公务用车制度改革进展等政策措施落实情况，促进国家重大政策措施落到实处。开展沈阳市2016、2017年脱贫攻坚政策措施落实情况跟踪审计，揭示个别乡扶贫资金使用等方面存在的严重问题，处理相关人员59人，移送纪检机关处理1人，对4个区县主要负责人进行约谈，市委常委会专门听取整改情况汇报，移送的案件作为典型案例在中央电视台、中央纪委监察部网站等多个媒体宣传。

财政审计 开展2016年度市本级预算执行和其他财政收支审计，揭示3大方面23类问题，提出加强和改进预算管理的意见和建议。

经济责任审计 开展领导干部经济责任审计项目23个，其中同步开展6个党政领导干部经济责任审计，促进领导干部履职、尽责、担当、作为。

民生资金（项目）审计 开展2016年保障性安居工程跟踪审计，揭示资金管理使用等6方面问题，移送有关部门违规违纪案件线索5件。

其他审计项目 开展对全市福彩体彩资金管理使用情况、规划年会、土地储备中心、企业去挂账审核确认、7个企业集团资产负债和运营情况、2016年燃煤小锅炉补贴资金管理发放情况等交办任务的审计和调查，在审计职责范围内提出意见和建议，为政府领导决策提供参考。

（撰稿人：陈新平）

【大连市审计局】 2017年，大连市审计局人员编制141人，实有138人。党组书记、局长于保和，党组成员、副局长包广平（—11月）、宫本胜、张学贵，副局长刘文辉，总审计师于雷，党组成员、纪检组长黄忠河（—9月），副巡视员宋盛英。设有办公室、法制处、电子数据审计处、财政审计处、税收征管审计处、经济责任审计一处、经济责任审计二处、行政政法审计处、教科文卫审计处、农业审计处、资源环境审计处、固定资产投资审计一处、固定资产投资审计二处、企业审计处、社会保障审计处、金融审计处、外资运用审计处、内部管理审计处、人事处（机关党委）；下设大连市审计技术支持中心、大连审计科研培训中心。

审计成果 2017年，大连市审计局人员完成审计项目26个，专项审计调查项目12个。查出主要问题金额1899.24亿元，其中违规金额34.28亿元、管理不规范金额1864.96亿元；审计发现非金额计量问题582个。出具审计报告和专项审计调查报告72篇。

大连市部分市属公办中职学校财务收支及绩效管理情况审计调查项目，被审计署评为表彰审计项目。

国家重大政策措施落实情况跟踪审计 重点关注“放管服”改革、营商环境建设等情况，揭示有令不行、有禁不止，以及重大履职不到位等问题，促进重大政策贯彻落实和经济平稳健康发展。

财政审计 开展2016年度预算执行情况、市本级公检法机关非税收入和涉案财物等审计项目，揭示预算编制不完整、应缴未缴非税收入等问题。

经济责任审计 开展领导干部经济责任审计项目16个，促进领导干部履职、尽责、担当、作为。对瓦房店市委书记和市长开展自然资源资产离任审计试点工作。

固定资产投资审计 开展城市地铁、临空产业园等项目审计或审计调查，揭示未履行基本建设程序、工程进度管理不到位等问题。

民生资金（项目）审计 开展保障性安居工

程、落实困难群体社会救助政策情况等审计，揭示公租房租金收入未上缴财政、低保补助资金未及时拨付到位等方面问题。开展失业保险基金、住宅专项维修资金管理和使用情况等审计，揭示失业保险缴费和待遇不统一、维修资金存储管理不规范等问题。

企业审计 开展大连港集团有限公司投资管理及债务情况、市直党政机关企业脱钩改制情况等审计，揭示企业投资、脱钩改制等方面存在的问题。 （撰稿人：蔡丹丹）

【鞍山市审计局】 2017年，鞍山市审计局人员编制99人，实有97人。党组书记、局长原丹，党组成员、副局长徐威（4月—）、张小川、邵伟（7月—），党组成员、总审计师李岩，党组成员赵广策。设有办公室、法规处、领导干部经济责任审计处、财政审计处、行政政法审计处、教科文卫审计处、农业与资源环保审计处、投资与外资审计处、综合计划处、经贸与金融审计处、社会保障审计处、派出审计处、督查考核处、审计指导科研处、计算机审计处、人事处、机关党委；下设鞍山市审计信息中心。

审计成果 2017年，鞍山市审计局完成审计项目54个，专项审计调查项目9个。查出主要问题金额89.64亿元，其中违规金额3681万元、损失浪费金额19万元、管理不规范金额89.27亿元；审计发现非金额计量问题129个；出具审计报告和专项审计调查报告77篇。

国家重大政策措施落实情况跟踪审计 重点关注中央东北振兴政策举措落实情况、省委省政府和市委市政府决策部署贯彻落实情况，财政预算执行情况以及以往跟踪审计发现问题的整改情况等，揭示债务存在风险、政策不落实、项目进展慢、投资绩效低等问题，促进政策落实、项目落地和资金保障。

财政审计 开展市本级财政管理、市直部门预算执行情况等审计项目，揭示预算编制部分项目未按规定细化到项、一般公共支出预算编制范围不完整等问题。

经济责任审计 开展领导干部经济责任审计项目18个，促进领导干部履职、尽责、担当、作为。

固定资产投资审计 开展沙湾县电子商务平台建设、沙湾工业园区（一期）建设项目等援疆重点项目审计，揭示项目核算、建设程序、项目管理等方面存在的问题。

民生资金（项目）审计 开展鞍山市保障性安居工程审计、鞍山市中心医院全科医生培养基地门诊病房楼建设项目审计、台安县2016年脱贫攻坚跟踪审计，揭示项目进展迟缓、投标手续不全、审核把关不严等问题。

其他审计项目 开展对公检法机关非税收入和涉案财物管理专项审计，揭示部分公检法机关罚没收入上缴不及时、未按规定期限返还执行款、应退未退诉讼费等问题；开展全市公车改革情况调查审计，揭示个别单位公车运行费核算不实、费用超支、补贴发放不到位等问题；开展海城市事业单位增人增资情况审计调查，揭示机构超编、机关事业混岗等问题。 （撰稿人：李依峰）

【抚顺市审计局】 2017年，抚顺市审计局人员编制113人，实有99人。党组书记、局长胡乃涛，党组副书记、副局长陈亚文（4—11月），党组成员、副局长房文冬（—4月）、杨玉利、胡恩刚（4月—），副局长周连霞（10月—），党组成员、总审计师杨一凡，党组成员、纪检组长于国田（—4月），党组成员、经济责任审计办公室主任孔祥禄。设有办公室、综合处、人事处、法规处、电子数据审计处、经济责任审计一处、经济责任审计二处、经济责任审计三处、财政审计处、审计整改督察处、行政政法审计处、教科文卫审计处、经贸审计处、农业审计处、资源环境审计处、社会保障审计处、固定资产投资审计一处、固定资产投资审计二处、固定资产投资审计三处、外资金融审计处。

审计成果 2017年，抚顺市审计局完成审计项目44个，专项审计调查项目20个。查出主要问题金额35.65亿元，其中违规金额6282万元、损失浪费金额84万元、管理不规范金额35.02亿元；审计发现非金额计量问题373个；出具审计报告和专项审计调查报告77篇。

国家重大政策措施落实情况跟踪审计 重点关注全市亿元以上项目管理建设、清原满族自治县脱贫攻坚政策措施落实、优化营商环境等情况，揭示项目建设周期较长、贫困人口脱贫指标测算需完善等问题，促进相关政策措施贯彻落实。

财政审计 开展“三公”经费、财政存量资金、财政收支质量情况等审计，揭示财政管理等6个方面存在问题。构建“报告、整改、监管、问责、反馈”审计整改闭环管理新模式，建立清单销号制度，以市政府名义印发整改工作实施方案，推动审计整改工作取得实效。

经济责任审计 开展领导干部经济责任审计项目27个，其中同步开展7个县区党政领导干部经济责任审计，促进领导干部履职、尽责、担当、作为。对抚顺县开展自然资源资产离任审计试点工作。召开全市经济责任审计工作领导小组（扩大）会议，印发规范性文件，进一步规范和制约权力运行。

固定资产投资审计 开展抚顺雷锋纪念馆改扩建、振兴大厦工程结算和“暖房子”工程建设情况等审计，揭示项目投资超概算、造价控制不严等问题，为促进增收节支和惠民工程落实发挥积极作用。（撰稿人：唐东宏）

【本溪市审计局】 2017年，本溪市审计局人员编制90人，实有89人。党组书记、局长魏增嘉（—8月）、崔保民（8月—），党组副书记、副局长富国义，党组成员、副局长邹新鹏（6月—）、丁吉忠，副局长田伟。设有办公室、机关党委、综合处、法规处、经济责任审计一处、经济责任审计二处、财政金融审计处、行政政法审计处、科教文卫审计处、农业与资源环保审计处、固定资产投资审计一处、固定资产投资审计二处、经贸审计处、社会保障审计处、外资运用审计处、经济案件审计处、电子数据处、离退休干部处；下设政府投资审计中心。

审计成果 2017年，本溪市审计局完成审计项目45个，专项审计调查7个。查出主要问题金额16.60亿元，其中违规金额977万元、管理不规范金额16.51亿元；审计发现非金额计量问题58个；出具审计报告和专项审计调查报告38篇。

搬迁水库移民后期扶持资金管理和使用情况审计项目，被辽宁省审计厅评为表彰审计项目。

国家重大政策措施落实情况跟踪审计 重点关注东北振兴政策举措贯彻落实、脱贫攻坚、优化营商环境、推进“放管服”、安全生产领域等政策落实情况，揭示政策措施落实不及时、不到位等问题，促进拨付扶贫资金394万元，促进政令畅通和各项重大政策措施发挥实效。

财政审计 开展市本级2016年度预算执行及其他财政收支情况的审计，清理、追缴、上缴财政资金3189万元，盘活财政存量资金873万元，制定和完善管理制度6项。

经济责任审计 开展领导干部经济责任项目17个，其中同步开展6个党政领导干部经济责任审计，促进领导干部履职、尽责、担当、作为。起草《关于贯彻〈领导干部自然资源资产离任审计规定（试行）〉的实施意见》《关于成立本溪市自然资源资产离任审计工作领导小组的通知》，实施明山区人民政府和溪湖区人民政府原区委书记、区长的自然资源资产离任审计2个项目的试点工作。

固定资产投资审计 开展蓝远名城、太子河综合治理、会展中心、大堡棚户区改造、市中心医院综合楼建设等12个项目审计或审计调查。审计投资额11.92亿元，核减工程投资2.30亿元。

审计科研 论文《大数据审计推广中的关键问题和解决对策研究》获得全省表彰，科研课题《新常态下依法审计的新理念》顺利结题，该两项成果在2017年全省青年审计论坛论文评比中分别获得二、三等奖。另有3篇研究课题获得本溪市社科联2017年度哲学社会科学课题立项。

（撰稿人：唐荣海）

【丹东市审计局】 2017年，丹东市审计局人员编制66人，实有60人。党组书记、局长康冰（—9月）、张羽（9月—），党组成员、副局长李圣稙、张作群、李殿卉，党组成员、总审计师张爱兵，党组成员、纪检组长徐激扬（—8月），经济责任审计办公室主任孙尚玉。设有办公室、计划与督察处、法制处、财政审计处、行政事业审计处、经贸与金融审计处、农业与资源环保审计处、社会保障审计处、固定资产投资审计处、经济责任审计一处、经济责任审计二处、计算机信息化建设处、人事教育处和机关党委；下设丹东市政府投资项目审计中心。

审计成果 2017年，丹东市审计局完成审计项目19个，专项审计调查项目8个。查出主要问题金额13.02亿元，其中违规金额1.84亿元、管理不规范金额11.18亿元；审计发现非金额计量问题938个；出具审计报告和专项审计调查报告24篇。

少数民族发展资金专项审计调查项目，被辽宁省审计厅评为鼓励审计项目。

国家重大政策措施落实情况跟踪审计 重点关注中央东北振兴政策举措及市政府工作报告落实、“三去一降一补”、经济结构调整和转型升级、“放管服”改革、财政供养人员编制及经费保障、创新驱动战略等政策措施落实情况，揭示在简政放权、项目推进、大数据建设、财政补贴、保障安居工程等方面存在的问题，促进行政职权有效承接、财政资金使用绩效和重大项目建设。

财政审计 开展市本级预算执行、县区财政决算等审计项目，揭示在财政管理、非税收入、预算支出、政府采购、资产管理等方面存在的问题。审计发现问题的整改，至年底整改率达到73.7%。

经济责任审计 开展领导干部经济责任审计项目7个，其中同步开展2个党政领导干部经济责任审计，促进领导干部履职、尽责、担当、作为。对丹东市振安区委书记、区长开展自然资源资产离任审计试点工作。

审计科研 组织开展审计理论研究攻关，开展“审计科研月”专项活动，提炼理论文章20余篇，两项课题分获辽宁省审计厅优秀课题和表彰课题奖；3篇论文分获辽宁省审计厅优秀审计论文一、二、三等奖。

相关工作 加强党支部规范化建设，局机关4个党支部全部达到规范化建设标准。严格落实全面从严治党主体责任，并签订责任状。以“审计大讲堂”“请进来走出去”等形式强化干部的学习培训工作，促进审计干部队伍整体素质提升。

（撰稿人：张华峰）

【锦州市审计局】 2017年，锦州市审计局人员编制138人，实有132人。党组书记、局长马志军，党组副书记、副局长李犁，副局长牛继强，党组成员、副局长李春利，党组成员、总审计师王新（2月—），党组成员、经济责任审计办公室主任赵长海（2月—）。设有办公室、综合处、机关党委、人事处、法制处、电子数据审计处、审计督察处、财政审计处、社会保障审计处、金融审计处、行政政法审计处、教科文卫审计处、农业审计处、资源环境审计处、经贸审计处、经济责任审计办公室、经济责任审计一处、经济责任审计二处、经济责任审计三处、投资审计一处、投资审计二处、新区分局；下设锦州市建设项目审计中心。

审计成果 2017年，锦州市审计局完成审计项目51个，专项审计调查项目9个。查出主要问题金额146.63亿元，其中违规金额28.25亿元、损失浪费金额3.65亿元、管理不规范金额114.73亿元；审计发现非金额计量问题4101个；出具审计报告和专项审计调查报告60篇。

市属粮食企业资产负债损益情况专项审计调查项目，被审计署评为表彰审计项目。

国家重大政策措施落实情况跟踪审计 围绕“放管服”改革、“三去一降一补”、经济结构调整和转型升级等方面，揭示资金效益发挥不及时、专项资金闲置、项目建设进展缓慢等问题，有效促进政策措施落实到位。

财政审计 开展市本级以及滨海新区、松山新区预算执行审计项目，促进财政部门出台《锦州市本级财政资金管理暂行办法》等制度办法，有效规范资金管理，提高资金使用效益。

经济责任审计 对17名领导干部进行经济责任审计，揭示在经济决策、政策执行、廉政建设等方面存在的问题，有效促进领导干部依法行政。召开全市经济责任审计工作领导小组会议和全地区经济责任审计工作会议，调整领导小组成员单位，印发工作规则等规范性文件，为经济责任审计工作提供组织领导保障。

固定资产投资审计 开展锦凌水库、“两河”治理、市文化艺术中心、南山公园、滨海新区部分基础设施、市养老综合服务中心、援疆项目等17个政府投资项目跟踪审计和决算审计，审减资金8000余万元。

民生资金（项目）审计 开展全市涉农资金管理使用绩效情况审计调查，移送案件线索11件，涉及18人，上缴财政7000余万元，促进各级政府及部门出台规章制度20余项，被市领导批示审计要情专报8份。开展扶贫资金管理和使用情况审计，审计报告得到市委、市政府主要领导批示，市政府召开市长办公会专题研究整改工作，推动整改工作落实。（撰稿人：宋子辉）

【营口市审计局】 2017年，营口市审计局人员编制62人，实有49人。局党组书记、局长刘元印（—7月）、闫海广（9月—），局党组成员、副局长王世强、许林、张丽杰（—7月）、徐仁彪（12月—），局党组成员、总审计师徐仁彪（—7月），经济责任审计办公室主任李鑫。设有办公室、经济责任审计工作办公室、财政审计科、金融与外资运用审计科、行政政法审计科、法制科、教科文审计科、社会保障审计科、固定资产投资审计一科、固定资产投资审计二科、农业与资源环保审计科、经贸审计科、信息化科；下设营口市审计数据中心。

审计成果 2017年，营口市审计局完成审计项目29个，专项审计调查项目11个。查出主要问题金额122.83亿元；审计发现非金额计量问题122个；出具审计报告和专项审计调查报告60篇。

2016年保障性安居工程跟踪审计项目，被辽宁省审计厅评为鼓励审计项目。

国家重大政策措施落实情况跟踪审计 重点关注2016年“一事一议”奖补资金使用、民生工程建设、市直各预算单位结余结转资金和中央投资项目开展等政策措施落实情况，揭示出部分项目资金拨付不到位、部门预算资金结余沉淀较多等问题，促进各项政策措施与项目资金落实。

财政审计 开展营口市本级2016年预算执行情况、盖州市人民政府财政决算、市国土资源调查规划院2016年度财务收支情况等审计项目，揭示专项资金分配不及时、虚列公共预算支出等问题。

经济责任审计 开展领导干部经济责任审计项目18个。为强化经济责任审计工作制度性保障，制定《关于加强经济责任审计工作的实施意见》等规范性文件，从制度层面加强、规范和推进经济责任审计工作有序开展。

民生资金（项目）审计 开展保障性安居工程、对口援疆项目审计、脱贫攻坚政策跟踪审计、乡镇卫生院运营管理、城乡低保资金管理等审计项目，揭示违规享受保障性安居住房待遇、脱贫攻坚缺乏精准识别和动态管理、挤占挪用冒领低保资金、乡镇卫生院医疗诊疗行为不规范、骗取新农合基金等问题。

其他审计项目 开展营口热电集团、营口煤气公司资产负债和经营、投资、建设、绩效审计，揭示企业运行中突出问题和风险隐患，提出规范管理、提质增效等方面意见建议。开展市直4家国有新闻媒体单位资产负债及运营情况、大石桥市事业单位增人增资情况、2016年资源及利用情况审计调查，揭示增加固定资产未及时办理移交手续、超编制配备人员等问题。

（撰稿人：栾洪勋）

【阜新市审计局】 2017年，阜新市审计局人员编制66人，实有60人。党组书记、局长于国忠，党组副书记、副局长张百平，党组成员、副局长张文，副局长金长起，党组成员、总审计师马丽娟，党组成员、经济责任审计办公室主任谭玉民。设有办公室、综合科、法规科、经济责任审计科、财政金融审计科、行政文教审计科、农业与资源环境审计科、固定资产投资审计一科、固定资产投资审计二科、社会保障审计科、经贸审计科、计算机审计指导科；下设信息中心。

审计成果 2017年，阜新市审计局完成审计项目48个，专项审计调查项目7个。查出主要问题金额66.18亿元，其中违规金额20.59亿元、损失浪费金额169万元、管理不规范金额45.57亿元；审计发现非金额计量问题376个；出具审计报告和专项审计调查报告95篇。移送司法机关、纪检监察机关和有关部门处理事项6件。

国家重大政策措施落实情况跟踪审计 对东北振兴政策举措落实、“三去一降一补”职能执行、重大项目投资、开展“放管服”等改革等情况进行跟踪审计，推动国家、省、市各项政策落到实处。

财政审计 完成市本级财政预算执行情况审计，开展阜新高新技术产业园区财政收支审计和11个行政事业单位财政财务收支审计，促进各单位财政财务规范管理。对全市部分公检法机关非税收入和涉案财物管理情况、住宅专项维修资金收支情况、阜蒙县事业单位增人增资情况开展审计调查。

经济责任审计 完成33名市管领导干部的经济责任审计，发挥审计推动全面从严治党的重要作用。组织召开全市经济责任审计联席会议，明确经济责任审计计划制订、审批程序。

固定资产投资审计 完成市第二人民医院儿科医疗综合楼建设项目、北新路和龙湖路建设项目工程、市部分农村医疗卫生服务体系建设项目、阜新高铁站前基础设施配套一期工程项目等政府投资项目审计和审计调查，规范建设项目的概算管理，促进提高政府投资效益。

民生资金（项目）审计 开展全市保障性安居工程跟踪审计和阜新蒙古族自治县脱贫攻坚政策措施落实情况跟踪审计，促进规范扶贫资金和项目管理，维护人民群众的切身利益。

企业审计 开展阜新交通建设投资集团有限责任公司所属企业资产负债损益情况审计调查、阜新市自来水公司资产负债损益情况审计，重点关注企业盈利能力、资产管理水平、资产结构状况等，促进企业改善经营管理。

审计科研 3项课题分获省审计厅公开招标审计科研课题优秀奖、优秀课题、表彰课题，2篇论文分获全省优秀审计论文一等奖和青年审计论坛论文二等奖，10篇论文获阜新市自然科学学术成果奖。

（撰稿人：金石开）

【辽阳市审计局】 2017年，辽阳市审计局人员编制73人，实有70人。党组书记杨挺，局长张迎胜，党组成员、副局长王东（1月—）、李锡明（10月—），总审计师姜铁男，经济责任审计办公室主任曹福刚。设有办公室、综合研究室、法规科、经济责任审计办公室、财政审计科、财政收入征管与金融审计科、行政政法审计科、科教文卫审计科、经济贸易审计科、农业审计科、资源环境审计科、社会保障审计科、政府投资绩效审计科、城市建设管理审计科、电子数据审计科、人事教育科、河东新城审计分局；下设信息中心。

审计成果 2017年，辽阳市审计局完成审计和专项审计调查项目65个。查出主要问题金额40.20亿元，其中违规金额4505万元、损失浪费金额4万元、管理不规范金额39.74亿元；审计发现非金额计量问题64个；出具审计报告和专项审计调查报告78篇。

国家重大政策措施落实情况跟踪审计 重点关注优化营商环境、“放管服”、“三去一降一补”、政府债务风险等情况，揭示工程进度缓慢等问题，促进政令畅通和政策落实。

财政审计 开展市本级财政及部门预算执行情况、县区财政决算等审计，揭示专项资金闲置、预算绩效评价拓展面不宽、专户管理不规范等问题，督促完善规章制度4项。

经济责任审计 开展领导干部经济责任审计项目28个，同步开展1个党政领导干部经济责任审计。召开全市经济责任审计工作领导小组联席会议。

固定资产投资审计 开展保障房、援疆、辽阳西环工程等项目的跟踪审计，核减工程款3069万元；揭示工程审批手续不健全、项目进展缓慢、工程结算不实等问题，移送3人，促进提高政府投资效益。

民生资金（项目）审计 开展市政府承诺的关爱职工送温暖工程、残疾人帮扶工程等审计项目，揭示专项资金管理不规范、决策程序不规范、工程招标管理不合规等方面问题，推动惠民政策落实到位。依托大数据实施精准扶贫和美丽乡村建设审计，促进扶贫资金到位400余万元。

信息化建设 持续加大硬件投入，扩展网络平台功能，自主开发审计进度管理软件。开展计算机审计培训，总结推广数字化审计方法，开展以审代训，探索大数据审计工作模式。

内部审计 市国资委、市教育局内部审计机构新当选为辽宁省内部审计协会理事单位。推动系统部门建立完善内部审计制度，将内部审计成效作为对领导干部经济责任审计的评价依据。

（撰稿人：曲姝繁）

【盘锦市审计局】 2017年，盘锦市审计局人员编制47人，实有42人。党组书记、局长王贺广，党组成员、副局长闫志刚、王钧、郭克敏（—6月），总审计师张伟，经济责任审计办公室主任孙宏。设有办公室、法制综合科（计算机审计科）、经济责任审计办公室（经济责任审计一科）、经济责任审计二科、财政与金融审计科、行政事业审计科、经贸与农业审计科、经建与社保审计科、固定资产投资审计科；下设盘锦市审计信息中心。

审计成果 2017年，盘锦市审计局完成审计项目30个，专项审计调查项目3个。查出主要问题金额72.73亿元，其中违规金额5904万元、管理不规范金额72.14亿元；审计发现非金额计量问题235个；出具审计报告和专项审计调查报告33篇。

国家重大政策措施落实情况跟踪审计 重点关注软件正版化、“三去一降一补”、简政放权等政策落实情况，促进政令畅通和各项重大政策措施发挥实效。

财政审计 开展市本级预算执行、县区财政决算等审计，揭示公共预算编制、预算支出、转移支付、收缴财政收入等方面问题。

经济责任审计 开展领导干部经济责任审计项目3个，其中同步开展2个党政领导干部经济责任审计，促进领导干部履职、尽责、担当、作为。

固定资产投资审计 开展辽东湾新区海辽路大桥、盘锦市大伙房水库输水配套工程、辽东湾新区绿化和道路排水工程等项目审计，核减工程款5.74亿元，揭示工程结算中多计取工程量、高套定额、部分材料价格未按信息计取、工程取费错误等问题。

民生资金（项目）审计 开展2016年保障性安居工程审计，揭示安居工程目标任务管理、资金管理使用、资金支持和优惠政策落实、工程建设管理、保障性住房使用和运营、工程档案管理等方面存在的问题。市政府高度重视审计查出的问题，多次召集相关部门研究整改工作。

相关工作 突出加强党的建设，严守党的政治纪律和政治规矩；着力加强廉政建设，坚决落实全面从严治党主体责任，持续改进作风；全面加强干部队伍建设，强化教育培养，着力提升审计人员能力素质。（撰稿人：赵庆举）

【铁岭市审计局】 2017年，铁岭市审计局人员编制62人，实有58人。党组书记、局长张波，党组成员、副局长杨占荣、李化山、邵荣、赵国东，纪检组长赵玉杰（—7月），党组成员、经济责任审计办公室主任马可。设有办公室、人事监察教育科、法制科、综合科、经济责任审计办公室、固定资产投资审计一科、固定资产投资审计二科、财政审计科、金融审计科、教科文卫审计科、行政政法审计科、经贸审计科、农业资源环境审计科、外资运用与社会保障审计科、电子数据审计科；下设计算机信息中心、审计培训中心、铁岭市政府投资审计中心。

审计成果 2017年，铁岭市审计局完成审计项目34个，审计调查项目13个。查出主要问题金额30.79亿元，其中违规金额13.37亿元、管理不规范金额17.42亿元；审计发现非金额计量问题442个；出具审计报告和专项审计调查报告62篇。

2015年锦州保障性安居工程跟踪审计项目，被辽宁省审计厅评为表彰审计项目。

国家重大政策措施落实情况跟踪审计 重点关注保障性安居工程、脱贫攻坚、涉农补贴发放及公车改革等情况，揭示安居工程资金闲置、扶贫政策未完全落实、部分县（市）区上交公车未处置等方面问题，促进各项政策措施贯彻落实。

财政审计 开展市级财政管理、7个市直部门及下属单位预算执行、昌图县政府财政决算等审计，揭示政府性基金预算及国有资本经营预算执行不到位等问题。

经济责任审计 开展领导干部经济责任审计项目16个，连续2年统一部署全市村级党组织和村委会负责人经济责任审计，促进领导干部履职、尽责、担当、作为。

固定资产投资审计 开展全市污水管网建设情况、农村乡镇卫生院及周转宿舍建设情况、中小学宿舍建设情况等审计或审计调查，揭示污水管网部分项目进度缓慢、已建成教师周转宿舍实际利用率低等方面问题。

民生资金（项目）审计 对全市就业补助专项资金、困难残疾人生活补贴及重度残疾人护理补贴资金、全市农机具补贴发放及农机专业合作社发展情况、全市种植业结构调整及2016年补贴发放情况进行审计或审计调查。

企业审计 开展市本级国有资本经营情况审计调查，揭示国有资本经营预算编制不全、企业资产账实不符等方面问题，为促进国有资本保值增值、促进完善国有资本监管制度，促进国有企业加强管理提高效益发挥积极作用。

信息化建设 完成数字化审计工作室建设，在保障性安居工程、住房公积金、再就业补助资金等审计中，充分利用计算机审计，不断提高信息技术在审计项目中的应用水平。

（撰稿人：王　辉）

【朝阳市审计局】 2017 年，朝阳市审计局人员编制 67 人，实有 71 人。党组书记、局长薛鹏达（—8 月）、王福辉（8 月—），党组成员、副局长谭立波、周军昌、鲁秀静（10 月—），党组成员、总审计师佟宝钧，党组成员、纪检组长姚文卿（—6 月）。设有办公室、人事教育科、法制综合科、经济责任审计办公室、财政审计科、行政政法审计科、教科文卫审计科、经贸审计科、农业审计科、资源环境审计科、社会保障审计科、投资审计一科、投资审计二科、信息化管理与应用科、机关党总支；下设固定资产投资审计中心。

审计成果 2017 年，朝阳市审计局完成审计项目 64 个，专项审计调查项目 6 个。查出主要问题金额 46.81 亿元，其中违规金额 35.30 亿元、管理不规范金额 11.43 亿元；审计发现非金额计量问题 1027 个；出具审计报告和专项审计调查报告 90 篇。

国家重大政策措施落实情况跟踪审计 重点关注“放管服”“大众创业万众创新”政策落实等方面情况，揭示应急互助基金未及时安排使用、违规收取行政事业收费、行政许可事项划转未到位等问题，为优化全市营商环境提供支撑。

财政审计 开展市本级预算执行及其他财政收支、龙城区财政决算审计。揭示专户利息未上缴国库 324 万元、出借国库资金程序不合规 1.63 亿元等问题，促进预算执行管理水平和财政资金使用效益的提升。

经济责任审计 开展领导干部经济责任审计项目 19 个，其中同步开展 2 个党政领导干部经济责任审计，促进领导干部履职、尽责。

固定资产投资审计 开展市卫生学校异地新建项目、市园林管理处绿化工程等 19 个项目，核减政府投资工程造价 4320 万元，揭示违反建设程序、滞留挪用项目资金等问题，规范政府投资项目管理。

其他审计项目 开展全市就业补助资金审计、全市脱贫攻坚审计等 17 个项目，揭示违规开发公益岗、扶贫资金滞留等问题，促进专项资金安全高效使用。

信息化建设 构建市级审计数据中心，对全市财政、民政等 10 余个部门的 12 类重点信息进行数据采集、整理，总数据 1.16 亿条，为开展审计工作提供翔实、准确的数据保障。

（撰稿人：商　业）

【葫芦岛市审计局】 2017 年，葫芦岛市审计局人员编制 59 人，实有 55 人。党组书记、局长梁成栋，党组成员、副局长赵素芝、蒋晓东，副局长赵兰新，党组成员、总审计师王丽君，党组成员、纪检组长段宇征（—6 月），经济责任审计办公室专职副主任杨戈。设有办公室、人事科、综合法规科、经济责任审计科、财政金融审计科、行政事业审计科、社会保障审计科、经济贸易审计科、农业资源环保审计科、固定资产投资审计科、教科文审计科；下设国家建设项目审计中心、计算机审计中心。

审计成果 2017 年，葫芦岛市审计局完成审计项目 96 个，审计调查项目 4 个。查出主要问题金额 154.06 亿元，其中违规金额 1.15 亿元、管理不规范金额 152.91 万元；审计发现非金额计量问题 124 个；出具审计报告和专项审计调查报告 107 篇。

国家重大政策措施落实情况跟踪审计 重点关注脱贫攻坚政策措施落实、简政放权落实、国务院“约法三章”落实、公务支出和公款消费等情况，揭示贫困户档案管理不规范、就业脱贫项目中个别人员不符合条件等问题，促进全市深入精准扶贫政策措施落实。

财政审计 开展市本级预算管理和 10 个部门预算执行、南票区决算等审计，揭示应缴未缴财政资金、挤占挪用专项资金、临时用工未纳入预算管理等问题，市政府印发《葫芦岛市人民政府关于加强审计整改工作的实施意见》和《葫芦岛市直机关事业单位编外补充用工管理暂行办法》，促进市总工会印发《关于回拨财政拨款行政事业单位工会经费的试行办法》。

经济责任审计　开展领导干部经济责任审计项目32个，其中同步开展6个党政领导干部经济责任审计，促进领导干部履职、尽责、担当、作为。

固定资产投资审计　开展龙湾中央商务区“一场五馆”及基础设施、青山水库建设、渤海船舶职业学院新校区建设等项目审计或审计调查，核减工程款8262万元。

民生资金（项目）审计　开展住宅专项维修资金管理和使用情况、保障性安居工程等审计或审计调查，揭示挪用住宅专项维修资金、安居工程财政资金未配套等问题。

其他审计项目　开展公检法机关2015年至2016年非税收入和涉案财物管理情况专项审计调查、南票矿务局清算组拨付生活服务公司和供电公司“三供一业”专项资金审计、全市环境保护专项资金管理及使用情况审计，揭示检察机关及公安机关涉案财务管理、移交程序及文书管理等方面不符合规定、环保专项资金管理和使用以及工程项目管理不规范、挤占挪用破产专项资金、部分工程项目未执行招投标等问题。

信息化建设　有序推进审计信息化工作，大力加强网络信息安全保障，购置安装正版软件。在审计工作中充分发挥信息技术的支撑保障作用。

（撰稿人：李卫东）

2017年辽宁省所辖区、县(市)级审计工作统计表

金额单位：万元

审计机关	完成审计项目(个)	审计查出主要问题金额	审计处理情况					出具审计报告和审计调查报告(篇)	提出审计建议(条)	提交审计信息(篇)
			审计处理处罚				移送处理事项(件)			
			应上缴财政	应减少财政拨款或补贴	应归还原渠道资金	应调账处理金额				
沈阳市										
沈阳市本级	59	4780168	22286		290	54357	10	84	297	58
和平区审计局	33	9932	593					51	40	13
沈河区审计局	19	649851	2265		2	171		27	97	18
大东区审计局	16	46233						27	49	130
皇姑区审计局	36	139471	2891	1158		16264		47	60	43
铁西区审计局	14	5876						24	8	15
苏家屯区审计局	48	57703	224					63	146	43
浑南区审计局	44	2737908						54	36	28
沈北新区审计局	34	217582						46	71	156
于洪区审计局	23	55067	100	51709		8		37	13	10
辽中区审计局	51	22192	1593		61	492	1	59	26	80
新民市审计局	32	3499	382		1504	117		57	39	11
康平县审计局	55	2008			450	13		88	96	22
法库县审计局	22	130203	259		101	53		30	64	25
开发区审计局	13	1333						19	44	1
大连市										
大连市本级	38	18992402	261164		791	88315	13	72	591	298

（续表）

审计机关	完成审计项目（个）	审计查出主要问题金额	审计处理情况					出具审计报告和审计调查报告（篇）	提出审计建议（条）	提交审计信息（篇）
			审计处理处罚				移送处理事项（件）			
			应上缴财政	应减少财政拨款或补贴	应归还原渠道资金	应调账处理金额				
中山区审计局	33	5797	6					49	63	
西岗区审计局	11	4721				55		19	24	
沙河口区审计局	33	32265	36		1		5	44	205	44
甘井子区审计局	26	354186	639					55	122	34
旅顺口区审计局	28	979224						59	89	22
金州区审计局	16	712223	2982			392160		22	56	248
普兰店区审计局	16	141286						27	37	16
瓦房店市审计局	27	144397	306					66	104	61
庄河市审计局	41	116587	248			706		64	104	30
长海县审计局	35	74480	1782	196		569	13	48	75	95
鞍山市										
鞍山市本级	81	956314	1599		2332	4657	16	110	228	
铁东区审计局	18	167595	378			5	1	26	14	
铁西区审计局	46	342				220		43	23	
立山区审计局	28	7560						33	21	
千山区审计局	37	2955						69	50	
海城市审计局	111	276406	19212		659	6433		207	118	
台安县审计局	79	133002						90	132	
岫岩满族自治县审计局	72	135501	276		4027	767		97	31	
抚顺市										
抚顺市本级	92	356517	6962	207	351	4100	7	73	208	55
新抚区审计局	23	15741						44	84	
东洲区审计局	3	28056	34			27574	1	2		
望花区审计局	10	4556	445					17	32	
顺城区审计局	17	3209	898					23	26	
抚顺县审计局	36	4470	57		10			35	43	27
新宾满族自治县审计局	86	50288	2892	523	98	346	1	86	111	23
清原满族自治县审计局	38	33347	526	77	6450	25690	1	68	58	
抚顺经济开发区审计局	8	29499						8		
本溪市										
本溪市本级	52	166036	1465		426	636	5	57	95	64

（续表）

审计机关	完成审计项目（个）	审计查出主要问题金额	审计处理情况					出具审计报告和审计调查报告（篇）	提出审计建议（条）	提交审计信息（篇）
			审计处理处罚				移送处理事项（件）			
			应上缴财政	应减少财政拨款或补贴	应归还原渠道资金	应调账处理金额				
平山区审计局	52							37		
溪湖区审计局	14	5054						14	14	
明山区审计局	96	5567		5787				95	94	
南芬区审计局	48	5460		1813				26	45	
本溪满族自治县审计局	26	27062			36			11	49	
桓仁满族自治县审计局	45	81643	1341		647	70759	20	57	5	11
丹东市										
丹东市本级	27	130202	6353		17	5268	3	24	69	76
元宝区审计局	12	295				27		11	20	7
振兴区审计局	19	17104				32		35	32	
振安区审计局	18	172	119			53		18	36	5
东港市审计局	24	105487	253		79156	26077		31	17	31
凤城市审计局	24	7795	166		8	22		24	83	20
宽甸满族自治县审计局	12	4744	36	17	1	1163		13	29	21
边境经济合作区审计局	18	5940	249		885	1435		18	4	18
锦州市										
锦州市本级	60	1466273	8311	936	24201	6029	21	60	90	115
古塔区审计局	15	7029	84					15	68	24
凌河区审计局	15	8475						15	37	21
太和区审计局	18	895	13	5				18	40	14
凌海市审计局	17	28506	466	11	21042	4725	2	31	62	2
北镇市审计局	21	20360	125					23	47	
黑山县审计局	14	153693						24	42	3
义县审计局	32	13678	42	676	657	9		59	60	38
松山新区审计局	82	1481		1481						
营口市										
营口市本级	40	1228277	1236		631	28328		60	266	86
站前区审计局	17	23379	1		1	488		33	7	8
西市区审计局	6	363						10	23	3
鲅鱼圈区审计局	32	44912						34	113	8

（续表）

审计机关	完成审计项目（个）	审计查出主要问题金额	审计处理情况					出具审计报告和审计调查报告（篇）	提出审计建议（条）	提交审计信息（篇）
			审计处理处罚				移送处理事项（件）			
			应上缴财政	应减少财政拨款或补贴	应归还原渠道资金	应调账处理金额				
老边区审计局	37	10826						40		2
盖州市审计局	30	2849						44		9
大石桥市审计局	25	40603						28	37	55
阜新市										
阜新市本级	55	661819			68765	284590	6	95	170	81
海州区审计局	10	2365	1300		82	243		19	6	27
新邱区审计局	8	695				2		8	34	
太平区审计局	9	1038						16	26	
清河门区审计局	12	20592	233			611		23	21	
细河区审计局	18	76188	1					18	44	
阜新蒙古族自治县审计局	44	348424	37					71	196	
彰武县审计局	54	21583						90	97	
辽阳市										
辽阳市本级	65	401944	2248		63	7823	3	78	132	100
白塔区审计局	10	4461				78	3	10	23	
文圣区审计局	18							30		
宏伟区审计局	16	1816	53		958	804		16	38	
弓长岭区审计局	6328							54	21	34
太子河区审计局	54	2128						54	4	
灯塔市审计局	64	8895		6138		12		64	22	
辽阳县审计局	25	86				86		25		
盘锦市										
盘锦市本级	33	727322	21	4646	755	429	2	33	73	38
双台子区审计局	13	21878			104	125		13	10	18
兴隆台区审计局	12	4750	1222			1387		12	36	48
大洼区审计局	48	34356	6559			15259		48	29	24
盘山县审计局	16	6838	918			684		16	21	60
铁岭市										
铁岭市本级	47	307900	6198	624	88436	16068	5	62	155	71
银州区审计局	16	49019						22	29	8
清河区审计局	12	36819						21	38	4
调兵山市审计局	76	498	16		1			108	68	9
开原市审计局	22	490310	59		31399	458799		31	37	16

（续表）

审计机关	完成审计项目（个）	审计查出主要问题金额	审计处理情况					出具审计报告和审计调查报告（篇）	提出审计建议（条）	提交审计信息（篇）
			审计处理处罚				移送处理事项（件）			
			应上缴财政	应减少财政拨款或补贴	应归还原渠道资金	应调账处理金额				
铁岭县审计局	22	1416	16	134	19	339	1	31	12	9
西丰县审计局	15	3382	3159		78	10		14	18	43
昌图县审计局	35	2725	174		129	1550		56	104	4
经济技术开发区审计局	10	61			61			18	4	
朝阳市										
朝阳市本级	70	468136	11763	1068	19046	29687	19	90	105	210
双塔区审计局	16	1727		766	961		2	16	14	24
龙城区审计局	32	7706	40	329	298	517	2	32	42	56
北票市审计局	54	35967	29591	533	254	5589		62	85	24
凌源市审计局	59	78343	141		6	60	4	71	116	54
朝阳县审计局	28	24627	1141	16	57	11590	1	29	67	31
建平县审计局	54	141033		382	547	6		94	95	4
喀喇沁左翼蒙古族自治县审计局	69	77398	1420		110	2291	1	43	107	70
葫芦岛市										
葫芦岛市本级	95	1539423	6500	1681	135422	533063	10	102	254	
连山区审计局	54	25255	114	256	3532	204		54	20	
龙港区审计局	29	8854	80	450	2300	5800		41	21	
南票区审计局	6	19002				900		4	5	
兴城市审计局	39	64412	182		453	17625		44	107	
绥中县审计局	34	123688	654			16		35	61	
建昌县审计局	55	163295	475	138	277	162357		59	227	

吉林省

【吉林省审计厅】 2017年，吉林省审计厅人员编制133人，实有128人。设有办公室、法规处、财政审计处、行政事业审计处、农业与资源环保审计处、固定资产投资审计处、金融审计处、经贸审计处、社会保障审计处、外资运用审计处、经济责任审计处、人事处、内部审计指导处、计算机审计处、审计整改督查处、机关党委、政法审计处、文体卫生审计处、科技教育审计处、商粮审计处、林业水利乡企审计处、经济执法审计处、稳增长审计处、基层工作处；下设经济责任审计中心、重大项目审计中心、审计研究和计算机技术中心、机关服务中心（事业单位）。

领导成员

厅　　长：刘庆恒（—3月）

　　　　　赵振民（3月—）

副 厅 长：徐彦夫　邹积新　高玉红

总审计师：金顺爱

纪检组长：程　柯

经济责任审计工作联席会议办公室主任：

　　　　　李茹宝

副巡视员：潘恒仁　于文国

审计成果　2017年，吉林省、市、县三级审计机关完成审计项目2796个。查出主要问题金额13270476万元，其中违规金额2303563万元、损失浪费金额7768万元、管理不规范金额11256507万元。审计发现非金额计量问题16029个；审计处理处罚金额4753788万元，其中应上缴财政354063万元、应减少财政拨款或补贴74835万元、应归还原渠道资金2208734万元、应调账处理金额2035576万元；出具审计报告和审计调查报告3207篇。审计促进整改落实有关问题金额735941万元，其中增收节支256866万元、已调账处理金额293775万元。审计促进拨付资金到位1683267万元；审计后挽回（避免）损失583839万元；移送司法机关、纪检监察机关和有关部门处理事项152件，220人受到处理。提出审计建议3744条，提交审计信息2383篇。

国家重大政策措施落实情况跟踪审计　对全省各级政府截至2016年末统筹盘活财政存量资金政策措施落实情况进行跟踪审计，发现部分县（市、区）统筹盘活财政存量资金制度建设不完善、财政存量资金盘活使用不到位等问题，涉及问题金额1.64亿元。

对全省各级政府2016年以来“放管服”政策措施落实情况进行跟踪审计，查出部分县（市、区）行政审批改革、投资审批改革、职业资格改革、收费清理改革、商事制度改革、教科文卫体改革、优化政府服务改革、行政执法改革等12个方面存在的133个问题。

财政审计　对省发展改革委员会、省国土厅、省教育厅、省环保厅等23个省级一级预算管理部门及所属单位预算执行和财政收支进行审计，审计资金总金额113.5亿元，发现无预算超预算支出、滞留闲置财政资金、决算不实、应缴未缴财政收入等违规和管理不规范问题。对长春工业大学、延边大学、省经济管理干部学院等9所高校2016年度财务收支和资金管理情况进行审计，发现应收未收联合办学学费、应缴未缴财政收入、超预算超范围支出、无证收费、虚列和应列未列支出等问题。对通化市、四平市、伊通县、靖宇县等8个政府2016年度财政决算进行审计，发现应缴未缴财政收入、改变专项资金用途、应收未收城市基础设施配套费、财政超支挂账、未盘活存量资金和管理不规范等问题。7月26日，省审计厅向省人大常委会作《关于2016年度省级预算执行和其他财政收支的审计工作报告》。

经济责任审计　对12名党委政府领导人、7名党政部门领导人、11名省属高校和企业领导人共30人进行经济责任审计。依据省委组织部委托，增加计划外111名党政领导干部及企业负责人经济责任审计。通过审计客观评价领导干部应负的领导、主管及直接责任，移送违法违纪问题线索3件。向全省审计机关印发《吉林省管干部经济责任审计结果运用会商研判办法（试行）》。

对白山市、抚松县和龙井市3个市县主要领导干部开展自然资源资产离任审计。围绕自然资源资产权属、开发、管理、使用、运营、维护等环节，开展林业、土地、矿产、水利资源及环境保护等审计。通过审计，查出应收未收矿产资源补偿费、水资源补偿费、挪用植被恢复专项资金、饮用水源地应急管理物资及设施未到位、对矿山地质环境保护与治理恢复项目落实不到位等问题。以省委办公厅、省政府办公厅名义出台《吉林省开展领导干部自然资源资产离任审计实施方案》。

固定资产投资审计　对全省11个政府性投资项目进行跟踪审计，揭示和反映项目应开工未开工、进展缓慢、多计工程价款等违规违法问题，查出违规问题金额12.5亿元。对吉林至荒岗、辉南至白山、延吉至龙井、集双高速集安至通化4个高速公路项目进行审计，发现应调未调材料差价、多计价款、部分建设用地未批先占、重复签订土地测绘费和林业设计费合同、土地征用及拆迁补偿费超概算等问题。对长影集团“环球一百”建设项目、省地方农村电网改造升级工程和水力发电工程项目、延吉监狱项目、松原监狱新建项目进行审计，发现存在违规邀请招标、违反基本建设程序、超概算标准装修、概算外列支其他项目、项目竣工决算编制不及时和管理不规范等问题。对嫩江干流治理工程、吉林省月亮泡蓄滞洪区防洪工程、松花江干流治理工程3个水利项目进行审计，查出勘察设计未招标、多结算工程价款、超标准列支管理费等违规和管理不规范问题。

民生资金（项目）审计 对靖宇县、通榆县、安图县、汪清县、和龙市、龙井市等6县（市）人民政府2016年扶贫政策措施落实和扶贫资金分配管理使用情况进行审计，发现部分贫困县存在精准扶贫政策措施尚未全部落实到位、资金管理尚存缺陷、项目实施和管理不到位、部分产业扶贫项目绩效不佳4方面27个问题。对全省9个市（州）、长白山管委会和52个县（市、区）（不含靖宇县、通榆县、大安市、镇赉县、安图县、汪清县、和龙市和龙井市）人民政府2016年扶贫政策措施落实和扶贫资金分配管理使用情况进行审计，抽查17.94亿元扶贫资金（占全省扶贫资金总量的85.09%），1318个项目（占扶贫资金项目总数的73.22%），查出精准扶贫政策措施尚未全部落实到位等32类问题，查出违规问题金额3.64亿元，移交违法违纪问题线索44件，相关部门处理相关人员108人。对全省城镇保障性安居工程跟踪审计，查出2016年保障性安居工程资金使用不及时、违规享受城镇保障性住房补助、违规享受实物配租房屋等问题，向纪检监察部门和当地政府移交移送违法违规问题线索8件。

农业与资源环保审计 对敦化市、榆树市、东辽县、前郭县等6个县（市）高标准农田（土地整治）专项资金管理使用和效益情况审计调查，查出部分高标准基本农田建设项目进度缓慢、项目结余资金用途未报上级财政部门和业务主管部门备案、购买社会中介服务未履行政府采购程序、项目后期管护工作不到位等问题。

金融审计 对全省失业保险基金审计调查，查出部分市县稳岗补贴发放年度不足且进展缓慢、职业培训资金闲置、部分企事业单位选择性参保、民办非企业单位未参加失业保险、少计失业保险费滞纳金等问题。对全省住房公积金归集管理使用情况审计调查，查出部分县市住房公积金管理中心管理的住房公积金存入非国家指定银行、公积金管理中心管理费用未缴财政、住房公积金缴存标准较低等问题。

外资运用审计 对处理日本遗留化学武器项目、亚洲开发银行贷款吉林省农业综合开发项目、世界银行贷款吉林农产品质量安全项目、吉林城市发展项目、日元贷款松花江流域林业生态建设项目、日本协力银行贷款吉林市环境综合治理项目进行审计，发现占用专项资金、公开招标不规范、未提供贷款担保抵押资产、项目资金核算不完整和财务管理不规范等问题。

企业审计 对吉林省煤业集团有限公司资产负债损益情况审计，查出域外煤矿开发建设进度慢、上报经济数据存在差异、未按规定进行招投标、不合理支出、未按规定用途使用贷款等问题。对吉林吉农高新技术发展股份有限公司本部及所属金长融玉米种业分公司、吉林吉农水稻高新科技发展有限公司、吉林吉科生物高技术有限公司等7个分、子公司2016年度资产负债损益情况审计，发现部分项目未及时进行竣工财务决算、未办理建设工程规划许可证和施工许可证，以及国有资产车辆账实不符等问题。对吉林省信托有限责任公司资产负债损益审计，查出投资类信托计划成立后变更信托报酬约定事项、聘请不符合要求的第三方提供投资顾问服务、违规开展企业年金受托业务、违规使用企业年金、违规办理企业年金提取业务和分配企业年金结存等问题，提出审计建议3条。

其他审计项目 对省级新型城镇化建设专项资金管理使用和效益情况进行审计调查，查出部分市县建设项目专项资金闲置、重复申请专项资金、滞留专项资金、未履行招投标和政府采购程序、立项管理不规范、项目进展缓慢等5类24个问题。对全省畜牧业发展引导资金专项审计调查，查出部分地区项目未实施或进展缓慢、项目设备设施和圈舍闲置、资金闲置、项目未达到预期申报效果、项目资金和项目监管不到位等问题。对长春、白山、通化、辽源等7个市、15个县（市）2016年煤炭行业“去产能”专项奖补资金情况进行专项审计，发现部分县（市）未能及时发放奖补资金、未按规定使用奖补资金、将奖补资金用于企业贷款贴息支出、奖补资金拨付方式不规范以及未建立资金发放档案和设立专户管理等问题。

信息化建设 完成审计厅机关办公网桌面云系统建设。完成全省71个单位151台设备安装调试，实现署、省、市、县四级审计机关互通互联。完成数据中心硬件平台建设，实现省审计厅可用数据存储量100TB以上，白城备份中心可用数据存储量80TB以上，已归集2016年及2017年上半年省以下财政数据约 800GB、业务报表约 6000 份。建设全省审计系统公文传输系统和被审计单位资料库管理系统。对 OA 和专网办公系统进行等保三级合规改造，购买网络版保密检查软件，加强网络安全。

审计科研 着眼解决当前审计实践中的重点难点问题，注重理论联系实际，完成多项科研课题，其中《全省市县审计机关队伍建设调研报告》《新形势下国家审计职业化及其实现路径探讨》《开展抓项目跟踪审计的探索与思考》分别就当前迫切需要解决的审计队伍建设、审计职业化和省委省政府重点关注的项目建设问题提出对策建议，对审计实践发挥较好指导作用。

党建工作 扎实推进“两学一做”常态化制度化的落实，激励审计干部争做合格共产党员。全年累计组织开展支部学习活动 700 余次，出台定期议党和专题议党制度，制定《2017 年审计机关党建工作实施细则》《任职前廉政谈话制度》等 11 项。组织召开全省审计机关党风廉政建设工作视频会议，定期调度部署党风廉政建设工作。

相关工作 加强干部教育培训，举办经济责任审计、依法审计等多个现场和网络培训，参训人数 1400 余人。全年共派出 119 人参加审计署等部门举办的 73 期脱产培训班。开展以审代训，选派 29 名优秀青年干部到省审计厅参加项目审计，提升基层审计干部的业务技能和综合素质。

吉林省审计厅被吉林省人民政府办公厅评为信息报送先进单位；在 2017 年度省直机关绩效评估考核中被评为优秀等次。

内部审计 修订《吉林省内部审计协会章程》，增补理事会成员；评选 2014 年至 2016 年吉林省内部审计先进集体和先进工作者；印发关于吉林省内部审计人才库的选拔通知，共收录符合标准的内部审计人才 91 人；组织全省范围内开展优秀论文评选工作，36 篇论文获得“吉林省优秀论文奖”，10 篇优秀论文荣获“全国优秀论文奖”；举办 4 期内部审计人员高级研修班，培训内部审计人员 800 多人；组织撰写《现代内部审计法规及实务精要》审计专用工具书。协助中国内部审计协会召开地方协会会长秘书长会议。

（撰稿人：张连鹏）

【长春市审计局】 2017 年，长春市审计局人员编制 107 人，实有 100 人。局长李志刚，副局长吴焕军（—11 月）、李贵军（6 月—）、赵力彦、孙忠林、于明军（11 月—），总审计师常志德（9 月—）。设有办公室、机关党委、法制处、人事监察处、财政金融审计处、教科文卫审计处、行政政法审计处、社会保障审计处、经贸外资审计处、农业与资源环保审计处、固定资产投资审计处、经济责任审计处、派出审计一处、派出审计二处、派出审计三处；下设审计学会、机关服务中心 2 个事业单位。

审计成果 2017 年，长春市审计局完成审计及审计调查项目 93 个。查出主要问题金额 46.84 亿元，其中违规金额 29.55 亿元、管理不规范金额 17.29 亿元。审计处理处罚金额 10.71 亿元，其中应上缴财政 2.74 亿元、应归还原渠道资金 644 万元、应缴纳其他资金 7525 万元，应调账处理金额 7.2 亿元；已上缴财政 755 万元，通过固定资产投资审计核减政府投资额 7861 万元；向纪检监察机关及有关部门移送事项 21 件。审计提出建议 245 条；提交审计信息 84 篇。

国家重大政策措施落实情况跟踪审计 对本级财政部门、5 个开发区及 500 余家财政直接拨款的预算单位开展统筹盘活财政存量资金政策措施落实情况的跟踪审计。重点关注财政部门存量资金政策落实、规模结构和统筹盘活等情况，以及财政直接拨款预算单位零余额账户管理使用情况、非零余额账户现状及结存资金规模结构等。通过审计揭露财政存量资金管理和执行方面存在的问题。按照省审计厅统一安排，对“放管服”和“抓项目”、煤炭行业“去产能”奖补资金使用情况等开展审计。

财政审计 对市财政局组织市本级预算执行情况，市旅游局、市贸促会、市林业局等 10 个重点部门预算执行情况开展审计，查出主要问题金额 1.61 亿元。8 月 28 日，市审计局代表市政府向市人大常委会作 2016 年度预算执行审计报告，获得人大常委的充分肯定。

经济责任审计 根据市委组织部委托及省审计厅授权，对 34 名领导干部开展任期及任前经济责任审计，查出领导干部应负领导责任问题金额 3303 万元。

固定资产投资审计 组织对市轨道交通集团工程建设项目、长春新区管委会政府投资工程、市政基础设施建设项目、南溪湿地征拆等19个重点投资项目开展审计，审计项目投资额48亿元，涉及单项工程238个。通过审计揭示工程建设中存在的多计工程款、工程合同内容签订不明确、未按时按计划开工等问题，核减政府投资额7861万元。

民生资金（项目）审计 组织对长春地区2016年保障性安居工程进行跟踪审计。主要审计长春地区各级政府及所属住房城乡建设、发展改革、财政、国土资源、农垦、林业等有关部门，以及住房保障管理中心、住房公积金管理中心等经办管理机构，延伸调查85个村的258户农村危房改造家庭，检查49个安居工程项目的建设管理情况，查出保障性安居工程在目标任务完成、棚户区改造和配套基础设施建设、保障性住房分配和后续管理、资金管理和使用等方面存在的问题。

对榆树、农安等6个县（市）区扶贫政策措施落实情况和扶贫资金分配管理使用情况开展审计，通过审计抽查215个项目、66个乡镇，入户调查农户238户，查出扶贫政策措施落实不到位、建档立卡贫困户不精准、扶贫资金发放超范围等方面问题。（撰稿人：张龙彪）

【吉林市审计局】 2017年，吉林市审计局人员编制84人，实有73人。局长姜亚男，副局长赵世海、尹永全，总审计师孙江旭，纪检组长尹绍群，副调研员常平、徐宇飞。设有办公室、法规处、财政审计处、金融审计处、行政事业审计处、经贸审计处、农业与资源环保审计处、社会保障审计处、固定资产投资审计处、外资运用审计处、经济责任审计处、派出审计工作处、人事处、机关党委等14个职能处（室）；下设审计中心（事业单位）。

审计成果 2017年，吉林市审计局完成审计项目121个。查出主要问题金额228802万元，其中违规金额10828万元、管理不规范金额217974万元。审计处理处罚金额22731万元，其中应上缴财政8409万元、应归还原渠道资金12455万元、应调账处理金额1862万元；移送司法机关、纪检监察机关和有关部门处理事项46件。审计促进整改落实有关问题金额8110万元，其中增收节支7425万元、已调账处理金额685万元。审计提出建议546条；提交审计信息488篇。

国家重大政策措施落实情况跟踪审计 配合完成审计署国家重大政策措施落实情况跟踪审计。完成吉林省审计厅统一组织的“抓项目”专项审计调查、7市15县煤炭去产能奖补资金使用情况专项审计调查、吉林市存量资金专项审计调查等跟踪审计项目。

财政审计 组织对吉林市地税系统本级开展审计，查出提前征收税款、少征税款及滞纳金等问题。组织对8个市直部门（单位）预算执行及其他财政收支情况审计。组织对50户行政事业单位开展财务收支审计。查出结余资金2128.3万元未上缴财政、超过两年未使用的财政存量资金4206.8万元、固定资产未入账322.83万元、在往来中列收列支专项资金72.42万元、未按规定及时返还保证金127.5万元、超预算列支租赁费31.84万元、超前预提职业年金90万元、未上缴利润款31.84万元、不规范发放临时工工资170.72万元、虚列支出28.07万元等问题。

经济责任审计 组织对19名领导干部进行经济责任审计，查出违纪违规和管理不规范金额93532.79万元。

企业审计 组织对城建集团负债损益情况进行审计。发现部分建设项目手续不健全、17项资产未纳入账内管理等问题，补签回收吉林大通集团股权协议，挽回损失70余万元。

其他审计项目 完成吉林省审计厅统一组织的全省保障性安居工程跟踪审计、全省畜牧业发展引导资金专项审计调查、全省住房公积金归集管理使用情况审计调查、企业税费负债情况专项审计调查、全省扶贫资金管理使用和扶贫政策措施落实情况审计调查、商品住宅供电配套设施工程费使用情况专项审计调查。

内部审计 吉林市共注册登记内部审计机构243个，其中专职机构97个，内部审计人员1036人。完成审计和审计调查项目3725个，查出违纪违规金额936万元，促进增收节支736万元，提出建议意见被采纳936条。（撰稿人：卜　伟）

【四平市审计局】 2017年，四平市审计局人员编制69人，实有60人。局长孟宪国，副局长董柏成、马冀、吴琳，总审计师于秋野（4月—），调研员郑斯忠。设有办公室、人事科、法制科、财政审计科、金融审计科、行政事业审计科、经贸审计科、农业与资源环保审计科、社会保障审计科、固定资产投资审计科、经济责任审计科、外资运用审计科、政法审计科、科教文卫审计科、商粮审计科、稳增长审计科、计算机审计科、督查整改审计科和审计中心，另设有机关党委。

审计成果 2017年，四平市审计局完成审计项目59个。查出违规金额3220万元、管理不规范金额306513万元、损失浪费金额1079万元、审计处理决定应上缴财政87669万元、应归还原渠道资金172879万元、应调账处理28191万元，促进整改落实有关问题金额8362万元。审计提出整改建议95条。

财政审计 组织对地税系统的审计，通过审计发现申报手续不完备征收耕地占用税、未及时支付代扣代收代征手续费等问题。通过对财政部门、市就业局、市农委、市安监局、市住建局、市公安局交警支队、市食品药品监督管理局、市编办和市环保局等单位的预算执行审计，查出应计未计固定资产、应缴未缴财政存量资金、应缴未缴税费和超预算支出等问题。

经济责任审计 对10名领导干部实施经济责任审计。查出违规金额187万元（其中应负领导责任金额187万元），管理不规范金额9982万元（其中应负主管责任金额246万元，应负领导责任金额9736万元）。

固定资产投资审计 对四平全市5000万至10亿元规模的重点项目推进情况进行专项审计调查。重点审计调查26个政府投资性项目，概算总投资额90.15亿元；抽查68个社会投资（含国有企业）项目，概算总投资额105.57亿元，其中含财政资金0.81亿元。

其他审计项目 开展对保障性安居工程、畜牧业发展引导资金、失业保险基金、“抓项目”专项资金、扶贫资金、住房公积金归集管理和使用情况、市区淘汰燃煤小锅炉专项资金等的审计或者审计调查项目，有效促进各项政策措施落实和资金使用效益。

（撰稿人：李　林）

【辽源市审计局】 2017年，辽源市审计局人员编制30人，实有29人。局长贺诗俊，副局长姜元东、王彦明，总审计师孙欣，副调研员武国臣。设有财政审计科、金融审计科、行政事业审计科、经贸审计科、农业与资源环保审计科、固定资产投资审计科、社会保障审计科、经济责任审计科、审计监督科、内审指导科、办公室、法制科和机关党委；下设2个事业单位，其中审计中心（编制6人，实有5人），政府投资审计中心（编制14人，实有14人）。

审计成果 2017年，辽源市审计局完成审计和调查项目110个。查出违规问题金额6.618亿元，纠正管理不规范金额9663.54万元；出具审计报告和专项审计调查报告71篇。审计处理处罚金额1274万元，其中应上缴财政1163万元、应归还原渠道资金2万元、应调账处理金额109万元；移送司法机关、纪检监察机关和有关部门处理事项7件。审计提出整改建议132条；提交审计信息78篇。

辽源市保障房跟踪审计项目被省审计厅评为优秀审计项目。

国家重大政策措施落实情况跟踪审计 对34个部门和单位开展跟踪审计，涉及项目411个。对涉及贯彻落实行政审批、投资审批、收费清理等国家相关政策措施方面存在的问题及时督促纠正，保证和促进国家政策和措施的落实。

财政审计 完成预算执行和财政收支审计项目各14个。完成省审计厅上年税收征管和财政收支情况及8户企业延伸审计，查出违规金额429.19万元，发现应征未征契税、多预征土地增值税、未按规定申报税款等问题。

经济责任审计 组织对38个单位和部门开展经济责任审计，查出漏缴税费、应收未收财政资金等违规及管理不规范问题金额149.44万元。

固定资产投资审计 对辽源市中医院全科医生临床培养基地改造项目、辽源市保障性安居工程、2017年辽源市“抓项目”贯彻执行情况、辽源市第五中学校综合教学楼建设工程等4个政府重点投资项目开展审计或者专项审计调查。其中，在对辽源市中医院全科医生临床培养基地改造项目的审计中，发现工程和资金管理方面4个问题，查出问题金额322.68万元；揭示辽源市第五中学校综合教学楼建设工程项目管理方面存在的问题5项。

民生资金（项目）审计 对保障性安居工程、人防易地建设费和全市2016年度扶贫政策措施落实情况和扶贫资金分配管理使用情况进行调查和审计。根据审计结果，有关部门清退不符合住房保障享受条件家庭869个，对141户不符合住房保障条件的对象下达退房通知。

农业与资源环保审计 对农产品质量安全项目和环境保护治理进行专项资金审计。审计查出未达标工程3个，抽查排污征收台账及档案资料106卷，对526户企事业单位排污费征收情况进行信息核对。

企业审计 对市热力集团有限公司2014年至2016年度资产、负债、损益进行审计。审计查明，市热力集团资产负债率81.62%，资产负债率3年下降11.62%，确保国有资产保值增值，没有发现重大事故导致国有资产损失浪费。

其他审计项目 完成省审计厅、市委、市政府、市委组织部临时交办项目22个。

信息化建设 辽源市审计局以及所属4个区、县审计局均建立计算机房，开通远程视频会商系统，实现网上无纸化办公，有重点地开展计算机现场审计。

相关工作 推行“一人双岗”工作模式，培养和锻炼年轻干部，打造复合型审计人才，有效解决新老人员“断层”现状。修订规范《审计工作流程》，推进审计六级复核审理制，规避审计风险。实行兼职审理员复核审理制度，进一步提高审计业务质量。以“两学一做”专题教育常态化制度化为契机，开展主题党日、走访慰问、摄影展览等活动，贯彻落实中央八项规定，出台一系列廉政制度，签订廉政建设责任状，党建工作意识、党员责任意识、廉政建设意识得到不断提升。

内部审计 内部审计协会发展团体会员455个，会员1437人；增设龙山区等5个内部审计办事处，增补理事会成员159人，建立内部审计人员信息数据库。举办两场内部审计经验交流会，辽源市地税局、辽源市中恒信财会电子商务学校等9家单位作主题发言。采取“请进来，走出去”等方式举办各类培训班，提高内部审计人员职业能力。内部审计机构撰写的《审计亮利剑挖出粮补大蛀虫》审计案例荣获审计署精品案例，纳入审计署培训课程。

（撰稿人：姚宜佟）

【通化市审计局】 2017年，通化市审计局人员编制64人，实有48人。局长杨辉，副局长董德恩、陈卿、蒋辉，纪检组长梁秀。设有办公室、人事教育科、监察室、法制科、财政审计科、行政事业审计科（加挂教科文审计科）、政法审计科、经贸金融审计科、农业与资源环保审计科、固定资产投资审计科、社会保障审计科、执行科、经济责任审计科等13个科（室）；下设审计中心、审计信息中心2个事业单位。

审计成果 2017年，通化市审计局完成审计项目74个。查出主要问题金额469337万元，其中违规金额313185万元、损失浪费金额198万元、管理不规范金额155954万元；审计发现非金额计量问题78个；损益（收支）不实金额162万元；出具审计报告和专项审计调查报告73篇。审计处理处罚金额18621万元，其中应上缴财政16365万元、应归还原渠道资金1421万元、应缴纳其他资金127万元、应调账处理金额707万元；移送司法机关、纪检监察机关和有关部门处理事项5件，移送处理人员2人，移送处理金额141万元。审计促进整改落实有关问题金额17077万元；审计促进拨付资金到位4万元；审计后挽回（避免）损失4万元。审计提出建议95条；推动被审计单位制定整改措施10项；被批示、采用信息68篇。

通化市审计局实施的集安市人民政府2016年度扶贫政策措施落实和扶贫资金管理使用情况审计项目、“放管服”政策跟踪审计项目，被吉林省审计厅评为全省统一组织专项审计优秀项目。

国家重大政策措施落实情况跟踪审计 对市本级截至2016年底盘活财政存量资金情况进行跟踪审计，审计范围包括市本级所属344个预算单位，涉及财政存量资金56616.58万元，审计发现预算单位未及时缴回存量资金81.27万元、非税收入未及时缴库6501万元等问题。对市本级、通化医药高新区管委会和通化国际内陆港务区投资审批改革工作任务落实情况以及5000万元以上至10亿元重点项目推进情况进行三次专项审计调查；对通化市第三、四季度“放管服”政策措施落实情况开展跟踪审计；对2016年度通化市煤炭行业“去产能”奖补资金的分配、管理和使用绩效情况进行专项审计调查。

财政审计 对市本级、通化县、辉南县3个地税部门2016年度税收征收管理及财政收支情况进行审计，并开展“营改增”后企业税负情况调查。对12户市直部门和事业单位的预算执行和财政财务收支进行审计。

经济责任审计 完成经济责任审计项目26个，发现个别单位存在未履行政府采购手续自行购置办公耗材、固定资产未及时入账等问题。

民生资金（项目）审计 开展全市2016年扶贫政策措施落实和扶贫资金分配管理使用情况审计，审计抽查涉及扶贫项目194个，资金14986.95万元，入户调查42个乡镇327户；对2016年度通化市本级财政下拨的打赢脱贫攻坚战专项资金的资金使用和效益情况进行审计，涉及29个扶贫项目、29个村1078户精准扶贫包保对象；开展2016年通化市本级（含三区）保障性安居工程跟踪审计，延伸调查6个村的56户农村危房改造家庭；开展全市住房公积金归集管理使用情况审计调查；开展全市2014年至2016年失业保险基金审计调查，并延伸调查15个与失业保险基金征缴相关的单位，审计涉及资金65844.39万元。

企业审计 对市自来水公司和通化信通投资控股集团有限公司的资产、负债、损益情况进行审计，查出不合理支出、未及时清理往来款、固定资产账实不符等问题。 （撰稿人：杜国鹏）

【白山市审计局】 2017年，白山市审计局公务员编制34人，实有34人；工勤编制5人，实有4人。局长赵靖（—12月）、张建波（12月—），副局长纪秉华、杨志刚、田成鹏，总审计师胡长顺，纪检组长（局纪委书记）迟云兰，助理调研员杨秀华。设有办公室、综合科、人教科、法制科、固定资产投资审计科、财政审计科、经贸审计科、行政事业审计科、文教审计科、农业与资源环保审计科、政法审计科、外资金融审计科、监察室；下设2个直属事业单位，白山市审计中心（核定编制14人，实有8人），白山市审计信息中心（核定编制13人，实有10人）。

审计成果 2017年，白山市县两级审计机关完成审计项目188个。查出主要问题金额299244万元；出具审计报告和专项审计调查报告269篇。审计提出意见建议279条。其中，白山市审计局完成审计项目62个，查出主要问题金额142506万元；出具审计报告和专项审计调查报告105篇。审计提出意见建议97条。

白山市审计局实施的第一季度财政存量资金政策跟踪审计项目，被省审计厅评为跟踪审计优秀项目；第三季度长白朝鲜族自治县人民政府、抚松县人民政府2016年扶贫政策措施落实和扶贫资金管理使用情况审计项目，被省审计厅评为扶贫审计优秀项目；保障房跟踪审计——临江市审计项目被省审计厅评为安居工程跟踪审计优秀项目；保障房跟踪审计——市本级、临江市两个审计项目，被省审计厅评为安居工程跟踪审计嘉奖项目。

国家重大政策措施落实情况跟踪审计 对6个县（市、区）253个5000万元至10亿元的重大项目推进情况进行审计调查，掌握投资审批制度改革工作任务的落实情况和重点项目推进的总体情况，为深化改革提供依据。开展“放管服”改革跟踪审计，有效推动各项改革政策落地生根，加快政府职能转变步伐，改善发展经济软环境。开展煤炭行业去产能奖补资金管理使用情况专项审计调查，形成审计调查专报。开展企业税费负担和“营改增”政策效果落实情况的审计调查，对市直属及浑江区、白山经济开发区13户企业近3年税费负担变化情况开展抽样调查，揭示和反映税费优惠政策落实、优化投资营商软环境工作中存在的问题。

财政审计 对白山市财政局2016年度预算执行及其他财政收支情况和江源区政府2016年度财政决算进行审计；对白山市地税局2016年税收征管和其他财政收支情况进行审计。对全市74个一级预算单位，共计10亿元财政存量资金进行审计调查，确认可统筹整合存量资金5514.76万元。

经济责任审计 针对2016年因换届导致未完成的经济责任审计项目较多的情况，集中力量开展经济责任审计。完成2017年抚松县领导干部履行自然资源资产管理和生态环境保护责任审计试点工作，揭示存在的问题和资源环境风险，客观评价抚松县政府主要领导干部任职期间自然资源资产开发利用和生态环境保护情况。

固定资产投资审计 完成固定资产投资审计项目7个。在审计中发现部分项目存在工程造价审核把关不严、多计工程款问题；部分项目存在资金管理不规范，造成挤占挪用建设资金问题。白山市审计局完成2016年全市保障性安居工程跟踪审计项目，揭示7个方面18个问题，发现重大违法违纪和经济犯罪问题线索3件，1人被移送纪检机关处理，1人被追究党政纪责任。完成对各县（市、区）公路建设资金管理使用和营松高速、鹤大高速公路拆迁资金使用情况的审计，发现各类违纪违规问题21个，涉及金额2.5亿元，促进增收节支1000余万元。

民生资金（项目）审计 对6个县（市、区）扶贫政策措施落实情况、产业项目建设情况、资金管理使用情况进行审计，实行全覆盖。揭示挤占挪用、弄虚作假、虚报冒领等侵害群众利益的违法违规问题10大类、87个问题，查出违规（违纪）资金额10287万元，移送6个县（市、区）纪委监察机关违纪案件线索10件，违纪违法人员54人。

金融审计 开展失业保险基金审计调查，对市县两级社保、人社、就业等有关部门进行重点检查，延伸调查86户发放稳岗补贴的企业和90户未参保单位，针对相关部门配合不协调、运行机制不健全、管理不规范等问题进行深入的分析，并提出相应的对策和建议。

相关工作 深入推进“两学一做”学习教育常态化制度化，引导审计干部深入学习党章党规、党的十九大精神和习近平总书记系列讲话，坚持不懈用新思想指导实践，争做合格党员。重视建强领导班子，坚持民主集中制，充分发挥各级审计机关党组的领导核心作用。坚持用制度管人管事，健全完善制度体系，对各项工作进行规范。邀请省审计厅领导、市委党校教授和法律援助中心律师协助集中培训。（撰稿人：董立夫）

【松原市审计局】 2017年，松原市审计局行政编制29人，实有29人；机关工勤编制4人，实有2人；事业编制14人，实有13人。局长王凤文，副局长吕龙、张伟、吕俊忠，总审计师宋国范，纪检组长吴国权，副调研员张庆华、王凤鸣。设有办公室、法制科、财政金融审计科、行政事业审计科、科教文卫审计科、农业与社会保障审计科、经贸审计科、经济责任审计科、内部审计学会、松原市审计学会和机关党办等11个科室；下设参照公务员法管理的事业单位松原市审计中心。

审计成果 2017年，松原市县两级审计机关完成审计和审计调查项目420个。查出主要问题金额80.06亿元，其中违规金额13.08亿元、损失浪费金额5100万元、管理不规范金额63.10亿元，审计发现非金额计量问题74个，损益（收支）不实金额3.37亿元；出具审计报告和专项调查报告461篇。审计处理处罚金额3.26亿元，其中应上缴财政129.6万元、应减少财政拨款5229.50万元、应归还原渠道资金4904.31万元、应调账处理金额1.61亿元，审计期间整改金额6300万元；移送纪检监察机关和有关部门案件线索10件，涉及18人，已办结移交手续10件，处分16人，立案2人。审计后挽回（避免）损失4057万元，核减投资额1.49亿元。

松原市审计局实施的第二季度“放管服”政策跟踪审计和第三季度扶余市人民政府2016年扶贫资金管理使用审计两个项目，被省审计厅评为优秀审计项目。

国家重大政策措施落实情况跟踪审计 组织开展全市财政存量资金情况跟踪审计，通过审计揭露财政及有关预算单位不合理占用结转结余资金、债务债权关系不明确等7个方面问题，提出盘活存量资金、优化支出结构、提高财政资金使用效益等3条审计建议。

财政审计 关注财政支出绩效和积极财政政策的实施效果、盘活财政存量、规范“三公”经费使用情况，推动盘活沉淀资金、统筹整合专项资金，促进提高财政资金使用绩效。受市政府委托向松原市人大常委会所作的审计工作报告，得到充分肯定。

经济责任审计 对48名领导干部进行经济责任审计，查出违规金额11160万元。

固定资产投资审计 全年共完成政府投资审计项目31个，审计核减政府投资额1.49亿元。

民生资金（项目）审计 对松原市本级、前郭尔罗斯蒙古族自治县、扶余市、乾安县2016年扶贫政策措施落实及扶贫资金管理使用情况实行审计全覆盖，抽查扶贫资金15133万元、121个扶贫项目，入户调查农户390户，查出扶贫领域存在的精准扶贫政策措施落实不到位、扶贫项目绩效不高等7方面34个问题，涉及问题金额4372万元，促进拨付资金到位1055万元，促进地方政府完善2项制度。

相关工作 协助配合有关部门开展专项检查和案件查办工作，抽调业务骨干参与巡视巡察工作。在推进审计机关党风廉政建设和反腐败工作方面取得新成效。（撰稿人：孙晓乐）

【白城市审计局】 2017年，白城市审计局人员编制45人，实有41人。局长沈雪松，副局长陈桂侠、于长水、刘志新，总审计师郑国华，纪检组长杨威。设有办公室、机关党总支、法规科、投资审计科、财政审计科、科教文审计科、金融审计科、行政政法审计科、社保审计科、农林审计科、经贸审计科、经济责任审计科；下设审计中心（事业单位）。

审计成果 2017年，白城市审计局完成审计项目85个。查出违规金额158399万元、管理不规范金额147061万元；审计期间整改金额47051万元；出具的18篇审计和审计调查报告、审计要情专报得到省市领导批示。审计处理处罚金额57897万元，其中应上缴财政15983万元、应归还原渠道资金27847万元、应调账处理金额12739万元；移送案件线索6件，审计提出建议139条；促进被审计单位完善制度10项。

国家重大政策措施落实情况跟踪审计 完成2016年“抓项目”专项审计调查、“放管服”政策措施落实、财政存量资金等政策措施落实情况跟踪审计，配合省审计厅文卫处对市本级政策措施落实情况开展跟踪审计。上报的有关统筹盘活财政存量资金、水资源、“放管服”、“抓项目”政策措施落实情况的5份跟踪审计结果报告得到省、市政府主要领导批示。

财政审计 对市财政局、市地税局、市水利局和大安市等8个部门预算决算情况进行审计，查出问题金额138200万元，发现预算编制不规范、应征未征税款等问题，查补税款3145.02万元，促进增收节支3069.3万元。代政府向人大常委会作预算执行及其他财政收支的审计工作报告，得到市领导的赞扬和肯定。

经济责任审计 完成43名领导干部任前、任中和离任审计，向市委督导组报送《党政经济责任审计情况》，向市委巡查组报送《关于相关单位党员领导干部违法违纪问题线索的情况》。

固定资产投资审计 组织开展对四县（市）和本级保障性安居工程、白城市海绵城市建设（老城区改造工程）资金筹集管理使用情况的跟踪审计。查出违规金额93819.36万元，归还原渠道资金806.27万元，促进拨付资金到位45624.54万元，挽回损失58.38万元；移送案件线索2件。

民生资金（项目）审计 围绕市委市政府确定的“四个重点”工作和市政府报告中明确的十项重点民生工程任务，实施市本级水利建设项目、全市草原生态环境建设保护专项资金管理使用情况、全市2017年度扶贫资金等8项审计调查。

其他审计项目 完成全市残疾人就业保障基金专项审计、水利资金效益情况专项审计调查项目。

信息化建设 升级2套工程造价审计软件。上报省审计厅的大数据医保基金审计、保障房审计案例素材被转报审计署。派出3人参加审计署、省审计厅组织的计算机审计培训。

（撰稿人：蒋玉民）

【延边朝鲜族自治州审计局】 2017年，延边朝鲜族自治州审计局人员编制50人，实有48人。局长文金哲，副局长朴红花、曲立军、赵卫民，总审计师金昌赫。设有办公室、法制处、财政金融审计处（加挂“稳增长审计处”牌子）、经济贸易审计处、农业与环境保护审计处、行政事业审计处、固定资产投资审计处、社会保障审计处、政法审计处和经济责任审计处等10个职能处（室）；下设州经济责任审计中心（事业单位）。

审计成果 2017年，延边朝鲜族自治州（以下简称延边州）审计局完成审计项目90个。查出主要问题金额134041万元，其中违规金额32463万元、管理不规范金额101570万元。移送纪检等部门11件，移送处理人员4人。向州委、州政府上报审计要情8篇。

延边州审计局实施的保障房审计项目、扶贫审计项目，被省审计厅评为优秀审计项目；财政存量资金政策跟踪审计项目，被省审计厅评为嘉奖审计项目。

国家重大政策措施落实情况跟踪审计 组织开展财政存量资金审计，发现无预算借垫财政资金、支付管理不规范等问题。组织“抓项目”专项审计调查，调查447个5000万元至10亿元项目，调查总投资额达923.26亿元，查出未开复工、擅自调减项目投资额等问题。组织开展“放管服”跟踪审计，查出清理规范行政审批中介服务事项不到位、未降低收费标准多收费等问题。开展煤炭去产能奖补资金管理使用情况专项审计和灾后重建资金审计调查。审计要情《理清思路，及时跟进，州审计局为四县市灾后重建护航》得到省委常委、州委书记的批示。

财政审计 重点关注财政资金使用效率、财政收支结构及财政经济运行质量和水平，5个单位预算执行审计的情况和发现的问题纳入给人大常委会的审计工作报告。

经济责任审计 完成42名领导干部经济责任审计，查出主要问题金额5990万元，提出审计建议78条。开展领导干部自然资源资产离任审计试点工作，抽调国土、水利专业人才联合实施审计，查出3方面8个问题。

固定资产投资审计 抽调县市投资审计人员，补充审计力量，采用政府购买服务，与社会中介造价咨询机构合作的方式，对延边州第二人民医院工程建设项目和延蒲高速延吉至龙井段工程项目进行审计，核减工程价款3716.98万元。

民生资金（项目）审计 组织开展全州住房公积金归集管理使用情况的审计调查、扶贫专项审计。组织开展保障性安居工程审计，全面揭示建设项目用地手续不全、未批先建、虚假招投标等问题。组织失业保险基金审计，发现企业欠缴失业保险费2899万元、资金闲置5083万元等问题。

（撰稿人：朴红花）

【长白山管委会审计局】 2017年，长白山管委会审计局人员编制20人，在编17人。局长姜万生，调研员郑世君。设有综合科、业务一科、业务二科、经济责任审计科、稳增长审计科、长白山保护开发区政府投资项目评估审计中心（长白山保护开发区经济责任审计中心）。

审计成果 2017年，长白山管委会审计局完成审计（调查）58个，其中完成政府临时交办审计任务8个。查出主要问题金额28007万元，其中违规金额5348万元、管理不规范资金额20975万元、损失浪费金额1684万元；审计发现非金额计量问题187个；损益（收支）不实金额15083万元。审计处理处罚金额21793万元，其中应上缴财政4166万元、应归还原渠道资金805万元、应调账处理金额16383万元、应减少财政拨款或补贴14万元、应缴纳其他资金425万元；核减投资额294万元。审计促进整改落实有关问题金额264万元。审计提出建议120条；推动被审计单位制定整改措施61项。

长白山管委会审计局实施的城市基础设施建设重大政策措施落实情况跟踪审计、行政审批政策跟踪审计两个项目，被省审计厅评为优秀审计项目；长白山文化广电新闻出版局2015年度预算执行审计、长白山开发建设（集团）有限公司2015年度资产负债损益情况审计两个项目，被省审计厅评为表彰审计项目；长白山管委会保障房跟踪审计项目被省审计厅评为嘉奖审计项目。

国家重大政策措施落实情况跟踪审计 完成统筹盘活财政存量资金政策措施落实情况跟踪审计、“放管服”政策措施落实情况跟踪审计、2017年度行政审批制度改革政策措施落实情况跟踪审计。

财政审计 完成地税系统2016年度税收征管审计、池南区2015—2016年度决算审计、公安局2015—2016年度预算执行审计、国土局2015—2016年度财政收支审计等17个机关事业单位的预决算审计。完成长白山管委会畜牧业发展引导资金管理使用和绩效情况专项审计调查。

经济责任审计 完成长白山开发建设（集团）有限公司原党委书记董事长任期经济责任审计、长白山广播电视台原台长任期经济责任审计等13位机关企事业单位主要领导的任期经济责任审计。

固定资产投资审计 针对长白山管委会正在实施的续建、新建、扩建的政府性投资项目和各经济区的房屋征收与补偿资金等38个项目开展跟踪审计，项目计划总投资32.59亿元，涉及3个经济区、建管中心、交通局等13个项目（建设）单位。完成池南区城市棚户区（危旧房）改造工程基础设施建设项目（一期）等6项竣工财务决算审计。

民生资金（项目）审计 完成2016年度扶贫政策措施落实、扶贫资金分配管理使用、2016年度保障性安居工程、2015—2016年度基本医疗保险基金、医疗救助资金等5项事关民生的审计项目。

企业审计 对长白山开发建设（集团）、池南区漫江电站等4家国有企业开展审计。

内部审计 长白山管委会的内部审计机构完成审计项目20个，审计总金额220123.05万元，增收节支89万元。提出建议意见被采纳94条，根据审计查明的事实给予行政处分1人。

（撰稿人：钟海笛）

【梅河口市审计局】 2017年，梅河口市审计局人员编制34人，实有34人。局长刘成业，副局长陈树梁（—12月），纪检组长杨光辉。设有综合法制科、行政科、人事财务科、经济责任审计科、财政与经贸审计科、固定资产投资审计科、农业资源与环保审计科、行政事业审计科、社会保障审计科、政法审计科。

审计成果 2017年，梅河口市审计局完成审计项目45个，完成政府临时交办任务20余项。查出主要问题金额6695万元，其中管理不规范金额6695万元；出具审计报告和专项审计调查报告52篇。审计处理处罚金额34万元，其中应上缴财政34万元。审计提出建议48条；提交审计信息20篇。

“放管服”政策跟踪审计、2016年保障性安居工程跟踪审计2个项目，被省审计厅评为优秀审计项目。

国家重大政策措施落实情况跟踪审计 对2016年度财政存量资金及财政资金统筹使用情况、2017年全市“抓项目”和“放管服”政策措施落实情况等进行跟踪审计，促使各项政策措施落实到位。

经济责任审计 根据市委组织部委托，完成经济责任审计项目25个，其中任中审计21个、离任审计4个。

民生资金（项目）审计 对全市城镇保障性安居工程、扶贫领域资金使用、畜牧业发展引导专项资金、失业保险基金进行审计或者审计调查，揭示存在的26个问题，审计报告得到主管市长的签批。

其他审计项目 完成城市管道天然气成本核查、中小企业担保公司资产负债损益情况、省级城镇化引导专项资金管理使用情况等审计调查项目5个。完成青海路东侧工业新城地块房屋征收补偿等9个项目的工程预决算审计。派出9人参与省委、市委巡视巡察工作。配合纪检、财政等部门开展农村扶贫资金专项检查等5项工作。

相关工作 落实“一岗双责”主体责任，制订《梅河口市审计局2017年度党风廉政建设工作方案》，党组书记严格履行党风廉政建设第一责任人职责，其他党组成员切实履行“一岗双责”，层层签订党风廉政建设责任书。局领导为党员干部上党课，组织收看《镜鉴》《底线》等警示教育片，强化干部职工廉政意识。开展“五项工程”创建，被市直机关党工委评为三等奖。开展党员集中奉献日活动，扎实推进脱贫攻坚工作，全年投入资金18万元用于镇村基础设施建设、解决贫困户的生产生活问题，定点扶贫单位有24户贫困户脱贫。

（撰稿人：马宏飞）

【公主岭市审计局】 2017年，公主岭市审计局人员编制42人，实有41人。局长孙延平，副局长田凤彩、李梅，纪检组长郑士仁。设有人秘科、综合科、法制科、经济责任审计办公室、财政金融科、行政司法审计科、经贸科、投资科、乡镇科、农林水审计科、专项资金审计科、文教卫审计科。

审计成果 2017年，公主岭市审计机关完成审计项目27个。查出主要问题金额584073万元，审计处理处罚金额583925万元，其中应归还原渠道资金2165万元、应调账处理金额576771万元；审计促进整改落实有关问题金额1371万元，其中增收节支1366万元。审计提出建议52条，被采纳31条。

国家重大政策措施落实情况跟踪审计 组织对公主岭市财政局及各财政预算单位截至2016年末统筹盘活财政存量资金政策措施落实情况的跟踪审计，查出占用国库财政存量资金、未统筹使用财政存量资金等问题，依据相关法律法规，提出责令改正等审计意见和建议。

财政审计 对公主岭市财政局组织的2016年度本级财政预算执行和其他财政收支情况进行审计，重点关注公共预算收支情况和政府性基金收支情况。通过审计查出预算执行中存在的虚增、隐瞒一般公共预算收入，虚增一般公共预算支出和扩大费用支出范围和标准等问题。

经济责任审计 开展领导干部任期经济责任审计项目12个，其中审计乡镇党委书记镇长5人、街道办事处书记主任4人、部门领导1人、国有企业领导2人。通过审计全面促进领导干部自觉遵守财经纪律和经济责任意识，依法履职尽责。

民生资金（项目）审计 对公主岭市2016年度保障性安居工程进行审计，摸清保障性安居工程工程目标任务完成情况及工程资金筹集及使用情况。开展公主岭市2016年度扶贫政策措施落实情况和扶贫资金分配管理使用情况审计，对资金拨付方面、项目管理和精准扶贫政策措施落实等方面的情况和存在的问题，提出评价和处理意见。开展2014年至2016年失业保险基金的筹措管理和使用情况、失业保险制度重要政策执行情况的审计，摸清参保情况、失业保险基金收支情况，发现参保政策执行中存在的问题，提出改进建议。

农业与资源环保审计 组织开展煤炭行业“去产能”奖补资金的分配、管理和使用绩效情况专项审计调查。重点调查民营煤矿职工分流工作安置情况，对重要事项进行必要的延伸和追溯，摸清公主岭市2016年度煤炭行业“去产能”奖补资金的分配、管理和使用情况，对审计调查发现的主要问题，提出相应的审计意见和建议。组织开展畜牧业发展引导资金管理、使用和绩效情况的审计调查，通过审计调查发现存在资金安全方面、项目效益和管理方面等问题，提出相应的审计意见和建议。

其他审计项目 开展公主岭市地方税务局2016年度税收征收管理及财务收支情况审计、重点项目推进情况专项审计调查，以及公主岭市2017年第四季度行政审批制度改革政策措施落实情况审计。配合省审计厅开展“放管服”改革政策落实情况跟踪审计和对范家屯东城尚品项目的审计调查。完成市纪检委交办的对公主岭市文化新闻出版局（体育馆工程及配套工程）专项审计调查。参与市纪委组织的全市三聚焦及高档烟酒公款消费大检查。

党建工作 开展学习贯彻党的十九大精神活动，将党的十九大专题报道和专家学者对十九大精神解读的相关文章收集整理，组织学习。结合深入推进“两学一做”学习教育常态化制度化，搞好自身中的基层组织建设，突出政治功能，坚持教育培训，提升组织能力。学习贯彻落实中纪委、审计署、省政府、省审计厅党风廉政建设工作视频会议以及市纪委会议精神，抓好党风廉政建设和反腐败工作。

内部审计 组织召开内部审计工作座谈会，组织传达和学习《国务院关于加强审计工作的意见》《关于完善审计制度若干重大问题的框架意见》《吉林省内部审计工作规定》。组织内部审计人员参加吉林省内部审计协会组织的各项学习培训。

（撰稿人：李树和）

2017 年吉林省所辖区、县(市)级审计工作统计表

金额单位:万元

审计机关	完成审计项目(个)	审计查出主要问题金额	审计处理情况					出具审计报告和审计调查报告(篇)	提出审计建议(条)	提交审计信息(篇)
			审计处理处罚				移送处理事项(件)			
			应上缴财政	应减少财政拨款或补贴	应归还原渠道资金	应调账处理金额				
长春市										
长春市本级	93	468317	27378		644	71569	21	93	245	84
南关区审计局	25	6152					1	25	23	30
宽城区审计局	13	14355	2378			11977		13	12	27
朝阳区审计局	5	457						5	20	56
二道区审计局	24	132316	968			269		24	22	32
绿园区审计局	14	28080	5		44	24		14	30	10
双阳区审计局	13	5651	136	481	257	2675	2	13	37	2
九台区审计局	11	3282	43			8		11	13	
榆树市审计局	29	516613	22		104810	408920	1	29		15
德惠市审计局	45	573512	571					45		28
农安县审计局	29	277714	206			8574		29	45	6
吉林市										
吉林市本级	121	228802	8409	57	12455	1862	46	121	546	488
昌邑区审计局	36	1648						36	37	20
龙潭区审计局	17	37697						17	19	2
船营区审计局	21	209435	127			209307		21	5	7
丰满区审计局	18	62684				4		18	14	24
蛟河市审计局	27	34133			33809	322	3	27	28	97
桦甸市审计局	49	559364	41			138		49	87	
舒兰市审计局	25	13686	191		9184			25	21	
磐石市审计局	33	82170					1	33	62	18
永吉县审计局	31	112011	34		571	1101		34	58	19
四平市										
四平市本级	59	310813	87669		172879	28191		55	95	7
铁西区审计局	3	478			478			3		
铁东区审计局	15	1852	55		211			7	10	

（续表）

审计机关	完成审计项目（个）	审计查出主要问题金额	审计处理情况					出具审计报告和审计调查报告（篇）	提出审计建议（条）	提交审计信息（篇）
			审计处理处罚				移送处理事项（件）			
			应上缴财政	应减少财政拨款或补贴	应归还原渠道资金	应调账处理金额				
双辽市审计局	25	17617			5192			25	5	
梨树县审计局	40	3017	153		9	1719	1	36	30	
伊通满族自治县审计局	34	75205	37813			12		13	34	
辽源市										
辽源市本级	80	219168	1163		2	109	7	71	132	78
龙山区审计局	16	3639				561	1	25	23	1
西安区审计局	16	181	82			78		16	21	5
东丰县审计局	40	235270	95		23908	191131		72	30	36
东辽县审计局	36	7615	8					61	55	3
通化市										
通化市本级	74	469337	16365		1421	707	5	73	95	68
东昌区审计局	37	11127						39	28	9
二道江区审计局	12	7362			20	7		18		
集安市审计局	8	22295	707		281	21307		8	6	5
通化县审计局	41	6166	814		2039	2168		47	26	
辉南县审计局	37	58267	1031			18		37	37	
柳河县审计局	52	1194	152		530	482	1	52	118	91
白山市										
白山市本级	47	138353				79	7	78	78	109
浑江区审计局	21	15830			18		9	31	27	25
江源区审计局	39	13284	4		9	17		42	25	17
临江市审计局	16	52456			2174	49341		16	12	16
抚松县审计局	30	141790						48	33	5
靖宇县审计局	13	14433	42		126	3		13	57	
长白朝鲜族自治县审计局	16	16765		17		3		25	39	38
松原市										
松原市本级	98	405937	18	4055	25	813	7	139	6	12
宁江区审计局	60	24364	8084		12	16264		60	35	45
扶余市审计局	67	361002	17					67	37	11
前郭尔罗斯蒙古族自治县审计局	73	5069			1740	3329		73	42	40
长岭县审计局	40	2635	10		84	1926		40	145	6
乾安县审计局	82	1259	85	1175			3	82	85	3

（续表）

审计机关	完成审计项目（个）	审计查出主要问题金额	审计处理情况					出具审计报告和审计调查报告（篇）	提出审计建议（条）	提交审计信息（篇）
			审计处理处罚				移送处理事项（件）			
			应上缴财政	应减少财政拨款或补贴	应归还原渠道资金	应调账处理金额				
白城市										
白城市本级	85	158399	15983		27847	12739	6	85	139	65
洮北区审计局	39	20521		20516	5			39	26	
洮南市审计局	28	15785	1324		405	12433		33	73	33
大安市审计局	64	19857	79		534	6		85	138	
镇赉县审计局	50	114996	4		30955	6891		50	70	30
通榆县审计局	23	10879	4			2		42	12	7
延边朝鲜族自治州										
延边朝鲜族自治州本级	90	134041	1991		8381	17077	11	122	17	41
延吉市审计局	38	176937	4489	7559	132	37970		68	10	8
图们市审计局	31	24484	184		193	10805		52	21	91
敦化市审计局	53	267269	4922			2242	1	87	78	6
珲春市审计局	43	344830	20859		12836	95		78		
龙井市审计局	28	531	6		14	10		41	6	11
和龙市审计局	21	1833	1575		4	253		33	77	79
汪清县审计局	33	12249				12249		56		
安图县审计局	23	202115	101	112	10	47		34	4	23
长白山管委会										
长白山管委会本级	58	28007	4166	14	805	16383		58	120	
省直管县										
公主岭市审计局	27	584073	1423		2165	576771		27	52	20
梅河口市审计局	45	6695	34					52	48	20

黑龙江省

【黑龙江省审计厅】 2017 年，黑龙江省审计厅人员编制 408 人，实有 346 人。设有办公室、法规与审理处、综合计划处、财政审计一处、财政审计二处、金融审计处、行政事业审计处、企业审计处、农业与资源环保审计一处、农业与资源环保审计二处、社会保障审计处、固定资产投资审计局一处、固定资产投资审计局二处、外资境外审计处、经济责任审计局一处、经济责任审计局二处、绩效审计处、人事教育处、离退休干部工作处、审计督察处、机关党委、纪检监察室、派出经济管理审计处、派出经济执法审计处、派出农林水审计处、派出交通运输审计处、派出资源环保审计处、派出公检法司审计处、派出科技文化审计处、派出教育审计处、派出社保审计处、派出卫生医疗审计处、派出社会管理审计处；下设省审计厅机关服务中心、政府投资审计中心

（审计科学研究所）、审计信息中心、内部审计服务中心 4 个事业单位。

领导成员

党组书记、厅长：李广智（2 月—）

巡 视 员、副厅长：王学文（8 月—）

党组成员、副厅长：舒沫南

党组成员、总审计师：孙景山（—6 月）

吴艳龙（11 月—）

党组成员、纪检组长：董 秀（—1 月）

崔治春（1 月—）

巡 视 员：伞宏晶（—2 月）

副巡视员：王 皎（—6 月）

审计成果 2017 年，黑龙江全省审计机关共审计单位 3054 个。查出违规问题金额 48.63 亿元、损失浪费问题金额 1.07 亿元、管理不规范问题金额 792.5 亿元；促进增收节支 54.42 亿元。黑龙江省审计厅审计单位 146 个，查出违规问题金额 10.96 亿元、损失浪费问题金额 0.43 亿元、管理不规范金额 322.99 亿元；促进增收节支 17.77 亿元。省委省政府领导对审计报告、要情、专报作出重要批示 103 件。

国家重大政策措施落实情况跟踪审计 对 4 户去产能钢铁企业职工安置国家奖补资金使用情况进行专项审计核查，揭示企业超范围使用奖补资金 4776 万多元等问题。对燃气企业销售成本进行审计，推进清洁能源供暖工作，实现每立方米工业用气价格下降 0.55 元。对 14 个县农业综合开发土地治理资金和 9 个县土地整治资金管理使用情况进行审计，揭示项目受益主体身份不真实、自筹资金不到位、套取项目资金及项目建设管理不到位等 7 个方面问题，涉及资金 4.8 亿元。对 10 个市县就业再就业政策落实及专项资金管理使用情况进行审计，揭示不符合条件人员骗取小额担保贷款、违规发放小额担保贷款造成财政贴息损失、骗取就业培训资金、滞留就业专项资金等问题。对养老保险基金管理使用情况开展试点审计，揭示违规审批享受养老保险待遇及工作人员贪污养老保险基金等问题，涉及资金 8767 万多元。组织全省审计机关 860 余人，对 70 个县（市、区）2013 年以来涉农重点项目和资金进行兜底审计。

财政审计 开展本级财政预算执行和决算草案审计，揭示决算草案编制管理不完善、预算编制执行不规范、财政监管工作力度有待加强等问题。在部门预算执行审计中，以促进提高公共资金使用绩效为重点，持续关注贯彻落实中央八项规定和省委省政府九项规定精神情况，揭示预算编制执行方面仍存在薄弱环节，政府采购、公务卡结算和资产管理等制度执行不够严格，“三公”经费及会议费管理不到位，决算草案编制及财务管理不够规范等问题。在税收征管审计中，省审计厅采取整合资源、“由上审下”的组织方式，增强审计独立性，加大审计力度。审计报告重点分析近百亿元欠税情况和税收征管不严格、欠税追缴不到位、税收执法不规范等问题，提出加强税收征管、化解因政府原因导致欠税等审计建议，得到省政府高度重视，省长对审计报告作出批示，要求举一反三，全面依法整改。

经济责任审计 全省审计机关完成经济责任审计项目 1911 个（1956 人），查出主要问题金额 2618500 万元，其中违规金额 190281 万元、损失浪费金额 4904 万元、管理不规范金额 2423314 万元；审计促进整改落实有关问题增收节支 33144 万元；出具审计报告和专项审计调查报告 3829 篇，被批示、采用 158 篇；审计提出建议 2597 条，被采纳 2430 条；提交审计信息 113 篇，被批示、采用 9 篇。向社会公告审计结果 7 篇。其中省审计厅对 39 个单位 40 名党政领导干部进行经济责任审计，查出违规金额 22968 万元、管理不规范金额 906156 万元、损失浪费资金 4222 万元；移送案件线索 26 件。

民生资金（项目）审计 组织对 28 个贫困县开展审计，揭示出建档立卡贫困人口不精准及扶贫资金管理使用中存在的问题。在省政府安排下，对 7 个县开展扶贫资金管理使用效益情况专项抽查，揭示骗取套取扶贫资金、扶贫项目收益与贫困户没有利益联结机制、扶贫项目闲置未发挥作用等问题。对全省 2016 年保障性安居工程开展跟踪审计，揭示政策不落实等 5 个方面问题。

农业与资源环保审计 对 14 个县 2014—2016 年度农业综合开发土地治理资金和 9 个县 2014—2016 年度土地整治资金管理使用情况进行审计，审计土地治理和土地整治项目 126 个，总投资 36.94 亿元，揭示项目受益主体不精准、项目资金管理不严格、项目建设管理不到位等5方面问题。针对审计发现的问题，向省政府提报审计要情，省委省政府领导先后4次对审计要情和相关报告批示。8月，按照省领导批示，省纪委专门组织召开问题线索移交工作会议，组织对省审计厅移送的8个县涉嫌违法案件线索进行核查。

金融审计 开展对龙江银行党委书记、董事长任期经济责任审计。揭示支持地方经济力度不强，资金在金融体系内循环套利问题突出；资本水平偏低；没有及时处理历史遗留问题给企业造成经济损失；未按规定进行贷款减值测试；盈亏不实；信贷脱实向虚、融资平台等信贷风险突出、不良贷款率增高、多项监管指标不达标等问题。

外资运用审计 对全省执行的8个国外贷援款项目2016年度财务收支和项目执行情况进行公证审计，涉及3个世界银行贷援款项目、3个亚洲开发银行贷款项目、1个国际组织赠款项目和1个德国复兴信贷银行贷款项目。项目投资总额43.31亿元，其中利用外资4.05亿美元。出具无保留意见中英文审计报告8份、中文审计报告1份。查出违纪违规及管理不规范金额2984.64万元。揭示项目未实现预期建设规模、部分子项目交付使用资产未及时办理竣工决算手续、项目进度缓慢、提款报账进度缓慢、未及时上报年度资金使用计划、未履行设计变更手续等问题。省审计厅于11月15日发布审计结果公告。

企业审计 代省委省政府起草《黑龙江省深化国有企业和国有资本审计监督的实施意见》。完成2016年钢铁去产能企业职工安置和国家奖补资金使用情况专项审计、哈尔滨中庆燃气有限责任公司供气成本专项审计调查、黑龙江省机场管理集团有限公司2015—2016年度资产、负债、损益情况及包机补贴情况等审计工作。查出问题金额26596万元，其中违规金额12135万元、管理不规范金额14461万元；向省纪委移送案件线索1件。

信息化建设 按照审计署规定的电子数据标准，完成黑龙江省财政收支电子数据的收集、整理、校验、标准化、报送工作。

审计科研 承担并完成的“市县审计机关发展研究课题”，被中国审计学会列为2017年度合作课题，结题后参加中国审计学会举办的成果汇报交流暨专题研讨会，作交流发言并被收录论文集，并在《审计研究》发表。承担“国家审计促进优化发展环境对策研究”课题，被中国审计学会确定为东北三省区域合作课题牵头单位，该课题被黑龙江省委宣传部、省社科联列为2017年度黑龙江省经济社会发展重点研究课题。完成课题“审计现场权力制约监督机制研究”。黑龙江省审计厅依据课题研究成果，出台《黑龙江省审计厅关于加强审计现场权力制约监督若干办法（试行）》，印发全省审计机关执行。省审计学会与省审计厅联合组织开展2017年度全省优秀审计论文评选活动，共评选出40篇获奖论文，其中一等奖3篇、二等奖7篇、三等奖10篇、优秀奖20篇。

党建工作 省审计厅党组牢牢把握“学懂、弄通、做实”要求，制订《关于深入学习宣传贯彻党的十九大精神工作方案》，充分发挥党组理论学习中心组示范带动作用。研究制定《厅党组全面从严治党责任清单》，构建“3＋5＋1”全面从严治党主体责任体系，并层层签订责任书。开展“作风整顿”和“基层党建提升工程”，列出12项《作风问题清单》，制定《基层党建责任清单》，全面规范党支部组织生活。针对审计现场风险大的特点，研究制定《关于加强审计现场权力制约监督若干办法（试行）》，党组与纪检组成立联合检查组，对各审计组廉洁审计、文明审计和临时党支部工作开展情况进行现场监督检查。

内部审计 省审计厅于3月组建行业协会与行政机关脱钩改革领导小组，制订黑龙江省内部审计协会脱钩改革实施方案。12月12日，黑龙江省内部审计协会召开第四届第三次理事会暨第五次会员代表大会，履行相关程序，完成各项改革工作。

（撰稿人：黄　洋）

【哈尔滨市审计局】 2017年，哈尔滨市审计局人员编制163人，实有151人。局长马有伟，副局长金瑞生、王耀发（—12月）、周守民（—2月）、贾洪涛（12月—），总审计师贾洪涛（—12月）、吴延林（12月—），副巡视员柳春英。设有办公室、法制处、财政审计处、信息计算机审计处、金融审计处、行政事业审计处、经贸审计处、农业与资源环保审计处、社会保障审计处、固定资产投资审计处、外资运用审计处、经济责任审计处、人事处、离退休干部工作处、机关党委；设置3个派出分局，哈经开区审计分局、哈高新区审计分局、群力新区审计分局；下设审计培训中心（事业单位）。

审计成果 2017年，哈尔滨市审计局组织实施审计项目199个，参与实施省审计厅审计项目4个，配合省、市有关部门工作派出人员35人次，配合完成工作事项18件。查出主要问题金额1468352万元，其中违规金额100782万元、管理不规范金额1367570万元；审计发现非金额计量问题684个；损益（收支）不实金额1982万元；出具审计报告和专项审计调查报告350篇。审计处理处罚金额503164万元，其中应上缴财政68665万元、应减少财政拨款或补贴12654万元、应归还原渠道资金221607万元、应缴纳其他资金53331万元、应调账处理金额146904万元；移送司法机关、纪检监察机关和有关部门处理事项31件，涉及2人，移送金额34800万元。审计促进整改落实有关问题金额327735万元，其中增收节支199760万元、已缴纳其他资金2197万元、已调账处理金额125761万元、其他整改落实资金16万元；审计促进拨付资金到位1547万元；审计后挽回（避免）损失12645万元。审计提出建议285条；提交审计信息14篇。

哈尔滨市审计局实施的阿城区人民政府原区长王铁立2012年10月至2015年4月任职期间经济责任履行情况审计项目、哈尔滨市双城区审计局实施的双城区兰棱中心学校2011年至2014年财务收支审计项目，被省审计厅评为2016年度优秀审计项目。哈尔滨市审计局在省审计厅对全省审计机关综合评价中名列第一。

国家重大政策措施落实情况跟踪审计 完成对市11个区县扶贫资金审计，发现120户不符合贫困户标准，同时揭示在政策执行、资金管理使用等方面问题金额7321.52万元。完成小额担保贷款专项审计调查，发现业务多头管理、配套细则不到位、担保基金管理不规范等问题，促进小额创业担保贷款政策落实到位。完成2016年度义务兵优待补助政策落实情况跟踪审计，发现资金发放政策执行不规范等问题9673万元，促进义务兵优待补助资金及时准确发放。

财政审计 开展市本级预算执行和决算草案审计，揭示出决算草案编制不完整、部分预算和转移支付管理不完善、部分市级专项资金申报分配管理不科学、部分市直部门预算编制不细化、收支管理不合规等问题，提出深化预算体制改革、加强财政支出管理等建议。开展全市政府置换债券使用和管理情况审计，揭示出政府置换债券资金175500万元闲置、8个PPP项目未按期开工、完工等问题。完成对所属各县（市）2016年度税收征管审计，查出相关县（市）部分企业应缴未缴各项税费1547.8万元。

经济责任审计 完成对157名领导干部的经济责任审计，查出领导干部负有直接责任的问题金额291万元、负有主管责任的问题金额255338万元、负有领导责任的问题金额585473万元。

民生资金（项目）审计 完成对哈尔滨市残疾人就业保障金审计，查出改变残疾人就业保障金用途等问题金额2917万元。完成对哈尔滨9县（市）保障性安居工程审计，查出资金管理使用、优惠政策落实等方面问题金额1781万元。完成对哈尔滨市住房维修专项资金审计调查，查出专项维修资金未分摊到业主账户等10个方面问题，审计促进加快修订《哈尔滨市城市住房专项维修资金管理办法》，有效维护业主权益。

企业审计 开展对哈尔滨工投集团11户已混改企业和17户正在推进和即将混改企业的专项审计调查，揭示出人员结构老化、改革不彻底、产品结构单一等突出问题，提出针对性的审计建议，促进国有企业混改顺利实施。

其他审计项目 开展政府投资项目审计，审减工程投资12645万元。按照省审计厅统一部署，开展对市所属5个县（市）和绥化市兰西县涉农资金审计工作。按照市政府要求，在市国土局对闲置土地统计汇总的基础上，对宾县、方正县15宗土地闲置情况进行审计抽查，有力促进批而未建、土地长期闲置等问题的解决。

（撰稿人：郭珉彧）

【齐齐哈尔市审计局】 2017年，齐齐哈尔市审计局人员编制97人，实有73人。党组成员、局长王立刚（—3月）、赵树学（5月—），党组成员、副局长段芃、刘强、赵焕成，党组成员、总审计师张蕊，党组成员、副调研员郝胜哲，副调研员左玉东、闫晓光。设有机关党委、办公室、财政审计处、固定资产投资审计处、经济责任审计一处、经济责任审计二处、人事编制科、综合督察科、法制科、社会保障审计科、行政事业审计科、教科文卫审计科、农业审计科、资源环境审计科、经贸审计科、金融外资审计科、绩效审计科、信息化管理审计科、审计学会；下设固定资产投资审计中心（事业单位）。

审计成果 2017年，齐齐哈尔市审计局完成审计项目91个，专项审计调查项目7个。查出主要问题金额134627万元，其中违规金额24455万元、损失浪费金额5843万元、管理不规范金额104329万元；审计发现非金额计量问题363个；损益（收支）不实金额152万元；审计发现侵害人民群众利益13万元；出具审计报告和专项审计调查报告143篇。审计处理处罚金额57296万元，其中应上缴财政17913万元、应减少财政拨款或补贴16203万元、应归还原渠道资金4091万元、应缴纳其他资金136万元、应调账处理金额18951万元；移送有关部门处理事项48件，移送处理金额5140万元。审计促进整改落实有关问题金额29540万元；审计促进拨付资金到位1124万元；核减投资额1.68万元；移送处理落实事项2件。审计提出建议67条；推动被审计单位制定整改措施15项，促进被审计单位制定完善规章制度1项；提交审计信息102篇。向社会公告审计结果10篇。

泰来县精准扶贫精准脱贫政策措施落实情况跟踪审计项目，被省审计厅评为优秀审计项目；市强制戒毒所原所长离任经济责任审计项目、讷河市原市长离任经济责任审计项目，被省审计厅评为表彰审计项目。

国家重大政策措施落实情况跟踪审计 完成保障性安居工程审计、市本级义务兵优待补助政策落实审计、重点涉农资金审计。开展全市重点产业跟踪审计、农业技术推广专项资金审计和讷河市、克山县新农合基金审计、就业及再就业基金审计等自定项目。

财政审计 完成市本级预算执行及决算草案审计，延伸审计19个市直部门及7个所属单位部门。

经济责任审计 完成经济责任审计项目48个，规范经济责任审计报告和结果报告内容、格式，修订《村级主要负责人经济责任审计暂行办法》。探索实施对克山县县长自然资源资产离任审计。

固定资产投资审计 完成省援疆投资项目审计和对242个政府投资项目招标控制价及结算的评审，审减投资金额14.98亿元。

民生资金（项目）审计 完成对住房公积金、房屋维修资金、园林绿化资金的审计；完成泰来、甘南等5个县（市）精准扶贫跟踪审计和抚远市精准扶贫资金审计。

企业审计 完成齐翔集团大宇建筑公司国有企业国有资产审计和市信用担保公司、市诚信房屋置业担保公司经营情况审计。

相关工作 落实省审计厅审计质量提升年活动部署，强化责任狠抓质量管控。以《审计讲坛》为阵地，加强政策、法律法规和审计业务学习培训。开展机关作风整顿活动，审计人员遵章守纪意识明显增强。强化责任传导，推进党风廉政建设，努力营造风清气正、干事创业的政治生态。

（撰稿人：张乃晨）

【鸡西市审计局】 2017年，鸡西市审计局人员编制52人，实有50人。局长董玉玲，副局长孙永宏、舒全、肖卫东（2月—）、杨阵（—7月），总审计师李俊峰，纪检组长王有良，经济责任审计办公室主任凌宗风，调研员杨丽萍、刘巍。设有办公室、综合科、法制科、财政审计科、行政事业审计科、农业与资源环保审计科、金融审计科、经贸审计科、社会保障审计科、外资运用审计科、审计督察科、固定资产投资审计办公室、经济责任审计办公室、监察室（市纪检委、监察局派出机构）等15个科室；下设审计培训中心（事业单位）。

审计成果 2017年，鸡西市审计局完成审计项目68个。查出主要问题金额250444万元，其中违规金额1379万元、管理不规范金额249064万元；审计发现非金额计量问题191个；损益不实金额467万元；出具审计报告和专项审计调查报告104篇。审计处理处罚金额33584万元，其中应上缴财政929万元、应归还原渠道资金5524万元、应调账处理金额27130万元；移送司法机关、纪检监察机关和有关部门处理事项6件。审计促进整改落实有关问题金额1958万元，其中增收节支923万元、已调账处理金额1035万元。审计提出建议132条；推动完善规章制度4项；提交审计信息11篇。

麻山区人民政府原区长陈立新离任经济责任审计项目，被省审计厅评为优秀审计项目；滴道区过境铁路立交桥新建工程建设项目（一期）审计项目，被省审计厅评为表彰审计项目。

国家重大政策措施落实情况跟踪审计 实施市本级2016年度义务兵优待补助政策落实情况进行跟踪审计；开展6个区和中心区采煤沉陷区棚户区改造工程跟踪审计；开展化解过剩产能国家奖补资金、中央扶持新材料生产专项资金审计和公车改革车辆审计调查。

财政审计 对市本级预算执行和财政决算（草案）情况进行审计。

经济责任审计 全年共开展经济责任审计项目36个，查出违纪违规金额30378万元。

固定资产投资审计 开展市一中新址建设项目、建鸡高速工程项目审计。

民生资金（项目）审计 开展3县（市）城镇保障性安居工程跟踪审计、采煤沉陷区棚户区改造审计、福利彩票和体育彩票基金专项审计和扶贫资金审计；开展鸡东县和虎林市扶贫资金审计。

相关工作 局理论学习中心组开展集中学习研讨14次，党支部和各党小组组织党员集中学习46次，开展专题研讨4次，党组成员讲党课10次，邀请市委讲师团成员对习近平新时代中国特色社会主义思想进行专题辅导。以解决问题为导向，持续推进作风建设。深入开展“两学一做”教育常态化制度化和机关作风整顿。实行廉政承诺制、审计公示制、审计现场廉政监督员制和廉政检查和回访制。以能力建设为基础，提升干部队伍综合素质。对审计理论和实务、计算机应用和有关审计法律法规进行培训，成立大数据审计领导小组。

内部审计 组织鸡西市内部审计人员上报2篇理论文章。向省审计厅报告鸡西市内部审计工作情况。

（撰稿人：高长伟）

【鹤岗市审计局】 2017年，鹤岗市审计局人员编制61人，实有50人。局长王喜（—11月）、司成斌（11月—），副局长于长生、武春荣、高永强，调研员杨晓光、郭伟（8月—）。设有办公室、法制科、人事教育科、固定资产投资审计科、经济责任审计办公室、财政金融审计科、行政事业与社会保障审计科、经贸审计科、农业与资源环保审计科、计算机审计科、区级审计办公室；派出科教文审计科、派出公检法审计科、派出公共事业审计科；下设国家建设项目评审中心（事业单位）。

审计成果 2017年，鹤岗市审计局完成审计项目35个，专项审计调查项目2个。查出主要问题金额39223万元，其中违规金额3853万元、管理不规范金额35369万元；审计发现非金额计量问题217个；损益（收支）不实金额306万元；出具审计报告和专项审计调查报告52篇。审计处理处罚金额5216万元，其中应上缴财政2950万元、应减少财政拨款或补贴82万元、应归还原渠道资金880万元、应调账处理金额1303万元；移送有关部门处理事项2件。审计促进整改落实有关问题金额738万元；审计后挽回（避免）损失97万元；核减投资额107万元。审计提出建议47条；推动被审计单位制定整改措施8项，促进被审计单位制定完善规章制度1项。提交审计信息46篇。

信息化建设 投入20余万元，对机房、终端设备、全局网络线路等基础设施设备进行改造升级。通过集中培训、网上培训、以干代训等方式，加大计算机审计的培训教育力度，提高干部信息化办公的能力。开发计算机审计方法，在省审计厅统一组织的重点涉农资金项目审计中，鹤岗市审计局派驻佳木斯郊区审计组开发出“利用SQL语句生成疑点查找补贴方面存在的问题”的计算机审计方法，在全省涉农资金审计组推广使用。

相关工作 坚持以“创建文明和谐机关，打造审计干部之家”为目标，以思想道德和职业素养为核心，以主题实践活动为载体，推进国家级文明单位创建工作。大力加强思想教育。通过开展家风家训党课教育、向优秀儿媳学习、文明风尚、勤俭节约、我们的节日等活动，强化文明意识。大力加强职业道德教育。采取开展创建文明科室、制发《文明办公制度》《审计人员职业道德行为规范及处罚办法》《社会服务承诺制度》等办法，提高审计人员职业素养。通过参观鹤岗市矿史馆、第二看守所等爱国主义及党风廉政教育基地，观看省、市警示教育大会视频等方式，增强廉洁从审意识。加强文明创建基础设施，维修改造机关办公楼，翻新文化书屋、公开室、党建图版等基础文化设施，增设乒乓球、羽毛球场地等文体活动设施。2017 年，鹤岗市审计局被中央文明委授予“全国文明单位”荣誉称号。

（撰稿人：孙跃明）

【双鸭山市审计局】 2017 年，双鸭山市审计局人员编制 63 人，实有 61 人。局长孟钰，副局长周绍东、汝兴华，总审计师赵亚莉，纪检组长杨鸿雁，经济责任审计办公室主任杨瑞红，调研员邸栋梁，副调研员梁望秋。设有经济责任审计办公室、固定资产投资审计中心、固定资产投资审计科、财政审计科、金融审计科、农业与资源环保审计科、企业审计科、行政事业审计科、社会保障审计科、外资运用审计科、计算机审计科、办公室、人事教育科、政策法规科、督查科、综合审计科、乡镇企业科、绩效审计科和监察室。

审计成果 2017 年，双鸭山市县两级审计机关完成审计项目 184 个。查出违规金额 106587 万元；出具审计报告和审计调查报告 249 篇。审计提出建议 324 条。双鸭山市审计局完成审计项目 41 个，查出主要问题金额 71620 万元，其中违规金额 6548 万元、管理不规范金额 65072 万元。审计提出建议 93 条，责令整改问题 91 个，整改率达 90%。提交审计报告、信息 81 篇。

国家重大政策措施落实情况跟踪审计 组织开展 2016 年度市本级义务兵优待补助资金发放及有关政策落实情况审计，查出管理不规范金额 578 万元，揭示义务兵优待金发放不到位、不及时、渠道不规范、人员核查不准确、安置培训生活补助费发放管理不规范等 6 个方面的问题，提出整改建议 3 条。开展市本级 2015 年至 2016 年自然灾害生活补助专项资金审计，以市财政局、市民政局等部门为重点，延伸调查 5 个乡镇，审计自然灾害生活补助资金 491 万元，审计发现救助资金未及时发挥使用效益、发放程序不合规、物资采购手续不完善等问题，提出整改建议 3 条。

财政审计 关注财政政策执行情况、政府预算体系完善情况、转移支付资金预算管理和使用情况、财政体制运行情况，揭示出国库集中支付制度执行不彻底，财政资金分配使用、政府采购管理、国有资产处置程序执行不规范等问题。对市发改委、市规划局等 6 个部门的预算执行情况开展审计，揭示出个别部门存在上年结余资金未纳入本年预算、经费支出超预算、决算编制不完整、固定资产账实不符、财务报销原始凭证不合规、扩大经费开支范围、预算科目之间未经审批相互调剂使用等问题，督促被审单位采取措施，认真整改。

经济责任审计 全年实施经济责任审计项目 34 个，发现问题 67 个，涉及违规金额 9462.17 万元，出具审计报告 28 篇，审计提出建议 55 条。

固定资产投资审计 完成大地公司举债融资情况审计调查、省审计厅授权饶河境内大和镇至五林洞公路（饶河段）建设项目工程决算审计等审计项目 14 个，涉及审计资金额 269.99 亿元，审计发现问题 52 个，问题金额 4.56 亿元，出具审计报告 29 份、审计决定 3 份，提出审计建议 38 条，通过审计为地方政府挽回经济损失 2.26 亿元。参与制定《双鸭山市人民政府投资项目管理办法（试行）》；组织修订《双鸭山市政府投资建设项目审计办法》《双鸭山市政府投资建设项目管理工作实施方案》，完善《双鸭山市审计局委托中介及专业人员实施建设项目审计管理办法》。

民生资金（项目）审计 开展 2016 年保障性安居工程审计，审计延伸调查 19 个村的 200 户农村危房改造家庭，对 18 个安居工程项目的建设管理情况进行检查，通过审计，揭示出安居工程目标任务管理、政府购买棚改服务、安居工程建设管理、住房补助资金分配使用和保障性住房使用运营等 6 方面存在的 49 个问题，针对发现的问题和情况提出合理性建议 6 条。对市工会帮扶救助资金开展审计调查，共发现帮扶资金管理不规范、违规使用培训费、资金滞留等 9 方面问题，涉及问题金额 768.94 万元。（撰稿人：田杨勇）

【大庆市审计局】 2017 年，大庆市审计局人员编制 50 人，实有 45 人。局长徐丽艳（4 月—），副局长彭连怀（6月—）、王文忠、范广斌（8月—），总审计师王文忠（兼），副调研员李甲宝、陶秀杰、孙继春。设有办公室（综合计划科与其合署办公）、法制督察室、计算机审计科、财政审计科、行政事业审计科、农业与资源环保审计科、固定资产投资审计科、金融与企业审计科、社会保障审计科、绩效与外资运用审计科、经济责任审计科（大庆市经济责任审计工作联席会议办公室与其合署办公）；下设大庆市国家建设项目审计中心（事业单位）。

审计成果 2017年，大庆市审计局完成审计项目83个。查出主要问题金额233560万元，其中违规金额2362万元、损失浪费金额254万元、管理不规范金额230943万元；审计发现非金额计量问题257个；损益（收支）不实金额5826万元；出具审计报告129篇。审计处理处罚金额60907万元，其中应上缴财政2335万元、应减少财政拨款或补贴12264万元、应归还原渠道资金389万元、应缴纳其他资金13595万元、应调账处理金额32322万元；移送司法机关、纪检监察机关和有关部门处理事项10件，移送处理金额507万元。审计促进整改落实有关问题金额33101万元；审计促进拨付资金到位10万元；审计后挽回（避免）损失12434万元；核减投资额12494万元。审计提出建议179条；推动被审计单位制定整改措施2项，促进被审计单位制定完善规章制度1项；提交审计信息33篇。

大庆市财政教育资金专项审计、市工商业投资担保公司财务收支审计调查等2个项目，被省审计厅评为优秀审计项目。杜尔伯特蒙古族自治县原县长离任经济责任审计、肇州县原县长离任经济责任审计、庆北新城北部地区土地收储预算执行及竣工决算审计、大庆市税收征管审计等项目，被省审计厅评为表彰审计项目。

国家重大政策措施落实情况跟踪审计 完成市本级及5个区义务兵优待补助政策落实、残疾人专项资金等审计。

财政审计 完成市本级（含高新区）预算执行和决算草案审计、10个部门预算执行以及4个县税收征管审计，查出问题金额114181万元。

经济责任审计 完成45名领导干部的离任审计项目，其中开展2个区党政主要领导干部同步审计，查出问题金额98488万元。

固定资产投资审计 大庆市审计局实施完成审计项目14个，核减多计工程价款12494万元；组织社会审计机构完成项目20个，核减多计工程价款12813万元。

民生资金（项目）审计 完成对肇州、肇源、大同3个县区的扶贫专项审计，揭示政策落实、项目管理等7个方面问题。

企业审计 完成大庆市新闻传媒集团、大庆宾馆、哈尔滨大庆宾馆、海南万宁明月旅业有限公司等市属国企审计，摸清情况、提出建议，促进企业健康发展。累计投入18名审计人员对大庆市城投公司进行审计。

其他审计项目 按照审计署、省审计厅要求，参加全省涉农资金等项目的审计工作；参与大庆油田公司“三供一业”等企业办社会职能移交地方的审计相关工作。派出15人次、累计400余人天，参与市纪委巡察和案件办理的审计相关工作。

信息化建设 在全面运用OA、AO系统的同时，建成财政数字化审计平台，推进数字化审计。强化计算机审计小组管理，提升审计队伍信息化水平。

党建工作 深入学习贯彻党的十九大精神和习近平新时代中国特色社会主义思想，进一步强化“四个意识”，坚定“四个自信”，自觉做到旗帜鲜明讲政治。深入推进“两学一做”学习教育常态化制度化，扎实开展机关作风整顿工作，进一步提振干事创业的精气神。压紧压实管党治党责任，全方位加强党建及党风廉政建设，强化勤廉意识。

（撰稿人：王　新）

【伊春市审计局】 2017年，伊春市审计局人员编制56人，实有38人。党组书记、局长岳宏伟，副局长李玉玲，党组成员、副局长李庆涛、崔卓军（7月—），党组成员、总审计师赵瑞林，党组成员、调研员陈玉林（7月—），党组成员、副调研员董洪峰（7月—），副调研员乔明云（12月—）。设有经济责任审计科、办公室、法制审理科、行政事业审计科、固定资产投资审计科、农业资源环保审计科、社会保障审计科、经贸审计科、财政（金融）审计科、林业审计科、计算机审计科、人事科、资源审计科、党总支、督察科等科室。

审计成果 2017年，伊春市审计局开展审计项目70个。查出违规金额38605万元、管理不规范金额368025万元；出具审计报告及审计信息225篇。审计促进资金拨付到位21040万元，促进增收节支39731万元。移送案件线索23件，其中移送纪检部门11件，移送当地政府和主管部门12件；移送处理人员77人。

国家重大政策措施落实情况跟踪审计 按照省审计厅部署，组织开展义务兵优待补助政策落实情况审计，促进拨付义务兵优待金606万元；根据伊春市实际，组织开展伊春市本级财政体制改革和相关政策落实情况审计、中小微企业创业创新发展情况审计调查等，促进提高财政资金绩效、推动小微企业发展；推动“总额预付”制度实施，缓解定点医疗机构垫付资金的压力。

财政审计 开展伊春市本级预算执行审计和部门预算执行审计，以及两个行政区的财政决算审计、市本级财政决算草案编制情况审计，监督预决算管理情况和财经纪律执行情况，代伊春市政府向市人大常委会作审计工作报告和整改情况报告。

经济责任审计 完成30名领导干部的经济责任审计，审计中创新完善县区领导干部经济责任审计内容，责任界定和评价更加全面客观。制定《关于开展领导干部自然资源资产离任审计试点工作的实施意见》并经市政府常务会议审议通过。开展乌伊岭区领导干部自然资源资产审计试点，将审计发现的榛子林资源管理问题移送纪检监察部门调查处理。

固定资产投资审计 学习贯彻审计署《关于进一步完善和规范投资审计工作的意见》，实现投资审计从数量规模审计向质量效益转变，从单一工程造价审计向全面投资审计转变，从传统投资审计向现代投资审计转变。

民生资金（项目）审计 开展铁力市、南岔区精准扶贫精准脱贫政策落实和重点项目审计，规范扶贫资金使用管理，推进扶贫项目落实，促进5个扶贫项目动工。对部分区局医保资金和城乡低保资金进行审计，应用大数据分析技术，发现并移送案件线索13件。开展2016年度保障性安居工程跟踪审计。

企业审计 对林业发电厂、林都热电厂两家老国有企业进行审计，揭示供热企业运营及资产管理方面的风险隐患，从完善制度、加强监管、推进改革方面提出建议，为推进供热企业改革重组提供参考。

相关工作 按照全省“审计质量提升年”的总体要求，通过完善制度、规范审理程序、创新复核方式、加强培训与指导等方式，查找薄弱环节，补齐质量“短板”，审计质量得到有效提升。对全市17个县（市）区（局）审计机关审计质量进行检查，率先实现对县区审计质量检查的全覆盖。

（撰稿人：刘亚男）

【佳木斯市审计局】 2017年，佳木斯市审计局人员编制62人，实有49人。局长周亚（—1月）、李纲（6月—），副局长李纲（—6月）、关胜超、蒋红军、张鑫裕（12月—），总审计师安宝昌（—8月），纪检组长裴新，固定资产投资专业审计局局长丛培鑫。设有办公室、法规科、财政审计科、行政事业审计科、农业与资源环保审计科、固定资产投资审计科、金融审计科、企业审计科、社会保障审计科、外资运用审计科、经济责任审计办公室、审计督察科、人事教育科、计算机管理科、离退休干部工作科、机关党委、派出公检法司审计科、派出文教卫生综合审计科、派出企业审计科、派出社会保障审计科、派出农林水审计科；下设固定资产投资专业审计局。

审计成果 2017年，佳木斯市审计局完成审计项目33个，专项审计调查项目2个。查出主要问题金额11808万元，其中违规金额2173万元、管理不规范金额9634万元；审计发现非金额计量问题73个；损益（收支）不实金额573万元；出具审计报告和专项审计调查报告43篇。审计处理处罚金额7335万元，其中应上缴财政293万元、应归还原渠道资金1552万元、应缴其他资金987万元、应调账处理金额4531万元。审计促进整改落实有关问题金额1371万元；审计促进拨付资金到位384万元；核减投资额1031万元。审计提出建议55条。

国家重大政策措施落实情况跟踪审计 完成省审计厅统一组织的市本级义务兵优待补助政策

落实情况等项目。完成老旧管网改造和小锅炉并网工程审计、就业资金审计、失业保险基金审计和佳木斯公铁联运客运枢纽站 PPP 项目跟踪审计。

财政审计 对 5 个县市 2016 年度税收征管情况进行审计，揭示应入库未入库税费、税务部门应加收未加收滞纳金、应缴未缴滞纳金等问题，提出审计意见和建议。首次对佳木斯市本级 2016 年度预算执行和决算（草案）进行审计。采取预算执行审计与领导干部经济责任审计、公务支出情况审计、使用正版软件审计相结合的方式，开展对 10 个重点部门的预算执行审计。

经济责任审计 对佳木斯市交警支队等单位 17 名领导干部开展离任审计；对市第一中学等单位 4 名领导干部开展任中审计；对同江市法院等单位 42 名领导干部开展离任交接审计。在省审计厅指导下开展桦川县党政主要领导自然资源资产试点审计，成立以市委副书记、市长任组长，16 个相关部门主要领导为成员的佳木斯市领导干部自然资源资产试点审计领导小组，为试点工作顺利开展提供有力的组织领导。

固定资产投资审计 完成佳木斯市体育中心维修工程、棚改胜利西安置区工程、第二十中学万达校区工程等项目工程造价审计，送审金额 59150 万元，审减 5165.4 万元。

民生资金（项目）审计 完成 5 个县市 2016 年度保障性安居工程审计，揭示资金管理使用、住房保障分配管理、安居工程运营管理等方面存在的突出问题。按照省审计厅统一安排，开展 2016 年度就业专项资金和失业保险基金审计，揭示向不符合条件的人员发放失业保险金等问题，明确责任主体，提出审计建议。开展富锦市、同江市、桦川县 2016 年 1 月至 2017 年 8 月部分扶贫资金（项目）审计。

企业审计 对佳木斯中铁龙兴公司建设的公铁联运客运枢纽站项目国有资本运营情况进行专项审计调查，探索审计方式方法，积累工作经验，为国有资本审计深入开展奠定基础。

（撰稿人：王进兴）

【七台河市审计局】 2017 年，七台河市审计局人员编制 32 人，实有 28 人。局长崔玉平，副局长张玉星、迟宗祥、董红兵，总审计师高英，副调研员吕利。设有法制科、办公室、财政审计科、金融审计科、行政事业审计科、企业审计科、固定资产投资审计科、农业与资源环保审计科、经济责任审计科、社会保障审计科、外资运用审计科；下设国家建设项目审计中心。

审计成果 2017 年，七台河市审计局完成审计项目 49 个。查出主要问题金额 28863 万元，其中违规金额 1631 万元、管理不规范金额 27208 万元、损失浪费金额 23 万元；审计发现非金额计量问题 258 个，侵害群众利益金额 205 万元；出具审计报告和专项审计调查报告 72 篇。审计处理处罚金额 5579 万元。审计提出建议 128 条；提交审计信息 55 篇。

勃利县 2016 年城镇保障性安居工程跟踪审计、勃利县 2015 年全年及 2016 年上半年医疗保险基金审计 2 个项目，被省审计厅评为优秀审计项目。

国家重大政策措施落实情况跟踪审计 组织开展义务兵优待补助政策落实情况审计，维护义务兵的权益。开展行政审批制度改革情况审计，推进行政审批事项清理、职能下放、优化审批流程等工作的顺利进行。

财政审计 完成七台河市本级预算执行、决算草案审计及 9 个部门预算执行审计，七台河市本级预算执行和决算编制情况报告得到市人大的充分肯定。

经济责任审计 开展 20 名领导干部的经济责任审计，促进领导干部认真履行职责、科学民主决策，提高依法行政的能力和水平。

固定资产投资审计 完成汪清水库生态清洁小流域水土保持工程竣工决算审计，市人民医院外科综合楼建设项目竣工决算审计，北岸新城、如意家园竣工决算审计和黑龙江省援建新疆发展资金和项目审计，促进建设项目加强管理。

民生资金（项目）审计 配合省审计厅开展七台河市再就业资金审计，勃利县、友谊县涉农资金审计，实施市本级、勃利县保障性安居工程、七台河市本级扶贫资金审计，将发现的涉嫌违纪违规问题线索移送有关部门。

企业审计 开展热力公司、汽车公司资产负债损益审计，推动国有企业加强内部管理。

（撰稿人：金　成）

【牡丹江市审计局】 2017 年，牡丹江市审计局人员编制 87 个，实有 79 人。党组书记、局长倪金亭（3 月—），党组成员、副局长刘佳祥、杨国安、田方，副局长姜涛，党组成员、纪检组长尹明霞（—11 月）。设有办公室、法制审理科、人事教育科、党委办、财政审计一科、财政审计二科、企业审计科、行政事业审计科、社会保障审计科、农业与资源环保审计科、外资运用审计科、投资审计科、经济责任审计一科、经济责任审计二科、经济责任审计三科、计算机应用审计科、大项目审计办公室、综合科、总务科。

审计成果 2017 年，牡丹江市县两级审计机关完成审计及专项审计调查项目 222 个。查出各类问题金额 210969 万元；出具审计报告及专项审计调查报告 378 篇。审计处理处罚应上缴财政资金 21825 万元、应减少财政补贴资金 745 万元、应归还原渠道资金 1360 万元、应调账处理金额 27718 万元；移送案件线索 5 件。审计提出建议 439 条；提交审计信息 89 篇。市本级完成审计及专项审计调查项目 62 个，查出各类问题金额 129741 万元；出具审计报告及专项审计调查报告 87 篇。审计处理处罚应上缴财政资金 11074 万元、应减少财政补贴资金 745 万元、应归还原渠道资金 1278 万元、应调账处理金额 14020 万元；移送案件线索 1 件。审计提出建议 192 条；提交审计信息 80 篇。

财政审计 在本级财政预算执行和决算草案情况审计中，重点揭示决算草案编制管理不完善，预算编制、执行不规范等 90 个违规问题，涉及资金 25.8 亿元。部门预算执行审计中，重点关注执行落实中央八项规定、“三公”经费及会议费管理不到位，预算编制执行方面存在的薄弱环节等问题。税收征管审计，揭示应入库未入库税费、税收执法不规范、执行税收程序不严格等问题。

经济责任审计 牡丹江市审计局对 51 名领导干部进行经济责任审计，其中任中经济责任审计项目 19 个、离任经济责任审计项目 32 个。

固定资产投资审计 实施牡丹峰公路项目竣工决算审计、牡丹江大桥改造工程造价审计等 8 个项目，审计投资额 16.4 亿元，发现违纪违规金额 3.4 亿元，审减工程造价 2.2 亿元。在投资审计理念上逐渐从注重工程造价审计向工程全过程全面审计转变。在对牡丹峰旅游公路项目融资利息的审计调查项目中，核减投资方融资利息 9043.2 万元，提出可行性建议 3 条，审计结果得到市政府领导的认可和批示。出台《政府投资建设项目审计复核制度》，实行审计组长、投资中心主任、法制审理三级复核的办法。

企业审计 开展对新创新系公司经营情况的审计调查，发现主要问题金额 4.847 亿元，其中投资业务方面的问题金额 6084.24 万元、经营业务方面的问题金额 2.11 亿元、财务管理方面的问题金额 2.18 亿元。

信息化建设 新增 2 名计算机专业技术人员，强化数据先行、向大数据要效率的审计理念，在对 7 家医院院长经济责任审计项目中，用 20 个工作日，筛出问题疑点 11 类 20 余万条。涉农审计中使用 SQL 脚本语言开发出了 100 余条计算机语言脚本，在全省推广使用。启用蓝信移动工作平台；建立审计法规交流、审计信息化等工作交流群，搭建牡审铁军沟通互动平台，实现局内工作信息在移动端交互与共享。

相关工作 推行现场同步审理和同步监察制度，全年对 35 个重点项目实施，对发现的调查了解不细致、实施方案操作性不强、底稿要素不规范、审计取证冗余等问题，及时提出改进建议。制定《目标管理工作考评方案》《关于加强审计工作纪律的通知》《审计项目现场审理制度》《保密工作纪律》等规章制度。组织修改《政府投资建设项目审计办法》和《政府投资项目委托社会中介机构审计暂行规定》，草案已经上报市政府。

（撰稿人：张春艳）

【黑河市审计局】 2017 年，黑河市审计局行政编制 35 人，工勤编制 2 人，事业编制 6 人；实有 36 人。局长丁爱辉，副局长仲建彬、刘伟宏（5 月—）、姚富利，经济责任审计工作联席会议办公室主任胡铁军，调研员王鹏锐，副调研员张世杰。设有经济责任审计科、财政金融审计科、经贸审计科、农业与资源环保审计科、固定资产投资审计科、政府项目资金管理监督审计科、社会保障审计科、行政事业审计科、计算机审计科、法制审理科及人事教育科、办公室、黑河市固定资产投资审计中心（事业单位）；下设边境经济合作区分局和五大连池风景名胜区自然保护区分局。

审计成果 2017年，黑河市审计局完成审计项目32个。查出主要问题金额34983万元，其中违规金额840万元、管理不规范金额34143万元；审计发现非金额计量问题48个；损益（收支）不实金额408万元；出具审计报告32篇。审计处理处罚金额6616万元，其中应上缴财政116万元、应归还原渠道资金11万元、应调账处理6489万元。审计促进整改落实有关问题金额5768万元；审计后挽回（避免）损失29万元；核减投资额281万元。审计提出建议69条；提交审计信息20篇。

孙吴县医疗保险基金审计、五大连池市中医院财务收支审计两个审计项目，被省审计厅评为表彰审计项目。

国家重大政策措施落实情况跟踪审计 对黑河市本级和县（市）、区2016年度义务兵优待补助政策落实情况、退役士兵职业教育和技能培训补助资金进行审计，揭示出义务兵优待补助资金和退役士兵安置补助资金发放不到位、不及时以及资金拨付超过规定时限和应发未发大学生奖励金的问题。

财政审计 重点关注财政资金使用效益、积极财政政策落实、政府预算体系完善、推进供给侧结构性改革、存量资金、专项资金统筹整合和管理分配、决算草案编制等，在常态化的审计中不断加深对违规违纪问题的挖掘与揭示，督促其认真进行整改。

经济责任审计 完成经济责任审计项目15个，揭示虚列支出、财务核算不规范、应计未计收入、不合规发票列支、往来账长期不清理等方面存在的问题。

固定资产投资审计 开展黑河市二站乡侵蚀沟专项治理工程项目竣工决算审计，黑河市城区防洪工程六期、七期建设项目竣工决算审计等6个政府投资项目审计，揭示出多计多结工程价款、不合规票据列支、应缴未缴印花税等问题。

民生资金（项目）审计 对北安市、五大连池市、嫩江县、逊克县、孙吴县2016年保障性安居工程相关情况进行审计，重点对政府购买棚改服务和货币化安置、安居工程建设管理和保障性住房分配使用情况进行审计。审计发现保障性住房改造项目未竣工验收、配套设施建设项目未按计划实施、违规分配保障性住房、年末一次性发放廉租住房租赁补贴等方面存在的问题。

信息化建设 升级维护OA审计管理系统，注重网络安全教育培训，落实网络信息安全责任，确保网络系统安全、稳定地运行。

相关工作 着力加强党的建设，坚持从严管理，突出党小组特色，开展创先争优活动，丰富学习教育形式，进一步推进“两学一做”学习教育常态化制度化，加强党风廉政建设。坚持标本兼治、惩防并举，推动全面从严治党落地生根。出台《黑河市审计局关于进一步加强审计队伍建设的意见》，培育审计职业荣誉感，构建目标实绩考核机制和选拔任用机制，强化交流锻炼。

（撰稿人：马丽芳）

【绥化市审计局】 2017年，绥化市审计局实有51人。局长吴云峰，副局长田学斌、李永志、张立君，总审计师杨旭，纪检组组长赵达洲（8月—）调研员赵德河，副调研员刘平录、贾广灵、周则朴、刘凤军，纪检组副组长王玉凤（8月—）。设有办公室、法规科、审计督察科、财政审计科、行政事业审计科、农业与资源环保审计科、固定资产投资审计科、金融审计科、经贸审计科、社会保障审计科、信息化科、人事教育科、经济责任审计一科、经济责任审计二科、经济责任审计三科、绩效审计科、开发区分局。

审计成果 2017年，绥化市县两级审计机关完成审计调查项目单位264个。查出主要问题金额141724.28万元；出具审计报告和审计调查报告共计334篇。审计处理处罚金额108982.44万元，其中应上缴财政资金7596万元、应减少财政拨款或补贴1185万元、应归还原渠道资金6378.72万元、应调账处理金额93822.72万元；移送处理事项3件。审计提出建议269条；撰写审计信息83篇。绥化市审计局本级全年完成审计及审计调查项目计67个。查出主要问题金额111768万元；出具审计报告和审计调查报告99

篇。审计处理处罚金额 91953 万元，其中应上缴财政资金 6474 万元、应归还原渠道资金 3253 万元、应调账处理金额 82226 万元。审计提出建议 58 条；撰写审计信息 37 篇。

财政审计 绥化市县两级审计机关完成预算执行审计、财政决算、行政事业、专项资金审计和审计调查项目 143 个，审计资金总额 497070 万元，查出主要问题金额 29882.02 万元，其中未按规定纳入预算管理 220 万元、隐瞒转移截留资金 12.4 万元、未按规定征提基金 41.1 万元、资金滞留闲置 4424 万元、违规使用发票 1574.2 万元、扩大开支范围 2800.72 万元、擅自处置国有资产 5.6 万元、资金来源不合规 909 万元、资金不到位不落实 1345 万元、其他 17103 万元。提交预算执行审计报告 8 篇、财政决算审计报告 2 篇、行政事业审计报告 139 篇、专项资金审计报告 4 篇。围绕地税部门依法履职这条主线，以审计地税部门为主体开展税收征管审计，对社会反响较大的重点行业、重点单位和部门进行延伸审计。

固定资产投资审计 开展政府投资建设项目审计，提交投资审计报告 12 篇。

经济责任审计 绥化市县两级审计机关完成领导干部离任经济责任审计项目 82 个，其中涉及处级的项目 33 个，涉及乡科级的项目 49 个。查出主要问题金额 1866 万元，其中管理不规范金额 1861 万元；出具审计报告和审计结果报告 156 篇；审计提出建议 16 条。

内部审计 全市有内部审计机构 2 个，内部审计人员 4 人，完成经济责任审计项目 5 个。

（撰稿人：李　勋）

【大兴安岭地区行署审计局】 2017 年，大兴安岭地区行署审计局行政编制 36 人，工勤人员编制 2 人，自收自支事业编制 4 人；实有 37 人。局长解学民，副局长孙庆俊、戴新竹、朱立成、郭银杉、刘守岭（11 月—），纪检组长丁子良，经济责任委员会办公室主任王玉红，副调研员马树声。设有办公室、法制审理科、经济责任审计科、财政审计科、农林资源环保外资审计科、行政事业社会保障审计科、固定资产投资审计科、金融与企业审计科、审计督察科、重点投资项目监督科等 10 个内设机构；下设大兴安岭地区投资审计中心（事业单位）。

审计成果 2017 年，大兴安岭地区行署及县区两级审计机关完成审计和专项审计调查项目 112 个。查出主要问题金额 123288 万元，其中违规问题金额 1111 万元、损失浪费金额 6 万元、管理不规范问题金额 122170 万元；审计发现非金额计量问题 153 个；损益不实金额 163 万元；审计期间整改金额 673 万元；审计处理处罚金额 3183 万元；移送处理事项 5 件。核减投资额 373.97 万元。行署审计局完成审计和专项审计调查项目 22 个。查出主要问题金额 89279 万元，其中违规问题金额 780 万元、损失浪费金额 6 万元、管理不规范金额 88492 万元；审计发现非金额计量问题 31 个，损益不实金额 66 万元，审计期间整改金额 159 万元。审计处理处罚金额 749 万元；移送案件线索 4 件，其中纪检监察机关 2 件，有关部门 2 件。核减投资额 355.97 万元。

财政审计 开展 2016 年度本级预算执行审计，发现年初预算编制不全面、预算收入未及时入库、挪用专项资金、超范围使用专项资金、财政资金结余过大、违规出借财政资金、救灾资金发放不及时、项目资金监管不到位等问题。地本级财政预算执行情况及其他财务收支审计的情况，代行署向大兴安岭地区人大地工委作专题报告。

经济责任审计 完成经济责任审计项目完成 15 个，完成实施阶段未出报告 14 个。已经完成的项目查出违规金额 519 万元、损失浪费金额 6 万元、管理不规范金额 2830 万元。审计中科学整合全局审计资源、对所辖的“三县一区”党政领导干部经济责任审计采取“统一计划、统一委托、统一组织、统一方案、统一管理、统一报告”的“六个统一”组织方式，提高审计效率。从大兴安岭实际出发，将领导干部自然资源资产离任审计试点和书记、县长“同步审”的经济责任审计相结合，把握书记、县长在任期内履行自然资源资产管理和生态环境保护责任这条主线，结合书记、县长在履责过程中的参与程度，深入剖析产生问题的各种原因，科学评价书记、县长在自然资源资产管理和生态环境保护方面的业绩和合理界定其应当承担的责任，注重自然资源资产离任审计与行业部门的专项检查考核成果结合，减少重复劳动。

固定资产投资审计 开展大兴安岭地区社会福利院竣工决算审计、加格达奇民用机场审计调查项目审计；完成加阿公路加格达奇至省界段改扩建工程竣工决算审计。审计发现工程造价方面存在多计工程造价，工程管理方面存在合同的内容不完整、列支设计费、手续不完备等问题。

按照省审计厅授权，组织开展黑龙江省援建新疆发展资金项目跟踪审计。审计发现富蕴县可可托海精神教育基地建设项目财务会计核算与其他建设项目混同核算，不能及时准确反映项目的收支及建设情况；富蕴县中医医院业务综合楼建设项目未按规定办理施工许可证，无法按期交工；项目进展缓慢，致使2017年援疆项目资金申请滞后，项目资金未能及时到位。

其他审计项目 按照审计署及省审计厅的统一工作部署，完成大兴安岭地区本级2017年一季度稳增长促改革调结构惠民生政策措施落实情况跟踪审计，漠河县、呼玛县、塔河县政府2016年保障性安居工程审计。按照省审计厅要求和安排，开展涉农资金审计。（撰稿人：孙春云）

【抚远市审计局】 2017年，抚远市审计局行政编制14人，事业编制6人；实有20人。局长孔宪海，副局长杨金涛、张军山、张永胜、尹作勇，纪检员马铭午。设有办公室、法规审理室、财政金融审计室、行政事业审计室、固定资产投资审计室、社会保障审计室、农业与资源环保审计室、经济责任审计室、经贸审计室、督察室等部门。

审计成果 2017年，抚远市审计局完成审计项目13个，专项审计调查项目6个。查出主要问题金额13041.3万元，其中违规金额4148.9万元、管理不规范金额8892.4万元；审计发现非金额计量问题6个；出具审计报告和专项审计调查报告19篇。审计处理处罚金额3747万元，其中应上缴财政15万元、应调账处理金额3321万元。审计促进整改落实有关问题金额285万元。审计提出建议42条；推动被审计单位制定整改措施8项；促进被审计单位制定完善规章制度12项。

财政审计 完成对抚远市财政局2016年度预算执行情况审计和其他相关单位的财政收支审计，发现违规金额1664万元；提出合理化审计建议5条，被审计单位已全部采纳。审计中，重点关注预算种类和预算项目内容编制的完整性，预算批复和调整的及时性、合规性，预算执行率，财政资金使用的绩效，政府性债务的增减和管理情况，年初预留待分配资金的实际分配情况，部门结余情况，国家政策法规的执行及应上缴的预算收入是否依法及时足额缴入国库等。跟踪检查2017年年初预算是否严格按照新预算法进行编制。

经济责任审计 完成对2名市级领导干部的任期经济责任审计，共查出违纪违规金额716万元、管理不规范金额728.9万元，提出合理化审计建议5条。审计中，重点关注政策执行、权力运行、经济决策、责任落实、管理措施等环节，客观评价领导干部任职期间重大经济决策及执行效果、执行国家财经法规、建立健全内控制度、个人遵守廉政纪律等情况。

民生资金（项目）审计 按照市委、市政府的要求，成立专项审计调查小组，重点对抚远市扶贫项目开展情况及扶贫资金的管理使用情况开展审计调查，对市扶贫办、市民宗局和市发展改革局等单位延伸审计。查出违规金额1751.9万元、管理不规范金额1748万元，提出审计建议6条。对抚远市人民医院、抚远市中医院开展财务收支审计，查出管理不规范金额5467.5万元，提出合理化审计建议5条，审计摸清两所医院的资产、负债、净资产及收入、支出等情况，要求其对审计中发现的各类问题及时整改。

其他审计项目 配合做好省审计厅组织的保障房审计工作和全省涉农资金审计工作，抓好审计实施期间的业务配合和审计组的后勤保障。完成市委、市政府临时交办的审计工作，对群众反响强烈的问题开展审计调查，如实反映事实真相，审计结果得到群众的认可。（撰稿人：王丽娜）

【绥芬河市审计局】 2017年，绥芬河市审计局人员编制20人，实有14人。局长时晓城（—6月）、孙德忠（6月—），副局长舒巍。设有办公室、法制审理科、财政金融审计科、行政事业审计科、固定资产投资审计科；下设经济责任审计中心、政府投资审计中心。

审计成果 2017年，绥芬河市审计局完成审计项目33个。查出主要问题金额74356万元，其中违规金额2728万元、管理不规范金额71628万元；审计发现非金额计量问题33个；损益（收支）不实金额8838万元；出具审计报告和专项审计调查报告58篇。审计处理处罚金额14033万元，其中应上缴财政101万元、应归还原渠道资金4761万元、应缴纳其他资金86万元、应调账处理金额9085万元；审计促进整改落实有关问题金额1210万元。审计提出建议17条；提交审计信息1篇。

国家重大政策措施落实情况跟踪审计 对义务兵优待补助政策和乡镇服务职能转变及国务院取消、停征、减免涉及政府基金行政事业性收费执行情况进行审计，揭示未按规定发放义务兵优待补助金和大学生奖励金问题。

财政审计 实施预算执行及决算草案审计，查出管理不规范金额38107万元，非金额计量问题16个。

经济责任审计 开展经济责任审计项目24个，查出管理不规范金额16024万元、违规金额2622万元。

固定资产投资审计 对绥芬河市中俄口岸改造建设工程实施跟踪审计，审计资金总额34625万元，查出管理不规范金额16604万元。

（撰稿人：王东生）

2017年黑龙江省所辖区、县(市)级审计工作统计表

金额单位：万元

审计机关	完成审计项目（个）	审计查出主要问题金额	审计处理情况					出具审计报告和审计调查报告（篇）	提出审计建议（条）	提交审计信息（篇）
			审计处理处罚				移送处理事项（件）			
			应上缴财政	应减少财政拨款或补贴	应归还原渠道资金	应调账处理金额				
哈尔滨市										
哈尔滨市本级	199	1468352	68665	12654	221607	146904	31	350	285	14
道里区审计局	9	13391	1254		4	9759		16		
南岗区审计局	25	69250			24808	3792	3	48	6	20
道外区审计局	16	249094	1					29	5	
平房区审计局	6	28700			368	22		11	6	
香坊区审计局	16	237210	14				4	30	31	1
呼兰区审计局	62	40306	3	337				72	34	8
阿城区审计局	28	144896	1510		193	4243	1	50	23	
双城区审计局	26	23899			2	235		50	33	
尚志市审计局	10	56828	20					15	13	
五常市审计局	25	159991	182			16		34	23	
依兰县审计局	14	3598	62					14	22	
方正县审计局	25	624						44	22	
宾县审计局	69	72690	5537	1476	1824	249		121	136	
巴彦县审计局	10	114847	273	36	34968	50348		10	20	1

（续表）

审计机关	完成审计项目（个）	审计查出主要问题金额	审计处理情况					出具审计报告和审计调查报告（篇）	提出审计建议（条）	提交审计信息（篇）
			审计处理处罚				移送处理事项（件）			
			应上缴财政	应减少财政拨款或补贴	应归还原渠道资金	应调账处理金额				
木兰县审计局	41	10200	34		185	8		76	8	
通河县审计局	37	2742	26	28	559	138		51	34	
延寿县审计局	12	14072			19	3568		14	16	
齐齐哈尔市										
齐齐哈尔市本级	98	134627	17913	16203	4091	18951	48	143	67	102
龙沙区审计局	16	469				469		30	3	
建华区审计局	5	90						5	11	4
铁锋区审计局	6	7198				7198		6	15	7
昂昂溪区审计局	10	1000				410		10	30	
富拉尔基区审计局	18	1299				170		36	14	
碾子山区审计局	13	234	1			143		25	26	
梅里斯达斡尔族区审计局	25	8093	4		50	595		40	2	
讷河市审计局	19	26975						19	38	
龙江县审计局	28	121						13	25	
依安县审计局	25	3142	146		70	370			36	
泰来县审计局	27	14689	189			123		27	42	
甘南县审计局	30	12389	287	1552	1582	1206	1	47	3	8
富裕县审计局	17	55762	3		44684	108		14	16	
克山县审计局	19	7500						19	29	
克东县审计局	21	2100						21		8
拜泉县审计局	67	32477	146		25758	3092		153	38	
鸡西市										
鸡西市本级	68	250444	929		5524	27130	5	104	132	11
鸡冠区审计局	12	1113	29		61			23	19	
恒山区审计局	4	221				10		4	9	9
滴道区审计局	5	5428						10	7	4
梨树区审计局	7	527	115		387			13	15	5
城子河区审计局	7	5284			121	41		14	18	
麻山区审计局	4	142			3	2		7	11	
虎林市审计局	32	77502	394		11	1220		56	3	
密山市审计局	27	16479	9			48		48	52	
鸡东县审计局	38	2906		336	1487	677	3	57	33	

（续表）

审计机关	完成审计项目（个）	审计查出主要问题金额	审计处理情况					出具审计报告和审计调查报告（篇）	提出审计建议（条）	提交审计信息（篇）
			审计处理处罚				移送处理事项（件）			
			应上缴财政	应减少财政拨款或补贴	应归还原渠道资金	应调账处理金额				
鹤岗市										
鹤岗市本级	37	39223	2950	82	880	1303	2	52	47	46
萝北县审计局	22	4548	50		9	3985		39	42	24
绥滨县审计局	26	33005	294			32360		34	46	10
双鸭山市										
双鸭山市本级	41	71620	3125	479	1892	39962	1	41	93	40
尖山区审计局	12	362						12	24	
岭东区审计局	7	572				200		7	22	
四方台区审计局	6	936						6	16	12
宝山区审计局	14	189						14	36	
集贤县审计局	40	8621	1553		1173	400		75	3	
友谊县审计局	33	9472				6527		60	38	2
宝清县审计局	19	5390	280		995	5		19	62	
饶河县审计局	12	9425	680		7854			15	30	10
大庆市										
大庆市本级	83	233560	2335	12264	389	32322	10	129	179	33
萨尔图区审计局	20	5085	530			1530		39	170	
龙凤区审计局	19	314	3	99		59		29	11	27
让胡路区审计局	43	33057		1737		89		53	62	8
红岗区审计局	12	1013	6					23	23	
大同区审计局	14	524			426	20		25	19	
肇州县审计局	67	7405	9	827	2038	1029		96	26	6
肇源县审计局	30	18474	2033	39		181		53	89	
林甸县审计局	31	9361	4		2034	538		53	65	
杜尔伯特蒙古族自治县审计局	41	9292	1412	56	170	2425	5	68	36	
伊春市										
伊春市本级	70	406630	26812		13899	122014	23	111	175	112
伊春区审计局	9	8436				763		9	18	23
西林区审计局	11	221						11	19	5
铁力市审计局	25	13205	29			102		25	87	40
嘉荫县审计局	23	1615			294	802		42	23	26

（续表）

审计机关	完成审计项目（个）	审计查出主要问题金额	审计处理情况					出具审计报告和审计调查报告（篇）	提出审计建议（条）	提交审计信息（篇）
			审计处理处罚				移送处理事项（件）			
			应上缴财政	应减少财政拨款或补贴	应归还原渠道资金	应调账处理金额				
佳木斯市										
佳木斯市本级	33	11808	293		1552	4531		43	55	
向阳区审计局	14	23						26	21	
前进区审计局	7	235				220		13	18	
东风区审计局	10	214				214		10	20	25
郊区审计局	19	42	2			17		19	36	5
同江市审计局	15	4460	99		45	15		15	21	28
富锦市审计局	53	7431	26		3	1103	1	53	12	10
桦南县审计局	18	1370	40			290		155	360	
桦川县审计局	16	1277	3	147		6	1	16	26	16
汤原县审计局	28	1539			4	1527		27	13	
七台河市										
七台河市本级	49	28863	1300		22	4256	7	72	128	55
新兴区审计局	3	7902			5					
桃山区审计局	5	2200						5	13	
茄子河区审计局	7	171	2		4	111	1	7	16	5
勃利县审计局	27	30195	212		257	877		37	34	
牡丹江市										
牡丹江市本级	62	129741	11074	745	1278	14020	1	87	192	80
东安区审计局	4	132	43					7	12	
阳明区审计局	4	1138	490			1		6	5	
爱民区审计局	7	38913	3			1251		13	14	
西安区审计局	3	254				140		3	2	
海林市审计局	22	10415						37	12	
宁安市审计局	27	18067	7962		12	8805		50	43	
穆棱市审计局	8	1618	1			863		15	4	
东宁市审计局	19	3044	2164		27		4	34	30	8
林口县审计局	66	7641	86		43	2636		126	125	1
黑河市										
黑河市本级	32	34983	116		11	6489		32	69	20
爱辉区审计局	12	17772	88					10	7	16
北安市审计局	11	2396			1	1469		11	15	12
五大连池市审计局	19	652			154	498		41	30	48

（续表）

审计机关	完成审计项目（个）	审计查出主要问题金额	审计处理情况					出具审计报告和审计调查报告（篇）	提出审计建议（条）	提交审计信息（篇）
			审计处理处罚				移送处理事项（件）			
			应上缴财政	应减少财政拨款或补贴	应归还原渠道资金	应调账处理金额				
嫩江县审计局	11	578				63		17	2	
逊克县审计局	15	1497						15	36	11
孙吴县审计局	32	2230			46	368		37	96	
绥化市										
绥化市本级	67	111768	6474		3253	82226		99	58	37
北林区审计局	56	4212	42		560	3610		56	120	12
安达市审计局	7							8		
肇东市审计局	7	11000			3			19	18	8
海伦市审计局	39	2495	1076	1136	1283		1	39	19	9
望奎县审计局	4	6298				5592		5		
兰西县审计局	7	7570	1	49	909			10	8	
青冈县审计局	9	520						9	19	9
庆安县审计局	43	2751			370	2382		43	19	8
明水县审计局	7	571						13		
绥棱县审计局	18	497	3		1	13	2	33	8	
大兴安岭地区行署										
大兴安岭地区行署本级	22	89279	374		305		4	36	25	23
呼玛县审计局	45	10598	10		9	1360	1	75	55	
塔河县审计局	14	20632	5					23	19	
漠河县审计局	7	1483			281			7	15	
加格达奇区审计局	19	1295	31		20	709	1	32	53	22
新林区审计局										
呼中区审计局	1							1	3	
松岭区审计局	4							4	21	14
省直管县										
抚远市审计局	19	13041	15			3321		19	42	
绥芬河市审计局	33	74356	101		4761	9085		58	17	1

上海市

【上海市审计局】 2017 年，上海市审计局公务员编制 360 人，实有 321 人。设有办公室（信访办公室）、人事处（老干部处）、综合计划处（政策研究室）、法规处（复核审理处）、财政审计处、区县审计处、金融审计处、行政事业审计处、社会保障审计处、农业与资源环保审计处、经贸审计处、经济责任审计处（内部审计指导处）、国有资产鉴证审计处、固定资产投资审计一处、固定资产投资审计二处、外资运用审计处、计算机审计与信息技术处17个内设机构，并按有关规定设置机关党委；下设审计科学研究所、审计培训中心、审计信息中心3个事业单位，实有30人。

领导成员

局　　长：王建平

副 局 长：吴茵蝶（—3月）　于万云

　　　　　孙　琪　徐　伟　段际凯

总审计师：吴晓玲（7月—）

纪检组组长：沈荣华

巡 视 员：江小民　吴茵蝶（4月—）

副巡视员：贾洪忠（—9月）

审计成果　2017年，上海全市审计机关共开展审计和审计调查项目861个。促进财政增收节支166156万元。向纪检监察机关、司法机关和相关主管部门移送处理事项36件。推动建立健全制度231项。

国家重大政策措施落实情况跟踪审计　根据审计署的统一部署，聚焦国家重大战略和市委、市政府重点工作，重点关注科创中心建设、社会保障、降低企业税负、提升政府行政效能等政策落实情况。围绕市政府“加快推动城乡发展一体化”的目标管理，组织对相关政策开展跟踪审计。

财政审计　按照审计全覆盖的要求，组织对一般公共预算、政府性基金预算、国有资本经营预算、社会保险基金预算等“四本”预算及决算、13个市级部门预算及决算、各类重点专项资金开展审计，推动财税政策贯彻落实，提高财政资金使用绩效。对政府投资项目开展审计，对轨道交通建设等项目开展跟踪审计，推动加强财政资金管理和提高使用效益。

经济责任审计　上海市审计局对44名市管领导干部（人员）实施经济责任审计。印发推进党政领导干部经济责任同步审计等指导意见，以及区、部门（单位）、企业经济责任审计工作方案，组织召开本市经济责任审计分类管理工作会议，组织开展对教卫系统经济责任审计整改督查工作，进一步深化同步审计和分类管理工作，促进审计整改工作的落实。

民生资金（项目）审计　对社保、安居工程等重大民生资金和项目开展审计，促进公共资金、公共服务的公平合理分配。

农业与资源环保审计　进一步完善“1＋5”资源环境审计工作格局，对区域环境综合整治和生态建设等开展审计。按照审计署统一部署开展领导干部自然资源资产离任试点审计。

信息化建设　进一步加强大数据技术在审计工作中的应用，推进大数据分析团队建设，组织开展多项主题分析，助力快速发现疑点，精准实施审计。大数据审计工作取得积极成效，在全国审计工作会议和全国大数据审计研讨班上作交流发言。

审计整改　推进审计发现问题的“清单式”管理，持续跟踪、督促落实审计整改。配合市人大开展跟踪调研，促进提高审计整改实效。依法推进审计公开，公开部门预算执行审计和专项审计（调查）、竣工决算审计结果38项。

内部审计　组织全市650多名内部审计人员参加6期内部审计系列专题讲座，促进提升内部审计工作水平。　（撰稿人：黄　艳　朱　伟）

【黄浦区审计局】　2017年，黄浦区审计局人员编制52人，实有57人。局长徐建荣，副局长朱润杰、虞海琴、李娜，纪检组长邓雨生。设有办公室、综合法规科、财政金融审计科、行政事业审计科、固定资产投资审计科、党政领导干部经济责任审计科、企业领导人员经济责任审计科、计算机审计科。

审计成果　2017年，黄浦区审计局完成审计和审计调查项目29个。查出主要问题金额56437万元。审计提出建议144条；报送信息42篇。向社会公告审计结果6篇。

1个审计项目获得全市审计机关优秀项目评比三等奖。

国家重大政策措施落实情况跟踪审计　结合审计项目和专项审计调查，跟踪检查政策措施落实情况，重点关注简政放权、资源环境、医疗卫生、社会保障、城市基础设施建设等政策措施落实情况，促进政策落地生根和发挥效应。

财政审计　组织开展2016年度区本级财政预算执行和其他财政收支审计，有效促进财政政策落实和财政资金使用效益提高。组织对7个部门2016年度预算执行情况进行审计，进一步促进部门加强综合预算管理、公共资金管理以及公务卡规范使用等，推动财政管理政策有效执行。

经济责任审计 完成26名区管领导干部（人员）的经济责任审计，全面监督检查领导干部履行经济责任过程和效果、执行方针政策和遵守财经法纪等情况。按照“党政同责、同责同审”的要求，深化党政领导干部之间、企业法定代表人与其他主要领导人员之间同步审计，根据不同领导干部履职特点和经济责任审计内容，突出审计重点，完善审计评价和责任界定，促进领导干部依法作为、主动作为、有效作为。

固定资产投资审计 组织开展11个政府投资项目审计，促进规范项目建设管理，提高资金使用绩效。

民生资金（项目）审计 完成2项审计调查，重点对“帮困、助老、助残”等受益对象涉及面广、社会关注高、政府财政资金投入量大的民生项目开展调查，促进相关民生政策落地生效和民生资金安全高效使用，切实维护好人民群众的切身利益。

审计整改 对32个审计项目进行整改跟踪检查，发出问题清单32份，收回整改清单32份。审计整改工作报告对审计工作报告中列出的问题，逐一反映整改落实情况。审计整改工作受到区人大常委会和区人大财经工委的高度肯定。

内部审计 加强对内部审计的业务培训和指导，整合内部审计资源，发挥整体合力，规范内部审计工作，充分发挥内部审计工作在加强单位内部管理和控制、提高经济效益和反腐倡廉等方面的积极作用。 （撰稿人：曹　群）

【徐汇区审计局】 2017年，徐汇区审计局人员编制34人，实有32人。局长翁国雷（—4月）、沈洁（5月—），副局长王海燕、申志敏（10月—），副调研员梁瑜。设有办公室、法规科、财政审计科、经济责任审计科（内设内部审计指导科）、绩效审计科、固定资产投资审计科、企业审计科。

审计成果 2017年，徐汇区审计局完成审计和审计调查项目38个。查出主要问题金额54365万元；出具审计报告和专项审计调查报告63篇。审计提出建议48条；促进被审计单位制定完善规章制度9项；提交审计信息96篇。向社会公告审计结果20篇。

财政审计 完成2016年度本级财政预算执行和其他财政收支情况审计、12个预算单位2016年度预算执行情况审计，6个预算单位2016年度财政项目经费使用情况审计调查，聚焦程序依法合规和资金使用效益，揭示一批共性问题，提高公共资金使用效益。

经济责任审计 完成对23名区管领导干部（人员）的经济责任审计。审计共反映问题89个，提出审计建议34条，发挥审计在党风廉政建设和依法行政中的积极作用。

固定资产投资审计 完成4个政府投资项目的竣工决算审计，审计涉及资金总量15000万元。对接南部医疗中心建设项目，采用审计跟踪派驻、定期会商等方法，实行全过程跟踪审计。

审计整改 发挥审计整改联席会议的平台作用，完善审计整改清单制，实行对账销号制度，共对38家单位151项审计发现的问题进行回访检查，覆盖面达100%，检查结果显示整改率达到96%，建立和完善制度16项。

内部审计 围绕审计项目发现的共性问题开展内部审计培训，赴区国资委、区建交委等部门开展专项指导，切实拓宽审计成果应用渠道。推荐的1名专职内部审计人员获全国内部审计先进工作者称号。 （撰稿人：曹　娴）

【长宁区审计局】 2017年，长宁区审计局人员编制34人，实有31人。局长徐姗姗，副局长王智华、任卫红（1月—）。设有办公室、法规科、行政事业审计科、固定资产投资审计科、经贸审计科、财政金融审计科、经济责任审计科。

审计成果 2017年，长宁区审计局完成审计和审计调查项目30个。查出主要问题金额201159万元；出具审计报告和专项审计调查报告30篇。移送司法机关、纪检监察机关和有关部门处理事项1件。审计提出建议68条；推动被审计单位制定整改措施7项；提交审计信息133篇。向社会公告审计结果14篇。

财政审计 完成2016年度区本级财政预算执行和其他财政收支审计、6个部门及其所属40个预算单位预算执行情况审计，重点监督检查财政资金统筹使用和绩效情况。

经济责任审计 完成对19名区管领导干部（人员）的经济责任审计，其中对3个单位实施党政领导干部同步审计。共查出问题94个，对其中10个问题进行领导责任界定。

固定资产投资审计 完成4个政府投资项目审计，核减不实投资389万元

信息化建设 完善“审计综合信息管理系统”中审计对象管理、计划任务安排、审计项目进度把控、审计整改等审计作业模块。加强大数据综合分析能力，在财政审计、部门预算审计、经济责任审计等各审计业务中加大数据分析，固化查询等常用分析模型。

审计整改 制定审计整改对账销号参考口径，明确审计整改检查内容和证明性文件清单。开展审计整改工作专项检查，落实审计整改三级审核制度，推进对审计整改工作全过程、全方位跟踪督促。

内部审计 推进对委办局、街镇和企业内部审计工作分类指导，首次对区所有部门和单位内部审计管理情况开展考核，考核结果纳入区机关年度部门绩效考核。推荐上报的春秋航空股份有限公司审计部获全国内部审计先进集体称号，推荐的长宁区卫生事务管理中心主任庄健春获得全国内部审计先进工作者称号。（撰稿人：高洁楠）

【静安区审计局】 2017年，静安区审计局人员编制39人，实有45人。局长陈士林，副局长陈一、魏勇、张雪云，纪检组长魏勇（兼）。设有办公室、人事教育监察科、综合计划科、审理法规科、财政财务审计科、经济责任审计科、国有企业审计科、固定资产投资审计科、绩效审计科。

审计成果 2017年，静安区审计局完成审计和审计调查项目37个。查出主要问题金额2645674万元；出具审计报告和专项审计调查报告49篇。审计提出建议170条。向社会公告审计结果4篇。

1个审计项目获得全市审计机关优秀审计项目评比三等奖。

财政审计 以财政审计为龙头将各类审计有机结合，实现财政审计成果共享。通过审计，发现部门预算执行偏低、公务卡制度和政府采购制度执行不到位、非税收入收缴尚需加强等问题，并提出审计建议。审计报告得到区政府主要领导、区人大肯定。

经济责任审计 完成10名区管领导干部（人员）的经济责任审计，审计内容围绕领导干部决策、管理、廉洁等方面，有效促进领导干部履职尽责。

固定资产投资审计 对6个政府投资项目开展跟踪审计或竣工决算审计，重点关注项目履行基本建设程序、建设管理、投资绩效等内容。

其他审计项目 对3个专项资金项目开展绩效审计，1篇审计报告引起区领导高度重视，给予批示。（撰稿人：章云波）

【普陀区审计局】 2017年，普陀区审计局人员编制32人，实有30人。局长黄继文，副局长王廉之、王春蕾，纪检组长王廉之（兼）。设有办公室、综合业务指导科、财政审计科、经济责任审计科、行政事业审计科、经济贸易审计科、固定资产投资审计科。

审计成果 2017年，普陀区审计局完成审计和审计调查项目54个。查出主要问题金额2092670.54万元；出具审计报告和专项审计调查报告87篇。审计提出建议79条；推动被审计单位制定整改措施49项，促进被审计单位制定完善规章制度9项；提交审计信息22篇。向社会公告审计结果21篇。

财政审计 完成2016年度区本级预算执行和其他财政收支审计，促进完善财政管理、规范预算执行、提高财政绩效。对2个镇开展财政决算草案审计。开展对20个部门的预算执行审计，重点关注预算编制与执行、法律法规遵循及部门内部管理情况，促进提高部门预算管理水平。

经济责任审计 完成对21名区管领导干部（人员）的经济责任审计。根据区经济责任审计工作领导小组的要求，配合区委组织部对经济责任审计实施办法进行修订，将教育、卫计系统下属事业单位的处级党政正职领导干部纳入区经济责任审计对象。

固定资产投资审计 完成2个政府投资审计项目。委托中介机构开展多个政府投资项目工程结算审价和竣工决算审计。

民生资金（项目）审计 完成2个专项审计调查项目，重点关注养老等民生政策落实情况、资金总投入及使用情况等，促进政策落地生效和完善资金管理，切实保障和改善民生。

（撰稿人：应 迪）

【虹口区审计局】 2017年，虹口区审计局人员编制30人，实有26人。局长欧阳小平，副局长徐涛、景峥嵘，纪检组长徐涛（兼）。设有办公室、综合法规科、业务审理科、财政金融审计科、经济责任审计科、城市建设审计科、国资国企审计科、政策执行审计科。

审计成果 2017年，虹口区审计局完成审计和审计调查项目39个。审计查出主要问题金额82887万元；出具审计报告和专项审计调查报告69篇。

1个审计项目获得全市审计机关优秀项目评比三等奖。

财政审计 开展2016年度区本级财政预算执行和其他财政收支情况以及决算（草案）编制情况审计，强化对区本级的预算批复、预算调整和预算收支变化和年度决算草案编制等情况的监督。开展部门预算审计，重点检查各预算单位“三公”经费支出的真实性、规范性和有效性。

经济责任审计 完成对23名区管领导干部（人员）的经济责任审计，重点关注领导干部（人员）履职尽责情况，加强对权力运行的制约和监督。

固定资产投资审计 完成6个政府投资项目竣工决算和跟踪审计。重点关注履行基本建设程序、招投标、工程建设管理，以及建设资金筹集和使用等情况，促进提高政府投资绩效和建设项目管理水平。

其他审计项目 完成4项审计调查，注重绩效审计，关注民生资金使用效益，深入分析公共资源配置等方面存在的问题，从体制、机制、制度层面提出审计意见和建议。

内部审计 组织指导内部审计人员共完成441个审计项目，提出的建议意见被采纳266条。

（撰稿人：严 卓）

【杨浦区审计局】 2017年，杨浦区审计局人员编制34人，实有32人。局长周兰萍，副局长贺东明、金迪，纪检组长贺东明（兼）。设有办公室、法规科、财政审计科、行政事业审计科、经济责任审计科、固定资产投资审计科、经贸审计科、鉴证审计科。

审计成果 2017年，杨浦区审计局完成审计和审计调查项目32个。查出主要问题金额18354万元；出具审计报告和专项审计调查报告46篇。审计提出建议108条；提交审计信息13篇。向社会公告审计结果10篇。

1个审计项目获得全市审计机关优秀项目评比三等奖。

财政审计 对2016年度区本级预算执行和其他财政收支情况、区教育局等9个单位预算执行和其他财政收支情况开展审计。加强对重大专项资金、重点财政支出政策的审计，关注与政策实施有关的资金配套、保障情况，促进产业发展若干政策的落地生效。

经济责任审计 完成对28名区管领导干部（人员）的经济责任审计，加强对权力运行的制约和监督，促进领导干部依法依规，正确行使权力，正确履行经济责任。

固定资产投资审计 完成6个政府投资项目竣工决算审计，重点关注政府投资管理情况及财政资金使用的规范性、效益性，推动政府投资工作完善制度、规范管理。（撰稿人：付 强）

【闵行区审计局】 2017年，闵行区审计局人员编制36人，实有31人。局长周国强，副局长周明、任筱华，纪检组长封永平。设有办公室、综合法规科、财政审计科、经济责任审计科、固定资产投资审计科、经贸审计科和绩效审计科。

审计成果 2017年，闵行区审计局完成审计和审计调查项目29个。查出主要问题金额297486万元；出具审计报告和专项审计报告31篇。审计提出建议73条。向社会公告审计结果13篇。

1个审计项目获得全市审计机关优秀项目评比二等奖。

国家重大政策措施落实情况跟踪审计 开展9个专项审计和审计调查，揭示政策措施执行、重大专项资金管理使用中的体制机制问题以及实施过程中的新情况和新问题。

财政审计 对区本级2016年度预算执行和其他财政收支情况开展审计，重点关注全口径预算体系下政府收支预算执行情况和决算（草案）编制情况，及时揭示街道预算管理，以及政府性基金预算、国有资本经营预算编制执行等方面存在的问题，有针对性提出审计建议。

固定资产投资审计 完成4个政府投资项目竣工决算审计。根据区政府推进历史遗留项目挂账清理核销工作要求，对区内3家单位涉及的182个历史遗留项目提出初步审计意见和建议，帮助解决政府投资审计中发现的历史遗留问题。

审计整改 对2016年审计整改情况进行跟踪检查。通过采取统一下发整改情况反馈表，收取、检查整改资料，对被审计单位的问题清单和整改清单逐一核对等方式，对2016年审计整改情况进行梳理、分析和汇总。（撰稿人：侯敏娜）

【宝山区审计局】 2017年，宝山区审计局人员编制34人，实有31人。局长张晓宁，副局长邱大德、张海雁、张明华。设有办公室（人事科）、综合法规科、财政审计科、资源环保审计科、基建审计科、企业审计科、经济责任审计科。

审计成果 2017年，宝山区审计局完成审计和审计调查项目36个。查出主要问题金额39794万元；出具审计报告和专项审计调查报告36篇。审计提出建议68条；推动完善规章制度19项。向社会公告审计结果13篇。

2个审计项目分别获得全市审计机关优秀审计项目评比二等奖、三等奖。

财政审计 组织对10个单位2016年度部门预算执行及决算审计，围绕“管理、改革、绩效”的目标，不断增强财政审计的宏观性、整体性和建设性，加强全口径预算审计，探索政府决算草案审计，推进财政管理效能审计。

经济责任审计 完成对32名区管领导干部（人员）的经济责任审计，突出对“权力运行”和“责任落实”的重点领域和关键环节的审计监督。强化综合分析，针对审计发现的共性和突出问题，梳理出6个方面22类问题。

固定资产投资审计 对5个政府投资项目开展跟踪审计或竣工决算审计，开展中小型政府投资项目竣工决算审计集中管理，发挥审计监督作用。

其他审计项目 围绕促进服务业发展、产业扶持、水污染防治等专项资金，开展审计调查，共提出审计对策建议23条，推动相关单位建章立制8项，制定措施10项。（撰稿人：张秀敏）

【嘉定区审计局】 2017年，嘉定区审计局人员编制37人，实有35人。局长柏永明（—3月）、陆俊敏（3月—），副局长谭思翔（—4月）、徐青、苑鼎宏、刘东（5月—），纪检组长苑鼎宏（兼）。设有办公室、人事监察科（纪检监察室）、综合法规科、计算机审计与信息技术科、财政金融行政审计科、经贸审计科、经济责任审计科、农业与资源环保审计科、固定资产投资审计一科、固定资产投资审计二科、社会保障审计科。

审计成果 2017年，嘉定区审计局完成审计和审计调查项目29个。查出主要问题金额49766万元。移送纪检监察机关处理事项5件。审计提出建议56条；促进被审计单位制定、完善规章制度15项；提交审计信息56篇。向社会公告审计结果7篇。

国家重大政策措施落实情况跟踪审计 结合全年审计项目，对科创中心重要承载区建设、“十三五”水污染防治、重点建设项目等方面进行跟踪审计。

财政审计 完成2016年度区本级预算执行和其他财政收支情况审计，对19个单位开展2016年度预算执行情况审计。

经济责任审计 完成对13名区管领导干部（人员）的经济责任审计。推行菜单式标准化审计，促使领导干部规范履职、守纪守法。

固定资产投资审计 完成7个政府投资项目竣工决算或跟踪审计。委托区级财政性资金建设审计项目79个，对76个审计项目进行复核和考核。

其他审计项目 开展河道综合整治等4个专项审计调查项目。

内部审计 嘉定区内部审计机构共组织完成各类审计项目2458个，审计总金额2202200万元。（撰稿人：金　铖）

【浦东新区审计局】 2017年，浦东新区审计局人员编制52人，实有52人。局长康晴华，副局长吕军、马文清、朱慧（12月—）、龚建伟（12月—），总审计师朱慧（—12月），纪检组长吕军（兼）。设有办公室（组织人事处、综合法规处）、财政审计处（行政事业审计处）、经济责任审计处（内部审计工作指导处）、综合经济审计处、投资建设审计处（资源环保审计处）、绩效审计处（审计稽查处）；下设浦东新区审计管理与信息中心。

审计成果 2017年，浦东新区审计局完成审计和审计调查项目74个。查出主要问题金额2596551万元；出具审计报告和专项审计调查报告92篇。向新区纪委监察等部门移送违纪违法问题线索6件。审计提出建议147条；提交审计信息104篇。向社会公告审计结果70篇。

1个审计项目获得全市审计机关优秀项目评比一等奖，2个审计项目获得全市审计机关优秀项目评比三等奖。

财政审计 组织实施2016年度区本级预算执行和其他财政财务收支审计，对5个部门预算执行情况进行审计，促进加强财政及预算管理。在审计中，持续关注“三公”经费、会议费、培训费使用，以及津补贴发放等情况，促进财政资金的安全规范高效使用。

经济责任审计 完成对29名区管领导干部（人员）的经济责任审计，加强对有关改革发展、民生保障、资源环境保护、廉政建设责任的定性分析和综合评价，促进领导干部依法履职尽责和规范用权。

固定资产投资审计 完成64个政府投资项目竣工决算审计，严格各类标准，核减不实投资。开展对重大工程项目跟踪审计，加强对项目建设和资金管理的事中监督，推动即知即改。

企业审计 适应国资国企改革形势，着力加强对区属国有企业和国有资本的审计监督，关注经营决策、投资绩效、资产负债损益、内控制度、资源环保，以及领导人员薪酬福利管理等关键要素，推动企业进一步完善制度和规范管理。

其他审计项目 开展有关政策执行、落实及运行情况审计调查，揭示有关制度机制不配套、不衔接，以及干部不作为、不尽责等问题，推动完善制度，促进政策措施落地生根和政令畅通。开展人才扶持、创业投资资金等项目审计，在坚持真实性、合规性审查的基础上，更加注重加强效益性、效果性分析评价，提出完善决策管理的审计建议。

内部审计 加强对内部审计工作指导和考核培训，推进政策宣传和“以审代训”工作，促进各单位加强内部审计机构和人员配备，发挥“第一道关口”职能。（撰稿人：姜学诗）

【金山区审计局】 2017年，金山区审计局人员编制32人，实有30人。局长张娣芳（—1月）、李永革（2月—），副局长李永革（—2月）、胡炎培、朱萃新、陈建鲁，纪检组长胡炎培。设有办公室、法规审理科、财政审计科、行政事业审计科、经济责任审计科、固定资产投资审计科、国有资产鉴证审计科、内部审计指导科、绩效审计科、资源环保审计科。

审计成果 2017年，金山区审计局完成审计和审计调查项目40个。查出主要问题金额184651万元；出具审计报告和专项审计调查报告54篇。审计提出建议29条；提交审计信息46篇。向社会公告审计结果9篇。

国家重大政策措施落实情况跟踪审计 重点关注本区重大实事项目推进、落实简政放权、财政预算制度改革等八大方面的政策措施落实情况，及时揭示政策执行中存在的典型性问题，促进重大政策措施落地生效。

财政审计 完成2016年度区本级预算执行及其他财政收支情况审计、9个部门2016年度预算执行情况的审计，抽查所属预算单位32家，审计各类资金、资产共计544876万元。

经济责任审计 完成对19名区管领导干部（人员）的经济责任审计。组织召开区经济责任审计工作联席会议和经济责任审计集中进点会。

固定资产投资审计 完成12个政府投资项目跟踪审计或竣工决算审计。开展投资审计管理系统网上申报专题培训，相关单位具体工作人员80余人参加培训。

其他审计项目 完成4个专项审计调查，重点关注污水处理厂建设运营及资金管理使用、科技创新资金管理使用、扶贫救助类专项资金管理使用等情况。

内部审计 全区内部审计机构共组织完成审计项目1279个，查出损失浪费和促进增收节支金额2977万元，查处违规金额64万元；被采纳审计意见511条。（撰稿人：何玉凤）

【松江区审计局】 2017年，松江区审计局人员编制34人，实有32人。局长吴玲，副局长汤巧芳、吴慰民、张皓，纪检组长汤巧芳（兼）。设有办公室、综合业务科、财政金融审计科、行政事业审计科、社保资源审计科、经济责任审计科、国资经贸审计科、基本建设审计科、信息技术科。

审计成果 2017年，松江区审计局完成审计和审计调查项目28个。查出主要问题金额24662万元；出具审计报告和专项审计调查报告38篇。移送司法机关处理事项2件。审计提出建议84条；推动完善规章制度15项；提交审计信息2篇。向社会公告审计结果8篇。

1个审计项目获得全市审计机关优秀审计项目评比三等奖。

财政审计 对2016年度区本级预算执行和其他财政收支情况进行审计，对13家单位2016年度预算执行及其他财政收支情况进行审计，涉及公共资金、国有资产、国有资源各领域，把财政资金的运行轨迹从预算到执行、从决算到公开的全程纳入审计范围，关注制度建设、政策实施效果、廉政工作等内容。

经济责任审计 完成对19名区管领导干部（人员）的经济责任审计。注重加强分类管理、创新审计组织方式、健全工作机制，推进经济责任审计监督全覆盖。

固定资产投资审计 对2个政府投资项目情况进行审计。审计中，注重利用卫星地图等先进技术，提高审计效率；采用档案资料核对与现场勘查相结合方式，提高审计质量；采用数据统计、分析、对比，查找审计疑点。

其他审计项目 开展3个专项审计（调查），关注松江区相关政策措施落实情况，着力分析政策措施的规划目标、项目运作现实状况、资金投向绩效等情况。（撰稿人：车懿栋）

【青浦区审计局】 2017年，青浦区审计局人员编制32人，实有32人。局长张国兴，副局长赖伟春、章福生、汪畅，纪检组长赖伟春（兼）。设有财政审计科、绩效审计科、经济责任审计科、经贸审计科、固定资产投资审计科、内部审计指导科、综合法规科、办公室。

审计成果 2017年，青浦区审计局完成审计和审计调查项目90个。查出主要问题金额920577万元；出具审计报告和专项审计调查报告90篇。向纪检部门、主管部门移送处理事项2件。向社会公告审计结果17篇。

1个审计项目获得全市审计机关优秀审计项目评比二等奖。

财政审计 完成2016年度区本级预算执行、6个部门预算执行等情况审计。审计中着力突出全覆盖要求，突出重大决策部署贯彻执行，突出财政管理改革新举措执行效果，促进深化财政管理改革，健全财政管理体制。

经济责任审计 完成对6名区管领导干部（人员）的经济责任审计。建立健全干部任职数据库、轮审计划库、经济责任审计报告及结果报告格式和审计查出问题清单制。试点领导干部自然资源资产离任审计，推动领导干部履行自然资源资产管理和生态环境保护责任。

固定资产投资审计 完成4个政府投资项目跟踪审计、17个区重大实事项目、51个限额以上政府投资项目竣工决算审计，提高资金使用的规范性、效益性，推动政府投资规范管理。

民生资金（项目）审计 围绕社区公共体育设施、彩票公益金管理使用等开展审计调查，促进本区公共体育设施提高服务质量和综合效益，推进社会福利事业健康发展。

农业与资源环保审计 完成污水处理系统建设运营绩效审计调查，服务区域生态环境综合治理。

内部审计 组织开展5次专题讲座、召开10次工作片会，10名内部审计人员挂职，35名内部审计人员参加审计专业能力提升班。

（撰稿人：董　博）

【奉贤区审计局】 2017年，奉贤区审计局人员编制30人，实有29人。局长苏徐平，副局长徐秋官、王斌、宋亮，纪检组长洪德福。设有办公室、法规科、固定资产投资审计科、财政审计科、经济责任审计科、行政事业审计科、经贸审计科、审计中心南桥分中心、审计中心青村分中心。

审计成果 2017 年，奉贤区审计局完成审计和审计调查项目 49 个。查出主要问题金额 501603 万元。移送处理事项 3 件。提出审计建议 16 条；推动被审计单位制定整改措施 4 项。向社会公告审计结果 21 篇。

2 个审计项目获得全市审计机关优秀审计项目评比三等奖。

国家重大政策措施落实情况跟踪审计 开展政策落实跟踪审计，围绕项目落地、资金保障、简政放权、政策落实、风险防范等方面加大审计力度，促进完善制度和政策，推动国家和本市重大政策落地生效。

财政审计 实施财政审计项目 8 个。重点审计区财政部门具体组织区本级预算执行、部分区直预算单位预算执行，以及专项资金管理使用情况，提出改进年度预算控制方式、加快清理修订完善相关制度等意见和建议。

经济责任审计 完成对 35 名区管领导干部（人员）的经济责任审计，揭示问题 56 个，提出意见建议 43 条。开展领导干部自然资源资产离任审计试点，重点关注落实生态文明建设相关政策措施及其效果、污染防治、相关资金征收管理使用和项目建设运行等，推动领导干部切实履行自然资源资产管理和生态环境保护责任。

固定资产投资审计 完成 14 个政府投资项目审计，加强对项目建设和资金管理的监督，促进提高政府投资项目管理水平，提升建设项目投资效益。

企业审计 开展 8 家国有企业的资产、负债、损益审计，从体制机制制度角度提出审计建议，推动国有企业发展方式向质量效益型转变，促进国有企业瘦身健体、提质增效。

农业与资源环保审计 开展 3 个专项资金审计调查项目，重点关注农业和水务部门所属事业单位专项资金使用情况，并以专报形式上报区政府。

内部审计 召开 2 次内部审计例会。奉贤区各内部审计机构开展审计项目 916 个，提出意见建议 512 条。

（撰稿人：郑伟丹）

【崇明区审计局】 2017 年，崇明区审计局人员编制 36 人，实有 35 人。局长施蕾，副局长李雷鸣（—12 月）、祖红耘，纪检组长李雷鸣（—11 月，兼）。设有办公室、综合法规科、财政审计科、行政事业审计科、经贸审计科、经济责任审计科和固定资产投资审计科。

审计成果 2017 年，崇明区审计局完成审计和审计调查项目 124 个，查出主要问题金额 226407 万元；出具审计报告和专项审计调查报告 147 篇。提出审计建议 210 条；提交审计信息 30 篇。向社会公告审计结果 15 篇。

1 个审计项目获得全市审计机关优秀审计项目评比三等奖。

财政审计 对 2016 年度区本级预算和其他财政收支情况实施审计。对 4 个部门 2016 年度部门预算执行和其他财政收支情况开展审计。对预算管理、财政财务收支管理、内部管理制度执行等方面存在的问题，分别作出审计处理，提出审计建议。

经济责任审计 完成对 34 名区管领导干部（人员）的经济责任审计。重点关注财政收支管理、财政政策执行、资产管理、自然资源资产管理、企业经营管理等方面，促进领导干部守法、守纪、守规、尽责。

固定资产投资审计 完成 87 个政府投资项目竣工决算审计，对多计工程量、高套定额、高计材料价格等问题分别核减工程决算。

其他审计项目 对 7 个专项资金使用管理情况实施审计。通过审计，摸清项目资金的筹集、管理和使用情况，促进被审计单位进一步完善制度，规范管理，防范风险，确保资金安全运作。

内部审计 崇明区内部审计机构共完成审计项目 1065 个，审计总金额 1221800 万元，增收节支 776 万元，提出建议意见被采纳 787 条。

（撰稿人：孙文渊）

2017 年上海市本级及所辖区、县(市)级审计工作统计表

金额单位:万元

审计机关	完成审计项目(个)	审计查出主要问题金额	审计处理情况					出具审计报告和审计调查报告(篇)	提出审计建议(条)	提交审计信息(篇)
			审计处理处罚				移送处理事项(件)			
			应上缴财政	应减少财政拨款或补贴	应归还原渠道资金	应调账处理金额				
上海市本级	103	4099788	9814	-8297	42	171120	15	120	520	122
黄浦区审计局	29	56437	8024	309		26217	2	46	144	42
徐汇区审计局	38	54365	1129	12	25	352		63	48	96
长宁区审计局	30	201159		68	99	3777	1	30	68	133
静安区审计局	37	2645674	3451					49	170	
普陀区审计局	54	2092671						87	79	22
虹口区审计局	39	82887	5946		4	9108		69	178	
杨浦区审计局	32	18354	11519	352	7	1238		46	108	13
闵行区审计局	29	297486	9165	5	3361			31	73	1
宝山区审计局	36	39794	20064	8767		1406		36	68	83
嘉定区审计局	29	49766		11392			5	40	56	56
浦东新区审计局	74	2596551	3785	15247	187	3414	6	92	147	104
金山区审计局	40	184651	19			2170		54	29	46
松江区审计局	28	24662					2	38	84	2
青浦区审计局	90	920577	231	273	1	237	2	90		
奉贤区审计局	49	501603	94		76	20494	3	12	16	1
崇明区审计局	124	226407		8049				147	210	30

江苏省

【江苏省审计厅】 2017 年，江苏省审计厅行政编制 170 人、行政附属编制 14 人、事业编制 15 人，19 实有 194 人。设有办公室、法规处（审计督察处）、财政审计处、行政事业审计处、农业与资源环保审计处、固定资产投资审计处、金融审计处、企业审计处、社会保障审计处、外资运用审计处、经济责任审计一处、经济责任审计二处、经济责任审计三处、经济责任审计局（内部审计指导处）、计算机审计处、人事教育处（离退休干部处）、机关党委、综合处、绩效督查处等 19 个内设部门；下设审计科研所、厅机关服务中心等 2 个事业单位；另有省纪委、省监委派驻纪检组。

领导成员

厅　　长：顾树生

副 厅 长：葛笑天　褚宗明

　　　　　黄武秋（—2 月）　王晓红

总审计师：葛红民

纪检组长：鄂忠伟

审计成果 2017 年，江苏省各级审计机关完成审计（调查）项目 3643 个，完成各级党委、政府及上级审计机关等交办、配合事项 6752 件。审

计查出各类违规问题金额 372.66 亿元，促进增收节支和避免损失 303.57 亿元，促进被审计单位建立健全规章制度 159 项。各级审计机关共出具审计报告和专项审计调查报告 4725 篇，向社会发布审计结果公告 545 篇；向司法、纪检监察机关和有关部门移送处理事项 381 件。向被审计单位或有关单位提出审计建议 9817 条，其中被采纳 7478 条，占比 76.17%；提交审计专题报告、综合性报告和信息简报等审计信息 1862 篇，其中被各级党委、政府和有关部门批示、采用 1236 篇次，占比 66.38%。

江苏省审计厅实施的徐州矿务集团有限公司原党委书记、董事长任期经济责任审计项目，被审计署评为 2017 年地方优秀审计项目。南京市审计局实施的江宁经济技术开发区管委会原常务副主任、工委副书记任期经济责任和无锡市审计局实施的无锡市公共工程建设中心主任任期经济责任等 2 个审计项目，被审计署评为 2017 年地方表彰审计项目。扬州市审计局、南京市审计局联合实施的溧阳市医疗保险基金审计项目，被审计署评为 2017 年全国医疗保险基金审计表彰项目。

国家重大政策措施落实情况跟踪审计 一季度，全省审计机关围绕聚焦富民，对 12 个省重点帮扶县（区）2016 年落实国家和省重大扶贫政策措施情况进行跟踪审计，共抽查 135 个乡镇、236 个经济薄弱村，涉及财政扶贫资金 9.2 亿元、扶贫项目 439 个。二季度，全省审计机关围绕聚焦创新，对科技创新、大众创业、万众创新政策措施贯彻落实情况进行跟踪审计，重点检查各地、各有关部门产业科技创新政策措施落实及相关财政专项资金的安排使用管理情况，实地核查项目 507 个。三季度，全省审计机关围绕聚焦重点建设项目，从省重点项目库中选取 75 个项目开展跟踪审计，涉及交通、水利等 13 个省级部门和 13 个设区的市，总投资 1.3 万亿元。四季度，全省审计机关围绕中央和省关于加强政府性债务管理的要求，对政府性债务管理政策措施落实情况进行跟踪审计，着重检查各地、各有关部门贯彻落实有关政策措施情况，反映政府性债务管理和融资过程中存在的主要问题和困难，深入分析原因，提出意见建议，促进规范政府融资行为，防范化解政府性债务风险。政策跟踪审计结果得到省委、省政府高度重视，主要领导多次作出批示，审计查出问题被纳入省政府重点督查范围。

财政审计 对省级预算执行和决算草案、省工商局等 40 个部门预算执行、重大政策措施落实，以及保障性安居工程等重点项目和资金进行审计和审计调查；组织开展省财政厅 2016 年度省级预算执行、省地税局 2016 年度税收收入征管情况、苏北 5 市财政收入质量核查等审计项目。重点关注重大财政政策贯彻执行情况、财政收支的真实合法效益、地方政府性债务管理、非税收入征收管理、“营改增”政策效果、土地增值税征收管理、重大投资项目落地和重点专项资金绩效，及时揭示和有效防范重大经济风险。着重检查贯彻落实中央八项规定和省委十项规定精神情况，促进预算安排更加适应供给侧结构性改革、降低企业税费、保障民生兜底的需要；注重揭露重大违纪违法、重大损失浪费、重大安全隐患、重大履职不到位等问题，有效保障项目安全和资金安全。审计工作报告和审计结果报告得到省人大、省政府充分肯定，省长专题听取工作汇报并作出批示，省政府召开常务会议，专题研究部署审计查出问题整改工作。

对省政府投资基金实施专项审计调查，重点关注资金投向和基金治理结构，切实保障财政资金杠杆作用和乘数效应的有效发挥，促进提高服务实体经济水平和金融风险防范能力。

经济责任审计 全省审计机关完成领导干部经济责任审计项目 1558 个，查出领导干部负有直接责任的问题金额 755.68 亿元。省审计厅根据省委组织部委托，对 63 名省管领导干部开展经济责任审计。坚持“党政同责、同责同审”，对 24 名地方党政领导干部、12 名省属高校领导人员和 2 名省属金融企业领导人员开展党政同步审计；稳步推进任中审计，领导干部任中审计比重由上年的 40%增至 57%；开展地方“两长”经济责任审计，对 11 名设区市法院院长、检察院检察长开展经济责任审计。持续推进“三责联审”和异地交叉审计，实施有重点的轮审计划。

2017 年，全省各级审计机关共开展领导干部自然资源资产离任审计项目 19 个，涉及市、县级党政领导干部 23 人。省审计厅结合连云港市党政主要领导干部经济责任审计，同步开展领导干部自然资源资产离任审计。各设区市审计机关和部分有条件的县级审计机关，结合地区主体功能定位和领导干部岗位职责特点，有针对性地组织开展领导干部自然资源资产离任审计试点工作。

固定资产投资审计 全省17个有援建任务的审计机关对江苏省对口支援新疆发展资金和项目开展跟踪审计，共出具审计报告24篇，审计提出建议75条，促进建立健全规章制度6项。核减工程结算价款1.6亿元。省审计厅对省民防教育体验馆项目进行专项审计，对江苏大剧院建设项目进行跟踪审计，促进建设单位完善内控制度，提高投资效益，节约建设资金。

民生资金（项目）审计 持续做好保障性安居工程跟踪审计工作，全省审计机关对74个市、县（市、区）2016年保障性安居工程及配套基础设施的计划、投资、建设、分配、运营等情况进行审计，延伸调查1142个村的2781户农村危房改造家庭和506个安居工程项目的建设管理情况。省审计厅组织13个设区市审计机关对12个省定经济薄弱县（市、区）省级财政扶贫资金的分配、管理和使用情况进行专项审计调查，查出违规使用的扶贫小额贷款4767万元、挤占挪用省财政扶贫资金895万元并全部追回。组织对2016年度省级就业专项资金开展审计，并延伸审计南京等3个设区市，重点抽查社会保险补贴、职业培训补贴等资金的管理使用情况。组织7个设区市审计机关对39个市、县（市、区）城镇居民医疗保险和新型农村合作医疗保险2016年末基金结余、债权债务，以及2017年1月至3月参保缴费、收支规模等情况进行审计。

农业与资源环保审计 省审计厅继续开展省级太湖水污染治理项目及资金跟踪审计，重点关注太湖治理专项工作、长效机制建立情况，促进加快完成太湖污染治理项目124个，关闭违规畜禽养殖场1604家，收缴违规申报和结余资金1.73亿元。根据审计署授权，做好世界银行贷款江苏省供水及环境综合治理项目、世界银行贷款江苏省淮河流域重点平原洼地治理项目、亚洲开发银行贷款江苏盐城湿地保护项目和全球环境基金中国缓解大城市拥堵和减少碳排放项目（苏州）等4个外资审计项目，并对审计结果进行公告，推动完善项目管理和规范外资使用。

金融审计 省审计厅对新华报业集团等企业进行审计，重点关注企业执行国家和省重大政策措施、资产损益真实合法效益，以及提质增效、风险管控和内部管理等情况，推动健全完善相关制度，促进国有企业深化改革、创新发展，实现国有资本保值增值。

企业审计 省审计厅对江苏银行股份有限公司开展审计，重点关注贯彻执行党和国家宏观经济金融政策、遵守有关法律法规和财经纪律，以及银监“三违反”“三套利”“四不准”等重点监管指标，促进提高服务实体经济水平和金融风险防范能力。

审计机关人财物管理改革试点 按照省委、省政府和审计署的部署要求，全面推开全省审计机关人财物管理改革试点，各项工作迈出实质性步伐。在2016年出台《江苏省审计机关人财物管理改革试点实施方案》和审计机关领导干部管理、机构编制和人员管理、经费和资产管理等3项配套文件的基础上，省审计厅研究制定《江苏省审计机关审计项目计划管理办法（试行）》《江苏省审计机关审计工作报告审定办法（试行）》等10多项配套制度，形成“1＋3＋N”管理改革制度体系。为强化省级审计机关业务管理职能，省机构编制委员会批准省审计厅增设综合处和绩效督查处。13个设区市均出台本地区人财物管理改革试点方案，制定领导干部管理、机构编制和人员管理、经费和资产管理等方面的操作流程、实施意见和具体措施。省市县三级审计机关“上下联动、整体推进”的工作格局已经形成。

信息化建设 加强审计信息化建设统筹规划，全面启动金审工程三期项目建设。立足服务审计一线，整合统筹全省资源，推进审计数据归集，完成全省财政数据采集报送。省审计厅自主开发的审计电子数据智能采集报送系统被评为2017年“智慧江苏建设重点示范工程”。推进网上审理系统建设，省审计厅完成建设并投入使用，各设区市审计局软硬件环境建设均已完成。加大审计信息化人才培养力度，办好工程软件硕士班，精心组织举办审计大数据分析专题培训班，全省103名审计业务骨干参加培训。 （撰稿人：陈乙祯）

【南京市审计局】 2017年，南京市审计局人员编制204人，实有187人。党组书记、局长姬桂玲，副局长周奇、万晓义、朱益强（1月—）、张彦勤（4月—），总审计师朱益强（—1月）、任慧莉（4月—），纪检组长赵镭裕（—8月），巡视员施卫国（—8月）、徐卫平（—12月）、林林，副巡视员赵镭裕（8月—）、陈永康。设有14个处室，另按有关规定设置机关党委。其中，撤销行政事业审计处、农业与资源环保审计处、直属审计一局和直属审计二局；新设行政政法审计处、科教文审计处、农业审计处、资源环境审计处；下设南京市政府投资项目审计中心、审计干部培训中心。

审计成果 2017年，南京市审计局完成审计项目61个。查出主要问题金额462亿元，增收节支和挽回损失38亿元，核减政府投资35亿元；移送处理事项31件。

江宁经济技术开发区管委会领导干部经济责任审计项目，被审计署评为2017年全国地方表彰审计项目。南京市审计局、扬州市审计局联合实施的溧阳市医疗保险基金审计项目，被审计署评为2017年全国医疗保险基金表彰审计项目。

国家重大政策措施落实情况跟踪审计 根据上级审计机关统一部署，组织开展扶贫专项资金审计、创新政策措施落实情况审计调查、省重大项目跟踪审计等项目，促进创新驱动等有关政策落实到位。

财政审计 对南京市本级一般公共财政预算等“四本预算”和108家一级预算单位部门预算实行审计全覆盖。组织实施10个专项资金审计，审计资金量占市本级专项资金预算安排的30%。向市人大常委会报告2016年度南京市本级预算执行和其他财政收支的审计情况、市本级预算执行和政府投资建设项目审计查出问题整改情况。加强对各区同级审计工作的指导，首次对各区审计工作报告进行审定。

经济责任审计 组织实施领导干部经济责任审计项目30个，其中市管领导干部任中审计比例达62.5%。向28名主要领导干部发放任职经济责任告知书，会同市委组织部安排3个单位的离任经济责任事项交接备案。首次对领导干部经济责任审计结果实施综合公告。

市委办公厅、市政府办公厅印发《南京市领导干部自然资源资产离任审计试点方案》，在市区两级全面部署领导干部自然资源资产离任审计试点工作。以土地资源、水资源及大气污染防治为重点，开展溧水区原区长自然资源资产离任审计试点。全市审计机关共完成领导干部自然资源资产离任审计项目12个。

固定资产投资审计 对地铁机场线等10个重大项目开展竣工决算审计，核减政府投资35亿元。对保障性安居工程等21个重点项目开展跟踪审计。首次向市人大常委会专题报告2016年政府投资建设项目审计情况。

信息化建设 实施市区审计信息系统“一体化”建设，实现市区两级财政审计数据集中管理。31个审计项目利用审计数据中心数据资源开展审计，全市审计机关连续4年实现财政和部门预算执行审计全覆盖，所有投资审计自审项目和备案类项目全部纳入投资审计系统统一管理。对15个政府部门政务信息系统开展审计。南京市审计局及11个区审计局建成以电子文件全程一体化管理为基础的省5A级数字档案室。国家档案局批准南京市审计局数字档案室为“全国示范数字档案室”。数字档案管理系统被评为2017年“智慧江苏”信息化应用示范工程。

（撰稿人：靳　乐）

【无锡市审计局】 2017年，无锡市审计局人员编制94人，实有86人。局长刘燕萍，副局长谢浩峻、龚备英、潘海刚、唐盈洁。设有办公室（信息处）、法制综合处（审计督察处）、财政审计处、金融审计处、行政事业审计处、社会保障审计处、企业审计处、农业与资源环保审计处、固定资产投资审计处、外资运用审计处、经济责任审计与内部审计指导处、计算机审计处、人事教育处、机关党委等职能处（室）。

审计成果 2017年，无锡市区两级审计机关完成审计项目258个，专项审计调查项目18个。查出主要问题金额4947614万元，其中违规金额228959万元、损失浪费金额60598万元、管理不规范金额4658056万元；审计发现非金额计量问题625个；损益（收支）不实金额227422万元；审计发现侵害人民群众利益558万元；出具审计报告和专项审计调查报告372篇。审计处理处罚金额1308025万元，其中应上缴财政173836万元、应减少财政拨款或补贴79587万元、应归还原渠道资金47812万元、应缴纳其他资金687万元、应调账处理金额1006101万元；移送司法机关、纪检监察机关和有关部门处理事项56件，移送处理人员21人，移送处理金额70558万元。审计促进整改落实有关问题金额349153万元；审计促进拨付资金到位533万元；审计后挽回（避免）损失25067万元；核减投资额124672万元；移送处理落实事项8件。审计提出建议617条；推动被审计单位制定整改措施81项；促进被审计单位制定、完善规章制度21项；提交审计信息146篇。向社会公告审计结果28篇。

无锡市公共工程建设中心主任任期经济责任审计项目，被审计署评为表彰审计项目，被江苏省审计厅评为优秀审计项目。

国家重大政策措施落实情况跟踪审计 无锡市审计局根据审计署、省审计厅统一部署，围绕供给侧结构性改革和“三去一降一补”任务落实，先后对扶贫政策、创新政策、省重点项目推进、政府性债务管理等政策措施落实情况及其效果实施跟踪审计。

财政审计 全市审计机关完成各级财政预算执行情况审计、税收征管审计、71个部门预算执行审计、32个专项资金审计，推动财税管理不断完善，提高财政资金使用绩效。

经济责任审计 全市审计机关对96名领导干部（人员）实施经济责任审计，其中任中审计占41%，查出领导干部负有直接责任和主管责任的违规金额13.46亿元。开展领导干部自然资源资产离任审计项目3个。无锡市审计局将容错纠错理念贯穿领导干部经济责任审计之中，提请市委、市政府出台《关于在领导干部经济责任审计中建立容错纠错机制的办法》，全年有4个经济责任审计项目6个问题按规定的程序给予容错免责。

固定资产投资审计 全市完成政府投资审计项目93个，核减工程投资12.47亿元，其中无锡市审计局对轨道交通工程连续跟踪审计7年，累计核减投资额9.45亿元。

民生资金（项目）审计 全市审计机关对该市879个村级“三资”管理情况进行审计，重点审计83个村，发现问题541个。促进无锡市委办、市政府办《关于进一步加强村级资金、资产、资源监管的实施意见》的出台。

审计机关人财物管理改革试点 无锡市委市政府研究出台《无锡市审计机关人财物管理改革试点实施方案》，市组织部、编办、财政局、人社局等部门相继联合审计局出台人事管理、编制管理、财物管理等配套文件，相关改革试点工作可以在无锡落到实处。

审计整改 无锡市审计局将审计发现问题整改销号纳入常态工作，近两年对上年度审计发现的1234个问题进行整改，整改“销号”1048个，涉及金额122.86亿元，“挂号”186个，基本实现审计发现问题整改落实全覆盖。

（撰稿人：伏小军）

【徐州市审计局】 2017年，徐州市审计局人员编制75人，实有70人。局长刘新川（3月—），副局长卢海良、冯志强、马绪明、屈哲、王锐英，调研员董明灿（3月—）。设有办公室、外资运用审计处、计算机审计处、法规处、财政金融审计处、行政事业审计处、社会保障审计处、农业与资源环保审计处、固定资产投资审计处、企业审计处、城市土地经营审计处、任期经济责任审计与内部审计指导处、机关党委（人事处）等13个职能处（室）。

审计成果 2017年，徐州市县两级审计机关完成审计项目521个。查出主要问题金额13172436万元，其中违规金额1720089万元、损失浪费金额56796万元、管理不规范金额11395550万元；审计发现非金额计量问题286个；损益（收支）不实金额213444万元；出具审计报告和专项审计调查报告389篇。审计处理处罚金额1224447万元，其中应上缴财政561170万元、应减少财政拨款或补贴5234万元、应归还原渠道资金244802万元、应调账处理金额413242万元；移送司法机关、纪检监察机关和有关部门处理事项12件。审计促进整改落实有关问题金额897042万元，其中增收节支233183万元；审计后挽回（避免）损失3509万元。审计提出建议588条。向社会公告审计结果6篇。

徐州市审计局实施的文化艺术学校经济责任审计项目，被省审计厅评为表彰审计项目。

国家重大政策措施落实情况跟踪审计 对扶

贫政策、创新政策、省重大项目进度及政府性债务管理政策落实情况进行跟踪审计，揭示教育扶贫政策措施落实不到位等问题 49 个，提出审计建议 17 条。

财政审计 市县两级审计机关共对 99 个单位开展预算执行或财政决算审计，查出主要问题金额 2941490 万元。

经济责任审计 全市实施 217 名党政负责同志的任期和离任经济责任审计，查出违规问题金额 1416643 万元、管理不规范金额 6564897 万元，促进增收节支 136483 万元。

固定资产投资审计 对城市轨道交通、三环高架快速路、奥体中心景观绿化工程等 60 余项工程开展跟踪审计和工程决（结）算审计，工程决（结）算送审金额 667610 万元，核减及节约工程投资 88572 万元。在全省审计系统率先出台《PPP 项目审计操作规程》，创新开展 PPP 项目审计。

民生资金（项目）审计 开展宿迁市城镇保障性安居工程、徐州市本级就业资金、土地出让金、住宅专项维修资金、城镇居民医保和新农合基金、扶贫专项资金、市区小学校建设、支援新疆伊犁州奎屯市发展资金和项目等 8 个审计或审计调查，其中宿迁市城镇保障性安居工程、城镇居民医保和新农合基金、市区小学校建设等专项审计项目，查出主要问题金额 11687 万元。利用数字化平台开展的金湖县医保基金审计项目因查出问题多、数额大，被列入审计署 2017 年第 1 号审计公告。

企业审计 市县两级审计机关共对 5 个企业进行审计和审计调查，查出主要问题金额 3891 万元。

信息化建设 在医疗保险基金等 10 余个项目中进行全面应用数字化平台开展审计，探索出一条实时跟踪、联网核查、远程监督的大数据民生审计新路径，发现常规审计难以发现的重复支付资金、套取骗取资金等问题线索 50 余条，节约财政资金 4224 万元。徐州市审计局 BIM（建筑信息化模型）技术应用被审计署固定资产投资审计司列入“全国公共投资审计新技术研究行动计划”；“BIM 系统平台建设应用”项目入选“2017 年智慧江苏审计信息化应用示范工程”。

（撰稿人：朱　真）

【常州市审计局】 2017 年，常州市审计局人员编制 77 人，实有 71 人。局长钱亚明，副局长吕全斌、罗志敏、朱亦萍，总审计师王祥君，专职委员邹启堂。设有办公室、法制综合处、财政审计处、金融审计处、行政事业审计处、经贸审计处、社会保障审计处、固定资产投资审计处、农业、水利与环保审计处、外资审计处、经审指导处、计算机审计处、审计业务监督处、人教处、机关党委。

审计成果 2017 年，常州市区两级审计机关完成审计项目 113 个。查出主要问题金额 3204240 万元，其中违规金额 296370 万元、管理不规范金额 2907870 万元；审计发现非金额计量问题 466 个；损益（收支）不实金额 357902 万元；出具审计报告和专项审计调查报告 180 篇。审计处理处罚金额 729876 万元，其中应上缴财政 196335 万元、应减少财政拨款或补贴 56541 万元、应归还原渠道资金 120927 万元、应调账处理金额 356071 万元；移送司法机关、纪检监察机关和有关部门处理事项 19 件，涉及 2 人，金额 6877 万元。审计促进整改落实有关问题金额 561880 万元，其中增收节支 301980 万元、已调账处理金额 255159 万元；审计促进拨付资金到位 3671 万元；审计后挽回（避免）损失 156 万元。审计提出建议 369 条；推动完善规章制度 66 项。向社会公告审计结果 6 篇。

国家重大政策措施落实情况跟踪审计 常州市区两级审计机关按季度围绕扶贫政策措施落实情况、国家和省创新政策措施落实情况、全省重大项目建设情况和政府性债务等重点，分别开展重大政策措施落实情况跟踪审计。一季度，赴淮安市开展异地审计，对 39 个扶贫项目、23 个贫困村和 100 多户农户进行走访检查。二季度，开展创新政策调查，延伸审计发改、经信、科技、财政、人社、国土、税务等部门，分别对 46 个项目进行实地走访、273 个项目实施问卷调查。三季度，围绕常州市列入全省重大项目的建设情况开展审计。四季度，赴苏州围绕政府性债务相关政策措施的落实情况进行审计。此外，常州市审计局组成审计组赴镇江市对该市2016年度城镇保障性安居工程开展情况进行交叉审计，共查出主要问题金额6000多万元。

财政审计 坚持深化全口径预算执行审计，探索实施政府决算草案审计。审计工作报告揭示8类34个方面的问题，提出深化预算管理改革、严格预算执行管理和加强专项资金监督等建议。首次执行上级审计机关对下级审计机关的“预算执行审计工作报告”审定制度，对辖市区的“同级审”报告进行审定，共向辖市区审计局提出并落实修改意见19条。

经济责任审计 对14个单位的19名党政领导干部实施任期经济责任审计，其中14人为任中审计；根据《常州市管经济责任审计对象离任经济事项交接办法（试行）》，对4名部门主要领导实施离任交接。常州市审计局共延伸审计78个下属单位，指出在预算编制、预算资金使用、结余资金的处置等方面存在的具体问题，下达审计决定收缴财政资金239.3万元。

固定资产投资审计 对戚墅堰污水处理厂三期工程、青洋路高架北延工程、援建新疆乌恰电视台等项目的竣工决算审计和中医院急诊病房综合楼、轨道交通2号线一期工程的年度审计任务，对报业传媒大厦、青果巷历史文化街区、常溧高速、文化广场以及轨道交通等9个项目进行建设跟踪审计，共核减投资2568.11万元，节约资金9053.06万元。严格执行《关于政府投资工程项目复审中介机构、审计专家选聘办法的意见》，公开择优选择6家中介机构，对4个政府投资工程项目进行复审，涉及金额5.39亿元。全程审计跟踪的援建乌恰电视台项目荣获新疆维吾尔自治区“天山奖”。

审计整改 加强“同级审”查出问题整改工作，常州市政府专门召开审计整改工作督办会，财政缴库和收回资金8.1亿元，税收查补、追缴入库378.44万元，相关单位上缴财政431.81万元，财政扣减相关单位经费指标1381.22万元；市政府出台文件4项，市财政与有关部门联合出台文件3项，被审计单位制定完善内部管理制度及办法14项。

信息化建设 经济责任审计管理系统全面运行，已上传2015—2016年度被审计的43名领导干部经济责任审计信息。财政数据审计系统通过评审验收。政府投资审计管理系统加强覆盖，在轨道交通审计中试运行情况良好，从送审到审计三级复核在系统内融合完成。（撰稿人：陆华东）

【苏州市审计局】 2017年，苏州市审计局人员编制100人，实有83人。局长黄正栋（—2月）、顾浩（2月—），副局长周雨晨（—1月）、陆旭东、徐敏华，总审计师吉宁，党组成员张海昌。设有办公室、法制综合处（审计督察处）、财政审计处、行政事业审计处、农业与资源环保审计处、固定资产投资审计处、金融审计处、经贸审计处、社会保障审计处、外资运用审计处、任期经济责任审计与内部审计指导处、计算机审计处、信息处、组织人事处、监察室；下设苏州市经济责任审计中心（事业单位）。

审计成果 2017年，苏州市区两级审计机关完成审计项目316个。查出主要问题金额6205418万元，其中违规金额221239万元、损失浪费金额3175万元、管理不规范金额5981002万元；审计发现非金额计量问题1830个；损益不实金额630454万元；出具审计报告和专项审计调查报告454篇。审计处理处罚金额680285万元，其中应上缴财政124846万元、应减少财政拨款或补贴26080万元、应归还原渠道资金45952万元、应调账处理金额478576万元；移送司法机关、纪检监察机关和有关部门处理事项18件。审计促进整改落实有关问题资金633385万元，其中增收节支162339万元、已调账处理金额466244万元、审计后挽回损失24463万元；审计提出建议1107条；提交审计信息155篇。向社会公告审计结果20篇。

国家重大政策措施落实情况跟踪审计 对淮安市淮阴区国家和省重大扶贫政策落实、苏州市创新政策措施落实、苏州市重大项目推进和无锡市政府性债务管理政策措施落实情况进行跟踪审计，发现各类问题55个，查出管理不规范资金6512.6万元，提出审计意见建议53条。

财政审计 苏州市审计局对“四本预算”从预算编制、执行到决算草案开展全口径、全过程监督。采用“1+N”的组织方式，将预算执行审计视为整体，整合各种信息资源，进行多方数据关联，实现数据的立体化、多维度挖掘，有效提升分析质量。在对涉企专项资金审计中，充分利用税保等各类平台对领取财政专项资金的企业进行疑点筛选，挖掘出审计疑点。审计工作报告得到市人大常委会充分肯定。

经济责任审计 对151名领导干部开展经济责任审计，其中任中审计19人。在机关事业单位领导干部经济责任审计中，重点关注专项资金的设置、使用以及绩效情况。在国有企业领导干部经济责任审计中，重点关注国有企业的运行情况、盈利情况、资产管理情况等内容。苏州市审计局对吴江区开展自然资源环境责任审计，发现具体审计问题37个。关注2016年常熟市自然资源资产离任审计试点项目查出问题的整改。

固定资产投资审计 完成工程投资审计64个，累计核减工程款2.68亿元。苏州市审计局实施苏化厂一期污染土壤治理项目跟踪审计，全面启动援疆跟踪审计2个工程结算项目后方审计工作。完成“交钥匙”援疆工程霍尔果斯红豆服装厂厂房工程和配套区标准厂房工程竣工结算审计后方初审。开展常嘉高速公路工程、七浦塘拓浚整治工程跟踪审计。推进轨道2号线的结算抽审工作。

民生资金（项目）审计 按照省审计厅的统一安排，苏州市审计局对无锡市2016年保障性安居工程的计划、投资、建设、分配、运营等情况进行审计，审计中发现的10个问题受到省审计厅和无锡市政府的肯定和高度重视。

农业与资源环保审计 组织对《苏州市生态补偿条例》执行情况的审计调查，调查报告得到市人大常委会副主任的肯定。

企业审计 苏州市审计局采用企业自查与审计现场核查相结合的方式，对市级19个部门（不含市国资委）所属123家市属国有企业进行审计调查，并以专题形式向市政府作报告。

审计科研 举办以“互联网＋、大数据驱动下的审计创新”为主题的第六届青年审计论坛。课题成果《基于基层审计机关投资审计风险的思考和建议》一文被中国审计学会选用，应邀专程到北京座谈交流。 （撰稿人：杨　洋）

【南通市审计局】 2017年，南通市审计局行政编制84人、事编制业14人、行政附属编制5人，实有94人。局长顾宗瑜，副局长陈铭鑫、张亚萍、施宏伟、庄爱张，总审计师陆海燕，局长助理彭建新、蔡忠兵，机关党委书记鲍丹，机关党委副书记、机关党委纪委书记朱新一，副调研员魏燕。设有财政金融审计处、行政事业审计处、农业与资源环保审计处、固定资产投资审计一处、固定资产投资审计二处、经贸审计处、社会保障审计处、外资运用审计处、开发区审计处、经济责任审计处（内部审计指导处）、计算机审计处、办公室、法规综合处（审计督察处）、人事教育处、机关党委；下设固定资产投资审核中心（事业单位）。

审计成果 2017年，南通市县两级审计机关完成审计项目248个，专项审计调查项目21个。查出主要问题金额4844652万元，其中违规金额148491万元、损失浪费金额139万元、管理不规范金额4696022万元；审计发现非金额计量问题929个；损益（收支）不实金额263988万元；出具审计报告和专项审计调查报告453篇。审计处理处罚金额657041万元，其中应上缴财政155036万元、应减少财政拨款或补贴384317万元、应归还原渠道资金7045万元、应缴纳其他资金8538万元、应调账处理金额102103万元；移送司法机关、纪检监察机关和有关部门处理事项93件，移送处理人员48人，移送处理金额14940万元。审计促进整改落实有关问题金额419800万元；审计促进拨付资金到位8666万元；审计后挽回（避免）损失357264万元；核减投资额385155万元。审计提出建议919条；推动被审计单位制定整改措施12项；促进被审计单位制定、完善规章制度68项。向社会公告审计结果369篇。

南通市审计局组织实施的国有企业不动产出租出售情况审计调查项目，获南通市政府颁发的创新奖；如皋市审计局实施的安置房建设安置管理情况审计调查项目，被省审计厅评为表彰审计项目。

国家重大政策措施落实情况跟踪审计 市县两级审计机关对获得28300万元省级补助资金的142个科技创新项目进行检查，所揭示的部分项目申报资料不实、实施进度缓慢、部分资金池工作管理不规范等问题被纳入江苏省审计厅综合报告。南通市审计局实施市区“营改增”政策落实情况，轨道交通、兴东机场扩建、沪通铁路南通西站综合交通枢纽、唐闸张謇近代工业遗存保护开发和南通港扩容提升等5个重大项目进度情况的专项审计调查。完成对滨海县2016年国家和省重大扶贫政策措施落实情况的专项审计调查。

财政审计 南通市审计局完成对市级预算执行及其他财政收支的审计，突出对政府专项资金安排使用、非税收入征管、市本级财政设立和参与投资的基金运作、市级政府债务及国有资产经营公司融资等专题的审计监督，查出部分单位代征的基金（费）、市开发区预算收入未及时上缴国库、企业逾期借款未及时收回等问题，首次向市委常委会、市政府常务会议报告审计情况。

经济责任审计 市县两级审计机关对123名领导干部进行经济责任审计。南通市审计局开展对市发改委领导的经济责任审计，促进多家临时办事机构将10991.3万元闲置财政资金上缴国库。首次组织市县两级审计机关对全市法院系统领导干部经济责任开展交叉审计。南通市审计局开展崇川区、启东市、海门市党政主要领导干部自然资源资产离任审计项目。

固定资产投资审计 市县两级审计机关在固定资产投资审计中，核减工程造价385155万元。南通市审计局开展新一轮援疆审计，跟进市区轨道交通、五山风景区、中央创新区等重大工程项目建设。

民生资金（项目）审计 南通市审计局开展住宅专项维修资金管理绩效审计，揭示维修资金增值收益未纳入专户核算、多头开户存储等7大类10个问题，促使开发区将1900余万元维修资金增值收益归还原渠道；开展市区公立医院医药价格综合改革政策执行情况审计调查，揭示药品销售未能真正实现零差价、非治疗性辅助药品及卫生耗材使用未得到有效控制，造成患者就医负担有所增加等问题。

企业审计 南通市审计局开展市属国有企业2014年至2016年不动产出租出售情况审计调查，涉及市国资委及市财政局监管的75家企业，揭示国有企业不动产管理存在违规决策、权力寻租等问题，促进土地规范管理，挽回损失8181.79万元，1名企业负责人已被查处。

信息化建设 拓展南通数字化审计综合平台功能，实现在两级审计机关的全面部署和投入使用。综合平台建设项目被省审计厅评为“2017年智慧江苏审计信息化应用示范工程”。

（撰稿人：陈　洋）

【连云港市审计局】 2017年，连云港市审计局人员编制85人，实有81人。局长秦洁，副局长杨成功、刘林、郑厚明、马强，纪检组长赵洁（—7月），总审计师刘善法，经济责任审计局局长郑厚明（兼），副调研员许翠娥（8月—）。设有办公室、法规处（审计督察处）、财政金融审计处、行政事业审计处、农业与资源环保审计处、固定资产投资审计处、企业审计处、社会保障审计处、外资运用审计处、任期经济责任审计和内部审计指导处、计算机审计处、人事教育处、机关党委、监察室；下设市经济责任审计局和市政府投资建设资金审核中心。

审计成果 2017年，连云港市县两级审计机关完成审计项目159个。查出主要问题金额5942167万元，其中违规金额221810万元、损失浪费金额861万元、管理不规范金额5719495万元；审计查出非金额计量问题611个；损益（收支）不实金额1073508万元；审计期间整改金额4491万元；出具审计报告和专项审计调查报告219篇。审计处理处罚金额43601万元，其中应上缴财政3929万元、应归还原渠道资金39054万元、应缴纳其他资金49万元、应调账处理金额568万元；移送处理事项23件，移送处理人员10人。审计促进整改落实有关问题资金172万元；审计促进拨付资金到位31万元；审计后挽回损失33万元；核减工程投资5654万元。审计提出建议431条。向社会公告审计结果41篇。上报审计专报7期。

1个项目被省审计厅评为表彰审计项目。

国家重大政策措施落实情况跟踪审计 根据省审计厅的统一安排，完成对徐州市扶贫政策措施、创新政策措施、省重点项目进度、盐城市政府性债务管理政策措施落实情况跟踪审计。

财政审计 完成连云港市财政局、地税局、连云港高新区2016年度市级预算执行和其他财政收支情况审计；完成对市机关事务管理局、市环保局、市委农工办、市质监局、市交通局、市城建局、市政府外侨办和市文广新局2014—2016年度预算执行情况的审计。完成市新世界文化城文化活动中心预算执行审计。

经济责任审计 开展省审计厅授权对徐州市委常委、徐州经济技术开发区党工委原书记离任审计和开发区管委会主任任中审计及洪泽县委原书记离任审计（离任审计同时进行三责联审）；完成对连云区原区长（同时进行自然资源资产离任审计）、市机关事务管理局原局长、市环保局原局长、市委农村工作办公室原主任、市质监局原局长、市交通局原局长的离任审计，市城建局局长、市政府外侨办主任、市文广新局局长、市农发集团董事长、连云区审计局局长的任中审计。

固定资产投资审计 开展对口支援新疆发展资金和项目、连徐客专征地拆迁、市新建妇幼保健中心、解放东路道路改造出新工程、市广播影视文化产业城、市综合客运枢纽一期工程的固定资产投资审计项目。

民生资金（项目）审计 根据省审计厅的统一安排，实施徐州市本级和新沂市保障性安居工程审计、淮安城镇居民医保和新农合基金清算审计。完成市级职业教育、城市公共交通设施建设、体育产业发展引导、平安“天眼”工程建设资金审计调查。统一组织对全市辖区内黑臭水体治理情况实施审计。

审计机关人财物管理改革试点 推动连云港市委、市政府出台《审计机关人财物管理改革试点实施方案》，配套出台3个文件。组织召开县（区）审计局领导班子述职暨民主测评工作会议。实现审计项目计划“全口径”管理，组织开展县（区）审计机关综合管理、审计业务、重大事项报告等考核。在全省率先实现市、县（区）审计机关总审计师职位全覆盖。事业单位改革有序推进，全额拨款事业单位转参公、差额和自收自支转全额全面启动。 （撰稿人：刘　明）

【淮安市审计局】 2017年，淮安市审计局人员编制56人，实有54人。局长贺宝祥，副局长徐增道、冯长尧、蒋启波、狄运中，总审计师刘孝武，纪检组长贾洪军。设有办公室、法规处、财政金融审计处、行政事业审计处、社会保障审计处、农业与环境资源审计处、固定资产投资审计处、外资运用审计处、企业审计处、任期经济责任与内部审计指导处、计算机审计处、人事教育处、监察室、园区审计处；下设固定资产投资审计中心（事业单位）。

审计成果 2017年，淮安市县两级审计机关实施审计项目581个。查出各类违纪违规金额73亿元、管理不规范金额63.3亿元。审计期间促进整改金额11.88亿元；审计后促进增收节支11.27亿元。提出审计建议并被采纳2103条，被采用的各类信息、报告及论文等830余篇。

国家重大政策措施落实情况跟踪审计 对淮安市2016年以来创新政策措施落实情况进行审计，对5项省级相关专项资金的49个重大项目单位进行实地核查及问卷调查，对市、县（区）级相关专项资金进行审计，审计范围共涉及省、市、县相关创新资金2.1亿元，查出部分专项资金未及时拨付、个别项目未及时开工、个别创新资金池未发挥应有效应等问题。对2017年重大项目进度情况跟踪审计，揭示各类问题17个，节约投资1391万元，规范资金2950万元。按照省审计厅统一部署，对泗阳县2016年落实国家和省重大扶贫政策措施情况以及徐州市政府性债务管理政策措施落实情况进行审计。

经济责任审计 出台领导干部任中点审暂行办法。组织对25名市管党政主要领导干部开展经济责任审计，其中任中审计13人，占比超过50%。在审计实施过程中，出台《淮安市领导干部异地交叉审计暂行办法》，统一交叉审计的口径，提升效率和质量。全面推进自然资源资产审计试点，淮安市审计局对洪泽区领导干部资源资产责任进行审计，重点审计区土地资源使用情况。金湖县审计局认真组织开展经济开发新区（银涂镇）水资源资产责任审计，对镇级资源开发、利用保护在管理机制、执法权限、监测与统计等方面的责权利情况开展翔实的调查。

固定资产投资审计 对快速路一期工程10个标段、民用机场二期扩建工程、金融中心BC两个组团等133个重点项目实施跟踪和结算审计，对承德路大桥等9个项目实施复审，共核减投资5.13亿元，核减率13.63%；提出审计建议并被采纳264条，消除质量和安全隐患64起，促进项目实施单位建章立制25项。

民生资金（项目）审计 对2014年至2017年3月城镇居民医保和新农合基金的结余及债权、债务等情况进行清算审计；对淮安市农委管理的“4+1”现代农业产业化发展引导资金、市卫生计生委管理的惠民医院建设资金、市民政局管理的城市居民最低生活保障资金、市住建局管理的保障性住房建设资金进行专项审计调查。组织全市审计机关在7个县区选择16个乡镇，实施“镇村联审”。通过审计，发现违纪违规金额2.15亿元、管理不规范金额1.42亿元。向市纪委出具44份审计移送处理书，涉及问题线索181个、金额1.14亿元。

审计整改 建立审计整改长效机制，拟定并提请淮安市政府出台《关于进一步加强审计整改工作意见》，对建立整改交办机制、规范整改行为、坚持对账销号、抓好检查问责和整改结果通报公告等，进行明确和规范。（撰稿人：张路路）

【盐城市审计局】 2017年，盐城市审计局人员编制65人，实有64人。局长吴先国，副局长陈献东、孙红青、刘秋凤，总审计师李树峰。设有办公室、组织人事处、计算机审计处、法制处、督查执行处、固定资产投资审计一处、固定资产投资审计二处、财政金融审计处、任期经济责任审计办公室（自然资源资产审计处、内部审计工作指导处）、经贸审计处、行政事业与社会保障审计处、农业与资源环保审计处（外资运用审计处）等12个内设机构；另有机关党委；下设盐城市政府公共工程审计中心（事业单位，编制20人，实有16人）。

审计成果 2017年，盐城市县两级审计机关完成审计项目346个。审计查出主要问题金额1698.34亿元；出具审计报告和审计调查报告403篇。通过核减政府投资项目决算造价节约财政资金18.49亿元，促进增收节支8.76亿元，挽回损失1.97亿元，资金拨付到位19.13亿元，通过清收往来、调账处理等方式整改管理不规范资金350亿元；累计向纪检、监察及相关主管部门移送案件线索44件。审计提出建议936条；提交审计信息423篇。向社会公告审计结果200多篇。

大丰区审计局实施的大丰区职业教育中心2007年至2014年财务收支审计项目，被省审计厅评为优秀审计项目。

国家重大政策措施落实情况跟踪审计 围绕供给侧结构性改革、简政放权、“三去一降一补”、创新创业、精准扶贫、重大项目推进等事项，开展政策措施落实情况跟踪审计，促进取消、合并、下放行政审批事项10多项。根据扶贫政策落实情况审计发现的问题，相关主管单位对有关责任人诫勉谈话18人次。

财政审计 首次对市本级430多家一、二级预算单位实行审计全覆盖，将中央八项规定和省市委十项规定精神执行、“三公两费”管理使用列入必审内容，选取“营改增”对财政收入影响、产业升级专项资金使用效果、政府投资重点工程建设绩效等多个专题开展专项审计，拓展“同级审”的广度和深度，得到市委、市政府和市人大常委会的充分肯定。

经济责任审计 对154名领导干部实施任期经济责任审计，涵盖党政机关、企业、学校、医院等各个领域；首次统一组织对89个村（居）负责人履行经济责任情况开展审计。盐城市审计局首次对地方党政领导履行自然资源资产责任情况进行审计，重点关注土地资源、水资源、空气质量、林地建设等自然资源资产，促进自然资源的合理开发、节约利用和有效保护。

固定资产投资审计 依法依规实施决算审计，对重大政府投资工程开展重要节点跟踪审计，在促进节约大量财政资金的同时，提升工程建设管理效益。

民生资金（项目）审计 组织实施“三农”、教育、文化、卫生、社保、援疆等10多项专项审计，促进惠民政策落实和民生资金真正用之于民、用出效益。盐城市审计局组织阜宁、射阳两县审计局，持续对“6·23”风雹灾害救灾款物、灾后重建工程开展审计，3名审计干部被市委、市政府授予三等功。

企业审计 对纳入盐城市国资委监管的12户国有企业经营绩效实行常态化监督，审计结果获得市委、市政府主要领导充分肯定，相关企业积极采纳审计建议，落实整改。

信息化建设 自主研发的政府投资项目审计管理平台，获得“省政府法制创新奖”。自主研发的部门预算执行审计系统，实现由以单位为主体实施全面审计到以内容为主线实施全覆盖审计调查的转变。

审计机关人财物管理改革试点 盐城市委、市政府出台《审计机关人财物管理改革试点实施方案》，市委组织部制定《改进县级审计机关领导干部管理制度的实施办法》；部分县（市、区）审计局局长和市审计局科级空缺职位及时配备到位；盐城市审计局增设自然资源资产审计处；市审计局首次对9个县（市、区）局“同级审”工作报告进行审定。

相关工作 盐城市审计局和9个县（市、区）审计局被评为地方党委、政府目标任务考核综合先进单位；盐城市内环高架路网项目、新水源地建设项目跟踪审计组，被市总工会授予“工人先锋号”荣誉称号。 （撰稿人：郭 红 陶振华）

【扬州市审计局】 2017年，扬州市审计局行政编制58人、行政附属编制4人，实有54人。局长蔡先建（4月—），副局长袁竹青、李永高、周春山、潘宝庆，总审计师高金松，纪检组长彭如桂（—8月）。设有办公室、法规处、财政金融审计处、行政事业审计处、农业与资源环保审计处、固定资产投资审计处、企业审计处、社会保障审计处、外资运用审计处、任期经济责任审计与内部审计指导办公室、计算机审计处、人事教育处等12个职能处室；下设扬州市固定资产投资审核中心和扬州市经济责任审计中心2个事业单位。

审计成果 2017年，扬州市县两级审计机关完成审计项目329个，专项审计调查项目4个。查出主要问题金额627.13亿元，涉及南京、扬州、镇江、盐城等地；出具各类专题报告被批示采用187篇次。促进整改、落实有关问题资金3.4亿元，其中增收节支2.6亿元。审计提出建议被采纳546条。

扬州、南京两地审计机关共同实施的溧阳市医保基金审计项目，被审计署评为全国医疗保险基金审计表彰项目。

国家重大政策措施落实情况跟踪审计 按照省政府部署和省审计厅安排，按季组织实施沭阳县扶贫政策执行情况、扬州市创新政策执行情况、省重大项目进度情况进行跟踪审计，重点揭示政策执行过程中存在的问题，审计结果报告及有关信息专报得到市主要领导批示。

财政审计 对市本级和4个功能区2016年度预算执行情况实施审计，实现市级财政预算执行审计区域范围全覆盖。市人大常委会对审计工作报告和审计整改工作报告予以充分肯定。

经济责任审计 市县两级审计机关开展领导干部经济责任审计项目70个，其中任中审计32个，占比45.71%。根据省审计厅的统一安排，扬州市审计局对东台市和南京工程学院党政主要领导干部实施经济责任同步审计。结合经济责任审计，试点实施广陵区原区长自然资源资产离任审计。

固定资产投资审计 会同扬州市财政局、建设局共同实施瘦西湖隧道专项审计，节约财政资金7.3亿元，受到市委、市政府主要领导充分肯定，该项审计荣获市委、市政府2017年度市级特别贡献奖。

民生资金审计 扬州市审计局对市本级医疗卫生改革专项资金使用情况进行专项审计调查；对市本级文化博览城专项资金实施审计，组织全市审计机关对2015—2016年度市级农村河道河长制管护经费使用管理情况实施专项审计。

（撰稿人：吴佳佳）

【镇江市审计局】 2017年，镇江市审计局行政编制50人、行政附属编制8人，实有58人。局长刘晓东，副局长蒋建军、孙浩琦、吴小红，总审计师田茂松。设有办公室、法制综合处、财政金融审计处、行政事业审计处、农业与资源环保审计处、固定资产投资审计处、企业审计处、社会保障审计处、外资运用审计处、经济责任审计与内部审计指导处、计算机审计处、人事教育处；下设镇江市经济责任审计中心、镇江市固定资产投资审计中心2个事业单位。

审计成果 2017年，镇江市区两级审计机关完成审计项目295个，专项审计调查项目10个。查出主要问题金额3628484万元，其中违规金额36603万元、损失浪费金额1467万元、管理不规范金额3590413万元；审计发现非金额计量问题808个；损益（收支）不实金额230122万元；出具审计报告和专项审计调查报告341篇。审计处理处罚金额163842万元，其中应上缴财政34877万元、应减少财政拨款或补贴65875万元、应归还原渠道资金14921万元、应缴纳其他资金2557万元、应调账处理金额45611万元；移送司法机关、纪检监察机关和有关部门处理事项12件，移送处理金额2034万元。审计促进整改落实有关问题金额149616万元；审计后挽回（避免）损失58072万元；核减投资额62059万元；移送处理落实事项1件。审计提出建议593条；提交审计信息128篇。向社会公告审计结果50篇。

丹阳市医保中心原主任任期经济责任审计项目，被省审计厅评为优秀审计项目。

国家重大政策措施落实情况跟踪审计 镇江市审计局按季度分别对泗洪县扶贫政策落实和扶贫资金使用情况、镇江市创新政策落实情况、镇江市重大建设项目进展情况、扬州市政府性债务管理政策措施落实情况开展跟踪审计，配合审计署驻南京特派员办事处完成对镇江市本级政府性债务管理情况的跟踪审计。

财政审计 镇江市审计局对镇江市直、新区2016年度预算执行和其他财政收支情况进行审计，报送的4份审计专报得到市领导批示，推动市政府和相关部门出台《镇江市人民政府关于加强政府性债务管理的实施意见》等文件。连续第三年印发《本级预算执行审计指导意见》，首次开展全市审计工作报告审定工作，提高全市预算执行审计的整体质量。

经济责任审计 镇江市审计局完成领导干部经济责任审计项目12个，其中任中审计9个，占比75%。配合省审计厅完成对镇江市两名前任领导的经济责任审计。制定《关于规范领导干部经济责任审计报告和审计结果报告格式的意见》。

企业审计 镇江市审计局对市诚信担保有限责任公司、市路桥工程总公司2016年度资产负债损益进行审计。

内部审计 搭建市属国有企业审计工作交流平台，定期组织交流活动，鼓励各企业壮大内部审计力量，为完善内部监督体系，发挥参谋助手作用。（撰稿人：李晓凤 匡学恩）

【泰州市审计局】 2017年，泰州市审计局人员行政编制42人，实有38人；行政附属编制4人，实有3人。局长刘汉秋（—2月）、方捷（2月—），副局长叶兵、张连璋、顾军、于飞，总审计师孙宏伟。设有办公室、法规处、审计督察处、财政金融审计处、行政事业审计处、农业与资源环保审计处、固定资产投资审计处、经贸审计处、社会保障审计处、外资运用审计处、经济责任审计办公室、计算机审计处、人事教育处、内部审计指导处；下设泰州市城市土地经营审计处（事业单位），事业编制8人，实有8人。

审计成果 2017年，泰州市区两级审计机关完成审计项目217个，专项审计调查项目17个。查出主要问题金额9842810万元，其中违规金额336500万元、损失浪费金额4853万元、管理不规范金额9501500万元；损益（收支）不实金额1064900万元；出具审计报告和专项审计调查报告270篇。审计处理处罚金额1348963万元，其中应上缴财政38610万元、应减少财政拨款或补贴57873万元、应归还原渠道资金734057万元、应缴纳其他资金41678万元、应调账处理金额476743万元；移送司法机关、纪检监察机关和有关部门处理事项49件，移送处理人员16人，移送处理金额26755万元。审计促进整改落实有关问题金额132198万元；审计后挽回（避免）损失95041万元；核减投资额139953万元；移送处理落实事项12件。审计提出建议625条；推动被审计单位制定整改措施121项，促进被审计单位制定、完善规章制度63项。提交审计信息110篇。向社会公告审计结果56篇。

泰州市审计局2013年至2015年8月政府投资项目招投标审计调查项目，被省审计厅评为表彰审计项目。

国家重大政策措施落实情况跟踪审计 全年共组织860人次，先后对扶贫政策落实、创新政策落实、重大项目推进和政府性债务管理等方面开展跟踪审计，涉及98个政府部门、56个企业单位、73个项目，资金总量1589.7亿元，揭示部分创新政策落实不到位、专项资金未及时盘活、政府性债务管控不严等各类问题33个。

财政审计 全市审计机关开展全口径、全过程、全覆盖审计，突出抓好公共资金审计，把公共资金使用与项目推进、事业发展、经济社会环境效益结合起来，注重财政支出绩效和积极财政政策的实施效果，促进整合专项、盘活存量、用好增量。

经济责任审计 泰州市区两级审计机关完成党政领导干部经济责任审计项目98个，查出负有直接责任问题金额2.01亿元。审计中，根据市委、市政府印发的《泰州市推进审计全覆盖的实施意见》，通过确定审计周期，建立并适时更新维护经济责任审计对象库，实现对党政主要领导干部和国有企业领导人员经济责任的全面审计。与市委组织部联合印发《关于明确市管领导干部三责联审异地交叉审计组织方式的通知》，组织全市审计机关顺利完成9名市管干部异地交叉审计。

泰州市政府成立以市长史立军为组长，相关职能部门主要负责人为成员的泰州市领导干部自然资源离任审计工作领导小组。市委办公室、市政府办公室出台《领导干部自然资源离任审计工作的实施意见》，充分发挥各部门法定监管职能和行业优势，注重加强与经济责任审计的有机结合，形成经常性审计监督模式，在工作中更加关注环境保护、污染防治等问题，推动领导干部切实履行自然资源资产管理和生态环境保护责任。

固定资产投资审计 切实做好重点建设项目的跟踪审计，着重关注建设程序、规范施工、标后监管等领域，重点项目实行审计专人驻点、实时监督，全市核减投资额24亿元。全面上线固定资产投资审计应用系统，提升审计项目的信息化水平。

民生资金（项目）审计 组织8个审计组对全市2016年和2017年上半年扶贫资金管理使用情况进行专项审计调查。开展援疆项目、淮安保障房审计，追回因多头申报项目被骗取的援疆建设资金733万元，对审计中发现的串通投标和伪造印章等问题，移送省公安厅查处。

（撰稿人：沈金勇）

【宿迁市审计局】 2017年，宿迁市审计局行政编制33人、附属编制2人，实有34人。局长沈家山，副局长王新明、张建华、潘宏江，总审计师李中平。设有办公室（人事教育处）、法规综合处（审计督察处）、经济责任审计室、计算机审计处、财政金融审计处、行政事业审计处、农业与资源环保审计处、固定资产投资审计处、企业审计处（外资运用审计处）、社会保障审计处等10个内设机构；下设固定资产投资审计评审中心（事业单位）。

审计成果 2017年，宿迁市县两级审计机关完成审计项目189个。查出违规金额78700万元、管理不规范金额688800万元、损失浪费金额57万元；向纪检监察机关移送处理事项37件，移送处理人员32人。促进出台各类制度29项。向社会公告审计结果39篇。

宿迁市审计局实施的市属国有投资公司2012年至2014年运营管理情况专项审计调查项目，被省审计厅评为表彰审计项目。

国家重大政策措施落实情况跟踪审计 对扶贫政策措施、创新政策措施落实情况及省重大项目进度情况进行跟踪审计，涉及142家单位，查出违纪违规金额10.07亿元，移送案件线索3条。

财政审计 完成32个预算执行审计项目，促进宿迁市政府出台市级预算稳定调节基金管理暂行办法等制度。

经济责任审计 完成114个部门和单位的领导干部经济责任审计，不断强化对领导干部权力运行的制约和监督。结合经济责任审计，对土地资源等自然资源资产管理情况进行调查，推动宿迁市出台领导干部自然资源资产离任审计暂行办法。

固定资产投资审计 开展政府投资跟踪审计、竣工决算审计项目24个，其中宿迁市审计局对马陵河综合整治工程、钟吾初中整体改造工程、国际体育会展中心等重大项目开展跟踪审计，出具跟踪审计意见单11份。

民生资金（项目）审计 完成城镇保障性安居工程、城镇居民医保基金和新农合基金整合等专项审计调查16个，审计专项资金总额71.06亿元，促进市政府出台大病保险办法等制度。

相关工作 宿迁市审计局获得江苏省总工会授予的“五一劳动奖章”；被宿迁市委、市政府评为“2016年度宿迁市文明单位”；在市人大常委会进行的综合满意度测评中获得100%满意率；顺利通过江苏省审计厅、省档案局对“档案管理五星级达标单位”的复查验收。

（撰稿人：仲　鹏）

2017年江苏省所辖区、县(市)级审计工作统计表

金额单位:万元

审计机关	完成审计项目(个)	审计查出主要问题金额	审计处理情况					出具审计报告和审计调查报告(篇)	提出审计建议(条)	提交审计信息(篇)
			审计处理处罚				移送处理事项(件)			
			应上缴财政	应减少财政拨款或补贴	应归还原渠道资金	应调账处理金额				
南京市										
南京市本级	61	4622033	178629	1927	540255	526759	31	85	219	216
玄武区审计局	18	171585	6455		7929	9588		27	56	62
秦淮区审计局	34	44568	12226				2	50	56	59
建邺区审计局	21	4981						39	128	58
鼓楼区审计局	14	147855	9148		890	1741	15	18	40	74
浦口区审计局	22	906815					1	32	25	69
栖霞区审计局	33	181353	1565	1060		88007		61	56	71
雨花台区审计局	16	186812	51		115491			27	613	56
江宁区审计局	16	385433						24	39	45
六合区审计局	14	505502	233	11656	13	31743		17		58
溧水区审计局	23	339992	41		1277	63991		35	72	108
高淳区审计局	28	449700	10		20463	3560	2	48	84	80
无锡市										
无锡市本级	72	3979111	160502	32607	47322	883143	40	110	240	1
锡山区审计局	29	138369	13191			92772	3	37	13	15
惠山区审计局	14	315008	52		3	231	4	14	37	
滨湖区审计局	23	100467	1					42	49	57
梁溪区审计局	10	27056				26848		9	35	
江阴市审计局	78	346320	88	41159			2	97	114	18
宜兴市审计局	50	41280		5820	486	3106	7	63	129	55
徐州市										
徐州市本级	75	10903992	448702	3490	256	155	4	24	31	76
鼓楼区审计局	51	29862				713		40	25	24
云龙区审计局	9	135	50			81		5	7	12
贾汪区审计局	36	203087	8		103			18	5	131
泉山区审计局	10	11538	7344					11	19	10
铜山区审计局	73	204104	15499	1743	1367	184793	1	72	107	93

（续表）

审计机关	完成审计项目（个）	审计查出主要问题金额	审计处理情况					出具审计报告和审计调查报告（篇）	提出审计建议（条）	提交审计信息（篇）
			审计处理处罚				移送处理事项（件）			
			应上缴财政	应减少财政拨款或补贴	应归还原渠道资金	应调账处理金额				
新沂市审计局	46	145195	138				2	42	55	23
邳州市审计局	71	197507						71	63	38
丰县审计局	41	698859	2139		3059	4768		26	121	55
沛县审计局	57	707181	87263		239462	219197	5	55	107	61
睢宁县审计局	52	70976	27		555	3535		25	48	8
常州市										
常州市本级	39	1023557	105868	3775	106130	98112	11	60	127	5
天宁区审计局	6	157298				157298		11	17	
钟楼区审计局	3	692						6	10	
新北区审计局	10	141973	1771		17	7389	1	17	30	6
武进区审计局	11	501510	3643		12371	40089	2	15	34	
金坛区审计局	19	177334	2791	52756	197	1073	5	31	68	17
溧阳市审计局	25	1201873	82260	9	2211	52109		40	83	
苏州市										
苏州市本级	41	3179535	14917	13062	43493	5344	4	60	114	41
高新区审计局	23	386964		245		163842		35	88	1
吴中区审计局	30	19256		2595	4		3	50	98	30
相城区审计局	31	42726						50	102	20
姑苏区审计局	7	20442	18846	1595			1	11	26	2
吴江区审计局	19	562996	46		135	261958	1	33	57	8
常熟市审计局	38	584804	31563		1	199	2	60	149	9
张家港市审计局	30	102583	27978	3283	272	42474		48	128	
昆山市审计局	71	699158	31493	5297	1020			72	147	39
太仓市审计局	26	606949			1024	4756	7	36	198	5
南通市										
南通市本级	44	3053774	138010	38162	4108	75420	24	88	125	10
崇川区审计局	10	48668	52	2071			2	28	26	4
港闸区审计局	13	7112	744	3277	3	261	3	29	37	2
通州区审计局	28	390714	259	39807			17	47	42	
启东市审计局	45	151385	7428	48753	331	19692	4	62	53	1
如皋市审计局	23	353520		129080	11	6	16	48	53	1
海门市审计局	29	116026	4475	57116	472	406	3	41	90	1
海安县审计局	59	668621	1785	24926			23	92	457	21
如东县审计局	18	54832	2283	41125	2120	6318	1	18	36	4

（续表）

审计机关	完成审计项目（个）	审计查出主要问题金额	审计处理情况					出具审计报告和审计调查报告（篇）	提出审计建议（条）	提交审计信息（篇）
			审计处理处罚				移送处理事项（件）			
			应上缴财政	应减少财政拨款或补贴	应归还原渠道资金	应调账处理金额				
连云港市										
连云港市本级	47	4619608	79		7799	522	21	59	159	85
连云区审计局	16	248786						16	48	5
海州区审计局	12	118934						24	33	12
赣榆区审计局	23	135851	47					38	63	15
东海县审计局	18	112787	2328					26	14	
灌云县审计局	25	259769					1	38	72	
灌南县审计局	18	446430	1473		31254	46	1	18	42	
淮安市										
淮安市本级	48	518927	835	3334	87663	9233		53	127	
淮安区审计局	44	20500	19		290		13	44	104	58
淮阴区审计局	80	26905	799	24883	1219	24	2	80	146	
清江浦区审计局	45	11973			16	4381	30	45	128	84
洪泽区审计局	334	64900		9500	150	839		334	126	60
涟水县审计局	163	12998	458	3200	2679	6662	8	163	481	50
盱眙县审计局	63	12659	24	8637	221	352	6	70	221	88
金湖县审计局	245	36500	7012	25000			6	245	444	46
淮安经济开发区监察审计局	326	13645						11	29	17
盐城市										
盐城市本级	75	11767251	47904		44	26066	1	71	142	87
亭湖区审计局	10	53127	141		16278	2624		10	11	
盐都区审计局	20	241347	3		600	118	7	21	43	8
大丰区审计局	34	409867	39238		4739	42057	10	47	75	15
东台市审计局	37	465556	109			26	5	53	91	136
响水县审计局	10	2058213	3		648897			15	26	
滨海县审计局	25	405670	2285			465	2	41	78	2
阜宁县审计局	27	299553	22					37	158	1
射阳县审计局	28	279894	181	3608	1729	145	9	28	64	27
建湖县审计局	80	1002892	353	6707	66		10	80	248	147
扬州市										
扬州市本级	70	4927200			1163	26841		81	167	33
广陵区审计局	29	71228		12018		7		29	56	
邗江区审计局	41	497981		10249	13	236	1	41	65	
江都区审计局	88	470423					1	91	184	93

（续表）

审计机关	完成审计项目（个）	审计查出主要问题金额	审计处理情况					出具审计报告和审计调查报告（篇）	提出审计建议（条）	提交审计信息（篇）
			审计处理处罚				移送处理事项（件）			
			应上缴财政	应减少财政拨款或补贴	应归还原渠道资金	应调账处理金额				
仪征市审计局	45	85100						45	129	1
高邮市审计局	25	89427	84	5300	1061	8925	1	33	29	1
宝应县审计局	35	129952			15			47	87	
镇江市										
镇江市本级	45	1541273	18324	5555	4025	5383	6	57	102	36
京口区审计局	9	18015						9	42	5
润州区审计局	8	85208	13890	6479	4138	40227		8	7	5
丹徒区审计局	89	1003105	2291	21334				89	222	54
丹阳市审计局	59	150302	341	11922				59	54	12
扬中市审计局	56	197940	30	19754			6	56	84	43
句容市审计局	32	227146		828	6758			32	64	61
泰州市										
泰州市本级	36	7428701		13772	4	6286	11	37	155	157
海陵区审计局	29	1222216	2683	85	718974	397755	1	29	101	13
高港区审计局	14	28601					1	14	51	67
姜堰区审计局	21	506237	32179	8452	12782	28972	3	31	46	
兴化市审计局	45	296456	3598	58	616	34	8	45	112	30
靖江市审计局	33	191094						48	95	3
泰兴市审计局	52	156554	148	22556	1679	43693	12	62	60	
宿迁市										
宿迁市本级	45	1969476			9		4	49	16	37
宿城区审计局	30	295827	285		45	36	1	30	76	6
宿豫区审计局	34	174300			611	348	2	34	48	6
沭阳县审计局	28	63863	234		110	18	4	47	47	7
泗阳县审计局	25	90230	913		196	205	21	25	72	26
泗洪县审计局	30	211515	4753		2021	549	5	62	51	4

浙江省

【浙江省审计厅】 2017年，浙江省审计厅人员编制214人，实有198人。设有办公室、法规处、整改督查处、财政审计处、行政事业审计处、文化教育审计处、金融审计处、经贸审计处、外资审计处、农业审计处、环境资源审计处、社会保障审计处、投资审计处、经济责任审计一处、经济责任审计二处、经济责任审计三处、人事处、干部处、机关党委；下设计算机审计中心、省审计科学研究所等2个直属事业单位。

领导成员

厅　　长：徐宇宁（—4月）

　　　　　朱忠明（4月—）

副 厅 长：朱忠明（—4 月）
陈棉权（—1 月） 康跃西
陈焕昌 毛子荣（2 月—）
谢永刚

总审计师：金建培

经济责任审计工作联席会议办公室主任：
高占江

监察纪检组组长：庄莉萍

副巡视员：徐超光

审计成果 2017 年，浙江省各级审计机关完成审计项目 2364 个，专项审计调查项目 401 个。查出主要问题金额 3238.3 亿元，其中违规金额 34.82 亿元、损失浪费金额 3.14 亿元、管理不规范金额 3200.34 亿元；审计发现非金额计量问题 18613 个；损益（收支）不实金额 138.07 亿元；出具审计报告和专项审计调查报告 3530 篇。审计处理处罚金额 342.57 亿元，其中应上缴财政 26.76 亿元、应减少财政拨款或补贴 21.35 亿元、应归还原渠道资金 28.87 亿元、应缴纳其他资金 8.69 亿元、应调账处理金额 256.9 亿元；移送司法机关、纪检监察机关和有关部门处理事项 571 件，移送处理人员 437 人，移送处理金额 364.27 亿元。审计促进整改落实有关问题金额 156.16 亿元；审计促进拨付资金到位 1.99 亿元；审计后挽回（避免）损失 46.7 亿元；核减投资额 56.48 亿元；移送处理落实事项 141 件。审计提出建议 7960 条；推动被审计单位制定整改措施 1310 项，促进被审计单位制定、完善规章制度 514 项；提交审计信息 6027 篇。向社会公告审计结果 821 篇。

浙江省各级审计机关有 2 个项目被审计署评为优秀审计项目，4 个项目被审计署评为表彰审计项目。开展的世界银行贷款钱塘江小城镇环境综合治理项目审计，获世界银行“高度满意”评级，受到浙江省政府发文通报表扬。

国家重大政策措施落实情况跟踪审计 以政策跟踪审计统揽项目计划，围绕中央和省重大决策部署开展审计，推动政令畅通。省审计厅上报的每份综合审计报告都得到省政府主要领导批示，2 篇审计专报被国务院办公厅采用、1 篇被国务院领导批示。把全省“最多跑一次”改革情况专项审计调查作为“一号项目”实施，揭示和反映办事事项规范化有待提高、数据共享不充分等问题，边审边改 678 个问题，审计报告和专报得到省领导 8 篇次批示，推动省“最多跑一次”改革办公室把办事事项标准化、规范化列为重点。

财政审计 以审计“两个报告”为核心，以“大财政、大数据、大格局”为特征，加强对政府全口径预决算的审计监督，推动新预算法全面贯彻实施。在财政“同级审”中建立“三个方案”（财政审计总体方案、“同级审”工作方案和实施方案）和“三张清单”（重点清单、任务清单、问题清单）创新模式。2017 年审计工作报告反映 83 个问题、点名 56 个单位 70 次，同步配发解读稿，集中公告一批审计结果，得到浙江省人大常委会的高度肯定。

构建“两审两会双督查”的审计整改机制。“两审”，即省人大常委会对审计工作报告和审计整改报告进行审议。“两会”，即省政府常务会议专题研究部署审计整改工作，召开全省审计整改工作电视电话会议，下发整改问题清单，分解整改责任，推动问题整改。“双督查”，即省审计厅开展日常整改督查，以及与省人大财经委组成联合督查组开展实地督查。省政府向省人大常委会作审计整改报告，推动问题金额整改率超过 92%。推动省委办公厅、省政府办公厅在全国率先出台审计整改责任追究办法，对整改不力、虚假整改、拒绝拖延整改等进行追责问责，形成强大的震慑力。

经济责任审计 全省共对 1014 个单位的 1313 名领导干部进行经济责任审计，查出违规金额 4.66 亿元。制订经济责任审计计划和中长期规划，分类确定审计重点和频次，确保“党政同责、同责同审”。编制领导干部履行经济责任风险清单，分类梳理 128 个风险点，提出预防措施，配以 34 个具体案例，起到良好的警示效果，受到广大干部的欢迎和好评。

全省开展 35 个自然资源资产离任审计试点项目，推动省委办公厅、省政府办公厅印发领导干部自然资源资产离任审计试点实施方案，明确试点总体要求、主要任务和保障措施；编制自然资源资产离任审计实务指引，较好地解决“审什么”“怎么审”问题。

固定资产投资审计 加大对投资领域重大违

纪违规问题的监督力度，全省审计机关共核减投资额56.48亿元。实施的飞云江、浦阳江治理工程专项审计调查，查出垃圾污染水环境、工程存在安全隐患等问题，移送问题线索6件。开展保障性安居工程跟踪审计，移送问题线索35件。贯彻审计署推进投资审计转型电视电话会议及有关文件精神，制定实施意见，推动各地投资审计有序转型。

民生资金（项目）审计 重点对社保、环保、文化、扶贫等资金和项目开展审计，切实维护群众利益。开展的被征地农民基本生活保障政策落实情况审计，揭示政策执行存在偏差、有关政策需要完善等问题，移送处理问题线索16件；节水政策专项审计调查，关注水资源政策落实全过程，审计报告和专报得到省领导9篇次批示；全省基本公共文化服务资金专项审计调查，揭示文化设施和文化服务提供不均衡等问题，综合报告得到省领导批示；产业扶贫专项审计调查，发现扶贫资金小而散、扶贫项目绩效不高等问题，使2人受到追责处理。

农业与资源环保审计 开展的全省农业园区建设专项审计调查项目，推动省政府办公厅出台制止粮食生产功能区“非粮化”的意见，省农业两区办公室出台现代农业园区创建导则。

金融审计 开展的地方金融改革专项审计调查项目，揭示农权抵押信贷推进、民营银行发展等改革举措面临政策障碍等问题，优化区域金融改革试点法律政策环境的审计专报被国务院办公厅采用。开展的城市商业银行专项审计调查项目，揭示13家城商行在服务实体经济方面的薄弱环节，存在资产质量风险、流动性风险等隐患。

企业审计 开展“去产能”政策落实情况专项审计调查项目，揭示“僵尸企业”处置工作不扎实、存在弄虚作假等情况，省委主要领导批示要求对审计中指出的问题专题分析并采取措施，推动省政府办公厅出台加快处置“僵尸企业”的意见。开展全省国有企业调查摸底，推动省委办公厅、省政府办公厅印发深化国有企业和国有资本审计监督的实施意见，明确审计监督范围和重点，使审计更好地服务国企改革发展。

信息化建设 启动审计监督大数据应用示范工程（一期）建设，推进审计管理系统二、三期改造。在全省遴选出计算机审计专业领军人才9人、业务骨干人才22人，5人通过审计署计算机审计中级考试、36人通过省审计厅中级考试。这批人才在政策跟踪审计、财政“同级审”等重大项目中发挥重要作用。

深化审计体制改革年活动 按照浙江省审计体制改革试点实施方案的部署，抓好10项配套制度的落实。改进领导干部管理制度，会同省委组织部出台设区市审计局厅级非领导职务干部选任工作流程，省编办同意省审计厅设立干部处，研究同意任免市、县级审计机关领导干部117人次（其中设区市48人次、县级69人次），市县两级审计机关领导班子建设得到加强。完善审计项目计划管理，首次对全省2429个审计项目计划进行集中统一的审核批复。首次分级对各市、县（市、区）审计工作报告进行审核，进一步提高审计工作报告质量。

党建工作 通过省审计厅党组会、中心组学习会、全员冬训、处级干部读书会、党支部学习会等形式，深入学习贯彻党的十九大和省第十四次党代会、省委十四届二次全会精神，牢固树立“四个意识”，增强“四个自信”，始终在思想上政治上行动上同以习近平同志为核心的党中央保持高度一致。扎实推进“两学一做”学习教育常态化制度化，主题党日活动特色鲜明，建立处长例会制度，推进“两学一做”学习全覆盖。机关党建工作受到省委组织部、省直机关工委的肯定，在审计署有关会议上作经验交流。

全面落实党风廉政建设主体责任，组织开展“清廉审计教育月”系列活动，抓住党的十九大召开、节假日等关键节点开展“正风肃纪”教育和明察暗访。加强对审计干部遵守纪律的检查监督，教育引导审计干部严格遵守中央八项规定精神及省委相关办法、审计“八不准”工作纪律。制定干部廉洁档案管理办法，强化审计干部的日常廉政的监督。

相关工作 建立审计容错纠错机制。制定建立容错纠错机制的指导意见，明确容错纠错的基本原则、适用情形、认定标准，提供30种参考行为模板；明确“容错免责”认定程序，严格规范“容错免责”自由裁量权。该做法得到省委主要领导和省委组织部部长的批示肯定，省委组织部印发全省学习交流。

开展“对标高水平，谱写新篇章”主题活动。全省三级审计机关同频共振，就提升审计政治站位等“八个问题”“十一项课题任务”开展学习讨论和深入的调查研究，系统梳理全省审计工作优势，查找工作短板，研究提出工作举措。

加强审计队伍建设。组织开展“坚定理想信念，做最美审计人”主题巡展和《习近平七年知青岁月》读书征文等活动，引导党员干部坚定理想信念。把审计业务建设“九项标准”、文明审计纳入对审计机关、审计干部的年度考核，倡导依法、文明的审计职业操守。开展全省优秀审计项目、优秀审计报告、内部审计“双先”评选活动。有序推进审计志和《浙江审计年鉴》编纂工作。举办审计查核问题能力、大数据分析应用等 20 期培训班，参训人数 1450 人。　（撰稿人：陈振宇）

【杭州市审计局】　2017 年，杭州市审计局行政编制 105 人，实有 93 人。局长骆寅（—6 月）、王剑（6 月—），副局长吴志明、王军、刘炎（9 月—），总审计师王坚，纪检监察组组长楼宏基，经济责任审计联席办主任李行健，巡视员徐志龙。设有办公室、组织人事处、法规处、综合处、财政审计处、行政事业审计处、经贸审计处、农业审计处、社会保障审计处、开发区与资源环保审计处、固定资产投资审计处、经济责任审计处、计算机审计处、文教审计处、机关党委；下设杭州市审计事业发展服务中心（事业单位）。

审计成果　2017 年，杭州市区两级审计机关完成审计和专项审计调查项目 287 个。查出主要问题金额 523.38 亿元；审计发现非金额计量问题 1597 个。审计处理处罚金额 143.43 亿元；移送司法机关、纪检监察机关和有关部门处理事项 83 件，移送处理人员 75 人。审计促进整改落实有关问题金额 31.47 亿元；审计后挽回（避免）损失 2.82 亿元；核减投资额 2.81 亿元。审计提出建议 895 条；促进被审计单位制定、完善规章制度 71 项；提交审计信息 670 篇。向社会公告审计结果 139 篇。

杭州市余杭区审计局实施的 2015 年度余杭区本级财政预算执行和其他财政收支情况审计项目，被审计署评为表彰审计项目，被省审计厅评为优秀审计项目。

国家重大政策措施落实情况跟踪审计　采取“6＋1”模式开展，多篇信息获市领导批示。

财政审计　采取“核心＋专题”模式开展，审计报告得到市人大常委会和市人大代表的充分肯定。

经济责任审计　对 134 个单位的 182 名领导干部开展经济责任审计，移送案件线索 44 件、涉及 59 人。杭州市本级实现领导干部离任交接、任前告知经济责任审计全覆盖。成立领导干部自然资源资产离任审计工作协调小组，在杭州市临安区、淳安县探索开展审计试点。

民生资金（项目）审计　完成民生专项审计项目 49 个，出具各类审计报告 66 篇，获得领导批示 36 篇；收缴各类违规金额 49.1 亿元，移送纪检监察机关案件线索 6 件，行政处分、立案查处 14 人。

其他审计项目　年内对杭州银行开展防范风险专项审计调查，反映各类问题 48 个，移送问题线索 4 件。对市属国有企业资本经营预算执行情况开展专项审计调查。

信息化建设　启动“智慧审计”一期项目建设，采集各类数据 93 项，15 篇应用案例入选浙江省大数据审计案例。

相关工作　在全省审计系统率先推进政府投资审计转型，相关做法被评为 2017 年度全省审计系统“十大事件”之一。向省审计厅推荐优秀论文 10 篇，获奖 9 篇；推荐优秀调研文章 9 篇，获奖 8 篇。

内部审计　指导杭州市国资委制定出台《关于进一步加强市属国有企业内部审计工作的指导意见》，实现市属国企内部审计工作全覆盖。

（撰稿人：张　琦）

【宁波市审计局】　2017 年，宁波市审计局人员编制 100 人，实有 97 人。局长陈佳强，副书记、副局长张列群（9 月—），副局长徐善燧、姚尧岳、李杰，总审计师何小宝，纪检监察组组长聂咸俊，经济责任审计联席会议办公室主任金万贯，巡视员沈林桥，副巡视员沈巍（9 月—）。设有办公室、法规处、财政审计处、金融外资审计处、行政事业审计处、固定资产投资审计处、经济责任审计处、经贸审计处、审计整改督查处、农业环境资源审计处、开发园区审计处、机关党委；下设经济责任审计服务中心、政府投资审计中心 2 个事业单位。

审计成果 2017 年，宁波市区两级审计机关完成审计和专项审计调查项目 366 个。查出违规金额 5.43 亿元，损益（收支）不实金额 2.4 亿元。审计后挽回或避免损失 14.33 亿元；核减投资额 28.45 亿元；向司法、纪检监察机关和相关部门移送事项 114 件，涉及人员 32 人。审计提出建议 1272 条；促进被审计单位制定完善规章制度 172 项；提交审计信息 622 篇。

市妇儿医院北部院区一期工程竣工决算审计项目，被审计署评为优秀审计项目；市医疗保险基金审计项目，被审计署评为表彰审计项目。

国家重大政策措施落实情况跟踪审计 市区两级审计机关对“最多跑一次”改革、“重大项目实施三年滚动计划”推进、国家保险创新综合试验区推进等 10 个方面政策落实情况进行跟踪审计，促进问题资金整改 5.6 亿元，推动 18 个项目加快实施进度，纠正违规排放等行为 17 起，促进建立完善规章制度 16 项。

财政审计 审计促使有关单位补征、上缴各类资金 4.15 亿元，通过调整会计账目、规范资金管理等方式整改 7.69 亿元，推动盘活财政存量、统筹整合专项资金，促进提高财政资金使用绩效。

经济责任审计 市区两级审计机关对 136 名领导干部开展经济责任审计；宁波市审计局安排 32 个单位（部门）市管正职领导干部集中开展经济事项离任交接，对 44 名领导干部进行任前经济责任告知。在宁波市北仑区开展领导干部自然资源资产离任审计试点，促进领导干部树立绿色发展理念，助力环境保护。

固定资产投资审计 宁波市审计局开展 18 个政府投资项目的竣工决（结）算审计、27 个重大政府投资项目跟踪审计，促进政府投资项目的规范管理。

民生资金（项目）审计 对保障性住房建设运营管理、中心城区城市品质提升、市级公立医院药品使用管理情况等开展专项审计调查，促进惠民政策落地。

企业审计 市区两级审计机关共审计各类企业 14 家，开展部分市属国有企业投资城市综合体项目、城市商业银行防范风险及服务实体经济情况专项审计调查，查出问题金额 7.68 亿元。

（撰稿人：芦锦心）

【温州市审计局】 2017 年，温州市审计局人员编制 78 人，实有 73 人。局长雷文东（—6 月）、林琼（6 月—），副书记、副局长吴娜丽（—8 月）、陈健（12 月—），副局长陈健（—12 月）、尤业先、谢立、姚志泉（8 月—），总审计师李秀峰，纪检监察组组长潘建国，经济责任审计工作联席会议办公室主任高勇。设有办公室、人事处、法制处、财政审计处、金融与外资审计处、行政事业审计处、经贸审计处、农业与资源环保审计处、固定资产投资审计处、温州市经济责任审计局、计算机审计处、机关党委；下设开发区审计处（事业单位）。

审计成果 2017 年，温州市县两级审计机关完成审计和专项审计调查项目 264 个。查出违规金额 49516 万元、损失浪费金额 844 万元、管理不规范金额 848747 万元；出具审计报告或信息获省领导批示 3 件，市领导批示 33 件。审计促进增收节支 42958 万元；移送处理事项 95 件，涉及人员 94 人。审计提出建议 860 条。

国家重大政策措施落实情况跟踪审计 开展保障房、企业去产能、基本公共文化、“最多跑一次”改革等政策措施落实情况审计，追缴回笼保障房房款 1158 万元，完成“僵尸企业”处置 43 家，促进温州市政府启动对被侵占文化补助资金的清算，推动优化政务服务网。

财政审计 温州市审计局对温州市本级 10 个部门单位的预算执行情况进行审计，促成清退、收回资金 1687 万元。对瑞安市、洞头区开展县级财政决算审计，责成上缴省级分成 249 万元、部门结余资金缴库 2.3 亿元、清缴欠税 2652 万元。

经济责任审计 完成对 16 个单位 19 名领导干部的经济责任审计，查出违规金额 3418 万元、管理不规范金额 54275 万元，促成有关单位清退、收回、上缴资金 16186 万元，出台或完善制度 20 余项。

固定资产投资审计 市县两级审计机关对 33 个单项工程进行结算，净核减投资 1808.1 万元。

开展援疆项目、温州绕城高速公路西南线、市域铁路S1线等工程审计，助推工程建设管理提质提效。

民生资金（项目）审计 重点对“五水共治”、扶贫资金、失地农民保障等进行专项审计调查，追回扶贫资金15万元，2人被开除党籍、公职。

企业审计 审计促成温州机场集团组织人员对零星维修业务开展内部审计，盘活闲置资产；温州城投集团根据审计意见给予某下属单位负责人党内警告处分；温州设计集团出台制度规范下属企业工资总额预算管理；温州银行制定完善闲置不动产处置等5项管理制度。

信息化建设 审计中用大数据审计技术筛选疑点、锁定问题，归集市级单位300多套财务数据和公积金、社保等50多套业务数据。

相关工作 通过整改“挂销号”制度、审计项目评优、审计执法检查等方式，着力提升审计质量和价值。全市获省审计厅优秀审计项目5个、表彰审计项目1个，数量居全省各设区市第一。通过与高校联合办班、开展传帮带活动、进行“对标高水平，谱写新篇章”主题研讨等方式，提升干部业务素质和工作能力。（撰稿人：刘海泉）

【嘉兴市审计局】 2017年，嘉兴市审计局人员编制45人，实有45人。局长张永红（—10月）、江强（10月—），副局长陈关华、邱锦月、蒋朝晖，总审计师叶常青，纪检组组长冷海林。设有办公室、法规处、财政金融审计处、行政与社会保障审计处、经贸审计处、农业与资源环境审计处、固定资产投资审计处、经济责任审计处、直属分局、计算机审计中心。

审计成果 2017年，嘉兴市县两级审计机关完成审计和专项审计调查项目191个。查出违规和损失浪费金额3.56亿元，审计发现非金额计量问题1269个。审计促进整改落实有关问题资金16.93亿元；审计后挽回（避免）损失2.59亿元；移送司法机关、纪检监察机关和有关部门处理事项7件，涉及4人。省、市领导对审计报告、审计信息专报等批示27篇次。

全市有3个审计项目被省审计厅评为优秀审计项目，2个审计项目被省审计厅评为表彰审计项目。

国家重大政策措施落实情况跟踪审计 组织实施政策跟踪审计项目16个，开展的“最多跑一次”改革情况专项审计调查获市领导批示，推动相关政策的落实和配套措施的完善。

财政审计 完成财政类审计项目12个，审计工作报告揭示4大类59个问题，得到市人大常委会肯定。

经济责任审计 市县两级审计机关对81名领导干部实施经济责任审计，查出主要问题金额6亿元，促进党委、政府及部门出台完善制度90项。指导18个部门对56名内管干部开展经济责任审计。

固定资产投资审计 开展保障性安居工程审计，纠正退还多收保障性安居工程规费1731万元，完成368套长期空置保障性安居房源的整改。开展市海绵城市示范区建设实施情况审计调查，促进工程项目规范管理，并健全后期运营管理机制。

民生资金（项目）审计 实施的公共自行车运行绩效审计，促进公共自行车管理模式改进；开展养老服务业情况审计调查，得到市主要领导批示，有力推进养老服务体系建设。开展嘉善县现代农业园区建设情况专项审计调查，促进现代农业改革。

企业审计 实施市级国资营运公司降本增效情况审计调查，促使嘉兴市成立特定问题调查委员会，对审计发现的国有资产相关问题展开调查，推进国有资产保值增值。

信息化建设 加强全市审计机关审计信息化建设的业务协同和资源共享，运用大数据审计技术核实58个问题、涉及资金29亿元。6人通过省审计厅计算机审计中级考试。

内部审计 引导嘉兴市内部审计工作转型创新、提升价值，组织全市内部审计人员共举办8期培训班，培训1811人。有10家单位、11名内部审计人员被省审计厅评为先进，1名内部审计人员被评为全国内部审计先进工作者。

（撰稿人：徐博源）

【湖州市审计局】 2017年，湖州市审计局人员编制36人，实有37人。局长童建华，副局长费林海、丁颂辉、汤晓龙、汤政强（12 月—），总审计师施瑜，经济责任审计联席会议办公室主任何斌。设有办公室、组宣人事处、法规处、财政金融审计处、行政事业与社会保障审计处、农业与资源环保审计处、经济贸易审计处、固定资产投资审计处、经济责任审计处；下设国家建设项目审计中心、电子数据审计中心。

审计成果 2017 年，湖州市县两级审计机关完成审计和专项审计调查项目 373 个。查出主要问题金额 417029 万元，审计发现非金额计量问题 890 个。审计处理处罚金额 228073 万元；移送司法机关、纪检监察机关和有关部门处理事项 22 件，移送处理人员 20 人。审计促进整改落实有关问题金额 223671 万元；审计后挽回（避免）损失 182035 万元；核减投资额 138847 万元。审计提出建议 670 条；促进被审计单位制定、完善规章制度 56 项；提交审计信息 496 篇。向社会公告审计结果 205 篇。

湖州市审计局实施的湖州师范学院党委书记、原校长经济责任审计项目，被审计署、省审计厅评为优秀审计项目。

国家重大政策措施落实情况跟踪审计 湖州市审计局完成 9 个相关审计项目，推动各项政策措施的落实。

财政审计 市县两级审计机关完成审计项目 71 个，查出主要问题金额 254884 万元。依法向社会公告市本级 2017 年预算执行及其他财政收支审计情况。

经济责任审计 市县两级审计机关完成 73 名党政领导干部经济责任审计，对所在单位开展财政收支审计，查出主要问题金额 10169 万元。组织各县（区）审计局对 6 个乡镇开展领导干部自然资源资产离任审计试点。

其他审计项目 完成金融审计调查项目 1 个，查出主要问题金额 4027 万元。完成企业审计项目 1 个，规范国有企业内部管理。完成专项资金审计项目 9 个，涉及专项资金总额 192349 万元，查出主要问题金额 891 万元。对固定资产投资项目开展审计，涉及项目投资总额 177.04 亿元，核减工程款 138847 万元。

信息化建设 应用审计分析系统平台，建立与市测绘院、市社保信息中心合作机制，加强数据的获取和运用。

审计科研 16 个课题获省审计厅 2017 年审计科研课题立项，其中重点课题 1 个；2017 年度审计科研课题论文和调研报告在省审计厅评比中，获得一等奖 1 篇、二等奖 2 篇、优秀奖 6 篇。

内部审计 湖州市县 337 个内部审计机构完成审计项目 2654 个，提出的建议意见被采纳 3012 条。

（撰稿人：仇　捷）

【绍兴市审计局】 2017 年，绍兴市审计局人员编制 35 人，实有 35 人。局长潘旺明，副局长施彪（—11 月）、王文伟、徐建华（7 月—），总审计师沈大军（7 月—），党组成员章朔风，经济责任审计联席会议办公室主任陈富根（—6 月）、丁美玲（6 月—），调研员郭春敖，副调研员沈建辉、张仲芦（3 月—）。设有办公室、内部审计指导处、法规处、经济责任审计处、财政审计处、金融经贸审计处、行政事业与外资运用审计处、投资审计处、农业和环资审计处、社保审计处、开发区审计处；下设政府投资项目审计中心、计算机审计中心、审计干部培训中心（事业单位）。

审计成果 2017 年，绍兴市县两级审计机关完成审计和专项审计调查项目 172 个。查出主要问题金额 37.69 亿元，审计发现非金额计量问题 2047 个。审计处理处罚金额 3.72 亿元；移送司法机关、纪检监察机关和有关部门处理事项 36 件，涉及 18 人。审计促进整改落实有关问题金额 3.72 亿元；审计后挽回（避免）损失 0.19 亿元；核减投资额 0.39 亿元；审计提出建议 610 条；推动被审计单位制定整改措施 543 项；提交审计信息 107 篇。向社会公告审计结果 69 篇。

3 个项目被省审计厅评为表彰审计项目。

国家重大政策措施落实情况跟踪审计 组织实施“最多跑一次”改革、企业去产能、推进实体经济发展、现代农业园区建设等政策跟踪审计项目，发现并揭示政策执行中存在的问题，促进政策落地生根。

财政审计 组织实施市本级财政预算执行和其他财政收支情况审计等项目，重点关注深化财税体制改革、财政金融风险防控等内容。

经济责任审计 实施审计方案集体会商制度，

推行“年度集中进点＋项目分别进点”的双进点制度。市县两级审计机关对124名领导干部开展经济责任审计，查出违规金额2103.16万元，移送处理事项12件、涉及7人。完善领导干部履行经济责任重点风险防范清单，实现事后监督向事前提醒转变。编制经济责任审计主要问题清单，采取“清单式汇报＋个性化描述”方式反映领导干部履责综合情况。

固定资产投资审计 组织开展保障性安居工程等审计项目，推进投资审计转型，明确自7月1日起不再受理工程价款结算审核业务。

民生资金（项目）审计 组织实施被征地农民基本生活保障政策、机关事业单位房产管理使用情况等审计项目，推动民生事业健康发展。组织实施市本级基本公共文化服务资金、越城区控违拆违专项整治资金、越城区全域环境整治专项资金、新昌县美丽乡村建设资金管理使用情况等审计项目，推动专项资金规范有效使用。

农业与资源环保审计 组织实施矿产资源开发利用环境影响情况等3个审计项目，关注各类资源开发、利用、环保等政策落实情况。

信息化建设 出台《2017年全市审计信息化工作的实施意见》等文件，建立大数据审计应用推进激励和倒逼机制，确定8个大数据项目，推进审计整改督查系统应用，实现所有审计问题“挂销号”。

深化审计体制改革年活动 出台审计体制改革实施方案，推动绍兴市委组织部出台《市县审计机关领导干部选拔任用配合工作操作规程》，建立审计项目计划统筹管理及上报机制、审计工作报告审核制度等改革配套制度。

（撰稿人：裘立周）

【金华市审计局】 2017年，金华市审计局人员编制35人，实有33人。局长董巧娟，局党组书记、副局长卢文浩，局党组副书记楼初阳（—3月），副局长楼初阳（—6月，兼）、留义华、任川，总审计师留义华（兼）。设有办公室、法规处、财政金融审计处、行政事业与社会保障审计处、经贸与外资审计处、农业与资源环保审计处、固定资产投资审计处、经济责任审计处；下设金华市计算机审计和内部审计指导中心。

审计成果 2017年，金华市县两级审计机关完成审计和专项审计调查项目307个。查出主要问题金额697971万元，审计发现非金额计量问题716个。审计处理处罚金额135943万元；移送司法机关、纪检监察机关和有关部门处理事项35件，移送处理人员35人。审计促进整改落实有关问题金额75494万元；审计后挽回（避免）损失8953万元；核减投资额8717万元。审计提出建议718条；推动被审计单位制定整改措施10项，促进被审计单位制定、完善规章制度6项；提交审计信息117篇。向社会公告审计结果15篇。

1个审计项目被省审计厅评为优秀审计项目，2个审计项目被省审计厅评为表彰审计项目。

国家重大政策措施落实情况跟踪审计 开展“最多跑一次”改革情况专项审计调查，推动市“跑改办”出台多项制度，推进政策措施落地见效。关注小微企业优惠政策执行情况，报送的专报被省府办采用并上报国办。开展“五水共治”——节水政策措施落实、现代农业园区建设等跟踪审计，推动政策措施的落地。

财政审计 开展市本级财政预算执行及其他财政收支审计，推动盘活闲置资金2.52亿元；开展婺城区和东阳市财政决算审计，推动决算精细化管理。

经济责任审计 开展17个单位的领导干部经济责任审计，受省审计厅委托完成5个县（市、区）政府主要领导离任交接工作，组织实施17个单位领导干部离任交接和任前告知工作。开展金华银行领导人员经济责任审计，推动依法合规经营，促进金融秩序稳定。

固定资产投资审计 转变投资审计理念，开展政府投资项目价款结算情况检查，推动参建单位规范项目建设。

民生资金（项目）审计 开展被征地农民基本生活保障政策审计，促进落实保障责任。关注集体经济薄弱村扶持政策，为市委办制定《关于全面消除集体经济薄弱村三年行动计划的实施意见》提供决策参考。开展基本公共文化服务资金专项审计调查，推动“农家书屋”整合、完善长效管理机制，规范农村文化礼堂建设。

企业审计 开展企业去产能政策专项审计调查，推动市政府成立市企业破产处置府院联动工作领导小组，推进“僵尸企业”破产处置。

信息化建设 深化审计平台应用，将领导干部年度履职报告填报系统、在线审计实施系统、任务（问题）清单系统等整合为在线审计平台。

（撰稿人：黄　登）

【衢州市审计局】 2017 年，衢州市审计局人员编制 49 人，实有 41 人。局长刘石平，副局长毛金有、周波、舒峰（9 月—），总审计师王国榕。设有办公室、法规处（审理处）、财政审计处、经贸社保审计处、外资金融审计处、行政事业审计处、环境资源与农业审计处、投资审计处、绿色产业集聚区审计处、整改督查处；下设事业单位经济责任审计局、计算机审计中心。

审计成果 2017 年，衢州市县两级审计机关完成审计和专项审计调查项目 143 个。查出主要问题金额 239086 万元，审计发现非金额计量问题 1214 个。审计处理处罚金额 101184 万元；移送司法机关、纪检监察机关和有关部门处理事项 23 件，移送处理人员 16 人。审计促进整改落实有关问题金额 61854 万元；审计后挽回（避免）损失 5225 万元；核减投资额 3916 万元。审计提出建议 399 条；推动被审计单位制定整改措施 111 项，促进被审计单位制定、完善规章制度 56 项；提交审计信息 448 篇。向社会公告审计结果 141 篇。

丽水学院党政领导干部经济责任审计、丽水市柯城区中小企业信用担保有限公司领导人员经济责任审计等 2 个项目，被省审计厅评为优秀审计项目。

财政审计 衢州市第七届人大常委会听取审议审计工作报告，共揭示 7 个方面 40 个突出问题。

经济责任审计 修订完善《衢州市领导干部经济责任审计分类管理办法》，经济责任审计对象由原来的 137 家调整为 139 家。在开化县华埠镇试点开展领导干部自然资源资产离任审计，出台《乡镇（街道）领导干部自然资源资产离任审计操作指南》。

固定资产投资审计 出台《关于推进投资审计转型工作的若干意见》和 3 个配套文件，衢州市本级层面全面退出工程价款结算审计。

信息化建设 出台《衢州市审计信息化发展“十三五”规划》，启动财政审计数据标准化试点，完成全市标准化数据校验，将机房存储容量提升到 45TB。

相关工作 增设衢州绿色产业集聚区审计处，增加科级领导职数 2 名。编印《衢州市审计业务制度汇编》。与西藏那曲地区审计局签订对口支援友好合作协议，派出业务骨干进藏辅导，举办西藏那曲地区新任审计局长培训班。

（撰稿人：柳学铭）

【舟山市审计局】 2017 年，舟山市审计局人员编制 52 人，实有 52 人。局长陆沧波，副局长刘晓国（—9 月）、钱宁（9 月—）、翁维波（9 月—），总审计师钱宁（—9 月）、王海芬（9 月—），经济责任审计联席会议办公室主任翁维波（—9 月）、邱浩勇（9 月—）。设有办公室、组织人事处、法规处（审计整改督查处）、财政金融审计处、经贸审计处、固定资产投资审计处、行政事业审计处、经济责任审计处、直属审计分局；下设计算机审计中心、政府投资项目审计中心。

审计成果 2017 年，舟山市县两级审计机关完成审计和专项审计调查项目 111 个，查出主要问题金额 44.71 亿元，审计发现非金额计量问题 871 个。审计处理处罚金额 3.22 亿元；移送司法机关、纪检监察机关和有关部门处理事项 41 件，涉及 60 人。审计促进整改落实有关问题资金 2.58 亿元；审计后挽回（避免）损失 0.67 亿元；核减投资额 6.35 亿元。审计提出审计建议 333 条；促进被审计单位制定、完善规章制度 22 项；提交审计信息 1126 篇。向社会公告审计结果 18 篇。

2 个审计项目被省审计厅评为优秀审计项目、1 个项目被省审计厅评为表彰项目。

国家重大政策措施落实情况跟踪审计 开展稳增长、“五水共治”、企业去产能、被征地农民生活保障等政策落实情况跟踪审计。

财政审计 开展财政预算执行和决算草案、群岛新区财金投资基金情况、信息共享机制建设推进情况等审计项目，揭示政务信息管理体制机制不完善、信息资源部门间共享不顺畅等问题。

经济责任审计 市县两级审计机关完成经济责任审计项目 46 个，发现部分单位职责履行不到位、决策不规范、二级部门私设“小金库”等问题。共完成18家单位主要领导离任经济事项集中交接工作。

固定资产投资审计 重点开展全市“三重”项目、市属功能区政府投资项目专项审计调查，揭示经济功能区体制机制等方面问题。

民生资金（项目）审计 组织实施保障性安居工程跟踪审计、养老事业发展情况专项审计调查，重点开展“最多跑一次”改革情况专项审计调查，抽查全市34个部门804项办事事项，研究提出建立“互联网＋政务服务”数据共享信息平台等建议。

企业审计 查明舟山市普陀山客运服务有限公司三轮车运输费收入管理严重失控等违法违纪问题，移送纪检机关查处。开展市交通投资集团公司审计，促进修订6项管理制度。

信息化建设 加快建设舟山市审计数据中心，完成市本级及4个县（区）财政审计标准化数据的质量验证试点工作，推进重点行业审计数据分析系统联网审计升级改造。

内部审计 加强镇、街道、社区内部审计工作，总结推广交叉审计经验，开展内部审计先进单位、先进个人和优秀项目评选表彰活动，推进内部审计机构建设。 （撰稿人：刘丹薇）

【台州市审计局】 2017年，台州市审计局人员编制53人，实有48人。局长吴一林，副局长林永兴、王掌兴、彭雪君，总审计师杨野群，纪检监察组组长郭文明，党组成员瞿秀根，经济责任审计联席会议办公室主任刘文辉。设有办公室（人事教育处）、法规处、审计整改督查处、经济责任审计处、财政审计处、行政事业与社会保障审计处、农业与资源环保审计处、经贸金融外资审计处、固定资产投资审计处；下设直属分局和审计信息中心（事业单位）。

审计成果 2017年，台州市县两级审计机关完成审计和专项审计调查项目264个。查出主要问题金额2071190万元，审计发现非金额计量问题1972个。审计处理处罚金额52516万元；移送司法机关、纪检监察机关和有关部门处理事项46件、涉及29人。审计促进整改落实有关问题金额29234万元；审计后挽回（避免）损失14933万元；核减投资额14928万元。审计提出建议716条；推动被审计单位制定整改措施98项，促进被审计单位制定、完善规章制度20项；提交审计信息635篇。向社会公告审计结果95篇。

1个审计项目被审计署评为表彰审计项目；4个审计项目被省审计厅评为优秀审计项目，3个审计项目被省审计厅评为表彰审计项目。

国家重大政策措施落实情况跟踪审计 组织开展“最多跑一次”改革、企业去产能、“五水共治”政策落实、矿产资源等专项审计调查项目，相关专报得到市政府主要领导批示，推动市政府出台《关于进一步规范涉企收费工作的若干意见》。

财政审计 开展市本级财政及部门预算执行审计，对台州市路桥区、临海市开展财政决算审计，加强政府全口径预决算审计监督。台州市审计局实施对本级财政“同级审”，追缴非税收入1517万元，清理盘活财政资金1.27亿元。

经济责任审计 市县两级审计机关完成75个单位、89名领导干部的经济责任审计，增收节支1526万元。完成对台州市椒江区检察院检察长、玉环市法院院长的经济责任审计。

固定资产投资审计 开展保障性安居工程跟踪审计，清理整顿不规范金额500多万元，督促台州市电力、水务系统清退多收工程款1000余万元，推动撤销电力系统工程招标平台。

民生资金（项目）审计 开展基本公共文化服务资金专项审计调查，推动台州市政府出台《关于进一步支持非国有博物馆建设的实施意见》。

信息化建设 自主开发“三单一表”外挂模块，实现与现有OA系统无缝对接，优化审计项目内部管理流程。完成社保数据规划编制工作，高质量完成省审计厅交办的财政审计数据质量验证任务。

内部审计 全年新发展内部审计协会单位会员11家、个人会员12人，培训内部审计人员800余人次。全市有21个内部审计先进集体（个人）受到省审计厅表彰。 （撰稿人：郑卫敏）

【丽水市审计局】 2017年，丽水市审计局人员编制49人，实有48人。局长潘建青，党组副书记、副局长陈锡星，副局长傅代兴、阎家骥、颜登亮，纪检监察组组长傅绍林，总审计师刘松文，经济责任审计联席会议办公室主任楼玉祥（—9月）。设有办公室、法制处、财政审计处、计算机审计处、行政事业审计处、农业审计处、经济责任审计处、文教卫审计处；下设直属分局（内部审计指导中心）和审计培训中心。

审计成果 2017年，丽水市县两级审计机关完成审计和专项审计调查项目221个。查出主要问题金额956297万元；审计发现非金额计量问题1203个。审计处理处罚金额28996万元；移送司法机关、纪检监察机关和有关部门处理事项37件，涉及15人。审计促进整改落实有关问题资金27789万元。审计提出建议682条；推动完善规章制度226项；提交审计信息780篇。向社会公告审计结果78篇。

1个审计项目被审计署评为表彰审计项目，3个审计项目被省审计厅评为优秀审计项目、2个审计项目被省审计厅评为表彰审计项目。

国家重大政策措施落实情况跟踪审计 在扶贫资金审计调查中，发现违规发放补助596万元等问题，审计专报得到丽水市委书记和市长的批示，市委扶贫领域专项督查组结合审计结果开展“点题式”督查。

财政审计 在财政预算执行审计中发现6379.3万元追加指标未使用等问题，促使有关单位出台《关于要求开展资产清查盘盈盘亏处置和涉改车辆管理工作的通知》。

经济责任审计 组织开展对13名市管领导干部的经济责任审计，发现应由市管领导干部承担经济责任的问题76个；促使114名领导干部上报《年度履职自检表》。开展9个乡镇领导干部自然资源资产审计。在连续3年开展试点基础上，制定《丽水市乡镇（街道）党政主要领导干部自然资源资产责任审计实务指引》。

固定资产投资审计 丽水市审计局完成投资审计项目28个，核减投资额1.36亿元。

民生资金（项目）审计 开展基本医疗保险基金审计，移送的案件线索中15人被判刑，促使社保部门对120家定点医药机构进行全面稽查。

信息化建设 全年上报审计署大数据案例3篇；征集计算机审计中级水平考试案例素材24篇；上报省审计厅大数据案例25篇，信息系统审计案例2篇，其他先进理论技术方法工具应用案例15篇。

内部审计 推进内部审计第二轮“三年轮审”，完成内部审计“双先”评选推荐工作。内部审计指导工作在省审计厅考核中排第二名，荣获一等奖。

（撰稿人：叶伟平）

2017年浙江省所辖区、县（市）级审计工作统计表

金额单位：万元

审计机关	完成审计项目（个）	审计查出主要问题金额	审计处理情况					出具审计报告和审计调查报告（篇）	提出审计建议（条）	提交审计信息（篇）
			审计处理处罚				移送处理事项（件）			
			应上缴财政	应减少财政拨款或补贴	应归还原渠道资金	应调账处理金额				
杭州市										
杭州市本级	40	2770931	25247		1760	671152	26	48	142	123
上城区审计局	17	76743			50			17	62	45
下城区审计局	19	253975	122	991	442	29	3	19	49	47
江干区审计局	16	37030						22	31	85
拱墅区审计局	14	19293			100			14	44	22
西湖区审计局	19	15410	4	29		11161	2	19	41	90

（续表）

审计机关	完成审计项目（个）	审计查出主要问题金额	审计处理情况					出具审计报告和审计调查报告（篇）	提出审计建议（条）	提交审计信息（篇）
			审计处理处罚				移送处理事项（件）			
			应上缴财政	应减少财政拨款或补贴	应归还原渠道资金	应调账处理金额				
滨江区审计局	12	31416				20860	1	12	10	13
萧山区审计局	31	906062	22263	27092	5414	33744	6	37	84	61
余杭区审计局	25	701998	3539	2	2794	557547	7	25	129	22
富阳区审计局	23	79343	281			18286	23	23	218	66
临安区审计局	21	32526	59	27700			5	21	63	90
建德市审计局	28	125510	178		3		17	37	87	50
桐庐县审计局	30	229939	53				7	40	86	20
淳安县审计局	24	30597	3		20	11650	1	31	50	48
宁波市										
宁波市本级	66	476028	32965	2763	10069	4611	19	68	226	113
海曙区审计局	11	31313			24		1	17	24	2
江北区审计局	38	182712		403		18453	1	38	36	5
北仑区审计局	33	220347	8745	1044	14058	91661	8	45	84	96
镇海区审计局	18	5215	1383		66	66		19	42	
鄞州区审计局	16	426660			1802		8	25	65	5
奉化区审计局	58	78810	4		2103	1094		58	511	
余姚市审计局	27	75928	291		201	10833	40	27	64	46
慈溪市审计局	26	87861	1		31	411	27	30	100	262
象山县审计局	40	78629			38970	18	9	54	49	19
宁海县审计局	33	47943	481	15	320	273	1	33	71	74
温州市										
温州市本级	43	135485	2839		329		20	43	144	27
鹿城区审计局	13	125976	318	476	24		6	13	49	
龙湾区审计局	15	27493	3295	46	2565	191	4	15	53	
瓯海区审计局	19	39337	255		60	31846	6	27	83	8
洞头区审计局	23	63207	3596	661	527		10	23	44	49
瑞安市审计局	29	137777		2797	443		6	29	86	10
乐清市审计局	20	127852	98		90	74001	7	20	84	84
永嘉县审计局	20	15998	3086	298	114	2595	16	20	73	74
平阳县审计局	23	67303	1014	190	4346	44098	17	23	52	169
苍南县审计局	31	52749	225		35236	1439	1	31	89	4
文成县审计局	13	30119	21870		2254	80	1	27	41	6
泰顺县审计局	15	75808	8	33	2		11	15	62	44
嘉兴市										
嘉兴市本级	27	2392251	295		2248	146992	2	33	104	43

（续表）

审计机关	完成审计项目（个）	审计查出主要问题金额	审计处理情况					出具审计报告和审计调查报告（篇）	提出审计建议（条）	提交审计信息（篇）
			审计处理处罚				移送处理事项（件）			
			应上缴财政	应减少财政拨款或补贴	应归还原渠道资金	应调账处理金额				
南湖区审计局	16	92070						21	49	79
秀洲区审计局	22	12760	33		63	6013		22	82	47
海宁市审计局	32	28038	1108		884	495	3	40	136	63
平湖市审计局	31	105942	6052		1	1366		40	98	166
桐乡市审计局	20	16111			2827		1	20	53	156
嘉善县审计局	26	144784	160					29	83	47
海盐县审计局	17	65611	27504				1	27	89	132
湖州市										
湖州市本级	73	251749	67	37873	50848	2952	12	84	64	145
吴兴区审计局	44	21874		20716				51	93	81
南浔区审计局	50	51098	1	16583	7119	27109	4	62	127	35
德清县审计局	51	41820		13653	450	339	2	65	123	117
长兴县审计局	72	11807		117598				83	122	88
安吉县审计局	23	1439			146	14	4	34	28	30
开发区审计局	60	37245		37197	48			61	113	
绍兴市										
绍兴市本级	42	39897	489		3	77	18	65	136	17
越城区审计局	14	3016						17	42	
柯桥区审计局	26	69294	648	1719	547	9	1	39	102	76
上虞区审计局	25	44357	200	156	43			34	46	
诸暨市审计局	20	29230					1	36	94	
嵊州市审计局	28	62647	336		696	31933	16	41	137	14
新昌县审计局	17	128493	108		8			29	53	
金华市										
金华市本级	53	268578	1728	1555	4584	95204	11	70	138	22
婺城区审计局	25	47244	27		965		2	31	55	11
金东区审计局	11	16231						16	11	1
兰溪市审计局	23	74944	1		18693		1	37	90	10
义乌市审计局	18	16968	1050	275	1429	541	6	28	44	14
东阳市审计局	73	229492	3	6785	2	358	9	85	84	8
永康市审计局	28	835	383	234	213	2	5	40	95	12
武义县审计局	38	10483	132	79	486	20	1	69	111	30
浦江县审计局	11	30319	34		15			21	33	6
磐安县审计局	27	2877	221		30	847		46	57	3

（续表）

审计机关	完成审计项目（个）	审计查出主要问题金额	审计处理情况					出具审计报告和审计调查报告（篇）	提出审计建议（条）	提交审计信息（篇）
			审计处理处罚				移送处理事项（件）			
			应上缴财政	应减少财政拨款或补贴	应归还原渠道资金	应调账处理金额				
衢州市										
衢州市本级	53	113077	7494		3155	61815	11	80	169	82
柯城区审计局	8	12936	1437		4528			12	19	33
衢江区审计局	8	668			8	335		24	21	63
江山市审计局	23	66045	685	3511	889	868	9	32	63	113
常山县审计局	14	18302	29			33		19	28	66
开化县审计局	18	1035	390		429	212	2	25	58	35
龙游县审计局	19	27023	5754	419		4337	1	67	41	56
舟山市										
舟山市本级	38	336929	16681		357	4777	23	40	79	583
定海区审计局	17	20156		3474				17	80	96
普陀区审计局	21	18110	280		4		3	21	79	133
岱山县审计局	17	65019	3214		35		4	17	41	144
嵊泗县审计局	18	6845	13	3193	117		11	27	54	170
台州市										
台州市本级	27	815078	12397		758		11	27	99	138
椒江区审计局	17	44501	148		1170	9513	2	17	43	57
黄岩区审计局	19	134141	63		225	586	2	19	53	80
路桥区审计局	19	7568	75	7		119	10	26	24	107
温岭市审计局	17	393780	2551	678	234	682	7	17	59	81
临海市审计局	27	276440	2		464	4197	7	28	92	51
玉环市审计局	71	118932	12	8186	40	186	3	78	143	47
三门县审计局	28	90211	1105	3306	3287		2	42	87	36
天台县审计局	21	173645		944	9	10	2	21	51	26
仙居县审计局	18	16894	17		8	562		24	65	12
丽水市										
丽水市本级	36	229894	15371		843			35	145	43
莲都区审计局	23	180559	914			76	7	23	70	180
龙泉市审计局	22	104543	422				4	33	79	40
青田县审计局	22	85228	2340				11	62	45	125
缙云县审计局	19	131387	144		73	4	2	48	51	114
遂昌县审计局	27	21279	306		29	951	1	36	83	5
松阳县审计局	18	38215	1			617	1	18	67	112
云和县审计局	16	30650	892		142	55	5	16	39	149

（续表）

审计机关	完成审计项目（个）	审计查出主要问题金额	审计处理情况					出具审计报告和审计调查报告（篇）	提出审计建议（条）	提交审计信息（篇）
			审计处理处罚				移送处理事项（件）			
			应上缴财政	应减少财政拨款或补贴	应归还原渠道资金	应调账处理金额				
庆元县审计局	21	35773	664		7	5018		33	50	6
景宁畲族自治县审计局	17	98769	57				6	23	53	6

安徽省

【安徽省审计厅】 2017 年，安徽省审计厅人员编制 207 人，实有 200 人。设有办公室、综合法规处、审理处、财政审计一处、财政审计二处、财政审计三处、行政事业审计处、农业与资源环保审计处、固定资产投资审计处、金融审计处、企业审计处、社会保障审计处、外资运用审计处、审计信息技术运用处、人事教育处、机关党委（机关纪委）、省纪委驻厅纪检组、计划统计审计室、经济审计室、科技教育审计室、农业审计室、交通建设审计室、文化卫生审计室、新闻广电审计室、省经济责任审计局；下设省固定资产投资审计中心、省审计厅机关服务中心、省审计科学研究所、安徽审计职业学院 4 个直属事业单位，省审计学会、省内部审计协会 2 个社会团体。

领导成员

厅　　长：戴克柱（—12 月）
　　　　　刘大群（12 月—）
副 厅 长：杨寿桃　何结华　程家楷
　　　　　方　正（6 月—）
总审计师：方　正（—6 月）
　　　　　费明清（6 月—）
纪检组长：贾宝明
经济责任审计局局长：夏瑜保
巡 视 员：姜爱民（—2 月）
副巡视员：胡　健（—2 月）
　　　　　张海珍（6 月—）

审计成果 2017 年，安徽全省审计机关完成审计和专项审计调查项目 5450 个。查出违规问题金额 188.06 亿元、损失浪费金额 28.44 亿元、管理不规范金额 4618.17 亿元；移送司法、纪检监察机关和有关部门处理事项 144 件。促进增收节支 70.29 亿元。审计后挽回或避免损失 23.07 亿元；审计核减项目投资或结算额 51.86 亿元。

国家重大政策措施落实情况跟踪审计 组织全省审计机关分季度开展国家重大政策措施落实情况跟踪审计，发现管理不规范金额 15.46 亿元，促进整合使用财政专项资金 4.73 亿元，出台完善配套政策制度 140 项，合并及下放行政审批事项 241 项，调整扶贫对象 6320 户，纠正违规生产及排放等行为 44 起，重污染企业搬迁或改造 16 户，挽回和避免财政资金损失 8012.86 万元。同时在经济责任审计、预算执行审计等其他各项审计中都密切关注国家和安徽省重大政策措施贯彻执行情况，推动政策落地生根，保障政令畅通。

财政审计 加强对全部政府性资金的审计监督，推动健全政府预算体系，促进财政体制改革。省审计厅级对“四大预算”执行、11 个省直部门预算执行情况进行审计，开展 20 个省直部门重点事项调查，组织实施资源税改革政策落实与征管、钢铁煤炭行业去产能职工分流安置、国省干线公路建设、公立医院债务甄别等专项审计，将 12 所省属高校审计等 16 个项目审计结果纳入审计工作报告，得到省人大、省政府充分肯定。结合预算执行审计，开展对贯彻中央八项规定精神、公务支出公款消费、政府正版软件使用、57 个省直部门信息系统的审计或者专项审计调查。

经济责任审计 开展对重点地区、重点部门、重点单位和关键岗位主要领导干部的经济责任审计，推进审计全覆盖，促进领导干部守法守纪守规尽责。省审计厅实施 6 名地方党政领导干部、16 个省直部门单位负责人、8 所省属高校负责人、

7家省属企业领导人员共37名领导干部经济责任审计，完成安徽省本级首轮经济责任审计全覆盖任务。

省审计厅在总结2015年、2016年审计试点经验的基础上，组织实施宿州市原市长自然资源资产离任审计，并指导4个市审计机关相继开展审计试点，促进领导干部履行自然资源资产管理和生态环境保护责任。

固定资产投资审计 围绕党委、政府中心工作和重大工程建设项目，开展工程造价、竣工决算、投资绩效和全过程跟踪审计，促进规范工程管理、提高工程质量、加快项目进度、提高资金绩效，助力经济持续平稳增长。省审计厅组织实施全省灾后水利水毁修复项目、对口援疆援藏、高速公路、综合楼、业务楼等工程项目的跟踪审计或竣工决算审计，组织开展省本级政府性投资建设项目审计全覆盖专项检查，着力推进政府性投资建设项目审计全覆盖。指导市县审计机关推动修订完善政府投资审计制度规范，推进政府投资审计组织方式、审计内容的深化与变革。

民生资金（项目）审计 将精准脱贫、义务教育均衡发展、非户籍人口城市落户方面政策落实情况作为重大政策措施跟踪审计的重点内容，同时在其他项目中密切关注民生领域政策、项目落实情况。组织开展全省保障性安居工程跟踪审计，反映3个方面15个问题，涉及金额9.37亿元、保障性住房6.76万套，促进修订完善文件制度17项，有10人受到党纪政纪处分或被追究法律责任。组织开展5个国家级贫困县扶贫审计，推动精准扶贫精准脱贫政策落实。指导市县审计机关加强“三农”、扶贫、教育、就业、医疗卫生等重点领域民生资金和项目审计，维护群众利益。

外资运用审计 对8个世界银行贷款项目、5个亚洲开发银行贷款项目、1个德国复兴银行贷款项目开展审计，涉及农业、林业、教育、道路交通、城市环境改善、航道整治、防洪排涝体系建设、水污染治理等项目。概算总投资286.97亿元人民币，其中协议利用世界银行贷款7.46亿美元、亚洲开发银行贷款8.35亿美元、德国复兴银行贷款850万欧元，利用外资折合人民币约102.11亿元。按时出具14份无保留审计师意见的中文审计报告和13份无保留审计师意见的英文审计报告。对14个省级项目办进行审计，抽查46个市县项目办和子项目。

信息化建设 推进安徽省金审工程三期项目建设，先后赴湖北省审计厅、江苏省审计厅、南京市审计局以及武汉大学，考察学习有关信息化先进经验做法以及相关领域前沿技术，提出安徽省移动办公系统和数据中心机房及数据分析室建设技术需求。充实完善数据中心，开展数据分析，实现数据资源共享。在部门预算执行、地税、扶贫、医疗保险、保障性安居工程等项目审计中，组建审计数据分析团队，推行“总体分析、发现疑点、分散核实、系统研究”审计方式，提高审计信息化水平和审计效率。

审计科研 确定审计全覆盖视角下建立审计预防机制、审计技术创新、建立健全审计力量聚合和使用机制、深化审计结果运用等4个全省审计重点科研课题，组织全省审计机关开展研究。安徽省社科课题研究成果《安徽精准扶贫中的监督机制》一文已通过专家评审。参与中国审计学会市县审计机关发展的研究，按要求提交《市县审计机关发展研究——基于安徽省市县审计机关发展实际》的研究报告，参加中国审计学会在北京召开的合作研究课题成果汇报会交流。推荐的《新常态下国家审计发展对审计学科建设的影响》《谈县级审计机关发展中存在的现实困难及思路方法》两篇论文，参加中国审计学会专题研讨会交流。

党建工作 深入学习党的十九大精神和习近平新时代中国特色社会主义思想，深入推进“两学一做”学习教育常态化制度化，扎实开展“讲政治、重规矩、作表率”专题教育，坚持以党的创新理论武装头脑、指导实践、推动工作。落实主体责任和监督责任，切实履行“一岗双责”“一案双查”要求，将党建工作与业务工作同谋划、同部署、同落实。组织开展党支部书记“联述联评联考”，推动“以述促抓、以评促改、以考促建”，压紧压实责任链条，构建党建工作新格局。贯彻中央和省委关于政治生活、政治生态、政治文化的部署要求，严守政治纪律和政治规矩，树牢“四个意识”，严防“七个有之”，做到“五个纯粹”，始终同以习近平同志为核心的党中央保持高度一致，坚决维护党中央权威和集中统一领导。

开展基层党组织标准化建设，推进“支部建在审计点”，将党建工作延伸到审计现场，与项目“同步展开、同步实施、同步总结”，着力消除党建工作薄弱环节，更好地发挥基层党组织的战斗堡垒作用。严格执行廉洁从政、廉政从审各项规定，用好监督执纪“四种形态”，抓早抓小，加强廉政教育，开展廉政风险排查，对审计组进行巡察，加强正向示范引领，保持清廉本色。

相关工作 注重审计结果利用，全省审计机关提交的审计专题报告、综合性报告和信息简报被批示、采用3414篇次，提出的审计建议被采纳10932条。注重发挥审计预防功能，实行审计工作联系制度、审计情况通报制度、审计结果公告制度，基本形成宣传、通报、公告相结合的引导、预警、惩戒机制，促使被审计单位及早发现、自觉纠正、主动预防。注重审计整改，提请省委、省政府将审计及整改情况纳入省综合考核，建立长效机制，督促被审计单位公开整改结果，配合省人大常委会进行整改工作督查。注重审计制度规范建设，协助省人大常委会修订《安徽省审计监督条例》，协助省政府修订《安徽省社会保障资金审计监督办法》《安徽省政府投资建设项目审计监督办法》，起草并经省委办公厅、省政府办公厅出台《关于坚持审计监督全覆盖健全完善审计工作机制的实施意见》《关于深化国有企业和国有资本审计监督工作方案》《关于进一步完善审计整改工作机制的意见》，与省直有关部门联合印发内管领导干部、村居主要负责人、城乡规划等方面审计办法。注重创新审计方式，建立定期报送审计电子数据机制，建成并运行全省政府投资审计管理系统，与省政府建设项目相关数据库连接，对106个省级一级预算单位财政财务数据进行全面分析和筛查比对，并选择20个部门开展专项审计调查，运用信息化审计方式，提升审计效率。注重审计队伍建设，坚持“好干部”标准，树立正确选人用人导向，改进审计干部教育培训方法，激励审计干部利用业余时间学习提升，倡导“会查、会写、会讲”。

内部审计 安徽全省内部审计机构共开展审计项目24292个，审计总金额4877.5亿元，增收节支31.4亿元，提出审计意见和建议1.9万条，根据审计建议，317人受到行政处分，5人被移送。安徽省内部审计协会荣获全国内部审计宣传工作先进单位、全省百优社会组织。安徽电力公司等7家单位被中国内部审计协会评为全国内部审计先进集体，安徽省公安厅审计处蒋伟等7人被评为全国内部审计先进工作者。省审计厅与省总工会联合开展评选表彰活动，评选出安徽农业大学审计处等52个先进集体、王玉珍等68名内部审计能手、蔡华林等6名内部审计标兵、林志承等53名内部审计领军人物。（撰稿人：程　敏）

【合肥市审计局】 2017年，合肥市审计局人员编制127人，实有122人。党组书记、局长程林，党组成员、副局长昂朝晖、郭洪群、周顺翠，总审计师张仁山，驻局纪检组长钱昌雨，党组成员、经济责任审计局局长徐伟。设有办公室、综合处、法规审理处、机关党委、审计信息技术应用处、财政审计处、金融审计处、行政事业审计处、经贸审计处、农业与资源环保审计处、社会保障审计处、固定资产投资审计处、外资运用审计处；下设合肥市经济责任审计局、合肥市审计局直属分局（直属行政机构），下属合肥市投资审计中心（事业单位）；另设立科教文卫审计室、建设审计室、农业派出审计室（派出审计室）。

审计成果 2017年，合肥市县两级审计机关完成审计项目248个，专项审计调查项目34个。查出主要问题金额3309208万元，其中违规金额558720万元、损失浪费金额218万元、管理不规范金额2750270万元；审计发现非金额计量问题1709个；损益（收支）不实金额71956万元；侵害人民群众利益543万元；出具审计报告和专项审计调查报告917篇。审计处理处罚金额451337万元，其中应上缴财政4610万元、应减少财政拨款或补贴333万元、应归还原渠道资金69765万元、应缴纳其他资金2728万元、应调账处理金额373899万元；移送司法机关、纪检监察机关和有关部门处理事项30件，移送处理人员5人，移送处理金额16029万元。审计促进整改落实有关问题金额64572万元；审计促进拨付资金到位4773万元；审计后挽回（避免）损失524万元；核减投资额127024万元；移送处理落实事项13件。审计提出建议1002条；推动被审计单位制定整改措施185项，制定、完善规章制度54项；提交审计信息3000篇。向社会公告审计结果151篇。

安徽巢湖管理局预算执行及其他财政收支情况审计项目，被审计署评为表彰审计项目，被省审计厅评为优秀审计项目。

国家重大政策措施落实情况跟踪审计 对精准扶贫精准脱贫、“放管服”改革政策、系统推进全面创新改革、传统产业改造提升工程、落实“三去一降一补”五大任务政策措施等10项政策开展跟踪审计。以信息专报等形式向市委、市政府报送并被市委市政府综合快报、政务信息等采用148篇次，市领导批示62次。

财政审计 合肥市审计局对市财政局、市地税局、市属四大开发区组织预算执行和其他财政收支情况，市房产局、市规划局等6个部门及所属13个二级单位预算执行情况进行审计，开展市本级决算草案审计。对2017年前三季度市级预算执行和调整情况进行联网跟踪审计。受市政府委托向市十五届人大常委会作审计工作报告，审计工作报告及审计发现问题整改情况报告向社会公布。

经济责任审计 合肥市审计局完成对市房产局、市规划局、市旅游局、市文广新局、市委老干部局等10个部门领导干部的经济责任审计和对26个单位的离任交接。授权县（市）区审计局开展对28个单位的40名领导干部的经济责任审计。指导市直单位对其下属的二级机构37名主要负责人开展内管干部经济责任审计，监督指导全市各县区共对841名村居负责人开展经济责任审计。

固定资产投资审计 组织开展轨道交通3号线、4号线、5号线、合肥离子医学中心、量子创新院等13个项目跟踪审计。完成中盐合肥化工基地一期建设等12个财务竣工决算审计。全年审结工程价款537个单项，审计投资完成额89.47亿元，核减投资额2.85亿元。

民生资金（项目）审计 完成审计署组织实施的2017年度保障性安居工程跟踪审计和财政扶贫资金审计。完成对合肥市2016年灾后应急抢险资金、“菜篮子”工程、学前教育、文化产业发展状况、农村公路建设等9个项目的专项审计调查。对合肥市住房公积金2016年资产负债和财务收支开展审计。

企业审计 对百大集团、合肥兴泰金融控股有限公司进行审计，并且通过在预算执行、经济责任、专项调查中开展延伸审计，扩大国有企业审计覆盖面。

信息化建设 在全市审计机关开展“审计技术创新年”活动。以金审工程总体规划为依托，推进合肥审计数据中心建设，构建包含财政、地税、社保、金融、资源环保等行业的审计专业数据库和审计分析平台，实现与被审计单位信息数据库的持续对接。注重信息技术的审计应用，加强数据分析团队建设，加大业务数据与财务数据、单位数据与行业数据以及跨行业、跨领域数据的综合比对和关联分析，提高审计效率。

相关工作 采取“建立台账、专人跟踪、逐项督改，清单销号、专文报告”的方式，落实整改“销号”制度，实行边审计边督改，对整改不到位的相关单位发出《督促审计整改函》。合肥市审计局被安徽省委评为第十一届安徽省文明单位；被省审计厅表彰为第七届审计机关精神文明单位。在合肥市委组织的市管领导班子考核中获优秀等次，在合肥市政府组织的目标管理考核中获优秀责任单位。

内部审计 制订《全市内部审计工作“全面提升年”主题活动实施方案》，明确全年内部审计重点工作任务；建立有248位内部审计人员组成的内部审计机构人才库，先后组织特约审计人员和内部审计人员近20人次参与到审计机关的审计项目中，提高审计水平。推荐的《国网合肥供电公司集体企业预算执行审计》等2个内部审计项目，被评为省级优秀内部审计项目。

（撰稿人：韩　苹）

【芜湖市审计局】 2017年，芜湖市审计局人员编制58人，实有59人。局长徐茂环，副局长张自道、杨凛、王钢，总审计师张文清，经济责任审计局局长吴勇，调研员韩小萍（—7月），副调研员王艳清（8月—）、范家琪（8月—）。设有办公室、综合法规科、财政审计科、行政事业审计科、农业与资源环保审计科、固定资产投资审计科、金融审计科、经贸审计科、社会保障审计科、外资运用审计科、内部审计管理科、人事教育科、机关党总支、经济责任审计局、固定资产投资审计中心（计算机审计中心）。

审计成果 2017年，芜湖市县两级审计机关完成审计项目228个。查出违规和管理不规范金额229849万元。通过审计上缴财政21068万元、调账和归还原渠道资金45291万元；减少财政拨款或补贴4005万元。移送案件线索1件。

国家重大政策措施落实情况跟踪审计 以重大政策贯彻落实、促进经济社会持续健康发展为目标，重点开展创新驱动发展、县域经济振兴、农业现代化推进、传统产业升级改造、产业集聚发展基地建设、义务教育均衡发展、“放管服”改革、文化产业和服务业类重大项目加快推进等有关政策落实情况的跟踪审计。

财政审计 开展对芜湖市本级、省江北产业集中区、经济技术开发区预算执行审计，对纳入市直机关财务服务中心实行会计代理核算的87家单位公用经费等支出和核算情况进行专题审计。持续跟踪审计地方政府性债务，反映和揭示新情况和新问题。

经济责任审计 全市审计机关对118名领导干部进行任期经济责任审计，其中县处级26人，乡级89人，其他3人。审计中围绕“四用”制度、“三公”经费管理、“收支两条线”制度、招标采购制度、规范公务员津补贴制度、县处级党政正职监督制度和行政问责办法等规章制度的执行情况，对领导干部进行经济责任评价。

固定资产投资审计 对政府投资建设的219个工程造价项目进行二次审计，建设单位送审价160373.11万元，审价咨询机构审核价145877.48万元，核减14495.63万元；审计、财政联合确认价144584.29万元，再次核减1293.20万元；两次审核共核减15788.83万元。

相关工作 芜湖市审计局被芜湖市委、市政府评为第十三届文明单位标兵；被安徽省审计厅评为“全省审计理念创新年”先进集体。

（撰稿人：胡媛媛）

【蚌埠市审计局】 2017年，蚌埠市审计局人员编制71人，实有64人。局长王莉敏，副局长周勤、戚大庆，总审计师汤瑶泉，纪检组长佘建军（—9月）。设有办公室、综合法规科、财政审计科、金融审计科、行政事业审计科、企业审计科、农业与资源环保审计科、社会保障审计科、固定资产投资审计科、外资运用审计科、计算机审计科、派出审计一室、派出审计二室、人事教育科、机关党委、监察室；下设市经济责任审计局、市政府投融资审计中心。

审计成果 2017年，蚌埠市县两级审计机关完成审计项目245个。查出违规问题金额5.7亿元、管理不规范金额146.92亿元；移送处理事项24件；审计促进整改问题金额1.71亿元。审计提出建议445条，较好地发挥审计监督作用。

蚌埠市审计局实施的蚌埠河北新区发展有限公司财务收支及其他事项审计项目，被省审计厅评为表彰审计项目。

国家重大政策措施落实情况跟踪审计 市县两级审计机关开展政策落实跟踪审计，共抽查单位160个，抽审项目130个，抽审资金总量19亿元。审计发现问题金额3685.89万元，提出审计建议56条。审计整改促进清退工程领域逾期保证金542.33万元、落实配套资金2250万元、加快财政资金拨付800万元、推动73.6万元扶贫资金和3000万元省级基地建设财政专项引导资金发挥效益、促进33个各类项目加快实施。

财政审计 蚌埠市审计局开展本级预算执行情况审计，审计工作报告和审计查出问题整改报告得到市人大常委会的充分肯定。

经济责任审计 采取任中审计、离任审计相结合，实现经济责任审计对象任期内轮审一遍。对固镇县委书记、县长同步任期经济责任审计同时开展自然资源资产任期经济责任审计试点。蚌埠市审计局指导市教育局等主管部门组织开展28名内管干部任期经济责任审计。

固定资产投资审计 对52个市政府投资建设项目开展跟踪审计，送审金额90.2亿元，核减工程进度款23.9亿元；对56个竣工项目进行决算、结算审计，审计金额8.57亿元，核减工程价款4316万元。

民生资金（项目）审计 完成审计署、省审计厅统一组织的审计项目。在对蚌埠市本级及市辖各区和怀远、固镇、五河3个县2016年保障性安居工程跟踪审计中，查出不符合保障条件人员违规享受住房保障待遇和虚报冒领拆迁补偿款，危房改造资金及工程建设、管理手续不完善等问题。在对怀远、固镇、五河3个县2014年至2016

年财政扶贫资金分配管理和使用情况的审计中，查出“建档立卡”贫困人口数据信息不准确，超范围使用扶贫专项资金等问题。完成社会养老服务体系建设资金、企业职工基本养老保险基金专项资金审计调查。

其他审计项目 完成美丽乡村（乡镇）建设财政专项资金审计调查，查出超范围使用资金和资金闲置率较高等问题，将违规招标责任人进行移送处理，3 人受到纪律处分。完成市交投集团资产负债损益审计，查出收支不实、企业存在潜亏风险的问题。

信息化建设 在保障金审工程一期、二期建设的各信息系统正常运行的基础上，加强 OA 系统、RTX 平台、视频会商系统功能的全方位应用，解决遇到的技术问题，支持县、区审计工作中的数据采集、整理、分析的协助需求。

相关工作 制修订《坚持审计监督全覆盖健全完善审计工作机制实施方案》《深化国有企业和国有资本审计监督实施方案》《政府投资建设项目审计监督办法》3 份规范性文件，以市委市政府办公室名义印发。完成市委组织部要求提交的《加强对权力运行的制约与监督》研究报告。蚌埠市审计局在市委市政府目标考核中获得优秀单位，市审计局党组在市委年度综合考核中被授予“好班子”称号。 （撰稿人：朱　杰）

【淮南市审计局】 2017 年，淮南市审计局人员编制 71 人，实有 64 人。局长陈寅，副局长王林、陶保华、王宜君，总审计师李宗林，派驻纪检组组长汪正明，市经济责任审计局局长范淮涛，副调研员杨庆国。设有办公室、人事教育科、机关党委、综合法规科、审理科、计算机审计科、财政金融审计科、经济贸易审计科、社会保障审计科、行政事业审计科、农业与资源环保审计科、外资运用审计科、城市建设与固定资产投资审计科、科教文审计科、经济责任审计局、经济技术开发区直属分局、山南新区直属分局、内部审计协会等 18 个内设机构；下设固定资产投资审计中心、审计干部培训中心等事业单位。

审计成果 2017 年，淮南市县两级审计机关共完成审计和审计专项调查项目 551 个。查出违规金额 5.32 亿元、管理不规范及损失浪费金额 40.03 亿元；出具审计报告被市领批示 25 篇。促进增收节支 5.73 亿元。审计建议被采纳 906 条。向纪检监察及相关部门移送案件线索 8 件。

国家重大政策措施落实情况跟踪审计 重点实施精准扶贫精准脱贫、推动产业集聚发展基地建设、义务教育事业均衡发展、保障性安居工程政策措施落实情况的跟踪审计，促进淮南经济健康发展，政策落地生根。

财政审计 运用财政联网审计系统和数据分析技术手段，实现审计范围和对象的两个全覆盖。对市房地产管理局、市国土资源局等 9 个部门 2016 年部门预算执行情况进行重点审计，市人大常委会高度评价并全票通过审计工作报告及审计整改情况报告。

经济责任审计 完成 2013 年至 2017 年经济责任审计全覆盖任务，做到应审尽审。5 年来，审计查出各类问题资金 383084 万元、移交纪检监察机关处理 23 人，给予刑事处理 2 人、给予党纪政纪处分 12 人，促使出台 76 项规章制度。将经济责任审计与资源环保审计相结合，试点开展对领导干部任职期间履行自然资源资产管理和生态环境保护责任情况的审计。

固定资产投资审计 对淮上淮河大桥建设项目、市妇幼保健院（新院）项目等 12 个在建项目进行全过程跟踪审计；对市级公租房、市苗圃老旧房改造项目以及道路进行竣工决算审计，审计核减 1.19 亿元。

其他审计项目 组织实施民营公交企业财政补贴及盈亏情况、全市产业发展引导基金运营情况的专项审计调查。

相关工作 草拟并以市委、市政府名义出台《关于贯彻落实完善审计制度若干重大问题框架意见的实施意见》《关于坚持审计监督全覆盖健全完善审计工作机制的实施意见》《关于深化国有企业和国有资本审计监督工作方案》和《淮南市审计结果运用办法》等多项制度。淮南市审计局被市政府评为全市目标考核优秀单位，被省审计厅评为市级审计机关先进集体；寿县、凤台县和八公山区审计局被省审计厅评为县级审计机关先进集体。 （撰稿人：崔　燕　周　楠）

【马鞍山市审计局】 2017 年，马鞍山市审计局行政编制37人，事业编制10人；实有45人。局长方成，副局长王明营、王斌、黄志宇，总审计师何祥俊，副调研员尹晓菊、王新，经济责任审计局局长马有发，开发区分局局长曹福和。设有办公室、综合法规科、党支部、审理科、计算机审计中心、经济责任审计局、开发区审计分局、财政审计科、固定资产投资审计科、经济社会建设审计科、企业审计科；下设工程价款结算审计中心（事业单位）。

审计成果 2017年，马鞍山市审计局完成审计和专项审计调查项目59个。查出管理不规范金额32.1亿元。审计成果得到市委、市人大、市政府和省审计厅的充分肯定。

国家重大政策措施落实情况跟踪审计 重点关注扶贫、产业集聚发展基地建设、“放管服”改革、重大项目加快推进等政策措施落实情况，揭示问题，提出建议，促进政令畅通。揭示精准脱贫精准扶贫等问题14个，促进项目新开工建设45项，促进建立完善制度12项。

财政审计 开展马鞍山市本级预算执行审计及5个部门预算执行审计，推进6.2亿元财政存量资金加快消化进度，督促财政部门动态调整3家商业银行创业担保贷款基金1200万元，促进提高财政资金使用绩效。

经济责任审计 采取“党政同审”“前后任联审”和市、县区联动审计等方式，组织实施经济责任审计。首次召开44个经济责任审计集中进点见面会，首次对县区法院、检察院等6名领导干部实行经济责任交叉联动审计。在市国土局原局长、当涂县原县长等领导干部的经济责任审计项目中关注自然资源和生态环境情况。

固定资产投资审计 完成马鞍山市体育会展中心等4个项目竣工决算审计、灾后水利水毁修复、世界银行贷款慈湖河流域水环境综合整治等项目的审计。组织开展投资审计转型后的工程价款结算审计质量专项抽查，推进压实建设单位工程管理尤其是造价控制管理责任。

民生资金（项目）审计 完成财政专项扶贫资金、保障性安居工程、公立医院债务甄别、资源税改革政策落实与征管情况、市本级基本医疗保险基金、市本级被征地农民养老保险基金、土地征收等审计（调查）项目，为党委、政府宏观决策提供重要参考。

内部审计 加强对内部审计工作的业务指导和监督，邀请市编办、公安、规划、国土、环保等部门派专家参与审计机关的项目，将28个市直单位内部审计工作纳入“全面规范年”活动进行验收，评出内部审计工作先进单位10个。加大内部审计工作宣传，通过市政府常务会议等渠道，通报审计工作情况；向近100个单位赠阅《内部审计政策法规汇编》《中国内部审计》等书刊。

（撰稿人：芮绍文　周香和　笪玮玮　陶雨辰）

【淮北市审计局】 2017年，淮北市审计局人员编制65人，实有63人。局长赵拥军，副局长徐君（—7月）、陈玉健（—9月）、项珺（7月—）、高抗抗（12月—），总审计师周玉贞，纪检组长孟祥龙（—6月），党组成员、副调研员孟祥龙（6月—），经济责任审计局局长朱金亮。设有办公室（综合法规科）、人事教育科、审计整改监督科、审理科、财政金融审计科、固定资产投资审计科、行政事业审计科、农业与资源环保审计科、社会保障审计科、企业审计科、经济责任审计局；下设市计算机审计中心、市投资审计局（事业单位）以及淮北经济开发区审计分局（派出机构）。

审计成果 2017年，淮北市县两级审计机关完成审计项目93个。查出主要问题金额638803万元，其中违规金额195587万元、管理不规范金额443215万元；审计发现非金额计量问题160个；损益（收支）不实金额18193万元；出具审计报告和专项审计调查报告95篇。审计处理处罚金额179592万元，其中应上缴财政34347万元、应减少财政拨款或补贴1181万元、应归还原渠道资金9363万元、应调账处理金额30779万元、应缴纳其他资金103921万元；移送司法机关、纪检监察机关和有关部门处理事项6件。审计促进整改落实有关问题资金122149万元，其中增收节支23978万元、已调账处理金额20332万元、已缴纳其他资金62177万元。审计提出建议205条。

淮北市同创融资担保公司原总经理任期经济责任履行情况审计项目，被安徽省审计厅评为优秀审计项目。

国家重大政策措施落实情况跟踪审计 重点

关注创业创新、扩大有效投资、促进转型升级、推进新型城镇化、节能环保等调转促重大政策措施，开展落实情况跟踪审计，上报的问题数量和质量获省审计厅表扬，并在全省经验交流会议上作典型发言。根据省审计厅安排，组织开展全市公立医院债务甄别，按时按质完成任务，通过省审计厅复审。

财政审计 对2016年度市本级预算执行情况进行审计，关注财税政策执行、政府预算体系完善、财政体制运行、政府债务管理、国有资本收益等情况。对2016年度地方税收征收管理情况进行审计，关注税收计划完成、政策执行、征收管理等情况。对市交通局、市国土局等7个部门单位2016年度预算执行情况进行审计，查出非税收入管理不够规范、项目资金分配执行不及时等问题。受市政府委托向市人大常委会作审计工作报告。

经济责任审计 市县两级审计机关完成经济责任审计项目33个，其中任中审计3个、离任审计30个，查出违规问题金额7269万元。审计中，创新审计工作模式，对资金量较小的市直7家部门单位开展审计巡查，帮助被巡查单位完善制度、规范管理。结合杜集区原区长经济责任审计，同步开展领导干部自然资源资产离任审计。

固定资产投资审计 市县两级审计机关完成政府投资建设项目结算审计89个，审计工程款61751.13万元，核减工程款5702.87万元；完成设计变更审计15个，审计工程款4763.59万元，核减工程款1632.5万元；完成预算审查项目15个，审计工程款52651.16万元，核减工程款11910.99万元；完成控制价审计项目3个，审计工程款63225.66万元，核增工程款684.05万元，审减1812.35万元；完成平山电厂输出变电线路项目拆迁补偿款审核工作，审计工程款1629.29万元，核减工程款796.54万元，核减率48.89%；完成张寨小区（太阳城小区）周边道路及学校实际安置面积审核、西山路两侧安置房成本测算等项目。对113个建设项目实施跟踪审计，深入施工现场，及时发现问题，提出整改意见。

民生资金（项目）审计 组织开展濉溪县2014—2016年度财政专项扶贫资金审计、2016年度全市保障性安居工程跟踪审计、农产品食品安全工程实施情况专项审计调查、城市基础设施配套费专项审计调查、扶持产业发展专项资金暨节能减排补助资金专项审计调查等，查出在民生政策落实、扶贫政策落实等方面存在的分配不公、损公肥私、优亲厚友等问题。针对最低生活保障等社会救助工程审计中发现的问题，市纪委严肃问责238名把关不严、优亲厚友的党员干部。

党建工作 开展基层党组织标准化建设，提升党建工作科学化水平；开展“讲政治、重规矩、勇担责、作表率、促崛起”专题教育活动和专题警示教育活动，增强党员干部党性意识、廉政意识。淮北市审计局在全省审计机关纪念建党96周年大会上作交流发言。

相关工作 建立边审边改、约谈助改、督查促改、联动整改及整改结果运用机制，实行跟踪督查制度和审计整改销号制度，强化审计整改落实。10月中旬，联合市纪委、市人大财经委、市目标办、市财政局等部门，对已达到整改期限的52个项目、66个单位进行检查，检查结果纳入年度单位目标管理、党风廉政建设、领导班子等考核内容。审计整改情况首次由市政府负责人向市人大主任会议作专题报告。在全市审计机关开展“审计技术创新年”活动。（撰稿人：惠　蕙）

【铜陵市审计局】 2017年，铜陵市审计局人员编制44人，实有43人。局长姚刘杰（—5月）、陈延友（5月—），副局长丁兴虎、王华、王世清，总审计师朱永宏，副调研员刘崧梓。设有办公室、综合法规科、财政金融审计科、企业审计科、行政事业审计科、资源环保审计科、社会保障审计科、农业经济审计科、投资审计科、文化教育审计科、计算机审计科、人事教育科，经济责任审计局；下设市政府性投资审计中心（事业单位）。

审计成果 2017年，铜陵市审计局完成审计项目23个，专项审计调查项目8个。查出违规金额1252万元；审计发现非金额计量问题196个；损益（收支）不实金额28572万元；出具审计报告和专项审计调查报告42篇。审计处理处罚金额5894万元，其中应上缴财政848万元、应归还原渠道资金807万元、应缴纳其他资金51万元、应调账处理金额4186万元；移送司法机关、纪检监察机关和有关部门处理事项8件。

国家重大政策措施落实情况跟踪审计 按季度分4次对全市各级各部门贯彻落实宏观政策措施情况开展跟踪审计，围绕五大发展行动计划，关注“去降补”“调转促”“全创改”“放管服”等重大决策部署贯彻落实情况。

财政审计 围绕全口径监督这一主线，开展对财政、地税组织市级预算情况和国有资本经营预算的审计，揭示专项资金、政府投资项目建设等方面存在的问题。

经济责任审计 对10个市直部门和1个区、1个村进行领导人经济责任审计。

固定资产投资审计 对59个重点项目进行跟踪审计，涉及投资额约154亿元，其中1亿元以上的项目37个。对261个政府投资建设项目进行价款结算审计，送审金额23.09亿元，核减投资额1.39亿元。开展灾后水利水毁修复项目审计调查。

民生资金（项目）审计 对扶贫资金、低保资金、保障性安居工程、安置房建设、小区改造提升工程等进行审计。开展对公立医院债务甄别、资源税改革政策落实与征管、公共停车场建设管理的专项审计调查。

企业审计 对铜陵华盛化工公司、市发投公司、市建投公司、普济圩农场等单位开展经营业绩考核审计。 （撰稿人：朱美和）

【安庆市审计局】 2017年，安庆市审计局行政编制50人，事业编制21人；实有61人。局长朱菊云，党组书记朱训道（—8月），副局长何炜（—5月）、汪传华、汪定节，纪检组长黄斌（8月—），党组成员、经济责任审计局局长沈遵如，经济技术开发区分局局长章蓓蕾，投资审计中心主任蒋泽贤，副调研员叶青。设有办公室、人事教育科、综合法规科、财政审计科、金融和社会保障审计科、行政事业审计科、企业审计科、农业与资源环保审计科、固定资产投资审计科、外资运用审计科、审计信息管理科、机关党总支等12个职能科（室）；下设经济责任审计局、投资审计中心、经济技术开发区分局。

审计成果 2017年，安庆市县两级审计机关完成审计和专项审计调查项目501个。发现违规金额281850万元；提交审计专题报告、综合性报告和信息简报及各类信息共计395篇。上缴财政9725万元，减少财政拨款或补贴4674万元，归还原渠道资金1557万元；移送纪检监察和有关主管部门处理事项（线索）7件，4人受到党纪政纪处分，1人被移交检察机关进一步查处。核减工程投资38481万元。

安庆市审计局实施的安庆市某局原局长任职期间经济责任履行情况审计，被省审计厅评为表彰审计项目。

财政审计 完成预算执行审计项目49个、财政决算审计项目2个，延伸审计调查36个单位，查出主要问题金额257058万元。

经济责任审计 对83名领导干部实施经济责任审计，其中县处级31人、县处以下52人。查出违规金额16555万元、管理不规范金额276094万元。开展怀宁县党委政府主要负责同志自然资源资产离任审计试点。

固定资产投资审计 对176个工程项目进行审计或审计调查，项目投资完成额279504万元，核减工程投资额38481万元。

民生资金（项目）审计 安庆市审计局组织开展全市城镇保障性安居工程跟踪审计，同时根据省审计厅统一部署，组织安排全市2014年至2016年财政专项扶贫资金专项审计调查、全市灾后水利水毁修复项目审计和全市公立医院债务甄别专项审计调查。

相关工作 安庆市政府印发《关于进一步加强审计整改工作的意见》和《关于加强审计整改“回头看”工作的通知》，促进审计整改工作的制度化、常态化。通过推进审计整改，为财政增收节支24668万元，促进完善制度59项。安庆市审计局被省文明委评为“第十一届安徽省文明单位”，被省审计厅评为“审计理念创新年”先进集体、全省审计机关精神文明单位、全省审计信息工作先进单位。 （撰稿人：方　敏）

【黄山市审计局】 2017年，黄山市审计局人员编制24人，实有25人。局长徐东海，副局长汪桂进、程浩良（—4月）、程祖杰（4月—12月）、方霞，总审计师余根长，纪检组长黄峰（—8月），经济责任审计局局长汪利兵，副调研员梅文秋。设有办公室（审计信息技术应用科）、综合法规科、财政金融审计科、行政事业审计科（农业资源环保审计科）、社保外资审计科（民生工程审计科）、固定资产投资审计科、经贸审计科、经济责任审计局。

审计成果 2017年，黄山市县两级审计机关完成审计（调查）项目1414个。查出主要问题金额292362万元；出具审计（调查）报告1460篇。审计提出建议1704条；提交审计信息278篇（次）。

国家重大政策措施落实情况跟踪审计 组织开展精准扶贫精准脱贫、推动产业集聚发展基地建设、义务教育事业均衡发展政策措施落实等情况跟踪审计，推进政策落地、发挥效益。全年累计抽调105人次，审计政府部门（单位）99个、县区7个、项目71个，涉及财政资金38657.95万元，其中中央财政资金5381.5万元；审计发现问题8个，出具审计报告29篇；审计提出建议8条。

财政审计 黄山市审计局开展2016年度市本级预算执行和其他财政收支情况审计，对市农委、市规划局、市住建委等部门开展预算执行情况审计，对市地税局开展税收征管审计，重点关注财政收入质量、财政资金统筹管理使用等。

经济责任审计 推进党政主要领导干部和部门内管干部经济责任审计，对3个单位以主管部门为主体，采取内部审计方式进行审计，推进领导干部经济责任审计全覆盖。

固定资产投资审计 黄山市审计局审结100万元以上工程项目160个，审计核减金额7143万元；完成17个项目的工程量清单和控制价审核，送审造价12.5亿元，审核调减金额3959万元。

民生资金（项目）审计 将扶贫开发资金、城乡居保、医疗基金、城镇保障性安居工程、农村危桥加固、农村危房改造等项目纳入财政“同级审”范围，及时发现问题、提出建议。做好保障性安居工程跟踪审计，督促相关部门整改落实审计发现问题。

其他审计项目 跟进产业转型升级重大举措和重大项目建设，对城市基础设施配套费专项资金、旅游航空专项资金、老旧小区改造资金等开展专项审计调查。黄山市审计局组织开展对黄山城投集团有限公司和黄山市公共汽车公司审计。

信息化建设 黄山市各区县审计局已全面使用政府投资管理平台，部署审计档案管理软件联机“1拖N”版。推进审计数据集中管理存储区和审计数据中心建设，加强网络和信息安全保障。

党建工作 落实全面从严治党“两个责任”，贯彻新形势下党内政治生活若干准则，扎实开展“讲重作”专题警示教育，深入推进“两学一做”学习教育常态化制度化。推进基层党组织标准化建设，建立在外审计临时党小组，从严从实抓党建。驰而不息纠“四风”、改作风，严格执行廉洁纪律和审计“八不准”纪律。

相关工作 加强审计机关领导班子队伍建设，加大干部选拔任用和考核激励，持续推行“传帮带”“审计导师制”，在实践中锤炼青年审计干部。举办数据分析培训讲座，开设“审计讲坛”，选派审计干部参加省审计厅组织的第十二期计算机审计中级培训班。

（撰稿人：综合科）

【滁州市审计局】 2017年，滁州市审计局行政编制47人，事业编制20人；实有61人。局长、党组书记杜永珍，副局长钱朝农（11月—）、杨庆毅（—9月）、朱哲、宋洪波（—11月）、高中伟（11月—），总审计师郝玉瑰（11月—），纪检组长赵永学，经济责任审计局局长郭德泉，调研员宋洪波（11月—），副调研员戴敏（12月—）。设有办公室、综合调研科、财政金融审计科、农业与资源环保审计科、投资外资审计科、经贸审计科、社会保障审计科、法规审理科、经济责任审计局、信息技术科、固定资产投资审计中心、纪检组（派驻）。

审计成果 滁州市县两级审计机关完成审计项目503个。查出主要问题金额28.38亿元，其中违规金额4.36亿元、损失浪费金额941万元、管理不规范金额23.93亿元；审计发现非金额计量问题319个；损益（收支）不实金额2944万元；出具审计报告和专项审计调查报告612篇。审计处理处罚金额14.03亿元，其中应上缴财政4.12亿元、应减少财政拨款或补贴8.81亿元、应归还原渠道资金0.18亿元、应调账处理金额0.36亿元；移送司法机关、纪检监察机关和有关部门处理事项12件，涉及1人，金额756万元。

审计后挽回（避免）损失 10.28 亿元。审计提出建议 1228 条；推动完善规章制度 24 项；提交审计信息 653 篇。向社会公告审计结果 141 篇。

国家重大政策措施落实情况跟踪审计 组织对 8 个县（市、区）和全市 177 个单位、142 个项目进行跟踪审计，督促问题整改 32 项。5 月，安徽省重大政策措施跟踪审计现场会在滁州召开，滁州市审计局在会上作典型经验交流。根据省审计厅统一部署，组织全市审计机关开展资源税改革政策落实与征管情况专项审计调查，促进资源税改革政策落到实处。

财政审计 组织实施市本级及 30 个市直部门（单位）预算执行情况审计，首次将市政府办公室、市人大办公室、市政协办公室、市纪委等几大班子及常委所在单位、民主党派纳入审计。

经济责任审计 市县两级审计机关对 153 名领导干部实施经济责任审计，其中任中审计 43 人，离任审计 110 人。查出主要问题金额 5.04 亿元，促进增收节支 6150 万元，提出审计建议 663 条，被审计单位采纳建议 552 条，移送处理事项 1 件。滁州市审计局在全省经济责任审计工作培训研讨会上作经验介绍。滁州市审计局组织实施琅琊区原区长自然资源资产离任审计，指导天长市开展杨村镇主要领导干部自然资源资产离任审计相关工作。

固定资产投资审计 滁州市审计局完成政府投资结算审计项目 277 个，送审价 66.35 亿元，审定价 55.62 亿元，核减额 10.73 亿元。清单控制价审核项目 85 个，修正偏差 9657.37 万元。

民生资金（项目）审计 安排扶贫专项资金审计、美丽乡村专项资金审计、现代农业发展专项资金审计调查等项目。其中扶贫专项资金审计促进 4733 万元滞留滞拨资金及时拨付，对 630 条贫困人口数据信息进行重新确认，审计发现问题整改完成率达 100%。

外资运用审计 按照安徽省审计厅的统一安排对世界银行贷款淮河流域重点平原洼地治理（滁州子项目）和亚洲开发银行贷款 S367 马鞍山北部通道子项目 2016 年度项目财务收支及项目执行情况进行审计，查出管理不规范金额 874.18 万元，提出审计建议 2 条。

企业审计 完成审计项目 3 个，查出主要问题金额 11340.36 万元，其中违规金额 11050.46 万元、管理不规范金额 289.90 万元，审计提出建议 9 条。

信息化建设 政府投资审计管理系统在滁州市审计局上线运用，383 个项目纳入系统管理，初步实现政府投资审计项目全方位监控、全过程跟踪、多维度管理，此项工作获省审计厅通报表扬。完成审计管理系统国产化改造和网络安全三级保护测评。

在审计工作中强化信息化技术手段运用，构建大数据审计工作模式；加强数据分析团队建设，一批精通审计业务和信息化技术复合人才快速成长；加强平台应用，政府投资审计管理系统和档案管理系统深化应用情况走在全省前列；注重成果总结和推广，信息系统审计实现有效突破，GIS、GPS 技术在审计中的应用探索等形成可复制、可推广的经验，构建大量数据审计分析模型，连续多年在全省数据审计分析案例研讨班上作典型经验交流。

相关工作 滁州市审计局会同市政府督查室、效能办等单位对 8 个县（市、区）、60 余家单位（部门）审计查出的问题整改情况进行专项督查。在南京审计大学举办审计干部培训班，实现用两年时间完成全市审计干部轮训全覆盖的目标。

滁州市审计局被省审计厅评为审计机关精神文明单位、“审计技术创新年”活动先进集体；被市文明委评为第十一届滁州市文明单位标兵；获得市委、市政府授予的目标绩效考评优秀单位、平安建设目标管理考评先进单位、民生工程实施先进单位等荣誉。

内部审计 滁州市内部审计协会派员参加安徽省内部审计协会组织的调研、交流，注重发挥内部审计协会的纽带作用和内部审计机构的功能作用。推荐申报的市供电公司审计部、烟草专卖局审计派驻办被安徽省审计厅、安徽省总工会授予内部审计先进集体；3 名内部审计人员被授予“内部审计能手”称号；2 名内部审计人员被授予“内部审计领军人物”称号。（撰稿人：戴荣宇）

【阜阳市审计局】 2017 年，阜阳市审计局人员编制 69 人，实有 68 人。局长刘兴民（3 月—），副局长马晓峰、方向阳、胡玲玲，纪检组长李刚，经济责任审计局局长李安义。设有办公室、财政金融审计科、农业资源环保与外资运用审计科、经济贸易审计科、行政事业与社会保障审计科、监察室、综合法规科、人事教育科、机关党委、审理科、审计信息技术应用科、经济责任审计局、固定资产投资审计中心和经济技术开发区审计分局。

审计成果 2017年，阜阳市县两级审计机关完成审计项目865个。查出违规金额4.55亿元、管理不规范金额109.28亿元。移送重大违法违纪和经济问题线索32件，转送扶贫领域问题线索87件，40名领导干部受到党纪政纪处分。审计促进整改落实金额4.58亿元，其中减少财政拨款或补贴3.39亿元，核减投资额6.66亿元；向被审计单位提出审计建议1908条。

国家重大政策措施落实情况跟踪审计 按照上级审计机关的统一部署，每季度选择1～2个主题，实施国家重大政策措施落实情况跟踪审计。前3个季度主要围绕精准扶贫精准脱贫、系统推进全面创新改革试验、传统产业升级改造项目、义务教育事业均衡发展、文化产业和服务业重大项目建设等政策措施落实情况开展审计，共抽查108个政府部门（单位）、50个项目，审计发现13大类24个问题。审计提出建议7条。

财政审计 对市财政局、市地税局等部门组织实施的市本级预算执行情况进行审计；对市交通局、市教育局、市卫生计生委、市房产局、市林业局、阜阳一职高、阜阳三中、市四院等单位的预算执行情况实施审计。组织开展2016年度保障性安居工程跟踪审计，延伸调查136个村492户，涉及50个安居工程项目。

经济责任审计 阜阳市审计局完成10名党政领导干部的经济责任审计。要求各县（市、区）审计局根据实际情况，每年至少安排2个乡镇党政领导经济责任审计项目，每个项目同时开展所属2～3个行政村（办事处）的负责人经济责任审计。

固定资产投资审计 审结政府投资项目55个，报审金额20.92亿元，审减金额3.51亿元。

（撰稿人：刘婉君）

【宿州市审计局】 2017年，宿州市审计局实有干部职工50人。局长胡兴无，副局长张钰生、张奇，总审计师凌传芳，经济责任审计局局长吴剑，固定资产投资审计局局长张浩，调研员孙勇，副调研员陈立新、华颖涛、牛海宽。设有办公室、综合法规科、机关党总支、审计信息化管理科、财政金融审计科、行政事业审计科、农业与资源环保审计科、企业与外资审计科、社会保障审计科、人事教育与内部审计指导科、经开区审计分局、宿马区审计分局；下设经济责任审计局、固定资产投资审计局2个事业单位。

审计成果 2017年，宿州市审计局完成审计和专项审计调查项目356个。审计查出问题金额400.14亿元，其中违规金额56544万元、损失浪费金额754万元、管理不规范金额394.42亿元。审计处理处罚应上缴财政资金22382.22万元、应归还原渠道资金17736万元；移送处理资金3194万元。审计期间整改落实有关问题金额60069万元。

国家重大政策措施落实情况跟踪审计 对精准扶贫精准脱贫、系统推进全面创新改革试验、加快推进传统产业升级改造和义务教育事业均衡发展等5项政策措施落实情况进行跟踪审计。市县两级审计机关延伸审计38个单位，30个项目，涉及财政资金39028.67万元，发现问题涉及金额808.53万元。按照审计署及省审计厅的统一部署，对宿州市2016年保障性安居工程及配套基础设施的计划、投资、建设、分配、运营等情况进行审计，延伸调查109个村的308户农村危房改造家庭，对42个安居工程项目的建设管理情况进行重点检查。组织全市审计机关对2016年全市财政扶贫资金审计发现问题整改情况、2017年上半年财政扶贫资金的使用情况及重点扶贫项目进展情况开展审计。

财政审计 结合市本级预算执行审计项目，对市本级2014年至2016年财政涉企补助资金、2016年度公车平台运行、市级森林增长工程专项资金、市级行政机关房产管理、水资源征管等5个项目进行专项审计调查。对市文广新局、市直机关事务管理局、市人社局、市交警支队4个部门的预算执行情况实施审计。组织开展2016年地方税收征管情况审计，审计专报《“营改增”后市本级收入下降的原因及建议》得到市领导批示。

经济责任审计 完成经济责任审计项目35个，审计共查出问题金额222.49亿元，其中违规金额4031.2万元；审计发现应上缴财政434.37万元；提出审计意见和建议89条，出具审计专报5篇。对全市5家融资平台公司的主要领导干部进行经济责任审计，撰写《国有企业投资或参股非国有企业经营亏损问题应引起关注》审计专报。在对市文广新局等4个部门开展预算执行情况时，同步完成对其领导人的经济责任审计，节约审计资源，提高审计效率。

固定资产投资审计 共审结310个项目，送审总价款为552398.21万元，审减价款32385.21万元。

外资运用审计 根据省审计厅的统一组织安排，完成世界银行贷款黄山新农村建设项目屯溪区和休宁县2个子项目现场审计工作，并按期将审计情况汇报省审计厅。（撰稿人：丁树宝）

【六安市审计局】 2017年，六安市审计局行政编制25人，实有22人；事业编制23人，实有21人。党组书记、局长涂成富，党组成员、副局长胡正才、王家保、朱维清，党组成员、纪检组长唐锐，直属分局局长虞国彪，经济责任审计局局长崔久松，副调研员金持平。设有办公室（人事教育科），综合法规科，财政审计科，行政事业审计科，社会保障审计科，经贸审计科，农业与资源环保审计科，审计信息技术应用科，金融与外资审计科，审理科；下设经济责任审计局、投资审计局、直属分局（事业单位）。

审计成果 2017年，六安市县两级审计机关完成审计项目239个。查出主要问题金额617300万元，其中违规金额210476万元、管理不规范金额175833万元；审计发现非金额计量问题205个；出具审计报告和专项审计调查报告265篇。移送司法机关、纪检监察机关和有关部门处理事项24件。核减投资额162800万元。审计提出建议1065条；提交审计信息332篇。向社会公告审计结果306篇。

舒城县国土资源局局长任期经济责任履行情况审计项目，被省审计厅评为表彰审计项目。

国家重大政策措施落实情况跟踪审计 开展精准扶贫、城镇保障性安居工程、“全创改”、传统产业升级改造、产业集聚基地建设、义务教育均衡发展、“放管服”改革等跟踪审计项目，共抽查114个政府部门、7个县区、1个乡镇、1个行政村、3户企业、47个项目，涉及财政资金191000万元。

财政审计 开展财政审计项目，发现7个方面79个问题，涉及资金565000万元，督促市财政局统筹安排使用存量资金215000万元，清缴入库非税收入、税款158000万元和土地出让金14000万元，清退税款423300万元，收回专项资金539.85万元。

经济责任审计 提请六安市政府召开经济责任审计工作领导小组会议。完成领导干部经济责任审计项目16个，查出问题金额131000万元，促进增收节支5174.44万元，纠正问题金额14000万元，提出审计意见和建议42条，向纪检监察等部门移送违纪违规问题线索10件。

固定资产投资审计 完成政府投资审计项目223个，涉及资金581000万元，核减投资20000万元。开展城区退城进园企业、事业单位改革资产审核工作。组织全市审计机关对全市《水利三年行动方案》中确定的项目完成进度、工程质量及资金拨付情况进行审计。

其他审计项目 组织全市审计机关开展2014年至2016年财政扶贫资金专项审计调查，共查出问题34个，清理规范资金3092.3万元，促进建立制度11个，推动整合扶贫资金238000万元。完成省审计厅安排的世界银行贷款项目审计、资源税改革专项审计调查等项目。开展城区老旧小区改造专项审计、市县公立医院消化债务甄别审计和“一谷一带”建设专项审计。

信息化建设 完成数据管理存储系统三级等级保护升级整改，建成运行投资管理系统。完成各门类档案38523件（卷）的电子化转换，实现档案数字化。

相关工作 召开全市审计工作暨党风廉政建设工作会议，切实履行党风廉政建设主体责任，加强廉政教育，增强廉政风险意识。提请六安市政府出台《关于进一步加强审计整改工作的意见》；联合市政府督办室对审计发现问题的整改落实情况进行全面督查，年底向市人大报告整改情况。选派3人组成扶贫工作队赴霍山县大化坪镇王家河村，完成21户拟脱贫户的脱贫任务，发展产业扶贫项目11个，新建茶叶收购加工厂1座，硬化村级道路5.1公里，完成总投资94.1万元的农村安全饮水工程。

内部审计 全市内部审计机构完成审计项目1067个，审计总金额2765000万元，增收节支21000万元，提出建议意见被采纳498条。国网六安供电公司审计部、人民银行六安市中心支行黄胜俊、六安市地税局内部审计科梁勤，分别被省审计厅、省总工会联合授予内部审计先进集体、内部审计先进个人。六安市内部审计协会顺利完成换届暨脱钩工作。（撰稿人：王修炮）

【亳州市审计局】 2017年，亳州市审计局人员编制56人，实有46人。局长李迎春，副局长王玉红、赵峰、袁芬。设有办公室、综合法规科、财政审计科、行政事业和社会保障审计科、农业与外资审计科、经贸与金融审计科、经济责任审计局、审计整改监督科；下设固定资产投资审计中心（计算机审计中心）。

审计成果 2017年，亳州市审计局完成审计项目198个，其中投资审计项目163个。查出违规金额0.902亿元、损失浪费金额0.025亿元、管理不规范金额25.02亿元。向纪检监察机关和有关部门移送案件线索10件。核减政府投资额1.83亿元。提交审计报告和信息187篇；审计提出建议299条；促进被审计单位制定整改措施138项。

国家重大政策措施落实情况跟踪审计 开展国家重大政策措施落实情况跟踪审计，涉及8个领域、10个政府部门、3个项目，涉及财政资金4.16亿元，出具审计报告4篇。实施国家重大政策措施落实情况跟踪审计、扶贫资金跟踪审计、保障性安居工程跟踪审计。开展扶贫资金跟踪审计，追缴资金17.58万元，问责处理9人次，审计提出建议13条。开展保障性安居工程跟踪审计，查出管理不规范金额4200万元，对资金管理、资金使用效益、政策落实、工程建设管理等方面存在的问题提出审计建议。在安居工程审计、扶贫资金审计中，依托AO和OA两大平台，应用计算机分析技术，缩短审计时间，提高审计效率。

财政审计 完成市本级2016年度预算执行和其他财政财务收支审计，揭示预算编制管理、预算收入管理、预算资金管理、专项资金管理、地税征管等方面存在的问题。完成市直部门公共支出和公款消费审计，涉及市民政局、市招商局等9个部门，对公务接待、人员编制等存在的问题提出审计处理意见。

经济责任审计 审计县处级领导干部人24人，移送案件1起。印发《亳州市部门和单位内部管理领导干部经济责任审计实施办法（试行）的通知》，规范领导干部的经济责任审计工作。

固定资产投资审计 开展对亳州市31条主次干道路灯改造等163个工程项目的投资审计，核减政府投资额1.83亿元，提出合理化建议186条。实施南部新区公园水系治理建设等5个重大工程跟踪审计项目。

党建工作 组织开展党章、党规、习近平系列讲话精神的学习，开展集中学习14次，专题研讨6次，局领导班子成员上党课5场、微型党课7场，组织党的知识等测试5次。加强廉政建设，出台《亳州市审计局党组关于落实党风廉政建设主体责任的实施意见》，制定《党风廉政建设工作实施意见》《党风廉政建设工作责任清单》，组织机关全体党员到市反腐倡廉警示教育基地参观。

（撰稿人：代鹏山　郭建国）

【池州市审计局】 2017年，池州市审计局人员编制34人，实有32人。局长徐友华，副局长胡以民、桂良友，总审计师杨正发，调研员吴明楣，副调研员、政府投资审计中心负责人汪冰冰，副调研员、经济责任审计局副局长王孟春。设有办公室、综合法规科、财政审计科、行政事业审计科、经贸审计科、农业与资源环保审计科、审计信息技术应用科、经济责任审计局；下设政府投资审计中心（事业单位）。

审计成果 2017年，池州市审计局完成审计项目35个，专项审计调查项目3个。查出主要问题金额177243万元，其中违规金额14万元、损失浪费金额312万元、管理不规范金额176916万元；审计发现非金额计量问题137个；出具审计报告和专项审计调查报告47篇。审计处理处罚金额64564万元，其中应上缴财政625万元、应减少财政拨款或补贴 10743 万元；移送司法机关、纪检监察机关和有关部门处理事项 7 件。核减投资额 10743 万元。审计提出建议 81 条；推动被审计单位制定整改措施 29 项，促进被审计单位制定、完善规章制度 2 项；提交审计信息 60 篇。向社会公告审计结果 7 篇。

池州市人民医院院长任职期间经济责任履行情况审计项目，被省审计厅评为表彰项目。

国家重大政策措施落实情况跟踪审计 开展水环境综合整治 PPP 项目、垃圾焚烧发电、滨江区及天堂湖新区棚改基础设施 PPP 项目等 13 个跟踪审计项目，涉审资金约 40 亿元，出具跟踪审计意见单 33 份；上报跟踪审计月报 25 期，审计年报 4 份；实现市本级 3000 万元以上的政府投资建设项目政府跟踪审计全覆盖。

财政审计 完成财政预算执行审计项目 3 个、部门预算执行审计项目 3 个。通过建立健全数据收集与共享机制，完善审计对象管理数据库。

经济责任审计 出台《池州市党政主要领导干部和国有企业领导人员任前告知办法》等相关制度。完成 9 名重要岗位和部门领导干部经济责任审计。

固定资产投资审计 组织修订《池州市本级政府性投资建设项目审计监督办法》《政府投资审计中介备选机构项目安排办法》等制度文件，完成政府投资建设的竣工决算项目 9 个，核减工程价款 10879 万元。对其他建设单位委托中介机构审计的项目进行复核，出具复核回执 35 份。

其他审计项目 组织开展保障性安居工程跟踪审计项目。组织开展扶贫资金专项审计调查，覆盖财政扶贫资金 5.01 亿元、扶贫项目 451 个，提出审计意见和建议 15 条。开展全市公立医院债务甄别审计项目和企业审计项目 2 个、民生保障资金审计项目 2 个。

信息化建设 以“审计技术创新年”活动为契机，从平台建设、数据收集、系统运用、成果总结及转换等方面统筹安排，完成国产化软件升级、硬件设备购置及机房改造、数据中心和分析平台建设、网络安全三级保护评定等工程。

相关工作 学习宣传贯彻党的十九大精神，开展“两学一做”学习教育常态化制度化，制定党风廉政建设“主体责任”清单，落实“一岗双责”，推进基层党组织标准化建设，加强自身作风建设和能力建设，依法文明审计。

（撰稿人：朱兆龙）

【宣城市审计局】 2017 年，宣城市审计局人员编制 42 人，实有 38 人。局长黄煌（3 月—），副局长章捷、丁宏林，总审计师肖远会，经济责任审计局局长李诗银，副调研员张贤才、程国成、程林。设有办公室、综合法规科、财政审计一科、财政审计二科、经济责任审计局、金融与外资审计科、企业与社会保障审计科、审计信息技术应用科；下设政府投资项目审计中心。

审计成果 2017 年，宣城市县两级审计机关完成审计项目 1095 个，专项审计调查项目 30 个。查出主要问题金额 906030 万元，其中违规金额 50345 万元、损失浪费金额 7815 万元、管理不规范金额 147868 万元；审计发现非金额计量问题 330 个；损益（收支）不实金额 28288 万元；审计发现侵害人民群众利益 142 万元；出具审计报告和专项审计调查报告 1208 篇。审计处理处罚金额 300976 万元，其中应上缴财政 3745 万元、应减少财政拨款或补贴 58565 万元；移送司法机关、纪检监察机关和有关部门处理事项 3 件，移送处理人员 34 人，移送处理金额 144 万元。审计促进整改落实有关问题金额 245329 万元；审计促进拨付资金到位 25 万元；审计后挽回（避免）损失 72849 万元；核减投资额 70891 万元。审计提出建议 2251 条；推动被审计单位制定整改措施 51 项，促进被审计单位制定、完善规章制度 2 项；提交审计信息 659 篇。向社会公告审计结果 60 篇。

国家重大政策措施落实情况跟踪审计 共抽查 123 个政府部门，涉及财政资金 9.65 亿元。

财政审计 宣城市审计局对市本级 6 个部门开展预算执行审计。实施专项资金审计项目 5 个。

经济责任审计 宣城市审计局完成市管干部经济责任审计项目 11 个，安排 7 个干部日常监督审计核查单位。市县两级审计机关开展领导干部自然资源资产离任审计试点项目 8 个。

固定资产投资审计 宣城市审计局对 10 个重大建设项目实施全过程跟踪审计，对 35 个项目进行竣工决算审计，涉审金额 28.7 亿元。

民生资金（项目）审计 完成扶贫专项资金审计调查、城镇保障性安居工程跟踪审计项目，对公立医院债务进行审计甄别。

其他审计项目 按照省审计厅的统一安排，对世界银行贷款林业综合发展宁国主项目、怀宁县子项目开展审计。对宣城市国投公司、福彩公益金专项进行审计。完成宣城市皖东南置业有限公司和市安居置业开发运营有限责任公司的资产核查。

信息化建设 市县两级审计机关实现审计视频转播、审计专网访问无障碍，数字化审计分析应用、投资审计管理系统和AO、OA交互运用全覆盖。

内部审计 宣城市内部审计协会在推动审计监督全覆盖、服务全面深化改革、促进经济社会发展等方面发挥积极作用，完成各项工作任务。

（撰稿人：蒋佩珊）

2017年安徽省所辖区、县(市)级审计工作统计表

金额单位:万元

审计机关	完成审计项目（个）	审计查出主要问题金额	审计处理情况					出具审计报告和审计调查报告(篇)	提出审计建议(条)	提交审计信息(篇)
			审计处理处罚				移送处理事项(件)			
			应上缴财政	应减少财政拨款或补贴	应归还原渠道资金	应调账处理金额				
合肥市										
合肥市本级	55	1292683	3544	333	12037	373781	5	82	160	901
瑶海区审计局	10	32282			2			10	16	4
庐阳区审计局	12	34742						402	53	
蜀山区审计局	28	537649	134		253		17	29	177	116
包河区审计局	8	269015						8	28	
巢湖市审计局	63	366590	276		57448		2	65	372	2
长丰县审计局	48	57276			11	97	1	48	107	22
肥东县审计局	30	603789					6	234	106	1941
肥西县审计局	28	89398	2		13			28	14	3
庐江县审计局	11	31754	790			20		21	31	5
芜湖市										
芜湖市本级	31	127851	50	409		6875	1	53	86	10
镜湖区审计局	9	14144	8662					9	36	
弋江区审计局	16	6256		79	128	5040		24	40	13
鸠江区审计局	21	527						21	68	
三山区审计局	26	343						26	52	26
芜湖县审计局	41	18084		3516		1428		45	79	2
繁昌县审计局	30	2839			9			31	160	
南陵县审计局	20	37072			5253	26551		20	73	
无为县审计局	34	22772	12355		4			34	199	1

（续表）

审计机关	完成审计项目（个）	审计查出主要问题金额	审计处理情况					出具审计报告和审计调查报告（篇）	提出审计建议（条）	提交审计信息（篇）
			审计处理处罚				移送处理事项（件）			
			应上缴财政	应减少财政拨款或补贴	应归还原渠道资金	应调账处理金额				
蚌埠市										
蚌埠市本级	68	1222350	300	4316	2	745217	21	74	86	74
龙子湖区审计局	7	6754	140			1524		6	27	27
蚌山区审计局	6							4	10	10
禹会区审计局	13	9865	5					25	41	41
淮上区审计局	8	2236	815		41	321		8	52	47
怀远县审计局	34	63065	7767	1718	303	77	3	32	105	98
五河县审计局	27	122218	7911					26	55	52
固镇县审计局	121	100179	3031	7891	43141	364		120	69	69
淮南市										
淮南市本级	48	403255	50785	770	2596	92944	3	48	194	267
大通区审计局	29	2026	55	465		302		29	48	3
田家庵区审计局	54	374		374				54	54	17
谢家集区审计局	63	904	29	116		757		63	149	32
八公山区审计局	15	75		75				15	39	31
潘集区审计局	34	9076	33	336	6	405		34	37	6
凤台县审计局	177	4431		4431				177	429	38
寿县审计局	24	73371	200		68812	186		24	77	33
毛集实验区审计局	2	2		2				2	2	23
马鞍山市										
马鞍山市本级	59	323269					2	91	110	28
花山区审计局	39	2232		211				37	52	19
雨山区审计局	65	3384		1125				64	114	
博望区审计局	61	2079		2079				61	68	3
当涂县审计局	182	14237					3	190	209	54
含山县审计局	130	41478	423					156	813	142
和县审计局	22	28292	318				5	28	74	167
淮北市										
淮北市本级	62	298351	7321		638	7934	4	53	106	
杜集区审计局	2	5946	759		5117	70		3	3	
相山区审计局	2	21721		1181	3427	16346		4	11	
烈山区审计局	12	56660	347					20	35	
濉溪县审计局	15	256122	25918		179	6429	2	15	50	16

（续表）

审计机关	完成审计项目（个）	审计查出主要问题金额	审计处理情况					出具审计报告和审计调查报告（篇）	提出审计建议（条）	提交审计信息（篇）
			审计处理处罚				移送处理事项（件）			
			应上缴财政	应减少财政拨款或补贴	应归还原渠道资金	应调账处理金额				
铜陵市										
铜陵市本级	31	1782925	848		807	4186	8	42	107	6
铜官区审计局	90	49894	296		16	2143		88	48	
义安区审计局	30	41714	436		22	4339	6	14	40	1
郊区审计局	164	8146	89			8057		164	17	3
枞阳县审计局	88	51804	16		64			88	15	9
安庆市										
安庆市本级	121	17041	8537	53	300	2426	5	121	242	395
迎江区审计局	72	13646	39					72	74	
大观区审计局	9	1388	337		61	947		8	24	
宜秀区审计局	7	110337	9		1			6	20	
桐城市审计局	23	24820	578		41	39		21	33	1
怀宁县审计局	77	20048	15				1	86	159	2
潜山县审计局	84	19474	2				1	97	151	55
太湖县审计局	6	710				112		6		
宿松县审计局	59	41628	235	273	6	31497		59	67	8
望江县审计局	26	80337	199	4092	1152	36		90	201	1
岳西县审计局	17	126	2					138	12	
黄山市										
黄山市本级	23	42062	29905	7498	2631	382		65	41	79
屯溪区审计局	239		703			116		242	1069	56
黄山区审计局	219	5596	582				20	219	349	90
徽州区审计局	149	123758	1314		1494	13		150		4
歙县审计局	21	9643	1214	2753	8	997		21	54	6
休宁县审计局	547	70928	619	8631		4	2	547	52	17
黟县审计局	82	22662	50	1850	1	16069	1	82	107	5
祁门县审计局	134	17712		2672	86			134	32	21
滁州市										
滁州市本级	59	61011	913	1660	771	116	4	78	170	485
琅琊区审计局	74	18146	370	7842		18		100	95	43
南谯区审计局	65	11388	2	9699	228	1355		68	14	
天长市审计局	96	60839	58	28433	15		7	118	403	26
明光市审计局	37	11407	1682			4		60	133	14

（续表）

审计机关	完成审计项目（个）	审计查出主要问题金额	审计处理情况					出具审计报告和审计调查报告（篇）	提出审计建议（条）	提交审计信息（篇）
			审计处理处罚				移送处理事项（件）			
			应上缴财政	应减少财政拨款或补贴	应归还原渠道资金	应调账处理金额				
来安县审计局	27	22242	14583	91	371	1929		43	94	4
全椒县审计局	68	46090	425	40324	338	133	1	68	41	9
定远县审计局	52	52518	23159			7		52	198	49
凤阳县审计局	25	181	11		105	64		25	80	23
阜阳市										
阜阳市本级	103	785440	15337	28781	9582	425	32	30	172	3
颍州区审计局	58	25524	633		10	24878		27	140	54
颍东区审计局	79	4614	4467					2	165	1
颍泉区审计局	50	56402	5301		128	11		70	145	
界首市审计局	32	2643	27		10			22	105	
临泉县审计局	178	88298	5					120	425	
太和县审计局	16	8419	376		4348	325		10	7	
阜南县审计局	137	9886	2278		3	578		23	68	
颍上县审计局	212	156994						11	681	
宿州市										
宿州市本级	356	4001400	22382		17736		2	224		877
埇桥区审计局	508	89274	204					508	122	175
砀山县审计局	498	309561					1	498	36	86
萧县审计局	519	78904	8156				3	522	94	262
灵璧县审计局	393	278189	275	4799	12373	260742		393	57	65
泗县审计局	907	42110	105		240	15663	6	907	1858	186
六安市										
六安市本级	36	210476	5426		6	1851	11	38	109	186
金安区审计局	39	66732	1536		322	9287		70	549	80
裕安区审计局	17	142894	281			8378	1	18	74	8
叶集区审计局	37	1572	59		34		2	39	53	11
霍邱县审计局	18	32586						19	55	1
舒城县审计局	42	59254	89		8384	36379		29	103	7
金寨县审计局	36	76716	88		1003	53064	6	38	92	3
霍山县审计局	14	1326	448		207	83	4	14	30	36
亳州市										
亳州市本级	198	259470	1382		9	621	10	187	299	120
谯城区审计局	307	822			517	187		307	144	500

（续表）

审计机关	完成审计项目（个）	审计查出主要问题金额	审计处理情况					出具审计报告和审计调查报告（篇）	提出审计建议（条）	提交审计信息（篇）
			审计处理处罚				移送处理事项（件）			
			应上缴财政	应减少财政拨款或补贴	应归还原渠道资金	应调账处理金额				
涡阳县审计局	288	157180	178					309	477	647
蒙城县审计局	38	19987	563		1300	14400		40	130	20
利辛县审计局	143	147991	57					143	162	46
池州市										
池州市本级	38	177243	625	10743	6884	33326	7	47	81	60
贵池区审计局	102	204573	75819	194	6132	864		102	400	45
东至县审计局	23	27386	23016			11		23	93	9
石台县审计局	26	24529	104	2622	397	80	2	26	43	52
青阳县审计局	52	1045		855	5	167		52	38	9
宣城市										
宣城市本级	60	270669	2463	11141	118651	921		75	187	90
宣州区审计局	125	130090	15	3111	23025	31181		127	216	44
宁国市审计局	183	229291	542	4133	66			183	393	46
郎溪县审计局	139	66518	23	33267	298			147	260	56
广德县审计局	186	70712					2	186	343	181
泾县审计局	125	61099	701	4694	32834	21356	1	140	321	118
绩溪县审计局	228	8669		1699	21	229		268	398	73
旌德县审计局	79	68960	1	520	7	51		82	133	51

福建省

【福建省审计厅】 2017年，福建省审计厅人员编制229人，实有220人。厅机关设有办公室、法规处、综合处、经济责任审计处（福建省经济责任审计工作联席会议办公室与其合署办公）、计算机审计处、财政审计处、金融审计处、行政事业审计处、经贸审计处（中央属单位审计处）、农业与资源环保审计处、社会保障审计处、固定资产投资审计处、外经贸审计处、人事处、经济执法审计处、教育审计处、卫生社保审计处、政法审计处、机关事务审计处、建设审计处、农林水审计处和科文体审计处；按照有关规定设立机关党委和驻厅纪检组；下设审计举报中心（参照公务员法管理）、审计科研所（加挂福建省政府投资项目和国外贷援款项目审计服务中心）和计算机应用中心。

领导成员

厅　　长：杨　红

副 厅 长：王成章　吴克昌

　　　　　许克付（9月—）

总审计师：林建苍

纪检组长：林亚贵

党组成员：廖德铨（12月—）

副巡视员：傅　明

　　　　　韦　红（5月—）

审计成果 2017年，福建省各级审计机关完成审计项目2611个，专项审计调查项目204个。

移送司法机关、纪检监察机关和有关部门处理事项 304 件，涉及 271 人，金额 7.98 亿元。出具审计报告和专项审计调查报告 3654 篇。审计促进整改落实资金 142.85 亿元，其中增收节支 55.46 亿元、已调账处理金额 42.73 亿元；审计提出建议 7970 条；提交审计信息 7964 篇。向社会公告审计结果 29 篇。

厦门市审计局实施的厦门市人防办原党组书记、主任任期经济责任审计项目，被审计署评为地方优秀审计项目。

国家重大政策措施落实情况跟踪审计 全省审计机关共有 495 名审计人员开展政策跟踪审计工作，全年投入工作量计 34171 人·天，全年审计抽查 2800 个（次）单位，涉及资金总量 6573.47 亿元；抽查项目个数 1476 个（次），涉及项目总投资额 4937.81 亿元。聚焦政策落实、项目落地、资金保障、简政放权、风险防范五个方面，结合福建省区域特点和部门实际，对农业供给侧结构性改革、积极财政政策、“放管服”改革等专题和 447 个重点建设项目进度开展跟踪。积极探索宏观管理服务型审计的实现路径，推动涵盖政策前期评估、政策执行跟踪、政策效应分析的政策跟踪审计模式，发挥审计建设性作用，促进政策叠加效应的发挥。坚持揭示问题和推动长效机制建设“两手抓”，全省已整改问题 339 个，审计促进出台完善各类制度 64 项，促进统筹盘活和加快财政资金下达 6.01 亿元，促进 227 个项目加快审批、新开工和完工。

财政审计 全省审计机关完成对 705 个部门单位的预算执行审计、153 个单位的财政决算审计，延伸审计单位 1295 个。省审计厅重点关注预算法执行情况、财政支出绩效、地方政府间事权与支出责任等财政政策实施效果，并且创新预算执行审计方式，统一部署全省预算执行和决算草案审计工作，实行省市县三级联动，对省本级财政及 131 个省一级预算单位实现财政大数据电子分析全覆盖，重点审计省级财政以及 10 个省直部门单位，根据审计数据分析结果对一些部门单位开展重点抽查。发现财政税性收入比重趋降地方税源结构不尽合理、预算管理制度的执行力有待提高、专项资金配置科学性有待提升、专项资金跟踪监督还不够到位、国有资本经营预算有待加强、地方财政事权与支出责任不够清晰、部门决算草案编制不够规范、积极财政政策等配套政策措施效应有待进一步激活等 8 个方面问题，对加强全省财政管理，优化财政资金支出结构和配置效率等方面提出 6 条审计建议。

福建省十二届人大常委会第三十次会议听取审计工作报告，审议认为报告反映在预算管理制度的执行力、专项资金配置、专项资金跟踪监督和国有资本经营预算等方面存在一些问题。省政府高度重视审计发现问题的整改落实，向省十二届人大常委会第三十二次会议报告审计查出问题整改落实情况。

经济责任审计 全省审计机关完成经济责任审计项目 781 个，涉及 935 名领导干部，党政主官同步审比例达到 100%。进一步完善联席会议工作制度，省市县三级普遍成立经济责任审计领导小组或者建立联席会议制度。构建以领导干部责任为主体、经济责任审计和自然资源资产离任审计为两翼的领导干部责任审计制度框架。修订《福建省审计厅经济责任审计项目操作规程》，规范项目管理，提高审计效率，保证审计质量。省审计厅联合省纪委、省委组织部、省委编办等部门，对 2016 年度经济责任审计查出问题整改情况开展联合督查。

围绕服务生态文明体制改革，持续推进领导干部自然资源资产离任审计试点，全年开展 10 个审计试点。省委办公厅、省政府办公厅出台《福建省党政领导干部自然资源资产离任审计实施方案（试行）》，确立福建省党政领导干部自然资源资产离任审计评价指标体系，明确相关管理部门的责任分工，搭建共推试点工作格局。利用各资源管理部门专业优势，加大对自然资源资产管理和生态环境保护相关信息系统基础数据的采集和分析，借助基础测绘数据和第二次全国土地调查及最新年度土地变更调查成果等数据，强化科技支撑，扩展大数据环境下审计的深度和广度。省审计厅指导南平市审计局总结形成乡镇领导自然资源资产离任“五围绕五突出”审计方法，时任省委书记批示要求总结推广。福建省领导干部自然资源资产离任审计试点工作的经验和做法在全国审计视频会上作交流。

固定资产投资审计 全省审计机关完成 697

个政府投资重点项目审计，涉及项目投资额1239.13亿元。省审计厅组织省市两级审计机关、省交通运输厅内部审计机构对9条高速公路建设项目开展跟踪审计或竣工决算审计，概算投资共388.81亿元。审计查出资本金未及时足额到位、多计工程款、勘察设计深度不足、多计征地拆迁补偿费用、多列尾工工程费用、未经政府批准超征土地、建设项目管理费超概算、个别项目决算存在争议未决等问题，下达审计决定书8份，出具审计移送处理书2份，提出审计建议29条，审计后节约投资7.25亿元。

民生资金（项目）审计 完成2016年度全省保障性安居工程跟踪审计，全省审计机关派出86个审计组、512名审计人员，检查419个安居工程项目的建设管理情况，并延伸调查3646户农村危房改造家庭。开展精准扶贫审计，省审计厅修订《福建省“十三五”期间精准扶贫审计规划》，建立精准扶贫审计长效机制，全省审计机关组织420名审计人员，采用“上审下”“交叉审”的方式，对省级26个部门（单位）和66个县（市、区）开展精准扶贫和城乡医疗救助资金“最后一公里”审计，抽审扶贫项目993个，抽查780个单位、309个乡镇、1332个村，入户调查5992户。完成2017年省本级社保基金审计，对人力资源社会保障、医疗保障等主管部门及征收经办机构和单位，开展2016年度企业职工基本养老保险基金、机关事业单位养老保险基金、失业保险基金、工伤保险基金、城镇职工基本医疗保险基金、生育保险基金等省级社会保险基金的筹集、管理和使用情况进行审计。

企业审计 全省审计机关审计企业87户，延伸审计133户。起草并由省委办公厅、省政府办公厅出台深化福建省国有企业和国有资本审计监督的相关意见，对完善国有企业和国有资本审计监督作出全面规划和部署。省审计厅组织对省国资委监管的18户省属国有企业贯彻落实优化布局、“瘦身健体”、聚焦主业和产业集中度以及境外资产投资和管理等提质增效政策措施的落实情况开展审计调查，摸清行业、板块发展情况，揭示企业经营高风险业务、资源配置分散、主业重叠等问题。省审计厅组织开展6家地方金融机构降低融资成本、促进实体经济发展审计调查，防范信贷资金“脱实向虚”。

信息化建设 采取边试点、边建设的模式，与省测绘地理信息局共同探索建设自然资源资产审计大数据平台，为深化审计试点提供技术支撑。经过前期调研和试点经验总结，初步形成平台建设思路并开展系统原型设计，设计7大模块，初步搭建数据中心和审计业务支撑系统2个模块框架，实现海洋资源和南平部分乡镇专题数据集成，在专题数据加载基础上实现地理信息数据分屏比对等方式的审计分析方法，形成相应的审计方法模型，自动计算违规开发利用的面积或长度，快速锁定审计疑点。完善财政、地税、社保、住房公积金等行业数据库以及地方金融机构审计数据分析平台，加强各市、县（区）和省直各部门单位电子数据定期采集报送，为市县审计机关提供电子数据15批次。福建省大数据审计经验入围2017年度全国大数据审计研讨班交流材料；医疗价格服务审计案例入选审计署计算机审计中级水平考试案例素材库。

党建工作 建立全面从严治党主体责任和监督责任清单，构建压力层层传导、目标层层落实的责任链条和工作格局。省审计厅党组出台《关于建立党员干部常态化教育监督机制的实施办法（试行）》，推进“两学一做”学习教育常态化制度化建设。不断创新党建机制，开展“六比”活动，“审计机关在新福建建设中走前头”课题获全省机关党建课题三等奖。

相关工作 起草并由省委办公厅、省政府办公厅出台《关于完善福建省审计制度若干问题的实施意见》，明确今后一个时期福建省审计制度改革方向，提出9条具体措施、23项工作任务，明确责任落实单位，推动形成相关部门共同推进审计改革的工作大格局。省审计厅推进机构、编制、审计人才交流、审计专业化、审计外勤经费管理等相关问题调研，开展全省人财物状况调查摸底和审计对象数据库建设的相关基础性工作，探索审计项目省市县三级联动，研究审计改革预案。完善干部管理机制，制定《建立干部队伍和干部成长综合分析研判工作机制的意见》，构建个人定期自我评估、相关处室评价、机关党委评议、人事部门考察、驻厅纪检组监督、党组分析研究“六位一体”的研判框架体系。深化文明创建工

作，提升创建品质，省审计厅连续第三届蝉联全国文明单位，全省审计机关95%以上被各级评为文明单位。（撰稿人：王康力）

【福州市审计局】 2017年，福州市审计局人员编制101人，实有90人。局长林良云，副局长郑生明、刘小红（兼经济责任审计工作联席会议办公室主任）、林光明、林芳（5月—），总审计师陈立武（12月—），纪检组长王陈峰（6月—），副调研员潘忠杰、翁国荣、林先。设有办公室、综合业务处、法规处、财政金融审计处、行政事业审计处、固定资产投资审计处、经贸审计处、社会保障审计处、农业与资源环保审计处、经济责任审计处、园区经济审计处、计算机审计处、人事处、局机关委员会和驻局纪检组；下设政府固定资产投资审计中心。

审计成果 2017年，福州市审计机关完成审计和审计调查项目305个，出具审计报告416篇。审计处理处罚金额11.79亿元；移送有关部门处理事项23件，涉及金额3217.15万元。审计促进增收节支和挽回损失等6.52亿元。审计提出建议1055条；推动被审计单位制定整改措施169项；审计信息被批示、采用699篇。

福州市审计局实施的福州市交建集团原党委书记董事长任期经济责任审计、福州市政工程管理处原主任任期经济责任审计两个项目，经省审计厅考核被评为质量优秀项目。

国家重大政策措施落实情况跟踪审计 全年分季度持续开展对积极财税政策、精准扶贫政策、征迁政策等11项重大政策，以及110个“攻坚2017”省市重点建设项目的跟踪审计，涉及部门或者项目单位264个，发现问题60个，挽回和避免财政资金损失5293万元，推动加快项目建设42个，推动完善制度12项。

财政审计 推进部门预算单位数据分析全覆盖，实行省市县三级联动实施“同级审”工作。对141个部门单位的预算执行与决算进行审计，查出管理不规范等问题金额111.94亿元。对228个部门（单位）2016年度公用经费管理使用情况及市本级65家自收自支事业单位运营管理和财务状况进行专项审计调查，移送相关部门违规违纪线索及问责建议11件。

经济责任审计 对94个单位的110名党政及国有企业领导人员开展任期经济责任审计，其中离任审计78人、任中审计32人。查出主要问题金额13.92亿元，其中应负直接责任金额0.05亿元、应负主管责任金额3.20亿元、应负领导责任金额10.67亿元。移送有关部门处理事项10件。完成连江县领导干部自然资源资产离任审计试点。

固定资产投资审计 对15个公共投资项目、4591个工程项目、734幅收储地块开展政府投资结算审计，揭示部分项目进度慢、结算不及时、基建程序滞后等问题，市领导主持召开政府专题会议部署审计整改。6个县区政府投资审计中心3500个工程项目造价审计，净核减金额11.21亿元。

民生资金（项目）审计 对74个重点民生项目（资金）审计（调查），查出主要问题金额8.93亿元，移送和建议问责侵害群众利益等问题线索22条。审计后取消保障资格555户，清理收回配租调整保障性住房等1093套，规范管理和加快项目建设16个。精准扶贫、惠民资金入网平台管理等延伸审计单位463家，走村入户3268户。

其他审计项目 对9家国有企业、地方金融机构审计，查出主要问题金额8.78亿元。组织6个审计调研服务工作组，走访调研企业14家，提出34条意见建议，帮助企业解决困难16个。

相关工作 开通“福州审计”微信公众号，向社会公告审计结果14篇，加强审计信息宣传；审计查出问题整改落实情况纳入市委、市政府绩效管理考核工作；起草并由市委、市政府两办印发《关于完善福州市审计制度若干问题的实施方案》，市政府出台《关于进一步加强审计整改落实工作的意见》《关于进一步加强内部审计工作的意见》，进一步完善审计管理制度。福州市审计局连续三届蝉联“全国文明单位”；在省审计厅组织的考核中，福州市审计局的审计信息化建设、审计宣传、审计统计等单项工作均获第一名。

（撰稿人：方韶玲）

【厦门市审计局】 2017年，厦门市审计局人员编制86人，实有74人。党组书记林起核，局长林起核（—2月）、陈添友（2月—），副局长陈爱忠、洪再福、花育明（—2月），总审计师王庭亮（4月—），纪检组长贾兆营（—6月）、钟少伟（7月—）。设有办公室、审理处、人事处、经济责任审计处（市经济责任审计工作联席会议办公室）、财政审计处、行政事业审计处、农业与资源环保审计处、社会保障审计处、固定资产投资审计处、金融与外资审计处（计算机审计处）、企业审计处、机关党委。

审计成果 2017年，厦门市区两级审计机关完成审计项目164个，专项审计调查21个。查出违规金额8143万元、损失浪费金额3771万元，审计发现非金额计量问题880个，损益（收支）不实金额1.59亿元；出具审计报告和专项审计调查报告292篇。审计处理应上缴财政6369万元，应减少财政拨款或补贴5.25亿元、应归还原渠道资金2.48亿元，应调账处理金额31.29亿元；向司法、纪检监察及有关部门移送处理案件13件。审计促进整改落实有关问题资金2.78亿元，其中已上缴财政3826万元、已归还原渠道资金1.72亿元、已调账处理金额7764万元。审计提出建议663条；提交审计信息610篇。

厦门市审计局实施的厦门市人防办原党组书记、主任任期经济责任审计项目，被审计署评为地方优秀审计项目；思明区审计局实施的思明区厦港街道办事处2014年至2015年财政收支审计项目，经省审计厅考核被评为质量优秀项目。

国家重大政策措施落实情况跟踪审计 在贯彻落实稳增长等政策措施情况跟踪审计中抽查28个市直部门、6个区、50个单位，抽查资金总量70.84亿元，抽查项目86个，抽查项目总投资额178.66亿元。审计发现问题29个，其中重大项目推进方面问题5个，计划投资额182.27亿元。审计推动5个重大项目的进程，促进22项重大政策落实，促进建立健全制度11项。

经济责任审计 对112名领导干部进行经济责任审计，查出领导干部负有主管责任的问题金额1.65亿元、负有领导责任的问题金额13.17亿元；出具审计报告和审计结果报告210篇。11月，市纪委、市委组织部、市审计局联合印发《厦门市改进和完善经济责任审计工作协作配合机制的暂行办法》，构建审前共商、审中协调、问题共治、成果共享的联动机制，经济责任审计联席会议成员单位由9个增加到12个。对思明区领导干部开展自然资源资产离任审计试点。

民生资金（项目）审计 2016年7月厦门市审计局在对市第三医院的审计中，发现涉嫌盗刷医保基金问题。审计专报《我市医保基金亟待“堵漏”》经市领导批示后，市公安局和市社保中心成立联合专案组立案侦查，抓获犯罪嫌疑人，缴获涉案社保卡，捣毁涉案医疗机构。截至2017年底，已直接挽回经济损失2755万元，24名犯罪嫌疑人被公安机关移送检察机关依法起诉，45名医务人员被卫生主管部门进行处理处罚。

农业与资源环保审计 对湖里区自然资源资产、城乡环境综合整治资金、岛外九大流域截污纳管工程等进行审计调查，撰写报送的《我市农村环境综合整治工作亟待统筹推进》等4篇审计专报得到厦门市领导批示，促进相关部门出台或修改规章制度30项。厦门市审计局组织对景观绿化灾后（“莫兰蒂”台风）重建提升工程进行跟踪审计，对全市公园建设管理情况进行审计调查，为建设“高颜值的生态花园之城”作出应有的贡献。

（撰稿人：陈城辉）

【莆田市审计局】 2017年，莆田市审计局人员编制47人，实有43人。局长黄锦华，副局长张文庆、蔡振华、陈建华，总审计师邓超庸，纪检组长俞碧玲（—7月）、曾志明（8月—），副调研员陈国忠、林金顺。设有办公室、法制科、财政金融审计科、社会保障审计科、经济责任审计室、经济责任审计联席会议办公室、行政事业审计科、农业与资源环保审计科、经贸审计科、固定资产投资审计科、特派审计室、驻北岸湄洲岛审计室；下设计算机应用技术中心、莆田市政府投资审计中心。

审计成果 2017年，莆田市县两级审计机关完成审计项目319个。查出违规金额2.48亿元、损益（收支）不实金额4.72亿元，审计后挽回（避免）损失6234万元；出具审计报告和专项审计调查报告374篇。移送司法机关、纪检监察机关和有关部门处理事项41件，涉及54人。金额3902万元。审计提出建议699条；提交审计信息597篇。

莆田市审计局实施的仙游县精准扶贫开展情况专题审计调查项目，经省审计厅考核被评为质量优秀项目。

国家重大政策措施落实情况跟踪审计 审计重点建设项目18个，以及市本级税收征管和优惠政策执行情况、市本级财政专项资金清理整合情况，揭示税源明细动态管理不到位、专项资金清理整合不全面等问题，提出相应的意见和建议。

财政审计 完成审计项目54个，涉及54个单位，延伸审计9个下属单位，揭示转移支付资金管理不够规范、项目预算支出进度缓慢等问题，提出建议164条，被采纳128条。市、县（区）人大常委会均对2015年度本级预算执行和其他财政收支审计工作报告给予充分肯定。

经济责任审计 开展经济责任审计项目86个，审计领导干部98人，揭示违规发放津补贴、费用支出把关不严、肢解工程规避公开招投标等问题，提出建议167条，被采纳128条。莆田市审计局组织开展荔城区党政主要领导干部自然资源资产离任审计试点，揭示约束性指标任务完成、自然资源资产管理和生态环境等4个方面22个问题，提出审计建议，为今后深入推进此项工作探索经验。

固定资产投资审计 完成政府性投资审计项目143个，揭示在项目招投标、合同签订及履约、工程建设管理等方面存在的问题。

民生资金（项目）审计 聚焦精准扶贫、教育、医疗、住房保障等民生工程，开展审计项目40多个，揭露了挤占挪用、截留资金、效益不佳等问题。

相关工作 莆田市审计局在市委、市政府组织的考核中被评为绩效评估优秀等次、一类平安单位。

（撰稿人：翁梅娟）

【三明市审计局】 2017年，三明市审计局人员编制47人，实有45人。局长卢维沙，副局长林寿佰、郭澍锡、周永东，党组成员、总审计师罗发淦，纪检组长林明芳（—6月）、刘继善（6月—），副调研员林建明、徐小华。设有办公室、人事教育科、法规科、财政金融审计科、行政事业审计科、固定资产投资审计科、经贸审计科、经济责任审计科、农业与资源环保审计科、社会保障审计科等10个科室；下设网络审计工作站。

审计成果 2017年，三明市县两级审计机关完成审计单位审计项目272个，专项审计调查项目5个。查出主要问题金额35.22亿元，其中违规金额2.79亿元、损失浪费金额6万元、管理不规范金额32.43亿元；审计发现非金额计量问题1005个；损益（收支）不实金额3.68亿元；审计发现侵害人民群众利益1546万元；出具审计报告和专项审计调查报告363篇。审计处理处罚金额17.87亿元，其中应上缴财政1.65亿元、应减少财政拨款或补贴1.53亿元、应归还原渠道资金10.87亿元、应缴纳其他资金1282万元、应调账处理金额3.69亿元；移送司法机关、纪检监察机关和有关部门处理事项23件，移送处理人员17人，移送处理金额1517万元。审计促进整改落实有关问题金额15.13亿元；审计促进拨付资金到位4.2亿元；审计后挽回（避免）损失1.54亿元；核减投资额1.51万元；移送处理落实事项1件。审计提出建议773条；提交审计信息660篇。

三明市审计局实施的永春县委原书记及原县长任期经济责任审计、宁化县审计局实施的宁化桥下水库管理处主任经济责任审计等2个项目，经省审计厅考核被评为质量优秀项目。

国家重大政策措施落实情况跟踪审计 完成36个省级重点项目、4个市区级重点项目跟踪审计。揭示项目超付工程款和招投标不规范等问题，提出审计建议。

财政审计 实行省市县三级联动，全市共组织94个预算执行审计项目，查出主要问题金额18.28亿元。三明市审计局代市政府向市人大常委会作审计工作报告，审议意见充分肯定“同级审”取得的成效。市政府常务会议专题研究审计发现问题整改工作，形成会议纪要，部署整改落实。

经济责任审计 对97个单位的102名领导干部开展经济责任审计，查出问题金额8.26亿元；移送纪检监察机关3人，涉案金额11万元。市审计局采取全行业统一审计的模式，完成12个县级公安局长经济责任审计。对2016年度完成的永春县委书记、县长经济责任审计的回访，发现的问题引起省纪委的重视，责成泉州市纪委查处，4人被移送司法机关，5人被问责处理。完成福建一建集团有限公司董事长任期经济责任审计项目，审计查出主要问题资金 6313.24 万元，揭示公司经营、管理、股权投资中存在的问题，提出审计建议。开展建宁县领导干部自然资源资产审计试点工作；起草并由三明市委办公室、市政府办公室印发《党政领导干部自然资源资产离任审计实施意见》。

固定资产投资审计 完成政府投资建设项目决算审计 808 个，核减工程造价 4.39 亿元。市审计局在西江滨路改造、徐碧新城 B05 安置房 2 个项目竣工决算审计中，发现有关责任人员签证造假、询价作假等问题，分别移送纪检监察和住建部门处理。对三明机场、南三龙动车站附属工程等开展跟踪审计，围绕加强和改善政府投资建设项目管理，防止损失浪费。

民生资金（项目）审计 完成三明市本级及 10 个县的保障性安居工程审计；持续开展 21 家公立医院综合改革政策执行情况审计调查，从政府政策制定、部门政策监督、医院政策执行 3 个层面提出有针对性的审计建议。完成全市扶贫“六个精准”落实情况、城乡医疗救助资金“最后一公里”、民政系统救灾救济等 3 项惠民资金专项审计，整改发现问题资金 3.76 亿元，向纪检监察部门出具移送书（函）12 份。

信息化建设 举办信息化运用专题培训班和召开信息化主题推进会，组建全市审计信息化团队，出台审计应用考评办法和电子数据管理办法；在全省计算机审计应用案例考核中，永春县委书记、原县长任期经济责任审计案例被省审计厅评为优秀奖。

相关工作 扎实推进“两学一做”学习教育常态化制度化；完善党风廉政建设制度，抓好警示教育，支持综合派驻纪检组履行监督职责；加强干部队伍建设，严格落实中央八项规定精神和审计“八不准”工作纪律。三明市审计局获得市文明单位、平安先进单位等荣誉称号。

（撰稿人：林慧升）

【泉州市审计局】 2017 年，泉州市审计局人员编制 56 人，实有 53 人。局长骆振军，副局长黄清安、李小玲（8 月—），总审计师李锦忠，纪检组长蔡正确（—5 月）、赖发泽（5 月—），副调研员张素卿（4 月—）。设有办公室、综合科、法制科、经济责任审计科、财政金融审计科、行政事业审计科、企业审计科、固定资产投资审计科、计算机审计科、机关党总支；下设计算机审计中心。

审计成果 2017 年，泉州市县两级审计机关完成审计项目 395 个。查出违规金额 2.95 亿元；出具审计报告和专项审计调查报告 480 篇。审计处理应上缴财政 2.87 亿元、应减少财政拨款或补贴 0.1 亿元。审计促进整改落实有关问题金额 29.17 亿元；挽回（避免）损失 0.17 亿元；移送处理事项 39 件 26 人。审计提出建议 1204 条；推动完善规章制度 41 项；提交审计信息 1254 篇。

晋江市审计局实施的晋江市食品产业园预算执行及征迁补偿安置建设情况专项审计调查项目，被省审计厅考核评为质量优秀项目。

国家重大政策措施落实情况跟踪审计 围绕供给侧结构性改革重点任务，对金融服务实体经济、税收优惠政策执行、加快产业转型升级、精准扶贫脱贫等 4 个政策专题和市公共文化中心 PPP 项目、白濑水库等 35 个重点建设项目开展跟踪审计，促进统筹盘活和加快财政资金下达 2878 万元，落实项目配套资金 1.68 亿元。

财政审计 以省市县三级联动延伸资金链为抓手，推进预算执行情况及决算草案、加快产业转型升级资金使用绩效、支持现代农业发展资金使用绩效、财政事权和支出责任划分、地税部门税收征管和优惠政策执行等 5 方面内容的同步审计。促进预算收入及时入库 5.82 亿元、盘活财政存量资金 2.44 亿元，其中市本级财政补入库预算资金 1.33 亿元、盘活存量资金 0.29 亿元，有关部门补缴财政资金 0.19 亿元，补缴、追回税收近 0.02 亿元，推动部门单位修改完善规章制度 14 项。

经济责任审计 市县两级审计机关对 98 名领导干部开展经济责任审计。以南安市领导干部自然资源资产离任审计为试点，探索领导干部经济责任审计和自然资源资产离任审计“一体两翼”制度框架。组织晋江市审计局对金井镇党政领导履行自然资源资产管理和环境保护责任与经济责任同步审计，为自然资源资产离任审计由试点转入全面推开奠定基础。

固定资产投资审计 市县两级审计机关完成投资审计或调查项目110个，完成投资审计额35.34亿元，核减投资额0.33亿元。泉州市审计局以服务“2017项目攻坚年”活动为抓手，开展涵盖13个省重点项目的市政设施建设项目、市文化中心PPP项目、泉厦漳城市联盟路等建设项目管理情况审计调查；持续开展援疆援藏项目和资金审计。

民生资金（项目）审计 开展全市城镇保障性安居工程跟踪审计，推动有关单位兑现农村危房改造补助资金221.06万元，取消、调整、撤销225户保障对象资格或停止享受保障待遇，对发现的违规问题进行移送处理。组织对南安、安溪、永春、德化4县市精准扶贫和城乡医疗救助资金“最后一公里”进行审计，促进拨付资金5000多万元，盘活扶贫资金近2000万元，促进扶贫资金发挥效益4972.99万元，精准识别、调整扶贫对象1911人，移送处理8件。

其他审计项目 开展闽侨实业投资有限公司财务收支审计和市属国有企业“三重一大”制度执行情况审计调查；开展泉州银行信贷资产和服务实体经济状况的专项审计和调查，严控信贷资金投向，防范信贷资金“脱实向虚”；开展市级财政性投资信息化建设项目资金使用管理情况和人民医院信息系统专项审计调查；结合项目审计对“三公”经费和会议费“1＋X”情况进行专项检查；开展中心市区道路临时停车收费审计调查等民生及热点专项审计或调查。

相关工作 起草并由泉州市委、市政府出台《泉州市贯彻落实关于完善福建省审计制度若干问题的实施意见》和国有企业国有资本审计监督的实施意见。开展典型案例进企业、进项目宣讲活动，梳理出47类共性问题“老毛病”清单，以案释法构建防护体系。推动落实审计整改长效机制，建立整改挂销号清单制度，将整改结果纳入全市绩效评估的考评内容。全市审计人员计算机应用水平有所提升，1个优秀案例、2个应用案例、5个鼓励案例获省审计厅的表彰。

（撰稿人：张志文）

【漳州市审计局】 2017年，漳州市审计局人员编制68人，实有59人。局长郭进福（—3月）、曾妙玲（3月—），副局长张孔亮、陈少凡（—3月）、郑清松、吴春金（6月—），总审计师曾妙玲（—3月），经济责任审计工作联席会议办公室主任高振强，纪检组组长魏素云（—3月）、李华英（3月—），副调研员吴春金（—6月）、李瑞富（6月—）。设有办公室、法制科、经济责任审计科、财政金融审计科、行政事业审计科、经贸外经审计科、农业与资源环保审计科、社会保障审计科、固定资产投资审计科、开发区审计科（台商投资区审计办事处）、机关党委；下设计算机应用技术中心、固定资产投资审计中心、政府性资金风险防控中心。

审计成果 2017年，漳州市县两级审计机关完成审计项目309个，专项审计调查项目68个。出具审计报告和专项审计报告479篇。审计处理处罚金额17.07亿元，其中应上缴财政2.32亿元、应减少财政拨款或补贴6909万元、应归还原渠道资金3.40亿元、应缴纳其他资金2245万元、应调账处理金额10.44亿元；移送司法机关、纪检监察机关和有关部门处理事项38件，移送处理人员24人。审计促进整改落实有关问题金额11.66亿元；审计促进拨付资金到位886万元；审计后挽回（避免）损失1.66亿元；核减投资额1.58亿元；移送处理落实事项11件。审计提出建议1011条；推动被审计单位制定整改措施45项，促进被审计单位制定、完善规章制度21项，提交审计信息422篇。向社会公告审计结果2篇。

漳浦县审计局实施的漳浦县城乡规划建设局原局长任期经济责任审计项目，被福建省审计厅评为质量优秀项目。

国家重大政策措施落实情况跟踪审计 组织11个县（市、区）审计局同步开展审计，全年共开展23个重点项目和20个专题审计，促进出台完善各类制度26项，促进33个项目加快审批、新开工和完工。

财政审计 市县两级审计机关对96个预算单位开展审计。其中，对市本级8个单位的预算执行审计，发现问题整改率达到100%，增收节支8644.63万元，完善或者建立6项规章制度。

经济责任审计 市县两级审计机关完成89个单位、126名领导干部的任期经济责任审计，查出主要问题金额13.49亿元。开展对南靖县委、县政府2013年至2016年履行自然资源资产管理和生态环境保护相关责任情况审计试点。

固定资产投资审计 完成城镇保障性安居工程、援疆资金和项目等59个政府重点投资审计项目，核减工程款1.57亿元。

民生资金（项目）审计 完成对81个民生资金或者项目的审计、专项审计调查。其中，精准扶贫审计117个单位、49个乡镇，涉及8.21亿元扶贫资金，进村入户调查262个村、947个贫困户和126个扶贫项目，向相关县（市、区）纪委移送村级干部套取“美丽乡村”建设资金等6件“蝇腐”案件线索。

信息化建设 出台《漳州市审计局审计业务电子数据管理实施细则》《漳州市审计局数据分析团队管理暂行办法》。计算机审计案例获省审计厅优秀奖1个、应用奖6个、鼓励奖8个。全市累计通过审计署计算机审计中级考试共37人，通过审计署高级数据分析师考试1人。

相关工作 漳州市审计局、平和县审计局被评为第十三届省级文明单位。（撰稿人：李伟光）

【南平市审计局】 2017年，南平市审计局人员编制63人，实有58人。局长陈建新，副局长刘剑锋、陈卷宝、李华（10月—），总审计师上官登川，纪检组长陈代安（—7月）、陈观增（7月—）。设有办公室、机关党委、法规科、经济责任审计科、财政金融审计科、行政事业审计科、经贸审计科、固定资产投资审计科、社会保障审计科；派出机构有武夷新区分局；下设固定资产投资审计中心、计算机审计中心。

审计成果 2017年，南平市县两级审计机关完成审计单位328个。审计发现非金额计量问题1786个；损益（收支）不实金额1.26亿元；出具审计报告和专项审计调查报告403篇。审计处理处罚金额17.59亿元，其中应上缴财政2.31亿元、应减少财政拨款或补贴3.02亿元、应归还原渠道资金2.99亿元、应调账处理金额9.24亿元；移送司法机关、纪检监察机关和有关部门处理事项68件，移送处理人员37人，移送处理金额0.88亿元。审计促进整改落实有关问题金额16.18亿元；审计促进拨付资金到位1.83亿元；审计后挽回（避免）损失3.11亿元；核减投资额5.38亿元；移送处理落实事项16件。审计提出建议887条；推动被审计单位制定整改措施33项，促进被审计单位制定、完善规章制度6项；提交审计信息1130篇。

南平市审计局实施的南平市建设集团原经理任期经济责任审计项目、武夷山市审计局实施的武夷山市水利局2015年财政预算执行情况审计项目，经省审计厅考核被评为质量优秀项目。

国家重大政策措施落实情况跟踪审计 统筹全市审计资源，抽调市县两级审计机关35名业务骨干，组成13个审计组，检查42个部门单位及项目单位，查出问题金额0.20亿元，非金额计量问题28个。

财政审计 南平市审计局对市财政局2016年度市本级财政预算执行情况和其他财政收支情况以及决算草案进行审计，查出主要问题金额9.14亿元，其中违规金额0.17亿元。

经济责任审计 市县两级审计机关完成经济责任审计项目68个，审计党政领导干部86人，共查出问题金额6.52亿元。完成领导干部自然资源资产离任审计项目18个。南平市审计局在实践中形成乡镇领导干部自然资源资产离任审计“五围绕五突出”南平方法，得到省委书记等领导的充分肯定，在福建全省推广实施。其中南平市审计局组织实施的光泽县试点工作成效突出，被审计署确定为改革“抓得好，抓得实，抓出成效”的全国2～3个县级典型。

固定资产投资审计 完成固定资产投资审计项目137个，核减投资额5.38亿元。主动融入“百日攻坚战”和“四比六促”活动，将市委市政府确定的重点工程纳入审计“绿色通道”，简化程序、马上就办、限时完结。

民生资金（项目）审计 开展保障性安居工作审计，盘活2.02亿元专项资金；调配全市审计人员62人，对全市10县（市、区）开展精准扶贫及城乡医疗救助资金“最后一公里”专项审计。

信息化建设 南平计算机技术审计模型在全省自然资源资产大数据平台上推广。全市通过审计署计算机中级考试人员21人。

相关工作 打造审计人才队伍建设“千百十工程”，初步实现每个专业或行业培养10名专业审计骨干，建立分专业审计人才数据库的目标。

完善党建工作量化考评办法，县级审计机关党建工作“一县一品牌”工作初见成效。南平市审计局连续第五年被市政府评为绩效管理和效能建设先进单位，获得南平市监管与服务类政府部门绩效管理工作考评第一名。

（撰稿人：陈薛良　吴珊珊）

【龙岩市审计局】　2017年，龙岩市审计局人员编制51人，实有49人。局长郑贵豪，副局长黄文安、王思水、钟江泓、陈振书，总审计师赖日章，纪检组长傅闽（—6月）、王秀玲（6月—），调研员段渭景，副调研员张彩俤。设有办公室、综合计划与法规科、财政金融审计科、经贸外资审计科、行政事业审计科、农业与资源环保审计科、固定资产投资审计科、经济责任审计科（加挂龙岩市经济责任联席会议办公室牌子）、社会保障审计科；下设审计举报中心（加挂计算机辅助审计中心牌子）、固定资产投资审计中心。

审计成果　2017年，龙岩市县两级审计机关完成审计项目254个。查出违规金额1.84亿元；出具审计报告和专项审计调查报告346篇。审计处理处罚金额18.62亿元，其中应上缴财政1.63亿元、应减少财政拨款或补贴2720.96万元、应归还原渠道资金1.68亿元、应缴纳其他资金124.00万元、应调账处理金额15.03亿元；移送司法机关部门处理事项12件。审计提出建议679条；推动市政府和有关部门建立健全规章制度52项。提交审计专题、综合性报告和审计信息925篇。

上杭县审计局实施的上杭县民政局2015年度预算执行及其他财政收支情况审计项目，经省审计厅考核被评为质量优秀项目。

财政审计　市县两级审计机关完成141个部门单位的预算执行审计，查出主要问题金额47.75亿元。龙岩市审计局按照三级联动方式，全面完成2016年度市级预算执行情况及决算草案审计；完成财政资金信息化管理情况、加快产业转型升级资金使用绩效、支持现代农业发展资金使用绩效等5个专项审计或审计调查，开展市级政府性债务管理使用情况专项审计调查和市经济技术开发区财政决算审计。

经济责任审计　市县两级审计机关完成经济责任审计项目75个，被审计领导干部94人，查出主要问题金额14.35亿元。开展永定区党政主要领导自然资源资产离任审计试点。

固定资产投资审计　完成投资审计项目709个，送审工程造价37.96亿元，核减工程造价3.71亿元。以下审一级的方式开展保障性安居工程跟踪审计。龙岩市审计局继续开展援疆项目资金跟踪审计。

民生资金（项目）审计　市县两级审计机关开展的精准扶贫专项审计，发现并纠正在扶贫资金使用、扶贫项目管理、扶贫政策落实等方面存在的82个问题；对7个县（市、区）精准扶贫和城乡医疗救助资金“最后一公里”情况以及医保基金情况实施交叉审计。

企业审计　市县两级审计机关完成国有企业审计项目23个，查出主要问题金额17.31亿元；龙岩市审计局开展市土地发展集团公司、汇金发展集团公司的资产负债损益审计。

其他审计项目　完成省审计厅交办的分级诊疗和医联体实施情况专项审计，以及市政府交办的残疾人机动车补助资金、中心城区房屋征收资金、紫金山体育公园征地拆迁资金等专项审计。

相关工作　完成市委市政府交办的扶贫挂钩、巡察检查、“1＋X”专项督查、全面从严治党主体责任检查等专项任务。扎实开展“制度执行年”活动，修订完善管理制度66项，推进以制度管权、管事、管人财物。龙岩市审计局在市政府组织的2016年度绩效考核工作中获得优秀等次。

（撰稿人：代春燕）

【宁德市审计局】　2017年，宁德市审计局人员编制42人，实有41人。党组书记曾家庆，局长黄颖倩，副局长陈端浦、谢坚（—9月）、吴纯强，总审计师林挺仲，纪检组长袁瑞荣，经济责任审计联席会议办公室主任郑司扬，调研员谢坚（9月—），副调研员汤万冰、钱冠中。设有办公室、法规科、财政金融审计科、行政事业审计科、经贸审计科、农业与资源环保审计科、社会保障审计科、经济责任审计科、固定资产投资审计科；下设固定资产投资审计中心（事业单位）、宁德市网络审计工作站。

审计成果　2017年，宁德市县两级审计机关完成审计项目254个，专项审计调查项目34个。查出主要问题金额61.59亿元；审计发现非金额计量问题829个；损益（收支）不实金额8913万元；审计发现侵害人民群众利益100万元；出具审计报告和专项审计调查报告374篇。审计处理处罚金额13.53亿元，其中应上缴财政1.24亿元、应减少财政拨款或补贴1.6亿元、应归还原渠道资金4.04亿元、应调账处理金额6.64亿元；移送司法机关、纪检监察机关和有关部门处理事项34件，移送处理人员13人，移送处理金额5164万元。审计促进整改落实有关问题金额10.38亿元；审计促进拨付资金到位3.1亿元；审计后挽回（避免）损失7.87亿元；核减投资额7.99亿元。审计提出建议697条；推动被审计单位制定整改措施16项，促进被审计单位制定、完善规章制度2项；提交审计信息732篇。向社会公告审计结果2篇。

宁德市审计局实施的霞浦县精准扶贫开展情况专项审计调查项目、屏南县审计局实施的屏南县民政局2015年度预算执行情况审计项目，经省审计厅考核被评为质量优秀项目。

国家重大政策措施落实情况跟踪审计 抽查414个部门企事业单位、59个重点项目，抽查资金总量67.65亿元。

财政审计 对60个单位开展财政审计，延伸审计单位87个，查出主要问题金额23.61亿元。代宁德市人民政府向宁德市人民代表大会常务委员会作审计工作报告，得到与会人员的充分肯定。

经济责任审计 对59个单位的83名党政领导干部、事业单位领导人员开展经济责任审计，查出违规金额1238万元、管理不规范金额8.18亿元。推动宁德市委、市政府颁布领导干部自然资源资产离任审计实施方案（试行）。

固定资产投资审计 完成116个投资审计和专项审计调查项目，延伸审计8个单位，审计查出主要问题金额18.32亿元，核减投资额（工程款）7.99亿元。

民生资金（项目）审计 开展城镇保障性安居工程跟踪审计，涉及72个部门单位、35个安居工程项目、131个村533户农村危房改造家庭，移送违法问题线索4条。开展精准扶贫和城乡医疗救助资金“最后一公里”审计，抽查资金9.4亿元、扶贫项目183个、115个单位、34个乡镇、177个村，入户调查855户。对财政、卫计委、医疗保障3个部门、11个医院、9个卫生院开展推进分级诊疗制度建设情况专项审计调查。

农业与资源环保审计 组成9个审计组对各县（市、区）支持现代农业发展资金使用绩效进行专项审计调查，审计涉及中央和省级专项支持现代农业发展资金1.44亿元。

其他审计项目 开展41个专项资金审计项目，延伸审计136个单位，查出主要问题金额10.88亿元。将“1＋X”专项督查内容与年度审计项目计划“捆绑”，宁德市审计局完成“1＋X”专项督查审计项目48个，移送问题线索21件。

信息化建设 完成审计数据中心建设，对采集的财务、业务数据进行集中统一管理。实现机关公文流转和内部事务管理无纸化、信息化，实现OA与AO的交互和对审计现场的有效管理。2个计算机审计案例获省审计厅优秀、鼓励等次。

（撰稿人：林晓丽）

【平潭综合实验区廉政办公室】 2017年，平潭综合实验区廉政办公室人员编制20人，实有13人。主任郑晓东，副主任陈存国。设有审计监督室；下设平潭综合实验区审计事务中心。

审计成果 2017年，平潭综合实验区廉政公室完成审计项目23个。查出主要问题金额4.06亿元，其中违规金额122万元、损失浪费金额37万元、管理不规范金额4.05亿元；审计发现非金额计量问题187个；损益（收支）不实金额2万元；出具审计报告和专项审计调查报告25篇。审计处理处罚金额3850万元，其中应上缴财政105万元、应归还原渠道资金19万元、应调账处理金额3724万元；移送司法机关、纪检监察机关和有关部门处理事项2件，移送处理金额183万元。审计促进整改落实有关问题金额3850万元；审计促进拨付资金到位2101万元；审计后挽回（避免）损失172万元；核减投资额8274万元；移送处理落实人员4人。审计提出建议100条；推动被审计单位制定整改措施2项；提交审计信息49篇。

国家重大政策措施落实情况跟踪审计 对7个项目进行跟踪审计，出具审计报告7篇，有效推动重点工程项目的建设进度和优惠政策措施的落实。

财政审计 对2016年度区（县）本级财政预算执行情况及决算草案审计和2016年税收征管和优惠政策执行情况审计，查出在预算编制、执行、资金管理方面和税收征管质量方面存在的问题，涉及问题金额9140.60万元，提出完善机制、推进政府全口径预算等意见建议。

经济责任审计 开展1名党政干部、1名国有企业领导人的任中经济责任审计，查出管理不规范金额1455万元，其中应负主管责任1349万元、应负领导责任105万元。通过审计，已归还原渠道资金19万元。

固定资产投资审计 对9个造价已审结的工程项目进行决算审计，出具审计报告9篇，下达审计决定书9篇，挽回政府性资金损失172万元，移送处理事项2件，移送处理落实人员4名。对审计发现的合同签订不规范、执行不到位、造成国有资产流失或区管委会利益受损等问题进行分析汇总，形成关于区政府性投资项目审计发现主要问题的综合报告。

民生资金（项目）审计 对平潭综合实验区管理委员会2016年保障性安居工程的计划、投资、建设、分配、运营等情况进行审计，查出在安居工程资金管理、建设管理和保障性住房分配使用等方面存在的问题，涉及问题金额50.17万元。

（撰稿人：颜素明）

2017年福建省所辖区、县(市)级审计工作统计表

金额单位：万元

审计机关	完成审计项目（个）	审计查出主要问题金额	审计处理情况					出具审计报告和审计调查报告（篇）	提出审计建议（条）	提交审计信息（篇）
			审计处理处罚				移送处理事项（件）			
			应上缴财政	应减少财政拨款或补贴	应归还原渠道资金	应调账处理金额				
福州市										
福州市本级	84	558927	14857		6167	11074	18	104	413	738
鼓楼区审计局	16	31721	223	78	4757			18	42	69
台江区审计局	13	9838	135		74	6		16	35	41
仓山区审计局	15	123368	257		19			24	46	90
马尾区审计局	14	8791	200				2	18	29	45
晋安区审计局	11	2998	149	8	59	47		13	36	93
长乐区审计局	35	349734	85		32962	25665		55	102	126
福清市审计局	21	34371			764	248		34	56	68
闽侯县审计局	19	132304	170		1134	0	1	25	71	52
连江县审计局	25	21930	838		2408	4122		38	88	52
罗源县审计局	19	78502	259		77			24	50	56
闽清县审计局	13	80108	983					19	39	50
永泰县审计局	20	26248	3239		6885		2	28	48	27
厦门市										
厦门市本级	61	841259	2150	51719	16906	312049	5	91	251	360
思明区审计局	22	47539	1059	0	3197	372	1	35	69	60
海沧区审计局	24	3465	182	0	0	0	0	41	71	33
湖里区审计局	20	6027	163	0	633	0	1	38	90	28

（续表）

审计机关	完成审计项目（个）	审计查出主要问题金额	审计处理情况					出具审计报告和审计调查报告（篇）	提出审计建议（条）	提交审计信息（篇）
			审计处理处罚				移送处理事项（件）			
			应上缴财政	应减少财政拨款或补贴	应归还原渠道资金	应调账处理金额				
集美区审计局	18	4943	2749	0	306	13	0	23	54	48
同安区审计局	20	1302	13	0	395	220	0	32	58	38
翔安区审计局	20	48655	50	787	3393	253	6	32	70	43
莆田市										
莆田市本级	80	411533	18507	1	554	808	40	128	234	269
城厢区审计局	23	16657	5149		30			23	72	20
涵江区审计局	19	16991	120		12			19	49	10
荔城区审计局	14	32961	835					14	54	5
秀屿区审计局	154	196275	11	4675	102			154	202	278
仙游县审计局	29	43454	133		45		1	36	88	15
三明市										
三明市本级	55	118799	2863	8676	65395	10802	12	71	349	310
梅列区审计局	14	4212						18	27	
三元区审计局	10	2357				24		13	14	28
永安市审计局	18	79065	2500		39907	1359	2	27	43	59
明溪县审计局	14	5698	62	157	158	5086		19	42	1
清流县审计局	17	10002	574	113	101		7	23	47	
宁化县审计局	49	14401	352	4186	910			56	52	9
大田县审计局	21	67419	9695		436	17377		23	43	40
尤溪县审计局	24	3616	269		114	1995	1	41	28	12
沙县审计局	10	16049	120	1731	49		1	12	39	116
将乐县审计局	20	3773	41	470	1	262		25	32	24
泰宁县审计局	12	2512	4		1160			16	18	21
建宁县审计局	13	24312			499			19	39	40
泉州市										
泉州市本级	53	327218	14566		4285	47481	10	58	195	306
鲤城区审计局	64	5475	213	642		3	4	71	126	146
丰泽区审计局	22	16000			18	576	1	25	73	253
洛江区审计局	36	4653						37	26	31
泉港区审计局	18	102420	133			27		22	76	46
石狮市审计局	16	39342	368		60		9	23	36	18
晋江市审计局	34	160508	218	273			6	52	107	186
南安市审计局	54	110453	3317	58	3737		3	69	241	138

（续表）

审计机关	完成审计项目（个）	审计查出主要问题金额	审计处理情况					出具审计报告和审计调查报告（篇）	提出审计建议（条）	提交审计信息（篇）
			审计处理处罚				移送处理事项（件）			
			应上缴财政	应减少财政拨款或补贴	应归还原渠道资金	应调账处理金额				
惠安县审计局	20	39890	1467		607	36	6	20	59	13
安溪县审计局	39	18247	8428			102		55	113	7
永春县审计局	22	40750	13	11	2006	94		25	77	42
德化县审计局	17	15061			819			23	75	68
漳州市										
漳州市本级	68	448960	17504	4309	22800	88908	15	80	195	251
龙文区审计局	31	2601	253				2	37	85	
芗城区审计局	25	2378	108	13	1334	173		32	44	2
龙海市审计局	26	234064	45		326			37	124	
云霄县审计局	22	16462	652		3542			34	46	
漳浦县审计局	39	130113	582	2463	845		5	48	98	59
诏安县审计局	28	64503	835	18	329			34	76	
长泰县审计局	21	6374	1385	9	1450		9	21	57	
东山县审计局	18	4332	45		841			19	22	1
南靖县审计局	38	12881	91	97				48	90	
平和县审计局	34	62791	632			15209		55	66	40
华安县审计局	27	9921	1032		2498	106	7	34	108	69
南平市										
南平市本级	114	280707	19721	22921	22436	87871	18	131	356	579
延平区审计局	11	61565	199		204	97	4	19	60	180
建阳区审计局	35	17926	218	2309	46	322	5	41	85	92
邵武市审计局	11	10804	31					16	28	43
武夷山市审计局	13	18956	142		86	32	11	22	40	27
建瓯市审计局	22	46139	1704	29	1619	604	11	30	78	20
顺昌县审计局	26	40632	401	3022	509	2965	6	30	26	10
浦城县审计局	10	5443	109		435	342	4	17	34	36
光泽县审计局	9	2131	134		465	28	4	13	19	78
松溪县审计局	13	32909	86	0	202	115	5	18	30	32
政和县审计局	64	6104	312	1879	3912			66	131	33
龙岩市										
龙岩市本级	49	420784	5749	380	13315	30740	5	56	158	353
新罗区审计局	38	11317	2278	2137	584	3304		45	56	9
永定区审计局	39	33735	106	95	500	6473		52	113	171

（续表）

审计机关	完成审计项目（个）	审计查出主要问题金额	审计处理情况					出具审计报告和审计调查报告(篇)	提出审计建议(条)	提交审计信息(篇)
			审计处理处罚				移送处理事项(件)			
			应上缴财政	应减少财政拨款或补贴	应归还原渠道资金	应调账处理金额				
漳平市审计局	12	29084	1244		52	873	1	17	35	169
长汀县审计局	43	3901	1878		240	61		68	72	60
上杭县审计局	31	143589	1094		1030	72579	6	49	91	50
武平县审计局	21	245574	787		132	35986		28	71	103
连城县审计局	21	31059	3120	109	940	295		31	83	10
宁德市										
宁德市本级	47	327485	7312	8012	4	62197	1	56	80	451
蕉城区审计局	23	2739	28					36	53	23
福安市审计局	53	103641	111	4714	14000		2	72	57	37
福鼎市审计局	36	41796	4428	1652	7189	4202	3	36	111	28
霞浦县审计局	27	32034					18	47	75	75
古田县审计局	23	27009					1	35	81	37
屏南县审计局	29	14417	473	1155	8	34	2	32	74	38
寿宁县审计局	10	14742					2	10	52	1
周宁县审计局	19	25110	1	465	1014	11	3	29	47	20
柘荣县审计局	21	26965	23		18159		2	21	67	22
平潭综合实验区廉政办公室	23	40637	105		19	3724	2	25	100	49

江西省

【江西省审计厅】 2017 年，江西省审计厅人员编制 216 人，实有 195 人。厅机关设有办公室、综合处、法规审理处、电子数据审计办公室、财政与金融审计处、行政事业审计一处、行政事业审计二处、农业审计处、资源环保审计处、固定资产投资审计一处、固定资产投资审计二处、经贸审计一处、经贸审计二处、社会保障审计处、外资运用审计处、经济责任审计处、政法审计处、教育审计处、人事处、机关党委；下设机关后勤服务中心、信息中心、审计干部培训中心和庐山培训基地。

领导成员

厅　　长：辜华荣

副 厅 长：刘　达　邹水成

　　　　　胡志勇　黄正宇（1 月—）

总审计师：刘斌良

纪检组长：徐　鸿

省经济责任审计办公室专职副主任：胡雅萍（6 月—）

副巡视员：刘正宇（—11 月）

　　　　　夏　青（—10 月）

审计成果 2017 年，江西全省审计机关完成审计项目 5582 个，专项审计调查项目 103 个。查出主要问题金额 8274587 万元，其中违规金额 708418 万元、损失浪费金额 6123 万元、管理不规范金额 7560045 万元；审计发现非金额计量问题 6465 个；损益（收支）不实金额 285921 万元；审计发现侵害人民群众利益 3797 万元；出具审计报告和专项审计调查报告 6609 篇。审计处理处罚金额 1457984 万元，其中应上缴财政 342031 万元、应减少财政拨款或补贴 136263 万元、应归还原渠道资金 133821 万元、应缴纳其他资金 116921 万元、应调账处理金额 728945 万元；移送司法机关、纪检监察机关和有关部门处理事项 1774 件，移送处理人员 6667 人，移送处理金额 74706 万元。审计促进整改落实有关问题金额 1192988 万元；审计促进拨付资金到位 258373 万元；审计后挽回（避免）损失 424405 万元；核减投资额 420858 万元；移送处理落实事项 962 件。审计提出建议 11753 条；推动被审计单位制定整改措施 257 项，促进被审计单位制定、完善规章制度 156 项；提交审计信息 1837 篇。向社会公告审计结果 16 篇。

省审计厅实施的 2014—2015 年度省本级科技专项资金分配、管理、使用情况审计调查项目，被审计署评为地方优秀审计项目；省审计厅实施的江西省本级医疗保险基金审计、抚州市审计局实施的乐安县医疗保险基金审计两个项目，被审计署评为全国医疗保险基金优秀审计项目。

国家重大政策措施落实情况跟踪审计 全省审计机关抽查 398 个单位、316 个项目，资金总量 33.23 亿元，项目总投资额 25.28 亿元。重点关注“放管服”改革、“三去一降一补”任务落实、创新驱动战略实施、“营改增”试点效果等重大决策部署贯彻落实情况，严肃揭示、查处问题，跟踪检查政策落实情况，推动政策、资金、项目落地。

财政审计 全省审计机关完成财政审计或者审计调查项目 2837 个，查出主要问题金额 2566677 万元。省审计厅组织对 15 个省级部门预算执行及决算草案审计，查出主要问题金额 268689 万元。代省政府向人大常委会提交的审计工作报告，内容进一步丰富，突出医保基金等专项资金审计内容，首次增加国外贷援款项目公证的审计情况。

经济责任审计 全省审计机关完成对 1891 名领导干部的经济责任审计，查出主要问题金额 584491 万元。省审计厅组织实施对 56 名市厅级领导干部经济责任审计，将吉安市委原书记离任经济责任和吉安市人民政府市长任中经济责任审计同步列入年度项目计划，把“党政同责、同责同审”要求落到实处。加强与省委巡视计划衔接，达成监督合力。

草拟并提请省委办公厅和省政府办公厅出台《关于开展领导干部自然资源资产离任审计的实施意见》。统一组织省市县三级开展领导干部自然资源资产离任审计，其中省审计厅直接开展对 3 个设区市的审计。审计情况引起省委、省政府高度关注，省委书记专门赴资溪县就相关自然资源资产审计情况进行调研。

固定资产投资审计 全省审计机关完成固定资产投资审计项目 2532 个，审计投资总额 2357560 万元，核减工程款为国家和有关单位节约建设资金 417073 万元。省审计厅组织开展援疆项目、城市地下综合管廊等重点工程项目审计，揭示违纪违规问题。

民生资金（项目）审计 在全省开展保障性安居工程审计，发现问题 1271 个，违规金额 58.91 亿元，移送问题线索 207 件，涉及问题金额 2.35 亿元，涉及问题住房 2481 套，涉及责任人数 1317 人。吉安市审计局受邀在全国保障性安居工程审计视频培训班上作农村危旧房改造资金审计经验介绍。省审计厅组织对 9 个县开展扶贫资金审计，抽查资金 16.39 亿元，揭示问题金额 3.31 亿元。省审计厅组织抽查 2016 年度工伤保险基金、生育保险基金的筹集管理使用情况，审计 6 家社会保障管理部门、21 个定点医疗机构及 29 家参保单位，查出违规金额 10466.98 万元。

外资运用审计 完成对世界银行贷款江西南昌轨道交通 2 号线一期工程项目等 11 个涉及林业、农业、交通、水利和能源等领域的国外贷援款项目公证审计。审计项目全部由省审计厅牵头组织实施，查出违反国家法规、贷（援）款协定的问题，发现一些内部控制缺陷。

企业审计 省审计厅成立深化国有企业和国有资本审计监督领导小组。草拟并提请省委办公厅、省政府办公厅出台《江西省贯彻落实深化国有企业和国有资本审计监督实施意见》。组织实施对江铜集团、新钢集团、省粮油集团公司、中鼎国际建设集团等国有企业资产负债损益的审计。

其他审计项目 实施民办幼儿园民办中小学财政补贴资金绩效、地方医院新建（扩建）分院建设、保税区功能性平台建设情况及南昌农商银行审计等4个项目的试点审计，为今后全面开展行业性审计积累经验。组织各级审计机关派出85个审计组、1168名审计人员，对全省85个县（市、区）2014年至2016年财政惠农补贴“一卡通”资金和村级使用的涉农财政资金进行审计，查出问题金额50.37亿元，涉及责任人24654人，移送问题线索2195件，涉及金额7.06亿元，涉及人员5907人。

审计整改 省政府高度重视审计整改工作，召开常务会议专题研究部署，决定由省纪委、省委组织部牵头组织省直17个部门逐条逐项狠抓整改落实。省政府首次将审计整改工作列入省政府常务会议议题和省政府办公厅督办事项。省审计厅分两次组织6个检查组对11个设区市政府和部分省直部门进行审计整改跟踪检查。省审计厅与组织部门形成共同抓审计整改的方案，将整改情况纳入领导干部考核内容。至11月底，问题整改率98.87%；整改金额47.92亿元，已收回挤占挪用、骗取套取资金12.69亿元；办结问题线索1969件，党纪政规处理人员6692人，其中16人受到刑事处罚，25人移送司法机关处理。

党建工作 党的十九大召开后，及时组织党组中心组学习，研究制订学习宣传方案。机关党委第一时间编印《江西省审计厅党员十九大报告学习应知应会》学习小册子。10月31日，省审计厅数据办党支部与省政府办公厅调研处党支部联合组织学习党的十九大报告，省长以一名普通党员身份参加学习并畅谈学习体会。组织开展老红军后代授课、“支部建在连上”和“今天是我的政治生日”等主题党日活动，扎实推进“两学一做”制度化常态化，在井冈山举办以“弘扬井冈山精神，传承红色基因，做合格党员”为主题的“两学一做”学习教育制度化常态化专题培训班，全省审计系统170多名党员参加培训。

根据审计工作特点，构建“临时党支部＋审计项目”党建模式，制定出台《审计组临时党支部工作规则（试行）》，坚持审计工作开展到哪里，支部就建立在哪里，党建工作就开展到哪里，延伸党建“触角”。在财政惠农补贴“一卡通”审计中，针对审计任务繁重、现场审计时间长、党员来自不同部门的实际情况，经厅党组研究，决定在85个审计组成立临时党支部，并组织开展“三一三比”活动。85个临时党支部结合工作实际，探索建立“临时党支部＋主题党日、专题党课、学习研讨、看望慰问、谈心交心”等党建活动载体，开展丰富多彩的党支部活动，实现党建工作与审计工作深度融合，为审计任务的顺利完成提供坚强的组织保障。（撰稿人：周　波）

【南昌市审计局】 2017年，南昌市审计局人员编制85人，实有80人。局长万仁如，副局长詹善平（—8月）、张根全、彭艳云、徐宝华（11月—），经济责任审计工作领导小组办公室主任徐宝华（—11月），调研员赵波（—1月）、郑克里（—8月）、刘承万、詹善平（8月—），副调研员廖金红、肖林、何稳庚（11月—）。设有办公室、综合处、财政与金融审计处、行政事业审计处、农业与资源环保审计处、固定资产投资审计处、经贸审计处、社会保障审计处、经济责任审计室（市经济责任审计工作领导小组办公室）、审计信息处、人事教育处、综合审计一处、综合审计二处、法规处、机关党委；下设南昌市审计干部培训中心。

审计成果 2017年，南昌市县两级审计机关完成审计项目271个，专项审计调查项目11个。查出主要问题金额1206489万元，其中违规金额19032万元、损失浪费金额2638万元、管理不规范金额1184818万元；审计发现非金额计量问题896个；损益（收支）不实金额1620万元；出具审计报告和专项审计调查报告298篇。审计处理处罚金额66537万元，其中应上缴财政17253万元、应减少财政拨款或补贴24755万元、应归还原渠道资金541万元、应缴纳其他资金23800万元、应调账处理金额186万元；移送司法机关、纪检监察机关和有关部门处理事项37件，移送处理人员29人，移送处理金额4360万元。审计促进整改落实有关问题金额25655万元；审计促进拨付资金到位310万元；审计后挽回（避免）损失24991万元；核减投资额43950万元。审计提出建议685条；提交审计信息190篇。

南昌市东湖区审计局实施的东湖区 2015 年度财政预算执行和其他财政财务收支审计项目，被省审计厅评为县级审计机关优秀审计项目。

国家重大政策措施落实情况跟踪审计 重点对重大项目推进，深化“放管服”改革、精准扶贫及“三去一降一补”等政策措施落实情况进行跟踪审计。

财政审计 加强财政“同级审”，促进完善公共资金管理，重视审计查出问题整改落实，清缴入库土地出让金及行政性收费等 15.33 亿元。

经济责任审计 南昌市调整充实经济责任审计工作领导小组成员，实现部门之间的信息资源共享，完成经济责任审计项目 23 个。南昌市政府出台《关于开展领导干部自然资源资产离任审计的实施意见》，开展对南昌市湾里区委原书记自然资源资产离任审计试点工作，揭示问题 30 个，移送案件线索 2 件。

固定资产投资审计 持续跟踪胡惠元堤延伸（罗谢公路—幽兰立交）和南昌市梅湖景区花博园等重大重点工程开展审计项目，全年核减投资额 3.90 亿元。

民生资金（项目）审计 开展涉农惠农财政资金“一卡通”审计，查出违规金额 2.18 亿元，移送问题线索 22 件，处理违规违纪问题责任人 428 人。开展保障性安居工程审计，向有关部门移送问题线索 7 件，涉及金额 1586.87 万元。

外资应用审计 开展对世界银行贷款鄱阳湖生态经济区级流域城镇发展示范项目——进贤县青岚湖（内湖）防洪治涝工程、进贤县世界银行贷款可持续发展农业两个项目的外资应用审计。

其他审计项目 对南昌工业控股集团的债务及市粮食局和南昌对外工程总公司的 2016 年度财务收支情况进行审计。根据市委、市政府部署，南昌市审计局对全市 6 个投融资平台、2 个开发区（新区）和市土储中心的债务情况进行审计；牵头组织实施江西省军区后勤脱钩资产债权债务清理审计。

党建工作 开展“党建＋作风建设＋塑造审计形象”和“党建＋四比四强（比学习强党性修养、比形象强责任意识、比服务强宗旨意识、比作风强纪律意识）”活动及“党建＋‘三风’（兴家风、淳民风、正社风）”和“党建＋文明创建志愿”主题实践活动；将党建工作与推进机关联基层、干部联群众“双联”工作结合起来，务实推进“党建＋帮扶”工作。

内部审计 南昌市各内部审计机构完成各类审计项目 1482 个，查出管理不规范金额 30678 万元，促进增收节支 2026 万元；提出建议意见被采纳 675 条。

（撰稿人：范梅生）

【景德镇市审计局】 2017 年，景德镇市审计局人员编制 56 人，实有 55 人。局长周镇清，副局长陈志坚、王桦、占玉芳、章琍，纪检组长鲍桂顺，经济责任审计办公室专职副主任吴新国，副调研员王民森、周先法。设有办公室、综合科、法规审理科（政法审计科）、财政与金融审计科、固定资产投资审计科、经贸审计科（内部审计指导科）、农业与资源环保审计科、行政事业审计科、经济责任审计科（市经济责任审计领导小组办公室）、外资与园区审计科（市审计局驻高新区审计分局）、社会保障资金审计科；下设信息中心、工程决算审计中心（事业单位）。

审计成果 2017 年，景德镇市审计局完成审计项目 28 个。查出主要问题金额 238339 万元，其中违规金额 280 万元、管理不规范金额 238058 万元；审计发现非金额计量问题 81 个；损益（收支）不实金额 21 万元；审计发现侵害人民群众利益 1 万元；出具审计报告和专项审计调查报告 33 篇。审计处理处罚金额 258 万元，其中应上缴财政 124 万元、应归还原渠道资金 118 万元、应缴纳其他资金 15 万元；移送司法机关、纪检监察机关和有关部门处理事项 35 件，移送处理人员 622 人，移送处理金额 1015 万元。审计促进整改落实有关问题金额 258 万元；核减投资额 4886 万元；移送处理落实事项 12 件。审计提出建议 285 条。

国家重大政策措施落实情况跟踪审计 重点对重大项目推进、精准扶贫、“放管服”等政策措施落实情况进行跟踪审计。

财政审计 将大额资金、重点工程作为财政审计的重要内容，查深查透，推动财政部门加强预算管理，提高财政资金综合绩效。

经济责任审计 按照《景德镇市领导干部离任经济事项交接办法（试行）》，督促部分单位完成领导干部离任经济事项交接。首次开展自然资源资产离任审计，审计中探索采用实地调查法、资料审阅法、统计分析法等多种审计方法。

固定资产投资审计 向市政府呈报《建立内行监督机制 规范政府投资审计》的报告，得到市领导的批示认可，构建“同行竞争、内行监督”的固定资产投资审计模式。向社会公开招标，遴选一批具有甲级资质、技术力量强、实践经验丰富、社会信誉好的社会中介机构，参与政府投资项目审计，已经取得阶段性成效。

民生资金（项目）审计 通过审计深查细究，取消不符合条件保障对象一千多户，清退违规分配使用的保障性住房数百套，追回违规领取补贴补助数百万元，促进空置保障性住房投入使用数千套，移送有关部门给予党纪政纪处分或追究法律责任数十人。开展医疗救助专项资金审计，促进专款专用。根据审计实践撰写的《对城区居民最低生活保障金应实行动态管理》一文获景德镇市社会科学联合会授予的论文评选三等奖。

（撰稿人：黄镇斌）

【萍乡市审计局】 2017年，萍乡市审计局行政编制35人，事业编制5人；实有35人。局长黄百灵，副局长彭青兰、汤晓伟（5月—），总审计师蔡常萍，经济责任审计办公室主任汤晓伟（—4月）、苏青（5月—），调研员邓克坚，副调研员杨生元、钟杰兰。设有办公室、综合法规科、经贸与财政金融审计科、行政事业审计科、农业与资源环保审计科、固定资产投资审计科、社会保障审计科、经济责任审计科（市经济责任领导小组办公室）、机关党总支；下设政府投资项目审计中心（事业单位）。

审计成果 2017年，萍乡市审计局完成审计项目87个。查出主要问题金额241077万元，其中违规金额84989万元、管理不规范金额156087万元；审计发现非金额计量问题203个。处理处罚金额178344万元，其中应上缴财政11457万元、应减少财政拨款或补贴金额20398万元、应归还原渠道资金2722万元、应缴纳的其他资金38652万元、应调账处理金额105113万元；移送司法机关、纪检监察机关和有关部门处理事项33件，移送处理人员177人，移送处理金额2688万元。审计促进整改落实有关问题资金178344万元；审计促进拨付资金23182万元；审计后挽回（避免）损失763万元；核减投资额22925万元；移送处理落实事项27项。审计提出建议180条；促进被审计单位建立健全规章制度13项。

国家重大政策措施落实情况跟踪审计 跟踪审计供给侧结构性改革、精准扶贫精准脱贫及重点工程建设等方面政策措施落实情况。

财政审计 组织市财政同级审、部门预算执行、税收征管、开发区管委会预算执行审计，提出推进审计全覆盖和审计公开，确保审计整改实效的意见。

经济责任审计 完成经济责任审计项目68个，相关单位对审计指出的问题高度重视，绝大多数问题已整改。开展对芦溪县原任党政主要负责人自然资源资产离任审计试点。

固定资产投资审计 审计结算政府投资项目145个，送审金额112596万元，审减金额22925万元。

民生资金（项目）审计 开展保障性安居工程审计，追回违规享受补贴资金114.77万元，取消或调整保障对象资格309户，清退收回保障性住房273套；1名责任人被免职，2名责任人受到党内警告处分，2名责任人被诫勉谈话。开展财政惠农补贴“一卡通”资金和村级使用涉农财政资金审计，查出违规金额1.61亿元、“账外账”32个，促进资金拨付到位3302.49万元，追回挤占挪用资金9255.27万元，向纪检部门移送问题线索44件，涉及人员111人。完成统筹整合使用财政涉农资金的专项审计调查项目。

（撰稿人：王明娇）

【九江市审计局】 2017年，九江市审计局行政编制57人，事业编制14人；实有73人。局长胡伟华，副局长何斌、汪建荣、钱炎如，总审计师杨利发，党组成员、助理调研员陈义远，九江经济技术开发区审计分局局长湛新民，经济责任审计处处长曹素芳。设有办公室、综合科、法规科、人事科、机关党总支、经济责任审计处、财政与金融审计科、行政事业审计科、社会保障审计科、经贸审计科、外资运用与园区审计科、固定资产投资审计一科、固定资产投资审计二科、农业与资源环保审计科；下设信息中心、培训干部中心和九江经济技术开发区审计分局（事业单位）。

审计成果 2017年，九江市县两级审计机关完成审计项目977个，专项审计调查项目6个。查出主要问题金额689094万元，其中违规金额51166万元、损失浪费金额675万元、管理不规范金额637251万元；审计发现非金额计量问题725个；损益（收支）不实金额22047万元；出具审计报告和专项审计调查报告1089篇。审计处理处罚金额361312万元，其中应上缴财政5924万元、应减少财政拨款或补贴45692万元、应归还原渠道资金24703万元、应缴纳其他资金9232万元、应调账处理金额275758万元；移送司法机关、纪检监察机关和有关部门处理事项324件，移送处理人员525人，移送处理金额2208万元。审计促进整改落实有关问题金额346926万元；审计促进拨付资金到位167121万元；审计核减投资额144080万元；移送处理落实事项173件。审计提出建议1950条；推动被审计单位制定整改措施64项，促进被审计单位制定、完善规章制度37项；提交审计信息65篇。

瑞昌市审计局、湖口县审计局实施的各1个审计项目，被省审计厅评为优秀审计项目。

国家重大政策措施落实情况跟踪审计 重点对重大项目推进、深化“放管服”改革、精准扶贫及“三去一降一补”等政策措施落实情况进行跟踪审计。

财政审计 市县两级审计机关开展164个部门单位的预算执行及财政决算审计，延伸审计单位21个，查出主要问题金额430748万元。出具报告238篇。开展2016年度科技专项经费审计、九江市2015年至2016年农村公路养护资金专项审计调查、2015年至2016年人防易地建设费征收使用管理情况审计。

经济责任审计 市县两级审计机关对221名领导干部开展经济责任审计，发现主要问题金额32652万元。

固定资产投资审计 市县两级审计机关审计586个政府投资建设项目，核减投资额144080万元。

民生资金（项目）审计 对九江市保障性安居工程开展跟踪审计；对九江市财政惠农补贴“一卡通”和村级使用的涉农财政资金进行审计；对九江市本级及部分县市的基本公共卫生服务补助资金筹集管理使用情况实施审计。开展2015年至2016年中小河流治理专项资金审计。

其他审计项目 市县两级审计机关对2个企业进行审计，查出主要问题金额689万元。九江市审计局协助省审计厅对九江县、共青城市、修水县的亚洲开发银行贷款项目开展审计。

相关工作 组织学习宣传贯彻党的十九大精神，深入推进“两学一做”学习教育常态化制度，开展党员干部违规借贷、“不作为、慢作为、假作为、乱作为”等专项治理活动。组织45人参加审计署组织的培训，市审计局有1人被评为全省审计专业领军人才。九江市审计局连续多年荣获全市目标管理先进单位、社会综合治理先进单位、文明先进单位、公共节能先进单位等荣誉称号。

内部审计 九江市设有内部审计机构15个，其中金融企业1个、行政事业单位14个；实有内部审计人员191人，其中金融18人、行政事业单位173人。内部审计机构共开展审计项目487个。

（撰稿人：胡　齐）

【新余市审计局】 2017年，新余市审计局人员编制49人，实有39人。局长饶程（—11月），副局长彭多林、周永平（—8月）、曾长生，总审计师稂小毛，调研员周永平（8—9月），副调研员廖志强。设有人秘科、综合法规科、财政金融审计科、行政事业审计科、农业资源环保审计科、固定资产投资审计科、经济贸易审计科、经济责任审计科、审计信息中心、政府投资项目审计中心。

审计成果 2017年，新余市县两级审计机关完成审计项目125个，专项审计调查项目5个。查出主要问题金额262805万元，其中违规金额2555万元、损失浪费金额345万元、管理不规范金额259904万元；审计发现非金额计量问题223个；损益（收支）不实金额28432万元；出具审计报告和专项审计调查报告225篇。审计处理处罚金额2926万元，其中应上缴财政1155万元、应减少财政拨款或补贴543万元、应归还原渠道资金261万元、应缴纳其他资金895万元、应调账处理金额70万元；移送司法机关、纪检监察机关和有关部门处理事项38件，移送处理人员122人，移送处理金额6089万元。审计促进整改落实有关问题金额86万元；审计促进拨付资金到位103万元；核减投资额543万元；移送处理落实事项16件。审计提出建议498条；促进被审计单位制定、完善规章制度6项；提交审计信息9篇。向社会公告审计结果3篇。

新余市保障性安居工程跟踪审计项目、分宜县医疗保险基金专项审计项目，被省审计厅评为优秀审计项目；渝水区财政惠农补贴“一卡通”资金专项审计组获得江西省审计厅先进集体荣誉称号。

国家重大政策措施落实情况跟踪审计 对“三单一网”等4项政策落实情况和市养老福利院项目建设等11个市重点项目推进情况进行跟踪审计，推进重点项目建设进度，规范建设程序。

财政审计 完成教育、民政等7个部门市本级专项资金绩效审计，查出绩效问责的主体责任未落实、资金使用与预算目标不符等问题，从加强预算绩效管理、强化支出责任等提出审计建议。

经济责任审计 完成92名领导干部的经济责任审计，查出问题金额79714万元。开展自然资源资产审计，并进行两个延伸的探索，一是由离任时审计向任中审计延伸，二是由领导干部自然资源资产离任审计向区域性自然资源资产专项审计延伸。开展仙女湖区管委会主任自然资源资产任中审计和仙女湖湖泊生态保护专项审计，通过审计，推进《新余市仙女湖水体保护条例》立法进程。

固定资产投资审计 抽审政府投资建设项目3个，在中介机构审核、财政复核的基础上，审减投资金额543.94万元，节约财政资金，促进建设单位规范管理工程项目。

民生资金审计 开展保障性安居工程审计，查出问题金额4541万元，追回违规金额2658万元、取消保障资格或调整待遇351户，清退保障性住房21套，移送监察机关等处理问题线索5件。开展对渝水区财政惠农补贴“一卡通”资金的专项审计，查出挪用资金、违规申报获取资金以及侵占、私分等3475万元，向纪委移送问题线索31件，37人受到党纪政纪处分，追缴违规金额477.8万元。促进建立健全规章制度6项。

企业审计 对11家市属国有企业2016年经营情况开展审计调查，揭示部分企业损益不实、违规经营、国有资产闲置浪费严重等问题，从建立监管合力、建立违规经营投资责任追究机制等方面提出审计建议。

相关工作 重视党建工作，“一卡通”资金审计和自然资源资产审计等重大审计项目，审计组都建立临时党支部，发挥基层党组织作用。重视督促被审计单位认真整改，在新余市九届人大常委会第七次会议上，首次由市人大常委会对市文广新局、市粮食局、市林业局3个单位的审计整改情况进行满意度测评。承办地方党政部署的招商引资、重点项目帮扶、重点企业帮扶、精准扶贫帮扶、新农村建设帮扶、防洪等多项工作。

（撰稿人：刘凤生）

【鹰潭市审计局】 2017年，鹰潭市审计局人员编制34人，实有32人。局长杨芳，副局长王国军、李金生，总审计师阮春玲，调研员王惠斌。设有办公室、综合法制科、财政与金融审计科、文教与政法审计科、农业与资源环保审计科、投资建设与社会保障审计科、经贸审计科、经济责任审计科、机关党总支；下设市政府基本建设审计中心（鹰潭市审计信息中心）。

审计成果 2017年，鹰潭市审计局实施审计和专项审计调查项目38个。查出违规金额446700万元，其中管理不规范金额445800万元；出具审计报告和专项审计调查报告41篇。审计处理处罚金额764万元；向地方相关部门移送案件线索26件，涉及处理人员57人。审计提出建议并被采纳89条。

财政惠农补贴“一卡通”资金审计项目，被省审计厅评为优秀审计项目。

国家重大政策措施落实情况跟踪审计 重点实施房地产去库存等国家重大政策措施落实情况跟踪审计，揭示在去库存购房奖励政策执行等方面存在的问题。

财政审计 开展财政审计项目10个，重点关注政府预算体系完善情况、财政体制运行情况、政府债务管理情况等，注重从体制、机制上提出审计建议。

经济责任审计 完成13个领导干部经济审计项目，包括县区党委政府主要领导干部审计项目3个、检察机关领导干部审计项目2个。组织对贵溪市原市长的自然资源资产离任审计试点，揭示森林资源质量不高、自然资源浪费和利用效率不高等问题36个。

固定资产投资审计 完成5个投资项目的审计。查出主要问题金额47584.74万元，其中违规金额1055.83万元、管理不规范金额46528.91万元。开展政府投资项目造价结算审核39项，送审造价总计39740.28万元，核减金额4762.98万元。

民生资金（项目）审计 开展城镇保障性安居工程跟踪审计，查出部分市县未完成农村危房改造任务、安居工程专项资金统筹管理不到位等9个方面的问题，摸清保障性安居工程进展实际情况。开展2015年至2016年住房公积金归集、支取、管理使用情况审计，审计发现未按规定限额缴存公积金、多头缴存公积金等8个方面的问题。

农业与资源环保审计 根据省审计厅统一部署，开展财政惠农"一卡通"资金及村级使用的财政资金审计，共查出违规金额1.94亿元，涉及责任人员648人；移送问题线索18件，涉及金额399.12万元，涉及人员57人；已追缴被侵占挪用等资金405.2万元。

企业审计 组织对市现代物流园管理中心债权债务情况进行清理，确认已登记入账债权76.82万元、未登记入账债权20386.26万元，确认已登记入账债务14102.69万元、明确未登记入账债务7648.49万元。

相关工作 鹰潭市审计局被评为市委绩效考核优秀、省级文明、综治、节能、计生等多个先进单位称号；分别有2人和1人被评为全省财政惠农补贴"一卡通"资金、医疗保险基金审计项目的先进个人。

（撰稿人：曾　妮）

【赣州市审计局】 2017年，赣州市审计局人员编制61人，实有55人。局长朱敏，副局长郭德明（—9月）、赖欣、谢忠祥、罗淑芳（9月—），总审计师罗淑芳（—9月）、曾毓东（9月—），纪检组长王斌，经济责任审计工作联席会议办公室专职主任彭洪德，调研员郭德明（9月—），副调研员郭竞。设有办公室、行政事业审计科、经贸审计科、经济责任审计科、社会保障审计科、财政金融审计科、农业资源环保审计科、外资运用审计科、固定资产投资审计科、信息科、法规科、党总支、市纪委驻审计局纪检组；下设市经济责任审计工作办公室（事业单位）。

审计成果 2017年，赣州市审计局完成审计项目311个，专项审计调查项目27个。查出主要问题金额149189万元，其中违规金额22589万元、损失浪费金额423万元、管理不规范金额126176万元；审计发现非金额计量问题732个；损益（收支）不实金额3411万元；审计发现侵害人民群众利益1364万元；出具审计报告和专项审计调查报告542篇。审计处理处罚金额5199万元，其中应上缴财政333万元、应归还原渠道资金4206万元、应调账处理金额660万元；移送司法机关、纪检监察机关和有关部门处理事项296件，移送处理人员405人，移送处理金额5449万元。审计提出建议740条；提交审计信息195篇。

赣州市2015年保障性安居工程专项跟踪审计调查项目，被省审计厅评为优秀审计项目。

财政审计 完成2016年度市本级财政"同级审"和7个部门的预算执行审计，促使相关单位整改目录清单外收费等问题9个。

经济责任审计 制定《赣州市领导干部经济责任审计操作规程》。完成审计项目243个，查出违规违纪金额25837.86万元。组织对崇义县原党政主要领导进行自然资源资产离任审计。

固定资产投资审计 实施赣州市黄金机场机坪扩建、定南县等8县污水管网建设等投资审计项目4个，核减投资金额515.34万元。

民生资金（项目）审计 开展保障性安居工程、农村危房改造项目交叉审计，查出问题金额13.03亿元，移送违法违纪问题线索54件，移送司法、纪检处理118人。组织财政惠农补贴"一卡通"资金、村级使用涉农财政资金和扶贫资金审计调查，查出违规金额7.54亿元，追缴资金

1.47亿元。

审计整改 将审计发现的问题线索移送纪委等职能部门，组成联合督查组对审计整改落实情况进行督查，赣州市人大常委会定期听取和审议审计查出的突出问题整改情况。

（撰稿人：周中华）

【吉安市审计局】 2017年，吉安市审计局人员编制37人，实有38人。局长黄进（—7月）、黄廉传（7月—），副局长罗文青（11月—）、周木栋（11月—）、曹智远（12月—），总审计师肖军，党组成员徐锐（—9月），调研员周共和，副调研员吴兴平（12月—）。设有办公室、综合审理科、财政金融审计科、经贸审计科、行政事业审计科、农业资源环保审计科、固定资产投资审计科、经济责任审计科、社会保障外资运用审计科；另设局机关党总支、经济责任审计工作联席会议办公室；下设计算机审计中心、井冈山经济开发区审计分局。

审计成果 2017年，吉安市县两级审计机关完成审计项目1024个，专项审计调查项目7个。查出主要问题金额28.79亿元，其中违规金额12.04亿元、管理不规范金额16.75亿元；审计发现非金额计量问题699个；损益（收支）不实金额2528万元；出具审计报告和专项审计调查报告1174篇。审计处理处罚金额15.27亿元；移送司法机关、纪检监察机关和有关部门处理事项222件，移送处理人员919人，移送处理金额5822万元。审计促进整改落实有关问题金额23.97亿元；审计促进拨付资金到位3102万元；审计后挽回（避免）损失1.46亿元；核减投资额10.61亿元；移送处理落实事项139件。审计提出建议1461条；推动被审计单位制定整改措施14项，促进被审计单位制定、完善规章制度1项；提交审计信息132篇。向社会公告审计结果3篇。

吉安市县两级审计机关共有5个项目，被省审计厅评为优秀审计项目。

国家重大政策措施落实情况跟踪审计 通过审计，落实“放管服”政策及行政审批事项等共9项，加快实施进度项目41个，促进出台完善配套政策4项，促使支农涉农资金到位金额3318.13万元，其他查出问题金额16912.85万元。

财政审计 对75个部门单位开展预算执行和财政决算等审计，重点关注预算分配的合理性、预算执行的规范性。

经济责任审计 审计完成领导干部经济责任审计220人。吉安市审计局完成29名领导干部经济责任审计。按照市领导的要求，将审计发现的100个典型案例编印成册，对吉安市领导干部进行警示教育。开展对新干县原县长的自然资源资产离任审计。井冈山市、安福县、永新县审计局开展对各自辖区内乡镇主要领导的自然资源资产的试点审计。审计重点对土地资源、水资源等领域进行实地核查。

固定资产投资审计 完成对689个工程项目的审计，核减造价10.61亿元。其中吉安市审计局完成23个项目，核减造价1.44亿元。

民生资金（项目）审计 组织开展保障性安居工程审计，共查出问题72个，移送案件线索23件，涉及186人，追回资金2079万元。吉安市审计局从审计实践中总结出《危改补助资金“补了”谁家，“助了”何人》等优秀审计经验方法，在审计署视频会上介绍，在全国推广使用。参与全省财政涉农“一卡通”资金审计，查出违纪违规问题金额4.89亿元，已追缴财政金额1.56亿元，向纪检监察部门办理移送处理书80份，涉及问题线索192件，涉及人员705人。

（撰稿人：周　戈）

【宜春市审计局】 2017年，宜春市审计局人员编制58人，实有58人。局长孙国琴（—8月）、邓余平（8月—），副局长邓余平（—8月）、张长根（12月—）、陈琪、樊秀江，总审计师王孝军，市经济责任审计工作联席会办公室主任谢建新（4月—），副调研员肖平。设有秘书科、综合法规科、财政与金融审计科、行政事业审计科、政法社保审计科、农业与资源环保审计科、固定资产投资审计科、经贸审计科、经济责任审计一科、经济责任审计二科、信息科、机关党总支；下设市工程决算审计中心。

审计成果 2017年，宜春市审计机关完成审计项目704个，专项审计调查项目6个。查出主要问题金额87.48亿元，其中违规金额1.63亿元、损失浪费金额20.28万元、管理不规范金额

85.84亿元；审计发现非金额计量问题253个；损益（收支）不实金额5.67亿元；出具审计报告和专项审计调查报告740篇。审计处理处罚金额1.44亿元，其中应上缴财政6898.57万元、应归还原渠道资金6549.79万元、应缴纳其他资金119.79万元、应调账处理金额876.31万元；移送司法机关、纪检监察机关和有关部门处理事项216件，移送处理人员829人，移送处理金额4960.37万元。审计促进整改落实有关问题金额1.30亿元；审计后挽回（避免）损失42.18万元；核减投资额7.45亿元；移送处理落实事项131件。审计提出建议1435条；推动被审计单位制定整改措施124项，促进被审计单位制定、完善规章制度33项；提交审计信息279篇。

丰城市24个乡镇2014年至2016年6月底部分涉农资金专项审计调查项目，被审计署评为地方表彰审计项目。宜丰县医疗保险基金审计项目，被省审计厅评为医保基金审计优秀审计项目；奉新县宋埠镇等4个乡镇2011年至2014年粮食补贴资金审计、樟树市刘公庙镇政府2013—2014年度财政决算审计等2个项目，被省审计厅评为县级审计机关优秀审计项目。宜春市审计局赴樟树市审计组、铜鼓县审计局赴万载县审计组等7个审计组，被省审计厅评为财政惠农补贴“一卡通”资金和村级使用的涉农财政资金审计先进集体。

国家重大政策措施落实情况跟踪审计　重点对精准扶贫精准脱贫、现代农业发展、重大水利工程建设等8项政策落实情况进行跟踪审计，积极推动相关政策措施的落实。

财政审计　市县两级审计机关分别对本级财政预算执行情况和73个部门（单位）预算执行情况进行审计。对宜阳新区和15个乡镇（街道）进行财政决算审计。

经济责任审计　对159名领导干部任期经济责任进行审计，其中任中审计12人。开展靖安县原县长自然资源资产离任审计和12个乡镇（街道）主要领导自然资源资产离任审计。

固定资产投资审计　对346个政府投资项目进行工程竣工结算审计，项目投资额36.59亿元，核减投资额7.45亿元。

民生资金（项目）审计　开展2016年度保障性安居工程跟踪审计、八县（市、区）2014年至2016年财政惠农补贴“一卡通”资金专项审计，对袁州、樟树2016年统筹整合使用财政涉农扶贫资金情况进行专项审计调查。审计后，向司法机关、纪检监察机关和有关部门移送案件线索163件，涉及733人，其中685人受到党纪政纪处分或被追究刑事责任，追回违规金额5441.67万元。

内部审计　宜春市设有独立内部审计机构106个，开展内部审计项目2627个，出具审计报告1535篇。

（撰稿人：周生平）

【抚州市审计局】　2017年，抚州市审计局人员编制49人，实有46人。党组书记、局长魏建平，副局长刘冰冰、李兆龙、万高峰、杨心灵，总审计师陈国华，调研员吴晓兰，副调研员曾希国。设有人事秘书科、机关党委、综合法规科、财政金融审计科、行政事业审计科、经贸审计科、固定资产投资审计科、经济责任审计科、农业资源环境审计科；下设审计培训中心、电子数据审计中心、工程造价审核中心。

审计成果　2017年，抚州市县两级审计机关完成审计和专项审计调查项目1283个。查出主要问题金额379720.37万元；出具审计专题（综合性）报告1283篇。审计处理处罚应上缴财政19234.34万元、应减少财政拨款或补贴44082.92万元、应归还原渠道资金10814.56万元、应调账处理金额56307.96万元；移送司法机关、纪检监察机关和有关部门处理事项488件，已立案处理477件，司法机关追究刑事责任12人，纪检监察机关给予263人党纪政纪处分，采取批评教育、诫勉谈话等组织措施的886人。核减投资额20100万元。向党委、政府上报综合报告、审计要情、审计专报等审计信息657篇；审计提出建议1040条。

抚州市审计局组织实施的乐安县医疗保险基金审计项目，被审计署评为全国优秀审计项目。乐安县医疗保险基金审计、崇仁县医疗保险基金审计2个项目，被省审计厅评为优秀审计项目。

国家重大政策措施落实情况跟踪审计　揭示和查处弄虚作假、隐瞒实情以及履职不到位等问题，推动国务院、省政府、市政府出台的各项重大政策措施落实到位。

财政审计　抚州市审计局完成对市粮食局、

市旅发委2016年财政收支审计项目。

经济责任审计 抚州市审计局完成对4名领导干部的经济责任审计，各县区审计局按照年初的审计计划和当地组织部门的委托认真做好领导干部的任中和离任审计。

抚州市审计局完成对黎川县原县长自然资源资产离任审计试点，各县（区）审计机关开展1个乡镇的领导干部自然资源资产离任审计（资溪县审计局审计7个）。抚州市增设领导干部自然资源资产离任审计工作领导小组办公室，增加领导职数1名、事业编制3名。中共抚州市委全面深化改革领导小组第14次全体会议研究通过《抚州市领导干部自然资源资产离任审计暂行办法》。

固定资产投资审计 完成审计的工程结（决）算项目1039个，核减投资额20100万元。其中抚州市审计局完成审计项目22个，核减3184.96万元。

民生资金（项目）审计 完成10个县（区）2014年至2016年财政惠农补贴“一卡通”资金和村级使用的涉农财政资金项目审计，查出挤占挪用、套取骗取、虚报冒领、侵吞私分惠农资金等问题金额8.19亿元。抚州市审计局组织10个审计组，采取“上审下”和“交叉审”的方式，完成全市10个县（区）2016年财政扶贫资金的专项审计，查出违规金额3.956亿元；组织开展保障性安居工程跟踪审计，发现问题金额2.42亿元，向当地纪检和公安机关移送13件76人假造身份证骗取廉租补贴以及党员、干部和公职人员骗取农村危房资金等案件线索，向当地主管部门移交33起438人城乡居民违规享受保障待遇的问题。抚州市审计局开展2016年度统筹整合使用财政涉农资金情况的审计调查，查出违规问题金额9.60亿元。国务院向全国人大常委会作的《关于2016年度中央预算执行和其他财政收支的审计工作报告》采用抚州市审计局查出的江西省南丰县精神病医院在新农合基金结算中，涉嫌盗用患者信息骗取基金309万元，并向3个县的农医局原局长行贿的案例。

内部审计 抚州市内部审计机构开展领导干部经济责任审计项目3个、信息化项目审计11个、执法活动财物专项审计项目4个、财务收支审计项目1个、基本建设和采购项目审计57个，发现违规金额919.89万元，节约资金599.57万元，提出审计意见建议111条。

（撰稿人：管大平）

【上饶市审计局】 2017年，上饶市审计局人员编制57人，实有54人。局长朱建业，副局长周锋、乐以群（3月—）、李长水（3月—），纪检组长陈建农，市经济责任审计领导小组办公室主任王正华，副调研员胡跃明（6月—）、张金亮（6月—）。设有办公室、法规科、财政金融审计科、行政事业审计科、农业资源环保与外资运用审计科、经贸审计科、固定资产投资审计科、经济责任审计科、机关党委；下设市经责审计中心、市审计局基建中心、市审计局开发区审计中心、电子数据审计办公室。

审计成果 2017年，上饶市县两级审计机关完成审计项目1137个，专项审计调查项目19个。查出主要问题金额881097万元，其中违规金额11893万元、管理不规范金额868024万元；审计发现非金额计量问题553个；损益（收支）不实金额33532万元；出具审计报告和专项审计调查报告1293篇。审计处理处罚金额93040万元，其中应上缴财政3093万元、应减少财政拨款或补贴14115万元、应归还原渠道资金17093万元、应调账处理金额58739万元；移送司法机关、纪检监察机关和有关部门处理事项413件，移送处理人员572人，移送处理金额5414万元。审计促进整改落实有关问题金额4799万元；审计后挽回（避免）损失19478万元；核减投资额19478万元。审计提出建议1844条；推动被审计单位制定整改措施654项，促进被审计单位制定、完善规章制度365项；提交审计信息199篇。

上饶市审计局开展实施的婺源县人民政府县长任职期间经济责任履行情况审计、余干县审计局开展的余干县2014年至2015年城镇“三无”人员和农村“五保户”供养资金专项审计调查2个项目，被省审计厅评为优秀审计项目。

国家重大政策措施落实情况跟踪审计 审计督促取消、合并行政审批事项53项，下放行政审批事项46项，加快实施进度项目13个，促进出台完善配套政策2项，收回结转结存资金金额4787万元，推动扶贫资金发挥效益7214万元。

财政审计 市县两级审计机关对63个部门单位的预算执行情况和财政决算等进行审计。上饶市审计局审计市本级（含市直、上饶经济技术开发区、三清山风景名胜区管委会）、市中级人民法院、市公安局、上饶师范学院、市发改委等12个部门的财政预算执行情况。

经济责任审计 市县两级审计机关完成领导干部经济责任审计215人，其中任中审计14人。上饶市审计局完成48名领导干部的经济责任审计，市农业局20名干部受到纪律处分，其中原局长受到党内严重警告和免职处理，2名正科级干部受到党内严重警告处分。对上饶银行主要负责人进行任期经济责任审计。开展上饶县领导干部自然资产任中审计，重点对土地资源、森林资源、水资源等3个领域进行实地核查，揭示上饶县委、县政府领导在自然资源资产管理和生态环境决策中存在的6大类150个问题。

固定资产投资审计 开展并完成工程审计项目2978个，核减高估冒算金额65694.88万元。其中，上饶市审计局出具审计报告16个，核减高估冒算金额6992.63万元。

民生资金（项目）审计 在保障性安居工程审计中，发现未及时分配使用资金2.55亿元，应退未退保障性住房275套，欠缴保障房租金241万元。查出部分项目存在的未办理备案手续、项目超概算等问题。根据省医疗保险基金专项整治办下发的五大类176个问题，督促上饶市各相关单位进行整改，共追缴违规、违纪资金和基金4.45亿元。处理违纪违规人员80人，其中医保系统30人、医务人员42人、民营医疗机构5人、骗保3人，整改率达93%。参与全省财政涉农“一卡通”资金审计，查出问题金额3947.9万元，移送纪检部门立案线索122件，涉及人员446人，涉及金额2570.1万元；检察机关立案侦查1个，涉及人员10人，涉及金额15.93万元。

信息化建设 建立全市审计系统数据中心。全省“一卡通”审计期间，上饶市审计机关使用的一键查找每户疑点法、GPS测量法，省审计厅在全省推广。据此形成的《创新技术手段灵活运用GIS技术》一文，在审计署有关研讨班上进行交流。

（撰稿人：傅雅静）

2017年江西省所辖区、县(市)级审计工作统计表

金额单位:万元

审计机关	完成审计项目(个)	审计查出主要问题金额	审计处理情况					出具审计报告和审计调查报告(篇)	提出审计建议(条)	提交审计信息(篇)
			审计处理处罚				移送处理事项(件)			
			应上缴财政	应减少财政拨款或补贴	应归还原渠道资金	应调账处理金额				
南昌市										
南昌市本级	55	1046175	16793	23206	500		35	68	149	148
东湖区审计局	49	1548		1548				49	61	
西湖区审计局	17	4903	15					17	74	36
青云谱区审计局	19	31791	130				2	19	70	
湾里区审计局	24	34555						24	69	
青山湖区审计局	12	45576						12	49	
新建区审计局	33	10341						33	67	
南昌县审计局	28	23870				70		28		
安义县审计局	15	616	111		4	116		18	47	

（续表）

审计机关	完成审计项目（个）	审计查出主要问题金额	审计处理情况					出具审计报告和审计调查报告（篇）	提出审计建议（条）	提交审计信息（篇）
			审计处理处罚				移送处理事项（件）			
			应上缴财政	应减少财政拨款或补贴	应归还原渠道资金	应调账处理金额				
进贤县审计局	30	7109	201		37			30	99	6
景德镇市										
景德镇市本级	28	238339	124		118		35	33	285	157
昌江区审计局	26	5820	24			442		26	118	85
珠山区审计局	18	52973						27	62	48
乐平市审计局	17	4994	21					19	54	39
浮梁县审计局	17	4424	8					17	33	12
萍乡市										
萍乡市本级	87	241077	11457	20398	2722	105113	33	87	180	2
安源区审计局	15	298154	613		1329	3		16	56	
湘东区审计局	49	26152	323		1597	24013		51	143	
莲花县审计局	21	890	31		4120	3387		21	48	10
上栗县审计局	36	5404	2		5055	331		36	125	
芦溪县审计局	10	979	21	336	565	57		10	34	9
九江市										
九江市本级	65	102038	847	12588		50508	113	65	184	3
濂溪区审计局	71	20680	2	14092				71		
浔阳区审计局	80	1404	234	162				80	86	
柴桑区审计局	94	60963	15	17003	371	598	5	107	80	7
瑞昌市审计局	48	33271	1055		401		2	60	47	
共青城市审计局	30	27242				27242		30		
庐山市审计局	84	21432	884		333	16187	6	80	389	
武宁县审计局	56	2042	1501	247	71	219	7	57		
修水县审计局	18	156937	525		8838	147505	15	18	82	
永修县审计局	113	82982	278	1360	14491	7238	44	168	227	
德安县审计局	75	100457	10			3347		104	234	55
都昌县审计局	68	62361	342	237		7570	19	68	347	
湖口县审计局	112	9049	25		65	8902	21	112	181	
彭泽县审计局	53	4107	200		132	2397	53	53	44	
开发区审计局	16	4120				4039	39	16	49	
新余市										
新余市本级	55	219379	1074	543	261	70	38	88	191	5
渝水区审计局	33	12477	4					66	116	4

（续表）

审计机关	完成审计项目（个）	审计查出主要问题金额	审计处理情况					出具审计报告和审计调查报告（篇）	提出审计建议（条）	提交审计信息（篇）
			审计处理处罚				移送处理事项（件）			
			应上缴财政	应减少财政拨款或补贴	应归还原渠道资金	应调账处理金额				
分宜县审计局	42	30949	76					71	191	
鹰潭市										
鹰潭市本级	30	446797	452		178	133	18	41	106	4
月湖区审计局	29	52965		416				34	96	
贵溪市审计局	60	233783	278	2425				60	142	
余江县审计局	31	3709	579		4		1	47	86	
赣州市										
赣州市本级	311	149189	333		4206	660	296	542	740	195
章贡区审计局	22	10711	37				3	22	52	53
南康区审计局	23	83353	59					34	61	3
赣县区审计局	19	3976	6					30	20	12
瑞金市审计局	37	12208		1959				37	79	63
信丰县审计局	52	56116	33					51	111	41
大余县审计局	111	2235	101	1			1	127	346	93
上犹县审计局	23	3474	36					25	53	53
崇义县审计局	13	264	17		33			26	40	20
安远县审计局	58	2285	205			50		57	245	86
龙南县审计局	21	32133	15			1		36	13	6
定南县审计局	24	31860	614					24	30	25
全南县审计局	45	2797	87					81	112	13
宁都县审计局	19	11961	33					76	100	25
于都县审计局	28	3262	149					28	19	55
兴国县审计局	18	57297	118		32			18	41	46
会昌县审计局	98	15773	84					98	50	126
寻乌县审计局	9	31903	26			1		17	5	40
石城县审计局	25	768	483		45			25	65	7
吉安市										
吉安市本级	62	201246	16964	12145	23442	133230	216	106	218	22
吉州区审计局	80	409	50					80	141	
青原区审计局	88	9970	6		9463	30		88	115	
井冈山市审计局	41	2917	50	1069	810	60	1	43	65	22
吉安县审计局	128	302	48		240	10		150	134	80
吉水县审计局	153	8030	169	6022	6		4	204	313	

（续表）

审计机关	完成审计项目（个）	审计查出主要问题金额	审计处理情况					出具审计报告和审计调查报告（篇）	提出审计建议（条）	提交审计信息（篇）
			审计处理处罚				移送处理事项（件）			
			应上缴财政	应减少财政拨款或补贴	应归还原渠道资金	应调账处理金额				
峡江县审计局	12	8527	5	135	1			12		
新干县审计局	32	3380	43		2903	190		47	78	
永丰县审计局	65	11356	87		4	10814		65	6	8
泰和县审计局	38	4231	304		31	316		41	59	
遂川县审计局	26	14214	867					26	51	
万安县审计局	28	5280	39		4441	58	1	37	32	
安福县审计局	221	7401	9			7391		221		
永新县审计局	57	1160	9		337	548		57	249	
宜春市										
宜春市本级	151	263648	222		333	640	78	159	359	123
袁州区审计局	12	36150	98		4	8		12	21	20
丰城市审计局	76	40434	2437		4136		51	76	112	16
樟树市审计局	26	41345	2					26	59	13
高安市审计局	19	87648	640					19	49	
奉新县审计局	55	254294	127				22	66	155	25
万载县审计局	160	35525	278		2076	228	15	160	282	
上高县审计局	75	106572	345				12	75	185	7
宜丰县审计局	43	1220	151				14	42	70	
靖安县审计局	58	2102	16				6	58	78	1
铜鼓县审计局	35	5840	588				18	47	65	74
抚州市										
抚州市本级	75	297540	17903	40147	6044	1426	466	75	234	165
临川区审计局	98	11606	152	38		11416	2	98	84	86
东乡区审计局	209	1524	72		485	967		209	196	140
南城县审计局	387	1696	415		552			387	32	36
黎川县审计局	30	3160				3230		30	62	46
南丰县审计局	113	33109		1218	300	31589		113	36	25
崇仁县审计局	56	8327	561	711		7055		56	16	38
乐安县审计局	114	25						114	120	24
宜黄县审计局	77	2981	37	1968	350	626	20	77	12	26
金溪县审计局	32	4905			423			32	19	17
资溪县审计局	33	5979	94					33	11	26
广昌县审计局	59	8868			2660			59	218	28

（续表）

审计机关	完成审计项目（个）	审计查出主要问题金额	审计处理情况					出具审计报告和审计调查报告（篇）	提出审计建议（条）	提交审计信息（篇）
			审计处理处罚				移送处理事项（件）			
			应上缴财政	应减少财政拨款或补贴	应归还原渠道资金	应调账处理金额				
上饶市										
上饶市本级	105	488238	868	5334	1842		219	153	198	98
信州区审计局	46	44944	40	1367			3	55	117	6
广丰区审计局	111	69315	1731	1321	8			126	74	11
德兴市审计局	98	1997			453		141	98	72	5
上饶县审计局	43	31380	39	313	6624			60	83	5
玉山县审计局	96	39327	10					101	372	1
铅山县审计局	40	17407	341		584	422	49	75	111	8
横峰县审计局	132	79187		136	1724	52399		98	85	2
弋阳县审计局	132	2138	3					137	137	8
余干县审计局	132	2138	3	968	13	1026	1	137	312	8
鄱阳县审计局	63	7324	44		2388	4892		80	71	5
万年县审计局	58	32044	115	3548	3457			68	101	1
婺源县审计局	81	65658	14	1128				105	60	15

山东省

【山东省审计厅】 2017 年，山东省审计厅人员编制 327 人，其中行政编制 224 人；实有 274 人，其中行政编制 204 人。设有办公室、法规处、人事处、审计项目管理处、审计执行处、财务处、财政审计处、行政事业审计综合处、行政事业审计一处、行政事业审计二处、农业与资源环保审计处、固定资产投资审计处、金融审计处、企业审计处、社会保障审计处、外资运用审计处、电子数据审计处、税收征管审计处、境外审计处、省经济责任审计办公室、经济责任审计一处、经济责任审计二处、经济责任审计三处、离退休干部处、机关党委。

领导成员

厅　　长：马青山

副 厅 长：魏惠育　杨统海

　　　　　姜　芳（—11 月）　栾心勇

　　　　　许庆豪（1 月—）

总审计师：鲁玉芹

纪检组长：崔良桐

经济责任审计联席会议办公室主任：孙明禄（1 月—）

一级巡视员：黄利明

二级巡视员：孙承明　朱丽娟（1 月—）

审计成果 2017 年，山东省各级审计机关完成审计项目 10105 个。查出违规金额 482.7 亿元、损失浪费金额 12.9 亿元、管理不规范金额 19495.43 亿元。审计处理决定应上缴财政 272.29 亿元、应减少财政拨款或补贴 96.68 亿元、应归还原渠道资金 154.97 亿元、应调账处理金额 803.89 亿元；向司法机关和纪检监察部门移送案件线索 1063 件、移送涉案人员 1530 人，涉及金额 119.46 亿元，移送其他部门处理 928 件，涉及金额523.76亿元。审计后挽回（避免）损失137.47亿元；为国家增收节支352.35亿元；核减投资额105.22亿元。提交审计报告和信息被批示、采用2944篇（次）；提出的审计建议被采纳12843条；促进被审计单位制定整改措施2125项、建立健全规章制度516项。其中，省审计厅完成审计项目135个，查出违规金额14.26亿元、损失浪费金额2.17亿元、管理不规范金额5721.32亿元。审计处理决定应上缴财政8.74亿元、应归还原渠道资金7.62亿元、应调账处理金额24.15亿元，促进增收节支93.59亿元；向司法机关和纪检监察部门移送案件线索31件、移送涉案人员207人、涉及金额5493万元，移送其他部门处理14件、涉及金额153万元。提交审计报告和信息被批示、采用111篇（次）；审计提出建议被采纳320条。

德州市审计局实施的临邑县原县委书记县长任期经济责任审计、日照市审计局实施的日照港集团有限公司2011年至2015年资产负债损益审计、胶州市审计局实施的胶州市李哥庄镇镇长履行自然资源资产管理及生态环境保护相关责任情况审计、济南市长清区审计局实施的济南市长清区10处基层医疗卫生机构2014年至2015年6月运行情况专项审计调查等4个项目，被审计署评为地方优秀审计项目。

国家重大政策措施落实情况跟踪审计 开展行政审批制度改革、国企质量、公共文化服务体系、“海上粮仓”建设、金融支持实体经济、化解过剩产能等13类政策措施落实情况的跟踪审计，督促完成投资建设项目1758个，促进财政资金统筹使用和重点资金到位15.33亿元，建立健全制度280项。紧跟省委新部署新精神，实施“放管服”政策措施落实情况跟踪审计，及时调整方案在17市全面推开，审计结果对优化政务环境起到积极促进作用。

财政审计 聚焦积极财政政策以及新预算法贯彻实施、县级预算管理制度改革等情况开展预算执行情况及财政决算审计，揭示财政收入质量、财政收支缺口等方面的突出问题和风险隐患；关注高新技术企业、小微企业所得税优惠政策和资源税改革政策落实，以及“营改增”后税收征管方式变化情况，促进提高税收征管质量和效益。继续深化部门预算绩效管理专项审计调查，通过非现场数据分析，对一、二、三级预算单位落实中央八项规定精神情况实现审计全覆盖。组织全省审计机关开展财政收支真实性专项审计调查，摸清山东省财政收入真实状况。

经济责任审计 省审计厅对165名省管领导干部开展经济责任审计，推动出台《关于深入推进领导干部经济责任审计全覆盖的意见》，经济责任审计全覆盖进入常态化。完善省级经济责任审计对象数据库，与省委组织部联合出台省管领导干部任前经济责任告知办法和年度报告办法。扎实推进村居干部经济责任审计，深化村级审计督查试点工作，促进县乡修订完善制度规定1511项，将审计监督延伸到国家治理体系末梢。聚焦环境整治，开展矿产、海域、土地、森林等专项审计，省审计厅组织实施105个领导干部自然资源资产离任审计试点项目，配合环保督察工作，助推绿色发展。

民生资金（项目）审计 聚焦脱贫攻坚，集全审计厅之力用一周时间对全省40个县的82个乡镇、411个村的脱贫攻坚情况进行审计调查，为省委省政府筹备召开全省脱贫攻坚现场会议提供重要依据，省委书记、省纪委书记分别作出批示，要求对审计发现问题严肃问责、依法处置。

企业审计 坚持境内与境外审计一体化，探索推进境外审计。省审计厅成立境外审计处，赴塞拉利昂、摩洛哥等国家对省属国企境外投资进行现场核查，形成一套较为完整的境外审计模式，相关审计结果为省委省政府妥善处理有关重大事项提供重要依据。专题开展涉企收费情况专项调查，省委书记、省长作出批示，要求相关部门整改落实，有效促进减轻企业负担。

外资运用审计 完成国外贷援款项目审计7个，世界银行机构廉政部（INT）对山东世界银行项目审计工作给予高度评价。

审计机关人财物管理改革试点 推进省以下审计机关人财物管理改革试点，将全省市、县审计机关及所属单位的6793名编制上划省级管理；会同省委组织部对审计机关领导干部的任免程序和日常管理作出明确规定；首次对审计系统公务员实行全省统一招录，招考公务员及参公管理人员72人。改进业务管理，统筹全省审计项目安排，优化完善审计业务流程，开展政策跟踪审计单项评优，以点带面提升审计质量。制发《大兴调查研究之风工作方案》，将调查研究与审计工作深度融合，精准有效履行审计监督职责。全面推进大数据审计，出台加快推进以大数据为核心智慧审计建设的意见；与省国土资源厅签订战略合作协议，共享地理信息系统数据资源；运用大数据技术，对财政、金融等领域风险隐患开展非项目关联分析。在全省审计机关实施“强基层、铸铁军”工程，着力解决基层审计工作薄弱问题，提高全省工作整体水平。

党建工作　扎实推进“两学一做”学习教育制度化常态化，严格履行全面从严治党主体责任，落实党组意识形态工作责任制，推动机关党的建设向纵深发展。坚持党性先行，要求广大党员严格遵守党规党纪特别是党的政治纪律和政治规矩，始终在政治立场、政治方向、政治原则、政治道路上同以习近平同志为核心的党中央保持高度一致，坚决拥护党对审计工作的绝对领导，一以贯之落实党中央、国务院关于完善审计制度、加强审计工作的决策部署。建立党组书记负总责、分管厅长分工负责、机关党委推进落实、处室负责人“一岗双责”的党建责任体系和“两个责任”工作台账，探索留痕管理方式，对贯彻落实上级全面从严治党工作部署等5种情况作出严格规范。坚决贯彻民主集中制，落实党务公开、厅领导联系点、党委委员分片联系支部等组织生活制度，按照民主集中制原则来设定、处理上级组织与下级组织、集体领导和个人分工等关系。加强对下督查考核，把下级审计机关党组履行全面从严治党主体责任情况纳入重点督查内容，探索建立“系统抓、抓系统”条块结合的党建工作领导机制。

加强党风廉政建设，筑牢廉洁自律底线。认真贯彻省政府廉政会议精神，召开全省审计机关党风廉政建设会议，对新形势下审计系统反腐倡廉作出安排、提出要求。严格执行审计“八不准”工作纪律，紧盯元旦、春节等重要时间节点，把住重要岗位、重点项目、关键环节，完善廉政风险防控机制。开展警示教育，加强廉政巡查和审计纪律回访，支持纪检部门运用监督执纪“四种形态”，对审计厅所属单位贯彻执行党的纪律规矩情况进行为期两个月的督查检查，进一步筑牢廉洁从审防线。

相关工作　认真执行领导干部个人事项报告、重大事项报告、请示汇报等制度，做到工作讲程序、有秩序。坚持党管干部原则，严格执行干部选任程序和组织人事纪律，把好酝酿动议、民主推荐、任职公示等重要关口，推荐厅级干部3人，选拔处级干部23人，完成职务与职级并行调整，树立起正确的选人用人导向。坚持作风建设永远在路上，把纪律和规矩挺在前面，抓好中央八项规定精神落实，针对形式主义、官僚主义新表现，加大自查及整治力度，研究制定《加强和改进作风的意见》，推进作风建设常态化、长效化，抵制“四风”反弹，打造忠诚干净尽责担当审计铁军。省审计厅被省委组织部评为“基层党建示范点”；聊城市审计局、德州市审计局被全国文明办授予“全国文明单位”称号，省审计厅及淄博、潍坊、济宁、威海、临沂5个市审计局继续保持“全国文明单位”称号。

内部审计　山东全省已建内部审计机构799个，配备内部审计人员3347人，完成审计项目28055个，促进增收节支28.64亿元，建议给予行政处分1014人，向司法机关移送案件线索1件，涉及1人。省审计厅加强对内部审计工作的指导，组织对965个行政事业单位、国有企业开展内部审计专项督查和内管干部经济责任审计情况调查。

（撰稿人：冉　瑾）

【济南市审计局】　2017年，济南市审计局行政编制158人，工勤编制7人；实有156人。局长孙竹兮（—5月）、黄厚安（5月—），副局长唐军（—10月）、刘继强、丁小玲、李传凤（10月—）、仪红军、张传堂、于洋，总审计师仪红军（兼），经济责任审计联席会议办公室主任吴冬梅（10月—）、张振江（10月—），副巡视员杨光星（—10月）、张峻峰、沈鲁（10月—）。设有办公室、法规处、组织人事处、财政审计处、金融审计处、行政事业审计一处、行政事业审计二处、行政事业审计三处、农业与资源环保审计处、固定资产投资审计一处、固定资产投资审计二处、固定资产投资审计三处、企业审计一处、企业审计二处、社会保障审计处、外资运用审计处、计算机审计技术处（信息处）；市经济责任审计办公室下设综合处、行政事业经济责任审计处和企业经济责任审计处；按照有关规定设机关党委、工会等。

审计成果 2017年，济南市县两级审计机关完成审计和审计调查项目793个。查出问题资金931.34亿元，其中违规金额14.87亿元、损失浪费金额825万元、管理不规范金额916.39亿元；审计发现非金额计量问题1721个；损益（收支）不实金额183.32亿元。审计处理处罚金额135.30亿元，其中应上缴财政1.40亿元、应减少财政拨款或补贴1.45亿元、应归还原渠道资金9.84亿元、应调账处理金额120.18亿元。审计促进整改落实有关问题资金66.55亿元，其中增收节支5.02亿元、已调账处理金额59.86亿元；审计促进拨付资金到位496万元；审计后挽回（避免）损失6420万元；移送案件线索41件。审计提出建议1107条。

国家重大政策措施落实情况跟踪审计 开展重大政策措施落实跟踪审计27项，重点关注项目进度、项目落实效果等内容，促进政策落地生根与不断完善。通过审计监督，分析存在问题的原因，提出合理化建议，促进解决，打通政策措施贯彻落实的“最后一公里”，打破“中梗阻”。

财政审计 开展预算执行审计项目80个，查出违规金额10.80亿元、管理不规范金额590.14亿元，审计决定应上缴财政5611万元。济南市审计局对9个预算单位进行预算执行审计，促进部门单位上缴各类财政资金4970万元；通过调整会计科目、规范资金管理等方式落实整改9908万元。

民生资金（项目）审计 围绕保障民生、改善民生、发展民生主题，安排审计项目，着力监督检查落实各项民生政策措施的具体部署、执行进度、实际效果等，循着资金流向，从政策要求、预算安排、资金拨付一直追踪到项目、追踪到个人。

经济责任审计 对274名领导干部进行经济责任审计，查出承担相应责任的问题金额148.17亿元。开展领导干部自然资源资产离任审计，推动绿色低碳发展。组织开展村（社区）干部经济责任审计督导工作，推动从严治党向基层延伸。加大联合审计回访和审计问责力度，对2016年实施的13个经济责任审计项目进行联合回访，检查审计查出问题的整改落实情况，督促落实整改。

信息化建设 成立济南市审计系统信息化工作领导小组，启动审计数据中心和审计项目信息管理系统建设，推动运用信息化技术查核问题、评价判断、宏观分析能力的提高。

审计科研 围绕市委市政府工作中心和经济社会发展大局，组织开展审计科研工作，在济南市社科联组织的评选中，有2个课题分别获得优秀调研成果一等奖、二等奖；在济南市委组织的评选中，有2篇调研报告获优秀调研报告二等奖。

（撰稿人：宋 欣）

【青岛市审计局】 2017年，青岛市审计局人员编制184人，实有171人。局长侯杰，副局长王健、孙可君、潘强，总审计师管卫东，纪检组长孙一宇（12月—）、于卫东（—5月），经济责任审计办公室主任张祚锡，政府投资审计专业局局长张伟，二级巡视员王大平（6月—），副巡视员史祖平（—5月）、孙开芬、宋志刚（6月—）。设有办公室、法规处、人事处、财政审计处、行政事业审计综合处、行政事业审计一处、行政事业审计二处、农业与资源环保审计处、金融审计处、企业审计综合处、企业审计一处、企业审计二处、社会保障审计处、外资运用审计处、经济责任审计办公室、政府投资审计专业局、机关党委；下设青岛市审计局计算机信息中心（全额拨款事业单位，编制6人，实有5人）、青岛审计干部培训基地（自收自支事业单位，编制13人，实有9人）。

审计成果 2017年，青岛市审计局完成审计项目76个，专项审计调查项目13个。审计查出主要问题金额5600221万元，其中违规金额100276万元、管理不规范金额5499945万元；审计发现非金额计量问题297个；损益（收支）不实金额89432万元；出具审计报告和专项审计调查报告139篇。审计处理处罚金额194567万元，其中应上缴财政99274万元、应减少财政拨款或补贴66235万元、应归还原渠道资金2142万元、应缴纳其他资金3426万元、应调账处理金额

23488 万元；移送司法机关、纪检监察机关和有关部门处理事项 50 件，移送处理人员 8 人、金额 44934 万元。审计促进整改落实有关问题资金 128695 万元；审计后挽回（避免）损失 66235 万元；核减投资额 66235 万元；移送处理落实事项 2 件。审计提出建议 232 条；推动被审计单位制定整改措施 3 项，促进被审计单位制定、完善规章制度 2 项；提交审计信息 147 篇。向社会公告审计结果 3 篇。

国家重大政策措施落实情况跟踪审计 开展财政存量资金、精准扶贫、地方金融支持实体经济等 11 项政策措施落实情况审计调查，组织区（市）审计局对本地区落实国家和省、市政策措施情况进行跟踪审计。审计部门单位 443 个、抽查项目 422 个，推动盘活财政存量资金 5.44 亿元，财政资金下拨到位 9918.66 万元，落实配套资金 2054.05 万元，促进出台或完善配套政策 6 项。

财政审计 完成审计项目 15 个，查出主要问题金额 1225933 万元。

经济责任审计 完成审计项目 26 个，查出主要问题金额 3145214 万元。

固定资产投资审计 完成审计项目 24 个，项目投资额 8522521 万元，核减投资额 66228 万元，查出主要问题金额 950447 万元。

民生资金（项目）审计 完成审计项目 4 个，查出主要问题金额 104254 万元。

外资运用审计 完成审计项目 1 个，项目投资额 73174 万元（其中外资 31120 万元）。

企业审计 完成审计项目 4 个，查出主要问题金额 286365 万元。

其他审计项目 完成审计项目 25 个，审计专项资金总额 4227671 万元，查出主要问题金额 349306 万元。完成交办、配合事项 47 件。

信息化建设 在全市审计机关部署应用政策措施落实跟踪审计大数据综合作业平台；研发投资审计监督管理系统；完成审计署财政审计全覆盖数据分析试点工作。

相关工作 制定党组中心组理论学习意见和干部职工理论学习计划，制订“合格、过硬、示范支部”三级联创工作方案，制订《落实党风廉政建设“两个责任”工作方案》《关于推进公务员职业道德建设实施方案》《公务员诚信守则》等，组织参观红色教育基地和廉政教育基地，加强审计干部队伍建设。

内部审计 青岛全市内部审计机构共完成审计项目 3242 个，审计资金总金额 2690 万元。提出建议意见被采纳 4976 条。 （撰稿人：潘铎印）

【淄博市审计局】 2017 年，淄博市审计局人员编制 147 人，实有 114 人。局长勾东升，副局长杜贞耐、梅立凯、房虹，总审计师荆开学，经济责任审计办公室主任孙雅娟，政府投资审计专业局党支部书记李兆永，工会主席冯淑青，副调研员刘可贵、周长银、王兰军、徐发亮。设有办公室、人事科、法规科、财政审计科、金融和社会保障审计科、行政事业审计科、经贸审计科、农业与资源环保审计科、外资运用审计科、政法审计科、科教文卫审计科、经济责任审计办公室、经济责任审计一科、经济责任审计二科、计算机审计管理科、审计执行科、内部审计指导科、村居审计办公室等 18 个内设机构；下设政府投资审计专业局、审计干部培训中心 2 个事业单位。

审计成果 2017 年，淄博市审计局安排审计项目计划 112 个。查出违法违纪金额 469905 万元、损失浪费金额 832 万元、管理不规范金额 4728022 万元；出具审计报告和专项审计调查报告 187 篇。被审计单位损益或财政收支不实金额 442985 万元。经审计整改，现已上缴财政 126927 万元、已减少财政拨款或补贴 2271 万元、归还原渠道资金 91580 万元、缴纳其他资金 6999 万元、调账处理金额 160357 万元。审计提出建议 333 条。

国家重大政策措施落实情况跟踪审计 对淄博市本级及周村区推进简政放权放管结合和优化服务政策措施落实情况进行跟踪审计，相关报告得到该市政府主要领导肯定，审计整改列为专题督查事项。

财政审计 预算执行审计得到淄博市人大常委会高度肯定，在淄博市政府网站上公开审计结果报告。完成“三级联动”项目、财政收支状况调查和政府性债务调查。

经济责任审计 编制经济责任审计报告模板，统一进点会议议程，实行被审计单位自查模式。

与市委组织部、市编办建立信息沟通机制，完善市管干部数据库。探索开展张店区与高青县区县长的离任事项交接。对淄博市3个区县开展领导干部自然资源资产离任审计。采取上下联动方式，运用责任清单、问题清单，采用先进信息化技术手段，揭示出破坏资源环境的问题。

固定资产投资审计 开展20个政府投资项目跟踪审计，提出整改意见。实施16个政府投资项目结算审计，完成审计提报值5.6亿元，审减额3100万元。组织对2016年保障性安居工程进行审计，对发现的6件案件线索及时进行移送。

民生资金（项目）审计 对淄博市10个区县精准扶贫专项资金进行审计调查，查出问题类型46类，案件线索15件。完成山东省审计厅安排的精准扶贫政策与资金使用专项审计，查出问题32类。

信息化建设 自主研发的审计信息化管理平台的经验做法，在审计署大数据审计研讨班上作典型发言，该成果被推荐为淄博市2018年第一批创新改革经验在全市推广。（撰稿人：范雯莉）

【枣庄市审计局】 2017年，枣庄市审计局人员编制64人，实有57人。局长刘志才（—4月）、窦建军（4月—），副局长于晨、曹昭普（—7月）、韩荣昌、许国强（7月—），经济责任审计办公室主任许国强（兼），调研员李黎，副调研员张鲁平、张本良。设有办公室、法制科、人事科、财政审计科、行政事业审计科、农业与资源环保审计科、固定资产投资审计科、金融与外资审计科、企业审计科、社会保障审计科、计算机审计管理科；下设经济责任审计办公室、政府投资审计办公室2个事业单位。

审计成果 2017年，枣庄市县两级审计机关完成审计项目264个。查出主要问题金额5893019万元，其中违规金额240215万元、管理不规范金额5650308万元；审计发现非金额计量问题574个；损益（收支）不实金额556902万元；审计提交报告和专项审计调查报告368篇。审计处理处罚金额503828万元，其中应上缴财政206930万元、应归还原渠道资金62104万元、应调账处理金额203441万元。审计促进整改落实有关问题资金105048万元，其中增收节支91453万元、已调账处理金额12192万元。审计促进拨付资金到位11373万元；审计后挽回（避免）损失4万元；审计提出建议666条；提交审计信息180篇。

国家重大政策措施落实情况跟踪审计 对“简政放权、放管结合、优化服务”，公共文化服务体系建设等12项政策措施落实情况进行跟踪审计，提出审计建议被采纳12条，推动重大项目建设进度，促进资金统筹使用和制度完善。

财政审计 完成预算执行审计项目66个，延伸审计单位53个，查出主要问题金额1099927万元，推动中央八项规定精神贯彻落实。对滕州市、市中区人民政府财政决算情况实施审计，促进提高财政决算水平。

经济责任审计 完成领导干部经济责任审计项目158个，促进增收节支2178万元。在滕州市探索开展领导干部自然资源资产离任审计试点，推动绿色发展理念落到实处。

固定资产投资审计 完成投资审计项目5个，查出问题金额14502万元。对滕州市、峄城区政府利用PPP模式投资进行审计，规范PPP项目的投资行为。开展南水北调续建配套工程审计，推动工程有序推进、高效实施。

民生资金（项目）审计 开展保障性安居工程审计，促进资金拨付到位173.76万元。开展精准扶贫审计，促进扶贫规章制度建设。对市本级、市中、峄城开展养老保险基金审计，揭示政策制度落实、医改推进、资金管理等方面18个问题。

企业审计 全市共开展企业审计14个，查出主要问题金额516628万元。对市属3家国有企业资产质量的审计，提出加强企业经营风险控制、提升企业创新的审计建议，推动国有企业健康发展。

其他审计项目 开展金融审计项目3个，查出问题金额219920万元，对股权投资引导基金运营管理情况、利用亚洲开发银行贷款农业绩效开展审计调查，促进地方金融机构持续健康发展和外资安全有效利用。开展专项资金审计调查项目21个，查出主要问题金额383655万元。对滕州市采煤塌陷地综合治理绩效情况审计调查，推进采煤塌陷地治理进度。开展村级审计督查，助推全面从严治党向基层延伸。（撰稿人：江庆玉）

【东营市审计局】 2017年，东营市审计局实有干部职工71人。党组书记、局长魏光青（4月—），党组成员、副局长杨忠起（—5月）、成志强、张安民，党组成员、总审计师张冬梅，政府投资审计办公室主任李志山（—12月）、经济责任审计办公室主任王利民，东营经济技术开发区分局党组书记张波，东营经济技术开发区分局局长温绍云，调研员曲同德（—4月），副调研员王国军、李建华、任德海、袁伍中。设有办公室（人事教育科与其合署）、法规科、财政审计科、行政事业审计科、农业与资源环保审计科、金融审计科、社会保障审计科、经济责任审计办公室、政府投资审计办公室、审计执行科；派出机构东营经济技术开发区审计分局（挂东营港开发区审计分局牌子）；下设计算机审计中心（事业单位）。

审计成果 2017年，东营市审计局完成审计项目96个。查出主要问题金额698730万元，其中违规金额32748万元、损失浪费金额716万元、管理不规范金额665265万元；审计发现非金额计量问题622个；损益（收支）不实金额243396万元；审计期间整改金额25035万元。审计处理处罚49947万元，其中应上缴财政金额14305万元、应归还原渠道资金1628万元、应缴纳其他资金2181万元、应调账处理金额31830万元。审计促进整改落实有关问题资金2951万元，其中增收节支2994万元（已上缴财政金额2627万元）、已调账处理金额12702万元。审计促进拨付资金到位金额8597万元；审计后挽回（避免）损失2031万元；核减投资额1259万元。

国家重大政策措施落实情况跟踪审计 组织对财政存量资金、铁路体制改革、政府利用PPP模式投融资、水环境保护和污染防治、“海上粮仓”等重大政策措施落实情况跟踪审计。

财政审计 对市财政局、市城乡规划局等51个单位开展预算执行审计，审计查出主要问题金额550334万元，其中预算编报不真实不完整20825万元、未按规定征收缴纳收入25615万元、违规改变项目计划和资金用途4805万元、违规使用发票11277万元、违规出借财政资金24000万元、未按进度支付工程款4274万元、高风险对外投资2251万元、会计核算不实232043万元。对29个行政事业单位进行财务收支审计，延伸审计单位78个，查出主要问题金额109909万元。审计财政专项资金项目10个，延伸审计单位68个，审计专项资金总额11806万元，审计查出主要问题金额9096万元。

经济责任审计 对38名领导干部实施经济责任审计，查出主要问题金额215117万元，参考审计结果得到肯定或使用的被审计领导干部18人。

固定资产投资审计 完成市一中新校区等158个政府投资项目结算审计，审减工程造价3.59亿元。

民生资金（项目）审计 审计养老保险项目3个，延伸审计单位6个，查出主要问题金额23964万元，其中未按规定征收、缴存社保费和公积金707万元，未落实“收支两条线”和专户管理规定2079万元，财政资金不到位不落实1586万元。

企业审计 开展企业审计项1个、专项审计调查项目1个，查出主要问题金额3510万元，其中财务收支核算不实2304万元。

内部审计 东营市有内部审计机构33个，完成审计项目226个，其中财务收支审计88个、效益审计25个、经济责任审计41个、内部控制评审36个、信息系统审计2个、基本建设审计21个、其他审计13个。审计总金额163219万元。增收节支18万元，提出建议意见被采纳167条。根据有关要求，东营市内部审计师协会于12月与东营市审计局正式脱离业务主管关系。

（撰稿人：蔡　玲）

【烟台市审计局】 2017年，烟台市审计局人员编制80人，实有74人。局长王清东，副局长董瑞锋、钟方新、翟宇翔，总审计师常宗杰，调研员张邦业。设有办公室、法规科、财政审计科、经贸审计科、社会保障审计科、农业与资源环保审计科、外资运用审计科、金融审计科、人事教育科、信息管理科、内部审计指导科，以及行政事业审计一科、二科、三科、四科等15个职能科室；另有烟台市经济责任审计办公室、审计执行科；下设烟台市政府投资审计服务中心（事业单位，编制11人，实有5人）。

审计成果 2017年，烟台市县两级审计机关完成审计项目710个。查出主要问题金额2035.5

亿元，其中违规金额26.4亿元、损失浪费金额1.5亿元、管理不规范金额2007.6亿元；审计发现非金额计量问题1446个；损益（收支）不实金额74.1亿元；出具审计报告和专项审计调查报告1126篇。审计处理处罚金额158.2亿元；移送司法机关、纪检监察机关和有关部门处理事项85件，移送处理人员61人，移送处理金额58.9亿元。审计促进整改落实有关问题资金69.2亿元；审计后挽回（避免）损失4.1亿元；核减投资额1.4亿元；移送处理落实事项18件。审计提出建议521条；推动被审计单位制定整改措施93项；提交审计信息896篇。向社会公告审计结果5篇。

国家重大政策措施落实情况跟踪审计　聚焦各级重大政策措施和重点工作任务落实，完成11项重大决策部署落实情况跟踪审计，促进政策红利向发展成果转化。完成全市42个市直门和7个县（市、区）“放管服”政策措施落实情况跟踪审计，开展全市财政收入真实性情况专项调查，完成金融支持实体经济政策措施落实情况跟踪审计。

财政审计　实施预算执行和财政决算审计项目330个，查出各类问题金额517.2亿元。烟台市审计局完成2016年度本级预算执行审计，实施税收征管、信息系统等10个专项审计调查。

经济责任审计　烟台市审计局对8名省管领导干部、6名市（区）长实施离任经济责任审计，完成长岛县原县长自然资源资产试点审计。制定村级干部任期经济责任审计操作规程，指导市县两级审计机关对6190个村居进行审计。全年完成经济责任审计项目481个，查出违规金额11.6亿元、管理不规范金额1750.7亿元。对恒丰银行原董事长进行离任经济责任审计。起草并以市委、市政府名义出台关于加强审计工作的意见和强化经济责任审计结果运用的办法。

固定资产投资审计　烟台市审计局完成烟台港、万华专用铁路项目审计和城市地下管线基础设施建设情况审计。首次对烟台市对口支援西藏聂拉木县政府8个援建项目和近亿元资金进行审计，确保援藏资金发挥最大效益。

民生资金（项目）审计　牢固树立“民本审计”工作理念，完成保障性安居工程、养老保险基金、公立医院改革等审计或专项审计调查。开展大气污染、采煤塌陷地、城市污水处理绩效审计。组织全市审计力量上下联动完成对市本级和10个县市区的精准扶贫政策落实情况审计。

外资运用审计　完成2个项目外资公证审计和2个县级市政府利用PPP模式投资项目绩效情况审计调查，促进有效利用外资。

企业审计　组织实施全市国有企业资产质量专项审计调查，对烟台万华合成革集团董事长开展任期经济责任审计，促进国有企业健康发展。

其他审计项目　完成烟台市政府股权引导基金运营和管理情况专项审计调查。抽调精干力量参与省审计厅对青烟荣威城际铁路公司、威海市“海上粮仓”等项目的审计工作。参与河长制、重点税收督导等审计相关工作。

信息化建设　顺利完成政务信息系统整合。组织12人参加全省计算机审计中级培训。在全省大数据审计实战比武活动中获得第二名。

（撰稿人：朱荣华）

【潍坊市审计局】　2017年，潍坊市审计局人员编制103人，实有98人。局长宫智，副局长刘树龙、李宏德、陶德义（—7月），总审计师郑栋强，调研员高敬禄（—7月）。设有办公室、组织人事科、研究室，法制科、财政审计科、行政事业审计科、农业审计科、资源环保审计科、社会保障审计科、金融审计科、经贸与外资运用审计科、计算机审计管理科、市经济责任审计办公室、审计结果执行科；下设潍坊市审计局派出审计处、政府性投资审计中心2个事业单位。

审计成果　2017年，潍坊市县两级审计机关完成审计项目995个。查出主要问题金额11104156万元，其中违规金额328424万元、损失浪费金额60万元、管理不规范金额10775672万元；审计发现非金额计量问题1873个；损益（收支）不实金额326743万元；出具审计报告和专项审计调查报告1434篇。审计处理处罚金额737243万元，其中应上缴财政234683万元、应减少财政拨款或补贴106577万元、应归还原渠道资金299355万元、应调账处理金额84179万元；审计促进整改落实有关问题资金345309万元，其中增收节支297474万元、已调账处理金额39727万元，审计后挽回损失135754万元。移送司法机关、纪检监察机关和有关部门处理事项104件。

审计提出建议1705条；提交审计信息880篇。向社会公告审计结果7篇。

国家重大政策措施落实情况跟踪审计 根据上级审计机关统一安排，持续开展稳增长、促改革、调结构、惠民生政策措施落实情况跟踪审计，对盘活财政存量资金、金融支持实体经济、简政放权等10大类重大决策部署措施落实情况进行全面审计，促进重大建设项目加快推进、资金统筹使用和制度规定健全完善。

财政审计 组织对2016年度市级预算执行情况和税收征管情况进行审计，促进补缴税款539万元。组织对市人社局等16个市直部门单位预算执行等情况进行审计，促进提高财政资金使用绩效。开展全市财政收入真实性审计，促进96045万元财政收入补缴入库，清理盘活财政存量资金8158万元。

经济责任审计 完成领导干部经济责任审计项目482个，查出主要问题金额1232.51亿元。组织对潍城、寒亭、高密、昌乐4个县市区党政主要负责人任期经济责任情况进行同步审计。潍坊市审计局完成首个领导干部自然资源资产离任审计试点项目，并指导全市审计机关完成13个自然资源资产离任审计项目。

固定资产投资审计 完成审计项目320个，工程提报值58.89亿元，审计核减投资额10.84亿元。组织对潍坊市对口支援西藏自治区南木林县资金和项目进行审计，促进资金落实到位，推动项目加快实施。

民生资金（项目）审计 组织对市直、安丘市、峡山区精准扶贫政策落实情况进行审计调查，促进2288万元扶贫资金及时拨付到位。持续对全市保障性安居工程进行跟踪审计，促进盘活闲置资金20805万元。组织对市本级和安丘市、昌邑市基本养老保险基金管理使用情况进行审计，促使2002名重度残疾人依法享受养老保险待遇，12.45亿元征地农民社保资金及时划拨到个人账户。

金融审计 组织开展中心城区土地招拍挂情况审计调查、市级孵化器管理情况和全市PPP模式投资项目专项审计调查。以潍坊银行为重点，开展金融支持实体经济推进供给侧结构性改革政策落实情况跟踪审计，揭示风险管控中的薄弱环节，保障金融运行安全。（撰稿人：张同波）

【济宁市审计局】 2017年，济宁市审计局人员编制90人，实有87人。局长胡良民，副局长孙进、苏桂双，总审计师王忠东，经济责任审计办公室主任胡忠启，投资中心主任张扬，调研员王岱峰（8月—），副调研员王相武。设有办公室、人事科、法制审理科、财政审计科、企业审计科、农业和资源环保审计科、社会保障科、信息科、行政事业审计一科、行政事业审计二科、行政事业审计三科、行政事业审计四科、行政事业审计五科、行政事业审计六科、审计结果执行科、济宁市经济责任审计办公室；下设济宁市政府投资审计处、济宁市审计局高新技术产业开发区分局2个事业单位和济宁市审计局北湖省级旅游度假区分局（派出机构）。

审计成果 2017年，济宁市县两级审计机关完成审计项目1068个。查出主要问题金额4682605万元，其中违规金额199432万元、损失浪费金额3431万元、管理不规范金额4479741万元；审计发现非金额计量问题934个；损益（收支）不实金额401242万元；出具审计报告和专项审计调查报告1358篇。审计处理处罚金额507036万元，其中应上缴财政166069万元、应减少财政拨款或补贴216085万元、应归还原渠道资金26003万元、应调账处理金额38888万元；移送司法机关、纪检监察机关和有关部门处理事项8件，涉及22人。审计促进整改落实有关问题资金296875万元，其中增收节支279239万元、已调账处理金额15679万元，审计后挽回（避免）损失216168万元。审计提出建议1996条；提交审计信息460篇。向社会公告审计结果2篇。

国家重大政策措施落实情况跟踪审计 对盘活存量资金、精准扶贫、公立医院改革、金融支持实体经济、公共文化服务体系建设、深化铁路投融资体制改革、保障性安居工程建设等11项政策措施落实情况开展跟踪审计，发现影响政策落地等方面的问题，从机制体制方面提出审计建议。

财政审计 统一组织2016年度预算执行审计，从7个方面揭示预算管理不规范、预算执行不均衡、非税收入应缴未缴国库等22个问题。济宁市审计局对市发展和改革委员会、卫生和计划生育委员会、科学技术局等15个部门单位的预算执行情况进行审计，从4个方面揭示部门单位预算编制不完整、绩效管理不规范、预算执行不到位、往来款项未及时清理等24个问题；对市地税系统2016年度税收优惠政策执行、税收执法权限和税收征收质效等情况进行审计，发现少征、缓征、多征当期税款等问题，涉及税款5677万元。

经济责任审计 开展领导干部经济责任审计项目49个，发现部分单位存在未上缴财政收入、购置固定资产未经政府采购、往来款项清理不及时、财务支出不规范等问题。做好省审计厅授权济宁开展的6名省管领导干部的经济责任审计工作。

固定资产投资审计 对48个项目进行结算审计，审减工程造价1.11亿元。配合省审计厅完成济宁市采煤塌陷地综合治理绩效情况审计调查；协助市委巡察组完成对市文物局承担的多项文物保护建设项目有关线索的调查落实工作。

民生资金（项目）审计 在保障性安居工程跟踪审计中揭示资金拨付不及时、建设管理不规范、虚报骗取住房保障待遇、违规审批农村危房改造对象等问题，发现涉嫌违纪违法线索3件，涉及人员3人，金额12.3万元，移送纪检机关处理。采取“大兵团”作战方式，举全局之力，对脱贫任务较重的20个乡镇进行审计调查，摸清真实情况，查清基本问题，为市领导科学决策提供依据。组织全市审计机关开展养老保险基金审计，揭示未实现应保尽保、养老保险省级统筹政策落实不到位、农村社会养老保险未纳入城乡居民养老保险体系管理等问题。

企业审计 开展涉企收费专项调查，对全市128户企业2016年至2017年4月缴费情况进行调查，摸清济宁市涉企收费总体状况，调查发现不合规、不合理涉企收费4项，涉及金额7508.17万元，规范涉企收费行为。对济宁矿业集团有限公司、山东永泰照明电器股份有限公司、山东华圣瑞德市政工程有限公司进行资产质量专项审计调查，摸清企业资产结构、创新能力、经济效益和社会效益情况，揭示3户企业在资产结构、债务风险和自主创新能力方面存在的问题。

（撰稿人：李国帅）

【泰安市审计局】 2017年，泰安市审计局人员编制81人，实有69人。局长辛海明，副局长刘安、程波、王燕华（—7月）、吴思、孟恒新（7月—），总审计师靳印龙，经济责任审计联席会议办公室主任孟恒新（—7月）、张伟（7月—），政府投资审计局局长张伟（—7月）、李兴昌（7月—），调研员张仁安、王燕华（7月—），副调研员汪培秋。设有办公室、人事科、法规科、财政审计科、金融审计科、行政事业审计一科、行政事业审计二科、社会保障审计科、农业与资源环保审计科、经贸审计科、派出审计科、经济责任审计办公室、政府投资审计专业局、计算机审计技术中心。

审计成果 2017年，泰安市县两级审计机关完成审计项目387个。查出违规金额15.99亿元；移送司法机关、纪检监察机关和有关部门处理事项71件，移送处理人员16人。促进增收节支1.79亿元；核减投资额4.75亿元。

2个项目分别被省审计厅评为优秀审计项目和表彰审计项目。

国家重大政策措施落实情况跟踪审计 对保障性安居工程、精准扶贫、公立医院改革、地方公共文化服务体系建设、宣传文化发展专项资金绩效管理等政策措施落实情况进行跟踪审计。

财政审计 审计预算执行部门64个，关注财政资金的安全和使用效益，揭示财政资金在管理、分配、使用等方面存在的突出问题，提出改进建议。审计工作报告和结果报告得到同级人大、政府的肯定和好评。市政府办公室下发《关于做好2016年度市级预算执行和其他财政收支审计查出问题整改工作的通知》，实现审计整改制度化。

经济责任审计 审计领导干部253人，查出违规金额7.91亿元。联合市委组织部共同召开市直部门单位领导干部经济责任审计进点部署会议，实行审计对象分类管理、离任经济责任事项交接等制度，采用“1＋N”审计模式，实现一审多果、一果多用。对肥城市领导干部开展自然资源资产离任审计，审计中引入地理信息系统技术，提高审计工作质量和效率。

固定资产投资审计 完成政府投资审计项目27个，审计金额40.96亿元，核减投资额4.75亿元。制定泰安市政府投资建设项目跟踪审计、决算审计操作规程。开展政府利用 PPP 模式投资项目绩效审计调查，审计结果得到省审计厅通报表彰。

民生资金（项目）审计 开展全市社保基金审计，揭示基金管理漏洞，对 1.2 万起冒领养老金、重复缴费和享受待遇人员交县市区政府进行整改。开展保障性安居工程的审计，提交的审计专报引起市领导重视，召开审计查出问题整改会议，强力推进问题整改。

其他审计项目 开展对全市驻境外机构和境外投资基本情况的专项审计调查。开展涉企收费专项审计调查。

相关工作 在省审计厅开展市县审计质量检查中，泰安市被评为优秀等次。泰安市审计局连续八年保持“省级文明单位”称号。

内部审计 全市共有内部审计机构 226 个，内部审计人员 649 人，完成审计项目 2845 个，提出意见建议被采纳 1954 条，促进增收节支 4.15 亿元。

（撰稿人：杨　宁）

【威海市审计局】 2017 年，威海市审计局人员编制 41 人，实有 38 人。局长王树芳（—11 月）、于松涛（11 月—），副局长孙思深、李宁、王晓辉，经济责任审计办公室副主任房元芹，政府投资审计中心主任侯志勇，调研员黄涛。设有办公室（政工科与其合署办公）、法规科、审计执行科、财政审计科、行政事业审计科、企业审计科、农业资源环保审计科、社会保障审计科、金融审计科（挂外资审计科牌子）、信息科；内设威海市经济责任审计办公室；下设内部审计指导中心、政府投资审计中心。

审计成果 2017 年，威海市县两级审计机关完成审计项目 297 个。查出主要问题金额 970.67 亿元，其中违规金额 2.08 亿元、损失浪费金额 608 万元、管理不规范金额 968.53 亿元；损益（收支）不实金额 52.63 亿元；审计发现非金额计量问题 1911 个；出具审计报告和专项审计调查报告 514 篇。审计处理处罚金额 126.95 亿元，其中应上缴财政 1.77 亿元、应减少财政拨款或补贴 1.68 亿元、应归还原渠道资金 1919 万元、应调账处理金额 123.31 亿元；移送司法机关、纪检监察机关和有关部门处理事项 19 件，涉及 311 人，移送处理金额 7.17 亿元。审计促进整改落实有关问题金额 21.93 亿元，其中增收节支 3.44 亿元、已调账处理金额 18.49 亿元；审计促进拨付资金到位 0.4 亿元；审计后挽回（避免）损失 1.87 亿元，审减工程造价约 2.8 亿元。审计提出建议 535 条；推动完善规章制度 66 项；提交审计信息 227 篇。向社会公告审计结果 11 篇。

威海市审计局实施的威海市 2015 年财政扶持企业和支农资金管理使用情况专项审计调查项目，被省审计厅评为表彰审计项目；威海市 2016 年度加快重大水利工程建设政策及解决农村人口饮水安全问题政策落实情况跟踪审计项目，被省审计厅评为政策跟踪审计单项表彰审计项目。

国家重大政策措施落实情况跟踪审计 围绕推动供给侧结构性改革和新旧动能转换，组织全市审计机关开展对“放管服”政策、精准扶贫政策、“海上粮仓”建设政策等稳增长 8 项政策落实情况和对保障性安居工程、政府利用 PPP 模式投资项目、股权引导基金运营和管理情况、全市养老保险基金、国有企业资产质量、涉企收费等项目、资金和事项的跟踪审计，推动各项政策落实。

财政审计 将国家级开发区预算执行情况纳入市级预算执行审计大盘子，并延伸审计开发区部分镇街，综合评价市区镇三级财政运行情况；通过大数据分析，对涉农资金的管理使用实施市县两级关联审计。查出主要问题金额 102 亿元，提出加强和改进财政财务管理方面的意见建议 3 条，向纪委（监察）部门移送案件线索 6 件。

经济责任审计 修订施行《经济责任审计对象分类管理办法》和《领导干部离任经济责任事项交接办法》，压缩全面审计项目总量，优化审计资源配置，确保将精力放在党委政府关注的重点审计对象上，完成经济责任审计项目 52 个，其中离任交接审计项目 22 个。围绕贯彻落实审计署和省署计厅工作部署，探索开展领导干部自然资源资产离任审计试点工作。对文登区原区委书记、原区长开展自然资源资产审计试点工作，共查出管理不规范金额 39094.2 万元，非金额计量问题 23 个，提出加强生态文明建设、促进经济发展与环境保护和谐统一方面的意见建议 4 条，向当地政府移送案件线索 1 件，为全面开展自然资产资源审计工作积累经验。

固定资产投资审计 执行2017年以来制定出台的投资审计业务管理制度，关注项目招投标管理、项目运行及施工管理、工程重大变更等领域，对10个项目进行竣工决算审计。

信息化建设 构建联网数据平台、经济责任审计管理系统和政府投资审计管理系统，实现对审计项目从立项、决策、实施、审理、审核到报告的全过程、全方位统一指挥及留痕管理。组织大数据分析团队开展跨部门、跨行业、全方位的数据分析比对，在市级预算执行审计中，筛查疑点记录6.7万条，涉及1.6万人，实现对重点问题、重要线索的“精准打击”。

相关工作 威海市审计局继续保持“全国文明单位”荣誉称号，荣成市审计局、乳山市审计局继续保持“省级文明单位”荣誉称号。

内部审计 通过“抓制度、促规范；抓培训、促创新；抓典型、促提高”的“三抓三促”措施，推动内部审计工作持续健康发展。全市各级内部审计机构共完成各类审计项目12199个，审计总金额605.08亿元，促进增收节支5.11亿元，提出建议意见被采纳5114条，对5名责任人进行责任追究，向司法机关移送案件1起。

（撰稿人：周　娜）

【日照市审计局】 2017年，日照市审计局人员编制79人，实有67人。局长刘树东，副局长阚士梅（—12月）、李兆勇、王茂森，市经济责任审计办公室主任许鸿（5月—），调研员阚士梅（12月—），副调研员张传相。设有办公室、法规科、审计执行科（内部审计指导科与其合署）、财政金融审计科、行政事业审计科、农业与资源环保审计科、固定资产投资审计科、企业外资审计科、社会保障审计科；另设经济责任审计办公室（加挂固定资产投资审计办公室牌子），内设综合、党群政法审计、企业经济责任审计、政府投资审计、农村经济责任审计指导、电子数据审计等11个科。

审计成果 2017年，日照市县两级审计机关完成审计单位333个。查出主要问题金额4732915万元，其中违规金额235949万元、损失浪费金额65351万元、管理不规范金额4431614万元；审计发现非金额计量问题1075个；损益（收支）不实金额437442万元；出具审计报告和专项审计调查报告499篇。审计处理处罚金额295547万元，其中应上缴财政74758万元、应减少财政拨款或补贴32803万元、应归还原渠道资金114414万元、应调账处理金额63002万元；移送司法机关、纪检监察机关和有关部门处理事项42件。审计促进整改落实有关问题金额311075万元；审计促进拨付资金到位1483万元；审计后挽回（避免）损失301918万元。审计提出建议904条，推动完善规章制度152项；提交审计信息202篇。

日照市审计局实施的日照港集团有限公司2011年至2015年资产负债损益审计项目，分别被审计署、省审计厅评为优秀审计项目。

国家重大政策措施落实情况跟踪审计 组织对盘活财政存量资金、政府股权引导基金、鼓励社会投资、政府利用PPP模式投资绩效以及“海上粮仓”建设等13项政策落实情况进行审计。

财政审计 组织对财政部门组织预算、地税系统税收征管、部门单位预算执行、现代预算管理制度改革等情况进行审计，发现违规减免企业税款1952万元、应征未征税款1442万元等问题，促进补征入库税款1442.6万元。

经济责任审计 审计领导干部177人，发现问题金额224.62亿元，其中领导干部应负直接责任金额3407万元、应负主管责任金额72.86亿元、应负领导责任金额151.42亿元。日照市委办公室、市政府办公室印发《关于开展领导干部自然资源资产离任审计试点工作的实施意见》，开展试点工作。

固定资产投资审计 组织对日照机场、奎山综合交通枢纽、日照图书馆、海洋科普馆等建设项目进行审计，工程报审额11.8亿元，审减工程造价1.9亿元。

民生资金（项目）审计 组织对养老保险基金、公共文化服务体系建设、精准扶贫、保障性安居工程建设等情况进行审计，发现并移送违规享受农村危房改造补贴、骗取养老金等问题线索。

企业审计 组织对日照机场、日照报业集团以及市公交集团、交发集团、土地储备开发集团等企业的资产质量进行审计；组织对鲁南国家森林公园、万宝水产集团的资产债务进行审计。

相关工作 日照市审计局获得“山东省文明

单位”荣誉称号；被市政府评为经济社会发展综合考核先进单位、系列攻坚行动突出贡献奖。

（撰稿人：商晓峰）

【莱芜市审计局】 2017年，莱芜市审计局人员编制68人，实有67人。局长许荣利（6月—）、吕振宝（—6月），副局长杨文安、王聚圣，总审计师韩秀君，经济责任审计办公室主任徐吉杰，政府投资审计办公室主任亓燕，调研员杨自菊（6月—），副调研员田晶。设有办公室、人事政工科、法规科、财政审计科、农业与资源环保审计科、企业审计科、社会保障审计科、执行科8个科室；下设经济责任审计办公室、政府投资审计办公室、审计监督检查处、审计信息中心4个单位。

审计成果 2017年，莱芜市审计局完成审计项目84个，专项审计调查项目5个。查出违规金额6.44亿元、管理不规范金额108.85亿元。发现非金额计量问题2577个。审计处理处罚金额15.94亿元，其中应上缴财政6.53亿元、应归还原渠道资金5.56亿元、应调账处理金额1846万元。累计移送各类问题线索94件。向被审计单位提出整改意见和建议242条；提报审计综合报告、审计专报19篇，受市领导批示8篇（次）。

国家重大政策措施落实情况跟踪审计 完成“放管服”、保障性安居工程、盘活财政存量资金、行政审批制度改革、莱芜市养老保险基金收支等重大政策落实情况跟踪审计，助推上级党委、政府决策部署在莱芜落地生根。

财政审计 完成市本级预算执行和8个市直部门（单位）2016年度预算执行和其他财政财务收支审计，直接查补入库财政收入1.01亿元。

经济责任审计 按时完成省审计厅授权的莱城区、钢城区原党政主要负责人经济责任审计。完成市管干部经济责任审计项目53个。探索建立经济责任审计对象分类管理和领导干部离任经济责任事项交接制度。配合莱芜市委办公室、市政府办公室完成省审计厅对莱芜市党政主要负责人的经济责任审计和市政府原主要负责人自然资源资产离任审计，以及后续的审计整改。

固定资产投资审计 对山东财经大学莱芜校区、莱芜市委党校新校区等7个政府投资重点项目开展跟踪审计，核减工程造价7720万元。出具审计建议书5份，纠正不合规事项56项。

农业与资源环保审计 对莱芜市精准扶贫政策落实情况开展全过程跟踪审计，累计抽查8个乡镇21个扶贫项目，揭示问题19个，提出意见建议11条。提前完成莱芜市委、市政府确定的村级审计“三年审一遍、一审审三年”的目标任务，查出违规和管理不规范金额17.34亿元，提报不作为村级换届人选106人。

党建工作 在莱芜市直机关首家同时组建机关党委和机关纪委，有效落实全面从严治党主体责任和监督责任。每个党支部配置1名兼职纪检干部，强化党内监督责任的落实。适应审计工作以审计组为基本活动单位的特点，坚持把党支部建在审计组上，做到“审计组走到哪里，党支部就在哪里”，实现党的基层组织建设与审计工作无缝隙衔接、无盲区全覆盖。

相关工作 按照全省审计机关人财物管理改革要求，审计机关机构、编制由省级统一管理。实现全市审计机关省级文明单位全覆盖，全员参与全国文明城市创建，被莱芜市委、市政府表彰为“创建全国文明城市工作先进单位”。

（撰稿人：解宏涛）

【临沂市审计局】 2017年，临沂市审计局人员编制86人，实有85人。局长李枝叶，副局长王宏祥、杨忠森、谢国光、朱海英，经济责任审计办公室主任张金堂，经济责任审计办公室党总支书记殷宗建，经济责任审计办公室副主任赵琳、叶庆红，重点建设项目审计办公室主任张现东，调研员陆光平，副调研员陈德法、吴清军、李进。设有办公室、法制科、人事科（机关党委）、审计执行科、财政审计科、金融审计科、社会保障审计科、行政事业审计综合科、行政事业审计一科、行政事业审计二科、企业审计科、固定资产投资审计科、农业与资源环保审计科等13个行政科室；下设经济责任审计办公室、重点建设项目审计办公室、审计计算机中心等3个事业单位。

审计成果 2017年，临沂市县两级审计机关完成审计项目946个。查出问题金额971.3亿元，其中违规金额55.5亿元、损失浪费金额8198万元、管理不规范金额914.9亿元；审计发现非金额计量问题1358个；损益（收支）不实金额283.3亿元。审计处理处罚金额287.9亿元，其中应上缴财政34.3亿元、应减少财政拨款或补贴1.4亿元、应归还原资金渠道4.3亿元、应缴纳其他资金936万元、应调账处理金额247.8亿元。审计促进整改落实有关问题资金12.2亿元，其中增收节支4.1亿元，已调账处理金额7.6亿元；审计挽回损失6274万元。审计提出建议2481条；提交审计信息382篇。

国家重大政策措施落实情况跟踪审计 按照审计署统一部署，持续开展稳增长促改革调结构惠民生政策措施落实情况跟踪审计，重点审计中央和省出台的保障性住房、财政存量资金、行政审批制度改革、生态环境保护、公立医院综合改革等9类重大决策部署措施落实情况，揭示和查处不作为、慢作为、假作为、乱作为等问题。

财政审计 对市财政局、市发改委、蒙山管委会等149个县区和部门单位的预算执行情况进行审计，同时开展地方税收征管、县级现代预算管理制度改革、股权投资引导基金等6个专项审计和盘活财政存量资金等3项政策措施落实情况跟踪审计，查出问题金额439亿元。对96个县区、乡镇开展财政决算审计，查出主要问题金额89亿元。

经济责任审计 对566个部门单位主要负责人进行任期经济责任审计，查出问题金额739.5亿元。对27名市管领导干部实施离任交接。对8945个村居9372名村居干部开展第二轮经济责任审计，实现村居干部经济责任审计再覆盖，审计资金总额649.1亿元，查出各类问题金额173.27亿元，移送处理村居干部594人、非村居干部62人，成功化解信访案件222件。

固定资产投资审计 对临沂市城市建设工程推进办公室、火车站片区开发建设指挥部、老城区重点片区征收改造协调推进办公室实施派驻审计；对临沂一中北城新校区工程建设指挥部、东风东关棚户区改造工程建设协调推进小组、临沂城区水环境综合整治工程指挥部进行跟踪审计。对蒙山高架路江泉集团建设部分造价进行审计认定，核减工程造价8.05亿元。完成政府投资工程复审项目270个，核减工程造价5608万元。

民生资金（项目）审计 采取市县联动、异地交叉审计的方式，对临沂全市16个县区及开发区的脱贫攻坚重点工作落实情况开展督查审计，审计扶贫项目3111个、扶贫资金16亿元，发现问题共计2097个，根据审计发现的问题和提出的建议，有关县区、乡镇和部门单位制定完善规章制度38项。组织开展保障性安居工程、养老保险基金、公共文化服务体系建设及文化产业资金管理使用情况等民生项目和资金的审计，涉及部门单位507个，查出主要问题金额380亿元。

相关工作 学习贯彻党的十九大精神，扎实推进开展“两学一做”学习教育常态化制度化，坚持把党建工作摆在优先和引领位置，维护审计机关廉洁从政的良好形象，着力构建党的建设与业务工作深度融合，市县审计机关党的建设同步推进、同步检查、同步考核的审计党建大格局。做好“第一书记”到村任职工作和“结亲连心”活动，协调争取项目资金3000余万元，帮助任职村加大基础设施投入。临沂市审计局47名科级以上干部深入基层联系群众141户，开展“结亲连心”活动，帮助解决各类诉求116条。2017年，临沂市审计局连续第三年保持“全国文明单位”荣誉称号。

（撰稿人：纪　政）

【德州市审计局】 2017年，德州市审计局人员编制96人，实有71人。局长刘清云，副局长刘国芹、梁富修、穆耀民，总审计师邵东，经济责任审计办公室主任王力同，经济责任审计办公室副主任于成学、赵国强，调研员戴希祥，副调研员黄洁。设有办公室、人事科、机关党委、法规科、执行科、财政金融审计科、行政事业审计科、企业与外资运用审计科、农业与资源环保审计科、社会保障审计科、电子数据审计科和科教文卫审计科；设有派出机构：经济技术开发区分局，运河经济开发区分局；下设经济责任审计办公室，内部审计指导中心，政府投资审计中心。

审计成果 2017年，德州市县两级审计机关完成审计项目289个，专项审计调查项目31个。查出主要问题金额7614445万元，其中违规金额321819万元、损失浪费金额5697万元、管理不规范金额286928万元；审计发现非金额计量问题

1833 个；损益（收支）不实金额 133087 万元；审计发现侵害人民群众利益 99741 万元；出具审计报告和专项审计调查报告 491 篇。审计处理处罚金额 595751 万元，其中应上缴财政 282300 万元、应减少财政拨款或补贴 10175 万元、应归还原渠道资金 149484 万元、应调账处理金额 111806 万元；移送司法机关、纪检监察机关和有关部门处理事项 237 件，移送处理人员 283 人，移送处理金额 30078 万元。审计促进整改落实有关问题金额 138728 万元；审计促进拨付资金到位 39624 万元；审计后挽回（避免）损失 11458 万元；核减投资额 28910 万元；移送处理落实事项 46 件。审计提出建议 858 条；推动被审计单位制定整改措施 200 项，促进被审计单位制定、完善规章制度 66 项；提交审计信息 488 篇。

临邑县原县委书记和原县长任期经济责任履行情况审计项目，被审计署评为优秀审计项目。临邑县原县委书记和原县长任期经济责任履行情况审计、齐河县财政局具体组织 2015 年度县级预算执行和其他财政收支情况的审计、平原县财政局具体组织 2015 年度县级预算执行和其他财政收支情况审计等 3 个项目，被省审计厅评为优秀审计项目。

国家重大政策措施落实情况跟踪审计 以政策审计为中心、以项目实施为载体、以资金流向为主线，对简政放权等 11 项政策措施落实情况进行跟踪审计，促进国家重大决策部署和有关政策措施的贯彻落实。

财政审计 开展 2016 年市级预算执行和其他财政收支情况审计，对市财政局及 9 个二级单位进行审计，查出问题金额 3.37 亿元。开展地税征管审计，延伸调查 9 家企业，查出税收征管不到位金额 1573 万元。

经济责任审计 实施领导干部经济责任审计项目 86 个，对新任 124 名领导干部进行任前告知，对 55 个乡镇书记开展经济责任审计，完成 977 个村级干部任期审计，推动权力规范运行。

固定资产投资审计 关注 74 所中小学建设情况，促进教育事业均衡发展。完成新河东路等 4 个项目的结算审计，审减政府投资 2768 万元。

民生资金（项目）审计 开展保障性安居工程、精准扶贫、养老保险基金、公共卫生资金等系列专项审计，推进惠民政策落实到位。

金融审计 审查德州全市 80 家政府性融资平台公司，就规范管理提出改进意见，防范、化解金融风险，优化全市金融环境。

企业审计 开展国有企业资产质量审计调查和国有资本运营情况审计调查，涉及 6 个行业 9 家企业，审计国有资本 147.32 亿元。

信息化建设 组织开发“乡镇经管站账套分离助手”软件，编写住房公积金等 3 个行业的计算机审计操作指引，经验方法被省审计厅推广。

内部审计 组织各类内部审计培训 10 期，培训 1200 人次，对 141 个单位开展专项督查，内部审计考核连续四年列全省第一。

（撰稿人：张育源）

【聊城市审计局】 2017 年，聊城市审计局人员编制 81 人，实有 78 人。局长王连申，副局长张斌、周玉明、张朝彩。设有办公室、人事科、法制科（加挂内部审计指导科）、财政金融审计科、社会保障审计科、企业审计科（加挂外资审计科）、农业与资源环保审计科、行政事业审计科、开发区审计分局、监察室、机关党总支；另设有直属事业单位经济责任审计办公室、政府投资审计专业局、派出教育审计办公室、派出卫生审计办公室、派出政法审计办公室、派出城建审计办公室、审计科研所、审计培训中心、审计信息化办公室。

审计成果 2017 年，聊城市县两级审计机关完成审计项目 413 个，专项审计调查项目 18 个。查出主要问题金额 1007.86 亿元，其中违规金额 32.40 亿元、损失浪费金额 227 万元、管理不规范金额 975.43 亿元；审计发现非金额计量问题 2648 个；损益（收支）不实金额 6.53 亿元；审计发现侵害人民群众利益 953 万元；出具审计报告和专项审计调查报告 668 篇。审计处理处罚金额 49.35 亿元，其中应上缴财政 20.60 亿元、应减少财政拨款或补贴 5966 万元、应归还原渠道资金 20.28 万元、应调账处理金额 3.24 亿元；移送司法机关、纪检监察机关和有关部门处理事项 457 件，移送处理人员 648 人，移送处理金额 116.47 亿元。审计促进整改落实有关问题金额 24.08 亿元；审计促进拨付资金到位 1.46 亿元；

审计后挽回（避免）损失11.95亿元；核减投资额8305万元；移送处理落实事项14件。审计提出建议1287条；推动被审计单位制定整改措施5项，促进被审计单位制定、完善规章制度22项；提交审计信息407篇。

聊城市本级及莘县、茌平县医疗保险基金项目，被省审计厅评为优秀审计项目；茌平县2015年度县级预算执行及其他财政收支情况审计、莘县住房和城乡建设局局长任职期间经济责任履行情况审计2个项目，被省审计厅评为表彰审计项目。

国家重大政策措施落实情况跟踪审计 全年完成政策落实跟踪审计项目12个，提交的相关报告、要情、请阅件等18件。

财政审计 贯彻财政审计大格局精神，实行市县乡三级联动的审计方式，移送县纪委案件线索18件，查出问题资金41.37亿元。完成全市环保资金专项审计调查项目。

经济责任审计 市县两级审计机关对183名党政和国有企业领导干部进行审计，出具审计报告和结果报告535篇，共计查出违规金额1.45亿元；审计村干部4340人，查出违规金额3800万元，移送案件线索和部门处理事项435件，处理村干部383人。

固定资产投资审计 全年审计或跟踪审计大型项目14个，涉及财政投资约计77亿元；为财政增收节支4.42亿元；移送纪检监察部门案件线索11件，移送相关部门19件。首次开展南水北调项目审计工作，首次探索筹建政府投资网上审计平台，为推进政府投资审计转型打好基础。

企业审计 完成鲁西集团经营情况、公交集团效益情况等专项审计调查；完成环科公司餐厨垃圾处理费用复核、市广电总台补齐省公司股份出资、新兴棉花公司财务收支交办的审计相关任务。

相关工作 聊城市审计局成功创建“全国文明单位”。

（撰稿人：侯莉薇）

【滨州市审计局】 2017年，滨州市审计局人员编制99人，实有84人。局长丁希安（—3月）、王天祥（3月—），党组副书记、调研员谭拴海，党组副书记、市经济责任审计办公室主任扈献民，副局长孙宝臣、孙玉芬，总审计师王爱云，副调研员、机关工会工委主任张经杰。设有办公室、审计法规科、人事教育科、财政审计科、行政事业审计科、经贸审计科、农业与资源环保审计科、外资金融审计科、社会保障审计科、机关党委10个职能科室和经济技术开发区、高新技术产业开发区、北海经济开发区3个审计分局；下设经济责任审计办公室、政府投资项目审计办公室等8个事业单位。

审计成果 2017年，滨州市县两级审计机关完成审计项目431个。查出主要问题金额6108477万元，其中违规金额69818万元、管理不规范金额6038658万元；审计发现非金额计量问题1055个；损益（收支）不实金额693003万元；审计发现侵害人民群众利益34207万元；出具审计报告和专项审计调查报告691篇。审计处理处罚金额253539万元；移送司法机关、纪检监察机关和有关部门处理事项103件，移送处理人员506人，移送处理金额75908万元。审计促进整改落实有关问题金额75529万元；审计后挽回（避免）损失41882万元，核减投资额47752万元。审计提出建议979条；推动被审计单位制定整改措施14项，促进被审计单位制定、完善规章制度19项；提交审计信息197篇。向社会公告审计结果2篇。

博兴县庞家镇党委书记经济责任审计项目，被省审计厅评为表彰审计项目。

国家重大政策措施落实情况跟踪审计 完成精准扶贫、生态环保、公立医院综合改革等9项26个政策跟踪审计项目，推动党和国家一系列重大政策在滨州得到贯彻落实。

财政审计 组织全市审计机关实施2016年度本级预算执行和其他财政收支审计，审计工作报告得到市领导和人大常委的高度评价，审计工作报告首次在“中国·滨州”门户网站全文公开。开展市财政收支真实性情况调查。

经济责任审计 完成经济责任审计项目261个，查出主要问题金额419.2亿元。试行领导干部离任交接办法。首次实行经济责任审计年度报告制度。邹平、惠民两县开展村居干部审计试点。

固定资产投资审计 对350余项工程进行竣

工决算审计和跟踪审计，累计审减工程造价 6.3 亿元。

民生项目审计 实施保障性安居工程审计，调查 21 个项目、166 个村的 433 户农村危房改造家庭。开展全市扶贫审计核查，与市扶贫办、市财政局联合印发《脱贫攻坚审计监督试行办法》。

信息化建设 建成行业审计数据平台，首次利用该平台对全市公积金的归集、管理、提取、贷款进行全面审计。

相关工作 滨州市审计局机关党委被市直机关工委评为先进基层党组织，6 个党支部全部被命名为市直机关首批标准化党支部。

内部审计 完成内部审计协会与审计局脱钩。开展 6 个部门单位的内部审计工作督查和内管干部离任审计调查工作。组织全市 20 多家大中型企业召开内部审计现场经验交流研讨会。

（撰稿人：刘国伟　崔程程）

【菏泽市审计局】 2017 年，菏泽市审计局人员编制 80 人，实有 70 人。局长陈庆勇（2 月—），副局长李永垠（—11 月）、毛宝军（—12 月）、房福胜、樊廷卷，总审计师袁文增，经济责任审计办公室主任晁秀喜，经济责任审计办公室副主任陈先波、刘兴海，经济责任审计办公室总审计师陈静（12 月—），投资审计中心主任王清刚，调研员毛宝军（12 月—），副调研员汪如春。设有办公室、法规科、人事科、财政审计科、行政事业审计科、农业与资源环保审计科、固定资产投资审计科、金融审计科、企业审计科、社会保障审计科、外资运用审计科、政法审计科、经济责任审计办公室、投资审计中心、审计信息中心。

审计成果 2017 年，菏泽市县两级审计机关完成审计项目 492 个，专项审计调查项目 11 个。查出主要问题金额 8762514 万元，其中违规金额 690143 万元、损失浪费金额 193 万元、管理不规范金额 8072176 万元；审计发现非金额计量问题 1446 个；损益（收支）不实金额 57019 万元；出具审计报告和专项审计调查报告 767 篇，被批示、采用 9 篇。审计处理处罚金额 528209 万元，其中应上缴财政 179389 万元、应减少财政拨款或补贴 94597 万元、应归还原渠道资金 185150 万元、应调账处理金额 42878 万元；移送司法机关、纪检监察机关和有关部门处理事项 52 件，涉及 555 人、金额 7764 万元。审计促进整改落实有关问题资金 191290 万元，其中增收节支 173784 万元、已调账处理金额 6053 万元。审计促进拨付资金到位 24722 万元；审计后挽回（避免）损失 96507 万元。提出审计建议 1359 条；推动完善规章制度 14 项，提交审计信息 809 篇。向社会公告审计结果 9 篇。

国家重大政策措施落实情况跟踪审计 按季度对重大基础设施建设项目推进、政府利用 PPP 模式投资及盘活财政存量资金、“放管服”改革措施落实、公共文化服务资金等情况和采煤塌陷地综合治理情况、金融支持实体经济、“三农”政策措施落实开展跟踪审计，发现影响政策落地、项目落实等问题 48 项，从机制体制方面提出审计建议被采纳 32 条，为政府节约资金 10164.7 万元。

财政审计 对全市 2016 年预算执行和决算草案、税收征管、重大公共投资项目和重点专项资金管理使用等情况开展审计，纠正违规违法问题 13 项，涉及金额 43710.94 万元；促进财政收入入库 4232.6 万元，追还挤占挪用专项资金 9.64 万元，调整账务处理 28584 万元；促进制定和完善加强财政财务管理的制度和办法 12 项。

经济责任审计 对 167 名领导干部开展经济责任审计，按照同步审计原则对 5 个县区的书记、县长的履职情况开展审计。完成村居干部经济责任审计项目 1690 个，对加强村居干部管理，服务农村基层换届发挥积极作用。开展党政主要领导干部自然资源资产离任审计试点工作，审计中运用地理信息分析技术。起草并由市委、市政府出台进一步深化完善经济责任审计工作的意见，制定领导干部离任经济事项交接办法和菏泽市经济责任审计整改督查及联合问责实施办法。

民生资金（项目）审计 组织市县两级审计机关开展保障性安居工程、养老保障资金、采煤塌陷地综合治理情况等专项审计，查出违纪违规金额 5238.88 万元、管理不规范金额 322926 万元、收取塌陷区治理保证金 720 万元，向纪检监察和司法机关移送案件 1 起 1 人，促进财政增收节支 3170.46 万元，整改情况纳入政府重点督查范围，使损害群众利益的情况和问题得到有效整改。抽调市县两级审计业务骨干85人，对全市扶贫工作进行专项审计调查，共调查42个乡镇、210个行政村、209个扶贫项目，入户走访855个贫困户，查出资金分配管理效益不高、已脱贫人口未真正脱贫等问题；对曹县、成武、东明等5个县区的扶贫资金进行专项检查。

企业审计 对全市110个各种类型企业和市级3家国有企业资产质量状况进行审计调查，并对15家企业进行重点抽查，摸清涉企收费的整体结构和总体状况，维护国有资产安全完整。组织实施山东天翔毛纺织有限公司2016年财务收支情况审计，移交案件线索1件。

信息化建设 举办首届全市大数据审计分析能手竞赛，在全市选拔出近40名大数据审计分析能手，组建大数据审计分析团队。建成并投用审计大数据中心和分析室，为数据采集和分析比对奠定基础。

（撰稿人：张　琰）

2017年山东省所辖区、县(市)级审计工作统计表

金额单位:万元

审计机关	完成审计项目(个)	审计查出主要问题金额	审计处理情况					出具审计报告和审计调查报告(篇)	提出审计建议(条)	提交审计信息(篇)
			审计处理处罚				移送处理事项(件)			
			应上缴财政	应减少财政拨款或补贴	应归还原渠道资金	应调账处理金额				
济南市										
济南市本级	75	8417635	9294		3597	1164391	33	108	206	116
历下区审计局	137	25180			53			173	114	41
市中区审计局	328	38767						329	56	26
槐荫区审计局	16	37311	15					24	84	16
天桥区审计局	30	17784	641		22	80	2	28	71	62
历城区审计局	40	104512	891	3300	25508	1617		65	62	37
长清区审计局	25	159547	1432		42			24	65	39
章丘区审计局	27	66819	31		490	118	1	28	55	10
平阴县审计局	40	258713	431	8960	67921	26795	5	73	162	48
济阳县审计局	37	118863	280	1910		4015		37	95	3
商河县审计局	38	68240	1036	285	728	4771		52	137	59
青岛市										
青岛市本级	89	5600221	99274	66235	2142	23488	50	139	232	147
市南区审计局	68	304952		4772				72	147	64
市北区审计局	139	913893	320	33173			1	139	204	151
西海岸新区(黄岛区)审计局	202	1955000	189	27000		32897	11	202	173	84
崂山区审计局	127	788627		9222		37344	3	144	84	91

（续表）

审计机关	完成审计项目（个）	审计查出主要问题金额	审计处理情况					出具审计报告和审计调查报告（篇）	提出审计建议（条）	提交审计信息（篇）
			审计处理处罚				移送处理事项（件）			
			应上缴财政	应减少财政拨款或补贴	应归还原渠道资金	应调账处理金额				
李沧区审计局	105	1956523			23467		30	121	194	20
城阳区审计局	204	645456	14475	15393	9944	97432	37	222	181	82
即墨区审计局	61	821003	5644	74448	6900	14765	1	110	113	76
胶州市审计局	88	2094703	13297	38527			51	88	231	47
平度市审计局	155	117075	4590	9635	12836	88696		193	221	27
莱西市审计局	50	310637	5	13046	37	116371	1	81	28	52
淄博市										
淄博市本级	112	5198759	300661	2643	127533	170727	68	187	333	27
淄川区审计局	113	397695	5522	3163	131	1521	31	150	199	
张店区审计局	91	995128	1155	14178	187	142620	52	122	345	22
博山区审计局	71	329111	84	1221			1	88	236	
临淄区审计局	80	507076	4526	7236	848	72452	10	109		
周村区审计局	64	214929	1792	4106	87	809	7	80	114	8
桓台县审计局	67	619988	483	9196	3311		3	88	170	135
高青县审计局	44	75299	3	482	5201	18185		63	120	11
沂源县审计局	51	1091219	61956		425		9	75	172	
高新区审计局	70	623954	38	4116	5		39	75	399	
枣庄市										
枣庄市本级	63	4168686	129686	5	20199	1156	3	77	167	27
市中区审计局	25	64219	2163	6	22995	13637	1	34	62	
薛城区审计局	34	25008	7663		72	44	1	60	91	42
峄城区审计局	46	447638	659		13415	96339		46	100	6
台儿庄区审计局	30	247934	1668	170	1162	79630		47	66	30
山亭区审计局	25	410945	2538		2797	12121		31	58	
滕州市审计局	41	528585	62552		3985	511		73	122	75
东营市										
东营市本级	96	698730	14305		1628	31830	4	116	234	24
东营区审计局	38	112382	8873	8797	27	42555		80	67	
河口区审计局	75	51658				2096		66	28	
垦利区审计局	42	89173	536		3959	36837		56	61	
利津县审计局	46	18454	535	13090	1	194		51	47	98
广饶县审计局	46	113006	5455		1	1430		87	14	72

（续表）

审计机关	完成审计项目（个）	审计查出主要问题金额	审计处理情况					出具审计报告和审计调查报告（篇）	提出审计建议（条）	提交审计信息（篇）
			审计处理处罚				移送处理事项（件）			
			应上缴财政	应减少财政拨款或补贴	应归还原渠道资金	应调账处理金额				
烟台市										
烟台市本级	88	19655692	127654		5140	1189928	17	128	178	274
芝罘区审计局	55	105288	1273		79	419	5	79	22	255
福山区审计局	59	58895	275	6698	2939	14540	6	96	18	13
牟平区审计局	57	67736	5554		40	13	4	99	82	42
莱山区审计局	38	115370	168	734			2	70	26	19
龙口市审计局	71	9771	2030	2131			19	79	8	4
莱阳市审计局	46	150066	4837			2918	1	77	72	4
莱州市审计局	66	28942	5942	2494	400	2933	15	103	24	2
蓬莱市审计局	45	29863	23097	1829		432		77	10	19
招远市审计局	74	34704	21857				5	126	38	182
栖霞市审计局	36	31478	27132		8	43	2	61	8	3
海阳市审计局	45	26548	3478		434	3830	8	75	18	47
长岛县审计局	30	40652	335			174	1	56	17	31
潍坊市										
潍坊市本级	217	8354116	115758	36376	237022	4068	59	267	291	121
潍城区审计局	25	8517	289			6990	3	41	43	65
寒亭区审计局	62	21326		70				73	94	
坊子区审计局	44	164415	56	1064	429	837	1	64	103	198
奎文区审计局	41	103802	148	2966		31		62	219	1
青州市审计局	61	120670	51117	16442	2	774	3	106	121	31
诸城市审计局	62	422595	2021			7	16	110	90	80
寿光市审计局	141	381232	27	13994	31318	39394	5	192	316	116
安丘市审计局	60	375720	7	1188	17783	6903	2	102	115	
高密市审计局	54	912405	60615	10232	6	11351	5	86	134	167
昌邑市审计局	53	72814	663	662		2066	3	81	11	1
临朐县审计局	64	41245	3385	16769		10571	4	93	36	67
昌乐县审计局	44	117826	592	2138	12592	1012	3	76	102	21
高新区审计局	66	7330		4668	200	167		79	28	12
滨海区审计局	1	137						2	2	
济宁市										
济宁市本级	135	1586080	110070	11308	2287	1490	10	172	214	132
任城区审计局	135	259854	2885	12952		10572		163	89	

（续表）

审计机关	完成审计项目（个）	审计查出主要问题金额	审计处理情况					出具审计报告和审计调查报告（篇）	提出审计建议（条）	提交审计信息（篇）
			审计处理处罚				移送处理事项（件）			
			应上缴财政	应减少财政拨款或补贴	应归还原渠道资金	应调账处理金额				
兖州区审计局	28	241925	446	14503		7411	4	43	65	20
曲阜市审计局	73	643589	302	48381			21	74	197	60
邹城市审计局	235	893356	94	37094			1	290	438	62
微山县审计局	63	226689	5371	16465		9390	7	78	169	56
鱼台县审计局	65	204104	14	1371	23590			95	235	60
金乡县审计局	89	13561	1	11372	125	151		112	248	
嘉祥县审计局	29	80428		1022		35		46	57	
汶上县审计局	83	34636	94	6457			7	111	171	20
泗水县审计局	36	372971	33	1982				36		
梁山县审计局	73	88052	46394	16359		9836	1	114	113	50
济宁市审计局北湖省级旅游度假区分局	24	37353		36813				24		
泰安市										
泰安市本级	103	4543626	48056	20814	404	38060	61	176	169	158
泰山区审计局	29	200123			2		1	39	3	27
岱岳区审计局	42	35910	202		54	2289	5	42	93	16
新泰市审计局	72	842152	5992		16		1	73	114	71
肥城市审计局	72	318713	2336		4548	340		90	27	43
宁阳县审计局	34	37653	2					34	49	30
东平县审计局	48	27408	90		1200		3	81	143	38
威海市										
威海市本级	63	865269	14760	11997	1459	1079641	22	99	190	119
环翠区审计局	42	57239	860	112		7505	9	81	75	11
文登区审计局	60	584405	278	2002	459	24077	8	96	108	28
荣成市审计局	49	344992	1697	2255		96404	8	80	118	52
乳山市审计局	57	67159	87	465		25354	4	108	16	17
火炬高技术产业开发区审计局	3	70						5	5	
经济技术开发区审计局	10	4				3		19	1	
石岛管理区审计局	13	114				103		26	60	
日照市										
日照市本级	97	2675577	40762	13208	32778	12864	31	134	303	33

（续表）

审计机关	完成审计项目（个）	审计查出主要问题金额	审计处理情况					出具审计报告和审计调查报告（篇）	提出审计建议（条）	提交审计信息（篇）
			审计处理处罚				移送处理事项（件）			
			应上缴财政	应减少财政拨款或补贴	应归还原渠道资金	应调账处理金额				
东港区审计局	110	733963	32194	4177	80915	43167	2	151	156	37
岚山区审计局	13	1139842	662		26			13	50	
五莲县审计局	55	112997	48	9040	330	6970		88	101	3
莒县审计局	58	70533	1088	6376	362		9	113	294	129
莱芜市										
莱芜市本级	89	1152958	65259		55551	1846	94	100	242	19
莱城区审计局	79	292538	444	193	161		2	87	560	25
钢城区审计局	28	74116	19377		14445	3	5	49	72	7
临沂市										
临沂市本级	94	6387241	173631	7753	35545	2390753	93	145	276	63
兰山区审计局	66	541798	88833			78810	3	106	139	37
罗庄区审计局	52	446248	6725		6		2	77	149	37
河东区审计局	70	259110	53339		5		14	101	122	4
沂南县审计局	81	137623	539		2047	169	15	122	194	36
郯城县审计局	81	535403					25	149	242	85
沂水县审计局	90	36146	767		5033	6559	15	132	180	
兰陵县审计局	54	281449	1710					82	161	
费县审计局	70	277274	14750	1119		81	5	107	226	84
平邑县审计局	87	499604	1595		200	1448		143	285	13
莒南县审计局	46	139160	391		3		15	71	123	
蒙阴县审计局	96	47632	577	2581		23	2	155	242	8
临沭县审计局	59	124637	210	2557	91	762	2	100	142	15
德州市										
德州市本级	84	4134187	150593		23627	11742	81	122	181	35
德城区审计局	32	93863	649		17	178	3	44	40	22
陵城区审计局	15	279787	64441		1315	42892	11	24	39	98
乐陵市审计局	19	659163	2505		6	18832	26	30	67	6
禹城市审计局	20	1066699	18175	1512	26134	2501	28	30	71	20
宁津县审计局	10	167518	13462		201	944	24	14	29	12
庆云县审计局	25	81680	1912		8	30	25	46	61	21
临邑县审计局	30	228261	6954		96807	1	5	54	79	
齐河县审计局	18	366882	6155	154	296	21	10	28	117	44
平原县审计局	27	53477	6389	687	7	19	8	42	78	22

（续表）

审计机关	完成审计项目（个）	审计查出主要问题金额	审计处理情况					出具审计报告和审计调查报告(篇)	提出审计建议(条)	提交审计信息（篇）
			审计处理处罚				移送处理事项（件）			
			应上缴财政	应减少财政拨款或补贴	应归还原渠道资金	应调账处理金额				
夏津县审计局	24	274563	8164		1052	34379	7	38	60	42
武城县审计局	16	208358	2894	7821	10	262	9	19	36	166
聊城市										
聊城市本级	143	8073543	44414	780	134106	26698	315	222	463	329
东昌府区审计局	22	79850	38655		62	257	7	22	73	165
临清市审计局	54	191715	1142	455	14	1101	55	82	124	194
阳谷县审计局	45	56102	7890		3	41	1	91	118	118
莘县审计局	42	58285	43				42	43	128	45
茌平县审计局	27	361293	48239	289		18	7	55	78	121
东阿县审计局	28	794227	48106	800	25812	4278	19	44	77	166
冠县审计局	36	398645	15148	3641	42790	49	37	36	113	96
高唐县审计局	34	69966	7393				15	71	113	16
滨州市										
滨州市本级	134	5628429	41930	2294	33367	51590	50	191	320	8
滨城区审计局	40	59148	414		4	121	4	72	114	1
沾化区审计局	57	93261	495	23882	307	1244		83	71	6
惠民县审计局	24	54019	291	1312	2013	15478		35	78	43
阳信县审计局	42	36245	546	13833	151	440	4	69	104	137
无棣县审计局	46	81267	115	1537	9	1414	3	77	110	2
博兴县审计局	62	126985	411	1316	179	39327	15	100	141	
邹平县审计局	32	29121	548	151		17546	2	64	41	
菏泽市										
菏泽市本级	75	5485910	158123	5216	16927	32244	6	105	281	50
牡丹区审计局	31	32432	89					50	79	32
定陶区审计局	50	342181	930	4728	17		12	81	119	63
曹县审计局	27	166071	8761	20205	187	9849	50	44	98	143
单县审计局	28	1004160	5611	21796	128509	13	28	47	95	289
成武县审计局	51	353693	388	30287			6	77	107	1
巨野县审计局	66	427264	2869	3929	38895	7864	18	94	227	83
郓城县审计局	94	179771	1062	5901	462	2604	1	133	159	71
鄄城县审计局	51	715535		2530				84	128	68
东明县审计局	30	63285	618		260	14		52	73	

河南省

【河南省审计厅】 2017年，河南省审计厅行政编制191人，实有180人；事业编制144人，实有109人。厅机关设有办公室、法规处、财政审计一处、财政审计二处、行政事业审计一处、行政事业审计二处、行政事业审计三处、农业与资源环保审计处、投资审计一处、投资审计二处、金融审计处、企业审计处、社会保障审计处、经贸和外资运用审计处、经济责任审计局（设经济责任审计一处、经济责任审计二处）、人事教育处、机关党委、离退休干部工作处；另设有省纪委派驻纪检组；加挂处2个（计划管理督察处、内部审计指导处）；下设事业单位4个，其中参照公务员法管理单位2个（政策研究室、计算机审计中心）、全供事业单位1个（审计干部培训中心）、自收自支事业单位1个（厅机关服务中心）。

领导成员

厅　　长：刘　荃（—3月）
　　　　　汪中山（3月—）
副 厅 长：胡汉阳　孙志安　周　凯
　　　　　刘翔煜（9月—）
纪检组长：常东义（—9月）
　　　　　丁昌盛（9月—）
经济责任审计局局长：吴晓春
巡 视 员：李笃明（—9月）
　　　　　陈　静（9月—）
副巡视员：李少宏　唐军平（9月—）

审计成果 2017年，河南省审计机关完成审计项目6924个。查出违规金额450.06亿元、损益或财政收支不实金额90.15亿元。通过审计为国家增收节支121.36；向纪检监察机关、司法机关和有关部门移送案件线索和有关事项468件，涉及1091人。向被审计单位或有关单位提出审计建议16581条。

河南省审计厅实施的某市原市长任期经济责任审计项目，被审计署评为全国地方优秀审计项目；项城市审计局实施的项城市本级财政预算执行审计项目，被审计署评为全国地方表彰审计项目。河南省审计厅实施的周口市社保基金审计项目，被审计署评为社保基金审计地方表彰审计项目。

国家重大政策措施落实情况跟踪审计 省审计厅先后组织对“三去一降一补”、扶贫脱贫、省级涉农资金管理改革、农业支持保护补贴等政策措施落实情况进行跟踪审计，发现项目推进慢等问题949个，已督促整改903个，促进安置煤矿工人11676人，促进拨付和盘活各类资金45亿元，促进项目开工或完工202个，促进建立完善相关制度102项。

财政审计 省审计厅组织对省级财政预算执行和税收征管进行审计，督促省财政厅收缴违规发放企业财政补助资金等9670.37万元，督促地税部门追征税款1.97亿元、加收滞纳金1149.37万元；督促有关单位上缴财政结余资金5.02亿元；督促省水利厅追缴水土保持补偿费4949.8万元。审计查出的部分地区车船税引税现象严重问题，引起省领导的重视，批示要求省财政、地税等部门在全省范围内开展车船税管理专项核查，清理税收优惠政策，对相关责任人进行严肃问责。审计厅厅长代省政府向省十二届人大常委会第三十次会议作《关于2016年度省级预算执行和其他财政收支的审计工作报告》。

经济责任审计 省审计厅组织对36名省管领导干部进行经济责任审计，揭示处理一大批领导干部在履职用权方面的违法违纪问题。在对河南能源化工集团公司原董事长任期经济责任审计中，发现该公司及下属企业在股权投资和资金出借过程中涉嫌滥用职权、失职渎职，造成重大损失，涉及金额近100亿元。在对河南牧业经济学院党委书记院长经济责任审计中，发现该院图书馆等工程项目招投标及合同执行存在严重问题。扩大领导干部自然资源资产离任审计试点范围，促进领导干部严格落实自然资源资产管理和生态环境保护责任。

固定资产投资审计 省审计厅组织对高速公路、黄河滩区居民迁建项目、国外贷援款项目等重大项目进行审计，主要发现建设单位多计建设成本7982.85万元、多计工程价款7077.54万元及违规招投标、偷工减料等问题，向有关部门移送案件线索18件。组织对全省174个重点项目规划和推进情况进行审计调查，发现个别项目存在虚假申报、前期论证不充分未开工建设等问题，涉及资金2.48亿元；相关情况向省委、省政府报告后，省发改委、财政厅收回违规项目资金并追究相关人员责任。

民生资金（项目）审计 省审计厅组织全省审计机关成立70个审计组、投入近700名审计人员，对53个贫困县和17个非贫困县开展审计，审计扶贫资金278.85亿元，涉及969个乡镇、3316个行政村和1484个单位，发现问题2229个；整改完毕后共追回和盘活资金7.2亿元，归还原渠道资金2.5亿元，促进扶贫政策落实568项，制定完善有关制度318项，向有关部门移交问题线索131件，处理处分445人，其中给予党政纪处分170人。组织对保障房实施审计，督促相关市县取消保障对象资格或调整保障待遇3660户，清退保障房1102套，收回住房租赁补贴或补助资金1454.77万元，移送处理处分150人。组织对45个县的农村饮水安全工程建设管理运营情况进行审计，查出部分项目规划及落实不到位等问题54个，已督促整改45个，移送处理处分395人。

金融审计 组织对宋庆龄基金会进行审计，查清该会资产负债权益和通过发行消费卡吸收公众资金情况，为省委、省政府解决宋庆龄基金会问题提供依据。组织对中原银行进行审计，查出违规发放贷款58亿元、内部职工117人违规经商办企业、未进行公开招标涉及合同金额9亿元及涉嫌利益输送等问题，揭示存在的风险隐患。

企业审计 省审计厅按照省政府的部署要求，组织对3家省属投融资企业和3家煤炭企业债务进行审计，核实企业的负债总额，揭示企业存在杠杆压力大、现金流量不足、隐性债务高等问题，提出优化债务结构、加速资金周转、防范债务风险等建议。

信息化建设 按照审计署的部署和省领导提出的推进大数据联网审计要求，省审计厅成立由厅党组书记、厅长任组长的审计信息化建设暨大数据审计工作领导小组，推进以"在线审计、实时审计"为目标、以"365天、天天监督"为特征的联网审计建设。提出联网审计建设坚持实用发展、创新发展、安全发展、节约发展、廉洁发展的五大发展原则，有效整合利用省发改委和财政专网资源，在基本没增加财政投资的情况下，实现省直128家单位（37家省委部门、58家省政府工作部门、33家省管高校）财务数据联网。

党建工作 省审计厅党组进一步牢固树立"抓党建是最大政绩，不抓党建就是失职渎职"的政治理念，坚持抓党建、强队伍、促工作思路，研究提出坚持党的建设和业务建设"融合抓、双提升"总体工作布局，促使党建和队伍建设开创新的局面。持续强化思想理论武装，不折不扣抓好中央和省委省政府、审计署各项部署要求的学习贯彻落实；成立全面从严治党工作领导小组和厅全面从严治党主体责任（党建、党风廉政建设、巡察）办公室，制定党建工作考核暂行办法、廉政风险防控责任制实施办法、党支部书记向厅党组述职制度、厅党组履行全面从严治党主体责任清单等制度规定，进一步完善党建和党风廉政建设工作机制；组织全省审计机关开展"讲政治、严纪律、强作风、促提升"等学习教育活动，人人对照查找不足，全面进行整改。

相关工作 加强对审计干部的教育管理监督和培养使用。通过业务培训、审计讲坛、依托高校举办研修班、派出学习培训的干部结束后回来讲课等多种形式，加强对审计干部的教育培训。加强对干部选拔使用的全程监督，做到公平使用干部、公平对待干部。通过文明单位创建工作促进审计机关全面建设。省审计厅推出做好"审计后半篇文章"工作机制，强化审计成果运用、提升审计成效，通过对审计项目的深入挖掘分析，共向省委、省政府报送审计要情16期和审计专报4期，在发挥审计建设性作用，服务改革发展大局方面取得明显效果。河南省审计厅连续第四次荣获"全国文明单位"荣誉称号；商丘、平顶山和永城市审计局成功晋级"全国文明单位"。

（撰稿人：信　焱）

【郑州市审计局】 2017年，郑州市审计局人员编制164人，实有156人。局长冯明杰，副局长徐平、桑富强、于士营、谢书明、郭全民、乔德宁，总审计师骆杉，副调研员王凯河、刘兆煜。设有办公室、督查办、文宣办、项目办、信息中心、机关党委、督察室、组织人事处、政策法规处、离退休干部工作处、行政事业一处、行政事业二处、投资审计处、审计投资中心、综合审计一部、综合审计二部、审计学会服务中心、财政审计处、农业与资源环保审计处、金融审计处、企业审计处、社会保障审计处、外资运用审计处、经济责任审计处、经济责任审计中心、内部审计协会。

审计成果 2017年，郑州市县两级审计机关完成审计专项审计调查项目882个。查出违规金额65.48亿元、管理不规范金额588.83亿元，发现非金额计量问题2115个；审减政府投资额20.39亿元，促进财政增收节支50.25亿元；移送有关部门处理事项76件，涉及人员145人。审计提出建议1919条。

国家重大政策措施落实情况跟踪审计 组织对全市2016年保障性安居工程及配套基础设施的计划、投资、建设、分配、运营等情况进行审计，审计提出建议50余条。组织开展郑州市煤炭行业“三去一降一补”五大任务推进实施情况专项审计调查。

财政审计 对郑州市2016年度财政预算执行和其他财政收支情况进行审计，开展地方政府债券资金管理使用情况等5个专项审计。采取纳税数据分析筛查、重点企业抽查、重点税种全面检查等方式进行审计，为财政增收9301万元。

经济责任审计 对229名党政领导干部开展经济责任审计，提出审计建议698条。完成新郑市、金水区党政主要领导干部经济责任及自然资源资产现场审计工作。

固定资产投资审计 先后对轨道交通、陇海快速通道、107辅道快速化PPP项目等52个工程项目进行审计，其中跟踪审计项目24个。对以郑州发展投资集团有限公司为首的市属8家投融资平台公司近两年运营情况进行专项审计调查，报送的审计专报得到市委、市政府主要领导的高度重视，并作出重要批示。

民生资金（项目）审计 开展对尉氏县和杞县2013年至2016年农村饮水安全工程审计、全市2016年再就业培训专项审计调查、郑州市2016年度免费救治筛查资金管理使用情况审计调查等项目。对三门峡市灵宝市、陕州区、卢氏县2016年至2017年5月底扶贫政策措施落实和扶贫资金分配管理使用情况开展交叉审计。组织郑州市有扶贫任务的县（市、区）审计局，对荥阳市等7个县（市、区）2016年至2017年5月底扶贫政策措施落实和扶贫资金分配管理使用情况进行审计。

（撰稿人：陈泽如）

【开封市审计局】 2017年，开封市审计局人员编制72人，实有65人。局长翟放，副局长孙黎、赵守红、王珂、宋平均、湛静、罗永福，总审计师倪金宝，纪检组长赵伟，经济责任审计办公室主任刘齐心，调研员张同安。设有办公室、法制科、财政金融审计科、行政事业审计科、经贸审计科、农业与资源环保审计科、固定资产投资审计科、外资运用审计科、社会保障审计科、经济责任审计科、人事教育科、纪检监察室；下设审计科研所和审计服务中心（事业单位）。

审计成果 2017年，开封市县两级审计机关完成审计和专项审计调查项目200个。查出违规金额45.96亿元、管理不规范金额121.08亿元。促进整改落实有关问题资金4.25亿元。

国家重大政策措施落实情况跟踪审计 重点关注生态环保、保障性安居工程、城市基础设施、交通运输等重点项目实施，重点资金保障和使用，简政放权推进，财税、产业和精准扶贫等7项政策，开展落实情况跟踪审计。

财政审计 完成对开封市本级预算执行和省审计厅安排的5个专项的审计，组织各县（区）审计局同步开展本级财政预算执行审计，共审计预算执行单位51个，查出主要问题金额26.71亿元；审计财政决算单位13个，查出主要问题金额16.77万元。

经济责任审计 开展时150名领导干部的经济责任审计，查出违规金额7.91亿元、管理不规范金额3.22亿元。开封市审计局对38名领导干部进行经济责任审计。

固定资产投资审计 组织对政府交办和群众关注的139个政府投资重点建设项目进行跟踪审计，送审金额65.26亿元，审定金额59.95亿元，审减金额5.32亿元。

民生资金（项目）审计 完成2015年城镇保障性安居工程跟踪审计，有关部门和单位按要求进行整改落实。

相关工作 印发《2017年度审计项目计划》《2017年度财政预算执行审计工作方案》《2017年

度经济责任审计工作方案》等文件，加强审计项目计划管理。向纪检监察机关和有关部门办理审计移送处理事项 40 件。（撰稿人：刘江航）

【洛阳市审计局】 2017 年，洛阳市审计局人员编制 79 人，实有 76 人。局长马春强，副局长李修新、李雅红、徐军智，总审计师程军，纪检组长刘广勇。设有办公室、法规科（审计督查科）、财政审计科、行政事业审计科、农业与资源环保审计科、固定资产投资审计一科、固定资产投资审计二科、金融审计科、企业审计科、社会保障审计科、经贸和外资运用审计科、经济责任审计办公室、人事科、机关党委、监察室、计算机审计中心（事业编制）。

审计成果 2017 年，洛阳市县两级审计机关完成审计和专项审计调查项目 947 个。查出违规金额 24.37 亿元、管理不规范金额 139.04 亿元，发现被审计单位损益或财政收支不实问题金额 1.52 亿元。移送处理事项 67 件，移送处理人员 238 人，移送处理金额 23.76 亿元；移送处理落实事项 10 件，移送处理落实人员 161 人。

财政审计 组织对 2016 年度市本级财政预算执行和其他财政资金收支情况进行审计，查出预算管理执行、国库信息化调查、非税收入管理、PPP 项目运行等 4 个方面存在的 22 个问题。

经济责任审计 完成 283 个单位 287 名领导干部的经济责任审计，查出违规金额 2.65 亿元、管理不规范金额 34.76 亿元。结合嵩县县长经济责任审计，开展领导干部自然资源资产离任审计试点，为全面开展领导干部自然资源资产离任审计积累经验。

固定资产投资审计 对洛阳市城市轨道交通一期工程、洛阳市 310 国道新建工程、洛吉快速通道黄河桥工程、引黄入洛工程实施跟踪审计；对伊洛路西段建设工程实施竣工决算审计；对全市农村饮水安全工程进行审计。

民生资金（项目）审计 开展保障性安居工程跟踪审计，查出 4 类 153 个问题，移送案件线索 13 件，1 名县级干部受到刑事处罚，192 人受到党纪政纪处分。对驻马店市确山县、正阳县、泌阳县开展扶贫审计，查出 5 类 92 个问题，涉及金额 5.63 亿元，制定、完善制度 20 项，整合扶贫资金 4373 万元，促进扶贫项目加快进度 26 个。

其他审计项目 开展全市农村饮水安全资金审计，查出问题金额 2.83 亿元，向当地政府、纪检监察部门及相关主管部门移送处理事项 12 件。开展生态环境保护资金审计，查出问题金额 7121 万元。对水投集团资产负债情况、市总工会财务收支情况、农业支持保护补贴等进行审计。

（撰稿人：王锦志）

【平顶山市审计局】 2017 年，平顶山市审计局人员编制 92 人，实有 79 人。局长张恩河，副局长邵小红、王家民，总审计师郭旭光，纪检组长张绍周，经济责任审计局局长马鹏飞。设有办公室、人事科、法制科、财政审计一科、财政审计二科、金融审计科、行政事业审计科、农业与资源环保审计科、社会保障审计科、投资审计一科、投资审计二科、经贸和外资运用审计科、经济责任审计局、计算机信息科、离退休干部工作科、监察室、机关党委；下设市审计科研所。

审计成果 2017 年，平顶山市县两级审计机关完成审计项目 357 个。查出违规金额 90607 万元、管理不规范金额 872738 万元。向纪检监察机关、司法机关、有关部门移送案件线索和有关事项 14 件。已上缴财政资金 6159 万元，促进增收节支 26691 万元。

国家重大政策措施落实情况跟踪审计 开展农村饮水安全政策措施落实情况、扶贫政策措施落实情况、生态环境保护政策落实情况、清理规范涉企保证金政策落实等情况跟踪审计项目。

财政审计 重点开展市财政局、市地税局、市工信委、市技术监督局、市社会保险事业局等单位的预算执行审计。通过预算执行审计整改，增加财政收入 2398.51 万元，促进资金拨付 42445.31 万元，促进保障房及时分配 2739 套，促进困难群体参加医疗保险 4633 人。

经济责任审计 开展经济责任审计项目 107 个，查出领导干部负有领导责任的管理不规范金额 170750 万元，制定出台关于党政领导经济责任同步审计、机构编制审计、发现问题提醒函询和诫勉等办法，进一步加强经济责任审计工作。对鲁山县县长 2015 年 2 月至 2017 年 6 月任职期间履行自然资源资产管理和生态环境保护责任情况进行审计。

民生资金（项目）审计 组织开展对周口市2个县的农村饮水安全工程审计。完成2016年保障性安居工程跟踪审计，查出违规违纪金额2.54亿元，移送案件线索9件，涉及有关人员143人。开展农业支持保护补贴政策落实情况专项审计、全市2016年度养老保险基金审计、精准扶贫等项目的专项审计调查。对南阳市镇平县、内乡县、淅川县扶贫政策措施落实和扶贫资金分配管理使用情况进行异地交叉审计。平顶山市审计局被河南省审计厅评为全省扶贫审计先进单位。

（撰稿人：黑相伟）

【安阳市审计局】 2017年，安阳市审计局人员编制90人，实有86人。局长郭河山，副局长李著亮、高星闯、郝保旺，总审计师陈永太，纪检组长郭虎山。设有办公室、法规科（审计督察科）、财政审计一科、财政审计二科、行政政法审计科、企业和外资运用审计科（内部审计指导科）、农业与资源环保审计科、社会保障审计科、教科文卫审计科、信息技术科、人事教育科、经济责任审计办公室、政府投资审计办公室等13个职能科室。

审计成果 2017年，安阳市审计局完成审计和专项审计调查项目69个。查出违规金额111.95亿元、管理不规范金额121.54亿元。移交案件线索78件，36名相关人员分别受到刑事责任追究、党政纪处分和组织处理。上缴财政资金3.71亿元，促进增收节支1.32亿元，促进拨付资金到位0.39亿元。审计提出建议194条，向社会公告审计结果25篇。

国家重大政策措施落实情况跟踪审计 完成7个跟踪审计项目。城镇保障性安居工程审计项目，审计资金11.29亿元，查出违规违纪金额3.77亿元，移送处理事项13件，18人分别受到刑事责任追究、党政纪处分和组织处理。提出意见建议3条。农村饮水安全工程审计项目，审计资金1.58亿元，查出违规违纪金额1066.1万元，移送司法纪检机关处理3件，提出意见建议8条。

财政审计 查出违规金额47亿元，移送纪检监察部门处理事项1件，出具综合性报告2篇，撰写审计工作信息10篇，提出审计建议9条，被采纳9条。审计抽查纳税单位和个人58个（人），查出违规金额4亿多元。

经济责任审计 完成16个单位的主要领导干部经济责任审计，查出各类违规违纪金额9亿元、管理不规范金额8.64亿元。首次开展领导干部经济责任和自然资源资产离任审计。

固定资产投资审计 完成审计项目20个，审计资金20.77亿元，查出违规违纪金额2.29亿元、管理不规范金额3.99亿元；向纪检司法机关及有关部门移送案件线索16件。为政府节约投资1.32亿元。

民生资金（项目）审计 完成审计项目5个，查出违规金额1.54亿元，已上缴国库348.69万元，促进拨付资金到位1539.5万元；移送有关部门处理事项2件。促进政策落实14项。

农业与资源环保审计 完成审计项目7个，查出违规金额1.5亿元，审计处理决定应上缴财政61万元、应减少财政拨款或补贴34万元、应归还原渠道资金2万元、应调账处理金额74万元。

信息化建设 在预算执行本级审工作中，发挥数据分析团队作用，采集转换财政预算执行数据及财务业务数据20余套，编写29个方面2.5万字的SQL语句分析数据，筛选查找疑点线索近3000个，审计查出问题资金5.1亿元。

（撰稿人：龚　琳　邓全香）

【鹤壁市审计局】 2017年，鹤壁市审计局行政编制34人，实有33人；行政工勤编制3人，实有1人；事业编制30人，实有24人。局长李习和，副局长李路平、高国防、曹崇华，总审计师吴超，纪检组长张志平。设有办公室、法规科、财政审计一科、财政审计二科、社会保障审计科、经贸审计科、农业资源审计科、行政事业审计科、固定资产投资审计科、机关党委10个内置科室；下设计算机审计中心、经济责任审计中心、审计评价中心3个直属事业单位；市纪委派有纪检监察组。

审计成果 鹤壁市审计局完成审计项目28个。审计查出违纪违规问题金额660万元、管理不规范金额22.18亿元；移送案件线索16件。审计提出建议115条，向社会公告审计结果9篇。

国家重大政策措施落实情况跟踪审计 对精准扶贫、财政政策落实、生态环境保护、公路建设等方面政策措施落实情况进行跟踪审计，涉及部门单位80余个，查出在产业扶贫、整村推进扶贫领域内存在的4个方面13类问题。

财政审计 对预算执行、税收征管和重点专项资金管理使用等情况开展审计。审计采取市县（区）联动模式，利用大数据平台进行数据分析，将审计疑点推送至县区审计局落实，全市共查补入库税款2000万元。

经济责任审计 按照《鹤壁市本级经济责任审计对象分类及项目计划管理办法》，完成11个单位负责人经济责任审计项目。其中，按照党政领导同步审计实施方案、自然资源资产离任审计规定等文件要求，在淇县党政主要领导干部任期经济责任项目中，首次开展同步审计和县长任内自然资源资产审计（试点）。

民生资金（项目）审计 组织开展农业支持保护补贴、农村安全饮水工程和扶贫审计等民生领域审计项目。开展城镇保障性安居工程审计，移送案件线索4件，15人受到党纪政纪处分。

信息化建设 利用大数据平台和地税联网审计系统等软件，提取被审计单位财务、业务等相关数据进行分析比对，发现问题疑点。指导各县（区）信息化建设，推进金审工程三期建设和计算机等级保护升级工作。

党建工作 牢固树立党建强才能审计优的思想，坚持党建工作和业务工作“融合抓、双提升”，注重制度的完善和落实，层层传导压力，做到党建工作与业务工作同部署同考核。

（撰稿人：郝文晨）

【新乡市审计局】 2017年，新乡市审计局人员编制75人，实有69人。局长邓京平，副局长牟振斌、周彦斌、贺成运，总审计师熊睿浩，纪检组长张俊涛（—12月），经济责任审计办公室主任赵晓阳（—12月），副调研员赵文中。设有办公室、法规科（审计督察科）、财政审计一科、财政审计二科、行政事业审计一科、行政事业审计二科、行政事业审计三科、农业与资源环保审计科、投资审计一科、投资审计二科、金融审计科、企业经贸外资运用审计科、社会保障审计科、经济责任审计办公室、人事教育科、离退休干部工作科；下设审计信息中心（政府投资审计服务中心）1个事业单位。

审计成果 2017年，新乡市县两级审计机关完成审计项目852个。查出主要问题金额857549万元，其中违规金额87265万元、损失浪费金额7万元、管理不规范金额770276万元；损益（收支）不实金额32323万元。移送司法机关、纪检监察机关和有关部门处理事项16件，涉及37人、金额2908万元。审计促进整改落实有关问题金额29543万元，促进拨付资金到位3397万元；审计后挽回（避免）损失510万元。

新乡市审计局实施的洛阳市扶贫政策审计项目，被省审计厅评为优秀审计项目；重大政策措施落实情况跟踪审计项目获得省审计厅表彰。

国家重大政策措施落实情况跟踪审计 实施5个领域的政策措施落实情况跟踪审计项目。按照省审计厅统一安排实施的洛阳市扶贫政策交叉审计项目，审计扶贫资金110000万元，查出扶贫领域问题153个，移送案件线索24件。

财政审计 实施专项审计调查项目5个，查出管理不规范金额59098万元、违规金额2113万元，审计处理处罚金额1411万元，增收节支1411万元。

经济责任审计 完成对128名领导干部的经济责任审计，包括对4名县（市、区）审计局局长的经济责任审计，查出违规金额9176万元、管理不规范金额171797万元。

固定资产投资审计 完成政府投资审计项目608个，审计金额156414万元，审减额9062万元。

民生资金（项目）审计 实施审计项目3个，查出主要问题金额19248万元，其中管理不规范金额7952万元、违规金额228万元。

企业审计 实施审计项目5个，查出主要问题金额43215万元，其中违规经营金额29428万元、财务收支核算不实1737万元。

信息化建设 完成金审工程二期项目建设。

（撰稿人：孙春晖）

【焦作市审计局】 2017年，焦作市审计局人员编制64人，实有59人。局长闫万国，副局长尹柯玲、申文燕（—6月）、王庆宝、范景致、司军江，纪检组长王天富。设有办公室、法规科、财政审计科、农业与资源环保审计科、固定资产投资审计科、经贸审计科、社会保障审计科、外资运用审计科、市经济责任审计局、行政事业审计一科、行政事业审计二科、行政事业审计三科、计算机信息科、人事科、离退休干部工作科等15个职能科室和1个纪委监察委派驻机构（纪检监察室）；下设基本建设工程预决算审计中心。

审计成果 2017年，焦作市审计局完成审计项目42个。查出违规问题金额22.38亿元、损失浪费金额3241万元。向有关部门移送问题线索90件，有100多人受到党政纪处分。促进有关部门补征税款2320万元，清缴存量及滞留资金12.64亿元，下拨项目资金3.45亿元。编发上报16期审计专报，审计提出建议120多条；促进有关部门建立完善相关管理制度30多项，

国家重大政策措施落实情况跟踪审计 对财政支持稳增长、农村饮水安全、涉企保证金等7项政策落实情况进行跟踪审计。

财政收支（预算执行）审计 对市本级2016年度财政预算执行和其他财政收支情况、6个部门预算执行等进行审计，进一步完善制度机制建设，促进盘活资金，规范财政财务行为。

经济责任审计 对14名县处级领导干部进行经济责任审计，并在武陟县开展领导干部自然资源资产审计试点工作。印发《关于进一步加强经济责任审计工作的通知》《关于进一步规范经济责任审计有关事项的通知》，进一步规范领导干部经济责任审计。

固定资产投资审计 完成竣工决算和跟踪审计项目4个，审计建设资金15.22亿元，审减1237.48万元，发现问题金额5.15亿元，查出问题15个。完成市政府交办审计项目和工作23项，审计资金13.44亿元。

民生资金（项目）审计 对保障性住房、精准扶贫、涉农资金等进行专项审计，取消不符合条件的保障房对象178户、农村危房改造补助对象118户；查出扶贫问题89个，清退不符合条件贫困户923户，促进1194名贫困学生享受扶贫优惠政策。

信息化建设 构建“1＋3＋N”审计数据应用平台，归集18个部门400多套业务财务数据，实现数据的自动化分发和集约化管理，为开展大数据分析应用创造条件。 （撰稿人：孙永臻）

【濮阳市审计局】 2017年，濮阳市审计局人员编制91人，实有89人。局长李保国，副局长鲁付民、林松、王万东、辛同诗，纪检组长孟凡奇，经济责任审计中心主任刘俊民，调研员张正选，副调研员孙兆山、熊延铭。设有办公室、法规科（审计督察科）、财政审计一科、财政审计二科、行政事业审计一科、行政事业审计二科、农业与资源环保审计科、投资审计一科、投资审计二科、社会保障审计科、经贸和外资运用审计科（企业金融审计科）、人事教育科、机关党委、离退休干部工作科等14个科室；下设经济责任审计中心、计算机审计中心、机关后勤服务中心3个事业单位。

审计成果 2017年，濮阳市县两级审计机关完成审计项目323个。查出主要问题金额3124134.49万元，其中违规金额64023.99万元、管理不规范金额3055115.49万元；出具审计报告和专项审计调查报告366篇。损益（收支）不实金额21061.67万元。审计促进整改落实有关问题金额35759.98万元。移送司法机关、纪检监察机关和有关部门处理事项252件，涉及650人。审计提出建议1328条；提交审计信息756篇。向社会公告结果82篇。

濮阳市审计局实施的2017年度稳增长等政策措施落实情况跟踪审计项目，被省审计厅评为优秀审计项目。

国家重大政策措施落实情况跟踪审计 对南乐县农业支持保护补贴政策落实情况进行审计，查出未据实核减改变耕地性质的面积2万余亩、多领补贴资金234万元，虚报耕地面积套取补贴资金等问题。开展引黄入冀补淀征迁资金跟踪审计，濮阳市委、市政府专题研究整改，促进6.5亿元补偿金及时拨付，收回60多万元违规发放补助资金，濮阳市审计局被市引黄入冀工程指挥部授予突出贡献奖。

财政审计 开展市本级预算执行审计，发现财政预算编报不完整、虚收财政收入、应缴未缴财政收入、项目资金分配拨付不及时等问题。

经济责任审计 完成对102名领导干部的经济责任审计，开展濮阳县原县长自然资源资产离任审计试点。

固定资产投资审计 对濮阳市第一高级中学等7个重点项目概算执行情况开展专项审计调查，发现项目超概算投资较多，其中6个项目超概算比例达50%以上。开展范县黄河滩区居民扶贫迁建试点项目跟踪审计，追回挤占挪用资金705万元，补缴保证金390万元。

民生资金（项目）审计 开展保障性安居工程审计，查出资金闲置3.44亿元、部分建设项目未履行招标投标程序等问题，濮阳市委、市政府专门安排部署濮阳县、范县、台前县等3县精准扶贫审计发现问题的整改，促进扶贫资金拨付481万元，整合使用涉农资金2196万元，促进项目开工建设7个。对濮阳市慈善总会进行审计，促进慈善救助资金711万元规范分配使用。按照省审计厅的统一安排，组织对安阳县、内黄县、林州市3县（市）扶贫工作进行异地交叉审计。

相关工作 濮阳市审计局在全省审计工作综合考核中荣获第一名，实现“五连冠”；被省审计厅评为全省审计业务工作先进单位、全省审计系统先进集体。 （撰稿人：雷永善 孔丽娜）

【许昌市审计局】 2017年，许昌市审计局人员编制42人，实有40人。局长燕万年，副局长贾付栓、孟国强（—9月）、朱臣峰、胡宝梅、李铮峰（1月—），纪检组长高留彬，经济责任审计办公室主任刘中伟，调研员曹颖建（—9月）、申宝，副调研员王开一、黄喜全。设有办公室、政策法规科、人事科、财政审计科、金融审计科、行政事业审计科、经贸审计科、农业与资源环保审计科、社会保障审计科、固定资产投资审计科、外资运用审计科、经济责任审计办公室、党委办公室等13个科室；下设政府投资建设项目审计中心。

审计成果 2017年，许昌市县两级审计机关完成审计项目340个。查出主要问题金额269851.92万元，其中违规金额48817.64万元、损失浪费金额260万元、管理不规范金额220774.28万元。出具审计报告和专项审计调查报告338篇。审计处理处罚金额85068.38万元，其中应上缴财政35269.06万元、应减少财政拨款或补贴6091万元、应归还原渠道资金11398.23万元、应调账处理金额32310.09万元。审计促进整改落实有关问题资金70546.63万元，其中增收节支46522.47万元、已调账处理金额24024.16万元；审计促进拨付资金到位14360.23万元；审计后挽回（避免）损失6090.78万元。审计发现非金额计量问题406个；审计提出建议1276条；推动完善规章制度143项；提交审计信息429篇。向社会公告审计结果157篇。

国家重大政策措施落实情况跟踪审计 实施棚户区改造、基金化改革、重点建设项目推进等重大政策措施落实情况审计，审计单位478个，促进新开工、加快进度和完工项目374个，收缴入库收入或整合盘活财政存量资金1.6亿元，促进资金拨付或落实1.3亿元。

财政审计 实行“一体化审计”，同步开展农业保护补贴、农村饮水安全工程专项审计和部门预算执行情况审计，推动盘活沉淀资金、统筹整合专项资金，促进提高财政资金使用绩效。

经济责任审计 对143名地方和单位的领导干部进行经济责任审计，在建安区试点开展领导干部自然资源资产离任审计。

固定资产投资审计 审计政府投资建设项目793个，审减工程结算价6.3亿元。

民生资金（项目）审计 开展城镇保障性安居工程跟踪审计，促进拨付资金1231万元，增收节支22.64万元，促使闲置保障性住房分配或投入使用2821套，完善有关产权登记手续1482套，补办项目建设审批手续14个。

其他审计项目 对扶贫资金、特困救助供养资金、涉企保证金、13家市级投融资公司、45家政务信息系统开展审计和专项审计调查。

（撰稿人：徐文政 焦文秀）

【漯河市审计局】 2017年，漯河市审计局人员编制93人，实有81人。局长陈会伟，副局长刘冠东、史秋学、崔凤罗、李军，纪检组长蒋伟，经济责任审计办公室主任屈耀伟，调研员李东升、陈银坤，副调研员屈钦宇、张万友。设有办公室、法规科、财政金融审计科、行政事业审计科、经贸审计科、农业与资源环保审计科、社会保障审计科、固定资产投资审计科、外资运用审计科、政府派出机构审计科、经济责任审计办公室、监察室等12个职能科（室）；下设审计信息中心、审计服务中心、政府投资建设项目审计服务中心。

审计成果 2017年，漯河市县两级审计机关完成审计及审计调查项目171个。查出各类违规问题金额22.4亿元、管理不规范金额18亿元。审计促进整改落实有关问题资金2.6亿元，为国家增收节支1.1亿元。移送案件线索9件，40名相关责任人受到党政纪处分、组织处理。向党委政府提交报告、专报415篇。

国家重大政策措施落实情况跟踪审计 组织开展保障性安居工程跟踪审计、农业支持保护补贴改革政策落实情况、财政支持稳增长政策落实情况等跟踪审计项目，推动相关政策的落实。

财政审计 组织开展预算执行审计，对涉企资金基金化改革等3个专项进行审计。根据审计意见补缴土地增值税和土地使用税2381.41万元，加收滞纳金108.88万元。完成第十四届中国（漯河）食品博览会财政专项资金审计。

经济责任审计 对92名领导干部进行经济责任审计。组织开展临颍县原县长自然资源资产离任审计试点工作。

固定资产投资审计 完成沙澧河开发等5个项目审计，核减工程价款5285万元。按照省审计厅的统一安排，对平顶山市鲁山县、郏县2013年至2016年农村饮水安全工程实施交叉审计。

民生资金（项目）审计 开展2016年扶贫政策措施落实和扶贫资金分配管理使用情况交叉审计，以及全市精准扶贫政策落实情况审计。对漯河城区12家公立医院债务情况进行审计。

企业审计 完成对发投公司、公交集团资产负债损益审计。

信息化建设 投入140万元用于信息化基础建设，归集数据记录1100万条，数据中心建设逐步完善。 （撰稿人：李富宗）

【三门峡市审计局】 2017年，三门峡市审计局人员编制57人，实有50人。局长范社民，副局长侯功亮、白提高、王永生，经济责任审计办公室主任张丰明，固定资产投资审计中心主任薛全生，调研员尚秀丽、周国谦（—9月）、刘树军，副调研员柳海峰。设有办公室、法规科、财政金融审计科、行政事业审计一科、行政事业审计二科、农业与资源环保审计科、经贸和外资运用审计科、社会保障审计科、经济责任审计办公室、机关党总支等10个内设机构；下设固定资产投资审计中心、计算机审计中心等2个事业单位。

审计成果 2017年，三门峡市县两级审计机关完成审计项目269个。查出主要问题金额2102038万元，其中违规金额182695万元、管理不规范金额1918752万元；审计发现非金额计量问题216个；损益（收支）不实金额277429万元；出具审计报告和专项审计调查报告263篇。审计促进整改落实有关问题金额46770万元，其中增收节支27865万元、已调账处理金额6199万元；移送司法机关、纪检监察机关和有关部门处理事项60件，涉及85人，金额27034万元。审计促进拨付资金到位9758万元；审计后挽回（避免）损失16712万元。审计提出建议695条。向社会公告审计结果344篇。

国家重大政策措施落实情况跟踪审计 对生态环境保护、财政支持稳增长、重大建设项目推进等政策措施落实情况进行审计，发现政策落实不到位、资金统筹管理使用不规范、项目建设管理机制不健全等问题，促进9个重大建设项目开工或加快实施进度。

财政审计 对42个部门和单位的预算执行情况进行审计，发现违规出借财政资金、车船税引税和虚增契税等问题，推动财政部门出台强化国库集中支付业务管理的制度。

经济责任审计 对97名领导干部实施经济责任审计，发现财政收支不实、财政资金使用不规范等问题。对5个县（市、区）原党委书记、县（市、区）长开展任期经济责任审计，同步开展党政主要领导干部自然资源资产离任审计试点。

固定资产投资审计 对黄河公园、市委党校新建、大鹏酒店二期、城区排水管网改扩建工程、开发区污水改造工程等138个政府投资项目进行跟踪或预结算审计，发现违反基本建设程序、多计建设成本和工程价款、项目管理混乱等问题，核减投资额1.79亿元。

民生资金（项目）审计 对保障性安居工程

和农业“三项补贴”进行审计；对南阳市淅川县、唐河县农村饮水安全工程和周口市西华县、郸城县、商水县扶贫资金（项目）进行审计。

（撰稿人：武云景）

【南阳市审计局】 2017年，南阳市审计局人员编制52人，实有49人。局长黄乐，副局长余耀伟、鲁德岑、孔雪飞、王匡，纪检组长杨长杰，经济责任审计局局长李冬晓，副调研员舒建立、王刚、张清怀。设有办公室、法规科、人事教育科、信息管理科、财政审计科、金融审计科、行政事业审计一科、行政事业审计二科、投资审计一科、投资审计二科、经贸和外资运用审计科、农业与资源环保审计科、社会保障审计科；下设经济责任审计局。

审计成果 2017年，南阳市县两级审计机关完成审计项目709个。查出违规金额1006972万元、损益或财政收支不实金额85569万元。为财政增收节支333448万元；向纪检监察机关、司法机关和其他有关部门移送案件线索218件，涉及256人。向被审计单位或有关单位提出审计建议2384条；被审计单位制定整改措施632项。

国家重大政策措施落实情况跟踪审计 组织开展精准扶贫精准脱贫政策落实情况、农村安全饮水工程政策措施落实情况、积极财政政策落实情况、生态环境保护政策落实情况等的跟踪审计和专项审计调查，揭示存在的问题，促进问题整改。

财政审计 组织实施2016年度本级财政预算执行审计、154个单位的预算执行审计、1个县级财政决算的审计。

经济责任审计 组织开展113名领导干部的任期经济责任审计，查出领导干部负有领导责任的问题金额15382万元，揭示处理领导干部在履职用权方面的违法违纪问题。

固定资产投资审计 审计政府投资工程项目51个，审减投资10457万元，发现多计建设成本和工程价款、违规招投标、偷工减料等问题，加强和规范重大项目建设管理。

信息化建设 网上成文、办文、阅文率达到100%。完成审计综合数据分析平台建设，完成机房设施及系统的改造。上报计算机审计典型案例40篇，在省审计厅的评比中有2篇获一等奖、3篇获二等奖、8篇获三等奖。（撰稿人：谢　健）

【商丘市审计局】 2017年，商丘市审计局行政编制47人，行政工勤编制4人，事业编制20人；实有72人。局长姚文生（—7月）、陈书英（7月—），副局长吕义军、刘艳芳、朱彦强，纪检组长谢颖，经济责任审计局局长刘振营，经济责任审计局副局长陈广银、张凤元（挂职），调研员冯永刚、张建新、葛春河、焦海生。设有财政审计科、经贸审计科、固定资产投资审计科、行政事业审计一科、行政事业审计二科、社会保障审计科、农业与资源环保审计科、金融与外资审计科、经济责任审计局、办公室、法规科、人事科、信息科、机关党委；下设政府投资建设项目审计中心（事业单位），市纪委派驻纪检监察室。

审计成果 2017年，商丘市审计局开展审计项目38个。查出主要问题金额350959万元，其中违规金额77555万元、损失浪费金额77609万元、管理不规范金额273404万元。促进整改落实有关问题金额598万元，促进拨付资金到位金额38858万元，核减投资额21700万元；移送处理落实事项66件，移送处理落实人员91人。审计提出建议143条；促进被审计单位出台规章制度23项。

国家重大政策措施落实情况跟踪审计 通过落实精准扶贫政策跟踪审计，推动下拨滞留民生资金6464万元，促进完善措施7项，加快项目资金拨付5亿元，促进204个项目开工，促进258个项目完工。

财政审计 对13个部门开展预算执行情况及其他财政财务收支审计，整改收回结余资金4.3亿元，盘活存量资金2.1亿元。

经济责任审计 组织实施经济责任审计项目16个，推动相关部门出台规范性文件10余份。对宁陵县委书记、县长同步进行自然资源资产审计，发现管理方面的问题31项46条，审计提出建议5条。

民生资金（项目）审计 取消或调整保障对象资格48户，督促分配长期空置的保障性住房616套。通过对二县一区的农补资金审计，查出违规领取套取补贴226万元。

固定资产投资审计 送审工程项目41个，送审工程造价金额18.1亿元，审定金额15.93亿元，审减2.17亿元。（撰稿人：薛 源）

【信阳市审计局】 2017年，信阳市审计局人员编制79人，实有69人。局长杨淑萍（—8月）、汪光明（8月—），副局长马彦忠、唐阳志、贾作平、万展武，总审计师卢世银，经济责任审计办公室主任赵树高，纪检监察组组长孙晓莉。设有办公室、法制科、财政金融审计科、行政事业审计科、农业与资源环保审计科、固定资产投资审计科、企业审计科、社会保障审计科、外资运用审计科、经济责任审计办公室、派出机构审计办公室、人事科、机关党委等13个科室；下设审计科研培训中心、投资建设项目审计中心。

审计成果 2017年，信阳市县两级审计机关完成审计项目224个。查出主要问题金额40.15亿元，促进增收节支1.78亿元；移送案件线索19件，58人受到党纪政纪和组织处理。

国家重大政策措施落实情况跟踪审计 审计调查平桥区农业支持保护补贴政策落实情况，揭示补贴资金未发放、虚报耕地面积套取补贴资金等问题。根据省审计厅的统一安排，对平顶山市鲁山县、叶县、郏县开展扶贫交叉审计，被省审计厅评为全省扶贫优秀审计组。

财政审计 开展本级预算执行审计和财政决算审计，着力揭示财政预算管理、资金分配、税收征管等方面存在的问题。对市担保管理办公室、财金担保有限责任公司等4家融资平台开展审计，发现部分项目存在较高代偿风险，提出化解经济运行风险的审计建议。

经济责任审计 完成156名领导干部的经济责任审计，其中处级领导干部14人。实施上天梯管理区主任自然资源资产离任审计，督促被审计单位整改审计发现的问题，淘汰落后产能，加强污染防治、水土流失综合治理，"改关停"800多家"小散乱污"企业。

固定资产投资审计 完成9项工程竣工决算审计，送审金额5.68亿元，审减1.54亿元。

民生资金（项目）审计 对全市2016年74个保障性安居工程项目进行跟踪审计，市县两级政府根据审计发现问题扎实整改，共补充安排、盘活资金6000万元，追回补贴补助资金13万元，取消保障对象175户，清退住房16套。根据省审计厅的统一安排，对驻马店市汝南县、泌阳县农村饮水安全工程进行审计，针对发现的问题提出规范管理、加强后期管护等审计建议。

（撰稿人：王 猛）

【周口市审计局】 2017年，周口市审计局人员编制60人，实有73人。局长武仲坦，副局长张贵成、翟建伟、马培新、张建伟，总审计师魏学忠，纪检组长李耀杰。设有办公室、法制科、人事（老干部）科、财政金融审计科、行政事业审计一科、行政事业审计二科、经贸审计科、农林水审计科、固定资产投资审计科、外资运用审计科、社会保障审计科、纪检监察室、经济责任审计办公室和机关党委。

审计成果 2017年，周口市审计局完成审计和专项审计调查项目45个。查出主要问题金额2399599万元，其中违规金额81745万元、管理不规范金额2317828万元。促进整改落实有关问题资金393069万元；审计后挽回（避免）损失15757万元；审计移送处理事项49件。

国家重大政策措施落实情况跟踪审计 开展生态环境保护政策执行审计、精准扶贫相关政策措施落实情况审计、农业支持保护补贴资金管理使用及相关法规政策执行情况审计。

财政审计 完成市法院、民政局、国土局、水务局等10个部门预算执行情况审计，查出部门预算编制不完整、挤占挪用财政专项资金、部分项目预算安排不够精细、预算执行率低、预算支出不均衡等问题。

经济责任审计 组织完成经济责任审计项目17个，其中离任审计7个、任中审计10个，查出各类问题金额124.1亿元，促进增收节支1.9亿元。

固定资产投资审计 完成周口广播电视多功能发射塔工程建设等7个重点投资项目竣工决算审计，报审金额3.67亿元，审减金额7351万元。完成对市东外环路新建工程等3个项目的跟踪审计。

民生资金（项目）审计 开展全市城镇保障

性安居工程跟踪审计。对信阳市新县、商城、光山县扶贫政策措施落实和扶贫资金分配管理使用情况进行审计。根据省审计厅的统一安排，对商水、沈丘、郸城3个县2013年至2016年农村饮水安全工程项目规划落实、建设管理、资金管理、机制保障和运营维护等情况开展审计。

（撰稿人：周孟教）

【驻马店市审计局】 2017年，驻马店市审计局人员编制73人，实有68人。局长李向伟，副局长罗宇威、刘晓东、宋超燕、汪永华、林丽娜，总审计师王文通，纪检组长李焕军，经济责任审计局局长黎文春，副调研员赵新政。设有办公室、法制综合科、财税金融审计科、经贸审计科、行政事业审计科、农业与资源环保审计科、固定资产投资审计科、社会保障资金审计科、外资运用审计科、纪检监察室、机关党委、经济责任审计局、审计科研所和计算机审计中心。

审计成果 2017年，驻马店市县两级审计机关共完成审计项目516个。查出问题金额1858290万元，其中违规金额107644万元、管理不规范金额1750244万元；发现非金额计量问题212个。审计促进整改落实资金15756万元。移送案件线索18件，涉及人员25人，移送纪检监察部门19人。

国家重大政策措施落实情况跟踪审计 开展对保障性安居工程、财政支持稳增长政策、农村安全饮水政策、政府投资重点项目推进、生态环保政策、涉企保证金情况等政策措施落实情况的跟踪审计，查出问题234个，按照边审计边整改的要求，整改问题225个。

财政审计 完成财政“同级审”项目12个，查出违规金额18900万元、管理不规范金额155500万元，发现少列财政预算收入、违规返还土地出让金等25个问题，提出审计建议17条。

经济责任审计 受市委组织部委托完成经济责任审计项目22个，其中任中审计12个、党政领导干部同步审2个。

固定资产投资审计 全年安排政府投资审计项目8个，投资额165900万元，完成审计项目5个，发现问题金额6537.62万元，审计核减工程造价1585.57万元，移送案件线索1件，涉案人员4人。

民生资金（项目）审计 根据省审计厅的统一安排，开展对南阳市桐柏县、社旗县和信阳市罗山县的精准扶贫审计，审计资金37200万元，查出违规违纪问题70个，涉及金额6355.67万元，移交案件线索3件；对许昌市建安区和禹州市的农村饮水安全审计，查出虚报冒领工程价款82.46万元、多计工程价款86.40万元、多收群众自筹资金18.69万元，移送案件线索1件，涉案人员7人。

（撰稿人：罗城伟）

【济源市审计局】 2017年，济源市审计局人员编制81人，实有71人。局长孔庆功，副局长王陆平、李建成、樊其程、许梦玲，纪检组长孙恒文。设有办公室（人事教育科）、法规科、财政金融审计科（信息技术科）、行政事业审计科、农业与资源环保审计科、社会保障审计科、经贸与外资运用审计科、投资审计科等8个职能科室；按有关规定设置纪检（监察）机构；下设经济责任审计局、基本建设审计中心。

审计成果 2017年，济源市审计局完成审计和审计调查项目52个。查出违规和管理不规范金额8.79亿元，促进财政增收节支8267万元，核减投资或结算额4268万元，追回套取资金1158万元。提供审计要情、审计建议、整改通知书、专题报告29份，出具移送处理书28份，党政纪处分94人，组织处理104人。

济源市某局局长经济责任履行情况及2015年度预算执行和其他财政收支情况审计项目，被省审计厅评为优秀审计项目。

国家重大政策措施落实情况跟踪审计 开展保障性安居工程等重大建设项目进展情况、精准扶贫精准脱贫政策落实情况、农业支持保护补贴等积极财政政策落实情况、生态环境保护政策落实情况的跟踪审计，发现政策落实推进缓慢、资金未能及时发挥作用、项目闲置或未正常运行等问题。

财政审计 关注预算分配、预算调整、预算执行、预算公开等重点环节开展预算执行情况审计，探索对财政决算草案进行审计，出具审计报告、决定10份，责令限期整改，促使补交税款和上缴财政资金1500万元，滞拨、闲置财政资金

3045万元。

经济责任审计 对市委党校、市文广新局等12个部门13名领导干部进行经济责任审计。起草开展领导干部自然资源资产离任审计试点工作的实施意见和自然资源资产离任审计暂行办法，建立领导干部自然资源资产离任审计工作联席会议制度，对克井镇自然资源资产开展审计试点。

固定资产投资审计 开展政府投资工程项目跟踪审计，审减政府投资1781万元；开展政府投资工程项目决算审计，审减政府投资2487万元。提交《关于优化汤帝路跨蟒河桥设计方案及“两桥”招标控制价的审计建议》，市住建部门按照审计建议整改后直接降低造价1000余万元，占原报工程造价的10.8%。

民生资金（项目）审计 对全市扶贫资金拨付、扶贫项目质量、贫困户建档立卡等情况开展专项审计；与市财政局联合成立专项检查组，对扶贫资金使用、项目质量和程序、规范性管理等情况进行专项督导检查。组织开展济源市十大民生实事专项审计调查，重点关注建档立卡贫困村（户）有序脱贫、城市道路建设等惠民实事落实情况。

信息化建设 投资建设数字化电教室，加强对审计数据进行清理、转换、分析、归集等。对审计专网和审计外网进行网络安全等级保护定级、备案和测评。选派人员参加审计署、省审计厅组织的各种计算机培训10人次。（撰稿人：李雁河）

2017年河南省所辖区、县(市)级审计工作统计表

金额单位:万元

审计机关	完成审计项目(个)	审计查出主要问题金额	审计处理情况							
			审计处理处罚				移送处理事项(件)	出具审计报告和审计调查报告(篇)	提出审计建议(条)	提交审计信息(篇)
			应上缴财政	应减少财政拨款或补贴	应归还原渠道资金	应调账处理金额				
郑州市										
郑州市本级	46	3010920	10026	7306	7164	9685	9	85	1190	531
中原区审计局	87	4007							93	
二七区审计局	166	2505							48	
管城回族区审计局	36	44345							348	
金水区审计局	59	50582							256	
上街区审计局	24	2335	879						61	
惠济区审计局	63	13905								18
巩义市审计局	85	181011	21			144	5	109	85	57
荥阳市审计局	55	8400	18377				1		104	153
新密市审计局	86	77178	548		19		2	47	175	
新郑市审计局	106	11300	292				1	206	147	
登封市审计局	28	10407	396				7	33	78	2
中牟县审计局	126	4835	3406						68	
开封市										
开封市本级	34	1238945	763		439	595	40	34	20	8

（续表）

审计机关	完成审计项目（个）	审计查出主要问题金额	审计处理情况					出具审计报告和审计调查报告（篇）	提出审计建议（条）	提交审计信息（篇）
			审计处理处罚				移送处理事项（件）			
			应上缴财政	应减少财政拨款或补贴	应归还原渠道资金	应调账处理金额				
龙亭区审计局	6	3236	1			1		6		
顺河回族区审计局	16	166	13			41		15	25	7
鼓楼区审计局	7	16846	3				2	7	29	
禹王台区审计局	16	3821	1					16	49	29
祥符区审计局	8	5938	16					8	3	
杞县审计局	39	24798	78					39	199	
通许县审计局	34	190361	94		122806			34	84	
尉氏县审计局	50	14421	172	7	12297	480	1	50	27	65
兰考县审计局	24	135230				26	2	26	74	11
新区审计局	6	172312	15					6	18	
洛阳市										
洛阳市本级	64	1298260	869	34374	88458	5611	34	30	86	27
老城区审计局	20	1853	1720			61		20	38	3
西工区审计局	71	5563	453		359	1543		71	13	
瀍河回族区审计局	105	5868	303			491		78	12	
涧西区审计局	27	45676		1363	2		2	27	58	27
吉利区审计局	28	7717						28	48	
洛龙区审计局	10	16516						10	15	
偃师市审计局	63	7306	120		220	11		63	60	108
孟津县审计局	85	23417	22		18	1000	11	84	287	
新安县审计局	55	19382	205	3400			6	55	117	
栾川县审计局	71	49141	25		7	16356	8	70	11	
嵩县审计局	78	14469	634	3383	745	1757	1	78	37	2
汝阳县审计局	70	40579	3169	4519	1379	20086		70	171	
宜阳县审计局	50	34055					5	50	10	15
洛宁县审计局	97	18149	34	19		12931		97	74	
伊川县审计局	53	46276	20	331	48	68	5	50	47	118
平顶山市										
平顶山市本级	36	560029	6531	125	21724	59454	11	36	78	52
新华区审计局	17	320	17	24				18	25	12
卫东区审计局	16	130657						16	42	10
石龙区审计局	10	428						10	44	48
湛河区审计局	115	7218		25	2550	272		115	20	15

（续表）

审计机关	完成审计项目（个）	审计查出主要问题金额	审计处理情况					出具审计报告和审计调查报告（篇）	提出审计建议（条）	提交审计信息（篇）
			审计处理处罚				移送处理事项（件）			
			应上缴财政	应减少财政拨款或补贴	应归还原渠道资金	应调账处理金额				
舞钢市审计局	25	257450	12		197225	284		31	62	
汝州市审计局	62	276447	10047	4752	57		27	70	372	25
宝丰县审计局	153	471	55			378	2	153	51	22
叶县审计局	115	24573		2271			8	115	132	16
鲁山县审计局	55	25843		76	39			55	62	23
郏县审计局	168	36118	4349	3056	2607	26106	2	168	160	102
安阳市										
安阳市本级	69	1119500	70968	37198	360	8670	78	69	194	119
文峰区审计局	15	572	5			44		15	45	7
北关区审计局	11	56			56	132		11	35	1
殷都区审计局	6	108						6	17	20
龙安区审计局	15	1388	47			25		15	28	5
林州市审计局	56	32010	201		310	423	1	56	223	26
安阳县审计局	25	21619	313	2	8	2228		25	78	18
汤阴县审计局	99	5076	2971		50	8638	1	99	143	35
滑县审计局	46	152035	168	176	2832	1459	34	59	119	48
内黄县审计局	18	94445	9			27569		18	64	
鹤壁市										
鹤壁市本级	28	222429	528		16	7125	16	39	115	130
鹤山区审计局	4	19447					1	5	15	40
山城区审计局	8	11122	5					8	38	51
淇滨区审计局	14	164809	49	965	19376		3	22	34	
浚县审计局	21	245458	2	54		13	1	27	54	
淇县审计局	19	11518	6				1	22	34	25
新乡市										
新乡市本级	59	599529	8643		9492	14645	7	65	186	10
红旗区审计局	15	63615	388		27310	35120		15	65	
卫滨区审计局	34	678						34	78	
凤泉区审计局	76	12565	68		4751	7043		81	113	
牧野区审计局	66	634	1					65	53	
卫辉市审计局	45	61383	33					56	88	
辉县市审计局	71	6250	14	21	48			66	127	
新乡县审计局	132	50891	105					140	56	
获嘉县审计局	66	39431	134					66	96	

（续表）

审计机关	完成审计项目（个）	审计查出主要问题金额	审计处理情况					出具审计报告和审计调查报告（篇）	提出审计建议（条）	提交审计信息（篇）
			审计处理处罚				移送处理事项（件）			
			应上缴财政	应减少财政拨款或补贴	应归还原渠道资金	应调账处理金额				
原阳县审计局	198	11831	513	505	127	2694	9	202	253	1
延津县审计局	83	8543	8		9	1204		61	63	
封丘县审计局	7	2192	17	81				6	29	
长垣县审计局	49	22764	478		4806	1869	3	49	95	37
焦作市										
焦作市本级	42	223800	2320				90	40	120	16
解放区审计局	19	2760				29		19	43	1
中站区审计局	9	61622		6	1331	17	1	9	15	
马村区审计局	10	9216	6					10	26	1
山阳区审计局	9	396						9	15	
沁阳市审计局	27	170920	88		796	48		27	95	70
孟州市审计局	29	97734					8	29	80	25
修武县审计局	23	21622	153					23	47	31
博爱县审计局	20	140620	688			1450		21	31	221
武陟县审计局	48	33163	318	976	760		12	48	149	135
温县审计局	28	17141	201		174		5	28	63	31
濮阳市										
濮阳市本级	61	1815670	15416		2497	1914	75	76	189	137
华龙区审计局	28	302057	6		368		8	31	156	81
清丰县审计局	36	96801	41		30		49	35	161	112
南乐县审计局	46	249639	480	89	9117	3687	28	70	117	93
范县审计局	47	106174	75	61			19	43	122	124
台前县审计局	32	24632	42				35	32	148	109
濮阳县审计局	73	529162	141		498	1733	38	79	435	100
许昌市										
许昌市本级	43	110346	19503	5906	10882	14311	14	43	170	26
魏都区审计局	36	15892	910		118	3303	1	36	142	30
建安区审计局	64	24033	14697				3	64	154	217
禹州市审计局	42	56320	2	180	80	12679	2	42	98	6
长葛市审计局	31	46529	32		304	1954	1	29	473	70
鄢陵县审计局	52	11067	46					54	96	22
襄城县审计局	51	5650	79	5	14	63	2	51	129	57
东城区审计局	21	14						19	14	1

（续表）

审计机关	完成审计项目（个）	审计查出主要问题金额	审计处理情况					出具审计报告和审计调查报告（篇）	提出审计建议（条）	提交审计信息（篇）
			审计处理处罚				移送处理事项（件）			
			应上缴财政	应减少财政拨款或补贴	应归还原渠道资金	应调账处理金额				
漯河市										
漯河市本级	61	67734	1637	4397	17719	3382	8	103	255	262
源汇区审计局	23	5963	18					24		109
郾城区审计局	28	13501	1106	120	109	2164		33	109	30
召陵区审计局	24	3944	63		109	3		29	72	
舞阳县审计局	10	7897	26		459	5406		17		
临颍县审计局	25	124885	4		1248	585	1	20		266
三门峡市										
三门峡市本级	109	1472811	7699		13980	8718	47	142	157	15
湖滨区审计局	28	101316	552	129	1303	49	1	28	33	
陕州区审计局	18	82998	2083	2797		1696	1	11	88	
义马市审计局	16	14375	3924		1351	422		16	111	5
灵宝市审计局	19	136920	18095	1496	68	3277		19	107	5
渑池县审计局	87	100512	11					89	200	
卢氏县审计局	84	211092	1078		1880	808	13	84	82	24
南阳市										
南阳市本级	46	337184	9737	2237	19693	76130	68	46	300	112
宛城区审计局	24	47427	4158			773	1	23	87	20
卧龙区审计局	20	118814	105			43	7	20	54	27
邓州市审计局	13	348428	9036	417	335	7379	6	32	168	6
南召县审计局	63	54400	2296	1300	289	150	4	50	85	15
方城县审计局	44	78412	304			9982	2	44	118	86
西峡县审计局	136	92000	116	1000	14000	7000	20	136	408	165
镇平县审计局	56	118721	4344	4180	2269	54419	4	56	132	135
内乡县审计局	51	22036	876	1023	331	1132	16	51	113	32
淅川县审计局	94	6932	1632	986	1223	245	10	161	532	86
社旗县审计局	29	38939	26593	1	734	7239	14		197	7
唐河县审计局	36	30119	102		497	973	29	46	116	62
新野县审计局	45	10888	3701	3400	3425	363		45	112	9
桐柏县审计局	65	51100	19717	4070	4580	22732	5	65	130	30
商丘市										
商丘市本级	38	350959	598		38858	40053	66	33	143	52
梁园区审计局	33	165296	46					33		

（续表）

审计机关	完成审计项目（个）	审计查出主要问题金额	审计处理情况					出具审计报告和审计调查报告（篇）	提出审计建议（条）	提交审计信息（篇）
			审计处理处罚				移送处理事项（件）			
			应上缴财政	应减少财政拨款或补贴	应归还原渠道资金	应调账处理金额				
睢阳区审计局	40	24669	49		412	1422	23	40	134	43
永城市审计局	37	482303	62				31	43	347	58
民权县审计局	13	15594				13447		13	67	31
睢县审计局	16	37009	26		1700	140	13	16	52	42
宁陵县审计局	29	22544	9096			2345		29	99	53
柘城县审计局	33	22055	69		7	912	55	33	146	71
虞城县审计局	20	18433	43		1041	1289		20	50	23
夏邑县审计局	43	293563	64		1562	6059		43	170	76
信阳市										
信阳市本级	45	303455	16965		34012	31588	18	45	52	160
浉河区审计局	11	499	65					11	45	65
平桥区审计局	35	15355	28					35	59	72
罗山县审计局	37	8133	71		886	1153	1	37	78	78
光山县审计局	10	49718	403	110	4920			10	31	101
新县审计局	12	2723	76					12	29	66
商城县审计局	33	2355	55		674	73		33	35	77
固始县审计局	39	76429	10654		1076	2	5	66	266	26
潢川县审计局	15	6968	14					15	14	56
淮滨县审计局	12	925	30		154			12	15	78
息县审计局	14	11397	32					14	53	76
周口市										
周口市本级	45	2399599	17167	7258	28167	4714	49	45	58	10
川汇区审计局	13	78464						13	35	
项城市审计局	32	14016	44		31	10001	2	32	86	
扶沟县审计局	17	43708	32		30		1	17		
西华县审计局	22	1222	28		628			22	152	
商水县审计局	144	4107	27	6	95	22		144	43	
沈丘县审计局	42	212476	23			6419	2	42	28	
郸城县审计局	23	46600	41		4	1		23	91	
淮阳县审计局	40	36873	141		238	80		40	107	
太康县审计局	34	4932	30	3		59	1	34	155	
鹿邑县审计局	32	587636	51		145	58	8	39	111	62

（续表）

审计机关	完成审计项目（个）	审计查出主要问题金额	审计处理情况					出具审计报告和审计调查报告（篇）	提出审计建议（条）	提交审计信息（篇）
			审计处理处罚				移送处理事项（件）			
			应上缴财政	应减少财政拨款或补贴	应归还原渠道资金	应调账处理金额				
驻马店市										
驻马店市本级	34	1076118	15352	463	4814	7788	12	34	105	6
驿城区审计局	11	63320	8	8				11	27	
西平县审计局	115	50800	96	96				115	329	
上蔡县审计局	153	32866	312	217			5	153	578	
平舆县审计局	12	124088	1	1				12	40	
正阳县审计局	27	113657	28		1343	25812	1	27	202	5
确山县审计局	15	7224	29					15	60	3
泌阳县审计局	71	2523	128					71	172	
汝南县审计局	12	51226	40	40				13		
遂平县审计局	66	336462	69		8006			66	213	
新蔡县审计局	41	66359	131					41	124	15
省直辖县										
济源市审计局	52	87900	4209	948	14120	5100	40	51	104	210

湖北省

【湖北省审计厅】 2017年，湖北省审计厅人员编制158人，实有160人。设有办公室、人事处、综合处、法规处、财政审计处、金融审计处、行政事业审计处、经贸审计处、农业与资源环保审计处、社会保障审计处、固定资产投资审计处、外资运用审计处、机关党委、离退休干部处、经济责任审计局；另设有派出发展计划及投资审计处、派出经贸审计一处、派出经贸审计二处、派出科教卫审计处、派出政法审计处、派出农林水审计处、派出经济执法审计处、派出新闻出版及文化审计处、派出综合审计一处、派出综合审计二处；下设有计算机审计中心、厅机关后勤服务中心、审计科研所、企事业单位内部审计指导中心和审计干部培训中心等5个直属事业单位。

领导成员

党组书记、厅长：张永祥（—4月）
　　　　　　　　周德刚（4月—）
副 厅 长：周德刚（—4月）　陈智斌
　　　　　刘彩霞　蔡　伟　焦跃华
　　　　　汤汉琴（12月—）
总审计师：汤汉琴（—12月）
省纪委驻厅纪检组组长：冯兴国（—12月）
经济责任审计局局长：刘永庆
二级巡视员：张文慧（6月—）
　　　　　　高　军（6月—）

审计成果 2017年，湖北省119个审计机关共完成审计项目6502个，专项审计调查项目1891个。查出主要问题金额3425.91亿元，其中违规金额387.12亿元、损失浪费金额4.18亿元、管理不规范金额3034.61亿元；审计发现非金额计量问题213895个；损益（收支）不实金额193.51亿元；审计发现侵害人民群众利益4.89亿元；出具审计报告和专项审计调查报告7397篇，被批示、采用 480 篇。审计处理处罚金额 620.97 亿元，其中应上缴财政 85.75 亿元、应减少财政拨款或补贴 25.83 亿元、应归还原渠道资金 131.29 亿元、应缴纳其他资金 19.74 亿元、应调账处理金额 358.37 亿元；移送司法机关、纪检监察机关和有关部门处理事项 1012 件，移送处理人员 1684 人，移送处理金额 70.42 亿元。审计促进整改落实有关问题金额 330.83 亿元；审计促进拨付资金到位 44.14 亿元；审计后挽回（避免）损失 39.2 亿元；核减投资额 77.98 亿元；移送处理落实事项 508 件。审计提出建议 13343 条，被采纳 10718 条；推动被审计单位制定整改措施 2924 项；促进被审计单位制定、完善规章制度 248 项；提交审计信息 23291 篇，被批示、采用 10523 篇。向社会公告审计结果 227 篇。

国家重大政策措施落实情况跟踪审计 组织对 118 个市州县重大政策措施落实情况跟踪审计，审计各类项目 10703 个，抽查相关单位 3000 个，受理反映问题 1627 个，查出部分建设项目推进缓慢、部分市县统筹整合资金计划落实不到位和专项资金结存等问题，涉及金额 400.87 亿元。至年底，通过整改促进收回结转结余资金或套取挪用资金 17.36 亿元，促进整合到位资金 44.31 亿元，促进下拨资金 37.91 亿元；促进被审计单位建立和完善加强资金和项目管理配套制度 138 项。

财政审计 组织对 1115 个财税等部门单位预算执行和财政决算情况进行审计，其中省审计厅对省本级和 110 个省直部门及所属 485 个二、三级单位预算执行情况进行全覆盖审计。查出财政专项资金整合不到位、部分专项资金分配用时较长、部分财政资金未及时使用等问题。代省政府向省十二届人大常委会第 29 次会议作《关于 2016 年度省级预算执行和其他财政收支的审计工作报告》，与会人员给予高度评价。根据审计情况向省领导上报的《财政资金统筹整合使用对农业供给侧结构性改革的影响及对策》调研报告，在省政府《咨询与决策》上刊发，调研报告中提出的关于完善专项转移支付管理措施、严格国库支付监管、加强财政预算收支管理等意见建议，得到省财政厅采纳，据以起草制定《湖北省省对市县专项转移支付管理办法》，并将 2016 及以前年度的省级财政拨款等结余资金 26.11 亿元收回总预算。

经济责任审计 组织对 1268 名领导干部进行经济责任审计，其中省本级共审计领导干部 90 人。查出少数领导干部在履行责任中落实政策不到位、决策程序不合规以及监管缺位等问题。组织对 8 个地区领导干部实施自然资源资产离任审计，查出部分地方和单位存在违规养殖和排污破坏水资源环境、违规采伐毁损森林资源、违规采矿破坏矿山生态环境以及垃圾处理厂（填埋场）未正常运行或直接填埋垃圾等问题。领导干部自然资源资产离任审计获湖北改革奖。

固定资产投资审计 组织对武汉天河机场三期扩建工程及综合交通枢纽配套工程、武汉天河机场交通中心、仙桃市“四大家”机关大院整体南迁、随州市十岗至厉山一级公路、武汉市长丰大道（二环线—三环线）工程等 8 个审计项目进行审计。审计总金额 406 亿元，查出招投标管理不规范、违规分包工程、挤占挪用建设资金、多计多结工程价款等违纪违规问题金额 24.52 亿元；审计后节约投资或挽回损失 3.5 亿元。向纪检监察部门移送涉嫌严重违纪和违法犯罪案件线索 9 件，涉及人员 14 人、金额 1064 万元。

民生资金（项目）审计 组织对全省 112 个市县 2016 年度保障性安居工程专项资金筹集、管理和使用情况进行跟踪审计。审计查出安居工程资金筹集及管理不到位、违规使用保障性安居工程专项资金、保障性住房分配管理不够规范和招投标程序落实不严格等问题，涉及问题金额 4.85 亿元，据此向省委、省政府上报《我省保障性安居工程资金违规挪用、闲置等问题不容忽视》的审计情况。针对审计查出的问题，依法依规提出处理意见，并督促有关地方和部门进行整改。向纪检监察和司法机关移送案件线索 130 件，涉案人员 539 人，涉及金额 7993 万元，70 人受到党纪政纪处分。

组织对 17 个县市区 2016 年度城市最低生活保障资金、农村最低生活保障资金和医疗救助资金进行审计。审计查出城乡低保和医疗救助资金使用管理不规范，违规支付医疗救助金，违规克扣、使用五保、低保资金等问题，涉及金额 9.32 亿元。向纪检监察和司法机关移送案件线索 3 件，涉案人员 19 人，涉及金额 31.01 万元。

组织对 35 个贫困县和 57 个插花地区县 2016

年扶贫政策措施落实和扶贫资金管理使用情况进行审计。延伸审计和调查1010个单位、551个乡镇和2268个行政村，走访14043户农户；审计抽查扶贫资金168.24亿元，占各级财政同期投入扶贫资金总额（含易地扶贫资金）的32.91%。审计查出扶贫资金拨付使用不及时、套取和挪用扶贫资金、易地扶贫搬迁资金管理使用不规范和部分扶贫保障措施落实不到位等问题，涉及金额2488.17万元。审计还发现因项目实施进度慢、完工项目未及时验收、项目库建设滞后以及资金未落实到具体项目等原因造成扶贫资金闲置，共计29.91亿元资金未拨付使用。

组织对20所重点中学收费政策执行及财务管理进行审计。审计查出自立项目、超标准收费2.06亿元，违反政策招生收费1.03亿元，合作办学不规范收费1.02亿元；发现涉及违规问题资金4.26亿元，向纪检监察部门和司法机关移送案件线索7件。对发现的违规收费、自立名目及超标准收费问题已督促整改，对86名相关责任人进行追责问责。

农业与资源环保审计 组织对10个县市中央安排的新出险小型病险水库、省级安排的一般小Ⅱ型病险水库除险加固专项资金管理使用及项目建设完成情况进行审计，对2017年“补短板”新出现小型病险水库除险加固项目实施情况进行专项审计调查，发现10个县市319座水库中，有138座存在坝体渗漏、泄洪不畅、山体滑坡、管涌等安全隐患。对审计发现的问题，依法依规提出处理意见和建议，向纪检监察机关移送案件线索8件，涉及金额2491.06万元，涉及人员15人。

外资运用审计 组织对在执行的13个国外贷援款项目进行审计，发现部分项目存在设计频繁变更、征地拆迁不到位、违法分包转包和多计工程款等问题，查出各类违纪违规金额2.72亿元，对部分项目建设进展缓慢问题，向省政府提交审计专报。

企业审计 对17个市县25家规模以上工业企业成本负担状况、省级股权引导基金运营管理情况和武汉市路桥ETC收费情况进行专项审计调查，分析企业成本较高的成因及存在的问题，提出有针对性的意见和建议。对武汉城市圈城际铁路2016年度运营损益情况进行审计，核实武汉城市圈城际铁路2016年度运营净亏损15.96亿元，审增1.58亿元。

其他审计项目 组织开展2016年中部国际产能合作论坛会议专项经费审计、G20第五次协调人会议经费审计、华创会专项经费审计。组织对2017年支持新疆发展资金和项目进行跟踪审计，查出部分项目存在先施工后办理施工许可证、招投标不规范、推进缓慢、资金闲置等问题；针对存在的问题，提出处理意见和建议，按程序向社会公告审计结果。

信息化建设 按照国家B级机房建设规范及要求，完成省审计厅数据中心机房改扩建项目；完成审计计划项目管理系统和审计对象库项目的研发；继续举办计算机中级培训班，全年培训人员152人，通过审计署计算机中级水平考试65人；编写的《“四化”同步创新大数据审计一体平台建设》案例在审计署大数据审计研讨班上进行交流发言。

审计科研 省审计厅承接2017年度中国审计学会合作课题“审计机关审计风险管理研究”；与宜昌市审计局、武汉市审计学会合作开展“国家审计机关践行‘围绕中心，服务大局’路径研究”；与黄石市审计局合作开展“审计机关绩效评估研究”；与中南财经政法大学合作开展“国家审计在全面从严治党中的重要作用、实现机制与保障措施研究”；与武汉理工大学合作开展“大数据技术在审计业务中的应用研究”；与湖北经济学院会计学院合作开展“国家审计助推供给侧结构性改革研究”。向中国审计学会提交的“审计机关加强投资审计风险防控的思考”被采用，受邀参加全国审计研讨会。向审计署投资司提交的投资审计新技术课题研究成果被采用，并受邀参加投资审计课题研讨会

相关工作 完成省委、省人大、省政府、省委巡视组、省纪委、省检察院、省委组织部和各级党委、政府及相关部门交办、委托与配合办理事项1819件，做到件件有落实，事事有回音。推进联网审计，加快部门预算执行、财政、社保等重点行业联网进程，开展联网审计的路子得到审计署的肯定，大数据审计一体化平台建设、保障性安居工程审计等创新做法在审计署作经验交流，

4个审计项目获得审计署表彰。省审计厅先后荣获全国文明单位、省级文明单位、省直机关目标责任制考评优秀单位、全省落实党风廉政建设责任制、推进惩防体系建设检查考核优秀单位、全省社会治安综合治理优胜单位等荣誉45项；省审计厅综合处党支部被省直机关工委表彰为“红旗党支部”，机关党群支部被评为水果湖地区省直机关“红旗党支部”。

内部审计 湖北省共有内部审计机构3414个，其中专职机构1658个；内部审计人员9095人，其中专职人员4246人。全年完成审计项目41973个，审计总金额6527.28亿元，增收节支33.51亿元。提出建议意见被采纳25307条，建议给予行政处分526人，实际给予行政处分507人；向司法机关移送案件10起11人。

（撰稿人：*石　方*）

【武汉市审计局】 2017年，武汉市审计局人员编制177人，实有165人。党组书记、局长王清华（—9月）、刘生华（12月—），副局长易晓、刘东喜、陈华林、易昌茂（7月—），总审计师吴方，副巡视员陈光武（—10月）。设有办公室、综合处、法制处、财政审计处、金融审计处、行政事业审计处、经贸审计处、农业与资源环保审计处、社会保障审计处、固定资产投资审计处、重点建设项目审计处、外资运用审计处、经济责任审计一处、经济责任审计二处、计算机审计处、政治处、机关党委等17个处室；另设有派出发展计划及投资审计处、派出科教卫审计处、派出开发区审计处、派出农林水审计处、派出综合审计处等5个派出处；下设政府投资项目审计中心（事业单位），以及武汉市审计学会、武汉市内部审计师协会2个社团组织。

审计成果 2017年，武汉市区两级审计机关完成审计项目441个。查出主要问题金额776.57亿元；出具审计报告和专项审计调查报告627篇。审计处理处罚金额90.06亿元，其中应上缴财政7.18亿元、应减少财政拨款或补贴3378万元、应归还原渠道资金6.21亿元、应调账处理金额76.33亿元；移送司法机关、纪检监察机关和有关部门处理事项135件。审计提出建议1421条；推动制定整改措施和建立健全规章制度232项；提交审计信息904篇次。

武汉市审计局实施的东湖新技术开发区豹澥街办事处2014年度财政决算及其他财政收支审计项目，被审计署评为表彰审计项目，被省审计厅评为优秀审计项目特等奖；中部医疗中心建设项目绩效审计、市部分街道（乡镇）2015年度财政运行情况专项审计调查等2个项目，分别被省审计厅评为优秀审计项目一、二等奖。青山区审计局、武汉经济开发区（汉南区）审计局、东西湖区审计局、新洲区审计局实施的审计项目，均有被省审计厅评为优秀审计项目二等奖。

财政审计 组织对市本级和市直部门预算执行、财政支持产业发展专项资金等开展审计，揭示出基金化运作主导作用不够突出、资金分配“搞平均主义”等问题，推动修订资金管理办法。开展对全市92家市直部门预算执行率的专项审计调查。

经济责任审计 对25名领导干部实施经济责任审计，突出对财政资金分配使用、建设项目招投标、国有资产处置等环节的监督。出台《武汉市自然资源资产审计实施办法》等4项制度，扩大领导干部自然资源资产离任审计试点，对3个区、5个市直职能部门、10个街乡镇、19个区直部门进行审计，揭示水资源、土地、空气在保护利用方面存在的问题。

固定资产投资审计 围绕“亮点区块”等重大城建决策部署开展跟踪审计，组织对南湖出江通道、王家墩中央商务区、汉正街中央服务区、东湖综合保税区、二环线、地铁3号和11号线、武汉经开区和东湖高新区有轨电车等政府投资建设项目开展审计，查出部分工程进度缓慢、建设和运营成本控制不够严格等问题，促进招标投标、成本控制等关键事项规范管理，推动加快项目建设进度。

民生资金（项目）审计 组织对保障性安居工程、自然灾害生活救助资金、城市社区资金管理等开展审计，揭示违规分配保障房、滞拨少拨资金、超范围使用救助资金等问题。精准扶贫审计中纠正剔除2019名不符合标准人员，补录1491名应享受未享受政策人员。开展对市属直管公房经营管理的绩效审计。

农业与资源环保审计 围绕“四水共治”“城

市绿心”，对中心城区污水处理、海绵城市、东湖绿道一期、园博会等36个项目进行审计。开展对农田水利专项资金的审计，揭示使用绩效不高、被虚报冒领等问题。

企业审计 组织对市直部门经营性国有资产开展专项审计调查，首次摸清分散在市直部门管理的经营性国有资产家底，揭示企业“小、散、乱”、运营机制不活、国有权益被侵蚀等问题，推动市直部门经营性国有资产实施集中统一监管改革，审计结果转化为政府决策。

信息化建设 利用市级政府投资项目库、市审计局投资审计项目库和市级政府投资项目审计综合信息管理平台开展投资审计，提高审计效率；在财税、部门预算执行、公积金等审计项目中，运用动态联网和模块化审计方式，在精准扶贫审计中运用“九比对一结合”等大数据方法，提高审计项目的信息化程度。

相关工作 建立审计发现问题容错免责机制，提出14种可容错情形，鼓励改革创新。编制财政、国企、投资、经责、部门预算审计全覆盖规划，建立审计对象动态数据库，落实“五个审计全覆盖”。（撰稿人：安 昌）

【黄石市审计局】 2017年，黄石市审计局人员编制57人，实有51人。局长王雨银，副局长吴有祥、夏明省、徐锦坤、翁世成、张才大，总审计师戚军（12月—），经济责任审计局局长戚军（—12月），政府投资审计局局长刘合雄，副调研员曹敏。设有办公室、政工科（机关党委办公室）、综合科、财政金融审计科、行政事业审计科、经贸审计科、农业与资源环保审计科、社会保障审计科、外资运用审计科、法制科（督办执行室）、信息化审计科、黄石市经济责任审计局；下设政府投资审计局和经济技术开发区审计分局。

审计成果 2017年，黄石市县两级审计机关完成审计项目578个。查出主要问题金额136.31亿元，其中违规金额4.25亿元、管理不规范金额132.06亿元；审计发现非金额计量问题547个；损益（收支）不实金额4.25亿元；出具审计报告和专项审计调查报告578篇。审计处理处罚金额1.77亿元，其中应上缴财政1.52亿元、应减少财政拨款或补贴277万元、应归还原渠道资金1217万元、应调账处理金额922万元；移送司法机关、纪检监察机关和有关部门处理事项16件，涉及32人、金额6379万元。审计促进整改落实有关问题金额1.76亿元，其中增收节支1.67亿元、已调账处理金额922万元；审计后挽回（避免）损失5.44亿元。审计提出建议674条；推动完善规章制度7项；提交审计信息1712篇。

黄石市审计局组织开展的2016年度保障性安居工程跟踪审计项目，被省审计厅评为优秀审计项目三等奖。

国家重大政策措施落实情况跟踪审计 组织浠水县和市本级“稳增调惠促”政策措施落实情况跟踪审计，揭示扶贫资金使用、退耕还林补助资金发放、县域经济发展调度资金使用等方面存在的问题，将政策措施落实中资金管理不规范、政策落实不到位等典型问题，专题向黄石市人大报告。

财政审计 审计查出预算编制与执行、财政收支管理、总预算管理、专项转移支付资金使用管理等5个方面16类违纪违规问题，涉及金额8.78亿元。制订市本级预算执行和其他财政收支审计整改工作方案，建立问题台账，逐一销号。全年被审计单位通过上缴国库、调整预算级次等方式整改问题金额2.6亿元；通过拨付、退还和追回方式落实政策资金1.48亿元。

经济责任审计 对81名领导干部开展经济责任审计，查出违纪违规和管理不规范金额12.62亿元，运用经济责任审计成果问责141人。统筹全市审计力量，在全市采取“同级审”和“上审下”相结合的方式，对大冶市探索开展领导干部自然资源资产审计，对于审计揭示的违规设置排污口、矿山生态环境恢复治理项目未按计划实施、重金属污染防治迟缓、乡镇污水处理厂建设滞后等问题，大冶市政府边审边改，收到生态治理恢复保护与经济发展协同推进的审计效果。

固定资产投资审计 修改完善《黄石市政府投资审计办法》，通过实行分层分类管理、改进审计方式、深化审计内容、规范审计管理、抓好贯彻执行5个方面，进一步强化审计监督职能。全年审计投资额33.49亿元，审减投资额5.59亿元。

民生资金（项目）审计 组织开展保障性安居工程跟踪审计、扶贫资金审计、低保和医疗救助资金审计等民生审计项目12个。在对保障性安居工程的跟踪审计中，查出5大类65个问题，涉及单位66个、问题金额24.38亿元，向纪检监察、公安机关移送案件线索11件。根据移送线索，黄石市公安局开发区分局立案侦查21人，以涉嫌诈骗罪移送检察机关审查起诉7人。按照省审计厅统一安排，组织对十堰市房县、丹江口市开展扶贫资金审计。在房县扶贫资金审计中，查出违纪违规和管理不规范金额8.47亿元，兑现贫困家庭在读子女、贫困残疾人应享受补贴资金117.67万元，追缴不符合贫困条件享受的扶贫补助资金369.5万元，促使房县交通局收缴上缴财政结存资金7000万元。

外资运用审计 根据省审计厅统一安排，完成武汉市利用亚洲开发银行贷款城市环境改善建设交叉审计项目。

企业审计 在对黄石市担保集团的审计中，发现担保行业担保代偿率逐年上升、代偿金额急剧增大、政府潜在风险增加等问题，引起黄石市政府领导高度重视，促使黄石市担保集团收回委托贷款2431万元，追责问责8名相关责任人。

信息化建设 完成财政部门全口径财政数据采集转换和对市财政指标系统、国库支付系统、非税征缴系统、预算总会计以及总决算和部门预算系统的后台数据采集；运用数据手段技术对市直212个预算单位实现审计全覆盖，审计预算资金26.38亿元，查出16类违纪违规问题、金额8.78亿元。完成审计信息系统安全三级等级保护工作。

内部审计 黄石市内部审计协会团体会员单位发展至70个，会员人数300余人；向省内部审计协会推荐报送的5篇调研论文均获二、三等奖。

（撰稿人：陈　健）

【十堰市审计局】 2017年，十堰市审计局人员编制114人，实有99人。党组书记、局长陈勇，副局长金华、祁国凯、陆高明、叶大余（—8月）、刘蕾（6月—），总审计师李坚，经济责任审计局局长王祖秀，固定资产投资审计局局长李爱龙，工会主席张利山。设有办公室、综合科、人事科、法规科、老干科、机关党委办公室、财政审计科、金融外资审计科、农业与资源环保审计科、行政事业审计科、经贸审计科、社会保障和固定资产投资审计科；另设有派出综合审计办事处、派出文卫审计办事处、派出农林水审计办事处、派出经济执法审计办事处、派出政法审计办事处；下设有经济责任审计局、固定资产投资审计局、社会保障审计局、经济技术开发区分局、计算机中心、企事业单位内部审计指导中心和培训中心。

审计成果 2017年，十堰市审计局完成审计项目136个。查出主要问题金额27.64亿元，其中违规金额9.83亿元、损失浪费金额4760万元、管理不规范金额17.33亿元；审计发现非金额计量问题145个；损益（收支）不实金额1.51亿元；出具审计报告和专项审计调查报告142篇。审计处理处罚金额2.14亿元，其中应上缴财政420万元、应归还原渠道资金563万元、应调账处理金额2.01亿元，应缴纳其他资金327万元；移送司法机关、纪检监察机关和有关部门处理事项51件，涉及79人，金额2145万元。审计促进整改落实有关问题金额6.47亿元，其中增收节支527万元、已调账处理金额6711万元；审计促进拨付资金到位5.75亿元；审计后挽回（避免）损失1万元。审计提出建议218条；推动完善规章制度52项；提交审计信息45篇。向社会公告审计结果10篇。

国家重大政策措施落实情况跟踪审计 按照审计署统一部署，对全市“稳促调惠防”政策措施落实情况开展跟踪审计。根据省审计厅的统一安排，对枝江市重大政策措施落实情况进行审计。

财政审计 组织开展对市本级财政、市交通运输局等15个市直单位预算执行和财务收支进行审计；对全市重大产业基金、创模专项、税收征管以及市城投公司重大投资项目工程款支付情况进行专项审计调查；对全市114个预算单位进行拉网式大数据核查，发现疑点363条，涉及问题金额8.56亿元。代市政府所作的审计工作报告，获市人大常委会高票通过。

经济责任审计 完成对市环卫局等11个市直单位、3个副县级乡镇、3个县市区公检法主要领导干部的经济责任审计；对郧阳区、沧浪山国家森林公园开展自然资源资产审计；对市统计局等3个单位（地区）开展编制管理审计。按照省审计厅的统一安排，抽调15名审计干部组成4个审计组分赴武汉、宜昌、黄石、汉川等地开展地方党政主要领导及高校经济责任审计。

农业与资源环保审计　根据省审计厅的统一安排，对黄冈市英山县、蕲春县开展扶贫资金交叉审计。对市林业局预算执行及财务收支情况、十堰市农业机械管理局局长任期经济责任、武当山扶贫资金进行审计。

固定资产投资审计　按照全市经济工作会议要求，先后对汉十高铁十堰北广场等28个项目开展跟踪审计，涉及总投资37.99亿元，提出整改意见和审计建议18条。组织完成东环一级公路污水工程等36个结算审计，审减工程造价2.16亿元。组织完成京能热电土地附着物补偿等4个补偿调查类审计，审计涉及资金3374.44万元，向市纪委和相关部门移送案件线索9件。

民生资金（项目）审计　对全市10个县（市、区）2015年至2016年惠民资金管理使用情况进行审计。按照省审计厅的统一安排，对蕲春、英山扶贫资金，随州市第二中学，监利县医疗保障和低保资金进行交叉审计。对市本级和丹江、房县等7县市区保障性安居工程，市属6所公立幼儿园和1所中职学校，市本级和6县市区利用国际贷款农发项目，市本级和地方教育费附加进行审计。

信息化建设　推进金审工程三期建设。完成社保联网审计验收工作，部署审计模型153个。组织人员采集全市332个一级和二级预算单位的电子数据，数据量达到1200G，实现审计数据的全覆盖。

相关工作　十堰市审计局被推荐为全国文明单位。保障房审计、经济责任审计、“七五”普法等11项工作经验在审计署或者省审计厅有关会议上进行交流。“一线三维＋”审计质量管理经验被《中国审计》杂志作为封面文章刊载。在市纪委、市委组织部有关市直机关领导班子作风状况和履职尽责情况检查中，分别被评为良好、优秀等次。

内部审计　全市有内部审计协会单位会员70个，内部审计人员283人，全年完成审计项目1182个，审计总金额75.02亿元，提出并被采纳审计建议897条。

（撰稿人：杨晓峰）

【宜昌市审计局】　2017年，宜昌市审计局人员编制57人，实有56人。局长李鹏宇，副局长潘兴华、金勇、冯正宏（—10月），总审计师张宜平，党组成员刘玉清，经济责任审计局局长宋银教，政府投资审计局局长朱心诗，调研员方正国、张海燕。设有办公室、人事科、综合审理科、审计执行督查科、社会保障审计科、农业与资源环保审计科、财政审计科、行政事业审计科、金融外资审计科、经贸审计科、固定资产投资审计科共11个科室；下设经济责任审计局（事业单位，编制20人，实有18人）。

审计成果　2017年，宜昌市审计局完成审计项目111个。查出主要问题金额101.77亿元，其中违规金额37.38亿元、损失浪费金额0.52亿元、管理不规范金额63.87亿元；审计发现非金额计量问题162个；损益（收支）不实金额21.26亿元；出具审计报告和专项审计调查报告111篇。审计处理处罚金额74.57亿元，其中应上缴财政28.16亿元、应归还原渠道资金9.42亿元、应调账处理金额36.96亿元；移送司法机关、纪检监察机关和有关部门处理事项15件，涉及30人，金额5.03万元。审计促进整改落实有关问题金额4.42亿元，其中增收节支3.41亿元、已调账处理金额1.01亿元；审计促进拨付资金到位0.54亿元。审计提出建议173条，推动被审计单位建立健全规章制度34项；提交审计信息467篇。

国家重大政策措施落实情况跟踪审计　按照省审计厅统一安排，完成公安县贯彻落实国家重大政策措施情况的跟踪审计，涉及844个项目，9.8亿元财政统筹资金，21亿元上级专项资金；对10个项目18.3亿元的重大建设项目推进情况进行延伸调查。

财政审计　对宜昌市本级2016年度财政预算执行情况、宜昌市环保局等9个部门单位预算执行情况进行审计，延伸审计125个市直部门（单位），查出主要问题金额60.22亿元，向纪检监察和司法部门移送案件4起。各被审计单位高度重视审计查出的问题，宜昌市国资委等部门及时清退超标准办公用房，上缴“小金库”资金200多万元，宜昌市环保局及时追回离岗人员吃空饷资金3.8万元，部分企业审计期间归还套取的财政补助资金140万元。

经济责任审计 对13名领导干部进行经济责任审计，查出主要问题金额5.12亿元。宜昌市纪检部门依据审计结果问责追责88人，其中纪律处分25人、责令接受组织调查9人、移送司法机关1人。

固定资产投资审计 完成政府投资审计项目69个，审核工程投资额26.62亿元，审减工程投资额0.66亿元。审计查出主要问题金额1.59亿元。其中跟踪审计现场提出审计建议243条，建设单位采纳整改214条。

民生资金（项目）审计 完成保障性安居工程跟踪审计项目5个，审计专项资金总额16.68亿元，查出主要问题金额0.64亿元，移送案件线索5件，涉案金额1823.03万元，涉案人员13人。完成8家公立医院2016年度收费政策执行和财务管理情况审计，查出主要问题金额4.74亿元，向宜昌市委、市政府提交审计情况反映1篇，宜昌市委书记、市长均作出批示。

信息化建设 完成采集和转换86个部门382个单位的411套财务电子数据，累计建立5大类50套行业数据库。在宜昌市本级部门预算执行审计项目中，编写46个审计模型，筛查出3000多个疑点。在省审计厅组织的2017年度审计创新案例评审中，宜昌市审计局提交4篇，取得2篇优秀、1篇入选的好成绩。（撰稿人：潘　丽）

【襄阳市审计局】 2017年，襄阳市审计局机关行政编制54人，实有50人；工勤人员编制4人，实有4人。党组书记、局长张珍，副局长柏松俊、胡国志、王洪波、余淑琴，总审计师潘武森。设有办公室、综合科、法规和执行科、审理科、信息化建设科、离退休人员工作科、财政金融审计科、行政事业审计科、经贸审计科、农业和资源环保审计科、社会保障审计科、外资运用审计科、人事监察科等13个职能科室；下设2个直属事业单位：市经济责任审计局（人员编制30人，实有29人）、市政府投资审计局（人员编制25人，实有21人）。

审计成果 2017年，襄阳市县两级审计机关完成审计项目381个。查出主要问题金额284.28亿元；出具审计报告和专项审计调查报告356篇。审计处理处罚金额53.97亿元，其中应上缴财政3.34亿元、应减少财政拨款或补贴5.61亿元、应归还原渠道资金8.7亿元、应调账处理金额35.66亿元；移送司法机关、纪检监察机关和有关部门处理事项116件。审计提出建议898条；提交审计信息3952篇。

襄城区审计局实施的襄城区粮食信贷资金使用及政策性粮食库存情况审计、保康县审计局实施的保康县马桥镇党委书记镇长经济责任审计2个项目，被省审计厅评为优秀审计项目一等奖。襄阳市审计局实施的老河口市2015年至2016年6月医疗保险基金审计、恩施市委书记市长经济责任审计2个项目，分别被省审计厅评为优秀审计项目二等奖、三等奖。老河口市审计局实施的老河口市仙人渡镇党委书记镇长的任期经济责任审计项目，被省审计厅评为优秀审计项目三等奖。

国家重大政策措施落实情况跟踪审计 按照省审计厅的统一安排，组织对荆门市东宝区贯彻落实国家重大政策措施情况进行跟踪审计。完成市本级及全市稳增长促改革调结构惠民生防风险政策措施落实情况的跟踪审计及汇总工作。

财政审计 组织对市本级财政（预算执行）审计，查出部分财政代编预算规模过大、追加预算多、预算安排未充分考虑上年结余等3大类12个方面问题。完成市直78个一级预算单位审计全覆盖，运用大数据审计技术，比对筛选整理出35大类问题2313条疑点。开展襄州区、高新技术产业开发区2016年财政预决算及财政收支管理情况审计，查出财政决算草案编制、预算编制与执行、财政资金管理、财政政策执行及管理等4个方面的问题。

经济责任审计 襄阳市审计局完成市本级领导干部经济责任审计项目28个。按照省审计厅的统一安排，完成安陆市书记、市长经济责任审计，参与省审计厅组织的对武汉科技大学党委书记、校长经济责任审计等3个项目。制定《襄阳市领导干部经济责任问责操作规程》，建立专题会议、工作台账备案、结果督办等3项问责制度。

民生资金（项目）审计 组织对全市2016年度保障性安居工程审计，发现在目标任务完成、项目建设管理、财税和金融政策落实、资金筹集管理和使用、住房管理分配使用监管等5个方面存在的问题，汇总上报审计情况和统计资料，代市政府起草整改情况报告。

组织完成宜城市、老河口市、枣阳市、襄州区扶贫资金审计。组织完成全市2017年度住房公积金缴存、使用、管理、效益情况及信息系统运行情况联网审计。完成对襄阳市2017年度基本养老保险、基本医疗保险基金的征缴、管理、支付情况的联网审计。组织对襄阳市中心医院城市公立医院综合改革政策落实情况及2016年度财务管理实施审计。

按省审计厅的统一安排，组织对十堰市郧西县、黄冈市红安县、孝感市大悟县扶贫专项资金的交叉审计，查出滞留、虚报、骗取扶贫专项资金等违法违纪问题，郧西县79人被追责问责；组织对随县小型病险水库除险加固专项资金开展交叉审计、对麻城市本级2016年度城市低保资金、农村低保资金和医疗救助资金开展审计、对荆门市第一中学2015—2016年度收费政策执行及财务管理进行审计。

农业与资源环保审计　组织对全市审计系统开展水资源资产管理和生态环境保护情况审计，重点审计各地水利局、环保局、财政局等单位，延伸审计调查政府办、发改局、建设局、城管局、畜牧兽医局等单位，抽查37个镇（办事处），实地踏勘河流84条、水库87座、采沙点26个、企业20家、污水处理厂11个、垃圾处理填埋场8个，查出违规侵占水面、违规采沙、违规排污等9类问题，提出整改建议5条。

外资运用审计　按省审计厅统一安排，组织完成亚洲开发银行贷款黄石市水污染综合治理、德国政府贷款湖北森林资源可持续经营2个项目的财务收支及项目执行情况审计。组织对利用法国开发署贷款东津新区水污染综合治理一期工程项目的审计。

信息化建设　在财政预算执行审计中首次组织各县（市、区）统一采集转换数据、统一建模集中分析，业务科室核查疑点。在社保联网审计中，按照“先统后分，统分结合”的模式，统一采集全市社保基金数据，为县（市、区）审计局分配权限并建立账号，开展社保数据动态监测。通过信息系统安全等级保护三级测评。

（撰稿人：马　波）

【鄂州市审计局】　2017年，鄂州市审计局人员编制54人，实有47人。局长李志鹏，副局长周锦文、范金双、高兴周（6月—），总审计师许志勤，经济责任审计局局长刘冰文（6月—），政府投资审计局局长黄永忠，调研员肖运香、李向平。设有办公室、综合信息科、法规科、财政金融审计科、行政事业审计科、农业与资源环保审计科、经贸审计科、社会保障审计科、人事教育科、计算机审计科、自然资源资产审计科、直属分局；下设经济责任审计局、政府投资审计局。

审计成果　2017年，鄂州市审计局完成审计和专项审计调查项目56个。促进落实问题整改金额达21.48亿元，审减政府投资2.17亿元。移送案件线索15件。促进依法依规处理处分和追责问责30人。

国家重大政策措施落实情况跟踪审计　统筹部署调配全市、区两级审计机关审计力量，共抽调62人次，完成全省统一组织实施的重大政策落实跟踪审计、扶贫审计、水利项目审计、重点高中审计、保障性安居工程审计、医保基金审计等项目20个。

财政审计　对市本级税收政策执行和市直77个部门单位预算执行等情况实现审计监督全覆盖，促进落实整改问题金额8.04亿元。根据审计发现的问题市财政局出台《关于市直2018年零基预算改革实施意见》，将77个市直部门当年调用上年结余结转资金1.55亿元，纳入2018年预算；对4个部门项目支出预算无具体支出对象和内容的227.2万元予以收回。

经济责任审计　根据市委组织部的委托，对15个部门单位的22名领导干部实施经济责任审计，促进其任期内所在单位落实问题整改金额2.81亿元，提请对16名被审计对象进行问责。开展梁子湖区水资源资产和水生态环境保护、鄂城区森林资源资产、华容区土地资源资产审计，促使有关部门对7个影响生态环境保护的问题进行查处和整改。

固定资产投资审计　市审计局组织实施政府投资项目审计20个，审计资金总额18.65亿元，审减金额2.15亿元。市政府办印发《鄂州市加强和改进新形势下政府投资审计工作的意见》，规定市本级政府投资审计项目实行分类管理：财政预算内投资项目、国有资本占控股地位的企业、政府投融资平台公司投资建设的重大公共设施和基础设施工程投资额在1000万元以上的建设项目以及市政府年度重点建设项目为一类项目，由审计机关依照法定程序直接组织实施审计；其他二类、三类项目一般由建设单位内部审计部门或自行聘请有资质的社会中介机构进行审计，审计机关视情况进行重点抽审。

相关工作 鄂州市审计局保持“全国文明单位”荣誉称号；获得“全市目标责任制考核先进单位”“党建工作先进单位”“社会管理综合治理优胜单位”“全省审计工作年度量化考核优秀”等称号。

（撰稿人：周红兵）

【荆门市审计局】 2017年，荆门市审计局行政编制33人，事业编制34人，工勤编制1人；实有68人。局长谢继先，副局长刘海泉、张汉城、刘洪斌，总审计师周军，经济责任审计局局长陈晓东，政府投资审计局局长金涛，工会主席吴波粼，调研员肖正兰、祝军、吴玉金、李亚林，副调研员马忠玲。设有办公室、综合科、法规审理科、人事科、财政审计科、行政事业审计科、社保审计科、金融外资审计科、经贸审计科、农业与资源环保审计科；下设荆门市经济责任审计局、荆门市政府投资审计局、荆门市计算机审计中心3个事业单位。

审计成果 2017年，荆门市审计局完成审计项目169个。查出主要问题金额56.54亿元，其中违规金额4亿元、损失浪费金额547万元、管理不规范金额52.48亿元；审计发现非金额计量问题413个；损益（收支）不实金额11.93亿元；出具审计报告和专项审计调查报告169篇。审计处理处罚金额8.92亿元，其中应上缴财政5.52亿元、应减少财政拨款或补贴2.86亿元、应归还原渠道资金646万元、应调账处理金额4714万元；移送司法机关、纪检监察机关和有关部门处理事项16件，涉及5人、金额3.42亿元。审计促进整改落实有关问题金额3.85亿元，其中增收节支3.53亿元、已调账处理金额2196万元；审计后挽回（避免）损失2.86亿元。审计提出建议200条；推动完善规章制度14项。提交审计信息812篇。

国家重大政策措施落实情况跟踪审计 完成市本级2016年四个季度国家重大政策措施落实情况跟踪审计，查出涉及财政资金统筹不到位、专项资金使用不规范、部分重大项目推进不力等问题。根据省审计厅的统一安排，完成随州市曾都区2016年度国家重大政策措施落实情况跟踪全省交叉审计。

财政审计 对11个部门预算执行情况进行审计，查出少计少缴税费、违规采购、违规发放津补贴或物资等违纪违规问题。完成对荆门市公安局安平驾校财务收支、荆门市公安局恒昌公司财务收支、荆门市外国语学校资产专项审计调查等38项市委市政府交办的涉及审计业务的工作任务，摸清被审计单位的资产债务及财务收支情况。

经济责任审计 完成经济责任审计项目11个，全市纪检监察机关根据经济责任审计结果，共追责问责28人。出台《荆门市领导干部自然资源资产离任审计指南（试行）》《委托内部审计机构开展经济责任审计操作要求》。

固定资产投资审计 完成政府投资审计项目143个，审减金额3.81亿元。修改完善《荆门市市级政府投资审计监督办法》，印发《荆门市审计局关于完善和规范政府投资审计工作的通知》，取消政府投资审计简易程序。严格实行政府投资审计资料交接和审计职责分离、限时预警管理、集中会审、审计结果复核复审等制度，防范投资审计风险。

民生资金（项目）审计 参与全省扶贫资金审计，查出财政扶贫资金结存大、资金使用分散、农村最低生活保障制度与扶贫开发政策衔接不到位、健康扶贫和教育扶贫政策落实不到位等问题。根据省审计厅的统一安排，完成城镇保障性安居工程审计，宜昌市远安、五峰两县精准扶贫资金审计，十堰市省级重点高中收费政策执行及财务收支管理审计，襄阳市襄州区城乡最低生活保障资金和医疗救助资金审计，广水市小型病险水库除险加固资金审计等民生资金审计项目。

外资运用审计 完成省审计厅统一组织的德国政府贷款钟祥森林可持续经营项目审计。

企业审计 完成湖北金龙泉集团股份有限公司、湖北宝源集团、荆门市交投公司等企业的资产负债损益审计。

信息化建设 建立“县市区审计局—市级审计局—被联网单位”联网审计模式，实现财政数据集中采集、转换和上线。搭建全市审计机关统一运维管理平台，由管理端监测全市审计人员计算机终端的安全情况，有效提升安全防护水平。

党建工作 制订《推进“两学一做”学习教育常态化制度化实施方案》，利用“三会一课”、中心组学习等活动机会，组织党员干部职工深入学习《准则》《条例》和党的基本理论，让党员干部职工牢固树立政治意识、大局意识、核心意识、看齐意识。坚持将党风廉政建设和审计业务工作一同纳入重要议事日程，进行专题研究部署。坚持“三分督廉模式”，落实审计一线廉政监督“三必到”，确保廉政监督全覆盖。

相关工作 顺利通过验收，荆门市审计局再次被评为全国文明单位，保持湖北省级文明单位的荣誉。荣获全省审计统计、信息化工作先进单位等各项荣誉近30项。

内部审计 对荆门市内部审计师协会会员单位开展调研检查，进行业务指导，向相关部门提出加强内部审计工作的意见和建议23次。中国人民银行荆门市中心支行内部审计科高博荣获“全国内部审计先进工作者”称号，湖北新洋丰肥业股份有限公司审计监察部荣获“全省内部审计优秀单位”称号。

（撰稿人：贺婷婷）

【孝感市审计局】 2017年，孝感市审计局人员编制65人，实有56人。党组书记阳明军，局长金正谋，副局长田卫民、梁和平、褚艺红、杨辉，总审计师陈国庆，经济责任审计局局长彭斌，副调研员朱耀琴、杨爱国、黄惠芬。设有党群工作科、综合科、法制与审理科、财政审计科、金融外资审计科、行政事业审计科、农业与资源环保审计科、社会保障（挂经贸审计科牌子）审计科；下设经济责任审计局、政府投资审计局、直属分局、计算机审计信息中心。

审计成果 2017年，孝感市县两级审计机关完成审计项目480个。查出主要问题金额91.92亿元，其中违规金额11.61亿元、损失浪费金额78万元、管理不规范金额80.3亿元；出具审计报告和专项审计调查报告504篇。审计处理处罚金额48亿元；移送司法机关、纪检监察机关和有关部门处理事项20件。向社会公告审计结果53篇。

孝感市审计局组织实施的云梦县经济开发区主任经济责任审计项目，被省审计厅评为优秀审计项目三等奖。

国家重大政策措施落实情况跟踪审计 组织并完成市本级和黄冈武穴市政府及相关部门“稳促调惠防”政策措施落实情况审计。

财政审计 组织完成孝感市本级财政预算执行和财政决算草案审计，实现对市本级79个部门及其所属168个二、三级单位审计全覆盖。

经济责任审计 组织完成对市工业学校、市教育局、市财政局等16名党政主要领导干部经济责任审计。按省审计厅的要求，完成孝南经济开发区工委书记、管理委员会主任自然资源资产离任审计。

固定资产投资审计 组织并完成市政府交办的政府投资建设项目前期费用、招标控制价、工程竣工结（决）算审计项目103个，审计预算及投资总额37.22亿元，审计核实额34.12亿元，审减额3.1亿元。

民生资金（项目）审计 组织完成省审计厅统一安排的2016年度保障性安居工程跟踪审计，广水市2016年城乡最低生活保障资金和医疗救助资金审计，全市2016年新型农村合作医疗大病保险专项资金收支审计，市本级双峰山、咸宁市崇阳县、通山县扶贫资金审计。

外资运用审计 组织完成市临空经济区世界银行贷款湖北物流基础设施建设项目公证审计以及德国政府贷款安陆森林经营项目公证审计。

党建工作 孝感市审计局机关扎实开展“两学一做”活动，构建主要领导、班子成员、科室负责人、工作人员4个层级的目标全覆盖管理模式。开展党建工作先进单位、红旗党支部、活力机关创建活动。

相关工作 配合完成省审计厅关于农业供给侧结构性改革的影响及对策审计调研、参与省审计厅关于数字化审计分析、全省投资审计质量大检查等工作。孝感市审计局荣获全国文明单位、湖北省“六五”普法先进单位、孝感市党风廉政建设优秀单位等多项荣誉。

内部审计 孝感市有专兼职内部审计机构446个，配备内部审计人员1311人。完成内部审计项目3335个，审计总金额3.65亿元，促进增收节支2.1亿元，提出的审计建议意见被采纳4219条。 （撰稿人：胡玲玲）

【荆州市审计局】 2017年，荆州市审计局人员编制83人，实有74人。局长胡祥英，副局长李翠峰、黄发斌、吴方俊，总审计师杨光忠，工会主席王诗银，机关党委书记周祖兵。设有办公室、人事科、综合科、法规科、机关党委、财政金融审计科、行政事业审计科、经贸审计科、农业与资源环保审计科、社会保障审计科、固定资产投资审计科、外资运用审计科、计算机审计科、派出一科、派出二科、派出三科、派出四科、派出五科、经济责任和政府投资审计局等19个科（室、局）。

审计成果 荆州市县两级审计机关完成审计项目262个。查出主要问题金额254.44亿元，其中违规金额9.43亿元、管理不规范金额244.91亿元；审计发现非金额计量问题535个；损益（收支）不实金额1.39亿元；出具审计报告和专项审计调查报告302篇。审计处理处罚金额15.82亿元，其中应上缴财政1.6亿元、应减少财政拨款或补贴431.11万元、应归还原渠道资金7691.08万元、应调账处理金额13.21亿元；移送司法机关、纪检监察机关和有关部门处理事项124件，涉及213人，金额1662.56万元。审计促进整改落实有关问题资金11.06亿元，其中增收节支4466.09万元、已调账处理金额10.61亿元；审计后挽回（避免）损失1411.04万元。审计提出建议846条；推动完善规章制度210项；提交审计信息2502篇。

荆州市审计局和监利县审计局联合实施的公安县医保基金审计项目，被审计署评为全国医保基金审计优秀项目。全市有7个项目被省审计厅评为优秀审计项目1个，一、二、三等奖各2个。

国家重大政策措施落实情况跟踪审计 在稳增长政策措施落实跟踪审计中，揭示和反映政策执行中的违纪违法违规行为，加大对审计发现问题的整改力度。按照省审计厅的统一安排，实施全省“稳促调惠防”交叉审计项目中，借力大数据分析揭示某县违规发放创业担保贷款的情况，根据审计结论，有5人被立案审查，5人受到政纪处分。

财政审计 开展预算执行审计，密切关注财政政策贯彻落实、财政存量资金盘活、专项资金统筹整合等情况。

经济责任审计 对124名领导干部开展经济责任审计。荆州市审计局移送案件线索6件，立案11人，受到党纪处分4人、被追究刑事责任4人。开展自然资源资产离任审计，统筹利用各方面的专项装备、专业人才、专业科技手段和专业数据信息等资源，整合优势、形成合力，以新的“技审”工作方法推动审计有效实施，使审计结果专业、准确、权威。

固定资产投资审计 提请市政府出台《荆州市政府投资审计办法》，为荆州市政府投资审计工作提供指导规范。完成各类投资项目529个，涉及投资总金额65.07亿元，为政府直接节约建设投资6.65亿元，移交案件线索6件，涉及金额6506.44万元。采用公开招标的方式，择优选聘中介机构参与投资项目审计。

民生资金（项目）审计 派出多个审计组参与省审计厅统一组织的各项民生事项交叉审计任务，完成长阳、团风、麻城等地的扶贫资金专项审计，恩施州高级中学收费政策执行审计。完成全市保障性安居工程跟踪审计，移送案件线索10件。荆州市审计局开展荆州经济技术开发区、纪南生态文化旅游区扶贫资金审计，纠正违规使用、使用效益不充分等问题资金421.86万元。

农业与资源环保审计 按照省审计厅的统一安排，完成阳新县病险水库审计，查出违法转包分包等问题金额2267.4万元，移交案件线索1件，审计整改追责5人次。

外资运用审计 完成世界银行贷款荆州古城修复与保护项目审计，重点审查2016年及以前年度管理费使用情况、5个采购项目招投标程序，履行“对外公证”“对内监督”的审计职责，保证外资的正确运用。

信息化建设 完成审计数据中心、数据分析室的改造升级，审计专网信息系统安全等级保护三级测评和备案。预算执行审计数据库建设进一步完善，集中存放200余家预算单位的财务、业务数据。

相关工作 以推进“两学一做”学习教育常态化制度化为契机，加大审计队伍教育培训力度，荆州市审计局连续举办多场全市审计系统集中培训，参训3740余人次。市县两级审计机关结合中心工作精心组织各项主题活动，开展党建、党风廉政、文明创建活动，增强向心力、凝聚力，营造审计机关团结向上的和谐氛围。坚持全市审计工作“一盘棋”，实行市县捆绑联动，分片督导，强化项目统筹和业务指导。加强量化考核过程管理，通过定期通报审计成果、晒实绩、比业绩，增强全体审计人员工作的积极性、主动性和能动性。参与精准扶贫、社会治安综合治理、社区党建帮扶、“五城同创”、“双万”等中心工作，帮助群众办实事、解难事，树立审计机关良好的社会形象。荆州市审计局在全省审计工作量化考核中连续第3年获评全省优秀等次。

内部审计 印发《荆州市内部审计2017年工作要点》，对全市内部审计机构建立、人员配置及内部审计工作开展情况进行普查，初步建立内部审计工作定点联系制度和考核评价制度。全市8个县市区均成立内部审计协会。推荐的1人获全国内部审计先进工作者。（撰稿人：龚倩芸）

【黄冈市审计局】 2017年，黄冈市审计局人员编制54人，实有48人。局长叶俊甫，副局长董瑞成、郭教育、张立平、缪丞，总审计师雷友华，纪检组长张飞雄，党组成员舒迎进，经济责任审计局局长周少勤。设有财政审计科、金融审计科、行政事业审计科、社会保障审计科、固定资产投资审计科、农业与资源环保审计科、经贸审计科、外资审计科、办公室、政工科、综合法规科；下设市经济责任审计局、计算机中心。

审计成果 2017年，黄冈市县两级审计机关完成审计项目490个。查出主要问题金额987640万元，其中违规金额133396万元、管理不规范金额853953万元；审计发现非金额计量问题445个；损益（收支）不实24688万元；出具审计报告和专项审计调查报告490篇。审计处理处罚金额464879万元，其中应上缴财政48970万元、应减少财政拨款或补贴18934万元、应归还原渠道资金152391万元、应调账处理金额210179万元；移送司法机关、纪检监察机关和有关部门处理事项63件，涉及72人、金额211083万元。审计促进整改落实有关问题资金104089万元，其中增收节支90094万元、已调账处理金额12459万元。审计促进拨付资金到位90680万元；审计后挽回（避免）损失19958万元。审计提出建议1899条；提交审计信息1276篇。向社会公告审计结果15篇。

黄冈市审计局实施的通城县2016年度扶贫政策落实和扶贫资金管理使用情况审计项目，被省审计厅评为优秀审计项目三等奖。

国家重大政策措施落实情况跟踪审计 组织对全市稳增长等政策措施落实情况进行跟踪审计，根据省审计厅的统一安排，派出审计组对安陆市统筹整合使用财政资金相关政策措施落实情况进行交叉审计。

财政审计 组织对239个财税部门和行政事业单位预算执行、财务收支情况进行审计，查出主要问题金额687191万元。

经济责任审计 对195名领导干部开展经济责任审计，查出违规、管理不规范和损失浪费问题金额5.2亿元。参与省审计厅组织实施的中科院湖北分院、武汉铁路职业技术学院主要领导经济责任审计。组织开展团风、红安、麻城、罗田、浠水、蕲春、武穴、黄梅等8个县市的乡镇及部门党政主职领导自然资源资产审计。

固定资产投资审计 市县两级审计机关对688个政府投资建设项目进行竣工决算或拦标价审计，核减投资额90119.04万元。黄冈市审计局对25个政府投资项目进行审计，核减投资额976万元。根据省审计厅的统一安排，派出审计组实施襄州区小型病险水库除险加固工程审计。

民生资金（项目）审计 组织开展全市保障性安居工程项目审计，根据省审计厅的统一安排，派出审计组实施通城县、竹山县、竹溪县扶贫资金，恩施市城乡最低生活保障和城乡医疗救助资金，襄阳四中收费政策执行及财务管理，亚洲开发银行贷款黄冈城市环境综合治理等审计项目。

相关工作 全面从严治党向纵深发展，推进“两学一做”学习教育常态化制度化，结合实际抓好“支部主题党日＋”、审计组临时党支部、党员主审工程和“青年读书会”等党建活动。将精准扶贫作为“两学一做”主战场，派出大量人力开展驻点扶贫和结对帮扶工作。压紧压实党风廉政建设主体责任，大力加强廉政教育、管理和督查等工作，实行外派审计组“党建＋廉政”台账管理。黄冈市审计局获得省审计厅量化考核优秀等次，在市政府目标责任考核中获得优秀等次。

（撰稿人：柯　鹏）

【咸宁市审计局】　2017年，咸宁市审计局人员编制73人，实有65人。党组书记、局长陈礼高，副局长王三国、付冬、余梅枝（6月—）、廖志军，总审计师李真丽，经济责任审计局局长陈卫军，政府投资审计局局长潘和，调研员熊振兴（6月—）、李德春（9月—），副调研员江红、洪新世（4月—）、栾克萍（5月—）、徐咏梅（6月—）。设有办公室、人事科、综合科、法规科、财政审计科、金融外资审计科、行政事业审计科、农业与资源环保审计科、固定资产投资审计科、社会保障审计科、经贸审计科、高新区派出审计科、自然资源资产离任审计科、离退休干部科、信息技术科；下设经济责任审计局、政府投资审计局2个直属单位和内部审计协会、审计学会2个社团组织。

审计成果　2017年，咸宁市县两级审计机关完成审计项目272个。查出主要问题金额53.95亿元，其中违规金额5.37亿元、管理不规范金额48.59亿元；审计发现非金额计量问题249个；损益（收支）不实金额2.04亿元；出具审计报告和专项审计调查报告272篇。审计处理处罚金额21.59亿元，其中应上缴财政1.45亿元、应减少财政拨款或补贴2642万元、应归还原渠道资金6.39亿元、应调账处理金额13.31亿元；移送司法机关、纪检监察机关和有关部门处理事项56件，涉及365人、金额2728万元。审计促进整改落实有关问题金额19.62亿元，其中增收节支7.16亿元、已调账处理金额12.25亿元；审计促进拨付资金到位3.28亿元；审计后挽回（避免）损失3.25亿元。审计提出建议768条；推动完善规章制度3项；提交审计信息2040篇。

湖北省九宫山国家级自然保护区管理局2013—2015年度财政财务收支审计项目，被审计署评为表彰审计项目，被省审计厅评为优秀审计项目特等奖。

国家重大政策措施落实情况跟踪审计　按照省审计厅的统一安排，完成荆州市江陵县政策措施落实情况、咸宁市本级重大政策措施落实情况的交叉跟踪审计。

财政审计　完成市本级财政预算执行和财政决算、税收征管及10个部门单位的预算执行审计，对202个市直预算单位银行账户管理使用情况开展审计全覆盖，揭示18个方面存在的问题。

经济责任审计　完成经济责任审计项目25个，其中市直单位负责人经济责任审计项目11个，授权6个县市区审计局开展乡镇党政领导经济责任审计项目12个。根据省审计厅的临时安排，开展对省法制办党组书记、潜江市党政领导的2个经济责任审计项目。

固定资产投资审计　完成政府投资审计项目122个，送审金额13.44亿元，审定金额11.16亿元，审减金额2.28亿元。印发《咸宁市政府办公室关于依法开展政府投资审计工作的意见》。完成援疆资金审计项目。

民生资金（项目）审计　按照省审计厅的统一安排，完成仙桃市重点中学收费政策执行及财务管理，来凤县、鹤峰县、咸安区、嘉鱼县、赤壁市扶贫资金，丹江口市小型病险水库除险加固，天门市城乡最低生活保障和城乡医疗救助资金，崇阳、通城、通山城镇保障性安居工程、卫计系统基础设施专项资金等交叉审计项目。

信息化建设　更新全市财政、税收、社保、公积金数据，增加全市财政供养人员、新农合及房管部门数据和使用网络版集中核算财务软件的市直108家部门核算数据。部署全市财政联网审计一体化平台。

相关工作　组织学习十九大报告、新《党章》。扎实开展“主题党日”活动12期，开展审计业务交流、职称晋级交流、先进典型交流及经典诵读和“述学述做”等一系列活动。创建“红旗党支部”，机关第一支部被市直机关工委评为“红旗党支部”。层层压实三级主体责任，构建明责、亮责、查责、述责、考责、追责“六位一体”的责任落实链条。开展党风廉政宣教月活动、执行审计“八不准”为主要内容的廉政巡查和“工作不实、弄虚作假”专项整治。先后15次组织到通山县扶贫点长滩村入户调查、结对帮扶，筹集资金新建饮水沟、水堰等饮水工程，硬化公路6.8公里，对水果基地苗木进行更新换代3万余株。（撰稿人：金显威）

【随州市审计局】 2017年，随州市审计局行政编制33人，事业编制3人，以钱养事4人；实有人员42人。局长黄安一（—3月）、张道亮(4月—)，副局长廖朝宏、敖殷、齐新月，总审计师刘大江，经济责任审计局局长敖宏伟，政府投资审计局局长沈勇（—10月），副处级调研员黄旭洪、曾琼枝、郭芸。设有办公室、综合科、政工人事科、法规科、财政外资审计科、投资审计科、社会保障资金审计科、行政事业审计科、金融经贸审计科、农业资源环保审计科、计算机电子数据审计科等11个职能科（室）；下设政府投资审计局、经济责任审计局。

审计成果 2017年，随州市审计局完成审计项目156个。查出主要问题金额21.16亿元，其中违规金额2.26亿元、损失浪费金额95万元、管理不规范金额18.89亿元；审计发现非金额计量问题72个；损益（收支）不实金额2427万元；出具审计报告和专项审计调查报告156篇。审计处理处罚金额9.57亿元，其中应上缴财政43万元、应减少财政拨款或补贴33万元、应归还原渠道资金4.52亿元、应调账处理金额5.03亿元；移送司法机关、纪检监察机关和有关部门处理事项3件，涉及23人。审计促进整改落实有关问题金额8928万元，其中增收节支6097万元、已调账处理金额2831万元；审计促进拨付资金到位4.22亿元。审计提出建议138条；推动完善规章制度27项；提交审计信息169篇。向社会公告审计结果16篇。

随县医疗保险基金审计项目被省审计厅评为优秀审计项目二等奖。

国家重大政策措施落实情况跟踪审计 审计相关单位23个，抽审资金2.46亿元，涉及问题金额5470.51万元。

财政审计 实现部门预算执行审计全覆盖，各单位财经管理工作逐步规范和强化，“三公”经费和会议费支出总额同比下降。

经济责任审计 对10个单位的主要领导干部开展经济责任审计。完成2个单位的自然资源资产审计。

固定资产投资审计 完成109个政府投资建设项目造价审计，审减资金1.22亿元。

民生资金（项目）审计 开展随州市城镇保障性安居工程跟踪审计、大洪山风景名胜区管理委员会扶贫审计。

信息化建设 报请市政府出台《随州市审计电子数据报送暂行办法》和《随州市联网审计实施暂行办法》，对随州市住房公积金管理中心信息系统实施审计，探索信息系统审计方式方法。

相关工作 实施以“提神聚气、提能增效、提质争位，创和谐文明高效审计机关”为主题的“三提一创”工程，有效提振审计干部的“精、气、神”。发挥党建引领作用，搭建“双周政治教育”学习平台，采取轮流主讲、微党课、分享学习体会、读书推荐、撰写读后感等形式，引导党员干部进一步提升政治站位、强化责任担当。深入开展精准扶贫，为驻点村争取土地平整项目投资6000余万元，新建7座50千瓦太阳能光伏发电机组、500亩小龙虾养殖基地和1万只肉兔养殖基地，并将所有贫困户全部纳入产业扶贫受益范围。随州市审计局顺利通过复核，保持省级文明单位荣誉称号，被随州市委、市政府评为全市目标责任考核优胜单位、社会治安综合治理优胜单位。（撰稿人：姚其春）

【恩施土家族苗族自治州审计局】 2017年，恩施土家族苗族自治州审计局人员编制51人，实有45人。局长彭元洪，副局长李东平、徐青安、蔡泽慧，总审计师陈宏，经济责任审计局局长杨岸军，副调研员向东红。设有办公室、政工人事科、综合与法规科、财政金融审计科、行政事业审计科、经贸审计科、农业与资源环保审计科、社会保障审计科、固定资产投资审计科、外资运用审计科、经济责任审计局；下设州政府投资审计局、州计算机审计中心2个事业单位。

审计成果 2017年，恩施土家族苗族自治州（以下简称恩施州）两级审计机关完成审计项目318个。查出违规、损失浪费、管理不规范金额

111.66亿元。审计处理处罚金额18.25亿元。审计促进整改落实有关问题资金3.93亿元。提出审计建议470条，被审计单位制定整改措施42项；提交审计专题、综合性报告和信息简报1197篇次。

恩施州审计局组织实施的州本级2015年度预算执行及其他财政收支审计项目，被省审计厅评为优秀审计项目。

国家重大政策措施落实情况跟踪审计 持续开展供给侧结构性改革和“稳促调惠防”政策措施落实情况跟踪审计，重点审计“放管服”改革推进情况、清理偿还政府欠款情况、财政存量资金有效使用情况和重大建设项目推进实施情况等，发现和纠正有令不行、有禁不止等行为。

财政审计 开展预算执行审计，查出主要问题金额109.85亿元。通过整改，纠正预算编制、预算执行、资金使用等方面存在的问题。

经济责任审计 对67名领导干部开展经济责任审计，查出问题资金9.03亿元，移送纪检监察部门问题线索24件，涉及人员19人，被审计单位采纳审计建议96条。开展8个自然资源资产离任审计项目，审计查出土地资源、森林资源、水资源、矿山生态环境保护和恢复治理等方面违法违规问题近40个。

民生资金（项目）审计 组织开展扶贫审计、城镇保障性安居工程审计，审计发现挤占挪用安居工程专项资金1527万元、安居工程建设管理不规范以及健康教育扶贫政策落实不到位等问题。通过整改，进一步落实党和国家的民生政策，推进发展成果共享。 （撰稿人：胡绍宇）

【仙桃市审计局】 2017年，仙桃市审计局人员编制44人，实有45人。党组书记丁俊林，局长王万琼，副局长张文杰、杨新华、杨成红、邓飞、邱美，总审计师邓飞（兼），工会主席李红艳。设有办公室、综合科、法规审理科、计算机中心、财政审计科、金融外资审计科、行政事业审计科、经贸和社会保障审计科、农业与资源环保审计科、经济责任审计科、固定资产投资审计科等11个职能科（室）；下设经济责任审计局、投资审计中心（事业单位）。

审计成果 2017年，仙桃市审计局完成审计项目30个。查出主要问题金额28.93亿元；其中违规金额4915万元、损失浪费金额1405万元、管理不规范金额28.3亿元；审计发现非金额计量问题146个；损益（收支）不实金额412万元；出具审计报告和专项审计调查报告40篇。审计处理处罚金额30.91亿元，其中应上缴财政38万元、应减少财政拨款或补贴1269万元、应归还原渠道资金10.04亿元、应调账处理金额20.43亿元；移送司法机关、纪检监察机关和有关部门处理事项11件，涉及13人、金额1834万元。审计促进整改落实有关问题金额30.91亿元，其中增收节支5.63亿元、已调账处理金额20.38亿元；审计促进拨付资金到位1456万元；审计后挽回（避免）损失1308万元。审计提出建议137条；推动完善规章制度110项；提交审计信息8篇。向社会公告审计结果2篇。

武当山旅游经济特区工委书记、管委会主任期间经济责任审计项目，被省审计厅评为优秀审计项目二等奖。

国家重大政策措施落实情况跟踪审计 把加强对宏观调控政策执行情况的审计监督，促进仙桃经济平稳较快发展作为审计工作的重要任务，通过审计，指出少数单位在“放管服”改革措施落实上“数据壁垒”难打破、权责清单实行动态管理不够，少数重大项目建设进度较慢、投资完成率较低等问题。

财政审计 首次运用大数据审计方式开展部门预算执行审计，审计对象从上年度5个单位扩展到全市77个市直一级预算单位，覆盖面达100%；在审计方式上打破科室、专业、分工界限，采取一周一碰头的“会诊”工作机制，对23个专项资金量大、经济事项业务多的重点市直部门延伸审计。市人大常委会对市审计局代表市政府作的审计工作报告予以高度评价。

经济责任审计 对10名领导干部开展经济责任审计，查出各类违纪违规问题金额8213万元。对陈场镇自然资源资产情况进行同步审计，做到审计项目不分割、审计内容不分离、审计脉络不断链、审计事项不断层，力促“绿色仙桃”理念落到实处。

固定资产投资审计 围绕仙桃市委、市政府“四城同创”“开发建设南城新区”等发展战略安排审计项目，工程结（决）算审计项目累计送审金额4.16亿元，审减金额4716.1万元。修改完善《仙桃市政府投资管理办法》，进一步规范和明确审计部门的职责和任务，下半年全面退出结算审计领域，确保投资审计顺利转型。

民生资金（项目）审计 对城镇保障性安居工程、城乡最低生活保障和城乡医疗救助资金、农业机械购置补贴资金、就业专项资金、支持学前教育发展中央专项资金等进行审计，指出违规分配保障性住房、超标准发放农机补贴资金、违规改变项目资金用途等问题。根据省审计厅的统一安排，对十堰市张湾区和仙桃市本级开展扶贫资金审计，指出精准扶贫政策措施落实不到位、扶贫资金结存较大未及时发挥使用效益等问题。

信息化建设 信息系统三级等保测评及整改、数据分析室和视频会议室建设等基础建设基本完成。大数据分析在审计实践中的运用逐步深入，探索运用SQL关联分析＋EXCEL VBA技术对部门预算执行情况进行总体分析，对项目执行率、往来资金、大额支付、转账到二级单位等21个审计事项创建分析模型，为审计快速、精准、深入查核问题奠定良好基础。

相关工作 仙桃市审计局被省审计厅评为全省审计工作量化考核优秀等次、审计信息化工作先进单位、审计信息宣传工作优秀等次单位、2017年度审计宣传通联工作先进单位；被仙桃市委、市政府评为党建工作优秀单位、全市社会管理综合治理工作优秀单位。（撰稿人：昌　盛）

【潜江市审计局】 2017年，潜江市审计局行政编制18人，事业编制55人；实有75人。局长、党组书记陈庆忠（—1月）、庞大美（3月—），党组副书记张绪新，副局长周进、李先祥、袁振平，总审计师徐江红（9月—），工会主任雷春林。设有办公室、综合科、人教科、法规审理科、计算机审计科、财政金融审计科等6个职能科（室）；下设经济责任审计分局、投资审计分局、审计一分局、审计二分局、审计三分局、自然资源资产审计分局等6个事业单位。

审计成果 2017年，潜江市审计局完成审计项目49个。查出主要问题金额40.14亿元，其中违规金额1.15亿元、管理不规范金额39亿元；审计发现非金额计量问题231个；损益（收支）不实金额7564万元。审计处理处罚金额1.12亿元，其中应上缴财政2445万元、应归还原渠道资金6860万元、应调账处理金额1880万元；移送司法机关、纪检监察机关和有关部门处理事项17件。审计促进整改落实有关问题资金5.88亿元，其中增收节支4625万元，补缴入库、加快资金拨付4.7亿元，清欠、调整支出结构7194万元。审计提出建议149条；提交审计信息253篇。向社会公告审计结果2篇。

熊口管理区党政主要负责人经济责任审计项目被省审计厅评为优秀审计项目一等奖。

国家重大政策措施落实情况跟踪审计 开展潜江市2015—2016年度财政部门财政资金信息管理情况、2016年度财政资金统筹整合使用情况、2016年财政存量资金清理整合情况审计，审计清理出可整合资金2.29亿元。通过市本级预算执行审计发现在收入真实性、预算编制与执行、专项资金管理、财政存量资金清理整合、政府性基金管理等方面的问题。

财政审计 采取“集中分析、重点核查”的审计方法，对62个市直一级预算单位预算执行情况进行审计全覆盖，发现部分单位存在预算编制不够科学和规范、改变项目资金用途等问题，督促整改问题金额6亿元。完成市慈善总会2016年度财务收支等11个临时项目审计。对39个单位开展防止领导干部借公款存放谋取私利专项检查。

经济责任审计 完成28个单位29名党政领导干部的经济责任审计。开展23个部门2015年经济责任审计整改“回头看”督查工作，移送市纪委查处4人。对杨市办事处、总口管理区、龙湾镇、张金镇开展自然资源资产审计。

固定资产投资审计 完成投资审计项目342个，送审资金总额12.95亿元，审减金额1.67亿元。完成援疆资金及项目审计。

民生资金（项目）审计 根据省审计厅的统一安排，完成对潜江市城镇保障性安居工程、巴东县和潜江市2016年扶贫资金、宜昌市夷陵中学重点高中收费政策执行及财务管理、江夏区城乡最低生活保障和城乡医疗救助资金等项目的交叉审计。

信息化建设 新建数据分析室和高清视频会

议室，对机房进行更新改造。新增残疾人人口、扶贫资金审计行业数据库2个。

相关工作 通过中央精神文明委员会复评，保持“全国文明单位”荣誉称号；被潜江市委市政府评为综合考核评价工作优秀单位、全市党风廉政建设责任制工作优秀集体、社会治安综合治理优秀单位。（撰稿人：汪海滨）

【天门市审计局】 2017年，天门市审计局人员编制41人，实有37人。局长刘水平，副局长陈爱红、段茂顺、郑国宏（—3月）、蒋雄才（3月—），总审计师林茂国，经济责任审计局局长陈爱红（2月—），投资审计中心主任杨彩学。设有办公室、计算机审理中心、机关后勤服务中心、财政金融审计科、行政事业审计科、农业审计科、社会保障审计科、经贸审计科等8个科（室）；下设经济责任审计局、投资审计中心。

审计成果 2017年，天门市审计局完成审计项目39个。查出主要问题金额27.42亿元，其中违规金额2.72亿元、管理不规范金额24.7亿元；审计发现非金额计量问题24个。损益（收支）不实金额2.74亿元；出具审计报告和专项审计调查报告26篇。审计处理处罚金额2.63亿元，其中应上缴财政2.29亿元、应减少财政拨款或补贴45万元、应归还原渠道资金3429万元；移送司法机关、纪检监察机关和有关部门处理事项5件，涉及3人，金额1071万元。审计促进整改落实有关问题金额2.49亿元，其中增收节支2.49亿元；审计后挽回（避免）损失430万元。审计提出建议81条；提交审计信息26篇。向社会公告审计结果9篇。

国家重大政策措施落实情况跟踪审计 以推进国务院出台的“稳促调惠防”政策措施落实到位为目标开展跟踪审计，揭示和查处不作为、慢作为、假作为、乱作为等问题。对天门市财政存量资金清理回收和使用情况开展跟踪审计。

财政审计 对市文体局、市司法局、市畜牧兽医局等7个单位2015—2016年度财政财务收支情况进行审计，查出虚增非税收收入5761.03万元、非税收入缴户滞留土地出让金等收入2亿元、税收征管不到位等问题。

经济责任审计 对市人社局、多宝镇等14个单位部门17名党政领导干部和主要负责人任期履行经济责任情况进行审计，其中党委政府领导干部10人、政府工作部门主要负责人6人、社区党组织和社区居民委员会主要负责人1人；查出违规金额1240万元、管理不规范金额3.71亿元，侵害人民群众利益38万元，出具审计报告和审计结果报告28篇。

固定资产投资审计 对天门规划科技楼及规划展览馆项目、皂毛公路已完成工程项目等进行审计。完成15个房屋建筑工程项目、23个市政工程项目、3个水利工程项目13个公路项目的竣工决（结）审计，送审金额7.98亿元，审计核减造价7982.28万元。

民生资金（项目）审计 对天门市2016年度保障性安居工程和扶贫资金筹集、分解、拨付、管理使用及项目实施完成情况进行审计，查出虚报骗取住房保障待遇29.28万元问题、扶贫资金结存较大以及1329万元资金未及时发挥使用效益等问题。

信息化建设 按照信息系统等级保护三级备案与测评工作要求，天门市审计局投入100多万元对计算机机房进行升级改造，达到等级保护三级标准。

相关工作 天门市审计局在省审计厅组织的审计工作量化考核中位列优秀等次；被市委、市政府评为党风廉政建设、“六五”普法、社会治安综合治理等工作的优秀单位。

内部审计 天门市有内部审计机构23个，内部审计人员73人，完成审计项目35个，审计总金额5.55亿元，增收节支612万元。

（撰稿人：綦学敏）

【神农架林区审计局】 2017年，神农架林区审计局人员编制29人，实有29人。局长刘忠君，副局长刘运生、王栋梁，总审计师祝正罡。设有办公室、法规科、财政与金融审计科、经贸审计科、行政事业与外资运用审计科、农业与资源环保审计科、固定资产投资审计科7个内设机构；下设林区经济责任审计局、林区政府投资项目审计局、林区直属审计分局、计算机中心4个直属事业单位；另设立内部审计协会。

审计成果 2017年，神农架林区（以下简称林区）审计局完成审计项目 114 个。查出各类违规及管理不规范金额 21.63 亿元；出具审计报告、审计调查报告及审计情况专报 118 篇。审计投资额 2.29 亿元，审减工程投资金额 1746 万元。审计处理处罚 3174 万元；移送问题线索 1 件。

国家重大政策措施落实情况跟踪审计 完成 2016 年城镇保障性安居工程跟踪审计、2017 年“稳促调惠防”政策措施落实情况跟踪审计，提出审计建议 7 条。

财政审计 完成林区 2016 年财政预算执行及其他财政收支审计，查出各类违纪违规及管理不规范金额 14.62 亿元。完成林区地税局 2016 年度地税征管及财政收支情况审计，查出各类违纪违规及管理不规范金额 1498 万元。完成林区发改委、住建委、财政局、人社局等 15 个部门的预算执行及财务收支审计，查出各类违纪违规及管理不规范金额 531 万元。

经济责任审计 完成林区民族宗教局、住房公积金中心、档案局等 11 个单位主要领导任中经济责任审计，查出违纪违规和管理不规范金额 4794 万元。完成下谷乡党政领导干部自然资源资产离任审计，查出违纪违规和管理不规范金额 1.2 万元。

固定资产投资审计 完成下谷坪乡板桥河小流域治理项目、宋洛四级水电站技术改造工程、塔坪旅游断头路暨通村公路建设项目等政府投资项目 81 个，其中购买社会服务 46 个，审计投资额 2.29 亿元，审减工程投资金额 1746 万元。

企业审计 完成城市建设投资开发有限公司、神发水电有限公司、中小企业信用担保有限公司、神农旅游投资集团、森源环保水务公司、神林林业开发集团等 8 家区属国有企业资产负债损益及政府目标责任落实情况审计，查出违纪违规和管理不规范金额 6.22 亿元。

信息化建设 建成高清视频会议室和视频会商系统，建成数据分析室一间，配备高性能 PC 机 4 台，接入分析专网，开展电子数据分析。提高 OA（审计管理系统）、AO（现场审计实施系统）系统应用范围。

相关工作 获得林区党委授予的 2017 年先进基层党组织称号。被中央文明委批准保留“全国文明单位”荣誉称号，被湖北省文明办评为省级文明单位。被省审计厅评为全区综合目标管理二等奖，在全省审计工作量化考核中被评为优秀等次。

内部审计 出台《林区指导监督内部审计工作暂行办法》。吸纳内部审计会员单位 35 个、会员 68 人。会员单位设置内部审计机构，并配备内部审计人员。

（撰稿人：朱丽莉）

2017 年湖北省所辖区、县(市)级审计工作统计表

金额单位:万元

审计机关	完成审计项目(个)	审计查出主要问题金额	审计处理情况					出具审计报告和审计调查报告(篇)	提出审计建议(条)	提交审计信息(篇)
			审计处理处罚				移送处理事项(件)			
			应上缴财政	应减少财政拨款或补贴	应归还原渠道资金	应调账处理金额				
武汉市										
武汉市本级	66	4681814	1848		42772	674566	69	91	250	142
江岸区审计局	37	21984	9265		10	8574	1	47	106	10
江汉区审计局	49	331669	6267	1940	129	52564	8	78	136	144
硚口区审计局	33	189461	15204		425	86	1	48	108	22
汉阳区审计局	36	153552	5929	60		682	1	55	128	64
武昌区审计局	29	360998	1424			10205	14	45	85	26

（续表）

审计机关	完成审计项目（个）	审计查出主要问题金额	审计处理情况					出具审计报告和审计调查报告（篇）	提出审计建议（条）	提交审计信息（篇）
			审计处理处罚				移送处理事项（件）			
			应上缴财政	应减少财政拨款或补贴	应归还原渠道资金	应调账处理金额				
青山区审计局	33	209596	1628		11770	2381	5	46	97	12
洪山区审计局	21	234802		936		12	2	28	57	161
东西湖区审计局	13	382318						16	51	
汉南区审计局	18	15763	248		996		5	27	65	40
蔡甸区审计局	30	93459	760		27	664	7	46	103	20
江夏区审计局	34	505435	28931		13		5	50	116	138
黄陂区审计局	24	174579	217	442	5932	13555	8	24	60	121
新洲区审计局	18	410222	50			59	9	26	59	4
黄石市										
黄石市本级	62	1144070	14973		518		14	62	145	393
黄石港区审计局	51	8964					4	51	55	121
西塞山区审计局	67	1044		277		767	9	67	137	166
下陆区审计局	55	2729	99	360	59	151	1	55	143	81
铁山区审计局	15	3790		6	503	3086	55.1	15	21	3
大冶市审计局	364	138158	56				11	302	156	205
阳新县审计局	27	65138	138		5565	33709	11	27	74	91
十堰市										
十堰市本级	136	273410	420	327	563	20136	51	142	218	45
茅箭区审计局	10	3936	5		80	35	1	10	1	12
张湾区审计局	11	2775	237	1100	126	189	6	11	45	
郧阳区审计局	14	63251	4163	26530	47	777	29	14	552	166
丹江口市审计局	87	22291	1272	8424	114	7653	11	87	257	80
郧西县审计局	40	33595	511		14036	2149	22	40	144	17
竹山县审计局	32	271516	1790	11415	2690	5218	18	32	113	42
竹溪县审计局	23	66784	1104	188	2229	122	7	23	40	6
房县审计局	29	11000	3428	13335			31	43	28	127
武当山特区审计局	11	10345	128		477	2420		11	64	
宜昌市										
宜昌市本级	111	1017721	281635		94177	369572	15	111	173	467
西陵区审计局	16	15148	1375				2	27	45	289
伍家岗区审计局	10	65709	326			65382	2	14	37	50
点军区审计局	34	31691	488	1210	703	2517	2	38	90	114

（续表）

审计机关	完成审计项目（个）	审计查出主要问题金额	审计处理情况					出具审计报告和审计调查报告（篇）	提出审计建议（条）	提交审计信息（篇）
			审计处理处罚				移送处理事项（件）			
			应上缴财政	应减少财政拨款或补贴	应归还原渠道资金	应调账处理金额				
猇亭区审计局	23	18857	11487	1966	12	531	4	23	45	186
夷陵区审计局	154	104207	17724	12758	603	18599	8	154	105	154
宜都市审计局	16	82717	6148	230	40386	1217	14	19	80	356
当阳市审计局	15	59816	6	2244	42		9	15	41	205
枝江市审计局	70	47929	2509	12607	1111	9585	8	78	30	263
远安县审计局	7	63909	666	79	7624	2148	2	14	35	132
兴山县审计局	22	304822	741	9	99	83039	11	28	53	190
秭归县审计局	28	130398	903	871	14188	4467	8	36	125	331
长阳土家族自治县审计局	73	112496	723	3030	653	1384	8	78	34	237
五峰土家族自治县审计局	23	96081	19797	4032	70871	1058	11	23	38	141
襄阳市										
襄阳市本级	65	1372720	105	9835	8982	23880	44	65	224	754
襄城区审计局	14	211206	16				4	14	18	151
樊城区审计局	16	35798			51		6	16	38	452
襄州区审计局	75	167788	9949	16466	44594	74405	26	92	149	320
老河口市审计局	62	67186	153	12466	11562	27947	3	62	117	259
枣阳市审计局	12	88332	22631	12468	6525	17294	9	12	13	300
宜城市审计局	37	666655	238		140	320	8	37	73	473
南漳县审计局	49	204508	25	3829	1	200652	4	49	107	567
谷城县审计局	24	4522			4436	70	4	24	76	257
保康县审计局	27	24067	306	1013	10697	12051	8	27	83	392
鄂州市										
鄂州市本级	56	517266	68364	6704	263767	169448	15	57	94	368
梁子湖区审计局	9	23517	4647		15682	3164	1	9	68	40
华容区审计局	13	110293	13233		5159	91805	1	13	38	43
鄂城区审计局	12	13582	27		1171	12384	2	17	33	42
荆门市										
荆门市本级	169	565361	55222	28591	646	4714	16	169	200	812
东宝区审计局	55	14667	7821		92	60	13	55	88	245
掇刀区审计局	35	52832	719		5067	47045	6	35	25	130
钟祥市审计局	38	105141	89		15801	1153	15	38	100	238

（续表）

审计机关	完成审计项目（个）	审计查出主要问题金额	审计处理情况					出具审计报告和审计调查报告（篇）	提出审计建议（条）	提交审计信息（篇）
			审计处理处罚：应上缴财政	审计处理处罚：应减少财政拨款或补贴	审计处理处罚：应归还原渠道资金	审计处理处罚：应调账处理金额	移送处理事项（件）			
京山县审计局	51	51075	4293		132	3763	4	51	132	287
沙洋县审计局	42	211040	136		17664	214		42	127	90
屈家岭管理区审计局	42	4847	12		42			42	21	47
孝感市										
孝感市本级	115	266021	533	31339	2071	17922	4	115	402	475
孝南区审计局	51	62602	1965	11122	2069	2772	3	51	124	252
应城市审计局	48	103101	789	1008	6622	7254	4	48	153	221
安陆市审计局	76	269380	8648	3784	11169	186275	1	93	208	427
汉川市审计局	34	73979	15263	821	20649	30239	1	41	45	150
孝昌县审计局	75	18762	320	8237	3046	5308	5	75	288	427
大悟县审计局	32	42089	151		5517	13061	1	32	115	173
云梦县审计局	49	83253	7		14391	68102	1	49	128	559
荆州市										
荆州市本级	41	858109	1895	201	2419	649	19	63	163	375
沙市区审计局	32	98590			140	79207	3	32	123	324
荆州区审计局	21	172364		92	41	564	4	21	101	240
石首市审计局	34	251315	12477	42	2134	24792	16	34	138	322
洪湖市审计局	24	28848	1018	96	49	479	19	24	54	118
松滋市审计局	35	412159			198		6	36	96	416
公安县审计局	21	136047	162				13	31	60	384
监利县审计局	27	305888	112		2245		41	34	34	160
江陵县审计局	27	281102	376		465	26399	3	27	77	163
黄冈市										
黄冈市本级	72	39334	565	26	3195	12084	4	72	291	283
黄州区审计局	73	23358	10136	118	5392	5427	7	73	164	435
麻城市审计局	30	140773	16127		1134	106063	14	30	208	81
武穴市审计局	51	35627	2896	15	1205	56	5	51	189	52
团风县审计局	7	396	246		54	97		7	14	9
红安县审计局	24	90707	11827		19578	34382	12	24		
罗田县审计局	36	117093	2123		69961	44982	14	36	96	31
英山县审计局	17	63815	4581		50955	6678	2	17	39	6
浠水县审计局	102	56176	71	18773	801		2	102	698	333

（续表）

审计机关	完成审计项目（个）	审计查出主要问题金额	审计处理情况					出具审计报告和审计调查报告（篇）	提出审计建议（条）	提交审计信息（篇）
			审计处理处罚				移送处理事项（件）			
			应上缴财政	应减少财政拨款或补贴	应归还原渠道资金	应调账处理金额				
蕲春县审计局	20	56861	264		105	407	2	20	110	6
黄梅县审计局	58	363495	130		4		1	58	81	12
咸宁市										
咸宁市本级	93	348138	9583		9245	81716	11	93	177	638
咸安区审计局	34	2029	81	466	1356	71	2	34		186
赤壁市审计局	39	51520	10		1477	4231	17	39	335	197
嘉鱼县审计局	39	55479	2501	2171	6477	23699	9	39	78	246
通城县审计局	16	12249		5	10326	1761	2	16	48	149
崇阳县审计局	18	39700	2278		34752	663	6	18	40	318
通山县审计局	33	30425	29		225	20910	9	33	90	306
随州市										
随州市本级	156	211563	43	33	45226	50347	3	156	138	169
曾都区审计局	43	24104	526		415		8	43	105	80
广水市审计局	38	67684	61		306	627	7	38	126	38
随县审计局	54	71644	345		2316	448	16	54	176	319
恩施土家族苗族自治州										
恩施土家族苗族自治州本级	19	58764	8773		26938	828		33	59	470
恩施市审计局	16	501946	40361		6480	398	4	22	69	97
利川市审计局	53	63148	10384		16505	36259		59	20	104
建始县审计局	14	1625	51		1574		6	17	53	46
巴东县审计局	16	84304	6		67	110	8	21	48	131
宣恩县审计局	15	67667	558	209	874		3	24	38	41
咸丰县审计局	14	225039	57202		562	8323	2	22	64	64
来凤县审计局	150	59044	18907		35			178	82	120
鹤峰县审计局	21	55043	3			2	1	23	37	124
省直辖县										
仙桃市审计局	30	289307	38	1269	100396	204342	11	40	137	8
潜江市审计局	49	401420	2444		6860	1880	17	89	149	253
天门市审计局	33	274170	22874	45	3429		5	26	81	26
神农架林区审计局	114	333387	3080	434	446	276	2	43	165	73

湖南省

【湖南省审计厅】 2017年，湖南省审计厅人员编制275人，实有265人。设有办公室、法规处、审理处、财政审计一处、财政审计二处、财政审计三处、社会保障审计处、金融审计处、行政事业审计一处、行政事业审计二处、行政事业审计三处、经贸审计一处、经贸审计二处、经贸审计三处、资源环保审计处、农业审计处、固定资产投资审计一处、固定资产投资审计二处、外资运用与境外审计处、经济责任审计综合处、经济责任审计一处、经济责任审计二处、经济责任审计三处、综合计划处、审计执行处、审计技术处、人事处、机关党委（工会）、离退休人员管理服务处；下设机关后勤服务中心、内部审计指导中心、国外贷援款项目审计服务中心、审计科研培训所4个直属事业单位。

领导成员

厅　　长：胡章胜

副 厅 长：张晓菊　王小华　陈庆林

　　　　　陈博彰　李全胜（11月—）

总审计师：段培安

纪检组组长：曾市南

经济责任审计工作领导小组办公室专职副主任：傅向明

巡 视 员：方再启（8月—）

副巡视员：黄日祥（4月—）

　　　　　张知才（11月—）

审计成果 2017年，湖南全省审计机关开展审计和专项审计调查项目5852个。查出各类违规、损失浪费问题金额518亿元。向各级纪检监察、司法机关及有关部门移送案件线索904件，涉及人员1023人。处理上缴财政和减少财政拨款146亿元，归还原渠道资金92亿元，核减投资159亿元。全省审计机关向各级党委、政府报送审计信息5330篇，绝大部分被批示采用，其中湖南省审计厅上报的审计要情、情况专报、综合报告等审计成果，被省委、省政府主要领导批示50多篇次；向被审计单位和有关部门提出审计建议12673条，促进建立健全相关制度。

湖南省有2个审计项目，分别被审计署评为优秀审计项目、表彰审计项目。

国家重大政策措施落实情况跟踪审计 紧扣政策落实发挥促进作用，全省各项审计高度关注重大决策部署的落实情况，开展政策落实情况的跟踪审计，审计结果每季度向省政府和审计署报告，每半年向社会公告一次，做到边审计、边报告、边督促、边整改，推动重大项目、重点产业以及“两房两棚”、简政放权、“河长制”等任务的落实。

财政审计 全省审计机关对1100多个财税部门或行政事业单位开展预算执行或财务收支审计，揭示和反映“四部预算”执行、专项资金清理整合、存量资金盘活、“三公”经费及会议费支出等方面的问题，反映财政、政府性债务、国有资产资源、民生等方面的风险隐患，提出防范和化解风险的建议。湖南省审计厅对4个市和12个县市区政府性债务情况开展审计调查，对6户省属国有企业运营情况开展专项审计，揭示相关风险隐患，在经济安全方面发挥预警作用。代省政府向省人大常委会所作的审计工作报告和审计查出问题整改情况的报告受到与会人大常委会委员的肯定，并依法向社会进行公告。

经济责任审计 全省审计机关对1721名领导干部开展经济责任审计，其中对16个县市区、5个国家级经济开发区、6个企事业单位、3所高等院校的57名省管领导干部实施经济责任审计，形成一批审计成果。对怀化市、武冈市、凤凰县实施领导干部自然资源资产离任审计试点。溆浦县率先对乡镇主要领导开展自然资源资产离任审计试点，对审计发现的突出问题进行全面问责，得到省委深改办的充分肯定。

固定资产投资审计 全省审计机关对2694个政府投资项目开展跟踪审计或竣工决算审计，重点关注项目管理、工程质量和建设资金使用等情况，促进规范项目管理，节省建设资金。湖南省审计厅对省政府投融资建设的在建高速公路、对口援疆项目开展跟踪审计，核减投资和节约建设资金5亿多元；对省住建厅整体搬迁工程等6个投资超概算10%的项目开展调概审计，促进提高投资管理综合效益。

民生资金（项目）审计 组织对全省保障性

安居工程、住房公积金、国外贷援款等重点民生项目和资金开展审计，有效维护民生民利。湖南省审计厅直接对26个扶贫开发工作重点县实施专项审计，审计发现的问题纳入全省扶贫大督查的重要内容，得到有效整改。

信息化建设 以金审工程为依托，运用计算机技术开展审计，在预算执行、经济责任、扶贫、国企国资等审计项目和政府性债务专项审计调查中，通过数据采集和数据分析，提出问题疑点900多个，查证落实问题650多个，提高审计效率和审计质量。湖南省审计厅与湖南省国土规划设计院等单位开展技术合作，签订战略合作协议，依托其测绘遥感、自动监测等高科技手段优势，加大对自然资源资产和生态环境领域地理信息数据和相关业务、财务等数据的收集、挖掘和分析力度，提高审计工作效能和水平。

党建工作 扎实推进“两学一做”学习教育常态化制度化，突出主题党日、精准扶贫、道德讲堂等活动载体，加强对党员干部的党性教育，激励做“四讲四有”的合格党员。党的十九大召开后，全省各级审计机关采取专家讲座、专题培训、撰写心得等多种形式，迅速掀起学习宣传贯彻党的十九大精神的热潮。全省各级审计机关党组将主体责任牢牢扛在肩上，强化“一把手”的第一责任，落实班子成员的“一岗双责”，层层传导压力，层层压实责任；落实监督责任，自觉接受驻厅（局）纪检组的监督；坚持和完善党组中心组学习、民主集中制、“三会一课”、干部选拔任用等制度，推进审计机关惩防体系和风险防控体系建设。省委巡视组对湖南省审计厅开展巡视“回头看”，湖南省审计厅的巡视整改工作，在全省巡视巡察电视电话会议上作经验交流。

相关工作 全省审计机关选派人员，完成党委、政府交办的巡视巡察、专案调查、专项督查、“雁过拔毛”式腐败问题专项整治等涉及审计业务的任务815件。加强审计管理制度建设，完善审计工作促进精准扶贫精准脱贫政策落实的具体措施，出台审计工作服务科技强省建设的实施细则，围绕防范审计风险制定审计移送管理、向中介机构购买审计服务、聘用社会中介机构参与高速公路建设项目审计、政府投资项目调概审计等管理办法或操作规程；在机关内部日常管理方面，出台重要事项报告、审理会议、专项工作会议、审计人员职业道德准则等制度规定，推动审计管理水平的提升。加强干部队伍建设，组织开展“新时代新气象新作为”主题演讲比赛，展现审计人员奋发向上的精神风貌；举办县市区审计局新任班子成员、审计业务骨干、审计项目案例、计算机审计等培训班，结合年中集训、专题讲座、案例教学等多种方式，着力提高干部队伍素质。湖南全省141个审计机关有118个被评为县级以上文明单位，湖南省审计厅连续三届获评全国文明单位，长沙、娄底两市审计局连续两年保持全国文明单位，常德、衡阳、张家界3市审计局和安化县审计局新晋全国文明单位，还有34个省级文明单位。

（撰稿人：兰志荣）

【长沙市审计局】 2017年，长沙市审计局人员编制115人，实有111人。局长李伟群，副局长段安娜、彭保刚、曹旨，总审计师关士麟，纪检组长陈再旭（—7月），工会主席钟宏杰。设有办公室、法规审理处、审计计划执行处、政策跟踪审计处、财政审计一处、财政审计二处、金融与社会保障审计处、行政事业审计处、国有资产审计处、农业审计处、资源环保审计处、外资运用审计处、经济责任审计一处、经济责任审计二处、经济责任审计三处、内部审计指导处、审计技术处、人事处、机关党委、政府投资审计专业局（—5月）；下设重点项目审计中心（事业单位）。

审计成果 2017年，长沙市审计局完成审计项目505个。查出违规金额15.56亿元，移送处理事项67件，移送处理人员208人。上缴财政6.84亿元。促进被审计单位制定、完善规章制度70余项。提交审计信息被批示、采用100多篇。向社会公告审计结果29篇。

长沙市本级2015年度财政预算执行和其他财政收支情况审计项目，被审计署评为优秀审计项目。长沙市本级2015年度财政预算执行和其他财政收支情况审计，长沙县2014—2015年度产业发展类资金专项审计调查，中共岳阳县委书记、县人民政府县长任职期间经济责任审计等3个项目，被省审计厅评为优秀审计项目。

国家重大政策措施落实情况跟踪审计 按季

度对9个区县（市）稳增长等政策落实情况实行跟踪审计，审计涉及单位（项目）128个、金额166.95亿元，揭示廉租房闲置、以政府购买服务名义向银行融资等问题。对9个区县（市）保障性安居工程进行跟踪审计，延伸调查单位（项目）165个，涉及家庭4787户，揭示出棚改项目未按规定招标、违规享受保障性住房和领取货币补贴等问题。

财政审计 组成15个审计组，对长沙市本级财政预算执行、市本级税收征管及市发改委、市国资委等13个部门的预算执行情况实施审计，延伸审计单位70余个，审计涉及资金1102.3亿元，揭示部分预算项目未下达执行、非税收入未及时划解入国库或财政专户等问题。

经济责任审计 对17个单位的23名县处级领导干部开展经济责任审计，相关部门运用审计结果对28名相关责任人员进行追责问责。

固定资产投资审计 对地铁4号线、高铁新城片区等重大项目进行跟踪审计，对城区渣土处置管理现状、公交都市建设情况等开展专项审计，揭示渣土消纳场无证经营导致税费流失严重、4500万元渣土处置资金存在流失风险等突出问题。按照审计署规范固定资产投资审计的相关要求，政府投资审计专业局原结算审计、招标控制价审计等职能及相关审计专家，整体移交长沙市财政投资评审中心。

民生及专项资金审计 对市教育费附加、涉农财政资金专项开展专项审计调查，涉及单位（项目）110余个，审计调查取证100多次，审计涉及资金65.95亿元，揭示违规转包工程、部分村干部涉嫌利用职务便利违规获得补贴等问题。对公共停车场、主城区中小学布局规划情况开展专项审计调查，揭示公共停车场监管缺乏顶层设计、公共停车场被占用、学校用地被挤占等问题。

农业与资源环保审计 对城区污水治理情况开展审计调查，揭示污水处理能力建设待加强、部分污水处理设施运行效益不佳等问题，得到市委市政府高度重视，召开专题会议部署审计整改。对岳麓山风景名胜区开展审计，揭示部分景区规划实施缓慢、文物和人文风景资源保护力度不够等问题。

企业审计 对长沙水业集团有限公司等5户企业、长沙经济技术开发区等3个国家级园区、浏阳高新区等3个省级园区开展审计，揭示生产经营等方面存在的问题。 （撰稿人：夏海军）

【株洲市审计局】 2017年，株洲市审计局人员编制83人，实有64人。局长刘方，副局长唐哲文（—1月）、邓海林、戴勇、王小琴、颜梦香，经济责任审计领导小组办公室副主任刘运华，总审计师龚军军，纪检组长王翔（—8月），国家投资审计处处长李荣贵，副调研员沈大毛。设有办公室、人事教育科、审计技术科、内部审计管理科、法制审理科、财政审计科、金融与社会保障审计科、行政事业审计科、固定资产投资审计科、外资运用审计科、农业与环保审计科、经贸审计科、经济责任审计一科、经济责任审计二科、政府平台公司审计科等15个职能科（室）；下设国家投资审计处；按规定设立机关党委、纪检监察室。

审计成果 2017年，株洲市县两级审计机关完成审计项目361个，专项审计调查项目5个。查出主要问题金额254.77亿元，其中违规金额50.71亿元、损失浪费金额1.45万元、管理不规范金额202.60亿元；审计发现非金额计量问题1121个；出具审计报告及专项调查报告463篇。审计处理处罚金额85.78亿元；审计促进整改落实有关问题金额36.63亿元；移送司法机关、纪检监察机关和有关部门处理事项49件，涉及128人，金额5843万元；审计提出建议647条；提交审计信息151篇。向社会公告审计结果8篇。

攸县审计局实施的攸州工业园管委会财务收支及攸县盛园投资发展有限公司资产负债损益审计、天元区审计局实施的区疾控中心原主任经责审计等2个项目，分别被省审计厅评为优秀审计项目、表彰审计项目。

国家重大政策措施落实情况跟踪审计 对辖区内8个县市区的重大政策落实情况进行跟踪审计，其中第3季度审计发现的问题被省领导分别批示。

财政审计 组织对170多个财税部门或行政事业单位开展预算执行或财务收支审计。株洲市审计局代市政府所作的审计工作报告和审计整改报告得到人大常委会的高度评价；配合市人大首次对部门预算执行审计整改情况进行满意度测评。

经济责任审计 对99名领导干部开展经济责任审计。株洲市审计局根据省审计厅安排开展对湘乡市委书记、市长的任期经济责任审计；探索开展市国土局、市水务局主要负责人自然资源资产离任审计试点。

固定资产投资审计 对147个政府投资项目开展审计和审计调查，推动出台关于进一步规范招标投标领域相关工作的意见、市征地拆迁实施细则、征地拆迁资金管理办法等多个规范性文件。株洲市审计局总结近3年的经验，创新提出以结算审计为依托，实施全过程、全方位、全覆盖审计的工作方法。

企业审计 结合市县国有企业主体是政府平台公司的特点，探索总结形成对政府平台公司开展全面审计、经济责任审计和年度专项审计调查相结合的模式。市委《要情通报》通报审计发现问题，政府出台多个文件规范政府平台公司管理。株洲市审计局配套印发政府平台公司审计监督办法和操作指南，指导规范全市的政府平台公司审计工作。

民生资金（项目）审计 组织对株洲县、醴陵市、攸县等县市脱贫攻坚开展专项审计，推动全市脱贫攻坚任务于2017年底全面完成；全市保障性安居工程跟踪审计向纪检监察机关移送案件线索9件，共50余人受到相关党纪政纪处理，推动出台全市公共租赁住房管理办法。

（撰稿人：冯　立）

【湘潭市审计局】 2017年，湘潭市审计局人员编制70人，实有70人。局长张伯文（—4月）、蒋文龙（4月—），副局长何爱莲、刘凤舞、罗百慧，总审计师康海湘，党组成员陈本好，工会主席石志刚。设有办公室、综合计划科、法制审理科、人事科、机关党委、监察室、财金审计一科、财金审计二科、经济责任审计科、行政事业审计科、经贸审计科、农业与资源环保审计科、社保审计科、审计执行科、计算机技术管理科和内部审计管理科等16个职能科室；下设建设项目审计监督中心。

审计成果 2017年，湘潭市县两级审计机关完成审计项目376个，专项审计调查项目7个。查出主要问题金额1697030万元，其中违规金额164469万元、损失浪费金额101万元、管理不规范金额1532460万元；审计发现非金额计量问题460个；损益（收支）不实金额81648万元；审计发现侵害人民群众利益510万元；出具审计报告和专项审计调查报告483篇。审计处理处罚金额268810万元，其中应上缴财政44954万元、应减少财政拨款或补贴117万元、应归还原渠道资金19072万元、应缴纳其他资金10073万元、应调账处理金额194710万元；移送司法机关、纪检监察机关和有关部门处理事项29件，移送处理1人，移送处理金额10645万元。审计促进整改落实有关问题资金99097万元；审计促进拨付资金到位102万元；审计后挽回（避免）损失44664万元，核减投资额44347万元。审计提出建议636条，提交审计信息240篇。向社会公告审计结果6篇。

湘潭市农机管理局原党委书记兼局长2010年6月至2015年12月任期经济责任审计、湘潭县2015年度县本级财政预算执行和其他财政收支情况审计等2个项目，被省审计厅评为表彰审计项目。

国家重大政策措施落实情况跟踪审计 分季度完成对4个县市区的政策跟踪审计，采取“三合一”模式，首次对市委市政府重大经济决策措施落实情况开展专项审计调查。

财政审计 完成财政审计项目126个，全面试行大数据审计，其经验做法由省审计厅推荐到审计署做典型推介。审计工作报告和审计整改报告得到市县人大、政府充分肯定。

经济责任审计 完成经济责任审计项目100个，查出违规金额58695万元，促进领导干部守法守纪守规尽责。出台《湘潭市领导干部经济责任审计和离任经济责任事项交接简易操作规程（试行）》等制度，开展领导干部自然资源资产离任审计试点。

固定资产投资审计 完成固定资产投资审计项目246个，审计金额279917万元，核减投资额44347万元。

民生资金（项目）审计 开展对保障性安居工程、社保资金、教育费附加、农业综合开发资金、扶贫资金等专项资金的审计和专项审计调查，涉及金额7724万元，促进民生改善。

（撰稿人：王海文）

【衡阳市审计局】 2017年，衡阳市审计局人员编制87人，实有79人。局长李艳丽（—4月）、傅萍（4月—），副局长廖义伟、李鹏飞（—4月）、李康杏（4月—）、邱文，总审计师李焕勇，纪检组组长周其钢（7月—），党组成员许常礼，经济责任审计工作领导小组办公室专职副主任段小军（9月—），固定资产投资审计中心主任彭云生，经济责任审计中心主任仇寿海（9月—），工会主席周紫娟。设有办公室、组织人事科、离退休人员管理服务科、法规审理科、财政审计科、行政事业审计科、经贸审计科、农业与国土资源环保审计科、金融与社会保障审计科、外资外经审计科、内部审计指导科、审计技术科、行政科，经济责任审计中心、固定资产投资审计中心。

审计成果 2017年，衡阳市审计局完成审计项目137个。查出主要问题金额1040971万元。审计处理处罚金额480803万元。审计移送案件线索94件，立案77起，给予党纪政纪处分169人。

国家重大政策措施落实情况跟踪审计 对石鼓区、南岳区、雁峰区、蒸湘区开展政策落实情况跟踪审计，重点关注重大政策措施落实、重大项目落地、重点资金保障等情况。

财政审计 对市财政局、地税局、食药监局、衡阳日报社4个部门单位及高新区、松木经开区、白沙工业园、衡山科学城4个园区管委会及所属公司预算执行及其他财政财务收支情况进行审计，清缴入库6.3亿元，促进拨付财政资金9.6亿元，收回资金2577万元。

经济责任审计 对市人防办、城管综合执法局、市第一人民医院等9个单位的领导干部开展经济责任审计，查出存在违规决策、失职渎职等问题。根据省审计厅的统一安排，对郴州市宜章县党政主要领导干部经济责任履行情况进行审计，查出问题金额4.4亿元，移送案件线索4件。

固定资产投资审计 完成工程结算审计项目78个，送审金额10.8亿元，审定金额10.5亿元，核减金额2995.08万元。

民生资金（项目）审计 对南岳区和7个县市开展保障性安居工程跟踪审计，查出项目未按期开工、手续不全、资金管理不规范、保障房分配使用优亲厚友等问题。开展全市扶贫专项资金审计，为全市脱贫攻坚摸清底数，打下基础。

农业与资源环保审计 开展全市国土专项审计，对市本级、南岳区及7个县市2008年至2016年的建设用地存量、开发利用及耕地保护情况进行审计。清查出全市土地存量3500多公顷，查出土地管理方面存在的问题100多个。开展全市环保专项资金审计，推动衡阳市生态文明建设和环保政策措施落实到位。

企业审计 对市城建投、弘湘国投等13户市属国有企业2016年度财务收支情况进行审计，摸清融资、土地、项目建设、管理费用等基本情况。

相关工作 衡阳市审计局被全国文明委授予“全国文明单位”称号。在省审计厅进行的审计工作目标管理考核中获优秀等次。

（撰稿人：朱思妍）

【邵阳市审计局】 2017年，邵阳市审计局人员编制58人，实有72人。党组书记、局长申建伟，党组成员、副局长李伯升、刘喆、宇向东，副局长袁连文，党组成员、总审计师朱良华。设有办公室、财政审计科、金融外资与社会保障审计科、行政事业审计科、农业和资源环保审计科、经贸审计科、固定资产投资审计一科、固定资产投资审计二科、经责审计一科、经责审计二科、政工科、法制审理科、计划执行科、纪检监察室；下设内部审计管理办公室、基本建设投资审计中心。

审计成果 2017年，邵阳市县两级审计机关完成审计项目432个。查出主要问题金额2027272万元，其中违规金额827537万元、损失浪费金额2263万元、管理不规范金额1197460万元；审计发现非金额计量问题612个；损益（收支）不实59039万元；出具审计报告和专项审计调查报告530篇。审计处理处罚金额1337153万元，其中应上缴财政67201万元、应减少财政拨款或补贴38630万元、应归还原渠道资金756362万元、应调账处理金额465183万元；移送司法机关、纪检监察机关和有关部门处理事项35件；审计促进整改落实有关问题资金75823万元，其中增收节支

236792万元、已调账处理金额195609万元；审计后挽回（避免）损失109528万元。审计提出建议1039条；提交审计信息765篇。向社会公告审计结果58篇。

财政审计 完成预算执行、财政决算审计项目175个，查出主要问题金额1795084万元，其中违规变更调整预算22548万元、未按规定纳入预算管理103096万元、未按规定征收缴纳收入141613万元、违规改变项目计划和资金用途58529万元、资金滞留闲置18343万元。

经济责任审计 完成对117个单位121名领导干部的经济责任审计，查出主要问题金额173686万元，其中违规金额107011万元、管理不规范金额64398万元。

固定资产投资审计 完成6个国家建设项目工程造价审计，查出主要问题金额53859万元，核减投资额50348万元。

其他审计项目 完成对4个行政事业单位的审计和审计调查，查出违规改变项目计划和资金用途6832万元，乱收费乱摊派乱罚款3615万元，扩大开支范围或提高开支标准列支3364万元。完成对7个企业的审计和审计调查，查出主要问题金额35327万元，其中虚报或隐瞒转移收入790万元。

（撰稿人：王佑梅）

【岳阳市审计局】 2017年，岳阳市审计局人员编制76人，实有76人。党组书记、局长谌亚忠，党组副书记、副局长干忠叶，副局长丁湘平，党组成员、副局长周继祥，党组成员曾建国，党组成员、经济责任审计办公室专职副主任毛朝晖，调研员张锐、李星吾、陈超、万春霞，副调研员罗友才。设有办公室、综合计划科、人事科、机关党委、内部审计指导科、工会、审计技术科、法规和审理科、行政事业审计一科、行政事业审计二科、农业与资源环保审计科、经贸外资审计科、经济责任审计科、财政金融审计科、固定资产投资审计科共15个科室以及开发区分局和直属分局；下设审计服务中心（事业单位）。

审计成果 2017年，岳阳市审计局完成审计项目64个，专项审计调查项目6个。查出主要问题金额2384715万元，其中违规金额179480万元、损失浪费金额682万元、管理不规范金额2204553万元；审计发现非金额计量问题100个；损益（收支）不实金额5604万元；审计发现侵害人民群众利益834万元；出具审计报告和专项审计调查报告44篇。审计处理处罚金额17475万元，其中应上缴财政13535万元、应归还原渠道资金1960万元、应缴纳其他资金180万元、应调账处理金额1800万元；移送司法机关、纪检监察机关和有关部门处理事项73件，受到党纪政纪处分12人，移送处理金额90902万元。审计促进整改落实有关问题金额15905万元；审计促进拨付资金到位5104万元；审计后挽回（避免）损失516万元；核减投资额18504万元。审计提出建议245条；提交审计信息28篇。向社会公告审计结果2篇。

国家重大政策措施落实情况跟踪审计 抽查涉及国家重大措施落实情况的项目245个，涉及项目总投资639亿元，重点关注简政放权、“放管服”政策落实、农业供给侧结构性改革、重点产业园区发展、金融支持实体经济情况，查出部分项目虚报进度、推进缓慢、政策执行不到位、不作为乱作为现象等5大类问题。

财政审计 对岳阳市财政局等6部门、岳阳经济开发区等4个开展预算执行和决算审计，查出问题金额35亿多元，审计整改促使上缴财政9亿元，归还原渠道资金3.33亿元。对岳阳市广播电视台2013—2015年度财务收支情况进行审计。

经济责任审计 开展市直单位21名主要负责人的任期经济责任审计，查出违规金额3.5亿元，向有关部门移送案件线索17件。促进出台《岳阳市党政领导干部自然资源资产责任审计暂行办法》。按照省审计厅的安排，对益阳市某区开展经济责任交叉审计，查出问题70个，出具问责建议函1个，2人分别受到党内警告处分和诫勉谈话处理。

民生资金（项目）审计 对全市六县三区2016年保障性安居工程开展审计，查出问题金额3.8亿元，移送案件线索7件，列出12份整改清单，对未整改到位的下发督办函，促使取消或调整保障对象资格610户，清理收回和分配使用住房209套，将闲置保障性住房投入使用1160套。

其他审计项目 首次开展扶贫、计生、环保、就业等专项资金审计。完成三荷机场还建路网工程、京港澳高速岳阳连接线工程等预算投资审计，再次核减项目预算投资 2097.84 万元。完成对洞庭新城项目以及市中心城区棚户区改造项目的审计。

（撰稿人：戴　龙）

【常德市审计局】 2017 年，常德市审计局人员编制 72 人，实有 61 人。局长张克武，副局长李新辉、李卫、谷素君、陈位明、张峰、周罗生，总审计师李卫（兼），政府投资审计专业处主任杨甫成，经济责任审计工作领导小组办公室专职副主任苏以政，调研员廖华春，副调研员钱敏，工会主席聂国骏，党组成员鄢辉霞。设有办公室、人事科、综合计划科、法制科、审理科、审计执行科、审计查证一科、审计查证二科、审计查证三科、审计查证四科、审计查证五科、审计查证六科、经济责任审计一科、经济责任审计二科、内部审计指导科、审计技术科，按有关规定设置机关党委、纪检（监察）机构；下设政府投资审计专业处（事业单位）。

审计成果 2017 年，常德市县两级审计机关共完成审计项目 329 个。查出主要问题金额 2671856 万元，其中违规金额 376400 万元；审计发现侵害人民群众利益 3801 万元；出具审计报告和专项审计调查报告 470 篇。审计处理处罚金额 723472 万元，其中应上缴财政 81663 万元；移送司法机关、纪检监察机关和有关部门处理事项 190 件，移送处理人员 298 人，移送处理金额 13757 万元。审计促进整改落实有关问题金额 642919 万元；核减投资额 283531 万元。提交审计信息 1306 篇。向社会公告审计结果 266 篇。

常德市县两级审计机关完成的 4 个审计项目，2 个被省审计厅评为优秀审计项目、2 个被省审计厅评为表彰审计项目。

国家重大政策措施落实情况跟踪审计 重点对 4 个县区的精准扶贫、简政放权、“放管服”政策、房地产去库存、农业供给侧结构性改革，以及重大基础设施建设和重点园区建设情况等开展政策措施情况跟踪审计。

财政审计 持续开展预算执行、财政决算审计项目，理清各级存量资金总量和结构，常德市本级预算执行审计得到市委主要领导的肯定。

经济责任审计 对 149 名领导干部开展经济责任审计，在自然资源资产离任审计、村居和乡镇站所负责人经济责任审计方面作出有效探索。

固定资产投资审计 组织对 245 个投资建设项目实施审计，结合工程建设领域专项治理，发现 232 个项目存在的违法违规行为。

民生资金（项目）审计 组织实施全市保障性安居工程跟踪审计、扶贫资金专项审计，对水利、移民、教育、卫生、农业等部门或资金实施审计。

农业与资源环保审计 组织实施常德市本级水资源保护专项审计调查和凤凰县党政主职经济责任审计，积累生态环境、自然资源资产离任审计经验。

企业审计 组织实施企业审计项目 32 个，促进部分驻常大型国有企业建立健全内部审计机构。

信息化建设 完成审计管理系统的迁移、审计移动办公系统的部署、财政联网审计系统的后期整理，“智慧审计”二期建设继续纳入“智慧常德”建设规划。

（撰稿人：杜盼盼）

【张家界市审计局】 2017 年，张家界市审计局人员编制 35 人，实有 33 人；另有公益性岗位人员 8 人，长期合同工 7 人。局长向洁，副局长叶晓明、汤敬丁、刘阳，总审计师高智，纪检组长余湘峰，市经济责任审计办公室专职副主任胡家玉，副调研员唐立。设有办公室、法制科、综计科、技术科、执行科、财政审计科、行政事业审计科、农业与资源环保审计科、企业外资审计科、建设资金审计科、经济责任审计科、建设项目审计中心。

审计成果 2017 年，张家界市审计局完成审计项目 56 个。查出主要问题金额 410370 万元，其中违规金额 17114 万元、损失浪费金额 780 万元、管理不规范金额 392475 万元；审计发现非金额计量问题 147 个；损益（收支）不实金额 14970 万元；审计发现侵害人民群众利益 3433 万元；出具审计报告和专项审计调查报告 58 篇。审计处理处罚金额 61951 万元，其中应上缴财政 15690 万元、应减少财政拨款或补贴 14098 万元、应归还原渠道资金 7497 万元、应调账处理金额 24664 万元；移送纪检监察机关和有关部门处理事项 14 件，移送处理人员 4 人，移送处理金额 390 万元。

审计促进整改落实有关问题金额61951万元；审计促进拨付资金到位13万元；审计后挽回（避免）损失14105万元；核减投资额14098万元；移送处理落实事项3件。审计提出建议127条；推动被审计单位制定整改措施117项；促进被审计单位制定、完善规章制度17项，提交审计信息50篇。向社会公告审计结果1篇。

国家重大政策措施落实情况跟踪审计 完成对4个区县和市本级的跟踪审计任务。重点关注“三去一降一补”任务落实，以及积极财政政策、简政放权等政策措施的落实情况和实施效果，揭示未按规定清理行政审批事项等问题。

财政审计 对市财政局、市地税局和6个市直单位预算执行情况进行审计，发现部门预算批复不及时、违规发放补贴、超预算支出、挤占专项资金等问题。

经济责任审计 完成7名领导干部的经济责任审计、42名离任市管领导经济事项交接审查。按照省审计厅的统一安排，完成对吉首市委书记、市长的任中经济责任审计任务。

固定资产投资审计 完成工程结算和竣工决算审计项目27个，送审工程造价12.15亿元，审定造价10.84亿元，累计审减工程价款1.31亿元。

企业审计 完成市公共交通发展有限公司2016年度资产负债损益情况审计任务，重点关注国有企业执行重大政策措施、资产负债损益的真实性合法性效益性等方面的情况。

其他审计项目 完成6个“三农”、教育、文化等民生资金（项目）的审计。完成市长交办的政府债务情况专项审计调查、市民广场项目和大庸古城项目建设进展情况专项审计调查。完成2016年旅游奖励资金和旅游宣传促销费筹集管理使用情况审计，查出截留转移、虚报冒领、奖励兑现欠规范等问题，提出切实可行的审计建议。

信息化建设 完成金审工程三期第一阶段建设任务，初步建成财政联网审计系统、数据报送系统。

相关工作 张家界市审计局被全国文明办评为“全国文明单位”。（撰稿人：张国华　王　鑫）

【益阳市审计局】 2017年，益阳市审计局人员编制53人，实有54人。党组书记、局长刘凌云，党组副书记、副局长谭超美，党组成员、副局长刘俊科、吴常青，副局长杨茜，总审计师李立贤，市经济责任领导小组办公室专职副主任李良平。设有办公室、法规科（审理科）、财政审计科、领导干部经济责任审计科、行政事业审计科、农业与资源环保审计科、经贸审计科、社保金融审计科、政府投资审计科、审计技术科（审计计划科）、审计执行科、内部审计指导科、人事科等13个内设科室。

审计成果 2017年，益阳市县两级审计机关完成审计项目278个，专项审计调查项目18个。查出主要问题金额2951389万元，其中违规金额326564万元、损失浪费金额2613万元、管理不规范金额2622211万元。移送司法机关、纪检监察机关和有关部门处理事项107件，移送处理金额190262万元。

益阳市审计局实施的益阳红旗化工厂留守处破产改制遗留问题专项审计调查、益阳市审计局大通湖分局实施的金盆镇2015年度预算执行及其他财政收支审计等2个项目，被省审计厅评为优秀审计项目。益阳市审计局实施的益阳东部新区2013—2015年度财务收支审计、南县审计局实施的南县农村饮水安全专项工程资金审计等2个项目，被省审计厅评为表彰审计项目。

国家重大政策措施落实情况跟踪审计 益阳市审计局每季度对2个区县（市）开展稳增长等政策措施落实情况跟踪审计。

财政审计 市县两级审计机关对169个行政事业单位开展预算执行和财务收支审计。益阳市审计局完成市本级、两区（高新区、大通湖区）、8个市直部门2016年预算执行和9个部门单位财政收支审计；对市政协机关、市纪委和市委组织部等4个市委工作部门实施财政收支的审计；完成科技专项资金审计。

经济责任审计 市县两级审计机关对96名县处、乡科级领导干部开展经济责任审计。按照省审计厅的统一安排，对汉寿县委书记、县长进行同步经济责任的交叉审计。益阳市领导干部经济责任审计领导小组出台《益阳市领导干部经济责任审计对象分类管理办法（试行）》《益阳市领导干部离任经济责任事项交接办法（试行）》。

固定资产投资审计 市县两级审计机关对60个政府投资建设项目实施跟踪审计或竣工决算审计，核减工程造价5.93亿元。

民生资金（项目）审计 统筹全市审计力量，完成2016年全市保障性安居工程跟踪审计、精准扶贫审计。

农业与资源环保审计 益阳市审计局完成大通湖区大湖专项治理审计，提出加强治理工程管理、提高工程质效等方面的审计建议。

企业审计 益阳市审计局开展中小企业信用担保公司资产负债损益情况审计调查，查出虚假出资、违规吸收公众存款、违规开展担保业务等重大问题。

（撰稿人：周 丹）

【郴州市审计局】 2017年，郴州市审计局人员编制63人，实有61人。党组书记、局长段小卿，党组副书记、副局长韩湘萍，党组成员、副局长焦能飞、罗发旺、雷飞飞，副局长曹世香，党组成员、总审计师匡少兵，党组成员、经济责任审计领导小组办公室专职副主任谭南燕，党组成员、工会主席罗湘粤，党组成员肖敦武。设有办公室、法规审理科、财政金融审计科、行政事业审计科、农业外资审计科、经贸审计科、固定资产投资审计科、经济责任审计（一、二）科、审计技术科、开发园区审计科、人事科、内部审计指导科、审计执行科。

审计成果 2017年，郴州市县两级审计机关完成审计项目1055个。查出主要问题金额2879154万元；出具审计报告和审计调查报告1131篇。审计处理决定应上缴财政19508万元、应减少财政拨款或补贴191123万元、应归还渠道资金278149万元、应调账处理金额385270万元；移送司法机关、纪检监察和有关部门处理事项115件。审计提出建议1293条；提交审计信息134篇。

国家重大政策措施落实情况跟踪审计 开展政策落实情况跟踪审计，紧紧围绕简政放权、“放管服”政策落实、房地产去库存、农业供给侧结构性改革、生态环保等社会热点问题，每个季度对1个县市区进行审计，揭示、剖析重大问题和典型案例，促进相关政策措施落地生根。

财政审计 组织全市审计机关对153个财税部门和行政事业单位开展预算执行及财务收支审计，重点关注财政预决算编制和预算执行、政府性债务、专项资金管理、单位内部资产管理等方面存在的问题，规范财政管理，促进提高财政资金使用绩效。

经济责任审计 全市审计机关完成108个部门单位135名领导干部的经济责任审计，出具审计报告和审计结果报告188篇，查出主要问题金额52622万元，促进领导干部守法、守纪、守规、尽责。

固定资产投资审计 组织实施对重大政府投资项目跟踪审计、财务决算审计和政府投资项目竣工结算审计，加强对政府投资项目参建各方的监督，扩大审计监督对政府性投资项目的覆盖面。郴州市审计局共开展财务决算审计项目4个、跟踪审计项目91个，跟踪审计送审金额1643600万元；完成结算审计项目193个，审计核减金额118356万元。

民生资金（项目）审计 组织开展全市保障性安居工程专项资金、大病基本医疗保险基金、企业军转干生活困难补助资金、农业综合开发资金以及精准扶贫等涉及民生资金（项目）的审计，重点关注资金使用和项目实施，揭示和反映挤占挪用、虚报冒领、高估冒算等突出问题。

（撰稿人：曹永兵）

【永州市审计局】 2017年，永州市审计局人员编制55人，实有47人。局长龚跃林（—3月）、王衡平（3月—），副局长雷玖夏、王平波、曾庆廉，总审计师蒋跃军，纪检组长胡剑平（—9月），市经济责任审计工作领导小组办公室专职副主任唐亚平。设有办公室、审计技术科、综合计划科、政工科、法规审理科、经济责任审计室、财政金融审计科、行政事业审计科、社会保障审计科、固定资产投资审计科、经贸审计科、农业资源环保外资审计科、内部审计指导科、审计执行科；归口管理市政府投资审计中心。

审计成果 2017年，永州市县两级审计机关完成审计项目434个，专项审计调查项目5个。查出主要问题金额1995750万元，其中违规金额141320万元、管理不规范金额1854450万元；审计发现非金额计量问题362个；损益（收支）不实金额122146万元；审计发现侵害人民群众利益215万元；出具审计报告和专项审计调查报告480篇。审计处理处罚金额460635万元，其中应上缴财政36363万元、应减少财政拨款或补贴5947万元、应归还原渠道资金100407万元、应缴纳其他资金15641万元、应调账处理金额302275万元；移送司法机关、纪检监察机关和有关部门处理事项17件，移送处理人员4人，移送处理金额8666万元。审计促进整改落实有关问题金额363790万元；审计促进拨付资金到位14575万元；审计后挽回（避免）损失6217万元；核减投资额6446万元。审计提出建议961条；推动被审计单位制定整改措施48项；提交审计信息323篇。向社会公告审计结果19篇。

永州市本级及市辖区2012—2013年度成品油价格改革财政补贴资金审计、江华瑶族自治县林业局2015年预算执行及其他财政财务收支情况审计等2个项目，被省审计厅评为优秀审计项目；江永县2015年至2016年6月医疗保险基金审计、2015年度道县县本级财政预算执行及其他财政收支情况审计等2个项目，被省审计厅评为表彰审计项目。

国家重大政策措施落实情况跟踪审计　围绕保障经济运行安全和推进政策措施落实，永州市审计局对江华、冷水滩、双牌、江永等县区落实稳增长等政策措施情况进行跟踪审计，揭示出项目建设滞后、财政存量资金清理力度不够、资金使用效率不高、行政审批改革不到位等问题，移送违纪违规问题线索4件。

财政审计　市县两级审计机关完成预算执行审计项目57个，查出主要问题金额1867658万元。永州市审计局在预算执行审计中按照市人大常委会的要求，对市本级教育资金进行专项审计，全面摸清中心城区学位建设情况，为市人大常委会掌握情况、开展监督提供有效依据，得到市人大常委会肯定。（撰稿人：周　波）

【怀化市审计局】　2017年，怀化市审计局人员编制68人，实有62人。局长骆磊，副局长刘序国、刘圣平、杨承连、姜小祥、宋先鸿、潘海波，总审计师杨春洪。设有办公室、法制科、人事科、综合计划科、财政金融审计科、行政事业审计科、经贸与外资运用审计科、固定资产投资审计科、农业与资源环保审计科、审计技术科、经济责任审计室、内部审计指导科、审计执行科、机关党委办公室等14个职能科室；下设建设项目审计中心。

审计成果　2017年，怀化市县两级审计机关完成审计及专项审计调查项目953个。查出违规金额9.29亿元、损失浪费金额0.22亿元。促进增收节支16.23亿元；通过审计后挽回损失12.15亿元；核减投资额12.29亿元。怀化市审计局完成审计及审计调查项目54个，查出违规金额2.01亿元、损失浪费金额0.17亿元。促进增收节支5.21亿元；通过审计后挽回损失4.02亿元；核减投资额4亿元，移送案件线索28件，立案13起，党纪政纪处分34人。

国家重大政策措施落实情况跟踪审计　对4个县市区的重大政策措施执行情况进行审计，促进健全制度，强化管理，政策措施落地生根。

财政审计　市县两级审计机关强化财政预算执行审计，加大对重点资金、重点部门、重点领域的审计监督，有效地提高财政资金使用绩效。怀化市审计局对5个单位的预算执行情况进行审计，揭示出33个问题。

经济责任审计　市县两级审计机关对125名领导干部进行经济责任审计，在发现的问题金额中，领导干部负主管责任金额0.16亿元，负领导责任金额1.47亿元，

固定资产投资审计　怀化市审计局完成68个建设项目竣工结算审计，审计金额24.3亿元，审定金额20.3亿元，核减金额4亿元。推动在怀化市建立联合询价定价机制，使2017年怀化市的沙石、混凝土等材料价格比上年同期下降5%～25%，每年节约政府投资成本5亿元以上。

民生资金（项目）审计　开展保障性安居工程跟踪审计，查出闲置安居工程资金1年以上1.13亿元，发现侵害人民群众利益资金达1.48亿元。按照市领导要求，对怀化市扶贫资金进行专项整治督查，共涉及扶贫资金26.16亿元，扶贫项目462个，部门和单位209个，乡镇94个，行政村239个。

内部审计　怀化市审计局推荐的怀化学院何学红荣获“全国内部审计工作先进个人”称号，

袁宏等7人荣获“2014—2016年度全省内部审计先进工作者”称号。（撰稿人：邹永红 唐 明）

【娄底市审计局】 2017年，娄底市审计局人员编制64人，实有62人。党组书记王洪江，局长彭淑媛，副局长曾志伟、周海良、王志彪、殷革华，总审计师刘峰，纪检组长许湘华（—9月），经济责任审计工作领导小组办公室主任邹国民。设有办公室、综合管理科、人事科、法规科、财政审计科、金融与社会保障审计科、行政事业审计科、经贸审计科、农业与资源环境审计科、投资外资审计科、计算机审计科、工程审计科、监察室（—9月）、机关党委、工会、经济责任审计工作领导小组办公室；下设建设（技改）项目审计监督中心。

审计成果 2017年，娄底市县两级审计机关完成审计项目185个。查出主要问题金额2004560万元，其中违规金额283713万元、损失浪费金额423万元、管理不规范金额1720423万元；审计发现非金额计量问题587个；损益（收支）不实金额214547万元；审计发现侵害人民群众利益2388万元；出具审计报告和专项审计调查报告318篇。审计处理处罚金额191418万元，其中应上缴财政74132万元、应减少财政拨款或补贴36417万元、应归还原渠道资金35020万元、应调账处理金额33183万元；移送司法机关、纪检监察机关和有关部门处理事项57件，移送处理人员92人，移送处理金额13137万元。审计促进整改落实有关问题资金38012万元，其中增收节支30272万元、已调账处理金额7188万元；审计促进拨付资金到位9990万元；审计后挽回（避免）损失37172万元。审计提出建议497条，提交审计信息588篇，向社会公告审计结果8篇。

武冈市委书记、市长任期经济责任异地交叉审计项目被省审计厅经济责任审计领导小组办公室通报表彰。娄底市审计局改革项目“娄底市自然资源资产审计模式探索”被评为湖南省生态文明改革创新案例。

国家重大政策措施落实情况跟踪审计 每季度选择一个县市区，采取“上审下”审计模式，对娄星区存量资金统筹使用情况、双峰县放管服政策落实情况、冷水江市金融支持实体经济情况、涟源市扶贫资金分配管理使用情况进行跟踪审计，推动政策措施落地生根。

财政审计 重点关注财政资金绩效、资产管理、财税政策执行、财政预算体系完善以及中央八项规定精神贯彻落实等情况，揭露“放管服”改革过程中存在的机构设置、人员编制、财政预算改革不能及时跟进的矛盾，促成建筑行业劳保基金账户余额1.34亿元移交娄底市财政国库管理。

经济责任审计 完成对116个单位166名领导干部的经济责任审计，其中任中审计37人、离任审计129人。根据省审计厅的统一安排，对武冈市委书记、市长任期经济责任进行异地交叉审计，查出问题金额71370万元；移送案件线索8件，问责5起。

固定资产投资审计 娄底市审计局完成固定资产投资项目结算审计129个，送审金额10.67亿元，审定金额9.53亿元，累计核减金额1.14亿元；重点开展沪昆、娄邵铁路安置基地专项审计。

民生资金（项目）审计 开展保障性安居工程审计、村级财务审计等民生审计（调查）项目，配合市纪委对663个重点村进行财务审计，按监督执纪“四种形态”处理4373人，移送司法机关处理36人，清退资金1786.3万元。

（撰稿人：曹阿乔）

【湘西土家族苗族自治州审计局】 2017年，湘西土家族苗族自治州审计局行政编35人，事业编制19人，工勤编制4人；实有56人。党组书记向能武，局长印钊，副局长龚道君、万前荣、唐海龙（8月—），总审计师瞿民（8月—），经济责任审计领导小组办公室专职副主任阙剑平，调研员金利蓉、高光忠（8月—）。设有办公室、法规科、审理科、财政审计科、行政事业与外资运用审计科、经贸金融社保审计科、农业与资源环保审计科、固定资产投资审计科、经济责任审计室、人事科、审计技术科、审计执行科、离退休人员管理服务科、直属机关党委；下设政府投资审计中心、内部审计指导中心；纪检（监察）机构按有关规定设置。

审计成果 2017年，湘西土家族苗族自治州审计局完成审计项目 36 个，专项审计调查项目 8 个。查出主要问题金额 3373073 万元，其中违规金额 452710 万元、损失浪费金额 669 万元、管理不规范金额 2919693 万元；审计发现非金额计量问题 87 个；损益（收支）不实金额 5309 万元；出具审计报告和专项审计调查报告 63 篇。审计处理处罚金额 361148 万元，其中应上缴财政 12600 万元、应减少财政拨款或补贴 13032 万元、应归还原渠道资金 332469 万元、应调账处理金额 3045 万元；移送司法机关、纪检监察机关和有关部门处理事项 10 件，移送处理人员 10 人，移送处理金额 4873 万元。审计促进整改落实有关问题金额 62331 万元；审计促进拨付资金到位 42015 万元；审计后挽回（避免）损失 13032 万元；核减投资额 6934 万元。审计提出建议 123 条。向社会公告审计结果 4 篇。

保靖县 2013—2014 年度财政扶贫资金审计项目，被省审计厅评为表彰审计项目。

国家重大政策措施落实情况跟踪审计　对 8 个县市稳增长等政策措施贯彻落实情况进行跟踪审计。

财政审计　对 10 个州直单位预算执行、州本级税收征管和 2 个县市的财政决算进行审计，并向社会公示审计结果。参加州人大开展的预算法执法检查。

经济责任审计　根据省审计厅的统一安排，对怀化市会同县党政主要负责人任期经济责任进行异地交叉审计。开展对湘西州财政局原局长、州人社局原局长、州文广新局局长、州人民医院和吉大师院主要负责同志进行经济责任审计。

固定资产投资审计　对 40 个政府投资建设项目进行竣工结算审计，对州文体会展中心等 9 个州重点建设项目进行跟踪审计。

民生资金（项目）审计　对全州保障性安居工程、全州环保专项资金、全州精准扶贫异地搬迁工程、州本级民政专项资金等开展专项审计。完成州委、州政府交办的对龙山、永顺、古丈 3 个县扶贫专项监督检查。

企业审计　对湘西厚驿交通建设投资公司资产、负债和损益情况进行审计。

信息化建设　实现公文 100％网上传阅、审批和办理。建立计生、车辆、公积金、社保等外部数据库。

（撰稿人：胡贻江）

2017 年湖南省所辖区、县(市)级审计工作统计表

金额单位:万元

审计机关	完成审计项目(个)	审计查出主要问题金额	审计处理情况					出具审计报告和审计调查报告(篇)	提出审计建议(条)	提交审计信息(篇)
			审计处理处罚				移送处理事项(件)			
			应上缴财政	应减少财政拨款或补贴	应归还原渠道资金	应调账处理金额				
长沙市										
长沙市本级	505	8798386	135063	148463	2016	314663	67	505	204	167
芙蓉区审计局	193	111082	5	9463	78	8226	6	193	73	23
天心区审计局	233	430363	693	753	437	37571	5	233	36	4
岳麓区审计局	68	51737	8882		43	21361	21	68	39	40
开福区审计局	269	510733	28869				8	269	36	64
雨花区审计局	203	3339	75	1643	28			203	13	3
望城区审计局	125	372090	249		166	614	1	125	130	2
浏阳市审计局	847	188295	1722		96	145	9	847	113	63

（续表）

审计机关	完成审计项目（个）	审计查出主要问题金额	审计处理情况					出具审计报告和审计调查报告（篇）	提出审计建议（条）	提交审计信息（篇）
			审计处理处罚				移送处理事项（件）			
			应上缴财政	应减少财政拨款或补贴	应归还原渠道资金	应调账处理金额				
宁乡市审计局	15	568504	17		208	143	22	15	71	47
长沙县审计局	217	72197	127	419	77		19	217	66	51
株洲市										
株洲市本级	34	1159806	235247		36366	367433	21	47	111	55
荷塘区审计局	9	231210	11		157	200	2	15	37	2
芦淞区审计局	9	29677	11		17891	831	2	16	21	27
石峰区审计局	22	282043	1051		20199	268	3	34	65	29
天元区审计局	130	203109	13360	23	10868	21373	2	135	69	6
醴陵市审计局	20	83286	1419		723	4713	3	30	39	
株洲县审计局	28	101659	67		3838	2768	10	30	76	
攸县审计局	46	253100	133	20	749	541	1	72	123	
茶陵县审计局	28	82163	17410		3072	55797	4	44	65	12
炎陵县审计局	40	122179	114		5291	17329	1	40	41	20
湘潭市										
湘潭市本级	51	747607	3895		7633	158653	12	69	113	137
雨湖区审计局	10	2205	12			1458		21	25	7
岳塘区审计局	55	47903	26		8533	26152		71	253	24
湘乡市审计局	79	342840	39343		300	6535		106	5	18
韶山市审计局	61	488107	752		2601	1910	8	73	57	24
湘潭县审计局	127	68366	923				9	143	183	30
衡阳市										
衡阳市本级	137	1040971	73833		43803	363166	94	64	136	221
珠晖区审计局	19	12261	6331		4879	872	2	19	58	
雁峰区审计局	10	6033	114		199	65	2	8	22	1
石鼓区审计局	8	20940	842			18175		13	21	21
蒸湘区审计局	10	19815	11		48	13215		10	14	
南岳区审计局	18	1888	441		106	24		18	17	
耒阳市审计局	55	999816	980		209664	3	12	106	34	80
常宁市审计局	20	277784	5		2028			24	59	
衡阳县审计局	78	31563	2045		316	4397		143	229	
衡南县审计局	40	5375	243		1134	1431		40	118	28
衡山县审计局	34	32564	3326		6291	3059	3	29	60	1
衡东县审计局	33	62000	9455		10575	41117		37	49	96

（续表）

审计机关	完成审计项目（个）	审计查出主要问题金额	审计处理情况					出具审计报告和审计调查报告（篇）	提出审计建议（条）	提交审计信息（篇）
			审计处理处罚				移送处理事项（件）			
			应上缴财政	应减少财政拨款或补贴	应归还原渠道资金	应调账处理金额				
祁东县审计局	34	11230	213		23	550	9	46	102	28
邵阳市										
邵阳市本级	113	938169	11370	29824	415554	173805	8	133	152	116
双清区审计局	6	35461	84		4364	30639		7	25	14
大祥区审计局	6	15188	3034		6131	5415	1	4	34	32
北塔区审计局	6	17213	329		822			7	38	
武冈市审计局	51	314917	1202	2	220804	80108	10	73	72	23
邵东县审计局	46	79827	1253	8	15899	51391	2	46	318	134
新邵县审计局	7	56516	29381		4749	15673		41	42	2
邵阳县审计局	25	52810	272		26275	565	4	38	68	95
隆回县审计局	28	34095	664	5866	21629	1404	2	46	93	41
洞口县审计局	43	42913	14965	408	5942	17339	4	54	65	53
绥宁县审计局	18	133396	535	1726	4866	1013	3	27	40	34
新宁县审计局	35	205238	3685	724	699	15373	1	40	80	169
城步苗族自治县审计局	14	102129	461	70	28631	72639	1	16	19	52
岳阳市										
岳阳市本级	42	2384715	13535		1960	1800	73	44	245	28
岳阳楼区审计局	43	25314	167		32	7		73	84	14
云溪区审计局	50	32276	4132	194	15146	10066		70	237	21
君山区审计局	10	33947	2305			10		17	25	
汨罗市审计局	51	868876	1164	222	229	1	2	39	72	1
临湘市审计局	46	82681	1221		2184	182		84	98	32
岳阳县审计局	36	54618	159	629	2194	438		54	95	
华容县审计局	37	5214	89		1	98		32	36	
湘阴县审计局	9	285894	17958	12	32	174		6	88	31
平江县审计局	35	189012	2215	7	1562	4401		40	59	48
屈原管理区审计局	4	9686	600		11	8985		6	10	1
常德市										
常德市本级	53	1572797	71503	125886	98389	235	39	80	149	140
武陵区审计局	22	43581	50		164	39730	13	38	53	26
鼎城区审计局	44	99284	549	16987	756	18	3	68	147	100
津市市审计局	37	61273	194	1489	50855	18	6	39	83	104

（续表）

审计机关	完成审计项目（个）	审计查出主要问题金额	审计处理情况					出具审计报告和审计调查报告（篇）	提出审计建议（条）	提交审计信息（篇）
			审计处理处罚				移送处理事项（件）			
			应上缴财政	应减少财政拨款或补贴	应归还原渠道资金	应调账处理金额				
安乡县审计局	26	40174	179		126	27204	8	35	57	147
汉寿县审计局	22	283974	817		1195	30706	28	31	50	320
澧县审计局	29	277889	1837	880	76717	38355	13	42	159	170
临澧县审计局	27	87487	100			27211	38	46	66	170
桃源县审计局	48	143906	323	60762	454	389	32	64	109	115
石门县审计局	21	61484	6106		149	7537	20	27	58	114
张家界市										
张家界市本级	56	410370	15690	14098	7497	24664	17	58	127	50
永定区审计局	25	74202	39		9239	29	3	27	89	43
武陵源区审计局	5	671080	141621		841	68536	1	10	16	20
慈利县审计局	22	847672	390	26	2891	27	1	28	61	15
桑植县审计局	42	49019	3503		561	4422	16	49	113	18
益阳市										
益阳市本级	78	1641696	10204	965	24692	17190	72	89	144	72
资阳区审计局	29	133976	327		3058	1834	3	34	75	
赫山区审计局	35	116798	18	2587	6	3		47	103	41
沅江市审计局	32	305407	276		2170	15581	3	44	96	27
南县审计局	28	170011	186	942	874		11	38	107	2
桃江县审计局	40	141701	3018		2458	8242	7	57	114	2
安化县审计局	34	299854	730	4266	2819	95746	7	50	122	4
益阳高新区审计分局	10	28085				876	3	10	20	
大通湖审计分局	10	113858	116	342	3600	1514	1	15	37	2
郴州市										
郴州市本级	217	479078	2056	81091	61318	47976	12	219	216	21
北湖区审计局	58	122115	532	18121	36		5	66	18	8
苏仙区审计局	59	626314	156	11659	12858	13	13	69	83	17
资兴市审计局	145	329003	160	3834	18050	305340	13	154	71	15
桂阳县审计局	104	760977	31	19923	57	5	12	108	168	
宜章县审计局	99	42503	46	18110	22	214	3	99	138	52
永兴县审计局	82	167577	61	1184	94324	12396	20	88	134	1
嘉禾县审计局	62	130551	15512	8922	87305	18695	8	69	255	
临武县审计局	28	9797	40	9564			8	28	49	

（续表）

审计机关	完成审计项目（个）	审计查出主要问题金额	审计处理情况					出具审计报告和审计调查报告（篇）	提出审计建议（条）	提交审计信息（篇）
			审计处理处罚				移送处理事项（件）			
			应上缴财政	应减少财政拨款或补贴	应归还原渠道资金	应调账处理金额				
汝城县审计局	76	72300	238	6466	162	71	8	93	68	8
桂东县审计局	85	48792	91	4716	4004	541	8	98	88	
安仁县审计局	40	90147	585	7533	13	19	5	40	5	12
永州市										
永州市本级	33	147569	3381		2785	17466		35	128	21
零陵区审计局	29	154123	352	176	1992	150899	7	29	53	61
冷水滩区审计局	18	124096	19646		705	12488	2	18	51	4
祁阳县审计局	61	28220	2679	271	202	129		95	98	60
东安县审计局	21	70492	53	9	119	68798	4	21	43	
双牌县审计局	30	160295	24	3392	265	1	3	33	52	6
道县审计局	20	1126623	30		220	42573	1	20	76	1
江永县审计局	101	4582	85	789	347	1499		101	201	50
宁远县审计局	17	4429	1705		1892	21		17	86	
蓝山县审计局	23	35799	6967		214	5518		23	32	6
新田县审计局	15	73657	85		71438	2180		17	105	30
江华瑶族自治县审计局	71	65879	1350	1306	20223	677	3	71	36	84
怀化市										
怀化市本级	54	279027	16800	40069	10461	81988	10	112	105	24
鹤城区审计局	25	69750	57	11729	9752	143	3	119	54	15
洪江市审计局	17	144917	43		9148	339	1	22	22	24
中方县审计局	26	214563	600	13579	1993	1528	6	34	73	83
沅陵县审计局	29	201178	151	2356	315		5	104	105	55
辰溪县审计局	35	27057	81	7491	1757	2704	2	93	55	1
溆浦县审计局	174	204858	15964	7667	1514	1358	1	192	192	76
会同县审计局	133	19114	19	9214				136	302	1
麻阳苗族自治县审计局	52	55066	57	3428	682	157	2	52	81	39
新晃侗族自治县审计局	95	1623	243	1174		3		112	342	
芷江侗族自治县审计局	152	531282	211	19905	44	151	5	9	24	33
靖州苗族侗族自治县审计局	18	145854	26	644	81	31		24	45	26

（续表）

审计机关	完成审计项目（个）	审计查出主要问题金额	审计处理情况					出具审计报告和审计调查报告（篇）	提出审计建议（条）	提交审计信息（篇）
			审计处理处罚				移送处理事项（件）			
			应上缴财政	应减少财政拨款或补贴	应归还原渠道资金	应调账处理金额				
通道侗族自治县审计局	43	79309	5547	8590	11861	2590	1	183	16	28
洪江管理区审计局	100	82621	10	1366	5883			100	205	
娄底市										
娄底市本级	38	879968	60477	14745	22280	755	16	62	131	125
娄星区审计局	29	441309	132	2445	848	272	5	41	49	172
冷水江市审计局	31	68382	369			214		53	58	36
涟源市审计局	34	193187	244	3678	8972	11093	8	64	103	60
双峰县审计局	18	160610	12301	2241	2172	1327	4	41	63	104
新化县审计局	29	261101	607	13288	747		24	57	93	91
湘西土家族苗族自治州										
湘西土家族苗族自治州本级	55	3373073	12600	13032	332469	3045	10	63	123	4
吉首市审计局	19	49566	26	2005		100		26	74	
泸溪县审计局	83	101110	7751	5596	4661	27871		19	60	
凤凰县审计局	15	292495	7507	17186	168974	21037		24	37	1
花垣县审计局	21	17647		106				18	69	10
保靖县审计局	22	55407	1015	6563		4090		13	134	
古丈县审计局	14	35139	1162	2362	55			23	17	
永顺县审计局	17	24544		2019	10126	8582		23	22	
龙山县审计局	23	136349	230	968	59452	12280	1	30	51	3

广东省

【广东省审计厅】 2017 年，广东省审计厅人员编制 308 人。设有办公室、综合计划处、法规审理处、经济责任审计一处、经济责任审计二处、电子数据审计处、财政税务审计处、金融债务审计处、行政政法审计处、教科文卫审计处、农业审计处、资源环境审计处、固定资产投资审计处、企业审计处（境外审计处）、社会保障审计处、外资运用审计处、整改监督处、内部审计监督处、财务管理处、人事教育处（与机关党委办公室合署）等内设机构及直属行政单位绩效审计分局；下设广东省计算机审计中心；另有后勤服务人员数 39 人。

领导成员

党组书记：何丽娟（—3 月）
　　　　　卢荣春（3 月—）
厅　　长：何丽娟
党组副书记：何丽娟（3 月—）
副 厅 长：卢荣春（—4 月）　陈　剑

黄建勋　骆贵全

总审计师：刘柱棠

纪检组长：张穗汉

经济责任审计工作联席会议办公室主任：

李业章

直属行政单位绩效分局局长：冯祥雄

副巡视员：杨国光　黄　菁

肖炳祥（3月—）

审计成果　2017年，广东省审计机关完成审计和专项审计调查项目4867个。查出违规问题金额143.91亿元、损失浪费问题金额7.89亿元、管理不规范金额5967.48亿元；审计发现侵害人民群众利益问题金额10.61亿元；出具审计报告和专项审计调查报告10123篇。提交审计专题报告、综合性报告和信息简报共2377篇，被党政领导和有关部门批示、采用667篇次。为国家增收节支107.15亿元，帮助被审计单位挽回（避免）损失24.65亿元。核减投资额26.03亿元，已上缴财政36.65亿元、已减少财政拨款或补贴24.07亿元、已归还原渠道资金46.44亿元；向司法、纪检监察机关、有关部门移送处理事项643件，移送处理人员378人，移送处理金额534.46亿元。向被审计单位或有关单位提出审计建议17186条，推动被审计单位建立健全规章制度550项。

国家重大政策措施落实情况跟踪审计　组织全省审计机关重点审计供给侧结构性改革、重大建设项目、创新驱动发展战略、精准扶贫精准脱贫等政策措施的落实情况。针对精准扶贫精准脱贫，出台《关于加强2277个省定贫困村创建社会主义新农村示范村建设资金审计监督的实施意见》。出具审计报告406篇，提出审计建议973条。

财政审计　广东省各级审计机关完成财政决算审计和审计调查项目429个，延伸审计单位925个，审计查出主要问题金额1452.85亿元；出具审计报告876篇。完成预算执行审计项目1353个，延伸审计单位2207个，审计查出主要问题金额3009.52亿元，其中预算编制批复不规范金额124.58亿元，出具审计报告1470篇。

广东省审计厅对省级财政预算执行和财政决算草案审计进行审计，审计结果表明，2016年，省级财政实现全口径预算管理，建立健全政府预决算体系，预算管理进一步深化和规范。审计发现部分资金未编列进政府性基金预算、部分省属国有企业上缴利润收入未编列入国有资本经营预算反映、部分省级非经营性国有资产收入未缴人国库编列一般公共预算；部分预算安排资金未形成实际支出、45个省级财政资金经营性股权投资项目未能按计划完成投资任务、部分新增债券资金使用率较低、部分地区税费征管不规范、个别省级专项资金整合不到位、部分省本级社保基金存放未及时落实优惠利率政策。

广东省审计厅对30个省级部门的预算执行情况进行审计，并延伸审计88家所属单位，涉及资金总额220.95亿元。审计结果表明，30个部门及所属单位预算执行规范化程度不断提高，“三公”经费、会议费逐年下降。审计也发现一些部门存在预（决）算编制不完整、资金管理不够严格、违规收费、违规发放津补贴、“三公”经费管理不规范等问题。

完成对韶关、河源、惠州、清远等4个市2015年度财政决算审计；对佛山、肇庆、梅州和揭阳4个市的2016年度财政决算审计。审计发现存在预算、地方政府性债务、专项资金管理不规范，决算反映不真实，财政收支管理不严，有关政策执行不到位等问题。

经济责任审计　广东省各级审计机关对1909个单位、2180名领导干部开展经济责任审计，查出违规金额33.88亿元、损失浪费金额2.48亿元、管理不规范金额707.54亿元。对权力集中部门和资金、资产、资源密集领域的党政领导干部开展经济责任轮审，对省直部门单位“一把手”、国企和高校主要负责人以及市、县检察院检察长、法院院长开展经济责任审计，坚持“党政同责、同责同审”，全面推进县、镇两级党政主要领导干部经济责任同步异地交叉审计。

固定资产投资审计　分阶段对潮惠、广佛肇等24个在建高速公路项目和广佛环城轨、北江航道扩能升级工程等15个省重大基础设施建设项目的推进情况和云罗高速公路（一期、二期）项目竣工决算进行审计，发现部分项目资本金不到位、建设管理不到位、进展缓慢，个别项目多报累计完成投资额或多计建设成本，征地拆迁有关政策落实不到位等问题。组织广州、佛山、东莞审计机关完成对2015年7月至2016年7月省对口支援新疆发展资金及项目建设管理情况审计，审计结果表明，广东省援疆资金较好推动当地经济社会发展及民生改善，审计也发现部分项目未严格执行投资计划、项目建设管理不到位、资金管理不够规范等问题。组织对2017年广东省对口支援新疆、西藏发展资金和项目进行跟踪审计。

民生资金（项目）审计 对2016年全省保障性安居工程进行跟踪审计；对汕头、佛山、河源、梅州、汕尾、东莞、江门、湛江、茂名等9个地级市2015年和2016年上半年医疗保险政策落实、改革措施推进和基金筹集管理使用情况进行审计；对全省残疾人就业保障金征收、管理和使用情况进行审计，重点审查省残联和广州、深圳、东莞、梅州、清远、汕尾等6个市残疾人就业、培训工作开展情况，推动惠民政策落实。

农业与资源环保审计 组织在惠州市、开平市、德庆县开展自然资源资产管理试点审计，对15个地级市69个县（市、区）2014年至2016年6月农村垃圾处理专项资金管理和使用情况进行审计，对珠海、汕头、佛山、韶关、梅州、汕尾、中山、阳江、肇庆、清远、潮州、揭阳、云浮等13个市2011年至2015年落实省《“十二五”主要污染物总量减排责任书》《南粤水更清行动计划》《城市黑臭水体整治工作指南》等目标完成情况以及水污染防治专项资金使用和项目实施等情况进行审计，推动绿色低碳发展，促进生态文明建设。

外资运用审计 完成对5个国外贷援款项目2015年度财务收支和项目执行情况的审计。审计结果表明，5个项目2015年完成投资2.35亿元，对于完善农业污染治理、促进城乡社保一体化、提升交通运输节能降耗水平、改善地区水资源保护等方面具有较好的作用。

企业审计 对产权集团、旅控集团、商控集团等3户省属企业集团进行审计，涉及资产总额222.88亿元，发现会计核算不真实，重大事项决策程序不规范，大额资金管理、内部管理不规范等问题。启动对省国资委分管的20户省属国有企业的第二遍审计，组织对16家省属竞争性国有企业资产负债损益及经营风险情况进行专项审计调查。

审计整改 组织对134个审计项目开展审计整改监督检查，督促1541个审计查出问题进行整改，整改率98%，整改完成率58%。督促执行审计决定处理问题120个，执行率97.5%，执行完成率85.8%。督促有关单位上缴各级财政资金26.79亿元，归还原渠道资金10.82亿元，拨付滞留资金36.65亿元，规范账务处理资金51.05亿元。有关单位采纳审计建议314条，建立完善各项规章制度129项，处理有关责任人48人。

信息化建设 改造审计数据中心基础设施，利用云计算、分布式并行大数据技术，构建基于广东审计专网的私有云，省级审计大数据平台的存储容量实现从30TB扩展到PB级数据规模。完成改造全省审计视频会商系统。整合审计专网域控管理与文档管理系统，全新定制开发厅审计专网门户网站，开设微信公众号和移动版手机网站。完成厅移动桌面云办公系统、无纸化会议系统、出入境管理系统等的开发和部署。

审计科研 通过深入学习领会党的十九大精神和习近平总书记对广东工作的重要指示批示，广东省审计厅党组对新时代广东省审计工作进行研究，总结出以下三点：第一，广东省审计工作要处理好的“五个变与不变”的辩证关系，即：审计工作基本方针没有变，审计理念要转变；审计职责和使命没有变，审计重点要转变；审计双重管理体制没有变，审计格局要转变；审计批判性功能没有变，揭露问题重点及方法手段要转变；审计机关从严治党的总要求和决心没有变，对队伍建设要求更高更严。第二，用辩证思维、发展眼光把握新时代广东省审计工作的新常态、新特点，即：明确审计作为党和国家监督体系重要组成部分的新时代审计工作的“新定位”；落实实行审计监督全覆盖的“新任务”；全面履行充分发挥保障作用的“新职责”；部署全国、全省审计“一盘棋”的“新格局”；构建大数据审计工作模式的“新平台”，满足党中央一系列重大部署的“新期待”。第三，提出力争走在全国前列的10个方面的目标，即：审计制度改革、审计流程再造、审计管理创新、审计规范化建设、审计信息化建设、审计质量控制、审计整改工作、审计结果公告、审计机关从严治党、基层审计机关能力建设。

广东省审计厅完成审计署2016—2017年度重

点科研课题《新常态下审计机关服务国家治理的路径选择和机制创新》研究，通过审计署的结项评审。完成2016年度、2017年度共10个重点科研课题研究结项评审。开展以“防范风险、提高效益”为主题的理论研讨活动，评选优秀论文30篇。

以“资源环境审计”为主题的2017年度粤港澳审计论坛，于11月11日在梅州市成功举办。香港审计署、澳门审计署、广东省审计厅及各市审计局领导和嘉宾共80多人参加。与会审计人员就资源环境的内容重点、技术方法和成果运用等进行深入探讨，并围绕大数据审计进行交流。

审计机关人财物管理改革试点 出台广东省审计机关人财物管理改革第二批配套制度，推动11个地级市出台落实省委21号文件的具体意见或办法。调整和完善省审计厅内设机构，新增资源环境审计处、电子数据审计处、财务管理处等3个处，将经济责任审计中心、内部审计指导中心2个事业单位转制为厅机关内设机构，省级层面的改革任务已基本完成，市、县两级审计机关“人、财、物、事”管理权限已全面上划。按新体制探索完善审计组织方式，围绕政策跟踪审计、财政决算审计、部门预算执行审计和经济责任审计四个主轴，形成“1拖N”“上审下”“交叉审”等多兵种、大兵团、合成式的审计组织模式，实现全省审计“一盘棋”格局。创新审计报告审理方式，实行审计项目网上一站式审理，2017年首次实行全省各地级以上市审计局审计工作报告（代拟稿）在向本级人大报告前须经省审计厅审计工作报告审理委员会审定，印发《审计工作报告审定工作指引》，强化对下级审计机关审计质量的监督指导。

党建工作 深入学习宣传贯彻党的十九大精神和习近平总书记对广东工作的重要批示指示精神，先后召开党组扩大会议、中心组学习会、全省审计机关学习宣传贯彻动员视频会，举办十九大精神大学习大培训暨市、县（市、区）审计局局长培训班等形式，推动党的十九大精神入耳、入心、入脑，进机关、进基层、进审计一线。10月30日，省委副书记、省长马兴瑞到省审计厅调研指导学习宣传和贯彻落实党的十九大精神，要求全省审计系统增强“四个意识”，坚定“四个自信”，坚决维护以习近平同志为核心的党中央权威和集中统一领导，坚定不移用习近平新时代中国特色社会主义思想武装头脑，坚定不移贯彻新发展理念，把党的十九大精神贯彻落实到岗位上行动上。要找准定位、聚焦主业、精准审计、提质增效。省审计厅构建从党组书记、分管厅领导、机关党委、处室党支部书记到审计组临时党支部书记层层抓落实的“五层塔形”党建工作责任制，注重党建工作与审计工作融合式发展，“两手抓、两促进”，开展“党支部建在审计点上，推进审计机关党建工作深入发展”的书记项目立项创建活动。全年召开9次党组会和审计机关党风廉政建设工作会议，专题研究部署党风廉政建设工作，压实党风廉政建设“两个责任”。严格落实中央八项规定及其实施细则精神，不断健全审计“八不准”、“四权分离”、审计公示、审计组设廉政监督员等10项具有广东审计特色的反腐倡廉工作机制。

相关工作 推动、协助地方党委选好配强下级审计机关领导班子，2017年共选配市级审计机关正职1人、副职9人，县级审计机关正职30人。加强干部集中交流培训力度，对27名干部进行轮岗，选送干部99批847人次参加各类培训，推进审计干部专业能力建设，提高队伍聚焦主业、谋大事、干大事的能力。坚持正确选人用人导向，2017年首次实现全省审计人员由省级统一招录，并在审计机关考录公务员笔试环节加试专业知识和技能。创新向社会购买审计服务的方式，探索建立有广东审计特色的审计辅助人员制度，启动审计辅助人员招聘工作。

内部审计 全省内部审计机构开展内部审计项目7.86万个，审计总金额24514.04亿元，增收节支612.99亿元，提出并被采纳意见5.82万条。经内部审计建议给予行政处分261人，向司法机关移交案件11件、人员18人。

（撰稿人：黄河清）

【广州市审计局】 2017年，广州市审计局人员编制158人，实有143人。党组书记冯慧光（—3月）、黎子良（3月—），局长冯慧光（—4月）、黎子良（4月—），副局长严健蓓、刘南群、陈启书，总审计师丘雷，纪检组长张志鹏，巡视员陈宝雄（—8 月），副巡视员李家禄、张敏笙、张祥生、李章虎（2 月—）。设有办公室、法规审理处、财政税务审计处、行政事业审计处、固定资产投资审计处、企业审计处、社会保障审计处、农业与资源环境审计处、经济责任审计管理处、整改执法监督处、绩效审计处、电子数据审计处、机关党委、人事处；下设审计信息中心、审计机关服务中心 2 个事业单位。

审计成果 2017 年，广州市审计局完成审计项目 144 个。查出主要问题金额 751.27 亿元，其中违规金额 6.46 亿元、损失浪费金额 0.06 亿元、管理不规范金额 744.75 亿元；被批示、采用审计（调查）报告 4 篇、信息专送 26 篇；向纪检监察机关移送处理事项 43 件，涉及金额 357.48 亿元。审计提出建议 278 条，向社会公告审计结果 27 份。

国家重大政策措施落实情况跟踪审计 广州市审计局成立广州市国家和省重大政策措施落实跟踪审计领导小组。围绕广州市政府确立的“攻城拔寨、落地生根、开花结果”中心工作开展政策措施落实跟踪审计，发现问题 41 个，向被审计单位发出整改函和审计报告共 21 份；向省审计厅、市政府报送综合性跟踪审计报告 4 篇。开展广州市总部经济政策措施绩效审计调查，提出完善优化政策措施的建议。

经济责任审计 对 134 名领导干部进行经济责任审计，查出主要问题金额 165.37 亿元，其中领导干部应负直接责任问题金额 2.78 亿元、应负主管责任问题金额 28.90 亿元、应负领导责任问题金额 133.69 亿元。组织全市审计机关对 27 个镇（街）的党政主要领导干部开展经济责任同步异地交叉审计，市委召开书记会议，专题听取镇（街）审计情况汇报。建立领导干部自然资源资产离任审计工作联席会议制度，广州市审计局加强与各成员单位的协调和联系，共同组织、研究、检查并指导落实广州市领导干部自然资源资产离任审计工作。

农业与资源环保审计 开展花都区水资源、增城区森林资源管理开发和利用情况专项审计调查，督促各部门和单位积极开展审计发现问题整改，加快改善生态环境，提高资源利用效率。

企业审计 完成 18 个企业审计项目，审计中重点关注企业重大投资、大宗资产处置及运营中存在的重大风险隐患，发现广州市一些公交企业存在增值税进项税额无法抵扣等普遍性问题，提出解决的建议。

信息化建设 建立大数据审计工作机制，向社会聘请数十名计算机技术人员长期从事数据采集、整理分析等技术工作。落实数据定期报送制度，共采集电子数据约 85TB。强化大数据审计在部门预算执行审计中的应用，对 20 个部门 33 类审计事项进行数据集中分析，新增编写审计模型 42 个。探索联网在线审计，构建起集数据采集、分析、监测预警、资源共享等多功能的联网实时审计监督系统。

审计机关人财物管理改革试点 广州市成立审计制度改革试点工作领导小组，贯彻落实广东省审计制度改革试点工作的相关部署要求，统筹协调推动广州市审计制度改革试点工作。以市委、市政府名义印发《广州市关于完善审计制度若干重大问题的实施方案》及相关配套文件。

（撰稿人：黄　羽）

【韶关市审计局】 2017 年，韶关市审计局人员编制 45 人，实有 53 人。党组书记、局长陈大川，副局长李秋月、毛考清、钟定鸿，总审计师罗文达，纪检组组长朱观洪，副调研员苏国强。设有办公室（计算机审计室）、人事科、计划和整改监督科、法规审理科、经济责任审计办公室、财税金融审计科、行政事业审计科、农业与资源环保审计科、经贸外资审计科、固定资产投资审计科。

审计成果 2017 年，韶关市审计局完成审计和专项审计调查项目 69 个。查出主要问题金额 74.3 亿元，其中违规金额 993 万元、管理不规范金额 74.2 亿元；审计发现侵害人民群众利益 4418 万元。通过审计推进省政府解决韶关市财政缺口资金 3 亿元，促进韶关市本级财政增加财政收入 15.26 亿元，促进闲置财政资金统筹使用增加韶关市财政 30 亿元。审计处理处罚金额 4.11 亿元；移交司法机关、纪检监察机关和有关部门事项 61 件。审计提出建议 214 条。

国家重大政策措施落实情况跟踪审计 围绕推动韶关振兴发展战略，着重对供给侧结构性改革、重大基础设施建设、创新驱动、对口帮扶等方面，组织开展措施落实情况跟踪审计，发现存在的问题，提出切实可行的建议。

财政审计 用大数据的手段助推财政预算执行审计，关注政府预算体系建设、财政资金的存量和增量等情况，加强对财政资金使用绩效的审计监督，发现部分项目财政支出进度缓慢、预算执行率低等问题，提出符合实际的建议。

经济责任审计 完成经济责任审计项目29个，审计领导干部41人，查出问题金额22.59亿元，其中管理不规范金额22.41亿元、违规金额1814万元，针对财经制度执行不到位以及管理不规范等问题，提出审计建议429条。

固定资产投资审计 组织开展芙蓉新城“三年基本成城”审计，发现工程项目未按计划完成、项目监管单位履职不到位等方面的问题。组织开展城市提升三年行动计划交通节点情况跟踪审计，对相关重点单位落实行动计划情况进行专项审计调查。

民生资金（项目）审计 通过“上审下、同级审、异地交叉审计”等方式，重点开展民政系统财务收支审计工作，揭露重大政策落实不到位、资金沉淀和损失浪费、部门履职不到位等问题，提出针对性审计意见和建议，确保民生资金的规范使用，得到审计署社会保障审计司、省审计厅和市委市政府的充分肯定。抓好对精准扶贫、教育现代化和卫生创强“三大重点”民生的审计工作。

农业与资源环保审计 以促进全面节约和高效利用资源、加快改善生态环境为目标，开展对翁源县森林及矿产资源开发利用和节约管理情况调查。

金融审计 组织开展投融资改革落实情况的专项审计调查，从融资手段的合法合规性、项目建设的合规性、发展方式的可持续等方面，分析目前韶关市开展的各项政府购买服务项目、PPP项目以及政府投资基金的开展和建设情况，发现问题，提出建议。

企业审计 开展对新鸿达城投公司资产负债损益情况及东南控股有限责任公司下属公司有关债权情况的审计，依法对国有企业和国有资本实现审计全覆盖，查出企业存在的财务不规范等问题，提出有针对性的建议。

信息化建设 整合计算机审计人才，组建计算机审计数据分析小组，制定《韶关市审计局在线审计办法》，推进在线审理工作和电子档案工作，强化OA和AO的交互使用，进一步推动无纸化办公，督促审计组使用信息化手段和技术开展审计工作，提升信息化水平。选送人员参加省审计厅组织的计算机中级考试培训班，2人通过考试，取得审计署颁发的证书。

内部审计 韶关全市设立独立内部审计机构的单位共有15个，实有内部审计人员205人，开展审计项目697个，出具审计报告（含委托外部审计）84篇，审计报告反映的问题金额累计56.3万元，查出内部控制漏洞或管理不规范等问题104个，促进增收节支金额485万元。

（撰稿人：朱　超）

【深圳市审计局】 2017年，深圳市审计局人员编制190人，实有174人。局长陈倩雯，党组书记何锐军，党组成员、副局长沈安利、张美秀、袁经，党组成员、总审计师杨江涛，党组成员、机关党委专职副书记郑奕新，政府投资审计专业局局长沈安利（兼），经济责任审计专业局局长袁经（兼），副巡视员张志忠。设有办公室、综合处、审理处、财政处、金融处、行政处、资金处、企业处、资源环境处，另有直属政府投资审计和经济责任审计两个副局级专业局；下设深圳市审计学会。

审计成果 2017年，深圳市区两级审计机关完成审计和专项审计调查项目3663个。查出违规金额2.45亿元、损失浪费金额1.41亿元、管理不规范金额836.21亿元；出具审计报告3927篇。核减投资额20.37亿元，促进增收节支22.81亿元。向上级提交审计专题报告、综合性报告及信息简报100篇。向社会公告审计结果1411篇。审计提出建议5798条。其中，深圳市审计局完成审计和专项审计调查项目400个，查出违规金额1.25亿元、损失浪费金额1.11亿元，核减投资额4.33亿元，促进增收节支7.59亿元。向上级提交审计专题报告、综合性报告及信息简报25篇。审计提出建议1076条。向社会公告审计结果164篇。

国家重大政策措施落实情况跟踪审计 市区

两级审计机关坚持以推进“放管服”和深化供给侧结构性改革为主线，持续开展国家和省、市重大政策措施落实情况跟踪审计，全面监督重大政策的落实情况。市审计局每季度独立开展市政府各部门和各区重大政策措施贯彻落实的跟踪审计，全年共抽查单位 61 个、基建项目 360 个，涉及财政资金 1221.57 亿元，综合反映各项政策取得的成效和存在的问题，督促相关部门抓好整改。

财政审计 关注一般公共预算、政府性基金预算、国有资本经营预算、社会保险基金预算，开展全口径预算执行。深圳市审计局进一步改革审计管理和组织方式，编制 2016 年度市本级预算执行和其他财政收支审计“1＋6”工作方案；推行部门预算执行联网全覆盖审计，审计对象纳入市本级一级预算部门及其下属单位，共计 121 个部门，475 个单位，涉及资金 1040.73 亿元。

经济责任审计 市区两级审计机关完成经济责任审计项目 158 个，查出问题金额 77.89 亿元；其中市审计局完成经济责任审计项目 46 个，查出问题金额 64.2 亿元，其中管理不规范金额 63.94 亿元、违规金额 2454 万元、损失浪费金额 99 万元，提出审计建议 268 条。开展 33 名领导干部审计结果评议，报送 9 个市管单位领导干部的“五责联审巡查”审计情况。首次将自然资源资产离任审计试点工作扩大到街道领导干部，在全省率先出具街道领导干部自然资源资产离任审计报告。

固定资产投资审计 市区两级审计机关共完成政府投资审计项目 3350 个，出具审计报告 3444 篇，涉及项目投资额 3723.22 亿元，完成投资额 713.03 亿元，共核减投资额（工程款）20.37 亿元。市审计局完成政府投资审计项目 325 个，出具审计报告 418 篇，涉及项目投资额 3418.06 亿元，完成投资额 424.86 亿元，核减投资额 4.33 亿元。

企业审计 市审计局对 2016 年度深圳市国有资本的预算执行情况、10 户市属国有企业的经营管理情况进行审计，关注国有资本经营收益，关注企业异地投资特别是境外投资，全面反映国有企业经营现状。

相关工作 加强对审计整改工作的督促检查，加强与督查部门的信息共享，将整改情况报市政府、市人大常委会，并抄送上级审计机关，对长期整改不到位的，报请政府纳入督查。进一步加强审计队伍建设，打造政治强、业务精、作风优的“审计铁军”，落实勤政廉政责任追究办法，运用被审计单位廉政回访函的形式对审计组进行监督。组织开展多种形式的学习培训、实践锻炼，全年分批选派业务骨干参加上级组织的审计项目，选派干部参加巡视巡察和市纪委专项工作，分批组织 100 人参加审计业务和党性教育培训。

（撰稿人：张文涛）

【珠海市审计局】 2017 年，珠海市审计局人员编制 61 人，实有 53 人。党组书记、局长戴伟辉，副局长胡艳华、张跃进、苏牧、邓榜成。设有办公室、政策法规科、财政税务与金融审计科、行政事业审计科、公共投资审计科、企业审计科、经济责任审计科、资源环保审计科、整改监督科、数据分析科、政策跟踪审计科、审计执法分局。

审计成果 2017 年，珠海市区两级审计机关完成审计和专项审计调查项目 137 个。查出主要问题金额 110.18 亿元，其中违规金额 2.05 亿元、损失浪费金额 0.074 亿元、管理不规范金额 108.06 亿元；审计发现非金额计量问题 966 个；损益（收支）不实金额 12.98 亿元；出具审计报告和专项审计调查报告 190 篇。审计处理处罚金额 4.96 亿元，其中应上缴财政 1.36 亿元、应减少财政拨款或补贴 0.61 亿元、应归还原渠道资金 0.68 亿元、应调账处理金额 2.30 亿元；移送纪检监察机关和有关部门处理事项 11 件，涉及金额 5.27 亿元。审计期间整改金额 1.63 亿元。审计促进整改落实有关问题资金 1.11 亿元，其中已上缴财政 0.69 亿元、已减少财政拨款或补贴 0.19 亿元；审计后挽回（避免）损失 0.61 亿元；核减投资额 0.65 亿元。提出审计建议 459 条；提交审计专题、综合性报告和信息简报 76 篇。

国家重大政策措施落实情况跟踪审计 市区两级审计机关实施的政策跟踪审计，实现从临时性督促向常态化跟踪转变，围绕中央“放管服”改革、投资管理体制、金融改革创新等重大政策措施，加强揭示、纠正政策执行不力和政策偏差的问题。

财政审计 实行财政预（决）算“同步审”。

珠海市审计局统一组织及编制方案，市区两级审计机关同步开展区财政预算执行和财政决算审计。运用实时在线监督系统，以审计监督与资金使用同步为目标，建立财政资金使用预警机制，实现财政资金常态化监督。全年查出问题金额 91.82 亿元。

经济责任审计 市区两级审计机关按领导干部所在单位（企业）掌握资金、权力的程度，设计审计频率，对 50 名领导干部开展离任或任中经济责任审计，并将审计报告和结果报告报送市有关部门，强化审计结果的运用。全年查出主要问题金额 19.82 亿元。

固定资产投资审计 珠海市审计局统筹各区投资审计力量，统一开展政府投资项目审计，实行“全程跟踪、分步实施、分段报告、控制风险”的跟踪审计模式，实现政府投资审计范围从造价审核向全过程跟踪转变。全年完成政府投资审计项目 40 个，项目投资额 749.65 亿元，核减投资额 0.65 亿元，查出主要问题金额 2.33 亿元。

农业与资源环保审计 珠海市的资源环境审计实现从无到有、从可审到必审的转变，通过建立资源环境基础数据库、建立健全环境审计标准体系、强化应用地理信息系统等大数据技术应用等，为开展资源环保审计创造条件，开展对大气污染防治的专项审计。

企业审计 对国有企业审计实行“同责审”，推行国企董事长、总经理的同步审计，全面评价国企中非法定代表人实际履行企业经营管理重要职责情况，实现国企主要领导干部经济责任审计无“盲区”。全年完成国有企业及国有资本审计项目 3 个，查出问题金额 11.89 亿元。

内部审计 珠海市内部审计机构完成审计项目 3294 个，审计总金额 2462.20 亿元，促进增收节支 0.45 亿元，提出建议意见被采纳 2012 条。经审计建议给予行政处分 2 人，向司法机关移送案件 1 件 1 人。（撰稿人：黄健梅）

【汕头市审计局】 2017 年，汕头市审计局人员编制 73 人，实有 64 人。党组书记、局长谷元新，党组副书记、副局长吴军，副局长吴少青、吴小琦、谢叙淦，总审计师杨光胜，纪检组长林炎光，经济责任和绩效分局局长卢晓云，调研员郭旭（7 月—），副调研员谢火燕、陈艾龙、林惠娟。设有办公室、综合法规科、财政金融审计科、行政政法审计科、企业审计科、固定资产投资审计科、教科文审计科、农业与资源环保审计科、社会保障审计科等 9 个职能科室；下设经济责任和绩效审计分局（派出机构）、计算机审计中心（事业单位）。

审计成果 2017 年，汕头市县两级审计机关完成审计项目 189 个。查出主要问题金额 753566 万元，其中违规金额 4677 万元、管理不规范金额 748885 万元；审计发现非金额计量问题 986 个；损益（收支）不实金额 161460 万元；出具审计报告和专项审计调查报告 285 篇。审计处理处罚金额 106611 万元，其中应上缴财政 4611 万元、应减少财政拨款或补贴 11303 万元、应归还原渠道资金 48237 万元、应调账处理金额 42459 万元；移送司法机关、纪检监察机关和有关部门处理事项 16 项，涉及 1 人，金额 152 万元。审计促进整改落实有关问题金额 89657 万元，其中增收节支 54651 万元、已调账处理金额 34934 万元；审计后挽回（避免）损失 11303 万元。审计提出建议 281 条；提交审计信息 63 篇。向社会公告审计结果 3 篇。

国家重大政策措施落实情况跟踪审计 汕头市审计局安排供给侧结构性改革推进情况的跟踪审计，揭示和反映影响经济发展的重大问题，定期每季度向市政府上报审计情况汇总报告。

财政审计 汕头市审计局开展财政预算执行审计，发现市本级预算安排保障房收购等部分财政资金执行率偏低、使用效益不高的问题。对 2016 年本级新增地方政府债券资金用于中心城区道路升级改造等重点项目，进行跟踪审计。代市政府向市人大常委会所作的审计工作报告和审计整改工作报告同步向社会公告发布。

经济责任审计 汕头市审计局提高任中经济责任审计项目安排比例，完成市财政局等 18 个部门领导干部的任中经济责任审计。根据省审计厅的统一部署，派出 14 名审计人员参加惠州市博罗县委书记、县长经济责任异地同步交叉审计。汕头市审计局根据主体功能区定位、自然资源资产禀赋特点和生态环境保护工作重点，选取潮阳区作为开展领导干部自然资源资产离任审计首次的试点。

固定资产投资审计 安排开展投资项目的决算审计和跟踪审计，重点关注政府投资项目审批等关键环节。组织开展广东以色列理工学院（筹）一期校区（北校区）建设项目跟踪审计。

民生资金（项目）审计 开展精准扶贫精准脱贫跟踪审计，重点抽查潮南区和澄海区两个区，对8个镇（街道）、32个村（居委）、161户建档立卡贫困户及6所学校延伸抽查。选择金平区连续第2年开展基础教育投入审计，查出缺乏中小学校预算管理、教育费附加和地方教育费附加预算执行率较低等19个问题，推动金平区基础教育均衡优质协调发展。

审计整改 12月28日，汕头市政府召开2016年度全市审计整改工作会议，市长要求各地各单位要切实增强做好审计整改工作的责任感和担当感，扎实做好审计整改工作。2017年，汕头市首次将审计结果和审计整改情况纳入市直部门的年度绩效考核范围，进一步完善审计整改的考核机制。

相关工作 推进审计整改，开展学习贯彻党的十九大精神系列主题教育活动。制订《汕头市审计局学习宣传贯彻党的十九大精神工作方案》；组织干部职工参观南京审计大学审计历史博物馆等爱国主义教育基地；加强业务培训。全年共有660人次参加省审计厅和市委、市政府等组织的各类培训，组织全市审计系统50名业务骨干赴南京审计大学开展脱产审计业务培训；通过开展审计质量检查和优秀审计项目评比，以查代训，提高审计人员业务水平。落实市委、市政府关于对标厦门学习先进实现汕头全面振兴发展的决策部署，组织市审计局及区县局共18人赴厦门市审计局开展对标学习交流。2017年度，汕头市审计局荣获2017年“汕头市文明单位”荣誉称号。

（撰稿人：黄漳宁）

【佛山市审计局】 2017年，佛山市审计局人员编制60人。党组书记、局长何内，副局长温美球、杜惠萍、金娥，总审计师谢慧茹，市纪委派驻纪检组组长董长文，市经济责任审计联席会议办公室主任蓝杰。设有办公室、法规审理科、整改监督科、经济责任审计科、财税审计科、行政事业审计科、固定资产投资审计科、企业审计科、社会保障审计科、绩效审计科、数字化审计科等11个科室。

审计成果 2017年，佛山市区两级审计机关开展审计和专项审计调查项目132个。查出违规金额1.58亿元、损失浪费金额9446.96万元、管理不规范金额206.25亿元；出具审计报告和专项审计调查报告173篇，提交专题、综合性报告及信息简报211篇。为国家增收节支9.95亿元，其中上缴财政金额1.12亿元、减少财政拨款或补贴58.53万元、归还原渠道资金8.83亿元；向司法、纪检监察机关和有关部门移送处理事项56件，涉及金额39.12亿元。向被审计单位或有关单位提出审计建议341条；推动被审计单位健全规章制度131项。向社会发布审计结果公告5篇。

国家重大政策措施落实情况跟踪审计 组织全市审计机关对安居工程政策、简政放权和“放管服”改革、重大建设项目建设、创新驱动发展战略、珠江西岸先进装备制造业、“一带一路”建设、经济运行风险等8个方面开展重大政策措施落实情况跟踪审计，推动佛山市政府出台《佛山市政府购买棚户区改服务管理办法》。

财政审计 全面推进对一般公共预算、政府性基金预算、社会保险基金预算和国有资本经营预算“四本预算”的审计全覆盖，检查财政资金使用绩效和“三公”经费、会议费、培训费的管理使用情况，通过审计促进盘活财政存量资金1.23亿元。佛山市审计局对市级统筹社会保险基金预算执行情况进行审计，发现基金监管不到位的问题；对市本级国有资本经营预算执行情况开展专项审计调查，促进有关部门完善国有资本经营预算管理办法。

经济责任审计 市区两级审计机关对27个单位、45名领导干部实施经济责任审计，查出违规金额1188.09万元、损失浪费金额2187.1万元、管理不规范金额43.32亿元；开展6个镇街主要领导干部经济责任异地同步交叉审计。向纪检监察机关移送违法违纪案件线索5件，追回被侵占、骗取、挪用的房产1.2万平方米资金2117万元。根据省审计厅的统一安排，参与领导干部经济责任异地交叉审计，查出涉嫌滥用职权造成国有利益损失案件线索2件，督促被审计单位追回资金

8000多万元。

固定资产投资审计 市区两级审计机关开展对高速公路、轨道交通、佛山科学技术学院北院新校区、市妇女儿童医院等23个重点建设项目的审计，发现未按实际施工情况支付工程进度款，涉及金额4825.8万元。

民生资金（项目）审计 佛山市审计局开展2013年至2016年广佛跨界流域水环境治理情况专项审计调查，发现部分工程未按计划实施、进展缓慢、污水处理厂运行效率不高等问题。佛山市各区审计机关开展残疾人就业和最低生活保障金、生活垃圾收集和污水分散处理、合作办学费用等专项审计调查，通过审计追回资金6045.92万元。

（撰稿人：沈淑珍）

【江门市审计局】 2017年，江门市审计局人员编制43人，实有52人（含政府雇员、合同制聘用人员）。党组书记陈新汉，局长郭建红（—1月）、陈新汉（2月—），副局长梁小玲、凌健能、林文宇，总审计师梁兆政，纪检组长林伟雄。设有办公室、法规审理科、经济责任审计科、财政审计科、行政事业审计科、固定资产投资审计科、企业审计科、社会保障审计科和绩效审计科等9个内设机构。

审计成果 2017年，江门市区两级审计机关完成审计和专项审计调查项目292个。查出主要问题金额133.41亿元，其中违规金额2892万元、损失浪费金额222万元、管理不规范金额133.10亿元；损益（收支）不实金额4.82亿元；审计发现侵害人民群众利益4553万元；出具审计报告和专项审计调查报告445篇。审计处理处罚金额2.57亿元，其中应上缴财政1672万元。审计促进整改落实有关问题金额15.27亿元；移送处理事项3件。提出审计建议825条，推动被审计单位制定整改措施217项，提交审计信息90篇，向社会公告审计结果15篇。

国家重大政策措施落实情况跟踪审计 市区两级审计机关对"三去一降一补"、创新驱动发展战略、珠江西岸先进装备制造业、简政放权、"放管服"改革等政策措施落实情况，以及经济运行风险、"一带一路"建设情况进行跟踪审计，抽审项目133个，发现26个问题，涉及金额24.35亿元。

财政审计 市区两级审计机关完成预算执行情况审计和财政决算审计项目59个，查出主要问题金额46.24亿元，出具审计报告63篇。江门市审计局实施公共财政、国有资本经营、社会保障基金全口径的财政资金审计；对市体育局、市经济和信息化局、市林业和园林局、市海洋渔业局等4个部门的预算执行情况进行审计，查出部分项目预算执行率低、33个执收单位未及时追收历年非税收入1.78亿元、部分财政资金未按规定缴入国库、4个部门预算编制不完整等问题。

经济责任审计 市区两级审计机关对143名领导干部开展经济责任审计，查出违规金额2769万元，审计发现侵害人民群众利益金额4553万元，提出建议435条。继续开展镇街党政主要领导干部任期经济责任异地同步交叉审计，共审计镇（街）13个，领导干部26人。根据省审计厅的统一安排，完成云浮罗定市党政主要领导干部自然资源资产离任审计。

固定资产投资审计 江门市审计局对广佛江快速通道江门段、江门珠西综合交通枢纽江门站等8个省重大基础设施建设项目进行专项审计调查，查出部分项目推进缓慢、项目资本金不到位等问题。委托中介机构对胜利南路、江睦路、金瓯路、江顺大桥、西环路隧道等5个BT建设项目进行半年回购价款审核，核减投资额469万元。

民生资金（项目）审计 江门市审计局对2016年度市级农业强市建设专项资金进行审计，查出专项资金安排计划滞后、部分项目实施进展缓慢等问题。对江门市慈善捐款收支情况进行专项审计调查。按照省审计厅的统一部署，对阳江市保障性安居工程进行异地交叉审计。

农业与资源环保审计 江门市审计局开展海洋资源资产审计试点，揭示江门市在海洋生态环境保护、海域使用管理、海岸线（带）资源利用以及相关制度机制建立健全等方面存在的突出问题。

企业审计 江门市审计局对江门汽运集团有限公司2016年度财务收支进行审计，查出未按规定停止发放补充养老性质的福利项目、工资总额外列支工资性支出、未依法代扣代缴个人所得税等问题。

（撰稿人：温志芳）

【湛江市审计局】 2017年，湛江市审计局人员编制58人，实有53人。党组书记、局长符强，副局长何志东（2月—）、庞彩虹（—2月）、宋进耀、喻树武（—12月）、王忠，总审计师洪忠民（12月—），纪检组长陈苏平，副调研员李驰。设有办公室、法规审理科、经济责任审计科、财税金融审计科、行政事业审计科、经贸审计科、固定资产投资审计科、社会保障审计科、绩效审计科等9个职能科室和1个直属分局。

审计成果 2017年，湛江市县两级审计机关完成审计项目272个。查出主要问题金额5540209万元，其中违规金额23626万元、管理不规范金额5516582万元；审计发现非金额计量问题1175个；损益（收支）不实金额1263715万元；审计发现侵害人民群众利益386万元；审计期间整改金额73146万元；出具审计报告和专项审计调查报告398篇。审计处理处罚金额308132万元，其中应上缴财政9877万元、应减少财政拨款或补贴118万元、应归还原渠道资金5947万元、应缴纳其他资金24万元、应调账处理金额292164万元；移送处理事项14件涉及人员2人，移送处理金额5981万元。审计促进整改落实有关问题金额152185万元；审计后挽回（避免）损失135万元；核减投资额334万元。审计提出建议795条；提交审计信息86篇。

国家重大政策措施落实情况跟踪审计 开展精准扶贫资金审计，揭示出资金使用不规范、扶贫对象不精准、虚增脱贫人口等19个问题。开展基层医疗卫生服务能力建设落实情况审计，发现市、县级财政配套资金未及时到位、工程进度缓慢、医联体试点项目未能实施“六个统一”标准要求等问题。开展创新驱动发展战略相关政策审计，查出市、县两级财政专项资金拨付不及时，金额1.61亿元。

财政审计 湛江市审计局实施市本级预算执行和其他财政收支情况审计、11个部门预算执行审计；对10个单位的公务支出、公款消费和公车运行费用情况进行专项审计调查，对吴川市政府2013年至2016年财政决算进行审计。市县两级审计机关完成预算执行、财政决算、行政事业单位财务收支、专项资金等财政审计项目265个，查出主要问题金额549.12亿元。

经济责任审计 市县两级审计机关完成112个单位125名领导干部的经济责任审计，查出主要问题资金25.34亿元，提出审计建议365条。湛江市审计局对市直机关、企事业单位及县（市、区）党政主要领导干部41个单位50名领导干部进行经济责任审计，对9个乡镇18名党政领导干部开展异地交叉审计，查出主要问题金额17.16亿元。

固定资产投资审计 市县两级审计机关完成投资项目审计24个，查出问题金额179.11亿元。湛江市审计局开展第十四届省运会主场部分结构工程的竣工结算审计。对湛江港30万吨级航道改扩建工程、湛江市供水一期工程、湛江东海岛港区杂货码头建设工程、湛江市海堤建设工程、湛江海东新区建设项目、湛江铁路西站客运综合交通枢纽工程等重点建设项目，进行跟踪审计调查。

民生资金（项目）审计 湛江市审计局开展“十大民生实事”和“十大民心工程”进度情况专项审计调查，湛江市2015—2016年度养老服务体系建设补助资金专项审计，全市保障性安居工程及全市基本医疗保险基金、医疗救助资金等民生资金（项目）的审计，查出主要问题金额6亿元。

信息化建设 完成市本级和吴川市财政预算执行联网审计系统、社保联网审计系统、公积金联网审计系统；完成与市人大的联网工作。针对多个单位的预算及财务数据开展审计分析，完成社保资金和公积金审计模型的建立和疑点收集。

审计机关人财物管理改革试点 成立由组织部、编办、财政、人社、审计等单位组成的湛江市审计制度改革试点工作领导小组，制定《完善审计制度若干重大问题的实施意见》，明确工作任务时间节点和责任单位，推进省以下人财物统一管理试点。

内部审计 湛江全市共有内部审计机构42个，完成审计项目3330个，其中财务收支审计48个、效益审计12个、经济责任审计7个、内部控制评审88个、信息系统审计444个、基本建设审计2731个，审计总金额557957万元。

（撰稿人：关南全）

【茂名市审计局】 2017年，茂名市审计局人员编制41人，实有39人。党组书记、局长黄晓文，副局长李家胜、梁文超、柯筱兰，总审计师冯广周，副调研员赖贤海、罗华。设有办公室、综合审计科、财税金融社保审计科、行政事业审计科、经贸审计科、农业与资源环保审计科、固定资产投资审计科、经济责任审计科。

审计成果 2017年，茂名市县两级审计机关完成审计和专项审计调查项目227个。查出违规金额39444万元。审计处理处罚金额314467万元，其中应上缴财政36605万元、应减少财政拨款或补贴1505万元、应归还原渠道资金23386万元，审计期间整改24990万元。向司法、纪检监察机关、有关部门移送处理事项15项，移送处理金额4453万元。提交审计信息、审计专题、综合性报告336篇。

国家重大政策措施落实情况跟踪审计 市县两级审计机关开展重大政策措施落实情况跟踪审计，关注财政资金应投未投、该用未用、重大建设项目的进度缓慢等问题，查出管理不规范金额13439万元，非金额计量问题93个，推动1286万元财政资金合理配置，高效使用。

财政审计 市县两级审计机关开展预算执行和财政决算审计，推动政府完善全口径预算管理，提高项目资金使用效果，查出违规金额25006万元、管理不规范金额1013210万元，应上缴财政24497万元，收回超过2年未用的存量资金5363万元。

经济责任审计 市县两级审计机关对109名领导干部开展经济责任审计，重点检查财政资金分配、重大投资决策和项目审批、重大物资采购和招投标、国有资产和股权转让、土地和矿产资源交易等重点领域和关键环节，查出违规金额9221万元、管理不规范金额203025万元，应上缴财政7743万元，65篇审计报告成果被组织人事部门利用。

固定资产投资审计 茂名市审计局开展电白旦场片区河汉排水工程竣工决算审计、省道285线化州南段改建工程项目竣工结算审计、茂名市一中新校区建设项目竣工决算审计、茂名市第二职业技术学校新校区建设项目竣工决算审计、广东茂名健康职业学院新校区项目结算审计等项目，查出主要问题金额7620万元，核减投资额1505万元。

民生资金（项目）审计 市县两级审计机关对教育、医疗卫生、水利、精准扶贫脱贫等方面开展专项审计调查，查出违规金额520万元、管理不规范金额2271万元；发现精准扶贫精准脱贫工作不作为、慢作为、挪用截留资金等问题；移送案件线索4件。

企业审计 茂名市审计局开展市公交公司2016年度资产负债损益审计、市交通建设投资集团有限公司2015年至2016年绩效审计，查出违规金额105万元、管理不规范金额2878万元。

信息化建设 茂名市金审工程三期进展顺利，建设实施审计数据综合分析、联网审计、审计项目质量控制、统一组织项目管理、审计电子文件管理、人事管理、审计数据共享与交换、安全保障、运维保障等系统模块。

内部审计 茂名市政府办公室印发《关于加强内部审计工作的意见》。市审计局指导37个部门单位成立内部审计机构，给予备案登记。对内部审计机构的审计成果，作为审计机关开展审计时的重要参考或直接依据，以减少重复审计，提高审计效率。市县两级审计机关借用内部审计人员33人次、购买社会服务54人次参与审计项目，缓解审计机关人力不足问题。（撰稿人：黄秋华）

【肇庆市审计局】 2017年，肇庆市审计局人员编制47人，实有40人。党组书记、局长何炼生，副局长周敏华、苏汉中、谢秋萍、李铖，总审计师闲建中，经济责任审计联席会议办公室主任余卓怡。设有办公室（与纪检组、监察室合署办公）、综合法规科、财税金融审计科、行政政法事业审计科、农业与资源及社会保障审计科、企业与外资运用审计科、固定资产投资审计科、经济责任审计科等8个科室；下设1个审计中心。

审计成果 2017年，肇庆市县两级审计机关完成审计和专项审计调查项目199个。查出主要问题金额103.74亿元，其中违规金额0.63亿元、管理不规范金额103.11亿元；审计发现非金额计量问题314个；损益（收支）不实金额53.62亿元；审计发现侵害人民群众利益0.13亿元；出具审计报告和专项审计调查报告283篇。审计处理处罚金额7.87亿元，其中应上缴财政0.55亿元、应归还原渠道资金 0.07 亿元、应调账处理金额 7.25 亿元；移送司法机关、纪检监察机关和有关部门处理事项 3 件，移送处理金额 0.03 亿元。审计促进整改落实有关问题金额 4.32 亿元（含以前年度审计处理落实金额）；审计促进拨付资金到位 0.70 亿元。审计提出建议 441 条；推动被审计单位制定整改措施 199 项，促进被审计单位制定、完善规章制度 23 项；提交审计信息 165 篇。向社会公告审计结果 14 篇。

国家重大政策措施落实情况跟踪审计 将政策措施贯彻落实情况跟踪审计融入于各个审计项目中实施，采取“上审下”和“同级审”相结合，以“同级审”为主的灵活组织方式，关注全市供给侧结构性改革、安居工程、创新驱动发展战略实施、珠江西岸先进装备制造业政策落实、广东自贸试验区和“一带一路”建设等 8 个方面的相关政策推进落实情况，发现问题 38 个，督促整改完毕 33 个。

财政审计 市县两级审计机关以公共资金运行和重大政策落实为主线，深化财政资金全口径审计监督，关注预算编制与执行、资金管理与绩效、政府购买服务等方面的内容，完成 43 个预算执行、7 个财政决算项目审计，延伸审计 85 个所属单位，查出问题金额 89.29 亿元。肇庆市审计局代政府向市人大常委会报告审计查出问题的整改情况，并将结果向社会公开。

经济责任审计 市县两级审计机关有计划地推进经济责任审计全覆盖，推行任中审计，将审计监督关口前移，完成 84 名党政领导干部的经济责任审计，查出违规金额 0.77 亿元、管理不规范金额 4.14 亿元。肇庆市审计局持续两年组织全市审计机关开展对 8 个乡镇党委书记、镇长经济责任同步异地交叉审计。按照省审计厅的统一安排，完成对韶关市仁化县原县委书记、原县长经济责任同步异地交叉审计和自然资源资产离任审计。

固定资产投资审计 市县两级审计机关完成政府投资审计项目 14 个。肇庆市审计局按照省审计厅的统一部署，开展对肇庆市 6 个列入省重大基础设施建设项目的跟踪审计调查，提出切实可行的意见和建议。

民生资金（项目）审计 市县两级审计机关完成专项资金审计项目 14 个。开展肇庆市森林资源资产专项审计调查，反映国有森林资源的现状，提出对森林资源管理的改进建议。配合省审计厅开展 2017 年精准扶贫精准脱贫跟踪审计。持续开展保障性安居工程跟踪审计。

相关工作 肇庆市审计局修订审计项目审理工作制度，编制出审计机关审计业务基本操作流程图，对各县（市、区）审计局分片开展 2 年轮检 1 次的审计业务质量检查，加强审计质量控制。市县两级审计机关通过督促整改，促使各被审计单位上缴财政资金 0.30 亿元，追回被挤占挪用资金和督促拨付财政资金 0.72 亿元，调账处理资金 3.52 亿元，制定整改措施 199 项。

审计机关人财物管理改革试点 印发《肇庆市关于贯彻落实〈广东省关于完善审计制度若干重大问题的实施意见〉及相关配套文件的意见的通知》《肇庆市县级审计局领导班子成员选拔任用工作流程（试行）》。

内部审计 肇庆全市有内部审计机构 377 个，其中专职 54 个；内部审计人员 1110 人，其中专职 175 人。完成审计项目 2880 个，为国家增收节支 0.30 亿元，被采纳的审计意见和建议 913 条。

（撰稿人：严颖璐）

【惠州市审计局】 2017 年，惠州市审计局人员编制 49 人。党组书记、局长陈雪梅，副局长骆英华、赖巨龙、叶肖彬、李思，副调研员雷玉霖、王启彝、刘保瑞。设有办公室、法规审理科（惠州市审计学会、惠州市内部审计协会）、综合信息科、财政税务审计科、专项资金审计科、经济责任审计科、固定资产投资审计科、企业审计科、审计督察科等内设机构。

审计成果 2017 年，惠州市县两级审计机关完成审计和专项审计调查项目 413 个。查出违规金额 20305 万元。审计处理应上缴财政金额 9704 万元，应减少财政拨款或补贴金额 15534 万元、应归还原渠道资金 9986 万元；移送纪检监察机关及其他部门处理事项 50 件，提交审计报告、审计信息 743 篇。其中，惠州市审计局完成审计（调查）项目 85 个，查出违规金额 9242 万元。审计处理应上缴财政 3359 万元、应减少财政拨款或补贴金额 5684 万元、应归还原渠道资金 5875 万元；向纪检监察机关及其他部门移送处理事项 23 件。

提交审计报告、审计信息234篇。

国家重大政策措施落实情况跟踪审计 根据上级审计机关统一部署，惠州市审计局对市本级及7个县（区）2017年贯彻落实国家和省重大政策措施和宏观调控部署情况进行跟踪审计，涉及惠州市供给侧结构性改革等13个领域。

财政审计 市县两级审计机关对2016年度本级一般公共预算、政府性基金预算、国有资本经营预算、社会保险基金预算等全口径预算执行情况进行审计。惠州市审计局对大亚湾开发区、仲恺高新区财政预算执行情况实施审计；对市台湾事务局等19个一级预算单位、市疾病预防控制中心等14个二级预算单位部门预算执行和财务收支等情况进行审计；对惠城区水口街道等7个乡镇（街道）财政财务收支等情况实施审计；对水利专项资金、惠州抽水蓄能电站移民安置资金和福利彩票公益金管理使用情况进行审计。惠州市审计局代市政府向市人大常委会作审计情况报告和查出问题的整改情况报告。

经济责任审计 按照省审计厅统一安排，组织完成对广州市白云区党委书记、区长任期经济责任同步异地交叉审计。

固定资产投资审计 根据省审计厅统一部署，对惠东产业转移工业园等5个省重大基础设施建设项目进行跟踪审计调查。对惠州潼湖生态智慧区创新与总部经济区首期道路工程等13个（其中PPP项目7个）重点民生工程项目进行跟踪审计，涉及投资共176.8亿元，节约建设资金3842万元。在有关部门审核定案的基础上，对惠州大道东段改造工程（惠东段）等5项工程结算进行审计，核减不实工程造价2318.57万元。

民生资金（项目）审计 市县两级审计机关开展精准扶贫精准脱贫跟踪审计、医疗保险基金审计。惠州市审计局完成水利专项资金、惠州抽水蓄能电站移民安置资金和福利彩票公益金等财政专项资金的审计；对惠州市2015年和2016年上半年医疗保险基金筹集管理使用情况进行审计。按照省审计厅统一安排，完成对梅州市城镇保障性安居工程的异地交叉审计。

企业审计 惠州市审计局对市商贸资产经营有限公司2015—2016年度财务收支进行审计。开启对市属重点国有及国有控股企业的新一轮审计。

审计机关人财物管理改革试点 惠州市审计局草拟并报请市委、市政府审定印发《惠州市关于完善审计制度若干重大问题的实施意见》及《惠州市关于实行审计全覆盖的实施方案》《惠州市审计机关人财物管理改革试点实施方案》2个配套文件。

内部审计 经市民政局批准，惠州市内部审计协会注销。

（撰稿人：张司政）

【梅州市审计局】 2017年，梅州市审计局人员编制49人，实有44人。党组书记、局长黄立强，副局长刘鸿涛、丘加悦、杨伟南（—3月）、徐位平（4月—）、温爱生，总审计师练清万，副调研员徐位平（—4月）、凌静娜、杨等新（—7月）、张敬浩。设有办公室、综合与法规审理科、财政金融审计科、行政事业审计科、经济责任审计科、固定资产投资审计科、经贸审计科、农业与资源环保审计科、财务管理科；下设事业单位绩效审计室、计算机审计中心。

审计成果 2017年，梅州市县两级审计机关共完成审计（调查）项目305个。查出违规金额21758万元、管理不规范金额1318684万元。审计作出处理应上缴财政资金12332万元、应归还原渠道资金20578万元、应调账处理143154万元；向有关部门移送审计事项13件。

国家重大政策措施落实情况跟踪审计 实施供给侧结构性改革推进情况、安居工程政策、简政放权政策落实及“放管服”改革、重大项目建设、创新驱动发展战略、深化珠三角地区与粤东西北地区全面对口帮扶、加强基层医疗卫生服务能力建设、精准扶贫和精准脱贫政策8个方面的重大政策落实情况的跟踪审计。

财政审计 开展市本级预算执行审计和五华、丰顺2个县2016年度财政决算审计，对市国土资源局等10个一级预算单位部门预算执行情况进行审计，进一步促进完善财政预算和财政收支管理，有效提高财政资金使用效益。加强对执行中央八项规定的监督，开展“三公”经费及会议费、培训费的审计，着力揭示违规问题。

经济责任审计 对22名处级干部、149名科级干部和2名企业负责人实施经济责任审计，选取8个中心镇、专业镇（街道）开展党政正职领导干部经济责任异地交叉审计，向市委、市政府主要领导和有关部门专题报告经济责任审计结果，最大限度发挥审计的作用。协助配合省审计厅完成在梅州市开展的领导干部自然资源资产离任审计，抽调20多人完成南澳县党政主要领导干部经济责任异地同步审计和自然资源资产审计工作。

民生资金（项目）审计 开展市本级和2个区的基础教育投入资金和丰顺县人民医院、留隍镇中心卫生院财政财务收支审计，揭示和反映专项资金使用和管理中存在的典型性、倾向性、普遍性问题。协助配合省审计厅完成精准扶贫审计、保障性住房跟踪审计等工作，抽调17人赴河源市开展保障性住房跟踪审计。

固定资产投资审计 开展高陂水利枢纽工程、足球文化公园等重大基础设施建设项目跟踪审计调查，揭示和反映项目在招投标、项目实施、项目决算等方面存在的问题。

农业与资源环保审计 组织开展中小河流治理、水污染防治资金、农村垃圾处理专项资金、林业专项资金等项目审计，促进节约集约利用自然资源资产和生态文明建设。同时，在领导干部经济责任审计工作中，将领导干部任职期间履行自然资源资产管理和生态环境保护责任情况，纳入领导干部经济责任评价内容，督促领导干部切实履行自然资源管理和生态环境保护的责任。

相关工作 落实新时期好干部标准，坚持实操能力、实绩导向，修订审计干部选拔任用办法，实现人尽其才、才尽其用。配合省审计厅成功举办2017年粤港澳审计论坛。 （撰稿人：宋德成）

【汕尾市审计局】 2017年，汕尾市审计局人员编制49人，实有38人。党组书记、局长李林顺，副局长赵国华、李明训、纪永坤，总审计师吴燕。设有办公室、法规审理科、财税金融审计科、行政事业审计科、农业与资源环保审计科、经济贸易审计科、固定资产投资审计科、整改监督科和经济责任审计办公室等9个科室；下设审计中心。

审计成果 2017年，汕尾市县两级审计机关共完成审计和专项审计调查项目142个。查出主要问题金额137686万元，其中违规金额8158万元、管理不规范金额129529万元。审计处理处罚金额15474万元。审计促进整改落实有关问题资金11703万元；审计后挽回（避免）损失399万元；审计核减投资额2560万元；向执纪执法部门提供问题线索8件。审计提出建议497条；提交审计专题、综合性报告和信息简报110篇。向社会公告审计结果21篇。

国家重大政策措施落实情况跟踪审计 2017年，汕尾市审计局对保障性安居工程建设推进情况、精准扶贫精准脱贫、简政放权落实及“放管服”政策落实情况、深化珠三角地区与粤东西北地区全面对口帮扶工作落实情况、加强基层医疗卫生服务能力建设政策落实情况、创新驱动战略落实情况以及供给侧结构性改革任务落实情况等进行跟踪审计，共涉及90个单位、33个项目、财政资金903300万元。

财政审计 汕尾市审计局组织开展对市本级、13个市直单位预算执行和陆河县决算情况的审计，查出往来款长期挂账、政府采购制度执行不严格、财务处理不够规范等问题，提出审计整改意见和建议，推动财政部门采取措施盘活财政存量资金2.7亿元。

经济责任审计 汕尾市审计局推行经济责任“一体化”审计，采用联合作战和交叉审计的办法，统一调配审计力量开展经济责任审计，审计对象从县处级领导干部向乡镇党政主要领导干部拓展，对3名县处级领导干部、13个乡镇（街道）的镇委书记、镇长（党工委书记、主任）任期经济责任进行同步审计。市委市政府召开审计整改工作会议，对镇（街道）书记、镇长（主任）经济责任审计整改工作进行部署，启动问责机制。市委组织部建立领导干部审计档案，将审计结果写入干部监管材料，作为组织调整干部重要的参考依据。

固定资产投资审计 对汕尾新区基础设施、海丰县省级产业转移园区基础设施、陆河县河口镇城镇扩容提质建设、汕尾大道综合改造工程、汕尾火车站站前广场及周边配套道路等省、市重点建设项目开展跟踪审计，核减投资额2560万元；对省级新农村连片示范建设工程进行专项审计调查，有效地促进工程建设项目的规范管理，提高政府投资绩效。

民生资金（项目）审计 汕尾市审计局开展

汕尾城区环境卫生管理及环卫专项资金、2016年度城镇污水处理资金专项审计调查。

（撰稿人：王伟展）

【河源市审计局】 2017年，河源市审计局人员编制35人，实有29人。党组书记、局长黄敏，副局长王超良（—11月）、何国平（—7月），总审计师谢统鹏，纪检组长黄炳忠（—12月）。设有办公室、财税审计科、行政事业审计科、经济贸易审计科、农业与资源环保科、基建外资审计科、政策法规科、经济责任审计科、社会保障资金审计科、绩效审计分局；下设市经济责任审计中心（编制5人，实有4人）。

审计成果 2017年，河源市县两级审计机关共完成审计项目222个。查出主要问题金额1141144万元，其中违规金额7208万元、损失浪费金额40万元、管理不规范金额1133898万元；审计发现非金额计量问题2533个；损益（收支）不实金额8200万元；审计发现侵害人民群众利益1560万元；出具审计报告和专项审计调查报告325篇。审计处理处罚金额9103万元，其中应上缴财政3302万元、应归还原渠道资金3794万元、应调账处理金额2007万元；移送司法机关、纪检监察机关和有关部门处理事项3件，移送处理金额5432万元。审计促进整改落实有关问题金额2570万元；核减投资额95万元。审计提出建议834条；提交审计信息37篇。向社会公告审计结果4篇。

国家重大政策措施落实情况跟踪审计 2017年，河源市审计局对“三去一降一补”等供给侧结构性改革、精准扶贫精准脱贫、“放管服”改革、创新驱动发展战略、加强基层医疗卫生服务能力建设、深圳对口帮扶河源等政策措施落实情况进行跟踪审计，延伸调查市发展和改革局、财政局、经济和信息化局等14个部门以及各县（区）政府，揭示去产能工作进展缓慢、去库存政策落实不到位、降成本工作滞后、部分中介服务事项未清理、部分行政事项未取消等问题。

财政审计 组织市、县审计机关对本级政府2017年的预算执行和财务收支情况进行审计，延伸调查40个市、县有关部门；对源城区、紫金县2016年度的财政决算进行审计。紫金县审计局开展镇级财政结算审计，取得明显成效。

经济责任审计 坚持“党政同责，同责同审”，全面铺开镇委书记镇长经济责任异地同步审计。市县两级审计机关对148名领导干部开展经济责任审计，查出管理不规范金额8.28亿元、违规金额5438万元；参考审计结果使用领导干部133人。

固定资产投资审计 河源市审计局组织对江东新区、深河产业转移园、深河共建产业园、迎客大桥桥头公园等政府投资建设项目开展审计，发现违规征用土地、挪用专项资金、建设项目进展缓慢等问题。

民生资金（项目）审计 河源市审计局组织开展城镇职工基本医疗保险基金和城乡居民医疗保险基金改革推进、保障性安居工程、市区购商品房补助、“黄标车”淘汰补贴、“村村通”自来水工程、节能补助和工业技改创新扶持等审计项目，查出套取医保资金、加价销售药品、重复申报购房补贴等违规违纪行为。源城区审计局、紫金县审计局组织对新农村建设、生态公益林补偿等项目审计。

审计机关人财物管理改革试点 河源市委、市政府制定印发《河源市关于完善审计制度若干重大问题的实施意见》及相关配套文件；按照审计计划、执行、审理和整改“四权”分离的要求对内设机构进行调整、优化；强化对县（区）审计机关的组织领导和业务领导。

（撰稿人：袁雅君）

【阳江市审计局】 2017年，阳江市审计局人员编制56人。党组书记、局长谢英杰，副局长陈小敏、明康颂、林志远，总审计师茅卫华，经济责任审计联席会议办公室主任杜方杰，调研员黄华贤，副调研员陈永辉（—7月）、陈文沛。设有办公室、法规审理整改科、经济责任审计科、财税金融审计科、行政事业审计科、农业与资源环保审计科、固定资产投资审计科、绩效审计科、社会保障审计科、综合计划与整改监督科等内设机构；下设经济责任审计中心（加挂“计算机审计技术中心”）、基建审计中心2个事业单位。

审计成果 2017年，阳江市县两级审计机关完成审计和专项审计调查项目189个。查出主要问题金额686996万元，其中违规金额36679万元、管理不规范金额649885万元；损益（收支）不实金额33625万元；出具审计报告和专项审计调查报告265篇。审计处理处罚金额53979万元，其中应上缴财政14508万元、应减少财政拨款或补贴1185万元、应归还原渠道资金12330万元；向纪检监察机关和有关部门移送处理事项4件。通过审计增收节支2330万元。审计后挽回（避免）损失1010万元；向被审计单位提出审计建议604条，提交审计信息56篇。

国家重大政策措施落实情况跟踪审计 市审计局组织全市审计机关开展2017年国家和省重大政策措施落实情况跟踪审计，审计供给侧结构性改革推进、安居工程政策推进、简政放权政策落实及“放管服”改革、重大建设项目建设、精准扶贫精准脱贫政策、创新驱动发展战略、珠江西岸先进装备制造业、加强基层医疗卫生服务能力建设等8个方面政策措施的落实情况。

财政审计 市县两级审计机关完成预算执行审计项目53个，财政决算项目5个，延伸审计单位31个。查出主要问题金额356898万元，其中未按规定纳入预算管理金额17544万元；出具审计报告53篇。完成行政事业单位财务收支审计项目73个，延伸审计单位8个，查出主要问题金额113057万元，出具审计报告和专项审计调查报告149篇。

经济责任审计 市县两级审计机关审计对68个单位、82名领导干部开展经济责任审计，查出主要问题应负领导责任违规金额565万元、应负领导责任管理不规范金额105734万元；提出审计建议231条，被采纳73条。

固定资产投资审计 阳江市审计局对政府投资建设的17个工程开展造价结算审计，在财政审定工程结算造价合计8.03亿元的基础上，再核减1078.81万元。

企业审计 阳江市审计局对2个企业的财务收支和资产负债损益情况等进行审计，查出主要问题金额1432万元，其中违规经营金额92万元、银行存款业务违规金额92万元。

信息化建设 组织研发审计项目业务管理软件，利用信息化手段对审计项目实施精细化管理。探索实践财政数字化审计，加强信息化人才培养，组织和参与计算机审计培训，以适应财政业务数据的复杂性、多样性的要求。（撰稿人：林子琪）

【清远市审计局】 2017年，清远市审计局人员编制29人，实有26人。党组书记、局长冯小华，副局长杨志辉、陈小菊（—5月）、练贤聪，总审计师张锦星（11月—），经济责任审计联席会议办公室主任谭素艳。设有办公室、政策法规科、经济责任审计科、财税金融审计科、行政事业审计科（与农业与资源环保审计科合署）、固定资产投资审计科和企业审计科。

审计成果 2017年，清远市县两级审计机关完成审计项目183个。查出主要问题金额2125223万元，其中违规金额19921万元、管理不规范金额2105301万元；审计发现非金额计量问题379个；损益（收支）不实金额399041万元；出具审计报告和专项审计调查报告276篇。审计处理处罚金额292430万元，其中应上缴财政15924万元、应减少财政拨款或补贴4608万元、应归还原渠道资金4105万元、应调账处理金额267792万元；移送纪检监察机关和有关部门处理事项12件，移送处理金额5378万元。审计促进整改落实有关问题金额53002万元，其中增收节支19833万元、已调账处理金额33169万元；审计后挽回（避免）损失4674万元；审计提出建议487条；提交审计信息200篇。向社会公告审计结果1篇。

国家重大政策措施落实情况跟踪审计 按照上级审计机关的部署和要求，组织审计人员164人次，对全市2017年落实国家和省重大政策措施情况进行跟踪审计。审计抽查单位225个，涉及资金总额230.9亿元，抽查项目127个，涉及项目总投资额680.79亿元，有效促进供给侧结构性改革、安居工程、简政放权及“放管服”改革、省重大基础设施建设、精准扶贫精准脱贫、基层医疗卫生服务能力建设等八大政策措施落到实处。

财政审计 市县两级审计机关审计本级政府及预算执行部门单位57个，县镇政府财政决算单位26个，查出主要问题金额1465265万元，有效推动财政资金合理配置，减少财政资金沉淀。

经济责任审计 市县两级审计机关对94名领导干部开展经济责任，其中任中审计项目31个。审计查出主要问题金额249774万元；参考审计结果得到肯定或使用的被审计领导干部93人。其中清城区源潭镇等8个乡镇党政主要领导干部经济责任采取同步异地交叉审计。

固定资产投资审计 对清远水利枢纽库区防渗防护工程等25个政府投资项目进行审计或专项审计调查，审计项目投资额618584万元，核减投资额4515万元。

民生资金（项目）审计 开展精准扶贫精准脱贫跟踪审计，促进归口扶贫相关资金8600万元，追回涉嫌国有资产流失资金2835万元，重新修缮25户低五保农户危房，并将发现的3件案件线索移送相应的纪委部门处理，涉及金额共2890万元。开展对清城区学前教育家庭经济困难儿童资助资金使用和管理、清新区大病关爱基金、英德市“广东扶贫济困日”活动捐赠款物募集使用和管理、连山县低保资金等民生项目的审计或者跟踪审计，助力提升困难群众获得感和幸福感。

企业审计 组织对市银盏温泉宾馆等4家国有企业开展审计，查出主要问题金额1266万元。

（撰稿人：杨烁玲）

【东莞市审计局】 2017年，东莞市审计局人员编制58人，实有54人；另有工勤人员3人，聘员12人。党组书记、局长卢炳辉，副局长王汝铭、何志宇、赵志丹、谭丽珍，总审计师何建东，纪检组长梁洁玲，经济责任审计工作联席会议办公室主任谢宇鹏，调研员梁渠森（—4月），副调研员欧高峰。设有办公室、综合法规科、财政金融审计科、固定资产投资审计科、行政事业审计科、经贸审计科、内部审计指导科和基层审计分局、经济责任审计分局。

审计成果 2017年，东莞市审计局完成审计项目54个。查出违规金额13.31亿元、损失浪费金额0.91亿元、管理不规范金额152.96亿元；出具审计报告和专项调查报告70篇。促进增收节支、资金拨付到位等47.78亿元；移送处理事项21件。提交专题审计报告、信息44篇。

国家重大政策措施落实情况跟踪审计 围绕落实“三个支撑”的总要求，重点对供给侧结构性改革、创新驱动发展等14个专题的政策跟踪落实情况开展审计。

财政审计 以服务东莞经济领域改革为指引，重点对市本级财政预算、“科技东莞”重点财政专项资金等14个项目开展审计。

经济责任审计 完成对21名领导干部任期经济责任审计，坚持“三个区分”原则分析处理问题、界定责任。开展河涌、河道整治等工程项目审计，加快推进领导干部自然资源资产离任审计试点，促进环境整治保护，推动东莞绿色发展。

固定资产投资审计 围绕政府投资绩效，重点对援疆建设项目、省市重大基础设施等开展审计，揭示存在问题和风险隐患，促进规范项目管理。

民生资金（项目）审计 聚焦民生热点，对疾病预防、社会福利等单位落实民生政策资金使用情况，精准扶贫、保障性住房等资金投入情况开展审计，促进政策加快落地，资金加快使用。

企业审计 对市交投集团等企业开展审计，揭示企业经营风险，促进企业健康运营。

审计机关人财物管理改革试点 协助市委市政府出台《东莞市关于完善审计制度若干重大问题的实施意见》及相关配套文件，修订完善项目计划管理等制度10项，新招录、引进审计人员11人。

内部审计 通过以审代训、专题培训班等方式，加强内部审计人员业务技能培训，全年培训内部审计人员300多人次。东莞市1名内部审计人员被评为全国内部审计先进个人。

（撰稿人：梁志锋）

【中山市审计局】 2017年，中山市审计局人员编制70人。党组书记、局长李庆，党组成员、副局长陈福成、杨伟文、冯欣荣、林文正，党组成员、总审计师梁广凡，经济责任审计办公室主任陈玉全，党组成员巫颖洁，调研员王梓明（6—9月），副调研员王梓明（—6月）、钟汝梧。设有办公室、综合计划和法规审理科、经济责任审计办公室、财政税务审计科、行政事业审计科、社会保障审计科、农业与资源环保审计科、固定资产投资审计科、企业审计科、人事科、绩效审计与整改监督科、电子数据审计科；下设内部审计指导中心。

审计成果 2017年，中山市审计局完成审计项目39个，专项审计调查项目9个。查出主要问题金额1178926.15万元，其中违规金额22590.03万元、损失浪费金额9478.46万元、管理不规范金额1146857.65万元；审计发现非金额计量问题967个；损益（收支）不实金额247681.69万元；审计发现侵害人民群众利益515.19万元；出具审计报告和专项审计调查报告73篇。审计处理处罚金额293754.04万元，其中应上缴财政15788.08万元、应减少财政拨款或补贴1169.3万元、应归还原渠道资金6758.28万元、应调账处理金额270038.36万元；移送司法机关、纪检监察机关和有关部门处理事项18件，移送处理金额23948.67万元。审计促进整改落实有关问题金额256133.79万元；审计后挽回（避免）损失1079.07万元；核减投资额805.44万元。审计提出建议147条；促进被审计单位制定、完善规章制度15项；提交审计信息71篇。向社会公告审计结果3篇。

国家重大政策措施落实情况跟踪审计 按照审计署和省审计厅的统一部署和审计要点，开展对“三去一降一补”进展情况和“放管服”改革的监督检查，发现和揭示在中央、省市重大政策落实中存在的衔接不到位、政策未细化、部门职责分工不清等问题。抽审单位47个，发现问题31个，涉及金额2亿元，返还违规收费49.47万元，收回结转结存资金792万元。

财政审计 关注市财政预算编制科学及执行有效、公共财政资金的预算和内控管理、公共财政资金的绩效发挥、公共财政的规范性、公共财政的民本性等方面的内容，开展预算执行情况和其他财务收支审计，披露出个别镇区违规出借财政资金、自行设立收费项目、存在账外土地和房产等问题。

经济责任审计 对22名市直部门、镇区和市属国有企业主要领导干部开展经济责任审计，揭示和反映招标不规范、个别工程被非法转包等问题。制定《经济责任审计项目考核评分办法（试行）》，与市纪委、市委组织部联合制定《中山市经济责任审计约谈制度》，完善经济责任审计制度。在总结试点工作经验的基础上，开展神湾镇自然资源资产审计。

固定资产投资审计 开展政府投资重点项目审计9个，从基本建设程序履行、工程造价控制和投资绩效等情况入手，揭示投资项目存在违法分包或非法转包、工程计量计价不真实、投资超规模、工程建设监管薄弱等问题。

民生资金（项目）审计 开展农业、产业扶持发展和民政等专项资金审计，揭示挤占挪用、损失浪费等影响民生资金管理和使用效益的问题，针对中山市种粮直补政策未能覆盖所有种粮大户的问题，督促主管部门进一步完善制度。

审计机关人财物管理改革试点 市委市政府印发《中山市贯彻落实〈广东省关于完善审计制度若干重大问题的实施意见〉及相关配套文件的实施方案》，中山市审计改革工作正式进入全面贯彻实施阶段。经批准，增设电子数据审计科，并以政府购买服务方式配备审计辅助工作岗位26个，增设雇员编制10人。对现有业务制度进行重新梳理，修订和制定一批审计业务和内部管理制度，进一步规范和完善审计程序，确保审计各项工作依法、有序开展。

内部审计 中山全市内部审计机构开展审计项目2645个，审计总金额32846182.7万元，增收节支10101.98万元，经审计建议给予行政处分4人，向司法机关移交案件1件、移送人员1人。

（撰稿人：郭文芳）

【潮州市审计局】 2017年，潮州市审计局人员编制44人，实有39人。党组书记、局长邱怀球，副局长蔡舜娜、杨桂生、刘建春，总审计师曾锐松。设有办公室、政策法规科、财税金融审计科、固定资产投资审计科、行政事业审计科、工交商贸审计科、经济责任审计一科、经济责任审计二科；下设潮州市审计信息中心。

审计成果 2017年，潮州市审计局完成审计项目41个。查出主要问题金额374041万元，其中违规金额1717万元、管理不规范金额372213万元；审计发现非金额计量问题369个；损益（收支）不实金额40498万元。审计处理处罚金额41853万元，其中应上缴财政1584万元、应归还原渠道资金123万元、应调账处理金额40094万元。审计促进整改落实有关问题金额12652万元，其中增收节支46万元、已调账处理金额12606万元；审计促进拨付资金到位9万元；审计后挽回

（避免）损失9万元。审计提出建议142条。向社会公告审计结果4篇。

国家重大政策措施落实情况跟踪审计　对供给侧结构性改革、简政放权和“放管服”改革、重大建设项目、创新驱动发展战略、中山对口帮扶潮州工作（第二轮）、民生实事等6个方面的政策措施落实情况进行跟踪审计。

财政审计　开展市本级财政预算执行情况审计，重点检查市本级全口径预算编制和执行情况、财政存量资金情况、“三公”经费预算决算情况，对零基预算试点单位部门预算编制及执行情况实行延伸审计。审计揭示预算编制、预算收支、财政存量资金、部门预算、专项资金使用等5个方面存在的管理问题，提出完善全口径预决算体系、盘活财政存量资金等意见和建议。

经济责任审计　市县两级审计机关对33名领导干部开展经济责任审计，组织全市审计机关对潮安区东凤镇、凤凰镇，饶平县黄冈镇、上饶镇和湘桥区磷溪镇、湘桥街道共6个乡镇（街道）的党政主要领导干部开展经济责任异地同步交叉审计。查出违规金额127万元、管理不规范金额107062万元、侵害人民群众利益394万元；出具审计报告和审计结果报告62篇，经济责任审计结果报告归入干部档案49次，作为干部考核、奖惩、选拔、任用重要依据26次；经审计建议给予党纪处分2人，移送司法机关处理2人。

固定资产投资审计　开展潮州大道整修工程、市级粮食储备库项目工程等5个项目的竣工决算审计，核减投资额1630多万元；对潮州市6个列入省重大基础设施建设项目进行跟踪审计，揭示出在建设进度、征地拆迁、造价控制和管理制度等方面存在的薄弱环节和风险隐患，出具整改函4份。

民生资金（项目）审计　采取数字化审计和现场核查相结合、精准认定扶贫对象的方式，开展潮州市精准扶贫精准脱贫专项跟踪审计。在“同级审”项目中对出生缺陷综合防控专项资金的使用情况进行审计，就发现的问题向市卫计局出具审计整改函。按照审计署的统一部署，市县两级审计机关开展汕头市保障性安居工程审计和精准扶贫精准脱贫跟踪审计。按照省审计厅的统一安排，对汕头市保障性安居工程及配套基础设施的计划、投资、建设、分配、运营等情况进行异地交叉审计。

农业与资源环保审计　组织开展潮安区森林资源管理情况审计调查，对潮安区加快项目建设进度，提高森林资源资金使用效益，起到较好的促进作用。

企业审计　对市金山投资公司、市金叶贸易总公司、市韩江投资公司、市商业企业集团公司等4家市属国有企业开展审计，揭示出市属国有企业在国有资本管理运营中存在的普遍性、倾向性、典型性问题。

相关工作　建立审计问题整改台账，实行定期跟踪检查制度，对审计发现的问题逐个登记跟进，对达到审计整改期限的35个审计项目进行跟踪检查。向社会招聘10名劳务派遣人员补充至各业务科室，在缓解审计力量不足方面取得大的突破。

（撰稿人：杨　丹）

【揭阳市审计局】　2017年，揭阳市审计局行政编制39人，后勤服务编制4人；实有38人。党组书记、局长郑旭亮，副局长洪泽坤、黄跃、钟少贞，总审计师郭少斌，经济责任审计办公室主任林树宏。设有办公室、综合科、财税金融审计科（加挂外资运用审计科）、行政事业审计科、经济责任审计办公室、固定资产投资审计科、经贸审计科、社会保障审计科、农业资源和环保审计科、整改监督科、财务科（2月—）和直属分局；下设2个事业单位：审计信息管理办公室（编制3人，实有2人）、审计局经济责任审计中心（编制3人，实有1人）。

审计成果　2017年，揭阳市县两级审计机关完成审计项目177个。查出主要问题金额737066万元，其中违规金额6101万元、管理不规范金额730965万元；审计发现非金额计量问题524个；损益（收支）不实金额109230万元；审计发现侵害人民群众利益4873万元；出具审计报告和专项审计调查报告255篇。审计处理处罚金额18496万元，其中应上缴财政3175万元、应归还原渠道资金4680万元、应调账处理金额10641万元；移送司法机关、纪检监察机关和有关部门处理事项28件，移送处理金额17272万元。审计促进整改落实有关问题金额4960万元。审计提出建议366

条；促进被审计单位制定、完善规章制度 1 项；提交审计信息 112 篇。向社会公告审计结果 4 篇。

国家重大政策措施落实情况跟踪审计 根据省审计厅的统一部署，组织对简政放权政策落实及“放管服”改革推进情况、揭阳市重大基础设施建设情况、精准扶贫精准脱贫情况等进行跟踪审计，反映新情况、新问题，采取边审计、边督促整改和按季度报告的方式，推动重大措施落实到位。

财政审计 组织实施市本级财政和社保资金预算执行情况审计、市直部门预算执行情况审计，促进财政资金合理配置和发挥效益，规范社保资金预算和财务收支管理。对揭阳大南海石化工业区基础教育投入情况进行审计，开展惠来县 2016 年度农村垃圾治理资金审计。上报《关于 2015 年度市本级预算执行和其他财政收支审计查出问题整改情况的报告》，市委专题会议、市政府常务会议听取情况汇报，研究布置通过加强督查等方式促进落实整改的工作。

经济责任审计 市县两级审计机关对 117 名领导干部开展经济责任审计，查出违规金额 3204 万元、管理不规范金额 60712 万元。根据广东省审计厅的统一安排，组织完成汕尾市陆河县委书记、县长和揭阳市锡场、榕东、东园 3 个乡镇党政主要负责同志的经济责任同步异地交叉审计。

固定资产投资审计 组织对揭阳市引韩供水工程等 5 个续建项目和揭阳港大南海东岸公共码头防波堤等 4 个财政投资新建项目实施专项审计调查，查出基础设施建设项目投资进度、建设资金的筹集及使用、征地拆迁推进等方面存在的问题，提出改进意见。

民生资金（项目）审计 开展精准扶贫精准脱贫审计，对审计发现问题边审计、边督促、边整改，促使 1173 人符合政策但仍未纳入低保、“五保”的救助对象得到保障，促进揭东区、揭阳产业转移工业园及时将贫困学生资助资金发放到学生手中。

企业审计 根据揭阳市委“百日百项大行动”的中心工作部署，组织市县两级审计机关对供水相关企业（单位）的资产、运营及相关涉及工程情况开展专项审计调查，提出尽快谋划供水一体化的意见建议，服务领导决策。对市金叶有限公司 2016 年度资产负债损益情况进行审计，促进企业合规合法经营、健康发展。

信息化建设 完成金审工程三期配套工程，完善市县两级审计视频会商，实现省、市、县三级审计机关的网络互联互通。

审计机关人财物管理改革试点 起草《揭阳市关于完善审计制度若干重大问题的实施意见》及相关配套文件，经市委常委会、市政府常务会审议通过后印发，作为指导推进揭阳市审计制度改革工作的纲领性文件。配套制定《揭阳市县（市、区）审计局副职选拔任用工作流程》，理顺县级审计机关副职的选拔任用工作流程。

（撰稿人：陈钦丰）

【云浮市审计局】 2017 年，云浮市审计局公务员编制 25 人，行政执法编制 4 人，工勤编制 3 人；实有公务员 22 人，行政执法编制 1 人，工勤人员 5 人。党组书记、局长曾树荣，副局长冯杰焕、莫剑平（—7 月）、李菊（7 月—），总审计师李菊（—7 月）、崔志荣（10 月—），纪检组长杨冠锋。设有办公室、政策法规科、财税审计科、金融与社会保障审计科、行政事业审计科、企业审计科、农业与资源环保审计科、固定资产投资与外资运用审计科、经济责任审计科、绩效审计科。

审计成果 2017 年，云浮市县两级审计机关完成审计项目 160 个。查出主要问题金额 357261 万元；审计期间整改金额 766 万元。审计处理处罚金额 1081 万元。审计促进整改落实有关问题资金 1078 万元；审计后挽回损失 1012 万元。移送处理事项 9 件，移送处理 6 人。审计提出建议 357 条。

国家重大政策措施落实情况跟踪审计 组织市县两级审计机关开展供给侧结构性改革推进情况、安居工程政策推进落实情况等 8 个专题的跟踪审计，并加大对审计中发现问题的整改和督查力度。

财政审计 市县两级审计机关以保障公共资金安全高效使用、促进建立健全现代财税制度、增强财政政策的有效性为目标，完成市、县本级财政预算执行和其他财政收支审计，53 个部门单位的预算执行审计，查出主要问题金额 100924

万元。

经济责任审计 市县两级审计机关完成29名领导干部的任期经济责任审计，其中任中审计17人。查出主要问题金额11983万元；移送处理事项9件，移送处理6人，为纪检监察部门提供相关审计情况4次。

固定资产投资审计 市县两级审计机关完成投资审计项目51个，审计核减投资额1012万元。开展地方政府出台政府投资项目审计有关规定的调查，对3个县（区）涉及以审计结果作为政府投资建设项目竣工结算依据的有关文件，提请地方政府或有关部门进行修订或废止。

其他审计项目 开展精准扶贫精准脱贫、保障性安居工程等涉及民生的资金（项目）跟踪审计。完成17个单位的专项资金审计，审计专项资金总额480681万元，查出主要问题金额102276万元。开展7个企业审计项目，查出主要问题金额890万元。

审计机关人财物管理改革试点 市委办、市府办联合印发出台《云浮市贯彻落实〈广东省关于完善审计制度若干重大问题的实施意见〉及相关配套文件精神的实施方案》；参照广东省有关部门出台的系列配套文件，云浮市审计局配套出台4项制度，落实审计项目计划管理改革措施，调整审计项目计划审批程序，优化审计工作流程。围绕解决审计机关人手严重不足和审计任务重的突出矛盾，云浮市审计局开展购买审计服务、抽调内部审计人员参与审计工作的探索。

（撰稿人：梁美红）

2017年广东省所辖区、县(市)级审计工作统计表

金额单位：万元

审计机关	完成审计项目(个)	审计查出主要问题金额	审计处理情况					出具审计报告和审计调查报告(篇)	提出审计建议(条)	提交审计信息(篇)
			审计处理处罚				移送处理事项(件)			
			应上缴财政	应减少财政拨款或补贴	应归还原渠道资金	应调账处理金额				
广州市										
广州市本级	144	7512705	25103	196	4668	506425	86	271	278	31
荔湾区审计局	23	200466	134			23	1	33	28	40
越秀区审计局	43	21050	333		58	335		67	113	51
海珠区审计局	24	178220	317		19295	55		35	59	124
天河区审计局	30	10190					3	38	62	31
白云区审计局	18	14886	851		100		2	25	18	34
黄埔区审计局	18	26468					1	28	10	1
番禺区审计局	31	28228	300			17994	4	43	55	42
花都区审计局	30	1561927	864		59	24742		45	86	80
南沙区审计局	24	24118				15084		39	23	18
从化区审计局	19	73246	5815		35	32673	5	27	5	8
增城区审计局	17	54376	5707	13		8377	2	24	37	52
韶关市										
韶关市本级	65	743062	874		119	40175	61	106	214	39

（续表）

审计机关	完成审计项目（个）	审计查出主要问题金额	审计处理情况					出具审计报告和审计调查报告（篇）	提出审计建议（条）	提交审计信息（篇）
			审计处理处罚				移送处理事项（件）			
			应上缴财政	应减少财政拨款或补贴	应归还原渠道资金	应调账处理金额				
武江区审计局	13	8621						14	29	
浈江区审计局	13	1196			71			18	27	
曲江区审计局	27	330301	115		63			42	60	
乐昌市审计局	20	73474	42			33		31	44	
南雄市审计局	28	593			2		9	38	62	
始兴县审计局	17	155093						28	59	4
仁化县审计局	43	60765	503				3	63	160	
翁源县审计局	28	16516						44	24	
乳源瑶族自治县审计局	37	94879	1				2	56	110	
新丰县审计局	22	2648	16				1	32	32	
深圳市										
深圳市本级	400	7073645	9534	48547	23866	305258	28	539	1052	25
罗湖区审计局	372	53073		3921				380	81	7
福田区审计局	703	53379	8060	38004				715	1052	
南山区审计局	269	18652	173	13272	811		3	284	160	24
宝安区审计局	292	362432	702	15194	1064	3896	3	308	686	37
龙岗区审计局	401	243584	1873	31415	195	15376	11	429	1072	2
盐田区审计局	320	462432	54	4407	809	105319		340	513	2
龙华区审计局	237	17612		13333				241	217	
坪山区审计局	254	27883	361	12023	201	13234		261	341	3
光明新区审计局	223	48500	145	9511		355	22	232	330	
大鹏新区审计局	192	36809	118	10316	42	2609	3	197	270	
珠海市										
珠海市本级	68	1047807	6729	3685	6789	22483	10	96	243	47
香洲区审计局	24	16738	2827	39	18			32	49	1
斗门区审计局	31	32161	3906	2405		1	1	40	72	1
金湾区审计局	14	5128	184		29	483		22	95	27
汕头市										
汕头市本级	50	384394	719		6348	12213	5	70	59	44
龙湖区审计局	26	33414	20	270		20727		41	56	4
金平区审计局	16	32459	334	37	48	287	6	27	11	1
濠江区审计局	14	39985	3447	10994			1	16	8	1

（续表）

审计机关	完成审计项目（个）	审计查出主要问题金额	审计处理情况·审计处理处罚·应上缴财政	审计处理情况·审计处理处罚·应减少财政拨款或补贴	审计处理情况·审计处理处罚·应归还原渠道资金	审计处理情况·审计处理处罚·应调账处理金额	审计处理情况·移送处理事项（件）	出具审计报告和审计调查报告（篇）	提出审计建议（条）	提交审计信息（篇）
潮阳区审计局	30	5570	62				2	49	10	1
潮南区审计局	30	51332	26		41840	9231	2	50	36	1
澄海区审计局	14	200343						20	49	1
南澳县审计局	9	6065						12	52	10
佛山市										
佛山市本级	37	1173956	819		1321		37	58	90	71
禅城区审计局	16	104976	339		59	175	1	18	20	15
南海区审计局	21	366191	8635		281	2141	10	24	65	16
顺德区审计局	32	381871	1523				5	38	80	45
三水区审计局	9	35898	254	31	129		2	14	24	9
高明区审计局	17	24853	1363				1	21	62	55
江门市										
江门市本级	53	748248	1631	590	618	790	2	92	181	53
蓬江区审计局	15	15562	26		158	8681	1	19	29	
江海区审计局	20	22518						24	44	2
新会区审计局	56	330239						87	124	
台山市审计局	39	39289	4			167		56	125	6
开平市审计局	50	13083						75	112	1
鹤山市审计局	33	100273						46	155	1
恩平市审计局	26	64892	11		23			46	55	27
湛江市										
湛江市本级	90	3779900	6300	72	5373	154909	8	140	289	33
赤坎区审计局	23	3886				61	1	32	59	9
霞山区审计局	23	67940	214		244	38396		29	81	7
坡头区审计局	19	18910	10					24	45	2
麻章区审计局	9	100550	389		41		3	14	33	5
廉江市审计局	5	991469	99					7	23	
雷州市审计局	21	161817	1151	46	243	5016		35	55	15
吴川市审计局	31	74143	216		15	1361		42	108	13
遂溪县审计局	20	125490	1427		28	758		29	30	
徐闻县审计局	30	216100	68			91660	2	45	69	2
开发区审计局	1							1	3	

（续表）

审计机关	完成审计项目（个）	审计查出主要问题金额	审计处理情况					出具审计报告和审计调查报告（篇）	提出审计建议（条）	提交审计信息（篇）
			审计处理处罚				移送处理事项（件）			
			应上缴财政	应减少财政拨款或补贴	应归还原渠道资金	应调账处理金额				
茂名市										
茂名市本级	62	1102504	26721	1119	313	252166	10	95	190	30
茂南区审计局	24	105696	306		23014	301		34	64	15
电白区审计局	42	103963	3254		50	379	2	63	181	3
高州市审计局	36	184955	4309	385	8	122	1	53	112	5
化州市审计局	33	89849	49					47	96	6
信宜市审计局	30	309095	1963				2	44	96	
肇庆市										
肇庆市本级	31	322179	1344		28	55666	2	41	111	43
端州区审计局	22	161998	41			1		32	25	19
鼎湖区审计局	17	31081	51		41	7134		24	38	30
高要区审计局	25	20733	353		2			41	65	7
四会市审计局	27	9719	903		130	6		32	51	6
广宁县审计局	19	100797	2662		266	7918		30	51	10
怀集县审计局	22	135388	153	4	69			32	16	38
封开县审计局	20	241373	14			1086		29	47	6
德庆县审计局	16	14105	1		167	694	1	22	37	6
惠州市										
惠州市本级	77	404362	3359	5684	5875	10719	23	115	212	119
惠城区审计局	41	22167	656	2355	596	2239	2	58	44	
惠阳区审计局	35	29279	170	190			1	44	70	
博罗县审计局	74	15921	1879	2643	69	24	8	94	149	
惠东县审计局	31	16064	92				9	44	79	34
龙门县审计局	67	58093	73	367	2423	9020	6	84	177	15
大亚湾区审计局	59	114402	3473	4178	146	49927	1	68	248	29
仲恺高新区监察与审计局	29	27325		115	875			39	74	
梅州市										
梅州市本级	52	1009202	9383	13	11629	26222	13	79	166	28
梅江区审计局	20	8275	294		471	185		27	40	
梅县区审计局	20	16541			2000			30	24	5
兴宁市审计局	33	8724	151		61	688		55	91	
大埔县审计局	45	70804	250	8	14	443		76	84	2

（续表）

审计机关	完成审计项目（个）	审计查出主要问题金额	审计处理情况					出具审计报告和审计调查报告（篇）	提出审计建议（条）	提交审计信息（篇）
			审计处理处罚				移送处理事项（件）			
			应上缴财政	应减少财政拨款或补贴	应归还原渠道资金	应调账处理金额				
丰顺县审计局	40	36755	996	4215	6247	3492	4	61	98	2
五华县审计局	38	104885	780		150	101968		58	96	2
平远县审计局	19	36367	468			10071	1	33	47	3
蕉岭县审计局	38	48886	7		3	81	6	66	96	
汕尾市										
汕尾市本级	43	19853	1026		2757	541	5	54	177	95
城区审计局	17	14986	2291		2575	112		23	64	8
陆丰市审计局	28	25916	1288	5	77	1279		34	124	9
海丰县审计局	29	66583	1093	95	1142	213		37	70	1
陆河县审计局	25	10348	68	260	7	1		32	62	5
河源市										
河源市本级	29	629472	1789			787	3	51	90	28
源城区审计局	40	122046						50	99	
紫金县审计局	34	200847	1512		3794	84		56	184	
龙川县审计局	26	173180						38	184	1
连平县审计局	28	3420				1135		28	81	8
和平县审计局	39	6006						58	112	
东源县审计局	26	6173						44	84	
阳江市										
阳江市本级	82	488811	11939	850	11211	1591	3	126	235	26
江城区审计局	29	54919	62	121				37	78	9
阳东区审计局	13	36036	17	213	90	250		16	43	16
阳春市审计局	20	31213	938		2264	21827		20	64	
阳西县审计局	19	2286	46			2240		29	44	8
海陵岛经济开发试验区审计局	6	2315						5	18	
清远市										
清远市本级	34	1188879	3822	91	998	126229	9	53	118	2
清城区审计局	19	320737						21	28	11
清新区审计局	16	160500	42	92	92	411		26	45	
英德市审计局	24	75333	10949			11667	1	49	18	129
连州市审计局	27	39263	24	2757	163	3634		41	92	
佛冈县审计局	29	112497	1030	1547	2807	106077	2	39	52	29

（续表）

审计机关	完成审计项目（个）	审计查出主要问题金额	审计处理情况					出具审计报告和审计调查报告（篇）	提出审计建议（条）	提交审计信息（篇）
			审计处理处罚				移送处理事项（件）			
			应上缴财政	应减少财政拨款或补贴	应归还原渠道资金	应调账处理金额				
阳山县审计局	11	8711	21	117	28			16	36	8
连山壮族瑶族自治县审计局	10	110339	14			19436		14	26	21
连南瑶族自治县审计局	13	108959	20		14	334		17	72	
东莞市										
东莞市本级	54	1671824	100189	56	32801	386969	21	70	197	44
中山市										
中山市本级	48	1178926	15788	1169	6758	270038	18	73	147	71
潮州市										
潮州市本级	41	374041	1584	51	123	40094	11	77	142	22
湘桥区审计局	8	25444	18					11	18	
潮安区审计局	15	195216	152		32	123		27	34	
饶平县审计局	24	36663	1052		100	170	1	40	29	
枫溪区审计局	10	10047						20	21	1
揭阳市										
揭阳市本级	56	476919	244		4460	6992	28	89	65	61
榕城区审计局	11	29184						11	18	3
揭东区审计局	20	57903	2478			224		20	14	14
普宁市审计局	39	88173	425			1087		75	223	13
揭西县审计局	17	34367			6	1892		26	10	8
惠来县审计局	34	50520	28		214	446		34	36	13
云浮市										
云浮市本级	32	221092			4		7	35	112	107
云城区审计局	42	19349	23	472				42	61	58
云安区审计局	24	29085		516	14			24	58	57
罗定市审计局	17	59293	3	1	2			21	28	21
新兴县审计局	21	20006		1				24	35	29
郁南县审计局	24	8436	10	22	2	10	2	29	63	50

广西壮族自治区

【广西壮族自治区审计厅】 2017年，广西壮族自治区审计厅行政编制160人，实有158人；事业编制56人，实有48人。设有办公室、法规处、财政审计处、行政事业审计处、农业与资源环保审计处、固定资产投资审计处、金融审计处、企业审计处、社会保障审计处、外资运用审计处、经济责任审计局、人事处、机关党委、离退休人员工作处，另设有派出发展计划审计处、派出经济贸易审计处、派出教育科学审计处、派出政法审计处、派出资源环保审计处、派出民政社保审计处、派出交通建设审计处、派出农业水利林业审计处、派出文化体育新闻审计处、派出卫生计划生育审计处、派出工商质监审计处、派出旅游民族事务审计处；下设机关服务中心、内部审计指导中心、科学研究所、干部培训中心等事业单位。

领导成员

厅　　长：何小聪

副 厅 长：陆　斌（—5月）

　　　　　李早春（1月—）　陈勇新

　　　　　黄　伊（11月—）

总审计师：刘一原（—11月）

经济责任审计局局长：周国彪（—1月）

　　　　　　　　　　桂忠才（1月—）

巡 视 员：陆　斌（5月—）

副巡视员：覃格知（12月—）

审计成果 2017年，广西各级审计机关完成审计和专项审计调查项目5488个。查出主要问题金额2350.75亿元；出具审计报告和专项审计调查报告5940篇，被批示、采用455篇。审计作出处理应上缴财政96.02亿元、应减少财政拨款或补贴21.60亿元、应归还原渠道资金91.12亿元、应缴纳其他资金28.19亿元、应调账处理金额428.03亿元；移送处理事项213件，移送处理人员158人，移送处理金额14.59亿元。核减投资额44.98亿元；审计后挽回（避免）损失20.70亿元。审计提出建议8057条；提交审计信息616篇，被批示、采用409篇。向社会公告审计结果68篇。

自治区审计厅实施的广西物资集团有限责任公司总经理任期经济责任审计项目，被审计署评为地方优秀审计项目。

国家重大政策措施落实情况跟踪审计 组织各级审计机关对全自治区2017年贯彻落实中央、自治区重大政策措施情况开展跟踪审计，其中自治区审计厅对贵港市、玉林市进行重点审计。审计查出未按规定收取易地扶贫搬迁工程履约保证金、教育扶贫政策实施不到位、农民工创业专项扶持资金结存较大、财政资金配套不到位、收回存量资金未及时安排使用、以政府购买服务违规融资、污染防治项目完工后闲置、项目推进缓慢、违规转包政府采购项目、部分行政许可事项应取消未及时取消等问题120个。分季度向自治区政府报送4份审计结果报告并抄送审计署，向贵港市人民政府、玉林市人民政府报送审计报告2篇，报告反映问题金额1413125万元。向贵港市、兴业县等纪委监察部门移送案件线索6件，涉及金额3468.92万元。

财政审计 广西各级审计机关对384个单位开展预算执行情况审计，查出主要问题金额1187.27亿元；对79个单位开展财政决算情况审计，查出主要问题金额46.55亿元。自治区审计厅实施区财政厅具体组织2016年度自治区本级预算执行和其他财政收支审计项目。在预算执行情况审计中，发现中央转移支付资金未及时分解下达本级或下级财政部门、部分预算单位将补助市县支出列入部门预算、非税收入应缴未缴国库或财政专户、公务支出超预算、部分新增债券指标安排使用进度较慢、地税部门未及时征收税款等问题，向各级纪委监察部门移送案件线索16件，涉案人员46人。

广西各级审计机关对563个行政事业审计单位开展财务收支审计，查出主要问题金额465.91亿元。其中，自治区审计厅审计（调查）8个单位，查出主要问题金额116.72亿元。审计发现预算编报不真实不完整、少计少缴税费、扩大开支范围或提高开支标准列支、违规采购、未按进度支付工程款、租金收入应收未收、债权债务未及时清理、违规返还建设工程质量保证金、科研课题逾期不结题等问题。

自治区审计厅对自治区科技厅归口管理的区本级财政科技计划和科技项目资金管理使用情况进行专项审计调查，延伸调查1个项目管理专业机构、64个项目承担单位、133个科技计划项目，查出主要问题金额338.72万元。

经济责任审计 全自治区各级审计机关开展对586个单位、650名领导干部的经济责任审计，查出主要问题金额821.86亿元。其中自治区审计厅审计15个单位、20名领导干部，查出主要问题金额487.16亿元，发现结余资金使用未列入部门预算亦未上报自治区财政厅批准、部分事项未进行政府采购、出国事项审批前先列支费用、在其他科目列支培训费、部分下属企业开展业务存在重大资金损失风险、未按规定用途使用金融机构信贷资金、不良资产核销未报自治区国资委核准、部分领导人员兼职未报自治区国资委核准等问题。

固定资产投资审计 全自治区各级审计机关开展政府投资审计项目4101个，查出主要问题金额142.46亿元，审计投资额2901.78亿元，核减投资额43.40亿元。其中，自治区审计厅完成审计项目47个，审计投资额2341.37亿元，核减投资额4.39亿元，查出部分项目存在违法分包、重大设计变更未按程序报批、监理单位未严格履行职责、征地拆迁工作进展缓慢影响工程进度、部分征地拆迁办公室会计基础工作不规范等问题165个，涉及问题金额53.08亿元。

以自治区人民政府办公厅名义印发《关于清理规范性文件中以审计结果作为政府投资建设项目竣工结算依据的有关规定的通知》，对现行有效的自治区、市、县（市、区）及其工作部门、直属机构制定的规范性文件进行清理。共清理涉及以审计结果作为政府投资建设项目竣工结算依据的规范性文件162篇。

民生资金（项目）审计 全自治区各级审计机关开展扶贫审计，抽查扶贫资金530548.83万元，涉及项目2390个、乡镇67个、村187个，入户调查农户1138户。审计查出在政策、资金、项目等方面存在问题133个，涉及违规违纪及管理不规范金额245011.85万元，向纪检监察机关移送一些单位和领导干部在扶贫工作中涉嫌违法违纪、作风不实、慢作为等案件线索23件，涉及人员114人。自治区审计厅组织开展11个扶贫专项审计调查项目，范围涉及13个国定贫困县（含片区县）和2个区定贫困县。

自治区审计厅组织全区各级审计机关对14个市本级和111个县（市、区）2013年至2016年新型农村合作医疗基金（含大病保险资金）政策制度落实和改革措施推进情况、基金筹集管理使用情况进行审计，发现新农合基金筹集不到位、基金支出管理使用不规范、制度间衔接不到位和拖欠结算款、部分定点医疗机构和个人骗取套取新农合基金、部分定点医疗机构和经办机构违规加价或收费、部分商保或经办机构少报销或未报销大病保险合规医疗费用以及违规线下采购药品或医用高值耗材等问题，问题金额共计104323.25万元，向各级纪检监察、公安、检察等部门移送案件线索29件。

全自治区各级审计机关对2016年自治区保障性安居工程进行跟踪审计，发现相关税费减免政策落实不到位、棚改及配套设施建设滞后、保障性住房分配使用不规范等问题，违规和管理不规范问题金额379.25亿元，涉及保障家庭21192户，保障性住房100382套，向各级纪检监察、公安、检察等部门移送案件线索30件，涉案人员59人，涉案金额53722.49万元。

金融审计 自治区审计厅组织实施广西中小企业信用担保有限公司资产负债损益情况审计，延伸审计下属的南宁、柳州等7个分公司，查出问题金额25217.45万元，其中违规经营14400万元、其他问题金额10817.45万元。

外资运用审计 全自治区各级审计机关完成外资运用审计项目12个，查出主要问题金额1.98亿元。自治区审计厅在开展的审计项目中，发现违规出借资金、配套资金未及时足额到位、回补资金结存额较大、未将到期债务纳入预算管理、未按规定设立还贷准备金、部分支出未履行规定审批程序、部分子项目未能实现预期效益等问题。

企业审计 全自治区各级审计机关对38个企业进行审计和专项审计调查，查出主要问题金额140.53亿元。自治区审计厅对广西桂江有限责任公司、广西新发展交通集团有限公司、广西建工集团等3个企业实施的财务收支审计，查出被审计企业的下属公司未按规定调整坏账准备1211.94万元、自行核销坏账201.43万元，应作收入却未反映在账上约2520.14万元，发现个别下属公司经济业务未在公司财务账上反映等问题。

信息化建设 完善广西地方审计法规平台，收录广西地方法规2977条；完善审计知识平台，整理上传财政审计、预算执行审计、金融审计、企业审计、社保审计等8大行业审计法规定性向导3186条，全国及广西审计机关优秀计算机审计案例1782篇，政策解答1975篇；构建计算机审计分析模型，在原有近100个计算机审计分析模型基础上，新增加40多个；组织完成全自治区市县的财政国库、总账等业务数据的汇总并如期上报审计署；将收集的电子数据进行标准化整理，形成涵盖全自治区预算单位、数量近3T的大数据集。

审计科研 自治区审计厅会同广西审计学会组织完成"大数据时代下国家审计技术方法研究""地方领导干部自然资源资产离任审计评价指标体系构建研究"等23个广西审计重点课题研究任务。在全自治区组织开展广西审计技术方法专题论文征集活动，征集到论文91篇共计53万字，经广西审计学会学术委员会匿名审核，评选出一等奖3篇、二等奖6篇、三等奖9篇、优秀奖15篇。完成《广西通志·审计志（1993—2005)》的编纂，于年底出版发行；组织完成2017卷中国审计年鉴、广西年鉴、广西社会科学年鉴、广西图鉴中广西审计条目的编撰工作；完成2015、2016两卷《广西审计年鉴》的编审，由中国时代经济出版社公开出版；出版《2017年广西审计重点课题论文集》和《广西审计管理论文集》

相关工作 配合自治区人大常委会修订广西领导干部经济责任审计条例，完成立法修订草案送审工作；印发广西审计机关行政处罚裁量权基准和行政强制裁量权基准；制定广西审计机关行政执法调查取证和告知制度、重大行政执法决定法制审核办法、异地行政执法协助制度、审计机关行政执法与刑事司法衔接工作实施意见；修订审计项目管理、业务会议管理、审计结果公告、法律顾问工作4项内部管理制度，进一步完善依法审计制度，严格规范公正文明执法。按照自治区有关部门的要求，清理与审计相关的法规规章和规范性文件20余篇，废止规范性文件18篇。自治区审计厅组织检查组对厅本级和14个市审计局开展审计质量检查，抽查28个县（市、区）审计机关，抽查审计项目档案274份。

自治区审计厅全年共举办各类培训班27期，培训人员3150人次。选调40名审计局局长参加审计署举办的市、县级审计局局长培训班。选调300余名干部参加审计署举办的网络专题培训班，以及会计与经济基础、商业银行审计、计算机审计等现场培训。选派11名干部到审计署特派办参加项目审计。

梧州市审计局、钦州市审计局被中央文明委评为"全国文明单位"；柳州市审计局、北海市审计局、河池市审计局通过中央文明委复查，继续保持"全国文明单位"称号。

内部审计 广西全自治区有内部审计机构1093个，内部审计人员5092人。全年完成审计项目93660个，审计总金额607.61亿元，提出建议意见被采纳23811条。经审计建议给予行政处分129人，向司法机关移送案件2件3人。广西内部审计协会选送5篇论文参加全国内部审计理论研讨活动评选，1篇获得优秀论文二等奖，3篇获得优秀论文三等奖，1篇获得优秀论文提名奖。

（撰稿人：黎莉萍）

【南宁市审计局】 2017年，南宁市审计局人员编制66人，实有63人。局长徐铭斯，副局长黄辉武、杨连业、李生明，总审计师梁露霞，党总支书记唐爱武，经济责任审计办公室主任李栋沛，调研员颜军。设有办公室、人事科、法规科、机关党总支、行政事业与外资运用审计科（2月—)、外资运用审计科（—2月)、电子数据科（2月—)、财政金融审计科、社会保障审计科、企业审计科、农业与资源环保审计科、固定资产投资审计科、经济责任审计办公室；下设公共投资审计中心。

审计成果 2017年，南宁市县两级审计机关完成审计和专项审计调查项目291个。查出主要问题金额3318162万元，其中违规金额147324万元、管理不规范金额3170696万元；出具审计报告和专项审计调查报告226篇。审计作出处理应上缴财政79573万元，已上缴财政4875万元；应归还原渠道资金53387万元，已归还302万元；应缴纳其他资金6898万元，已缴纳98万元；应调账处理金额330731万元，已调账44025万元；核减投资额132042万元。审计提出建议870条，提交审计信息52篇。公共投资审计中心完成政府投资工程项目结算审计30个，审计金额138.67亿元，核减工程款18.07亿元。

国家重大政策措施落实情况跟踪审计 市县两级审计机关围绕保障性安居工程投资、建设、分配、运营，政府债务资金、扶贫资金分配等9个方面开展政策措施落实情况跟踪审计，涉及南宁市12个县（区），22个部门和单位，发现未完成保障性住房基本建成任务、部分已建成保障性住房长期空置、相关优惠政策落实不到位等问题，问题金额42.22亿元。

财政审计 市县两级审计机关完成96个部门单位的预算执行情况审计，查出主要问题金额1183847万元。其中，南宁市审计局对34个部门单位的预算执行情况开展审计，查出主要问题金额950854万元；对市财政局2016年度市本级预算执行和其他财政收支情况的审计项目，延伸审计高新区、经开区、东盟区、青秀山风景区，发现非税收入不实、未按规定用途使用预备费、机动经费预算编制不准确、债务资金闲置未使用等80个问题。

对38个行政事业单位开展财务收支审计，查出问题金额156.38亿元，发现虚列开支、扩大开支范围、改变资金用途等主要问题。

经济责任审计 市县两级审计机关对100个单位的139名领导干部开展经济责任审计，查出问题金额993593万元。对轨道交通集团、城建集团、广发重工集团等6个大型国有企业集团领导人开展经济责任审计。完成领导干部自然资源资产离任审计项目4个，发现矿山越层越界及超规模开采、非法占地、农村饮水安全工程项目闲置、虚报造林面积、排污费征收不及时、旅游度假区项目未经审批占用水库库区面积等问题36个。南宁市审计局在对市教育局领导干部的经济责任审计中，揭示市教育系统资产管理方面存在的普遍性和典型性问题；运用大数据处理开展对南宁市第一人民医院等4家医院7名领导干部的审计。

固定资产投资审计 市县两级审计机关完成政府投资审计项目65个，审计投资额1248401万元，核减投资额350848万元，查出施工单位违法分包、违规征收国有土地上房屋、建设管理费超概算、项目未按时开竣工等问题。

民生资金（项目）审计 南宁市审计局采取“上审下”和“交叉审”相结合的方式，完成12个县区保障性安居工程、新型农村合作医疗基金等社会保障审计项目；对宾阳、横县扶贫政策措施落实和扶贫资金分配管理使用情况、西乡塘区财政扶贫资金、邕宁区财政扶贫资金等4个审计项目开展审计，揭示虚报冒领、违规发放和使用资金等问题，审计资金总量36950.63万元，查出违规违纪及管理不规范金额4838.55万元。根据自治区审计厅的统一安排，完成河池市保障性安居工程的交叉跟踪审计。

企业审计 落实自治区深化国有企业和国有资本审计监督实施意见，对4个企业开展资产负债损益审计。

相关工作 经市政府批准正式建立南宁市审计整改联席会议制度。（撰稿人：吴丽霞）

【柳州市审计局】 2017年，柳州市审计局人员编制77人，实有72人。局长罗品文，副局长戴卫平、陈钧、刘秋文，总审计师李怡，纪检组长覃柳青（—1月），经济责任审计局局长廖凤英，党组成员左付均（12月—）。设有办公室、人事科、法规科、财政金融审计科、行政事业审计科、经贸审计科、农业与资源环保审计科、社会保障审计科、固定资产投资审计科、经济责任审计局等内设机构；下设政府投资项目审计中心（事业编制26人，实有23人）。

审计成果 2017年，柳州市县两级审计机关完成审计和专项审计调查项目629个。查出主要问题金额934317万元。审计作出处理应上缴财政447195万元、应减少财政拨款或补贴50124万元、应归还原渠道资金18391万元、应调账处理金额195045万元；移送司法机关、纪检监察部门处理事项8件；建议有关部门处理事项1件。已上缴财政442940万元、已减少财政拨款或补贴

50000万元、已归还原渠道资金4771万元、已调账处理金额35996万元。提交审计工作报告、信息13篇。

财政审计 市县两级审计机关对26个单位的预算执行情况进行审计，查出主要问题金额494997万元。对48个行政事业单位进行财务收支审计，查出主要问题金额60227万元。柳州市审计局对鹿寨县2016年度财政决算进行审计，发现财政总预算借出金额较大、专项资金使用效率不高、部分建设用地调整容积率但未及时收缴土地出让金差额、县土储中心违规出借土地储备资金等问题；对柳州市发改委及其下属项目促进中心的财务收支情况进行审计，发现项目资金执行力度偏低，使用效率不高等问题。

经济责任审计 市县两级审计机关对42个单位的44名审计领导开展经济责任审计，查出问题金额190524万元。在对柳州市某局原局长经济责任审计中，发现未及时采取有效措施收缴并上缴财政收入、违反规定发放津贴补贴、往来款长期挂账未及时清理、银行存款余额过大等问题。

固定资产投资审计 市县两级审计机关完成政府投资审计项目510个，项目投资额（工程款）876857万元，核减投资额49262万元。柳州市审计局对白沙大桥工程项目第二阶段进行跟踪审计，发现业主单位多分摊公司实际发生的建设单位管理费及相应税金，挤占项目建设成本等问题。

民生资金（项目）审计 柳州市审计局对新型农村合作医疗基金（含大病保险资金）政策制度落实和改革措施推进、基金筹集管理使用情况进行审计，发现重复参保、新农合基金结余金额较大、信息系统中缴费参合人数与实际缴费参合人数存在差异、未建立家庭账户余额定期核对制度等问题。对融水苗族自治县保障性安居工程及配套基础设施的计划、投资、建设、分配、运营情况进行审计，发现专项资金管理使用不合规、农村危房改造专项资金闲置、违规收取农村危房改造建设押金、不符合条件家庭违规享受住房保障待遇、农村危房改造项目档案资料不完整等问题。

市县两级审计机关组织实施扶贫审计项目16个，涉及扶贫1408个项目，审计总金额32.99亿元，查出扶贫资金违规或管理不规范金额10.85亿元，向纪检监察机关移送案件线索2件，涉及金额191万元。

企业审计 完成9个企业的资产负债损益审计项目，查出主要问题金额138037万元。

（撰稿人：杨靖云）

【桂林市审计局】 2017年，桂林市审计局人员编制110人，实有96人。局长江建和，副局长唐正柱、赵素云、全宏星，总审计师张志文，纪检组长刘志权。设有办公室、法规科、财政金融审计科、行政事业审计科、经贸审计科、农业与资源环保审计科、社会保障审计科、固定资产投资审计一科、固定资产投资审计二科、旅游外资审计科、经济责任审计办公室、人事教育科、综合信息科；下设公共投资项目审计中心、审计干部培训中心2个事业单位。

审计成果 2017年，桂林市县两级审计机关完成审计和专项审计调查项目180个。查出主要问题金额1011681万元，其中违规金额114163万元、管理不规范金额897503万元。出具审计报告和专项审计调查报告216篇。审计作出处理应上缴财政46765万元，已上缴2980万元；应归还原渠道资金84507万元，已归还2580万元；应缴纳其他资金16462万元，已缴纳48万元；应调账处理金额98111万元，已调账7467万元；核减投资额1284万元；移送处理事项6件。审计提出建议604条；提交审计信息16篇。

国家重大政策措施落实情况跟踪审计 组织实施政策措施贯彻落实情况跟踪审计，出具审计结果报告4篇，查出问题23个，涉及推进教育精准扶贫政策落实、房地产去库存措施落实、重大项目建设等8个方面，问题金额29437.1万元。通过审计促进新开工和完工项目6个，加快项目实施进度13个，推进保障性住房合理分配使用327套，保障180户低收入家庭依法享受住房补贴。

财政审计 对52个单位的预算执行情况及其他财政收支进行审计，查出主要问题金额791230万元。其中，桂林市审计局审计单位14个，发现支出预算不够细化、预算指标执行率较低、资金使用进度缓慢、未按规定实行公务卡结算等问题，审计揭示的企业职工基本养老保险基金缺口逐年加大、地方政府债券资金支出进度缓慢等问题引起市政府领导的重视。桂林市审计局开展科技专项经费审计调查，实地调查 89 个科技项目承担单位，发现 134 个项目未经评估予以立项、科研经费分配不合理、科技项目缺乏有效的全过程跟踪监管、按期结题率较低绩效低下等问题。

经济责任审计 对 73 个单位的 73 名审计领导干部开展经济责任审计，查出问题金额 161979 万元。在对市人防办原主任的经济责任审计中，查出违规批准人防工事口部违法建房并违规出售、违规签订人防工事租赁合同等违法违规问题；发现其滥用职权，利用职务之便，为他人谋取利益等案件线索，移送市纪检监察机关处理。在对靖江王陵文物管理处原主任的经济责任审计中，发现套取考古清理资金、专项资金存入个人账户、租用土地及苗木补偿款去向不明等问题，查出原主任、副主任、某业务科长套取考古清理资金等违纪违规案件线索，移送市纪委处理。对永福县原县长开展自然资源资产离任审计，首次应用地理信息软件，查出公益林划定范围与基本农田划定范围冲突、非法矿区侵害公益林、基本农田被占用、土地开垦项目虚增耕地、公益林补偿资金被个人挪用等问题，9 户采矿企业被查处，刑事逮捕 4 人。

固定资产投资审计 审计单位 27 个，项目投资额 1504438 万元，核减投资额 387699 万元。桂林市审计局对“南通北畅”工程、临桂新区市民公园、临桂水系、桂林旅游综合医院工程、漓江治污工程、市政道路白改黑、香江立交工程等多个重点项目进行跟踪审计。

民生资金（项目）审计 市县两级审计机关在新型农村合作医疗基金审计中，查出问题金额 4356.8 万元，有 3 个县的 4 个案件线索进行移送处理。发现市本级多家公立医疗机构采取自立收费项目、重复收费、提高收费标准等方式，违规多收取诊疗项目费用、医用服务设施费用；部分村卫生所（室）通过虚假处方、串换药品的方式套取门诊统筹资金；应保未保，财政补助不到位；市内异地结算平台未建立运行；重复参保和重复报账；多报参合人数套取上级补助资金；定点医疗机构套（骗）取新农合基金等问题。开展城镇保障性安居工程跟踪审计、易地扶贫搬迁政策执行情况审计、阳朔等 4 个县易地扶贫搬迁资金专项审计调查。

农业与资源环保审计 完成 4 个农业与资源环保审计项目。通过审计发现违规占用基本农田、非法采矿破坏公益林、部门制定的规划没有相互衔接等问题。

企业审计 对 3 个企业开展资产负债损益审计，查出主要问题金额 615 万元。

（撰稿人：何　静）

【梧州市审计局】 2017 年，梧州市审计局行政编制 40 人，工勤编制 3 人，后勤编制 2 人，事业编制 12 人；实有 50 人。党组书记、局长覃宏岩，副局长蒙泽江、彭雪梅、卢秋诚，总审计师麦庆，纪检组长何际铭（—8 月）。设有办公室、经济责任审计分局、财政金融审计科、行政事业审计科、社会保障审计科、农业与资源环保审计科、经贸审计科、固定资产投资审计科、外资运用审计科、法规科；下设政府投资审计中心。

审计成果 2017 年，梧州市县两级审计机关完成审计和专项审计调查项目 122 个。查出主要问题金额 1305782 万元，其中违规金额 24071 万元、损失浪费金额 705 万元、管理不规范金额 1281005 万元；出具审计报告和专项审计调查报告 578 篇。审计作出处理应上缴财政 38520 万元，已上缴 7106 万元；应减少财政拨款或补贴 10837 万元，已减少 626 万元；应归还原渠道资金 83688 万元，已归还 16548 万元；应缴纳其他资金 117400 万元，已缴纳 21478 万元；应调账处理金额 378400 万元，已调账 77854 万元；核减投资额 16936 万元；移送处理事项 38 件。审计提出建议 704 条；提交审计信息 2 篇。

财政审计 市县两级审计机关开展预算执行情况审计项目 22 个，查出主要问题金额 518903 万元。对 52 个行政事业单位实施财务收支审计。梧州市审计局完成 2016 年市本级预算执行和其他财政财务收支等情况和决算草案审计，发现列收列支、无财力安排支出挂账、基金预算收入执行率低等问题；在对市公安局、看守所、财政投资评审中心、仲裁委的财务收支审计中，发现会计信息反映不实、未按规定征收缴纳收入等问题。

经济责任审计 对53个单位的54名领导干部开展经济责任审计，查出问题金额825186万元，对审计中发现的政府债务资金闲置、违规安排教育专项资金、虚增预算收入、未及时上缴预算收入、“三公”经费超预算支出等问题提出整改意见。推进领导干部自然资产资源离任审计试点，以市委市政府两办名义印发《梧州市开展领导干部自然资源资产任期审计试点方案》，开展岑溪市原市长自然资源资产离任审计。

固定资产投资审计 对19个单位开展政府投资项目审计，审计投资额177460万元，核减投资额16936万元。在对梧州市直排口整治工程项目实施情况跟踪审计和对梧州市体育中心——体育场项目工程管理和资金使用情况审计中，查出供应商在政府采购中恶意串标行为，涉及金额704.3万元。在粤桂特别合作区、苍海项目、西江机场、棚户区改造等项目审计中，对贷款资金使用进度慢、使用成本高进行深入调研并形成专项报告报市政府。

民生资金（项目）审计 完成7个县（市、区）保障性安居工程、新型农村合作医疗基金、低保资金保障的审计，向有关部门移送案件线索2件，提出审计建议27条。根据审计发现问题形成《国家开发银行贷款使用情况的审计调查报告》上报市政府。开展新农合基金审计，发现基本医疗保险重复参保和重复报销、个人和医疗机构片区套取医保基金、违规拨付新农合补助资金等三大类共9个问题。完成万秀区财政扶贫资金管理和使用情况审计，发现已脱贫的部分农户存在返贫风险，扶贫效果不明显等问题。

其他审计项目 开展专项资金审计调查项目22个，资金总额331071万元。对市本级城市公交、农村客运、岛际水路客运、出租车行业油价财政补贴进行专项审计调查。（撰稿人：韦茵茹）

【北海市审计局】 2017年，北海市审计局人员编制40人，实有37人。局长彭有朋，副局长刘文惠、李小文、何瑞强（8月—）、王海强，总审计师唐冰，纪检组长米小林（—8月）。设有办公室、法规科、监察室（因纪检监察机构改革，于8月撤销）、电子政务管理科、财政金融审计科、固定资产投资审计科、行政事业审计科、经济贸易企业审计科、外资运用审计科、社会保障审计科、交通与建设审计科、农业与资源环保审计科。

审计成果 2017年，北海市县两级审计机关完成审计和专项审计调查项目251个。查出主要问题金额788790万元，其中违规金额59510万元、管理不规范金额729280万元；出具审计报告和专项审计调查报告264篇。审计作出处理应上缴财政18887万元，已上缴10973万元；应减少财政拨款或补贴25980万元，已减少财政拨款或补贴25887万元；应归还原渠道资金259393万元，已归还152726万元；应缴纳其他资金2748万元；应调账处理金额294855万元，已调账143425万元；核减投资额25899万元；移送处理事项17件。审计提出建议752条；提交审计信息35篇。

国家重大政策措施落实情况跟踪审计 市县两级审计机关对贯彻落实国家重大政策措施情况进行跟踪审计，抽查单位85个、项目160个，发现问题12个，涉及金额100536.62万元。通过审计发现某县区新增一般债券用于非公益性资本支出、部分农村土地承包经营权确权登记颁证资金未按规定使用、不符合规定的对象领取低保待遇等问题。

财政审计 对12个单位开展预算执行情况审计，查出主要问题金额359833万元。北海市审计局实施的2016年度市本级预算执行和其他财政收支审计项目，查出主要问题金额221511.39万元，发现部分预算单位未及时申请用款、资金未拨到相关项目、预算单位项目资金执行率低、部分财政资金使用进度缓慢、县区农村土地承包经营权确权登记颁证专项资金使用管理不规范等问题。

经济责任审计 市县两级审计机关对31个单位的领导干部开展经济责任审计，查出问题金额99984万元。在对某卫生单位领导干部经济责任审计项目中，发现弄虚作假套取资金用于招生奖励和送礼、接待费开支失控、超标准列支接待费、非税收入和代扣代缴个人所得税未按规定上缴、未严格执行医疗项目收费标准、工程建设管理不规范等问题。开展某县领导干部自然资源资产离任审计试点，通过审计发现矿产和林业资源开发利用规划编制不完善不科学、禁采区内发放采矿许可证、存在非法采矿非法占用河道河岸非法砍伐林木现象、临时用海审查不严、出台矿产资源补偿费制度不符合国家政策规定、未按计划完成植树造林任务、未及时足额收取矿山地质环境恢复保证金、自然资源专项收入及罚款未及时缴入国库、日常经费占用专项资金等问题。

固定资产投资审计 市县两级审计机关审计政府投资项目建设单位 188 个，项目投资额 241387 万元，核减投资额（工程款）25899 万元。对北海大道风貌整治工程的项目竣工决算审计，查出主要问题金额 2231.45 万元。

民生资金（项目）审计 实施全市新型农村合作医疗基金审计，查出主要问题金额 10001.89 万元，发现未实现应保尽保，相关医疗保险制度未执行，违规多收取诊疗项目费用，参保对象重复参保、重复享受待遇，定点医疗机构骗取新农合资金、违规多获得新农合补偿资金、扩大范围支出新农合基金等问题。

其他审计项目 各级审计机关对 12 个单位管理的专项资金进行审计，审计专项资金总额 8454367 万元，查出主要问题金额 284756 万元。审计中综合运用查账分析与入户调查相结合的方式，沿着资金流向追踪到底，促进专项资金安全高效使用。

（撰稿人：覃　婷）

【防城港市审计局】 2017 年，防城港市审计局人员编制 28 人，实有 25 人。局长黄日忠，副局长李毓森、池权锋、凌荣，经济责任审计分局局长李忆文。设有办公室、法规科、财政和社保审计科、行政事业审计科、农业环保和企业审计科、经济责任审计分局（经济责任审计中心）、固定资产投资审计科（政府投资审计中心）。

审计成果 2017 年，防城港市县两级审计机关完成审计和专项审计调查项目 294 个。查出主要问题金额 152162 万元；出具审计报告和专项审计调查报告 293 篇。审计作出处理应上缴财政 7219 万元，已上缴 4869 万元；应减少财政拨款或补贴 16656 万元，已减少 4685 万元；应归还原渠道资金 107667 万元，已归还 3093 万元；应缴纳其他资金 2995 万元，已缴纳其他资金 465 万元；应调账处理金额 14279 万元，已调账处理 3966 万元；核减投资额 7012 万元；审计后挽回（避免）损失 3934 万元。审计提出建议 485 条。

财政审计 对 5 个单位的预算执行情况进行审计，查出主要问题金额 121014 万元。防城港市审计局实施的市财政局 2016 年度市本级预算执行和其他财政收支情况的审计，查出主要问题金额 25839 万元，发现部分单位财政存量资金重新安排支付不及时、部分政府性基金预算超支挂账、部分预算单位从零余额账户将财政资金转入单位实有资金银行账户、部分使用新增债券项目款项预算执行不到位等问题。市县两级审计机关对 18 个行政事业单位进行财务收支审计，查出主要问题金额 12580 万元。首次在市人大常委会上就审计发现问题作专题整改报告，受到市人大常委的充分肯定。

经济责任审计 市县两级审计机关对 17 个单位的领导干部开展经济责任审计，查出问题金额 13282 万元，其中违规金额 219 万元、损失浪费金额 4 万元、管理不规范金额 13058 万元。发现挤占挪用资金、违规发放节假日值班补助、未按规定批复所属二层单位预算、部分内控制度关键控制点不完善等问题。开展防城区委副书记区长、防城区大菉镇原镇长、上思县叫安镇党委副书记镇长任职期间自然资源资产管理责任及生态环境保护责任履行情况审计，其中防城区审计局和上思县审计局是首次开展领导干部自然资源资产离任审计。首次运用“巡察＋审计”相结合方式，将市人力资源和社会保障局、旅游发展委员会、综合执法局 3 个部门的经济责任审计项目与市委巡察工作同步进行，向市本级审计对象印发《领导干部经济责任审计告知书》。

固定资产投资审计 市县两级审计机关审计政府投资项目建设单位 264 个，项目投资额 26833 万元，核减投资额（工程款）7012 万元。防城港市审计局完成的市防城江西岸堤防工程，项目送审工程结算价款合计 624.78 万元，审定核定工程结算价款 587.33 万元，审计核减金额 37.45 万元。

民生资金（项目）审计 在防城区 2014 年至 2016 年扶贫政策措施落实和扶贫资金分配管理使用情况审计中，查出问题 16 个，查出问题金额 2757.98 万元。通过揭示扶贫政策措施落实和扶贫资金分配管理使用中存在的问题，促使有关部门强化责任意识、改进管理、促进惠民政策落到实处。

（撰稿人：邓英俊）

【钦州市审计局】 2017年，钦州市审计局人员编制30人，实有23人。局长张日辉，副局长陈洪珊、谭灵坚、郑康，纪检组长张梅（—1月）。设有办公室、法规综合科、财税审计科、行政事业审计科、企业审计科、农业与资源环境审计科、社会保障审计科、经济责任审计分局、金融外资审计科；下设钦州市公共投资审计中心、钦州市经济责任审计办公室等2个事业单位。

审计成果 2017年，钦州市县两级审计机关完成审计项目205个。查出主要问题金额368316万元；出具审计报告和专项审计调查报告191篇。审计作出处理应上缴财政35436万元、应归还原渠道资金2722万元、应调账处理金额21732万元；已上缴财政29262万元、已归还原渠道资金141万元、已调账处理金额1763万元；核减投资额22267万元；移送处理事项3件。

财政审计 对19个单位开展预算执行情况审计，查出主要问题金额268887万元。钦州市审计局实施的市本级2016年度预算执行和其他财政收支情况审计项目，查出主要问题金额154024.06万元，发现支出预算未按规定分类编列、未及时足额收缴预算收入、未及时清理往来款项、部分单位向非最终收款方拨付资金等问题。市县两级审计机关对30个行政事业单位进行财务收支审计，查出主要问题金额46109万元。钦州市审计局实施的钦北水利电力管理处2013年1月至2015年12月财务收支情况审计项目，查出主要问题金额782.83万元，发现违规集资建设白石电站、违规发放津贴补贴和奖金、违规使用非公务车辆报销车辆费用、违规支付职工旅游费用、费用支出审批不规范、长期借款未按规定清理并归还等问题。

经济责任审计 市县两级审计机关对31个单位的35名领导干部进行经济责任审计，查出问题金额20615万元，其中违规金额939万元、管理不规范金额19646万元。钦州市审计局实施的钦州市民政局局长任期经济责任审计项目，查出问题金额1019.80万元，发现用专项资金购买办公用具、违规发放津补贴、应缴未缴财政专户款等问题。

民生资金（项目）审计 钦州市审计局实施市本级2013年至2016年新型农村合作医疗基金筹集管理和使用情况审计项目，发现主要问题金额32670.08万元，查出大病保险费未按规定专账管理和单独核算、未按规定比例计提大病保险保费保障基金、对定点医疗机构审核标准及报销流程设置不严、未按规定对住院重点项目实行审核监测、部门间衔接机制存在缺陷造成系统结算数与实际报销数不符等问题。实施的钦北区2016年保障性安居工程跟踪审计项目，查出问题金额178.05万元，发现农村危房改造工作经费未拨付到位、不符合规定申领使用农村危房改造补助资金、部分项目未办理竣工验收备案、重复申报并领取农村危房改造财政补助资金、批准不符合条件人员取得农村危房改造资格等问题。

（撰稿人：陈静巧）

【贵港市审计局】 2017年，贵港市审计局人员编制46人，实有40人。局长杨伟明，副局长伍勤、彭毅云，总审计师潘家秩（2月—），纪检组长王斌（6月—）。设有办公室、财政金融审计科、行政事业审计科、社保与资源环境审计科、经济责任审计局、固定资产投资审计科、法规科、计算机信息科等8个内设机构；下设公共投资审计中心（事业单位）。

审计成果 2017年，贵港市县两级审计机关完成审计和专项审计调查项目1311个。查出主要问题金额267901万元，其中违规金额3960万元、管理不规范金额263941万元；出具审计报告和专项审计调查报告1330篇。审计作出处理应上缴财政7146万元、应减少财政拨款或补贴25359万元、应归还原渠道资金1099万元、应调账处理金额7701万元；已上缴财政40万元、已归还原渠道资金774万元、已调账处理金额2915万元；核减投资额25359万元；审计后挽回（避免）损失30466万元。提交审计信息64篇。

财政审计 对9个单位开展预算执行情况审计，查出主要问题金额233124万元，审计发现结转资金支出进度较慢、未及时上缴非税收入、经费支出不够合规、未按预算指标用途列支等问题。

经济责任审计 市县两级审计机关对26个单位的27名领导干部实施经济责任审计，查出问题金额18253万元，其中违规金额86万元、管理不规范金额18166万元。开展领导干部自然资源资产离任审计。结合经济责任审计，对29个行政事业单位进行财务收支审计，查出主要问题金额26582万元，发现执行重大经济事项集体决策制度不够到位、未按规定执行政府采购、应缴未缴非税收入并坐支、个人超标准报销电话费、违规报销非公务车辆费用、超范围支出工作经费等问题。推进领导干部经济责任审计全覆盖，保证重点部门单位、重点岗位领导干部在一个任期内至少接受一次经济责任审计。

固定资产投资审计 市县两级审计机关审计政府投资项目建设单位1260个，核减投资额（工程款）25359万元。贵港市审计局实施的市中医医院门诊住院综合楼工程竣工结算审计项目，送审造价4571.55万元，审定造价4286.31万元，审减285.24万元。

民生资金（项目）审计 对保障性安居工程进行跟踪审计，揭示安居工程资金使用和管理不严格、资金闲置、廉租住房租赁补贴资金结余较大等突出问题，移送司法机关、纪检监察部门处理事项4件。贵港市审计局实施的平南县保障性安居工程跟踪审计项目，查出主要问题金额5592.33万元，发现大额贷款未及时使用、超范围分配使用保障性安居工程财政资金、未按规定对保障性安居工程租金收入实行"收支两条线"管理；违规向保障性安居工程项目收取应减免的行政事业性收费和政府性基金、个别棚户区改造落实不到位、部分不符合条件家庭违规享受住房保障待遇等问题。对平南县扶贫政策措施落实和扶贫资金分配管理使用情况的审计，查出主要问题金额2969.25万元，发现部分人员不符合建档立卡标准、超标准超范围向不符合条件对象安排或发放扶贫信贷、扶贫小额信贷资金未用于贫困户的自我发展、未按规定建立扶贫项目库、项目实施与计划下达不相符、村屯绿化项目未按规定选择示范村屯、个别工程项目未能实现预期效果、部分扶贫项目前期调研不足、未能充分发挥效益等问题。

（撰稿人：李银萍）

【玉林市审计局】 2017年，玉林市审计局人员编制44人，实有41人。局长李克，副局长王熙、劳林灵、陈任诗，总审计师梁武波，经济责任审计分局局长曾敏。设有秘书科、法规科、财政税务审计科、行政事业审计科、综合经济审计科、社会保障审计科、固定资产投资审计科、经济责任审计分局、资源环境审计科、数据审计科；下设政府投资审计办公室。6月起撤销派驻市审计局纪检组和监察室，改由市纪委派驻市财政局综合监督。

审计成果 2017年，玉林市县两级审计机关完成审计和专项审计调查项目307个。查出主要问题金额1748752万元，其中违规金额182077万元、管理不规范金额1566663万元。审计作出处理应上缴财政98553万元、应减少财政拨款或补贴9379万元、应归还原渠道资金101948万元、应调账处理金额20840万元；已上缴财政2385万元、已归还原渠道资金207万元、已调账处理金额3499万元；核减投资额19159万元；挽回（避免）损失33578万元；移送处理事项1件。提交审计信息27篇。

玉林市第一人民医院院长经济责任审计项目，被自治区审计厅评为优秀审计项目三等奖。

财政审计 对12个单位开展预算执行情况审计，查出主要问题金额839485万元，追缴入库19543.32万元，促进制定完善规章制度15项。首次就财政审计查出的突出问题整改情况向市人大常委会作专题报告。

经济责任审计 市县两级审计机关对41个单位的42名领导干部实施经济责任审计，查出问题金额602459万元，其中违规金额1757万元、管理不规范金额600702万元，移送案件线索4件，涉及金额1061万元。玉林市审计局对中医医院院长开展任期经济责任审计，发现存在医院违规多收费、检验试剂未集中采购、违规发放奖金、违规购买银行理财产品、多计医疗成本等问题。市县两级审计机关开展自然资源资产审计项目8个，查出主要问题52个，问题金额215.42万元，提出审计意见和建议26条。玉林市审计局开展兴业县领导干部自然资源资产审计，并组织各县（市、区）审计局探索开展独立型的乡镇领导干部自然资源资产审计。

固定资产投资审计 市县两级审计机关审计政府投资项目建设单位219个，审计项目投资额408157万元，核减投资额（工程款）18448万元，向项目主管部门、财政部门移送案件线索11件，12个单位和1人受到主管部门的处理。开展招投标专项审计，将某投资平台公司2016年度招标（采购）20个项目合计32个标段，作为一个审计项目整体进行审计，发现有2个项目存在投标人相互串通投标现象，7个标段的评标委员会成员未按招标文件规定的评标标准和方法进行评标打分。

民生资金（项目）审计 玉林市审计局开展保障性安居工程跟踪审计，发现部分2013年底前已开工的项目截至2016年底仍未建成，安居工程资金使用方面存在闲置问题，部分保障房项目未依法履行基本建设程序即开工建设，部分已基本建成的项目未办理竣工验收备案，部分已建成保障性住房长期空置，存在违规享受城镇住房保障、违规享受农村危房改造补助等问题。

农业与资源环保审计 玉林市审计局对陆川县、博白县粤桂九洲江流域水污染治理项目进行跟踪审计，发现存在未按规定履行基本建设程序、未按规定使用专项资金、部分治理工作进展缓慢、污水处理量占设计处理量比例偏低、未结合实际情况及时修改治理标准导致实际治理标准与方案不一致、治理项目工程资金支出手续不完备等问题。

（撰稿人：梁　毅）

【百色市审计局】 2017年，百色市审计局人员编制48人，实有47人。局长黄武能，副局长潘秋玲、黄彧、蔡伯伦，总审计师黄受飞，纪检组长唐毓汉（—7月）。设有办公室、财政金融审计科、法规科、行政事业审计科、农业与资源环保审计科、社会保障审计科、经贸审计科、固定资产投资审计科、经济责任审计科；下设政府投资审计办公室、经济责任审计分局2个事业单位。

审计成果 2017年，百色市县两级审计机关完成审计和专项审计调查项目140个。查出主要问题金额802053万元，其中违规金额57200万元、损失浪费金额426万元、管理不规范金额744425万元；出具审计报告和专项审计调查报告181篇。审计作出处理应上缴财政38636万元、应减少财政拨款或补贴18649万元、应归还原渠道资金2008万元、应调账处理金额59082万元；已上缴财政13023万元、已减少财政拨款或补贴18600万元、已归还原渠道资金397万元、已缴纳其他资金91万元、已调账处理金额913万元；移送处理事项3件。提交审计信息41篇。

国家重大政策措施落实情况跟踪审计 对保障性安居工程、财政资金信息化管理、农村金融改革、教育精准扶贫、农村土地承包经营权确权、降低实体经济企业成本、房地产去库存等10项政策措施的落实情况进行跟踪审计。抽查131个部门及单位，涉及项目83个、财政资金124.76亿元。审计发现违规向非建档立卡贫困农户发放扶贫补助、行业协会和中介组织与行政职能部门脱钩工作推进缓慢、退耕还林还草资金未及时安排使用、土地确权工作进度缓慢导致确权资金结余大、对困难群体参保财政资助不到位等问题46个。

财政审计 对22个单位开展预算执行情况审计，查出主要问题金额477017万元。其中，百色市审计局审计实施的市本级2016年度财政预算执行和其他财政审计，发现部分企业应缴未缴印花税、预算执行部门未全额上缴非税收入、应拨未拨专项资金1.70亿元以及预算单位将预算资金从国库零余额账户转入本单位账户使用、收入混库等问题。针对审计发现的问题，代拟《百色市与右江区财政体制管理暂行办法》，供市财税、人民银行等部门适时调整完善市、区两级财政管理体制时参考。组织市县区审计机关对市人民政府驻北京、上海、广州、南宁办事机构的2013年至2016年财务收支进行审计，查出个别机构存在隐瞒和坐支租金收入、违规发放津补贴、财务管理不规范等问题，涉及金额708万元。

经济责任审计 市县两级审计机关对44个单位的46名领导干部进行经济责任审计，查出主要问题金额137842万元，其中违规金额14741万元、损失浪费金额13万元、管理不规范金额123087万元。百色市审计局对某金融集团领导人进行经济责任审计，发现该金融集团因经营不善或违规经营形成财务风险，因合作方经营状况恶化面临着资产保全风险，因公司拨备不足抗风险能力被弱化，因审核把关不严造成的风险防控措施落空，风险金额达 15 亿元。审计针对发现的问题，提出化解风险、控制损失的建议。百色市审计局开展 1 个县委书记、县长的自然资源资产离任审计，审计中结合土地资源、矿产资源专项审计调查，与广西地理信息测绘院合作，对地理数据进行采集、运算、分析，从而获取审计相关的佐证材料，厘清自然资源资产管理和生态环境保护状况、目标完成情况，查出在自然资源资产开发利用和生态环境保护相关资金和项目管理情况等方面存在的问题。

固定资产投资审计 市县两级审计机关审计政府投资项目建设单位 22 个，项目投资额 49827 万元，核减投资额（工程款）7272 万元。审计发现在政府投资领域中存在工程造价高估冒算、超概算超合同价，项目建设程序不规范，工程前期服务准备不充分等问题。百色市审计局实施的百色市体育中心一期工程竣工决算审计项目，业主单位决算送审金额 21609 万元，超出合同价 8240 万元，审计核定竣工结算金额 16844 万元，核减工程造价 4765 万元。

民生资金（项目）审计 市县两级审计机关完成 12 个县（市、区）城镇保障性安居工程跟踪审计项目，查出主要问题金额 25249 万元，揭示出安居工程基本建成和分配任务未完成、工程项目未依法履行招投标程序、保障房分配入住和管理不到位、违规发放农村危房改造资金等问题。对审计中发现的个别村干部克扣、截留农村危房改造资金的问题线索，依法移送纪检监察机关。

其他审计项目 市县两级审计机关对 24 个单位管理的专项资金进行审计，审计专项资金总额 171237 万元，查出主要问题金额 38516 万元。百色市审计局针对城镇化推进中的热点问题，实施百东新区征地拆迁专项资金管理使用情况审计，发现多付补偿款、违规发放征地奖励、征地拆迁工作管理不规范等问题。（撰稿人：陆青松）

【贺州市审计局】 2017 年，贺州市审计局人员编制 47 人，实有 44 人。局长古培林，副局长李红征、黄自珍、张平（7 月—），总审计师吴荣林。设有办公室（监察室）、法规科、企业审计科、财政金融审计科、行政事业单位审计科、固定资产投资科、社保审计科、经济责任审计分局、政府投资审计中心以及审计信息管理中心。

审计成果 2017 年，贺州市县两级审计机关开展审计和专项审计调查项目 444 个。查出主要问题金额 562018 万元、违规金额 910 万元、管理不规范金额 561090 万元；出具审计报告和专项审计调查报告 387 篇。审计处理处罚应上缴财政 6279 万元，已上缴 185 万元；应减少财政拨款或补贴 1903 万元，已减少 604 万元；应归还原渠道资金 33104 万元，已归还 17 万元；应缴纳其他资金 359 万元；应调账处理金额 217735 万元；核减投资额 4755 万元。审计提出建议 187 条；提交审计信息 1 篇。

国家重大政策措施落实情况跟踪审计 全市完成政策落实跟踪审计项目 1 个。审计发现重大项目建设推进慢、部分财政资金闲置和项目资金支出进度慢等问题，跟踪审计的相关做法在全区审计机关财政审计经验交流会上作经验介绍。

财政审计 对 29 个单位开展预算执行情况审计，查出主要问题金额 224563 万元。其中贺州市审计局实施的 2016 年度贺州市本级预算执行及其他财政收支情况审计，发现部分预算单位“三公”经费实际支出未实现零增长、使用财政专项资金不规范并且使用进度缓慢等问题。

经济责任审计 市县两级审计机关对 41 个单位的 41 名领导干部进行经济责任审计，查出主要问题金额 20343 万元，其中违规金额 325 万元、损失浪费金额 27 万元、管理不规范金额 19990 万元。贺州市审计局实施的市交警支队支队长任中经济责任审计中，发现财务核算不够科学、费用支出审批程序不够规范、政企脱钩工作不彻底等问题。开展领导干部自然资源资产离任审计项目，首次利用地理信息系统辅助实施，通过采集矿产资源方面的数据和影像资料，运用 GIS 信息系统进行图斑对比分析，检查矿产资源开采过程是否存在违法违规。

固定资产投资审计 市县两级审计机关审计政府投资项目建设单位 342 个，项目投资额 35878 万元，核减投资额 4755 万元。在市政道路审计中，聘请第三方勘察公司对路基回填、路面厚度等进行抽芯，核实相关数据，取得良好的效果；利用百度地图、谷歌地图、腾讯地图等软件和无人机辅助测绘，提高投资审计工作效率。

民生资金（项目）审计 对新型农村合作医疗基金开展专项审计，查出主要问题金额2712万元。对发现的重大问题线索，及时协调市公安部门提前介入，联合办案，破解审计手段不足难题，共移送伪造住院发票、费用清单，虚构药品采购等手段骗取新农村医疗基金问题线索6件，涉及金额达1200多万元。

企业审计 贺州市审计局对灵贺投资开发有限公司2016年资产负债损益情况进行审计，查出主要问题金额41336万元，发现该企业在经营决策、财务管理等方面存在的问题。相关做法在自治区企业审计培训班暨经验交流会上作交流发言。

（撰稿人：练　军）

【河池市审计局】 2017年，河池市审计局人员编制36人，实有31人。局长乔彩荣，副局长黄汉龙、蒙红宁，总审计师覃慧琴。设有办公室、法规科、财政金融审计科、行政事业审计科、社会保障审计科、企业与外资运用审计科、农业与资源环保审计科、固定资产投资审计科、经济责任审计分局、计算机审计与信息管理办公室、河池市政府投资审计中心。

审计成果 2017年，河池市县两级审计机关完成审计和专项审计调查项目568个。查出主要问题金额573771万元；出具审计报告和专项审计调查报告601篇。审计处理应上缴财政67533万元，已上缴38353万元；应减少财政拨款或补贴23627万元，已减少3367万元；应归还原渠道资金118954万元，已归还44738万元；应缴纳其他资金15337万元，已缴纳590万元；应调账处理金额184091万元，已调账3994万元；核减投资额21661万元；审计后挽回（避免）损失57290万元；移送处理事项2件，移送处理金额46万元。审计提出建议578条；提交审计信息72篇。

国家重大政策措施落实情况跟踪审计 按照审计署、自治区审计厅的部署要求，开展重大政策措施落实情况跟踪审计，全年组织实施对市本级8个部门单位和11个县（区）2个方面138个项目的跟踪审计，发现问题85个，对审计发现的问题提出建设性建议，促进问题整改。

财政审计 市县两级对36个单位开展预算执行情况审计，查出主要问题金额438110万元。河池市审计局实施的广西现代职业技术学院2016年预算执行和其他财政收支情况审计项目，查出主要问题金额68.30万元；发现虚列支出、在往来账中列支费用、公款列支部分职工电话费、用公款购买烟花爆竹、公务接待手续不完善、公务机票购买手续不完善等问题。

经济责任审计 市县两级审计机关对23个单位的23名领导干部实施经济责任审计，查出问题金额213980万元，其中违规金额114925万元、损失浪费金额6万元、管理不规范金额99047万元。河池市审计局实施的环江毛南族自治县县长自然资源资产责任审计，查出问题金额4036.78万元。审计发现土地招拍挂违规设定影响竞争的限制条件，以协议方式供应商用土地；未批先征用土地和未批先占用土地，未经批准把工业用地变更为商业用地；在未按合同约定按时足额缴纳土地出让金和相关税费的条件下，违规办理土地使用权证；违规减免土地出让收入和“先征后返”土地出让金；虚报冒领林业专项资金；违规出租国有林场资产；关闭矿山地质环境恢复治理未实施等问题。

固定资产投资审计 市县两级审计机关审计政府投资项目建设单位469个，项目投资额94383万元，核减投资额（工程款）21620万元，查出主要问题金额9325万元。河池市审计局实施的河池市中医医院综合大楼竣工结算审计项目，查出主要问题金额3273.35万元，发现管理不到位造成增加投资、决策不及时造成投资增加；工程费用超概算，多计结算造价等问题。

企业审计 2017年市本级完成对河池市城市投资建设发展有限公司2016年度业绩经营情况等4个项目的审计。对河池市城市投资建设发展有限公司2016年度业绩经营情况进行审计。经审计，河池市城投公司2016年度经营业绩总体完成情况良好，个别项目考核指标未客观真实申报，申报目标值与实际完成任务值差距较大。对审计指出的问题，河池市城市投资建设发展有限公司积极组织进行整改。

民生资金（项目）审计 完成全市11个县（区）和自治区审计厅统一组织的来宾市保障性安居工程跟踪审计，向纪检监察和相关部门移交案件线索5件，移送处理人员11人，被党政处分或追究责任人数4人，审计促进整改落实有关问题金额7267.23万元。对河池市2016年保障性安居工程及配套基础设施的计划、投资、建设、分配、运营等情况进行审计。审计核查资金45005万元，发现农村危房改造领域重大违法违纪和经济犯罪线索5件，移送处理人员11人，被党政处分或追究责任人数4人。审计促进整改落实有关问题金额7267.23万元。（撰稿人：杨 素）

【来宾市审计局】 2017年，来宾市审计局人员编制25人，实有23人。局长韦祖乾，副局长覃敬钧、钟世权，总审计师覃锦平，纪检组长陆春庆（—7月），调研员吴运生。设有办公室、法规科、财政金融审计科、行政事业审计科、固定资产投资审计科、农业与资源环保审计科、经贸审计科和经济责任审计分局；下设经济责任审计中心、政府投资审计中心2个事业单位。

审计成果 2017年，来宾市县两级审计机关完成审计和专项审计调查项目530个。查出主要问题金额213822万元，其中违规金额4298万元、管理不规范金额209524万元；出具审计报告和专项审计调查报告522篇。审计处理决定应上缴财政2077万元；应减少财政补贴或拨款30212万元，已减少7700万元；应归还原渠道资金3690万元，已归还原渠道资金2万元；应调账处理金额110693万元；核减投资额55726万元；挽回（避免）损失2万元；移送处理事项4件。审计提出建议659条。

财政审计 对8个单位开展预算执行情况审计，查出主要问题金额44827万元。来宾市审计局实施市本级预算执行和其他财政收支情况审计，查出部分预算项目资金支出执行缓慢、应收未收滞留专项财政资金、不按规定扣缴个人住房公积金、项目工程未按规定进行竣工财务决算、违规从零余额账户领取现金转存入基本户等问题；在对象州县人民政府2015—2016年度财政决算和其他财政收支情况的审计中，发现部分预算项目资金支出执行缓慢、部分财政预算执行单位未严格执行公务卡结算制度等问题。

经济责任审计 市县两级审计机关对19个单位的24名领导干部实施经济责任审计，查出问题金额9760万元。发现违规使用项目管理费和专项资金，违规发放加班费、奖金、劳务费、评审费共计57.43万元等违反中央八项规定精神的问题。

固定资产投资审计 市县两级审计机关审计政府投资项目建设单位483个，审计项目投资额79072万元，核减投资额55726万元，查出主要问题金额46070万元。对审计发现的结算不实等问题，作出审计决定，责令建设单位整改；对审计发现的违纪违法、损失浪费等问题线索，移送有关部门处理。

民生资金（项目）审计 开展安居工程审计，查出部分已基本建成的住房搁置1年以上未交付使用、专项资金未及时安排使用、部分不符合条件的家庭违规享受住房保障待遇。开展新型农村合作医疗基金（含大病保险资金）、医疗保险基金筹集管理和使用情况审计，发现部分困难群众未参加基本医疗保险，部分地方尚未建立并运行职工医保省内异地结算平台，省内跨统筹区就医仍需患者垫付后回参保地手工报销，部分在职工医保、城镇居民医保和新农合等险种间重复参保；部分定点医疗机构扩大范围支出医保基金；医保经办机构拖欠定点机构医保基金结算款等问题。

（撰稿人：苏庆勇）

【崇左市审计局】 2017年，崇左市审计局人员编制41人，实有33人。局长李剑，副局长黄财政、韦青培，总审计师梁敬东，纪检组长许扬鹏（—8月），政府性投资审计办公室主任梁海珠，经济责任审计分局局长黄一航。设有办公室、法规科、财政金融审计科、行政事业审计科、社会保障审计科、企业审计科、固定资产投资审计科；下设崇左市政府性投资审计办公室、经济责任审计分局。

审计成果 2017年，崇左市县两级审计机关完成审计和专项审计调查项目105个。查出主要问题金额314582万元，其中违规金额37699万元、管理不规范金额276883万元。出具审计报告和专项审计调查报告105篇。审计处理决定应上缴财政19902万元，已上缴13743万元；应减少财政补贴或拨款 186 万元；应归还原渠道资金 20269 万元，已归还 86 万元；应调账处理金额 16100 万元，已调账处理金额 1 万元；核减投资额 4791 万元；挽回（避免）损失 312 万元；移送处理事项 12 件。审计提出建议 257 条；提交审计信息 100 篇。

财政审计 对 22 个单位开展预算执行情况审计，查出主要问题金额 164958 万元。崇左市审计局实施的崇左市 2016 年度本级财政预算执行情况审计项目，查出主要问题金额 36589.30 万元；向纪检监察机关移送案件线索 1 件。审计发现未按规定使用新增债券资金、部分预算收入不及时上缴国库、将教育收费收入转入国库作调入资金反映、个别企业欠缴税款等问题。崇左市财政局对审计发现问题高度重视，联合市审计局对市本级 10 个行政事业单位所属 47 个二层机构财务管理进行全面检查，关于未按规定使用地方政府债券资金 20000 万元、部分预算收入不及时上缴国库 13502.09 万元的问题已整改完毕。

经济责任审计 市县两级审计机关对 30 个单位的 34 名领导干部实施经济责任审计，查出问题金额 39099 万元，提出审计建议 101 条；下达审计决定书 4 份；向党委、政府提交审计要情和专题调研报告 2 篇；提醒约谈被审计单位领导干部1 人。崇左市审计局实施的市旅游开发投资有限公司原董事长、原总经理任期经济责任审计项目，查出主要问题金额 193.38 万元。审计发现市旅游开发投资有限公司存在未按规定制定本公司重大经济决策议事制度、未及时归还财政资金等 14 个问题，对未经批准决定本级领导人员的薪酬和住房补贴等福利待遇的问题，移送市纪检监察机关立案处理。崇左市审计局实施扶绥县地方党政主要领导干部自然资源资产离任审计，发现违规占用林地、土地；基本农田、林地划定不准确；土地利用总体规划和林业规划、城镇建设规划不衔接；建设用地批而未征，征而未供；未能按期实施土地增减挂钩项目；闲置土地未处理；部分违法用地项目未整改到位；无证采伐林木；部分森林生态公益林管护合同未按规定签订等问题。审计中强化信息技术运用，通过与地理信息测绘部门构建合作关系，聘请自治区测绘局专家提供专业技术支持，将国土、林业部门提取基本数据与收集的区域影像进行叠加分析，使用 ArcGIS（地理信息软件）和人工采集疑似图斑进行判断后实地核实，为资源环境审计提供线索和数据。

固定资产投资审计 完成重大建设项目跟踪审计 2 个，审计发现问题 8 个，查出管理不规范金额 351.32 万元。完成 84 个政府投资审计项目，送审金额 83995.81 万元，审减 5555.86 万元，审减率 6.61%。崇左市审计局实施崇左市体育中心建设工程跟踪审计项目，查出施工进度滞后、主体育场及体育馆未按规定取得施工许可证、未及时清理已完成工程项目往来账款等问题，提出相关审计建议。

民生资金（项目）审计 崇左市审计局完成大新县 2013 年至 2016 年新型农村合作医疗基金筹集、管理和使用情况审计项目，发现部分困难群体未参加新农合、财政对困难群体参合资助不到位、部分乡镇未及时发放“计生两户”参加新农合个人缴费补助资金；未足额报销新农合大病保险合规医疗费用、在新农合和城镇居民医保等险种间重复参保等问题。完成对龙州县保障性安居工程跟踪审计项目，审计发现不及时发放农村危房改造补助、向不符合条件人员发放廉租房租赁补贴、公租房分配管理混乱、公租房分配未严格执行公示制度、违规向国家公职人员发放农村危房改造补助 2 万元、应收未收公共租赁住房租金等问题。

（撰稿人：冯泉利）

2017 年广西壮族自治区所辖区、县(市)级审计工作统计表

金额单位:万元

审计机关	完成审计项目(个)	审计查出主要问题金额	审计处理情况					出具审计报告和审计调查报告(篇)	提出审计建议(条)	提交审计信息(篇)
			审计处理处罚				移送处理事项(件)			
			应上缴财政	应减少财政拨款或补贴	应归还原渠道资金	应调账处理金额				
南宁市										
南宁市本级	112	3008912	56850	1512	46416	329458		62	498	40
兴宁区审计局	6	8896						8	28	
青秀区审计局	23	26097	8473					23	52	
江南区审计局	16	109289						15	28	
西乡塘区审计局	6	149			7			5	10	
良庆区审计局	20	67982	3839		166	1047		21	29	3
邕宁区审计局	8	1781	1550		27	203			39	9
武鸣区审计局	10	411			2	21		9	31	
隆安县审计局	12	14976	217		6660			14	35	
马山县审计局	28	6861					1	27	59	
上林县审计局	13	21100	168		105			13	23	
宾阳县审计局	13	38455						10	23	
横县审计局	20	2377						16		
柳州市										
柳州市本级	86	696912	422460	29777	8323	122278	3	71	147	2
城中区审计局	70	4459	23	687	100	3644		70	113	
鱼峰区审计局	25	5131	1164	106		1181		13	38	
柳南区审计局	95	25212	445	1277		23484		95		
柳北区审计局	8	1738		627		892		8	18	9
柳江区审计局	25	22163	21422	729	6	5	3	25	6	1
柳城县审计局	17	8364	104	2844	2310	3101		16	22	
鹿寨县审计局	93	4316	9	3441				84	101	
融安县审计局	87	4858	545	3995	54	262	1	87	90	
融水苗族自治县审计局	117	26806	49	5868	2050	18788		123	126	
三江侗族自治县审计局	6	134351	970	767	5545	21406	1	3		1

（续表）

审计机关	完成审计项目（个）	审计查出主要问题金额	审计处理情况					出具审计报告和审计调查报告（篇）	提出审计建议（条）	提交审计信息（篇）
			审计处理处罚				移送处理事项（件）			
			应上缴财政	应减少财政拨款或补贴	应归还原渠道资金	应调账处理金额				
桂林市										
桂林市本级	61	226537	17115	1580	9021	10062	3	100	245	8
秀峰区审计局	5							5	34	
叠彩区审计局	9	674	219		415	38		9	1	
象山区审计局	4	77659	149	33	26	77451		6	11	
七星区审计局	5	87						5	14	
雁山区审计局	1	400				400		1		
临桂区审计局	4	82398						4	47	
阳朔县审计局	5	182529	49					5	13	
灵川县审计局	7	175304	63			3		6	39	
全州县审计局	18	69215	10164		53377	103	2	18	4	6
兴安县审计局	8	70257	118		25	176		8	23	
永福县审计局	8	45913			33			8	31	
灌阳县审计局	8	4594	64		739			8	29	
龙胜各族自治县审计局	8	7165						8	35	1
资源县审计局	5	31953	10189			5400		5	19	
平乐县审计局	8	6932	1		79	44		11	28	
荔浦县审计局	7	28343	7072		21271					
恭城瑶族自治县审计局	10	2797	2148		7	638		10	28	1
梧州市										
梧州市本级	44	823814	16025	9894	2222	266700	21	148	171	1
万秀区审计局	3	22160	11		330	21818		4	10	
长洲区审计局	8	8066	13			3680		8	29	
龙圩区审计局	3	57873	15		1	31126		3	16	1
岑溪市审计局	20	124081	24		65591	54790		32	23	
苍梧县审计局	16	58972	17013	942	3			39	54	
藤县审计局	19	55553	4993		15539	2	17	19	66	
蒙山县审计局	9	155259	423			281		325	335	
北海市										
北海市本级	110	629224	11189	23146	259040	264694	17	120	475	10
海城区审计局	55	7829	752	699	275	6029		55	68	

（续表）

审计机关	完成审计项目（个）	审计查出主要问题金额	审计处理情况					出具审计报告和审计调查报告（篇）	提出审计建议（条）	提交审计信息（篇）
			审计处理处罚				移送处理事项（件）			
			应上缴财政	应减少财政拨款或补贴	应归还原渠道资金	应调账处理金额				
银海区审计局	30	6822	5228	805				33	47	
铁山港区审计局	30	25507	468	1186		23853		30	98	
合浦县审计局	18	109269	1248	62	3	197		18	39	18
防城港市										
防城港市本级	57	8803	73	1723	3611	3294		61	116	
港口区审计局	60	2842		879		139		61	169	
防城区审计局	65	106008		1700	103474	378		64	7	
东兴市审计局	52	33560	6960	11822	581	10258	1	47	60	
上思县审计局	60	947	185	529		207		60	127	
钦州市										
钦州市本级	101	240611	10908		2698	17728	10	89	100	166
钦南区审计局	54	9153	631		24	3642	10	50	18	
钦北区审计局	8	31680	1345			114	9	13	40	1
灵山县审计局	14	6462	13			38		12	33	4
浦北县审计局	28	80407	22537			208	2	27	20	2
贵港市										
贵港市本级	115	140906	6678	4745	19		4	122	181	
港北区审计办事处	315	44072	282	1790	138	55	2	315	44	
港南区审计办事处	7	5052			1	5018		9		
覃塘区审计办事处	497	10392	127	2687	414			497	14	
桂平市审计局	158	47631	8	4797	48	2595		161	72	
平南县审计局	219	19846	48	11338	476	31	1	226	236	64
玉林市										
玉林市本级	36	1157443	624	2922	101444	14946	13	39	92	9
玉州区审计局	21	79495	807	466		488		20	24	9
福绵区审计局	23	32902	44	930	21	6		24	38	2
北流市审计局	19	96612	62817	734		4451		25	39	1
容县审计局	45	31296	2108					43	11	
陆川县审计局	125	50603	32097	3145		946		134	146	
博白县审计局	14	278386	54	706	482			20	41	6
兴业县审计局	24	22013		472				11		
百色市										
百色市本级	35	216486	10158	17244	139	350	7	40	105	

（续表）

审计机关	完成审计项目（个）	审计查出主要问题金额	审计处理情况					出具审计报告和审计调查报告（篇）	提出审计建议（条）	提交审计信息（篇）
			审计处理处罚				移送处理事项（件）			
			应上缴财政	应减少财政拨款或补贴	应归还原渠道资金	应调账处理金额				
右江区审计局	7	48492						7	61	24
靖西市审计局	11	6966	9	223	85	18		15	51	2
田阳县审计局	11	59164	224		278		1	14	56	
田东县审计局	15	82893	5926	1146	111	18	4	24	42	
平果县审计局	12	153153	1478		23	57364		18	35	
德保县审计局	4	27521						3	19	10
那坡县审计局	8	142788	2369	35	3	443		13	15	
凌云县审计局	8	4121			1	465		12	18	
乐业县审计局	6	3670	4		60	208		6	19	4
田林县审计局	11	20820	861		1283	41		10	26	
西林县审计局	7	14022	13848		1	172		10	26	
隆林各族自治县审计局	5	21948	3755		17			9	12	1
贺州市										
贺州市本级	46	440967	742	1283	20744	210299		48	80	1
八步区审计局	23	30396	245		12296	3403		17		
平桂管理区审计局	71	41648	54					70	42	
昭平县审计局	45	9798	5228	9	10	4033			16	
钟山县审计局	84	36611	7	610	53			83	13	
富川瑶族自治县审计局	175	2597						169	36	
河池市										
河池市本级	41	347239	51771	3289	111201	170842		41	359	71
金城江区审计局	93	25630	777	16970	7483	137		88	9	
宜州区审计局	60	2014	1827		58	10	2	66	56	
南丹县审计局	123	7801						122		
天峨县审计局	1							40	40	
凤山县审计局	7	2119	726	28	58	1305		7	21	
东兰县审计局	89	2630		1835		792		88		
罗城仫佬族自治县审计局	13	107	37		70			12	2	
环江毛南族自治县审计局	49	147007	9064	1503	30	3504		48	24	

（续表）

审计机关	完成审计项目（个）	审计查出主要问题金额	审计处理情况					出具审计报告和审计调查报告（篇）	提出审计建议（条）	提交审计信息（篇）
			审计处理处罚				移送处理事项（件）			
			应上缴财政	应减少财政拨款或补贴	应归还原渠道资金	应调账处理金额				
巴马瑶族自治县审计局	69	23150	3243		50	6713		66	61	1
都安瑶族自治县审计局	15	16069	85			784		15	6	
大化瑶族自治县审计局	8							8		
来宾市										
来宾市本级	39	24759	34		53	186	1	39	22	
兴宾区审计局	152	127680	1909	22475	653	102115	2	149	164	
合山市审计局	9	1729		37	25	1665		5	22	
忻城县审计局	122							122		
象州县审计局	106	5180		5180				106	451	
武宣县审计局	47	53970	133	2017	2958	6725	1	46		
金秀瑶族自治县审计局	55	501		501				55		
崇左市										
崇左市本级	41	54454	13865		20003		2	41	68	
江州区审计局	9	20645	2352	44	5	15261		9	25	
凭祥市审计局	6	18231	86		6			6	17	24
扶绥县审计局	12	34718	293	52	207	785	4	12	30	
宁明县审计局	4	112641					1	3	5	
龙州县审计局	10	25998			16		1	10	32	
大新县审计局	10	41492	3052		31	54	4	12	34	76
天等县审计局	13	6400	252	88				12	46	

海南省

【海南省审计厅】 2017 年，海南省审计厅人员编制 120 人，实有 125 人。设有办公室、组织人事处（含机关党委、机关工会、老干部工作处、机关团委）、政策法规处（内部审计监督指导处）、财政审计处、金融审计处、行政政法审计处、农业审计处（农垦审计处）、资源环境审计处、教科文卫审计处、社会保障审计处、政府投资审计处、企业审计处、经济责任审计处、电子数据审计处；下设海南省审计科研所。

领导成员

厅　　长：张震华

副 厅 长：林长彬　刘劲松　邓伟强

　　　　　李映红

总审计师：贺庆华

省经济责任审计工作联席会议办公室主任：

　　　　　王生辉

副巡视员：王旭平　周　云

审计成果　2017年，海南省审计机关完成审计项目1029个，专项审计调查项目31个。查出主要问题金额822.64亿元，其中违规金额100.6亿元、损失浪费金额1.7亿元、管理不规范金额720.34亿元；审计发现非金额计量问题2453个；损益（收支）不实金额8932万元；出具审计报告和专项审计调查报告901篇，被批示、采用21篇。审计处理处罚金额183.83亿元，其中应上缴财政7.95亿元、应减少财政拨款或补贴7.65亿元、应归还原渠道资金40.98亿元、应缴纳其他资金16.3亿元、应调账处理金额110.96亿元；移送司法机关、纪检监察机关和有关部门处理事项78件，涉及人员120人，涉及金额14.14亿元。审计促进整改落实有关问题金额52.68亿元；审计后挽回（避免）损失999万元；核减投资额10.21亿元；移送处理落实事项2件。审计提出建议1653条，被采纳1012条；推动被审计单位制定整改措施9项；促进被审计单位制定、完善规章制度172项；提交审计信息346篇，被批示、采用274篇。向社会公告审计结果2篇。

经省审计厅组织评选，有12个审计项目被评为全省优秀（表彰）审计项目，14个审计案例被评为全省优秀技术创新审计案例。

国家重大政策措施落实情况跟踪审计　全省审计机关把促进重大政策措施落实作为围绕中心、服务大局的重中之重，全年有359人参与重大政策措施落实情况审计，抽查单位489个，涉及资金384.71亿元（其中存量资金1.04亿）；抽查项目3503个，涉及项目总投资额84.84亿元（其中涉及中央财政投资额8.06亿元）。审计后促进出台、完善去库存配套政策，建立健全规章制度165项，促进减少商品房待售面积221.79万平方米，调整“多规合一”规划3748公顷，推进保障性住房分配使用160套，追缴税款约1084万元。在“两个暂停”（暂停办理新增商品住宅及产权式酒店用地审批、暂停新建商品住宅项目规划报建审批）政策落实情况跟踪审计中，揭示部分市县政策执行不到位的问题，审计结果被2017年省政府《政府要情》采用，省委书记刘赐贵、省长沈晓明和常务副省长毛超峰均作出重要批示。

财政审计　省审计厅对2016年度省本级预算执行和其他财政收支情况进行审计，重点审计省本级预算执行和决算草案、部门预算执行、重大政策措施落实、扶贫等重点专项资金、生态环境、重大投资项目以及部分国有企业。查出违规金额119.65亿元、损失浪费金额8758.54万元、管理不规范金额105.45亿元，促进增收节支38.88亿元，促进制度完善74项。通过审计发现未及时贯彻落实国务院关于推进财政资金统筹使用的要求；对非税收入监管不到位，部分执收单位存在滞留非税收入、多退费；12个重点产业资金分配使用不及时；因前期准备不充分、批复后工作拖拉等原因，教育支出、农林水事务支出等6个支出科目有2761万元的预算资金当年未支出；地方政府债券33.48亿元未支出等问题。

省审计厅对20个省本级部门单位预算执行情况进行审计，发现13个部门单位存在无预算、超预算、超范围支出，涉及金额229.75万元；4个部门单位支出管理不规范，涉及金额3784.15万元，包括违规发放津补贴违反国库集中支付程序规定支付费用、从备用金账户套取资金用于支付各种费用及个人酬劳等；10个部门单位国有资产存在账实不符、未经财政部门审批出租出借国有资产、国有资产出租收益未足额上缴国库等问题，涉及金额377.11万元。

省审计厅通过对海口市、三亚市等8个市县财政运行风险审计，揭示财政收支不真实的4种情况、部分市县存在隐性赤字风险，违规举债、政府长期支出责任增长过快，企业养老保险收不抵支、重复享受待遇等问题，引起省委、省政府高度重视，出台《关于进一步加强财政管理规范政府和社会资本合作的通知》《关于进一步规范地方政府举债融资行为的通知》，完善政府性债务管理和风险防控机制。

经济责任审计　海南省各级审计机关完成经济责任审计项目166个，涉及领导干部166人（其中党政同责同审28人）；完成领导干部自然资源资产离任审计项目3个，涉及领导干部3人。通过审计，查出各类问题1426个，涉及金额1433958.15万元。在查出的各类问题中，负有直接责任问题82个，涉及金额13972.88万元；负有主管责任问题284个，涉及金额53056.09万元；负有领导责任问题1035个，涉及金额

1353781.77万元；其他问题25个，涉及金额13147.41万元。审计后向司法、纪检监察机关移送事项21件，涉及29人（其中，副厅级干部2人，处级干部9人），涉及金额8174.09万元。

省审计厅以海洋、森林、土地、水等资源环境领域为重点，通过对三亚市、儋州市和海口市秀英区领导干部自然资源资产离任审计试点，揭示违法违规用海、采矿项目和建设项目非法占用林地、耕地保护政策执行不到位、垃圾及污水处理费征收管理不规范等56个问题，涉及资金14879.78万元，涉及土地8845.22公顷、森林2659.91公顷。审计后向相关部门移送事项4件。报告所披露的问题引起各级领导的重视，省政府对《海南省贯彻落实〈领导干部自然资源资产离任审计规定（试行）〉的实施意见》进行专题研究。

固定资产投资审计 省审计厅开展20个重点工程项目审计，审计金额139.25亿元，涉及单位102个，查出问题金额28.73亿元，其中对6个渔港、南海博物馆等9个项目进行跟踪审计。审计发现的主要问题有：5个项目超概算2.8亿元，平均超概率19.35%；6个项目招投标违法，涉及金额7.45亿元；3个项目多报工程造价1.95亿元，核减率为12%；9个项目存在虚构工程造价、不执行合同约定提前支付工程款、代建或监理单位履职不到位、管理不善，管理人员挂靠、违规分包工程等建设管理问题；征地管理部门监管不力造成多支付征地拆迁经费、有的项目历经11年建设仍未竣工并投入使用。

民生资金（项目）审计 通过安排“两不愁、三保障”扶贫政策落实情况、资产收益类扶贫、教育扶贫、生态扶贫移民搬迁等方面的审计项目，开展扶贫资金审计。审计发现存在部分精准扶贫政策措施落实没有完全到位、部分扶贫资金使用不规范、部分扶贫项目绩效不高等问题。每个季度向省委、省政府反馈审计情况，提出建设性意见，得到省委、省政府主要领导高度重视，要求相关部门和各市县及时整改。省委巡视组、省扶贫开发领导小组、国家扶贫督察组肯定并采纳审计成果，省政府办公厅修订完善《关于进一步加强扶贫资金管理意见》。

组织对省本级、海口市和三亚市2015年至2016年6月基本医疗保险基金进行审计，发现大病报销政策执行不到位、少报销患者费用1210.61万元、保险公司3196.81万元未赔付给定点医疗机构、医药价格改革政策执行不严格、未严格执行药品和高值耗材集中采购政策、11家医疗机构违规多收医疗费用、重复参保、海口市和三亚市55058人因重复参保多获得财政缴费补助资金1191万元等问题。经审计督改，有关单位退回医疗机构多收取的医疗费用或重复参保人员获得的财政补助资金，补充安排资金18436.21万元；省卫生计生委对医院违规加价和未按违规加价和未按规定集中采购药品等行为进行通报。

省审计厅对18个市县企业养老保险基金管理使用情况进行审计。审计结果表明：2016年企业养老保险基金收入124.22亿元，支出109.98亿元，当年结余14.24亿元；但如剔除基金收入中的上级补助收入58.9亿元，有14个市县当年收不抵支。审计发现1242人重复享受养老保险待遇、760人超龄参保退休档案涉嫌造假、违规审批退休215人、2724人少发丧葬补助金、60人死亡后仍继续领取养老待遇、多核定视同缴费年限造成多发放养老待遇等问题。

开展保障性安居工程跟踪审计，查出资金统筹管理不合规4.7亿元，个别棚改项目操作不规范造成多付1289.55万元补偿款，应收回城市基础设施配套费1708.97万元未能收回，8086套保障性住房未按期建成，3686套保障性住房不能及时交付使用，656户不符合条件对象违规享受保障性住房和农村危房改造待遇等问题。审计后向省政府呈报的审计结果得到省领导高度重视，批示各市县要按审计要求进行整改，要求省住房城乡建设厅在制度完善、信息共享方面予以加强并指导市县进一步做好安居工程工作。

企业审计 省审计厅结合企业领导干部经济责任审计，对4家国有企业进行资产负债损益相关审计，对1家地方金融机构进行专项审计。发现企业存在广告置换收入不入账、私存私放房产租金收入、改变支出渠道隐瞒公务招待公车购置运行等“三公”经费支出、项目审批监管不力、编制虚假财务数据、违规出借、违规投资等资金管理混乱的问题，投资或者组建公司失败、公司经营亏损等企业投资效益较差的问题，金融机构放贷内部控制执行不力、重程序审核轻实质性审查、违规发放超年龄贷款等风险管控漏洞。

科技经费专项审计调查 省审计厅开展对2013年至2015年省科技厅省级科技专项资金进行审计，审计资金总额1.83亿元。发现审批把关不严，部分科技专项资金涉嫌被套取，2家公司申报的2个省重大科技专项课题与其承担的国家科技支撑计划项目科研成果高度重合，在已申报获得国家科技资金495万元的基础上，又获得省级科技资金1650万元，涉嫌重复申报科技资金；监管不到位，部分科技专项资金支出不实、项目实施进度缓慢；验收不及时、不严格，部分企业虚报和夸大科研成果；436个省级科技计划项目在2015年底前已结束，但未及时组织验收，涉及金额5675万元；10个项目的科研成果存在虚报、夸大、造假问题。经审计督促，省科技厅采取追回不合理开支或结余等资金、终止科技项目、取消违规责任人3年申报省级财政科技计划项目资格、对违规公司通报批评进行约谈等整改措施。

信息化建设 省审计厅紧密围绕“一中心两平台”和审计全覆盖要求推进信息化建设，与各市县政府、省财政厅、省地税局、省社保局等部门单位建立全覆盖的电子数据常态化采集工作机制。把大数据审计作为重要抓手，出台《电子数据审计操作规程》，在扶贫资金、财政运行风险、保障性安居工程、财政预算执行、经济责任审计等87个审计项目中广泛运用大数据审计。在南京审计大学举办两期大数据审计基础班，在省审计科研所举办一期提高班，共培训145人次，提升各市县大数据运用力。

相关工作 按照省委统一部署，全省审计机关深入学习十九大精神，加强党组织建设，开展“两学一做”活动，建立党风责任制，全面从严治党。重点学习贯彻2013年习近平总书记视察海南时的重要讲话精神，开展大研讨大行动活动，通过调研、研讨、深入查摆，查找出审计干部思想保守僵化、人才结构不合理、能力存在短板、作风不实和精神萎靡等5个方面的问题，并认真研究，从审计角度提出破除海南发展体制机制制度性障碍的意见建议，提交研究成果64项，推动思想大解放，改进和完善审计工作。

在海南各级审计机关实施能力素质提升工程，出台能力素质提升工程2017—2020年实施意见、2017年能力素质提升工程实施方案。通过构建培训体系、加强学习研讨等19项措施提高能力素质，突出实战和培训，组织7大类49个培训项目，全省共教育培训3498人次。利用中国审计数字在线网“审计文化书屋”功能和腾讯通，强化在线培训和答疑。审计干部学习能力、依法审计能力、发现问题能力和计算机审计等能力进一步提升。

坚持正确选人用人导向，坚持业绩导向，通过公开选拔、选调、调动和招录具有审计所需专业和职称的年轻干部加强审计力量。审计机关形成干部埋头苦干、组织主动关心的良好氛围和工作格局。推动审计干部解放思想、准确把握“三个区分开来”，加强与被审计单位的沟通，依法审计、文明审计。开展技术创新审计案例评比，调动审计人员运用大数据审计的积极性。

省审计厅获得省直机关全面从严治党考核一等奖；海口市审计局绩效考评获得优秀等次，其“双创”包点的居仁坊社区被评为全国文明单位；三亚市审计局被评为2016—2017年度市直机关先进基层党组织。省审计厅曾盛获得海南青年“五四”奖章，韦萃获得省“三八红旗手”标兵称号。

内部审计 海南全省共建立内部审计机构（不含中央驻琼单位和私营企业）63个，内部审计人员288人，其中专职人员254人。全年完成审计项目1029个，促进增收节支10153万元，经审计建议给予行政处分12人，向司法机关移送案件2件2人。省审计厅加强对内部审计的指导监督，开展全国内部审计“双先”评选推荐工作，推荐的椰树集团被评为全国内部审计先进集体。

（撰稿人：高 原）

【海口市审计局】 2017年，海口市审计局人员编制39人，实有36人。局长冯明，副局长曹德静，总审计师刘桂云，副调研员周勇。设有财政审计处、政府投资审计处、经济责任审计处、行政事业审计处、社会保障审计处、农业资源环保审计处、企业审计处、政策法规处、办公室；下设海口市工程项目审计中心。

审计成果 2017年，海口市区两级审计机关完成审计项目218个。查出问题金额168.21亿元；移送违法违纪案件线索 4 件。核减工程造价 4.65 亿元，发现问题 173 个；提出整改建议 265 条。

国家重大政策措施落实情况跟踪审计 实施为民办实事十大事项跟踪审计调查。关注为民办实事 17 项任务的进展情况，抽查 18 个单位 15 个镇村，指出 5 个项目进展缓慢、工程施工合同不规范等问题，提出审计建议 7 条，推进项目实施。在对海口市 2015—2016 年棚改政府购买服务情况开展审计调查中，发现拆迁劳务公司征收测量数据不准确、购买主体未按规定程序选定拆迁劳务公司等 8 个问题。按省审计厅统一部署，对省道 S302 翁美线海口三仙公路改造项目等 4 个重点项目的推进情况进行审计调查，指出项目进度推进缓慢的原因，提出审计建议。

财政审计 组织开展 2016 年度市本级预算执行审计，揭示财政部门未能及时清理预拨经费结余 129.38 亿元和海口市政府综合债务率超过风险预警水平的问题。以“1＋N”项目形式，开展市园林局等 5 家单位 2016 年度预算执行情况审计及海口市教育费附加和地方教育附加等 3 项专项资金审计，揭示 5 家单位预算编报和执行不严格、财政部门未足额安排教育费附加资金以及教育部门未完成教育费附加支出计划等 12 个问题。

经济责任审计 组织实施 6 个单位 7 名领导干部的经济责任审计，查出违规金额 1097.65 万元，核定领导者应负主管责任金额 2811.71 万元、应负领导责任金额 5187.76 万元，提出审计建议 14 条。组织开展秀英区党政主要负责人自然资源资产离任审计（任中），揭示违规破坏林地采矿面积 253.54 亩、违规占用林地面积 381.11 亩、水环境存在面源污染源、农村饮用水合格率较低等突出问题 13 个，审计提出处理意见 23 条，提出审计建议 4 条，并将查出的违规占用公益林地行为不力问题线索移送市纪委。

固定资产投资审计 对 78 个政府投资项目建设程序、工程进度、工程量和工程造价实施全过程跟踪审计，全年出具阶段性报告 33 份，发现问题 571 个，出具整改建议函 217 份，审计建议被审计单位采纳 465 个。完成市政府交办结算审计项目 194 个，关注工程造价的真实性，揭示部分项目存在超计划投资以及虚报冒领现象，送审金额 35.2 亿元，审定金额 29.8 亿元，核减金额 4.65 亿元。

民生资金（项目）审计 组织开展保障性安居工程跟踪审计，发现棚户区改造多计多付补偿款、不符合条件对象享受住房保障资格、危房改造资格等 16 个问题。对国家基本药物制度专项补助资金和国家基本公共卫生服务补助资金开展专项审计，揭示海口市各社区卫生服务站（中心）虚报冒领财政资金等 3 个问题。在扶贫资金专项审计调查中发现贫困户识别不精准，违规享受财政扶贫资金，部分区教育部门错发、漏发及未足额发放教育扶学补助资金等 15 个问题。

企业审计 开展对市属国企“三公”经费开支情况的专项审计调查，抽查 33 家国有企业，发现部分企业公款吃喝现象依然存在、公务接待费开支和发票报销手续不完善等问题，3 起涉嫌公款吃喝等违纪问题移送纪检部门。开展城市建设投资有限公司 2016 年资产负债损益情况审计。

（撰稿人：黎鹏霄）

【三亚市审计局】 2017 年，三亚市审计局人员编制 36 人，实有 34 人。局长吴海峰（—3 月）、唐彪（3 月—），副局长麦军（—1 月）、廖沙、陈运球（1 月—）、陈浩洁（7 月—），总审计师汪祥山，经济责任审计室主任杨明宝。设有办公室、行政事业审计科、财政审计科、企业审计科、农业与资源环保审计科、经济责任审计室、固定资产投资审计科、法规一科、法规二科等 9 个职能科室；下设政府投资审计中心（事业单位，编制 18 人，实有 16 人）。

审计成果 2017 年，三亚市审计局完成审计项目 94 个。审计查出主要问题金额 101.74 亿元，其中违规金额 4.76 亿元、损失浪费金额 0.1 亿元、管理不规范金额 96.88 亿元；审计发现非金额计量问题 108 个；出具审计报告和专项审计调查报告 100 篇。审计处理处罚金额 2.92 亿元，其中应减少财政拨款或补贴 1.17 亿元、应归还原渠道资金 1.05 亿元、应缴纳其他资金 0.04 亿元、应调账处理金额 0.66 亿元；移送司法、纪检监察机关和有关部门处理事项 5 件。审计促进增收节支 1.2 亿元，其中已减少财政拨款或补贴 1.15 亿元。审计提出建议 58 条；提交审计信息 27 篇。

财政审计 完成财政审计项目5个。在三亚市本级财政预算执行和其他财政收支情况审计中，揭露出部分预算单位部分财政资金未能按预算年度执行，156个预算单位未及时上缴财政收入0.1亿元，多个单位应征未征（应收未收）财政收入2亿元等问题。在税收审计中，查出未及时征收2523户企业和个人欠缴税款1.3亿元；为完成税收任务，提前征收土地增值税等2.6亿元等问题。

经济责任审计 完成经济责任审计项目5个。通过审计，查出主要问题金额5.14亿元，其中应负领导责任金额3.13亿元、应负主管责任金额2.01亿元，为党委全面考察、正确使用干部提供参考依据。

固定资产投资审计 实施公共投资审计项目81个，完成送审金额5.58亿元，审减金额1.19亿元。三亚市审计局不断强化投资审计力度，重点关注建设项目中的管理性、苗头性问题，提出审计建议，促进建设单位和建设项目规范管理。

民生资金（项目）审计 开展民生相关专项资金审计项目3个，揭示扶贫资金支出不及时、违规使用扶贫工作经费支付聘用扶贫专干工资及村级扶贫专干补助等扶贫领域的问题，以及住宅专项维修资金管理使用不规范等问题。

相关工作 完成市委、市政府交办清算、审核等重大审计业务相关任务6项，审计金额109.86亿元。以服务中心工作为目标，完成半山半岛鹿回头社区拆迁安置补偿审核、金鸡岭水城路片区及四组片区项目征地拆迁安置补偿资金审核、崖州湾壹号项目回购成本、临春土地合作开发项目成本审核、半岭温泉诉讼案件、企业垫付政府项目资金的核算等工作。（撰稿人：羊建权）

【儋州市审计局】 2017年，儋州市审计局行政编制19人，工勤编制2人；实有公务员19人，工勤2人。局长金德辉（—10月）、王平（10月—），副局长谭必丹、梁启辉，总审计师黄玉仙，副调研员覃景标。设有办公室、法制科、财政金融审计科、政府投资审计科、行政事业审计科、社会保险审计科、经济责任审计科等7个职能科室；下设政府投资审计中心（编制8人，实有8人）。

审计成果 2017年，儋州市审计局完成审计项目59个。审计查出主要问题金额47376万元；向纪检监察、住建等相关部门移送案件线索7件。核减工程款39880万元，为财政增收节支42126万元。有针对性地提出审计建议69条，上报审计报告和信息40余篇。

财政审计 完成财政审计项目2个。在儋州市本级财政预算执行和其他财政收支情况审计中，揭露预算编制不够完整、虚增预算收入等问题。

经济责任审计 完成经济责任审计项目12个，揭示出假发票、挪用民政资金、白条入账、业务招待费比率较高等问题，为党委全面考察、正确使用干部提供参考依据。

固定资产投资审计 实施公共投资审计项目20个，查出主要问题金额15985万元，核减工程款39385万元，为财政增收节支10991万元，移交案件线索4件。提出合理化建议42条。采取多项措施，强化投资审计力度，重点关注建设项目中的规范管理情况，促进公共投资发挥应有的作用。

民生资金（项目）审计 开展民生相关专项资金审计3项。通过审计，揭露扶贫专项资金中扶贫信息存在偏差、扶贫资金损失浪费、贫困户精准识别低、扶贫数据信息管理薄弱等问题，向市纪委移交案件线索1件。

其他审计项目 完成对鹿母湾等5家农林场、市商务局的专项审计项目；协调处理市甘蔗科研所借款问题，为相关部门查办案件、被审计单位规范管理提供参考依据。（撰稿人：余锶钒）

2017 年海南省所辖区、县(市)级审计工作统计表

金额单位:万元

审计机关	完成审计项目(个)	审计查出主要问题金额	审计处理情况					出具审计报告和审计调查报告(篇)	提出审计建议(条)	提交审计信息(篇)
			审计处理处罚				移送处理事项(件)			
			应上缴财政	应减少财政拨款或补贴	应归还原渠道资金	应调账处理金额				
海口市										
海口市本级	34	466174	22		133	113	2	39	67	43
秀英区审计局	7	1476	3		3	1470		9	15	3
龙华区审计局	4	795	126		31	7	2	6	24	2
琼山区审计局	298	2258	140	4354	357		3	217	325	30
美兰区审计局	13	191	65	249			4	13	45	2
三亚市										
三亚市本级	112	1022800		16000	10500	6600	5	109	67	27
海棠区审计局	75	13932	10	1056		93		75	31	1
吉阳区审计局	90	1346	22	1324				90		1
天涯区审计局	4	3731	105	375	3			4	24	1
崖州区审计局	13	197		182	15			13	14	1
儋州市										
儋州市本级	37	23869		13917	12589	2007	7	50	98	4
省直辖县										
五指山市审计局	12	20955	7841	2764				17	53	5
琼海市审计局	13	527984						19	28	5
文昌市审计局	55	68000	5252	20		84	1	17	110	15
万宁市审计局	8	374262						7	34	4
东方市审计局	64	4618	4	3381	82	6		64	86	7
定安县审计局	127	46408	1594	13181	0	21969		127	134	2
屯昌县审计局	5	9537	50		12		1	5	19	4
澄迈县审计局	112	383348	1436	25041	181	3676		132	232	9
临高县审计局	8	285205	302		3478	152	2	8	26	3
白沙黎族自治县审计局	145	5225		3281	7			40	196	3
昌江黎族自治县审计局	11	9184			23		3	11	39	12

（续表）

审计机关	完成审计项目（个）	审计查出主要问题金额	审计处理情况					出具审计报告和审计调查报告（篇）	提出审计建议（条）	提交审计信息（篇）
			审计处理处罚				移送处理事项（件）			
			应上缴财政	应减少财政拨款或补贴	应归还原渠道资金	应调账处理金额				
乐东黎族自治县审计局	10	90732	452					15	30	4
陵水黎族自治县审计局	13	93991	91340		23	200		13	68	2
保亭黎族苗族自治县审计局	22	11958	9135	458	82	2282	3	20	92	3
琼中黎族苗族自治县审计局	8	9774			30			5	7	6

重庆市

【重庆市审计局】 2017年，重庆市区县审计机关共有编制1823人，实有1658人。其中，重庆市审计局人员编制300人，实有人员284人。重庆市审计局设有办公室、综合处（整改督查处）、法规处、经济责任审计处、财政审计处、金融审计处、固定资产投资审计处、行政事业审计处、经贸审计处、农业审计处（2017年撤销移民审计处，并入农业审计处）、社会保障审计处、外资运用审计处、工业审计处、市政建设审计处、教科文审计处、商贸审计处、资源环保审计处、交通审计处、内部审计管理处、计算机应用管理处、人事处、机关党委（与机关纪委、机关工会、机关团委合署办公）、财务处（2017年增设）、离退休人员工作处24个职能处室；另有市纪委派驻市审计局纪检组；下设重庆市审计中心（事业单位）；重庆市经济责任审计工作联席会议办公室设在重庆市审计局。

领导成员

局　　长：袁天长

副 局 长：邓开伟　丁时勇　戴　希
　　　　　黄家登

纪检组长：张海坤

总审计师：朋　薇

经济责任审计工作联席会议办公室主任：
　　　　　李嘉荣

巡 视 员：李新建

审计成果 2017年，重庆市区县审计机关共完成审计项目5115个，专项审计调查项目76个。查出主要问题金额49262256万元，其中违规金额5108775万元、损失浪费金额42167万元、管理不规范金额44111313万元；审计发现非金额计量问题9386个；损益（收支）不实金额1388495万元；审计发现侵害人民群众利益867万元；出具审计报告和专项审计调查报告5305篇，被批示1665篇。审计处理处罚金额7229631万元，其中应上缴财政3343696万元、应减少财政拨款或补贴87840万元、应归还原渠道资金1266838万元、应缴纳其他资金177万元、应调账处理金额2531079万元；移送司法机关、纪检监察机关和有关部门处理事项899件，移送处理人员676人，移送处理金额400369万元。审计促进整改落实有关问题金额7676599万元；审计促进拨付资金到位220603万元；审计后挽回（避免）损失509032万元；核减投资额828048万元；移送处理落实事项338件。审计提出建议9750条，被采纳8936条；推动被审计单位制定整改措施842项；促进被审计单位制定、完善规章制度317项；提交审计信息3059篇，被批示、采用2086篇次。向社会公告审计结果14篇。

2017年，重庆市审计局本级完成审计单位

221个，其中审计项目219个，专项审计调查项目2个。查出主要问题金额23429948万元，其中违规金额1345852万元、损失浪费金额30105万元、管理不规范金额22053990万元；审计发现非金额计量问题2193个；损益（收支）不实金额118783万元；出具审计报告和专项审计调查报告247篇，被批示63篇。审计处理处罚金额1510126万元，其中应上缴财政1052494万元、应减少财政拨款或补贴1151万元、应归还原渠道资金219125万元、应缴纳其他资金11万元、应调账处理金额237343万元；移送司法机关、纪检监察机关和有关部门处理事项130件，移送处理人员181人，移送处理金额11.43万元。审计促进整改落实有关问题金额2599375万元；审计促进拨付资金到位43967万元；审计后挽回（避免）损失4191万元；核减投资额219530万元；移送处理落实事项55件。审计提出建议332条，被采纳224条；推动被审计单位制定整改措施221项，促进被审计单位制定、完善规章制度114项；提交审计信息150篇，被批示、采用199篇次。向社会公告审计结果7篇。

重庆市审计局实施的巴南区委书记、区长任期经济责任审计项目，被审计署评为地方表彰审计项目；与审计署驻重庆特派员办事处联合实施的重庆市医疗保险基金审计项目，被审计署评为全国医疗保险基金优秀审计项目。

国家重大政策措施落实情况跟踪审计　按照党中央、国务院及审计署部署，组织全市审计机关对中央以及市委、市政府出台的部分重大政策措施落实情况持续跟踪审计，共抽查区县1152个所属部门、1520个企事业单位、1137个项目。发现部分区县存在违规增设行政许可前置条件、行政审批事项未进入行政服务中心集中办理、行政事业单位或国有企业人员违规在协会商会兼职兼薪或领取补贴；部分部门（单位）自行设立项目收费，或超标准收费以及部分企业违规享受财政补贴、科技创新补助资金等问题。

财政审计　重庆市审计局对市级财政预算执行和决算草案编制情况进行审计，重点审查财政政策执行、财政改革推进、转移支付分配、财政资金管理和预决算编制情况，发现存在预算编制管理不够规范，一般性转移支付中指定用途资金占比较大、专项转移支付管理不够规范，部分项目资金未按规定统筹整合使用，决算草案编制编报不够准确等问题。

市区县审计机关对市地税局、38个区县及两江新区和万盛经开区地税局2016年度税收收入征管情况进行审计，重点审计企业所得税、耕地占用税征缴情况，延伸调查217个基层税务所、3606户纳税人，发现存在少征税款、对延期纳税的审批超过规定期限等问题。

重庆市审计局对55个市级部门单位预算执行情况进行审计，延伸调查单位27个，发现部分单位存在预算编制不规范，将常年性收入和以前年度结转结余未编入预算；预算管理和执行不到位，项目实施未达计划进度以及未按预算批复用途使用资金、超预算列支“三公”经费；资产财务管控不严格，未执行政府采购或未按规定方式程序采购以及往来款未及时清理等问题。

市区县审计机关对38个区县和两江新区、万盛经开区财政决算情况进行审计，发现部分区县存在决算收支编报不实，通过以拨作支、即征即返、挂往来账等方式虚增或少列决算收支；决算管理基础工作不到位，部分区县决算报表列报国库资金余额与金库报表余额不相符，以及所属部门决算收支列报不真实、部门结余资金或超过两年以上的结转资金未按要求收回财政重新安排；专项资金未按计划使用等问题。

固定资产投资审计　重庆市审计局对两路寸滩保税港区三期工程等7个项目开展竣工决算审计，以及对轨道交通建设工程、主城九区景观照明提升工程2个项目关键节点进行跟踪审计，送审总额331.4亿元，审减投资11.68亿元，发现多计工程价款、部分项目未公开招标和拆分项目规避招投标以及异常变更、虚假签证等问题。

市区县审计机关对发展改革委政府投资项目管理情况进行审计，发现部分区县存在部分项目立项、可研、概算等审批环节缺失，在重复审批、项目审批前置资料不全的情况下出具审批文件；部分项目擅自调整或缩减建设规模以及未落实配套资金、未在规定时间内下达投资计划等问题。

民生资金（项目）审计　按照审计署部署，组织市区县审计机关对保障性安居工程进行跟踪审计，发现存在部分资金分配使用和项目建设管理不规范，虚报冒领或重复领取农村危房改造资金；部分项目未履行基本建设审批和招投标程序；部分对象违规享受保障性住房等问题。

组织市区县审计机关对18个扶贫开发工作重点区县2016年扶贫资金管理使用情况进行跟踪审计，抽审扶贫项目1873个、扶贫资金22.78亿元，入户调查农户1253户。发现部分区县所属部门未及时将扶贫资金下达安排到具体项目；部分部门或乡镇未按规定进度拨付或兑付补助资金；部分基层单位通过伪造合同、虚报工程量、重复申报项目等套取补助资金；部分主管部门及乡镇超标准或超范围发放、重复安排或无依据分配补助资金等问题。

组织市区县审计机关对全市2013—2015年度住房公积金管理使用情况进行审计，发现部分单位存在公积金缴存政策执行及监管不到位，超基数、超比例缴存公积金，少缴公积金，重复开立缴存账户；公积金提取及贷款发放管理不规范，部分单位超提公积金以及违规贷款等问题。对全市2014—2015年度卫生计生重点专项资金进行审计，发现部分区县村卫生室建设任务未按时完成；部分区县村卫生室及配置的设备闲置或使用率低以及多支付免费检查及体检补助等资金；部分区县挤占挪用、滞留截留补助资金以及部分项目外包服务、设备购置等未执行政府采购等问题。

企业审计　重庆市审计局对10户市属重点国有企业2015年度财务收支情况进行审计，延伸抽查下属公司122个。发现存在部分重大事项决策程序不合规，部分企业及下属公司对外投资、股权收购和转让等重大事项未执行“三重一大”等决策程序；部分企业出借或支付不合规资金、企业收入利润不实等问题。

审计整改　对于发现的涉及政策和制度层面等方面的问题，重庆市审计局按照《重大审计事项报告规定》的要求上报市委、市政府；涉及财政财务收支的一般性违规问题，市审计局依法出具审计报告、下达审计决定，提出整改意见和审计建议。对审计指出的问题，有关部门（单位）和区县政府按照市委、市政府的要求认真整改，对尚未整改到位的问题，市政府已研究督促整改的具体措施，责成市政府督查室、市审计局及有关部门加强对审计整改情况的跟踪督查，严格督促审计整改落实到位。

审计机关人财物管理改革试点　按照中办、国办《关于完善审计制度若干重大问题的框架意见》及相关配套文件精神，审计署和市委、市政府工作部署要求，推进区县审计机关的人财物管理改革试点工作，取得阶段性成效。从2017年1月起，全面实施对区县审计机关领导干部、机构编制和人员、经费资产和审计业务的“四统一”管理。配合完成对改革后38名区县审计局局长的重新考察任免以及缺额班子的调整研究。制定下发区县审计机关新的“三定”规定，对区县审计局主要职责、内设机构名称和数量进行规范和统一；印发区县审计机关干部人事管理规定，分层次组织开展750余人次的专题培训以及业务技能竞赛，对统一招录的216名区县审计局公务员进行岗前培训以及规范化培训。制定全市审计机关财务管理办法，统一开展区县审计局银行账户清理及财务培训，规范全市审计机关财务核算软件。加强审计计划统一管理，制定全市审计机关审计计划管理办法，对各区县年度审计项目计划及调整实行统筹安排、统一审批，组织指导完成40个区县级审计项目五年轮审规划；制定区县审计工作报告审核规范，对各区县政府提交同级人大常委会审议的审计工作报告进行审核；建立审计业务指导联络制度，分批组织区县审计局列席审计项目审理会，开展区县审计质量检查；规范内部运行管理，对重大事项报告、公文处理进行规范，对重点工作推进情况进行督促落实，确保统一管理体制的有序运转。

内部审计　2017年，重庆全市各部门、各企事业单位（不含中央在渝单位，含区县属单位）设立内部审计机构2837个，其中专职机构1212个；配备内部审计人员9402人，其中专职审计人员2593人。完成审计项目29184个，促进增收节支29.26亿元，提出的建议和意见被采纳2.92万余条，经审计建议给予行政处分93人，向司法机关移送案件线索11件、涉及83人。

（撰稿人：石纹碧）

【万州区审计局】　2017年，万州区审计局人员编制53人，实有49人。局长蔡森川，副局长陈建云（—9月）、张忠玲、程驰（9月—）、熊智海（9 月—），纪检组长邓天旗，经济责任审计工作联席会议办公室主任程驰（—9 月）、付勇（9 月—）。设有办公室、电子数据审计科、法规审理科、整改督查与内部审计管理科、重大政策跟踪审计科、财政审计科、企事业审计科、经济责任审计科、农业与资源环保审计科、投资审计科；下设审计中心。

审计成果 2017 年，万州区审计局完成审计项目 155 个，专项审计调查项目 2 个。查出主要问题金额 732686 万元，其中违规金额 119133 万元、损失浪费金额 51 万元、管理不规范金额 613501 万元；审计发现非金额计量问题 324 个；损益（收支）不实金额 3310 万元；审计发现侵害人民群众利益 590 万元；出具审计报告和专项审计调查报告 157 篇。审计处理处罚金额 165821 万元，其中应上缴财政 112948 万元、应减少财政拨款或补贴 82 万元、应归还原渠道资金 6097 万元、应调账处理金额 46692 万元；移送司法机关、纪检监察机关和有关部门处理事项 94 件，移送处理人员 13 人，移送处理金额 902 万元。审计促进整改落实有关问题金额 116795 万元；审计后挽回（避免）损失 13948 万元；核减投资额 12678 万元；移送处理落实事项 45 件。审计提出建议 194 条，促进被审计单位制定、完善规章制度 16 项；提交审计信息 70 篇。

2016 年 72 个一级预算部门（单位）预算执行审计项目，被市审计局评为优秀审计项目。

国家重大政策措施落实情况跟踪审计 对市级重大建设项目、清理规范涉企减税降费、“涉企减负 30 条”等政策措施进行跟踪审计，抽查 44 个部门、60 个企事业单位、50 个项目，涉及财政资金 34859.42 万元。

财政审计 对 81 个部门单位的预算执行情况、15 个镇乡（街道）财政决算、10 个行政事业单位财务收支情况进行审计，出具审计报告 106 篇。

经济责任审计 对 19 个单位 27 名领导干部开展经济责任审计。查出主要问题金额 190949 万元，其中违规金额 2656 万元、损失浪费金额 5357 万元、管理不规范金额 182936 万元；出具审计报告和审计结果报告 19 篇；提出并被采纳的审计建议 49 条。

固定资产投资审计 开展万州长江大桥北桥头优化工程、万州区二期亮化及城区夜景灯饰工程竣工决算审计等 45 个政府投资审计项目，审计总额 28.98 亿元，审减投资 1.26 亿元。完成开州区发展改革重点建设项目管理审计。

民生资金（项目）审计 完成 2016 年保障性安居工程跟踪审计、万州区 2014 年至 2016 年教育重点专项资金审计调查、万州区 2014 年至 2015 年卫生计生重点专项资金审计。按照市审计局的安排开展交叉审计，配合完成石柱县 2016 年度扶贫资金管理使用情况审计，完成奉节县亚洲开发银行贷款统筹城乡基础设施建设示范项目审计。

企业审计 完成万州区国有企业资产管理情况审计调查，开展重庆江东机械有限责任公司、三峡平湖有限公司、江南新区建设开发有限公司等企业资产负债损益审计。

信息化建设 与北京数起科技有限公司合作开发财政及部门预算执行数字化审计分析系统。AO（现场审计实施系统）与 OA（审计管理系统）系统全面应用。

内部审计 全区有内部审计机构 197 个，其中专职机构 164 个；内部审计人员 497 人，其中专职人员 407 人。完成审计项目 3105 个，审计总金额 1925598 万元，促进增加节支 13156 万元，提出审计建议被采纳 1060 条。（撰稿人：何林峰）

【涪陵区审计局】 2017 年，涪陵区审计局人员编制 55 人，实有 51 人。局长王平，副局长周德勇、陈仁勇、蒋青峰，纪检组长徐晓琼（2 月—），副调研员严廷龙。设有办公室、法规审理科、整改督查与内部审计管理科、重大政策跟踪审计科、财政审计科、企事业审计科、农业与资源环保审计科、投资审计科、经济责任审计科（经济责任审计工作联席会议办公室）、电子数据审计科；下设审计中心（事业单位）。

审计成果 2017 年，涪陵区审计局完成审计项目 144 个，专项审计调查项目 1 个。查出主要问题金额 988035 万元，其中违规金额 214727 万元、管理不规范金额 773307 万元；审计发现非金额计量问题 20 个；出具审计报告和专项审计调查报告 143 篇。审计处理处罚金额 626195 万元，其中应上缴财政 26087 万元、应减少财政拨款或补贴947万元、应归还原渠道资金119209万元、应缴纳其他资金20万元、应调账处理金额479929万元；移送司法机关、纪检监察机关和有关部门处理事项48件，移送处理人员4人，移送处理金额33909万元。审计促进整改落实有关问题金额619893万元；审计促进拨付资金到位332万元；审计后挽回（避免）损失36063万元；核减投资额22043万元；移送处理落实事项32件。审计提出建议155条；推动被审计单位制定整改措施155项，促进被审计单位制定、完善规章制度17项；提交审计信息196篇。向社会公告审计结果2篇。

2016年12个区级部门预算执行和其他财政财务收支审计项目，被市审计局评为优秀审计项目。

国家重大政策措施落实情况跟踪审计 运用大数据筛查等手段，按月和分季度开展涉企减负、创新驱动发展、污染治理、重大民生实事等跟踪审计。

财政审计 对区本级2016年度预算执行和决算（草案）编制、2016年税收收入暨非税收入征管进行审计，对12个区级部门（单位）2016年度预算执行情况开展同步审计。开展5个乡镇（街道）财政决算审计。

经济责任审计 对7个乡镇街道的10名党政主要领导干部开展同步审计，重点强化扶贫和自然资源资产保护方面的延伸审计和调查力度。完成23个单位的30名党政主要领导干部任期经济责任审计，完成82名干部的离任交接。开展太极集团3名主要领导人员经济责任审计。

固定资产投资审计 坚持工程造价、财务、管理、质量、效益“五审并举”，完成项目审计104个，核减投资22043万元。推动区政府出台《重庆市涪陵区政府投资项目中介服务机构库管理办法》。

民生资金（项目）审计 组织实施扶贫、保障性住房、教育重点专项资金审计调查，以及就业专项资金、应用技术研究与开发专项资金、农业综合专项资金等审计。按照市审计局的安排开展丰都县2016年度扶贫资金管理使用情况的交叉审计。

外资运用审计 组织开展世界银行贷款重庆市统筹城乡发展与改革试点项目二期——卫生项目2016年度财务收支和项目执行情况审计。

企业审计 完成293户国有企业资产管理情况审计调查后续工作，促进区委、区政府出台《深化国有企业和国有资本审计监督的实施意见》。

信息化建设 建成数据分析平台方法模型208个。

内部审计 推动全区实现内部审计项目计划统筹，实施内部审计项目117个，促进增收节支18284万元。

（撰稿人：姚　平）

【渝中区审计局】 2017年，渝中区审计局行政编制24人，实有23人；事业编制24人，实有4人。局长付红（—3月）、方晓（3月—），副局长胡曦（—9月）、陈子进（9月—）、高亚男、曾春艳，调研员温国文、缪跃华，副调研员赵琼。设有办公室、法规审理科、整改督查与内部审计管理科、财政审计科（重大政策跟踪审计科）、企事业审计科、投资审计科、经济责任审计科（经济责任审计工作联席会议办公室）和电子数据审计科；下设审计中心（事业单位）。

审计成果 2017年，渝中区审计局完成审计项目56个，专项审计调查项目1个。查出主要问题金额404894万元，其中违规金额7385万元、损失浪费金额606万元，管理不规范金额396902万元；审计发现非金额计量问题76个；出具审计报告和专项审计调查报告59篇。审计处理处罚金额12433万元，其中应上缴财政5972万元、应归还原渠道资金825万元、应调账处理金额5635万元；移送司法机关、纪检监察机关和有关部门处理事项12件，移送处理人员48人，移送处理金额1729万元。审计促进整改落实有关问题金额11267万元；审计后挽回（避免）损失119万元；核减投资额5857万元；移送处理落实事项1件。审计提出建议112条；推动被审计单位制定整改措施6项，促进被审计单位制定、完善规章制度6项；提交审计信息9篇。

2016年区级财政预算执行和决算（草案）审计项目，被市审计局评为优秀审计项目。

国家重大政策措施落实情况跟踪审计 对供给侧结构性改革落实情况、涉企减负相关政策执行情况、科技创新发展情况、重大项目建设情况等进行跟踪审计，涉及单位部门71个、资金

155869.53 万元，促进扶持实体经济发展政策落地见效和重大投资项目建设的有序推进。

财政审计 重点审计专项转移支付分配使用、政府采购管理、财政资金管理、财政决算草案编制情况，延伸抽查 10 个预算单位和投融资平台公司、重庆江裕财务顾问有限公司等 19 个民营企业。

经济责任审计 完成经济责任审计项目 18 个，查出问题金额 8973.68 万元，移送纪监部门处理事项 1 件，审计提出建议 44 条，促成相关部门建立健全规章制度 2 项。

固定资产投资审计 开展投资竣工决算审计项目 31 个，审减工程投资 5495.42 万元，责成建设单位追回超付工程款 639.66 万元。

民生资金（项目）审计 开展 2016 年保障性安居工程审计，涉及渝中区政府所属房屋管理（住房保障）、财政、棚改指挥部、区康翔公司、区国资公司等有关部门和单位，检查政府购买棚改服务和货币化安置、安居工程建设管理和保障性住房分配使用情况。

企业审计 根据重庆市审计局安排，对渝中区国有资产管理情况进行专项审计调查，调查对象包括区国资委、区级部门所属国有独资和国有资本占控股或主导地位的独立核算法人企业。

信息化建设 成立电子数据审计科、推进机关软件正版化工作领导小组，制定《数据分析室数据管理办法》《软件正版化工作责任制度》《软件日常使用管理规定》等制度，建立健全软件购置、安装及资产管理的长效机制。新建数据分析室，搭建财政及部门预算执行数字化审计平台。

内部审计 全区有内部审计机构 28 个、内部审计人员 63 人，实施内部审计项目 258 个；会同区教委、区公安分局、重点国有企业等单位，统一编制审计实施方案、举办审计专题培训、制定审计措施，确保审计目标实现。

（撰稿人：唐 红）

【大渡口区审计局】 2017 年，大渡口区审计局人员编制 22 人，实有 21 人。局长龙子武，副局长吴蔚翔、单珺、武如清（9 月—），纪检组长吴蔚翔（兼），副调研员陈静。设有办公室（电子数据审计科）、法规审理科、整改督查与内部审计管理科、财政审计科（重大政策跟踪审计科）、投资审计科、经济责任审计科（经济责任审计工作联席会议办公室）；下设审计中心（事业单位）。

审计成果 2017 年，大渡口区审计局完成审计项目 47 个，专项审计调查项目 1 个。查出主要问题金额 48609 万元，其中违规金额 4420 万元、损失浪费金额 4 万元、管理不规范金额 44185 万元；审计发现非金额计量问题 102 个；损益（收支）不实金额 377 万元；出具审计报告和专项审计调查报告 53 篇。审计处理处罚金额 5052 万元，其中应上缴财政 3284 万元、应归还原渠道资金 493 万元、应调账处理金额 1275 万元；移送司法机关、纪检监察机关和有关部门处理事项 11 件，移送处理人员 1 人，移送处理金额 1460 万元。审计促进整改落实有关问题金额 1842 万元；核减投资额 1181 万元；移送处理落实事项 4 件。审计提出建议 188 条；提交审计信息 56 篇。向社会公告审计结果 2 篇。

国家重大政策措施落实情况跟踪审计 根据政策措施落实情况跟踪审计的结果，区发展改革委牵头对全区涉企行政事业性收费开展专项检查，区政府法制办出台《大渡口区推进行政许可标准化工作实施方案》等 4 个文件。

财政审计 通过开展预算执行及决算草案、税收暨非税收入征管等项目审计，促进区政府出台《关于进一步加强协税护税工作的通知》等 2 个规范性文件；促进区财政局等主管部门印发《大渡口区结转结余管理办法》《大渡口区财政局关于进一步规范采购单位分散采购工作的通知》等 3 个管理办法。

经济责任审计 通过开展经济责任审计，促进区政府重视征地工作经费管理，促进区教委重视学校食堂管理。

固定资产投资审计 通过开展政府投资建设项目审计，推动区政府出台《关于进一步加强国有资金投资项目招标投标工作的通知》等 2 个规范性文件。

民生资金（项目）审计 完成保障性安居工程跟踪审计、教育重点专项资金审计等 2 个民生项目。

企业审计 运用国有企业资产管理审计调查结果，推进区委、区政府将区属国有企业分类改革作为深化改革工作任务纳入考核；区国资委将企业资本等方面发现的问题和整改情况，纳入国企目标考核内容并直接与薪酬挂钩。

信息化建设 建成独立数据分析室及数据分析平台，推动区政府出台大渡口区审计电子数据定期报送制度。

内部审计 全区有内部审计机构22个，其中专职机构3个；配备内部审计人员71人，其中专职人员11人。完成审计项目88个，提出建议意见被采纳99条。（撰稿人：任 娟）

【江北区审计局】 2017年，江北区审计局人员编制33人，实有30人。局长魏成发，副局长盛建波（—12月）、陈世滨、冯利娜（12月—），纪检组长罗翠渝，经济责任审计工作联席会议办公室主任胡建。设有办公室、法规审理科、财政审计科、整改督查与内部审计管理科、企事业审计科、经济责任审计科、投资审计科、电子数据审计科；下设审计中心。

审计成果 2017年，江北区审计局完成审计项目95个，专项审计调查项目2个。查出主要问题金额1502274万元，其中违规金额431821万元、损失浪费金额1万元、管理不规范金额1070451万元；审计发现非金额计量问题113个；损益（收支）不实金额587万元；出具审计报告和专项审计调查报告97篇。审计处理处罚金额453094万元，其中应上缴财政180520万元、应减少财政拨款或补贴72万元、应归还原渠道资金251893万元、应调账处理金额20608万元；移送司法机关、纪检监察机关和有关部门处理事项26件，移送处理人员2人，移送处理金额2584万元。审计促进整改落实有关问题金额453094万元；审计后挽回（避免）损失7608万元；核减投资额15257万元；移送处理落实事项19件。审计提出建议146条；推动被审计单位制定整改措施12项，促进被审计单位制定、完善规章制度4项；提交审计信息154篇。向社会公告审计结果1篇。

2016年区级财政预算执行和决算（草案）审计、2017年度重大政策措施落实情况跟踪审计、2016年度区县非税收入征管情况审计、2016年度全市国有企业资产管理情况审计调查等4个项目，被市审计局评为优秀审计项目。

国家重大政策措施落实情况跟踪审计 开展政策措施落实情况跟踪审计，查出问题56个，移送线索问题2件，督促出台政策制度6项。

财政审计 开展预算执行及财务收支审计，形成审计疑点33类、2万条，查出问题金额122.70亿元，促进增收节支25亿元，移送纪检部门立案2件，促进政府完善制度3项。

经济责任审计 对14个单位的21名领导干部开展经济责任审计，查出违规金额578万元、管理不规范金额22523万元。

固定资产投资审计 完成132个建设项目竣工决算审计，出具审计报告66篇，审计总金额134195.17万元，审减工程造价8241.09万元。

民生资金（项目）审计 对江北区教育系统2个项目进行审计，提出审计建议6条。对保障性安居工程进行跟踪审计，发现工程资金潜在损失2589.20万元。对全区卫生系统内控制度建立及执行情况进行审计调查，发现主要问题金额17455.28万元，非金额类问题6类；提出被采纳审计建议3条，向有关部门移送案件线索13件。

企业审计 全年完成审计项目10个，查出违规问题金额1393.24万元、管理不规范问题金额1008286.23万元。九大重点工程专项审计调查揭示4个方面15个问题，形成专项审计调查报告。

信息化建设 将全局所有业务进行数字化管理；优化数字化审计平台建设，不断完善其功能，实现平台从行政办公、后勤管理到审计业务管理的全程数字化和一体化；加强对适应数字化审计的业务流程进行探索，重构业务流程。

内部审计 完成内部审计项目231个，审计金额268797.42万元，增收节支367.08万元，提出意见被采纳197条。（撰稿人：陈 诗）

【沙坪坝区审计局】 2017年，沙坪坝区审计局人员编制34人，实有32人。局长赵卫红，副局长许兵（—10月）、林国勇、廖承东。设有办公室、财政审计科、企事业审计科、经济责任审计科、投资审计科、法规审理科、整改督查与内部审计管理科、电子数据审计科；下设审计中心（事业单位）。

审计成果 2017年，沙坪坝区审计局完成审计项目 30 个，专项审计调查项目 1 个。查出主要问题金额 359793 万元，其中违规金额 161715 万元、管理不规范金额 198078 万元；审计发现非金额计量问题 107 个；出具审计报告和专项审计调查报告 35 篇。审计处理处罚金额 161715 万元，其中应上缴财政 35297 万元、应减少财政拨款或补贴 5979 万元、应归还原渠道资金 120439 万元；审计促进整改落实有关问题金额 173378 万元，其中增收节支 118460 万元、已调账处理金额 2113 万元；移送司法机关案件线索 30 件、纪检监察机关案件线索 3 件、有关部门案件线索 20 件，移送处理人员 37 人，涉及金额 310 万元。审计促进拨付资金到位 240 万元；审计后挽回（避免）损失 2113 万元。审计提出建议 111 条；推动党委政府出台规范性文件 13 个。提交审计信息 163 篇。

国家重大政策措施落实情况跟踪审计 对区经信委、迈瑞城投公司、房屋征收中心等 10 个单位就重点工程推进进度，财政资金兑付情况等事项开展跟踪审计，发现部分单位对工程督促、协调不力导致推进进度缓慢，擅自向企业收取抵押金，发放扶持创业贷款目标任务进展缓慢等问题，要求其按期整改到位。

财政审计 开展财政审计项目 7 个，查出问题金额 348707 万元。在区级预算执行和其他财政财务收支审计及地方税收暨非税收入征管情况审计中，构建审计模型 126 个，分模块运行财政及部门预算执行审计数据分析系统，有序完成对财政预算编制、政府采购及财政决算等业务系统数据的归集分析及具体审计业务的数字化作业。

经济责任审计 对 8 个单位的 12 名领导干部开展经济责任审计，查出问题金额 1678 万元。开展 4 个单位领导干部自然资源资产离任审计试点。分街镇、部门和国有企业等 3 个组别，结合审计共性问题开展集中分析核查，共查出涉及生态环境保护方面问题 8 个，审计提出建议 5 条，试点成效明显。

固定资产投资审计 开展固定资产投资审计项目 12 个，核减工程造价 2093 万元。在对国有企业领导人开展经济责任审计时，视情况同时开展投资审计，在计划制订、方案审理、项目开展及人员安排等 4 个方面统筹安排。探索构建融合共享新机制，注重揭示全区政府投资项目体制机制方面的共性问题，实现由单一工程造价审计向全局绩效综合审计的转变。

信息化建设 建成覆盖全区 493 家预算单位及 46 家国有企业财务业务数据的集中式自动采集系统，归集各类数据 1.12TB，实现对全区预算单位财务及业务数据采集分析全覆盖。延伸拓展数字化审计全覆盖管理功能，开发构建 21 个可视化界面及 103 个图形展示模块，对全区各预算单位财经活动疑点数据予以可视化指标预警。

内部审计 各部门、各企事业单位设内部审计机构 114 个，其中专职机构 11 个；配备内部审计人员 201 人，其中专职人员 33 人。完成审计项目 430 个，审计总金额 105398 万元。

（撰稿人：李　缇）

【九龙坡区审计局】 2017 年，九龙坡区审计局人员编制 37 人，实有 36 人。局长彭觉贵，副局长李霞、兰华、姜道云，纪检组长刘昆，经济责任审计工作联席会议办公室主任章丽，调研员兰华（兼）。设有办公室、法规审理科、整改督查与内部审计管理科、财政审计科、企事业审计科、经济责任审计科、投资审计科、电子数据审计科 8 个职能科室；下设审计中心。

审计成果 2017 年，九龙坡区审计局完成审计项目 141 个，专项审计调查项目 1 个。查出主要问题金额 334647 万元，其中违规金额 27036 万元、管理不规范金额 307609 万元；审计发现非金额计量问题 174 个；出具审计报告和专项审计调查报告 146 篇。审计处理处罚金额 59260 万元，其中应上缴财政 38263 万元、应减少财政拨款或补贴 1 万元、应归还原渠道资金 93 万元、应调账处理金额 20903 万元；移送司法机关、纪检监察机关和有关部门处理事项 18 件，移送处理人员 1 人，移送处理金额 5849 万元。审计促进整改落实有关问题金额 44945 万元；审计后挽回（避免）损失 20835 万元；核减投资额 20950 万元；移送处理落实事项 16 件。审计提出建议 122 条；提交审计信息 46 篇。

九龙坡区审计局实施的 2015 年度区县财政预算执行和决算（草案）审计项目，被审计署评为表彰审计项目；2016 年度区县财政预算执行和决算（草案）审计项目，被市审计局评为优秀审计项目。

国家重大政策措施落实情况跟踪审计 对重大项目推进情况、“放管服”改革深化、创新驱动发展战略和“涉企减负30条”等政策贯彻落实情况进行跟踪审计，抽查32个单位、13个政府投资项目，涉及财政资金8023.55万元，发现在项目推进方面存在的13个问题。

财政审计 完成区级财政预算执行及决算草案审计、税收征管和非税收入审计，完成区农林水利局等18个部门预算执行审计，查出主要问题金额306412万元。

经济责任审计 对9个单位的13名领导开展干部经济责任审计，其中任中审计7人、离任审计6人。审计查出主要问题金额7097万元，其中违规金额1256万元、管理不规范金额5840万元；出具审计报告和审计结果报告15篇；提出并被采纳建议36条。

固定资产投资审计 完成公共投资建设项目审计128个，形成审计报告128篇，查出主要问题金额21006万元，核减投资额（工程款）20950万元。

专项资金审计 完成保障性安居工程跟踪审计、2014年至2016年教育专项资金审计、都市核心区景观照明提升工程跟踪审计3个专项审计，查出主要问题金额1512万元，其中违规改变项目计划和资金用途899万元。

信息化建设 成立电子数据审计科，为在审计项目中全面应用信息技术奠定组织条件。公共投资审计项目全面应用“互联网＋技术管理”，将中介机构管理和考核纳入信息系统。

内部审计 全区有内部审计专职机构88个，专职内部审计人员29人。完成审计项目308个，其中财务收支审计70个、基本建设审计104个；审计总金额1038201万元，增收节支4785万元，提出建议意见被采纳390条。（撰稿人：彭启人）

【南岸区审计局】 2017年，南岸区审计局人员编制38人，实有32人。局长卢盛国，副局长赵勇、杨柳、王凌颖，纪检组长刘柳，经济责任审计工作联席会议办公室主任蔺艳，副调研员赵开颜、石海婷（—9月）、李志林。设有办公室、法规审理科、整改督查与内部审计管理科、财政审计科（重大政策跟踪审计科）、企事业审计科、投资审计科、经济责任审计科、电子数据审计科；下设审计中心。

审计成果 2017年，南岸区审计局完成审计项目52个，专项审计调查项目1个。查出主要问题金额1205021万元，其中违规金额26928万元、管理不规范金额1178093万元；审计发现非金额计量问题176个；损益（收支）不实金额9827万元；出具审计报告和专项审计调查报告52篇。审计处理处罚金额37737万元，其中应上缴财政16481万元、应减少财政拨款或补贴7万元、应归还原渠道资金9826万元、应调账处理金额11422万元；移送司法机关、纪检监察机关和有关部门处理事项15件，移送处理人员9人，移送处理金额3027万元。审计促进整改落实有关问题金额133488万元；审计促进拨付资金到位66864万元；审计后挽回（避免）损失14823万元；核减投资额11427万元；移送处理落实事项11件。审计提出建议152条；推动被审计单位制定整改措施16项，促进被审计单位制定、完善规章制度10项；提交审计信息144篇。

国家重大政策措施落实情况跟踪审计 重点对简政放权、环境保护、“涉企减负30条”等政策措施落实情况开展跟踪审计，揭示改革措施落实不到位、工程进度缓慢等问题。

财政审计 完成审计项目5个，查出主要问题金额1086407万元，其中违规金额14899万元、管理不规范金额1071508万元。

经济责任审计 对8名区管主要领导干部的经济责任审计，查出问题金额4608万元，其中违规金额2343万元、管理不规范金额2265万元。

固定资产投资审计 完成审计项目32个，审计投资额156855万元，核减投资额11427万元，向区纪委、区检察院、主管部门移送处理事项6件。

民生资金（项目）审计 开展南岸区2014—2016年度教育重点专项资金审计和2016年城镇保障性安居工程跟踪审计，揭示主管部门审核把关不严、资助资金管理和审批流程不规范等问题，促使合理配置公共资源，切实维护人民群众的利益。

信息化建设 搭建数据采集平台，建成工程审计管理系统，实行网络化采集数据、智能化分析数据。利用“互联网＋技术”，安装监控系统实时监督中介机构现场审计情况。自主开发微型、小型审计应用程序，研发的审计整改管理系统被市审计局应用软件开发专家小组评为二等奖。

内部审计 指导全区内部审计机构完成项目588个，审计总金额714416万元，增收节支193万元，提出建议意见被采纳138条。推动区政府出台《进一步加强内部审计工作的意见》。

（撰稿人：沈 扬）

【北碚区审计局】 2017年，北碚区审计局人员编制32人，实有32人。局长李厚杰，副局长唐小勤、张渝玲、廖振华，纪检组长侯相红，经济责任审计工作联席会议办公室主任张筱枫。设有办公室、法规审理科、整改督查与内部审计管理科、财政审计科（重大政策跟踪审计科）、经济责任审计科（经济责任审计工作联席会议办公室）、企事业审计科、投资审计科、电子数据审计科；下设审计中心。

审计成果 2017年，北碚区审计局完成审计项目81个，专项审计调查项目10个。查出主要问题金额902005万元，其中违规金额12664万元、管理不规范金额889340万元；审计发现非金额计量问题255个；损益（收支）不实金额6086万元；出具审计报告和专项审计调查报告95篇。审计处理处罚金额37112万元，其中应上缴财政11917万元、应归还原渠道资金740万元、应调账处理金额24454万元；移送司法机关、纪检监察机关和有关部门处理事项9件，移送处理人员3人，移送处理金额2486万元。审计促进整改落实有关问题金额37112万元；审计后挽回（避免）损失24585万元；核减投资额24397万元；移送处理落实事项2件。审计提出建议285条；推动被审计单位制定整改措施3项；提交审计信息45篇。

国家重大政策措施落实情况跟踪审计 持续对重大项目投资、创新驱动发展战略、民生扶贫实事、行政审批制度改革、涉企减税降费、大气污染防治等重大政策措施落实情况开展跟踪审计，抽查部门（街镇）46个、企事业50个、重大建设项目2个，发现项目开工不及时、政策落实不到位、加重企业负担、涉企收费清理不到位等问题14个，提出审计建议14条。

财政审计 开展财政与园区、国有企业等多部门同步审计，实现园区平台公司审计全覆盖、年年审，涉及资金69.43亿元；运用数据分析在区本级预算执行审计中查出问题50个，违规金额6064万元，提出审计建议16条。

经济责任审计 完成经济责任审计项目10个，涉及党政领导干部16人，查出违规金额1620万元、管理不规范金额42558万元，促进被审计单位增收节支1605万元。

固定资产投资审计 完成投资审计项目41个，送审金额10.2亿元，审减2.44亿元。对承办政府投资审计的社会中介机构进行规范管理，防范审计风险。

民生资金（项目）审计 重点审计农田水利建设、农村饮水安全、中小河流治理等涉及民生和生态资源的农田水利专项资金审计项目，查出问题20个，提出审计建议16条。

信息化建设 制定《审计数据管理使用规定》等制度，采集近4年区财政预算数据和418个单位相关数据，构建大数据分析平台应用系统，建立模型233个，用于完成2017年度财政财务收支审计项目21个，筛查出疑点50个，核实后落实有问题38个。

（撰稿人：马洪涛）

【綦江区审计局】 2017年，綦江区审计局人员编制23人，实有23人。局长郑平，副局长陈正好、尹政权、吴秀兵，纪检组长杨云德，经济责任审计工作联席会议办公室主任李开强。设有办公室、法规审理科、整改督查与内部审计管理科、财政审计科（重大政策跟踪审计科）、企事业审计科、投资审计科、经济责任审计科（经济责任审计工作联席会议办公室）、电子数据审计科；下设审计中心（事业单位）。

审计成果 2017年，綦江区审计局完成审计项目122个，专项审计调查项目1个。查出主要问题金额455780万元，其中违规金额180677万元、损失浪费金额28万元、管理不规范金额275049万元；审计发现非金额计量问题150个；损益（收支）不实金额70万元；出具审计报告和专项审计调查报告126篇。审计处理处罚金额

206083万元，其中应上缴财政111197万元、应归还原渠道资金39442万元、应调账处理金额55468万元；移送司法机关、纪检监察机关和有关部门处理事项33件，移送处理人员23人，移送处理金额27799万元。审计促进整改落实有关问题金额114126万元；审计后挽回（避免）损失8142万元；核减投资额11763万元。审计提出建议267条；提交审计信息352篇。向社会公告审计结果1篇。

国家重大政策措施落实情况跟踪审计 审计发现个别部门违规捆绑收费，增加企业负担；违规设置行政审批许可前置条件；财政贴息资金违规发放；行政审批改革推进迟缓，网上审签超时等问题。

财政审计 对区公安局等17个部门预算及财政财务收支情况开展审计，发现超基数发放未休带薪年休假补助、违规返聘退休老干部从事财务工作、违规发放稿酬和综治目标考核奖、公款旅游等问题。

经济责任审计 对20个单位的25名党政领导干部和区有企业领导人员、事业单位负责人开展任期经济责任审计，出具经济责任审计报告和结果报告各25篇，界定直接责任3条涉及金额1万元；界定主管责任47条涉及金额1803万元，界定领导责任101条涉及金额215268万元。

固定资产投资审计 完成195个政府投资建设项目的审计，送审额205053.03万元，核减工程造价款24751.12万元。

民生资金（项目）审计 发现安居工程存在部分建设资金未到位、施工单位高估冒算等问题；城乡居民合作医疗保险补助资金存在虚构业务套取资金、盗刷医保卡、私分医保资金等行为，分别移送区检察院、区人力社保局查处。

企业审计 审计发现存在部分棚改户房屋产权证未办理、松藻煤电公司部分建设资金不到位；施工单位高估冒算，工程审减金额较高达4291万元；超概算3100万元未按规定程序履行报批等问题。

信息化建设 采集全区街镇、部门涉及的财务账套电子数据39个、业务数据137个，归集近5年业务科室采集及使用的电子数据253个，涉及数据量超过500G。预留财政数据大平台审计接入专用端口，拟对全区314个行政村村级财务动态情况进行实时关注。

内部审计 开展内部审计项目172个，审计金额达248197.19万元，增收节支163.16万元，提出审计建议324条，促成区政府出台《关于进一步加强綦江区村居财务管理监督工作的意见》。

（撰稿人：曾小灵）

【大足区审计局】 2017年，大足区审计局人员编制42人，实有41人。局长黄珍扬，副局长邓施全、刘朝树、欧洋，纪检组长陈清伦，经济责任审计联席会办公室主任黎娟，副调研员罗代光、姚晓红、胡正权。设有办公室、法规审理科、整改督查与内部审计管理科、财政审计科（重大政策跟踪审计科）、企业事业审计科、投资审计科、经济责任审计科、电子数据审计科；下设审计中心（事业单位）。

审计成果 2017年，大足区审计局完成审计项目168个，专项审计调查项目2个。查出主要问题金额273341万元，其中违规金额171649万元、管理不规范金额101692万元；审计发现非金额计量问题58个；损益（收支）不实金额1894万元；出具审计报告和专项审计调查报告170篇。审计处理处罚金额177514万元，其中应上缴财政90797万元、应归还原渠道资金63610万元、应调账处理金额23105万元；移送司法机关、纪检监察机关和有关部门处理事项25件，移送处理金额8461万元。审计促进整改落实有关问题金额122951万元；审计后挽回（避免）损失20682万元；核减投资额20601万元；移送处理落实事项1件。审计提出建议398条；促进被审计单位制定、完善规章制度18项；提交审计信息21篇。

国家重大政策措施落实情况跟踪审计 抽查30个部门、44个单位，涉及资金742.16万元，促进财税、金融、产业、民生、简政放权等政策措施的落实。

财政审计 以本级财政预算执行审计为重点，延伸审查27个部门、单位预算执行情况，促使出台制度10项；开展2016年税收暨非税收入预算执行审计。

经济责任审计 对15个区级部门（镇街）的20名领导干部开展任期经济责任审计，将20篇审计结果报告装入个人廉政档案。

固定资产投资审计 对127个政府投资项目进行竣工结算审计，审减工程投资2.06亿元。

民生资金（项目）审计 开展保障性安居工程跟踪审计，查出主要问题金额70.52万元；开展2014—2016年度教育重点专项资金审计调查，查出主要问题金额1177.32万元。

信息化建设 建成大数据分析室，采集财政一体化、总预算会计、部门决算、资产管理、政府采购、非税收入、公务卡以及工资统发等8个财政业务系统的数据，建立财政审计模型135个、部门审计模型207个、自主模型15个。

内部审计 完成内部审审计项目257个，审计总金额173854.04万元，增收节支860.25万元，提出并被采纳审计建议意见216条。组织259名内部审计人员参加重庆市内部审计协会组织的8个主题班培训，有效提升内部审计人员综合素质。

（撰稿人：陈　琴）

【渝北区审计局】 2017年，渝北区审计局人员编制50人，实有43人。局长李梅，副局长刘晓东（—12月）、曹霞（12月—）、欧林、刘静，纪检组长谢贤友，党组成员张彬，调研员曾泉，副调研员桂木元。设有办公室、法规审理科、整改督查与内部审计管理科、财政审计科、企事业审计科、投资审计科、经济责任审计科、电子数据审计科；下设审计中心（事业单位）。

审计成果 2017年，渝北区审计局完成审计项目339个，专项审计调查项目3个。查出主要问题金额621316万元，其中违规金额36903万元、管理不规范金额584413万元；审计发现非金额计量问题149个；损益（收支）不实金额6727万元；出具审计报告和专项审计调查报告349篇。审计处理处罚金额84342万元，其中应上缴财政26687万元、应减少财政拨款或补贴418万元、应归还原渠道资金6358万元、应调账处理金额50877万元；移送司法机关、纪检监察机关和有关部门处理事项8件，移送处理人员26人，移送处理金额1070万元。审计促进整改落实有关问题金额140619万元；审计后挽回（避免）损失17714万元；核减投资额17676万元。审计提出建议561条；促进被审计单位制定、完善规章制度49项；提交审计信息62篇。向社会公告审计结果1篇、整改结果1篇。

2016年区级部门（单位）预算执行和其他财政财务收支审计项目，被市审计局评为优秀审计项目。

国家重大政策措施落实情况跟踪审计 审计协会商会脱钩、重点项目推进、取消调整行政审批事项和城镇污染治理任务完成等33项政策措施的落实情况，查出非税收入缴库不及时、三环高速公路长寿至合川段未按要求及时启动征地拆迁工作等问题23个。

财政审计 对区级财政、地方税收以及区交委、区委党校、区建委等18个部门单位预算执行情况进行审计。审计揭示预算编制执行及专项资金管理不规范、政府采购执行不到位、资产管理不合规等普遍性的问题。

经济责任审计 对区民政局、回兴街道、团区委等7个单位的党政负责人开展经济责任审计，发现重大决策不规范、国有资产（金）风险、违规自行采购等问题。

固定资产投资审计 完成政府投资建设项目结算审计项目314个，送审金额35.43亿元，审减金额1.82亿元。开展环湖雅居安置房等16个政府投资重点项目的跟踪审计，总投资117.5亿元。出具跟踪审计建议函83份。

企业审计 对创新经济走廊公司、空港物流公司、港建公司等国有企业开展财务收支审计，查出内控管理缺位、投资管理不规范、招商引资扶持资金兑现把控不严等问题。

信息化建设 完善渝北区审计数据管理系统，建立审计数据定期报送机制；完成财政及部门预算执行审计数据分析平台建设，新建审计模型220个。制定《数字化审计和大数据应用实施办法》《审计电子数据管理办法》等规章制度，完善数据安全保密、信息反馈机制，确立“1＋N”的数字化审计模式。

内部审计 推动区政府出台《规范内部审计工作管理的通知》《2017年渝北区内部审计项目计划》，有序推进渝北区内部审计工作建设。区审计局与区政府督查室、区国资办等单位组成联合检查组，对区级部门、镇街、区属国有企业2017年内部审计工作开展情况进行专项检查。渝北区

93个部门单位建立内部审计机构并配备专兼职内部审计人员539人。（撰稿人：邓　豪）

【巴南区审计局】　2017年，巴南区审计局人员编制35人，实有35人。局长罗今成（—4月）、肖秋生（4月—），副局长黄均、苏小平、刘方宇，纪检组长曹际宏，经济责任审计工作联席会议办公室主任李蓉。设有办公室、法规审理科、内部审计管理与整改督查科、财政审计科、企事业审计科、投资审计科、经济责任审计科、电子数据审计科；下设审计中心。

审计成果　2017年，巴南区审计局完成审计项目89个，专项审计调查项目1个。查出主要问题金额1051545万元，其中违规金额119340万元、损失浪费金额39万元、管理不规范金额932165万元；审计发现非金额计量问题124个；损益（收支）不实金额254万元；出具审计报告和专项审计调查报告90篇。审计处理处罚金额157449万元，其中应上缴财政95894万元、应归还原渠道资金11876万元、应调账处理金额49677万元；移送司法机关、纪检监察机关和有关部门处理事项11件，移送处理人员3人，移送处理金额916.84万元。审计促进整改落实有关问题金额141504万元；审计后挽回（避免）损失15516.36万元；核减投资额60483.84万元；移送处理落实事项7件。审计提出建议243条；促进被审计单位制定、完善规章制度14项；提交审计信息30篇。向社会公告审计结果1篇。

2016年度巴南区级财政预算执行和决算（草案）审计、2016年度巴南区级税收收入暨非税收入征管审计、大足区发展改革委重点建设项目管理暨2015年度财政财务收支审计等3个项目，被市审计局评为优秀审计项目。

国家重大政策措施落实情况跟踪审计　对环保及污染防治、取消行政审批事项、民生实事工作目标完成情况等进行跟踪审计，发现34人次重复培训、重复领取培训补贴4.22万元；超标准收取交易服务费11万元；7个主管部门对“先照后证”市场主体后续监管不到位；无依据收费164万元等问题。

财政审计　在对巴南区级财政预算执行和决算（草案）审计中，查出违规和管理不规范金额20.33亿元，其中应上缴财政金额0.61亿元；移送案件线索2件。在2016年度巴南区级税收收入暨非税收入征管审计中，共查出违规和管理不规范金额18.61亿元，移送案件线索3件，已由相关部门作出查处结果2件。

经济责任审计　对15个单位的18名领导干部实施任期经济责任审计，查出违规金额15618万元、管理不规范金额520931万元，上缴财政金额5850万元，移送案件线索3件。6个单位经济责任审计报告被作为人大评议领导干部的重要依据。

固定资产投资审计　完成审计项目54个，审减政府投资60500万元，揭示管理不规范问题12个，移送违法违规线索5件。

信息化建设　创设“审计百度”模块；构建被审计单位资料库、第三方资料库、审计成果资料库、舆情资料库等数据库，提供原始数据分类整理、条件查询功能。

内部审计　完成内部审计项目737个，审计总金额2210076万元，增收节支1243万元，提出建议849条均被采纳。依法开展中介机构出具的相关报告核查，对中介机构存在执业质量问题移送有关部门调查处理，促进内部审计质量的提升。

（撰稿人：涂蕊玲）

【黔江区审计局】　2017年，黔江区审计局人员编制44人，实有40人。局长秦建川，副局长任国林、王明昌、施方林，纪检组长杨春亚，经济责任审计工作联席会议办公室主任石晓红。设有办公室、法规审理科、整改督查与内部审计管理科、重大政策跟踪审计科、财政审计科、企事业审计科、农业与资源环保审计科、投资审计科、经济责任审计科、电子数据审计科；下设审计中心。

审计成果　2017年，黔江区审计局完成审计项目73个，专项审计调查项目1个。查出主要问题金额255849万元，其中违规金额47858万元、损失浪费金额895万元、管理不规范金额207095万元；审计发现非金额计量问题274个；损益（收支）不实金额15383万元；出具审计报告和专项审计调查报告78篇。审计处理处罚金额51460万元，其中应上缴财政29658万元、应归还原渠道资金 1658 万元、应调账处理金额 20143 万元；移送司法机关、纪检监察机关和有关部门处理事项 5 件，移送处理人员 16 人，移送处理金额 6891 万元。审计促进整改落实有关问题金额 37676 万元；审计后挽回（避免）损失 20108 万元；核减投资额 20108 万元；移送处理落实事项 4 件。审计提出建议 223 条；推动被审计单位制定整改措施 160 项，促进被审计单位制定、完善规章制度 8 项；提交审计信息 126 篇。

国家重大政策措施落实情况跟踪审计 审计抽查 48 个部门、37 家企业、17 个项目，涉及财政资金 182791.65 万元。揭示 3 家行业协会商会未及时开展脱钩工作等问题 20 个，出具审计结果通知书 17 份。

财政审计 揭示财税优惠政策执行不合理、部门收入预算编制不合理、国有企业经营管理不善等问题，提出细化预算编制等审计建议。

经济责任审计 对 18 个单位的 35 名领导干部实施任期经济责任审计，涉及违规及管理不规范金额 178337.2 万元，促进被审计单位制定和修改完善制度 5 个。

固定资产投资审计 完成项目 139 个，累计送审金额 207110 万元，核减投资额 20108 万元。

民生资金（项目）审计 对黔江区 2015 年度城镇保障性安居工程进行审计。对黔江区 2014—2016 年度教育重点专项资金开展审计调查，延伸抽查 25 所中小学校，涉及问题金额 2057.49 万元。

企业审计 对黔江区现代农业投资有限责任公司 2016 年度资产负债损益情况进行审计，涉及问题金额 10716.25 万元。

信息化建设 出台《电子数据使用管理暂行办法》等相关制度。组织开展大数据审计运用培训 6 次，选派 8 名审计人员参加市审计局组织的培训，自行组织开展大数据应用培训。

内部审计 指导全区内部审计机构健全完善相关制度规范，牵头举办 1 期内部审计人员培训班。结合审计项目依法对社会中介机构出具的相关报告进行核查。全部内部审计机构实施审计项目 212 个，审计资金总额 267961.31 万元，增收节支 870.81 万元，提出并被采纳审计建议 312 条。经审计建议移送司法机关案件 1 件、涉及 4 人，行政处分 1 人。（撰稿人：王　迪）

【长寿区审计局】 2017 年，长寿区审计局人员编制 44 人，实有 43 人。局长聂华甫，副局长黄忠勇、李敏、舒畅，纪检组长陈湧健，经济责任审计办公室主任邱建斌（3 月—），调研员余永惠，副调研员杨川、周华军。设有办公室、法规审理科、整改督查与内部审计管理科、财政科（重大政策跟踪审计科）、企事业审计科、投资审计科、经济责任审计科（经济责任审计工作联席会议办公室）、电子数据审计科；下设审计中心。

审计成果 2017 年，长寿区审计局完成审计项目 151 个，专项审计调查项目 2 个。查出主要问题金额 325499 万元，其中违规金额 63113 万元、损失浪费金额 963 万元、管理不规范金额 261424 万元；审计发现非金额计量问题 231 个；损益（收支）不实金额 29796 万元；出具审计报告和专项审计调查报告 174 篇。审计处理处罚金额 66606 万元，其中应上缴财政 45953 万元、应减少财政拨款或补贴 86 万元、应缴纳其他资金 10 万元、应调账处理金额 20564 万元；移送司法机关、纪检监察机关和有关部门处理事项 17 件，移送处理人员 9 人，移送处理金额 704 万元。审计促进整改落实有关问题金额 23440 万元；审计后挽回（避免）损失 23055 万元；核减投资额 16556 万元；移送处理落实事项 6 件。审计提出建议 221 条；推动被审计单位制定整改措施 156 项，促进被审计单位制定、完善规章制度 38 项；提交审计信息 64 篇。向社会公告审计结果 2 篇。

国家重大政策措施落实情况跟踪审计 推动重大政策措施落实，运用现代通信技术，发挥大数据分析平台的优势，关注“涉企减负 30 条”政策落实情况、大气污染防治目标任务推进情况等民生实事领域，推动完善区级管理制度 1 项，推动重大项目建设进度 8 项，促进落实简政放权相关措施 3 项。

财政审计 将区级预算执行与税收征管、非税收入、部门预算执行审计紧密结合，开展不同层级的预算执行情况审计，重点关注各部门执行中央八项规定和财政资金经济、环保等方面效用的发挥情况。首次尝试抽调内部审计人员参与国家审计项目。向有关部门移送问题线索 11 件，促进完善管理制度6项，规范财政资金管理34015万元。

经济责任审计 重点从财政财务支出向其背后的经济事项、重大决策等方面深入，完成领导干部经济责任审计项目13个，被审计领导干部19人，查出违规发放津补贴、超职数配备科级领导干部等问题。

固定资产投资审计 开展政府投资项目126个，送审额162042万元，审减投资额16556万元。加强对中介机构的管理，1家机构因报告质量问题被核减审计服务费用10万元。

民生资金（项目）审计 在方法技术、力量整合等方面进行创新，推动重大民生实事落地。开展2个审计项目，揭示贫困学生数据库信息不完整、部分资产未计入固定资产等问题。

企业审计 对全区国有企业进行全面调查，推动全区国有平台公司改革、推动国有企业的规范经营，向区政府上报要情、专报2篇，移送纪检机关问题线索1件。

内部审计 长寿区设有内部审计机构35个，配备内部审计人员106人，完成内部审计项目145个，审计资金29.5亿元，查出违纪违规金额595.26万元、管理不规范金额1.18亿元，实现增收节支305.14万元，提出审计建议199条。

（撰稿人：刘圆圆）

【江津区审计局】 2017年，江津区审计局人员编制52人，实有48人。局长张进洪，副局长陆成林、曹树容、廖胤，纪检组长刘德福，经济责任审计联席会议办公室主任刘燕，副调研员陈家富。设有办公室、法规审理科、监察室、财政审计科、企事业审计科、经济责任审计科、政府投资审计科、整改督查与内部审计管理科、电子数据审计科；下设审计中心。

审计成果 2017年，江津区审计局完成审计项目210个，专项审计调查项目3个。查出主要问题金额395651万元，其中违规金额126097万元、管理不规范金额269554万元；审计发现非金额计量问题214个；出具审计报告和专项审计调查报告215篇。审计处理处罚金额129347万元，其中应上缴财政金额111323万元、应归还原渠道资金885万元、应调账处理金额17139万元；移送司法机关、纪检监察机关和有关部门处理事项11件。审计促进整改落实有关问题金额115113万元，其中增收节支85657万元、已调账处理金额29456万元；审计后挽回（避免）损失17403万元。审计提出建议385条，提交审计信息106篇，被批示、采用76篇。

国家重大政策措施落实情况跟踪审计 重点对下放行政审批权限的落实、深化“放管服”改革、创新驱动发展战略相关政策措施落实、区县行政审批制度改革推进情况以及“涉企减负30条”贯彻落实等情况进行跟踪审计，抽查部门单位44个、企事业单位54个，发现“黄标车”淘汰任务推进严重滞后、重污染企业未按计划完成关闭和搬迁、污水处理设施建设未达序时进度等问题17个，涉及财政资金11380.15万元。

财政审计 查出主要问题金额325636万元，提出审计意见和建议13条。向区人大常委会作审计工作报告，开展问题整改工作，其结果政府重视、人大满意、被审计单位信服。

经济责任审计 对13个单位的36名领导干部开展经济责任审计，发现部分审计对象对资金资产管理不严、项目建设管理不规范、履行财务监管职责不到位等问题，查出违规金额93万元、管理不规范金额26244万元。

固定资产投资审计 完成政府投资建设审计项目191个，审计投资总额368972万元，核减工程造价17139万元。加强中介机构管理，严格中介机构入库。

企业审计 完成1个企业的资产负债损益审计，发现被审计单位存在违规经营、违规出借金额、少计少缴税费、会计信息失真、财务管理薄弱、投资效益差、资产损益不实等问题，查出主要问题金额310万元。

内部审计 全区设有内部审计机构57个，其中专职机构9个；配备内部审计人员270人，其中专职审计人员36人。完成审计项目623个，促进增收节支8086.61万元，提出审计建议356条。

（撰稿人：彭　翔）

【合川区审计局】 2017年，合川区审计局人员编制51人，实有46人。局长屈直，副局长伍振华（—5月）、陈忠、陈余，纪检组长李建忠，调研员李关海，副调研员谭华、李永惠、程倩、邹勇、罗弋奕。设有办公室、法规审理科、整改督查与内部审计管理科、重大政策跟踪审计科、财政审计科、企事业审计科、农业与资源环保审计科、投资审计科、经济责任审计科、电子数据审计科；下设审计中心（事业单位）。

审计成果 2017年，合川区审计局完成审计项目99个，专项审计调查项目2个。查出主要问题金额388275万元，其中违规金额92549万元、损失浪费金额127万元、管理不规范金额295598万元；审计发现非金额计量问题190个；损益（收支）不实金额1075万元；出具审计报告和专项审计调查报告101篇。审计处理处罚金额94780万元，其中应上缴财政52841万元、应减少财政拨款或补贴813万元、应归还原渠道资金24158万元、应调账处理金额16967万元；移送司法机关、纪检监察机关和有关部门处理事项39件，移送处理人员17人，移送处理金额1367万元。审计促进整改落实有关问题金额53069万元；审计后挽回（避免）损失11266万元；核减投资额11265万元；移送处理落实事项21件。审计提出建议146条；推动被审计单位制定整改措施35项，促进被审计单位建立或者完善规章制度17项；提交审计信息21篇。

2016年区级财政预算执行和决算（草案）审计项目，被市审计局评为优良审计项目。

国家重大政策措施落实情况跟踪审计 采取“1＋N”审计模式，抽查30余个部门、20余个企事业单位、10余个项目的政策落实情况，涉及财政资金约3亿元。审计发现乡镇污水处理厂管网工程建设推进滞后等问题22个。

财政审计 开展部门预算执行审计，揭示7个方面的17个问题，发现非金额计量问题8个，查出问题金额10058.83万元，审计处理处罚金额6666.73万元，移送案件线索2件，提出并被采纳审计建议4条。建成联网审计平台和分析模型在审计项目中得到应用。

经济责任审计 运用大数据审计手段对领导干部决策、管理、执行等环节进行综合分析和研判，以审计要情、专报的形式向区委区政府报告机制制度方面存在的漏洞及缺陷。制定《领导干部自然资源资产离任审计及河长制推行审计工作方案》等文件，探索经济责任审计和自然资源资产审计的融合。

固定资产投资审计 完成工程结（决）算审计项目84个，审计金额199073万元，审减工程投资10614万元，移送有关部门处理事项11件。

民生资金（项目）审计 在对合川区2014—2016年度义务教育保障机制、全面改善贫困地区义务教育薄弱学校基本办学条件等资金的专项审计调查中，查出重复发放补助资金61.6万元，58所学校1060.37万元设施设备未入固定资产账。

内部审计 全区共有内部审计机构59个，专兼职内部审计人员266人。完成审计项目494个，审计总金额156832万元，促进增收节支2187万元。

（撰稿人：陈倩云）

【永川区审计局】 2017年，永川区审计局人员编制43人，实有40人。局长龙晓燕，副局长王永群、刘荣，纪检组长杨泽露。设有办公室、法规审理科、整改督查与内部审计管理科、财政审计科（重大政策跟踪审计科）、企事业审计科、投资审计科、经济责任审计科（经济责任审计工作联席会议办公室）；下设审计中心（事业单位）。

审计成果 2017年，永川区审计局完成审计项目144个，专项审计调查项目2个。查出主要问题金额379796万元，其中违规金额154696万元、损失浪费金额135万元、管理不规范金额224965万元；审计发现非金额计量问题259个；损益（收支）不实金额12246万元；出具审计报告和专项审计调查报告146篇。审计处理处罚金额164297万元，其中应上缴财政120914万元、应归还原渠道资金18534万元、应调账处理金额24847万元；移送司法机关、纪检监察机关和有关部门处理事项23件，移送处理人员20人，移送处理金额4120万元。审计促进整改落实有关问题金额69480万元；审计后挽回（避免）损失13583万元；核减投资额47690万元；移送处理落实事项13件。审计提出建议237条；推动被审计单位制定整改措施103项，促进被审计单位制定、完善规章制度49项；提交审计信息156篇。

财政“同级审”项目、区市政局经济责任审计项目，分别被市审计局评为优秀审计项目、优良审计项目。

国家重大政策措施落实情况跟踪审计 助推“涉企减负30条”、行政审批制度改革等重大政策措施落实，促进区政府印发“黄标车”淘汰集中攻坚行动方案、烧结砖瓦企业削减现有产能环保关闭工作实施方案等。

财政审计 实施本级预算执行审计时，同步开展22个部门预算执行审计，重点关注财政资金管理风险和财政管理改革的推进，查出违规金额14.87亿元、管理不规范资金14.06亿元，上缴财政5.13亿元，归还原渠道资金0.34亿元。

经济责任审计 对8个单位的15名领导干部开展经济责任审计，查出违规金额1723万元、管理不规范金额4463万元，提交10篇审计专报、审计要情。在区林业局、镇街经济责任审计中试点自然资源资产和环境保护情况审计。

固定资产投资审计 完成政府投资结（决）算项目80个，其中决算项目4个。送审金额24.60亿元，审减工程造价4.66亿元。完成跟踪审计项目17个，审减或节约建设资金1.74亿元。

民生资金（项目）审计 开展保障性安居工程、教育重点专项资金等行业审计，实施549口山坪塘整治工程的审计调查。

信息化建设 建成数字化审计平台并通过市审计局验收。9人参加市审计局计算机中级培训，全局通过计算机中级水平考试的人员达28人。全面实行无纸化办公。

内部审计 全区设有内部审计机构53个，其中专职机构6个；配备内部审计人员176人，其中专职审计人员38人。完成审计项目268个，促进增收节支11701万元，提出并被采纳建议意见331条。

（撰稿人：李金明）

【南川区审计局】 2017年，南川区审计局人员编制35人，实有34人。局长王连禄（—7月），副局长刘虹（7月—，主持工作）、金华、陈娟，纪检组长娄忠敏，经济责任审计工作联席会议办公室主任王华娟，调研员陈纯秀、余碧容，副调研员唐继伦、尹家琪。设有办公室、政策法规科、财政审计科、行政事业审计科、经济责任审计和内部审计指导科、固定资产投资审计科、经贸审计科、南川区经济责任审计工作联席会议办公室；下设审计中心（事业单位）。

审计成果 2017年，南川审计局完成审计项目121个，专项审计项目1个。查出主要问题金额228679万元，其中违规金额30208万元、管理不规范金额198470万元；审计发现非金额计量问题41个；损益（收支）不实金额484万元；出具审计报告和专项审计调查报告121篇。审计处理处罚金额100138万元，其中应上缴财政29887万元、应归还原渠道资金198万元、应缴纳其他资金4万元、应调账处理金额70047万元；移送司法机关、纪检监察机关和有关部门处理事项1件，移送处理人员1人，移送处理金额91.4万元。审计促进整改落实有关问题金额100138万元；审计后挽回（避免）损失44873万元；核减投资额38169万元。审计提出建议221条；提交审计信息61篇。向社会公告审计结果1篇。

2016年保障性安居工程跟踪审计、对武隆区发展改革系统重点建设项目管理暨2015年度财政财务收支的交叉审计等2个项目，被重庆市审计局评为优秀审计项目。

国家重大政策措施落实情况跟踪审计 抽查部门和单位81个，涉及资金22936.2万元，发现问题23个，提出审计建议21条。

财政审计 开展本级财政预算执行及决算草案审计，纠正不规范金额11.1亿元，收回不能支付的专项资金17.4万元。开展地方税收收入暨非税收入征管情况审计，责成区地税局补收入库税费4306.76万元，相关部门追收非税收入20787.4万元。首次向社会公告预算执行审计情况工作报告。

经济责任审计 对5个单位的7名领导干部开展经济责任审计，查出主要问题金额3329万元，其中管理不规范金额3305万元，促进增收节支1878万元，提出并被采纳的建议意见16条。

固定资产投资审计 完成政府投资建设项目审计81个，核减投资额38169万元，提出并被采纳的建议意见110条。

民生资金（项目）审计 完成南川区2016年城镇保障性安居工程跟踪审计，收回扩大范围使用农改资金94.86万元，收回闲置上级财政资金157.20万元，收回不符合农村危房补助资金85.8万元，收回应退未退保障性住房19套。完成南川区2014—2016年度教育重点专项资金审计，根据市审计局的统一安排，参与完成潼南区 2016 年度扶贫资金交叉审计。

企业审计 完成南川区新城开发有限公司、南川区联航投资开发有限公司的财务收支审计，查出主要问题金额 175 万元，促进整改落实有关问题金额 87 万元。

信息化建设 为确保电子数据安全，配套出台《南川区审计局审计电子数据使用管理操作规程》《南川区审计局审计电子数据保密协议》等 5 项制度。

内部审计 南川全区有专兼职内部审计机构 17 个，审计人员 73 人。完成审计项目 136 个，促进增收节支 681 万元，提出并被采纳的建议意见 208 条。

（撰稿人：罗源棋）

【璧山区审计局】 2017 年，璧山区审计局人员编制 35 人，实有 33 人。局长舒朝勇，副局长杨用明、龚建烈，纪检组长周波（5 月—），经济责任审计工作联席会议办公室主任刘诚，党组成员戴雪平（12 月—），调研员黄志强、周大勇。设有办公室（电子数据审计科）、法规审理科、整改督查与内部审计管理科、财政审计科（重大政策跟踪审计科）、企事业审计科、投资审计科、经济责任审计科（经济责任审计工作联席会议办公室）；下设审计中心（事业单位）。

审计成果 2017 年，璧山区审计局完成审计项目 119 个。查出主要问题金额 860209 万元，其中违规金额 29822 万元、损失浪费金额 3457 万元、管理不规范金额 826929 万元；审计发现非金额计量问题 132 个；出具审计报告 119 篇。审计处理处罚金额 240340 万元，其中应上缴财政 12353 万元、应减少财政拨款或补贴 103 万元、应归还原渠道资金 12031 万元、应调账处理金额 215851 万元；移送司法机关、纪检监察机关和有关部门处理事项 34 件，移送处理人员 27 人，移送处理金额 5052 万元。审计促进整改落实有关问题金额 76293 万元；审计促进拨付资金到位 4878 万元；审计后挽回（避免）损失 37983 万元；核减投资额 8083 万元；移送处理落实事项 31 件；审计提出建议 180 条；推动被审计单位制定整改措施 166 项，促进被审计单位制定完善规章制度 24 项；提交审计信息 189 篇。

璧山区 22 个部门（单位）2016 年度预算执行和其他财政财务收支审计项目，被市审计局评为优良审计项目。

国家重大政策措施落实情况跟踪审计 重点审计区公安局、环保局、水务局等 21 部门贯彻落实国家和地方重大政策措施情况，促进中央和地方有关重大政策措施的落实和整改。

财政审计 开展 2016 年度区本级财政预算执行和编制决算（草案）情况，2016 年地方税收收入暨非税收入征管情况，区公安、水务、城市管理局等 22 个部门（单位）2016 年度预算执行和其他财政财务收支情况审计，查出主要问题金额 840210 万元。

经济责任审计 对 12 个单位的 15 名党政领导干部开展任期经济责任审计，查出主要问题金额 271613 万元，促进增收节支 6288 万元。

固定资产投资审计 完成政府投资建设审计项目 81 个，送审金额 160348 万元，审计核减投资金额 8083 万元。

民生资金（项目）审计 开展涉及民生的专项资金审计项目 2 个，查出主要问题金额 2248.01 万元；审计处理决定应上缴财政 480.21 万元、应减少财政拨款或补贴 79.80 万元、应归还原渠道资金 0.29 万元。

企业审计 完成企业审计项目 9 个，查出主要问题金额 19997 万元，其中财务收支核算不实金额 276 万元、账外资产 125 万元、损失浪费（管理不善）金额 3457 万元、其他金额 16139 万元。

信息化建设 印发计算机审计数据安全、备份、网络、软件管理和责任追究等制度 4 项，为大数据审计工作提供制度保障。全面实现 AO（现场审计实施系统）与 OA（审计管理系统）的交互，推进正版软件使用。编报的数字化审计案例入选审计署素材库，获得审计署数字化审计案例三等奖。

内部审计 全区内部审计机构完成审计项目 239 个，促进增收节支 3887 万元。

（撰稿人：何泽兴）

【铜梁区审计局】 2017 年，铜梁区审计局人员编制 31 人，实有 31 人。局长罗昌西，副局长刘黎、向红、骆辉，纪检组长徐德富，副调研员姚永春、冷华琼、蒲克福。设有办公室（电子数据审计科）、法规审理科、整改督查与内部审计管理科、财政审计科（重大政策跟踪审计科）、企事业审计科、投资审计科、经济责任审计科（经济责任审计工作联席会议办公室）；下设铜梁区审计中心（事业单位）。

审计成果 2017 年，铜梁区审计局完成审计项目 190 个，专项审计调查项目 1 个。查出主要问题金额 1340273 万元，其中违规金额 30736 万元、损失浪费金额 415.87 万元、管理不规范金额 1309121 万元；审计发现非金额计量问题 231 个；损益（收支）不实金额 145 万元；出具审计报告和专项审计调查报告 191 篇。审计处理处罚金额 48568 万元，其中应上缴财政 30575 万元、应归还原渠道资金 49 万元、应调账处理金额 17943 万元；移送司法机关、纪检监察机关和有关部门处理事项 12 件，移送处理人员 2 人，移送处理金额 1452 万元。审计促进整改落实有关问题金额 127645 万元；审计后挽回（避免）损失 17997 万元；核减投资额 17851 万元；移送处理落实事项 2 件。审计提出建议 301 条；推动被审计单位制定整改措施 7 项，促进被审计单位制定完善规章制度 12 项；提交审计信息 85 篇，向社会公告审计结果 1 篇。

国外贷援款审计、2016 年度全市国有企业资产管理情况审计调查等 2 个项目，被市审计局评为优秀审计项目。

国家重大政策措施落实情况跟踪审计 对“涉企减负 30 条”贯彻落实、创新驱动发展战略等政策措施落实情况进行跟踪审计，涉及财政资金 28892.78 万元，发现问题 14 个。

财政审计 完成财政预算执行审计项目 6 个、财政决算审计项目 1 个，查出主要问题金额 834524 万元。

经济责任审计 对 13 个单位的 19 名党政领导干部开展经济责任审计，查出主要问题金额 29294 万元。移送纪检监察机关处理 2 人。

固定资产投资审计 加强重点建设项目审计监督，促进改善政府投资结构，提高政府投资建设质量和水平。开展政府投资审计项目结算审计 163 个，核减投资额 17851.89 万元。

民生资金（项目）审计 围绕征地拆迁资金、教育重点专项资金、农业综合开发专项资金等方面，关注财政专项资金的分配情况及运用成效，开展民生资金审计或者专项审计调查项目 3 个，延伸审计单位 18 个，审计专项资金总额 100020 万元，查出主要问题金额 7691 万元。

外资运用审计 围绕项目建设程序、合同执行、建设管理等内容，对亚洲开发银行贷款重庆市统筹城乡基础建设示范二期项目涪陵区焦大路子项目进行审计。

企业审计 整合审计资源，统筹全局力量，开展区属重点国有企业财务收支情况审计，审计查出主要问题金额 442176 万元。

信息化建设 完成数字化审计分析平台整体数据框架设计，建成数字化审计分析平台，开发数据采集工具，利用该平台开展 15 个单位的预算执行审计和 6 个镇街的财政决算审计。

内部审计 全区设有内部审计机构 46 个，配备内部审计人员 198 人。完成审计项目 681 个，促进增收节支 5615 万元。提出并被采纳的建议意见 1079 条。

（撰稿人：刘 琳）

【潼南区审计局】 2017 年，潼南区审计局人员编制 37 人，实有 32 人。局长杨德海，副局长莫刚、李晓兰、陈建明，纪检组长陈世军，调研员袁成佑，副调研员王劲松、吉永进、黎勋（5 月—5 月）。设有办公室（电子数据审计科）、法规审理科、整改督查与内部审计管理科、财政审计科（重大政策跟踪审计科）、企事业审计科、投资审计科、经济责任审计科（经济责任审计工作联席会议办公室）；下设审计中心（事业单位）。

审计成果 2017 年，潼南区审计局完成审计项目 377 个，专项审计调查项目 1 个。查出主要问题金额 522934 万元，其中违规金额 125177 万元、管理不规范金额 397757 万元；审计发现非金额计量问题 70 个；损益（收支）不实金额 14004 万元；审计发现侵害人民群众利益 10 万元；出具审计报告和专项审计调查报告 383 篇。审计处理处罚金额 137980 万元，其中应上缴财政 122318 万元、应减少财政拨款或补贴 2888 万元、应归还原渠道资金 564 万元、应调账处理金额 12208 万元；移送司法机关、纪检监察机关和有关部门处理事项14件，移送处理人员1人，移送处理金额378万元。审计促进整改落实有关问题金额97270万元；审计促进拨付资金到位15703万元；审计后挽回（避免）损失13389万元；核减投资额10022万元；移送处理落实事项1件。审计提出建议129条；推动被审计单位制定整改措施40项，促进被审计单位制定完善规章制度7项；提交审计信息21篇。向社会公告审计结果2篇。

2016年度区县地方税收收入征管情况审计、2014—2016年度教育重点专项资金审计调查等2个项目，被市审计局评为优秀审计项目。

国家重大政策措施落实情况跟踪审计　对市级重点项目、民生实事等31个方面的政策落实情况开展跟踪审计，确保国家重大政策措施落地生根。

财政审计　完成财政审计项目3个，审计查出违规问题45个，涉及金额485368.64万元，提出审计建议8条。

经济责任审计　对14个单位的18名领导干部开展经济责任审计。就审计发现的违规收取农民建房押金、变相收取农民建房费、村干部挪用公路土地征收补偿款、财务人员大量提现等问题，依法移送区纪检监察机关处理。

固定资产投资审计　完成投资审计项目357个，送审金额11.57亿元，审定金额10.57亿元，审减金额1亿元。

民生资金（项目）审计　完成民生资金（项目）审计4个，发现工程资金拨付不及时、违规审批认定农村危房改造对象、部分保障性住房闲置等问题。就审计发现的部分学校肢解工程规避监管、多结算工程款等问题依法移送区监察局、区教委处理。完成2016年农业综合开发资金审计。

信息化建设　出台《潼南区审计数据定期报送办法》。添置设备存储全区一级预算单位的数据。

内部审计　区内15个主要综合经济管理部门重新设置内部审计机构，新成立的国有集团和传媒集团设置法务审计部。内部审计机构完成投资项目审计复核2项。　（撰稿人：胡妮娜）

【荣昌区审计局】　2017年，荣昌区审计局人员编制37人，实有37人。局长刘定朝，副局长杨勇、杜冬梅，纪检组长邓文成，经济责任审计工作联席会议办公室主任李晓燕，调研员李恭林，副调研员李可农。设有办公室（电子数据审计科）、法规审理科、整改督查与内部审计管理科、财政审计科（重大政策跟踪审计科）、企事业审计科、投资审计科、经济责任审计科、经济责任审计工作联席会议办公室、监察室；下设审计中心。

审计成果　2017年，荣昌区审计局完成审计项目82个，专项审计调查项目2个。查出主要问题金额397574万元，其中违规金额159512万元、管理不规范金额238061万元；审计发现非金额计量问题317个；损益（收支）不实金额566万元；出具审计报告和专项审计调查报告84篇。审计处理处罚金额142944万元，其中应上缴财政123325万元、应归还原渠道资金223万元、应调账处理金额19395万元；移送司法机关、纪检监察机关和有关部门处理事项16件，涉及金额838万元。审计促进整改落实有关问题金额117783万元；核减投资额12789万元。审计提出建议376条；推动完善规章制度16项；提交审计信息7篇。

2015年度财政预算执行和编制决算（草案）情况审计，被市审计局评为优秀审计项目；荣昌区19个部门2015年度预算执行和其他财政收支审计，被市审计局评为优良审计项目。

国家重大政策措施落实情况跟踪审计　重点对行业协会商会脱钩改革、创新驱动发展战略、行政审批制度改革推进、“涉企减负30条”、“黄标车”提前淘汰、清洁生产审核任务等政策措施的贯彻落实推进情况进行审计。

财政审计　组织实施荣昌区级财政预算执行和决算（草案）审计、税收收入暨非税收入征管情况审计、12个区级部门2016年度预算执行及其他财政收支情况审计、11个镇街2016年度财政决算和其他财政收支情况审计，查出问题金额350621.15万元，实现增收节支223974.56万元。

经济责任审计　对区教委等8个单位的15名党政领导干部开展任期经济责任审计，其中同步实施与之相关5个镇街领导人的经济责任审计。审计中结合领导干部自然资源资产离任审计的内容，核查相关干部与行业主管部门签订的目标任务完成情况、自然资源和生态环境执法情况、督察结果整改落实情况等。

固定资产投资审计 组织实施清升镇中心小学新建教学综合楼及附属工程等35个政府投资项目的竣工结算审计，审计投资金额101721.78万元，核减投资额12789.34万元。

民生资金（项目）审计 完成荣昌区2016年城镇保障性安居工程跟踪审计，查出42户不符合条件家庭享受保障性住房待遇等问题。完成荣昌区2014—2016年度教育重点专项资金审计调查，查出问题40个。

企业审计 完成国有企业资产管理情况审计调查、重庆惠荣畜牧集团有限公司2016年度财务收支审计和经济责任审计，促进区政府和国资部门出台规范性文件5个。

信息化建设 归集全区200多个行政事业单位2006年以来的591个账套财务数据、32家区属国有企业2013年以来的财务数据、13个单位30余项业务数据，数据量共1.5TB。

内部审计 荣昌全区设有独立内部审计机构4个，合署办公内部审计机构39个，另有47个单位授权内设机构履行内部审计职责；专职内部审计人员12人，兼职内部审计人员265人。完成审计项目271个，审计总金额192234.43万元，促进增收节支2659.04万元，提出并被采纳的意见建议402条。 （撰稿人：胡乃元）

【开州区审计局】 2017年，开州区审计局人员编制44人，实有38人。局长宋定学；副局长庞辉、姜平、王忠芬，审计中心主任杨全锋。设有办公室、法规审理科、财政审计科（重大政策跟踪审计科）、经济责任审计科（经济责任审计工作联席会议办公室）、投资审计科、企事业审计科、整改督查与内部审计管理科、电子数据审计科；下设审计中心（事业单位）。

审计成果 2017年，开州区审计局完成审计项目217个，专项审计调查项目1个。查出主要问题金额545991万元，其中违规金额178924万元、损失浪费金额49万元、管理不规范金额367018万元；审计发现非金额计量问题248个；损益（收支）不实金额5103万元；出具审计报告和专项审计调查报告221篇。审计处理处罚金额166586万元，其中应上缴财政120462万元、应减少财政拨款或补贴1003万元、应归还原渠道资金18117万元、应缴纳其他资金96万元、应调账处理金额26905万元；移送司法机关、纪检监察机关和有关部门处理事项48件，移送处理人员83人，移送处理金额27786万元。审计促进整改落实有关问题金额69334万元；审计促进拨付资金到位19485万元；审计后挽回（避免）损失20506万元；核减投资额20354万元。审计提出建议340条；推动被审计单位制定整改措施36项；促进被审计单位制定完善规章制度3项；提交审计信息20篇。向社会公告审计结果1篇。

开州区审计局完成的1个审计项目，被市审计局评为优秀审计项目。

国家重大政策措施落实情况跟踪审计 对60个部门（单位）涉及24项重大政策措施落实情况进行跟踪审计，出具审计报告4份，撰写专报3篇、审计信息8篇。

财政审计 完成预算执行及决算草案审计、税务审计等项目55个，延伸审计单位108个，查出主要问题金额285186万元，其中违规金额34766万元、管理不规范金额250420万元。

经济责任审计 对24个部门事业单位、33个乡镇（街道办）的67名领导干部开展经济责任审计，其中党政干部同步审计项目11个。查出主要问题金额70610万元，其中违规金额16784万元、管理不规范金额53825万元；移送公安部门案件线索1件，移送主管部门处理1件。审计提出建议88条；提交审计专报4篇。

固定资产投资审计 完成政府投资审计项目202个，审计投资金额286822.2万元，经审计减少政府投资金额20354万元；完成审计信息69篇，审计专报5篇

民生资金（项目）审计 完成保障性安居工程审计项目1个，出具审计报告1份，查出主要问题金额171万元，其中管理不规范金额171万元。

外资运用审计 按照市审计局的统一安排，对城口县人民医院执行的世界银行贷款重庆市统筹城乡发展与改革试点项目二期截至2016年度的财务收支和项目执行情况进行交叉审计，发现问题7个。

信息化建设 投入资金71.3万元添置高性能数据服务器、NAS网络存储设备等，建立电子数据分析室。完成区本级财政及部门预算执行审计数据分析系统开发。制定《重庆市开州区审计电子数据采集使用管理办法》《定期报送审计电子数据的通知》《数字化审计流程》等文件。

内部审计 安排统筹全区44个内部审计机构171个内部审计项目，报经区政府审批并下发各内部审计单位组织实施。完成审计项目302个，涉及审计总金额694583万元，促进增收节支52601万元，提出并被采纳建议意见443条，内部审计备案报告302份。组织审计法定程序、审计结论性文书、疑点核查等内容的业务培训4次，参加培训的内部审计人员122人次。

（撰稿人：向梦芸）

【梁平区审计局】 2017年，梁平区审计局人员编制37人，实有35人。局长涂善俊，副局长程伟、高保勇、刘坚，纪检组长廖忠文，副调研员孔令。设有办公室（电子数据审计科）、法规审理科、整改督查与内部审计管理科、财政审计科（重大政策跟踪审计科）、企事业审计科、投资审计科、经济责任审计科（经济责任审计工作联席会议办公室）；下设审计中心（事业单位）。

审计成果 2017年，梁平区审计局完成审计项目199个，专项审计调查项目2个。查出主要问题金额556602万元，其中违规金额82141万元、管理不规范金额474460万元；审计发现非金额计量问题92个；损益（收支）不实金额51874万元；出具审计报告和专项审计调查报告198篇。审计处理处罚金额483529万元，其中应上缴财政78178万元、应减少财政拨款或补贴769万元、应归还原渠道资金3230万元、应缴纳其他资金43万元、应调账处理金额401308万元；移送司法机关、纪检监察机关和有关部门处理事项35件，移送处理人员7人，移送处理金额10475万元。审计促进整改落实有关问题金额483529万元；审计后挽回（避免）损失15468万元；核减投资额15453万元；移送处理落实事项23件。审计提出建议110条；推动被审计单位制定整改措施6项；提交审计信息124篇。向社会公告审计结果1篇。

2016年区级财政预算执行和决算（草案）审计项目，被市审计局评为优秀审计项目。

国家重大政策措施落实情况跟踪审计 对市级重点项目、民生实事等方面的政策措施落实情况开展跟踪审计，查出的18个问题被纳入重庆市审计工作情况通报中。

财政审计 完成预算执行及决算草案审计、税务审计等项目，发现违规金额68810万元，审计处理应上缴财政68041万元。促进区政府、区财政局出台《梁平区部门预算零结转管理办法》《梁平区地方政府性债务风险应急处置预案》《梁平区区属国有企业国有资本经营预算管理办法》等规章制度。

经济责任审计 对14个单位的21名领导干部开展任期、离任经济责任审计，重点关注被审计单位在重大经济决策、执行财经政策、国有资产管理、工程项目建设等方面存在的问题，查出主要问题金额1925万元。

固定资产投资审计 完成政府投资建设项目审计140个，送审金额173055万元，审计核减工程款15453万元。对双桂新区、工业园区及重大投资建设等20个项目进行跟踪审计。完成渝万高铁建设征地拆迁补偿资金、梁忠高速公路建设征地拆迁补偿资金等2个审计项目。

民生资金（项目）审计 完成保障性安居工程、2015—2016年度教育系统重点专项资金审计项目。完成2014年至2016年环保基金审计项目，重点抽查畜禽养殖关闭搬迁整治项目，涉及环保基金2572.09万元，占投入使用环保基金3197.53万元的80.44％。

企业审计 完成对4个企业的审计，延伸审计单位3个，查出主要问题金额2528万元。

信息化建设 新建财政和部门预算执行审计模型52个，完成对梁平区级各部门、镇乡2016年度数据的采集，归集2012年至2016年财务数据和业务数据220G。

内部审计 新增内部审计机构21个，增加内部审计人员34人。完成内部审计项目137个，审计总金额达5.9亿元。

（撰稿人：周福娟）

【武隆区审计局】 2017年，武隆区审计局人员编制25人，实有21人。局长龚文，副局长刘太友、谭建梅、谢成甫，纪检组长苏永国，经济责任审计办公室主任蔡洁，副调研员谭明波．设有办公室、政策法规科、财政金融审计科、行政事业和社会保障审计科、农业和资源环保审计科、经济责任审计和内部审计管理科、固定资产投资和外资审计科；下设审计中心（事业单位）。

审计成果 2017年，武隆区审计局完成审计项目49个，专项审计调查项目3个。查出主要问题金额1619018万元，其中违规金额56168万元、管理不规范金额1563027万元；审计发现非金额计量问题183个；损益（收支）不实金额15559万元；出具审计报告和专项审计调查报告55篇。审计处理处罚金额66902万元，其中应上缴财政36045万元、应归还原渠道资金19812万元、应调账处理金额10943万元；移送司法机关、纪检监察机关和有关部门处理事项3件，移送处理人员1人。审计促进整改落实有关问题金额26696万元；审计后挽回（避免）损失10839万元；核减投资额10906万元。审计提出建议146条；提交审计信息67篇。向社会公告审计结果1篇。

国家重大政策措施落实情况跟踪审计 对“涉企减负30条”，扩大就业技能培训等政策措施贯彻落实情况进行审计，揭示企业重复享受财政补贴、农村危险路段安装安全保障设施未达序时进度等问题，相关部门及时整改，并建立相应的机制体制。

财政审计 开展2016年度县级预算执行情况和编制县级决算（草案）审计，对区政府办、区委统战部等11个单位预算执行情况进行审计，查出问题金额68449万元。

经济责任审计 关注领导干部经济责任的履行情况及个人廉政建设情况，对重庆市武隆区档案局、武隆区中医院等11个单位的19名主要领导干部开展经济责任审计，查出违规金额4863万元、管理不规范金额648093万元。

固定资产投资审计 关注政府性建设项目的实施和资金管理情况，对羊角危岩滑坡整体搬迁项目公共建筑工程、2016年抗旱应急引调提水工程等19个民生工程和重点建设项目进行竣工决算审计或者跟踪审计，审计投资额90880万元，核减工程投资金额10908万元。

民生资金（项目）审计 关注惠民政策和惠民资金的落实情况，开展保障性安居工程跟踪审计、全市教育重点专项资金等专项审计调查项目3个，查出问题金额2112万元。

信息化建设 建立数字化审计分析平台，建立审计模型159个，采集各类电子数据43.76GB。通过平台分析数据，发现少缴个人所得税、扩大范围计提住房公积金等问题，强化审计手段。

内部审计 全县设有内部审计机构25个，其中专职机构6个；配备内部审计人员85人，其中专职审计人员17人。完成审计项目213个，审计总金额3408810万元，增收节支3942万元。提出建议意见被采纳130条。

（撰稿人：苏永胜　崔钟云）

【城口县审计局】 2017年，城口县审计局人员编制27人，实有26人。局长王克云，副局长汪元媛、袁齐飞，纪检组长熊学东，经济责任审计工作联席会议办公室主任王旭。设有办公室（挂电子数据审计科牌子）、法规审理科、整改督查与内部审计管理科、财政审计科、经济责任审计科、投资审计科；下设审计中心。

审计成果 2017年，城口县审计局完成审计项目37个，专项审计调查项目1个。查出主要问题金额150702万元，其中违规金额22165万元、损失浪费金额109万元、管理不规范金额128427万元；审计发现非金额计量问题63个；损益（收支）不实金额6046万元；出具审计报告和专项审计调查报告36篇。审计处理处罚金额23845万元，其中应上缴财政11316万元、应调账处理金额12529万元；移送司法机关、纪检监察机关和有关部门处理事项2件，移送处理人员2人，移送处理金额15万元。审计促进整改落实有关问题金额23845万元；核减投资额2449万元；移送处理落实事项2件。审计提出建议104条，促进被审计单位制定完善规章制度2项；提交审计信息5篇。

财政审计 重点对县本级预算执行情况、地方税收管理、部门预算执行及乡镇财政决算情况进行审计。揭示预算管理不规范、违规出借财政资金、未及时征收财政收入等问题，提出细化财政预算管理、盘活财政存量资金、完善政府专项资金管理健全重大政策落实长效机制的意见和建议，促进财政财务管理工作的规范。

经济责任审计 对26名党政主要领导干部及国有企业领导人员实施经济责任审计，查出违规金额16491万元，促进增收节支25万元。提出审计建议35条。

固定资产投资审计 对市政建设、交通道路和基础设施建设等16个县政府重点建设项目开展投资审计，送审金额45387万元，核减投资2449万元；揭示部分工程项目在建设程序、建设管理、工程价款结算、竣工财务决算等方面存在的问题，促使建设单位规范工程项目管理。

信息化建设 建立大数据分析室，收集预算执行、部门预决算、非税收入、工资统发、政府采购、资产管理、总预算会计、外部数据等各个领域原始数据表3226张，建立数据集58个；结合城口县实际，在市审计局要求的300个模型基础上，新建财政审计模型12个、经济责任审计模型12个，大数据分析平台全面建成投用。采取"外聘专家"和"内部培养"相结合的方式，采用边审边学和市审计局挂职锻炼的办法，培养大数据分析人才，组建分析团队。

内部审计 联合县编办、县委组织部等单位，本着应建尽建的原则，在全县各乡镇（街道）、涉财惠农及易出现财务风险的部门和国有企业，建立内部审计机构57个，占应建单位的96.61%。充实配备专兼职内部审计工作人员201人。审计局指导内部审计机构开展审计项目28个，审计总金额38107.05万元，增收节支812.26万元。提出建议意见34条。 （撰稿人：冉　茂）

【丰都县审计局】 2017年，丰都县审计局人员编制40人，实有39人。局长秦宗成（—3月）、汪智洋（3月—），副局长吴小平、熊伟（—4月）、梁军权（5月—），纪检组长陈丽莉，党组成员张增新、张华。设有办公室（电子数据审计科）、法规审理科、整改督查与内部审计管理科、财政审计科（重大政策跟踪审计科）、企事业审计科、投资审计科、经济责任审计科（经济责任审计工作联席会议办公室）；下设审计中心（参公事业单位）。

审计成果 2017年，丰都县审计局完成审计项目146个，专项审计调查项目2个。查出主要问题金额901647万元，其中违规金额321199万元、管理不规范金额580447万元；审计发现非金额计量问题116个；出具审计报告和专项审计调查报告148篇。审计处理处罚金额279852万元，其中应上缴财政264061万元、应归还原渠道资金6759万元、应调账处理金额9032万元；移送司法机关、纪检监察机关和有关部门处理事项11件，移送处理人员27人，移送处理金额11870万元。审计促进整改落实有关问题金额263623万元；审计后挽回（避免）损失8899万元；核减投资额8766万元；移送处理落实事项1件。审计提出建议110条；提交审计信息65篇。向社会公告审计结果2篇。

2015年度县级财政预算执行和编制决算（草案）情况审计、丰都县审计局与重庆市审计中心、城口县审计局共同实施的城口县2015年度扶贫资金管理使用情况审计2个项目，被市审计局评为优秀审计项目。

国家重大政策措施落实情况跟踪审计 抽查26个部门、15个镇街、45个企业、12个行业协会商会、18个建设项目，涉及财政资金60127万元。

财政审计 完成县本级和8个部门单位预算执行、9个镇乡街财政决算审计，揭示在公共财政预算管理、财政资金存量、专项资金管理、税收征管等方面存在的问题。

经济责任审计 对11个单位的20名党政领导干部开展经济责任审计，查出问题金额19887万元，落实被审计对象直接责任26万元、主管责任353万元、领导责任19508万元。针对被审计单位财政、财务收支及资产管理方面存在的问题和薄弱环节，提出审计建议54条。

固定资产投资审计 对99个政府投资项目进行审计，送审金额116047万元，审定价107281万元，核减工程造价8766万元。

民生资金（项目）审计 参与市审计局统一组织的对忠县2016年扶贫资金的交叉审计。在重大政策跟踪审计、财政审计、经济责任审计、政府投资审计中将脱贫攻坚政策措施落实情况和扶贫资金安全、绩效情况作为重要审计内容同部署、同审计，确保扶贫审计全覆盖。开展2015—2016年度农村饮水安全工程建设专项资金审计，查出问题金额1744.20万元，上缴财政87.93万元，归还原渠道资金 114.16 万元。

企业审计 全面调查 6 户重点国有企业，进行解剖分析，查出问题金额 17.31 亿元。

信息化建设 建立符合丰都县实际的政府投资审计综合管理系统。将财政财务审计项目全部纳入信息系统，将审计思路转化为 ER 图，基于后台数据库实现审计模型的定期自动运行。

内部审计 丰都全县有内部审计机构 43 个，内部审计人员 71 人。完成审计项目 123 个，审计总金额 79537.96 万元，促进增收节支 883.31 万元，提出并被采纳建议意见 56 条。

（撰稿人：颜东平　李　勤　江　舟）

【垫江县审计局】 2017 年，垫江县审计局人员编制 18 人，实有 18 人。局长曾庆超，副局长朱华章、周兴福、白云，纪检组长罗志陶，审计中心主任李一奎。设有办公室（电子数据审计科）、法规审理科、整改督促与内部审计管理科、财政审计审计科、企事业审计科、投资审计科、经济责任审计科；下设审计中心（事业单位）。

审计成果 2017 年，垫江县审计局完成审计项目 94 个，专项审计调查项目 2 个。审计查出主要问题金额 267602 万元，其中违纪违规金额 113508 万元、管理不规范金额 154093 万元；审计发现非金额计量问题 159 个；损益（收支）不实金额 1105 万元；出具审计报告和专项审计调查报告 96 篇。审计处理处罚金额 97644 万元，其中应上缴财政 29467 万元、应归还原渠道资金 67138 万元、应调账处理金额 1039 万元。审计促进整改落实有关问题金额 42448 万元；核减投资额 12614 万元。审计提出建议 690 条；推动被审计单位制定整改措施 80 项；提交审计信息、要情 70 篇。

国家重大政策措施落实情况跟踪审计 按照市审计局统一部署，围绕中央和市委市政府出台的政策措施，把促进稳增长等宏观政策措施落实作为工作的重中之重，对全县重点改革专项、投融资体制改革和重点民生实事、重大项目的推进等进行持续跟踪审计并及时向有关部门反馈审计发现的问题，按时上报审计结果。

财政审计 对 14 个部门单位开展预算执行审计，对 1 个乡镇开展财政决算执行审计，查出主要问题金额 135942 万元。对垫江县市政园林管理局 2015—2016 年度清漂保洁专项资金管理使用情况进行审计，审计专项资金总额 200 万元，促进清漂专项资金提高使用效果。

经济责任审计 对 7 个单位的 8 名领导干部开展经济责任审计，查出主要问题金额 103821 万元，其中管理不规范金额 94815 万元。

固定资产投资审计 完成政府投资竣工决算审计项目 71 个，核减项目投资额 12614 万元。印发《垫江县审计局投资审计限时办结管理办法》《垫江县审计局投资审计中介机构派出人员管理办法》。

民生资金（项目）审计 开展保障性安居工程、重庆市教育重点专项资金等审计，其中教育重点专项资金总额 60832.12 万元，促使教育等部门建立健全专项资金长效管理机制，推动贫困地区义务教育发展。

信息化建设 采集 275 个县级预算单位 3 个年度的财务数据，收集 515 个电子数据账套、268 万多条记账凭证，资金收支规模约 501 亿元。编制数据审计模型 432 个，对 275 个单位数据进行查询分析，形成疑点 3 万多个，精确度达 70% 以上。

内部审计 召开全县内部审计工作会议，确定 2017 年度内部审计项目；组织内部审计人员学习《中国内部审计准则》和《重庆市内部审计业务工作规程》；对市政园林局、交委、水务局等部门的内部审计工作进行督导。（撰稿人：郭　娟）

【忠县审计局】 2017 年，忠县审计局人员编制 42 人，实有 37 人。局长成耕耘（—3 月）、易文明（3 月—），副局长肖晓明、范宏、沈仁平，纪检组长王洪春。设有办公室、法规审理科、整改督查与内部审计管理科、财政审计科、企事业审计科、投资审计科、经济责任审计科；下设审计中心。

审计成果 2017 年，忠县审计局完成审计项目 162 个，专项审计调查项目 1 个。查出主要问题金额 918721 万元，其中违规金额 188659 万元、损失浪费金额 1182 万元、管理不规范金额 728879 万元；出具审计报告和专项审计调查报告 164 篇。审计处理处罚金额 211525 万元，其中应上缴财政 62908 万元、应减少财政拨款或补贴 66816 万元、应归还原渠道资金 58456 万元、应调账处理金额 23344 万元；移送司法机关、纪检监察机关和有关部门处理事项 12 件，移送处理人员 23 人，移送处理金额 1501 万元。审计促进整改落实有关问题金额 152440 万元；审计促进拨付资金到位 30119 万元；审计后挽回（避免）损失 18185 万元；核减投资额 19066 万元；移送处理落实事项 10 件。审计提出建议 432 条；促进被审计单位制定完善规章制度 6 项；提交审计信息 33 篇。

2016 年预算执行及决算编制（草案）审计项目，被市审计局评为优秀审计项目。

国家重大政策措施落实情况跟踪审计 每月对“放管服”改革、重大项目推进、生态环保及污染防治等方面进行全过程跟踪审计，发现问题 86 个，提出建议 72 条。

财政审计 完成 2016 县级财政预算执行及决算（草案）编制情况审计、税收暨非税收入征管情况审计、36 个一级预算单位部门预算执行审计。发现在财政政策贯彻执行、政府债务管理、政府采购等 6 个方面存在的违规发放生育津贴、套取专项资金等问题 23 个。关注财政预算定额的科学性，督促县财政调整定额预算标准。

经济责任审计 对 21 名县管领导干部、5 名部门管理领导干部开展经济责任审计，查出管理不规范金额 47820 万元、违规金额 8409 万元，其中应负直接责任金额 1 万元、应负主管责任金额 484 万元、应负领导责任金额 7923 万元。在供销社领导人员经济责任审计项目中发现重大案件线索，移送纪检机关查处副处级干部 1 人、科级干部 1 人。

固定资产投资审计 完成政府投资建设项目审计 511 个、跟踪审计项目 40 个。复核政府投资审计项目 287 个，复核审减 3315 万元。实施投资审计项目“去库存”工作，完成以前年度投资审计项目 240 个。

民生资金（项目）审计 组织完成城镇保障性安居工程、2016 年扶贫资金等专项资金的审计及跟踪审计，查出和纠正违规改变资金用途、应缴未缴专项资金、虚报冒领、项目建设管理等违纪违规问题，提出加强专项资金管理的建议。

企业审计 对丰都县通达公司等 4 个国有企业资产负债情况和损益情况进行审计，揭示融资平台公司资产质量不高、现金流量短缺、偿债能力不足以及在管理、核算和内部控制等方面存在的问题，涉及金额 295873 万元，提出整改建议。

信息化建设 成立信息化建设领导小组，充实大数据分析团队，建立大数据分析室，搭建大数据分析平台，落实市审计局信息化三年计划，审计信息化取得初步成效。建立各种审计模型 500 多个，建立分析平台与审计人员互动交换机制。

内部审计 5 个县级部门和 14 个重点事业单位增设内部审计科，配备专职审计人员；38 个单位和乡镇、街道增加或核定内部审计职责。以实战和专业审计培训的方式，加强对内部审计人员培训，提高工作能力与水平。加强内部审计指导，制定内部审计五年轮审规划，实现内部审计计划统筹管理。

（撰稿人：张永斌）

【云阳县审计局】 2017 年，云阳县审计局人员编制 41 人，实有 36 人。局长秦茂涛，副局长姜翠平、韩家骧、向定成，纪检组长孙毅（—7 月）、蒲庆华（12 月—），经济责任审计办公室主任向兵（12 月—）。设有办公室（电子数据科）、法规审理科、整改督查与内部审计管理科、财政审计科（重大政策跟踪审计科）、企事业审计科、投资审计科、经济责任审计科（经济责任审计工作联席会议办公室）；下设审计中心（事业单位）。

审计成果 2017 年，云阳县审计局完成审计项目 27 个，专项审计调查项目 1 个。查出主要问题金额 601398 万元，其中违规金额 9559 万元、损失浪费金额 76 万元、管理不规范金额 591762 万元；审计发现非金额计量问题 481 个；损益（收支）不实金额 37576 万元；出具审计报告和专项审计调查报告 31 篇。审计处理处罚金额 8044 万元，其中应上缴财政 4464 万元、应减少财政拨款或补贴 3556 万元、应归还原渠道资金 10 万元、应调账处理金额 13 万元；移送司法机关、纪检监察机关和有关部门处理事项 2 件，移送处理金额 6200 万元。审计促进整改落实有关问题金额 313752 万元；核减投资额 4332 万元。审计提出建议 86 条；提交审计信息 98 篇。

云阳镇党委书记镇长任期经济责任审计项目，被市审计局评为优良审计项目。

国家重大政策措施落实情况跟踪审计 对“三去一降一补”、精准扶贫精准脱贫、“放管服”改革、“营改增”减税降费等48项政策措施落实情况进行跟踪审计，助推“放管服”、“黄标车”淘汰等一系列改革政策的落地。

财政审计 开展县本级财政预算执行、地方税收暨非税收入征管情况审计，运用大数据实现对云阳县27个政府组成部门预算执行和42个乡镇（街道）的审计全覆盖，提高审计质量和成效。

经济责任审计 对10个县属部门和乡镇的16名党政主要领导进行经济责任审计。启动领导干部自然资源资产离任审计，抓好离任经济事项交接。

固定资产投资审计 实施竣工决算审计项目10个、政府投资审计项目131个。针对以往投资结算审计中，业主不表态或表态不明确，云阳县审计局从通报审减率入手，倒逼全县各级各部门加强管理和内部审计工作，实现在甲乙双方正式办理结算的基础上开展审计。

民生资金（项目）审计 开展产业发展基金、扶贫资金、土地出让金、保障性安居工程、教育重点专项资金、卫生计生专项资金等民生实事落实情况审计，通过揭示问题，督促整改，保障惠民政策发挥实效。

信息化建设 建成涵盖财政、经济责任、投资等10个子系统的数据分析平台，搭建数据模型600个，健全数据定期报送机制，运用数据分析平台对云阳县属部门和乡镇实行审计全覆盖。实施财政联网审计，关注财政管理的热点、难点、风险点，按季进行分析，实时发现问题，函告县财政部门整改，提高审计效率。

内部审计 加大对内部审计工作的指导和监督力度，印发内部审计工作要点。首次对全县内部审计项目计划进行统筹，由云阳县政府批复并下达各内部审计单位执行。 （撰稿人：李 玲）

【奉节县审计局】 2017年，奉节县审计局人员编制43人，实有41人。局长刘廷权，副局长刘刚、周斌、肖斌。设有办公室（电子数据审计科）、法规审理科、整改督查与内部审计管理科、财政审计科（重大政策跟踪审计科）、企事业审计科、投资审计科、经济责任审计科；下设审计中心（事业单位）。

审计成果 2017年，奉节县审计局完成审计项目53个，专项审计调查项目2个。查出主要问题金额634920万元，其中违规金额33771万元、管理不规范金额601149万元；审计发现非金额计量问题105个；损益（收支）不实金额152万元；出具审计报告和专项审计调查报告55篇。审计处理处罚金额37603万元，其中应上缴财政27367万元、应归还原渠道资金1057万元、应调账处理金额9179万元；移送司法机关、纪检监察机关和有关部门处理事项7件，移送处理金额19500万元。审计促进整改落实有关问题金额53812万元；审计后挽回（避免）损失6947万元；核减投资额7241万元。审计提出建议153条；推动被审计单位制定整改措施126项；提交审计信息1篇。

国家重大政策措施落实情况跟踪审计 按照上级审计机关要求，持续开展简政放权、减税降费、重大项目建设等重点任务的跟踪审计，促进各项政策措施落实落地。

财政审计 实施2016年度市及区县财政预算执行和决算（草案）审计、2016年全市地方税收收入暨非税收入征管情况审计、奉节县10个部门（单位）及10个镇乡（街道）2016年度预算执行和其他财政财务收支审计等3个项目，查出主要问题金额602389万元。

经济责任审计 实施经济责任审计项目8个，涉及领导干部12人，查出主要问题金额5124万元。督促、指导16名领导干部实施离任交接，对全县10个村（社区）干部的经济责任审计和各乡镇（街道）村（社区）经济责任审计工作进行指导。

固定资产投资审计 实施政府投资审计项目36个，送审投资额96376万元，完成投资额89134万元，核减7241万元。

民生资金（项目）审计 在审计署及市审计局统一组织下，实施保障性安居工程跟踪审计、2016年度扶贫资金管理使用情况审计、教育重点专项资金审计调查等3个项目，查出主要问题金额19979万元。

信息化建设 建立健全电子数据动态采集机制，采集100多个部门单位的电子数据；调整优化审计数字化分析团队，提高分析运用能力。

内部审计 全县设有内部审计机构48个，配备内部审计人员239人，其中专职审计人员3人。完成审计项目375个，审计资金总额108412万元，增收节支343.32万元，查出违纪违规金额114.90万元，提出并被采纳建议意见175条。

（撰稿人：雷　丹）

【巫山县审计局】 2017年，巫山县审计局人员编制31人，实有29人。局长熊跃权，副局长唐宇、王世权（6月—）、陆忠贵（6月—）、冯军（—6月），纪检组长王世权（—6月）、陈玲（11月—），经济责任审计办公室主任陆忠贵（—6月）、向天泉（6月—），副调研员王碧、毛勇。设有办公室（电子数据审计科）、法规审理科、整改督查与内部审计管理科、财政审计科（重大政策跟踪审计科）、企事业审计科、投资审计科、经济责任审计科（经济责任审计工作联席会议办公室）；下设审计中心（事业单位）。

审计成果 2017年，巫山县审计局完成审计项目48个，专项审计调查项目4个。查出主要问题金额167748万元，其中违规金额25604万元、损失浪费金额22万元、管理不规范金额142121万元；审计发现非金额计量问题133个；出具审计报告和专项审计调查报告59篇。审计处理处罚金额29614万元，其中应上缴财政20404万元、应减少财政拨款或补贴2990万元、应归还原渠道资金4626万元、应调账处理金额1594万元；移送纪检监察机关和有关部门处理事项11件，移送处理人员9人，移送处理金额640万元。审计促进整改落实有关问题金额6942万元；审计后挽回（避免）损失251万元；核减投资额2564万元；移送处理落实事项6件。审计提出建议68条；推动被审计单位制定整改措施26项，促进被审计单位制定完善规章制度6项；提交审计信息47篇。

巫山县审计局实施的开州区扶贫资金管理使用情况交叉审计项目，被市审计局评为优秀审计项目。

财政审计 完成2016年度巫山县财政预算执行和编制决算（草案）情况审计、2016年度巫山县地方税收收入暨非税收入征管情况审计等项目19个，发现210个问题，查出问题金额144346万元。配合县财政局开展财政预算评审。

经济责任审计 开展乡镇（部门）、村干部经济责任审计项目15个，审计领导干部22人，查出问题金额20197万元，移送处理领导干部2人。

固定资产投资审计 开展投资审计项目16个，送审金额48534万元，审减金额2564万元，查出主要问题金额11138万元。

企业审计 开展企业审计项目2个，揭示挪用项目资金购买理财产品、工程项目管理不规范等需要纠正和改进的问题。

相关工作 配合完成县纪委开展三峡后续工作规划实施项目监督检查，配合县纪委开展扶贫审计整改督查，配合县发改委开展市委巡视问题整改督查。推荐选拔德才兼备的干部到重要岗位任职。派出15人次参加审计相关专业培训，2人到审计署和市审计局锻炼，1人到乡镇挂职；派出3名领导班子成员、3名干部长期参与精准脱贫工作。

内部审计 全县设有专兼职内部审计机构61个，专兼职内部审计人员280人，完成审计项目450个，审计总金额144538万元，促进增收节支434.2万元，提出并被采纳建议意见214条。

（撰稿人：吴运文）

【巫溪县审计局】 2017年，巫溪县审计局人员编制31人，实有31人。党组书记、局长冉立新，党组成员、副局长童清沛、许建川，副局长谭清泉，党组成员、纪检组长姚谊厚，党组成员、经济责任审计联席会议办公室主任冉文宁。设有办公室（电子数据审计科）、法规审理科、整改督查与内部审计管理科、财政审计科（重大政策跟踪审计科）、投资审计科、经济责任审计科（经济责任审计工作联席会议办公室）；下设审计中心。

审计成果 2017年，巫溪县审计局完成审计项目50个，专项审计调查项目1个。查出主要问题金额109031万元，其中违规金额17231万元、管理不规范金额91800万元；审计发现非金额计量问题179个；损益（收支）不实金额3721万元；出具审计报告和专项审计调查报告51篇。审计处理处罚金额42787万元，其中应上缴财政4841万元、应归还原渠道资金26887万元、应调账处理金额11058万元；移送司法机关、纪检监察机关和有关部门处理事项24件，移送处理人员10人，移送处理金额32119万元。审计促进整改落实有关问题金额34476万元；核减投资额4271万元。审计提出建议164条；提交审计信息13篇。

2016年度巫溪县财政预算执行和编制决算（草案）情况审计、胜利乡2015—2016年度财政财务收支审计等2个项目，被市审计局评为优良审计项目。

国家重大政策措施落实情况跟踪审计 开展重大政策措施贯彻落实跟踪审计，抽查42个单位，涉及40个项目，发现问题22个，查出主要问题金额3242.78万元。

财政审计 完成2016年度巫溪县财政预算执行和编制决算（草案）情况审计、2016年度巫溪县地方税收收入暨非税收入征管情况审计。

经济责任审计 对14个部门的22名党政领导干部开展任期经济责任审计。

固定资产投资审计 组织完成政府投资审计项目35个，项目送审金额50964万元，审定金额46138万元，审减金额4826万元，移送问题线索24件。其中巫溪县审计局出具审计报告22篇，审减金额4271万元。

民生资金（项目）审计 完成2016年度保障性安居工程审计、2014—2016年度巫溪县教育重点专项资金审计调查。按照市审计局的统一安排，参与2016年度巫山县扶贫资金管理使用情况交叉审计。

信息化建设 完成大数据分析室和分析平台建设，建立数据分析模型320个，公招1名计算机人才专职负责信息化建设。在预算执行审计中，运用分析平台对78个单位进行集中分析、分散核实，发现财政贴息资金审批不规范、挪用公款等10类问题。

内部审计 新增内部审计机构10个，新增专兼职内部审计人员45人。完成审计项目326个。印发《2017年巫溪县内部审计工作要点》，组织内部审计培训8次，累计培训458人次。

（撰稿人：任　磊）

【石柱土家族自治县审计局】 2017年，石柱土家族自治县审计局人员编制31人，实有28人。局长张平，副局长廖俊忠、向前（—5月）、周巧巧（5月—）、崔林（5月—），纪检组长谭生钊，经济责任审计联席会议办公室主任谭春林，审计中心主任王金宁。设有办公室、政策法规科、督查整改与内部审计管理科、财政审计科、企事业审计科、经济责任审计科、投资审计科以及经济责任审计联席会办公室；下设审计中心。

审计成果 2017年，石柱土家族自治县（以下简称石柱县）审计局完成审计项目229个，专项审计调查项目2个。查出主要问题金额191277万元，其中违规金额96662万元、管理不规范金额104141万元；审计发现非金额计量问题56个；损益（收支）不实金额709万元；出具审计报告和专项审计调查报告245篇。审计处理处罚金额111858万元，其中应上缴财政29795万元、应减少财政拨款或补贴114万元、应归还原渠道资金46474万元、应缴纳其他资金9534万元、应调账处理金额25948万元；移送司法机关、纪检监察机关和有关部门处理事项28件，移送处理人员34人，移送处理金额3072万元。审计促进整改落实有关问题金额102220万元，核减投资额11993万元，移送处理落实事项16件。审计提出建议320条；推动被审计单位制定整改措施162项，促进被审计单位制定完善规章制度45项；提交审计信息19篇。向社会公告审计结果2篇。

国家重大政策措施落实情况跟踪审计 对18个单位进行重大政策落实情况措施跟踪审计，发现问题15个，提出审计整改意见建议21条。

财政审计 完成2016年度石柱县财政预算执行和编制决算（草案）情况审计、2016年度石柱县地方税收收入暨非税收入征管情况审计。

经济责任审计 对17个单位的29名党政领导干部开展经济责任审计；开展4个乡镇党政领导干部自然资源资产的离任审计。查出问题金额14480万元，其中违规金额449万元、管理不规范金额14031万元；领导干部应负直接责任金额14万元、应负主管责任金额900万元、应负领导责任金额13574万元。

固定资产投资审计 完成政府投资项目审计205个，送审金额120606万元，审定金额108613万元，审减金额11993万元。

民生资金（项目）审计 开展保障性安居工

程跟踪审计。实施扶贫审计项目 3 个，抽审扶贫资金量 600.1 万元，抽审 6 个乡镇部门 11 个扶贫项目。开展 2014 年至 2016 年教育专项资金审计调查，审计义务教育保障机制专项经费 23679.25 万元，“全面改薄”专项经费 12274.80 万元。

企业审计 对 62 户国企开展审计调查，揭示国企在监管、经营、核算等方面存在的 5 个大类 16 个问题。

信息化建设 依托财政预算执行审计数据分析平台，进一步建立健全数据采集管理使用制度，当年采集数据 26G，累计达到 170G；当年采集财务账套 606 个，累计达 1065 个；当年建立分析模型 28 个，累计达 301 个，36 个项目实施数据审计。

内部审计 全县建立专兼职内部审计机构 48 个，配备专兼内部审计人员 216 人，完成审计项目 229 个，审计金额 83942.61 万元，促进增收节支 1721.11 万元，提出审计建议 187 条。

（撰稿人：李云泉）

【秀山土家族苗族自治县审计局】 2017 年，秀山土家族苗族自治县审计局人员编制 35 人，实有 27 人。局长雷天军，副局长余秀祥（—11 月）、刘军、张玉芬、杨诚（11 月—），党组成员、纪检组长杨诚（—11 月）、余秀祥（11 月—），经济责任审计工作联席会议办公室主任吴科林（11 月—）。设有办公室（电子数据审计科）、法规审理科、整改督查与内部审计管理科、财政审计科（重大政策跟踪审计科）、企事业审计科、投资审计科、经济责任审计科（经济责任审计工作联席会议办公室）；下设审计中心。

审计成果 2017 年，秀山土家族苗族自治县审计局完成审计项目 128 个，其中审计项目 126 个，专项审计调查项目 2 个。查出主要问题金额 1163986 万元，其中违规金额 155161 万元、管理不规范金额 1008825 万元；审计发现非金额计量问题 213 个；损益不实金额 117 万元；出具审计报告和专项审计调查报告 128 篇。审计处理处罚金额 154612 万元，其中应上缴财政 49172 万元、应归还原渠道资金 105439 万元；移送纪检监察机关和有关部门处理事项 8 件。审计促进整改落实有关问题资金 166257 万元，其中增收节支 166257 万元。审计提出建议 411 条；提交审计信息 64 篇。向社会公告审计结果 2 篇。

2016 年保障性安居工程跟踪审计、2014—2016 年度教育重点专项资金审计、彭水县发展改革委重点建设项目管理及 2015 年度财政财务收支交叉审计等 3 个项目，被市审计局评为优秀审计项目。

国家重大政策措施落实情况跟踪审计 对稳增长、“放管服”改革、企业减负 30 条、“三去一降一补”、生态环境保护等政策措施落实情况进行跟踪审计，揭示未按要求对“僵尸型”社会组织依法予以注销、“黄标车”提前淘汰任务未达到序时进度等问题，相关单位依照审计意见进行严肃整改。

财政审计 对县级财政预算执行和决算（草案）、县地税局 2016 年度税收收入暨非税收入征管情况开展审计，对 12 个部门预算执行情况实施联网审计，查出主要问题金额 223304 万元，针对存在的问题提出审计意见和建议 82 条。

经济责任审计 完成对 11 名主要领导干部任期经济责任审计，查出主要问题金额 40425 万元。强化对领导干部执行财经纪律的监督，为干部管理部门提供考核、评价、监督和使用干部的参考依据。

固定资产投资审计 对 21 个重点项目实施跟踪审计。完成政府投资建设项目审计 103 个，审计政府投资 124185 万元，核减工程价款 12067 万元。对促进政府投资项目规范管理、保证建设资金的安全、合理、有效使用发挥积极作用。

民生资金（项目）审计 开展民生资金审计项目 3 个，查出主要问题金额 9132 万元，提出强化资金管理、提高资金使用效益等审计建议。

企业审计 完成国有企业审计项目 7 个，重点揭示财务管理、重大经济决策和经营管理活动中存在的主要问题、薄弱环节和制度缺陷，促进企业加强管理。

信息化建设 建成县财政及部门预算执行审计数据分析系统和建设工程审计管理系统，建立数据定期报送机制，采集 113 个单位数据 534.9G。

内部审计 全县设有内部审计机构 50 个，配备内部审计人员 186 人，其中专职审计人员 44

人。全县内部审计机构完成审计项目623个，提出审计建议865条，促进增收节支16181万元。

（撰稿人：侯少宏）

【酉阳土家族苗族自治县审计局】 2017年，酉阳土家族苗族自治县审计局人员编制39人，实有34人。局长张鹰，副局长冉鹂霜、倪亚梅，纪检组长梁胜举，副调研员田维君。设有办公室、法规审理科、经济责任审计科、财政审计科、整改督查与内部审计管理科、投资审计科；下设审计中心（事业单位）。

审计成果 2017年，酉阳土家族苗族自治县（以下简称酉阳县）审计局完成审计项目88个，专项审计调查项目1个。查出主要问题金额595505万元，其中违规金额66234万元、管理不规范金额529270万元；审计发现非金额计量问题99个；出具审计报告和专项审计调查报告89篇。移送司法机关、纪检监察机关和有关部门处理事项23件。审计促进整改落实有关问题金额94566万元；审计促进拨付资金到位49551万元；核减投资额4110万元。审计提出建议192条；促进被审计单位制定完善规章制度12项；提交审计信息15篇。

2014—2015年度酉阳县卫生计生重点专项资金审计项目、2016年县级财政预算执行和决算（草案）审计项目，分别被市审计局评为优秀审计项目、优良审计项目。

国家重大政策措施落实情况跟踪审计 对“涉企减负30条”贯彻落实情况、行政许可审批、大气污染防治重点工作目标任务落实情况、重大建设项目进展情况等进行跟踪审计，发现超标准收费、建设项目工作进度滞后、审查项目未及时取消等问题。

财政审计 完成县级财政预算执行和决算（草案）审计，县地税局地方税收征管情况审计以及县农委、县林业局、县水务局、县畜牧产业发展中心等4个涉农惠农部门的预算执行情况。对专项资金使用绩效情况，财政存量资金的管理使用情况，其他财政收支的真实性、合法性、合规性进行审计。

经济责任审计 对19名党政领导干部实施经济责任审计，针对乡镇街道、县级部门、学校等不同审计对象，分别制订审计工作方案，规范被审计领导如何定责，促进责任追究和问责机制的制度完善。

民生资金（项目）审计 开展保障性安居工程跟踪审计、扶贫资金专项审计调查、义务教育保障机制和“全面改薄”资金专项审计调查。

信息化建设 建成数据存储区和数据分析室，完成数据分析平台和财政及部门预算分析子系统300多个审计模型的建设，采集财政及部门指标、预算编制执行等数据20.3G。制定出台《数据中心管理办法》《数据安全保密制度》等内控制度。

内部审计 成立内部审计工作领导小组，各乡镇和县级各部门全面建立健全内部审计组织机构。组织内部审计人员参加市、县内部审计培训154人次，协调县教委等单位20余名内部审计人员参与到国家审计项目，提升内部审计人员的业务能力。

（撰稿人：田　明）

【彭水苗族土家族自治县审计局】 2017年，彭水苗族土家族自治县审计局人员编制31人，实有27人。局长张和奎，副局长廖建华、尤文锋、李昕屿，经济责任审计办公室主任陶红（12月—），审计中心主任周平天（6月—），副调研员陈敬蓉。设有办公室、法规科、经济责任科、财政科、投资科、整改督查与内部审计科等6个科室；下设审计中心。

审计成果 2017年，彭水苗族土家族自治县（以下简称彭水县）审计局完成审计项目124个，专项审计调查项目2个。查出主要问题金额1800895万元，其中违规金额16155万元、损失浪费金额3895万元、管理不规范金额1780845万元；审计发现非金额计量问题601个；损益（收支）不实金额369707万元；审计发现侵害人民群众利益266万元；出具审计报告和专项审计调查报告126篇。审计处理处罚金额36602万元，其中应上缴财政16006万元、应归还原渠道资金140万元、应调账处理金额20455万元；移送司法机关、纪检监察机关和有关部门处理事项21件，移送处理人员66人，移送处理金额4761万元。审计促进整改落实有关问题金额100594万元；移送处理落实事项2件。审计提出建议268条；推动被审计单位制定整改措施52项，促进被审计单位制定完善规章制度 3 项；提交审计信息 92 篇。

2016 年县级财政预算执行和决算（草案）审计项目、卫生计生委主任任期经济责任审计项目，分别被市审计局评为优秀审计项目、优良审计项目。

国家重大政策措施落实情况跟踪审计 对"涉企减负 30 条"、行政许可审批、大气污染防治重点工作目标、重大建设项目进展等政策措施落实情况进行跟踪审计。

财政审计 完成审计或审计调查单位 116 个，查出问题金额 714256 万元，移送问题线索 6 件，提出审计建议 68 条。

经济责任审计 领导干部经济责任审计与自然资源资产审计同步开展，查出问题金额 156510 万元，移送问题线索 9 件，移送问题人员 44 人，提交审计专报 15 篇。

固定资产投资审计 制定投资审计管理制度 9 项，使用中介机构严格管用分离，退出各项议事机构，坚持"五审并举"原则，核减工程价款 22146 万元，移送问题线索 1 件。

企业审计 由局领导任主审，外聘社会审计、内部审计参与，实现县属国有企业审计全覆盖。呈报的审计专报、要情、信息被审计署、市审计局、县委政府采用 9 期。

信息化建设 成功实现与财政内网连接互通，采集数据 380.8G。将大数据运用到多个板块审计工作中，利用信息化技术查出问题金额 521620 万元，为财政增收 17287 万元，发现并移送问题线索 14 件。

内部审计 彭水县委为教委、农委、卫生计生委等部门落实内部审计人员编制 15 人，落实专兼职内部审计人员 91 人，进一步建立健全内部审计机构。全年完成审计项目 201 个，审计总金额 103086 万元，增收节支 1061 万元，提出并被采纳建议意见 107 条。经审计建议移送问题线索 1 件，移送 1 人，被县人民法院判处有期徒刑 6 个月。

（撰稿人：冉仕飞）

【两江新区审计局】 2017 年，两江新区审计局人员编制 5 人，实有 5 人。局长谢毅，副局长裴家勇、盈德华、谢芳，调研员杨清惠。8 月，重庆市审计局增设重庆两江新区审计中心，编制 6 人，实有 3 人。

审计成果 2017 年，两江新区审计局通过借聘用外单位相关专业人员、外聘中介机构参与审计等方式，全年完成审计单位 122 个，其中审计项目 120 个，专项审计调查项目 2 个。查出主要问题金额 1147730 万元，其中管理不规范金额 1147730 万元；审计发现非金额计量问题 384 个；损益（收支）不实金额 2814 万元；出具审计报告和专项审计调查报告 122 篇。审计处理处罚金额 452903 万元，其中应上缴财政 4229 万元、应归还原渠道资金 241 万元、应调账处理金额 448432 万元；移送司法机关、纪检监察机关和有关部门处理事项 6 件，移送处理人员 1 人，移送处理金额 62776 万元。审计促进整改落实有关问题金额 21434 万元；审计后挽回（避免）损失 20484 万元；核减投资额 21081 万元；移送处理落实事项 3 件。审计提出建议 358 条；提交审计信息 6 篇。

龙兴公司龙兴工业园区定向商品房 C 组团（三标段）工程结算审计项目，被市审计局评为优良审计项目。

国家重大政策措施落实情况跟踪审计 抽查 14 个部门、41 个企事业单位、15 个重大建设项目，开展政策措施落实情况跟踪审计，涉及财政资金 31056.75 万元，发现问题 11 个，发出移送通知书 1 份，督促相关部门制定和完善制度 3 项。

财政审计 完成 2016 年度两江新区财政执行和决算（草案）审计，发现问题 10 个，查出管理不规范金额 2.89 亿元，提出审计建议 7 条，移送案件线索 2 件，向新区管委会报送债务信息专报 1 份。

经济责任审计 完成 7 户国有企业 9 名主要责任人的任期经济责任审计，揭示工程建设项目未依法履行公开招投标程序等方面问题 132 个，查出管理不规范金额 135.51 亿元，提出建议 41 条。

固定资产投资审计 通过借聘用外单位相关专业人员、外聘中介机构参与审计项目等方式，完成政府投资审计项目 103 个，送审金额 551040 万元，核定投资金额 529959 万元，核减金额 21081 万元。揭示管理方面的问题 9 个，提出审计建议 150 条，向相关主管部门提出建议函 3 件。

民生资金（项目）审计 完成两江新区

2014—2016 年度义务教育保障机制专项资金审计调查工作、2016 年两江新区保障性安居工程和景观照明提升工程跟踪审计，查出管理不规范金额 1227.48 万元，发现问题 70 个，提出审计建议 65 条。

信息化建设　组建大数据分析室，采集事业单位和企业财务数据和业务数据 10 套。查出政府采购项目存在围标和陪标情况等问题，涉及财政资金 583.73 万元，据此提交大数据分析案例。

（撰稿人：沈　玥）

【万盛经济开发区审计局】　2017 年，万盛经济开发区审计局人员编制 36 人，实有 34 人。局长胡小成，副局长朱启学、唐勇、李曦，纪检组长王英，调研员任永明。设有办公室（电子数据审计科）、法规审理科、整改督查与内部审计管理科、财政审计科（重大政策跟踪审计科）、投资审计科、经济责任审计科（经济责任审计工作联席会议办公室）；下设审计中心（事业单位）。

审计成果　2017 年，万盛经济开发区审计局完成审计项目 47 个，专项审计调查项目 1 个。查出主要问题金额 484830 万元，其中违规金额 25843 万元、管理不规范金额 458987 万元；审计发现非金额计量问题 32 个；损益（收支）不实金额 7220 万元；出具审计报告和专项审计调查报告 50 篇。审计处理处罚金额 70154 万元，其中应上缴财政 25799 万元、应减少财政拨款或补贴 38 万元、应调账处理金额 44315 万元；移送有关部门处理事项 1 件，移送处理金额 4 万元。审计促进整改落实有关问题金额 48770 万元；审计促进拨付资金到位 2110 万元；审计后挽回（避免）损失 876 万元；核减投资额 2944 万元；移送处理落实事项 1 件。审计提出建议 101 条；提交审计信息 73 篇。

国家重大政策措施落实情况跟踪审计　切实关注"涉企减负 30 条"、行政审批制度改革推进、创新驱动发展战略相关政策措施等的贯彻落实情况方面存在的问题，提出建议 5 条。

财政审计　运用大数据筛查疑点、比对分析等手段，发现预算台账与支付系统预算数据不符等问题 23 个，查出应上缴财政资金 18077.45 万元，提出整改意见 9 条。在区级部门 2016 年度预算执行和其他财政收支审计中，审计一、二级预算单位 25 个，发现问题 9 个，提出建议 3 条。

经济责任审计　完成经济责任审计项目 9 个，查出主要问题金额 6776 万元，提出并被采纳审计建议 21 条。

固定资产投资审计　完成审计项目 61 个，审计投资 110643 万元，核减 10634 万元，发现问题 31 个，提出审计建议 22 条，督促被审计单位在工程款支付中扣回应由承建方承担的审计费，节约财政资金支出 13.31 万元。

民生资金（项目）审计　在城镇保障性安居工程跟踪审计中，查出管理不规范金额 105.76 万元、违规金额 72.02 万元，上缴财政 3.3 万元，促进资金拨付到位 105.76 万元，提出建设性意见 3 条。

企业审计　采取统一组织、集中分析、同步实施、购买社会中介机构服务方式，集中开展对 10 户国有企业的审计，发现确认营业外收入依据不充分、往来款项管理不规范、内部往来款不一致、长期待摊费用应分摊而未分摊、重大决策未执行内部集体决议等问题。

信息化建设　推进信息化硬件平台建设和数据采集分析系统建设，开展财政及部门预算大数据审计。根据审计项目实施需要，开发审计全过程跟踪软件，使用办公管理系统。

内部审计　推动 10 个镇街、23 个区级部门、3 个园区管委会、10 个国有平台公司和重点企业建立内部审计机构，配备专、兼职内部审计人员 46 人。完成审计项目 37 个，审计金额 13215 万元，提出建议意见 82 条。　（撰稿人：黄　帅）

2017 年重庆市本级及所辖区、县(市)级审计工作统计表

金额单位:万元

审计机关	完成审计项目(个)	审计查出主要问题金额	审计处理情况					出具审计报告和审计调查报告(篇)	提出审计建议(条)	提交审计信息(篇)
			审计处理处罚				移送处理事项(件)			
			应上缴财政	应减少财政拨款或补贴	应归还原渠道资金	应调账处理金额				
重庆市本级	221	23429948	1052494	1151	219125	237343	130	247	332	150
万州区审计局	157	732686	112948	82	6097	46692	94	157	194	70
涪陵区审计局	145	988035	26087	947	119209	479929	48	143	155	196
渝中区审计局	57	404894	5972		825	5635	12	59	112	9
大渡口区审计局	48	48609	3284		493	1275	11	53	188	56
江北区审计局	97	1502274	180520	72	251893	20608	26	97	146	154
沙坪坝区审计局	31	359793	35297	5979	120439		53	35	111	163
九龙坡区审计局	142	334647	38263	1	93	20903	18	146	122	46
南岸区审计局	53	1205021	16481	7	9826	11422	15	52	152	144
北碚区审计局	91	902005	11917		740	24454	9	95	285	45
綦江区审计局	123	455780	111197		39442	55468	33	126	267	352
大足区审计局	170	273341	90797		63610	23105	25	170	398	21
渝北区审计局	342	621316	26687	418	6358	50877	8	349	561	62
巴南区审计局	90	1051545	95894		11876	49677	11	90	243	30
黔江区审计局	74	255849	29658		1658	20143	5	78	223	126
长寿区审计局	153	325499	45953	86		20564	17	174	221	64
江津区审计局	213	395651	111323		885	17139	11	215	385	106
合川区审计局	101	388275	52841	813	24158	16967	39	101	146	21
永川区审计局	146	379796	120914		18534	24847	23	146	237	156
南川区审计局	122	228679	29887		198	70047	1	121	221	61
璧山区审计局	119	860209	12353	103	12031	215851	34	119	180	189
铜梁区审计局	191	1340273	30575		49	17943	12	191	301	85
潼南区审计局	378	522934	122318	2888	564	12208	14	383	129	21
荣昌区审计局	84	397574	123325		223	19395	16	84	376	7
开州区审计局	218	545991	120462	1003	18117	26905	48	221	340	20
梁平区审计局	201	556602	78178	769	3230	401308	35	198	110	124
武隆区审计局	52	1619018	36045		19812	10943	3	55	146	67

（续表）

审计机关	完成审计项目（个）	审计查出主要问题金额	审计处理情况					出具审计报告和审计调查报告（篇）	提出审计建议（条）	提交审计信息（篇）
			审计处理处罚				移送处理事项（件）			
			应上缴财政	应减少财政拨款或补贴	应归还原渠道资金	应调账处理金额				
城口县审计局	38	150702	11316			12529	2	36	104	5
丰都县审计局	148	901647	264061		6759	9032	11	148	110	65
垫江县审计局	96	267602	29467		67138	1039		96	690	35
忠县审计局	163	918721	62908	66816	58456	23344	12	164	432	33
云阳县审计局	28	601398	4464	3556	10	13	2	31	86	98
奉节县审计局	55	634920	27367		1057	9179	7	55	153	1
巫山县审计局	52	167748	20404	2990	4626	1594	11	59	68	47
巫溪县审计局	51	109031	4841		26887	11058	24	51	164	13
石柱土家族自治县审计局	231	191277	29795	114	46474	25948	28	245	320	9
秀山土家族苗族自治县审计局	128	1163986	49172		105439		8	128	411	64
酉阳土家族苗族自治县审计局	89	595505	72175		107	22473	23	89	192	15
彭水苗族土家族自治县审计局	126	1800895	16006		140	20455	21	126	268	92
两江新区审计局	122	1147730	4229		241	448432	6	122	358	6
万盛经济开发审计局	48	484830	25799	38	1	44315	1	50	101	73

四川省

【四川省审计厅】 2017 年，四川省审计厅人员编制 234 人，其中事业编制 57 人；实有 213 人，其中事业人员 48 人。设有办公室、综合与计划管理处、法规处、内部审计监督指导处（审计执行督查处）、电子数据审计处、财政审计处、行政政法审计处、教科文卫审计处、农业审计处、资源环境审计处、固定资产投资审计处、企业与金融审计处、社会保障审计处、外资运用审计处、经济责任审计处、人事处、离退休人员工作处 17 个内设机构；按省委有关规定设机关党办和驻厅纪检组；下设直属审计机构——直属审计局，以及四川省审计科学研究所、机关服务中心（省审计干部培训中心）、计算机技术中心、政府投资审计中心等 4 个事业单位。

领导成员

厅　　长：黄　河（—1 月）
　　　　　陶志伟（1 月—）
副 厅 长：蔡文强　唐　萍
　　　　　陶志伟（—1 月）
　　　　　廖代永（—2 月）
　　　　　戴华虎（挂职干部）
　　　　　朱大兴（7 月—）
总审计师：康东进
纪检组长：曹晓雪（—5 月）
　　　　　龚　敏（8 月—）
机关党委书记：陈代勇
经济责任审计工作联席会议办公室主任：
　　　　　李文双（6 月—）

巡 视 员：廖代永（2月—3月）

曹晓雪（5月—6月）

副巡视员：青 敏（—7月） 胡 晓

纪检监察员、纪检组副组长、监察室主任：

曾永生（—11月）

审计成果 2017年，四川省审计机关完成审计项目7969个，专项审计调查项目202个。查出主要问题金额29568931万元，其中违规金额1698288万元、损失浪费金额3110万元、管理不规范金额27866953万元；审计发现非金额计量问题17115个；损益（收支）不实金额2423096万元；审计发现侵害人民群众利益765万元；出具审计报告和专项审计调查报告8445篇，被批示、采用223篇。审计处理处罚金额6700345万元，其中应上缴财政1234967万元、应减少财政拨款或补贴478063万元、应归还原渠道资金923404万元、应缴纳其他资金1114517万元、应调账处理金额2949392万元；移送司法机关、纪检监察机关和有关部门处理事项912件，移送处理人员649人，移送处理金额447382万元。审计促进整改落实有关问题金额4032697万元；审计促进拨付资金到位436901万元；审计后挽回（避免）损失1183024万元；核减投资额680998万元；移送处理落实事项126件。审计提出建议17971条，被采纳13171条；推动被审计单位制定整改措施384项，促进被审计单位制定、完善规章制度209项；提交审计信息4645篇，被批示、采用2150篇。向社会公告审计结果839篇。

四川省审计厅实施的四川省国土资源厅厅长任期经济责任审计、成都市审计局实施的成都市规划管理局原局长任期经济责任审计等2个项目，被审计署评为表彰审计项目；四川省审计厅实施的绵阳市本级医疗保险基金审计项目，被审计署评为全国医疗保险基金审计表彰审计项目。

国家重大政策措施落实情况跟踪审计 四川省审计厅先后组织全省审计机关4000多人次，围绕供给侧结构性改革主线，持续跟踪“三大攻坚战”、“三去一降一补”、“放管服”改革和“项目年”活动等重大政策措施落实情况开展审计。会同省政府督查室和有关部门建立全省性整改督查机制，以审计推动工作、以整改促进落地，保障各项重大决策部署落实到位。

财政审计 加大财政存量资金、转移支付、税收征管等审计力度，组织开展预算执行审计、政府性债务风险评估和分级预警专项审计调查，着力推进财政改革，提高财政运行质量。创新审计情况向各级人大常委会报告机制，审计监督与人大监督的结合更加紧密，审计工作普遍得到各级人大充分肯定。

经济责任审计 探索信息化、常态化监督模式，推动经济责任审计脱离“财政财务收支化”“项目化”。各市州审计局开展省管领导干部“跨市交叉审”，问题查核更加深入，对24个县的经济责任审计共移送处理事项106件，是2016年的两倍多。创新审计结果运用方式，省政府办公厅连续两年对经济责任审计中发现的主要问题在全省范围内进行通报；首次联合省委组织部等部门就政府性债务管理问题对20个县政府主要负责同志进行审计约谈；会同省委组织部制定4类干部5张履行经济责任重点风险提示清单。作为领导干部任前谈话学习和干部培训的重要内容，经济责任审计更加紧密地融入干部监管日常工作和从严管党治吏制度机制。扩大领导干部自然资源资产离任审计试点范围，指导有条件的地方开展同步审计的探索。

固定资产投资审计 配合四川省人大常委会及时修正《四川省政府投资建设项目审计条例》，研究草拟《关于进一步完善我省投资审计工作的意见》，确定5个县开展示范试点，推进四川省投资审计转型发展。紧扣省委、省政府“项目年”决策部署，组织全省审计机关对268个重点项目开展审计，代省政府向省人大常委会作专题报告，获得充分肯定。

民生资金（项目）审计 加强民生资金（项目）审计，保障性住房、医保基金审计项目获得审计署表彰，九寨沟地震发生后迅速组织开展救灾款物应急审计，适时谋划部署灾后重建跟踪审计。

采取片区轮审与重点审计相结合、保障资金安全与督促政策措施落地相协调、上下联动与专业融合相协同的“立体化、大格局”组织实施模式，对83个贫困县、72个插花扶贫县和5个脱贫“摘帽”县进行全面审计。首次实现扶贫审计全覆盖，建立与四川省委、省政府精准扶贫精准脱贫决策部署相适应的审计监督机制，为全省打好脱贫攻坚战提供审计保障。

农业与资源环保审计 组织开展大气污染防治专项审计调查，结合经济责任审计和专项审计等项目对水资源保护、土地节约集约利用、矿产开采开发、水污染治理等情况进行重点审计，参与河长制工作，助力打好环境污染治理“三大战役”。四川省人大审议意见对审计职能扩展及成效给予高度肯定，依法“审资源”“审环保”责任的制度环境基本形成，资源环境审计已经成为绿色发展制度机制的重要组成部分。

企业审计 研究草拟《四川省深化国有企业和国有资本审计监督的实施意见》，推动审计监督紧密融入国有企业改革整体布局和管企业、管干部、管资本的制度体系之中。统一组织对20个省属、市属国有企业开展审计调查，审计方式实现“大数据覆盖”揭示部分企业虚增收入、企业职工利用职务或工作便利谋取利益等突出问题，移送后已有近180人受到各种处理，3份专报得到省领导批示，企业审计的成果促成省政府常务会议审议出台4个强化企业监管和风险防范的制度，取得近10多年来企业审计最为明显的成效。

信息化建设 加大数据归集整理力度，与四川省测绘地理信息局签订战略合作协议，与财政、地税、工商等部门建立数据定期报送机制，为审计项目数据查询分析提供基础支撑。打造省市县三级共享的数字化审计平台，在审计项目实施中全面推行数字化审计方式，为现场审计精准导航。在资源环境审计中运用遥感影像、GPS定位系统和无人机开展疑点核实。省审计厅在国务院作出整合政务信息系统的部署后，组织对49个省直部门、部分市级单位开展政务信息系统整合共享情况审计，推动整合一批、清理一批、规范一批信息系统。

党建工作 切实强化思想政治教育，深入推进“两学一做”学习教育常态化制度化，突出抓好党的十九大精神学习宣传贯彻，通过集中学习研讨、领导带头讲党课等形式，教育引导党员干部树牢“四个意识”，自觉在思想上政治上行动上同以习近平同志为核心的党中央保持高度一致。着力加强基层党组织建设。坚持把基层党组织建设作为党建工作的基础性工程，省审计厅制定出台《进一步加强和改进机关党建工作的意见》，对机关党建工作作出全面部署。着力选优配强基层支部班子，扎实开展“五好党支部”创建活动。加强审计组临时党组织建设，审计一线的战斗堡垒更加坚固有力。抽派审计人员参与扶贫、灾后重建、环保督查等专项检查和省委巡视等工作，在推进全面从严治党、强化正风肃纪等方面发挥积极作用。

相关工作 全省审计机关以巡视巡查、外部监督为契机，坚持问题导向，落实主体责任，加强审计队伍建设，着力打造审计铁军。鲜明选人用人正确导向，坚持好干部标准和事业为上，把听取意见与组织意图、民主与集中、集中考察与一贯表现结合起来，完善科学的干部考核评价机制，提高选人用人公信度。严把人员进口关，进一步优化干部队伍的专业、年龄结构。扎实推进职务与职级并行试点工作，充分发挥职级晋升的激励和导向作用。持续加强干部能力建设，完善审计教育培训机制，加大干部上挂下派、轮岗交流力度，在不同专业岗位、大型审计项目和急难险重任务中开展实战锻炼，促进全省审计干部队伍的业务能力和综合素质整体提升。认真落实中央八项规定精神和四川省委省政府十项规定要求，加强对公务接待、用房用车、厉行节约等方面的监督管理和专项督查，扩大审计现场执纪巡查覆盖面，组织全省审计机关开展“两个责任”落实情况、投资审计廉政风险防控情况、审计现场廉政纪律执行情况以及审计外勤经费使用管理情况等专项检（巡）查，增强审计干部的纪律和规矩意识。

（撰稿人：李　历）

【成都市审计局】 2017年，成都市审计局（含下设机构）人员编制157人，实有139人。局长曾军，副局长李永平、何敏、葛云伦、黄少泉（2月—），总审计师邓勉，纪检组长夏邦林（—11月），机关党委书记蒲元和（—7月），经济责任审计局局长张树权（—6月），巡视员蒲元和（7月—），副巡视员陈跃超（7月—）、周世秀（7月—）。设有办公室、法规处、财政审计处、行政政法审计处、教科文卫审计处、农业与资源环保审计处、重点投资项目审计处、企业与金融审计处、社会保障审计处、综合与计划管理处、电子数据审计处、内部审计监督指导处、政策跟踪审计处、人事处；下设经济责任审计局、财政投资和国资投资项目审计中心（事业单位）。

审计成果 2017年，成都市县两级审计机关完成审计项目1877个，专项审计调查项目30个。查出主要问题金额6834211.68万元，其中违规金额277084万元、管理不规范金额6557097.68万元；审计发现非金额计量问题778个；损益（收支）不实金额299823.36万元；审计发现侵害人民群众利益8892万元；出具审计报告和专项审计调查报告1907篇。审计处理处罚金额522759万元，其中应上缴财政72183万元、应减少财政拨款或补贴75462万元、应归还原渠道资金51735万元、应缴纳其他资金100444万元、应调账处理金额250177万元；移送司法机关、纪检监察机关和有关部门处理事项74件，移送处理人员23人，移送处理金额7943万元。审计促进整改落实有关问题金额433922万元；审计促进拨付资金到位776万元；审计后挽回（避免）损失325534.44万元；核减投资额295787.66万元；移送处理落实事项42件。审计提出建议1785条；推动被审计单位制定整改措施284项，促进被审计单位制定完善规章制度179项；提交审计信息618篇。向社会公告审计结果293篇。

成都市规划管理局原局长任期经济责任审计项目，被审计署评为表彰审计项目，被省审计厅评为优秀审计项目；龙泉街办等8个街镇乡2007年1月至2015年6月拆迁资金专项审计调查项目，被省审计厅评为表彰审计项目。

国家重大政策措施落实情况跟踪审计 以供给侧结构性改革为主线，对中小微企业融资、淘汰落后产能、简政放权、“河长制”推行等政策落实情况进行跟踪审计。其中，在清理规范工程建设领域保证金的审计中，查出问题金额39400万元。

财政审计 开展市县两级预算执行、决算草案、税收征管等各类财政审计项目184个，重点关注财政资金统筹使用和绩效情况，揭示收入组织、预算分配、资金绩效、政策目标实现等方面的突出问题，查出主要问题金额3106190.36万元。

经济责任审计 对295名领导干部开展经济责任审计，查出主要问题金额1666542.02万元，其中负有直接责任的问题金额10371万元，提出审计建议669条。编制《领导干部经济责任审计实务操作指南》，解决经济责任审计“审什么”“怎么审”的问题，促进经济责任审计工作规范化、模版化。

在新都区、新津县开展领导干部自然资源资产离任审计试点，对领导干部履行自然资源管理和生态环境保护责任情况进行审计。配合市委办公厅、市政府办公厅制订《成都市领导干部自然资源资产离任审计试点方案》。

固定资产投资审计 开展各类政府投资审计项目1293个，送审金额3717204.34万元，核减投资额289781.4万元。推动废止市政府第123号令《成都市国家建设项目审计办法》。

民生资金（项目）审计 开展“三农”、扶贫、教育、医疗、社保、就业、住房等民生资金审计（项目）48个。持续开展保障性安居工程、五城区“四改六治理”老旧院落改造等审计项目，发现问题金额73300万元，移送违纪违法问题线索7件。

企业审计 开展各类企业审计项目19个，查出主要问题金额397092万元。落实关于深化国有企业和国有资本审计监督的要求，配合市政府办公厅制定《进一步加强市属国有企业审计监督的意见》。

信息化建设 自主研发成都大数据审计分析平台，获得国家版权局颁发的著作权证书，在全市审计系统推广运行。与市财政局、天府新区成都管委会共建成都大数据审计监管中心投入使用。

内部审计 成都全市有1112个单位设立内部审计机构，内部审计人员3730人。

（撰稿人：王小青　刘仁福）

【自贡市审计局】 2017年，自贡市审计局人员编制50人，实有48人。局长何忠，副局长张碧辉、刘同、赵嗣利、罗宏，总审计师杨俊鑫，机关党总支书记郭晋荣。设有办公室、法制科、财政审计科、农业与资源环保（外资）审计科、经济责任审计科、企业审计科、基本建设投资审计科、行政事业审计科、电子数据审计科、审计执行督查科、组织人事科、机关党总支；下设政府投资审计中心（事业单位，编制 8 人，实有 7 人）。

审计成果 2017 年，自贡市县两级审计机关完成审计项目 301 个。查出主要问题金额 630037 万元，其中违规金额 13012 万元、管理不规范金额 617025 万元；审计发现非金额计量问题 481 个；损益（收支）不实金额 9636 万元；出具审计报告和专项审计调查报告 315 篇。审计处理处罚金额 390981 万元，其中应上缴财政 11283 万元、应减少财政拨款或补贴 14671 万元、应归还原渠道资金 241496 万元、应缴纳其他资金 16962 万元、应调账处理金额 106566 万元；移送司法机关、纪检监察机关和有关部门处理事项 36 件，涉及 41 人，金额 983 万元。审计促进整改落实有关问题金额 103962 万元；审计后挽回（避免）损失 22735 万元；核减投资额 12427 万元。审计提出建议 615 条；提交审计信息 298 篇。向社会公告审计结果 24 篇。

自贡市贡井区 2015 年度保障性安居工程跟踪审计项目，被省审计厅评为表彰审计项目。

国家重大政策措施落实情况跟踪审计 分季度组织开展重大政策措施落实情况跟踪审计，推动“项目年”、简政放权等决策部署落实。

财政审计 开展地方财政预决算审计、地税审计、部门预算执行审计、行政事业党群部门财务核算管理规范性专项审计等调查项目 93 个。

经济责任审计 对 1 个区（县）、29 个部门（单位）的领导干部开展经济责任审计。

固定资产投资审计 开展重大政府投资项目跟踪审计、工程竣工结算审计项目 178 个。

民生资金（项目）审计 开展保障性安居工程、扶贫资金等民生项目审计。

农业与资源环保审计 开展自贡市 2016 年城乡集中式饮用水水源地保护情况审计调查。

信息化建设 自贡市政府批转《自贡市联网审计监督试行办法》；创建联网审计监督平台。

内部审计 以自贡市政府办名义出台《关于进一步加强和改进内部审计工作的实施意见》。

（撰稿人：杨　瑶）

【攀枝花市审计局】 2017 年，攀枝花市审计局人员编制 59 人，实有 51 人。局长张雷，副局长程兴国、曾妍妍、汪沛川，总审计师顾民，纪检组长杨兆雄。设有办公室、法规科、内部审计监督指导科、财政审计科、行政事业审计科、农业与资源环保审计科、企业与金融审计科、社会保障与外资审计科、固定资产投资审计科、人事科、经济责任审计分局（挂攀枝花市领导干部经济责任审计联席会议办公室牌子）；下设固定资产投资审计中心。

审计成果 2017 年，攀枝花市县两级审计机关完成审计项目 181 个，专项审计调查项目 21 个。查出主要问题金额 417115 万元，其中违规金额 1471 万元、损失浪费金额 3555 万元、管理不规范金额 412089 万元；审计发现非金额计量问题 307 个；损益（收支）不实金额 37888 万元；出具审计报告和专项审计调查报告 202 篇。审计处理处罚金额 339206 万元，其中应上缴财政 1471 万元、应归还原渠道资金 18471 万元、应缴纳其他资金 74287 万元、应调账处理金额 244977 万元；移送司法机关、纪检监察机关和有关部门处理事项 23 件，移送处理人员 7 人，移送处理金额 3989 万元。审计促进整改落实有关问题金额 150668 万元；审计后挽回（避免）损失 6991 万元；核减投资额 23904 万元；移送处理落实事项 4 件。审计提出建议 647 条；推动被审计单位制定整改措施 15 项，促进被审计单位制定完善规章制度 36 项；提交审计信息 340 篇。向社会公告审计结果 50 篇。

攀枝花市妇幼保健院原院长离任经济责任审计项目，被省审计厅评为表彰审计项目。

财政审计 开展 38 个预算执行情况审计、7 个财政决算审计，查出主要问题金额 330116 万元。

经济责任审计 对 43 名领导干部开展经济责任审计，查出主要问题金额 73186 万元，移送违法违纪线索 14 件，移送处理 6 人。

固定资产投资审计 推进投资审计“三个转变”。攀枝花市政府制定攀枝花政府投资建设项目审计办法，全年核减工程投资额 23904 万元。

民生资金（项目）审计 开展插花贫困地区扶贫资金专项审计、扶贫政策跟踪审计，延伸调查 25 个乡（镇）、189 户贫困户，实现扶贫资金审计全覆盖。对 2016 年攀枝花市本级和 5 个县

（区）的城镇保障性安居工程开展跟踪审计。

（撰稿人：周梦娇）

【泸州市审计局】 2017 年，泸州市审计局人员编制 70 人，实有 54 人。局长龚百川，副局长宋革会、张蓉波（1 月—）、古刚（1 月—）、周习兵（1 月—），总审计师毛能均，纪检组长李发扬（—12 月），机关党委书记古刚（—1 月）、吴念霞（1 月—），经济责任审计分局局长周习兵（—1 月）、蔡浩（1 月—）。设有办公室、政策法规科、内部审计监督指导科、审计执行督查科、财政审计科、行政事业审计科、农业外资审计科、固定资产投资审计科、企业与金融审计科、社会保障审计科、电子数据审计科、人事科、机关党委；下设经济责任审计分局、政府投资审计服务中心和计算机技术中心。

审计成果 2017 年，泸州市县两级审计机关完成审计项目 178 个。查出主要问题金额 1807479 万元，其中违规金额 192191 万元、损失浪费金额 1067 万元、管理不规范金额 1614220 万元；审计发现非金额计量问题 200 个；损益（收支）不实金额 88494 万元；出具审计报告和专项审计调查报告 150 篇。审计处理处罚金额 112682 万元，其中应上缴财政 8940 万元、应减少财政拨款或补贴 8821 万元、应归还原渠道资金 4730 万元、应调账处理金额 61056 万元；移送司法机关、纪检监察机关和有关部门处理事项 38 件，移送处理人员 48 人，移送处理金额 207451 万元。审计促进整改落实有关问题金额 43124 万元，其中增收节支 4287 万元、已调账处理金额 30264 万元；审计促进拨付资金到位 13207 万元；审计后挽回（避免）损失 47313 万元。审计提出建议 284 条，推动完善规章制度 19 项；提交审计信息 90 篇。向社会公告审计结果 19 篇。

叙永县 2014—2015 年乌蒙山片区易地扶贫搬迁和地质灾害避险搬迁安置专项资金审计项目，被省审计厅评为优秀审计项目。

国家重大政策措施落实情况跟踪审计 重点关注“项目投资攻坚年”和精准扶贫精准脱贫、“三去一降一补”等重大决策部署贯彻落实情况，开展跟踪审计。

财政审计 完成预算执行、财政决算等审计和专项审计调查项目 60 个，查出主要问题金额 810002 万元。

经济责任审计 对 38 名党政领导干部开展经济责任审计，查出主要问题金额 514588 万元。

固定资产投资审计 完成计划内政府投资项目审计 80 个，核减投资额（工程款）32867 万元。

民生资金（项目）审计 完成民生审计项目 15 个，查出主要问题金额 66819.63 万元。实现扶贫审计全覆盖。

信息化建设 投入 155.6 万元推进审计信息化建设，初步构建市县计算机联网审计模式。

内部审计 出台内部审计工作相关政策文件 5 个，培训内部审计人员 700 余人。

（撰稿人：先春平）

【德阳市审计局】 2017 年，德阳市审计局人员编制 75 人，实有 66 人。局长向庆田，副局长张泽琴、李晖、杨龙虎，总审计师唐绍银（—11 月），纪检组长段存林，机关党委书记余锡贵。设有办公室、政工人事科、监察室、政策法规科、财政审计科、行政事业和社保审计科、农业和外资审计科、金融和企业审计科、投资审计科、经济责任审计分局；下设德阳市政府投资审计中心和德阳市审计信息管理中心。

审计成果 2017 年，德阳市审计局完成审计项目 62 个，专项审计调查项目 16 个。查出主要问题金额 581572 万元，其中违规金额 12561 万元、管理不规范金额 569010 万元；出具审计报告和专项审计调查报告 85 篇。审计处理处罚金额 65429 万元，其中应上缴财政 3511 万元、应减少财政拨款或补贴 393 万元、应归还原渠道资金 9172 万元、应缴纳其他资金 342 万元、应调账处理金额 52009 万元；移送司法机关、纪检监察机关和有关部门处理事项 8 件，移送处理人员 5 人，移送处理金额 580 万元。审计促进整改落实有关问题金额 61175 万元；审计后挽回（避免）损失 1163 万元；核减投资额 8879 万元；审计提出建议 318 条；推动被审计单位制定整改措施 56 项，促进被审计单位制定完善规章制度 7 项；提交审计信息 258 篇。向社会公告审计结果 21 篇。

德阳市文化广播影视新闻出版局原党组书记、

局长任期经济责任审计项目，被省审计厅评为优秀审计项目。

国家重大政策措施落实情况跟踪审计 对简政放权、“放管服”改革、财政存量资金管理和盘活等政策措施落实情况开展跟踪审计，盘活市财政存量资金14.87亿元。

财政审计 开展市本级和市经济开发区财政预算执行审计、税收征管审计、市本级决算草案审计；对4个部门单位开展预算执行审计。

经济责任审计 明确要求被审计单位将经济责任审计结果和审计发现问题的整改情况纳入民主生活会及党风廉政建设责任制度检查考核的内容。开展村（社区）“两委”换届审计指导工作。开展西昌市委书记、市长自然资源资产责任审计。

固定资产投资审计 做好投资审计“三个转变”和省市重点项目跟踪审计。全面完成“4·20”芦山地震灾后重建援审工作。

民生资金（项目）审计 开展医疗保险基金、保障性安居工程、扶贫资金等的审计和专项审计调查。

其他审计项目 开展金河磷矿2013年至2016年提质增效、市级部门贯彻落实中央八项规定和国务院“约法三章”情况等专项审计调查。

信息化建设 自主开发的政府投资审计业务平台正式运行。 （撰稿人：谢海英）

【绵阳市审计局】 2017年，绵阳市审计局人员编制92人，实有78人。局长王刚，副局长张勇、冯庆友、黎峰（9月—），总审计师康运金，机关党委书记曹蓉，园区经济审计局局长何渝，经济责任审计局局长、经济责任审计联席会议办公室主任刘厚伟。设有办公室、人事科、财政审计科、行政事业审计科、金融与社会保障审计科、农业与资源环保审计科、企业审计科、固定资产投资与外资运用审计科、审计监督科、法规科、经济责任审计局等11个科室单位；下设园区经济审计局、审计信息中心（事业单位）。

审计成果 2017年，绵阳市县两级审计机关完成审计项目528个，专项审计调查项目5个。查出主要问题金额131.03亿元，其中违规金额1.76亿元、损失浪费金额2万元、管理不规范金额129.26亿元；审计发现非金额计量问题893个；损益（收支）不实金额3.65亿元；出具审计报告和专项审计调查报告533篇。审计处理处罚金额7.9亿元，其中应上缴财政1.76亿元、应减少财政拨款或补贴4.14亿元、应归还原渠道资金2494万元、应缴纳其他资金7万元、应调账处理金额1.75亿元；移送司法机关、纪检监察机关和有关部门处理事项94件，移送处理人员57人，移送处理金额5089万元。审计促进整改落实有关问题金额7.88亿元；审计后挽回（避免）损失4.13亿元；核减投资额4.13亿元；移送处理落实事项16件。审计提出建议1167条；提交审计信息201篇。向社会公告审计结果131篇。

绵阳市游仙区2015年至2016年6月医疗保险基金审计项目，被省审计厅评为表彰审计项目。

国家重大政策措施落实情况跟踪审计 完成13个重大政策落实情况跟踪审计项目。审计科研课题《政策措施落实跟踪审计研究》结题。

财政审计 完成市县两级的税收征管和预算执行情况审计。

经济责任审计 完成73名领导干部经济责任审计；完成省审计厅统一安排的巴中市巴州区、宜宾市南溪区主要领导干部经济责任交叉审计。

固定资产投资审计 完成政府投资审计项目184个，游仙区固定资产投资审计“三个转变”示范建设工作取得初步经验。

民生资金（项目）审计 完成保障性安居工程、新农合基金、住房公积金资产负债净资产审计，完成基本医疗保险重复参保问题的专项核查。开展对扶贫政策措施落实情况和扶贫资金的审计。

企业审计 完成企业领导人员经济责任审计2个、企业财务收支审计2个、企业提质增效专项审计调查1个。

信息化建设 绵阳市本级实现AO系统应用全覆盖。建成覆盖所有县市区的财政联网审计平台。

相关工作 落实党建工作责任制和“两个责任”，扎实开展“树标杆·争创一流工作业绩”活动。绵阳市审计局重大政策措施落实情况跟踪审计、扶贫审计、经济责任审计、投资审计等4个单项工作，被省审计厅评为先进单位。

内部审计 完成市审计局与绵阳市内部审计师协会脱钩。推动市人民政府办公室出台《关于进一步加强和改进内部审计工作的实施意见》。

（撰稿人：张一波）

【广元市审计局】 2017 年，广元市审计局人员编制 74 人，实有 68 人。局长周杰，副局长梁义兮（—1 月）、张焕良、昝鹏程、王慧利（12 月—），总审计师韩和林，纪检组长张华潼（—6 月），经济责任审计工作联席会议办公室主任王晓蓉，机关党委书记高明。设有办公室、法规科、内部审计监督指导科、经济责任审计科、财政审计科、行政事业审计科、农业与资源环保审计科、固定资产投资审计科、金融外资运用审计科、企业审计科、社会保障审计科、人事科、监察室、机关党委；下设直属审计分局、审计信息中心、投资审计中心。

审计成果 2017 年，广元市审计局完成审计项目 54 个，专项审计调查项目 2 个。查出主要问题金额 90869 万元，其中违规金额 10936 万元、损失浪费金额 167 万元、管理不规范金额 79765 万元；审计发现非金额计量问题 119 个；损益（收支）不实金额 8851 万元；出具审计报告和专项审计调查报告 61 篇。审计处理处罚金额 47079 万元，其中应上缴财政 1362 万元、应减少财政拨款或补贴 17519 万元、应归还原渠道资金 14767 万元、应缴纳其他资金 549 万元、应调账处理金额 12880 万元；移送司法机关、纪检监察机关和有关部门处理事项 51 件，移送处理人员 138 人，移送处理金额 755 万元。审计促进整改落实有关问题金额 36479 万元；审计促进拨付资金到位 3074 万元；审计后挽回（避免）损失 18022 万元；核减投资额 18497 万元；移送处理落实事项 11 件。审计提出建议 149 条；提交审计信息 50 篇。向社会公告审计结果 20 篇。

广元市本级残保金审计项目，被省审计厅评为表彰审计项目。

国家重大政策措施落实情况跟踪审计 抽查单位及企业 217 个，抽查资金 57.57 亿元，盘活资金近 5 亿元。

财政审计 完成 2016 年度市本级预算执行和其他财政收支审计、市本级税收征管审计；完成 6 个市级部门单位预算执行审计及决算草案审签项目，促进被审计单位制定完善规章制度 23 项。

经济责任审计 完成广元市司法局等 13 个市级部门领导干部的经济责任审计。完成省审计厅统一安排的雅安市芦山县党政领导干部经济责任交叉审计。开展青川县、剑阁县和广元市林业局“一把手”自然资源资产责任审计，其余县区各完成 2 至 3 个乡镇主要领导干部自然资源资产责任审计。

固定资产投资审计 完成“项目年”决策部署推进情况专项审计调查、省市重点建设项目跟踪审计、工程决（结）算审计等项目。协助市政府出台《政府投资建设项目审计办法》。

民生资金（项目）审计 完成对 6 个县区的扶贫资金审计、保障性安居工程跟踪审计、文化体育专项资金审计、基层医疗保险基金和医疗救助资金审计。

外资运用审计 完成世界银行贷款朝天区卫生项目财务决算审计、世界银行贷款朝天区城镇基础设施（第二批次）财务竣工决算审计等项目。

企业审计 开展广元市投资控股（集团）公司、凤台宾馆、广元市中小企业金融服务（集团）有限公司 2016 年度资产、负债和损益情况审计。

信息化建设 强化大数据审计，推进联网审计平台和机制建设，共向省审计厅报送审计信息化应用案例 15 篇、审计信息化应用成果 6 篇。

相关工作 开展“锻造审计铁军”行动，队伍建设取得显著成效；成立资源环境审计、投资审计等科研课题小组；实施审计项目质量提升工程，工作质效明显提升。

内部审计 广元市政府出台《加强和改进内部审计工作的实施意见》，将内部审计工作纳入市委市政府年度综合考核计分事项。全年 7 个市级单位挂牌设立内部审计机构或调整内部审计机构负责部门。

（撰稿人：王银贤）

【遂宁市审计局】 2017 年，遂宁市审计局人员编制 46 人，实有 40 人。局长蔡立春，副局长何玉毅、邓兵、敬杰秀，总审计师杨晓春，经济责任审计分局局长李顺通。设有办公室、人事教育科、法规科、财政审计科、综合信息化建设科、行政事业审计科、社会保障审计科、内部审计监督与外资审计科、农业与资源环保审计科、企业金融审计科、投资审计科、经济责任审计科；

下设政府投资审计中心、电子审计技术中心。

审计成果 2017年，遂宁市县两级审计机关完成审计和专项审计调查项目110个。查出主要问题金额564891万元，其中违规金额6225万元、管理不规范金额558638万元。核减投资额3141万元。审计提出建议意见213条。向社会公布审计结果公告41篇。遂宁市审计局完成审计和审计调查项目25个，查出主要问题金额103380万元、其中违规金额1087万元、管理不规范金额102293万元。核减投资额326万元。审计提出建议意见60条。向社会公布审计结果公告14篇。

乐至县党政主要领导干部经济责任审计项目，被省审计厅评为优秀审计项目；四川大英农村商业银行股份有限公司2015年资产负债和损益审计项目，被省审计厅评为表彰审计项目。

国家重大政策措施落实情况跟踪审计 对遂宁市贯彻落实国家重大政策措施和宏观调控部署情况进行跟踪审计，出具政策跟踪审计报告4期。对遂宁市“项目年”决策部署推进情况进行专项审计调查。

财政审计 市审计局完成2016年度遂宁市本级财政预算执行和决算（草案）编制情况审计。

经济责任审计 按照省审计厅的统一安排，完成达州市开江县委书记任期经济责任的跨市交叉审计。市审计局对遂宁市环保局等5个部门主要领导人实施任期经济责任审计。代遂宁市政府起草《遂宁市领导干部自然资源资产管控责任审计试点实施方案》，对遂宁市船山区、遂宁市林业局作为领导干部自然资源资产管控责任审计和审计调查进行试点。

固定资产投资审计 市审计局完成遂宁市中医院等5个项目的竣工（结）决算审计。

民生资金（项目）审计 将脱贫攻坚作为民生审计的重中之重，审计涉及项目5个，总资金183463.20万元，审计抽查资金81507.78万元，发现问题28个，查出问题金额12789.34万元。开展2016年保障性安居工程审计，涉及棚户区居民11253户、中低收入住房困难家庭23777户，查明至2016年底全市城镇安居工程和农村危房改造项目银行贷款和社会融资余额1087172.95万元。

农业与资源环保审计 完成土地整理项目5个。

外资运用审计 开展德国政府贷款四川林业可持续经营管理项目安居子项目2016年实施以来财务收支和项目执行情况审计。

企业审计 完成遂宁市金盾贸易有限公司、遂宁市驾驶培训服务中心资产负债和损益情况审计。

相关工作 6月和11月组织两期深入开展“两学一做”强化党性教育专题培训班。130人次参加省审计厅及相关院校组织的各类培训。

内部审计 起草并由遂宁市人民政府办公室出台《关于进一步加强和改进内部审计工作的实施意见》。

（撰稿人：张兴隆）

【内江市审计局】 2017年，内江市审计局人员编制52人，实有50人。局长何勇，副局长蔡涤（—5月）、葛明、王应全，总审计师马燕，纪检组长黄京力（—5月）、李永强（10月—），机关党委书记柳大鹏。设有办公室、机关党办、法规科、财政审计科、行政事业审计科、农业与资源环保审计科、固定资产投资审计科、金融审计科、企业审计科、社会保障与外资运用审计科、人事（政工）科、经济责任审计分局；下设投资审计分局、审计信息中心2个事业单位。

审计成果 2017年，内江市县两级审计机关完成审计项目345个。查出主要问题金额1862774万元，其中违规金额96407万元、管理不规范金额1766367万元；审计发现非金额计量问题261个；损益（收支）不实金额47957万元；出具审计报告和专项审计调查报告345篇。审计处理处罚金额191570万元，其中应上缴财政19652万元、应减少财政拨款或补贴40793万元、应归还原渠道资金32132万元、应缴纳其他资金1478万元、应调账处理金额97515万元；移送司法机关、纪检监察机关和有关部门处理事项38件，移送处理金额15449万元。审计促进整改落实有关问题金额191570万元，其中增收节支92588万元；审计促进拨付资金到位79477万元；审计后挽回（避免）损失41026万元。审计提出建议1249条；提交审计信息103篇。向社会公告审计结果107篇。

2015年内江市本级预算执行情况和总决算草

案编制情况审计，被省审计厅评为优秀审计项目。

国家重大政策措施落实情况跟踪审计 围绕供给侧结构性改革主线，持续跟踪审计“三去一降一补”、“放管服”改革和“项目年”决策部署、全面推行河长制等政策措施落实情况，发现问题32个。

财政审计 完成预算执行审计项目52个，财政决算审计项目27个，行政事业单位财务收支审计项目33个，查出问题金额137.28亿元。

经济责任审计 审计领导干部57人，其中任中审计46人、离任审计11人。深化领导干部经济责任与选人用人、执行机构编制责任的“三责联审”模式，开展一级廉政风险岗位抽查审计。

固定资产投资审计 完成竣工决算和概预算审计项目207个，核减投资额4.21亿元。

民生资金（项目）审计 对内江市5个插花扶贫县（市、区）开展扶贫资金专项审计。完成2016年保障性安居工程跟踪审计、医疗保险基金审计。

外资运用审计 完成世界银行贷款四川小城镇发展项目资中县重龙镇北外环线建设工程子项目审计。

内部审计 全市内部审计机构增至172个，有内部审计人员616人，全年完成审计项目1494个，促进增收节支2751万元。

相关工作 内江市审计局被省审计厅评为2016年度宏观政策措施落实情况跟踪审计项目优秀单位、2017年度县（市、区）党政主要领导干部经济责任审计先进单位。 （撰稿人：林智明）

【乐山市审计局】 2017年，乐山市审计局人员编制69人，实有59人。局长周明德（—9月）、黄国兵（9月—），副局长宋红玢（—11月）、何振华、王河川（3月—）、金中强（8月—），总审计师何棱，纪检组长雷邦军（—10月），机关党委书记金中强（—7月）、郑祝彬（7月—）。设有办公室、法规科、综合科、财政审计科、电子数据审计科、行政事业审计科、社保审计科、固定资产投资审计科、农业与资源环保审计科、企业金融与外资审计科、乐山市经济责任审计分局、监察室；下设事业单位政府投资审计中心（乐山市审计信息化中心）。

审计成果 2017年，乐山市县两级审计机关完成审计项目251个。查出主要问题金额1189972万元，其中违规金额215409万元、管理不规范金额974563万元；损益（收支）不实金额104812万元；出具审计报告和专项审计调查报告262篇。审计处理处罚金额198452万元，其中应上缴财政3893万元、应减少财政拨款或补贴8697万元、应归还原渠道资金52804万元、应调账处理金额69189万元；移送司法机关、纪检监察机关和有关部门处理事项55件。审计促进整改落实有关问题金额75943万元，其中增收节支34330万元、已调账处理金额37861万元；审计促进拨付资金到位4041万元；审计后挽回（避免）损失41869万元。审计提出建议869条；提交审计信息144篇。向社会公告审计结果47篇。

中共乐山市委党校常务副校长任期经济责任审计项目，被省审计厅评为表彰审计项目。

国家重大政策措施落实情况跟踪审计 市县两级审计机关围绕供给侧结构性改革，对扶贫攻坚、“营改增”、“放管服”、河长制等国家重大政策措施和省、市重点项目开展跟踪审计，抽审项目186个，抽审资金117.15亿元。

财政审计 完成市、县两级财政预算执行和财政运行情况审计，通过审计收回应上缴财政2784万元，加快财政资金拨付到位4041万元，促进债务结构优化5.9亿元。

经济责任审计 落实“护根”行动（拔烂根、治病根、理乱根、育新根）要求，对52名领导干部实施经济责任审计，发现领导干部应直接承担责任问题7个，涉及金额330.58万元；应负主管责任问题35个，涉及金额2.72亿元；发现违法违纪线索19件，移送纪委15件，移送经侦部门1件。开展自然资源资产离任审计专题培训，培训审计骨干45人，为推开自然资源资产离任审计打下基础。乐山市审计局被省审计厅评为2017年度经济责任审计先进单位。

固定资产投资审计 对概算总投资为25.69亿元的330个政府投资项目进行竣工结（决）算审计和专项审计调查，核减工程结算不实金额3.06亿元。

民生资金（项目）审计 对11个区市县2016年扶贫资金进行专项审计，共审计扶贫项目181

个，扶贫资金 20.93 亿元，查出违规金额 2.5 亿元。对 11 个区县和乐山市本级 2016 年保障型安居工程实施跟踪审计。

企业审计 开展 2016 年确定的 144 户国有企业审计调查。对 4 户国有企业进行审计，提出审计建议 73 条，推进乐山市属国有企业规范管理。

信息化建设 上报省审计厅审计信息化应用案例 15 个，《审计成果利用 VBA 编写自动完成数据分项复制》案例获省审计厅表彰。

相关工作 深入学习贯彻党的十九大精神，加强审计队伍政治、作风、党风廉政建设。全市审计系统集中开展党课辅导 20 余场次，培训干部职工 490 余人次。 （撰稿人：郑 伟）

【南充市审计局】 2017 年，南充市审计局人员编制 69 人，其中事业编制 19 人；实有 64 人，其中事业编制 17 人。局长陈勇，副局长张彦、王天配（—3 月）、陆斌，总审计师岳有普，经济责任审计分局局长陈长清。设有办公室、人事科、法规科、财政审计科、农业与资源环保审计科、行政事业审计科、社会保障审计科、金融外资审计科、企业审计科、固定资产投资审计科、内部审计监督指导科、经济责任审计办公室、政策措施落实跟踪审计科、审计计划综合及审计结果执行科 14 个内设机构；下设政府投资审计中心、审计信息技术服务中心 2 个事业单位。

审计成果 2017 年，南充市审计局完成审计和审计调查项目 85 个。查出问题金额 42.25 亿元，审计处理后，促进增收节支 1.94 亿元，帮助被审计单位和有关单位挽回或避免损失 1.11 亿元，核减投资额 1.09 亿元；审计移送处理事项 18 件，给予党纪政纪或组织处理 89 人次。提出并被采纳的审计建议 118 条。

南充市审计局组织实施的四川仪陇农村商业银行股份有限公司 2015 年资产负债和损益审计项目，被省审计厅评为优秀审计项目。

国家重大政策措施落实情况跟踪审计 抽查部门单位 124 个、延伸调查企业 183 户，涉及财政资金 60.54 亿元；揭示各类问题 106 个，促进 15 个重大项目加快实施进度，推动加快财政资金拨付 8.87 亿元，督促清退违规收取保证金 384 万元；规范行政审批类事项 15 项、促进清理或取消 4 项。

财政审计 对 3 个单位预算执行情况进行审计，对 11 个单位的部门决算（草案）的编制情况进行审签。

经济责任审计 对 3 名市级部门单位主要领导干部、2 名县级法检“两长”、1 名中学校长和 1 名市属重点企业领导人员实施经济责任审计。

固定资产投资审计 完成投资结（决）算审计项目 59 个，核减不实造价 1.57 亿元，出具审计报告和认定书 59 份，提出审计建议 27 条，出具审计建议书 2 份。

民生资金（项目）审计 对 169 个村的 601 户农村危房改造家庭、70 个安居工程项目、40 个定点医疗机构、22 个药品医疗器械经营企业进行专项审计调查，对发现和揭示的问题依法依规进行处理。审计报告得到南充市委市政府领导的重视，在全市开展集中整治行动。对 9 个县（市、区）实施扶贫审计全覆盖，对 78 个部门（单位）的定点帮扶情况开展专项审计调查。

相关工作 南充市审计局被省审计厅评为优秀单位；宏观政策措施落实情况跟踪审计、扶贫资金审计、信息宣传 3 个单项被省审计厅评为先进。南充市审计局被市委市政府评为扶贫工作优秀帮扶单位，下派到顺庆区长远沟村任第一书记的陈怡帆被省委省政府评为优秀“第一书记”。

（撰稿人：梁津棣）

【眉山市审计局】 2017 年，眉山市审计局实有人员 71 人。局长杨志忠，副局长张征、刘志勇，党组成员李建辉，总审计师张亚平。设有办公室、固定资产投资分局、经济责任审计一科、经济责任审计二科、财政审计科、金融审计科、行政事业审计科、企业审计科、农业审计科、资源环境审计科、社会保障审计科、法制科、人事监察科，内部审计管理科；下设直属分局、电子数据审计中心 2 个事业单位。

审计成果 2017 年，眉山市审计局完成审计项目 59 个。查出主要问题金额 1040046 万元；出具审计报告和专项审计调查报告 69 篇；移送司法机关、纪检监察机关和有关部门处理事项 21 件。以审计专报、审计信息等形式上报信息 97 篇，被审计署采用 8 篇、四川省政府办公厅采用 1 篇、省审计厅采用31篇，得到市委市政府领导肯定性批示52次。

国家重大政策措施落实情况跟踪审计 抽查相关单位162个，发现问题9个，促进财政资金统筹使用和重点资金到位1022万元。

财政审计 完成预算执行审计项目8个，查出主要问题金额357500万元；完成财政决算审计项目8个，查出主要问题金额549994万元；查出地税机关问题金额总计938万元。

经济责任审计 对84名领导干部开展经济责任审计，其中审计县级领导干部8人。查出违规金额4877.67万元、管理不规范金额130261.75万元。

固定资产投资审计 完成60余个市级财政投资项目的审计，核减投资额74200万元。推进投资审计“三个转变”，出台《眉山市政府投资建设项目审计办法》和《眉山市政府投资项目购买社会审计服务管理办法》，对中介机构参与投资审计实行选、用、管三分离。

民生资金（项目）审计 完成城镇职工基本医疗保险基金审计项目1个，查出问题金额6259万元。完成扶贫攻坚工作审计调查项目1个，查出问题金额142.25万元。完成保障性安居工程跟踪审计项目1个，查出问题金额12261.28万元。

相关工作 举办2017年审计机关领导干部读书班，集中讨论学习党的十九大精神；邀请南京审计大学2位教授来眉山授课。眉山市审计局被省审计厅评为优秀单位；宏观政策措施落实情况跟踪审计、经济责任审计、信息宣传3个单项工作被省审计厅评为先进单位。

内部审计 加强对内部审计工作的指导，增设内部审计管理科。起草并由眉山市政府办公室印发《关于进一步完善内部审计制度的意见》。公开遴选15家社会审计中介机构作为眉山市内部审计协审单位，向眉山市级部门、单位印发《眉山市审计局关于购买内部审计协审单位审计服务的指导意见》。

（撰稿人：杨杰丽）

【宜宾市审计局】 2017年，宜宾市审计局人员编制64人，实有58人。局长杨发成，副局长肖军、许波、何胜伟，总审计师邓维莲，经济责任审计分局局长魏伟，机关党总支书记何钦元，副调研员孙蓉。设有办公室、人事科、综合与计划管理科、政策法规科、财政审计科、经济责任审计科、企业与金融审计科、行政事业审计科、社会保障审计科、农业与资源环保外资审计科、固定资产投资审计科、投资审计中心和审计信息中心。

审计成果 2017年，宜宾市县两级审计机关完成审计项目417个。整改落实问题金额62495万元，促进财政增收节支53041万元，促进资金拨付到位3322万元，挽回和避免损失21978万元，审减投资额29199万元；向司法、纪检、监察和有关部门移送审计事项128件，1人被追究刑事责任，33人受到党纪政纪处分，43人受到其他相应处理。向宜宾市委市政府和有关部门提交报告、信息、建议等1359篇次；被批示采用854篇次；促进被审计单位建章立制19项。向社会公告审计结果90篇。

屏山县书记县长经济责任审计项目，被省审计厅评为优秀审计项目。

国家重大政策措施落实情况跟踪审计 分四个季度，对国定贫困县扶贫资金项目、城镇保障性安居工程、财税政策、精准扶贫精准脱贫、“项目年”决策部署推进情况、“三公”经费及中央八项规定执行情况、“放管服”改革推进落实情况和供给侧结构性改革情况等实施审计。

财政审计 组织市县两级审计机关同步开展财政预算执行和其他财政收支情况审计，完成11个宜宾市直部门单位预算执行审计和财务决算审签，对宜宾市本级和3区1县政府性债务、3个县16个煤矿关闭奖补资金、7个县（区）工业发展专项资金等实施审计或专项审计调查。

经济责任审计 完成14名县处级领导干部、32名乡科级领导干部、4名国有企业领导人员和114名村“两委”负责人的经济责任审计；市委组织部对4名被审计领导干部进行谈话提醒，宜宾市政府办对13名领导干部经济责任审计发现问题进行全市通报。按照省审计厅的统一安排，完成对资阳市雁江区书记区长经济责任的跨市交叉审计。协助市委办公厅、市政府办公厅印发《关于开展地方党政主要领导干部自然资源资产离任审计试点工作的实施意见》；协助市依法治市领导小组印发《宜宾市党政领导干部任期法治责任制和离任法治审计制实施办法（试行）》。制定《宜宾市党政主要领导干部和国有企业领导人员经济责任审计结果运用办法（试行）》。

固定资产投资审计 对长江生态综合治理等3个省市重点政府投资建设项目实施审计；对宜昭高速及绕城西段政府性补贴资金使用情况等18个项目开展监督检查。

民生资金（项目）审计 组织市县两级审计机关对1个国家级贫困县、4个省级贫困县和5个插花贫困县实施扶贫审计。完成10个县（区）2016年城镇保障性安居工程跟踪审计，启动2017年城镇保障性安居工程跟踪审计和长江经济带生态环境保护交叉审计。

制度建设 协助市委市政府办公厅印发《关于认真落实〈四川省贯彻关于完善审计制度若干重大问题的框架意见〉实施方案的意见》《关于进一步加强和改进内部审计工作的通知》。

（撰稿人：李常亮）

【广安市审计局】 2017年，广安市审计局人员编制45人，实有41人。局长李茂军，副局长黎毅翔、蒋锡德、唐思平，总审计师蔡曦，经济责任审计分局局长符家果，机关党委书记熊凤梅（10月—）。设有办公室、人事科、政策法规科、综合与计划管理科、财政金融审计科、行政政法审计科、教科文卫审计科、农业与资源环保审计科、固定资产投资与外资运用审计科、经贸审计科、社会保障审计科、经济责任审计分局；下设政府投资审计中心、审计信息中心2个事业单位。

审计成果 2017年，广安市县两级审计机关完成审计项目518个，专项审计调查项目1个。查出主要问题金额1369408万元，其中违规金额76206万元、损失浪费金额646万元、管理不规范金额1292556万元；审计发现非金额计量问题432个；损益（收支）不实金额365904万元；出具审计报告和专项审计调查报告564篇。审计处理处罚金额176275万元；移送纪检监察机关和有关部门处理事项101件，涉及81人、101175万元，处理落实76件。审计促进整改落实有关问题金额161095万元；促进拨付资金到位81万元；挽回（避免）损失41580万元。审计提出建议1025条；推动被审计单位制定整改措施420项，制定完善规章制度238项；提交审计信息268篇。向社会公告审计结果112篇。

华蓥农商行资产负债和损益审计项目，被省审计厅评为优秀审计项目；2015年度岳池县本级预算执行情况审计项目，被省审计厅评为表彰审计项目。

国家重大政策措施落实情况跟踪审计 对跟踪“三去一降一补”、省市“项目年”活动、财政资金统筹、简政放权等政策措施落实情况开展跟踪审计，揭示弄虚作假、有令不行及履职不到位等问题。

财政审计 对34个部门开展预算执行审计，对30个部门开展决算草案审签。对58个单位开展财政存量资金专项检查，促进清理收回存量资金4000.32万元。广安市政府办印发《关于进一步加强审计整改工作的通知》；选择9个广安市级部门向社会公开审计整改结果。年度审计整改报告获广安市人大常委会高票通过。

经济责任审计 对51个单位的56名领导干部开展经济责任审计，查出各类问题金额297884万元。根据省审计厅的统一安排，开展对乐山市犍为县党政主要领导干部任期经济责任的跨市交叉审计。

固定资产投资审计 审计政府投资项目347个，核减投资额29162万元。推进投资审计“三个转变”，将投资审计项目纳入年度计划管理。武胜县被列为四川省投资审计“三个转变”示范建设点。

民生资金（项目）审计 对6个区市县扶贫资金管理使用情况进行审计；完成广安市城镇保障性安居工程跟踪审计项目。

企业审计 组织对四川爱众发展集团有限公司开展专项审计调查；牵头对广安市政府注入广安发展建设集团的资产进行清理。

（撰稿人：罗　伟）

【达州市审计局】 2017年，达州市审计局人员编制64人，实有61人。局长徐云川，副局长李刚（—8月）、胡若东、屈戈林、蒋普辉、梁经勇（8月—），总审计师王雷，纪检组长何川，机关党委书记刘登奎。设有办公室、人事科、法制科、内部审计监督指导科、财政审计科、金融审计科、行政事业审计科、农业与资源环保审计科、社会保障审计科、外资运用审计科、固定资产投资审计科、企业审计科等职能科室；下设达州市政府投资审计中心、达州市计算机信息审计中心、达州市经济责任审计分局。

审计成果 2017 年，达州市县两级审计机关完成审计项目 1090 个，专项审计调查项目 27 个。查出主要问题金额 1559901 万元，其中违规金额 319871 万元、损失浪费金额 10 万元、管理不规范金额 1240020 万元；审计发现非金额计量问题 95 个。审计处理处罚金额 233432 万元，其中应上缴财政 36506 万元、应减少财政拨款或补贴 22611 万元、应归还原渠道资金 3684 万元、应缴纳其他资金 112194 万元、应调账处理金额 58437 万元；移送司法机关、纪检监察机关和有关部门处理事项 64 件，移送后受到党纪政纪或组织处理人员 103 人。审计促进整改落实有关问题金额 722950 万元；审计后挽回（避免）损失 5159 万元；核减投资额 69431 万元；移送处理落实事项 23 件。提出审计建议 936 条；推动被审计单位制定整改措施 142 项，促进被审计单位制定完善规章制度 62 项。向社会公告审计结果 178 篇。

国家重大政策措施落实情况跟踪审计 每季度围绕 1 至 2 个重点事项持续开展跟踪审计，促进各有关单位完善制度规定 8 项。

财政审计 对达州市本级预算执行、决算草案编制和税收征管情况进行审计，对市公安局、达州市政府金融办等 5 个市级部门（单位）财政财务收支开展审计。连续 6 年对农村中小学生营养改善计划执行情况进行督查，对“三公”经费管理使用情况进行监督。

经济责任审计 根据省审计厅的统一安排，开展对内江市东兴区党政主要领导和市司法局、达州市水务局等 9 个市级部门（单位）主要领导干部任期经济责任的审计。

固定资产投资审计 完成 67 个政府投资项目竣工决（结）算审计，节约财政资金 3.55 亿元。

民生资金（项目）审计 对各县（市、区）2016 年扶贫政策落实和扶贫资金管理进行审计，初步实现扶贫审计县级全覆盖。对各县（市、区）新农合基金收支管理使用情况和资产、债权债务情况进行审计。在保障性安居工程跟踪审计中，移交相关案件线索 6 件，提出审计建议被采纳 21 条。

企业审计 完成达州市鸿通运业有限公司三家股东投资额清理核实；对达州市教育宾馆资产负债损益情况进行审计。

信息化建设 建立数据存储中心、数据分析中心和移动办公系统。 （撰稿人：曹春城）

【雅安市审计局】 2017 年，雅安市审计局人员编制 34 人，实有 32 人。局长王锐，副局长郑文翔、陈浮、李春，总审计师张晓东，机关党总支书记白彬。设有办公室、固定资产投资审计分局、经济责任审计分局、人事科、财政审计科、行政事业审计科、社会保障审计科、农业环保外资审计科、企业金融审计科、法规科、综合与计划管理科等 11 个机构；下设政府投资审计中心、电子数据审计中心 2 个事业单位。

审计成果 2017 年，雅安市审计机关完成审计和专项审计调查项目 1912 个。查出违纪违规金额 2.73 亿元、管理不规范金额 39.01 亿元。处理处罚应上缴财政 1.67 亿元；移送问题线索 29 件。

国家重大政策措施落实情况跟踪审计 检查 318 个单位，抽查 166 个项目。发现问题 41 个，违规及管理不规范金额 5.89 亿元。督促退还违规收费 0.03 亿元，追回被虚报冒领、违规使用、骗取财政资金 0.42 亿元，避免财政资金损失 0.32 亿元。

财政审计 对 8 个市级部门单位开展预算执行审计，查出管理不规范金额 0.49 亿元。

经济责任审计 对 28 个单位的 31 名领导干部开展经济责任审计。根据省审计厅的统一安排，开展对攀枝花西区区委书记、区长经济责任的交叉审计。制订《雅安市领导干部自然资源资产离任审计试点实施方案》，实施四川蜂桶寨国家级自然保护区管理局局长自然资源资产管理责任和生态环境保护责任审计。

固定资产投资审计 开展雅安“项目年”决策部署落实情况专项审计调查，部分重点项目、政府与社会资本合作项目专项审计调查，对部分省级重点建设项目开展阶段跟踪审计。

民生资金（项目）审计 开展保障性安居工

程跟踪审计，追回被套取挪用、违规使用资金3.53亿元，退还应减免的行政事业性收费262.29万元，取消保障对象资格或调整保障待遇55户，追回违规领取补贴补助资金4.38万元，清退违规分配使用的保障性住房10套，以提高租金、补收差价等方式整改住房13套，将闲置保障性住房投入使用75套。对2016年雅安市扶贫工作开展情况实施审计，发现违规问题91个，提请相关单位关注事项37个，移送问题线索4件。

企业审计 对蒙顶山茶叶交易所2016年资产负债损益进行审计，提出审计建议8条。

信息化建设 开展计算机审计项目7个，开展数据分析审计项目6个，通过运用计算机数据分析，查出疑点23560条，发现问题43个。

（撰稿人：张 薛）

【巴中市审计局】 2017年，巴中市审计局人员编制56人，实有52人。局长黄拥军，副局长李水清、李三荣、易旭东，总审计师刘迎春，纪检组长刘朝文（—10月）。设有办公室、法制科、人事教育科、综合与计划管理科、电子数据审计科、财政审计科、行政事业审计科、社会保障审计科、企业与金融审计科、农业审计科，投资审计中心、审计信息中心；下设经济责任审计分局、固定资产投资审计分局、驻经济开发区审计分局。

审计成果 2017年，巴中市县两级审计机关完成审计和专项审计调查项目170个。查出主要问题金额572152万元，督促有关地方单位归还原渠道资金7136万元。提出并被采纳的审计建议495条；提交各类审计信息200篇。

国家重大政策措施落实情况跟踪审计 聚焦财政存量资金管理和盘活、“营改增”政策目标实现、保障性安居工程推进、扶贫资金和扶贫政策落实、“项目年”决策部署实施、税收征管、重点政策贯彻落实情况，揭示保障性住房资金管理使用和住房分配、脱贫攻坚责任落实和资金效益发挥、重点项目落地落实推进情况和资金使用管理、财政预算执行等方面的问题158个，形成稳增长政策措施综合报告4篇，提出整改建议56条。

财政审计 突出预算管理和执行、财政资金绩效、防范政府性债务风险等方面重点，扩大对一般公共预算和政府性基金、国有资本经营、社会保险基金预算执行情况的审计覆盖面，对7个市级预算部门和7个所属单位预算执行进行延伸审计，查出管理不规范金额15.18亿元。开展税收征管审计，促进税款追缴入库1983万元，为巴中市人大常委会审查监督预决算提供真实依据。

经济责任审计 根据省审计厅的统一安排，开展对眉山市彭山区党政主要领导经济责任的交叉审计。采取部门预算执行与经济责任审计合并开展方式，对巴中市经济开发区、巴中市发改委等11个部门领导干部进行经济责任审计，提出并被采纳的审计建议意见36条。

固定资产投资审计 对巴中市恩阳机场、红鱼洞水库等全市20个省、市重点项目开展专项审计调查，向党委政府提出健全完善重大项目建设管理、推进有效投资的建议31条，发出审计建议书7份。对巴中市体育中心、巴城南环线等5个重点项目开展跟踪审计，强化对项目全过程监督管控，审计发现问题82个，发出审计建议书19份。

民生资金（项目）审计 对各区县2016年度扶贫资金进行审计全覆盖，抽审扶贫项目276个，涉及扶贫资金管理部门72个、乡镇186个，发现精准识别不准、非贫困户享受扶贫政策、涉农资金整合不实、违规实施扶贫项目建设等方面问题金额5.12亿元；移送违法违纪线索6件，提出并被采纳的审计建议意见28条。

农业与资源环保审计 以巴中市级重点河流审计试点为突破口，加大自然资源环境审计，助力打好污染防治攻坚战。通过对巴河一段、巴河二段、焦家河、大通江河、恩阳河等巴中市级重点河流自然资源和生态环境保护审计，揭示发现问题48个，针对问题提出对策建议21条。

（撰稿人：张 尧）

【资阳市审计局】 2017年，资阳市审计局行政编制33人，实有31人；机关工勤编制4人，实有3人；事业编制（代管的资阳市投资审计中心人员）16人，实有13人。局长金世永，副局长廖念俊、王志友、段有阔、刘小军，总审计师田碧清，党组成员王忠，经济责任审计联席会议办公室主任邓晓燕，投资审计中心主任韩志林。设有办公室、人事科、政策法规科（内部审计监督指导科）、财政审计科、行政事业审计科、经济责任审计科、农业与资源环保审计科、企业和金融审计科、社会保障审计科、电子数据审计科；代管资阳市投资审计中心。

审计成果 2017年，资阳市审计局完成审计和审计调查项目65个（含工程结算项目）。查出主要问题金额444169.27万元，审计核减政府工程投资额16689.86万元；审计发现线索移送纪检监察机关及相关部门89件。提出建议141条。

国家重大政策措施落实情况跟踪审计 开展2016年度保障房安居工程、2017年稳增长政策措施落实情况跟踪审计等项目。对“项目年”情况等进行审计调查。

财政审计 完成财政审计项目20个，查出问题和不规范金额300874.65万元，清理收缴财政存量资金1067.13万元。

经济责任审计 对10名领导干部开展经济责任审计，查出主要问题金额75332.21万元。完成对阿坝藏族羌族自治州黑水县党政主要领导任期自然资源资产责任履行情况的审计，为资阳市开展相关工作积累经验。

固定资产投资审计 审结46个政府投资项目（含工程结算项目），送审金额143324.32万元，审计核减投资额16689.86万元。扎实做好成安渝高速公路审计前期准备。

其他审计项目 完成专项资金审计项目5个，查出问题金额41750.60万元。配合市纪委、市巡察办，参与正风肃纪检查、巡察组巡察、农业资金专项检查等涉及审计业务的工作。

信息化建设 加大审计项目成果数据库建设力度，按照专业机房标准升级设备，将计算机审计小组安插到审计项目中分析数据，上报5种新的数据审计方法。 （撰稿人：林天植）

【阿坝藏族羌族自治州审计局】 2017年，阿坝藏族羌族自治州审计局人员编制42人，其中公务员32人、机关工勤5人、事业5人；实有39人，其中公务员29人、工勤5人、事业5人。局长宋宁，副局长张泽宇，经济责任审计工作联席会议办公室主任韩卫东。设有办公室、法规科、财政金融审计科、行政事业审计科、企业审计科、固定资产投资审计科、经济责任审计科、审计信息科，固定资产投资审计中心。

审计成果 2017年，阿坝藏族羌族自治州（以下简称阿坝州）两级审计机关完成审计和专项审计调查项目977个。查出主要问题金额共计171835万元，其中违规金额14908万元、管理不规范金额156927万元。通过审计处理后已上缴财政5004万元、已减少财政拨款或补贴4228万元、已归还原渠道资金1758万元、已缴纳其他资金327万元、已调账处理金额52552万元。审减工程造价15238.77万元，查出投资领域违规金额14985.87万元。移送案件线索6件，给予党内严重警告处分的3人、给予诫勉谈话的4人。

国家重大政策措施落实情况跟踪审计 按照审计署、省审计厅统一部署，坚持每季度确定一个主攻方向、聚焦一个重点方面，持续开展政策措施落实情况跟踪审计。

财政审计 按照省审计厅统一部署，组织开展阿坝州地税局和5个县（市）部分税收政策执行和税收征管情况的审计。州县两级审计机关对197个单位的财政预算执行情况进行审计，阿坝州本级部门、州林业局、阿坝卫校的预算执行审计，采取与经济责任审计同步的方式进行。

经济责任审计 开展对壤塘县党政领导干部的经济责任审计。采取与部门预算同步开展，分段、分步、分项的审计模式，对阿坝州级部门、大中专学校和科研院所、阿坝州属重点企业各1名领导人的经济责任审计。

固定资产投资审计 完成政府投资项目竣工决（结）算审计项目767个，其中结算审计696个、决算审计71个，总投资255756.80万元，审减工程造价15238.77万元，查出其他违规金额3925.8万元。开展省重点项目跟踪审计4个，总投资34.46亿元，查出违规金额785.86万元，违规使用土地1132.75亩。实施“项目年”专项审计调查项目8个，总投资832686万元，查出违规金额11060.07万元。

民生资金（项目）审计 抽派近60名审计人员组成12个审计组，对12个县（市）采取上审下的方式组织实施扶贫审计。完成阿坝州保障性安居工程跟踪审计、城乡居民医疗保险基金专项审计、草原生态保护补助奖励政策审计和6个县的国家天然草原退牧还草工程项目竣工财务审计。持续开展“8·8”九寨沟县地震抗震救灾款物跟踪审计。

信息化建设 按照省审计厅统一部署，推进金审工程三期建设。按照省审计厅《财政收支相关审计电子数据采集方案》要求，完成州县财政收支管理数据的采集、校验和报送工作。

（撰稿人：邓维学）

【甘孜藏族自治州审计局】 2017年，甘孜藏族自治州审计局人员编制51人，实有46人。局长辛勤，副局长陈军、吴建刚，总审计师何琼英，纪检组长梁红（—11月），经济责任审计联席会议办公室主任童红英（10月—），副调研员王明强。设有办公室、法规科、审计执行监督科、财政金融审计科、行政事业审计科、固定资产投资审计科、企业审计科、农业资源环保审计科、社会保障审计科、经济责任审计分局；下设审计信息和投资审计中心（事业单位）。

审计成果 2017年，甘孜藏族自治州（以下简称甘孜州）两级审计机关完成审计项目335个。查出主要问题金额69075万元，其中违规金额11796万元、管理不规范金额57279万元；审计发现非金额计量问题1011个；损益（收支）不实金额4836万元；出具审计报告和专项审计调查报告335篇。审计处理处罚金额49337万元，其中应上缴财政10194万元、应减少财政拨款或补贴17586万元、应归还原渠道资金16363万元、应调账处理金额4125万元；移送司法机关、纪检监察机关和有关部门处理事项80件，移送处理金额137226万元。审计促进整改落实有关问题金额3993万元，其中增收节支3969万元、已调账处理金额23万元；审计后挽回（避免）损失24482万元。审计提出建议1587条；提交审计信息245篇。

中共甘孜州委党校教学用房学校安心工程竣工决算审计项目，被省审计厅评为表彰审计项目。扶贫审计获得省审计厅单项考核优秀单位表彰。

国家重大政策措施落实情况跟踪审计 围绕财政存量资金等政策措施落实情况开展跟踪审计，揭示财政管理方面存在的8大方面23个问题，提出审计建议13条。

财政审计 完成预算执行及财政决算审计项目91个，查出主要问题金额27863万元。开展“三公”经费和会议费管理使用、“吃空饷”情况审计。

经济责任审计 完成经济责任审计项目65个，查出违规金额80万元、管理不规范金额7579万元，移送相关部门线索1件。完成理塘县领导干部自然资源资产管理责任审计，发现环境保护等8方面34个问题，移送相关部门线索13件，提出审计建议5条。

固定资产投资审计 完成省州“项目年”等固定资产投资审计项目121个，审减投资额18812万元。

民生资金（项目）审计 完成18个县（市）的扶贫资金审计，揭示和反映问题227个，提出审计建议75条，移送相关案件线索42件，30人被党纪政纪处分。完成保障性安居工程跟踪审计，发现资金管理等7方面问题，提出审计建议5条。完成接受九寨沟地震捐赠资金、捐赠物资审计调查。

企业审计 开展稻城亚丁景区旅游开发有限责任公司2014年至2016年财务收支审计、海螺沟景区管理局下属企业2016年度财政财务收支审计，发现3类25个问题，提出审计建议6条。

信息化建设 制订《甘孜州审计局2017—2019年信息化建设三年工作方案》，完成OA移动办公、内外网升级改造、数据分析平台前期建设等项目，运用大数据开展扶贫、自然资源资产管理责任审计。

相关工作 学习贯彻十九大精神，常态化制度化推进“两学一做”学习教育，深化拓展三项整改“回头看”“大讨论”等活动。狠抓党风廉政主体责任，履行州反腐败协调小组成员、甘孜州经济责任审计联席会议成员及办公室工作职责。做好“河长制”、六大活动、精准扶贫等工作。10月17日，完成局办公楼整体搬迁，同步完成机房提档升级。对各县（市）审计机关工作质量、投资审计等方面进行检查督导。完成4名县审计局局长任期经济责任审计。

内部审计 推荐的甘孜州公安局被评为四川省内部审计先进集体；推荐的甘孜州卫生计生委、

里伍公司 2 名内部审计人员被评为四川省内部审计先进个人。

（撰稿人：何 宇 刘玉瑶 吴艾芳 林咏峰）

【凉山彝族自治州审计局】 2017 年，凉山彝族自治州审计局人员编制 71 人，实有 68 人。局长刘斌（—2 月）、高为民（3 月—），副局长李伟玲（—8 月）、伍皎辉、胡晓华，纪检组长张妍（—7 月），机关党委书记胡国亮，经济责任审计分局局长刘亚良。设有办公室、人事科、法规科、财政审计科、外资与金融审计科、固定资产投资审计科、行政事业审计科、农业与资源环保审计科、企业审计科、内部审计指导科、社会保障审计科、经济责任审计分局和信息中心。

审计成果 2017 年，凉山彝族自治州（以下简称凉山州）两级审计机关完成审计项目 667 个。查出主要问题金额 499297 万元，其中违规金额 49745 万元、管理不规范金额 449552 万元。审计促进增收节支 94055 万元，其中已上缴财政 18252 万元、已减少财政拨款或补贴 47760 万元、已归还原渠道资金 28043 万元，审计处理处罚金额 174524 万元，审计后挽回（避免）损失 49757 万元，审计核减投资额 47047 万元。向司法机关移送案件线索 1 件、向纪检监察机关移送 7 件、向有关部门移送 13 件，移送处理人员 5 人，移送处理金额 6506 万元。提出审计建议 1695 条；提交审计信息 494 篇。向社会公告审计结果 41 篇。

国家重大政策措施落实情况跟踪审计 凉山州审计局先后组织 484 人参加国家重大政策措施贯彻落实情况跟踪审计，抽查单位 554 个，抽审项目 418 个，抽审资金总量 126.9 亿元。对审计发现的问题，核查产生的原因，落实责任主体，责成有关单位进行整改。

财政审计 对凉山州本级及 17 个县（市）税务部门 2014—2016 年度机关经费进行审计。对凉山州本级和 6 县（市）2012—2016 年度“营改增”政策落实成效和企业降成本的情况、2015 年至 2016 年高收入人群、垄断行业个税政策执行情况进行专项审计调查。对凉山州本级及 17 县（市）2016 年度财政预算执行及决算（草案）编制情况进行审计。对州、县（市）两级 36 个单位 2016 年度部门预算执行情况进行审计。

经济责任审计 受组织部门的委托，州县两级审计机关对 100 名领导干部实施经济责任审计，其中任中审计 40 人、离任审计 60 人。审计查出主要问题金额 40508 万元，其中违规金额 5681 万元、管理不规范金额 34827 万元。

固定资产投资审计 完成 356 个政府投资项目审计，送审投资额 473697 万元，审计核减金额 47047 万元。

民生资金（项目）审计 州县两级审计机关对 2016 年贫困县扶贫资金分配、管理、使用情况进行审计，还对 8 个县在城镇保障性安居工程、扶贫项目基础设施建设中涉及使用扶贫资金的 34 个项目进行审计。抽审扶贫资金 75.07 亿元，抽审扶贫项目 632 个，抽查单位 229 个，抽查乡镇 262 个，入户调查 2959 户。查出问题金额 16.21 亿元，移送有关部门涉嫌违法违纪问题线索 4 件，移送纪检监察机关涉嫌违法违纪问题线索 4 件，移送处理事项涉及 5 人；向党委政府报送审计综合报告、专题报告、信息简报 12 篇，党委政府领导对审计结果批示指示 6 次，被审计单位采纳审计建议 41 条。

（撰稿人：张保权）

2017年四川省所辖区、县(市)级审计工作统计表

金额单位:万元

审计机关	完成审计项目(个)	审计查出主要问题金额	审计处理情况					出具审计报告和审计调查报告(篇)	提出审计建议(条)	提交审计信息(篇)
			审计处理处罚				移送处理事项(件)			
			应上缴财政	应减少财政拨款或补贴	应归还原渠道资金	应调账处理金额				
成都市										
成都市本级	91	3714200	10346		624	172384	17	91	64	12
锦江区审计局	41	31715						41	115	
青羊区审计局	92	32253						92	143	
金牛区审计局	158	107906	7946					157	23	
武侯区审计局	124	45527	2269		4	4	1	124	80	
成华区审计局	48	29687	5285	1566	109	885	3	48	92	7
龙泉驿区审计局	39	163635	24652		1137	1465	5	41	159	105
青白江区审计局	31	8747	215		40		2	31	60	
新都区审计局	33	111571					1	33	78	15
温江区审计局	65	1608016	12645	4903	2986	60428	1	69	75	10
双流区审计局	17	87137						17	37	
郫都区审计局	39	97262	2089			232	6	39	107	123
都江堰市审计局	28	30847			51		6	28	41	47
彭州市审计局	157	72594						158	99	
邛崃市审计局	110	28230	212		174		9	110	150	
崇州市审计局	107	25776	3052		6096	11542	1	107	40	1
简阳市审计局	79	343390	1235	68993	34434	3143	9	79	177	46
金堂县审计局	16	3772					11	16	54	225
大邑县审计局	18	99211	2214		6080	94		18		
蒲江县审计局	66	26903					2	66	72	
新津县审计局	13	24352	23						19	25
天府新区审计局	44	3421						44	24	
高新区审计局	491	138060						491	76	2
自贡市										
自贡市本级	40	305494	1035	4890	3796	58508	31	47	137	224
自流井区审计局	41	9090	1977	1981	312	4763	4	41	55	46

（续表）

审计机关	完成审计项目（个）	审计查出主要问题金额	审计处理情况					出具审计报告和审计调查报告（篇）	提出审计建议（条）	提交审计信息（篇）
			审计处理处罚				移送处理事项（件）			
			应上缴财政	应减少财政拨款或补贴	应归还原渠道资金	应调账处理金额				
贡井区审计局	63	9367		853	126	8262		63	41	34
大安区审计局	14	50370	14		4	83	2	14	52	42
沿滩区审计局	56	10613	618	1318	8501	175		47	219	34
荣县审计局	65	32022	27	2312	5	28711	5	66	47	
富顺县审计局	51	250387		2507	231588	16292		54	96	10
攀枝花市										
攀枝花市本级	55	265810	40		15225	129113	21	55	221	107
东区审计局	36	15948	209		194	15545	1	38	77	54
西区审计局	20	1071	483			199		20	61	65
仁和区审计局	32	62104	115		91	61819		32	86	35
米易县审计局	30	27637	68		32	906	1	28	105	41
盐边县审计局	29	44545	556		2929	37395		29	97	38
泸州市										
泸州市本级	61	1484956		7662	4508	58038	35	43	132	14
江阳区审计局	6	147			130			2		
纳溪区审计局	18	19039	8628	811				11	19	
龙马潭区审计局	15	2066	278		10			18	17	
泸县审计局	17	29054	3		36	34	3	21	33	75
合江县审计局	38	152213				2477		29	22	
叙永县审计局	4	8807	2	2	29	507		2	23	
古蔺县审计局	19	111197	29	346	17			24	38	1
德阳市										
德阳市本级	78	581572	3511	393	9172	52009	8	109	318	258
旌阳区审计局	25	93487	462		76	406		25	81	112
罗江区审计局	29	87676	809	16	23616	134	1	35	77	66
广汉市审计局	59	83867	51	1450	5	82071	3	59	74	83
什邡市审计局	30	69020	4046	2578	1797	401	1	30	104	127
绵竹市审计局	26	203139	77		216	154069		26	202	121
中江县审计局	41	362121	190		77	5024	2	41	199	198
经开区审计局	168	3029						168	178	2
绵阳市										
绵阳市本级	98	442036	222	9267			47	98	317	10
涪城区审计局	43	38238	159	2039		17232	2	43	89	105

（续表）

审计机关	完成审计项目（个）	审计查出主要问题金额	审计处理情况					出具审计报告和审计调查报告（篇）	提出审计建议（条）	提交审计信息（篇）
			审计处理处罚				移送处理事项（件）			
			应上缴财政	应减少财政拨款或补贴	应归还原渠道资金	应调账处理金额				
游仙区审计局	48	19859		3230	69		5	48	81	7
安州区审计局	45	8088	80	2519		4	12	45	17	
江油市审计局	45	311389	16964	2391	42		6	45	53	
三台县审计局	100	344442	48	6293	49	239	17	100	271	
盐亭县审计局	35	69268	27	3927	2330		1	35	47	
梓潼县审计局	26	61886	98	1007	4		4	26	132	9
北川羌族自治县审计局	24	3177	42	710		16		24	52	
平武县审计局	69	11900	6	9973				69	108	70
广元市										
广元市本级	56	90869	1362	17519	14767	12880	51	61	149	50
利州区审计局	34	23686	1669	9584	3541	7787	14	38	331	196
昭化区审计局	24	9147	1300	2451	14	5305	7	26	92	88
朝天区审计局	24	3405	415	634	441	41	1	24	73	
旺苍县审计局	38	5431	96	261	1627	931	18	39	134	
青川县审计局	29	6601		6592	6	2	4	29	42	6
剑阁县审计局	33	8353		1427		3	10	34	156	81
苍溪县审计局	51	8482	1829		4093	64	22	51	117	17
遂宁市										
遂宁市本级	25	103380	964		89	83401	6	25	60	3
船山区审计局	13	157554			8302	149171		13	48	
安居区审计局	9	2782	287	74	4	5608		9	11	
蓬溪县审计局	15	175457	754	286	33	74361		15	23	
射洪县审计局	38	43777	526		3033	39584	11	38	32	
大英县审计局	10	81941	5		302	81634	1	10	49	
内江市										
内江市本级	54	1243056		21445	25494	93540	10	54	195	27
市中区审计局	29	30733	31	306	1318	309		29	66	66
东兴区审计局	71	50600	15	6819	1202	840		71	296	
隆昌市审计局	42	156264	19009	5068	394	2409	4	42	241	10
威远县审计局	55	315069	294	1207		413	11	55	135	
资中县审计局	94	67052	303	5948	3724	4	13	94	316	

（续表）

审计机关	完成审计项目（个）	审计查出主要问题金额	审计处理情况					出具审计报告和审计调查报告（篇）	提出审计建议（条）	提交审计信息（篇）
			审计处理处罚				移送处理事项（件）			
			应上缴财政	应减少财政拨款或补贴	应归还原渠道资金	应调账处理金额				
乐山市										
乐山市本级	55	936790	2739		28845	218	28	58	188	4
市中区审计局	8	67801	556	116	23030	27501	5	11	26	
沙湾区审计局	33	39555	370	1765	4	37415		38	88	19
五通桥区审计局	12	4750		4745				15	19	
金口河区审计局	20	545		545				20	72	27
峨眉山市审计局	19	27112					1	22	66	26
犍为县审计局	11	86898	3		711	65	1	11	50	24
井研县审计局	33	2028		542				37	94	
夹江县审计局	13	17348	10				3	12	31	
沐川县审计局	19	6257	121	845	162	3383	1	17	51	1
峨边彝族自治县审计局	18	716	91	136	49	438	14	19	181	43
马边彝族自治县审计局	2	166				166	2	2	3	
南充市										
南充市本级	85	422513	107	10872	12017	4727	18	97	118	42
顺庆区审计局	40	12899	501	6231	2901	3030	3	45	15	8
高坪区审计局	156	84510	1178	6942	19	66	2	156	242	21
嘉陵区审计局	66	50908		13166				85	163	3
阆中市审计局	33	278867	13	8922			1	33	102	4
南部县审计局	61	218820		5331	8782			61	13	4
营山县审计局	76	7381		4191	88	6	1	83	130	12
蓬安县审计局	202	87088	121	2801	17586	66457	2	204	218	24
仪陇县审计局	83	151886	11069	1325	6458	2375	1	106	168	13
西充县审计局	78	110754		1786			5	78	74	19
眉山市										
眉山市本级	59	1040046	19455	39645	144	3268	21	69	72	97
东坡区审计局	27	8787	86	585	52	550	4	39	72	62
彭山区审计局	18	22737	42	626	30	22021		30	61	66
仁寿县审计局	48	486909	405	605	37201	5257	3	78	124	21
洪雅县审计局	22	53600	64	265	16328	36939	1	34	42	

（续表）

审计机关	完成审计项目（个）	审计查出主要问题金额	审计处理情况					出具审计报告和审计调查报告(篇)	提出审计建议(条)	提交审计信息(篇)
			审计处理处罚				移送处理事项（件）			
			应上缴财政	应减少财政拨款或补贴	应归还原渠道资金	应调账处理金额				
丹棱县审计局	25	56552	5				1	38		7
青神县审计局	12	46193		720	7144	331		14	35	
宜宾市										
宜宾市本级	45	1387713	5756		940	6261	41	52	119	212
翠屏区审计局	66	133895	330	2755	229	100	5	72	48	22
南溪区审计局	57	53509		3715	5853	17	17	59	129	7
宜宾县审计局	31	350784	126	715	507	920	12	40	65	36
江安县审计局	50	31041	83	8688	17		5	55	90	60
长宁县审计局	28	26331	29	1654	511	15906	7	27	65	20
高县审计局	14	40535	637	214	139			16	36	11
珙县审计局	33	23153	220		614	1242	13	50	116	15
筠连县审计局	23	35619	2875		4	909	11	23	42	82
兴文县审计局	42	6697	1450	955		45	14	49	95	5
屏山县审计局	20	3644	5	469	245	466	1	20	60	6
广安市										
广安市本级	79	752020	407	4708	387	4570	41	84	117	79
广安区审计局	107	175239	1115	6152	98	53135	13	107	235	26
前锋区审计局	50	85512	120	1303	94	37038	6	60	120	12
华蓥市审计局	87	30475	296		7194	24	6	87	93	38
岳池县审计局	70	82130	226		13514	5918	4	97	227	49
武胜县审计局	78	101342	696	5199	67	779	21	81	163	2
邻水县审计局	48	142690	3208	1846	11		10	48	70	62
达州市										
达州市本级	117	451970	30718	2092	134	3567	23	117	292	99
通川区审计局	74	17660	301	4040	74	12038	2	24	124	30
达川区审计局	439	52977	4074	11503	3196	3566	10	439	32	21
万源市审计局	82	32464	918		194	486	3	80	143	130
宣汉县审计局	89	452909	223	4901	63	10	12	37	156	38
开江县审计局	135	61774	83			16595	2	135	73	48
大竹县审计局	127	6268	25	75	23	182	4	127	41	51
渠县审计局	54	515380	164			21994	8	54	75	24

（续表）

审计机关	完成审计项目（个）	审计查出主要问题金额	审计处理情况					出具审计报告和审计调查报告（篇）	提出审计建议（条）	提交审计信息（篇）
			审计处理处罚				移送处理事项（件）			
			应上缴财政	应减少财政拨款或补贴	应归还原渠道资金	应调账处理金额				
雅安市										
雅安市本级	39	5613	611		20486	5524	5	37	107	4
雨城区审计局	317	2557	1811		1223		1	17	44	
名山区审计局	265	514	1955		432	3		9	34	8
荥经县审计局	210	58	5104		638	7812		11	52	
汉源县审计局	129	1039	803		388	1	2	10	64	54
石棉县审计局	80	4358	3254				4	10	28	
天全县审计局	147	1368	3151		5370	3132	2	13	37	17
芦山县审计局	507	11750	1		1464	169	12	8	24	5
宝兴县审计局	218	3					3	4	19	7
巴中市										
巴中市本级	33	135325	10135	3	4210	39714	21	33	126	25
巴州区审计局	12	166700	3452	30	157749	5142	1	12	62	20
恩阳区审计局	19	165856	1		25	576	1	19	106	30
通江县审计局	19	9352					1	19	110	37
南江县审计局	40	11421	1892		2914	6028		40	115	108
平昌县审计局	47	83909	409	5155	6611	3245	46	47	136	18
资阳市										
资阳市本级	42	444169	40526		59754	8842	17	52	141	68
雁江区审计局	51	17213	5984	5715		145	3	59	131	41
安岳县审计局	47	435805	192	310	714	22228	8	52	86	14
乐至县审计局	40	33631	23080	5709	1404	3437	24	42		41
阿坝藏族羌族自治州										
阿坝藏族羌族自治州本级	24	174368	8576		1427	47562	6	31	98	86
马尔康市审计局	17	1938	15	1193	43	56		20	61	
汶川县审计局	10	3899	24	19	15	15		11	33	
理县审计局	8	5236	9	2				9	23	24
茂县审计局	7	714	582	28	103			7	32	26
松潘县审计局	15	2444	52	32	11			18	29	19
九寨沟县审计局	11	414	315	57	35	6		12	36	25
金川县审计局	48	1430		653	45	639		53	190	24

（续表）

审计机关	完成审计项目（个）	审计查出主要问题金额	审计处理情况					出具审计报告和审计调查报告（篇）	提出审计建议（条）	提交审计信息（篇）
			审计处理处罚				移送处理事项（件）			
			应上缴财政	应减少财政拨款或补贴	应归还原渠道资金	应调账处理金额				
小金县审计局	11	2347		2334	2	9	1	14	36	25
黑水县审计局	8	1385		48	165	930		9	36	
壤塘县审计局	14	194	145	5	43			15	29	39
阿坝县审计局	7	1415	28					7	47	2
若尔盖县审计局	18	464	3	459				19	46	19
红原县审计局	10	5160	16		206	4416		12	35	
甘孜藏族自治州										
甘孜藏族自治州本级	48	23034	7775	5377	6623	26	72	48	196	87
康定市审计局	22	3085		2279	24	99	1	22	89	
泸定县审计局	14	1275	28	539				14	90	1
丹巴县审计局	19	4093		2357				19	49	
九龙县审计局	13	4959	1143	1746	1056	18		13	66	
雅江县审计局	20	282	79	30				20	138	
道孚县审计局	14	735	1	428	171			14	70	
炉霍县审计局	12	863		109	18	162	2	12	116	1
甘孜县审计局	13	323	119		50	101		13	27	
新龙县审计局	13	869		136	2	16		13	31	
德格县审计局	12	1332	65	713	161	291		12	37	
白玉县审计局	18	1122		239		10		18	55	
石渠县审计局	18	652		191				18	84	
色达县审计局	17	933		76			2	17	96	20
理塘县审计局	21	997						21	21	
巴塘县审计局	19	13912		310	6946	63	2	19	102	92
乡城县审计局	13	2127	5	372	9	1		13	87	28
稻城县审计局	15	1871	12	442	1243		1	15	99	
得荣县审计局	14	6602	962	2234	52	3336		14	134	16
凉山彝族自治州										
凉山彝族自治州本级	30	82265	1763	1507	5921	2835	4	30	110	105
西昌市审计局	96	27096	23	22111	13	377	11	96	180	125
木里藏族自治县审计局	15	22848	6489	124	35	1868		15	40	
盐源县审计局	30	56481	140	1987	48			30	80	

（续表）

审计机关	完成审计项目（个）	审计查出主要问题金额	审计处理情况					出具审计报告和审计调查报告（篇）	提出审计建议（条）	提交审计信息（篇）
			审计处理处罚				移送处理事项（件）			
			应上缴财政	应减少财政拨款或补贴	应归还原渠道资金	应调账处理金额				
德昌县审计局	71	32931	54	1713	4	1903	2	71	107	
会理县审计局	28	11883	1897	430	1058	283	2	28	58	92
会东县审计局	33	8956	1313	5103		5		33	151	20
宁南县审计局	18	45999	2983	1307	162	5372		18	52	
普格县审计局	29	15523	55	3434	4376	5227		29	71	
布拖县审计局	13	211	94	95		6		13	43	17
金阳县审计局	20	15219	72	444	305	11968		20	39	
昭觉县审计局	24	1062		178	24	858		24	63	
喜德县审计局	52	41943	55	3441	9840	8859		52	164	
冕宁县审计局	52	60583	910	89	370	2085		15	40	
越西县审计局	41	6280	475	3544	291	37		41	70	5
甘洛县审计局	56	17707	750	1216	5701	402	2	56	95	40
美姑县审计局	22	34639		225	50	34280		22	87	
雷波县审计局	37	15760	4849	956				37	124	

贵州省

【贵州省审计厅】 2017 年，贵州省审计厅人员编制 232 人，其中行政编制 150 人（含贵安新区审计局 20 人），参公事业编制 44 人，事业编制 38 人；实有 175 人，其中行政人员 124 人，参公人员 21 人，事业人员 30 人。设有办公室、法规处、财政审计处、行政事业审计处、农业与资源环保审计处、固定资产投资审计一处、固定资产投资审计二处、金融审计处、经济责任审计一处、经济责任审计二处、经济责任审计三处、企业审计处、社会保障审计处、外资运用审计处、资源环境审计处、数据分析审计处、人事处、机关党委、离退休干部处，另设有 10 个派出审计处：发展统计审计处、经济和信息审计处、教育审计处、政法民（族）宗（教）审计处、国土环保建设审计处、人力资源民政审计处、交通审计处、农林水审计处、文体卫新闻科技审计处、经济执法及外事旅游审计处；下设 1 个直属派出机构：贵安新区审计局；1 个参照公务员管理事业单位：政府投资审计中心；3 个全额拨款事业单位：审计信息技术服务中心、审计培训中心、审计厅机关服务中心。

领导成员

厅　　长：卢　伟

副 厅 长：孙福强　李　凌　朱　平

机关党委书记：严贵林

总审计师：谢　俊

纪检组长：葛木兰

经济责任审计办公室主任：胡立平

审计成果 2017 年，贵州全省审计机关全年审计 2184 个单位。查出问题金额 2159.81 亿元；移送重大违纪违法问题线索 294 件、涉及人员 169 人。为国家增收节支 62.61 亿元，核减工程投资 24.21 亿元。

财政审计 组织完成 2016 年度省级预算执行

和编制省级决算草案、省地税局2016年税收计划执行情况、国家金库贵州省分库办理2016年度省级预算收入收纳划分留解和预算支出拨付情况，以及10个省级部门预算执行情况的审计。重点围绕推进健全统一完整的政府预算体系和加强财政科学管理，关注财政资金分配的公平公正、财政资金的结构优化和使用绩效、财政资金的存量和增量，探索编制省级决算草案审计和财政科目纵向贯通的上下联动审计。省审计厅厅长受省政府委托向省十二届人大常委会作《关于2016年度贵州省省级预算执行和其他财政收支的审计工作报告》《2016年度省级预算执行和其他财政收支审计查出问题整改情况的报告》。

经济责任审计 全省完成对413名领导干部和国有企业领导人员的经济责任审计，查出违规金额62.87亿元，移送违法违纪事项33件。开展领导干部自然资源资产离任审计试点，全省统一组织对黔东南苗族侗族自治州本级和清镇市、花溪区、习水县等12个县（市、区）及2个乡镇审计试点，从森林资源、水资源、土地资源、矿产资源、生态环境保护等5个方面，揭示在自然资源资产管理和生态环境保护工作中存在的贯彻执行生态文明建设相关政策措施不到位、损毁资源和污染环境等问题，查出违纪违规金额21.51亿元；向有关部门移送案件线索22件；审计提出建议59条。

固定资产投资审计 组织对高速公路、高标准农田、通村油路等重点政府投资项目进行审计，促进项目规范管理，推动体制机制的建立完善，为国家节约大量公共资金。其中，板坝（桂黔界）至江底（黔滇界）公路项目审计核减投资1.78亿元，毕节市试验区同心大厦（展览中心）项目审计核减投资0.76亿元，晴隆县南环路道路工程项目审计核减投资0.63亿元。贵阳、遵义、六盘水、铜仁、黔西南等市州审计机关开展工程结算审计、跟踪审计、专项审计调查等项目。

民生资金（项目）审计 省审计厅组织开展全省81个县（区）2016年度易地扶贫搬迁资金和项目审计、7个国定贫困县（其中3个深度贫困县）扶贫资金审计、20个极贫乡（镇）脱贫攻坚资金审计等项目，基本实现有重点、有步骤、有深度、有成效的脱贫攻坚审计监督全覆盖。

省审计厅抽调全省各级审计机关700余名审计人员采取“交叉审、上审下”的组织方式，对80个县（市、区）和贵安新区2016年度易地扶贫搬迁资金和项目审计，重点审计900个政府部门和单位，延伸审计调查349个施工单位及监理单位，实地抽查553个易地扶贫搬迁项目，走访3960户移民户。此次异地扶贫搬迁审计共发问题1329个，提出审计意见和建议1666条，移送重大违纪违法问题线索11件，涉及资金6.24亿元，涉及人员10人。

省审计厅组织全省各级审计机关600多名审计人员完成2017年保障性安居工程跟踪审计。对10个市（州）本级、88个县（区）进行审计全覆盖。审计重点关注安居工程政策落实、管理绩效和遵守法律法规情况，抽查966个安居工程项目，延伸调查887个乡镇1401个行政村，入户调查9283户家庭。揭示安居工程在目标任务管理、资金筹集、资金分配管理使用、建设管理、住房分配、运营管理等方面存在的问题，核查历年审计发现问题是否整改，提出加强农村危房建设管理、公共租赁住房盘活执行不走样、加强资金管理等方面审计建议，推进安居工程高质量如期实施，政策有效落实。

外资运用审计 根据审计署统一部署，组织实施对9个国外贷援款项目的审计，审计子项目53个，向外方出具中（英）文审计报告9篇。查出问题金额4.2亿元，其中违法违规金额2.3亿元，非金额类问题27个。按照审计署的要求，将外资审计结果在审计厅门户网站上进行公告。

企业审计 组织实施7户省属国有企业审计，其中涉及领导干部经济责任审计企业4户，资产负债损益情况审计企业3户。围绕国有企业遵守国家法律法规，贯彻执行党和国家、省委省政府重大政策措施，履行“三重一大”决策制度，国有资本投资运营管理、经营业绩、发展潜力、遵守廉政纪律等方面开展审计工作，揭示企业盲目扩张、重大经济决策失误或不当给企业造成重大经济损失；不按规定履行“三重一大”决策程序造成巨额国有资产流失或形成重大资金安全隐患；企业法人治理结构不完善，内部控制薄弱；数据造假、会计信息失真；主业不突出，盈利质量较差；关联交易利益输送、合同诈骗、设立“小金库”、违反中央八项规定等问题。

信息化建设 省审计厅成立数据审计处，加强对大数据审计工作组织领导。抽调全省审计系统审计业务精、数据分析能力强的审计人员，组建数据分析团队，开展数据审计工作。在对金融机构领导人员经济责任审计和省属国有企业资产负债损益情况审计中，使用大数据审计技术，运用信息技术查核问题，进行评价判断和宏观分析，提高审计效率和审计质量，节约审计资源。

审计质量管理 组织市（州）、省直管县（市）审计局法制工作负责人，以及省审计厅审计业务骨干40余人对33个项目审计质量进行检查。通过对各市（州）、省直管县2016年度实施的本级财政预算执行情况审计项目、经济责任审计项目、投资审计项目审计成果进行检查考评，并将考评结果进行通报，推动全省各级审计机关依法审计、文明审计。组织开展全省优秀审计项目评选活动，共评选出优秀审计项目和表彰项目15个，其中厅机关获得6个，市（州）审计机关获得9个。

审计机关人财物管理改革试点 作为全国开展省以下审计机关人财物管理改革试点的省份之一，贵州省审计系统按照审计署和省委省政府相关要求进行积极探索，取得阶段性成果。

在干部管理方面，全省审计机关干部实行党管干部、下管一级，即市（州）审计局领导班子由省委管理，县级审计局领导班子委托市（州）党委管理，市（州）审计局班子和县级审计局一把手任免须事先征得省审计厅党组同意。

在机构编制管理方面，全省各级审计机关及所属单位的机构编制由省级统一管理，省审计厅统一组织全省审计系统2017年公务员招录工作，完成招录124人。

在经费资产管理方面，全省审计机关人员工资、津补贴全部由省财政统发，实现全省审计机关经费统一由省财政保障。

在审计项目计划管理方面，审计项目按照“统一管理、分级实施”的原则进行统一管理，全省年度审计项目计划报经省人民政府同意后由省审计厅批复至市（州）、县（区）审计机关。

7月4日，审计署党组书记、审计长胡泽君一行来黔调研指导审计工作，代表审计署党组对贵州省审计机关人财物管理改革的探索给予高度肯定，省委、省政府高度重视，形成一批可借鉴、可复制的经验。胡泽君要求贵州审计机关，坚持围绕中心、服务大局，依法审计、客观求实，鼓励创新、推动改革；坚持积极稳妥扎实推进自然资源资产离任审计、人财物统一管理、领导干部经济责任离任审计改革，强化上级审计机关对下级审计机关的领导，确保依法独立地行使审计监督权；坚持强化审计队伍建设，按照专业化、职业化要求，努力打造一支政治强、业务精、作风优、纪律严的高素质审计铁军。

（撰稿人：刘光美）

【贵阳市审计局】 2017年，贵阳市审计局人员编制152人，实有130人。局长周毅，副局长罗继荣、王雄伟，总审计师朱云进，纪检组长向静，机关党委书记李晓林，固定资产投资审计评审中心主任王辉。设有办公室、法规处、财政审计处、固定资产投资审计一处、固定资产投资审计二处、经济责任审计处、行政事业审计处、外资与农业资源审计处、社会保障审计处、绩效审计处、企业审计处、人事处、计算机审计处、离退休干部处、机关党委办公室、监察室16个职能处（室）；下设固定资产投资审计评审中心（事业单位）。

审计成果 2017年，贵阳市县两级审计机关完成审计项目172个，专项审计调查项目3个。查出主要问题金额2086078万元，其中违规金额123970万元、管理不规范金额1962108万元；审计发现非金额计量问题322个；损益（收支）不实金额53042万元；出具审计报告和专项审计调查报告184篇。审计处理处罚金额210745万元，其中应上缴财政25012万元、应减少财政拨款或补贴9080万元、应归还原渠道资金10886万元、应缴纳其他资金2984万元、应调账处理金额162783万元；移送司法机关、纪检监察机关和有关部门处理事项21件，移送处理人员3人，移送处理金额3645万元。审计促进整改落实有关问题金额45465万元；促进拨付资金到位178万元；核减投资额275173万元；移送处理落实事项4件。审计提出建议682条；提交审计信息895篇。向社会公告审计结果9篇。

财政审计 市县两级审计机关完成部门单位预算执行审计项目74个，延伸审计有关单位111个，查出主要问题金额1003124万元。

经济责任审计 市县两级审计机关完成经济责任审计项目38个，查出违规金额25914万元、管理不规范金额25727万元。贵阳市审计局开展对清镇市原市长和花溪区原区长领导干部自然资源资产离任审计，审计采取与贵州大学自然资源课题组合作的方式进行，利用高校的专业技术资源及专家提供的相关技术支持，运用大数据、地理信息技术及统计分析法进行审计，查出问题金额22329.83万元，移送主管部门处理事项8件。

固定资产投资审计 贵阳市审计局完成对白云至修文道路改扩建工程、北二环道路B标段工程、市东站路道路工程等22个重点项目结算、决算审计，审计总金额47.85亿元，核减投资2.31亿元。市审计局下属的审计评审中心完成审计评审项目418个，审计评审金额148.03亿元，审定金额135.41亿元，核减12.62亿元。

民生资金（项目）审计 市县两级审计机关完成对全市2016年保障性安居工程的审计。按照市委、市政府“高一格”推进大扶贫战略行动的要求，贵阳市审计局完成贵阳市2016年扶贫资金审计，抽查扶贫资金41354.84万元，抽查扶贫项目382个；对开阳县、息烽县、清镇市2016年易地扶贫搬迁目标责任完成情况进行审计，实地察看2014年至2015年实施的10个移民安置点工程项目建设情况，抽查91户搬迁移民；扎实开展20个特困村扶贫资金跟踪审计，促进精准扶贫。按照省审计厅的统一安排，贵阳市审计局完成对安顺市5个区县易地扶贫搬迁异地交叉审计。

其他审计项目 贵阳市审计局组织开展2016年部门干教经费、贵阳市2016年度送温暖资金、贵阳市2013—2016年度国有企业改革发展资金、贵阳金阳建设投资集团有限公司2016年至2017年9月末融资资金、贵阳金竹粮食储备仓库2016年度供应金竹镇水淹区农民粮食价差及费用情况的审计或者专项审计调查。

信息化建设 建成贵阳市审计系统“数据铁笼”平台，运用数据分析手段，加强审计项目管理，规范审计人员行为。（撰稿人：卫小芳）

【六盘水市审计局】 2017年，六盘水市审计局人员编制69人，实有51人。党组书记、局长代云盘，党组成员、副局长卢德正、李成培、董巍娜、张立敏，党组成员、总审计帅土小月，党组成员、纪检组长邵建梅，经济责任审计办公室主任张立敏（兼），政府投资审计中心主任王坤平，调研员邢华。设有办公室、政策法规科、财政审计科、行政事业审计一科、行政事业审计二科、农业与资源环保审计科、固定资产投资审计一科、固定资产投资审计二科、金融与外资审计科、经济责任审计一科、经济责任审计二科、企业审计科、社会保障审计科；下设政府投资审计中心（事业单位）。

审计成果 2017年，六盘水市县两级审计机关完成审计项目293个。查出违规金额2.56亿元、管理不规范金额92.7亿元。审计处理处罚金额15.9亿元；移送纪委监察机关处理事项20件，移送主管部门处理事项7件，移送处理人员8人。核减固定资产投资15.05亿元；审计提出建议541条；提交审计专题、综合报告和审计信息286篇次。

国家重大政策措施落实情况跟踪审计 在省审计厅的统一组织下，六盘水市审计局从全市审计机关抽调74人，参加仁怀市、凤冈县、余庆县、习水县、湄潭县和普安县全省易地扶贫搬迁项目和扶贫资金异地交叉审计。

财政审计 完成同级财政预算执行、部门预算执行情况审计项目24个，揭示预算编报不真实不完整资金2.44亿元、未按规定纳入预算管理资金0.14亿元、未按规定征收缴纳收入0.67亿元。

经济责任审计 完成经济责任审计项目19个，查出违规金额0.31亿元、管理不规范金额18.49亿元，移送纪检监察机关及有关部门处理事项6件，提出审计建议16条。完成六枝特区党政主要领导干部2015年3月至2017年6月自然资源资产离任审计试点，发现六枝特区生态文明体制改革任务推进不及时，未及时拨付专项资金0.67亿元；部分土地资源被非法占用；部分林业项目未进行公开招投标或政府采购0.27亿元；应收未收土地出让金1.46亿元；借款长期挂账未结算0.76亿元等问题。六枝特区审计局开展关寨镇党政主要领导 2015—2016 年度自然资源资产责任审计试点。

固定资产投资审计 完成政府性投资结（决）算审计项目 231 个，预算审查项目 213 个。审计总金额 121.25 亿元，核减投资 15.05 亿元，移送纪检监察机关处理事项 7 件。

民生资金（项目）审计 完成涉及民生的专项资金审计项目 16 个，审计资金总额 27.59 亿元，查出主要问题金额 16.52 亿元。移送纪检监察机关及有关部门处理事项 9 件。

（撰稿人：舒运绍）

【遵义市审计局】 2017 年，遵义市审计局人员编制 35 人，实有 32 人。党组书记、局长翁永厚，党组成员、副局长李镇薇、张辉，党组成员、总审计师付同涛，调研员雷以怀，副调研员周显能。设有办公室、固定资产投资审计科、财政金融审计科、经济贸易审计科、经济责任审计科、农业与资源环保审计科、行政事业审计科、政策法规科、计算机技术审计科。

审计成果 2017 年，遵义市县两级审计机关完成审计项目 216 个，专项审计调查项目 1 个。查出主要问题金额 993532 万元，其中违规金额 120514 万元、损失浪费金额 1761 万元，管理不规范金额 871257 万元；审计发现非金额计量问题 629 个；损益（收支）不实金额 79277 万元；出具审计报告和专项审计调查报告 234 篇。审计处理处罚金额 192536 万元，其中应上缴财政 19173 万元，应减少财政拨款或补贴 17505 万元，应归还原渠道资金 113668 万元，应调账处理 39203 万元，应缴纳其他资金 2984 万元；移送司法机关、纪检监察机关和有关部门处理事项 33 件，移送处理人员 51 人，移送处理金额 4644 万元。审计促进整改落实有关问题金额 142940 万元；审计促进拨付资金到位 21539 万元；审计后挽回（避免）损失 8205 万元；核减投资额 29335 万元；移送处理落实事项 1 件。审计提出建议 742 条；推动被审计单位制定整改措施 25 项，促进被审计单位制定完善规章制度 19 项；提交审计信息 389 篇。向社会公告审计结果 2 篇。

财政审计 市县两级审计机关完成预算执行审计项目 99 个，财政决算审计项目 20 个，查出主要问题金额 857360 万元。在本级财政预算执行审计中，重点关注财政收支结构的合理性、预决算的规范性、支出的有效性，以及积极财政政策的实施效果，揭露预算执行率较低、预算编报不真实不完整、未按规定征收缴纳收入、资金滞留闲置、违规使用资金等问题。在部门预算执行审计中，结合人大常委会对部门的评议工作，重点检查部门预算编制和执行情况，贯彻执行中央八项规定精神等情况。市、县审计机关受本级政府委托，向人大常委会所作的审计工作报告获满票通过。

经济责任审计 市县两级审计机关继续推进党政主要领导干部经济责任同步审计，完成领导干部经济责任审计项目 39 个，审计查出违规金额 21850 万元、管理不规范金额 93118 万元；移送纪委监察机关案件 8 件，移送相关职能部门 4 件。遵义市审计局开展习水县领导干部自然资源资产离任审计，检查习水县有序开发水资源、矿产资源，合理利用专项资金以及当地政府贯彻落实相关政策情况等方面，审计中运用 ARCGIS 软件和地理信息系统数据，发现 2 个矿山涉嫌非法开采、10 个矿山涉嫌未在许可范围内开采或越界开采等问题。

固定资产投资审计 市县两级审计机关完成固定资产投资审计项目（包括委托中介机构执行的项目）1593 个，审减金额 104648.34 万元。

民生资金（项目）审计 遵义市审计局开展市本级（含新蒲新区）及 14 个区、县（市）2016 年保障性安居工程跟踪审计，发现在目标任务的完成、资金管理使用、优惠政策落实、建设管理、分配使用等方面存在的问题。组织全市审计机关对遵义市 13 个区、县（市）2016 年度易地扶贫搬迁项目实施和资金管理中存在的问题进行督办整改。组成 6 个检查组，对全市涉及的 13 个区、县（市）2017 年易地扶贫搬迁审计和国定贫困县审计中发现问题的整改情况开展督查。

市审计机关抽调 68 名业务骨干，对铜仁市玉屏、万山等 5 个区、县的易地扶贫搬迁开展异地交叉审计，发现在项目管理和执行、资金管理和使用、工程建设管理、安置房管理分配和使用等方面存在的问题。组织审计人员参加全省 20 个极贫乡镇定点包干脱贫攻坚资金第一批和第三批审计，分别对纳雍县董地乡和雷山县大塘镇脱贫攻坚资金进行审计，对遵义市务川县石朝乡脱贫攻坚资金开展跟踪审计。

审计机关人财物管理改革试点 全面完成审计机关干部管理、机构编制管理、经费及资产管理的汇总上报和移交划转，组织完成审计项目计划的编制和组织实施，改革过程交接顺利，过渡平稳。

党建工作 扎实推进“两学一做”学习教育常态化制度化，组织党组中心组学习 6 次，全局干部职工学习 22 次；每月组织党员学习并开展“党员活动日”活动；组织十九大精神专题学习培训，全体党员撰写心得体会 34 篇；坚持“三会一课”制度，按照要求召开党组民主生活会和支部组织生活会，领导干部和党员们围绕专题撰写发言材料，对照党章查找自己在思想、组织、作风、纪律等方面存在的问题，提出整改措施。

相关工作 选派 1 名驻村干部，脱产帮扶务川县砚山镇大桥村。市审计局党组多次带队深入大桥村调研，并开展“干群结亲”、“三送一连心”、计生“三结合”等帮扶活动，帮助该村修建连户公路，发放帮扶、慰问资金和物资。委派 1 名县级干部脱产挂帮深度贫困村务川县分水镇天山村，筹资 20 万元用于该村人居环境改造。

（撰稿人：李　励）

【安顺市审计局】 2017 年，安顺市审计局行政编制 30 人，工勤编制 4 人，事业编制 14 人；实有行政人员 26 人，工勤人员 2 人，事业人员 9 人。局长郑玉和，副局长甘宗祥、徐晓艳、汪泽荣，总审计师陈敏，纪检组长徐家猛，固定资产投资审计中心主任陈华，经济责任审计联席会议办公室主任吴宏祥。设有办公室、综合科、财政金融审计科、农业与资源环保审计科、固定资产投资审计科、经贸审计科、社保外资审计科、经济责任审计一科、经济责任审计二科、经济责任审计三科和经济责任审计联席会议办公室；下设固定资产投资审计中心（事业单位）。

审计成果 2017 年，安顺市县两级审计机关完成审计项目 157 个，专项审计调查项目 3 个。查出主要问题金额 2285146 万元，其中违规金额 232754 万元、损失浪费金额 78 万元、管理不规范金额 2052313 万元；审计发现非金额计量问题 359 个；损益（收支）不实金额 74801 万元；出具审计报告和专项审计调查报告 156 篇。审计处理处罚金额 204692 万元，其中应上缴财政 51657 万元、应减少财政拨款或补贴 3566 万元、应归还原渠道资金 112358 万元、应缴纳其他资金 19745 万元、应调账处理金额 17364 万元；移送司法机关、纪检监察机关和有关部门处理事项 23 件，移送处理人员 17 人，移送处理金额 67185 万元。审计促进整改落实有关问题金额 23754 万元；审计后挽回（避免）损失 15202 万元；核减投资额 26889 万元。审计提出建议 549 条；推动被审计单位制定整改措施 2 项；提交审计信息 285 篇。向社会公告审计结果 9 篇。

国家重大政策措施落实情况跟踪审计 按照省审计厅上半年继续围绕脱贫攻坚等中心工作开展重大政策措施落实情况跟踪审计的工作安排，市县两级审计机关对贵安新区及 80 个县（市、区）2016 年易地扶贫搬迁专项资金筹集使用、项目建设、住房分配、实施效果等情况进行审计，审计结束后，对审计发现的问题建立工作台账，建档立卡，挂牌督办，整改进展情况定期向市政府专题报告。按照省审计厅的统一部署，在全市审计机关抽调审计业务骨干 67 人，组成 6 个审计组，赴六枝特区、盘县特区、水城县、钟山区以及三都县、瓮安县、天柱县、沿河县开展异地交叉审计。

财政审计 对市财政局组织实施的市本级 2016 年度预算执行和编制市级决算草案进行审计，对安顺学院、市住建局、市工信委、市文广局同步开展市级部门预算执行情况审计。

经济责任审计 对市住建局、市畜牧兽医局、市民族中学、安顺投资有限公司的领导干部开展经济责任审计；在对经济开发区主要领导干部开展经济责任审计的同时开展对自然资源资产责任审计。

固定资产投资审计 组织实施政府投资项目审计 62 个，其中结算审计 47 个，跟踪审计 15 个。对黄果树旅游区管理委员会组织实施的黄果树“半边街”搬迁补偿情况进行就地审计，重点对村民搬迁户 856 户的档案资料进行审核。

民生资金（项目）审计 组织开展扶贫资金

审计。对市卫计委大病医疗保险专项资金进行审计。对安顺市2016年城镇保障性安居工程进行审计。对市发展改革、财政、国土资源、农垦、林业等有关部门，以及住房保障管理中心、住房公积金管理中心等经办管理机构资金进行与民生相关的专项资金审计；对镇宁县简嘎乡镇、紫云县大营镇等2个极贫乡（镇）的脱贫攻坚资金持续开展跟踪审计。

外资运用审计 根据贵州省审计厅统一部署，安排人员完成对贵州省世界银行贷款实施文化与自然遗产保护和发展项目的审计，对省项目办、省财政厅、贵州师范大学、关岭县、黄平县、施秉县、雷山县、从江县、黎平县、锦屏县等县区、单位开展重点审计。

其他审计项目 完成对市本级及各县区核心业务管理系统管理信息化情况的专项审计调查；对第二届贵州（安顺）国际石材博览会财务收支情况进行审计。

（撰稿人：伍小雄）

【毕节市审计局】 2017年，毕节市审计局人员编制30人，实有26人。副局长陈志勇（主持工作）、李明祥、项学新，总审计师杨大莲，纪检组长李华，政府投资审计中心主任陈国忠。设有办公室、法制科、信息科、财政农业审计科、经济责任审计科、企业审计科、行政事业审计科、固定资产投资审计科；下设事业单位：政府投资审计中心（编制24人，实有20人）、经济责任审计办公室（编制17人，实有12人）。

审计成果 2017年，毕节市县两级审计机关完成审计项目144个。查出主要问题金额3352628万元，其中违规金额613619万元、管理不规范金额2738861万元；出具审计报告150篇。审计处理决定应上缴财政177099万元、应归还原渠道资金194546万元、应调账处理1768302万元、应减少财政拨款或补贴41011万元；已上缴财政984万元、已归还原渠道资金82091万元、已调账7769万元；移送纪检监察机关及有关部门案件线索34件，涉案金额2170万元。完成政府投资建设项目审计1097个，节约国家建设资金181895.07万元。提交审计信息373篇；报送审计要情及专报22篇。

国家重大政策措施落实情况跟踪审计 组织实施中央、省、市重大政策措施落实情况跟踪审计，组织市县两级审计机关参加全省易地扶贫搬迁资金审计，督促相关单位进行整改，促进政策落实。

财政审计 开展对全市财政、地税、金库等部门的审计，延伸审计部分一级预算管理单位，查出未编制政府全口径预算、政府采购预算、教育专户管理资金预算、挤占专项资金，存在金税三期系统数据与税收减免、欠税等实际数据不相符，对部分纳税人减免税备案资料审核不严等问题。

经济责任审计 市县两级审计机关完成经济责任审计项目28个，涉及领导干部49人。发现虚报冒领财政资金、挤占挪用专项资金、超标准兑现财政资金、未按规定程序拨款、滞留民政资金、违反政府采购程序、固定资产未入账、虚列支出、往来款项未及时清理、违规将单位资金转入个人账户结算、征地相关资料要素不完整、公车运行维护费超标准开支、超编等问题，查出主要问题金额75734万元，其中违规违纪金额4639万元、管理不规范金额70949万元。审计发现的案件线索移送纪检监察部门10件、检察机关3件、财政部门1件。

固定资产投资审计 市县两级审计机关完成审计项目1097个（含计划政府交办），节约建设资金121895.07万元。相关建设单位对项目前期手续不完善、设计工作滞后、“三边工程”等突出问题进行整改。

民生资金（项目）审计 开展保障性安居工程跟踪审计，审计发现存在专项资金统筹管理不到位资金35024.86万元，挤占挪用安居工程专项资金13734万元，部分地区未完成农村危房改造及棚户区改造任务，虚报骗取及违规分配住房保障待遇等问题。开展极贫乡镇脱贫攻坚资金审计，发现在扶贫资金的管理使用、工程项目建设程序、项目建设手续、政策措施落实情况等方面存在的违规问题。

信息化建设 全市视频会商系统竣工。利用现有人才开发投资审计项目管理系统，前期功能已经投入使用。

相关工作 按照市政府安排，牵头完成全市政府性资产的统计。按照精准扶贫工作要求，安

排2人到纳雍县昆寨乡金珠村和夹岩村开展帮扶，协调帮扶资金184万元。（撰稿人：蒋　贤）

【铜仁市审计局】 2017年，铜仁市审计局人员编制63人，实有53人。局长仕廷跃，副局长田仁华、文玉宏、姚茂海，总审计师陈静，纪检组长田峰，经济责任审计联席会议办公室主任庞晓旭。设有办公室、审计质量监督复核科、财政金融审计科、监察室、行政事业审计科、经贸审计科、农业外资审计科、固定资产投资审计科、经济责任审计一科、经济责任审计二科；下设固定资产投资审计评审中心、审计信息中心。

审计成果 2017年，铜仁市县两级审计机关完成审计项目240个。查出主要问题金额1648101万元，其中违规金额275475万元、损失浪费金额1043万元、管理不规范金额1371582万元；审计发现非金额计量问题376个；损益（收支）不实金额69104万元；审计发现侵害人民群众利益64万元；出具审计报告和专项审计调查报告295篇。审计处理处罚金额286678万元，其中应上缴财政179074万元、应归还原渠道资金80440万元、应缴纳其他资金25781万元、应调账处理金额1382万元；移送司法机关、纪检监察机关和有关部门处理事项79件，移送处理人员25人，移送处理金额97455万元。审计促进整改落实有关问题金额155586万元；核减投资额37988万元。审计提出建议782条；促进被审计单位制定完善规章制度5项；提交审计信息433篇。向社会公告审计结果15篇。

财政审计 完成预算执行及决算草案审计项目107个，延伸审计单位22个，查出违规变更调整预算115772万元、未按规定征收缴纳收入151430万元、违规改变项目计划和资金用途147480万元、虚列支出29291万元。完成专项资金审计项目32个，审计专项资金总额333041万元，查出未按规定纳入预算管理4061万元、未按规定征收缴纳收入645万元、违规改变项目计划和资金用途2610万元、资金滞留闲置5583万元、违规使用发票882万元。

经济责任审计 对49个部门单位的72名领导干部开展经济责任审计，查出违规金额应负直接责任金额688万元、应负主管责任金额2440万元、应负领导责任金额137165万元；管理不规范金额应负直接责任金额1220万元、应负主管责任金额56523万元、应负领导责任金额377169万元。同步完成对万山区、沿河土家族自治县党政领导干部经济责任审计及自然资源资产责任履行情况审计。

固定资产投资审计 完成政府投资审计项目100个，投资总额341951万元，核减结（决）算投资额35746万元，查出项目超规模超标准3068万元。

企业审计 完成1个审计项目，查出主要问题金额10912万元、账外资产5220万元。

相关工作 铜仁市审计局对全市10个区（县）审计机关上半年依法履职、审计质量控制、审计项目质量、政府投资项目委托中介机构实施情况进行检查，促进各区（县）审计机关依法审计、加强审计质量控制意识的提高。

内部审计 铜仁全市有内部审计机构104个，其中专职机构46个；内部审计人员249人，其中专职人员125人。完成审计项目310个，审计总金额155353万元，增收节支770万元，提出并被采纳的建议意见201条。（撰稿人：陈真平）

【黔西南布依族苗族自治州审计局】 2017年，黔西南布依族苗族自治州审计局行政编制22人，行政工勤编制3人，参公事业编制20人，事业编制4人，事业工勤编制2人；实有40人。党组书记、局长雷宪春，党组成员、副局长沈浩廷、龙敏，总审计师张亚非，党组成员、经济责任审计办公室主任张时龙。设有办公室、人教科、法规科、财政金融审计科、行政事业外资审计科、农林水资源环保社保审计科（政策落实跟踪审计科）、企业审计科、固定资产投资审计科、经济责任审计一科和二科、监察室；下设政府性投资建设项目前置审计中心、决算审核中心（加挂州国家基本建设预结算审核中心）、审计信息技术服务中心。

审计成果 2017年，黔西南布依族苗族自治州（以下简称黔西南州）两级审计机关完成审计项目142个。查出主要问题金额91.42亿元。出具审计报告142篇。审计处理应上缴财政3.04亿元、应归还原渠道资金8.55亿元、应调账处理金额 7.31 亿元；移送司法、纪检监察和有关部门处理事项 12 件。审计提出建议 358 条。

国家重大政策措施落实情况跟踪审计 对安龙县（含义龙新区乡镇）贯彻落实稳增长等政策措施中的 2016 年易地扶贫搬迁项目进行审计，抽查 6 个部门和单位 5 个项目，涉及财政资金 2960.80 万元。

财政审计 组织对财税部门和金库等 32 个单位开展预算执行审计，延伸审计 18 个部门单位，查出问题 143 个，涉及违规金额 11.41 亿元、管理不规范金额 44.59 亿元，提出审计意见和建议 99 条。州审计局受州政府委托向州人大八届四次会议作审计工作报告。

经济责任审计 完成经济责任审计项目 14 个，查出违纪违规金额 0.35 亿元、管理不规范金额 6.82 亿元，向纪委等部门移送涉嫌经济案件线索 10 件，移送 9 人。配合州委组织部完成离任的县处级领导干部监交工作 9 项，监交资产类总金额近 10.23 亿元。完成贞丰县党政主要领导干部任期自然资源资产责任情况审计。

固定资产投资审计 州政府正式取消前置审计，整合投资审计力量进一步加强政府投资工程建设项目竣工结（决）算审计。组织实施州公安局业务用房、州医院新建业务用房等政府性投资项目审计 105 个，审减（节约）支出 3.86 亿元；审计备案项目 637 个，审减资金 0.84 亿元。

民生资金（项目）审计 完成对全州 2016 年城镇保障性安居工程情况的审计。首次实施住宅专项维修资金审计，揭示资金收缴、管理使用中存在的影响资金征缴、使用效益的问题和漏洞。

相关工作 州审计局经中央文明委复核，保持“全国文明单位”荣誉称号，获省审计厅 2017 年度目标绩效考核一等奖，被黔西南州直机关评为先进“四型党组织”。 （撰稿人：刘崇方）

【黔东南苗族侗族自治州审计局】 2017 年，黔东南苗族侗族自治州审计局人员编制 61 人，实有 48 人。党组书记、局长李昌钦，副局长欧勤远、刘才泉、周小燕，总审计师李志军，纪检组长李万秉，经济责任审计办公室主任朱珠，政府投资前置审计中心主任龙家茂。设有办公室、法制科、财政金融审计科、行政事业审计科、固定资产投资审计局、企业与外资运用审计科、农业与资源环保审计科、监察室；下设经济责任审计办公室、政府投资前置审计中心。

审计成果 2017 年，黔东南苗族侗族自治州（以下简称黔东南州）两级审计机关完成审计项目 252 个。查出主要问题资金 1187364 万元；审计发现非金额计量问题 546 个。审计处理处罚金额 87829 万元，查出被审计领导干部负直接责任问题金额 26536 万元。移送处理事项 32 件，移送处理落实人员 10 人。审计提出建议 767 条；提交审计信息 1017 篇、信息简报 983 篇。

财政审计 州县两级审计机关完成财政预算执行情况审计项目 250 个，审计专项资金总额 311919 万元，项目投资完成额 83704 万元；发现预算编报不真实不完整 12099 万元，违规变更调整预算资金 34441 万元，未按规定征收缴纳收入 65928 万元，违规改变项目计划和资金用途 17857 万元，资金滞留闲置 130081 万元，会计核算不实 25264 万元，违规征地 15349 亩（其中耕地 2519 亩）；未落实被征地农民社会保障金 2054 万元。

经济责任审计 州县两级审计机关对 49 个单位的 56 名领导干部开展经济责任审计，其中任中审计 42 人，查出主要问题金额 322566 万元、管理不规范金额 298467 万元。

固定资产投资审计 完成政府投资项目概（预）算审计 1539 个，审查金额 132.85 亿元，核减金额 11.09 亿元。完成政府投资项目竣工决算审计 40 个，审计金额 4.6 亿元，核减金额 0.54 亿元。全年累计为政府投资节约资金 11.63 亿元。修订出台《黔东南州审计机关利用社会审计力量参与政府投资建设项目审计管理办法》，进一步规范委托社会中介力量参与政府投资审计。

（撰稿人：田洪波）

【黔南布依族苗族自治州审计局】 2017 年，黔南布依族苗族自治州审计局人员编制 48 人，实有 40 人。局长李先文，副局长罗宪平、林雪洪，总审计师冯丽芳，纪检组长司文丽，经济责任审计工作联席会议办公室主任杨爱民，调研员管跃敏。设有办公室、政策法规科、财政金融审计科、社保与行政事业审计科、农业与资源环保审计科、经济责任审计科、经贸外资审计科、固定资产投资审计科等 8 个科室；下设固定资产投资审计中心（事业单位）。

审计成果 2017 年，黔南布依族苗族自治州（以下简称黔南州）两级审计机关完成审计项目 385 个，完成政府交办、配合事项 139 个。查出主要问题金额 127.32 亿元，其中违规金额 19.73 亿元、损失浪费金额 114 万元、管理不规范金额 107.57 亿元；审计发现非金额计量问题 658 个；损益（收支）不实金额 4.79 亿元；出具审计报告和专项审计调查报告 385 篇审计处理处罚金额 43.41 亿元，其中应上缴财政 6.82 亿元、应减少财政拨款或补贴 3.53 亿元、应归还原渠道资金 14.24 亿元、应调账处理金额 18.09 亿元；移送司法机关、纪检监察机关和有关部门处理事项 24 件，涉及 16 人，金额 2714 万元。审计促进整改落实有关问题金额 21.65 亿元，其中增收节支 10.61 亿元、已调账处理金额 9.35 亿元；审计促进拨付资金到位 5.79 亿元；审计后挽回（避免）损失 10.23 亿元。审计提出建议 751 条；推动完善规章制度 2 项；提交审计信息 344 篇。向社会公告审计结果 4 篇。

对三都县领导干部自然资源资产责任审计项目、被审计署评为表彰审计项目、被省审计厅评为优秀审计项目。

国家重大政策措施落实情况跟踪审计 组织州县两级审计机关 50 余人，开展政策措施落实情况跟踪审计，查出问题 71 个，涉及金额 3.75 亿元。

财政审计 州县两级审计机关完成预算执行和财政决算类审计项目 91 个，查出问题金额 114.05 亿元。州审计局代州政府向州人大常委会所作的审计工作报告和审计查出问题的整改情况报告，获高票通过。

经济责任审计 州县两级审计机关完成对 46 名领导干部的经济责任审计，查出主要问题金额 11.00 亿元。开展对贵定县领导干部自然资源资产离任审计。州政府办印发《黔南州人民政府办公室关于建立自然资源资产责任审计专家库的通知》。

固定资产投资审计 州县两级审计机关完成投资审计项目和交办事项 370 个，核减工程款 4.72 亿元。

民生资金（项目）审计 州县两级审计机关完成各类涉及群众利益的专项资金审计项目 42 个，审计资金总额 52.98 亿元，查出问题金额 1.50 亿元。（撰稿人：邵冰浩）

2017 年贵州省所辖区、县(市)级审计工作统计表

金额单位:万元

审计机关	完成审计项目(个)	审计查出主要问题金额	审计处理情况					出具审计报告和审计调查报告(篇)	提出审计建议(条)	提交审计信息(篇)
			审计处理处罚				移送处理事项(件)			
			应上缴财政	应减少财政拨款或补贴	应归还原渠道资金	应调账处理金额				
贵阳市										
贵阳市本级	32	1577200	22236	7915	1522	82126	11	36	70	125
南明区审计局	17	1071	29		80	234		17	55	92
云岩区审计局	16	39588					1	16	63	137
花溪区审计局	12	152176	37	366	2	48		15	42	90
乌当区审计局	13	14885		689	802	12160	2	13	39	67
白云区审计局	13	81199	1479		220	60968	5	14	49	78
观山湖区审计局	10	29303						12	32	88

（续表）

审计机关	完成审计项目（个）	审计查出主要问题金额	审计处理情况					出具审计报告和审计调查报告（篇）	提出审计建议（条）	提交审计信息（篇）
			审计处理处罚				移送处理事项（件）			
			应上缴财政	应减少财政拨款或补贴	应归还原渠道资金	应调账处理金额				
清镇市审计局	15	50688	36		80	6455		15	75	33
开阳县审计局	17	12793	478	110	5	169	2	17	30	61
息烽县审计局	18	1475	677		175	623		18	197	64
修文县审计局	12	125700	40		8000			12	30	60
六盘水市										
六盘水市本级	48	236610	21697	70	24120	7813	22	48	85	134
钟山区审计局	61	115772	18		5181	54272		61	124	25
六枝特区审计局	20	7024	5243		116	231	2	20	53	48
盘州市审计局	54	267316	10215		375	14183	1	54	27	23
水城县审计局	110	328258	70		4388	142	2	110	252	56
遵义市										
遵义市本级	34	374902	1426	901	32259	53	3	36	96	5
红花岗区审计局	18	3847	62	3606		75	1	18	26	
汇川区审计局	8	355	260	79	5	8		8	25	104
播州区审计局	10	9181	3151	1145	2862	2363		11	27	36
赤水市审计局	16	17671	6	3391	3374	929	3	24	42	36
仁怀市审计局	12	36264			12		2	12	43	4
桐梓县审计局	13	96043	1678		62463	1390	4	13	40	38
绥阳县审计局	7	6426			4		4	8	20	
正安县审计局	11	12847	6078	5172	302	883		14	34	
道真仡佬族苗族自治县审计局	15	99020	271		22	249		15	27	
务川仡佬族苗族自治县审计局	14	144151	18		283	8346	11	16	65	38
凤冈县审计局	12	14025	2654		4922	72		12	30	42
湄潭县审计局	10	8443	1762		323	6357		10	25	28
余庆县审计局	14	101968	120	2359	5548	3130		14	67	39
习水县审计局	18	57025	1676	852	277	1099	5	18	155	19
新蒲新区审计局	5	11364	11		1012	14249		5	20	
安顺市										
安顺市本级	37	413135	49255	234	103730	8392	14	37	217	78
西秀区审计局	24	22203	1799		6725	2700	3	19	23	55
平坝区审计局	28	22105	170		212		2	28	78	12

（续表）

审计机关	完成审计项目（个）	审计查出主要问题金额	审计处理情况					出具审计报告和审计调查报告（篇）	提出审计建议（条）	提交审计信息（篇）
			审计处理处罚				移送处理事项（件）			
			应上缴财政	应减少财政拨款或补贴	应归还原渠道资金	应调账处理金额				
普定县审计局	16	399663	58		39	264	1	16	52	31
镇宁布依族苗族自治县审计局	12	6137			1200	4		14	43	11
关岭布依族苗族自治县审计局	18	6329	253	1428	17	4609	2	18	54	20
紫云苗族布依族自治县审计局	12	1378526			169			12	30	25
开发区审计局	6	33924	4	1826				5	32	26
黄果树旅游区审计局	7	3121	115	77	263	1392	1	7	20	27
毕节市										
毕节市本级	22	441957	57086	14787	32430	8826	10	24	56	75
七星关区审计局	11	2178689	81563		3454	1738180	1	11	23	10
大方县审计局	8	1926	1851		1	114	7	8	33	15
黔西县审计局	15	71978	85		53		1	17	22	34
金沙县审计局	13	77885	23644		8342	207	1	13	44	41
织金县审计局	10	376219	9294	24847	5662	7618	2	13	126	41
纳雍县审计局	14	144454	161		144426	6441	9	14	17	49
威宁彝族回族苗族自治县审计局	11	25569	33	125	41	4		11	23	42
赫章县审计局	9	33857	32	13	67	14318	3	8	17	12
百里杜鹃管理区审计局	31	94	3350	1239	10			31	85	54
铜仁市										
铜仁市本级	31	557683	135138		7279	80	21	37	84	40
碧江区审计局	17	318563	88		120	3		18	49	96
万山区审计局	14	20027	436		31	23		20	51	38
江口县审计局	15	48150	726		108		5	18	43	15
玉屏侗族自治县审计局	18	25365	8371		1372	324	2	21	114	24
石阡县审计局	20	282331	1761		2060	29	19	27	62	32
思南县审计局	24	163335	1158		655	1	20	31	92	37
印江土家族苗族自治县审计局	21	25245	215		34	42	4	25	61	30
德江县审计局	26	21804	536		3430	838	2	34	70	49

（续表）

审计机关	完成审计项目（个）	审计查出主要问题金额	审计处理情况					出具审计报告和审计调查报告（篇）	提出审计建议（条）	提交审计信息（篇）
			审计处理处罚				移送处理事项（件）			
			应上缴财政	应减少财政拨款或补贴	应归还原渠道资金	应调账处理金额				
沿河土家族自治县审计局	14	171887	30430		65004		6	18	34	29
松桃苗族自治县审计局	44	13751	210		341	39	2	44	102	43
黔西南布依族苗族自治州										
黔西南布依族苗族自治州本级	39	243072	2093		13218	4087	7	39	109	196
兴义市审计局	9	21196	122	38	87	43	1	9	27	48
兴仁县审计局	14	186847	24092	44	1450	838	1	14	16	30
普安县审计局	16	189927	4080		1		1	16	38	28
晴隆县审计局	13	69547			3397			13	54	19
贞丰县审计局	12	176	8					12	27	29
望谟县审计局	12	54344					1	12	27	21
册亨县审计局	17	86378			17700	68142	1	17	35	31
安龙县审计局	10	62735			49600			10	25	6
黔东南苗族侗族自治州										
黔东南苗族侗族自治州本级	38	278990	2502		1119	233	8	38	127	105
凯里市审计局	11	465885	2102					11	43	23
黄平县审计局	22	17966	805		99	15010	4	22	67	45
施秉县审计局	10	26377	73			523		10	20	40
三穗县审计局	16	27999	394	74		54		16	67	80
镇远县审计局	12	26595	295			85	1	12	25	14
岑巩县审计局	12	4399	116		154	416		12	50	153
天柱县审计局	10	93813	2087		5	824	1	10	17	64
锦屏县审计局	10	133000	1337		12	13	3	10	32	66
剑河县审计局	9	221035	2811			31		9	18	58
台江县审计局	10	89175	1148			1523		10	17	23
黎平县审计局	20	104078	351		215	2743	3	20	62	33
榕江县审计局	16	217917	19	433	385	194	4	16	32	70
从江县审计局	12	4583	3		1200	57	6	12	41	25
雷山县审计局	17	197911	9993		3	7244	2	17	46	58

（续表）

审计机关	完成审计项目（个）	审计查出主要问题金额	审计处理情况					出具审计报告和审计调查报告（篇）	提出审计建议（条）	提交审计信息（篇）
			审计处理处罚				移送处理事项（件）			
			应上缴财政	应减少财政拨款或补贴	应归还原渠道资金	应调账处理金额				
麻江县审计局	11	22985	1487		8960	12747		11	33	98
丹寨县审计局	16	54649	373		653	3310		16	70	62
黔南布依族苗族自治州										
黔南布依族苗族自治州本级	22	508433	6029		3276		5	22	80	120
都匀市审计局	10	133368			23769	58710	2	10	41	89
福泉市审计局	12	173105	3542	214	411	7890	1	12	4	
荔波县审计局	87	39744	47	5460	18997	12129	3	87	21	
贵定县审计局	8	16817	3				1	8	27	15
瓮安县审计局	14	75807	16359		13619	43969	1	14		
独山县审计局	50	83939	32517	2845	73243	370	3	50	185	39
平塘县审计局	12	83712	306	1820	85	16	1	12	31	
罗甸县审计局	15	22235	1	1652	26			15	39	
长顺县审计局	10	17045	7294		6460	2255		10	48	1
龙里县审计局	88	34285	1534	9598	852	22251		88	79	70
惠水县审计局	26	22923	61	7189	51		3	26	150	
三都水族自治县审计局	31	61753	503	6566	1653	33334	4	31	46	10

云南省

【云南省审计厅】 2017 年，云南省审计厅行政编制 195 人，实有 186 人；事业编制 69 人，实有 61 人。设有云南省经济责任审计局、云南省政府投资审计局、办公室、计划财务处、人事处、法规处、审理督查处、财政审计处、金融审计处、行政事业审计处、社会保障审计处、企业审计处、农业与资源环保审计处、涉外审计处、派出审计一处、派出审计二处、派出审计三处、派出审计四处、派出审计五处、派出审计六处、派出审计七处、派出审计八处、派出审计九处、派出审计十处、派出审计十一处和机关党委、离退休人员办公室；下设厅机关服务中心、审计科研培训中心、计算机技术中心、内部审计指导中心等 4 个直属事业单位；省纪委派驻纪检组。

领导成员

厅　　长：吴绍吉

副 厅 长：谢　健　苏　莉　李　芸
　　　　　杨晓源

总审计师：谢　凡

纪检组长：龚学艺

巡 视 员：任晓珍

副巡视员：黄应艳（—7 月）
　　　　　桑　锐（12 月—）

审计成果　2017 年，云南全省审计机关完成审计项目 12475 个。查出主要问题金额 3187.53 亿元，其中违规问题金额 446.99 亿元、损失浪费问题金额 2.42 亿元、管理不规范问题金额 2738.13 亿元；被审计单位损益或收支不实金额 162.96 亿元。为国家增收节支 275.92 亿元，其中已上缴财政 61.19 亿元、已减少财政拨款或补贴 41.79 亿元、已归还原渠道资金 55.33 亿元；审计后核减固定资产投资额 117.61 亿元；为国家挽回或避免经济损失 54.39 亿元；移送司法机关、纪检监察机关和有关部门处理事项 487 件，涉及人员 217 人，涉及金额 22.86 亿元。审计提出建议 30016 条，被采纳 27865 条；提交审计专题报告、综合性报告和信息简报共 6631 篇，被批示、采用 2807 篇。向社会公告审计结果 5153 篇。

国家重大政策措施落实情况跟踪审计 围绕供给侧结构性改革、“三去一降一补”任务、“放管服”改革、民生等方面，紧扣重大政策落实、重大项目推进、重点资金保障，对中央和省委、省政府出台的重大政策措施落实情况持续开展跟踪审计，当好政策措施贯彻落实的“督查员”。全年组织完成 16 个方面的审计，审计单位 4089 个（次）、项目 10382 个，涉及资金 2818.05 亿元。省人民政府第 126 次常务会议在听取审计工作及整改情况汇报时指出，省审计厅组织全省审计机关紧紧围绕中央重大政策措施和省委、省政府中心工作，持续开展政策措施落实情况跟踪审计，工作扎实，成效显著。

财政审计 围绕促进加快建立现代财政制度，促进建立全面规范透明、标准科学、约束有力的预算制度，促进提升财政资金使用绩效，进一步深化预算执行审计。采取“1＋N”模式，在开展部门预算审计的同时，结合部门业务管理、决算草案、专项资金、领导干部经济责任等情况进行审计，实现审计成果最大化；首次采用大数据审计方式，实现对 128 个省级一级预算单位的审计全覆盖，共核查落实疑点 1.78 万个，涉及资金 3.13 亿元。

经济责任审计 坚持“党政同责、同责同审”，在制定 6 个经济责任审计评价办法和评价指标体系的基础上，省纪委、省委组织部、省委编办、省监察厅、省人力资源和社会保障厅、省审计厅、省国资委 7 部门联合印发《云南省领导干部经济责任审计全覆盖实施意见》及《分类管理办法》《任前告知办法》《年度报告办法》《离任交接办法》等制度，稳步推进云南省领导干部经济责任审计全覆盖工作。全年共对 917 名领导干部进行经济责任审计。审计后，9 名被审计人和 34 名其他人员被移送司法、纪检监察机关等处理。连续 4 年开展领导干部自然资源资产离任审计试点工作，组织省、市、县三级审计机关共实施项目 156 个，总结试点工作经验。

固定资产投资审计 围绕加快推动政府投资审计工作提质转型，实现可持续健康发展的需要，根据全国人大法工委的要求，报请省政府及时修订《云南省政府投资建设项目审计办法》，使政府投资审计更加规范有序。大力推广运用计算机审计、大数据分析等信息化手段和方法，加大审计资源整合力度，实行省、州、县三级审计机关联动，国家审计和社会审计紧密配合，推进公共投资审计全覆盖。组织对全省 16 个州市、129 个县区的水网、航空网建设情况开展全覆盖式审计调查，涉及在建项目 673 个，概算总投资 614.57 亿元；基本摸清全省两网的规划、实施、管理等情况。

企业审计 围绕促进国有企业深化改革、提质增效、转型升级，全面贯彻落实中央《关于深化国有企业和国有资本审计监督的若干意见》，牵头草拟云南省的实施意见，制定出台《云南省国有企业和国有资本审计监督全覆盖实施办法》，要求对重点国有企业每 5 年至少审计 1 次，主要领导人员履行经济责任情况任期内至少审计 1 次。组织对旅游文化、生物医药和大健康、高原特色现代农业等全省推进的八大重点产业发展情况进行专项审计调查，涉及 6 个州市、19 个县市区、6 个部门、26 个园区、85 户企业，基本掌握云南省重点产业的发展现状。

民生资金（项目）审计 贯彻落实习近平总书记关于脱贫攻坚系列重要指示，围绕全省脱贫攻坚时间表、路线图和脱贫摘帽任务，以及审计署工作部署，持续开展扶贫资金审计。制定印发《关于加强脱贫攻坚专项审计监督的意见》《云南省扶贫资金审计实施办法》等文件，对扶贫开发政策落实、扶贫资金管理使用、扶贫项目实施效果以及脱贫退出达标情况等，组织实施各有侧重的脱贫攻坚审计。针对审计揭示的问题，省委书记多次批示各地各部门，要求抓好整改，加大问责力度。

农业与资源环保审计 牢固树立“绿水青山就是金山银山”的理念，按照省委、省政府关于生态文明建设的要求，把“九湖”生态环境保护作为必审项目，连续5年对九大高原湖泊水环境保护治理进行跟踪审计调查。全年共调查111个单位，查出主要问题金额8.07亿元，通过揭示机制体制性问题、督促审计整改，助力“生态文明排头兵”建设。

信息化建设 坚持把审计信息化建设作为实现云南审计跨越发展的根本途径，采取超强措施推进数字化审计。按照审计署的部署，启动金审工程三期建设，构建数据关联分析模块，建立数据报送、数据归集制度，完成省级财政、税务、社保、金融、企业等行业数据库建设，存储管理各类数据50TB，实现地税、社保、财政联网审计系统的全面部署和深化应用。加大计算机审计人才的培养力度，建立60余人的数据分析团队，为开展审计大数据分析奠定基础。数字化审计覆盖各个审计领域，审计效能不断得到提升。

审计机关人财物管理改革试点 积极稳妥推进全省审计机关人财物管理改革试点，围绕8个方面的41项改革任务，出台配套文件51个。全省审计机关按新的管理模式运行良好。

审计全覆盖 制定财政审计、公共资金审计、公共投资审计、领导干部经济责任审计、部门预算执行审计、国有企业和国有资本审计等全覆盖实施办法，形成“1+6”的审计全覆盖制度体系。整合全省审计资源，将分散的审计力量集中起来协同作战，推进大数据分析和数字化审计方式，构建“总体分析、发现疑点、分散核实、系统研究”的工作模式，努力实现有重点、有步骤、有深度、有成效的审计全覆盖。全面加强审计质量控制，厅机关新设审理督查处，负责审计项目的审理和审计查出问题的整改督查工作，着力解决审计执法不统一、整改不落实等问题。

党建工作 把抓好党建作为最大政绩，把管党治党作为主责和主业抓实抓细。注重强化政治学习，推进“两学一做”学习教育常态化制度化，全年共组织理论学习中心组学习8次。全面加强基层党组织建设，以厅机关处室为单位调整设立党（总）支部32个，开展“两级联评”。全面落实党风廉政建设责任制，健全审计风险防控体系，制定贯彻落实中央八项规定精神具体实施办法，开展“四风”问题“回头看”及“六个严禁”等专项清理整治工作，机关作风明显改进。

相关工作 坚持匡正选人用人风气，完善干部选任机制，健全审计干部培养机制，对24名机关干部进行轮岗交流，选派11名机关干部到农村挂职锻炼，激发党员干部干事创业热情。坚持需求导向，建立厅校合作机制，建立涵盖省、州、县三级审计机关的分类培训体系，全年投入经费近500万元，采用“通用能力+分类能力”等方式加大教育培训力度，进一步提升审计专业胜任能力。巩固精神文明建设成果，3个州市、县审计机关被中央文明委评为“全国文明单位”。

（撰稿人：褚文勋）

【昆明市审计局】 2017年，昆明市审计局人员编制141人，实有120人。局长李冰晶（—5月），党组书记蔡刚，副局长林英、陈林（5月—）、后文杰、杜建宝（5月—）、王雷（—3月），总审计师陈林（—5月），经济责任审计领导小组办公室主任杜建宝（—5月）、智云（6月—）。设有办公室、法规处、财政审计处、金融审计处、行政事业审计处、企业审计处、农业与资源环保审计处、社会保障审计处、固定资产投资审计处、涉外审计处、信息处、审计执行检查处、昆明市内部审计管理办公室、经济责任审计一处、经济责任审计二处、经济责任审计三处、人事教育处（离退休人员办公室）、机关党委及政府投资审计中心。

审计成果 2017年，昆明市县两级审计机关完成审计项目872个，专项审计调查项目49个。查出主要问题金额3322238万元，其中违规金额951931万元、损失浪费金额6万元、管理不规范金额2370301万元；审计发现非金额计量问题211个；损益（收支）不实金额360149万元；出具审计报告和专项审计调查报告976篇。审计处理处罚金额1522843万元，其中应上缴财政139760万元、应减少财政拨款或补贴48863万元、应归还原渠道资金362205万元、应缴纳其他资金367873万元、应调账处理金额604141万元；移送司法机关、纪检监察机关和有关部门处理事项25件，移送处理人员2人，移送处理金额868万元。审计促进整改落实有关问题金额1345881万元；审计促进拨付资金到位36557万元；审计后挽回（避免）损失61423万元；核减投资额209144万元；移送处理落实事项7件。审计提出建议2790条；推动被审计单位制定整改措施44项，促进被审计单位制定完善规章制度66项；提交审计信息2333篇。向社会公告审计结果659篇。

国家重大政策措施落实情况跟踪审计 组织市县两级审计机关对保障性安居工程、精准扶贫、“九湖”治理及水污染防治、水网建设等重大政策措施落实情况开展跟踪审计。

财政审计 开展财政决算（草案）审计、2016年度及2017年上半年地方政府债券资金管理使用情况审计、2016年度市级预算执行及其他财政收支情况审计。市县两级审计机关开展14个县（市、区）党政接待部门接待费管理使用情况审计，对市扶贫办和11个县区（含倘甸两区）扶贫办2016年度预算执行和其他财政财务收支情况审计。

经济责任审计 对20名市管领导干部开展经济责任审计，依法依纪反映不作为、慢作为、乱作为问题，促进健全责任追究和问责机制。开展呈贡区原区长及县区镇长自然资源资产和相关生态环境保护情况审计，促进领导干部切实履行自然资源资产管理和生态环境保护责任。

固定资产投资审计 加强对市政排水管网及调蓄池、轨道交通、市政道路等政府投资建设项目的审计监督，共完成竣工决算审计项目25个；按程序对41个政府投资建设项目进行跟踪审计；完成土地储备支出评审项目10个。

民生资金（项目）审计 组织市县两级审计机关对全市保障性安居工程进行跟踪审计。对昆明市2014年至2015年福彩公益金资助项目绩效情况进行专项审计调查。开展寻甸县脱贫攻坚跟踪审计，督促禄劝县做好2016年度脱贫攻坚跟踪审计整改。

企业审计 开展市属国有企业发展状况及国有资产保值增值情况审计调查、昆明公共自行车服务系统项目专项资金审计。

内部审计 昆明全市有内部审计机构445个，内部审计人员1080人，市级部门（单位）做到建立内部审计机构全覆盖。年内完成审计项目2258个。

（撰稿人：牟显福）

【曲靖市审计局】 2017年，曲靖市审计局人员编制56人，实有53人。局长郭建春，副局长张乔明、王清林、徐安民、吴兴斌，经济责任审计局局长李启功，副调研员陈健、缪仑、陈守忠。设有办公室、法规科、科技信息科、财政审计科、经济责任审计一科、经济责任审计二科、固定资产投资审计科、前置审计科、经贸审计科、社会保障审计科、行政事业审计科、农业与资源环保审计科、金融与外资运用审计科。

审计成果 2017年，曲靖市县两级审计机关完成审计项目995个。查出违纪违规金额30536万元、管理不规范金额405930万元；审计处理收缴省、市、县财政25678万元，归还原渠道资金507万元，应调整账务金额1745万元；向司法机关、纪检监察机关及相关部门移送案件线索30件29人，涉及金额3839万元。审计期间整改金额14549万元；审计促进拨付资金到位2113万元；政府投资建设项目全过程跟踪审计核减工程投资176566万元。审计提出建议1876条；上报审计专题、综合性报告1074篇；提交审计信息466篇。

有4个项目被省审计厅评为优秀审计项目。

国家重大政策措施落实情况跟踪审计 市县两级审计机关完成保障性安居工程、扶贫系统2016年预算执行及精准扶贫政策措施落实、新型农村合作医疗基金及相关资金收支节余和债权债务情况等项目审计。

财政审计 市县两级审计机关完成财政预算执行审计项目165个，延伸审计67个单位，查出主要问题金额323579万元；完成财政决算审计45个，查出主要问题金额3494万元。对9个县（市、区）接待部门接待费进行专项审计；对4条收费公路收费情况开展专项审计。

经济责任审计 市县两级审计机关完成对81名领导干部的经济责任审计，查出违规金额553万元、管理不规范金额2908万元，促进增收节支301万元。市审计局开展对富源县委书记、县长自然资源资产责任审计试点；各县（市、区）审计局相应开展9个乡镇自然资源资产责任审计试点。

固定资产投资审计 市县两级审计机关完成政府投资项目前置审计项目863个，核减工程造价7.81亿元；完成工程项目竣工决算审计611个，核减工程款31787万元。市审计局对人居环境提升工程、曲靖高铁北站配套工程等进行全过程跟踪审计。

民生资金（项目）审计 市审计局在对市扶贫开发办公室的预算执行审计中，延伸审计财政、扶贫投资开发公司等59个单位，实地查看整村推进等扶贫项目63个，审计查出问题金额405.23万元。区县审计局对9个县（市、区）43个乡（镇）和12个出列乡镇精准扶贫项目实施和资金使用情况进行审计检查。完成医疗保险等专项资金审计项目103个，查出主要问题金额58434万元；开展整合城乡居民医疗保险审计和新型农村合作医疗划转审计。

相关工作 曲靖市审计局被中央文明委授予“全国文明单位”荣誉称号。曲靖市审计局在省审计厅组织的计算机应用技术考核中，获全省第一名。

（撰稿人：陈守忠）

【玉溪市审计局】 2017年，玉溪市审计局人员编制72人，实有68人。局长曾敏，副局长杨海明、李国录、许立贞，副处级调研员王宇、刘家伟。设有办公室、法规科、信息科、财政金融审计科、经济责任审计一科、经济责任审计二科、农业与资源环保审计科、经贸与社会保障审计科、行政与科教文卫审计科、固定资产投资前置审计科、固定资产投资决算审计科。

审计成果 2017年，玉溪市县两级审计机关完成审计项目894个。查出主要问题金额2225035万元，其中违规金额368354万元、管理不规范金额1856681万元；审计发现非金额计量问题416个。出具审计报告和专项审计调查报告951篇。审计处理决定收缴财政金额28954万元，归还原渠道资金421万元，核减工程投资额96440万元，为国家增收节支125815万元。移送司法机关、纪检监察机关和有关部门处理事项66件、人员16人，涉及金额7494万元。审计提出建议1614条；推动完善规章制度1项；提交审计信息512篇。向社会公告审计结果850篇。

国家重大政策措施落实情况跟踪审计 市县两级审计机关继续实施地方政府债券资金管理使用等6个专题的政策措施落实情况跟踪审计。

财政审计 市审计局开展市本级和高新区2016年财政预算执行及其他财政收支情况审计、10个市级部门预算执行情况审计；首次开展市本级和高新区2016年财政决算草案审计。

经济责任审计 市县两级审计机关对77名领导干部开展经济责任审计。市审计局开展新平县党政领导自然资源资产管理和生态环境保护责任履行情况审计试点，首次组织县区审计局对乡镇主要领导干部的自然资源资产离任开展审计。

固定资产投资审计 市县两级审计机关共审计政府投资建设项目682个，核减工程投资96440万元。市审计局草拟并提请市政府制发《贯彻落实〈云南省公共投资审计全覆盖实施办法〉的意见》，对晋红高速、新三公路等重点项目开展审计。

民生资金（项目）审计 市县两级审计机关开展全市7县2区保障性安居工程进行跟踪审计。牵头研究并由市扶贫开发领导小组印发《玉溪市关于精准脱贫项目资金审计工作方案》，分4个季度对扶贫小额到户贷款、整乡（村）推进和产业扶贫项目等进行跟踪审计。对华宁县脱贫攻坚项目进行专项审计。

信息化建设 启动金审工程三期建设，完成审计OA办公系统新旧服务器的转换迁移；成功研发审计对象数据库管理系统和EXCEL＋审计系统。组建计算机应用审计团队，3人通过审计署计算机中级考试，3人通过国际注册信息系统审计师考试，1人获得审计署计算机审计高级证书。

相关工作 提请市委、市政府制发《玉溪市实行审计全覆盖实施方案》，市人大出台《玉溪市关于改进审计查出突出问题整改情况向人大常委会报告的办法（试行）》；组织外部培训学习46批次、478人，内部培训4批次、234人。玉溪市审计局的党建和党风廉政建设工作被市有关部门考核为优秀。

（撰稿人：段旭晖）

【保山市审计局】 2017年，保山市审计局人员编制39人，实有35人。局长李东伟，副局长李红霞、胡艳顺、杨国寿。设有办公室、财政金融审计科、行政事业审计科、农业与资源环保审计科、社会保障审计科、经济责任审计一科、经济责任审计二科、经贸审计科、固定资产投资审计一科、固定资产投资审计二科、电子数据审计科、法规科、内部审计指导科。

审计成果 2017 年，保山市县两级审计机关完成审计和专项审计调查项目 653 个。查出主要问题金额 411287.28 万元，其中违规金额 106869.23 万元、管理不规范金额 304247.46 万元；出具审计报告和审计调查报告 705 篇。审计处理处罚金额 166274.91 万元，其中应上缴财政及其他金额 56670.61 万元、应减少财政拨款和补贴 59047.32 万元、应归还原渠道资金 12582.85 万元、应调账处理金额 36797.35 万元；移送纪检监察、司法及有关部门处理案件 52 件 14 人，涉案金额 13720.27 万元。通过审计促进增收节支 120711.07 万元；审计后挽回损失 54713.63 万元；促进拨付资金到位 1858.84 万元；核减投资额 79717.39 万元。审计提出建议 1531 条；提交审计信息等 314 篇（条）。

国家重大政策措施落实情况跟踪审计 实施保障性安居工程、合作医疗基金及债权债务管理使用情况、地方政府债券资金管理使用情况、农业转移人口和其他常住人口在城镇落户 4 项重大政策落实情况跟踪审计以及“水网”建设情况的专项审计调查。

财政审计 组织市县两级审计机关开展本级预算执行及其他财政收支情况审计。市审计局对市本级财政决算草案编制进行首次审计；对云南高黎贡山国家级自然保护区保山管护局等 3 个市直部门开展 2016 年度预算执行情况审计；连续第 3 年对被审计单位的“三公”经费进行跟踪审计。

经济责任审计 市县两级审计机关对 45 名领导干部开展经济责任审计，查出违规金额 22808.96 万元、管理不规范金额 41047.11 万元；提出合理化建议 152 条，有效促进领导干部的正确履职，推动被审计部门单位经济活动的依法依规开展。

固定资产投资审计 市县两级审计机关完成政府投资项目审计 431 个，向建设单位提出加强项目建设管理、健全财务管理制度、加快工程进度等建议。

民生资金（项目）审计 市县两级审计机关完成全市扶贫系统 2016 年度预算执行“一条线”审计、全市城乡居民基本医疗保险整合审计，对整村推进项目资金管理使用情况、扶贫项目资金的统筹整合情况、保山浦发滇西边境片区扶贫投资发展基金管理使用情况及金融扶贫贷款管理使用情况等进行延伸审计。市审计局开展对隆阳区扶贫攻坚跟踪审计。

内部审计 保山全市有内部审计机构 110 个，内部审计人员 360 人，全年完成审计项目 1046 个，促进增收节支 209.12 万元，提出建议意见被采纳 1037 条。

（撰稿人：林 洲）

【昭通市审计局】 2017 年，昭通市审计局人员编制 76 人，实有 60 人。局长李绍军，副局长赵萍、郑成才、雷凤德、李文胜、秦绍平，经济责任审计办公室主任陈道义，调研员王兴宝，副调研员曹廷义。设有办公室、法制科、财政审计科、固定资产投资审计科、固定资产投资前置审计科、外资金融审计科、行政事业审计科、社会保障审计科、农业与资源环保审计科、领导干部经济责任审计一科、领导干部经济责任审计二科；下设审计计算机技术中心、投资审计中心 2 个事业单位。

审计成果 2017 年，昭通市县两级审计机关完成审计项目 1210 个。审计查出主要问题金额 1602630 万元，其中违规金额 170063 万元、损失浪费金额 1396 万元、管理不规范金额 1431169 万元；向党委政府提交审计专题、综合性报告 1210 篇。审计处理处罚应上缴财政金额 46939 万元，促进整改有关问题资金 225531 万元；审减投资 128844 万元；移送或移交违法违规问题和经济问题线索 33 件。审计提出建议 1568 条；提交审计信息 189 篇。

1 个审计项目被审计署评为优秀审计项目；3 个审计项目被省审计厅评为优秀审计项目。

国家重大政策措施落实情况跟踪审计 组织市县两级审计机关开展保障性安居工程、新农合医疗基金划转清算、脱贫攻坚等 57 项政策措施落实和宏观调控部署情况跟踪审计项目。

财政审计 市县两级审计机关完成财政审计项目 113 个，查出违规金额 83907 万元、管理不规范金额1130167万元、损失浪费金额1224万元。其中，市审计局完成对盐津、大关2个县的财政决算审计。

经济责任审计 市县两级审计机关对70名领导干部进行经济责任审计。其中市审计局完成对市民政局、市民宗局等10个部门的主要领导干部，巧家县、鲁甸县、大关县委书记、县长和公安局局长、检察院检察长、法院院长的任期经济责任审计。

固定资产投资审计 市县两级审计机关重点建设项目投资跟踪审计共审减投资额128844万元，其中市审计局完成竣工决算审计项目18个，招标控制价审核114个。市县两级审计机关开展水网审计调查项目11个，全市土地整治专项审计调查项目11个。

民生资金（项目）审计 市县两级审计机关开展2017年全市整合城乡居民基本医疗保险制度情况跟踪审计、全市19个县级公立医院综合改革专项审计调查等审计项目103个，审计专项资金769627万元，查出主要问题金额109841万元。

相关工作 市审计局保持“全国文明单位”荣誉称号；镇雄、彝良、威信、盐津、大关、鲁甸、永善、绥江、水富9个县级审计机关相继建成省级文明单位。（撰稿人：杜永富）

【丽江市审计局】 2017年，丽江市审计局人员编制38人，实有34人。局长赵怀，副局长陈秀英、冷德华、李新梅，经济责任工作领导小组办公室主任周启彬，副调研员木少志。设有办公室、法规科、财金审计科、农业与资源环保审计科、经贸投资审计科、行政事业审计科、内部审计指导科、经济责任审计办公室、电子数据审计科等9个科室；下设固定资产投资审计中心。

审计成果 2017年，丽江市县两级审计机关完成审计项目554个。查出主要问题金额909673万元，其中违规金额66276万元、损失浪费金额79万元、管理不规范金额843318万元；审计发现非金额计量问题210个；损益（收支）不实金额38152万元；出具审计报告和专项审计调查报告302篇，被批示、采用61篇。审计处理处罚金额462267万元，其中应上缴财政25715万元、应减少财政拨款或补贴11676万元、应归还原渠道资金56042万元、应缴纳其他资金136096万元、应调账处理金额232737万元；移送司法机关、纪检监察机关和有关部门处理事项30件，移送处理金额2884万元。审计促进整改落实有关问题金额268623万元；审计促进拨付资金到位75992万元；审计后挽回（避免）损失48123万元；核减投资额37810万元；移送处理落实事项30件。审计提出建议777条；提交审计信息134篇。

国家重大政策措施落实情况跟踪审计 开展地方政府债券资金管理使用、保障性安居工程等重大决策部署贯彻落实情况审计，严肃查处弄虚作假、有令不行、有禁不止，以及重大履职不到位等问题，推动政策落地生根。

财政审计 市县两级审计机关开展对28个部门的预算执行审计，市审计局首次开展市本级2016年财政决算草案审计，强化预算执行约束性，提升决算草案编报质量，推动财政政策更加积极有效。

经济责任审计 制定《丽江市市管领导干部经济责任审计对象分类管理暂行办法》和《丽江市党政领导干部离任经济责任事项交接办法》。市县两级审计机关对26名领导干部开展经济责任审计，促进领导干部更好践行新发展理念，依法作为、主动作为、有效作为。

固定资产投资审计 市县两级审计机关完成投资审计项目544个，其中跟踪审计、竣工决算审计223个，招标控制价审计321个，核减投资金额37810万元。

民生资金（项目）审计 市审计局完成市、县两级6个扶贫办2016年度预算执行“一条线”审计，对丽江市精准扶贫政策措施落实相关的各级财政资金安排分配拨付情况、2016年扶贫小额到户贷款对象精准性情况等进行跟踪审计；对永胜县2016年至2017年脱贫攻坚有关政策落实、资金筹集使用、项目实施情况和脱贫目标实现情况进行审计。持续开展4县1区的保障性安居工程跟踪审计。（撰稿人：颜圣迪）

【普洱市审计局】 2017年，普洱市审计局人员编制42人，实有40人。局长段萍，副局长罗恒林、李海鹰、宋春、胡庆明，总审计师刘永一。设有办公室、法规科、财政金融审计科、行政事业审计科、农业与资源环保审计科、固定资产投资审计科、社会保障与外资审计科、计算机运用审计科、经济责任审计一科、经济责任审计二科、内部审计指导科等 11 个科室；下设政府投资审计中心。

审计成果 2017 年，普洱市县两级审计机关完成审计和专项审计调查项目 549 个。查出主要问题金额 88.81 亿元，其中违规金额 19.78 亿元、管理不规范金额 69.03 亿元，通过审计应上缴财政金额 8.04 亿元、应减少财政拨款或补贴 2.57 亿元。通过审计整改，促进财政增收节支 9.75 亿元，挽回（避免）损失 2.65 亿元，核减投资额 2.64 亿元。移送相关部门处理事项 23 件 6 人。审计提出建议 1523 条；提交综合报告、信息 165 篇。向社会发布公告 267 篇。

国家重大政策措施落实情况跟踪审计 按照审计署和省审计厅确定的脱贫攻坚、保障房、地方政府债券资金、“五网”建设等方面重点，举全市审计机关之力开展重大政策措施落实情况跟踪审计。

财政审计 重点关注预算编制、执行、调整、决算等环节，从纠正“四风”入手，促进厉行节约和财政资金高效使用，开展财政审计项目 118 个，查出主要问题金额 52.07 亿元。

经济责任审计 市县两级审计机关对 55 名领导干部开展经济责任审计，查出主要问题金额 0.83 亿元。开展孟连县领导干部自然资源资产审计试点和 10 个乡镇领导干部自然资源资产审计试点。

固定资产投资审计 对重大基础设施建设项目、重大民生工程项目开展全过程跟踪审计或决（结）算审计，参与全省“五网”建设专项审计调查。全年完成投资审计项目 338 个，核减投资额 2.63 亿元。

民生资金（项目）审计 开展景谷 6.6 级地震灾后恢复重建跟踪审计、全市 2017 年计划脱贫出列的 12 个乡镇精准扶贫精准脱贫审计。开展新型农村合作医疗基金划转清算、五项社会保障基金、住房专项维修资金、玉磨铁路普洱段征地拆迁资金审计和全市接待部门接待费用管理使用情况等专项审计调查。完成涉及民生的审计项目 88 个，查出主要问题金额 32.38 亿元

信息化建设 完成金审工程三期虚拟化平台搭建，财政审计分析系统建设启动。组建普洱市数据分析团队，实施住房公积金、交警、医院等信息系统审计，揭示信息系统管理中存在的风险、缺陷和隐患，对被审计单位强化信息系统管理，完善系统缺陷起到积极的推动作用。

内部审计 普洱市内部审计机构完成审计项目 114 个，审计总金额 5.74 亿元，通过审计促进增收节支 0.13 亿元，审减投资额 0.21 亿元，提出审计建议意见 1669 条。 （撰稿人：藤建云）

【临沧市审计局】 2017 年，临沧市审计局人员编制 38 人，实有 45 人。局长吴杰，副局长邓绍华、字绍和、郑国琼。设有办公室、法制科、财政金融审计科、行政事业审计科、农业审计科、资源环保审计科、固定资产投资审计一科、固定资产投资审计二科、固定资产投资审计三科、领导干部经济责任审计一科、领导干部经济责任审计二科、领导干部经济责任审计三科、社会保障审计科、信息化科等 14 个科室。

审计成果 2017 年，临沧市县两级审计机关完成审计项目 284 个，专项审计调查项目 36 个。查出主要问题金额 1643018 万元，其中违规金额 135898 万元、损失浪费金额 456 万元、管理不规范金额 1506663 万元；审计发现非金额计量问题 443 个；出具审计报告和专项审计调查报告 320 篇。审计处理处罚金额 204322 万元，其中应上缴财政 2018 万元、应归还原渠道资金 60714 万元、应缴纳其他资金 12413 万元、应调账处理金额 129176 万元；移送司法机关、纪检监察机关和有关部门处理事项 14 件，移送处理人员 11 人，移送处理金额 1535 万元。审计促进整改落实有关问题金额 77275 万元；审计后挽回（避免）损失 13422 万元；核减投资额 31627 万元；移送处理落实事项 1 件。审计提出建议 883 条；推动被审计单位制定整改措施 25 项，促进被审计单位制定完善规章制度 5 项；提交审计信息 262 篇。向社会公告审计结果 320 篇。

国家重大政策措施落实情况跟踪审计 完成地方性债务资金等重大政策措施贯彻落实情况的跟踪审计。

财政审计 市县两级审计机关对本级财政预算和部门预算执行情况进行审计，为规范财政预算管理，不断深化财税体制改革，提高财政资金效益发挥重要作用。开展全市接待费管理使用情况专项审计，规范接待费管理使用。

经济责任审计 首次开展领导干部自然资源资产离任审计，从体制机制、自然资源管理、资金筹集和使用等方面提出建议20余条。

固定资产投资审计 市县两级审计机关完成政府投资审计项目138个，核减投资额2.8亿元；市审计局完成大学园区保障房、全市水网建设等审计项目10个，维护投资管理秩序，提高投资效益。

民生资金（项目）审计 市县两级审计机关对市本级及所属8个县区卫生计生部门新型农村合作医疗基金划转清算情况进行审计。全年完成扶贫审计项目12个，查出5方面51个问题，涉及金额87.17亿元，向市纪委移送案件线索1件。

信息化建设 在省审计厅进行的信息化建设考核中，排名列全省第5；1项技术应用被省审计厅评为三等奖。

内部审计 内部审计机构完成审计项目300个，审计总金额275342.03万元，增收节支287.88万元，提出并被采纳建议意见349条。在全省内部审计评比中，临沧市推荐的3个内部审计机构荣获优秀内部审计集体，1名内部审计人员荣获优秀内部审计工作者，1个审计项目被评为优秀项目。

（撰稿人：罗　剑）

【楚雄彝族自治州审计局】 2017年，楚雄彝族自治州审计局人员编制38人，实有49人。局长刘平，副局长徐永金、胡晓雯、李秋洪、陈绍能、陶光明、顾姝倩。设有办公室、人事培训科、局党总支办公室、总审计师室、信息科、法规科、财政审计科、行政事业审计科、农业与资源环保审计科、社会保障审计科、经贸审计科、固定资产投资审计一科、固定资产投资审计二科、金融与外资运用审计科、经济责任审计一科、经济责任审计二科、派出审计一科、派出审计二科、派出审计三科、派出审计四科、派出审计五科、派出审计六科等22个科室。

审计成果 2017年，楚雄彝族自治州两级审计机关完成审计项目718个，专项审计调查项目36个。审计查出违规金额56955万元、损失浪费金额28万元、管理不规范金额740935万元。审计处理决定应上缴财政25047万元、应减少财政拨款或补贴18202万元、应归还原渠道资金5482万元、应缴纳其他资金14993万元、应调账处理17984万元；移送司法机关、纪检监察机关及有关部门处理事项34件，涉及处理人员38人。促进增收节支41904万元。审计提出建议2085条；提交审计信息389篇。向社会公告审计结果312篇。

国家重大政策措施落实情况跟踪审计 开展城市棚户区改造和农村危房改造、整合城乡居民基本医疗保险制度、债券资金管理、扶贫系统预算执行、脱贫攻坚政策落实、水网建设政策落实、农村转移人口和其他常住人口在城镇落户政策落实等审计项目。

财政审计 开展州本级及10个县市本级财政决算（草案）编制、全州地方政府债券资金管理、全州财政部门具体组织2016年度本级预算执行和其他财政收支、全州地税部门2016年度税收征收管理、州级和县级部门2016年预算执行及决算草案编制、全州扶贫系统2016年预算、2014年至2016年全州接待部门接待费用管理使用、全州2016年度综合绩效考核奖励资金管理使用情况等审计项目。

经济责任审计 完成领导干部经济责任审计项目145个，并对7名州级部门和43名县级部门离任领导干部办理离任经济责任事项交接手续。在开展南华县、姚安县县长离任经济责任审计时同步开展县长自然资源资产离任审计试点工作。

固定资产投资审计 审计政府投资建设项目386个，投资额511608万元，审计后核减投资额19368万元。

民生资金（项目）审计 开展全州保障性安居工程跟踪审计、新型农村合作医疗基金划转清算审计、2016年全州特大洪涝泥石流滑坡灾害恢复重建和生活救助资金专项审计调查和双柏、南华、大姚等县2016年脱贫攻坚跟踪审计。

信息化建设 州审计局采取独立式的审计方式对楚雄市、禄丰县公安局信息系统进行审计，采取结合式对5个单位的信息系统进行审计。各

县市审计局采取独立式对17个单位的信息系统进行审计。（撰稿人：杨崇显）

【红河哈尼族彝族自治州审计局】 2017年，红河哈尼族彝族自治州审计局人员编制55人，实有55人。局长李朝晖，副局长解友发（—5月）、何仕华、陈红欣、张德文、普发俊（8月—）。设有办公室、人事科、法规科、经济责任审计一科、经济责任审计二科、事业企业审计科、固定资产投资审计科、行政政法审计科、财政金融审计科、农业与环保审计科、社会保障审计科；下设单位计算机技术中心、投资审计中心2个事业单位。

审计成果 2017年，红河哈尼族彝族自治州（以下简称红河州）两级审计机关完成审计项目743个，专项审计调查项目42个。查出主要问题金额583840万元，其中违规金额57455万元、损失浪费金额76万元、管理不规范金额52638万元；审计发现非金额计量问题644个；损益（收支）不实金额8758万元；审计发现侵害人民群众利益1万元；出具审计报告和专项审计调查报告919篇。审计处理处罚金额108060万元，其中应上缴财政11703万元、应减少财政拨款或补贴20500万元、应归还原渠道资金26649万元、应调账处理金额49206万元；移送司法机关、纪检监察机关和有关部门处理事项31件，移送处理人员15人，移送处理金额4699万元。审计促进整改落实有关问题金额107335万元；审计促进拨付资金到位94万元；审计后挽回（避免）损失24398万元；核减投资额24905万元；移送处理落实事项7件。审计提出建议1981条；推动被审计单位制定整改措施1项，促进被审计单位制定完善规章制度1项；提交审计信息423篇。向社会公告审计结果127篇。

国家重大政策措施落实情况跟踪审计 对保障性安居工程、新型农村合作医疗基金划转清算、地方政府债券资金管理使用等政策措施落实情况进行跟踪审计，揭示出问题20个，涉及问题金额14.37亿元。

财政审计 州县两级审计机关完成预算执行、决算审计等项目77个，查出主要问题金额321149万元。

经济责任审计 州县两级审计机关对140个部门单位的146名领导干部开展经济责任审计，查出主要问题金额216369万元。

固定资产投资审计 州县两级审计机关完成政府投资建设项目审计363个，项目投资额341566万元，完成投资额316670万元，核减投资额（工程款）24905万元。（撰稿人：杨建明）

【文山壮族苗族自治州审计局】 2017年，文山壮族苗族自治州审计局人员编制48人，实有45人。局长何淑清，副局长陆明会、李云山、朱丽琼，总审计师甘志林。设有办公室、综合法规科、人教科、经济责任审计局、行政事业审计科、企业金融审计科、农业资金审计科、社会保障资金审计科、固定资产投资审计科、固定资产投资审计中心、计算机技术中心。

审计成果 2017年，文山壮族苗族自治州县两级审计机关完成审计和专项审计调查项目1091个。查出各类问题金额184.36亿元，处理收缴财政金额5.8亿元，核减工程投资7.82亿元；提交审计专题报告或综合性报告及信息简报530篇。审计移送案件22件。提出建议1874条。向社会公告审计结果631篇。

国家重大政策措施落实情况跟踪审计 对保障性安居工程、新型农村合作医疗基金划转清算、地方政府债券资金管理使用等政策措施落实等情况进行跟踪审计，揭示问题20个，涉及问题金额14.37亿元。

财政审计 完成审计项目87个，查出问题金额54.17亿元。对州级60个一级预算单位2016年度预算执行和其他财政财务收支情况进行审计调查，重点揭示在基本支出、项目支出、存量资金等方面存在的突出问题，首次实现部门预算执行审计监督全覆盖。

经济责任审计 对37名党政领导干部进行任期经济责任审计，查出各类问题金额96466万元；州审计局组织对麻栗坡县人民政府原县长进行自然资源资产离任审计，揭示问题23个，涉及问题金额5518万元，向纪检及司法机关移送案件线索3件。

固定资产投资审计 完成政府性投资建设项目审计861个，送审额101.08亿元，核减投资额7.82亿元。通过审计，为促进建设项目规范管理、节约国家资金作出贡献。

民生资金（项目）审计 组织州县两级审计机关开展全州扶贫系统“一条线”审计，并对整村推进项目资金管理使用、扶贫项目资金统筹整合、浦发资金使用等情况进行审计。州审计局对原来计划2017年脱贫退出的砚山、西畴、丘北3个县2016年至2017年的脱贫攻坚政策措施落实、扶贫资金管理使用、扶贫项目建设运营和脱贫攻坚目标实现及成效等情况进行跟踪审计。对全州浦发银行石漠化片区扶贫资金和财政扶贫资金结余情况进行审计调查。

企业审计 组织对州属56户国有及控股等企事业单位2015—2016年度经营情况进行专项审计调查，揭示问题12个，涉及问题金额8.07亿元，提出审计建议5条。（撰稿人：李　蕊）

【西双版纳傣族自治州审计局】 2017年，西双版纳傣族自治州审计局人员编制26人，实有23人。局长周娜，副局长安永祥、蒋凌云、周红英。设有办公室、法规科、财政审计科、经贸审计科、经济责任审计科、固定资产投资审计科、电子数据审计科、社保审计科；下设内部审计指导中心。

审计成果 2017年，西双版纳傣族自治州县两级审计机关完成审计项目409个。查出主要问题金额472330万元，其中违规金额44725万元、损失浪费金额671万元、管理不规范金额426934万元；审计发现非金额计量问题857个；损益（收支）不实金额6157万元；审计发现侵害人民群众利益9万元；出具审计报告和专项审计调查报告415篇。审计处理处罚金额142494万元，其中应上缴财政21010万元、应减少财政拨款或补贴39576万元、应归还原渠道资金16302万元、应缴纳其他资金10978万元、应调账处理金额54628万元；移送司法机关、纪检监察机关和有关部门处理事项22件，移送处理金额70025万元。审计促进整改落实有关问题金额91161万元；审计促进拨付资金到位8505万元；审计后挽回（避免）损失23372万元；核减投资额28381万元；移送处理落实事项2件。审计提出建议1155条；推动被审计单位制定整改措施4项，促进被审计单位制定完善规章制度7项。提交审计信息145篇，向社会公告审计结果28篇。

国家重大政策措施落实情况跟踪审计 对保障性安居工程、精准脱贫开展跟踪审计，对地方政府债务管理使用、新型农村合作医疗基金划转清算和“五网”建设等进行审计和专项审计调查。

财政审计 州审计局首次对州本级财政决算草案编制进行审计。州县两级审计机关共开展预算执行审计项目27个，查出主要问题金额313445万元。对州级64个预算单位往来款收支情况进行筛查，确定对13个预算单位进行重点抽查，共查出9个方面问题，问题金额31104万元。

经济责任审计 州县两级审计机关开展经济责任审计项目37个，查出违规金额2517万元、管理不规范金额8333万元。景洪市组织开展村干部经济责任审计试点；勐海县将学校、乡镇卫生院等事业单位的主要负责人纳入审计范围。开展领导干部自然资源资产离任审计试点项目6个，发现问题25个、问题金额2139万元。

固定资产投资审计 州县两级审计机关开展投资审计项目316个，项目投资额420541万元，完成投资额394058万元，核减投资额28381万元。

民生资金（项目）审计 开展扶贫资金、职业教育专项经费等专项资金审计项目31个，延伸审计单位111个，查出主要问题金额32479万元。通过保障性安居工程审计，促进收缴保障性住房租金99.07万元，清理收回住房27套，空置分配入住88套，处理处分10人。（撰稿人：李蔚兰）

【大理白族自治州审计局】 2017年，大理白族自治州审计局人员编制60人，实有58人。局长彭云宁，副局长施黄、梁育鸿、沈万炳，总审计师柴建荣。设有办公室、经济责任一科、经济责任二科、电子数据科、项目管理科、法制科、固定资产投资科、前置科、农业环保科、行政事业科、社保科、财金科、经贸科、成果运用科等14个科室；下设洱海开发区管委会审计分局、创新工业园区审计分局等2个直属分局。

审计成果 2017年，大理白族自治州县两级审计机关完成审计项目3092个。审计查出主要问题金额543562万元，其中违规金额89752万元、管理不规范金额453756万元；审计发现非金额计量问题250个；出具审计专题综合性报告3102篇。审计处理处罚应上缴财政资金31766万元、应减少财政拨款或补贴48818万元、应归还原渠道资金82947万元、应调账处理金额69996万元；已上缴财政28058万元、已减少财政拨款或补贴48451万元、已归还原渠道资金10846万元、已调账处理金额61555万元。移送处理事项23件，涉及金额3372万元。审计提出建议7824条；提交审计信息204篇。向社会公布审计结果519篇。

国家重大政策措施落实情况跟踪审计 完成地方政府债券资金管理使用情况、“九湖”治理及水污染防治、易地扶贫搬迁等政策措施的落实情况跟踪审计项目20多个，重点涉及财政、医疗等多个政府部门和企事业单位，审计资金总量数十亿元。

财政审计 对30个州一级预算单位2016年预算执行及其他财政财务收支情况开展数字化审计调查。完成税收征收管理联网审计、民政系统预算执行审计。

经济责任审计 对63名领导干部开展经济责任审计；完成144名领导干部的离任经济责任事项交接，基本做到离任即交即接。州审计局对1名县长、12个县市审计局对12名乡镇长开展自然资源资产审计。

固定资产投资审计 加大对“五网”基础设施建设和以洱海保护治理为重点的环保项目审计，共完成政府投资审计项目2837个，审计投资总额158.34亿元，核减投资额7.60亿元。

民生资金（项目）审计 实施全州保障性安居工程、洱海水污染防治资金管理使用情况、精准扶贫精准脱贫政策跟踪等审计；开展漾濞、永平等4个县脱贫攻坚专项审计。完成洱海水环境保护治理跟踪审计。

信息化建设 投资253万元完成机房搬迁升级改造项目。建立州级机关电子数据定期报送长效机制，完成176个预算单位2014年至2016年财务电子数据采集转换，形成电子数据库。总结提炼出8个方面21个计算机审计分析模型。

（撰稿人：王学仪）

【德宏傣族景颇族自治州审计局】 2017年，德宏傣族景颇族自治州审计局人员编制33人，实有34人。局长杨善武，副局长杨常纪、摆岩相补。设有办公室、法制科、行政事业审计科、农业与资源环保审计科、财政金融审计科、社会保障审计科、固定资产投资审计科、领导干部任期经济责任审计一科、领导干部任期经济责任审计二科、投资项目审计中心等10个部门。

审计成果 2017年，德宏傣族景颇族自治州（以下简称德宏州）两级审计机关完成审计项目289个。查出主要问题金额1594480万元，其中违规金额259906万元、管理不规范金额1334519万元；非金额计量问题722个；损益（收支）不实金额116654万元。审计期间整改金额122662万元。审计处理处罚金额56002万元；移送处理事项10件，移送处理人员2人，移送处理金额1289万元。促进增收节支44291万元；调账处理862万元。促进资金拨付到位68729万元；挽回（避免）损失22880万元；核减投资额31392万元。审计提出建议1035条；提交审计信息364篇。向社会公告审计结果172篇。

国家重大政策措施落实情况跟踪审计 对全州稳增长促改革调结构惠民生防风险政策措施落实情况持续开展跟踪审计，完成“放管服”改革、脱贫攻坚、积极财政政策、地方政府债券、城市棚户区改造、精准扶贫、合作医疗基金及债权债务、农村危房改造等政策跟踪审计项目。

财政审计 德宏州审计局对财政部门实施的2016年度本级预算执行情况进行审计，同时对州司法局、统计局、旅游发展委员会等37个行政事业单位的2016年度部门预算执行情况进行审计，查出主要问题金额1013172万元。

经济责任审计 州县两级审计机关对20名领导干部进行经济责任审计，其中任中审计10人，查出违规金额85万元、管理不规范金额253818万元，促进增收节支29万元，提出并被采纳审计建议67条。

固定资产投资审计 州县两级审计机关完成德宏职业学院和德宏州中等职业学校建设项目一期工程、龙瑞高速公路德宏境内段征地拆迁资金等115个投资项目审计，审计投资总额209005万元，审计查出主要问题金额98640万元，核减投资额29234万元。

民生资金（项目）审计 州县两级审计机关围绕德宏州政府年度10件惠民实事，对少生快富、农业综合开发、新农村建设、新型农村合作医疗、土地整治、整合城乡居民基本医疗保险制度、易地扶贫搬迁专项贷款、阿昌族整乡推进整族帮扶等民生资金开展审计，全年完成民生审计项目103个，审计专项资金总额689842万元，查出问题金额44477万元，核减投资额2155万元。

（撰稿人：李志远）

【怒江傈僳族自治州审计局】 2017年，怒江傈僳族自治州审计局人员编制42人，实有41人。局长杨勇强，副局长陈坤良、赵书云、杨金艳。设有办公室、法制综合科、财政金融审计科、行政事业审计科、农业与资源环保审计科、企业与外资审计科、社会保障审计科、经济责任审计一科、经济责任审计二科、计算机审计应用科、计划统计科；下设固定资产投资审计中心。

审计成果 2017年，怒江傈僳族自治州（以下简称怒江州）两级审计机关完成审计项目144个，专项审计调查项目19个。查出主要问题金额268706万元，其中违规金额7947万元、管理不规范金额260758万元；审计发现非金额计量问题250个；损益（收支）不实金额647万元；出具审计报告和专项审计调查报告177篇。审计处理处罚金额29690万元，其中应上缴财政5060万元、应减少财政拨款或补贴219万元、应归还原渠道资金896万元、应缴纳其他资金901万元、应调账处理金额22611万元；移送司法机关、纪检监察机关和有关部门处理事项10件，移送处理人员2人，移送处理金额5805万元。审计促进整改落实有关问题金额23032万元；审计促进拨付资金到位36938万元；核减投资额1781万元。审计提出建议480条；推动被审计单位制定整改措施1项；提交审计信息65篇。向社会公告审计结果27篇。

国家重大政策措施落实情况跟踪审计 对城市棚户区改造和农村危房改造、合作医疗基金及债权债务管理使用情况、地方政府债券资金管理使用情况、水网建设规划实施情况、小型农田水利重点县续建项目进行跟踪审计。

财政审计 完成审计项目59个。开展州本级83个预算单位2016年度预算执行及其他财政财务收支情况全覆盖审计调查，首次开展决算（草案）编制情况审计。开展2016年度及2017年上半年地方政府债券资金管理使用情况审计。开展怒江州扶贫系统2016年预算执行"一条线"审计，查出主要问题金额19100万元。

经济责任审计 完成审计项目16个，其中领导干部自然资源资产离任审计试点项目5个。怒江州7个部门联合印发《怒江州领导干部经济责任审计全覆盖实施意见》及配套制度，推动经济责任审计工作的制度化、规范化。

固定资产投资审计 完成审计项目57个。贯彻落实省人民政府令《关于修改〈云南省政府投资建设项目审计办法〉的决定》和《审计署关于进一步完善和规范投资审计工作的意见》，开展投资审计项目清理，规范投资审计工作。

民生资金（项目）审计 完成审计项目15个。开展怒江州4个县（市）脱贫攻坚全面小康行动计划专项审计调查，揭示出影响贫困户脱贫目标实现、贫困村退出目标实现等方面的问题56个。

农业与资源环保审计 完成审计项目10个。开展怒江州2014年至2016年生态功能区转移支付资金管理使用情况专项审计调查，查出主要问题金额1946.16万元，移送纪检监察机关处理事项1项。

（撰稿人：刘 婕）

【迪庆藏族自治州审计局】 2017年，迪庆藏族自治州审计局人员编制31人，实有25人。局长杨继文，副局长张柱能、傅冰、和集义（—9月），总审计师王文珍。设有办公室、综合法规科、行政事业审计科、财政金融审计科、固定资产投资审计科、经济责任审计科等6个科室；下设政府投资审计中心和计算机技术中心2个事业机构。

审计成果 2017年，迪庆藏族自治州（以下简称迪庆州）两级审计机关完成审计项目135个，专项审计调查项目7个。查出主要问题金额482618万元，其中违规金额53742万元、管理不规范金额428876万元；审计发现非金额计量问题53个；损益（收支）不实金额361万元；出具审计报告和专项审计调查报告143篇。审计处理处罚金额 96036 万元，其中应上缴财政 5812 万元、应归还原渠道资金 2347 万元、应缴纳其他资金 3611 万元、应调账处理金额 84262 万元；移送司法机关、纪检监察机关和有关部门处理事项 6 件，移送处理金额 166 万元。审计促进整改落实有关问题金额 22653 万元；审计促进拨付资金到位 606 万元；审计后挽回（避免）损失 2575 万元；核减投资额 3111.86 万元。审计提出建议 347 条；提交审计信息 108 篇。向社会公告审计结果 40 篇。

国家重大政策措施落实情况跟踪审计 州审计局完成州本级 2016 年度及 2017 年上半年地方政府债券资金审计、2017 年第一季度保障性安居工程等 4 项重大政策措施落实情况跟踪审计。

财政审计 州审计局完成 2016 年度州本级财政决算草案编制情况审计、关于财政资金信息化管理情况专项审计调查、2016 年州本级预算执行及其他财政收支情况审计等 7 个财政审计项目。

经济责任审计 州审计局完成州旅游发展委员会、香格里拉经济开发区管委会等领导干部经济责任审计项目 6 个，完成州驻昆办等 21 个单位领导干部离任经济责任事项交接工作。围绕领导责任，开展自然资源资产管理责任情况审计试点，客观评价领导干部履行自然资源资产管理和生态环境保护责任情况。

固定资产投资审计 完成德钦县茨中教堂修缮工程竣工决算审计、迪庆州医院儿科住院楼建设项目工程竣工决算审计等 12 个固定资产投资审计项目。

民生资金（项目）审计 完成 2016 年度德钦县保障性安居工程跟踪审计、2016 年度维西县保障性安居工程跟踪审计等 7 项专项资金审计。

信息化建设 编写报送计算机审计应用案例 13 篇，被省审计厅 2017 年度计算机审计应用评选活动选入优秀案例 1 篇、入选案例 5 篇，被信息系统审计案例评选活动选入案例 1 篇。

（撰稿人：郑永平）

2017 年云南省所辖区、县（市）级审计工作统计表

金额单位：万元

审计机关	完成审计项目（个）	审计查出主要问题金额	审计处理情况					出具审计报告和审计调查报告（篇）	提出审计建议（条）	提交审计信息（篇）
			审计处理处罚				移送处理事项（件）			
			应上缴财政	应减少财政拨款或补贴	应归还原渠道资金	应调账处理金额				
昆明市										
昆明市本级	108	2613820	8699	518	355779	586552	5	106	390	1332
五华区审计局	22	51539	2849			119		25	237	11
盘龙区审计局	91	14277	3144	9366	71	1694		104	323	134
官渡区审计局	36	212018	5081	15679				36	104	69
西山区审计局	42	2804	174	2446		183		47	97	101
东川区审计局	45	71321	18943		5		3	46	167	4
呈贡区审计局	39	18383	13820		14	4548	3	43	113	4
晋宁区审计局	25	54974	779	7722	30	497	4	26	144	235
安宁市审计局	71	81801	75198		1	6601		71	197	9
富民县审计局	58	156462	2129		137	767	7	64	27	187

（续表）

审计机关	完成审计项目（个）	审计查出主要问题金额	审计处理情况					出具审计报告和审计调查报告（篇）	提出审计建议（条）	提交审计信息（篇）
			审计处理处罚				移送处理事项（件）			
			应上缴财政	应减少财政拨款或补贴	应归还原渠道资金	应调账处理金额				
宜良县审计局	72	5373	2550	1702	726	376	3	83	203	115
石林彝族自治县审计局	134	1647	1	1646				139	255	87
嵩明县审计局	84	17492		8805	623	2658		87	222	
禄劝彝族苗族自治县审计局	56	6008	93	974	4791	140		56	256	
寻甸回族彝族自治县审计局	38	14312	6295		23			43	55	45
曲靖市										
曲靖市本级	146	89726	1779				5	154	252	66
麒麟区审计局	64	11441	4572		380		3	69	185	60
沾益区审计局	55	186059	8794		85		3	57	120	91
宣威市审计局	129	70923	2014				5	133	155	29
马龙县审计局	163	32893	3103				6	163	152	60
陆良县审计局	109	7457	249					137	280	56
师宗县审计局	110	19388	802		20	1429	1	131	251	37
罗平县审计局	69	2326	745		21		2	71	267	1
富源县审计局	85	10465	2081			278	2	87	193	33
会泽县审计局	65	5794	1534			37	3	72	21	33
玉溪市										
玉溪市本级	140	1349771	27675	35	18758	18140	28	151	221	128
红塔区审计局	71	235155	504		6	25	1	76	200	
江川区审计局	124	16472	1396		3	2	2	130	193	3
澄江县审计局	113	44246	5606		137	18	7	113	208	180
通海县审计局	126	43489	243			707	6	130	170	44
华宁县审计局	58	38502	393		4		3	62	65	35
易门县审计局	67	70129	2239		27			72	125	
峨山彝族自治县审计局	123	16367	210		27	89	3	131	272	17
新平彝族傣族自治县审计局	21	312028	2136		113		12	27	42	75
元江哈尼族彝族傣族自治县审计局	51	98872	384			51	4	59	118	30
保山市										
保山市本级	113	157438	21558	29004	1213	10987	6	119	209	78

（续表）

审计机关	完成审计项目（个）	审计查出主要问题金额	审计处理情况					出具审计报告和审计调查报告（篇）	提出审计建议（条）	提交审计信息（篇）
			审计处理处罚				移送处理事项（件）			
			应上缴财政	应减少财政拨款或补贴	应归还原渠道资金	应调账处理金额				
隆阳区审计局	97	69977	6948	1880	9434	6884	8	105	252	52
腾冲市审计局	102	39635	10919	3440	475	7982	10	109	165	54
施甸县审计局	188	97585	13242	15641	32	3387	21	192	493	23
龙陵县审计局	64	4966	2194	452		2299	5	69	78	50
昌宁县审计局	89	41683	1809	8630	1427	5258	2	111	334	57
昭通市										
昭通市本级	201	1390151	27498	88046	15701	13086	19	201	272	86
昭阳区审计局	187	10181	8		28	103		187	47	
鲁甸县审计局	21	12570	5519	809	42			21	45	
巧家县审计局	251	27971	1991		3897	6621	1	251	119	
盐津县审计局	30	7670	281	815	278	78		30	136	1
大关县审计局	132	16404	27	2538		4193		132	233	64
永善县审计局	62	12286	5917		1101	2986		62	162	
绥江县审计局	39	14553	264		750	13538	9	39	98	1
镇雄县审计局	124	16619	1114	49	170	10855		124	219	
彝良县审计局	37	55608	147	8	133			37	96	
威信县审计局	74	393	24	290	43			74	58	
水富县审计局	52	38218	4143	1554	501	45	4	52	83	37
丽江市										
丽江市本级	52	520011	21312	11450	30597	109966		51	122	52
古城区审计局	113	89786	86	225	8365	68880		70	277	31
玉龙纳西族自治县审计局	144	144793	647		325	2843	30	144	127	26
永胜县审计局	134	74021	63	903	99	37305		45	120	18
华坪县审计局	89	56125	3206		14985	8400		89	170	14
宁蒗彝族自治县审计局	22	22934	540		1692	6369		25	29	8
普洱市										
普洱市本级	49	417275	70715	4966	111509	59	11	56	145	63
思茅区审计局	22	10134	371		19	4038	2	25	74	20
宁洱哈尼族彝族自治县审计局	60	1733	140	866	42		1	63	152	4
墨江哈尼族自治县审计局	43	56093	69	1069		329	2	48	140	22

（续表）

审计机关	完成审计项目（个）	审计查出主要问题金额	审计处理情况					出具审计报告和审计调查报告（篇）	提出审计建议（条）	提交审计信息（篇）
			审计处理处罚				移送处理事项（件）			
			应上缴财政	应减少财政拨款或补贴	应归还原渠道资金	应调账处理金额				
景东彝族自治县审计局	91	22435	2728	3036	262	1129	1	102	214	39
景谷傣族彝族自治县审计局	96	11468	35	10361	716	176		97	231	
镇沅彝族哈尼族拉祜族自治县审计局	26	55906	1607	696			1	27	73	2
江城哈尼族彝族自治县审计局	52	41093	1320	731	25	38901	2	59	123	1
孟连傣族拉祜族佤族自治县审计局	39	38935	346	150	30	781		43	112	
澜沧拉祜族自治县审计局	46	142770	3036	3553	245	32057	3	52	168	13
西盟佤族自治县审计局	25	90268	1	266	105			26	91	1
临沧市										
临沧市本级	54	462930	132		9703	19026	3	54	120	81
临翔区审计局	51	498657	233		646			51	98	36
凤庆县审计局	46	233840	19		5020	2688	1	46	110	7
云县审计局	50	9648	970		115	1792	2	50	130	21
永德县审计局	27	68221	349		900	18810	1	27	132	
镇康县审计局	21	47367	12		30250	17103	2	21	56	58
双江拉祜族佤族布朗族傣族自治县审计局	22	99145	258		13653	67645	1	22	97	
耿马傣族佤族自治县审计局	26	195144	44		103	297	4	26	83	
沧源佤族自治县审计局	23	28066	1		324	1815		23	57	59
楚雄彝族自治州										
楚雄彝族自治州本级	89	431606	9677	2882	374	7658	15	96	180	26
楚雄市审计局	72	79504	1423	3910	3	10		82	261	
双柏县审计局	84	114409	1341	4987	36	1568		99	441	
牟定县审计局	55	9018	156	799	6	420		68	78	
南华县审计局	64	18541	1046	41	180	769		57	223	14
姚安县审计局	62	20211	4399		2590	2137	1	64	122	25
大姚县审计局	60	41137	653	548	306	8		65	187	136

（续表）

审计机关	完成审计项目（个）	审计查出主要问题金额	审计处理情况					出具审计报告和审计调查报告（篇）	提出审计建议（条）	提交审计信息（篇）
			审计处理处罚				移送处理事项（件）			
			应上缴财政	应减少财政拨款或补贴	应归还原渠道资金	应调账处理金额				
永仁县审计局	81	18326	4427	1053		2029		81	256	
元谋县审计局	64	8412	1076	848	877	212		69	46	178
武定县审计局	56	7374	624	2829	1105	493	5	64	83	
禄丰县审计局	67	48380	227	307	5	2680	13	65	208	10
红河哈尼族彝族自治州										
红河哈尼族彝族自治州本级	106	364723	2442	23	7362	956	15	127	300	69
个旧市审计局	67	1786	17	1178				83	110	55
开远市审计局	32	10607	140	2661	35	660	2	39	104	50
蒙自市审计局	45	25485	4406	3899	647	986	1	54	111	
弥勒市审计局	83	16098	657	2967	14	11083	1	92	150	30
屏边苗族自治县审计局	44	10527	167	1952		7220		53	103	
建水县审计局	53	37221	326	1846	283	7761	10	62	211	63
石屏县审计局	82	58571	359	2849	8328	5592		97	234	117
泸西县审计局	32	14276		313	1722	12144		34	81	
元阳县审计局	68	14353	453	765	2			79	130	2
红河县审计局	44	4219	269	1648	42	98	1	55	100	1
金平苗族瑶族傣族自治县审计局	66	5845	1057	227	333	2580	1	71	171	1
绿春县审计局	33	3467	205	164	588	66		40	90	
河口瑶族自治县审计局	30	16657	1200		7288	53		33	86	35
文山壮族苗族自治州										
文山壮族苗族自治州本级	201	1173607	36643	45611	5185	22918	5	204	340	117
文山市审计局	114	267595	19149	4407	32614	26515	7	124	180	46
砚山县审计局	117	211638	422	3639	2603	176		120	131	34
西畴县审计局	79	40292	623	2326	16929	18034		82	153	65
麻栗坡县审计局	117	31950	20	6198	156	77	1	119	118	50
马关县审计局	133	32562	22	2815	301	13		138	212	16
丘北县审计局	102	13205	15	5717	37	151	5	104	306	96

（续表）

审计机关	完成审计项目（个）	审计查出主要问题金额	审计处理情况					出具审计报告和审计调查报告（篇）	提出审计建议（条）	提交审计信息（篇）
			审计处理处罚				移送处理事项（件）			
			应上缴财政	应减少财政拨款或补贴	应归还原渠道资金	应调账处理金额				
广南县审计局	91	15569	84	5728	434	10	1	95	97	42
富宁县审计局	137	57199	1022	2582	506	5	3	140	337	64
西双版纳傣族自治州										
西双版纳傣族自治州本级	90	78439	13856	11513	11030	40866		90	257	36
景洪市审计局	100	177006	5181	5646	1315	1239		110	294	34
勐海县审计局	132	48115	1740	1309	3566	9907	18	132	312	67
勐腊县审计局	87	168770	233	21108	391	2616	4	83	292	8
大理白族自治州										
大理白族自治州本级	318	176497	7351	32715	7687	62	10	319	3163	31
大理市审计局	234	76520	17911	5993	1478	19535	1	234		32
漾濞彝族自治县审计局	188	11793	1949	1817	4977	2369		193	135	54
祥云县审计局	78	80268	303	23	59133	2224	8	78	186	9
宾川县审计局	321	12665	301		29	119		326	884	25
弥渡县审计局	168	29537	208	1034	10	28174		168	200	6
南涧彝族自治县审计局	291	1765	278		520	939		291	54	
巍山彝族回族自治县审计局	54	84430	132		4731	7095	2	53	36	21
永平县审计局	441	27861	1049	644	970	6322	1	441	1331	19
云龙县审计局	220	7577	437	52	380	3	1	220	245	6
洱源县审计局	276	13162	1041	6251	3022	670		279	589	1
剑川县审计局	127	19860	806		10	1954		124	251	
鹤庆县审计局	376	1627		289		530		376	750	
德宏傣族景颇族自治州										
德宏傣族景颇族自治州本级	37	645419	33		51	24061	3	40	292	111
瑞丽市审计局	92	259016	13	660	3	22	1	96	218	60
芒市审计局	54	563427	3606		504	2034	1	55	190	86
梁河县审计局	31	79582	3	346		59	5	32	98	38
盈江县审计局	38	44819	41	2158		186		39	142	23

（续表）

审计机关	完成审计项目（个）	审计查出主要问题金额	审计处理情况					出具审计报告和审计调查报告（篇）	提出审计建议（条）	提交审计信息（篇）
			审计处理处罚				移送处理事项（件）			
			应上缴财政	应减少财政拨款或补贴	应归还原渠道资金	应调账处理金额				
陇川县审计局	37	2217	955					41	95	46
怒江傈僳族自治州										
怒江傈僳族自治州本级	50	132088	527		662	8662	7	57	101	5
泸水市审计局	16	78468	831		204	243		16	79	27
福贡县审计局	24	36044	560	219	22	373	3	31	75	22
贡山独龙族怒族自治县审计局	23	13112	993			11800		23	80	1
兰坪白族普米族自治县审计局	50	8992	2148		6	1531		50	145	10
迪庆藏族自治州										
迪庆藏族自治州本级	37	415229	11		1671	76746	2	37	99	57
香格里拉市审计局	25	19562	5683		10	4888	4	25	75	28
德钦县审计局	33	41339	6			19		33	96	2
维西傈僳族自治县审计局	47	6488	112		666	2609		47	77	21

西藏自治区

【西藏自治区审计厅】 2017 年，西藏自治区审计厅行政编制 84 人，事业编制 81 人；现有人员 127 人（包括驻厅纪检组、援藏干部、博士服务团成员、离岗休养人数）。设有办公室（计划财务处）、政工人事处（机关党委）、法规处、经济责任审计局、行政事业审计处、财政金融审计处、企业审计处、社会保障审计处、固定资产投资审计处、农业与资源环保审计处、教科文卫审计处、党群政法审计处、审计督查处等 14 个机构；下设政府投资审计中心、后勤服务中心、信息中心（干部培训中心）等事业单位。

领导成员

党组书记、副厅长：次　多

党组副书记、厅长：孙秀春

党组成员、副厅长：王洪勇　尹摇山

拉巴次仁　祝遵宏

党组成员、纪检组长：扎西卓玛

副巡视员：徐俊琴

审计成果 2017 年，西藏自治区审计机关完成审计项目（单位）177 个。查出各类违规问题金额 1200 多亿元；出具审计报告和专项审计调查报告 165 篇，上报审计要情和审计专报 16 篇；移送相关部门处理事项 48 件；促进增收节支 3.38 亿元。各责任单位认真落实整改要求，已上缴财政资金 11.12 亿元，已归还原渠道资金 2438.05 万元，已调账处理资金 6.71 亿元；制定和完善规章制度 48 项，整改落实率达到 90%；审计移送纪检监察和国税等部门的 26 件案件线索已结案 10 件，19 人被诫勉谈话、197 人被通报，罚款 1286 万元，促进增收节支 1.26 亿元。

国家重大政策措施落实情况跟踪审计 自治区审计厅把政策落实情况跟踪审计作为重中之重，

按照区党委政府和审计署的安排部署，采取“统一组织、上下联动，统筹推进、分项实施”的组织方式，以推进深化供给侧结构性改革为主线，以资金项目政策和重大改革任务推进情况为抓手，围绕项目落地、资金保障、简政放权、政策执行、风险防范5个方面，持续加强国家和自治区重大政策措施落实情况跟踪审计。重点关注“三去一降一补”“三大攻坚战”等重大任务落实情况，反映“放管服”“营改增”等改革推进、重大投资项目建设管理、重大专项资金绩效等情况。按季度报告审计结果，持续跟踪整改，有力推动资金到位、项目实施、政策落地。

财政审计 自治区审计厅审计2016年自治区本级财政预算执行和决算（草案）编制情况，对9个区直部门预算执行和其他财政收支情况开展审计，开展15个区直部门国有资产管理使用情况专项审计调查，查出预算体系不健全、预算执行不到位、国库集中支付制度执行不严格等5个方面73个问题，涉及资金700多亿元。围绕重大政策落实、财政资金管理等社会普遍关注的热点问题，统筹整合审计资源，创新审计方式方法，不断强化预算执行等审计工作，揭露在财政预算执行、资金分配等方面存在的突出问题。审计中发现部分重大违法违纪问题线索，从体制、机制和制度方面分析问题产生的原因，提出改进工作的建议。

经济责任审计 自治区和地市两级审计机关完成对105名领导干部的经济责任审计，查出违规金额269亿元。提请有关部门对5名权力运用不当、履职尽责不到位的县区主要领导干部进行问责，有效促进领导干部守法守纪、守规尽责。自治区审计厅对全区经济责任审计工作情况开展调查研究，形成分析报告，向自治区经济责任审计领导小组联席会议提交《推进经济责任审计工作全覆盖的实施意见》和《大力推进经济责任审计信息化建设的建议》，为进一步提升经济责任审计工作水平夯实制度基础。日喀则和那曲两地结合实际，探索开展乡镇党政主要领导干部任中经济责任审计，得到党委政府充分肯定。

自治区审计厅开展那曲地区领导干部自然资源资产离任审计试点，揭示草原资源基础数据不完善、基本草原划定工作滞后、未制定草原保护与建设发展规划、非法占用草原、挪用专项资金等问题，涉及金额2800多万元。提出严格履行生态环境保护责任、强化资源环境监管执法等建议，推动各级领导干部牢固树立“绿水青山就是金山银山”的理念，更好履行生态环境保护责任，推进西藏生态文明建设。

固定资产投资审计 全年对公路、水利、学校、周转房、湿地保护工程、清政府驻藏衙门修缮及尼泊尔“4·25”地震日喀则灾区灾后重建等36个重点项目进行审计或跟踪审计，不仅关注项目建设情况，纠正建设管理、投资控制和资金管理等方面的问题，还重点关注项目建成后的运营状况和实际效果，对项目的经济效益、社会效益和环境效益进行客观评价。审计核减投资金额9519万元，8名相关责任人受到党纪政纪处分。确保资金安全有效，推进政府投资建设工程规范管理，维护建筑市场秩序。

为有效解决审计人力资源短缺、工作能力不足与审计任务繁重的矛盾，自治区审计厅开展投资审计组织方式改革试点，聘请中介机构参与重点项目审计工作，取得明显成效，得到自治区政府充分肯定，自治区主席在自治区审计厅上报的《关于投资审计工作有关情况的汇报》上批示“审计厅在人员少、任务重的情况下做出了重大贡献，下步投资审计工作的打算有开创性意义，建议政府常务会听取意见研究”。自治区政府常务会议同意自治区审计厅推进投资审计工作改革的建议。各地市审计机关在加强投资审计队伍专业化建设的同时，探索通过政府购买服务实现投资审计“扩面增效”的新路子，全区逐步形成“审计机关主导、社会审计参与”的政府投资审计工作新局面。

民生资金（项目）审计 自治区审计厅制订全区扶贫审计三年滚动计划和工作方案，力争到2020年实现扶贫审计全覆盖。从全区抽调56名审计人员组成7个审计组，组织对7个地（市）2016年至2017年上半年精准扶贫精准脱贫政策落实情况进行审计，共抽查17个县（区）、51个乡（镇）、55个扶贫项目，涉及扶贫资金40多亿元，揭示和反映精准扶贫政策措施落实不到位、项目和资金管理不规范，超标准建设易地搬迁安置房、施工单位偷税和违法分包工程等问题，涉及金额 1.3 亿多元。各地（市）审计局立足本地实际，加大产业扶贫、教育扶贫和健康扶贫等领域的审计力度，取得较好成效。自治区审计厅统筹全区审计机关人力资源，按照“五统一”工作原则，以“交叉审”方式对 2016 年全区保障性安居工程开展跟踪审计，揭示出全区保障房建设管理中存在建设工程开工率低、资金管理不规范等问题，涉及金额 1.57 亿元，针对发现的问题提出审计建议，规范工程建设和资金管理，维护人民群众住房保障权益。对区本级、拉萨市和昌都市 2015 年至 2016 年就业专项资金开展审计，揭示未统筹盘活存量资金、滞留就业专项资金和挪用培训资金等问题。

信息化建设 灵活运用信息化手段开展审计，充分利用工商、税务、财政、住建、民政等部门业务数据，加大数据分析力度，提高审计效率，提升审计成果。进一步加强全区数字审计分析团队建设，在扶贫审计、财政审计、城镇保障性安居工程跟踪审计等项目中，探索“总体分析、发现疑点、分散核查、系统研究”的工作方式，取得较好的效果。推进金审工程三期建设，投资 256 万元、建筑面积 628 平方米的审计厅金审工程三期数据中心机房建设项目顺利竣工，金审工程三期项目可研报告已获自治区发改委批复，总投资 900 多万元。

相关工作 自治区审计厅着眼新时代新要求，继承和发扬优良传统，从着力加强干部队伍的思想政治建设、严格落实全面从严治党的政治责任、持续加强厅机关基层党组织建设 3 个方面入手，努力建设信念坚定、业务精通、作风务实、清正廉洁的高素质审计干部队伍。全区审计人员全年参加各类培训 13000 多人天，人均达到 30 多天，20 余名副科级以上干部开展竞争上岗；完善审计队伍专业结构，通过公开招考、人才引进等方式，录用投资、财会、计算机等方面的专业人才 10 人。

（撰稿人：曲　鹏）

【拉萨市审计局】 2017 年，拉萨市审计局人员编制 48 人，实有 44 人。党组书记、副局长赵文生，党组副书记、局长彭多，党组成员、副局长格桑平措、魏建华（9 月—），经济责任审计处处长曲松，副调研员黄兴奎、罗素彬。设有办公室、法规科、财政金融审计科、基本建设投资审计科、行政事业与社会保障资金审计科、经济责任审计处、经贸企业审计科、农业与资源环保审计科、信息中心。

审计成果 2017 年，拉萨市审计机关完成审计项目 20 个，专项审计调查项目 1 个。审计总金额 4370980.13 万元，查出主要问题金额 1067483.26 万元，其中违规金额 1252.90 万元、管理不规范金额 1066230.36 万元；审计发现非金额计量问题 21 个；出具审计报告和专项审计调查报告 20 篇。审计处理处罚金额 1067483.26 万元，其中应上缴财政 1490.29 万元、应加强自行管理纠正 1061974.97 万元、应归还原渠道资金 3368.2 万元、应调账处理金额 649.80 万元；移送有关部门处理事项 1 件。核减投资额 486.61 万元；移送处理落实事项 1 件。审计提出建议并被采纳 74 条；提交审计信息 161 篇。

国家重大政策措施落实情况跟踪审计 按照国务院统一部署和审计署统一要求，对拉萨市 2017 年贯彻落实稳增长、促改革、调结构、惠民生、防风险政策措施落实情况进行跟踪审计，促进有关政策的落实。提出并被采纳审计建议 8 条。

财政审计 组织开展 2016 年市本级预算执行情况和其他财政收支情况审计，开展墨竹工卡县 2012 年至 2016 年预算执行情况和财政收支情况审计，对全市相关部门进行延伸审计。完成对市旅发委、市人社局、拉萨市蔡公堂乡的财政财务收支情况审计，对拉萨市 2016 年护路经费收支情况的审计，对拉萨市 2016 年雪顿节活动经费使用情况的专项审计调查，提出并被采纳审计建议 25 条。根据自治区审计厅的统一安排，开展山南市 2016 年城镇保障性安居工程异地交叉跟踪审计。

经济责任审计 完成拉萨市旅游局原党组书记、副局长董天林和副书记、局长丹增曲扎离任审计项目，拉萨市人社局原党组副书记、局长张义泉任期经济责任审计项目，拉萨市人民政府驻成都办事处原主任彭飞跃离任审计项目，市自来水公司原总经理普布次仁离任审计项目，提出并被采纳审计建议 20 条。根据自治区审计厅的统一安排，开展对日喀则市聂拉木县原县委书记和副书记、县长经济责任异地交叉审计。

固定资产投资审计 加大对重点投资、重点工程建设项目的审计力度，完成堆龙德庆区生态农业园区古荣园区项目竣工决算审计、达孜区中心小学建设项目竣工决算审计和第二职业技术学校建设项目竣工决算审计。提出并被采纳审计建议 11 条。

民生资金（项目）审计 加强对涉农资金的审计力度，完成堆龙德庆区 2016 年以补脱贫专项资金收支情况审计；根据自治区审计厅统一安排，开展对昌都市本级及类乌齐县、八宿县 2016 年至 2017 年上半年精准扶贫精准脱贫政策落实情况异地交叉审计，提出并被采纳审计建议 5 条。

企业审计 按照“把握总体、揭露隐患、服务发展”的总体思路，以企业资产、负债、所有者权益的真实性为基础，重点揭露和查处弄虚作假、盈亏不实、资产管理不规范等行为，有重点、有步骤、有深度、有成效地推进企业审计。开展市城市规划设计院 2013 年至 2015 年资产负债损益审计，提出并被采纳审计建议 5 条。

党建工作 组织全局党员深入学习贯彻党的十八大、十九大精神和习近平新时代中国特色社会主义思想，学习贯彻自治区第九次党代会、区市党委九届三次全委会精神、《党章》《准则》《条例》，推进“两学一做”学习教育常态化制度化，教育引导党员干部增强“四个意识”“四个自信”，做“四讲四有”合格党员。以建设学习型、服务型、创新型、引领型、战斗型基层党组织为目标，加强党支部标准化建设，落实“三会一课”制度，严肃党内组织生活，开展观看主题教育影片、实地参观学习、交流研讨会、党员到社区报到、结对认亲交朋友等多种形式的支部主题党日活动，增强党组织的凝聚力和战斗力。高度重视党风廉政建设和反腐败工作，全面履行从严治党责任和党风廉政建设主体责任，层层签订《党风廉政建设责任书》，责任书实行任务分解，明确领导班子及成员、科室负责人、干部职工在党风廉政建设中所履行的职责，形成“党政齐抓共管，领导干部各负其责，党员干部积极参与”的党风廉政建设工作新局面。 （撰稿人：沈士虹）

【日喀则市审计局】 2017 年，日喀则市审计局人员编制 60 人，实有 51 人。党组书记、副局长次仁，党组副书记、局长徐伟，党组成员、副局长边巴次仁、尼玛多吉、刘德安、成善忠、孙庆利，党组成员、纪检组长扎西卓玛，经济责任审计处处长平措。设有经济责任审计处、办公室（政工人事科）、法规科、财政金融审计科、行政事业审计科、社会保障审计科、市直经济责任审计科、县区经济责任审计科、固定资产投资审计科、经贸企业审计科、农业与资源环保审计科、机关后勤服务中心、信息网络中心、政府投资审计中心及 5 个派出科室。

审计成果 2017 年，日喀则市审计局完成审计项目 14 个。查出问题金额 23.17 亿元，其中违规金额 21.31 亿元、管理不规范金额 1.87 亿元；审计发现非金额计量问题 33 个；出具审计报告 12 篇，向组织部门报送领导干部任期经济责任审计结果报告 8 篇。审计处理应上缴财政 1.63 亿元、应归还原渠道资金 0.13 亿元、应调账处理金额 21.1 亿元。审计提出建议 38 条；提交审计信息 76 篇；上报审计专报 2 篇。

2015 年度康马县财政预算执行审计项目，被自治区审计厅评为优秀审计项目。

国家重大政策措施落实情况跟踪审计 对市科技局本级财政配套资金解决的强基惠民送科技项目管理、推进及完成情况，以及资金使用情况进行跟踪。发现项目前期审核不严，部分科研项目重复立项及未按规定进行专家评审；162 个应用技术研发项目申报条件不符，涉及金额 2287 万元；未按规定建立科研项目数据库；项目管理不规范，2 个科研项目发包不合规，涉及金额 27 万元，60 个科研项目未按时间进度完成，35 个科研项目未批先签任务书，涉及金额 454 万元等问题。

财政审计 完成日喀则市本级 2016 年度财政预算执行和其他财政收支审计，共查出资金滞留闲置、资金不到位不落实等问题金额 19.86 亿元。完成市扶贫办、市政府办公室、驻拉萨办事处、驻成都办事处、市外侨办部门预算执行情况审计。向市人大常委会提交《2016 年度市本级财政预算执行和其他财政收支情况的审计工作报告》。

经济责任审计 受市县两级组织部委托，完成 7 名县级党政领导和 4 名乡镇党政领导干部经济责任审计，审计查出主要问题金额 0.903 亿元。针对领导干部在履行经济责任中存在的突出问题，提出强化财务规范化建设、加强财务人员业务培训、进一步健全完善内部管理制度、加强国有资产的管理等建议意见43条。配合自治区审计厅对那曲地区比如县党政主要领导干部的经济责任异地交叉审计

固定资产投资审计 为推进日喀则双语教育，提高农村学前教育普及程度，国家和自治区统一部署，2014年至2015年上级部门分配日喀则市实施学前教育建设项目91个，市审计局对市和部分县（区）教育部门实施的53个项目进行投资审计。配合自治区审计厅和市纪委做好“4·25”灾后安置及恢复重建跟踪审计项目的相关协调和督促检查工作。

民生资金（项目）审计 对市人力资源和社会保障局城镇职工、城镇居民医保基金筹集管理使用情况进行专项审计调查，重点对医保基金收支管理情况进行审计，并延伸抽查2家定点公立医院和3个定点零售药店。审计发现，有2328名城镇低保人员未参加城镇居民医保；有278个企业既未参加城镇职工医保又未参加城镇居民医保；违规加价销售药品耗材221万元，违规收取诊疗项目和医用服务设施费用570.03万元；基本医疗保险重复参保，多支出财政补助资金28.92万元；医保基金管理使用不规范，去世人员未按规定停止缴费，经办机构违规向城镇低保人员收取个人缴费财政减免部分，个人骗取医保基金，职工个人账户资金账实不符，医保管理信息系统数据不健全、不准确、不一致等问题。

信息化建设 鼓励审计小组在援藏干部的技术引领下探索运用AO软件进行数据审计，建立新型审计工作模式。为进一步提升全局计算机审计水平，成立计算机审计攻关小组。

党建工作 开展“两学一做”活动并做到经常化、常态化，全面落实从严治党各项要求，做到党建与业务工作同研究、同部署、同督促、同落实，实现“党建促审计，审计促党建”的良性循环。把从严治党的要求转化为自觉行动，党组立足“早提醒、早教育、早防范”的原则，抓廉政，筑牢廉洁从审思想防线，指定由纪检组负责对新任免的科级干部以及各审计小组进行任职前和进点前专题廉政提醒谈话，强化外出审计人员的勤政廉政意识。由局纪检组牵头，对审计局财务及其他支出情况进行内部审计。

相关工作 重视队伍建设，结合“四讲四爱”学习教育，努力造就“对党忠诚、清正廉洁、担当有为、敬业奉献”的审计干部队伍。采取学习培训与实践应用相结合的方式，组织审计人员参加上级审计机关及相关部门举办的各类培训班、鼓励审计人员参加职称考试和提高学历教育，提升全员综合能力。投入基层政权建设工作，市审计局被评为自治区级优秀派驻单位，派出的驻玛辖村工作队获得2017年度自治区级优秀驻村工作队。

（撰稿人：喜　确）

【昌都市审计局】 2017年，昌都市审计局人员编制44人。党组书记、副局长周卫东，党组副书记、局长益西群培，党组成员、副局长、调研员吴波，党组成员、副局长四朗央宗、王学琼，党组成员、副调研员土登扎西，副调研员任邦珍。设有办公室、法规监督科、财政金融审计科、行政事业审计、社会保障审计科、经贸农业与资源环保审计科、固定资产投资审计科、经济责任审计处、信息中心、派出审计一科、派出审计二科、审计服务中心等12个职能科室。

审计成果 2017年，昌都市审计局完成审计项目17个。查出违规金额1.02亿元、管理不规范金额86.44亿元，提出并被采纳审计建议57条。

国家重大政策措施落实情况跟踪审计 完成稳增长促改革调结构惠民生防风险政策落实情况的跟踪审计，市审计局检查复工项目113个，新开工项目113个，审计发现部分单位虚列支出212.78万元，账外资产5.81万元，通过审计督促52个项目如期开工。

财政审计 对昌都市财政决算以及其他财政收支情况进行审计，昌都市2016年市本级总收入543142万元，一般预算支出完成536337万元，补充预算稳定调节基金6805万元。对察雅县2014—2016年度财政决算及其他收支实施审计。

经济责任审计 对28名领导干部开展经济责任审计，重点检查单位及个人贯彻执行党和国家有关方针政策及决策部署情况，制定和执行本部门发展战略、规划和政策措施推动部门科学发展情况，重大经济决策情况，财政财务收支和内部管理情况等内容。

民生资金（项目）审计 完成2016年城镇保障性安居工程项目跟踪审计，对昌都市本级2016年保障性安居工程的计划、投资、建设、分配、运营等情况和配套基础设施建设情况进行审计。完成自治区审计厅统一部署的2016年至2017年精准扶贫专项资金交叉审计调查。

（撰稿人：罗时兵）

【林芝市审计局】 2017年，林芝市审计局人员编制38人，实有33人。党组书记、副局长泽旺江村，党组副书记、局长刘应萍，党组成员、副局长尼玛仓决、李友金，党组成员、经济责任审计处处长李萍。设有办公室、政工人事科、经济责任审计处、财政金融审计科、行政事业审计科、固定资产投资审计科、经贸农业与资源环保审计科、法规科、派出审计一科、派出审计二科。

审计成果 2017年，林芝市审计局完成审计项目19个，专项审计调查项目1个。查出主要问题金额186604万元，其中违规金额183590万元、损失浪费金额14万元、管理不规范金额2999万元；审计发现非金额计量问题27个；损益（收支）不实金额168482万元；出具审计报告和专项审计调查报告24篇。审计处理处罚金额184446万元，其中应上缴财政2325万元、应缴纳其他资金8950万元，应归还原渠道资金139万元、应调账处理金额173030万元。审计促进整改落实有关问题金额13247万元，其中上缴国库10203万元。审计提出建议35条；促进被审计单位制定完善规章制度3项；提交审计信息12篇。

林芝市审计局组织实施的米林县人民政府2014—2015年度财政决算及其他财政收支情况审计项目，被自治区审计厅评为表彰审计项目。

国家重大政策措施落实情况跟踪审计 按照审计署统一部署，对市本级及3县1区2016年城镇保障性安居工程进行审计。

财政审计 完成对市本级2016年财政预算执行和其他财政收支情况审计，对市住建局、市政府驻拉萨办事处2016年部门预算执行和其他财政收支情况审计。

经济责任审计 完成对林芝市城投公司、民宗局、安监局、妇联、商务局、察隅农场、人民医院和驻拉萨办事处等单位11名领导干部的经济责任审计。按照自治区审计厅的统一部署，完成对山南市贡嘎县党政领导干部履行经济责任情况的异地交叉审计。

民生资金（项目）审计 派出1个审计组，并通过购买社会审计资源补充审计力量的形式，完成对米林县幸福小区安置房项目审计。按照自治区审计厅的统一部署，完成对阿里地区2016年至2017年上半年精准扶贫精准脱贫政策落实情况的异地交叉审计。

（撰稿人：黄　华）

【山南市审计局】 2017年，山南市审计局人员编制44人，实有44人（含3名援藏干部）。党组书记、副局长张洪林，党组副书记、局长巴桑次仁，党组成员、副局长夏朝红、索朗达杰、张文宗（湖北援藏）、陈雪峰、秦好（湖南援藏）、丁传立（安徽援藏），党组成员、总审计师王显琼。设有经济责任审计处，办公室、法规科、财政金融审计科、行政事业审计科、社会保障审计科、固定资产投资审计科、经贸外资审计科、农业与资源环保审计科、派出审计一科、派出审计二科、派出审计三科、派出审计四科，审计信息中心（事业单位）。

审计成果 2017年，山南市审计局完成审计项目20个。查出主要问题金额62.72亿元，其中管理不规范金额62.50亿元、违规金额2220.69万元。审计处理决定应上缴市县两级国库资金2220.69万元。向市纪委、市住建局移送处理案件线索13件。审计提出建议48条；上报审计专报、审计要情、审计建议书5篇，提交审计信息107篇。

国家重大政策措施落实情况跟踪审计 按照自治区审计厅的统一部署，完成对日喀则市2016年各类城镇保障性安居工程的异地交叉审计，对定日、仁布等16个县的保障性安居工程资金及项目的上报数据进行核查，并延伸审计部分项目和单位，将审计报告征求意见稿上报自治区审计厅。

财政审计 开展预算执行审计等项目，查出主要问题金额56.95亿元，其中管理不规范金额56.86亿元、违规金额907.98万元，上缴市国库金额907.98万元。对雅砻文化节专项资金进行审计，查出主要问题金额13.42万元，其中应上缴市国库金额13.42万元，提出审计建议3条。

经济责任审计 查出主要问题金额 40942.32 万元，其中管理不规范金额 39923.93 万元、违规金额 1018.39 万元，应上缴市国库金额 721.62 万元，指明要求纠正金额 3659.05 万元，应调账处理金额 101.42 万元，应归还原渠道资金 50 万元，提出审计建议 10 条，向相关部门移送案件线索 10 件。

固定资产投资审计 完成 9 个政府投资建设项目的审计，查出主要问题金额 9020.18 万元，其中管理不规范金额 8978.08 万元、违规金额 42.1 万元，上缴市国库 37.6 万元，归还原渠道资金 229.20 万元。提出审计建议 21 条。

民生资金（项目）审计 查出主要问题金额 430.01 万元，其中管理不规范金额 217.84 万元、违规金额 212.17 万元，上缴市县两级国库金额 168.62 万元。提出审计建议 3 条。按照自治区审计厅的统一部署，完成对林芝市 2016 年及 2017 年上半年精准扶贫精准脱贫政策落实情况的异地交叉审计。

农业与资源环保审计 对 2015 年至 2016 年生态功能转移支付专项资金进行审计，查出主要问题金额 5913.62 万元，其中管理不规范金额 5892.66 万元、违规金额 20.96 万元，提出审计建议 3 条。

信息化建设 湖北、湖南、安徽 3 省审计机关选派 17 名审计业务骨干，组成固定资产投资审计、经济责任审计、本级预算执行审计等 5 个专家组，与山南市审计局开展联合审计，采取以审代训的方式，实地运用大数据审计方式，现场指导山南的信息化审计工作，提升山南审计干部的实战能力，实现山南信息化审计业务的新突破。

党建工作 扎实推进“两学一做”常态化制度化，组织局党组中心组理论学习 20 余次，开展集中学习近 30 次，撰写心得体会 50 余篇；树立“围绕发展抓党建、抓好党建促发展”的工作理念，严格落实“三会一课”制度，开展民主评议党员活动，在全局范围内推行亮党员身份、承诺践诺、党员设岗定责任等方式，着力解决党的领导弱化、党的建设缺失、管党治党松软等问题；组织党员深入基层，开展强基惠民活动，加强党风廉政建设，完善责任体系，压实主体责任，把廉政建设与审计业务工作同研究、同安排、同检查、同考核。 （撰稿人：蒋艳华）

【那曲地区审计局】 2017 年，那曲地区审计局局核定行政编制 26 人，机关后勤服务中心编制 3 人；实有 27 人。党组书记、副局长索朗央金，党组副书记、局长嘎多罗布，党组成员、副局长俞继业、次仁罗布、桑嘎扎西、方燕青，党组成员、经济责任审计处处长白玛欧珠。设有办公室、政策法规科、财政金融审计科（农业和资源保护审计科）、经济责任审计处、行政事业审计科（社会保障审计科）、固定资产投资审计科（经贸外贸审计科）、机关后勤服务中心。

审计成果 2017 年，那曲地区审计局完成审计项目 30 个，专项审计调查项目 1 个。查出主要问题金额 82769.07 万元，其中违规金额 12087.14 万元、管理不规范金额 66493.5 万元；促进增收节支 4188.43 万元；出具审计报告和专项审计调查报告 32 篇。移送司法机关、纪检监察机关和有关部门处理事项 4 件，移送处理人员 5 人，移送处理金额 3009.93 万元。移送处理落实事项 1 件。审计提出建议 105 条；促进各单位（乡镇）出台内控制度 1 项，完善内控制度 10 项。

国家重大政策措施落实情况跟踪审计 对地区人社局、嘉黎县、地区民政局等部门重大项目落地、重点资金保障以及简政放权推进等政策措施落实情况进行审计。

财政审计 对那曲县 2016 年度预算执行及其他财政财务收支情况进行审计，查出虚列支出、滞留下拨财政资金、挪用资金、未按规定招投标、结余未统筹、应缴未缴财政资金、违反扩大支出等问题，涉及问题资金 8773.5 万元。对地区人民医院、地区藏医院、地区妇保院 3 家单位近三年预算执行情况及其他财务收支情况进行审计，查出部分收入和支出未纳入预算、往来款长期挂账、未经审批发放绩效工资、扩大开支范围、滞留资金、固定资产增加未及时入账等问题，涉及资金 37989.44 万元，依据有关政策法规分别作出审计处理处罚，并提出审计整改意见和建议。

经济责任审计 开展经济责任审计项目 18 个，对地区民政局、工会、发展改革委员、人力资源和社会保障局、卫生和计划生育委员会、扶贫办、教体局、人民医院、地委老干局、团地委、索县荣布镇、安多县玛荣乡、嘉黎县措多乡、巴青县拉西镇、尼玛县尼玛镇、江源牧业技术开发有限责任公司、综合市场的主要领导干部开展经济责任审计。通过审计发现扩大开支标准、未及时上缴财政收入、基建项目超概算、专项资金未单独核算、财务手续不完备、票据不符合规定等问题，涉及问题金额109970.95万元。按照自治区审计厅的统一部署，完成对日喀则市定日县领导干部经济责任的异地交叉审计。

民生资金（项目）审计 对班戈县2016年至2017年精准扶贫精准脱贫进行审计，查出建档立卡基础数据填报不规范、超规定面积限额建设搬迁安置房、部分项目未进行公开招投标等问题，涉及问题金额1238万元。对2016年度本级及11个县保障性安居工程项目资金进行审计，揭示部分安居工程项目基建手续不完善、配套基础设施实施和资金不到位等问题。按照自治区审计厅的统一部署，对拉萨市2016年至2017年精准扶贫精准脱贫政策落实情况进行审计。

企业审计 对那曲地区饭店、唐盛农畜产品综合开发实业有限公司进行资产负债损益审计，查出营业收入未及时入账、会计账务处理不合规、往来款长期挂账、固定资产未及时入账等问题，涉及问题金额888.94万元。

其他审计项目 对地区护路办2016年度铁路护路联防专项经费进行审计，审计发现财务手续不完备、会计科目设置不全、现金管理不规范等问题，涉及问题金额987.33万元。对嘉黎县麦地卡湿地保护与恢复工程建设项目进行审计，审计发现项目变更未履行报批手续、应招标项目未进行公开招标、挪用项目建设资金、违规支付工程款等问题，涉及问题金额371.72万元。

党建工作 狠抓主体责任，把党建工作摆在重要位置，推进“两学一做”学习教育常态化制度化，强化机关党支部建设，机关党支部与全局党员签订2017年党员目标责任书、党员承诺践诺书、禁赌博承诺书和那曲地区地（中、区）直单位共产党员不信仰宗教承诺书。狠抓党风廉政建设，注重压实责任，加强对审计人员执行廉政纪律情况的检查监督。加强意识形态工作，进行以“强化担当意识、抓好意识形态”为主题的党课教育。

相关工作 健全完善审计工作制度，草拟并由行署办公室印发那曲地区贯彻落实《关于完善审计制度若干重大问题的意见的实施意见》，审计局制定完善审计案件（线索）移送处理、审计发现问题整改、审计质量管理、审计对象分类、经济责任审计结果运用、党政领导干部和国有企业领导人员经济事项交接等制度办法，为今后审计事业发展提供制度保障。加强审计队伍建设，那曲地区11个县成立审计局，每个局核定行政编制3人。加强对审计人员的培训，采取派员赴审计署特派办挂职锻炼、到南京审计大学参加培训、特邀自治区审计厅业务骨干现场辅导、请其他审计机关专家来那曲讲课、与内地审计部门签订对口支援友好合作协议等方式，提高那曲审计人员的业务水平和综合能力。围绕政府中心工作，抓好联系服务群众工作，助推强基惠民和精准扶贫精准脱贫，由党组班子成员带队深入索县赤多乡库巴村、若宗卡村开展调研，开展干部结对帮扶慰问工作，与“村两委”共谋发展思路。那曲地区审计局在直属机关工委组织的考核中，被评为那曲地区机关党建工作述职评议考核一等奖。

（撰稿人：白玛卓玛）

【阿里地区审计局】 2017年，阿里地区审计局人员编制36人，实有30人。党组书记、副局长庞兴圃，党组副书记、局长罗杰，党组成员、副局长雷德丰、谢天芳，党组成员、调研员桑杰多吉、中次仁，经济责任审计处处长普布。设有行政办公室、法规科、经济责任审计处、行政事业和社会保障审计科（财政金融审计科）、固定资产投资审计科、农业与资源环保审计科、派出审计一科、派出审计二科；下设政府投资审计中心。

审计成果 2017年，阿里地区审计局完成审计项目38个。查出各类问题金额231889万元，其中违规金额188116万元、管理不规范金额43449万元、损失浪费金额324万元。审计处理处罚金额7748万元，其中上缴财政7342万元、归还原渠道资金406万元；核减投资额725万元；移送案件线索16件，其中移送纪检部门3件、移送有关部门13件。审计提出建议142条。

国家重大政策措施落实情况跟踪审计 按照地委、行署和审计厅的安排部署，采取“统一组织、上下联动，统筹推进、分项实施”的组织方式，以推进深化供给侧结构性改革为主线，以资金项目政策和重大改革任务推进情况为抓手，围绕项目落地、资金保障、简政放权、政策执行、风险防范5个方面，持续加强国家重大政策措施落实情况跟踪审计。重点关注“三去一降一补”“三大攻坚战”等重大任务落实情况，反映“放管服”“营改增”等改革推进、重大投资项目建设管理、重大专项资金绩效等情况。按季度报告审计结果，持续跟踪整改，推动资金到位、项目实施、政策落地。

财政审计 完成普兰、措勤2个县2016年度预算执行情况和其他财政财务收支情况审计。查出主要问题金额15255万元，其中违规金额590万元、管理不规范金额14660万元、损失浪费金额5万元；审计处理处罚金额238万元，其中上缴财政金额196万元、归还原渠道资金42万元。

经济责任审计 完成12名党政领导干部任职期间经济责任审计和审计厅统一组织的日喀则市吉隆县党政主要领导干部经济责任同步交叉审计工作。查出主要问题金额201779万元，其中违规金额179493万元（应负直接责任金额1306万元、应负主管责任金额5728万元、应负领导责任金额172459万元）、管理不规范金额21967万元（应负直接责任金额218万元、应负主管责任金额11990万元、应负领导责任金额9759万元），损失浪费金额319万元（应负直接责任金额287万元、应负主管责任金额32万元）；审计处理处罚金额6059万元，其中上缴财政6004万元、归还原渠道资金55万元。

阿里地区审计局组织开展日土县党政主要领导干部自然资源资产审计试点工作。揭示草原资源基础数据不完善、基本草原划定工作滞后、未制定草原保护与建设发展规划、非法占用草原、挪用专项资金等方面存在的问题，提出严格履行生态环境保护责任、强化资源环境监管执法等建议。通过开展领导干部自然资源资产审计试点工作，查出问题金额158万元，其中挤占挪用17万元、长期闲置资金141万元。

固定资产投资审计 对阿里地区人民医院医技楼建设工程及附属工程项目、札达县人民法院审判业务用房及附属工程项目、阿里体育场改扩建工程等16个政府投资项目竣工决算进行审计。查出主要问题金额12767万元，其中违规金额7456万元、管理不规范金额5311万元；审计处理处罚金额1233万元，其中上缴财政1103万元、归还原渠道资金130万元；核减投资额725万元。

专项资金审计 完成阿里地区旅游局发展委员会2016年旅游产业发展专项资金和噶尔县2015年天然草原退牧还草工程专项审计。根据审计厅统一安排，完成山南市2016年至2017年上半年精准扶贫政策落实情况审计，查出主要问题金额1930万元，其中违规金额419万元、管理不规范金额1511万元；审计处理处罚金额218万元，其中上缴财政39万元、归还原渠道资金179万元。

党建工作 集中组织学习，深入学习领会习近平总书记系列重要讲话精神，学习中央第六次西藏座谈会和自治区第九次党代会精神，学习贯彻党章和《准则》《条例》等党内法规，局领导和科室负责人举办专题讲座、辅导或业务培训。党支部成员经常与干部谈心、交心，定期组织召开支部党小组座谈会，广泛听取意见和建议。建立党建工作责任制，层层签订党建工作责任书。坚持“谁主管谁负责”的原则，将党风廉政建设责任制工作与审计业务工作同安排、同部署，

相关工作 加大对权力运行机制的制约和监督，从源头上预防腐败。推行办事公开制度，推进规范化管理，凡重大财务开支、人事任免、行政审批、行政处罚、年度考核评先、公务用车以及发展党员等实行公开透明、阳光操作，坚持党组集体研究决策。（撰稿人：洛桑达瓦）

2017年西藏自治区所辖地(市)级审计工作统计表

金额单位:万元

审计机关	完成审计项目(个)	审计查出主要问题金额	审计处理情况					出具审计报告和审计调查报告(篇)	提出审计建议(条)	提交审计信息(篇)
			审计处理处罚				移送处理事项(件)			
			应上缴财政	应减少财政拨款或补贴	应归还原渠道资金	应调账处理金额				
拉萨市审计局	21	1067483	1490	1061975	3368	650	1	19	74	161
日喀则市审计局	14	231700	16300		1300	211000		12	38	76
昌都市审计局	17	874590							57	
林芝市审计局	20	186604	2325		139	173030		24	35	12
山南市审计局	20	627200	2221				13		48	107
那曲地区审计局	31	82769					4	32	105	83
阿里地区审计局	38	231889	7342		406		16		142	

陕西省

【陕西省审计厅】 2017年，陕西省审计厅人员编制284人，实有256人。设有办公室、法规审理处、财政审计处、派出市县财政审计处、金融审计处、派出经济执法审计处、行政事业审计处、派出教育科技审计处、企业审计处、派出经济贸易审计处、农业与资源环保审计处、派出农林水利审计处、社会保障审计处、派出民政社保审计处、固定资产投资审计处、派出交通建设审计处、外资运用审计处、派出外事外贸审计处、派出发展统计审计处、经济责任审计一处、经济责任审计二处、人事处、机关党委、离退休人员服务管理处、派出国资监管审计处；下设审计研究所、报送审计中心、后勤服务中心、计算机技术信息中心；另设省纪委驻厅纪检组；在9个地市（除西安外）设立省属企事业审计处，负责对省属企业单位进行审计监督，受当地政府和省审计厅双重领导。

领导成员

厅　　长：李　健

副 厅 长：张海成　马玉红　赵宝田
王志高（7月—）　王　健

总审计师：王志高（—7月）
牟军利（7月—）

纪检组长：尤　磊（—6月）
冯志文（8月—）

副巡视员：阎观臻　贠东福（10月—）
杨　啸（12月—）

审计成果　2017年，陕西省审计机关完成审计项目7509个，专项审计调查项目125个。查出主要问题金额1968.89亿元，其中违规金额231.17亿元、损失浪费金额10.32亿元、管理不规范金额1727.4亿元；审计发现非金额计量问题7795个；损益（收支）不实金额87.71亿元；审计发现侵害人民群众利益482万元；出具审计报告和专项审计调查报告8060篇，被批示、采用456篇。审计处理处罚金额305.73亿元，其中应上缴财政60.92亿元、应减少财政拨款或补贴10.74亿元、应归还原渠道资金77.59亿元、应缴纳其他资金25.24亿元、应调账处理金额

131.24 亿元；移送司法机关、纪检监察机关和有关部门处理事项 746 件，移送处理人员 2228 人，移送处理金额 61.25 亿元。审计促进整改落实有关问题金额 69.5 亿元；审计促进拨付资金到位 12.95 亿元；审计后挽回（避免）损失 5.93 亿元；核减投资额 45.8 亿元；移送处理落实事项 260 件。审计提出建议 13146 条，被采纳 10173 条；推动被审计单位制定整改措施 384 项，促进被审计单位制定、完善规章制度 46 项；提交审计信息 1212 篇，被批示、采用 1192 篇。向社会公告审计结果 581 篇。

国家重大政策措施落实情况跟踪审计 全省共组织 134 个审计组、1000 余名审计人员采取“上审下”“交叉审”方式，对省级 29 个部门和单位，10 个设区市和杨凌示范区、西咸新区、韩城市追赶超越目标任务完成情况暨国家重大政策措施落实情况进行跟踪审计，审计揭示问题 1963 个，涉及资金 1617.4 亿元，提出审计意见和建议 1518 条，上报审计要情 15 份，出具移送处理书 46 份，撰写审计简报 10 篇。

财政审计 全省共审计预算执行单位 1279 个，查出主要问题金额 750.21 亿元。其中，陕西省审计厅对省财政厅、省地税局、省教育厅等 10 个部门预算和预算执行单位实施审计。组织对陕西省水文水资源勘测局等 30 个省级预算执行部门和单位进行内部审计自查，对省水利建设管理局等 15 个省级预算执行部门和单位进行审计抽查。向省政府专题会议汇报省级 2016 年度预算执行和其他财政收支情况的审计结果，受省政府委托在十二届省人大常委会上作《关于陕西省 2016 年省级预算执行和其他财政收支情况的审计工作报告》，受到省委、省政府领导和省人大常委会委员的充分肯定。向社会公开审计工作报告内容，引起舆论较大反响。

经济责任审计 按照“党政同责、同责同审”的要求，全省审计机关共对 1596 名领导干部实施经济责任审计，其中地厅级 14 人、县处级 338 人、乡科级 1244 人；任中审计 497 人、离任审计 1099 人。查出违规问题金额 115.8 亿元，其中属领导干部应负直接责任金额 2.53 亿元、应负主管责任金额 48.56 亿元、应负领导责任金额 64.71 亿元；查出损失浪费金额 6336 万元，管理不规范金额 347.94 亿元。

按照审计署的统一安排，组织全省审计机关开展自然资源资产离任审计，审计项目与课题研究相结合，依托北斗高分卫星遥感影像数据源，利用地理信息技术、遥感技术和北斗卫星定位、测绘技术实施审计，取得较好成效。

固定资产投资审计 组织完成西宝高速改扩建西安至兴平段决算审计、西宝高速改扩建兴平至虢镇段决算审计、十堰至天水高速公路汉中西段决算审计、榆林至绥德高速公路竣工决算审计。全省审计项目投资额 453.48 亿元，核减投资额 44.04 亿元。

民生资金（项目）审计 陕西省审计厅安排部署全省精准扶贫脱贫全覆盖审计工作，组织各相关市采取“上审下”“交叉审”相结合方式，对 45 个贫困县（区）、30 个非贫困县（区）开展审计，对以往扶贫审计发现问题整改情况进行检查，审计发现贫困人口识别退出不精准涉及 8235 户 81722 人、扶贫资金管理使用不规范 54.92 亿元、产业扶贫和金融扶贫问题金额 7467.74 万元等问题。向省委省政府上报综合报告 3 份、审计要情 4 份，被省委省政府主要领导多次批示；全省精准扶贫脱贫实施情况审计工作汇报被省委省政府主要领导批转印发全省。

根据审计署统一部署，组织全省审计机关对 2016 年保障性安居工程投资、建设、分配、运营等情况进行审计，发现贷款资金使用效率低、保障性住房分配使用存在虚报骗取住房保障待遇等问题。组织对全省城镇企业职工基本养老保险基金的收支余规模、结余形态、经办管理以及养老保险制度建设和执行情况进行审计。

金融审计 组织对地方信托机构 2014 年至 2016 年业务经营情况进行专项审计调查，揭示重大违法违规经营、资产泡沫等问题，促进提高服务实体经济水平，促进提高风险防范能力，推动建立安全高效的现代信托业务管理体系。

企业审计 全省审计机关对 82 户企业实施审计，查出主要问题金额 104.13 亿元、违规经营金额 15.09 亿元。陕西省审计厅对西部机场集团、陕西文化投资产业集团、陕西省稀有金属科工集团、陕西新华出版传媒集团等实施审计。对延长石油集团、陕西建工集团、陕西煤化工集团等 10

家企业开展境外审计调查，选取延长石油集团（香港）有限公司、延长石油国际有限公司所属延长国际（加拿大）有限公司开展境外审计。统一组织全省对矿产资源探矿、开采、经营及国有公司增资扩股等方面开展审计。

外资运用审计　完成世界银行贷款、亚洲开发银行贷款、德国政府贷款、全球环境基金赠款等外资公证审计项目8个，向审计署和国外贷援款机构出具中英文审计报告8份。

审计整改　加大审计整改监督检查力度，省人大常委会连续五年听取审计整改情况报告，就审计发现问题进行专题询问。省政府组织开展审计查出问题自查自纠整改落实情况专项检查。各级审计机关相继出台审计整改工作办法、审计整改问责办法，不断完善整改检查跟踪机制，对整改情况开展审计调查；推动建立协作配合机制，将审计整改情况予以通报，纳入督办考核内容。宝鸡市把审计整改纳入重大督办事项督促落实，并将整改情况在全市通报；渭南市推行党政领导干部经济责任审计后谈话制度。2017年，按照审计署统一要求，全省开展2016年保障房跟踪审计、医保基金审计整改跟踪检查工作；陕西省审计厅专门成立督察组，由9名厅领导带队多次赴各地检查精准扶贫审计质量和整改落实工作，所有问题在审计结束时全部整改到位。

信息化建设　依托省电子政务外网实现与审计署和市县审计机关的审计专网加密互连，审计专网实现省市县三级互连，金审工程二期顺利建成。完成全省审计机关审计管理系统（OA）的国产化部署、财政联网审计数据分析系统、养老保险基金审计分析系统、农信社信贷业务审计分析系统、税收审计分析系统和覆盖全省审计机关的审计视频会商系统等金审工程应用建设。陕西省审计厅开发网上质量控制系统，实现对审计项目全过程质量控制。利用地理信息技术、遥感技术和北斗高分卫星遥感影像数据、测绘技术实施自然资源资产审计，跨行业综合数据分析等新技术、新方法在金融企业审计、医保资金审计和保障房审计等项目审计应用，收到较好效果。

审计科研　坚持把课题研究与审计项目相结合、与审计改革相结合，对经验做法进行总结和提炼，对改革任务进行探索和研究，用新理念、新成果引领和推动审计实践向前发展，充分发挥审计理论对审计实践的服务指导作用。全年完成省级重点审计科研课题17项，举办青年审计论坛、内部审计理论研讨暨论文评审会、高级审计师研讨班。省内部审计协会推荐的1篇论文获全国内部审计信息化优秀成果奖。

党建工作　落实全面从严治党要求，深入开展党的群众路线教育实践活动、“两学一做”学习教育，扎实推进“两学一做”学习教育常态化制度化。举办两期处级以上领导干部暨党支部书记轮训班，学习贯彻十九大精神，切实把思想和行动统一起来。深入开展“基层组织建设提升年”活动，落实“对标定位、晋级争星”“党员管理积分制”，抓好“七项重点工作”，加强党员队伍管理，抓好审计现场临时党组织建设，充分发挥基层党组织的战斗堡垒作用。落实中央八项规定精神和国务院“约法三章”要求，严格执行廉政纪律和审计“八不准”工作纪律，结合审计工作流程和权力风险点，修订完善审计项目审前廉政承诺、审后廉政小结、审计项目廉政检查等办法规定；有效运用监督执纪“四种形态”，认真接受巡视、巡察，积极整改问题，自觉接受各方面监督。

队伍建设　切实加强干部队伍建设，连续多年举办专门业务培训、地市审计局局长培训、中高级审计师继续教育培训、审计专业学位班等各类培训，年均培训1400人次。各级审计机关通过采取以老带新、以审代培、轮岗交流、挂职锻炼、主审竞标和审计能手评选、严把进人关等多种措施，干部队伍的结构进一步优化，职业胜任能力明显加强。贯彻落实“鼓励激励、容错纠错、能上能下”的三项机制，充分调动审计干部干事创业的主动性和积极性。　（撰稿人：闫万章）

【西安市审计局】　2017年，西安市审计局人员编制88人，实有84人。局长李永奇，副局长马少民、王建军、闫金平，总审计师贺成志，纪检组长白丽萍，副巡视员王元平、梁建文。设有办公室、组织人事处、财政金融审计处、行政事业审计处、农业与资源环境审计处、固定资产投资审计一处、固定资产投资审计二处、企业审计处、社会保障审计处、经济责任审计办公室、审理稽核处、审计整改处12个职能处（室）；机关党的机构按照党章规定设置；下设全额事业单位计算机审计信息中心。

审计成果 2017年，西安市县两级审计机关完成审计项目539个。查出主要问题金额4932426万元；出具审计报告和专项审计调查报告563篇。移送司法机关、纪检监察机关和有关部门处理事项131件，移送处理人员567人。审计提出建议1262条；推动被审计单位制定整改措施58项；提交审计信息429篇。

国家重大政策措施落实情况跟踪审计 开展市级国有企业去杠杆情况跟踪审计调查、市级房地产去库存情况审计调查、市级保障性安居工程建设管理使用情况审计调查。组织对全市13个区县及汉中市重大政策措施落实情况暨追赶超越目标完成情况开展3次跟踪审计，查出18类138个问题，涉及金额58.18亿元；向相关部门移送违规违纪案件线索3件。审计提出建议138条。

财政审计 市县两级审计机关对237个部门单位的预算执行、财政决算情况开展审计，延伸审计单位201个，查出主要问题金额148亿元，发现问题131个，提出审计建议65条。组织对全市公务用车制度改革情况（公务用车管理使用、车改补贴发放和车辆公务交通费开支等）开展专项审计调查，调查单位345个，向有关部门移交问题线索4件，3人受到党内警告处分，3人被提醒谈话，3人被解除劳务合同关系，提出的5条审计意见建议全部被采纳。

经济责任审计 市县两级审计机关对146名党政领导干部开展经济责任审计，查出领导干部负有直接责任的问题9个，涉及金额3.59亿元，移送问题线索6件。西安市审计局实施航天基地和临潼区领导干部自然资源资产离任审计，13个区县审计机关开展自然资源资产审计试点14个。

固定资产投资审计 市县两级审计机关开展政府投资项目审计122个，审计资金52.36亿元，核减工程投资额2.94亿元，向纪检监察部门和有关单位移送问题线索4件。西安市审计局开展西安火车站改扩建工程、涝河渼陂湖水系生态修复工程、曲江廉租房等11个项目审计，审减工程造价1.96亿元。

民生资金（项目）审计 市县两级审计机关对2016年保障性安居工程投资、建设、分配、运营等情况开展审计，向纪检机关和主管部门移送案件线索11件。

农业与资源环保审计 西安市审计局对西安市国土资源局2012—2016年度矿产资源管理情况进行审计，延伸审计周至县国土资源局、蓝田县国土资源局，抽查部分采矿企业档案资料。

企业审计 西安市审计局对西安经发集团和高科集团领导人任职期间经济责任履行情况进行审计，查出领导人负有直接责任的问题2个，涉及金额2893万元；移送问题线索6件。

（撰稿人：吴　恒）

【铜川市审计局】 2017年，铜川市审计局人员编制56人，实有52人。局长路秦洲（—5月）、成小民（5月—），副局长季铜章、张金川（1月—）、张岗战（1月—），总审计师石建雄（1月—），纪检组长李建民，经济责任审计局局长王桂芝（6月—），固定资产投资审计局（省审计厅铜川审计处）副局长（副处长）张民堂、吴宝华，副调研员吕焕民。设有办公室、法规审理科、行政事业审计科、财政金融审计科、经贸审计科、农业与资源环保审计科、社会保障审计科等7个科室和经济责任审计局；下设固定资产投资审计局（陕西省审计厅铜川审计处）、内部审计管理中心、计算机信息中心3个事业单位。

审计成果 2017年，铜川市审计局完成审计项目57个。查出主要问题金额275864万元；出具审计报告和专项审计调查报告51篇；移送司法机关、纪检监察机关和有关部门处理事项25件。审计核减投资额8154万元。审计提出建议41条，提交审计信息135篇。向社会公告审计结果31篇。

铜川市审计局实施的宜君县2016年医疗保险基金审计项目，被省审计厅评为表彰审计项目。

国家重大政策措施落实情况跟踪审计 开展一至三季度重大政策落实暨追赶超越目标完成情况的跟踪审计项目，按照省审计厅的统一安排，开展对延安市的异地交叉审计，移送问题线索5件；组织对铜川市4个区县的审计，共抽查119个单位、115个项目，涉及财政资金82706.32万元，查出问题66个。

财政审计 完成部门预算执行审计项目13个、预算执行审计整改项目1个、县区财政决算审计1个、村级财务收支审计1个。代市政府向市人大常委会作审计报告和审计查出问题整改报告。

经济责任审计 完成11名县级领导干部的经济责任审计。完成铜川市王益区原区委书记、原区长姜文宏任职期间自然资源资产责任审计。

固定资产投资审计 对铜川市中医医院等10个项目竣工决算进行审计，审计投资总额85509万元，核减工程造价8154万元；移交有关部门问题线索21件。审计提出建议9条。

民生资金（项目）审计 完成铜川市2016年保障性安居工程及配套基础设施情况的审计，延伸调查16个村51户家庭，移送处理事项11件，向市政府提交《关于加快棚户区改造项目国开行资金使用的意见》，被市政府批转并召开专题会议进行研究落实。完成铜川市住房公积金筹集、使用情况审计、2016年度城镇企业职工基本养老保险基金审计，组织对印台区、耀州区开展精准扶贫脱贫情况审计和移民（脱贫）搬迁资金跟踪审计。

农业与资源环保审计 完成铜川市环保局生态环境保护责任审计试点工作，审计资金总额2762.37万元，发现非金额计量问题9个，提出审计建议4条，针对环保专项资金使用效益不高的问题，向市政府提交专题报告。开展市本级矿产资源审计和印台区矿产资源审计，调查矿产资源种类和储量，提出加强矿产资源监督力度，加快规划审批进度等建议。完成全市节能减排财政政策综合示范奖励资金审计调查，提出审计建议3条。

企业审计 对铜川市自来水（集团）有限公司2016年度资产负债损益情况进行审计，查出管理不规范金额2103万元、违规金额17.9万元，提出审计建议2条。

信息化建设 完成市审计局到区县审计局的OA网络线路连通，实现四级审计机关视频会议系统互联互通。

（撰稿人：张　婷）

【宝鸡市审计局】 2017年，宝鸡市审计局人员编制66人，实有66人。局长景东成，副局长王兴英、汪彩玲、刘红霞，总审计师谭鸿彬，纪检组长董兴功，宝鸡审计处处长陈金仓，调研员王连强、王世辉。设有办公室、法规内部审计管理科、财政金融审计科、行政事业审计科、农业和资源环保审计科、固定资产投资审计一科、固定资产投资审计二科、企业审计科、社会保障审计科、经济责任审计科、政策审计科、宝鸡审计处、监察室、机关党委14个科（处、室）；下设计算机审计信息中心。

审计成果 2017年，宝鸡市县两级审计机关完成审计项目330个。查出管理不规范金额117.4亿元；出具审计报告和审计调查报告533篇；促进上缴财政、归还原渠道、挽回损失、调账处理等金额57.7亿元。移送案件线索147件。审计提出建议1207条；提交审计信息624条。

4个审计项目、4份综合审计报告受到省审计厅表彰。

国家重大政策措施落实情况跟踪审计 开展一至三季度重大政策落实暨追赶超越目标完成情况的跟踪审计项目，按照省审计厅的统一安排，开展对渭南市的异地交叉审计，查出政策落实不到位、“八大难题”破解等方面问题43个；在宝鸡市实施县区间交叉审计，针对落实不到位、项目推进慢等16个问题，提出审计建议18条；向市政府上报审计专报4份。保障性安居工程跟踪审计连续第6年被省审计厅和市政府表彰。

财政审计 市审计局完成同级财政预算执行审计和6个部门及下属单位部门预算执行审计、3个县区政府财政决算审计。市本级财政预算执行及其他财政收支审计和查出问题整改落实工作，得到市人大充分肯定，审计工作报告和整改情况报告满意度达100%。

经济责任审计 市审计局完成5个单位主要领导干部的经济责任审计及2个单位领导干部自然资源资产离任审计，向纪检部门移送案件线索7件，9名领导干部受到警告、记过等党政纪处分。组织部门首次根据审计结果，对6名领导干部进行提醒谈话。

固定资产投资审计 贯彻落实审计署《关于进一步完善和规范投资审计工作的意见》，及时修订相关制度，转变工作思路，完成政府投资建设项目竣工决算审计22个，投资审计不断规范。

民生资金（项目）审计 组织对5个国定贫困县和渭南富平、白水两个县的精准扶贫情况进行审计，审计资金11亿元，查出违规违纪和管理不规范金额2.1亿元，督促整改问题153个。开展城镇职工基本养老保险基金审计，揭示基金欠缴数额大、支撑能力下降等重大问题。开展市区道路停车收费情况专项审计调查，揭示管理协调不统一、规划建设滞后、监管不到位等5方面突出问题。

企业审计 组织对市属80户国有企业实施拉网式专项审计调查，全面揭示企业经营发展、投入产出等方面存在的突出问题。

信息化建设 推进计算机审计，保重大政策暨追赶超越审计、精准扶贫审计、保障性安居工程审计全面采用计算机技术，审计效率显著提高。邀请省审计厅专家开展OA（审计管理系统）办公系统应用培训230人次，上报省审计厅AO（现场审计实施系统）应用方法和实例53篇，11篇获得表彰。

（撰稿人：白松涛）

【咸阳市审计局】 2017年，咸阳市审计局行政编制65人，实有63人；事业编制10人，实有8人。局长薛泰峰，副局长刘敏轩、张建伟、张梦华，总审计师樊延平，纪检组长刘毓，陕西省审计厅驻咸阳审计处处长何初国，经济责任审计处处长栾翎。设有秘书科、审计质量督导室、法规审理科、财政金融审计科、社会保障审计科、行政事业审计科、企业审计科、农业与环保资源审计科、固定资产投资审计一科、固定资产投资审计二科、经济责任党政审计科、经济责任企事业审计科、陕西省审计厅驻咸阳审计处省属企事业审计科、纪检监察室、内部审计管理中心、计算机审计中心。

审计成果 2017年，咸阳市县两级审计机关完成审计和专项审计调查项目728个。查出主要问题金额169.4亿元；出具审计报告和专项审计调查报告816篇。审计处理处罚金额40.8亿元；移送纪检监察机关和有关部门处理事项14件，移送处理人员820人，移送处理金额2319万元。审计提出建议1521条；推动被审计单位制定整改措施51项；提交审计信息157篇。向社会公告审计结果69篇。

国家重大政策措施落实情况跟踪审计 开展一至三季度重大政策落实暨追赶超越目标完成情况的跟踪审计项目。按照省审计厅的统一安排，组织15名业务骨干开展对宝鸡市的异地交叉审计，抽查64个政府部门、26个县区、150个单位、398个项目，涉及财政资金292.17亿元，揭示10大类55个问题，移送处理13件，提交审计要情2件。组织对咸阳市13个县市区的审计，共抽查抽查751个单位、653个项目，揭示289个问题，涉及财政资金约64.11亿元。

财政审计 市县两级审计机关完成预算执行审计项目190个、财政决算审计项目31个，查出主要问题金额161亿元。市审计局代市政府向市人大报告预算执行审计情况，反映的问题受到市人大、市政府的高度关注。开展对238个行政事业单位财务收支审计，有效遏制损失浪费行为，规范单位的财务收支。

经济责任审计 市县两级审计机关对230个单位的249名领导干部开展任期经济责任审计，其中，任中审计72人、离任审计177人，查出主要问题金额93.3亿元。对领导干部自然资源资产离任审计进行试点审计。

固定资产投资审计 市县两级审计机关对217个重大项目进行概算调整、最高限价和竣工决算审计，核减投资额2.3亿元。

民生资金（项目）审计 市县两级审计机关加大对扶贫、社会保障、医疗等民生资金和项目的审计力度，审计单位33个，延伸审计单位192个，审计专项资金总额4696.8亿元，查出主要问题金额42.6亿元。

企业审计 咸阳市审计局对西北一棉、西北二棉、八方纺织有限公司等16家国有企业进行全面审计，查出主要问题金额8.24亿元，财务收支核算不实金额3.2亿元。

内部审计 审计机关组织内部审计机构，对60个预算执行单位开展自查和抽查工作，揭示“三公”经费及会议费超预算支出、往来款项长期挂账、固定资产管理不规范、内控制度不健全等问题。

（撰稿人：王　峰）

【渭南市审计局】 2017年，渭南市审计局人员编制71人，实有71人。局长王建军，副局长王忠义、朱福秦、胡振江，总审计师李美娟，纪检组长袁崇义，经济责任审计处处长陈展羽，驻渭审计处处长王建军（兼），驻渭审计处副处长张健，党组成员、调研员张春喜。设有经济责任审计局、固定资产投资审计处、办公室、监察室、法规科、财政金融审计科、行政事业审计科、农业与资源审计科、经贸与社保审计科、驻渭单位审计科、报送审计科、计算机信息中心、内部审计管理中心等13个职能科（室）。

审计成果 2017年，渭南市县两级审计机关完成审计项目551个。查出主要问题金额457581万元，其中违规金额72284万元、管理不规范金额385296万元。通过审计共为国家增收节支265万元，核减投资金额9065万元。向党委、政府和上级部门提交报告、信息189篇。向社会公告审计结果284篇。

潼关县人民政府2015年财政决算审计项目被省审计厅评为优秀审计项目。

国家重大政策措施落实情况跟踪审计 开展一至三季度重大政策落实暨追赶超越目标完成情况跟踪审计，按照省审计厅的统一安排，开展对咸阳市的异地交叉审计，组织对渭南10个县（市、区）的审计，共抽查615个部门和单位、960个项目，涉及财政资金627427万元。

财政审计 市县两级审计机关完成审计项目544个，查出主要问题金额387660万元。市审计局完成对市财政局、地税局等14个单位2016年度预算执行审计和市检察院、科技局、质监局等6个部门2017年预算执行跟踪审计；完成蒲城县、华州区2017年度财政决算审计。

经济责任审计 市县两级审计机关对183名领导干部开展经济责任审计，查出主要问题金额106410万元。市审计局开展高新区党政主要领导“同步审”和市扶贫办、市商务局、市残联主要领导任期经济责任审计；对韩城市、临渭区、合阳县等5个县（市、区）审计局原局长开展离任经济责任审计；开展澄城县领导干部自然资源资产审计试点。

固定资产投资审计 市审计局开展连霍高速西入口、第二污水处理厂、儿童医院综合楼、渭河右岸树园至赤水河工程结算审计；完成市政府交办的涧峪水库、海关和进出口检验检疫大楼、中心医院迁建等34个工程项目审计，审计资金247914.22万元，查出违规违纪金额7086.94万元，审减工程造价19640.08万元。

民生资金（项目）审计 市县两级审计机关完成保障性安居工程审计，重点对安居工程政策落实情况、管理绩效情况和遵守法律法规情况进行审计。实施市本级职工养老保险基金审计，涉及资金总额49.2亿元，查出各类违规违纪金额4185.59万元。

企业审计 审计国有企业5个，查出主要问题金额18577万元。

内部审计 渭南全市有内部审计机构135个（专职机构45个），内部审计人员332人（专职人员120人）。年内完成审计项目553个，促进增收节支1042万元，提出并被采纳建议382条。

（撰稿人：马笃祥）

【延安市审计局】 2017年，延安市审计局人员编制84人，实有77人。局长张建朝，副局长屈宏（—12月）、郑春阳、刘江（6月—），总审计师刘宏伟，纪检组长齐统贤，调研员屈宏（12月—），副调研员常森堂，延安市经济责任审计局局长杜延君，延安市经济责任审计局副局长马帆，延安市经济责任审计局副调研员羽建英，陕西省审计厅延安审计处处长李海生，延安市固定资产投资审计处处长李海生（兼），延安市固定资产投资审计处处长副处长刘江（—6月）、王丽萍（6月）。设有政秘科、法制科、行政事业审计科、财政金融审计科、农业与资源环保审计科、派出新区审计室、监察室、市直企业审计处等职能科（室）；下设内部审计管理中心、审计信息中心、机关总支；下辖经济责任审计局（内设党政事业审计科、企业审计科）、陕西省审计厅延安审计处（延安市固定资产投资审计处、内设行政事业审计科、固定资产投资审计处固定资产投资审计处一科、固定资产投资审计处二科、固定资产投资审计处三科、概算审计科）。

审计成果 2017年，延安市县两级审计机关完成审计和专项审计调查项目1660个。查出问题金额313.96亿元；核减工程投资额8.12亿元。审计提出建议1759条，被采纳102条。

国家重大政策措施落实情况跟踪审计 开展一至三季度重大政策落实暨追赶超越目标完成情况的跟踪审计项目。开展对安康市的异地交叉审计，组织对延安市各县区的审计，共抽查 619 个单位、517 个项目，通过审计发现问题 423 个。

财政审计 市县两级审计机关对 574 个部门单位进行预算执行和财政收支审计，查出问题金额 296.81 亿元。市审计局对市本级财政、40 个部门单位预算执行情况，安塞区、黄陵县等 5 个县区县级财政决算进行审计，发现问题金额 80.97 亿元。

经济责任审计 市县两级审计机关对 219 名领导干部进行经济责任审计，查出问题金额 103.86 亿元，提出审计建议 402 条。延安市审计局在安塞区、黄陵县和市环保局开展领导干部自然资源资产试点审计，形成操作性强、可复制推广的试点经验。

固定资产投资审计 市县两级审计机关对 1082 个政府投资项目进行审计，审计项目投资额 97.11 亿元，实际完成投资额 61.62 亿元，核减工程投资额 8.12 亿元。其中延安市审计局对 42 个政府投资项目进行审计，审计项目投资额 34.35 亿元，核减工程投资额 2.4 亿元。

民生资金（项目）审计 按照陕西省审计厅的统一安排，采取“交叉审、上审下”的方式，延安市 3 次实施精准扶贫审计，共发现问题 206 个，涉及金额 24.09 亿元，涉及项目 233 个。开展保障性安居工程跟踪审计、城镇职工基本养老保险基金审计、全市城乡低保优抚专项资金审计。

（撰稿人：刘建国）

【汉中市审计局】 2017 年，汉中市审计局（陕西省审计厅汉中审计处）人员编制 61 人，实有 48 人。局长王玲（4 月—）、庄长宁（—4 月），副局长刘义成、马海波、陈文红，总审计师毛林，纪检组长曹华，经济责任审计处处长刘义成（3 月—），陕西省审计厅汉中审计处副处长李纪明（5 月—），固定资产投资中心主任彭泽鑫。设有经济责任审计处、办公室（包括监察室、机关事务所）、法制审理科、经贸金融审计科、中省属企事业审计科、财政审计科、行政事业审计科、农业与资源环保审计科、社会保障资金审计科、开发区审计科；下辖固定资产投资审计中心。

审计成果 2017 年，汉中市县两级审计机关完成审计和专项审计调查项目 813 个。查出违规金额 47871 万元、管理不规范金额 638236 万元。审计后挽回或避免损失 3356 万元；核减投资额 25345 万元。移送重大违纪线索 207 件。

国家重大政策措施落实情况跟踪审计 开展一至三季度重大政策落实暨追赶超越目标完成情况的跟踪审计项目。按照省审计厅的统一安排，开展对韩城市的异地交叉审计。抽调 100 余名审计干部组成 16 个审计组，对 11 个县区和 4 个经济开发区进行审计。完成市政府交办的全市 11 个县区、2 个经济开发区工业促投资稳增长和涉企优惠政策落实情况审计调查工作。针对制约全市工业发展的深层次问题，深入分析原因，从机制体制方面，向各县区政府出具客观翔实的审计调查报告。

财政审计 汉中市审计局完成市本级 2016 年财政预算执行和其他财政收支情况审计、市本级税收预算执行情况审计、3 个县及汉中经济开发区 2016 年财政决算收支审计。受市政府委托，向市人大常委会作审计工作报告和审计整改情况的报告。

经济责任审计 受汉中市委组织部委托，围绕监督检查领导干部“守法、守纪、守规、尽责”情况。对 23 名党政和事业单位领导干部进行经济责任审计。市审计局对佛坪县党政主要领导干部自然资源资产责任进行审计。组织 11 个县区审计机关各选择 1 个镇（办）进行试点审计，组织市县两级审计人员 50 多人，采取“上审下”的方式，历时 2 个月，对全市领导干部自然资源资产管理责任情况进行审计试点。

固定资产投资审计 实施汉中市委和市政府锅炉煤改气工程竣工决算审计、汉江右岸汉中市中心城区桥闸——南华沟防洪工程竣工决算审计等项目 7 个，核减投资 2687 万元，移送案件线索 1 件。

民生资金（项目）审计 市县两级审计机关完成市本级和 11 个县区 2016 年保障性安居工程跟踪审计，移送案件线索 27 件，收缴违纪金额 323.34 万元；市审计局被省审计厅评为 2016 年保障性安居工程跟踪审计工作先进单位；在审计署召开的 2017 年保障性安居工程跟踪审计视频培训会上，汉中市编写的审计案例在会上作经验介绍。开展全市 8 个国家级扶贫开发重点县 2016 年精准扶贫专项资金审计，向各县政府发出审计整改建议函17份，向纪检监察、地方政府、主管部门移送案件线索40件。

企业审计 开展汉中市城市建设投资开发有限公司、汉中市资信融资担保有限公司、汉中市盐业公司等6个企业审计项目。

村级财务审计 各县区按照汉中市编办的通知要求，2017年下半年各镇办挂牌成立财政审计所，开展村级财务审计。全年11个县（区）19个乡镇审计82个村，共查出6大类13个问题，向有关部门移交案件线索19件。

（撰稿人：熊建华）

【榆林市审计局】 2017年，榆林市审计局人员编制74人，实有85人。局长张宇，副局长强少炜、冯占廷、张随平，总审计师曹炯。设有办公室、政秘科、法规审理科、财政金融审计科、行政事业审计科、社会保障审计科、农业与资源环保审计科、企业审计处、教科文审计科、专业审计科等职能处室；下设陕西省审计厅榆林审计处（加挂固定资产投资审计处）、经济责任审计办公室、开发区审计处。

审计成果 2017年，榆林市县两级审计机关完成审计项目1506个。查出主要问题金额2648265万元；出具审计报告和专项审计调查报告1583篇。移送司法机关、纪检监察机关和有关部门处理事项99件，移送处理人员6人。审计提出建议2214条；推动被审计单位制定整改措施24项；提交审计信息79篇。向社会公告审计结果5篇。

国家重大政策措施落实情况跟踪审计 连续四个季度对国家重大政策措施落实情况暨追赶超越目标完成情况开展跟踪审计，重点关注追赶超越目标任务完成情况、“八大难题”破解情况、“三场攻坚战”实施情况、项目建设和资金管理情况。

财政审计 对市财政局组织市本级预算执行情况和市地税局税收征管情况进行审计。完成对市直工委、市不动产局等部门和单位的预算执行审计。

经济责任审计 市县两级审计机关对61名领导干部实施任期经济责任审计。开展自然资源资产离任审计试点工作，并在全省会议上交流经验。开展村级经济责任和财务收支审计试点。

固定资产投资审计 市审计局与市发改委、市财政局联合出台贯彻《陕西省国家建设项目审计条例》实施意见，对市本级投资审计进行以“放管服”为重点的全面改革。

民生资金（项目）审计 市县两级审计机关完成2016年城镇保障性安居工程跟踪审计。对横山区、绥德县、清涧县、米脂县、子洲县、吴堡县扶贫政策措施落实和扶贫资金分配管理使用情况实施审计。第四季度开展精准扶贫审计。完成全市城镇职工基本养老保险基金审计。

农业与资源环保审计 完成对市环保局2015至2016年环境保护情况审计。完成对市能源局和榆林能源集团的内部审计自查和审计抽查工作。

相关工作 跟踪检查2016年38个部门单位查出问题的整改情况，以及违纪违规问题和案件线索的移送处理情况。榆林市审计局被省人力资源社会保障厅、省审计厅授予“全省审计机关先进集体”荣誉称号。 （撰稿人：薛元元）

【安康市审计局】 2017年，安康市审计局人员编制53人，实有54人。局长陈国进（3月—），副局长刘昕玫、郭峰，总审计师杨宁，纪检组长兰天安，省属企事业审计处副处长张本财，经济责任审计处处长刘际和，调研员李均（3月—），副调研员李家国、尤应刚（10月—）、李敬华（10月—）。设有政办科（监察室）、法制科、财政金融审计科、行政事业审计科、经贸与社保审计科、农业与资源环保审计科、固定资产投资及外资审计一科、固定资产投资及外资审计二科、经济责任审计处，管理省属企事业审计处（下设事业审计科、企业审计科）、安康市村级财务审计工作指导办公室。

审计成果 2017年，安康市县两级审计机关完成审计项目468个。查出主要问题金额468571.80万元；出具审计报告和专项审计调查报告725篇。移送司法机关、纪检监察机关和有关部门处理事项172件，移送处理人员28人，移送处理金额53226万元。审计提出建议2357条；提交审计信息119篇。向社会公告审计结果280篇。

全市8个审计项目被省审计厅评为优秀审计

项目。

国家重大政策措施落实情况跟踪审计 开展一至三季度重大政策落实暨追赶超越目标完成情况的跟踪审计项目，按照省审计厅的统一安排，开展对商洛市的异地交叉审计。

财政审计 市审计局完成2016年度市本级财政预算执行情况及其他财政收支审计，查出问题23类，促进收回财政补助资金26.8万元。市县两级审计机关开展财政“同级审”，对汉滨区财政实施“上审下”。

经济责任审计 按照市委组织部的委托，市审计局对汉滨区委书记、汉滨区长、市安监局局长等12人实施领导干部任期经济责任审计，移交违纪违规线索13件，下达审计决定2个。

固定资产投资审计 市审计局完成重点工程审计项目52个，审计资金总额25.68亿元，核减工程造价8056万元，追回被挪用资金2980.4万元，挽回损失1128万元，移送案件线索11件。

民生资金（项目）审计 完成全市保障性安居工程项目跟踪审计、2016年城镇企业职工基本养老保险基金审计、精准扶贫专项审计等项目，查出问题76大类，移送违纪违规问题及线索52个，纪检监察机关及有关部门，给予党纪、政纪处分21人，给予诫勉谈话3人次、提醒谈话3人次，批评教育97人次。

农业与资源环保审计 市审计局对安康市环境保护局及汉滨区自然资源利用和保护情况进行审计，查出问题67个。对2012年至2016年市本级及汉滨区矿产资源开发和利用情况进行审计，审计查出问题31个，移送问题线索3件。

企业审计 市审计局对市公共交通有限责任公司、市粮食储备库、市金盾保安服务总公司等3个国有（或国有控股）企业近年的资产负债损益及财务收支情况进行审计，审计查出问题32类，移送事项9件，提出审计建议1条。

内部审计 对市属198个单位的预算执行及财务收支实行内部审计机构先行全面自查，结合自查和大数据分析，再由市审计局把自查单位的20%转为国家审计项目进行审计。

（撰稿人：杨学礼　陈　丽）

【商洛市审计局】 2017年，商洛市审计局人员编制51人，实有49人。局长李久敏，副局长赵晓伟（—5月）、徐丹红，总审计师郭正，纪检组长于天翔，陕西省审计厅商洛审计处副处长王代军，调研员卫星、赵晓伟（6月—）、杨朝英。设有办公室、审理稽核科、财政金融审计科、行政事业审计科、农业与资源保护审计科、固定资产投资审计科、经贸审计科、社会保障审计科、经济责任审计办公室、监察室；下设内部审计管理中心、审计信息中心；陕西省审计厅商洛审计处，设有办公室、一科、二科。

审计成果 2017年，商洛市县两级审计机关完成审计项目266个，专项审计调查项目6个。查出主要问题金额717976万元；出具审计报告和专项审计调查报告270篇。审计处理处罚金额396195万元；移送司法机关、纪检监察机关和有关部门处理事项37件，移送处理605人，移送处理金额4531万元。审计提出建议574条；推动被审计单位制定整改措施29项；提交审计信息24篇。向社会公告审计结果38篇。

国家重大政策措施落实情况跟踪审计 开展一至三季度重大政策落实暨追赶超越目标完成情况的跟踪审计项目，按照省审计厅的统一安排，开展对铜川市的异地交叉审计；组织对商洛市区县开展跟踪审计，抽查1058个项目，涉及资金73亿元，发现各类问题145个。

财政审计 市审计局对市本级2016年度财政预算执行及其他财政收支情况进行审计，提出加强预算管理等意见建议。对公务用车制度改革情况开展专项审计调查，促进公务用车规范管理。实施洛南县2016年度财政决算审计，针对发现问题提出加强预算管理和业务管理等审计建议。

经济责任审计 市县两级审计机关完成经济责任审计项目104个，其中任中审计33个，查出主要问题金额36138万元，促进领导干部遵规守纪、履职尽责。对洛南县主要领导干部有关年度自然资源资产管理和生态环境保护责任履行情况进行审计。

固定资产投资审计 对全市2016年保障性安居工程情况进行审计，移送案件线索14件，移送处理526人。商洛市审计局被省审计厅表彰为全省保障性安居工程跟踪审计工作先进单位。市审计局对市公安局商州分局业务技术用房、市滨江小区廉租房、市江南惠民小区保障性住房等 3 个项目实施竣工决算审计，核减工程投资 1000 余万元，移送案件线索 2 件。

民生资金（项目）审计 按照省审计厅的统一安排，派出审计组对汉中市西乡县、宁强县有关年度精准扶贫脱贫情况开展异地交叉审计。市县两级审计机关实施全市精准扶贫脱贫审计，发现贫困人口退出不精准、扶贫资金使用管理不规范等问题，针对问题提出切实可行的意见建议。

农业与资源环保审计 对市、县级环保部门履行生态环境保护职责情况进行审计，针对发现问题，提出推行全市自然资源和生态环境统筹管理规划、实施自然保护区及生态红线区域测绘勘界等意见建议。

（撰稿人：李怡斌）

2017 年陕西省所辖地级市审计工作统计表

金额单位：万元

审计机关	完成审计项目（个）	审计查出主要问题金额	审计处理情况					出具审计报告和审计调查报告（篇）	提出审计建议（条）	提交审计信息（篇）
			审计处理处罚				移送处理事项（件）			
			应上缴财政	应减少财政拨款或补贴	应归还原渠道资金	应调账处理金额				
西安市										
西安市本级	69	3748369	304810		304114	107265	75	91	338	288
新城区审计局	25	15940	32		5469	2747		27	41	20
碑林区审计局	24	4707			1891			24	31	5
莲湖区审计局	16	88015	996			649	5	16	50	13
灞桥区审计局	43	22513	22492			22		43	107	4
未央区审计局	35	164767	150		2	739		38	82	3
雁塔区审计局	34	27798	1453		1771	1210	6	34	112	36
阎良区审计局	43	81142	4346		6374	68977		43	53	5
临潼区审计局	23	154354	1021		545	150165		23	47	2
长安区审计局	70	73745	36303		9927			69	87	11
高陵区审计局	33	426525	11503		2067	35175	2	32	65	
鄠邑区审计局	49	69720	12		15448	6451	1	48	119	
蓝田县审计局	51	28110	93		35	40	42	51	107	39
周至县审计局	24	26721	840	1074	3478	22090		24	23	3
铜川市										
铜川市本级	57	275864	1		2		25	51	41	135
王益区审计局	6	4073						11		
印台区审计局	17	11805	11212					17	4	
耀州区审计局	89	10314	18					89	22	
宜君县审计局	15	906	5		39	167		15	43	
宝鸡市										
宝鸡市本级	54	882015	8873	9379	7059	424555	64	58	155	214
渭滨区审计局	11	5861	25		590	1510	8	15	52	10
金台区审计局	23	17572	5		6144	11423	8	23	86	46

（续表）

审计机关	完成审计项目（个）	审计查出主要问题金额	审计处理情况					出具审计报告和审计调查报告（篇）	提出审计建议（条）	提交审计信息（篇）
			审计处理处罚				移送处理事项（件）			
			应上缴财政	应减少财政拨款或补贴	应归还原渠道资金	应调账处理金额				
陈仓区审计局	32	433	2		616	55	10	35	105	63
凤翔县审计局	65	55162	0	708	8066	46328	13	65	146	15
岐山县审计局	62	80720	19		126	38	17	62	120	27
扶风县审计局	18	16485	5028			2868		18	21	12
眉县审计局	42	27112	14		5515	21583	6	51	86	113
陇县审计局	50	683	11		137	535	3	59	124	11
千阳县审计局	28	30313	7		9293	1032	5	28	100	10
麟游县审计局	58	25197	795		31	3573	8	58	130	54
凤县审计局	14	30331	111			73		14	30	16
太白县审计局	105	2013	7		308	695	5	47	52	33
咸阳市										
咸阳市本级	63	1264165	42192	10254	54293	73831	12	88	164	1
秦都区审计局	29	6125	6	3069				29	18	
杨陵区审计局										
渭城区审计局	60	7892		5180	1412	912		60	62	
兴平市审计局	82	5960	105	330	10	1590	1	96	183	
三原县审计局	58	92236	27		26655	60974	4	58	100	8
泾阳县审计局	42	27166	11	123			3	49	155	35
乾县审计局	37	53928	37		39			47	95	31
礼泉县审计局	57	185660	850		144	9131	1	69	132	13
永寿县审计局	31	7885	27		30	405	2	46	126	26
彬县审计局	133	22239	152	2268	138	352		133	184	2
长武县审计局	62	9379	11			24		72	111	23
旬邑县审计局	42	3292	25	370	40	1948		42	75	3
淳化县审计局	131	6230	3118	223	146	2709		131	260	
武功县审计局	50	7241	1	620	10	41		50	205	24
渭南市										
渭南市本级	28	254279	2717		36628	24832		28	90	132
临渭区审计局	18	5030	87		1308	117		18	60	48
华州区审计局	46	29900	1440					46	45	78
韩城市审计局	89	98779						89	170	49
华阴市审计局	44	5928	34					44	36	40
潼关县审计局	60	5523	363		147			60	183	34

（续表）

审计机关	完成审计项目（个）	审计查出主要问题金额	审计处理情况					出具审计报告和审计调查报告（篇）	提出审计建议（条）	提交审计信息（篇）
			审计处理处罚				移送处理事项（件）			
			应上缴财政	应减少财政拨款或补贴	应归还原渠道资金	应调账处理金额				
大荔县审计局	15	1062	7					15	26	68
合阳县审计局	34	29619	73					34	28	90
澄城县审计局	40	5861	166					40	30	37
蒲城县审计局	99	14743	142					99	483	92
白水县审计局	46	12036	15		470	864		46	87	48
富平县审计局	32	2816	207	53	53	178		32	46	35
延安市										
延安市本级	171	2845271	59944		53544	84424	51	171	507	20
宝塔区审计局	119	36078	621	528	326	695	11	15	325	20
安塞区审计局	463	46316	39				3	463	39	4
延长县审计局	154	20269	317	2933	8499	18519		154	226	35
延川县审计局	139	36236	13					139	87	
子长县审计局	124	72091	541	5998	5097	14363	1	124	275	29
志丹县审计局	139	3029	1				1	139	121	6
吴起县审计局	205	4292	1		885			205	110	10
甘泉县审计局	124	19321	14		19			124	151	5
富县审计局	122	15048	60		470	3414	1	122	241	1
洛川县审计局	47	130412	679	12172	6398	111163	12	82	79	13
宜川县审计局	129	22256		11867	237		17	94	166	3
黄龙县审计局	49	25356		128	63		1	45	74	6
黄陵县审计局	147	71603			141	20597	1	149	270	6
汉中市										
汉中市本级	65	540751	4473		5078	5056	80	60	152	6
汉台区审计局	45	1788	23			181	15	159	95	36
南郑区审计局	147	42114	904		1482	7826	31	154	293	5
城固县审计局	38	47002	139	730	2	252	35	38	48	
洋县审计局	153	6119	126			1620	15	148	210	
西乡县审计局	42	9377	42	1326	15	76	4	57	96	
勉县审计局	34	5843	91		3	2100	12	34	115	5
宁强县审计局	55	1910	7		169		2	55	66	
略阳县审计局	33	4497	120	2288			3	33	82	1
镇巴县审计局	127	5526	110				9	127	92	51
留坝县审计局	12	87	51		12	7	1	10	23	

（续表）

审计机关	完成审计项目（个）	审计查出主要问题金额	审计处理情况					出具审计报告和审计调查报告（篇）	提出审计建议（条）	提交审计信息（篇）
			审计处理处罚				移送处理事项（件）			
			应上缴财政	应减少财政拨款或补贴	应归还原渠道资金	应调账处理金额				
佛坪县审计局	71	21160	9				5	70	208	30
榆林市										
榆林市本级	69	2108072	20191		4341	267	82	95	389	57
榆阳区审计局	286	45255	1061		8376		6	286	724	37
横山区审计局	73	121746	611	2353	1	924	8	73	89	25
神木市审计局	204	6068	757		60		4	178	221	10
府谷县审计局	175	53326	2265				16	175	273	26
靖边县审计局	202	39000					11	81	385	21
定边县审计局	194	92850	53	9430		19	8	196	37	
绥德县审计局	109	3721	575	2184		917	2	104	124	
米脂县审计局	77	23071						77	91	
佳县审计局	103	589		824	14	1118	11	103	172	24
吴堡县审计局	111	5735		1028			16	111	30	2
清涧县审计局	292	10031	118		27	39	8	292	91	12
子洲县审计局	345	75787	2	762			12	345	242	32
安康市										
安康市本级	63	225212	1183	10	64379	57639	120	99	461	11
汉滨区审计局	83	65400	890	680	447	49301	3	95	135	56
汉阴县审计局	26	36037	5	17	282	59	3	32	56	7
石泉县审计局	21	7611	22	61		5841	1	21	37	5
宁陕县审计局	40	221257			11	16	2	45	50	2
紫阳县审计局	42	219967	38797	600		133	3	42	12	5
岚皋县审计局	20	69999	90		35	166	16	28	52	2
平利县审计局	54	8174	3	1607	4520	655	1	54	200	13
镇坪县审计局	26	6939	4		372	5831	14	26	78	3
旬阳县审计局	57	32047	466		532	1918	4	247	542	12
白河县审计局	36	34307	274		384	32905	5	36	734	3
商洛市										
商洛市本级	44	487323	70590	41031	232787	613	19	43	108	15
商州区审计局	44	2976	8	14				40	131	
洛南县审计局	48	60278	401			21	7	66	160	
丹凤县审计局	25	12647	11		5466	1147	4	26	37	1
商南县审计局	18	5761	60	240	137	921		18	41	6

（续表）

审计机关	完成审计项目（个）	审计查出主要问题金额	审计处理情况					出具审计报告和审计调查报告（篇）	提出审计建议（条）	提交审计信息（篇）
			审计处理处罚				移送处理事项（件）			
			应上缴财政	应减少财政拨款或补贴	应归还原渠道资金	应调账处理金额				
山阳县审计局	28	55925	15449		1634	6367	7	32	33	1
镇安县审计局	38	88368	9		42	221		21	22	1
柞水县审计局	27	4694	7					24	42	

甘肃省

【甘肃省审计厅】 2017年，甘肃省审计厅人员编制244人，实有208人。设有办公室、法规处、审计监督处、社会审计核查处、经济责任审计工作办公室、经济责任审计一处、经济责任审计二处、经济责任审计三处、财政审计处、行政事业审计处、农业审计处、资源环境保护审计处、固定资产投资审计一处、固定资产投资审计二处、金融审计处、企业审计处、社会保障审计处、外资运用审计处、人事处、机关党委等20个处室；下设机关后勤服务中心、审计科研培训中心、电子数据审计中心3个事业单位和省纪委、监察厅驻审计厅纪检监察室。

领导成员

厅　　长：白文晖（—12月）

副 厅 长：周继军　张　奇　魏　炜

总审计师：李洁丽

纪检组长：罗卫东

经济责任审计办公室主任：苏　琦

副巡视员：李　虹

审计成果 2017年，甘肃省审计机关完成审计和专项审计调查项目6948个。查出违规金额104亿元、管理不规范金额1323亿元。通过审计处理，上缴财政资金11.4亿元，促进增收节支36亿元；向纪检监察、司法机关及有关部门移送案件线索384件，移送处理人员29人。向各级党委政府和上级审计机关提交审计报告、审计信息等2082篇，向被审计单位提出审计建议9907条。

国家重大政策措施落实情况跟踪审计 围绕推进供给侧结构性改革和“三去一降一补”五大任务落实，将中央和省委省政府相关重大政策措施贯彻落实情况列为所有审计项目的重点审计内容。通过整合审计力量，共组织880人次，采取“上审下”和“交叉审”的方式，对13个市州和46个县区重点项目建设、农村道路建设和重大资金支出情况等进行审计，共抽查部门单位2302个、项目4038个，涉及资金1020亿元，发现问题1283个。对兰州等9个市州2016年以来政策落实方面审计查出问题整改情况进行督查，通过审计，促进新开工、完工项目250个，推动148个项目加快审批或实施进度，促进加快下达财政资金近4亿元，统筹整合资金4.2亿元，推进66项行政审批事项入驻政务大厅集中受理。

财政审计 省审计厅对省级预算执行和其他财政收支情况，对资金量大、项目多的财政、林业等14个部门和单位的预算执行情况进行审计；对多年未审计过的省委办公厅、省委政法委、省委统战部、省直机关工委等8个单位财政财务收支情况进行审计。通过审计，有效促进规范预决算编报和管理、盘活财政资金存量、优化财政资金增量、调整财政支出结构、提高财政资金使用绩效。受省政府委托，省审计厅向省人大常委会作审计工作报告、整改情况报告，在《甘肃日报》等媒体公告审计结果，社会反响良好。

对省本级、14个市州本级、兰州新区和靖远县等16个县区政府性债务进行专项审计调查，同时延伸审计债务风险较大的白银区等5个区，揭示4个方面8类问题。省委省政府分别召开常委会、常务会进行专题研究，就政府性债务问题整改和规范管理进行安排部署，在全省范围内开展清理整顿。

经济责任审计 年初即对经济责任审计项目计划进行统筹谋划，与省委组织部汇报衔接，提出计划建议，按照“优先考虑任中审计、统筹安排离任审计、穿插做好离任交接”的思路，科学制订年度计划。经济责任审计采取与预算执行审计、专项审计等相结合的“1 拖 N”方式进行。合理配置审计力量，对省地税局等 22 个单位的 33 名党政主要领导干部和国有企业主要领导人员经济责任履行情况进行审计；对省民委等 7 个单位的 7 名原任领导进行离任经济事项交接，及时向省委省政府和省委组织部报送审计结果。

开展领导干部自然资源资产离任审计。提请省委省政府办公厅印发《关于开展领导干部自然资源资产离任审计的实施意见》，编写甘肃省领导干部自然资源资产离任审计实务操作指南。在总结推广 2016 年一市两县（陇南市和迭部县、阿克塞县）党政主要领导干部自然资源资产离任审计试点成果的基础上，统筹整合力量，抽调 90 多人，统一进行培训，对张掖、武威、金昌 3 个市和肃南、天祝、永昌 3 个县等祁连山地区重点市县开展审计，重点关注生态环境问题与领导干部履职尽责情况的关联，为全面推开自然资源资产离任审计奠定基础。

固定资产投资审计 贯彻落实审计署《关于进一步完善和规范投资审计工作的意见》，坚持突出重点、量力而行，规范发展、确保质量。省审计厅完成瓜敦公路改建等 9 项重大工程竣工决算审计，对 14 项外资项目进行公证审计，查出挪用项目资金 2464 万元、滞留项目资金 6791 万元。对固定资产投资、GDP 增速排名靠后被省政府约谈的张掖、庆阳两市实施跟踪审计，对两市落实省政府“三重”“三一”工作方案、推进重大项目建设、重点资金支出情况进行检查分析，发现问题，提出解决意见和建议。

民生资金（项目）审计 组织 420 名审计人员组成 14 个审计组，利用 4 个月时间对 14 个市州、86 个县区 2016 年保障性安居工程的投资、建设、分配、运营等情况进行审计，共查出资金管理使用、资金支持和优惠政策落实等 7 个方面 734 个问题，移送重大违纪违法问题线索 37 件。通过督促整改，追回被套取挪用资金 1611 万元，安排或盘活资金 9.7 亿元，清理使用闲置保障房 8518 套。在审计署对该项审计的考核中，甘肃省名列全国第七，受到审计署表扬。

把扶贫审计作为审计机关重大政治任务，集中安排省市县三级审计机关 280 人，分两批对 8 个市州 14 个县 2015 年至 2016 年扶贫政策措施落实和扶贫资金分配管理使用情况进行专项审计调查。共抽查项目 1826 个，揭示出 11 个方面 45 类问题，查出违纪违规金额 31 亿元，移送案件线索 13 件。通过审计整改，剔除不符合建档立卡户 5500 人，统筹盘活资金 5.6 亿元，拨付滞留资金 4 亿元，收回用于非扶贫领域的扶贫资金和精准扶贫贷款近 6 亿元。为贯彻落实习近平总书记在河北张家口市扶贫资金使用情况报告上的重要批示精神，省审计厅调配 75 人组成 5 个审计组，对西和、临潭、合水、漳县、天祝 5 县进行审计，重点关注脱贫攻坚领域作风和腐败问题，审计结果受到各级党委政府和相关部门的高度重视。

企业审计 提请省委省政府办公厅印发《关于深化国有企业和国有资本审计监督的实施意见》，加强对国有企业和国有资本的审计监督。对 22 户企业经营管理和绩效情况进行专项审计调查，共查出 7 大类 40 多个问题。对 26 家政策性融资担保公司经营管理情况进行审计调查，揭示 4 大类 38 个问题，移交问题线索 2 件。

其他审计项目 按照省长要求，就陇南市利用国家开发银行贷款进行扶贫攻坚、易地扶贫搬迁贷款是否增加债务负担、减少专项债务等事项，从审计角度在政策和实际操作等层面提出建议。对 6 家社会中介机构出具的 9 份相关审计报告质量开展专项核查，促进社会中介机构规范执业。

审计整改 加强与省委省政府办公厅和纪检监察等部门的沟通协调，强化整改督办和问责。对审计中发现的倾向性和重大违纪违法问题线索及重点部门单位主要负责人经济责任审计等情况，采用审计专报的形式呈送省委省政府主要领导审阅，共上报 29 期。对审计查出问题的整改情况列出清单，建立台账，对账销号，并将整改落实情况纳入后续审计内容，盯紧整改。省人大常委会颁布实施《甘肃省各级人民代表大会常务委员会监督审计查出问题整改工作办法》，有效防范整改不到位的问题。

审计质量管理 树立审计质量是审计工作生命线的理念，坚持质量立审，严格规范审计行为，做到审计监督事项合法、审计程序合规、问题定性处理准确、审计建议合理可行。强化审计现场管理，加强审计项目审理，建立审计结果会议审核机制，清单式实名通报审计项目存在的质量问题。组织年度全省优秀审计项目评选活动，发挥优秀审计项目的示范引领作用。加大审计结果公告力度，全年公告审计结果20多项，促进审计质量的提高。

信息化建设 完成全省审计系统信息化建设金审工程三期建设项目立项申请，获批项目总投资8218万元。完成1014个预算单位和6893个财务账套及41类业务数据采集工作，建立财政、扶贫等22个业务数据库；将从国土、水利、林业等6个部门取得的33项电子数据进行标准化整理和数据归集，建立资环审计数据库。依托该数据库，在扶贫审计中，关联对比分析数据涉及18个类别，共1.8亿条数据记录，构建分析模型83个，筛选出审计疑点记录82万条，查出14类问题线索；在省公安厅2016年预算执行及罚没收入管理使用情况审计项目中，构建分析模型30个，筛选出69万条审计疑点记录，查出16类问题线索。

审计机关人财物管理改革试点 贯彻中办、国办《关于完善审计制度若干重大问题的框架意见》及相关配套文件精神，对全省审计机关的机构编制、人员构成、职称专业等情况进行全面摸底，开发建立全省审计机关人员管理数据库，实行数字化动态管理。强化上级审计机关对下级审计机关的领导，按照干部双重管理相关规定，主动协调市县党委领导班子成员的配备、调整工作。2017年省审计厅党组研究答复21名市州审计局领导班子成员的任免，着力选优配强市州审计局领导班子。

相关工作 省审计厅按照德才兼备、以德为先、任人唯贤、事业为上、公道正派的要求，选拔任用干部。按照省委组织部安排，选派1名厅领导到审计署金融司挂职，选派2名年轻干部到县挂职；与天津市审计局对接，采取选派25名业务骨干分三批赴天津市审计局参与为期2个月的大数据审计项目，在实践中培训大数据审计人才；严把干部“入口”，按照素质条件要求，在全省范围内公开遴选公务员；将县级审计局“三农”资金审计中心新考录的386人，分批进行任前培训，优秀人员编入省审计厅审计组实战培训，提升综合素质，促进尽快适应工作。

按照省委省政府脱贫攻坚工作的部署要求，扎实推进静宁县原安乡8个村脱贫攻坚帮扶工作。选派8名优秀年轻干部担任8个联系村第一书记或驻村帮扶工作队长，组织省审计厅机关25个党支部与8个联系村党组织结对共建，191名干部联系帮扶394户贫困户。 （撰稿人：梁馨予）

【兰州市审计局】 2017年，兰州市审计局行政编制109人，实有95人；工勤编制10人，实有9人。局长罗建峰（—8月）、程华（12月—），副局长王新晖、张永花、包永胜（6月—），纪检组长包永胜（—5月），经济责任审计分局局长魏晓洲。设有机关党委、办公室、人事处、法规处、计算机审计处、财政金融审计处、行政事业审计处、企业审计处、农业审计处、三农资金审计处、资源环境保护审计处、社会保障审计处、内部审计监督处、社会审计核查处、审计执法监督处、园区审计处、经济责任审计分局、经济责任审计一处、经济责任审计二处、经济责任审计三处、政府投资建设项目审计办公室、新区审计分局、工程项目结决算审计处。

审计成果 2017年，兰州市县两级审计机关完成审计项目342个，专项审计调查项目10个。查出主要问题金额2493400万元，其中违规金额9900万元、损失浪费金额11133万元、管理不规范金额2472367万元；审计发现非金额计量问题245个；出具审计报告和专项审计调查报告352篇。审计处理处罚金额262495万元，其中应上缴财政81512万元、应减少财政拨款或补贴6862万元、应归还原渠道资金101153万元、应缴纳其他资金43772万元、应调账处理金额29196万元；移送司法机关、纪检监察机关和有关部门处理事项13件，移送处理人员15人。审计促进整改落实有关问题金额17414万元；审计促进拨付资金到位11318万元；审计后挽回（避免）损失40万元；核减投资额8867万元。审计提出建议485条，被采纳247条；提交审计信息345篇。

兰州市审计局实施的永登县2015年至2016年扶贫政策措施落实和扶贫资金分配管理使用情况审计项目被省审计厅评为优秀审计项目；兰州市城关区审计局实施的区商务局原局长任职期间经济责任履行情况审计项目被省审计厅评为表彰审计项目。

国家重大政策措施落实情况跟踪审计 市县两级审计机关投入117人次，重点对市本级及五区三县精准扶贫精准脱贫、地方政府性债务、重大项目建设、农村通村道路建设、为民兴办实事、“三重”“三一”及资源环保等方面重大政策措施落实情况进行跟踪审计。发现问题及线索176个，提出审计建议50条。

财政审计 市审计局对资金量大、项目多的财政、人社、卫生计生委等14个部门和单位进行预算执行审计。受市政府委托，向市人大常委会分别作审计工作报告和审计查出问题整改情况的报告。

经济责任审计 市审计局对市生态局、市人社局、市卫生计生委、市南北两山环境绿化工程指挥部等34个部门单位的领导干部实施经济责任审计；组织完成市老干局及市民政局下属第三休养所等8个单位的领导干部离任经济责任事项交接。组织实施永登县党政主要领导干部自然资源资产离任试点审计。

固定资产投资审计 对全市水源地建设项目、轨道交通一号线等344个政府重大投资项目和资金进行审计或专项审计调查，对其中的90个重大投资项目和重点民生工程坚持全过程跟踪审计，审计建设项目投资总额184.74亿元，核减资金10.55亿元。

民生资金（项目）审计 按照省审计厅的统一安排，对白银市2017年保障性安居工程进行异地交叉审计。开展皋兰、永登、榆中3个县和七里河区扶贫资金分配管理使用情况专项审计调查，通村道路建设情况，农机购置补贴资金管理使用情况以及城乡一体化和新农村建设专项资金审计。市县两级审计机关实施城镇居民医保基金、新农合医保基金资产财务审计和城乡低保资金管理使用情况审计。

企业审计 对兰州农业发展有限公司等4家国有企业开展资产负债损益情况审计，对公交免费运营成本情况进行专项审计调查。

（撰稿人：张青松）

【嘉峪关市审计局】 2017年，嘉峪关市审计局人员编制24人，实有24人。局党组书记、局长石晓辉（—2月）、于永梅（3月—），局党组成员、副局长王继红（—12月）、王南林（7月—），总审计师赵明，基建投资审核专员相炎军，副调研员茹作臻、高廷秀。设有办公室、法制科、经济责任审计科、行政事业审计科、社保金融审计科、社会审计核查科、经贸审计科、固定资产投资科等8个行政科室；下设基建审核中心、涉农审计中心、资源环境保护资金审计中心等3个事业单位。

审计成果 2017年，嘉峪关市审计局完成审计项目58个，审计和延伸审计单位239个。审计资金54.14亿元。查出违纪违规和管理不规范金额1.58亿元，初步审计核减工程造价为政府节约资金2.4亿元。向市委、市政府和上级审计机关及市属有关部门提交综合报告等64篇次；提出合理化建议120条。

市财政局2016年度预算执行及其他财政收支情况审计、市农林局2016年度预算执行及其他财政收支情况审计等2个项目，被省审计厅评为优秀审计项目。

国家重大政策措施落实情况跟踪审计 以推动中央及省委省政府重大政策措施贯彻落实，坚决打通为“最后一公里”目标，开展2016年扶贫政策措施落实、扶贫资金管理、地方政府性债务、通村道路建设、政府为民办实事、落实“三重”“三一”工作方案等政策措施的落实情况跟踪审计。每季度向省审计厅和市政府报告审计发现问题的整改情况。

财政审计 对市市场监督管理局、市水务局、市农林局、市镜铁区、市文物局、市交通局、市建设局、市财政局8个部门和3个二级单位的部门预算执行情况进行审计，审计资金33.33亿元，查出违纪违规和管理不规范金额9.3亿元，提出审计建议29条。受市政府委托，在市十届人大常委会第六次会议上作审计工作报告；年底向市政府上报审计发现问题整改报告。

经济责任审计 按照市委组织部的委托，完成市财政局等单位21名原党政主要领导任期经济责任审计，查出违规违纪和管理不规范金额35730.78万元，提出合理化建议22条，提交综合报告7篇次。全面推行领导干部离任经济责任事项交接制度，对凡是涉及党政主要领导干部人事调整的单位，先履行离任交接程序，做到“凡离必交”。8月25日首次召开全市领导干部离任经济责任事项交接工作会议，在联席会议成员单位的监督下，43名“一把手”进行“阳光”交接。按照甘肃省审计厅统一安排，对市水务局原党组书记、原局长自然资源资产管理和生态环境保护责任履行情况进行试点审计。

固定资产投资审计 完成嘉峪关文化遗产保护工程项目——嘉峪关长城保护维修工程等154个项目的竣工决算审计，共审计资金21.5亿元，初步审计核减工程造价为政府节约资金2.4亿元，提出审计建议64条，移送有关部门处理问题3件、疑点线索5件。

民生资金（项目）审计 完成对金昌市本级及金川区、永昌县2016年城镇保障性安居工程跟踪审计，共审计资金69309.71万元，查出违规违纪和管理不规范金额55271.69万元，提出审计建议5条。完成扶贫资金管理、住房公积金归集管理、市第一人民医院和现代农业生态示范园等民生项目的审计，并延伸审计南市区幼儿园、酒钢三中综合体育馆等项目。

企业审计 组织开展市公交公司2014—2016年度资产负债损益情况审计，与市财政局一起联合委托4家会计师事务所对嘉峪关水文化（集团）、市供热公司、市军队粮油供应站、市驾驶员培训中心等17家市属国有企业财务状况及近三年来的经营情况进行清产核资及财务审计。

相关工作 嘉峪关市审计局被甘肃省委、省政府评为“省级文明单位”，被省审计厅评为2016年全省政策落实跟踪审计先进集体。

内部审计 在嘉峪关市属行政事业单位及国有企业中，已设立内部审计机构17个，有专兼职内部审计人员50人。全年完成审计项目52个，审计资金总额2773.51万元，提出意见建议83条。

（撰稿人：高　鑫）

【金昌市审计局】 2017年，金昌市审计局人员编制27人，实有27人。党组书记、局长张健（4月—），党组成员、副局长梁福山，党组成员、总审计师彭淑瑞（—9月），党组成员、纪检组长张天钰（—3月），党组成员、经济责任审计联席会议办公室主任谢淑霞。设有办公室、法制科、经济责任审计科、财政审计科、行政事业审计科、企业和社会保障审计科、基本建设审计科（农业和资源环境审计科与其合署）、固定资产投资审核中心8个职能科室（中心）。

审计成果 2017年，金昌市审计局完成审计项目42个。查出违规金额0.60万元、管理不规范金额19.07亿元，通过开展政府投资审计核减投资资金0.41亿元。审计提出建议42条。

国家重大政策措施落实情况跟踪审计 按照省审计厅的统一安排，对嘉峪关市2016年保障性安居工程进行异地交叉跟踪审计，查出管理不规范金额15.8亿元。对陇南市礼县2016年农村公路项目资金管理使用情况进行异地交叉跟踪审计，发现暂扣农民工工资保证金，合同执行不严，逾期未完工等问题。

农业与资源环保审计 完成金昌全市农机购置补贴资金管理使用情况专项审计，查出挪用、套取资金0.99万元，违规办理农机购置对象199户等问题。

财政审计 完成对市委农办、市财政局、市检察院、市公安局金川分局、市交通运输局、市工商局、市司法局、市公积金管理中心等8个部门单位预算执行情况的审计，查出违规金额0.60万元、管理不规范金额1.81亿元。完成市本级、永昌县2016年地方政府性债务审计，查出违规担保债务7.96亿元、违规举借债务1.57亿元、管理不规范金额0.55亿元。

经济责任审计 完成对市公积金管理中心、市司法局、市质监局、市工商局、市公安局金川分局等领导干部的任中经济责任审计；完成对市委原秘书长、市委农办原主任、市政府原秘书长、市农业综合开发办原主任等领导干部的离任经济责任审计。完成对市水务局、市文广新局、市教育局等16个单位领导的离任交接。完成永昌县党政主要领导干部自然资源资产离任审计，发现在贯彻执行政策部署、法律法规、环保目标、监督责任、资金征管和项目建设运行等8个方面27个问题。

固定资产投资审计 完成市职业技术学院迁建工程体育场建设项目、市第二中学综合楼项目、市西部防护林一期2011年造林绿化项目等20个项目竣工决算审计，送审值2.35亿元，审定值1.94亿元，核减投资额0.41亿元。

民生资金（项目）审计 完成2016年度全市住房公积金归集管理使用及财政收支审计，查出部分人员信息录入缺失或不准确，4人超期限发放贷款等问题。完成永昌县2016年扶贫政策措施落实和扶贫资金分配管理使用情况跟踪审计，查出管理不规范金额0.91亿元。（撰稿人：李文辉）

【白银市审计局】 2017年，白银市审计局人员编制45人，实有41人。局长杨子明，副局长王世勇、马志武、李文辉、史文娟，总审计师杨玉杰，经济责任审计办公室主任杨子松。设有办公室、法规科、财政金融审计科、农业与资源环保审计科、社会保障审计科、固定资产投资审计科、行政事业审计科、计算机信息审计科、经济责任审计一科、经济责任审计二科、经济责任审计三科；下设基本建设审计中心（事业单位）。

审计成果 2017年，白银市审计局完成审计项目72个，专项审计调查项目3个。查出主要问题金额106796万元，其中违规金额10776万元、损失浪费金额633万元、管理不规范金额95387万元；审计发现非金额计量问题119个；损益（收支）不实金额171万元；出具审计报告和专项审计调查报告120篇。审计处理处罚金额40875万元，其中应上缴财政7173万元、应减少财政拨款或补贴508万元、应归还原渠道资金3877万元、应缴纳其他资金26189万元、应调账处理金额3126万元。审计促进整改落实有关问题金额4282万元；审计促进拨付资金到位2806万元；核减投资额508万元。审计提出建议173条，提交审计信息90篇。

会宁县2016年度扶贫政策措施落实和扶贫资金分配使用情况的审计项目被省审计厅评为优秀审计项目；白银区社保局原局长任职期间经济责任履行情况的审计项目被省审计厅评为表彰审计项目。

国家重大政策措施落实情况跟踪审计 抽审单位106个，抽查资金总量649247.88万元；抽查项目228个，抽查项目总投资额749749.93万元。审计发现问题56个，涉及资金180798.48万元。通过整改，31个重大建设项目加快推进，落实配套资金1533.6万元，追责处理170人。

财政审计 审计财税部门和一、二级预算单位12个，查出违规金额4342万元、管理不规范金额29969万元；审计发现非金额计量问题12个；出具审计报告12篇，审计提出建议22条。

经济责任审计 对45名领导干部开展经济责任审计，查出违规金额2225万元、管理不规范金额12601万元；审计发现非金额计量问题31个；出具审计报告90篇，审计提出建议112条。

固定资产投资审计 完成10个政府投资建设项目审计，查出管理不规范金额508万元，核减工程投资508万元，减少财政拨款或补贴508万元；审计发现非金额计量问题1个；出具审计报告10篇，审计提出建议9条。

民生资金（项目）审计 审计1个单位，查出违规金额667万元、管理不规范金额29095万元；审计发现非金额计量问题5个；出具审计报告1篇，提出审计建议5条。

农业与资源环保审计 审计1个单位，查出应上缴财政47万元；非金额计量问题23个；出具审计报告1篇；提出审计建议6条。

内部审计 白银市内部审计机构完成审计项目17个，审计总金额8605万元，增收节支88万元，提出审计建议41条。（撰稿人：王 婷）

【天水市审计局】 2017年，天水市审计局行政编制46人，工勤编制7人；实有行政人员46人，工勤人员7人。局长薄海明，副局长吴方勇、付新顺、焦继军，总审计师马群，经济责任审计办公室主任王荣，电子数据审计中心主任肖江，调研员葛南翔，副调研员张意志。设有办公室、综合科、财政审计科、金融外资审计科、行政事业审计科、经贸审计科、农业审计科、资源环境保护审计科、社会保障资金审计科、固定资产投资审计一科、固定资产投资审计二科、审计监督与核查科、财政专项资金审计科、教科文审计科、天水经济开发区审计分局；下设经济责任审计办公室、电子数据审计中心等事业单位。

审计成果 2017年，天水市县两级审计机关完成审计项目422个，专项审计调查项目18个。查出主要问题金额203904.58万元，其中违规金额27573.17万元、管理不规范金额176331.4万元；审计发现非金额计量问题336个；损益（收支）不实金额2368.66万元；出具审计报告和专项审计调查报告440篇。审计处理处罚金额173581.93万元，其中应上缴财政26994.54万元、应减少财政拨款或补贴1387.37万元、应归还原渠道资金7935.73万元、应缴纳其他资金5672.33万元、应调账处理金额131591.93万元；移送司法机关、纪检监察机关和有关部门处理事项20件，移送处理金额3868.67万元，追责问责13人。审计促进整改落实有关问题金额143549.37万元；审计促进拨付资金到位6514.73万元；审计后挽回（避免）损失4478.83万元；核减政府工程投资额5119.52万元。审计提出建议979条；推动被审计单位制定整改措施94项，促进被审计单位制定完善规章制度2项；提交审计信息332篇，向市委市政府呈送审计要情24期，编发审计发展公报1期，向社会公告审计结果10期。

天水市审计局实施的麦积区马跑泉镇党委书记镇长任期经济责任审计项目被审计署评为优秀审计项目。

国家重大政策措施落实情况跟踪审计 市县两级审计机关对部分县区落实扶贫、地方政府性债务、乡村公路建设、政府为民办实事和“三重”“三一”等重大政策措施落实情况进行跟踪审计，共涉及181个相关部门，抽审项目329个，涉及资金1654321.67万元，查出违纪违规金额869699.53万元，揭示部分单位滞留闲置专项资金、项目实施和政府性债务管理不规范、政策措施落实不到位等问题。对不作为、慢作为的10个责任人进行问责处理。

财政审计 开展财政预算执行审计，纵向延伸审计财政管理、预算执行、税收征管和市级财政安排的城建、教育、农林水牧等专项资金，市县两级审计机关共抽查审计相关部门和单位167个，查出违纪违规金额57505.07万元。对2015度预算执行审计查出问题的整改情况进行检查。预算执行审计、上年度审计查出问题整改情况分别向人大、政府作专题报告，受到各级人大常委会、政府主要领导的充分肯定。

经济责任审计 按照“三责联审、党政同责、同责同审”的要求，天水市审计局制定2017年全市经济责任审计工作安排意见，对200个部门主要领导干部进行经济责任审计，对67名领导干部进行经济责任事项交接。按照领导干部自然资源资产离任审计试点工作要求，市审计局对张家川县土地和矿产资源进行试点审计，查出违纪违规金额20127.82万元，为全面开展领导干部自然资源资产离任审计提供成功经验。

固定资产投资审计 市审计局制定《关于切实加强政府投资审计全覆盖工作的通知》，通过购买社会审计服务实现对有重点、有步骤、有深度、有成效的审计监督全覆盖。市县两级审计机关对1161个政府投资项目进行审计，审计总投资411149.51万元，核减工程投资额16938.83万元。对4个市、区重大建设项目进行跟踪审计，对8宗土地熟化成本进行审计，核减土地熟化成本13760.08万元。

民生资金（项目）审计 市县两级审计机关对全市2016年度新型农村合作医疗基金进行审计，查出违纪违规金额4514.26万元，揭示出民营医院骗保、管理不规范等突出问题。突出开展民生项目审计，切实维护人民群众根本利益。对秦州区、秦安县扶贫资金和农机具购置补贴资金管理使用情况进行专项审计和调查，审计涉及68个单位和部门，发现挤占、挪用专项资金等问题，查出违纪违规金额198107万元。按照省审计厅的统一安排，对定西市2016年保障性安居工程进行异地交叉跟踪审计，查出违规金额9425.21万元，涉及保障性住房5103套。

企业审计 市审计局对天水典盛热力有限责任公司、天水陆桥交通工程有限公司和天水市天源水务有限责任公司2016年度资产负债和损益情况进行审计，揭示企业在经营管理方面存在的资产、资本不实，少计收入、挤占成本费用等问题。

相关工作 天水市审计局被授予“省级文明单位”荣誉称号；在省审计厅年度目标管理考核中取得第二名。

内部审计 天水全市有内部审计机构32个，内部审计人员112人，完成审计项目248个，审

计总金额 47.99 万元，增收节支 1.35 万元，提出审计建议 170 条。（撰稿人：张　静　倪琼洁）

【武威市审计局】　2017 年，武威市审计局人员编制 36 人，实有 30 人。局长李天忠，副局长马忠民（—7 月）、祁贵，总审计师马忠民（7 月—），经济责任审计局局长刘立新（—7 月）、李建玲（7 月—），调研员李镜，副调研员曹海宇。设有办公室、法规科、财政金融审计科、经济责任审计一科、经济责任审计二科、行政事业审计科、农业和资源环保审计科、社会保障审计科、固定资产投资审计科 9 个职能科室；下设资源环境与投资审计中心（事业单位）。

审计成果　2017 年，武威市县两级审计机关完成审计项目 295 个。查出主要问题金额 190038 万元，其中违规金额 36298 万元、损失浪费金额 2551 万元、管理不规范金额 151188 万元；审计发现非金额计量问题 157 个；损益（收支）不实金额 256 万元；出具审计报告和专项审计调查报告 293 篇。审计处理处罚金额 49875 万元，其中应上缴财政 23120 万元、应归还原渠道资金 9912 万元、应调账处理金额 12304 万元；移送司法机关、纪检监察机关和有关部门处理事项 72 件。审计促进整改落实有关问题金额 24794 万元，其中增收节支 7284 万元、已调账处理金额 11309 万元；审计促进拨付资金到位 187 万元。审计提出建议 282 条。向社会公告审计结果 1 篇。

国家重大政策措施落实情况跟踪审计　把政策落实审计贯穿各项审计始终，完成 2017 年第二季度、第三季度跟踪审计和全市通村道路建设情况、政府性债务情况审计。

财政审计　完成财政预算执行审计项目 36 个，加强对“三公”经费、会议费等公务支出、公款消费的审计监督。全面公开 2016 年度市级财政预算执行及其他财政收支审计结果。

经济责任审计　市县两级审计机关对 119 名领导干部进行经济责任审计，突出权力运行和责任落实两个重点，查出问题金额 1.62 亿元。完成天祝县党政主要领导干部自然资源资产离任审计。

固定资产投资审计　市审计局完成武威市城乡融合发展核心区金大快速通道工程项目竣工决算审计，核减工程造价 1.1 亿元，出具项目后评价审计报告；对凉州区城建体制改革后建设项目管理运行情况进行审计调查，发现招投标不规范、项目超概算投资严重等普遍性问题。市县两级审计机关对 107 个政府投资项目进行竣工决算审计，核减工程造价 3.37 亿元。

民生资金（项目）审计　按照省审计厅的统一安排，对酒泉市 2016 年保障性安居工程进行异地交叉跟踪审计。市县两级审计机关完成各县区 2016 年扶贫政策措施落实和扶贫资金分配管理使用情况审计，推动建立乡级扶贫审计联络员制度。完成城镇居民医疗保险和新型农村合作医疗基金筹集管理使用情况审计。

农业与资源环保审计　市县两级审计机关完成全市土地资源管理及土地专项资金收支情况审计、全市森林资源资产审计试点，对山水林田湖草生态保护修复工程进行跟踪审计。

其他审计项目　介入凉州区金羊镇窑沟村群众信访事项，发现违纪违规线索移送市纪委查处 4 件。完成凉州区财政出借资金及政府融资借款专项审计、13 家市属国有企业审计。实施凉州白塔寺等 4 家旅游场所和市博物馆等“三馆一院”审计，助力全市文化旅游产业体制改革。现场督查审计整改情况，将市建设局、市规划局未按时限要求进行整改的问题移送市纪委处理。

（撰稿人：蔡　峰）

【张掖市审计局】　2017 年，张掖市审计局人员编制 45 人，实有 38 人。局长俞文海，副局长王天荣（—12 月）、龙建国、刘煜，总审计师王维力，经济责任审计办公室专职副主任陈维文，调研员赵光源、王天荣（12 月—），副调研员谭运忠。设有办公室、综合法制科、经济责任审计一科、经济责任审计二科、财政金融审计科、农业与资源环保审计科、行政事业审计科、固定资产投资审计科、社会保障审计科、外资经贸审计科、信息化管理科；下设经济责任审计工作联席会议办公室、审计核查整改办公室。

审计成果　2017 年，张掖市县两级审计机关完成审计项目 294 个，专项审计调查项目 32 个。查出主要问题金额 381526 万元，其中违规金额 10538 万元、损失浪费金额 21 万元、管理不规范金额 370966 万元；审计发现非金额计量问题 300

个；损益（收支）不实金额5613万元；审计发现侵害人民群众利益1034万元；出具审计报告和专项审计调查报告291篇。审计处理处罚金额51746万元，其中应上缴财政2833万元、应归还原渠道资金10067万元、应缴纳其他资金5210万元、应调账处理金额33635万元；移送纪检监察和有关部门处理事项55件，移送处理人员1人，移送处理金额5661万元。审计促进整改落实有关问题金额50021万元；审计后挽回（避免）损失402万元；核减投资额2656万元。审计提出建议411条；推动被审计单位制定整改措施42项，促进被审计单位制定完善规章制度26项；提交审计信息137篇。

张掖市甘州区审计局实施的区财政局2016年度预算执行及其他财政收支情况审计项目被省审计厅评为优秀审计项目；临泽县审计局实施的县财政局2016年度预算执行及其他财政收支情况审计项目被省审计厅评为表彰审计项目。

国家重大政策措施落实情况跟踪审计　组织市县两级审计机关对市本级及六县区2016年地方政府性债务举借、管理和使用情况进行审计和审计调查，抽查融资平台公司和国有企业等债务举借单位。配合做好审计署驻兰州特派办、省审计厅对张掖市重大政策措施落实情况审计，协调发现问题的整改落实。

财政审计　研究制订《张掖市审计局2016年市级财政预算执行审计工作方案》，做好2016年度市本级预算执行及税收征管审计。对市委办、市委组织部开展财务收支审计。受张掖市政府委托，向市人大常委会作审计工作报告。会后按照市人大常委会要求，跟踪督促整改落实。

经济责任审计　完成市公共资源交易中心等14个单位领导干部的经济责任审计。按照市委《县处级领导干部离任经济责任事项交接办法》，组织完成市旅游局等15个单位的领导干部离任交接工作。对肃南裕固族自治县党政主要领导干部自然资源资产离任开展审计。会同市委组织部制定印发《张掖市市管领导干部任职经济责任告知暂行办法》《张掖市市管领导干部经济责任履行情况审计约谈暂行办法》。

固定资产投资审计　按照《政府投资建设项目购买社会审计服务管理办法》，委托社会审计机构完成对张掖大剧院建设项目、市政府会议室维修装饰工程和市质监局综合楼工程造价审计，完成对市工商局综合楼附属工程结算审计、丹霞景区主入口通道工程竣工决算审计、张掖地质博物馆竣工决算审计。市审计局开展张掖热电联产项目、市第二人民医院建设项目跟踪审计，服务和保障市委、市政府确定的重点建设项目安全高效进行。

民生资金（项目）审计　市县两级审计机关对市本级、六县区2015年、2016年城镇居民基本医疗保险和新型农村合作医疗基金筹集、运行、使用及管理情况进行审计。

农业与资源环保审计　对甘州区、民乐县农机购置补贴资金管理使用情况进行专项审计调查。对市本级2017年祁连山黑河流域山水林田湖生态保护修复工程计划、资金使用及工程建设等情况进行跟踪审计，对市农业、水务、人社、环保、湿地等9个部门9项工程进行重点审计，并对张掖湿地博物馆周边湿地保护与治理、城区饮马河道、东环路芦苇池等黑臭水体治理等3个项目工程的建设进展情况进行实地检查。

企业审计　对市城投集团等5家国有企业2016年投融资情况、项目建设情况、经营与发展情况、资产负债损益及绩效情况进行审计。

（撰稿人：贺天刚）

【平凉市审计局】　2017年，平凉市审计局人员编制53人，实有46人。局长王旺德，副局长席瑞林、李博、杨尚辉，总审计师王耀军，调研员朱江，副调研员李修范、万巧珍（5月—）。设有办公室、法制科、财金科、投资科、经贸科、经济责任科、行政事业科、农业科、社会审计核查科、宏观政策审计科；下设事业单位电子审计中心、审计服务中心2个事业单位。

审计成果　2017年，平凉市县两级审计机关完成审计项目375个，专项审计调查项目1个。查出主要问题金额1069428.79万元，其中违规金额255060.93万元、管理不规范金额814367.85万元；审计发现非金额计量问题369个；损益（收支）不实金额10414.08万元；出具审计报告和专项审计调查报告490篇。审计处理处罚金额193431.54万元，其中应上缴财政42072.39万元、应减少财政拨款或补贴 9366.33 万元、应归还原渠道资金 44471.48 万元、应缴纳其他资金 75797.15 万元、应调账处理金额 21724.17 万元；移送司法机关、纪检监察机关和有关部门处理事项 68 件，移送处理金额 3348.09 万元。审计促进整改落实有关问题金额 102756.99 万元；核减投资额 1091.47 万元；移送处理落实事项 8 件。审计提出建议 572 条；推动被审计单位制定整改措施 1 项，促进被审计单位制定完善规章制度 7 项；提交审计信息 141 篇。

华亭县 2016 年度扶贫政策措施落实和扶贫资金分配管理使用情况审计、静宁县 2016 年度县级财政预算执行和其他财政财务收支情况审计等 2 个项目，被省审计厅评为表彰审计项目。

国家重大政策措施落实情况跟踪审计 以围绕国家和省委省政府重大政策措施和宏观调控部署贯彻落实为目标，开展重大政策措施贯彻落实跟踪审计项目 4 个，查出主要问题金额 100711.46 万元。

财政审计 市县两级审计机关开展本级财政预算执行审计项目 107 个，查出主要问题金额 903865.56 万元。

经济责任审计 市县两级审计机关组织对 210 名领导干部的经济责任进行审计，发现领导干部应负领导责任主要问题金额 21973.15 万元，对领导干部履职情况作出客观评价。

固定资产投资审计 市县两级审计机关开展固定资产政府投资建设项目审计 20 个，查出主要问题金额 2010.16 万元，核减工程投资 1091.47 万元。

民生资金（项目）审计 市县两级审计机关组织开展全市扶贫专项政策落实和扶贫资金管理使用情况等民生资金审计项目 18 个，查出主要问题金额 21837.74 万元，推动为民惠民富民项目资金的有效落实。

农业与资源环保审计 开展全市林业专项等农业与资源环保审计项目 15 个，查出主要问题金额 16589.68 万元。

企业审计 对 2 个企业进行审计，综合分析企业资产质量、债务风险、经营状况，提出加强管理、规范核算、提高效益的意见建议，查出主要问题金额 2441.04 万元。

内部审计 建立平凉市内部审计人才资源信息库，首批入库人员 158 人，涉及单位 68 个。完成内部审计项目 249 个，通过审计促进增收节支 642.62 万元。

（撰稿人：李　艳）

【酒泉市审计局】 2017 年，酒泉市审计局行政编制 32 人，工勤编制 1 人，事业编制 17 人；实有行政编制 31 人，工勤人员 1 人，事业编制 12 人。局长刘红艺，副局长李际平、白嘉念、郭建荣，总审计师李建华，经济责任审计联席会议办公室主任李翠萍，调研员张东平，副调研员程军。设有办公室、综合法制科、经济责任审计一科、经济责任审计二科、财政金融审计科、行政事业审计科、经贸审计科、农业与资源环境审计科、社会保障审计科、固定资产投资与外资运用审计科、计算机审计管理科、社会审计核查与内部审计监督科等 12 个职能；下设全额拨款事业单位政府投资审计中心（经济责任审计联席会议办公室）。

审计成果 2017 年，酒泉市审计局完成审计项目 80 个。查出各类违纪违规和管理不规范金额 54645.29 万元。促进财政增收节支 10696.43 万元，其中应缴税费 1271.43 万元；核减工程造价 9425 万元；向纪检监察、财政、建设、税务等部门移送问题及线索 54 件，涉及金额 15704.79 万元。出具审计报告、审计综合报告和审计专报 128 篇；审计提出意见和建议 140 余条。

国家重大政策措施落实情况跟踪审计 组织市县两级审计机关对酒泉市本级及所属 7 县（市、区）2017 年财政资金统筹使用、“放管服”改革政策落实和重大建设项目推进等情况进行跟踪审计，发现和纠正财政资金未有效盘活、建设项目推进缓慢、工程建设审批手续不完善，以及“放管服”改革不深入、不彻底等问题。

财政审计 开展 2016 年度酒泉市本级预算执行和其他财政收支情况审计，结合领导干部经济责任审计，延伸审计酒泉市委宣传部、酒泉市能源局、酒泉市科技局等 10 个单位预算执行情况、肃州区地税局税收征管情况。受酒泉市政府委托，在市人大常委会会议上作审计工作报告。

经济责任审计 对酒泉市交通局、司法局、建设局、工商局等 25 个部门单位的 25 名领导干部开展经济责任履行和机构编制情况审计。对肃州区上坝镇、西洞镇，金塔县鼎新镇，敦煌市肃州镇、七里镇等5个高配乡镇（副县级）书记、镇长经济责任履行情况实施党政同步审计。实施肃北蒙古族自治县党政主要领导干部自然资源资产审计试点，对肃北蒙古族自治县草原资源和水资源进行重点审计，查出自然资源资产和环境保护政策落实不到位，未进行水资源论证办理取水许可，违规征占草原，应收未收水土保持补偿费、水资源费等问题。

民生资金（项目）审计 按照省审计厅的统一安排，对张掖市及其下辖6县区的城镇保障性安居工程进行异地交叉跟踪审计，先后2次对审计查出问题的整改落实情况进行跟踪督查。市审计局对武威市审计局发现的酒泉市保障性安居工程存在问题进行督促整改。组织市县两级审计机关对市本级及7县（市、区）2015年至2016年扶贫政策落实和扶贫资金管理使用情况进行审计，对肃州区、金塔县农机购置补贴资金管理使用进行审计调查，及时发现和纠正惠民、惠农政策落实不到位，民生资金分配、管理、使用中存在挤占挪用、虚报冒领等问题。

固定资产投资审计 市审计局对肃州区怡景花园公共租赁住房、廉租住房及棚户区改造等建设项目，酒泉市医院综合楼、肃阿公路等20多个政府投资项目进行审计和跟踪审计，重点关注项目推进、资金管理使用、工程建设管理和绩效等情况，查出招投标不规范、审批手续不完整、未办理竣工验收等问题，核减工程造价9425万元。

其他审计项目 完成酒泉市政府驻深圳、成都办事处资产负债审计，市人防办人防易地建设费专项审计，市就业局创客孵化示范平台建设竣工决算，市公安局交警支队车辆管理所基础设施建设改造项目审计等20余项市委、市政府交办的审计相关工作。市审计局对3家社会审计机构完成的市疾控中心结核病控制项目财务状况和经费收支审计项目、肃州区特殊教育学校建设工程竣工决算审计项目、肃州区2012年度农村环境综合连片整治项目财务决算报告核查项目开展项目质量核查。 （撰稿人：于建华）

【庆阳市审计局】 2017年，庆阳市审计局人员编制45人，实有35人。局长曹维斌，副局长李崇峰、汪彦锋、王芳，经济责任审计联席会议办公室主任李国科，调研员魏平征。设有人事秘书科、综合法制科、社会审计核查科、财政金融审计科、行政事业审计科、基建外资审计科、经贸社保审计科、农业环保审计科、重大政策落实审计科等9个职能科室；下设经济责任审计办公室、经济责任审计联席会议办公室、投资项目审计中心3个事业单位。

审计成果 2017年，庆阳市县两级审计机关完成审计项目440个，专项审计调查项目5个。查出主要问题金额285305万元，其中违规金额86011万元、管理不规范金额199294万元；审计发现非金额计量问题212个；损益（收支）不实金额1154万元；出具审计报告和专项审计调查报告439篇。审计处理处罚金额70570万元，其中应上缴财政818万元、应减少财政拨款或补贴882万元、应归还原渠道资金4809万元、应缴纳其他资金1095万元、应调账处理金额62963万元；移送司法机关、纪检监察机关和有关部门处理事项6件，移送处理人员2人，移送处理金额1342万元。审计促进整改落实有关问题金额42035万元；审计促进拨付资金到位137万元；审计后挽回（避免）损失74万元；核减投资额1146万元；移送处理落实事项3件。审计提出建议701条；推动被审计单位制定整改措施29项；提交审计信息161篇。

国家重大政策措施落实情况跟踪审计 按照省审计厅统一部署，安排对合水县、正宁县一季度国家重大政策措施落实情况，庆城、合水、正宁等7县区2015年至2016年扶贫政策措施落实和扶贫资金分配管理使用情况，市本级2016年地方政府债务系统内债务和融资平台债务情况，宁县重大政策落实及2016年建制村通畅工程，天水市本级及所属县区2016年保障性安居工程进行跟踪审计。

财政审计 市县两级审计机关对115个单位的预算执行情况进行审计。通过审计，在市本级促进资金到位95548万元，规范管理952万元，收缴财政5133万元，加快资金支出进度29095万元，促进项目开工、加快工程进度、完工项目54个，约谈、通报批评4人次。

经济责任审计 市县两级审计机关完成经济责任审计项目151个，查出违规金额4116万元、管理不规范金额41485万元，移送纪检监察部门案件线索1件，涉及2人。对镇原县党政主要领导干部进行自然资源资产离任审计，查出违纪违规问题6大类65个，收缴镇原县国土局及相关单位土地出让金、土地整理资金结余7888.01万元。

固定资产投资审计 市县两级审计机关完成竣工决算审计项目77个，涉及资金151176万元，查出工程价款结算不实金额1146万元、超概算6581万元。

民生资金（项目）审计 加大对保障性安居工程、电商、农机具补贴等民生项目和资金的审计力度，着力揭示和反映挤占挪用、损失浪费、管理不善、效益不佳等问题，市县两级审计机关完成专项审计96个，查出问题金额12613万元。

内部审计 庆阳全市设有内部审计机构的单位44个，其中市直部门设置内部审计机构20个，八县区设置内部审计机构24个；有专职内部审计人员46人，兼职87人。内部审计机构出具内部审计报告、稽查报告、检查报告、整改通知书等388多份，涉及金额24.28亿元，反映各类问题450个，提出整改意见和建议共计437条。

（撰稿人：杨　静）

【定西市审计局】 2017年，定西市审计局人员编制36人，实有31人。局长岳余之（—8月）、李世荣（8月—），副局长张晓伟、谢晓妍、李宏军、王国会（12月—），总审计师张华荣，经济责任审计办公室主任郑晓炜，调研员潘欣，副调研员冯跃进。设有办公室、法规监核科、财政金融审计科、行政事业企业审计科、农业与资源环保审计科、固定资产投资审计科、社会保障审计科、经济责任审计办公室等8个职能科室；下设计算机审计中心（事业单位）。

审计成果 2017年，定西市审计局完成审计项目44个，专项审计调查项目2个。查出主要问题金额180555.84万元，其中违规金额6442.62万元、损失浪费金额3883.84万元、管理不规范金额170229.37万元；损益（收支）不实金额8056.35万元；出具审计报告和专项审计调查报告53篇。审计处理处罚金额67387.42万元，其中应上缴财政1614.82万元、应减少财政拨款或补贴3626.55万元、应归还原渠道资金60626.16万元、应缴纳其他资金678.93万元、应调账处理金额840.95万元；移送有关部门处理事项3件，移送处理金额4796.9万元。审计促进整改落实有关问题金额15626.1万元；审计促进拨付资金到位350.83万元；审计后挽回（避免）损失3266.35万元；核减投资额3647.49万元；移送处理落实事项3件。审计提出建议106条；提交审计信息61篇。

国家重大政策措施落实情况跟踪审计 市审计局统筹市县区审计力量，采取“上审下”“交叉审”“同步审”和“一拖N”等方式，持续组织开展重大政策措施落实情况跟踪审计。审计市本级财政存量资金，“营改增”，税收优惠政策落实情况，市本级2016年度政府性债务，陇西等5县2015年至2016年度扶贫政策落实和扶贫资金管理使用情况，会宁县和通渭县农村公路政策落实和专项资金管理使用情况，市委市政府2017年10件为民办实事任务完成情况。通过审计和督促整改，促进上缴（收回）财政资金890.29万元，下达（拨付）资金5737.98万元，促进重大政策落实8项，追责问责35人（次）。

财政审计 对财政局、地税局等10个单位进行预算执行审计，查出预算编制不完整、税款征缴不及时等问题金额2.61亿元。

经济责任审计 对市编办等7个部门和单位主要负责人进行经济责任审计，查出应收未收款项、固定资产不实等问题金额1822.74万元，移送有关部门处理事项1件。对临洮县党政主要领导自然资源资产管理和生态环境保护责任履行情况进行审计。

固定资产投资审计 贯彻落实审计署《关于进一步完善和规范投资审计的意见》和电视电话会议精神，清理废止原有的审计监督办法。完成关川河大小碱沟治理工程等15项政府投资项目竣工决算审计，对通渭至榜罗革命遗址公路建设项目进行跟踪审计，揭示工程结算款不实、挤占建设成本等问题金额3938.27万元，移送有关部门处理事项1件。

民生资金（项目）审计 按照省审计厅的统一安排，对平凉市2017年保障性安居工程进行异地交叉跟踪审计，查出主要问题金额1.9亿元，移送平凉市人民政府处理事项1件。对安定、通渭、陇西、渭源、漳县等5个县区2015年至2016年扶贫政策措施落实和扶贫资金分配管理使用情况进行审计，在扶贫政策落实、扶贫资金安全、扶贫项目绩效和管理等3个方面指出问题23个，查出问题金额12.77亿元。对安定区和陇西县2015年至2017年6月农机购置补贴资金管理使用情况进行专项审计调查，查出主要问题金额18.84万元；对市本级2016年度养老保险基金筹集管理使用和政策落实情况进行审计，查出主要问题金额742.66万元。（撰稿人：姚洁琼）

【陇南市审计局】 2017年，陇南市审计局人员编制47人，实有39人。局长张荣中，副局长王东红、李晖、张俭，经济责任审计办公室主任李红易。设有经济责任审计办公室、办公室、法制（审理）科、财政审计科、社会保障审计科、外资和企业审计科、政府投资审计科、经济责任审计一科、经济责任审计二科、社会和内部审计监督核查科、行政事业审计科、资源环保审计科、三农资金审计科、审计信息中心14个机构。

审计成果 2017年，陇南市审计局完成审计项目67个，专项审计调查项目3个。查出主要问题金额930873万元，其中违规金额1826万元、损失浪费金额24万元、管理不规范金额929021万元；审计发现非金额计量问题3389个；出具审计报告和专项审计调查报告70篇。审计处理处罚金额102546万元，其中应上缴财政34666万元、应归还原渠道资金51657万元、应缴纳其他资金3032万元、应调账处理金额13189万元；移送司法机关、纪检监察机关和有关部门处理事项10件，移送处理金额10783万元。审计促进整改落实有关问题金额110654万元；审计促进拨付资金到位55318万元；审计后挽回（避免）损失6万元；核减投资额2061万元；审计提出建议74条；提交审计信息40篇。

陇南市审计局实施的武都区2016年度扶贫政策措施落实和扶贫资金分配管理使用情况审计项目，被省审计厅评为优秀审计项目。

国家重大政策措施落实情况跟踪审计 对陇南5县开展2017年全年重大政策落实跟踪审计，审计涉及单位250个、项目349个、资金338420万元，查出问题142个。通过审计促进财政资金统筹使用和重点资金到位45070万元，推进重大项目建设79项，落实取消、合并行政审批事项10项，问责37人。

财政审计 完成市本级2016年度财政预算执行和政府债务审计，查出主要问题金额164738万元、管理不规范金额164738万元；审计促进整改落实有关问题金额31918万元，其中增收节支6918万元。

经济责任审计 完成27名县级领导干部和4名科级干部的经济责任审计，查出主要问题金额3850万元，促进整改落实有关问题金额1407万元，其中增收节支220万元、已调账处理1023万元。完成徽县领导干部自然资源资产离任审计。

固定资产投资审计 完成14个政府投资建设项目的竣工决算审计，查出主要问题金额6966万元，其中损失浪费金额13万元、管理不规范金额6953万元，核减投资额2061万元。

民生资金（项目）审计 市审计局组织市县两级审计机关完成全市2016年度财政扶贫资金审计，查出主要问题金额131999万元、管理不规范金额131340万元；审计促进整改落实问题金额4857万元，其中增收节支478万元，促进拨付资金到位2867万元。按照省审计厅的统一安排，对庆阳市2016年保障性安居工程进行异地交叉跟踪审计，查出主要问题金额114958万元，其中违规金额1166万元、管理不规范金额113792万元；审计促进整改落实问题金额1178万元，其中增收节支1178万元。

农业与资源环保审计 完成康县2014年至2017年退耕还林还草项目资金分配管理使用情况的审计调查，西和县、武都区2015年至2017年农机购置补贴资金管理使用情况的审计调查，查出主要问题金额130万元、管理不规范金额128万元。（撰稿人：石　杰）

【临夏回族自治州审计局】 2017年，临夏回族自治州审计局人员编制83人，实有76人。局长戴永华，副局长崔永奎、罗宏志、马黎明，总审计师何临平，经济责任审计办公室主任宗淑芳。设有人事秘书科、法规科、财政金融审计科、行政事业审计科、农业与资源环保审计科、社会保障审计科、固定资产投资审计科等 7 个职能科室；内设经济责任审计办公室（设有经济责任审计一科、经济责任审计二科）；下设计算机信息中心（事业单位）。

审计成果 2017 年，临夏回族自治州（以下简称临夏州）审计局完成审计项目 117 个，专项审计调查项目 8 个。查出主要问题金额 100159 万元，其中违规金额 5155.30 万元、管理不规范金额 95004 万元；审计发现非金额计量问题 6 个；损益（收支）不实金额 3290 万元；出具审计报告和专项审计调查报告 102 篇。审计处理处罚金额 28186 万元，其中应上缴财政 22827 万元、应归还原渠道资金 125 万元、应调账处理金额 5234 万元；移送司法机关、纪检监察机关和有关部门处理事项 1 件，移送处理金额 80 万元。审计促进整改落实有关问题金额 5346 万元；核减投资额 3523 万元。审计提出建议 265 条；提交审计信息 59 篇。

国家重大政策措施落实情况跟踪审计 对 4 个县稳增长促改革调结构惠民生防风险政策措施落实情况进行跟踪审计，对州级政府性债务进行专项审计，促进国家各项政策措施的贯彻落实。

财政审计 对州级部门预算执行情况进行审计，延伸审计下属二级单位 9 个。对 8 个单位预算执行及其他财政收支情况进行审计，同时对 13 个开展任中经济责任审计的单位同步实施预算执行审计。对临夏县 2014 年至 2015 年度财政决算的真实性、合法性进行审计，揭示在预算管理、转移支付分配、财税政策执行等方面的问题。

经济责任审计 完成经济责任审计项目 60 个，其中任中审计项目 20 个，离任审计项目 40 个。针对审计中发现的各类问题，督促被审计单位及时进行整改。组织开展康乐县领导干部自然资源资产离任审计试点

固定资产投资审计 完成重点建设项目竣工决算审计 18 个，审计核减工程价款 3523 万元，对项目中存在的多计工程价款、漏缴税金、挤占建设资金等问题依法进行处理处罚。

民生资金（项目）审计 根据州委州政府要求，对 3 个县 2015—2016 年度扶贫专项资金投入、管理、使用情况进行审计；对 2 个县 2016 年度城乡低保资金管理使用情况进行审计；对全州中学 2015 年至 2016 年“全面改薄”资金、中学建设项目资金财务收支情况和全州乡镇卫生院 2015 年至 2016 年建设项目资金财务收支情况进行审计。按照省审计厅的统一安排，对甘南藏族自治州及 8 个县市 2016 年保障性安居工程进行异地交叉跟踪审计。 （撰稿人：王亚娇）

【甘南藏族自治州审计局】 2017 年，甘南藏族自治州审计局人员编制 51 人，实有 51 人。局长李世忠，副局长牛勇、陈克明，总审计师贺荣华，经济责任审计局局长吕保平，调研员范元龙、宫永祯（—10 月），副调研员行燕。设有办公室、法规和内部审计监督科、社会审计核查科、财政金融审计科、行政事业审计科、农业审计科、资源环境审计科、固定资产投资审计科、企业审计科、社会保障审计科、计算机信息审计科（大数据审计中心）等 11 个科室；下设经济责任审计局（内设经济责任审计一科、二科、三科）。

审计成果 2017 年，甘南藏族自治州（以下简称甘南州）两级审计机关完成审计和专项审计调查项目 596 个。查出主要问题金额 129676 万元，其中违规金额 1419 万元、管理不规范金额 128256 万元；出具审计（调查）报告 596 篇。审计处理应上缴财政 1762 万元、应归还原渠道资金 1203 万元、应缴纳其他资金 6952 万元、应调账处理金额 26119 万元。审计核减投资额 3604 万元。审计提出建议 923 条；提交审计专题、综合性报告和信息简报 77 篇。

甘南州审计局完成审计和审计调查项目 128 个。审计查出主要问题金额 88261 万元；出具审计（调查）报告 128 篇。审计期间整改金额 716 万元，审计处理应归还原渠道资金 611 万元、应缴纳其他资金 6520 万元、应调账处理金额 552 万元。共核减工程款 1111 万元。审计提出建议 189 条；提交审计专题、综合性报告和信息简报 41 篇。

国家重大政策措施落实情况跟踪审计 第二季度对州本级、迭部县及卓尼县重大政策措施贯彻落实情况、地方政府性债务情况进行审计，抽查单位 23 个；第三季度对玛曲县 2016 年农村公路政策措施和农村通畅工程等专项资金管理使用

情况进行审计，抽查单位8个，抽查项目14个。按照省审计厅的统一安排，对临夏州贯彻落实重大政策措施情况及临夏县2016年农村公路项目资金管理使用情况进行异地交叉跟踪审计，抽查单位6个，抽查项目24个，抽查资金总量10700万元。

财政审计 州审计局对州本级、州安监局等6个部门单位的预算执行及决算草案，州委组织部、州教育局等8个单位的财政财务收支情况，卓尼县2015年至2016年财政决算及其他财政收支情况进行审计。受州政府的委托，向州人大常委会作审计工作报告。

经济责任审计 州县两级审计机关对199名领导干部进行任中和离任经济责任审计，着力监督检查领导干部守法守纪守规尽责情况，查出主要问题金额5713万元，其中违规金额349万元、管理不规范金额5364万元。

固定资产投资审计 州县两级审计机关完成政府投资建设项目审计229个，涉及项目投资额88055万元，审定完成投资额85285万元。州审计局重点抽审甘南州多功能体育健身中心及体育场改扩建等23个项目，涉及项目投资额24810万元，审定完成投资额24261万元。

民生资金（项目）审计 由州审计局牵头，制订工作方案，授权各县（市）审计局，对全州2015—2016年度扶贫专项资金管理使用情况进行审计。州审计局先后派出4个督查组对各县（市）审计局进行明察暗访，以保证审计质量。按照省审计厅的统一安排，整合全州审计力量，派出40余人组成8个审计组，对临夏州2016年保障性安居工程的计划、投资、建设、分配、运营及配套基础设施建设情况进行异地交叉跟踪审计。配合完成临夏州审计局对甘南州8个县市2016年保障性安居工程的交叉审计工作。

农业与资源环保审计 继迭部县领导干部森林资源试点审计之后，结合贯彻落实中央环境保护督察反馈意见整改工作，2017年对玛曲县领导干部草原资源进行审计。审计中，整合州级各相关资源管理部门的专家、技术人员，利用基础图件资料、ARCGIS技术、RS遥感技术、GPS全球定位系统以及无人机航拍技术开展工作，效果明显。

内部审计 甘南州有内部审计机构9个，其中专职机构5个；内部审计人员21人，其中专职人员12人。完成审计项目73个，审计资金总额77676万元，提出审计建议被采纳92条。

（撰稿人：张　楠）

【甘肃矿区审计局】 2017年，甘肃矿区审计局人员编制8人，实有7人。副局长杜瑞军。设有综合科、企业审计科。

审计成果 2017年，甘肃矿区审计局完成审计项目1个。查出主要问题金额211248.66万元，其中违规金额176.88万元、损失浪费金额77.7万元、管理不规范金额210994.08万元；审计发现非金额计量问题5个。审计提出建议6条；提交审计报告1篇。

经济责任审计 对甘肃新核建设实业有限公司原总经理杨成任职期间经济责任履行情况进行审计，出具审计报告。审计重点关注其任职期间的财务状况和经营成果，对其任职期间主要经济责任履行等方面的情况进行全面、客观地反映，揭示其任职期间经营管理中存在的问题，提出并被采纳审计建议6条。

相关工作 将“两学一做”学习教育常态化制度化，学习领会、贯彻落实党的十九大精神，把习近平中国特色社会主义思想的基本内容落实到具体审计工作中。强化审计人员培训力度，参加上级部门组织的各种培训班，全年12人次参加10个培训班的学习。（撰稿人：柴雪映）

2017年甘肃省所辖区、县(市)级审计工作统计表

金额单位:万元

审计机关	完成审计项目(个)	审计查出主要问题金额	审计处理情况					出具审计报告和审计调查报告(篇)	提出审计建议(条)	提交审计信息(篇)
			审计处理处罚				移送处理事项(件)			
			应上缴财政	应减少财政拨款或补贴	应归还原渠道资金	应调账处理金额				
兰州市										
兰州市本级	804	288609	23341		5394	39064	13	64	197	218
城关区审计局	83	4302	25	4236	36			83	63	
七里河区审计局	230	3075			1	3074		230	57	122
西固区审计局	26	3891	1	109				26	62	
安宁区审计局	9	18447	4908		13	13525				5
红古区审计局	10	60548	76					10	27	
永登县审计局	37	34109	9461	372	23150	44		37	53	
皋兰县审计局	18	3551	15	2422	519	595		18	30	10
榆中县审计局	95	2042					2	95	36	9
嘉峪关市										
嘉峪关市本级	58	15800	2837	4584	16	106216	1	58	120	64
金昌市										
金昌市本级	42	190700						48	42	55
金川区审计局	32	7069				524	16	32	88	20
永昌县审计局	50	37318	134	299	2392	25479	4	50	69	
白银市										
白银市本级	74	106796	7173	508	3877	3126		116	173	90
白银区审计局	51	9207	541	1964	13	682	4	84	91	103
平川区审计局	34	67673	372		1047	5794	2	43	73	40
靖远县审计局	24	131831	29579	503	319	2150		41	84	21
会宁县审计局	49	14504	173	297	447	476	1	68	98	27
景泰县审计局	45	63535	1141	2	3493	259	6	69	78	27
天水市										
天水市本级	66	73519	9919	223	6457	54305	14	66	163	24
秦州区审计局	83	7026	3061	534	55	2634	2	83	162	80
麦积区审计局	39	14466	106		300	10696		39	115	
清水县审计局	40	13053	83		24	4560		40	93	106

（续表）

审计机关	完成审计项目（个）	审计查出主要问题金额	审计处理情况					出具审计报告和审计调查报告（篇）	提出审计建议（条）	提交审计信息（篇）
			审计处理处罚				移送处理事项（件）			
			应上缴财政	应减少财政拨款或补贴	应归还原渠道资金	应调账处理金额				
秦安县审计局	47	67457	9434	187	1037	56800		47	100	16
甘谷县审计局	53	15782	958	54	2	1644	4	53	55	50
武山县审计局	56	4062	3418	390	53	200		56	146	
张家川回族自治县审计局	56	8539	16		7	753		56	145	56
武威市										
武威市本级	50	94269	1760	20	6464	5450	31	50	64	26
凉州区审计局	68	59921	21137		732	144	36	68	124	17
民勤县审计局	89	30803	2	16	382	5862		89	9	12
古浪县审计局	45	1795				739	5	45	38	3
天祝藏族自治县审计局	43	3248	219	288	2333	107		43	47	6
张掖市										
张掖市本级	85	40344	1400		1787	4907	5	49	92	14
甘州区审计局	33	37845	14		258	43	3	33	36	9
肃南裕固族自治县审计局	27	49372	112				3	38	46	59
民乐县审计局	36	34173	1200		630	27386	6	36	62	45
临泽县审计局	41	92469	1637			237	10	51	44	10
高台县审计局	33	71230				102	28	45	62	
山丹县审计局	39	58339	28		7391	960		39	69	
平凉市										
平凉市本级	113	235431	16117		3524	2795		183	171	48
崆峒区审计局	48	382394	282		135	300	25	49	111	14
泾川县审计局	49	67745	1563		3170	405		49	14	8
灵台县审计局	47	50426	25				27	72	75	11
崇信县审计局	29	18966	860	9366	3838	647	2	29	62	17
华亭县审计局	26	76854						26	61	9
庄浪县审计局	32	119160	22714		33799	17027	5	50	13	13
静宁县审计局	32	118448	507		2	548	9	32	65	21
酒泉市										
酒泉市本级	80	54645	1271	9425	1		54	128	140	127
肃州区审计局	122	66095	84	932	186	2707	14	139	77	86
玉门市审计局	99	11845	62	2260	18	1513	5	44	51	135

（续表）

审计机关	完成审计项目（个）	审计查出主要问题金额	审计处理情况					出具审计报告和审计调查报告（篇）	提出审计建议（条）	提交审计信息（篇）
			审计处理处罚				移送处理事项（件）			
			应上缴财政	应减少财政拨款或补贴	应归还原渠道资金	应调账处理金额				
敦煌市审计局	33	57144	3774		7103	4601	4	32	85	86
金塔县审计局	50	27316	1	756		655	7	63	63	152
瓜州县审计局	73	56380	7269	6052			36	73	171	520
肃北蒙古族自治县审计局	36	20275	1	1001		60	1	41	41	114
阿克塞哈萨克族自治县审计局	99	54413	638	689	399	39317	4	99	152	121
庆阳市										
庆阳市本级	60	32766		16	3411	1824	3	60	93	90
西峰区审计局	51	10336	135	315		2390		51	50	17
庆城县审计局	92	128864	14		1114	6		92	233	229
环县审计局	28	30947	15	253	148	30439		28	67	56
华池县审计局	45	10867	16		58			45	29	29
合水县审计局	47	40069						47	69	60
正宁县审计局	32	1269						32	7	3
宁县审计局	34	7487	585	296	40	5878		34	75	75
镇原县审计局	51	22700	53	2	38	22426		51	78	78
定西市										
定西市本级	46	180555	1614	3626	60626	840	3	53	106	61
安定区审计局	224	1291	1185		16	8		224	333	
通渭县审计局	138	98033	4844	1469	31291	1952		138	197	
陇西县审计局	226	156829	1778	3775	3715	138984	9	252	322	
渭源县审计局	128	34909	63		26092	967		128	64	1
临洮县审计局	358	84829	76876	6795	829	295		625	46	
漳县审计局	204	116798	18295	3411	5	418	1	204	233	
岷县审计局	415	51046		30562	13542	1336		426	200	
陇南市										
陇南市本级	70	930873	34666		51657	13189	10	70	74	35
武都区审计局	41	81816			64	6		41	81	20
成县审计局	35	3425					1	35	52	8
文县审计局	353	42232	23					353	768	80
宕昌县审计局	104	436		436			2	104	99	30
康县审计局	31	687			683	30		31		14

（续表）

审计机关	完成审计项目（个）	审计查出主要问题金额	审计处理情况					出具审计报告和审计调查报告（篇）	提出审计建议（条）	提交审计信息（篇）
			审计处理处罚				移送处理事项（件）			
			应上缴财政	应减少财政拨款或补贴	应归还原渠道资金	应调账处理金额				
西和县审计局	45	26424	441		4	1647		45	29	10
礼县审计局	83	47987				47943		83	121	12
徽县审计局	39	81		81				39	35	9
两当县审计局	35							35	30	2
临夏回族自治州										
临夏回族自治州本级	125	100159	22827		125	5234	1	125	265	59
临夏市审计局	74	38063	36		79	781		74	279	19
临夏县审计局	120	7182	915		5557	486	3	120	155	22
康乐县审计局	114	1176	101		4	57		114	146	6
永靖县审计局	71	1625	488		21	1016		71	52	8
广河县审计局	65	702				102		65	27	13
和政县审计局	106	48				48		106	23	12
东乡族自治县审计局	24	630	275		7	327		24	37	7
积石山保安族东乡族撒拉族自治县审计局	54	1453	282		93	177		54	28	8
甘南藏族自治州										
甘南藏族自治州本级	128	88261	618		611	552		128	189	41
合作市审计局	63	105	45		48	11		63	109	38
临潭县审计局	67	8881	17		66	8798		67	49	30
卓尼县审计局	99	22214	655		239	16173		99	138	
舟曲县审计局	71	4183	62	1347		2774	17	75	72	23
迭部县审计局	88	364		364					161	36
玛曲县审计局	110	867	422		13	432		110	146	32
碌曲县审计局	39	149			8	640		39	85	10
夏河县审计局	61	120	104		111		26	61	88	41
甘肃矿区										
甘肃矿区审计局	1	211249						1	6	

青海省

【青海省审计厅】 2017年，青海省审计厅人员编制145人，实有137人。设有办公室、政策法规处、财政审计处、社会保障审计处、行政事业审计处、资源环保审计处、农业审计处、固定资产投资审计一处、固定资产投资审计二处、金融与外资运用审计处、企业审计处、计算机审计处、人事处、机关党委、机关纪委、经济责任审计一处、经济责任审计二处、审计信息中心、后勤服务中心。

领导成员

厅　　长：王继卿

副 厅 长：朱　清　卫　强（—9月）
　　　　　张得庆　竺向东

总审计师：何世海

纪检组长：多吉南杰

经济责任审计局局长：贾翠丽

副巡视员：党天林　李　敏
　　　　　祁维民（—9月）
　　　　　段霄江（5月—）

审计成果　2017年，青海省审计厅共完成审计项目52个，专项审计调查项目1个。查出主要问题金额16108545万元，其中违规金额225052万元、损失浪费金额74674万元、管理不规范金额15808818万元；审计发现非金额计量问题550个；损益（收支）不实金额301985万元；出具审计报告和专项审计调查报告55篇，被批示、采用6篇。审计处理处罚金额704849万元，其中应上缴财政40156万元、应归还原渠道资金15518万元、应缴纳其他资金351万元、应调账处理金额648823万元；移送司法机关、纪检监察机关和有关部门处理事项26件，移送处理人员16人，移送处理金额63329万元。审计促进整改落实有关问题金额476998万元；审计促进拨付资金到位20187万元；审计后挽回（避免）损失72471万元；核减投资额4159万元；移送处理落实事项7件。审计提出建议180条，被采纳69条；促进被审计单位制定、完善规章制度30项；提交审计信息133篇，被批示、采用93篇。向社会公告审计结果28篇。

国家重大政策措施落实情况跟踪审计　围绕推动供给侧结构性改革和“三去一降一补”任务，按季度开展跟踪审计，查处弄虚作假、隐瞒实情，上有政策、下有对策，有令不行、有禁不止，以及不作为、慢作为等履职不到位问题，打通政策落实“最后一公里”。根据审计移送事项，有关地区和部门对10名责任人员作出行政撤职、严重警告等处理；根据审计反映出的部分政策措施未落实、不衔接、不配套或相互掣肘等问题，促进多项制度的清理修订；督促78个项目开工、完工及加快实施进度；促进拨款方式的改进，督促拨付、促进整合和统筹使用资金8816.08万元。

财政审计　组织开展2016年度省本级预算执行情况审计，深入揭示部分财政改革推进不到位、部分地区政府债务风险过高、部分预算单位结余结转较大等问题，督促省级财政部门将0.98亿元非税收入收缴国库，将9.7亿元政府性基金结转结余资金调入一般公共预算统筹使用。对海南藏族自治州政府、黄南藏族自治州政府2016年度财政决算情况进行审计，发现国库集中支付制度改革推进迟缓、虚列支出、违规追加“三公”经费等问题。省检察院、省测绘地理信息局等部门的预算执行情况审计，查出违规设置账外账、坐支非税收入、私存私放房租收入等预算执行不严格问题。

经济责任审计　根据省委组织部委托，对黄南藏族自治州政府、西宁经济技术开发区管委会、青海湖景区保护利用管理局、西宁特殊钢集团有限公司、青海投资集团公司等政府、部门和企业的23名领导干部开展经济责任审计。青海省制定印发《领导干部自然资源资产离任审计工作指导意见》，省审计厅结合各地主体功能区定位、自然资源资产禀赋特点和生态环境保护重点，将审计试点范围扩大到海北藏族自治州和贵德、杂多、都兰等9个地区，通过审计揭示出矿业权清理不到位、违规审批探矿权、草原生态治理工程进展缓慢、挪用生态建设资金等问题。

固定资产投资审计　紧跟政府投资走向，密切关注全局性、战略性、基础性的重大公共基础设施工程，通过审减工程投资额，为青海省节约财政资金1.1亿元，促进提高财政建设资金使用效益和项目管理水平。实施京藏高速茶卡至格尔木公路建设项目审计，揭示招投标不规范、多计工程价款、项目成本核算不准确等突出问题，核减不实投资额7501万元。实施贵德县拉西瓦灌溉工程建设项目审计，揭示设计合同内容重复、进度结算审核不严、多计工程价款等问题，督促调减设计费985.77万元，督促项目建设单位向施工单位退还违规收取的保证金1亿元，促进东部黄河谷地百万亩土地开发整理重大项目投资政策的落实。西宁五中迁建项目审计，揭示设计、造价咨询合同未招标和未批先建等问题，严肃查处项目建设和资金管理中的突出问题，督促追回多计工程款176万元，促进西宁市中小学教育布局调整规划项目顺利实施。青海省人民医院住院综合楼建设项目审计，向省住建厅等有关部门移送29家单位涉嫌串通投标、监理公司履职不到位、评标专家评审不公正等问题，主管部门依据审计移送线索向省医院收缴应缴未缴的税金，进一步规范政府投资建设秩序，促进项目管理。

民生资金（项目）审计 对贵德、同仁等8个县的扶贫政策落实和资金使用绩效情况进行审计，对化隆县群科新区630户易地扶贫搬迁情况进行核查，从政策要求、预算安排、资金拨付一直追踪到项目和个人，确保扶贫政策真正在基层落地生根。组织对2016年全省城镇保障性安居工程建设情况进行跟踪审计，促进补充安排或盘活资金2.59亿元，追回违规领取补助资金23.54万元，促闲置保障性住房投入使用2583套。开展西宁市、海东市医疗保险基金审计，揭示部分定点医疗机构骗取套取医疗保险基金904.45万元、扩大范围支出医疗保险基金484.18万元，以及部分基层人社局和卫生计生局监管不力、严重失职等突出问题。

农业与资源环保审计 组织开展祁连山生态保护与建设综合治理项目审计，揭示项目进展缓慢、套取和挪用项目资金、改变项目资产用途、项目资金闲置、违规招标等问题，向纪检和检察部门移送套取项目资金、违规购置并占用车辆等问题线索。

外资运用审计 青海职业教育发展利用科威特政府贷款项目审计，发现项目未按规定程序实施、错计多计工程价款等问题。组织国际农业发展基金青海省六盘山片区扶贫项目审计，揭示6个产业扶贫项目未启动或进度缓慢，部分乡村随意变更种植项目和受益对象，个别单位无依据多支付项目资金等问题，督促有关地区积极筹措资金、加快项目进度、规范项目管理。关注水资源利用项目建设情况，开展亚洲开发银行贷款青海东部地区农村水资源综合利用项目审计，揭示违反合同条款约定、工程量计算错误、项目管理不规范等问题，督促省项目办追回部分工程款。开展世界银行贷款青海西宁环境综合治理项目审计，查出违反贷款协定、国内配套资金到位率较低等问题，促进项目资金尽快到位。审计日本国际协力银行贷款青海湖流域周边地区生态环境综合治理项目，揭示和反映部分地区人工造林面积不够、部分地区补植补栽草木成活率低、项目监理单位履职不到位等问题。

信息化建设 完成全省金审工程三期建设的规划设计、立项与申报等工作。以实用性为前提，加快计算机审计应用系统的开发和引入力度。着手建立审计移动办公平台，建设项目已完成政府采购，功能测试后全面部署，以满足审计现场与审计机关之间信息实时交互的需求。探索推进数字化审计方式，选取有条件的业务领域开展数据综合分析，提升了审计的精准度和效能。

审计科研 围绕实现审计监督全覆盖、审计职业化建设、省以下审计机关人财物统一管理、重大政策措施审计、领导干部自然资源资产离任审计等研究方面立项17个课题，经严格评审顺利结项。参与审计署合作课题研讨活动，上报的《审计机关审计风险管理研究》入选研讨会论文集。

党建工作 围绕全面从严治党要求，扎实推进“两学一做”学习教育常态化制度化，组织开展“从严治党、从我做起”主题活动，审计队伍“四个意识”日益牢固，基层组织、基础工作、基本能力建设明显增强。

相关工作 稳步推进审计模式创新，把着力点向生态保护、民生改善和防范风险等领域倾斜，调整派出审计局职能，新设资源环保审计处、社会保障审计处、企业审计处，增加固定资产投资审计力量，通过购买社会服务、招聘编制外辅助审计人员等形式，缓解审计力量不足与任务重的矛盾。推进审计制度建设，报请青海省委省政府出台领导干部自然资源资产离任审计、深化国有企业和国有资本审计监督等规定，与省编办联合印发《关于认真做好机构编制审计工作实施意见》，在系统内部健全审计权力运行、审计现场管理、审计质量控制、审计发现问题整改和审计结果公告等制度，确保审计工作有法可依、有章可循。坚持推进"710"工作制度落实常态化，建立"两个事项清单"和销号认可制度，采取建档立卡、实时跟进、催办督办等形式进行动态管理，切实提高工作执行力。坚持加强审计队伍建设，组织培训、挂职锻炼298人次，对40%的审计人员进行轮岗交流。加强联点帮扶工作，为2个定点扶贫村协调解决高原美丽乡村建设、基础设施建设、产业发展等项目资金3612.9万元，同时从机关工作经费中划拨30万元用于专项扶贫。青海省审计厅相继获得"省级定点扶贫先进单位""海东市脱贫攻坚先进集体""民族团结进步先进区创建工作优秀单位"等荣誉。（撰稿人：马振民）

【西宁市审计局】 2017年，西宁市审计局人员编制72人，实有68人。局长冯振满（—9月）、何平（9月—），副局长郭秀萍（3月—）、李学虎、李红，调研员于勇（—6月）、汪志功。设有办公室、政策法规处、财政金融审计处、行政事业审计处、经贸与外资运用审计处、农业资源与环保审计处、固定资产投资审计处、社会保障审计处、计算机审计处、经济责任审计局办公室10个职能处室。

审计成果 2017年，西宁市审计局完成审计项目35个，专项审计调查项目3个。查出主要问题金额15607万元，其中违规金额2859万元、管理不规范金额12748万元；审计发现非金额计量问题50个；出具审计报告和专项审计调查报告38篇。审计处理处罚金额3101万元，其中应上缴财政2771万元、应归还原渠道资金9万元、应缴纳其他资金130万元、应调账处理金额190万元；审计促进整改落实有关问题金额1900万元；核减投资额9862万元。审计提出建议45条。向社会公告审计结果2篇。

国家重大政策措施落实情况跟踪审计 围绕全市"三去一降一补"任务的落实、生态环境保护等政策措施落实情况进行跟踪审计，抽查部门、单位66个，涉及财政资金13.44亿元。揭示责任履行不力、资金使用效益低下、项目进展缓慢等影响政策效果的问题11个，提出针对性的意见和建议9条。

财政审计 开展2016年度西宁市本级财政预算执行审计、城西区人民政府财政决算审计，反映财政资金运行中体制机制和资金在分配及使用方面存在的问题36个，提出针对性的意见和建议6条。对市本级文化事业产业发展资金、科学技术研究开发资金等6项专项资金管理使用情况进行专项审计调查

经济责任审计 对西宁市商务局、西宁市统计局等10个单位和部门的主要领导开展经济责任审计，查出落实政策不到位、专项资金结存较大、部分建设项目未按期完工等问题。开展城东区委和区政府原主要领导干部经济责任审计项目的"同审"工作，并同步开展自然资源资产离任审计。

固定资产投资审计 建立《西宁市政府投资项目审计咨询库》。开展审计购买服务，运用外部资源，对16个建设项目进行审计。通过审计，核减工程价款9862万元，对部分项目前期审批手续不全、招投标工作履行不到位、财务收支不规范等问题，提出审计意见和建议。

民生资金（项目）审计 对全市保障性安居工程进行跟踪审计，客观反映全市保障性安居工程建设取得的成效，揭示保障性安居工程在资金筹集使用、住房分配及工程建设质量等方面存在的问题，提出审计建议。对全市救灾救济资金物资管理使用情况进行审计，查出违规及管理不规范金额648.24万元，并督促进行整改，审计结果向社会公告。对全市2017年元旦春节元宵节"三节"期间精细菜、水产品限价直补资金使用情况开展专项审计调查，发现直补资金未及时拨付到位、虚报蔬菜销售量等问题，审计调查结果向社会进行公告。

信息化建设 建立财政审计数据分析平台，在市本级2016年度预算执行和其他财政收支情况审计中，对市本级72家一级预算单位开展数据分析，锁定重点，实现精确审计，大幅度提升预算执行审计效率。（撰稿人：李文娟）

【海东市审计局】 2017年，海东市审计局人员编制16人，实有14人。局长赵晓静，副局长莫方霞，调研员张建华、熊成芳。设有办公室、农业环保科、行政事业科、财政金融审计科、法规科、经济责任审计科。

审计成果 2017年，海东市县两级审计机关完成审计和专项审计调查项目145个。查出主要问题金额79003万元，其中违规金额5216万元、管理不规范金额73787万元；发现非金额计量问题80个。审计处理处罚金额9343万元，其中应上缴财政2485万元、应归还原渠道资金597万元、应调账处理金额6049万元。海东市审计局完成审计（调查）项目14个，查出管理不规范金额55479万元。海东市审计机关提出审计建议75条；提交审计信息117篇。

国家重大政策措施落实情况跟踪审计 对财政存量资金及结转项目资金和重大项目建设进展情况、“三去一降一补”、取消停征减免涉及政府性基金和行政事业性收费的执行情况进行跟踪审计。审计中关注养老院设施建设与服务、食品安全监管、农民工工资支付、生态环保、水利等基础性补短板任务推进等问题，共跟踪审计75个单位、100个项目，涉及财政资金171592.22万元。

财政审计 市审计局对市本级2016年度预算执行及其他财政财务收支情况进行审计，并对市城乡规划建设局、市公安局、市人社局、市环保局、市扶贫局、市供销联社等12个单位延伸审计。对平安区政府2016年财政决算进行审计。

经济责任审计 市县两级审计机关受当地组织部门的委托，对11名领导干部实施任期经济责任审计。将部门单位落实中央八项规定和省、市相关要求情况作为经济责任审计的重要内容，加强对会议、出访、接待活动等行政经费使用情况的监督审计。对平安区区长开展自然资源资产任中审计试点。

民生资金（项目）审计 县（区）审计机关结合当地实际，对农业发展资金、农作物病虫害防治项目资金、农业技术推广项目资金、农业综合开发项目资金、道路硬化、渠道维修、新型农民科技培训补助费、社会化体系建设等16项专项资金进行审计，审计专项资金总额38344万元。市审计局对化隆县2016年扶贫项目和资金使用情况进行审计；组织完成2016年保障性安居工程跟踪审计；对市政府交办的地下综合管廊征地拆迁资金开展审计。

企业审计 对鑫融担保公司和轻工担保公司2016年资产负债进行专项审计。

（撰稿人：马应孝）

【海北藏族自治州审计局】 2017年，海北藏族自治州（以下简称海北州）有海北州审计局、门源县审计局、祁连县审计局、刚察县审计局、海晏县审计局等5个国家审计机关，共有工作人员44人。海北州审计局局长李刚，副局长黄金刚、李肖楠（—2月），副调研员叶宝。设有办公室、财政审计科、经贸投资审计科、行政事业审计科、经济责任审计局（科）等5个职能科室。

审计成果 2017年，海北州县两级审计机关完成审计项目85个。查出主要问题金额20326万元，其中管理不规范金额10504万元、违规金额9821万元；审计发现非金额计量问题50个；损益（收支）不实金额417万元；出具审计报告117篇。审计处理处罚15566万元，其中应上缴财政1182万元、应调账处理金额14372万元、应归还原渠道资金12万元；审计促进整改落实有关问题金额12191万元，其中已上缴财政1169万元、已归还原渠道资金12万元、已调账处理金额10813万元。

国家重大政策措施落实情况跟踪审计 对祁连县人民政府2017年国家重大政策措施落实情况进行跟踪审计，审计县发改、经商、财政、农牧、交通、教育、林业、国土、卫生、民政、城建等20个资金量较大的预算单位存量资金，抽查门源县“1·21”地震灾后祁连恢复建设——牛心山刺疙瘩滑坡排水建设项目、八宝风景区旅游基础设施建设项目和祁连县石棉尾矿综合治理等工程项目实施情况。审计各地残疾人保障金征收使用情况，重点关注征收部门是否按照人员、标准征收。审计过程中关注以往发现问题的整改落实情况。

财政审计 州审计局开展5个部门的预算执行审计，从源头上规范预算的执行和管理，审计时注意与其他审计项目的相互衔接和资源共享，发挥财政预算执行审计的统领作用。

经济责任审计 组织州水务局、海晏县审计局等力量，对海晏县县长任职期间和自然资源（水资源）资产情况进行审计，发现垃圾填埋场的作业方式不符合环保新要求，部分投资项目未编制水土保持方案也未办理审批、水土保持执法力度不够，预防监督手段滞后等问题。该审计项目得到省审计厅的好评，为加强和完善自然资源资产离任审计工作奠定基础。海北州审计局承担的省审计厅立项课题《关于领导干部自然资源资产离任审计思考》通过评审顺利结项。

民生资金（项目）审计　根据省审计厅的安排，对2016年安居工程政策推进落实总体情况和主要成效进行专项审计调查，揭示应交未交公租房租金、部分公共租赁住房空置、危房改造任务未完成、危房改造项目补助资金没有发放等问题。海北州审计局对刚察县2016年扶贫政策措施落实和扶贫资金分配管理使用情况进行专项审计，除审计主管资金项目的政府部门外，延伸审计5个乡镇、24个村及6个扶贫项目实施单位，入户调查农牧户26户，对重要事项进行追溯，审计结果得到州纪委的高度重视，并在全州扶贫领域执纪问责会上全文通报。

乡村建设审计　州审计局党组编制2017年村级干部经济责任审计立项书、规划书、实施方案，确定村级干部经济责任审计的内容为“三清三查三改”和财务审计，即：清理收支来往，清理集体资金、资产，清查集体资源；查非生产性开支，查村干部报酬和补贴，查专项资金使用和项目招投标；查近3年来财务收支情况和债权债务情况。实施审计前进行公示，选择制度不严、财务混乱、群众意见大、社会反映强烈或者自查自纠不认真、不上报自查材料的乡、村，通过审计，发现存在清查报表填报不实、账面资产登记不完整、移交资产未盘点、未设立村级账簿、财务监管不到位等问题，全面摸清村集体所有的“三资”管理、经营和监督情况，建立健全村财审计相关制度，提高村级民主管理法制化、规范化水平，为今后的全面铺开村级干部经济责任审计探索经验。

相关工作　开展“两学一做”学习教育，加强党的建设和党风廉政建设工作，严格落实党风廉政建设责任制，扎实推进民族团结进步先进区创建；全面推行政务公开，不断提高工作质量；深入推进精神文明工作、法治政府建设工作；开展联点帮扶，加强精准扶贫工作。

（撰稿人：王海蓉）

【黄南藏族自治州审计局】　2017年，黄南藏族自治州审计局人员编制19人，实有18人。局长马文斌，副局长哈进芬、李义起。设有行政事业和社会保障科、经济责任审计科、农牧和资源环保审计科、财政经贸审计科、综合科；下设事业单位投资审计中心（事业单位）。

审计成果　2017年，黄南藏族自治州（以下简称黄南州）审计局共完成审计项目21个，专项审计调查项目1个。查出主要问题金额44562万元，其中违规金额2320万元、管理不规范金额42242万元；审计发现非金额计量问题58个；出具审计报告和专项审计调查报告22篇。审计处理处罚金额2023万元，其中应上缴财政1743万元、应归还原渠道资金162万元、应缴纳其他资金115万元、应调账处理金额1万元；移送司法机关、纪检监察机关和有关部门处理事项1件，受党纪政纪处分7人，移送处理金额38.95万元。审计促进整改落实有关问题金额1859万元。审计提出建议52条；提交审计信息54篇。向社会公告审计结果5篇。

国家重大政策措施落实情况跟踪审计　连续第4年开展重大政策措施落实情况跟踪审计。审计资金总额66509.30万元，涉及126个单位418个项目。延伸审计黄南州农业技术推广中心2014年农产品质量安全检验检测体系建设项目和畜牧兽医科研所基础设施维修改造与科研仪器设备购置项目，查出违规金额97.74万元、管理不规范金额28.43万元，应上缴财政99.04万元。

财政审计　完成2016年度州本级预算执行情况和其他财政收支情况审计，查出管理不规范金额37824.95万元。向州人大常委会提交审计工作报告，提出审计整改建议。

经济责任审计　完成7名领导干部的任期经济责任审计。完成尖扎县森林自然资源资产审计项目，关注自然资源资产和生态环境保护情况。

民生资金（项目）审计　同仁、尖扎、泽库3个县审计局对2016年度的保障性安居工程进行跟踪审计，查出问题金额439.76万元。对河南蒙古族自治县人民政府2015年至2016年扶贫政策措施落实和扶贫资金分配管理使用情况进行审计，查出问题金额 162.32 万元，向河南蒙古族自治县纪委移送案件 1 件，移送金额 38.95 万元。按照省审计厅的统一安排，对海南藏族自治州 2016 年保障性安居工程进行异地交叉审计，审计发现违规金额 496.8 万元。配合海北州审计局完成对黄南州本级和河南蒙古族自治县 2016 年度保障性安居工程审计。

其他审计项目 对黄南州财政局和 4 个县财政局 2015—2016 年度的财政信息系统及资金管理情况进行专项审计调查。审计调查结果表明，截至 2016 年末，被审计单位均已建立并使用黄南州财政管理信息系统，但存在向非最终收款方拨款的问题。完成 3 个单位的财务收支审计和 1 项科技培训项目资金审计，审计查出问题金额 274.3 万元。

（撰稿人：斗毛吉）

【海南藏族自治州审计局】 2017 年，海南藏族自治州审计局行政编制 19 人，事业编制 2 人，机关工勤编制 2 人；实有 22 人。局长李建琪，副局长胡忠民、牟生桂，副调研员张朴。设有办公室、法规科、财税金融审计科、行政事业与社会保障审计科、外资运用及固定资产投资审计科、经济责任审计科、农牧与资源环保审计科等 7 个职能科室；下设建设项目投资审计中心。

审计成果 2017 年，海南藏族自治州（以下简称海南州）两级审计机关完成审计项目 146 个。查出主要问题金额 17992 万元。审计处理处罚应上缴财政 11965 万元、应减少财政拨款或补贴 162 万元、应调账处理金额 516 万元、应归还原渠道资金 1380 万元。海南州审计局完成审计项目 23 个，审计处理处罚应上缴财政 11774 万元、应归还原渠道资金 1365 万元、应减少财政拨款或补贴 162 万元、应缴纳其他资金 2030 万元、应调账处理金额 500 万元。

国家重大政策措施落实情况跟踪审计 关注“三去一降一补”五大任务、供给侧结构性改革、节能环保、创新创业支持政策、简政放权推进和“放管服”改革等政策措施落实情况。审计发现同德县对 2015 年及以前年度形成的结转资金未进行整合盘活、天然气利用工程建设时间过长、污水处理厂项目未进行竣工财务决算等问题，并督促同德县政府和相关部门逐项进行整改。

财政审计 在开展州本级预算和部门预算执行审计中，重点关注政府性债务、财政资金的存量和增量，发现收回存量资金未及时统筹整合、上年预算稳定调节资金规模超过当年本级一般预算支出总额、应付国库集中支付结余过大等问题，向州财政局提出合理控制预算稳定调节资金规模的建议。

经济责任审计 完成领导干部经济责任审计项目 37 个。查出被审计对象任职期间单位违纪违规金额 7464 万元，其中应负领导责任金额 7439 万元、应负主管责任金额 25 万元。开展党政领导干部经济责任同步审计试点。开展贵德县领导干部土地资源资产审计试点工作，审计发现有关部门漏缴土地出让收入 862.03 万元、8 户企业欠缴土地出让金 4943.54 万元等问题，要求及时催缴入库。

固定资产投资审计 坚持工程造价与基建财务审计并重，对立项、招投标、资金拨付和使用、监理等环节进行审计监督，提高政府投资绩效。完成云藏藏文搜索引擎系统、保障房安居工程、共和县幸福滩草原灌溉工程等 9 个政府投资审计项目，核减工程资金 75 万元。针对近年来政府投资审计中工程建设资金结余情况，从体制、机制和管理层面分析问题成因，提出针对性意见和建议，促进建设单位提升管理水平。

（撰稿人：赵国瑾）

【果洛藏族自治州审计局】 2017 年，果洛藏族自治州审计局人员编制 10 人，实有 8 人。局长党周吉，副局长管全军、陈启福。设有综合科、综合审计科、财政审计科、企业与投资审计科等 4 个科室。

审计成果 2017 年，果洛藏族自治州审计机关完成审计项目 56 个，专项审计调查项目 15 个。查出主要问题金额 26928 万元，其中违规金额 778 万元、管理不规范金额 26149 万元；审计发现非金额计量问题 3 个；损益（收支）不实金额 13 万元；出具审计报告和专项审计调查报告 56 篇。审计处理处罚金额 110 万元，其中应上缴财政 22 万元、应缴纳其他资金 35 万元、应调账处理金额 52 万元。审计提出建议 192 条；推动被审计单位制定整改措施3项；提交审计信息54篇。

国家重大政策措施落实情况跟踪审计 逐季度开展稳增长促改革调结构惠民生政策措施落实情况跟踪审计，摸清政策措施的执行情况，客观评价取得的成效，提出改进建议。

财政审计 开展州本级预算执行审计，延伸审计本级相关部门预算执行情况。针对预算执行审计发现的问题，向人大提出意见和建议，引起人大高度重视，审计工作报告受到人大好评。

经济责任审计 组织开展领导干部草原资源资产离任审计试点等经济责任审计项目4个，查出违规金额229万元、管理不规范金额3825万元。

固定资产投资审计 按照州政府主要领导的相关批示，开展州教育局州民族中学改扩建工程建设项目资金审计。

民生资金（项目）审计 对全州2016年城镇保障性安居工程情况进行审计，揭露影响和损害群众利益的突出问题，促进资金规范化管理，确保党和政府的各项政策措施得到有效落实；对玛多县和久治县扶贫政策措施落实和扶贫资金分配管理使用情况进行审计，促进各项扶贫政策贯彻落实，确保项目顺利推进。

相关工作 加强人员培训，组织本系统17名业务干部参加上海市第三期援建项目资金管理培训班，组织3名新任局长参加审计署组织的审计局长培训班，组织3名业务骨干以“以审代培”的方式参加省审计厅交流锻炼，提高干部队伍的理论水平和业务素养。修订完善内部规章制度，制定和完善机关内部管理制度，严格执行审计纪律执行回访、审计人员廉洁自律规定等制度，并结合“两学一做”学习教育，强化审计队伍建设，促进提速增效，转变工作作风。

（撰稿人：吕　剑）

【玉树藏族自治州审计局】 2017年，玉树藏族自治州审计局人员编制15人，实有10人。党组书记、局长赵玉良，副局长王秀红、龙保。设有办公室、固定资产投资审计科、农牧环保审计科、行政事业与社会保障审计科、财税金融审计科、经济责任审计中心等6个职能科室。

审计成果 2017年，玉树藏族自治州（以下简称玉树州）审计局完成审计和专项审计调查项目21个。查出主要问题金额7154万元，其中违规金额1905万元、管理不规范金额5249万元；出具审计报告和专项审计调查报告30篇。审计处理处罚金额248万元，其中应上缴财政109万元、应归还原渠道资金7万元、应调账处理金额132万元。提出审计建议54条，提交审计信息30篇，移送处理1项。

国家重大政策措施落实情况跟踪审计 对全州稳增长促改革调结构惠民生防风险政策措施落实情况进行跟踪审计。针对审计发现的“放管服”改革有些具体措施尚未完全落地，个别地区和部门实施的生态旅游公厕建设等8个项目未及时实施或推进迟缓，高龄老人补助、孤儿生活保障、就业补助、耕地保护、失业人员小额贷款等资金或者补贴未及时发放等问题提出审计建议，要求各相关地区部门认真进行整改。

财政审计 完成2016年度州本级预算执行审计，完成州民族中学、州第二民族高级中学、州八一职业技术学校等3个学校的财务收支审计。针对审计发现的未按规定设置预备费、向非预算单位拨款、预算编制不够完善、不合规发票报账、固定资产未及时入账、结余资金未上缴财政等问题提出审计建议。

经济责任审计 受州委组织部委托，对杂多县原书记、杂多县原县长、囊谦县原书记、囊谦县法院原院长、囊谦县检察院原检察长、州国土局和州民政局原局长等11名领导干部进行任期经济责任审计，客观地评价领导干部贯彻执行国家法律法规、促进各项事业科学发展、内部管理制度制定、重大经济决策情况、预算执行和其他财务收支等方面情况，揭示部分单位存在的不合规发票报账、固定资产不及时入账、虚列支出等问题。对杂多县原县长任职期间自然资源资产管理和生态环境保护责任履行情况进行审计。

固定资产投资审计 对囊谦县水利项目竣工决算、玉树市灾后恢复重建、玉树市巴塘河（二期）防洪工程等8个项目进行审计，核减项目投资195.84万元。按照省审计厅《关于做好玉树藏族自治州杂多县“10·17”及囊谦县“11·18”地震灾后恢复建设跟踪审计工作的通知》要求，完成杂多、囊谦两县地震灾后恢复重建跟踪审计工作。

民生资金（项目）审计 对玉树州本级及一市五县2016年城镇保障性安居工程（包括廉租住房、公共租赁住房和各类棚户区改造）的投资、建设、分配、运营等情况进行审计，发现部分地区单位滞留危改房资金、建成的廉租房和公共租赁住房由于配套设施建设未完工导致住房闲置、在职干部和企业股东违规享受农村危房改造补助资金、已建成扶贫项目闲置未发挥效益等问题，将在职干部违规享受农村奖励性住房补助和企业股东违规享受农村危房改造补助情况移交纪委进行处理。对称多县、曲麻莱县两县扶贫政策落实和扶贫资金分配管理使用情况进行审计，揭示已完工饲草料基地建设项目未按规定办理资产移交手续，个别项目未实施导致资金闲置，大额提现、不合规发票报账等财务管理不善等问题，提出审计意见，引起相关地区部门的高度重视。

相关工作 州委、州政府将审计发现问题的整改纳入地区部门年度目标责任考核，实行一票否决。经审计回访，2017年审计发现的问题基本得到整改。2017年，玉树州审计局荣获“民族团结进步先进区创建工作先进单位”荣誉称号。

（撰稿人：柴文福）

【海西蒙古族藏族自治州审计局】 2017年，海西蒙古族藏族自治州审计局人员编制26人，实有21人。党组书记高海源，局长刘凤莲，副局长李占鳌、刘涛，副调研员魏玉金。设有办公室、经济责任审计局、财金行政事业审计科、固定资产投资企业审计科、农林牧水审计科；下设政府投资审计中心。

审计成果 2017年，海西蒙古族藏族自治州（以下简称海西州）两级审计机关完成审计项目387个，专项审计调查项目4个。查出主要问题金额43447万元，其中违规金额4638万元、管理不规范金额38808万元；审计发现非金额计量问题812个；损益（收支）不实金额1386万元；出具审计报告和专项审计调查报告462篇。审计处理处罚金额14509万元，其中应上缴财政4596万元、罚没26万元、应减少财政拨款或补贴8万元、应归还原渠道资金4880万元、应调账处理金额5023万元。审计促进整改落实有关问题金额12570万元，其中增收节支7760万元、已上缴财政4596万元、已减少财政拨款或补贴8万元、已归还原渠道资金3155万元、已调账处理金额4526万元。审计促进拨付资金到位353万元；审计后挽回（避免）损失117万元；核减投资额25262万元。审计提出建议1079条；提交审计信息103篇。

国家重大政策措施落实情况跟踪审计 为确保国家重大政策措施在海西落实，让群众真正享受政策红利，州县两级审计机关采取重点抽查和“本级审”方式进行，每季度按照审计厅具体要求实施跟踪审计，为促进地方经济持续健康发展起到有力的推动作用。

财政审计 完成2016年度州本级财政预算执行和其他财政财务收支情况的审计，延伸审计海西州人力资源和社会保障局。开展对海西宾馆、哇沿水库工程建设管理局的财务收支审计。

经济责任审计 完成海西州委宣传部、海西州公安局、海西州委党校、都兰县人民政府、海西州司法局、都兰县委、海西州统计局、海西州商务局、海西州林业局等14个单位的领导干部经济责任审计。

固定资产投资审计 完成海西州疾病预防保健中心室外及配套附属工程、海西州档案馆业务用房及配套附属工程、海西州公安局庭院改造、海西州公安交通警察支队格尔木车辆管理所考试中心建设等39个工程项目结算（决算）审计，核减投资额（工程款）14711万元。

民生资金（项目）审计 完成2016年度城镇保障性安居工程跟踪审计、2015年至2016年扶贫政策措施落实和扶贫资金分配管理使用情况审计等审计项目5个。

相关工作 海西州审计局被州政府评为2017年度海西州创建全国民族团结进步示范州优秀单位、州直机关2017年度法治宣传教育工作先进单位；被省审计厅评为2017年度全省审计信息考核一等奖；海西州审计学会被评为3A级社会组织及诚信团体。

（撰稿人：王学平）

2017年青海省所辖区、县(市)级审计工作统计表

金额单位:万元

审计机关	完成审计项目(个)	审计查出主要问题金额	审计处理情况					出具审计报告和审计调查报告(篇)	提出审计建议(条)	提交审计信息(篇)
			审计处理处罚				移送处理事项(件)			
			应上缴财政	应减少财政拨款或补贴	应归还原渠道资金	应调账处理金额				
西宁市										
西宁市本级	38	15607	2771		9	190		38	45	
城东区审计局	10	5333	242		3708	799		10	4	
城中区审计局	10	1547	28		20	108		10		24
城西区审计局	9	2088	2039				1	9	8	42
城北区审计局	15	15465	290			14392		15	48	6
大通回族土族自治县审计局	21	5753	459			8		21	5	
湟中县审计局	23	4042	4000			42		23	51	
湟源县审计局	16	28	5		13	9		16	57	
海东市										
海东市本级	14	55479	13		2	3698		16	17	19
乐都区审计局	20	759	110		150	498		28	22	59
平安区审计局	17	15529			2		2	28	16	54
民和回族土族自治县审计局	71	1872	2145				1	71	22	35
互助土族自治县审计局	26	476			476			42	6	40
化隆回族自治县审计局	11							17		3
循化撒拉族自治县审计局	26	1730	15			1463		21	20	4
海北藏族自治州										
海北藏族自治州本级	14	3835				2819		15	34	71
门源回族自治县审计局	17	13359	1140		2	10955		21	36	67
祁连县审计局	22	3237	24			580		36	10	75
海晏县审计局	64	41						76	78	59
刚察县审计局	31	177						39	62	28

（续表）

审计机关	完成审计项目（个）	审计查出主要问题金额	审计处理情况：审计处理处罚				审计处理情况：移送处理事项（件）	出具审计报告和审计调查报告（篇）	提出审计建议（条）	提交审计信息（篇）
			应上缴财政	应减少财政拨款或补贴	应归还原渠道资金	应调账处理金额				
黄南藏族自治州										
黄南藏族自治州本级	22	44562	1743		162	1	1	21	52	54
同仁县审计局	42	6362	25		2000	4316		42	72	42
尖扎县审计局	48	609	86			134		48	52	48
泽库县审计局	32	899	7		1	9		6	19	6
河南蒙古族自治县审计局	15	2828	3		2825			15	12	49
海南藏族自治州										
海南藏族自治州本级	23	15923	11774	162	1365	500		43	25	70
共和县审计局	56	1082						65	55	17
同德县审计局	19	958	179			16		24	10	59
贵德县审计局	22	4						27	61	162
兴海县审计局	15	23	10		13			25	13	8
贵南县审计局	11	2	2		2			37	7	24
果洛藏族自治州										
果洛藏族自治州本级	15	24274	12			52		16	66	5
玛沁县审计局	14	2617	9					14	49	45
班玛县审计局	13							9	32	31
甘德县审计局	6	35						6		
达日县审计局	4							4		
久治县审计局	11							10	25	9
玛多县审计局	15							15		
玉树藏族自治州										
玉树藏族自治州本级	24	22492	110		7	192	1	30	74	30
玉树市审计局	41	29792	64		16	2315		37	33	39
杂多县审计局	4	1837			1753			4	5	9
称多县审计局	17	698	4					30	11	1
治多县审计局	24	499	18		33			24	48	8
囊谦县审计局	50	17547	181			146		58	119	2
曲麻莱县审计局	29	2110	21					29	62	1

（续表）

审计机关	完成审计项目（个）	审计查出主要问题金额	审计处理情况					出具审计报告和审计调查报告（篇）	提出审计建议（条）	提交审计信息（篇）
			审计处理处罚				移送处理事项（件）			
			应上缴财政	应减少财政拨款或补贴	应归还原渠道资金	应调账处理金额				
海西蒙古族藏族自治州										
海西蒙古族藏族自治州本级	65	7411	107		71	173		77	98	8
格尔木市审计局	136	17323	192		4097	467		151	482	1
德令哈市审计局	29	3607	1		656	2950		34	50	
乌兰县审计局	37	6405	1620		4	889		42	221	65
都兰县审计局	45	7575	2511		34			48	84	1
天峻县审计局	31	1110	152	8	13	542		40	58	
大柴旦行委审计局	28							40	86	28
冷湖行委审计局	11	2			2			14		
茫崖行委审计局	9	10	10					16		

宁夏回族自治区

【宁夏回族自治区审计厅】 2017 年，宁夏回族自治区审计厅行政编制 96 人，实有 90 人；事业单位定编 49 人，实有 43 人。厅机关设有财政金融审计处、行政事业审计处、企业审计处、农业与资源环保审计处、社会保障审计处、重大项目投资审计处、外资运用审计处、经济责任审计局、计算机与公共投资审计处、政策执行审计处等 10 个业务处（局）和办公室、社会审计管理监督与法规审理处、机关党委 3 个综合处室；下设科研培训中心、信息中心、计算机审计监督局 3 个直属事业单位。

领导成员

党组书记、厅长：尹全洲（—9 月）
　　　　　　　　胡仲秋（9 月—）
副 厅 长：刘　佳　宋卫中　张　龙
纪检组长：朗治钧
经济责任审计局局长：宋晋钧
副巡视员：马　其　马忠林（2 月—）

审计成果 2017 年，宁夏回族自治区审计机关完成审计项目 657 个。查出违规及损失浪费金额 47.79 亿元；出具审计报告 847 篇；审计提出意见建议 1287 条。自治区审计厅完成审计项目 56 个，查出违规违纪金额 244 亿元；出具审计报告 58 篇；移送处理事项 10 件。

国家重大政策措施落实情况跟踪审计 全自治区审计机关持续对贯彻落实重大政策措施和重要项目落地、重点资金管理使用等情况进行跟踪审计，揭示项目推进、资金使用、政策落实等方面存在的问题，监督检查各地各部门履职情况，并逐单位、逐项督促整改，促进项目加快实施或加快审批 109 项。石嘴山市审计局对两区一县稳增长政策措施落实情况进行跟踪审计，共抽查 53 个单位 34 个项目，涉及资金 116426 万元，反映扶贫资金使用不规范、项目建设滞后等问题 33 个，提出审计建议 26 条。审计规范财政资金管理 14651 万元，促进资金及时到位 9025 万元，推进项目建设及调整 12 个，完善制度 2 项。

财政审计 以提高财政资金使用绩效、保障公共资金安全为目标，对各级政府本级及 154 个部门预算执行情况进行审计，发现预算执行率较低等问题，审计及整改落实结果分别向各级政府、人大常委会作汇报。中卫市审计局在规范一级预算单位资金管理的同时，深化二、三级预算单位审计监督，根据资金流向，加大延伸审计力度，扩大监督覆盖面。石嘴山市大武口区审计局本级预算执行审计涉及财政资金17.8亿元，查出各类违纪违规问题14个。银川市金凤区审计局着力揭示预算执行、资金分配、资金使用、资金安全、政策效果等方面存在的突出问题，并对存在问题的原因进行深入剖析，提出切实可行的建议，受到银川市金凤区人大和政府高度重视和评价，2016年度预算执行审计项目被自治区审计厅评为表彰审计项目。

经济责任审计　全自治区审计机关对223名党政领导干部和企业领导人员进行经济责任审计，重点关注领导干部在履行经济决策、经济管理、政策执行等方面的不规范行为。银川市审计局在全自治区率先提出把“一把手”任前经济责任、生态环境保护责任、安全生产责任等3项责任“打包”书面告知，前移审计监督关口，自治区领导干部经济责任审计联席会议提出要在全自治区推广这个做法。中宁县审计局建立经济责任审计联席会议制度，出台文件，对经济责任审计的形式、范围、内容、程序、方法、结果与评价等提出规范性要求。

自治区审计厅草拟并由自治区两办印发《宁夏回族自治区市县（区）领导干部自然资源资产离任审计试点方案》，开展石嘴山市领导干部自然资源资产离任试点审计，指导固原市、中卫市分别开展审计试点。

固定资产投资审计　全自治区审计机关围绕自治区发展目标和重点领域资金投向，对中南部城乡饮水安全水源暨联通工程等政府投资项目进行跟踪审计，涉及项目单位122个，审计资金34.71亿元。自治区审计厅针对违规招投标、管理不规范等突出问题，从健全体制机制上提出建议，自治区政府主要领导要求发改等部门根据审计建议修订政府投资相关制度，有效提高政府投资管理和效益。组织对政务信息系统进行专项审计调查，涉及47家政府部门，查出建设统筹规划不足、数据共享与业务协同不到位、存在安全隐患等问题，促进政务信息系统整合共享。

民生资金（项目）审计　全自治区审计机关持续对扶贫、“三农”、社保医疗等民生资金和项目进行审计，涉及单位77个，查出闲置、违规改变用途等问题金额35.36亿元，促进民生资金和项目惠及广大群众。自治区审计厅在对海原等9个县区开展2轮扶贫审计中，着力揭露脱贫攻坚领域腐败和作风问题，推动完善追责问责机制，23人受党纪处分，101人被诫勉谈话、约谈或通报批评。固原市审计局对贫困对象认定、项目安排、资金分配、资金拨付、项目报账、资金到户等及时开展审计监督，确保扶贫资金精准到户、精准到项目，保障脱贫效果。泾源县审计局重点对各乡镇和承担扶贫重点任务的部门扶贫资金使用情况及扶贫项目建设情况进行审计，查出挤占挪用扶贫专项资金、向无资质的个人发包工程等一系列损害群众切身利益的问题和建设领域的违规问题。

农业与资源环保审计　全自治区审计机关对污染防治、生态保护修复等进行审计。石嘴山审计局开展贺兰山自然保护区石嘴山段清理整治项目跟踪审计，对关闭退出企业资产评估、采矿权价款退还、资金使用等进行全程跟踪审计。

企业审计　落实中办、国办《关于深化国有企业和国有资本审计监督的若干意见》，组织开展对国资监管部门和国有企业的审计，揭示国有资产流失、法人治理结构不健全等问题，推动各项改革措施的落实，促进国有资本的做优做大。

外资运用审计　对亚洲开发银行贷款农业综合开发项目等7个国际金融组织和外国政府贷援款项目进行审计，涉及资金22.53亿元，发现损失浪费、套取赠款资金等问题，推进外资项目顺利实施，促进贷援款发挥积极效益。

（撰稿人：金　荣）

【银川市审计局】　2017年，银川市审计局行政编制52人，工勤编制3人；实有46人。局长昝世英，副局长张国华、章志（—4月）、马立鹏、郭文斌，纪检组长赵立东（10月—）。设有财政金融审计处、固定资产投资审计处、经济责任审计处、政策跟踪审计处、综合处。

审计成果　2017年，银川市审计局完成审计项目48个。查出主要问题金额12.59亿元。其中违规金额5.44亿元、管理不规范金额12.30亿元，审计处理应上缴财政4.08亿元；核减工程价款 2.81 亿元；移送处理重要事项 9 件，问责处理 11 人。提出审计建议 204 条。向市委、市政府提交审计要情 7 篇，提交各类审计动态 394 篇。配合其他部门完成市委、市政府交办的各类项目 100 余个。通过专题报告、审计报告等多种形式向市政府及被审计单位及时反馈审计查出需进行整改的问题 94 个。

银川市审计局实施的原银川物资集团公司总经理任期经济责任审计、银川市 2014—2015 年度残疾人就业保障金征收管理使用情况审计，灵武市审计局实施的灵武市供销合作社联合社 2014 至 2016 年财务收支情况审计，兴庆区审计局实施的兴庆区绿化养护中心原主任任期经济责任审计 4 个项目，被自治区审计厅评为优秀审计项目。

国家重大政策措施落实情况跟踪审计 开展对银川市所辖 6 个县（市）区政策措施落实情况的跟踪审计，共抽查 49 个部门、121 个项目，抽查资金总量 49.19 亿元。审计提出建议，督促整改，促进相关政策制度的完善，有效推动重大措施落实到位。

财政审计 开展市本级财政预算执行及其他财政收支审计和市行政审批局、林业局、档案局（馆）等 10 个部门预算执行情况审计。代市政府向人大作审计工作报告。

经济责任审计 受市委组织部委托，结合预算执行审计、专项资金审计，对 16 名领导干部实施经济责任审计，发现一些领导干部存在擅自提高政府采购标准、扩大范围支出专项资金、保证金退回不及时等问题。创新审计工作新方法，创新经济责任审计机制，推动银川市出台《银川市党政主要领导干部和国有企业领导人员任前经济责任、生态环境保护责任、安全生产责任告知办法》，建立“任前告知＋任中、离任经济责任审计”的领导干部经济责任管理模式。

固定资产投资审计 对华夏河图生态小镇、滨河新区整体绿化、景城公共租赁住房等 27 个政府投资建设项目竣工结算开展审计，项目送审额 32 亿元，审计确认 26.56 亿元，审减投资额 5.44 亿元。在部门预算执行和经济责任审计中持续关注项目建设管理情况。

企业审计 完成银川市城市建设投资控股有限公司、西部（银川）担保有限公司等 4 家国有企业 2016 年度资产负债损益情况审计，提出审计建议 13 条，重大问题及时专报市政府，督促整改。

相关工作 银川市审计局被中央文明委授予全国文明单位荣誉称号。（撰稿人：张 瑞）

【石嘴山市审计局】 2017 年，石嘴山市审计局人员编制 49 人，实有 45 人。局长梁涛，副局长王立山、徐大伟（—3 月）、杨珍、张惠勇。设有办公室、社会审计管理监督与法规审理科、经济责任审计局、财政金融审计科、行政事业审计科、社会保障审计科、重大项目投资审计科、企业审计科、计算机与公共投资审计科。

审计成果 2017 年，石嘴山市审计局完成审计项目 50 个。查出主要问题金额 26.194 亿元，其中违规金额 1231 万元、管理不规范金额 26.07 亿元；审计发现非金额计量问题 108 个；出具审计报告和专项审计调查报告 57 篇。审计处理处罚金额 3.59 亿元，其中应上缴财政 820 万元、应归还原渠道资金 1438 万元、应缴纳其他资金 23786 万元、应调账处理金额 9816 万元；移送有关部门处理事项 3 件。审计促进整改落实有问题金额 20224 万元，其中增收节支 1315 万元、已调账处理金额 1737 万元，审计后挽回（避免）损失 8178 万元；审计提出建议 98 条；提交审计信息 525 篇。

石嘴山市审计局实施的平罗中学原任校长任期经济责任审计、2016 年度市本级预算执行和其他财政收支情况审计，平罗县审计局实施的县扶贫办 2016 年度扶贫资金管理使用情况的专项审计调查等 3 个项目，被自治区审计厅评为优秀审计项目；大武口区审计局实施的 2016 年度区本级预算执行及其他财政收支情况审计项目，被自治区审计厅评为表彰审计项目。

国家重大政策措施落实情况跟踪审计 对石嘴山市两区一县稳增长政策措施落实情况进行跟踪审计，抽查 53 个单位 34 个项目，涉及资金 116426 万元，审计反映扶贫资金使用不规范、项目建设滞后等 33 个问题，规范财政资金管理 14651 万元，促进资金及时到位 9025 万元，推进项目建设及调整 12 个。审计提出建议 26 条。

财政审计 以预算执行合规性、真实性、效益性为重点，开展2016年度市本级财政预算执行审计，33个预算执行项目集中进点，重点关注本级财政预算执行结果、存量资金结余结转清理、财政资金管理、政府债务管理情况。审计结束后，向市政府报告审计结果，受市政府委托，向市人大作审计工作报告。对小微企业创业创新专项资金、地方政府性债务管理使用综合效益等开展专项审计调查。

经济责任审计 石嘴山市审计局组织实施市水务局等单位的11名领导干部的经济责任审计，查出违纪违规金额5304.64万元、管理不规范金额6001.31万元、闲置浪费资金122.87万元，收缴违纪金额21万元；会同市委组织部开展12名领导干部离任交接。市县两级审计机关办理领导干部离任交接事项152项。

固定资产投资审计 对大武口新汽车站等13个政府重点投资项目进行竣工决算审计，审计金额95764万元，核减额14685万元。对沙湖星海湖水系连通及水资源调度工程等24个概算投资近30亿元的重点项目进行全程跟踪审计，对虚报运距、虚增隐蔽工程量等问题给予及时纠正。

民生资金（项目）审计 实施2016年度保障性安居工程审计，揭示安居工程项目资金长期闲置且存放在多个账户等问题。市政府采纳审计建议，将闲置的2.57亿元统筹用于保障性住房建设和货币化安置，盘活专项资金。

相关工作 2017年度审计查出问题254个，其中131个问题在审计期间已整改到位。通过落实整改上缴财政或归还原渠道资金、缴回资金、调整会计账目共计369473万元，占应整改问题金额的98.8%；推动项目建设50个，促进拨付资金107001万元，消化存量资金160430万元。

（撰稿人：张金鹏）

【吴忠市审计局】 2017年，吴忠市审计局行政编制29人，工勤编制2人；实有30人。局长拜萍（—5月）、马克林（5月—），副局长李鹏、梁吉鸿、孙培军。设有办公室、经济责任审计局、财政审计科、行政农业审计科、经贸投资审计科、法规科等6个科室。

审计成果 2017年，吴忠市审计局完成审计项目43个。查出主要问题金额55708万元，其中违规金额4321万元、管理不规范金额51386万元。经审计处理处罚，上缴财政1082万元、调账处理金额48599万元，移送纪检部门案件线索1件。

吴忠市审计局实施的市档案局2015—2016年度财务收支情况的审计、同心县审计局实施的2016年度本级预算执行和其他财政收支情况的审计等2个项目，被自治区审计厅评为优秀审计项目；吴忠市审计局实施的吴忠市区2016年度保障性安居工程跟踪审计、青铜峡市审计局实施的2016年度市本级财政预算执行及其他财政收支情况审计、盐池县审计局实施的盐池县住房和城乡建设局局长经济责任审计等3个项目，被自治区审计厅评为表彰审计项目。

国家重大政策措施落实情况跟踪审计 组织开展青铜峡市、同心县、利通区政策措施落实情况跟踪审计，查出青铜峡市“扶贫保”政策尚未落实，同心县扶贫对象确定不够精准，利通区专项资金结余较大、项目进展缓慢等问题，并责令相关部门严格按要求进行整改。

财政审计 组织开展2016年度市本级财政预算执行审计，对民政局等6个部门单位预算执行情况进行审计，查出应收未收国有土地出让收入789万元、未准确计提专项资金258.10万元及预算调整幅度大、部分单位预算编制不准确、执行不严肃等问题。代市政府向市人大常委会作审计工作报告。对市档案局、市幼儿园、朝阳小学、吴忠市回民中学4个单位的财务收支进行专项审计，发现市档案局会计存在利用职务之便，篡改他人补助款项占为己有的问题。

经济责任审计 受市委组织部委托，对17名领导干部履行经济责任情况进行审计，重点关注领导干部贯彻执行法律法规、国家重大方针政策及决策部署、重大投资项目建设和管理、落实中央八项规定等情况。审计查出部分单位“三公”经费执行不严谨、长期借款未及时清理等问题。

固定资产投资审计 对市人民医院迁建工程、黄河文化体育会展中心工程、344国道吴忠至灵武段开展跟踪审计；对利通区2015年孙家滩高效节水灌溉工程项目、吴忠中学文体馆项目、市区棚户区改造金积镇七期项目开展竣工决算审计，查出部分项目未严格执行基本建设程序、管理不规范、项目进展缓慢等问题。制定《吴忠市审计局聘用社会中介机构参与政府投资审计业务管理暂行办法》，对聘用社会中介机构参与建设项目工程结算审计、建设项目竣工财务决算审计、重大建设项目跟踪审计等提出具体要求。

民生资金（项目）审计 开展对市本级、红寺堡区、青铜峡市、盐池县、同心县2016年保障性安居工程的跟踪审计，全市共取消保障对象资格或调整保障待遇128户，清退违规分配使用的保障性住房73套，取消不符合条件的危房改造家庭资格15户，追缴134.88万元公租房欠缴租金。

企业审计 按照市领导批示，对2家国有企业经营情况进行审计和专项审计调查，发现中小微企业创业投资公司存在基金补偿机制不健全、担保审批考察不细、逾期金额较多等问题。

内部审计 市审计局与市财政局对全市机关内部审计机构设置和工作开展情况进行联合调研，提请市政府印发《关于进一步加强内部审计工作的意见》。 （撰稿人：蒲建芳）

【固原市审计局】 2017年，固原市审计局人员编制20人，实有15人。局长景清海，副局长李国安、魏长军（—6月）、蒙卫斌。设有办公室、法规审理与社会审计管理监督科、财政金融和社保审计科、行政事业与农业资源环保审计科、投资与企业审计科、经济责任局、政策执行审计科等7个科室。

审计成果 2017年，固原市审计机关完成审计项目130个，其中政府投资项目84个。查出主要问题金额176630万元，其中违规金额624万元、损失浪费资金284万元、管理不规范金额175722万元。审计处理处罚金额75695万元，其中应上缴财政530万元、应归还原渠道资金894万元、应缴纳其他资金74271万元。审计提出审计建议24条；下发审计决定6份。

隆德县审计局实施的隆德县水务局党总支书记局长任期经济责任审计项目，被自治区审计厅评为表彰审计项目。

国家重大政策措施落实情况跟踪审计 对国家、自治区、市委市政府重大决策部署、重大项目和民生工程的落实情况持续进行跟踪审计，确保工程项目顺利推进。市审计局于5月增设政策执行审计科，专事贯彻落实政策执行审计业务，重点围绕市委市政府2017年度7件13项民生实事逐项开展跟踪审计。

财政审计 完成对市财政局、市国税局、原州区国税局、开发区国税局、职中、开发区管委会、环保局及下属单位7个部门（单位）预算执行情况进行审计。审计结果在政府网站进行公告。

经济责任审计 根据市委组织部委托，完成25名领导干部的经济责任审计，其中任中审计4人、离任审计21人。按照市委要求和自治区审计厅部署，开展领导干部自然资源资产离任审计试点工作。

固定资产投资审计 对市第八中学、文化局“三馆”、市公安局“三所”、市公益农产品批发市场、2017年社会事业PPP项目、98个海绵城市等政府投资建设项目开展跟踪审计，进行全过程造价控制。完成东环路、安康花园安置区等49个建设项目结算审计，送审造价49957万元，核减造价2313.78万元。完成旧城改造征地拆迁项目审计。

民生资金（项目）审计 配合自治区审计厅完成对本市五县（区）扶贫政策措施落实和扶贫资金分配管理使用情况的审计；完成市医保、社保、住房公积金审计。审计结果在固原日报和市政府网站进行公告。采取“交叉审”的方式，组织完成对市本级和五县（区）2016年度保障性安居工程和危窑危房改造工程的跟踪审计，查出问题金额96254万元，其中违规金额624万元、损失浪费资金284万元、管理不规范金额95345万元；提出审计建议18条，下发审计决定5份。市审计局制发《关于加强涉农资金审计的指导意见》，要求市、县（区）审计部门加强精准扶贫资金的审计监督，重点对贫困对象认定、项目安排、资金分配、资金拨付、项目报账、资金到户等及时开展审计监督。各县（区）审计局按照市审计局的要求，开展相关资金的专项审计。

其他审计项目 完成对九龙集团公司和交通运输公司（凯达公司）财务收支情况的审计。根据市政府安排，制定《关于加强公务支出和机构人员编制审计工作的通知》，实施的市本级财政预算执行审计、25个领导干部经济责任审计，全部包括机构和人员编制相关内容。

（撰稿人：李秋艳）

【中卫市审计局】 2017年，中卫市审计局行政编制20人，后勤服务事业编制1人；实有19人。局长魏列忠，副局长鲍成文、张军、吴金柱。设有办公室、法制科、财贸审计科、行政事业审计科、农业与环保审计科、固定资产投资审计科（加挂政府投资项目审计科）、经济责任审计局、政策执行审计科。

审计成果 2017年，中卫市县两级审计机关完成审计项目82个。查出主要问题金额562864万元；出具审计报告和审计调查报告86篇。审计处理决定应上缴财政金额2648.2万元、应减少财政拨款或补贴933万元、应归还原渠道资金14141万元、应调账处理金额34608万元。移送处理事项4件；审计提出建议140条，提交审计信息168篇。

中卫市审计局实施的2016年度市本级财政预算执行及其他财政收支情况审计、中卫市众和顺担保有限公司2016年4月至12月经营情况专项审计调查等2个项目，被自治区审计厅评为优秀审计项目。海原县审计局实施的海原县交通运输局局长任期经济责任审计项目被自治区审计厅评为表彰审计项目。

国家重大政策措施落实情况跟踪审计 按照自治区审计厅统一部署，对市本级及两县一区稳增长等政策执行情况进行跟踪审计，全年共跟踪重点项目14个。审计实行市、县（区）上下联动的工作机制，与县（区）审计项目有机结合，提升审计效率。

财政审计 将所有审计项目纳入财政审计大格局“一盘棋”统筹考虑，关注资金走向，加强对政府全口径预决算的监督，加强“三公”经费审计，加强问题整改。全年完成预算执行审计项目11个，延伸审计部门（单位）15个，查出各类违规和管理不规范金额33933万元，提出审计意见和建议27条。

经济责任审计 实行领导干部经济责任审计五年轮审制，完成市委组织部委托的领导干部经济责任审计项目17个，查出各类违规和管理不规范金额4982.74万元，提出审计意见和建议30条。指导沙坡头区审计局结合乡镇领导干部经济责任审计开展领导干部自然资源资产离任审计试点。

固定资产投资审计 对黄河中卫城市过境段水生态治理与保护项目、中关村西部云基地布展项目等重大投资项目及民生工程实施动态跟踪审计。建立健全“四方会审”制，完成政府投资审计项目52个，审计工程资金75783.28万元，节约政府投资7923.29万元。完成单项1000万元以上工程造价复核审计项目9个，审计预算复核资金26357.96万元。统一审计业务流程和操作规范，出台《政府投资项目审计费用分类支付管理暂行办法》，规范政府投资项目工程造价咨询服务收费。

民生资金（项目）审计 组织实施保障性安居工程、2016年度市本级及海原县扶贫专项资金审计，对市本级养老服务体系建设进行跟踪审计。

企业审计 对中卫市众合顺担保公司经营情况、中卫市城市建设投资公司损益情况开展专项审计调查。

（撰稿人：陈淑兰）

2017 年宁夏回族自治区所辖区、县(市)级审计工作统计表

金额单位:万元

审计机关	完成审计项目(个)	审计查出主要问题金额	审计处理情况					出具审计报告和审计调查报告(篇)	提出审计建议(条)	提交审计信息(篇)
			审计处理处罚				移送处理事项(件)			
			应上缴财政	应减少财政拨款或补贴	应归还原渠道资金	应调账处理金额				
银川市										
银川市本级	45	125860	40809		8498	62318	10	65	204	
兴庆区审计局	14	80619	87			2907	5	11	3	31
西夏区审计局	8	97369	16			125		12	43	150
金凤区审计局	18	30252	17		5773	993		26	50	67
灵武市审计局	24	101983	3643		9		11	35	88	97
永宁县审计局	7	335399	2045		6816	299		14	28	101
贺兰县审计局	13	1868	46		97	874		11	26	72
石嘴山市										
石嘴山市本级	50	261940	820		1438	9816	3	57	98	525
大武口区审计局	135	18369	2339		40	180		12	9	207
惠农区审计局	33	9483	1129		24	1842		23		179
平罗县审计局	106	103528		6515			11	113	96	328
吴忠市										
吴忠市本级	43	55708	1082			48599	1	43	71	84
利通区审计局	11	4835	321		65	278		11	8	10
红寺堡区审计局	13	7580	428			1120		13	11	12
青铜峡市审计局	38	42321	589		58	11251		38	45	25
盐池县审计局	25	21536	752		78	658	1	25	32	28
同心县审计局	32	24563	882					32	20	29
固原市										
固原市本级	18	176630	530		894			24	24	
原州区审计局										
西吉县审计局	14	6548	11		256			22	28	7
隆德县审计局	16	24045	47		38	2804	1	31	40	3
泾源县审计局	12	6193	2208		6	2208		13	31	
彭阳县审计局	14	4067	414		781	802		14	39	

（续表）

审计机关	完成审计项目（个）	审计查出主要问题金额	审计处理情况					出具审计报告和审计调查报告（篇）	提出审计建议（条）	提交审计信息（篇）
			审计处理处罚				移送处理事项（件）			
			应上缴财政	应减少财政拨款或补贴	应归还原渠道资金	应调账处理金额				
中卫市										
中卫市本级	41	38915	2407	653	1	3	2	41	57	80
沙坡头区审计局	11	47186	230	280	58	1809	1	11	42	80
中宁县审计局	14	474953	1		14018	32796	1	18	31	
海原县审计局	16	1810	10		64			16	10	8

新疆维吾尔自治区

【新疆维吾尔自治区审计厅】 2017年，新疆维吾尔自治区审计厅人员编制265人，实有241人。设有办公室、法制处、督察处、财政审计处、行政事业审计处、农业与资源环保审计处、金融审计处、企业审计处、社会保障审计处、外资运用审计处、经济责任审计一处、经济责任审计二处、经济责任审计三处、计划财务处、人事处、内部审计管理处等16个内设机构；机关党委、离退休干部工作处等2个职能处室；6个派出审计处；固定资产投资审计局（参照公务员管理）、审计科研所、计算机技术中心、审计干部宣传教育中心、机关服务中心等5个直属事业单位。

领导成员

党组书记、副厅长：沙拉买提·买买提明

党组副书记、厅长：李　成

党组成员、副厅长：维力功

宣国苗（—8月）

薛　江　冯　力

杨任杰（援疆干部，—8月）

贺建荣（援疆干部，8月—）

王　军（8月—）

总审计师：王　璐

自治区经济责任审计工作联席会议办公室主任：刘　博

副巡视员：袁　成　郭部员

张　鋆（—11月）　柳海云

审计成果　2017年，新疆维吾尔自治区审计机关完成审计项目2745个。查出主要问题金额724.48亿元，其中违规金额75.86亿元、损失浪费金额2.08亿元、管理不规范金额646.54亿元；审计发现非金额计量问题7372个；损益（收支）不实金额72.5亿元；出具审计报告和专项审计调查报告3066篇。审计处理处罚金额80.25亿元，其中应上缴财政21.92亿元、应减少财政拨款或补贴11.5亿元、应归还原渠道资金12.27亿元、应调账处理金额25.47亿元；移送司法机关、纪检监察机关和有关部门处理事项246件。审计促进整改落实有关问题金额34.34亿元，其中增收节支23.38亿元、已调账处理金额2.59亿元；审计促进拨付资金到位1.74亿元；审计后挽回（避免）损失14.61亿元。审计提出建议5456条；提交审计信息4284篇。向社会公告审计结果31篇。

国家重大政策措施落实情况跟踪审计　始终把促进重大政策措施落实作为重中之重，建立健全重大政策措施落实情况跟踪审计常态机制，围绕项目落地、资金保障、简政放权、政策落实、风险防范“五个抓手”，统一组织自治区本级和全自治区14个地（州、市）审计机关实施重大政策措施落实情况跟踪审计，严肃查处政策不落实和重大履职不到位等问题，有效推动国家重大政策措施落实到位，促进政令畅通。

财政审计　围绕深化财税体制改革，促进财政做大增量、盘活存量、优化结构、提高绩效，进一步深化预算执行和税收征管、重点专项资金审计，重点关注财政收支的真实合法效益、专项资金绩效，以及中央八项规定精神、国务院“约法三章”和自治区党委十条规定贯彻落实情况，提出深化财税体制改革的建议，推动盘活财政存量资金，促进优化支出结构，提高财政资金使用绩效。2017 年全区完成预算执行审计和审计调查项目 381 个，财政决算审计和审计调查项目 62 个。

经济责任审计 把推进廉政建设作为审计监督的重要职责，坚持“党政同责、同责同审”，不断深化经济责任审计。全自治区审计机关开展经济责任审计项目 390 个，审计党政主要领导干部及国有企业领导人员 586 人，其中厅级领导干部 36 人、县处级领导干部 107 人。开展 2 个地（州）和 4 个县（市）领导干部自然资源资产离任审计试点，为逐步推开该审计项目探索经验，奠定基础。

固定资产投资审计 围绕政府重大工程建设项目、对口援疆建设项目和皮山县、墨玉县、叶城县“7·03”及塔什库尔干县“5·11”地震灾后恢复重建等内容，以促进加快项目建设进度、提高投资效益为目标，重点关注项目落地、资金管理使用、工程建设管理和绩效等情况开展政府投资建设项目审计。完成 41 个重点建设项目委托审计，促进加强投资项目管理。持续推进援疆资金和项目审计，进一步完善“省—地”“市—县”两地两级工作机制，搭建援疆项目审计管理平台，逐步实现项目远程监管。

民生资金（项目）审计 围绕自治区民生建设年、九项惠民工程，突出南疆主线，不断加大扶贫、社保、医疗、惠农补贴等民生资金及项目的审计力度。组织开展全自治区保障性安居工程审计，重点开展以扶贫政策落实、扶贫资金管理使用及扶贫项目绩效为重点内容的民生资金审计和扶贫专项审计，共审计扶贫领域资金 100 多亿元，覆盖全自治区 35 个贫困县和部分非贫困县，审计发现问题线索依法移送司法机关、纪检监察或有关部门调查处理。

外资运用审计 以促进积极、合理、有效利用外资为目标，对 13 个国外贷援款项目进行审计，促进优化利用外资结构，提高利用外资综合质量。

企业审计 对 34 个国有企业进行审计，查出主要问题金额 63.31 亿元，对规范企业财务收支活动的真实性、合法性，完善企业内部管理和实现经营目标等方面发挥出重要作用。

专项资金审计 全自治区开展专项资金审计项目 192 个，审计专项资金总额 151.6 亿元，查出主要问题金额 43.78 亿元。重点关注政策落实、预算安排、资金拨付和使用等方面情况，通过揭露和查处问题推动专项资金落实到位并发挥效益，促进资金规范管理，项目建设顺利进行。

审计管理 结合区情与工作实际，起草并提请自治区党委办公厅、政府办公厅印发《关于实行审计全覆盖的实施意见》，推进有重点、有深度、有步骤、有成效的审计全覆盖；制定《自治区“十三五”审计工作发展规划》等指导性文件。完善制度，规范管理。建立完善审计业务会议制度，实现“阳光决策”，制定实施《自治区审计厅审计现场管理办法（试行）》《自治区审计厅审计移送处理事项管理办法》，进一步加强审计质量管理，规范审计移送处理行为，审计规范化水平进一步提高。坚持审计机关常态化督查与自治区人大、财政、发改等多部门联合专项督查相结合的督促整改机制，实行“审计查出问题清单”和“审计整改清单”对接制度，向自治区党政主要领导提交审计查出问题整改情况的报告，推动整改工作逐年向好。强化与纪检、组织等部门单位的配合协作机制，加强信息共享，形成工作合力；发挥内部审计、社会审计作用，开展委托审计和联合审计，有效推动审计工作。强化审计成果运用机制，加大各类审计项目统筹结合力度，实现一审多果，一果多用。加强全自治区审计工作的统筹和管理，采取统一组织领导、统一审计工作方案、统一人力资源、统一培训、统一质量控制、统一时间的“六统一”组织模式，实现由单点离散审计向多点联动审计转变。

信息化建设 构建大数据审计基础架构，完成“一中心三平台一分析室一分析团队”（即国家审计数据中心、全疆审计大数据平台、联网审计平台、援疆项目审计管理平台、审计数据分析室和数据分析团队）的升级完善和建设。实现数据标准化采集、集中存储管理和数据共享，通过组建数据分析团队，利用数据分析室，不断提高计算机数据处理与分析能力。加大对基层审计机关信息化建设支持力度，推进上下级审计机关之间互通互联，提升整体工作效能。

审计科研 深化审计理论实务和审计技术方法研究，不断提高审计理论成果转化，提升服务审计实践的能力。注重理论的实践性应用性，把审计理论研究与审计项目充分结合，进一步提高《新疆审计》杂志办刊水平，为全区审计干部搭建交流平台。创新培训方式方法，提高研究成效。

党建工作 坚持“聚焦全面从严治党新要求，服务新疆工作总目标”，扎实推进党的各项建设，形成党建工作新局面。坚持始终把党建工作和审计业务工作同部署、同落实、同检查、同考核，着力加强审计机关党的政治建设、思想建设、组织建设、作风建设、纪律建设。严格执行新形势下党内政治生活若干准则，严守党的政治纪律和政治规矩，牢固树立“四个意识”，坚决维护以习近平同志为核心的党中央权威和集中统一领导。深入开展“学转促”等专项活动，扎实推进“两学一做”学习教育常态化制度化。坚决纠治“四风”“四气”。全面落实“两个责任”和“一岗双责”，反腐倡廉、廉洁从审的氛围更加浓厚，党风廉政建设和反腐败斗争取得新成效。党的十九大召开后，全区审计机关把学习宣传贯彻党的十九大精神作为当前和今后一个时期的首要政治任务，采取各种方式，深化学习实效，使全体党员干部的理想信念更加坚定、党性更加坚强。全力配合自治区党委巡视组对审计厅党组的专项巡视，抓好整改落实工作，以巡视整改新成效推进审计事业健康发展。

相关工作 全自治区审计机关完成交办任务791项，查出主要问题金额2.99亿元。坚持用“二十字”好干部标准，注重在基层一线、复杂环境和“访惠聚”（访民情，惠民生，聚民心）驻村工作及干部支教工作中培养、考察、选拔干部。加强与审计署干部双向挂职交流工作，并采取网络教学、视频培训、送教上门、以审代训等方式培养骨干人才。举办各类培训班10期，培训1100余人。选送105名审计干部赴审计署及中央、自治区党校进修学习，选派7名审计干部挂职锻炼。

内部审计 全自治区内部审计机构完成审计项目16689个，审计总金额4110.25亿元。增收节支3.5亿元，提出并被采纳建议意见9982条，经建议给予行政处分69人；促进所在部门单位完善内部管理，提高效益。（撰稿人：李　喜）

【乌鲁木齐市审计局】 2017年，乌鲁木齐市审计局人员编制137人，实有121人。党组书记、副局长李万刚，党组副书记、局长黎忠，党组成员、副局长樊伟，副局长白莉，党组成员、总审计师李里，党组副书记、纪检组长杨明（—11月），党组成员、经济责任审计室主任许建平。设有办公室、政治处、政策法规处、财政审计处、固定资产投资审计处、行政事业审计处、经济责任审计室、农牧与资源环保审计处、外资运用与金融审计处、社会保障审计处、科教文卫审计处、企业审计处、政法审计处、督察处、综合计划处；下设审计信息中心、政府投资审计中心。

审计成果 2017年，乌鲁木齐市县两级审计机关完成审计项目164个。查出主要问题金额809616万元，其中违规金额27214万元、损失浪费金额857万元、管理不规范金额781544万元；审计发现非金额计量问题416个；损益（收支）不实金额44856万元；出具审计报告和专项审计调查报告203篇。审计处理处罚金额25976万元，其中应上缴财政9442万元、应减少财政拨款或补贴3262万元、应归还原渠道资金1848万元、应缴纳其他资金72万元、应调账处理金额11350万元；移送司法机关、纪检监察机关和有关部门处理事项33件，移送处理人员9人，移送处理金额9547万元。审计促进整改落实有关问题金额10226万元；审计促进拨付资金到位266万元；审计后挽回（避免）损失5081万元；核减投资额25347万元；移送处理落实事项2件。审计提出建议573条；推动被审计单位制定整改措施59项，促进被审计单位建立健全规章制度3项；提交审计信息158篇。

国家重大政策措施落实情况跟踪审计 围绕保障性安居工程、化解钢铁煤炭过剩产能等开展跟踪审计，严肃查处有令不行、有禁不止以及履职不到位等问题，促进政令畅通。

财政审计 围绕深化财税体制改革，以促进财政做大增量、盘活存量、优化结构、提高绩效为目标，开展预算执行审计和财政决算审计项目，推动积极财政政策发力见效，提高财政资金使用效率。

经济责任审计 完成审计项目 21 个，审计领导干部 34 人，查出主要问题金额 58615 万元。

固定资产投资审计 完成政府投资建设审计项目 96 个，查出主要问题金额 21741 万元。完成市委、市政府交办的小额投资审计项目 250 个，查出主要问题金额 19259 万元。

民生资金（项目）审计 完成审计项目 9 个，查出主要问题金额 1268 万元。

企业审计 完成审计项目 4 个，查出主要问题金额 21939 万元。

信息化建设 完成金审工程三期项目的规划设计、项目申报工作，试点建立财政数据审计系统。在自治区审计厅组织的计算机审计典型案例评审中，乌鲁木齐市审计局获优秀组织奖，报送的计算机审计典型案例《谷歌地球在棚户区改造跟踪审计中的运用》获优秀奖。

（撰稿人：李亚萍）

【克拉玛依市审计局】 2017 年，克拉玛依市审计局人员编制 33 人，实有 27 人。党组书记、局长王朝晖，党组成员、副局长兼总审计师房文祖，党组成员、副局长罗莉莉。设有办公室、法制监察科、财政审计科、经贸与金融审计科、行政事业与社会保障审计科、经济责任审计科、固定资产投资审计科、农业资源环保审计科；下设经济责任审计室（事业单位）。

审计成果 2017 年，克拉玛依市区两级审计机关完成审计项目 42 个，专项审计调查项目 2 个。查出主要问题金额 114243 万元，其中违规金额 1960 万元、损失浪费金额 251 万元、管理不规范金额 112031 万元；审计发现非金额计量问题 167 个；损益（收支）不实金额 1523 万元；出具审计报告和专项审计调查报告 70 篇。审计处理处罚金额 43915 万元，其中应上缴财政 5417 万元、应减少财政拨款或补贴 853 万元、应归还原渠道资金 562 万元、应缴纳其他资金 264 万元、应调账处理金额 36818 万元；移送司法机关、纪检监察机关和有关部门处理事项 8 件，移送处理人员 1 人，移送处理金额 77 万元。审计促进整改落实有关问题金额 3100 万元；审计促进拨付资金到位 870 万元；审计后挽回（避免）损失 84 万元；核减投资额 32830 万元；移送处理落实事项 3 件。审计提出建议 136 条；促进被审计单位制定完善规章制度 9 项；提交审计信息 7 篇。

国家重大政策措施落实情况跟踪审计 围绕 10 项审计重点内容开展审计工作，针对审计中发现的民生政策落实和财政管理等方面存在的问题，提出审计意见和建议，盘活存量资金 314.27 万元，推动项目加快建设进度，及时发挥效益。

财政审计 完成预算执行和财政决算审计项目 16 个，查出主要问题金额 51382 万元，2016 年度市本级预算执行情况的审计结果报告、审计工作报告得到市领导和人大代表高度评价。

经济责任审计 完成对 27 名领导干部的经济责任审计，查出主要问题金额 48453 万元。与油田审计处组成联合审计组对市富城能源公司开展经济责任审计，审计结果为市委市政府加强国有企业管理提供依据。

固定资产投资审计 完成审计项目 2 个，查出主要问题金额 2740 万元。完成克—白快速干道项目竣工结算审核。

民生资金（项目）审计 开展保障性安居工程跟踪审计，结合审计发现的问题，督促相关部门积极整改。促进资金拨付到位 501 万元，安居工程项目贷款 921 万元按协议约定归还，追回公租房租金 87.1 万元。

相关工作 加强作风建设，鼓励在职学习教育，加强培训，努力建设素质高作风硬的审计干部队伍。强化审计风险意识，全面控制审计质量。实行项目复核制，规范行使审计处理处罚自由裁量权。加强审计项目完成时限管理控制，进一步强化审计整改，提升工作成效。

（撰稿人：张修江）

【吐鲁番市审计局】 2017 年，吐鲁番市审计局人员编制 33 人，实有 28 人。党组书记、副局长戴万成，党组副书记、局长郭红兵，党组成员、副局长田桂林、赵永俊，调研员艾尔肯·艾木都拉，副调研员索成英。设有办公室、法规科、财政金融审计科、固定资产投资审计科、行政事业审计科、经贸审计科、经济责任审计科、农业社会保障审计科、政府投资审计中心。

审计成果 2017年，吐鲁番市县两级审计机关完成审计项目108个。查出主要问题金额15476万元，其中违规金额4687万元、管理不规范金额149789万元；审计发现非金额计量问题116个；损益（收支）不实1301万元；出具审计报告和专项审计调查报告136篇。审计处理处罚金额15860万元，其中应上缴财政1784万元、应减少财政拨款或补贴13279万元，应归还原渠道资金137万元、应调账处理金额658万元。审计促进整改落实有关问题金额14926万元；审计后挽回（避免）损失13286万元；核减投资额13490万元。审计提出建议250条，提交审计信息43篇。

国家重大政策措施落实情况跟踪审计 结合吐鲁番市经济社会发展实际，揭露部分单位在贯彻落实国家重大政策方面执行不到位、项目执行缓慢等问题，针对跟踪审计中发现的问题，提出整改建议，确保国家和自治区各项政策有效贯彻落实。

财政审计 组织市县审计机关开展市本级及各区县预算执行及其他财政财务收支情况审计，客观评价财政管理工作的主要成效，揭示存在的问题，促进规范管理，防范财政风险。

经济责任审计 科学制订审计计划，与预算执行审计、专项资金审计及重大政策措施落实情况跟踪审计等项目有机结合，统筹实施经济责任审计，实现“一审多果”和审计信息共享，定期召开经济责任审计工作联席会议，通过不断完善经济责任审计联席会议制度，进一步促进领导干部树立正确的政绩观、发展观，推进反腐倡廉建设。

固定资产投资审计 围绕促进规范政府投资行为，保障建设资金安全有效运行，开展政府投资建设项目审计，促进建设单位贯彻执行国家和自治区法律法规、规章制度及基本建设程序，避免财政资金损失浪费。

民生资金（项目）审计 开展保障性安居工程跟踪审计、自治区民生资金管理使用情况审计，着力揭示问题，促进各项民生政策落到实处，维护群众利益。 （撰稿人：黄利君）

【哈密市审计局】 2017年2月25日，原哈密地区审计局更名为哈密市审计局（原哈密市审计局更名为哈密市伊州区审计局）。哈密市审计局人员编制41人，实有35人。党组书记、副局长许咸敏，党组副书记、局长骆东鹏，党组成员、副局长艾合买提·买买提、李生华、刘正强（援疆干部，2月—），党组成员、总审计师谢云飞，副调研员艾尼瓦尔·依明。设有办公室、督察科、法制科、财政金融审计科、固定资产投资审计科、经济责任审计科、行政事业审计科、农牧与资源环保审计科、企业审计科9个职能科（室）；下设审计信息技术室、经济责任审计办公室、固定资产投资审计中心3个事业单位。

审计成果 2017年，哈密市县两级审计机关完成审计项目164个，专项审计调查项目4个。查出主要问题金额362703万元，其中违规金额5492万元、损失浪费金额35万元、管理不规范金额357176万元；审计发现非金额计量问题177个；损益（收支）不实金额25321万元；出具审计报告和专项审计调查报告173篇。审计处理处罚金额58803万元，其中应上缴财政9466万元、应减少财政拨款或补贴20387万元、应归还原渠道资金24252万元、应缴纳其他资金2092万元、应调账处理金额2606万元；移送司法机关、纪检监察机关和有关部门处理事项30件，移送处理金额4129万元。审计促进整改落实有关问题金额49025万元；审计后挽回（避免）损失42120万元；核减投资额21701万元；移送处理落实事项2件。审计提出建议344条；促进被审计单位制定、完善规章制度93项；提交审计信息82篇。

国家重大政策措施落实情况跟踪审计 按照审计署和自治区审计厅的统一部署，组织本市及所属区（县）实施重大政策措施落实情况跟踪审计，推动国家重大政策落实到位，促进政令畅通。

财政审计 注重规范财政收支行为，关注财政资金效益，优化财政支出结构，反映公共财政状况，开展预算执行和财政决策审计。完成财政专项资金审计项目10个，审计资金总额48368万元，审计查出主要问题金额18687万元。

经济责任审计 深化经济责任审计，充分发挥经济责任审计服务于干部监督管理、服务于党风廉政建设、服务于哈密跨越式发展的作用。完成审计项目 23 个，审计领导干部 31 人，审计查出主要问题金额 12050 万元。开展巴里坤哈萨克自治县领导干部自然资源资产离任审计试点。

固定资产投资审计 围绕优化投资结构、提高项目质量和效益，结合工程建设领域突出问题专项治理工作，坚持把查处问题与完善制度、强化管理结合起来，深化对在建和续建政府投资项目的跟踪审计，完成审计项目 121 个，查出主要问题金额 32881 万元。

民生资金（项目）审计 完成新型农村合作医疗审计项目 4 个，查出主要问题金额 4546 万元。

（撰稿人：张海武）

【昌吉回族自治州审计局】 2017 年，昌吉回族自治州审计局人员编制 56 人，实有 43 人。局长黄建新，党组副书记、调研员张永信，副局长肖莉，总审计师张民杰，经济责任审计联席会议办公室专职主任吴辉。设有办公室、法制科、财政审计科、行政事业审计科、经济责任审计科、农业资源环保与社会保障审计科、经贸与金融审计科、督察科等 9 个职能科室；下设政府投资审计中心（事业单位）。

审计成果 2017 年，昌吉回族自治州两级审计机关完成审计项目 242 个。查出主要问题金额 228724 万元，其中违规金额 6140 万元、损失浪费金额 23 万元、管理不规范金额 222560 万元；审计发现非金额计量问题 403 个；损益（收支）不实金额 11530 万元；出具审计报告和专项审计调查报告 307 篇。审计处理处罚金额 125112 万元，其中应上缴财政 15337 万元、应减少财政拨款或补贴 34929 万元、应归还原渠道资金 13963 万元、应缴纳其他资金 59647 万元、应调账处理金额 1235 万元；移送司法机关、纪检监察机关和有关部门处理事项 48 件，移送处理人员 10 人，移送处理金额 6091 万元。审计促进整改落实有关问题金额 43868 万元；审计后挽回（避免）损失 34392 万元；核减投资额 34392 万元；移送处理落实事项 6 件。审计提出建议 353 条；促进被审计单位建立健全规章制度 1 项；提交审计信息 800 篇。

国家重大政策措施落实情况跟踪审计 紧密结合全州经济、社会发展，对保障性住房、精准扶贫、财政管理、资源环境保护、重大工程项目等实施跟踪审计。针对审计发现部分项目未及时实施、进度缓慢、资金闲置、专项资金未及时拨付、应收未收出让金、未经批准擅自变更专项扶贫项目、扶贫项目未取得预期收益等问题，促进相关部门整改落实。

财政审计 围绕深化财税体制改革，促进财政做大增量、盘活存量、优化结构、提高绩效，进一步扩大部门预算执行审计覆盖面，并对“蓝天行动”等重点专项资金进行审计。审计中重点关注财政收支的真实合法效益、重点专项资金绩效，以及中央八项规定、国务院“约法三章”和区“州十条”规定贯彻落实情况。

经济责任审计 坚持“党政同责、同责同审”，深化经济责任审计，重点关注权力集中、资金密集和资产聚集的部门。完成审计项目 44 个，审计领导干部 81 人，审计查出主要问题金额 64710 万元。

固定资产投资审计 实施水利、交通、城建、教育、卫生、援疆建设项目等政府投资建设项目审计 138 个，查出主要问题金额 197923 万元，促进财政资金及时发挥应有的效益。

（撰稿人：郭　斌）

【博尔塔拉蒙古自治州审计局】 2017 年，博尔塔拉蒙古自治州审计局人员编制 38 人，实有 38 人。党组书记、副局长欧友提，党组副书记、局长张自贤，党组成员、副局长韩军，副局长周娟，党组成员、政府投资审计中心主任王京辉，副调研员沈菊仙、王祥照。设有政府投资审计中心、办公室、法制科、经济责任审计科、财政审计科、行政事业审计科、经贸审计科、计算机审计科。

审计成果 2017 年，博尔塔拉蒙古自治州两级审计机关完成审计项目 38 个。查出主要问题金额 59291 万元，其中违规金额 3028 万元、损失浪费 47 万元、管理不规范金额 56215 万元；审计发现非金额计量问题 67 个；损益（收支）不实金额 113 万元；出具审计报告和专项审计调查报告 41 篇。审计处理处罚金额 1108 万元，其中应上缴财政 465 万元、应减少财政拨款或补贴 459 万元、应归还原渠道资金 45 万元、应调账处理金额 137

万元；移送司法机关、纪检监察机关和有关部门处理事项3件，移送处理金额84万元。审计后挽回（避免）损失683万元。审计提出建议50条；提交审计信息10篇。

国家重大政策措施落实情况跟踪审计 按照审计署和自治区审计厅的统一部署，围绕重点行业、重点领域项目推进，简政放权、棚户区改造安居工程、促进民生政策落实、精准扶贫精准脱贫等21项重大政策措施落实情况开展跟踪审计，覆盖全州4个县（市）、25个政府部门及单位，涉及财政资金13.11亿元，对审计发现的问题提出审计意见和建议。

财政审计 完成预算执行和财政决算等财政审计项目17个，查出主要问题金额13871万元。

经济责任审计 完成审计项目12个，审计领导干部19人，查出主要问题金额15137万元。

固定资产投资审计 完成政府投资建设项目审计13个，审计查出主要问题金额727万元。

民生资金（项目）审计 对草原生态保护、棉花目标价格改革试点、保障性安居工程等民生工程进行审计，保障惠民政策落到实处。

其他审计项目 采用州县联合审计的方式，对精河县6.6级地震专项救灾资金和物资的管理使用情况进行审计。在对温泉县各乡镇场共88个村队跟踪审计中，针对审计发现的问题提出整改意见，促进被审计单位完善内部管理，建立健全制度，保障灾后重建工作有序进行。

（撰稿人：姜　楠）

【巴音郭楞蒙古自治州审计局】 2017年，巴音郭楞蒙古自治州审计局人员编制55人，实有49人。党组书记年卫东（—11月），局长那永刚（—12月），副局长丁伟雄（援疆干部，—3月）、马志永（援疆干部，—3月），总审计师陈志军，纪检组长李建和，经济责任审计处处长耿志强，固定资产投资审计处处长铁木尔巴图（—11月），调研员韩贵兵、韩志民。设有办公室、法制科、财政审计科、行政事业与社保审计科、经贸审计科、金融与外资审计科、农业资源与环保审计科、纪检监察室、自治州经济责任审计处、自治州固定资产投资审计处；下设计算机审计中心。

审计成果 2017年，巴音郭楞蒙古自治州两级审计机关完成审计项目194个。查出主要问题金额1469217万元，其中违规金额299677万元、损失浪费1995万元、管理不规范金额1167543万元。审计促进整改落实有关问题金额39970万元。审计促进拨付资金到位15539万元。移送纪检监察等部门案件线索28件，移送处理金额98151万元。审计提出建议542条；提交审计信息1584条。

国家重大政策措施落实情况跟踪审计 重点围绕项目落地、资金保障、简政放权、政策落实、风险防范5个方面开展政策措施落实情况跟踪审计，揭示制约发展的深层次问题和风险隐患，促进重大决策部署贯彻落实。

财政审计 坚持以促进完善全口径预算管理体系、健全透明预算制度、优化支出结构、保障财政资金安全、提高财政资金使用绩效为目标，围绕预算执行的真实性、完整性和科学性，实施预算执行审计和财政决算审计项目61个，查出主要问题金额810586万元。完成财政专项资金审计项目24个，查出主要问题金额82382万元。开展全疆地税联网等延伸审计。

经济责任审计 坚持“党政同责、同责同审”，完成审计项目18个，审计领导干部25人，查出主要问题金额959852万元。推进领导干部自然资源资产离任审计试点。

固定资产投资审计 完成政府投资和援疆项目审计85个，查出主要问题金额34522万元。

民生资金（项目）审计 围绕扶贫开发工作目标，将保障性安居工程、扶贫专项资金、养老保险基金、新型农村合作医疗基金、乡（镇）村惠民政策及资金等民生项目和资金审计作为重点关注内容，纳入预算执行审计范围，提高审计效率，确保民生资金落到实处。

企业审计 对3个国有企业进行审计，查出主要问题金额436796万元。

信息化建设 全面实现OA系统审计署、审计厅、地州、县（市）四级互联互通，AO在审计中得到广泛应用。组织安装联网审计前置服务器，为联网审计做好充分准备。

相关工作 统筹抓好“访惠聚”（访民情，惠民生，聚民心）、精神文明创建和党的建设，参与州党委巡察、扶贫考察等工作，充分发挥审计职

能作用。（撰稿人：清毕丽克）

【阿克苏地区审计局】 2017年，阿克苏地区审计局人员编制61人，实有54人。局长刘艳，党组书记罗合曼·托乎提，副局长黄疆萍，潘志勇，总审计师黄疆萍（兼）。设有办公室、人教科、法规科、督察科、财经科、经贸科、农水科、文行科等8个科室；下设政府投资审计中心、经济责任审计中心。

审计成果 2017年，阿克苏地区审计机关完成审计项目347个。审计查出主要问题金额840770万元，其中违规金额19876万元、损失浪费金额517万元、管理不规范金额820376万元；审计发现非金额计量问题416个；损益（收支）不实金额143923万元；出具审计报告和专项审计调查报告371篇。审计处理处罚金额150496万元，其中应上缴财政30059万元、应减少财政拨款或补贴10342万元、应归还原渠道资金1954万元、应调账处理金额107789万元；移送司法机关、纪检监察机关和有关部门处理事项15件。审计促进整改落实有关问题金额48072万元，其中增收节支38048万元、已缴纳其他资金124万元，已调账处理金额9750万元；审计促进拨付资金到位288万元；审计后挽回（避免）损失10054万元。审计提出建议751条；提交审计信息297篇。向社会公告审计结果1篇。

国家重大政策措施落实情况跟踪审计 组织全地区审计机关开展跟踪审计，抽查381个部门单位、260个项目，抽查资金总量58.62亿元，上报审计问题43个，审计已整改落实27个。地区行署和各县（市）人民政府高度重视审计结果。

财政审计 围绕地区经济工作会议明确的重点任务开展预算执行审计和财政决算审计，实施税收征收管理情况审计，并对审计查出的问题积极督促整改，规范管理，提高财政资金效益，推动地区综合治税改革。完成财政专项资金审计项目30个，查出主要问题金额37528万元。

经济责任审计 完成审计项目47个，审计领导干部55人，查出主要问题金额136539万元。开展乡（镇）领导干部自然资源资产离任审计试点工作。

固定资产投资审计 完成审计项目189个，查出主要问题金额45061万元。审计进一步规范工程建设管理，提高财政资金使用效益。

民生资金（项目）审计 组织实施城镇保障性安居工程审计、城乡居民大病补充医疗保险基金审计、扶贫资金等民生资金审计。

（撰稿人：张松龄）

【克孜勒苏柯尔克孜自治州审计局】 2017年，克孜勒苏柯尔克孜自治州审计局人员编制41人，实有41人。党组书记、副局长吐尔洪·依热力，党组副书记、局长赵永忠，党组成员、副局长程学龙（援疆干部）、亚生江·艾力，党组成员、纪检组长李森，党组成员、副调研员刘艳娥，副调研员张永先。设有办公室、纪检监察室、法制科、财政金融审计科、固定资产投资审计科、行政事业审计科、农业与资源环保审计科、经济责任审计科、经贸审计科、社会保障审计科；下设计算机中心、经济责任审计中心、固定资产投资评审中心。

审计成果 2017年，克孜勒苏柯尔克孜自治州两级审计机关完成审计项目402个。查出主要问题金额104946万元，其中违规金额20234万元、损失浪费金额3497万元、管理不规范金额81214万元；损益（收支）不实金额34714万元；出具审计报告和专项审计调查报告402篇。审计处理处罚金额63万元。移送司法机关、纪检监察机关和有关部门处理事项10件。审计提出建议485条。

财政审计 全州完成预算执行和财政决算等财政审计项目10个，查出主要问题金额29676万元。

固定资产投资审计 完成政府投资建设项目审计373个，查出主要问题金额16799万元。

经济责任审计 完成审计项目18个，审计领导干部36人，查出主要问题金额72240万元。

民生资金（项目）审计 开展阿合奇县城镇保障性安居工程审计，延伸审计13个单位，8个工程项目。对乌恰县2015—2016年度民生资金管理使用情况进行审计。（撰稿人：梁建新）

【喀什地区审计局】 2017年，喀什地区审计局人员编制53人，实有46人。局长尚军，副局长热夏提·阿不拉、赵东岳、何晓燕、孙佐戈、何国成，总审计师李玉枝，纪检组长阿西姑力·吾拉音木。设有中心行政办公室、法制科、财政审计科、金融外资审计科、经济责任审计一科、经济责任审计二科、人事教育科、审计督察科、社会保障与经贸审计科；下设计算机审计中心、固定资产投资审核中心。

审计成果 2017年，喀什地区审计机关完成审计项目477个，专项审计调查项目10个。查出主要问题金额177581万元，其中违规金额16836万元、损失浪费金额132万元、管理不规范金额160613万元；审计发现非金额计量问题967个；损益（收支）不实金额27430万元；出具审计报告和专项审计调查报告501篇。审计处理处罚金额47938万元，其中应上缴财政14018万元、应减少财政拨款或补贴11128万元、应归还原渠道资金5079万元、应缴纳其他资金4268万元、应调账处理金额13442万元。审计促进整改落实有关问题金额19259万元；审计后挽回（避免）损失19303万元；核减投资额25988万元。审计提出建议709条；推动被审计单位制定整改措施18项；提交审计信息9篇。向社会公告审计结果2篇。

国家重大政策措施落实情况跟踪审计 围绕项目落地、资金保障、简政放权、政策落实、风险防范，聚焦政策落实和民生建设，重点审计政府基本建设项目投资、扶贫专项资金、涉农资金等政策落实情况，确保国家重大政策措施落地生根。

财政审计 完成预算执行、财政决算等财政审计项目27个，查出主要问题金额77338万元。促进完善预算管理体系、健全预算制度、优化支出结构、保障财政资金安全、提高财政资金使用绩效。

经济责任审计 按照全面从严治党和“有权必有责、有责必担当、失责必追究”的要求，密切关注领导干部重大政策落实情况和廉洁从政情况，开展经济责任审计。完成审计项目17个，审计领导干部31人，查出主要问题金额30831万元。

固定资产投资审计 坚持把政府投资建设项目和对口援疆项目作为审计重点，完成审计项目412个，查出主要问题金额31209万元，促进全地区政府投资项目工程优质、项目高效、资金安全和干部安全。

民生资金（项目）审计 突出民生主线，紧紧围绕推进9项惠民工程，将脱贫攻坚扶贫资金、保障性住房、惠民补贴、医保等民生专项资金纳入审计重点，保障惠民政策落到实处。

（撰稿人：刘　军）

【和田地区审计局】 2017年，和田地区审计局人员编制31人，实有30人。党组书记、副局长周南平（11月—），党组副书记、局长艾热提·热介甫，副局长陈刚（援疆干部，1月—）、毛建新，纪检组长毛建新（兼），副调研员李文玲、周民。设有办公室、财政审计科、农牧审计科、经济责任审计科、行政事业审计科、社会保障审计科；下设固定资产投资审计中心。

审计成果 2017年，和田地区两级审计机关完成审计项目36个。查出主要问题金额198475万元，其中违规金额11995万元、损失浪费金额20万元、管理不规范金额186460万元；审计发现非金额计量问题66个；损益（收支）不实金额11379万元；出具审计报告和专项审计调查报告36篇。审计处理处罚金额12430万元，其中应上缴财政6878万元、应缴纳其他资金658万元、应归还原渠道资金4892万元。审计促进整改落实有关问题金额2752万元。审计提出建议144条；提交审计信息114篇。向社会公告审计结果1篇。

国家重大政策措施落实情况跟踪审计 组织全地区审计机关开展重大政策措施跟踪审计。在重大项目推进方面，发现个别县市存在资金拨付进度慢问题；在房地产去库存方面，存在个别县市施工标段招标控制价编制不规范，施工合同签订不规范，未按合同规定支付工程款等问题；在财政管理方面，存在乡镇账户管理混乱，未严格执行招投标及政府采购招投标制度等问题。

财政审计 重点审计公共财政收支、基金收支、专项资金分配管理情况及农业综合开发专项资金、部门预算编制、国库制度改革等方面，完成预算执行财政决算等财政审计项目18个，查出主要问题金额159920万元。

固定资产投资审计 完成政府投资建设项目

审计2个，查出主要问题金额21887万元。

民生资金（项目）审计 组织本地区审计机关对扶贫资金、安居富民项目、各类惠农补助资金进行审计，针对审计查出的问题督促相关单位积极整改。（撰稿人：刘志东）

【伊犁哈萨克自治州审计局】 2017年，伊犁哈萨克自治州审计局人员编制63人，实有56人。党组书记、副局长陈洁（—4月）、张新民（8月—），党组副书记、局长胡尔曼哈力·洪海，党组成员、副局长王全胜（—1月）、军卡（5月—），党组成员、纪检组长赵江山（—11月）。设有办公室、法制处、财政金融审计处、行政事业审计处、农业与资源环保审计处、社会保障审计处、固定资产投资审计处、经贸审计处、经济责任审计处、老干部工作处等10个职能处（室）；下设固定资产投资审计中心、计算机技术中心2个事业单位。

审计成果 2017年，伊犁哈萨克自治州两级审计机关完成审计项目240个。查出主要问题金额1212596万元，其中违规金额149361万元、损失浪费金额5239万元、管理不规范金额1057996万元；审计发现非金额计量问题634个；损益（收支）不实金额228025万元；出具审计报告、专项审计调查报告295篇。审计处理处罚17098万元，其中应上缴财政16433万元（罚没156万元）、应减少财政拨款或补贴153万元、应归还原渠道资金461万元、应调账处理金额29万元；移送司法机关、纪检监察机关和有关部门处理事项25件。审计促进整改落实有关问题金额7157万元，其中增收节支6826万元；审计后挽回（避免）损失158万元。审计提出建议632条；提交审计信息553篇。向社会公告审计结果26篇。

国家重大政策措施落实情况跟踪审计 对28个部门单位进行跟踪审计，重点审计“放管服”改革措施、保障性住房、精准扶贫、财政存量资金、“三去一降一补”等政策措施的落实情况。

财政审计 完成预算执行审计（调查）项目78个、财政决算审计（调查）项目27个，查出主要问题金额878793万元。完成财政专项资金审计项目23个，查出主要问题金额59983万元。

经济责任审计 开展经济责任审计项目76个，审计党政主要领导干部及国有企业领导126人，查出主要问题金额315831万元。

固定资产投资审计 完成政府投资建设项目审计19个，查出主要问题金额28433万元。

企业审计 完成对6个企业的审计，查出主要问题金额41874万元。

信息化建设 加强现场审计实施系统（AO）和审计管理系统（OA）的应用与交互，组织征集AO审计典型案例6篇。

相关工作 持续深入推进党建和廉政建设工作，全力保障中央治疆方略和自治区党委政府的决策部署有效落实。加强人员队伍建设，派出2人赴审计署挂职，派员参加审计署和自治区审计厅培训200余人次。（撰稿人：王　玲）

【塔城地区审计局】 2017年，塔城地区审计局人员编制33人，实有27人。党组书记赛力克·吐尔逊，局长丁正全，副局长程和新，总审计师廖军，纪检组长陈学芳，经济责任联席会议办公室主任王志红，副调研员王秀英。设有办公室、法制科、财政金融审计科、文教行政事业审计科、经贸审计科、固定资产投资审计科、经济责任审计科、督察审理科、社会保险科等9个科室；下设固定资产投资审计中心（事业单位）。

审计成果 2017年，塔城地区两级审计机关完成审计项目161个。查出主要问题金额285417万元，其中违规金额114083万元、损失浪费金额780万元、管理不规范金额170553万元；审计发现非金额计量问题195个；损益（收支）不实金额16596万元；出具审计报告和专项审计调查报告161篇。审计处理处罚金额80237万元，其中应上缴财政10959万元、应减少财政拨款或补贴119万元、应归还原渠道资金58837万元、应缴纳其他资金55万元、应调账处理金额10266万元；移送司法机关、纪检监察机关和有关部门处理事项12件，移送处理人员3人，移送处理金额261万元。审计促进整改落实有关问题金额4088万元；审计后挽回（避免）损失193万元；核减投资额3829万元；移送处理落实事项1件。审计提出建议257条；提交审计信息134篇。

国家重大政策措施落实情况跟踪审计 重点开展保障性安居工程审计，发现重大项目推进落实等方面的问题16个，涉及资金17122.98万元。

财政审计 完成预算执行审计和财政决算审计等财政审计项目37个，查出问题金额158560万元。

经济责任审计 完成审计项目23个，审计领导干部33人，查出主要问题金额13205万元。

企业审计 完成对6个企业的审计，查出主要问题金额23275万元。

固定资产投资审计 完成政府投资建设项目审计76个，查出主要问题金额10877万元。

民生资金（项目）审计 重点开展脱贫攻坚政策落实、扶贫资金等民生资金管理使用情况审计，查出违规金额992.89万元、管理不规范金额8951.51万元，移送处理事项3件，涉及金额155.3万元。

信息化建设 完成数据分析室建设，已投入使用，建立相应工作制度。

相关工作 深入开展“两学一做”“学转促”“发声亮剑”活动，扎实做好“民族团结一家亲”、“访惠聚”（访民情，惠民生，聚民心）和定点扶贫工作，严格执行中央八项规定，整治“四风”“四气”，保障党的决策部署有效落实。

（撰稿人：张　颖）

【阿勒泰地区审计局】 2017年，阿勒泰地区审计局人员编制38人，实有35人。党组书记、副局长刘洛阳，党组副书记、局长许玲，党组成员、副局长张跃平，党组成员、总审计师兼经济责任联席会议办公室主任姜淑英，党组成员、纪检组长塔斯肯·哈孜泰。设有办公室、监察综合室、法制科、督察和内部审计管理科、财政金融审计科、行政事业和社会保障审计科、农业与资源环保审计科、固定资产投资、外资和企业审计科；下设经济责任审计中心。

审计成果 2017年，阿勒泰地区两级审计机关完成审计项目54个，专项审计调查项目1个。查出主要问题金额311099万元，其中违规金额27521万元、损失浪费金额239万元、管理不规范金额283338万元；审计发现非金额计量问题159个；出具审计报告和专项审计调查报告72篇。审计处理处罚金额23698万元，其中应上缴财政8871万元、应归还原渠道资金33万元、应缴纳其他资金6577万元、应调账处理金额8215万元；移送司法机关、纪检监察机关和有关部门处理事项1件，金额8万元。审计促进整改落实有关问题金额44065万元，其中增收节支6215万元、已缴纳其他资金1143万元、已调账处理金额113万元；核减投资额12427万元。审计提出建议100条；提交审计信息433篇。

国家重大政策措施落实情况跟踪审计 组织对185个单位、170个项目进行跟踪审计，涉及资金32.95亿元，查出主要问题金额2.21亿元。

财政审计 完成预算执行、财政决算等财政审计项目21个，查出主要问题金额297332万元。完成财政专项资金审计项目8个，审计专项资金总额10211万元，查出主要问题金额635万元。

经济责任审计 完成经济责任审计项目5个，审计领导干部7人，查出主要问题金额6975万元。

固定资产投资审计 审计17个单位的政府投资建设项目，查出主要问题金额5743万元。完成交办配合事项244件，核减投资额3700万元。

信息化建设 推进审计管理及现场审计两个软件的应用，加强数据关联分析，查找疑点线索，提高审计延伸核查的精准度，提升审计工作效率。

相关工作 召开党风廉政建设工作推进会、“学转促”工作推进会，推进党风廉政建设，力促“学转促”活动取得实效。做好审计调研工作，向审计厅上报调研报告6篇。（撰稿人：张欢欢）

2017 年新疆维吾尔自治区所辖区、县(市)级审计工作统计表

金额单位:万元

审计机关	完成审计项目(个)	审计查出主要问题金额	审计处理情况					出具审计报告和审计调查报告(篇)	提出审计建议(条)	提交审计信息(篇)
			审计处理处罚				移送处理事项(件)			
			应上缴财政	应减少财政拨款或补贴	应归还原渠道资金	应调账处理金额				
乌鲁木齐市										
乌鲁木齐市本级	28	252054	4210	3208	1612	1778	21	44	166	32
天山区审计局	8	11395			18	4565		8	21	4
沙依巴克区审计局	4	121						5	17	5
新市(高新技术开发)区审计局	4	724						6	5	2
水磨沟区审计局	7	187438						14	22	54
头屯河(经济技术开发)区审计局	88	280685	26	53	217	3878	12	91	258	
达坂城区审计局	4	392						5		
米东区审计局	10	6069	834			973		13	60	4
乌鲁木齐县审计局	11	70735	4371			154		17	24	57
克拉玛依市										
克拉玛依市本级	28	55226	3424	853	514	36818	2	50	83	5
独山子区审计局	6	55841	992		47		1	6	21	
克拉玛依区审计局	2	2682	999				5	5	4	2
白碱滩区审计局	5	493						8	23	
乌尔禾区审计局	1							1	5	
吐鲁番市										
吐鲁番市本级	29	16489	6	7403			1	23	25	1
高昌区审计局	10	109500	792		137	5		21	35	
鄯善县审计局	29	9834	3	2640				47	62	
托克逊县审计局	40	18652	982	3235		653		45	128	42
哈密市										
哈密市本级	12	52041	1385		5049	231		12	29	58
伊州区审计局	93	274431	8067	12311	577	1348	30	99	185	12
巴里坤哈萨克自治县审计局	20	25253	14	5950	18626	289		19	37	12
伊吾县审计局	43	10978		2126		1461		43	93	

（续表）

审计机关	完成审计项目（个）	审计查出主要问题金额	审计处理情况					出具审计报告和审计调查报告（篇）	提出审计建议（条）	提交审计信息（篇）
			审计处理处罚				移送处理事项（件）			
			应上缴财政	应减少财政拨款或补贴	应归还原渠道资金	应调账处理金额				
昌吉回族自治州										
昌吉回族自治州本级	17	36221	391	22348		15	2	25	41	86
昌吉市审计局	20	91775	6467	1773	13626		8	30	74	71
阜康市审计局	23	52938	16	775			8	31	93	137
呼图壁县审计局	16	6467	4411	52				21	23	23
玛纳斯县审计局	19	4236	1161	1874	30	47	5	30	33	111
奇台县审计局	10	4369	1		96	15	1	16	18	85
吉木萨尔县审计局	117	19417	354	6908	93		11	124	30	66
木垒哈萨克自治县审计局	20	13298	2533	1196	116	1156	13	30	41	221
博尔塔拉蒙古自治州										
博尔塔拉蒙古自治州本级	4	15391						5	3	2
博乐市审计局	9	28723	288		30	137	1	10	22	8
阿拉山口市审计局	9	770	20	459			1	12	9	
精河县审计局	12	10660						10	4	
温泉县审计局	4	3746	157		15		1	4	12	
巴音郭楞蒙古自治州										
巴音郭楞蒙古自治州本级	22	663828	1670	12324	312	45819	7	24	59	165
库尔勒市审计局	13	365820	79	86	42	917		14	45	46
轮台县审计局	57	212010	546	1034	301	92	8	59	96	294
尉犁县审计局	13	28888	23228	532			2	15	20	53
若羌县审计局	14	48503						16	46	20
且末县审计局	37	22597		6082				37	140	132
和静县审计局	10	39057	2		45	41	4	14	32	186
和硕县审计局	13	40413						13	72	167
博湖县审计局	8	44913					7	11	21	423
焉耆回族自治县审计局	7	3182						12	11	98
阿克苏地区										
阿克苏地区本级	46	160018	20558				9	58	117	5
阿克苏市审计局	12	167093	1		7			15	42	21

（续表）

审计机关	完成审计项目（个）	审计查出主要问题金额	审计处理情况					出具审计报告和审计调查报告（篇）	提出审计建议（条）	提交审计信息（篇）
			审计处理处罚				移送处理事项（件）			
			应上缴财政	应减少财政拨款或补贴	应归还原渠道资金	应调账处理金额				
温宿县审计局	14	501	111		26	348		16	51	2
库车县审计局	71	237268	7618	10342	1380	96784		66	160	2
沙雅县审计局	12	31019	9		336	3171		11	59	
新和县审计局	19	141369					2	24	77	15
拜城县审计局	16	68141			3			18	39	52
乌什县审计局	19	5296						23	136	44
阿瓦提县审计局	132	28438	389		200	7231	4	130	53	156
柯坪县审计局	6	1622	1369			252		10	17	
克孜勒苏柯尔克孜自治州										
克孜勒苏柯尔克孜自治州本级	28	94623					10	26	99	
阿图什市审计局	3	1186	63					2	6	
阿克陶县审计局	366	3566						366	366	
阿合奇县审计局	1	200						1	4	
乌恰县审计局	4	5369						7	10	
喀什地区										
喀什地区本级	40	27364	248		7	8146		40	89	1
喀什市审计局	8	3858			83			8	21	12
疏附县审计局	30	56283	2431		1982	1479		34	17	4
疏勒县审计局	42	16423						42	55	
英吉沙县审计局	88	15078	3391	3542	121			88	29	
泽普县审计局	83	10793	7369	1768		1585		83	4	
莎车县审计局	47	7702	54	2807				47	286	
叶城县审计局	63	2096				437		63	138	
麦盖提县审计局	10	14334						12	22	15
岳普湖县审计局	37	7395	525		574	1794		44		
伽师县审计局	11	10931						11	6	27
巴楚县审计局	28	5319		3009	2309			29	42	
塔什库尔干塔吉克自治县审计局										
和田地区										
和田地区本级	3	37917			1674			3	8	
和田市审计局	5	15131	6588		3144			5	19	

（续表）

审计机关	完成审计项目（个）	审计查出主要问题金额	审计处理情况					出具审计报告和审计调查报告（篇）	提出审计建议（条）	提交审计信息（篇）
			审计处理处罚				移送处理事项（件）			
			应上缴财政	应减少财政拨款或补贴	应归还原渠道资金	应调账处理金额				
和田县审计局	4	750						4	15	
墨玉县审计局	6	11939						6	20	
皮山县审计局	5	102938	210		17			5	22	62
洛浦县审计局	2	17667	22					2	14	
策勒县审计局	2	2146	36				11	2	5	
于田县审计局	5	8988	20		55			5	28	
民丰县审计局	4	996						4	13	52
伊犁哈萨克自治州										
伊犁哈萨克自治州本级	33	470768	7783				1	33	58	8
伊宁市审计局	24	79397	1					24	91	181
奎屯市审计局	20	137085	6075	153				32	59	58
霍尔果斯市审计局										
伊宁县审计局	25	17786	916		30	28	7	32	68	15
察布查尔锡伯自治县审计局	22	77115					10	22	55	
霍城县审计局	20	132976	9				1	32	46	1
巩留县审计局	46	83735	53		43		3	62	129	126
新源县审计局	7	2377	7		168			7		56
昭苏县审计局	13	171406	9		40			13	32	10
特克斯县审计局	17	31166	6		177			25	58	57
尼勒克县审计局	13	8780	1569				3	13	36	41
塔城地区										
塔城地区本级	6	14681	1331		972	5802	1	6		12
塔城市审计局	19	61430	8443		49115	1240		19		
乌苏市审计局	27	82427	75					27	54	
额敏县审计局	19	38632	1102	119	3524	336	7	19	31	81
沙湾县审计局	29	28562	4		3906	143	4	29	64	2
托里县审计局	31	30347			1316	2407		31	86	1
裕民县审计局	22	6664	4		4	338		22		38
和布克赛尔蒙古自治县审计局	8	22674						8	22	
阿勒泰地区										
阿勒泰地区本级	5	71947						5	18	73

（续表）

审计机关	完成审计项目（个）	审计查出主要问题金额	审计处理情况					出具审计报告和审计调查报告（篇）	提出审计建议（条）	提交审计信息（篇）
			审计处理处罚				移送处理事项（件）			
			应上缴财政	应减少财政拨款或补贴	应归还原渠道资金	应调账处理金额				
阿勒泰市审计局	5	91628						8	15	71
布尔津县审计局	5	53131	6862			50		9	3	74
富蕴县审计局	9	39007	1043					12	23	37
福海县审计局	3	4649						5	2	30
哈巴河县审计局	12	21497	120		30	4695		12	13	110
青河县审计局	4	22047						6	10	
吉木乃县审计局	12	7189	844		3	3470	1	15	16	38

新疆生产建设兵团

【新疆生产建设兵团审计局】 新疆生产建设兵团审计局人员编制 32 人，实有 27 人（含援疆人员）。设有办公室、法制处、财金审计处、企业审计处、固定资产投资审计处、社会保险暨专项资金审计处、经济责任审计处、资源环保审计处。

领导成员

局　　长：梅新顺

副 局 长：向春华　刘　宇（援疆干部）
　　　　　丁　峰

副巡视员：焦　平

审计成果 2017 年，新疆生产建设兵团两级审计机关完成审计和专项审计调查项目 603 个。查出违规金额 101.89 亿元，审计期间整改金额 23.38 亿元，审计处理处罚金额 68.57 亿元。上报各类审计报告、审计信息 712 篇，制定整改措施，推动各级各部门单位建立健全各项管理制度 31 项。向各级有关部门审计移送处理 77 件 54 人，移送处理金额 31.26 亿元。

国家重大政策措施落实情况跟踪审计 兵团审计局组织兵师两级审计机关 166 名审计人员，对兵团各级 296 个部门单位、376 个项目开展重大政策措施贯彻落实情况跟踪审计。审计发现各类问题 311 个，违规问题金额 57.39 亿元，避免和挽回经济损失金额 3893 万元，提出审计建议 369 条，300 余条建议被采纳。对部分整改难度大、长期整改不到位的问题移交兵团各级有关部门处理，切实推动中央、国务院重大政策措施在兵团各级贯彻落实到位。

财政审计 兵团审计局以财政预算执行审计为主导，整合党政领导干部任期经济责任审计、专项资金审计，组织对兵团交通局、农业局、民政局、教育局和第三师、第七师、第九师、第十三师及 8 个团场 2016 年度预算执行情况进行审计。针对审计发现的财政财务收支、预算执行、资金管理使用及资产管理中存在的突出问题，依法按程序作出处理，并提出审计意见建议，移送案件线索 5 件，2 人被追责问责，1 人被追究刑事责任。

兵团审计局组织对第三师、第七师、第九师、第十三师 2015 年兵团使用的“一事一议”中央财政奖补专项资金进行审计，查出违规问题金额 1692 万元，移送违纪问题线索 2 件，移送处理金额 1140.6 万元。

兵团审计局配合兵团财务局，对存在的违反财经纪律问题的本级部门和相关师开展“回头看”检查，向兵团本级 5 个部门单位和 10 个师下发处理决定，并督查各级有关部门单位认真抓好整改落实。

经济责任审计 兵团审计局组织14个师审计机关65名审计人员，对兵团本级22个部门单位、14个师及8个团场、3个师法院院长和检察院检察长共计57名党政领导干部开展离任经济责任审计。审计发现，部分被审计单位在财政资金预算管理、执行预算调整、重大投资、大额资金出借、对外担保等“三重一大”决策程序履行以及国有资产监管、企业债权清理、招商引资企业返还土地出让金、土地出让金征缴、公务用车和已完工建设项目未及时办理资产移交手续等方面存在问题，提出审计建议75条，移送问题线索2件。依据法定程序作出处理，限期落实整改。

兵团审计局组织开展自然资源资产离任审计试点。对第二师铁门关市土地、水、森林三类自然资源资产和环境保护重大政策执行情况进行审计，揭示在政策落实和制度建设、自然资源资产管理使用、目标责任制完成、履行生态环境保护监督责任、资金管理使用等6个方面的23类问题，对相关问题单位依法提出审计处理意见，责成限期整改落实。

固定资产投资审计 兵团审计局组织对第三师、第四师2016年至2017年对口支援兵团发展资金和投资建设项目进行跟踪审计，查出违规问题金额3.18亿元，移送违规事项3件，涉及金额2.82亿元，移送违纪线索1件，涉及金额249.23万元。对部分建设项目前期手续不规范、多计超付工程款、建设项目资金不到位、项目进展缓慢、行业主管部门监管不到位等问题，提出审计意见建议，督促责任单位、责任部门落实到位。

民生资金（项目）审计 兵团审计局组织兵师两级审计机关，对兵团13个师2016年度扶贫政策措施贯彻落实、扶贫资金分配使用和项目管理情况进行专项审计。审计发现，部分师团存在扶贫政策贯彻落实不到位、专项贷款资金大量闲置、扶贫项目绩效不优、挪用扶贫专项资金等突出问题。审计提出，要强化扶贫开发工作政策措施的落实，扎实开展兵团脱贫攻坚督查巡查和扶贫开发工作成效考核，强化问题整改，加大问责力度等审计建议。

兵团审计局组织各师审计机关对2016年兵团保障性安居工程及配套基础设施的计划、投资、建设、分配、运营等情况进行跟踪审计，延伸调查13005个农村危房改造家庭和269个安居工程项目的建设管理情况。审计查出有部分团场未完成棚户区改造，农村危房改造任务和新增低收入租赁住房补贴任务，违规改变资金用途，套取、挪用财政资金和违规使用专项资金，超进度拨付工程款，建设项目进展缓慢，部分安居工程专项资金使用效益不高，部分已建成保障性住房长期空置未发挥效益等问题，审计提出有针对性的意见建议，督促各级有关部门单位认真抓好整改落实。

审计整改 兵团审计局对上年度审计发现问题整改情况持续开展监督检查，形成审计整改结果报告于3月31日上报兵团。5月10日，兵团办公厅对审计整改结果情况在全兵团范围内进行通报。8月，兵团审计局对2016年至2017年党政主要领导干部任期经济责任审计发现问题的整改情况进行跟踪落实，整改结果报告，于11月13日上报兵团审计整改和审计成果运用工作领导小组，第六师、第九师、第十二师整改不到位的问题移送兵团纪委追责问责处理。兵团审计局牵头针对审计署2017年度对兵团审计查出问题清单进行梳理，制订整改分工方案，汇总形成整改结果报告，于9月和12月分别上报兵团，后上报国务院并抄报审计署。

相关工作 开展“民族团结一家亲”活动。兵团审计局先后6次组织全局结亲干部与第三师四十四团六连的结亲群众开展“民族团结一家亲”活动。8月，组织15个结亲户回访，游览乌鲁木齐国际大巴扎，参观第十二师三坪农场设施农业种植，召开民族团结和民族政策知识讲座。10月、12月，全局17名党员干部分2批次6个工作组下沉基层，与职工群众同吃、同住、同学习、同劳动，宣传党的方针政策，捐资捐物，并帮助解决困难家庭的实际困难。

开展“访惠聚”（访民情，惠民生，聚民心）工作。兵团审计局党组继续选派3名党员干部分别派驻阿克苏地区阿瓦提县英艾日克乡托万克兰杆村和第三师四十四团六连开展“访惠聚”工作。工作队聚焦新疆工作总目标，开展入户走访、加强基层党组织建设、精准扶贫等各项工作，切实维护当地社会稳定，实现所驻村（连）“三不出”目标。兵团审计局投入20万元，加强所驻村（连

队）基层党支部建设，推动困难职工群众脱贫增收。 （撰稿人：丁 博）

【第一师阿拉尔市审计局】 2017 年，第一师阿拉尔市审计局人员编制 36 人，实有 31 人。局长邓凯平，副局长邹桂霞、万丛书，第一审计中心主任吕麟，第二审计中心主任曹英阁（—8月）、侯民伟（11 月—）。设有财金固定资产投资科、综合审计科、法制科；下辖第一审计中心、第二审计中心。

审计成果 2017 年，第一师阿拉尔市审计局完成审计和专项审计调查项目 71 个。查出违规金额 520 万元、损失浪费金额 6.84 亿元、管理不规范金额 64.7 亿元。整改落实金额 1.38 亿元，其中上缴财政 2112 万元，调账处理金额 1.17 亿元；核减固定资产投资 349 万元。提交审计报告和信息 94 篇；审计提出建议 211 条。

国家重大政策贯彻落实情况跟踪审计 对第一师阿拉尔市各级部门简政放权、重大建设项目推进、重大资金统筹使用管理等贯彻落实情况进行跟踪审计，每个季度向兵团审计局上报跟踪审计的结果。

财政审计 组织局机关及两个审计中心审计力量，以经济责任、财政预算执行和财务收支、援疆建设项目、固定资产投资、“三公”经费管理使用情况为重点审计内容，对一团、三团、六团和幸福农场等 8 个农（牧）团场进行审计，同时完成第一师阿拉尔市本级和阿拉尔市地税局预算执行及其他财政收支情况审计。审计揭示出师市、农（牧）团场在预算编制、审批、管理、执行中存在的问题，提出审计建议。

经济责任审计 开展阿拉尔市机关 8 个部门的领导干部、8 个农（牧）团场的 16 名领导干部和青松建材化工（集团）有限公司领导人离任经济责任审计，对领导干部任职期间经济责任的履行情况进行审计评价，对审计查出的问题，依据法定程序作出处理，限期要求所在单位落实整改。

民生资金（项目）审计 组织对 2016 年保障性安居工程、援疆建设项目资金进行跟踪审计，并对兵团扶贫项目资金使用情况开展审计调查，揭示民生资金（项目）管理上存在的问题，提出相应的审计建议。

固定资产投资审计 组织对第一师阿拉尔市水利工程、援疆建设项目、重点市政建设项目等 8 个工程开展竣工决算审计。发现部分项目程序、管理不规范，核减工程款 349 万元。

内部审计 第一师阿拉尔市国有及国有控股企业新疆塔里木河种业股份有限公司、新疆塔里木农业综合开发股份有限公司、青松建材化工集团股份有限公司、塔里木建筑安装工程（集团）有限责任公司公司设立内部审计机构，开展审计项目 28 个。 （撰稿人：史瑞捷）

【第二师铁门关市审计局】 2017 年，第二师铁门关市审计局人员编制 6 人，实有 4 人。局长黄燕，副局长金银花，审计中心主任曹丽珍，审计中心副主任王道琴。设有财经审计科（办公室）、企业审计科（法规科）；下辖审计中心（事业单位，定编 22 人，实有 21 人）。

审计成果 2017 年，第二师铁门关市审计局完成审计和专项审计调查项目 33 个，涉及 126 个单位。审计总金额 1434127.86 万元，发现问题 167 个；查出违规金额 57514.9 万元、管理不规范金额 147320.9 万元。审计处理决定应上缴财政 615.19 万元、应归还原资金渠道 4118.45 万元、应调账处理 20550.84 万元。审计提出建议 117 条；印发移送处理书 15 份、审计整改通知 13 份。

国家重大政策措施落实情况跟踪审计 对向南发展规划推进、扶贫攻坚政策落实、招商引资任务落实、深化改革、“三去一降一补”等重大政策落实情况进行跟踪审计。

财政审计 开展预算执行、财务收支等财政审计项目 4 个，涉及单位 54 个，发现问题 17 个，有效促进厉行节约和财政资金提质增效。完成财政专项资金审计调查项目 5 个，发现 3 家招商引资民营企业的问题并移送师市公安局、纪委、国资委、国土局查实处理。

经济责任审计 完成师市 14 名党政主要领导干部经济责任审计，涉及 8 个单位，发现问题 79 个。审计提出建议 58 条。

民生资金（项目）审计 开展保障性住房等民生专项资金审计和专项审计调查项目 5 个，涉及 38 个单位，揭示问题 49 个。

援疆项目审计 完成 26 个援疆项目的跟踪审

计，涉及21个单位，揭示援疆资金未及时下拨到用款单位、擅自改变建设规模和建设内容、违规发放评审费等问题。

相关工作 派出13人次配合师市巡察办、纪委、公安局等部门开展审计业务相关工作；派出11人次配合兵团审计局工作。8月师市党委成立审计整改和审计成果运用工作领导小组，审计局派出审计整改督查组，对兵团审计局查出的17个问题、师市审计局近两年来查出的301个问题的整改落实进行全面督查，形成审计整改报告7篇。

（撰稿人：郑媛媛）

【第三师图木舒克市审计局】 2017年，第三师图木舒克市审计局人员编制45人，实有22人（包含辖属的3个派出审计中心人员）。局长何小强，副局长王进、贾霞云。

审计成果 2017年，第三师图木舒克市审计局完成审计项目29个。查出违规金额6588万元；出具审计报告和专项审计报告51篇。提出并被采纳的审计建议70条。

国家重大政策措施落实情况跟踪审计 开展国家、兵团重大政策措施贯彻落实跟踪审计项目，深入贯彻落实国家、兵团的决策部署及审计署对国家重大政策措施贯彻落实情况指导意见，如实反映三师经济平稳运行、健康发展和转型升级情况，各季度情况报告上报兵团审计局。

财政审计 转变审计思路，将促进三师图木舒克市的社会稳定、经济发展与预算执行及其他财政收支审计相结合，切实发挥审计对预算执行及其他财政收支的监督职能。审计中发现各类问题8个，问题金额1650.4万元，提出审计建议6条并督促整改。按照兵团审计局的统一组织，对兵团第三师2016年公务支出和公款消费情况进行审计，发现公务接待管理中存在无审批、无清单公务接待支出金额25.49万元，接待无公函的公务活动和来访人员支出77.13万元，公务用车配备和管理存在超编制配备、未纳入固定资产管理、车辆长期闲置未及时清理等问题。

经济责任审计 完成师市党委组织部委托和经济责任离任审计项目17个、任中审计项目2个。审计期间移送纪委案件2起，涉及人员7人，涉及金额4562万元。

固定资产投资审计 完成第三师叶城二牧场社区综合服务设施建设项目、第三师叶城二牧场职工文化活动中心建设项目、第三师叶城二牧场多功能厅建设项目等竣工决算审计项目3个，出具审计报告。

民生资金（项目）审计 实施第三师城镇保障性住房安居工程、兵团2016年扶贫资金审计调查等审计（调查）项目。

相关工作 深入学习贯彻习近平总书记系列重要讲话精神和党的十九大精神，落实“三会一课”制度，定期召开全体党员大会、支部会议，加强党的基层组织建设，明确责任，落实一岗双责。利用全局集中学习的机会，组织开展自学、互学等学习活动，提高政治水平、业务技能和综合素质。对往年审计项目发现问题进行整改落实。完成兵团党委、师市党委交办的工作，参加党委巡视、涉农水利资金专项检查、农业保险理赔情况专项检查等。开展“民族团结一家亲”“千名干部下沉包户做好群众工作”等活动，开展形式多样的扶贫帮扶工作。

（撰稿人：王　峰）

【第四师可克达拉市审计局】 2017年，第四师可克达拉市审计局人员编制6人，实有6人。局长孔德忠，副局长张荣华，审计中心主任张萍、马吉新、石正国；下辖3个审计中心（事业单位，另有编制）。

审计成果 2017年，第四师可克达拉市审计局完成审计项目78个。查出主要问题金额3703万元，其中违规金额924万元、损失浪费金额323万元、管理不规范金额2456万元；审计发现非金额计量问题113个；损益（收支）不实金额147万元；出具审计报告和专项审计调查报告78篇。审计处理处罚金额1151万元，其中应归还原渠道资金369万元、应调账处理金额781万元；移送纪检监察机关和有关部门处理事项1件，移送处理人员4人，移送处理金额423.67万元。核减投资额3847万元；收缴违规发放的津贴补贴及奖金53万元，净调减单位决算上报利润801万元。提出各类建议45条。

国家重大政策措施落实情况跟踪审计 组织审计力量，对2017年度稳增长促改革调结构惠民生防风险政策措施落实情况跟踪审计。

财政审计 持续关注贯彻落实中央八项规定、“三公”经费、会议费、培训费、楼堂馆所建设、机构编制、国有企业领导人职务消费等公务支出和公款消费情况，开展师团两级贯彻落实中央八项规定等审计调查，开展师本级及师属行政事业单位预算执行审计项目6个、财政专项资金审计项目4个、专项审计调查项目1个，开展团场预算执行及其他财务收支审计项目18个。

经济责任审计 受党委组织部委托，完成5个单位7名领导干部的任期经济责任审计，重点对领导干部履职期间贯彻执行重大政策措施和“三重一大”决策制度执行情况进行审计，对审计发现的问题进行责任划分，提出处理意见。开展新疆绿华糖业有限公司离任领导自然资源资产经济责任审计。

固定资产投资审计 以师市投资建设项目为重点，整合审计资源，聘用社会中介力量、借用团场专业人员开展28个固定资产投资审计或者跟踪审计项目。审计中强化对征地拆迁、工程招投标、设备材料采购、资金管理使用等重点环节的监督。

民生资金（项目）审计 对师市2016年保障性安居工程的计划、投资、建设、分配、运营等情况，及配套基础设施建设情况进行审计，发现部分团场安居工程目标任务未完成、安居工程目标任务分解下达不科学、保障房空置积压严重导致团场不堪重负等问题，结合师市实际情况，提出保障房产权归属及扩大保障房保障范围的审计建议。

对师2016年扶贫政策和资金项目进行专项审计，发现未纳入国家扶贫信息系统数据库中的人员享受最低生活保障等不符合国家、兵团扶贫政策的问题，提出各团场要高度重视扶贫开发信息采集工作中贫困户信息的录入，完善建档立卡指标体系，对空项、漏项、错误数据进行完善，确保扶贫开发大数据分析应用平台反映的贫困户准确、真实等审计意见及建议。

企业审计 完成35个师直属企业的资产、负债、损益审计，审计揭示个别单位存在挪用专项资金虚增利润、长期借用下属单位车辆、公务接待费存在超支、“三公”经费账面反映不实等问题，并按问题性质金额分别进行移送、罚款、收缴、调账等处理处罚。

党建工作 以“学转促”“大学习大讨论”“两学一做常态化”学习教育为抓手，组织全体人员集中学习十九大报告、党章准则条例、四师可克达拉市党员干部应知应会等活动，加强对党员的思想政治教育。加强党组织建设，健全支部组织，加强党性修养，严格执行“三会一课”制度，召开支委会13次、支部大会5次、专题组织生活会1次、讲党课3次。要求审计人员严格遵守党规党纪和“审计八不准”纪律。按照审计项目实施方案和质量控制办法，严格执行项目审计工作程序和内容，严谨、细致开展项目审计，发现问题查深、查透、查实，加大揭示和查处违法违规行为的力度。

相关工作 加强职业教育培训，自行组织的冬季专业培训和项目审前培训，派出10人参加审计干部管理学院举办的业务培训、5人参加伊犁哈萨克自治州“苏伊直通车”的培训；派1人参加审计署组织实施的审计项目，派1人赴审计署长春特派办挂职锻炼，接受江苏省镇江市审计局为第四师市审计系统提供送教上门服务两次约16课时，派5人参加镇江市审计局组织的培训班。

内部审计 第四师可克达拉市有内部审计机构2个，内部审计人员4人，完成审计项目51个。

（撰稿人：王　蕾）

【第五师双河市审计局】 2017年，第五师双河市审计局人员编制7人，实有6人。局长余平安，副局长罗红梅，审计中心主任杨砾。下辖两个派出审计中心（事业单位，编制18人，实有13人）。

审计成果 2017年，第五师双河市审计局共完成审计和专项审计调查项目47个。查出主要问题金额13764万元，其中违规金额11983万元、损失浪费金额1606万元、管理不规范金额174万元；审计发现非金额计量问题78个；出具审计报告和专项审计调查报告49篇。审计处理处罚金额18万元，其中应上缴财政10万元、应归还原渠道资金8万元；移送纪检监察机关处理事项1件，移送处理人员1人，移送处理金额366万元。审计后挽回（避免）损失10万元；核减投资额740万元。审计提出建议44条；提交审计信息2篇。

国家重大政策措施落实情况跟踪审计 对2017年国家重大政策措施落实情况和2016年师市保障性住房安居工程项目进行跟踪审计。针对审计中发现的未完成2016年兵团分解下达的租赁补贴任务500户问题，提出审计建议。

财政审计 对本级和9个农牧团场预算执行情况进行审计，针对师市本级预算批复时间缓慢、预算资金拨付不够及时，团场预算执行未下达拨款文件、未设置预备费、未编制预算调整方案及财政资金管理及使用方面存在的问题，提出审计建议4条。对首届葡萄文化节专项资金和农业综合开发资金进行专项审计调查。

经济责任审计 根据师党委组织部委托，对11名处级领导实施经济责任审计，查出违规金额18万元，损失浪费金额1656万元，移送师纪委处理1件，对被审计对象应承担的责任作出实事求是的界定和客观公正的反映。

固定资产投资审计 全年完成政府投资建设项目审计24个，审计总金额26700万元，审减投资额740万元，发现在基本建设程序、招投标和合同履行、工程结算等方面存在的问题。对16个援疆项目资金进行重点跟踪审计，项目总投资44220万元，涉及援疆资金18011万元（其中已到位援助资金12060万元），经审计建议师相关部门采取4项措施加强督促检查。

民生资金（项目）审计 对2016年扶贫资金总量、投向与结转结余情况，扶贫项目绩效和管理进行审计，反映存在的问题，促进兵师扶贫各项政策的落实。对社保基金、民政部门管理的抗震救灾资金进行专项审计调查。

农业与资源环保审计 对资源环境政策措施执行及环境保护、生态文明专项资金管理使用进行审计，提出审计建议3条，并协调相关部门对存在的问题进行整改。

企业审计 对9个农牧团场及19家师直企业2016年度利润指标进行核实，如实反映团场和企业的经营业绩。对艾比湖大酒店有限公司经营状况及艾湖金林国际项目部投资状况进行审计。

（撰稿人：刘　红）

【第六师五家渠市审计局】 2017年，第六师五家渠市审计局人员编制11人，实有12人。局长李宏图（—10月），副局长卢萍（10月—）、李娜（—6月）、王苏平，纪检组长李娜（—6月）、卢萍（6月—，兼），审计中心主任周明亮、杜月英。设有办公室、法制科、财金审计科、企业审计科、固定资产投资审计科、经济责任审计科、计算机数据审计科；下辖3个审计中心（事业单位，编制25人，实有21人）。

审计成果 2017年，第六师五家渠市审计局完成审计项目38个，专项审计调查项目14个。查出主要问题金额4111041万元，其中违规金额256382万元、损失浪费283745万元、管理不规范金额248526万元，核减工程款5215万元，审计发现非金额计量问题131个。审计处理处罚343392万元，促进整改落实问题金额99286万元。移送事项22件，其中移送司法部门3人、纪检部门6人、有关部门13人，移送金额229878.91万元。审计提出建议155条；撰写审计信息65篇。

第六师土地学会2009—2016年度财政收支审计项目，被兵团审计局评为优秀审计项目；五家渠市城市建设管理处2015年度预算执行及书记鄢军任期经济责任审计项目，103团党委书记、政委陈治权，副书记、团长闫河江任中经济责任审计项目，被兵团审计局评为表彰审计项目。

国家重大政策措施落实情况跟踪审计 围绕重大项目推进、重点资金保障、“三去一降一补”任务、精准扶贫精准脱贫、简政放权和“放管服”改革、“营改增”等减税降费、科技创新、大众创业万众创新等方面，对师市2016年度政策措施落实情况进行跟踪审计。

财政审计 以维护财政资金安全为主线，围绕加强公共财政预算、基金预算、政府采购预算执行的管理，以财政资金预算为龙头，重点关注组织收入和预算资金分配、拨付、管理、使用中存在问题，开展预算执行等财政审计项目。

经济责任审计 根据兵团审计局授权，对新湖原政委甘润明、奇台农场原政委吴国丰离任经济责任2个项目进行审计。审计发现“三重一大”制度执行不到位，个别投资项目未签订合同，部分已完工项目未及时验收和竣工决算，垃圾清运项目应付费用置换土地承包费未进行相关处理，违规为民营企业垫付资金等问题，并针对发现的问题提出整改建议。

固定资产投资审计 完成政府投资建设项目审计18个。重点关注建设项目的投资、资金管理、造价管理及交付使用固定资产管理情况，审计项目投资额56416万元，核减工程款5215万元，审计查出主要问题金额5618万元，其中违规使用发票57万元、工程结算不实5184万元、未按进度支付工程款35万元、超规模超标准项目254万元。配合山西省审计厅对2016年度对口援疆资金和项目进行审计。

民生资金（项目）审计 开展保障性安居工程审计，对14个农牧团场、青投公司、大黄山社区、十三户社区等部门的专项资金管理使用、项目实施、棚户区改造安置补偿、保障性住房分配及使用等方面进行审计，延伸调查14个连队147户农村危房改造家庭。在肯定师市保障性安居工程取得成效的同时，发现部分团场2016年租赁住房补贴任务未完成、农村安居示范连队任务未完成等问题。

农业与资源环保审计 以资金走向为主线，对农业综合开发资金的真实性、合法性、效益性进行审计，结果表明，各团场能够结合实际，灵活掌握，将农业综合开发资金用对用好，发挥其应有的效益。对红旗农场、奇台农场、北塔山牧场2015年至2016年兴边富民项目以及环保专项资金等共计13个项目进行专项审计，审计总金额57164万元，查出主要问题金额6544万元。

企业审计 以摸清师属国有监管企业总体资产质量和重大投资效益的实际状况，揭示国有监管企业在国有资产管理、对外投资以及融资方面存在的问题为目标。

对农牧团场等师属14家国有监管企业的资产负债损益进行审计，先后投入审计人力27人次（含借调内部审计人员7人），用近5个月时间，出具单项审计调查报告14篇，下达审计决定书11份，提交专项汇报及审计要情10份、综合报告1份。移送检察院3人、纪委6人、相关主管部门9人，相关人员受到相应的处理处罚。

（撰稿人：丁梅华）

【第七师审计局】 2017年，第七师审计局人员编制6人，实有7人。局长朱金红，副局长奚玉龙，审计中心主任刘玉梅、王宏发。下辖，第一审计中心（实有12人）、第二审计中心（实有6人）、固定资产投资审计中心（在第一审计中心挂牌，实有4人）。

审计成果 2017年，第七师审计局完成审计项目42个。查出主要问题金额16315万元，其中违规金额208万元、管理不规范金额16107万元；审计发现非金额计量问题149个；出具审计报告42篇。审计提出建议128条，向师领导报送审计专题报告12篇。移送纪检监察机关和有关部门处理事项11件。

国家重大政策措施落实情况跟踪审计 将稳增长政策措施落实跟踪审计与经济责任等审计项目相结合，同步实施，选择2016年至2017年师党委、师的11项重大决策部署实施意见、方案等，对11个团场的具体贯彻落实情况进行专项审计调查。

财政审计 对师传媒中心、师法院、公安系统等单位2016年度财务收支情况进行审计，向师党委提交信息专报；对师机关生活服务中心、职业技术学校等9个事业单位2016年度财务收支情况进行专项审计调查，揭示个别单位在编人员在下属单位领取奖励工资等违反财经纪律的行为，根据审计结论，师财务局分别印发处理通报。

经济责任审计 根据第七师党委组织部的委托，开展经济责任审计项目13个。揭示出部分单位未严格履行“三重一大”决策制度、对师下发部分政策措施贯彻执行不到位等问题，纠正部分单位违规补助电话费、发放奖励补助，个别单位将历史挂账的80.74万元支付给无关企业，个别单位违规套取28.1万元专项资金等问题。

固定资产投资审计 对一二六团集中供热改扩建等12个政府投资建设项目开展竣工决算审计。对一三七团阿吾斯奇牧场保障性住房配套基础设施建设项目进行跟踪审计，揭示出先开工后招标、后办理施工许可证等共性问题。对淮安对口援助资金实施跟踪审计和项目竣工决算审计，揭示出援疆资金未及时拨付、个别项目进展缓慢等问题。对75个建设项目进行造价审核，核减投资额1.14亿元。对72个师本级预算投资的建设项目投标控制价进行审核。

民生资金（项目）审计 对师2016年城镇保

障性安居工程进行跟踪审计，提交发现的问题及初步处理意见的汇报；师财经纪律领导小组办公室、师建设局分别下发通报对相关单位及责任人进行处理、处罚。组织完成师属9个团场2016年度扶贫政策和资金项目专项审计，将审计中发现的问题反馈给相关部门，督促问题整改落实。对师2016年度十件实事民政资金、国家幸福工程贫困母亲救助资金、贫困生补助资金进行审计，揭示出部分团场义务兵优待金及奖励金政策未执行到位、补助资金存在大量结余等问题。

农业与资源环保审计 对师2013年至2016年环境保护专项资金进行审计，揭示部分项目未按照批复的规模和内容实施、个别项目单位未按规定办理环境保护竣工验收、未经批准擅自变更建设规模和标准等问题。

企业审计 对师客运公司等6家企业和一二七团、一三一团2016年度资产负债损益情况进行审计，对个别单位超范围、超标准发放加班工资、绩效工资等问题予以纠正。

审计整改 履行七师审计整改和审计成果运用工作领导小组办公室的职能，推进兵团审计局查出问题的整改，将73个问题分解到12个责任单位（部门），通过印发问题整改督办通知，督促相关部门对应问题逐条整改，并将整改汇报及整改证据上报兵团审计整改和审计成果运用工作领导小组办公室。

党建工作 在“两学一做”学习教育中认真组织开展“学转促”及“发挥兵团特殊作用大学习大讨论”“学习十九大展现新作为”等主题教育活动。与教育局党支部、一二四团八连党支部及“访惠聚”（访民情，惠民生，聚民心）工作队共同开展“做好访惠聚工作、喜迎党的十九大胜利召开”主题党日活动。加强基层党组织建设、激发基层党建工作活力，组织编印《党员干部学习教育知识手册》《党建工作手册》，完善党支部组织生活制度。

相关工作 加强内部管理，编印《工作规范手册》《工作指导手册》，修订和完善考勤、请销假、公车使用、重大事项请示、AB配角等制度，促进管理制度化、规范化。促进各民族交往交融和民族团结，组织25名党员干部对一二三团四连15户贫困户进行精准对接，宣传党和国家的各项惠民政策，帮助职工群众排忧解难办实事；开展形式多样的“民族团结一家亲”活动，印制发放知识问答手册，组织互学语言活动2次，宣讲习近平总书记系列重要讲话精神、民族宗教政策，举办一家亲活动知识竞答和文体、联谊活动6次，“结亲周”活动全覆盖，审计干部与亲戚“共居、共学、共事、共乐”，促进各民族交往交融和民族团结。

（撰稿人：杨建芳）

【第八师石河子市审计局】 2017年，第八师石河子市审计局人员编制67人，实有65人。局长刘文，副局长方玉凤、魏建新、禹延，审计中心主任段志江、沈芳、钱玉玲、余红。设有综合科（办公室）、法制科、财金审计科、行政事业审计科、企业审计科、固定资产投资审计科、经济责任审计科；下辖4个审计中心（事业单位）。

审计成果 2017年，第八师石河子市审计局完成审计项目65个。查出违规金额7958万元、管理不规范金额272852万元、损益不实金额29794万元。审计处理处罚金额23879万元，审计后促进整改落实有关问题金额17523万元；移送师、团纪委处理事项5件，涉及人员9人、金额2304万元。

国家重大政策措施落实情况跟踪审计 审计抽查38个部门、单位，涉及简政放权、“营改增”、促进创业创新等领域。重点调查6个重大投资项目。

财政审计 对第八师本级预算执行和其他财务收支实施审计，关注预算编制和执行情况、存量资金的使用效率和税收征管中的不规范现象，发现年度预算编制不完整少列收入3.6亿元、应缴未缴预算收入0.8亿元、违规收取还贷准备金0.5亿元、违规自行出台文件设立财政收入项目虚收空转虚列支出1.95亿元、未按规定清理使用财政存量资金1.29亿元、少列支出3.28亿元等10个方面问题，并提出整改意见建议。对7个团场审计后发现个别团场存在违规侵占、挪用，私存私放公款的行为，问题已反馈当事团场，要求认真整改落实。在财务收支审计中发现个别单位私设“小金库”、违规发放津补贴、违规收取押金及超范围收费，一些行政事业单位资产管理使用还存在薄弱环节。

经济责任审计 完成经济责任审计项目 9 个，查出违规金额 20 万元、管理不规范金额 21049 万元，其中应负直接责任金额 281 万元、应负主管责任金额 702 万元、应负领导责任金额 20066 万元。

固定资产投资审计 师市审计局共完成政府投资建设项目审计 666 个，其中完成工程结算审核造价项目 482 个，送审额 35.14 亿元，核减 5.37 亿元。

民生资金（项目）审计 加大保障性安居工程的跟踪审计力度，对服务业发展资金及社区居民文化中心、老年人日间照料站建设资金进行专项审计。

相关工作 完成兵团、师市交办的任务，参加巡视巡查工作、配合兵团和师市纪委查办重大案件及党风廉政检查；参与纪委、财政、国资的清理津贴补贴、团场的利润考核、军垦天汇等 4 个企事业单位的考核；选派 3 人开展“访惠聚”（访民情，惠民生，聚民心）工作。全局 56 名干部完成结对认亲全覆盖，宣传党的政策，帮助他们解决遇到的各种困难。共派出 46 人到社区、村开展维稳巡逻、入户调查、重点防控等工作。

队伍建设 组织审计人员参加审计署、自治区审计厅组织的专业审计视频培训，选派业务骨干参加年轻干部挂职锻炼，中青年干部、党务干部及任职培训班；选派业务骨干 12 人到南京审计大学、兵团审计局参加预算执行审计、财政审计、投资审计、扶贫资金审计、计算机技术等专业培训和局长培训；派人到上级审计机关和央企内部审计机构参与工作或者交流，师市审计局内部通过业务知识的学习、测试和优秀项目评选，提高业务水平；开展“尊法学法守法用法切实发挥兵团特殊作用”主题法治宣传活动。师市审计局被兵团审计局评为先进集体，10 名审计干部被兵团审计局评为先进个人。 （撰稿人：白　静）

【第九师审计局】 2017 年，第九师审计局人员编制 8 人，实有 7 人。局长吴新国，副局长张艳丽、涂海滨，审计中心主任刘静、王红。设有综合法制科、财经和专项资金审计科、企业审计科和经济责任审计科；下辖 2 个审计中心，实有 14 人。

审计成果 2017 年，第九师审计局实施审计项目 37 个。查出违规金额 8488.96 万元、损失浪费金额 1061.98 万元、管理不规范金额 27149.79 万元；出具审计报告和专项审计调查报告 44 篇。审计处理决定应上缴财政 3122.72 万元，责令归还原渠道资金 5265.71 万元，调账处理金额 5172.81 万元；移送纪检监察部门处理违纪案件 3 起、4 人，涉案金额 275.2 万元。审计提出建议 64 条。

国家重大政策措施落实情况跟踪审计 统筹组织政策措施落实情况跟踪审计，全年审计共涉及部门和单位 17 个，提交政策跟踪审计报告 4 篇。审计发现基本建设项目程序不合规、资金管理使用不规范等 28 个问题，涉及资金 790.22 万元。

经济责任审计 开展 7 个单位领导干部的经济责任审计，查出问题金额 12649.50 万元，移送案件线索 2 件，涉案人员 4 人，没收违法所得 5.45 万元。

固定资产投资审计 完成政府投资建设项目审计 18 个（内有 6 个项目系与辽宁援疆审计组联合审计），其中跟踪审计 11 个、竣工决算及结算审计项目 7 个，送审金额 13760.23 万元，审减 352.87 万元。

民生资金（项目）审计 对师 2016 年度城镇保障性安居工程的投资、建设、分配、运营等情况进行审计，查出未完成保障性住房开工任务、改变用途使用财政专项资金以及工程建设管理不规范等问题。对 7 个团场开展扶贫资金审计，发现扶贫政策落实、扶贫资金安全、建档立卡及时性、准确性等若干方面存在的问题。

企业审计 对师 3 家工业园区 2013 年至 2016 年建设、招商、运行、绩效情况进行专项审计调查，发现工业园区基础设施“等靠要”导致发展滞后、圈地现象导致土地利用低下、招商引资企业产业发展趋同经济效益不佳、师团为其借款担保背上沉重的包袱等问题。对 9 家师属国有企业资产质量及运营状况进行专项审计调查，发现部分企业疏于监管造成出借或垫付资金难以收回、盲目投资形成损失浪费、资产底数不清、闲置积压报废形成大量不良资产、投资收益低下等问题。

相关工作 完成兵团及师领导交办的各项工作，派人参加兵团审计局统一组织的项目，参加兵师巡视巡察，配合师相关部门开展审计相关工作。结合部门绩效考核，开展“民族团结一家亲”活动，扎实推进精准扶贫等服务基层工作。加强审计干部党员党性教育，健全完善各项工作制度，推动各方面工作固本求新，取得良好成效。

（撰稿人：裴　婷）

【第十师北屯市审计局】 2017年，第十师北屯市审计局人员编制8人，实有9人。局长韩光俊，副局长蒋桂华，农牧团场审计中心主任蒋红，调研员蒋红（兼），副调研员涂志刚。设有法制科、经济责任审计科；下辖农牧团场第一审计中心、农牧团场第二审计中心，另有编制。

审计成果 2017年，第十师北屯市审计局完成审计项目32个。查出违规金额4487.18万元、管理不规范的金额90935.76万元、损失浪费金额1562万元、损益不实金额9182万元；审计发现非金额计量问题109个。归还原渠道资金296万元，核减工程投资2.32亿元，没收及罚款16.95万元。提出并被审计单位采纳审计意见和建议71条。配合师纪委、财政局、组织部等部门完成财经纪律、项目验收、专项检查等事项13个，向师纪委移送案件线索1件。

国家重大政策措施落实情况跟踪审计 关注精准扶贫精准脱贫、保障性安居工程、“营改增”、大众创业、万众创新等重大政策措施，开展落实情况跟踪审计。全年向师市党委和兵团审计局报告跟踪审计情况和整改情况4次。

财政审计 关注政府预算体系完善情况、国有资本预算编制、调整和执行情况、转移支付资金预算管理和使用情况、政府债务管理情况等方面内容，开展北屯市预算执行及其他财政财务收支审计。综合地税、保障性安居工程等其他项目审计结果，向北屯市人大常委会作专题报告，并提出审计整改建议。

经济责任审计 根据师市组织部委托，完成纪委、组织部、统战部、交通局和国有及国有控股企业等部门单位的领导干部任期经济责任审计项目22个。

固定资产投资审计 重点开展保障性安居工程、扶贫、援疆项目等专项审计，并委托第三方机构对市政绿化、道路桥梁建设以及通用航空机场建设等多项固定资产投资项目结（决）算进行审计。全年实施工程结算审计及招标控制价审计定案项目共计140个，审计金额22.62亿元，发挥审计机关在控制重大项目成本、项目管理防腐倡廉中的作用。

民生资金（项目）审计 开展扶贫资金、农民合作社、保障性安居工程等涉及民生的项目资金审计，重心聚焦精准扶贫、“三农”、住房等民生工程，以及脱贫攻坚、基本公共服务、区域协调发展战略等重大政策落实情况。通过审计，提出加强专项资金管理的建议意见，被审计单位积极采纳，对存在的问题进行认真整改。

企业审计 2017年审计局借助社会审计资源对全师8个团场和16个国有及国有控股企业进行审计，做到应审尽审，力求在新常态下促进师市企业在市场经济环境下健康发展。

相关工作 4次深入一八三团基层一线走访挂钩贫困户，调研困难职工群众生活现状。针对挂钩户的特点，明确帮扶任务，落实扶贫措施，7户挂钩户按期脱贫。加强对审计人员的培训，选派师市审计业务骨干人员参加审计署、自治区审计厅、兵团审计局统一组织的培训学习28人次计293天。派出人员14人次计591天配合兵团审计局完成中心任务。（撰稿人：周　晨）

【第十一师审计局】 2017年，第十一师审计局实有3人，下辖审计中心实有5人，公益性岗位1人。局长曹建辉，副局长张燕。

审计成果 2017年，第十一师审计局完成审计项目16个。查出违规金额4.4亿元；审计期间整改1.5亿元；出具审计报告11篇。提出并被采纳审计建议51条；推动各单位建立健全各项管理制度13项。

国家重大政策措施落实情况跟踪审计 对师级36个部门单位、2个项目开展重大政策措施贯彻落实情况跟踪审计。

财政审计 组织对师本级预算执行以及师医院、师五中等6个行政事业单位的预算执行情况开展审计，对发现的财政财务收支、资金管理使用、资产管理等方面存在问题，依法按程序作出处理，提出有针对性的审计意见建议6条。

经济责任审计 对师医院、德坤集团、建工集团、兵团交建 4 个单位领导干部进行离任经济责任审计，发现部分被审计单位在重大投资、大额资金支出等“三重一大”决策程序履行、公务用车、已完工项目办理资产移交手续等方面存在问题，依据法定程序作出处理，提出审计建议 15 条，限期落实整改。

民生资金（项目）审计 对 2016 年兵团保障性安居工程及配套基础设施的计划、投资、建设、分配、运营等情况进行跟踪审计，延伸调查 400 户农村危房改造家庭，检查 6 个安居工程项目的建设管理情况，查出 1 个建设项目进展缓慢、1 个项目安居工程专项资金拨付率低以及其他问题，提出有针对性的审计意见建议 3 条，督促有关部门单位抓好整改落实。

相关工作 配合纪委、财务局开展财经纪律大检查，提出建议 3 条。6 次组织全局结亲干部与结亲群众开展“民族团结一家亲”活动。8 名干部分 4 批次下沉基层，与职工群众同吃、同住、同学习、同劳动，宣传党的方针政策，帮助解决困难家庭的实际困难，促进各民族间的交往交流交融。选派 1 名干部到六建二分公司开展“访惠聚”（访民情，惠民生，聚民心）工作。

（撰稿人：党美璇）

【第十二师审计局】 2017 年，第十二师审计局人员编制 6 人，实有 6 人。11 月 8 日，兵团批准成立师审计局辖属公益一类事业单位审计中心，编制 9 人，实有 9 人。局长林海英，副局长徐建军，审计中心主任陆军。

审计成果 2017 年，第十二师审计局完成审计和专项审计调查项目 43 个（含兵团审计局统一组织项目 2 个、与第十四师合作审计项目 1 个）。查出违规金额 5646.87 万元、管理不规范金额 12.13 亿元；审计发现非金额计量问题 89 个；出具审计报告 43 篇。向师检察院移送违法事项 1 件，向集团公司移送违规事项 2 件。

国家重大政策措施落实情况跟踪审计 对第十二师 2017 年度贯彻落实国家、兵团党委和师党委各项政策措施情况进行跟踪审计，揭示各类问题 13 个，涉及问题金额 9410 万元。发现和纠正有令不行、有禁不止等行为。

经济责任审计 对二二二团、一〇四团和头屯河农场原党委书记、政委进行经济责任离任审计，发现在财务管理、内部管理和国有资产监督管理等方面存在的问题。对中瑞恒远集团公司和九鼎农业集团公司开展企业领导人经济责任任中审计，关注决策程序、资金筹集使用、项目建设等方面，揭示存在的问题，对经营风险提出警示，向师纪委移送违纪事项 1 项，向集团公司党委移送违规事项 2 项。派出 4 人次参加兵团审计局统一组织的经济责任审计项目。

固定资产投资审计 开展涉及工业、农业、基础设施、环境等政府投资建设项目竣工财务决算审计项目 23 个，审计投资额 18382 万元，查出主要问题金额 140 万元。委托中介机构完成造价审核项目 39 个，送审投资金额 12.10 亿元，审定金额 10.94 亿元，审减 1.16 亿元。

民生资金（项目）审计 开展城镇保障性安居工程跟踪审计，将查处是否存在损害师和职工群众利益的问题作为重点，关注棚户区改造安置补偿、保障性住房分配、资金管理使用等方面是否存在违法违纪问题，并跟踪检查以前年度问题的整改情况。

开展 2016 年度扶贫政策和资金项目专项审计，沿着政策和资金两条主线，关注精准扶贫精准脱贫政策实施、脱贫工作责任制落实、相关项目实施、资金管理使用、扶贫目标完成等情况，发现存在滞拨扶贫资金、部分团场扶贫贷款贴息政策落实不到位、个别扶贫项目推进缓慢等问题，提出相关意见和建议。

金融审计 以防风险、增效益、促改革为目标，依法对师各大集团公司下属 9 个类金融企业进行专项审计，重点关注经营管理、业务创新、法人治理及内部控制等情况，同时也关注监管部门在细化监管措施、健全监管规则方面存在的突出问题和薄弱环节。

相关工作 加强党建工作和审计文化建设，将“两学一做”“学转促”活动融入日常工作学习中，着力增强审计人员的党性意识、责任意识，培养审计人员拒腐防变的能力。派出 1 人参加兵团“访惠聚”（访民情，惠民生，聚民心）工作组驻永丰乡永丰村工作队。开展“民族团结一家亲”及“结亲周”活动，为群众办实事，以清洁卫生、联系住房、辅导孩子功课、提供交通工具等形式，为群众办好事16件次；组织带孩子到亲戚家过生日、谈心交流聚餐会，参观一〇四团畜牧连发展现状、教汉语、看电影、联谊活动等“微行动”。

（撰稿人：林海英）

【第十三师审计局】 2017年，第十三师审计局人员编制23人，实有20人（含2个审计中心）。局长徐进萍，副局长海东青。

审计成果 2017年，第十三师完成审计项目32个。查出违规金额1.22亿元、管理不规范金额3.11亿元、非金额计量问题125个；出具审计报告27篇。责令调整账务处理金额8025.35万元、归还原渠道资金1662.07万元、自行纠正2.21亿元；向师有关行业主管部门移送审计事项4件。审计提出建议和意见61条。

国家重大政策措施落实情况跟踪审计 完成涉及退耕还林、“一事一议”、就业补助、城市居民最低生活保障、自然灾害补助及精准扶贫等政策措施贯彻落实情况的跟踪审计。

财政审计 对2个团场预算执行及其他财务收支情况进行审计，查出问题金额4449.46万元，审计责令调整账务处理金额3518.57万元、归还原渠道资金513.69万元、自行纠正410.96万元，向师有关部门移送审计事项1件，提出审计建议9条。

经济责任审计 对11名领导干部进行经济责任离任审计，其中涉及团场领导干部5人、师直属企业领导人5人、师直事业单位领导干部1人，查出问题金额3.65亿元。审计责令调整账务处理金额3794.76万元、应归还原渠道资金1148.38万元、自行纠正2.05亿元，向师有关部门移送审计事项3件，提出审计建议29条。

固定资产投资审计 对4个政府投资建设项目进行竣工决算审计，查出个别项目存在建设管理不到位、内控制度不健全、建设程序不规范、工程质量保证金签订不合规等问题，审计认定核减200.10万元。出台《关于政府投资项目委托社会中介机构审计管理办法（试行）》《对中介机构审核政府投资项目质量的考核办法（试行）》，强化对中介机构的管理、考核和监督。

民生资金（项目）审计 完成2016年度第十三师城镇保障性安居工程跟踪审计、扶贫资金审计、援疆项目跟踪审计。

其他审计项目 完成农业综合开发专项资金审计项目5个，涉及4个涉农资金团场、1个师农业综合办公室。完成公务支出和公款消费审计，汇总报送审计报告。完成第十三师直属国资监管企业及团场“十二五”以来对外投资及收益情况的专项审计调查。

相关工作 扎实推进“两学一做”学习教育常态化制度化，齐抓共管支部党建工作、绩效管理工作、精准扶贫工作、“民族团结一家亲”工作。响应兵团审计局“大兵团”作战号召，选派3名业务骨干到兵团审计局参与审计项目15个。选送12人参加南京举办的固定资产投资、计算机审计中级、预算执行、审计经验交流等培训班的学习。

（撰稿人：李杉杉）

【第十四师昆玉市审计局】 2017年，第十四师昆玉市审计局人员编制4人，实有4人。局长庞开洪，副局长郭建盛，审计中心主任郭建盛（兼）。下辖农牧团场审计中心，编制6人，实有5人。

审计成果 2017年，第十四师审计局完成审计和专项审计调查项目25个。查出管理不规范金额11734万元；出具审计报告28篇，下达审计决定书2份，移送处理事项4件，发出整改通知8份。审计发现问题163个，审计提出建议83条。

国家重大政策措施落实情况跟踪审计 完成第十四师2017年四个季度重大政策落实跟踪审计。

财政审计 完成第十四师2016年公务支出和公款消费情况审计。对师职业技术学校2016年度财务收支进行审计，对审计查出问题下达审计决定，作出移送处理。

经济责任审计 完成二二四团原党委书记、团长，皮山农场原场长，四十七团原团长，一牧场原场长，和田垦区公安局原局长和师国资公司原董事长、天物农资公司原董事长等8名领导干部的离任经济责任审计。

固定资产投资审计 围绕师党委工作重点，对师本级2017年投资建设的团场25个警务站，师机关食堂建设、广场改造等7个项目开展审计调查。根据师市相关文件规定，以及项目建设单位对建设项目审计的申报需要，组织中介机构完成基本建设项目造价审核 21 个，完成竣工财务决算审计 21 个，审计投资总额 49466.98 万元。完成北京援助第十四师发展资金和重点项目的跟踪审计。

民生资金（项目）审计 实施第十四师 2016 年保障性安居工程跟踪审计和 2016 年扶贫政策和资金项目专项审计。

企业审计 落实中办、国办《关于深化国有企业和国有资本审计监督的若干意见》，加强师市国有企业和国有资产监督管理，开展师国资公司 2016 年资产负债损益审计和枣业公司等 8 家国有及国有控股企业 2017 年 9 月资产负债损益审计。

相关工作 完善审计制度建设，从师市层面制定《关于成立第十四师昆玉市经济责任审计工作联席会议和办公室的通知》《关于成立第十四师昆玉市审计整改和审计成果运用工作领导小组的通知》两项审计管理制度，为推进审计管理、审计整改落实和成果运用提供制度保障。加强内部管理，修改完善《师市审计局工作制度》，制定《十四师审计局（中心）考核办法（试行）》。

（撰稿人：刘　莉）

2017 年新疆生产建设兵团师(市)级审计工作统计表

金额单位:万元

审计机关	完成审计项目(个)	审计查出主要问题金额	审计处理情况					出具审计报告和审计调查报告(篇)	提出审计建议(条)	提交审计信息(篇)
			审计处理处罚				移送处理事项(件)			
			应上缴财政	应减少财政拨款或补贴	应归还原渠道资金	应调账处理金额				
第一师阿拉尔市审计局	71	715979	2112			11704		94	211	
第二师铁门关市审计局	33	57515	615		4118	20550	15	33	117	33
第三师图木舒克市审计局	29	45519	92		23	1094	2	29	70	
第四师可克达拉市审计局	78	3703			369	781	1	78	45	
第五师双河市审计局	47	13764	10		8		1	49	44	2
第六师五家渠市审计局	52	4111041	128	19066	140402	183795	22	52	155	65
第七师审计局	42	16315	344		2346	13625	11	42	128	12
第八师石河子市审计局	65	280811	5069		11	18792	5	73	81	2
第九师审计局	37	36700	3123		5266	5173	3	44	64	3
第十师北屯市审计局	32	4487	17		296	9182	1	32	71	35
第十一师审计局	16	43969						13	64	
第十二师审计局	43	126981	23		83		1	43	108	1
第十三师审计局	32	43300			1662	8025	4	27	61	
第十四师昆玉市审计局	25	11734					4	28	83	

科研、培训、出版、学术团体

【审计署审计科研所】 2017年，审计署审计科研所财政补助事业编制57人，实有41人。11月前有5个内设机构：办公室、审计基础理论研究处、审计技术方法研究处、审计管理研究处和审计法制研究处；11月2日调整为7个内设机构：办公室、财政审计研究室、金融审计研究室、企业审计研究室、自然资源资产审计研究室、审计法制研究室、科研组织处。

领导成员

所　　长：姜江华

副 所 长：杜光宇　刘力云

工作综述 2017年，审计署审计科研所（以下简称科研所）开展国外政府审计改革与创新系列研究、学习宣传贯彻党的十九大精神推动审计工作改革创新与发展系列研究、审计体制改革系列研究和其他课题的研究。印发47期《审计研究报告》，编译11期《国外审计动态》。完成《中国共产党审计工作史》（征求意见稿）的修改，完成《中国国家审计学》修改稿、《中外国家审计比较研究》送审稿、《中国国家审计案例》的修改。开展《中国审计思想史研究》课题。组织召开全国审计科研协作会议。修订《审计署审计科研所工作规则》。获得独立招收博士后资格，安排人员参加课题调研、审计项目实践和交流锻炼，招收4名博士后进站工作，组织4名博士后出站。

审计署重点科研课题研究 修改完善《中国共产党审计工作史》（征求意见稿），征求中央党史研究室专家及审计署老领导的意见和建议，对书稿进行调整，补充相关内容；向中央党史研究室汇报关于《中国共产党审计工作史》的编写情况。将《中国国家审计学》书稿送审计署领导及社会专家、高校专家征求意见，并进行梳理汇总，邀请相关专家组成修改小组，对书稿进行集中修改，形成修改稿送审计署领导审阅。组织专家对《中外国家审计比较研究》进行审阅，根据专家意见和十九大报告重要精神对书稿做出进一步修改，组织人员进行集中统稿形成送审稿，报署领导审批。组织专家对业务司局撰写的审计案例进行审核，按照出版《中国国家审计案例》的体例标准进行集中讨论和修改，组织修改小组对全部案例进行集中统稿。

审计科研系列研究 围绕学习宣传贯彻党的十九大精神，开展国外政府审计改革与创新、学习宣传贯彻党的十九大精神推动审计工作改革创新与发展、中外审计体制系列研究。国外政府审计改革与创新系列研究反映了美国、英国、俄罗斯、德国、法国、加拿大、澳大利亚、日本等国家最高审计机关21世纪以来特别是近期在审计职责权限、机构设置、制度规范等方面的改革与创新；学习宣传贯彻党的十九大精神推动审计工作改革创新与发展系列研究围绕审计机关坚持依法审计、加快改革创新、更好地履行审计监督职责，对依法审计存在的问题、推动投资审计、审计学科建设、深化国有企业审计监督、完善审计结果运用机制等方面进行研究。中外审计体制系列研究对中国先秦至清末时期、中国新民主主义革命时期的审计体制，以及美国、英国、澳大利亚、加拿大、法国、意大利、巴西、德国、日本、俄罗斯和韩国等典型国家的审计体制进行研究。

编写《审计研究报告》 编写刊发47期《审计研究报告》，包括“审计质量控制系列研究报告”“国外政府审计改革与创新系列研究报告”“学习宣传贯彻党的十九大精神推动审计工作改革创新与发展系列研究报告”等。审计署领导对部分研究报告作出批示。

编译《国外审计动态》 全年刊发11期《国

外审计动态》，主要翻译美国审计署的部分审计报告，研究美国大数据技术发展现状及启示。对其他国家的审计机关开展跟踪研究，介绍审计业务开展新情况、新特点。

全国审计科研协作会议 3月，组织召开有全国审计科研所所长参加的全国审计科研协作会议。会议总结2016年审计科研工作和贯彻落实《审计署关于进一步优化审计科研学术环境的意见》的情况，介绍科研所2017年审计科研的主要工作，明确审计科研面临的形势，以及科研工作的目标、方向和任务。参会的科研所所长结合各地审计科研开展情况，就如何更好地组织审计科研工作、进行审计理论研究进行座谈交流。

获得独立招收博士后资格 2017年，经全国博士后管理委员会办公室核准，科研所博士后工作站获得独立招收博士后资格，首批独立招收4名博士后进站。科研所博士后工作站对之前联合报收的在站博士后，组织4次开题审核、4次中期考核和4次出站答辩，4名博士后出站。

制定、修订管理制度 制定《科研所科研项目资金暂行管理办法》《审计科研所资产管理办法》。配合相关部门对《审计署优秀博士学位论文评选规定》《审计署重点科研课题管理规定》等2项制度进行修订。修订《审计署审计科研所博士后科研工作站管理规定》《审计署审计科研所（含审计学会）工作规则》 （撰稿人：陆晓晖）

【审计署审计干部培训中心（审计宣传中心）】 2017年，审计署审计干部培训中心（审计宣传中心）人员编制38人，实有31人。设有办公室、新闻协调处、新闻信息处、网络舆情处和音像制作处。

领导成员

主　　任：魏　强（兼）

副 主 任：俞国庆　曹志勇

工作综述 2017年，审计署审计干部培训中心（审计宣传中心）（以下简称中心）坚持以习近平新时代中国特色社会主义思想为指引，认真学习宣传贯彻党的十九大精神，在审计署党组的领导下，严格落实全面从严治党主体责任和监督责任，按照署审计宣传（政务公开）工作领导小组的统一部署，在办公厅的指导下，全面落实审计署2017年度审计宣传工作方案和各阶段宣传工作重点，履行审计宣传工作职责。审计署政务微信公众号全年共推送308期，较上年增加51%；推送微信1374条，较上年增加26.4%；关注人数超过9万，较上年增加38.6%。审计署门户网站编辑加载信息9318篇次，转载信息11553篇次。组成采访组深入全国16个省（市）审计一线采访，组织撰写、采编20篇新闻采访类稿件、12篇新闻报道类稿件，策划制作系列电视片《审计故事》19期，制作《审计新闻》20期。

审计宣传中心获得“2015—2017年度首都文明单位”荣誉称号；审计署“2015—2017年度司局级文明单位”称号。

宣传贯彻好中央精神，融入中央宣传工作大局 审计署门户网站和审计署政务微信公众号，周密制订宣传工作实施方案，及时转载党的十九大开幕、习近平总书记工作报告、参加代表团讨论、调研走访等活动，以及中央政治局常委与新闻媒体见面会、新闻发布会、媒体开放会、党代表通道等方面的宣传稿件和相关评论报道。开设“十九大时光”和“深入学习宣传贯彻党的十九大精神”专栏，及时报道刊载审计署党组、各级审计机关学习贯彻党的十九大精神的宣传稿件。审计署政务微信公众号、审计署门户网站，均在第一时间对习近平总书记7月26日重要讲话、全国“两会”、中央经济工作会议、“一带一路”高峰论坛等重要会议、重要讲话及党中央国务院的重大决策部署进行及时转载，第一时间转载新华社、人民日报等权威媒体的新闻通稿、相关报道和评论等，对审计署党组、全国各级审计机关学习宣传贯彻中央精神的情况进行报道。

审计成果传播 对审计署党组书记、审计长胡泽君所作的《国务院关于2016年度中央预算执行和其他财政收支的审计报告》和《国务院关于2016年度中央预算执行和其他财政收支审计查出问题整改情况的报告》进行全文刊发和系统全面的报道，及时刊发审计署审计公告及相关采访、解读，为公众提供最权威的审计新闻，进一步提升审计影响力。从6月起，审计署门户网站与地方审计机关门户网站同步公告2016年度省级预算执行审计报告，至年底已有33个省和计划单列市向社会公开预算执行审计结果报告，9个省和计划单列市公开预算执行审计整改情况。通过编发反映《领导干部自然资源资产离任审计规定》出台、省以下审计机关人财物统一管理改革试点、推进审计全覆盖等方面的资讯新闻，宣传审计机关在推进扶贫攻坚、国家重大政策措施落实等方面的典型做法和良好成效。做好重大事件的实时舆情分析和整理，全年监测、报告、处置13起审计负面舆情，撰写《审计舆情要报》2期，撰写发布《审计宣传与舆情动态》5期。

主题宣传策划 2017年全国审计工作会议期间，采用长图方式，系统梳理会议精神，被人民网网站、经济日报微信等36家署外媒体转载，阅读量超过4万；采用H5的形式制作的“2018，审计工作这样干”，解读2018年审计工作重点，总点击量达到4.4万。与审计署办公厅共同策划实施“坚定理想信念 做最美审计人”主题巡展，开设“扶贫审计在行动”“砥砺奋进的五年”“审计新兵”“打通最后一公里”“审计故事”“廉政活动剪影”“家风”等栏目，展示审计人员风采，传递正能量。

拓展宣传平台 围绕党的十九大、网络安全周等宣传重点，制作各类宣传展板132块、宣传手册800本，为审计署机关电梯间制作宣传视频17期。全年拍摄审计署重要会议、重大活动49次，拍摄编辑各类视音频资料120小时、新闻类资料75小时，为记录审计历史、留存审计档案提供支撑。为中央电视台《新闻联播》《焦点访谈》以及《将改革进行到底》《法治中国》等政论片提供审计报告及审计一线素材，总时长达200分钟。完成审计署门户网站升级改版，优化栏目设置和网站功能，开发手机客户端。利用审计署政务微信公众号优势，运用微信答题、横屏长图、微记录、H5等方式和手段，开展多角度、多形式、立体化的宣传，创新展现形式，提高视觉美感和互动性。建立工作成果信息管理库，承办全国新闻宣传（政务公开）培训班，组建特派办腾讯通宣传工作群组和地方审计机关微信群组，创新工作思路，深化审计宣传工作。

党建工作 培训中心党支部按照审计署党组的统一部署和机关党委的安排，抓紧抓好党建工作。制订党支部学习计划，深入学习党的十九大精神。中心领导带头讲党课，处级干部分工负责集体对十九大报告各章节进行解读；与中国审计报社、审计博物馆党支部以及中国传媒大学图书馆党支部联合开展“感受传媒历史变迁 创新审计宣传工作”主题联学；举办学习党的十九大精神“一站到底”知识竞赛；撰写百字学习感言，畅谈学习收获与体会。坚持“三会一课”、学习交流等制度，全年共选派党员干部21人次参加中央党校、审计署党校培训班，组织全体干部职工观看《将改革进行到底》《法治中国》《不忘初心继续前进》等专题政论片纪录片，扎实推进“两学一做”学习教育常态化制度化。进一步加强和规范党支部建设，严格组织生活制度，全年召开党员大会11次、党支部委员会14次，中心领导班子成员和处级干部给全体党员干部讲党课5次，两个党小组分别召开会议、组织集体学习12次。持续加强党风廉政建设，梳理中心风险点及防控措施，开展党风廉政建设承诺践诺活动。纪检委员列席中心主任会议，监督“三重一大”等事项决策。严格宣传纪律，坚决禁止有偿新闻。成立采购工作小组，集体研究决定设备采购有关事项，由纪检委员专责监督。加强日常警示教育，营造风清气正、廉洁自律的政治氛围。

队伍建设 中心领导班子带头深入学习宣传贯彻党的十九大精神、习近平新时代中国特色社会主义思想。全年分别围绕“全面从严治党取得的伟大成就”“廉政”“新修订的党章学习”“学习贯彻党的十九大精神、发扬光大党的三大优良作风，做合格共产党员”等主题讲授党课。坚持民主集中制，全年召开中心主任会议28次，印发中心主任会议纪要20期。认真开好领导班子民主生活会，会前谈话共计52人次，2次召开座谈会征求意见，认真查摆问题，制定详细的整改措施，所有查找的问题均已得到整改。

选派7人次赴人民日报社、新华社、中央电视台、中纪委网络中心等中央主流媒体挂职锻炼。制定出台《关于加强青年学习研究会建设的意见》。对新招录的青年干部，实行由中心分管领导和处室负责人或业务骨干担任实务导师的双导师制，开展为期19天的初任培训。邀请专业师资开展为期5天的中级摄影培训，选派7人参加为期12天的外部摄影培训，组织摄影比赛，以赛促学。开展读书交流活动，邀请人民日报社评论部副主任张铁、中国传媒大学播音主持艺术学院刘鹏授课。

内部管理 建立审稿点评制，在完善三级审核制的基础上，定期召开点评会，深化一线采访项目制管理。严格廉政纪律，出差必须主动交纳伙食费，并作为差旅费报销依据。定期将党费、工会经费、预算执行、设备采购和分配情况、岗位绩效考核情况等向全体人员公示，接受监督。进一步严格请示报告制度，完善会议、人事、财务开支、固定资产管理等制度；印发值班管理办法；制订公务用车改革方案；探索适合中心工作特点的岗位绩效考核办法和绩效工资实施办法。

（撰稿人：杨明月）

【审计署计算机技术中心】 2017 年，审计署计算机技术中心实有工作人员 30 人。设有办公室、网络管理处、系统运行处、信息系统审计处、数据管理处、安全保密处、国家审计仿真实验室、标准化处等 8 个处室。

领导成员

主　　任：杨蕴毅

副 主 任：杨　莉　陈丽华

工作综述 2017 年，在审计署党组和分管署领导的正确领导下，审计署计算机技术中心（以下简称计算中心）认真学习宣传贯彻党的十九大精神，深入学习习近平新时代中国特色社会主义思想，紧紧围绕科技强审，立足实际，扎实工作。严格落实全面从严治党各项要求，以党建工作统领、促进信息技术审计应用发展，大力抓好金审工程三期建设、大数据审计方式推进、信息系统安全运行等计算机技术业务工作，加强综合管理，努力提升为审计一线服务的水平，较好地完成各项工作任务。

推进金审工程三期建设 按照审计署“统一规划，两级部署”的建设要求，完善金审工程三期整体规划，细化标准规范建设、信息资源规划、应用系统建设、网络系统建设、安全体系建设等 12 个方面的建设内容，大力推动各项建设任务的进展，并指导和协调地方审计机关的金审工程三期建设。

秉持“标准先行”的建设原则，组织完成审计专用安全浏览器应用开发规范、审计软件开发指南、安全隔离与信息交换系统技术规范、安全认证网关技术规范、SSL VPN 技术规范、应用系统日志生成规范、数字证书命名规范、金审工程 USB KEY 接口规范等 8 个规范性文件的制修订。组织开展数据中心、指挥中心、审计内网、设计现场审计作业云等 4 个重要系统深化设计方案的编制，通过专家评审。完成各项基础支撑类软件的需求分析与设计；完成审计计划统计数据直报系统、电子文件管理系统、审计专用安全浏览器、统一认证及权限管理系统、统一日志管理系统招标文件技术需求编制。

开展金审工程三期部分建设任务的采购。完成金审工程三期总集成商招标合同的签订；完成监理服务、审计内网安全设备、审计内网特派办安全管理服务器及部分存储服务器的采购；完成移动审计支撑系统的建设和初验工作。

大数据环境下审计数据综合分析的技术支持保障 为适应审计信息化的发展，满足审计中“运用大数据技术，推动组织模式创新，实现跨专业跨领域的数据融合”的要求，计算中心努力提升数据综合分析技术支持水平。组织开展“数据支撑全过程管理体系”建设，构建“用数据说话、用数据决策、用数据创新”的数据管理机制，对数据支撑全过程进行跟踪记录及管理，以实现管理粒度的细化，管理过程的规范与清晰，人力资源与设备资源的有效配置，提升数据管理质量与水平。

推进基于国产数据库的全署审计数据建设，组织实施包含数据接收、数据恢复、数据清洗、数据迁移、数据备份等在内的审计数据生命周期管理。实施国产数据库集群存储方案，加强数据安全的主动防护能力，确保存储安全和备份安全。

组织技术力量，为数据司、金融司、投资司、税收司、农业司等多个业务司审计项目提供非现场技术支持，为财政司、社保司实施的政策跟踪、盘活存量资金、地方政府性债务、城镇保障性安居工程等审计项目提供全程技术支持。响应审计署业务司和特派办在数据应用过程中提出的各类问题，有效保障审计项目的顺利进行。

网络和信息系统管理和运维保障 负责管理和保障国家审计数据中心，审计专网、审计内网、因特网接入网与数据分析网等 4 套网络，43 个应用系统，420多台服务器设备、25套存储设备、1318台套网络和安全设备的正常运转。全年整体运行平稳有序，未出现重大网络安全事故和运行事故。

对机房、设备、系统加强常态化监控力度，坚持每天巡检，做到第一时间发现和处理问题；指导18个特派办和西藏自治区审计厅远程巡检。完成服务器设备续保、硬件维修、软件安装、涉密计算机安全加固、迷彩U锁等日常维护任务，保障设备的正常使用。加强对审计专网和审计内网应用系统的日常管理、运行保障、升级维护与数据加载，保障交换中心、云审计App平台等12个应用系统不间断运行，为署机关、特派办和派出局的公文和信息流转、项目管理等各类应用提供支撑。全年完成审计内网和审计专网系统升级50次，累计发现并排除应用系统故障28次，为署机关、派出局提供现场服务2130人次。完善与第三方公司的合作机制，规范社会化购买运维服务的程序，严格招投标程序；加强对金审工程服务组等第三方公司服务团队的管理，促使其进一步提高服务的质量与水平。

适应审计信息化发展需要，继续建设、完善审计应用系统。完成审计项目管理软件和地方财政收支数据分析项目的验收。配合办公厅开展数字档案室的建设，跟踪了解系统开发进度并采购相关软/硬件设备，为系统的部署实施提供技术保障。完成安全客户端网神SSL VPN设备升级，组织研发上线专网连接认证客户端2017版。完成替代审计内网RTX的安全邮件的采购和部署上线。完成对AO2011的改造和新版本发布，支持64位操作系统、64位SQL server数据库及WPS 2016。建立审计署推进软件正版化工作长效机制，分别于7月和11月在全署开展两次检查，相关工作得到国家版权局的肯定。在国家版权局组织的国家机关推进软件正版化工作培训班上，计算中心介绍审计署软件正版化的工作经验。

网络安全建设 开展网络安全检查与等级保护分保测评工作，组织完成2017年度等级保护测评工作及整改，对审计署门户网站等系统进行升级改造，等保测评效果比以往年度整体提升；按照国家电子政务内网办公室关于做好国家电子政务内网建设的有关要求，修改和完善电子政务内网建设及迁移方案，按时做好网络接入和互联互通的准备工作。持续开展审计内网和审计专网反病毒工作，及时升级防病毒软件，更新病毒特征库和补丁，指导、督促特派办、省级审计机关的反病毒管理工作，进而保持审计署审计内网和审计专网瑞星反病毒管理中心的正常运行。在2017年勒索病毒应急处置工作中，计算中心按照应急处置要求统筹组织全国审计机关开展应急处置工作，全国审计机关没有一台机器感染病毒。

按照公安部关于加强行业通报机制建设的要求，计算中心草拟经审计署制发《审计机关网络与信息安全信息通报机制暂行规定》，强化对审计行业网络与信息安全的指导、监督和检查，规范信息安全信息通报工作。落实中央网信办等部门的工作部署，开展3次大型网络安全检查。为进一步确保安全，2017年计算中心委托公安部第三研究所对署机关、18个特派办、出版社的22个关键信息基础设施进行现场检查，对邮件系统、网站系统进行渗透测试，对邮件系统使用情况开展自查。

配合署保密办开展计算机保密检查，全年共完成11个业务司、12个派出局、9个特派办以及9个直属单位的网络保密检查工作。每月使用保密检查工具对中心全体员工的“三网”计算机开展安全保密检查，督促养成良好的安全保密习惯。组织举办《落实贯彻网络安全法》的专题讲座，开展《大数据环境下新的保密情况》的专题保密宣传教育活动，加强保密和信息安全意识。

按照中央网信办的要求，计算中心对原有的《紧急情况处理预案》进行修订和完善。每月对长沙备份中心备份数据进行一次数据验证，组织3次针对署机关和特派办应用系统的应急恢复演练，磨炼队伍，检验预案。开展技术支撑队伍建设，选取具备国家网络安全技术服务相关资质的安全厂商作为技术支撑单位，与计算中心技术人员共同组成网络安全应急技术支撑队伍，推动应急工作专业化，增强抗风险能力。

审计信息化建设的供给侧改革 结合审计实践，加强探索创新研究，力求为审计一线提供更为先进适用的信息技术应用途径和方法。通过调研，计算中心以“审计工作对非结构化文档信息的利用”为主题，以社保审计作为切入点，构建基于知识图谱的社保审计知识智能查询系统。初步建成的系统爬取与审计相关的政策法规 13358 件、百科词条上万条，收集审计方法 4036 篇，人工扫描审计案例 115 篇，在一定程度上解决审计实践中面临的典型问题。开展《审计对象相关信息搜索》工具的小范围试用，并与地方审计厅合作开展智能审计技术研究。

针对大数据战略实施中的风险，计算中心组织力量开展大数据服务和交易市场的调研，选取 4 家具有代表性的大数据服务企业的 51 个数据接口进行逐一测试分析，发现部分企业从事政务大数据交易，存在个人隐私信息管理不严、监管失控等重大风险隐患问题。调研的结果为下一步规避大数据审计风险提供有意义的实验数据。

为贯彻落实以“共建共享”为基本原则的审计信息化建设供给侧改革，计算中心组织研究力量，与“政府治理能力大数据应用技术国家工程实验室”合作，对审计一线大数据应用技术进行调查，探讨对前沿技术研究和引进，为金审工程三期的建设储备资源，将研究成果转化为教学内容，转化为审计生产力。

中国审计信息化的国际化进程 秉持合作互惠理念，继续推动“审计数据采集”国际标准项目，凭借中国审计信息化运用的实践经验和已有标准的基础，积极应对国际标准化组织“审计数据采集”国际标准项目的攻坚阶段。计算中心累计组织 1 次 PC 会议、20 余次国际标准工作组会议和 30 余次多边、双边会议，成功实现“审计数据采集”标准稿由工作组草案（WD）转为委员会草案（CD），并且与美国携手推动在国际标准化组织创设审计领域的技术委员会（TC），从而开展系列计算机审计国际标准的制定工作。

协调各方力量，引入南京审计大学专业教师、国内外软件厂商，就 XML、TEXT、JSON、XBRL 四种技术格式开展测试和论证工作，按时完成“审计数据采集”项目技术格式测试；同时，与美国、日本、荷兰等多国专家进行深入沟通，形成中美牵头、多国共同参与的委员会稿编写机制；计算中心组织召开 27 次 ISO/PC 295 国际工作组会议，若干次国内专家组会议及 1 次 ISO/PC 295 委员会会议，与美国、俄罗斯、日本等 8 国充分沟通，于 10 月成功完成委员会稿。与此同时，标准测试工作并行开展，12 月基本完成测试工作后，计算中心与美国专家就技术格式测试问题在北京开展为期一周的讨论，形成审计数据采集标准文件输出格式的结论。这一结论为后期与 XBRL 开展竞争提供有利于中方的事实，形成客观有力的证据，为防止出现 XBRL 垄断国际标准文本输出格式的不良局面打下基础。

在实施“审计数据采集”项目过程中，计算中心在 INTOSAI、中老、中缅、中泰等多边、双边场合，积极而得体地宣传中国审计信息化建设成果与审计数据采集标准化的关系，取得较好的效果。在商务部、外交部、国标委等部门的支持下，将提出中国审计信息化标准与“一带一路”沿线国家对标的建议，推动中国审计信息化标准走出国门。

国产数据库应用技术培训 为满足大数据环境下审计数据的合理归集、科学存储、方便应用且安全保密的需要，结合国家关于基础软件国产化政策的贯彻执行，以及金审工程三期建设项目大量采用国产数据库的框架设计，加强国产数据库应用培训。在审计干部教育学院组织国产数据库骨干人才培训班 1 次，培养学员 40 人，采用理论教学与实务案例相结合的方式，通过对神通数据库安全管理、性能优化、数据挖掘、数据分析等内容的学习，使学员们掌握国产数据库管理系统的使用、管理和维护方法，了解数据挖掘、多维分析和报表展示等数据分析系统的使用。

计算机技术培训 按照署内统一安排，2017 年起，计算机审计中级培训、计算机审计数据分析师培训移交至审计干部教育学院，考试题库、考试网站、历史数据库移交审计干部教育学院。计算中心配合协助审计干部教育学院开展相关工作，确保计算机技术培训的平稳过渡，保证考试不受影响。应审计干部教育学院邀请，参加面向全国审计机关征集的中级案例素材的评选工作，为计算机审计中级培训考试扩充题库打下基础。

（撰稿人：曹洪泽）

【审计署国外贷援款项目审计服务中心】

2017 年，审计署国外贷援款项目审计服务中心人员编制 20 人，实有 17 人。设有综合管理部、审计一部、审计二部、审计三部等 4 个部门。

领导成员

主　　任：李凤雏

副 主 任：刘　瑛

审计成果　2017年，审计署国外贷援款项目审计服务中心（以下简称外资中心）完成国外贷援款审计项目32个，涉及16个单位和机构。发现扩大资金开支范围、财务管理不规范等问题30个，涉及金额1.51亿元；出具审计报告44篇，其中外资中心自审项目审计报告32篇，外资运用审计司和各特派办交外资中心复核后出具的审计报告12篇；出具审计信息转送函2份。提出并得到采纳审计建议30条；督促整改问题30项。完成农工党中央、台盟中央的2016年度预算执行审计。

预算执行审计　按照审计署的安排，对农工党中央、台盟中央开展2016年度预算执行审计，出具预算执行审计报告2篇，下达审计决定书2份，发现违规开支和财务管理不规范等问题14个，涉及金额1573.21万元，提出审计建议14条；督促整改问题13项。审计过程中，树立“一盘棋”意识，强化各审计组之间沟通协调，对农工党中央和台盟中央本级及多个直属单位展开具体审计工作。

外资运用审计　组织实施外资审计项目32个，涉及环保、农业、交通等多个领域，项目执行单位涉及财政部、发改委、工信部等11个部门以及华夏银行、进出口银行、民生银行等5家机构。审计实施中，将国外贷援款项目审计特点规律与国家审计内在要求有效融合，按照“内资外资一起审”“项目部分和非项目部分统筹兼顾审”的要求，坚持“强化监督、严格执法，如实披露、促进管理，不断深化、提高质量”的原则，认真履行审计监督和公证职责；关注利用外资实际效果，通过揭露项目执行中存在的突出问题，深入分析查找体制机制制度和管理方面的原因，形成高质量的审计报告和有价值的审计信息。向社会公告44个利用国外贷援款项目2016年度财务收支和项目执行情况的审计结果，引起社会公众、国外贷援款方的高度关注，有效促进整改落实。

信息化建设　外资中心审计项目管理系统进行全面升级，优化审计报告复核、审计公告、外部资源管理流程，完善审计档案管理、外勤（聘）经费管理，增加任务提醒功能，升级项目管理系统中的核心插件。

审计理论研究与宣传　外资中心注重开展审计理论研究工作，承担或参与《国外贷援款项目财务报表审计技术方法》《世界银行贷款项目采购后审研究》等课题研究，参与《外资资讯》和《世界银行亚洲开发银行贷款项目审计指南》翻译；围绕开展审计廉政教育、外资审计贯彻落实全国金融工作会议精神和学习宣传贯彻党的十九大精神，撰写上报工作动态3期，在审计署专网和门户网站予以转载；结合具体业务工作实际和宣传报道需要，撰写《别有洞天的“思与新”》等多篇纪实报道和外资审计新闻资讯，在审计署专网、官网、微信公众号或国务院微信公众号登载10多篇次。

队伍建设　注重加强实践锻炼，提升干部的业务能力，在完成外资中心的工作任务的同时，派出42人次参加审计署统一组织实施的预算执行审计、铁路总公司国家重大政策措施贯彻落实跟踪审计和经济责任审计等项目；派出13人配合外资运用审计司开展2017年国外贷援款项目审计质量检查和调研工作；选派2名青年干部到特派办交流锻炼，提高审计人员攻坚突破能力。加强业务培训，先后派7人参加外资审计人员工程投资审计基础班、授权审计项目管理研讨班、全英文授课模式的外资审计人员高级培训班，拓展领域、提升业务能力；参与世界银行、亚洲开发银行等国际金融组织举办的研讨活动和专题会议，扩充视野、掌握最新动态；与外资运用审计司联合成立导师组，实行外资审计实务导师制，由5位司处级干部担任集体导师，11名青年干部作为被指导对象，开展“审计问题查证技巧”“政策跟踪审计”等专题讲授活动，充分发挥导师组的“传帮带”作用，提升外资中心的综合能力。充分利用微信群，搭建“思与新”微信群学习交流平台，开辟“十九大精神学习专栏”“《大众哲学》每日学”“一日一英语”“每周一文”“一旬一数学”“一月一案例”等多个专栏，开展互动学习。广泛开展审计理论研究工作，鼓励党员干部参与课题研究和理论文章撰写，制订下达年度理论研究任务计划，引导审计人员学习政策、掌握制度、钻研实务，进而提高审计业务本领。

（撰稿人：吴梁羽）

【中共审计署党校　审计署审计干部教育学院】　2017年，中共审计署党校（以下简称署党校）、审计署审计干部教育学院（以下简称教育学院）人员编制25人，实有17人，另有7名交流干部。设有综合事务部、教务部、教研部、信息化部、考试部。

领导成员

署党校校长：胡泽君

第一副校长：李晓钟

常务副校长：彭华彰

教育学院院长：彭华彰

副 院 长：王晓峥　曹　山

马兰霞（8月—）

工作综述　教育学院成立于2011年8月，是审计署为加强国家审计人员的教育培训，培养和造就高素质专业化队伍而主办的培训机构。2015年12月，经中央编办批复，教育学院加挂“中共审计署党校”牌子。2016年12月，署党校、教育学院全面承担审计署教育培训任务，成为审计署唯一的教育培训机构，培训类型涵盖党性教育、审计业务、计算机应用和国际培训等多个领域，同时承担全国审计专业技术资格考试等职责。

2017年，教育学院共举办培训班69期，培训学员7644人次、11.72万人天。其中，署党校培训班21期，培训学员3471人次、2.63万人天。此外，举办3期网络培训，培训学员4.53万人次。培训类型涵盖党性教育、审计业务、计算机应用和国际培训等多个领域。

精心选配师资，打造师资团队　推动建立审计署司局级以上领导干部上讲台制度，落实领导干部到党校讲党课制度；选拔政治素质过硬、理论素养深厚、审计经验丰富、富有教学热情的审计实务专家充实核心师资队伍；与南京审计大学等高校及科研院所密切合作，引进高水平师资。署党校、教育学院师资库中共有师资1350人，其中来自审计署和地方审计机关的师资717人、来自审计系统外的师资633人。注重加大审计业务师资后续培养，举办2期审计案例教学师资培训班，培训学员89人。

强化党校课程，完善课程体系　配合署机关党委（人事教育司）连续举办5期审计署处级以上干部学习贯彻党的十九大精神集中轮训班。组织培训班学员聆听署党组成员关于党的十九大精神的党课宣讲；邀请专家学者为培训班学员作党的十九大精神专题辅导；指导培训班临时党支部围绕十九大报告开展学习交流、专题研讨、知识竞赛、撰写学习心得体会等活动，引导广大学员把党的十九大精神学深悟透。共培训学员1500余人，对全署司处级以上干部实现培训全覆盖。

创新教学方式，提升培训成效　避免“满堂灌”教学模式，综合运用讲授式、案例式、模拟式、体验式、研讨式、访谈式等多种教学方式，加强教学互动，实现教学相长，提升培训成效。深化案例教学，将理论教育与实务教学相结合，通过案例、体验等多元化的形式，增强教学效果，提高学员解决实际问题的能力。牵头相关业务司组织编写《国家审计案例集（一）》，其中收录的大量案例都是审计实践经验的总结提炼和规律探索，对审计实务极具参考价值和借鉴意义。

加强教学管理，培育优良学风　进一步修订完善教学管理手册，切实加强教学管理的科学化、规范化水平。制定学员管理手册和培训手册，确保学员在培训期间各项管理工作有章可循。在培训期间，安排专人随堂听讲，确保教学质量；要求培训班临时党支部委员带头，向授课教师踊跃提问，鼓励课堂交流、教学互动；课后，组织教学评估，为提高教学水平积累经验。坚持校（院）严格管理与学员自主管理相结合，通过成立培训班临时党支部和班委会，委任能力突出、经验丰富、威信较高、责任心强的同志担任培训班临时党支部委员（班委），协助落实教学计划、辅助进行培训管理工作。全年没有发生违规违纪行为。

加强“两个教育”，提升能力素质　围绕教学目标，充实培训内容，理想信念教育和依法审计教育在教学安排中不低于总课时的40%。每个培训班培训期间至少组织一次主题活动，主题内容涵盖理想信念、法纪意识、职业荣誉感等方面。定期举办署党校、教育学院大课堂，邀请知名专家解析时政热点、传播主流文化，帮助广大学员开阔视野、提高认识。

履行考试职能，做好考试工作　健全完善工作机制，促进审计专业技术资格考试工作的安全、科学、公平和规范；组织实施审计专业技术资格考试的征题、命审题、考务组织、阅卷等各项工作，进展顺利。共有5.61万人报名参加审计专业技术资格考试，与往年相比有较大幅度增长。

结合校（院）实际，推进信息化建设 成立信息化建设领导小组，建立健全工作机制，统筹推进校（院）信息化建设各项工作。扎实推进“数字化校园”建设前期准备工作，制定出台信息安全管理暂行规定、互联网信息发布暂行规定等多项制度。完善校（院）信息化发展规划，依托审计署计算机技术中心，加强与中国时代经济出版社的合作，开展网络培训工作，建设审计专业技术资格考试系统。稳妥推进审计模拟实验室建设，加强审计模拟实验室推广应用。

加强沟通协调，优化办学环境 与南京审计大学开展深入合作，理顺合作机制，规范运行管理，进一步加强理论研究、教学管理、课程开发、师资培养等方面的交流协作。与署机关各单位、各派出审计局、各特派员办事处和各直属单位以及地方审计机关密切合作，争取支持；与各级党校、行政学院、其他高校和科研院所积极合作，努力拓宽课程、师资等教学资源的来源渠道，不断学习先进的办学理念和经验。

强化理论武装，坚定理想信念 教育学院党委组织学习习近平新时代中国特色社会主义思想，学习党章党规党纪和党的理论方针政策。全年组织8次专题学习，举办3次读书经验交流活动，开展“每月精读一本书”活动，举办“坚定信念跟党走，依法审计为人民”主题党日活动，推进“两学一做”学习教育常态化制度化，提高干部职工的政治站位和政治能力。组织视频会议、党课宣讲、专家授课、专题研讨等，持续深入学习宣传贯彻党的十九大精神。校（院）主要负责同志带头学习宣传贯彻党的十九大精神，为培训班学员作专题讲座。党支部（含临时党支部）结合“三会一课”和党日活动掀起学习宣传贯彻热潮。

狠抓党的建设，落实主体责任 认真履行“一岗双责”，从党组织、单位和个人三个层面分别制定权力、责任和负面清单，进一步明确职责分工，构建起全面从严治党责任体系。2月，全体党员干部与教育学院党委签订2017年度落实全面从严治党责任承诺书，开展承诺、践诺活动。落实“三会一课”、民主评议党员、民主生活会和组织生活会，以及领导干部请示报告等组织生活制度，注重提高组织生活的质量，严肃党内政治生活。教育学院党委召开6次党员大会、47次党委委员会议；组织15次专题党课；召开司局级党员领导干部民主生活会，各党支部分别召开1次专题组织生活会并认真开展民主评议党员活动。加强思想政治工作，制定《关于加强和改进干部职工思想政治工作的意见》。制定出台党支部工作纪实办法，进一步规范党支部工作。加强临时党支部组织建设，共批复成立42个培训班临时党支部，给每个培训班安排一名党建联系人，组织一次临时党支部工作座谈会，指导培训班党建工作和业务学习同推进、同落实。2017年，先后组织7000余名学员，开展丰富多彩的党建活动。

严肃党风党纪，推进廉政建设 支持和配合署党组派驻纪检组长（以下简称纪检组长）履职尽责，主动及时向纪检组长报告校（院）重要工作，涉及财务、人事、资产等重大事项邀请纪检组长参会研究。党委和各支部（含临时党支部）纪检委员积极开展工作，加强廉政风险防控，严格执纪问责。组织开展党风廉政教育，注重家庭、家教、家风建设，做到防微杜渐。

规范内部管理，持续改进作风 研究制定19项制度办法、修订完善《党校管理办法》等4项制度办法，健全制度体系，确保各项工作有章可循、有据可依。加大制度执行力度，不断增强干部职工法治观念和程序意识，有效提升各项工作的规范化水平。坚持民主集中制原则，加强校（院）、部门两级领导班子建设。召开校（院）长办公会议32次，重大事项一律开会研究，充分发扬民主，正确集中意见。通过招聘录用和审计署安排适岗交流干部挂职锻炼，进一步充实职工队伍，优化人员结构；通过授课、座谈等方式对干部职工特别是新入职人员开展岗位培训。查摆“不严不实”问题，加强作风建设，署党校、教育学院领导班子成员和党委委员以上率下、率先垂范，努力培养干部职工忠于事业、勇于担当、善于落实、甘于奉献的优良作风。

（撰稿人：丁传栋）

【审计博物馆】 2017年，审计博物馆人员编制10人，实有3人。设有综合管理部、展陈部。

领导成员

副 馆 长：鹿云飞（—7月） 华海峰

工作综述 2017年，在署党组和分管署领导的正确领导下，审计博物馆认真学习宣传贯彻党的十九大精神，深入学习习近平新时代中国特色社会主义思想，紧紧围绕审计署中心工作，立足实际、扎实工作，严格落实全面从严治党各项要求，大力抓好藏品征集、研究和展陈宣传等各项业务工作，持续加强综合管理，努力提升服务水平，较好完成各项工作任务。

展览陈列 全年共接待参观23188人次（含未成年人4615人次），比上年增加35%。除常设展厅外，在广泛征集藏品、开展研究基础上，开设“鸿儒硕学 理论相继——中国重要审计学专家专题展”；开展党的十九大精神系列宣传活动，组织全国省级审计机关制作党的十八大以来审计工作成就展板，并在党的十九大召开前正式展出，促进社会公众进一步了解审计、关心审计、支持审计。

藏品征集 藏品是博物馆生存发展的根本，审计博物馆始终高度重视藏品征集工作，坚持专项征集与日常征集相结合，多渠道广泛征集审计藏品，富有成效。全年征集到近900件实物、资料，为更好开展审计历史研究、开设不同主题临时展览打下坚实基础。

馆藏研究 坚持立足干部队伍实际，稳步开展研究工作，起草审计藏品故事36篇，与中国审计报社合作开设“走进审计博物馆”专栏。与中国审计报社共同开展5位红色审计人物家书故事的撰写工作。组织专人进一步查阅收集、整理第一批56名审计学专家生平，为开设临时展览提供丰富素材和内容。

数字博物馆 建设坚持推进“互联网＋中华文明”行动，有序开展数字博物馆建设。博物馆进一步对依托实体博物馆采集的文字、图像、藏品信息等数字资源进行整合、加工、提升，利用多媒体手段搭建面向互联网观众的网上博物馆，设计虚拟漫游、实景展览、精品欣赏、藏品故事、动画视频5个板块。通过公开招标，正式启动三维数据资源建设工作，完成100余件藏品的三维数据采集以及3个动画、1个视频的制作。在审计署成立34周年之际，网上博物馆在审计署门户网站正式运行。

综合管理 坚持安全发展理念，严格落实安全责任，抓好日常安全、强化保密安全、加强藏品安全，有效地维护博物馆的安全稳定，为各项工作顺利开展提供有力保障。

党建工作 根据署统一安排，审计博物馆组织党员干部参加全署党员干部大会以及宣讲活动，及时传达有关会议精神，第一时间按要求部署学习安排，制订深入学习宣传贯彻党的十九大精神工作计划；组织全体干部职工认真研读党的十九大报告，深入开展学习研讨，深刻领会习近平新时代中国特色社会主义思想的精神实质；组织全员开展主题征文活动和“我为新时代审计献一策”活动。通过深入开展学习，进一步增强干部职工的“四个自信”，牢固树立“四个意识”，更加坚决地维护习近平总书记的核心地位，更加坚定地维护以习近平同志为核心的党中央权威和集中统一领导，更加自觉地在思想上政治上行动上同以习近平同志为核心的党中央保持高度一致。党支部通过落实全面从严治党各项要求，扎实推进“两学一做”学习教育常态化制度化，严格落实“三会一课”制度，按照党章要求参加民主生活会和组织生活会，始终加强纪律和作风建设，持续加强干部队伍建设，发挥党支部的战斗堡垒作用。

（撰稿人：汤 菁）

【中国审计报社】 2017年，中国审计报社人员编制30人，实有30人。设有办公室、总编室、新闻部、专刊部、技术信息部、记者部、财务部、发行部、广告部等9个部门。

领导成员

副 社 长：黄 峥（主持工作）

孔凡青 赵 萍 赵晓强

副总编辑：赵晓强（兼）

工作综述 2017年，中国审计报社（以下简称报社）在审计署党组的正确领导下，紧紧围绕学习宣传贯彻党的十九大精神这一首要政治任务，以落实全面从严治党和党风廉政建设为统领，强化领导班子和干部队伍建设，健全制度规范，理顺工作机制，认真履行新闻宣传职能。报社通过审计署司局级文明单位复评，《中国审计报》入围国家新闻出版广电总局评选的第三届“百强报纸”公示名单，报纸的传播力和影响力进一步增强。

加强审计宣传工作 突出对党中央各项精神贯彻落实的宣传。开设“学习宣传贯彻党的十九大精神”“精读深研党的十九大精神”栏目。做好“两学一做”学习教育常态化制度化的报道。将上年开设的“践行‘两学一做’”栏目改为“推进‘两学一做’”，继续办好“‘两学一做’大家谈”栏目。

突出对国内重大事件与审计工作相关联内容的报道。立足审计报的行业特色，把香港回归20年来和香港审计署的交流往来以通讯的形式进行报道；开展“青年文明号”获得者的报道，对“全国青年文明号”获得者的河南省审计厅计算机审计中心等4家单位进行采访，挖掘审计青年核心精神；开展精准扶贫精准脱贫工作的报道，对审计机关扶贫工作队、驻村“第一书记”等的事迹进行持续报道；开设栏目“走在扶贫路上”，讲述吉林、四川等省审计扶贫故事；开展《看审计　话民生》系列采访报道活动，报道江苏、山东等八省审计机关在促进民生政策落实方面发挥的积极作用，制作新媒体产品“看审计　话民生”采访地图。

突出对审计工作重点的宣传。对审计署重大事件进行全方位报道，如全国审计工作会议召开、审计长受国务院委托向人大常委会作审计工作报告等。同时开设“推进审计监督全覆盖”“探索自然资源资产离任审计”等栏目，把各地好的经验做法以重要版面加以刊登。

突出对审计人物和审计故事的挖掘报道。多角度多层次报道“最美审计人”，刊发稿件5篇。落实中央传统文化工程宣传工作要求，开办“走进审计博物馆”专栏，讲述审计博物馆藏品背后源远流长的中国审计文化；开办“家书故事”专栏，对阮啸仙、谢觉哉等5位审计先辈的家书、家规等既有资料进行再度创作。打造“周末特刊”的精品栏目，推出“走近冬奥会”系列报道3期，反映审计人在冬奥筹备中发挥的积极作用。

突出对审计理论交流探讨的宣传报道。《财经周刊》通过“观察家”等栏目，先后对“一带一路”、全国金融工作会议等重大经济事件进行报道，推出“学者声音”“经济观察”等栏目，刊登专家学者的观点，“法苑”版推出“法理视点”“以案说法”“审计人发言台”等与审计相关的法制宣传报道近20篇。

扩大传播力和引导力 全力开展十九大宣传报道。派出记者驻会，全程报道十九大情况，从开设党代表通道、简朴会风看党风新气象，从十九大看开放自信的中国，以及十九大的世界意义等视角对会议进行立体式报道。报纸头版开设“砥砺奋进的五年　向十九大献礼”栏目，报道全国审计机关十八大以来发挥审计职能作用、服务经济社会发展方面取得的成就。开设“十九大时光”栏目，报道中央和地方审计机关收看十九大开幕会情况、审计人员对大会报告的感言、北京市审计局十九大代表专访等。

探索新媒体立体报道新格局。在“中国审计数字在线网”开设学习宣传贯彻党的十九大专题，设置“要闻”“评论”“十九大时光”“全国审计机关学习贯彻党的十九大”“图片新闻”等栏目，共刊发文章和图片新闻94篇；开设的“砥砺奋进的五年”专题，共刊发稿件22篇。首批入驻全国党媒公共平台，成立“融媒体工作室”，探索新媒体产品制作，推出受众喜闻乐见的宣传作品。十九大期间共发布微信56期、信息272条，第一时间报道十九大重要新闻。开设的“十九大时光”栏目发布报社融媒体工作室原创的系列视频作品“@审计人，向党说句心里话”15期、系列音频作品“审计人诵读十九大报告”15期。H5产品“审计Show Time！一份特别的审计成绩单”，得到人民网等多家主流媒体转载，全年获得用户数近22万，阅读量超过25万。审计宣传报道的传播力、引导力、影响力得到进一步扩大，《中国审计报》关于十九大宣传的新媒体融合创新举措得到中国记协的点名表扬。

党建工作 年初制订党支部年度工作计划，将党建计划与业务计划相融合，实行月报制度，每月定期召开社务会（扩大）会议，听取研究工作进展和计划情况，全年召开督促落实汇报会11次。落实“三会一课”制度，全年组织召开支委会12次、支部党员大会13次、民主生活会1次、组织生活会2次，报社支部书记、支委和其他党员分13个专题开展“十九大精神系列党课宣讲”活动。建立“两学一做”学习教育常态化制度，制订实施方案，组织开展主题党日活动。同审计署办公厅第四党支部、北京福田集团党委联合开展“贯彻落实十八届六中全会精神，走进企业参观学习”主题联学活动，赴十三陵昭陵参观明代反贪尚廉历史文化园，同宣传中心党支部联合参观中国传媒大学博物馆并与该馆党支部进行主题联学、重温入党誓词等。坚持问题导向，对中央专项巡视和署内部巡视发现的问题以及民主生活会、组织生活会、上年度述职评议考核中查摆出的问题，制定整改措施，逐项进行落实。同时开展“灯下黑”问题专项整治工作，聚焦对前期存在的问题整改不彻底、不到位的情况，深刻分析原因，制定整改措施。组织全社职工收看十九大开幕会、闭幕会，召开报社职工大会开展学习宣传贯彻十九大精神动员，制作学习宣传展板，组织采编部门制订十九大宣传计划，构建十九大精神立体宣传大格局。

队伍建设 落实按期换届，召开支部党员大会改选支部委员会，增选1人为新一届支委委员。对报社党员基本信息进行重新采集登记，确保信息准确无误。学习领导干部报告个人有关事项“两项法规”，压实责任，从严把关，确保填报内容真实准确完整。注重从政治素养好、业务能力强的干部职工中吸收和发展党员。凡是党建重要工作，以及“三重一大”事项，均经过社务会集体研究决定。班子成员之间密切协调、充分沟通，做到决策之前先沟通，日常工作随时沟通。坚持正确的选人用人导向，突出政治标准，科学选用育留，提升干部队伍适应新时代发展要求的能力。按程序选聘3名优秀年轻同志充实到采编队伍，接收2名署机关干部交流锻炼，选派2名干部参加审计项目实践，组织开展摄影培训班，提升新闻摄影和图片处理能力。推进事业单位养老保险制度改革，成为首批完成中央国家机关养老保险参保登记和征缴发放工作的单位之一。

内部管理 注重以党建引领业务工作，制订报社2017年度重点工作计划（包括支部工作计划和业务工作计划），形成重点任务96项。每月召集一次部门会议，研究工作完成情况并提出督办意见，全年共完成督办事项130多项。试行财务季度分析报告制度，季度末财务部门向社务会汇报财务情况，并对财务数据进行分析，根据分析的结果从财务角度指出报社各项工作特别是经营管理中存在的问题，提出合理化建议。完善经营目标责任制，修订完善考核办法，全年各月发行情况平稳，总发行量稳中有进，2017年《中国审计报》发行数量为139544份。召开南北片区通联宣传工作会议，顺利完成报纸转厂印刷招投标工作，与共享单车OFO推广新用户免费骑行活动，取得良好效果。建立健全报社各项规章制度，印发《关于进一步完善部分事项事前审批手续的通知》《关于保密工作管理规定的通知》《关于国家专项资金项目管理办法（试行）的通知》等，为相关工作的顺利开展提供政策依据和行为准则。进一步规范提请社务会审议事项有关工作，逐步建立事前有动议、上会有说明、会后有纪要的全流程管理机制。研究提出公务用车审批表以及管理台账、公务车驾驶人员承诺单、电话记录登记单、非带文号行政文书发文审批单等，完善相关工作的审批流程。成立报社国家安全领导小组和综治工作领导小组，建立完善日常检查登记台账，定期开展安全隐患排查和安全大检查，做好综治工作和精神文明创建工作。提速信息化建设，启动文化发展专项资金“审计移动传播服务平台项目”建设，联合人民日报中央厨房的先进技术力量，打造报社“中央厨房”，开发并实施社内OA系统，提高办公自动化水平，配备服务器虚拟化系统，升级采编平台建设。（撰稿人：只　洋）

【中国时代经济出版社】 2017年，中国时代经济出版社实有员工71人。设有办公室、总编室、财务部、人力资源与行政管理部、《中国审计》编辑部、《审计观察》杂志、图书编辑一部、图书编辑二部、图书编辑三部、外版图书编辑部、数字出版部、大客户部、发行部等13个部门。

领导成员

社长兼总编辑：董维明

副 社 长：乔晚根　鹿云飞（7月—）

纪检组长：郑云龙

工作综述 2017年，在审计署党组的正确领导下，中国时代经济出版社（以下简称出版社）党委带领全社干部职工认真学习宣传贯彻党的十九大精神，深刻领会习近平新时代中国特色社会主义思想，持续推进“两学一做”学习教育常态化制度化，认真开展“灯下黑”问题专项整治工作，以“作风整顿年”活动作为全面从严治党的总抓手，结合单位实际，切实解决企业在管党治党方面存在的突出问题。以全面从严治党统领“二次创业、深化改革、转型升级”各项工作，切实发挥审计宣传主阵地作用，各项工作取得新进展。

审计宣传与期刊出版 《中国审计》充分发挥审计宣传主阵地作用，传播能力与水平进一步提高。全方位报道各级审计机关学习宣传贯彻党的十九大精神、切实解决实际问题的新思路、新举措和新进展。全面展现各级审计机关十八大以来的工作成绩和未来五年的工作展望，用生动的事例讲述中国审计故事，传播中国审计正能量。及时跟进、加强策划，立体报道审计工作。《中国审计》围绕年度重大审计工作安排，聚焦审计改革发展，全面反映审计机关在深入推进全面从严治党、依法履行审计监督职责方面的工作思路、工作方法、工作成效。突出对审计成果的宣传，特别是审计机关推进审计全覆盖，促进政策落实、促进提高绩效、促进深化改革和促进反腐倡廉方面发挥的重要作用和取得的重大成果。采取多种形式对各级审计机关的特色和创新工作进行全方位、系统性报道，着力宣传“政治强、业务精、作风优、纪律严”的审计铁军良好形象。创办《审计观察》杂志，拓展审计宣传新领域。为更好地“论宏观、析样本、察趋势，跳出审计观审计”，出版社于2017年6月创办《审计观察》杂志（双月刊）。《审计观察》立足知识服务的办刊理念，结合审计宣传工作需要，聚焦新常态下的国家审计新理念新实践，重点关注以供给侧改革推动实体经济振兴、以改革保障金融监管与创新、政府与市场关系、优化杠杆结构提高资金使用效率等热点话题，取得良好的社会反响。

审计专业图书出版 审计专业图书出版产品线建设稳步推进，全年出版图书178种。重点打造“审计技巧丛书”“行业审计读本丛书”“中国特色审计实务案例分析丛书”产品群和审计志鉴图书产品线，策划出版一批理论实务著作和审计专业教材及辅导用书，满足审计人员不同层次的需求。

数字出版与审计知识服务 数字出版工作基本实现由技术开发向内容运营转变，通过与审计署业务司局合作开发审计署制度数据库、审计知识专题、网络教学培训班等数字出版产品，探索为审计人员培训和审计业务知识提供知识服务的运营发展道路。中国审计数字在线网共有公开出版物6000余种，1000余个审计相关课件，法律法规制度8大类、27万余篇并形成200万条目信息，建立约2万互联网信息采集点，1600万余条互联网公开信息。推出审计准则指南、审计理论实务、审计常见错弊定性、审计经验案例、审计报告公告、审计研究论文、审计百科等10个综合类知识库，以及医保审计、扶贫审计、领导干部自然资源资产离任审计等5个审计专题知识库。目前网站注册人数共计27万，具备服务数万审计人员在线学习能力。

内部管理与队伍建设 出版社着力加强队伍建设，规范经营管理，不断激发企业创新发展的活力。坚持公平公正公开的选人用人机制。坚持以品德能力为核心、经营业绩为导向的队伍建设思路，努力打造干实事、有作为、敢担当的干部队伍。严格实施员工教育培训计划，员工受训覆盖面达到85%。建立健全各项制度，提升内部管理水平。对涉及全社经营管理的30余项规章制度进行梳理、完善，为出版社进一步依法依规开展经营活动提供制度保障。

党建工作 采取以上率下，通过个人自学、党小组集中学、党支部专题学、党委委员指导学、党课宣讲等方式，加强对十九大精神的深入学习研究，引导全体党员干部职工的思想和行动统一到党的十九大精神上来。组织全体党员认真研读报告原文，组织处级以上干部27人分五批参加在署党校举办的学习党的十九大精神集中示范（轮训）班，利用出版社党员微信群分享报告“金句”。开展主题党日活动，组织党员干部参观“砥砺奋进的五年”展览。按照审计署党的十九大精神宣传工作总体安排，全媒体联动，多角度发力，在杂志、网站、微信公众号等渠道开设“砥砺奋进的五年”“十九大时光”“学习宣传贯彻十九大精神”专栏，组织“我与十九大”主题征文活动，用审计媒体对于十九大精神的观察力、分析力和舆论引导力来讲好十九大故事。出版社党委把推进“两学一做”学习教育常态化制度化列入落实全面从严治党要求责任清单，制订实施计划，有序推进、长期坚持、形成常态。出版社党办加大督导力度，不定期检查各支部学习情况，各支部不定期检查党员自学情况，促进以“两学一做”学习教育带动审计宣传出版业务，制定和完善出版社党建述职评议考核工作办法，细化考核指标，进一步激发党员干部干事创业的动力。将政治纪律和政治规矩教育纳入党员干部的日常管理全过程。对重要岗位和关键环节开展廉政风险信息收集、评估和预警，推进积极预防、系统治理，持续深化廉政风险防控措施，着力推进廉政风险防控体系建设。强化对“三重一大”事项的监督，加大对办公楼装修资金使用情况的监督检查力度。将反腐倡廉学习列入党委学习的重要内容，指导各支部开展党风党纪和廉洁自律教育，增强教育的针对性和实效性。开展廉政文化建设，抓好党课倡廉、文化育廉、家庭助廉等工作。

（撰稿人：郭蓉蓉）

【中国审计学会】 2017 年，中国审计学会有单位会员 172 个、个人会员 1835 名。学会第七届理事会有理事 176 人、常务理事 58 人。学会设有计算机审计分会、审计教育分会、环境审计专业委员会 3 个分支机构，学术委员会、编辑委员会、培训委员会 3 个专业委员会。学会办事机构为秘书处，编制 8 人，实有 8 人。秘书处设办公室和《审计研究》编辑部 2 个处室。学会主办《审计研究》杂志。

领导成员

会　　长：董大胜

副 会 长：高培勇　谢　平　王家新　耿建新　蔡　春　张继勋　姜江华

秘 书 长：姜江华（兼）

副秘书长：周维培　刘力云　尹　平　尚　锐　丁　雁　张广春　杨　莉

工作综述 2017 年，中国审计学会依据章程规定，在审计署党组的正确领导下，认真贯彻落实党的十八大和十八届历次全会精神，深入学习贯彻习近平新时代中国特色社会主义思想和党的十九大精神，组织开展审计理论研究和交流，推动理论创新和研究成果转化，为充分发挥审计在党和国家监督体系中的重要作用提供理论支撑。

学习贯彻党的十九大精神 召开部分常务理事学习宣传贯彻党的十九大精神专题座谈会，形成 1 篇观点摘要。《审计研究》编辑部邀请 12 位专家学者就“学习领会党的十九大精神　做好审计理论研究工作”进行笔谈，2017 年第 6 期登载专题笔谈摘要。《运用“问题切入”工作法加强社团组织党建工作》一文入选中央国家机关组织的社会组织党建工作典型案例。

科研课题研究 组织对 2017—2018 年度审计署重点科研课题的公开招标、立项评审，经审计署批准，“国家审计在全面从严治党中的作用”“国家审计的创新与未来发展”“完善国家审计制度”“国家审计的学科属性和建设”“市县级审计机关队伍建设”等 5 个课题研究方向的 10 项课题为立项课题。对 2016—2017 年度审计署重点科研课题的中期检查和结项评审，组织专家对 11 项中期检查课题提出修改完善建议；确定 10 个课题“结项”或“修改后结项”，1 个课题因未实现研究目标、论证不充分、深度不够等原因未通过结项评审。确定研究课题合作单位，14 个省级审计学会为“市县审计机关发展研究”课题的合作单位；9 个省级审计学会和 15 个特派办理论研究会为“审计机关审计风险管理研究”课题的合作单位。

培训和研讨活动 举办审计理论研究骨干培训班。全国各级审计机关和审计专业硕士培养院校的 100 多名审计理论研究骨干（其中高校教师约 30 名）参加培训。审计署党组成员、副审计长孙宝厚与学员进行座谈交流。国务院发展研究中心、有关高校和审计署专家围绕当前我国宏观经济形势与政策、近年来我国审计实践的发展、新形势下如何做好审计理论研究工作、当代国外政府审计的最新发展、国家审计学科属性和学科建设，以及如何提高审计署重点科研课题申报和研究质量等专题进行讲解。

召开审计学科建设专题研讨会。研讨会由中国审计学会主办，西南财经大学中国政府审计研究中心承办，审计署党组成员、副审计长孙宝厚出席会议并讲话。研讨会共收到各地、各单位和各高校报送的论文125篇，其中20篇入选研讨会论文集，10篇论文作者在会上作交流发言。与会人员围绕国家审计的学科属性与特征、我国审计学科的历史沿革和未来走向、国外审计学科建设情况与经验、国家审计学科建设的理论探索、新常态下国家审计发展对审计学科建设的影响、国家审计学科建设与审计专业人才培养的实施路径等进行深入讨论。

召开“市县审计机关发展研究”合作课题成果汇报交流暨专题研讨会。研讨会共收到各地、各单位和各高校报送的论文138篇，其中20篇入选研讨会论文集。14个与中国审计学会合作开展研究的课题组提交的研究报告，也入选研讨会论文集。研讨会上，12人汇报交流研究成果，与会人员围绕当前市县审计机关发展面临的问题、发展的对策与建议等进行深入研讨，形成许多共识。

召开“审计机关审计风险管理研究”合作课题成果汇报交流暨专题研讨会。研讨会共收到各地、各单位和各高校报送的论文256篇，其中21篇入选研讨会论文集。24个与中国审计学会合作开展研究的课题组提交的研究报告，也入选研讨会论文集。研讨会上，12人汇报交流研究成果，与会人员从不同角度对审计机关审计风险的表现、成因进行分析讨论，并对新形势下审计机关如何加强审计风险管理提出对策建议。

学术交流　组织赴台湾地区参加“2017海峡两岸暨港澳地区审计理论与实务研讨会”。与会人员围绕“信息技术在审计中的运用”“环境审计”2个专题进行研讨，11名代表宣讲论文，4名代表对论文进行点评。

《审计研究》杂志　全年编辑出版6期《审计研究》杂志，刊登论文88篇，总计约150万字，其中国家审计方面论文篇数占比50%。杂志坚持正确的政治方向，坚持理论联系实际的办刊方针和丰富完善中国特色社会主义审计理论体系的办刊宗旨，及时反映国内外审计理论研究的最新成果和发展动态。《审计研究》每期开设1个专题，安排2至3篇文章围绕专题展开讨论。2017年刊发领导干部自然资源资产离任审计、政府决算草案审计、政策措施落实情况跟踪审计、审计学科建设、审计机关管理、PPP审计研究6个专题。通过国家社科基金资助期刊的年度考核，2018年继续获得国家社科基金资助。

调查研究　在北京召开省级审计学会及审计署特派办理论研究会秘书长座谈会。会议通报中国审计学会2016年工作情况和2017年工作安排。浙江、陕西、江苏、湖北、广西、上海等省区市审计学会以及审计署驻长沙、昆明、成都、长春等特派办理论研究会介绍各自的工作做法和经验。与会人员围绕当前学会、理论研究会工作中存在的问题，就如何进一步改进学会工作、如何进一步加强审计署重点科研课题管理等进行交流讨论，对中国审计学会的工作提出意见和建议。审计学会就“新形势下如何更好发挥审计学会组织作用”开展资料收集、走访调研等工作，形成的研究成果《新形势下更好发挥审计学会组织作用的几点建议》报送署领导，得到肯定。

分支机构工作　审计教育分会以“四个全面战略布局背景下的审计理论创新与制度完善”为主题，与中国会计学会审计专业委员会联合举办学术年会；出版2期《中国审计评论》，刊发论文20篇。根据分会制度，启动教育分会的换届工作。计算机审计分会组织编写《信息系统审计主流方法和技术工具研究》课题报告，开展“计算机审计能力标准化测试的可行性及路径研究”等5个课题的研究，启动计算机审计分会换届前期准备工作。环境审计专业委员会完成审计署2016—2017年度重点科研课题“领导干部自然资源资产离任审计研究”；参与《国家审计案例》编写，提交8篇资源环境审计案例。各省级审计学会和特派办理论研究会组织开展课题研究和群众性理论研讨活动。

地方学会和特派办研究会工作　北京、内蒙古、浙江、重庆等23个省级审计学会和审计署驻沈阳、昆明、成都、长春等15个特派办理论研究会与中国审计学会开展合作课题研究。山东、江苏、湖北、内蒙古等省级审计学会针对当前热点难点问题，组织开展自然资源资产离任审计、大数据审计、政策落实情况跟踪审计、全面提升审计质量、审计现场权力制约监督机制等课题研究。北京、上海、浙江、湖南、重庆等省市审计学会还开展优秀论文评选、青年论坛等活动。审计署广州特派办理论研究会建立“全员讲，全员学”

学习机制，鼓励和支持干部形成良好学习习惯；长春特派办理论研究会推出集研究、交流、培训、共享为一体的“博约讲堂”系列活动；昆明特派办理论研究会以“精准扶贫审计”为题举办第三届昆办论坛，刊发2期《审计与探索》。

（撰稿人：赵　娜）

【中国内部审计协会】　2017年，中国内部审计协会秘书处实有员工27人。设有综合业务部、准则与学术部、职业教育部、公共宣传部、事业发展部和国际事务部共6个业务部门。

领导成员

名誉会长：李金华

副 会 长：鲍国明　佟吉禄　刘志远

高　林　赵　宏

秘 书 长：鲍国明（兼）

副秘书长：沈立强

工作综述　2017年，中国内部审计协会（以下简称协会）全面贯彻落实党的十九大和十九届历次全会精神，认真贯彻落实党和政府的决策部署，紧紧围绕“服务、管理、宣传、交流”的办会宗旨，全力做好各项业务工作，努力推动内部审计事业不断向前发展。

表彰先进　为表彰内部审计战线上涌现出的先进集体和先进工作者，引领内部审计事业创新发展，协会报经全国评比达标表彰工作协调小组办公室批准，开展2014—2016年度全国内部审计先进集体和先进工作者评选表彰活动。授予首钢集团有限公司审计部等295个集体“全国内部审计先进集体”荣誉称号；授予李红泉等296人“全国内部审计先进工作者”荣誉称号。11月，在北京召开学习党的十九大精神暨全国内部审计先进集体和先进工作者表彰大会，为全国内部审计先进集体和先进工作者代表颁奖。来自全国各地的内部审计先进集体和先进工作者代表、部分中央单位内部审计机构负责人，以及各省、自治区、直辖市和计划单列市内部审计（师）领导等400多人参加会议。

学习交流活动　协会发挥职能作用，搭建交流平台，组织多项大型活动，推动提升内部审计职业发展水平。

与北京国家会计学院联合举办以“数字经济时代下的内部审计转型”为主题的国会大讲堂活动。此次活动邀请到国际国内IT审计界专家，分享全球IT审计的前沿理论和典型案例。来自内部审计机构和有关院校的教学研究人员800余人参加此次活动。

在上海举办主题为“内部审计：推动创新和变革”的第五届金融行业会员单位交流活动。此次活动由太平洋保险（集团）股份有限公司承办，来自交通银行、中国人寿保险集团公司、广发证券股份有限公司、太平洋保险集团等单位内部审计机构的代表作重点交流发言，会议代表分为银行业、保险、证券3个组进行内部审计业务座谈交流。来自40多家金融机构的代表共80余人参加。

举办多场内部审计专题的国际报告会。4月在北京举办“新兴风险的挑战”内部审计专题报告会，邀请亚洲开发银行审计长王富财、欧洲投资银行内部审计总监郝思仁、美洲投资银行审计长乔治·达·席尔瓦，以及时任亚洲内部审计师协会联合会副主席暨中国东方航空集团公司总审计师席晟等国内外知名内部审计专家，通过主题演讲、嘉宾访谈等形式，与来自全国各行业内部审计人员参会代表分享他们的观点和经验。8月分别在上海和广州举办两场“内部审计发展趋势”专题报告会，邀请国际内部审计师协会秘书长兼首席执行官理查德·钱伯斯和国内知名内部审计专家，以主题演讲的形式与参会代表分享他们的知识和经验。两场报告会分别有来自全国各行业的400多名内部审计人员参加。

开展群众性理论研讨。协会组织开展以“内部审计如何在防范风险和提高效益方面发挥更大作用”为主题的群众性理论研讨活动，通过层层推荐选拔，共征集到优秀论文335篇。协会组织学术委员对提交的论文进行评选，评定出获奖论文一等奖11篇，二等奖40篇，三等奖99篇。同时，评定出34个单位获得论文组织奖。

域外交往　7月，协会派出代表团赴澳大利亚悉尼参加国际内部审计师协会（IIA）2017年年会。共有来自80多个国家和地区的2000多名内部审计相关人员参加此次年会。会议期间，协会与IIA人员就CIA考试、培训、会员发展等事宜进行工作会谈。本届年会的主题是“领导能力、创新能力、价值标准、有效性”，会议邀请全球知名的内部审计理论和实务专家从不同角度阐述内部审计的价值和发展趋势，与参会代表分享他们的观点和经验。在颁奖环节，中国考生张天野因在国际注册内部审计师（CIA）考试中取得全球第三名的优异成绩，被授予格伦·萨姆纳博士学生奖。

8月，协会在陕西西安举办第十七届海峡两岸内部审计研讨会，来自海峡两岸的70余名内部审计专家、学者围绕“内部审计在反舞弊中的角色和作用”主题进行研讨交流。研讨会期间，与会代表参观访问杨凌农业高新技术产业示范区和西安铁路局西安北火车站，考察示范区现代农业科技的创新发展成果和西安北站的先进设施和现代化管理工作，并就内部审计如何服务于组织发展进行交流研讨。

会员教育培训　协会继续为会员开展教育培训服务，推动内部审计人员理论和实践水平的提升。

协会的职业教育培训工作以“创新”为主旋律，转变观念，拓展思路，不断更新课程，取得新突破。在全国23个地点举办5大类别、总计69期面授培训班，开设网络培训课程30门。培训班管理的信息化水平进一步提升，采用专门开发的培训管理系统和多平台客户端实现培训管理和学员服务，改善学员的培训体验，提高培训服务的质量和效率。

继续做好国际资格证书考试的组织，全年共开展4次国际注册内部审计师资格证书（CIA）、内部控制自我评估专业资格证书（CCSA）的计算机考试，实际参加考试科数为22455科人。其中2426人获得CIA资格，23人获得CCSA资格。我国上述两证持证人员已达4.6万余人，居全球第二位。

协会杂志、官网、微信公众号协调联动，为广大内部审计理论和实务工作者提供更多宣传交流内部审计新理念、新知识、新经验的渠道，较好发挥协会多媒体宣传平台的作用。《中国内部审计》杂志经过提升刊文质量并适当改版，专业影响力进一步提升，官网点击量全年达到520万次，微信公众号关注人数持续攀升，业内影响力明显增强。

党建工作　协会发挥引领作用，在内部审计领域掀起学习宣传贯彻党的十九大精神的热潮。在11月召开的学习党的十九大精神暨全国内部审计先进集体和先进工作者表彰大会上，向全国各行各业的内部审计人员和各级内部审计协会工作者发出学习宣传贯彻党的十九大精神的号召，受邀参加大会的第十一届全国政协副主席、协会名誉会长李金华，向与会人员介绍自己作为特邀代表参加十九大的亲身感受，大会还邀请中央党校教授李鹏作学习党的十九大精神辅导报告。12月，协会分别召开央企内部审计机构负责人、专家学者学习宣传贯彻党的十九大精神专题座谈会，探讨新时代内部审计发展的新目标和新任务。

加强协会秘书处党支部建设。协会以党建为统领，以党建促业务，以党建带队伍。协会党支部把学习贯彻党的十九大精神作为党建工作的核心任务来抓，组织秘书处广大党员和干部职工，集中收看十九大开幕大会直播；召开支部大会及时进行学习动员部署；下发学习资料组织党员自学；制作宣传十九大精神的墙报，并把党员和入党积极分子撰写的学习心得在墙报中展出；组织参观“砥砺奋进的五年”大型成就展。通过这些活动，把广大干部职工的思想统一到习近平新时代中国特色社会主义思想和中央的各项决策部署上来，提高政治站位，更新发展理念，创新发展思路，不断提升为广大会员和内部审计人员服务的质量和水平。

内部治理　为顺应脱钩改革后的发展需要，协会根据国家法律法规、政策及目前实际情况，在理事会通过《中国内部审计协会秘书处薪酬福利管理制度（试行）》的基础上，陆续制定出台《中国内部审计协会秘书处员工职务职级管理制度（试行）》等5项人事管理制度，进一步完善约束和激励机制，规范和加强协会人事管理工作，推动各项业务工作上层次上水平，努力加强协会内部自治管理，把协会打造成为依法办会、服务为本、专业高效、自律规范的新型现代社会组织。

（撰稿人：张博文）

【南京审计大学】　2017年，南京审计大学有全日制在校本科生、研究生、留学生共1.6万余名；专任教师1065人，其中正高职称170人，具有博士学位558人。学校设置国际审计学院、会计学院等21个专业学院（教学部），政府审计学院、审计与评估研究院等10余个特色学院（研究院）。

领导成员

党委书记：晏维龙（6月—）

党委副书记：刘旺洪（6月—）

张建红　王会金（6月—）

纪委书记：王书龙（6月—）

党委常委：王书龙（6月—）

张钦文（6月—）

裴　育　杭连生　李　群

董必荣（10月—）

李乾文（10月—）

强　飙（10月—）

张　维（10月—）

校　　长：刘旺洪（6月—）

副 校 长：王会金　张金城

张钦文（6月—）

裴　育　杭连生

李　群（6月—）

董必荣（6月—）

学校概况　南京审计大学是全国唯一以“审计”命名的全日制普通本科院校，为我国审计高等教育发源地之一，因审而立、为审而存、依审而兴、靠审而强。学校始建于1983年，1987年更名为南京审计学院，2002年原南京金融高等专科学校并入，2007年学校以“优秀”等级通过教育部本科教学工作水平评估，2011年获批为全国首批审计硕士专业学位授权单位，2011年成为教育部、财政部、审计署和江苏省共建高校，2013年获批为硕士学位（学术学位）授权单位，2015年经教育部批准更名为南京审计大学。经过30多年的建设，学校拥有浦口、莫愁两个校区，占地145公顷，成为以审计为品牌、经管法工文理等学科相互支撑、协同发展的特色高校。在江苏高校中，南京审计大学毕业生就业竞争力指数、平均月薪、毕业生愿意推荐母校的比例等指标连续多年名列前茅。在习近平新时代中国特色社会主义思想统领下，全体南审人秉承“诚信、求是、笃学、致公”的校训精神，坚持“特色、质量、国际化”的办学理念，以“一切成绩归零”的勇气，启动第三次创业，正在为建设国内外有重要影响的特色大学而努力奋斗。

学科建设　南京审计大学设有34个本科专业。其中，审计学、金融学、财政学为教育部特色专业建设点，审计学、金融学专业为教育部“专业综合改革试点项目”；审计学类、金融学类、财政学类、工商管理类、管理科学与工程类为江苏省“十二五”重点专业，审计学、金融学、财政学为江苏高校品牌专业。

学校“审计科学与技术”和“现代审计科学”（支撑学科：法学、管理科学与工程）分别入选江苏高校优势学科建设工程一、二期项目，应用经济学学科入选江苏高校优势学科建设工程重点序列学科，理论经济学学科入选“十三五”江苏省重点（培育）学科，公共管理、统计学、计算机科学与技术、数学、马克思主义理论等5个学科入选“十三五”江苏省重点建设学科。

2017年，学校顺利通过本科教学工作审核评估。4月10日至14日，以南京师范大学校长胡敏强教授为组长的专家组一行12人对学校本科教学工作进行审核评估。专家组充分肯定南京审计大学在长期办学过程中取得的成绩，肯定学校的本科教学工作。同时，专家组还就确定学校定位目标、优化学科生态布局、完善教师培养体系等方面提出具体工作建议。7月3日，根据江苏省学位委员会发布的《关于公布2017—2023年博士硕士学位授予立项建设单位的通知》，学校成为博士学位授予立项建设单位。

师资队伍　南京审计大学拥有教育部“长江学者”特聘教授5人、讲座教授5人，中组部“千人计划”2人，“百千万人才工程”2人，“万人计划”1人，教育部优秀跨世纪人才1人，中宣部文化名家暨“四个一批”人才1人，享受政府特殊津贴专家8人，省部级有突出贡献中青年专家6人，教育部“新世纪优秀人才支持计划”3人，全国审计专业学位硕士研究生教学指导委员会委员1人，教育部教学指导委员会委员5人，财政部全国领军（后备）人才（学术类）3人，司法部“全国优秀教师”1人，江苏省青年科学家奖1人，江苏省优秀社会科学工作者1人，江苏省“双创计划”人才3人，江苏特聘教授2人，江苏省教学名师1人；江苏省“333人才工程”

培养对象57人次，江苏省“六大人才高峰”培养对象14人；江苏省“青蓝工程”中青年学术带头人37人、“青蓝工程”优秀青年骨干教师77人、2017年度高校“青蓝工程”优秀教学团队培养对象（国际贸易专业CDIO教学团队）1个。

2017年3月，教授杨春雷当选长江学者，成为学校历史上首个自主申报并获批的长江学者。

科研力量与成果 南京审计大学拥有“现代审计发展研究中心”“金融风险管理研究中心”等江苏省高校哲学社会科学研究基地2个，“审计信息工程与技术”江苏省高校协同创新中心（培育点）1个，“公共工程审计”等省级重点实验室4个。近5年来，学校主持包括国家社科基金重大招标项目在内的国家社科基金、国家自然科学基金项目126项，省部级科研项目174项，参与审计署重要政策和法律法规建设工作以及审计学科建设等重大理论课题的攻关。在“Journal of Business Ethics”、“Nonlinear Dynamics”、《经济研究》等权威期刊发表论文157篇，在CSSCI/CSCD以上刊物发表论文1080篇，出版学术专著100余部，获得包括教育部高等学校科学研究优秀成果奖（人文社科）一等奖和江苏省哲学社会科学优秀成果一等奖在内的省部级以上科研成果奖30项。

2017年，学校在国家社科基金项目立项数取得重大突破。7月，根据2017年国家社科基金年度项目和青年项目立项名单，南京审计大学共有16项在列，其中重点项目2项、一般项目10项、青年项目4项。立项数首次进入全国百强，排名全国第75位，在江苏高校中排名第7位，在全国财经高校中的排名第9位。

2017年，学校突出审计特色，举办一系列高层次学术研讨会。4月1日，举办国家监察与审计法治学术研讨会。11月3日至4日，召开以数据包络分析为主题的（2017）大数据管理分析系列年会。

学术期刊 南京审计大学主办的《审计与经济研究》为全国中文核心期刊、CSSCI来源期刊、RCCSE中国核心学术期刊、全国高校“精品社科期刊”；《南京审计大学学报》为全国高校“优秀社科期刊”、CSSCI来源期刊（扩展版）、RCCSE中国核心学术期刊。2017年两刊各出版6期。

教育国际化 南京审计大学积极推进教育国际化。与英国伦敦政治经济学院、美国加州大学圣克鲁兹分校、俄罗斯莫斯科国立大学等高校建立紧密合作。学校被IIA认证为中国唯一的“内部审计教育伙伴”（IAEP）合作级高校，与全球伙伴高校开展学生互换、教师互聘、学分互认、科研合作；被英国特许公认会计师公会（ACCA）评为“全球培养ACCA人才最多大学”“白金级培训机构”。

对外交往 南京审计大学与最高审计机关国际组织（INTOSAI）、最高审计机关亚洲组织（ASOSAI）、国际内部审计师协会（IIA）等国际行业组织，美国、法国等十几个国家和地区的最高审计机关建立广泛的合作关系。4月18日，召开世界审计组织大数据工作组首次会议。7月10日，举办“一带一路”沿线中东欧地区高级审计研讨班。11月18日，召开2017年博弈论国际会议暨第四届微观经济学研讨会。

与各国最高审计机关保持密切联系。4月17日，泰国审计委员会主席猜西·达初坦来访并受聘为荣誉教授。4月18日，荣誉教授、美国联邦审计署审计长基恩·多达罗回校访问并参加学术活动。7月10日，匈牙利审计长多莫科什·拉斯洛、黑山审计长米兰·达博维奇两位审计长来访并受聘为荣誉教授。（撰稿人：杨凤春）

审计理论与科研

科研成果综述

2017年，审计理论科学研究工作以党的十八大、十八届历次全会和党的十九大精神为指导，认真贯彻习近平新时代中国特色社会主义思想，在审计署党组的正确领导下，紧密围绕审计中心工作和热点话题而进行。重点开展国外政府审计改革与创新、学习宣传贯彻党的十九大精神推动审计工作改革创新与发展、中外审计体制系列课题的研究，同时，完成审计质量控制、加强国有企业审计、应对金融风险的审计建议、审计机关更好地贯彻落实“三个区分开来”等课题的研究。对国外审计的研究，主要是翻译美国审计署的部分审计报告，研究美国大数据技术发展现状及启示。这些研究成果形成了审计自由裁量权行使存在的问题及对策建议、审计机关审计质量控制制度研究、公共投资审计视角下的PPP模式研究、新一轮国有企业改革背景下加强国有企业审计的对策、新形势下的审计理论基础、国家审计溢出效应研究、审计监督促进全面推行河长制的建议、最高审计机关在大数据审计实践方面的经验与启示——13个最高审计机关在“世界审计组织大数据工作组第一次会议”上的大数据审计经验综述、基于审计视角的区域金融风险预警形成机理及防范对策建议、审计职业化建设路径探讨——基于法官职业化的视角、美国监察长办公室及其与美国审计署的关系研究、基于共享理念的审计信息化应用平台建设的思考、发挥国家审计在促进全球可持续发展中的重要作用——世界审计组织第二十二届大会综述、加强信息公开和宣传是依法依规解决审计机关行政复议案件激增的有效途径、近年来审计创新和未来发展面临的问题——基于36份省级审计机关调查表的分析、新形势下更好发挥审计学会组织作用的几点建议、金融风险现状应对策略及审计建议——“金融审计与金融风险防控”研讨会综述、审计机关应对政府信息公开行政诉讼的对策建议、监察长办公室对美国审计署的审计及其借鉴、中央企业在推进“一带一路”建设中面临的问题及审计对策、军地审计协作机制研究、审计机关如何更好地贯彻落实“三个区分开来”、美国审计署更名的时代背景及现实启示、加拿大政府审计的改革与创新、澳大利亚绩效审计创新及启示、日本审计院在政策评估体系中的作用及启示、权责发生制政府财务报告审计制度建设——英澳两国实践经验及启示、德国联邦审计院的改革创新及启示、英国政府审计的改革与创新、俄罗斯联邦审计院的改革创新、法国审计法院拓展审计监督内容的做法及启示、2017年美国政府审计准则征求意见稿的七个主要变化、美国审计署开展网络安全审计的主要做法及启示、十一国最高审计机关审计人员管理制度分析及启示、当前依法审计存在的若干问题探讨、运用法治思维和法治方式推动投资审计工作持续健康发展、党的十八大以来317项审计移送违纪违法问题线索处理结果研究及建议、村居干部经济责任审计研究、关于审计学升为一级学科的调研报告、深化国有企业和国有资本改革政策框架存在问题及审计政策建议——“深化国有企业和国有资本改革与审计监督”研讨综述、基于绩效审计的数据采集和数据分析浅析、领导干部自然资源资产离任审计评价框架探讨、国家审计推动“一带一路”建设的路径研究、审计组组长全程负责制研究、完善审计结果运用机制研究、基于流程再造视角的审计现场管理制度的完善等46份审计研究报告。编写美国审计署审计报告要览(2016年12月)、(2017年1月)、(2017年2月)、(2017年3月)、(2017年4月)、(2017年5月)、(2017年6月)、(2017年7月)、(2017年8月)、

（2017 年 9 月）和美国大数据技术发展现状及启示等 11 篇国外审计动态。

一、审计自由裁量权行使存在的问题及对策建议

该研究界定了审计自由裁量权，论述了新形势下审计自由裁量权合理行使的必要性，分析了审计自由裁量权行使存在的问题，并提出了对策建议。

（一）审计自由裁量权概念界定

审计自由裁量权是指审计机关和审计人员遵照宪法和审计法赋予的审计职责和权限，依据审计目标，以职业判断为基础，对确定审计对象和范围、选择审计事项、实施现场审计、作出审计结论、处理处罚以及公开审计结果等进行自主把握的权力。

（二）新形势下审计自由裁量权合理行使的必要性

1. 自由裁量权是审计工作中必然存在的事物。

审计机关在有限的审计资源条件下，必须发挥主观能动性，应对新挑战，这就给自由裁量提供了合理基础，审计自由裁量权的适当行使能够起到不可或缺的补益作用。

2. 新时期审计工作更需要合理使用自由裁量权。

国家审计工作对象和内容更加复杂化，对自由裁量权的行使以及审计质量的考量提出了更高的要求，审计机关和审计人员需要合理把握“三个区分开来”，对于审计事项的获取证据在全面性、深入性方面提升一定的层次，有效运用职业判断，适当行使自由裁量权。

3. 实行审计全覆盖将进一步增大审计自由裁量空间。

审计全覆盖对于重点、步骤、深度和成效的把握，就涉及科学合理的“自由裁量”问题。并且，全覆盖将产生更加多重的审计事项，对于审计事项的取舍和深入调查问题的选择，将存在更大的自由裁量空间。

（三）审计自由裁量权行使中存在的主要问题

1. 在审计计划和审计方案制订中，自由裁量权行使的科学性不够，需要改进。

一是中长期审计计划和年度内审计项目时间安排不够周密合理，致使自由裁量权行使存在主观随意问题。二是审计范围和审计方案内容的确定缺乏可操作的标准和依据，致使自由裁量权行使存在一定的主观随意问题。三是审计项目实施主体的确定规范性不够，致使自由裁量权行使存在主观随意问题，审计结论出现较大的不一致，导致行政复议和行政诉讼案件时有发生。

2. 在项目实施过程中，自由裁量权行使不当，损害审计权威，影响审计质量。

一是审计项目实施前期审计相关数据采集、分析处理和结果运用的方法与规程不完善，致使一些审计人员不能充分有效行使自由裁量权。二是审计项目实施中审计现场管理粗放，致使一些审计人员不能规范行使自由裁量权。三是审计项目实施后期审计人员责权利不匹配，致使个别审计组未严格规范行使自由裁量权。

3. 在审计发现问题的取舍、定性、处理处罚和报告编制中，自由裁量权行使的标准不一，规范性不够。

一是在问题取舍和反映渠道方面，一些审计机关存在对于事项重要性把握错位和标准规定不明确的情况。二是在审计定性、法规引用和处理处罚方面，存在不同的审计主体对同类问题得出审计结论不同的情况。三是一些审计人员存在未透彻理解法规条文的实施背景和目的，生搬硬套于审计实践的情况。

4. 在审计结果公开方面，存在主观随意性情况。

一是一些地方审计机关选择性公开审计结果，存在一定的随意性。二是一些未主动公开的审计结果内容，被公民提出公开申请，对于信息公开申请人的证明材料要求如何界定，存在较大的主观性。

（四）推进审计自由裁量权科学合理规范行使的对策建议

1. 审计计划制订和审计方案编制方面。

一是审计署和省级审计机关应进一步明确审计重点，制定科学的审计工作发展规划，并加强计划的统筹和规划的落实工作。同时，还要建立审计计划和审计项目实施方案的编制标准，在审计重点和审计内容方面逐渐压缩自由裁量空间。二是加强审计计划制订前调研环节的工作，关注社会热点，多渠道扩大宣传，广泛听取相关专家和相关部门的意见。三是加强对审计计划和审计项目实施方案编制的科学方法研究。

2，审计项目实施方面。

一是加强审计项目现场管理控制。二是加强审计质量控制，规范聘任中介机构的行为，增强其审计专业性。三是清晰划分不同岗位之间的责任。

3. 对审计发现问题取舍、定性和处理处罚方面。

一是制定审计中行使处理处罚自由裁量权的具体实施办法和指导标准。二是进一步探索建立审计案例制度。三是完善审计报告和审计信息编制的相关制度。四是完善问责机制。

4. 审计结果公开方面。

一是进一步修订和完善审计法，增加审计结果公开的刚性。二是加强审计宣传工作，逐步推进审计结果公开。

二、审计监督促进全面推行河长制的建议

该研究探讨了在全面推行河长制的背景下，审计机关在相关审计中关注与河长考核问责有关的内容，提出了利用与河长制相关的审计结果的建议。

（一）河长制的演进及其全面推行

1. 河长制的由来。

所谓“河长制”，就是对管辖范围内的河道（包括湖泊、水库等）逐条明确由各级党政领导担任河长，负责落实该河道的整治和管理等各项措施，以实现河道水质与水环境的持续改善，保障和促进经济社会的可持续发展。河长制始于江苏省无锡市。

2. 河长制的推广与全面推行。

2008 年，江苏省政府在太湖流域借鉴和推广河长制。2016 年 12 月，中共中央办公厅、国务院办公厅印发了《关于全面推行河长制的意见》，在工作进度上，到 2018 年年底前全面建立河长制。

（二）审计机关应在相关审计中关注与河长考核问责有关的内容

《关于全面推行河长制的意见》规定：根据不同河湖存在的主要问题，实行差异化绩效评价考核，将领导干部自然资源资产离任审计结果及整改情况作为考核的重要参考。河长制的实行对审计监督提出了新的要求。审计机关应当积极履行职责，在相关的审计中关注与河长考核问责有关的内容。

1. 与全面推行河长制密切相关的审计。

从当前的审计实践看主要有五种：一是财政专项资金审计，审计机关往往将河长制专项经费与其他环境治理资金作为一个整体进行审计，检查资金是否用于规定的用途、资金使用的绩效。二是资源环境审计，从审计的范围和对象看，资源环境审计与河长制考核问责的大部分内容都相关联。三是政策措施落实审计，环境政策措施是国家政策的重要组成部分，审计机关关注相关环境政策措施落实情况，反映各级河长在贯彻落实国家和地方环境政策措施的行动和效果。四是党政领导干部经济责任审计，在实施“河长制”的地区，审计内容也应当包含党政领导干部推行河长制的情况。五是领导干部自然资源资产离任审计，是为河长考核问责提供参考的最直接的审计类型。

2. 全面推行河长制下审计监督关注的主要内容。

一是关注河长制责任体系建立情况。二是关注水污染防治法规、政策的落实情况。三是关注流域治理资金管理使用的合法合规性和效益。四是揭示河湖管理保护中存在的突出问题和风险隐患。

（三）河长制相关审计结果的利用

需要建立领导干部自然资源资产离任审计结果与河长制考核问责的连接机制，将相关审计结果及整改情况以适当的方式报送各级党委和政府，也可以建立河长制考核结果向审计机关通报的机制，实现信息共享。

1. 政府及其相关部门的审计结果利用。

审计机关需要研究领导干部自然资源资产离任审计结果及整改情况中有关河长制监督问责信息，与本级政府和环保、水利、农业等部门的沟通机制，以便为地方党政领导干部综合考核评价和问责提供依据。

2. 人大的审计结果利用。

在原有例行代政府首长报告的基础上，增加对人大的专业信息报告，包括河长制责任的落实和履行、与河长制实施有关的审计建议的执行和违法违规问题的纠正情况等，充分发挥国家审计在立法机构监督政府依法行政中的作用。

3. 上级审计机关的审计结果利用。

审计机关可以根据需要将相关审计信息由下级审计机关向上级审计机关传递，以便上级审计机关汇总向同级政府沟通信息。

4. 社会公众的审计结果利用。

审计机关还需要适时公开领导干部环境责任审计信息，以满足社会公众的知情权和监督权，督促政府加强流域治理。

三、近年来审计创新和未来发展面临的问题——基于36份省级审计机关调查表的分析

该研究以对36份省级审计机关调查表的分析为基础，归纳了过去几年审计创新的主要方面，以及审计未来发展面临的挑战或问题，得出了8个方面的结论。

（一）审计管理、大数据和信息化审计是过去几年审计创新的主要方面

将创新类别事先划分为审计理念（或理论、思路）、审计组织方式、审计技术方法、审计管理4类，主要表现在“加强与高校、科研院所合作构建审计工作的理论支撑平台”等15个具体方面。调查结果显示审计创新主要集中在审计工作管理、大数据与信息化审计、具体审计业务执行、审计理念和思路、研究型审计、审计监督全覆盖、人力资源管理等7个方面。按照不同的审计创新的重要性进行排序，排在第一位的35项创新中，审计理念（或理论、思路）类创新达到15条，居于首位；从具体创新描述的内容看，审计工作管理方面的创新达到9条，位列第一。

（二）审计未来发展面临的挑战或问题主要有八个方面，其中人力资源不足居首位

人力资源、大数据审计和信息化、审计业务管理三个方面的问题占据前三位。人力资源问题是反映最突出的，主要表现在四个方面：一是审计人员严重不足与审计任务重（特别是审计全覆盖要求）的矛盾突出。二是现有人才知识结构和专业结构不适应新形势新任务新要求。三是加快审计职业化建设，包括如何尽快完善审计人员分类管理、选人用人机制、职业保障制度、职业约束机制等。四是如何加强与国家干部人事制度改革、公务员制度改革之间的协同性、联动性。

对于这些挑战和问题，首要的对策是通过改进审计业务管理、推广应用大数据和信息化等手段提高审计效率和效果；其次是优化机构，补充人员和提高人员素质、创新审计理念和文化等。

（三）几点启示

1. 审计创新实践和面临的挑战或问题，以及解决问题的对策措施，都主要集中在审计人力资源管理、审计理念、审计管理、具体的审计技术方法（主要是大数据审计和信息化）等方面。

2. 审计理念创新究竟体现在哪些具体的方面，这些理念如何落实于具体的审计实践，还不是十分清晰明了。

3. 实行更加科学的审计管理，提高审计工作的针对性和质量、效率和效果，是满足审计监督全覆盖的要求，解决审计人力资源不足问题的重要对策措施。

4. 如何推进大数据审计和信息技术在审计中的运用，是目前审计机关思考的重要问题。

5. 推动省以下审计机关人财物管理改革、开展领导干部自然资源资产离任审计等各项审计改革措施的贯彻落实，是目前我们面临的重要任务。

6. 对于政策执行情况跟踪审计、领导干部自然资源资产离任审计、经济责任审计等具体审计业务实践，审计机关面临一些困惑和问题，亟待提出规范性的指导意见。

7. 审计理论研究机构应深入研究国家审计的定位、审计机关的任务和作用、责任边界等问题，发挥理念创新引领的作用。

8. 审计机关之间需要进一步扩大沟通交流，分享好的做法，促进相互之间的经验借鉴，实现共同提高。

四、监察长办公室对美国审计署的审计及其借鉴

该研究在介绍美国联邦监察长制度和美国审计署监察长办公室主要职责及工作的基础上，对美国审计署监察长办公室提交和出具的相关报告进行了分析，并结合我国实际得出一些启示。

（一）关于美国联邦监察长制度

美国联邦监察长制度是美国联邦政府内部的一项自我约束和控制机制。各个联邦部门和机构设立的监察长办公室（OIG）兼具审计、监察、

调查和项目评价职能，在预防和发现舞弊、浪费和滥用权力，促进提高政府项目经济性、效率性和效果性方面扮演了重要角色。

监察长办公室的工作范围广泛，涉及影响部门和机构工作效率和效果的各个方面，其主要工作包括审计，评价，对投诉、举报和相关事项的调查和监察。

监察长办公室的工作与美国审计署的工作在许多方面有相似之处，共同构成了联邦政府监督框架。为避免重复审计，美国审计署和监察长办公室加强了相互间的协调与合作。

（二）美国审计署监察长办公室的主要职权和总体工作情况

《2008年美国审计署法案》明确规定美国审计署设立监察长办公室，负责按照公认的政府审计准则开展审计和监督，对与美国审计署有关的事项进行调查；进行领导和协调并提出政策建议，促进提高美国审计署的经济性、效率性和有效性；使审计长和国会能够全面、及时地了解美国审计署的项目和日常管理中存在的舞弊和其他严重问题、滥用职权以及缺陷。

监察长的具体权力包括：查阅所有的记录、报告、审计工作、审查工作、文件、底稿、建议或其他与美国审计署项目和日常工作有关的材料；在监察长看来必要或需要时，对美国审计署的项目和日常工作的管理状况进行调查和报告等。监察长在每年的4月和10月向审计长递交有关监察长办公室各项活动的半年度报告，审计长在接到半年度报告30天内，应当将监察长的半年度报告连同其本人的意见一同递交给美国国会。同时，监察长办公室也必须按照政府审计准则的规定，每3年接受1次外部同业复核。

（三）美国审计署监察长办公室成立以来的具体工作和提出的建议

自2008年成立以来，美国审计署监察长办公室共出具各类审计和评价报告26份，审计的主题主要集中在信息安全、财务和资产管理、人力资源管理以及绩效评估四个领域，共提出70余条审计建议。美国审计署接受了全部审计建议，根据监察长办公室的建议进行了整改。

（四）启示和借鉴

美国审计署监察长办公室在促进美国审计署加强管理和提高资源使用效率，努力成为“公认的”“可信赖的”“典范机构”方面，发挥了重要作用，我们可以从中得到一些有助于我国审计机关提高自我监督和控制效能的启示和借鉴。

1. 高度重视信息化条件下的管理和网络安全问题。

美国审计署监察长办公室出具的26份审计报告中，将近40%是有关信息化管理和信息安全的。我国审计机关也应对此高度重视，把信息化条件下的信息和网络安全作为监督和控制的重要方面，及时发现信息和网络安全方面的问题和风险隐患，及时采取措施保持审计机关的信息和网络安全。

2. 提高审计机关内部自我监督和检查结果的公开性和透明度。

美国审计署监察长办公室的审计和评价报告、半年报告等都在美国审计署的网站上及时进行了公开，增强了审计机关的透明度。我国审计机关应借鉴这种做法，把一些自我监督和检查情况逐步予以公开，接受社会监督和舆论监督。

3. 注重对内部自我监督和检查中发现问题的整改。

美国审计署监察长办公室的18份半年度报告中，对于审计和评价中发现问题的整改情况都占有相当多的篇幅。我们可以借鉴这一做法，审计机关实施内部监督和检查的机构，要跟踪监督和检查中发现问题的整改情况，并将整改结果和建议落实进度进行公开。

五、美国审计署更名的时代背景及现实启示

该研究梳理了2004年美国审计署英文名称从GENERAL ACCOUNTING OFFICE（字面意思为总会计署）变更为GOVERNMENT ACCOUNTABILITY OFFICE（直译为政府责任署）的更名的缘由，提出了对我国当前推动审计改革创新的启示。

（一）美国审计署更名的时代背景

1. 审计署更名是美国政府管理理念创新的体现。

20世纪90年代，美国进行了一轮以“责任”为核心的政府管理改革，“责任”成为美国审计署监督重点和开展自身改革的重要支撑。2000年，审计署重新设定了审计署使命，即支持国会履行宪法职责，以及服务于美国人民福祉，帮助强化联邦政府的绩效和责任。2004 年，审计署将“责任”而非其他词语体现在自己的名称上，表达了审计署的担当和使命，也是审计署理念更新的体现。

2. 审计署更名是其职责范围不断扩大，从主要从事检查财政账目逐渐调整为项目评价和政策评估的结果。

1945 年以后，审计署开始了对政府运行经济性效率性进行检查的综合财务审计。自 20 世纪 60 年代，审计署的检查对象不仅包括联邦项目财务管理情况、联邦政府财政管理工作，还涵盖了政府机构广泛的组织和管理事项。审计署的新名称，体现了审计署以“责任”为核心的定位，体现了审计署以联邦行政机构维护美国国家利益和美国人民的责任履行情况为监督重点。

3. 审计署更名是吸引不同领域专业人才的重要手段。

将审计署更名是《2004 年审计署人力资源改革法案》的重要内容，这有助于改善外部形象，消除社会对审计署工作性质、人员专业背景等方面的误解，吸引非会计领域的优秀人才。

4. 审计署更名是其建设典范联邦机构的重要助力。

21 世纪初，审计署确立了打造联邦典范机构和世界知名的专业服务机构的目标。2004 年，审计署实施了以市场化为基础，以技能、知识和绩效为中心的人员分类和薪酬体系。新名称有助于改变过时的政策、流程和方法，为改革举措的顺利实施提供助力。

（二）对我国当前推动审计改革创新的启示

1. 以理念创新为先导，革新审计文化。

当前我国正处于新发展阶段的起点，转变政府职能正成为从理念到体制的深刻变革。这是审计理念创新、观念革新的难得契机，也将为审计改革创新提供有力的思想和理论保障。

2. 全面审视职责定位，明确审计边界。

只有澄清审计监督与其他公共部门之间的关系，才能对审计工作的性质和范围有更清晰的判断，才能为审计改革创新打下坚实基础。

3. 系统评估环境变化，谋划审计远景。

在落实好当前改革任务的前提下，需要认真评估外部环境对国家审计的影响，全面思考审计未来发展方向，进一步谋划审计改革创新的整体格局和重点任务。

六、澳大利亚绩效审计创新及启示

该研究归纳了澳大利亚推进绩效审计工作的新举措，总结了澳大利亚审计署开展绩效审计的做法给我国审计机关的启示。

（一）澳大利亚绩效审计的早期探索

1979 年修订的《审计长法》赋予审计长权限开展绩效审计，审计署于 1980 试点启动绩效审计。面对早期绩效审计出现的问题，时任审计长积极变革。首先，调整组织结构、重组人员配备、出台框架性文件。其次，分析审计项目可行性、压缩审计时间、降低审计成本。最后，重点开展短、平、快的绩效审计项目，重塑绩效审计形象。

（二）澳大利亚绩效审计创新的重要举措

1. 重设绩效审计部门，调整机构设置和人员配备。

1992 年设立了单独的绩效审计业务部，组建审计队伍，配备多学科、多技能、有工作经历与专业背景的绩效审计人员，并分成不同审计组。近年来，审计署进一步调整内部机构以增强绩效审计力量。

2. 拓展绩效审计内容，深化监督领域。

2009 年后，审计署构建了绩效审计新框架，审查操作指南与说明的科学性、效果性，助力公共治理绩效问责。2013 年以后，澳大利亚《公共治理、绩效与责任法案》的颁布实施对澳大利亚绩效审计提出了新要求：一是扩大审计范围，二是调整绩效审计重点。

3. 明确绩效审计标准，规范审计人员行为。

1997 年修订的《审计长法》明确规定必须设定绩效审计标准，并根据实践变化及时调整。审计署逐步完善审计标准，规范审计人员行为，提高审计效益。

（三）几点启示

1. 调整绩效审计重点，推动政府各项重大改革。

绩效审计的职能和焦点应随着公共服务管理改革而有所调整。通过绩效审计，督促政府部门及管理者切实推进各项重大改革，更加重视公共服务和公共资源使用之间的合理关系，自觉履职尽责。

2. 统筹整合现有审计项目，推动绩效审计发展。

有效推动中央和地方审计项目的上下联动，同时横向整合现有重大政策落实跟踪审计、自然资源资产离任审计、党政领导干部经济责任审计、社会保障审计等项目，以功能全面的绩效审计为前提，系统化组织各项审计工作，整合取得的各项审计结果提出优化公共管理的对策建议。

3. 积极利用大数据等信息技术，提高绩效审计能力。

澳大利亚审计署充分利用IT技术，大大增强了绩效审计能力。我们可强化信息技术支撑，以大数据审计技术为基础构建整体电子信息化的审计工作流程，助力审计项目的上下联动与横向整合。

4. 尝试编制整改建议指南，促进解决屡审屡犯问题。

编制整改建议指南具体内容可包括公共部门行为范围、行为标准、管理规范、管理标准、自我完善情况等。可在各单位制定和修订自身内部管理规定的同时，把整改建议指南相关内容作为参考标准，用于构建单位绩效评估框架。定期更新整改建议指南。

七、美国审计署开展网络安全审计的主要做法及启示

该研究总结了美国审计署开展网络安全审计的主要做法及其工作特点，进一步探究了近两年美国网络安全审计发现的主要问题及审计建议，并对我国开展网络安全审计工作分别从近期和远期两方面提出了具体建议。

（一）美国审计署开展网络安全审计的主要做法

1. 审计形式。

一种是常态审计，作为组织的日常工作开展；另一种是对高风险领域的审计。在常态审计中，当被审计单位的数据来源于信息系统时，就需要开展网络安全审计。此外，网络安全审计也可以作为高风险领域审计项目独立开展。

2. 审计对象。

联邦一级的网络安全审计对象覆盖联邦各行政机构，具体包括对其网络基础设施、信息系统及相关政策落实和绩效等方面进行审计。

3. 审计依据。

美国在网络安全方面制定了多项法律和政策，构成审计署开展网络安全审计的依据。在具体审计工作中，审计署还依据《联邦信息系统控制审计手册》《一般公认政府审计标准》等开展工作，并可将历年审计报告中总结的最佳实践标准，作为审计判断或审计建议的参考标准。

4. 审计内容。

网络基础设施建设情况：对网络安全基础设施的立项和建设情况、基础设施配置标准、控制情况、危险应对措施等方面进行审计。相关政策执行情况：审计署将网络安全相关政策执行情况作为审计重点之一。项目建设绩效情况：对网络安全项目的资金使用绩效、项目按计划开展情况、使用效果等情况进行审计，重点关注未按项目计划开展建设、费用超支、进度迟缓、建设目标未实现、项目利用率低等问题。信息系统控制情况：对信息系统控制的有效性和安全性进行评估，主要包括一般控制和应用控制。

5. 审计方法。

除采用文档查阅、实地考察和访谈等常规方法外，通常还采用系统测试法、数据分析法、安全检测工具等计算机审计手段。此外还包括案例研究、问卷调查、标杆比较等研究类方法。

6. 审计人员。

联邦一级的网络安全审计工作由审计署负责开展。网络安全领域方面的审计工作，主要由网络安全和隐私管理组负责。

7. 美国网络安全审计工作特点。

一是具有专业的网络安全审计团队，审计人员具有工作所需的技术知识、技能和经验。二是开展网络安全审计时间较长，已有40余年的历史。三是网络安全审计依据充分，可操作性强。四是网络安全审计关注重点领域和重点行业。

（二）近两年美国网络安全审计发现的主要问题及审计建议

截至2017年9月，审计署公开发布了共计400余份与网络安全审计相关的报告。一是国家关键网络基础设施保护情况和网络安全漏洞检测工作方面存在安全隐患。如审计署通过对国土安全部国家网络安全和通信整合中心工作的情况进行审计，发现其不能在应急情况下保护好国家关键网络基础设施。二是网络安全政策执行方面存在不到位问题。如审计署通过对有关机构关于网络安全防护的工作情况进行了解，发现了这些机构没有一贯、充分和有效地执行网络安全框架中的各项政策等问题。三是部分网络安全项目绩效未达到预期效果。如审计署发现，国土安全部大约有 1/3 的 IT 投资未实现预算和进度目标等问题，有针对性地提出了减少重复投资和降低成本的建议。四是在保护个人隐私方面存在薄弱环节。如审计署发现人事管理局在保护个人隐私方面发挥的作用有限，相关部门应加强对有效政策的研究制定。

（三）对我国开展网络安全审计的几点启示

1. 近期以开展网络安全政策执行及绩效审计为主。

一是对网络安全相关政策执行情况开展审计。审计机关可重点关注相关政策规定和措施的制定是否合理可行等方面，还可对网络安全责任落实情况进行检查。二是对国家网络安全设施建设情况及建设效果开展审计，包括相关部门对网络安全领域项目资金的使用是否合规，有无执行缓慢、挤占挪用等方面。三是对关键信息基础设施情况进行审计，主要审计关键基础设施运营商是否设置专门安全管理机构和安全管理负责人等方面。四是建议将网络安全（试点）审计纳入 2018 年的审计工作计划，选择重点领域、重点行业的网络安全情况进行试点审计。

2. 远期侧重网络安全审计的常态性和规范性。

一是明确审计机关的网络安全监督地位，确保相关责任的落实。二是建立网络安全审计工作机制，将网络安全审计作为常态化的工作内容。三是制定网络安全审计标准或指南。四是组建专业网络安全审计团队。

八、十一国最高审计机关审计人员管理制度分析及启示

该研究以美国等十一国最高审计机关的人员分类管理、准入条件、职级划分、职务晋升及薪酬福利等内容为研究对象，归纳总结了十一国最高审计机关审计人员的管理情况，并对我国审计人员管理制度建设提出了几点启示。

（一）十一国最高审计机关人员设置及薪酬福利情况

1. 人员分类及主要职务职级序列。

澳大利亚、英国、法国、德国、意大利、印度、韩国、俄罗斯最高审计机关将人员分为审计和行政两类；加拿大审计署将人员进一步细分为审计管理人员、审计专业人员和审计服务人员；美国审计署将人员分为高级行政管理人员、分析师和专家、律师、行政管理和项目技术人员、传媒分析师五类；日本审计院不对审计人员和其他工作人员进行分类。总体上看，在十一国最高审计机关里，从事审计及审计相关工作的人员占绝大多数。各国最高审计机关普遍通过立法或部门规章等形式，对人员职务职级序列进行了规范。

2. 人员准入条件。

各国在审计人员任职资格上设有明确的标准和条件，主要包括教育背景、职业资质、能力素质、工作经历、考试路径等。在教育背景方面，大部分国家对审计人员学历有基本要求。在职业资质方面，一些国家要求审计人员具有专业资格证书。在能力素质方面，各国最高审计机关也提出了明确要求。在工作经历方面，往往要求中层以上审计人员具备一定工作经验。在考试路径方面，基层审计人员主要通过公务员考试、公开招聘、选调等方式录入；中高层审计人员则主要通过内部晋升产生。

3. 职位晋升及薪酬福利情况。

各国最高审计机关通过国家立法、制定部门规章或与员工签订合同等方式，对人员晋升条件以及薪酬福利水平进行了规范。在职位晋升方面，主要根据职业资格、工作业绩和任职年限，采用竞争或非竞争性程序。在薪酬福利方面，各国最高审计机关存在显著差异，但基本上公务员的薪酬福利由法律规定，其他人员薪酬由合同协议约定。

（二）十一国最高审计机关审计职业化建设特点分析

1. 围绕审计职能划分岗位类别。

首先，除日本外，各国从大类上把岗位分为专业技术和综合管理两大类，有的还细分为高级管理层、审计业务团队、专家和技术支持团队、服务保障团队等几大类。其次，几乎所有最高审

计机关又根据专业资质和其他条件对每个团队进行了职级划分，使职业等级层次清晰，晋升路径明确。

2. 突出审计重心优化人员结构。

各国最高审计机关在人员结构设置上，基本呈橄榄型分布，即管理团队、服务保障团队位于两边，人数最少，审计专业团队位于中间，人数最多。此外，各国引进和培养不同学科、不同领域人才组建专家小组和技术团队，为审计业务部门提供专业知识和技术能力支持。

3. 着眼专业要求严格准入标准。

各国最高审计机关在人员选录上设有明确和严格的标准。主管部门依据职位要求、入职标准，对申请人进行资格审核。审计专业人员需满足相应的学历背景、工作经历、任职年限等条件。此外，部分国家对非审计人员的教育背景也有要求。

4. 设计晋升路径保障薪酬福利。

各国为不同职级不同岗位设定了适合的晋升条件和相应的薪酬福利计划，同时引入非竞争、竞争性程序和绩效考核机制，既保护低级别员工自身权益，又鼓励业绩良好、有潜力的员工向高级别职务发展。

（三）对推进我国审计职业化建设的启示

1. 建立科学的岗位分类管理制度。

实行专业技术岗位和行政管理岗位相分离的分类管理制度，将审计机关岗位分为高级管理层、专业技术岗位、专家和技术支持岗位、行政岗位四大类。在制度设计和运行中要避免专业技术人员与服务保障人员之间的随意转任，增强审计职业队伍的稳定性和专业性。

2. 合理优化审计人员结构比例。

在不突破现有编制总人数的基础上，适当扩充专业技术人员，压减服务保障人员。加大从下级审计机关或相关职能部门选拔专业人员的力度，对专业性强的岗位可以实行聘任制。适当吸收和培养跨学科跨领域专业人才。

3. 严格规范专业人员准入条件。

严把“职业资质”准入门槛，由审计署统一制定各级审计机关人员准入条件，将审计专业技术资格作为衡量审计专业技术类人员任职资格的首要依据，突出专业要求，注重审计职业技能、工作经历和工作业绩的审查。此外，专家和技术支持人员，应具备所在行业的专业技术职称。行政人员也应具备相应的专业背景、知识能力和工作经验。

4. 完善职级及考核薪酬体系。

应建立与行政职务相对应的审计专业技术职务体系，对各等级的审计专业技术人员实行分级管理，享受相对应的行政级别待遇。在职务晋升方面，严格执行好干部标准。要设计符合审计业务特点的考核激励、容错纠错机制。此外，要设置能体现公平性和竞争性的薪酬福利制度。

九、村居干部经济责任审计研究

该研究在对全国部分省份数据分析与实地调研的基础上，阐述了开展村居干部经济责任审计的必要性与意义，总结了目前一些地方开展村居干部经济责任审计工作的主要做法，并对该项审计工作提出了一些政策建议。

（一）村居干部经济责任审计开展的必要性和意义

1. 有利于完善基层治理，维护社会和谐稳定。

对村居干部经济责任目标完成情况、财经法纪执行情况和群众关心的集体资产处置、债务债权管理、基建工程管理等情况开展审计监督，有利于加强基层组织建设，推动基层治理体系和治理能力现代化，维护社会和谐稳定。

2. 有利于促进党和国家惠民资金和政策落实，维护人民群众利益。

对财政拨付扶贫、涉农等专项资金管理使用情况进行审计监督，关注群众关心的收支不透明、分配不合理等问题，可以对规范扶贫和涉农资金管理使用，提升村级组织财务核算管理水平发挥重要作用。

3. 有利于促进村居干部守法尽责，防止“小官贪腐”。

对于村居干部权力行使、遵守廉政规定等情况进行审计监督，对惩治“小官贪腐”起到强烈的震慑作用。此外，开展村居干部经济责任审计对深入推进公共资金、国有资产、国有资源和领导干部经济责任审计全覆盖具有十分重要的意义。

（二）文献回顾

对于村居干部经济责任审计的重要性和意义主要有三种观点。一是有效的村居经济责任审计是监督基层政府部门廉洁高效的有力保障。二是加强对村级经济的审计监督既是广大农民的迫切要求，也是各级领导亟待解决的课题，更是推动经济健康发展的客观需要。三是能够促进国家强农惠农政策的落实，维护农村社会经济秩序的稳定。

对于村居干部经济责任审计的组织模式和审计主体主要有两种观点。一是认为应当在审计部门设立乡镇审计服务所或农村审计分局，具体负责此项工作。二是认为应当在乡镇设立专职内审机构，或可与乡镇纪检监察机构合署办公，专门从事此项工作。

对于村居干部经济责任审计面临的问题和解决的对策，主要有两种观点。一是认为村居审计存在审计监督体系不健全、法律授权不明确、审计处理难落实、与其他监督主体间协调需加强、覆盖面需进一步扩大等问题，应当建立以国家审计为主导、职能部门分工协作、村民广泛参与的村居审计机制。二是认为村级组织负责人经济责任审计的法律依据和科学的考核评价体系尚不够健全，审计结果利用效果也有待提高，应当强化此项审计的规范性，突出审计内容的针对性，提高项目管理的科学性。

目前的文献对于村居干部经济责任审计的实践做法总结得不够充分，对于该项审计的法律依据、审计主体的研究和讨论不多，在政策建议方面，还有进一步讨论和研究的空间。

（三）村居干部经济责任审计的实践做法

1. 审计主体和组织方式。

第一种是乡镇（街道）政府内设的乡镇级审计机构在乡镇（街道）党委、政府和县区审计机关的领导下独立开展审计工作，审计业务以县区审计机关领导为主。第二种是县级审计机关按照地方党委政府的要求或受组织部门的委托，结合专项审计项目实施，或对拟转干的村居干部专门进行审计。第三种是县级审计机关组织其派出审计机构（如乡镇审计中心）实施审计。第四种是县级政府农业、财政等部门或乡镇政府及其内设农业、财政等机构按照《中华人民共和国村民委员会组织法》的规定实施审计。

2. 审计内容。

一是经济责任目标完成情况。二是政策执行情况。三是财务收支情况。四是重大经济事项决策情况。

3. 审计结果利用。

各地在审计结果利用方面做法不一，成效不尽相同。总的来说，审计发现的违纪违法线索，依法移交纪检、监察、组织等部门给予有关责任人党纪政纪处分；涉嫌犯罪的，移送司法机关依法追究当事人的法律责任。不少地方采取各种措施，充分发挥了审计效能。

（四）村居干部经济责任审计存在的主要问题

1. 法律规定不衔接导致审计主体多元化。

由于审计机关的主体地位不够明确，造成实际操作中实施主体多元化。审计主体的多元化，一方面造成部门之间职能交叉；另一方面，不同部门的工作方式、程序和评价标准、结果应用等不尽相同，不利于村居干部经济责任审计工作的规范有序发展。

2. 县级审计机关开展村居经济责任审计普遍存在人力资源不足的困难。

如果地方党委政府集中大量委托县级审计机关开展村居干部经济责任审计，可能对县级审计机关正常开展审计工作产生一定影响。

3. 村居干部经济责任审计项目管理尚不规范。

一是审计程序方面，对于县级审计机关及其派出机构组织开展的村居干部经济责任审计，有的没有列入审计项目计划管理，有的审计成果没有纳入统计范围。二是审计质量方面，审计质量难以得到切实保证。三是审计内容及评价标准方面，对村居干部的经济责任界定缺乏明确标准，在审计内容、审计程序、评价标准等方面存在较大差异。

（五）政策建议

1. 树立“以人民为中心”的审计理念，强化村居干部经济责任审计。

通过进一步开展村居干部经济责任审计，在查处、揭示问题的同时，加强对普遍性问题的分析研究，从健全制度、规范管理层面向乡镇党委政府提出意见建议，促进建章立制，提高村居干部决策和管理的规范化水平。

2. 结合审计管理体制改革，进一步明确和规范开展村居干部经济责任审计的主体。

建议从顶层设计的角度理顺法律依据，明确开展村居干部经济责任审计的职责和权限。同时，进一步规范审计主体的组织方式。

3. 在现行法律框架下发挥审计机关的专业优势，指导村居干部经济责任审计工作的规范有序开展。

一是深入开展调研，总结村居干部经济责任审计工作的经验做法。二是积极发挥部门合力，推动建立部门会商机制，推动审计成果利用。三是出台规范性操作办法，指导村居干部经济责任审计工作开展。

十、深化国有企业和国有资本改革政策框架、存在问题及审计政策建议——“深化国有企业和国有资本改革与审计监督”研讨综述

该研究梳理了相关专家在“深化国有企业和国有资本改革与审计监督”主题研讨会上，关于深化国有企业和国有资本改革政策框架、深化国有企业和国有资本改革当前阶段存在的主要问题、审计政策建议三个方面的主要观点。

（一）深化国有企业和国有资本改革的“1＋N”政策体系

1.《中共中央国务院关于全面深化国有企业改革的指导意见》是指导和推进国企改革的纲领性文件。

这是在总结近20年国有企业改革经验基础上作出的全面深入系统的论述，从改革的总体要求到分类推进国有企业改革、完善现代企业制度和国有资产管理体制、发展混合所有制经济、强化监督防止国有资产流失、加强和改进党对国有企业的领导、为国有企业改革创造良好环境等方面，全面提出了新时期国有企业改革的目标任务和重大举措。

2. 三个层面的“N”系列配套文件。

一是带有“四梁八柱”性质、支撑国企改革总体框架的重要政策，包括应当坚持党的领导、关于划分类别分类施策组织实施、推进国有资产监管机构职能转变、分类推进国有企业混合所有制改革等文件。二是带有“定点爆破”性质，力求攻坚克难的专项政策，如剥离国有企业办社会职能和解决历史遗留问题、中央企业结构调整与重组等文件。三是带有工作推动性质、指导部署落实的工作计划，如中央企业投资监督管理、深化国有企业和国有资本审计监督等文件。

（二）深化国有企业与国有资本改革过程中的主要问题

1. 贯彻落实“三个区分开来”原则，建立容错机制中遇到的主要问题。

一是国有企业改革容错机制具体操作程序和标准不够明确，改革推进中存在“怕”“等”的现象。二是需要明确监管机构在哪个层面来把握容错判断权。三是处理好建立容错机制与促进简政放权的关系。

2. 国有企业混合所有制改革中遇到的问题。

一是混合所有制改革中国有资产存在流失风险。二是混合所有制企业领导人相关规章滞后。三是混合所有制改革中出现的新情况，给审计监督带来新的问题。四是国有投资基金的审计监督。

3. 国企改革中需要解决企业办社会问题。

资金是否到位以及企业和政府分担改革成本的问题成为需要关注的重点问题。很多国有企业改革中涉及的问题层面深、牵扯面广，推进过程还存在一些问题。

4. 国有企业改制重组遇到的问题。

一是国企改制重组面临的税费负担重。一方面税赋成本成为阻碍中央企业子公司改制的障碍；另一方面，企业重组实际操作中，现行的涉及企业重组的财税政策并不能涵盖所有的复杂情形。二是行业监管问题。

5. 国企改制重组、混改、员工持股过程中的资产评估问题。

一是资产评估方法、资产评估机构存在一些问题。二是资产评估工作的效率性问题。

6. 国有企业监督管理方面存在外部多头监管、内部监督不到位和监督问责机制不健全等问题。

一是国有企业外部多头监管，缺乏协同性。二是内部监督不到位。三是监督问责机制不健全。

7. 国有企业补贴政策执行中存在的问题。

一是骗取国家补贴。二是补贴审批模式存在廉政风险。

8. 国有企业的社会审计质量不高，社会审计质量问责力度不够问题。

事务所在揭露违规舞弊方面作用有限，存在严重误导决策层和严重误导投资者的问题，对相关责任人或者具体的核账人员没有采取实质性的追责和问责措施。

9. 国有企业改革审计中发现的新问题。

一是集团一把手变得没有直接责任而只有领导责任。二是自由裁量权交易容易成为国企舞弊的新形式。

10. 境外国有企业审计问题。

一是正确处理好国有企业境外全面审计和突出重点的问题。二是境外审计面临的一些特殊性问题，如法律环境的问题、人员素质的问题等。

（三）审计政策建议

1. 贯彻落实“三个区分开来”原则，建立容错机制审计政策建议。

一是审计促进从中央层面尽快出台明确容错机制程序和标准的文件。二是组织部门和审计部门在把握“三个区分开来”原则，建立容错机制中进一步加强会商、沟通。三是国家审计在容错判断中要坚持依法审计、实事求是的原则。四是国家审计促进简政放权，为容错机制建立提供政策空间。

2. 推动国家重大政策落实和深化国企改革措施落地审计政策建议。

一是审计监督要促进国有企业在国家重大政策落实中发挥更加重要作用。二是强化混合所有制、国有资产评估和国企分类考核等国企改革重点环节审计监督。

3. 国有企业资产、负债和损益审计政策建议。

一是加强国有企业资产、负债和损益审计，切实解决部分企业业绩不实问题。二是审计要重点关注国有企业的关键绩效指标。

4. 国有企业风险防范审计政策建议。

一是审计要重点关注国有企业投资经营风险。二是要加强企业债务风险、金融风险、法律风险和环境保护合规风险的审计监督。

5. 国有企业监督管理方面存在外部多头监管、内部监督不到位政策建议。

建立国有企业外部监管协同、内外部监管力量形成有机整体的监管体系。一是国有企业监督体系改革应建立权责分明的监督协同机制。二是要充分整合内部监督力量。

6. 国有企业补贴政策建议。

一是补贴资本化。二是调整补贴结构。三是补贴采取自动适应制。

7. 企业审计队伍与组织模式建设政策建议。

一是要加强企业审计人员培训。二是国企审计全覆盖的关键在于常覆盖。三是统筹安排推进国企改革审计资源。四是推进审计方法的总结提炼。

8. 企业审计数据分析平台建设相关政策建议。

一是加强对企业数据信息录入不准确、不全面，各部门之间数据不兼容，相关系统之间缺少关联等信息系统问题的审计力度。二是促进国资监管等部门对国企信息化管理工作的考核机制进一步完善，细化相关考核内容和规范。三是将审计对象分派到各个特派办，从数据采集、数据整理到经常性分析常态化。

9. 国企改革中其他问题相关审计政策建议。

一是在整体审计资源有限的情况下，加大企业审计购买服务力度。二是国企审计中要关注造成集团“一把手”变得没有直接责任而只有领导责任问题相关制度漏洞。三是应关注“管资本”改革过程中可能会出现的少数股东权益被大股东侵犯、管理者滥用职权侵犯股东权利等问题。四是推动相关的监管部门（如国资委和财政部）加强对国有企业的社会审计质量不高问题的追责和问责，从根本上解决问题。五是建议国家相关部委考虑出台相关财税政策减轻国企改制与重组的税费负担，加强行业监管协调与配套。

10. 经济责任审计和境外审计政策建议。

一是经济责任审计应对审计对象进行整体评价，不但要关注问题的数量，更要关注问题的性质。二是要坚持问题和制度两手抓、两手都要硬原则。三是要坚持境内境外一体化审计原则。四是境外审计突出重点原则。五是境外审计坚持分阶段、有计划地实施原则。

十一、基于绩效审计的数据采集和数据分析浅析

该研究以扶贫项目等审计为例，探讨了绩效审计工作目标的服务性、综合性、建设性这三个特征，以及绩效审计对数据采集和数据分析工作的要求。

（一）绩效审计的目标特征

开展绩效审计是促进解决发展不平衡不充分问题的有力抓手，大数据审计环境为开展绩效审计工作提供了更好的条件。

1. 绩效审计目标具有服务性。

选择绩效审计项目时，要紧扣社会经济发展的大局、紧密联系当前的社会环境综合考虑，选择群众关心、社会关注，对经济社会发展及环境保护有较大影响、资金规模较大的建设项目、政策措施、专项资金等。在扶贫审计中，审计部门应做好扶贫项目的审计工作安排，促进相关政策的落实和扶贫资金的有效使用。

2. 绩效审计目标具有综合性。

绩效审计更多地面向各级党委政府和老百姓，围绕党委政府关注的重点和群众关心的热点问题开展审计，提出宏观体制机制方面的问题和建议。如对扶贫工作进行绩效审计，更应关注脱贫人口返贫情况、金融贷款发挥作用情况等，以及其他相关政策的落实情况，以进一步分析原因、揭示问题，并提出可行性建议。

3. 绩效审计目标具有建设性。

绩效审计评价要以建设性来从被审计单位自身、体制机制和制度方面等多层面提出意见和建议，以公开性来促进问题的整改和相关制度的规范。在进行扶贫政策措施落实情况审计时，如存在执行不到位的问题，需深入分析原因，提出修订配套政策或如何更好执行政策的建议。

（二）绩效审计目标下对数据采集工作的要求

基于绩效审计目标的三个特征，绩效审计对于数据的全面性和时效性要求较高，对数据的采集方式、存储管理等也有更高的要求。

1. 所采数据要注意全面性。

除了需要财务数据外，还需要政策方面、制度方面、管理方面、业务方面的数据，而在作绩效评价时，还会用到一些评价指标、宏观经济指数等数据。如对扶贫资金的使用进行绩效审计时，数据采集需要考虑到方方面面：政策文件层面，要采集国家扶贫相关政策，及所涉及的各个相关部门的政策规定；数据层面，要采集全各种扶贫资金收支规模、资金来源、类型结构、资金投向等。

2. 所采数据要注意时效性。

无论是与被审计事项相关的政策文件，还是互联网公开的宏观经济数据，或与被审计单位相关的各类数据，都应是较新的数据，这样才能准确反映问题、提出有效建议。如关于扶贫搬迁政策，“十二五”采取的是生态搬迁移民，“十三五”采取的是异地搬迁扶贫，两政策在资金补助、搬迁条件等方面均有差别。

3. 数据采集方式要注意灵活性。

对于所需要的数据，可以从定期报送数据中获得，或在项目开展过程中按需获得，也可以通过开展专项审计调查方式，全方位采集数据，以备后续工作需求。

（三）绩效审计目标下对数据分析工作的要求

1. 数据分析技术要创新。

必须综合运用多种分析方法，除了对不同行业间的结构化数据直接采用关联查询分析，对历史与现今的数据、行业内或国内外的数据进行比较分析外，还需较多运用非结构化的文本分析技术及大数据分析技术等，确保绩效审计工作在大数据环境下开展的效果和效率。如对扶贫资金使用进行审计时，可将扶贫部门和财政、公安、房管、工商、教育、人社、卫生、民政等扶贫相关重点部门数据进行关联比对，发现扶贫资金使用过程中的不真实、不合规的疑点线索。

2. 数据分析模块要及时固化。

绩效审计侧重的是宏观层面的分析，所涉及的是跨领域、全方位的数据，因此很多思路可以形成固定的模块，继而按时间周期进行智能、定期的跟踪式分析。

3. 数据分析人员要具有敏锐的宏观意识和创新能力。

应着力加强审计人员的政策理解能力和政策分析能力，提高其政策热点捕捉的敏锐性，以及时发现社会热点，为审计项目提供素材。可以通过开展大数据分析技术培训、司局业务人员与数据分析人员组建团队、建立与高校或技术企业的咨询机制等来提高审计人员的数据分析利用水平。

十二、领导干部自然资源资产离任审计评价框架探讨

该研究提出了建立领导干部自然资源资产离

任审计评价指标时应当遵循的原则，分析了自然资源资产负债表作为领导干部自然资源资产离任审计评价的应然与实然选择，并建立了领导干部自然资源资产离任审计评价的七大类指标。

（一）领导干部自然资源资产离任审计评价的原则

把握好“三个区分开来”的原则，在建立具体的审计评价指标时，应遵循下列原则：

1. 客观性原则。

应坚持以事实为依据，不受外界和主观因素的影响，按照客观事物的本来面貌描述事实，作出评价。

2. 准确性原则。

审计评价不仅要契合领导干部自然资源资产离任审计的实践，而且应根据多种维度建立评价指标，系统有效地反映被审计领导干部的责任履行情况。

3. 完备性原则。

审计评价需要考虑到涉及领导干部自然资源资产管理和生态环境保护工作的各个方面，评价指标应当尽可能全面地体现被审计领导干部的责任履行情况。

4. 互斥性原则。

审计评价的指标在外延上尽量相对独立，避免同一层面的指标之间以及与其他层面指标之间的相互重复或者相互包含。

5. 重点性原则。

审计评价要抓住重点，一方面能够体现被审计地区自然资源禀赋和生态环境保护主要情况；另一方面突出反映领导干部履行自然资源资产管理和生态环境保护责任重大情况的指标。

（二）自然资源资产负债表：领导干部自然资源资产离任审计评价的应然与实然选择

自然资源资产负债表，是领导干部自然资源资产离任审计评价的应然依据。在实然层面上，依据自然资源资产负债表中量的变动情况进行审计的思路，还处于探索阶段。

自然资源资产变动情况和自然资源负债变动情况，应当作为领导干部自然资源资产离任审计评价的指标。自然资源资产变动情况可以先从不同自然资源类型的实物量进行计量，价值量核算标准成熟后再进行价值量计量。自然资源负债变动情况可以根据各类型自然资源在开发利用过程中主要污染物的排放量，乘以单位治理成本进行核算，不断探索完善。

（三）领导干部自然资源资产离任审计评价框架

领导干部自然资源资产离任审计评价需要的是一个指引性的指标框架，以下审计评价要素作为一级指标：资产负债类指标、政策落实类指标、法律遵守类指标、决策审批类指标、目标完成类指标、监督履行类指标、资金管理类指标，并将各个类别的指标进行细化。

1. 资产负债类指标。

自然资源资产变动情况和自然资源负债变动情况可以作为基础性指标。

2. 政策落实类指标。

制定与中央决策部署相适应的地方性制度措施，建设保障政策贯彻落实的人员、经费、信息系统等能力，考核政策措施的执行力度和执行效果，建立运转顺利的政策执行问责机制，推进生态文明建设重大改革任务情况。

3. 法律遵守类指标。

政策规划制定和项目任务实施依法依规情况，发生资源环境类违法违规案件情况，发生资源环境事故、信访和群体性事件等情况，资源环境类违法案件查处和结案情况，资源环境执法过程是否存在失职渎职、弄虚作假等行为。

4. 决策审批类指标。

重大项目引进的审批情况，重大资金支出的审批情况，重大决策的内容合法合规情况，重大决策的程序合法合规情况，重大决策的有效执行情况。

5. 目标完成类指标。

资源环境约束性指标完成情况，国家生态文明建设考核和政府相关规划中的工作目标完成情况，资源环境项目建设、运行和管理情况，自然资源管理和环境保护目标纳入地方政府绩效考核情况。

6. 监督履行类指标。

完善有效的监督制度建立情况，违反资源环境法律法规的处置情况，重大风险隐患处理和相关预警机制建立情况，审计查出问题和资源环境督查整改落实情况。

7. 资金管理类指标。

自然资源管理和环境保护类资金预算安排情况，资金流向和具体使用情况，资金使用符合财政财务收支规定情况，资金使用效果情况，资金监管机制建设和运转情况。

在评价框架下，尚需进一步研究不同自然资源禀赋下的细化指标以及与评价结论的内在联系。

十三、国家审计推动“一带一路”建设的路径研究

该研究总结了“一带一路”建设中国家审计的重要作用，并针对“一带一路”建设过程中政策落实跟踪审计、境外审计和公共投资审计面临的挑战，提出了应对的建议。

（一）“一带一路”建设中国家审计发挥的作用

1. 国家审计是促进“一带一路”政策落实的重要保障。

一是国家审计促进“一带一路”政策落实到位。二是国家审计促进“一带一路”政策不断完善。三是国家审计促进“一带一路”政策发挥实效。

2. 国家审计是提高“一带一路”项目资金绩效的有力工具。

国家审计应监督检查在“一带一路”项目建设过程中财政财务收支及相关经济活动的真实、合规、效益情况，及时反映趋势性、苗头性问题，防范各种经济风险，促进加强资金管理、优化资金结构。

3. 国家审计是推动“一带一路”沿线各国交流合作的重要力量。

我国国家审计机关肩负着推动“一带一路”沿线各国交流合作的重任，如举办审计研修班，交流各国审计的经验，为进一步合作打下坚实基础。

（二）“一带一路”建设中国家审计面临的挑战

1. “一带一路”建设需要政策作保障，政策落实跟踪审计尚需同步跟进。

重大政策落实情况的跟踪审计是国家审计服务于“一带一路”建设、推动和完善国家治理的重要途径。相关部门已逐步制定一系列政策推动“一带一路”建设的稳步发展，对这些政策落实情况的跟踪审计是国家审计推动实现“一带一路”建设目标的重要保证。

2. 境外资产规模大、风险多，境外审计难度加大。

一是企业境外资产规模庞大，对境外资产审计人员的数量、能力和效率都是很大的考验。二是境外资产面临诸多风险，使得境外资产审计难度加大。

3. 基础设施建设规模扩大，公共投资审计的任务加重。

“一带一路”项目建设资金管理是否规范、工程质量是否达标和投资效益等问题将会成为公共投资审计关注的重点。此外，投资审计与金融审计的结合度提高。

（三）国家审计服务于“一带一路”建设的路径

1. 积极开展“一带一路”相关政策落实跟踪审计，确保政策发挥实效。

重点关注与“一带一路”建设紧密相关的政府部门，是否根据纲领性文件《推动共建丝绸之路经济带和21世纪海上丝绸之路的愿景与行动》制定本部门规划及配套政策等方面。

2. 加强企业境外资产审计监督，防范和化解境外投资风险。

境外资产审计应重点关注境外“一带一路”投资项目是否合规，项目投入、产出是否符合预期，关注境外投资项目债务利息负担、投资回收的现金流管理是否安全等方面。

3. 公共投资审计与金融审计相结合，发挥综合审计效果。

金融审计要关注于对中央财政资金、金融性资金及外汇储备资金中涉及“一带一路”建设的专项资金进行跟踪审计，公共投资审计关注于保障每笔资金用在“一带一路”项目中，督促相关单位加强资金和项目管理。首先，要建立金融审计和投资审计的联动机制。其次，要充分发挥审计人员的主观能动性，创新两类审计技术方法上的结合。

4. 加强沿线各国政府审计机关的交流和合作，形成审计合力。

要积极构建多层次沟通交流机制，研究推进“一带一路”政府审计合作的实施方案，举办“一带一路”国际审计交流会和国际研修班，促进各国审计人员相互交流和学习。

十四、审计组组长全程负责制研究

该研究分析了当前审计业务流程中存在的问题，提出构建以审计组组长全程负责制为核心的审计业务流程的建议。

（一）当前审计业务流程中存在的相关问题

国家审计准则对审计组组长负责制的规定存在分割点，以审计组为核心的现场审计“上半场”和以层级负责为核心的质量控制“下半场”双轨并存，从而带来了审计业务流程的一系列问题。

1. 存在上半场“扁平化”和下半场“层级化”的冲突。

审计项目“上半场”的主要特点是扁平化，审计组实行组长负责制，现场负责人和主审的设立根据审计组组长的委托协助履行相应的现场管理职责。而审计项目“下半场”的主要特点是层级化，以逐级呈报和审核为主。

2. 存在审计组“履职”和审计机关“负责”的冲突。

履行审计监督职责的主体不承担最终责任，履职和负责两个环节脱节，这对审计组提交的“半成品”质量难免有所影响，审计机关为保证审计成果质量，只能加大质量控制力度。

3. 产生了一系列质量和效率方面的不利后果。

一是质量控制责任不断后移。二是现场审计的时间安排与后续质量控制工作的时间安排不成比例。

（二）其他国家最高审计机关审计组在审计业务流程中的作用

当前很多国家审计机关都明确规定审计组对审计项目整体负责，很多国家最高审计机关的多数审计报告也是由审计组组长签发。

1. 美国审计署的相关做法。

一般由司局负责人担任审计组组长和审计报告签发人。在审计计划阶段，审计组组长通过审计组业务会议组织审计组全体成员共同参与审计计划和实施方案编制。在审计项目实施阶段，审计组组长依据审计事项对审计人员进行分工。形成报告初稿后，一般由审计组组长审定，再提交审计组之外的其他人进行复核。

2. 德国联邦审计院的相关做法。

审计组是审计业务流程的绝对核心，需要对审计项目的全过程负责。审计组讨论确定审计方案，开展实地审计调查，起草审计报告初稿，在初稿和反馈意见基础之上撰写最终的审计报告。

3. 加拿大联邦审计长公署的做法。

各审计项目实施阶段由审计组负责，项目报告起草阶段分为三个步骤。第一，审计组组长签发主审审计报告草案。第二，审计组组长签发征求意见稿。第三，向议会提交报告。

此外，韩国审计监查院的审计报告主要由业务部门决定，法国审计法院的审计报告主要由审计法庭决定。

（三）构建以审计组组长全程负责制为核心的审计业务流程

参考司法改革中提出的“让审理者裁判，让裁判者负责”的思路，以及其他国家审计组组长负责制的做法，应当构建以审计组组长全程负责制为核心的审计业务流程。

1. 审计组组长全程负责制的主要内涵。

指在一个审计项目中，从送达审计通知书至出具审计结论类文书的全部过程由审计组组长全面负责，具体日常审计事务由审计组组长决定或委托副组长、主审及其他人负责，重大事项可以与相关司局会商或提请召开审计业务会议，最终审计成果由审计组组长确定、签发并承担主要责任。

2. 审计组组长全程负责制具体内容。

一是根据项目类型确定审计组。对于一般审计项目，由派出局或特派办负责人任审计组组长；对于重大审计项目，可以成立联合审计组或项目领导小组，由署领导或业务司司长担任联合审计组组长或项目领导小组组长；对于临时交办的短平快项目，视情况由相关业务部门统一组织并由署领导确定审计组组长人选。

二是审计组组长负责审计项目全面工作。审计计划阶段，审计组组长根据审计目标确定审计范围、审计重点、组成人员并据此组织审计资源配置和相关服务购买；审计实施阶段，审计组组长应当全面负责编制或者审定审计实施方案、确定审计思路和重点、检查督导审计组成员的工作、审核审计工作底稿和审计证据等工作；审计报告阶段，审计组组长应当对审计项目的总体质量负责，组织编制并审核起草的审计报告等信息，并自行确定质量控制方法，签发审计报告和结论类文书；审计项目全过程中，审计组组长都必须充分听取法律部门和技术部门相关意见。

三是审计机关应当为审计组工作提供保障措施。其一是职业胜任能力评估；其二是审计资源支持。

3. 审计组组长全程负责制下业务部门、法规部门的职责调整。

业务部门主要承担三类职责：一是部分重大项目及临时交办项目的组织工作职责；二是审计信息深加工职责；三是业务指导职责。

法规部门主要承担三类职责：一是立法职责；二是复议诉讼办理职责；三是法律咨询职责。

其他新成立部门职责：可以适当成立其他常设或非常设机构，如项目质量责任追究委员会。

论文摘登

【新一轮国有企业改革背景下加强国有企业审计的对策】 党的十八届三中全会审议通过的《中共中央关于全面深化改革若干重大问题的决定》提出，要进一步深化国有企业改革，推动国有企业完善现代企业制度，标志着新一轮国有企业改革的方向基本确定。2015 年，国家先后出台《中共中央、国务院关于深化国有企业改革的指导意见》《国务院办公厅关于加强和改进企业国有资产监督防止国有资产流失的意见》等文件，对国有企业改革的目标、任务和重点以及国有资产监督体系进行了明确。近日，中共中央办公厅、国务院办公厅印发《关于深化国有企业和国有资本审计监督的若干意见》，对深化国有企业和国有资本监督体系和制度提出了具体意见。之前，中央深化改革领导小组通过《国务院国资委以管资本为主推进职能转变方案》。这些文件的出台，标志着十八届三中全会以来新一轮的国有企业改革进入实质性推进阶段。国家审计应把握和适应新一轮国有企业改革的需求，通过进一步深化对国有企业和国有资本的审计监督，充分发挥国家审计在党和国家监督体系中的重要作用。

一、新一轮国有企业改革着重加强对国有企业的监督管理

十八届三中全会以来，国有企业改革总体上以进一步市场化为目标，但不同阶段的改革目标任务各有侧重。从近期国有企业改革情况来看，国企改革在分类改革、内部管理机制建设等改革措施的基础上，着重于加强和完善对国有企业的监督管理，主要体现在以下几个方面。

（一）国有资产监管方式进一步转变

2003 年以来，随着各级国有资产监管机构的成立，由各级国有资产监管机构代表政府履行国有企业出资人职责后，我国实行以管企业为主的国有资产监管体制，即通常所说的管人、管事、管资产相结合的监管体制。党的十八大以来，随着国有企业改革的推进，这种监管体制逐步转向以管资本为主的监管体制。《中共中央关于全面深化改革若干重大问题的决定》指出，要完善国有资产管理体制，以管资本为主加强国有资产监管。《中共中央、国务院关于深化国有企业改革的指导意见》也提出，要完善国有资产管理体制，以管资本为主推进国有资产监管机构职能转变。此次中央深化改革领导小组审议通过的《国务院国资委以管资本为主推进职能转变方案》，是落实监管体制改革的具体步骤。国有企业管理由“管企业”转向“管资产”，标志着国有企业监管方式进一步转变，国有企业监管体制改革实质性推进。

（二）国有资产监管的市场化方向进一步明确

在国有企业改革市场化的方向下，特别是政府简政放权职能转变的背景下，国有企业各监管部门应正确处理好政府和市场的关系，明确自身职责定位，在做到监管“不缺位”的同时，更重要的是注意“不越位”。新一轮国有企业改革重点在于加强国有企业市场化主体地位，尽量减少对国有企业自主决策行为的干预，通过制度管事、管人、管企业，同时加大对违法违规问题查处和监督力度。中央深化改革领导小组会议强调国资监管部门要以管资本为主推进职能转变，组织好对国有企业的内部审计工作，而审计部门要建立健全经常性审计机制、境外国有资产审计监督机制，让制度管企业、管干部、管资本，符合市场化的国有企业改革和监管方向。

（三）国家审计在国有企业监督管理体系中的制度性作用进一步突出

《关于深化国有企业和国有资本审计监督的若干意见》强调要围绕国有企业、国有资本、境外投资以及国有企业领导人履行经济责任情况进行审计，做到应审必审、有审必严，推动审计发现问题整改到位、问责到位，充分凸显了国家审计在国有企业改革和国有资本监督中的重要作用。根据《国务院办公厅关于加强和改进企业国有资产监督防止国有资产流失的意见》，国家审计作为国有企业外部监督的重要组成部分，被纳入企业国有资产的监督管理体系和制度性安排。相比其他既具有管理权又具有监督权的监督部门，国家审计独立性更强，更能满足以管资本为主加强国有企业监管的要求。《关于深化国有企业和国有资本审计监督的若干意见》提出，要完善国有企业和国有资本审计监督体制机制，以制度来管企业、管干部、管资本，充分凸显了国家审计作为一种制度性安排在国有企业监督中的制度性作用。

二、新一轮国有企业改革背景下开展国有企业审计的切入点

国家审计要在国企改革和国有资本监管中发挥制度性作用，应紧密结合近期国有企业改革的方向和重点，认真落实中央在国有企业改革和监督方面的有关决策部署，在以下方面有针对性地开展国有企业审计。

（一）对国资监管机构以管资本为主推进职能转变情况进行审计

国资监管机构是否以管资本为主推进职能转变，关乎国有企业改革的成败。在对国资监管机构的审计中，国家审计应关注国资监管机构的职能转变情况：一是关注国资监管机构是否以管资本为主完善国有资本监管体制，将监管工作重心放在管好国有资本布局、规范资本运作、提高资本回报、维护资本安全方面，实现监管对象从管人管事管企业向管资本的转变。二是国资监管机构是否科学界定国有资产出资人监管的边界，按照管资产为主建立监管权力清单和责任清单，并严格按照清单行使监管权力，真正做到不缺位、不越位。三是国资监管机构是否站在出资人的角度，找准自身的职能定位，将属于政府公共事务管理的职能交给相关政府部门和单位，将属于企业自主经营的职能归位于企业，减少对国有企业微观运营的干预，帮助国有企业成为真正的市场主体。四是国资监管机构是否把强化出资人监管同落实管党治党责任结合起来，把精简监管事项同完善企业法人治理结构结合起来，是否改进监管方式手段，更多地采用市场化、法治化、信息化监管方式来加强监管。

（二）对国有企业市场主体建立情况进行审计

新一轮国有企业改革，核心是夯实国有企业真正的市场主体地位。在对国有企业的审计过程中，国家审计应关注国有企业市场主体地位建立情况：一是关注国有企业的分类改革情况，关注商业类、公益类国有企业划分的科学性、合理性情况，关注与不同类别国企相适应的分类改革、分类发展、分类监管、分类定责、分类考核制度建设情况。二是关注国有资本投资运营公司的改组组建情况，关注投资运营公司是否与国资监管机构、所投资企业进行权责划分，关注投资运营公司组建是否能够提升国有资本运营效率、促进国有资本合理流动、推动国有资本优化布局，关注政府直接授权国有资本投资运营公司履行出资人职责的试点情况。三是关注国有企业建立现代企业制度、完善法人治理结构和董事会建设情况，关注权责对等、运转协调、有效制衡的国有企业决策执行监督机构的建设情况，关注股权结构多元、股东行为规范、内部约束有效、运行灵活高效的经营机制建设情况。四是关注国有企业市场化的薪酬考核制度和人事制度建设情况，关注国有企业薪酬自主权建设效果，关注党管干部与董事会依法行使用人权的结合情况，建立薪酬人事与业绩挂钩的中长期激励机制情况。五是关注国有企业混合所有制改革情况，关注国有企业混合所有制改革过程中，市场化导向和机制建设情况，混合所有制改革进程中公开、公平、公正的机制建设情况，促进公司经营管理方面的多元制衡和科学决策机制建设情况等。

（三）加强对境外国有资产的审计

境外国有资产是我国国有资产的重要组成部分，也是国有资产监管的薄弱环节。对境外国有资产的审计，应重点关注以下方面的内容：一是境外投资和国有资本的运营有利于实现国家的对外经济政策，包括实施“走出去”战略、推进“一带一路”建设的政策目标的情况。二是国有企业境外投资的科学决策机制，特别是涉及境外的重大投资项目、重大资金、重大决策的决策机制的建立健全和执行情况。三是涉及境外投资项目管理、重大资金管理、重大风险环节管控的内部控制制度的设计实施和执行情况。四是境外国有资本的安全完整、保值增值、运营效率情况，重点关注财务报告的真实性、完整性等。五是境外投资企业遵守境外的法律法规和企业领导人尽职履职情况等。

三、适应新一轮国企改革要求，建立健全对国有企业的经常性审计制度

目前国家审计对国有企业的经常性审计制度不够健全，实践上对国有企业的审计也未实现“全覆盖”，其原因包括审计机关作为国有企业审计主体地位的职责还不够明确，缺乏国有企业经常性审计的可操作的配套制度，以及部门之间的协调配合不足等方面，导致无法满足“国有企业、国有资本走到哪里，审计就跟进到哪里，不留死角”的要求。要深化国有企业改革和国有资本监督，应建立健全国有企业的经常性审计制度。

（一）进一步明确审计机关国有企业审计的主体地位和职责，统筹开展国有企业经常性审计

目前国资监管机构对国有企业开展所谓的“出资人审计”，主要是委托社会审计机构开展的，关注的主要是国有企业财务报表的整体真实性、公允性，而国家审计的企业审计职责范围更广，与社会审计机构有着根本的区别。按照《关于深化国有企业和国有资本审计监督的若干意见》，审计机关应依法独立履行审计监督职责，揭露损害国家和人民利益、重大违纪违法、重大履职不到位、重大损失浪费、重大风险隐患和重大破坏资源环境等问题。社会审计机构由于职责权限所限，在审计权威性、审计内容、审计权限、审计力度、部门协调方面，都无法与国家审计机关相提并论，即使是接受委托开展的国有企业经济责任审计，实践中也无法实现上述要求。而所谓的“出资人审计”，既不符合公认的将审计划分为国家审计、内部审计、社会审计的传统，也不利于国资监管领域决策、管理和监督权力的相互制约，势必会造成国家审计职权的人为割裂，不符合宪法和法律对国家审计的相关规定，因此所谓的“出资人审计”实质是“出资人监管”的延伸，不能代替国家审计，有权力代表出资人开展审计的只能是国家审计机关。建立国有企业经常性审计制度，首要的是明确审计机关开展企业审计的主体地位和职责。对审计机关来说，除了应从法律上进一步明确之外，还应切实担负起国有企业经常性审计的职责。

（二）探索制定国有企业的经常性审计规划，实现国有企业审计全覆盖

从审计实践看，目前对国有企业的经常性审计还没有建立中长期的发展规划和相应的配套措施。审计中长期发展规划应解决国有企业审计实现全覆盖的范围、重点、步骤、周期、频率等问题。要实现国有企业经常性审计，必须要在一个审计周期内实现审计全覆盖。审计机关应按照企业功能类别、资产规模、战略地位等因素，确定重点审计对象和审计频次，实现有重点、有步骤、有深度、有成效的全覆盖。对国有企业的财务审计每五年至少进行一次，对国有企业领导人任期经济责任履行情况，至少在一个任期内应审计一次。对国有企业发生的重特大事项，如重大投资、并购、重组、股权转让等，可在重特大事项发生后开展专项审计。对国有企业贯彻落实国家重大决策部署情况，以及重大项目建设、重大资金运用情况等，可适时开展跟踪审计。审计机关应在对国有企业摸底的基础上，就国有企业财务审计、经济责任审计、专项审计等业务以及相关的周期、重点、频次等问题进行统筹规划，制定国有企业经常性审计中长期规划，实现对国有企业的经常性审计，确保国有企业审计全覆盖。

（三）建立相关配套制度，加强国有企业审计资源整合

国有企业经常性审计制度的实施，要求建立相关部门和单位的协调制度。一是要加强国家审计与相关监管部门如国资监管、监事、巡视、纪检监察、组织、公安、检察、发展改革、财政、商务、人民银行等相关部门的统筹协调，加强国家审计与企业外派监事会、财政专员办、发改部门重大项目稽核办等专门监督力量的沟通配合，建立健全相关信息共享、案件移送反馈等机制，形成各部门共同促进国有企业改革和国资监督的

机制。二是要明确国有企业为第一整改责任人，加强对审计发现问题的整改力度，将审计整改情况报送本级政府，将整改情况作为考核奖惩的重要依据，并适时向社会公告审计发现问题和整改情况，通过严肃问责倒逼审计发现问题整改。三是建立对国有企业定期数据采集和分析机制。通过采集国有企业包括境外国有企业财务、业务相关数据，加大数据集中和关联分析力度，建立后台数据分析与现场审计查核相结合的作业模式，积极探索联网审计等方式，提高对国有企业审计的效率。（撰稿人：李　俊）

【国家审计溢出效应研究】　审计监督是党和国家监督体系的重要组成部分，是提升国家治理能力的重要力量。国家审计的根本目标是在党和政府的领导下服务于经济社会持续健康发展，维护人民群众根本利益。国家审计通过履行法定职责所发挥的重要作用可分为直接作用和间接作用，在若干方面间接发挥的一系列重要作用，可以称之为国家审计的“溢出效应”。研究国家审计溢出效应有助于国家审计适应新要求、应对新挑战、更好地服务于党和国家工作大局。

一、国家审计溢出效应的基本内涵

根据党和政府的要求，适应我国面临的不同时代背景，国家审计的职能在不断拓宽和加深，相关法规制度在不断完善。在某个时间节点上看，审计作用发挥的种类和力度超出了法规制度具体规定的部分即为国家审计的溢出效应。其主要表现形式是推动制度完善、整改落实和追责问责。

溢出效应是指一个组织在进行某项活动时，不仅会产生活动所预期的效果，而且会对组织之外的人或社会产生的预期之外的影响。在经济学中，溢出效应主要用来解释技术和人力资本带来的技术扩散和知识扩散。溢出效应的作用机理一般是先进技术和优势人力资本对周边人和社会有很强的示范作用，周边人和社会通过对其模仿，客观上促进了技术和人力资本的传播，并通过模仿者与被模仿者的竞争，进一步促进了社会效益最大化。此外，溢出效应还可以通过人员流动和产业关联等渠道释放。对于技术和人力资本提供者来讲，这种效应是他们预期之外的，或者效应的力度远远超过了他们的预期。一般情况下，技术和人力资本提供者得不到溢出效应带来的社会收益。

对国家审计而言，通过直接促进财政增收节支、挽回或避免损失等可用货币计量的审计成果是国家审计履行法定职责的成果，一般不体现为溢出效应。督促有关方面整改存在的问题、建立健全规章制度、强化追责问责，从而在促进经济社会健康运行、推动完善国家治理等审计工作中产生的不可用货币计量的成果则体现为国家审计溢出效应。国家审计溢出效应一般作用于审计对象之外的单位，即通过审计产生的影响力，通过“震慑”“自律”“示范”“竞争”“交流”等方式，间接影响审计对象之外的单位。

二、国家审计溢出效应作用机理分析

国家审计在履行审计监督职能过程中，充分发挥审计监督的优势，通过完善制度、形成震慑和约束、作出示范等方式形成溢出效应。

（一）国家审计的制度效应

国家审计从宏观和全局的角度，通过揭示体制机制制度性问题，密切关注改革措施的推进和协调配合情况，关注体制性障碍和制度性缺陷，提出解决突出问题和推动长远发展的建议，促进了深化改革和制度创新。近10年来，全国审计机关提出审计建议200多万条，推动建立健全规章制度5万多项，推动被审计单位制定整改措施15万多项，改进和强化了管理，并及时提出了多项制定修订相关法律法规制度的建议。国家审计通过直接督促被审计单位整改、健全审计发现问题的整改问责机制的方式方法推动审计整改落实。多年来，审计机关以审计公告为主要手段，通过多种方法督促审计整改。同时，积极推动审计发现问题整改机制的改革和完善。2015年，中央深改组审议通过了《关于改进审计查出突出问题整改情况向全国人大常委会报告机制的意见》，明确审计整改主体责任由被审计单位及其主要负责人承担，监督、督促、检查责任由相关部门承担，为落实审计整改打下了坚实的制度基础。

在推动制度完善和审计整改过程中，国家审计具有权威性高、独立性强、接触领域广、熟悉政策法规、掌握情况翔实等优势。从被审计单位的角度看，由于国家审计具有完善制度的若干优势，审计监督的介入会加大被审计单位完善各项制度的动力和压力，促使被审计单位加快完善各项规章制度，提高管理水平，构成国家审计的制度效应。国家审计独立性强的优势有助于打破现有的体制机制障碍和利益固化樊篱，为被审计单位的制度变革提供新颖视角，以加快制度完善。如2008年以来，审计署代表国务院向全国人大常委会所作的审计工作报告中，不断反映政府财权与事权错位问题，促进财政体制，最终取得重大突破。新预算法和《关于推进中央与地方财政事权和支出责任划分改革的指导意见》先后出台，为财政体制重大改革打下了重要制度基础。

国家审计溢出效应的发挥需要良好的外部环境。没有良好的外部环境，被审计单位对审计所提出的完善各项制度的建议很难从体制机制上解决根本问题，就容易出现"屡审屡犯"的问题。多年来，党中央国务院和地方各级党委政府高度重视、大力支持审计工作，把审计结果作为相关决策的重要依据。广大被审计单位为审计工作的开展提供了必要的条件，并高度重视审计整改工作。社会各界也对审计工作给予了关注和支持。当前，随着《关于完善审计制度若干重大问题的框架意见》的落实和实施，"审计全覆盖、应审尽审、凡审必严、严肃问责"等概念在全社会形成了较强的影响力，为解决"屡审屡犯"等问题提供了良好的外部环境基础，国家审计发挥制度效应的外部环境得到了优化。

（二）国家审计的约束效应

国家审计通过严肃揭露和查处重大违纪违法、重大侵害群众利益、重大损失浪费、重大履职不到位等问题，推动了反腐败和党风廉政建设；通过深化领导干部经济责任审计，坚持"党政同责、同责同审"，促进了领导干部守法守纪守规尽责，推动了领导干部积极作为、主动作为、有效作为。在推动追责问责过程中，国家审计一方面着眼于惩治腐败，加大对重大违法违纪问题的揭露和查处力度；另一方面着眼于完善追责问责长效机制，从体制机制制度层面提出完善追责问责的对策建议，推动有关部门完善追责问责体系。

在追责问责过程中，国家审计向全社会传递出丰富的审计信息。国家审计的约束效应主要指未接受审计的单位通过媒体或"口口相传"了解到了国家审计传递出的各类信息，然后根据这些信息调整自身行为的现象。审计报告、审计决定等审计文书具有一定的"判例"性质，相关单位从媒体或"口口相传"了解到与本单位类似的"判例"后，为了规避风险，会主动进行相应的调整和自我约束，形成国家审计约束效应。比如，在审计范围基本一致的情况下，2012年至2015年的审计工作报告显示，中央预算部门在非定点饭店召开会议的个数、超标准列支、向下属单位转嫁会议费的金额都呈下降趋势；中央预算部门出访人数、天数、地点超规定的团组数、无预算、超预算或超标准、超范围列支金额、将出国费用转嫁给其他单位的金额都呈下降趋势。2015年审计工作报告显示的上述两类问题与2012年的报告相比，审计查出违规问题和金额已经大幅度下降。上述审计结果由审计署代表国务院向全国人大常委会报告后，经媒体广泛宣传，在全社会形成了很强的约束效应，起到了良好的效果。

多年来，各级审计机关在履行审计监督过程中，发现了若干重大违法违纪线索，对查处大要案起到了关键的作用。这些大要案经媒体公开后，引发了较大的震慑力，形成了较强的约束力。审计震慑力引发的约束效应可以是使与被查处大要案涉案人所在地区、单位性质类似的、相邻的相关地区、单位及其负责人从被披露的大要案中得到警示，进而调整自己的行为，降低从事违法违规活动的动机，使其行为更加符合国家的规定。如近些年，国家审计发现线索发挥重要作用的刘志军案、李培英案、王益案、陶礼明案等案件，经媒体广泛传播后，形成了较大的警示和震慑作用，充分发挥了国家审计的约束效应。

根据目前我国审计的全覆盖计划，重点地方、重点部门被审计的概率较大。这些地方和部门及其负责人对被审计会有明显的预期。对着全覆盖的推进，非重点地方、非重点部门及其负责人也会显著提高对被审计的预期。此外，审计机关年度审计计划会根据当年政治经济形势和领导交办要求进行调整，此时审计项目的确定和审计事项又呈现出一定的灵活性，这种灵活性大大增加了潜在被审计单位及其负责人对被"抽查"审计可能性的预期，也大大增加了被审计内容不确定性的预期。震慑效应和被审计预期共同构成审计约束效应的作用模式。

约束效应的传播和充分发挥要依赖媒体。美国一项研究表明，巴西政府审计溢出效应的大小与巴西当地有无媒体和媒体的类型都有关系。广播电视等大众媒体是审计溢出效应发挥作用的必要条件。“当与一个被审计过的城市相邻时，该城市有广播存在会降低7.5%的腐败行为，该城市有电视台存在则会降低10.4%的腐败行为。”[①] 作为大众媒体，电视的影响力显然高于广播，这是其对审计约束效应影响较大的原因。

（三）国家审计的示范效应

近年来，国家审计在反映问题的同时，也及时反映被审计单位履职尽责中的好的经验、好的做法，及时反映被审计单位积极整改审计反映问题、积极完善制度中好的经验、好的做法。这些好的经验、好的做法经审计公告和媒体广泛传播后，形成正面的“审计判例”，对未接受审计的单位起到了重要的指导和示范作用。未接受审计的单位依据审计反映的好的经验、好的做法等正面的“审计判例”，及时调整和规范相关行为和制度，形成国家审计对未接受审计各单位的示范效应。比如在国家重大政策措施落实情况跟踪审计中，审计机关及时反映了一些地方结合本地区经济社会发展特点贯彻落实政策措施典型案例。如审计发现，某省通过建立权力清单、政务服务网等，推动省级政府精简行政权力和管理事项8000余项、细化工作职责4000余项，在政务服务网公开省、市、县三级政府3300多个部门的审批事项，40多个省级部门全部实行一站式网上审批，有效提高了行政效率。该典型案例经媒体广泛传播后，起到了较好的示范效应。

国家审计的示范效应也广泛作用于被审计单位。根据审计法规定和国际惯例，审计机关和审计人员执行审计业务时具有的强制性的“硬权限”是有限的，国家审计人员主要是通过专业知识、专业技能和专业判断作出审计结论，在与被审计单位充分沟通的基础上提出审计建议，促进被审计单位和相关单位整改以创造审计价值。审计与被审计不是对立的，国家审计不仅仅只揭示问题，更重要的是为了解决问题，为了被审计单位的持续健康发展。比如，近些年，国家审计充分使用“三个区分开来”原则，对发现的问题历史地、辩证地进行处理，让被审计单位“心悦诚服”地接受审计发现问题和审计建议，达到了较好的效果。以土地审计中发现的大量的违规减免土地出让金问题为例，其中一部分是地方政府为了招商引资以政府文件的形式予以减免的，减免后增加了当地的就业和税收，带动了当地实体经济发展。把此类问题与通过减免土地出让金问题谋取私利、甚至坑害群众利益的行为区分开来，赢得了被审计单位的信赖，树立了国家审计良好的职业形象。多年来，根据“责任、忠诚、清廉、依法、独立、奉献”的要求，国家审计人员在被审计单位中不断树立了“敢于碰硬、严谨细致、坚持原则、肯说真话、甘于奉献”的良好职业形象。良好的职业形象可以促进形成与被审计单位的交流、碰撞和互动，形成国家审计对被审计单位的示范效应。同时，国家审计可以凭借良好的职业形象赢得被审计单位更加充分的、更高层次的理解、认同和尊重。由于审计职业的“软权限”，且审计价值的充分发挥必须建立在审计机关和被审计机关充分沟通的基础上，这种理解、认同和尊重可以反过来在更高层次上促进国家审计对被审计单位示范效应的发挥。

此外，国家审计对内部审计、社会审计和其他监督形式有一定的示范和竞争效应，对外输出人才时还有一定的人才流动效应等。

三、更好发挥国家审计溢出效应

《关于完善审计制度若干重大问题的框架意见》提出，到2020年，基本形成与国家治理体系和治理能力现代化相适应的审计监督机制。更好地发挥国家审计的溢出效应，有助于实现该目标，也有利于国家审计中长期健康持续发展，发挥更大作用。国家审计溢出效应的充分发挥需要全面增强和提高溢出效应吸收、供给、传播等各环节的能力。

（一）完善机制，优化环境，增强溢出效应的吸收能力

国家审计通过制度、约束、示范等途径产生溢出效应，溢出效应的程度和收益程度关键取决于相关部门吸收能力的大小，吸收能力的相对薄

① 阿维斯、费拉兹、菲南：《政府审计是否遏制腐败？——关于审计揭露腐败官员所产生影响的研究》，美国经济研究局工作论文。

弱是“屡审屡犯”等问题原因之一。增强国家审计审计溢出效应的吸收能力，既能直接增加溢出效应的落实，有效促进解决“屡审屡犯”等问题，也能间接促进国家审计溢出效应的产生和传播。

进一步完善审计成果利用机制。审计成果的充分运用和吸收是国家审计溢出效应充分发挥的根本。当前，应进一步完善有利于全面发挥审计机关、被审计单位等多方面积极性、有利于形成审计成果效力最大化的机制。进一步加强审计与组织人事、纪检监察、公安、检察和主管单位的工作协调，增强审计结果及整改情况作为考核、任免、奖惩领导干部依据的参考作用，增强审计成果的震慑力和约束力。对审计发现的典型性、普遍性、倾向性问题和提出的审计建议，加快清理和健全有关制度，进一步完善和落实审计整改机制，进一步压缩“屡审屡犯”的发生频率，增强国家审计的制度完善作用。

进一步完善审计外部环境。国家审计溢出效应的充分发挥有赖于良好的制度环境和社会环境。良好的制度环境首先是党和政府的坚强领导和充分信任，其次是被审计单位的理解支持和配合，再次是与主管部门沟通协调。良好的社会环境是指国家审计溢出效应的充分发挥有赖于全社会的“自律意识”，有赖于通过国家审计溢出效应的积累，在全社会形成一种“自律共识”，使所有管理、使用、分配公共资金、国有资产、国有资源的机构、个人和履行相应职权的领导干部逐渐认识、接受、信赖国家审计，形成自觉接受审计监督的共识，进而进一步提高公共资金、国有资产、国有资源管理使用的合规合法程度和绩效水平。

（二）优化模式，提高素养，增强溢出效应的供给能力

审计机关是国家审计溢出效应的供给方，国家审计溢出效应的有效供给从根本上依赖高效率的审计组织模式和高素质的审计人员。审计组织模式的相对落后和审计人员素养和能力的相对欠缺不仅影响审计溢出效应的发挥，甚至可能导致“负溢出效应”，导致被审计单位和公众对国家审计的信任产生一定的动摇，进而可能质疑国家审计公平性，甚至对审计机关能否依法行使审计权力提出挑战。因此，必须进一步优化审计组织模式，进一步提高审计人员素养。

进一步改进审计组织模式。适应审计全覆盖的要求，良好的审计组织模式有利于国家审计充分利用审计力量，充分发挥国家审计的制度效应和约束效应。进一步改进审计组织模式要通过重点审计，发挥重点审计项目的整体性、宏观性、指导性、规范性作用，达到以点促面的效果，提高典型审计成果的制度示范效应，提高典型审计结论的“判例”示范作用。加强审计项目计划统筹，充分利用审计计划安排的“灵活性”“抽查性”和“随机性”，提高国家审计对被审计单位的威慑，更好地发挥约束效应。通过推进审计实时监督模式和大数据审计工作模式，提高审计能力、质量和效率，扩大审计监督的广度和深度，进一步提高审计的威慑和约束，达到通过威慑和约束就能促使被审计单位调整相关行为的效果。

进一步提高审计人员的素养和能力。审计机关必须按照党中央提出的打造政治强、业务精、作风优、纪律严的审计铁军的要求，筑牢国家审计发挥溢出效应的人才根基，提高国家审计溢出效应的供给能力。当前，提高审计人员职业素养和能力，应从全面贯彻中央对审计工作的一系列要求，在围绕中心服务大局过程中发挥审计的溢出效应。在实施审计项目时，要时刻从大局着眼、从细处着手，以促进政令畅通为首要目标，切实贯彻中央改革发展的最新要求。在反映问题时，要在遵循宪法的基础上，以是否符合中央精神和重大改革方向作为审计定性判断的标准。在提出审计建议时，既要看到病症，更要找准病因病根，推动解决深层次问题，把最终落脚点放在推动改革发展上。进一步明确和完善审计范围和审计事项，推动在审计法、审计法实施条例的修订中进一步明确审计权限和手段，进一步完善审计现场管理制度、审计发现问题线索报告制度、审计考核制度等制度。审计实施过程中应更加坚持严格依法审计、文明审计。

（三）加强公开，改进宣传，增强溢出效应的传播能力

审计公开和宣传是国家审计发挥溢出效应传播的主渠道，是审计沟通社会、扩大影响、争取支持，更好地履行宪法和法律赋予的职责，更好地发挥审计监督作用的必要途径。当前，国家审

计公开和宣传距社会公众的期望还有一定差距，尤其是不能完全适应移动互联网时代的需求，给国家审计溢出的制度效应、约束效应和示范效应的传播带来一定的影响和阻碍。为此，应进一步加强国家审计的公开和宣传工作，提高溢出效应的传播能力，畅通国家审计溢出效应的传播渠道。

进一步提高审计公开的透明度和及时性。审计公开包括审计结果、审计政策、审计业务、审计机关党的建设、队伍建设、法治建设、信息化建设、理论建设、国际审计交流交往等方面的内容，审计结果公告是审计公开的核心。进一步加强审计结果公告工作的根本要求是公开、透明、详细、及时。公开是审计结果公告的核心内容，透明是审计结果公告的最终目标，及时和详细是对审计结果公告的具体要求。审计结果公告的公开、透明、详细、及时，有利于充分发挥审计查出问题“杀一儆百”和“有则改之无则加勉”的约束效应，也有利于审计披露出的被审计单位好的经验做法“举一反三”的示范借鉴作用。当前，进一步加强审计结果公告工作，应着重解决公众最为关心的“语焉不详”的问题，可以借鉴美国审计署、欧盟审计院的审计报告公开制度，除涉密以外，及时、全文公布各类审计结果、审计报告、审计决定等审计文书。

进一步改进新媒体宣传和理论宣传工作。当前，改进审计宣传工作可以从改进网络宣传方式等关键环节入手，借助新媒体传播优势，不断提高对国家审计宣传的引导能力。以微信、微博和智能手机客户端为代表的新媒体已经成为信息传播的重要渠道，其影响力已经能与电视、广播、报刊等传统媒体相抗衡，在某些领域已经超过传统媒体。要进一步丰富各级审计机关的微信平台，尽早开发高水平的审计署官方微博和智能手机客户端，引导全国审计机关充分利用新媒体。让国家审计的影响力通过新媒体低成本地、及时地、生动地传达至社会各界。让社会各界特别是7亿网民更多地了解审计、理解审计、关心审计、支持审计、监督审计，把审计监督与新闻媒体监督、社会监督等有机结合起来，更好地畅通国家审计溢出效应的传播渠道。同时，应当提高理论研究水平，加强理论宣传力度，从理论上向被审计单位和社会公众更加清楚地阐述国家审计的本质和运行机制，争取被审计单位的配合，社会公众的理解和支持，从理论层面增强审计溢出效应传播能力。

（撰稿人：杜相乾）

【金融风险现状、应对策略及审计建议——“金融审计与金融风险防控”研讨会综述】 习近平总书记强调，金融安全是国家安全的重要组成部分，是经济平稳健康发展的重要基础。7月15日结束的全国金融工作会议明确提出了服务实体经济、防控金融风险和深化金融改革三项任务。为了贯彻落实习近平总书记关于金融安全的讲话和全国金融工作会议精神，充分发挥审计监督在防控和化解金融风险中的重要作用，审计署近日举办了“金融审计与金融风险防控”专家研讨会。研讨会邀请了中国社会科学院财经战略研究院院长何德旭、中国人民银行金融研究所所长孙国峰、中国建设银行首席风险官廖林、中国人民大学财政金融政策研究中心主任瞿强、武汉大学金融发展与政策研究中心主任黄宪、审计署电子数据审计司司长刘星、金融审计司司长王志成、审计署重庆特派员办事处特派员吕劲松、审计署审计科研所所长姜江华和副所长刘力云，共计10位专家进行研讨。专家们充分肯定了审计机关近些年在揭示金融风险等方面取得的成绩，就当前较为突出的金融风险展开深入讨论，建设性地提出了应对策略和审计建议。

一、当前存在的主要金融风险分析

专家们重点分析了问题较为突出的不良资产风险、流动性风险、房地产泡沫风险、互联网金融风险、地方金融机构风险、地方政府隐性债务风险和“脱实向虚”风险，认为存在以下主要问题：

一是存在部分不良资产风险被掩盖的问题。专家认为存在通过同业业务转移不良贷款、掩盖部分不良资产风险的问题。揭示商业银行隐藏不良资产风险，可以采用多指标同时监控的方法，如数据非常可靠的逾期率，逾期是指企业逾期未还息的天数，再如新发放贷款不良率、重新发放贷款不良率、垫款率等。综合这些指标可以较为真实地反映不良资产风险被掩盖的情况。同时，这些指标监控的完善也需要在监管部门和审计部门的帮助下完成。

二是同业存单市场套利行为带来流动性风险问题。同业业务套利行为的普遍存在容易造成流动性风险，进而引发区域性金融风险。因为同业业务资金成本比较低，很多金融机构通过发行短期存单投资长期产品，赚取更多的利差。有的金融机构总负债中通过同业拆入的资金占到资金规模的近一半。同业存单业务在2013年重新启动后快速增长，到2017年3月，同业存单的余额已经超过7.5万亿元。2017年1至7月，存单发行规模超过4万亿元，仅3月就发行1万亿元。银行发行同业存单最终投资的标的资产流动性相对较差，形成短钱长用的期限错配，快速增长的同业业务将带来金融体系流动性风险。

三是资金违规流入增大房地产泡沫风险问题。数据显示，全球房地产的总市值占全球GDP的比率在2.6%左右，中国相应指标数值是4.1%，反映了我国房地产领域存在较大风险和泡沫。部分实体企业和金融机构从金融市场募集资金后，违规投入房地产市场，仅在2016年上半年A股1305家上市公司（占沪深两地上市公司44%），就投资房地产5951亿元。同时，大量个人消费贷款也违规用于购置房地产。这些资金的流入对商品房价格上涨产生了助推作用，也部分抵消了国家房地产调控政策的实施效果。

四是P2P互联网金融平台风险和非法集资风险问题。第一，P2P平台业务发展快、风险大、问题频发。虽然P2P互联网金融平台业务总规模占比并不大，但是从审计维护国家经济金融安全、促进经济社会健康发展的角度看，这些业务引发的社会问题很严重。2014年共有275家P2P平台出问题，是2013年的3.6倍。2015年共有896家P2P平台出问题，占平台总数量的约三分之一。虽然部分P2P平台倒闭释放了一些金融风险，但是新的平台仍在不断涌现且不够规范，行业总体风险仍不容忽视。第二，投资咨询公司经营质量差，涉嫌非法集资。这类企业增长迅速，准入门槛低，开展的咨询服务不易评判质量和价值，很多已经卷入非法集资，停业和跑路的现象经常发生。还有一些资金掮客通过这些企业为地方融资平台、房地产公司充当融资中介，获取巨额咨询费，并向资金出借方输送利益，涉嫌商业贿赂。

五是地方金融机构公司治理风险问题。完善公司治理，增强地方金融机构风险“免疫力”。目前，国有大型金融机构公司治理比较规范，但地方中小金融机构公司治理问题比较突出。例如，公司治理中存在的内部人控制问题，严重的内部人控制问题会导致经营管理不规范，从而放大地方金融机构风险。解决内部人控制问题需要明晰风险责任和强化地方金融机构外部监督和内部审计。外部监管和审计对地方金融机构提升风险防控发挥着重要作用，具体体现在外部监管和审计的权威性和强制性上。此外，内部审计独立性较强的商业银行，公司治理的风险防控能力一般也较强。

六是地方政府隐性债务风险问题。地方政府债务对地方经济发展发挥了重要作用，风险是可控的，尤其是预算法修订后制定了很多措施，也取得了明显成效。但同时要高度重视防范地方隐性债务风险演化成区域性金融风险。从当前实际情况看，一些债务没有纳入地方政府债务管理系统中，构成地方政府隐性债务。例如，存在地方政府违规向融资平台、国有企业和事业单位出具承诺函，“明股暗债”引入投资，租赁公司资产售后回租，债务本息纳入地方财政资金兜底等行为。此外，政府和社会资本合作的PPP模式、政府购买服务、专项建设基金等投资方式，存在中长期的财政支出责任，最终偿还责任很可能归属政府承担，实质上也是地方政府隐性债务。隐性债务呈现资金关联性和风险渗透性的态势，存在较大隐患。一旦风险暴露，会使财政风险向金融风险传递，而金融体系的脆弱性易导致资产价格的崩溃，甚至不排除出现区域性金融风险的可能性。审计机关要认真总结近些年债务审计经验，进一步加强债务审计工作，促进地方债务管理，健全相关制度，防控债务风险。

七是脱离实体经济产生系统性金融风险问题。当前已经深刻认识到金融与实体经济共生共荣的本质，离开实体经济的金融，就如无源之水，无本之木。将着力于促进金融正本清源，使金融行业的改革、创新和对内外开放都围绕回归本源和专注主业来开展，提高金融行业服务实体经济的质量和效率。当前资金脱实向虚问题依然比较突出，金融需要密切服务实体经济，从根源上防范系统性金融风险。系统性金融风险的形成与实体经济发展密切相关，即实体经济发展与系统性金融风险存在交互影响的内在累积过程，在逻辑上包括繁荣的金融环境、乐观的风险评估、弱化的外部公司约束、容易获得的信贷，资产价格的上升，直至达到某个阈值后的爆发、形成金融系统的崩溃。因此，系统性金融风险防控不能脱离实体经济的发展。

二、采取“疏堵结合”策略有序释放金融风险

防范和化解金融风险，维护金融安全，是治国理政、社会发展的一件大事。虽然“一行三会”出台了多项措施，但是面对防控金融风险的重任，监管政策的效果亦成为争论的焦点。专家们认为，需要注意防风险中疏堵政策的抉择，寻求去杠杆与金融服务实体经济的平衡，高度警惕防风险措施的消极影响，把握好政策的力度，采取疏堵结合策略尤为重要。如果采取积极主动的措施，需要加快深化金融改革，在发展中防控风险和化解风险；如果采取消极被动的措施，需要完善加强监管，采取行政手段对金融机构活动进行干预。

采取“疏堵结合”策略有序释放金融风险。疏，强化风险预期引导。如公众的“羊群效应”是系统性风险的催化剂，提前做好预期的引导和管理，控制恐慌的传染，是有效防控系统性风险的途径之一。同时，要尊重市场本身对风险的调节作用，允许风险有序释放，促进金融体系免疫力形成。例如，打破刚性兑付，国家应该允许有序的重组和清算，让公众真正认知金融风险，进而建立金融市场的系统免疫力。堵，强化风险干预和监管，落实全国金融工作会议“增强金融监管协调的权威性有效性，强化金融监管的专业性统一性穿透性”的精神，在金融稳定发展委员会的领导下，从全面、系统的高度补风险监管短板、堵风险监管漏洞。

三、金融审计防控金融风险的几点政策建议

以中央重大政策措施跟踪审计为抓手，督促金融监管部门和金融机构积极支持“三去一降一补”五大重点任务。利用审计独立性、综合性和专业性的优势，监督金融机构和市场，点面结合，开展行业性审计，积极防控金融风险。对金融监管部门进行审计监督，促进监管部门增强协同性。利用大数据分析和新型技术开展金融审计，提升识别和处理金融风险能力。

一是加强金融风险大数据审计分析力度。我国金融资产数量庞大、结构错综复杂，随着金融和信息技术创新快速发展，单靠人工分析有效防控金融风险已不可能，必须依靠基于大数据的人工智能技术来预警和防控金融风险。首先，通过对大数据的运用，将可能出现系统性金融风险的逻辑语言转换为计算机程序语言，以计算机模型分析代替手工搜索查询分析，可以精确找到最重要、最关键的风险点，从而大幅提升审计工作效率。其次，发挥大数据跨领域关联审计分析优势，实现多维度大数据审计监督，有利于识别金融风险传播和扩散的路径。最后，通过对各个领域数据的汇总、整合和分析，数据信息也能够由“点”而成“网”，持续把金融市场内外的信息通过审计的视角进行整合分析，就能够比较好地解读经济运行态势，及时提示和防范系统性金融风险。

二是加强“顺周期”等金融监管行为的审计监督。充分发挥金融审计独立性、系统性的优势，抑制金融监管的“顺周期”行为。现在讨论金融体系的顺周期性问题较多，应当注意到金融监管也存在顺周期性。表现为当金融机构创新动力比较足的时候，监管当局往往也鼓励创新，对一些不合规问题予以容忍。而当金融体系问题暴露较多时，监管加强，问题暴露更多，监管进一步加强，从而形成监管顺周期行为。金融监管顺周期的原因在于金融监管机构在一定时期存在“双重监管目标”的现象，既要监督又要管理促进行业发展，监管力度不能处于一个常态，时松时紧，不仅不利于防控风险，反而可能成为放大风险的因素。金融审计的优势在于目标单一，加强对顺周期监管行为的监督，可以保证监管力量持续、稳定和常态。要对金融监管部门履行监管职责情况进行全面审计，关注落实宏观政策、细化监管措施、健全监管规则、提高监管绩效等方面存在的突出问题和薄弱环节，从规制监管、功能监管和机构监管职能等方面关注金融监管机构内部协调机制。从体制、机制、制度层面分析原因、提出建议，促进完善适应现代金融市场发展的金融监管框架，推动构建货币政策与审慎管理相协调的金融监管体制。

国家审计要加强对金融监管部门的审计监督，

督促“一行三会一局”加强金融风险监管协同性，实现监管信息共享、消除金融监管真空和弥补监管不足。当前金融监管还存在跨业监管缺失现象，原因是监管模式与经营模式之间矛盾，即现有的分业监管模式不能适应于部分全牌照金融机构的混业经营模式。监管滞后，即金融监管机构对于金融创新产品和创新业务的监管具有一定时滞。关注金融监管机构在监管信息共享、沟通、统筹等方面的监管协调机制，促进其增强监管合力，提高监管效率。

三是加强金融机构信息完整、及时和真实性审计。金融机构信息完整、及时和真实性是科学制定经济安全和金融风险监管政策的前提条件。当前金融监管机构掌握的信息存在不完全、滞后和失真的现象，国务院进行经济、金融重要决策时往往需要金融机构再报数据、再次摸底，这既影响了决策效率更影响了决策科学程度。例如，实际上是企业的贷款，但记成了同业贷款，记到表外、表表外，导致监管机构掌握的信息失真，给后续监管带来很大问题。再如，银行不良资产五级分类，存在人为调整情况，这些失真的信息会使基于大数据分析的金融风险判断出现偏差、甚至误判。金融机构信息完整、及时和真实性是有效进行金融风险预警和防控的前提，金融审计需要重点关注信息失真问题。对金融机构原始财务信息和业务信息完整、及时和真实性进行重点审计。

四是高度重视金融领域可能出现的倾向性、苗头性问题。金融机构方面，重点关注银行、信托、证券、基金、保险等金融机构资产负债损益、经营管理、业务创新、法人治理及内部控制等情况，促进金融机构依法合规经营，提高管理水平和服务质量，防范经营风险。金融市场方面，密切关注货币市场、资本市场、外汇市场、保险市场等运行情况，及时揭示和反映重大风险隐患，促进健全监测预警、压力测试、评估处置和市场稳定机制。其中，重点揭示金融业信用风险，确保金融业将不良资产保持在可控范围之内，同时也要揭示流动性风险，督促金融业提升流动风险应对能力。加强对证券投资业务审计力度，防止债券违约风险，要特别关注交叉金融业务。揭示证券市场操纵股票、内幕交易等违法违规行为。揭示资管产品资金池、多层嵌套、空转、高杠杆、违规投资等行为。

（撰稿人：隋学深　张　强　张　筱）

【审计机关如何更好地贯彻落实“三个区分开来”】　习近平总书记在省部级主要领导干部学习贯彻党的十八届五中全会精神专题研讨班上的讲话中，在谈到如何把新发展理念落到实处时，针对一些干部“为官不为”的问题，提出要“三个区分开来”，即“把干部在推进改革中因缺乏经验、先行先试出现的失误和错误，同明知故犯的违纪违法行为区分开来；把上级尚无明确限制的探索性试验中的失误和错误，同上级明令禁止后依然我行我素的违纪违法行为区分开来；把为推动发展的无意过失，同为谋取私利的违纪违法行为区分开来”，意在“保护那些作风正派又敢作敢为、锐意进取的干部，最大限度调动广大干部的积极性、主动性、创造性，激励他们更好带领群众干事创业，确保如期全面建成小康社会，不断开创社会主义现代化建设新局面”。“三个区分开来”的提出，对于全面推动改革创新、进一步建立容错免责机制、促进广大干部解放思想和解除后顾之忧等，都具有十分重要的意义。

国家审计是党和国家监督体系的重要组成部分，审计工作必须贯彻落实好“三个区分开来”。《审计署关于适应新常态践行新理念更好地履行审计监督职责的意见》中明确提出，要严格遵循宪法和基本法律法规，以是否符合中央决定精神和重大改革方向作为审计定性判断的标准，做到“三个区分开来”，审慎作出结论和处理。2017 年 7 月 20 日，审计署党组书记、审计长胡泽君在推进“两学一做”学习教育常态化制度化专题研讨班上的讲话中特别强调，要认真落实习近平总书记“三个区分开来”的要求，历史全面客观地看待审计发现的问题，要依据有关法律法规、规章制度，认真甄别、准确定性，要客观审慎作出评价，做到依据准确、范围适当、结论客观。

前一段时间，我们就审计工作如何更好地贯彻落实“三个区分开来”进行了专题调研，得到了辽宁、浙江、天津、山东、湖北、厦门等省市审计厅（局）和审计干部教育学院的大力支持。在调研过程中，我们赴审计干部教育学院与当时正在学院参加高级审计师研修班的50多名学员进行了专题座谈和交流研讨。本文结合调研结果，对当前审计工作贯彻落实“三个区分开来”的主要情况和存在的问题进行初步梳理，并提出几点对策建议。

一、各地审计机关贯彻落实“三个区分开来”的主要做法

我们在调研中了解到，许多审计机关在审计工作会议上或者专门的工作部署时，都对审计工作贯彻落实“三个区分开来”提出具体要求，特别是《审计署关于适应新常态践行新理念更好地履行审计监督职责的意见》印发后，各地审计机关在组织开展各项审计工作中，都强调要按照中央要求，将鼓励创新，允许试错，宽容党员干部攻坚克难推进改革过程中的探索性失误作为审计工作应坚持的一项原则。《辽宁省审计厅办公室关于适应新常态践行新理念、更好地履行审计监督职责的指导意见》中提出，审计机关要坚持问题导向，注重客观求实；坚持鼓励创新，做到容错试错；坚持推动改革，促进完善制度。这份文件明确要求，正确把握改革和发展中出现的新情况、新问题，对于审计发现的问题，实行“三个区分开来”，审慎作出结论和处理，不用旧制度、老眼光去衡量当前的创新事项，积极维护被审计单位的创新积极性，允许试错、宽容失败，提出包容性的改进建议，促使科学改进和规范提升。天津、湖北、浙江、山东等地审计机关结合本地实际，经过深入研究讨论，专门出台了相关文件、办法等，推动审计工作贯彻落实“三个区分开来”，但它们的做法有些不同：

《天津市审计局鼓励创新容错免责实施办法（试行）》，从“审计机关鼓励审计人员创新、容审计人员错、免审计人员责”的角度，要求审计机关鼓励审计人员更新理念，在分析、判断、处理审计发现的新情况新问题时转换思维方式，大力支持、促进和推动改革发展中的创新举措，在作出的审计结论和审计处理意见失当时减轻或免予追究审计人员的审计执法过错责任。该办法详细列举了适用于“三个区分开来”和“十五个凡是”① 的情形和审计事项处理的程序：当审计人员发现并认为审计发现的情况或问题，按照“三个区分开来”，可以不在审计报告中披露或者在审计报告中披露但不作审计处理时，应逐级上报并履行集体决策程序，最终由审计机关审计业务会议决定审计处理意见。该办法第十一条规定，经（审计）机关审计业务会议研究决定，对于适用“三个区分开来”和“十五个凡是”的审计事项，作出的审计结论和审计处理意见失当，未造成重大损失和负面影响且履行了勤勉尽责义务、程序合规、未谋取非法利益的，审计组成员、主审、审计组组长、业务处室负责人及分管局领导，减轻或不予追究审计执法过错责任。

《浙江省审计厅关于争当改革促进派建立容错免责机制的指导意见（试行）》，从“审计机关容被审计单位（领导干部）的错、免被审计单位（领导干部）的责”的角度，对被审计单位（领导干部）在改革创新、落实政策、破解难题中因先行先试、敢于担当、突发处置而出现的失误、过失、过错与偏差行为，启动审计“容错免责”机制，并详细规定了可以启动容错免责的四种情形、认定标准、认定程序。该指导意见规定，可由审计对象、审计人员或复核审理人员根据“容错免责”认定条件，提出启动“容错免责”认定动议，经核实后，对符合“容错免责”认定条件的，由审计组集体研讨提出意见，经所在部门和分管领导同意后，视问题复杂程度，报审计机关主要领导审定或审计业务会议研究决定。依据该指导意见，对于那些完全符合和基本符合容错免

---

① 见2015年12月28日刘家义在全国审计工作会议上的讲话。这“十五个凡是”指的是：对审计发现的问题，凡是严重损害国家和人民利益的，凡是重大违纪违法的，凡是不作为、慢作为、假作为等重大履职不到位的，凡是造成重大损失浪费的，凡是造成重大环境污染和资源毁损的，要坚决揭露查处，大力推动整改问责。对改革发展中的积极探索和创新举措，凡是有利于调结构、补短板、化解产能过剩的，凡是有利于降低企业成本、提质增效的，凡是有利于化解房地产库存的，凡是有利于扩大有效供给的，凡是有利于防范化解金融风险的，要坚决促进总结完善，大力推动形成新的制度规范。对体制机制制度性问题，凡是制约和阻碍中央重大政策措施贯彻落实的，凡是制约和阻碍结构性改革推进的，凡是制约和阻碍创业创新、激发活力的，凡是制约和阻碍简政放权、政府职能转变的，凡是制约和阻碍转型升级、提高绩效的，要坚决揭示反映，大力推动完善制度和深化改革。

责条件的情况和问题，虽不作为问题反映，但都应根据实际情况列出问题清单，要求被审计单位纠正问题并建立完善相应制度或机制。浙江省审计厅在印发该指导意见的通知中，要求各市、县（市、区）审计局应结合工作实际，制定具体操作办法，细化符合审计“容错免责”认定条件的具体情形。

《湖北省审计厅关于审计工作围绕中心更好服务改革发展的指导意见》指出，必须把依法审计、实事求是作为审计监督的基本遵循。认真落实习近平总书记“三个区分开来”和省委“建立健全允许失误、宽容失败的容错纠错机制”精神，正确处理依法审计与实事求是的关系，慎重对待改革发展中出现的新情况新问题，支持、保护改革发展。该指导意见详细列举了应当客观审慎地评判、定性和处理的6个方面20种情形，这6个方面是：重大事项决策和实施，重大产业和国企发展，财政资金管理使用，重大投资项目建设，民生利益保障，其他应当审慎评判、定性和处理的情形。

山东省审计厅通过2期《审计法规简报》印发了《新常态下有关审计定性标准参考》，在对近年来审计发现问题进行“回头看”的基础上，明确了预算执行审计中11类不宜再做问题反映或需结合形势发展重新分析定性的问题，对以前审计项目中所涉及科研经费方面的问题进行梳理后，列出了需进一步分析实际原因后定性处理的问题清单，并结合一些实例进行了说明，为审计人员按照“三个区分开来”进行审计定性处理提供指导。2017年3月印发的《山东省审计厅关于建立符合创新规律的科研经费审计方式的意见》，提出要树立鼓励创新、宽容失败的科研经费审计理念，对各级政府和相关部门因地制宜、差异化发展形成的探索与创新举措，只要符合省委省政府有关科技创新的方向和原则，有利于提升科技创新能力，有利于科技目标实现，有利于激发科技创新活力，有利于科研成果转化，有利于提高科技资金使用绩效的，都坚决予以支持。该意见还强调，对于科技体制改革中出现的新情况新问题，充分尊重科学研究特点和项目研发规律，审慎区分问题性质，客观公正地反映和处理；对借科技创新之名，以权谋私、截留侵占、贪污私分、挥霍浪费等问题，坚决揭露查处。

经过认真研读和分析，我们认为，上述几个审计机关出台的指导意见或办法，虽然其中存在需要商榷和斟酌的方面，但不容否认的是，这些审计机关在审计工作鼓励创新、落实“三个区分开来”方面进行了一些有益的探索，在为审计人员提供指导的同时，也为其他审计机关提供了参考借鉴；这些指导意见或办法的不同，体现了目前我们对于审计工作如何贯彻落实“三个区分开来”在认识和看法上还存在不小的差异。

二、目前审计工作贯彻落实“三个区分开来”方面存在的差距

我们在调研中了解到，大部分审计机关和审计人员对于审计工作中贯彻落实“三个区分开来”都有比较好的认识，能够在审计查处问题和进行责任界定时，做到历史全面客观地看待问题，自觉运用“三个区分开来”，具体问题具体分析，实事求是地进行评价和定性。例如厦门市审计学会提交的一份关于审计机关运用“三个区分开来”建立容错纠错机制的调研报告中提出，容错纠错机制是解决庸政懒政怠政的有力举措，现实中必须防止容错免责变成少数违纪违法行为的“尚方宝剑”；推行容错机制，就是要对改革创新、推进发展中出现的探索性失误、创新性失误、过程性失误，视具体情况从轻、减轻处理或者免予责任追究；现实中，运用“三个区分开来”来判断是否容错，可以用“七看”来衡量，即看初衷、看节点、看方向、看程序、看缘由、看结果、看处置。

通过调研和座谈交流，我们也了解到，目前审计机关和审计人员对于审计工作贯彻落实“三个区分开来”，无论是在认识上还是在做法上还存在不尽如人意之处，主要有两个方面：

（一）对审计工作贯彻落实“三个区分开来”认识不到位

主要表现有：

1. 有的审计人员对于审计工作贯彻落实“三个区分开来”知之甚少，所在审计机关也没有对此突出强调过。

2. 有的审计人员认为，审计机关应坚持依法审计的基本原则，“三个区分开来”主要是对组织部门或者纪律检查部门提出的要求，与审计机关无关。

3. 有的审计人员提出，审计实践贯彻“三个区分开来”主要在于审计机关领导层面，至少需要到审理机构层面，具体一线审计人员的职责就是按照审计方案进行审计和查找问题，与“三个区分开来”无关。

4. 有的审计人员提出，审计人员或者审计组就是以查出问题多少来评判业绩的，落实“三个区分开来”容易使审计查出的问题无法在报告中反映，影响考核结果，因此很少有人在审计项目中考虑“三个区分开来”。

5. 有的审计人员表示，审计工作一直以来都是遵循“三个区分开来”的，过去多年我们始终坚持的审计工作“二十字方针”（即“依法审计、服务大局、围绕中心、突出重点、求真务实”）与“三个区分开来”的要求是一致的，因此不必过于强调。

6. 还有的审计人员表示，“三个区分开来”原则性强，在审计实践中很难把握，一旦出现审计判断失误，审计机关和审计人员被追责时难以解释清楚，出于害怕被追责，审计人员对于在审计过程中落实“三个区分开来”的积极性不高。

（二）在审计实践中运用“三个区分开来”还存在一些片面的做法

包括：

1. 有的审计人员提出，审计机关容错就等于发现了问题不上报告不反映、不进行审计处理处罚、在经济责任审计中不进行责任界定。

2. 有的审计机关为更好地推动改革创新，过于宽容，放松要求。例如，为服务科技创新，着眼于推动科技项目预算和财务管理改革，调动和保护科研人员积极性，规定“为保障必要支出以虚假业务内容发票报账……问题，只要有利于科研工作发展，就不再作为项目申报单位的问题反映，从改进科研预算编制合理性的角度向项目主管单位提出意见建议”，“对于下属单位以科研单位名义申请科研资金、将自身不具研发优势的科研项目外包给其他单位承担、根据研发需要未经审查即进行设备采购等问题，只要科研资金确实用于科技研发，就不再作为问题反映”。

3. 有的审计机关明确规定，对因政策界限和问题定性掌握不准，审计处理处罚不符合实际情况的，干扰或影响科技创新的，将加大对审计机关和审计人员责任追究。

4. 有的审计机关为“容错免责”，在审计准则规定的程序之外，单独设定系列“容错免责”程序。

5. 有的审计机关专门详细规定了适用“三个区分开来”和“十五个凡是”的情形，指出在某些情况下，审计过程中发现的适用“三个区分开来”和“十五个凡是”的事项，可以不在审计报告中披露。

6. 有的审计人员提出，每一位具体审计人员在现场审计中，随时都要按照“三个区分开来”对审计发现的情况和问题进行初步判断，如果初步判断查清楚的情况和问题可能属于应“纠”的，就继续查下去，对于那些可能属于应“容”的，就不要再浪费有限的审计资源继续查下去，理由是，一个审计项目结果中审计发现的应“容”的情况和问题多了，审计项目结果会“很难看”，考核起来“没有业绩”。

出现上述差距的原因，概括起来主要有三个方面：一是对“三个区分开来”的精神实质及其对于审计工作提出的要求学习领会和认识不够深入；二是对于审计工作的基本要求和依法审计原则把握不准；三是与改革创新的形势和经济社会发展的客观要求相比，审计机关的业务和管理机制需要创新，审计人员自身的素质和能力也有待提高等。

三、审计机关进一步贯彻落实“三个区分开来”的对策建议

贯彻落实“三个区分开来”，是审计机关围绕统筹推进“五位一体”总体布局和协调推进“四个全面”战略布局，践行新发展理念，服务经济社会发展大局的必然要求。各地审计机关应高度重视，采取有效措施，在审计工作中进一步贯彻落实“三个区分开来”。包括：

（一）准确把握“三个区分开来”的基本要求和深刻内涵

“三个区分开来”明确了区分领导干部立足本职推动改革和发展、带领群众干事创业过程中的正确行为和错误行为的标准，内含“容错”和“纠错”两个方面。“容”的是那些在推动改革和创新发展过程中，国家法律法规未明确禁止、符合国家政策以及党和政府的一贯要求，为探索和推动工作而出现的失误、错误、过失；“纠”的是那些违反国家法律法规、违反国家政策以及党和政府的一贯要求、滥用权力、为谋取私利明知故犯的错误。

审计机关通过发现和揭露问题、纠正和查处问题、促进被审计单位整改和推动健全完善相关体制机制，发挥其独特的监督作用。“三个区分开来”是当前审计工作必须切实贯彻落实的一项重要原则。每一位审计人员都必须深入学习领会和准确把握“三个区分开来”的精神实质，防止片面和走极端，既要深刻认识到改革创新过程中很多工作无先例可循，出现失误甚至带来一些损失都不可避免，防止在审计过程中僵化教条地看待审计事项和确定领导干部责任；同时也要深刻认识到，任何滥用权力、不符合原则规矩、违法违纪的行为都必须严肃查处，防止在审计过程中丧失原则和放松要求，使本应揭露查处的问题没有得到有效的揭露查处，没能发挥出审计监督应有的作用。审计工作贯彻落实“三个区分开来”，就是要处理好依法审计和实事求是的关系，在应审尽审、凡审必严的前提下，全面历史客观地看待审计发现的问题，深入分析产生问题的原因，提出审计整改和完善体制机制的建议。

（二）坚持依法审计、严格审计，全面反映审计发现的情况和问题

依法审计是审计监督必须遵循的两项基本原则之一。审计法对于审计机关的职责和权限、审计程序和法律责任等都进行了详细的规定。审计机关必须依照法律规定的职权和程序进行审计监督，依据国家法律、法规和其他有关规定进行审计评价，在法定职权范围内作出审计决定。审计准则是审计机关和审计人员履行法定职责的基本行为规范，属于部门规章，审计机关和审计人员开展审计工作必须遵守审计准则的规定。

贯彻落实“三个区分开来”与依法审计的原则不存在任何矛盾。审计机关二十多年来始终坚持的而且被证明是行之有效的“二十字”工作方针，即“依法审计、服务大局、围绕中心、突出重点、求真务实”，隐含着与“三个区分开来”一致的要求。审计工作贯彻落实“三个区分开来”的首要要求是坚持依法审计、应审尽审、凡审必严、严肃问责，即首先保证那些错误和偏差都被发现出来，然后才能依据现有法律和原则判断其属于应“容”的还是应“纠”的错误，并实事求是地进行评价和处理。

我们认为，对于审计发现的问题，无论是属于应“容”的还是应“纠”的，审计机关和审计人员都必须严格按照审计准则的规定，在审计报告中全面如实地反映。对于审计过程中发现的那些按照“三个区分开来”应“容”的情况和问题，审计机关应及时进行归纳，并提供给有关主管部门，推动完善相关体制机制和制度规定。

（三）确保对审计事项查深查透，提高审计质量

审计工作贯彻落实“三个区分开来”，直接的要求是审计机关和审计人员要准确分析判断审计发现的情况和问题，究竟属于应“容”的还是属于应“纠”的范围。这就要求审计过程中必须对审计事项查深查透，审计取证必须扎实，确保审计证据有说服力。

国家审计准则第九十九条规定：“审计人员对于重要问题，可以围绕下列方面获取审计证据：1. 标准，即判断被审计单位是否存在问题的依据。2. 事实，即客观存在和发生的情况。事实与标准之间的差异构成审计发现的问题。3. 影响，即问题产生的后果。4. 原因，即问题产生的条件”。对于审计事项，特别是审计过程中遇到的被审计单位改革创新过程中的一些情况和问题，审计人员应按照审计准则的规定，深入研究和分析产生问题的原因和症结，以及带来的影响，确保查深查透，为随后的按照“三个区分开来”进行判断提供基础和依据，同时也防范审计风险。

调研座谈交流中，许多审计人员提出，当前改革创新形势下，新情况新问题频出，为深入贯彻落实“三个区分开来”，我们在审计过程中应特别注意加强与被审计单位的沟通，倾听被审计单位就审计事项进行的情况说明，弄清楚问题的前因后果、来龙去脉，这是审计机关和审计人员将问题查深查透、准确定性处理的重要保证。

（四）创新审计业务和审计机关考核机制

监督财政收支、财务收支的真实、合法、效益，是审计机关的基本职责。一段时间以来，审计机关比较注重对真实合法性的审计，将查处违

纪违规问题和重大违法犯罪线索作为主要工作目标之一，发现问题和移交案件线索多少成为评判业绩的重要标准。这在一定程度上促使审计人员在审计实践中将审计项目的重心放在查找问题上，在审计时不自觉地朝向证明被审计对象有问题的方向去收集审计证据，不仅给被审计单位留下了“审计机关是办案机关”的错误印象，也不利于审计工作自觉贯彻落实“三个区分开来”。

创新审计业务，开展绩效审计，有利于审计机关扭转其“办案机关”的形象，能够使审计机关更好地贯彻落实“三个区分开来”，更好地发挥建设性作用。开展绩效审计时，审计机关不仅要查处违纪违法问题，而且要重点关注被审计单位或者项目的管理如何，有关事项的决策是否民主科学，是否建立了完善的内部控制和风险管理，关注改革措施和政策落实、项目计划执行情况如何，预期目标是否实现等，从而为被审计单位改进管理提高绩效提供帮助，客观上使审计机关成为被审计单位和被审计领导干部干事创业的好帮手。

调研座谈交流中，许多审计人员还反映，改革审计机关考核机制，有利于审计机关和审计人员打消顾虑，在审计工作中自觉地贯彻落实“三个区分开来”。我们设想，对审计机关应突出对绩效结果的考核，考核内容包括：考察审计机关完成了多少审计项目，提出了多少审计报告和审计建议，依据审计结果，多少违纪违法问题被查处和促进体制机制制度完善情况如何等多个方面；对审计人员应突出对专业业绩的考核，以按照审计准则要求和审计分工完成审计工作任务为基本标准，重点关注审计人员在科学设计审计方案、有效进行审计分析和取证、提出高质量审计建议方面的专业表现。

（五）努力提升审计人员的专业胜任能力

审计工作能否更好地贯彻落实“三个区分开来”，归根到底取决于广大审计人员。换句话说，能否处理好依法审计和实事求是的关系，能否在审计过程中对审计事项查深查透，能否正确把握改革创新的发展方向和基本原则，能否充分理解和把握国家有关政策规定，能否在复杂的经济活动中作出清晰的判断，都取决于审计人员诚信正直、客观公正的品质，取决于审计人员的政策水平、专业素养、学习研究和分析鉴别的能力。因此审计机关应该下功夫提升审计人员的专业胜任能力，以适应审计工作贯彻落实“三个区分开来”对审计人员提出的更高的专业要求。

我们认为，审计机关应特别注意下列两个方面：一是强化审计人员诚信正直、客观公正的品质，二是提高审计人员对被审计领域和事项的了解和熟悉程度。因为这二者是审计监督保持权威性和公信力的重要前提条件，也是审计工作能够贯彻落实“三个区分开来”的重要保证。

（撰稿人：刘力云　王志伟　肖春辉）

【学习宣传贯彻党的十九大精神推动审计工作改革创新与发展系列研究报告之二：运用法治思维和法治方式推动投资审计工作持续健康发展】

习近平总书记在党的十九大报告中提出，坚持依法治国、依法执政、依法行政共同推进，坚持法治国家、法治政府、法治社会一体建设。全面依法治国是新时代中国特色社会主义思想的重要组成部分，是更好引领党和人民事业发展的基本方略之一。审计署党组高度重视依法审计。2017年7月20日，在学习贯彻习近平总书记系列重要讲话精神和治国理政新理念新思想新战略专题研讨班上，署党组书记、审计长胡泽君强调依法审计是审计工作的“生命线”，文明审计是审计工作的“保障线”，要始终坚持，不能动摇。前不久，审计署召开全国审计机关电视电话会议，专题研究部署贯彻落实《审计署关于进一步完善和规范投资审计工作的意见》。胡泽君在充分肯定投资审计工作取得很大成绩、发挥重要作用的同时，对新形势下推动投资审计工作持续健康发展提出了五点具体要求：一要在法定职权范围内开展审计监督；二要依法独立行使审计监督权；三要坚持突出重点和质量优先；四要严格执行国家审计准则；五要依法有效运用审计结果。这充分体现了署党组坚持依法审计的决心和信心。切实贯彻落实署党组提出的要求，归结起来，就是要坚持并善于用法治思维和法治方式推动投资审计工作持续健康发展。

一、坚持用法治思维守住审计工作的“生命线”

法治思维是指各级领导干部想问题、作决定、办事情，必须时刻牢记人民授权和职权法定，必须严格遵循法律规则和法律程序，必须自觉接受法律监督和承担法律责任。法治思维在本质上区别于人治思维和权力思维，其核心是合法与不合法的预判。法治思维是依法审计之魂，一旦形成，就会成为各级审计机关和广大审计人员的行动指南。

2006年10月30日，时任浙江省委书记的习近平到浙江省审计厅调研时强调："审计工作涉及面广，工作难度大，有时还会遇到一些阻力，要做好这项工作并不容易，需要有一种'审计精神'作为强有力的内在支撑。"何为"审计精神"？习近平深刻指出："是对法律的信仰和对法治的崇尚。有了这种对法律的信仰和对法治的崇尚，才会在实际工作中产生依法履行审计职责的决心和勇气，保持一种客观公正的工作态度，形成正确的思想观念、价值取向和心理意识。"上述重要论述闪耀着马克思主义真理的光芒，讲到了审计人员的心坎里，既体现了习近平对马克思主义基本原理和世界观、方法论的精湛运用，也体现了他对信仰法律、尊尚法治极端重要性认识的精到之处。深刻学习领会习近平总书记的重要论述，要求我们必须坚持用法治思维推动审计工作持续健康发展，牢牢守住审计工作的"生命线"。

首先，要正确辨析一些观点认识。法治意识，说到底是一个思想认识问题。如果思想认识问题不解决，行动上就不会做到自觉，还可能会产生一些抵触情绪。投资审计方面的一些观点认识需要正确辨析，比如：只要审计成效显著，法定程序和方式方法并不重要；只要当地有规定，不管上位法怎么规定，就应该执行；只要被审计单位不反对、不反映，不管是否超越法律职责权限，就可以干；法定职责每年都是老花样，需要有所创新，创新就可以突破现有规定；审计结果不管对被审计单位，还是对其他相关单位，均具有强制力，等等。上述观点和认识，客观上讲，是想干事，问题是于法无据，究其根本原因是法治意识没有牢固树立起来。不依法就谈不上成效，更谈不上质量，还会损害公平正义和审计机关的公信力。强调依法审计，不是不让地方审计机关继续探索好的做法，恰恰相反，更加鼓励地方审计机关结合当地实际探索创新，前提是用法治思维和法治方式。

其次，要树立权力边界意识。边界意识，实质就是有限意识或者规则意识。就像球类比赛一样，都是有边界的，必须打在界内，打出界，不仅不能得分，还要丢分。任何权力也都是有边界的，这是由职权法定原则所决定的。权力边界意识，就是在一项工作面临决策或多种解决方案、手段时，必须首先要研判是否符合法律规定、法律精神等。就审计权力边界而言，主要体现在审计对象和范围的确定、审计内容界定、审计方式的运用、审计处理处罚权以及审计结果的运用。投资审计的边界在哪里呢？按照审计法及其实施条例规定，从审计对象上说，是政府投资或以政府投资为主的建设项目；从审计内容上讲，包括预算执行情况和竣工决算；从审计决定的效力范围来讲，只对建设单位具有强制约束力；从方式上讲，主要是开展监督。超出这个边界，就是越权。

最后，要增强典范意识。"善禁者，先禁其身，而后人"。审计机关肩负着促进依法治国的重任，途径是依法加强对权力运行的制约和监督，促进国家机关和其他相关单位依法定权限和程序行使权力，从而把各方面的制度优势转化为管理国家的效能。因此审计人员特别是领导干部必须带头信仰法律、崇尚法律，必须对法律怀有敬畏之心，从内心深处尊法、信法、守法、用法。同时必须自觉接受法律监督和外部监督，依法公开审计结果。投资审计直接或间接面对众多市场主体，审计中一方面要依法维护国家利益，同时还要依法维护各市场主体的合法权益，不能有失偏颇，否则会影响审计机关的公信力。

二、坚持用法治方式推动投资审计工作发展

法治方式是在法治思维的基础上，按照法律规定和法律程序处理和解决问题的实践过程和工作方式，强调各种措施、方式、方法和行为要符合法的规定，着眼于行动。法治方式是依法审计的直接体现，也是推动投资审计工作持续健康发展的必然要求。

首先，聚焦法定职责。当前，在依法履行法定职责方面，一些地方审计机关一方面履责过于片面，仅追求审减投资额，弱化了投资审计对违纪违法问题的查处力度，偏离了审计的监督职能；另一方面从事较多与审计法定职责无关的工作。如参与一些与审计职责无关的议事协调机构，甚至工程项目建设的决策和审批、征地拆迁、工程招标、物资采购、质量评价、工程结算等管理活动，既当运动员，又当裁判员。应当全面依法履行审计监督职责，特别是加强对政府重大投资项目和投资体制改革政策措施落实情况的审计监督，突出揭示违纪违法问题和严重损失浪费问题等，同时及时退出与审计法定职责无关的议事协调机构或管理活动，聚焦法定职责。

其次，推动投资审计结果依法有效运用。无论是投资审计对象的确定，还是审计程序、延伸审计、审计取证、征求意见、审计处理、结果利用、问题整改和审计公告等，都应当严格依法。做到法定职责必须为，法无授权不可为。应正确处理下位法与上位法的关系，对违反上位法的地方性法规，审计机关有责任也有义务促进纠正。目前，关于投资审计的地方性法规中存在与上位法不一致，超越地方立法权限的问题，按照全国人大法工委印发的《对地方性法规中以审计结果作为政府投资建设项目竣工结算依据有关规定的研究意见》，主要有两种情况：一是直接规定审计结果应当作为竣工结算的依据；二是规定建设单位应当在招标文件中载明或者在合同中约定以审计结果作为竣工决算的依据。这两种情况，在法律上存在两个问题：一是扩大了审计决定的效力范围，即将适用于被审计单位的审计决定扩大至被审计单位的合同相对人，限制了施工企业正当的合同权利；二是将公权力介入了民事权利，违反了民事主体之间的意思自治原则。因此，审计机关不仅应当依法履行审计监督职责，还应当积极推动审计结果依法有效运用。

最后，用制度保障依法审计。要积极推行审计权力清单、责任清单和负面清单制度。建立健全责任追究制度，对随意延伸、随意检查银行账户、未正确使用自由裁量权，以及随意扩大审计决定效力范围等行为，并造成严重影响的，应依纪依法依规追究相关审计机关领导和责任人员的责任。有条件的审计机关，还可探索建立法律顾问制度和述法制度。（撰稿人：姜江华）

【学习宣传贯彻党的十九大精神推动审计工作改革创新与发展系列研究报告之三：党的十八大以来317项审计移送违纪违法问题线索处理结果研究及建议】 党的十九大报告在回顾过去五年全面从严治党的卓著成效时指出，“不敢腐的目标初步实现，不能腐的笼子越扎越牢，不想腐的堤坝正在构筑，反腐败斗争压倒性态势已经形成并巩固发展”。在全面反腐的进程中，审计机关以对党和人民高度负责的精神，依法审计、尽责担当，特别是揭露了一批重大违纪违法问题线索，发挥了重要作用。为深入分析移送有关部门单位处理的违纪违法问题线索的特点及处理情况，本文对党的十八大以来发布的10份审计结果中317项违纪违法问题线索处理结果进行了深入分析，并提出相关建议。

一、317项违纪违法问题线索基本情况及处理结果分析

党的十八大以来，审计署围绕全面从严治党的要求，不断加大对重大违纪违法线索的反映力度。从10份相关审计结果公告①公布的317项违纪违法问题处理结果来看，有关部门根据审计署移送的问题线索开展调查，共处理违纪违法个人2013人，单位278家，充分发挥了反腐败“尖兵”和“利剑”作用。

（一）违纪违法主体相关情况分析

移送后处理的2013人中，按照单位性质划分，政府机关、事业单位工作人员占多数，共计1216人，占比60%；企业工作人员和个人共计797人，占比40%。这也是与审计署关注公共资金、国有资产、国有资源的职责需求相一致的。

（二）接受移送的部门单位相关情况分析

在317项违纪违法问题线索中，按照接受移送的部门单位职责权限划分来看，移送纪检监察部门占多数，共计135项，占比43%；移送司法机关81项，占比26%；移送行业主管部门或企业总部64项，占比20%；移送地方人民政府37项，占比11%。

① 2013年第26号、30号公告，2014年第2号、8号、23号公告，2015年第22号、34号公告，2016年第27号、31号公告，2017年第30号公告，www.audit.gov.cn。

按照接受移送的部门单位层级来看，移送给中央部门和省级部门的最多，二者共同占到移送问题总数的87%。同时，由于近年来审计关注民生，对于在社保、扶贫、救灾等关系人民群众切身利益的审计项目中发现的挪用专项资金、骗取社保资金、违规采购救灾物资等问题，发现的涉案人员行政级别往往较低，一般会向相应的市县机关进行移送处理。

（三）移送违纪违法问题内容分析

从近年来审计发现的问题看，国有资产资源和公共权力集中领域问题较多，多与以权谋私、违规操作有关。从具体内容看，主要涉及6类问题。

表1　移送违纪违法问题内容类型

	违法违纪问题类型	数量	占比
1	滥用职权类	89	28%
2	诈骗类	77	24%
3	贪污贿赂类	68	22%
4	违反中央八项规定精神类	53	17%
5	涉税类	17	5%
6	玩忽职守类	13	4%

如表1，问题内容占比最高的是滥用职权类，包括违规审批决策造成国有资产损失，挪用专项资金、利用职权为亲友非法牟利，非法经营，利用内部信息交易，协助非法占用耕地或协助骗取资金等，占比达28%，违纪违法主体以政府机关、事业单位、国有企业工作人员为主。其次是诈骗类，包括合同诈骗、贷款诈骗、保险诈骗、集资诈骗、骗取社保资金、骗取专项资金等，占比达24%，违纪违法主体以民营企业、私营企业主、个人为主，主要集中在金融和社保领域。第三是贪污贿赂类，包括贪污、受贿、行贿、介绍贿赂、挪用公款、私分国有资产等，占比达22%，违纪违法主体以政府机关工作人员为主。第四是违反中央八项规定精神类，包括私设“小金库”、私发购物卡、违规报销费用、公款安排亲属出国、账外发放报酬等，占比17%，违纪主体以政府机关、事业单位工作人员为主。第五是涉税类，包括偷逃税款、骗取出口退税、虚开增值税发票等，占比5%，违法主体以民营企业、私营企业主、个体工商户为主。第六是玩忽职守类，包括签订、履行合同被骗，审核把关不严造成中央专项资金、巨额贷款被骗，审核失职造成工程质量不合格，失职造成国有资产损失流失等，占比4%，违法主体以政府机关工作人员为主。

（四）移送处理结果情况分析

对317项违纪违法线索涉及的2013人及278家单位的处理结果进行分析。

一是司法审判结果。审计署移送的违纪违法线索中，共计159项进入司法程序并作出刑事判决，涉及人员414人。其中判处最高刑罚为死刑缓期2年执行，共计3人，涉案罪名均为贪污受贿类。判处无期徒刑共计14人，其中省部级1人，厅局级1人，处级5人，事业单位会计1人，企业董事长或总经理6人。判处10年以上有期徒刑共计61人，10年以下有期徒刑共计329人，另有7人免于刑事处罚。

二是党纪政纪处分结果。审计署移送的违纪违法线索中，对168项违纪违法问题涉及的1572名相关人员给予了党纪政纪处分，其中60人给予开除党籍、开除公职的“双开”处分，1512人给予其他党纪政纪等处分。

三是单位处理处罚结果。对于278家违法违规企业进行了单位负责人约谈、罚款、追缴税款、吊销执照等处理处罚措施，累计罚款、收回违法所得近36亿元。

二、317项违纪违法问题线索及处理结果特点

从移送违纪违法问题线索的性质及处理结果来分析，317项违纪违法线索具有四个特点。

（一）从“移送案件和事项”变为“移送违纪违法问题线索”

2010年第20号审计结果公告首次发布移送问题处理结果时，公告题目即为“2008年以来已结案的审计署移送的部分典型案件和事项”。此后一直沿用“案件和事项”这一说法直至2015年改为“违纪违法问题”，2016年起，进一步调整为“移送有关部门和单位处理的违纪违法问题线索”。

党的十八大以来，审计机关一方面牢牢坚持开展审计务必于法有据，不再用含糊的“事项”兜底，而是明确提出移送“违纪违法问题线索”；另一方面更加重视权力的边界，务必在法定职责权限范围内开展审计工作。审计机关不是办案机关，应

当移送有关部门和单位处理的是“问题线索”。

（二）审计反映的普遍性、集体性问题越来越突出

在 317 项违纪违法问题线索中，审计反映问题的方式主要有两类：一类为个案移送，即主要反映一个地区、一个单位或个人违纪违法行为；另一类为合并移送，即主要反映多个地区、多个单位或群体性违纪违法行为。从趋势来看，党的十八大以来，审计越来越重视反映普遍性、集体性问题，有 47 项违纪违法问题线索处理人数 10 人以上，合并移送的占比也逐年提升。如 2013 年公告的 63 起违纪违法事项中，仅有 1 起集中反映 11 家企业虚开增值税发票案，占比约 1.5%，其余均为个案移送。而 2016 年公告的 73 起违纪违法事项中，26 起为合并移送，占比达 35.6%。从审计工作思路来看，在发现某一代表性问题后，越来越重视对全省乃至全国进行排查，如实揭露普遍性、区域性问题。如 2016 年向四川、黑龙江、重庆、辽宁、宁夏等 5 个省区市纪检监察等部门同时移送 5 省区市 10 个部门单位 2000—2014 年间有关公职人员在工程建设、征地拆迁、土地整理等工作中涉嫌玩忽职守致使资金被骗问题。再如向黑龙江省纪检监察部门移送 2009—2014 年间 74 名公职人员涉嫌违规兼职取酬等问题。

可以看出，一是审计越来越关注普通违纪违法行为背后的深层次原因，特别是行政权力运行的高风险领域和关键环节。如对于民营企业、个人违纪违法行为，更加注重揭露与之相关联的行政权力运行中的舞弊行为和权力寻租。二是审计更加关注全局，特别是涉及人民群众根本利益的重点领域。近年来，在社保资金、扶贫资金、土地出让金等民生领域，审计不仅查处个案，更加注重揭示代表性和趋势性问题与风险，通过审计移送的“警报”，及时避免局部性问题演变为全局性问题。

（三）审计发现的县区级及以下问题比重较高

在 317 项违纪违法问题线索中，190 项反映的是县区级及以下政府机关、民营企业的问题。共处理 1245 人，其中除 10 名处级干部外，均为科级及以下公职人员或民营企业职员。

特别值得关注的是，如果按照级别来横向对比接受移送的部门单位和受到处理的违纪违法人员，出现了明显的偏差。审计署向中央和省级政府部门移送的问题线索最多，共计 278 项，占比 88%，但受到处理的违纪违法人员中，处理人数最多的却在市县级，占比 89%。

可见，县区级以下特别是乡镇机关和民营企业违纪违法行为不容小觑，“小官巨贪”时有发生，审计机关既打老虎也打苍蝇，在防止消极因素入侵整个经济社会系统方面发挥了重要作用。2017 年 6 月审计长胡泽君在十二届全国人大常委会第二十八次会议上作审计工作报告时也专门强调，“民生领域‘小官贪腐’问题较为突出”，2016 年在扶贫、社保、生态环保等审计中发现此类问题 300 多起，涉及基层经办人员 450 多人。

（四）对移送违纪违法问题线索的处理越来越迅速

从审计移送到各部门单位作出处理之间的时间来看，90%的问题在 2 年之内处理完毕，近半数问题在 1 年内处理完毕，有 29 项处理时间不到 2 个月。

可见，一是接受移送的部门（单位）对审计工作高度重视，对移送的违纪违法问题线索迅速进行核实查处。如审计发现中国康复器具协会原副会长兼秘书长蔡某利用职务便利谋取私利问题，2014 年 8 月将此线索移送民政部组织查处，同年 9 月民政部机关纪委、驻民政部监察局即对蔡某等人作出了留党察看、行政撤职等处分。二是中央 58 号文出台对相关部门的移送处理工作有较强的推动作用。2015 年中央 58 号文提出“对审计发现的违纪违法问题线索或其他事项……认真核实查处，并及时向审计机关反馈查处结果，不得推诿、塞责”。2013—2015 年公布的移送问题线索中，处理时间在 2 年以上的年均 10%左右，个别线索处理时间近 6 年。如审计发现原环保总局机关服务中心副主任刘某利用下属公司对外拆借资金、贪污公款，2007 年 1 月将此线索移送中央纪委驻环保总局纪检组，直至 2012 年 12 月处理完毕，历时 5 年 11 个月。而在 2016—2017 年公布的移送问题线索中，处理时间在 2 年以上的不到 4%，包括 3 名省部级干部涉案的重大问题线索处理时间都不超过 2 年。如审计发现宁夏回族自治区原副主席白某涉嫌违规干预土地出让等问题，2015 年 1 月移送至中央纪委后，同年 12 月就已经作出双开处分并移送司法机关，用时仅 11 个月。

三、审计移送工作存在的问题及相关建议

（一）鉴于同类违纪违法问题线索挖掘深度不一则处理力度不同，建议坚持高站位深挖掘，提高审计成果利用深度

分析发现，在317项违纪违法问题线索中，对违纪违法行为挖掘的深度同最终的处理力度存在正向的相关性，对问题背后行政权力运行关键环节挖得越深，揭示的问题越贴近根源，相应处理的深度和力度也越大。

如21项伪造合同骗取贷款的同类违纪违法问题线索中，17项仅反映了行骗方“骗取贷款”这一行为及金额，在司法机关最后的处理中，均仅对涉案民营企业或个人骗取贷款行为进行定罪处罚。如沈阳燃气有限公司等3家关联企业通过签订虚假合同骗取贷款8.9亿元，用于房地产投资，移送公安部后，2012年法院以骗取贷款罪对3家公司判处罚款，对企业负责人判处罚金。而另外4项深挖了受骗方金融机构在审批、监管等权力运行关键环节的相关问题，反映出了巨额骗贷案背后更深层的权力寻租问题。如图1，四川省内江市某民营企业骗取储备粮收购贷款2.99亿元。在这一问题背后，挖掘出该分行行长明知该公司不具备资质的情况下违规批准放贷问题，并顺藤摸瓜继续深入调查，揭露出内江市原副市长指使有关部门虚构储备粮收购计划、协助骗贷等问题。移送中央纪委监察部后，2012年法院以滥用职权罪、受贿罪、贪污罪、违法发放贷款罪等判处4人10年以上有期徒刑、1人9年有期徒刑。

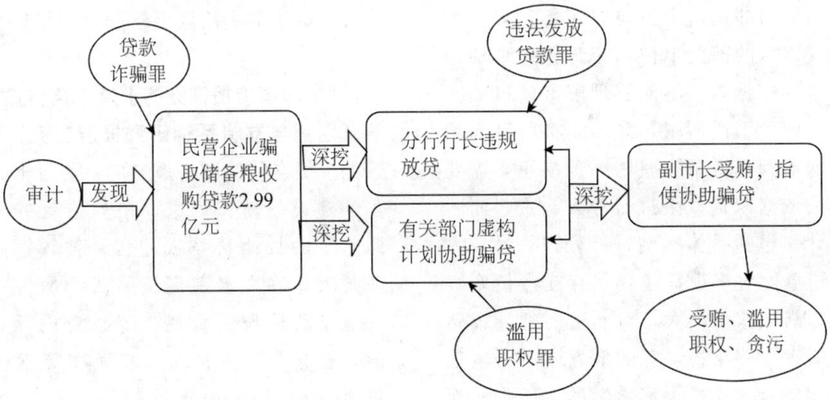

图1　审计深挖贷款诈骗背后权力寻租关键环节

移送处理是审计成果利用的重要渠道，对于移送的违纪违法问题线索既要准、又要深，虽然审计人员已经做到了第一层次“准”，即事实准确、证据准确、定性准确，但第二层次“深”还有所欠缺。审计署直接审计事项以中央和国务院各部门、省级人民政府、中央投资项目、中央企业为主，虽然基层问题易发、多发，但从职责和权限来看，反映问题的角度和站位还应更高，挖掘程度还应更深。

对于代表性较强但层级较低的个案，建议不通过个案移送的方式进行处理，而是以点带面，发掘具体、微观案情背后共性的、规律性的内容，通过专题报告、综合报告等形式加强对区域性、集体性、代表性问题的反映。

对于代表性不强但问题较为突出的个案，如嫌疑人层级较低或为非审计对象的企业和个人，建议深入挖掘与之相关的其他部门的问题，避免审计成果碎片化。如出现民营企业骗贷，那么是否存在主管部门玩忽职守；出现某地区大量公职人员同类违规违纪行为，是否在机制制度漏洞或者更高层次违纪违法等；出现单起金额小、发生频率高、基层人员违纪违法多的民生领域骗取资金问题，是否从资金“出口”追溯至“入口”，是否深入挖掘从立项申报到资金拨付使用整个链条过程中审核、严守、管理等重要环节的越位、错位、缺位等情况，是否存在机制、制度、风险防控等更高层级、更深层次的问题。

（二）鉴于部分移送部门（单位）对审计移送问题线索处理不够深入，建议对移送处理书内容进行修改

从处理结果来看，超过95%的问题线索查核结果与移送问题的定性一致、没有偏差，体现了

审计移送违纪违法问题线索事实清楚、证据确凿扎实，具有较强的公信力和权威性，但也反映了部分移送的纪检监察机构、司法侦查机构、行业主管部门对违纪违法问题线索缺少深入调查，很多仅就移送的具体事例进行处理。造成有的同类问题处理结果差异较大，如广西柳州某公司高管人员伪造经济合同骗取贷款2亿多元，相关人员被判处有期徒刑6年、3年6个月及罚金。而辽宁沈阳3家关联企业通过虚假购销合同骗取贷款8.9亿元，3家企业及负责人同样因骗取贷款罪仅被判处罚金。有的处理较轻，如重庆市垫江县2名公职人员涉嫌弄虚作假骗取征地拆迁安置补偿问题，仅对1名公职人员进行诫勉谈话和调整工作岗位。

从对相关部门的调研中也可以了解到，一方面，很多接受移送的部门单位对审计移送事项的办理要求理解存在偏差。不能够理解审计机关并非办案部门，囿于手段所限，并不能将所有问题线索背后的深层利益链条完整清晰地揭示，需要相关部门单位依据职责权限进行深入调查，而不仅仅是对审计移送的具体事例进行处理。另一方面，有些部门单位对审计移送仍然存在敷衍塞责心理，有的部门工作量较大，对非重要领导批转的审计移送线索不够重视，有的地方政府对本地存在的问题仍然有“不扩大影响”的心态，从而导致查不深、办不透、处理不到位等情况存在。

因此，建议移送处理书中，在通常表述“现依法移送你单位/你们处理”之后，区分以下两类情况增加相应内容。一是当移送问题线索属于苗头性、倾向性问题，易发多发风险较高时，增加“同时，鉴于此类问题具有较强代表性，请你单位对相关领域的同类问题和潜在风险进行深入调查”。二是当移送问题线索属于重大违纪违法问题，但囿于审计手段所限难以查明更深层利益输送或腐败舞弊情况时，增加“该问题在××等方面仍存在重大疑点，囿于审计手段所限，请你单位对相关方面进一步深入查核”，并及时跟踪了解处理情况。

（三）鉴于接受移送的部门单位对问题线索需求不同，建议坚持需求导向，提升审计成果利用的精准度

从移送单位来看，审计机关移送违纪违法问题线索的对象包括纪检监察机关、司法侦查机关、各级人民政府、行业主管部门等不同的部门单位，这些单位对于审计移送违纪违法问题线索的需求有所不同。如对于司法侦查机关和纪检监察机关，更注重违纪违法问题线索是否符合刑事犯罪案件或违纪案件的构成要件，但对于各级人民政府，更加关注的往往不是行政相对人的违纪违法问题，而是政府管理部门履职尽责情况以及权力运行过程中的薄弱环节和突出问题，对于行业主管部门，则更加关心专项资金流向及各个重点环节，特别是重点专项资金在申请、审核、预算安排、资金分配、管理使用、绩效等各方面存在的突出问题。因此，建议对移送主体作出适当区分，并根据不同主体的需求，对审计产品和成果进行加工，提高审计成果的利用效果。（撰稿人：刘誉泽）

【学习宣传贯彻党的十九大精神推动审计工作改革创新与发展系列研究报告之五：关于审计学升为一级学科的调研报告】 党的十九大提出要加快建设创新型国家，培养造就一大批具有国际水平的战略科技人才、科技领军人才、青年科技人才和高水平创新团队；加快一流大学和一流学科建设、实现高等教育内涵式发展。目前，在教育部发布的《普通高等学校本科专业目录（2012）》中审计学属于管理学门类、工商管理专业类下设置的二级学科专业；在国务院学位委员会和教育部发布的《学位授予和人才培养学科目录（2011）》中只列学科门类和一级学科，审计学未列入一级学科。这样的审计学科设置与审计事业的快速发展脱节，与审计的特有属性不符，不利于审计学科建设和人才培养。近些年来，越来越多的专家教授呼吁提升审计学为一级学科，以理顺审计学科与其他学科的关系，更好地适应审计事业的快速发展。为此，根据《国家教育事业发展“十三五”规划》关于统筹推进一流学科建设的精神，审计署审计科研所就审计学科建设问题到教育部高等教育司、学位管理与研究生教育司、国家网络信息安全管理办公室网络安全司等单位进行了调研座谈，并征询了部分高校专家教授的意见。调研工作得到了署办公厅和教育审计局的大力支持。现将有关情况报告如下：

一、审计学科设置的现状及存在的问题

（一）学科目录的结构与修订

1. 学科目录的结构。目前，学位授予和人才培养有两个目录：一个是国务院学位委员会和教育部发布的《学位授予和人才培养学科目录（2011）》，该目录共有二级，第一级为13个学科门类、第二级为110个一级学科，它是国家进行学位授予审核与学科管理、学位授予单位开展学位授予与人才培养工作的基本依据，适用于硕士、博士的学位授予、招生和培养，学士学位按照学科门类授予；另一个是教育部发布的《普通高等学校本科专业目录（2012）》，该目录有三级，第一级为13个学科门类、第二级为92个专业类（相当于一级学科）、第三级为506个专业，它是设置和调整本科专业，实施人才培养、安排招生、授予学位、指导就业的重要依据。一般情况下，《学位授予和人才培养学科目录（2011）》的“学科门类”和“一级学科”相应决定《普通高等学校本科专业目录（2012）》的“学科门类”和“专业类”，也就是说，后者根据前者的调整而调整。目前，国务院学位委员会和教育部只负责“学科门类”和“一级学科”（在本科专业目录中称为“专业类”）的管理，《学位授予和人才培养学科目录设置与管理办法》所称的“二级学科”和《普通高等学校本科专业目录（2012）》中的“专业”，除涉及国家安全、公共安全和人身安全等特殊行业的专业实行国家管理外，培养单位可以依法自主设置。

2. 学科目录每十年修订一次，特殊情况可以个别调整。1980年2月，第五届全国人大常务委员会第十三次会议通过的《中华人民共和国学位条例》首次提出了学科的概念，1983年发布第一个正式的学科目录①以来，已经历了3次修订，最近一次修订是2009年启动，2011年完成。按照《学位授予和人才培养学科目录设置与管理办法》，一级学科每10年集中修订1次。《普通高等学校本科专业目录》的修订往往在《学位授予和人才培养学科目录》修订启动后进行，基本上也是每10年集中修订1次。1984年教育部发布《普通高等学校本科专业目录》后，迄今也经历了3次修订，最近一次修订是2010年启动，2012年完成。除上述集中修订外，也可以根据政治、经济、社会对人才培养的要求及学科发展情况进行个别调整，如2015年在《学位授予和人才培养学科目录》“工学”门类下增设“网络空间安全”一级学科。

反映经济社会发展要求和学科建设规律，2011年版《学位授予和人才培养学科目录》与1997年版相比，新增“学科门类”艺术学（来源于“文学类”的一级学科），新增“生态学、统计学、城乡规划、风景园林、软件工程、生物工程、安全科学与工程、公安技术、草学、特种医学、医学技术、护理学、军事训练学”等13个一级学科，“历史学”一级学科分解为“考古学、中国史、世界史”等3个一级学科，还有“农业资源与利用”改名为“农业资源与环境”，“图书馆、情报与档案管理”改名为“图书情报与档案管理”等2个一级学科改名。

3. 一级学科设置要满足四个条件，并经过五个环节。根据《学位授予和人才培养学科目录设置与管理办法》，一级学科的设置有四个条件：具有确定的研究对象，形成了相对独立、自成体系的理论、知识基础和研究方法；应有若干可归属的二级学科；得到学术界的普遍认同，在构成本学科的领域或方向内，有一定数量的学位授予单位，已开展了较长时间的科学研究和人才培养工作；社会对该学科人才有较稳定和一定规模的需求等。一级学科设置的程序包括五个环节：第一个环节是由一定数量学位授予单位或国家有关部门提出调整动议，并根据前述条件提出论证报告；第二个环节是国务院学位委员会相关学科评议组对调整动议和论证报告进行评议，提出评审意见；第三个环节是国务院学位委员会办公室根据论证报告、专家评审意见提出调整方案；第四个环节是国务院学位委员会办公室将调整方案再次征求学位授予单位和专家意见；最后一个环节是报国务院学位委员会会同教育部批准后，编制成一级学科目录。之后，教育部对《普通高等学校本科专业目录》进行相应调整。具体如图2所示：

---

① 学科目录在不同时期有不同名称，1983年版称为《高等院校和科研机构博士和硕士学位的学科、专业目录（实行草案）》，1990年和1997年版称为《授予博士、硕士学位和培养研究生的学科、专业目录》，2011年版称为《学位授予和人才培养学科目录》。

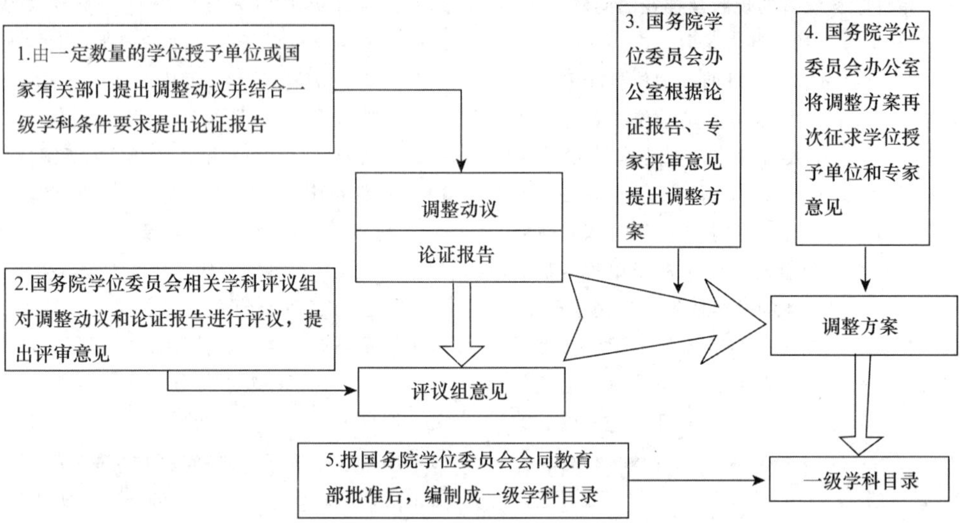

图 2　一级学科调整程序示意图

（二）审计学科和审计专业的演变

1. 审计学科的演变。

审计学科在《学位授予和人才培养学科目录》和《普通高等学校本科专业目录》中的定位，早期属于经济学门类，后来属于管理学门类。审计学科设置与会计学科有一定的渊源。

在 1993 年版《普通高等学校本科专业目录》中，审计学属于“经济学”门类、“经济学类”二级类下的一个专业；工商管理属于“经济学”门类下的二级类，会计学属于“工商管理”二级类下的一个专业。在 1998 年版《普通高等学校本科专业目录》中，管理学成为一个学科门类，工商管理成为“管理学”门类的二级类，会计学成为“工商管理”二级类下的一个专业，而在 1998 年版中作为一个专业设置的审计学被砍掉。在 2012 年版《普通高等学校本科专业目录》中，工商管理仍为“管理学”门类的专业类，审计学与会计学同属“工商管理”专业类下的专业。具体如图 3 所示：

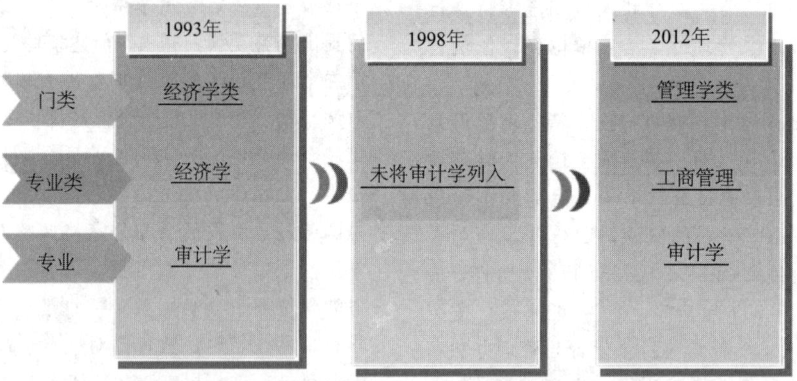

图 3　《普通高等学校本科专业目录》中审计专业分类历史

在 1990 年版《学位授予和人才培养学科目录》中，“经济学”门类“经济学”一级学科下设二级学科“会计学（含审计学）”；在 1997 年版《学位授予和人才培养学科目录》中，“管理学”门类“工商管理”一级学科下设二级学科“会计学”，但没有“含审计学”的表述；在 2011 年版《学位授予和人才培养学科目录》中，只列示了一级学科，会计学和审计学都不是一级学科。具体如图 4 所示：

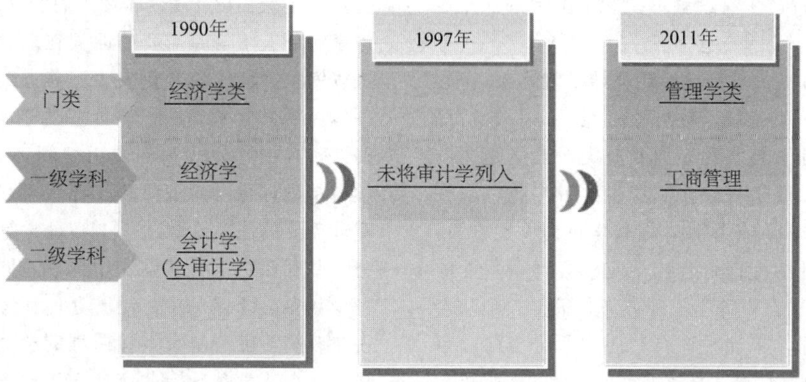

图 4　《学位授予和人才培养学科目录》审计学科分类历史

2. 审计学专业的演变。

20 世纪 80 年代，随着国家审计、注册会计师审计和内部审计的恢复，我国财经类院校开始陆续设立审计专业，到了 20 世纪 90 年代，这些院校基本上都建立了审计专业。遗憾的是，当时虽然认识到审计的重要性和特殊性，但对审计的对象、审计的定位、审计与会计的关系认识模糊。在审计学科建设初期，学术界普遍认为，审计学科属于会计学科的分支学科，审计的对象是财务会计及其延伸的相关内容，审计的目标是对财务的再监督，审计就等同于财务审计。这一观念对审计学科的发展影响很大。1997 年，按照“宽口径、厚基础”培养人才的要求，教育部合并相近专业，审计专业合并到会计专业中，除了当时的南京审计学院外，全国其他财经院校都停止了审计专业的招生，审计系被撤掉，审计教师被分流。随着人们对审计认识的提高，审计事业的发展，审计人才的社会需求加大，从 2002 年起，一些高校逐渐恢复了审计专业。到 2016 年底，全国开办审计专业的本科院校已经达到 93 所。

（三）现行审计学科设置存在的问题及影响

1. 现行审计学科设置偏离国家审计工作实际需求。

根据最新的《普通高等学校本科专业目录（2012）》，审计学专业属于“管理学”类“工商管理”专业类（相当于一级学科）下的专业（相当于二级学科），这种设置不科学。工商管理学科以企业或经济组织的管理问题为研究对象，以经济学和行为科学为主要理论基础，以统计学、运筹学等数理分析方法和案例分析方法等为主要研究手段，探讨和研究企业或经济组织各项管理行为和管理决策的形成过程、特征和相互关系，以及企业作为一个整体与外部环境之间的相互联系，并从中探索、归纳和总结出旨在获得成效，提高效率的一般理论、规律和方法。而国家审计是党和国家监督体系的重要组成部分，审计对象不仅有企业，而且也有党的机关、政府部门、事业单位等，工商管理学科的研究对象不能涵盖国家审计学科，更不能涵盖审计学科；国家审计内容除了传统的财政财务收支的真实、合法和效益情况外，还包括党政领导干部和企业领导人员经济责任履行、自然资源资产和环境保护责任落实、重大政策措施落实等，工商管理学科的研究范围也不能涵盖国家审计学科，更不能涵盖审计学科。

在 1990 年版《学位授予和人才培养学科目录》中曾将审计学置于会计学科之内，1997 年版的学科目录中根本没有提及审计学，2011 年版的学科目录只列示一级学科，对审计学科也没有明确定位。同时，在早期审计学科建设实践中，由于相当一部分审计师资是会计专业出身，同时受“注册会计师审计”专业的路径依赖，审计学科建设一直依存于会计学科。这种学科定位与国家审计事业发展严重不符，审计机关从事的党政领导干部和企业领导人员经济责任审计、自然资源资产离任审计、政策落实情况跟踪审计等业务，审计所需要的知识体系远远超出会计学科的范畴。

2. 现行审计学科设置不能满足国家审计专业人才的需求。

一是审计教学机构设置在会计学院（系），国家审计师资队伍建设、教材建设滞后。一般情况下，高校根据一级学科形成专业类，设立相应的学院，根据二级学科设立专业。由于实践中审计学科对会计学科的依附性，在教学机构设置方面，许多高校审计学一直是会计学院（会计系）下的一个系（室）；在审计学教师方面，很多教师从会计学转行而来，审计教育自然向“注册会计师审计”倾斜。这种情况，导致国家审计教学面临机构不独立、缺师资、缺教材的尴尬局面。如虽然 93 所高校开设了审计学专业，但只有南京审计大学出版了一套 12 本相对系统的审计专业教材。

对《2015—2016 年中国大学及学科专业评价报告》所列审计学专业排名前 20 的高校进行分析发现：(1) 从教学机构设置来看，13 所学校的审计系（室）设置在会计学院之下，5 所学校的审计系（室）设置在商学院之下，还有 1 个学校的审计系设置在财务与会计学院之下，只有南京审计大学设立了独立的审计学院（包括国际审计学院、政府审计学院、瑞华审计与会计学院）；(2) 西南财经大学、上海对外经贸大学等未设立审计专业，而是在会计专业下设注册会计师审计（方向）。具体如表 2 所示。

表 2　审计专业（系、教研室）机构设置

隶属学院	涉及学校
会计学院	西南财经大学、浙江财经大学、广东外语外贸大学、广东财经大学、河北经贸大学、南京财经大学、兰州财经大学、杭州电子科技大学、山东管理学院、山东财经大学、郑州航空工业管理学院、哈尔滨商业大学、上海立信会计金融学院
财务与会计学院	浙江工商学院
商学院	石河子大学、天津财经大学、四川师范大学、湘潭大学、对外经贸大学

二是课程设计受制于“工商管理”一级学科，国家审计人才培养需要的课程在现有课程体系中难以安排。审计学专业人才培养方案的课程设计一般包括公共基础课、学科基础课、专业课及实践课，其中，公共基础课由“管理学”类规定，学科基础课由“工商管理”一级学科规定。国家审计需要的法学、政治学、心理学等课程难以在公共基础课、学科基础课中体现。同时，即使在极少数专业课课时中，注册会计师考试相关课程占比较高，留给国家审计课程的学分很少。这种建立在会计学基础上的审计学历教育，课程设置不能根据国家审计业务需求或审计学科发展的需要进行调整。同样，受师资和教材限制，“审计专业硕士”课程与“会计专业硕士”课程差异也不大。

3. 现行审计学科设置制约了审计理论的研究。

学科专业目录是项目申报、经费申请、课题申报、人才培养、成果鉴定和职称评定的重要依据，审计学科设置不合理、不科学必然影响资源配置，进而影响审计理论研究和审计学科发展。

一方面，教育部和相关部门一般以学科层次考核绩效和配置经费资源，由于审计学科地位较低，审计学的课题数量远远低于相关学科的课题数量，与审计相关的科研项目和经费也比较少，从而影响审计理论研究和审计学科发展。以 2016 年度国家社会科学基金年度项目立项为例，有关审计的立项课题为 5 项，远低于会计方面的立项课题 124 项。近三年国家社会科学基金立项课题中含有“审计”的课题共立项 24 项，占三年总立项数 11518 项的 0.2%；其中青年项目占比更低，为 0.06%。在 2014 年青年项目立项 1044 项中，没有一项是直接研究审计的课题。具体如表 3 所示。

另一方面，审计教学机构设置在会计学院（系），审计专业课程设置的会计化倾向和审计师资的会计专业知识要求，加上学术研究的实证化倾向和国家审计实证研究难，以规范性研究为主的国家审计论文很难在高层次期刊上发表，既影响国家审计理论研究，也影响职称评定，这在一定程度上影响了审计科研队伍建设。

表 3　近三年国家社科基金审计项目立项情况表

项目类别	学科	2014	2015	2016	合计
重点项目	管理学	2	1	0	3
一般项目	应用经济学	2	4	2	8
	管理学	2	6	0	8
	政治学	0	0	1	1
	法学	0	0	1	1
	中国历史	1	0	0	1
青年项目	应用经济学	0	1	1	2
审计立项项目合计		7	12	5	24
年度立项总数		3820	3781	3917	11518

二、国家审计的历史演变和现实发展迫切需要提升审计学科地位

（一）从国家审计发展史来看，当前审计学科定位明显错位

我国国家审计的历史源远流长。在古代，常以考、听、计、勾、稽、比、磨、堪等用语来描述“审计”活动。汉语中“审计”一词最早出现在曹操的《〈孙子〉序》，他提出“审计重举，明画深图，不可相诬”。官方专职机构以“审计”定名则始于南宋公元 1127 年设立的审计院。

商周时期的官计制度与上计制度，统称为官听审计制度。秦统一六国后，推行中央集权制，设丞相、太尉和御史大夫“三公”，分别执掌行政权、军事权和监督权，形成了皇权下的三权分治、相互制衡的政治格局。唐朝审计制度在吸收发展前代经验的基础上，形成了“比部专审，御史兼审，三司内审”的审计体系。明朝设立的都察院具有审计职能，主要体现在三个方面：一是纠劾百司，对贪赃枉法、违反财经律令的官员进行举劾；二是考核百官，对官员经济方面的政绩进行审核；三是提督各道，即管理负有审计职责的十三道监察御史。清朝基本沿用明代的审计制度，实行监审合一的体制。“中华民国”时期，曾独立设置与政府各部会、监察、司法、考试等机关并列的审计院。中国共产党领导的新民主主义革命时期经历了中国共产党成立及大革命时期、土地革命战争时期、全民族抗日战争时期和解放战争时期等阶段，各个阶段审计监督均发挥着重要作用。1949 年中华人民共和国成立之初，承续革命根据地和解放区审计工作的做法，中央和地方财政部门内部设有审计机构。实行计划经济体制后，审计监督由财政部门的监察机构和业务管理机构结合财政管理分别行使。1982 年 12 月，第五届全国人民代表大会第五次会议公布施行的《中华人民共和国宪法》，正式确立实行审计监督制度。

从我国国家审计的历史演进过程可以看出，国家审计始终与国家治理紧密相连，国家治理的需求决定了国家审计的产生，国家治理的目标决定了国家审计的方向，国家治理的模式决定了国家审计的制度形态，国家审计始终是国家治理的基石和重要保障，国家审计一直在国家监督体系中发挥着作用。当前将审计定位于“管理学”门类“工商管理”专业类下面的一个专业，这种设置不符合国家审计的治理和监督属性，也不利于国家审计事业的发展。

（二）国家审计事业快速发展迫切要求提升审计学为一级学科

近些年来，国家审计事业快速发展，特别是党的十八大以来，以习近平同志为核心的党中央高度重视审计监督工作，对完善审计制度、加强审计监督和审计队伍建设多次作出重要部署和指示，为开展好新时期审计工作注入了强大思想动力，提供了行动指南和基本遵循。审计署党组坚决贯彻落实党中央国务院决策部署和习近平总书记重要指示，紧紧围绕统筹推进“五位一体”总体布局和协调推进“四个全面”战略布局，积极推进落实中央《关于完善审计制度若干重大问题的框架意见》，加大审计理论创新，着力建设信念坚定、业务精通、作风务实、清正廉洁的高素质审计干部队伍，依法全面履行审计监督职责，审计监督在党和国家监督体系中的重要作用日益凸显。国家审计在保障国家重大政策贯彻落实、推动深化改革、促进依法治国、维护民生、促进发展、推进廉政建设、维护安全方面发挥了重要作用。审计业务也由传统的财政财务收支审计扩展到了国家重大政策措施落实情况审计、财政审计、金融审计、企业审计、经济责任审计、民生审计、资源环境审计和涉外审计等八大类型。围绕推进国家治理体系和治理能力现代化，审计范围实现了对公共资金、国有资产、国有资源和领导干部

履行经济责任情况审计的全覆盖。这对审计人员的专业素质提出了更高要求，对审计研究和人才培养提出了新标准，原有的学科定位显然与国家审计发展的要求不相符。因此，理顺审计学科定位，设立审计一级学科，按审计事业发展的新要求设置专业、设计课程、配置师资、开发教材，使人才培养与审计的需求做好对接，按学士、硕士、博士成体系、分层次培养审计需要的人才，这是学历教育适应审计事业快速发展的必然要求。

三、审计学科提升为一级学科的有利条件

目前，在《普通高等学校本科专业目录(2012)》中，审计学属于“管理学”门类“工商管理”专业类（相当于一级学科）下的专业。这种分类有其合理性，也有一定的问题。从原理上看，国家审计作为党和国家监督体系的重要组成部分，就是通过对审计对象的监督评价，促进公共资金、国有资产、国有资源和领导干部的合理配置和有效使用，保障经济社会健康发展。因此，国家审计具有管理学“通过合理的组织和配置人、财、物等因素，提高生产力水平”的一般属性。但从研究对象上看，工商管理学科是以社会微观经济组织（企业或公司）为研究对象，系统地研究其管理活动及决策的一般方法和普遍规律。而国家审计有八大审计业务类型，对公共资金、国有资产、国有资源和领导干部履行经济责任情况实行审计监督全覆盖，工商管理学科的研究对象不能涵盖国家审计的业务类型。由此可见，国家审计不具有工商管理的特殊属性，也不属于“管理学”门类其他一级学科（管理科学与工程、农林经济管理、公共管理、图书情报与档案管理）。因此，审计学应在“管理学门类”中升为一级学科。对照一级学科设置所需的四个条件，目前审计学科有两个条件基本具备，一个条件部分具备，另一个条件尚不具备。具体如下：在社会对人才的需求上，国民经济各行业对审计人才的需求与日俱增，审计学科已初步具备该条件；在学科有确定的研究对象和研究体系方法上，审计学科基本具备该条件；在具有可归属的二级学科方面，尽管目前尚未形成一致认识，但经过充分的讨论和论证，可以形成共识；在学界普遍认同方面，仍存在不同看法，条件暂时不具备，需要做大量的工作。

一是党中央和国务院对审计工作的高度重视。党的十八大以来，国家审计着力推进国家治理体系和治理能力现代化，在党和国家监督体系中发挥了重要作用，已经成为国家监督体系的重要组成部分。党的十八大、十九大和十八届三中、四中、五中、六中全会都对审计工作进行了部署。习近平总书记、李克强总理多次就审计工作做出重要指示和批示。中办、国办发文专门针对加强审计工作、完善审计制度做了相关安排。在党中央、国务院高度重视下，国家审计事业快速发展，发挥作用领域日渐扩大，社会影响力与日俱增。党和国家对审计的要求越来越高，审计的责任越来越重。

二是审计署党组对审计理论创新和审计人才培养高度重视。审计理论来源于审计实践，是对审计实践中的认识和经验加以概括和总结所形成的知识。新形势下，党和人民对审计提出了新的更高要求，法律和历史对审计赋予了新的更重使命。审计署党组高度重视理论创新对审计实践的推动作用，只有加强理论创新、提炼和升华审计实践经验，才能提高审计人员的能力素质，才能履行好法律赋予的职责，才能贯彻落实好党中央、国务院对审计工作的决策部署和总体要求。适应审计业务发展的需要，审计署党组高度重视审计人才培养，各级审计机关通过举办财政、金融、企业、经济责任等专业审计的初级、中级和高级业务知识培训班，举办大数据审计技术方法培训班，健全覆盖审计人员职业生涯的审计职业教育体系，培养审计人员的专业能力和专业精神。审计学科作为审计理论发展的重要载体，其提升对审计理论的创新发展具有重要的推动作用。

三是审计已经具备独特的研究对象和学科体系。就国家审计而言，宪法和审计法对国家审计的监督对象、范围等作了明确规定。国家审计机关是对所有被审计单位的经济活动进行监督，或者对经济活动的主体进行监督，这说明国家审计是国家监督体系的重要组成部分。基于宪法和审计法的规定，国家审计学科研究的对象是监督活动及其相关规律。在审计学科体系上，形成了审计基础理论、审计主体理论、审计内容理论、审计客体理论、审计方法理论和审计史。包括国家审计、内部审计、注册会计师审计的审计学科，其独特的研究对象和系统的学科体系是支撑学科升级的重要学理基础。

四是审计人才培养数量和质量不断提高。审计学科创立至今，为国家和社会输送了大量的专业人才。在人才培养数量上，从审计专业开设院校来看，全国本科开设审计学专业的院校从2013年的51所上升至2016年的93所，审计硕士培养院校从2013年的24所上升至2016年的41所，短短几年开设审计学专业院校数量将近翻了一番。审计学科建设受到了政府、高校及社会各界的重视，社会对审计人才需求旺盛，审计专业录取分数线水涨船高，审计专业毕业生素质明显增强，审计论文文献数逐年增长，用人单位对审计专业毕业生评价普遍较高。审计专业人才凭借着自己的聪明才干服务国民经济各行各业，推动着社会的进步发展。

五是当前提出提升审计学科的时机比较合适。按照《学位授予和人才培养学科目录设置与管理办法》的规定，一级学科的调整修订预计将在2019年启动。由于提升审计学一级学科需要经过如前所述的五个步骤，周期比较长，需要两年左右的时间，2017年启动，2019年才能完成。现在提出升级审计学科，可以补足审计学科建设的短板，学科升级讨论及论证和相关沟通也有较充裕的时间。

四、审计学科提升为一级学科的建议

将审计学提升为一级学科是一项复杂、艰巨的系统性工作，创建具有中国特色的审计学科体系，要坚持习近平新时代中国特色社会主义思想的指导，坚持中国共产党的领导，坚决维护党中央权威和集中统一领导，以审计在党和国家监督体系中的地位、法定职责为基础，突出问题导向，拓宽知识视野，造就专业人才，推动事业发展。对照一级学科设置的四个条件，结合目前实际情况，建议做好以下几项工作：

一是摸清审计学科现状和对照条件进行整改。通过实地调研、调查问卷等方式，全面掌握设置审计专业和招生审计专业硕士院校的数量、招生规模、院系设置、师资结构、教材配备、课程设置、学生就业等方面的情况。在此基础上，对照一级学科的条件，查找不足，分工协作，逐项落实整改。

二是加强与教育部等相关部门的沟通。在走访调研教育部相关司局过程中，我们感到，尽管他们对近年来国家审计的快速发展和所发挥的显著作用认识比较充分，但对我国审计发展的悠久历史了解不够。因此，要在前期对本科专业设置、学科设置的历史沿革、管理规定、调整方式等方面作进一步了解的基础上，进一步加强与教育部相关司局的沟通，听取他们对审计学科建设的意见和建议，查找工作中的问题，补充论证材料，争取理解支持。

三是研究起草审计一级学科论证报告。借鉴网络空间安全一级学科申报的成功经验，抽调高等院校有关专家，组成审计一级学科论证工作组，实行集中办公，并按照学科设置的可行性和必要性、学科内涵（要有相对独立的理论、方法论和体系）、学科范围（与其他学科的关系，可以有交叉但不能完全重叠）、知识体系、培养目标、社会需求、与其他一级学科的相互关系等内容研究起草审计一级学科论证报告。

四是做好审计学科提升的宣传工作。将审计学科提升为一级学科需经过国务院学位委员会相关学科评议组的评审，评议组由各行各业的评审专家组成。因此，借助报纸杂志、网站等媒体，以及审计教指委、审计学会、内审协会等平台加大对审计学科建设的宣传力度，提高各界对审计学科的认同度。

五是召开审计学科建设专题研讨会。就当前审计学科设置的弊端、审计学科属性定位、提升审计学科为一级学科的实施途径等问题召集专家学者进行深入研讨，进一步凝聚共识；对审计学一级学科下的专业（相当于二级学科）构成及相应课程进行研讨开发；同时对审计相关知识进行研究，丰富审计学科知识体系。

（撰稿人：王长友　吴　杰　李培培　陈希晖　张　斌）

重要财经审计法规文件

中共中央办公厅　国务院办公厅印发《关于划定并严守生态保护红线的若干意见》

新华社北京2月7日电　近日，中共中央办公厅、国务院办公厅印发了《关于划定并严守生态保护红线的若干意见》，并发出通知，要求各地区各部门结合实际认真贯彻落实。

《关于划定并严守生态保护红线的若干意见》全文如下。

生态空间是指具有自然属性、以提供生态服务或生态产品为主体功能的国土空间，包括森林、草原、湿地、河流、湖泊、滩涂、岸线、海洋、荒地、荒漠、戈壁、冰川、高山冻原、无居民海岛等。生态保护红线是指在生态空间范围内具有特殊重要生态功能、必须强制性严格保护的区域，是保障和维护国家生态安全的底线和生命线，通常包括具有重要水源涵养、生物多样性维护、水土保持、防风固沙、海岸生态稳定等功能的生态功能重要区域，以及水土流失、土地沙化、石漠化、盐渍化等生态环境敏感脆弱区域。党中央、国务院高度重视生态环境保护，作出一系列重大决策部署，推动生态环境保护工作取得明显进展。但是，我国生态环境总体仍比较脆弱，生态安全形势十分严峻。划定并严守生态保护红线，是贯彻落实主体功能区制度、实施生态空间用途管制的重要举措，是提高生态产品供给能力和生态系统服务功能、构建国家生态安全格局的有效手段，是健全生态文明制度体系、推动绿色发展的有力保障。现就划定并严守生态保护红线提出以下意见。

一、总体要求

（一）指导思想。全面贯彻党的十八大和十八届三中、四中、五中、六中全会精神，深入贯彻习近平总书记系列重要讲话精神和治国理政新理念新思想新战略，紧紧围绕统筹推进“五位一体”总体布局和协调推进“四个全面”战略布局，牢固树立新发展理念，认真落实党中央、国务院决策部署，以改善生态环境质量为核心，以保障和维护生态功能为主线，按照山水林田湖系统保护的要求，划定并严守生态保护红线，实现一条红线管控重要生态空间，确保生态功能不降低、面积不减少、性质不改变，维护国家生态安全，促进经济社会可持续发展。

（二）基本原则

——科学划定，切实落地。落实环境保护法等相关法律法规，统筹考虑自然生态整体性和系统性，开展科学评估，按生态功能重要性、生态环境敏感性与脆弱性划定生态保护红线，并落实到国土空间，系统构建国家生态安全格局。

——坚守底线，严格保护。牢固树立底线意识，将生态保护红线作为编制空间规划的基础。强化用途管制，严禁任意改变用途，杜绝不合理开发建设活动对生态保护红线的破坏。

——部门协调，上下联动。加强部门间沟通协调，国家层面做好顶层设计，出台技术规范和政策措施，地方党委和政府落实划定并严守生态保护红线的主体责任，上下联动、形成合力，确保划得实、守得住。

（三）总体目标。2017年年底前，京津冀区域、长江经济带沿线各省（直辖市）划定生态保护红线；2018年年底前，其他省（自治区、直辖市）划定生态保护红线；2020年年底前，全面完成全国生态保护红线划定，勘界定标，基本建立生态保护红线制度，国土生态空间得到优化和有效保护，生态功能保持稳定，国家生态安全格局更加完善。到2030年，生态保护红线布局进一步优化，生态保护红线制度有效实施，生态功能显著提升，国家生态安全得到全面保障。

二、划定生态保护红线

依托“两屏三带”为主体的陆地生态安全格局和“一带一链多点”的海洋生态安全格局，采取国家指导、地方组织，自上而下和自下而上相结合，科学划定生态保护红线。

（四）明确划定范围。环境保护部、国家发展改革委会同有关部门，于2017年6月底前制定并发布生态保护红线划定技术规范，明确水源涵养、生物多样性维护、水土保持、防风固沙等生态功能重要区域，以及水土流失、土地沙化、石漠化、盐渍化等生态环境敏感脆弱区域的评价方法，识别生态功能重要区域和生态环境敏感脆弱区域的空间分布。将上述两类区域进行空间叠加，划入生态保护红线，涵盖所有国家级、省级禁止开发区域，以及有必要严格保护的其他各类保护地等。

（五）落实生态保护红线边界。按照保护需要和开发利用现状，主要结合以下几类界线将生态保护红线边界落地：自然边界，主要是依据地形地貌或生态系统完整性确定的边界，如林线、雪线、流域分界线，以及生态系统分布界线等；自然保护区、风景名胜区等各类保护地边界；江河、湖库，以及海岸等向陆域（或向海）延伸一定距离的边界；全国土地调查、地理国情普查等明确的地块边界。将生态保护红线落实到地块，明确生态系统类型、主要生态功能，通过自然资源统一确权登记明确用地性质与土地权属，形成生态保护红线全国“一张图”。在勘界基础上设立统一规范的标识标牌，确保生态保护红线落地准确、边界清晰。

（六）有序推进划定工作。环境保护部、国家发展改革委会同有关部门提出各省（自治区、直辖市）生态保护红线空间格局和分布意见，做好跨省域的衔接与协调，指导各地划定生态保护红线；明确生态保护红线可保护的湿地、草原、森林等生态系统数量，并与生态安全预警监测体系做好衔接。各省（自治区、直辖市）要按照相关要求，建立划定生态保护红线责任制和协调机制，明确责任部门，组织专门力量，制订工作方案，全面论证、广泛征求意见，有序推进划定工作，形成生态保护红线。环境保护部、国家发展改革委会同有关部门组织对各省（自治区、直辖市）生态保护红线进行技术审核并提出意见，报国务院批准后由各省（自治区、直辖市）政府发布实施。在各省（自治区、直辖市）生态保护红线基础上，环境保护部、国家发展改革委会同有关部门进行衔接、汇总，形成全国生态保护红线，并向社会发布。鉴于海洋国土空间的特殊性，国家海洋局根据本意见制定相关技术规范，组织划定并审核海洋国土空间的生态保护红线，纳入全国生态保护红线。

三、严守生态保护红线

落实地方各级党委和政府主体责任，强化生态保护红线刚性约束，形成一整套生态保护红线管控和激励措施。

（七）明确属地管理责任。地方各级党委和政府是严守生态保护红线的责任主体，要将生态保护红线作为相关综合决策的重要依据和前提条件，履行好保护责任。各有关部门要按照职责分工，加强监督管理，做好指导协调、日常巡护和执法监督，共守生态保护红线。建立目标责任制，把保护目标、任务和要求层层分解，落到实处。创新激励约束机制，对生态保护红线保护成效突出的单位和个人予以奖励；对造成破坏的，依法依规予以严肃处理。根据需要设置生态保护红线管护岗位，提高居民参与生态保护积极性。

（八）确立生态保护红线优先地位。生态保护红线划定后，相关规划要符合生态保护红线空间管控要求，不符合的要及时进行调整。空间规划编制要将生态保护红线作为重要基础，发挥生态保护红线对于国土空间开发的底线作用。

（九）实行严格管控。生态保护红线原则上按禁止开发区域的要求进行管理。严禁不符合主体功能定位的各类开发活动，严禁任意改变用途。生态保护红线划定后，只能增加、不能减少，因国家重大基础设施、重大民生保障项目建设等需要调整的，由省级政府组织论证，提出调整方案，经环境保护部、国家发展改革委会同有关部门提出审核意见后，报国务院批准。因国家重大战略资源勘查需要，在不影响主体功能定位的前提下，经依法批准后予以安排勘查项目。

（十）加大生态保护补偿力度。财政部会同有关部门加大对生态保护红线的支持力度，加快健全生态保护补偿制度，完善国家重点生态功能区转移支付政策。推动生态保护红线所在地区和受益地区探索建立横向生态保护补偿机制，共同分担生态保护任务。

（十一）加强生态保护与修复。实施生态保护红线保护与修复，作为山水林田湖生态保护和修复工程的重要内容。以县级行政区为基本单元建立生态保护红线台账系统，制订实施生态系统保护与修复方案。优先保护良好生态系统和重要物种栖息地，建立和完善生态廊道，提高生态系统完整性和连通性。分区分类开展受损生态系统修复，采取以封禁为主的自然恢复措施，辅以人工修复，改善和提升生态功能。选择水源涵养和生物多样性维护为主导生态功能的生态保护红线，开展保护与修复示范。有条件的地区，可逐步推进生态移民，有序推动人口适度集中安置，降低人类活动强度，减小生态压力。按照陆海统筹、综合治理的原则，开展海洋国土空间生态保护红线的生态整治修复，切实强化生态保护红线及周边区域污染联防联治，重点加强生态保护红线内入海河流综合整治。

（十二）建立监测网络和监管平台。环境保护部、国家发展改革委、国土资源部会同有关部门建设和完善生态保护红线综合监测网络体系，充分发挥地面生态系统、环境、气象、水文水资源、水土保持、海洋等监测站点和卫星的生态监测能力，布设相对固定的生态保护红线监控点位，及时获取生态保护红线监测数据。建立国家生态保护红线监管平台。依托国务院有关部门生态环境监管平台和大数据，运用云计算、物联网等信息化手段，加强监测数据集成分析和综合应用，强化生态气象灾害监测预警能力建设，全面掌握生态系统构成、分布与动态变化，及时评估和预警生态风险，提高生态保护红线管理决策科学化水平。实时监控人类干扰活动，及时发现破坏生态保护红线的行为，对监控发现的问题，通报当地政府，由有关部门依据各自职能组织开展现场核查，依法依规进行处理。2017 年年底前完成国家生态保护红线监管平台试运行。各省（自治区、直辖市）应依托国家生态保护红线监管平台，加强能力建设，建立本行政区监管体系，实施分层级监管，及时接收和反馈信息，核查和处理违法行为。

（十三）开展定期评价。环境保护部、国家发展改革委会同有关部门建立生态保护红线评价机制。从生态系统格局、质量和功能等方面，建立生态保护红线生态功能评价指标体系和方法。定期组织开展评价，及时掌握全国、重点区域、县域生态保护红线生态功能状况及动态变化，评价结果作为优化生态保护红线布局、安排县域生态保护补偿资金和实行领导干部生态环境损害责任追究的依据，并向社会公布。

（十四）强化执法监督。各级环境保护部门和有关部门要按照职责分工加强生态保护红线执法监督。建立生态保护红线常态化执法机制，定期开展执法督查，不断提高执法规范化水平。及时发现和依法处罚破坏生态保护红线的违法行为，切实做到有案必查、违法必究。有关部门要加强与司法机关的沟通协调，健全行政执法与刑事司法联动机制。

（十五）建立考核机制。环境保护部、国家发展改革委会同有关部门，根据评价结果和目标任务完成情况，对各省（自治区、直辖市）党委和政府开展生态保护红线保护成效考核，并将考核结果纳入生态文明建设目标评价考核体系，作为党政领导班子和领导干部综合评价及责任追究、离任审计的重要参考。

（十六）严格责任追究。对违反生态保护红线管控要求、造成生态破坏的部门、地方、单位和有关责任人员，按照有关法律法规和《党政领导干部生态环境损害责任追究办法（试行）》等规定实行责任追究。对推动生态保护红线工作不力的，区分情节轻重，予以诫勉、责令公开道歉、组织处理或党纪政纪处分，构成犯罪的依法追究刑事责任。对造成生态环境和资源严重破坏的，要实行终身追责，责任人不论是否已调离、提拔或者退休，都必须严格追责。

四、强化组织保障

（十七）加强组织协调。建立由环境保护部、国家发展改革委牵头的生态保护红线管理协调机制，明确地方和部门责任。各地要加强组织协调，强化监督执行，形成加快划定并严守生态保护红线的工作格局。

（十八）完善政策机制。加快制定有利于提升和保障生态功能的土地、产业、投资等配套政策。推动生态保护红线有关立法，各地要因地制宜，出台相应的生态保护红线管理地方性法规。研究市场化、社会化投融资机制，多渠道筹集保护资金，发挥资金合力。

（十九）促进共同保护。环境保护部、国家发展改革委会同有关部门定期发布生态保护红线监控、评价、处罚和考核信息，各地及时准确发布生态保护红线分布、调整、保护状况等信息，保障公众知情权、参与权和监督权。加大政策宣传力度，发挥媒体、公益组织和志愿者作用，畅通监督举报渠道。

本意见实施后，其他有关生态保护红线的政策规定要按照本意见要求进行调整或废止。各地要抓紧制订实施方案，明确目标任务、责任分工和时间要求，确保各项要求落到实处。

中共中央办公厅　国务院办公厅印发《关于深化国有企业和国有资本审计监督的若干意见》

新华社北京3月31日电　近日，中共中央办公厅、国务院办公厅印发了《关于深化国有企业和国有资本审计监督的若干意见》，标志着国有企业和国有资本审计监督体系和制度进一步完善。

意见提出，深化国有企业和国有资本审计监督的总体思路是，全面贯彻落实党的十八大和十八届三中、四中、五中、六中全会精神，深入贯彻习近平总书记系列重要讲话精神和治国理政新理念新思想新战略，按照党中央、国务院决策部署，紧紧围绕统筹推进“五位一体”总体布局和协调推进“四个全面”战略布局，牢固树立新发展理念，坚持有利于国有资产保值增值、有利于提高国有经济竞争力、有利于放大国有资本功能的方针，创新审计理念，完善审计监督体制机制，改进审计方式方法，做到应审尽审、有审必严，推动审计发现的问题整改到位、问责到位，促进党和国家方针政策、重大决策部署在国有企业贯彻执行，促进国有企业深化改革，提高经营管理水平，坚定不移把国有企业做强做优做大。

意见强调，深化国有企业和国有资本审计监督，要坚持依法审计、客观求实、推动发展、统筹安排的原则，认真贯彻落实宪法及审计法等法律法规，依法独立履行审计监督职责，审慎区分无意过失与明知故犯、工作失误与失职渎职、探索实践与以权谋私，客观作出结论和处理，着力发现国有企业和国有资本管理运营中存在的普遍性、倾向性、典型性问题，关注体制性障碍和制度性缺陷，反映发展运营中的突出矛盾和风险隐患，积极提出解决重大问题和推动改革发展的建议，促进国有企业深化改革，不断增强国有经济活力、控制力、影响力和抗风险能力，防范国有资产流失。

意见明确，深化国有企业和国有资本审计监督，要围绕国有企业、国有资本、境外投资以及国有企业领导人员履行经济责任情况，做到应审尽审、有审必严。要完善国有企业和国有资本审计监督体制机制，做到国有企业、国有资本走到哪里，审计就跟进到哪里，不留死角。国有企业主要领导人员要切实履行整改第一责任。国有资产监管等部门对审计发现移送的重大问题，要依纪依法依规处理，严肃追责问责，将审计结果及整改情况作为考核、任免、奖惩的重要依据。

意见要求，各级国有资产监管机构要依法依规履行监管职责，组织做好对国有企业的内部审计工作。地方各级党委和政府要统一思想，切实加强对国有企业和国有资本审计工作的组织领导，结合实际做好安排部署，明确目标任务，完善保障措施，强化督促落实，确保审计工作有序实施、取得实效。

深化国有企业和国有资本审计监督为国有企业健康发展保驾护航

——审计署企业审计司主要负责人解读《关于深化国有企业和国有资本审计监督的若干意见》

新华社北京3月31日电 近日，中共中央办公厅、国务院办公厅印发了习近平总书记主持中央全面深化改革领导小组会议审议通过的《关于深化国有企业和国有资本审计监督的若干意见》，对完善国有企业和国有资本审计制度作出全面规划和部署。审计署企业审计司主要负责人对相关问题进行了解读。

问：深化国有企业和国有资本审计监督有什么重大意义?

答：主要可以从两个方面来理解：

一是国有企业是中国特色社会主义的重要物质基础和政治基础，是党执政兴国的重要支柱和依靠力量。新中国成立以来特别是改革开放以来，国有企业发展取得重大成就，为我国经济社会发展作出历史性贡献。

二是国有企业在社会主义基本经济制度和国民经济中的地位和作用，决定了国有企业审计的重要性。国有企业和国有资本审计是宪法及审计法等法律法规赋予审计机关的法定职责，是深化国有企业改革中强治理、反腐败、控风险、防流失的重要监督力量之一。党中央、国务院高度重视国有企业和国有资本审计工作，党的十八届四中全会决定、国民经济和社会发展第十三个五年规划纲要、《中共中央、国务院关于深化国有企业改革的指导意见》、《中共中央办公厅、国务院办公厅印发〈关于完善审计制度若干重大问题的框架意见〉及相关配套文件的通知》、《国务院关于加强审计工作的意见》明确要求，“完善审计制度，对公共资金、国有资产、国有资源和领导干部履行经济责任情况实行审计全覆盖”，“对国有企业国有资本和企业领导人员履行经济责任情况实行审计全覆盖”，“健全国有资本审计监督体系和制度，实行企业国有资产审计监督全覆盖，建立对企业国有资本的经常性审计制度”，“审计机关要依法对……国有企业法定代表人，以及实际行使相应职权的企业领导人员履行经济责任情况进行审计”。出台《关于深化国有企业和国有资本审计监督的若干意见》，体现出党中央、国务院对审计工作的高度重视，对审计机关提出了新的要求。

问：意见出台前国有企业和国有资本审计是怎样开展的，取得了哪些成效?

答：国家审计机关自1983年成立以来，就对国有企业开展审计。围绕为深化国有企业改革服务，国有企业审计经历了由严肃财经法纪为重点，到以资产负债损益审计为重点，到以经济责任审计为重点，再到以维护国有资产安全为中心的发展历程。20世纪80年代初期，我国经济体制改革逐步铺开，国有企业经营自主权不断扩大，但一些企业自我约束机制不健全，经济效益较差，违反财经法纪的现象比较普遍。这一时期的企业审计，主要是开展查错纠弊式的财务收支审计、违纪专项审计、行业审计等，促进企业增收节支、提高经济效益。

党的十四大明确了经济体制改革的目标是建立社会主义市场经济体制，国有企业的改革和发展进入快车道。为适应国有企业改革发展的新形势，1993年颁布了《全民所有制工业企业转换经营机制审计监督规定》，审计重点转向企业资产负债损益的真实合法和效益，监督国有资产保值增值，通过在会计领域打假治乱，促进国有资产保值增值。党的十五大明确国有企业改革是经济体制改革的中心环节，确定了“抓大放小”的国有企业改革战略和建立现代企业制度的改革目标。在这一阶段，以1999年《国有企业及国有控股企业领导人员任期经济责任审计暂行规定》颁布为标志，国有企业审计从查错纠弊为主的传统财务收支审计，逐步转向以资产负债损益的真实性审计为基础，以经济责任审计为重点，以“摸家底、揭问题、促发展”为主线的路子，围绕企业会计信息、重大经济决策、内部管理和遵守财经法规等，客观评价国有企业领导人员任期经济责任，促进企业加强和改善经营管理，保障国有资产保值增值。2010年，按照中共中央办公厅、国务院办公厅印发的《党政主要领导干部和国有企业领导人员经济责任审计规定》，重点审计企业财务收支的真实、合法和效益情况，有关内部控制制度的建立和执行情况，履行国有资产出资人经济管理和监督职责情况。之后，按照规定实施细则要求，重点审计国有企业领导人员贯彻执行党和国家有关经济方针政策和决策部署，遵守有关法律法规和财经纪律，企业发展战略制定和执行，有关目标责任制完成，重大经济决策，企业财务收支的真实、合法和效益，国有资本保值增值和收益上缴，重要项目的投资、建设、管理及效益，企业法人治理结构的健全和运转，履行有关党风廉政建设第一责任人职责，以往审计中发现问题的整改等情况。

党的十八大以来，国有企业审计坚决贯彻落实党中央、国务院要求，以维护国有资产安全，促进国有企业科学发展为目标，不断加强对国有企业资金、权力和责任的审计，通过对国有企业贯彻落实国家重大政策措施情况的审计，促进政令畅通；通过揭示和反映国有经济运行中的风险隐患，维护国有资产安全；通过从体制机制制度层面揭示问题、分析原因和提出建议，促进深化改革；通过加强对国有资产运营相关权力和责任的监督和制约，促进健全权力制约和监督机制；通过全面监督国有企业财务收支的真实、合法和效益，促进企业经营管理制度建设；通过揭露重大违纪违法违规问题，促进廉政建设。

问：意见对深化国有企业和国有资本审计监督提出了哪些新要求？

答：意见的核心要求：一是对国有企业、国有资本和国有企业领导人员履行经济责任情况实行审计全覆盖，做到应审尽审、有审必严，做到国有企业、国有资本走到哪里，审计就跟进到哪里，不留死角；二是完善审计监督体制机制，改进审计方式方法，推动审计发现的问题整改到位、问责到位；三是充分发挥审计在党和国家监督体系中的作用，促进党和国家方针政策、重大决策部署在国有企业贯彻执行，促进国有企业深化改革，提高经营管理水平、做强做优做大，为国有企业健康发展保驾护航。

意见还强调，对国有企业和国有资本要依法审计，坚持有利于国有资产保值增值、有利于提高国有经济竞争力、有利于放大国有资本功能的方针，揭露损害国家和人民利益、重大违纪违法、重大履职不到位、重大损失浪费、重大风险隐患和重大破坏资源环境等问题，依法揭露以权谋私、权钱交易、失职渎职、贪污受贿、内幕交易等违纪违法问题。坚持推动发展，着力发现国有企业和国有资本管理运营中存在的普遍性、倾向性、典型性问题，关注体制性障碍和制度性缺陷，反映发展运营中的突出矛盾和风险隐患，积极提出解决重大问题和推动改革发展的建议。坚持客观求实，正确把握改革发展中出现的新情况新问题，审慎区分无意过失与明知故犯、工作失误与失职渎职、探索实践与以权谋私，客观作出结论和处理。

问：深化国有企业和国有资本审计监督的重点内容有哪些？

答：根据审计法及其实施条例，国有企业和国有资本审计的具体对象包括：一是国有独资企业；二是国有资本占企业资本总额50%以上的企业，以及国有资本占企业资本总额比例不足50%，但是国有资产投资主体实质上拥有控制权的企业；三是国有企业领导人员履行经济责任情况；四是国有资产相关监管机构。

意见指出，深化国有企业和国有资本审计监督，要围绕国有企业、国有资本、境外投资以及国有企业领导人员履行经济责任情况，做到应审尽审、有审必严。审计内容包括遵守国家法律法规、贯彻执行党和国家重大政策措施情况，投资、运营和监管国有资本情况，贯彻落实“三重一大”决策制度情况，公司法人治理及内部控制情况等方面。

问：意见对完善国有企业和国有资本审计体制机制有什么规定？

答：意见指出，要做到国有企业、国有资本走到哪里，审计就跟进到哪里，不留死角，就要健全完善相关审计监督体制机制。主要是：一是建立健全经常性审计机制。对国有企业每5年至少审计1次，对国有企业主要领导人员履行经济责任情况任期内至少审计1次；根据需要适时开展跟踪审计和专项审计。二是建立健全大数据审计工作机制。三是建立健全内部审计监督机制。加强对国有企业内部审计工作的业务指导和监督，推动完善内部审计管理体制、制度和机制，有效利用内部审计力量和成果，同时加强对内部审计质量的检查。四是建立健全审计机关与相关部门和单位的协调配合机制。包括经常性信息通报与交流、问题线索移送与案件协查、查处结果反馈等工作机制，发挥监督合力。五是建立健全审计查出问题整改及责任追究机制。国有企业主要领导人员要切实履行审计发现移送问题整改第一责任，审计结果和整改情况将纳入企业经营业绩考核和年度工作报告。国有资产监管等部门对审计发现移送的重大问题，要依纪依法依规处理，严肃追责问责；加强对企业整改工作的督促检查，将审计结果及整改情况作为考核、任免、奖惩的重要依据；对整改不力或屡审屡犯的，依纪依法予以追责。六是建立健全审计结果报告和公告机制。审计机关要依法将审计结果向社会公告，被审计企业要按规定将审计查出问题的整改情况向社会公告，国有资产监管等部门要按相关规定将追责问责情况向社会公告。

中共中央办公厅　国务院办公厅印发《关于建立资源环境承载能力监测预警长效机制的若干意见》

新华社北京9月20日电　近日，中共中央办公厅、国务院办公厅印发了《关于建立资源环境承载能力监测预警长效机制的若干意见》，并发出通知，要求各地区各部门结合实际认真贯彻落实。

《关于建立资源环境承载能力监测预警长效机制的若干意见》主要内容如下。

为深入贯彻落实党中央、国务院关于深化生态文明体制改革的战略部署，推动实现资源环境承载能力监测预警规范化、常态化、制度化，引导和约束各地严格按照资源环境承载能力谋划经济社会发展，现提出以下意见。

一、总体要求

（一）指导思想。全面贯彻党的十八大和十八届三中、四中、五中、六中全会精神，以邓小平理论、“三个代表”重要思想、科学发展观为指导，深入贯彻习近平总书记系列重要讲话精神和治国理政新理念新思想新战略，认真落实党中央、国务院决策部署，紧紧围绕统筹推进“五位一体”总体布局和协调推进“四个全面”战略布局，牢固树立和贯彻落实新发展理念，坚定不移实施主体功能区战略和制度，建立手段完备、数据共享、实时高效、管控有力、多方协同的资源环境承载能力监测预警长效机制，有效规范空间开发秩序，合理控制空间开发强度，切实将各类开发活动限制在资源环境承载能力之内，为构建高效协调可持续的国土空间开发格局奠定坚实基础。

（二）基本原则

——坚持定期评估与实时监测相结合。针对不同区域资源环境承载能力状况，定期开展全域和特定区域评估，实时监测重点区域动态，提高监测预警效率。

——坚持设施建设与制度建设相结合。结合资源环境承载能力监测预警需求，既强化相关基础设施建设，又着力完善配套政策和创新体制机制，增强监测预警能力。

——坚持从严管制与有效激励相结合。针对不同资源环境超载类型，坚持陆海统筹，因地制宜制定差异化、可操作的管控制度，既限制资源环境恶化地区，又激励资源环境改善地区，提高监测预警水平。

——坚持政府监管与社会监督相结合。坚持统分结合、上下联动、整体推进，强化政府监管能力，鼓励社会各方积极参与，充分发挥社会监督作用，形成监测预警合力。

二、管控机制

（三）综合配套措施。资源环境承载能力分为超载、临界超载、不超载三个等级，根据资源环境耗损加剧与趋缓程度，进一步将超载等级分为红色和橙色两个预警等级、临界超载等级分为黄色和蓝色两个预警等级、不超载等级确定为绿色无警等级，预警等级从高到低依次为红色、橙色、黄色、蓝色、绿色。

对红色预警区、绿色无警区以及资源环境承载能力预警等级降低或者提高的地区，分别实行对应的综合奖惩措施。对从临界超载恶化为超载的地区，参照红色预警区综合配套措施进行处理；对从不超载恶化为临界超载的地区，参照超载地区水资源、土地资源、环境、生态、海域等单项管控措施酌情进行处理，必要时可参照红色预警区综合配套措施进行处理；对从超载转变为临界超载或者从临界超载转变为不超载的地区，实施不同程度的奖励性措施。

对红色预警区，针对超载因素实施最严格的区域限批，依法暂停办理相关行业领域新建、改建、扩建项目审批手续，明确导致超载产业退出的时间表，实行城镇建设用地减量化；对现有严重破坏资源环境承载能力、违法排污破坏生态资源的企业，依法限制生产、停产整顿，并依法依规采取罚款、责令停业、关闭以及将相关责任人移送行政拘留等措施从严惩处，构成犯罪的依法追究刑事责任；对监管不力的政府部门负责人及相关责任人，根据情节轻重实施行政处分直至追究刑事责任；对在生态环境和资源方面造成严重破坏负有责任的干部，不得提拔使用或者转任重要职务，视情况给予诫勉、责令公开道歉、组织处理或者党纪政纪处分；当地政府要根据超载因素制定系统性减缓超载程度的行动方案，限期退出红色预警区。

对绿色无警区，研究建立生态保护补偿机制和发展权补偿制度，鼓励符合主体功能定位的适宜产业发展，加大绿色金融倾斜力度，提高领导干部生态文明建设目标评价考核权重。

（四）水资源管控措施。对水资源超载地区，暂停审批建设项目新增取水许可，制订并严格实施用水总量削减方案，对主要用水行业领域实施更严格的节水标准，退减不合理灌溉面积，落实水资源费差别化征收政策，积极推进水资源税改革试点；对临界超载地区，暂停审批高耗水项目，严格管控用水总量，加大节水和非常规水源利用力度，优化调整产业结构；对不超载地区，严格控制水资源消耗总量和强度，强化水资源保护和入河排污监管。

（五）土地资源管控措施。对土地资源超载地区，原则上不新增建设用地指标，实行城镇建设用地零增长，严格控制各类新城新区和开发区设立，对耕地、草原资源超载地区，研究实施轮作休耕、禁牧休牧制度，禁止耕地、草原非农非牧使用，大幅降低耕地施药施肥强度和畜禽粪污排放强度；对临界超载地区，严格管控建设用地总量，逐步提高存量土地供应比例，用地指标向基础设施和公益项目倾斜，严格限制耕地、草原非农非牧使用；对不超载地区，鼓励存量建设用地供应，巩固和提升耕地质量，实施草畜平衡制度。

（六）环境管控措施。对环境超载地区，率先执行排放标准的特别排放限值，规定更加严格的排污许可要求，实行新建、改建、扩建项目重点污染物排放加大减量置换，暂缓实施区域性排污权交易；对临界超载地区，加密监测敏感污染源，实施严格的排污许可管理，实行新建、改建、扩建项目重点污染物排放减量置换，采取有效措施严格防范突发区域性、系统性重大环境事件；对不超载地区，实行新建、改建、扩建项目重点污染物排放等量置换。

（七）生态管控措施。加强对江、湖、河、山脉等自然生态系统的保护，在重要江、湖、河、山脉及周边划定管控红线，实施最严格的保护措施，最大程度地保障整体生态安全。对生态超载地区，制订限期生态修复方案，实行更严格的定期精准巡查制度，必要时实施生态移民搬迁，对生态系统严重退化地区实行封禁管理，促进生态系统自然修复；对临界超载地区，加密监测生态功能退化风险区域，科学实施山水林田湖系统修复治理，合理疏解人口，遏制生态系统退化趋势；对不超载地区，建立生态产品价值实现机制，综合运用投资、财政、金融等政策工具，支持绿色生态经济发展。

（八）海域管控措施。对超载海域，属于空间资源超载的，依法依规禁止岸线开发和新上围填海项目，研究实施海岸建筑退缩线制度；属于渔业资源超载的，逐年降低近海捕捞和养殖总量限额，加大减船转产力度；属于生态环境超载的，大幅提高水质较差的入海河流断面水质考核要求，严格控制上游相关污染物入河量，依法禁止新增入海排污口和向海排放的污水处理厂，通过清理规范整顿，逐步减少现有入海排污口，暂停审批新建、改建、扩建海洋（岸）工程建设项目；属于无居民海岛资源环境超载的，禁止无居民海岛开发建设，限期开展生态受损无居民海岛整治修复。对临界超载海域，属于空间资源临界超载的，原则上不再审批新增占用自然岸线的用海项目和围填海项目；属于渔业资源临界超载的，强化海洋渔业资源养护和栖息地保护，引导近岸海水养殖区向离岸深水区转移；属于生态环境临界超载的，严格执行并逐步提高入海河流断面水质考核要求，严格控制向海排污的海洋（岸）工程建设项目；属于无居民海岛资源环境临界超载的，除国家重大项目建设用岛、国防用岛和自然观光科研教育旅游外，禁止其他开发建设。

三、管理机制

（九）建设监测预警数据库和信息技术平台。建立多部门监测站网协同布局机制，重点加强薄弱环节和县级监测网点布设，实现资源环境承载能力监测网络全国全覆盖。规范监测、调查、普查、统计等分类和技术标准，建立分布式数据信息协同服务体系，加强历史数据规范化加工和实时数据标准化采集，健全资源环境承载能力监测数据采集、存储与共享服务体制机制。

整合集成各有关部门资源环境承载能力监测数据，建设监测预警数据库，运用云计算、大数据处理及数据融合技术，实现数据实时共享和动态更新。基于各有关部门相关单项评价监测预警系统，搭建资源环境承载能力监测预警智能分析与动态可视化平台，实现资源环境承载能力的综合监管、动态评估与决策支持。建立资源环境承载能力监测预警政务互动平台，定期向社会发布监测预警信息。

（十）建立一体化监测预警评价机制。运用资源环境承载能力监测预警信息技术平台，结合国土普查每5年同步组织开展一次全国性资源环境承载能力评价，每年对临界超载地区开展一次评价，实时对超载地区开展评价，动态了解和监测预警资源环境承载能力变化情况。

资源环境承载能力监测预警综合评价结论，要根据各类评价要素及其权重综合集成得出，并经有关部门共同协商达成一致后对外发布。各单项评价结论要与综合评价结论以及其他相关单项评价结论协同校验后对外发布。全国性和区域性资源环境承载能力监测预警评价结论，要与省级和市县级行政区资源环境承载能力监测预警评价结论进行纵向会商、彼此校验，完善指标和阈值设计，准确解析超载成因，科学设计限制性和鼓励性配套措施，增强监测预警的有效性和精准性。建立突发资源环境警情应急协同机制，对重要警情协同监测、快速识别、会商预报。

（十一）建立监测预警评价结论统筹应用机制。编制实施经济社会发展总体规划、专项规划和区域规划，要依据不同区域的资源环境承载能力监测预警评价结论，科学确定规划目标任务和政策措施，合理调整优化产业规模和布局，引导各类市场主体按照资源环境承载能力谋划发展。编制空间规划，要先行开展资源环境承载能力评价，根据监测预警评价结论，科学划定空间格局、设定空间开发目标任务、设计空间管控措施，并注重开发强度管控和用途管制。

将资源环境承载能力纳入自然资源及其产品价格形成机制，构建反映市场供求和资源稀缺程度的价格决策程序。将资源环境承载能力监测预警评价结论纳入领导干部绩效考核体系，将资源环境承载能力变化状况纳入领导干部自然资源资产离任审计范围。

（十二）建立政府与社会协同监督机制。国家发展改革委会同有关部门和地方政府通过书面通知、约谈或者公告等形式，对超载地区、临界超载地区进行预警提醒，督促相关地区转变发展方式，降低资源环境压力。超载地区要根据超载状况和超载成因，因地制宜制定治理规划，明确资源环境达标任务的时间表和路线图。开展超载地区限制性措施落实情况监督考核和责任追究，对限制性措施落实不力、资源环境持续恶化地区的政府和企业等，建立信用记录，纳入全国信用信息共享平台，依法依规严肃追责。

开展资源环境承载能力监测预警评价、超载地区资源环境治理等，要主动接受社会监督，发挥媒体、公益组织和志愿者作用，鼓励公众举报资源环境破坏行为。加大资源环境承载能力监测预警的宣传教育和科学普及力度，保障公众知情权、参与权、监督权。

四、保障措施

（十三）加强组织领导。国家发展改革委要加强对资源环境承载能力监测预警工作的统筹协调，会同有关部门于2018年年底前建立监测预警数据库和信息技术平台，于2020年年底前组织完成资源环境承载能力普查，并发布综合评价结论。重大事项和主要成效等要及时向党中央、国务院报告。地方各级党委和政府要高度重视资源环境承载能力监测预警工作，建立主要领导负总责的协调机制，适时发布本地区资源环境承载能力监测预警报告，制定实施限制性和激励性措施，强化监督执行，确保实施成效。

（十四）细化配套政策。各有关部门要按照职责分工，抓紧制订各单项监测能力建设方案，完善监测站网布设，加强数据信息共享；加快出台土地、海洋、财政、产业、投资等细化配套政策，明确具体措施和责任主体，切实发挥资源环境承载能力监测预警的引导约束作用。

（十五）提升保障能力。综合多学科优势力量，建立专家人才库，组织开展技术交流培训，提升资源环境承载能力监测预警人才队伍专业化水平。建立资源环境承载能力监测预警经费保障机制，确保资源环境承载能力监测预警机制高效运转、发挥实效。

中共中央办公厅　国务院办公厅印发《领导干部自然资源资产离任审计规定（试行）》

新华社北京11月28日电　2017年6月，中共中央总书记、国家主席、中央军委主席习近平主持中央全面深化改革领导小组会议审议通过了《领导干部自然资源资产离任审计暂行规定》（以下简称《规定》）。之后，中共中央办公厅、国务院办公厅印发了文件，《规定》对领导干部自然资源资产离任审计工作提出具体要求，并发出通知，要求各地区各部门结合实际认真遵照执行。

《规定》明确，开展领导干部自然资源资产离任审计，应当坚持依法审计、问题导向、客观求实、鼓励创新、推动改革的原则，主要审计领导干部贯彻执行中央生态文明建设方针政策和决策部署情况，遵守自然资源资产管理和生态环境保护法律法规情况，自然资源资产管理和生态环境保护重大决策情况，完成自然资源资产管理和生态环境保护目标情况，履行自然资源资产管理和生态环境保护监督责任情况，组织自然资源资产和生态环境保护相关资金征管用和项目建设运行情况，以及履行其他相关责任情况。

《规定》强调，审计机关应当根据被审计领导干部任职期间所在地区或者主管业务领域自然资源资产管理和生态环境保护情况，结合审计结果，对被审计领导干部任职期间自然资源资产管理和生态环境保护情况变化产生的原因进行综合分析，客观评价被审计领导干部履行自然资源资产管理和生态环境保护责任情况。

《规定》要求，被审计领导干部及其所在地区、部门（单位），对审计发现的问题应当及时整改。国务院及地方各级政府负有自然资源资产管理和生态环境保护职责的工作部门应当加强部门联动，尽快建立自然资源资产数据共享平台，并向审计机关开放，为审计提供专业支持和制度保障，支持、配合审计机关开展审计。县以上地方各级党委和政府应当加强对本地区领导干部自然资源资产离任审计工作的领导，及时听取本级审计机关的审计工作情况汇报并接受、配合上级审计机关审计。

建立经常性审计制度　规范开展领导干部自然资源资产离任审计推进生态文明建设

——审计署负责人就《领导干部自然资源资产离任审计规定（试行）》答记者问

近日，中共中央办公厅、国务院办公厅印发《领导干部自然资源资产离任审计规定（试行）》（以下简称《规定》），标志着一项全新的、经常性的审计制度正式建立，2018年起由审计试点进入到全面推开阶段。审计署负责人就有关情况回答了记者提问。

问：请介绍《规定》出台背景及意义。

答：党中央高度重视生态文明建设，党的十八大将其纳入“五位一体”总体布局，把绿色发展作为五大新发展理念之一。习近平总书记多次强调，绿水青山就是金山银山，保护环境就是保护生产力，改善环境就是发展生产力。习近平总书记高度重视生态文明体制改革，对生态文明体制改革制度的四梁八柱作出了部署和要求，这些重大举措能不能落到实处，关键在领导干部，要落实领导干部任期生态文明建设责任制，实行自然资源资产离任审计。

党的十八届三中全会通过的《中共中央关于全面深化改革若干重大问题的决定》，对领导干部自然资源资产离任审计作出明确部署。2015 年中共中央、国务院印发的《生态文明体制改革总体方案》，提出构建起由自然资源资产产权制度等八项制度构成的生态文明制度体系，将领导干部自然资源资产离任审计纳入完善生态文明绩效评价考核和责任追究制度中，并明确要求 2017 年出台规定。这项改革是在习近平总书记亲自关心和领导下推出的。

习近平总书记在党的十九大报告中明确提出，建设生态文明是中华民族永续发展的千年大计，必须坚持节约优先、保护优先、自然恢复为主的方针，牢固树立社会主义生态文明观，推动形成人与自然和谐发展现代化建设新格局。

制定《规定》是贯彻落实党中央关于加快推进生态文明建设要求的具体体现，是党中央关于生态文明建设战略部署的又一重大成果，对于领导干部牢固树立和践行新发展理念，坚持节约资源和保护环境的基本国策，推动形成绿色发展方式和生活方式，促进自然资源资产节约集约利用和生态环境安全，完善生态文明绩效评价考核和责任追究制度，推动领导干部切实履行自然资源资产管理和生态环境保护责任具有十分重要的意义。

问：《规定》的实践基础是什么？

答：2015 年以来，按照党中央、国务院决策部署和《中共中央办公厅、国务院办公厅关于印发〈开展领导干部自然资源资产离任审计试点方案〉的通知》要求，审计署围绕建立规范的领导干部自然资源资产离任审计制度，坚持边试点、边探索、边总结、边完善。2015 年在湖南省娄底市实施了领导干部自然资源资产离任审计试点；2016 年组织在河北省、内蒙古呼伦贝尔市等 40 个地区开展了审计试点；2017 年上半年又组织对山西等 9 省（市）党委和政府主要领导干部进行了审计试点。审计试点连续围绕“审什么、怎么审、如何进行评价”进行了积极探索和经验总结，截至 2017 年 10 月，全国审计机关共实施审计试点项目 827 个，涉及被审计领导干部 1210 人。审计试点坚持“问题导向”，重点探索揭示自然资源资产管理和生态环境保护中存在的突出问题，并积极探索符合实际的有效组织形式，形成了可推广可复制的经验做法，为起草《规定》提供了坚实的实践积累。

问：《规定》明确的审计内容和重点是什么？

答：领导干部自然资源资产离任审计内容主要包括：贯彻执行中央生态文明建设方针政策和决策部署情况，遵守自然资源资产管理和生态环境保护法律法规情况，自然资源资产管理和生态环境保护重大决策情况，完成自然资源资产管理和生态环境保护目标情况，履行自然资源资产管理和生态环境保护监督责任情况，组织自然资源资产和生态环境保护相关资金征管用和项目建设运行情况，履行其他相关责任情况。

审计机关应当充分考虑被审计领导干部所在地区的主体功能定位、自然资源资产禀赋特点、资源环境承载能力等，针对不同类别自然资源资产和重要生态环境保护事项，分别确定审计内容，突出审计重点。

问：审计署及各级审计机关如何贯彻落实《规定》？

答：审计署及各级审计机关要全面深入学习贯彻党的十九大精神，用习近平新时代中国特色社会主义思想武装头脑、指导实践，推动领导干部自然资源资产离任审计工作深入发展。

《规定》为开展领导干部自然资源资产离任审计指明了方向、明确了目标。各级审计机关要凝心聚力抓好贯彻落实，确保各项要求落地见效，促进领导干部牢固树立绿色发展理念和正确政绩观，认真履行自然资源资产管理和生态环境保护责任，推动解决自然资源资产和生态环境领域突出问题，切实维护生态环境安全和人民群众利益。

审计署将加强组织领导，对各级审计机关深入开展领导干部自然资源资产离任审计提出具体要求，并加强督促检查落实，有效发挥审计在党和国家监督体系中的重要作用。

各级审计机关在领导干部自然资源资产离任审计实践中，要树立大数据审计理念，推进“总体分析、发现疑点、分散核实、系统研究”的数字化审计方式，加大自然资源资产和生态环境领域地理信息数据和相关业务、财务等数据收集、挖掘和分析力度，进一步推进资源环境审计信息化建设，提升大数据审计工作水平，提高审计工作质量和效率。

各级审计机关将继续加强与涉及自然资源资产管理和生态环境保护相关业务主管部门的协调，推进建立自然资源资产数据共享平台，加大审计结果运用，形成监督合力，在推动生态文明建设和绿色发展中发挥积极作用。

国务院关于印发《矿产资源权益金制度改革方案》的通知

国发〔2017〕29号

各省、自治区、直辖市人民政府，国务院各部委、各直属机构：

现将《矿产资源权益金制度改革方案》印发给你们，请认真贯彻执行。

国务院

2017年4月13日

矿产资源权益金制度改革方案

为落实党中央、国务院决策部署，更好地发挥矿产资源税费制度对维护国家权益、调节资源收益、筹集财政收入的重要作用，推进生态文明领域国家治理体系和治理能力现代化，现就矿产资源权益金制度改革制订以下方案。

一、总体要求

（一）指导思想。全面贯彻党的十八大和十八届三中、四中、五中、六中全会精神，深入贯彻习近平总书记系列重要讲话精神和治国理政新理念新思想新战略，认真落实党中央、国务院决策部署，统筹推进“五位一体”总体布局和协调推进“四个全面”战略布局，坚持稳中求进工作总基调，牢固树立和贯彻落实新发展理念，适应把握引领经济发展新常态，按照《生态文明体制改革总体方案》要求，坚持以推进供给侧结构性改革为主线，以维护和实现国家矿产资源权益为重点，以营造公平的矿业市场竞争环境为目的，建立符合我国特点的新型矿产资源权益金制度。

（二）基本原则。一是坚持维护国家矿产资源权益，完善矿产资源税费制度，推进矿业权竞争性出让，营造公平竞争的市场环境，合理调节矿产资源收入，有效遏制私挖乱采、贱卖资源行为。二是坚持落实矿业企业责任，督促企业高效利用资源、治理恢复环境，促进资源集约节约利用，同时按照“放管服”改革要求，加强事中事后监管，维护企业合法权益。三是坚持稳定中央和地方财力格局，兼顾矿产资源国家所有与矿产地利益，合理确定中央与地方矿产资源收入分配比例。

二、主要措施

（一）在矿业权出让环节，将探矿权采矿权价款调整为矿业权出让收益。将现行只对国家出资探明矿产地收取、反映国家投资收益的探矿权采矿权价款，调整为适用于所有国家出让矿业权、体现国家所有者权益的矿业权出让收益。以拍卖、挂牌方式出让的，竞得人报价金额为矿业权出让收益；以招标方式出让的，依据招标条件，综合择优确定竞得人，并将其报价金额确定为矿业权出让收益。以协议方式出让的，矿业权出让收益按照评估价值、类似条件的市场基准价就高确定。矿业权出让收益在出让时一次性确定，以货币资金方式支付，可以分期缴纳。具体征收办法由财政部会同国土资源部另行制定。同时，加快推进矿业权出让制度改革，实现与矿产资源权益金制度有机衔接。全面实现矿业权竞争性出让，严格限制协议出让行为，合理调整矿业权审批权限。

矿业权出让收益中央与地方分享比例确定为4∶6，兼顾矿产资源国家所有与矿产地利益，保持现有中央和地方财力格局总体稳定，与我国矿产资源主要集中在中西部地区的国情相适应，同时有效抑制私挖乱采、贱卖资源行为。

（二）在矿业权占有环节，将探矿权采矿权使用费整合为矿业权占用费。将现行主要依据占地面积、单位面积按年定额征收的探矿权采矿权使用费，整合为根据矿产品价格变动情况和经济发展需要实行动态调整的矿业权占用费，有效防范矿业权市场中的“跑马圈地”“圈而不探”行为，提高矿产资源利用效率。

矿业权占用费中央与地方分享比例确定为2∶8，不再实行探矿权采矿权使用费按照登记机关分级征收的办法。具体办法由财政部会同国土资源部制定。

（三）在矿产开采环节，组织实施资源税改革。贯彻落实党中央、国务院决策部署，做好资源税改革组织实施工作，对绝大部分矿产资源品目实行从价计征，使资源税与反映市场供求关系的资源价格挂钩，建立税收自动调节机制，增强税收弹性。同时，按照清费立税原则，将矿产资源补偿费并入资源税，取缔违规设立的各项收费基金，改变税费重复、功能交叉状况，规范税费关系。

（四）在矿山环境治理恢复环节，将矿山环境治理恢复保证金调整为矿山环境治理恢复基金。按照“放管服”改革的要求，将现行管理方式不一、审批动用程序复杂的矿山环境治理恢复保证金，调整为管理规范、责权统一、使用便利的矿山环境治理恢复基金，由矿山企业单设会计科目，按照销售收入的一定比例计提，计入企业成本，由企业统筹用于开展矿山环境保护和综合治理。有关部门根据各自职责，加强事中事后监管，建立动态监管机制，督促企业落实矿山环境治理恢复责任。

三、配套政策

（一）将矿业权出让收益、矿业权占用费纳入一般公共预算管理，并按照矿产资源法、物权法、预算法和《国务院关于印发推进财政资金统筹使用方案的通知》（国发〔2015〕35号）等有关规定精神，由各级财政统筹用于地质调查和矿山生态保护修复等方面支出。

（二）取消国有地勘单位探矿权采矿权价款转增国家资本金政策，营造公平竞争的市场环境，维护国家矿产资源权益，推动国有地勘单位加快转型，促进实现市场化运作。已转增国家资本金的探矿权采矿权价款可不再补缴，由国家出资的企业履行国有资本保值增值责任，并接受履行国有资产出资人职责的机构监管。

（三）建立健全矿业权人信用约束机制。建立以企业公示、社会监督、政府抽查、行业自律为主要特点的矿业权人信息公示制度，将矿山环境治理恢复与土地复垦方案、矿产资源税费缴纳情况纳入公示内容，设置违法“黑名单”，形成政府部门协同联动、行业组织自律管理、信用服务机构积极参与、社会舆论广泛监督的治理格局。

四、组织实施

各地区、各有关部门要充分认识矿产资源权益金制度改革的重要性和紧迫性，按照党中央、国务院决策部署，进一步加强对改革工作的组织领导。财政部、国土资源部要牵头建立矿产资源权益金制度改革部际协调机制，强化统筹协调，明确职责分工，会同有关部门抓紧制定矿产资源权益金征收使用的具体管理办法，妥善做好新旧政策的过渡衔接。各省级政府要切实承担起组织推进本地区矿产资源权益金制度改革的主体责任，扎实稳妥推进各项改革。各地区、各有关部门要强化对改革工作的检查指导，及时发现问题、解决问题，确保矿产资源权益金制度改革顺利实施，重大情况及时报告党中央、国务院。

中华人民共和国国务院令

第 688 号

《机关团体建设楼堂馆所管理条例》已经2017年8月18日国务院第182次常务会议通过，现予公布，自2017年12月1日起施行。

总　理　**李克强**
2017年10月5日

机关团体建设楼堂馆所管理条例

第一章　总　　则

第一条　为了严格控制机关、团体建设楼堂馆所，厉行节约、反对浪费，制定本条例。

第二条　机关、团体建设楼堂馆所，适用本条例。

本条例所称建设，是指新建、扩建、改建、购置；所称楼堂馆所，是指办公用房以及培训中心等各类具有住宿、会议、餐饮等接待功能的场所和设施。

第三条　建设办公用房应当严格履行审批程序，严格执行建设标准。未经批准，不得建设办公用房。

禁止以技术业务用房等名义建设办公用房或者违反规定在技术业务用房中设置办公用房。

第四条　建设办公用房应当遵循朴素、实用、安全、节能的原则。

国务院发展改革部门会同国务院住房城乡建设部门、财政部门制定办公用房建设标准，并向社会公布。

第五条　机关、团体不得建设培训中心等各类具有住宿、会议、餐饮等接待功能的场所和设施。

第二章　项目审批

第六条　建设办公用房的，应当向负责项目审批的机关（以下简称审批机关）报送项目建议书、可行性研究报告、初步设计；购置办公用房的，不报送初步设计。

根据办公用房项目的具体情况，经审批机关同意，项目建议书、可行性研究报告、初步设计可以合并编制报送。

第七条　办公用房项目的审批机关及其审批权限，按照国家有关规定执行。

第八条　审批机关应当严格审核办公用房项目，按照建设标准核定建设内容、建设规模和投资概算。

第九条　办公用房项目有下列情形之一的，审批机关不得批准：

（一）属于禁止建设办公用房的情形；

（二）建设的必要性不充分；

（三）建设资金来源不符合规定；

（四）建设内容、建设规模等不符合建设标准；

（五）其他不得批准的情形。

第十条　对未经批准的办公用房项目，不得办理规划、用地、施工等相关手续，不得安排预算、拨付资金。

第十一条　办公用房项目应当按照审批机关核定的建设内容、建设规模和投资概算进行设计、施工。因国家政策调整、价格上涨、地质条件发生重大变化等原因确需增加投资概算的，应当经原审批机关批准。

第十二条　审批机关应当完善审批工作流程，建立健全审批工作责任制和内部监督机制。

第三章　建设资金

第十三条　办公用房项目的建设资金由预算资金安排。

办公用房项目的建设资金来源不得有下列情形：

（一）挪用各类专项资金；

（二）向单位、个人摊派；

（三）向银行等金融机构借款；

（四）接受赞助或者捐赠；

（五）其他违反规定的情形。

第十四条 办公用房项目的建设资金按照国库集中支付制度的有关规定支付。

第十五条 办公用房项目竣工后，建设单位应当按照规定及时组织编报竣工财务决算，并及时办理固定资产入账手续。

第四章 监督检查

第十六条 审批机关、财政部门、审计机关、监察机关（以下统称监督检查机关）应当按照各自的职责，加强对建设楼堂馆所活动的监督检查和绩效评价。

监督检查机关应当密切配合，建立信息共享机制，并根据实际需要开展联合监督检查、专项监督检查。

第十七条 监督检查机关对建设楼堂馆所活动实施监督检查，有权要求建设单位以及其他相关单位提供有关文件和资料，向有关人员了解情况，进行现场核查。建设单位以及其他相关单位对监督检查应当予以配合，不得拒绝、阻碍。

第十八条 建设单位应当按照有关规定加强办公用房项目档案管理，将项目审批和实施过程中的有关文件、资料存档备查。

第十九条 除依法应当保密的情形外，下列信息应当通过政府网站等便于公众知晓的方式公开：

（一）办公用房项目审批情况，包括建设单位名称、批准的理由以及建设内容、建设规模、投资概算等；增加投资概算的，还应当公开增加投资概算的情况和理由。

（二）监督检查情况，包括发现的违法建设楼堂馆所的单位名称、基本事实以及处理结果等。

第二十条 对违反本条例规定的行为，任何单位和个人有权向监督检查机关举报。

监督检查机关应当通过公开举报电话和邮箱、在政府网站设置举报专栏等方式，接受单位和个人的举报，并及时依法处理。

第五章 法律责任

第二十一条 机关、团体有下列情形之一的，根据具体情况责令停止相关建设活动或者改正，对所涉楼堂馆所予以收缴、拍卖或者责令限期腾退，对负有责任的领导人员和直接责任人员依法给予处分：

（一）建设培训中心等各类具有住宿、会议、餐饮等接待功能的场所和设施；

（二）未经批准建设办公用房；

（三）以技术业务用房等名义建设办公用房，或者违反规定在技术业务用房中设置办公用房；

（四）擅自改变建设内容、扩大建设规模，或者擅自增加投资概算；

（五）办公用房项目建设资金来源不符合规定。

第二十二条 有下列情形之一的，责令改正，对负有责任的领导人员和直接责任人员依法给予处分：

（一）超越审批权限审批办公用房项目；

（二）对不符合规定的办公用房项目予以批准；

（三）对未经批准的办公用房项目办理规划、用地、施工等相关手续，或者安排预算、拨付资金；

（四）其他滥用职权、玩忽职守、徇私舞弊的情形。

第二十三条 建设单位未按照规定将办公用房项目审批和实施过程中的有关文件、资料存档备查，或者转移、隐匿、篡改、毁弃有关文件、资料的，责令改正，对负有责任的领导人员和直接责任人员依法给予处分。

第二十四条 本条例第二十一条至第二十三条规定的处分，由监察机关或者其他有关机关按照管理权限实施，其他处理措施由审批机关实施。

第二十五条 违反本条例规定，构成犯罪的，依法追究刑事责任。

第六章 附 则

第二十六条 本条例所称团体，是指工会、共青团、妇联等人民团体。

第二十七条 财政给予经费保障的事业单位和人民团体以外的其他团体建设楼堂馆所，参照适用本条例。

第二十八条 机关、人民团体、财政给予经费保障的事业单位和其他团体维修办公用房，应当严格履行审批程序，执行维修标准。禁止进行超标准装修或者配置超标准的设施。

违反前款规定的，根据具体情况责令停止维修活动或者改正，对负有责任的领导人员和直接责任人员依法给予处分。

第二十九条 财政给予经费补助的事业单位和人民团体以外的其他团体建设、维修楼堂馆所的管理办法，由国务院发展改革部门会同国务院财政部门、住房城乡建设部门等有关部门以及有关机关事务管理部门按照确有必要、严格控制的原则制定。

国有企业建设、维修楼堂馆所的管理办法，由国务院发展改革部门会同国务院国有资产监督管理机构、财政部门、住房城乡建设部门等有关部门，按照前款规定的原则制定。

第三十条 军队单位建设、维修楼堂馆所，按照军队的有关规定执行。

第三十一条 本条例自 2017 年 12 月 1 日起施行。国务院 1988 年 9 月 22 日发布施行的《楼堂馆所建设管理暂行条例》同时废止。

国务院关于印发《划转部分国有资本充实社保基金实施方案》的通知

国发〔2017〕49 号

各省、自治区、直辖市人民政府，国务院各部委、各直属机构：

现将《划转部分国有资本充实社保基金实施方案》印发给你们，请认真贯彻执行。

国务院

2017 年 11 月 9 日

划转部分国有资本充实社保基金实施方案

党中央、国务院高度重视社会保障体系建设。我国统一的企业职工基本养老保险制度建立以来，以确保企业离退休人员基本养老金按时足额发放为中心，参保范围不断扩大，基金征缴力度不断加强，各项工作取得明显成效，对建立社会主义市场经济体制、维护改革发展稳定大局、保障企业离退休人员权益发挥了重要作用。与此同时，在企业职工基本养老保险制度逐步完善过程中，受多种因素影响，形成了一定的企业职工基本养老保险基金缺口。随着经济社会发展和人口老龄化加剧，基本养老保险基金支付压力不断加大，为充分体现代际公平和国有企业发展成果全民共享，现决定划转部分国有资本充实社保基金，具体方案如下。

一、指导思想

全面贯彻落实党的十九大精神，深入贯彻习近平新时代中国特色社会主义思想，认真落实党中央、国务院决策部署，按照《中共中央　国务院关于深化国有企业改革的指导意见》和基本养老保险制度改革有关要求，在推动国有企业深化改革的同时，通过划转部分国有资本充实社保基金，使全体人民共享国有企业发展成果，增进民生福祉，促进改革和完善基本养老保险制度，实现代际公平，增强制度的可持续性。

二、基本原则

坚持目标引领，与基本养老保险制度改革目标紧密结合。基本养老保险制度改革是系统工程，应统筹兼顾，考虑长远，力求在公共财政适度支持的情况下实现精算平衡。划转部分国有资本，基本目标是弥补因实施视同缴费年限政策形成的企业职工基本养老保险基金缺口，促进建立更加公平、更可持续的养老保险制度。

坚持系统规划，与深化国有企业改革目标紧密结合。统筹考虑划转部分国有资本的目标、企业职工基本养老保险基金缺口成因、国有资本现状和企业发展需要，科学界定划转范围，合理确定划转比例。

坚持立足长远，与弥补企业职工基本养老保险基金缺口的目标相结合。通过划转实现国有资本多元化持有，但不改变国有资本属性。划转承接主体作为财务投资者，管理运营所划入的国有资本，建立国有资本划转和企业职工基本养老保险基金缺口逐步弥补相结合的运行机制。

坚持独立运营，与社保基金多渠道筹集的政策目标相结合。划转的国有资本具有充实社保基金的特定用途和政策目标，运营收益根据基本养老保险基金的支出需要上缴，专项用于弥补企业职工基本养老保险基金缺口。划转的国有资本应集中持有，独立运行，单独核算，接受考核和监督。

三、划转范围、对象、比例和承接主体

（一）划转范围。将中央和地方国有及国有控股大中型企业、金融机构纳入划转范围。公益类企业、文化企业、政策性和开发性金融机构以及国务院另有规定的除外。

（二）划转对象。中央和地方企业集团已完成公司制改革的，直接划转企业集团股权；中央和地方企业集团未完成公司制改革的，抓紧推进改革，改制后按要求划转企业集团股权；同时，探索划转未完成公司制改革的企业集团所属一级子公司股权。全国社会保障基金因国有股权划转、投资等各种原因形成的上市企业和非上市企业股权除外。

（三）划转比例。首先以弥补企业职工基本养老保险制度转轨时期因企业职工享受视同缴费年限政策形成的企业职工基本养老保险基金缺口为基本目标，划转比例统一为企业国有股权的10%。今后，结合基本养老保险制度改革及可持续发展要求，若需进一步划转，再作研究。

（四）承接主体。划转的国有股权是基本养老保险基金的重要组成部分。划转的中央企业国有股权，由国务院委托社保基金会负责集中持有，单独核算，接受考核和监督。条件成熟时，经批准，社保基金会可组建养老金管理公司，独立运营划转的中央企业国有股权。

划转的地方企业国有股权，由各省级人民政府设立国有独资公司集中持有、管理和运营。也可将划转的国有股权委托本省（区、市）具有国有资本投资运营功能的公司专户管理。

四、划转程序

（一）按照中央企业国有股权划转的部署和步骤安排，国有资产监督管理机构负责提出本机构所监管企业拟划转股权的建议方案，由财政部会同有关部门审核确认。其中，国务院国资委监管的中央企业，由财政部会同人力资源社会保障部、国务院国资委审核确认；中央金融机构等由财政部会同人力资源社会保障部审核确认。

本方案所称国有资产监督管理机构，是指代表国务院和地方人民政府履行出资人职责的部门（机构）、负责监督管理行政事业单位所办企业国有资产和金融类企业国有资产的财政部门。

（二）根据经审核确认的划转方案，国有资产监督管理机构具体办理企业国有股权的划出手续，社保基金会相应办理股权划入手续，并对划入的国有股权设立专门账户管理。

地方企业国有股权划转工作比照中央企业办理。

（三）划转对象涉及多个国有股东的，由第一大股东的国有资产监督管理机构负责对国有股东身份和应划转股权进行初审，提交同级财政部门确认。国有股东分别属于中央和地方管理的，按第一大股东的产权归属关系，将应划转的国有股权统一划转至社保基金会或各省（区、市）国有独资公司等承接主体。

（四）划转上市公司国有股权的，国有资产监督管理机构应同时向中国证券登记结算有限责任公司下达国有股转持通知，并抄送社保基金会或各省（区、市）国有独资公司等承接主体。中国证券登记结算有限责任公司在收到国有股转持通知后15个工作日内，将应转持的国有股权，变更登记到社保基金会或各省（区、市）国有独资公司等承接主体。

（五）国有股权划转至社保基金会或各省（区、市）国有独资公司等承接主体后，相关企业应及时进行账务调整，并按规定做好国有资产产权变动登记工作。国有股权划出方应当就划转事项通知本企业债权人。涉及上市公司股份权益变动的，相关企业需按照证券监管有关规定，履行信息披露义务。

（六）国有资产监督管理机构负责向同级财政部门提供年度划转任务执行情况，财政部门逐级汇总后，由财政部会同人力资源社会保障部、国务院国资委、证监会、社保基金会上报国务院。

五、承接主体对国有资本的管理

（一）资本管理。社保基金会及各省（区、市）国有独资公司等承接主体作为财务投资者，享有所划入国有股权的收益权和处置权，不干预企业日常生产经营管理，一般不向企业派出董事。必要时，经批准可向企业派出董事。

对划入的国有股权，社保基金会及各省（区、市）国有独资公司等承接主体原则上应履行 3 年以上的禁售期义务，并应承继原持股主体的其他限售义务。在禁售期内，如划转涉及的相关企业上市，应承继原持股主体的禁售期义务。

（二）收益管理。对划入的国有股权，社保基金会及各省（区、市）国有独资公司等承接主体的收益主要来源于股权分红。除国家规定须保持国有特殊持股比例或要求的企业外，社保基金会及各省（区、市）国有独资公司等承接主体经批准也可以通过国有资本运作获取收益。

六、划转步骤

按照试点先行、分级组织、稳步推进的原则完成划转工作。

第一步，2017 年选择部分中央企业和部分省份开展试点。中央企业包括国务院国资委监管的中央管理企业 3 至 5 家、中央金融机构 2 家。试点省份的划转工作由有关省（区、市）人民政府具体组织实施。

第二步，在总结试点经验的基础上，2018 年及以后，分批划转其他符合条件的中央管理企业、中央行政事业单位所办企业以及中央金融机构的国有股权，尽快完成划转工作。各省（区、市）人民政府负责组织实施本地区地方国有企业的国有股权划转工作。

七、配套措施

（一）自本方案印发之日起，划转范围内企业实施重大重组，改制上市，或改组组建国有资本投资、运营公司等涉及国有股权变动的改革事项，企业改革方案应与国有资本划转方案统筹考虑。

（二）探索建立对划转国有股权的合理分红机制。社保基金会及各省（区、市）国有独资公司等承接主体持有的股权分红和运作收益，专项用于弥补企业职工基本养老保险基金缺口，不纳入国有资本经营预算管理。每年 6 月底前，社保基金会及各省（区、市）国有独资公司等承接主体应将上年度国有资本收益和分红情况报送同级财政、人力资源社会保障部门。

（三）社保基金会及各省（区、市）国有独资公司等承接主体持有的国有资本收益，由同级财政部门统筹考虑基本养老保险基金的支出需要和国有资本收益状况，适时实施收缴，专项用于弥补企业职工基本养老保险基金缺口。

国有资本运作管理办法和中央财政对收缴资金的具体使用办法等另行制定。

（四）自本方案印发之日起，《国务院关于印发减持国有股筹集社会保障资金管理暂行办法的通知》（国发〔2001〕22 号）和《财政部　国资委　证监会　社保基金会关于印发〈境内证券市场转持部分国有股充实全国社会保障基金实施办法〉的通知》（财企〔2009〕94 号）等现行国有股转（减）持政策停止执行。

八、组织实施

划转部分国有资本充实社保基金，是基本养老保险制度改革和国有企业改革的重要组成部分，是保障和改善民生的重要举措。国务院国有企业改革领导小组要加强统筹协调、督促落实。财政部、人力资源社会保障部、国务院国资委、证监会、社保基金会等部门要各司其职，密切配合，出台配套制度办法，加强对本方案执行的支持和指导，做好方案实施的监督评估工作。各有关部门和机构要高度重视划转工作，统筹规划，周密安排，落实责任，有序实施。各省（区、市）人民政府对本地区划转工作负总责，要结合实际抓紧制订具体落实方案，确保按要求完成划转目标任务。

中华人民共和国国务院令

第 691 号

《国务院关于废止〈中华人民共和国营业税暂行条例〉和修改〈中华人民共和国增值税暂行条

例〉的决定》已经2017年10月30日国务院第191次常务会议通过，现予公布，自公布之日起施行。

总　理　**李克强**

2017年11月19日

国务院关于废止《中华人民共和国营业税暂行条例》和修改《中华人民共和国增值税暂行条例》的决定

国务院决定废止《中华人民共和国营业税暂行条例》，同时对《中华人民共和国增值税暂行条例》作如下修改：

一、将第一条修改为："在中华人民共和国境内销售货物或者加工、修理修配劳务（以下简称劳务），销售服务、无形资产、不动产以及进口货物的单位和个人，为增值税的纳税人，应当依照本条例缴纳增值税。"

二、将第二条第一款修改为："增值税税率：

"（一）纳税人销售货物、劳务、有形动产租赁服务或者进口货物，除本条第二项、第四项、第五项另有规定外，税率为17%。

"（二）纳税人销售交通运输、邮政、基础电信、建筑、不动产租赁服务，销售不动产，转让土地使用权，销售或者进口下列货物，税率为11%：

"1. 粮食等农产品、食用植物油、食用盐；

"2. 自来水、暖气、冷气、热水、煤气、石油液化气、天然气、二甲醚、沼气、居民用煤炭制品；

"3. 图书、报纸、杂志、音像制品、电子出版物；

"4. 饲料、化肥、农药、农机、农膜；

"5. 国务院规定的其他货物。

"（三）纳税人销售服务、无形资产，除本条第一项、第二项、第五项另有规定外，税率为6%。

"（四）纳税人出口货物，税率为零；但是，国务院另有规定的除外。

"（五）境内单位和个人跨境销售国务院规定范围内的服务、无形资产，税率为零。"

三、将第四条第一款中的"销售货物或者提供应税劳务（以卜简称销售货物或者应税劳务）"修改为"销售货物、劳务、服务、无形资产、不动产（以下统称应税销售行为）"；将第五条、第六条第一款、第七条、第十一条第一款、第十九条第一款第一项中的"销售货物或者应税劳务"修改为"发生应税销售行为"。

四、将第八条第一款中的"购进货物或者接受应税劳务（以下简称购进货物或者应税劳务）"、第九条中的"购进货物或者应税劳务"修改为"购进货物、劳务、服务、无形资产、不动产"。

将第八条第二款第三项中的"按照农产品收购发票或者销售发票上注明的农产品买价和13%的扣除率计算的进项税额"修改为"按照农产品收购发票或者销售发票上注明的农产品买价和11%的扣除率计算的进项税额，国务院另有规定的除外"。

删去第八条第二款第四项，增加一项，作为第四项："（四）自境外单位或者个人购进劳务、服务、无形资产或者境内的不动产，从税务机关或者扣缴义务人取得的代扣代缴税款的完税凭证上注明的增值税额"。

五、将第十条修改为："下列项目的进项税额不得从销项税额中抵扣：

"（一）用于简易计税方法计税项目、免征增值税项目、集体福利或者个人消费的购进货物、劳务、服务、无形资产和不动产；

"（二）非正常损失的购进货物，以及相关的劳务和交通运输服务；

"（三）非正常损失的在产品、产成品所耗用的购进货物（不包括固定资产）、劳务和交通运输服务；

"（四）国务院规定的其他项目。"

六、将第十二条修改为："小规模纳税人增值税征收率为3%，国务院另有规定的除外。"

七、将第二十一条第一款和第二款第二项中的"销售货物或者应税劳务"修改为"发生应税销售行为"；将第二款第一项修改为"（一）应税销售行为的购买方为消费者个人的"；删去第二款第三项。

八、将第二十二条第一款第二项修改为“（二）固定业户到外县（市）销售货物或者劳务，应当向其机构所在地的主管税务机关报告外出经营事项，并向其机构所在地的主管税务机关申报纳税；未报告的，应当向销售地或者劳务发生地的主管税务机关申报纳税；未向销售地或者劳务发生地的主管税务机关申报纳税的，由其机构所在地的主管税务机关补征税款”；将第一款第三项中的“销售货物或者应税劳务”修改为“销售货物或者劳务”。

九、在第二十五条第一款中的“具体办法由国务院财政、税务主管部门制定”之前增加“境内单位和个人跨境销售服务和无形资产适用退（免）税规定的，应当按期向主管税务机关申报办理退（免）税”。

十、增加一条，作为第二十七条：“纳税人缴纳增值税的有关事项，国务院或者国务院财政、税务主管部门经国务院同意另有规定的，依照其规定。”

此外，还对个别条文作了文字修改。

本决定自公布之日起施行。

《中华人民共和国增值税暂行条例》根据本决定作相应修改并对条文序号作相应调整，重新公布。

中华人民共和国增值税暂行条例

（1993年12月13日中华人民共和国国务院令第134号公布　2008年11月5日国务院第34次常务会议修订通过　根据2016年2月6日《国务院关于修改部分行政法规的决定》第一次修订　根据2017年11月19日《国务院关于废止〈中华人民共和国营业税暂行条例〉和修改〈中华人民共和国增值税暂行条例〉的决定》第二次修订）

第一条　在中华人民共和国境内销售货物或者加工、修理修配劳务（以下简称劳务），销售服务、无形资产、不动产以及进口货物的单位和个人，为增值税的纳税人，应当依照本条例缴纳增值税。

第二条　增值税税率：

（一）纳税人销售货物、劳务、有形动产租赁服务或者进口货物，除本条第二项、第四项、第五项另有规定外，税率为17%。

（二）纳税人销售交通运输、邮政、基础电信、建筑、不动产租赁服务，销售不动产，转让土地使用权，销售或者进口下列货物，税率为11%：

1. 粮食等农产品、食用植物油、食用盐；

2. 自来水、暖气、冷气、热水、煤气、石油液化气、天然气、二甲醚、沼气、居民用煤炭制品；

3. 图书、报纸、杂志、音像制品、电子出版物；

4. 饲料、化肥、农药、农机、农膜；

5. 国务院规定的其他货物。

（三）纳税人销售服务、无形资产，除本条第一项、第二项、第五项另有规定外，税率为6%。

（四）纳税人出口货物，税率为零；但是，国务院另有规定的除外。

（五）境内单位和个人跨境销售国务院规定范围内的服务、无形资产，税率为零。

税率的调整，由国务院决定。

第三条　纳税人兼营不同税率的项目，应当分别核算不同税率项目的销售额；未分别核算销售额的，从高适用税率。

第四条　除本条例第十一条规定外，纳税人销售货物、劳务、服务、无形资产、不动产（以下统称应税销售行为），应纳税额为当期销项税额抵扣当期进项税额后的余额。应纳税额计算公式：

应纳税额＝当期销项税额－当期进项税额

当期销项税额小于当期进项税额不足抵扣时，其不足部分可以结转下期继续抵扣。

第五条　纳税人发生应税销售行为，按照销售额和本条例第二条规定的税率计算收取的增值税额，为销项税额。销项税额计算公式：

销项税额＝销售额×税率

第六条　销售额为纳税人发生应税销售行为收取的全部价款和价外费用，但是不包括收取的销项税额。

销售额以人民币计算。纳税人以人民币以外的货币结算销售额的，应当折合成人民币计算。

第七条 纳税人发生应税销售行为的价格明显偏低并无正当理由的，由主管税务机关核定其销售额。

第八条 纳税人购进货物、劳务、服务、无形资产、不动产支付或者负担的增值税额，为进项税额。

下列进项税额准予从销项税额中抵扣：

（一）从销售方取得的增值税专用发票上注明的增值税额。

（二）从海关取得的海关进口增值税专用缴款书上注明的增值税额。

（三）购进农产品，除取得增值税专用发票或者海关进口增值税专用缴款书外，按照农产品收购发票或者销售发票上注明的农产品买价和11%的扣除率计算的进项税额，国务院另有规定的除外。进项税额计算公式：

进项税额＝买价×扣除率

（四）自境外单位或者个人购进劳务、服务、无形资产或者境内的不动产，从税务机关或者扣缴义务人取得的代扣代缴税款的完税凭证上注明的增值税额。

准予抵扣的项目和扣除率的调整，由国务院决定。

第九条 纳税人购进货物、劳务、服务、无形资产、不动产，取得的增值税扣税凭证不符合法律、行政法规或者国务院税务主管部门有关规定的，其进项税额不得从销项税额中抵扣。

第十条 下列项目的进项税额不得从销项税额中抵扣：

（一）用于简易计税方法计税项目、免征增值税项目、集体福利或者个人消费的购进货物、劳务、服务、无形资产和不动产；

（二）非正常损失的购进货物，以及相关的劳务和交通运输服务；

（三）非正常损失的在产品、产成品所耗用的购进货物（不包括固定资产）、劳务和交通运输服务；

（四）国务院规定的其他项目。

第十一条 小规模纳税人发生应税销售行为，实行按照销售额和征收率计算应纳税额的简易办法，并不得抵扣进项税额。应纳税额计算公式：

应纳税额＝销售额×征收率

小规模纳税人的标准由国务院财政、税务主管部门规定。

第十二条 小规模纳税人增值税征收率为3%，国务院另有规定的除外。

第十三条 小规模纳税人以外的纳税人应当向主管税务机关办理登记。具体登记办法由国务院税务主管部门制定。

小规模纳税人会计核算健全，能够提供准确税务资料的，可以向主管税务机关办理登记，不作为小规模纳税人，依照本条例有关规定计算应纳税额。

第十四条 纳税人进口货物，按照组成计税价格和本条例第二条规定的税率计算应纳税额。组成计税价格和应纳税额计算公式：

组成计税价格＝关税完税价格＋关税＋消费税

应纳税额＝组成计税价格×税率

第十五条 下列项目免征增值税：

（一）农业生产者销售的自产农产品；

（二）避孕药品和用具；

（三）古旧图书；

（四）直接用于科学研究、科学试验和教学的进口仪器、设备；

（五）外国政府、国际组织无偿援助的进口物资和设备；

（六）由残疾人的组织直接进口供残疾人专用的物品；

（七）销售的自己使用过的物品。

除前款规定外，增值税的免税、减税项目由国务院规定。任何地区、部门均不得规定免税、减税项目。

第十六条 纳税人兼营免税、减税项目的，应当分别核算免税、减税项目的销售额；未分别核算销售额的，不得免税、减税。

第十七条 纳税人销售额未达到国务院财政、税务主管部门规定的增值税起征点的，免征增值税；达到起征点的，依照本条例规定全额计算缴纳增值税。

第十八条 中华人民共和国境外的单位或者个人在境内销售劳务，在境内未设有经营机构的，以其境内代理人为扣缴义务人；在境内没有代理人的，以购买方为扣缴义务人。

第十九条 增值税纳税义务发生时间：

（一）发生应税销售行为，为收讫销售款项或者取得索取销售款项凭据的当天；先开具发票的，为开具发票的当天。

（二）进口货物，为报关进口的当天。

增值税扣缴义务发生时间为纳税人增值税纳税义务发生的当天。

第二十条 增值税由税务机关征收，进口货物的增值税由海关代征。

个人携带或者邮寄进境自用物品的增值税，连同关税一并计征。具体办法由国务院关税税则委员会会同有关部门制定。

第二十一条 纳税人发生应税销售行为，应当向索取增值税专用发票的购买方开具增值税专用发票，并在增值税专用发票上分别注明销售额和销项税额。

属于下列情形之一的，不得开具增值税专用发票：

（一）应税销售行为的购买方为消费者个人的；

（二）发生应税销售行为适用免税规定的。

第二十二条 增值税纳税地点：

（一）固定业户应当向其机构所在地的主管税务机关申报纳税。总机构和分支机构不在同一县（市）的，应当分别向各自所在地的主管税务机关申报纳税；经国务院财政、税务主管部门或者其授权的财政、税务机关批准，可以由总机构汇总向总机构所在地的主管税务机关申报纳税。

（二）固定业户到外县（市）销售货物或者劳务，应当向其机构所在地的主管税务机关报告外出经营事项，并向其机构所在地的主管税务机关申报纳税；未报告的，应当向销售地或者劳务发生地的主管税务机关申报纳税；未向销售地或者劳务发生地的主管税务机关申报纳税的，由其机构所在地的主管税务机关补征税款。

（三）非固定业户销售货物或者劳务，应当向销售地或者劳务发生地的主管税务机关申报纳税；未向销售地或者劳务发生地的主管税务机关申报纳税的，由其机构所在地或者居住地的主管税务机关补征税款。

（四）进口货物，应当向报关地海关申报纳税。

扣缴义务人应当向其机构所在地或者居住地的主管税务机关申报缴纳其扣缴的税款。

第二十三条 增值税的纳税期限分别为1日、3日、5日、10日、15日、1个月或者1个季度。纳税人的具体纳税期限，由主管税务机关根据纳税人应纳税额的大小分别核定；不能按照固定期限纳税的，可以按次纳税。

纳税人以1个月或者1个季度为1个纳税期的，自期满之日起15日内申报纳税；以1日、3日、5日、10日或者15日为1个纳税期的，自期满之日起5日内预缴税款，于次月1日起15日内申报纳税并结清上月应纳税款。

扣缴义务人解缴税款的期限，依照前两款规定执行。

第二十四条 纳税人进口货物，应当自海关填发海关进口增值税专用缴款书之日起15日内缴纳税款。

第二十五条 纳税人出口货物适用退（免）税规定的，应当向海关办理出口手续，凭出口报关单等有关凭证，在规定的出口退（免）税申报期内按月向主管税务机关申报办理该项出口货物的退（免）税；境内单位和个人跨境销售服务和无形资产适用退（免）税规定的，应当按期向主管税务机关申报办理退（免）税。具体办法由国务院财政、税务主管部门制定。

出口货物办理退税后发生退货或者退关的，纳税人应当依法补缴已退的税款。

第二十六条 增值税的征收管理，依照《中华人民共和国税收征收管理法》及本条例有关规定执行。

第二十七条 纳税人缴纳增值税的有关事项，国务院或者国务院财政、税务主管部门经国务院同意另有规定的，依照其规定。

第二十八条 本条例自2009年1月1日起施行。

国务院办公厅关于印发《政务信息系统整合共享实施方案》的通知

国办发〔2017〕39 号

各省、自治区、直辖市人民政府，国务院各部委、各直属机构：

《政务信息系统整合共享实施方案》已经国务院同意，现印发给你们，请认真贯彻执行。

国务院办公厅

2017 年 5 月 3 日

政务信息系统整合共享实施方案

“十二五”以来，通过统筹国家政务信息化工程建设，实施信息惠民工程等一系列举措，政务信息系统整合共享在局部取得了积极成效，但未能从全局上和根本上解决长期以来困扰我国政务信息化建设的“各自为政、条块分割、烟囱林立、信息孤岛”问题。为更好推动政务信息系统整合共享，根据《国务院关于印发政务信息资源共享管理暂行办法的通知》（国发〔2016〕51 号）、《国务院关于印发“十三五”国家信息化规划的通知》（国发〔2016〕73 号）等有关要求，制订本实施方案。

一、总体要求

（一）指导思想。

全面贯彻党的十八大和十八届三中、四中、五中、六中全会精神，深入贯彻习近平总书记系列重要讲话精神和治国理政新理念新思想新战略，认真落实党中央、国务院决策部署，紧紧围绕统筹推进“五位一体”总体布局和协调推进“四个全面”战略布局，牢固树立和贯彻落实创新、协调、绿色、开放、共享的发展理念，以人民为中心，紧紧围绕政府治理和公共服务的改革需要，以最大程度利企便民，让企业和群众少跑腿、好办事、不添堵为目标，加快推进政务信息系统整合共享，按照“内外联动、点面结合、上下协同”的工作思路，一方面着眼长远，做好顶层设计，促进“五个统一”，统筹谋划，锐意改革；另一方面立足当前，聚焦现实问题，抓好“十件大事”，重点突破，尽快见效。

（二）基本原则。

按照“五个统一”的总体原则，有效推进政务信息系统整合共享，切实避免各自为政、自成体系、重复投资、重复建设。

1. 统一工程规划。围绕落实国家政务信息化工程相关规划，建设“大平台、大数据、大系统”，形成覆盖全国、统筹利用、统一接入的数据共享大平台，建立物理分散、逻辑集中、资源共享、政企互联的政务信息资源大数据，构建深度应用、上下联动、纵横协管的协同治理大系统。

2. 统一标准规范。注重数据和通用业务标准的统一，开展国家政务信息化总体标准研制与应用，促进跨地区、跨部门、跨层级数据互认共享。建立动态更新的政务信息资源目录体系，确保政务信息有序开放、共享、使用。

3. 统一备案管理。实施政务信息系统建设和运维备案制，推动政务信息化建设和运维经费审批在同级政府政务信息共享主管部门的全口径备案。

4. 统一审计监督。开展常态化的政务信息系统和政务信息共享审计，加强对政务信息系统整合共享成效的监督检查。

5. 统一评价体系。研究提出政务信息共享评价指标体系，建立政务信息共享评价与行政问责、部门职能、建设经费、运维经费约束联动的管理机制。

（三）工作目标。

2017 年 12 月底前，整合一批、清理一批、规范一批，基本完成国务院部门内部政务信息系统整合清理工作，初步建立全国政务信息资源目录体系，政务信息系统整合共享在一些重要领域取得显著成效，一些涉及面宽、应用广泛、有关联需求的重要政务信息系统实现互联互通。2018年6月底前，实现国务院各部门整合后的政务信息系统接入国家数据共享交换平台，各地区结合实际统筹推进本地区政务信息系统整合共享工作，初步实现国务院部门和地方政府信息系统互联互通。完善项目建设运维统一备案制度，加强信息共享审计、监督和评价，推动政务信息化建设模式优化，政务数据共享和开放在重点领域取得突破性进展。

纳入整合共享范畴的政务信息系统包括由政府投资建设、政府与社会企业联合建设、政府向社会购买服务或需要政府资金运行维护的，用于支撑政府业务应用的各类信息系统。

二、加快推进政务信息系统整合共享的“十件大事”

（一）“审”“清”结合，加快消除“僵尸”信息系统。结合2016年国务院第三次大督查、2015年审计署专项审计的工作成果，组织开展政务信息系统整合共享专项督查，全面摸清各部门政务信息系统情况。2017年6月底前，通过信息系统审计，掌握各部门信息系统数量、名称、功能、使用范围、使用频度、审批部门、审批时间、经费来源等（审计署牵头，国务院各有关部门配合）。2017年10月底前，基本完成对系统使用与实际业务流程长期脱节、功能可被其他系统替代、所占用资源长期处于空闲状态、运行维护停止更新服务，以及使用范围小、频度低的“僵尸”信息系统的清理工作（国务院各有关部门负责）。

（二）推进整合，加快部门内部信息系统整合共享。推动分散隔离的政务信息系统加快进行整合。整合后按要求分别接入国家电子政务内网或国家电子政务外网的数据共享交换平台。2017年6月底前，国务院各部门根据自身信息化建设实际情况，制定本部门政务信息系统整合共享清单。2017年12月底前，各部门原则上将分散的、独立的信息系统整合为一个互联互通、业务协同、信息共享的“大系统”，对以司局和处室名义存在的独立政务信息系统原则上必须整合（国务院各有关部门负责）。

（三）设施共建，提升国家统一电子政务网络支撑能力。加快推进国家电子政务内网政府系统建设任务落实（国务院办公厅牵头，各地区、各部门负责）。完善国家电子政务外网，健全管理体制机制，继续推进国家电子政务外网二期建设，拓展网络覆盖范围，逐步满足业务量大、实时性高的网络应用需求。2018年6月底前，基本具备跨层级、跨地域、跨系统、跨部门、跨业务的支撑服务能力（国务院办公厅、国家电子政务外网管理中心负责）。除极少数特殊情况外，目前政府各类业务专网都要向国家电子政务内网或外网整合（国务院办公厅牵头，各地区、各部门负责）。

（四）促进共享，推进接入统一数据共享交换平台。加快建设国家电子政务内网数据共享交换平台，完善国家电子政务外网数据共享交换平台，开展政务信息共享试点示范，研究构建多级互联的数据共享交换平台体系，促进重点领域信息向各级政府部门共享（国务院办公厅、国家电子政务外网管理中心、各级数据共享交换平台建设管理单位负责）。2017年9月底前，依托国家电子政务外网数据共享交换平台，初步提供公民、社会组织、企业、事业单位的相关基本信息，同时逐步扩大信息共享内容，完善基础信息资源库的覆盖范围和相关数据标准，优化便捷共享查询方式（国家发展改革委、公安部、民政部、工商总局、中央编办等负责）。2018年6月底前，各部门推进本部门政务信息系统向国家电子政务内网或外网迁移，对整合后的政务信息系统和数据资源按必要程序审核或评测审批后，统一接入国家数据共享交换平台（国务院办公厅会同国家发展改革委牵头组织，各有关部门负责）。

（五）推动开放，加快公共数据开放网站建设。依托国家电子政务外网和中央政府门户网站，建设统一规范、互联互通、安全可控的数据开放网站（www.data.gov.cn）。基于政务信息资源目录体系，构建公共信息资源开放目录，按照公共数据开放有关要求，推动政府部门和公共企事业单位的原始性、可机器读取、可供社会化再利用的数据集向社会开放，开展中国数据创新系列活动，鼓励和引导社会化开发利用（国家发展改革委、国家网信办、国务院办公厅等按职责分工负责）。

（六）强化协同，推进全国政务信息共享网站建设。依托国家电子政务外网，建设完善全国政务信息共享网站，将其作为国家电子政务外网数据共享交换平台的门户，支撑政府部门间跨地区、跨层级的信息共享与业务协同应用。2017年7月底前，全国政务信息共享网站正式开通上线，按照“以试点促建设、以普查促普及、以应用促发展”的工作思路，加强共享网站推广（国家发展改革委、国家电子政务外网管理中心负责）。2017年12月底前，实现信用体系、公共资源交易、投资、价格、自然人（基础数据以及社保、民政、教育等业务数据）、法人（基础数据及业务数据）、能源（电力等）、空间地理、交通、旅游等重点领域数据基于全国政务信息共享网站的共享服务（国家发展改革委牵头组织，各有关部门按职责分工负责）。2018年6月底前，实现各部门政务数据基于全国政务信息共享网站的共享服务（国务院各有关部门负责）。

（七）构建目录，开展政务信息资源目录编制和全国大普查。落实《政务信息资源共享管理暂行办法》有关要求，加快建立政务信息资源目录体系。2017年6月底前，出台《政务信息资源目录编制指南》（国家发展改革委、国家网信办负责）。组织完成面向各地区、各部门的政务信息资源目录体系建设试点和信息共享专题培训工作（国家发展改革委牵头，各有关地区、部门配合）。2017年12月底前，开展对政务信息系统数据资源的全国大普查（国务院办公厅、国家发展改革委牵头，各有关地区、部门配合）。逐步构建全国统一、动态更新、共享校核、权威发布的政务信息资源目录体系。

（八）完善标准，加快构建政务信息共享标准体系。建立健全政务信息资源数据采集、数据质量、目录分类与管理、共享交换接口、共享交换服务、多级共享平台对接、平台运行管理、网络安全保障等方面的标准，推动标准试点应用工作。2017年10月底前，完成人口、法人、电子证照等急需的国家标准的组织申报和立项（国家标准委牵头，国家数据共享交换平台建设管理单位等配合）。

（九）一体化服务，规范网上政务服务平台体系建设。加快推动形成全国统一政务服务平台，统筹推进统一、规范、多级联动的“互联网＋政务服务”技术和服务体系建设。加快推动国家政务服务平台建设，着力解决跨地区、跨部门、跨层级政务服务信息难以共享、业务难以协同、基础支撑不足等突出问题（国务院办公厅牵头）。各地区、各部门要整合分散的政务服务系统和资源，2017年12月底前普遍建成一体化网上政务服务平台。按照统一部署，各地区、各部门政务服务平台要主动做好与中央政府门户网站的对接，实现与国家政务服务平台的数据共享和资源接入（各地区、各部门负责）。

（十）上下联动，开展“互联网＋政务服务”试点。围绕“互联网＋政务服务”的主要内容和关键环节，组织开展培训交流和试点示范（国务院办公厅、国家发展改革委牵头）。加快实施信息惠民工程，在80个城市大力推进“一号一窗一网”试点。2017年7月底前，完成试点城市2016年工作评价（国家发展改革委牵头）。2017年12月底前，试点城市初步实现跨地区、跨部门、跨层级的政务服务（各有关省级政府、试点城市政府负责）。

三、加大机制体制保障和监督落实力度

（一）加强组织领导。各级政府要建立健全政务信息系统统筹整合和政务信息资源共享开放管理制度，加强统筹协调，明确目标、责任、牵头单位和实施机构。强化各级政府及部门主要负责人对政务信息系统统筹整合和政务信息资源共享工作的责任，原则上部门主要负责人为第一责任人。对责任不落实、违反《政务信息资源共享管理暂行办法》规定的地方和部门，要予以通报并责令整改（各地区、各部门负责，国务院办公厅会同国家发展改革委督查落实）。

（二）加快推进落实。各地区、各部门要按照《政务信息资源共享管理暂行办法》有关要求，把信息共享有关工作列入重要日程，按照本方案要求统筹推动本地区、本部门政务信息系统整合共享工作，抓紧制定推进落实的时间表、路线图，加强台账和清单式管理，精心组织实施，每年2月底前向促进大数据发展部际联席会议报告上一年度政务信息资源共享情况（包括政务信息资源目录编制情况、政务信息系统接入统一共享平台

进展、数据对接共享和支撑协同应用情况等，报告径送联席会议办公室〔国家发展改革委〕)，切实保障工作进度（各地区、各部门负责)，经汇总后向国务院提交政务信息资源共享情况年度报告(促进大数据发展部际联席会议负责)。加强经费保障，政务信息资源整合共享相关项目建设资金纳入政府固定资产投资（各级发展改革部门牵头)，政务信息资源整合共享相关工作经费纳入部门预算统筹安排（各级财政部门牵头)。

（三）强化评价考核。充分发挥国家电子政务工作统筹协调机制作用，建立政务信息共享工作评价常态化机制，督促检查政务服务平台体系建设、政务信息系统统筹整合和政务信息资源共享工作落实情况。2017 年 12 月底前，组织制定政务信息共享工作评价办法，每年对各部门提供和使用共享信息情况进行评估，并公布评估报告和改进意见（国务院办公厅、国家发展改革委、国家网信办、中央编办、财政部等负责)。

（四）加强审计监督。审计机关要依法履行职责，加强对政务信息系统的审计，保障专项资金使用的真实性、合法性和效益性，推动完善相关政策制度，审计结果及时报国务院（审计署牵头)。探索政务信息系统审计的方式方法，2017 年 12 月底前形成具体工作方案（审计署牵头，国家发展改革委、国家网信办配合)。

（五）优化建设模式。推动政务信息化建设投资、运维和项目建设模式改革，鼓励推广云计算、大数据等新技术新模式的应用与服务，提升集约化建设水平（国家发展改革委、财政部牵头)。2017 年 9 月底前，修订《国家电子政务工程建设项目管理暂行办法》，进一步简化审批流程，完善社会投资参与的相关规定（国家发展改革委牵头)。2017 年 12 月底前，制定电子政务服务采购管理相关办法，完善政府购买信息系统、数据中心、数据资源等信息化服务的相关政策（财政部牵头)。

（六）建立备案制度。相关部门申请政务信息化项目建设和运维经费时，应及时向同级政府政务信息共享主管部门全口径备案。加强项目立项建设和运行维护信息采集，掌握项目名称、建设单位、投资额度、运维费用、经费渠道、数据资源、应用系统、等级保护和分级保护备案情况等内容，在摸清底数的前提下，加大管理力度。对不符合共建共享要求的项目，相关部门不予审批，不拨付运维经费。加大对国家统一电子政务网络、数据共享交换平台等公共性基础性平台的运维经费保障力度，逐步减少直至取消信息孤岛系统和利用程度低的专网的运维经费。2017 年 12 月底前，研究建立政务信息化项目建设投资审批和运维经费审批的跨部门联动机制（国务院办公厅、国家发展改革委、财政部、中央编办等负责)。

（七）加强安全保障。强化政务信息资源共享网络安全管理，推进政务信息资源共享风险评估，推动制定完善个人隐私信息保护的法律法规，切实按照相关法律法规要求，保障政务信息资源使用过程中的个人隐私（国家网信办牵头)。加强政务信息资源采集、共享、使用的安全保障工作，凡涉及国家秘密的，应当遵守有关保密法律法规的规定（各地区、各部门负责)。加强统一数据共享交换平台安全防护，切实保障政务信息资源共享交换的数据安全（各级数据共享交换平台建设管理单位负责)。

关于进一步规范行业协会商会收费管理的意见

发改经体〔2017〕1999 号

各省、自治区、直辖市人民政府，中央和国家机关各部委，各人民团体：

行业协会商会是我国经济建设和社会发展的重要力量，多年来，在加强行业自律、提供决策咨询、服务企业发展、创新社会治理等方面发挥了积极作用。但在发展过程中，一些行业协会商会违规收费，重复、偏高和过度收费等问题仍不同程度存在。为改善营商环境，切实减轻企业负担，促进行业协会商会健康发展，经国务院同意，现就进一步规范行业协会商会收费管理提出以下意见。

一、加强收费管理，治理违规收费

（一）加强行业协会商会会费管理。行业协会商会收取的会费，应当主要用于为会员提供服务及开展业务活动等支出。行业协会商会收取会费应同时明确所提供的基本服务项目，并向会员公开，严禁只收费不服务。会费应设立专账管理，向会员公布年度收支情况并自觉接受监督。制定、修改会费标准，须按程序经会员大会或会员代表大会表决通过。要综合考虑经济形势、市场环境、企业经营状况和承受能力等因素，调整规范以产销量、企业规模等为基数收取会费的方式，合理设置会费上限。会费不得重复收取，行业协会商会总部及分支（代表）机构不得向同一家会员企业分别收取会费。行业协会商会分支（代表）机构不得单独制定会费标准，已单独制定会费标准的，要召开会员大会或会员代表大会抓紧整改。

（二）严格行业协会商会行政事业性收费管理。行业协会商会依据法律、行政法规等规定代行政府职能并收取的费用，应当纳入行政事业性收费管理。收费项目和标准应当严格履行审批手续后确定，不得擅自增加收费项目、提高收费标准。

（三）规范行业协会商会经营服务性收费。行业协会商会应按照法律法规关于经营者义务的相关规定和自愿有偿服务的原则，在宗旨和业务范围内开展经营服务性活动，规范相关收费行为。对政府定价管理的，严格执行价格主管部门制定的收费标准；对实行市场调节价的，按照公平、合法、诚实守信的原则，公允确定并公开收费标准，提供质价相符的服务。行业协会商会不得强制服务并收费。

（四）规范行业协会商会评比达标表彰活动。行业协会商会开展评比达标表彰活动，必须严格依照《中共中央办公厅 国务院办公厅关于印发〈评比达标表彰活动管理办法（试行）〉的通知》有关规定，履行申请报批手续。经批准开展的评比达标表彰活动，必须符合章程规定的宗旨和业务范围，严格落实批准的奖项、条件等要求。评比达标表彰应坚持公平、公正、公开和非营利原则，做到奖项设置合理，评选范围和规模适当，评选条件和程序严格。不得向参与评比达标表彰活动的对象收取费用，不得在评选前后直接或变相收取各种相关费用。

（五）降低行业协会商会偏高收费。行业协会商会要适当降低偏高会费和其他收费标准，减轻企业负担。要合理设置会费档次，一般不超过4级，对同一会费档次不得再细分不同收费标准。行业协会商会要全面梳理服务项目收费情况并向社会公开。列入行业协会商会基本服务项目的，不得再另行向会员收取费用。取消不合理收费项目，降低盈余较多的服务项目收费标准，不得以强制捐赠、强制赞助等方式变相收费，对保留的收费项目，切实提高服务质量。

二、强化自律意识，推进信用体系建设

（六）建立行业协会商会诚信承诺和自律公约制度。行业协会商会要向社会公开诚信承诺书，重点就服务内容、服务方式、服务对象和收费标准等作出承诺。行业协会商会要适应行业发展趋势和要求，按照诚实守信、公平竞争的原则，制定自律公约，广泛征求会员企业、行业管理部门等多方意见，经会员大会或会员代表大会表决通过后实施。行业协会商会要按照《行业协会价格行为指南》，自觉规范收费行为，提升行业自律水平。

（七）建立行业协会商会收费信息集中公示制度。各级行业协会商会要按照国家发展改革委关于组织开展收费信息集中公示的要求，依托国家发展改革委、中国人民银行指导，国家信息中心主办的“信用中国”网站的“行业协会商会收费信息公示系统”，集中公示并定期更新收费项目、收费性质、服务内容、收费标准及依据等信息，建立收费信息主动公开长效机制。公示信息接受社会监督，并作为价格监督检查机构开展行业协会商会违规收费检查的重要参考依据。

（八）建立行业协会商会失信黑名单管理制度。将行业协会商会违规收费行为记入其诚信档案，并记入其主要负责人和直接责任人个人信用记录。建立行业协会商会违规收费行为黑名单，相关信息纳入国家发展改革委牵头建设的全国信用信息共享平台。推动跨地区、跨部门、跨行业协同监管，开展失信联合惩戒，在政府购买服务、年检、评先评优等方面进行限制，进一步提高行业协会商会守信收益，增加失信成本，形成不愿失信、不能失信、不敢失信、自觉守信的正确导向。

（九）发挥第三方评估的引导监督作用。修订行业协会商会评估标准，将收费标准制定程序、会费层级设定、分支机构收费、收费信息公示等情况纳入评估指标体系，发挥好第三方评估对行业协会商会收费行为的引导和监督作用。加强信息公开，及时发布行业协会商会评估等级结果，接受社会监督。

（十）规范行业协会商会发展会员行为。行业协会商会要坚持入会自愿、退会自由的原则，不得依托政府部门、利用垄断优势和行业影响力强制或变相强制入会、阻碍退会。对行业协会商会强制或变相强制入会、阻碍退会等行为，企业和个人均可向同级社会组织登记管理机关举报，登记管理机关依法予以查处。行业协会商会要加强对会员构成的分类统计和动态管理，优化会员结构，进一步提高服务的针对性、有效性。全国性行业协会商会一般吸收在全国有代表性的企业会员，省级行业协会商会一般吸收在本省有代表性的企业会员。

三、深化行业协会商会脱钩改革，加强综合监管服务

（十一）着力消除行业协会商会利用行政影响力收费现象。深入推进行业协会商会与行政机关脱钩改革，实现行业协会商会与业务主管单位在机构、职能、资产财务、人员管理、党建外事等方面脱钩，厘清行政机关与行业协会商会的职能边界，切断利益链条，建立新型管理体制和运行机制，促进行业协会商会成为依法设立、自主办会、服务为本、治理规范、行为自律的社会组织，解决行业协会商会依附政府部门或利用行政影响力收费等问题。

（十二）加大对行业协会商会违规收费行为查处力度。健全对行业协会商会等社会组织收费行为的综合监管体系，加强事中事后监管。民政部门要依照相关登记管理法规严格监督管理和执法检查。审计机关依法对行业协会商会进行审计监督。价格、财政部门按照职责分工对行业协会商会收费及价格行为加强监管。人力资源社会保障部门对行业协会商会开展职业资格资质许可和认定行为强化监管。各行业管理部门要按职能对行业协会商会收费服务行为进行必要的政策指导，并履行相关监管责任。从严从实查处行业协会商会违规收费行为，做到发现一起、查处一起、曝光一起，并由业务主管单位或有关部门依纪依规追究其主要负责人和直接责任人的责任，情节严重的要责令撤换。

（十三）完善行业协会商会登记准入管理。批准设立行业协会商会，要加强对成立的必要性、发起人的代表性、会员的广泛性、运作的可行性等方面审核，严把登记入口关。对业务范围相似的，要充分论证，多方听取利益相关方和管理部门意见。从会员区分、行业布局、登记层级等方面加强引导，从严审批，防止相似行业协会商会数量过多。抓紧研究制定行业协会商会直接登记的标准和办法，进一步完善行业协会商会准入制度，加强源头规范管理。

（十四）倡导企业务实理性入会和参加活动。企业应加强入会自我约束，按照自身生产经营实际需要，控制加入各级行业协会商会数量，做到务实、理性入会。企业要加强内部管理，对各级法人单位加入行业协会商会情况进行规范化管理，确保各级法人单位根据实际需要合理参加行业协会商会活动。国有企业要结合落实突出主业、瘦身健体、提质增效等改革要求，进一步梳理加入各类行业协会商会情况，规范管理。

（十五）完善向行业协会商会等社会组织购买服务的政策措施。政府购买服务事项，应按市场机制成本合理核算对价，确保承接主体收支平衡且有适当盈余；应及时按合同约定和国库集中支付制度有关规定支付费用，不得拖欠服务费或以其他非货币方式支付。鼓励行业协会商会承接政府转移职能中的行业性、专业性、技术性和辅助性职能，充分发挥行业代表、行业自律、行业服务、行业协调等方面的优势，切实提高服务能力、质量和水平。

国家发展改革委　民政部
财政部　国资委
2017 年 11 月 21 日

关于印发《中央财政专项扶贫资金管理办法》的通知

财农〔2017〕8号

有关省、自治区、直辖市财政厅（局）、扶贫办、发展改革委、民（宗）委（厅、局）、农业厅（农垦管理部门）、林业厅（局），新疆生产建设兵团财务局、发展改革委、民宗局：

为贯彻落实《中共中央　国务院关于打赢脱贫攻坚战的决定》精神，进一步加强和规范中央财政专项扶贫资金使用与管理，促进提升资金使用效益，我们对《财政专项扶贫资金管理办法》（财农〔2011〕412号）进行了修订，制定了《中央财政专项扶贫资金管理办法》，现印发给你们，请遵照执行。

附件：中央财政专项扶贫资金管理办法

财政部　国务院扶贫办
国家发展改革委　国家民委
农业部　国家林业局
2017年3月13日

附件：

中央财政专项扶贫资金管理办法

第一章　总　　则

第一条　为贯彻落实《中共中央　国务院关于打赢脱贫攻坚战的决定》（以下简称《决定》）和精准扶贫、精准脱贫基本方略，加强中央财政专项扶贫资金管理，提高资金使用效益，依据《中华人民共和国预算法》和国家有关扶贫开发方针政策等，制定本办法。

第二条　中央财政专项扶贫资金是中央财政通过一般公共预算安排的支持各省（自治区、直辖市，以下简称各省）以及新疆生产建设兵团（以下简称新疆兵团）主要用于精准扶贫、精准脱贫的资金。

第三条　中央财政专项扶贫资金应当围绕脱贫攻坚的总体目标和要求，统筹整合使用，形成合力，发挥整体效益。中央财政专项扶贫资金的支出方向包括：扶贫发展、以工代赈、少数民族发展、“三西”农业建设、国有贫困农场扶贫、国有贫困林场扶贫。

第四条　坚持资金使用精准，在精准识别贫困人口的基础上，把资金使用与建档立卡结果相衔接，与脱贫成效相挂钩，切实使资金惠及贫困人口。

第二章　预算安排与资金分配

第五条　中央财政依据脱贫攻坚任务需要和财力情况，在年度预算中安排财政专项扶贫资金。

地方各级财政根据本地脱贫攻坚需要和财力情况，每年预算安排一定规模的财政专项扶贫资金，并切实加大投入规模，省级资金投入情况纳入中央财政专项扶贫资金绩效评价内容。

第六条　中央财政专项扶贫资金分配向西部地区（包括比照适用西部大开发政策的贫困地区）、贫困革命老区、贫困民族地区、贫困边疆地区和连片特困地区倾斜，使资金向脱贫攻坚主战场聚焦。

第七条　中央财政专项扶贫资金主要按照因素法进行分配。资金分配的因素主要包括贫困状况、政策任务和脱贫成效等。贫困状况主要考虑各省贫困人口规模及比例、贫困深度、农民人均纯收入、地方人均财力等反映贫困的客观指标，政策任务主要考虑国家扶贫开发政策、年度脱贫攻坚任务及贫困少数民族发展等工作任务。脱贫成效主要考虑扶贫开发工作成效考核结果、财政专项扶贫资金绩效评价结果、贫困县开展统筹整合使用财政涉农资金试点工作成效等。每年分配资金选择的因素和权重，可根据当年扶贫开发工作重点适当调整。

第三章 资金支出范围与下达

第八条 各省应按照国家扶贫开发政策要求，结合当地扶贫开发工作实际情况，围绕培育和壮大贫困地区特色产业、改善小型公益性生产生活设施条件、增强贫困人口自我发展能力和抵御风险能力等方面，因户施策、因地制宜确定中央财政专项扶贫资金使用范围。教育、科学、文化、卫生、医疗、社保等社会事业支出原则上从现有资金渠道安排。各地原通过中央财政专项扶贫资金用于上述社会事业事项（“雨露计划”中农村贫困家庭子女初中、高中毕业后接受中高等职业教育，对家庭给予扶贫助学补助的事项除外）的不再继续支出。

开展统筹整合使用财政涉农资金试点的贫困县，由县级按照贫困县开展统筹整合使用财政涉农资金试点工作有关文件要求，根据脱贫攻坚需求统筹安排中央财政专项扶贫资金。

第九条 各省可根据扶贫资金项目管理工作需要，从中央财政专项扶贫资金中，按最高不超过1%的比例据实列支项目管理费，并由县级安排使用，不足部分由地方财政解决。

项目管理费专门用于项目前期准备和实施、资金管理相关的经费开支。

第十条 中央财政专项扶贫资金（含项目管理费）不得用于下列各项支出：

（一）行政事业单位基本支出；

（二）交通工具及通信设备；

（三）各种奖金、津贴和福利补助；

（四）弥补企业亏损；

（五）修建楼堂馆所及贫困农场、林场棚户改造以外的职工住宅；

（六）弥补预算支出缺口和偿还债务；

（七）大中型基本建设项目；

（八）城市基础设施建设和城市扶贫；

（九）其他与脱贫攻坚无关的支出。

第十一条 中央财政专项扶贫资金项目审批权限下放到县级。强化地方对中央财政专项扶贫资金的管理责任。各省要充分发挥中央财政专项扶贫资金的引导作用，以脱贫成效为导向，以脱贫攻坚规划为引领，统筹整合使用相关财政涉农资金，提高资金使用精准度和效益。

第十二条 各省要创新资金使用机制。探索推广政府和社会资本合作、政府购买服务、资产收益扶贫等机制，撬动更多金融资本、社会帮扶资金参与脱贫攻坚。

第十三条 财政部在国务院扶贫开发领导小组批准年度资金分配方案后，及时将中央财政专项扶贫资金预算下达各省财政厅（局），并抄送财政部驻当地财政监察专员办事处（以下简称专员办）。

根据预算管理有关要求，财政部按当年预计执行数的一定比例，将下一年度中央财政专项扶贫资金预计数提前下达各省财政厅（局），并抄送当地专员办。

安排新疆兵团的财政专项扶贫资金，按照新疆兵团预算管理有关规定管理。

第十四条 各地应当加快预算执行，提高资金使用效益。结转结余的中央财政专项扶贫资金，按照财政部关于结转结余资金管理的相关规定管理。

第十五条 中央财政专项扶贫资金的支付管理，按照财政国库管理有关规定执行。属于政府采购、招投标管理范围的，执行相关法律、法规及制度规定。

第四章 资金管理与监督

第十六条 与中央财政专项扶贫资金使用管理相关的各部门根据以下职责分工履行中央财政专项扶贫资金使用管理职责。

（一）国务院扶贫办、发展改革委、国家民委、农业部、林业局等部门分别商财政部拟定中央财政专项扶贫资金各支出方向资金的分配方案。国务院扶贫办商财政部汇总平衡提出统一分配方案，上报国务院扶贫开发领导小组审定。由国务院扶贫开发领导小组通知各省人民政府。财政部根据审定的分配方案下达资金。

（二）各级财政部门负责预算安排和资金下达，加强资金监管。

（三）各级扶贫、发展改革、民族、农业（农垦管理）、林业等部门负责资金和项目具体使用管理、绩效评价、监督检查等工作，按照权责对等原则落实监管责任。

（四）安排新疆兵团的中央财政专项扶贫资金规模由财政部确定，新疆兵团财务、扶贫部门负责使用管理与监督检查。

第十七条 各地应当加强资金和项目管理，做到资金到项目、管理到项目、核算到项目、责任到项目，并落实绩效管理各项要求。

第十八条 全面推行公开公示制度。推进政务公开，资金政策文件、管理制度、资金分配结果等信息及时向社会公开，接受社会监督。

第十九条 中央财政专项扶贫资金使用管理实行绩效评价制度。绩效评价结果以适当形式公布，并作为中央财政专项扶贫资金分配的重要因素。绩效评价年度具体实施方案由财政部、扶贫办制定。

第二十条 各级财政、扶贫、发展改革、民族、农业（农垦管理）、林业等部门要配合审计、纪检监察、检察机关做好资金和项目的审计、检查等工作。各地专员办按照工作职责和财政部要求对中央财政专项扶贫资金进行全面监管，定期或不定期形成监管报告报送财政部，根据财政部计划安排开展监督检查。各级扶贫、发展改革、民族、农业（农垦管理）、林业等部门要配合专员办做好有关工作。

创新监管方式，探索建立协同监管机制，逐步实现监管口径和政策尺度的一致，建立信息共享和成果互认机制，提高监管效率。

第二十一条 各级财政、扶贫、发展改革、民族、农业（农垦管理）和林业等部门及其工作人员在中央财政专项扶贫资金分配、使用管理等工作中，存在违反本办法规定，以及滥用职权、玩忽职守、徇私舞弊等违法违纪行为的，按照《中华人民共和国预算法》《中华人民共和国公务员法》《中华人民共和国行政监察法》《财政违法行为处罚处分条例》等国家有关规定追究相应责任；涉嫌犯罪的，移送司法机关处理。

第五章 附 则

第二十二条 各省根据本办法，结合本省的实际情况制定具体实施办法，报送财政部、扶贫办备案，并抄送财政部驻本省专员办。

第二十三条 本办法自2017年3月31日起施行。《财政部 发展改革委 国务院扶贫办关于印发〈财政专项扶贫资金管理办法〉的通知》（财农〔2011〕412号）同时废止。《财政部 国家民委关于印发〈少数民族发展资金管理办法〉的通知》（财农〔2006〕18号）、《财政部 农业部关于印发〈国有贫困农场财政扶贫资金管理暂行办法〉的通知》（财农〔2007〕347号）、《财政部 国家林业局关于印发〈国有贫困林场扶贫资金管理办法〉的通知》（财农〔2005〕104号）、《财政部 国务院扶贫办关于印发〈“三西”农业建设专项补助资金使用管理办法（修订稿）〉的通知》（财农〔2006〕356号）中有关规定与本办法不符的，执行本办法。

第二十四条 本办法由财政部会同国务院扶贫办负责解释。

关于印发《中央国有资本经营预算支出管理暂行办法》的通知

财预〔2017〕32号

有关中央单位：

为落实党的十八届三中全会决定关于以管资本为主加强国有资产监管，促进国有资本投资运营服务于国家战略目标的决策部署，进一步加强和规范中央国有资本经营预算支出管理，支持国有企业改革发展和国有资本布局优化调整，我们制定了《中央国有资本经营预算支出管理暂行办法》，并已经国务院批准，现印发给你们，请遵照执行。

附件：中央国有资本经营预算支出管理办法

财政部

2017年3月13日

附件：

中央国有资本经营预算支出管理暂行办法

第一章　总　　则

第一条　为完善国有资本经营预算管理制度，规范和加强中央国有资本经营预算支出管理，根据《中华人民共和国预算法》、《中共中央　国务院关于深化国有企业改革的指导意见》、《国务院关于改革和完善国有资产管理体制的若干意见》（国发〔2015〕63号）、《国务院关于深化预算管理制度改革的决定》（国发〔2014〕45号）、《国务院关于试行国有资本经营预算的意见》（国发〔2007〕26号）、《中央国有资本经营预算管理暂行办法》（财预〔2016〕6号）等有关规定，制定本办法。

第二条　中央国有资本经营预算支出对象主要为国有资本投资、运营公司（以下简称投资运营公司）和中央企业集团（以下简称中央企业）。

中央国有资本经营预算支出应与一般公共预算相衔接，避免与一般公共预算和政府性基金预算安排的支出交叉重复。

第三条　财政部会同相关部门制定中央国有资本经营预算支出有关管理制度。

第四条　财政部负责确定中央国有资本经营预算支出方向和重点，布置预（决）算编制，审核中央单位（包括有关中央部门、国务院直接授权的投资运营公司和直接向财政部报送国有资本经营预算的中央企业，下同）预算建议草案，编制预（决）算草案，向中央单位批复预（决）算，组织实施绩效管理，对预算执行情况进行监督检查等。

第五条　中央单位负责提出中央国有资本经营预算支出方向和重点建议，组织其监管（所属）投资运营公司和中央企业编报支出计划建议并进行审核，编制本单位预算建议草案和决算草案，向其监管（所属）投资运营公司和中央企业批复预（决）算，组织预算执行，开展绩效管理，配合财政部对预算执行情况进行监督检查等。

第六条　投资运营公司和中央企业负责向中央单位申报支出计划建议，编制本公司（企业）支出决算，推动解决国有企业历史遗留问题，开展国有资本投资运营，组织实施相关事项，按照财政部、中央单位要求开展绩效管理等。

第二章　支出范围

第七条　中央国有资本经营预算支出除调入一般公共预算和补充全国社会保障基金外，主要用于以下方面：

（一）解决国有企业历史遗留问题及相关改革成本支出；

（二）国有企业资本金注入；

（三）其他支出。

中央国有资本经营预算支出方向和重点，应当根据国家宏观经济政策需要以及不同时期国有企业改革发展任务适时进行调整。

第八条　解决国有企业历史遗留问题及相关改革成本支出，是指用于支持投资运营公司和中央企业剥离国有企业办社会职能、解决国有企业存在的体制性机制性问题、弥补国有企业改革成本等方面的支出。

第九条　解决国有企业历史遗留问题及相关改革成本支出实行专项资金管理，相关专项资金管理办法由财政部商相关部门制定。

第十条　国有企业资本金注入，是指用于引导投资运营公司和中央企业更好地服务于国家战略，将国有资本更多投向关系国家安全和国民经济命脉的重要行业和关键领域的资本性支出。

第十一条　国有企业资本金注入采取向投资运营公司注资、向产业投资基金注资以及向中央企业注资三种方式。

（一）向投资运营公司注资，主要用于推动投资运营公司调整国有资本布局和结构，增强国有资本控制力。

（二）向产业投资基金注资，主要用于引导投资运营公司采取市场化方式发起设立产业投资基金，发挥财政资金的杠杆作用，引领社会资本更多投向重要前瞻性战略性产业、生态环境保护、科技进步、公共服务、国际化经营等领域，增强国有资本影响力。

（三）向中央企业注资，主要用于落实党中央、国务院有关决策部署精神，由中央企业具体实施的事项。

第三章 预算编制和批复

第十二条 财政部按照国务院编制预算的统一要求，根据中央国有资本经营预算支出政策，印发编制中央国有资本经营预算通知。

第十三条 财政部会同有关部门，对投资运营公司和中央企业盈利情况进行测算后，确定年度中央国有资本经营预算支出规模。

第十四条 中央单位根据财政部通知要求以及年度预算支出规模，组织其监管（所属）投资运营公司和中央企业编报支出计划建议。

第十五条 投资运营公司和中央企业根据有关编报要求，编制本公司（企业）国有资本经营预算支出计划建议报中央单位，并抄报财政部。其中：

（一）解决国有企业历史遗留问题及相关改革成本支出计划建议，根据相关专项资金管理办法编制。

（二）国有企业资本金注入计划建议，根据党中央、国务院有关要求，结合投资运营公司和中央企业章程、发展定位和战略、投资运营规划、投融资计划等编制。

第十六条 中央单位对其监管（所属）投资运营公司和中央企业编报的支出计划建议进行审核，编制预算建议草案报送财政部。

第十七条 财政部根据国家宏观调控目标，并结合国家重点发展战略、国有企业历史遗留问题解决进程、国有资本布局调整要求以及绩效目标审核意见、以前年度绩效评价结果等情况，在对中央单位申报的预算建议草案进行审核的基础上，按照“量入为出、收支平衡”的原则，向中央单位下达预算控制数。

第十八条 中央单位根据财政部下达的预算控制数，结合其监管（所属）投资运营公司和中央企业经营情况、历史遗留问题解决及改革发展进程等，对本单位预算建议草案进行调整后，再次报送财政部。

第十九条 财政部根据中央单位调整后的预算建议草案，编制中央本级国有资本经营预算草案。

第二十条 中央国有资本经营预算经全国人民代表大会审议批准后，财政部在20日内向中央单位批复预算。中央单位应当在接到财政部批复的本单位预算后15日内向其监管（所属）投资运营公司和中央企业批复预算。

第四章 预算执行

第二十一条 中央国有资本经营预算支出应当按照经批准的预算执行，未经批准不得擅自调剂。确需调剂使用的，按照财政部有关规定办理。

第二十二条 财政部按照国库集中支付管理的规定，将预算资金拨付至投资运营公司、产业投资基金和中央企业。

第二十三条 投资运营公司和中央企业应按规定用途使用资金。属于国有企业资本金注入的，应及时落实国有权益，并根据明确的支出投向和目标，及时开展国有资本投资运营活动，推进有关事项的实施。

第五章 转移支付

第二十四条 中央国有资本经营预算可根据国有企业改革发展需要，经国务院批准，设立对地方的专项转移支付项目。

第二十五条 财政部应当在每年10月31日前将下一年度专项转移支付预计数提前下达省级政府财政部门。

第二十六条 财政部会同相关部门按照规定组织专项转移支付项目资金的申报、审核和分配工作。

第二十七条 财政部应当在全国人民代表大会审查批准中央国有资本经营预算后90日内印发下达专项转移支付预算文件。

对据实结算等特殊项目的专项转移支付，可以分期下达预算，最后一期的下达时间一般不迟于9月30日。

第二十八条 省级人民政府财政部门接到中

央国有资本经营预算专项转移支付后，应当在30日内正式分解下达，并将资金分配结果及时报送财政部。

第六章 决　　算

第二十九条 财政部按照编制决算的统一要求，部署编制中央国有资本经营决算草案工作，制发中央国有资本经营决算报表格式和编制说明。

第三十条 投资运营公司和中央企业根据有关编报要求，编制本公司（企业）国有资本经营支出决算，报中央单位。

第三十一条 中央单位根据其监管（所属）投资运营公司和中央企业编制的国有资本经营支出决算，编制本单位中央国有资本经营决算草案报送财政部。

第三十二条 财政部根据当年国有资本经营预算执行情况和中央单位上报的决算草案，编制中央国有资本经营决算草案。

第三十三条 中央国有资本经营决算草案经国务院审计机关审计后，报国务院审定，由国务院提请全国人民代表大会常务委员会审查和批准。

第三十四条 中央国有资本经营决算草案经全国人民代表大会常务委员会批准后，财政部应当在20日内向中央单位批复决算。中央单位应当在接到财政部批复的本单位决算后15日内向其监管（所属）投资运营公司和中央企业批复决算。

第七章 绩效管理

第三十五条 中央国有资本经营预算支出应当实施绩效管理，合理设定绩效目标及指标，实行绩效执行监控，开展绩效评价，加强评价结果应用，提升预算资金使用效益。

第三十六条 中央单位、投资运营公司和中央企业根据财政预算绩效管理的相关规定，开展国有资本经营预算支出绩效管理工作。

第三十七条 财政部将绩效评价结果作为加强预算管理及安排以后年度预算支出的重要依据。

第三十八条 对采取先建后补、以奖代补、据实结算等事后补助方式管理的专项转移支付项目，实行事后立项事后补助的，其绩效目标可以用相关工作或目标的完成情况代以体现。

第八章 监督检查

第三十九条 财政部、中央单位应当加强对中央国有资本经营预算支出事前、事中、事后的全过程管理，并按照政府信息公开有关规定向社会公开相关信息。

第四十条 投资运营公司和中央企业应当遵守国家财政、财务规章制度和财经纪律，自觉接受财政部门和中央单位的监督检查。审计机关要依法加强对财政部门、中央单位、投资运营公司和中央企业的审计监督。

第四十一条 对预算支出使用过程中的违法违规行为，依照《中华人民共和国预算法》《财政违法行为处罚处分条例》（国务院令第427号）等有关规定追究责任。

第九章 附　　则

第四十二条 地方国有资本经营预算支出管理办法由地方参照本办法制定。

第四十三条 本办法由财政部负责解释。

第四十四条 本办法自2017年1月1日起施行。

关于修订《农业资源及生态保护补助资金管理办法》的通知

财农〔2017〕42号

各省、自治区、直辖市、计划单列市财政厅（局）、农业（农牧、农村经济、畜牧兽医）厅（局、委、办），新疆生产建设兵团财务局、农业局，中央直属垦区：

为加强和规范农业资源及生态保护补助资金使用管理，推进资金统筹使用，提高资金使用效益，根据《中华人民共和国预算法》等有关规定，财政部会同农业部修订了《农业资源及生态保护补助资金管理办法》。现予印发，请遵照执行。

附件：农业资源及生态保护补助资金管理办法

财政部　农业部

2017年4月28日

附件：

农业资源及生态保护补助资金管理办法

第一章　总　　则

第一条　为加强和规范农业资源及生态保护补助资金使用管理，推进资金统筹使用，提高资金使用效益，促进农业可持续发展，根据《中华人民共和国预算法》、《国务院关于印发推进财政资金统筹使用方案的通知》（国发〔2015〕35号）、《中央对地方专项转移支付管理办法》（财预〔2015〕230号）等有关法律法规，制定本办法。

第二条　农业资源及生态保护补助资金是中央财政公共预算安排用于农业资源养护、生态保护及利益补偿等的专项转移支付资金。

第三条　农业资源及生态保护补助资金由财政部会同农业部共同管理，按照“政策目标明确、分配办法科学、支出方向协调、绩效结果导向”的原则分配、使用和管理。

财政部负责农业资源及生态保护补助资金中期财政规划和年度预算编制，会同农业部分配及下达资金，对资金使用情况进行监督和绩效管理。

农业部负责相关规划编制，指导、推动和监督开展农业资源及生态保护工作，会同财政部下达年度工作任务（任务清单），做好资金测算、任务完成情况监督，绩效目标制定、绩效监控和评价等工作。

第二章　资金支出范围

第四条　农业资源及生态保护补助资金主要用于耕地质量提升、草原禁牧补助与草畜平衡奖励（直接发放给农牧民，下同）、草原生态修复治理、渔业资源保护等支出方向。

第五条　耕地质量提升支出主要用于支持东北黑土地保护利用、测土配方施肥、农作物秸秆综合利用等方面。

第六条　草原禁牧补助与草畜平衡奖励支出主要用于支持对按照有关规定实施草原禁牧和草畜平衡的农牧民予以补助奖励，以及支持半农半牧区加强草原保护建设等方面。

第七条　草原生态修复治理支出主要用于落实草原禁牧补助和草畜平衡奖励基础工作、草原生态保护建设和草牧业发展等方面。

第八条　渔业资源保护支出主要用于支持渔业增殖放流等方面。

第九条　农业资源及生态保护补助资金不得用于兴建楼堂馆所、弥补预算支出缺口等与农业资源及生态保护无关的支出。

第十条　农业资源及生态保护补助资金的支持对象主要是农民、牧民、渔民，新型农业经营主体，以及承担项目任务的单位和个人。

第十一条　农业资源及生态保护补助资金可以采取直接补助、政府购买服务、贴息、先建后补、以奖代补、资产折股量化、设立基金等方式。具体由省级财政部门商农业主管部门确定。

第三章　资金分配和下达

第十二条　农业资源及生态保护补助资金主要按照因素法进行分配。资金分配的因素主要包括工作任务（任务清单）和工作成效等。工作任务（任务清单）分为约束性任务和指导性任务两类，不同支出方向的工作任务（任务清单）根据任务特点、政策目标等选择相应的具体因素和权重进行测算分配资金。工作成效主要以绩效目标评价结果为依据。

第十三条　农业部于每年5月15日前，提出当年农业资源及生态保护补助资金分支出方向的各省分配建议，函报财政部。

第十四条　财政部在全国人民代表大会批准预算后90日内，根据年度预算安排和农业部分配建议函等，审核下达当年农业资源及生态保护补助资金，抄送农业部和各地专员办。农业资源及生态保护补助资金分配结果在预算下达文件印发后20日内向社会公开。

第十五条 农业资源及生态保护补助资金的支付，按照国库集中支付制度有关规定执行。属于政府采购管理范围的，按照政府采购有关规定执行。

第四章 资金使用和管理

第十六条 农业资源及生态保护补助资金实行“大专项＋任务清单”管理方式，除用于约束性任务的资金不允许统筹以外，各省可对其他资金在本专项的支出方向范围内统筹使用，并应当全面落实预算信息公开的要求。

第十七条 各级财政、农业主管部门应当加快预算执行，提高资金使用效益。结转结余的农业资源及生态保护补助资金，按照财政部关于结转结余资金管理的有关规定处理。

第十八条 省级财政部门会同农业主管部门，根据本办法和财政部、农业部下发的工作任务（任务清单）和绩效目标，结合本地区农业资源及生态保护实际情况，制订本省年度资金使用方案，于8月31日前以正式文件报财政部、农业部备案，抄送当地专员办。

第十九条 各级农业主管部门应当组织核实资金支持对象的资格、条件，督促检查工作任务（任务清单）完成情况，为财政部门按规定标准分配、审核拨付资金提供依据。

第五章 监督检查和绩效评价

第二十条 各级财政、农业主管部门应当加强对农业资源及生态保护补助资金分配、使用、管理情况的监督检查，发现问题及时纠正。各地专员办根据财政部、农业部确定的年度工作任务（任务清单）和区域绩效目标，加强农业资源及生态保护补助资金预算执行监管，根据财政部计划安排开展监督检查，形成监管报告报送财政部。

第二十一条 农业资源及生态保护补助资金使用管理实行绩效评价制度，评价结果作为农业资源及生态保护补助资金分配的重要依据。农业资源及生态保护补助资金绩效管理办法另行制定。

第二十二条 各级财政、农业主管部门及其工作人员在资金分配、审核等工作中，存在违反规定分配资金、向不符合条件的单位、个人（或项目）分配资金或者擅自超出规定的范围、标准分配或使用资金等，以及存在其他滥用职权、玩忽职守、徇私舞弊等违法违纪行为的，按照《中华人民共和国预算法》《中华人民共和国公务员法》《中华人民共和国行政监察法》《财政违法行为处罚处分条例》等国家有关规定追究相关责任；涉嫌犯罪的，移送司法机关处理。

第二十三条 资金使用单位和个人虚报冒领、骗取套取、挤占挪用农业资源及生态保护补助资金，以及存在其他违反本办法规定行为的，按照《中华人民共和国预算法》《财政违法行为处罚处分条例》等有关规定追究相应责任。

第六章 附 则

第二十四条 农业资源及生态保护补助资金中用于支持贫困县开展统筹整合使用财政涉农资金试点的部分，按照有关规定执行。

第二十五条 省级财政部门应当会同农业主管部门根据本办法制定实施细则，报财政部和农业部，抄送当地专员办。

第二十六条 本办法所称省级、各省是指省、自治区、直辖市、计划单列市和新疆生产建设兵团。专员办是指财政部驻各省、自治区、直辖市、计划单列市财政监察专员办事处。农业主管部门是指农业、农牧、农村经济、畜牧兽医、渔业、农垦等行政主管部门。

第二十七条 本办法由财政部会同农业部解释。

第二十八条 本办法自2017年6月1日起施行。《财政部 农业部关于印发〈中央财政农业资源及生态保护补助资金管理办法〉的通知》（财农〔2014〕32号）同时废止。

关于印发《国有企业境外投资财务管理办法》的通知

财资〔2017〕24号

党中央有关部门，国务院各部委、各直属机构，各省、自治区、直辖市、计划单列市财政厅（局），新疆生产建设兵团财务局，各中央管理企业：

为加强国有企业境外投资财务管理，防范境外投资财务风险，提高投资效益，提升国有资本服务于“一带一路”“走出去”等国家战略的能力，财政部制定了《国有企业境外投资财务管理办法》。现予印发，请遵照执行。

附件：国有企业境外投资财务管理办法

财政部

2017年6月12日

附件：

国有企业境外投资财务管理办法

第一章 总 则

第一条 为加强国有企业境外投资财务管理，防范境外投资财务风险，提高投资效益，根据《中华人民共和国公司法》《企业财务通则》等有关规定，制定本办法。

第二条 本办法所称国有企业，是指国务院和地方人民政府分别代表国家履行出资人职责的国有独资企业、国有独资公司以及国有资本控股公司，包括中央和地方国有资产监督管理机构和其他部门所监管的企业本级及其逐级投资形成的企业。

国有企业合营的企业以及国有资本参股公司可以参照执行本办法。

第三条 本办法所称境外投资，是指国有企业在香港、澳门特别行政区和台湾地区，以及中华人民共和国以外通过新设、并购、合营、参股及其他方式，取得企业法人和非法人项目［以下统称境外投资企业（项目）］所有权、控制权、经营管理权及其他权益的行为。

未从事具体生产经营、投资、管理活动的境外投资企业（项目），不执行本办法。

第四条 国有企业境外投资财务管理应当贯穿境外投资决策、运营、绩效评价等全过程。

国有企业应当建立责权利相统一、激励和约束相结合的境外投资管理机制，健全境外投资财务管理制度，提升境外投资财务管理水平，提高境外投资决策、组织、控制、分析、监督的有效性。

第五条 国有企业境外投资经营应当遵守境内法律、行政法规和所在国（地区）法律法规，并符合国有企业发展战略和规划。

第二章 境外投资财务管理职责

第六条 国有企业股东（大）会、党委（党组）、董事会、总经理办公会或者其他形式的内部机构（以下统称内部决策机构）按照有关法律法规和企业章程规定，对本企业境外投资企业（项目）履行相应管理职责。内部决策机构应当重点关注以下财务问题：

（一）境外投资计划的财务可行性；

（二）增加、减少、清算境外投资等重大方案涉及的财务收益和风险等问题；

（三）境外投资企业（项目）首席财务官或财务总监（以下统称财务负责人）人选的胜任能力、职业操守和任职时间；

（四）境外投资企业（项目）绩效；

（五）境外投资企业（项目）税务合规及税收风险管理；

（六）其他重大财务问题。

第七条 国有企业应当在董事长、总经理、副总经理、总会计师（财务总监、首席财务官）等企业领导班子成员中确定一名主管境外投资财务工作的负责人。

第八条 国有企业集团公司对境外投资履行

以下财务管理职责：

（一）根据国家统一制定的财务制度和国际通行规则制定符合本集团实际的境外投资财务制度，督促所属企业加强境外投资财务管理；

（二）建立健全集团境外投资内部审计监督制度；

（三）汇总形成集团年度境外投资财务情况；

（四）组织所属企业开展境外投资绩效评价工作，汇总形成集团境外投资年度绩效评价报告；

（五）对所属企业财务管理过程中违规决策、失职、渎职等导致境外投资损失的，依法追究相关责任人员的责任。

各级人民政府有关部门和事业单位所监管企业，由该部门和事业单位履行上述职责。

第九条 各级人民政府财政部门（以下统称主管财政机关）对国有企业境外投资履行以下财务管理职责：

（一）国务院财政部门负责制定境外投资财务管理制度和内部控制制度，主管财政机关负责组织实施；

（二）汇总国有企业境外投资年度财务情况，分析监测境外投资财务运行状况；

（三）本级人民政府授予的其他财务管理职责。

第三章　境外投资决策财务管理

第十条 国有企业应当按照《中共中央办公厅　国务院办公厅印发〈关于进一步推进国有企业贯彻落实“三重一大”决策制度的意见〉的通知》等有关要求，建立健全境外投资决策制度，明确决策规则、程序、主体、权限和责任等。

第十一条 国有企业以并购、合营、参股方式进行境外投资，应当组建包括行业、财务、税收、法律、国际政治等领域专家在内的团队或者委托具有能力并与委托方无利害关系的中介机构开展尽职调查并形成书面报告。其中，财务尽职调查应当重点关注以下财务风险：

（一）目标企业（项目）所在国（地区）的宏观经济风险，包括经济增长前景、金融环境、外商投资和税收政策稳定性、物价波动等。

（二）目标企业（项目）存在的财务风险，包括收入和盈利大幅波动或不可持续、大额资产减值风险、或有负债、大额营运资金补充需求、高负债投资项目等。

第十二条 国有企业应当组织内部团队或者委托具有能力并与委托方无利害关系的外部机构对境外投资开展财务可行性研究。

对投资规模较大或者对企业发展战略具有重要意义的境外投资，国有企业应当分别组织开展内部和外部财务可行性研究，并要求承担可研的团队和机构独立出具书面报告；对投资标的的价值，应当依法委托具有能力的资产评估机构进行评估。

第十三条 国有企业开展财务可行性研究，应当结合企业发展战略和财务战略，对关键商品价格、利率、汇率、税率等因素变动影响境外投资企业（项目）盈利情况进行敏感性分析，评估相关财务风险，并提出应对方案。

第十四条 国有企业内部决策机构应当在尽职调查、可行性研究等前期工作基础上进行决策。

第十五条 国有企业内部决策机构履行决策职责，应当形成书面纪要，并由参与决策的全体成员签名。内部决策机构组成人员在相关事项表决时表明异议或者提示重大风险的，应当在书面纪要中进行记录。

第十六条 国有企业境外投资决策事项涉及内部决策机构组成人员个人或者其直系亲属、重大利害关系人利益的，相关人员应当主动申请回避。

第四章　境外投资运营财务管理

第十七条 国有企业应当将境外投资企业（项目）纳入全面预算管理体系，明确年度预算目标，加强对其重大财务事项的预算控制。

第十八条 国有企业应当督促境外投资企业（项目）通过企业章程等符合境外国家（地区）法律法规规定的方式，界定重大财务事项范围，明确财务授权审批和财务风险管控要求。

对投资规模较大或者对企业发展战略具有重要意义的境外投资企业（项目），国有企业还应当事先在投资协议中作出约定，向其选派具备相应资格的财务负责人或者财务人员，定期分析财务状况和经营成果，及时向国有企业报送财务信息，按规定报告重大财务事项；必要时，国有企业可以对境外投资企业（项目）进行专项审计。

第十九条 国有企业应当建立健全境外投资企业（项目）台账，反映境外投资目的、投资金额、持股比例（控制权情况）、融资构成、所属行业、关键资源或产能、重大财务事项等情况。

本办法所称境外投资企业（项目）重大财务事项，包括但不限于合并、分立、终止、清算，资本变更，重大融资，对外投资、对外担保，重大资产处置，重大资产损失，利润分配，重大税务事项，从事金融产品交易等高风险业务。

上述重大财务事项涉及资产评估的，应当按照《中华人民共和国资产评估法》等有关规定执行，境外国家（地区）法律法规另有规定的除外。

第二十条 境外国家（地区）法律法规无禁止性规定的，国有企业应当对境外投资企业（项目）加强资金管控，有条件的可实行资金集中统一管理。

第二十一条 国有企业应当督促境外投资企业（项目）建立健全银行账户管理制度。

国有企业应当掌握境外投资企业（项目）银行账户设立、撤销、重大异动等情况。

第二十二条 国有企业应当督促境外投资企业（项目）建立健全资金往来联签制度。

一般资金往来应当由境外投资企业（项目）经办人和经授权的管理人员签字授权。重大资金往来应当由境外投资企业（项目）董事长、总经理、财务负责人中的二人或多人签字授权，且其中一人须为财务负责人。

联签人之间不得存在直系亲属或者重大利害关系。

第二十三条 国有企业应当督促境外投资企业（项目）建立健全成本费用管理制度，强化预算控制。

国有企业应当重点关注境外投资企业（项目）佣金、回扣、手续费、劳务费、提成、返利、进场费、业务奖励等费用的开支范围、标准和报销审批制度的合法合规性。

第二十四条 国有企业应当督促境外投资企业（项目）建立健全合法、合理的薪酬制度。

第二十五条 国有企业应当通过企业章程、投资协议、董事会决议等符合境外国家（地区）法律法规规定的方式，要求境外投资企业（项目）按时足额向其分配股利（项目收益），并按照相关税收法律规定申报纳税。

境内国有企业应收股利（项目收益）按照有关外汇管理规定要汇回境内的，应当及时汇回。

第二十六条 国有企业开展境外投资，应当按照有关外汇管理规定办理境外投资外汇登记，并办理境外投资购付汇、外汇资金划转、结汇及存量权益登记等手续。

第二十七条 境外国家（地区）法律法规无禁止性规定的，国有企业应当将境外投资企业（项目）纳入本企业财务管理信息化系统管理。

国有企业应当要求境外投资企业（项目）妥善保存各种凭证、账簿、报表等会计资料，并定期归档。年度财务报告、审计报告、重大决策纪要以及其他重要的档案应当永久保存，并以书面或电子数据形式向境内国有企业报送备份，境外国家（地区）法律法规有禁止性规定的除外。不属于永久保存的档案应当按我国和境外国家（地区）存档规定中较长的期限保存。

第五章 境外投资财务监督

第二十八条 国有企业应当建立健全对境外投资的内部财务监督制度。

第二十九条 国有企业应当对连续三年累计亏损金额较大或者当年发生严重亏损等重大风险事件的境外投资企业（项目）进行实地监督检查或者委托中介机构进行审计，并根据审计监督情况采取相应措施。

境外投资企业（项目）因投资回收期长、仅承担研发业务等合理原因出现上述亏损情形的，经国有企业内部决策机构批准，可以不进行实地监督检查和审计。

第三十条 国有企业应当发挥内部审计作用，建立健全境外投资企业（项目）负责人离任审计和清算审计制度。

国有企业对境外投资企业（项目）负责人、财务负责人任职时间没有明确要求且相关人员任职满5年的，应当对境外投资企业（项目）财务管理情况进行实地监督检查。

第三十一条 国有企业应当依法接受主管财政机关的财务监督检查和国家审计机关的审计监督。

上述监督结果应当作为同级人民政府相关部门对国有企业境外投资开展管理的重要参考。

第三十二条 主管财政机关及其工作人员在财务监督检查工作中，存在滥用职权、玩忽职守、徇私舞弊或者泄露国家机密、企业商业秘密的，按照《中华人民共和国公务员法》《中华人民共和国行政监察法》等国家有关规定追究相应责任；涉嫌犯罪的，移交司法机关处理。

第三十三条 国有企业集团公司应当汇总形成本集团年度境外投资财务情况，于下一年度 4 月底前随集团年度财务报告一并报送主管财政机关。

第三十四条 主管财政机关建立国有企业境外投资财务报告数据库，分析监测境外投资财务运行状况，制定完善相关政策措施。

第六章 境外投资绩效评价

第三十五条 国有企业应当建立健全境外投资绩效评价制度，定期对境外投资企业（项目）的管理水平和效益情况开展评价。

第三十六条 国有企业应当根据不同类型境外投资企业（项目）特点设置合理的评价指标体系。

第三十七条 国有企业对境外投资企业（项目）设立短期与中长期相结合的绩效评价周期。

对于符合国家战略要求、投资周期长的境外投资企业（项目），应当合理设定差异化的绩效评价周期。

第三十八条 国有企业应当组织开展境外投资企业（项目）绩效评价，形成绩效评价报告。必要时可以委托资产评估等中介机构开展相关工作。

第三十九条 绩效评价报告应当作为国有企业内部优化配置资源的重要依据。

对绩效评价结果长期不理想的境外投资企业（项目），国有企业应当通过关闭清算、转让股权等方式及时进行处置。

第四十条 国有企业集团公司应当汇总形成本集团境外投资年度绩效评价报告，单独或者一并随集团年度财务报告报送主管财政机关。

第四十一条 国有企业集团境外投资年度绩效评价报告应当综合反映境外投资成效，可以作为同级人民政府相关部门评估“走出去”政策实施效果、制定完善相关政策、进行国有资本注资等行为的重要参考。

第七章 附　　则

第四十二条 非国有企业开展境外投资可以参照本办法执行。

金融企业境外投资财务管理办法另行制定。

第四十三条 国有企业集团公司应当依据本办法，建立健全符合本集团实际的境外投资财务管理制度体系，并加强境外投资财务管理人才内部培训、内部选拔和外部聘用管理。

第四十四条 本办法自 2017 年 8 月 1 日起实施。

关于印发地方审计机关 2017 年度应重点抓好的工作任务的通知

审办发〔2017〕1 号

各省、自治区、直辖市和计划单列市、新疆生产建设兵团审计厅（局）：

现将《审计署关于地方审计机关 2017 年度应重点抓好的工作任务》印发给你们，请结合本地区、本单位实际贯彻落实。

审计署

2017 年 1 月 6 日

审计署关于地方审计机关 2017年度应重点抓好的工作任务

为全面贯彻党的十八大、十八届三中、四中、五中、六中全会精神和中央经济工作会议精神，深入学习贯彻习近平总书记系列重要讲话精神，认真落实李克强总理关于审计工作的重要指示，以优异成绩迎接党的十九大胜利召开，按照全国审计工作会议的部署，对地方审计机关2017年度应重点抓好的工作任务提出如下要求：

一、认真贯彻落实党的十八届六中全会精神，切实把全面从严治党落到实处。地方审计机关各级党组织要把学习贯彻落实党的十八届六中全会精神作为一项重大政治任务，采取多种方式，加强学习宣传，充分认识全会的重大意义，切实领会全会精神实质，抓好贯彻落实。全体党员要牢固树立“四个意识”特别是核心意识和看齐意识，更加紧密地团结在以习近平同志为核心的党中央周围，更加坚定地维护以习近平同志为核心的党中央权威，更加自觉地在思想上政治上行动上同以习近平同志为核心的党中央保持高度一致，更加扎实地把党中央各项决策部署落到实处。各级党组织要牢固树立“抓好党建是最大政绩”的政治意识，切实扛起全面从严治党主体责任，强化责任落实，健全完善责任体系，坚持把党的建设、党风廉政建设与审计业务工作同部署、同落实、同检查、同考核，层层分解责任、层层传导压力、层层落实任务，确保责任落实到位。要认真落实意识形态工作责任制。领导干部要以身作则、率先垂范，自觉对照党章党规、自觉对照习近平总书记系列重要讲话精神，认真查找自身存在的差距和不足，对查摆出的问题，立行立改，切实发挥好示范带头作用。要加强基层党组织建设，加强对党员的教育管理，抓好审计现场临时党组织建设，充分发挥党员的先锋模范作用和基层党组织的战斗堡垒作用。各地方审计机关党组和主要负责人要支持纪检部门和纪检干部履行监督职责，地方审计机关纪检部门和纪检干部要坚持把纪律挺在前面，充分运用好监督执纪“四种形态”，对违反规定要求的，坚决依纪依法处理。

二、认真履行审计监督职责，自觉服务于改革发展大局。在2017年的审计工作中，地方审计机关要紧紧围绕统筹推进“五位一体”总体布局和协调推进“四个全面”战略布局，坚持稳中求进工作总基调，牢固树立和贯彻落实新发展理念，以提高发展质量和效益为中心，以推进供给侧结构性改革为主线，围绕“发展、改革、安全、绩效”目标，严格依法履行审计监督职责，大力推进有重点、有步骤、有深度、有成效的审计全覆盖，充分发挥审计在党和国家监督体系中的重要作用，促进经济平稳健康发展和社会和谐稳定。重点抓好以下工作：

（一）持续做好重大政策措施落实情况跟踪审计。所有审计项目都要把重大政策措施落实情况作为重要审计内容，并按照审计署统一安排，持续做好跟踪审计工作，把推动中央重大政策措施贯彻落实作为政治责任、头等大事。审计中要重点关注“一带一路”、京津冀协同发展、长江经济带三大战略、区域协调发展、“三去一降一补”任务、精准扶贫精准脱贫、简政放权和“放管服”改革、“营改增”等减税降费、科技创新、大众创业、万众创新等重大决策部署贯彻落实情况，严肃查处弄虚作假、隐瞒实情、上有政策、下有对策、有令不行、有禁不止，以及重大履职不到位等问题，推动政策落地、有效发挥作用。每季度向本级政府和上级审计机关报告跟踪审计情况和整改情况，重大事项随时报告。

（二）加大扶贫审计力度。深入贯彻落实中央扶贫开发工作会议和习近平总书记关于扶贫开发系列重要讲话精神，按照审计署统一安排，切实做好扶贫审计工作。扶贫脱贫任务较重地区的省级审计机关，要加强对本地区扶贫审计工作的组织领导，紧紧围绕“十三五”脱贫攻坚目标，统筹力量，明确任务分工。在扶贫审计中，要沿着政策和资金两条主线，重点关注国家精准扶贫精准脱贫政策实施、脱贫工作责任制落实、相关项目实施、资金管理使用、扶贫目标任务完成情况等，促进扶贫政策落实、规范扶贫资金管理、维护扶贫资金安全、提高扶贫资金绩效、推动脱贫攻坚任务完成。同时，各地方审计机关要按照审计署的统一安排，做好保障性安居工程跟踪审计工作。

（三）加强资源环境审计。认真贯彻落实中央决策部署，进一步加大资源环境审计力度，大力推进领导干部自然资源资产离任审计，促进生态文明建设。按照审计署统一安排，每个省级审计机关要直接对 1 个地级市开展领导干部自然资源资产离任审计，除 4 个直辖市、西藏、新疆、新疆生产建设兵团和 5 个计划单列市审计厅（局）外，每个省级审计机关至少组织指导 2 个地市审计机关分别开展领导干部自然资源资产离任审计。在审计署统一组织外，各地要结合实际，加大领导干部自然资源资产离任审计力度。组织实施审计时，要坚持因地制宜，聚焦重点地区和重点资源，紧紧围绕责任落实，严肃查处重大资源毁损、重大生态破坏、重大环境污染、重大职责履行不到位等问题，促进领导干部更好地践行五大发展理念，认真落实自然资源资产管理和生态环境保护责任，推动绿色低碳发展，促进推动生态文明建设。

（四）密切关注经济社会风险隐患。牢固树立总体国家安全观，注重反映重点领域风险隐患，着力维护国家安全。要密切关注地方财政收支质量，持续跟踪审计地方政府性债务，维护财政安全；密切关注地方金融机构的运营管理、信贷资金流向、风险管控、不良贷款、表外业务、金融创新，以及民间金融发展、金融监管部门履行监管职责等情况，重点揭示违规经营、资产泡沫、非法集资和地下钱庄等问题，防范系统性、区域性金融风险，维护金融安全；密切关注房地产市场运行情况、重点城市房地产去库存情况，促进房地产平稳健康发展；加大国有企业、国有资本、境外投资以及企业领导人员履行经济责任情况的审计监督，做到应审尽审、有审必严，维护国有资产安全，防范国有资产流失；密切关注“三农”、就业、社会保障等民生领域的风险隐患情况，维护民生安全；密切关注能源、矿产资源、水资源、环境保护等领域的风险隐患情况，维护资源和生态环境安全。

（五）加大对重大违纪违法问题的查处力度。坚持问题导向，坚持严肃查处损害国家和人民利益、重大违纪违法、重大损失浪费、重大环境污染和资源毁损、重大履职不到位、重大政策落实不到位等问题，对以权谋私、假公济私、权钱交易、骗取财政资金、失职渎职、贪污受贿、内幕交易等违法犯罪问题“零容忍”。审计中发现党的领导干部涉嫌违纪的问题线索，应当向同级党组织报告，必要时向上级党组织报告，并按照规定将问题线索移送相关纪律检查机关处理。针对审计发现的重大问题或典型性、普遍性问题，要深入分析原因，及时提出对策建议，促进健全完善机制体制和制度，推动深化改革。

各地方审计机关要紧紧围绕中央经济工作会议的安排部署和地方党委政府的要求，结合各自实际，精心谋划、合理安排实施政策落实、财政、金融、企业、民生、资源环境、经济责任和涉外等各类审计项目，加大审计监督力度，认真履行法定职责，服务地方经济社会发展。安排实施审计项目时，要注重合理配置审计资源，加大各领域审计项目的整合力度，做到项目同步安排、协同实施，成果共享。上下级审计机关要加强上下联动，强化审计项目安排的协调，做到审计内容上相互呼应，审计实施时间上前后衔接。下级审计机关的年度审计项目计划要报上级审计机关备案，各省级审计机关的年度审计项目计划要报审计署备案，省以下地方审计机关人财物管理改革试点地区市地、县级审计机关的年度审计项目计划要报省级审计机关批准后执行。

三、坚持依法审计，确保审计质量。为更好履行审计监督职责，各地方审计机关要把握好以下几个方面的标准和要求：

（一）坚持严格依法审计。加强对审计人员的法治教育，强化法治观念，严格依照法定程序、方式、标准开展审计工作。特别是要严格依法规范银行账户查询行为，严格审批，严格管理，不得无依据或依据不充分开具银行账户查询通知书。严格规范向被审计单位索取资料和延伸调查行为，不得超越审计法定权限索取资料，不得随意扩大延伸调查范围，不得调查与审计工作无关的单位和事项。严格依法作出审计决定，严禁超越权限罚款，坚决撤销各种形式的审计罚没收入过渡户。依法及时检查被审计单位整改审计发现问题情况，督促整改落实到位。坚持阳光法则，依法依规公告审计结果，提高审计工作的公开透明度。

（二）坚持“三个区分开来”。要正确把握改革和发展中出现的新情况新问题，既不能以新出台的制度规定去衡量以前的老问题，也不能生搬硬套或机械地使用不符合改革发展要求的旧制度规定来衡量当前的创新事项。要认真落实习近平总书记提出的“三个区分开来”，审慎区分无意过失与明知故犯、工作失误与失职渎职、探索实践与以权谋私，客观审慎作出结论和处理。对审计发现的问题，要深入分析产生问题的原因和造成的后果，坚持实事求是，坚持鼓励创新，宽容改革创新中的失误，自觉把“三个区分开来”落到实处，服务经济社会发展和改革发展大局。

（三）聚焦主责主业。各地方审计机关要全面退出与法定职责无关的各类协调机构和工作，确保依法独立行使审计监督权。各省级审计机关要加强对本地区市级、县级审计机关清理工作的指导，针对清理难度大的事项，主动与有关党委政府或有关部门沟通，帮助市县审计机关推动该项工作。要依法独立做好投资审计，各地方审计机关特别是基层审计机关不得参与政府投资项目的可研论证、项目审批、招投标、合同签订、物资采购、项目结算和决算、竣工验收等工程管理工作。要规范聘请中介机构参与投资审计的行为，聘请社会中介机构参与投资审计时，要规范操作、明确权责，强化审计质量控制，防范审计风险。有关部门向审计机关征求对有关人员的意见时，审计机关应如实、客观、准确提供审计所掌握的相关情况，不得发表主观判断性意见，更不能超越审计所涉及的内容发表评价性意见。

（四）加强审计现场管理。各地方审计机关应严格执行审计项目计划，维护计划的严肃性。组织实施审计时，要依法组成审计组，加强人力资源整合并确保人员相对稳定。审计组组长应深入一线，履行审计现场第一责任人的职责，认真做好业务培训、强化进度控制、优化业务流程、明确分工和责任，确保重大问题查得出，避免走形式、走过场。落实审计组会议制度，认真组织研究审计实施中的重大审计事项、审计底稿、审计证据、被审计单位的反馈意见等。强化审计组人员的廉政、保密、安全教育和管理，特别是要加强外聘人员的管理，确保人身安全、资料安全、财产安全。坚持文明审计，审计人员不得以监督者自居，更不得口无遮拦、口大气粗，注重维护审计机关形象。

（五）确保审计质量。各地方审计机关和审计人员要牢固树立质量意识，把牢审计质量“生命线”。坚持尽力而为、量力而行合理安排投资审计、经济责任审计等审计项目，不得超越自身能力承担力所不及的审计任务。健全完善审计权力运行机制，把审计计划、实施、审理、报告、公告等各环节既相互制约又协调有序的运行机制落到实处。严格落实干预审计工作行为登记报告制度，确保依法独立履行审计监督职责。严格规范审计行为，落实分层级审计质量控制责任，加大复核、审理力度。上级审计机关要加强对下级审计机关审计质量的检查，及时通报检查情况，对发现的重大质量问题，要按照权责一致的原则，严格落实执法过错责任追究制度。

四、加强组织领导，全面推进落实审计制度相关改革事项。各地方审计机关要认真落实中共中央办公厅、国务院办公厅《关于完善审计制度若干重大问题的框架意见》及相关配套文件（以下简称《框架意见》），加强组织协调、加强工作统筹，大力推进各项任务的贯彻落实，积极完善审计监督机制制度。一是大力推进改革。省以下地方审计机关人财物管理改革试点的7个省份，要按已经批准的试点实施方案，加强与有关部门沟通协调，加大政策宣传和引导力度，全面实施改革试点，及时向审计署报告改革进展情况，重大事项随时报告。没有纳入改革试点的地区，要加强调查研究，摸清基本情况，按照《框架意见》精神，做好改革的各项准备工作。二是强化审计项目统筹。各省级审计机关要按照《框架意见》要求，进一步加强对下级审计机关的领导，进一步加大本地区审计工作统筹力度，除按照审计署的统一安排完成好全国统一组织审计项目外，要加强本地区审计项目计划的统筹和管理，根据本地区经济社会发展实际需要，统筹组织本地区审计机关力量，对重大事项开展审计，进一步增强审计监督的整体合力和独立性。三是强化检查和考核。各省级审计机关要对本地区审计机关贯彻落实《框架意见》情况进行监督检查，确保中央要求落到实处。省级、市级审计机关应当采取定期或不定期的方式，对下级审计机关党的建设、业务工作、领导班子和队伍建设、内部管理等情况进行监督检查和考核，考核结果抄送被考核审计机关同级党委、政府，作为党委对审计机关领导班子和领导干部管理的重要依据。四是严格落实重大事项报告制度。各地方审计机关要按照《框架意见》的要求，健全重大事项报告制度，下级审计机关贯彻落实《框架意见》、完成上级审计机关交办的重点任务、重要审计结果、重要人事变动、审计干部违纪违法、重大负面新闻、紧急突发事件及处置情况等都应及时向上级审计机关报告。五是加强经验总结。各地方审计机关特别是各试点地区的省级审计机关要对贯彻落实《框架意见》的好经验、好做法及时进行总结，及时研究解决遇到的困难和问题，统筹做好改革和审计工作，确保各项任务顺利实施。

五、坚持高标准严要求，持之以恒打造审计铁军。严格按照习近平总书记提出的“信念坚定、为民服务、勤政务实、敢于担当、清正廉洁”的好干部标准，全面加强审计队伍的政治、思想、组织、作风、纪律、能力和制度建设，坚持严格管理、严格要求、严格监督，着力打造政治强、业务精、作风优、纪律严的审计铁军。一是强化理想信念教育。要注重加强思想政治建设，坚持不懈抓好理论武装，认真组织广大审计人员加强马克思主义基本理论学习，加强党章党规学习，深入学习习近平总书记系列重要讲话精神，更加坚定理想信念，时刻牢记责任和使命，始终忠诚于党、忠诚于审计事业，始终对组织坦诚、始终正确对待权力，做到政治上坚定不移。二是全面提升能力素质。大力加强以“一把手”为重点的领导班子建设，优化班子结构，不断提高领导班子谋全局、抓发展、带队伍的能力。严把人员“入口关”，明确人员录用或选调标准，确保新录用或选调人员具备专业胜任能力，特别是各试点地区要强化省级审计机关干部管理职能，由省级统一招录审计人员，充实到基层审计机关。立足长远，积极创造条件，综合运用教育培训、交流轮岗和挂职锻炼等多种方式，加大对审计人员的教育培训和培养力度，促进提升审计队伍的整体素质。三是持续加强作风建设。结合“两学一做”学习教育和内外部巡视、检查中发现的问题，修订完善相关制度，构建完善严和实的长效工作机制。教育引导审计人员恪守审计职业操守，深入落实“实、高、新、严、细”的工作要求，始终谦虚谨慎、戒骄戒躁，始终坚持原则、无私无畏、敢于碰硬、勇于担当。四是严明各项纪律要求。教育引导审计人员要强化底线思维，严守党的政治纪律和政治规矩，严格遵守党纪国法，全面贯彻落实中央八项规定精神，自觉接受党委政府、人大政协、纪检监察、新闻媒体、社会公众和特约审计员的监督，自觉接受巡视和各类专项检查，做到心中有畏、心中有止、行为有度、干净干事、清白做人。

六、大力推进审计信息化建设，积极创新审计方式方法。各省级审计机关要加强对本地区审计信息化建设的统筹规划，大力推进以大数据为核心的审计信息化建设。同时，坚持因地制宜，充分运用信息化技术手段，大胆创新审计组织模式、管理方式，积极创新审计思路、审计方法。一是全面启动金审工程三期项目建设。各省级审计机关要按照审计署统一规划要求，做好本地区金审工程三期项目的规划设计、项目申报与批复工作，确保全国金审工程三期项目建设“一盘棋”。同时积极搭建基础支撑环境，加大网络、机房的基础设施建设力度，加快部署 CA 认证系统、融合通信系统等支撑系统，为构建“国家审计云”奠定基础。二是努力提升网络信息安全保障能力。各地方审计机关要在审计署统筹规划下开展本单位的网络信息安全工作，加大网络与信息安全投入，严格按照有关等级保护和分级保护的要求完善制度，强化各类信息系统的安全防护，尽快完成等级保护定级、备案和测评工作，逐步做到软硬件自主可控，确保审计专网、审计内网的信息安全。三是积极推进数字化审计方式。各省级审计机关要建立健全数据采集与管理的制度规范和工作机制，建立省级数据中心，2017 年实现全省数据统一集中管理，有关电子数据要按审计署规定的标准和要求报送审计署。各省级审计机关要在数据集中管理的基础上，大力推进“总体分析、发现疑点、分散核实、系统研究”的数字化审计方式，选取有条件的项目或业务领域开展全省数据综合分析，加大各类数据的关联分析力度，充分发挥数据审计在查找疑点、精准定位、精准实施、综合分析提炼等方面的优势，为现场审计提供技术支撑和保障，实现审计一线作业与后台数据分析一体化，不断拓展审计的深度和广度，着力提高审计工作质量和效率。

请各地方审计机关结合实际，抓好上述重点工作任务的贯彻落实，审计署将适时进行检查督促。

国务院国有资产监督管理委员会令

第 34 号

《中央企业投资监督管理办法》已经国务院国有资产监督管理委员会主任办公会议审议通过，现予公布，自公布之日起施行。2006 年公布的《中央企业投资监督管理暂行办法》（国资委令第 16 号）同时废止。

国务院国有资产监督管理委员会主任　**肖亚庆**

2017 年 1 月 7 日

中央企业投资监督管理办法

第一章　总　　则

第一条　为依法履行出资人职责，建立完善以管资本为主的国有资产监管体制，推动中央企业规范投资管理，优化国有资本布局和结构，更好地落实国有资本保值增值责任，根据《中华人民共和国公司法》《中华人民共和国企业国有资产法》《关于深化国有企业改革的指导意见》和《关于改革和完善国有资产管理体制的若干意见》（国发〔2015〕63 号）等法律法规和文件，制定本办法。

第二条　本办法所称中央企业是指国务院国有资产监督管理委员会（以下简称国资委）代表国务院履行出资人职责的国家出资企业。本办法所称投资是指中央企业在境内从事的固定资产投资与股权投资。本办法所称重大投资项目是指中央企业按照本企业章程及投资管理制度规定，由董事会研究决定的投资项目。本办法所称主业是指由中央企业发展战略和规划确定并经国资委确认公布的企业主要经营业务；非主业是指主业以外的其他经营业务。

第三条　国资委以国家发展战略和中央企业五年发展规划纲要为引领，以把握投资方向、优化资本布局、严格决策程序、规范资本运作、提高资本回报、维护资本安全为重点，依法建立信息对称、权责对等、运行规范、风险控制有力的投资监督管理体系，推动中央企业强化投资行为的全程全面监管。

第四条　国资委指导中央企业建立健全投资管理制度，督促中央企业依据其发展战略和规划编报年度投资计划，对中央企业年度投资计划实行备案管理，制定中央企业投资项目负面清单，对中央企业投资项目进行分类监管，监督检查中央企业投资管理制度的执行情况、重大投资项目的决策和实施情况，组织开展对重大投资项目后评价，对违规投资造成国有资产损失以及其他严重不良后果的进行责任追究。

第五条　中央企业投资应当服务国家发展战略，体现出资人投资意愿，符合企业发展规划，坚持聚焦主业，大力培育和发展战略性新兴产业，严格控制非主业投资，遵循价值创造理念，严格遵守投资决策程序，提高投资回报水平，防止国有资产流失。

第六条　中央企业是投资项目的决策主体、执行主体和责任主体，应当建立投资管理体系，健全投资管理制度，优化投资管理信息系统，科学编制投资计划，制定投资项目负面清单，切实加强项目管理，提高投资风险防控能力，履行投资信息报送义务和配合监督检查义务。

第二章　投资监管体系建设

第七条　中央企业应当根据本办法规定，结合本企业实际，建立健全投资管理制度。企业投资管理制度应包括以下主要内容：

（一）投资应遵循的基本原则；

（二）投资管理流程、管理部门及相关职责；

（三）投资决策程序、决策机构及其职责；

（四）投资项目负面清单制度；

（五）投资信息化管理制度；

（六）投资风险管控制度；

（七）投资项目完成、中止、终止或退出制度；

（八）投资项目后评价制度；

（九）违规投资责任追究制度；

（十）对所属企业投资活动的授权、监督与管理制度。

企业投资管理制度应当经董事会审议通过后报送国资委。

第八条 国资委和中央企业应当建立并优化投资管理信息系统。国资委建立中央企业投资管理信息系统，对中央企业年度投资计划、季度及年度投资完成情况、重大投资项目实施情况等投资信息进行监测、分析和管理。中央企业建立完善本企业投资管理信息系统，加强投资基础信息管理，提升投资管理的信息化水平，通过信息系统对企业年度投资计划执行、投资项目实施等情况进行全面全程的动态监控和管理。中央企业按本办法规定向国资委报送的有关纸质文件和材料，应当同时通过中央企业投资管理信息系统报送电子版信息。

第九条 国资委根据国家有关规定和监管要求，建立发布中央企业投资项目负面清单，设定禁止类和特别监管类投资项目，实行分类监管。列入负面清单禁止类的投资项目，中央企业一律不得投资；列入负面清单特别监管类的投资项目，中央企业应报国资委履行出资人审核把关程序；负面清单之外的投资项目，由中央企业按照企业发展战略和规划自主决策。中央企业投资项目负面清单的内容保持相对稳定，并适时动态调整。

中央企业应当在国资委发布的中央企业投资项目负面清单基础上，结合企业实际，制定本企业更为严格、具体的投资项目负面清单。

第十条 国资委建立完善投资监管联动机制，发挥战略规划、法律合规、财务监督、产权管理、考核分配、资本运营、干部管理、外派监事会监督、纪检监察、审计巡视等相关监管职能合力，实现对中央企业投资活动过程监管全覆盖，及时发现投资风险，减少投资损失。

第三章 投资事前管理

第十一条 中央企业应当按照企业发展战略和规划编制年度投资计划，并与企业年度财务预算相衔接，年度投资规模应与合理的资产负债水平相适应。企业的投资活动应当纳入年度投资计划，未纳入年度投资计划的投资项目原则上不得投资，确需追加投资项目的应调整年度投资计划。

第十二条 中央企业应当于每年 3 月 10 日前将经董事会审议通过的年度投资计划报送国资委。年度投资计划主要包括以下内容：

（一）投资主要方向和目的；

（二）投资规模及资产负债率水平；

（三）投资结构分析；

（四）投资资金来源；

（五）重大投资项目情况。

第十三条 国资委依据中央企业投资项目负面清单、企业发展战略和规划，从中央企业投资方向、投资规模、投资结构和投资能力等方面，对中央企业年度投资计划进行备案管理。对存在问题的企业年度投资计划，国资委在收到年度投资计划报告（含调整计划）后的 20 个工作日内，向有关企业反馈书面意见。企业应根据国资委意见对年度投资计划作出修改。

进入国资委债务风险管控“特别监管企业”名单的中央企业，其年度投资计划需经国资委审批后方可实施。

第十四条 列入中央企业投资项目负面清单特别监管类的投资项目，中央企业应在履行完企业内部决策程序后、实施前向国资委报送以下材料：

（一）开展项目投资的报告；

（二）企业有关决策文件；

（三）投资项目可研报告（尽职调查）等相关文件；

（四）投资项目风险防控报告；

（五）其他必要的材料。

国资委依据相关法律、法规和国有资产监管规定，从投资项目实施的必要性、对企业经营发展的影响程度、企业投资风险承受能力等方面履行出资人审核把关程序，并对有异议的项目在收到相关材料后20个工作日内向企业反馈书面意见。国资委认为有必要时，可委托第三方咨询机构对投资项目进行论证。

第十五条 中央企业应当根据企业发展战略和规划，按照国资委确认的各企业主业、非主业投资比例及新兴产业投资方向，选择、确定投资项目，做好项目融资、投资、管理、退出全过程的研究论证。对于新投资项目，应当深入进行技术、市场、财务和法律等方面的可行性研究与论证，其中股权投资项目应开展必要的尽职调查，并按要求履行资产评估或估值程序。

第十六条 中央企业应当明确投资决策机制，对投资决策实行统一管理，向下授权投资决策的企业管理层级原则上不超过两级。各级投资决策机构对投资项目作出决策，应当形成决策文件，所有参与决策的人员均应在决策文件上签字背书，所发表意见应记录存档。

第四章 投资事中管理

第十七条 国资委对中央企业实施中的重大投资项目进行随机监督检查，重点检查企业重大投资项目决策、执行和效果等情况，对发现的问题向企业进行提示。

第十八条 中央企业应当定期对实施、运营中的投资项目进行跟踪分析，针对外部环境和项目本身情况变化，及时进行再决策。如出现影响投资目的实现的重大不利变化时，应当研究启动中止、终止或退出机制。中央企业因重大投资项目再决策涉及年度投资计划调整的，应当将调整后的年度投资计划报送国资委。

第十九条 中央企业应当按照国资委要求，分别于每年一、二、三季度终了次月10日前将季度投资完成情况通过中央企业投资管理信息系统报送国资委。季度投资完成情况主要包括固定资产投资、股权投资、重大投资项目完成情况，以及需要报告的其他事项等内容。部分重点行业的中央企业应按要求报送季度投资分析情况。

第五章 投资事后管理

第二十条 中央企业在年度投资完成后，应当编制年度投资完成情况报告，并于下一年1月31日前报送国资委。年度投资完成情况报告包括但不限于以下内容：

（一）年度投资完成总体情况；

（二）年度投资效果分析；

（三）重大投资项目进展情况；

（四）年度投资后评价工作开展情况；

（五）年度投资存在的主要问题及建议。

第二十一条 中央企业应当每年选择部分已完成的重大投资项目开展后评价，形成后评价专项报告。通过项目后评价，完善企业投资决策机制，提高项目成功率和投资收益，总结投资经验，为后续投资活动提供参考，提高投资管理水平。国资委对中央企业投资项目后评价工作进行监督和指导，选择部分重大投资项目开展后评价，并向企业通报后评价结果，对项目开展的有益经验进行推广。

第二十二条 中央企业应当开展重大投资项目专项审计，审计的重点包括重大投资项目决策、投资方向、资金使用、投资收益、投资风险管理等方面。

第六章 投资风险管理

第二十三条 中央企业应当建立投资全过程风险管理体系，将投资风险管理作为企业实施全面风险管理、加强廉洁风险防控的重要内容。强化投资前期风险评估和风控方案制订，做好项目实施过程中的风险监控、预警和处置，防范投资后项目运营、整合风险，做好项目退出的时点与方式安排。

第二十四条 国资委指导督促中央企业加强投资风险管理，委托第三方咨询机构对中央企业投资风险管理体系进行评价，及时将评价结果反馈中央企业。相关中央企业应按照评价结果对存在的问题及时进行整改，健全完善企业投资风险管理体系，提高企业抗风险能力。

第二十五条 中央企业商业性重大投资项目应当积极引入社会各类投资机构参与。中央企业股权类重大投资项目在投资决策前应当由独立第三方有资质咨询机构出具投资项目风险评估报告。纳入国资委债务风险管控的中央企业不得因投资推高企业的负债率水平。

第七章　责任追究

第二十六条　中央企业违反本办法规定，未履行或未正确履行投资管理职责造成国有资产损失以及其他严重不良后果的，依照《中华人民共和国企业国有资产法》《国务院办公厅关于建立国有企业违规经营投资责任追究制度的意见》（国办发〔2016〕63号）等有关规定，由有关部门追究中央企业经营管理人员的责任。对瞒报、谎报、不及时报送投资信息的中央企业，国资委予以通报批评。

第二十七条　国资委相关工作人员违反本办法规定造成不良影响的，由国资委责令其改正；造成国有资产损失的，由有关部门按照干部管理权限给予处分；涉嫌犯罪的，依法移送司法机关处理。

第八章　附　　则

第二十八条　本办法由国资委负责解释。

第二十九条　本办法自公布之日起施行。国资委于2006年公布的《中央企业投资监督管理暂行办法》（国资委令第16号）同时废止。

国务院国有资产监督管理委员会令

第35号

《中央企业境外投资监督管理办法》已经国务院国有资产监督管理委员会主任办公会议审议通过，现予公布，自公布之日起施行。2012年公布的《中央企业境外投资监督管理暂行办法》（国资委令第28号）同时废止。

国务院国有资产监督管理委员会主任　**肖亚庆**

2017年1月7日

中央企业境外投资监督管理办法

第一章　总　　则

第一条　为加强中央企业境外投资监督管理，推动中央企业提升国际化经营水平，根据《中华人民共和国公司法》《中华人民共和国企业国有资产法》《关于深化国有企业改革的指导意见》（中发〔2015〕22号）和《关于改革和完善国有资产管理体制的若干意见》（国发〔2015〕63号）等法律法规和文件，制定本办法。

第二条　本办法所称中央企业是指国务院国有资产监督管理委员会（以下简称国资委）代表国务院履行出资人职责的国家出资企业。本办法所称境外投资是指中央企业在境外从事的固定资产投资与股权投资。本办法所称境外重大投资项目是指中央企业按照本企业章程及投资管理制度规定，由董事会研究决定的境外投资项目。本办法所称主业是指由中央企业发展战略和规划确定并经国资委确认公布的企业主要经营业务；非主业是指主业以外的其他经营业务。

第三条　国资委按照以管资本为主加强监管的原则，以把握投资方向、优化资本布局、严格决策程序、规范资本运作、提高资本回报、维护资本安全为重点，依法建立信息对称、权责对等、运行规范、风险控制有力的中央企业境外投资监督管理体系，推动中央企业强化境外投资行为的全程全面监管。

第四条　国资委指导中央企业建立健全境外投资管理制度，强化战略规划引领、明确投资决策程序、规范境外经营行为、加强境外风险管控、推动走出去模式创新，制定中央企业境外投资项目负面清单，对中央企业境外投资项目进行分类监管，监督检查中央企业境外投资管理制度的执行情况、境外重大投资项目的决策和实施情况，组织开展对境外重大投资项目后评价，对境外违规投资造成国有资产损失以及其他严重不良后果的进行责任追究。

第五条　中央企业是境外投资项目的决策主

体、执行主体和责任主体。中央企业应当建立境外投资管理体系，健全境外投资管理制度，科学编制境外投资计划，研究制定境外投资项目负面清单，切实加强境外项目管理，提高境外投资风险防控能力，组织开展境外检查与审计，按职责进行责任追究。

第六条 中央企业境外投资应当遵循以下原则：

（一）战略引领。符合企业发展战略和国际化经营规划，坚持聚焦主业，注重境内外业务协同，提升创新能力和国际竞争力。

（二）依法合规。遵守我国和投资所在国（地区）法律法规、商业规则和文化习俗，合规经营，有序发展。

（三）能力匹配。投资规模与企业资本实力、融资能力、行业经验、管理水平和抗风险能力等相适应。

（四）合理回报。遵循价值创造理念，加强投资项目论证，严格投资过程管理，提高投资收益水平，实现国有资产保值增值。

第二章 境外投资监管体系建设

第七条 中央企业应当根据本办法规定，结合本企业实际，建立健全境外投资管理制度。企业境外投资管理制度应包括以下主要内容：

（一）境外投资应遵循的基本原则；

（二）境外投资管理流程、管理部门及相关职责；

（三）境外投资决策程序、决策机构及其职责；

（四）境外投资项目负面清单制度；

（五）境外投资信息化管理制度；

（六）境外投资风险管控制度；

（七）境外投资项目的完成、中止、终止或退出制度；

（八）境外投资项目后评价制度；

（九）违规投资责任追究制度；

（十）对所属企业境外投资活动的授权、监督与管理制度。

企业境外投资管理制度应经董事会审议通过后报送国资委。

第八条 国资委和中央企业应当建立并优化投资管理信息系统，提升境外投资管理信息化水平，采用信息化手段实现对境外投资项目的全覆盖动态监测、分析与管理，对项目面临的风险实时监控，及时预警，防患于未然。中央企业按本办法规定向国资委报送的有关纸质文件和材料，应同时通过中央企业投资管理信息系统报送电子版信息。

第九条 国资委根据国家有关规定和监管要求，建立发布中央企业境外投资项目负面清单，设定禁止类和特别监管类境外投资项目，实行分类监管。列入负面清单禁止类的境外投资项目，中央企业一律不得投资；列入负面清单特别监管类的境外投资项目，中央企业应当报送国资委履行出资人审核把关程序；负面清单之外的境外投资项目，由中央企业按照企业发展战略和规划自主决策。中央企业境外投资项目负面清单的内容保持相对稳定，并适时动态调整。

中央企业应当在国资委发布的中央企业境外投资项目负面清单基础上，结合企业实际，制定本企业更为严格、具体的境外投资项目负面清单。

第十条 国资委建立完善投资监管联动机制，发挥战略规划、法律合规、财务监督、产权管理、考核分配、资本运营、干部管理、外派监事会监督、纪检监察、审计巡视等相关监管职能合力，实现对中央企业境外投资活动过程监管全覆盖，及时发现投资风险，减少投资损失。

第三章 境外投资事前管理

第十一条 中央企业应当根据国资委制定的中央企业五年发展规划纲要、企业发展战略和规划，制定清晰的国际化经营规划，明确中长期国际化经营的重点区域、重点领域和重点项目。中央企业应当根据企业国际化经营规划编制年度境外投资计划，并纳入企业年度投资计划，按照《中央企业投资监督管理办法》管理。

第十二条 列入中央企业境外投资项目负面清单特别监管类的境外投资项目，中央企业应当在履行企业内部决策程序后、在向国家有关部门首次报送文件前报国资委履行出资人审核把关程序。中央企业应当报送以下材料：

（一）开展项目投资的报告；

（二）企业有关决策文件；

（三）项目可研报告（尽职调查）等相关文件；

（四）项目融资方案；

（五）项目风险防控报告；

（六）其他必要的材料。

国资委依据相关法律、法规和国有资产监管规定等，从项目风险、股权结构、资本实力、收益水平、竞争秩序、退出条件等方面履行出资人审核把关程序，并对有异议的项目在收到相关材料后 20 个工作日内向企业反馈书面意见。国资委认为有必要时，可委托第三方咨询机构对项目进行论证。

第十三条 中央企业应当根据企业发展战略和规划，按照经国资委确认的主业，选择、确定境外投资项目，做好境外投资项目的融资、投资、管理、退出全过程的研究论证。对于境外新投资项目，应当充分借助国内外中介机构的专业服务，深入进行技术、市场、财务和法律等方面的可行性研究与论证，提高境外投资决策质量，其中股权类投资项目应开展必要的尽职调查，并按要求履行资产评估或估值程序。

第十四条 中央企业原则上不得在境外从事非主业投资。有特殊原因确需开展非主业投资的，应当报送国资委审核把关，并通过与具有相关主业优势的中央企业合作的方式开展。

第十五条 中央企业应当明确投资决策机制，对境外投资决策实行统一管理，向下授权境外投资决策的企业管理层级原则上不超过二级。各级境外投资决策机构对境外投资项目作出决策，应当形成决策文件，所有参与决策的人员均应当在决策文件上签字背书，所发表意见应记录存档。

第四章 境外投资事中管理

第十六条 国资委对中央企业实施中的境外重大投资项目进行随机监督检查，重点检查企业境外重大投资项目决策、执行和效果等情况，对发现的问题向企业进行提示。

第十七条 中央企业应当定期对实施、运营中的境外投资项目进行跟踪分析，针对外部环境和项目本身情况变化，及时进行再决策。如出现影响投资目的实现的重大不利变化时，应研究启动中止、终止或退出机制。中央企业因境外重大投资项目再决策涉及年度投资计划调整的，应当将调整后的年度投资计划报送国资委。

第十八条 中央企业应当建立境外投资项目阶段评价和过程问责制度，对境外重大投资项目的阶段性进展情况开展评价，发现问题，及时调整，对违规违纪行为实施全程追责，加强过程管控。

第十九条 中央企业应当按照国资委要求，分别于每年一、二、三季度终了次月 10 日前将季度境外投资完成情况通过中央企业投资管理信息系统报送国资委。季度境外投资完成情况主要包括固定资产投资、股权投资、重大投资项目完成情况，以及需要报告的其他事项等内容。部分重点行业的中央企业应当按要求报送季度境外投资分析情况。

第五章 境外投资事后管理

第二十条 中央企业在年度境外投资完成后，应当编制年度境外投资完成情况报告，并于下一年 1 月 31 日前报送国资委。年度境外投资完成情况报告包括但不限于以下内容：

（一）年度境外投资完成总体情况；

（二）年度境外投资效果分析；

（三）境外重大投资项目进展情况；

（四）年度境外投资后评价工作开展情况；

（五）年度境外投资存在的主要问题及建议。

第二十一条 境外重大投资项目实施完成后，中央企业应当及时开展后评价，形成后评价专项报告。通过项目后评价，完善企业投资决策机制，提高项目成功率和投资收益，总结投资经验，为后续投资活动提供参考，提高投资管理水平。国资委对中央企业境外投资项目后评价工作进行监督和指导，选择部分境外重大投资项目开展后评价，并向企业通报后评价结果，对项目开展的有益经验进行推广。

第二十二条 中央企业应当对境外重大投资项目开展常态化审计，审计的重点包括境外重大投资项目决策、投资方向、资金使用、投资收益、投资风险管理等方面。

第二十三条 国资委建立中央企业国际化经营评价指标体系，组织开展中央企业国际化经营年度评价，将境外投资管理作为经营评价的重要内容，评价结果定期报告和公布。

第六章 境外投资风险管理

第二十四条 中央企业应当将境外投资风险管理作为投资风险管理体系的重要内容。强化境外投资前期风险评估和风控预案制订，做好项目实施过程中的风险监控、预警和处置，防范投资后项目运营、整合风险，做好项目退出的时点与方式安排。

第二十五条 中央企业境外投资项目应当积极引入国有资本投资、运营公司以及民间投资机构、当地投资者、国际投资机构入股，发挥各类投资者熟悉项目情况、具有较强投资风险管控能力和公关协调能力等优势，降低境外投资风险。对于境外特别重大投资项目，中央企业应建立投资决策前风险评估制度，委托独立第三方有资质咨询机构对投资所在国（地区）政治、经济、社会、文化、市场、法律、政策等风险做全面评估。纳入国资委债务风险管控的中央企业不得因境外投资推高企业的负债率水平。

第二十六条 中央企业应当重视境外项目安全风险防范，加强与国家有关部门和我驻外使（领）馆的联系，建立协调统一、科学规范的安全风险评估、监测预警和应急处置体系，有效防范和应对项目面临的系统性风险。

第二十七条 中央企业应当根据自身风险承受能力，充分利用政策性出口信用保险和商业保险，将保险嵌入企业风险管理机制，按照国际通行规则实施联合保险和再保险，减少风险发生时所带来的损失。

第二十八条 中央企业应当树立正确的义利观，坚持互利共赢原则，加强与投资所在国（地区）政府、媒体、企业、社区等社会各界公共关系建设，积极履行社会责任，注重跨文化融合，营造良好的外部环境。

第七章 责任追究

第二十九条 中央企业违反本办法规定，未履行或未正确履行投资管理职责造成国有资产损失以及其他严重不良后果的，依照《中华人民共和国企业国有资产法》《国务院办公厅关于建立国有企业违规经营投资责任追究制度的意见》（国办发〔2016〕63号）等有关规定，由有关部门追究中央企业经营管理人员的责任。对瞒报、谎报、不及时报送投资信息的中央企业，国资委予以通报批评。

第三十条 国资委相关工作人员违反本办法规定造成不良影响的，由国资委责令其改正；造成国有资产损失的，由有关部门按照干部管理权限给予处分；涉嫌犯罪的，依法移送司法机关处理。

第八章 附 则

第三十一条 本办法由国资委负责解释。

第三十二条 本办法自公布之日起施行。国资委于2012年公布的《中央企业境外投资监督管理暂行办法》（国资委令第28号）同时废止。

审计结果公告

中华人民共和国审计署审计结果公告（2017年第1号）

医疗保险基金审计结果

（2017年1月24日公告）

根据《中华人民共和国审计法》的规定，2016年8月至9月，审计署组织地方审计机关对基本医疗保险①和城乡居民大病保险等医疗保险基金进行了专项审计。审计抽查了28个省本级（含新疆生产建设兵团）、166个市本级和569个县（市、区）2015年和2016年上半年的基金管理使用情况，抽查资金金额3433.13亿元，延伸调查了3715个定点医疗机构、2002个定点零售药店以及其他相关单位。现将审计结果公告如下：

一、医疗保险基金基本情况

根据医疗保险行政部门和经办机构提供的数据，截至2016年6月，审计地区基本医疗保险参保人数55951.65万人；城乡居民大病保险参保人数36797.79万人。

2015年和2016年上半年，审计地区基本医疗保险基金收入12692.81亿元，其中保险费收入12280.12亿元；基金支出10081.15亿元，其中基本医疗保险待遇支出9681.06亿元；期末基金累计结余9769.38亿元，其中统筹基金6602.95亿元，个人账户3166.43亿元。

二、医疗保险工作取得显著成效

审计结果表明，审计地区各级政府及所属相关部门认真贯彻落实党中央、国务院决策部署，积极推进全民医保体系建设，在保障群众病有所医等方面发挥了显著作用。

一是全民医保体系有效建成。截至2016年6月，基本医疗保险制度覆盖全部审计地区，城乡居民大病保险基本实现全覆盖。审计地区2015年享受基本医疗保险待遇人次较2012年增长32.78%。部分地区已合并实施了统一的城乡居民基本医疗保险制度。总体上看，审计地区覆盖城乡的全民医保网已经建成，为实现人人病有所医提供了制度保障。

二是医疗保障能力稳步提高。2015年，审计地区基本医疗保险基金收入、支出、年末结余分别较2012年增长了57%、58%和68%，基金运行总体安全平稳。财政对居民基本医疗保险的投入不断加大，2015年各级财政投入补助资金和人均政府补助标准分别较2012年增长了67.69%和62.19%。2015年居民基本医疗保险住院费用政策内报销比例较2012年提高了1个百分点。城乡居民大病保险制度实施后，大病患者实际报销比例在基本医疗保险基础上提高了约12个百分点，群众就医负担进一步减轻。

三是医保服务管理不断完善。截至2016年6月，审计地区定点医疗机构和定点零售药店数量分别较2012年增长23.56%和63.76%；27个省已建成基本医疗保险的省内异地就医结算系统（平台），审计地区2015年和2016年上半年共有577.87万人次通过省级平台即时结算异地就医费用362.15亿元，群众就医更加方便。超过6成的统筹地区开始实行按病种付费，探索建立医疗保险对医疗服务的引导约束机制。

三、审计发现的主要问题

从审计情况看，有关部门和单位能够认真执

① 基本医疗保险包括职工基本医疗保险和居民基本医疗保险（城镇居民基本医疗保险、新型农村合作医疗、城乡居民基本医疗保险）

行国家政策法规，医保业务经办和基金管理总体规范，但也发现一些管理不规范问题，以及15.78亿元违法违规问题（约占抽查资金金额的0.46%）。

（一）部分地区和单位医保基金筹集不到位。2.65万家用人单位和47个征收机构少缴少征医疗保险费30.06亿元；部分地区的医保财政补助、补贴资金26.72亿元未及时足额拨付到位；部分征收机构未及时上缴医疗保险费等收入44.36亿元；截至2016年6月，审计地区有95.09万名职工未参加职工基本医疗保险。

（二）部分地区医保基金支出使用不够规范。9个市级和24个县将医保基金1.20亿元，挪用于对外借款等支出；8个省级、64个市级和186个县将医保基金22.86亿元，扩大范围用于其他社会保障等支出；1.4亿元医保个人账户资金被提取现金或用于购买日用品等支出，涉及539家药店。

（三）制度衔接不到位和部分企业医疗保险基金封闭运行。由于制度间衔接不到位，305万人重复参加基本医疗保险造成财政多补助14.57亿元，305万人中有5124人重复报销医疗费用1346.91万元；109个企业医疗保险基金仍在封闭运行，涉及职工776.76万人，其中23个企业由于生产经营困难等原因，存在欠缴医疗保险费、拖欠定点机构结算款和职工医疗费等问题。

（四）部分定点机构和个人骗取套取医保基金。923家定点医疗机构和定点零售药店涉嫌通过虚假就医、分解住院等方式，骗取套取医疗保险基金2.07亿元作为本单位收入核算，也有少数自然人涉嫌通过虚假异地发票等方式骗取医疗保险基金1007.11万元。

（五）部分医疗和经办机构违规加价或收费。474家医疗机构违规加价销售药品和耗材5.37亿元；1330家医疗机构采取自立项目、重复收费等方式，违规收取诊疗项目费用等5.99亿元；64个医保经办机构违规收取网络维护费等1.05亿元。

本次审计已向相关部门移送违法违纪问题线索421起。

上述审计情况，审计机关已依法出具审计报告和下达审计决定。对审计指出的问题，有关地方高度重视，坚持边审计、边整改。截至2016年10月底，已追回收回被套取骗取、挤占挪用及扩大范围支出等资金11.46亿元，拨付财政补助补贴资金4.18亿元，调整会计账目14.07亿元。其他问题正在进一步整改中，具体整改情况将由各省分别组织向社会公告。审计署将跟踪后续整改情况，督促整改到位。

附件：审计发现的主要问题及整改情况表

附件：

审计发现的主要问题及整改情况表

序号	问题事项	整改情况
1	截至2016年6月，北京手挽手劳务派遣有限责任公司大兴分公司与23名农民工签订劳动合同后，未按相关规定为其办理职工医保参保。	已补缴医疗保险费5.07万元。
2	2016年1月至6月，北京市有16569人在城镇居保和新农合间重复参保，造成财政多补助1675.42万元。	已对重复参保的人员进行清理。
3	2015年，北京市密云区有16人在新农合和城镇居保间重复报销，53人在新农合和职工医保间重复报销，共多报销医疗费用39.51万元。	已修改相关管理办法。
4	2015年至2016年6月，天津市胸科医院超过规定加价率销售耗材，涉及违规加价金额421.51万元。	正在采取措施进行整改。
5	2015年至2016年6月，天津泰达足球俱乐部有限公司等817户参保单位通过少报缴费基数的方式，少缴医疗保险费306.81万元。	已补缴医疗保险费304.95万元。

（续表）

序号	问题事项	整改情况
6	截至2016年6月，天津市爱玛客服务产业（中国）有限公司等154户参保单位的4351名本地户籍劳务派遣公司员工既未参加天津市职工医保，也未参加天津市城乡居保。	已有115人参保。
7	截至2016年6月，天津市职工医保和城乡居保基金收入户月末余额共计199041.65万元，未及时上缴财政专户。	正在采取措施进行整改。
8	2015年至2016年6月，张家口市中山医院超过规定加价率销售药品，涉及违规加价金额256.58万元。	已收回资金16.93万元。
9	截至2016年9月，唐山市乐亭县2016年新农合市、县两级财政补助资金有4737.94万元尚未拨付到位。	资金已全部拨付到位。
10	2015年，保定市第二医院等3户参保单位通过少报缴费基数等方式，少缴医疗保险费1465.8万元。	已补缴医疗保险费248.59万元。
11	2015年至2016年6月，张家口市职业技术教育中心将市医保中心返还应用于学生看病的城镇居保门诊统筹资金17.03万元转作该单位经费收入。	已收回全部资金。
12	2016年1月至6月，滦平县医疗保险中心为13名未缴纳2016年度职工医保费的参保人员报销住院费用7.87万元。	已收回全部资金。
13	2016年1月至6月，衡水市桃城区有10676人在职工医保、城镇居保和新农合间重复参保，造成财政多补助168.58万元。	正在采取措施进行整改。
14	2015年至2016年6月，长治医学院附属和平医院违规收取诊疗项目和医用服务设施费用1105.92万元。	正在采取措施进行整改。
15	截至2016年6月，晋中市平遥县应补助关闭破产企业医疗保险资金有6269.52万元尚未拨付到位。	正在采取措施进行整改。
16	2015年至2016年6月，阳泉市郊区三泉中学、阳泉市郊区西南舁中学等119户参保单位未以实际工资总额作为职工医保缴费基数，造成少缴医疗保险费2105.86万元。	正在采取措施进行整改。
17	截至2016年6月，朔州市朔城区城镇职工医疗保险中心收入户余额15420.01万元，未及时上缴财政专户。	资金已全部上缴财政专户。
18	截至2016年6月，晋城市医疗保险管理中心收入户余额9636.95万元和支出户利息收入18.08万元，未及时上缴财政专户。	资金已全部上缴财政专户。
19	2015年至2016年6月，国药控股国大药房山西益源连锁有限公司的2家太原门店违规利用医保个人账户刷卡销售保健品、日用品等56.08万元。	正在采取措施进行整改。
20	截至2016年6月，大同煤矿集团有限公司、山西焦煤汾西矿业集团、山西焦煤西山煤电集团等3户煤炭企业医疗保险仍封闭运行，涉及参保人数39.16万人，同时存在欠缴医疗保险费等问题。	正在采取措施进行整改。
21	截至2016年6月，山西省阳泉煤业（集团）有限责任公司医疗保险仍封闭运行，涉及参保人数14.81万人，同时存在欠缴医疗保险费等问题。	已出台办法，规范省属国有煤炭企业医疗保险纳入社会统筹管理工作。

（续表）

序号	问题事项	整改情况
22	截至2016年6月，山西潞安矿业（集团）有限公司医疗保险仍封闭运行，涉及参保人数7.35万人，同时存在欠缴医疗保险费等问题。	已出台办法，规范省属国有煤炭企业医疗保险纳入社会统筹管理工作。
23	2015年至2016年6月，通辽市开鲁县1名新农合参保人员涉嫌利用虚假发票骗取医保基金2.29万元。	已追回全部资金。
24	2015年至2016年6月，内蒙古科技大学包头医学院第一附属医院以自立收费项目、重复收费、提高收费标准等方式，违规收取诊疗项目费用、医用服务设施费用953.77万元。	正在采取措施进行整改。
25	2015年至2016年6月，赤峰市医院以虚增药品和耗材使用数量等方式，违规收取诊疗项目费用、医用服务设施费用936.19万元。	已清理并停止违规收费项目。
26	截至2016年9月，通辽市科尔沁左翼后旗2015年职工医保地方财政补助资金有1822万元尚未拨付到位。	资金已全部拨付到位。
27	截至2016年6月，鄂尔多斯市东胜区2015年城镇居保财政补助资金有1800万元尚未拨付到位。	资金已全部拨付到位。
28	截至2016年6月，鄂尔多斯市鄂托克旗有22户破产转制企业的431名退休职工未纳入职工医保。	已有281人参保。
29	2015年至2016年6月，巴彦淖尔市社会保险事业管理局违规将1031.12万元医保基金，用于支付不应由医保支付的医疗费用等支出。	已经停止相关违规行为。
30	2016年5月至6月，呼伦贝尔市同致医药连锁有限责任公司驻海拉尔区连锁店，利用医保个人账户刷卡销售日用品等30.58万元。	正在采取措施进行整改。
31	2015年至2016年6月，通辽市扎鲁特旗有73人在城镇居保报销医疗费用后，使用已盖章的发票复印件在新农合重复报销医疗费用18.44万元。	正在采取措施进行整改。
32	2015年至2016年6月，铁岭市中心医院通过对85人次分解住院的方式，违规套取医保基金30.2万元，作为单位收入核算。	已追回全部资金并处罚款。
33	2013年至2016年6月，沈阳市第四人民医院以重复使用一次性耗材并收费的方式，违规多收取医疗费用3737.32万元。	正在采取措施进行整改。
34	2015年，朝阳凌源市中心医院以自立收费项目、提高标准收费等方式，违规收取医疗费用286.06万元。	违规收费资金已全部上缴财政。
35	截至2016年6月，阜新市阜蒙县财政未足额缴纳2015年财政供养人员医疗保险费2219万元。	资金已全部拨付到位。
36	2015年至2016年6月，鞍山市交通运输集团有限公司等13户参保单位通过少报缴费基数的方式，少缴医疗保险费267.48万元。	正在采取措施进行整改。
37	截至2016年6月，鞍山市台安县共有1232名符合参保条件的关闭破产国有企业和集体困难企业退休职工未纳入职工医保。	已有521人参保。

（续表）

序号	问题事项	整改情况
38	2015年至2016年6月，铁岭市昌图县财政局挪用城镇居保及新农合基金2388.88万元，用于基层医疗机构执行药品零差价政策的财政补助。	正在采取措施进行整改。
39	2015年，锦州市黑山县有8148人同时在两个统筹区参保，或在职工医保、城镇居保和新农合间重复参保，造成财政多补助309.6万元。	已出台方案，严格审核参保人员身份信息。
40	2015年，营口大石桥市有31597人在职工医保和新农合间重复参保，造成财政多补助1200.68万元。	建立城镇居保和新农合经办机构会商机制。
41	2015年4月至9月，沈阳市铁西区有3人在职工医保、城镇居保和新农合间重复报销医疗费用6.76万元。	已追回全部资金。
42	2016年1月至6月，延吉市老教授协会医院虚增丹红注射液等7种药品的销售数量，违规套取医保基金14.32万元，作为单位收入核算。	已追回全部资金。
43	2015年至2016年6月，四平市中心人民医院等16家医疗机构以提高收费标准等方式，违规收取医疗费用558.44万元。	正在采取措施进行整改。
44	截至2016年6月，四平市2008年至2015年应补助困难企业退休人员医疗保险资金有16134万元未拨付到位。	已拨付1000万元。
45	2015年，四平市医疗保险管理局在当地在岗职工平均工资公布后，未补收医疗保险费差额776.39万元。	已追缴医疗保险费142万元。
46	2015年至2016年6月，长春市火车站地区管理局等31户参保单位通过少报缴费基数等方式，少缴医疗保险费493.75万元。	已补缴医疗保险费334.82万元。
47	截至2016年6月，长春市社会医疗保险管理局收入户月末余额共计6.99亿元，未及时上缴财政专户。	资金已全部上缴财政专户。
48	2015年至2016年6月，四平市在医保基金中支出仅限用于生育保险、工伤保险的药品费用102.16万元。	已追回全部资金。
49	2015年至2016年6月，松原市医疗保险管理局违规为21名市直单位职工用统筹基金超范围报销门诊费用30.02万元。	已收回超范围报销的资金。
50	2016年1月至6月，延边朝鲜族自治州延吉市有4996人在职工医保、城镇居保和新农合间重复参保，造成财政多补助187.18万元。	已对重复参保人员进行清退。
51	2015年至2016年6月，齐齐哈尔市第一医院以超标准收费、自立项目收费、重复收费等方式，违规收取医疗费用419.86万元。	正在采取措施进行整改。
52	截至2016年6月，哈尔滨市巴彦县财政未足额缴纳行政事业单位医疗保险费3457.62万元。	已拨付资金3000万元。
53	2015年，哈尔滨市双城区新型农村合作医疗管理委员会办公室未按规定提高新农合个人缴费标准，少征医疗保险费1745.57万元。	正在采取措施进行整改。
54	2015年至2016年6月，哈尔滨市人民同泰医药连锁店142家分店违规利用医保个人账户刷卡销售日用品等1490.75万元。	正在采取措施进行整改。

（续表）

序号	问题事项	整改情况
55	2015 年至 2016 年 6 月，佳木斯富锦市新型农村合作医疗管理委员会扩大范围报销省外非定点医院就医住院费用 33.12 万元。	已出台规定，取消在省外非定点医疗机构就医的报销政策。
56	2015 年至 2016 年 6 月，哈尔滨市本级、双城区、五常市和巴彦县等 4 个地区有 56847 人在城镇居保和新农合间重复参保，造成财政多补助 4129.87 万元。	正在采取措施进行整改。
57	2015 年至 2016 年 6 月，鸡西市鸡东县有 15 人重复报销住院医疗费用 5.98 万元。	正在采取措施进行整改。
58	截至 2016 年 6 月，黑龙江龙煤矿业控股集团有限责任公司所属 4 个矿务局医疗保险仍封闭运行，涉及参保人数 2.24 万人，同时存在拖欠定点机构和职工医疗报销费用等问题。	省政府决定将 4 个矿务局医疗保险纳入属地化管理，相关工作正在推进中。
59	2015 年 5 月至 2016 年 6 月，上海蓝十字脑科医院以重复收费等方式，违规收取医疗费用 15.74 万元。	违规收费金额已全额上缴。
60	2013 年 4 月至 2016 年 3 月，上海斐迅数据通讯技术有限公司等 5 家用人单位通过少报缴费基数等方式，少缴职工医保费 2260.47 万元。	已补缴医疗保险费 555.08 万元。
61	截至 2016 年 6 月，上海市静安、闵行、宝山和嘉定 4 区未按规定及时上缴 2015 年城镇居保财政补贴 1883.93 万元。	资金已全部拨付到位。
62	2015 年 12 月，江苏省先声再康医药有限公司南京市丁家桥药店伪造处方销售药品，违规套取医保基金 191.44 万元，作为单位收入核算。	已追回全部资金。
63	2016 年 1 月至 2 月，南京市金陵大药房有限责任公司所属医保定点零售药店通过串换处方用药等方式，违规套取医保基金 141.99 万元，作为单位收入核算。	已追回全部资金。
64	2015 年至 2016 年 6 月，淮安市金湖县宝应湖农场职工医院超过规定加价率销售药品，涉及违规加价金额 247.83 万元。	正在采取措施进行整改。
65	2015 年至 2016 年 6 月，常州市金坛区中医医院等 118 户参保单位通过少报缴费基数的方式，少缴医疗保险费 1355.58 万元。	正在采取措施进行整改。
66	2015 年至 2016 年 6 月，淮安市金湖县有 13819 人在职工医保、城镇居保和新农合间重复参保，造成财政多补助 559.58 万元。	已对重复参保人员进行清退。
67	截至 2016 年 6 月，南京市有 1389 人在城镇居保和新农合间重复参保，造成财政多补助 63.05 万元。	正在采取措施进行整改。
68	2015 年至 2016 年 6 月，溧阳市茶亭医院利用 29 名重复参加职工医保、城乡居保患者的就医信息，向经办机构重复申报医疗费用，多报销医疗费 10.62 万元。	已追回全部资金并处罚款。
69	截至 2016 年 9 月，温州市 2013 年至 2015 年城乡居保财政补贴资金有 5792.49 万元尚未拨付到位。	资金已全部拨付到位。
70	2015 年，浙江海博人力资源开发有限公司通过少报缴费基数的方式，截留用人单位医疗保险费 109.33 万元。	已补缴医疗保险费和滞纳金。

（续表）

序号	问题事项	整改情况
71	截至2016年6月，台州市黄岩区社会保障事业管理中心未及时将2015年度职工医保费11756.8万元缴入财政专户。	资金已全部上缴财政专户。
72	2014年至2016年7月，平湖市人力资源社会保障局超标准与平湖市新华医院结算诊疗项目，涉及统筹基金44.27万元。	已追回全部资金。
73	截至2016年6月，台州市有12666人在职工医保、城乡居保间重复参保，造成财政多补助193.68万元。	正在采取措施进行整改。
74	2015年至2016年6月，亳州市人民医院以超标准收费、自立项目收费、重复收费等方式，违规收取医疗费用2314.08万元。	正在采取措施进行整改。
75	2015年至2016年6月，亳州市华佗中医院超过规定加价率销售药品，涉及违规加价金额81.92万元。	正在采取措施进行整改。
76	2015年11月至2016年6月，亳州市违规将7名患者治疗中使用的进口材料纳入报销范围，多报销医疗费用20.35万元。	正在采取措施进行整改。
77	2015年至2016年6月，阜阳市临泉县有13889人在职工医保和城乡居保间重复参保，造成财政多补助1096.17万元。	已清理重复参保人员信息。
78	2015年，合肥市有5名职工医保参保人员重复报销住院费用2.86万元。	已追回全部资金。
79	2015年至2016年6月，福州市第二医院通过对34人次挂床住院的方式，违规套取医保基金4.84万元，作为单位收入核算。	正在采取措施进行整改。
80	2015年至2016年6月，福州市罗源县医院以超标准收费、重复收费等方式，违规收取医疗费用60.15万元。	正在采取措施进行整改。
81	截至2016年6月，莆田市秀屿区财政未足额缴纳行政事业单位医疗保险费1904.53万元。	已拨付资金500万元。
82	截至2016年6月，福州市有2606人在城镇居保和新农合间重复参保，造成财政多补助160.26万元。	正在采取措施进行整改。
83	2015年至2016年6月，赣州市第三人民医院通过分解住院等方式，违规套取医保基金425.89万元，作为单位收入核算。	正在采取措施进行整改。
84	2015年至2016年6月，宜春市袁州区新田镇卫生院通过门诊病人挂床住院的方式，违规套取新农合基金57.47万元，作为单位收入核算。	正在采取措施进行整改。
85	2015年至2016年6月，吉安市遂川县人民医院以超标准收费等方式，违规收取医疗费用380.85万元。	正在采取措施进行整改。
86	截至2016年6月，萍乡市2015年应补助关闭破产改制及困难企业职工医保资金有3720.8万元尚未拨付到位。	已拨付资金2400万元。
87	截至2016年9月，景德镇市珠山区2015年和2016年城镇居保财政补助资金有3679.6万元尚未拨付到位。	资金已全部拨付到位。

（续表）

序号	问题事项	整改情况
88	2015年，九江市永修县新型农村合作医疗管理局征收新农合个人缴费金额低于规定标准，少征医疗保险费819.07万元。	正在采取措施进行整改。
89	截至2016年6月，上饶市达淋新材料有限公司等107户参保单位有13302名职工未参加职工医保。	已有320人参保。
90	截至2016年6月，景德镇市共有2692名关闭破产改制困难企业退休人员未纳入职工医保。	正在采取措施进行整改。
91	截至2016年6月，江西省社会保险管理中心未及时将4个收入户中的职工医保费等收入10987万元缴入财政专户。	资金已全部上缴财政专户。
92	2015年至2016年6月，赣州市上犹县新型农村合作医疗中心在新农合统筹基金中支出580.51万元用于发放乡镇卫生院的绩效工资等。	正在采取措施进行整改。
93	2015年至2016年6月，鹰潭市月湖区新型农村合作医疗管理中心向鹰潭关爱康复医院多结算诊疗项目费用53.11万元。	正在采取措施进行整改。
94	2015年至2016年6月，新余市分宜县有382人在新农合报销医疗费用后，使用复印件在城镇居保重复报销医疗费用76.29万元。	正在采取措施进行整改。
95	截至2016年6月，国电江西电力有限公司等4户企业医疗保险各自封闭运行，涉及参保人数15.19万人。	正在采取措施进行整改。
96	2015年至2016年6月，淄博市张店建联药店等3家药店上传虚假药品销售记录，违规套取职工医保基金265.69万元，作为单位收入核算。	已追回全部资金并处罚款。
97	2015年至2016年6月，德州市人民医院超过规定加价率销售药品和医用耗材，涉及违规加价金额3468.02万元。	正在采取措施进行整改。
98	2016年1月至6月，德州市宁津县人民医院违规收取药品加成1430.71万元。	正在采取措施进行整改。
99	2015年至2016年6月，淄博市中心医院以超标准收费、重复收费等方式，违规收取诊疗项目和医用服务设施费用414.71万元。	正在采取措施进行整改。
100	截至2016年6月，济南市应补助20户市属国有关闭破产企业退休人员医疗保险费有15353.74万元尚未拨付到位。	正在采取措施进行整改。
101	2015年至2016年6月，济南市山东培森人力资源开发有限责任公司在为劳务派遣员工代扣代缴医疗保险费过程中，通过少报缴费基数的方式，少缴医疗保险费542.66万元。	正在采取措施进行整改。
102	2015年至2016年6月，淄博市将不在药品目录中的21种自费药品纳入医保报销范围，超范围支付医保基金429.87万元。	已修订相关制度。
103	2015年至2016年6月，淄博市有12人在不同险种或不同地区间重复报销医疗费用12.28万元。	正在采取措施进行整改。
104	截至2016年6月，中国石化集团胜利石油管理局、中国石化齐鲁石油化工公司、莱芜钢铁集团有限公司等6户企业医疗保险仍封闭运行，涉及参保人数66.92万人。	正在采取措施进行整改。

（续表）

序号	问题事项	整改情况
105	截至2016年6月，郑州新密市2015年居民医保市级财政补助资金有143.31万元尚未拨付到位。	资金已全部拨付到位。
106	截至2016年6月，开封市祥符区医疗保险中心收入户余额535.31万元未及时上缴。	资金已全部上缴财政专户。
107	2016年1月至6月，周口市郸城县新型农村合作医疗管理委员会办公室超出药品目录范围，报销支付新农合基金247.17万元。	已收回超范围支付资金。
108	2016年1月至6月，郑州市有420814人在城镇居保和新农合间重复参保，造成财政多补助17674.19万元。	正在采取措施进行整改。
109	2014年至2015年，武汉市湖北大中医院通过编造虚假病历、虚开药品等方式，骗取套取医保基金291.74万元，作为单位收入核算。	已追回全部资金。
110	2015年至2016年3月，公安县中医医院超过规定加价率销售药品，涉及违规加价金额779.07万元。	将违规收费的资金专项用于社会公益事业等支出。
111	2015年至2016年6月，仙桃市第一人民医院违规超过规定加价率销售耗材，涉及违规加价金额349.22万元。	正在采取措施进行整改。
112	2015年至2016年6月，天门市第一医院、中医院、第三医院等6家公立医疗机构以超标准收费、自立项目收费、重复收费等方式，违规收取医疗费用270.5万元。	正在采取措施进行整改。
113	截至2016年9月，鄂州市2016年城乡居保财政补助和补贴资金有6072.53万元尚未拨付到位。	资金已全部拨付到位。
114	2015年，孝感市孝南区新型农村合作医疗管理委员会办公室在新农合缴费标准提高后，未按规定补征医疗保险费1448.5万元。	正在采取措施进行整改。
115	截至2016年6月，黄石市医疗保险局开设的5个大额医疗保险费收入户余额14030.19万元，未按规定及时缴入财政专户。	正在采取措施进行整改。
116	2015年，随州市广水康复大药房等58家职工医保定点药店，存在利用门诊医保卡为参保职工提取现金行为，涉及金额50.73万元。	已暂停相关定点药店医保刷卡业务。
117	2015年，咸宁市通城县城镇职工医疗保险局在职工医保基金中列支3个单位干部职工体检费8.69万元。	已追回全部资金。
118	2015年，武汉市有103871人在城镇居保和新农合间重复参保，造成财政多补助3964.18万元。	正在采取措施进行整改。
119	2016年1月至6月，荆门市京山县有293人次在新农合和城镇居保间重复报销医疗费用59.32万元。	正在采取措施进行整改。
120	截至2016年6月，东风汽车公司医疗保险仍封闭运行，涉及参保人数12.78万人。	已拟订纳入社会统筹管理的实施方案。
121	2015年至2016年6月，张家界市慈利县零溪镇中心卫生院、通津铺中心卫生院、零阳镇中心卫生院等3家乡镇卫生院违规加价销售药品，涉及金额49.45万元。	正在采取措施进行整改。

（续表）

序号	问题事项	整改情况
122	2015年至2016年6月，湖南省医疗工伤生育保险管理服务局未以实际工资总额为缴费基数征收医疗保险费，少征收7个单位保险费10319.24万元。	正在采取措施进行整改。
123	2015年至2016年6月，长沙市浏阳农村商业银行通过少报缴费基数的方式，少缴医疗保险费1138.41万元。	正在采取措施进行整改。
124	2015年，张家界市慈利县新型农村合作医疗办公室以大病筛查的名义从医保基金中支出160.50万元给各乡镇卫生院作为工作经费。	正在采取措施进行整改。
125	2015年至2016年6月，益阳市安化县益汉药店利用医保个人账户刷卡销售日用品等2.27万元。	已收回全部资金并处罚款。
126	2015年至2016年6月，永州市冷水滩区有832人在城镇居保和新农合间重复参保，造成财政多补助18.84万元。	正在采取措施进行整改。
127	2015年至2016年6月，张家界市永定区有30人次在城镇居保和新农合间重复报销医疗费用10.52万元。	已追回全部资金。
128	2015年1月至2016年6月，梅州市人民医院以多计耗材用量的方式，违规收取医疗费用358.13万元。	正在采取措施进行整改。
129	2015年至2016年6月，汕头大学医学院附属第一医院超过规定加价率销售药品，涉及违规加价金额261.23万元。	正在采取措施进行整改。
130	2015年，湛江市城乡居保个人缴费标准低于国家规定的最低缴费标准，导致少征收医疗保险费26813.33万元。	2016年已执行国家规定缴费标准。
131	截至2016年6月，湛江市2009年至2015年应补助困难企业退休人员医疗保险资金有6493.71万元尚未拨付到位。	正在采取措施进行整改。
132	截至2016年6月，汕头市2010年至2015年困难群体参保补贴资金有1484.06万元尚未拨付到位。	资金已全部拨付到位。
133	2006年至2016年6月，深圳市离休及残疾军人超出医保范围的医疗费用由职工医保基金垫付，垫付金额共计22379.27万元。	已收回资金18038.42万元。
134	2015年至2016年6月，河源市社会保险基金管理局审核把关不严，导致部分超范围药品和医疗服务项目纳入职工医保报销范围，涉及金额22.28万元。	正在采取措施进行整改。
135	截至2016年6月，广州市有37131人在职工医保和城乡居保间重复参保，造成财政多补助1550.89万元。	正在采取措施进行整改。
136	2015年至2016年6月，广西壮族自治区江滨医院以重复收费等方式，违规收取医疗费用272.19万元。	正在采取措施进行整改。
137	2015年至2016年6月，南宁市宾阳县农村信用合作联社和南宁市烟草公司宾阳营销部通过少报缴费基数等方式，少缴医疗保险费189.38万元。	已补缴全部医疗保险费。
138	截至2016年6月，贵港市社会保险事业局未及时将社会保险基金收入户中的职工医保费收入2706万元上缴财政专户。	资金已全部上缴财政专户。
139	2015年至2016年6月，南宁市广西友和古城大药房有限责任公司违规利用医保个人账户刷卡销售日用品等568.55万元。	已停止定点药店服务协议。
140	2015年至2016年6月，南宁市宾阳县新型农村合作医疗管理中心超标准支付或重复报销医疗费用8.43万元。	已收回全部资金。

（续表）

序号	问题事项	整改情况
141	2015年至2016年6月，贵港市平南县有11665人在职工医保、城镇居保和新农合间重复参保，造成财政多补助700.55万元。	已修订相关制度。
142	2012年至2016年6月，南宁市有147人在统筹区间或各险种间重复报销医疗费用76.54万元。	正在采取措施进行整改。
143	2014年3月至2015年9月，海口市2名职工医保参保人员涉嫌利用虚假发票骗取医保基金24.03万元。	已追回全部资金。
144	2015年至2016年6月，海口市人民医院违规向患者收取不应单独计费的体温计、无菌手套、医用敷巾等低值耗材费用103.61万元。	正在采取措施进行整改。
145	2015年至2016年6月，三亚市人民医院超过规定加价率销售药品，涉及违规加价金额17.89万元。	正在采取措施进行整改。
146	2015年，海口市有21961人在职工医保、城镇居保、新农合间重复参保，造成财政多补助404.58万元。	对重复参保导致财政多投入的资金，扣减以后年度财政补助资金。
147	2015年至2016年6月，海口市36名患者在新农合和职工医保间重复报销医疗费用19.27万元。	已追回全部资金。
148	2015年至2016年6月，重庆医科大学附属第一医院以自立收费项目等方式，违规收取医疗费用273.36万元。	正在采取措施进行整改。
149	截至2016年6月，重庆市达丰（重庆）电脑有限公司等3253户参保单位的170500名职工未参加职工医保。	正在采取措施进行整改。
150	2015年至2016年6月，重庆市中医院违规利用医保个人账户刷卡销售护肤品等373.98万元。	正在采取措施进行整改。
151	截至2016年6月，重庆市有97372人在职工医保、城乡居保间重复参保，造成财政多补助3705.98万元。	正在采取措施进行整改。
152	截至2016年9月，内江市威远县、隆昌县等6个区县的财政局欠拨城镇居保个人缴费部分财政补助资金19279.06万元。	已拨付资金4423.48万元。
153	2015年，泸州市有四川泸州川南发电有限责任公司等675户参保单位少申报职工医保缴费基数，少缴医疗保险费1591.68万元。	已补缴医疗保险费1279.44万元。
154	2016年1月至6月，成都都江堰市卫康药房连锁有限责任公司胥家镇发展路药店违规利用医保个人账户刷卡销售日用品等12.26万元。	对该药店给予暂停结算2个月的处罚。
155	2016年1月至6月，绵阳市有103122人在职工医保、城镇居保和新农合间重复参保，造成财政多补助4331.12万元。	对重复参保导致财政多投入的资金，抵扣以后年度财政补助资金。
156	截至2016年6月，德阳市本级及4个县区有48598人在职工医保、城镇居保和新农合间重复参保，造成财政多补助2686.55万元。	已出台制度并统一经办信息系统。

（续表）

序号	问题事项	整改情况
157	2014年至2016年6月，德阳市有22人在职工医保与新农合间重复报销医疗费用10.25万元。	已追回全部资金。
158	2013年至2015年8月，贵州医科大学第三附属医院皮肤科对外合作开展美容服务，将自费美容服务项目串换成医保结算诊疗项目，违规套取职工医保基金78.04万元，作为单位收入核算。	已追回全部资金。
159	2015年至2016年6月，贵阳清镇市社会保险事业局未按实际工资总额征收52家行政事业单位医疗保险费，共计少征1833.56万元。	正在采取措施进行整改。
160	截至2016年6月，遵义市红花岗区2015年居民医保财政补助和补贴资金有95.74万元尚未拨付到位。	已拨付资金40.8万元。
161	截至2016年6月，遵义市社会保险事业局、桐梓县社会保险事业局将53.10万元医保基金出借给单位或个人未收回。	已将出借资金全部收回。
162	截至2016年6月，遵义市有108586人在职工医保、城镇居保和新农合间重复参保，造成财政多补助4560.61万元。	正在采取措施进行整改。
163	2016年1月至6月，贵阳市有62731人在职工医保、城镇居保或新农合间重复参保，造成财政多补助2631.30万元。	已对1682名重复参保的人员进行清退。
164	2015年至2016年6月，华宁县人民医院通过对204位病人分解住院的方式，违规套取新农合基金33.41万元，作为单位收入核算。	已追回全部资金。
165	2015年至2016年6月，曲靖市罗平县降低行政事业单位医疗保险缴费基数，少筹集医保基金4204.71万元。	已出台相关管理制度。
166	2014年至2016年8月，云南白药大药房有限公司下属的北辰店等3个门店通过编造虚假药品名目等方式，利用医保个人账户刷卡销售日用品等10.64万元。	正在采取措施进行整改。
167	2016年1月至6月，大理白族自治州大理市有6254人在职工医保、城镇居保和新农合间重复参保，造成财政多补助262.67万元。	正在采取措施进行整改。
168	2015年至2016年6月，宝鸡市高新区河滨中医院违规超过规定加价率销售药品，涉及违规加价金额456.62万元。	正在采取措施进行整改。
169	2015年至2016年6月，榆林市第一医院以超标准收费、自立项目收费、重复收费等方式，违规收取医疗费用434.89万元。	正在采取措施进行整改。
170	2015年，渭南市富平县新型农村合作医疗管理委员会办公室未经省级价格、财政部门审批，用陕西省代收罚款收据，违规向定点医疗机构收费64.5万元。	正在采取措施进行整改。
171	截至2016年9月，咸阳市应补助困难企业职工医保资金有1980.82万元尚未拨付到位。	正在采取措施进行整改。
172	截至2016年6月，延安市宝塔区第一建筑工程公司有637名退休职工未纳入职工医保。	正在采取措施进行整改。
173	截至2016年6月，西安市将13045.2万元职工医保基金用于离休人员医疗费支出。	正在采取措施进行整改。

（续表）

序号	问题事项	整改情况
174	2014年至2015年，西安怡康医药连锁有限责任公司违规利用医保个人账户刷卡销售日用品等5152.53万元。	正在采取措施进行整改。
175	截至2016年6月，西安市有60921人在职工医保、城镇居保和新农合间重复参保，造成财政多补助2436.84万元。	正在采取措施进行整改。
176	截至2016年6月，榆林市横山县有19人在不同险种间重复报销医疗费用35.35万元。	正在采取措施进行整改。
177	截至2016年6月，陕西渭河煤化工集团有限责任公司等3户企业医疗保险仍封闭运行，涉及参保人数4.1万人，同时存在欠缴医疗保险费的问题。	正在采取措施进行整改。
178	2015年至2016年6月，定西市安定区3家医院及22个乡镇（社区）卫生院通过对394人次分解住院的方式，违规套取新农合基金61万元，作为单位收入核算。	已追回全部资金。
179	2015年至2016年6月，定西市人民医院以超标准收费、自立项目收费、重复收费等方式，违规收取医疗费用130.5万元。	资金已全部上缴财政专户。
180	截至2016年6月，定西市2015年以来的职工医保财政补助和补贴资金有380.49万元尚未拨付到位。	资金已拨付到位。
181	2015年至2016年6月，兰州市永登县新型农村合作医疗管理局为部分人员超过封顶线报销医疗费用7.47万元。	正在采取措施进行整改。
182	截至2016年6月，兰州市有21356人在职工医保、城镇居保和新农合间重复参保，造成财政多补助945.31万元。	正在采取措施进行整改。
183	2015年，兰州市有34人次在职工医保、城镇居保和新农合间重复报销医疗费用23.07万元。	已追回资金8.3万元。
184	2015年至2016年6月，青海西部水电有限公司和中国农业银行股份有限公司青海省分行通过少报缴费基数等方式，少缴医疗保险费137.33万元。	正在采取措施进行整改。
185	截至2016年6月，西宁市将451.52万元职工医保基金扩大范围用于离休干部和伤残人员的医疗费支出。	正在采取措施进行整改。
186	截至2016年6月，青藏铁路公司、中国石油青海油田分公司医疗保险仍封闭运行，涉及参保人数7.04万人。	青藏铁路公司从2017年开始纳入省本级医保管理。
187	2015年至2016年6月，宁夏医科大学总医院通过对11人次分解住院的方式，违规套取医保基金19.28万元，作为单位收入核算。	已追回全部资金并处罚款。
188	2015年至2016年6月，银川市第一人民医院通过分解住院、重复住院等方式，违规套取医保基金15.87万元，作为单位收入核算。	已追回全部资金并处罚款。
189	2015年至2016年6月，宁夏医科大学总医院违规向1790人次收取高价止血纱布、止血棉等费用263.04万元。	已追回全部资金并处罚款。

注："整改情况"一栏为截至2016年12月20日的整改情况。

中华人民共和国审计署审计结果公告（2017 年第 2 号）

2016 年第四季度国家重大政策措施贯彻落实跟踪审计结果

（2017 年 3 月 17 日公告）

2016 年，审计署以促进国家重大政策措施贯彻落实，推动深化“放管服”改革，保障经济平稳健康发展、促进经济结构转型升级为目标，围绕推进供给侧结构性改革和“三去一降一补”五大任务落实，组织对 31 个省、自治区、直辖市（以下统称省）和 29 个中央部门、7 户中央企业进行了跟踪审计。第四季度重点审计了“三去一降一补”等政策措施落实情况，同时对全年审计查出问题的整改情况进行了全面检查。

一、跟踪审计工作取得的成效

在 2016 年跟踪审计中，全国各级审计机关共审计各类项目 7.65 万个，累计抽查相关单位 7.82 万个。其中，审计署直接派出的审计组审计项目 4491 个，抽查单位 3863 个，反映问题 2391 个，涉及问题金额 989.23 亿元。审计机关坚持边审计、边督促整改，对查出的问题及时通报，出具整改建议函 150 份，督促各地区、各相关部门及时落实；对未及时整改的问题按季度出具审计报告，并向社会公告审计结果。相关地区和部门多措并举纠正审计发现的财政资金统筹使用、扶贫任务落实、深化“放管服”改革、重大项目建设、重点任务推进等方面存在的问题，全年共对 4113 名相关责任人进行了追责问责，并举一反三，健全完善整改长效机制，推动相关方面工作取得积极进展。

（一）促进钢铁、煤炭等行业化解过剩产能。审计重点关注了钢铁、煤炭等行业化解过剩产能任务完成情况，针对部分地区化解过剩产能工作进展缓慢、违规新增火电产能、专项奖补资金闲置等问题提出建议，促进相关部门和地区出台、完善配套政策 55 项，清理关停僵尸企业 287 户，化解过剩钢铁产能 391.04 万吨、煤炭产能 1302.37 万吨，促进安置职工 3.32 万人。

（二）促进保障性住房及时分配和房地产去库存。审计重点关注了各地因城施策加强房地产市场调控、推进城镇化建设和棚户区改造等情况，针对部分地区保障性住房分配不及时、房地产去库存不到位等问题提出建议，促进相关部门和地区出台配套政策及措施 122 项，推进 9.57 万套保障性住房及时分配使用，促进盘活闲置楼宇、完善房地产市场调控措施。

（三）促进加强地方政府性债务风险管控。审计注重揭示反映政府债务、银行信贷、资本市场运行等方面的薄弱环节和风险隐患，针对部分地方政府违规举债、违规担保等问题，以及债务增长较快、债务风险化解效果不佳等情况提出建议，促进相关部门和地区出台配套政策措施 47 项，纠正违规举债、违规担保等问题金额 185.71 亿元。

（四）促进深化“放管服”改革、降低企业成本。审计持续关注了各部门各地区推进行政审批制度改革、清理涉企收费、降低企业成本等方面政策落实情况，针对部分部门和地区行政审批事项取消下放及职业资格取消不及时、清理行政审批中介服务和小微企业税费减免政策落实不到位等问题提出建议，促进相关部门和地区出台配套政策措施 216 项，取消下放行政审批事项、减少审批前置条件等 273 项，取消职业资格认证、企业资质认定等 42 项，停止或取消收费 239 项，减少或清退违规收费 16.21 亿元。

（五）促进扶贫攻坚政策落实和基础设施项目建设、补强民生领域短板。审计持续关注并反映了脱贫攻坚、城乡低保、生态保护等重点民生领域政策落实和重大项目推进情况，针对相关政策落实不到位、工程推进不力等问题提出建议，促进相关地区和部门出台相关配套政策 372 项，促进收回结转结余资金 355.72 亿元，促进落实配套资金 110.07 亿元，通过精准识别，调整扶贫、低保对象 13.12 万户，推动 1595 个扶贫项目加快实施。

二、2016年第四季度审计发现的主动作为典型事例及查出的突出问题

从第四季度的审计情况看，各地区、各部门在积极主动作为、推动供给侧结构性改革等方面取得一些好的经验和做法。如山西省对建档立卡贫困对象开展大数据“精准”再识别；辽宁省加强监管，清理整顿环保违规建设项目；福建省加快推进国际贸易通关便利化建设；江西省创建电商扶贫新模式；山东省加大对“三农”及小微企业金融支持力度；四川省全面推行个体工商户“三证整合”；甘肃省结合农网升级改造实施精准扶贫；食品药品监管总局加快药品审评审批。

审计也发现，一些地区和部门在重大政策、“三去一降一补”重点任务落实中还存在不到位的情况。主要是：

（一）推进重点政策落实方面。一是内蒙古自治区违规向过剩产能行业发放临时电价财政补贴9841.41万元；二是青海省非住宅类商品房去库存周期长，安徽省合肥市非住宅类商品房库存不降反升；三是北京市通州区违规变相新增政府性债务30亿元，黑龙江省齐齐哈尔市人为调节政府性债务结构，甘肃省科技型中小企业贷款融资贵现象依然存在。

（二）推进“放管服”改革、降低企业成本方面。一是中国铁路总公司下属3家单位和辽宁省、江西省的2家单位违规预留或未及时清理退还工程保证金4.4亿元；二是辽宁省、吉林省的4家单位在国家明令停征、免征后仍违规继续征收3项行政事业性收费564.32万元；三是4个省的6家单位依托行政权力或履职便利等，违规向企业收费6830.18万元；四是消防产品认证管理不规范。

（三）推进扶贫政策措施落实方面。一是7个省的9个县（市、旗）在易地扶贫搬迁、健康扶贫、教育扶贫、扶贫资金阳光化管理方面政策落实不到位；二是10个省的部分市县扶贫资金统筹整合不到位，有2.37亿元扶贫资金闲置；三是5个省的15个单位和多名个人套取、违规使用扶贫等资金1238.03万元；四是5个省的21个产业扶贫、饮水安全等项目因前期论证不足、疏于管理等原因，推进缓慢或效益不佳，涉及资金7477.13万元；五是河北省、四川省、贵州省的3个县在扶贫项目实施中存在违规招投标等问题，涉及资金6229.64万元。

（四）推进重点领域项目建设方面。10个省公路水路交通运输、东北老工业基地振兴、城市地下综合管廊、生态环境保护等领域的19个重点项目推进缓慢，涉及投资682.02亿元。

附件：1. 整改效果较好的事例

2. 有关地区和部门推进国家重大政策措施贯彻落实的具体举措

3. 第四季度跟踪审计查出的主要问题

附件1：

整改效果较好的事例

一、吉林省、上海市、湖北省、广东省加大存量资金统筹盘活力度

（一）关于吉林省松原市2013年彩票公益金分成资金692.68万元结转超过2年未使用问题。吉林省松原市财政局积极协调市民政等部门加强相关项目推进力度，截至2016年底，上述资金已全部统筹用于购买农村养老服务、农村福利中心维修改造等方面支出。

（二）关于上海市民防办等4家单位1.41亿元非税收入在各单位账户结转超过2年未上缴国库问题。上海市相关部门及时整改，截至2016年底，上述单位已将1.41亿元资金上缴至国库。

（三）关于湖北省12个省本级单位实拨账户1.8亿元资金结转超过2年未使用问题。湖北省财政厅组织在省本级全部预算单位范围内开展清理工作，将各单位财政存量资金纳入2017年部门预算。

（四）关于广东省广州市财政局防范化解风险准备金专户结存资金未按规定优先用于偿还存量债务问题。广州市积极整改，从上述资金中调出30亿元纳入2017年预算，用于偿还政府性债务。

二、辽宁省、湖南省、青海省加强涉企收费管理，退还违规收费1537.83万元

（一）关于辽宁省盘锦市等3个地市有关部门违规向小微企业收费问题。辽宁省高度重视，要求有关地区认真整改，相关部门已停止违规收费，并将收取的485.63万元资金全部退还相关企业。

（二）关于湖南省耒阳市矿产品税费征收管理局违规收费问题。耒阳市积极整改，依据税费信息征管系统历史数据，核对出向全市各煤矿收取的不合理费用，已向23家煤业公司退还违规收费1052.20万元。

（三）关于青海省工商行政管理事务咨询服务中心违规代办企业设立、变更及注销等业务并收取费用问题。青海省工商行政管理局已于2016年11月申请注销该中心。

三、住房城乡建设部、交通运输部、能源局加快推进“放管服”改革

（一）关于部分注册监理企业在无注册监理工程师人员的情况下，违规开展工程监理工作问题。住房城乡建设部及时组织各省级住房城乡建设主管部门对326家注册监理工程师数量为零的监理企业的在监项目开展督查。截至2016年末，上述326家企业中，104家企业资质已达标，85家企业正在整顿，137家企业资质因不达标被撤回。

（二）关于交通运输部未及时下放省际普通货物水路运输许可事项问题。交通运输部及时将此项许可下放到省级交通运输主管部门，并于2016年12月22日向社会公布。

（三）关于能源局未及时取消安全培训机构资格认可等资格认定许可事项问题。能源局公告废止了有关认定文件，并对《电力安全培训监督管理办法》进行修订，删除了有关条款。

四、黑龙江省、贵州省、甘肃省积极整改扶贫工作存在的问题

（一）关于黑龙江省甘南县产业扶贫政策落实不到位，部分项目未实现预期帮扶目标问题。甘南县组织相关部门对产业扶贫项目进行全面核查，制定了《甘南县产业扶贫项目管理办法》，细化了产业扶贫项目立项、评审、实施等环节的管理措施。截至2016年底，12个产业扶贫项目自筹资金1895.35万元已全部到位，对接贫困户2241户。

（二）关于贵州省遵义县、玉屏县、晴隆县6家企业骗取扶贫资金问题。相关县财政等部门已追回5家企业骗取的财政贴息资金132.17万元，收回1家企业利用虚假发票骗取的中央财政扶贫项目资金100万元，并对相关单位和责任人进行了问责处理。

（三）关于甘肃省环县部分企业和个人骗取、侵占、挪用扶贫资金问题。环县成立了整改工作协调推进领导小组，目前已收回资金391.02万元，对7名责任人给予党内严重警告等问责处理，制定了《环县政府投资项目管理办法》等8项制度，推动扶贫政策落实到位。

五、重庆市、四川省、教育部、中国铁路总公司多种举措推进项目建设

（一）关于重庆市云阳县2座重点小Ⅱ型水库除险加固工程未按期完工问题。云阳县积极整改，加快工程建设和资金拨付进度。截至2016年底，上述2座水库除险加固工程已建成并投入使用。

（二）关于四川省蓬溪船山灌区工程初步设计尚未获得批复、项目建设进度缓慢问题。四川省发展改革委、水利厅及地方政府加快推进项目审批和建设。截至2016年底，初步设计已获得批复，项目移民、土地报征、林地报批及施工招标工作正有序推进，蓬船灌区工程已完成投资3.63亿元。

（三）关于全国青少年地市级示范性综合实践基地项目进展缓慢、使用效率较低等问题。教育部高度重视，建立项目推进机制，加快项目实施进度，改进保障措施，促进基地提高使用效率。截至2016年底，示范性综合实践基地项目已竣工97个，开展应急救护、暑期社会实践等各类活动1000余项，参与活动学生达80余万人次。

（四）关于通辽至让湖路铁路电气化改造等4个项目进展缓慢问题。中国铁路总公司积极协调地方政府加快征地拆迁、推进项目建设。截至2016年底，4个项目均已签订征地拆迁委托协议，已开始搅拌站、桩基等建设，完成投资28.7亿元。

附件2：

有关地区和部门推进国家重大政策措施贯彻落实的具体举措

一、山西省对建档立卡贫困对象开展大数据“精准”再识别。山西省高度重视贫困对象识别不精准问题，组织全省102个县（市、区）公安、财政、工商等部门对1.3万个村开展全面核查，将不符合条件的3.7万户、11.9万人剔除出贫困人口信息系统，收回违规发放的各类扶贫资金214万元，同时不断完善制度，提高扶贫精准度。

二、辽宁省加强监管，清理整顿环保违规建设项目。辽宁省通过建立省市县三级联动、完善协调机制和加强督导检查等措施，积极推进清理整顿环保违规建设项目。截至2016年底，通过清理整顿，解决大连港长兴岛30万吨级原油码头等重大项目环评手续问题，使8033个项目实现合规生产。

三、福建省加快推进国际贸易通关便利化建设。福建省积极推广国际贸易"单一窗口"，突出省域特色，实现检验检疫电子闸口系统、大宗散货物流监管系统等多业务系统对接，并实现"客户机/浏览器"和"浏览器/服务器"双模式报检，提高了企业报关效率，企业进出口货物申报时间从4小时减至5～10分钟，一般货物贸易出口全流程时间从16天缩至8天。

四、江西省创建电商扶贫新模式。自2015年底以来，江西省依托"村邮乐购"农村电商项目，打造"建好一个站点、选好一个带头人、推好一个主打农产品、扶好一个产业合作社、用好一个线上平台、开好一条爱心邮路"的电商扶贫新模式。目前已建成电商脱贫站点1336个，覆盖贫困户2.7万户；成立电商脱贫合作社43个，总产值达3000多万元；建设电商运营中心43个、仓配中心37个、产业园1个。

五、山东省加大金融支持"三农"和小微企业力度。山东省持续加大金融改革力度，截至2016年底，开展新型农村合作金融改革工作试点的县（市、区）达到119个，试点合作社284家，互助业务累计金额6442万元；已开业民间融资机构512家；全省427家小额贷款公司全年累计发放贷款743.5亿元，90%以上投向"三农"及小微企业；已开业村镇银行126家，贷款余额482亿元。

六、四川省开始全面推行个体工商户"三证整合"。四川省将个体工商户营业执照、税务登记证和社会保险登记证"三证整合"，压缩审批流程、简化个体工商户登记程序、降低创业成本，惠及全省309.7万户个体工商户。

七、甘肃省结合农网改造升级实施精准扶贫。甘肃省结合新一轮农网改造升级工程制订贫困村动力电覆盖支持计划，安排专项建设资金用于加快电力基础设施建设，提前半年实现全省6220个贫困村动力电全覆盖，提升了贫困地区公共服务保障水平。

八、食品药品监管总局加快药品审评审批。食品药品监管总局通过实行优先审评审批、完善审评会议组织流程和机制、调整化学药生物等效性试验管理制度等方式，推进药品医疗器械审评审批制度改革，缓解了药品审评审批积压问题。截至2016年底，已完成审评任务12029件，比2015年同期提高25.29%。

附件3：

第四季度跟踪审计查出的主要问题

一、推进重点政策落实方面

（一）未严格执行化解过剩产能有关政策，违规向22家钢铁和电解铝企业发放临时电价财政补贴9841.41万元。在2013年国家相继出台化解过剩产能政策以来，内蒙古自治区仍沿用2012年的生产用电临时扶持政策，按照0.01元/千瓦时的标准，对国家限制产能的钢铁、电解铝行业的部分企业进行财政补贴。经查，2016年，内蒙古自治区共计对14家钢铁企业和8家电解铝企业发放补贴9841.41万元。

（二）个别地区化解房地产库存进展缓慢，库存不降反升。青海省非住宅类商品房去库存周期实际测算为近40个月。安徽省合肥市原计划2016年化解非住宅类商品房库存100万平方米，而截至2016年底，比年初实际增加了89万平方米。

（三）地方政府违规承诺回购企业股权，变相新增政府性债务30亿元。2013年7月，北京市通州区国资委与信托公司签订定期回购股权协议，约定8年内回购信托公司增资30亿元持有的股权，同时按照9.5%的年利率支付利息。截至2016年底，通州区已向信托公司支付利息9.81亿元。

（四）人为调节政府性债务结构，将44.16亿元以财政资金偿还的债务纳入政府提供担保的债务。2014 年，黑龙江省齐齐哈尔市财政局为降低本级债务率，将 44.16 亿元地方政府承诺以财政资金偿还的债务纳入政府提供担保形成的债务，未真实反映政府债务风险。截至 2016 年底，上述债务余额为 35.18 亿元。

（五）贷款利率优惠政策执行不到位，科技型中小企业仍存在融资贵问题。截至 2016 年底，甘肃省兰白科技创新改革试验区 229 笔科技型企业的 13.95 亿元贷款中，有 139 笔贷款的年利率高于人民银行同期贷款基准利率的 30%，未享受优惠利率，最高的为人民银行同期贷款基准利率的 2.23 倍。此外，担保机构还要求企业提供设备、专利、10% 的质押保证金、高管无限连带责任保证等多项反担保条件，进一步提高了融资成本。

二、推进“放管服”改革、降低企业成本方面

（一）中国铁路总公司下属 3 家单位和辽宁省、江西省的 2 家单位违规预留或未及时清理退还工程领域保证金 4.4 亿元。

序号	涉及单位	涉及事项	具体问题	金额（万元）
1	京石铁路客运专线有限责任公司等 3 家建设单位	工程质量保证金	截至 2016 年底，京石铁路客运专线有限责任公司等 3 家建设单位未及时退还施工单位工程质量保证金共计 19449.22 万元，最长逾期已超过 3 年。	19449.22
2	辽宁省锦州滨海新区（锦州经济技术开发区）管理委员会	履约保证金	截至 2016 年底，锦州滨海新区（锦州经济技术开发区）管理委员会未按规定返还施工单位履约保证金等工程建设领域保证金 5543.26 万元。	5543.26
3	江西省住房城乡建设厅	进赣保证金	截至 2016 年底，江西省住房城乡建设厅向外省建筑施工企业收取的“进赣保证金”尚有 18973 万元应退未退。	18973
	合计			43965.48

（二）辽宁省、吉林省的 4 家单位在国家明令停征、免征后仍违规继续征收 3 项行政事业性收费，共计 564.32 万元。

序号	涉及单位	涉及事项	收费时间	具体问题	金额（万元）
1	辽宁省锦州市环境监测中心站、锦州市房屋产权监理处	环境监测服务费、住房交易手续费、房屋登记费	2015 年至 2016 年	2015 年至 2016 年，锦州市环境监测中心站向 41 家小微企业收取环境监测服务费 48.15 万元。锦州市房屋产权监理处向 20 家小微企业收取住房交易手续费 39.12 万元；向 34 家小微企业收取房屋登记费 5.31 万元。	92.58
2	吉林省长春市房地产交易与权属登记景阳服务中心和大经路服务中心	房屋登记费、住房交易手续费	2015 年 1 月至 2016 年 12 月	2015 年 1 月至 2016 年 12 月，长春市住房保障和房地产管理局所属的长春市房地产交易与权属登记景阳服务中心和大经路服务中心等 2 家单位，向小微企业收取已免征的房屋登记费、住房交易手续费 471.74 万元。	471.74
	合计				564.32

（三）4个省的6家单位依托行政权力或履职便利等，违规向企业收费6830.18万元。

序号	涉及单位	涉及事项	收费时间	具体问题	金额（万元）
1	河北省衡水市环境科学研究院	环评技术服务业务服务费	2016年3月至2016年12月	衡水市环境保护局下属事业单位衡水市环境科学研究院通过为社会化环评公司修改环评报告的方式，变相开展环评技术服务业务。2016年3月至2016年12月，向企业收取技术服务费28.5万元。	28.5
2	吉林省工程咨询服务中心	初步设计方案审查等工程咨询评审费	2015年5月至2016年12月	2015年5月至2016年12月，吉林省工程咨询服务中心受吉林省发展改革委委托，开展初步设计方案审查等工程咨询评审过程中，由申请单位支付项目评审费用共计158.96万元。	158.96
3	安徽省滁州、安庆两市建筑活动综合服务中心	建筑活动综合技术服务费	2015年至2016年	滁州市、安庆市2市的建筑活动综合技术服务中心（与市建筑管理处一套人马），依托职责便利，向市区范围内的工程承包企业违规收取建筑活动综合技术服务费，2015年至2016年共收取费用5293.3万元。	5293.3
4	江西省建设信息中心、江西省建设工程安全质量监督管理局	电子公章及加密锁费用	2011年至2016年12月	一是2015年2月至2016年12月，经江西省建设信息中心同意，北京亿建联信息技术有限公司在未取得收费许可的情况下，向企业收取加密锁介质费用135.66万元；二是2011年至2016年12月，江西省建设工程安全质量监督管理局未经批准，发文要求企业向江西泰豪建设数据服务有限公司缴纳电子公章及加密锁费用，累计收费1213.76万元。	1349.42
	合计				6830.18

（四）消防产品认证管理不规范。《中华人民共和国认证认可条例》规定“国务院认证认可监督管理部门指定从事列入目录产品认证活动的认证机构，应当确保在每一列入目录产品领域至少指定两家符合本条例规定条件的机构”，但公安部消防产品合格评定中心是国家认监委指定的唯一一家从事火灾防护产品、灭火设备产品等多种产品认证的机构。截至2016年12月，该中心已认证有效企业5476家、有效证书46820张。

三、推进扶贫政策措施落实方面

（一）易地扶贫搬迁、健康扶贫等4项扶贫政策措施落实不到位。

序号	政策措施	具体问题
1	易地扶贫搬迁政策	河北省丰宁县易地扶贫搬迁政策落实中存在脱贫效果不佳、工作推进滞后等问题。一是截至2016年底，2015年底以前已搬迁的711名贫困人口仍有352人未脱贫，占比49.51%；二是易地扶贫搬迁工作推进滞后，截至2016年底，原计划于2016年10月中旬完成房屋主体建设的14个安置点有13个前期审批工作尚未完成。
		四川省古蔺县2016年易地扶贫搬迁工程存在前期准备不充分、政策不衔接等问题。一是72个新村聚居点中有68个在未开展地质勘查、施工图设计、预算编制等前期工作的情况下开工建设；二是由于各部门搬迁规划缺乏衔接，导致13户已享受地质灾害避险搬迁、112户已享受危房改造政策的农户被纳入到2016年易地搬迁项目计划中。
		陕西省合阳县百良镇榆林村移民搬迁安置项目计划2015年底建成，截至2016年底，因供电等配套设施建设缓慢等原因，搬迁对象仍未入住。

（续表）

序号	政策措施	具体问题
2	健康扶贫政策	河北省、内蒙古自治区部分旗县大病保险、新型农村合作医疗等政策未与扶贫政策有效衔接。一是河北省丰宁县大病保险等政策报销未实现“一站式”信息交换和即时结算，导致贫困人口报销手续烦琐、报账时间长；二是内蒙古自治区武川县和乌拉特中旗新型农村合作医疗报销系统无法识别建档立卡贫困人口，导致各项贫困人口医疗优惠政策无法落实。
		2016 年，贵州省石阡县和三穗县参加新型农村合作医疗的建档立卡贫困人口中，分别有 5.68 万人和 6.36 万人未按规定享受个人缴费部分的财政补贴。
3	教育扶贫政策	由于教育部门和扶贫部门工作不衔接、数据不共享等原因，2015 年至 2016 年，江西省上饶县 354 名、贵州省石阡县 188 名建档立卡贫困家庭学生未能按规定享受国家助学金及省级贫困学生资助等政策。
4	扶贫资金阳光化管理	河北省丰宁县、湖北省恩施市、陕西省合阳县 3 个贫困县实施的 21 个扶贫项目公示公开不到位或流于形式，部分项目信息的传递和公开主要依靠村干部口头传达等。

（二）部分地区扶贫资金统筹整合不到位。

一是截至 2016 年底，黑龙江省 5 个试点贫困县、宁夏回族自治区 6 个试点贫困县尚未按照《国务院办公厅关于支持贫困县开展统筹整合使用财政涉农资金试点的意见》（国办发〔2016〕22 号）和财政部有关要求，出台资金统筹整合使用方案。

二是 3 个地区存在未严格按规定范围整合资金、项目审批权未按要求完全下放到县、资金整合无实质进展等问题。河北省丰宁县 2016 年收到的农机深松整地项目等资金 693 万元既无对应实施项目，也未按规定纳入统筹整合范围。贵州省 2016 年将涉及 4.41 亿元扶贫资金的项目审批权保留在省级相关部门，未按要求下放到县。陕西省合阳县虽出台了资金统筹整合方案，但其团结村等 8 个村的以工代赈项目、整村推进项目均涉及道路、饮水工程等建设内容，仍由县扶贫办、经济发展局等单位分别下达和实施，资金整合无实质进展。

三是截至 2016 年底，审计抽查的辽宁省黑山县、吉林省龙井市、江西省上饶县、湖北省恩施市、云南省金平县、陕西省合阳县共有 2.37 亿元扶贫资金因项目推进缓慢、统筹整合不到位等原因闲置 1 年以上，其中 1.96 亿元闲置 2 年以上。

（三）5 个省的 15 个单位和多名个人通过伪造合同、编造虚假资料等方式套取、违规使用扶贫等资金 1238.03 万元。

序号	涉及地区	具体问题	金额（万元）
1	河北省丰宁县	一是 2015 年，承德天首农牧有限公司虚报奶牛标准化规模养殖场扩建项目，套取中央财政补贴资金 170 万元；二是截至 2016 年 11 月，丰宁县农牧局下属的农业政策性金融担保中心将扶贫贷款担保费 559.22 万元违规用于农牧局职工工资发放、取暖费、电费等支出；三是 2015 年至 2016 年，丰宁县有 7 名财政供养人员和 24 名村干部违规领取最低生活保障资金 8.65 万元。	737.87
2	吉林省龙井市	2014 年至 2015 年，龙井市扶贫办、民族宗教局挪用兴边富民扶贫资金、以工代赈扶贫资金等 6.13 万元，用于单位车辆日常加油支出和汽车维修支出。	6.13
3	四川省古蔺县	一是 2013 年至 2014 年，古蔺县龙山镇人民政府、古蔺县马蹄甜橙合作社 2 家单位通过伪造合同、编造虚假材料等方式，套取产业扶贫资金等财政资金 32.91 万元，用于企业运营等支出；二是 2011 年至 2016 年，古蔺县水务局等 3 家单位，违规将水利项目工作经费 59.84 万元用于业务接待、发放人员工资补贴等。	92.75

（续表）

序号	涉及地区	具体问题	金额（万元）
4	贵州省石阡县、三穗县	一是2013年至2015年，石阡和记绿色食品开发有限公司等3家企业，通过编造虚假合同和银行结息单，套取扶贫贷款贴息资金等财政补助资金152万元；二是2014年至2016年，石阡县扶贫办、三穗县扶贫办从扶贫项目管理费中列支共计185.12万元用于购置电脑、业务接待等；三是2013年，石阡县龙塘镇消溪村村支书等人通过变更补助名册、账号的方式侵占冒领群众茶园土地整治费11.32万元；四是2014年和2015年，石阡县坪山乡3名村扶贫互助社理事长未履行借款程序，从扶贫互助资金账户取款19.5万元归个人使用；五是2013年至2015年，石阡县扶贫办、财政局等部门的人员在履职时，违规接受宴请等涉及资金18.34万元。	386.28
5	陕西省合阳县	2012年，合阳县洽川镇莘里村支部书记等人在为30户贫困户申报旅游扶贫项目补助资金过程中，以“捐款”名义按每户5000元标准向30户贫困户强制收费15万元，计入村级账务。	15
合计			1238.03

（四）5个省的21个产业扶贫、饮水安全等项目因前期论证不足、疏于管理等原因，项目推进缓慢或效益不佳，涉及资金7477.13万元。

序号	涉及地区	具体问题	金额（万元）
1	吉林省龙井市	龙井市智新镇明东村米酒生产项目计划于2015年底建成投产，帮扶49户贫困户增收脱贫。截至2016年底，因项目承包方自筹资金未全部到位等原因，该项目仍未建成投入使用，涉及中央兴边富民行动专项资金49万元。	49
2	湖北省恩施市	2013年至2015年，因前期规划论证不充分等原因，恩施市龙凤镇安排的农业综合开发、旅游小镇、茶园建设等7个扶贫项目无法实施或长期未完工，涉及资金876.77万元。	876.77
3	四川省古蔺县	一是2012年至2015年，古蔺县美人椒种植等3个产业扶贫项目因缺乏销售渠道、管护不善等原因，导致产品无法销售或苗木大量死亡，涉及资金306.4万元；二是古蔺县农村饮水安全项目已建成的51处集中供水工程由于入户管道未建设一直未投入使用，涉及资金5790.1万元；三是古蔺县水质检测中心已配备的检测仪器和车辆因维护经费不足长期闲置，涉及资金72万元。	6168.5
4	贵州省石阡县	2015底建成的石阡县坪山乡桥子山片区饮水安全工程，因水源纠纷等原因闲置至今，涉及资金232.86万元。	232.86
5	云南省龙陵县	2012年至2013年，因前期论证不充分、疏于管理等原因，龙陵县安排的7个乡镇山核桃种植扶贫项目存活率仅为20%，涉及中央财政扶贫资金150万元。	150
合计			7477.13

（五）2011年至2015年，3个县在扶贫项目实施中存在违规招投标等问题，涉及资金6229.64万元。其中：河北省丰宁县农机推广管理站在实施农机深松整地项目中通过虚假招投标

方式，确定其控股的丰宁县福泰农机专业合作社承担该项目，涉及资金 625 万元。四川省古蔺县 40 个通村公路建设等扶贫项目存在围标串标，违规转分包的问题，涉及资金 5186.16 万元，审计抽查发现，部分项目存在道路宽度不够、路面断裂等建设质量不达标问题。贵州省石阡县扶贫办在采购脱毒马铃薯种薯工作中未按规定招标，直接向坪山乡凤凰农业综合开发农民专业合作社采购，涉及资金 418.48 万元。

四、推进重点领域项目建设方面

本次抽查的重大建设项目中，有 10 个省公路水路交通运输、东北老工业基地振兴、城市地下综合管廊、生态环境保护等领域的 19 个重点项目推进缓慢，涉及投资 682.02 亿元。具体情况：

（一）3 条高速公路项目因建设资金不到位、主管部门监管不力、投资方违约等原因停工或尚未开工，涉及总投资 281.06 亿元。截至 2016 年底，湖北省建设工期为 2013 年至 2017 年的洪湖至监利高速公路项目，自 2015 年 7 月以来一直停工，仅完成投资额的 63%。湖南省计划于 2014 年开工的安乡至慈利高速公路尚未开工，计划于 2014 年建成的岳阳至望城高速公路处于停工状态。

（二）内蒙古自治区“引绰济辽”工程等 5 个涉及振兴东北地区等老工业基地的重大项目总投资 316.22 亿元，由于确定项目计划过程中前期论证不充分、建设条件不成熟及自治区相关部门督促协调不力等原因，截至 2016 年底，应于 2014 年开工的 1 个项目、应于 2015 年开工的 4 个项目均未开工。

（三）5 个长江黄金水道项目进展缓慢，涉及总投资 59.24 亿元。江苏省无锡内河港惠山港区前洲作业区码头工程等 4 个项目应于 2015 年底前完工，截至 2016 年底，由于规划不衔接、缺乏资金投入等原因 2 个未建成、1 个未开工、1 个停建。安徽省合肥港中派港区一期工程计划于 2012 年开工，由于相关单位对项目的建设主体、功能定位存在分歧，项目迟迟未获批，截至 2016 年底，逾期 4 年未开工。

（四）3 个省城市综合管廊建设项目进展缓慢，涉及总投资 19.05 亿元。辽宁省锦州市主城区综合管廊项目建设计划工期为 2015 年底至 2017 年底，因原设计和选址不满足住房城乡建设部相关要求，需重新调整设计方案等，在完成 84 米试验段工程后停工，5.77 亿元融资借款闲置。青海省西宁市 6 条地下综合管廊项目应于 2016 年底完工，由于征地拆迁缓慢等原因，目前尚未开工。黑龙江省哈尔滨市 2 条地下综合管廊项目应于 2016 年底完工，由于征地拆迁未完成、土地利用规划调整方案未及时上报等原因，截至 2016 年底，仅完成总投资的 27.54%。

（五）3 个水源地污染治理和污水处理项目由于相关部门工作推动不力、前期规划调研不充分、项目建设方案编制不合理、配套资金不到位等原因建设缓慢，涉及总投资 6.45 亿元。河南省信阳市南湾湖生态环境保护试点工程 47 个子项目中，有 16 个未按要求在 2016 年底前建成，未实现董家河入湖处水质保持四类的目标。云南省阳宗海环湖截污主管道和污水处理厂改扩建工程应于 2015 年建成，截至 2016 年底仅完成总投资的 32%，影响湖泊水质改善目标的实现。青海省互助土族自治县南门峡水源地污染治理工程应于 2016 年底完工，仅完成投资总额的 18.37%，其中子项目天然湿地生态修复工程未按计划开工。

中华人民共和国审计署
审计结果公告
（2017 年第 3 号）

2017 年第一季度国家重大政策措施贯彻落实情况跟踪审计结果

（2017 年 5 月 27 日公告）

2017 年第一季度，审计署紧紧围绕稳中求进工作总基调，以推进供给侧结构性改革为主线，持续组织对 31 个省、自治区、直辖市（以下统称省）和 29 个中央部门、10 户中央企业进行了跟踪审计，抽查了1172个单位2322个项目，涉及资金2378.12亿元，其中中央财政资金553.28亿元。重点关注了脱贫攻坚工作推进、“三去一降一补”任务落实、“放管服”改革深化等方面的政策措施落实情况，以及以往跟踪审计发现问题的整改情况。从审计情况看，有关部门和地区围绕推进供给侧结构性改革，结合实际积极主动开展工作，认真整改审计查出的问题，取得较好成效。同时审计也发现一些政策措施落实不到位的情况。

一、有关部门和地方积极推进国家重大政策措施贯彻落实

从第一季度审计情况看，有关部门和地区积极主动作为，在推进脱贫攻坚和供给侧结构性改革等方面取得较好成效，总结了一些可复制可推广的经验做法。

（一）推进脱贫攻坚方面。江西省井冈山市综合施策实现脱贫摘帽，广西壮族自治区严抓精准识贫，四川省苍溪县积极引导社会力量爱心扶贫。

（二）加强社会救助方面。卫生计生委推进疾病应急救助制度建设，青海省持续加大对困境儿童保障力度。

（三）推动农业供给侧结构性改革促进农业农村发展方面。吉林省聚焦优势产区调整农产品供给结构，浙江省丽水市通过金融创新破解低收入农民贷款难问题，安徽省创新农业信贷担保方式助力新型农业经营主体成长，重庆市开展山坪塘整治改善旱区生产生活条件，四川省加强便农助农金融服务优化支付环境。

（四）简政放权、放管结合、优化服务方面。京津冀三省市协同推进检验检疫一体化促进区域内通关便利，黑龙江省哈尔滨市优化重点项目投资审批流程，福建省强化政银企对接引导技改基金发挥实效。

二、强化跟踪审计发现问题整改

有关部门和地区通过落实以往跟踪审计发现问题的整改，推动改进相关工作。其中，内蒙古、广西、湖北、四川4省通过完善制度、加强信息比对等方式，推进健康扶贫等政策落实；吉林省、环境保护部、商务部、质检总局及时整改考培挂钩、垄断经营等问题，规范行业管理，优化服务；天津市、辽宁省、国土资源部、中国铁路总公司及时清理涉企收费，退还违规收费和保证金共计1.59亿元；重庆市通过提前还款或兑付本息、解除担保责任等方式化解政府性债务，山西省加大债券资金使用力度提高新增债券效益；黑龙江、云南、湖南、甘肃4省统筹盘活财政资金6.45亿元；北京市、青岛市通过简化项目审批流程等方式，推进基础设施项目建设进度。

三、审计发现的主要问题

（一）推进脱贫攻坚工作方面。此次审计共抽查30个贫困县（区、市，以下统称县），涉及1320个项目、50.13亿元资金，发现的主要问题：一是5个县贫困人口数据信息不准确、不完整，涉及19703人。二是23个县教育扶贫、健康扶贫、金融扶贫、易地扶贫搬迁、以工代赈等扶贫政策落实不到位，涉及资金1.08亿元。三是16个县涉农资金统筹整合使用试点工作推进不力，5.65亿元涉农资金闲置1年以上，其中2.56亿元闲置2年以上。四是7个省的44个单位或个人违规使用资金3693.38万元。五是7个县的34个扶贫项目未实现预期扶贫效果，涉及资金1687.62万元。六是个别县脱贫成效不实，涉及3602人。七是14个县的190个扶贫项目管理不到位。

（二）去产能、去杠杆方面。一是去产能方面，黑龙江省1户企业化解煤炭过剩产能任务未达到国家规定标准；内蒙古自治区部分地方违规为4个未落实产能置换指标的在建电解铝项目办理备案手续。二是去杠杆方面，浙江省1个县开发区管委会虚增项目投资额，违规举借政府性债务8亿元。

（三）推进“放管服”改革、降低企业成本方面。一是湖北、四川、甘肃、广西4省的17家单位违规预留或未及时清退工程建设领域保证金1.32亿元。二是上海市、国家文物局的3家单位和中机技术车辆服务中心依托行政权力或履职便利开展业务取得收入1.15亿元。三是河北省秦皇岛市园林局拖欠企业工程款3.38亿元，黑龙江省桦南县国家税务局应退未退税款6985.03万元。四是上海市、江西省的3家单位存在未按规定取消行政审批或职业资格、重复备案的问题。五是质检总局部分所属检疫处理单位依托部门权力开展经营活动，检疫处理收费利润仍较高。六是质检总局所属中国质量认证中心等事业单位转企改制工作推进缓慢。

（四）推进重点领域项目建设方面。44个涉及铁路建设、振兴东北地区等老工业基地、城市基础设施、环境污染治理、社会福利、教育等领域的项目存在未按时开工或完工以及资金未到位等问题。一是黑龙江省、吉林省20个涉及振兴东北地区等老工业基地项目未按时完工，涉及投资15.39亿元。二是云南省、江西省6个水污染、土壤污染治理项目延期1年多未完工，涉及投资4.09亿元。三是弥勒至蒙自铁路项目推进缓慢，涉及投资92亿元。四是北京市、云南省2个基础设施建设项目建设进度滞后，涉及投资15.29亿元。五是重庆市、辽宁省、广东省15个福利院、养老院、农村学校项目进展缓慢，涉及投资2.37亿元。

（五）3.41亿元财政存量资金未及时统筹盘活。截至2017年3月底，辽宁省抚顺市、江西省、湖南省长沙市、宁夏回族自治区2014年及以前年度3.41亿元财政存量资金未及时统筹使用或清理盘活。

附件：1. 有关部门和地区推进国家重大政策措施贯彻落实的具体举措

2. 整改效果较好的事例

3. 2017年第一季度跟踪审计发现的主要问题

附件1：

有关部门和地区推进国家重大政策措施贯彻落实的具体举措

一、江西省井冈山市综合施策实现脱贫摘帽。江西省井冈山市根据贫困群体不同发展需求，分类推进脱贫攻坚工作，通过发展特色产业富民工程扶持一批，通过推进资产入股、提供就业等“公司+”合作模式带动一批，通过低保政策兜底一批，还采取多种方式解决住房条件差的贫困户安居问题。2017年2月经专项评估核查，井冈山市综合贫困发生率为1.60%，成功实现脱贫摘帽。

二、广西壮族自治区严抓精准识贫。为夯实精准扶贫基础，广西壮族自治区建立18类98项识贫指标体系，组织25万名干部进村入户，按照“一进二看三算四比五议”“两入户、两评议、两审核、两公示、一公告”识别程序，筛查出634万贫困人口、5000个贫困村、2.46万个移民搬迁村（屯）。对家中有注册公司、有城镇购买商品房或自建房等8类情况家庭实行“一票否决”，剔除50万户不符合贫困标准的家庭。同时完善建档立卡信息系统数据，实行动态管理机制，做到贫困户有进有出、该退则退。

三、四川省苍溪县积极引导社会力量爱心扶贫。四川省苍溪县通过联系动员爱心企业和个人与贫困户结对、爱心人士直接认购原生态农产品进行“造血式”帮扶，在214个贫困村建立了“以购代捐”生产营销体系，年交易量达9100多万元，1.53万户贫困农户直接受益。

四、卫生计生委推进疾病应急救助制度建设。2013年以来，卫生计生委大力推进疾病应急救助工作，建立健全工作机制，完善救治标准、诊疗程序、内容和责任追究制度，将疾病应急救助制度建设和落实情况作为医疗机构“一把手工程”。2013年至2016年，全国累计救助身份不明或身份明确但无支付能力的急危重伤病患者60.23万人。

五、青海省持续加大对困境儿童保障力度。2010年起，青海省按照每人每月150元的标准向事实上无人抚养（单亲无抚养能力、父母不履行监护义务一年以上、父母双方为服刑人员）儿童发放基本生活补贴。2015年再次扩大困境儿童保障范围，将重残儿童、重病儿童、困境家庭儿童、流浪乞讨儿童等纳入保障范围。2015年至2016年，累计投入资金8121万元，救助困境儿童5.64万人次。

六、吉林省聚焦优势产区调整农产品供给结构。吉林省立足发展基础和市场需求变化，重点调整农产品区域结构和产品结构，调减西部易旱区和东部冷凉区的籽粒玉米种植面积，支持中部建设核心优势产区，推动农业生产区域化和集群化。2016年，全省调减籽粒玉米种植面积332.6万亩，创建22个全国绿色食品原料标准化生产基地。

七、浙江省丽水市通过金融创新破解低收入农民贷款难问题。为解决低收入农民有效抵押担保物不足导致的贷款难问题，浙江省丽水市建立市县两级农村金融服务平台，提供林权、农房、土地流转经营权等农村产权抵押贷款；引导金融机构推出农副产品仓单质押贷款、农民工扶持贷款等创新产品；与农信机构合作向低收入农户发放兼具身份识别和小额信贷功能的“丰收爱心卡”；探索在产业基础和民间信用较好的扶贫重点村成立资金互助会，帮助农民发展生产、创业增收。

八、安徽省创新农业信贷担保方式助力新型农业经营主体成长。2016年，安徽省向省农业信贷担保有限责任公司注入10.6亿元资本金及风险补偿金，支持其在全国首创纯信用、无须抵押、由银行和担保机构共担风险的“劝耕贷”，促进解决种养大户、家庭农场、农民专业合作社等新型农业经营主体融资难题。截至2016年底，该公司累计为6391个新型农业经营主体提供担保13.28亿元，其中首次获得银行金融支持的占四分之三。

九、重庆市开展山坪塘整治，改善旱区生产生活条件。为解决不具备修建骨干水源工程条件的农村地区农田灌溉和人畜饮水问题，重庆市自2013年起大力开展山坪塘整治，将此项工作纳入区县党政年度目标考核，组建专门办事机构，完善分片联系和业务对口联络制度，整治工作取得阶段性成果。截至2016年底，全市累计投入资金68.5亿元，完成了10.19万口山坪塘整治，累计新增（恢复）蓄水能力2.86亿立方米，为234万亩农田季节性灌溉用水和农村群众抗旱应急水源提供了一定保障。

十、四川省加强便农助农金融服务优化支付环境。2016年以来，四川省着力将现代化支付服务成果运用到金融服务覆盖薄弱地区，积极推动助农取款服务点加载涉农补贴领取、钞币兑换以及代理缴纳水电费等服务。截至2016年底，全省累计建立助农取款服务点8.96万个，乡镇覆盖率达98.45%，行政村覆盖率达96.16%，累计消除基础金融服务空白乡镇904个、空白村4.04万个。2016年发生助农取款服务业务4510.71万笔，金额166.72亿元，同比分别增长57.67%和74.66%。

十一、京津冀三省市协同推进检验检疫一体化促进区域内通关便利。京津冀三地检验检疫部门通过改革现有通关、监管模式和业务流程，促进区域内通关便利化。符合条件的进出口企业可在区域内自主选择报检和办理签证的检验检疫机构，检验检疫机构互认检测结果；三地建立会商机制和协调联动机制，统一审单规范、业务流程、风险防控、信用管理、统计规则；通过风险分析和分类管理，加大申报放行、验证放行、抽样放行和快速放行比例。2015年至2016年底，京津冀检验检疫一体化共惠及企业2万余家，为企业节省各项通关成本3800多万元，缩短了货物的口岸滞留时间，有效提高了检验检疫监管效率。

十二、黑龙江省哈尔滨市优化重点项目投资审批流程。2016年底，哈尔滨市针对工业及整体性仓储、政府投资类公益项目和基础设施项目3大类重点项目启用新的投资审批流程。按照“审批部门提前介入、批前预审、并联审批、信息共享、限时办结”的原则，将报建审批流程划分为“选址立项”“规划报批”“施工许可”“项目验收”4个阶段，实现了项目单位、设计单位、市区两级审批部门集中审图，各阶段相关部门同步出具审批意见，着力解决报建单位在各部门间奔波审批、各环节相互牵制甚至互为前置的问题。优化流程后，3类项目平均审批时限缩短11.7个工作日，审批效率提高38.5%。

十三、福建省强化政银企对接，引导技改基金发挥实效。福建省经信委、金融办、财政厅、兴业银行等共同成立基金协调小组，指导省级技术改造基金建立科学决策机制。基金投资主要采取债权方式，企业实际承担的债务成本低至年化3%，为企业提供了低成本长期资金。投放项目侧重省内民营企业先进产能扩产增效、智能化改造、绿色生态发展等领域。截至2016年底，基金资金到位28.47亿元，已向23个项目投放21.77亿元，其中79%投向民营企业。

附件2：

整改效果较好的事例

一、完善制度、加强信息对比，推进4项扶贫政策落实

（一）关于内蒙古自治区乌拉特中旗和武川县健康扶贫工程实施进展较慢的问题。内蒙古自治区认真整改，印发《关于做好人力资源社会保障健康扶贫工作的通知》，对健康扶贫工作提出了明确要求。截至2016年底，乌拉特中旗和武川县共补发建档立卡贫困人口1149人次医疗费用补贴33.16万元。

（二）关于广西壮族自治区桂平市部分地方农村义务教育家庭经济困难寄宿生生活费补助政策执行不到位的问题。广西壮族自治区高度重视，通过信息清理和数据比对，确认桂平市贫困人口中共有应享受未享受补助的在校困难寄宿生743人，并于2017年3月前，补发生活补助经费48.95万元。

（三）关于湖北省恩施市2个扶贫项目公示公开不到位的问题。恩施市于2016年11月印发《恩施市扶贫开发领导小组办公室关于建立和推行扶贫资金项目公告公示制的通知》，并对上述两个建设项目有关事项进行了公告公示。

（四）关于四川省古蔺县部分单位套取、侵占扶贫等财政资金92.75万元的问题。古蔺县已收回资金75.84万元，规范16.91万元资金的账务管理，并对4名责任人给予党内警告等问责处理。

二、及时整改考培挂钩、垄断经营等问题，规范行业管理，优化服务

（一）关于吉林省长春市建筑施工特种作业人员操作资格考核与培训挂钩的问题。长春市城乡建设委员会于2017年1月发文停止了特种作业人员考核培训工作。

（二）关于环境保护部对“新化学物质环境管理登记证核发”行政审批中介服务机构设置准入条件的问题。环境保护部于2016年12月发布2016年第85号公告，取消了化学品测试机构评审及公告制度。

（三）关于部分省市取消二手车限迁政策落实不到位，影响“活跃二手车市场”政策目标实现的问题。商务部及时出台政策，统一了取消二手车限迁政策的标准。2017年3月，商务部、公安部、环境保护部联合下发《关于请提供取消二手车限制迁入政策落实情况的函》（商办建函〔2017〕115号），明确要求各地加快取消二手车限迁政策，并适时向社会公开工作进展缓慢的地区。

（四）关于认监委指定公安部消防产品合格评定中心为唯一的消防类产品认证机构，消防产品认证管理不规范的问题。认监委于2017年2月印发《国家认监委关于发布强制性产品认证机构补充认定决定的公告》（国家认监委公告2017年第7号），补充国家消防工程技术中心为强制性产品认证机构，消防产品第三方认证市场不再独家经营。

三、清理涉企收费，退还违规收费和保证金1.59亿元

（一）关于天津市城乡建设委员会违规征收建设工程渣土装运车辆密闭装置维修资金并将收费作为办理渣土装运备案手续前置条件，增加企业负担问题。天津市城乡建设委员会积极整改，于2016年12月29日印发《关于规范建设工程渣土装运车辆密闭装置维修资金管理的通知》，取消该项收费，并向80家建设项目承包单位清退违规收费255.81万元。

（二）关于辽宁省沈阳市气象部门违规收费114.54万元的问题。辽宁省出台文件明确由气象部门委托有关机构开展防雷装置设计技术评价和防雷装置检测，严禁向申请人收取相关费用，截至2017年3月底，沈阳市气象部门已将违规收费114.54万元全部退还企业。

（三）关于国土资源部将2项行政审批的相关费用转嫁由行政相对人负担的问题。国土资源部及时整改，印发《国土资源部办公厅关于暂停北京中矿联咨询中心用于国土资源部备案的矿产资源储量评审业务的函》（国土资厅函〔2017〕362号），停止收取“开采矿产资源审批”事项的矿产资源储量评审费；同时，将“勘查矿产资源审批”事项的勘查实施方案评审费改为登记管理机关支付，由财政预算保障。

（四）关于京石铁路客运专线有限责任公司等3家建设单位未及时退还施工单位工程质量保证金共计19449.22万元的问题。截至2017年3月底，除因部分联合施工单位之间对各自清退比例未达成一致等原因造成暂时无法清退款项外，上述单位已退还保证金共计15528万元。

四、化解政府性债务，提高新增债券资金使用效益

（一）关于重庆市黔江区在预算外举债形成政府或有债务的问题。重庆市政府高度重视，对6名责任人进行了严肃问责处理；黔江区采取协商相关单位提前还款或兑付本息、撤回承诺函解除担保责任等方式进行了整改。

（二）关于山西省大同市2016年新增政府性债券资金24亿元，截至2016年10月底尚有15.23亿元未支出的问题。大同市积极推进项目建设和投资评审，加大统筹同类项目资金的使用力度，截至2016年底，新增债券资金已支付23.40亿元，占下达资金总量的97.5%。

五、统筹盘活财政资金6.45亿元

（一）关于黑龙江省高速公路管理局以前年度车辆通行费超收返还结余资金425.78万元长期结存未及时上缴的问题。黑龙江省高速公路管理局迅速组织整改，截至2017年3月底，已将上述存量资金全部上缴省财政。

（二）关于云南省超强台风应急救灾综合财力补助结存2500万元未安排使用的问题。云南省财政厅积极整改，通过统筹整合方式，2016年11月将上述资金用于云南省水利建设项目。

（三）关于湖南省煤业集团有限公司化解煤炭行业过剩产能中央奖补资金59244万元闲置的问题。该公司两次召开专题会议落实去产能工作，截至2017年3月底，已完成职工安置方案批复，并将闲置资金用于支付职工安置款55260.96万元和职工转岗培训3983.04万元。

（四）关于甘肃省2351.84万元车辆通行费长期闲置的问题。甘肃省交通运输厅及时上报申请预算调整方案，2016年12月经省财政厅批复调整，将上述资金用于公路养护建设。

六、通过简化项目审批流程等，推进基础设施项目建设

（一）关于国家高速公路“断头路”首都地区环线（通州—大兴段）推进缓慢，近7年尚未开工建设的问题。北京市将该项目纳入公共服务项目审批改革试点，简化开工建设审批流程，并加快推进招投标工作，引入社会投资人，2016年12月该项目取得施工登记意见书并正式进场施工。

（二）关于青荣城际铁路引入青岛枢纽工程应完工未完工的问题。青岛市政府积极整改，建立了政府督办和考核机制，责任落实到人，有力地推进了项目建设，2016年11月青荣城际铁路（青岛方向）正式开通。

附件3：

2017年第一季度跟踪审计发现的主要问题

一、推进脱贫攻坚工作方面

（一）5个县贫困人口数据信息不准确、不完整。吉林省镇赉县，湖北省孝昌县，河北省魏县、唐县和甘肃省静宁县的贫困户建档立卡信息存在姓名或身份证号错误、家庭成员信息缺失、未登记参保信息等情况，涉及19703人，不利于扶贫工作精准施策。

（二）23个县教育扶贫、健康扶贫、金融扶贫、易地扶贫搬迁、以工代赈等扶贫政策落实不到位。

序号	政策措施	具体问题	涉及地区	涉及人数	涉及项目数	涉及资金（万元）
1	教育扶贫	由于教育部门和扶贫部门工作不衔接、数据不共享等原因，部分建档立卡贫困家庭子女等生活困难学生未能按规定享受国家助学金及寄宿生补贴等教育资助，涉及9个县20368人次、资金1161.86万元。	重庆市酉阳县、秀山县；甘肃省静宁县、武山县；海南省临高县；山西省娄烦县；四川省仪陇县、苍溪县；广西壮族自治区凤山县	20368	—	1161.86
		受土地指标限制、项目选址困难等因素影响，2个县的25个改善贫困地区义务教育薄弱学校办学条件项目未能按计划开工或竣工，涉及资金5178万元。	河北省魏县、唐县	—	25	5178

（续表）

序号	政策措施	具体问题	涉及地区	涉及人数	涉及项目数	涉及资金（万元）
2	健康扶贫	由于未按要求落实政策、未及时明确补贴范围标准等原因，8个县的403084名参加新型农村合作医疗的建档立卡贫困人口未按规定享受个人缴费部分的财政补贴，涉及资金3548.93万元。	重庆酉阳县、秀山县；陕西省汉滨区、西乡县；黑龙江省桦川县、克东县；云南省施甸县；海南省临高县	403084	—	3548.93
		由于卫生、扶贫部门协调落实项目建设用地缓慢等原因，截至2017年3月底，80个村卫生室建设项目未按期完工，其中47个项目在建，33个项目未开工，涉及资金446.32万元。	黑龙江省克东县	—	80	446.32
3	金融扶贫	5个县的扶贫再贷款等金融扶贫政策未充分瞄准建档立卡贫困户，建档立卡贫困户获益比例偏低。有的县贫困户贷款利率高于同期贷款基准利率1倍多。	黑龙江省桦川县；重庆市酉阳县；云南省耿马县；山西省娄烦县、静乐县	—	—	—
		由于信息不共享等原因，3个县的144户建档立卡贫困户应享受未享受扶贫贷款贴息27.43万元。	河北省魏县、唐县；山西省娄烦县	144	—	27.43
4	易地扶贫搬迁	由于扶贫部门对易地扶贫搬迁规划审核不严等原因，2个县的3个易地扶贫搬迁项目安置房建设面积超标。	陕西省西乡县；云南省施甸县	—	3	—
		由于项目选址不科学、前期论证不充分等原因，1个易地扶贫搬迁项目因选址在饮用水二级水源保护区上游被叫停，前期451.76万元建设投资面临损失。	湖北省孝昌县	—	1	451.76
5	以工代赈	7个县的57个以工代赈项目未实现充分吸纳当地贫困户参加工程建设、获取劳务报酬直接增加收入的政策目标。	四川省仪陇县；云南省耿马县；青海省湟中县；海南省临高县、白沙县；贵州省印江县、六枝特区	—	57	—
合计			23	423596	166	10814.3

（三）16个县涉农资金统筹整合使用试点工作推进不力，5.65亿元涉农资金闲置1年以上，其中2.56亿元闲置2年以上。

序号	具体问题	涉及地区	涉及资金（万元）
1	相关专项资金未真正实现统筹整合，实际工作中仍由原主管部门分头管理。	四川省仪陇县；山西省静乐县；河北省魏县、唐县；广西壮族自治区靖西市、凤山县	—

（续表）

序号	具体问题	涉及地区	涉及资金（万元）
2	同类项目由两个以上部门多头组织实施。	海南省白沙县；山西省静乐县	3642.36
3	因资金统筹不到位、项目推进缓慢等原因导致资金闲置1年以上。	四川省仪陇县；黑龙江省桦川县；河北省魏县、唐县；云南省施甸县；青海省湟中县；重庆市秀山县；湖北省孝昌县；贵州省印江县、沿河县；吉林省大安市；河南省商城县	56521.27

（四）7个省的44个单位或个人违规使用资金3693.38万元。

一是6个县的24个单位或个人通过伪造合同、编造虚假资料等方式套取资金1903.7万元。

序号	涉及地区	具体问题	涉及单位数量	涉及资金（万元）
1	黑龙江省克东县、桦川县	2015年，克东县玉岗镇、润津乡通过编造58户农村危房改造名单，骗取财政资金49.3万元账外存放且无支出票据、无法证明用途；玉岗镇复兴村编造32户农村危房改造名单，骗取财政资金24万元用于购置及装修村办公楼。 2014年，桦川县以工代赈办公室在明知工程未按合同实施的情况下，在不实的决算书上签字盖章，导致施工单位套取工程款23.3万元。	4	96.6
2	云南省耿马县	2015年，耿马县孟定万星橡胶有限公司、耿马县普惠三农服务专业合作社、临沧耿马鹰洛山茶业有限公司3家企业通过造假财务资料、虚报项目等方式套取财政贴息资金63万元。	3	63
3	四川省仪陇县、苍溪县	2015年至2016年，仪陇县惠民村镇银行等5家金融机构通过虚报涉农贷款数据，违规获取财政奖励资金1279.75万元。 2015年至2016年，仪陇县实用技术培训学校、苍溪县职业高中等7所学校通过伪造培训资料、重复申报等方式，套取扶贫培训资金等58.25万元。 2014年至2016年，苍溪县岳东镇通过申报虚假项目、编造村民持股明细、“一事一议”等虚假报账材料，骗取财政资金216.1万元。 2015年，苍溪县友谊猕猴桃专业合作社通过伪造贫困户入股信息和项目资料，骗取扶贫补助120万元。	14	1674.1
4	重庆市酉阳县	2015年，酉阳县农委审核把关不严，3家单位以虚报产值、重复申报等方式违规获得中央现代农业专项资金70万元。	3	70
合计			24	1903.7

二是4个县的7个单位违规将扶贫等资金646.44万元用于市政建设、形象工程，以及发放职工福利及接待送礼等违反中央八项规定精神的支出。

序号	涉及地区	具体问题	涉及单位数量	涉及资金（万元）
1	重庆市秀山县、酉阳县	2010年至2016年，秀山县民宗委未经报批，将少数民族发展资金372.03万元用于违规修建机关办公用房，且超出建设标准338.25平方米。 2014年至2016年，秀山县2个乡镇向易地扶贫搬迁农户按每人2600元至3600元的标准收取“捐赠”资金，将182.16万元用于镇政府旁公园绿化和特色风情街建设等。 2014年至2016年，酉阳县扶贫办在项目管理费中列支12.27万元用于支付招待费等，秀山县扶贫办超额列支招待费46.86万元。	5	613.32
2	河北省唐县	2015年至2017年，唐县水利局在水利专项支出中列支机关人员补贴11.65万元；在专项资金及机关经费结余中列支服装、礼品费用2.26万元。	1	13.91
3	陕西省汉滨区	2016年，汉滨区县河镇财政审计所将困难群众临时救助资金、农村五保金、优抚资金共计19.21万元，用于发放绩效工资、支付镇干部体检费和车辆维修、购买办公用品等公务开支。	1	19.21
合计			7	646.44

三是4个省的13个单位或个人利用履职便利，违规管理使用资金1143.24万元。

序号	涉及地区	具体问题	涉及单位或个人数量	涉及资金（万元）
1	河北省魏县	2015年至2016年，河北省扶贫办小额信贷管理与服务中心和魏县扶贫办按照3%的比例，无依据从魏县农户自立服务社提取监测工作经费16.23万元。	2	16.23
2	广西壮族自治区凤山县	2016年，凤山县农业局蚕业站在发放蚕房建设补贴过程中，按照5%的比例以“缴纳税款”名义向127户贫困户收取现金5.70万元，存入该站工作人员个人账户，其中3.45万元被用于个人消费。	1	5.7
3	黑龙江省桦川县	2015年，桦川县某公职人员违规经商办企业，未经招投标程序承揽本单位负责实施的涉农项目，涉及财政资金670.79万元，其中扶贫资金116.6万元。	1	670.79
4	四川省本级、仪陇县	2015年至2016年，四川省老区建设促进会、四川省扶贫开发协会向2名未经批准违规兼职的退休干部发放工作补贴10.91万元。 2015年至2016年，四川省老区建设促进会在工作经费中违规发放购物卡、现金等38.3万元。 2015年7月至2017年2月，四川省老区建设促进会1名工作人员将工作经费63万元转入个人账户，其中38万元用于股票交易。		

（续表）

序号	涉及地区	具体问题	涉及单位或个人数量	涉及资金（万元）
		2015年至2016年，仪陇县老区建设促进会3名工作人员通过假发票、伪造出差资料等方式套取扶贫资金3.31万元。 2014年，仪陇县县城建设指挥部拆迁办原主任将拆迁工作经费100万元借给其朋友用于经商。 2014年至2015年，仪陇县扶贫互助指导监督中心、仪陇县民富农村可持续发展服务中心相关责任人员利用职权挪用扶贫互助资金235万元用于个人经营活动等。	9	450.52
合计			13	1143.24

（五）7个县的34个扶贫项目未实现预期效果，涉及资金1687.62万元。

序号	问题类别	涉及地区	具体问题	涉及项目数量	涉及资金（万元）
1	由于前期调查不充分或后期工作不到位等原因，扶贫项目效果不佳	河北省唐县	由于配套变压器容量不足、并网发电申请工作推进缓慢，唐县26个已经完工光伏发电项目中21个未及时并网，涉及扶贫资金389万元。	21	389
		云南省施甸县	由于前期论证不充分、项目组织实施不力等原因，施甸县种植的2.86万亩银杏树存活率仅为4.93%，涉及资金445万元。	1	445
		贵州省沿河县	由于选址不科学等原因，沿河县官舟山羊养殖示范园区项目投入295.87万元扶贫资金后，176只山羊因洪涝灾害全部死亡，设施基本闲置。	1	295.87
2	由于扶贫项目未完成规定建设内容等原因导致项目效果不佳	四川省苍溪县	苍溪县龙王镇在实施危房改造项目过程中，将本应用于危房加固的15.75万元资金用于外墙粉刷等风貌改造，导致未维修加固的危房通过验收。	1	15.75
		黑龙江省克东县	克东县3个以工代赈项目在未报黑龙江省发展改革委备案的情况下，自行调减建设内容，缩减投资205万元，导致945人出行难问题未解决。	3	205
3	部分扶贫项目建成后闲置	重庆市酉阳县	酉阳县涂市乡修建的4口人畜饮水池由于乡镇配套资金未筹措到位、饮水管道未铺设到户，导致建成后闲置未使用，涉及资金30万元。	1	30
		黑龙江省克东县	由于未办理检测资质及缺乏检测人员等原因，克东县农村饮水安全工程区域水质检测设备长期闲置，涉及资金72万元。	1	72
4	部分扶贫项目虚报完成情况	黑龙江省克东县	克东县虚报8个屯农村饮水安全工程完成情况，3229人饮水安全问题未得到解决，其中贫困人口889人。	1	—

（续表）

序号	问题类别	涉及地区	具体问题	涉及项目数量	涉及资金（万元）
5	一些合作社在获得扶贫资金后未落实利益联结机制或带动贫困户脱贫效果不佳	河北省唐县	唐县天农果品农民专业合作社未按照要求带动农民种植核桃，资金用于自身基建和日常经营，涉及扶贫资金100万元；民杰合作社申得35万元财政扶贫资金后，未实现申报材料中“带动其他农户开展养殖”的承诺。	2	135
		云南省耿马县	耿马县将2000亩省藤种植和2000亩高优茶种植产业扶贫项目交由1名村干部实际控制的2个合作社实施，安排财政扶贫资金100万元。上述2个合作社均未与其他非社员贫困户建立利益联结机制。	2	100
合计				34	1687.62

（六）个别县脱贫成效不实，涉及3602人。四川省仪陇县有127户332人在居住房为危房的情况下，经乡镇确认、县级验收，2016年被认定为脱贫对象；海南省临高县在脱贫验收过程中，将农村居民基本养老保险基础养老金纳入收入统计范围，导致4户15人在收入未达标的情况下被认定为脱贫对象；黑龙江省克东县、桦川县将3255名未解决饮水安全问题或未参加新型农村合作医疗的贫困户认定为脱贫对象，不符合黑龙江省贫困退出机制实施细则的规定。

（七）14个县的190个扶贫项目管理不到位。

序号	具体问题	涉及地区	涉及项目数	涉及金额（万元）
1	9个县的98个扶贫项目未按规定执行政府采购或招投标程序、串通投标、违规转包分包等，涉及7606.69万元。	四川省苍溪县；黑龙江省桦川县、克东县；海南省白沙县；甘肃省静宁县；广西壮族自治区靖西市、凤山县；重庆市酉阳县、秀山县	98	7606.69
2	2个县的6个扶贫项目未充分瞄准建档立卡对象，未能做到精准施策，涉及资金1982.32万元。	云南省施甸县；贵州省沿河县	6	1982.32
3	6个县的86个项目未落实扶贫阳光化管理要求，项目公示公开不到位或流于形式，相关信息的传递和公开主要依靠村干部口头传达、群众之间相互打听、村务栏简单张贴等，群众无从监督，导致一些扶贫项目资金未真正惠及贫困群众。	黑龙江省克东县；河北省唐县；青海省湟中县；湖北省阳新县；广西壮族自治区靖西市、凤山县	86	—
合计		14	190	9589.01

二、去产能、去杠杆方面

（一）黑龙江省1户企业化解煤炭过剩产能任务未达到国家规定标准。黑龙江龙煤矿业控股集团有限责任公司在2016年化解110万吨煤炭过剩产能过程中，矿井井筒封闭、设备拆除和安全生产许可证注销等方面未达到国家规定标准。

（二）内蒙古自治区部分地方违规为4个未落实产能置换指标的在建电解铝项目办理备案手续。2015年6月，发展改革委、工业和信息化部要求对内蒙古自治区锦联铝材有限公司55万吨铝板带箔项目等4个电解铝行业在建违规项目，在落实等量或减量置换的基础上，由地方政府按规定办理备案手续。2015年9月至11月，锡林郭勒盟经信委、霍林郭勒市发展改革委、包头市发展改革委在上述4个项目合计265万吨的产能置换指标仍未落实的情况下办理了备案手续。

（三）浙江省安吉经济开发区管理委员会虚增项目投资额，违规举借政府性债务8亿元。2016年4月，浙江省安吉经济开发区管理委员会通过下属国有企业虚构水环境综合整治项目并签订17.81亿元的政府购买服务协议。2016年11月，该企业以政府购买协议为质押与兴业银行湖州分行签订融资借款合同。截至2017年3月，该企业累计收到贷款8亿元，其中5.8亿元被统筹用于偿还地方存量政府性债务。

三、推进“放管服”改革、降低企业成本方面

（一）4个省的17家单位违规预留或未及时清理退还工程建设领域保证金1.32亿元。

序号	涉及单位	涉及事项	具体问题	相关规定	涉及资金（万元）
1	湖北省交通投资集团有限公司	工程质量保证金	2016年6月至2017年2月，湖北省交通投资集团有限公司在已收取履约保证金的情况下，又违规预留工程质量保证金4197.41万元。	《国务院办公厅关于清理规范工程建设领域保证金的通知》（国办发〔2016〕49号）规定：全面清理各类保证金。对建筑业企业在工程建设中需缴纳的保证金，除依法依规设立的投标保证金、履约保证金、工程质量保证金、农民工工资保证金外，其他保证金一律取消。对取消的保证金，于2016年底前退还相关企业；对保留的保证金，要严格执行相关规定，确保按时返还。	4197.41
2	四川省宜宾市翠屏区市政园林局等2家建设单位	挖掘保证金、投标保证金、履约保证金	截至2017年3月底，宜宾市翠屏区市政园林局、四川新宜建设投资集团有限公司违规收取挖掘保证金、未及时退还投标保证金和履约保证金共计510.74万元。		510.74
3	甘肃省疏勒河流域水资源管理局等7家建设单位	工程质量保证金、安全保证金、文明施工保证金等	截至2017年2月底，甘肃省疏勒河流域水资源管理局等7家建设单位违规预留、应退未退工程质量保证金等建设领域工程保证金5989.45万元。		5989.45
4	广西壮族自治区南宁市武鸣区财政局等7家单位	应返未返的工程履约保证金等	广西壮族自治区政府相关部门不掌握本地区应返未返保证金清理偿还工作进度，审计抽查南宁市发现，截至2017年3月底尚有2546.7万元保证金应返未返。	《财政部　国家发展改革委　工业和信息化部　住房城乡建设部关于印发〈清理偿还政府欠款专项工作方案〉的通知》（财建〔2016〕627号）规定：各省（区、市）人民政府应于2016年10月底前摸清政府相关部门向企业收取保证金应返未返情况，并于2016年底前全部返还。	2546.7
合计					13244.3

（二）4家单位依托行政权力或履职便利开展业务取得收入1.15亿元。

序号	收费单位	收费事项	收费时间	具体问题	相关规定	涉及资金（万元）
1	上海市环境监测中心	环境监测服务等经营活动收费	2015年1月至2017年2月	上海市环境监测中心是上海市环境保护局所属公益一类事业单位，2015年1月至2017年2月，该中心通过对外开展环境监测服务等经营活动取得收入4204.67万元。	《国务院办公厅关于印发分类推进事业单位改革配套文件的通知》（国办发〔2011〕37号）规定：公益一类事业单位不得从事经营活动。	4204.67
2	中机车辆技术服务中心	车辆识别代号（VIN）服务费、会议费（培训费）、车辆识别代号审核管理相关费用和合格证技术服务费	2016年	2008年以来，中机车辆技术服务中心受工业和信息化部委托，负责“道路机动车辆生产企业及产品准入”行政审批事项的技术审查等工作，并依托该行政审批事项，未经许可自行定价向检测机构和企业收取车辆识别代号（VIN）服务费等费用，其中2016年收取1598万元。	《国务院关于印发2015年推进简政放权放管结合转变政府职能工作方案的通知》（国发〔2015〕29号）规定：清理规范具有强制垄断性的经营服务性收费，凡没有法定依据的行政审批中介服务项目及收费一律取消。不得将政府职责范围内的事项交由事业单位或中介组织承担并收费。	1598
3	北京文信时空文化发展有限公司、北京国文信文物保护有限公司	文物保护工程监理费、文物保护工程勘察设计服务费	2014年至2016年	2012年1月和2014年1月，国家文物局在未履行审批程序的情况下，直接授予不符合条件的所属事业单位下属企业北京文信时空文化发展有限公司文物保护工程监理甲级资质、北京国文信文物保护有限公司文物保护工程勘察设计甲级资质。2014年至2016年，上述两家公司利用资质取得收入5746.93万元。	《中华人民共和国行政许可法》第四条规定；国家文物局《文物保护工程监理资质管理办法（试行）》（文物保发〔2007〕14号）第十六条、第二十条规定；国家文物局《文物保护工程勘察设计资质管理办法（试行）》（文物保发〔2005〕18号）第十五条规定。	5746.93
合计						11549.6

（三）河北省秦皇岛市园林局拖欠企业工程款3.38亿元，黑龙江省桦南县国家税务局应退未退企业税款6985.03万元。

一是河北省秦皇岛市园林局拖欠工程款33780.72万元。截至2017年3月底，秦皇岛市园林局在75个已完工市级园林项目中，拖欠施工企业工程款33780.72万元，其中21273.39万元拖欠5年以上。

二是黑龙江省桦南县国家税务局执行国家税收优惠政策不到位，应退未退企业资源综合利用增值税6985.03万元。2008年以来，国家对销售自产的资源综合利用产品的纳税人给予资源综合利用增值税即征即退的税收优惠政策。截至2017年3月底，黑龙江省桦南县国家税务局未按规定退还企业2012年至2013年应退税款6985.03万元。

（四）上海市、江西省的3家单位存在未按规定取消行政审批或职业资格、重复备案的问题。

一是上海市人力资源和社会保障局“管工”和“汽车配件销售员”等2项职业资格鉴定未按规定取消；上海市环境保护局“建设项目试生产（试运行）”行政审批事项取消后，仍要求重点类建设项目的建设单位提供落实“环保三同时”等情况的报告，并将现场核查的结果和整改情况作为项目投入试生产或运行的前置条件。

二是江西省发展改革部门对已审批项目重复进行备案。2014年至2016年，发展改革委、中国储备粮管理总公司已审批通过中储粮江西分公司29个直属库35个建设项目的立项、可行性研究报告和初步设计概算。但中储粮江西分公司仍需到项目所在地发展改革委对上述项目进行备案后（耗时1至4周不等），方可进入南昌市公共资源交易中心进行项目招标。

（五）质检总局部分所属检疫处理单位依托部门权力开展经营活动，检疫处理收费利润仍较高。

一是质检总局部分所属检疫处理单位依托部门权力开展经营活动。截至2017年3月底，全国经过审批的检疫处理单位共221家，其中质检总局各直属检验检疫局所属事业单位下属企业175家，占79%。如黑龙江所有口岸检疫处理业务均由下属企业独家经营。

二是质检总局部分所属检疫处理单位未降低检疫处理收费。截至2017年3月底，质检总局部分所属检疫处理单位未按照国务院关于清理规范进出口环节收费的要求，降低检疫处理收费。抽查12家检疫处理单位，2015年至2016年检疫处理业务收费共140871.8万元，税前利润率67.6%。

（六）质检总局所属中国质量认证中心等事业单位转企改制工作推进缓慢。

2014年，《国务院办公厅转发中央编办质检总局关于整合检验检测认证机构实施意见的通知》（国办发〔2014〕8号），要求整合质检总局所属中国质量认证中心及直属检验检疫局下属的31个评审中心，到2015年基本完成整体转企改制并入中国检验认证集团。截至2017年3月底，中国质量认证中心及31个评审中心未完成核销事业单位法人、资产划转等重要工作，转企改制未取得实质性进展。

四、推进重点领域项目建设方面

（一）黑龙江省、吉林省20个涉及振兴东北地区等老工业基地项目未按时完工。黑龙江省牡丹江市城区老工业区海林市配水管网改造等2个城区老工业区搬迁改造项目和鸡西市滴道独立工矿区社区综合服务中心建设、吉林省通化市二道江区道路改造工程等18个独立工矿区改造搬迁项目，涉及总投资15.39亿元，由于主管部门推进不力、前期工作准备不充分以及项目配套工程不到位等原因，截至2017年3月底均未按时完工。

（二）云南省、江西省6个水污染、土壤污染治理项目延期1年多未完工。云南省石屏县管网补充及庭院雨污分流改造工程、江西省德兴市2014年乐安河流域（德兴段）重金属污染治理三期项目等6个水污染、土壤污染治理项目，总投资4.09亿元，均计划于2016年2月前完工。由于前期工作不充分以及相关部门推进不力等原因，上述项目截至2017年3月底均未完工。

（三）弥勒至蒙自铁路项目推进缓慢。弥勒至蒙自铁路总投资92亿元，其中2016年投资计划6.1亿元，由于建设标准提高后增加投资部分未落实地方出资方案等原因，项目建设推进缓慢，2016年当年投资完成额仅为1.6%。

（四）2个基础设施建设项目建设进度滞后，涉及投资15.29亿元。北京市大兴区西红门镇城乡结合部改造试点道路基础设施项目，总投资5.49亿元，计划2015年二季度开工建设，由于项目前期论证不精细，项目主体工程滞后两年未开工。云南省昆明长水国际机场倒班房和文化中心项目为云南省“十二五”规划开工项目，总投资9.8亿元，因项目用地未落实，截至2017年3月仍无法开工。

（五）15个福利院、养老院、农村学校项目进展缓慢。重庆市綦江区社会福利院和綦江区社会福利院儿童收养部、辽宁省抚顺市养老院改扩建工程等8个养老、儿童福利设施项目，总投资23348万元，全部应于2016年或以前完工，由于建设方案迟迟无法确定、地方配套资金到位不及时、招投标工作迟缓及施工道路受阻等原因，截至2017年3月底仍未完工；广东省韶关市仁化县长江镇河田小学综合楼、长江镇莲河小学综合楼等7个农村义务教育薄弱学校改造项目，应于2016年底前完工，因项目设计方案多次调整等原因，截至2017年3月底仍未完工，涉及投资额390万元。

五、3.41亿元财政存量资金未及时统筹使用或清理盘活

截至2017年3月底，辽宁省抚顺市、江西省、湖南省长沙市、宁夏回族自治区2014年及以前年度3.41亿元财政存量资金未及时统筹使用或清理盘活，包括防洪工程中央补助资金、现代服务业综合试点项目中央补助资金、农机购置补贴资金等。

中华人民共和国审计署审计结果公告（2017年第4号）

中央预算单位 2016年度预算执行等情况审计结果

（2017年6月23日公告）

外交部2016年度预算执行等情况审计结果

根据《中华人民共和国审计法》的规定，2016年12月至2017年3月，审计署对外交部2016年度预算执行等情况进行了审计，重点审计了外交部本级和所属机关及驻外机构服务中心、中国国际问题研究院（以下简称研究院）等17个单位，并对有关事项进行了延伸审计。

一、基本情况

外交部为中央财政一级预算单位，部门预算由部本级和284个二级预算单位的预算组成。财政部批复外交部2016年度部门财政拨款预算1060933.64万元，本次审计财政拨款预算1025806.52万元，占96.69%。审计结果表明，外交部本级及本次审计的所属单位内部控制制度比较完善，2016年度预算收支基本遵守了预算法及相关法律法规，财务管理和会计核算基本符合会计法及有关财会制度规定。

二、审计发现的主要问题

（一）预算执行中存在的主要问题。

1.2015年和2016年，个别使领馆规费收入上缴国库不及时，至2016年底有769.81万元未上缴。

2.2015年，所属研究院违规对外出租部属办公用房660平方米，至2016年底取得租金收入240万元，未按规定实行“收支两条线”管理。

（二）其他方面问题。

1.2014年至2016年，外交部个别退休领导干部在中国国际问题研究基金会兼职取酬226.06万元，其中2016年86.74万元。

2.主管的中国国际问题研究基金会2015年公益事业支出占上年总收入的43.88%，低于70%的规定标准。

三、审计处理情况和建议

对上述问题，审计署已依法出具了审计报告、下达了审计决定书。对规费收入上缴国库不及时问题，要求及时、足额上缴；对违规对外出租部属办公用房问题，要求责成所属研究院到期收回房产并按规定上缴租金收入；对部分退休领导干部兼职取酬、基金会公益事业支出比例低问题，要求严格执行相关规定。

针对审计发现的问题，审计署建议：外交部应加强资产管理，加大对所属单位监管力度，及时上缴应缴收入，规范兼职行为。

四、审计发现问题的整改情况

对审计发现的问题，外交部正在积极组织整改。外交部已将规费收入769.81万元上缴国库。具体整改结果由外交部向社会公告。

发展改革委2016年度预算执行等情况审计结果

根据《中华人民共和国审计法》的规定，2017年1月至3月，审计署对发展改革委2016年度预算执行等情况进行了审计，重点审计了发展改革委本级和所属机关服务中心、基建物业管理中心、培训中心、能源研究所4个单位，并对有关事项进行了延伸审计。

一、基本情况

发展改革委为中央财政一级预算单位，部门预算由委本级和20个二级预算单位的预算组成。财政部批复发展改革委2016年度部门财政拨款预算139771.4万元，本次审计财政拨款预算96035.2万元，占68.71%。审计结果表明，发展改革委本级及本次审计的所属单位2016年度预算收支基本遵守了预算法及相关法律法规，财务管理和会计核算基本符合会计法及有关财会制度规定。

二、审计发现的主要问题

（一）预算执行中存在的主要问题。

1. 至2016年底，发展改革委本级课题经费结余资金9.35万元、所属国家应对气候变化战略研究和国际合作中心项目经费结余资金43.35万元未及时清理。

2. 2016年，所属能源研究所超标准列支会议费3.64万元。

3. 2015年至2016年，所属培训中心违规对外出租委属办公用房，出租收入443.18万元未上缴国库，其中2016年289.25万元；所属礼堂等单位对外出租委属房产取得收入248.15万元未上缴国库，用于房屋维修等支出，其中2016年124.82万元；所属招待所2016年报废资产取得处置收入16.32万元，未上缴国库。

4. 2016年，所属事业单位收费515.7万元，未按规定实行“收支两条线”管理。

5. 2016年，所属机关服务中心在非定点机构维修车辆，涉及金额17.33万元。

（二）决算草案存在的主要问题。

1. 2015年至2016年，发展改革委本级以拨代支多计支出72.19万元，其中2016年50.12万元。

2. 2015年至2016年，所属经济体制改革研究会将部分收支放在往来科目核算，造成少计收入1023.56万元、支出1033.50万元，其中2016年少计收入和支出各408.38万元。

（三）其他方面问题。

1. 至2016年底，所属基建物业管理中心2008年已完工并投入使用的基建项目尚未办理竣工财务决算，项目投资572万元。

2. 2015年至2016年，所属中国设备管理协会自行开展资质认证工作，并向相关企业收费123.88万元，其中2016年74.84万元。

3. 2000年至2002年，所属机关服务中心向其下属单位出借1252万元用于设施建设，至2016年底仍未收回。

4. 2014年至2016年，所属能源研究所下属1家公司以不合规合同和发票结算工程项目支出241.92万元，其中2016年73.72万元。

5. 2016年，所属中国中小企业协会将展会收入1908.4万元放在其下属公司核算，未纳入该协会法定账簿统一核算。

三、审计处理情况和建议

对上述问题，审计署已依法出具了审计报告、下达了审计决定书。对结余资金未及时清理问题，要求商相关单位清理和上缴国库；对超标准列支会议费问题，要求责成所属能源研究所严格会议开支标准；对违规出租办公用房、房产出租和资产处置收入未上缴问题，要求责成相关单位收回办公用房，按规定上缴收入；对收入未实行“收支两条线”管理、在非定点机构维修车辆问题，要求责成相关单位严格执行相关规定；对收入和支出不实问题，要求调整有关会计账目和决算草案；对未及时办理竣工财务决算问题，要求责成所属基建物业管理中心尽快办理；对自行开展资质认证并收费问题，要求责成所属中国设备管理协会取消资质认证；对出借资金未收回问题，要求责成所属机关服务中心尽快清理收回资金；对以不合规合同和发票结算工程项目支出问题，要求责成所属能源研究所规范财务管理；对收入未纳入法定账簿统一核算问题，要求责成所属中国中小企业协会纠正。

针对审计发现的问题，审计署建议：发展改革委应加强预算和决算管理，规范房产出租及资产处置行为，严格执行政府采购程序。

四、审计发现问题的整改情况

对审计发现的问题，发展改革委正在积极组织整改。所属招待所已将处置收入16.32万元上缴国库，所属中国设备管理协会已发文停止资质认证工作。具体整改结果由发展改革委向社会公告。

教育部 2016 年度 预算执行等情况审计结果

根据《中华人民共和国审计法》的规定，2016 年 12 月至 2017 年 3 月，审计署对教育部 2016 年度预算执行等情况进行了审计，重点审计了教育部本级和所属孔子学院总部、职业技术教育中心研究所、国家留学基金管理委员会（以下各简称职业教育研究所、国家留基委）等 5 个单位，并对有关事项进行了延伸审计。

一、基本情况

教育部为中央财政一级预算单位，部门预算由部本级和 112 个二级预算单位的预算组成。财政部批复教育部 2016 年度部门财政拨款预算 13492147.98 万元，本次审计财政拨款预算 1774405.89 万元，占 13.15%。审计结果表明，教育部本级及本次审计的所属单位 2016 年度预算收支基本遵守了预算法及相关法律法规，财务管理和会计核算基本符合会计法及有关财会制度规定。

二、审计发现的主要问题

（一）预算执行中存在的主要问题。

1. 至 2016 年底，所属孔子学院总部和职业教育研究所财政拨款项目结余资金 737.22 万元，未按规定清理上报。

2. 至 2016 年底，所属国家留基委 2010 年至 2012 年向国家公派留学人员收取的违约金和赔偿费 327.79 万元未按规定上缴；所属中央美术学院收取的学费、培训费等 172.75 万元未上缴财政专户，其中 2016 年 37.95 万元。

（二）决算草案存在的主要问题。

1. 2016 年，所属孔子学院总部将部分考试业务收支放在其下属公司核算，造成少计收入 783.99 万元、支出 509.91 万元；所属中国高等教育学会在 2 个财政拨款专项中列支下年度支出，造成多计支出 38.6 万元。

2. 至 2016 年底，所属中央美术学院图书、校园网升级项目等资产 2504.67 万元未按规定登记入账。

（三）其他方面问题。

1. 至 2016 年底，教育部本级 1999 年按房改政策配售的 138 套职工住房未按规定进行资产核销。

2. 至 2016 年底，教育部本级以前年度拨出经费 193.82 万元在往来科目核算，长期未清理；所属中央美术学院收取的培训费等 1331.53 万元放在往来科目核算，未及时确认收入，在往来科目挂账的职工借款等 630 万元未及时清理。

3. 至 2016 年底，所属中央美术学院未将下属的原雕塑艺术创作研究所账户结余资金 48.9 万元纳入该院法定账簿统一核算。

4. 2015 年和 2016 年，所属中央美术学院未经审批出租校内房产 802.32 平方米，取得租金收入 93.1 万元，其中 2016 年 64.6 万元。

5. 至 2016 年底，所属机关服务中心等 2 家单位在建工程 2013 年以前已完工并交付使用未及时确认固定资产，涉及金额 934.48 万元。

三、审计处理情况和建议

对上述问题，审计署已依法出具了审计报告、下达了审计决定书。对项目结余资金清理不到位问题，要求责成相关单位按规定清理；对收入未按规定上缴问题，要求责成相关单位及时上缴；对收支不实问题，要求责成相关单位调整有关会计账目和决算草案；对资产未入账问题，要求责成所属中央美术学院调整有关会计账目和决算草案；对资产未及时确认和核销、资金未纳入法定账簿统一核算、往来款未及时清理等问题，要求清理纠正，调整有关会计账目；对未经审批出租房产问题，要求责成所属中央美术学院严格执行相关规定。

针对审计发现的问题，审计署建议：教育部应加强对所属单位的监管，完善预决算基础工作，规范结余资金管理和资产管理，严格资产登记、核销和出租审批制度。

四、审计发现问题的整改情况

对审计发现的问题，教育部正在积极组织整改。教育部本级已对售出职工住房进行资产核销，冲销部分长期挂账；所属职业教育研究所已清理上报结余资金 106.21 万元；所属国家留基委已上交教育部公派留学人员违约金等 327.79 万元；所属中国高等教育学会已调整决算草案；所属中央美术学院已将校园网升级项目计入学院资产，并收回账外资金，补办房产出租审批手续。具体整改结果由教育部向社会公告。

科技部2016年度预算执行等情况审计结果

根据《中华人民共和国审计法》的规定，2016年12月至2017年3月，审计署对科技部2016年度预算执行等情况进行了审计，重点审计了科技部本级和所属科学技术部信息中心（以下简称信息中心）、中国21世纪议程管理中心、国家科技风险开发事业中心，并对有关事项进行了延伸审计。

一、基本情况

科技部为中央财政一级预算单位，部门预算由部本级和20个二级预算单位的预算组成。财政部批复科技部2016年度部门财政拨款预算3900839.41万元，本次审计财政拨款预算2882697.36万元，占73.90%。审计结果表明，科技部本级及本次审计的所属单位2016年度预算收支基本遵守了预算法及相关法律法规，财务管理和会计核算基本符合会计法及有关财会制度规定。

二、审计发现的主要问题

（一）预算执行中存在的主要问题。

1.2016年，科技部本级因公出国（境）费26.57万元由所属单位承担；主管的中国智能交通协会违规组织两批营利性双跨（跨地区、跨部门）出国（境）团组，营利37.92万元。

2.2016年，科技部本级列支与本部门职责无关的费用52万元，相关资金拨付给其他单位。

3.2016年，科技部本级未按规定执行政府采购程序，委托1家单位承担评审工作，涉及金额688.38万元；所属信息中心将承接的科技部本级2项政府购买服务事项全额转包给2家公司，涉及金额41万元。

（二）决算草案存在的主要问题。

2016年，科技部本级以拨代支造成多计支出1248.80万元。

（三）其他方面问题。

1.2016年，科技部本级违规向4家单位无偿出借房产832.92平方米，其中办公用房634.44平方米；所属上海培训中心未经批准对外出租房产1488.66平方米，取得租金收入124.47万元。

2.2016年，科技部本级购买服务支出2076.60万元未取得收款方发票。

3.2016年，主管的中国国际科技促进会违规按浮动性会费标准收取8家单位会费37万元。

三、审计处理情况和建议

对上述问题，审计署已依法出具了审计报告、下达了审计决定书。对由所属单位承担出国（境）费问题，要求调整会计账目和决算草案；对违规组织营利性双跨出国（境）团组问题，要求严格按规定执行；对列支无关费用问题，要求追回资金，调整有关会计账目和决算草案；对未按规定执行政府采购程序、违规转包问题，要求严格执行相关规定；对多计支出问题，要求调整有关会计账目和决算草案；对违规出借、未经批准出租房产问题，要求收回已出借办公用房；对未取得发票列支费用问题，要求严格报销手续；对按浮动性会费标准收取会费问题，要求责成主管的中国国际科技促进会予以纠正。

针对审计发现的问题，审计署建议：科技部应加强内部管理，规范因公出国（境）工作，强化资产管理，严格执行政府采购程序，加大对所属单位的监管力度。

四、审计发现问题的整改情况

对审计发现的问题，科技部正在积极组织整改。主管的中国国际科技促进会已制定新的会费收取管理办法，明确了固定会费标准。具体整改结果由科技部向社会公告。

工业和信息化部2016年度预算执行等情况审计结果

根据《中华人民共和国审计法》的规定，2016年12月至2017年3月，审计署对工业和信息化部2016年度预算执行等情况进行了审计，重点审计了工业和信息化部本级以及所属机关服务中心、中国电子工业标准化研究院等3个单位，并对有关事项进行了延伸审计。

一、基本情况

工业和信息化部为中央财政一级预算单位，部门预算由部本级和70个二级预算单位的预算组成。财政部批复工业和信息化部2016年度部门财政拨款预算2690656.21万元，本次审计财政拨款预算 798619 万元，占 29.68%。审计结果表明，工业和信息化部本级及本次审计的所属单位 2016 年预算收支基本遵守了预算法及相关法律法规，财务管理和会计核算基本符合会计法及有关财会制度规定。

二、审计发现的主要问题

（一）2016 年，工业和信息化部本级为非预算单位代编预算，申领财政资金 607.31 万元。

（二）2016 年，工业和信息化部本级扩大支出范围，向所属单位安排财政资金 600 万元，用于与其职能无关的项目支出。

（三）2015 年和 2016 年，工业和信息化部本级未按规定公开招标，直接委托 33 家检测机构承担相关检测和专项检查工作，涉及金额 2963.89 万元，其中 2016 年 2353.89 万元。

（四）2009 年至 2015 年，所属机关服务中心对外出租部属办公用房，2016 年取得租金收入 506.51 万元，未按规定实行“收支两条线”管理。

（五）2016 年，所属机关服务中心违规从零余额账户向实有资金账户划转资金 1123 万元。

（六）2016 年，所属中国电子工业标准化研究院违规占用下属单位公务用车 9 辆。

三、审计处理情况和建议

对上述问题，审计署已依法出具了审计报告、下达了审计决定书。对为非预算单位代编预算、申领财政资金问题，要求加强预算管理；对扩大范围安排财政资金问题，要求追回财政资金，归还原渠道，调整相关会计账目和决算草案；对未按规定公开招标问题，要求严格执行政府采购程序；对出租部属办公用房问题，要求责成所属机关服务中心对租金收入实行“收支两条线”管理，到期收回房产；对违规从零余额账户划转资金问题，要求责成所属机关服务中心加强零余额账户管理；对违规占用下属单位公务用车问题，要求责成所属中国电子工业标准化研究院退回占用的车辆。

针对审计发现的问题，审计署建议：工业和信息化部应进一步规范预算编制和执行，加强国有资产管理，严格执行政府采购规定，加大对所属单位的监管力度。

四、审计发现问题的整改情况

对审计发现的问题，工业和信息化部正在积极组织整改。所属机关服务中心已将房屋出租收入 506.51 万元上缴国库。具体整改结果由工业和信息化部向社会公告。

国家民委 2016 年度预算执行等情况审计结果

根据《中华人民共和国审计法》的规定，2016 年 12 月至 2017 年 3 月，审计署对国家民委 2016 年度预算执行等情况进行了审计，重点审计了国家民委本级和所属中央民族大学、中央民族歌舞团等 5 个单位，并对有关事项进行了延伸审计。

一、基本情况

国家民委为中央财政一级预算单位，部门预算由委本级和 20 个二级预算单位的预算组成。财政部批复国家民委 2016 年度部门财政拨款预算 539612.92 万元，本次审计财政拨款预算 140634.02 万元，占 26.06%。审计结果表明，国家民委本级及本次审计的所属单位 2016 年度预算收支基本遵守了预算法及相关法律法规，财务管理和会计核算基本符合会计法及有关财会制度规定。

二、审计发现的主要问题

（一）预算执行中存在的主要问题。

2016 年，国家民委本级召开的 1 个会议超标准支出会议费 4.71 万元。

（二）其他方面问题。

1. 2016 年，所属中央民族歌舞团未经批准改变项目建设内容，项目投资 293 万元。

2. 至 2017 年 2 月，所属中国民族博物馆有 3690 件（套）藏品未及时登记藏品总账。

三、审计处理情况和建议

对上述问题，审计署已依法出具了审计报告。对超标准列支会议费问题，要求严格会议费管理；对未经批准改变项目建设内容问题，要求责成所属中央民族歌舞团严格遵守基本建设报批程序；对藏品未及时登记入账问题，要求责成所属中国民族博物馆及时登记入账，规范藏品管理。

四、审计发现问题的整改情况

对审计发现的问题，国家民委正在积极组织整改。具体整改结果由国家民委向社会公告。

公安部2016年度预算执行等情况审计结果

根据《中华人民共和国审计法》的规定，2016年12月至2017年3月，审计署对公安部2016年度预算执行等情况进行了审计，重点审计了公安部本级和所属中国人民公安大学（以下简称公安大学）、公安部消防产品合格评定中心等4个单位，并对有关事项进行了延伸审计。

一、基本情况

公安部为中央财政一级预算单位，部门预算由部本级和40个二级预算单位的预算组成。财政部批复公安部2016年度部门财政拨款预算1137268.4万元，本次审计财政拨款预算563699.14万元，占49.57%。审计结果表明，公安部本级及本次审计的所属单位2016年度预算收支基本遵守了预算法及相关法律法规，财务管理和会计核算基本符合会计法及有关财会制度规定。

二、审计发现的主要问题

（一）预算执行中存在的主要问题。

1.至2016年底，公安部本级尚未批复所属16家在京事业单位公务用车改革实施方案，相关改革未按时完成。

2.2016年，所属公安大学未将3家下属单位收入纳入部门预算管理，涉及金额6273.97万元；所属深圳、珠海等9个出入境边防检查总站未将下属服务中心收支纳入部门预算管理，涉及收入12710.71万元。

3.2015年至2016年，所属深圳、汕头出入境边防检查机构6928.56万元收入不符合相关规定，并用于弥补人员经费不足，其中2016年3465.49万元。

4.2016年，所属深圳出入境边防检查总站的2个下属边防检查站违规出租办公用房，取得租金收入187.17万元，用于弥补人员经费不足。

（二）其他方面问题。

1.至2016年底，所属公安大学2个已完工并交付使用的基建项目未按规定办理竣工财务决算，项目投资13200.32万元。

2.2016年，12名在职和退休干部在全国公安文学艺术联合会兼职，并领取生活补贴18.36万元。

3.至2016年底，所属公安大学固定资产投资2637万元未入账。

三、审计处理情况和建议

对上述问题，审计署已依法出具了审计报告、下达了审计决定书。对未按时完成公务用车制度改革问题，要求加快进度；对预算编报不完整问题，要求责成相关单位严格预算管理；对违规向企业收费问题，要求责成相关单位停止收费；对违规出租办公用房问题，要求责成相关单位到期收回；对未及时办理竣工财务决算问题，要求责成所属公安大学及时办理竣工财务决算；对兼职领取补贴问题，要求规范干部兼职行为；对固定资产未入账问题，要求责成所属公安大学调整有关会计账目和决算草案。

针对审计发现的问题，审计署建议：公安部应加强预算管理，加快公务用车制度改革，加大对所属单位的监管力度。

四、审计发现问题的整改情况

对审计发现的问题，公安部正在积极组织整改。主管的全国公安文学艺术联合会已停止发放兼职人员生活补贴。具体整改结果由公安部向社会公告。

民政部2016年度预算执行等情况审计结果

根据《中华人民共和国审计法》的规定，2016年12月至2017年3月，审计署对民政部2016年度预算执行等情况进行了审计，重点审计了民政部本级和所属机关服务局、北京社会管理职业学院等4个单位，并对有关事项进行了延伸审计。

一、基本情况

民政部为中央财政一级预算单位，部门预算由部本级和14个二级预算单位的预算组成。财政部批复民政部2016年度部门财政拨款预算280908.45万元，本次审计财政拨款预算96888.40万元，占34.49%。审计结果表明，民政部本级及本次审计的所属单位2016年度预算执行基本遵守了预算法及相关法律法规，财务管理和会计核算基本符合会计法及有关财会制度规定。

二、审计发现的主要问题

（一）预算执行中存在的主要问题。

1.2015年和2016年，民政部本级在参会人员均为在京人员的情况下，在外部酒店召开2个会议，会议费支出7.92万元，其中2016年3.87万元。

2.2016年，民政部未按规定清理上报项目结余资金5703.19万元，其中，部本级4109.03万元、所属北京社会管理职业学院1539.20万元、所属社会福利与社会进步研究所54.96万元。

3.2014年和2016年，所属北京社会管理职业学院未执行公开招标或政府采购程序，直接与企业签订施工合同和购买家具，涉及金额706.99万元，其中2016年44.33万元。

（二）决算草案存在的主要问题。

1.2015年和2016年，所属机关服务局多计课题收入300万元，其中2016年150万元；2016年12月提前发放下月人员工资，造成多计支出90.33万元；2016年，所属北京社会管理职业学院将部分收支放在往来科目核算，造成少计收入263.47万元、支出111.95万元。

2.2011年至2016年，所属北京社会管理职业学院应发未发学生补助款173.60万元，在往来科目核算，其中2016年122.50万元。

（三）其他方面问题。

1.2016年，民政部本级固定资产账核算的26辆公务用车，产权登记在所属机关服务局。

2.2016年，所属北京社会管理职业学院在未办理广告发布登记的情况下，违规向8家单位收取广告费30.40万元。

3.2010年，所属中国福利彩票发行管理中心未经报批，违规出借资金3500万元，至2016年底仍未收回；2015年，所属北京社会管理职业学院未经报批，违规出借资金16万元。

4.2016年，主管的1个社会团体变相浮动会费标准，违规收取会费200.13万元。

三、审计处理情况和建议

对上述问题，审计署已依法出具了审计报告、下达了审计决定书。对违规在外部酒店召开会议问题，要求严格执行会议管理有关规定；对未按规定清理项目结余资金问题，要求按规定清理；对未执行政府采购程序问题，要求责成所属北京社会管理职业学院严格执行政府采购程序；对收支不实问题，要求责成相关单位调整会计账目和决算草案；对未发放学生补助款问题，要求责成所属北京社会管理职业学院及时清理处置；对公务用车产权问题，要求明晰产权；对违规收取广告费、违规出借资金问题，要求责成相关单位严格执行相关规定；对违规收取会费问题，要求责成主管的社会团体规范会费管理。

针对审计发现的问题，审计署建议：民政部应严格会议管理，加大结余资金统筹力度，规范政府采购行为，完善内部管理，强化对所属单位监管。

四、审计发现问题的整改情况

对审计发现的问题，民政部正在积极组织整改。所属机关服务局已对多计支出90.33万元调整会计账目和决算草案；主管的社会团体已退回违规收取的会费200.13万元。具体整改结果由民政部向社会公告。

司法部2016年度
预算执行等情况审计结果

根据《中华人民共和国审计法》的规定，2016年12月至2017年3月，审计署对司法部2016年度预算执行等情况进行了审计，重点审计了司法部本级和所属法制日报社、司法行政学院等4个单位，并对有关事项进行了延伸审计。

一、基本情况

司法部为中央财政一级预算单位，部门预算由部本级和14个二级预算单位的预算组成。财政部批复司法部2016年度部门财政拨款预算81631.67万元，本次审计财政拨款预算38211.80万元，占46.81%。审计结果表明，司法部本级及本次审计的所属单位2016年度预算收支基本遵守了预算法及相关法律法规，财务管理和会计核算基本符合会计法及有关财会制度规定。

二、审计发现的主要问题

（一）预算执行中存在的主要问题。

1.2016年，司法部本级制定的出国公杂费使用暂行办法不符合相关规定，1个出国团组超标准报销出国费3.16万元。

2.至2016年底，司法部未按规定完成所属在京事业单位公车改革工作；所属机关服务局名下3辆公务用车产权均登记在司法部本级；1个所属单位超编制配备公务用车2辆。

3.2016年，司法部本级召开的1个会议超标准支出会议费3.74万元。

4.至2016年底，司法部本级结余资金清理不到位，未上报结余资金7512.33万元。

5.2016年，司法部本级未执行政府采购程序采购设备19万元，所属法律出版社未按规定选择定点印刷企业，涉及金额423.95万元。

6.2010年至2016年，1个所属单位违规从零余额账户向实有资金账户划拨资金49.03万元，其中2016年7.91万元。

（二）决算草案存在的主要问题。

1.2016年底，司法部本级支付所属法制日报社900万元委托进行“网站升级改造”，所属法制日报社尚未支付相关费用，造成多计支出。

2.至2016年底，司法部本级未按规定对无形资产791.46万元进行摊销。

（三）其他方面问题。

1.至2016年底，司法部本级无形资产账面价值与卡片登记价值不符，相差494.02万元。

2.至2016年底，所属法制日报社江西记者站1997年和2002年开办的2个经济实体未按规定进行清理。

三、审计处理情况和建议

对上述问题，审计署已依法出具了审计报告、下达了审计决定书。对因公出国费管理办法不合规，超标准列支出国费、会议费等问题，要求严格执行有关规定；对未及时完成事业单位公车改革问题，要求加快进度，尽快完成公车改革方案的审批和实施；对公务用车管理使用不规范问题，要求报请相关部门进行处置；对结余资金清理不到位问题，要求按规定清理上报财政部；对未执行政府采购程序问题，要求严格执行相关规定；对从零余额账户向实有资金账户划拨资金、无实际业务列支费用等问题，要求调整有关会计账目和决算草案；对无形资产管理问题，要求加强管理，调整有关会计账目和决算草案；对经济实体未清理问题，要求责成所属法制日报社按规定进行清理。

针对审计发现的问题，审计署建议：司法部应进一步加强出国费、会议费、公务用车的管理，提高政府采购的管理水平，加强和规范财政拨款结转结余资金管理。

四、审计发现问题的整改情况

对审计发现的问题，司法部正在积极组织整改。司法部本级对多计支出900万元已调整相关会计账目和决算草案；在京事业单位公车改革已于2017年5月16日完成；无形资产卡片账和摊销金额已全部补记完毕，并调整了决算草案。具体整改结果由司法部向社会公告。

财政部2016年度
预算执行等情况审计结果

根据《中华人民共和国审计法》的规定，2017年1月至3月，审计署对财政部2016年度预算执行等情况进行了审计，重点审计了财政部本级和所属预算评审中心、财政票据监管中心等5个单位，并对有关事项进行了延伸审计。

一、基本情况

财政部为中央财政一级预算单位，部门预算由部本级和59个二级预算单位的预算组成。财政部批复本部门2016年度部门财政拨款预算1312194.18万元，本次审计财政拨款预算1146017.52万元，占87.33%。审计结果表明，财政部本级及本次审计的所属单位2016年预算收支基本遵守了预算法及相关法律法规，财务管理和会计核算基本符合会计法及有关财会制度规定。

二、审计发现的主要问题

（一）预算执行中存在的主要问题。

1.2016年，财政部本级和所属机关服务局2个项目在上年预算执行资金调减和结转资金量较大的情况下，仍继续安排预算，造成年底结转资金13937.4万元。

2.2016年，所属预算评审中心为财政部其他所属单位承担房租等支出324.41万元。

（二）其他方面问题。

1.至2016年底，所属信息网络中心委托开发的132项软件未及时登记著作权，涉及账面原值9061.4万元。

2.2014年至2016年，所属财政票据监管中心在未完全核销用票单位已使用或已作废票据的情况下，发放财政票据，通过核销用票单位已使用票据再发放的占比仅为 38.24%。

三、审计处理情况和建议

对上述问题，审计署已依法出具了审计报告。对结转资金较大问题，要求科学编制项目预算；对承担其他单位费用问题，要求责成所属预算评审中心划清支出责任，合理安排预算；对未及时登记软件著作权问题，要求责成所属信息网络中心加强对知识产权的保护管理；对票据核发不规范问题，要求责成所属财政票据监管中心完善相关制度并加强管理。

针对审计发现的问题，审计署建议：财政部应进一步规范预算管理，督促所属单位按照事权划分和支出责任开展工作；加强项目支出预算的统筹和执行，提高财政资金使用效益。

四、审计发现问题的整改情况

对审计发现的问题，财政部正在积极组织整改。财政部本级已将部分项目结转资金 6990.69 万元确认为结余资金，待批复后上缴财政，剩余结转资金均已按规定编入 2017 年部门预算统筹安排使用。具体整改结果由财政部向社会公告。

人力资源社会保障部 2016 年度预算执行等情况审计结果

根据《中华人民共和国审计法》的规定，2016 年 12 月至 2017 年 3 月，审计署对人力资源社会保障部 2016 年度预算执行等情况进行了审计，重点审计了人力资源社会保障部本级和所属中国高级公务员培训中心（以下简称培训中心）、国际交流服务中心等 6 个单位，并对有关事项进行了延伸审计。

一、基本情况

人力资源社会保障部为中央财政一级预算单位，部门预算由部本级和 27 个二级预算单位的预算组成。财政部批复人力资源社会保障部 2016 年度部门财政拨款预算 447774.87 万元，本次审计财政拨款预算 240539.97 万元，占 53.72%。审计结果表明，人力资源社会保障部本级及本次审计的所属单位 2016 年度预算收支基本遵守了预算法及相关法律法规，财务管理和会计核算基本符合会计法及有关财会制度规定。

二、审计发现的主要问题

（一）预算执行中存在的主要问题。

1.2016 年，人力资源社会保障部本级 2 个出国团组中，3 名非从事外事工作的人员距上次出国时间不满 2 年；2013 年，所属培训中心由其参股企业承担出国费 3.53 万元。

2.2016 年，人力资源社会保障部本级召开的 4 个会议超标准支出会议费 123.62 万元。

3.2014 年至 2016 年，所属培训中心未按规定执行政府采购程序，支付印刷费和物业服务费 302.52 万元，其中 2016 年 146.79 万元。

4.2016 年 11 月至 12 月，所属国际交流服务中心财务人员从单位零余额账户提取现金 38.88 万元，存入其个人账户，用于外聘人员费用等支出。

（二）决算草案存在的主要问题。

2016 年，人力资源社会保障部本级以拨代支多计支出 65.51 万元。

（三）其他方面问题。

1.2013 年至 2016 年，所属培训中心 5 名领导干部在企业兼职并领取报酬 150.51 万元，其中 2016 年 5.89 万元。

2.2016 年，所属中国博士后科学基金会在其主管的中国博士后网站为相关单位发布博士后招收信息，未向社会公示收费标准，收取网站服务费 78.75 万元；在未取得出版物经营许可和刊号的情况下，向企事业单位等收取杂志费 5.79 万元。

3.2015 年至 2016 年，人力资源社会保障部 1 家所属单位违规对外出租办公用房和停车位，未签订正式合同，取得租金收入 375.13 万元，其中 2016 年 182.06 万元。

4.2016 年，所属培训中心和全国人才流动中心联合举办 3 期培训班，每期培训班 3 天日程中有 2 天安排了在当地或周边参观。

三、审计处理情况和建议

对上述问题，审计署已依法出具了审计报告、下达了审计决定书。对出国、会议、培训管理不规范，未执行政府采购程序和公款私存问题，要求严格执行相关管理规定；对由企业承担出国费用问题，要求责成所属培训中心退回相关经费，调整相关会计账目和决算草案；对以拨代支多计支出问题，要求严格按照项目进度拨款，责成相关单位退回结存资金，调整相关会计账目和决算草案；对兼职取酬问题，要求责成所属培训中心规范领导干部兼职行为；对违规收费问题，要求责成所属中国博士后科学基金会规范收费和内部出版物发行行为；对违规出租办公用房和停车位问题，要求责成相关单位到期后予以收回。

针对审计发现的问题，审计署建议：人力资源社会保障部应严格执行出国、会议和培训相关管理制度，规范政府采购行为，全面清理整顿领导干部兼职取酬问题，加强对所属单位的管理，确保各项经济事项依法合规。

四、审计发现问题的整改情况

对审计发现的问题，人力资源社会保障部正在积极组织整改。所属培训中心已退回由企业承担的出国费，调整了相关会计账目和决算草案，5名领导干部已退回兼职薪酬150.51万元；所属中国博士后科学基金会已停止收取杂志费和网站服务费。具体整改结果由人力资源社会保障部向社会公告。

国土资源部2016年度预算执行等情况审计结果

根据《中华人民共和国审计法》的规定，2016年12月至2017年3月，审计署对国土资源部2016年度预算执行等情况进行了审计，重点审计了国土资源部本级和所属中国地质调查局（以下简称地调局）、中国土地勘测规划院等17个单位，并对有关事项进行了延伸审计。

一、基本情况

国土资源部为中央财政一级预算单位，部门预算由部本级和68个二级预算单位的预算组成。财政部批复国土资源部2016年度部门财政拨款预算1464095.11万元，本次审计财政拨款预算695089.43万元，占47.48%。审计结果表明，国土资源部本级及本次审计的所属单位2016年度预算收支基本遵守了预算法及相关法律法规，财务管理和会计核算基本符合会计法及有关财会制度规定。

二、审计发现的主要问题

（一）预算执行中存在的主要问题。

1.2015年至2016年，所属地调局下属中国地质科学院地质力学研究所（以下简称力学所）在财政项目中多编报网络通信费、邮电费预算37.49万元，其中2016年29.69万元。

2.至2016年底，所属中国地质环境监测院等20家单位已完成或终止的136个财政项目形成结余资金2137.38万元，未按规定清理。

3.2013年至2016年，4家所属单位为部分人员报销应由个人承担的停车费6.78万元，其中2016年1.45万元；2家所属单位在公车改革后超标准配备4辆公务用车；2家所属单位2016年未按规定对公务用车实行单车核算，也无车辆使用记录。

4.2016年，所属矿产资源储量评审中心、地调局在参会人员主要为京内人员的情况下，在外部宾馆召开15个会议，会议费支出7.68万元。

5.2015年至2016年，所属矿产资源储量评审中心等9个单位的28个项目未按规定执行政府采购程序，涉及金额5735万元，其中2016年4495万元。

6.2016年，所属地调局下属力学所违规从零余额账户向实有资金账户划拨资金80.4万元；未经批复归垫实有资金账户垫付支出142.42万元。

（二）决算草案存在的主要问题。

1.2016年，所属中国土地勘测规划院、国土资源部财务服务中心提前列支2017年房租等费用，造成多计支出34.40万元。

2.2016年，所属地调局下属中国地质科学院矿产资源研究所（以下简称资源所）将部分项目经费放在往来科目核算，造成少计收入和支出各676.42万元。

（三）其他方面问题。

1.2013年至2016年，国土资源部离退休干部局未将其所有的1处房产纳入固定资产管理，并未经报批出租，租金99.64万元也未实行“收支两条线”管理，其中2016年35.63万元；2016年，所属机关服务局等4家单位未经报批出租6处房产，取得租金497.24万元；至2016年底，所属地调局管理的中国矿业报社2002年支付385.43万元以2名职工个人名义购买、用于办公的2套住房，产权仍在个人名下，其中1名职工2012年已调离。

2.2016年，所属中国地质学会未将其分支机构召开的21个学术会议的会议费支出纳入本单位法定账簿统一核算，涉及金额570.92万元。

3.2016年，所属国土资源部人力资源开发中心、地调局下属中国地质科学院按国土资源部自定标准收取评审费62.87万元；所属地调局下属资源所违规开展论文发表和产品推广活动并收费23.49万元；所属地调局下属中国地质科学院地质研究所违规向参训人员收取培训费7.95万元。

三、审计处理情况和建议

对上述问题，审计署已依法出具了审计报告、下达了审计决定书。对多编报预算问题，要求责成所属地调局下属力学所将多申报资金的剩余部分上缴财政；对未按规定上报结余资金问题，要求责成相关单位清理上报财政；对公务用车管理问题，要求责成相关单位收回应由个人承担的停车费、退回超标配备车辆；对未按规定召开会议、未执行政府采购程序、违反零余额账户规定问题，要求责成相关单位严格执行相关规定；对收支不实问题，要求责成相关单位调整相关会计账目和决算草案；对资产管理问题，要求责成相关单位严格执行有关规定，理清国有资产权属关系；对账外核算问题，要求责成所属中国地质学会将相关支出纳入单位法定账簿统一核算；对违规收费问题，要求责成相关单位严格执行有关规定，杜绝违规收费行为。

针对审计发现的问题，审计署建议：国土资源部应进一步加大对所属单位的管理和监督力度；规范预算管理，提高预算科学性和精细化水平，加强项目支出预算审核；加强国有资产管理，保障资产安全和有效使用。

四、审计发现问题的整改情况

对审计发现的问题，国土资源部正在积极组织整改。所属地调局下属力学所已收回多申报的财政资金，资源所已对少计收入和支出调整了相关账务；有关单位已收回应由个人承担的停车费、清退了超标准配备的车辆并修订了管理制度，将项目结余资金上交至国土资源部，对提前列支费用调整了相关账务；所属中国地质学会修订了《中国地质学会分支机构管理办法》。具体整改结果由国土资源部向社会公告。

环境保护部2016年度预算执行等情况审计结果

根据《中华人民共和国审计法》的规定，2016年12月至2017年3月，审计署对环境保护部2016年度预算执行等情况进行了审计，重点审计了环境保护部本级和所属中国环境监测总站（以下简称监测总站）、核与辐射安全中心等13个单位，并对有关事项进行了延伸审计。

一、基本情况

环境保护部为中央财政一级预算单位，部门预算由部本级和37个二级预算单位的预算组成。财政部批复环境保护部2016年度部门财政拨款预算903698.96万元，本次审计财政拨款预算782048.28万元，占86.54%。审计结果表明，环境保护部本级及本次审计的所属单位2016年度预算收支基本遵守了预算法及相关法律法规，财务管理和会计核算基本符合会计法及有关财会制度规定。

二、审计发现的主要问题

（一）预算执行中存在的主要问题。

1.2012年和2014年，环境保护部本级申报的2个课题项目分别获批财政资金270万元和100万元，结题时分别结余资金190.93万元和80.27万元，结余资金占比较高。

2.2016年，所属核与辐射安全中心承担的2个项目重复申报项目经费预算500万元。

3.2015年，所属中国环境科学研究院将因公出国费6.46万元转由其控股企业承担。

4.2011年至2016年，所属机关服务中心在环境监察执法车经费中支付其他公务用车燃油费15.30万元；2015年至2016年为2辆执法车更换轮胎10条，实际支付15条轮胎费用，多支付1.02万元。

5.2016年，24家所属单位召开的261个会议存在不符合会议费管理规定的情况，涉及金额1273.25万元，其中，无计划召开会议10个，103个超过规定天数，32个超过规定报到和离开时间，14个在非定点饭店召开，116个超过规定参会人数，35个超过规定工作人员数量。

6.2011年，所属中国环境科学学会自设评价项目，2016年向相关企业收取评价咨询费68.32万元。

7.2016年，所属监测总站在对相关监测设备进行更新时，未准确核对设备运行实际情况，造成设备重复购置，涉及金额872.7万元。

（二）其他方面问题。

1.2012年起，环境保护部本级2名退休干部未经批准在2家单位兼职（任职），其中1人领取报酬14万元。

2. 至2016年底，所属监测总站、环境工程评估中心和环境规划院少计固定资产24767.48万元、无形资产20.63万元，其中2016年少计1952.24万元、12.96万元。

3.2016年，所属核与辐射安全中心未严格按规定对15家企业提交的许可证申请材料进行技术审评，降低要求通过了技术审查；2015年至2016年，所属固体废物与化学品管理技术中心未严格审核，通过了31家存在环境违法问题并被处理处罚企业的许可证申请技术审查。

三、审计处理情况和建议

对上述问题，审计署已依法出具了审计报告、下达了审计决定书。对预算编报不合理、重复申报问题，要求调整预算安排，合理编报项目预算；对由控股企业承担出国费问题，要求责成所属中国环境科学研究院退还相关资金；对公务用车和会议管理不规范、干部违规兼职问题，要求责成相关单位严格执行有关规定；对自行设立收费项目问题，要求明确定价形式并按程序审批；对重复采购设备问题，要求责成所属监测总站清理重复购置设备；对少计固定资产和无形资产问题，要求责成相关单位登记入账；对审批审核把关不严问题，要求责成相关单位加强监管，严格按规定执行。

针对审计发现的问题，审计署建议：环境保护部应科学合理编报项目预算，加强财政资金使用和项目申报实施的过程管理；强化对所属单位的监管，规范因公出国、会议和公务用车等管理，提高资产管理水平。

四、审计发现问题的整改情况

对审计发现的问题，环境保护部正在积极组织整改。环境保护部本级印发《国家环境空气质量检测网城市站运行管理实施细则（试行）》，对监测专用设备的更新年限和条件作了明确规定；所属中国环境科学研究院已将出国费6.46万元退还控股企业；所属机关服务中心已追回多支付的维修费1.02万元；所属监测总站、环境工程评估中心和环境规划院已将少计的固定资产和无形资产登记入账；所属固体废物与化学品管理技术中心撤销了相关企业获得的许可证。具体整改结果由环境保护部向社会公告。

住房城乡建设部2016年度预算执行等情况审计结果

根据《中华人民共和国审计法》的规定，2016年12月至2017年3月，审计署对住房城乡建设部2016年度预算执行等情况进行了审计，重点审计了住房城乡建设部本级和所属机关服务中心等9个单位，并对有关事项进行了延伸审计。

一、基本情况

住房城乡建设部为中央财政一级预算单位，部门预算由部本级和19个二级预算单位的预算组成。财政部批复住房城乡建设部2016年度部门财政拨款预算103579.61万元，本次审计财政拨款预算49631.90万元，占47.92%。审计结果表明，住房城乡建设部本级及本次审计的所属单位2016年度预算收支基本遵守了预算法及相关法律法规，财务管理和会计核算基本符合会计法及有关财会制度规定。

二、审计发现的主要问题

（一）预算执行中存在的主要问题。

1.2016年，所属机关服务中心收取的212.02万元房租未按规定实行“收支两条线”管理。

2.2016年，所属稽查办公室未严格执行政府采购程序，将项目直接委托给住房城乡建设部其他所属单位承担，涉及金额739.75万元。

3.2016年，所属信息中心违规向参会企业收取会议注册费74.83万元。

（二）其他方面问题。

1.2016年，主管的中国建筑业协会、中国城市规划协会在开展评比达标表彰活动中，违规向入选单位收取出版刊物服务费517.22万元；中国建筑装饰协会百强办公室违规开展评比活动，向入选单位收取会刊宣传费 243.40 万元；中国城市规划协会地下管线专业委员会违规设置职业资格并开展培训，收取评审费等 70.04 万元。

2. 至 2016 年底，所属科技发展促进中心 2011 年出借的设备到期未收回，设备价值 282.67 万元。

3. 至 2016 年底，主管的中国建筑装饰协会未将其投资的 2 家企业财务收支情况合并纳入会计报表。

三、审计处理情况和建议

对上述问题，审计署已依法出具了审计报告、下达了审计决定书。对房租收入未按规定实行“收支两条线”问题，要求上缴国库，调整有关会计账目；对未执行政府采购程序、未按期收回出借设备等问题，要求严格执行有关规定；对违规收取会议注册费、出版刊物服务费，违规设置职业资格等问题，要求纠正乱收费行为，取消不合理收费项目；对未合并纳入会计报表问题，要求调整会计账目，编制合并会计报表。

针对审计发现的问题，审计署建议：住房城乡建设部应规范事业单位国有资产出租行为，严格执行政府采购程序，加大对所属单位各类收费事项的清理力度，坚决取消违规收费项目。

四、审计发现问题的整改情况

对审计发现的问题，住房城乡建设部正在积极组织整改。主管的中国建筑装饰协会已取消违规开展的评比活动；所属科技发展促进中心已收回了出借设备。具体整改结果由住房城乡建设部向社会公告。

交通运输部 2016 年度预算执行等情况审计结果

根据《中华人民共和国审计法》的规定，2016 年 12 月至 2017 年 3 月，审计署对交通运输部 2016 年度预算执行等情况进行了审计，重点审计了交通运输部本级和所属救助打捞局本级、中国交通通信信息中心、公路科学研究所（以下分别简称通信中心、公路所）等 5 个单位，并对有关事项进行了延伸审计。

一、基本情况

交通运输部为中央财政一级预算单位，部门预算由部本级和 24 个二级预算单位的预算组成。财政部批复交通运输部 2016 年度部门财政拨款预算 2601347.36 万元，本次审计财政拨款预算 373293.27 万元，占 14.35%。审计结果表明，交通运输部本级及本次审计的所属单位 2016 年度预算收支基本遵守了预算法及相关法律法规，财务管理和会计核算基本符合会计法及有关财会制度规定。

二、审计发现的主要问题

（一）预算执行中存在的主要问题。

1.2016 年，交通运输部本级扩大车辆购置税资金支出范围，安排所属单位土地购置项目预算 15925 万元。

2.2016 年，交通运输部本级未按项目进度合理安排所属单位预算 14489 万元，其中：超进度多申领预算资金 10739 万元，造成年末结转资金较大；未按进度及时安排预算 3750 万元，导致 2 个项目因缺少资金搁置。

3.2016 年，所属通信中心由其下属企业承担因公出国费用 287.68 万元。

4.2016 年，所属通信中心将下属企业经营收入 21000 万元编入本单位预算，造成预算编报不准确。

5. 至 2016 年底，所属救助打捞局未及时上缴 5 个已完工建设项目的结余资金 10174.61 万元。

6.2015 年至 2016 年，交通运输部本级及所属公路所未按规定履行政府采购程序购买工程和服务等 4754.07 万元，其中 2016 年 1724.21 万元。

7.2016 年，所属通信中心未编报 4 个项目政府采购预算，实际通过政府采购购买工程和服务，涉及金额 9992.57 万元。

8.2014 年至 2016 年，所属通信中心下属单位违规参与通信中心组织的 10 个项目公开招标，中标合同总金额 5273.17 万元，其中 2016 年 107.15 万元。

（二）其他方面问题。

1.2016 年，所属通信中心未经审批，授权其下属公司无偿使用该中心建设全国高速公路信息通信网形成的软硬件资产，涉及财政资金 23066.23 万元。

2.2016年，所属通信中心在未对其下属公司拥有的全国高速公路信息通信网使用权和收益权进行评估的情况下，对该公司进行增资扩股，并确定两家企业以27500万元获得该公司49%的股权。

3.2016年，所属机关服务中心未通过公开招租方式确定2969.30平方米房产的出租价格，获取租金413.99万元。

4.至2016年底，所属机关服务中心管理的房产中，有7918.49平方米未进行产权登记。

5.至2016年底，所属救助打捞局9个建设项目未及时办理竣工决算，实际完成投资406035.82万元。

三、审计处理情况和建议

对上述问题，审计署已依法出具了审计报告、下达了审计决定书。对违规使用车辆购置税资金、未合理安排预算，以及将下属企业经营收入编入预算、政府采购预算编报不完整等问题，要求加强预算管理，合理安排预算；对由下属企业承担因公出国费用问题，要求责成所属通信中心退回资金并调整有关会计账目；对未及时上缴结余资金、未履行政府采购程序、违规参与公开招标和未及时办理竣工决算等问题，要求责成相关单位严格执行相关规定；对未经批准处置资产、未经评估进行增资扩股、未经公开招租确定出租价格、部分房产未进行产权登记等问题，要求责成相关单位严格执行国有资产管理规定。

针对审计发现的问题，审计署建议：交通运输部应进一步提高部门预算编报的准确性和科学性，严格按照资金使用范围、工作计划安排预算，规范政府采购行为，及时清理上缴结余资金，加强对事业单位国有资产处置的监管。

四、审计发现问题的整改情况

交通运输部在审计前开展了自查，并纠正了部分自查出的问题。对审计发现的问题，交通运输部正在积极组织整改。所属通信中心已退回由其下属企业承担的因公出国费并调整有关会计账目；所属救助打捞局已将项目剩余资金作为结余资金编入2016年部门决算后上缴。具体整改结果由交通运输部向社会公告。

水利部2016年度
预算执行等情况审计结果

根据《中华人民共和国审计法》的规定，2016年12月至2017年3月，审计署对水利部2016年度预算执行等情况进行了审计，重点审计了水利部本级和所属机关服务局、中国水利学会等10个单位，并对有关事项进行了延伸审计。

一、基本情况

水利部为中央一级预算单位，部门预算由部本级和30个二级预算单位的预算组成。财政部批复水利部2016年度部门财政拨款预算1505657.98万元，本次审计财政拨款预算97575.62万元，占6.48%。审计结果表明，水利部本级及本次审计的所属单位2016年度预算收支基本遵守了预算法及相关法律法规，财务管理和会计核算基本符合会计法及有关财会制度规定。

二、审计发现的主要问题

（一）预算执行中存在的主要问题。

1.至2016年底，水利部本级历史形成的留成收入等资金余额4210.55万元未纳入部门预算。

2.2016年，所属水利水电规划设计总院未制订年度会议计划，实际召开会议434个，会议费支出1482.57万元。

（二）决算草案存在的主要问题。

至2016年底，所属中国水利学会将专项经费473.1万元放在往来科目核算，已拨付使用285.51万元，未纳入收支核算。

（三）其他方面问题。

1.2014年，所属机关服务局未经批准出租房产3677.88平方米，至2016年底取得房租收入1500.49万元，其中2016年611.86万元。

2.至2016年底，所属中国水利学会内设30个专业委员会的财务收支未纳入学会财务统一核算、管理。

3.至2016年底，水利部管理的水利专项资金中，3个专项未完成“十二五”项目规划或方案确定的任务目标；2个专项涉及地区间项目安排实施不平衡，有的省市未安排项目；4个专项资金绩效管理落实不到位；1个专项部分省区落实相关工作经费或配套措施不到位。

三、审计处理情况和建议

对上述问题，审计署已依法出具了审计报告、下达了审计决定书。对留成收入未纳入部门预算、未制订年度会议计划问题，要求严格执行相关规定；对专项经费未纳入收支核算问题，要求责成所属中国水利学会调整有关会计账目和决算草案；对未经批准出租房产问题，要求责成所属机关服务局加强资产管理，严格执行国有资产出租的有关规定；对内设机构财务收支未纳入单位财务统一核算、管理问题，要求责成所属中国水利学会全部纳入单位财务统一核算、管理。

针对审计发现的问题，审计署建议：水利部应进一步加强预算、财务核算和国有资产管理，加强水利专项资金管理。

四、审计发现问题的整改情况

对审计发现的问题，水利部正在积极组织整改。所属中国水利学会已将专项经费余额 187.59 万元纳入收入科目核算，调整了会计账目和决算。具体整改结果由水利部向社会公告。

农业部 2016 年度
预算执行等情况审计结果

根据《中华人民共和国审计法》的规定，2016 年 12 月至 2017 年 3 月，审计署对农业部 2016 年度预算执行等情况进行了审计，重点审计了农业部本级和所属机关服务局、中国农业电影电视中心等 8 个单位，并对有关事项进行了延伸审计。

一、基本情况

农业部为中央财政一级预算单位，部门预算由部本级和 47 个二级预算单位的预算组成。财政部批复农业部 2016 年度部门财政拨款预算 3226253.95 万元，本次审计财政拨款预算 591232.48 万元，占 18.41%。审计结果表明，农业部本级及本次审计的所属单位 2016 年度预算收支基本遵守了预算法及相关法律法规，财务管理和会计核算基本符合会计法及有关财会制度规定。

二、审计发现的主要问题

（一）预算执行中存在的主要问题。

1. 2015 年和 2016 年，所属中国农业电影电视中心为非所属单位安排基本支出 350.56 万元，其中 2016 年 173.07 万元。

2. 2016 年，所属中央农业广播电视学校在公用经费中编报基本建设支出 450.65 万元。

（二）决算草案存在的主要问题。

至 2016 年底，农业部本级所有的 1 处房产放在所属机关服务局核算，造成部本级少记固定资产 1301.15 万元。

（三）其他方面问题。

1. 2013 年和 2015 年，所属机关服务局未经审批对外出租 2 处房产，2016 年取得租金收入 640 万元。

2. 2015 年至 2016 年，所属机关服务局房产出租收入 276.45 万元放在其下属公司核算并使用，未纳入该局预算管理，其中 2016 年 120.24 万元。

三、审计处理情况和建议

对上述问题，审计署已依法出具了审计报告、下达了审计决定书。对为非所属单位安排支出问题，要求加强预算管理，严格按照预算法的相关规定执行；对在公用经费中编报基本建设支出问题，要求责成所属中央农业广播电视学校加强预算编报管理，严格按照预算规定的用途使用资金；对少记固定资产问题，要求调整有关会计账目和决算草案；对未经审批出租房产、出租收入未纳入预算管理问题，要求责成所属机关服务局严格执行有关规定，将收入纳入预算管理，调整有关会计账目和决算草案。

针对审计发现的问题，审计署建议：农业部应加强预算管理，提高预算编制的准确性和科学性；加强资产管理，完善资产核算和使用环节的内部控制制度；加强对所属单位的管理，规范其财务行为。

四、审计发现问题的整改情况

对审计发现的问题，农业部正在积极组织整改。具体整改结果由农业部向社会公告。

商务部 2016 年度
预算执行等情况审计结果

根据《中华人民共和国审计法》的规定，2016 年 12 月至 2017 年 3 月，审计署对商务部 2016 年度预算执行等情况进行了审计，重点审计了商务部本级和所属中国国际电子商务中心、外贸发展事务局、国际贸易经济合作研究院（以下分别简称电子商务中心、外贸局、研究院），并对有关事项进行了延伸审计。

一、基本情况

商务部为中央财政一级预算单位，部门预算由部本级和166个二级预算单位的预算组成。财政部批复商务部2016年度部门财政拨款预算2903567.99万元，本次审计财政拨款预算2761654.11万元，占95.11%。审计结果表明，商务部本级及本次审计的所属单位2016年度预算收支基本遵守了预算法及相关法律法规，财务管理和会计核算基本符合会计法及有关财会制度规定。

二、审计发现的主要问题

（一）预算执行中存在的主要问题。

1.2016年，所属外贸局为9个不符合财政资金供给范围的境外展会项目申报出国展览补助资金2509.50万元。

2.至2016年底，所属电子商务中心未将国有资产处置收入58.24万元上缴国库，而是计入本单位其他收入，其中2016年52.75万元。

3.2016年，所属电子商务中心未履行政府采购程序，将信息系统运行维护等项目直接委托给2家企业实施，涉及金额188.50万元。

（二）其他方面问题。

1.2016年，所属7家经商处固定资产盘亏21.91万元，未及时调整有关账目，造成账实不符。

2.至2016年底，所属研究院对外投资账实不符，涉及金额342.87万元。

3.2016年，所属电子商务中心违规出租办公用房44174.91平方米，取得收入1033.18万元；未经调剂、报批租用办公用房3312.30平方米，以财政项目申报并支付房租756.92万元。

4.2016年，2个所属单位的展会和培训收入1509.10万元未纳入本单位法定账簿核算，而是放在合作单位或下属企业核算，其中所属外贸局1049.25万元、电子商务中心459.85万元。

5.至2016年底，所属电子商务中心未及时收回应收下属企业款项18268.10万元。

6.所属培训中心2012年完工的1个基建项目实际投资超出批复概算600.04万元。

三、审计处理情况和建议

对上述问题，审计署已依法出具了审计报告、下达了审计决定书。对超范围申报出国展览财政补助资金问题，要求责成所属外贸局规范境外展会办展方式及财政补助资金申报；对国有资产处置收入未上缴国库、未履行政府采购程序问题，要求责成所属电子商务中心将国有资产处置收入上缴国库，严格执行政府采购规定；对固定资产账实不符问题，要求责成所属7家经商处及时核对调整相关账目和决算；对投资账实不符问题，要求责成所属研究院清理核实对外投资项目；对违规出租办公用房，未经调剂、报批租用办公用房问题，要求责成所属电子商务中心严格遵守相关规定，在出租合同到期后收回办公用房；对部分收支放在合作单位或下属企业核算问题，要求责成相关单位将收入纳入本单位法定账簿统一核算；对应收款项未及时收回问题，要求责成所属电子商务中心及时清理；对基建项目超概算问题，要求责成所属培训中心严格基建程序。

针对审计发现的问题，审计署建议：商务部应加强预算基础工作，严格预算申报；加强国有资产登记、出租出借和对外投资管理，确保各类国有资产的产权明晰，账实相符和保值增值。

四、审计发现问题的整改情况

对审计发现的问题，商务部正在积极组织整改。所属电子商务中心已将国有资产处置收入扣除相关费用后的51.74万元上缴国库；所属外贸局和电子商务中心已将展会、培训收入等1509.10万元纳入本单位法定账簿核算。具体整改结果由商务部向社会公告。

文化部2016年度
预算执行等情况审计结果

根据《中华人民共和国审计法》的规定，2016年12月至2017年3月，审计署对文化部2016年度预算执行等情况进行了审计，重点审计了文化部本级及所属中国美术馆、中国国家博物馆、机关服务中心，并对有关事项进行了延伸审计。

一、基本情况

文化部为中央财政一级预算单位，部门预算

由部本级和31个二级预算单位的预算组成。财政部批复文化部2016年度部门财政拨款预算804397.82万元，本次审计财政拨款预算314826.91万元，占39.14%。审计结果表明，文化部本级及本次审计的所属单位2016年度预算收支基本遵守了预算法及相关法律法规，财务管理和会计核算基本符合会计法及有关财会制度规定，内部审计监督机制进一步健全。

二、审计发现的主要问题

（一）预算执行中存在的主要问题。

1. 文化部制定的本部门出国经费管理办法不符合国家有关规定，2016年文化部本级和所属2个单位的19个出国团组超标准报销出国期间的市内租车费23.96万元。

2. 2016年，文化部本级违规发放出国团组境内往返机场的交通补贴4.98万元。

3. 2015年至2016年，文化部本级由所属国博（北京）饮食文化中心承担其活动经费45.77万元，其中2016年22.10万元。

4. 2016年，所属中国国家博物馆未执行政府采购程序租用1处房产，年租金260万元。

（二）决算草案存在的主要问题。

1. 2016年，文化部本级以拨代支多列支公务用车运行维护费60.69万元。

2. 至2016年底，所属机关服务中心未将以前年度受赠的1项资产纳入账内核算，涉及金额31.45万元。

（三）其他方面问题。

2016年，所属机关服务中心未按规定上缴房产出租收入24.87万元。

三、审计处理情况和建议

对上述问题，审计署已依法出具了审计报告、下达了审计决定书。对超标准报销出国期间的市内租车费问题，要求修订部门出国经费管理办法，今后严格按照规定执行；对违规发放出国团组交通补贴问题，要求收回发放的补贴，并调整会计账目和决算草案；对由所属单位承担本级活动经费问题，要求退还相关经费，并调整会计账目和决算草案；对未执行政府采购规定问题，要求责成所属中国国家博物馆今后严格执行；对多列公务用车运行维护费、受赠资产未入账问题，要求调整会计账目和决算草案；对未按规定上缴房产出租收入问题，要求责成所属机关服务中心上缴国库，今后严格按规定执行。

针对审计发现的问题，审计署建议：文化部应进一步规范预算管理，严格执行因公出国（境）规定，加强本级资产管理及对所属单位经营活动监督。

四、审计发现问题的整改情况

对审计发现的问题，文化部正在积极组织整改。具体整改结果由文化部向社会公告。

卫生计生委2016年度预算执行等情况审计结果

根据《中华人民共和国审计法》的规定，2016年12月至2017年3月，审计署对卫生计生委2016年度预算执行等情况进行了审计，重点审计了卫生计生委本级和所属国际交流与合作中心、中国人口与发展研究中心（以下分别简称国际交流中心、人发中心）等11个单位，并对有关事项进行了延伸审计。

一、基本情况

卫生计生委为中央财政一级预算单位，部门预算由委本级和73个二级预算单位的预算组成。财政部批复卫生计生委2016年度部门财政拨款预算1436645.59万元，本次审计财政拨款预算594946.38万元，占41.41%。审计结果表明，卫生计生委本级及本次审计的所属单位加强了内部审计工作，内部控制逐渐增强，2016年度预算收支基本遵守了预算法和相关法律法规，财务管理和会计核算基本符合会计法及有关财会制度规定。

二、审计发现的主要问题

（一）预算执行中存在的主要问题。

1. 2016年，卫生计生委本级未按规定执行定点印刷采购方式和程序，涉及金额39.60万元。

2. 2016年，卫生计生委本级和所属国际交流中心结余资金填报和清理不到位，涉及金额539.95万元。

3. 2016年，所属人发中心未经审批购买非国内航空公司机票，涉及金额11.20万元；未按规定报销因公临时出国住宿费，涉及金额11.76万元。

4. 2016年，所属国家卫生计生委科学技术研究所（以下简称科研所）2名聘用司机在节假日和工作时间之外私自动用公务用车2辆，共出车29次。

5.2016年，所属国家医学考试中心无计划召开会议55个，召开的1个三类会议超规定人数326人。

6.2016年，所属人发中心和科研所未按规定使用公务卡结算国内差旅费，涉及金额221.21万元。

7.2014年至2016年，所属人发中心1名工作人员骗取课题经费2.42万元，其中2016年0.72万元。

8.2016年，所属机关服务局未按规定上缴房产出租收入384.20万元。

（二）决算草案存在的主要问题。

1.2016年，卫生计生委决算草案多计支出21736.45万元，其中委本级139.26万元、所属统计信息中心100万元、所属中国医学科学院21497.19万元。

2.所属人才交流服务中心未按规定将下属事业单位纳入预决算管理，该单位2016年收入1427.67万元、支出1024.99万元。

（三）其他方面问题。

1.至2016年底，所属机关服务局2011年竣工交付使用的1项基建工程仍未办理竣工决算，涉及项目投资1044.61万元。

2.2009年以来，所属机关服务局1名司局级干部（2014年退休）未经批准在下属企业兼职。

三、审计处理情况和建议

对上述问题，审计署已依法出具了审计报告、下达了审计决定书。对未执行定点印刷采购方式和程序问题，要求今后严格执行政府采购规定；对结余资金填报和清理不到位问题，要求将结余资金按规定清理上报财政部，并根据财政部审核意见办理；对因公出国（境）、公务用车、会议管理不规范及未按规定使用公务卡结算问题，要求责成相关单位加强管理，今后严格执行有关规定；对工作人员骗取课题经费问题，要求责成所属人发中心追回有关资金，调整有关会计账目和决算草案；对未按规定上缴出租收入问题，要求责成所属机关服务局今后严格执行有关规定；对多计支出问题，要求加强决算对账工作，调整有关会计账目和决算草案；对事业单位未纳入预决算管理问题，要求责成所属人才交流服务中心按规定纳入预决算管理，调整有关会计账目和决算草案；对未及时办理竣工决算问题，要求责成所属机关服务局按规定办理竣工决算；对未经批准兼职问题，要求责成所属机关服务局严格执行相关规定。

针对审计发现的问题，审计署建议：卫生计生委应进一步加强对财政结转结余资金的管理，做好年终决算的对账工作；严格“三公”经费和会议费的管理使用；加强对所属单位的管理。

四、审计发现问题的整改情况

对审计发现的问题，卫生计生委正在积极组织整改。卫生计生委本级已就多计的139.26万元支出调整了决算报表；卫生计生委本级和所属国际交流中心已对项目结余资金进行填报清理；所属科研所2名聘用司机已作书面检查并缴纳了车辆使用费；所属人发中心已制定相关制度，规范公务卡结算管理；所属人才交流服务中心已将下属事业单位各项收支编入单位决算报表。具体整改结果由卫生计生委向社会公告。

人民银行2016年度
财务收支等情况审计结果

根据《中华人民共和国审计法》的规定，2016年12月至2017年3月，审计署对人民银行2016年度财务收支等情况进行了审计，重点审计了人民银行本级和所属济南分行等8家分支机构，以及中国印钞造币总公司、中国金币总公司2家直属企业，并对有关事项进行了延伸审计。

一、基本情况

人民银行为中央财政一级预算单位，部门预算由行本级和45个二级预算单位的预算组成。审计结果表明，人民银行本级及本次审计的所属单位2016年度预算收支基本遵守了预算法及相关法律法规，财务管理和会计核算基本符合会计法及有关财会制度规定。

二、审计发现的主要问题

（一）预算执行中存在的主要问题。

1.2015年和2016年，2家所属单位在年底提前列支次年费用，造成多计支出，其中，所属宁波市中心支行2015年、2016年分别多计支出

596.11万元、4.95万元，所属东营市中心支行2016年多计支出43.06万元。

2.2016年，所属人民银行营业管理部等6家单位将收到的地方补助经费等放在往来科目核算，造成少计收入1556.05万元；2015年至2016年，所属西安分行等5家单位少计房屋租赁、业务宣传、废料处理等收入412.67万元，其中2016年293.12万元。

3. 至2016年底，所属海口中心支行结余资金961.88万元长期在“结转结余资金”科目核算，未按有关规定及时清理。

（二）其他财务收支存在的主要问题。

1. 至2016年底，人民银行2002年将所属银行卡信息交换总中心转让给所属中国印钞造币总公司的转让款2183.25万元一直未收回；对早已停办的2家企业的投资余额398.2万元一直未予收回或清理。

2. 至2016年底，所属厦门市中心支行等3家分支机构外汇交易运营费、征信补助经费等经费结余6084.57万元，未按规定及时归还原资金渠道。

3.2家单位部分收支未纳入单位法定会计账簿统一核算，开设的银行账户2016年底余额186.77万元，其中人民银行国库局账户余额25.96万元、所属哈尔滨中心支行账户余额160.81万元。

4.2014年至2015年，人民银行机关事务管理局应收未收下属1家公司利润分配款1098.42万元，造成少计投资收益。

5. 至2016年底，3家所属单位部分资产账实不符、权属不清，其中：所属广州分行7500万元资产未及时计入资产科目核算；所属东莞市中心支行原值28.13万元的两套干部周转房因权属不清未计入固定资产；所属青岛市中心支行干部培训中心附属用房一直未取得房屋权属证书。

6.2016年，3家所属单位未按规定方式采购，涉及金额1922.93万元，其中所属西安分行158.22万元、海口中心支行1717.11万元、青岛市中心支行47.6万元。

7.2016年，所属青岛市中心支行将其使用劳务派遣人员的社会保险费及相关管理费23.83万元，转由其下属干部培训中心承担。

8.2015年，所属宁波市中心支行部分职工从其下属宁波市资金清算中心超标准领取“专家咨询费”73.11万元。

（三）所属企事业单位存在的主要问题。

1. 中国印钞造币总公司2008年对“其他应收款—中国人民银行”科目核算的600万元全额计提坏账准备，不符合会计制度有关规定；下属保定钞票纸业有限公司的荣成培训中心资产基本闲置，形成浪费。

2. 中国金币总公司存在的问题。

（1）至2016年底，中国金币总公司一直未确认对1家全资子公司的长期股权投资，也未将其纳入合并会计报表范围，该子公司资产合计81597.44万元。

（2）2014年至2016年，中国金币总公司及其下属5家子公司未经人民银行批准，超上限多缴存职工住房公积金共计3761.1万元，其中2016年1052.25万元。

（3）2014年至2016年，中国金币总公司未按规定确认金银纪念币销售收入和成本，造成少计收入和成本各1145.84万元，其中2016年少计收入和成本各324.79万元。

（4）2015年，中国金币总公司未严格执行该公司关于特许零售商准入的有关规定，批准个别实缴注册资本未达标企业的特许零售商资格。

（5）2009年至2014年，中国金币总公司下属深圳国宝造币有限公司未按会计准则有关规定计提和冲回当期应付职工薪酬，造成多个年度成本和利润不准确，涉及金额3409.24万元；2014年至2016年，深圳国宝造币有限公司未记录纪念币、纪念章等宣传品的领用事由和去向，涉及金额39.19万元。

（6）北京开元中国金币经销中心下属泉友斋营业部未严格执行库房管理有关规定，造成2017年2月部分商品被其库管人员盗窃，涉及金额1183.84万元。

三、审计处理情况和建议

对上述问题，审计署已依法出具了审计报告、下达了审计决定书。对支出不实、少计收入、会计核算不规范等问题，要求调整有关会计账目和决算草案；对部分投资和资金等长期挂账问题，要求尽快清理、收回或统筹使用；对部分收支未纳入单位法定会计账簿统一核算问题，要求尽快将相关账户纳入单位法定会计账簿统一核算；对固定资产权属不清等问题，要求尽快补全和完善手续；对未按规定方式采购、内部控制不严格等问题，要求今后加强管理，严格执行有关规定。

针对审计发现的问题，审计署建议：人民银行应进一步加强预算管理，严格遵守财经纪律；进一步加强对固定资产和政府采购的监管；进一步推进对所属企业自办实体的清理脱钩工作。

四、审计发现问题的整改情况

对审计发现的问题，人民银行正在积极组织整改。对支出不实、少计收入和部分费用转由下属单位承担问题，有关单位已采取调账等措施处理；对专项经费结余未及时归还原渠道问题，有关单位已按规定归还原渠道；对超标准领取咨询费问题，相关人员已退回。具体整改结果由人民银行向社会公告。

国资委2016年度预算执行等情况审计结果

根据《中华人民共和国审计法》的规定，2016年12月至2017年3月，审计署对国资委2016年度预算执行等情况进行了审计，重点审计了国资委本级及所属机械机关服务中心，并对有关事项进行了延伸审计。

一、基本情况

国资委为中央财政一级预算单位，部门预算由委本级和45个二级预算单位的预算组成。财政部批复国资委2016年度部门财政拨款预算280001.20万元，本次审计财政拨款预算60626.53万元，占21.65%。审计结果表明，国资委本级及本次审计的所属单位2016年度预算收支基本遵守了预算法及相关法律法规，财务管理和会计核算基本符合会计法及有关财会制度规定。

二、审计发现的主要问题

（一）预算执行中存在的主要问题。

1.2016年，国资委本级未按规定执行政府采购程序购买服务，涉及金额354万元。

2.至2016年底，国资委本级未按规定将转让1项产权的收益27.03万元上缴国库。

3.2012年至2016年，国资委未将所属机械工业苏州高级技工学校收支纳入预决算管理，其中2016年收入1763.59万元、支出1539.63万元。

4.2016年，所属中国质量协会无预算列支因公出国（境）费25.95万元。

5.2016年，所属机械机关服务中心将以前年度投资收益2100万元转至其下属独资企业，未在本单位账簿核算，也未纳入本单位预决算管理。

（二）决算草案存在的主要问题。

1.2014年至2016年，国资委本级信息系统开发和升级支出206万元未计入无形资产，其中2016年48万元。

2.2016年，国资委本级未将2个因公出国（境）团组226.97万元支出计入因公出国（境）费，而是计入培训费。

（三）其他方面问题。

2016年，所属工业经济联合会举办企业评比活动，违规收费17.86万元。

三、审计处理情况和建议

对上述问题，审计署已依法出具了审计报告、下达了审计决定书。对未按规定执行政府采购程序问题，要求今后按规定执行；对未上缴资产处置收益问题，要求将相关收益上缴国库，调整有关会计账目和决算草案；对收支未纳入预决算管理问题，要求将收支纳入部门预决算管理；对无预算列支因公出国（境）费问题，要求责成所属中国质量协会加强因公出国（境）费预算管理；对投资收益未在本单位账簿核算和未纳入本单位预决算问题，要求责成所属机械机关服务中心收回资金，调整会计账目和决算草案；对未计无形资产问题，要求调整会计账目和决算草案；对因公出国（境）团组支出未计入因公出国（境）费问题，要求调整会计账目和决算草案；对违规收费问题，要求责成所属工业经济联合会严格执行国家相关规定。

针对审计发现的问题，审计署建议：国资委应加强财务管理和监督，严格执行预决算制度；加强政府采购管理，严格执行政府采购程序。

四、审计发现问题的整改情况

对审计发现的问题，国资委正在积极组织整改。国资委本级已将转让产权的收益上缴国库，调整了有关会计账目和决算草案；已根据因公出国（境）团组支出调整了有关会计账目和决算草案；所属机械机关服务中心已收回投资收益，调整了有关会计账目和决算草案。具体整改结果由国资委向社会公告。

税务总局 2016 年度预算执行等情况审计结果

根据《中华人民共和国审计法》的规定，2016 年 12 月至 2017 年 3 月，审计署对税务总局 2016 年度预算执行等情况进行了审计，重点审计了税务总局本级和所属海南省国家税务局、中国税务杂志社等 13 个单位，并对有关事项进行了延伸审计。

一、基本情况

税务总局为中央财政一级预算单位，部门预算由税务总局本级和 42 个二级预算单位的预算组成。财政部批复税务总局 2016 年度部门财政拨款预算 7852450.09 万元，本次审计财政拨款预算 3156653.90 万元，占 40.2%。审计结果表明，税务总局本级及本次审计的所属单位 2016 年度预算收支基本遵守了预算法及相关法律法规，财务管理和会计核算基本符合会计法及有关财会制度规定。

二、审计发现的主要问题

（一）预算执行中存在的主要问题。

1. 至 2016 年底，税务总局本级未按规定将项目经费结余资金 1787.42 万元清理上报。

2. 2016 年，税务总局本级在 6 个项目上年结转资金 23685.49 万元的情况下，仍申报预算 3346.11 万元，年底累计结转 16031.53 万元，资金未充分发挥效益。

3. 2016 年，所属上海市国家税务局等 5 家单位在差旅费中列支因公出国费 13.55 万元。

4. 2016 年至 2017 年 2 月，所属海南省国家税务局违规占用下属单位 15 辆公务用车，并由下属单位负担运行维护费 33.02 万元，其中 2016 年 30.55 万元。

5. 至 2016 年底，税务总局本级未将所属单位上缴的管理费等余额 975.49 万元上缴国库。

6. 2014 年至 2016 年，所属海口市国家税务局在公用经费中列支应由职工个人负担的物业管理费 202.45 万元，其中 2016 年 95.91 万元。

7. 所属山西省国家税务局和陕西省国家税务局 2 个基建项目建设进展缓慢，至 2016 年底项目资金 3456.8 万元闲置超过 2 年。

8. 2013 年至 2016 年，税务总局本级违规出租办公用房给中国国际税收研究会、中国税务学会，取得租金 252.13 万元，未按规定计作收入并上缴国库，其中 2016 年 38.51 万元；2007 年，所属河北省国家税务局将房产 34637.12 平方米无偿出借给下属企业使用；2014 年，山西省税务干部学校将房产 189 平方米无偿出借给企业使用。

9. 至 2016 年底，所属西安市国家税务局机关和重庆市国家税务局部分固定资产账实不符。

10. 2014 年至 2016 年，税务总局本级及所属海口市国家税务局、黑龙江省国家税务局未按规定执行政府采购程序购买物业服务等，涉及金额 1683.66 万元，其中 2016 年 1111.37 万元；2016 年，所属北京市税务干部学校高于招标控制价采购苗木，多支付 20.16 万元。

11. 税务总局金税三期系统与财产行为税税源监控平台部分功能重复开发。

（二）决算草案存在的主要问题。

2016 年，税务总局本级列支 2015 年发生的会议费、培训费 62.77 万元。

（三）其他方面问题。

1. 至 2017 年 3 月，所属安徽省国家税务局等 3 家单位的 8 个 2015 年底前已完成竣工验收的基建项目尚未编制竣工财务决算。

2. 税务总局本级对 2015 年审计提出的个别问题整改不到位，尚未出台对外派人员的相关财务管理制度。

三、审计处理情况和建议

对上述问题，审计署已依法出具了审计报告、下达了审计决定书。对未及时清理上报结余资金问题，要求按规定将结余资金清理上报财政部，并根据财政部审核意见办理；对项目支出预算编制未考虑资金存量问题，要求加强预算管理，科学合理编制项目预算；对在差旅费中列支因公出国费问题，要求责成相关单位调整会计账目及决算草案；对违规占用下属单位车辆问题，要求责成所属海南省国家税务局退回车辆，并支付相关费用；对管理费等收入未上缴国库问题，要求及时上缴国库，调整有关会计账目和决算草案；对违规列支应由职工个人负担的物业管理费问题，要求责成所属海口市国家税务局收回应由个人负担的费用，调整有关会计账目和决算草案；对建设项目进展缓慢问题，要求责成相关单位加快推进项目建设；对违规出租、出借房产问题，要求责成相关单位及时收回房产，并将租金收入上缴国库；对固定资产账实不符问题，要求责成相关单位及时清理，调整有关会计账目；对未执行政府采购程序、高于招标控制价采购苗木问题，要求责成相关单位严格执行政府采购程序，规范采购行为；对信息系统重复开发问题，要求加强信息系统建设的顶层设计和统筹规划；对跨年列支费用问题，要求严格执行相关规定；对未及时编制竣工财务决算问题，要求责成相关单位按规定办理竣工财务决算。

针对审计发现的问题，审计署建议：税务总局应加强预算管理，严格执行财务规定；积极消化存量资金，提高资金使用绩效；严格采购程序，规范政府采购管理。

四、审计发现问题的整改情况

对审计发现的问题，税务总局正在积极组织整改。税务总局本级已将收取下属单位管理费等收入余额975.49万元上缴国库；所属海南省国家税务局已退回占用的15辆公车和运行维护费33.02万元；所属山西省税务干部学校已解除出借房产的合作协议；所属重庆市国家税务局已将相关资产3011.36万元登记入账。具体整改结果由税务总局向社会公告。

工商总局2016年度预算执行等情况审计结果

根据《中华人民共和国审计法》的规定，2016年12月至2017年3月，审计署对工商总局2016年度预算执行等情况进行了审计，重点审计了工商总局本级和所属商标局、机关服务中心等9个单位，并对有关事项进行了延伸审计。

一、基本情况

工商总局为中央财政一级预算单位，部门预算由局本级和12个二级预算单位的预算组成。财政部批复工商总局2016年度部门财政拨款预算89219.85万元，本次审计财政拨款预算70474.26万元，占78.99%。审计结果表明，工商总局本级及本次审计的所属单位加强了内部审计工作，2016年度预算收支基本遵守了预算法及相关法律法规，财务管理和会计核算基本符合会计法及有关财会制度规定。

二、审计发现的主要问题

（一）预算执行中存在的主要问题。

1.2012年至2016年，工商总局本级未公开招标，将所属商标局商标档案扫描服务指定由所属机关服务中心承担，涉及金额5322.22万元，其中2016年1191.53万元。

2.2016年，工商总局本级由所属单位承担培训费10.64万元。

3.2015年至2016年，所属机关服务中心无偿占用下属单位车辆3辆，并由下属单位承担相关费用8.66万元，其中2016年3.71万元。

4.2001年至2017年2月，所属商标局未按规定将收取的国际注册规费确认为收入并上缴国库，涉及金额38502.85万元，其中2016年4724.32万元。

（二）其他方面问题。

2014年至2016年，工商总局本级及所属商标局等单位人员参加所属行业协会主办的论坛等活动，违规收取劳务费26.10万元，其中2016年12.90万元。

三、审计处理情况和建议

对上述问题，审计署已依法出具了审计报告、下达了审计决定书。对未公开招标问题，要求严格执行政府采购程序；对由所属单位承担培训费、无偿占用下属单位车辆问题，要求退还占用的车辆和相关费用，调整有关会计账目；对未确认收入并上缴国库问题，要求责成所属商标局上缴财政收入，调整会计账目；对违规收取劳务费问题，要求相关人员退还费用。

针对审计发现的问题，审计署建议：工商总局应加强对所属商标局各项业务的监督管理；严格规范“三公”经费支出，杜绝由所属单位承担费用等问题；理顺与其所属行业协会关系。

四、审计发现问题的整改情况

对审计发现的问题，工商总局正在积极组织整改。商标局已上缴国际注册规费收入，相关人员已退还违规收取的劳务费。具体整改结果由工商总局向社会公告。

安全监管总局2016年度预算执行等情况审计结果

根据《中华人民共和国审计法》的规定，2016年12月至2017年3月，审计署对安全监管总局2016年度预算执行等情况进行了审计，重点审计了安全监管总局本级和所属中国安全生产科学研究院（以下简称安科院），并对有关事项进行了延伸审计。

一、基本情况

安全监管总局为中央财政一级预算单位，部门预算由局本级和49个二级预算单位的预算组成。财政部批复安全监管总局2016年度部门财政拨款预算335283.05万元，本次审计财政拨款预算75762.50万元，占22.60%。审计结果表明，安全监管总局本级及本次审计的所属单位2016年度预算收支基本遵守了预算法和相关法律法规，财务管理和会计核算基本符合会计法及有关财会制度规定。

二、审计发现的主要问题

（一）预算执行中存在的主要问题。

1.2016年，安全监管总局未将所属煤炭工业职业技能鉴定指导中心和煤炭综合利用多种经营技术咨询中心纳入部门预算管理，2家单位2016年收入440.72万元。

2.2016年，安全监管总局本级在已批复所属单位基本建设项目投资估算2850万元的情况下，向财政部申报该项目预算7350万元，其中自筹资金4500万元。该项目已完工，实际完成投资2850万元，全部由财政预算资金解决，自筹资金预算未执行。

3.2016年，安全监管总局本级未按规定实施招标，将国家油气输送管道地理信息系统项目直接委托给所属安科院，涉及金额2546.64万元。

4.2015年至2016年，所属安科院有16个会议未在定点饭店召开，涉及金额14.88万元，其中2016年5.07万元。

（二）决算草案存在的主要问题。

2016年，所属安科院在项目价款尚未全部支付的情况下，按合同金额全额列支，造成多计支出744.26万元。

（三）其他方面问题。

1.2015年，安全监管总局在所属安科院下属企业不具备相关条件的情况下，违规将安科院安全评价机构甲级资质变更至该企业。

2.2015年，安全监管总局本级未按规定向发展改革委报告基本建设项目建设地点变更和投资概算调整情况，即组织实施该项目。

3.2016年，安全监管总局本级分配油气输送管道隐患整治专项资金的依据不够科学，涉及金额5.7亿元。

4.2016年，安全监管总局本级在尚未批复2个项目可行性研究报告的情况下，即申领财政专项资金3350万元。

5.2016年，安全监管总局将财政专项资金350万元用于未经审批的竞赛表彰活动。

6.2016年，所属安科院和管理的行业协会投资的2家企业在未与安全监管总局脱钩的情况下，违规开展安全评价服务，取得收入1748.38万元。

三、审计处理情况和建议

对上述问题，审计署已依法出具了审计报告、下达了审计决定书。对未将所属单位纳入部门预算管理问题，要求按规定纳入部门预算；对基本建设项目预算申报不准确问题，要求提高预算编报准确性，如实申报预算；对未按规定实施招标问题，要求严格执行相关规定；对部分会议未在定点饭店召开问题，要求责成所属安科院严格执行有关规定；对多计支出问题，要求责成所属安科院调整相关会计账目和决算草案；对违规办理资质变更、下属企业违规开展安全评价服务、未按规定报告基本建设项目变更和调整事项以及专项资金分配和使用等问题，要求严格执行相关规定。

针对审计发现的问题，审计署建议：安全监管总局应加强预算编报工作，提高预算编报的真实性、准确性和完整性；严格项目支出预算管理，按规定用途使用资金；加强对所属单位财政财务收支、会议的管理；加强对招标工作的管理；认真清理与本部门行政审批相关的中介服务机构，尽快完成脱钩；严格执行基本建设项目相关规定。

四、审计发现问题的整改情况

对审计发现的问题，安全监管总局正在积极组织整改。具体整改结果由安全监管总局向社会公告。

统计局2016年度
预算执行等情况审计结果

根据《中华人民共和国审计法》的规定，2016年12月至2017年3月，审计署对统计局2016年度预算执行等情况进行了审计，重点审计了统计局本级和所属统计教育培训中心、中国统计信息服务中心，并对有关事项进行了延伸审计。

一、基本情况

统计局为中央财政一级预算单位，部门预算由局本级和76个二级预算单位的预算组成。财政部批复统计局2016年度部门财政拨款预算454296.15万元，本次审计财政拨款预算50239.92万元，占11.05%。审计结果表明，统计局本级及本次审计的所属单位2016年预算收支基本遵守了预算法及相关法律法规，财务管理和会计核算基本符合会计法及相关财会制度规定。

二、审计发现的主要问题

（一）预算执行中存在的主要问题。

1.2016年，统计局本级由所属统计教育培训中心承担会议费42.69万元。

2.2016年，所属统计教育培训中心多支付出国费用44.41万元。

3.至2016年底，所属机关服务中心未及时处置18辆编制外公务用车，造成资产闲置，涉及资产原值395.24万元。

（二）决算草案存在的主要问题。

2014年至2016年，所属各级调查队从地方取得的收入中，有28995.16万元未纳入统计局决算报表，其中2016年8820.26万元。

三、审计处理情况和建议

对上述问题，审计署已依法出具了审计报告、下达了审计决定书。对由所属单位承担会议费问题，要求今后加强对会议费的预算管理；对多支付出国费问题，要求责成所属统计教育培训中心严格执行出国经费管理办法；对车辆处置不及时问题，要求责成所属机关服务中心加快处置；对决算编报不完整问题，要求责成各级调查队将取得的收入全部纳入单位账簿管理，并真实、完整、准确编报决算。

针对审计发现的问题，审计署建议：统计局应规范预算编制，正确处理好各级调查队与地方政府之间的关系；加大对所属单位的监管力度，督促有关单位加强资产管理，规范会议支出等。

四、审计发现问题的整改情况

对审计发现的问题，统计局正在积极组织整改。推进所属事业单位车辆处置，组织梳理从地方政府取得的收入。具体整改结果由统计局向社会公告。

知识产权局2016年度
预算执行等情况审计结果

根据《中华人民共和国审计法》的规定，2016年12月至2017年3月，审计署对知识产权局2016年度预算执行等情况进行了审计，重点审计了知识产权局本级和所属专利局、机关服务中心、中华全国专利代理人协会等5个单位，并对有关事项进行了延伸审计。

一、基本情况

知识产权局为中央财政一级预算单位，部门预算由局本级和11个二级预算单位的预算组成。财政部批复知识产权局2016年度部门财政拨款预算545478.99万元，本次审计财政拨款预算443541.71万元，占81.31%。审计结果表明，知识产权局本级及本次审计的所属单位内控制度比较健全，内部管理比较完善，2016年度预算收支基本遵守了预算法及相关法律法规的规定，财务管理和会计核算基本符合会计法及有关财会制度的规定。

二、审计发现的主要问题

（一）预算执行中存在的主要问题。

1.2013年至2016年，知识产权局本级未经审批，将部分办公用房无偿出借给所属事业单位和企业使用。

2.2016年，所属专利局未按规定执行政府采购程序，将专利审查、数据加工等直接委托给系统内单位及个别企业实施，涉及金额222543.63万元，其中委托给专利局所属7个审查协作中心专利审查费用184346.81万元。

3.2016年，所属中国专利保护协会将知识产权局委托其实施的课题研究项目转包给第三方，合同金额36万元。

（二）决算草案存在的主要问题。

1.2016年，所属专利局以拨代支多列支公务用车运行费108.21万元。

2.2016年，所属专利局下属的7家审查协作中心在编制部门决算时，将部分事业收支作为经营收支填报，造成决算数据失真。

（三）其他方面问题。

1.2013年，知识产权局在调整办公业务用房项目建议书时，未对所属专利局北京专利审查协作中心已单独建设的研发用房进行调整，造成重复建设。

2.2015年，知识产权局向北京市知识产权局提出，由其所属公司承担应由北京市实施的全国知识产权运营公共服务平台建设任务，北京市知识产权局据此与该公司签订协议，一次性拨付该公司财政专项资金1亿元。至2016年底，项目实际支出175万元。

3.至2016年底，知识产权局未按规定对所属专利检索咨询中心、专利信息中心从事行政审批中介服务进行清理规范。

三、审计处理情况和建议

对上述问题，审计署已依法出具了审计报告、下达了审计决定书。对无偿出借办公用房问题，要求收回办公用房；对未执行政府采购程序问题，要求责成所属专利局严格执行政府采购规定；对向第三方转包课题问题，要求责成所属中国专利保护协会加强对合同执行情况的监督检查；对多列支费用问题，要求责成所属专利局收回资金并调整会计账目和决算草案；对未按规定科目列示事业收支决算问题，要求责成所属专利局加强预决算编报管理；对专利业务用房重复建设问题，要求积极采取措施避免损失浪费；对所属单位从事行政审批中介服务问题，要求尽快进行清理规范。

针对审计发现的问题，审计署建议：知识产权局应规范预算编制和执行，严格执行政府采购程序以及基建和资产管理的各项规定。

四、审计发现问题的整改情况

对审计发现的问题，知识产权局正在积极组织整改。制定并发布了《国家知识产权局课题研究管理办法》，所属专利局收回了多列支的费用。具体整改结果由知识产权局向社会公告。

参事室2016年度预算执行等情况审计结果

根据《中华人民共和国审计法》的规定，2016年12月至2017年3月，审计署对参事室（中央文史研究馆）2016年度预算执行等情况进行了审计，重点审计了参事室本级和所属机关服务中心、中国国学研究与交流中心等5个单位，并对有关事项进行了延伸审计。

一、基本情况

参事室为中央财政一级预算单位，部门预算由室本级和5个二级预算单位的预算组成。财政部批复参事室2016年度部门财政拨款预算61698.65万元，本次审计财政拨款预算29668.22万元，占48.08%。审计结果表明，参事室本级及本次审计的所属单位2016年度预算收支基本遵守了预算法及相关法律规定，财务管理和会计核算基本符合会计法及有关财会制度规定。

二、审计发现的主要问题

（一）预算执行中存在的主要问题。

1.2016年，所属中华诗词研究院多申报项目预算40万元，用于人员支出。

2.2016年，所属机关服务中心和中华诗词研究院将租用的部分办公用房无偿提供给非预算单位和自收自支事业单位使用。

3.2016年，中央文史研究馆未按规定执行政府采购程序，直接委托1家公司承办活动，涉及合同金额83.55万元。

（二）其他方面问题。

至2016年底，参事室和2家所属单位1421幅（件）书画作品等未登记入账。

三、审计处理情况和建议

对上述问题，审计署已依法出具了审计报告、下达了审计决定书。对多申报预算问题，要求责成所属中华诗词研究院加强预算管理；对无偿出借办公用房问题，要求责成相关单位清理收回；对政府采购问题，要求严格执行有关采购程序；对书画作品等未登记入账问题，要求按规定做好资产登记入账工作，调整有关会计账目和决算草案。

针对审计发现的问题，审计署建议：参事室应加强预算管理，提高预算执行质量和资金使用效益；严格资产管理，确保国有资产安全。

四、审计发现问题的整改情况

对审计发现的问题，参事室正在积极组织整改。所属机关服务中心已收回无偿出借的办公用房。具体整改结果由参事室向社会公告。

港澳办2016年度
预算执行等情况审计结果

根据《中华人民共和国审计法》的规定，2016年12月至2017年3月，审计署对港澳办2016年度预算执行等情况进行了审计，重点审计了港澳办本级和所属机关服务中心、港澳研究所，并对有关事项进行了延伸审计。

一、基本情况

港澳办为中央财政一级预算单位，部门预算由办本级和2个二级预算单位的预算组成。财政部批复港澳办2016年度部门财政拨款预算5554.42万元，本次审计财政拨款预算5554.42万元，占100%。审计结果表明，港澳办本级及本次审计的所属单位2016年度预算收支基本遵守了预算法及相关法律法规，财务管理和会计核算基本符合会计法及有关财会制度规定。

二、审计发现的主要问题

（一）决算草案存在的主要问题。

至2016年底，港澳办本级和所属港澳研究所未对以前年度处置的部分资产进行账务处理，造成资产账实不符，涉及资产账面净值3744.57万元。

（二）其他方面问题。

至2016年底，所属港澳研究所未建立档案管理制度，业务、文书等形成的记录均未归档统一管理。

三、审计处理情况和建议

对上述问题，审计署已依法出具了审计报告、下达了审计决定书。对已处置资产未及时进行账务处理问题，要求调整有关会计账目和决算草案；对未建立档案管理制度问题，要求责成所属港澳研究所建立档案管理制度。

针对审计发现的问题，审计署建议：港澳办应加强资产管理，定期进行资产清查核对；督促所属单位建立健全相关内部管理制度，加强内部管理。

四、审计发现问题的整改情况

对审计发现的问题，港澳办正在积极组织整改。所属港澳研究所正在研究修订、制定内部管理制度。具体整改结果由港澳办向社会公告。

法制办2016年度
预算执行等情况审计结果

根据《中华人民共和国审计法》的规定，2017年1月至3月，审计署对法制办2016年度预算执行等情况进行了审计，重点审计了法制办本级和所属机关服务中心、中国法制出版社等4个单位，并对有关事项进行了延伸审计。

一、基本情况

法制办为中央财政一级预算单位，部门预算由办本级和2个二级预算单位的预算组成。财政部批复法制办2016年度部门财政拨款预算9845.12万元，本次审计财政拨款预算9845.12万元，占100%。审计结果表明，法制办本级和本次审计的所属单位2016年度预算收支基本遵守了预算法及相关法律法规，财务管理和会计核算基本符合会计法及有关财会制度规定。

二、审计发现的主要问题

（一）预算执行中存在的主要问题。

1.2016年，法制办本级2个因公出国（境）团组超计划人数16人，无预算列支5个因公出国（境）团组出国费25.29万元。

2.2016年，法制办本级12个会议未按规定在单位内部召开，会议费支出14.73万元；2015年，法制办本级召开的1个会议超标准支出23.62万元。

3.至2016年底，所属机关服务中心未按规定单独编制预算和决算草案。

（二）决算草案存在的主要问题。

1.2014年，法制办本级在未发生实际业务的情况下，列支308.5万元并将资金转入所属机关服务中心往来科目核算，2016年底结存242.11

万元。

2.2013 年，法制办本级未按规定将收到的职工售房款和专项维修基金款 536.33 万元纳入售房款专户，2016 年底结存 164.73 万元，未纳入部门决算编报范围。

（三）其他方面问题。

所属中国法制出版社收回对外股权投资后，未督促相关企业及时办理工商登记变更手续。

三、审计处理情况和建议

对上述问题，审计署已依法出具了审计报告、下达了审计决定书。对因公出国（境）团组管理和经费使用问题，要求据实编报因公出国计划，严格执行因公出国（境）团组及经费管理相关规定；对会议管理不规范及超标准支出问题，要求严格执行会议管理相关规定，按照费用开支标准编报预算、列支会议经费；对未单独编制预算和决算草案问题，要求责成所属机关服务中心单独编制；对多列支出问题，要求将结存资金归还原渠道，调整有关会计账目和决算草案；对售房款等未纳入专户问题，要求将结存资金纳入售房款专户，调整有关会计账目和决策草案；对有关企业未及时办理工商变更手续问题，要求责成所属中国法制出版社尽快督促办理。

针对审计发现的问题，审计署建议：法制办应进一步规范预决算编制，在因公出国（境）团组管理、会议管理等方面严格执行有关规定，对各项经费开支严格把关，并加强对所属单位的监督管理。

四、审计发现问题的整改情况

对审计发现的问题，法制办正在积极组织整改。法制办本级已印发加强会议管理的规定，要求严格编制会议计划；所属中国法制出版社积极与有关企业联系，督促对方办理工商变更手续。具体整改结果由法制办向社会公告。

地震局 2016 年度
预算执行等情况审计结果

根据《中华人民共和国审计法》的规定，2016 年 12 月至 2017 年 3 月，审计署对地震局 2016 年度预算执行等情况进行了审计，重点审计了地震局本级和所属中国地震应急搜救中心、地球物理研究所等 10 个单位，并对有关事项进行了延伸审计。

一、基本情况

地震局为中央财政一级预算单位，部门预算由局本级和 46 个二级预算单位的预算组成。财政部批复地震局 2016 年度部门财政拨款预算 390745.26 万元，本次审计财政拨款预算 113444.17 万元，占 29.03%。审计结果表明，地震局本级及本次审计的所属单位 2016 年度预算收支基本遵守了预算法及相关法律法规，财务管理和会计核算基本符合会计法及有关财会制度规定。

二、审计发现的主要问题

（一）预算执行中存在的主要问题。

1.2013 年和 2015 年，地震局本级违规列支所属单位人员出国费 8.47 万元。

2. 至 2016 年底，地震局本级违规将部分办公用房变相出租给下属企业用于经营。

3.2015 年和 2016 年，地震局本级通过所属单位安排项目经费和公用经费预算 75 万元用于举办职工运动会等，实际支出 72.46 万元，其中 2016 年安排 10 万元并全部支出。

4. 至 2016 年底，所属地球物理研究所未按规定将基本建设项目结余资金 98.88 万元上缴财政。

5.2016 年，所属中国地震应急搜救中心在向职工发放物业补贴后，仍承担职工小区物业费 22.11 万元。

（二）决算草案存在的主要问题。

至 2016 年底，所属地球物理研究所以前年度收入 3461.42 万元长期挂账未结转收入，也未纳入当年预算收支管理。

三、审计处理情况和建议

对上述问题，审计署已依法出具了审计报告、下达了审计决定书。对违规列支所属单位人员出国费问题，要求按规定收回资金，调整有关会计账目和决算草案；对变相出租办公用房问题，要求按规定及时收回；对通过所属单位安排预算、以前年度收入长期挂账未结转收入问题，要求调整会计账目和决算草案；对基本建设项目结余资金未按规定上缴财政问题，要求责成所属地球物理研究所将项目结余资金按规定上缴财政；对承担职工小区物业费问题，要求责成所属中国地震应急搜救中心严格执行国家规定，今后不再承担职工物业服务费用。

针对审计发现的问题，审计署建议：地震局应进一步加强预算和财务管理，增强预算和财务制度约束力，加强财政结余资金和国有资产管理，加强对所属单位财务工作的监督和检查。

四、审计发现问题的整改情况

对审计发现的问题，地震局正在积极组织整改。地震局本级已收回所属单位人员出国费 8.47 万元。具体整改结果由地震局向社会公告。

气象局 2016 年度
预算执行等情况审计结果

根据《中华人民共和国审计法》的规定，2016 年 12 月至 2017 年 3 月，审计署对气象局 2016 年度预算执行等情况进行了审计，重点审计了气象局本级和所属气象探测中心、国家卫星气象中心等 4 个单位，并对有关事项进行了延伸审计。

一、基本情况

气象局为中央财政一级预算单位，部门预算由局本级和 51 个二级预算单位的预算组成。财政部批复气象局 2016 年度部门财政拨款预算 1765661.45 万元，本次审计财政拨款预算 302655.96 万元，占 17.14%。审计结果表明，气象局本级及本次审计的所属单位 2016 年度预算收支基本遵守了预算法及相关法律法规，财务管理和会计核算基本符合会计法及有关财会制度规定。

二、审计发现的主要问题

(一) 预算执行中存在的主要问题。

1. 2016 年，气象局本级召开的 8 个会议转由参会单位承担住宿费 31.51 万元。

2. 至 2017 年 3 月，所属国家卫星气象中心 2016 年底已完工并投入使用的 1 个基建项目尚未办理竣工财务决算，也未按规定清理项目结余资金 840.98 万元。

3. 2016 年，所属气象探测中心未按规定对理赔收入 200 万元实行“收支两条线”管理。

(二) 其他方面问题。

1. 至 2017 年 3 月，气象局尚未完成 2004 年已完工并投入使用的 1 个基建项目的竣工财务决算手续，也未纳入固定资产核算，少记固定资产 10423.88 万元。

2. 至 2016 年底，所属中国气象科学研究院未将已竣工的 9 个基建项目转记固定资产，涉及金额 1235 万元。

3. 至 2016 年底，所属气象探测中心未对资产毁损及时调整会计账目，涉及金额 358.90 万元。

三、审计处理情况和建议

对上述问题，审计署已依法出具了审计报告、下达了审计决定书。对转由参会单位承担住宿费问题，要求退回住宿费，调整会计账目和决算草案；对未及时办理竣工财务决算、清理项目结余资金问题，要求责成所属国家卫星气象中心及时编制竣工财务决算，并按规定清理项目结余资金；对理赔收入未实行“收支两条线”问题，要求责成所属气象探测中心按“收支两条线”管理；对少记固定资产和未及时转记固定资产问题，要求责成相关单位按规定编报项目竣工决算，及时调整会计账目；对资产毁损未及时调账问题，要求责成所属气象探测中心按规定及时调整会计账目。

针对审计发现的问题，审计署建议：气象局应进一步加强会议费等支出管理；强化基建项目竣工财务决算和国有资产管理，对已完工基建项目及时做好项目竣工验收、资产交付和财务决算，对国有资产处置收入严格执行“收支两条线”；进一步加强对所属单位财务工作的监督和检查。

四、审计发现问题的整改情况

对审计发现的问题，气象局正在积极组织整改。气象局本级已调整 2016 年账务及报表，已统计完参会单位承担的住宿费金额，并着手办理退还手续；所属中国气象科学研究院已完成部分已竣工基建项目转记固定资产的账务处理，并办理了资产移交手续。具体整改结果由气象局向社会公告。

银监会 2016 年度
预算执行等情况审计结果

根据《中华人民共和国审计法》的规定，2016 年 12 月至 2017 年 3 月，审计署对银监会 2016 年度预算执行等情况进行了审计，重点审计了银监会本级和所属山东银监局、陕西银监局、海南银监局，并对有关事项进行了延伸审计。

一、基本情况

银监会为中央财政一级预算单位，部门预算由会本级和36个二级预算单位的预算组成。财政部批复银监会2016年度部门财政拨款预算530009.17万元，本次审计财政拨款预算63206.42万元，占11.93%。审计结果表明，银监会本级及本次审计的所属单位2016年度预算收支基本遵守了预算法及相关法律法规，财务管理和会计核算基本符合会计法及有关财会制度规定。

二、审计发现的主要问题

（一）预算执行中存在的主要问题。

1.2016年，银监会本级因公出国费超预算支出69.95万元。

2.2016年，银监会本级会议费超预算支出27.01万元；年度会议计划在实际执行中调整较大，召开的17次会议未列入计划；有7次会议未在定点饭店或定点会议场所召开，会议费支出43.72万元。

3.2016年，所属山东银监局机关扩大职工住房补贴计提基数，超标准发放住房补贴230.72万元；2015年至2016年上半年，所属陕西银监局机关向职工超标准发放住宅公务电话补助13.02万元，其中2016年4.28万元。

4.2016年，所属陕西银监局机关违规出租办公用房，租金收入23.33万元未按规定实行“收支两条线”管理，直接用于冲抵物业管理费支出。

5.2016年，银监会本级违规以单一来源采购方式采购网络存储等设备，涉及合同金额180.61万元；所属山东银监局未执行政府采购程序签订物业委托合同、涉及合同金额290.27万元，未通过政府采购购买公务机票10.17万元；所属海南银监局违规自行采购会议摄像机等设备10.67万元。

6.2016年，银监会收到所属山西银监局等10个单位上划的事业基金5534.86万元，未经财政部批准，将资金全部拨付给所属北京银监局等36个单位。

（二）决算草案存在的主要问题。

银监会本级在2016年度培训专项支出科目列支2015年出国费用40.41万元；所属海南银监局在2016年度检查费科目列支2015年检查费等费用16.55万元。

（三）其他方面问题。

1.2016年，所属海南银监局部分现金支付项目单笔结算金额超过规定限额，超限额结算56.25万元。

2.自2007年起，所属山东银监局机关按在职职工每人每月400元的标准报销办公费，不再统一购买配发办公用品。2016年报销办公费80.79万元，部分职工购买了非办公用品。

三、审计处理情况和建议

对上述问题，审计署已依法出具了审计报告、下达了审计决定书。对超预算支出因公出国费和会议费、会议管理和经费使用不规范问题，要求加强管理，严格按规定执行；对违规发放津补贴问题，要求责成相关单位追回有关财政资金，调整有关会计账目和决算草案；对违规出租办公用房问题，要求责成所属陕西银监局改正违规行为，调整有关会计账目和决算草案；对未执行政府采购规定、未经批准动用事业基金问题，要求严格按相关规定执行；对支出决算不实问题，要求严格按预算支出的标准列支各项费用，调整会计账目和决算草案；对其他管理不规范问题，要求严格执行有关规定，加强资金管理和使用。

针对审计发现的问题，审计署建议：银监会应加强预算管理和财务核算，规范各项费用和津补贴项目的管理，完善政府采购程序。

四、审计发现问题的整改情况

对审计发现的问题，银监会正在积极组织整改。具体整改结果由银监会向社会公告。

证监会2016年度预算执行等情况审计结果

根据《中华人民共和国审计法》的规定，2016年12月至2017年3月，审计署对证监会2016年度预算执行等情况进行了审计，重点审计了证监会本级和所属黑龙江证监局、广东证监局、宁波证监局，并对有关事项进行了延伸审计。

一、基本情况

证监会为中央财政一级预算单位，部门预算

由会本级和38个二级预算单位组成。财政部批复证监会2016年度部门财政拨款预算120934.43万元，本次审计财政拨款预算56141.14万元，占46.42%。审计结果表明，证监会本级及本次审计的所属单位2016年度预算收支基本遵守了预算法及相关法律法规，财务管理和会计核算基本符合会计法及有关财会制度规定。

二、审计发现的主要问题

（一）预算执行中存在的主要问题。

1.2013年至2016年，证监会本级将4个会议的会议费79.27万元转由会管单位承担，其中2016年20.45万元。

2.2016年，证监会本级在政府采购网采购2套设备时，采购程序不规范，涉及金额173.9万元。

3.2016年，所属黑龙江证监局违规对外出租房产3189.45平方米，出租收入199.17万元未按规定实行“收支两条线”管理。该局另有1070平方米办公用房闲置近两年半。

（二）其他方面问题。

至2016年底，管理的大连商品交易所有1106.2万元往来款长期挂账未及时处理。

三、审计处理情况和建议

对上述问题，审计署已依法出具了审计报告、下达了审计决定书。对转由会管单位承担会议费问题，要求予以纠正，严格执行相关规定；对采购程序不规范问题，要求完善政府采购程序，按照相关规定执行；对违规出租房产且出租收入未执行“收支两条线”问题，要求责成所属黑龙江证监局予以纠正，调整相关会计账目和决算草案；对往来款长期挂账问题，要求责成管理的大连商品交易所及时清理往来款项，调整会计账目。

针对审计发现的问题，审计署建议：证监会应加强预算管理，规范会议和培训的组织管理，严格财务审核，规范固定资产采购流程，加强对所属单位和会管单位的监督检查。

四、审计发现问题的整改情况

对审计发现的问题，证监会正在积极组织整改。自2017年起相关部门组织的系统培训会议费全部由本级列支；明确将规范采购程序，严格按照政府采购制度执行。具体整改结果由证监会向社会公告。

保监会2016年度
预算执行等情况审计结果

根据《中华人民共和国审计法》的规定，2016年12月至2017年3月，审计署对保监会2016年度预算执行等情况进行了审计，重点审计了保监会本级和所属青岛保监局、厦门保监局，并对有关事项进行了延伸审计。

一、基本情况

保监会为中央财政一级预算单位，部门预算由会本级和37个二级预算单位的预算组成。财政部批复保监会2016年度部门财政拨款预算111729.74万元，本次审计财政拨款预算27123.77万元，占24.28%。审计结果表明，保监会本级及本次审计的所属单位2016年度预算收支基本遵守了预算法及相关法律法规，财务管理和会计核算基本符合会计法及有关财会制度规定。

二、审计发现的主要问题

（一）预算执行中存在的主要问题。

1.2016年，保监会本级举办的1期干部进修班，超出规定标准列支培训费53.63万元。

2.2016年，保监会本级部分费用支出应使用未使用公务卡结算，涉及金额23.80万元。

3.2016年，所属青岛保监局聘用人员4名，由青岛市保险行业协会与聘用人员签订劳动合同，并支付工资及相关费用15.87万元。

（二）其他方面问题。

1.2011年以来，所属河北保监局本级实有人数一直超出核定编制人数，其中2016年超编12人，并按实有人数申领预算经费。

2.2016年底，所属厦门保监局服务用房面积超出规定标准345.30平方米。

三、审计处理情况和建议

对上述问题，审计署已依法出具了审计报告。对超标准支出问题，要求加大财务指导和监督检查，严格控制支出标准；对应使用未使用公务卡结算问题，要求严格执行公务卡使用管理规定；对由协会承担聘用人员费用问题，要求规范用工制度；对于人员超编问题，要求严格编制管理；对于服务用房超标问题，要求及时整改。

针对审计发现的问题，审计署建议：保监会

应进一步加强预算管理，严格财务监督和制度执行，确保中央预算单位各项财经纪律和有关制度规定的贯彻落实。

四、审计发现问题的整改情况

保监会在审计前开展了自查，并纠正了部分自查出的问题。对审计发现的问题，保监会正在积极组织整改。所属青岛保监局和厦门保监局存在的问题在审计期间已整改完毕。具体整改结果由保监会向社会公告。

社保基金会 2016 年度预算执行等情况审计结果

根据《中华人民共和国审计法》的规定，2016 年 12 月至 2017 年 3 月，审计署对社保基金会 2016 年度预算执行等情况进行了审计，并对有关事项进行了延伸审计。

一、基本情况

（一）社保基金管理运营的基本情况。

至 2016 年底，社保基金会基金资产总额 21427.55 亿元，基金权益 20492.34 亿元。基金权益中，社保基金 16047.67 亿元，个人账户中央补助资金 1181.22 亿元，广东和山东委托资金 2263.45 亿元，基本养老保险基金 1000 亿元。

2016 年，财政性拨入社保基金的资金及股份合计 700.6 亿元，社保基金权益投资收益额 313.18 亿元，投资收益率 1.7%，已实现收益率 5.38%。

（二）社保基金会部门预算执行基本情况。

社保基金会为中央财政一级预算单位，部门预算由会本级预算组成。财政部批复社保基金会 2016 年度部门财政拨款预算 14470.57 万元，本次审计财政拨款预算 9537.9 万元，占 65.91%。审计结果表明，社保基金会不断完善管理体制和内控机制，提高投资运营科学化水平，总体实现了社保基金安全和保值增值目标；2016 年较好地遵守了预算法和相关法律法规。

二、审计发现的主要问题

（一）对部分委托投资私募股权基金的投资行为检查不到位。

1. 2008 年至 2012 年，8 只不具备法人资格的基金以其他企业名义投资保险公司及商业银行，股权共计 136.11 亿元，其中社保基金会份额 43.7 亿元。

2. 2009 年至 2011 年，3 只基金通过其他企业投资商业银行股权及不良资产共计 16.72 亿元，未向社保基金会披露不良资产事项；2014 年，上述基金退出投资时仅反映股权转让价格 20.69 亿元，未反映不良资产权益。

3. 2010 年，5 只基金中已有明确项目用途的 17.1 亿元（其中含社保基金 3.91 亿元）及其他资金 1 亿元，被投资管理人用作向企业增资。

4. 2016 年，2 只基金退出企业股权投资时，由于通过其他企业名义投资，无法享受社保基金投资收入免征所得税的政策，造成社保基金少获得收益 571.76 万元。

（二）至 2016 年底，社保基金会尚未制定对自营指数化投资组合签约券商的统一管理制度，仅有内部部门规定，对签约券商各项服务内容评价标准不够明细，部分评价依据不充分，也未归集形成完整的评价档案。

三、审计处理情况和建议

对上述问题，审计署已依法出具了审计报告。

针对审计发现的问题，审计署建议：社保基金会应采取有效措施切实履行社保基金的投后管理责任，有效维护社保基金应得利益；不断完善内控制度建设，保障社保基金安全运营。

四、审计发现问题的整改情况

对审计发现的问题，社保基金会正在积极整改。具体整改结果由社保基金会向社会公告。

自然科学基金会 2016 年度预算执行等情况审计结果

根据《中华人民共和国审计法》的规定，2016 年 12 月至 2017 年 3 月，审计署对自然科学基金会 2016 年度预算执行等情况进行了审计，重点审计了自然科学基金会本级和所属机关服务局、科学传播中心，并对有关事项进行了延伸审计。

一、基本情况

自然科学基金会为中央财政一级预算单位，部门预算由会本级预算组成。财政部批复自然科学基金会 2016 年度部门财政拨款预算 2498510 万元，本次审计财政拨款预算 2101985 万元，占

84.13%。审计结果表明，自然科学基金会2016年度预算收支基本遵守了预算法及相关法律法规，财务管理和会计核算基本符合会计法及有关财会制度规定。

二、审计发现的主要问题

（一）预算执行中存在的主要问题。

1.2013年至2016年，自然科学基金会违规多批准项目资助款5361.87万元，其中2016年286.76万元。

2.2016年，自然科学基金会未按规定编报年度会议计划，实际召开204次会议。

3.2016年，自然科学基金会1名领导干部因公出国未按规定履行审批报备程序。

4.至2017年3月，自然科学基金会未按规定收回被终止、撤销项目结余资金581.56万元。

（二）决算草案存在的主要问题。

至2017年3月，自然科学基金会未将所属机关服务中心、科学传播中心纳入部门预决算编报范围，2家单位2016年收入2154.44万元、支出2008.39万元。

（三）其他方面问题。

1.2013年至2016年，自然科学基金会17名流动编制工作人员违规申请项目获批1035.8万元，其中2016年50万元。

2.至2016年底，自然科学基金会固定资产台账和财务账不符，差额276.75万元。

3.至2016年底，自然科学基金会2栋办公楼未办理权属登记。

三、审计处理情况和建议

对上述问题，审计署已依法出具了审计报告、下达了审计决定书。对多批准项目资助款问题，要求完善制度，根据项目实际需要按规定核批资金；对未编报年度会议计划问题，要求按规定编报计划；对因公出国未按规定履行审批报备程序问题，要求履行有关程序；对未收回终止、撤销项目结余资金问题，要求及时收回有关资金；对未将所属单位纳入部门预决算编报范围问题，要求按规定纳入部门预决算编报范围；对于工作人员违规申请项目问题，要求加强项目申报审批管理；对于固定资产账账不符问题，要求查明原因，调整账目和决算草案；对办公楼未办理权属登记和房屋使用权证问题，要求及时进行确权办证。

针对审计发现的问题，审计署建议：自然科学基金会应进一步加强预算及决算管理，严格执行有关规章制度，重视会议及出国管理工作，按规定制订年度会议计划和履行出国审批报备程序。

四、审计发现问题的整改情况

对审计发现的问题，自然科学基金会正在积极整改。具体整改结果由自然科学基金会向社会公告。

信访局2016年度
预算执行等情况审计结果

根据《中华人民共和国审计法》的规定，2016年12月至2017年3月，审计署对信访局2016年度预算执行等情况进行了审计，重点审计了信访局本级和所属机关服务中心、信息中心，并对有关事项进行了延伸审计。

一、基本情况

信访局为中央财政一级预算单位，部门预算由局本级和2个二级预算单位的预算组成。财政部批复信访局2016年度部门财政拨款预算14704.20万元，本次审计财政拨款预算14580.15万元，占99.16%。审计结果表明，信访局本级及本次审计的所属单位2016年度预算收支基本遵守了预算法及相关法律法规，财务管理和会计核算基本符合会计法及有关财会制度规定。

二、审计发现的主要问题

（一）2015年至2016年，信访局本级未按规定执行政府采购，将安全保卫、会务、机关餐饮等服务直接委托给所属单位和1家公司，涉及金额490.75万元，其中2016年205.77万元。

（二）至2016年底，信访局本级2008年1月竣工并投入使用的办公楼项目尚未办理竣工财务决算，项目实际完成投资26106.87万元。

三、审计处理情况和建议

对上述问题，审计署已依法出具了审计报告、下达了审计决定书。对未按规定执行政府采购问题，要求严格执行政府采购有关规定；对基建项目未及时办理竣工财务决算问题，要求按规定办理竣工财务决算。

针对审计发现的问题，审计署建议：信访局

应进一步加强基本建设项目管理，规范政府采购管理工作，严格执行政府采购等有关规定。

四、审计发现问题的整改情况

对审计发现的问题，信访局正在积极整改。具体整改结果由信访局向社会公告。

粮食局 2016 年度
预算执行等情况审计结果

根据《中华人民共和国审计法》的规定，2016 年 12 月至 2017 年 3 月，审计署对粮食局 2016 年度预算执行等情况进行了审计，重点审计了粮食局本级和所属机关服务中心、军粮供应服务中心、国家粮食局科学研究院（以下简称粮科院），并对有关事项进行了延伸审计。

一、基本情况

粮食局为中央财政一级预算单位，部门预算由局本级和 12 个二级预算单位的预算组成。财政部批复粮食局 2016 年度部门财政拨款预算 59233.49 万元，本次审计财政拨款预算 50856.99 万元，占 85.86%。审计结果表明，粮食局本级及本次审计的所属单位 2016 年度预算收支基本遵守了预算法及相关法律法规，会计核算基本符合会计法及有关财会制度规定。

二、审计发现的主要问题

（一）预算执行中存在的主要问题。

1. 1999 年以来，粮食局本级因公出国（境）费明细未在单位法定账簿统一核算，2016 年发生费用 47.06 万元。

2. 2016 年，粮食局本级未按规定执行政府采购程序购买国内公务机票 25.49 万元。

3. 2016 年，粮食局本级未按规定使用公务卡结算住宿费 58.83 万元。

4. 至 2016 年底，所属机关服务中心未按规定将国有资产处置收入 706 万元上缴国库，一直放在往来科目核算。

（二）其他方面问题。

1. 至 2016 年底，粮食局本级 2007 年购买的 8 套商品房未登记入账，购房支出 725.8 万元一直在往来科目挂账。

2. 至 2016 年底，所属机关服务中心未经批准对外出租房产 25 项 9730 平方米，由下属企业收取租金 696.62 万元，未纳入该中心法定账簿统一核算，其中 1 项房产租期长达 10 年，3 项房产到期后未收取租金由承租方继续使用。

3. 至 2017 年 3 月，所属粮科院 2010 年已办理竣工财务决算的科研楼尚未办理产权登记，资产价值 13963.26 万元。

4. 至 2016 年底，所属军粮供应服务中心已完成竣工验收 3 年以上的 3 个基建项目未办理竣工财务决算，项目投资 2110 万元。

三、审计处理情况和建议

对上述问题，审计署已依法出具了审计报告、下达了审计决定书。对因公出国（境）费明细未在单位法定会计账簿统一核算、未执行政府采购程序、非公务卡结算等问题，要求严格执行国家有关规定，强化管理；对未按规定将资产处置收入上缴国库问题，要求责成所属机关服务中心尽快上缴国库；对房产未登记入账问题，要求及时清理登记入账，调整相关会计账目和决算草案；对未经批准出租房产等问题，要求责成所属机关服务中心严格执行相关规定，并将租金收入纳入单位财务账簿统一核算，调整有关会计账目和决算草案；对未及时办理产权登记和竣工财务决算问题，要求责成相关单位尽快办理。

针对审计发现的问题，审计署建议：粮食局应进一步加强财务核算和管理，强化国有资产购置、出租和处置等事项的管理监督，严格执行公务卡结算和政府采购制度。

四、审计发现问题的整改情况

粮食局在审计前开展了自查，并纠正了部分自查出的问题。对审计发现的问题，粮食局正在积极组织整改。具体整改结果由粮食局向社会公告。

外专局 2016 年度
预算执行等情况审计结果

根据《中华人民共和国审计法》的规定，2016 年 12 月至 2017 年 3 月，审计署对外专局 2016 年度预算执行等情况进行了审计，重点审计了外专局本级和所属机关服务中心、中国国际人才交流基金会等 5 个单位，并对有关事项进行了延伸审计。

一、基本情况

外专局为中央财政一级预算单位，部门预算由局本级和5个二级预算单位的预算组成。财政部批复外专局2016年度部门财政拨款预算65068.15万元，本次审计财政拨款预算44507.52万元，占68.4%。审计结果表明，外专局本级及本次审计的所属单位2016年度预算收支基本遵守了预算法及相关法律法规，财务管理和会计核算基本符合会计法及有关财会制度规定。

二、审计发现的主要问题

（一）2016年，外专局本级在引进经济技术专家项目中，向39个不符合条件的项目安排预算资金341.96万元。

（二）2016年，外专局本级召开的2个会议，在参会人员均为在京人员的情况下，安排食宿等支出10.75万元；1个会议超标准支出3.55万元。

（三）2016年，外专局本级未执行政府采购程序，直接委托1家单位承担相关工作，支付经费330万元。

（四）2016年，所属培训中心等3家单位违规向职工发放过节费67.66万元；所属机关服务中心等4家单位违规为职工缴纳应由个人承担的个人所得税69.82万元。

三、审计处理情况和建议

对上述问题，审计署已依法出具了审计报告、下达了审计决定书。对向不符合条件的项目安排预算资金问题，要求严格按规定拨付项目资金；对会议费管理不规范、未执行政府采购问题，要求严格按有关规定执行；对违规发放过节费和为职工缴纳个人所得税问题，要求责成相关单位收回资金，调整有关会计账目和决算草案。

针对审计发现的问题，审计署建议：外专局应加强项目管理，严格会议费管理，规范政府采购行为；加强对所属单位的监督检查，督促其严格执行各项纪律和规定。

四、审计发现问题的整改情况

对审计发现的问题，外专局正在积极组织整改。除个别驻外或退休人员外，相关所属单位已收回发放的过节费和代缴的个人所得税。具体整改结果由外专局向社会公告。

测绘地信局2016年度预算执行等情况审计结果

根据《中华人民共和国审计法》的规定，2016年12月至2017年3月，审计署对测绘地信局2016年度预算执行等情况进行了审计，重点审计了测绘地信局本级和所属国家基础地理信息中心、卫星测绘应用中心（以下分别简称地信中心、卫星中心）等10个单位，并对有关事项进行了延伸审计。

一、基本情况

测绘地信局为中央财政一级预算单位，部门预算由局本级和18个二级预算单位的预算组成。财政部批复测绘地信局2016年度部门财政拨款预算248248.15万元，本次审计财政拨款预算146079.33万元，占58.84%。审计结果表明，测绘地信局本级及本次审计的所属单位2016年度预算收支基本遵守了预算法及相关法律法规，财务管理和会计核算基本符合会计法及有关财会制度规定。

二、审计发现的主要问题

（一）预算执行中存在的主要问题。

1.2010年至2014年，测绘地信局本级通过所属单位编报10个项目预算16400万元并获得批复，实际用于归还2009年购建办公业务用房的借款。

2.2016年，所属地信中心、卫星中心在项目预算中为2个非预算单位编报预算120万元，用于评奖和办公经费等支出。

3.2015年至2016年，测绘地信局本级5个因公出国（境）团组未纳入出国计划，出国费支出18.82万元，其中2016年4.65万元；由所属单位在财政项目中承担局本级出国费16.2万元，其中2016年10.82万元；局本级和所属中国测绘科学研究院3个因公出国（境）团组未经审批超标准支出住宿费3.21万元，其中2016年1.79万元。

4.2015年和2016年，所属地信中心无计划召开64个、59个会议；2015年召开1个会议未按规定编报计划和审批管理，会议费支出7.04万元。

5.2015年至2016年，所属地信中心未经公开招标，采取化整为零或单一来源方式采购，涉及合同金额 1155 万元。

（二）其他方面问题。

1.2014 年至 2016 年，测绘地信局通过所属单位编报项目预算 880 万元，用于未经批准设立的财务结算中心人员及公用经费，其中 2016 年 310 万元。

2.2009 年至 2014 年，测绘地信局本级举办强制性培训并收费 393.22 万元，未纳入其法定账簿统一核算；2014 年至 2016 年，所属中国测绘科学研究院自定标准收取职称评审费 12.14 万元，其中 2016 年 3.34 万元；2015 年至 2016 年，主管的中国测绘地理信息学会等 3 家单位违规向相关科学技术奖项申报单位收费 544.7 万元，其中 2016 年 397.7 万元。

3. 测绘地信局本级和 10 家所属单位房屋产权集中登记在所属机关服务中心等 3 家单位名下，造成部分资产账证不符。

4.2014 年至 2016 年，所属机关服务中心对外出租局属房产，租金收入 54.65 万元未按规定实行“收支两条线”管理，其中 2016 年 21.86 万元。

5.2002 年起，所属中国测绘科学研究院未经批准对外出租部分房产，2014 年至 2016 年租金收入 2478.5 万元，其中 2016 年 829.14 万元；2009 年起，未经批准将部分房产无偿提供给下属公司使用；2010 年起，未经批准将 1 台越野车无偿出借给 1 家单位使用。

三、审计处理情况和建议

对上述问题，审计署已依法出具了审计报告、下达了审计决定书。对虚报项目预算问题，要求加强项目预算管理；对为非预算单位编报预算问题，要求责成相关单位严格按规定编报预算；对因公出国（境）、会议、政府采购管理方面问题，要求加强管理，严格执行相关规定；对未经批准设立机构并申报财政预算问题，要求按规定撤销自行设立的机构，不得为其申请经费；对违规收费问题，要求全面清理，按程序审批收费标准，停止评奖收费，调整有关会计账目和决算草案；对资产账证不符问题，要求尽快理清产权关系；对房产租金收入未实行“收支两条线”管理问题，要求责成所属机关服务中心严格执行有关规定，调整有关会计账目和决算草案；对未经批准出租出借资产问题，要求责成所属中国测绘科学研究院严格执行资产管理相关规定。

针对审计发现的问题，审计署建议：测绘地信局应进一步加强项目支出预算的编报和审核，切实加强出国费和会议费管理；进一步加大对所属单位的管理和监督力度，加强对政府采购、固定资产等方面的管理，制止违规收费行为。

四、审计发现问题的整改情况

对审计发现的问题，测绘地信局正在积极组织整改。主管的中国测绘地理信息学会等 3 家单位已停止相关收费。具体整改结果由测绘地信局向社会公告。

铁路局 2016 年度
预算执行等情况审计结果

根据《中华人民共和国审计法》的规定，2016 年 12 月至 2017 年 3 月，审计署对铁路局 2016 年度预算执行等情况进行了审计，重点审计了铁路局本级和所属机关服务中心、市场监测评价中心、规划与标准研究院，并对有关事项进行了延伸审计。

一、基本情况

铁路局为中央财政一级预算单位，部门预算由局本级和 14 个二级预算单位的预算组成。财政部批复铁路局 2016 年度部门财政拨款预算 55877.64 万元，本次审计财政拨款预算 30605.69 万元，占 54.77%。审计结果表明，铁路局本级及本次审计的所属单位 2016 年度预算收支基本遵守了预算法及相关法律法规，财务管理和会计核算基本符合会计法及有关财会制度规定。

二、审计发现的主要问题

（一）预算执行中存在的主要问题。

1.2016 年，铁路局本级和所属兰州铁路监督管理局未按规定执行政府采购，将 5 个项目通过直接委托方式采购，涉及合同金额 901 万元。

2.2016 年，铁路局本级及所属成都铁路监督管理局等 3 个单位，未按规定及时向社会公开 9 个项目的政府购买服务信息，涉及合同金额 1012 万元。

（二）其他方面问题。

1. 至2017年3月，所属7个铁路监督管理局尚未完成公务用车改革工作，均超过所在地公务用车改革时间节点。

2. 所属信息中心等6个事业单位未按规定对党费单独设立账户存放，而是存放在单位基本账户。

三、审计处理情况和建议

对上述问题，审计署已依法出具了审计报告。对政府采购不规范、政府购买服务信息未公开问题，要求严格执行相关规定；对公务用车改革进展缓慢问题，要求责成相关单位加快改革进度；对党费账户不规范问题，要求责成相关单位按规定申请设立账户。

针对审计发现的问题，审计署建议：铁路局应加强政府采购方面的管理；加强对所属单位的监督管理，完善党费管理。

四、审计发现问题的整改情况

对审计发现的问题，铁路局正在积极组织整改。具体整改结果由铁路局向社会公告。

文物局2016年度
预算执行等情况审计结果

根据《中华人民共和国审计法》的规定，2016年12月至2017年3月，审计署对文物局2016年度预算执行等情况进行了审计，重点审计了文物局本级和所属中国文化遗产研究院、中国文物信息咨询中心（以下分别简称文研院、信息中心）、机关服务中心，并对有关事项进行了延伸审计。

一、基本情况

文物局为中央财政一级预算单位，部门预算由文物局本级和7个二级预算单位的预算组成。财政部批复文物局2016年度部门财政拨款预算39938.22万元，本次审计财政拨款预算31273.94万元，占78.31%。审计结果表明，文物局本级及本次审计的所属单位2016年度预算收支基本遵守了预算法及相关法律法规，财务管理和会计核算基本符合会计法及有关财会制度规定。

二、审计发现的主要问题

（一）预算执行中存在的主要问题。

1. 2015年至2016年，文物局本级5个项目执行政府采购程序不规范，涉及合同金额2057.15万元，其中2016年1157.55万元。

2. 2016年，文物局本级向8个非项目库项目安排国家重点文物保护专项补助资金6608万元。

（二）决算草案存在的主要问题。

1. 2006年至2016年，文物局本级以拨代支多计支出658.66万元，其中2016年多计支出107万元。

2. 至2016年底，文物局本级10年以上往来款项756.81万元未及时清理。

（三）其他方面问题。

1. 至2016年底，文物局本级和所属信息中心12306件文物资产未计入固定资产；所属信息中心以1项价值105.93万元的知识产权投资入股1家企业，未计入无形资产和长期股权投资。

2. 1998年至2014年，所属文研院等5家单位投资5家企业未按规定报批报备，投资额223.93万元。

3. 至2016年底，所属机关服务中心2013年已竣工的基本建设项目未按规定办理竣工财务决算。

4. 2015年，所属文研院下属1家企业将价值482.43万元的设备无偿出借给关联企业使用。

5. 2014年至2016年，所属信息中心下属1家企业在3项行政审批事项相关的咨询评估服务中，自编自审并向相关主体收费，涉及合同金额1698.90万元，其中2016年300.70万元。

6. 2012年和2014年，文物局未经相关评审程序，违规授予其所属2家企业文物保护工程相关资质。

7. 2014年至2016年，所属信息中心及其下属1家企业无资质承揽文物保护工程方案设计等业务11项，涉及合同金额831.36万元，其中2016年521.65万元；2016年，该企业违规将1个中标项目的主要工作分包给无资质企业，涉及金额292万元。

8. 至2017年2月，文物局1个项目中的46个课题逾期1年以上未完成，涉及财政拨款预算1658.70万元，已支出1338.60万元。

三、审计处理情况和建议

对上述问题，审计署已依法出具了审计报告、下达了审计决定书。对执行政府采购程序不规范问题、违规分包中标项目和课题逾期未完成问题，要求加强管理，严格执行相关规定；对向非项目库项目安排专项资金问题，要求严格专项资金管理使用；对多计支出问题，要求追回有关资金，调整有关会计账目和决算草案；对未及时清理往来款问题，要求及时清理；对资产未入账问题，要求入账核算；对投资事项未报批报备问题，要求责成相关单位严格对外投资管理；对未办理竣工财务决算问题，要求责成所属机关服务中心尽快办理；对无偿出借设备问题，要求责成所属文研院加强企业国有资产管理；对违规授予所属企业资质问题，要求予以改正，严格遵守国家相关规定；对自编自审并收费问题，要求对相关企业给予处理，加强行政审批管理；对无资质承揽业务问题，要求责成所属信息中心停止相关行为。

针对审计发现的问题，审计署建议：文物局应进一步规范财务收支和政府采购行为，严格专项资金分配使用，加强对下属单位的管理。

四、审计发现问题的整改情况

对审计发现的问题，文物局正在积极组织整改。文物局本级已追回多计支出相关资金 395.52 万元，印发通知纠正超范围审批问题，撤销违规授予所属企业的资质。具体整改结果由文物局向社会公告。

中医药局 2016 年度
预算执行等情况审计结果

根据《中华人民共和国审计法》的规定，2016 年 12 月至 2017 年 3 月，审计署对中医药局 2016 年度预算执行等情况进行了审计，重点审计了中医药局本级和所属中国中医科学院、中医师资格认证中心（以下分别简称中医科学院、认证中心）、机关服务局，并对有关事项进行了延伸审计。

一、基本情况

中医药局为中央财政一级预算单位，部门预算由局本级和 10 个二级预算单位的预算组成。财政部批复中医药局 2016 年度部门财政拨款预算 124772.07 万元，本次审计财政拨款预算 72707.87 万元，占 58.27%。审计结果表明，中医药局本级及本次审计的所属单位 2016 年度预算收支基本遵守了预算法及相关法律法规，财务管理和会计核算基本符合会计法及有关财会制度规定。

二、审计发现的主要问题

（一）预算执行中存在的主要问题。

1.2016 年，中医药局本级无计划召开会议 22 个，未经批准召开会议 1 个，超标准召开会议 1 个，涉及会议费支出 31.28 万元；所属中医科学院、中医药信息研究所无计划召开会议 148 个。

2.2016 年，所属认证中心在已有财政专项经费保障的情况下，违规收取培训费 52.28 万元，作为经营收入。

3. 至 2016 年底，所属中医科学院研究生部未按规定及时将非税收入 48.72 万元上缴财政专户。

4.2009 年至 2016 年，所属中医科学院研究生部未将其下属培训中心收支纳入预决算管理，2016 年该中心收入 131.31 万元。

（二）决算草案存在的主要问题。

1.2016 年，中医药局本级以拨代支多计支出 181.82 万元。

2. 至 2016 年底，所属中医科学院少计对外投资 1397.7 万元、固定资产 40.9 万元，未将 11 项专利权计入无形资产；所属中医科学院医学实验中心少计无形资产 82 万元。

（三）其他方面问题。

1.2007 年至 2016 年，所属机关服务局、中医科学院、中医科学院望京医院未经批准，将 11847.87 平方米房产对外出租。

2.2011 年，所属中医科学院擅自改变财政投资基建项目建设内容，将批复的研究生宿舍等房屋 2621 平方米调整用于其下属单位对外经营，2015 年至 2016 年取得经营收入 336.42 万元。

3. 至 2016 年底，所属中医科学院 2013 年竣工验收并投入使用的基建项目尚未办理竣工财务决算，项目投资 18053.71 万元。

4.2016 年，所属中医科学院广安门医院未经批准，购买 1.6 亿元金融债。

三、审计处理情况和建议

对上述问题，审计署已依法出具了审计报告、下达了审计决定书。对无计划、未经批准和超标准召开会议问题，要求严格执行相关规定；对违规收取培训费问题，要求责成所属认证中心对服务收费事项进行清理，对已纳入财政经费安排的项目停止收费；对非税收入未按规定及时上缴财政专户问题，要求责成所属中医科学院研究生部将非税收入上缴财政，调整相关会计账目和决算草案；对未将下属单位收支纳入预决算管理问题，要求责成所属中医科学院研究生部纠正；对多计支出问题，要求调整相关会计账目和决算草案；对少计资产问题，要求责成相关单位全面清理各项资产，将资产登记入账，调整相关会计账目和决算草案；对未经审批出租房屋的问题，要求责成相关单位严格执行相关规定；对擅自改变研究生宿舍等房屋用途问题，要求责成所属中医科学院按批复用途使用；对未及时办理竣工财务决算问题，要求责成所属中医科学院尽快办理竣工财务决算；对未经审批购买金融债问题，要求责成所属中医科学院广安门医院严格执行相关规定。

针对审计发现的问题，审计署建议：中医药局应进一步加强预决算管理，确保预决算收支的准确性、完整性；加强会议计划管理，严格控制会议费支出；加强对所属单位资产出租、对外投资等事项监管，保证国有资产的安全、完整。

四、审计发现问题的整改情况

对审计发现的问题，中医药局正在积极组织整改。中医药局本级已对多计支出181.82万元调整决算草案；所属中医科学院研究生部已将非税收入12.04万元上缴财政专户，并向中医科学院申请撤销其培训中心。具体整改结果由中医药局向社会公告。

国家物资储备局2016年度预算执行等情况审计结果

根据《中华人民共和国审计法》的规定，2016年12月至2017年3月，审计署对国家物资储备局2016年度预算执行等情况进行了审计，重点审计了国家物资储备局本级和所属直属储备物资管理处、物资储备研究所（以下分别简称直属处、研究所）、机关服务中心，并对有关事项进行了延伸审计。

一、基本情况

国家物资储备局为中央财政一级预算单位，部门预算由局本级和30个二级预算单位的预算组成。财政部批复国家物资储备局2016年度部门财政拨款预算514906.69万元，本次审计财政拨款预算9425.02万元，占在京单位财政拨款预算总额的97.24%。审计结果表明，国家物资储备局本级及本次审计的所属单位2016年度预算收支基本遵守了预算法及相关法律法规，财务管理和会计核算基本符合会计法及有关财会制度规定。

二、审计发现的主要问题

（一）预算执行中存在的主要问题。

1.2016年，所属广东储备物资管理局、国家物资储备局深圳办事处未经审批对外出租房产9044.25平方米，出租收入565.06万元未按规定上缴国库。

2.2016年，所属机关服务中心代国家物资储备局本级编报预算609.21万元，用于国家物资储备局系统出国、会议、科技等方面支出。

（二）其他方面问题。

1.2014年至2016年，所属研究所等6家单位违规出租、出借办公用房，总面积5496.88平方米；2016年，所属直属处等3家单位未经审批对外出租、出借15栋库房和1栋货棚，总面积59364.21平方米。

2.至2016年底，所属直属处5栋库房未纳入固定资产账核算，涉及金额466.18万元。

3.2013年至2016年，所属单位下属广东国储物流股份有限公司列支10家事业单位人员经费等1356.05万元，其中2016年210.28万元。

4.至2016年底，所属广东、山西储备物资管理局下属2家经济实体尚未按规定脱钩。

三、审计处理情况和建议

对上述问题，审计署已依法出具了审计报告、下达了审计决定书。对房产出租收入未按规定上缴国库问题，要求责成相关单位按规定上缴，并调整会计账目和决算草案；对代编预算问题，要求责成所属机关服务中心今后严格执行预算法有关规定；对违规出租出借办公用房问题，要求责成相关单位按规定予以收回；对未经审批对外出租出借库房、货棚问题，要求责成相关单位严格执行相关规定；对库房未入账核算问题，要求责成所属直属处调整会计账目和决算草案；对下属企业列支事业单位人员经费问题，要求责成广东国储物流有限公司今后不再列支事业单位经费；对经济实体尚未按规定脱钩问题，要求责成相关单位办理脱钩手续。

针对审计发现的问题，审计署建议：国家物资储备局应进一步加强部门预算编制管理，督促所属单位严格执行全面清理党政机关办公用房的相关规定，加强国有资产管理，规范出租、出借行为。

四、审计发现问题的整改情况

对审计发现的问题，国家物资储备局正在积极组织整改。具体整改结果由国家物资储备局向社会公告。

国务院三峡工程建设委员会办公室 2016年度预算执行等情况审计结果

根据《中华人民共和国审计法》的规定，2016年12月至2017年3月，审计署对国务院三峡工程建设委员会办公室（以下简称三峡办）2016年度预算执行等情况进行了审计，重点审计了三峡办本级和所属机关服务中心、培训中心，并对有关事项进行了延伸审计。

一、基本情况

三峡办为中央财政一级预算单位，部门预算由办本级和3个二级预算单位的预算组成。财政部批复三峡办2016年度部门财政拨款预算106786.49万元，本次审计财政拨款预算106786.49万元，占100%。审计结果表明，三峡办本级及本次审计的所属单位完善相关财务管理和内部控制制度，2016年度预算收支基本遵守了预算法及相关法律法规，财务管理和会计核算基本符合会计法及有关财会制度的规定。

二、审计发现的主要问题

（一）预算执行中存在的主要问题。

2010年至2016年，三峡办本级在往来科目核算部分经费收支，未纳入预算管理，造成少计收入4367.73万元、支出3534.3万元，其中2016年少计支出1266.79万元。

（二）其他方面问题。

2009年至2015年，三峡办本级未经公开招标，委托8家公司承担三峡工程相关专项稽查、效果评估、技术咨询等工作，涉及合同金额4755万元。

三、审计处理情况和建议

对上述问题，审计署已依法出具了审计报告、下达了审计决定书。对收支未纳入预算管理问题，要求调整有关会计账目和决算草案；对未按规定公开招标问题，要求今后严格执行招投标和政府采购相关规定。

针对审计发现的问题，审计署建议：三峡办应进一步加强预算管理，将各项收支全部纳入预算管理，严格执行招投标和政府采购管理制度。

四、审计发现问题的整改情况

对审计发现的问题，三峡办正在积极整改。具体整改结果由三峡办向社会公告。

国务院扶贫办 2016年度预算执行等情况审计结果

根据《中华人民共和国审计法》的规定，2016年12月至2017年3月，审计署对国务院扶贫办（以下简称扶贫办）2016年度预算执行等情况进行了审计，重点审计了扶贫办本级和所属信息中心、中国国际扶贫中心（以下简称国际中心）等4个单位，并对有关事项进行了延伸审计。

一、基本情况

扶贫办为中央财政一级预算单位，部门预算由办本级和4个二级预算单位的预算组成。财政部批复扶贫办2016年度部门财政拨款预算14481.51万元，本次审计财政拨款预算14481.51万元，占100%。审计结果表明，扶贫办本级及本次审计的所属单位2016年度预算收支基本遵守了预算法及相关法律法规，财务管理和会计核算基本符合会计法及有关财会制度规定。

二、审计发现的主要问题

（一）预算执行中存在的主要问题。

1. 至2016年底，扶贫办所属4个事业单位未按时完成公车改革，所属全国扶贫宣传教育中心2016年向副处级以上领导发放交通补贴8.06万元。

2. 2009年至2016年，所属国际中心违规承担其他单位车位租赁费和管理费145.92万元，其中2016年17.92万元。

3. 扶贫办未及时全面修订财政扶贫资金绩效

考评办法，调整绩效考评指标程序不规范，2016年分配绩效奖励资金26亿元。

（二）决算草案存在的主要问题。

1.2016年，扶贫办本级在当年项目经费中列支上年度项目尾款24万元。

2.至2016年底，所属信息中心未及时清理核销已无法收回的其他应收款和长期投资18万元。

（三）其他方面问题。

1.2016年，所属信息中心盘亏固定资产85件、账面净值63.86万元，未按规定查明原因并进行账务处理。

2.2015年至2016年，主管的友成企业家扶贫基金会（以下简称友成基金会）接受以附加品牌宣传等条件的公司捐赠23.14万元，违规开具捐赠发票，其中2016年12.46万元。

3.2012年至2016年，主管的友成基金会违规将公益捐赠资金9370万元委托给1家非金融机构进行投资（其中2016年600万元），至2016年底有1103.83万元本金及投资收益到期未收回。

4.至2016年底，主管的中国扶贫开发协会对外投资和应收账款8288.95万元长期挂账未处理。

三、审计处理情况和建议

对上述问题，审计署已依法出具了审计报告、下达了审计决定书。对未按时完成公车改革问题，要求加快推进下属事业单位公车改革；对违规承担其他单位费用问题，要求责成相关单位据实退还费用，规范财政资金使用；对扶贫奖励资金分配问题，要求严格执行相关规定，加快修订绩效评价办法；对列支上年度项目尾款问题，要求加强预算管理，严格预算执行；对应收账款、长期投资未清理问题，要求责成相关单位按规定报批及处理；对固定资产盘亏未处理问题，要求责成所属信息中心查明原因，按规定处理；对违规开具捐赠发票及委托投资问题，要求责成主管的友成基金会加强内部管理，规范委托投资和发票开具，追回委托投资资金。

针对审计发现的问题，审计署建议：扶贫办应完善扶贫开发考核、绩效评价等相关办法，科学合理地分配扶贫专项资金；加强对所属单位的监督指导，完善内控制度，严格规范财务和资产管理。

四、审计发现问题的整改情况

对审计发现的问题，扶贫办正在积极组织整改。具体整改结果由扶贫办向社会公告。

国务院南水北调工程建设委员会办公室2016年度预算执行等情况审计结果

根据《中华人民共和国审计法》的规定，2016年12月至2017年3月，审计署对国务院南水北调工程建设委员会办公室（以下简称南水北调办）2016年度预算执行等情况进行了审计，重点审计了南水北调办本级和所属工程建设监管中心（以下简称监管中心）、工程建设委员会办公室政策及技术研究中心、工程设计管理中心，并对有关事项进行了延伸审计。

一、基本情况

南水北调办属中央财政一级预算单位，部门预算由办本级和3个二级预算单位的预算组成。财政部批复南水北调办2016年度部门财政拨款预算2227279.56万元，本次审计财政拨款预算1667268.52万元，占74.86%。审计结果表明，南水北调办本级及本次审计的所属单位注重加强预算、财务等方面制度建设，2016年度预算收支基本遵守了预算法及相关法律法规，财务管理和会计核算基本符合会计法及有关财会制度规定。

二、审计发现的主要问题

（一）预算执行中存在的主要问题。

2016年，所属监管中心为与其无隶属关系的南水北调工程建设稽查大队代编项目支出预算338.50万元。

（二）其他方面问题。

1.2015年和2016年，南水北调办漏报办公用房面积，报送面积分别比实际使用面积少1033.4平方米、291.87平方米。

2.至2017年1月，所属南水北调东线总公司实际使用办公用房建筑面积超出规定标准642.05平方米。

3.2016年，所属南水北调中线干线建设管理局（以下简称中线建管局）超出合同约定，无依据支付餐饮服务承接公司经营亏损补贴65万元。

4.2012年至2014年，所属中线建管局超范围使用南水北调中线一期（干线）主体工程贷款 32117.59 万元，用于不在概算范围内的项目建设。

5. 至 2016 年底，所属中线建管局违规使用水费收入 9597 万元，用于支付不在概算范围内的项目贷款利息等支出，其中 2016 年 6377.42 万元。

三、审计处理情况和建议

对上述问题，审计署已依法出具了审计报告。对代编预算问题，要求责成所属监管中心严格执行相关规定，加强预算管理；对办公用房面积漏报及超规定标准问题，要求按规定清理整改和腾退；对无依据支付经营亏损补贴问题，要求责成所属中线建管局认真清查，避免国有权益损失；对超范围使用贷款资金、违规使用水费收入问题，要求责成所属中线建管局加强资金管理，严格按规定使用。

针对发现的问题，审计署建议：南水北调办应进一步加强预算管理，加强对所属单位业务管理和财务监督，按要求做好办公用房清理工作。

四、审计发现问题的整改情况

对审计发现的问题，南水北调办正在积极组织整改。具体整改情况由南水北调办向社会公告。

国家信息中心 2016 年度预算执行等情况审计结果

根据《中华人民共和国审计法》的规定，2017 年 1 月至 3 月，审计署对国家信息中心 2016 年度预算执行等情况进行了审计，重点审计了国家信息中心本级和所属中国国信信息总公司、中经网数据有限公司（以下分别简称国信总公司、中经网公司），并对有关事项进行了延伸审计。

一、基本情况

国家信息中心为中央财政一级预算单位，部门预算由中心本级预算组成。财政部批复国家信息中心 2016 年度部门财政拨款预算 44676.75 万元，本次审计财政拨款预算 22506.52 万元，占 50.38%。审计结果表明，国家信息中心本级及本次审计的所属单位 2016 年度预算收支基本遵守了预算法及相关法律法规，财务管理和会计核算基本符合会计法及有关财会制度规定。

二、审计发现的主要问题

（一）预算执行中存在的主要问题。

1. 2016 年，国家信息中心在 2 个财政拨款科技重大专项中，违规向有工资性收入的项目组成员发放劳务费 37.80 万元；未完成项目财务验收即提前列支项目收益，向项目组成员发放奖金 77.62 万元；以办公费等名义列支餐费 5.32 万元。

2. 2016 年，国家信息中心以不合规发票在横向课题经费中报销 62 万元，用于发放项目组人员劳务费。

3. 2009 年以来，国家信息中心未经批准将科研用房对外出租，2016 年取得房租收入 997.87 万元，未全部纳入预算。

（二）决算草案存在的主要问题。

2016 年，国家信息中心在往来科目核算部分收支，造成少计收入 379.63 万元、支出 479.64 万元。

（三）其他方面问题。

1. 2016 年，国家信息中心违规使用所属企业车辆 10 辆。

2. 2015 年至 2016 年，国家信息中心 5 项对外投资事项未按规定报备，涉及金额 3285 万元，其中 2016 年 1480 万元。

3. 至 2016 年底，国家信息中心未按规定申报 8 户直接和间接出资企业国有资产产权登记，涉及投资 7318.58 万元。

4. 2015 年，国家信息中心在公开招标中设置倾向性条件，使所属企业中标运维服务项目，涉及合同金额 1455 万元；3 个装修工程未按规定履行招标程序，直接确定施工单位，涉及合同金额 127.95 万元。

5. 国家信息中心制定的国有资产管理办法近 20 年未更新，不能全面掌握所属企业对外投资等事项，也未建立对所属企业的经营业绩考核和利润上缴管理办法。抽查其管理的 60 户企业，2014 年至 2016 年净利润总额下降了 1.08 亿元、资不抵债企业增加 5 户。

6. 2014 年至 2016 年，所属国信总公司、中经网公司以不合规发票报销 153.12 万元（2016 年 50.11 万元），其中 40.9 万元用于业务招待、购买礼品等。

7. 至2016年底，所属中经网公司2个投资事项未据实入账，涉及投资额2697.04万元。

8. 2011年，所属中经网公司为合作民营企业代缴注册资本金，至2016年底少收取利息160.96万元。

9. 2015年至2016年，所属北京国信宏大科技有限公司通过使用虚假资料等方式，违规中标国家信息中心4个监理项目，涉及合同金额425.36万元，其中2016年268.36万元。

10. 2015年至2016年，所属中国国信信息总公司违法转包7个中标项目，涉及合同金额1515.55万元，其中2016年869.55万元。

三、审计处理情况和建议

对上述问题，审计署已依法出具了审计报告、下达了审计决定书。对科技重大专项等项目经费列支不规范问题，要求严格执行相关规定；对以不合规发票报销等问题，要求相关单位予以纠正，追回财政资金，调整会计账目；对未经批准对外出租房屋、部分收入未纳入预算问题，要求严格执行相关规定，收入全部纳入预算；对决算收支不实问题，要求调整有关会计账目和决算草案；对违规使用所属企业车辆问题，要求予以退回；对未按规定报备对外投资事项、国有资产产权申报登记不完整问题，要求按规定办理相关手续；对国有资产管理存在薄弱环节问题，要求完善内控制度，加强对所属企业监管；对未按规定招投标及违法转包等问题，要求严格执行相关规定；对所属企业对外投资未据实入账问题，要求责成所属中经网公司予以纠正，调整会计账目；对少收取合作民营企业利息问题，要求责成所属中经网公司采取措施保全国有资产。

针对审计发现的问题，审计署建议：国家信息中心应进一步加强预算管理，严格执行政府采购和招投标相关规定，加强所属企业监管，强化资产管理，确保资产安全完整。

四、审计发现问题的整改情况

国家信息中心在审计前开展了自查自纠，对审计发现的问题，正在积极组织整改。国家信息中心本级已退还使用的所属企业车辆；国家信息中心本级及所属中经网公司已提出整改不合规发票问题的具体措施并开始收回资金。具体整改结果由国家信息中心向社会公告。

中央党校2016年度预算执行等情况审计结果

根据《中华人民共和国审计法》的规定，2017年1月至3月，审计署对中央党校2016年度预算执行等情况进行了审计，重点审计了中央党校本级和所属机关服务中心、全国党校教师进修学院，并对有关事项进行了延伸审计。

一、基本情况

中央党校为中央财政一级预算单位，部门预算由校本级和2个二级预算单位的预算组成。财政部批复中央党校2016年度部门财政拨款预算57976.77万元，本次审计财政拨款预算57976.77万元，占100%。审计结果表明，中央党校本级及本次审计的所属单位2016年度预算收支基本遵守了预算法及相关法律法规，财务管理和会计核算基本符合会计法及有关财会制度规定。

二、审计发现的主要问题

（一）预算执行中存在的主要问题。

1. 2014年至2016年，中央党校本级占用所属企业车辆5辆；2016年为已参与公务用车改革部门的工作人员报销交通费7.65万元。

2. 2016年，中央党校本级转由地方单位承担会议费17.05万元。

3. 至2016年底，中央党校本级6个项目结余资金1872.64万元未按规定清理上报。

4. 2013年，中央党校本级直接将所属企业上缴利润7409.40万元用于工程支出，未计入收入，相关支出也未纳入预算。

5. 2016年，中央党校本级未执行政府采购程序，直接与4家公司签订服务采购合同，涉及金额377.50万元。

（二）决算草案存在的主要问题。

1. 2016年，中央党校未将所属报刊社等4家单位纳入部门预决算编报范围，4家单位当年收入2684.18万元、支出2507.30万元。

2. 2013年至2016年，中央党校本级将部分收支放在往来科目核算，造成少计收入7253.41万元、支出826.19万元，其中2016年少计收入2633.23万元、支出826.19万元。

3. 至2016年底，中央党校本级校园雕塑资产 3851.28 万元未登记入账。

4.2016 年，所属机关服务中心、出版社对外出租部分校属房产，租金收入 769.71 万元未上缴中央党校本级核算。

（三）其他方面问题。

2015 年至 2016 年，主管的中国领导科学研究会高层艺术研究院将 102.62 万元资金存放在 1 家企业，未纳入单位法定账簿统一核算，其中 2016 年 91.87 万元。

三、审计处理情况和建议

对上述问题，审计署已依法出具了审计报告、下达了审计决定书。对占用所属企业车辆问题，要求及时清理；对报销交通费问题，要求收回相关费用；对转由地方单位承担会议费问题，要求退回资金，调整会计账目和决算草案；对项目结余资金清理不到位问题，要求按规定清理上报；对无预算安排有关工程支出和房产出租收入未上缴本级核算问题，要求收回资金，调整有关会计账目和决算草案；对未执行政府采购程序问题，要求按有关规定执行；对预决算编报不完整问题，要求将所属单位纳入预算管理；对少计收支问题，要求调整有关会计账目和决算草案；对资产未登记入账问题，要求办理资产登记，调整有关会计账目和决算草案；对资金未纳入单位法定账簿统一核算问题，要求责成主管的中国领导科学研究会高层艺术研究院追回相关资金，调整有关会计账目。

针对审计发现的问题，审计署建议：中央党校应加强预算、决算和财务管理基础工作，严格执行资产管理制度，加大对所属单位的监管力度。

四、审计发现问题的整改情况

对审计发现的问题，中央党校正在积极组织整改。具体整改结果由中央党校向社会公告。

中央编办 2016 年度预算执行等情况审计结果

根据《中华人民共和国审计法》的规定，2017 年 2 月至 3 月，审计署对中央编办 2016 年度预算执行等情况进行了审计，重点审计了中央编办本级和所属电子政务中心、国家事业单位登记管理局等 4 个单位，并对有关事项进行了延伸审计。

一、基本情况

中央编办为中央财政一级预算单位，部门预算由办本级和 4 个二级预算单位的预算组成。财政部批复中央编办 2016 年度部门财政拨款预算 14076.22 万元，本次审计财政拨款预算 14076.22 万元，占 100%。审计结果表明，中央编办本级及本次审计的所属单位 2016 年度预算收支基本遵守了预算法及相关法律法规，财务管理和会计核算基本符合会计法及有关财会制度规定。

二、审计发现的主要问题

（一）2016 年，中央编办本级和 2 家所属单位计划外召开会议 9 个，会议费支出 70.18 万元。

（二）2016 年，所属电子政务中心在项目支出预算中为下属 1 家自收自支事业单位申请财政资金 764.99 万元，用于系统运行维护等。

三、审计处理情况和建议

对上述问题，审计署已依法出具了审计报告、下达了审计决定书。对计划外召开会议问题，要求加强会议计划管理；对预算申报不符合规定问题，要求责成所属电子政务中心严格按照规定编制项目支出预算。

针对审计发现的问题，审计署建议：中央编办应严格会议计划管理，规范所属单位预算编制。

四、审计发现问题的整改情况

对审计发现的问题，中央编办正在积极组织整改。已制定两项制度，进一步规范会议管理和会议费使用。具体整改结果由中央编办向社会公告。

求是杂志社 2016 年度预算执行等情况审计结果

根据《中华人民共和国审计法》的规定，2017 年 1 月至 3 月，审计署对求是杂志社 2016 年度预算执行等情况进行了审计，重点审计了求是杂志社本级和所属红旗文稿杂志社、红旗文摘杂志社等 4 个单位，并对有关事项进行了延伸审计。

一、基本情况

求是杂志社为中央财政一级预算单位，部门预算由社本级预算组成。审计结果表明，求是杂志社本级及本次审计的所属单位 2016 年度预算收支基本遵守了预算法及相关法律法规，财务管理和会计核算基本符合会计法及有关财会制度规定。

二、审计发现的主要问题

（一）预算执行中存在的主要问题。

至2016年底，求是杂志社本级基本建设项目财政资金结余866.66万元未按规定处理。

（二）其他方面问题。

1.2015年至2016年，求是杂志社本级违规出租办公用房457平方米，取得租金收入40.32万元，其中2016年20.16万元。

2.至2016年底，求是杂志社本级2000年至2011年竣工交付使用的3个基本建设项目未按规定办理竣工财务决算。

3.至2016年底，求是杂志社本级3处房产未纳入单位法定账簿统一核算；所属《小康》杂志社2004年以来销售收入等955.08万元未纳入单位法定账簿统一核算，用于发放奖金、劳务费等，其中2016年45.83万元。

4.2014年至2016年，所属《小康》杂志社以不合规发票报销385.59万元，用于发放职工提成奖励，其中2016年143.53万元。

5.2014年，所属《小康》杂志社设立2家公司，注册资金均为认缴出资，实际未出资。至2017年3月，求是杂志社不掌握上述对外投资和公司运营情况。

6.2015年至2016年，所属红旗文稿杂志社、红旗文摘杂志社对外赠阅杂志，涉及金额409.45万元，未按规定视同销售缴纳增值税。

三、审计处理情况和建议

对上述问题，审计署已依法出具了审计报告、下达了审计决定书。对项目财政资金结余未处理问题，要求上报相关部门，按照审核意见处理；对违规出租办公用房问题，要求收回出租的办公用房；对未按规定及时办理竣工财务决算问题，要求尽快办理；对房产、收入未纳入单位法定账簿统一核算问题，要求纳入单位法定账簿统一核算，调整相关会计账目；对以不合规发票报销问题，要求责成所属《小康》杂志社尽快清理纠正；对对外投资监管不到位问题，要求加强对所属单位对外投资等事项的管理；对应缴未缴增值税问题，要求责成相关单位尽快补缴税款。

针对审计发现的问题，审计署建议：求是杂志社应加强固定资产管理，及时办理工程项目竣工手续；规范资金和财务管理，建立健全内部控制制度；加大对所属单位的监管力度，确保国有资产保值增值。

四、审计发现问题的整改情况

对审计发现的问题，求是杂志社正在积极组织整改。求是杂志社本级已将项目财政资金结余情况上报中直管理局。具体整改结果由求是杂志社向社会公告。

中国日报社2016年度
预算执行等情况审计结果

根据《中华人民共和国审计法》的规定，2017年1月至3月，审计署对中国日报社2016年度预算执行等情况进行了审计，重点审计了中国日报社本级和所属北京英信联信息咨询公司、英文二十一世纪（北京）教育传媒发展中心（以下简称二十一世纪教育发展中心）等5个单位，并对有关事项进行了延伸审计。

一、基本情况

中国日报社为中央财政一级预算单位，部门预算由社本级预算组成。审计结果表明，中国日报社本级及本次审计的所属单位2016年度预算收支基本遵守了预算法及相关法律法规，财务管理和会计核算基本符合会计法及有关财会制度规定。

二、审计发现的主要问题

（一）预算执行中存在的主要问题。

1.2015年至2016年，中国日报社63人次受邀出国（境）采访，由邀请单位承担往返机票等出国（境）费用。

2.至2016年底，中国日报社本级超标准购置公务用车15辆。

3.2016年，中国日报社本级未按规定编制年度会议计划，实际召开会议4个，会议费支出8.56万元。

4.2015年至2016年，中国日报社本级未编制政府采购实施计划，实际进行政府采购10591.25万元，其中2016年7066.95万元；2016年未按规定公开招标，自行委托京外单位印刷报纸，支付印刷费2533.72万元。

（二）其他方面问题。

1. 至2016年底，中国日报社本级将电子版发行收入放在所属企业往来科目核算，少计发行收入18.14万元。

2. 至2016年底，中国日报社本级超过3年以上未收回的发行、广告收入1049.89万元一直挂账未清理。

3. 2013年至2015年，中国日报社本级使用不合规发票报销资金323.37万元，用于发放地方业务人员提成奖。

4. 2014年至2015年，中国日报社本级违规将办公用房出租给2家所属单位使用，取得租金收入807.54万元，2016年转为无偿借用。

5. 至2016年底，中国日报社本级对5家长期未经营或亏损的所属企业未及时清理，2423.44万元资产长期闲置。

6. 2013年至2014年，所属中国日报网超标准或违规公款消费10.33万元。

三、审计处理情况和建议

对上述问题，审计署已依法出具了审计报告、下达了审计决定书。对由邀请单位承担出国（境）费用问题，要求严格执行相关规定；对超标准购置公务用车问题，要求按规定进行清理；对未编制年度会议计划和政府采购实施计划、未公开招标问题，要求严格执行有关规定；对少计发行收入问题，要求收回资金，调整有关会计账目；对应收款长期挂账问题，要求尽快清理；对使用不合规发票报销问题，要求停止相关做法，并对同类行为进行清理；对违规出租出借办公用房、所属企业资产闲置问题，要求进行清理；对超标准或违规公款消费问题，要求责成相关人员退回应由个人承担的费用。

针对审计发现的问题，审计署建议：中国日报社应严格执行政府采购、会议管理、出国（境）管理等相关规定，完善内部管理制度；加大对经营不善、长期亏损所属企业的清理力度。

四、审计发现问题的整改情况

对审计发现的问题，中国日报社正在积极组织整改。中国日报社本级已按规定制订政府采购实施计划。具体整改结果由中国日报社向社会公告。

经济日报社2016年度预算执行等情况审计结果

根据《中华人民共和国审计法》的规定，2017年1月至3月，审计署对经济日报社2016年度预算执行等情况进行了审计，并对有关事项进行了延伸审计。

一、基本情况

经济日报社为中央财政一级预算单位，部门预算由经济日报社本级组成。审计结果表明，经济日报社2016年度预算收支基本遵守了预算法及相关法律法规，财务管理和会计核算基本符合会计法及有关财会制度规定。

二、审计发现的主要问题

（一）预算执行中存在的主要问题。

1. 2014年至2016年，经济日报社本级违规批准持因私护照出国（境）团组38团次、43人次，42个因公出国（境）团组、45人次由邀请方承担出国费；2015年，经济日报社本级及所属证券日报社由下属企业承担出国费4万元，经济日报社本级3个因公出国（境）团组以包干发放等不合规方式支付境外住宿费6.65万元。

2. 2011年以来，经济日报社本级购置的18辆公务用车单价超过规定标准；未执行政府采购程序，用广告版面置换公务用车10辆，涉及金额144.94万元，其中2016年6辆、77.88万元。

3. 2015年至2016年，经济日报社本级未执行政府采购程序或未经公开招标，直接将物业管理服务、调查服务委托给4家公司承担，涉及合同金额915.43万元，其中2016年417万元。

（二）其他方面问题。

1. 2014年至2016年，经济日报社本级违规出租办公用房54785.04平方米，取得租金收入8481.42万元，其中2016年4410.16万元。

2. 至2016年底，经济日报社本级未将2处房产的房租收入202万元纳入本级法定账簿统一核算；报社本级2处房产未纳入单位法定账簿统一核算。

3. 至2016年底，经济日报社本级固定资产实物台账与财务账金额不符，相差30456.46万元；已竣工投入使用的基本建设项目虽已暂估入账，但未按规定办理竣工财务决算，涉及金额33446.36万元。

三、审计处理情况和建议

对上述问题，审计署已依法出具了审计报告、下达了审计决定书。对因公出国（境）、公车管理方面问题，要求规范因公出国（境）团组审批，退还由所属单位承担的出国费用，清理超标车辆；对未执行政府采购程序问题，要求严格执行有关规定；对违规出租办公用房问题，要求进行清理；对租金收入和房产未纳入单位法定账簿统一核算问题，要求收回资金，调整有关会计账目；对资产管理方面问题，要求清理核对固定资产并调整有关账目，尽快办理基本建设项目竣工财务决算。

针对审计发现的问题，审计署建议：经济日报社应严格执行政府采购、因公出国（境）、公务用车等方面规定，进一步完善内部管理制度及公务支出的审批流程，强化监督问责，促进追踪问效，确保资金合理有效使用。

四、审计发现问题的整改情况

对审计发现的问题，经济日报社正在积极组织整改。经济日报社本级已启动物业管理服务采购项目招标工作，收回在所属单位核算的房租收入96万元，退还由所属单位承担的出国费0.72万元。具体整改结果由经济日报社向社会公告。

中央国家机关工委 2016年度预算执行等情况审计结果

根据《中华人民共和国审计法》的规定，2017年2月至3月，审计署对中央国家机关工委2016年度预算执行等情况进行了审计，重点审计了中央国家机关工委本级和所属机关服务局、培训中心等6个单位，并对有关事项进行了延伸审计。

一、基本情况

中央国家机关工委为中央财政一级预算单位，部门预算由委本级和5个二级预算单位的预算组成。财政部批复中央国家机关工委2016年度部门财政拨款预算9449.57万元，本次审计财政拨款预算9449.57万元，占100%。审计结果表明，中央国家机关工委本级及本次审计的所属单位2016年度预算收支基本遵守了预算法及相关法律法规，财务管理和会计核算基本符合会计法及有关财会制度规定。

二、审计发现的主要问题

（一）2016年，中央国家机关工委计划外召开2个会议，会议费支出12.2万元；计划外举办3个培训班，培训费支出28.21万元。

（二）2016年，所属培训中心在培训费中列支讲课费5.12万元，发放给未参与授课的12名职工。

三、审计处理情况和建议

对上述问题，审计署已依法出具了审计报告。对计划外召开会议、举办培训班问题，要求严格按相关规定执行；对超范围发放讲课费问题，要求责成所属培训中心收回资金，调整有关会计账目和决算草案。

针对审计发现的问题，审计署建议：中央国家机关工委应进一步加强预算管理，严格控制会议费、培训费开支范围；加大对所属单位的管理和指导力度，督促其加强财务管理，规范业务行为。

四、审计发现问题的整改情况

对审计发现的问题，中央国家机关工委正在积极组织整改。所属培训中心已收回超范围发放的讲课费。具体整改结果由中央国家机关工委向社会公告。

中央台办2016年度 预算执行等情况审计结果

根据《中华人民共和国审计法》的规定，2017年1月至3月，审计署对中央台办2016年度预算执行等情况进行了审计，重点审计了中央台办本级和所属海峡两岸关系研究中心、海峡两岸交流中心（以下分别简称海研中心、交流中心）、信息中心，并对有关事项进行了延伸审计。

一、基本情况

中央台办为中央财政一级预算单位，部门预算由办本级和3个二级预算单位的预算组成。审计结果表明，中央台办本级及本次审计的所属单位2016年度预算收支基本遵守了预算法及相关法律法规，财务管理和会计核算基本符合会计法及有关财会制度规定。

二、审计发现的主要问题

（一）预算执行中存在的主要问题。

1. 至2016年底，中央台办本级2个财政专项结余资金320.21万元未按规定及时清理。

2. 2016年，所属交流中心无预算实施服务类政府采购243.11万元。

3. 2014年至2016年，所属海研中心无预算在公用经费中列支公车运行费11.71万元，其中2016年2.31万元；2016年，所属交流中心无预算在项目经费中列支出国（境）费用4.99万元。

（二）决算草案存在的主要问题。

1. 至2016年底，中央台办本级少计办公楼等固定资产637.99万元；1998年出售职工住房未及时清理核销，涉及金额443万元；所属信息中心少计设备等资产955.80万元，其中2016年234.18万元。

2. 至2016年底，中央台办本级将152.19万元收入放在往来科目核算，未纳入预算管理。

（三）其他方面问题。

1. 至2016年底，所属培训中心和九洲文化传播中心少计房屋等固定资产10275.79万元；所属海峡经济科技合作中心少计对外投资11214.75万元。

2. 所属机关服务中心将部分收支放在往来科目核算，2014年至2106年少计收入751.53万元、支出460.53万元，其中2016年少计收入220.66万元、支出107.51万元，2016年底余额876.85万元。

3. 2014年至2016年，所属九洲文化传播中心及下属企业收入455.68万元未纳入单位法定账簿统一核算，其中2016年2.98万元。

4. 2015至2016年，所属九洲文化传播中心违规发放职工过节费7.95万元，其中2016年1.05万元；所属2家杂志社违规向订阅用户支付发行奖金或劳务费52.07万元，其中2016年25.49万元。

5. 2014年至2016年，所属海峡经济科技合作中心、九洲文化传播中心下属企业使用不合规发票报销48.03万元，用于向职工发放奖金等。

6. 至2016年底，所属九洲文化传播中心等4家单位及下属3家企业往来账款18657.70万元长期未清理。

三、审计处理情况和建议

对上述问题，审计署已依法出具了审计报告、下达了审计决定书。对财政结余资金清理不到位问题，要求按规定清理上报；对无预算执行政府采购、列支出国（境）费用和公车运行费问题，要求责成相关单位严格执行预算；对少计资产和收支问题，要求补计入账，调整有关会计账目或决算草案；对未及时清理核销出售职工住房问题，要求据实清理，调整相关会计账簿和决算草案；对收入未纳入法定账簿核算问题，要求责成所属九洲文化传播中心清理纠正和规范，将所有收入纳入法定账簿核算；对违规发放过节费问题，要求责成所属九洲文化传播中心追回资金，调整有关会计账目；对违规支付发行奖金问题，要求严格执行相关规定；对不合规发票报销问题，要求责成相关单位予以纠正，调整有关会计账目并补缴税款；对往来款未及时清理问题，要求责成相关单位加强清理催收工作。

针对审计发现的问题，审计署建议：中央台办应加强预算执行和“三公”经费管理，强化本级及所属事业单位资产管理；加强对所属事业单位的财务监管，强化其对收入、支出、投资及往来款项清理等方面管理工作，督促其严格执行各项纪律和规定。

四、审计发现问题的整改情况

对审计发现的问题，中央台办正在积极组织整改。具体整改结果由中央台办向社会公告。

国家互联网信息办公室
2016年度预算执行等情况审计结果

根据《中华人民共和国审计法》的规定，2017年1月至3月，审计署对国家互联网信息办公室（以下简称网信办）2016年度预算执行等情况进行了审计，重点审计了网信办本级和所属培训中心、中国互联网络信息中心等4个单位，并对有关事项进行了延伸审计。

一、基本情况

网信办为中央财政一级预算单位，部门预算由办本级和4个二级预算单位的预算组成。审计结果表明，网信办本级及本次审计的所属单位2016年度预算收支基本遵守了预算法及相关法律法规，财务管理和会计核算基本符合会计法及有关财会制度规定。

二、审计发现的主要问题

（一）预算执行中存在的主要问题。

1.2016 年，网信办本级在委托业务费中列支会议费 25.60 万元。

2.2015 年至 2016 年，所属培训中心代管的杂志收入 104.56 万元未纳入单位法定账簿统一核算，其中 2016 年 56.89 万元，用于支付报刊专用卡费等支出 63.05 万元，2017 年 3 月余额 41.51 万元。

（二）其他方面问题。

1.2014 年至 2016 年，网信办本级签订的对外委托业务等合同未缴纳印花税。

2. 至 2016 年底，网信办本级 13 项委托课题未按期完成；已完成的 27 项课题，承接单位未严格履行合同约定内容，课题研究直接支出仅占合同金额的 13.5％；所属单位委托的 1 项课题未实质开展，涉及合同金额 100 万元，至 2017 年 1 月支出 17.32 万元，主要用于所属单位劳务费等。

3.2016 年，所属中国互联网络信息中心与不符合资质条件的企业开展业务，取得收入 2814.59 万元。

4.2015 年至 2016 年，所属培训中心违规向 2 名干部发放住房补贴 6.76 万元，其中 2016 年 3.3 万元。

5. 主管的中国互联网发展基金会 2015 年租赁的 2 辆汽车长期闲置，年租金 25.8 万元。

三、审计处理情况和建议

对上述问题，审计署已依法出具了审计报告、下达了审计决定书。对在委托业务费中列支会议费问题，要求规范财务核算并调整有关会计科目；对收入未纳入单位法定账簿统一核算问题，要求责成所属培训中心收回资金，调整有关会计账目和决算草案；对少缴印花税问题，要求及时补缴；对未按合同约定完成课题问题，要求加强对研究课题的管理；对个别课题未实质开展问题，要求责成所属单位收回未使用的资金，调整有关会计账目和决算草案；对与不符合资质条件的企业开展合作问题，要求责成所属中国互联网络信息中心尽快规范对外业务；对违规发放住房补贴问题，要求责成所属培训中心收回多发放的补贴，调整会计账目及决算草案；对租赁汽车长期闲置问题，要求主管的中国互联网发展基金会采取有效措施解决。

针对审计发现的问题，审计署建议：网信办应进一步加强预算管理，强化预算执行；加强课题研究的统筹管理，提高课题研究质量；严肃财经纪律，加强对所属单位及社团组织的管理和监督。

四、审计发现问题的整改情况

对审计发现的问题，网信办正在积极组织整改。具体整改结果由网信办向社会公告。

保密局 2016 年度
预算执行等情况审计结果

根据《中华人民共和国审计法》的规定，2017 年 1 月至 3 月，审计署对保密局 2016 年度预算执行等情况进行了审计，重点审计了保密局本级和所属国家保密科技测评中心（以下简称测评中心）、中央和国家机关涉密载体销毁中心、深圳保密技术服务中心（以下简称深圳中心），并对有关事项进行了延伸审计。

一、基本情况

保密局为中央财政一级预算单位，部门预算由局本级和 3 个二级预算单位的预算组成。审计结果表明，保密局本级及本次审计的所属单位 2016 年度预算收支基本遵守了预算法及相关法律法规，财务管理和会计核算基本符合会计法及有关财会制度规定。

二、审计发现的主要问题

（一）预算执行中存在的主要问题。

1. 至 2016 年底，保密局本级和所属单位超编制配备 3 辆公务用车；所属深圳中心 1 辆公务用车长期出借给其他单位使用，并由该中心承担相关费用。

2.2016 年，主管的 1 家协会举办 2 期专题培训班，收取考试培训费 62.75 万元，不符合相关规定。

（二）其他方面问题。

至 2016 年底，所属测评中心往来款长期挂账 206.91 万元，未按规定及时清理。

三、审计处理情况和建议

对上述问题，审计署已依法出具了审计报告、下达了审计决定书。对超编制配备公务用车、车辆长期外借问题，要求严格执行相关规定，切实加强公务用车管理；对违规收取考试培训费问题，要求责成主管的协会取消不合理收费；对往来款长期挂账问题，要求责成所属测评中心及时进行清理。

针对审计发现的问题，审计署建议：保密局应规范公务用车配备和使用，责成相关单位取消不合理收费行为。

四、审计发现问题的整改情况

对此次审计发现的问题，保密局正在积极组织整改。具体整改结果由保密局向社会公告。

全国社科规划办 2016 年度预算执行等情况审计结果

根据《中华人民共和国审计法》的规定，2017 年 1 月至 3 月，审计署对全国社科规划办 2016 年度预算执行等情况进行了审计，并对有关事项进行了延伸审计。

一、基本情况

全国社科规划办为中央财政一级预算单位，部门预算由办本级预算组成。财政部批复全国社科规划办 2016 年度部门财政拨款预算 206246.89 万元，本次审计财政拨款预算 188430.70 万元，占 91.36％。审计结果表明，全国社科规划办 2016 年度预算收支基本遵守了预算法及相关法律法规，财务管理和会计核算基本符合会计法及有关财会制度规定。

二、审计发现的主要问题

（一）预算执行中存在的主要问题。

1. 2016 年，全国社科规划办计划外召开会议 9 个，会议费支出 62.07 万元。

2. 2014 年至 2016 年，全国社科规划办及其指导管理的全国教育科学规划办、全国艺术科学规划办，未按规定及时收回 513 项被终止和撤销的国家社科基金项目资助经费 1846.30 万元，其中 2016 年 243 项、862.61 万元。

（二）决算草案存在的主要问题。

至 2016 年底，全国社科规划办 1 项无形资产未入账核算，涉及金额 12 万元。

（三）其他方面问题。

至 2016 年底，全国社科规划办指导管理的全国艺术科学规划办未按规定撤销 166 个逾期未结项的国家社科基金艺术学项目。

三、审计处理情况和建议

对上述问题，审计署已依法出具了审计报告、下达了审计决定书。对计划外召开会议问题，要求严格执行会议费管理办法；对未及时收回资助经费问题，要求及时收回被终止和撤销项目的资助经费；对无形资产未入账核算问题，要求按规定纳入无形资产核算，调整有关会计账目和决算草案；对未按规定遴选鉴定专家问题，要求严格按规定办理，并及时更新专家数据库；对未按规定撤销项目问题，要求责成全国艺术科学规划办及时清理逾期项目，并加强对项目经费的监督管理。

针对审计发现的问题，审计署建议：全国社科规划办应提高预算执行的规范性，加强对国家社科基金项目的监督管理，规范项目运行。

四、审计发现问题的整改情况

对审计发现的问题，全国社科规划办正在积极组织整改。具体整改结果由全国社科规划办向社会公告。

中国外文局 2016 年度预算执行等情况审计结果

根据《中华人民共和国审计法》的规定，2017 年 1 月至 3 月，审计署对中国外文局 2016 年度预算执行等情况进行了审计，重点审计了中国外文局本级和所属中国互联网新闻中心（以下简称中国网）、对外传播研究中心等 4 个单位，并对有关事项进行了延伸审计。

一、基本情况

中国外文局为中央财政一级预算单位，部门预算由局本级和 15 个二级预算单位的预算组成。财政部批复中国外文局 2016 年度部门财政拨款预算 45441.43 万元，本次审计财政拨款预算 33688.43 万元，占 74.14％。审计结果表明，中国外文局本级及本次审计的所属单位 2016 年度预算收支基本遵守了预算法及相关法律法规，财务管理和会计核算基本符合会计法及有关财会制度规定。

二、审计发现的主要问题

（一）预算执行中存在的主要问题。

1. 至2016年底，中国外文局本级项目结余资金1371.37万元未按规定清理上报。

2. 2013年至2016年，中国外文局本级和所属人民画报社取得的资产处置、房屋出租收入869.53万元，未按规定实行“收支两条线”管理，其中2016年102.29万元。

3. 2016年，所属中国网未将经营收入11659.51万元纳入部门预算。

（二）决算草案存在的主要问题。

至2016年底，中国外文局本级685.50万元土地、房屋等资产未在其账上核算；局本级及所属单位58545.54平方米土地、2795.11平方米房屋未作价纳入账内核算。

（三）其他方面问题。

1. 2004年，所属北京外文出版纸张公司在未进行工程投资的情况下，违规对外转让国有土地使用权取得收入23500万元；2005年，未经资产评估转让房产取得收入16170万元。

2. 至2016年底，所属中国国际图书贸易集团有限公司（以下简称国图公司）对外投资914.10万元未入账核算。

3. 2014年至2016年，所属中国网未经批准对外投资5205.66万元。

4. 2016年，所属对外传播研究中心违规在中国翻译协会列支发放该中心人员工资奖金163.46万元。

三、审计处理情况和建议

对上述问题，审计署已依法出具了审计报告、下达了审计决定书。对项目结余资金未按规定清理上报问题，要求按规定清理上报；对收入未实行“收支两条线”管理问题，要求将收入上缴财政，调整有关会计账目和决算草案；对经营收入未纳入预算问题，要求责成所属中国网将全部收支纳入预算；对资产、土地和房屋未入账问题，要求调整会计账目和决算草案；对违规转让土地、未经评估转让房屋问题，要求责成所属北京外文出版纸张公司今后严格遵守相关法规；对对外投资未入账问题，要求责成所属国图公司调整会计账目和报表；对未经批准对外投资问题，要求责成所属中国网严格执行相关规定；对违规发放工资奖金问题，要求责成所属对外传播研究中心今后杜绝类似行为。

针对审计发现的问题，审计署建议：中国外文局应加强预算编制和执行的规范性，严格资产管理，加大对所属单位的监管力度。

四、审计发现问题的整改情况

对审计发现的问题，中国外文局正在积极组织整改。中国外文局本级已调整685.50万元固定资产相关会计账目和报表；所属国图公司已调整对外投资914.10万元相关会计账目和报表；所属对外传播研究中心已退回中国翻译协会163.46万元资金。具体整改结果由中国外文局向社会公告。

中央社会主义学院2016年度预算执行等情况审计结果

根据《中华人民共和国审计法》的规定，2017年1月至3月，审计署对中央社会主义学院2016年度预算执行等情况进行了审计，并对有关事项进行了延伸审计。

一、基本情况

中央社会主义学院为中央财政一级预算单位，部门预算由院本级预算组成。财政部批复中央社会主义学院2016年度财政拨款预算17806.71万元，本次审计财政拨款预算17806.71万元，占100%。审计结果表明，中央社会主义学院积极推动内控制度建设，新增和修订制度30余项，2016年度预算收支基本遵守了预算法及相关法律法规，财务管理和会计核算基本符合会计法及有关财会制度规定。

二、审计发现的主要问题

（一）预算执行中存在的主要问题。

1. 2014年至2016年，中央社会主义学院预决算编报不完整，涉及收入5165.45万元、支出4389.95万元，其中2016年收入1589.93万元、支出1455.47万元。

2. 2014年至2016年，中央社会主义学院本级未经审批出租院属国有资产，取得租金收入3152.58万元，放在所属服务中心核算，未纳入院本级预算管理，其中2016年1665.75万元。

3.2014年至2016年，所属培训中心取得培训收入5361.20万元，未按规定纳入财政专户管理，其中2016年1781.58万元。

（二）决算草案存在的主要问题。

2014年至2016年，中央社会主义学院将横向课题费收支放在往来科目核算，造成少计收入301.40万元、支出98.78万元，其中2016年少计收入86.40万元、支出34.53万元。

（三）其他方面问题。

1.至2017年3月，中央社会主义学院2016年1月已竣工结算并投入使用的1个基本建设项目未办理竣工财务决算，项目投资34050万元。

2.2015年，所属服务中心使用不合规发票报销资金165万元，用于发放职工奖金等支出；2014年至2016年，所属服务中心下属文华园餐厅使用不合规发票报销餐饮材料采购费509.04万元，其中2016年191.51万元。

3.2015年至2016年，中央社会主义学院本级未经审批组织开展2项系统内评奖评选活动，支出36.20万元，其中2016年12.30万元。

三、审计处理情况和建议

对上述问题，审计署已依法出具了审计报告、下达了审计决定书。对预决算编报不完整问题，要求将全部收支纳入预决算编报范围；对未经报批出租国有资产问题，要求严格履行国有资产出租报批手续，将出租收入收回本级统一核算，纳入预算管理；对培训收入未纳入财政专户管理问题，要求责成所属培训中心将收入纳入财政专户管理；对少计收支问题，要求清理往来科目，调整有关会计账目和决算草案；对基建项目未及时办理竣工决算问题，要求尽快办理；对使用不合规发票报销问题，要求责成相关单位严格执行财经法规，杜绝此类问题发生；对未经审批评奖评选问题，要求今后严格履行报批手续。

针对审计发现的问题，审计署建议：中央社会主义学院应进一步加强和规范预算管理，将全部收支纳入预算；加强国有资产管理，建立健全国有资产监督管理规章制度，切实履行监管职责；加强对所属单位的财务监督。

四、审计发现问题的整改情况

对审计发现的问题，中央社会主义学院正在积极组织整改。具体整改结果由中央社会主义学院向社会公告。

中国文联2016年度预算执行等情况审计结果

根据《中华人民共和国审计法》的规定，2017年1月至3月，审计署对中国文联2016年度预算执行等情况进行了审计，重点审计了中国文联本级和所属机关服务中心、中国文学艺术基金会等6个单位，并对有关事项进行了延伸审计。

一、基本情况

中国文联为中央财政一级预算单位，部门预算由会本级和17个二级预算单位的预算组成。财政部批复中国文联2016年度部门财政拨款预算59038.28万元，本次审计财政拨款预算52477.88万元，占88.89%。审计结果表明，中国文联本级及本次审计的所属单位强化内部审计监督，逐步建立健全财务管理制度，预算和财务管理得到加强；2016年度预算收支基本遵守了预算法和相关法律法规，财务管理和会计核算基本符合会计法及有关财会制度规定。

二、审计发现的主要问题

（一）预算执行中存在的主要问题。

1.至2016年底，中国文联本级及所属中国舞蹈家协会未按规定清理上报项目结余资金663.25万元。

2.2015年至2016年，中国文联本级11个因公出国（境）团组超范围列支出国费38.88万元，其中2016年35.14万元；2016年，2个因公出国（境）团组未经批准更改行程或增加出访城市。

3.2016年，中国文联本级未按规定将二类会议计划报财政部审核会签，当年召开二类会议4个。

4.2016年，中国文联本级在公务用车编制外长期使用所属机关服务中心下属企业车辆2辆。

5.2016年，中国文联本级未经批准对外出租2处房产，取得收入中有50万元未按规定上缴国库。

6.2016年，所属机关服务中心未经公开招标，直接委托1家企业提供职工食堂餐饮服务，涉及合同金额206.16万元。

7.2016年，所属中国文学艺术基金会违规用财政资金9000万元购买银行理财产品，当年赎回5000万元。

（二）决算草案存在的主要问题。

2015年至2016年，中国文联收取下属单位上交网络使用费66.44万元，未按规定冲减经费支出，造成多计支出，其中2016年6.72万元。

（三）其他方面问题。

1.2015年至2016年，所属中国艺术报社收取中国文联所属单位和地方文联刊登专题文章费用929.5万元，未按规定注明广告标识，其中2016年475万元。

2.至2016年底，所属机关服务中心10年以上的预付账款988.75万元、其他应收款300万元未及时清理。

三、审计处理情况和建议

对上述问题，审计署已依法出具了审计报告、下达了审计决定书。对未按规定清理项目结余资金问题，要求按规定清理上报，并按财政部意见处理；对因公出国（境）、会议管理和经费使用方面问题，要求严格执行相关规定；对长期使用下属单位车辆问题，要求退回有关车辆；对未经批准出租房产问题，要求严格执行有关规定，及时将收入上缴国库，调整有关会计账目和决算草案；对未公开招标问题，要求责成所属机关服务中心严格执行政府采购的相关规定；对违规使用财政资金购买银行理财产品问题，要求责成所属中国文学艺术基金会收回财政资金，调整有关会计账目；对多计支出问题，要求按规定调整相关会计账目和决算草案；对广告经营不规范问题，要求责成所属中国艺术报社按规定予以纠正；对往来款项长期挂账问题，要求责成所属机关服务中心及时清理。

针对审计发现的问题，审计署建议：中国文联应进一步加强预算管理，认真执行中央关于厉行节约的相关规定，加强对财政结转结余资金的统筹和管理，规范国有资产出租管理。

四、审计发现问题的整改情况

对审计发现的问题，中国文联正在积极组织整改。中国文联本级已对在往来款中挂账的以前年度结余资金175万元调整了决算；所属中国文学艺术基金会已收回购买银行理财产品的财政资金。具体整改结果由中国文联向社会公告。

中国作协2016年度预算执行等情况审计结果

根据《中华人民共和国审计法》的规定，2017年1月至3月，审计署对中国作协2016年度预算执行等情况进行了审计，重点审计了中国作协本级和所属机关服务中心、中国作家出版集团（以下简称出版集团）等6个单位，并对有关事项进行了延伸审计。

一、基本情况

中国作协为中央财政一级预算单位，部门预算由协会本级和6个二级预算单位的预算组成。财政部批复中国作协2016年度部门财政拨款预算24337.70万元，本次审计财政拨款预算24337.70万元，占100%。审计结果表明，中国作协2016年度预算执行基本符合预算法及相关法律法规，财务管理和会计核算基本符合会计法及有关财会制度规定。

二、审计发现的主要问题

（一）至2016年底，中国作协本级已出售职工住房未及时核销，涉及金额5756.50万元。

（二）至2016年底，中国作协本级以拨代支多计支出170.93万元，其中2016年多计支出44.48万元。

（三）2014年至2016年，所属雾灵山创作之家向接待的作协会员等收取伙食费23.52万元，未纳入单位法定账簿统一核算，其中2016年8.58万元。

（四）2016年，所属北戴河创作之家、杭州创作之家将伙食费收支放在往来款科目核算，造成少计收入16.77万元、支出16.77万元。

三、审计处理情况和建议

对上述问题，审计署已依法出具了审计报告、下达了审计决定书。对已出售职工住房未及时核销、收支不实问题，要求调整有关会计账目和决算草案；对伙食费未纳入单位法定账簿统一核算问题，要求责成所属雾灵山创作之家对收入进行全面清理，调整有关会计账目和决算草案。

针对审计发现的问题，审计署建议：中国作协应强化内部制度建设，加强对所属单位的管理和监督，督促所属单位严格遵守国家财经法规。

四、审计发现问题的整改情况

对审计发现的问题，中国作协正在积极组织整改。具体整改结果由中国作协向社会公告。

中国侨联2016年度预算执行等情况审计结果

根据《中华人民共和国审计法》的规定，2017年1月至3月，审计署对中国侨联2016年度预算执行等情况进行了审计，重点审计了中国侨联本级和所属中国华侨历史博物馆、中国华侨华人历史研究所（以下分别简称博物馆、研究所），并对有关事项进行了延伸审计。

一、基本情况

中国侨联为中央财政一级预算单位，部门预算由中国侨联本级和2个二级预算单位的预算组成。财政部批复中国侨联2016年度部门财政拨款预算18490.15万元，本次审计财政拨款预算18490.15万元，占100%。审计结果表明，中国侨联本级及本次审计的所属单位2016年度预算收支基本遵守了预算法及相关法律法规，财务管理和会计核算基本符合会计法及有关财会制度规定。

二、审计发现的主要问题

（一）预算执行中存在的主要问题。

1.2016年，中国侨联本级召开的1个会议超过规定人数293人，超标准支出25.14万元。

2.2016年，中国侨联本级未按规定执行政府采购程序，直接委托所属研究所编印书籍，涉及金额100万元。

3.2016年，所属机关服务中心未经审批出租房屋，租金收入60.50万元未按规定上缴国库。

4.2015年至2016年，所属博物馆展览服务收入36.76万元未按规定缴入中央财政专户，其中2016年7.73万元。

（二）决算草案存在的主要问题。

所属博物馆部分收支未纳入单位法定账簿统一核算，2016年收入547.55万元、支出502.88万元。

（三）其他方面问题。

1.至2016年底，中国侨联本级已完工并交付使用的博物馆建设项目未按规定办理竣工财务决算和固定资产估价入账，项目投资24691.93万元。

2.至2016年底，所属机关服务中心部分往来款项长期挂账未清理，其中挂账3年以上的790.41万元。

三、审计处理情况和建议

对上述问题，审计署已依法出具了审计报告、下达了审计决定书。对会议超规定人数和超标准支出问题，要求严格执行会议费管理规定；对未按规定执行政府采购程序问题，要求严格执行政府采购规定；对房屋出租、展览服务收入未上缴问题，要求责成相关单位严格执行相关规定，及时上缴收入；对收支未纳入单位法定账簿统一核算问题，要求责成所属博物馆将各项收支纳入单位法定账簿，调整有关账目和决算草案；对基建项目未按规定及时办理竣工财务决算和固定资产估价入账问题，要求尽快办理竣工决算并估价入账，调整有关账目和决算草案；对往来款项长期挂账问题，要求责成所属机关服务中心进行清理。

针对审计发现的问题，审计署建议：中国侨联应进一步规范政府采购和招标行为，加强基本建设项目和资产管理工作，加强对所属单位管理。

四、审计发现问题的整改情况

对审计发现的问题，中国侨联正在积极组织整改。具体整改结果由中国侨联向社会公告。

全国友协2016年度预算执行等情况审计结果

根据《中华人民共和国审计法》的规定，2017年1月至3月，审计署对全国友协2016年度预算执行等情况进行了审计，重点审计了全国友协本级和所属机关服务局、中国友好和平发展基金会（以下简称基金会），并对有关事项进行了延伸审计。

一、基本情况

全国友协为中央财政一级预算单位，部门预算由全国友协本级和2个二级预算单位的预算组成。财政部批复全国友协2016年度部门财政拨款预算13852.49万元，本次审计财政拨款预算10112.56万元，占73%。审计结果表明，全国友协本级及本次审计的所属单位内控制度比较健全完善，2016年度预算收支基本遵守了预算法及相关法律法规，财务管理和会计核算基本符合会计法及有关财会制度规定。

二、审计发现的主要问题

（一）预算执行中存在的主要问题。

1.2016年，全国友协本级超预算支出公务用车运行费102.80万元，由所属机关服务局承担公务用车运行费7万元。

2.2016年，全国友协本级未按规定执行政府采购程序，直接委托企业提供印刷服务，涉及金额110.86万元。

3.2016年，所属机关服务局违规从零余额账户向实有资金账户转移资金145.37万元，用于人员工资和办公经费支出。

（二）决算草案存在的主要问题。

至2016年底，所属机关服务局在往来科目核算部分收入，造成少计收入109.70万元，其中2016年6.99万元。

（三）其他方面问题。

1.2011年至2016年，全国友协本级未经批准和公开招标，自行筹措资金建设和改造办公楼，涉及资金7792.76万元，其中2016年211.51万元。

2.2016年，全国友协本级购置软件资产未入账，涉及金额11万元。

3.2015年至2016年，所属基金会违规在公益基金中列支全国友协本级办公经费47.81万元，其中2016年7.5万元。

三、审计处理情况和建议

对上述问题，审计署已依法出具了审计报告、下达了审计决定书。对公务用车运行费方面的问题，要求压缩相关支出，退回由所属单位承担的费用，调整会计账目和决算草案；对未执行政府采购程序问题，要求完善政府采购程序，按照相关规定执行；对从零余额账户向实有资金账户转移资金问题，要求责成所属机关服务局加强零余额账户管理；对少计收入问题，要求责成所属机关服务局将收入纳入预算管理，调整会计账目和决算草案；对违规建设和改造办公楼问题，要求严格执行相关规定；对软件资产未入账问题，要求调整会计账目；对违规列支全国友协本级办公经费问题，要求归还资金，严格资金管理。

针对审计发现的问题，审计署建议：全国友协应加强预算管理，严格遵守基本建设规定和政府采购程序，规范本级与所属单位之间的财务关系。

四、审计发现问题的整改情况

对审计发现的问题，全国友协正在积极组织整改。全国友协本级已调整软件资产的会计账目；所属机关服务局已调整会计账目，补记收入。具体整改结果由全国友协向社会公告。

中国红十字会总会2016年度预算执行等情况审计结果

根据《中华人民共和国审计法》的规定，2017年1月至3月，审计署对中国红十字会总会2016年度预算执行等情况进行了审计，重点审计了中国红十字会总会本级和所属中国造血干细胞捐献者资料库管理中心（以下简称干细胞中心）、中国人体器官捐献管理中心、中国红十字会总会备灾救灾中心，并对有关事项进行了延伸审计。

一、基本情况

中国红十字会总会为中央财政一级预算单位，部门预算由总会本级和3个二级预算单位的预算组成。财政部批复中国红十字会总会2016年度部门财政拨款预算52402万元，本次审计财政拨款预算43270.40万元，占82.57%。审计结果表明，中国红十字会总会本级及本次审计的所属单位2016年度预算收支基本遵守了预算法及相关法律法规，财务管理和会计核算基本符合会计法及有关财会制度规定。

二、审计发现的主要问题

（一）预算执行中存在的主要问题。

1.至2016年底，中国红十字会总会本级固定资产处置收入199万元、所属机关服务中心出租房屋收入135万元未上缴国库。

2.2015年至2016年，所属干细胞中心未按规定公开招标，将样品委托保管服务等直接委托相关企业和单位实施，涉及金额1344.77万元，其中2016年500万元。

（二）其他方面问题。

1.2015年至2016年，所属报刊社违规向订阅用户支付奖励资金54.96万元，其中2016年13.31万元。

2. 至 2016 年底，所属干细胞中心向患者代收的供者体检、交通食宿等费用余额 3612.52 万元，长期在往来科目挂账，其中 2399.68 万元相关流程已经结束，应退还患者，尚未退清。

三、审计处理情况和建议

对上述问题，审计署已依法出具了审计报告、下达了审计决定书。对固定资产处置、出租收入未上缴国库问题，要求将相关收入上缴国库，调整有关会计账目和决算草案；对未按规定公开招标问题，要求责成所属干细胞中心今后严格执行政府采购规定；对违规向订阅用户支付奖金问题，要求责成报刊社规范报刊发行工作，杜绝此类问题再次发生；对往来科目长期挂账未清理问题，要求责成所属干细胞中心及时清理往来款项，尽快退还相关资金。

针对审计发现的问题，审计署建议：中国红十字会总会应规范非税收入管理，确保及时上缴国库；加大对所属单位的监督管理力度，促进所属单位依法开展政府采购活动，规范招标行为。

四、审计发现问题的整改情况

对审计发现的问题，中国红十字会总会正在积极组织整改。具体整改结果由中国红十字会总会向社会公告。

全国工商联 2016 年度预算执行等情况审计结果

根据《中华人民共和国审计法》的规定，2017 年 1 月至 3 月，审计署对全国工商联 2016 年度预算执行等情况进行了审计，重点审计了全国工商联本级和所属机关服务中心等 5 个单位，并对有关事项进行了延伸审计。

一、基本情况

全国工商联为中央财政一级预算单位，部门预算由全国工商联本级和 5 个二级预算单位的预算组成。财政部批复全国工商联 2016 年度部门财政拨款预算 9877.24 万元，本次审计财政拨款预算 9877.24 万元，占 100%。审计结果表明，全国工商联本级及本次审计的所属单位内控制度较为健全，2016 年度预算收支基本遵守了预算法及相关法律法规，财务管理和会计核算基本符合会计法及有关财会制度规定。

二、审计发现的主要问题

（一）预算执行中存在的主要问题。

1.2007 年至 2016 年，全国工商联本级非税收入 270 万元（其中 2016 年 30 万元）未实行“收支两条线”管理，直接用于费用支出，2016 年底余额 23.44 万元。

2.2014 年至 2016 年，全国工商联本级未按规定执行政府采购，将物业管理服务直接委托给 1 家公司，涉及合同金额 712.29 万元，其中 2016 年 253 万元。

（二）决算草案存在的主要问题。

2011 年至 2016 年，全国工商联本级将部分收支放在往来科目核算，造成少计收入 483 万元、支出 47.11 万元，其中 2016 年少计收入 20 万元、支出 7.02 万元。

（三）其他方面问题。

1. 至 2016 年底，全国工商联本级部分资产未按规定纳入账内核算，其中固定资产 742.59 万元、股权投资 300 万元。

2. 至 2016 年底，全国工商联本级部分往来款长期挂账未清理，其中 10 年以上的 1676.06 万元。

3.2015 年，全国工商联本级编制的新建办公楼竣工财务决算报告，相关资料不完整。

三、审计处理情况和建议

对上述问题，审计署已依法出具了审计报告、下达了审计决定书。对非税收入未实行“收支两条线”管理问题，要求将余额上缴国库，调整会计账目和决算草案；对未按规定执行政府采购问题，要求严格执行政府采购有关规定；对少计收入和支出问题，要求及时确认收入和支出，调整会计账目和决算草案；对固定资产和股权投资未按规定入账问题，要求将相关资产登记入账，调整会计账目和决算草案；对往来款长期挂账未清理问题，要求及时清理，调整会计账目；对于办公楼竣工财务决算资料不完整问题，要求规范建设项目竣工财务决算。

针对审计发现的问题，审计署建议：全国工商联应加强资产和政府采购管理，严格执行“收支两条线”；规范财务会计核算，及时确认各项收入和支出。

四、审计发现问题的整改情况

对审计发现的问题，全国工商联正在积极整改。已将18.57万元固定资产登记入账。具体整改结果由全国工商联向社会公告。

宋庆龄基金会2016年度预算执行等情况审计结果

根据《中华人民共和国审计法》的规定，2017年1月至3月，审计署对宋庆龄基金会2016年度预算执行等情况进行了审计，重点审计了宋庆龄基金会本级和所属宋庆龄故居管理中心、宋庆龄儿童科学技术馆，并对有关事项进行了延伸审计。

一、基本情况

宋庆龄基金会为中央财政一级预算单位，部门预算由会本级和2个二级预算单位的预算组成。财政部批复宋庆龄基金会2016年度部门财政拨款预算55321.08万元，本次审计财政拨款预算37613.77万元，占67.99%。审计结果表明，宋庆龄基金会本级及本次审计的所属单位2016年度预算收支基本遵守了预算法及相关法律法规，财务管理和会计核算基本符合会计法及有关财会制度规定。

二、审计发现的主要问题

（一）预算执行中存在的主要问题。

1.2003年，宋庆龄基金会本级以所属单位名义超编制购买1辆公务用车，涉及资金25.33万元，长期出借给外单位人员使用，直到2016年才收回。出借期间由所属单位负担车辆运行费5.62万元，其中2016年0.45万元。

2.2015年至2016年，宋庆龄基金会本级由所属机关服务中心承担研讨活动等费用34.68万元，其中2016年购置固定资产支出12.04万元，相关固定资产未纳入账内核算。

3.至2016年底，宋庆龄基金会未将所属机关服务中心、事业发展中心、培训交流中心纳入部门预决算编报范围，3家单位2016年收入1228.18万元、支出1205.48万元。

（二）其他方面问题。

1.2012年至2014年，宋庆龄基金会本级未经审批出租办公用房934.39平方米、违规出借1018.14平方米，出租收入111.61万元未按规定上缴财政专户，其中105.16万元用于机关食堂设备购置等支出，有94.88万元固定资产未登记入账。

2.2013年至2016年，所属培训交流中心将部分收支放在往来科目核算，造成少计收入494.11万元、支出398.31万元，其中2016年少计收入126.14万元、支出126.47万元。

三、审计处理情况和建议

对上述问题，审计署已依法出具了审计报告、下达了审计决定书。对超编制购买公务用车问题，要求报请相关部门按规定处理超编车辆；对由所属单位承担本级费用问题，要求严格执行有关规定，规范财务支出；对未将所属3家单位纳入部门预决算编报范围问题，要求按规定纳入部门预决算编报范围；对未经批准出租、违规出借办公用房，且房租收入未按规定上缴问题，要求严格执行相关规定，将收入上缴；对固定资产未按规定入账问题，要求将固定资产登记入账；对在往来科目核算收支问题，要求责成所属培训交流中心及时确认收入和支出。

针对审计发现的问题，审计署建议：宋庆龄基金会应规范预算编制，强化预算执行；加强资产管理，防止资产流失。

四、审计发现问题的整改情况

对审计发现的问题，宋庆龄基金会正在积极组织整改。具体整改结果由宋庆龄基金会向社会公告。

法学会2016年度预算执行等情况审计结果

根据《中华人民共和国审计法》的规定，2017年1月至3月，审计署对法学会2016年度预算执行等情况进行了审计，重点审计了法学会本级和所属机关服务中心、中国法学学术交流中心、中国法学会法治研究所，并对有关事项进行了延伸审计。

一、基本情况

法学会为中央财政一级预算单位，部门预算由会本级和8个二级预算单位的预算组成。财政部批复法学会2016年度部门财政拨款预算

10264.09万元，本次审计财政拨款预算10203.47万元，占99.41%。审计结果表明，法学会本级及本次审计的所属单位2016年度预算收支基本遵守了预算法及相关法律法规，财务管理和会计核算基本符合会计法及有关财会制度规定。

二、审计发现的主要问题

（一）预算执行中存在的主要问题。

1.2015年至2016年，法学会本级未按规定公开招标，将物业管理服务直接委托所属单位承担，涉及金额1111.94万元，其中2016年594.73万元；2016年，有2个项目未按规定编制政府采购预算，涉及金额644.73万元。

2.2014年至2016年，所属海峡两岸关系法学研究会向外单位人员无依据收取出境访问费用61.68万元，用于日常经费开支，其中2016年15.73万元。

（二）其他方面问题。

至2016年底，法学会本级2014年立项的5个课题项目延期1年以上仍未完成，涉及金额21万元。

三、审计处理情况和建议

对上述问题，审计署已依法出具了审计报告、下达了审计决定书。对未按规定执行政府采购问题，要求完善政府采购预算编制和采购程序；对向外单位人员无依据收取出境访问费用问题，要求责成所属研究会退回收取的费用，调整会计账目和决算草案；对课题项目未按期完成问题，要求加强管理和监督。

针对审计发现的问题，审计署建议：法学会应严格执行政府采购程序，规范出国（境）经费管理，加强对课题经费的管理、使用和监督。

四、审计发现问题的整改情况

对审计发现的问题，法学会正在积极组织整改。具体整改结果由法学会向社会公告。

中国记协2016年度预算执行等情况审计结果

根据《中华人民共和国审计法》的规定，2017年1月至3月，审计署对中国记协2016年度预算执行等情况进行了审计，重点审计了中国记协本级和所属中国记协机关服务中心、中国记协新闻培训中心（以下分别简称服务中心、培训中心）2个单位，并对有关事项进行了延伸审计。

一、基本情况

中国记协为中央财政一级预算单位，部门预算由协会本级和1个二级预算单位的预算组成。财政部批复中国记协2016年度部门财政拨款预算4145.77万元，本次审计财政拨款预算2903.58万元，占70.04%。审计结果表明，中国记协本级及本次审计的所属单位2016年度预算收支基本遵守了预算法及相关法律法规，财务管理和会计核算基本符合会计法及有关财会制度规定。

二、审计发现的主要问题

（一）预算执行中存在的主要问题。

1.2016年，中国记协本级未编制年度会议计划，召开5个会议未按规定报批；8个项目会议费预算未细化到具体会议。

2.2015年至2016年，中国记协本级未按规定通过政府采购方式购买公务机票320.31万元，其中2016年123.56万元。

3.2016年，中国记协本级未经政府采购，将网络运行维护服务直接委托给所属培训中心承担，并拨付资金230万元。

（二）决算草案存在的主要问题。

1.2016年，中国记协本级以拨代支多计支出28.66万元。

2.2016年，所属服务中心将部分收支放在往来科目核算，造成少计收入541.73万元、支出235.85万元。

（三）其他方面问题。

1. 至2016年底，中国记协本级2005年和2011年完工交付使用的2项工程未办理竣工财务决算，总投资7401.59万元。

2. 至2016年底，中国记协本级未对2008年已拆除的办公楼相关资产进行核销处理，造成账实不符，涉及工程投资182.70万元、资产评估价值144.98万元。

3. 至2017年2月，中国记协本级公务用车实物账与财务账数量和金额不符，与实有数量和金额也不符。

4. 至2016年底，中国记协本级1处房产、170件书画及工艺品等，未按规定登记入账。

5.2016年，所属培训中心将部分收支放在往来科目核算，造成少计收入 230 万元、支出 145.04 万元。

三、审计处理情况和建议

对上述问题，审计署已依法出具了审计报告、下达了审计决定书。对会议管理和政府采购问题，要求严格执行相关规定；对多计支出问题，要求调整会计账目及决算草案；对在往来科目核算收支问题，要求责成有关单位调整会计账目及决算草案；对资产未办理竣工财务决算问题，要求办理竣工财务决算并将相关资产登记入账；对资产账账不符、账实不符问题，要求进行清查盘点并调整会计账目和决算草案。

针对审计发现的问题，审计署建议：中国记协应进一步加强会计核算、政府采购和会议费管理等工作，严格执行资产登记、盘点等管理制度，强化房产、车辆、工程等资产的日常管理。

四、审计发现问题的整改情况

对审计发现的问题，中国记协正在积极组织整改。中国记协本级已印发通知要求加强公务机票购买管理；所属服务中心和培训中心已调整相关会计账目，确认了收入和支出，同时所属服务中心已调整决算草案。具体整改结果由中国记协向社会公告。

中国计划生育协会 2016 年度预算执行等情况审计结果

根据《中华人民共和国审计法》的规定，2017 年 1 月至 3 月，审计署对中国计划生育协会（以下简称中国计生协）2016 年度预算执行等情况进行了审计，重点审计了中国计生协本级和所属人生杂志社，并对有关事项进行了延伸审计。

一、基本情况

中国计生协为中央财政一级预算单位，部门预算由协会本级的预算组成。财政部批复中国计生协 2016 年度部门财政拨款预算 5590.59 万元，本次审计财政拨款预算 5590.59 万元，占 100%。审计结果表明，中国计生协本级及本次审计的所属单位 2016 年度预算收支基本遵守了预算法及相关法律法规，财务管理和会计核算基本符合会计法及有关财会制度规定。

二、审计发现的主要问题

（一）2014 年，中国计生协本级 6 名工作人员出国参加国际会议期间，无公务安排绕道其他城市，停留 2 天。

（二）2015 年至 2016 年，中国计生协本级 7 个因公临时出国团组未按规定要求据实报销出国（境）住宿费，涉及金额 6.65 万元，其中 2016 年 3 个团组、2.32 万元。

（三）2015 年和 2016 年，中国计生协本级未编制政府采购预算，实际发生政府采购支出 728.21 万元，其中 2016 年 219.20 万元。

（四）2016 年，中国计生协本级未按规定通过政府采购购买公务机票 20.11 万元。

三、审计处理情况和建议

对上述问题，审计署已依法出具了审计报告。对无公务安排绕道其他城市和未按规定要求报销出国（境）住宿费问题，要求加强出国（境）团组和住宿费用管理，严格执行有关规定；对未编制政府采购预算问题，要求今后加强政府采购预算管理，严格执行有关规定；对未按规定通过政府采购购买公务机票问题，要求加强对购买公务机票的管理，严格执行有关规定。

针对审计发现的问题，审计署建议：中国计生协应进一步严格因公出国（境）经费管理和使用，规范政府采购预算编制和采购行为。

四、审计发现问题的整改情况

对审计发现的问题，中国计生协正在积极整改。在 2017 年预算中已按规定编报了当年政府采购预算；加强对因公出国（境）相关事项的管理和审核。具体整改结果由中国计生协向社会公告。

中国邮政集团公司 2016 年度预算执行等情况审计结果

根据《中华人民共和国审计法》的规定，2016 年 12 月至 2017 年 3 月，审计署对中国邮政集团公司（以下简称邮政集团）2016 年度预算执行等情况进行了审计，重点审计了邮政集团本级和所属石家庄邮电职业技术学院（以下简称石邮学院），并对有关事项进行了延伸审计。

一、基本情况

邮政集团为中央财政一级预算单位，部门预算由公司本级和1个二级预算单位的预算组成。财政部批复邮政集团2016年度部门财政拨款预算685412.38万元，本次审计财政拨款预算685412.38万元，占100%。审计结果表明，邮政集团本级及本次审计的所属单位不断健全内部相关管理制度，2016年度预算收支基本遵守了预算法及相关法律法规，财务管理和会计核算基本符合会计法及有关财会制度规定。

二、审计发现的主要问题

（一）预算执行中存在的主要问题。

1. 至2016年底，邮政集团本级1个项目财政资金结余603万元未及时清理上缴财政，也未编入2016年度部门决算草案。

2. 至2016年底，所属31个省分公司结存邮政集团历年拨付的基建项目财政资金55494万元，主要是已完工项目尾款未支付、尚未开工及在建项目资金等，部分资金未能及时发挥效益。

3. 2016年，所属石邮学院未编报政府采购预算，自行采购应由集中采购机构代理采购的货物449.98万元。

（二）其他方面问题。

1. 2015年至2016年，所属石邮学院未经批准对外出租房屋、场地等资产20处，取得房租收入332.4万元，其中2016年167.35万元。

2. 2016年，邮政集团本级违规使用企业经营周转资金384.4万元，垫付职工住宅建设项目前期费用。

三、审计处理情况和建议

对上述问题，审计署已依法出具了审计报告、下达了审计决定书。对财政资金结余未及时清理上缴财政问题，要求清理结余资金并报财政部，同时调整决算草案；对基建项目部分结存资金未能及时发挥效益问题，要求责成相关单位加强基本建设项目和资金管理，已完工项目抓紧办理后续手续，在建项目加快建设进度；对未编报政府采购预算自行采购问题，要求责成所属石邮学院今后严格执行政府采购制度；对未经批准对外出租房屋等资产问题，要求责成所属石邮学院加强对资产出租的监督检查，严格执行相关规定；对垫支职工住宅建设项目前期费用问题，要求调整相关会计账目，尽快归还垫付资金。

针对审计发现的问题，审计署建议：邮政集团应加强基本建设项目管理，规范资金使用与会计核算，及时清理上缴财政结余资金，提高财政资金使用效益，加强对所属单位的监督和管理。

四、审计发现问题的整改情况

对审计发现的问题，邮政集团正在积极组织整改。邮政集团已向财政部清理上报项目结余资金603万元，并调整了决算草案。具体整改结果由邮政集团向社会公告。

中国对外文化集团公司2016年度预算执行等情况审计结果

根据《中华人民共和国审计法》的规定，2016年12月至2017年3月，审计署对中国对外文化集团公司（以下简称文化集团）2016年度预算执行等情况进行了审计，并对有关事项进行了延伸审计。

一、基本情况

文化集团为中央财政一级预算单位，部门预算由公司本级预算组成。财政部批复文化集团2016年度部门财政拨款预算3884.5万元，本次审计财政拨款预算3884.5万元，占100%。审计结果表明，文化集团2016年度预算收支基本遵守了预算法及相关财经法规，财务管理和会计核算基本符合会计法及相关会计制度规定。

二、审计发现的主要问题

（一）预算执行中存在的主要问题。

1. 2013年至2015年，文化集团为不具备实施条件的5个项目申报国有资本经营预算和文化产业发展专项资金10155万元，至2016年底项目资金全部结存。

2.2016年，文化集团为已申请文化产业发展专项资金的1个项目，重复申报国有资本经营预算5227万元，年底国有资本经营预算资金全部结存。

3. 至2016年底，文化集团2个项目财政资金5600万元结存3年以上，未按规定进行清理。

4.2014年至2016年，所属2家企业未经批准使用财政资金9500万元购买理财产品，取得收益593.62万元，其中2016年购买4000万元、取得收益28.46万元。

（二）决算草案存在的主要问题。

2011年至2016年，文化集团未按规定编制上报国有资本经营决算。

（三）其他方面问题。

1.2014年至2016年，文化集团使用公款390.23万元购买商业演出票对外赠送，其中2016年34.43万元。

2. 至2016年底，文化集团未将因原事业单位改制转入的1处房产纳入账内核算，涉及金额6821.05万元；2宗土地未缴纳土地出让金。

三、审计处理情况和建议

对上述问题，审计署已依法出具了审计报告、下达了审计决定书。对为不具备实施条件的项目申报预算、结余资金未按规定清理问题，要求清理上报财政部，并根据财政部审核意见办理；对重复申报预算问题，要求将重复申报的资金上缴财政；对使用财政资金购买理财产品问题，要求追回财政资金及收益，调整有关会计账目和决算，并清理上报财政部；对未编制上报国有资本经营决算问题，要求今后及时报送；对公款购票、房产未入账核算和未缴纳土地出让金问题，要求严格执行相关规定。

针对审计发现的问题，审计署建议：文化集团应加强项目预算申报、执行和考核各环节的管理；加强对财政存量资金的清理，提高财政资金使用效益；加快推进解决转企改制过程中的遗留问题。

四、审计发现问题的整改情况

对审计发现的问题，文化集团正在积极组织整改。具体整改结果由文化集团向社会公告。

中华人民共和国审计署
审计结果公告
（2017年第5号）

审计署2016年度
预算执行等情况检查结果

（2017年6月23日公告）

为加强对审计署预算执行等情况的监督，2017年4月，审计署派出由行政政法审计司和特约审计员组成的检查组，对审计署2016年度预算执行等情况进行了检查。重点检查了办公厅管理的署本级和所属计算机技术中心、审计科研所、审计干部培训中心、国外贷援款项目审计服务中心（以下分别简称计算中心、科研所、培训中心、外资中心），并对有关事项进行了延伸检查。

一、基本情况

审计署为中央财政一级预算单位，部门预算由办公厅管理的署本级预算和28个二级预算单位的预算组成。财政部批复审计署2016年度部门财政拨款预算176744.11万元，本次检查财政拨款预算78151.01万元，占44.22%。检查结果表明，审计署2016年度预算收支基本遵守了预算法及相关法律法规，财务管理和会计核算基本符合会计法及有关财会制度规定。

二、检查发现的主要问题

（一）预算执行中存在的主要问题。

1. 所属外资中心、计算中心、科研所、培训中心未将事业收入、其他收入等编入2016年度部门预算，2016年4家单位取得事业收入、其他收入等470.98万元。

2.2016年，所属科研所、计算中心、培训中心、外资中心在人员经费安排不足的情况下，在公用经费或项目支出中列支人员经费472.87

万元。

（二）其他方面问题。

1.2012年7月，审计署本级金审工程二期工程已竣工验收，至2016年底实际完成投资23768.93万元，至今未按规定办理竣工财务决算，未按暂估价计入固定资产。

2.所属计算中心、培训中心未及时清理往来款项，涉及金额234.02万元。

三、检查处理情况

对上述问题，检查组已按规定出具了检查报告。对预算编制不完整问题，要求完整编制预算；对使用公用经费等列支人员经费问题，要求严格按预算法及相关规定执行，同时商财政部解决人员经费不足问题；对金审工程二期工程未按规定办理竣工财务决算、未按暂估价计入固定资产问题，要求尽快办理竣工财务决算，并按规定计入固定资产；对往来款项未及时清理问题，要求及时清理，并按规定进行处理。

四、检查发现问题的整改情况

对检查发现的问题，审计署正在积极组织整改。具体整改结果由审计署向社会公告。

中华人民共和国审计署审计结果公告（2017年第6号）

158个贫困县扶贫审计结果

（2017年6月23日公告）

为深入贯彻落实中央扶贫开发工作会议精神和《中共中央　国务院关于打赢脱贫攻坚战的决定》《国务院关于印发“十三五”脱贫攻坚规划的通知》，审计署持续跟踪审计全国精准扶贫、精准脱贫政策措施落实和扶贫资金管理使用情况，2017年1月至3月，组织相关特派办与地方审计机关，重点对20个省（自治区、直辖市）158个国家扶贫开发工作重点县和集中连片特困地区县进行了审计。现将审计结果公告如下：

一、基本情况和取得的主要成效

本次审计重点检查了这些地方2016年扶贫政策措施落实和扶贫资金管理使用情况，根据需要追溯以前年度或延伸调查相关单位，走访调查了1.66万个贫困家庭，并结合预算执行审计检查有关主管部门落实脱贫攻坚任务情况。审计重点抽查扶贫资金336.17亿元，占有关部门和地方同期投入财政扶贫资金的44.05%，涉及1216个乡镇、3461个行政村和2508个单位。总体上看，各地方各部门积极贯彻落实党中央、国务院精准扶贫、精准脱贫决策部署，将脱贫攻坚作为重大政治任务、发展任务和民生任务，逐层逐级传导压力、压实责任，五级书记抓扶贫、各方合力攻坚的氛围初步形成，脱贫攻坚取得明显成效，2016年全国农村贫困人口减少1240万人，贫困发生率下降到4.5%，贫困地区农村居民收入增幅高于全国平均水平，贫困群众生活水平明显提高，贫困地区经济社会发展面貌明显改善。

（一）加强建档立卡管理，夯实脱贫攻坚基础。各地在以往工作的基础上，开展建档立卡“回头看”，进村入户进行摸底排查。2016年，全国共剔除识别不精准人口900多万，补录新识别贫困人口800多万，严肃查处建档立卡中弄虚作假、失职渎职、优亲厚友等行为，贫困人口识别精准度进一步提高。

（二）强化扶贫规划引领，加大扶贫开发投入。各地结合本地实际制定“十三五”脱贫攻坚规划和年度计划，建立了包括各项配套文件在内的“1+N”精准扶贫精准脱贫政策体系和制度体系。各级财政不断加大扶贫开发投入力度，围绕扶贫规划推进财政涉农资金统筹整合使用试点，撬动金融资本和社会帮扶资金投入，进一步保障了脱贫攻坚资金需要。

（三）深化扶贫领域改革，不断创新工作举措。各地注重因地制宜，分类施策，积极探索资产收益扶贫等扶贫资金投入使用新模式，完善龙头企业、合作社与贫困对象利益联结机制，激发贫困对象内生动力，增强贫困地区和贫困对象“造血”能力，打造了具有各地特色和亮点的脱贫攻坚模式。

（四）加大扶贫监管力度，规范资金管理使用。各地建立健全考核问责、督查巡查和第三方评估等机制，推动各地方各部门在脱贫攻坚中认真履职尽责，从严惩治扶贫领域违纪违法问题。扶贫资金监管力度不断加大，管理使用不断规范。审计查出违纪违规、闲置浪费等问题金额占抽查资金的比例，从2012年的36.3%下降到2015年的25.8%，本次审计查出问题的比例降至7.93%，涉及金额26.65亿元。

二、审计发现的主要问题

本次审计发现，扶贫资金在地方具体使用中尚需进一步精准聚焦，个别地方存在扶贫举措不实等问题。主要是：

（一）精准识别等基础工作还不够扎实。审计发现，有105个县的11.34万名建档立卡贫困人口基本信息不准确或未及时更新，有的已置办高档轿车、商品房等未及时退出，个别村干部在建档立卡中优亲厚友，通过分户拆户等方式将不符合条件的亲属纳入建档立卡对象，以此享受帮扶政策。审计抽查19个县已脱贫人口发现，存在将预期收益、临时性补贴、救助款计入家庭收入，或义务教育、基本医疗和住房安全“三保障”未落实等情况，涉及1.7万人。

（二）教育、健康等精准扶贫政策措施落实还不到位。

一是由于扶贫措施与困难学生资助、医疗、低保等政策衔接不够或数据不共享等原因，43个县的2.99万名建档立卡贫困家庭子女、农村低保子女等生活困难学生未能按规定享受国家助学金及寄宿生补贴等教育扶贫资助；54个县向贫困人口倾斜的医疗救助政策落实不到位，未实现“一站式”信息交换和即时结算，或新农合参保贫困人口未能按规定享受财政补贴；58个县金融扶贫贷款投放缓慢或投向不精准，部分贫困户未能按规定享受贷款利率优惠和贴息补助，信贷资金未能充分发挥支持贫困对象发展生产和就业创业的作用，涉及贷款本金和贴息资金22.12亿元。

二是50个县256个易地扶贫搬迁项目因乡镇政府、主管部门等工作不到位、执行政策不严格，存在搬迁对象不够精准、前期论证不充分等，造成选址不科学、后期帮扶措施或配套设施滞后、超标准建设增加贫困群众负担等问题。

三是8个县的111个以工代赈项目因投向的基础设施建设项目机械化程度高，加之管理不到位等，未实现吸纳当地贫困农民参加工程建设并获取劳务报酬直接增加收入的政策目标。

（三）贫困县涉农资金统筹整合使用试点工作有待加强，19.54亿元扶贫资金长时间闲置。抽查的158个县中，有119个县财政涉农资金统筹整合试点推进慢，未能按要求及时出台试点方案，或基本还按原渠道、原方式分头申报、实施和管理，一些地方纳入统筹整合的资金不完整、拨付不及时、项目审批权未按要求完全下放到县。由于统筹整合使用不到位等原因，84个县形成闲置资金19.54亿元，有6.23亿元已闲置2年以上未能盘活统筹使用。

（四）扶贫资金阳光化管理要求未能有效落实，日常监管不到位，发生骗取套取、违规使用、借机牟利等问题3.81亿元。审计抽查41个县347个村的568个扶贫项目公示公开不到位或流于形式，不利于保障群众知情权、监督权。加之日常监管不到位、不严格，有75个县的1782个单位和个人通过骗取套取、重复申报等方式违规获得扶贫资金1.33亿元；有40个县的133个部门和单位违规将1.59亿元扶贫经费用于市政建设、弥补经费等非扶贫支出；有28个县的87个单位和个人利用职权在扶贫工作中违反规定获取收入或借机牟取私利8842.58万元。

（五）扶贫项目实施中因脱离实际等未实现预期效果，涉及资金3.3亿元。其中：53个县的189个扶贫项目因脱离当地实际或市场需求、建设缺乏有效质量控制、轻后期管护等，建成后闲置废弃、改作他用或项目失败，无法实现预期扶贫效果，涉及扶贫资金1.41亿元，部分已形成损失浪费；24个县的56个扶贫项目集中在龙头企业和合作社，未落实利益联结机制带动贫困群众增收脱贫，涉及扶贫资金5643.68万元；32个县的81个扶贫项目未充分瞄准建档立卡对象，有的“大水漫灌”或简单平均发钱发物，涉及扶贫资金1.33亿元。

此外，审计还发现86个县存在扶贫项目实施中违反政府采购或招投标规定、施工管理不规范，以及使用个人账户管理扶贫资金、虚列支出等项目建设管理和财务核算方面的问题 15.39 亿元。

三、审计处理和整改情况

以上审计查出的问题，审计署和地方审计机关已依法出具审计报告，提出处理意见，并要求有关地方政府在整改期限截止后依法向社会公告整改结果。审计发现的一些基层部门在扶贫工作中失职渎职造成财政资金损失流失，个别基层干部利用管理扶贫资金项目的便利牟取私利、侵害群众利益等违纪违法问题线索，已经或正在依法移送有关部门进一步调查处理。审计提出问题后，有关部门和地方高度重视，目前已追回或盘活扶贫资金 6.48 亿元，促进扶贫政策落实和完善规章制度 42 项，44 人受到处理处分。审计署将继续跟踪后续整改情况，进一步督促审计发现问题整改到位。

附件：1. 审计抽查的 158 个贫困县名单

2. 扶贫审计发现的违法违规、闲置浪费、管理不规范问题汇总表

附件 1：

审计抽查的 158 个贫困县名单

省份	贫困县名称	省份	贫困县名称
安徽省	砀山县	吉林省	安图县
	阜南县		大安市
	舒城县		和龙市
	望江县		靖宇县
	颍上县		龙井市
甘肃省	宕昌县		通榆县
	东乡县		汪清县
	景泰县		镇赉县
	静宁县	江西省	广昌县
	岷县		莲花县
	清水县		鄱阳县
	武山县		上犹县
	庄浪县		遂川县

（续表）

省份	贫困县名称	省份	贫困县名称
广西壮族自治区	大化县	内蒙古自治区	喀喇沁旗
	都安县		武川县
	凤山县		库伦旗
	靖西市		察哈尔右翼后旗
	隆安县		苏尼特右旗
	马山县	宁夏回族自治区	海原县
	田东县		泾源县
贵州省	从江县		隆德县
	大方县		彭阳县
	罗甸县		同心县
	普安县		西吉县
	务川县		盐池县
海南省	白沙县		原州区
	保亭县	青海省	大通县
	临高县		刚察县
	琼中县		贵南县
	五指山市		化隆县
河北省	大名县		湟源县
	隆化县		湟中县
	南皮县		循化县
	平山县	山西省	代县
	青龙县		方山县
	唐县		吉县
	望都县		静乐县
	威县		娄烦县
	魏县		平顺县
	武邑县		阳高县
	赞皇县		右玉县
	张北县	陕西省	扶风县
河南省	封丘县		汉滨区
	民权县		绥德县
	宁陵县		西乡县
	平舆县		洋县
	睢县		柞水县
	虞城县		周至县
	柘城县		紫阳县

（续表）

省份	贫困县名称
黑龙江省	抚远市
	桦川县
	克东县
	林甸县
	龙江县
	明水县
	延寿县
湖北省	建始县
	罗田县
	南漳县
	通城县
	孝昌县
	阳新县
	郧西县
	长阳县
湖南省	安仁县
	保靖县
	茶陵县
	洞口县
	凤凰县
	会同县
	靖州县
	涟源市
	泸溪县
	平江县
	绥宁县
	武冈市
	新邵县
	新田县
	宜章县
四川省	苍溪县
	丹巴县
	九寨沟县
	平昌县
	平武县
	屏山县
	万源市
	叙永县
	仪陇县
云南省	耿马县
	景谷县
	泸西县
	勐腊县
	南华县
	施甸县
	砚山县
重庆市	城口县
	丰都县
	奉节县
	开州区
	彭水县
	黔江区
	石柱县
	万州区
	巫山县
	巫溪县
	武隆区
	秀山县
	酉阳县
	云阳县

附件2：

扶贫审计发现的违法违规、闲置浪费、管理不规范问题汇总表

单位：万元

抽审县	骗取套取、违规使用、借机牟利等违法违规问题	资金长时间闲置问题	扶贫项目因脱离实际等未实现预期效果问题	扶贫项目建设和财务核算管理不规范问题
砀山县			60.00	
阜南县	19.46			13726.80
舒城县	3.80	621.28		
望江县		412.93		
颍上县		779.17		3700.00
宕昌县	191.83	1488.03		1565.05
东乡县	185.33	5464.73	1540.00	2272.60
景泰县	290.00		543.60	
静宁县	21.15			1038.83
岷县		1745.57		6.00
清水县		349.14		
武山县	5.07	4535.00	634.25	
大化县	31.60		47.10	18199.45
都安县	11.00			
凤山县	1850.05		178.37	44.35
靖西市	461.28			373.43
隆安县			397.26	
马山县	751.88		73.01	70.39
田东县	41.88		30.00	
从江县	694.84	550.80		
大方县		15878.85	21.00	
罗甸县		37.28		1875.62
普安县	52.80			368.71
务川县	545.78		1469.04	311.10
白沙县			157.63	624.98
保亭县	3.57		11.00	
临高县	111.23			59.10
琼中县		1021.60		
五指山市			34.65	3.57
大名县	140.28	2031.58	18.95	319.89

（续表）

抽审县	骗取套取、违规使用、借机牟利等违法违规问题	资金长时间闲置问题	扶贫项目因脱离实际等未实现预期效果问题	扶贫项目建设和财务核算管理不规范问题
南皮县	38.40			
平山县		94.00	118.30	
青龙县	54.00		37.00	
唐县	63.91	681.13	489.00	
望都县		50.00		
威县	4.62	1117.00		97.14
魏县	101.71	8234.38	36.00	
武邑县		701.61		83.93
赞皇县	447.00		105.90	268.57
张北县	7.15			
民权县		154.00		
宁陵县		3257.14		289.12
平舆县	9.99			
柘城县		1628.00		
黑龙江省扶贫办		458.20		
抚远市			483.64	580.00
桦川县	139.90	1188.00		1390.06
克东县	260.83		539.70	749.90
林甸县	47.37	126.92	538.00	
龙江县		3223.59	28.67	
明水县	44.66			48.00
延寿县		146.93	134.50	
建始县	3.60			
罗田县		143.04	73.38	
南漳县				615.63
通城县	468.06			
孝昌县	56.90	24661.83		
阳新县			13.00	
郧西县		2091.35		
长阳县		1128.90		
安仁县	11.00	203.93	106.00	
保靖县	2.79	207.07		626.36
茶陵县	1312.40	1603.00	45.50	834.32
洞口县	17.13	870.70	123.65	

（续表）

抽审县	骗取套取、违规使用、借机牟利等违法违规问题	资金长时间闲置问题	扶贫项目因脱离实际等未实现预期效果问题	扶贫项目建设和财务核算管理不规范问题
凤凰县	378.43	380.00	6697.68	150.00
会同县		1428.29	181.14	3307.30
靖州县	154.25			
涟源市	263.59	2234.13		1687.46
泸溪县			77.78	596.70
平江县	267.10		1390.00	
绥宁县	142.47	241.00	52.00	231.75
武冈市	516.09	970.00	1281.50	670.26
新邵县	131.81	76.00	933.92	
新田县	230.62	2101.37	1298.00	159.14
宜章县	58.00	1721.50	—	8145.63
安图县		288.00		
大安市		1063.42		
和龙市			3.80	
靖宇县	8.76		555.00	114.45
龙井市		289.49	49.00	
通榆县	1.67			1524.43
镇赉县			230.00	
广昌县	315.21	2829.80		667.50
莲花县	65.00		75.95	614.50
鄱阳县	295.30	1848.30	31.60	190.00
上犹县	16.86			
遂川县	1.25			
察哈尔右翼后旗	618.67		164.69	1291.94
喀喇沁旗	11.98	572.00		8.50
库伦旗	205.04	653.15	9.69	
苏尼特右旗	938.50	870.65	28.36	64.64
武川县	6.60	605.23	192.05	2009.33
海原县		3945.40		
泾源县		110.00	2273.84	601.56
隆德县		3592.48		2080.04
彭阳县				25.00
同心县	3.94	3851.51	43.20	361.20
西吉县		4440.38		

（续表）

抽审县	骗取套取、违规使用、借机牟利等违法违规问题	资金长时间闲置问题	扶贫项目因脱离实际等未实现预期效果问题	扶贫项目建设和财务核算管理不规范问题
盐池县				2.63
原州区	1035.00			
大通县			636.50	
刚察县				50.00
贵南县				80.64
化隆县		2386.29		
湟中县	5.50	2921.57		
循化县	812.11			1564.58
代县	254.62		60.40	16.87
方山县	71.33	336.89	811.37	30.10
吉县	111.10	1633.43		
静乐县				5637.23
娄烦县			214.11	2397.72
平顺县	203.00		197.40	200.00
阳高县		41.30		1518.00
右玉县		50.00	268.20	935.00
汉滨区	77.21	1425.48		1615.31
绥德县			4.14	199.69
西乡县	116.15	3410.00		1746.09
柞水县	5.00			510.00
周至县	41.58		21.00	20.00
紫阳县	0.28		—	6295.68
四川省扶贫基金会等	117.41			342.98
苍溪县	3004.42	1271.45	248.50	2688.14
丹巴县				2557.23
九寨沟县		2296.39	100.00	
平昌县	414.38		91.72	6462.79
平武县				478.75
屏山县	9.34		11.14	
万源市		1010.66	10.00	
叙永县	48.10	2169.59		820.00
仪陇县	5075.65	710.00	803.59	676.90
云南省扶贫办	235.31			

（续表）

抽审县	骗取套取、违规使用、借机牟利等违法违规问题	资金长时间闲置问题	扶贫项目因脱离实际等未实现预期效果问题	扶贫项目建设和财务核算管理不规范问题
耿马县	124.69	3312.60	2215.00	
景谷县				16587.93
泸西县	20.00	87.70	180.00	
勐腊县	5.07	4298.46	8.19	1721.90
南华县		22967.69	—	
施甸县	105.18	525.33	1021.24	
砚山县		2430.64	—	1749.00
城口县	621.01			2174.52
丰都县	372.98	452.56	84.65	
奉节县	176.46		56.50	524.17
开州区	2642.64		120.00	11771.56
彭水县	199.92		153.70	790.00
黔江区	4176.76	258.03	310.00	538.35
石柱县	292.02	243.17	214.96	1042.46
万州区	86.07	110.00	412.85	
巫山县	357.37	2114.72	60.00	270.38
巫溪县	59.32		30.08	57.81
武隆区	26.11			205.00
秀山县	3387.02	3694.50	20.00	4341.14
酉阳县	515.78	13110.90	1010.00	708.00
云阳县	137.19	1106.11		

中华人民共和国审计署审计结果公告（2017年第7号）

2016年保障性安居工程跟踪审计结果

（2017年6月23日公告）

为促进党中央、国务院关于保障性安居工程政策的全面贯彻落实，2016年12月至2017年3月，审计署组织地方各级审计机关对2016年全国保障性安居工程（含公共租赁住房、经济适用住房、限价商品住房等保障性住房和各类棚户区改造、农村危房改造，以下统称安居工程）及配套基础设施的计划、投资、建设、分配、运营等情况进行了审计，重点审计了安居工程项目1.72万个，并对15.39万户农村危房改造家庭做了入户调查。现将审计结果公告如下：

一、基本情况和取得的主要成效

根据有关部门的数据，2016年，全国各级财政共筹集安居工程资金7549.75亿元（其中中央财政2377.37亿元），项目单位等通过银行贷款、发行企业债券等社会融资方式筹集安居工程资金20264.95亿元；全国棚户区改造、农村危房改造分别开工606.09万套、386.65万户，棚户区改造和公共租赁住房（以下简称公租房）基本建成658.58万套，分别完成当年目标任务的100.89%、123.14%和175.76%。

从审计情况看，地方各级政府和相关部门积极贯彻党中央、国务院决策部署，加快推进城镇棚户区和城乡危房改造及配套基础设施建设，对改善困难家庭住房条件、推进新型城镇化建设等发挥了重要作用。

（一）棚户区改造工作进一步推进，有序推动了新型城镇化建设。2016年，各地通过加强棚户区改造目标责任管理、推进政府购买服务和因地制宜推行货币化安置等措施，加大房源筹集和交付使用力度。全年完成棚户区拆迁面积5.15亿平方米，基本建成棚改安置住房526.57万套，签订征收补偿协议430.14万户，同步建设安置住房小区水电气热、通信等市政基础设施及配套公共服务设施，使棚户区设施老旧落后的状况得到改善，促进了城市转型升级和新型城镇化建设。

（二）城镇住房保障方式进一步优化，有效缓解了住房供需矛盾。2016年，各地通过推进公租房货币化等方式，提高住房保障资源配置效率，加大对城市困难群体的住房保障力度，全年基本建成公租房132.01万套，新增分配266.31万套，新增发放租赁补贴33.9万户，较好保障了城镇中低收入家庭、新就业无房职工和在城镇稳定就业的外来务工人员的住房需求，缓解了住房供需矛盾。

（三）农村居民住房安全进一步保障，有力促进了精准脱贫攻坚。2016年，各地通过加大财政资金支持力度、探索金融扶持机制、推广先进改造技术等方式，以建档立卡贫困户、低保户、农村分散供养特困人员和贫困残疾人家庭为重点积极推进农村危房改造工作，农村危房改造全年新开工386.65万户、竣工330.99万户，让更多农村居民住上了安全住房，为完成稳步实现农村贫困人口住房安全有保障的目标任务奠定了基础。

（四）安居工程直接投资进一步加大，有力促进了经济平稳健康发展。2016年，各地通过创新棚户区改造融资方式、增加专项建设基金和信贷资金投放规模等措施，保障安居工程及配套基础设施建设资金需求，安居工程筹集资金规模同比增长36.62%；当年城镇安居工程完成投资1.66万亿元、竣工2.28亿平方米，带动了房屋建筑和市政基础设施上下游相关产业的投资，对拉动消费、扩大就业、促进经济平稳健康发展发挥了积极作用。

二、审计发现的主要问题

（一）部分资金管理使用不严格。有10.31亿元安居工程资金（含农村危房改造资金466.58万元）被违规用于商品房开发、弥补办公经费、出借等；有4.21亿元安居工程资金（含农村危房改造资金640.8万元）被通过提供虚假资料、重复申报等方式套取骗取或侵占；有13.67亿元住房公积金增值收益余额未按规定上缴财政或统筹用于安居工程。

（二）部分工程项目建设管理不严格。有12.87万套基本建成的住房因配套基础设施建设滞后，搁置1年以上无法交付使用；有744个项目未严格执行设计、施工等招投标规定；有333个项目未严格执行监理、建筑强制性标准等要求，部分项目存在屋顶渗漏、墙面开裂等质量缺陷。

（三）部分住房分配使用管理不到位。一些地方对保障对象的资格审核和后续监管不到位，有2.96万户不符合条件家庭违规享受城镇住房保障货币补贴2244.53万元、保障性住房1.57万套；有2.53万户不符合条件家庭违规享受农村危房改造补助资金1.39亿元；有3.36万户不再符合条件的家庭未及时退出，违规享受住房2.63万套、补贴1197.44万元；有5949套住房被违规转借、出租、销售或用于办公经营；有27.24万套住房因位置偏远、户型设计不合理等，已办理竣工验收备案但空置超过1年。

（四）部分地区相关政策措施落实不到位。有288个项目存在未按规定实施政府购买服务、未严格执行政府采购程序等问题；有30个市县未将购买棚改服务资金列入财政预算予以保障；因安居工程资金筹集拨付与建设进度不匹配等，有532.3亿元专项资金（含农村危房改造资金6.46亿元）超过1年未及时安排使用，其中321.49亿元（占60%）通过贷款、债券等筹集；有411个项目被违规征收或少征收税费6.87亿元。

三、审计处理和初步整改情况

对上述问题，地方各级审计机关已依法出具审计报告、提出处理意见。审计查出的相关涉嫌违纪违法问题线索，已依法移送有关部门进一步调查处理。对审计发现的问题，有关地方高度重视，积极组织整改，截至2017年4月底，已追回被套取挪用、违规享受补助补贴等资金9.05亿元，退还多收取税费1.39亿元，补充安排资金28.56亿元，取消保障资格或调整保障待遇1.91万户，清理收回违规分配使用的住房3183套，已对315名责任人员追究党纪政纪或法律责任。下一步审计署将持续跟踪检查后续整改情况，督促整改到位，具体整改结果将由各省分别组织向社会公告。

附件：审计发现的主要问题及初步整改情况表

附件：

审计发现的主要问题及初步整改情况表

序号	问题类型	单位/项目/保障对象	主要问题	初步整改情况
1	安居工程资金管理使用不严格	普洱市思茅民生置业有限公司	将安居工程银行贷款资金25000万元，出借给房地产开发企业。	已全部归还。
2		盐城市城市资产经营有限公司	将安居工程银行贷款资金18500万元，用于支付其他项目土地价款。	已全部归还。
3		徐州市丰县城市投资发展有限公司	将安居工程企业债券资金12000万元，用于清偿债务。	已全部归还。
4		资阳鑫城房地产开发有限公司	将安居工程银行贷款资金3920万元，出借给其他公司购买厂房。	正在整改中。
5		恩施土家族苗族自治州建始县住房和城乡建设局	将安居工程财政补助资金和银行贷款资金1481.57万元，用于购买商铺。	已全部归还。
6		白山市抚松县棚户区改造领导小组办公室	将安居工程银行贷款资金975万元，出借给房地产开发企业。	正在整改中。
7		开封市尉氏县东湖及周边环境提升改造工程指挥部	将安居工程银行贷款资金609.12万元，用于应由部门预算安排的人员和办公经费、发放津补贴和其他福利支出。	正在整改中。
8		新疆生产建设兵团二师三十七团	将安居工程财政资金600万元，用于团场经营生产。	已全部归还。
9		保定市府河片区拆迁指挥部	将安居工程财政资金118.54万元，用于应由部门预算安排的人员和办公经费。	正在整改中。

（续表）

序号	问题类型	单位/项目/保障对象	主要问题	初步整改情况
10	安居工程资金管理使用不严格	湖州市南浔城南新农村建设投资有限公司	将安居工程财政资金 104.35 万元，用于应由部门预算安排的人员和办公经费、发放津补贴和其他福利支出。	已退还 5.58 万元，其他正在整改中。
11		宝鸡市太白县住房和城乡建设局	克扣应发放给农村危房改造对象的农村危房改造补助资金 82.5 万元。	正在整改中。
12		宿迁市宿城区陈集镇	克扣应发放给农村危房改造对象的农村危房改造补助资金 79.85 万元。	正在整改中。
13		广西百色开发投资集团有限公司	采取商品房项目顶替棚户区改造项目的方式，违规获取安居工程银行贷款资金 5755.45 万元，用于商品房开发建设。	正在整改中。
14		陕西省西咸新区沣东新城管委会	虚报城市棚户区改造项目完成套数共计 4142 套，违规获取棚户区改造奖励资金 2110.13 万元。	正在整改中。
15		巴中经济技术开发区管委会	重复和扩大规模申报公共租赁住房和棚户区改造配套基础设施建设项目，违规获取安居工程财政补助资金 6678.5 万元。	正在整改中。
16		南昌市南昌县河下二期二批安置房等 4 个项目	虚报保障性安居工程住房建设数量 1200 套，违规获取中央补助资金 3600 万元。	正在整改中。
17		岳阳市云溪区部分棚户区改造对象	317 户不符合条件的家庭多获得棚户区改造补助资金 237.75 万元。	正在整改中。
18		延安市延长县部分林业棚户区改造对象	148 户不符合条件的家庭多获得林业棚户区改造补助资金 266.4 万元。	正在整改中。
19		天门市部分棚户区改造对象	87 户棚户区改造对象多获得垦区危房改造补助资金 130.5 万元。	已追回补助资金 12 万元，其他正在整改中。
20		蚌埠市蚌山区部分棚户区改造对象	48 户棚户区改造对象多获得征收补偿款 25.39 万元和安置住房补偿面积 1892.44 平方米。	正在整改中。
21		北京市东城区部分棚户区改造对象	22 户棚户区改造对象多获得征收补偿款 1266.19 万元。	正在整改中。
22		新乡市住房公积金管理中心	未按规定将住房公积金增值收益 11775.38 万元上缴财政统筹用于安居工程。	已全部上缴财政。
23		邵阳市住房公积金管理中心	未按规定将住房公积金增值收益 8529 万元上缴财政统筹用于安居工程。	正在整改中。
24		漳州市住房公积金管理中心	未按规定将住房公积金增值收益 6315.67 万元上缴财政统筹用于安居工程。	已全部上缴财政。
25		绥化市住房公积金管理中心	未按规定将住房公积金增值收益 3401.91 万元上缴财政统筹用于安居工程。	正在整改中。
26		海东市财政局	未按规定将住房公积金增值收益 703.42 万元统筹用于安居工程。	正在整改中。

（续表）

序号	问题类型	单位/项目/保障对象	主要问题	初步整改情况
27	安居工程项目建设管理不严格	昆明市轿子雪山旅游开发区、阳宗海风景名胜区公共租赁住房等项目	因配套基础设施建设滞后导致已基本建成1年以上的住房无法交付使用，涉及住房3572套。	正在整改中。
28		阜阳市阜南县民安花园公共租赁住房项目	因配套基础设施建设滞后导致已基本建成1年以上的住房无法交付使用，涉及住房2772套。	正在整改中。
29		达州市达川区陶家沟公共租赁住房项目	因配套基础设施建设滞后导致已基本建成1年以上的住房无法交付使用，涉及住房2000套。	正在整改中。
30		朔州市平鲁区善学小区城市棚户区改造项目	因配套基础设施建设滞后导致已基本建成1年以上的住房无法交付使用，涉及住房1931套。	正在整改中。
31		抚州市崇仁县温州产业园公共租赁住房项目	因配套基础设施建设滞后导致已基本建成1年以上的住房无法交付使用，涉及住房1862套。	已分配住房1430套，其他正在整改中。
32		四川自贡汇东发展股份有限公司	自贡市汇福苑安居工程项目施工未按规定履行招投标程序。	正在整改中。
33		莆田市涵江区交通建设投资有限公司	莆田高新技术面板棚户区改造项目工程设计未按规定履行招投标程序。	正在整改中。
34		黔西南布依族苗族自治州兴仁县2016年屯脚镇城市棚户区综合整治项目	2016年屯脚镇城市棚户区综合整治项目施工未按规定履行招投标程序。	正在整改中。
35		韶关市仁化县晟泰房地产开发有限公司	韶关市仁化县棚户区改造项目（晟泰花园一期）施工、监理未按规定履行招投标程序。	正在整改中。
36		仙桃市2016年保障性安居工程项目	部分住房外墙保温层未按设计要求实施。	正在整改中。
37	住房分配使用管理不到位	新余市部分城镇住房保障对象	个人申报材料不实，相关部门审核把关不严，323户不符合保障条件家庭违规享受住房保障待遇，其中169户享受租赁补贴31.93万元，154户享受公共租赁住房实物配租。	正在整改中。
38		六安市裕安区部分城镇住房保障对象	个人申报材料不实，相关部门审核把关不严，266户不符合保障条件家庭违规享受公共租赁住房实物配租。	正在整改中。
39		金华市部分城镇住房保障对象	个人申报材料不实，相关部门审核把关不严，254户不符合保障条件家庭违规享受住房保障待遇，其中40户享受租赁补贴17.14万元，214户享受公共租赁住房实物配租。	已全部取消保障资格或调整保障待遇，收回补贴2.19万元，其他正在整改中。
40		红河哈尼族彝族自治州红河县部分城镇住房保障对象	个人申报材料不实，相关部门审核把关不严，224户不符合保障条件家庭违规享受住房保障待遇，其中3户享受租赁补贴1.06万元，221户享受公共租赁住房实物配租。	正在整改中。

（续表）

序号	问题类型	单位/项目/保障对象	主要问题	初步整改情况
41	住房分配使用管理不到位	长垣县部分城镇住房保障对象	个人申报材料不实，相关部门审核把关不严，197户不符合保障条件家庭违规享受住房保障待遇，其中41户享受租赁补贴6.79万元，156户享受公共租赁住房实物配租。	已取消187户保障资格，收回补贴6.23万元，收回住房156套，其他正在整改中。
42		双鸭山市部分城镇住房保障对象	个人申报材料不实，相关部门审核把关不严，177户不符合保障条件家庭违规享受租赁补贴18.67万元。	正在整改中。
43		桂林市部分城镇住房保障对象	个人申报材料不实，相关部门审核把关不严，173户不符合保障条件家庭违规享受住房保障待遇，其中118户享受租赁补贴14.38万元，55户享受公共租赁住房实物配租。	已取消118户保障资格，收回补贴8.99万元，收回住房3套，其他正在整改中。
44		运城市芮城县部分城镇住房保障对象	个人申报材料不实，相关部门审核把关不严，168户不符合保障条件家庭违规取得住房保障资格。	已取消168户保障资格。
45		永州市部分城镇住房保障对象	个人申报材料不实，相关部门审核把关不严，153户不符合保障条件家庭违规享受公共租赁住房实物配租。	正在整改中。
46		延边朝鲜族自治州安图县部分城镇住房保障对象	个人申报材料不实，相关部门审核把关不严，139户不符合保障条件家庭违规享受住房保障待遇，其中108户享受租赁补贴16.37万元，31户享受公共租赁住房实物配租。	正在整改中。
47		承德市丰宁满族自治县部分享受农村危房改造补助对象	个人申报材料不实，相关部门审核把关不严，681户不符合条件家庭取得农村危房改造资格，其中3户获得补助资金1.95万元。	已重新审核并取消681户保障资格，追回补助资金1.95万元。
48		汕尾市部分享受农村危房改造补助对象	个人申报材料不实，相关部门审核把关不严，222户不符合条件家庭取得农村危房改造资格。	正在整改中。
49		云浮市罗定市部分享受农村危房改造补助对象	个人申报材料不实，相关部门审核把关不严，203户不符合条件家庭取得农村危房改造资格，其中31户获得补助资金67.8万元。	已追回其中5户的补助资金9万元，其他正在整改中。
50		鄂尔多斯市东胜区部分享受农村危房改造补助对象	个人申报材料不实，相关部门审核把关不严，162户不符合条件家庭取得农村危房改造资格，其中9户获得补助资金19.35万元。	正在整改中。
51		三明市尤溪县部分享受农村危房改造补助对象	个人申报材料不实，相关部门审核把关不严，134户不符合条件家庭取得农村危房改造资格。	已重新审核并取消134户保障资格。
52		文昌市部分享受农村危房改造补助对象	个人申报材料不实，相关部门审核把关不严，104户不符合条件家庭取得农村危房改造资格，获得补助资金66万元。	已重新审核并取消104户保障资格，追回补助资金57.9万元，其他正在整改中。

（续表）

序号	问题类型	单位/项目/保障对象	主要问题	初步整改情况
53	住房分配使用管理不到位	银川市部分城镇住房保障对象	保障对象动态管理不到位，退出机制不健全，583户不再符合保障条件家庭未及时退出，其中559户违规享受住房租赁补贴21.66万元，24户享受公共租赁住房实物配租24套。	已对568户取消保障资格或调整保障待遇，收回补贴20.08万元，收回住房13套，其他正在整改中。
54		淮北市部分城镇住房保障对象	保障对象动态管理不到位，退出机制不健全，492户不再符合保障条件家庭未及时退出，违规享受公共租赁住房实物配租492套。	已通过市场化缴纳租金、退租另行分配等方式整改471户，其他正在整改中。
55		鹰潭市部分城镇住房保障对象	保障对象动态管理不到位，退出机制不健全，462户不再符合保障条件家庭未及时退出，其中64户违规享受住房租赁补贴6.16万元，398户享受公共租赁住房实物配租398套。	正在整改中。
56		内江市部分城镇住房保障对象	保障对象动态管理不到位，退出机制不健全，294户不再符合保障条件家庭未及时退出，其中44户违规享受住房租赁补贴3.14万元，250户享受公共租赁住房实物配租250套。	正在整改中。
57		鞍山市海城市部分城镇住房保障对象	保障对象动态管理不到位，退出机制不健全，289户不再符合保障条件家庭未及时退出，违规享受公共租赁住房实物配租289套。	正在整改中。
58		济南市部分城镇住房保障对象	保障对象动态管理不到位，退出机制不健全，198户不再符合保障条件家庭未及时退出，违规享受公共租赁住房实物配租198套。	正在整改中。
59		衡阳市部分城镇住房保障对象	保障对象动态管理不到位，退出机制不健全，185户不再符合保障条件家庭未及时退出，违规享受住房租赁补贴22.53万元，享受公共租赁住房实物配租109套。	正在整改中。
60		保定市清苑区部分城镇住房保障对象	保障对象动态管理不到位，退出机制不健全，178户不再符合保障条件家庭未及时退出，违规享受公共租赁住房实物配租178套。	正在整改中。
61		忻州市部分城镇住房保障对象	保障对象动态管理不到位，退出机制不健全，162户不再符合保障条件家庭未及时退出，其中52户违规享受住房租赁补贴11.04万元，106户享受公共租赁住房实物配租106套，4户享受经济适用住房4套。	已取消6户保障资格，其他正在整改中。
62		龙岩市连城县部分城镇住房保障对象	保障对象动态管理不到位，退出机制不健全，152户不再符合保障条件家庭未及时退出，违规享受公共租赁住房实物配租152套。	正在整改中。
63		辽源市部分城镇住房保障对象	保障对象动态管理不到位，退出机制不健全，141户不再符合保障条件家庭未及时退出，违规享受公共租赁住房实物配租141套。	正在整改中。

（续表）

序号	问题类型	单位/项目/保障对象	主要问题	初步整改情况
64	住房分配使用管理不到位	重庆市开州区部分城镇住房保障对象	保障对象动态管理不到位，退出机制不健全，124户不再符合保障条件家庭未及时退出，违规享受公共租赁住房实物配租124套。	已取消85户保障资格，收回住房116套，其他正在整改中。
65		西宁市城中区部分城镇住房保障对象	保障对象动态管理不到位，退出机制不健全，120户不再符合保障条件家庭未及时退出，其中87户违规享受住房租赁补贴，33户享受公共租赁住房实物配租33套。	已取消87户保障资格，收回住房2套，其他正在整改中。
66		江门市部分城镇住房保障对象	保障对象动态管理不到位，退出机制不健全，75户不再符合保障条件家庭未及时退出，其中2户违规享受住房租赁补贴0.26万元，73户享受公共租赁住房实物配租73套。	已清退并收回住房15套，其他正在整改中。
67		上海市浦东新区部分城镇住房保障对象	保障对象动态管理不到位，退出机制不健全，52户不再符合保障条件家庭未及时退出，其中9户违规享受住房租赁补贴9.11万元，43户违规享受公共租赁住房实物配租43套。	已收回补贴4.4万元，其他正在整改中。
68		天津市部分城镇住房保障对象	保障对象动态管理不到位，退出机制不健全，24户不再符合保障条件家庭未及时退出，违规享受住房租赁补贴15.59万元。	已取消24户保障资格，其他正在整改中。
69		普洱市公共租赁住房项目	144套公共租赁住房以“长期出租”形式向社会销售。	正在整改中。
70		连云港市棚改安置房项目	126套棚改安置房作为商品房面向社会销售。	正在整改中。
71		黔西南布依族苗族自治州公共租赁住房项目	73套公共租赁住房被政府部门、企事业单位用于办公。	正在整改中。
72		温州市经济适用住房项目	72套经济适用住房被保障对象违规出租。	正在整改中。
73		佳木斯市松桦小区公共租赁住房项目	因位置偏远等原因导致已办理竣工验收备案的保障性住房空置1年以上，涉及住房1925套。	正在整改中。
74		泰州市泰和园经济适用房项目	因位置偏远等原因导致已办理竣工验收备案的保障性住房空置1年以上，涉及住房1097套。	正在整改中。
75		沧州市部分保障性住房项目	因户型结构与居住需求不匹配等原因导致已办理竣工验收备案的保障性住房空置1年以上，涉及住房143套。	已全部重新审核并对符合条件家庭进行分配。
76	安居工程相关政策措施落实不到位	洛阳市伊滨区10个棚户区改造项目	2016年新开工的10个棚户区改造项目未按规定实施政府购买服务，涉及棚改安置住房16750套。	正在整改中。
77		乌兰察布市集宁区沙河综合治理及南北两侧棚户区改造项目	2016年新开工的棚户区改造项目未按规定实施政府购买服务，涉及棚改安置住房4300套。	正在整改中。

（续表）

序号	问题类型	单位/项目/保障对象	主要问题	初步整改情况
78	安居工程相关政策措施落实不到位	佛山市禅城区扶西村改造和人豆村改造项目	2016年新开工的2个棚户区改造项目未按规定实施政府购买服务，涉及棚改安置住房441套。	正在整改中。
79		潍坊市寒亭区三娘庙片区二期等11个棚户区改造项目	购买棚改服务实行公开招标以外的采购方式未按规定履行报批程序，涉及金额258086万元。	正在整改中。
80		洛阳市伊川县城关镇小庄村城中村改造项目	购买棚改服务实行公开招标以外的采购方式未按规定履行报批程序，涉及金额120000万元。	正在整改中。
81		陕西省西咸新区曹家滩村、和兴堡村拆迁及安置项目	购买棚改服务实行公开招标以外的采购方式未按规定履行报批程序，涉及金额89208.11万元。	正在整改中。
82		平凉市崆峒区财政局	未按规定将政府购买棚改服务资金纳入预算管理，涉及金额278611.11万元。	正在整改中。
83		苏州市张家港市财政局	未按规定将政府购买棚改服务资金纳入预算管理，涉及金额73490万元。	正在整改中。
84		枣庄市薛城区财政局	未按规定将政府购买棚改服务资金纳入预算管理，涉及金额47447.23万元。	正在整改中。
85		朝阳市朝阳县财政局	未按规定将政府购买棚改服务资金纳入预算管理，涉及金额38000万元。	正在整改中。
86		九江市庐山市财政局	未按规定将政府购买棚改服务资金纳入预算管理，涉及金额13712.2万元。	正在整改中。
87		宝鸡市扶风县财政局	未按规定将政府购买棚改服务资金纳入预算管理，涉及金额5410万元。	正在整改中。
88		白城市中兴公司	收到的国家开发银行棚户区改造项目贷款资金有83416.82万元至2016年底结存未用已超过1年。	已投入使用44342.11万元，其他正在整改中。
89		昆明安居建设投资有限责任公司	收到的国家开发银行保障性安居工程项目贷款资金有56190.7万元至2016年底结存未用已超过1年。	正在整改中。
90		大连市旅顺口区北海街道办事处	收到的国家开发银行棚户区改造项目贷款资金有37462万元至2016年底结存未用已超过1年。	正在整改中。
91		亳州市利辛县城市建设投资有限公司	收到的国家开发银行等银行的棚户区改造项目贷款资金有27558.69万元至2016年底结存未用已超过1年。	已投入使用6695.7万元，其他正在整改中。
92		通辽市扎鲁特旗鲁峰国有资产发展投资经营有限公司	收到的国家开发银行棚户区改造项目贷款资金有18071.9万元至2016年底结存未用已超过1年。	正在整改中。

（续表）

序号	问题类型	单位/项目/保障对象	主要问题	初步整改情况
93	安居工程相关政策措施落实不到位	毕节市大方县建设投资有限公司	收到的国家开发银行棚户区改造项目贷款资金有11494万元至2016年底结存未用已超过1年。	正在整改中。
94		九江市城市建设投资有限公司	收到的安居工程企业债券资金有125470万元至2016年底结存未用已超过1年。	正在整改中。
95		沧州市财政局	本级财政预算安排的安居工程专项资金有90017.06万元至2016年底结存未用已超过1年。	正在整改中。
96		宁德市财政局	本级财政预算安排的安居工程专项资金有19687.9万元至2016年底结存未用已超过1年。	正在整改中。
97		惠州市龙门县财政局	本级财政预算安排的安居工程专项资金有6446.55万元至2016年底结存未用已超过1年。	正在整改中。
98		新蔡县财政局	收到的安居工程财政补助资金有47506.89万元至2016年底结存未用已超过1年。	正在整改中。
99		庆阳市西峰区财政局	收到的安居工程财政补助资金有39477.98万元至2016年底结存未用已超过1年。	已投入使用10373.86万元，其他正在整改中。
100		十堰市竹山县房管局	收到的安居工程财政补助资金有36887.43万元至2016年底结存未用已超过1年。	正在整改中。
101		湘西土家族苗族自治州吉首市财政局	收到的安居工程财政补助资金有16061.95万元至2016年底结存未用已超过1年。	正在整改中。
102		儋州市财政局	收到的安居工程财政补助资金有4374.76万元至2016年底结存未用已超过1年。	正在整改中。
103		绥芬河市财政局	收到的安居工程财政补助资金有2297.87万元至2016年底结存未用已超过1年。	已投入使用1257.23万元，其他正在整改中。
104		西宁市公共租赁住房发展运营管理公司	收到的安居工程财政补助资金因项目进展缓慢，有17500.81万元至2016年底未投入使用已超过2年。	已投入使用14687.37万元，其他正在整改中。
105		石嘴山市静安房地产开发有限公司	收到的安居工程财政补助资金因项目进展缓慢，有9742万元至2016年底未投入使用已超过2年。	正在整改中。
106		上海市嘉定区财政局、住房保障和房屋管理局	收到的安居工程财政补助资金因项目进展缓慢或实施单位未及时申请拨款，有9107.6万元至2016年底未投入使用已超过2年。	正在整改中。

（续表）

序号	问题类型	单位/项目/保障对象	主要问题	初步整改情况
107	安居工程相关政策措施落实不到位	杭州市余杭区白蚁防治所、散装水泥办公室、发展新型墙体材料办公室	未按规定减免棚户区改造项目白蚁防治费、散装水泥专项资金、新型墙体材料专项基金共计2588.82万元。	正在整改中。
108		合肥高新技术产业开发区管委会、合肥市白蚁防治研究所	未按规定减免南岗科技园第二复建点东组团项目城市基础设施配套费、白蚁防治费共计1782.01万元。	已全部返还。
109		襄阳市谷城县地方税务局	未按规定减免公共租赁住房契税、印花税、城镇土地使用税、房产税共计1635.73万元。	正在整改中。
110		烟台市海阳市住房和规划建设管理局	未按规定减免鲁古埠棚户区改造项目城市基础设施配套费1024.42万元。	已全部返还。
111		梧州市住房和城乡建设委员会、墙体材料改革领导小组办公室等	未按规定减免红岭安置房项目市政配套费、新型墙体材料专项基金、散装水泥专项资金、价格调节基金共计811.07万元。	正在整改中。
112		漳州市东山县城乡规划建设局、人民防空办公室等	未按规定减免东山县城垵新区（二期）项目人防易地建设费、城市道路占用费、城市基础设施配套费、新型建筑材料发展基金、散装水泥专项资金共计286.42万元。	正在整改中。
113		天水市麦积区高铁佳苑棚户区改造项目	未按规定缴纳高铁佳苑棚户区改造项目商业铺面土地出让金1703.19万元。	正在整改中。
114		安康市镇坪县文化中心项目	未按规定缴纳非棚户区改造项目城镇基础设施配套费等348.51万元。	正在整改中。

中华人民共和国审计署审计结果公告（2017年第8号）

涉农水利专项资金审计结果

（2017年6月23日公告）

根据《中华人民共和国审计法》规定，2017年1月至3月，审计署对水利部等部门和河北等18个省（自治区、直辖市，以下统称省）2015年至2016年涉农水利专项资金的分配、管理和使用绩效情况进行了审计。本次审计重点抽查了584.11亿元涉农水利资金和其他相关财政资金，涉及1080个水利项目。现将审计结果公告如下：

一、基本情况和取得的主要成效

（一）大力推进农田水利建设，农业节水能力逐步增强。"十二五"以来，有关部门和地方逐步完善农田灌排体系和运行管理体制机制，新增农田有效灌溉面积8300多万亩，发展高效节水灌溉面积1.11亿亩，新增粮食生产能力250亿公斤。

（二）着力提升农村饮水安全保障水平，农村生活环境逐步改善。全国已解决5.2亿农村居民和4700多万农村学校师生的饮水安全问题，农村饮水安全问题已得到基本解决。2016年，以建档立卡贫困人口为重点，全国启动农村饮水安全巩固提升工程，完成投资240亿元，受益人口3900多万。

（三）积极推进涉农水利资金统筹整合，提升资金和项目管理使用绩效。有关部门按照国务院关于加强涉农资金统筹整合使用的要求，积极研究完善相关制度规定，为涉农资金统筹整合和开展绩效评价提供了制度依据。有关地方大力开展涉农水利资金统筹整合使用，努力提高资金使用绩效。

二、审计发现的主要问题

（一）骗取套取、挤占挪用财政资金和项目建设管理违法违规，涉及金额44.93亿元。

一是有关单位和个人骗取套取涉农水利资金2.17亿元。

二是部分县市和有关单位挤占挪用财政专项资金17.72亿元，用于与民生无关的支出，其中涉农专项资金12.02亿元。

三是部分县市和有关单位在项目建设管理及国有资产处置中存在违法违规问题，涉及金额25.03亿元。

（二）资金闲置和项目推进缓慢，涉及金额199.09亿元。

一是30.02亿元涉农水利资金统筹整合不到位或长时间未使用，其中4.06亿元闲置2年以上。

二是342个项目进展缓慢，涉及投资143.23亿元。

三是部分地方拨付资金不及时、验收不及时和虚报项目建设进度，涉及金额25.84亿元。

（三）涉农水利项目未发挥预期效益和损失浪费，涉及金额20.45亿元。

一是105个项目因建设内容不完整或质量不达标、运行管护不到位，造成项目建成后不能正常使用甚至损失浪费，涉及金额15.01亿元。

二是部分地方的农村饮水安全工程因配套设施未建设等，5.44亿元财政资金未发挥预期效益。

（四）有关部门和地方绩效评价工作开展不到位。

一是发展改革委、财政部和水利部等部门对4类涉农水利资金和项目绩效评价工作开展不到位。

二是部分地方未按规定对2015年度和2016年度江河湖库水系综合整治等涉农水利专项资金开展绩效评价，未利用绩效评价结果分配有关涉农水利专项资金。

此外，本次审计还发现部分地方存在少计提水利建设资金、应缴未缴税费、向企业摊派费用等问题，涉及金额5.97亿元。

三、审计处理情况

对上述问题，审计署已依法出具审计报告，

提出处理意见，对审计发现的涉嫌违纪违法问题线索，已经依法移送有关部门进一步调查处理。审计署将跟踪督促整改，具体整改结果由有关部门和地方向社会公告。

附件：1. 骗取套取财政资金问题的明细情况

2. 挤占挪用财政资金问题的明细情况

3. 项目建设管理及国有资产处置中违法违规问题的明细情况

4. 资金闲置和项目推进缓慢问题的明细情况

5. 项目建成后不能正常使用和损失浪费问题的明细情况

附件1：

骗取套取财政资金问题的明细情况

金额单位：万元

序号	县（市、区）或责任单位	骗取套取财政资金	审核把关不严导致施工单位骗取工程款	超范围发放补助
1	北票市			5.81
2	辉南县		6.84	
3	五常市	3.38	87.78	
4	肇源县	2.96	85.49	
5	盱眙县	5697.88		
6	山东省水利厅	1272.5		456.56
7	连州市		411.21	
8	陆河县	365.82		
9	大新县	119	51.31	
10	重庆市铜梁区水利局、荣昌区水利局	6691		
11	资中县		722.32	
12	南部县	3	96.99	
13	昭通市昭阳区		7.98	
14	酒泉市肃州区		4275.97	
15	武威市凉州区		548.65	
16	青海省水利厅	260.89		
17	民和回族土族自治县	61	459.37	

附件 2：

挤占挪用财政资金问题的明细情况

金额单位：万元

序号	县（市、区）或责任单位	挤占挪用水利资金	国库专项资金余额少于账面金额，部分资金被挪用
1	平山县	26.23	3780.23
2	北票市	28	
3	辽中区团结水库管理处	12.08	
4	辉南县	152.78	
5	五常市	18.85	
6	肇源县	5.87	
7	龙江县	6.21	
8	江苏省水利厅	33606.37	
9	邳州市	38.01	
10	仙桃市	76.2	
11	大新县	283.75	1208
12	巴马瑶族自治县		24113.18
13	东方市		101022.11
14	江津区	181.77	
15	酉阳县	170	
16	资中县	12.68	
17	南部县	11.28	
18	昭通市昭阳区	23.74	
19	华宁县	40	
20	民和回族土族自治县	10422.94	
21	海东市人民政府	2000	

附件 3：

项目建设管理及国有资产处置中违法违规问题的明细情况

金额单位：万元

序号	县（市、区）或责任单位	招投标违法违规	违法转分包等	投资控制不严	违规处置国有资产和财政资金
1	平山县				545
2	深州市	106.66			
3	北票市	269.2			
4	凤城市	111.73			
5	大洼县水利局	196.62			

（续表）

序号	县（市、区）或责任单位	招投标违法违规	违法转分包等	投资控制不严	违规处置国有资产和财政资金
6	辉南县	658.07			
7	梅河口市	1596.8			
8	九台区水利建设办公室	106.91			
9	五常市			301.76	
10	盱眙县	257.19			
11	邳州市	4106.22		52.29	
12	东海县水务局	3693.88			
13	杭州市富阳区	388.3			
14	安吉县	592.98	413	2569.29	
15	山东省水利厅		29495.55		
16	仙桃市	2095.15			
17	枣阳市	970.99			
18	广东省水利厅				1177.03
19	连州市	23400	2100	3094.89	
20	陆河县		9200		3007.45
21	大新县				1489.27
22	东方市		6802.47		
23	江津区	1064.53			534.68
24	酉阳县	5270.84			
25	资中县		242		
26	昭通市昭阳区	286.35			
27	陕西省水利厅	38030.46			
28	户县		1136.04		
29	陕西省东庄水利枢纽建设有限公司			1096.44	
30	陕西省引汉济渭工程建设有限公司			52545.68	
31	甘肃省疏勒河管理局	84.22			
32	甘肃省国有下河清农场	1208.96			
33	甘肃玉门森林水电有限公司		5196.01		
34	民和回族土族自治县	5444.53	37354.27		
35	海东市乐都区	2056.6			

附件4：

资金闲置和项目推进缓慢问题的明细情况

金额单位：万元

序号	县（市、区）或责任单位	统筹整合不到位或长时间闲置		项目进展缓慢	未按规定及时验收	资金拨付不及时	虚报项目建设进度
		资金统筹整合不到位或闲置	其中：闲置2年以上				
1	河北省财政厅、水利厅			21955			
2	河北省财政厅	1513					
3	平山县			2504			159
4	深州市	737		18774.82			
5	山西省水利厅					17845	
6	垣曲县			435			
7	太谷县			7462.1			
8	北票市						1108
9	凌源市水利局						779.1
10	开原市财政局	6222	3000	34.69			
11	铁岭县水利局						745
12	桓仁县水利局			6000			
13	大洼县水利局			528			
14	元宝区人民政府			7350			4586.82
15	喀喇沁左翼蒙古族自治县财政局					1535	
16	辉南县	590.12	201.49				
17	梅河口市			53293			
18	肇东市水务局			611.9			
19	漠河县水务局			2899			
20	邳州市	1228.49	928.49	487	20598.47		
21	东海县水务局	2349		3150			
22	杭州市富阳区	1201.7		7500		1974.58	
23	安吉县	22194.65		56973.56			
24	德清县	13138.68		2953.87			
25	莱芜市莱城区	16124.45		24165			
26	莒南县	32239.38					
27	东平县财政局	1194.18	777.91	33300			
28	仙桃市				2079.7	170.92	
29	枣阳市	1251.41	1251.41	154.88			
30	广东省水利厅	1799.18		561600			

（续表）

序号	县（市、区）或责任单位	统筹整合不到位或长时间闲置		项目进展缓慢	未按规定及时验收	资金拨付不及时	虚报项目建设进度
		资金统筹整合不到位或闲置	其中：闲置2年以上				
31	连州市	2511.92	2511.92				10400
32	陆河县	846.36	846.36				
33	韩江高陂水利枢纽工程建设管理处						40600
34	大新县	6102	6102	18424.32		442.14	
35	巴马瑶族自治县	54390.28	2314.18				
36	扶绥县水利局	5132.25	5132.25				
37	柳州市及相关市县政府			268842			
38	桂林市及相关市县政府			550217.65			
39	河池市发展改革委			860.33			
40	海南省财政厅、水务厅	45554.71				5880	
41	海南省财政厅					7727	
42	乐东黎族自治县	1313.49	1313.49				
43	重庆市水利局			64280.31			
44	江津区	1483.47	1483.47	2984.89			
45	酉阳县	2241	2241				
46	四川省水利厅			154565	123456.61		
47	资中县			3694.84	5259.19	296.18	
48	南部县			40249.9	3255.19	960	
49	昭阳区	13661.79	131.58		8568.51		
50	昭通渔洞水库管理局	60					
51	户县	3398.33					
52	泾阳县	231.49	231.49				
53	陕西省东庄水利枢纽建设有限公司			21543			
54	武威市凉州区			33362.59			
55	甘肃省疏勒河管理局	333.58					
56	甘肃省水务投资有限责任公司	500	500				
57	青海省水利厅	2138	2138	19792			
58	民和回族土族自治县	18413.7		30			
59	海东市人民政府	11391	5000				
60	海东市乐都区	28744.39	4533.62	2873			

附件 5：

项目建成后不能正常使用和损失浪费问题的明细情况

金额单位：万元

序号	县（市、区）或责任单位	建设内容不完整或质量不达标	管护不到位	损失浪费	农村饮水安全工程效果不佳
1	平山县	120			3237
2	深州市	368.36			13.14
3	北票市	1293			
4	凤城市			913.94	
5	开原市财政局	859			
6	铁岭县财政局	1249			
7	灯塔市财政局	13320			
8	吉林省财政厅	18128			
9	辉南县		0.56		
10	梅河口市	372.67	27.15	314.65	
11	德惠市	120			
12	农安县		180.24		
13	五常市				45
14	肇源县	509.38	2306.67		
15	依安县	42.25	94.26		
16	盱眙县		3112.16	160	
17	邳州市		4053.19	25	
18	东海县水务局			29.23	72
19	江苏省水利厅、财政厅			1118	
20	安吉县				72
21	莱芜市莱城区	2610.15		330.22	140.06
22	枣阳市	1204.31			
23	陆河县	240			
24	广西壮族自治区水利厅		37710.77		
25	大新县		124.6	160	94.2
26	巴马县	70.24			
27	东方市		2041.44		62.7
28	酉阳县	1191.28	68.68		6078
29	重庆市水利电力建筑勘察设计研究院			200	
30	资中县	5236.11			15745.69
31	南部县	7197.16			23619
32	华宁县		7132.2		72

（续表）

序号	县（市、区）或责任单位	建设内容不完整或质量不达标	管护不到位	损失浪费	农村饮水安全工程效果不佳
33	泾阳县				5147.1
34	甘肃省财政厅	25781			
35	甘肃省疏勒河管理局	4591			
36	民和回族土族自治县	1175.76			
37	海东市乐都区		4332.65		

中华人民共和国审计署审计结果公告（2017年第9号）

18个省节能环保重点专项资金审计结果

（2017年6月23日公告）

根据《中华人民共和国审计法》的规定，2016年12月至2017年3月，审计署对2015年和2016年中央财政转移支付给18个省、自治区、直辖市①（以下统称省）的节能环保重点专项资金②管理使用情况进行了审计。

一、基本情况和取得的主要成效

2015年和2016年，18个省共收到中央财政下达的节能环保重点专项资金669.53亿元，安排省级配套资金157.03亿元；向相关地市和企业拨付814.7亿元，其中中央资金657.67亿元；截至2016年底结存11.86亿元。

从审计情况看，相关部门和地方政府认真贯彻党中央、国务院关于生态文明建设和供给侧结构性改革的决策部署，着力推进钢铁煤炭行业去产能和重点领域节能工作，加大资金投入力度，努力推进重点任务和重大项目建设，取得了较好成效。

（一）钢铁煤炭行业去产能任务较好完成。承担淘汰落后和化解过剩产能任务的17个省（不含海南省）均成立了专门领导小组，出台了专项奖补资金管理和职工安置方面的实施细则，逐级分解目标责任，将相关工作完成情况纳入年度考核。2015年和2016年，在中央安排228.8亿元工业企业结构调整专项奖补等资金的基础上，有13个省安排省级配套资金80.49亿元；17个省均完成了国务院下达的钢铁、煤炭行业去产能目标任务，职工分流安置工作总体平稳有序。

（二）新能源汽车推广和充电设施建设数量稳步增长。有15个省出台了新能源汽车推广应用和充电设施建设运营相关管理规定。2015年和2016年，在中央下达243.91亿元节能与新能源汽车推广应用补助和充电基础设施建设运营奖补资金的基础上，有8个省安排了省级配套资金35.46亿元；新能源汽车的社会认可度稳步提升，18个省推广新能源汽车和建设充电桩的总量比这些省的计划总量超出了20%以上。

（三）既有建筑节能改造工作有序推进，园区循环化改造和节能减排财政政策综合示范城市建设取得积极进展。中央财政2015年投入48.58亿元支持建筑节能改造的13个省中，有8个省安排了省级配套资金37.88亿元，至2016年底，13个省合计已超额完成了国家下达的2015年既有居住

---

① 具体包括：河北省、山西省、辽宁省、吉林省、黑龙江省、江苏省、浙江省、山东省、湖北省、广东省、广西壮族自治区、海南省、重庆市、四川省、云南省、陕西省、甘肃省、青海省。

② 具体包括：工业企业结构调整专项奖补资金，用于淘汰落后和化解过剩产能、节能与新能源汽车推广、充电基础设施建设运营、既有建筑节能改造、节能减排财政政策综合示范、园区循环化改造的资金。

建筑和公共建筑节能改造目标任务；2015 年和 2016 年，中央财政投入 148.24 亿元支持 17 个省的 24 个循环化改造示范园区和 18 个节能减排财政政策综合示范城市（以下简称节能减排示范城市），至 2016 年底，已完工 2195 个项目，完成投资 1465 亿元（含地方财政和企业投资 1371 亿元）。

二、审计发现的主要问题

（一）节能环保专项资金申请管理使用方面存在的问题。

一是 2016 年至 2017 年 2 月，2 个地方政府主管部门和 7 家企业将工业企业结构调整专项奖补资金 1.28 亿元，用于支付非安置范围职工工资及社保费用等；2015 年至 2016 年，1 个地方政府主管部门和 5 家企业将节能减排财政政策综合示范奖励资金和园区循环化改造补助资金共 5797.5 万元，用于支付拆迁补偿款、企业日常经营等。

二是至 2017 年 2 月底，有 13.36 亿元节能环保专项资金结存在相关地方财政部门超过 1 年，有 9.5 亿元结存在项目主管部门及实施单位超过 1 年。

三是 2015 年，1 个地方政府主管部门和 1 家企业将已完工项目再次申报，多申请节能减排财政政策综合示范奖励资金 100 万元。

（二）钢铁煤炭行业去产能方面存在的问题。

一是至 2016 年底，3 个省 14 处落后小煤矿、28 处开采范围与自然保护区和饮用水水源保护区重叠的煤矿，由于缺乏补偿机制、债务难以解决等原因，未按照要求关闭或纳入去产能规划，涉及产能 753 万吨。

二是 2016 年，1 个省有关部门在未落实产能置换的情况下，违规批复 25 处煤矿新增产能 506 万吨；1 个省有关部门在 1 个在建项目未办理环评审批手续的情况下，违规为其办理了备案手续，涉及炼铁产能 133 万吨。

（三）新能源汽车推广应用方面存在的问题。

一是审计抽查 13 家汽车生产企业 6801 辆享受财政补贴的新能源汽车发现，有 3511 辆电动客车的补贴额超过单车售价的 70%，补贴标准偏高；部分汽车生产企业瞄准补贴政策设计生产车辆，有些企业甚至通过关联交易或弄虚作假方式获取补贴 16.72 亿元。

二是至 2017 年 2 月底，审计抽查 16 家企业（其中 10 家为汽车租赁企业）购买的 3.55 万辆新能源汽车中，有 0.22 万辆闲置未用一年以上，有 1.72 万辆年行驶里程不足 3000 公里；延伸调查的 66 家新能源汽车生产企业中，有 30 家 2016 年销量不到 500 辆；部分地方充电基础设施建设滞后、标准不统一。

（四）节能减排示范城市和循环化改造示范园区项目建设运行方面存在的问题。

一是由于建设地址变更、配套工程建设不到位、自筹资金投入不足等原因，至 2016 年底，6 个节能减排示范城市的 17 个项目未按期开工，102 个项目未按期完工；17 个循环化改造园区的 14 个项目未按期开工，53 个项目未按期完工。

二是 4 个节能减排示范城市典型示范项目和 5 个循环化改造项目无法按原设计运行或经营前景不佳。

（五）建筑节能改造方面存在的问题。

审计抽查 5 个省的北方采暖区既有居住建筑供热计量改造工程发现，由于供热收费运行机制不完善、同一建筑不同位置用户热耗不同难以实现收费公平等原因，供热计量收费推进缓慢，有 3.86 亿平方米建筑未实行按用热量分户计价收费，已安装的热计量装置闲置或未充分发挥作用。3 个省的省级公共建筑能耗监测平台纳入监测范围的建筑数量达不到要求，3 个省已运行的监测平台对 543 栋公共建筑进行监测，有 246 个监测点存在监测数据缺失、不实情况。

三、审计处理和初步整改情况

对上述问题，审计署已依法出具审计报告，提出处理意见，相关地方政府及企业积极采取措施进行整改，钢铁煤炭行业化解过剩产能和脱困发展工作部际联席会议立即组织到相关省开展去产能情况现场核查并督促整改。目前，已整改收回资金或归还原资金渠道 2.34 亿元，补拨 0.86 亿元。其他问题正在进一步整改中。

下一步，审计署将继续跟踪检查整改情况，具体整改结果由有关地方自行向社会公告。

附件：审计发现的节能环保专项资金管理使用中存在的主要问题及初步整改情况

附件：

审计发现的节能环保专项资金管理使用中存在的主要问题及初步整改情况

序号	问题类型	涉及地方	主要问题	初步整改情况
1	违规使用工业企业结构调整专项奖补资金	重庆市合川区	2017年2月，重庆市合川区三汇镇财政所违规使用工业企业结构调整专项奖补资金797.18万元，用于乡镇工程建设和人员经费等支出。	已归还原资金渠道。
2		黑龙江省鸡西市	2016年8月，鸡西市发展和改革委员会钢铁煤炭化解过剩产能领导小组办公室违规使用工业企业结构调整中央专项奖补资金15.1万元，用于支付临时聘用人员工资。	已归还资金。
3		甘肃省金昌市	2016年，金昌铁业（集团）有限责任公司违规使用工业企业结构调整中央专项奖补资金198.3万元，支付非安置范围职工工资及社保费用。	已归还原资金渠道。
4		辽宁省阜新市	2016年10月至2017年1月，阜新矿业（集团）有限责任公司违规使用工业企业结构调整中央专项奖补资金9912万元，用于归还银行到期贷款。	已归还原资金渠道。
5		山东省济宁市	2016年，山东省岱庄生建煤矿违规使用工业企业结构调整中央专项奖补资金783.58万元，用于支付非关闭退出矿井在职职工工资及社保费用。	已归还原资金渠道。
6		山东省枣庄市	2016年，山东省徐庄生建煤矿违规使用工业企业结构调整中央专项奖补资金243.33万元，用于支付非关闭退出矿井在职职工工资及社保费用。	已归还原资金渠道。
7		山东省枣庄市	2016年，枣庄联创实业有限责任公司违规从工业企业结构调整中央专项奖补资金中提取管理费70.34万元。	已归还原资金渠道。
8		重庆市荣昌区	2016年12月，重庆大松树矿业集团有限公司违规使用工业企业结构调整专项奖补资金554.69万元购买理财产品。	理财产品已赎回。
9		黑龙江省鸡西市	2016年12月，沈阳焦煤鸡西盛隆矿业有限责任公司违规使用工业企业结构调整中央专项奖补资金200.44万元，用于支付非安置范围职工社保费用。	已归还资金。

（续表）

序号	问题类型	涉及地方	主要问题	初步整改情况
10	节能减排财政政策综合示范奖励资金和园区循环化改造补助资金管理使用不规范	辽宁省鞍山市	2015年9月，鞍山经济开发区管理委员会违规使用园区循环化改造补助资金4218.46万元，支付项目以外的拆迁补偿。	已归还原资金渠道。
11		青海省西宁市	2015年至2016年，青海电子材料产业发展有限公司违规使用园区循环化改造补助资金430万元，用于采购与项目建设无关的原材料。	已归还原资金渠道。
12		青海省西宁市	2015年至2016年，青海中小企业创业发展有限责任公司违规使用园区循环化改造补助资金559.04万元，用于支付与项目建设无关的光伏配套园厂房款。	已归还原资金渠道。
13		江苏省徐州市	2016年，江苏宇鑫环保建材有限公司违规将节能减排财政政策综合示范奖励资金300万元转入个人银行卡。	资金已收回财政。
14		江苏省徐州市	2016年，江苏兴达钢铁集团有限公司违规将节能减排财政政策综合示范奖励资金150万元转入个人银行卡。	资金已收回财政。
15		江苏省徐州市	2016年，徐州绿之野生物食品有限公司违规将节能减排财政政策综合示范奖励资金140万元转入个人银行卡。	资金已收回财政。
16	节能环保专项资金结存在地方财政部门	黑龙江省齐齐哈尔市	截至2017年2月底，富裕县财政局结存淘汰落后产能奖励资金221万元。	已下拨资金。
17		湖北省荆门市	截至2017年2月底，荆门市东宝区财政局结存淘汰落后和化解过剩产能奖励资金425.2万元。	已下拨资金。
18		湖北省荆门市	截至2017年2月底，荆门市东宝区栗溪镇财政所结存淘汰落后和化解过剩产能奖励资金17万元。	已下拨资金。
19		湖北省荆门市	截至2017年2月底，荆门市东宝区马河镇财政所结存淘汰落后和化解过剩产能奖励资金126万元。	已下拨资金。
20		湖北省荆门市	截至2017年2月底，荆门市掇刀区双喜街道办事处财政所结存淘汰落后和化解过剩产能奖励资金48.6万元。	已下拨资金。
21		甘肃省	截至2017年2月底，甘肃省财政厅由于没有符合条件的项目，未拨付使用淘汰落后和化解过剩产能奖励资金899万元。	正在整改中。

（续表）

序号	问题类型	涉及地方	主要问题	初步整改情况
22	节能环保专项资金结存在地方财政部门	黑龙江省七台河市	截至2017年2月底，七台河市茄子河区财政局由于未能与强制关闭的小煤矿矿主达成协议等原因，未拨付使用淘汰落后产能奖励资金及省级配套资金1870万元。	正在整改中。
23		黑龙江省七台河市	截至2017年2月底，七台河市桃山区财政局由于未能与强制关闭的小煤矿矿主达成协议等原因，未拨付使用淘汰落后产能奖励资金及省级配套资金1440万元。	正在整改中。
24		黑龙江省七台河市	截至2017年2月底，七台河市新兴区财政局由于未能与强制关闭的小煤矿矿主达成协议等原因，未拨付使用淘汰落后产能奖励资金及省级配套资金1800万元。	正在整改中。
25		黑龙江省七台河市	截至2017年2月底，七台河市财政局结存淘汰落后产能奖励资金110万元。	正在整改中。
26		甘肃省张掖市	截至2017年2月底，张掖市甘州区财政局由于项目实施进展缓慢等原因，未拨付使用园区循环化改造补助资金3567万元。	其中1084万元已收缴国库，579万元拨付至项目单位，其他正在整改中。
27		山东省潍坊市	截至2017年2月底，潍坊滨海经济技术开发区财政局由于项目实施进展缓慢等原因，未拨付使用园区循环化改造补助资金4515万元。	已拨付2106万元，其他正在整改中。
28		广东省湛江市	截至2017年2月底，湛江经济技术开发区财政局结存园区循环化改造补助资金7670.18万元。	正在整改中。
29		广西壮族自治区南宁市	截至2017年2月底，广西—东盟经济技术开发区财政局结存园区循环化改造补助资金3509万元。	正在整改中。
30		辽宁省大连市	截至2017年2月底，大连市金普新区财政局结存园区循环化改造补助资金3303万元。	正在整改中。
31		重庆市巴南区	截至2017年2月底，重庆市巴南区财政局由于项目进展缓慢，结存节能减排财政政策综合示范奖励资金130万元。	已收回资金。
32		重庆市璧山区	截至2017年2月底，重庆市璧山区财政局由于项目进展缓慢，结存节能减排财政政策综合示范奖励资金350万元。	已收回资金。
33		重庆市黔江区	截至2017年2月底，重庆市黔江区财政局由于项目进展缓慢，结存节能减排财政政策综合示范奖励资金100万元。	已收回资金。
34		重庆市渝北区	截至2017年2月底，重庆市渝北区财政局由于项目进展缓慢，结存节能减排财政政策综合示范奖励资金300万元。	已收回资金。

（续表）

序号	问题类型	涉及地方	主要问题	初步整改情况
35	节能环保专项资金结存在地方财政部门	湖北省荆门市	截至 2017 年 2 月底，京山县财政局由于项目进展缓慢，结存节能减排财政政策综合示范奖励资金 1248.78 万元。	已下拨资金。
36		湖北省荆门市	截至 2017 年 2 月底，荆门市漳河新区财政局由于项目进展缓慢，结存节能减排财政政策综合示范奖励资金 2391 万元。	已拨付 11.6 万元，其他正在整改中。
37		湖北省荆门市	截至 2017 年 2 月底，荆门市财政局由于项目进展缓慢，结存节能减排财政政策综合示范奖励资金 15624.92 万元。	已拨付 2912.77 万元，其他正在整改中。
38		湖北省荆门市	截至 2017 年 2 月底，沙洋县财政局由于项目进展缓慢，结存节能减排财政政策综合示范奖励资金 1204.25 万元。	已拨付 345 万元，其他正在整改中。
39		湖北省荆门市	截至 2017 年 2 月底，钟祥市财政局由于项目进展缓慢，结存节能减排财政政策综合示范奖励资金 2163.8 万元。	已拨付 485.5 万元，其他正在整改中。
40		重庆市万州区	截至 2017 年 2 月底，重庆市万州区财政局由于项目进展缓慢，结存节能减排财政政策综合示范奖励资金 1570 万元。	已收回 1400 万元，其他正在整改中。
41		重庆市江津区	截至 2017 年 2 月底，重庆市江津区财政局由于项目进展缓慢，结存节能减排财政政策综合示范奖励资金 2480.7 万元。	已收回 420 万元，其他正在整改中。
42		重庆市石柱土家族自治县	截至 2017 年 2 月底，石柱土家族自治县财政局由于项目进展缓慢，结存节能减排财政政策综合示范奖励资金 810 万元。	已收回 580 万元，其他正在整改中。
43		广东省梅州市	截至 2017 年 2 月底，梅州市财政局由于竣工验收项目比例偏低，结存节能减排财政政策综合示范奖励资金 11055.8 万元。	正在整改中。
44		广东省梅州市	截至 2017 年 2 月底，梅州高新技术产业园管理委员会财政局由于竣工验收项目比例偏低，结存节能减排财政政策综合示范奖励资金 1431.87 万元。	正在整改中。
45		广东省梅州市	截至 2017 年 2 月底，梅州市梅江区财政局由于竣工验收项目比例偏低，结存节能减排财政政策综合示范奖励资金 1522.05 万元。	正在整改中。
46		广东省梅州市	截至 2017 年 2 月底，梅州市梅县区财政局由于竣工验收项目比例偏低，结存节能减排财政政策综合示范奖励资金 4578.30 万元。	正在整改中。
47		广东省梅州市	截至 2017 年 2 月底，兴宁市财政局由于竣工验收项目比例偏低，结存节能减排财政政策综合示范奖励资金 1567.12 万元。	正在整改中。

（续表）

序号	问题类型	涉及地方	主要问题	初步整改情况
48	节能环保专项资金结存在地方财政部门	广东省梅州市	截至2017年2月底，平远县财政局由于竣工验收项目比例偏低，结存节能减排财政政策综合示范奖励资金3731.46万元。	正在整改中。
49		广东省梅州市	截至2017年2月底，蕉岭县财政局由于竣工验收项目比例偏低，结存节能减排财政政策综合示范奖励资金2589.85万元。	正在整改中。
50		广东省梅州市	截至2017年2月底，大埔县财政局由于竣工验收项目比例偏低，结存节能减排财政政策综合示范奖励资金7882.05万元。	正在整改中。
51		广东省梅州市	截至2017年2月底，丰顺县财政局由于竣工验收项目比例偏低，结存节能减排财政政策综合示范奖励资金4237.19万元。	正在整改中。
52		广东省梅州市	截至2017年2月底，五华县财政局由于竣工验收项目比例偏低，结存节能减排财政政策综合示范奖励资金6362.16万元。	正在整改中。
53		湖北省荆门市	截至2017年2月底，荆门市东宝区财政局由于项目进展缓慢，结存节能减排财政政策综合示范奖励资金72.53万元。	正在整改中。
54		湖北省荆门市	截至2017年2月底，荆门市掇刀区财政局由于项目进展缓慢，结存节能减排财政政策综合示范奖励资金6507.33万元。	正在整改中。
55		湖北省荆门市	截至2017年2月底，荆门市屈家岭管理区财政局由于项目进展缓慢，结存节能减排财政政策综合示范奖励资金150万元。	正在整改中。
56		重庆市城口县	截至2017年2月底，城口县财政局由于项目进展缓慢，结存节能减排财政政策综合示范奖励资金50万元。	正在整改中。
57		重庆市垫江县	截至2017年2月底，垫江县财政局由于项目进展缓慢，结存节能减排财政政策综合示范奖励资金320万元。	正在整改中。
58		重庆市丰都县	截至2017年2月底，丰都县财政局由于项目进展缓慢，结存节能减排财政政策综合示范奖励资金340万元。	正在整改中。
59		重庆市涪陵区	截至2017年2月底，重庆市涪陵区财政局由于项目进展缓慢，结存节能减排财政政策综合示范奖励资金244万元。	正在整改中。
60		重庆市九龙坡区	截至2017年2月底，重庆市九龙坡区财政局由于项目进展缓慢，结存节能减排财政政策综合示范奖励资金50万元。	正在整改中。
61		重庆市南川区	截至2017年2月底，重庆市南川区财政局由于项目进展缓慢，结存节能减排财政政策综合示范奖励资金120万元。	正在整改中。

（续表）

序号	问题类型	涉及地方	主要问题	初步整改情况
62	节能环保专项资金结存在地方财政部门	重庆市綦江区	截至2017年2月底，重庆市綦江区财政局由于项目进展缓慢，结存节能减排财政政策综合示范奖励资金1910万元。	正在整改中。
63		重庆市荣昌区	截至2017年2月底，重庆市荣昌区财政局由于项目进展缓慢，结存节能减排财政政策综合示范奖励资金180万元。	正在整改中。
64		重庆市铜梁区	截至2017年2月底，重庆市铜梁区财政局由于项目进展缓慢，结存节能减排财政政策综合示范奖励资金40万元。	正在整改中。
65		重庆市万盛经济技术开发区	截至2017年2月底，重庆市万盛经济技术开发区财政局由于项目进展缓慢，结存节能减排财政政策综合示范奖励资金500万元。	正在整改中。
66		重庆市长寿区	截至2017年2月底，重庆市长寿区财政局由于项目进展缓慢，结存节能减排财政政策综合示范奖励资金42万元。	正在整改中。
67		江苏省盐城市	截至2017年2月底，阜宁县财政局结存省级新能源汽车推广补助资金82.5万元。	已下拨资金。
68		湖北省武汉市	截至2017年2月底，武汉市财政局由于相关管理办法未出台，尚未拨付使用充电基础设施建设运营奖补资金2700万元。	正在整改中。
69		江苏省南京市	截至2017年2月底，南京市江宁区财政局结存充电基础设施建设运营奖补资金309.8万元。	正在整改中。
70		江苏省南京市	截至2017年2月底，南京市浦口区财政局结存充电基础设施建设运营奖补资金200万元。	正在整改中。
71		江苏省南京市	截至2017年2月底，南京市玄武区财政局结存充电基础设施建设运营奖补资金100万元。	正在整改中。
72		江苏省南通市	截至2017年2月底，南通市财政局结存充电基础设施建设运营奖补资金730万元。	正在整改中。
73		江苏省苏州市	截至2017年2月底，苏州市财政局结存充电基础设施建设运营奖补资金1170万元。	正在整改中。
74		江苏省扬州市	截至2017年2月底，扬州市财政局结存充电基础设施建设运营奖补资金770万元。	正在整改中。
75		重庆市	截至2017年2月底，重庆市财政局结存充电基础设施建设运营奖补资金2000万元。	正在整改中。
76		广东省东莞市	截至2017年2月底，东莞市财政局由于充换电基础设施未及时建设验收等原因，未拨付使用省级充电桩设施建设补贴及奖励资金3524万元。	正在整改中。

（续表）

序号	问题类型	涉及地方	主要问题	初步整改情况
77	节能环保专项资金结存在地方财政部门	广东省佛山市	截至2017年2月底，佛山市财政局由于充换电基础设施未及时建设验收等原因，未拨付使用省级充电桩设施建设补贴及奖励资金1324.64万元。	正在整改中。
78		广东省惠州市	截至2017年2月底，惠州市财政局由于充换电基础设施未及时建设验收等原因，未拨付使用省级充电桩设施建设补贴及奖励资金1280.12万元。	正在整改中。
79		广东省江门市	截至2017年2月底，江门市财政局由于充换电基础设施未及时建设验收等原因，未拨付使用省级充电桩设施建设补贴及奖励资金200万元。	正在整改中。
80		广东省揭阳市	截至2017年2月底，揭阳市财政局由于充换电基础设施未及时建设验收等原因，未拨付使用省级充电桩设施建设补贴及奖励资金312万元。	正在整改中。
81		广东省梅州市	截至2017年2月底，梅州市财政局由于充换电基础设施未及时建设验收等原因，未拨付使用省级充电桩设施建设补贴及奖励资金790万元。	正在整改中。
82		广东省韶关市	截至2017年2月底，韶关市财政局由于充换电基础设施未及时建设验收等原因，未拨付使用省级充电桩设施建设补贴及奖励资金119万元。	正在整改中。
83		广东省阳江市	截至2017年2月底，阳江市财政局由于充换电基础设施未及时建设验收等原因，未拨付使用省级充电桩设施建设补贴及奖励资金51万元。	正在整改中。
84		广东省湛江市	截至2017年2月底，湛江市财政局由于充换电基础设施未及时建设验收等原因，未拨付使用省级充电桩设施建设补贴及奖励资金872万元。	正在整改中。
85		广东省肇庆市	截至2017年2月底，肇庆市财政局由于充换电基础设施未及时建设验收等原因，未拨付使用省级充电桩设施建设补贴及奖励资金207.95万元。	正在整改中。
86		广东省中山市	截至2017年2月底，中山市财政局由于充换电基础设施未及时建设验收等原因，未拨付使用省级充电桩设施建设补贴及奖励资金1728.54万元。	正在整改中。
87		广东省珠海市	截至2017年2月底，珠海市财政局由于充换电基础设施未及时建设验收等原因，未拨付使用省级充电桩设施建设补贴及奖励资金1828.81万元。	正在整改中。

（续表）

序号	问题类型	涉及地方	主要问题	初步整改情况
88	节能环保专项资金结存在项目主管部门及实施单位	黑龙江省七台河市	截至2017年2月底，七台河市煤炭生产安全监督管理局由于未能与强制关闭的小煤矿矿主达成协议等原因，未拨付使用淘汰落后产能奖励资金及省级配套资金720万元。	正在整改中。
89		甘肃省嘉峪关市	截至2017年2月底，甘肃嘉峪关工业园区管理委员会由于项目实施进展缓慢等原因，未拨付使用园区循环化改造补助资金2252万元。	正在整改中。
90		云南省昆明市	截至2017年2月底，昆明高新技术产业开发区国有资产经营有限公司由于项目进展缓慢，闲置园区循环化改造补助资金1444万元。	正在整改中。
91		黑龙江省齐齐哈尔市	截至2017年2月底，齐齐哈尔市节能减排财政政策综合示范市建设工作领导小组办公室由于节能减排效果考核工作开展较晚等原因，未拨付使用节能减排财政政策综合示范奖励资金40900万元。	正在整改中。
92		吉林省吉林市	截至2017年2月底，吉林市创业投资引导基金有限公司尚未成立政府引导基金，未能将节能减排财政政策综合示范奖励资金39545.5万元投放到具体项目。	正在整改中。
93		吉林省吉林市	截至2017年2月底，吉林市产业投资引导基金有限公司尚未成立政府引导基金，未能将节能减排财政政策综合示范奖励资金704.4万元投放到具体项目。	正在整改中。
94		青海省海东市	截至2017年2月底，由于乐都区滨河北路两侧既有建筑节能改造工程未开工，海东市乐都区住房和规划建设局闲置节能减排财政政策综合示范奖励资金1200万元。	正在整改中。
95		青海省海东市	截至2017年2月底，由于海东市2015年核心区公交停保场加气站建设项目未开工，海东市公共交通集团有限责任公司闲置节能减排财政政策综合示范奖励资金500万元。	正在整改中。
96		青海省海东市	截至2017年2月底，由于平安区污水处理厂及配套污水管网项目未开工，海东市平安区住房和规划建设局闲置节能减排财政政策综合示范奖励资金100万元。	正在整改中。
97		青海省海东市	截至2017年2月底，由于循化县黄河彩篮污水处理厂工程未开工，循化撒拉族自治县住房和规划建设局闲置节能减排财政政策综合示范奖励资金1000万元。	正在整改中。
98		青海省海东市	截至2017年2月底，由于海东工业园区平西经济区工业污水处理厂及中水回用设施项目未开工，海东工业园区开发建设有限公司闲置节能减排财政政策综合示范奖励资金500万元。	正在整改中。

（续表）

序号	问题类型	涉及地方	主要问题	初步整改情况
99	节能环保专项资金结存在项目主管部门及实施单位	青海省海东市	截至2017年2月底，由于平安区2015年旧城区道路雨污分流管网工程未开工，海东市平安区住房和规划建设局闲置节能减排财政政策综合示范奖励资金3000万元。	正在整改中。
100		青海省海东市	截至2017年2月底，由于互助绿色产业园南部区块污水管网建设工程未开工，互助荣梧投资开发有限公司闲置节能减排财政政策综合示范奖励资金900万元。	正在整改中。
101		青海省海东市	截至2017年2月底，由于海东工业园区工业固体废物处置厂项目未开工，海东工业园区开发建设有限公司闲置节能减排财政政策综合示范奖励资金500万元。	正在整改中。
102		青海省海东市	截至2017年2月底，由于海东市医疗废物处置中心及配套设施工程未开工，海东市环境保护局闲置节能减排财政政策综合示范奖励资金500万元。	正在整改中。
103		青海省海东市	截至2017年2月底，由于乐都区引胜路等道路风光互补照明示范工程未开工，海东市乐都区住房和规划建设局闲置节能减排财政政策综合示范奖励资金300万元。	正在整改中。
104		青海省海东市	截至2017年2月底，由于平安区滨河路等道路风光互补照明示范工程未开工，海东市平安区住房和规划建设局闲置节能减排财政政策综合示范奖励资金200万元。	正在整改中。
105		青海省海东市	截至2017年2月底，由于民和县青海西部水电有限公司电解槽烟气余热利用项目未开工，民和回族土族自治县工业和商务局闲置节能减排财政政策综合示范奖励资金100万元。	正在整改中。
106		黑龙江省	截至2017年2月底，由于项目不具备实施条件、申请项目取消等原因，黑龙江省医院结存公共建筑节能改造中央补助资金240万元。	已收回资金。
107		黑龙江省	截至2017年2月底，由于项目不具备实施条件、申请项目取消等原因，黑龙江中医药大学附属第二医院结存公共建筑节能改造中央补助资金120万元。	已收回资金。
108		河北省邯郸市	截至2017年2月底，邯郸市建设局由于政府采购流标、项目未实施等原因，结存省级建筑节能专项资金225万元。	正在整改中。

（续表）

序号	问题类型	涉及地方	主要问题	初步整改情况
109	多申请节能减排财政政策综合示范奖励资金	江苏省徐州市	2015 年，徐州市农业委员会用已完成的项目重复申报节能减排财政政策综合示范奖励资金 30 万元。	已收回相关资金。
110		青海省海东市	2015 年，青海丹峰磨料磨具有限公司用已完成的项目重复申报节能减排财政政策综合示范奖励资金 70 万元。	已收回相关资金。

中华人民共和国审计署审计结果公告（2017 年第 10 号）

中国船舶工业集团公司 2015 年度财务收支审计结果

（2017 年 6 月 23 日公告）

根据《中华人民共和国审计法》的规定，审计署 2016 年对中国船舶工业集团公司（以下简称中船集团）2015 年度财务收支情况进行了审计，重点审计了中船集团总部及所属沪东中华造船（集团）有限公司、中船第九设计研究院工程有限公司（以下分别简称沪东中华、中船九院）等 9 家二级单位，并对有关事项进行了延伸和追溯。

一、基本情况

中船集团成立于 1999 年，主要从事船舶、船用设备、海洋工程设备的研发、设计、制造、销售。据合并财务报表反映，中船集团 2015 年底拥有全资和控股子公司 405 家、参股公司 89 家，资产总额 2675.64 亿元，负债总额 1888.57 亿元，所有者权益 787.07 亿元，资产负债率 70.58%；当年实现营业总收入 1897.32 亿元，利润总额 36.69 亿元，净利润 25.73 亿元，净资产收益率 4.9%；国有资本保值增值率 108.33%。信永中和会计师事务所（特殊普通合伙）对中船集团 2015 年度合并财务报表出具了标准无保留意见审计报告。该审计报告在中国货币网公开。

审计署审计结果表明，中船集团积极推进转型发展和转变企业管理模式，面对造船市场急剧下滑等不利形势，提出科技引领、军民融合、远近结合、适度多元、产融一体的全面转型发展战略；加强制度建设和内部控制，不断完善全面预算管理和内控体系建设，实施资金集中、采购集中、再生资源集中和保险集中；推进重大资本运作和军民融合发展，实现集团内民品和军工核心造船资产上市，不断提升集团资本保值增值水平。资产总额、营业收入和利润平稳增长，逐步实现扭亏为盈。此次重点审计财务会计管理、贯彻落实国家重大政策措施、重大决策和内部管理、落实中央八项规定精神及廉洁从业规定等方面情况，发现还存在一些问题。

二、审计发现的主要问题

（一）财务管理和会计核算方面。

1. 2012 年至 2014 年，所属沪东中华等 4 家单位多预估造船合同总成本 3.83 亿元、少预估造船合同总成本 3.94 亿元、多预估合同总收入 0.53 亿元，造成多计利润 6400 万元。

2. 2012 年至 2013 年，中船集团下属单位未及时冲销预提保修费，造成少计 2013 年及以前年度利润 6965.95 万元，多计 2014 年利润 6965.95 万元。

3. 2012 年至 2014 年，所属沪东中华未及时确认已交付船只成本，造成 2014 年及以前年度少计成本 2296.49 万元，2015 年多计成本 2296.49

万元。

4.2013年至2014年，中船集团下属单位未及时将已达到预定可使用状态的6个建设项目转入固定资产核算，造成少提折旧458.38万元、多计利润458.38万元。

5.2015年，所属中船动力有限公司等2家单位将无实际控制权的合营企业纳入合并报表范围，造成2015年多计资产9242.18万元、多计负债3319.97万元、多计所有者权益5922.22万元、多计收入1.08亿元、多计利润150.13万元。

6.2014年，所属企业间关联交易抵销不充分，造成集团合并财务报表多计收入和成本各9383.23万元。

7.2013年，所属安庆中船柴油机有限公司将应按资产使用周期分期计入损益的2000万元补助资金，一次性计入营业外收入，造成当年多计营业外收入1875万元、多计利润1875万元。

8.2014年，所属江南造船（集团）有限责任公司未按权益法核算长期股权投资，造成少计投资收益166.21万元，少计利润166.21万元。

9.2008年至2016年，所属沪东中华等7家单位虚开发票套取资金277.1万元用于招待、发放劳务费等，其中2015年9.04万元。

（二）贯彻落实国家重大政策措施方面。

1.2014年和2015年，中船集团造船效率分别为29.5工时/修正总吨、28.9工时/修正总吨，未达到15工时/修正总吨的规划目标。

2. 至2016年6月，中船集团未按发展改革委批复要求完成2家船厂老厂区的搬迁工作，相关52.6万载重吨过剩产能未及时化解。

3. 至2015年底，所属沪东中华等3家企业未按相关主管部门和集团要求淘汰169台高耗能落后机电设备。

4. 至2015年底，中船集团未按要求完成低效无效资产清理处置，尚未清理资产占77.03%。

5. 至2015年底，5家厂办大集体企业未按要求完成分离；至2016年6月，7家下属企业职工家属区“三供一业”20项业务尚未完成分离移交。

（三）企业重大决策和内部管理方面。

1.2013年，中船集团未经充分论证，同意所属企业出资2.59亿元收购一家气体化工装备有限公司51%股权，收购后该企业出现严重亏损，2016年6月被国资委认定为挂牌督导特困企业。

2.2015年3月至2016年6月，中船集团未经充分论证收购的3座船台闲置，涉及金额9138.91万元。

3.2012年至2015年，所属中船工业成套物流有限公司未按规定公开招标，以询价方式实施物资集中采购391.89亿元，占采购总额的95.06%，其中2015年110.71亿元。

4.2012年至2015年，所属中船财务有限责任公司违规为集团外业务往来单位办理票据贴现109.12亿元，其中2015年31.34亿元。

5.2013年和2014年，中国船舶工业贸易公司等3家所属单位违规将77.5亿元债券资金，通过集团所属财务公司进行投资理财。

6.2013年至2015年，所属中船九院违规参与开发商业性房地产项目并提供融资9.28亿元，其中2015年0.78亿元。

7. 所属中国船舶及海洋工程设计研究院分别应于2012年9月和2014年1月完工的2个建设项目，至2016年6月仍未完工。

8.2013年至2015年，中船集团月均货币资金余额590.83亿元、546.81亿元、634.05亿元，月均带息负债余额644.91亿元、717.06亿元、856.26亿元，存贷双高不利于控制企业财务成本。

9. 中船集团物资集中采购制度未明确下属企业零星增补采购的额度或比例。

10. 至2016年4月，中船集团财务集中统一核算平台尚未建成，数据管理较为分散。

（四）落实中央八项规定精神及廉洁从业规定方面。

2014年，中船集团总部在业务接待中违规提供品牌香烟和高档酒水，涉及金额16.6万元。

三、审计处理及整改情况

对此次审计发现的问题，审计署已依法出具了审计报告、下达了审计决定书。中船集团具体整改情况由其自行公告。

审计中发现的违纪违法问题线索，已依纪依法移送有关部门进一步调查处理。

中华人民共和国审计署审计结果公告（2017年第11号）

中国船舶重工集团公司 2015年度财务收支审计结果

（2017年6月23日公告）

根据《中华人民共和国审计法》的规定，审计署2016年对中国船舶重工集团公司（以下简称中船重工）2015年度财务收支情况进行了审计，重点审计了中船重工总部及所属中船重工财务有限责任公司、中国船舶重工集团公司第七二五研究所（以下分别简称财务公司、七二五所）等6家二级单位，并对有关事项进行了延伸和追溯。

一、基本情况

中船重工成立于1999年，主要从事船舶及配套产品、非船舶装备的研发生产。据合并财务报表反映，中船重工2015年底拥有全资和控股子公司768家、参股公司250家，资产总额4430.51亿元，负债总额2887.22亿元，所有者权益1543.29亿元，资产负债率65.17%；当年实现营业总收入2263.15亿元，利润总额105.51亿元，净利润67.66亿元，净资产收益率4.60%；国有资本保值增值率109%。立信会计师事务所（特殊普通合伙）对中船重工2015年度合并财务报表出具了保留意见的审计报告。

审计署审计结果表明，中船重工确立战略定位和战略目标，坚持以提高经济效益为中心，推进军工做精、民船做稳、非船做强；重视风险防控工作，采取积极措施防范经营风险等。强化制度建设，在重大决策、规划建设等十一个方面建立多项制度；着力推进大集团发展战略，建立、完善与母子公司管理体制相适应的运行管理模式；推进公司制、股份制改革和科技产业化体制创新，稳步实施事业单位战略性重组。资产、收入及利润稳步增长，国有资本保值增值率大幅提升。此次重点审计财务会计管理、贯彻落实国家重大政策措施、企业重大决策和内部管理、落实中央八项规定精神及廉洁从业规定、以前年度审计查出问题整改等方面情况，发现还存在一些问题。

二、审计发现的主要问题

（一）财务管理和会计核算方面。

1.2014年至2015年，所属中船重工物资贸易集团有限公司等3家公司及其下属公司多计收入130.18亿元、成本122.72亿元、利润7.46亿元，其中2015年多计收入78.78亿元、成本74.09亿元、利润4.69亿元。

2. 中船重工编制合并财务报表时，将本应在2014年确认的投资收益推迟至2015年确认，造成2014年、2015年分别少计、多计投资收益30.03亿元。

3.2015年底，所属武船重型工程股份有限公司（以下简称武重工程）等6家公司少计提坏账准备和存货跌价准备9691.28万元。

4.2014年底，所属中船重工物资贸易集团有限公司云贵有限公司等4家公司少计提坏账准备和存货跌价准备6974.88万元。

5.2015年，所属大连船舶重工集团有限公司（以下简称大船重工）未及时冲回预提费用3607.72万元，造成多计成本3607.72万元。

6. 至2014年底，所属新中动力厂有3085.93万元存货盘亏未确认损失。

7.2014年至2015年，所属武重工程等2家公司未将已完工且投入使用的资产结转固定资产并计提折旧，少计提折旧2701.65万元，其中2015年1693.94万元。

8.2015年，中船重工未将拥有实际控制权的14家子公司纳入合并财务报表范围，造成多计利润425.72万元。

9.2014年，所属财务公司直接在业务费中列支津贴等支出20.84万元，未纳入工资总额管理。

（二）贯彻落实国家重大政策措施方面。

1. 至2015年底，所属山西汾西重工有限公司等3家企业的风力电机产业升级等3个重大项目进展滞后，分别仅完成计划进度的36.18%、63.17%、14.23%。

2. 至2016年6月，中船重工16家下属企业职工家属区“三供一业”36项业务尚未完成分离移交。

3. 低效无效资产清理处置工作进展缓慢。

（三）企业重大决策和内部管理方面。

1. 2012年至2014年，中船重工月均货币资金余额1132.04亿元，月均带息负债余额1008.74亿元，存贷双高不利于控制企业财务成本。

2. 2006年，中船重工将船用低速柴油机项目可行性研究报告中投资总额由11.89亿元压低至7.8亿元，规避了发展改革委核准。该项目实际投资额12.71亿元，至2014年底累计亏损7.56亿元。

3. 2005年至2015年，所属武重工程等6家公司在物资采购和委托生产中未按规定招标或议标，涉及金额5.93亿元。

4. 2007年，中船重工批复青岛海西湾海洋工程基地（一区）项目可行性研究报告，在建设运营中由于实际财务成本较高等，至2014年底累计亏损3.49亿元。

5. 2015年，所属武昌船舶重工集团有限公司（以下简称武船重工）对外签订船舶改装合同未报经中船重工风险审查批准，至2016年6月有3.13亿元款项逾期未收回。

6. 2008年，中船重工在未向国资委报告的情况下，批准建设度假型酒店凌舞山庄，至2014年底实际完成投资2.55亿元。

7. 2005年至2012年，所属七二五所将2.11亿元应直接采购的材料转交代理商采购，增加了采购成本。

8. 2010年，所属中国船舶重工集团公司第七一一所（以下简称七一一所）间接控股的中船重工（上海）新能源有限公司，未按规定报经上级公司审批，自行决定投资3个新能源项目，1.93亿元投资因技术不成熟等面临损失风险。

9. 2012年至2014年，所属山西平阳重工机械有限责任公司违规对外赊销产品，1.59亿元货款难以收回。

10. 2015年，所属武船重工违规将承接的3艘散货船建造合同的全部工程，作价9388.8万元对外转包。

11. 2004年，所属中船重工科技发展投资有限公司未经中船重工批准，将8000万元资金用于委托理财，至2014年底损失3071.99万元。

12. 2011年，所属武船重工在未充分进行可行性研究的情况下租用外单位造船基地，至2014年底累计亏损6098.92万元。

13. 所属山海关船舶重工有限责任公司2009年承接的邮轮改装维修项目，由于境外船东债务重组，3304.36万元尾款无法收回。

14. 2016年，所属中船海装（北京）新能源投资有限公司（以下简称新能源公司）与外单位签订虚假咨询服务协议，支付资金2450.6万元。

15. 2007年，所属武船重工违反公司规定，未经招标向供应商采购的铸件存在质量问题，造成损失2266.38万元。

16. 2014年，所属新能源公司未经资产评估对外收购资产，多支付收购价款1576.63万元。

17. 所属大船重工成本管理不严格，2006年至2015年完工的200条船中，有94条船的总成本超标，51条船的采购成本超标，52条船的加工成本超标，且未按规定对相关人员追责；有195条船未按规定出具完工成本分析报告。

18. 2014年，所属七二五所未经资产评估，将2188.66平方米的房屋等对外出租。

（四）落实中央八项规定精神及廉洁从业规定方面。

1. 2010年至2015年，所属七二五所等单位违规发放各类津补贴115.03万元；七二五所还通过编制虚假会议资料等方式套取资金1449.88万元。

2. 2009年至2013年，所属七二五所10名所领导违规通过持股企业取得分红620.46万元；所属重庆齿轮箱有限责任公司高级管理人员未按规定清退相关股份，取得分红234.35万元。

3. 2013年至2015年，所属七一一所列支购买礼品、购物卡等费用103.82万元，其中2015年9.69万元。

4. 2013年，所属财务公司在召开会议期间向参会的董事、监事发放现金9.3万元。

（五）以前年度审计查出问题整改情况。

审计署2010年审计中指出，中船重工所属科研院所737名中层以上人员持有下属企业股份4380.77万元。到此次审计时，该问题尚未整改。

三、审计处理及整改情况

对此次审计发现的问题，审计署已依法出具

了审计报告、下达了审计决定书。中船重工具体整改情况由其自行公告。

审计中发现的违纪违法问题线索，已依纪依法移送有关部门进一步调查处理。

中华人民共和国审计署审计结果公告（2017 年第 12 号）

中国石油天然气集团公司 2015 年度财务收支审计结果

（2017 年 6 月 23 日公告）

根据《中华人民共和国审计法》的规定，审计署 2016 年对中国石油天然气集团公司（以下简称中石油集团）2015 年度财务收支情况进行了审计，重点审计了中石油集团总部及所属中国石油天然气股份有限公司、中国石油天然气勘探开发公司（以下分别简称中国石油、勘探开发公司）等 21 家二级单位，并对有关事项进行了延伸和追溯。

一、基本情况

中石油集团成立于 1998 年，主要从事石油天然气勘探开发、石油炼制、石油化工、成品油批发零售和石油石化工程的勘探设计、施工、建筑安装。据合并财务报表反映，中石油集团拥有全资和控股子公司 902 家、参股公司 404 家；资产总额 40340.98 亿元，负债总额 16358.09 亿元，所有者权益 23982.89 亿元，资产负债率 40.55%；当年实现营业总收入 20167.57 亿元，利润总额 824.69 亿元，净利润 562.42 亿元，净资产收益率 2.43%，国有资本保值增值率 102.2%。立信会计师事务所（特殊普通合伙）对中石油集团 2015 年度合并财务报表出具了标准无保留意见审计报告。该审计报告在中石油集团网上公开。

审计署审计结果表明，中石油集团突出油气主业，加快结构布局调整，优先发展资源勘探和油气生产业务，推进重点油气管道和储备设施建设，加强海外油气战略合作；压缩投资规模，开源节流降本增效，更加注重从规模发展向质量效益发展的转变；实施扩大经营自主权试点，推进混合所有制改革，加强内部规范化建设和安全环保等基础性工作，重大科技专项攻关取得重要成果。此次重点审计了中石油集团在财务会计管理、贯彻落实国家重大政策措施、企业重大决策和内部管理、落实中央八项规定精神及廉洁从业规定、以前年度审计查出问题整改等方面情况，发现还存在一些问题。

二、审计发现的主要问题

（一）财务管理和会计核算方面。

1. 至 2015 年底，中石油集团未将实际控制的 5 户企业纳入合并财务报表，涉及资产 89.77 亿元、负债 48.96 亿元、当年利润 7.66 亿元。

2. 2013 年至 2015 年，所属四川石油管理局等 2 家单位挤占派出至集体企业人员工资 9 亿元，超标准计提补充医疗保险金 6.01 亿元，其中 2015 年 3.21 亿元。

3. 2011 年至 2015 年，所属天然气销售分公司等 3 家单位少计资产减值损失等 2.22 亿元，其中 2015 年 1.49 亿元；所属新疆石油管理局等 4 家单位多计资产减值损失等 3.26 亿元，其中 2015 年 1404.36 万元。

4. 2013 年至 2015 年，所属华北油田分公司等 5 家单位超工资总额发放补贴等 3.18 亿元，其中 2015 年 937.69 万元。

5. 2013 年至 2015 年，所属新疆金戈壁油砂矿开发有限责任公司等 5 家单位因委托生产原油未入账等少计资产 4544.25 万元、负债 3565 万元，其中 2015 年少计资产 2915.25 万元、负债 1936 万元。

6. 2014 年，所属塔里木油田分公司违规为职工承担住房贷款利息等 3995.47 万元。

（二）贯彻落实国家重大政策措施方面。

1. 至 2016 年 6 月，中石油集团未按规定完成低效无效资产清理处置，尚未清理处置资产占 12.01%；2 家下属企业职工家属区“三供一业”3 项业务尚未完成分离移交。

2. 至2016年7月，所属华北油田分公司承担的一项重大项目工程已延期4年，18.07亿元资金未及时发挥效益。

3. 2013年至2016年5月，所属辽宁等9家销售分公司违反有关成品油销售政策，涉及金额7.63亿元，其中2015年2.99亿元。

4. 2014年8月至2015年，中石油集团向不符合天然气利用政策的项目供应天然气2.63亿立方米。

（三）企业重大决策和内部管理方面。

1. 2013年，所属中国石油在未列入投资计划、未向国资委报备的情况下，引入600亿元社会资本设立合资公司，2015年12月收购社会资本股份时以避免经济纠纷为由支付补偿款等6967.44万元。

2. 2013年，中石油集团未严格执行内部集体决策程序，同意所属企业出资12.11亿美元收购一境外项目35%的权益。

3. 2009年至2015年，所属新疆石油管理局等11家单位存在应招标未招标等问题，涉及金额69.94亿元，其中2015年3.01亿元。

4. 至2015年底，所属勘探开发公司1个境外项目未按规定向发展改革委报告，超出概算4.44亿澳元。

5. 2012年9月至2013年6月，所属广东销售分公司未经批准，拨付资金11.74亿元开展炼油小产品购销业务，至2016年6月形成损失2亿元。

6. 2013年至2014年，中石油集团批准所属企业出资10.57亿元进行非主业股权投资，未按规定向国资委报告。

7. 2008年至2015年，所属长庆油田分公司油气工艺研究院未经评估和审批，转让专利技术使用权涉及金额6601.09万元；违规将9.58亿元工程交由无资质企业实施，且有7.22亿元未经招标，其中2015年3.47亿元。

8. 2013年至2014年，所属华油实业开发总公司等3家企业未经批准或集体决策开展购销业务，7.61亿元资产面临损失风险。

9. 2013年至2015年，所属长庆油田分公司等违规将补充医疗保险6.62亿元转入个人账户，其中2015年2.32亿元。

10. 2014年12月至2016年6月，所属昆仑银行股份有限公司有4.86亿元贷款审核不严，形成不良资产1180万元、逾期贷款0.99亿元、贷款质押物悬空1.39亿元。

11. 2007年，所属华中销售分公司未经评估签订总价4亿元合作购房协议。

12. 2013年5月至2015年4月，所属塔里木油田分公司未经评估处置资产，账面原值2.69亿元，获得处置收入605.8万元。

13. 所属勘探开发公司2012年实施的1个境外项目，实际投资超出发展改革委批复额度3637万美元，至2015年9月退出前未按要求申请变更。

14. 2013年，所属中国石油在未列入投资计划及向国资委报备的情况下，实施1个油气项目的合作开发，并承诺6.5%保底收益，至2016年4月已亏损2.14亿元。

15. 2012年至2014年7月，所属广西等3家销售分公司违反内部规定委托代建加油站，支付代办费用1.89亿元。

16. 2013年，所属西南油气田分公司与1家公司合作实施天然气脱硫工程建设项目过程中，存在违反内部规定变更合同性质、资产被转售难以收回以及审核不严多付加工费等问题，涉及金额9427.59万元。

17. 2012年，所属四川销售分公司未按规定报批和评估，以8400万元收购正在筹建的3座加油站，至2015年底2座加油站尚未开工，2011.87万元资金被对方无偿占用。

18. 2008年至2009年，所属哈尔滨石化分公司违反内部规定对外销售渣油1.98万吨，涉及金额3363.22万元。

19. 2014年，所属中国石油四川石化有限责任公司未按合同约定验货，发现质量问题后未追究供货商责任，并全额支付尾款，涉及采购总额2246.88万元。

20. 2014年，所属勘探开发公司等2家单位存在对外捐赠未报备、违规扩大捐赠范围等问题，涉及金额2622.12万元。

21. 2008年，中石油集团未按规定程序进行集体决策，决定对外实施1个油气合作项目。

22. 2013年至2015年，中石油集团违规以传签方式审批延长部分资产折旧年限。

23. 中石油集团信息系统存在数据交互不完

善、未全面监控下属单位执行成品油升级和价格政策，以及个别系统交付后闲置等问题。

24.2013年，所属新疆油田分公司未经集团批准，利用11.71公顷工业用地建高档住宅，2015年8月才补办手续。

（四）落实中央八项规定精神及廉洁从业规定方面。

1.2014年，所属广东销售分公司超工资总额向其中层管理人员发放奖金133.3万元。

2.2013年，中石油集团违反中央八项规定精神，在会议费中列支高档酒水、个人消费等31.68万元。

3.2013年，所属塔里木油田分公司用公款组织员工旅游，涉及金额3.86万元。

（五）以前年度审计查出问题整改情况。

审计署2013年审计中指出，中石油集团所属西南油气田分公司至2012年底未按时完成清退职工股。此问题至此次审计时尚未完全整改，涉及1336人、金额687.21万元。

三、审计处理及整改情况

对此次审计发现的问题，审计署已依法出具了审计报告、下达了审计决定书。中石油集团具体整改情况由其自行公告。

审计中发现的违纪违法问题线索，已依纪依法移送有关部门进一步调查处理。

中华人民共和国审计署
审计结果公告
（2017年第13号）

中国华能集团公司
2015年度财务收支审计结果

（2017年6月23日公告）

根据《中华人民共和国审计法》的规定，审计署2016年对中国华能集团公司（以下简称华能集团）2015年度财务收支情况进行了审计，重点审计了华能集团总部及所属华能甘肃能源开发有限公司、华能能源交通产业控股有限公司（以下分别简称华能甘肃公司、华能能交公司）等6家二级单位，对有关事项进行了延伸和追溯。

一、基本情况

华能集团成立于1988年，主要从事电源开发、投资、建设、经营和管理，电力（热力）生产和销售，金融、煤炭、交通运输、新能源、环保相关产业。据合并财务报表反映，华能集团2015年底拥有全资和控股子公司466家、参股公司154家；资产总额9718.96亿元，负债总额8022.88亿元，所有者权益1696.08亿元，资产负债率82.55%；当年实现营业总收入2682.26亿元，利润总额305.72亿元，净利润205.89亿元，净资产收益率12.39%；国有资本保值增值率106.76%。大信会计师事务所（特殊普通合伙）对华能集团2015年度合并财务报表出具了标准无保留意见的审计报告。该审计报告在中国货币网公开。

审计署审计结果表明，华能集团明确公司发展战略，努力提升企业经营管控能力，完善内控制度和内部管理体系，实施专业化改革和区域集约化管理，规范公司治理运行机制，实施绿色发展行动计划，弥补清洁能源比重低的短板，推进电源结构调整和“走出去”战略部署，企业效益稳步提升。此次重点审计财务会计管理、贯彻落实国家重大政策措施、企业重大决策和内部管理、落实中央八项规定精神及廉洁从业规定、以前年度审计查出问题整改等方面情况，发现还存在一些问题。

二、审计发现的主要问题

（一）财务管理和会计核算方面。

1.2008年7月至2015年底，所属华能能交公司及其下属2家企业违规开展货物购销业务，虚增收入、成本各154.02亿元，其中2015年虚增收入、成本各42.46亿元。

2.2015年，所属华能甘肃公司等2家企业将应计入当期损益的贷款利息计入在建工程，造成少计财务费用2.19亿元、多计利润2.19亿元。

3.2011年至2015年，华能集团及所属华能山东石岛湾核电有限公司（以下简称石岛湾核电公司）等3家企业，在工程或管理费用中列支应由职工个人承担的费用等2150.97万元，其中2015年601.5万元。

4.2015年，华能集团未将下属企业支付给集团的委托管理费作收入处理，造成合并财务报表少计利润2495万元。

5.2015年，华能集团未按规定在合并财务报表附注中披露对外担保事项，涉及金额21.83亿元。

（二）贯彻落实国家重大政策措施方面。

1. 至2015年底，华能集团26个已开工项目未取得土地使用权，涉及土地1084.45亩。

2. 至2016年6月，华能集团未按要求完成低效无效资产清理处置，尚未清理资产占94.58%。

3. 至2015年底，66家厂办大集体企业未按要求完成分离；至2016年6月，3家下属企业职工家属区“三供一业”7项业务尚未完成分离移交。

此外，至2016年5月，华能集团有20家所属企业被国资委认定为“僵尸企业”或特困企业，企业处置任务较重。

（三）企业重大决策和内部管理方面。

1. 华能集团62个电力项目存在未经竣工环保验收即投产、未取得施工许可证即开工建设等问题，涉及投资288.08亿元。

2.2008年12月和2010年3月，所属华能山东发电有限公司等2家企业出资152.84亿元收购24项公司股权或资产，超出监管部门批复备案的资产评估价40.41亿元。

3.2008年至2016年5月，所属华亭煤业集团有限责任公司（以下简称华亭煤业公司）等4家企业121个项目应招标未招标，涉及金额9.4亿元；505个项目未按规定公开招标，涉及金额125.58亿元；5个项目违规确定中标人，涉及金额2.11亿元。

4.2011年4月至2013年6月，经华能集团集体决策，所属境外企业以103.27亿元实施的收购项目，因电力市场需求持续疲软等经营亏损。

5.2009年至2011年，所属华能能交公司等2家企业未报经集团公司批准或未经评估，分别以7.39亿元、3.57亿元和2.27亿元收购3家外部单位股权，造成多支付股权收购款2.62亿元、面临损失1.85亿元。

6.2009年至2015年12月，所属华能甘肃公司等2家企业未经集团批准，违规开工建设5个煤矿或风电项目，造成投资损失3993.56万元，还有2.87亿元存在损失风险。

7.2009年，所属华能能交公司在中介机构出具的可行性研究报告存在重大瑕疵的情况下，未严格审核即依据其投资，造成1.53亿元投资存在损失风险。

8.2013年，华能集团未经集体决策，批准所属华能曹妃甸港口有限公司投资建设精化配煤项目，1.52亿元投资存在损失风险。

9.2006年，华能集团在尽职调查不充分等情况下，与外部单位合资成立企业，因对方隐瞒对外担保等事项导致华能集团多支付投资款1.34亿元。

10.2012年，华能集团违规重建培训楼，建筑总面积7551平方米、实际总投资1.08亿元。至2016年6月，该楼基本处于闲置状态。

11.2011年，所属华能甘肃公司未按规定报经集团批准，购买房产1491平方米、涉及金额3323万元。

12.2013年，所属长城证券股份有限公司在尽职调查不充分等情况下购买企业债券，造成3300万元投资本息面临损失。

13.2012年，所属南京华能南方实业开发股份有限公司未及时对被外部单位侵占的钢材，采取实质性保全措施，造成2223万元资产面临损失。

14.2009年，所属华能甘肃公司在集团批准的股权收购价款外，额外支付应由股权出让方承担的工程费用等1846.41万元。

15.2009年，所属石岛湾核电公司违规垫资1000万元设立职工持股企业。

16.2013年，所属华亭煤业公司未按规定报经集团批准，将公司房产出售给个人，涉及金额759.96万元。

17.2012年至2013年，所属四川华能宝兴河水电有限公司违规列支设计和监理人员补贴62.8万元。

18.2009年至2016年6月，所属华亭煤业公司未按规定向监管部门上报4起安全事故。

19. 至2015年底，所属146家企业使用的财务系统和302家企业使用的ERP系统不符合规定的接口标准，且2个信息系统间的数据组织结构、软件设计方式等方面存在差异，数据交互困难。

（四）落实中央八项规定精神及廉洁从业规定方面。

1.2012 年 12 月至 2013 年 1 月，所属石岛湾核电公司用工程建设资金购买纪念品、高档酒水等 216.8 万元。

2.2015 年，所属华能淄博白杨河发电有限公司部分领导人员未按规定处置所持职工持股企业股权，涉及金额 41.8 万元。

3.2013 年至 2014 年，华能集团总部个别部门及所属中国华能集团燃料有限公司在高档酒店召开会议 3 次，消费 26.02 万元。

（五）以前年度审计查出问题整改情况。

审计署 2012 年对华能集团审计指出的问题中，有 4 个问题到此次审计时还未完全整改到位。其中，关于 73 个已开工建设项目未取得土地批复的问题，有 23 个项目仍未取得土地批复；关于垫资建设的 16 个电力送出工程未及时收回资金的问题，有 2 个项目的垫付资金仍未收回。

三、审计处理及整改情况

对此次审计发现的问题，审计署已依法出具了审计报告、下达了审计决定书。华能集团具体整改情况由其自行公告。

审计中发现的违纪违法问题线索，已依纪依法移送有关部门进一步调查处理。

中华人民共和国审计署审计结果公告

（2017 年第 14 号）

东风汽车公司 2015 年度财务收支审计结果

（2017 年 6 月 23 日公告）

根据《中华人民共和国审计法》的规定，审计署 2016 年对东风汽车公司（以下简称东风公司）2015 年度财务收支情况进行了审计，重点审计了东风公司总部及所属东风商用车有限公司、神龙汽车有限公司（以下分别简称东风商用车公司、神龙公司）等 10 家二级单位，并对有关事项进行了延伸和追溯。

一、基本情况

东风公司成立于 1969 年，主要从事汽车及汽车零部件的设计、生产销售以及工具和模具的开发、设计、制造、销售。据合并财务报表反映，东风公司 2015 年底拥有全资和控股子公司 127 家、合营公司 181 家、参股公司 52 家；资产总额 2604.4 亿元，负债总额 1484.28 亿元，所有者权益 1120.12 亿元，资产负债率 57%；当年实现营业总收入 2585.90 亿元，利润总额 206.13 亿元，净利润 152.87 亿元，净资产收益率 14.8%；国有资本保值增值率 114.7%。瑞华会计师事务所（特殊普通合伙）对东风公司 2015 年度合并财务报表出具了标准无保留意见的审计报告。

审计署审计结果表明，东风公司突出汽车主业发展，优化产业布局，推进内部业务重组，推出风神等 4 大乘用车自主品牌。扩大合资合作，拓展国际化发展模式；完善内部控制制度体系，推行全面预算管理和关键业绩指标考核等管理工具，逐步提高集团管控能力；推进辅业改制和公司改革，积极探索困难企业产权多元化，逐步解决历史遗留问题。此次重点审计财务会计管理、贯彻落实国家重大政策措施、企业重大决策和内部管理、落实中央八项规定精神及廉洁从业规定等方面情况，发现还存在一些问题。

二、审计发现的主要问题

（一）财务管理和会计核算方面。

1.2013 年至 2015 年，东风公司向职工发放的交通补贴等 6.03 亿元未按规定纳入工资总额管理，其中 2015 年 6.02 亿元；所属东风德纳车桥有限公司超工资总额发放津贴 218.38 万元，其中 2015 年 107.52 万元。

2.2015 年，所属东风标致雪铁龙汽车销售有限责任公司（以下简称标致雪铁龙销售公司）等 2 家企业通过虚构销售业务等方式，虚增当年收入 3.99 亿元、成本 3.4 亿元，多计利润 5894.54 万元；所属神龙公司提前确认销售收入 2.27 亿元，结转成本2.17亿元。

3.2015年，东风公司合并财务报表因关联交易抵销不充分、合并范围不完整等，造成少计资产1.1亿元、负债1.76亿元，多计利润3819.3万元。

4.2001年至2015年，所属广州风神汽车有限公司等3家企业私设“小金库”或虚列费用套取现金4162.3万元，其中4043.9万元用于发放职工奖励。

5.2015年，所属东风本田汽车有限公司（以下简称东风本田）多计提坏账准备2104.41万元。

6.2005年至2015年，东风公司应收未收土地租赁费976.7万元，其中2015年92.04万元。

7.2011年，东风公司总部代职工承担个人所得税300.86万元。

8.2012年至2015年，所属神龙公司将34辆自产汽车转为固定资产，以低于市场销售价入账，少计收入78.36万元。

（二）贯彻落实国家重大政策措施方面。

1.2013年至2015年，东风公司未按规定淘汰部分高耗能落后机电设备。

2. 至2016年6月，东风公司未按要求完成低效无效资产清理处置，尚未清理资产占67.71%。

3. 至2015年底，4家厂办大集体企业未按要求完成分离。

此外，至2015年底，东风公司有15家所属企业被国资委认定为“僵尸企业”或特困企业，企业处置任务较重。

（三）企业重大决策和内部管理方面。

1.2013年至2015年，东风公司违规决策向汽车经销商提供担保累计43.5亿元，其中2015年12.5亿元。

2.2009年和2010年，东风公司在合资方企业技术存在缺陷且未批量生产的情况下，与其合资生产销售汽车，至2016年6月累计亏损11.8亿元。

3.2005年至2015年，所属东风商用车公司等4家企业113个工程建设及设备采购项目未按规定公开招标，涉及金额6.13亿元，其中2015年6980万元。

4.2010年至2015年，所属神龙公司等3家企业自定购车优惠政策向员工让利1.74亿元，其中2015年6457.07万元；所属东风汽车集团股份有限公司乘用车公司未经集体决策，违规给予经销商额外优惠返利7444.35万元，其中2015年4421.48万元。

5.2006年，东风公司将163亩土地转让给参股企业，约定3年内收回转让收益1.6亿元。至2016年6月，双方均未登记该债权债务，东风公司也一直未追索土地转让收益。

6.2006年至2015年，所属中国东风汽车工业进出口有限公司（以下简称东风进出口公司）违规对外投资股票7393万元、出借资金6551万元，其中2015年5500万元。

7.2012年，东风公司在未完成尽职调查的情况下，违规决策与境外企业签署合作框架协议，后被项目组擅自变更为合资协议，导致公司在退出合作后被对方起诉，造成损失9041.81万元，其中2015年6825.85万元。

8.2013年3月至2015年1月，所属东风商用车公司等2家企业在涉外贸易中存在违规发货和担保、违规发放汽车合格证、未经批准确定境外代理商等问题，货款及担保垫款5982.71万元面临损失风险，其中2015年1280.73万元。

9.2007年至2013年，所属东风本田低价处置生产废料，按可比价格测算造成损失约4000万元。

10.2013年至2015年，所属东风随州专用汽车有限公司等3家企业违规增加零部件采购代理环节，增加成本3340.79万元，其中2015年1296.77万元。

11.2008年至2014年，所属东风商用车公司等2家企业违规支付境外贸易佣金3305.16万元。

12.2011年，所属标致雪铁龙销售公司违规向尚未取得授权的经销商销售汽车，涉及金额2558万元。

13.2012年至2016年，所属神龙公司等3家企业审核不严，被经销商等骗取大客户奖励、二手车置换补贴和购车优惠1245万元，其中2015年576.62万元。

14.2000年至2010年，所属东风汽车股份有限公司等2家企业对外投资管理不善，造成损失

1052.45 万元；所属上海东风汽车进出口有限公司未经评估收购 1 家企业 19%股权，涉及金额 568.67 万元。

15.2005 年至 2007 年，所属十堰管理部对外转让土地，至 2016 年 5 月仍有 256.88 万元款项未收回。

16.2010 年，东风公司未经集体决策，以 57.95 万元转让所持企业 9.34%的股份。

17.2010 年至 2015 年，所属神龙公司审核把关不严，多申请节能补贴资金 10.2 万元；1 家汽车经销商未按规定向消费者支付节能资金 11.1 万元。

18.2011 年至 2014 年，东风公司及所属企业 3 个新建项目未获建设用地审批手续即开工建设，涉及土地 1822.55 亩；所属东风汽车房地产有限公司 2012 年 4 月开发的 1 个房地产项目进展缓慢，234.33 亩土地至 2016 年 6 月仍闲置。

19.2015 年，所属东风襄阳旅行车有限公司等 2 家企业未充分考虑市场需求，生产销售新能源汽车 9942 辆，抽查 7702 辆发现超过 60%处于闲置状态。

20. 所属神龙公司等 2 家企业的库存汽车、特殊车辆、监控车等资产处置办法缺失或不健全。

21. 至 2015 年底，东风公司及所属单位信息系统未完全实现互联互通；所属 17 家企业财务软件数据接口不符合国家标准；信息系统等级保护工作不到位，总部 13 个系统和服务器中存在 152 项安全风险。

（四）落实中央八项规定精神及廉洁从业规定方面。

1.2013 年至 2015 年，所属东风商用车公司等 2 家企业违规高标准召开 4 次经销商、供应商会议，支出 1146.47 万元。

2.2012 年 12 月至 2014 年，所属东风汽车财务有限公司等 3 家企业违规向经销商、供应商等发放、赠送礼品和购物卡 457.16 万元；所属郑州日产汽车有限公司违规购买高档酒水 202.78 万元。

3.2011 年至 2014 年，所属神龙公司违规向高管折价销售汽车让利 20.32 万元，所属东风进出口公司等 2 家企业向高管发放节日购物卡等 4.1 万元。

4.2014 年 7 月以来，所属十堰管理部及下属单位 77 名高管在领取车辆补贴的同时仍违规使用公务用车。

三、审计处理及整改情况

对此次审计发现的问题，审计署已依法出具了审计报告、下达了审计决定书。东风公司具体整改情况由其自行公告。

审计中发现的违纪违法问题线索，已依纪依法移送有关部门进一步调查处理。

中华人民共和国审计署审计结果公告（2017 年第 15 号）

哈尔滨电气集团公司 2015 年度财务收支审计结果

（2017 年 6 月 23 日公告）

根据《中华人民共和国审计法》的规定，审计署 2016 年对哈尔滨电气集团公司（以下简称哈电集团）2015 年度财务收支情况进行了审计，重点审计了哈电集团总部及所属哈尔滨电气股份有限公司、哈尔滨哈锅实业开发总公司（以下分别简称哈尔滨电气、哈锅实业）等 11 家二级单位，并对有关事项进行了延伸和追溯。

一、基本情况

哈电集团成立于 1991 年，主要从事电机、锅炉、汽轮机零部件和辅机的制造销售及国内外电厂项目开发建设。据合并财务报表反映，哈电集团 2015 年底拥有全资和控股子公司 55 家、参股公司 31 家；资产总额 697.68 亿元，负债总额 496.61 亿元，所有者权益 201.07 亿元，资产负债率 71.20%；当年实现营业总收入 276.29 亿元，利润总额 1.08 亿元，净资产收益率 1.32%；国有资本保值增值率102.6%。立信会计师事务所（特殊普通合伙）对哈电集团2015年度合并财务报表出具了标准无保留意见的审计报告。

审计署审计结果表明，哈电集团积极推进产业结构调整，进一步提升核电生产能力，加快向制造服务业转型，开展营销模式改革，加强研发平台建设，不断提升核心业务竞争力；完善集团管控体系和制度建设，推动实施集团总部“大部制”改革，加强资金预算管理；积极推动企业“走出去”，发挥工程总承包和设备制造双重优势，在国内外高端市场不断取得突破。此次重点审计财务会计管理、贯彻落实国家重大政策措施、企业重大决策和内部管理、落实中央八项规定精神及廉洁从业规定等方面情况，发现还存在一些问题。

二、审计发现的主要问题

（一）财务管理和会计核算方面。

1.2007年至2014年，所属2家企业少结转营业成本6.29亿元、少计销售费用4312.72万元、多计利润6.72亿元。

2.2006年至2014年，所属哈尔滨电气动力装备有限公司等2家企业超工资总额发放职工薪酬，多计费用8259.56万元。

3.2012年，所属哈尔滨锅炉厂有限责任公司（以下简称锅炉公司）代职工承担个人所得税2623.09万元。

4.2010年至2015年，所属哈尔滨电机厂有限责任公司（以下简称电机公司）将应计入生产成本的劳务派遣用工工资计入管理费用，涉及金额2048.6万元，其中2015年571.96万元。

5.2009年至2015年，所属电机公司将应确认的营业外收入1198.54万元在递延收益科目挂账，造成少计利润1198.54万元，其中2015年639.6万元。

6.2015年，所属锅炉公司等2家企业未将已出租房产转入投资性房地产科目核算，涉及固定资产净值1080.15万元。

7.2015年，哈电集团在合并财务报表中，将不属于合并范围内的2家企业银行存款与哈电集团所属内部银行相关科目予以抵销，造成少计资产和负债各845.6万元。

8.2014年，所属哈尔滨电气关联交易抵销不充分，造成多计收入661.34万元。

（二）贯彻落实国家重大政策措施方面。

1.2014年，哈电集团经董事会决策同意，向违规从事商业性房地产开发的下属企业提供委托贷款4.35亿元。

2.至2016年6月，哈电集团未按要求完成低效无效资产清理处置，未完成清理资产占69.4%。

3.至2014年底，88家厂办大集体企业未按要求完成分离；至2016年6月，8家下属企业职工家属区“三供一业”10项业务尚未完成分离移交工作。

此外，至2015年底，哈电集团有9家所属企业被国资委认定为“僵尸企业”或特困企业，企业处置任务较重。

（三）企业重大决策和内部管理方面。

1.2007年至2015年，所属哈锅实业等8家企业未经招标，签订物资采购、产品外包等合同，涉及金额889.61亿元，其中2015年2.84亿元；所属哈电集团（秦皇岛）重型装备有限公司等2家企业实施的部分工程未按规定进行招标，涉及金额1.26亿元。

2.2012年至2015年，所属哈尔滨电气国际工程有限责任公司（以下简称哈电国际）未经集体决策，签订9份境外工程合同及16份咨询代理合同，涉及金额271.89亿元，其中2015年74.31亿元。

3.2013年至2015年，哈电集团证券法务部未经董事会决策，购买基金25次，涉及金额36.3亿元，其中2015年21.7亿元。

4.2011年至2014年，所属哈锅实业等9家企业未经集团批准开工建设项目37个，涉及投资13.74亿元。

5.2010年，哈电集团以科研基地名义违规超标准建设11.6万平方米办公楼，涉及总投资5.9亿元。

6.2009年，哈电集团在项目论证不充分的情况下，经董事会决策同意投资2.5亿元对所属昆明市电机厂有限责任公司进行新址搬迁和技术改造，由于搬迁工作未能按原计划实施等，经营效益逐年下滑，投资面临损失风险。

7. 2007 年，所属哈电国际在境外项目论证不充分的情况下签订工程总承包合同，项目预计亏损 2.15 亿元。

8. 2014 年至 2016 年 2 月，所属哈电国际未经集体决策，多次将已到期的 3 亿美元远期结汇合约展期。

9. 2011 年和 2012 年，所属哈尔滨汽轮机厂有限责任公司组织实施的 3 个燃压机重点项目未按期建成，1.87 亿元资金闲置。

10. 2010 年，哈电集团在合作方仅有海上风电样机技术，产品尚未达到产业化生产能力的情况下，决策同意由所属哈尔滨电气出资 1.86 亿元与其合作成立合资公司实施海上风电项目，2011 年至 2015 年风电项目经营亏损 1.06 亿元。

11. 2008 年，所属佳木斯电机股份有限公司（以下简称佳电股份）在增资扩股过程中，未按规定处理因贷款利息豁免产生的 6757.93 万元净收益。

12. 2013 年，所属佳电股份未经集团批准，擅自同意其下属佳木斯佳电风机有限公司进行股权投资，涉及金额 300 万元。

13. 至 2016 年 6 月，哈电集团未按国资委要求建立重要事项专项风险评估制度。

14. 哈电集团 153 个信息系统未设计数据接口，195 个信息系统未确定信息系统安全保护等级。

（四）落实中央八项规定精神及廉洁从业规定方面。

1. 2011 年至 2014 年，哈电集团总部从所属企业借入超标准轿车 6 辆，作为公司领导人员公务用车，其中 2 辆 2015 年被集团总部购入后作为公司领导人员固定用车。

2. 2013 年，所属哈电国际在五星级酒店举办春节联欢会，发生费用 23.63 万元。

三、审计处理及整改情况

对此次审计发现的问题，审计署已依法出具了审计报告、下达了审计决定书。哈电集团具体整改情况由其自行公告。

审计中发现的违纪违法问题线索，已依纪依法移送有关部门进一步调查处理。

中华人民共和国审计署
审计结果公告
（2017 年第 16 号）

鞍钢集团公司
2015 年度财务收支审计结果

（2017 年 6 月 23 日公告）

根据《中华人民共和国审计法》的规定，审计署 2016 年对鞍钢集团公司（以下简称鞍钢集团）2015 年度财务收支情况进行了审计，重点审计了鞍钢集团总部及所属鞍山钢铁集团公司、攀钢集团有限公司（以下分别简称鞍山钢铁、攀钢集团）等 7 家二级单位，并对有关事项进行了延伸和追溯。

一、基本情况

鞍钢集团于 2010 年由鞍山钢铁与攀钢集团联合重组而成，主要从事钢、铁、钒、钛冶炼，钢压延加工，铁矿及其他金属矿采选，以及工程技术、国际贸易、金融投资管理。据合并财务报表反映，鞍钢集团 2015 年底拥有全资和控股子公司 228 家、参股公司 134 家；资产总额 3045.27 亿元，负债总额 2410.73 亿元，所有者权益 634.54 亿元，资产负债率 79.16%；当年实现营业总收入 1297.08 亿元，利润总额-107.48 亿元，净利润-141.47 亿元，净资产收益率-18.65%；国有资本保值增值率 73.62%。瑞华会计师事务所（特殊普通合伙）对鞍钢集团 2015 年度合并财务报表出具了标准无保留意见的审计报告。该审计报告在中国货币网公开。

审计署审计结果表明，鞍钢集团突出钢铁主业，完善企业战略布局，促进集团转型发展，做强工程技术等非钢产业板块，跨区域推进鞍山、攀枝花产业布局整合；制定深化改革实施意见，推进股权多元化改革和运营机制创新，深化企业劳动人事及分配制度改革；完善法人治理结构，加强内部管理，完善对子企业的差异化管控模式，推动管理制度体系建设，集团管理职能得到强化。此次重点审计财务会计管理、贯彻落实国家重大政策措施、企业重大决策和内部管理、落实中央八项规定精神及廉洁从业规定、以前年度审计查出问题整改等方面情况，发现还存在一些问题。

二、审计发现的主要问题

（一）财务管理和会计核算方面。

1.2015年，所属鞍山钢铁未将实际控制的鞍钢冷轧钢板（莆田）有限公司（持股80%）纳入合并财务报表范围，造成多计利润12.54亿元。

2.2015年，所属鞍山钢铁等2家企业部分关联交易抵销不充分，造成多计利润2.65亿元。

3.至2015年底，所属攀钢集团西昌钢钒有限公司未及时处置应报废固定资产，也未按规定计提减值准备，造成多计利润1.90亿元。

4.2013年至2015年，所属攀钢集团超工资总额，在应付福利费科目列支并发放购物卡1.66亿元，其中2015年0.35亿元。

5.至2016年7月，所属鞍钢集团矿业公司（以下简称鞍钢矿业公司）虚列会议费支出，形成账外结余268.12万元。

（二）贯彻落实国家重大政策措施方面。

1.2013年至2014年，鞍钢集团投资6.03亿元对国家已明令淘汰的2个项目实施改造，实际新增热轧产能120万吨/年。

2.至2016年1月，所属鞍钢矿业公司等2家企业有15个项目未经环评审批即开工建设，有9个项目未经竣工环保验收即投产。

3.至2015年底，鞍钢集团及所属鞍钢矿业公司有19个大气污染治理项目未按要求开工建设。

4.2012年至2015年，所属鞍钢矿业公司等2家企业因污染物超标排放接受环境保护部门行政处罚50次、挂牌督办1次。至2016年1月仍未完成治理。

5.2015年，所属攀钢集团吨钢综合能耗为649.96千克标准煤/吨，未完成规划设定目标。

6.至2015年底，鞍钢集团未按要求完成低效无效资产清理处置，未完成清理资产占84.19%。

7.至2016年6月，501家厂办大集体企业未按要求完成分离；至2015年底，34家下属机构职工家属区"三供一业"业务尚未完成分离移交工作。

此外，至2016年6月底，鞍钢集团有27家所属企业被国资委认定为"僵尸企业"或特困企业，企业处置任务较重。

（三）企业重大决策和内部管理方面。

1.2012年至2015年，鞍钢集团及所属企业工程项目建设和物资采购等方面，存在应招标未招标、违规对外招标、违规转分包等问题，涉及金额369.70亿元，其中2015年282.96亿元。

2.2010年，所属鞍山钢铁未经相关部门批准，改变总投资38.16亿元的1个项目建设地点，该项目建成后亏损严重，于2015年8月停产。

3.2008年至2012年，鞍钢集团未经相关部门核准，向境外合资公司投资33.55亿元。

4.2008年，所属鞍山钢铁未向相关部门报告，投资25.64亿元新建1个项目，该项目竣工后一直未完成调试，至2015年底仍闲置。

5.2013年，鞍钢集团所属企业以预付款的形式，向境外合资公司出借资金13.31亿元，至2016年6月上述借款仍未收回，存在损失风险。

6.2013年至2014年，鞍钢集团总部及所属16家亏损企业违规为职工缴存年金1.83亿元。

7.2013年10月至2014年1月，所属攀钢集团下属攀港有限公司违反鞍钢集团内部规定，擅自从境外进口1.02亿元钛矿粉，因市场价格连续下滑形成损失3283万元。

8.2015年，在相关部门批复项目产能为7.5万吨/年的情况下，鞍钢集团违规批准该项目按10万吨/年进行建设。

9.2013年至2015年，鞍钢集团及其所属企业存在各信息系统间数据交互困难，形成信息孤岛、物资采购管理系统数据丢失、生产调度系统存在运行风险等问题。

10.2013年至2015年，所属攀钢集团等2家企业多报科技投入25.56亿元。

（四）落实中央八项规定精神及廉洁从业规定方面。

1.2013年，鞍钢集团在未取得相关建设手续的情况下，以科技综合楼名义建设供易地交流集团领导使用的宾馆式公寓楼，总投资1327.59万元。

2.2012年12月至2014年12月，所属攀钢集团为13名时任公司领导人员报销医保负担外应由个人承担的住院、门诊费用共9.07万元。

（五）以前年度审计查出问题整改情况。

审计署2011年对鞍钢集团审计指出的问题中，部分问题到此次审计时尚未整改到位。主要是：所属攀钢集团冶金工程技术有限公司垫付工程款4.59亿元面临风险，鞍山钢铁住房资金管理中心住房维修基金6.03亿元未专户存储，鞍山钢铁以“无偿借用”的方式将686.66万平方米土地提供给改制企业使用，鞍山钢铁和攀钢集团部分建设项目未批先用土地1458.56万平方米。

三、审计处理及整改情况

对此次审计发现的问题，审计署已依法出具了审计报告、下达了审计决定书。鞍钢集团具体整改情况由其自行公告。

审计中发现的违纪违法问题线索，已依纪依法移送有关部门进一步调查处理。

中华人民共和国审计署审计结果公告
（2017年第17号）

宝钢集团有限公司 2015年度财务收支审计结果

（2017年6月23日公告）

根据《中华人民共和国审计法》的规定，审计署2016年对宝钢集团有限公司（以下简称宝钢集团）2015年度财务收支情况进行了审计，重点审计了宝钢集团本部及所属宝山钢铁股份有限公司、宝钢集团新疆八一钢铁有限公司（以下分别简称宝钢股份、八一钢铁）等9家二级单位，并对有关事项进行了延伸和追溯。

一、基本情况

宝钢集团成立于1978年，主要从事钢铁生产、资源开发。据合并财务报表反映，宝钢集团2015年底拥有全资和控股子公司459家、参股公司205家；资产总额5293.32亿元，负债总额2497.46亿元，所有者权益2795.86亿元，资产负债率47.18%；当年实现营业总收入2300.59亿元，利润总额10.34亿元，净利润-15.46亿元，净资产收益率-0.55%；国有资本保值增值率99.4%。德勤华永会计师事务所（特殊普通合伙）对宝钢集团2015年度合并财务报表出具了标准无保留意见的审计报告。该审计报告在中国货币网公开。

审计署审计结果表明，宝钢集团不断推进战略布局调整，加快自主创新驱动发展，制定“成为全球最具竞争力钢铁企业”战略目标，不断提升钢铁主业核心竞争力；制定深化改革实施意见，制定了“压产能、提效率、去杠杆”的总体策略，整合电商、物流等优势资源，构建面向钢铁行业的“互联网＋”服务平台；完善公司治理结构，推动内部控制体系建设，董事会、监事会架构和运行进一步规范。此次重点审计财务会计管理、贯彻落实国家重大政策措施、企业重大决策和内部管理、落实中央八项规定精神及廉洁从业规定等方面情况，发现还存在一些问题。

二、审计发现的主要问题

（一）财务管理和会计核算方面。

1.2011年至2015年，所属上海宝钢国际经济贸易有限公司未按规定计提股票投资减值准备，造成多计利润6.82亿元，其中2015年0.91亿元。

2.2011年至2015年，宝钢集团总部及所属16家企业超职工工资总额列支员工保险、通信补贴等费用5.83亿元，其中2015年1.82亿元。

3.2015年，所属上海宝钢不锈钢有限公司等2家企业关联交易抵销不充分，造成多计存货2.65亿元、利润3.71亿元。

4.2013年至2014年，所属广东韶钢国贸贸易有限公司违规开展货物购销业务，虚增收入13349.22万元、成本13319.07万元，多计利润30.16万元。

5.至2015年底，所属宝钢股份少计提2014年已搬迁的高炉塔基减值准备2207.91万元，造成多计利润2207.91万元。

6.2014年至2015年，所属宝钢股份将收到的进出口信用保险返还收入计入其他应付款，造成少计收入511.74万元，其中2015年241.58万元。

（二）贯彻落实国家重大政策措施方面。

1.2011年至2015年，所属八一钢铁等3家企业的6个项目未经环评即开工建设，涉及投资额115.99亿元。

2.2011年6月至2014年，所属八一钢铁等3家企业违反钢铁项目立项审批相关规定，新增炼铁产能93万吨、炼钢产能150万吨。

3.2015年，宝钢集团吨钢综合能耗和万元产值综合能耗未达“十二五”期末节能降耗的指标要求。

4. 至2016年6月，宝钢集团未按要求完成低效无效资产清理处置，未完成清理资产占48.09％。

5. 至2015年底，15家厂办大集体企业未按要求完成分离；至2016年2月，8家下属企业职工家属区“三供一业”34项业务未完成分离移交工作。

此外，至2016年6月，宝钢集团有21家所属企业被国资委认定为“僵尸企业”或特困企业，企业处置任务较重。

（三）企业重大决策和内部管理方面。

1.2012年，宝钢集团未经相关部门批准，违反决策程序批准投资73.67亿元建设南疆钢铁基地项目。该项目2015年底停产，累计亏损11.75亿元。

2.2009年以来，所属上海宝钢资源有限公司（以下简称宝钢资源）累计投入69.6亿元实施的4个项目未正常开工、运营，有3.56亿元投资面临损失；出资4.06亿美元（折合人民币25.47亿元）参与建设的1个境外铁矿项目，未按计划于2015年6月投产。

3.2012年6月和2015年8月，宝钢集团及所属八一钢铁违反内部规定，批准投资16.42亿元实施年产300万吨铁矿采矿选矿工程等2个项目，之后经勘探发现无开发价值，已投入资金7655.1万元面临损失。

4.2011年至2015年，所属宝钢股份等2家企业未按规定招标，采购15.15亿元工程设备及备件，其中2015年5.45亿元。

5.2012年，宝钢集团未按规定向相关部门备案，违反董事会议事规则，以传签方式批准所属八一钢铁投资建设南疆焦化项目，至2015年底累计投资12.04亿元；建成投产后产能实际利用率较低。

6.2014年，宝钢集团违规投资建设帕尔岗铁矿采选矿项目，项目未获得主管部门核准、未取得采矿权证，投资形成的8.6亿元资产处于闲置状态。

7.2012年至2013年，所属华宝信托有限责任公司因信托产品债务人违约，垫资偿付的7.51亿元面临损失风险；对国家限制类行业信贷业务未按规定制定专门的授信指引。

8.2013年，宝钢集团违反决策程序，批准宝钢资源出资4.84亿元收购贵州1家矿业有限公司38.68％股权。至2015年底，收购的公司半数矿井未开工，累计亏损2600万元。

9.2011年，宝钢集团批准所属宝钢股份与1户企业合资设立钢管境外企业，并购买该合作公司闲置的钢管生产线，所设企业投产仅2个月即遭受东道国“反倾销”调查，产能实际利用率较低，至2015年底累计亏损0.5亿元。

10.2010年，所属上海宝钢商贸有限公司多向代理商支付代理费88.37万元。

11. 宝钢集团董事会议事规则中，未对传签等决策方式和决议形成条件作出相应规定；部分总经理网上办公会会议纪要未存档管理。

（四）落实中央八项规定精神及廉洁从业规定方面。

1.2013年至2016年6月，宝钢集团总部超标准租赁公务用车，涉及租金414.14万元。

2.2013年至2014年，宝钢集团为1名副总经理支付应由其个人负担的高档酒店疗休养等费用19.99万元；花费2.18万元租用五星级酒店会议室召开调研会议等。

三、审计处理及整改情况

对此次审计发现的问题，审计署已依法出具了审计报告、下达了审计决定书。宝钢集团具体整改情况由其自行公告。

审计中发现的违纪违法问题线索，已依纪依法移送有关部门进一步调查处理。

中华人民共和国审计署审计结果公告（2017年第18号）

中国中化集团公司 2015年度财务收支审计结果

（2017年6月23日公告）

根据《中华人民共和国审计法》的规定，审计署2016年对中国中化集团公司（以下简称中化集团）2015年度财务收支情况进行了审计，重点审计了中化集团总部及所属中化国际（控股）股份有限公司、中化石油勘探开发有限公司（以下分别简称中化国际、勘探公司）等9家二级单位，并对有关事项进行了延伸和追溯。

一、基本情况

中化集团成立于1950年，主要从事能源、农业、化工、金融和房地产。据合并财务报表反映，中化集团2015年底拥有全资和控股子公司559家、参股公司101家；资产总额3546.42亿元，负债总额2348.1亿元，所有者权益1198.32亿元，资产负债率66.21%；当年实现营业总收入3811.86亿元，利润总额60.09亿元，净利润30.5亿元，净资产收益率2.47%；国有资本保值增值率100.9%。天职国际会计师事务所（特殊普通合伙）对中化集团和所属中国中化股份有限公司2015年度合并财务报表出具了标准无保留意见的审计报告。中国中化股份有限公司2015年度审计报告在中国债券信息网公开。

审计署审计结果表明，中化集团持续改善和规范企业管理，重塑企业经营架构和经营模式，逐步培育形成了能源、农业、化工、金融、地产五大板块的经营格局；组织实施了管理改善工程、精益管理、质量管理等一系列管理变革活动，上收经营单位投资决策权限，搭建分级管控模式；围绕主营业务进行上下游延伸和国内外延伸，石油、化肥和化工三大核心业务形成较为完备的产业链，市场影响力增强。此次重点审计财务会计管理、贯彻落实国家重大政策措施、企业重大决策和内部管理、落实中央八项规定精神及廉洁从业规定等方面情况，发现还存在一些问题。

二、审计发现的主要问题

（一）财务管理和会计核算方面。

1.2010年至2015年，所属中化辽宁公司等4家单位与集团外部单位开展虚假交易，虚增收入9.06亿元、虚列成本8.95亿元，其中2015年虚增收入和成本各5.47亿元。

2.所属公司将应计入2015年的职工年终绩效奖在2016年列支，造成2015年少计成本1.2亿元。

3.2009年至2015年，中化集团总部及多家二级单位违规发放补贴、购买商业保险，涉及金额3405.9万元，其中2015年951.74万元。

（二）贯彻落实国家重大政策措施方面。

1.2015年6月至2016年6月，中化集团房地产存货从553.64亿元增至674.91亿元，与“去库存”要求不符。

2.2010年至2015年，中化集团未按要求清理整合所属企业，法人管理层次从9级增至11级，法人企业从468户增至560户，其中五级及以下法人企业359户、占64.11%。

3.至2015年底，中化集团股权类低效无效资产未按要求完成清理处置，未完成清理资产占77.23%。

4.至2016年6月，中化集团2家下属企业职工家属区“三供一业”5项业务尚未完成分离移交。

5.至2015年底，中化集团未按要求清理压缩存货和应收款项，其规模较基准日不降反升。

（三）企业重大决策和内部管理方面。

1.2010年至2015年，所属中化泉州石化有限公司（以下简称泉州石化）等4家单位的62.74亿元设备采购、工程施工等未按规定公开招标。

2.2007年至2011年，中化集团投资的4个境外项目，因对形势判断失误等，累计损失和亏损36.21亿元。

3.2010年至2011年，中化集团在开展境外公司股权收购中，未按规定经评估机构评估，仅依据内部人员评估结果即决策以18.98亿元收购该公司50%股权。

4.2014年至2015年，所属3家单位在期货交易中存在期货头寸超限额、止损不及时以及部分账户未经报备等问题，累计发生损失14.16亿元。

5.2010年和2012年，中化集团未严格履行评估程序，批准所属企业以15.64亿元对外收购股权，高估股权价值1.78亿元。

6.2013年，所属公司违规发放贷款5亿元，至2016年7月底贷款本息有5.91亿元逾期难以收回，已全额计提减值准备。

7.2013年至2015年，所属中化辽宁公司等2家公司违规开展货物购销业务，涉及金额4.2亿元，其中7501.21万元资金面临损失。

8.2014年，所属石油中心因销售不合格汽柴油，支付赔偿款2.46亿元。

9.2010年至2013年，所属勘探公司对工程设计、现场管理和监督等不到位，投资项目发生事故9起，投资超预算2.44亿元。

10.2013年至2014年，所属中化塑料有限公司在与6家企业及银行合作中，因未遵守合同约定，导致对6家企业无法按期偿还的1.27亿元贷款承担还款责任，已支付133.08万元。

11.2007年，所属中化国际投资1.12亿元的项目因设计工艺技术落后等，投产后持续亏损，至2015年底投资全部损失。

12.2010年，中化集团在未充分调研及出具评估报告的情况下，决策出资1.03亿元收购股权；收购后持续亏损，至2013年底已全额计提减值准备。

13.2014年至2015年，所属公司员工违规为他人购买信托产品9561万元。

14.2010年，中化集团在挂牌转让所持公司股权时，对受让方设置不合理限制条件，最终以挂牌价转让。按同期北京产权交易所该公司股权最低成交价测算，以上转让中少收价款2678.4万元。

15.2013年，中化集团违规代外资企业持有文化产业类公司8%的股权，实际股东权利义务由外资企业实施。

16. 所属中化美洲集团公司2002年至2015年未按要求召开董事会会议，所属泉州石化2013年至2014年未按要求召开董事会会议。

17.2012年和2015年，所属远东宏信2次增资配股，中化集团对其持股比例由45.55%降至23.29%，未按规定向国资委申请办理产权变更登记。

18.2010年至2015年，中化集团信息化预算完成率平均为44.62%；至2015年底，还有11个信息系统未建立与其他系统传输数据的接口。

（四）落实中央八项规定精神及廉洁从业规定方面。

1. 所属中化国际新建办公楼外墙装修使用从欧洲进口石材耗资2430.82万元，中化集团及所属公司的3名高管还花费17.52万元专程赴欧洲考察以上石材。

2.2013年至2015年，所属中化石油江苏有限公司等2家公司列支449.1万元购买高档礼品，其中2015年185.85万元。

3.2013年至2015年，中化集团高尔夫球卡消费支出116.49万元。

4.2014年，所属中化国际违规在招待费中报销健身等费用7.01万元。

三、审计处理及整改情况

对此次审计发现的问题，审计署已依法出具了审计报告、下达了审计决定书。中化集团具体整改情况由其自行公告。

审计中发现的违纪违法问题线索，已依纪依法移送有关部门进一步调查处理。

中华人民共和国审计署
审计结果公告
（2017年第19号）

中国五矿集团公司
2015年度财务收支审计结果

（2017年6月23日公告）

根据《中华人民共和国审计法》的规定，审计署2016年对中国五矿集团公司（以下简称五矿集团）2015年度财务收支情况进行了审计，重点审计了五矿集团总部及所属五矿国际信托有限公司、五矿邯邢矿业有限公司（以下分别简称五矿信托、邯邢矿业）等9家二级单位，并对有关事项进行了延伸和追溯。

一、基本情况

五矿集团成立于1950年，主要从事金属及矿产品开发与利用、技术研发、工程设计与相关服务、金属及矿产品贸易与物流。据合并财务报表反映，五矿集团2015年底拥有全资和控股子公司792家、参股公司83家；资产总额3538.56亿元，负债总额3073.77亿元，所有者权益464.79亿元，资产负债率86.86%；当年实现营业总收入2003.67亿元，利润总额-181.66亿元，净利润-181.07亿元，净资产收益率-32.32%；国有资本保值增值率68.93%。天健会计师事务所（特殊普通合伙）对五矿集团2015年度合并财务报表出具了标准无保留意见的审计报告。该审计报告在中国债券网公开。

审计署审计结果表明，五矿集团着力推动企业战略转型，通过并购重组向产业链上下游延伸，由进出口贸易型企业向“资源＋贸易”型企业转变，构建以战略业务群为核心的全新业务架构，成立六大业务中心，建立了财务集中管控、全面预算管理、投资决策与实施管理、信息系统管理等风险管理体系，内部控制制度逐步建立健全，积极落实国家“走出去”战略，境外业务不断拓展。此次重点审计财务会计管理、贯彻落实国家重大政策措施、企业重大决策和内部管理、落实中央八项规定精神及廉洁从业规定等方面情况，发现还存在一些问题。

二、审计发现的主要问题

（一）财务管理和会计核算方面。

1.2012年至2014年，所属五矿有色金属股份有限公司违规开展购销业务，虚增收入和成本各23.49亿元。

2.2014年，所属五矿矿业控股有限公司未按规定对探矿权计提减值准备，少计资产减值损失21.27亿元，造成多计利润21.27亿元。

3.至2015年底，五矿集团总部及所属五矿（北京）资产管理公司少确认收入2029.73万元，其中2015年88万元。

4.至2015年底，五矿集团少计固定资产1949.12万元，造成少计提折旧693.24万元，其中2015年63.02万元。

5.2012年，所属鲁中矿业有限公司垫缴职工个人所得税813.33万元。

（二）贯彻落实国家重大政策措施方面。

1.至2015年底，五矿集团未完成营业收入、利润总额、国有资产保值增值率、资产负债率4项发展规划目标。

2.至2015年底，五矿集团未按要求完成低效无效资产清理处置，尚未清理资产占64.05%。

3.至2015年底，15家厂办大集体企业未按要求完成分离；17家下属企业职工家属区“三供一业”66项业务未完成分离移交。

4.至2015年底，五矿集团未完成压缩管理层次的要求，最末级管理层次为5级，共有98家单位。

5.至2016年5月，五矿集团2012年排查发现的1271个环境污染隐患风险点中还有172项未整改。

（三）企业重大决策和内部管理方面。

1.2007年至2012年，五矿集团在可行性论证不充分的情况下，收购3个境外项目，涉及金额93.04亿元，2015年底计提减值准备41.71亿元。

2.2011年，所属五矿置业有限公司（以下简称五矿置业）违规决策投资33.92亿元建设房地产和酒店，已建成的资产处于闲置状态。

3.2007年，五矿集团未经投资委员会审议，违反决策程序投资17.51亿元新建营口沿海产业园区项目，部分土地及房地产投资至2015年底长期闲置。

4.2008年，所属五矿置业未按规定报集团批准且未经评估，出资8亿元收购外部企业股权。

5.2010年，所属五矿地产控股有限公司未经审议立项，仅依据可行性研究报告即审议批准以6.17亿元收购外部企业股权。

6.2011年，所属五矿信托在发行2个信托产品中，履行职责不到位，至2015年底计提减值准备3.67亿元。

7.2002年之前，五矿集团从外部单位拆借价值3.15亿元的物资出借给下游客户企业。至2015年底，与该外部单位的物资挂账仍未处理。

8.2014年，所属五矿信托募集3亿元资金，违规向外部企业提供融资。

9.2011年，五矿集团未经充分论证，决策投资2.31亿元收购外部企业股权，2013年以来项目一直停工，已计提减值准备2.06亿元。

10.2012年至2014年，所属五矿钢铁有限责任公司（以下简称五矿钢铁）等3家单位违规开展货物购销业务2.88亿元，已计提减值准备1.91亿元。

11.2014年，所属中国矿产有限责任公司等3家企业对存储在第三方的货物未进行有效监管，2.04亿元货物被第三方擅自发出，已计提减值准备1.84亿元。

12.2012年，所属五矿（营口）产业园发展有限公司向不具备资格的外部企业购买煤炭，预付款1.64亿元中有1.28亿元存在损失风险。

13.2008年，所属五矿二十三冶建设集团有限公司（以下简称二十三冶）未经集团批准，违规以1.36亿元收购外部企业股权。

14.2010年，所属邯邢矿业未经五矿集团批准，违规向外部企业出借资金4500万元并为其2000万元贷款提供担保；到期后又未经集团审批，同意该企业以其所持另一户企业的股权抵顶上述6500万元债务和担保责任。

15.2010年至2011年，所属五矿钢铁违规对外赊销钢材，涉及金额2777.82万元，至2013年底已计提减值准备1733万元。

16.2012年，所属二十三冶处置土地未按照所在地适用的基准地价进行测算，少收取土地转让价款541.44万元。

17.五矿集团缺乏统一的数据平台，系统集中度有待提高，部分系统间数据交互困难，形成信息孤岛。

（四）落实中央八项规定精神及廉洁从业规定方面。

1.2012年至2013年6月，所属中国五矿股份有限公司支出1646.99万元购买家具、字画等，用于装饰办公楼等场所，其中2013年以后购置202.4万元。

2.2008年至2015年，五矿集团及所属单位购买礼品支出724.23万元，其中2015年26.58万元。

3.2012年，所属五矿置业天津公司购置1幢小洋楼作为办公用房使用，人均办公面积超标59.11平方米。

三、审计处理及整改情况

对此次审计发现的问题，审计署已依法出具了审计报告、下达了审计决定书。五矿集团具体整改情况由其自行公告。

审计中发现的违纪违法问题线索，已依纪依法移送有关部门进一步调查处理。

中华人民共和国审计署
审计结果公告
（2017年第20号）

中国通用技术（集团）控股有限责任公司2015年度财务收支审计结果

（2017年6月23日公告）

根据《中华人民共和国审计法》的规定，审计署2016年对中国通用技术（集团）控股有限责任公司（以下简称通用技术集团）2015年度财务收支情况进行了审计，重点审计了通用技术集团总部及所属中国轻工业品进出口总公司、中国邮电器材集团公司（以下分别简称中轻总公司、邮电器材公司）等10家二级单位，并对有关事项进行了延伸和追溯。

一、基本情况

通用技术集团成立于1998年，主要从事重大技术装备和机电等产品的贸易与工程承包、装备制造及相关配套服务、医药生产及贸易。据合并财务报表反映，通用技术集团拥有全资和控股子公司510家、参股公司130家；资产总额1394.22亿元，负债总额959.10亿元，所有者权益435.12亿元，资产负债率68.79%；当年实现营业总收入1738.73亿元，利润总额54.90亿元，净利润

41.19亿元，净资产收益率10.30%；国有资本保值增值率111.7%。中天运会计师事务所（特殊普通合伙）对通用技术集团2015年度合并财务报表出具了标准无保留意见的审计报告。该审计报告在中国货币网上公开。

审计署审计结果表明，通用技术集团制定了“建设具有国际竞争力的科工贸一体化大型企业集团”的战略目标，设立转型升级重组联合推进委员会，进一步完善战略管理体系；兼并重组有关中央企业和地方国有骨干企业，推进集团内部大宗商品和资源性商品贸易业务、医药板块、房地产业务及二级机构整合，经营规模增长较快；规范董事会建设，完善法人治理结构，修订集团公司议事规则和核心决策程序，调整优化总部职能配置、推进所属企业改制上市。此次重点审计了财务会计管理、贯彻落实国家重大政策措施、企业重大决策和内部管理、落实中央八项规定精神及廉洁从业规定等方面情况，发现还存在一些问题。

二、审计发现的主要问题

（一）财务管理和会计核算方面。

1.2012年至2015年，所属昆仑国际贸易公司（以下简称昆仑公司）介入其他企业已达成的交易业务，虚增收入169.1亿元、成本169.11亿元，其中2015年虚增收入和成本各105.18亿元。

2.2010年至2015年，所属中国新兴建筑工程总公司违规将挂靠的2个施工队收支纳入合并财务报表，累计虚增收入116.08亿元、成本112.04亿元、利润4.04亿元，其中2015年虚增收入28.62亿元、成本27.59亿元、利润1.03亿元。

3.2012年至2013年，所属邮电器材公司华北公司违规开展购销业务，虚增收入24.82亿元、成本24.50亿元、利润3200万元。

4.2012年至2015年，通用技术集团所属1家企业违规计提咨询费、纠纷备用金等，多计成本5.36亿元，其中2015年5526万元。

5.2012年至2014年，所属邮电器材公司下属2家企业以虚构供应商折扣折让的方式，虚减销售成本3.35亿元。

6.2015年，通用技术集团在合并财务报表时对所属企业关联交易抵销不充分，造成多计收入和成本各0.77亿元。

7.2010年至2014年，所属邮电器材公司下属5家企业少结转销售成本0.57亿元。

（二）贯彻落实国家重大政策措施方面。

1. 至2016年6月，通用技术集团未按计划完成低效无效资产清理处置，尚未清理处置资产占62.82%。

2. 至2016年6月，通用技术集团所属企业房地产项目库存68.16万平方米，比2015年底仅下降8.77万平方米，“去库存”工作进展缓慢，部分房地产项目“去库存”压力较大。

此外，至2016年6月，通用技术集团有20家所属企业被国资委认定为“僵尸企业”或特困企业，企业处置任务较重。

（三）企业重大决策和内部管理方面。

1. 至2015年底，通用技术集团2013年至2015年向国资委上报的投资计划中，由于可行性研究论证不充分等，94个项目未按计划开工或完工，涉及投资额85.77亿元。

2. 至2016年6月，所属青岛新兴东方进出口有限责任公司在与2家企业开展不足额保证金铁矿石进口代理业务中，由于违规转移货权，造成20.65亿元资金面临损失风险。

3.2008年至2012年，通用技术集团在可行性研究论证不充分的情况下，投资14.19亿元兼并重组2家公司。重组后企业经营情况逐步恶化，至2015年底累计亏损8.3亿元。

4.2009年至2015年，所属中轻总公司下属4家企业与外部企业开展购销业务中，存在违规赊销、预付货款、未严格控制货权等问题，造成损失7.67亿元，还有1.92亿元面临损失风险。

5.2009年，通用技术集团未严格执行集体决策程序且未报经国资委审核，批准所属企业房地产合作项目，投入7.6亿元购地经营房地产业务。

6.2013年8月以来，所属中轻资源进出口公司未经批准开展金属硅购销业务，被对方企业骗取3.02亿元，面临损失风险。

7.2011年8月至2015年11月，所属通用地产有限公司（以下简称通用地产）未经董事会会议研究，且未报集团批准，转让土地32.77亩，涉及金额2.2亿元。

8.2013年1月至2016年5月，所属天方药业有限公司虚构咨询费、会议费等支付凭据，套取资金用于向药品代理商返还，涉及资金 1.54 亿元，其中 2015 年 5643.90 万元。

9. 至 2016 年 6 月，所属中国海外经济合作总公司对 2012 年 11 月承揽电站改造项目中发现的部件烧毁事故，一直未作出责任认定，也未与合作方就已确认的 1.43 亿元损失分担达成一致意见。

10. 2011 年和 2012 年，所属中国新兴建设开发总公司提供虚假资料帮助其他企业取得银行保理融资 5140.4 万元，到期后又代为偿还，至 2014 年 7 月才收回。

11. 2010 年，所属齐齐哈尔二机床（集团）有限责任公司未按集团批复要求与“非核心资产”承接企业签订人员转移协议，继续承担应由对方负担的“三险一金”费用 3185.6 万元。

12. 2010 年，所属通用地产未经集团批准，出资 2 亿元对外收购股权以获取土地使用权。至 2015 年底项目累计亏损 1831.24 万元。

13. 2013 年，所属中国医疗器械技术服务有限公司在未按规定收取足额保证金的情况下，对外交付代理进口设备，至 2016 年 6 月仍未收到货款，涉及金额 1770.4 万元。

14. 2010 年，通用技术集团在可行性研究论证不充分的情况下，批准所属企业投资 3 亿元对外参股项目，由于相关合作协议未落实等，项目建设 4 个月便终止，形成损失 830.30 万元。

15. 至 2016 年 7 月，通用技术集团未按要求对清产核资中发现造成损失的责任人员追责。

16. 通用技术集团信息化规划颁布较晚，信息化建设主要由二级企业自行负责，未有效整合，部分信息系统不能满足业务发展需求，个别已建成的系统闲置浪费。

17. 通用技术集团未按要求建立相关承诺制度，所属公司部分员工离职后从事与原公司相同或相近业务，影响公司利益。

（四）落实中央八项规定精神及廉洁从业规定方面。

1. 2008 年至 2015 年，所属昆仑公司 3 名管理人员违规成立企业并参股昆仑公司。该企业累计取得分红 1.55 亿元。

2. 通用技术集团为 11 名集团领导人员配备专车的同时，还另配备公务用车各 1 辆，购车价格 296.94 万元，其中超标准购买 2 辆、单价 42.48 万元。

三、审计处理及整改情况

对此次审计发现的问题，审计署已依法出具了审计报告、下达了审计决定书。通用技术集团具体整改情况由其自行公告。

审计中发现的违纪违法问题线索，已依纪依法移送有关部门进一步调查处理。

中华人民共和国审计署
审计结果公告
（2017 年第 21 号）

中国建筑工程总公司
2015 年度财务收支审计结果

（2017 年 6 月 23 日公告）

根据《中华人民共和国审计法》的规定，审计署 2016 年对中国建筑工程总公司（以下简称中建总公司）2015 年度财务收支情况进行了审计，重点审计了中建总公司总部及所属中国海外集团有限公司、中国建筑一局（集团）有限公司（以下分别简称中海集团、中建一局）等 10 家二级单位，并对有关事项进行了延伸和追溯。

一、基本情况

中建总公司成立于 1983 年，主要从事土木和建筑工程的勘察、设计、施工、安装、咨询以及房地产经营。据合并财务报表反映，中建总公司 2015 年底拥有全资和控股子公司 1326 家、参股公司 178 家；资产总额 10797.51 亿元，负债总额 8352.23 亿元，所有者权益 2445.28 亿元，资产负债率 77.35%；当年实现营业总收入 8808.15 亿元，利润总额 477.63 亿元，净利润 359.86 亿元，净资产收益率 16.16%；国有资本保值增值率 113.03%。大华会计师事务所（特殊普通合伙）

对中建总公司 2015 年度合并财务报表出具了标准无保留意见的审计报告。

审计署审计结果表明，中建总公司坚持战略引领和市场导向，构建海外平台，开拓国际市场，推进经营结构调整和业务转型升级；不断完善法人治理结构，构建多层次的制度体系，促进提高管理水平和效率，降低管理成本；明晰各层级决策权限，构建协同共享的监督体系，强化内部执纪监督，保障企业健康运行与持续发展。此次重点审计财务会计管理、贯彻落实国家重大政策措施、企业重大决策和内部管理、落实中央八项规定精神及廉洁从业规定等方面情况，发现还存在一些问题。

二、审计发现的主要问题

（一）财务管理和会计核算方面。

1. 2014 年 12 月至 2015 年 9 月，所属中国建筑第八工程局有限公司（以下简称中建八局）等 2 家单位在办理应收账款保理业务中，将有追索权的应收账款核销，造成少计资产和负债各 18.64 亿元，其中 2015 年少计资产和负债各 11 亿元。

2. 2010 年至 2016 年 6 月，所属中国建筑第五工程局有限公司（以下简称中建五局）等 17 家单位因项目费用计提不规范、合并报表范围不完整等，造成少计利润 10.96 亿元，其中 2015 年 8.31 亿元。

3. 2011 年至 2015 年，所属 1 家公司将收到的下属单位往来款等 1.73 亿元存入员工代持股份的公司，其中 6599.44 万元用于支付投标费等。至 2016 年 6 月，该公司将余额 1.07 亿元陆续收回。

（二）贯彻落实国家重大政策措施方面。

1. 至 2016 年 6 月，中建总公司未按计划完成低效无效资产清理处置，尚未清理处置资产占 33.35%；7 家下属企业职工家属区“三供一业”8 项业务未按计划完成分离移交。

2. 至 2015 年底，中建总公司按要求将企业管理层级压缩为 4 级，但实际股权层级最长的仍达 12 级。

（三）企业重大决策和内部管理方面。

1. 2012 年至 2015 年，所属中国建筑第三工程局有限公司（以下简称中建三局）等 2 家单位未经上级公司审批或备案，办理无追索权的应收账款保理业务 156.92 亿元以及发行企业债券等 21.87 亿元，其中 2015 年 73.13 亿元。

2. 2011 年至 2016 年 6 月，所属中建八局等 11 家单位在未经批准或评估的情况下，实施资产购置、国有资产转让以及房地产开发等项目 46 个，涉及金额 68.87 亿元，其中 2015 年 6389.66 万元。

3. 2007 年至 2016 年 6 月，所属中建方程投资发展有限公司（以下简称中建方程公司）等 10 家单位违规对外提供借款、支付履约保证金等 66.17 亿元。至 2016 年 6 月，尚有 5.27 亿元未收回，已计提坏账准备 4160 万元。

4. 2013 年至 2015 年，所属中建八局下属 4 家单位违反国家相关规定，向信托机构融资 56.14 亿元，用于缴纳房地产开发项目土地出让金，其中 2015 年 37.34 亿元。

5. 2008 年 7 月至 2011 年 5 月，所属中海集团投资的陕西渭南太华湖等 3 个项目，由于前期调研不充分、对项目管控不到位等出现经营风险，至 2015 年底已计提减值准备 27.3 亿元，其中 2015 年计提 10.9 亿元。

6. 2011 年 5 月至 2013 年 4 月，所属中国建筑第四工程局有限公司（以下简称中建四局）未经批准，向外部单位提供委托贷款 13.5 亿元。至 2016 年 6 月，有 9.91 亿元未按期收回，已计提减值准备 2.97 亿元。

7. 2009 年至 2015 年，所属中国建筑股份有限公司违规向业主单位提供担保以及成本控制、项目管理不到位等，造成 1.5 亿美元（折合人民币 9.96 亿元）投资面临损失风险。

8. 2010 年至 2015 年，所属中建四局等 6 家单位存在违规分包工程、使用不合规发票入账等问题，涉及金额 7.77 亿元，其中 2015 年 1415.05 万元。

9. 2010 年至 2014 年，所属中建一局等 3 家单位存在违规垫资施工、出借资质等问题，形成亏损 1.74 亿元。

10. 2015 年 8 月至 2016 年初，所属中建三局在将其应收账款转让给银行实施资产证券化的过程中，未及时对转让期间收回的 8.86 亿元应收账款进行调整，导致多支付财务费用 1513.26 万元，其中 2015 年 1450.7 万元。

11. 2013 年至 2015 年，中建总公司月均带息负债余额 1918.24 亿元、2311.67 亿元和 2615.73 亿元，同期月均货币资金余额 1112.40 亿元、

1087.14亿元和1486.72亿元，存贷双高不利于控制企业财务成本。

12.2010年至2015年，所属中建方程公司等2家单位的3个项目，存在超资质范围开发房地产项目、可行性研究不充分和房地产销售环节存在漏洞等问题。

（四）落实中央八项规定精神及廉洁从业规定方面。

1.2008年至2016年6月，所属中建五局第三建设有限公司等7家单位的12名管理人员及其亲属，违规投资入股与所在单位经营同类业务的企业或从所在单位分包工程，涉及金额6.8亿元，其中2015年2.28亿元。

2.2008年至2015年，所属中建八局总承包公司虚列工程支出套取资金421.18万元，用于购买8辆超标汽车，其中2015年45.69万元。

3.2013年至2014年，所属中建四局第三建筑工程有限公司西北分公司和太古汇项目部违规列支高档酒和职工旅游费用68.03万元。

三、审计处理及整改情况

对此次审计发现的问题，审计署已依法出具了审计报告、下达了审计决定书。中建总公司具体整改情况由其自行公告。

审计中发现的违纪违法问题线索，已依纪依法移送有关部门进一步调查处理。

中华人民共和国审计署 审计结果公告 （2017年第22号）

中国中钢集团公司 2015年度财务收支审计结果

（2017年6月23日公告）

根据《中华人民共和国审计法》的规定，审计署2016年对中国中钢集团公司（以下简称中钢集团）2015年度财务收支情况进行了审计，重点审计了中钢集团总部及所属中钢钢铁有限公司、中钢德远矿产品有限公司（以下分别简称中钢钢铁公司、中钢德远公司）等8家二级单位，并对有关事项进行了延伸和追溯。

一、基本情况

中钢集团成立于1993年，主要从事冶金矿产资源开发、冶金产品贸易、冶金工程技术服务与设备制造。据合并财务报表反映，中钢集团2015年底拥有全资和控股子公司233家、参股公司52家；资产总额600.53亿元，负债总额791.06亿元，所有者权益-190.53亿元，资产负债率131.73%；当年实现营业总收入589.89亿元，利润总额0.83亿元，净利润-4.46亿元；国有资本保值增值率97.66%。中天运会计师事务所（特殊普通合伙）对中钢集团2015年度合并财务报表出具了否定意见的审计报告。

审计署审计结果表明，中钢集团采取措施有序推动债务重组，加快战略布局调整，明确矿产资源板块等4大优势产业方向；落实“三去一降一补”政策措施，淘汰退出高耗能、高污染、资源型产能，出台混合所有制改革指导意见，设立混合所有制企业；推动规范董事会试点建设和战略型总部建设，企业重组转型加快，高风险业务规模得到压缩。此次重点审计财务会计管理、贯彻落实国家重大政策措施、企业重大决策和内部管理、落实中央八项规定精神及廉洁从业规定等方面情况，发现还存在一些问题。

二、审计发现的主要问题

（一）财务管理和会计核算方面。

1.2015年，所属中钢钢铁公司等2家公司违规开展购销业务，虚增收入3亿元、成本2.87亿元。

2.2015年，所属中钢集团马鞍山矿山研究院有限公司未按规定报批，擅自从所有者权益中计提改制前相关人员经费6938.49万元。

3.2014年，所属中钢国际广场（天津）有限公司多计提天津响螺湾项目在建工程减值准备6891.77万元，造成2014年少计利润6891.77万元。

4. 至2015年底，所属中钢集团辽宁有限公司（以下简称中钢辽宁公司）等3家企业，对阜新中钢能源发展有限公司等7项长期股权投资未在账内核算，造成少计资产6186.2万元。

5. 至2015年底，所属中钢德远公司等2家企业在债务方长期违约的情况下，未对应收账款等计提坏账准备，造成多计利润3278.69万元。

6. 2012年至2016年，所属中钢集团西安重机有限公司（以下简称中钢西重公司）少计存款利息收入和理财收益345.63万元，其中2015年95.97万元。

7. 2015年，中钢集团未将7家具有实际控制权的公司纳入合并财务报表范围，造成多计利润307.08万元。

8. 2015年，所属中钢西重公司对投资的北京中鼎泰克冶金设备有限公司少计投资收益222.22万元，造成少计利润222.22万元。

9. 2014年至2016年，所属北京华隆典当有限责任公司（以下简称华隆典当公司）超工资总额发放职工薪酬78.36万元，其中2015年32.53万元。

10. 2014年，所属境外公司在依据不充分的情况下，对82.5万吨铬铁炉渣全额计提存货跌价准备；至2016年6月，该公司还有720.5万吨库存铬铁炉渣未入账核算。

（二）贯彻落实国家重大政策措施方面。

1. 至2016年底，中钢集团未按要求完成低效无效资产清理处置，尚未清理资产占33.45%。

2. 至2016年底，3家厂办大集体企业未按要求完成分离；所属15家企业职工家属区“三供一业”39项业务未完成分离移交。

此外，至2016年底，中钢集团有30家所属企业被国资委认定为“僵尸企业”或特困企业，其中5户未按要求完成2016年度处置计划。

（三）企业重大决策和内部管理方面。

1. 2014年10月至2016年11月，所属中钢辽宁公司等2家公司，通过虚构业务等方式套取银行资金12.87亿元，用于归还以前年度银行借款等。

2. 2013年5月至2015年，所属中钢集团浙江有限公司（以下简称中钢浙江公司）违规与3家外部企业开展购销业务8.14亿元。

3. 2009年7月至2014年9月，所属中钢辽宁公司违反内部授信规定与外部企业开展购销业务，至2016年6月有4.9亿元债权已逾期，面临损失风险。

4. 2012年至2015年，所属中钢集团天津有限公司在开展大宗商品贸易中，未采取有效措施防范风险，造成损失2.11亿元。

5. 2012年，所属中钢西重公司违规通过其控制的企业开设3个银行账户存放大额资金，2016年11月底余额1.35亿元。

6. 至2016年底，所属华隆典当公司违规向2名个人及其关系人发放典当资金共计9930万元，直接或变相通过房地产抵押方式发放典当资金1.25亿元。

7. 2016年，所属中钢集团山西有限公司未经中钢集团批准，将所持部分地方企业1.12亿元债权转为股权投资。

8. 2014年至2015年，所属中钢浙江公司违规开展期货业务，造成损失8475.2万元。

9. 2015年，中钢集团转让吉林炭素有限公司股权中，超出协议约定支付不应由其承担的补偿款，造成损失5851万元。

10. 2015年，中钢德远公司为清收外部企业4797.98万元不良债权，决定与其合作开展委托加工业务，但未有效防控风险，至2016年底不良债权扩大至8278.1万元。

11. 2015年至2016年，所属中钢集团邢台机械轧辊有限公司（以下简称邢台轧辊公司）未经招标签订外委协作合同211份，涉及金额4520.14万元。

12. 2015年，中钢集团未经集体决策，违规批准所属中钢集团衡阳重机有限公司（以下简称衡阳重机公司）为其下属企业2800万元银行贷款提供连带责任担保。

13. 2015年，所属中国冶金矿业总公司在未充分论证的情况下，从下属公司借款2500万元购买结构化资产管理计划劣后级，因该资产管理计划清盘已全部损失。

14. 2016年，所属华隆典当公司违规为外部企业2450万元借款提供担保。

15. 2015年，所属中钢德远公司违规代外部企业承担房产过户税费等1340万元。

16.2016年，所属中钢（上海自贸试验区）企业发展有限公司违规向外部企业出借资金1250万元。

17.所属中国中钢股份有限公司2016年制定的公务用车使用管理规定，允许已领取车改补贴的人员使用公务车参加会议、机场接送等，不符合国资委相关规定。

18.至2016年底，中钢集团ERP系统尚未建立标准审计数据接口，有12家所属企业未实现ERP财务业务一体化应用。

（四）落实中央八项规定精神及廉洁从业规定方面。

1.2013年，所属衡阳重机公司下属企业购买酒水礼品205.22万元，至2016年12月仍在领用。

2.2013年至2016年，所属12家企业存在继续为以前年度购置的高尔夫球卡续缴年费、公款招待客户打高尔夫球等问题，涉及金额37.21万元；3名所属企业班子成员利用公款购买的球卡打球。

3.2014年至2016年，所属华隆典当公司领导班子擅自制定奖金发放政策，其中向公司2名领导人员发放11.34万元。

4.2014年，所属中钢钢铁公司1名领导人员参股与本企业有业务关系的企业；所属邢台轧辊公司1名领导人员配偶，向与本企业有业务关系的企业投资80万元。

5.2014年至2016年，中钢集团1名领导人员在已领取公务交通补贴的情况下仍违规使用公务用车。

三、审计处理及整改情况

对此次审计发现的问题，审计署已依法出具了审计报告、下达了审计决定书。中钢集团具体整改情况由其自行公告。

审计中发现的违纪违法问题线索，已依纪依法移送有关部门进一步调查处理。

中华人民共和国审计署 审计结果公告 （2017年第23号）

中国化工集团公司 2015年度财务收支审计结果

（2017年6月23日公告）

根据《中华人民共和国审计法》的规定，审计署2016年对中国化工集团公司（以下简称中国化工）2015年度财务收支情况进行了审计，重点审计了中国化工集团总部及所属中国蓝星（集团）股份有限公司、中国昊华化工（集团）总公司（以下分别简称蓝星公司、昊华公司）等11家二级单位，并对有关事项进行了延伸和追溯。

一、基本情况

中国化工成立于2004年，主要从事化工原料、化工产品生产及贸易，以及相关工程技术研究、开发、服务与专用设备制造。据合并财务报表反映，中国化工2015年底拥有全资和控股子公司537家、参股公司259家；资产总额3725.14亿元，负债总额3018.57亿元，所有者权益706.57亿元，资产负债率81.03%；当年实现营业总收入2602.52亿元，利润总额32.1亿元，净利润1.17亿元，净资产收益率0.17%；国有资本保值增值率105.7%。瑞华会计师事务所（特殊普通合伙）对中国化工2015年度合并财务报表出具了标准无保留意见的审计报告。该审计报告在中国货币网公开。

审计署审计结果表明，中国化工加强战略规划，优化产业布局，在原有业务基础上发展材料科学、生命科学和先进制造业，推进板块重组和企业整合；积极推动企业改革改制，聚焦主业推进公司制股份制改革，引入战略投资，推动三级及以下企业主辅分离、重组改制等工作，实施“走出去”战略，境外资产布局取得积极进展。此次重点审计了财务会计管理、贯彻落实国家重大政策措施、企业重大决策和内部管理、落实中央八项规定精神及廉洁从业规定等方面情况，发现还存在一些问题。

二、审计发现的主要问题

（一）财务管理和会计核算方面。

1.2012 年至 2015 年，中国化工由于合并财务报表编制范围不准确、交易不规范等原因，造成收入、成本费用核算不准确，涉及少计收入 527.03 亿元、多计收入 228.46 亿元，少计成本费用 629.85 亿元、多计成本费用 229.86 亿元。

2.2007 年以来，所属中蓝石化总公司未将其控股的 7 家子公司纳入合并财务报表范围，造成 2015 年度少计资产 6.08 亿元、负债 13.28 亿元，多计权益 7.2 亿元，少计亏损 0.85 亿元。

3.2012 年至 2014 年，所属中车双喜轮胎有限公司已竣工验收项目未结转固定资产核算，少计提折旧 3762 万元。

（二）贯彻落实国家重大政策措施方面。

1. 至 2016 年 3 月，中国化工尚未对烧碱、尿素等过剩产能制订“去产能”实施方案。

2. 至 2015 年底，中国化工未按要求将法人管理层次控制在 3 层以内，其 5 级及以下企业仍有 100 户。

3. 至 2015 年底，中国化工未按计划完成低效无效资产清理处置，尚未清理处置资产占 63.27%。

4. 至 2016 年 6 月，20 家厂办大集体企业未按要求完成分离；下属 17 家企业职工家属区“三供一业”60 项业务尚未完成分离移交。

5. 至 2015 年底，中国化工存货和应收款项规模较规定的基准日仅下降 2.26%，未完成 10% 的压降任务。

此外，至 2015 年底，中国化工有 24 家所属企业被国资委认定为“僵尸企业”或特困企业，企业处置任务较重。

（三）企业重大决策和内部管理方面。

1.2014 年至 2015 年，所属青岛安邦炼化有限公司等 3 家企业从银行获取信贷资金时使用的资料不合规，涉及金额 77.93 亿元。

2.2012 年至 2015 年，中国化工未经集体决策，批准转让 4 家所属公司股权，涉及金额 59.26 亿元。

3. 至 2015 年底，中国化工对 29 项工程投资超概算 49.31 亿元未重新核定，超概算比例平均为 38%。

4.2014 年，中国化工未经集体决策，违规出借资金 21 亿元、提供担保 19.8 亿元。

5.2015 年，中国化工在收购股权过程中可行性研究不充分，存在投资风险，被收购企业当年就计提减值准备 39.7 亿元。

6.2005 年，中国化工未经充分论证整体无偿接收 2 家地方国有企业；2 家企业 2015 年底净资产-29.95 亿元，中国化工对其借款本息 20.53 亿元存在损失风险。

7.2007 年和 2013 年，中国化工未经集体决策，批准所属蓝星公司与关联企业合作建设办公楼，并向其提供担保和出借资金 18.06 亿元。

8.2006 年和 2010 年，中国化工未经集体决策或投资决策审议委员会评审，投资建设 2 个项目，其后因市场变化及技术缺陷等，至 2015 年底已计提减值准备 20.19 亿元。

9.2005 年和 2006 年，中国化工未经充分论证批准 1 个项目的初步设计和调概申请，由于技术不成熟、投资成本高等，至 2015 年底已累计亏损 12.45 亿元。

10.2015 年，所属中国化工橡胶有限公司等未经集体决策，在股权收购项目中聘用中介机构并支付费用 9.96 亿元。

11.2005 年，所属蓝星公司未按规定报经集团批准，批复同意 1 个技改项目的初步设计，因前期设计不到位、技术不成熟等，至 2015 年底累计亏损 6.24 亿元。

12. 所属河北盛华化工有限公司未按规定报经集团批准，2007 年违规扩建增加产能 12 万吨、2011 年擅自建设 3 项工程，造成投资损失 2.48 亿元、资产闲置 3.44 亿元。

13. 至 2015 年底，中国化工未按规定对所属 56 家“拨改贷”参股企业股权予以清理，涉及投资 2.9 亿元。

14.2013 年，所属昊华中意玻璃钢有限公司未经评估且未报经上级公司批准，违规转让工业用地 98.87 亩，涉及转让价款 1.98 亿元。

15.2013 年，中国化工未经集团投资决策审议委员会评审和集体决策，与外部企业合资设立公司，至2016年7月底累计向合资对方分红1.04亿元。

16.2014年，中国化工未经集体决策，聘请外部企业协助其增持1家企业股权，并支付费用9000万元。

17.2012年至2015年，中国化工所属企业未经集体决策，与外部企业开展进出口贸易合作并支付7702.52万元。

18.2011年至2014年，所属中联兆业投资有限公司未经集体决策，向4家企业支付咨询费、顾问费5282.96万元。

19.2005年，所属昊华资产管理有限公司违反公司办公会决议，未办理相关资产的抵押登记即向外部企业出借资金1740万元，至2016年6月底仍未收回，存在损失风险。

20.2006年，所属昊华公司未按协议约定办理相关资产抵押登记，批准向外部企业预付购房款1000万元，至2016年6月仍未收回，存在损失风险。

21.2013年，所属山东昌邑石化有限公司相关人员挪用公司资金300万元。

22. 中国化工不能提供2004年至2014年集团总经理办公会会议记录等资料；未按要求建立境外投资监督管理制度。

23. 至2015年底，中国化工所属企业实施的“全钢子午线轮胎”项目已完工4年，仍未通过环保验收。

24. 中国化工缺乏统一数据平台，分散建设的共性信息系统达113个；各系统间数据交互困难，形成信息孤岛。

（四）落实中央八项规定精神及廉洁从业规定方面。

1. 所属中国化工装备总公司等2家二级公司的2名高管人员违规投资入股企业并担任管理职务。

2.2015年2月至2016年6月，中国化工1名领导人员未经批准离职离岗后，仍领取薪酬14万元。

三、审计处理及整改情况

对此次审计发现的问题，审计署已依法出具了审计报告、下达了审计决定书。中国化工具体整改情况由其自行公告。

审计中发现的违纪违法问题线索，已依纪依法移送有关部门进一步调查处理。

中华人民共和国审计署
审计结果公告
（2017年第24号）

中国建筑材料集团有限公司
2015年度财务收支审计结果

（2017年6月23日公告）

根据《中华人民共和国审计法》的规定，审计署2016年对中国建筑材料集团有限公司（以下简称建材集团）2015年度财务收支情况进行了审计，重点审计了建材集团总部及所属中国建材股份有限公司、北新建材集团有限公司（以下分别简称中国建材、北新集团）等5家二级单位，并对有关事项进行了延伸和追溯。

一、基本情况

建材集团成立于1984年，主要从事建材产品及装备制造、工程服务、贸易物流以及工业化房屋建造。据合并财务报表反映，建材集团2015年底拥有全资和控股子公司1182家、参股公司92家；资产总额4326.48亿元，负债总额3341.91亿元，所有者权益984.57亿元，资产负债率77.24%；当年实现营业总收入1992.5亿元，利润总额38.36亿元，净利润19.59亿元，净资产收益率2.18%；国有资本保值增值率96.40%。天职国际会计师事务所（特殊普通合伙）对建材集团2015年度合并财务报表出具了带有强调事项段的无保留意见的审计报告。该审计报告在中国货币网公开。

审计署审计结果表明，建材集团推动企业战略转型，制定企业创新驱动、绿色发展和国际化的发展战略，通过联合重组和资本运营提高了水泥产业集中度；大力推行股权多元化，以国有权益吸引社会资本，混合所有制改革扎实推进；创新经营管理，结合外部市场和内部管理，提出一系列创新性经营管理方法，降低制造成本，企业盈利能力不断提升。此次重点审计财务会计管理、贯彻落实国家重大政策措施、企业重大决策和内部管理、落实中央八项规定精神及廉洁从业规定等方面情况，发现还存在一些问题。

二、审计发现的主要问题

（一）财务管理和会计核算方面。

1.2011 年至 2015 年，所属北新集团等 12 家企业因合并报表范围不完整、虚增收入规模等多计利润 3.69 亿元，其中 2015 年 3.43 亿元。

2.2013 年至 2016 年，所属中国建材发放的 7537.51 万元薪酬未按规定纳入工资总额管理，其中 2015 年 2368.27 万元。

3.2013 年至 2015 年，所属中国建材财务审核不严，部分员工以不合规票据报销交通费 101.95 万元，其中 2015 年 32.41 万元。

4.2010 年至 2016 年，所属乌兰察布中联水泥有限公司预付 1.24 亿元工程款的建设项目长期未清理结转固定资产。

（二）贯彻落实国家重大政策措施方面。

1.2011 年，所属中建材投资有限公司（以下简称中建投公司）未按规定退出房地产业务，涉及资金 3.6 亿元。

2. 至 2016 年 6 月，建材集团未按要求完成低效无效资产清理处置，尚未清理处置资产占 84.45%；18 户下属企业职工家属区“三供一业”19 项业务未完成分离移交。

3. 至 2015 年底，建材集团未按规定淘汰落后产能 600 万吨；所属北方水泥有限公司（以下简称北方水泥）违规租用落后产能 139 万吨。

（三）企业重大决策和内部管理方面。

1.2011 年至 2014 年，所属中国建材以会签方式代替会议决策程序，收购 75 家企业，涉及金额 218.54 亿元。收购完成后才召开会议予以追认。

2.2011 年至 2015 年，所属中国新型房屋集团有限公司（以下简称中新房公司）等 3 家单位未经批准，出资或承诺出资 41.25 亿元设立、收购或租用 88 家企业，其中 2015 年 6 家、涉及金额 3.51 亿元。

3.2008 年至 2014 年，建材集团未按规定向国资委备案投资计划，收购 80 家水泥企业，涉及金额 36.50 亿元。

4. 至 2015 年底，所属南方水泥有限公司等 6 家单位未经批准出资 22.95 亿元开展项目建设等，其中 1.35 亿元形成或面临损失。

5. 至 2016 年 6 月，建材集团先后将 24 家子公司的股权交由其他企业代持，11.97 亿元资产存在财务及法律风险。

6.2007 年至 2016 年 6 月，所属中新房公司等 6 家单位违规对外出借资金或提供担保 11.82 亿元，其中 7.26 亿元借款本息尚未收回，被担保方贷款 0.6 亿元出现逾期；部分股权转让中风险管控不到位，发生赔偿损失 4069.49 万元。

7.2009 年至 2012 年，所属北方水泥部分工程建设项目未按规定履行公开招投标程序，涉及金额 3.85 亿元。

8. 建材集团违规借用下属单位账户存放集团资金，至 2016 年 6 月余额 3.76 亿元；所属中新房公司等 3 家单位 1.65 亿元项目资金闲置逾 3 年。

9.2012 年，所属北方水泥未经审批在境外投资 2.43 亿元建设 3 个项目，其中 1 个项目因缺乏配套生产线一直未投产。

10. 至 2016 年底，所属合肥水泥研究设计院在承建境外项目中尽职调查不充分等，造成损失 1.01 亿元；107 名职工违规持有下属单位 2311.42 万元股权。

11.2013 年，所属科特林水泥有限公司未经评估和上级批准，无偿对外转让水泥生产线项目建设权。

12. 至 2016 年 6 月，建材集团《境外投资管理办法》未及时修订，财务、业务系统未有效集成，财务软件未建立审计数据接口；所属中国建材还存在重大股权投资集体决策制度执行不到位等问题。

（四）落实中央八项规定精神及廉洁从业规定。

1.2008 年至 2016 年 6 月，所属 4 家单位 5 名管理人员存在违规经商办企业等问题，涉及交易金额等 2.47 亿元。

2.2015年，建材集团违规批准所属单位出资6957万元超标准购置办公楼。

3.2013年至2016年6月，所属中新房公司违规购车4辆，涉及金额166.23万元。

4.2012年12月至2013年8月，所属中建投公司用公款支付部分管理人员个人消费39.67万元。

三、审计处理及整改情况

对此次审计发现的问题，审计署已依法出具了审计报告、下达了审计决定书。建材集团具体整改情况由其自行公告。

审计中发现的违纪违法问题线索，已依纪依法移送有关部门进一步调查处理。

中华人民共和国审计署
审计结果公告
（2017年第25号）

中国有色矿业集团有限公司
2015年度财务收支审计结果

（2017年6月23日公告）

根据《中华人民共和国审计法》的规定，审计署2016年对中国有色矿业集团有限公司（以下简称中国有色集团）2015年度财务收支情况进行了审计，重点审计了中国有色集团总部及所属大冶有色金属集团控股有限公司、中色奥博特铜铝业有限公司（以下分别简称大冶有色、中色奥博特）等6家二级单位，并对有关事项进行了延伸和追溯。

一、基本情况

中国有色集团成立于1983年，主要从事有色金属矿产资源开发、建筑工程、相关贸易及服务。据合并财务报表反映，中国有色集团2015年底拥有全资和控股子公司215家、参股公司44家；资产总额1255.35亿元，负债总额962.54亿元，所有者权益292.81亿元，资产负债率76.68%；当年实现营业总收入1708.66亿元，利润总额-52.28亿元，净利润-46.03亿元，净资产收益率-16.45%；国有资本保值增值率71.93%。中天运会计师事务所（特殊普通合伙）对中国有色集团2015年度合并财务报表出具了标准无保留意见的审计报告。该审计报告在中国货币网公开。

审计署审计结果表明，中国有色集团明确企业战略，提出加快发展有色金属矿产资源开发业务，推进建筑工程和相关贸易业务，发展成为主业突出、管理先进的工程建设集团等目标；开展国际化经营，实施兼并重组，拓展业务领域和完善产业链，清理处置非主业企业，逐步发展成为勘探开发、冶炼加工、工程建设及相关贸易一体化的综合性矿业集团。此次重点审计财务会计管理、贯彻落实国家重大政策措施、企业重大决策和内部管理、落实中央八项规定精神及廉洁从业规定等方面情况，发现还存在一些问题。

二、审计发现的主要问题

（一）财务管理和会计核算方面。

1.2010年至2016年10月，所属中色国际贸易有限公司（以下简称中色国贸）等8家企业为完成业务考核目标，通过虚构购销业务虚增收入和成本各1226.61亿元，其中2015年虚增收入和成本各262.42亿元。

2.2013年至2015年，所属大冶有色将下属2家企业调出合并财务报表范围，造成少计收入311.57亿元、成本317.65亿元，多计利润6.08亿元，其中2015年多计利润6.55亿元。

3.2010年至2015年，所属中色奥博特等2家企业期货套期保值业务盈亏未计入损益、完工项目借款利息计入在建工程等，造成多计利润7068.56万元，其中2015年6895.98万元。

4.2005年至2015年，中国有色集团总部及所属90家企业将个人所得税代扣代缴手续费返还收入721.57万元在往来科目核算，其中用于奖励财务人员564.76万元，造成少计收入721.57万元、费用564.76万元，其中2015年少计收入47.67万元、费用40.15万元。

5.2009年至2015年，所属中色发展投资有限公司等2家企业超工资总额发放住房补贴和奖金 812.63 万元，其中 2015 年 65.76 万元。

6.2011 年，所属中色奥博特未将外部企业代其投资的 100 万元股权投资入账核算，造成少计资产和负债各 100 万元。

7.2012 年，所属中色国贸等 2 家企业通过签订虚假劳务协议、虚增项目成本等方式套取 181 万元，用于购买办公楼装饰品等。

8. 所属中色经贸有限公司财务管理不规范，存在财务管理机构和人员配置不完整等问题。

（二）贯彻落实国家重大政策措施方面。

1. 至 2016 年底，中国有色集团总部对低效无效资产的处置情况不清；至 2016 年 10 月，1 家下属企业职工家属区“三供一业”尚未完成分离移交。

2. 至 2014 年底，24 家厂办大集体企业未按要求完成分离。

3. 中国有色集团执行退出房地产市场政策不到位，至 2014 年底仍有 4 家房地产企业。

此外，至 2016 年底，中国有色集团 21 家所属企业被国资委认定为“僵尸企业”或特困企业，企业处置任务较重。

（三）企业重大决策和内部管理方面。

1.2013 年至 2014 年，所属中国有色金属建设股份有限公司（以下简称中色股份）未经集体决策，采购物资 34.37 亿元；以化整为零方式规避集体决策，采购物资 9.67 亿元。

2.2011 年至 2016 年，所属大冶有色违规对外出借资金或发放委托贷款 18.38 亿元，其中 2015 年 0.66 亿元。

3.2008 年，所属中色（宁夏）东方集团有限公司（以下简称中色东方）未经充分论证或集体决策，投资 9 个项目共 10.74 亿元，至 2016 年 10 月有 4 个项目累计亏损 6.83 亿元，其中 2015 年亏损 2.7 亿元。

4.2007 年至 2014 年，所属中国十五冶金建设集团有限公司等 3 家企业 102 个项目存在应招标未招标、以邀请招标替代公开招标以及违规转包等问题，涉及金额 10.86 亿元。

5.2008 年，所属中色东方未经集团批准，变更集团总部已审批确定项目的主体建设内容，实际投资 5.79 亿元，至 2016 年 10 月累计亏损 5.83 亿元。

6.2013 年至 2014 年，所属中色物流（天津）有限公司（以下简称天津物流）向银行出具虚假债务证明，帮助外部企业办理保理业务，后因该企业无法偿还银行资金，天津物流面临 4.71 亿元代偿风险。

7.2008 年至 2009 年，中国有色集团未经充分论证或集体研究，同意下属企业投资微合金钢炉料等项目，实际投资 4.06 亿元，至 2016 年 10 月累计亏损 3.85 亿元。

8.2005 年至 2015 年，所属中色股份未经集体决策，支付项目咨询费 2.22 亿元，其中 2015 年 0.26 亿元。

9.2009 年至 2011 年，所属中色股份未经集团批准，投资 1.36 亿元收购已持续亏损企业股权，至 2014 年底账面亏损 1.07 亿元。

10.2011 年，所属中色国贸未经尽职调查和评估，同意下属企业出资 3700 万元收购外部企业股权，并向其提供 1600 万元无息借款。收购的企业持续亏损，目前已资不抵债，上述 5300 万元投资和借款存在损失风险。

11.2008 年，所属中国有色集团沈阳矿业投资有限公司下属企业未经评估，出资 2745 万元收购外部企业 90% 的股权以获取探矿权，其后多次勘探均未发现可采资源储量，已形成损失 2449.6 万元。

12.2010 年，所属中色东方未经评估转让 4.12 万平方米土地和 2 套房产，涉及转让价款 1884.48 万元。

13.2009 年至 2015 年，所属中色国贸通过无资质中介公司代购印花税票 896.9 万元，其中 2015 年 92.4 万元。

14.2014 年，所属中色（上海）贸易有限公司未经批准预付购房定金 100 万元，在上级单位决定不再购房后存在损失风险。

15.2013 年至 2014 年，所属中色国贸无依据超合同约定多支付运输服务款 73.16 万元。

16. 中国有色集团“三重一大”决策制度不完善，未将部分重大事项纳入集团决策范围；信息化建设水平偏低，还存在信息系统未有效集成、总体规划部分内容落实缓慢等问题。

17.2005 年至 2014 年，所属 9 家企业负责人在任期届满后未按集团规定重新确认任期。

18.2016年，所属大冶有色建设的尾矿库未通过竣工验收就开始排放尾砂。

（四）落实中央八项规定精神及廉洁从业规定方面。

1.2013年至2016年，中国有色集团未按规定清理处置3张高尔夫俱乐部会员卡；所属大冶有色、中国有色（沈阳）冶金机械有限公司等5家单位存在购买高档礼品、支付高尔夫球消费等问题，涉及金额409.6万元，其中2015年50.52万元。

2.2013年至2016年，所属大冶有色超标准购置公务用车24辆、涉及金额1220.5万元，其中2015年148.22万元。

3.2007年至2011年，所属中色东方未经评估，将5套房产以2006年账面原值735.44万元出售给上级单位和本单位领导人员家属，涉及面积614.33平方米。

三、审计处理及整改情况

对此次审计发现的问题，审计署已依法出具了审计报告、下达了审计决定书。中国有色集团具体整改情况由其自行公告。

审计中发现的违纪违法问题线索，已依纪依法移送有关部门进一步调查处理。

中华人民共和国审计署审计结果公告（2017年第26号）

中国铁路工程总公司 2015年度财务收支审计结果

（2017年6月23日公告）

根据《中华人民共和国审计法》的规定，审计署2016年对中国铁路工程总公司（以下简称中铁工总公司）2015年度财务收支情况进行了审计，重点审计了中铁工总公司总部、中国中铁股份有限公司（以下简称中铁股份）及所属中铁一局集团有限公司、中铁置业集团有限公司（以下分别简称中铁一局、中铁置业）等12家二级单位，并对有关事项进行了延伸和追溯。

一、基本情况

中铁工总公司成立于1990年，主要从事建筑工程和相关技术研究、勘察、设计、服务与专用设备制造以及房地产开发。据合并财务报表反映，中铁工总公司2015年底拥有全资和控股子公司953家、参股公司245家；资产总额7163.64亿元，负债总额5729.32亿元，所有者权益1434.32亿元，资产负债率79.98%；当年实现营业总收入6248.89亿元，利润总额163.61亿元，净利润118.55亿元，净资产收益率9.17%；国有资本保值增值率120.5%。德勤华永会计师事务所（特殊普通合伙）对中铁工总公司和中铁股份2015年度合并财务报表出具了标准无保留意见审计报告。中铁股份2015年度审计报告在上海证券交易所网公开。

审计署审计结果表明，中铁工总公司明确发展定位，加强基础管理，创新经营管理机制，推进产业结构调整，进一步形成建筑业纵向产业链协调发展，横向基建主营业务突出、相关业务板块多元发展的经营格局；明确改革任务，推动企业各项改革与发展，加快“走出去”步伐，参与“一带一路”建设；不断完善公司治理体制，规范上市公司治理和董事会运作，推进内控风险体系、安全质量保障体系建设。此次重点审计财务会计管理、贯彻落实国家重大政策措施、企业重大决策和内部管理、落实中央八项规定精神及廉洁从业规定等方面情况，发现还存在一些问题。

二、审计发现的主要问题

（一）财务管理和会计核算方面。

1.2015年，中铁工总公司财务报表合并范围不完整、内部交易抵销不充分，造成多计资产3600万元、少计负债4.79亿元、多计所有者权益5.15亿元，少计收入2.78亿元、少计成本8.77亿元、多计利润5.99亿元。

2.2010年至2015年，所属中铁一局等88家单位超过工资总额限制，违规在成本费用中列支各类津补贴等8.65亿元，其中2015年2528.86

万元。

3.2010 年至 2015 年，所属中铁资源集团有限公司（以下简称中铁资源）等 10 家单位存在会计核算不合规、少缴税费等问题，造成多计利润共 1.61 亿元，其中 2015 年 6330.79 万元。

（二）贯彻落实国家重大政策措施方面。

1.2015 年底，中铁工总公司应收账款、长期应收款和存货余额共 3940.4 亿元，超出规定的控制目标。

2. 至 2016 年底，中铁工总公司未按要求完成低效无效资产清理处置，尚未清理处置资产占 28.61%；还有 3390 万元“账销案存”的低效无效资产未按规定列入处置计划。

3. 至 2016 年底，104 家厂办大集体企业未按要求完成分离；25 家下属企业职工家属区“三供一业”652 项业务未按规定完成分离移交；12 家教育机构、18 家医疗机构尚未完成分离。

4. 至 2015 年底，中铁工总公司未按要求清理整合所属企业，企业法人管理层次仍有 7 级，其中 5 级及以下企业 331 户。

5.2016 年，中铁工总公司未按规定将 12 家符合“僵尸企业”标准的企业，纳入处置目标责任书。

（三）企业重大决策和内部管理方面。

1.2011 年至 2015 年，所属中铁信托有限责任公司存在违规开展非标准化理财资金池业务、向“四证”不全的房地产企业提供信托资金等违规问题，涉及金额 362.14 亿元。

2.2012 年至 2015 年，中铁工总公司违规批准对外担保 35 亿元，所属单位违规对外担保 307.91 亿元。

3.2010 年至 2016 年 11 月，所属中铁置业未经批准实施信托融资 45.6 亿元；其下属 10 家单位的房地产开发项目在“四证”不全等情况下违规融资 96.95 亿元。

4.2009 年至 2015 年，所属中铁资源、伊春鹿鸣矿业有限公司等 3 家单位在未履行相关报批、评估等程序以及尽职调查不充分等情况下，投资 67.4 亿元实施的 6 个境内外矿产项目，至 2015 年底亏损 13.63 亿元。

5.2010 年至 2016 年 11 月，所属中铁一局、中铁置业等 14 家单位未经批准，实施股权收购和转让、房地产开发及新建经营性宾馆酒店等 28 项重大事项，涉及金额 65.29 亿元。

6.2011 年至 2015 年，所属中铁建工集团有限公司违规使用非自有资金缴纳土地出让金 43.52 亿元。

7.2010 年至 2015 年，所属中铁八局集团有限公司等 15 家单位将所承揽的工程违规进行转、分包，涉及金额 34.37 亿元；4 家单位未经公开招标向系统外单位发包工程，涉及金额 8.08 亿元。

8.2010 年至 2016 年 9 月，所属中铁一局等 6 家单位未经有效评估，收购或处置 7 项资产、股权，涉及金额 24.4 亿元。

9.2010 年至 2016 年，所属中铁二局集团有限公司等 9 家单位违规出借资金、协助外单位融资或未按时收回股权转让款等，造成出借或代垫资金等共计 17.95 亿元本息未收回。

10. 至 2016 年 10 月，中铁工总公司承揽的 17 个境外施工项目存在前期调查不充分、内部管理缺失等问题，造成损失和亏损 16.29 亿元；至 2016 年 9 月，2 家所属单位未履行内部审批程序实施的 2 个境外项目累计亏损 1.09 亿元。

11.2010 年至 2015 年，所属中铁资源等 7 家单位在项目投资或施工中，因违章操作等被处理处罚或造成责任事故，形成损失和潜在损失共计 10.14 亿元。

12. 至 2016 年 10 月，中铁股份投资 3.86 亿元建设的 2 个高尔夫球场项目，因不符合规定被要求限期整改或取缔，发生取缔费用及行政处罚款 145.64 万元。

13.2010 年至 2015 年，所属中铁置业投资的 2 个房地产项目，因可行性研究不充分、管理不善等，亏损 3.01 亿元；该公司在其他房地产开发项目中，为将土地溢价款计入项目开发成本，利用虚假发票等虚增项目工程支出 1.61 亿元。

14. 至 2016 年 9 月，中铁工总公司未经集体决策和报批，在年度投资计划外使用 1.11 亿元购买股票，累计亏损 9208.07 万元；中铁股份批准下属中铁资源动用有专项用途的债券资金购买股票，折合人民币 2.6 亿元。

15.2010 年至 2016 年 9 月，所属中铁置业等 3 家单位存在违规超计划租赁设备、超合同暂定总价向分包单位支付工程款和设立自营服装类项目并采购服装等问题，涉及金额1.12亿元。

16.2012年，中铁大桥局集团有限公司在调查不充分的情况下，与境外企业签订铁矿石采购合同并支付1亿元预付款，因铁矿石开采等存在问题，至2016年底，合同未得到执行，预付款未收回。

17.2010年至2017年初，所属中铁港航局集团有限公司等3家单位或项目部，存在用个人账户支付工程款及工资、套取现金用于事故赔偿等支出、通过分包方列支业务用酒和垫付赔偿款等问题，涉及金额2329.19万元。

18.2010年至2015年，中铁股份违规承担应由职工承担的房改后住宅物业费、修理服务费等2100万元。

19.2010年至2016年，所属武川县国金矿业有限责任公司等3家单位超核定规模开采金矿矿石51.49万吨、煤炭1080.46万吨，无证开采煤炭554.64万吨。

20. 至2016年11月，所属中铁一局下属9家改制实体的发起人未按规定与主体企业解除劳动关系；中铁资源对其持股50%以上的2家公司无实际控制权。

21. 至2016年底，所属北京中铁诺德房地产开发有限公司233.1亩土地闲置3年未开发。

此外，中铁工总公司及所属中铁资源等8家单位存在违规处理举报事项和为职工购房出具虚假材料等问题。

（四）落实中央八项规定精神及廉洁从业规定方面。

1.2010年6月至2015年，所属中铁一局等9家单位及其下属公司超标准购置公务用车142辆、涉及金额7462.39万元，其中2013年至2015年63辆、涉及金额3368.17万元。

2.2013年至2016年11月，中铁股份及部分下属单位领导人员违规超标准乘坐飞机头等舱、高铁商务座，共发生1.1万人次、报销2864.33万元。

3.2013年至2016年10月，所属中铁物贸有限责任公司等12家单位购买或消费高档烟酒298.06万元；至2016年11月，中铁股份封存总价188.72万元高档白酒，尚未进行处置。

4.2010年6月至2015年，所属中铁置业等2家单位36名中层以上人员违规以执业资格证书挂靠等方式在其他企业兼职，其中21人违规取酬93.59万元（2015年44.46万元）。

5.2013年，所属中铁物贸（上海）有限公司向其他单位赠送价值42.66万元的高档礼品。

三、审计处理及整改情况

对此次审计发现的问题，审计署已依法出具了审计报告、下达了审计决定书。中铁工总公司具体整改情况由其自行公告。

审计中发现的违纪违法问题线索，已依纪依法移送有关部门进一步调查处理。

中华人民共和国审计署
审计结果公告
（2017年第27号）

中国铁道建筑总公司
2015年度财务收支审计结果

（2017年6月23日公告）

根据《中华人民共和国审计法》的规定，审计署2016年对中国铁道建筑总公司（以下简称中铁建总公司）2015年度财务收支情况进行了审计，重点审计了中铁建总公司总部、中国铁建股份有限公司（以下简称中国铁建）及所属中铁十七局集团有限公司、中铁第四勘察设计院集团有限公司（以下分别简称中铁十七局、中铁四院）等26家二级单位，并对有关事项进行了延伸和追溯。

一、基本情况

中铁建总公司成立于1984年，主要从事工程承包、勘察设计、工业制造、房地产开发。据合并财务报表反映，中铁建总公司2015年底拥有全资和控股子公司768家、参股公司100家；资产总额 7056.63 亿元，负债总额 5748.44 亿元，所有者权益 1308.19 亿元，资产负债率 81.46%；当年实现营业总收入 6011.14 亿元，利润总额 167.42 亿元，净利润 129.12 亿元，净资产收益率 11.45%，国有资本保值增值率 107.7%。天职国际会计师事务所（特殊普通合伙）对中铁建总公司 2015 年度合并财务报表出具了标准无保留意见的审计报告。

审计署审计结果表明，中铁建总公司围绕工程承包主业推进结构调整，推动勘察设计咨询、工业制造、物资物流等非工程承包产业发展，构建协同发展的多元化业务格局；完善内部治理体系，强化公司治理机制和内部监督，推进生产要素集中管控，夯实公司基础管理工作；出台境外业务管理工作指导意见，改进海外经营工作基本体制和管理机制，境外业务规模稳步增长。此次重点审计财务会计管理、贯彻落实国家重大政策措施、企业重大决策和内部管理、落实中央八项规定精神及廉洁从业规定等方面情况，发现还存在一些问题。

二、审计发现的主要问题

（一）财务管理和会计核算方面。

1.2014 年至 2015 年，所属中铁建设集团有限公司（以下简称中铁建设）将应收账款在保理业务到期前予以核销，造成少计资产和负债各 11 亿元，其中 2015 年造成少计资产和负债各 1.2 亿元。

2.2015 年底，所属中铁物资集团有限公司（以下简称物资集团）等 4 家单位部分存货盘亏未确认损失等，造成多计利润 1.86 亿元，其中 2015 年 5220 万元。

3.2010 年至 2015 年，所属中铁二十局集团有限公司（以下简称中铁二十局）等 8 家单位发放的 1.77 亿元工资、奖金及通信补贴等未按规定纳入工资总额管理，其中 2015 年 2893.86 万元。

4.2010 年以来，所属中铁十七局等 10 家单位的 89 个工程承包项目或分公司部分成本未按规定结转等，造成多计利润 1.57 亿元，其中 2015 年 1017.58 万元。

5. 至 2016 年 9 月，所属中铁二十二局集团有限公司（以下简称中铁二十二局）等 2 家单位将 1.02 亿元机器设备放在预付账款等科目挂账，未计入固定资产核算。

6.2010 年至 2015 年，所属中国铁建房地产集团有限公司等 2 家单位存在提前确认房地产销售收入等问题，造成多计利润 2923.41 万元，其中 2015 年 4000 万元。

7.2010 年至 2015 年，所属中铁四院等 3 家单位虚列制造费用、劳务成本、研发支出等 1921.41 万元，用于发放津补贴、奖金和实物等。

（二）贯彻落实国家重大政策措施方面。

1. 至 2016 年 12 月，中铁建总公司未按要求完成低效无效资产清理处置，尚未清理处置资产占 17.97%。

2. 至 2016 年 12 月，93 家厂办大集体企业未按要求完成分离；中铁建总公司 43 家下属企业职工家属区“三供一业”191 项业务尚未完成分离移交。

（三）企业重大决策和内部管理方面。

1.2010 年至 2016 年，所属中铁十八局集团有限公司等 9 家单位存在违规分包或转包工程项目问题，涉及金额 92.45 亿元。

2. 至 2016 年 6 月，所属物资集团及其下属单位违规开展货物购销业务，形成的债权有 64.28 亿元已逾期，计提减值准备 40.59 亿元。

3.2010 年至 2016 年，所属中国铁建重工集团有限公司等 13 家单位应招标未招标或违反内部规定采购物资 19 亿元；所属中铁建设等 12 家单位在投资项目发包、工程分包中未按规定招标，涉及金额 18.33 亿元。

4.2010 年至 2016 年，所属中铁十七局等 6 家单位未经批准或采取事后报批方式，实施 11 项股权投资和建设办公楼等项目，涉及金额 17.88 亿元。

5.2013 年，中国铁建未按规定报经董事会审批，批准下属单位进行房地产投资 14.62 亿元。

6.2010 年至 2016 年，所属中铁二十三局集团有限公司等 3 家单位通过中介承揽工程，支付中介费 1.38 亿元，向中介分包工程 7.13 亿元；所属中铁二十二局等 2 家单位清退施工队造成损失 7175.47 万元。

7.2011 年至 2014 年，所属中铁二十四局集团有限公司等 2 家单位未经批准，为承揽项目对外出借资金或支付工程承包诚意金等 5.22 亿元，至2016年底有4.58亿元尚未收回。

8.2012年至2015年，所属中铁二十五局集团有限公司（以下简称中铁二十五局）等2家单位存在违规出借资金或违规担保等问题，涉及金额3.58亿元。

9.至2015年底，中国铁建董事会决策投资的1个自贸区综合项目经营效果未达预期，累计亏损2.56亿元。

10.2012年，所属中铁二十五局等2家单位未经交易所挂牌处置房产或未经评估购买股权，涉及金额1.17亿元。

11.至2016年底，所属中铁建港航局有限公司等3家单位有35台汽车产权登记在个人或其他企业名下，价值1636.7万元。

12.中铁建总公司在2010年版“十二五”信息化发展规划中安排的“五纵四横”九大应用平台，未严格按照规划实施，信息孤岛问题仍较突出。

13.2010年以来，中国铁建有400个工程承包项目的合同变更未取得业主批复认可，24.08亿元资金面临损失风险。

14.2010年以来，中铁建总公司开展的资本运营项目和境外工程项目中，部分项目存在亏损或潜在亏损8.83亿元，个别项目停工或面临回购风险。

（四）落实中央八项规定精神及廉洁从业规定方面。

1.2010年至2016年，所属中铁二十局等4家单位部分领导人员及亲属入股的14家企业，与中国铁建发生业务往来1.82亿元。

2.2013年以来，所属物资集团等8家单位超标准购置公务用车24辆，涉及金额1238万元。

3.2013年至2015年，所属物资集团等3家单位列支526.44万元购买高档烟酒。

三、审计处理及整改情况

对此次审计发现的问题，审计署已依法出具了审计报告、下达了审计决定书。中铁建总公司具体整改情况由其自行公告。

审计中发现的违纪违法问题线索，已依纪依法移送有关部门进一步调查处理。

中华人民共和国审计署
审计结果公告
（2017年第28号）

中国电力建设集团有限公司
2015年度财务收支审计结果

（2017年6月23日公告）

根据《中华人民共和国审计法》的规定，审计署2016年对中国电力建设集团有限公司（以下简称中国电建集团）2015年度财务收支情况进行了审计，重点审计了中国电建集团总部及所属中电建水电开发集团有限公司、中国水利水电第十四工程局有限公司（以下分别简称水电开发公司、水电十四局）等8家二级单位，并对有关事项进行了延伸和追溯。

一、基本情况

中国电建集团成立于2011年，主要从事建筑工程、电力、水利（水务）及其他资源开发与经营。据合并财务报表反映，中国电建集团2015年底拥有全资和控股子公司712家、参股公司151家；资产总额5026.06亿元，负债总额4108.65亿元，所有者权益917.41亿元，资产负债率81.75%；当年实现营业总收入2866.12亿元，利润总额115.7亿元，净利润91.69亿元，净资产收益率12.98%；国有资本保值增值率113.37%。中天运会计师事务所（特殊普通合伙）对中国电建集团2015年度合并财务报表出具了标准无保留意见的审计报告。该审计报告在中国货币网上公开。

审计署审计结果表明，中国电建集团积极实施总部整合改制，实现原水电施工业务板块整体上市，火电施工、勘测设计、装备制造业务板块公司制改革工作逐步推进；加快结构调整和发展海外业务，拓展非电基础设施市场，实施与主业相关的多元投资业务；加大商业模式、经营模式和生产模式创新力度，不断完善公司治理结构、产权结构和管理体系。此次重点审计了中国电建集团在财务会计管理、贯彻落实国家重大政策措施、企业重大决策和内部管理、落实中央八项规定精神及廉洁从业规定等方面情况，发现还存在一些问题。

二、审计发现的主要问题

（一）财务管理和会计核算方面。

1.2015 年，中国电建集团因合并财务报表内部交易事项抵销不充分，造成多计资产 37.80 亿元、负债 34.98 亿元、利润 1.61 亿元。

2.2013 年至 2015 年，所属水电十四局办理有追索权的保理业务时，直接核减应收账款，而未按规定确认负债，造成少计资产和负债各 28.02 亿元，其中 2015 年少计资产和负债各 14.24 亿元。

3.2013 年 11 月至 2016 年 11 月，所属中国水电建设集团新能源开发有限责任公司通过虚构风机购销等，虚增收入 3.84 亿元、成本 3.77 亿元，其中 2015 年虚增收入 1.47 亿元、成本 1.45 亿元。

4.2011 年至 2015 年，中国电建集团总部等 2 家单位将向下属企业支付的费用 3.66 亿元在长期股权投资科目核算，其中 2015 年 2.42 亿元。

5. 至 2015 年底，所属中国电建集团租赁有限公司（以下简称租赁公司）等 2 家单位少计提资产减值准备 2.77 亿元，其中 2015 年 1.2 亿元。

6.2015 年，所属水电十四局将外部施工单位的工程收入、成本确认为本单位收入、成本，造成多计收入 2.19 亿元、成本 1.98 亿元。

7.2011 年至 2015 年，所属中国水电建设集团国际工程有限公司（以下简称水电国际公司）等 3 家单位超工资总额发放住房补贴等 6685.32 万元，其中 2015 年 1391.21 万元；中国电建集团总部等 2 家单位未在工资总额中核算住房补贴 2467 万元，其中 2015 年 449.92 万元。

8.2015 年，所属中国水电建设集团港航建设有限责任公司（以下简称港航公司）将应计入施工成本等的支出 3778.91 万元计入研发费用。

9.2015 年，所属中国水利水电第十一工程局有限公司将部分租赁收入直接冲减工程成本，造成少计收入和成本各 492.35 万元。

（二）贯彻落实国家重大政策措施方面。

1. 至 2016 年底，中国电建集团未按要求完成低效无效资产清理处置，尚未清理处置资产占 32.75%。

2. 至 2016 年底，74 家厂办大集体企业未按要求完成分离，有 3760 万元资金尚未使用；8 家下属企业职工家属区“三供一业”166 项业务尚未完成分离移交。

3.2016 年，中国电建集团未按计划完成 6 家“僵尸企业”和特困企业处置年度任务。

4. 至 2016 年底，中国电建集团未按要求压缩层级和清理所属企业，法人层级最长为 8 级、控股法人机构数量 957 户，比 2011 年底分别增加 2 级、608 户。

5. 至 2016 年底，中国电建集团有 11 个政策性项目当年应开工未开工。

（三）企业重大决策和内部管理方面。

1.2007 年 8 月至 2016 年 11 月，所属中电建路桥集团有限公司（以下简称路桥公司）等 14 家单位违规转分包工程项目，涉及金额 111.85 亿元，其中 2015 年 31.5 亿元。

2.2011 年至 2016 年，所属水电开发公司等 4 家单位 51.59 亿元项目未按规定招标，其中 2015 年 0.58 亿元。

3.2010 年，所属中国水利水电建设股份有限公司在国资委批复同意前，签署 1 个煤田项目投资协议。2011 年，该公司缴纳 28.56 亿元资源价款，相关煤田项目至 2016 年 11 月仍未开发。

4.2012 年至 2015 年，所属水电国际公司逆程序决策签订项目咨询费合同，涉及金额 10.53 亿元，其中 2015 年 0.32 亿元。

5. 至 2016 年 11 月，所属水电国际公司等 4 家单位承接的 4 个境外施工项目因前期论证不充分、工程预算漏项等，累计亏损 8.58 亿元，还有 4.73 亿元面临损失风险。

6.2010 年，所属水电国际公司未充分考虑国资委和集团投资评委会风险提示，向境外项目投资 8.31 亿元。至 2016 年 11 月累计亏损 2.97 亿元。

7.2011 年至 2015 年，所属水电开发公司等

2家单位违规对外提供担保2.8亿元。

8.2013年，所属中国电建地产集团有限公司未按规定报经批准，出资2.68亿元收购1家公司15%股权。

9.至2016年11月，所属租赁公司4个融资租赁项目合同逾期，涉及金额2.35亿元，预计损失1.19亿元。

10.至2016年11月，所属水电十四局未经总经理办公会批准垫资施工2.31亿元，其中2015年1.28亿元。

11.至2016年6月，所属水电国际公司低价承建的1个境外施工项目已形成亏损1.87亿元。

12.2012年，所属租赁公司逆程序决策为其子公司融资提供担保，涉及金额1.61亿元，至2016年底代为偿债1.32亿元，面临损失风险。

13.2012年至2015年，所属中国水利水电第三工程局有限公司违反内部规定，未与境外分包商结算即先行代其支付设备费等1.21亿元，至2016年11月形成损失3300万元。

14.2015年，所属中国电建集团昆明勘测设计研究院有限公司违规采购物资1.09亿元。

15.至2016年底，所属水电开发公司违规批准1家控股子公司向其股东出借的1.04亿元逾期未收回。

16.2013年，所属中国电建集团华东勘测设计研究院有限公司（以下简称华东院）在收购其他企业时，未对涉诉事项风险采取必要防控措施，至2015年底被收购企业已累计亏损7482.02万元，其中2015年2037万元。

17.2014年，所属中国电力建设股份有限公司（以下简称中国电建股份）未进行可行性研究和尽职调查，批准下属企业投资7390.37万元设立2家境外子公司，且未按规定进行国有产权登记。

18.至2016年底，所属水电十四局、山东电力建设第三工程公司（以下简称山东三建公司）等4家单位未按时完成职工持股企业清理规范工作，其中山东三建公司等单位的416名中层以上管理人员长期未清退持有的股份，2009年以来获得分红等5760.22万元。

19.2010年，所属水电国际公司出资1408万美元投资境外项目44%的股权，由于对项目风险考虑不足等被迫清算，至2015年底亏损3395.37万元。

20.2011年至2016年，中国电建集团连续6年聘请同一会计师事务所进行财务决算审计，其中2016年未经国资委核准，涉及金额1791万元。

21.2013年，所属山东三建公司逆程序决策购买房产1704.22万元。

22.2012年，所属水电国际公司违规捐赠1063.76万元。

23.至2014年10月，所属港航公司超合同约定支付分包商境外项目补偿金355万元。

24.2011年至2016年11月，所属路桥公司违规对外出借施工资质，收取费用354.50万元，其中2015年50万元。

25.至2016年底，中国电建集团投资290万元建设的1个信息系统，用户权限控制存在安全漏洞。

（四）落实中央八项规定精神及廉洁从业规定方面。

1.2013年至2016年11月，中国电建集团总部及所属4家单位列支娱乐消费、高档烟酒及礼品等717.79万元，其中2015年82.17万元。

2.2012年，所属华东院超标准购置2辆公务车辆，涉及金额99.6万元。

3.2014年，所属山东三建公司北京办事处通过购买发票虚列支出的方式套取资金24万元，购买保健品作为礼品。

4.2011年至2016年，所属中国电建股份海外事业部等4家单位19名管理人员存在违规领取房租和车位费补贴、董事会和股东会补贴以及重复报销境外差旅费等问题，涉及金额29.35万元。

三、审计处理及整改情况

对此次审计发现的问题，审计署已依法出具审计报告、下达审计决定书。中国电建集团具体整改情况由其自行公告。

审计中发现的违纪违法问题线索，已依纪依法移送有关部门进一步调查处理。

中华人民共和国审计署审计结果公告（2017年第29号）

中国铁路物资（集团）总公司 2015年度财务收支审计结果

（2017年6月23日公告）

根据《中华人民共和国审计法》的规定，审计署2016年对中国铁路物资（集团）总公司（以下简称中国铁物）2015年度财务收支情况进行了审计，重点审计了中国铁物总部及所属中国铁路物资股份有限公司（以下简称铁物股份）、中铁物总投资有限公司等3家二级单位，并对有关事项进行了延伸和追溯。

一、基本情况

中国铁物成立于1979年，主要从事铁路物资供应、配套服务及相关产品加工制造、招标代理业务、大宗商品贸易和生产性服务。据合并财务报表反映，中国铁物2015年底拥有全资和控股子公司127家、参股公司36家；资产总额451.38亿元，当年实现营业总收入676.7亿元、亏损32.97亿元。立信会计师事务所（特殊普通合伙）对中国铁物2015年度合并财务报表出具了带强调事项段的无保留意见审计报告。

审计署审计结果表明，中国铁物进一步明确扭亏脱困和改革转型方向，制订了巩固铁路业务等专项方案，提出专业化整合资源和区域化深耕市场相结合的发展方向；积极推进大宗商品贸易风险事件处置，实施资金集中管理，加速经营资产周转，压缩负债规模；开展集团化改革和专业化管理试点，组建了油品、工业和华东3个子集团，促进相关业务融合发展。此次重点审计了财务会计管理、贯彻落实国家重大政策措施、企业重大决策和内部管理、落实中央八项规定精神及廉洁从业规定等方面情况，发现还存在一些问题。

二、审计发现的主要问题

（一）财务管理和会计核算方面。

1.2011年至2015年，所属4家企业开展无实物流转的购销业务，虚增收入26.66亿元、成本费用26.59亿元，其中2015年虚增收入15.37亿元、成本费用15.34亿元。

2.2014年，所属中国铁路物资香港控股公司少计提坏账准备7141.8万元。

3.2014年，所属中铁物产控股发展有限公司（以下简称物产控股公司）直接在期初所有者权益中冲减当年应计提的坏账准备，造成少计成本费用6420.58万元。

4.2013年至2016年，所属铁物股份等7家公司在职工福利费等科目列支交通费、通信费和餐费等3184.94万元，未纳入工资总额管理，其中2015年830.84万元。

5.2012年至2014年，所属中国铁路物资沈阳有限公司未将借款利息支出1234.88万元计入成本费用。

6.2010年至2012年，所属中铁物总能源有限公司（以下简称物总能源公司）1059万元收入未纳入公司财务核算，已列支1054万元。

7.2012年至2015年，所属铁物股份等5家企业以食品、烟酒等名义在业务招待费等科目列支礼品等费用350.45万元，且无购买明细及出入库单。

8.2012年至2014年，所属中铁物资天津油品供应有限公司利用个人账户收取销售款，并提现34.77万元购买礼品等。

9.2013年至2016年，所属铁物股份国际事业部违规在下属企业报销费用16.96万元。

（二）贯彻落实国家重大政策措施方面。

1. 至2016年6月，中国铁物未按规定完成低效无效资产清理处置，尚未清理处置资产占88.61%。

2. 至2016年6月，中国铁物7家下属企业职工家属区“三供一业”32项业务尚未完成分离移交。

此外，至2016年6月，中国铁物有16家所属企业被国资委认定为特困企业，企业处置任务较重。

（三）企业重大决策和内部管理方面。

1. 至2016年6月，中国铁物投资23.2亿元的1个股权项目，因风险预计不足，形成账面损失11.22亿元。

2. 2013年2月至2015年2月，所属物产控股公司等2家企业违规开展购销业务、交易规模50.64亿元，至2016年6月有10.43亿元资金逾期未收回。

3. 2015年，所属铁物股份经董事会审议同意下属企业出资2.88亿元购置经营办公用房，超出生产经营需要。

4. 2014年至2015年，所属物总能源公司等2家企业违反集团内部规定，与关联企业开展上下游购销业务、交易规模1.87亿元，至2016年6月有1556万元资金逾期未收回。

5. 2013年，所属中国铁路物资哈尔滨有限公司（以下简称哈尔滨公司）违规开展板坯购销业务，涉及销售金额1.73亿元。

6. 2014年至2015年，所属中铁物产（日照）有限公司赊销铁矿粉1.68亿元，后因抵押物变现困难，至2016年6月应收款有1.18亿元逾期难以收回。

7. 2009年，中国铁物1个境外股权投资项目在处置中多次反复，至2016年6月公允价值损失9285.94万元。

8. 2014年至2016年，所属中国铁路物资西安有限公司未经评审签订煤炭购销合同或超规定额度赊销煤炭，6974.57万元应收款逾期未收回。

9. 2014年至2015年，所属安徽铁鹏水泥有限公司违规向其控股的企业提供流动资金5600万元。

10. 2015年，所属北京中铁泰博房地产开发有限公司在转让下属企业51%的股权及债权过程中，未能发现评估公司低评土地价值，影响公司权益5078.74万元。

11. 所属内蒙古铁物能源有限公司投资5.5亿元建设的霍林河集运站项目管理不善，至2016年6月累计亏损2476.71万元。

12. 2006年，中国铁物在按规定实施评估前，直接作价3亿元收购1个商业用房项目；2008年转让该项目时，以促成交易为由向1家中介机构支付咨询费1700万元。

13. 所属铁物股份等3家公司对风险事件有关人员未按规定追究责任，违规向其发放奖金182.63万元。

14. 所属中国铁路物资北京有限公司存在未经批准延长土地租期问题。

15. 所属铁物股份等2家企业的3个投资项目至2016年6月未按扭亏脱困方案要求期限退出。

（四）落实中央八项规定精神及廉洁从业规定方面。

1. 2013年以来，所属铁物股份等7家企业超标准购置10辆公务用车，涉及金额451.17万元；铁物股份及其下属公司占用2家下属企业车辆25辆。

2. 2013年至2015年，所属哈尔滨公司3名中层管理人员违规取酬93.86万元。

3. 2013年至2016年，所属中铁物总进出口有限公司等4家企业14名中层以上管理人员存在公车私用和违规报销费用等问题，涉及金额15.88万元。

三、审计处理及整改情况

对此次审计发现的问题，审计署已依法出具了审计报告、下达了审计决定书。中国铁物具体整改情况由其自行公告。

审计中发现的违纪违法问题线索，已依纪依法移送有关部门进一步调查处理。

中华人民共和国审计署
审计结果公告
（2017年第30号）

审计署移送违纪违法问题线索的查处情况

（2017年6月23日公告）

审计署对移送有关部门单位调查的违纪违法问题线索，定期跟踪了解其查处情况。现将至2017年5月已有处理结果的违纪违法问题有关情况公告如下：

一、河南省委原常委、洛阳市委书记陈雪枫涉嫌违规操作造成国有权益损失问题

审计发现，2005年以来，陈雪枫在担任国有企业负责人期间，涉嫌在企业增资扩股中违规操作，造成国有权益损失。2014年，审计署将此线索移送中央纪委调查。2016年6月，中央纪委、监察部经进一步调查，给予陈雪枫开除党籍、开除公职处分，收缴其违纪所得。2017年5月，湖北省荆州市中级人民法院以贪污罪、受贿罪、国有公司人员滥用职权罪，判处陈雪枫无期徒刑，剥夺政治权利终身，并处没收个人全部财产；对受贿、贪污所得财物予以追缴。

二、辽宁省人大常委会原党组成员、副主任王阳涉嫌违规操作造成国有权益损失问题

审计发现，2011年，王阳在担任辽宁省鞍山市市长期间，涉嫌在土地出让中违规操作，造成国有权益损失。2015年1月，审计署将此线索移送中央纪委调查。2016年6月，中央纪委、监察部经与其他问题线索合并调查，给予王阳开除党籍、开除公职处分。2017年5月，黑龙江省大庆市中级人民法院一审以受贿罪、破坏选举罪，判处王阳有期徒刑16年6个月，并处没收个人财产300万元；赃款赃物及其孳息予以追缴。

三、天津市政府原党组成员、副市长尹海林涉嫌违规操作造成国有权益损失问题

审计发现，2003年至2013年，尹海林在担任天津市规划局局长期间，涉嫌在房地产开发项目规划审批中违规操作，造成国有权益损失。2015年8月，审计署将此线索移送中央纪委调查。2017年1月，中央纪委、监察部经进一步调查，给予尹海林开除党籍和行政撤职处分，降为副处级非领导职务，对违纪所得予以收缴。

四、广东省经济和信息化委员会产业发展处原副处长景修元等人涉嫌弄虚作假骗取中央财政补助资金问题

审计发现，2013年至2014年，景修元涉嫌伙同东莞市长安镇经济科技信息局产业技术股原股长黄新征及民营业主陈伟滨等人，通过伪造资料等方式骗取私分中央财政关闭小企业补助资金1200多万元。2015年6月，审计署将此线索移送广东省人民检察院调查。2016年7月，广东省高级人民法院以贪污罪分别判处黄新征有期徒刑13年、景修元有期徒刑10年6个月、陈伟滨有期徒刑3年（缓刑3年），对3人并处没收个人财产660万元、罚金20万元。

五、河北省保定监狱原监狱长王建立涉嫌违规操作集资建房问题

审计发现，2011年至2012年，王建立涉嫌组织编造虚假材料，以公租房名义申请取得建设用地，并采取集资方式为职工建房。2014年6月，审计署将此线索移送河北省监察厅调查。2015年9月，河北省纪委、监察厅决定给予王建立开除党籍、开除公职处分，并将涉嫌犯罪的问题及线索移送司法机关调查处理。2016年11月，石家庄市栾城区人民法院以受贿罪判处王建立有期徒刑5年，并处罚金30万元，对违法所得予以收缴。

六、20家企业涉嫌虚开增值税专用发票问题

审计发现，2011年至2013年，南京金福首珠宝有限公司等20家企业涉嫌虚开增值税专用发票10.36亿元，造成巨额税收流失。2013年6月，审计署将此线索移送税务总局调查。2015年8月，天津市高级人民法院以虚开增值税专用发票罪判处李维奇等5人2年至13年不等有期徒刑，追缴税款9014万元。

七、辽宁省海城市永发捻织有限公司等企业涉嫌骗贷问题

审计发现，2006年至2010年，海城市永发捻织有限公司和永发亚麻纺织有限公司涉嫌虚构原材料采购业务，骗取银行贷款1亿多元。2012年3月，审计署将此线索移送公安部调查。2013年5月，辽宁省鞍山市中级人民法院以骗取贷款罪对这2家企业判处罚金共120万元，以骗取贷款罪判处企业实际控制人李延春有期徒刑2年（缓刑2年）、罚金15万元，李贺鹏有期徒刑6个月（缓刑1年）、罚金12万元。

八、工银瑞信基金管理有限公司原基金经理王勇涉嫌利用未公开信息违规买卖股票牟利问题

审计发现，2011年11月至2015年1月，王勇在担任工银瑞信基金管理有限公司基金经理期间，利用管理基金账户掌握的信息，通过其亲属账户违规买卖股票牟利。2015年5月，审计署将此线索移送证监会和公安部调查。2016年6月，北京市第二中级人民法院以利用未公开信息交易罪判处王勇有期徒刑2年（缓刑2年），并处罚金

250万元。

九、江苏省连云港市赣榆农村商业银行涉嫌弄虚作假套取扶贫资金问题

审计发现，2012年至2013年，江苏赣榆农村商业银行涉嫌通过编造虚假贷款台账、还款单据等方式，套取扶贫贷款财政贴息和奖励资金2000多万元，部分款项转给当地扶贫和财政部门使用。2016年6月，审计署将此线索移送江苏省委、省政府调查。2017年1月，连云港市纪委和江苏省农村信用社联合社对该银行原董事长朱崇迎、行长冯良善和赣榆区扶贫办主任杜厚岭、区财政局原副局长宋加亮等16名责任人给予撤销党内职务、行政撤职、行政降级、党内严重警告等处分；对套取的款项予以追缴。

十、安徽省阜阳市临泉县扶贫办涉嫌套取扶贫资金等问题

审计发现，2013年至2016年，临泉县扶贫办涉嫌通过虚开发票等方式，套取扶贫项目管理费、行政办公经费用于吃喝、送礼等。2016年11月，审计署将此线索移送安徽省纪委调查。2017年4月，阜阳市监察局、临泉县监察局给予临泉县副县长常利华、县扶贫办原主任杨奎和魏吉杰等人行政警告、行政记过、行政记大过等处分；临泉县委、县政府作了书面检查。

十一、湖北省长阳土家族自治县都镇湾镇原经济发展办公室副主任曹玉龙等人涉嫌弄虚作假套取扶贫资金问题

审计发现，2013年至2016年，曹玉龙等人涉嫌利用虚假资料套取扶贫等资金私存私放，并违规从事经营性活动；都镇湾镇雪山河村等单位涉嫌套取扶贫资金存入个人账户。2016年7月，审计署将此线索移送湖北省纪委调查。2017年3月，长阳县纪委、监察局给予曹玉龙党内严重警告、行政降级处分，其余8名责任人也分别受到党内严重警告、警告等处分。

十二、河南省8家企业涉嫌骗取扶贫资金问题

审计发现，2012年至2015年，河南省8家企业涉嫌伪造国家机关印章和公文、银行资信证明等，据以骗取扶贫资金900多万元。2016年8月，审计署将此线索移送河南省委、省政府调查。目前，河南省虞城县、固始县、潢川县等地纪委、监察局已对13名责任人分别给予党内严重警告、行政记大过等处分，追缴被骗取资金930万元；涉嫌犯罪的问题及线索移送司法机关调查处理。

十三、湖南省邵阳市城步县丹口镇白水洞村原党支部书记李德平等人涉嫌弄虚作假套取扶贫资金问题

审计发现，2014年，李德平涉嫌通过串通投标方式中标扶贫项目，并在项目实施中偷工减料，套取扶贫资金100多万元。2016年6月，审计署将此线索移送湖南省委、省政府调查。2017年2月，城步县人民法院以串通投标罪分别判处李德平有期徒刑1年（缓刑1年）、罚金3万元，丹口镇斜头山村原村主任陈志开有期徒刑10个月（缓刑1年）；城步县纪委给予两人开除党籍处分，并对其余13名责任人分别给予撤销党内职务、行政撤职、党内警告、党内严重警告等处分；对套取款项予以追缴。

十四、重庆市云阳县凤鸣镇部分乡镇干部涉嫌违规操作谋取私利等问题

审计发现，2010年至2015年，在凤鸣镇发包扶贫工程等项目过程中，部分乡镇干部涉嫌违规操作谋取私利。2016年6月，审计署将此线索移送重庆市纪委调查。2017年3月，重庆市纪委等单位给予凤鸣镇原副镇长谭晓勇等7人开除党籍、开除公职、撤销党内职务、行政撤职、党内严重警告等处分，涉嫌犯罪的问题及线索移送司法机关调查处理。

十五、河北省保定市涞源县扶贫开发局原局长妥开祥等人涉嫌弄虚作假套取扶贫资金问题

审计发现，2008年至2014年，妥开祥等人涉嫌编造项目资料和虚开发票套取扶贫资金40余万元，妥开祥还利用职务便利在单位报销个人费用。2016年6月，审计署将此线索移送河北省监察厅调查。2017年3月，保定市纪委等单位给予妥开祥撤销党内职务、行政撤职处分，给予其他12名责任人党内严重警告、党内警告等处分。

十六、广东省河源市紫金县扶贫办涉嫌违规使用扶贫工作经费问题

审计发现，2013年至2015年，紫金县扶贫办涉嫌违规将扶贫工作经费用于接待支出以及发放工资、津补贴等。2016年4月，审计署将此问题移送广东省人民政府调查。2017年3月，紫金县纪委、监察局给予县扶贫办时任主任罗小苑撤销党内职务、行政撤职处分，给予其他 3 名责任人党内严重警告、行政降级和行政记过等处分。

十七、全国老龄工作委员会办公室原副主任朱勇涉嫌公款私用问题

审计发现，2014 年至 2015 年，朱勇涉嫌利用公款支付个人境内度假等费用、套取资金，以及违规决策举办展览会等问题。2016 年 4 月，审计署将此线索移送民政部调查。2016 年 5 月，民政部党组、直属机关纪委给予朱勇留党察看 1 年处分，将其退休待遇由正局级降为副局级。

十八、山东省青岛市政协原副主席、民政局原局长刘光享等 6 人涉嫌违纪问题

审计发现，2005 年至 2006 年，刘光享等 6 名青岛市民政局领导干部或其亲属在购买该局开发的“福彩大厦”住房时，少交个人应承担的装修费和车位费。2015 年 5 月，审计署将此线索移送山东省纪委调查。2016 年 12 月，山东省纪委决定给予刘光享留党察看 2 年处分，按正处级非领导职务确定退休待遇，对违纪所得予以收缴；青岛市纪委决定给予其他责任人警告等处分，责令补交相关款项。

十九、广东省深圳市部分公职人员涉嫌违规经商办企业问题

审计发现，该市部分在职公务员涉嫌违规参股企业从事营利性活动。2015 年 10 月，审计署将此线索移送深圳市纪委调查。至 2016 年 12 月，深圳市纪委、监察局对 18 人给予行政撤职、行政记大过、党内严重警告等处分，对 105 人给予批评教育，对相关违规行为督促予以纠正。

二十、黑龙江省哈尔滨建工房地产开发有限责任公司涉嫌套取征收补偿款问题

审计发现，2011 年，该公司涉嫌通过编造虚假房屋征收材料套取征收补偿款 600 多万元，其中 136 万元形成“小金库”。2014 年 3 月，审计署将此线索移送哈尔滨市纪委调查。2014 年 9 月，哈尔滨建工集团党委决定，给予哈尔滨建工房地产开发有限责任公司总经理郭英倬等 3 名责任人党内严重警告、党内警告等处分。

二十一、吉林省长春市莲花山管委会原主任杨云超涉嫌违规决策等问题

审计发现，2011 年 5 月，杨云超涉嫌在 1 个安置小区项目发包中违规决策，选择不具备资质的公司代建，并在其未履行职责的情况下支付管理费 1300 多万元。2015 年 5 月，审计署将此线索移送吉林省纪委调查。2017 年 1 月，吉林省纪委等单位决定给予杨云超严重警告和撤职处分。

二十二、黑龙江省大兴安岭地区漠河县 4 栋棚户区改造住宅楼存在质量问题

审计发现，2010 年 11 月，漠河县建成的 4 栋棚户区改造住宅楼存在工程质量问题。2014 年 4 月，审计署将此问题移送黑龙江省人民政府调查。至 2015 年 6 月，大兴安岭地区纪委等单位决定，对漠河县原副县长、棚户区改造工作领导小组副组长孙可思等 9 名责任人给予党内严重警告、行政记大过、诫勉谈话等处理处分。

二十三、黑龙江省鹤岗市萝北县房地产管理处原主任杜俊双涉嫌为亲友非法牟利问题

审计发现，2011 年至 2012 年，杜俊双涉嫌利用职务便利，帮助其弟投资设立的企业骗取房屋建筑工程施工总承包三级资质。2015 年 3 月，审计署将此线索移送黑龙江省纪委调查。2015 年 9 月，鹤岗市纪委决定给予杜俊双党内严重警告处分。

二十四、黑龙江省二龙山农场等单位涉嫌弄虚作假违规获得建设用地等问题

审计发现，2010 年至 2013 年，黑龙江省二龙山农场、尾山农场涉嫌通过编造拆迁户名单、提供虚假申报资料等方式，违规获取建设用地；二九一农场工作人员李滨涉嫌私刻保障性安居工程设计单位出图专用章等印章，用于申报项目施工图纸审批。2014 年，审计署将上述线索移送黑龙江省国土资源厅和黑龙江省农垦总局纪委调查。至 2014 年底，上述农场分别给予 3 名责任人行政撤职、行政记大过和党内严重警告等处分。

二十五、山东省体育彩票管理中心涉嫌违规发放奖金问题

审计发现，2012 年至 2013 年，山东省体育彩票管理中心涉嫌违规决策，将税务部门返还的个人所得税代扣代缴手续费 500 多万元，用于在系统内发放奖金。2015 年 5 月，审计署将此线索移送山东省监察厅调查。2016 年 7 月，山东省体育局直属机关党委给予省体育彩票管理中心时任主任蒋强等 3 名责任人党内严重警告、党内警告等处分。

二十六、北京参考文化传媒有限公司等企业涉嫌违规发放奖金等问题

审计发现，2004 年至 2015 年，北京参考文化传媒有限公司等新华社所属 4 家企业存在违规发放奖金 460 多万元、有关管理人员涉嫌利用职务之便牟利等问题。2016 年 1 月，审计署将此线索移送新华社调查。2017 年 1 月，新华社机关纪委决定给予 4 名责任人撤销党内职务、诫勉谈话等处理处分。

中华人民共和国审计署审计结果公告（2017 年第 31 号）

2017 年第二季度国家重大政策措施贯彻落实情况跟踪审计结果

（2017 年 8 月 17 日公告）

2017 年第二季度，审计署紧紧围绕稳中求进工作总基调，以推进供给侧结构性改革为主线，继续组织对 31 个省、自治区、直辖市（以下统称省）和 29 个中央部门、10 户中央企业进行了跟踪审计，抽查了 953 个单位 1203 个项目，涉及资金 2890.63 亿元，其中中央财政资金 335.99 亿元。审计重点关注了脱贫攻坚工作推进、“三去一降一补”任务落实、“放管服”改革深化、推动“一带一路”建设等方面的政策措施落实情况，以及以往跟踪审计发现问题的整改情况。从审计情况看，有关部门和地区结合实际主动作为，认真整改审计查出的问题，取得较好成效，但也存在政策措施落实不到位的情况。

一、积极推进国家重大政策措施贯彻落实情况

从第二季度审计情况看，有关部门和地区积极推进经济结构调整和新旧动能接续转换，取得了一些可复制可推广的经验做法。

（一）推进脱贫攻坚方面。教育部组织教授服务团，深入贫困地区助力精准脱贫；国土资源部出台措施，鼓励用好用活增减挂钩政策支持扶贫开发和易地扶贫搬迁；卫生计生委分类分批开展农村贫困人口大病慢性病救治；湖南省提高农村低保标准，兜住民生底线；云南省巍山彝族回族自治县青华乡发展“庭院经济”，促进贫困户增收。

（二）深化“放管服”改革方面。工业和信息化部改进增值电信业务经营许可审批工作；商务部持续推进外商投资审批体制改革；北京市利用大数据技术推广企业工商登记全流程电子化；黑龙江省通过工商数据共享提升政务服务水平；浙江省杭州市全力推进“最多跑一次”改革；四川省成都市集中清理各部门要求群众提供的不合理证明。

（三）推动“三去一降一补”任务落实方面。财政部积极推进营改增试点政策实施；环境保护部加强京津冀及周边地区大气污染防治情况督查；北京市优化政府债务结构、降低融资成本、严控债务风险取得显著成效；吉林省推广电能清洁供暖消纳富余电能；安徽省拓宽诚实纳税中小微企业融资渠道；江西省赣州市开展降成本优环境专项行动助推实体经济发展。

（四）推动“一带一路”建设方面。中国铁路总公司推进与沿线国家国际铁路联运合作机制建设，中欧班列开行数量加速增长；中国移动加快“一带一路”信息通道建设；辽宁省加快大通道建设，促进多式联运快速发展，积极融入“一带一路”建设。

二、审计发现问题的整改情况

有关部门和地区通过积极整改以往跟踪审计发现的问题，推动改进相关工作。其中，河北等 11 省规范扶贫资金使用，推进扶贫政策落实；辽宁、湖北、甘肃 3 省及时清退保证金，降低企业制度性交易成本；质检总局、北京市、广西壮族自治区、中国电子企业协会取消违规开展的资质认定，破除市场准入限制，优化服务；中国铁路总公司、中国联通积极推进重点项目建设；山东、天津 2 省统筹盘活财政资金 3.34 亿元；宁夏回族自治区积极推进化解过剩产能工作。

三、审计发现的主要问题

（一）推进脱贫攻坚工作方面。此次审计共抽查59个贫困县（区、市、旗，以下统称县），涉及257个项目、47.98亿元资金，发现的主要问题：一是2个县贫困人口数据信息不准确、不完整；二是10个县在易地扶贫搬迁工作中，对精准搬迁、保障基本等政策要求落实不到位；三是42个县教育扶贫、健康扶贫、金融扶贫、交通扶贫等政策落实不到位；四是12个县财政资金统筹盘活不到位、项目推进缓慢等，导致6226.11万元资金结存1年以上，其中5585.07万元结存2年以上；五是3个省的3个单位违规使用资金1249.73万元；六是20个县的39个扶贫项目未实现预期效果，涉及资金10074.44万元；七是6个县的13个扶贫项目实施过程管理不到位；八是个别地区多计脱贫人数2656人。

（二）去产能方面。黑龙江省七台河市5处应依法关闭类煤矿未按时关闭；甘肃省违规向高耗能电解铝企业发放电费补贴2.4亿元；河北省淘汰落后产能奖补资金17992万元未发挥效益。

（三）深化“放管服”改革、降低企业成本方面。一是6个省的15家单位违规预留或未及时清理退还工程建设领域保证金3.48亿元；二是5个省的5项行政审批中介服务违规由企业负担费用2.24亿元；三是2个省的8家单位依托行政权力或履职便利，违规向企业收取或转嫁费用1.64亿元；四是7家协会通过违规自设职业资格、开展评比达标活动等收费1537.24万元；五是上海市的2项行政审批事项下放不到位。

（四）推进重点领域项目建设方面。一是2个省的13个项目因前期工作不充分、资金不到位等未开工；二是11个省的31个项目逾期1年以上仍未完工；三是2个省的46个项目违规建设或建成后未发挥效益。

（五）重点政策落实方面。一是宁夏回族自治区部分地区未严格执行大气污染防治行动计划；二是11.47亿元财政存量资金统筹盘活不到位。

附件：1. 有关部门和地区推进国家重大政策措施贯彻落实的具体举措

2. 整改效果较好的事例

3. 2017年第二季度跟踪审计发现的主要问题

附件1：

有关部门和地区推进国家重大政策措施贯彻落实的具体举措

一、推动扶贫政策落实方面

（一）教育部组织教授服务团深入贫困地区助力精准脱贫。2016年起，教育部组织中国农业大学等6所农林类直属高校50多名教授赴云南省镇康县等6个国家扶贫开发工作重点县，开展种养殖技术培训和指导，支持贫困县农业技术人员到大学实验室学习，结合地方特点提出扶贫建议，推动40多个科技富农项目实施。

（二）国土资源部出台措施，鼓励用好用活增减挂钩政策支持扶贫开发和易地扶贫搬迁。2016年2月，国土资源部调整城乡建设用地增减挂钩政策，允许集中连片特困地区及国家扶贫开发工作重点县将增减挂钩节余指标在省域范围内有偿流转使用，土地流转收益全部返还贫困地区。2017年进一步将省级扶贫开发工作重点县纳入政策覆盖范围。截至2017年6月底，全国各级贫困县共使用流转节余指标13.17万亩，流转收益353.17亿元。

（三）卫生计生委分类分批开展农村贫困人口大病和慢性病救治。卫生计生委在摸清农村贫困人口患病情况的基础上，按照“大病集中救治一批、慢病签约服务管理一批、重病兜底保障一批”的原则，组织对全国患有大病和慢性病的734万贫困人口进行分类分批救治。截至2017年5月底，已累计救治300余万人，其中集中救治食管癌、胃癌等7种大病贫困患者10万余人。

（四）湖南省提高农村低保标准兜住民生底线。2016年以来，湖南省全面开展农村低保对象和扶贫对象的认定清理工作，加强建档立卡扶贫系统和社会救助信息管理系统信息共享，建立扶助对象动态管理机制，推进农村低保和扶贫政策有效衔接。自2017年1月起将全省农村低保标准提高至每年3026元，比2016年标准提高14.6%。截至2017年6月底，36.64万无法通过产业扶持和就业帮助脱贫的建档立卡人口被纳入农村低保范围。

（五）云南省巍山彝族回族自治县青华乡发展

“庭院经济”，促进贫困户增收。云南省巍山彝族回族自治县青华乡利用本地生态与物种资源优势，摸索出名贵中药材野生滇重楼高效人工育苗技术，并成立专业合作社发展特色产业，引导农户利用房前屋后剩余土地、农闲时间低成本育苗种植。2016年全乡796户参与种植，其中建档立卡贫困户193户，户均增收4237元。

二、深化“放管服”改革方面

（一）工业和信息化部改进增值电信业务经营许可审批工作。2015年9月以来，工业和信息化部优化增值电信业务经营许可行政审批流程，削减了三分之一的申报材料，同时简化审批环节，该事项审批平均用时从60日压缩到30日。

（二）商务部持续推进外商投资审批体制改革。商务部在总结自贸试验区试点经验的基础上，积极推动外商投资审批相关法律修订完善。2016年起，外商投资企业设立及变更实行准入前国民待遇加负面清单管理模式。负面清单之外的改为在线备案管理，所需纸质材料减少90%，办理时限由20多个工作日缩减至3个工作日内，提高了外商投资审批办理效率。

（三）北京市利用大数据技术推广企业工商登记全流程电子化。2016年11月，北京市启动企业工商登记全流程电子化平台，以大数据技术为基础，通过与企业信用信息系统、全国公民身份证系统、“黑名单”系统等多个系统对接，借助嵌入校验规则、App认证等功能，智能审核登记申请数据，实现了全流程网上办照。截至2017年6月底，该平台从内资企业推广至外商投资企业，已有931家企业获颁电子营业执照。

（四）黑龙江省通过工商数据共享提升政务服务水平。2016年以来，黑龙江省打通部门数据壁垒，积极推动市场主体信息互联共享。通过省级信用信息共享交换平台，全省1970个县级以上政府部门可以按日取得最新的市场主体登记注册信息和失信联合惩戒信息，减少了企业信息的重复报送、重复录入，提高了部门公共服务效率。

（五）浙江省杭州市全力推进“最多跑一次”改革。浙江省杭州市积极深化“放管服”改革，分领域梳理出群众和企业到政府办事事项12202项，其中11354项行政权力和公共服务事项已经实现了“群众和企业到政府办事最多跑一次”。如不动产交易登记实现了杭州主城区全流程60分钟完成领证事宜。

（六）四川省成都市集中清理各部门要求群众提供的不合理证明。2017年，四川省成都市开展村（社区）证明事项清理规范工作，依法取消了298项不合法或为规避部门责任而要求群众提供的不合理证明材料，只保留15项必要证明事项，规定各部门一律不得要求提供清单以外的证明材料，切实清除“奇葩证明”的生存空间。

三、推动“三去一降一补”任务落实方面

（一）财政部积极推进营改增试点政策实施。营改增试点改革以来，财政部会同税务总局等相关部门，在大量调研、评估和测算的基础上，合理确定适用税率，强化政策培训和指导，协调有关单位及时研究解决试点过程中的突出问题，调整完善试点政策和配套措施，促进改革措施平稳落地。自2016年5月全面推开试点一年来，累计减税6993亿元。

（二）环境保护部加强京津冀及周边地区大气污染防治情况督查。2017年4月起，环境保护部派出28个督查组，分别对北京、天津、石家庄等28个京津冀大气污染传输通道城市的大气污染防治情况开展督查。经过4轮督查，共发现1.63万家企业存在污染物排放不达标等环境问题。截至2017年5月底，督查发现的问题已有近六成完成整改，重点监控企业中的超标企业占比从2016年1月的31%下降为2017年5月的2.35%。

（三）北京市优化政府债务结构、降低融资成本、严控债务风险取得显著成效。北京市着力建立健全政府性债务管理制度框架体系，依法适度举借政府债务，妥善处置存量债务，严控债务风险。2016年至2017年5月共完成债券置换1049亿元，在有效促进经济增长的同时降低了政府融资成本、优化了债务结构，政府债务风险整体可控。如北京市土地储备机构近3年来通过利率较低的政府债券置换银行贷款等政府性债务，累计降低资金成本33亿元。

（四）吉林省推广电能清洁供暖消纳富余电能。吉林省出台电采暖试点工作方案，充分利用富余风电替代燃煤小锅炉，保障居民供暖，推进城市供热能源结构调整和技术进步，减少大气污染物排放。2015年至2016年，向27个电能清洁供暖项目补助财政资金 5417 万元，增加电能清洁供暖面积 254 万平方米，每年消纳富余电量 2 亿千瓦时以上。

（五）安徽省拓宽诚实纳税中小微企业融资渠道。2015 年 9 月以来，安徽省推广实施“税融通”业务，引导商业银行向纳税信用记录良好的中小微企业提供低利率信用贷款或担保贷款，并由政策性融资担保机构提供低费率担保增信服务。同时，银行根据小微企业纳税信息筛选符合贷款条件的客户，开展客户调查和营销服务，加强对中小微企业融资服务。截至 2017 年 4 月底，已累计发放“税融通”贷款 237.9 亿元，服务中小微企业 5989 家。

（六）江西省赣州市开展降成本优环境专项行动，助推实体经济发展。2016 年以来，赣州市持续开展降成本优环境专项行动，出台完善多项地方特色惠企政策。如落实西部大开发税收优惠政策，建立税收优惠政策落地监控指标体系；对全市发布的 3 年以上规范性文件实施情况定期进行评估并开展清理，持续推进简政放权，优化营商环境。

四、推动“一带一路”建设方面

（一）中欧班列促进“一带一路”交通物流合作。中欧班列发展规划实施以来，中国铁路总公司推进与沿线国家国际铁路联运合作机制建设，通关便利化水平不断提高，有力促进了“一带一路”沿线国家的互联互通。班列已覆盖我国 22 个省和 12 个国家的 30 个城市，开行数量加速增长，2017 年前 5 个月开行 1179 列，同比增长 148%。部分班列全程运输时间较首次开行压缩 2 天以上。

（二）中国移动加快“一带一路”信息通道建设。2016 年以来，中国移动建立环球网络运营中心，为“一带一路”沿线国家和地区的产业合作伙伴和用户提供国际专线、移动漫游等一站式服务；在东北亚、中亚、南亚、东南亚建成开通 8 条陆地光缆，在 29 个沿线国家和地区开设“信息驿站”，确保通信联络更加便捷通畅，降低了相关国家和地区的国际漫游和流量资费。

（三）辽宁省加快大通道建设，积极融入“一带一路”建设。辽宁省会同沈阳铁路局、民航东北管理局和辽宁省邮政管理局，建立涵盖交通、铁路、民航、邮政的交通物流联席会议制度，编制《“辽满欧”综合交通运输大通道发展建设规划》，促进多式联运快速发展。2017 年 1 月至 5 月，营口港累计完成集装箱海铁联运量 29.61 万标准箱，同比增幅 55.5%。以营口港为起点的中欧班列经满洲里出境至莫斯科，全程运距 8232 公里，运输时间从 20 天缩短至 12 天。

附件 2：

整改效果较好的事例

一、规范扶贫资金使用，推动扶贫政策落实

（一）关于河北省魏县、吉林省镇赉县 17914 名建档立卡贫困人口数据不完整的问题。2 县对建档立卡系统数据清理比对，对信息不完整的贫困人口重新入户识别，逐户逐人完善信息。截至 2017 年 6 月，上述贫困人口数据信息已清理完善。

（二）关于 6 省 17 家单位或个人套取或违规使用扶贫资金 3921.62 万元的问题。河北、江苏、贵州、四川、广西、吉林 6 省针对扶贫资金套取或违规使用等问题，挂牌督办并限期整改，采取追缴资金等方式收回扶贫资金 3855.62 万元，对 40 名相关责任人给予开除党籍、撤职等处分。同时，及时修订完善扶贫资金管理制度，健全扶贫资金安全保障机制。

（三）关于 6 省 6.72 亿元扶贫资金闲置的问题。河北、黑龙江、江西、陕西、贵州、吉林 6 省针对扶贫资金滞留闲置的问题，责成相关部门采取统筹整合、加快资金下拨等方式，强化扶贫资金盘活统筹使用。截至 2017 年 6 月，已统筹盘活扶贫资金 4.97 亿元，用于易地扶贫搬迁、产业扶贫等脱贫攻坚项目建设。

（四）关于黑龙江省克东县脱贫成效不实，将 3189 名未解决饮水安全问题或未参加新型农村合作医疗的贫困人口认定为脱贫对象的问题。2017 年 4 月，克东县补缴了 3038 名未参加新型农村合作医疗的漏保人员的参保资金 45.6 万元；为 156 名未解决饮水安全问题贫困户所在的村屯铺设饮水管道，实现安全供水，并给予 2 名相关责任人免职处分。

（五）关于贵州省石阡县、广西壮族自治区凤山县、重庆市秀山县部分建档立卡贫困普通高中、中职学生未享受教育扶贫资助的问题。上述3县政府组织教育、扶贫等相关部门进行数据比对，核定受资助学生名单，并积极筹措资金，截至2017年6月，共补发2911人次补助资金233.72万元。

（六）关于广东省3市2016年度农村危房改造项目资金拨付缓慢的问题。广东省住房城乡建设厅督促相关部门积极推进项目建设，完善资金拨付机制，加快项目资金拨付进度。截至2017年6月，潮州市农村危房改造项目资金1.17亿元已全部拨付，阳江、湛江2市资金拨付已达85%以上。

二、及时退还各类保证金，降低企业制度性交易成本

（一）关于辽宁省锦州滨海新区管理委员会未及时返还工程保证金5543.26万元的问题。锦州滨海新区管理委员会认真组织整改，及时联系企业，做好保证金的清退工作。截至2017年6月，已清退保证金5421.47万元。

（二）关于湖北省交通投资集团有限公司违规预留工程质量保证金4197.41万元的问题。湖北省交通投资集团有限公司成立清理工作领导小组，上下联动，全面清查，逐笔梳理，截至2017年6月，已将保证金全部退还企业。

（三）关于甘肃省贷款利率优惠政策执行不到位，科技型中小企业存在融资贵的问题。甘肃省人民政府要求兰州银行和甘肃银行对139笔违反政策规定的贷款逐笔核实整改，同时约谈担保机构法定代表人，要求不得再向科技型中小企业收取客户保证金。截至2017年6月，已退还保证金767万元。

三、取消违规资质认定，破除市场准入限制，优化政府服务

（一）关于质检总局部分所属检疫处理单位依托部门权力开展经营活动，检疫处理收费利润仍较高的问题。2017年3月，质检总局印发《关于降低检疫处理收费标准等事宜的通知》（国质检函〔2017〕137号），要求质检系统检疫处理单位自2017年4月1日起，在原收费标准的基础上降低10%收费；2017年6月，印发《质检总局关于深化检疫处理单位市场化改革加强事中事后监管的通知》（国质检通函〔2017〕247号），要求加强对社会检疫处理单位的培育。如黑龙江出入境检验检疫局已核准哈尔滨富新除害处理服务有限公司开展检疫处理业务，检疫处理业务不再由该局所属企业独家经营。

（二）关于北京市建设工程发包承包交易中心委托收取的招投标企业电子印章办理费未在收费核准范围内的问题。2017年2月，北京市建设工程发包承包交易中心停止电子印章收费，并放开电子印章办理市场，交易主体可自主选择符合标准的企业办理。

（三）关于广西壮族自治区投资项目在线审批监管平台应用率低，且未与其他审批系统数据互通的问题。2017年1月，自治区人民政府办公厅印发文件，要求各部门加快在线审批平台与政府服务通用软件端口对接，提高平台利用效率。截至2017年6月，自治区14个部门和131个市县均实现在线预审，预审数较2016年9月底增长331%；在线审批平台与政府服务通用软件实现了互通，同一审批不需重复录入。

（四）关于“信息系统工程监理工程师”资格认定应取消未取消的问题。2017年2月，中国电子企业协会发文停止“信息系统工程监理工程师”登记管理工作；2017年3月，撤销具体组织该项工作的信息系统工程监理资质工作委员会，对4名相关负责人进行问责。

四、积极筹划组织，推进项目建设

（一）关于天津至保定铁路大北环线工程逾期一年半未完工的问题。津保铁路有限责任公司积极协调地方政府，改进施工方案，推进项目建设进度，2017年5月，天津至保定铁路工程大北环线全线完工，2017年6月已正式开通运营。

（二）关于中国联通广东梅州通信综合楼新建工程超过2年未开工的问题。中国联通加快推进项目建设，以此为契机，全面清理集团在建项目，将在建项目和结转投资清理工作与年度投资管控进行联动，进一步提高投资资源配置效率。截至2017年5月，该项目已开工建设。

五、统筹盘活财政资金，提高资金使用效益

关于山东省东平县、天津市北辰区财政资金结余3.34亿元未及时盘活使用的问题。2省积极整改，将结存资金全部统筹用于环境整治、农田水利、文化教育等项目支出。同时，天津市北辰区人民政府举一反三，出台《北辰区2017年清理财政存量资金工作方案》，全面清理2015年及以前年度形成的财政存量资金，提高财政资金使用效益。

六、加强监督指导，推进去产能工作

关于宁夏回族自治区经信委2016年度淘汰落后产能任务尚有10万吨未完成的问题。宁夏回族自治区经信委督促相关部门派出工作组，监督指导相关企业落实生产线的淘汰拆除工作。2017年5月，年产10万吨隔膜烧碱生产线淘汰工作已通过验收。

附件3：

2017年第二季度跟踪审计发现的主要问题

一、推进脱贫攻坚工作方面

（一）2个县贫困人口数据信息不准确、不完整。湖南省新化县的137名贫困人口信息存在姓名或身份证号错误等情况，福建省连城县有82户家庭的人口数、安置方式填报错误，不利于扶贫工作精准实施。

（二）10个县易地扶贫搬迁政策落实不到位。

序号	问题类型	具体问题	涉及地区	涉及人数
1	易地搬迁对象不精准	2个县将558名不符合易地扶贫搬迁条件的人口列入2016年度搬迁对象。	青海省海东市平安区、福建省连城县	558
2	安置住房面积超标，部分贫困户举债搬迁	重庆市武隆区46户贫困户搬迁房面积超标、建房成本较高，共向银行或亲友借款271.8万元，涉及贫困人口190人。 宁夏回族自治区固原市原州区扶贫办未严格按标准控制房屋面积，默许房地产商捆绑销售附属建筑，有147户每户需自筹购房款10万元以上，涉及贫困人口542人。	重庆市武隆区、宁夏回族自治区固原市原州区	732
3	项目选址不合理	2015年至2016年，科尔沁右翼前旗等2个县的易地扶贫搬迁项目采取原址重建的方式，涉及贫困人口539人。	内蒙古自治区科尔沁右翼前旗，青海省化隆县	539
4	项目管理不规范存在安全隐患	2015年至2016年，4个县的5个项目未严格履行竣工验收、项目监理等程序，其中2个项目已出现质量问题。	陕西省洛南县、青海省海东市平安区、河南省新安县、湖南省新化县	—
5	旧房拆除和宅基地复垦执行不到位	截至2017年6月，由于工作推动不力、补贴不到位等，2个县以前年度搬迁项目的旧房拆除和宅基地复垦工作落实不到位，土地集约、节约利用效果不佳。	宁夏回族自治区固原市原州区、云南省巍山县	—
合计				1829

（三）42个县教育扶贫、健康扶贫、金融扶贫、交通扶贫等扶贫政策落实不到位。

序号	政策措施	具体问题	涉及地区	涉及人数	涉及项目数	涉及资金（万元）
1	教育扶贫	由于前期建档立卡学生统计数据不够精准、政策宣传不到位等，11个县12017名建档立卡贫困家庭学生未享受或未足额享受普通高中学杂费免除、雨露计划补助等教育资助，涉及资金1126.99万元。	江西省吉安县、湖南省慈利县、云南省石屏县等9个县	12017	—	1126.99
		由于项目建设内容调整、前期工作推进不力、征地拆迁滞后等，3个县的10个全面改善贫困地区义务教育薄弱学校基本办学条件项目及1个寄宿制学校建设项目未按计划完成，涉及投资7180万元。	四川省丹巴县、贵州省榕江县、陕西省洛南县	—	11	7180
2	健康扶贫	由于预算安排不到位、未及时明确补贴范围标准等，2016年至2017年，22个县的251042名参加新型农村合作医疗的建档立卡贫困人口未享受个人缴费部分的财政补贴。	四川省甘孜州18个县、重庆市武隆区、陕西省洛南县、贵州省榕江县、贵州省丹寨县	251042	—	—
		由于资金计划下达迟，截至2017年6月，四川省3个县3个计划应于2016年完工的包虫病防控安全饮水项目均未完工，涉及中央资金4500万元。	四川省甘孜州甘孜县、白玉县、德格县	—	3	4500
		2016年7月至2017年5月，广东省茂名市4县660名贫困人口患大病但未享受民政医疗救助政策。	广东省茂名市电白区、高州市、化州市、信宜市	660	—	—
3	金融扶贫	2016年，通辽市科尔沁左翼后旗小额信贷扶贫项目向建档立卡贫困户发放贷款的比例过低，仅占全部贷款金额的4.73%。	内蒙古自治区通辽市科尔沁左翼后旗	—	—	—
		由于贫困人口数据不共享等，河北省滦平县和黑龙江省青冈县650名建档立卡贫困户应享受未享受相应金融扶贫优惠政策，涉及贷款金额2350.3万元。	河北省滦平县、黑龙江省青冈县	650	—	2350.3
4	交通扶贫	由于前期选址论证不充分等，6个县的3个溜索改桥项目和8个道路、桥梁建设项目未按进度开工或完工，涉及总投资11862万元。	吉林省长白县，四川省理塘县、得荣县、雅江县、新龙县，宁夏回族自治区泾源县	—	11	11862
		由于配套资金未落实，工程建设资金不足，青冈县2014年至2016年实施的4个道路项目未按标准铺设水泥稳定层，涉及资金1536.9万元，截至2017年5月底，其中3条道路出现质量问题。	黑龙江省青冈县	—	4	1536.9
合计			42	264369	29	28556.19

（四）12 个县财政资金统筹盘活不到位、项目推进缓慢等，导致 6226.11 万元资金结存 1 年以上，其中 5585.07 万元结存 2 年以上。

序号	涉及地区	资金内容	闲置 1 年以上（万元）	其中：闲置 2 年以上（万元）
1	内蒙古科右前旗	2014 年及以前年度财政扶贫专项资金结转结余	908.28	908.28
2	辽宁省东港市、丹东市振安区	2015 年少数民族发展资金	60	0
3	黑龙江省青冈县	2015 年及以前年度学生营养餐改善计划资金	590.28	374.24
4	安徽省石台县	2015 年及以前年度易地扶贫搬迁资金	730.18	730.18
5	四川省雅江县等 6 个县	2015 年及以前年度涉农资金、专项扶贫资金	3572.37	3572.37
6	重庆市武隆区	2015 年电商扶贫资金等	365	0
合计			6226.11	5585.07

（五）3 个省的 3 个单位违规使用资金 1249.73 万元。

序号	问题类型	涉及地区	具体问题	涉及单位数量	涉及资金（万元）
1	通过虚假业务等方式套取资金	河北省丰宁县	2013 年至 2015 年，丰宁县一家农牧企业虚构购买奶牛业务，骗取农业产业财政补助及贴息资金 1008 万元。	1	1008
2	扩大资金使用范围	四川省甘孜州	2016 年，甘孜州惠民资产管理有限责任公司违规将易地扶贫搬迁项目资金 36.63 万元用于弥补工作经费。	1	36.63
		广西壮族自治区龙州县	2016 年至 2017 年 4 月，龙州县建设投资有限公司将 205.1 万元易地扶贫搬迁贷款用于建设政务服务中心等。	1	205.1
合计				3	1249.73

（六）20 个县的 39 个项目未实现预期效果，涉及资金 10074.44 万元。

一是由于前期论证不充分或后期工作不到位等，17 个县 28 个扶贫项目效果不佳。

序号	具体问题	涉及地区	涉及项目数量	涉及资金（万元）
1	由于前期报建用地审批时间过长、建设内容调整、施工质量问题等，青冈县 2014 年至 2015 年下达的 3 个产业扶贫项目建设推进缓慢，未及时发挥扶贫效益，涉及扶贫资金 389.14 万元。	黑龙江省青冈县	3	389.14
2	由于其他项目施工损毁排水、喷灌系统等，三都县大棚食用菌种植项目、周覃农业园 2000 亩供港粤蔬菜基地建设项目等 5 个项目未发挥效益，290 万元形成损失。	贵州省三都县	5	290

（续表）

序号	具体问题	涉及地区	涉及项目数量	涉及资金（万元）
3	截至2017年6月，四川省甘孜州10个县的水质检测中心建成后由于缺乏专业技术人员等未运行；5个县的水质检测中心逾期两年仍未建成。雅江县5个2016年脱贫村垃圾填埋场项目建成后，因后期管护不到位，填埋场垃圾仍暴露在外，未充分发挥效益。	四川省甘孜州雅江县等15个县	20	1194
合计		17	28	1873.14

二是由于前期论证不充分、相关部门监督指导不到位、企业经营状况不佳等，黑龙江省青冈县、陕西省洛南县、贵州省榕江县及三都县、湖南省慈利县的11个产业扶贫项目未落实利益联结机制或未完成带动贫困户脱贫目标，涉及资金8201.3万元。

（七）6个县的13个扶贫项目实施过程管理不到位。

序号	具体问题	涉及地区	涉及项目数	涉及金额（万元）
1	青冈县菌富民食用菌生产专业合作社和两名无资质个人借用其他企业资质承揽5个扶贫项目，涉及金额578.17万元。	黑龙江省青冈县	5	578.17
2	5个县的8个扶贫项目存在招投标不规范或违规转包问题，涉及金额26767.28万元。	湖北省郧西县、广西壮族自治区龙州县、四川省雅江县、贵州省三都县、陕西省洛南县	8	26767.28
合计			13	27345.45

（八）个别地区多计脱贫人数。宁夏回族自治区将2656名未参加新型农村合作医疗或城乡居民基本医疗保险的贫困人口认定为脱贫对象，不符合自治区贫困退出机制实施方案的规定。

二、去产能方面

（一）黑龙江省七台河市5处应依法关闭类煤矿未按时关闭。按照国家关于煤炭行业淘汰落后产能认定标准，七台河市双利煤矿等5处煤矿属于“依法关闭类”落后产能，应于2016年底前全部关闭淘汰，涉及应淘汰产能62万吨/年。截至2017年6月底，七台河市人民政府未按规定关闭上述煤矿。

（二）甘肃省违规向高耗能电解铝企业发放电费补贴2.4亿元。2015年至2016年，甘肃省在国家多次严禁各地自行出台对高耗能企业实行优惠电价和电费补贴的情况下，仍违规出台优惠电价政策，对省内电解铝企业用电给予电费补贴2.4亿元。

（三）河北省淘汰落后产能奖补资金17992万元未发挥效益。2014年至2015年，河北省财政厅根据淘汰平板玻璃行业落后产能的上报完成量，先后下达沙河市、南和县淘汰落后产能奖补资金17992万元。由于地方财政、工信等部门前期审核把关不严，多数申报企业通过伪造、变造材料申报奖补资金，无法通过最终验收审核，截至2017年6月，上述资金仍结存在财政或发展改革部门，未发挥效益。

三、深化“放管服”改革、降低企业成本方面

（一）6个省15家单位违规预留或未及时清理退还工程建设领域保证金3.48亿元。

<table>
<tr><th>序号</th><th>涉及单位</th><th>涉及事项</th><th>具体问题</th><th>相关规定</th><th>资金（万元）</th></tr>
<tr><td>1</td><td>安徽合肥公共资源交易中心等3家单位</td><td>投标保证金、诚信投标保证金、履约保证金</td><td>截至2017年6月，安徽合肥公共资源交易中心等3家单位未及时返还到期的工程投标保证金16138.38万元，未按规定清退违规收取的诚信投标保证金5万元，未及时返还已到期的履约保证金1866.26万元。</td><td rowspan="6">《国务院办公厅关于清理规范工程建设领域保证金的通知》（国办发〔2016〕49号）规定：对建筑业企业在工程建设中需缴纳的保证金，除依法依规设立的投标保证金、履约保证金、工程质量保证金、农民工工资保证金外，其他保证金一律取消。对取消的保证金，于2016年底前退还相关企业；对保留的保证金，要严格执行相关规定，确保按时返还。在工程项目竣工前，已经缴纳履约保证金的，建设单位不得同时预留工程质量保证金。</td><td>18009.64</td></tr>
<tr><td>2</td><td>四川省自贡市城市建设投资开发有限公司</td><td>投标保证金、履约保证金</td><td>截至2017年6月，自贡市城市建设投资开发有限公司未及时返还到期的投标保证金175.5万元，未及时清退违规超比例收取的履约保证金523.21万元。</td><td>698.71</td></tr>
<tr><td>3</td><td>江西省南昌县公共资源交易中心</td><td>执业保证金</td><td>截至2017年6月，南昌县公共资源交易中心未按规定清退向招标代理机构、产权交易中介机构违规收取执业保证金445万元。</td><td>445</td></tr>
<tr><td>4</td><td>湖南省长沙市城投基础设施建设项目管理有限公司</td><td>履约保证金</td><td>截至2017年6月，长沙市城投基础设施建设项目管理有限公司未及时返还到期的履约保证金59.34万元。</td><td>59.34</td></tr>
<tr><td>5</td><td>重庆市工程建设招标投标交易中心</td><td>投标保证金</td><td>截至2017年6月，重庆市工程建设招标投标交易中心未及时返还到期的投标保证金14253.69万元。</td><td>14253.69</td></tr>
<tr><td>6</td><td>甘肃省兰州新区农林水务局、景泰县水务局等8家单位</td><td>工程质量保证金等</td><td>截至2017年6月，兰州新区农林水务局、景泰县水务局等8家单位未按规定清退违规收取的工程质量保证金等1382.34万元。</td><td>1382.34</td></tr>
<tr><td colspan="5">合计</td><td>34848.72</td></tr>
</table>

（二）5个省的5项行政审批中介服务违规由企业负担费用2.24亿元。

<table>
<tr><th>序号</th><th>收费部门</th><th>中介服务收费事项</th><th>收费时间</th><th>相关规定</th><th>金额（万元）</th></tr>
<tr><td>1</td><td>云南省政府投资项目评审中心</td><td>项目评估评审费</td><td>2014年6月至2016年12月</td><td rowspan="5">《国务院办公厅关于清理规范国务院部门行政审批中介服务的通知》（国办发〔2015〕31号）规定：依照规定应由审批部门委托相关机构为其审批提供的技术性服务……一律由审批部门委托开展，不得增加或变相增加申请人的义务。
《政府核准投资项目管理办法》（2014年国家发展改革委第11号令）第十六条规定：评估费用由委托评估的项目核准机关承担，评估机构及其工作人员不得收取项目单位的任何费用。
《国家发展改革委关于进一步放开建设项目专业服务价格的通知》（发改价格〔2015〕299号）第四条规定：有关评估评审费用等由委托评估评审的项目审批、核准或备案机关承担。</td><td>2792.41</td></tr>
<tr><td>2</td><td>福建省建筑工程技术中心等10家住建部门所属企事业单位</td><td>施工图审查费</td><td>2016年1月至2017年4月</td><td>17643.56</td></tr>
<tr><td>3</td><td>吉林省长春市国家投资项目评审中心</td><td>项目评估评审费</td><td>2016年1月至2017年5月</td><td>1528.02</td></tr>
<tr><td>4</td><td>河北省邢台市环保技术服务中心</td><td>环评文件技术评估费</td><td>2015年3月至2017年6月</td><td>359.90</td></tr>
<tr><td>5</td><td>湖南省防雷中心</td><td>防雷装置设计技术评价、防雷装置检测费</td><td>2016年</td><td>99.74</td></tr>
<tr><td colspan="5">合计</td><td>22423.63</td></tr>
</table>

（三）2个省8家单位依托行政权力或履职便利，违规向企业收取或转嫁费用1.64亿元。

序号	涉及单位	收费事项	收费时间	具体问题	相关规定	资金（万元）
1	吉林省城乡建设数字化发展促进会	服务费	2011年至2016年	吉林省城乡建设数字化发展促进会以提供吉林省住房和城乡建设厅电子政府平台登录权限和咨询服务等名义，违规向6326户企业收取服务费711.74万元。	《财政部发展改革委工业和信息化部关于规范电子政务平台收费管理的通知》（财综函〔2011〕14号）第三条：“社会团体及其他组织通过电子政务平台提供政府公开信息和办理有关业务……不得以技术维护费、服务费、电子介质成本费等名义向企事业单位和个人收取任何经营服务性费用”。	711.74
2	天津市宝坻区等6个区的建设主管部门	公建配套费	2017年5月	2017年5月，天津市宝坻区等6个区的建设主管部门在收费文件废止后仍收取建筑企业公建配套费1.27亿元。	《天津市人民政府办公厅转发市建设交通委市发展改革委市规划局市国土房管局市财政局拟定的天津市新建住宅配套非经营性公建建设和管理办法的通知》（津政办发〔2012〕29号）：公建配套费按照住宅建筑面积每平方米70元标准收取……本办法自2012年5月1日起施行，至2017年4月30日废止。	12700

（续表）

序号	涉及单位	收费事项	收费时间	具体问题	相关规定	资金（万元）
3	吉林省食品药品监督管理局	食品药品可追溯电子系统开发费用	2014年9月至2017年5月	吉林省食品药品监督管理局通过网络运营商向食品药品企业收取网络服务费后按比例返还给食品药品可追溯电子系统开发单位，截至2017年5月末，已向食品药品企业转嫁收费2949.75万元。	《吉林省人民政府关于2014年民生实事的安排意见》（吉政发〔2014〕4号）第十一条：全面推行可追溯体系建设。免费为全省7万户食品生产经营者……5000户药品……提供自律管理软件和终端设备。	2949.75
合计						16361.49

（四）7家协会通过违规自设职业资格、开展评比达标活动等收费1537.24万元。

<table>
<tr><th>序号</th><th>涉及单位</th><th>收费事项</th><th>收费时间</th><th>具体问题</th><th>相关规定</th><th>资金（万元）</th></tr>
<tr><td>1</td><td>3家协会</td><td>职业资格培训费</td><td>2015年至2016年</td><td>中国水利电力质量管理协会、中国航天工业质量协会和中国兵器工业质量协会违规设立“诊断师”等4项职业资格并收取培训费用164.64万元。</td><td>《人力资源社会保障部关于减少职业资格许可和认定有关问题的通知》（人社部发〔2014〕53号）规定：取消国务院部门和全国行业性行业协会、学会自行设置的水平评价类职业资格。</td><td>164.64</td></tr>
<tr><td>2</td><td>5家协会</td><td>评比达标活动评审费</td><td>2014年至2016年</td><td>2014年至2016年，中国医药质量管理协会、中国水利电力质量管理协会、中国自动识别技术协会、中国航天工业质量协会和中国兵器工业质量协会违规开展评比达标项目向参评企业收取评审费等719.78万元。</td><td rowspan="3">《全国评比达标表彰工作协调小组关于印发〈关于社会组织评比达标表彰活动管理暂行规定〉的通知》（国评组发〔2012〕2号）规定：表彰评比坚持非营利性原则……不得在评选前后收取各种相关费用或者通过其他方式变相收费。</td><td>719.78</td></tr>
<tr><td>3</td><td>重庆市建筑业协会</td><td>评审费</td><td>2015年至2017年4月</td><td>重庆市建筑业协会违规开展“巴渝杯优质工程奖”等5项评比达标表彰活动，向企业或个人违规收取参评培训费592.28万元。</td><td>592.28</td></tr>
<tr><td>4</td><td>上海市园林绿化行业协会</td><td>评审费</td><td>2016年1月至2017年5月</td><td>上海市园林绿化行业协会在开展“园林杯”优质工程评比活动中向参评单位违规收取相关费用60.54万元。</td><td>60.54</td></tr>
<tr><td colspan="6">合计</td><td>1537.24</td></tr>
</table>

（五）上海市的2项行政审批事项下放不到位。根据国务院文件精神，上海市于2014年1月发文将“林木采伐许可证核发”和“临时占用林地许可”2项行政审批事项中的部分权限下放至区县林业行政主管部门。但截至2017年5月底，市绿化和市容管理局仍在继续上述审批工作，向光明食品（集团）有限公司所属企业发放林木采伐许可证8份、临时占用林地许可2份。

四、推进重点领域项目建设方面

（一）2个省的13个项目因前期工作不充分、资金不到位等未开工。一是广西壮族自治区北海铁山港1至4号泊位铁路专用线等3条进港铁路项目于2011年至2014年启动前期工作，由于征地拆迁资金长期未解决等，截至2017年6月底仍未开工，涉及项目总投资14.73亿元。二是由于未能和地方政府相关部门积极沟通、并采取有效措施推进等，截至2017年6月底，中国铁路总公司兰州铁路局承担的应于2015年至2016年开工的10个铁路土地综合开发项目均未开工，涉及总投资123.49亿元。

（二）11个省的31个项目逾期1年以上仍未完工。一是青海、云南、黑龙江、辽宁、四川5省的18个养老和医院项目，按计划应于2015年至2016年6月完工，由于项目主管单位工作不到位等，截至2017年6月底逾期1年仍未完工，涉及总投资7.30亿元。二是河北省邢台市和湖南省湘潭市8个保障性安居工程，按计划应于2015年至2016年6月完工，由于前期工作缓慢及资金到位不及时等，截至2017年6月底逾期1年仍未完工，涉及保障性住房8428套。三是吉林省长春市九台区、安徽省寿县的3个污水垃圾处理项目，应于2013年至2015年完工，由于前期论证不充分等，截至2017年6月底仍未完工，涉及总投资5988万元。四是重庆市玉滩水库扩建工程含水库枢纽工程和灌区工程，项目总投资17.68亿元，由于地方政府未按建设方案及时安排资金等，灌区工程逾期5年仍未完工。五是深圳市龙华区清泉路（北环路至民清路）工程计划于2015年1月完工，由于前期工作缓慢等原因，截至2017年6月底尚未完工，涉及总投资1.11亿元。

（三）2个省的46个项目违规建设或建成后未发挥效益。一是由于哈尔滨市环境保护局、哈尔滨市道里区人民政府监管不到位，1户企业在未办理任何建设审批手续的情况下，违规在禁止区域内改扩建旅游娱乐项目，并违规排放污染物。二是江苏省镇级污水处理厂项目运行效果不佳。该省2016年以前建成并投入运营的45家镇级污水处理厂，由于污水管网建设滞后、进水量不足等，2016年运行负荷率不足10%，涉及投资5.44亿元。

五、重点政策落实方面

（一）宁夏回族自治区部分地区未严格执行大气污染防治行动计划。一是2015年至2017年6月中旬，宁夏回族自治区银川市、石嘴山市、吴忠市、中卫市和固原市特种设备审批部门，违反大气污染防治计划相关规定，违规为133台燃煤小锅炉办理了使用登记。二是2014年、2015年自治区人民政府报送环境保护部的淘汰车辆中，有701辆黄标车未按规定进行拆解，且在上报淘汰后仍上路行驶。

（二）11.47亿元财政存量资金统筹盘活不到位。一是截至2017年6月底，广西壮族自治区、浙江省嘉兴市、湖北省、甘肃省白银市、江西省2015年6月及以前的10.98亿元财政存量资金未及时统筹盘活，涉及高产高糖糖料蔗基地建设资金基地建设资金、重金属污染整治及生态修复项目资金、固态电化学二氧化碳传感器研制项目资金等。二是截至2017年6月底，山东省枣庄市、吉林省2015年收回的4905.2万元财政存量资金未及时安排使用，形成二次沉淀。

中华人民共和国审计署审计结果公告（2017年第32号）

2017年第三季度国家重大政策措施贯彻落实情况跟踪审计结果

（2017年12月8日公告）

2017年第三季度，审计署继续组织对31个省、自治区、直辖市（以下统称省）和30个中央部门、10户中央企业进行跟踪审计，抽查了1343个单位1914个项目，涉及资金4421.59亿元，其中中央财政资金278.04亿元。此阶段审计以推进供给侧结构性改革为主线，重点关注打好防范化解重大风险、精准脱贫、污染防治三大攻坚战的政策措施落实情况，继续关注“三去一降一补”任务落实、“放管服”改革深化等方面的内容以及以往跟踪审计发现问题的整改情况。从审计情况看，有关部门和地区结合实际主动作为，认真整改审计查出的问题，取得较好成效，但也存在一些相关政策措施落实不到位的情况。

一、积极推进国家重大政策措施贯彻落实情况

从第三季度审计情况看，有关部门和地区在推动各项改革任务落实方面，取得了一些可复制可推广的经验做法。

（一）多措并举，创新脱贫攻坚方式方法。科技部推进科技特派员制度，帮扶贫困地区大力培育“一县一业”和“一村一品”，以产业发展带动脱贫；商务部开展“家政扶贫”“电商扶贫”试点，推动特色扶贫；人力资源社会保障部支持创建“扶贫车间”，促进农村贫困劳动力就地就近就业；卫生计生委组织医疗队赴深度贫困地区开展健康义诊；四川省实施“一村一幼”计划，聚焦教育发展薄弱环节；山东省、重庆市、浙江省衢州市通过定向保险、设立基金等方式为困难群众提供额外医疗保障，切实减轻医疗费用负担；内蒙古奈曼旗、甘肃省积石山县采取修订村规民约、评选典型、组织宣讲、传授经验等方式，注重发挥贫困群众脱贫的主动性。

（二）持续推进预算体制改革，着力防范化解重大风险。财政部等部门通过组织开展调研、联合有关部门印发通知、设定“负面清单”等方式，进一步强化地方政府债务风险防控化解，同时实行中期财政规划管理、扩大预算公开范围和内容、加大预算评审和监管力度，积极推动中央部门预算管理改革；人民银行等7部门发布防范代币发行融资风险公告，规范代币融资行为；银监会、证监会、保监会开展整顿规范金融秩序专项治理行动，着力防范化解重点领域风险；安徽省积极推动产能过剩的关键性企业开展市场化债转股，煤炭钢铁企业市场化债转股进展顺利。

（三）加大污染防治力度，强化环境污染源头管控。交通运输部加强环渤海港口集疏港煤炭运输管理，积极改善京津冀及周边地区大气环境质量；环境保护部组织开展专项行动打击进口废物加工利用行业环境违法行为，质检总局强化洋垃圾非法入境管控，严控境外污染物输入；江苏省开展沿江非法码头专项整治，保护长江经济带生态环境。

（四）积极落实去产能、去库存、降成本等任务，切实减轻企业负担。工业和信息化部积极推动基础电信企业网络提速降费；国家能源局指导地方分类推进煤炭行业去产能；中国铁路总公司清理规范专用线代运营代维护收费等铁路货运收费项目；宁夏回族自治区通过建立跨部门去库存工作通报会商机制、加大棚改货币化安置力度等方式，从供需两端施策促进房地产去库存。

（五）不断深化“放管服”改革，大力营造便民亲商良好环境。吉林省、山东省、河北省秦皇岛市提前实现“多证合一”，缩短企业进入市场时间；上海市推出“三个一批”改革举措，提高政府办事效率；江苏省开展市县简政放权创业创新环境评价，激发市场活力；福建省漳州高新区实施投资建设项目“会审制”，破除审批障碍。

（六）充分发挥自身优势，加快特色产业发

展。文化部积极推动文化文物单位体制改革，支持创意文化产业加快发展；黑龙江省立足地域优势，积极推进建立现代畜牧业生产体系；辽宁省大连市出台促进农业发展措施，加大宣传推广力度，大力推进优质农产品出口。

二、以往审计发现问题的整改情况

有关部门和地区通过积极整改以往跟踪审计发现的问题，推动改进相关工作。其中，湖南、陕西、四川、山东等12省采取及时清理更新贫困人口信息、补发漏补人员补贴和教育资助、追回违规挪用资金、出台涉农资金统筹整合实施办法等措施，推动精准扶贫；人民银行将同业存单纳入同业负债监管指标进行考核，浙江省安吉县及时归还违规举借的8亿元政府性债务，相关责任人受到党纪处分和组织处理；教育部和浙江、江西等6省财政部门及时统筹盘活财政资金5.89亿元；甘肃、黑龙江等8省和中国铁路总公司积极清退保证金、税款和违规收费4.79亿元；质检总局、国家能源局、北京市、内蒙古自治区取消违规开展的评比达标和资质认定，破除市场准入限制，优化服务；中国铁路总公司、江苏省、重庆市采取优化设计方案、强化现场施工力量、及时拨付资金、建立矛盾协调机制等措施，加快推进宝鸡至兰州客运专线等重点项目建设。

三、审计发现的主要问题

（一）一些地区和个别部门落实脱贫攻坚政策不到位，有的工作环节不够扎实。此次审计共抽查了71个扶贫县（区、市、旗，以下统称县），涉及897个项目，278.81亿元资金。发现的主要问题：一是11省的29个州县落实易地扶贫搬迁、教育扶贫、健康扶贫、金融扶贫等扶贫政策不到位，存在将不符合条件人员列为易地扶贫搬迁对象、扶贫工程项目建设进展缓慢等问题。国资委对“百县万村”“同舟工程”等督导不够有力，督促中央企业落实帮扶政策不够到位。二是9个省的18个县因资金统筹盘活不到位，项目推进缓慢等原因，3.55亿元产业扶贫等资金闲置1年以上，其中0.86亿元闲置2年以上。三是7个省10个州县的84个单位或个人违规将扶贫资金用于市政设施建设等非扶贫领域以及公务接待、职工福利等，涉及资金11299.12万元。四是7个省11个县的22个扶贫项目由于项目前期可研不充分，后期工作不到位，未实现预期效果，涉及资金3783.23万元。五是5个省6个县的195个扶贫项目管理不规范，存在项目招投标不规范等问题。六是个别县脱贫认定工作不精准，将部分未达到标准人员认定为脱贫对象。七是安徽省部分地区扶贫工作不扎实，向不符合条件的企业发放扶贫小额信贷。

（二）部分地区违规举债或虚增财力。江西、陕西、甘肃、湖南、海南5个省的5个市县通过出具承诺函等违规举借政府性债务64.32亿元。云南、湖南、吉林、重庆4个省的10个市县（区）虚增财政收入15.49亿元。

（三）部分地区污染防治项目存在未按要求建设、缺少环境评价、建设进展缓慢或建成后闲置问题。一是陕西省、深圳市的13个项目未按要求开展环境影响评价等工作。二是江西、甘肃2省的3个工业园区未按环评要求建设污水处理设施，部分超标污水直排河道。三是12个省的87个生态环境保护项目未按时完工或建成后闲置，涉及投资33.91亿元。

（四）个别地区化解过剩产能任务未落实。一是陕西省延安市1处煤矿未按规定关闭退出。二是宁夏回族自治区、吉林2省违规给予产能严重过剩行业企业或高耗能企业电费补贴23.56亿元。

（五）部分地区和单位仍存在违规收费，“放管服”改革措施落实不到位等问题。一是13个部门和地区的19家单位未及时清退或返还工程建设领域保证金37713.94万元。二是辽宁、吉林、重庆3省的16家单位在国家明令停征、免征后仍违规征收3项行政事业性收费等186.17万元。三是2项行政审批中介服务仍违规由企业负担费用822.04万元。四是4个部门和地区的5家单位依托行政权力及影响力通过指定中介服务、违规培训等收取费用840.72万元。五是中国商业联合会等6家协会通过开展评比达标表彰、评奖等活动违规收费1878.97万元。六是6项行政审批相关工作要求落实不到位或审批效率不高，给企业办事造成不便。

（六）其他应予纠正的问题。一是江苏、云南、四川3省的3个港口和铁路等综合交通运输体系建设项目逾期1年未完工，涉及总投资81.67亿元。二是1.79亿元财政存量资金统筹盘活不到位。

附件：1. 有关部门和地区推进国家重大政策措施贯彻落实的具体举措

2. 整改效果较好的事例

3. 2017 年第三季度跟踪审计发现的主要问题

附件 1：

有关部门和地区推进国家重大政策措施贯彻落实的具体举措

一、实施脱贫攻坚方面

（一）科技部推进科技特派员制度，以产业发展带动脱贫。2016 年 7 月以来，科技部联合相关部门推动地方政府落实科技特派员制度，引导农业高校、科研院所、农业龙头企业科技人员深入农村基层一线开展科技创业和服务，针对贫困地区的特点和优势，大力培育“一县一业”和“一村一品”，促进精准脱贫。截至 2017 年 8 月，全国科技特派员人数达到 84.56 万，覆盖全国 90% 的县（市、区），创办企业 1.15 万家，组建各种专业协会和经济合作组织 1.57 万家，实施科技开发项目 2.62 万项，引进推广新技术 4.15 万项，推广农业新品种 4.94 万个，带动 1010 万农户增收。

（二）商务部开展“家政扶贫”“电商扶贫”试点，推动特色扶贫。2017 年，商务部与财政部等部门联合开展“百城万村”家政扶贫试点，首批组织 28 家大型家政企业与 38 个国家级贫困县对接，为贫困人员提供就业岗位；推动地方政府和大型电商企业建立公益性电商扶贫合作机制，统一标识、统一形象、统一规则、统一宣传，给予贫困地区特色产品流量支持、减免网店费用等优惠措施，目前已有京东等 15 家大型电商企业参与，覆盖 221 个贫困县。

（三）人力资源社会保障部支持创建“扶贫车间”，促进农村贫困劳动力就地就近就业。2016 年 12 月以来，人力资源社会保障部与财政部、国务院扶贫办联合出台《关于切实做好就业扶贫工作的指导意见》（人社部发〔2016〕119 号），支持企业在乡镇（村）创建“扶贫车间”和加工点，组织遴选 1465 家全国就业扶贫基地，发布近 20 万个适合农村贫困劳动力的就业岗位，对吸纳贫困劳动力的企业给予扶贫再贷款、保险补贴等，鼓励农村贫困劳动力就地就近就业。

（四）卫生计生委组织医疗队赴深度贫困地区开展健康义诊。卫生计生委在 2017 年全国大型义诊活动周中，关注深度贫困地区健康扶贫问题，派出 9 支由委属委管医院组成的医疗队赴山西省岢岚县等 18 个深度贫困县开展健康义诊活动，并与当地建立了对口帮扶等协作关系或达成帮扶意向。此次活动共义诊 18105 人次，指导查房 496 次，义诊手术 42 台，疑难病例会诊 374 次，开展技术管理培训 161 次。

（五）四川省实施“一村一幼”计划，聚焦教育发展薄弱环节。2016 年起，四川省在大小凉山彝区实施“一村一幼”计划（一个建制村一个幼儿教学点），通过开展学前双语教育、发放辅导员补助、实施煤炉供暖工程等，改善幼教点条件、提高保教水平，解决彝区农村学前幼儿教育资源短缺问题。截至 2017 年 9 月底，“一村一幼”计划已扩展到四川省 51 个县（市），共投入资金 4.02 亿元用于发放辅导员补助，开办 4056 个村级幼教点，开设 4629 个班级，招收幼儿 13.3 万人。

（六）山东省、重庆市、浙江省衢州市采取多种方式为困难群众提供额外医疗保障，切实减轻医疗费用负担。为减轻困难群体医疗费用负担，在基本医疗保险基础上，山东省定向开发保障水平高、保险费率低、理赔条件优的医疗商业补充保险等扶贫特惠保险，并安排 2.79 亿元省级财政资金给予保费补贴；重庆市筹集 3 亿元财政资金建立扶贫济困医疗基金，对医保目录外的医疗费用实施分段分档救助；浙江省衢州市安排财政资金 908 万元为困难群众购买健康保险，将 30 种重大疾病、住院医保外费用等纳入保险范围。截至 2017 年 8 月底，3 地已受理理赔及救助 3.88 万人次、累计支付 8838.27 万元。

（七）内蒙古奈曼旗、甘肃省积石山县注重发挥贫困群众脱贫主动性。针对部分贫困户脱贫“等靠要”思想严重、脱贫内生动力不足的情况，内蒙古奈曼旗坚持物质脱贫与精神扶贫并重，修订完善村规民约、评选培育典型、组织宣讲团、开展文化文明志愿辅导活动，引导贫困群众树立主体意识，发扬自力更生精神；甘肃省积石山县组织帮扶干部、脱贫典型户向贫困户传授经验、给予具体帮扶指导，激发群众改变贫困面貌的干劲和决心。

二、推进预算体制改革及防范化解重大风险方面

（一）财政部等部门进一步加大地方政府债务风险防控化解力度。财政部全面部署财政系统加强政府债务管理，组织开展地方政府性债务专题调研，并会同有关部门印发了《关于进一步规范地方政府举债融资行为的通知》（财预〔2017〕50号）、《关于坚决制止地方以政府购买服务名义违法违规融资的通知》（财预〔2017〕87号）等文件，明确正面导向，设定"负面清单"，积极防控化解地方政府债务风险。

（二）财政部积极推动中央部门预算管理改革。党的十八大以来，中央部门预算改革稳步推进，中央部门预算实行中期财政规划管理，初步构建起支出规划约束年度预算、年度预算以项目库为基础的部门预算管理新框架。预算公开范围和内容由一般公共预算拓展到政府性基金预算、国有资本经营预算，2017年105家中央部门预算与"三公"经费预算同步公开。加大预算评审和监管力度，2017年在所有中央部门开展绩效目标执行监控工作。

（三）人民银行等7部门发布防范代币发行融资风险公告。人民银行牵头，会同银监会、证监会和保监会等7部门发布防范代币发行融资（ICO）风险的公告，明确当前大量涌现的代币发行融资本质上是一种未经批准非法公开融资的行为，涉嫌非法发行证券等违法犯罪活动，并要求有关单位不得开展相关业务。截至目前，主要ICO平台均已暂停相关业务，部分平台发布了退币公告，有效阻止了风险的进一步蔓延。

（四）银监会、证监会、保监会开展整顿规范金融秩序专项治理行动。针对金融领域存在的突出问题，各金融监管机构采取积极措施，着力防范化解重点领域风险，促进金融市场健康发展。银监会安排部署"三违反""三套利""四不当"以及股权和对外投资、机构、高管等10个方面的市场乱象专项治理；证监会组织开展防范股票市场异常、严密防范流动性风险等5个专项整治行动，对概念股炒作、国外代持、个股"闪崩"等风险苗头加强监测和防控；保监会先后开展了农险承保理赔、车险业务、保险专业中介机构业务财务真实性和防范处置非法集资等专项检查。

（五）安徽省积极推动产能过剩的关键性企业开展市场化债转股。为落实国务院关于积极稳妥降低企业杠杆率的意见，2016年12月以来，安徽省积极推动负债率居于产能过剩行业前列的关键性企业开展市场化债转股。马钢（集团）控股有限公司、淮北矿业（集团）有限责任公司等"三煤一钢"企业已与多家金融机构签署市场化债转股合作协议，涉及金额350亿元，截至2017年9月底，已到位资金122.5亿元。

三、加大污染防治力度方面

（一）交通运输部加强环渤海港口集疏港煤炭运输管理。为加强京津冀及周边地区大气污染治理力度，交通运输部协调天津、河北、山东交通运输主管部门和港口企业，部署环渤海港口停止接收柴油货车运输集疏港煤炭，建立月度督查制度。同时联合中国铁路总公司等部门推进铁水联运，提高港内铁路煤炭接卸能力。截至2017年9月底，天津市、山东省、河北省环渤海港口已停止接收柴油货车运输的集疏港煤炭。

（二）环境保护部组织开展专项行动打击进口废物加工利用行业环境违法行为。为贯彻落实《国务院办公厅关于印发禁止洋垃圾入境推进固体废物进口管理制度改革实施方案的通知》（国办发〔2017〕70号）要求，环境保护部积极推动修订《进口可用作原料的固体废物环境保护控制标准》（GB 16487）工作，组织开展打击进口废物加工利用行业环境违法行为专项行动，共对1792家相关企业进行了检查，发现1074家存在问题，已依法移交质检、海关、公安及属地环保部门查处。

（三）质检总局强化洋垃圾非法入境管控。为切实推进固体废物进口管理制度改革，质检总局启动修订《进口可用作废料的固体废物检验检疫监督管理办法》（2009年质检总局第119号令），进一步规范装运前检验业务程序，加强口岸到货检验监管，提高查验比例。截至2017年9月底，共完成844批次商品的固体废物属性检验鉴定，其中471批次被确认为固体废物。

（四）江苏省开展沿江非法码头专项整治。沿江非法码头整治是长江经济带“共抓大保护”生态环保专项行动的重要内容。江苏省成立专项整治协调领导小组，发展改革、交通、水利、海事等部门统一部署，沿江各市县多措并举，先后开展140余次联合执法、7000余次现场检查。截至2017年8月，通过关停并转、搬迁整合、回收补偿等方式，纳入整治范围的118个非法码头已全部完成整改，其中，拆除112个、规范升级6个。

四、落实去产能、去库存、降成本任务方面

（一）工业和信息化部积极推动基础电信企业网络提速降费工作。工业和信息化部积极推动基础电信企业下调美国等70个主要方向（话务量占比超90%）的国际长途电话资费和互联网专线资费，为具备网络条件的企业免费提速，为中小企业定制特惠专线产品；推动中国移动、中国联通、中国电信于2017年9月1日起全面取消手机国内长途和漫游费，惠及5.4亿用户。

（二）国家能源局加强分类处置，指导地方推进煤炭行业去产能工作。2017年2月，国家能源局配合发展改革委等部门组织开展煤炭落后产能、违规建设煤矿梳理排查和治理工作，按照关闭、兼并重组、少量保留、转为应急储备产能进行分类处置；针对煤炭产能减量置换中发生的具体问题，指导地方和企业准确理解执行相关政策、加快签订减量置换协议、制订减量置换方案。

（三）中国铁路总公司清理规范铁路货运收费。自2017年6月1日起，中国铁路总公司降低电气化附加费收费标准，货运整车平均每吨公里减少0.5分，至9月底，实际减收26.9亿元。同时，自2017年8月1日起，取消、合并、下调12项铁路货运杂费收费项目和收费标准（占杂费项目总数的27%），清理规范70项专用线代运营代维护收费和其他货运相关经营服务性收费，上述两类调整措施预计每年可降低社会物流成本约28亿元。

（四）宁夏回族自治区供需两端施策促进房地产去库存。为加快化解房地产库存，2017年宁夏回族自治区建立住建部门与国土部门去库存工作通报会商机制，对库存总量消化周期超过20个月的市县停止房地产开发土地供应。同时，加大棚改货币化安置力度，提高住房公积金使用效率。截至2017年9月底，自治区商品房待售面积1014.6万平方米，较2016年底减少232.7万平方米。

五、深化“放管服”改革方面

（一）吉林省、山东省、河北省秦皇岛市提前实现“多证合一”，缩短企业进入市场时间。吉林省、山东省、河北省秦皇岛市于2017年7月至9月起正式实施“多证合一”，将涉企证照事项整合到营业执照上，涉企证照事项只需要提供一套资料，到一个窗口办理，大幅度减少了企业提供资料的数量，缩短了企业从筹备开办到进入市场的时间。

（二）上海市推出“三个一批”改革举措，提高政府办事效率。2017年以来，上海市启动“三个一批”改革，以办事申请事项当场办结一批、办事部门提前服务一批、项目当年落地一批为目标倒逼“放管服”改革，提高政府办事效率，降低群众和企业制度性交易成本，促进项目尽快落地实施。目前，已梳理出304项事项实施当场办结、19项事项实施提前服务，897个项目列入当年开工开业计划、835个项目列入当年竣工验收计划。

（三）江苏省开展市县简政放权创业创新环境评价，激发市场活力。江苏省借鉴世界银行营商环境评价做法，对全省13个设区市、96个县（市、区）开展2016年度简政放权创业创新环境评价。评价以“企业申请开办时间压缩了多少”“投资项目审批提速了多少”“群众办事方便了多少”等量化指标为重点，通过评价形成17个行政审批最优范例，在全省范围内进行推广，树立典型，以评促改，推动加大改革力度，激发市场活力。

（四）福建省漳州高新区实施投资建设项目“会审制”，破除审批障碍。福建省漳州高新区整合跨部门、跨领域、跨地域的审批事项，将投资建设项目涉及的准入、开工审查、竣工验收69个审批环节，简化为“准入会商、开工会审、竣工会审”3个会商会审程序，打破逐一申报、互为前置的壁垒，审批时间减少约150个工作日。

六、加快特色产业发展方面

（一）文化部积极推动文化文物单位体制改革，支持创意文化产业加快发展。2016年5月以来，文化部积极推动文化文物单位体制改革，探索建立文化创意产品开发模式、收入分配和激励机制，确定154家副省级以上博物馆、美术馆和图书馆为文化创意产品开发试点单位。截至2017年9月底，有24家试点单位开发产品种类在100种以上，17家文创产品年销售额在500万元以上。

（二）黑龙江省立足地域优势，加快推进建立现代畜牧业生产体系。黑龙江省立足“黄金奶源带”的区位优势，加快推进建立现代畜牧业生产体系。2016年以来累计安排省级财政补助资金15.39亿元，支持规模化养殖场建设。截至2017年9月，已建成300头标准以上规模养殖场80个、在建142个；现有规模以上乳制品加工企业53家，奶粉产量和婴幼儿配方奶粉产量居于全国首位。

（三）辽宁省大连市出台产业发展措施，加大宣传推广力度，大力推进本地特色优质农产品出口。2017年，大连市出台《关于推进农业供给侧结构性改革加快建设都市型现代农业强市的意见》，加大宣传力度，组织农业企业参加国内外知名大型专业展会，推进优质农产品出口。2017年上半年，全市农产品出口额16.90亿美元，占辽宁省出口额的74.45%。

附件2：

整改效果较好的事例

一、改进扶贫管理，推动精准扶贫

（一）关于湖南省新化县、吉林省和龙市贫困人口数据信息不准确、不完整的问题。湖南省新化县组织乡镇摸排核实，及时补充更正137名易地扶贫搬迁对象的身份信息；吉林省和龙市加大对贫困人口精准识别工作力度，截至2017年9月，和龙市已清退不符合建档立卡标准1990人，修正登记错误600余处。

（二）关于陕西省洛南县、重庆市武隆区4.27万名参加新型农村合作医疗的建档立卡贫困人口未享受个人缴费部分财政补贴的问题。2区、县人民政府责成相关部门清理底数，及时筹集资金发放上述漏补人员新型农村合作医疗补贴446.61万元。

（三）关于4个县6834名建档立卡贫困家庭学生未享受普通高中学杂费免除、雨露计划补助等教育资助的问题。江西省吉安县、甘肃省静宁县和武山县、湖南省慈利县民政、教育等部门通过数据比对和信息清理，核定受资助学生名单。截至2017年9月，将95名不符合扶贫认定条件的对象从补贴范围内移除，并向325名家庭贫困学生补发教育资助64.51万元；向6414名贫困家庭学生补发少免除的学杂费62.15万元。

（四）关于4个省4个单位违规挪用扶贫资金276.25万元的问题。辽宁省、陕西省、四川省和广西壮族自治区相关地区和部门落实整改责任主体，明确整改时限，截至2017年9月，相关部门已收回71.15万元，205.1万元调整到乡镇学校、卫生院等易地扶贫搬迁配套项目上使用，给予3名相关人员行政警告等处分，并印发扶贫资金使用的监管办法，建立资金监管的长效机制。

（五）关于10个县扶贫、涉农等财政资金整合盘活不到位的问题。山东省冠县人民政府制定涉农资金统筹整合实施办法，截至2017年9月，应纳入整合范围的1.88亿元资金已完成整合；黑龙江省、安徽省、四川省、重庆市4省的9个县人民政府加快资金盘活利用，将收回的5468.95万元结存资金用于推进牧区节水灌溉、农村村道建设等项目建设。

二、防范化解财政金融风险，盘活存量资金

（一）关于人民银行未及时将同业存单纳入同业负债监管指标的问题。2017年8月，人民银行发布报告，明确将资产规模5000亿元以上银行发行的一年（含）以内的同业存单纳入宏观审慎评估体系同业负债占比指标进行考核，并公告金融机构自9月1日起不得新发行期限超过1年期（不含）的同业存单，引导金融机构规范相关业务。

（二）关于浙江省安吉县经济开发区管理委员会虚增项目投资额，违规举借政府性债务8亿元的问题。截至2017年8月，安吉县经济开发区管理委员会已归还上述8亿元银行贷款，并对4名相关责任人进行了警告、诫勉谈话等党纪处分和组织处理。

（三）关于教育部和6个省5.89亿元财政存量资金未及时盘活使用的问题。教育部和天津、浙江、江西、湖北、贵州、吉林6省财政部门及时盘活上述资金，统筹用于学校、医院、水利等基础设施建设项目。

三、推进“放管服”改革，减轻企业负担

（一）关于安徽、江西、甘肃等6个省23个单位违规预留或未及时清退工程建设领域保证金4.11亿元。6省相关部门成立专项清退小组，开展清退工作。截至2017年9月，已退还保证金4.05亿元；因联系困难、投标单位违约等无法清退或需扣除、缓退的653.39万元，已上缴财政或移交招标单位处理。

（二）关于黑龙江省桦南县国家税务局应退未退企业税款6985.03万元的问题。桦南县国家税务局根据地方财力制订分期退税计划，及时向企业退还应退未退企业资源综合利用增值税。截至2017年9月，上述税款已分三期全部退还企业，长期占压企业资金的问题得到有效解决。

（三）关于吉林省工程咨询服务中心、中铁检验认证中心等4个单位违规收费646.6万元的问题。4个单位制订整改方案，积极清退违规收取的评审费、检验费等。截至2017年9月，已退还违规收费435.54万元，并对3名相关责任人给予警示谈话等处理。

（四）关于质检总局主管的5家协会违规开展评比达标活动，其中3家协会违规设立职业资格的问题。5家协会分别印发《关于不再参与“中国航天质量奖”评审活动的通知》（质协字〔2017〕8号）等8个通知，向社会公告停止或取消违规评比达标活动和违规设立职业资格。

（五）关于国家能源局大坝中心、北京市金融局、内蒙古自治区能源局违规开展检查验收、设立前置审批条件的问题。2017年9月，国家能源局召开会议，责成大坝中心停止开展竣工及蓄水安全鉴定和安全监测系统检查验收业务；2017年8月，北京市金融局对《北京市交易场所管理办法实施细则》进行修订，不再将加入首都要素市场协会作为交易场所开业的前置条件；内蒙古自治区发展改革委按照相关文件要求，不再将水资源论证报告书作为火电项目核准的前置条件。

四、强化项目管理，推进项目建设

（一）关于宝鸡至兰州客运专线部分工程进展缓慢的问题。宝鸡至兰州客运专线建设单位兰新铁路甘青有限公司组织铁路参建单位优化设计方案，强化现场施工力量，加快项目建设进度。截至2017年7月，宝鸡至兰州客运专线比原计划提前半年通车。

（二）关于江苏省长江南京以下12.5米深水航道二期工程2.6亿元中央专项资金未及时到位、影响工程进度的问题。相关部门加快资金拨付，2015年11月，该笔资金拨付到位，项目后续资金也均按投资计划和预算及时到位，确保长江经济带发展重点项目顺利推进。2016年7月，项目实现“初通”，并对航行船舶试开放。2017年6月，整治建筑物工程已交工验收。

（三）关于重庆市綦江区社会福利院和社会福利院儿童收养部项目进展缓慢的问题。綦江区多措并举推进项目建设，一是修订和出台政府投资项目及资金周转的管理办法，确保项目资金及时到位；二是建立矛盾协调机制，倒排工期推进项目建设。截至2017年9月，福利院和儿童收养部项目土建部分已建设完工。

附件3：

2017年第三季度跟踪审计发现的主要问题

一、推进脱贫攻坚工作方面

（一）11个省的29个州县落实易地扶贫搬迁、教育扶贫、健康扶贫、金融扶贫等扶贫政策不到位，国资委督促中央企业落实帮扶政策不到位。

序号	政策措施	具体问题	涉及地区	涉及人（户）数	涉及项目数	涉及资金（万元）
1	易地扶贫搬迁	2016年至2017年，3个县的40个易地扶贫搬迁项目未进行前期地质勘测手续等即开工建设，部分地区存在地质灾害隐患，涉及1864人。	云南省兰坪县；四川省昭觉县、越西县	1864	40	—
		由于相关部门缺乏协调，贵州省册亨县将89户401人已领取危房改造补贴、不符合易地扶贫搬迁条件的人口列入2017年度搬迁对象。	贵州省册亨县	401	—	—
		截至2017年9月，3个县于2015年至2016年竣工的部分易地扶贫搬迁项目仍未完成道路、水电等配套设施建设，导致412户1648人未能及时入住。	广东省饶平县；四川省昭觉县、甘洛县	1648	3	—
2	教育扶贫	因用地批复缓慢，四川省昭觉县2个改善贫困地区义务教育薄弱学校办学条件项目逾期2年未开工，涉及资金3000万元；云南省兰坪县3.92万平方米危房校舍未得到及时改造，97所学校学生在临时活动板房中上课。	四川省昭觉县；云南省兰坪县	—	3	3000
3	健康扶贫	由于相关部门缺乏沟通、审核不严等原因，3个县13755名贫困人口未参加新型农村合作医疗。	山西省宁武县；云南省彝良县、怒江州	13755	—	—
		由于未按要求落实政策等原因，9个县的590730名参加新型农村合作医疗的建档立卡贫困人口未按规定享受个人缴费部分的财政补贴，涉及资金8762.41万元。	山西省宁武县；湖北省巴东县、建始县；四川省凉山州；云南省彝良县、福贡县、贡山县和兰坪县；重庆市石柱县	590730	—	8762.41
		由于建设资金不到位等，云南省怒江州有107个行政村未建设卫生室。	云南省怒江州	—	—	—
		由于多头管理、相关配套政策不完善等，9个县未实现“一站式医疗”信息交换和即时结算等健康扶贫政策。	山西省宁武县；四川省凉山州普格县、喜德县、昭觉县、盐源县、布拖县、西昌市、雷波县、宁南县	—	—	—
4	金融扶贫	2007年至2016年，2个县在开展扶贫小额信贷工作中，向农户自立服务社收取项目监测费186.76万元，增加农户负担。	福建省福安市、霞浦县	—	—	186.76
		贵州省在制定扶贫小额信贷政策时，未对贷款转借作出明确限定，册亨县政府扩大“特惠贷”资金使用范围，组织农户将2.75亿元小额扶贫贷款转借政府融资平台使用。	贵州省册亨县	—	—	27500

（续表）

序号	政策措施	具体问题	涉及地区	涉及人（户）数	涉及项目数	涉及资金（万元）
5	交通扶贫	由于施工管理不到位、组织实施不当等原因，贵州省望谟县的5个农村公路项目逾期超过1年仍未完工，涉及总投资3508.64万元。	贵州省望谟县	—	5	3508.64
		为完成上级考核任务，四川省昭觉县2015年至2017年实施的14个农村公路项目因资金缺乏而降低建设标准，导致完工后出现路面毁损等质量问题，涉及资金4646万元。	四川省昭觉县	—	14	4646
6	社保兜底扶贫	由于相关部门对贫困人口数据信息管理不严且未实现数据共享，宁武县农村低保户和五保户共184户、190人未按照国家规定纳入建档立卡贫困人口。	山西省宁武县	190	—	—
7	资产收益扶贫	2012年至2017年8月，沭阳县使用脱贫奔小康财政奖补资金和精准扶贫资金2.48亿元用于股权投资和经营性投资，年均投资收益率仅为2.19%；5年累计向19.21万户低收入农户实际分配投资收益3684.36万元，年户均分红仅有38.36元，扶贫效果不佳。	江苏省沭阳县	192100	—	24829.49
8	国有企业帮扶	国资委对“百县万村”“同舟工程”活动督导不力，对企业上报数据未认真核实，也未及时督促整改，至2017年9月，仍有13家企业未完全落实相应的扶贫项目。	国资委	—	13	—
9	阳光化管理	5个县扶贫工作阳光化管理不到位，未对小额扶贫贷款扶持对象、以工代赈项目劳务报酬发放情况等信息进行阳光公示。	黑龙江省汤原县；江西省余干县；云南省贡山县、兰坪县、福贡县	—	—	
合计					78	72433.3

（二）9个省的18个县因资金统筹盘活不到位、项目推进缓慢等原因，3.55亿元资金闲置1年以上，其中0.86亿元闲置2年以上，资金类别包括以前年度财政涉农资金结转结余、产业扶贫资金、义务教育薄弱学校基本办学条件资金、少数民族发展资金等。

（三）7个省10个州县的84个单位或个人违规使用资金11299.12万元。

一是5个县的79个单位或个人通过虚报工程量、重复申报等方式套取资金225.18万元。

序号	涉及地区	具体问题	涉及单位数量	涉及资金（万元）
1	黑龙江省汤原县、桦南县	2014年至2016年，由于黑龙江省汤原县扶贫办等部门验收把关不严，致使7个扶贫项目的施工单位以虚报工程完成量方式骗取扶贫资金55.15万元。 2015年至2016年，黑龙江省桦南县农村饮水安全工程未按实施方案施工，存在偷工减料问题，该县水务局验收把关不严，多支付工程款22.02万元。	8	77.17
2	广东省饶平县、乳源县	由于县政府未能协调推进相关工作、县扶贫办及镇政府审核把关不严，广东省饶平县、乳源县70户人员骗取套取搬迁财政补助资金123万元。	70	123
3	重庆市武隆区	2015年，重庆市武隆区火炉镇政府在未按计划建设人行便道14.34公里的情况下出具虚假验收资料，套取道路建设补助资金25.01万元，资金结存在区财政代管资金账户。	1	25.01
合计			79	225.18

二是1个州和4个县的5个单位违规将扶贫资金11073.94万元，用于市政设施建设、企业日常经营等非扶贫领域及违反中央八项规定精神的公务接待、职工福利等支出。

序号	涉及地区	具体问题	涉及单位或个人数量	涉及资金（万元）
1	四川省凉山州	2016年，凉山州扶贫局违规在财政专项扶贫资金项目管理费中列支公务接待费3.78万元、临时工工资及借用人员目标奖等42.51万元；在珠海帮扶资金中列支接待费5.38万元。	1	51.67
2	云南省贡山县	2015年至2017年，云南省贡山县扶贫办将扶贫项目管理费69.27万元用于支付日常办公支出等。	1	69.27
3	青海省共和县	2017年，青海省共和县扶贫开发局将扶贫产业到户资金1104万元投资入股企业，约定用于种植及深加工，该企业违规将其中828万元出借给房地产企业，用于文化广场建设项目等。	1	828
4	四川省昭觉县	经昭觉县政府决定，该县现代农业投资发展有限责任公司将以建档立卡贫困户名义申请的8725万元扶贫小额信贷资金，用于市政基础设施建设以及公司日常办公经费等。	1	8725
5	广西壮族自治区龙胜县	2015年至2016年，龙胜县兴龙城市投资有限公司挪用易地扶贫搬迁资金1400万元，用于支付体育综合楼项目工程款。	1	1400
合计			5	11073.94

（四）7个省11个县的22个扶贫项目未实现预期效果，涉及资金3783.23万元。

序号	问题类别	涉及地区	具体问题	涉及项目数量	涉及资金（万元）
1	由于前期调查不充分或后期工作不到位等原因，扶贫项目效果不佳	黑龙江省汤原县	因前期项目选址不合理，黑龙江省汤原县7栋食用菌大棚建成后未使用即被拆除，涉及扶贫资金30.2万元。	1	30.2
		湖北省巴东县	由于未按项目实施方案组建专业合作社，2015年至2016年，巴东县官渡口镇巫峡口村黄金梨产业扶持项目缺乏技术指导，导致建成后落果严重、经济效益差，涉及扶贫资金55万元。	1	55
		云南省贡山县	由于前期论证不充分，2014年云南省贡山县2个旅游服务中心建成后未发挥效益，涉及扶贫资金222.83万元。	2	222.83
		四川省昭觉县、甘洛县	由于前期论证不充分、将不适合种植的乡镇纳入计划，四川省昭觉县3个乡镇核桃林项目成活率低，效益不佳，涉及扶贫资金37.95万元。 甘洛县旭日田园种养殖业观光农家乐项目实施方案中的养殖项目未实施，果苗种植效果不及预期，整治河滩损毁严重，项目整体效益不佳，涉及扶贫资金30万元。	4	67.95
		重庆市武隆区	由于立项审核不严、后期管护不到位，2013年至2014年，重庆市武隆区1个肉牛养殖项目和1个水果采摘项目均未产生经济效益，养殖场和果林已经荒废，涉及扶贫资金90万元。	2	90
2	部分扶贫项目建成后闲置	黑龙江省桦南县、汤原县	黑龙江省桦南县4栋肉牛标准化育肥场2016年9月建成后闲置至今，涉及资金354.94万元。 由于监管不到位、未配套水电附属设施等原因，黑龙江省汤原县3个村的94栋食用菌大棚建成后闲置，涉及扶贫资金417.31万元。	4	772.25
		贵州省册亨县	因缺乏明确运作思路，贵州省册亨县电商产业园项目9个乡镇级和105个村级体验店2016年底建成后一直闲置，涉及扶贫资金1372.8万元。	1	1372.8
		四川省昭觉县、甘洛县	由于检测中心不具备安装设备的条件、未配套相关工作经费和安排专人负责等原因，昭觉县、甘洛县农村饮水安全工程水质检测中心项目闲置，扶贫项目未发挥效益，涉及投资144万元。 昭觉县投入31.2万元建设县级电子商务服务体验中心，因无专门人员管理、没有企业入驻，中心迄今尚未运行，也未开展电商业务。	2	175.2
		吉林省安图县	因未按设计施工，安图县石门镇榆树川村1214平方米无公害蔬菜大棚于2016年10月末完工后未投入使用，涉及扶贫资金70万元。	1	70

（续表）

序号	问题类别	涉及地区	具体问题	涉及项目数量	涉及资金（万元）
3	获得扶贫资金后未落实利益联结机制	黑龙江省汤原县	黑龙江省汤原县在未与贫困户建立利益联结机制情况下，将2014年花费195万元扶贫资金修建的养殖场转让给其他企业。	1	195
		云南省福贡县	云南省福贡县2016年建设的蛋鸡养殖暨有机化肥厂产业扶贫项目尚未与贫困户建立利益联结机制，涉及扶贫资金400万元。	1	400
		贵州省望谟县	2015年，贵州省望谟县将211万元种羊场项目扶贫资金全部投入7个养殖大户，未与贫困户建立明确的利益联结机制。	1	211
		四川省昭觉县	2016年，四川省昭觉县将121万元脱贫攻坚发展特色产业和促进就业项目资金支付给合作社、种养殖大户，未与贫困户建立明确的利益联结机制。	1	121
合计				22	3783.23

（五）5个省6个县的195个扶贫项目管理不规范。一是四川省昭觉县的19个无资质个人或单位借用其他企业资质承揽121个扶贫项目，涉及金额11480.42万元；二是黑龙江省汤原县、重庆市武隆区、四川省昭觉县、甘洛县、广西壮族自治区龙胜县、海南省五指山市6个县的74个扶贫项目存在招投标不规范或违规转包问题，涉及资金4789.43万元。

（六）个别县脱贫认定工作不精准。福建省福安市部分乡镇单位在进行脱贫认定时，未全面对贫困户义务教育、基本医疗和住房安全情况是否达到脱贫标准予以核实；湖北省巴东县将948名因病致贫但未参加新型农村合作医疗的贫困人口认定为脱贫对象；云南省怒江州、四川省昭觉县将163户住房安全问题未解决的贫困人口认定为脱贫对象。

（七）个别地区扶贫工作不扎实。安徽省部分地区为追求数量完成任务违规发放扶贫小额信贷。2017年4月，针对全国扶贫小额信贷排名靠后的问题，安徽省人民政府办公厅发文要求全省新增扶贫小额信贷规模80亿元，按贫困户数分配任务至各市。其中，安庆市、滁州市等地不顾地方实际，对信贷任务翻倍加码，同时，为追求数量完成任务，以“分贷统还”模式向不符合贷款主体条件的平台公司等放贷24.06亿元，由用款企业定期向贫困户分红，难以调动贫困户脱贫内生动力。

二、防范化解重大风险方面

（一）江西省九江市违规举借政府性债务4亿元并长期闲置。2016年2月，江西省九江市土地储备中心以暂缓执行的土地收储项目，向九江银行股份有限公司贷款形成政府承诺以财政资金偿还的债务4亿元。截至2017年8月底，上述资金尚未实际支出，贷款资金长期闲置。

（二）陕西省韩城市违规举借政府性债务3.57亿元。2017年1月至7月，韩城市住房和城乡规划建设局、市旅游发展委员会等4个部门向韩城市城市投资（集团）有限公司和韩城市旅游投资有限责任公司借款3.57亿元，用于市政基础设施建设和古城基础设施建设等支出，形成政府承诺以财政资金偿还的债务3.57亿元。

（三）甘肃省兰州新区农林水务局违规出具承诺函，形成政府性债务1.92亿元。2016年1月，兰州新区管委会全资企业兰州新区中霖农林水资源投资开发有限公司，向兰州银行新区分行借款2亿元用于兰州新区职教园区生态绿化及七号湖调蓄水库工程，兰州新区农林水务局出具承诺函承诺以财政拨付该局的生态建设资金作为还款来源。截至2017年8月底，兰州新区中霖农林水资源投资开发有限公司已用财政资金偿还上述债务750万元，余额19250万元构成政府承诺以财政资金偿还的债务。

（四）湖南省长沙市望城区违规出具承诺函，形成政府性债务1.4亿元。2016年6月，望城经济技术开发区管理委员会全资子公司望城经开区建设开发公司，与中国农发重点建设基金有限公司签订10年期、年投资收益率1.2%的基金投资协议，借款 1.4 亿元用于望城经开区电子信息化产业园配套基础设施建设项目，望城区人民政府出具承诺函，承诺以财政资金回购中国农发重点建设基金有限公司投入的资本金。截至 2017 年 8 月底，债务余额 1.4 亿元构成政府承诺以财政资金偿还的债务。

（五）海南省海口市违规出具承诺函，形成政府性债务 53.43 亿元。2015 年 1 月至 2017 年 8 月，海南省海口市各级财政及国土等政府部门分别发函，共要求 61 家企业和单位出资垫付征地拆迁资金，并承诺待相关土地出让金上缴市财政后，由财政安排资金进行偿还。截至 2017 年 8 月底，61 家企业和单位累计垫付征地拆迁资金 55.44 亿元，其中 53.43 亿元尚未归还，形成政府承诺以财政资金偿还的债务。

（六）4 个省的 10 个市县（区）虚增财政收入 15.49 亿元。

序号	地区	时间	具体情况	问题金额（万元）
1	云南省澄江县	2017 年	2017 年 6 月，澄江县住房和城乡建设局以特许经营权转让价款名义将项目建设资金上缴至县财政局，虚增财政收入 1299.73 万元。	1299.73
2	湖南省望城区	2014 年至 2016 年	2014 年至 2016 年，望城区通过虚假划拨政府办公楼产权方式由望城区产权交易管理中心缴纳国有资源（资产）有偿使用收入 123748 万元。	123748
3	吉林省白山市及所辖 6 个县（市）	2017 年 1 月至 7 月	2017 年 1 月至 7 月，白山市及所辖的 6 个县（市）、通过将财政拨付的项目建设资金或医院经营收入等作为行政事业性收入缴入国库方式虚增财政收入 11000 万元，通过将财政资金拨付至相关部门后再以预缴耕地占用税的名义虚增财政收入 16857.71 万元。	27857.71
4	重庆市巴南区	2016 年	2016 年，巴南区通过向 2 家民办学校收取国有资源（资产）有偿使用收入后再进行返还的方式虚增财政收入 2000 万元。	2000
合计				154905.44

三、污染防治方面

（一）陕西省、深圳市的 13 个项目未按要求开展环境影响评价等工作。

序号	涉及地区	规划/项目名称	具体问题	相关规定
1	陕西省	陕西省延安能源化工（集团）有限责任公司低阶煤多联产循环综合利用示范、光伏扶贫等 12 个建设项目	截至 2017 年 9 月底，12 个项目在未取得环境影响评价等前期环境保护手续的情况下，违规开工建设，涉及总投资 43.91 亿元。	《中华人民共和国环境影响评价法》第二十五条规定：建设项目的环境影响评价文件未依法经审批部门审查或者审查后未予批准的，建设单位不得开工建设。
2	深圳市	深圳市报废机动车回收项目	由于政府长期未落实报废机动车回收拆解厂项目用地等，自 2013 年至 2017 年 9 月底，深圳市 1 家报废机动车回收公司在未办理环境影响评价等手续的情况下，先后在多处临时租赁场地拆解报废机动车，存在环境污染隐患。	《建设项目环境影响评价分类管理名录》（2015 年环境保护部第 33 号令）第 U 类第 155 条规定：废电子电器产品、废电池、废汽车、废电机……再生利用，属于应编制环境影响报告书项目。

（二）江西、甘肃 2 省的 3 个工业园区未按环评要求建设污水处理设施，部分超标污水直排河道。由于相关地方政府重视不够、项目前期工作推进缓慢等，截至 2017 年 9 月底，江西省九江

市沙城工业园、江西省庐山市工业园（原星子工业园）、甘肃省镇原县金龙工业集中区未按环评要求建设污水处理设施，甘肃省镇原县金龙工业集中区内部分企业超标污水直排河道。

（三）12个省的87个生态环境保护项目未按时完工或建成后闲置，涉及投资33.91亿元。

序号	项目类型	涉及地区	问题类型	项目个数	涉及总投资（万元）	具体问题
1	污水处理项目	北京市、江西省	闲置	56	16437.52	北京市、江西省南昌市和赣州市56个已于2016年6月底前完工的项目，由于工艺落后、管理不善、配套管网未建成等，项目闲置超过1年。
		吉林省、湖南省、广东省	未完工	4	53549.88	吉林省图们经济开发区、湖南省华容县、广东省潮州市的4个项目，计划于2015年底前完工，由于前期工作推进缓慢等，截至2017年9月底，项目尚未完工。
2	垃圾处理项目	安徽省、湖南省	未完工	4	45519.57	安徽省淮南市和铜陵市、湖南省华容县的4个项目，计划于2015年底前完工，由于前期工作推进缓慢、资金短缺等，截至2017年9月底，项目尚未完工。
3	重金属污染治理项目	山东省、湖南省、四川省	未完工	9	191373.87	山东省济南市、湖南省郴州市和株洲市、四川省凉山彝族自治州的9个项目，计划于2015年底至2016年6月完工，由于前期工作准备不足等，截至2017年9月底，项目尚未完工。
4	京津风沙源治理工程	陕西省	未完工	1	3307.38	京津风沙源治理二期工程陕西省榆林市榆阳区水利水保项目计划于2015年底完工，由于配套资金未到位，截至2017年9月，尚有262处节水灌溉工程未实施。
5	湖泊保护项目	湖北省	闲置	4	12515	湖北省孝感市滠东湖泊生态环境保护试点工程中4个垃圾污水处理项目，于2016年7月前完工，由于配套设施未建成，项目闲置超过1年。
		河北省、湖北省	未完工	8	13261.22	河北省保定市白洋淀生态环境保护工程中5个生态修复等项目、湖北省孝感市滠东湖泊生态环境保护试点工程中3个垃圾污水处理项目，计划2016年7月前完工，由于资金不足、建设规模变更等，截至2017年9月，项目尚未完工。
6	海岛保护项目	辽宁省	未完工	1	3127	辽宁省大连市大王家岛生态修复示范工程项目计划于2013年10月完工，由于前期准备工作不充分，原实施方案调整变更，截至2017年9月底，项目未完工。
合计				87	339091.44	

四、去产能方面

（一）陕西省延安市1处煤矿未按规定关闭退出。按照陕西省煤炭行业化解过剩产能目标责任书要求，2016年陕西省延安市应关闭煤矿6处，退出产能 150 万吨。截至 2017 年 9 月，尚有 1 处煤矿未关闭退出，涉及产能 15 万吨。

（二）宁夏回族自治区、吉林 2 省违规给予产能严重过剩行业企业或高耗能企业电费补贴 23.56 亿元。在国家严禁各地自行出台对产能严重过剩行业和高耗能企业实行电价优惠或电费补贴的情况下，宁夏回族自治区 2014 年以来对区内电解铝、钢铁等高耗能行业部分企业给予电价优惠补贴共计 21.6 亿元；2016 年至 2017 年 9 月，吉林省对省内钢铁、煤炭及水泥等产能严重过剩行业企业给予电费补贴 1.96 亿元。

五、深化“放管服”改革、降低企业成本方面

（一）13 个部门和地区 19 家单位未及时清退或返还工程建设领域保证金 37713.94 万元。其中：广东、重庆等省的 15 家单位未按规定清退违规收取的土地复垦保证金等 32518.31 万元；陕西、湖南等省的 4 家单位未及时返还到期的工程质量保证金等 5195.63 万元。

（二）3 个省的 16 家单位在国家明令停征、免征后仍违规继续征收 3 项行政事业性收费等，共计 186.17 万元。

序号	涉及单位	涉及事项	具体问题	相关规定	金额（万元）
1	辽宁省阜新市环境监测中心站	环境监测服务费	2016 年 1 月至 2017 年 8 月，阜新市环境监测中心站向 16 家小微企业收取已免征的环境监测服务费 111.64 万元。	财政部《关于取消、停征和免征一批行政事业性收费的通知》（财税〔2014〕101 号）：对小微企业免征的行政事业性收费项目……29. 环境监测服务费。	111.64
2	吉林省四平市经济开发区环卫处等 4 家单位	城市卫生费	2016 年 6 月至 2017 年 8 月，吉林省四平市经济开发区环卫处等 3 家单位和图们市卫生管理处向企业收取已停征的城市卫生费 43.43 万元。	吉林省财政厅、吉林省物价局《关于公布暂停征收和调整省级涉企行政事业性收费的通知》（吉财税〔2016〕426 号）：暂停征收城市卫生费……自 2016 年 6 月 1 日起执行。	43.43
3	重庆市长寿区等 11 个区县交通委员会下属运管部门	机动车驾驶员培训结业证书费	2017 年 1 月至 7 月，重庆市长寿区等 11 个区县交通委员会下属交管部门收取已停征的机动车驾驶员培训结业证书费 31.1 万元。	重庆市道路运输管理局《关于规范〈机动车驾驶员培训结业证书〉管理的通知》：驾驶培训机构到辖区运管处（所）取得结业证书编号号段后，按照交通运输部统一式样自行印制结业证书。	31.1
合计					186.17

（三）2项行政审批中介服务仍违规由企业负担费用822.04万元。

序号	涉及单位	中介服务收费事项	收费时间	相关规定	金额（万元）
1	中国机械工业联合会	特种设备设计资质评审前置中介服务费	2016年至2017年4月	《国务院办公厅关于清理规范国务院部门行政审批中介服务的通知》（国办发〔2015〕31号）：规范中介服务收费……审批部门在审批过程中委托开展的技术性服务活动，必须通过竞争方式选择服务机构，服务费用一律由审批部门支付并纳入部门预算。	77.83
2	福建省特种设备检验研究院、厦门市特种设备检验研究院、福建省特种设备协会	特种设备生产单位鉴定评审费	2016年至2017年8月		744.21
合计					822.04

（四）4个部门和地区的5家单位依托行政权力及影响力通过指定中介服务、违规培训等收取费用840.72万元。

序号	涉及单位	收费事项	收费时间	具体问题	相关规定	资金（万元）
1	中国继续工程教育协会	国际物流师资格认证培训费	2015年1月至2017年8月	中国继续工程教育协会在组织开展国际物流师资格认证项目时，违规要求参加考试的考生必须在其认定的培训机构进行培训学习，并统一购买使用协会组织编写的培训教材。2015年1月至2017年8月，所指定的8家培训机构共取得培训及考试收入258.46万元，其中71.81万元上交给中国继续工程教育协会。	《国务院办公厅关于清理规范各类职业资格相关活动的通知》（国办发〔2007〕73号）：严禁强制开展考前培训以及以考试为名推行培训。	71.81
2	北京市规划和国土资源委员会	涉及保险责任投保咨询费	2016年至2017年9月	北京市规划和国土资源委员会违规指定北京勘察设计协会负责北京地区工程设计保险中介服务，该协会从中收取投保咨询费112.4万元。	《国务院办公厅关于清理规范国务院部门行政审批中介服务的通知》（国办发〔2015〕31号）：申请人可按要求自行完成的事项，一律不得设定中介服务。	112.4

（续表）

序号	涉及单位	收费事项	收费时间	具体问题	相关规定	资金（万元）
3	湖北省卫生计生委	继续教育电子信息化管理系统服务费	2015年至2017年7月	湖北省卫生计生委以提供卫生系统继续教育电子信息化管理系统登录权限和咨询服务等名义，违规向湖北省医疗卫生单位的医护人员收取服务费448.78万元。	财政部、发展改革委、工业和信息化部《关于规范电子政务平台收费管理的通知》（财综函〔2011〕14号）：社会团体及其他组织通过电子政务平台提供政府公开信息和办理有关业务……不得以技术维护费、服务费、电子介质成本费等名义向企事业单位和个人收取任何经营服务性费用。	448.78
4	湖北省继续医学教育委员会办公室	申报省级医学继续教育项目评审费	2014年至2016年	湖北省继续医学教育委员会办公室向17个市（州）、省、部属医疗机构及相关学术团体违规收取评审费71.37万元。	《国务院办公厅关于进一步加强涉企收费管理减轻企业负担的通知》（国办发〔2014〕30号）：各有关部门要加强协同配合，坚决制止各类针对企业的乱收费、乱罚款和摊派等行为，对违规设立的行政事业性收费、政府性基金和行政审批前置经营服务收费项目，一律取消。	71.37
5	福建省特种设备协会	特种设备作业、检验检测人员职业资格培训费	2016年至2017年8月	福建省特种设备协会从事该省特种设备作业人员和检验检测人员的资格认定考评工作，2016年至2017年8月，该协会违规开展上述资格认定培训并收取培训费136.36万元。	《国务院办公厅关于清理规范各类职业资格相关活动的通知》（国办发〔2007〕73号）：举办职业资格考试的单位和机构一律不得组织与考试相关的培训。	136.36
合计						840.72

（五）6家协会通过开展评比达标表彰、评奖等活动违规收费1878.97万元。

序号	涉及单位	收费事项	收费时间	具体问题	相关规定	资金（万元）
1	中国商业联合会	推广宣传费用	2014年至2016年	中国商业联合会违规开展评比达标表彰活动，并向参评企业收取推广宣传费192.79万元。	全国评比达标表彰工作协调小组《关于印发〈关于社会组织评比达标表彰活动管理暂行规定〉的通知》（国评组发〔2012〕2号）：表彰评比坚持非营利性原则……不得在评选前后收取各种相关费用或者通过其他方式变相收费。	192.79
2	中国广告协会	参赛费、招商合作费	2017年1月至9月	中国广告协会授权下属广告公司委托上海勃飞文化传播有限公司开展“2017大中华区艾菲奖”评选活动，并向参赛企业违规收取参赛费、招商和合作费等587.55万元。		587.55
3	贵州省建筑业协会	评比活动申报、评审费	2014年至2016年	贵州省建筑业协会在开展2014年至2016年度省级工法评选、优秀施工企业评选、建筑业企业优秀项目经理评选活动中，向参评企业收取工法申报费29.4万元、评奖费50.16万元。		79.56
4	深圳市建筑业协会、深圳市装饰行业协会	申报费、评审费等	2014年至2017年7月	2015年至2017年5月，深圳市建筑业协会在开展施工工法评选等评审项目活动中，向参评企业违规收取申报费等605.95万元。2014年至2017年7月，深圳市装饰行业协会违规开展行业“六个优”等评比活动，并向参评企业和个人收取评审费等307.95万元。		913.90
5	中国机械工业联合会	证书工本费等	2015年至2017年9月	中国机械工业联合会所属中国机械工业科学技术奖奖励工作办公室在中国机械工业科学技术奖评选活动中违规向获奖单位收取证书工本费等105.17万元。	《社会力量设立科学技术奖管理办法》（2006年科技部第10号令）：社会力量设奖在评审和奖励活动中不得向候选人或者候选单位收取任何费用。	105.17
合计						1878.97

（六）6项行政审批相关工作要求落实不到位或审批效率不高，给企业办事造成不便。

序号	涉及单位	涉及事项	具体问题
1	民政部	仍在要求申请人提交法定代表人离任或社会服务机构法定代表人离任审计报告	《国务院关于第二批清理规范192项国务院部门行政审批中介服务事项的决定》（国发〔2016〕11号）规定，关于基金会、社会团体、民办非企业单位法定代表人离任审计和注销清算报告审计不再要求申请人提供审计报告，改由审批部门委托有关机构开展审计。但截至2017年9月，民政部一直未按要求开展委托，审计报告仍由申请人提交。

（续表）

序号	涉及单位	涉及事项	具体问题
2	医疗器械技术审评中心	创新医疗器械特别审批程序效率较低	食品药品监管总局发文规定，自2014年3月1日起，设置创新医疗器械快速审批通道，受理后40个工作日内应出具审查意见。2014年2月至2017年8月，食品药品监管总局医疗器械技术审评中心收到创新医疗器械特别审批申请产品666件，有269件审查期限超过规定时间，其中最长的审批时间为108个工作日。
3	山西省发展改革委	火电项目报建审批过程中，要求提供由无关部门开具的证明	按规定，煤电项目报建审批时，开工支持性文件不得超出国务院规定的投资项目开工报建允许保留的42项审批事项。山西省发展改革委未对支持性文件加以明确，要求企业按42项审批事项范围办理，导致大部分企业要到多个部门办理“不涉及此内容”的证明，增加企业负担。
4	上海市农业委员会	肥料登记行政审批事项调整不到位	上海市人民政府根据国务院文件发文调整行政审批事项后，上海市农业委员会仍违规继续将申请人进行肥料产品检测作为新办、续展肥料登记行政审批的受理条件，并在续展肥料登记过程中要求申请人重复提供材料。
5	四川省国土资源厅	未按规定清理取消“建设项目用地预审”行政审批事项前置条件	四川省发文取消“建设项目用地预审”行政审批事项部分前置条件后，四川省国土资源厅出台的《四川省建设项目用地预审管理办法实施细则》仍要求申请人提供已取消的可行性研究报告、建设项目初步设计、总平面布局图等前置审批条件。

六、其他方面

（一）江苏、云南、四川3省的3个港口和铁路等综合交通运输体系建设项目逾期1年未完工，涉及总投资81.67亿元。

一是由于可研和初步设计编制仓促、不够优化等原因，应于2015年10月建成的长江经济带重大港口项目南通港洋口港区烂沙洋北水道15万吨级航道项目尚未完工，涉及总投资11.47亿元。

二是由于云南省昆明市拆迁补偿款未及时兑付，应于2016年6月建成的云桂铁路引入昆明枢纽工程尚未完工，涉及总投资60亿元。

三是由于四川省德阳市安置补偿资金未及时到位，应于2016年6月建成的宝成线黄许镇铁路货场扩建工程尚未完工，涉及总投资10.2亿元。

（二）1.79亿元财政存量资金统筹盘活不到位。截至2017年8月底，海关系统、上海市、江西省、吉林省、湖南省、广西壮族自治区、四川省凉山州、河南省淇县和信阳市2014年及以前年度1.79亿元中央及非本级财政拨款存量资金、保障性安居工程配套基础设施建设项目资金等未及时统筹使用或清理盘活。

审计署领导重要活动大事记

1月

3日上午 副审计长陈尘肇在京出席全国宣传部长会议。办公厅主要负责同志参加会议。

3日下午 署党组成员、总审计师、机关党委书记李晓钟在署机关主持召开机关党委会。机关党委委员参加会议。

4日上午 审计长刘家义列席国务院第160次常务会议。

4日下午 审计署任命的国家工作人员宪法宣誓仪式在署机关举行。审计长刘家义监誓，副审计长孙宝厚主持宣誓仪式。署领导陈尘肇、袁野、李晓钟和郑振涛出席。审计署2016年任命的37名司处级干部依法进行宪法宣誓。署机关各单位、各派出审计局和在京各直属单位主要负责同志，中央纪委驻署纪检组负责同志参加宪法宣誓仪式。

3日至4日上午 副审计长秦博勇赴贵州省审计厅调研资源环境审计工作。资源环境审计司（以下简称资环司）负责同志参加调研。

3日至4日 受署党组委托，中央经济责任审计工作联席会议办公室主任张通赴审计署对口支援县江西省会昌县走访慰问。机关党委负责同志参加慰问。

5日上午 副审计长袁野赴发展改革委出席有关专题会议。财政审计司（以下简称财政司）主要负责同志参加会议。

4日下午至5日 受署党组委托，副审计长秦博勇赴审计署对口支援县贵州省丹寨县走访慰问。办公厅负责同志参加慰问。

4日至6日 审计署司处级干部任职培训班在署机关举办。审计长刘家义出席培训班并同全体新任职司处级干部作集体任职谈话。署领导孙宝厚、陈尘肇、袁野、郑振涛参加谈话活动。其间，署领导孙宝厚、陈尘肇、袁野、李晓钟分别为培训班学员作专题讲座，纪检组长郑振涛与全体学员进行廉政谈话。

6日下午 党组书记刘家义在署机关主持召开署党组2016年度民主生活会征求交流干部意见建议座谈会。党组成员孙宝厚、陈尘肇、张通、袁野和李晓钟出席。副审计长秦博勇，总经济师、机关服务局（以下简称服务局）局长张力，办公厅、政策研究室（以下简称政研室）、人事教育司（以下简称人教司）、机关党委和驻署纪检组负责同志列席。在署机关交流的13名党员干部代表参加座谈。

6日下午 党组书记刘家义在署机关主持召开党组会议，传达学习习近平总书记在十八届中央纪委七次全会上的讲话精神。党组成员孙宝厚、陈尘肇、张通、袁野和李晓钟出席。副审计长秦博勇，总经济师、服务局局长张力，办公厅、政研室、人教司、机关党委和驻署纪检组负责同志列席会议。

6日至8日 十八届中央纪委七次全会在北京召开，审计长刘家义出席6日上午的第一次全体会议，纪检组长郑振涛全程参加会议。

9日上午 党组书记刘家义在署机关主持召开党组会议，研究有关人事事项和《审计署2017年工作要点》等文稿。党组成员孙宝厚、陈尘肇、张通、袁野、李晓钟和郑振涛出席。副审计长秦博勇，总经济师、服务局局长张力，办公厅、政研室、法规司、人教司、机关党委和驻署纪检组负责同志列席相关议题的研究。

9日上午 副审计长秦博勇在署机关会见泰国审计署副审计长斯琳·潘卡盛一行，就进一步加强双边以及在世界审计组织和亚洲审计组织中的合作进行交流。

9日下午 纪检组长郑振涛在署机关主持召开会议，传达学习十八届中央纪委七次全会精神。驻署纪检组处级以上干部参加会议。

10日 党组书记刘家义在署机关主持召开中共审计署党组2016年度民主生活会。党组成员孙宝厚、陈尘肇、张通、袁野、李晓钟、郑振涛和刘正均出席。副审计长秦博勇，总经济师、服务局局长张力，办公厅、政研室、人教司、机关党委、驻署纪检组负责同志列席会议。中央组织部第34督导组部分成员和中央纪委机关有关人员参加民主生活会。

10日下午 副审计长秦博勇在京出席全国农村集体产权制度改革工作电视电话会议。农业审计司（以下简称农业司）主要负责同志参加会议。

9日至11日 审计署党组2016年第四季度中心组学习会在署机关召开，党组书记刘家义主持学习会，党组成员孙宝厚、陈尘肇、张通、袁野、李晓钟、郑振涛和刘正均出席。副审计长秦博勇，总经济师、服务局局长张力，署机关各单位、各派出审计局、在京各直属单位主要负责同志，中央纪委驻署纪检组负责同志参加学习会。中央纪委机关、中央组织部和中央国家机关工委有关人员到会指导。

11日上午 审计长刘家义列席国务院第161次常务会议。

11日上午 党组书记刘家义在署机关主持召开党组会议，传达学习中央有关文件。党组成员孙宝厚、陈尘肇、张通、袁野、李晓钟和郑振涛出席。副审计长秦博勇，总经济师、服务局局长张力，办公厅、政研室、人教司和机关党委主要负责同志列席会议。

11日下午 审计署召开全国审计机关视频会议，部署学习贯彻十八届中央纪委七次全会精神。审计长刘家义出席会议并讲话。纪检组长郑振涛传达会议精神，副审计长孙宝厚主持会议。署领导秦博勇、张通、袁野、李晓钟出席。署机关各单位、各派出审计局、在京各直属单位全体干部职工参加会议。各省、自治区、直辖市和计划单列市、新疆生产建设兵团审计厅（局），各特派员办事处、审计干部教育学院（以下简称教育学院），以及有视频转播条件的市县审计机关在分会场参加会议。

11日下午 副审计长陈尘肇在京出席全国安全生产电视电话会议。

11日下午 副审计长袁野在署机关主持召开会议，部署各分管单位主要负责同志述责述廉述党建有关工作。电子数据审计司（以下简称数据司）、财政司、税收征管审计司（以下简称税收司）、行政政法审计司（以下简称行政司）、教科文卫审计司（以下简称教科司）、农业司、审计署计算机技术中心（以下简称计算中心）和各派出审计局主要负责同志参加会议。

12日下午 副审计长袁野在署机关会见住房城乡建设部副部长倪虹一行，就有关事项进行会谈。社会保障审计司（以下简称社保司）和建设审计局负责同志参加会见。

12日至13日 审计署举办司局级单位主要负责同志述责述廉述党建视频会议。副审计长陈尘肇主持会议，副审计长孙宝厚作会议总结。署领导刘家义、秦博勇、张通、袁野和郑振涛出席。署机关各单位、各派出审计局、在京直属单位司局级干部，京外直属单位主要负责同志及署机关、派出局各处室主要负责人参加会议。各特派员办事处处级以上干部在分会场参加会议。

13日下午 审计长刘家义参加李克强总理主持召开的国务院专题座谈会。

12日至13日 总审计师李晓钟在京出席中央政法工作会议。

11月14日至1月13日 党组成员、法规司司长刘正均在中央党校参加省部级干部进修班“经济新常态与发展新理念”研究专题学习。

15日上午 审计长刘家义参加建设审计局司局级党员领导干部民主生活会。

15日下午至16日上午 审计长刘家义赴天津参加京津冀特派办分党组专题民主生活会，并进行工作调研。

16日上午 副审计长孙宝厚在双榆树事业单位办公楼向署机关离退休干部通报审计署2016年审计工作情况。

16日下午 党组书记刘家义在署机关主持召开党组会议，传达学习习近平总书记在中央政治局民主生活上的讲话精神，研究有关人事事项。

党组成员孙宝厚、陈尘肇、袁野、李晓钟、郑振涛和刘正均出席。副审计长秦博勇，总经济师、服务局局长张力，办公厅、政研室、人教司、机关党委和驻署纪检组负责同志列席相关议题的研究。

16日下午 审计长刘家义在署机关主持召开审计长会议，听取关于休假意愿调查、2016年优秀博士学位论文评选结果及金审一期部分资产申请报废等有关情况的汇报，研究《审计机关行政应诉规定（修订稿）》等文稿。署领导孙宝厚、秦博勇、陈尘肇、袁野、李晓钟、郑振涛和刘正均出席。总经济师、服务局局长张力，办公厅、政研室、数据司、人教司、机关党委、驻署纪检组、计算中心、审计署审计科研所（以下简称科研所）和中国时代经济出版社（以下简称出版社）负责同志列席相关议题的研究。

17日上午 审计长刘家义和总审计师李晓钟在人民大会堂出席中央国家机关第31次党的工作会议暨第29次纪检工作会议。机关党委负责同志参加会议。

17日下午 “适应新常态践行新理念”国家审计媒体年会在署机关举办，审计长刘家义出席并致辞。副审计长陈尘肇出席年会。中央宣传和信息公开主管部门司局负责同志，署特约审计员，财政司、农业司、金融审计司（以下简称金融司）、国际合作司（以下简称国际司）、广州特派办、重庆特派办和出版社主要负责同志，以及中央及主流媒体记者参加年会。

17日上午 副审计长孙宝厚、陈尘肇在署机关出席审计署重点科研课题中期检查会议。

16日上午 副审计长陈尘肇在署机关主持召开署社会综合治理领导小组会议。总审计师李晓钟出席，领导小组各成员单位负责同志参加会议。

17日上午 副审计长陈尘肇在署机关主持召开署基建工作领导小组会议。领导小组成员单位负责同志参加会议。

17日 受署党组委托，副审计长袁野赴审计署定点扶贫县河北省顺平县走访慰问。农业司负责同志参加慰问。

18日上午 审计长刘家义列席国务院第6次全体会议和第162次常务会议。

18日上午 副审计长孙宝厚在京出席全国组织部长会议。人教司主要负责同志参加会议。

19日下午 审计长刘家义参加李克强总理主持召开的专题座谈会。

20日上午 党组书记刘家义在署机关主持召开党组会议，研究中央和国务院有关文件、有关人事事项及《中共审计署党组关于2016年落实全面从严治党主体责任情况的报告》《中共审计署党组关于2016年落实党风廉政建设两个责任情况的报告》和《中共审计署党组关于“三严三实”专题教育整改落实情况的报告》等文稿。党组成员孙宝厚、陈尘肇、张通、袁野、李晓钟、郑振涛和刘正均出席。副审计长秦博勇，总经济师、服务局局长张力，办公厅、政研室、人教司、机关党委和驻署纪检组负责同志列席相关议题的研究。

20日下午 审计署2017年新春团拜会在署机关举办，审计长刘家义致新春贺词。署领导孙宝厚、秦博勇、陈尘肇、张通、袁野、李晓钟、郑振涛和刘正均出席。署老领导，离退休干部，署机关各单位、各派出审计局和在京各直属单位全体干部职工参加团拜会。

22日下午 审计长刘家义赴北京市审计局看望慰问干部职工。办公厅主要负责同志参加慰问。

22日下午 审计长刘家义赴出版社和中国审计报社（以下简称报社）看望慰问干部职工。中央经济责任审计工作联席会议办公室主任张通和办公厅主要负责同志参加慰问。

23日上午 审计长刘家义慰问驻署武警官兵及物业后勤人员。副审计长陈尘肇和总经济师、服务局局长张力参加慰问。

23日下午 审计长刘家义参加办公厅司局级党员领导干部民主生活会。

23日下午 中央经济责任审计工作联席会议办公室主任张通出席国务院专题会议。固定资产投资审计司（以下简称投资司）负责同志参加会议。

24日上午 审计长刘家义与办公厅审计长办公室和督查处全体同志进行座谈。办公厅主要负责同志参加座谈。

24日晚 副审计长秦博勇出席外交部2017年新年招待会。

25日上午 副审计长孙宝厚赴人力资源社会保障部，分别与副部长汤涛、邱小平进行工作会谈。人教司主要负责同志参加会谈。

10 日至 25 日 根据署党组统一安排，党组成员孙宝厚、陈尘肇、张通、袁野、李晓钟、郑振涛和刘正均分别参加 1 个机关司局或直属单位、1 个派出审计局、1 个特派员办事处司局级党员领导干部民主生活会。

26 日上午 审计长刘家义和副审计长秦博勇在人民大会堂参加中共中央、国务院举行的 2017 年春节团拜会。

26 日下午 审计长刘家义到署值班室看望慰问值班工作人员并致以节日问候。

春节前夕 署领导分别到署老领导和离休干部家中走访慰问。署离退休干部工作领导小组成员单位和相关司局负责同志参加走访慰问。

2 月

3 日上午 审计长刘家义列席国务院第 163 次常务会议。

3 日下午 党组书记刘家义在署机关主持召开党组会议，传达学习中央有关文件，研究有关人事事项。党组成员孙宝厚、陈尘肇、张通、袁野、李晓钟、郑振涛和刘正均出席。副审计长秦博勇，总经济师、服务局局长张力，人教司、机关党委和驻署纪检组负责同志列席相关议题的研究。

4 日 党组书记刘家义在署机关主持召开党组会议，研究有关人事事项和《领导干部自然资源资产离任审计暂行规定》等文稿。党组成员孙宝厚、陈尘肇、张通、袁野、李晓钟、郑振涛和刘正均出席。副审计长秦博勇，总经济师、服务局局长张力，办公厅、政研室、资源环境审计司（以下简称资环司）、经济责任审计司（以下简称经责司）、人教司、机关党委、驻署纪检组和科研所负责同志列席相关议题的研究。

4 日上午 副审计长陈尘肇在署机关会见中国石油化工集团公司纪检组长蒋亮平一行。

4 日下午 审计长刘家义在署机关主持召开审计长会议，研究《加强统筹创新方式着力提高审计工作质量和效率的意见》等文稿。署领导孙宝厚、秦博勇、陈尘肇、张通、袁野、李晓钟、郑振涛和刘正均出席。办公厅、政研室、数据司、财政司、投资司、资环司、金融司、企业司、境外审计司（以下简称境外司）、经责司、人教司、机关党委、驻署纪检组和科研所负责同志列席会议。

4 日下午 党组成员、总审计师、机关党委书记李晓钟在署机关主持召开机关党委会。机关党委委员参加会议。

6 日上午 党组书记刘家义在署机关主持召开党组会议，研究《审计署出席党的十九大代表候选人预备人选和中央国家机关党代表会议代表推荐提名工作方案》。党组成员孙宝厚、陈尘肇、张通、袁野、李晓钟、郑振涛和刘正均出席。副审计长秦博勇，总经济师、服务局局长张力，办公厅、政研室、人教司、机关党委和驻署纪检组负责同志列席会议。

7 日上午 审计署出席党的十九大代表预备人选推荐提名和中央国家机关党代表会议代表推选工作动员部署会议在署机关召开，党组书记刘家义出席会议并讲话。总审计师李晓钟主持会议，纪检组长郑振涛对严肃纪律、加强监督提出要求。党组成员孙宝厚、陈尘肇、张通、袁野和刘正均出席。副审计长秦博勇列席会议。署机关各单位、各派出审计局、各直属单位党委、总支、支部书记和 1 名委员，各特派办分党组书记、机关党委书记、专职副书记，署党组派驻各特派办和直属单位纪检组长参加会议。

8 日上午 审计长刘家义列席国务院第 164 次常务会议。

10 日下午 党组书记刘家义在署机关主持召开党组会议，研究有关人事事项和《审计署机关党委、人事教育司和机关纪委、巡视工作办公室机构调整方案》《2017 年改革任务分月工作计划》等文稿，听取关于对党的十八大以来各项工作进行总结的情况汇报。党组成员孙宝厚、陈尘肇、张通、袁野、李晓钟、郑振涛和刘正均出席。副审计长秦博勇，总经济师、服务局局长张力，办公厅、政研室、数据司、资环司、境外司、经责司、国际司、人教司、机关党委和驻署纪检组负责同志列席相关议题的研究。

10 日下午 审计长刘家义在署机关主持召开审计长会议，听取关于特派办与同城其他机关工资津补贴政策执行差异情况的汇报。署领导孙宝厚、秦博勇、陈尘肇、张通、袁野、李晓钟、郑振涛和刘正均出席。总经济师、服务局局长张力，办公厅、政研室、人教司、机关党委、驻署纪检组和科研所负责同志列席会议。

10日下午 审计长刘家义在署机关主持召开审计业务会议，研究《涉企收费审计工作方案》。署领导孙宝厚、秦博勇、陈尘肇、张通、袁野、李晓钟、郑振涛和刘正均出席。总经济师、服务局局长张力，办公厅、政研室、数据司、财政司、金融司、企业司和科研所主要负责同志列席会议。

13日上午 受审计长刘家义委托，副审计长孙宝厚主持召开会议，传达中央有关文件精神。总经济师、服务局局长张力，署机关各单位、各派出审计局、各直属单位、在京的特派办主要负责同志参加会议。

13日上午 党组成员、总审计师、机关党委书记李晓钟在署机关主持召开机关党委会。机关党委委员参加会议。

14日上午 受党组书记刘家义委托，党组成员、副审计长孙宝厚在署机关主持召开党组会议，研究《中共审计署党组2016年工作总结》等文稿。党组成员陈尘肇、袁野、李晓钟、郑振涛和刘正均出席。副审计长秦博勇，总经济师、服务局局长张力，办公厅、政研室、人教司、机关党委和驻署纪检组负责同志列席会议。

13日至16日 审计长刘家义在中央党校参加省部级主要领导干部学习贯彻党的十八届六中全会精神专题研讨班。

16日下午 副审计长孙宝厚赴国家公务员局与局长傅兴国进行工作会谈。人教司主要负责同志参加会谈。

16日 审计署2016年度基层党组织书记现场述职评议考核工作会议在署机关召开，数据司党支部等16个基层党组织书记向署机关党委现场述职。党组成员、总审计师、机关党委书记李晓钟出席并讲话。署机关各单位、各派出审计局、各特派员办事处、各直属单位、驻署纪检组的87名党员代表参加会议。中央国家机关工委派员到会指导。

17日上午 审计长刘家义在京参加国家安全工作座谈会。

17日上午 副审计长孙宝厚在双榆树事业单位办公楼与离退休干部办公室全体干部座谈。

17日下午 党组成员、总审计师、机关党委书记李晓钟在京参加中央国家机关党委书记述职会。教科司、人教司和机关党委主要负责同志列席会议。

13日至17日 中央经济责任审计工作联席会议办公室主任张通赴甘肃省和陕西省就经济责任审计工作进行调研。中央经济责任审计工作部际联席会议成员单位有关同志、经责司主要负责同志参加调研。

20日上午 副审计长陈尘肇出席国务院专题会议。办公厅主要负责同志参加会议。

20日下午 党组成员、总审计师、机关党委书记李晓钟在署机关主持召开机关党委会。机关党委委员参加会议。

21日上午 审计长刘家义在署机关与投资司全体干部座谈。中央经济责任审计工作联席会议办公室主任张通出席座谈会。

21日 副审计长孙宝厚在署机关出席2017年保障性安居工程跟踪审计中期汇报交流会。社保司负责同志参加会议。

22日上午 审计长刘家义列席国务院第165次常务会议。

22日下午 副审计长孙宝厚在署机关主持召开会议，研究审计教材体系有关事宜。人教司和教育学院负责同志参加会议。

23日上午 纪检组长郑振涛参加中央纪委第四纪检监察室对口联系单位纪检组长座谈会。

23日下午 党组书记刘家义在署机关主持召开党组会议，传达习近平总书记在省部级主要领导干部学习贯彻党的十八届六中全会专题研讨班上的讲话精神，研究中央有关文件和有关人事事项以及《审计署2017年宣传工作方案》等文稿。党组成员孙宝厚、陈尘肇、张通、袁野、李晓钟、郑振涛和刘正均出席。副审计长秦博勇，总经济师、服务局局长张力，办公厅、政研室、国际司、人教司、机关党委、驻署纪检组、科研所、报社和出版社负责同志列席相关议题的研究。

23日下午 审计长刘家义在署机关主持召开审计长会议，研究《审计署机关2017年会议计划安排》，听取关于2017—2018年度审计署重点科研课题选题情况的汇报。署领导孙宝厚、秦博勇、陈尘肇、张通、袁野、李晓钟、郑振涛和刘正均出席。办公厅、政研室、人教司、机关党委、计算中心和科研所负责同志列席相关议题的研究。

24日上午 审计长刘家义在署机关主持召开座谈会，听取科研所博士后研究人员关于学习、科研及博士后工作站的情况汇报，并与他们进行深入交流。副审计长孙宝厚、陈尘肇出席。科研所主要负责同志和部分博士后导师参加座谈会。

24日上午 副审计长孙宝厚在署机关主持召开会议，研究宣传工作有关事宜，中央经济责任审计工作联席会议办公室主任张通和总审计师李晓钟出席。人教司、报社和出版社负责同志参加会议。

24日下午 党组书记刘家义在署机关主持召开党组会议，专题学习习近平总书记在省部级主要领导干部学习贯彻党的十八届六中全会精神专题研讨班上的讲话，并对学习贯彻作出部署。党组成员孙宝厚、陈尘肇、张通、李晓钟、郑振涛和刘正均出席。副审计长秦博勇，总经济师、服务局局长张力，办公厅、政研室、人教司、机关党委、驻署纪检组负责同志列席会议。

24日下午 副审计长孙宝厚在署机关出席2017年考试录用国家公务员面试工作动员会。人教司主要负责同志参加动员会。

27日上午 审计署2017年审计宣传（政务公开）和保密工作会议在署机关召开，审计长刘家义出席会议并讲话。署领导孙宝厚、陈尘肇、张通、李晓钟和刘正均出席。总经济师、服务局局长张力，署机关各单位、各派出审计局、各特派员办事处、各直属单位主要负责同志，驻署纪检组负责同志，以及署机关各单位综合处处长参加会议。

27日下午 审计长刘家义在署机关会见巴基斯坦审计长拉纳·阿萨德·阿明一行。双方就审计制度建设、加强审计合作等议题交换意见，并签署中巴最高审计机关合作谅解备忘录。副审计长秦博勇参加会见。

27日下午 中央经济责任审计工作部际联席会议办公室会议在署机关召开，中央经济责任审计工作联席会议办公室主任张通出席会议并讲话。中央纪委机关、中央组织部、中央编办、人力资源社会保障部和国资委等成员单位负责同志出席会议，各成员单位联络员列席会议。

28日 审计署党组2017年第一次专题学习在署机关举行，专题学习以“深入学习贯彻党的十八届六中全会和习近平总书记系列重要讲话精神，统一思想认识、提高政治能力、强化责任担当，把全面从严治党任务落实到位”为主题。党组书记刘家义主持专题学习，党组成员孙宝厚、陈尘肇、张通、袁野、郑振涛、李晓钟和刘正均出席并交流学习体会，副审计长秦博勇列席专题学习并作交流发言。总经济师、服务局局长张力，署机关各单位、各派出审计局、各特派员办事处、各直属单位主要负责同志，驻署纪检组负责同志参加专题学习。

28日下午 副审计长秦博勇在署机关会见俄罗斯联邦审计院院务办公室副主任艾琳娜·什皮列娃一行。国际司负责同志参加会见。

3月

2日下午 党组书记刘家义在署机关主持召开党组会议，研究有关人事事项和《审计署2017年全面从严治党工作要点》《审计署关于学习贯彻落实〈关于深化国有企业和国有资本审计监督的若干意见〉的通知》《审计署关于贯彻落实〈关于深化国有企业和国有资本审计监督的若干意见〉工作任务分工方案》等文稿。党组成员孙宝厚、陈尘肇、张通、李晓钟、郑振涛和刘正均出席。副审计长秦博勇，总经济师、服务局局长张力，办公厅、政研室、数据司、财政司、金融司、企业司、境外司、经责司、人教司、机关党委、驻署纪检组和科研所负责同志列席相关议题的研究。

2日下午 审计长刘家义在署机关主持召开审计长会议，研究《审计署2016年大事记》等文稿。署领导孙宝厚、秦博勇、陈尘肇、张通、李晓钟、郑振涛和刘正均出席。总经济师、服务局局长张力，办公厅、政研室、人教司和机关党委主要负责同志列席会议。

2日下午 审计长刘家义在署机关主持召开审计业务会议，研究有关审计工作方案。署领导孙宝厚、秦博勇、陈尘肇、张通、李晓钟、郑振涛和刘正均出席。总经济师、服务局局长张力，办公厅、政研室、金融司和科研所主要负责同志列席会议。

3 日上午 审计署召开 2017 年处级及以下轮岗交流干部任职集体谈话会议，总审计师李晓钟出席并讲话。人教司主要负责同志参加会议。

6 日下午 审计长刘家义参加十二届全国人大五次会议广东省代表团全体会议，听取意见建议。办公厅和政研室主要负责同志参加会议。

6 日至 7 日 审计署党组派驻纪检组长述职会在署机关召开，党组书记刘家义出席会议并讲话。党组成员孙宝厚、陈尘肇、张通、李晓钟、郑振涛和刘正均出席。19 名署党组派驻特派办和直属单位纪检组长参加会议。总经济师、服务局局长张力，办公厅、政研室、机关党委和驻署纪检组负责同志列席会议。

8 日上午 由审计署妇工委主办的“弘扬优良家风”主题故事会在署机关举办，审计长刘家义出席会议并讲话。署领导孙宝厚、陈尘肇、李晓钟和刘正均出席。来自署机关、派出审计局和特派员办事处的 9 名同志从不同侧面讲述自己的家庭、家教、家风方面的感人故事。署机关各单位、各派出审计局、在京各直属单位主要负责同志，驻署纪检组负责同志及全体女干部职工在主会场，各特派员办事处和教育学院干部职工在分会场参加会议。

8 日上午 副审计长陈尘肇在署机关主持召开署精神文明建设、社会管理综合治理及安全领导小组会议。总审计师李晓钟出席。领导小组成员单位负责同志参加会议。

9 日上午 党组书记刘家义在署机关主持召开党组会议，听取关于特派员办事处和直属单位 2016 年度“一报告两评议”结果反馈工作安排及教育学院培训费支出标准等有关情况的汇报。党组成员孙宝厚、陈尘肇、张通、李晓钟、郑振涛和刘正均出席。副审计长秦博勇，总经济师、服务局局长张力，办公厅、人教司、机关党委和驻署纪检组负责同志列席相关议题的研究。

9 日上午 审计长刘家义在署机关主持召开审计业务会议，研究有关审计工作方案。署领导孙宝厚、秦博勇、陈尘肇、张通、李晓钟、郑振涛和刘正均出席。总经济师、服务局局长张力，办公厅、政研室、数据司、财政司、资环司、金融司、经责司和科研所主要负责同志列席会议。

10 日上午 审计长刘家义在署机关主持召开专题会议，研究有关工作。总审计师李晓钟和纪检组长郑振涛出席。办公厅、政研室、机关党委（人教司）和机关纪委（巡视办）负责同志参加会议。

3 日下午、7 日下午、9 日下午和 11 日下午 副审计长孙宝厚分别列席全国政协十二届五次会议开幕会、民革界别联组会议和第二次、第四次全体会议。

3 日至 13 日 副审计长秦博勇在京出席全国政协十二届五次会议。

13 日上午 副审计长陈尘肇在京出席中央全面深化改革领导小组经济体制和生态文明体制改革专项小组全体会议。资环司主要负责同志参加会议。

13 日下午 审计长刘家义在署机关主持召开座谈会，就审计机关如何进一步深入推进全面从严治党听取意见建议。署领导孙宝厚、秦博勇、陈尘肇和李晓钟出席。署机关、派出审计局、特派员办事处和直属单位 10 名党员干部代表参加座谈会。总经济师、服务局局长张力，办公厅、政研室、机关党委（人教司）、机关纪委（巡视办）和驻署纪检组负责同志列席座谈会。

14 日下午 审计长刘家义在署机关主持召开座谈会，就审计机关如何进一步深入推进全面从严治党听取意见建议。署领导孙宝厚、陈尘肇和张通出席。北京市、浙江省、山东省、云南省审计厅（局）主要负责同志和党员干部代表共 12 名同志参加座谈会。总经济师、服务局局长张力，办公厅、政研室、机关党委（人教司）、机关纪委（巡视办）和驻署纪检组负责同志列席座谈会。

15 日上午 副审计长孙宝厚在署机关出席科研所博士后中期考核会议。

15 日上午 党组成员、总审计师、机关党委书记李晓钟在署机关主持召开机关党委会。机关党委委员参加会议。

5 日上午、8 日下午、12 日上午和 15 日上午 审计长刘家义分别列席十二届全国人大五次会议开幕会，第二次、第三次全体会议和闭幕会。

15 日下午 审计长刘家义参加办公厅党总支第一党支部专题组织生活会。办公厅主要负责同志列席会议。

15 日下午　副审计长秦博勇在署机关出席科研所博士后中期考核会议。

16 日上午　党组书记刘家义在署机关主持召开党组会议，研究有关人事事项。党组成员孙宝厚、陈尘肇、张通、李晓钟、郑振涛和刘正均出席。副审计长秦博勇，总经济师、服务局局长张力，机关党委（人教司）、机关纪委（巡视办）、驻署纪检组负责同志列席会议。

16 日上午　审计长刘家义在署机关主持召开审计业务会议，研究有关审计工作方案。署领导孙宝厚、秦博勇、陈尘肇、张通、李晓钟、郑振涛和刘正均出席。办公厅、政研室、财政司、行政司、经责司和科研所主要负责同志列席会议。

16 日下午　审计署召开学习贯彻领导干部报告个人有关事项两项法规暨 2017 年集中填报工作视频培训会议，审计长刘家义出席会议并讲话。总审计师李晓钟和纪检组长郑振涛出席。署机关各单位、各派出审计局、各特派员办事处、各直属单位处级以上干部分别在署机关主会场和各分会场参加会议。

17 日上午　党组书记刘家义在署机关主持召开党组会议，传达中央有关文件精神。党组成员李晓钟和郑振涛出席。总经济师、服务局局长张力，办公厅、政研室、机关党委（人教司）、机关纪委（巡视办）、离退休办和驻署纪检组负责同志列席会议。

17 日上午　党组书记刘家义在署机关主持召开座谈会，就审计机关如何进一步深入推进全面从严治党听取意见建议。党组成员李晓钟和郑振涛出席。近期退出领导班子和离退休老领导董大胜、余效明、李勇库、吕培俭、任景德、罗进新、郑力、翟熙贵、王道成参加座谈。总经济师、服务局局长张力，办公厅、政研室、机关党委（人教司）、机关纪委（巡视办）、离退休办和驻署纪检组负责同志列席会议。

17 日上午　党组成员、法规司司长刘正均在京出席中央第十轮巡视整改典型事例宣传座谈会，并作典型发言。署巡视办负责同志参加会议。

17 日下午　纪检组长郑振涛在京出席中央纪委机关传达“两会”精神大会。驻署纪检组负责同志参加大会。

20 日下午　中央经济责任审计工作部际联席会议第七次全体会议在署机关召开，会议由党组书记、审计长、中央联席会议召集人刘家义主持。中央纪委秘书长杨晓超，中央编办副主任崔少鹏，人力资源社会保障部副部长、国家公务员局局长傅兴国，中央经济责任审计工作联席会议办公室主任张通，国资委党委委员、总会计师沈莹等联席会议成员出席会议。联席会议办公室成员和联络员列席会议。

21 日上午　审计长刘家义出席国务院第五次廉政工作会议。

23 日上午　全国审计机关党风廉政建设工作视频会议在中共审计署党校召开。党组书记刘家义出席会议并讲话，纪检组长郑振涛作工作报告。党组成员孙宝厚、陈尘肇、李晓钟和刘正均出席。副审计长秦博勇列席会议。各省、自治区、直辖市审计厅（局），各计划单列市、副省级省会城市和新疆生产建设兵团审计局主要负责同志、纪检组长，署机关各单位、各派出审计局、各直属单位基层党组织书记，各特派员办事处分党组书记、机关党委书记、机关纪委书记，署党组派驻纪检组长，驻署纪检组负责同志以及开展省以下地方审计机关人财物管理改革试点的江苏、浙江、山东、广东、重庆、贵州、云南等 7 省（市）审计厅（局）人事（人教）处处长和机关党委专职副书记在主会场参加会议，全国各级审计机关 7 万多名审计干部在分会场参加会议。中央军委审计署、中央纪委机关派员参加。南京审计大学负责同志和署特约审计员代表应邀参加会议。

23 日下午　中央经济责任审计工作联席会议办公室主任张通在京出席全国人大预算工作委员会组织召开的非税收入管理情况座谈会。财政司负责同志参加会议。

24 日上午　审计长刘家义列席中央全面深化改革领导小组第 33 次会议。

25 日下午　审计长刘家义在南京会见来自 35 个国家的 50 名获得中国政府审计奖学金的审计专业硕士留学生，并同他们座谈交流。办公厅、国际司、机关党委（人教司）、教育学院和南京审计大学负责同志参加会见和座谈。

26 日晚　审计长刘家义与中共审计署党校、教育学院全体干部职工座谈。署领导孙宝厚、陈尘肇、李晓钟和刘正均出席。总经济师、服务局局长张力，办公厅、政研室、机关党委（人教司）和机关纪委（巡视办）负责同志列席会议。

27日 审计署党组2017年第一季度中心组学习会在中共审计署党校举行。学习会以“切实履行‘一岗双责’落实全面从严治党‘两个责任’”为主题。党组书记刘家义主持学习会并讲话。党组成员孙宝厚、陈尘肇、李晓钟、郑振涛和刘正均出席并作交流发言，副审计长秦博勇列席并谈体会。各省、自治区、直辖市审计厅（局），各计划单列市、副省级省会城市和新疆生产建设兵团审计局主要负责同志、纪检组长，署机关各单位、各派出审计局、各直属单位基层党组织书记，各特派员办事处分党组书记、机关党委书记、机关纪委书记，署党组派驻纪检组长，驻署纪检组负责同志以及开展省以下地方审计机关人财物管理改革试点的江苏、浙江、山东、广东、重庆、贵州、云南7省（市）审计厅（局）人事（人教）处处长和机关党委专职副书记参加学习会。中央军委审计署负责同志应邀列席学习会。

23日至29日 “全国审计机关深入学习贯彻党的十八届六中全会精神认真落实全面从严治党主体责任和监督责任”学习班在中共审计署党校举办。党组书记刘家义出席并讲话。党组成员孙宝厚、陈尘肇、李晓钟、郑振涛和刘正均出席，副审计长秦博勇列席。各省、自治区、直辖市审计厅（局），各计划单列市、副省级省会城市和新疆生产建设兵团审计局主要负责同志、纪检组长，署机关各单位、各派出审计局、各直属单位基层党组织书记，各特派员办事处分党组书记、机关党委书记、机关纪委书记，署党组派驻纪检组长，驻署纪检组负责同志以及开展省以下地方审计机关人财物管理改革试点的江苏、浙江、山东、广东、重庆、贵州、云南等7省（市）审计厅（局）人事（人教）处处长和机关党委专职副书记参加学习班。中央军委审计署、中央纪委机关、中央国家机关工委派员参加。南京审计大学负责同志和署特约审计员代表应邀参加学习班。

29日上午 中央经济责任审计工作联席会议办公室主任张通在京出席全国政协组织召开的扶贫资金管理情况座谈会。农业司负责同志参加会议。

29日下午 中央经济责任审计工作联席会议办公室主任张通在京出席全国人大预算工作委员会组织召开的教育资金管理情况座谈会。教科司负责同志参加会议。

30日上午 党组书记刘家义在署机关主持召开党组会议，传达学习中央有关文件精神。党组成员孙宝厚、陈尘肇、李晓钟和郑振涛出席。副审计长秦博勇，总经济师、服务局局长张力，办公厅、政研室、机关党委（人教司）、机关纪委（巡视办）和驻署纪检组负责同志列席会议。

30日上午 副审计长秦博勇在署机关会见环境保护部副部长赵英民一行，就有关事项进行会谈。资环司主要负责同志参加会见。

3月31日下午 审计长刘家义参加国务院第7次全体会议。

31日下午 党组书记刘家义在署机关主持召开党组会议，研究有关人事事项。党组成员孙宝厚、陈尘肇、李晓钟、郑振涛和刘正均出席。总经济师、服务局局长张力，机关党委（人教司）、机关纪委（巡视办）和驻署纪检组负责同志列席会议。

4月

1日上午 署党组召开会议，中央组织部干部四局负责人在会上宣布刘家义同志到山东任职、审计署工作由孙宝厚同志临时负责的决定。党组成员陈尘肇、张通、李晓钟、郑振涛和刘正均出席。副审计长秦博勇，总经济师、服务局局长张力，办公厅、政研室、机关党委（人教司）、机关纪委（巡视办）和驻署纪检组负责同志列席会议。

1日上午 副审计长孙宝厚在署机关主持召开会议，研究有关事项。署领导秦博勇、陈尘肇、张通、李晓钟、郑振涛和刘正均出席。

1日上午 副审计长陈尘肇出席国务院减轻企业负担部际联席会议。企业司主要负责同志参加会议。

5日上午 副审计长孙宝厚列席国务院第167次常务会议。

5日下午 中央经济责任审计工作联席会议办公室主任张通在署机关会见湖北省委书记蒋超良，就有关事项进行会谈。长春特派办主要负责同志参加会见。

7日下午 副审计长孙宝厚在署机关会见来署调研的全国人大常委会预算工作委员会主任刘昆一行，并进行座谈。党组成员、法规司司长刘正均出席。政研室、法规司、财政司、资环司、金融司和企业司负责同志参加会见和座谈。

8日下午 副审计长孙宝厚在署机关会见内蒙古自治区党委书记李纪恒，就有关事项进行会谈。财政司主要负责同志参加会见。

10日上午 党组成员孙宝厚在署机关主持召开党组会议，研究有关文稿。党组成员陈尘肇、张通、李晓钟、郑振涛和刘正均出席。副审计长秦博勇，总经济师、服务局局长张力，办公厅、政研室、机关党委（人教司）、机关纪委（巡视办）和驻署纪检组负责同志列席会议。

10日上午 副审计长孙宝厚在署机关主持召开审计长会议，听取关于金审工程三期总集成服务项目招标结果有关情况的汇报。署领导秦博勇、陈尘肇、张通、李晓钟、郑振涛和刘正均出席。办公厅、数据司、机关纪委（巡视办）和计算中心主要负责同志列席会议。

10日上午 副审计长孙宝厚在署机关主持召开审计业务会议，研究有关审计工作方案和审计报告。署领导秦博勇、陈尘肇、张通、李晓钟、郑振涛和刘正均出席。办公厅、政研室、数据司、财政司、企业司、境外司、经责司和科研所主要负责同志列席相关议题的研究。

10日下午 副审计长孙宝厚在署机关会见中央编办副主任吴知论，就有关事项进行会谈。财政司和行政司主要负责同志参加会见。

11日上午 副审计长孙宝厚在署机关出席审计机关审计文物联络员会议。审计博物馆（以下简称博物馆）负责同志参加会议。

12日上午 副审计长孙宝厚列席国务院第168次常务会议。

12日下午 党组成员孙宝厚在署机关主持召开党组会议，传达中央有关文件，并研究学习贯彻意见。党组成员李晓钟和郑振涛出席。总经济师、服务局局长张力，办公厅、政研室、资环司、机关党委（人教司）、机关纪委（巡视办）和驻署纪检组负责同志列席会议。

12日 第24届中印审计研讨会在教育学院召开。副审计长陈尘肇和印度主计审计长公署副主计审计长丽塔·米特拉共同出席研讨会。国际司、教育学院和南京审计大学负责同志参加研讨会。

13日下午 副审计长孙宝厚在署机关出席审计新闻宣传（政务公开）工作培训研讨班总结会暨“坚定理想信念，做最美审计人”主题巡展启动仪式。办公厅主要负责同志参加活动。

14日下午 党组成员孙宝厚在署机关主持召开党组会议，研究有关人事事项和有关文稿。党组成员陈尘肇、张通、袁野、李晓钟、郑振涛和刘正均出席。总经济师、服务局局长张力，办公厅、政研室、机关党委（人教司）、机关纪委（巡视办）和驻署纪检组负责同志列席相关议题的研究。

16日上午 副审计长孙宝厚在京出席中央“两学一做”学习教育常态化制度化座谈会。

17日下午 副审计长孙宝厚在中共审计署党校（教育学院）为审计署2017年度学习贯彻党的十八届六中全会精神强化“四个意识”专题培训班第一期学员讲党课。

18日上午 世界审计组织大数据审计工作组第一次会议在教育学院召开，副审计长孙宝厚出席会议并致辞。来自大数据工作组18个成员国最高审计机关的50余名代表参加会议。会议期间，副审计长孙宝厚分别会见泰国审计委员会主席猜西·达初坦和印度尼西亚审计委员会审计委员艾迪·索帕迪。

18日上午 副审计长陈尘肇在署机关会见中国中化集团公司总裁张伟一行，就有关事项进行会谈。企业司主要负责同志参加会见。

18日上午 副审计长陈尘肇在署机关会见中国石油天然气集团公司副总经理汪东进一行，就有关事项进行会谈。企业司主要负责同志参加会见。

18日下午 副审计长陈尘肇在署机关主持召开审计署安全、宣传（政务公开）和保密工作会议。署社会管理综合治理及安全领导小组、审计宣传（政务公开）工作领导小组、署保密委员会各成员单位负责同志参加会议。

19日上午 副审计长孙宝厚列席国务院第169次常务会议。

19日下午 副审计长孙宝厚在署机关会见第十二届全国政协副主席、民进中央第一副主席罗富和。财政司、行政司和经责司主要负责同志参加会见。

19日下午 审计署召开干部大会，学习传达中央有关文件精神。副审计长孙宝厚主持会议并讲话，纪检组长郑振涛传达文件，中央经济责任审计工作联席会议办公室主任张通出席会议。署机关各单位、各派出审计局、在京各直属单位副处级以上干部参加会议。

10日至20日 2017年度第一期市县审计局局长培训班在教育学院举办。其间，署领导孙宝厚、陈尘肇、张通、李晓钟和刘正均先后为培训班学员授课。

11日至20日 副审计长秦博勇在国家行政学院参加省部级干部"贯彻新发展理念、培育发展新动能"研讨班学习。

21日上午 副审计长孙宝厚在署机关会见外交部部长助理钱洪山，就有关事项进行会谈。财政司和外交外事审计局主要负责同志参加会见。

21日下午 党组成员孙宝厚在署机关主持召开党组会议，研究有关人事事项。党组成员陈尘肇、张通、郑振涛和刘正均出席。机关党委（人教司）、机关纪委（巡视办）和驻署纪检组负责同志列席会议。

21日下午 副审计长孙宝厚在署机关主持召开审计业务会议，研究有关审计工作方案。署领导陈尘肇、张通、郑振涛和刘正均出席。办公厅、政研室、投资司和科研所负责同志列席会议。

17日至21日 党组成员、总审计师、机关党委书记李晓钟在上海浦东干部学院参加中央国家机关部门机关党委书记"推进'两学一做'学习教育常态化制度化"专题研讨班。机关党委（人教司）负责同志参加研讨班。

24日上午 副审计长陈尘肇在署机关出席2017年度中央企业领导人员经济责任审计审前培训班开班式并讲话。企业司和各参审特派员办事处负责同志参加培训班。

25日上午 副审计长孙宝厚在双榆树事业单位办公楼出席署机关、特派员办事处及直属单位离退休干部工作人员座谈会。离退休办主要负责同志参加座谈会。

25日下午 副审计长孙宝厚列席中央政治局集体学习。

25日下午 党组成员孙宝厚在署机关主持召开党组会议，研究有关工作。党组成员陈尘肇、郑振涛和刘止均出席。副审计长秦博勇，总经济师、服务局局长张力，办公厅、政研室、数据司、国际司、机关党委（人教司）、机关纪委（巡视办）和计算中心主要负责同志列席会议。

25日下午 副审计长陈尘肇在署机关会见天津市委常委、滨海新区区委书记张玉卓，就有关事项进行会谈。企业司主要负责同志参加会见。

26日上午 副审计长孙宝厚列席国务院第170次常务会议。

26日上午 纪检组长郑振涛在京出席全国纪检监察信访举报工作会议。

26日下午 党组成员孙宝厚在署机关主持召开党组会议，研究有关工作。党组成员陈尘肇、张通、李晓钟、郑振涛和刘正均出席。副审计长秦博勇，总经济师、服务局局长张力，办公厅、政研室、数据司、财政司、行政司、教科司、投资司、金融司、企业司、国际司、机关党委（人教司）、机关纪委（巡视办）和计算中心负责同志列席会议。

27日上午 署党组召开会议，中央组织部副部长邓声明在会上宣布中央关于胡泽君同志任审计署党组书记的决定。党组成员孙宝厚、陈尘肇、张通、李晓钟、郑振涛和刘正均出席。副审计长秦博勇，总经济师、服务局局长张力，办公厅和机关党委（人教司）负责同志列席会议。

27日上午 审计署召开干部大会，宣布中共中央关于胡泽君同志任审计署主要负责同志的决定。中央组织部副部长邓声明出席会议并宣布中央决定，副审计长孙宝厚主持会议。署领导秦博勇、陈尘肇、张通、李晓钟、郑振涛和刘正均出席。署老领导余效明、李勇库，总经济师、服务局局长张力，署机关各单位、各派出审计局、各直属单位司局级干部，各特派员办事处主要负责同志参加会议。

27日下午 审计长胡泽君参加十二届全国人大常委会组织的宪法宣誓仪式。副审计长孙宝厚，总经济师、服务局局长张力，办公厅、政研室、财政司、金融司、企业司和机关党委（人教司）

主要负责同志列席活动。

28 日上午 副审计长秦博勇在人民大会堂出席《中华人民共和国红十字会法》宣传贯彻座谈会。

28 日上午 副审计长陈尘肇在京出席全国政务公开领导小组第一次全体会议。办公厅负责同志参加会议。

28 日上午 中央经济责任审计工作联席会议办公室主任张通在京出席首都规划建设委员会第 34 次全体会议。投资司负责同志参加会议。

28 日上午 总审计师李晓钟在京出席全国农业信贷担保工作座谈会。

3 月 1 日至 4 月 28 日 副审计长袁野在中央党校参加省部级干部进修班“全面从严治党”专题学习。

5 月

3 日上午 受党组书记胡泽君委托，党组成员孙宝厚在署机关主持召开党组会议，研究有关人事事项和有关文件。党组成员陈尘肇、袁野、李晓钟、郑振涛和刘正均出席。总经济师、服务局局长张力，办公厅、政研室、机关党委（人教司）、机关纪委（巡视办）和驻署纪检组负责同志列席相关议题的研究。

3 日上午 受审计长胡泽君委托，副审计长孙宝厚在署机关主持召开审计长会议，听取关于采购 2017 年度特派办数据分析网专线线路有关情况的汇报。署领导陈尘肇、袁野、李晓钟、郑振涛和刘正均出席。总经济师、服务局局长张力，办公厅、数据司、机关纪委（巡视办）、驻署纪检组和计算中心负责同志列席会议。

3 日上午 副审计长陈尘肇在署机关主持召开会议，听取企业经济责任审计数据分析情况汇报。数据司、企业司和境外司主要负责同志参加会议。

3 日下午 副审计长陈尘肇在署机关参加企业司党支部党员大会，并为全体党员上党课。

4 日上午 审计署召开庆祝中国共产主义青年团成立 95 周年大会，副审计长孙宝厚出席会议并讲话，总审计师李晓钟主持会议。署机关各单位、各派出审计局、各特派员办事处、各直属单位的 300 多名青年干部和在京各单位主要负责同志参加大会。

4 日上午 副审计长陈尘肇在署机关听取经济执法审计局（以下简称经济执法局）有关审计情况汇报，并参加经济执法局党支部的集体学习。

4 日下午 副审计长孙宝厚、陈尘肇在署机关出席 2017—2018 年度审计署重点科研课题立项评审会。

5 日上午 审计署召开干部大会，中央“两委”考察组一行到审计署考察。署领导胡泽君、孙宝厚、陈尘肇、张通、袁野、李晓钟、郑振涛和刘正均出席会议，退出领导班子的老领导董大胜、余效明、石爱中和李勇库，总经济师、服务局局长张力，署机关各单位、各派出审计局和在京直属单位主要负责同志参加会议。

5 日上午 副审计长秦博勇在京出席庆祝中华职业教育社成立 100 周年大会。

5 日下午 副审计长袁野在京出席促进大数据发展部际联席会议第二次会议。数据司主要负责同志参加会议。

8 日上午 副审计长孙宝厚在署机关会见环境保护部副部长赵英民一行，就有关事项进行会谈。资环司和昆明特派办负责同志参加会见。

9 日上午 副审计长孙宝厚在署机关会见云南省人民政府副省长董华一行，就有关事项进行会谈。资环司主要负责同志参加会见。

9 日上午 中央经济责任审计工作联席会议办公室主任张通在京出席全国社会保障基金理事会会议。金融司主要负责同志参加会议。

9 日下午 署安全、保密工作会议在署机关召开，副审计长孙宝厚、陈尘肇出席会议。总经济师、服务局局长张力，署社会管理综合治理及安全领导小组和保密委员会成员单位负责同志参加会议。

10 日上午 审计长胡泽君列席国务院第 172 次常务会议。

10 日上午 副审计长孙宝厚在署机关会见商务部副部长傅自应一行，就有关事项进行会谈。财政司和贸易审计局负责同志参加会见。

10 日下午 党组书记胡泽君在署机关主持召开党组会议，传达学习中央有关文件，研究有关人事事项。党组成员孙宝厚、陈尘肇、张通、袁野、李晓钟、郑振涛和刘正均出席。副审计长秦博勇，总经济师、服务局局长张力，机关党委（人教司）、机关纪委（巡视办）和驻署纪检组负责同志列席相关议题的研究。

11日上午　副审计长孙宝厚在八宝山革命公墓礼堂出席全国人大常委会原副委员长布赫同志遗体送别仪式。

11日上午　副审计长秦博勇在署机关主持领导干部自然资源资产离任审计试点审计意见会审。资环司和相关特派办负责同志参加会审。

11日下午　党组书记胡泽君在署机关主持召开党组会议，研究《审计署关于2016年度中央预算执行和其他财政收支的审计结果报告》等文稿。党组成员孙宝厚、陈尘肇、张通、袁野、李晓钟和郑振涛出席。副审计长秦博勇，总经济师、服务局局长张力，办公厅、政研室、法规司、财政司、机关党委（人教司）、机关纪委（巡视办）和驻署纪检组负责同志列席会议。

12日上午　副审计长秦博勇在署机关会见全国人大财政经济委员会副主任委员辜胜阻一行，就有关事项进行会谈。企业司和境外司负责同志参加会见。

12日下午　副审计长孙宝厚在教育学院出席2017年度审计机关理论研究骨干培训班并讲话。

3日至12日　2017年度第二期市县审计局局长培训班在教育学院举办。其间，署领导孙宝厚、秦博勇、张通和刘正均先后为培训班学员授课。

15日下午　审计长胡泽君在署机关主持召开座谈会，听取特派员办事处和京外直属单位工作情况汇报。各特派员办事处、教育学院和博物馆主要负责同志参加座谈会。办公厅主要负责同志列席座谈会。

15日下午　中央经济责任审计工作联席会议办公室主任张通参加经责司党支部主题党日活动。

17日上午　审计长胡泽君列席国务院第173次常务会议。

18日上午　受党组书记胡泽君委托，党组成员孙宝厚在署机关主持召开党组会议，传达学习中央有关文件，研究《中共审计署党组关于推进“两学一做”学习教育常态化制度化的实施方案》等文稿。党组成员张通、袁野、郑振涛和刘正均出席。副审计长秦博勇，总经济师、服务局局长张力，办公厅、政研室、经责司、机关党委（人教司）、机关纪委（巡视办）和驻署纪检组负责同志列席相关议题的研究。

18日上午　受审计长胡泽君委托，副审计长孙宝厚在署机关主持召开审计长会议，听取关于修订《审计署制度（2015年版）》中关于购买社会服务管理有关制度情况的汇报，研究《审计署经济责任审计报告复查复核工作规则（试行）》等文稿。署领导秦博勇、张通、袁野、郑振涛和刘正均出席。总经济师、服务局局长张力，办公厅、政研室、财政司、金融司、企业司、经责司、机关党委（人教司）、机关纪委（巡视办）、驻署纪检组和科研所负责同志列席相关议题的研究。

19日上午　副审计长孙宝厚在人民大会堂出席全国公安系统英雄模范立功集体表彰大会。

19日　副审计长秦博勇在山东省青岛市出席山东省境外审计工作座谈会并讲话。境外司主要负责同志参加座谈会。

15日至19日　副审计长陈尘肇率中国审计代表团访问瑞典审计署，并赴丹麦出席全球审计领导人会商机制第4次会议。

22日下午　审计长胡泽君在署机关主持召开座谈会，听取派出审计局工作情况汇报。各派出审计局主要负责同志参加座谈会。办公厅主要负责同志列席座谈会。

24日上午　审计长胡泽君列席国务院第174次常务会议。

24日上午　副审计长孙宝厚参加社保司党支部主题党日活动，参观国家安全部安全保密教育基地。

24日下午　副审计长陈尘肇在署机关参加企业司党支部的专题学习。

25日上午　副审计长袁野在京出席全国人大预算工作委员会会议，就2016年度中央预算执行和其他财政收支审计工作报告有关情况作介绍。政研室和财政司主要负责同志参加会议。

18日至25日　总审计师李晓钟率中国审计代表团访问越南和柬埔寨审计署。

26日下午　审计长胡泽君列席中央有关会议。

26日下午　受党组书记胡泽君委托，党组成员孙宝厚在署机关主持召开党组会议，传达学习中央有关文件，听取关于党中央国务院重点工作任务责任分工建议、署内议事协调机构调整建议、调整对地方审计机关审计项目经费支付办法等情况的汇报。党组成员陈尘肇、张通、袁野、李晓钟、郑振涛和刘正均出席。副审计长秦博勇，总经济师、服务局局长张力，办公厅、政研室、数据司、财政司、教科司、农业司、投资司、资环司、企业司、外资运用审计司（以下简称外资司）、经责司、机关党委（人教司）、机关纪委（巡视办）和驻署纪检组负责同志列席相关议题的研究。

26 日下午 受审计长胡泽君的委托，副审计长孙宝厚在署机关主持召开审计长会议，研究《审计署 2016 年度预算执行等情况审计报告》和《审计署关于规范地方投资审计工作的意见》等文稿。署领导秦博勇、陈尘肇、张通、袁野、李晓钟、郑振涛和刘正均出席。总经济师、服务局局长张力，办公厅、政研室、财政司、行政司、投资司和科研所主要负责同志列席相关议题的研究。

26 日下午 受审计长胡泽君的委托，副审计长孙宝厚在署机关主持召开审计业务会议，研究《2016 年保障性安居工程跟踪审计情况的报告和公告稿》。署领导秦博勇、陈尘肇、张通、袁野、李晓钟、郑振涛和刘正均出席。总经济师、服务局局长张力，办公厅、政研室、数据司、财政司、社保司和科研所主要负责同志列席会议。

25 日至 26 日 副审计长陈尘肇在署机关主持召开会议，听取 2017 年度中央企业经济责任审计情况汇报。企业司主要负责同志及各参审特派办负责同志参加会议。

31 日上午 审计长胡泽君在署机关主持召开审计业务会议，研究有关审计报告。署领导孙宝厚、秦博勇、陈尘肇、袁野、李晓钟、郑振涛和刘正均出席。总经济师、服务局局长张力，办公厅、政研室、财政司、农业司、资环司和科研所主要负责同志列席相关议题的研究。

31 日上午 副审计长秦博勇在署机关出席泰国审计官员研修班结业式。国际司负责同志参加活动。

31 日下午 审计长胡泽君在署机关主持召开审计署全面深化改革领导小组会议，听取 2017 年重点改革任务进展情况汇报。署领导孙宝厚、秦博勇、陈尘肇、袁野、李晓钟、郑振涛和刘正均出席。总经济师、服务局局长张力，办公厅、政研室、法规司、资环司、经责司和机关党委（人教司）负责同志参加会议。

6 月

1 日 审计长胡泽君出席全国人大财经委全体会议，副审计长袁野就 2016 年度中央预算执行和其他财政收支的审计工作报告有关情况作介绍。政研室和财政司主要负责同志参加会议。

1 日上午 副审计长秦博勇在署机关出席 2017 年铁路项目审计中期汇报交流会并讲话。外资司和参审特派办负责同志参加会议。

2 日上午 纪检组长郑振涛在署机关出席驻署纪检组《中国共产党纪律检查机关监督执纪工作规则（试行）》学习讨论会。

2 日下午 副审计长陈尘肇出席国务院专题会议。企业司主要负责同志参加会议。

5 日上午 原中央顾问委员会委员，审计署原党组书记、审计长于明涛同志遗体告别仪式在北京八宝山革命公墓礼堂举行。国务院有关领导同志，署领导胡泽君、陈尘肇、张通、袁野、李晓钟、郑振涛、刘正均，署老领导董大胜、余效明、石爱中、李勇库、吕培俭、任景德、罗进新、郑力、翟熙贵、刘鹤章、王道成、安国，有关地方和部门负责同志，署机关和派出局干部职工以及于明涛同志生前好友参加遗体告别仪式，对于明涛同志的逝世表示深切哀悼。

5 日上午 党组书记胡泽君在署机关主持召开党组会议，传达学习中央有关文件。党组成员陈尘肇、张通、袁野、李晓钟、郑振涛和刘正均出席会议。

5 日上午 受审计长胡泽君委托，副审计长秦博勇赴教育学院出席“一带一路”沿线国家审计官员研修班开幕式并作专题讲座。国际司主要负责同志参加活动。

6 日上午 副审计长袁野在署机关主持召开派出局局长工作会议。财政司和各派出审计局主要负责同志参加会议。

6 日下午 副审计长袁野在京出席建立粮食生产功能区和重要农产品生产保护区工作电视电

话会议。农业司主要负责同志参加会议。

7日上午 审计长胡泽君列席国务院第175次常务会议。

8日下午 总审计师李晓钟在署机关参加机关党委（人教司）党支部专题学习。

8日至9日 中央经济责任审计工作联席会议办公室主任张通赴贵州省出席2017年审计宣传通联工作会议并作调研。报社和出版社主要负责同志参加活动。

4日至12日 副审计长孙宝厚率中国审计代表团访问加拿大审计署，并赴巴西出席世界审计组织职业准则委员会指导委员会第14次会议。

13日上午 国务院召开全国推进简政放权放管结合优化服务改革电视电话会议，审计长胡泽君在主会场出席会议。署领导孙宝厚、秦博勇、陈尘肇、袁野、李晓钟、郑振涛和刘正均在署机关分会场出席。总经济师、服务局局长张力，署机关各单位、各派出审计局、在京各直属单位处级以上干部参加会议。

13日下午 副审计长秦博勇在署机关主持召开会议，研究落实习近平总书记关于生态文明建设的重要讲话精神。资环司主要负责同志参加会议。

14日上午 审计长胡泽君列席国务院第176次常务会议。

14日下午 党组书记胡泽君在署机关主持召开党组会议，听取关于举办深入学习贯彻习近平总书记系列重要讲话精神扎实推进“两学一做”学习教育常态化制度化专题研讨班、署各单位2016年度考核情况等有关情况的汇报，研究有关人事事项和《中共审计署党组关于贯彻落实加强新形势下党的督促检查工作意见的具体措施》等文稿。党组成员孙宝厚、陈尘肇、张通、袁野、李晓钟、郑振涛和刘正均出席。副审计长秦博勇，办公厅、政研室、数据司、机关党委（人教司）、机关纪委（巡视办）和驻署纪检组负责同志列席相关议题的研究。

14日下午 审计长胡泽君在署机关主持召开审计业务会议，研究《北京2022年冬奥会和冬残奥会跟踪审计工作方案》和有关经济责任审计报告初步征求意见稿。署领导孙宝厚、秦博勇、陈尘肇、张通、袁野、李晓钟、郑振涛和刘正均出席。办公厅、政研室、财政司、行政司、投资司、资环司、经责司和科研所主要负责同志列席相关议题的研究。

15日至16日 中央经济责任审计工作联席会议办公室主任张通赴河北省秦皇岛市参加经济责任审计两办规定修订工作。经责司主要负责同志参加活动。

17日 副审计长孙宝厚赴四川省成都市出席中国审计学会主办的“审计学科建设”研讨会。

16日至18日 副审计长秦博勇赴河北省石家庄市出席民建河北省第九次代表大会。

19日下午 副审计长陈尘肇赴沈阳特派办在京的企业领导人员经济责任审计组住地调研。企业司主要负责同志参加调研。

19日下午 副审计长袁野在署机关会见会长蔡国伟率领的香港华人会计师公会代表团一行。

20日上午 副审计长孙宝厚赴教育学院为第五期学习贯彻党的十八届六中全会精神强化“四个意识”专题培训班学员授课。

20日下午 副审计长陈尘肇赴哈尔滨特派办在京的企业领导人员经济责任审计组住地调研。企业司主要负责同志参加调研。

20日下午 纪检组长郑振涛在京出席中央纪委第四纪检监察室对口联系派驻纪检组长、纪委书记座谈会。

21日上午 审计长胡泽君列席国务院第177次常务会议。

21日下午 副审计长陈尘肇在署机关参加企业司党支部的专题学习。

21日下午 副审计长袁野在署机关与机关纪委（巡视办）全体同志座谈。

22日上午 副审计长陈尘肇在署机关主持召开宣传工作领导小组会议。中央经济责任审计工作联席会议办公室主任张通出席。署宣传工作领导小组成员单位负责同志参加会议。

22日下午 审计长胡泽君参加国务院党组理论学习中心组学习讲座。

22日下午 副审计长袁野在署机关主持召开会议，研究审计工作报告分组审议有关工作。办公厅、政研室、财政司、农业司、资环司、金融司和企业司主要负责同志参加会议。

22日 纪检组长郑振涛赴中国移动通信集团

公司和中国盐业总公司审计现场调研。

13 日至 22 日　2017 年度第四期市县审计局局长培训班在教育学院举办。其间，署领导孙宝厚、秦博勇、张通、李晓钟和刘正均先后为培训班学员授课。

15 日至 23 日　审计署全面深化改革领导小组对重点改革任务落实情况进行督察调研，重点督察调研纳入中央 2017 年重点改革任务的领导干部自然资源资产离任审计试点、省以下地方审计机关人财物管理改革试点、党政主要领导干部和国有企业领导人员经济责任审计规定修订工作的推进落实情况。署领导胡泽君、秦博勇、陈尘肇、张通、李晓钟分别带队赴浙江、云南、贵州、山东、重庆、广东、江苏现场督察调研。改革领导小组成员单位负责同志参加督察调研活动。

23 日下午　受国务院委托，审计长胡泽君在第十二届全国人民代表大会常务委员会第二十八次会议上作《国务院关于 2016 年度中央预算执行和其他财政收支的审计工作报告》。副审计长袁野参加会议。

23 日下午　党组成员、总审计师、机关党委书记李晓钟在署机关主持召开机关党委会。机关党委委员参加会议。

26 日上午　审计长胡泽君在国家博物馆出席“香港回归二十周年——同心创前路　掌握新机遇”成就展开幕式并观看展览。办公厅和港澳台办公室主要负责同志陪同参加活动。

26 日下午　副审计长孙宝厚在教育学院为 2017 年度第一期审计组组长案例研讨班和审计组主审案例研讨班学员授课。

27 日上午　党组书记胡泽君在署机关主持召开党组会议，传达学习中央有关文件，研究有关人事事项，听取《审计署制度（2017 年版）》修订情况的汇报。党组成员孙宝厚、陈尘肇、张通、袁野、李晓钟、郑振涛和刘正均出席。副审计长秦博勇，总经济师、服务局局长张力，办公厅、政研室、数据司、财政司、机关党委（人教司）、机关纪委（巡视办）、驻署纪检组、计算中心和科研所负责同志列席相关议题的研究。

27 日上午　审计长胡泽君在署机关主持召开审计业务会议，研究有关审计工作方案。署领导孙宝厚、秦博勇、陈尘肇、张通、袁野、李晓钟、郑振涛和刘正均出席。总经济师、服务局局长张力，办公厅、政研室、财政司、金融司、境外司和科研所负责同志列席相关议题的研究。

27 日下午　副审计长袁野在署机关主持召开会议，研究政策跟踪审计有关工作。教科司和相关派出局负责同志参加会议。

27 日下午　纪检组长郑振涛在署机关为驻署纪检组全体党员讲党课。

28 日上午　副审计长孙宝厚在双榆树办公楼向全体离退休干部作“十八大以来审计工作的发展变化”专题宣讲报告。

28 日上午　副审计长秦博勇在署机关出席缅甸审计官员研修班结业式。国际司主要负责同志参加结业式。

28 日上午　纪检组长郑振涛赴中国保利集团公司审计现场调研。

28 日下午　副审计长孙宝厚在京出席 2017 年度审计专业技术初中级资格考试命题工作预备会。

28 日下午　纪检组长郑振涛赴中国华电集团公司审计现场调研。

29 日下午　副审计长孙宝厚在署机关参加科研所青年干部读书会。

29 日下午　副审计长陈尘肇在署机关参加企业司党支部党小组的组织生活会。

29 日下午　副审计长陈尘肇赴西安特派办、济南特派办在京的企业领导人员经济责任审计组住地调研。企业司主要负责同志参加调研。

29 日　纪检组长郑振涛赴中国储备粮管理总公司和北京矿冶研究总院审计现场调研。

30 日上午　副审计长陈尘肇赴中央统战部出席“砥砺奋进的五年”成就展第三展区大纲细化稿征求意见座谈会。办公厅负责同志参加会议。

30 日上午　纪检组长郑振涛赴中国机械工业集团有限公司审计现场调研。

30 日下午　副审计长孙宝厚在署机关参加社保司党支部读书学习活动。

30 日下午　副审计长陈尘肇赴太原特派办、长春特派办在京的企业领导人员经济责任审计组住地调研。企业司主要负责同志参加调研。

7月

3日下午 纪检组长郑振涛在中央纪委机关出席扶贫领域监督执纪问责工作电视电话会议。

4日下午 总审计师李晓钟在京出席中央国家机关驻村第一书记座谈会。审计署驻村第一书记代表参加座谈会。

2日至4日 审计长胡泽君赴贵州省就定点扶贫工作开展调研。办公厅和机关党委（人教司）主要负责同志参加调研。

5日上午 审计长胡泽君列席国务院第178次常务会议。副审计长袁野和政研室主要负责同志列席相关议题。

5日上午 副审计长陈尘肇赴中央组织部，与相关司局负责同志就企业审计有关工作进行会谈。企业司主要负责同志参加会谈。

5日下午 纪检组长郑振涛在京出席中央纪委有关会议。驻署纪检组负责同志参加会议。

1日下午至6日上午 副审计长孙宝厚在京参加2017年度审计专业技术资格考试命审题工作。

6日上午 副审计长袁野在京出席贯彻落实《政务信息系统整合共享实施方案》座谈会。数据司主要负责同志参加座谈会。

6日下午 审计长胡泽君列席中央有关会议。

6日下午 受审计长胡泽君委托，副审计长孙宝厚参加李克强总理主持召开的经济形势专家和企业家座谈会。

6日 副审计长秦博勇在京出席民建中央常委会会议。

7日下午 副审计长秦博勇在署机关会见中国文联副主席赵实一行。文化体育审计局负责同志参加会见。

5日至8日 中央经济责任审计工作联席会议办公室主任张通在内蒙古自治区出席2017年审计通联宣传工作会议并进行工作调研。报社和出版社主要负责同志参加会议并陪同调研。

10日上午 副审计长秦博勇在教育学院出席2017年“一带一路”中东欧地区高级审计研讨班开班式并作主题发言。国际司主要负责同志参加开班式。

10日上午 副审计长陈尘肇在京出席全国国有企业改革经验交流会。企业司主要负责同志参加会议。

10日至11日上午 审计长胡泽君陪同李克强总理在陕西调研。

11日上午 副审计长孙宝厚在署机关会见云南省委常委、省委秘书长刘慧晏一行。财政司、资环司和昆明特派办主要负责同志参加会见。

11日上午 总审计师李晓钟在署机关会见广西壮族自治区党委常委、秘书长王可一行。财政司、资环司和长沙特派办负责同志参加会见。

11日下午 党组书记胡泽君在署机关主持召开党组会议，传达学习中央有关文件，研究有关人事事项和《审计署关于推动绿色发展做好相关工作的意见》等文稿。党组成员孙宝厚、陈尘肇、张通、李晓钟、郑振涛和刘正均出席。副审计长秦博勇，总经济师、服务局局长张力，办公厅、政研室、数据司、财政司、资环司、金融司、企业司、经责司、机关党委（人教司）、机关纪委（巡视办）、驻署纪检组和科研所负责同志列席相关议题的研究。

11日下午 审计长胡泽君在署机关主持召开审计长会议，听取关于服务局有关工作情况汇报。署领导孙宝厚、秦博勇、陈尘肇、张通、李晓钟、郑振涛和刘正均出席。总经济师、服务局局长张力，办公厅、机关党委（人教司）、机关纪委（巡视办）、离退休办和驻署纪检组负责同志列席会议。

12日上午 审计长胡泽君列席国务院第179次常务会议。

12日下午 副审计长陈尘肇在署机关会见国资委党委书记郝鹏。

12日下午 副审计长陈尘肇在署机关会见青海省常务副省长王予波一行。

13日上午 审计长胡泽君在教育学院会见出席“一带一路”中东欧地区高级审计研讨班的各国外宾。下午，在南京特派办调研。机关党委（人教司）主要负责同志参加上述活动。

13日下午 副审计长孙宝厚在署机关会见商务部部长助理李成钢一行。财政司和贸易审计局负责同志参加会见。

13日下午 副审计长陈尘肇到长沙特派办在

京企业审计组驻地调研。企业司负责同志参加调研。

13 日 中央经济责任审计工作联席会议办公室主任张通在京出席国务院第四次大督查动员部署暨培训工作会议。

14 日上午 副审计长陈尘肇到成都特派办和重庆特派办在京企业审计组住地调研。企业司主要负责同志参加调研。

14 日下午 副审计长陈尘肇参加企业司党支部与中国核工业集团审计部共同开展的主题联学活动。

14 日至 15 日 全国金融工作会议在北京召开。审计长胡泽君出席 14 日的全体会议，中央经济责任审计工作联席会议办公室主任张通全程参加会议。

15 日 副审计长秦博勇陪同“一带一路”中东欧地区高级审计研讨班学员在上海特派办参观调研。国际司主要负责同志参加调研。

7 日至 15 日 副审计长袁野率中国审计代表团访问古巴和墨西哥审计署。

17 日上午 副审计长陈尘肇在署机关主持召开署基建工作领导小组会议。领导小组成员参加会议。

17 日上午 副审计长袁野出席国务院专题会议。数据司主要负责同志参加会议。

17 日下午 总审计师李晓钟在署机关会见杭州市委书记赵一德一行。财政司和上海特派办主要负责同志参加会见。

18 日上午 党组书记胡泽君在署机关主持召开党组会议，传达学习中央有关文件和会议精神，研究有关人事事项，听取关于中国审计署接任亚洲审计组织秘书长相关筹备工作情况的汇报。党组成员孙宝厚、陈尘肇、袁野、李晓钟、郑振涛和刘正均出席。副审计长秦博勇，办公厅、政研室、国际司、机关党委（人教司）、机关纪委（巡视办）、驻署纪检组和计算中心负责同志列席相关议题的研究。

18 日上午 审计长胡泽君在署机关主持召开审计长会议，听取关于党的十八大以来审计署落实中央巡视办移交事项办理情况的汇报。署领导孙宝厚、秦博勇、袁野、李晓钟、郑振涛和刘正均出席。办公厅、政研室、数据司、财政司、教科司、企业司和科研所主要负责同志列席会议。

18 日上午 审计长胡泽君在署机关主持召开审计业务会议，研究有关审计报告。署领导孙宝厚、秦博勇、袁野、李晓钟、郑振涛和刘正均出席。办公厅、政研室、投资司和科研所主要负责同志列席会议。

18 日下午 审计长胡泽君在署机关会见广东省省长马兴瑞一行。纪检组长郑振涛参加会见。

18 日下午 副审计长袁野在署机关会见广东省省长马兴瑞一行。财政司负责同志参加会见。

19 日上午 审计长胡泽君列席国务院第 180 次常务会议。

18 日至 19 日 副审计长陈尘肇在京出席全国信访工作会议。办公厅负责同志参加会议。

20 日至 22 日上午 审计署推进“两学一做”学习教育常态化制度化专题研讨班在中共审计署党校举办。审计长胡泽君出席研讨班并讲话。署领导孙宝厚、秦博勇、陈尘肇、袁野、李晓钟、郑振涛和刘正均出席。总经济师、服务局局长张力，各省、自治区、直辖市审计厅（局），各计划单列市、副省级省会城市、新疆生产建设兵团审计局，署机关各单位、各派出审计局、各特派员办事处、各直属单位主要负责同志，中央纪委驻署纪检组、南京审计大学负责同志和署特约审计员代表参加研讨班。

20 日下午 审计长胡泽君在南京审计大学与学校党政领导班子成员进行座谈。副审计长陈尘肇，总经济师、服务局局长张力，办公厅、机关党委（人教司）和教育学院主要负责同志参加座谈。

21 日上午 审计长胡泽君在教育学院与 2017 年新录用公务员初任培训班学员进行座谈。办公厅和教育学院主要负责同志参加座谈。

22 日下午 副审计长孙宝厚在教育学院为 2017 年新录用公务员初任培训班学员授课。

24 日上午 审计长胡泽君在署机关会见西藏自治区党委书记吴英杰一行。党组成员、法规司司长刘正均和财政司负责同志参加会见。

25 日上午 党组书记胡泽君在署机关主持召开党组会议，传达学习中央有关文件精神，研究有关人事事项和《审计援外工作三年计划（草案）》，听取关于 2017 年细化及调整预算等情况的汇报。党组成员孙宝厚、陈尘肇、袁野、李晓钟、郑振涛和刘正均出席。副审计长秦博勇，总经济师、服务局局长张力，办公厅、机关党委（人教司）、机关纪委（巡视办）和驻署纪检组负责同志列席相关议题的研究。

25日上午 审计长胡泽君在署机关主持召开审计长会议，听取服务局有关情况汇报。署领导孙宝厚、秦博勇、陈尘肇、袁野、李晓钟、郑振涛和刘正均出席。总经济师、服务局局长张力，办公厅、机关党委（人教司）、机关纪委（巡视办）和驻署纪检组负责同志列席相关议题的研究。

25日中午 审计长胡泽君出席国务院有关专题会议。财政司主要负责同志参加会议。

25日下午 审计长胡泽君列席中央有关会议。

25日下午 副审计长陈尘肇在署机关与沈阳特派办领导班子成员集体谈话。机关党委（人教司）主要负责同志参加谈话。

26日上午 副审计长秦博勇在署机关主持召开会议，研究落实中央领导同志有关批示精神。资环司负责同志参加会议。

26日上午 审计署召开全国扶贫审计视频培训会，副审计长袁野出席会议并讲话。财政司、农业司主要负责同志，各特派员办事处及扶贫任务较重的省级审计机关扶贫审计人员，相关派出局负责同志和政策跟踪审计项目主审在主会场；各省、自治区、直辖市和计划单列市、新疆生产建设兵团审计厅（局），各特派员办事处分管负责同志及全体参加扶贫审计人员在分会场参加会议。

26日至27日 审计长胡泽君在京参加省部级主要领导干部“学习习近平总书记重要讲话精神，迎接党的十九大”专题研讨班。

27日上午 审计署举办精准扶贫精准脱贫专题报告会，邀请国务院扶贫办主任刘永富作专题报告。副审计长孙宝厚主持报告会。署领导秦博勇、陈尘肇和郑振涛出席。署机关各单位、各派出审计局、在京各直属单位干部职工参加报告会。

27日上午 北京2022年冬奥会和冬残奥会跟踪审计培训暨动员会在署机关召开，副审计长袁野出席会议并讲话。北京冬奥组委秘书长韩子荣介绍北京冬奥会有关情况。来自北京冬奥组委，相关地方审计机关、署机关单位、派出审计机构主要负责同志和参审人员参加会议。

27日下午 副审计长孙宝厚在署机关参加科研所2017年第7期青年干部读书会。

26日至27日 审计法治建设座谈会在署机关召开，总审计师李晓钟出席，署党组成员、法规司司长刘正均主持座谈会。各省、自治区、直辖市和计划单列市、新疆生产建设兵团审计厅（局），各特派员办事处审计法制工作机构负责人参加座谈会。

28日上午 审计长胡泽君列席国务院第181次常务会议。

28日上午 副审计长陈尘肇在署机关出席科研所专业技术聘任证书颁发仪式。

28日上午 署党组成员、总审计师、机关党委书记李晓钟在署机关主持召开军转干部座谈会。总经济师、服务局局长张力，办公厅、机关党委（人教司）和机关纪委（巡视办）负责同志及军转干部代表参加座谈会。

28日下午 总审计师李晓钟在署机关参加机关党委（人教司）支部党员大会。

16日至28日 中央经济责任审计工作联席会议办公室主任张通作为国务院第四督查组组长，在内蒙古自治区开展国务院第四次大督查工作。

28日晚 总审计师李晓钟在人民大会堂参加庆祝中国人民解放军建军90周年文艺晚会。

31日晚 审计长胡泽君在人民大会堂出席庆祝中国人民解放军建军90周年招待会。

29日至31日 审计署党组2017年第二季度中心组学习会在署机关召开，党组书记胡泽君主持学习会并讲话。党组成员孙宝厚、陈尘肇、张通、袁野、李晓钟、郑振涛和刘正均出席。副审计长秦博勇，总经济师、服务局局长张力，署机关各单位、各派出审计局、各特派员办事处和各直属单位主要负责同志和驻署纪检组负责同志参加学习会。

8月

1日上午 审计长胡泽君到驻地慰问驻署武警官兵并与官兵进行座谈。总经济师、服务局局长张力和办公厅主要负责同志参加慰问和座谈。

1日上午 副审计长陈尘肇在人民大会堂出

席中国人民解放军建军 90 周年庆祝大会。

1 日下午 纪检组长郑振涛在中央纪委机关出席传达学习贯彻习近平总书记重要讲话精神会议。

17 日下午 党组书记胡泽君在署机关主持召开党组会议，研究有关文件。党组成员孙宝厚、陈尘肇、张通、李晓钟、郑振涛和刘正均出席会议。

14 日至 17 日 副审计长袁野在云南进行工作调研。

18 日上午 审计长胡泽君列席国务院第 182 次常务会议。

18 日上午 副审计长陈尘肇在署机关参加企业司党支部专题学习。

18 日下午 署党组成员、总审计师、机关党委书记李晓钟在署机关主持召开机关党委会。机关党委委员参加会议。

18 日下午 副审计长陈尘肇主持召开会议，传达学习贯彻有关国家安全、保密、审计宣传（政务公开）、意识形态、社会管理综合治理、精神文明建设等政策文件，总审计师李晓钟出席。相关司局负责同志参加会议。

22 日上午 党组书记胡泽君在署机关主持召开党组会议，传达国务院常务会议精神，研究有关人事事项和有关文稿。党组成员孙宝厚、陈尘肇、张通、袁野、李晓钟、郑振涛和刘正均出席。副审计长秦博勇，总经济师、服务局局长张力，办公厅、政研室、数据司、国际司、机关党委（人教司）、机关纪委（巡视办）、驻署纪检组和计算中心负责同志列席相关议题的研究。

22 日下午 副审计长陈尘肇在署机关主持召开会议，研究部署分管部门下半年重点工作任务。办公厅、政研室、企业司、服务局和科研所主要负责同志参加会议。

22 日下午 副审计长袁野在京出席政务信息系统整合共享领导小组工作会议。数据司负责同志参加会议。

23 日上午 审计长胡泽君列席国务院第 183 次常务会议。

23 日上午 中央经济责任审计工作联席会议办公室主任张通在署机关会见国务院三峡建设委员会办公室副主任陈飞一行。投资司主要负责同志参加会见。

23 日下午 副审计长孙宝厚在署机关主持召开审计学教材规划建设座谈会。科研所、教育学院主要负责同志及有关专家参加座谈会。

24 日上午 副审计长陈尘肇在署机关会见经济日报社总编辑傅华一行。办公厅主要负责同志参加会见。

24 日上午 副审计长袁野在署机关主持召开会议，研究部署分管部门下半年重点工作任务。数据司、财政司、税收司、行政司、教科司、农业司、机关纪委（巡视办）、计算中心和各派出审计局主要负责同志参加会议。

24 日下午 副审计长袁野在署机关与部分派出审计局主要负责同志集体谈话。发展统计审计局、教育审计局、工业审计局、民族宗教审计局、建设审计局、农林水利审计局、国资监管审计局、广电通讯审计局主要负责同志参加谈话。

24 日至 25 日上午 副审计长秦博勇在署机关分别听取分管部门工作进展情况汇报。资环司、外资司、境外司、国际司和国外贷援款项目审计服务中心主要负责同志进行汇报。

24 日至 25 日 副审计长孙宝厚在京参加 2017 年度审计专业技术资格考试试题校印工作。

26 日 副审计长孙宝厚在南京审计大学出席审计学规划教材建设研讨会。

28 日上午 副审计长孙宝厚在教育学院为高级审计师研修班学员授课。

28 日上午 副审计长秦博勇在教育学院为外资项目授权审计管理研讨班学员授课。

28 日下午 副审计长袁野列席政协第十二届全国委员会常务委员会第二十二次会议。

29 日上午 副审计长秦博勇在教育学院为高级审计师研修班学员授课。

29 日下午 党组书记胡泽君在署机关主持召开党组会议，研究《中共审计署党组进一步加强联系服务专家工作实施意见》。党组成员孙宝厚、陈尘肇、张通、袁野、李晓钟、郑振涛和刘正均出席。办公厅、政研室、国际司、机关党委（人教司）、机关纪委（巡视办）、驻署纪检组和科研所负责同志列席会议。

29 日下午 审计长胡泽君在署机关主持召开审计长会议，研究《审计署关于进一步完善和规范投资审计工作的意见》等文稿。署领导孙宝厚、陈尘肇、张通、袁野、李晓钟、郑振涛和刘正均出席。办公厅、政研室、财政司、投资司、机关党委（人教司）、机关纪委（巡视办）、驻署纪检组和科研所负责同志列席相关议题的研究。

30 日上午　审计长胡泽君列席国务院第 184 次常务会议。

29 日至 30 日　副审计长陈尘肇在昆明特派办进行工作调研。

30 日至 31 日　副审计长孙宝厚在北京、天津进行工作调研。

9 月

3 日晚　副审计长袁野在教育学院出席 2017 年度重大政策措施落实情况跟踪审计热点前沿问题研讨班开班仪式并作专题报告。

4 日上午　副审计长陈尘肇在署机关会见审计署对口支援县江西省会昌县县长余学明一行。办公厅和机关党委（人教司）负责同志参加会见。

4 日上午　副审计长陈尘肇在署机关主持召开会议，研究部署 2016 年审计工作报告反映问题整改工作。办公厅、政研室和财政司负责同志参加会议。

4 日下午　副审计长孙宝厚在署机关出席审计干部培训中心（审计宣传中心）青年学习交流报告会。

4 日下午　副审计长陈尘肇在署机关会见国投集团总裁余剑锋一行。企业司主要负责同志参加会见。

5 日上午　党组书记胡泽君在署机关主持召开党组会议，研究有关人事事项和《审计署关于贯彻落实〈中共中央国务院关于推进安全生产领域改革发展的意见〉的实施意见》等文稿。党组成员孙宝厚、陈尘肇、袁野、郑振涛和刘正均出席。副审计长秦博勇，总经济师、服务局局长张力，办公厅、政研室、数据司、财政司、企业司、机关党委（人教司）、机关纪委（巡视办）和计算中心负责同志列席相关议题的研究。

5 日上午　审计长胡泽君在署机关主持召开审计长会议，研究《审计署关于进一步规范投资审计工作的意见（送审稿）》。署领导孙宝厚、秦博勇、陈尘肇、袁野、郑振涛和刘正均出席。总经济师、服务局局长张力，办公厅、政研室、财政司、投资司和科研所负责同志列席会议。

6 日下午　审计长胡泽君列席国务院第 185 次常务会议。

7 日上午　副审计长袁野在署机关主持召开会议，听取金审工程三期项目建设情况汇报。数据司和计算中心主要负责同志参加会议。

5 日至 7 日　副审计长陈尘肇在广东省深圳市开展工作调研。

6 日至 7 日　副审计长孙宝厚在河北省开展工作调研。

10 日上午　副审计长陈尘肇在署机关主持召开会议，研究部署全国审计工作会议准备工作。办公厅、政研室、法规司、机关党委（人教司）和服务局负责同志参加会议。

10 日上午　副审计长陈尘肇在署机关主持召开会议，研究《2018 年审计项目计划安排（草案）》。办公厅负责同志参加会议。

11 日下午　副审计长袁野在署机关主持召开会议，研究部署中央部门预算执行审计整改工作。中央部门预算执行审计各参审单位主要负责同志参加会议。

12 日上午　党组书记胡泽君在署机关主持召开党组会议，研究有关人事事项和《中共审计署党组关于健全完善署领导基层联系点制度的实施意见》等文稿。党组成员孙宝厚、陈尘肇、张通、袁野、郑振涛和刘正均出席。办公厅、政研室、机关党委（人教司）、机关纪委（巡视办）和驻署纪检组负责同志列席相关议题的研究。

13 日上午　审计长胡泽君列席国务院第 186 次常务会议。

13 日上午　中央经济责任审计工作联席会议办公室主任张通在京出席国务院第四次大督查工作汇报会。

13 日上午　副审计长袁野在教育学院为纪检干部培训班学员授课。

13 日下午　副审计长孙宝厚在署机关主持召开国家社会科学基金重点项目课题组会议。

14 日上午　中央经济责任审计工作联席会议办公室主任张通在中信集团审计现场听取审计组工作情况汇报。金融司主要负责同志参加会议。

14 日下午 副审计长孙宝厚在署机关会见马尔代夫审计署副审计长侯赛因·尼亚齐一行。

8 日至 14 日 副审计长秦博勇率中国审计代表团赴美国华盛顿出席世界审计组织环境审计工作组指导委员会第 15 次会议，并访问厄瓜多尔审计署。

15 日上午 副审计长陈尘肇对署机关办公楼消防设施安全进行检查。办公厅和服务局负责同志陪同进行检查。

15 日上午 中央经济责任审计工作联席会议办公室主任张通在署机关主持召开 10 家中央企业负责人座谈会，就经济责任审计规定修订情况征求意见。经责司和企业司主要负责同志参加座谈会。

15 日下午 审计署重点科研课题结项评审会在署机关召开，副审计长孙宝厚、陈尘肇出席会议。科研所主要负责同志及有关专家参加会议。

13 日下午至 15 日 审计长胡泽君在湖北省开展工作调研。办公厅、政研室和机关党委（人教司）负责同志参加调研。

13 日至 16 日 副审计长袁野在云南省怒江傈僳族自治州开展工作调研。

18 日上午 审计署召开全国审计机关“进一步完善和规范投资审计工作”电视电话会议。审计长胡泽君出席会议并讲话，中央经济责任审计工作联席会议办公室主任张通主持会议，党组成员、法规司司长刘正均出席。署机关各单位、各派出审计局、在京各直属单位主要负责同志在署机关主会场；各省、自治区、直辖市和计划单列市、新疆生产建设兵团审计厅（局），各特派员办事处主要负责同志，投资审计主管领导以及全体投资审计干部职工在分会场参加会议。

19 日上午 党组书记胡泽君在署机关主持召开党组会议，传达学习中央有关文件和国务院第 186 次常务会议有关精神，研究有关人事事项。党组成员孙宝厚、陈尘肇、张通、袁野、郑振涛和刘正均出席。副审计长秦博勇，总经济师、服务局局长张力，办公厅、政研室、财政司、投资司、社保司、企业司、外资司、机关党委（人教司）、机关纪委（巡视办）和驻署纪检组负责同志列席相关议题的研究。

19 日下午 副审计长秦博勇在署机关会见参加首届“中科审计研讨会”的科威特国家审计局投资与公共服务审计司司长萨米·哈拉夫·阿尔杜维西一行。办公厅、国际司和机关党委（人教司）负责同志参加会见。

19 日下午 副审计长袁野在署机关主持召开会议，部署落实网络安全责任制相关工作。署网络安全和信息化领导小组成员单位、出版社、报社主要负责同志，各特派办分管信息化的办领导参加会议。

19 日下午 副审计长袁野在署机关主持召开会议，听取信息化工作有关情况汇报。数据司、计算中心处级以上干部参加会议。

20 日上午 审计长胡泽君列席国务院第 187 次常务会议。

20 日上午 副审计长陈尘肇在署机关出席 2017 年度博士后面试工作。

20 日下午 审计署举办“网络安全大讲堂”活动，邀请中央网信办网络安全协调局负责同志作专题讲座。署领导胡泽君、孙宝厚、陈尘肇、张通和刘正均出席，副审计长袁野主持。署机关各单位、各派出审计局和在京直属单位全体干部职工，各特派办分管信息化的负责同志，以及在京审计的特派办审计人员参加讲座。

21 日至 22 日 审计长胡泽君在黑龙江省开展工作调研。办公厅、政研室和机关党委（人教司）负责同志参加调研。

25 日上午 审计长胡泽君在署机关会见老挝审计署副审计长本蓬·万纳漆一行。副审计长秦博勇参加会见。

25 日上午 审计长胡泽君在署机关会见宁夏回族自治区主席咸辉一行。副审计长袁野，财政司、农业司主要负责同志参加会见。

25 日下午 审计长胡泽君在署机关主持召开会议，听取关于 2018 年审计项目计划安排情况的汇报。副审计长陈尘肇、袁野出席。办公厅负责同志参加会议。

25 日下午 中央经济责任审计工作联席会议办公室主任张通赴国务院发展研究中心会见中心主任李伟，就经济责任审计规定修订情况进行会谈。财政司、经责司和发展统计审计局主要负责同志参加会见。

26 日上午 党组书记胡泽君在署机关主持召

开党组会议，研究有关人事事项和有关文稿，听取关于中央专项巡视和署内部巡视发现问题整改落实督查情况的报告。党组成员孙宝厚、陈尘肇、张通、袁野、郑振涛和刘正均出席。总经济师、服务局局长张力，办公厅、政研室、数据司、机关党委（人教司）、机关纪委（巡视办）、驻署纪检组和计算中心负责同志列席相关议题的研究。

26 日 审计长胡泽君在署机关主持召开审计业务会议，研究有关审计报告。署领导孙宝厚、陈尘肇、张通、袁野、郑振涛和刘正均出席。总经济师、服务局局长张力，办公厅、政研室、法规司、财政司、行政司、资环司、企业司、境外司、经责司和科研所负责同志列席相关议题的研究。

25 日至 26 日 中央经济责任审计工作联席会议办公室主任张通在山东省济南市主持召开部分地方审计机关和特派办主要负责同志座谈会，就经济责任审计规定修订情况征求意见。其间，在山东省审计厅和济南特派办进行工作调研。经责司主要负责同志陪同参加上述活动。

25 日下午至 26 日 副审计长秦博勇在河北省唐山市出席职业教育与城市发展高层对话会。

27 日上午 审计长胡泽君列席国务院第 188 次常务会议。

27 日上午 副审计长孙宝厚在北京展览馆参观“砥砺奋进的五年”大型成就展。署机关部分干部职工一同参观展览。

27 日上午 副审计长陈尘肇在署机关主持召开会议，研究部署国庆、中秋假期及党的十九大召开期间的安全、保密、维稳、宣传等工作。各有关成员单位负责同志参加会议。

27 日下午 审计长胡泽君参加李克强总理主持召开的国务院专题座谈会。

27 日下午 副审计长陈尘肇在署机关主持召开会议，就京津冀特派办和西安特派办巡视整改有关工作进行研究。京津冀特派办和西安特派办主要负责同志，办公厅、机关党委（人教司）、机关纪委（巡视办）和服务局负责同志参加会议。

28 日上午 中央经济责任审计工作联席会议办公室主任张通在京出席首都规划委员会第 35 次全体会议。投资司主要负责同志参加会议。

28 日下午 副审计长袁野在署机关主持召开会议，研究部署国庆、中秋假期及党的十九大召开期间网络与信息安全工作。办公厅、数据司、计算中心、审计干部培训中心（审计宣传中心）、报社、出版社负责同志参加会议。

28 日 副审计长陈尘肇在署机关出席深化国有企业和国有资本改革与审计监督专家研讨会。

29 日上午 审计署党组理论学习中心组召开 2017 年第三季度学习（扩大会），邀请环境保护部部长李干杰作题为“深入贯彻习近平总书记生态文明建设重要战略思想，坚决打好生态环境保护攻坚战”的专题报告，党组书记胡泽君主持会议。党组成员陈尘肇、张通、袁野、郑振涛和刘正均出席。副审计长秦博勇，总经济师、服务局局长张力，在京各单位全体干部职工和各特派员办事处在京审计人员参加学习会。

29 日下午 审计长胡泽君列席中央政治局第 43 次集体学习。

29 日下午 副审计长孙宝厚在中共审计署党校出席第 10 期学习贯彻党的十八届六中全会精神强化“四个意识”专题培训班和 2017 年度党员发展对象培训班结业典礼。

29 日下午 副审计长袁野在署机关主持召开会议，研究部署下一阶段各项工作。数据司、财政司、税收司、农业司、教科司、行政司、机关纪委（巡视办）、计算中心和各派出审计局主要负责同志参加会议。

30 日上午 党组书记胡泽君在署机关主持召开党组会议，传达学习中央有关文件。党组成员陈尘肇、张通、袁野、郑振涛和刘正均出席。副审计长秦博勇，总经济师、服务局局长张力，办公厅、政研室、机关党委（人教司）、机关纪委（巡视办）和驻署纪检组负责同志列席会议。

30 日上午 审计署召开干部大会，传达学习中央有关文件，审计长胡泽君出席并讲话。副审计长陈尘肇主持会议，副审计长袁野传达文件。署领导秦博勇、张通、郑振涛和刘正均出席。总经济师、服务局局长张力，署机关各单位、各派出审计局、在京各直属单位司局级干部参加大会。

30 日下午 署领导胡泽君、秦博勇、袁野、郑振涛和刘正均在北京展览馆参观“砥砺奋进的五年”大型成就展。署机关各单位、各派出审计局、各直属单位部分干部职工一同观看展览。

30 日晚 审计长胡泽君在人民大会堂参加庆祝中华人民共和国成立 68 周年国庆招待会。

10 月

9 日上午 审计长胡泽君列席国务院第 189 次常务会议。

9 日下午 审计长胡泽君在署机关会见中国工商银行董事长易会满、行长谷澍一行。中央经济责任审计工作联席会议办公室主任张通和金融司主要负责同志参加会见。

9 日下午 审计长胡泽君在署机关主持召开巡视工作领导小组会议，传达学习中央有关文件。署领导袁野、郑振涛出席。办公厅、经责司、机关党委（人教司）、机关纪委（巡视办）和驻署纪检组负责同志参加会议。

9 日下午 副审计长陈尘肇在署机关主持召开署保密委员会主任会议，传达学习有关文件精神。办公厅、数据司、计算中心主要负责同志参加会议。

9 日下午 中央经济责任审计工作联席会议办公室主任张通在署机关会见中国工商银行董事长易会满、行长谷澍一行，就有关事项进行会谈。金融司主要负责同志参加会见。

10 日上午 副审计长孙宝厚在全国农业展览馆出席“坚决打赢脱贫攻坚战，迎接党的十九大胜利召开——中央国家机关定点扶贫工作成果展”开幕式。

10 日上午 副审计长袁野出席第 24 届冬季奥林匹克运动会工作领导小组第四次会议。

10 日下午 党组书记胡泽君在署机关主持召开党组会议，传达国务院有关会议精神，研究有关人事事项。党组成员孙宝厚、陈尘肇、张通、袁野、郑振涛和刘正均出席。副审计长秦博勇，总经济师、服务局局长张力，办公厅、政研室、机关党委（人教司）、机关纪委（巡视办）和驻署纪检组负责同志列席相关议题的研究。

10 日下午 审计长胡泽君在署机关主持召开审计长会议，研究《审计署关于建立健全审计查出问题整改长效机制的若干意见》和《审计署经济责任审计结果文书等材料报送办法》等文稿。署领导孙宝厚、秦博勇、陈尘肇、张通、袁野、郑振涛和刘正均出席。总经济师、服务局局长张力，办公厅、政研室、数据司、财政司、行政司、教科司、农业司、投资司、资环司、金融司、企业司、境外司、经责司、机关党委（人教司）和科研所负责同志列席相关议题的研究。

12 日上午 副审计长陈尘肇在署机关主持召开署宣传工作领导小组会议，中央经济责任审计工作联席会议办公室主任张通出席。领导小组各成员单位负责同志参加会议。

13 日下午 副审计长孙宝厚在署机关参加社保司党支部读书学习活动。

10 日下午至 13 日 副审计长秦博勇赴湖南省长沙市、岳阳市就资源环境审计相关工作开展调研。资环司主要负责同志参加调研。

11 日至 14 日 审计长胡泽君在京出席中国共产党第十八届中央委员会第七次全体会议。

16 日上午 审计长胡泽君列席国务院第 190 次常务会议。

16 日上午 副审计长秦博勇在教育学院为外资审计人员工程投资审计基础班学员授课。

16 日上午 副审计长袁野在署机关主持召开会议，研究部署党的十九大期间网络和信息安全有关工作。办公厅、数据司、计算中心、报社、出版社主要负责同志参加会议。

16 日下午 副审计长孙宝厚在署机关出席 2017 年度审计专业技术资格考试巡视工作视频会议。

16 日下午 副审计长孙宝厚在署机关主持召开会议，研究《国家审计案例集（一）》出版事宜。财政司、投资司、外资司和教育学院负责同志参加会议。

18 日上午 审计署机关组织集中收看中国共产党第十九次全国代表大会开幕会。署领导孙宝厚、秦博勇，在京各单位、中央纪委驻署纪检组全体干部职工以及各特派员办事处在京审计人员共同收看开幕会。

20 日上午 副审计长孙宝厚在署机关审计指挥中心通过远程视频为 2017 年第二期审计案例教学师资培训班学员授课。

22 日 副审计长孙宝厚在署机关参加 2017 年度审计专业技术资格考试总值班。

22 日 由审计署、人力资源社会保障部共同组织的2017年度审计专业技术资格考试在全国统一举行。22日上午，总审计师李晓钟、人力资源社会保障部副部长汤涛到北京市相关考点进行巡视。

23日下午 副审计长孙宝厚、秦博勇在署机关出席科研所博士后出站答辩会。资环司和科研所主要负责同志参加答辩会。

18日至24日上午 审计长胡泽君，副审计长陈尘肇、袁野在京出席中国共产党第十九次全国代表大会。纪检组长郑振涛列席大会。

24日下午 中央经济责任审计工作联席会议办公室主任张通赴国资委会见副主任孟建民，就经济责任审计两办规定修订事项进行会谈。经责司主要负责同志参加会见。

25日上午 审计长胡泽君出席中国共产党第十九届中央委员会第一次全体会议。

25日上午 受署党组委托，副审计长孙宝厚在署老领导翟熙贵家中为其祝寿。离退休办主要负责同志参加祝寿活动。

25日 纪检组长郑振涛出席十九届中央纪委第一次全体会议。

26日上午 党组书记胡泽君在署机关主持召开党组会议，传达学习党的十九大精神，研究《审计署学习宣传贯彻党的十九大精神工作方案》。党组成员孙宝厚、陈尘肇、张通、袁野、郑振涛和刘正均出席。总经济师、服务局局长张力，办公厅、政研室、机关党委（人教司）、机关纪委（巡视办）和驻署纪检组负责同志列席相关议题的研究。

26日上午 副审计长秦博勇在京出席中央统战部向各民主党派中央、全国工商联负责人和无党派人士代表通报党的十九大精神大会。

27日上午 审计署召开党员干部大会，传达学习党的十九大精神，审计长胡泽君出席会议并讲话，副审计长孙宝厚主持会议。署领导秦博勇、陈尘肇、张通、袁野、郑振涛和刘正均，退出领导班子和离退休老领导董大胜、吕培俭、罗进新、郑力、翟熙贵、王道成、安国出席会议。总经济师、服务局局长张力，署机关各单位、各派出审计局、中央纪委驻署纪检组全体党员干部，在京直属单位司局级党员干部和在京离退休干部在主会场；在京直属单位其他党员干部，各特派办党员干部和离退休干部，教育学院和博物馆党员干部在各分会场参加会议。

27日下午 党组书记胡泽君在京出席中央国家机关学习宣传贯彻党的十九大精神动员部署会暨“党组书记谈十九大”座谈会。机关党委（人教司）和机关纪委（巡视办）负责同志参加会议。

27日下午 副审计长陈尘肇在署机关主持召开署宣传工作领导小组会议，对学习宣传贯彻党的十九大精神作出安排部署，中央经济责任审计工作联席会议办公室主任张通出席。领导小组各成员单位负责同志参加会议。

30日上午 审计长胡泽君列席国务院第191次常务会议。

30日下午 纪检组长郑振涛出席中央纪委机关传达学习党的十九大精神大会。

31日上午 党组书记胡泽君在署机关主持召开党组会议，研究有关人事事项。党组成员孙宝厚、陈尘肇、张通、袁野、郑振涛和刘正均出席。副审计长秦博勇，机关党委（人教司）、机关纪委（巡视办）和驻署纪检组负责同志列席会议。

31日下午 审计长胡泽君在署机关主持召开会议，研究经济责任审计有关事项。署领导陈尘肇、张通、袁野出席。经责司主要负责同志参加会议。

11月

1日上午 中央经济责任审计工作联席会议办公室主任张通在署机关会见中国农业银行董事长周慕冰、行长赵欢一行。金融司主要负责同志参加会见。

1日上午 中央经济责任审计工作联席会议办公室主任张通在署机关会见中国工商银行董事长易会满、行长谷澍一行。金融司主要负责同志参加会见。

1日下午 审计长胡泽君应约与俄罗斯联邦审计院院长塔季扬娜·戈利科娃通电话。双方重申，将共同在审计领域为加强中俄全面战略协作伙伴关系而努力，继续保持并发展中俄审计友好合作关系，力争取得更多更好的合作成果。双方就2019年世界审计组织第二十三届大会有关事项交换意见。

2日下午 审计长胡泽君在京出席国务院南水北调工程建设委员会第八次全体会议。

2日至3日上午 审计署党组2017年第四季度中心组学习（扩大）会在署机关召开，党组书记胡泽君主持学习会并讲话。党组成员孙宝厚、陈尘肇、张通、袁野、郑振涛和刘正均出席。副审计长秦博勇，总经济师、服务局局长张力，署机关各单位、各派出审计局、各特派员办事处、各直属单位主要负责同志，中央纪委驻署纪检组负责同志参加学习会。中央组织部、中央国家机关工委有关人员到会指导。

3日下午 副审计长秦博勇在京出席国务院环境保护督察工作领导小组第四次会议。资环司主要负责同志参加会议。

4日上午 副审计长孙宝厚在北京大学人民医院参加陆希千同志遗体送别仪式。此前，到家中慰问陆希千同志遗属。

6日上午 中央经济责任审计工作联席会议办公室主任张通在教育学院出席2017年金融审计高级研讨班开班式，并作“深入学习贯彻党的十九大精神、全面落实全国金融工作会议要求、提高金融审计工作层次和水平”的专题报告。来自省级审计机关和各特派办的金融审计干部110余人参加研讨班。

6日下午 副审计长孙宝厚在署机关出席署门户网站改版验收评审会。

7日下午 受审计长胡泽君委托，副审计长孙宝厚参加李克强总理主持召开的经济形势专家和企业家座谈会。

7日下午 副审计长袁野在京出席全国人大财经委员会专题会议。财政司和政研室负责同志参加会议。

6日至7日 审计长胡泽君率中国审计代表团赴奥地利格拉茨出席世界审计组织理事会第70次会议。

8日上午 受审计长胡泽君委托，副审计长孙宝厚列席国务院第192次常务会议。

8日 副审计长秦博勇在南京审计大学出席第二届中国政府审计奖学金项目开学典礼并授课，与第一届中国政府审计奖学金项目留学生代表进行座谈。国际司、机关党委（人教司）和资环司负责同志参加上述活动。

9日下午 副审计长孙宝厚在署机关参加审计干部培训中心（审计宣传中心）开展的“人民日报社评论部张铁同志读《习近平讲故事》”交流活动。

9日上午、10日上午 副审计长孙宝厚在京出席审计专业技术资格考试相关工作会议。

14日上午 党组书记胡泽君在署机关主持召开党组会议，研究有关人事事项和《2017年全国审计工作会议方案》《审计署贯彻落实〈“十三五”行政机关公务员培训纲要〉实施方案》等文稿。党组成员陈尘肇、张通、袁野、李晓钟、郑振涛和刘正均出席。副审计长秦博勇，总经济师、服务局局长张力，办公厅、政研室、数据司、财政司、行政司、教科司、资环司、金融司、企业司、经责司、境外司、机关党委（人教司）、机关纪委（巡视办）、驻署纪检组、计算中心和科研所负责同志列席相关议题的研究。

10日上午 纪检组长郑振涛为中央纪委驻署纪检组全体党员干部讲党课。

13日下午 副审计长袁野出席国务院专题会议。数据司主要负责同志参加会议。

14日上午 审计长胡泽君在署机关主持召开审计长会议，研究《审计署2018年度统一组织审计项目计划（草案）》。署领导秦博勇、陈尘肇、张通、袁野、李晓钟、郑振涛和刘正均出席。总经济师、服务局局长张力，办公厅、政研室和科研所负责同志列席会议。

15日至16日 审计长胡泽君在陕西、甘肃为审计机关党员干部宣讲党的十九大精神。西安特派办、兰州特派办、陕西省审计厅、甘肃省审计厅全体干部，西安市审计局、兰州市审计局领导班子成员以及陕西省、甘肃省所辖市、县（区）审计局主要负责同志参加宣讲活动。6日至17日，党组成员孙宝厚、陈尘肇、张通、袁野、李晓钟、郑振涛和刘正均，也分别到天津、山西、辽宁、吉林、黑龙江、上海、江苏、山东、河南、湖北、湖南、广东、重庆、四川、云南、深圳等省市审计机关开展党的十九大精神宣讲活动。

15日下午 副审计长袁野在署机关会见外交部部长助理朱惠文一行。财政司和外交外事审计局主要负责同志参加会见。

16日 副审计长袁野在署机关主持召开学习

宣传贯彻党的十九大精神专题座谈会。财政司、数据司、税收司、农业司、教科司、行政司、机关党委（人教司）、机关纪委（巡视办）、计算中心主要负责同志，各派出审计局全体同志参加会议。

17日上午 审计长胡泽君在署机关会见内蒙古自治区党委常委、自治区常务副主席张建民一行。办公厅和财政司负责同志参加会见。

16日至17日 副审计长孙宝厚在云南省腾冲市审计局调研。

17日上午 审计署举办学习宣传贯彻党的十九大精神专题辅导报告会，邀请中央宣传部理论局负责同志作学习宣传党的十九大精神专题辅导报告。署领导秦博勇、袁野、李晓钟、刘正均，署老领导吕培俭、罗进新、翟熙贵和王道成出席。总经济师、服务局局长张力，在京各单位全体干部职工，京外各单位主要负责同志，中央纪委驻署纪检组全体同志以及在京部分离退休干部参加报告会。

20日上午 副审计长秦博勇在署机关会见韩国审计监查院监查教育院代表团一行。国际司和机关党委（人教司）负责同志参加会见。

20日上午 总审计师李晓钟在中共审计署党校出席第一期司处级干部学习党的十九大精神轮训班开班式并为轮训班学员讲党课。机关党委（人教司）、教育学院主要负责同志参加开班式。

20日下午 副审计长秦博勇在署机关会见坦桑尼亚副审计长玛索伊一行。投资司和国际司主要负责同志参加会见。

20日下午 中央经济责任审计工作联席会议办公室主任张通在署机关会见中国中信集团董事长常振明一行。金融司主要负责同志参加会见。

21日上午 党组书记胡泽君在署机关主持召开党组会议，传达学习中央有关文件，研究有关人事事项，听取关于清理修订审计信息相关制度情况的汇报。党组成员孙宝厚、张通、袁野、李晓钟和刘正均出席。副审计长秦博勇，总经济师、服务局局长张力，办公厅、政研室、财政司、机关党委（人教司）和机关纪委（巡视办）负责同志列席相关议题的研究。

21日上午 审计长胡泽君在署机关主持召开审计长会议，研究《审计署关于在打赢脱贫攻坚战中进一步加强扶贫审计的指导意见》等文稿。署领导孙宝厚、秦博勇、张通、袁野、李晓钟和刘正均出席。总经济师、服务局局长张力，办公厅、政研室、财政司、农业司、机关党委（人教司）和科研所负责同志列席相关议题的研究。

21日上午 审计长胡泽君在署机关主持召开审计业务会议，研究《2017财政审计年度审计总体方案》。署领导孙宝厚、秦博勇、张通、袁野、李晓钟和刘正均出席。总经济师、服务局局长张力，办公厅、政研室、各业务司和科研所负责同志列席会议。

21日下午 中央经济责任审计工作联席会议办公室主任张通在署机关会见中国工商银行董事长易会满、行长谷澍一行。金融司主要负责同志参加会见。

22日上午 审计长胡泽君列席国务院第193次常务会议。

22日上午 总审计师李晓钟在京出席中央组织部专题会议。机关党委（人教司）主要负责同志参加会议。

23日下午 副审计长孙宝厚在中共审计署党校为处级干部进修班学员授课。

24日上午 副审计长孙宝厚在教育学院为第二期审计组组长、主审案例研讨班学员授课。

24日上午 副审计长袁野在京出席中国工商业联合会第十二次全国代表大会开幕会。

24日下午 副审计长孙宝厚在中共审计署党校为第一期司处级干部学习党的十九大精神轮训班学员授课。

27日上午 副审计长孙宝厚在中共审计署党校出席第二期司处级干部学习党的十九大精神轮训班开班式并为轮训班学员授课。

28日上午 党组书记胡泽君在署机关主持召开党组会议，研究有关文稿和有关人事事项。党组成员孙宝厚、张通、袁野、李晓钟和刘正均出席。副审计长秦博勇，政研室、机关党委（人教司）、机关纪委（巡视办）和驻署纪检组负责同志列席相关议题的研究。

28日下午 中央经济责任审计工作联席会议办公室主任张通在署机关会见中国中信集团监事长蔡华相一行。金融司主要负责同志参加会见。

29日上午 党组书记胡泽君在署机关主持召

开党组会议，传达学习中央有关文件，研究有关文稿。党组成员孙宝厚、陈尘肇、张通、袁野、李晓钟和刘正均出席，副审计长秦博勇，离退休老领导吕培俭、任景德、罗进新、郑力、翟熙贵、王道成、安国，总经济师、服务局局长张力，办公厅、政研室、经责司、机关党委（人教司）、机关纪委（巡视办）、驻署纪检组负责同志列席相关议题的研究。

29 日下午 审计长胡泽君在署机关会见中央国家机关工委副书记、纪工委书记陈超英。

29 日下午 副审计长孙宝厚在署机关出席 2017 年保障性安居工程跟踪审计视频培训班并作动员讲话。

29 日下午 中央经济责任审计工作联席会议办公室主任张通在署机关会见北京市副市长张建东一行。投资司主要负责同志参加会见。

30 日上午 审计长胡泽君出席全国人大财经委员会全体会议，就 2016 年度中央预算执行和其他财政收支审计查出问题的全面整改情况作汇报。政研室、财政司、农业司和资环司负责同志参加会议。

30 日下午 受审计长胡泽君委托，副审计长孙宝厚出席全国人大财经委员会全体会议。

11 月 30 日至 12 月 1 日上午 2017 年度大数据审计研讨班在署机关举办。署领导胡泽君、陈尘肇、张通、刘正均出席 30 日下午的会议，听取 6 位同志的交流发言，副审计长袁野主持会议。各省、自治区、直辖市和计划单列市、新疆生产建设兵团审计厅（局）、各特派办负责同志，署机关各业务司、各派出局、直属单位负责人，数据司全体人员参加研讨班。

12 月

1 日上午 受审计长胡泽君委托，副审计长陈尘肇在署机关主持召开审计署国家安全、保密等领导小组会议。署国家安全领导小组、保密委员会（密码工作领导小组）、信访工作领导小组、审计宣传（政务公开）工作领导小组、社会管理综合治理领导小组、精神文明建设领导小组和基建工作领导小组等领导小组各成员单位负责同志参加会议。

1 日下午 党组成员、总审计师、机关党委书记李晓钟在署机关主持召开机关党委会。机关党委委员参加会议。

4 日上午 审计署召开全国审计机关视频会议，深入学习贯彻《领导干部自然资源资产离任审计规定（试行）》精神。审计长胡泽君出席并讲话，副审计长秦博勇主持会议，署领导孙宝厚、陈尘肇和刘正均出席会议。各省、自治区、直辖市，各计划单列市、副省级省会城市和新疆生产建设兵团审计厅（局），署机关各单位、各派出审计局、各特派员办事处、各直属单位，中央纪委驻署纪检组以及有视频转播条件的市、县级审计机关全体同志分别在主、分会场参加会议。

4 日上午 总审计师李晓钟在中共审计署党校为学习宣传贯彻党的十九大精神示范培训班和基层党组织书记人事干部及群团工作培训班作开班动员并讲党课。

4 日下午 总审计师李晓钟在中共审计署党校为基层党组织书记人事干部及群团工作培训班学员授课。

5 日上午 党组书记胡泽君在署机关主持召开党组会议，研究《审计署 2018 年度外事工作计划（草案）》《审计署因公出国（境）培训中期规划（2018—2020 年）培训项目安排》等文稿。党组成员孙宝厚、陈尘肇、李晓钟和刘正均出席。副审计长秦博勇，办公厅、国际司、机关党委（人教司）、机关纪委（巡视办）和驻署纪检组负责同志列席相关议题的研究。

5 日下午 审计长胡泽君在署机关主持召开座谈会，就党的十九大报告中提出的“改革审计管理体制”内容进行座谈。署领导孙宝厚、秦博勇、陈尘肇和刘正均出席。署外 9 位专家参加座谈会。办公厅、政研室、法规司、机关党委（人教司）、机关纪委（巡视办）和科研所负责同志列席座谈会。

5 日晚 副审计长袁野在中共审计署党校为基层党组织书记人事干部及群团工作培训班学员授课。

3 日至 5 日 副审计长袁野在浙江乌镇出席第四届世界互联网大会（乌镇峰会）。数据司和计算中心负责同志参加会议。

6 日上午 审计长胡泽君列席国务院第 194

次常务会议。

6日上午 副审计长袁野在南京审计大学为中国政府审计奖学金项目留学生授课；在教育学院为2017年非洲地区法语国家部级审计官员研讨班学员授课。

6日下午 审计长胡泽君在署机关主持召开审计长会议，研究《审计署2018—2020年度拟承办非机制性国际组织会议计划》《审计外勤经费管理办法（修订稿）》等文稿。署领导孙宝厚、秦博勇、陈尘肇和刘正均出席。办公厅、政研室、法规司、财政司、行政司、教科司、金融司、企业司、国际司、机关党委（人教司）、机关纪委（巡视办）和驻署纪检组负责同志列席相关议题的研究。

7日上午 审计长胡泽君列席中央政治局常委会会议。

8日上午 副审计长袁野在署机关出席2017财政审计年度视频培训会并作动员讲话。相关业务司、各派出审计局、各特派员办事处分管财政审计工作负责同志以及承担财政审计工作任务的审计人员参加会议。

8日下午 副审计长孙宝厚在署机关参加社保司党支部读书学习活动。

9日上午 审计长胡泽君在教育学院会见出席非洲地区法语国家部级审计官员研讨班的各国外宾并为研讨班学员授课。国际司主要负责同志参加上述活动。

4日至9日 中央经济责任审计工作联席会议办公室主任张通率中国审计代表团赴秘鲁出席世界审计组织《利马宣言》颁布40周年研讨会暨第7次国际反腐败大会。

10日下午 副审计长秦博勇在教育学院为2017年非洲地区法语国家部级审计官员研讨班学员授课并出席结业式。国际司主要负责同志参加上述活动。

6日至10日 总审计师李晓钟在中央党校参加第一期省部级干部学习贯彻习近平新时代中国特色社会主义思想和党的十九大精神研讨班。

11日上午 副审计长秦博勇在教育学院为长江经济带生态环境保护审计项目培训班学员授课。资环司负责同志参加活动。

11日下午 党组书记胡泽君在署机关主持召开党组会议，传达中央政治局常委会会议有关精神，研究有关人事事项和《审计署2017年度基层党建述职评议考核工作方案》等文稿，听取关于2017年组织地方审计机关工作经费和国外贷援款项目公证审计经费支付情况的汇报。党组成员孙宝厚、陈尘肇、张通、袁野、李晓钟和刘正均出席。副审计长秦博勇，总经济师、服务局局长张力，办公厅、政研室、财政司、国际司、机关党委（人教司）、机关纪委（巡视办）和驻署纪检组负责同志列席相关议题的研究。

12日上午 党组书记胡泽君在署机关主持召开党组会议，传达学习中央有关文件，研究有关人事事项和《关于审计工作的汇报提纲》等文稿。党组成员孙宝厚、陈尘肇、张通、袁野、李晓钟和刘正均出席。副审计长秦博勇，总经济师、服务局局长张力，办公厅、政研室、机关党委（人教司）、机关纪委（巡视办）和驻署纪检组负责同志列席相关议题的研究。

12日上午 审计长胡泽君在署机关主持召开审计长会议，听取关于数据管理应用工作和金审工程三期项目进展情况的汇报。署领导孙宝厚、秦博勇、陈尘肇、张通、袁野、李晓钟和刘正均出席。总经济师、服务局局长张力，办公厅、政研室、数据司和计算中心负责同志列席会议。

12日下午 副审计长秦博勇在京出席中华职业教育社第十一届理事会第四次全体会议。

12日下午 副审计长袁野在署机关主持召开会议，研究部署信息化建设有关工作。数据司和计算中心负责同志参加会议。

13日上午 审计长胡泽君列席国务院第195次常务会议。

13日上午 副审计长袁野在署机关主持召开会议，研究贯彻落实中央领导同志批示精神。办公厅、政研室、财政司、农业司和金融司负责同志参加会议。

13日下午 审计长胡泽君在署机关会见越南审计署副审计长武万华一行。副审计长秦博勇参加会见。

14日上午 审计长胡泽君在署机关主持召开座谈会，听取对审计工作情况的意见建议。浙江、重庆、宁夏审计厅（局），政研室、资源环保审计局、沈阳特派办、广州特派办主要负责同志参加座谈会。

14 日上午 中央经济责任审计工作联席会议办公室主任张通在教育学院为投资审计高级研讨班作开班动员。投资司主要负责同志参加活动。

15 日上午 审计长胡泽君在署机关会见新疆生产建设兵团党委副书记、兵团司令员彭家瑞一行。办公厅负责同志参加会见。

15 日上午 中央经济责任审计工作联席会议办公室主任张通在教育学院为学习宣传贯彻党的十九大精神示范培训班学员授课。

15 日上午 副审计长袁野出席国务院专题会议。财政司主要负责同志参加会议。

15 日下午 审计长胡泽君在署机关会见 2016 级中国政府审计奖学金留学生代表团。副审计长孙宝厚，国际司和南京审计大学主要负责同志参加会见。

18 日至 20 日上午 审计长胡泽君在京出席中央经济工作会议。

14 日至 20 日 副审计长秦博勇在京出席民主建国会十届六中全会和第十一次全国代表大会。

21 日上午 党组书记胡泽君在署机关主持召开党组会议，传达学习中央经济工作会议精神，研究有关文稿和有关人事事项。党组成员孙宝厚、陈尘肇、张通、袁野、李晓钟、郑振涛和刘正均出席。办公厅、政研室、机关党委（人教司）、机关纪委（巡视办）和驻署纪检组负责同志列席相关议题的研究。

22 日上午 党组书记胡泽君在署机关主持召开党组会议，研究《省级审计机关主要负责同志向审计署党组述职报告工作的办法》，听取关于审计署 2018 年“一下”预算和申报评选审计署司局级文明单位有关情况的汇报。党组成员孙宝厚、陈尘肇、张通、袁野和刘正均出席。副审计长秦博勇，总经济师、服务局局长张力，办公厅、政研室、机关党委（人教司）、机关纪委（巡视办）和驻署纪检组负责同志列席相关议题的研究。

22 日上午 审计长胡泽君在署机关主持召开审计长会议，研究《审计署 2018 年度统一组织审计项目计划（草案）》和《全国审计机关 2018 年度工作要点》等文稿。署领导孙宝厚、秦博勇、陈尘肇、张通、袁野和刘正均出席。办公厅、政研室、机关党委（人教司）、机关纪委（巡视办）、驻署纪检组、科研所和计算中心负责同志列席相关议题的研究。

22 日上午 总审计师李晓钟在京出席全国组织部长会议。机关党委（人教司）主要负责同志参加会议。

23 日上午 十二届全国人大常委会第三十一次会议举行第二次全体会议。受国务院委托，审计长胡泽君作关于 2016 年度中央预算执行和其他财政收支审计查出问题整改情况的报告。副审计长袁野列席会议。

25 日上午 审计署召开干部大会，传达学习中央经济工作会议精神，审计长胡泽君主持会议并讲话。署领导陈尘肇、李晓钟分别传达相关会议精神，署领导秦博勇和刘正均出席会议。总经济师、服务局局长张力，署机关各单位、各派出审计局、各特派员办事处、各直属单位和驻署纪检组司局级干部参加会议。

25 日上午 副审计长袁野在人民大会堂出席十二届全国人大常委会第三十一次会议第二次全体会议分组审议。

26 日上午 党组书记胡泽君在署机关主持召开党组会议，听取驻署纪检组有关情况汇报，研究有关人事事项。党组成员陈尘肇、张通、袁野、李晓钟、郑振涛和刘正均出席。副审计长秦博勇，总经济师、服务局局长张力，机关党委（人教司）、机关纪委（巡视办）和驻署纪检组负责同志列席相关议题的研究。

26 日上午 审计长胡泽君在署机关主持召开审计长会议，研究《审计署关于进一步加强审计监督推动坚决打好防范化解重大风险攻坚战的实施意见》《国有企业境外国有资产审计操作规程》《2018 年审计干部职业教育培训教材建设意见》《2018 年春节前几项工作安排》等文稿。署领导秦博勇、陈尘肇、张通、袁野、李晓钟、郑振涛和刘正均出席。办公厅、政研室、数据司、财政司、教科司、农业司、资环司、金融司、企业司、境外司、经责司、国际司、机关党委（人教司）、机关纪委（巡视办）和离退休办负责同志列席相关议题的研究。

27 日上午 副审计长陈尘肇在署机关主持召开署基建工作领导小组会议。总经济师、服务局局长张力，办公厅、机关党委（人教司）和机关纪委（巡视办）负责同志参加会议。

27日下午 审计署召开地方来署交流挂职干部座谈会，审计长胡泽君出席并讲话，总审计师李晓钟主持会议。来署交流挂职的6位同志参加座谈。总经济师、服务局局长张力，办公厅、机关党委（人教司）、机关纪委（巡视办）负责同志列席座谈会。

28日上午 副审计长陈尘肇赴国资委与国资委党委委员、总会计师沈莹进行工作会谈。企业司主要负责同志参加会谈。

29日上午 审计署国家安全、保密等领导小组会议在署机关召开，审计长胡泽君出席会议并讲话。副审计长陈尘肇主持会议，总审计师李晓钟出席会议。总经济师、服务局局长张力，署国家安全领导小组、保密委员会（密码工作领导小组）、信访工作领导小组、审计宣传（政务公开）工作领导小组、社会管理综合治理领导小组和精神文明建设领导小组各成员单位负责同志参加会议。

28日至29日 中央农村工作会议在北京召开。审计长胡泽君出席28日的第一次、第二次全体会议。副审计长袁野全程参加会议。

25日至29日 副审计长孙宝厚在中央党校参加第3期省部级干部学习贯彻习近平新时代中国特色社会主义思想和党的十九大精神研讨班。

审计工作统计

2017年审计工作综合情况统计表
——全国审计机关

指标名称	计量单位	合计	审计署本级汇总	审计署派出局汇总	审计署特派办汇总	地方审计机关汇总
一、审计单位	个	131064	111	172	245	130536
审计	个	126968	111	172	242	126443
专项审计调查	个	4096			3	4093
二、审计查出主要问题金额	万元	1813380851	128443704	9324354	464969275	1210643518
违规金额	万元	112536784	21707961	522720	19120771	71185332
损失浪费金额	万元	4780865	221805	80	2200668	2358312
管理不规范金额	万元	1696063202	106513938	8801554	443647837	1137099874
三、审计发现非金额计量问题	个	549882	654	833	9244	539151
四、损益(收支)不实	万元	89048098	168977	104484	19823829	68950809
五、审计发现侵害人民群众利益	万元	2655201	192582		995538	1467081
六、审计期间整改金额	万元	46947517	656451	21848	16847278	29421940
七、审计报告和专项审计调查报告	篇	156790	143	154	256	156237
被批示、采用审计报告和专项审计调查报告	篇·次	9064	17	1		9046
八、审计处理情况	—	—	—	—	—	—
审计处理处罚	万元	186831065	733157	635728	50907365	134554814
其中:应上缴财政	万元	24494590	62736	342547	49186	24040121
其中:罚没	万元	101293				101293

（续表）

指标名称	计量单位	合计	审计署本级汇总	审计署派出局汇总	审计署特派办汇总	地方审计机关汇总
应减少财政拨款或补贴	万元	6683146	16164	63		6666919
应归还原渠道资金	万元	28165606	415705	31210	2477593	25241098
应缴纳其他资金	万元	8505529	185636	2470	103398	8214025
应调账处理金额	万元	118981898	52914	259439	48277189	70392357
移送处理事项	件	15891	5	3	41	15842
司法机关	件	540			6	534
纪检监察机关	件	8227	1		26	8200
有关部门	件	7124	4	3	9	7108
移送处理人员	人	22663	35	15	262	22351
司法机关	人	665			5	660
其中:地厅级及以上	人					
县处级	人	26				26
乡科级及以下	人	639			5	634
纪检监察机关	人	15866			249	15617
其中:地厅级及以上	人	31				31
县处级	人	446			7	439
乡科级及以下	人	15389			242	15147
有关部门	人	6132	35	15	8	6074
其中:地厅级及以上	人	8		5	1	2
县处级	人	98	1	10	1	86
乡科级及以下	人	6026	34		6	5986
移送处理金额	万元	30174675	14758	834	2120278	28038805
司法机关	万元	1293165			10863	1282302
纪检监察机关	万元	6044378	954		260699	5782724
有关部门	万元	22837132	13804	834	1848716	20973779
九、审计处理结果落实情况	—	—	—	—	—	—

（续表）

指标名称	计量单位	合计	审计署本级汇总	审计署派出局汇总	审计署特派办汇总	地方审计机关汇总
审计促进整改落实有关问题资金	万元	109163937	10577506	1889401	22700247	73996783
其中：增收节支	万元	31807439	330027	355545	1101386	30020481
已上缴财政	万元	13558823	74346	300691	105398	13078388
已减少财政拨款或补贴	万元	5842794		63	400	5842332
已归还原渠道资金	万元	12405822	255682	54791	995588	11099761
已缴纳其他资金	万元	2604424	2726	4570	216651	2380476
已调账处理金额	万元	35222843	128683	1136484	7363957	26593720
审计促进拨付资金到位	万元	7672082	131699		1640062	5900321
审计后挽回（避免）损失	万元	10271113	866515	14516	134181	9255900
核减投资额	万元	13856389	3075			13853314
移送处理落实事项	件	3809		1	27	3781
司法机关已处理	件	147			5	142
纪检监察机关已处理	件	2211		1	13	2197
有关部门已处理	件	1451			9	1442
移送处理落实人员	人	9734			40	9694
已追究刑事责任	人	164			7	157
已给予党纪政纪处分	人	5100			24	5076
有关部门已处理人员	人	4473			9	4464
十、审计成果利用情况	—	—	—	—	—	—
审计提出建议	条	283972	387	404	1471	281710
其中：建议制定修改部门规定	条	3412	47	5	17	3343
建议制定修改法律法规	条	211	9	1	2	199
被采纳审计建议	条	214771	335	342	1077	213017
被审计单位制定整改措施	项	24560	416	288	1943	21913
被审计单位建立健全规章制度	项	5130	83	97	500	4450
促进修改法律法规	条	3			1	2

（续表）

指标名称	计量单位	合计	审计署本级汇总	审计署派出局汇总	审计署特派办汇总	地方审计机关汇总
提交审计信息	篇	106382	72	56	541	105713
审计专题、综合性报告	篇	16250	13	22	14	16201
信息简报	篇	62852	60	34	502	62256
其中：重要审计信息	篇	6744	56	21	238	6429
被批示、采用审计信息	篇·次	57105	24	13	693	56375
审计专题、综合性报告	篇·次	7939	11	7	32	7889
信息简报	篇·次	33975	13	6	659	33297
其中：重要审计信息	篇·次	4257	11	3	526	3717
审计信息移送案件事项	项	344	87	2	51	204
涉案人员	人	1676	317		155	1204
涉案金额	万元	12291625	10601834	38038	634871	1016882
十一、向社会公告审计结果	篇	12962	32			12930
十二、被审计领导干部	人	39664	2	6	67	39589
其中：负直接责任问题金额	万元	21678798		6698	7647915	14024185
涉嫌个人经济问题人数	人	31				31
金额	万元	5451				5451
十三、交办、配合事项	件	21825		21	55	21749
十四、审计机关	个	3227	1	20	18	3188
审计署及其派出机构	个	39	1	20	18	
省级审计机关	个	32				32
地级审计机关	个	440				440
县级审计机关	个	2716				2716
十五、审计人员	人	103348	702	282	2431	99933
审计署及其派出机构	人	3415	702	282	2431	
省级审计机关	人	7476				7476
地级审计机关	人	25211				25211
县级审计机关	人	67246				67246

2017年审计工作综合情况统计表
——审计署派出审计局

指标名称	单位	审计署派出局汇总	外交外事审计局	发展统计审计局	教育审计局	科学技术审计局
一、审计单位	个	172	4	13	4	12
审计	个	172	4	13	4	12
专项审计调查	个					
二、审计查出主要问题金额	万元	9324354	85593.09	332184.06	59852.26	110535.66
违规金额	万元	522720	3719.92	3159.66	11416.83	725.76
损失浪费金额	万元	80				
管理不规范金额	万元	8801554	81873.17	329024.4	48435.43	109809.9
三、审计发现非金额计量问题	个	833	7	44	9	32
四、损益(收支)不实	万元	104484		1400.46	34908.18	
五、审计发现侵害人民群众利益	万元					
六、审计期间整改金额	万元	21848	3479.92	2388		
七、审计报告和专项审计调查报告	篇	154	4	12	7	6
被批示、采用审计报告和专项审计调查报告	篇·次	1				
八、审计处理情况	—	—	—	—	—	—
审计处理处罚	万元	635728		5547.66	35177.41	
其中:应上缴财政	万元	342547		1271.06	3004.19	
其中:罚没	万元					
应减少财政拨款或补贴	万元	63				
应归还原渠道资金	万元	31210		2388	7536.72	
应缴纳其他资金	万元	2470			769.71	
应调账处理金额	万元	259439		1888.6	23866.79	
移送处理事项	件	3				
司法机关	件					
纪检监察机关	件					
有关部门	件	3				
移送处理人员	人	15				

（续表）

指标名称	单位	审计署派出局汇总	外交外事审计局	发展统计审计局	教育审计局	科学技术审计局
司法机关	人					
其中：地厅级及以上	人					
县处级	人					
乡科级及以下	人					
纪检监察机关	人					
其中：地厅级及以上	人					
县处级	人					
乡科级及以下	人					
有关部门	人	15				
其中：地厅级及以上	人	5				
县处级	人	10				
乡科级及以下	人					
移送处理金额	万元	834				
司法机关	万元					
纪检监察机关	万元					
有关部门	万元	834				
九、审计处理结果落实情况	—	—	—	—	—	—
审计促进整改落实有关问题资金	万元	1889401	86800.85	5547.66	35163.32	4689.02
其中：增收节支	万元	355545	240	3659.06	10540.91	
已上缴财政	万元	300691	240	1271.06	3004.19	
已减少财政拨款或补贴	万元	63				
已归还原渠道资金	万元	54791		2388	7536.72	
已缴纳其他资金	万元	4570			769.71	
已调账处理金额	万元	1136484		1888.6	23852.7	
审计促进拨付资金到位	万元					
审计后挽回（避免）损失	万元	14516				
核减投资额	万元					
移送处理落实事项	件	1				

（续表）

指标名称	单位	审计署派出局汇总	外交外事审计局	发展统计审计局	教育审计局	科学技术审计局
司法机关已处理	件					
纪检监察机关已处理	件	1				
有关部门已处理	件					
移送处理落实人员	人					
已追究刑事责任	人					
已给予党纪政纪处分	人					
有关部门已处理人员	人					
十、审计成果利用情况	—	—	—	—	—	—
审计提出建议	条	404	12	28	23	36
其中：建议制定修改部门规定	条	5				1
建议制定修改法律法规	条	1				
被采纳审计建议	条	342	12	28	23	29
被审计单位制定整改措施	项	288		41	39	21
被审计单位建立健全规章制度	项	97		2		2
促进修改法律法规	条					
提交审计信息	篇	56		3	7	14
审计专题、综合性报告	篇	22			1	14
信息简报	篇	34		3	6	
其中：重要审计信息	篇	21		1	6	
被批示、采用审计信息	篇・次	13			2	
审计专题、综合性报告	篇・次	7			1	
信息简报	篇・次	6			1	
其中：重要审计信息	篇・次	3			1	
审计信息移送案件事项	项	2				
涉案人员	人					
涉案金额	万元	38038				
十一、交办、配合事项	件	21		2	3	

（续表）

指标名称	单位	工业审计局	民族宗教审计局	政法审计局	民政社保审计局	资源环保审计局
一、审计单位	个	4	7	5	12	7
审计	个	4	7	5	12	7
专项审计调查	个					
二、审计查出主要问题金额	万元	584589.99	26861.38	88071.91	4671552.61	101552.57
违规金额	万元	5718.84	11362.57	7561.36	54350.98	3158.25
损失浪费金额	万元					
管理不规范金额	万元	578871.15	15498.81	80510.55	4617201.63	98394.32
三、审计发现非金额计量问题	个	20	10	8	3	23
四、损益(收支)不实	万元			19986.09	849.19	
五、审计发现侵害人民群众利益	万元					
六、审计期间整改金额	万元		18.57	2185.48	5.45	
七、审计报告和专项审计调查报告	篇	7	3	3	12	11
被批示、采用审计报告和专项审计调查报告	篇·次					
八、审计处理情况	—	—	—	—	—	—
审计处理处罚	万元	5718.84	11416.01	61519.61	228863.52	3158.25
其中:应上缴财政	万元		23.44	7512.33	221000	2137.38
其中:罚没	万元					
应减少财政拨款或补贴	万元	62.75				
应归还原渠道资金	万元	5056.09		49.03	402.75	
应缴纳其他资金	万元				514.53	
应调账处理金额	万元	600	11392.57	53958.25	6946.24	1020.87
移送处理事项	件					
司法机关	件					
纪检监察机关	件					
有关部门	件					
移送处理人员	人					
司法机关	人					

（续表）

指标名称	单位	工业审计局	民族宗教审计局	政法审计局	民政社保审计局	资源环保审计局
其中：地厅级及以上	人					
县处级	人					
乡科级及以下	人					
纪检监察机关	人					
其中：地厅级及以上	人					
县处级	人					
乡科级及以下	人					
有关部门	人					
其中：地厅级及以上	人					
县处级	人					
乡科级及以下	人					
移送处理金额	万元					
司法机关	万元					
纪检监察机关	万元					
有关部门	万元					
九、审计处理结果落实情况	—	—	—	—	—	—
审计促进整改落实有关问题资金	万元	5718.84	10018.22	61519.61	228863.52	3148.25
其中：增收节支	万元	5118.84	23.44	7561.36	221402.75	2137.38
已上缴财政	万元		23.44	7512.33	221000	2137.38
已减少财政拨款或补贴	万元	62.75				
已归还原渠道资金	万元	5056.09		49.03	402.75	
已缴纳其他资金	万元				514.53	
已调账处理金额	万元	600	9994.78	53958.25	6946.24	1010.87
审计促进拨付资金到位	万元					
审计后挽回(避免)损失	万元					
核减投资额	万元					
移送处理落实事项	件					
司法机关已处理	件					

（续表）

指标名称	单位	工业审计局	民族宗教审计局	政法审计局	民政社保审计局	资源环保审计局
纪检监察机关已处理	件					
有关部门已处理	件					
移送处理落实人员	人					
已追究刑事责任	人					
已给予党纪政纪处分	人					
有关部门已处理人员	人					
十、审计成果利用情况	—	—	—	—	—	—
审计提出建议	条	26	9	7	46	10
其中：建议制定修改部门规定	条					
建议制定修改法律法规	条					
被采纳审计建议	条	26	9	7	39	7
被审计单位制定整改措施	项		28	9	67	6
被审计单位建立健全规章制度	项		8	2	4	
促进修改法律法规	条					
提交审计信息	篇		1		4	1
审计专题、综合性报告	篇				1	1
信息简报	篇		1		3	
其中：重要审计信息	篇				2	
被批示、采用审计信息	篇·次		1		2	1
审计专题、综合性报告	篇·次					1
信息简报	篇·次		1		2	
其中：重要审计信息	篇·次					
审计信息移送案件事项	项					
涉案人员	人					
涉案金额	万元					
十一、交办、配合事项	件					

（续表）

指标名称	单位	建设审计局	交通运输审计局	农林水利审计局	贸易审计局	文化体育审计局
一、审计单位	个	3	18	14	7	10
审计	个	3	18	14	7	10
专项审计调查	个					
二、审计查出主要问题金额	万元	106670.51	417045.09	85034.87	1451305.19	30740.84
违规金额	万元	27676.75	151116.43	4210.55	32265.24	936.59
损失浪费金额	万元					
管理不规范金额	万元	78993.76	265928.66	80824.32	1419039.95	29804.25
三、审计发现非金额计量问题	个	10	478	48	20	20
四、损益(收支)不实	万元	5569.39		473.1	1873.88	60.69
五、审计发现侵害人民群众利益	万元					
六、审计期间整改金额	万元			473.1		9175
七、审计报告和专项审计调查报告	篇	6	12	14	7	9
被批示、采用审计报告和专项审计调查报告	篇·次					
八、审计处理情况	—	—	—	—	—	—
审计处理处罚	万元	7810.29	67508.46	9204.89	37880.47	10134.75
其中:应上缴财政	万元	869.53	66836.38		28365.24	816.59
其中:罚没	万元					
应减少财政拨款或补贴	万元					
应归还原渠道资金	万元	1371.37	287.68	4210.55	9515.23	120
应缴纳其他资金	万元					
应调账处理金额	万元	5569.39	384.4	4994.34		9198.16
移送处理事项	件			1	1	
司法机关	件					
纪检监察机关	件					
有关部门	件			1	1	
移送处理人员	人			13	1	
司法机关	人					

（续表）

指标名称	单位	建设审计局	交通运输审计局	农林水利审计局	贸易审计局	文化体育审计局
其中：地厅级及以上	人					
县处级	人					
乡科级及以下	人					
纪检监察机关	人					
其中：地厅级及以上	人					
县处级	人					
乡科级及以下	人					
有关部门	人			13	1	
其中：地厅级及以上	人			4	1	
县处级	人			9		
乡科级及以下	人					
移送处理金额	万元			820		
司法机关	万元					
纪检监察机关	万元					
有关部门	万元			820		
九、审计处理结果落实情况	—	—	—	—	—	—
审计促进整改落实有关问题资金	万元	6416.77	11411.08	9204.89	58015.95	9330.53
其中：增收节支	万元	65	11026.68		18335.07	144.87
已上缴财政	万元		10739		51.74	24.87
已减少财政拨款或补贴	万元					
已归还原渠道资金	万元	65	287.68		18283.33	120
已缴纳其他资金	万元					
已调账处理金额	万元	1146.11	384.4	4994.34	1873.88	9185.66
审计促进拨付资金到位	万元					
审计后挽回（避免）损失	万元					
核减投资额	万元					
移送处理落实事项	件			1		

（续表）

指标名称	单位	建设审计局	交通运输审计局	农林水利审计局	贸易审计局	文化体育审计局
司法机关已处理	件					
纪检监察机关已处理	件			1		
有关部门已处理	件					
移送处理落实人员	人					
已追究刑事责任	人					
已给予党纪政纪处分	人					
有关部门已处理人员	人					
十、审计成果利用情况	—	—	—	—	—	—
审计提出建议	条	23	48	10	21	9
其中：建议制定修改部门规定	条		1			2
建议制定修改法律法规	条		1			
被采纳审计建议	条	18	27	10	21	1
被审计单位制定整改措施	项	16	16	3		
被审计单位建立健全规章制度	项	4		4	9	3
促进修改法律法规	条					
提交审计信息	篇		3	1	2	
审计专题、综合性报告	篇					
信息简报	篇		3	1	2	
其中：重要审计信息	篇		2	1	2	
被批示、采用审计信息	篇·次		2			
审计专题、综合性报告	篇·次		2			
信息简报	篇·次					
其中：重要审计信息	篇·次					
审计信息移送案件事项	项					
涉案人员	人					
涉案金额	万元					
十一、交办、配合事项	件	1			4	

（续表）

指标名称	单位	卫生药品审计局	国资监管审计局	经济执法审计局	广电通讯审计局	旅游侨务审计局	地震气象审计局
一、审计单位	个	12	13	14	3	4	6
审计	个	12	13	14	3	4	6
专项审计调查	个						
二、审计查出主要问题金额	万元	59153.85	639449.17	215461.37	122324.08	86340.29	50035.19
违规金额	万元	21700.61	10425.79	143970	1255.86	26288.92	1699.11
损失浪费金额	万元			80			
管理不规范金额	万元	37453.24	629023.38	71411.37	121068.22	60051.37	48336.08
三、审计发现非金额计量问题	个	31	16	28	18	6	2
四、损益(收支)不实	万元	281.82	3385.44		684.53	31190.43	3820.32
五、审计发现侵害人民群众利益	万元						
六、审计期间整改金额	万元	873.07	2354		775.73	110.96	8.47
七、审计报告和专项审计调查报告	篇	10	10	12	3	3	3
被批示、采用审计报告和专项审计调查报告	篇·次		1				
八、审计处理情况	—	—	—	—	—	—	—
审计处理处罚	万元	23308.19	2244.42	14513.12	31497.7	63493.16	16731.5
其中:应上缴财政	万元	48.72				9521.89	1139.86
其中:罚没	万元						
应减少财政拨款或补贴	万元						
应归还原渠道资金	万元	2.42	108.21		121.63		39.98
应缴纳其他资金	万元		1185.95				
应调账处理金额	万元	23257.05	950.26	14513.12	31376.07	53971.27	15551.66
移送处理事项	件	1					
司法机关	件						
纪检监察机关	件						
有关部门	件	1					
移送处理人员	人	1					
司法机关	人						

（续表）

指标名称	单位	卫生药品审计局	国资监管审计局	经济执法审计局	广电通讯审计局	旅游侨务审计局	地震气象审计局
其中：地厅级及以上	人						
县处级	人						
乡科级及以下	人						
纪检监察机关	人						
其中：地厅级及以上	人						
县处级	人						
乡科级及以下	人						
有关部门	人	1					
其中：地厅级及以上	人						
县处级	人	1					
乡科级及以下	人						
移送处理金额	万元	14					
司法机关	万元						
纪检监察机关	万元						
有关部门	万元	14					
九、审计处理结果落实情况	—	—	—	—	—	—	—
审计促进整改落实有关问题资金	万元	23827.3	423664.62	73288.75	788392.88	44370.67	8.47
其中：增收节支	万元	136.68	135.24	54525.76	20332.27	150.86	8.47
已上缴财政	万元	36.68	27.03	54525.76		97.26	
已减少财政拨款或补贴	万元						
已归还原渠道资金	万元	100	108.21		20332.27	53.6	8.47
已缴纳其他资金	万元		3285.95				
已调账处理金额	万元	23680.62	185580.5	319.3	768060.61	43006.9	
审计促进拨付资金到位	万元						
审计后挽回(避免)损失	万元	3.14		14513.12			
核减投资额	万元						
移送处理落实事项	件						

（续表）

指标名称	单位	卫生药品审计局	国资监管审计局	经济执法审计局	广电通讯审计局	旅游侨务审计局	地震气象审计局
司法机关已处理	件						
纪检监察机关已处理	件						
有关部门已处理	件						
移送处理落实人员	人						
已追究刑事责任	人						
已给予党纪政纪处分	人						
有关部门已处理人员	人						
十、审计成果利用情况	—	—	—	—	—	—	—
审计提出建议	条	13	8	29	17	15	14
其中：建议制定修改部门规定	条			1			
建议制定修改法律法规	条						
被采纳审计建议	条	13	8	29	15	9	11
被审计单位制定整改措施	项	23		4			15
被审计单位建立健全规章制度	项	10	22	12	6	8	1
促进修改法律法规	条						
提交审计信息	篇			5	8	6	1
审计专题、综合性报告	篇			3		2	
信息简报	篇			2	8	4	1
其中：重要审计信息	篇			2	4	1	
被批示、采用审计信息	篇·次			5			
审计专题、综合性报告	篇·次			3			
信息简报	篇·次			2			
其中：重要审计信息	篇·次			2			
审计信息移送案件事项	项				2		
涉案人员	人						
涉案金额	万元				38037.9		
十一、交办、配合事项	件	6			3	2	

2017年审计工作综合情况统计表
——审计署驻地方特派员办事处

指标名称	单位	审计署特派办汇总	京津冀特派办	太原特派办	沈阳特派办
一、审计单位	个	245	20	18	10
审计	个	242	19	18	10
专项审计调查	个	3	1		
二、审计查出主要问题金额	万元	464969275	14608004.51	104893703.03	14428859.05
违规金额	万元	19120771	515738.95	49700	2300987.92
损失浪费金额	万元	2200668	12005.79	1918.8	171188.91
管理不规范金额	万元	443647837	14080259.77	104842084.23	11956682.22
三、审计发现非金额计量问题	个	9244	212	190	699
四、损益(收支)不实	万元	19823829	249573.7	48863.13	2756200
五、审计发现侵害人民群众利益	万元	995538	11630	3094.47	
六、审计期间整改金额	万元	16847278	1690.84	539.06	15881.1
七、审计报告和专项审计调查报告	篇	256	20	20	14
被批示、采用审计报告和专项审计调查报告	篇·次				
八、审计处理情况	—	—	—	—	—
审计处理处罚	万元	50907365	336059.55	45325.91	705003.18
其中:应上缴财政	万元	49186	5504.47	849.58	
其中:罚没	万元				
应减少财政拨款或补贴	万元				
应归还原渠道资金	万元	2477593	8298.48		
应缴纳其他资金	万元	103398		52.44	
应调账处理金额	万元	48277189	322256.6	44423.89	705003.18
移送处理事项	件	41		1	1
司法机关	件	6			
纪检监察机关	件	26			

（续表）

指标名称	单位	审计署特派办汇总	京津冀特派办	太原特派办	沈阳特派办
有关部门	件	9		1	1
移送处理人员	人	262		1	1
司法机关	人	5			
其中:地厅级及以上	人				
县处级	人				
乡科级及以下	人	5			
纪检监察机关	人	249			
其中:地厅级及以上	人				
县处级	人	7			
乡科级及以下	人	242			
有关部门	人	8		1	1
其中:地厅级及以上	人	1			1
县处级	人	1		1	
乡科级及以下	人	6			
移送处理金额	万元	2120278		1561.08	73600
司法机关	万元	10863			
纪检监察机关	万元	260699			
有关部门	万元	1848716		1561.08	73600
九、审计处理结果落实情况	—	—	—	—	—
审计促进整改落实有关问题资金	万元	22700247	1002884.64	6335373.15	97206.68
其中:增收节支	万元	1101386	68331.78	19653.2	14049.15
已上缴财政	万元	105398	4.9	18773.77	430.38
已减少财政拨款或补贴	万元	400		400	
已归还原渠道资金	万元	995588	68326.88	479.42	13618.77
已缴纳其他资金	万元	216651	3936.28	10467.43	
已调账处理金额	万元	7363957	311812.48	1708361.88	19314.26
审计促进拨付资金到位	万元	1640062	162.43	385597.41	10119.92
审计后挽回(避免)损失	万元	134181	3567.44	17574.77	
核减投资额	万元				

（续表）

指标名称	单位	审计署特派办汇总	京津冀特派办	太原特派办	沈阳特派办
移送处理落实事项	件	27		2	3
司法机关已处理	件	5			1
纪检监察机关已处理	件	13		2	1
有关部门已处理	件	9			1
移送处理落实人员	人	40		3	2
已追究刑事责任	人	7			
已给予党纪政纪处分	人	24		3	1
有关部门已处理人员	人	9			1
十、审计成果利用情况	—	—	—	—	—
审计提出建议	条	1471	104	97	43
其中：建议制定修改部门规定	条	17			1
建议制定修改法律法规	条	2			
被采纳审计建议	条	1077	81	94	43
被审计单位制定整改措施	项	1943	262	211	
被审计单位建立健全规章制度	项	500	90	23	3
促进修改法律法规	条	1	1		
提交审计信息	篇	541	32	21	10
审计专题、综合性报告	篇	14			
信息简报	篇	502	32	21	10
其中：重要审计信息	篇	238	2	21	10
被批示、采用审计信息	篇·次	693	70	35	2
审计专题、综合性报告	篇·次	32	14		
信息简报	篇·次	659	56	35	2
其中：重要审计信息	篇·次	526	53	35	2
审计信息移送案件事项	项	51	1		6
涉案人员	人	155	5		2
涉案金额	万元	634871	300		42473.84
十一、交办、配合事项	件	55	3	3	2

（续表）

指标名称	单位	哈尔滨特派办	上海特派办	南京特派办	武汉特派办	广州特派办
一、审计单位	个	10	10	15	16	13
审计	个	9	10	15	16	13
专项审计调查	个	1				
二、审计查出主要问题金额	万元	19052274.29	8545880.12	36776429.78	20277204.87	24724425.16
违规金额	万元	389102.61	3354955.24	1392266.96	75242.15	1869898.49
损失浪费金额	万元	31.36	44621.2	13488.73	813649.41	202394.08
管理不规范金额	万元	18663140.32	5146303.68	35370674.09	19388313.31	22652132.59
三、审计发现非金额计量问题	个	187	136	182	908	1283
四、损益(收支)不实	万元	35046.33	738224.69	6275.07	588069.73	19903.22
五、审计发现侵害人民群众利益	万元			7067.81	64991.18	
六、审计期间整改金额	万元	1044.74	725796.13	15253514.18	11859.26	308364.28
七、审计报告和专项审计调查报告	篇	10	7	18	16	13
被批示、采用审计报告和专项审计调查报告	篇·次					
八、审计处理情况	—	—	—	—	—	—
审计处理处罚	万元	1940679.1	1238205.68	353118.69	2990775.88	16044567.22
其中:应上缴财政	万元			1620	23861.98	10100
其中:罚没	万元					
应减少财政拨款或补贴	万元					
应归还原渠道资金	万元	582448.77	64.57	7327.88	200938.47	226724.59
应缴纳其他资金	万元					27800
应调账处理金额	万元	1358230.33	1238141.11	344170.81	2765975.43	15779942.63
移送处理事项	件	10		1	2	
司法机关	件			1	1	
纪检监察机关	件	6			1	
有关部门	件	4				
移送处理人员	人	219		1	5	

（续表）

指标名称	单位	哈尔滨特派办	上海特派办	南京特派办	武汉特派办	广州特派办
司法机关	人			1	1	
其中：地厅级及以上	人					
县处级	人					
乡科级及以下	人			1	1	
纪检监察机关	人	215			4	
其中：地厅级及以上	人					
县处级	人				1	
乡科级及以下	人	215			3	
有关部门	人	4				
其中：地厅级及以上	人					
县处级	人					
乡科级及以下	人	4				
移送处理金额	万元	1773432.21		4792.5	754.37	
司法机关	万元			4792.5	56.9	
纪检监察机关	万元	901.41			697.47	
有关部门	万元	1772530.8				
九、审计处理结果落实情况	—	—	—	—	—	—
审计促进整改落实有关问题资金	万元	21056.87	591414.38	2547760.7	729891.61	42816.74
其中：增收节支	万元	2365.12	10022.71	44403.23	524227.12	337.98
已上缴财政	万元	1555.28	22.71	1949.7	28919.78	
已减少财政拨款或补贴	万元					
已归还原渠道资金	万元	809.84	10000	42453.53	495307.34	337.98
已缴纳其他资金	万元	5331.58		44.57	2899.29	42.44
已调账处理金额	万元		569328.01	355550.83	169848.25	10911.21
审计促进拨付资金到位	万元	13004.52	5387.24	76640.87	385108.22	255683.78
审计后挽回（避免）损失	万元			8182.57	4925.96	7.14
核减投资额	万元					

（续表）

指标名称	单位	哈尔滨特派办	上海特派办	南京特派办	武汉特派办	广州特派办
移送处理落实事项	件		4	10	1	
司法机关已处理	件			3		
纪检监察机关已处理	件		2	5	1	
有关部门已处理	件		2	2		
移送处理落实人员	人		3	21	5	
已追究刑事责任	人			4		
已给予党纪政纪处分	人			13	5	
有关部门已处理人员	人		3	4		
十、审计成果利用情况	—	—	—	—	—	—
审计提出建议	条	28	24	92	72	186
其中：建议制定修改部门规定	条					6
建议制定修改法律法规	条					
被采纳审计建议	条	13	12	105	64	68
被审计单位制定整改措施	项	5		323	223	88
被审计单位建立健全规章制度	项	24		43	59	4
促进修改法律法规	条					
提交审计信息	篇	46	5	40	20	30
审计专题、综合性报告	篇				5	
信息简报	篇	33	5	40	15	30
其中：重要审计信息	篇	15		35	11	14
被批示、采用审计信息	篇·次	47		79	17	
审计专题、综合性报告	篇·次					
信息简报	篇·次	47		79	17	
其中：重要审计信息	篇·次	44		74	17	
审计信息移送案件事项	项			17	6	2
涉案人员	人			21	93	4
涉案金额	万元			293219.94	8385.57	211151.29
十一、交办、配合事项	件	6	1	4	1	6

（续表）

指标名称	单位	郑州特派办	济南特派办	西安特派办	兰州特派办	昆明特派办
一、审计单位	个	19	11	16	11	13
审计	个	19	11	16	11	13
专项审计调查	个					
二、审计查出主要问题金额	万元	34461823.13	17700504.75	9515357.28	19529029.17	31274667.12
违规金额	万元	319229.61	1229460.32	175143.57	418779.46	482568.29
损失浪费金额	万元	58130.45	8302.27	84211.5	165523.61	43012.06
管理不规范金额	万元	34084463.07	16462742.16	9256002.21	18944726.1	30749086.77
三、审计发现非金额计量问题	个	708	168	200	220	1012
四、损益(收支)不实	万元	1650321.52	684338.57	725949.9	46100	1295411.57
五、审计发现侵害人民群众利益	万元	124288.35	428.19		735132.75	
六、审计期间整改金额	万元	10654.92	8058.23	15399.52	39560.73	121472.46
七、审计报告和专项审计调查报告	篇	19	11	16	11	16
被批示、采用审计报告和专项审计调查报告	篇·次					
八、审计处理情况	—	—	—	—	—	—
审计处理处罚	万元	975534.68	11055862	777175.89	4437488.27	645154.01
其中：应上缴财政	万元	411.5	5465.75	681.15		
其中：罚没	万元					
应减少财政拨款或补贴	万元					
应归还原渠道资金	万元	7490.27	575679.77	26190.12	56265.96	1732.56
应缴纳其他资金	万元	362.4				
应调账处理金额	万元	967270.51	10474716.48	750304.62	4381222.31	643421.45
移送处理事项	件		2	5	2	1
司法机关	件		1		1	
纪检监察机关	件			5	1	1
有关部门	件		1			
移送处理人员	人			8	2	1

（续表）

指标名称	单位	郑州特派办	济南特派办	西安特派办	兰州特派办	昆明特派办
司法机关	人				1	
其中:地厅级及以上	人					
县处级	人					
乡科级及以下	人				1	
纪检监察机关	人			8	1	1
其中:地厅级及以上	人					
县处级	人				1	
乡科级及以下	人			8		1
有关部门	人					
其中:地厅级及以上	人					
县处级	人					
乡科级及以下	人					
移送处理金额	万元		4792.5	121.86	237621.15	16.4
司法机关	万元		4792.5		21.15	
纪检监察机关	万元			121.86	237600	16.4
有关部门	万元					
九、审计处理结果落实情况	—	—	—	—	—	—
审计促进整改落实有关问题资金	万元	758047.59	671723.68	308825.87	1278110.25	1294986.65
其中:增收节支	万元	88295.49	13407.74	39623.36	66233.85	17756.85
已上缴财政	万元	40178.4	1272.5	1433.22		14.41
已减少财政拨款或补贴	万元					
已归还原渠道资金	万元	48117.09	12135.24	38190.14	66233.85	17742.43
已缴纳其他资金	万元		1852.76			71841.1
已调账处理金额	万元	577959.28	583163.91	91244.56	451500.95	727533.34
审计促进拨付资金到位	万元	107600.28	21022.71	18511.1	71580.06	4370.96
审计后挽回(避免)损失	万元	1235.5	16883.33	50.56	7567.18	41151.46
核减投资额	万元					

（续表）

指标名称	单位	郑州特派办	济南特派办	西安特派办	兰州特派办	昆明特派办
移送处理落实事项	件				2	1
司法机关已处理	件				1	
纪检监察机关已处理	件				1	
有关部门已处理	件					1
移送处理落实人员	人				1	1
已追究刑事责任	人				1	
已给予党纪政纪处分	人					
有关部门已处理人员	人					1
十、审计成果利用情况	—	—	—	—	—	—
审计提出建议	条	69	86	49	63	124
其中：建议制定修改部门规定	条	9				
建议制定修改法律法规	条					
被采纳审计建议	条	19	83	49	57	44
被审计单位制定整改措施	项		161	202		
被审计单位建立健全规章制度	项	88	13	14	29	60
促进修改法律法规	条					
提交审计信息	篇	36	34	35	17	35
审计专题、综合性报告	篇		3			2
信息简报	篇	36	31	35	17	33
其中：重要审计信息	篇	18	18	17	7	17
被批示、采用审计信息	篇·次	6	37	65	65	19
审计专题、综合性报告	篇·次	1				
信息简报	篇·次	5	37	65	65	19
其中：重要审计信息	篇·次		37	63	10	12
审计信息移送案件事项	项	7		9	1	
涉案人员	人	7		12		
涉案金额	万元	33816.84		2691.32	26300	
十一、交办、配合事项	件	1	5	4	3	

（续表）

指标名称	单位	成都特派办	长沙特派办	深圳特派办	长春特派办	重庆特派办
一、审计单位	个	13	16	12	12	10
审计	个	13	16	12	12	9
专项审计调查	个					1
二、审计查出主要问题金额	万元	23830220.72	27745235.5	9958396.56	22138627.76	25508632.53
违规金额	万元	67335.27	677071.09	5665584.13	131980.32	5726.76
损失浪费金额	万元	24	88489.95	24190.96	1464.83	468019.7
管理不规范金额	万元	23762861.45	26979674.46	4268621.47	22005182.61	25034886.07
三、审计发现非金额计量问题	个	799	1030	212	301	797
四、损益(收支)不实	万元	3230095.15	158290.89		806263.29	6784902.06
五、审计发现侵害人民群众利益	万元		42327		775.02	5802.95
六、审计期间整改金额	万元	4.29	9812.89	28093.22	204940.81	90591.31
七、审计报告和专项审计调查报告	篇	13	16	12	12	12
被批示、采用审计报告和专项审计调查报告	篇·次					
八、审计处理情况	—	—	—	—	—	—
审计处理处罚	万元	116605.51	3258387.59	330923.76	1723482.86	3933015.41
其中:应上缴财政	万元				691.31	
其中:罚没	万元					
应减少财政拨款或补贴	万元					
应归还原渠道资金	万元	19910.94	503019.65	6655.7	24731.06	230114.29
应缴纳其他资金	万元	2027.35		1177.45	70000	1978.13
应调账处理金额	万元	94667.22	2755367.94	323090.61	1628060.49	3700922.99
移送处理事项	件	1	4		5	6
司法机关	件				2	
纪检监察机关	件		4		2	6
有关部门	件	1			1	
移送处理人员	人	1	8		7	8

（续表）

指标名称	单位	成都特派办	长沙特派办	深圳特派办	长春特派办	重庆特派办
司法机关	人				2	
其中：地厅级及以上	人					
县处级	人					
乡科级及以下	人				2	
纪检监察机关	人		8		4	8
其中：地厅级及以上	人					
县处级	人		1		1	3
乡科级及以下	人		7		3	5
有关部门	人	1			1	
其中：地厅级及以上	人					
县处级	人					
乡科级及以下	人	1			1	
移送处理金额	万元	120	12547.2		6606.37	4312.47
司法机关	万元				1200	
纪检监察机关	万元		12547.2		4502.5	4312.47
有关部门	万元	120			903.87	
九、审计处理结果落实情况	—	—	—	—	—	—
审计促进整改落实有关问题资金	万元	7345.87	1207671.6	4624362.36	319955.19	860812.77
其中：增收节支	万元	1484.36	23232.14	6827.95	146755.23	14378.89
已上缴财政	万元	1408.52	5.7		691.31	8737.77
已减少财政拨款或补贴	万元					
已归还原渠道资金	万元	75.84	23226.44	6827.95	146063.92	5641.12
已缴纳其他资金	万元		0.49	58273.55	60000	1961.7
已调账处理金额	万元	16.91	866574.22	122639.9	30928.71	767267.9
审计促进拨付资金到位	万元	214.44	137204.37	26343.97	116374.22	5135.22
审计后挽回(避免)损失	万元	169	12487.63	172.39	176.12	20030.33
核减投资额	万元					

（续表）

指标名称	单位	成都特派办	长沙特派办	深圳特派办	长春特派办	重庆特派办
移送处理落实事项	件			3		1
司法机关已处理	件					
纪检监察机关已处理	件			1		
有关部门已处理	件			2		1
移送处理落实人员	人			3		1
已追究刑事责任	人			2		
已给予党纪政纪处分	人			1		1
有关部门已处理人员	人					
十、审计成果利用情况	—	—	—	—	—	—
审计提出建议	条	118	32	87	98	99
其中：建议制定修改部门规定	条				1	
建议制定修改法律法规	条				1	1
被采纳审计建议	条	72	12	82	98	81
被审计单位制定整改措施	项	8	206	10	105	139
被审计单位建立健全规章制度	项		14	9	7	20
促进修改法律法规	条					
提交审计信息	篇	16	50	41	39	34
审计专题、综合性报告	篇	1		3		
信息简报	篇	15	38	38	39	34
其中：重要审计信息	篇	4	24	8	9	8
被批示、采用审计信息	篇·次	7	102	51	57	34
审计专题、综合性报告	篇·次			17		
信息简报	篇·次	7	100	34	57	34
其中：重要审计信息	篇·次	1	92	9	52	25
审计信息移送案件事项	项			2		
涉案人员	人			11		
涉案金额	万元			16532.27		
十一、交办、配合事项	件	1	2	6	3	4

2017年审计工作综合情况统计表
——地方审计机关

指标名称	单位	地方审计机关汇总	北京市	天津市	河北省
一、审计单位	个	130536	927	721	2736
审计	个	126443	889	680	2719
专项审计调查	个	4093	38	41	17
二、审计查出主要问题金额	万元	1210643518	21127224.11	43604057.46	28650679.84
违规金额	万元	71185332	148435.92	1465215.3	1224171.58
损失浪费金额	万元	2358312	10590.46	14205.46	45407.17
管理不规范金额	万元	1137099874	20968197.72	42124636.68	27381101.08
三、审计发现非金额计量问题	个	539151	2146	1215	6188
四、损益(收支)不实	万元	68950809	908964.48	437356.98	4769421.17
五、审计发现侵害人民群众利益	万元	1467081		16978.7	8042.22
六、审计期间整改金额	万元	29421940	207790.82	281062.3	529693.23
七、审计报告和专项审计调查报告	篇	156237	1272	1027	3251
被批示、采用审计报告和专项审计调查报告	篇·次	9046	90	40	57
八、审计处理情况	—	—	—	—	—
审计处理处罚	万元	134554814	591380	7481753.16	3252025.61
其中:应上缴财政	万元	24040121	149870.7	678184.36	812059.08
其中:罚没	万元	101293	15527.32	3759.51	1993.56
应减少财政拨款或补贴	万元	6666919	208464.04	1990.4	228134.81
应归还原渠道资金	万元	25241098	10547.46	370822.93	253569.83
应缴纳其他资金	万元	8214025	46427.56	155234.63	17788.76
应调账处理金额	万元	70392357	176070.23	6275520.82	1940473.1
移送处理事项	件	15842	58	120	585
司法机关	件	534		9	13
纪检监察机关	件	8200	19	61	276
有关部门	件	7108	39	50	296
移送处理人员	人	22351	199	59	152
司法机关	人	660		10	9
其中:地厅级及以上	人				
县处级	人	26		3	

（续表）

指标名称	单位	地方审计机关汇总	北京市	天津市	河北省
乡科级及以下	人	634		7	9
纪检监察机关	人	15617	14	38	120
其中:地厅级及以上	人	31		6	
县处级	人	439	2	21	1
乡科级及以下	人	15147	12	11	119
有关部门	人	6074	185	11	23
其中:地厅级及以上	人	2			
县处级	人	86		8	
乡科级及以下	人	5986	185	3	23
移送处理金额	万元	28038805	186463.19	1607831.41	525988.39
司法机关	万元	1282302		11506.61	38676.14
纪检监察机关	万元	5782724	3189.35	894294.44	147915.22
有关部门	万元	20973779	183273.84	702030.35	339397.02
九、审计处理结果落实情况	—	—	—	—	—
审计促进整改落实有关问题资金	万元	73996783	2850801.57	1739511.96	2225299.92
其中:增收节支	万元	30020481	258514.71	446183.42	932723.59
已上缴财政	万元	13078388	135174.15	404698.99	593614.01
已减少财政拨款或补贴	万元	5842332	97308.06	468.93	211374.61
已归还原渠道资金	万元	11099761	26033.18	41015.48	127734.96
已缴纳其他资金	万元	2380476	6846.98	14835.94	15019.93
已调账处理金额	万元	26593720	247653.56	929288.47	1217247.63
审计促进拨付资金到位	万元	5900321	8791.69	23109.62	76542.25
审计后挽回(避免)损失	万元	9255900	18406.09	299.06	208640.76
核减投资额	万元	13853314	349002.67	36794.89	275770.11
移送处理落实事项	件	3781	5	8	87
司法机关已处理	件	142		1	
纪检监察机关已处理	件	2197	3	5	30
有关部门已处理	件	1442	2	2	57
移送处理落实人员	人	9697	6	9	83
已追究刑事责任	人	157			
已给予党纪政纪处分	人	5076	6	6	80
有关部门已处理人员	人	4464		3	3
十、审计成果利用情况	—	—	—	—	—

（续表）

指标名称	单位	地方审计机关汇总	北京市	天津市	河北省
审计提出建议	条	281710	3264	1095	5421
其中：建议制定修改部门规定	条	3343	32	4	44
建议制定修改法律法规	条	199	2		
被采纳审计建议	条	213017	2186	620	3918
被审计单位制定整改措施	项	21913	1301	11	130
被审计单位建立健全规章制度	项	4450	183	12	26
促进修改法律法规	条	2			
提交审计信息	篇	105713	1459	1167	1410
审计专题、综合性报告	篇	16201	59	83	119
信息简报	篇	62256	757	409	1159
其中：重要审计信息	篇	6429	144	18	169
被批示、采用审计信息	篇·次	56375	656	1132	654
审计专题、综合性报告	篇·次	7889	24	19	77
信息简报	篇·次	33297	314	452	556
其中：重要审计信息	篇·次	3717	49	50	34
审计信息移送案件事项	项	204		2	
涉案人员	人	1204		1	
涉案金额	万元	1016882		1591.38	
十一、向社会公告审计结果	篇	12930	272	1	13
十二、被审计领导干部	人	39589	359	446	775
其中：负直接责任问题金额	万元	14024185	118134.88	7051.8	189963.38
涉嫌个人经济问题人数	人	31			
金额	万元	5451			
十三、交办、配合事项	件	21749	89	65	31
十四、审计机关	个	3188	18	17	185
省级审计机关	个	32	1	1	1
地级审计机关	个	440	17	16	11
县级审计机关	个	2716			173
十五、审计人员	人	99933	1463	937	6093
省级审计机关	人	7476	557	321	228
地级审计机关	人	25211	906	616	942
县级审计机关	人	67246			4923

（续表）

指标名称	单位	山西省	内蒙古自治区	辽宁省	吉林省
一、审计单位	个	5513	3067	3757	2395
审计	个	5451	3040	3487	2167
专项审计调查	个	62	27	270	228
二、审计查出主要问题金额	万元	88747788.17	10843847.1	71122299.19	13567838.68
违规金额	万元	5130694.44	1849670.27	2232478.59	2303563.11
损失浪费金额	万元	93827.72	5926.9	59882.83	7768.31
管理不规范金额	万元	83523266.01	8988249.92	68829937.76	11256507.26
三、审计发现非金额计量问题	个	8360	2014	12426	16029
四、损益(收支)不实	万元	1397387.27	157648.83	4337559.13	600346.95
五、审计发现侵害人民群众利益	万元	184.8		73791.76	
六、审计期间整改金额	万元	654081.26	672895.75	239060.03	540357.89
七、审计报告和专项审计调查报告	篇	5600	3154	4600	2686
被批示、采用审计报告和专项审计调查报告	篇·次	410	113	412	133
八、审计处理情况	—	—	—	—	—
审计处理处罚	万元	7356382.74	1811949.82	5733557.47	4753788.08
其中:应上缴财政	万元	2261568.37	574077.39	1135204.86	355522.51
其中:罚没	万元	4162.87	1641.04	8148.36	1138.19
应减少财政拨款或补贴	万元	63247.11	94917.67	79150.13	23097.18
应归还原渠道资金	万元	1106470.28	545673.9	643401.96	2175295.9
应缴纳其他资金	万元	1578014.32	186669.02	127535.39	171767.18
应调账处理金额	万元	2347082.64	410611.82	3748265.11	2028105.29
移送处理事项	件	857	430	220	97
司法机关	件	3	1	14	
纪检监察机关	件	207	76	84	35
有关部门	件	647	353	122	62
移送处理人员	人	383	72	137	34
司法机关	人	3		15	
其中:地厅级及以上	人				
县处级	人				
乡科级及以下	人	3		15	
纪检监察机关	人	249	64	99	13

（续表）

指标名称	单位	山西省	内蒙古自治区	辽宁省	吉林省
其中:地厅级及以上	人			2	
县处级	人	11	5	24	2
乡科级及以下	人	238	59	73	11
有关部门	人	131	8	23	21
其中:地厅级及以上	人				
县处级	人	2	2	3	
乡科级及以下	人	129	6	20	21
移送处理金额	万元	2162588.52	251074.59	447008.62	113536.96
司法机关	万元	565.06	31.19	1558.06	
纪检监察机关	万元	87967.21	26635.48	76889.61	1314.63
有关部门	万元	2074056.25	224407.91	368560.94	112222.32
九、审计处理结果落实情况	—	—	—	—	—
审计促进整改落实有关问题资金	万元	2494333.23	642989.27	956509.77	735941.45
其中:增收节支	万元	1213103.22	281621.8	596117.58	256866.18
已上缴财政	万元	813662.88	150687.05	366981.67	35994.47
已减少财政拨款或补贴	万元	7365.44	73366.4	67624.7	594.04
已归还原渠道资金	万元	392074.89	57568.34	161511.2	220277.66
已缴纳其他资金	万元	18847.8	58270.21	15490.35	4089.39
已调账处理金额	万元	430002.56	202779.65	330539.72	293775.48
审计促进拨付资金到位	万元	87388.19	97927.57	55907.26	1683267.34
审计后挽回(避免)损失	万元	28929.49	40929.25	41515.31	583839.16
核减投资额	万元	265186.82	212963.63	59475.7	113102.7
移送处理落实事项	件	89	32	36	7
司法机关已处理	件		1	1	
纪检监察机关已处理	件	47	4	5	2
有关部门已处理	件	42	27	30	5
移送处理落实人员	人	73	17	16	10
已追究刑事责任	人	2		1	
已给予党纪政纪处分	人	37	13	9	3
有关部门已处理人员	人	34	4	6	7
十、审计成果利用情况	—	—	—	—	—

（续表）

指标名称	单位	山西省	内蒙古自治区	辽宁省	吉林省
审计提出建议	条	9568	3608	8767	2516
其中：建议制定修改部门规定	条	85	31	95	27
建议制定修改法律法规	条		1	7	
被采纳审计建议	条	5183	2232	5768	1455
被审计单位制定整改措施	项	287	60	1749	47
被审计单位建立健全规章制度	项	56	3	106	1
促进修改法律法规	条			1	
提交审计信息	篇	1577	2868	1680	941
审计专题、综合性报告	篇	112	398	303	109
信息简报	篇	1364	2287	748	605
其中：重要审计信息	篇	223	99	103	161
被批示、采用审计信息	篇·次	466	837	612	400
审计专题、综合性报告	篇·次	34	57	194	33
信息简报	篇·次	425	556	293	197
其中：重要审计信息	篇·次	11	40	34	72
审计信息移送案件事项	项			7	
涉案人员	人			4	
涉案金额	万元			445729.69	
十一、向社会公告审计结果	篇	2	5	20	
十二、被审计领导干部	人	1352	834	1645	1051
其中：负直接责任问题金额	万元	19181.74	22311.59	247636.65	237.73
涉嫌个人经济问题人数	人		1	1	
金额	万元		9.55	2.75	
十三、交办、配合事项	件	12	338	111	16
十四、审计机关	个	131	119	125	71
省级审计机关	个	1	1	1	1
地级审计机关	个	11	12	14	10
县级审计机关	个	119	106	110	60
十五、审计人员	人	3999	3711	3756	2316
省级审计机关	人	175	170	185	216
地级审计机关	人	995	786	1331	539
县级审计机关	人	2829	2755	2240	1561

（续表）

指标名称	单位	黑龙江省	上海市	江苏省	浙江省
一、审计单位	个	3054	859	3637	2765
审计	个	3028	795	3460	2364
专项审计调查	个	26	64	177	401
二、审计查出主要问题金额	万元	8421986.7	14092839.25	109408453.61	32383029.72
违规金额	万元	486325.15	182713.7	3726560.08	348224.08
损失浪费金额	万元	10699.65	2204.6	156481.56	31406.26
管理不规范金额	万元	7924961.89	13907920.95	105525411.96	32003399.37
三、审计发现非金额计量问题	个	6822	2934	13002	18613
四、损益(收支)不实	万元	115080.74	1055384.49	4897475.78	1380732.68
五、审计发现侵害人民群众利益	万元	22426.99	3.37	5021.29	2.35
六、审计期间整改金额	万元	229516.42	364025.68	1267324.47	1205479.55
七、审计报告和专项审计调查报告	篇	4963	1063	4719	3530
被批示、采用审计报告和专项审计调查报告	篇·次	177	77	407	301
八、审计处理情况	—	—	—	—	—
审计处理处罚	万元	1806469.45	352795.05	9614312.86	3425698.88
其中:应上缴财政	万元	258455	73255.54	1692806.72	267566.2
其中:罚没	万元	2250.63		2025.98	1315.3
应减少财政拨款或补贴	万元	152221.31	36180.27	766015.96	213499.24
应归还原渠道资金	万元	494206.35	3806.19	3288777.19	288729.67
应缴纳其他资金	万元	89915.48	83.63	121228.79	86888.96
应调账处理金额	万元	811671.29	239469.41	3745484.18	2569014.8
移送处理事项	件	273	36	381	571
司法机关	件		1	17	37
纪检监察机关	件	90	27	235	291
有关部门	件	183	8	129	243
移送处理人员	人	746	15	224	437
司法机关	人		1	7	16
其中:地厅级及以上	人				
县处级	人				
乡科级及以下	人		1	7	16
纪检监察机关	人	726	14	194	275

（续表）

指标名称	单位	黑龙江省	上海市	江苏省	浙江省
其中：地厅级及以上	人			7	
县处级	人	3	4	29	13
乡科级及以下	人	723	10	158	262
有关部门	人	20		23	146
其中：地厅级及以上	人				
县处级	人				10
乡科级及以下	人	20		23	136
移送处理金额	万元	278322.75	33199.92	721737.15	3642650.92
司法机关	万元		392.57	2068.75	4222.35
纪检监察机关	万元	43090.08	13890.7	672449.11	65304.43
有关部门	万元	235232.67	18916.64	47219.29	3573124.14
九、审计处理结果落实情况	—	—	—	—	—
审计促进整改落实有关问题资金	万元	968435.12	1971537.66	4332057.62	1701815.72
其中：增收节支	万元	544151.13	166156.11	2374831.53	638427.37
已上缴财政	万元	97119.98	115631.31	822184.28	232330.17
已减少财政拨款或补贴	万元	149794.15	43048.95	738964.66	213780.47
已归还原渠道资金	万元	297237	7475.84	813682.58	192316.72
已缴纳其他资金	万元	15707.81	194386.49	27485.78	49872.05
已调账处理金额	万元	406752.76	445064.66	1459403.81	942175.72
审计促进拨付资金到位	万元	42665.28	64421.21	105394.46	19949.7
审计后挽回（避免）损失	万元	140502.97	8179.06	660885.25	467196.64
核减投资额	万元	181549.65	70322.3	1666856.54	564797.5
移送处理落实事项	件	13	5	62	141
司法机关已处理	件			8	7
纪检监察机关已处理	件	6	4	27	57
有关部门已处理	件	7	1	27	77
移送处理落实人员	人	22	2	106	206
已追究刑事责任	人			6	18
已给予党纪政纪处分	人	13	1	62	58
有关部门已处理人员	人	9	1	38	130
十、审计成果利用情况	—	—	—	—	—

（续表）

指标名称	单位	黑龙江省	上海市	江苏省	浙江省
审计提出建议	条	4619	1998	9814	7979
其中：建议制定修改部门规定	条	43	37	30	245
建议制定修改法律法规	条	4			11
被采纳审计建议	条	4247	1434	7478	6270
被审计单位制定整改措施	项	44	757	686	1310
被审计单位建立健全规章制度	项	17	231	159	533
促进修改法律法规	条				
提交审计信息	篇	800	653	1860	6039
审计专题、综合性报告	篇	159	112	319	830
信息简报	篇	367	414	1232	3546
其中：重要审计信息	篇	5	112	144	68
被批示、采用审计信息	篇·次	304	469	1236	3398
审计专题、综合性报告	篇·次	16	93	234	571
信息简报	篇·次	176	265	850	2085
其中：重要审计信息	篇·次	56	83	130	51
审计信息移送案件事项	项	3		2	1
涉案人员	人			1	2
涉案金额	万元	48.79		7.41	41.49
十一、向社会公告审计结果	篇	29	193	545	821
十二、被审计领导干部	人	1956	365	1558	1313
其中：负直接责任问题金额	万元	28459.28	210.36	7556824.18	129478.69
涉嫌个人经济问题人数	人				
金额	万元				
十三、交办、配合事项	件	32	5	6752	930
十四、审计机关	个	126	17	111	102
省级审计机关	个	1	1	1	1
地级审计机关	个	13	16	13	11
县级审计机关	个	112		97	90
十五、审计人员	人	2842	1002	4188	3265
省级审计机关	人	347	352	190	201
地级审计机关	人	766	650	1102	652
县级审计机关	人	1729		2896	2412

（续表）

指标名称	单位	安徽省	福建省	江西省	山东省
一、审计单位	个	5450	2815	5685	10116
审计	个	5257	2611	5582	9847
专项审计调查	个	193	204	103	269
二、审计查出主要问题金额	万元	48346687.91	20418847.16	8274587.69	199923612.76
违规金额	万元	1880595.53	224542.23	708418.37	4826954.72
损失浪费金额	万元	284440.63	5312.02	6123.64	128971.44
管理不规范金额	万元	46181651.75	20188992.9	7560045.68	194967686.6
三、审计发现非金额计量问题	个	25207	12800	6465	27486
四、损益(收支)不实	万元	3125544.65	1429242.92	285921.91	14419353.27
五、审计发现侵害人民群众利益	万元	640.47	3762.2	3797.35	742319.22
六、审计期间整改金额	万元	288225.98	136607.53	446867.05	4305646.76
七、审计报告和专项审计调查报告	篇	7348	3654	6609	14355
被批示、采用审计报告和专项审计调查报告	篇·次	344	425	81	176
八、审计处理情况	—	—	—	—	—
审计处理处罚	万元	3190392.82	1590207.72	1457984.64	13849524.28
其中:应上缴财政	万元	404438.05	195863.39	342031.81	2722883.37
其中:罚没	万元	5198.59	2182.88	6310.69	4313.1
应减少财政拨款或补贴	万元	249586.25	180699.59	136263.93	966795.94
应归还原渠道资金	万元	529738.46	343722.94	133821.55	1549695.23
应缴纳其他资金	万元	208335.14	5172.61	116921.94	571211.74
应调账处理金额	万元	1798294.9	864749.17	728945.39	8038937.98
移送处理事项	件	144	304	1774	1991
司法机关	件	8	4	21	83
纪检监察机关	件	72	220	1571	980
有关部门	件	64	80	182	928
移送处理人员	人	200	271	6667	3147
司法机关	人	46	5	68	87
其中:地厅级及以上	人				
县处级	人				8
乡科级及以下	人	46	5	68	79
纪检监察机关	人	62	246	5615	1443

（续表）

指标名称	单位	安徽省	福建省	江西省	山东省
其中:地厅级及以上	人	1			5
县处级	人		2	6	29
乡科级及以下	人	61	244	5609	1409
有关部门	人	92	20	984	1617
其中:地厅级及以上	人				1
县处级	人				12
乡科级及以下	人	92	20	984	1604
移送处理金额	万元	269367.66	79793.23	74706.25	6432245.22
司法机关	万元	65465.24	989.82	6068.48	610378.82
纪检监察机关	万元	161063.52	63709.29	61418.71	584241.8
有关部门	万元	42838.89	15094.12	7219.05	5237624.59
九、审计处理结果落实情况	—	—	—	—	—
审计促进整改落实有关问题资金	万元	1263042.66	1428460.92	1192988.29	7159851.89
其中:增收节支	万元	716068.11	554580.57	428737.56	3523488.24
已上缴财政	万元	261160.62	160960.3	258179.42	1247640.99
已减少财政拨款或补贴	万元	255937.83	127415.36	84042.6	955726.8
已归还原渠道资金	万元	198969.66	266204.9	86515.53	1320120.43
已缴纳其他资金	万元	117559.93	2421.76	101301.3	68323.06
已调账处理金额	万元	314270.15	427307.3	638545.23	2405812.28
审计促进拨付资金到位	万元	96566.83	124694.8	258373.96	315717
审计后挽回(避免)损失	万元	230682.14	257064.69	424405.05	1374721.06
核减投资额	万元	518623.87	276234.85	420858.57	1052221.33
移送处理落实事项	件	32	37	962	305
司法机关已处理	件	1		17	11
纪检监察机关已处理	件	21	25	902	131
有关部门已处理	件	10	12	43	163
移送处理落实人员	人	118	68	3427	1350
已追究刑事责任	人	1		23	4
已给予党纪政纪处分	人	104	44	1985	637
有关部门已处理人员	人	13	24	1419	709
十、审计成果利用情况	—	—	—	—	—

（续表）

指标名称	单位	安徽省	福建省	江西省	山东省
审计提出建议	条	15027	7970	11753	20897
其中：建议制定修改部门规定	条	152	46	117	341
建议制定修改法律法规	条	19		22	8
被采纳审计建议	条	10932	6100	8102	12843
被审计单位制定整改措施	项	1146	873	257	2125
被审计单位建立健全规章制度	项	115	138	156	516
促进修改法律法规	条				
提交审计信息	篇	5706	7964	1837	6284
审计专题、综合性报告	篇	2304	851	201	923
信息简报	篇	2418	5189	1203	3880
其中：重要审计信息	篇	700	97	46	661
被批示、采用审计信息	篇·次	3414	7251	744	2768
审计专题、综合性报告	篇·次	1019	494	142	575
信息简报	篇·次	1784	4650	385	1595
其中：重要审计信息	篇·次	344	82	4	209
审计信息移送案件事项	项	1			25
涉案人员	人	61			470
涉案金额	万元				6120.36
十一、向社会公告审计结果	篇	948	29	16	57
十二、被审计领导干部	人	1251	935	1891	6826
其中：负直接责任问题金额	万元	81636.92	6026.33	2127.2	3454900.55
涉嫌个人经济问题人数	人	2	1		1
金额	万元	6.92	2.81		18.28
十三、交办、配合事项	件	687	135	101	1091
十四、审计机关	个	118	94	113	164
省级审计机关	个	1	1	1	1
地级审计机关	个	16	9	11	17
县级审计机关	个	101	84	101	146
十五、审计人员	人	3393	2635	3139	6737
省级审计机关	人	373	220	186	271
地级审计机关	人	900	551	583	1502
县级审计机关	人	2120	1864	2370	4964

（续表）

指标名称	单位	河南省	湖北省	湖南省	广东省
一、审计单位	个	6010	4974	5852	4867
审计	个	6772	4902	5688	4513
专项审计调查	个	147	72	164	354
二、审计查出主要问题金额	万元	39585758.57	34259087.16	108368507.44	61192786.55
违规金额	万元	4500631.41	3871230.03	4995908.16	1439121.62
损失浪费金额	万元	162350.55	41780.08	179412.36	78873.81
管理不规范金额	万元	34922776.6	30346077.04	103193186.91	59674791.11
三、审计发现非金额计量问题	个	16801	213895	13508	31973
四、损益(收支)不实	万元	901511.71	1935105.45	3626841.73	9121565.85
五、审计发现侵害人民群众利益	万元	4084.77	48981.69	426964.29	106117.33
六、审计期间整改金额	万元	4959039.51	1251215.41	1051982.12	1583522.63
七、审计报告和专项审计调查报告	篇	7269	5494	7463	10123
被批示、采用审计报告和专项审计调查报告	篇·次	378	352	450	386
八、审计处理情况	—	—	—	—	—
审计处理处罚	万元	5013058.61	6209743.42	9673659.49	6266866.29
其中:应上缴财政	万元	578128.48	857526.88	1337919.91	715853.94
其中:罚没	万元	4999.6	5043.43	9200.39	377.04
应减少财政拨款或补贴	万元	174561.22	258280.88	844492.75	249530.58
应归还原渠道资金	万元	939959.52	1312874.27	2829106.79	985733.08
应缴纳其他资金	万元	889577.43	197406.58	248508.53	37695.61
应调账处理金额	万元	2430831.94	3583654.79	4413631.49	4278053.07
移送处理事项	件	1106	973	904	643
司法机关	件	26	52	56	20
纪检监察机关	件	442	786	607	257
有关部门	件	638	135	241	366
移送处理人员	人	1892	1684	1023	378
司法机关	人	23	67	91	2
其中:地厅级及以上	人				
县处级	人	2	2		
乡科级及以下	人	21	65	91	2
纪检监察机关	人	1068	1510	841	346

（续表）

指标名称	单位	河南省	湖北省	湖南省	广东省
其中：地厅级及以上	人	2	1		1
县处级	人	17	44	9	17
乡科级及以下	人	1049	1465	832	328
有关部门	人	801	107	91	30
其中：地厅级及以上	人				1
县处级	人	1	1	3	5
乡科级及以下	人	800	106	88	24
移送处理金额	万元	784668.4	704215.12	832529.43	5344649.26
司法机关	万元	22698.28	90083.83	180330.73	78368.93
纪检监察机关	万元	124063.56	437530.99	383659.73	857912.09
有关部门	万元	637906.56	176600.29	268538.96	4408368.23
九、审计处理结果落实情况	—	—	—	—	—
审计促进整改落实有关问题资金	万元	2681912.56	3308265.58	4504324.37	6265169.73
其中：增收节支	万元	769873.78	1203925.71	2371049.67	1409832.95
已上缴财政	万元	359559.28	302572.85	697269.27	556680.67
已减少财政拨款或补贴	万元	161040.55	229402.15	757362.11	244655.19
已归还原渠道资金	万元	249273.95	671950.7	916418.28	608497.08
已缴纳其他资金	万元	322309.39	84245.45	131103.45	29395.66
已调账处理金额	万元	701532.82	1557128.9	1914665.55	2723705.15
审计促进拨付资金到位	万元	275480.23	441418.65	397664.37	133890.2
审计后挽回（避免）损失	万元	86710.31	391968.59	1006149.08	247360.81
核减投资额	万元	443662.82	779839.41	1589775.19	260292.63
移送处理落实事项	件	234	487	154	67
司法机关已处理	件	3	29	9	4
纪检监察机关已处理	件	69	400	92	12
有关部门已处理	件	162	58	53	51
移送处理落实人员	人	1141	1316	326	65
已追究刑事责任	人	2	30	5	5
已给予党纪政纪处分	人	375	769	193	18
有关部门已处理人员	人	764	517	128	42
十、审计成果利用情况	—	—	—	—	—

（续表）

指标名称	单位	河南省	湖北省	湖南省	广东省
审计提出建议	条	16581	13343	12673	17336
其中:建议制定修改部门规定	条	614	172		137
建议制定修改法律法规	条	5			
被采纳审计建议	条	12830	10718	12065	12744
被审计单位制定整改措施	项	997	2924	374	3820
被审计单位建立健全规章制度	项	102	248	72	683
促进修改法律法规	条				
提交审计信息	篇	3372	23291	5330	2392
审计专题、综合性报告	篇	457	4805	517	628
信息简报	篇	2429	9229	3113	1566
其中:重要审计信息	篇	289	977	280	126
被批示、采用审计信息	篇·次	2260	10523	3240	668
审计专题、综合性报告	篇·次	383	1340	432	257
信息简报	篇·次	1406	4360	1897	408
其中:重要审计信息	篇·次	102	698	249	86
审计信息移送案件事项	项	34	14	3	44
涉案人员	人	430	28	2	80
涉案金额	万元	11563.88	8093.44	61.04	465785.74
十一、向社会公告审计结果	篇	342	227	947	1583
十二、被审计领导干部	人	2078	1600	1721	2180
其中:负直接责任问题金额	万元	39647.57	727676.43	84044.12	134128.27
涉嫌个人经济问题人数	人		2	1	
金额	万元		41	6	
十三、交办、配合事项	件	1929	1819	815	776
十四、审计机关	个	177	119	141	151
省级审计机关	个	1	1	1	1
地级审计机关	个	18	13	14	21
县级审计机关	个	158	105	126	129
十五、审计人员	人	8379	4224	4597	4063
省级审计机关	人	289	221	266	296
地级审计机关	人	1373	957	910	1273
县级审计机关	人	6717	3046	3421	2494

（续表）

指标名称	单位	广西壮族自治区	海南省	重庆市	四川省
一、审计单位	个	5488	814	5191	8171
审计	个	5373	783	5115	7969
专项审计调查	个	115	31	76	202
二、审计查出主要问题金额	万元	23507539.73	8226386.34	49262256.39	29568351.90
违规金额	万元	4099690.76	1006022.09	5108775.77	1698288.15
损失浪费金额	万元	40451.88	16926.88	42167.21	3110.58
管理不规范金额	万元	19367397.07	7203437.36	44111313.4	27866953.17
三、审计发现非金额计量问题	个	10672	2453	9386	17115
四、损益(收支)不实	万元	948230	8932.03	1388495.96	2423096.96
五、审计发现侵害人民群众利益	万元	27.39		867.76	765.59
六、审计期间整改金额	万元	2154856.88	655833.52	1143155.81	1631894.59
七、审计报告和专项审计调查报告	篇	5940	901	5305	8445
被批示、采用审计报告和专项审计调查报告	篇·次	455	21	1622	223
八、审计处理情况	—	—	—	—	—
审计处理处罚	万元	6649577.97	1838310.65	7229631.89	6700345.51
其中:应上缴财政	万元	960202.11	79481.84	3343696.04	1234967.15
其中:罚没	万元	8502.22	187.94	1489.78	1147.1
应减少财政拨款或补贴	万元	216042.34	76459.57	87840.75	478063.56
应归还原渠道资金	万元	911192.18	409805.3	1266838.09	923404.87
应缴纳其他资金	万元	281857.78	162975.32	177.62	1114517.1
应调账处理金额	万元	4280283.54	1109588.6	2531079.37	2949392.81
移送处理事项	件	213	21	838	912
司法机关	件	20		67	22
纪检监察机关	件	117	12	336	432
有关部门	件	76	9	435	458
移送处理人员	人	158	25	604	649
司法机关	人	27		119	21
其中:地厅级及以上	人				
县处级	人			8	1
乡科级及以下	人	27		111	20
纪检监察机关	人	122	17	400	378

（续表）

指标名称	单位	广西壮族自治区	海南省	重庆市	四川省
其中.地厅级及以上	人	1			
县处级	人	23	4	104	16
乡科级及以下	人	98	13	296	362
有关部门	人	9	8	85	250
其中:地厅级及以上	人				
县处级	人			19	2
乡科级及以下	人	9	8	66	248
移送处理金额	万元	145943.7	22169.23	365496.98	447382.06
司法机关	万元	4069.92		87532.18	7773.26
纪检监察机关	万元	83689.35	19413.9	142506.34	171660.76
有关部门	万元	58184.42	2755.33	135458.44	267948.02
九、审计处理结果落实情况	—	—	—	—	—
审计促进整改落实有关问题资金	万元	5155797.35	526764.05	7676599.89	4075632.79
其中:增收节支	万元	1046376.53	383572.14	5260503.12	1236484.57
已上缴财政	万元	657492.22	305.53	2947761.58	513402.92
已减少财政拨款或补贴	万元	149094.91	73212.3	88269.4	406106.7
已归还原渠道资金	万元	239789.4	310054.3	2224472.14	316974.94
已缴纳其他资金	万元	24961.53	70.9	206.62	304780.86
已调账处理金额	万元	1976432.05	143047.98	1827762.95	2076826.71
审计促进拨付资金到位	万元	264488.89		220603.61	436907.06
审计后挽回(避免)损失	万元	211144.74	999.1	509032.61	1183024.87
核减投资额	万元	449812.84	102091.9	828048.76	680998.79
移送处理落实事项	件	17	2	283	130
司法机关已处理	件	4		16	5
纪检监察机关已处理	件	8		65	69
有关部门已处理	件	5	2	202	56
移送处理落实人员	人	24		140	366
已追究刑事责任	人	1		9	27
已给予党纪政纪处分	人	23		92	145
有关部门已处理人员	人			39	194
十、审计成果利用情况	—	—	—	—	—

（续表）

指标名称	单位	广西壮族自治区	海南省	重庆市	四川省
审计提出建议	条	8083	1653	9750	17978
其中：建议制定修改部门规定	条	65	8	18	229
建议制定修改法律法规	条	25			28
被采纳审计建议	条	5451	1012	8936	13183
被审计单位制定整改措施	项	299	9	842	385
被审计单位建立健全规章制度	项	48		317	250
促进修改法律法规	条	1			
提交审计信息	篇	617	346	2921	4674
审计专题、综合性报告	篇	118	76	657	473
信息简报	篇	425	268	1980	3451
其中：重要审计信息	篇	115	62	533	287
被批示、采用审计信息	篇·次	410	274	1903	2186
审计专题、综合性报告	篇·次	56	26	482	298
信息简报	篇·次	153	246	1263	1671
其中：重要审计信息	篇·次	51	62	373	198
审计信息移送案件事项	项	1		4	21
涉案人员	人	4		1	21
涉案金额	万元	1061		69.99	51551.24
十一、向社会公告审计结果	篇	68	2	14	839
十二、被审计领导干部	人	650	139	849	1306
其中：负直接责任问题金额	万元	77118.03	2876.27	13106.12	280486.39
涉嫌个人经济问题人数	人			8	
金额	万元			247.08	
十三、交办、配合事项	件	136	157	220	830
十四、审计机关	个	126	26	41	206
省级审计机关	个	1	1	1	1
地级审计机关	个	14	2	40	22
县级审计机关	个	111	23		183
十五、审计人员	人	3095	625	1724	5613
省级审计机关	人	230	139	277	211
地级审计机关	人	864	106	1447	1227
县级审计机关	人	2001	380		4175

（续表）

指标名称	单位	贵州省	云南省	西藏自治区	陕西省
一、审计单位	个	2184	12477	148	7634
审计	个	2173	12069	144	7509
专项审计调查	个	11	408	4	125
二、审计查出主要问题金额	万元	21598095.65	32890510.07	8382987.7	19688888.79
违规金额	万元	4446002.19	5005416.64	2175429	2311725.34
损失浪费金额	万元	10876.47	15862.1	1039.75	103185.28
管理不规范金额	万元	17141216.97	27869231.32	6206518.94	17273978.15
三、审计发现非金额计量问题	个	7657	10834	1041	7795
四、损益(收支)不实	万元	2434353.33	1702487.87	801501.48	877131.53
五、审计发现侵害人民群众利益	万元	64.93	11.13		482.99
六、审计期间整改金额	万元	436352.6	1232503.04	17320.87	242958.91
七、审计报告和专项审计调查报告	篇	2255	13048	146	8060
被批示、采用审计报告和专项审计调查报告	篇·次	85	431	19	456
八、审计处理情况	—	—	—	—	—
审计处理处罚	万元	4464801.58	4859530.53	870050.51	3057347.1
其中:应上缴财政	万元	665540.23	774827.77	60681.73	609239.49
其中:罚没	万元	85.99	2008.38	1138.18	2278.25
应减少财政拨款或补贴	万元	88979.54	460697.49	491.59	107384.74
应归还原渠道资金	万元	1107364.82	1122027.76	11416.45	775947.61
应缴纳其他资金	万元	140064.19	645081.01	13848.42	252448.15
应调账处理金额	万元	2462852.78	1856896.48	783612.31	1312327.09
移送处理事项	件	294	493	34	746
司法机关	件	6	24	1	11
纪检监察机关	件	178	259	4	285
有关部门	件	110	210	29	450
移送处理人员	人	169	215	9	2228
司法机关	人	3	16	1	5
其中:地厅级及以上	人				
县处级	人		1		
乡科级及以下	人	3	15	1	5
纪检监察机关	人	152	159	2	986

（续表）

指标名称	单位	贵州省	云南省	西藏自治区	陕西省
其中：地厅级及以上	人		5		
县处级	人	13	13	2	1
乡科级及以下	人	139	141		985
有关部门	人	14	40	6	1237
其中：地厅级及以上	人				
县处级	人		6		3
乡科级及以下	人	14	34	6	1234
移送处理金额	万元	340423.16	248169.39	155678.8	612470.03
司法机关	万元	1202.36	3831.97	23.78	2109.24
纪检监察机关	万元	132133.27	107971.28	635.14	169901
有关部门	万元	207087.52	136366.14	155019.88	440459.79
九、审计处理结果落实情况	—	—	—	—	—
审计促进整改落实有关问题资金	万元	1124236.66	3931741.69	12261.03	704825.71
其中：增收节支	万元	626060.75	1597128	11873.1	423882.02
已上缴财政	万元	130304.88	620194.36	11727.21	294264.24
已减少财政拨款或补贴	万元	52563.22	417894.65		44733.15
已归还原渠道资金	万元	443192.64	559038.62	145.89	84884.61
已缴纳其他资金	万元	63312.83	499557.91	90.83	36809
已调账处理金额	万元	202898.45	1552267.09	175.15	175681.36
审计促进拨付资金到位	万元	93318.19	294725.23	2945.77	130978.28
审计后挽回(避免)损失	万元	211085.22	543993.99	3373.19	59281.23
核减投资额	万元	520196.85	1175647.09	7146.07	458130.2
移送处理落实事项	件	21	176	3	261
司法机关已处理	件	1	10		8
纪检监察机关已处理	件	9	58		115
有关部门已处理	件	11	108	3	138
移送处理落实人员	人	17	164		443
已追究刑事责任	人		5		2
已给予党纪政纪处分	人	12	58		244
有关部门已处理人员	人	5	101		197
十、审计成果利用情况	—	—	—	—	—

（续表）

指标名称	单位	贵州省	云南省	西藏自治区	陕西省
审计提出建议	条	5737	29979	490	13183
其中：建议制定修改部门规定	条	117	95	43	167
建议制定修改法律法规	条	4	9		35
被采纳审计建议	条	4145	27832	276	10210
被审计单位制定整改措施	项	336	303		387
被审计单位建立健全规章制度	项	32	298		46
促进修改法律法规	条				
提交审计信息	篇	3548	6679	120	1215
审计专题、综合性报告	篇	195	551	10	323
信息简报	篇	2747	4046	110	699
其中：重要审计信息	篇	69	288	2	60
被批示、采用审计信息	篇·次	2071	2827	19	1195
审计专题、综合性报告	篇·次	85	288	4	421
信息简报	篇·次	1805	1693	15	601
其中：重要审计信息	篇·次	49	191	1	45
审计信息移送案件事项	项		6		18
涉案人员	人		3		65
涉案金额	万元		325.8		
十一、向社会公告审计结果	篇	30	5152		581
十二、被审计领导干部	人	413	1013	42	1596
其中：负直接责任问题金额	万元	40768.5	31250.26	2226.89	51148.74
涉嫌个人经济问题人数	人		7		3
金额	万元	20	4924.02		3.35
十三、交办、配合事项	件	1608	1724	1	260
十四、审计机关	个	106	144	8	119
省级审计机关	个	1	1	1	1
地级审计机关	个	9	15	7	11
县级审计机关	个	96	128		107
十五、审计人员	人	2425	3732	380	4074
省级审计机关	人	173	259	110	247
地级审计机关	人	442	766	270	683
县级审计机关	人	1810	2707		3144

（续表）

指标名称	单位	甘肃省	青海省	宁夏回族自治区	新疆维吾尔自治区	大连市
一、审计单位	个	6958	1341	657	2745	304
审计	个	6893	1288	639	2679	265
专项审计调查	个	65	53	18	66	39
二、审计查出主要问题金额	万元	14295824.96	16481631.78	4796175.46	7244779.87	21557573.42
违规金额	万元	1042938.74	289464.15	476724.11	758598.62	349871.95
损失浪费金额	万元	18577.51	74676.48	1220.16	20766.44	
管理不规范金额	万元	13234308.7	16117491.14	4318231.18	6465414.81	21207701.46
三、审计发现非金额计量问题	个	21148	2191	1755	7372	1063
四、损益(收支)不实	万元	279796.05	312046.94	163265.52	724956.78	1547223.52
五、审计发现侵害人民群众利益	万元	1034.14			450.45	8993.67
六、审计期间整改金额	万元	421953.68	507310.6	387324.81	142248.9	89966.6
七、审计报告和专项审计调查报告	篇	7689	1659	847	3066	525
被批示、采用审计报告和专项审计调查报告	篇·次	608	14	71	187	41
八、审计处理情况	—	—	—	—	—	—
审计处理处罚	万元	2394945.85	808443.06	399872.37	802533.67	749962.56
其中:应上缴财政	万元	506804.06	72506.65	80270.65	219211.41	267166.37
其中:罚没	万元	797.61	336.81	106.83	3487.6	
应减少财政拨款或补贴	万元	86147.51	171.4	7891.53	114977.35	196.08
应归还原渠道资金	万元	358364.13	30229.24	37591.01	122662.02	793.22
应缴纳其他资金	万元	557925.81	8194.68	42215.07	90954.07	
应调账处理金额	万元	885704.32	697341.07	231904.09	254728.79	481806.88
移送处理事项	件	384	32	68	246	31
司法机关	件		2	1	4	
纪检监察机关	件	71	11	15	116	7
有关部门	件	313	19	52	126	24
移送处理人员	人	29	19	20	431	7
司法机关	人		3	1	6	
其中:地厅级及以上	人					
县处级	人					
乡科级及以下	人		3	1	6	
纪检监察机关	人	23	10	13	399	7

（续表）

指标名称	单位	甘肃省	青海省	宁夏回族自治区	新疆维吾尔自治区	大连市
其中：地厅级及以上	人					1
县处级	人	2	4		10	5
乡科级及以下	人	21	6	13	389	1
有关部门	人	6	6	6	26	
其中：地厅级及以上	人					
县处级	人			5		
乡科级及以下	人	6	6	1	26	
移送处理金额	万元	229665.4	67815.88	34296.67	338352.51	7136.64
司法机关	万元		163.13	3357.34	771.12	
纪检监察机关	万元	116366.68	5850.54	1724.03	101486.76	1791.93
有关部门	万元	113298.72	61802.2	29215.3	236094.62	5344.71
九、审计处理结果落实情况	—	—	—	—	—	—
审计促进整改落实有关问题资金	万元	1234236.71	554054.88	92639.39	343404.16	367689.2
其中：增收节支	万元	400624.59	58915.8	22625.73	233798.22	269053.17
已上缴财政	万元	143133.69	35535.32	14742.05	94055.13	263883.29
已减少财政拨款或补贴	万元	78102.77	171.4		112910.6	208.59
已归还原渠道资金	万元	179388.12	23209.07	7883.67	26832.48	4961.27
已缴纳其他资金	万元	100790.01	5349.31	4840.05	4767.16	
已调账处理金额	万元	467175.67	483162.62	30016.21	25896.2	98636.03
审计促进拨付资金到位	万元	99668.52	23436.4	6667.55	17410.88	4771.89
审计后挽回(避免)损失	万元	78954.98	74212.69	15958.25	146057.07	1120.85
核减投资额	万元	188003.84	39420.06	19964	236265.04	
移送处理落实事项	件	65	8	9	27	24
司法机关已处理	件		1		2	1
纪检监察机关已处理	件	10	1	4	14	1
有关部门已处理	件	55	6	5	11	22
移送处理落实人员	人	20	17	9	81	6
已追究刑事责任	人		1		14	1
已给予党纪政纪处分	人	17	15	9	44	5
有关部门已处理人员	人	3	1		23	
十、审计成果利用情况	—	—	—	—	—	—
审计提出建议	条	9908	2702	1287	5456	1470

（续表）

指标名称	单位	甘肃省	青海省	宁夏回族自治区	新疆维吾尔自治区	大连市
其中：建议制定修改部门规定	条	83	97	40	96	18
建议制定修改法律法规	条		13		5	
被采纳审计建议	条	8536	1515	591	3374	1430
被审计单位制定整改措施	项	211	19	113	97	1380
被审计单位建立健全规章制度	项	19	30	13	23	66
促进修改法律法规	条					
提交审计信息	篇	2082	1496	1062	4284	848
审计专题、综合性报告	篇	271	94	49	78	172
信息简报	篇	1622	1282	706	2986	211
其中：重要审计信息	篇	295	12	135	139	1
被批示、采用审计信息	篇·次	1447	439	501	2060	257
审计专题、综合性报告	篇·次	129	8	44	48	66
信息简报	篇·次	1143	431	457	1162	83
其中：重要审计信息	篇·次	174	13	114	61	1
审计信息移送案件事项	项				5	
涉案人员	人				20	
涉案金额	万元				1727.11	
十一、向社会公告审计结果	篇	57	37	69	31	
十二、被审计领导干部	人	2078	346	223	586	180
其中：负直接责任问题金额	万元	4552.64	564.92	207702.23	439717.43	4237.6
涉嫌个人经济问题人数	人				3	1
金额	万元				15.28	2.75
十三、交办、配合事项	件	250	31	2	791	5
十四、审计机关	个	103	57	27	111	11
省级审计机关	个	1	1	1	1	
地级审计机关	个	16	8	4	15	1
县级审计机关	个	86	48	22	95	10
十五、审计人员	人	3195	751	648	2553	338
省级审计机关	人	213	135	155	239	
地级审计机关	人	696	183	148	690	154
县级审计机关	人	2286	433	345	1624	184

（续表）

指标名称	单位	宁波市	厦门市	青岛市	深圳市	新疆生产建设兵团
一、审计单位	个	366	185	1222	592	619
审计	个	310	164	1194	569	557
专项审计调查	个	56	21	28	23	62
二、审计查出主要问题金额	万元	1711450.73	953192.86	16130925.21	8400739	12360170.02
违规金额	万元	54281.14	8143.82	142518.87	24536	1220801.85
损失浪费金额	万元	1281.14	3771.31	3746.27	14140	683786.09
管理不规范金额	万元	1655888.45	941277.71	15984660.06	8362061	10455582.07
三、审计发现非金额计量问题	个	3372	880	1851	5110	1848
四、损益(收支)不实	万元	24019.11	15870.25	1125045.07	2549661	1984068.53
五、审计发现侵害人民群众利益	万元				30	258.19
六、审计期间整改金额	万元	216512.51	6099.71	84743.62	208282	233831.24
七、审计报告和专项审计调查报告	篇	414	292	1546	3926	696
被批示、采用审计报告和专项审计调查报告	篇·次	32	5	5	1	45
八、审计处理情况	—	—	—	—	—	—
审计处理处罚	万元	278166.38	396619.82	933384.96	693998	1047873.04
其中:应上缴财政	万元	43872.61	6369.99	140197.78	21020	19475.34
其中:罚没	万元	8.54				137.28
应减少财政拨款或补贴	万元	4225.27	52507.24	308268.87	199943	14642.13
应归还原渠道资金	万元	67650.68	24832.73	26337.74	26987	358300.75
应缴纳其他资金	万元	34993.27		14698.18		47382.05
应调账处理金额	万元	127424.53	312909.85	443882.36	446046	607777.99
移送处理事项	件	114	13	176	80	94
司法机关	件	20		5		11
纪检监察机关	件	54	8	91	7	28
有关部门	件	40	5	80	73	55
移送处理人员	人	32	30	62	3	75
司法机关	人	3		1		8
其中:地厅级及以上	人					
县处级	人					1
乡科级及以下	人	3		1		7
纪检监察机关	人	18	30	59	2	19

（续表）

指标名称	单位	宁波市	厦门市	青岛市	深圳市	新疆生产建设兵团
其中：地厅级及以上	人					
县处级	人	7				8
乡科级及以下	人	11	30	59	2	11
有关部门	人	11		2	1	48
其中：地厅级及以上	人					
县处级	人					4
乡科级及以下	人	11		2	1	44
移送处理金额	万元	10491.91	4525.23	131314.08	288291	538363.97
司法机关	万元	1464.81		1039.92		58062.73
纪检监察机关	万元	6590.25	3055.72	14147.06	1423	22845.1
有关部门	万元	2436.83	1469.51	116127.09	286867	457456.14
九、审计处理结果落实情况	—	—	—	—	—	—
审计促进整改落实有关问题资金	万元	348013.01	29042.52	461420.52	359331	141339.13
其中：增收节支	万元	109277.81	21278.46	379763.41	237249	32382.83
已上缴财政	万元	64037.03	3826.06	64594.54	6992	3366.27
已减少财政拨款或补贴	万元	8846.66	241.38	308268.87	199943	
已归还原渠道资金	万元	36394.11	17211.02	6900	30313	29016.55
已缴纳其他资金	万元	29428.16				57426.34
已调账处理金额	万元	207573.59	7764.05	48506.29	122082	44725.68
审计促进拨付资金到位	万元	5005.32		26975		
审计后挽回（避免）损失	万元	143339.49	52304.98	308249.62	197636	397.41
核减投资额	万元	284485.4	52304.98	308268.87	204118	10257.54
移送处理落实事项	件	34		27	4	16
司法机关已处理	件	1		2		3
纪检监察机关已处理	件	15		16	1	2
有关部门已处理	件	18		9	3	11
移送处理落实人员	人	30	1	35	3	55
已追究刑事责任	人	3				1
已给予党纪政纪处分	人	12	1	26		4
有关部门已处理人员	人	15		9	3	50
十、审计成果利用情况	—	—	—	—	—	—
审计提出建议	条	1272	663	1825	5804	1275

（续表）

指标名称	单位	宁波市	厦门市	青岛市	深圳市	新疆生产建设兵团
其中:建议制定修改部门规定	条	45	13	2	34	33
建议制定修改法律法规	条	6		1		1
被采纳审计建议	条	926	435	807	4392	831
被审计单位制定整改措施	项	336	21	22	398	14
被审计单位建立健全规章制度	项	172	3	24	67	17
促进修改法律法规	条					
提交审计信息	篇	622	610	451	113	39
审计专题、综合性报告	篇	58	137	91	27	17
信息简报	篇	493	424	340	81	19
其中:重要审计信息	篇	14	23		36	10
被批示、采用审计信息	篇·次	374	527	125	60	11
审计专题、综合性报告	篇·次	38	69	42	13	6
信息简报	篇·次	326	402	63	46	3
其中:重要审计信息	篇·次	9	16		20	1
审计信息移送案件事项	项				3	13
涉案人员	人					11
涉案金额	万元				1532	23103.99
十一、向社会公告审计结果	篇	67	1		1411	
十二、被审计领导干部	人	136	112	439	158	212
其中:负直接责任问题金额	万元		0.01	5145.67	1214	22988.36
涉嫌个人经济问题人数	人					1
金额	万元					153.5
十三、交办、配合事项	件	930	10	14	47	5
十四、审计机关	个	11	7	11	11	15
省级审计机关	个					1
地级审计机关	个	1	1	1	1	14
县级审计机关	个	10	6	10	10	
十五、审计人员	人	424	159	632	481	379
省级审计机关	人					24
地级审计机关	人	91	76	158	175	355
县级审计机关	人	333	83	474	306	

2017 年度内部审计情况统计表

指标名称	计量单位	合计
一、内部审计机构	个	73507
其中:专职机构	个	39578
二、内部审计人员	人	268820
其中:专职人员	人	143367
三、完成审计项目	个	2060245
财务收支审计	个	180046
效益审计	个	91173
经济责任审计	个	153250
内部控制评审	个	56947
信息系统审计	个	11694
基本建设审计	个	1196773
其他	个	370362
四、审计总金额	万元	178051486370.24
五、增收节支	万元	313946498.3
六、提出建议意见被采纳	条	1145800
七、建议给予行政处分	人	14640
八、实际给予行政处分	人	10998
九、向司法机关移送案件	件	516
人员	人	654

附　录

2017 年审计署优秀审计项目和表彰审计项目

一、审计署优秀审计项目（10 个）

1. 税收征管审计司、南京特派办、沈阳特派办、广州特派办、哈尔滨特派办、武汉特派办、长春特派办联合实施的税务总局 2016 年贯彻落实国家重大政策措施情况跟踪审计

2. 财政审计司、上海特派办、深圳特派办、重庆特派办联合实施的财政部具体组织 2015 年中央预算执行和编制中央决算草案情况审计

3. 金融审计司实施的 8 家重点商业银行 2016 年信贷投放和经营管理情况专项审计调查

4. 沈阳特派办实施的辽宁省 2016 年贯彻落实国家重大政策措施情况跟踪审计

5. 金融审计司、成都特派办、重庆特派办、深圳特派办联合实施的证监会原主席任期经济责任审计

6. 广州特派办实施的广东省省长任期经济责任审计

7. 重庆特派办实施的重庆市 2016 年贯彻落实国家重大政策措施情况跟踪审计

8. 上海特派办实施的上海市市长任期经济责任审计

9. 南京特派办实施的浙江省党政原主要领导干部任期经济责任审计

10. 哈尔滨特派办实施的黑龙江省党政主要领导干部任期经济责任审计

二、审计署表彰审计项目（16 个）

1. 济南特派办实施的中国中化集团公司原法定代表人任期经济责任审计

2. 上海特派办实施的上海市 2016 年贯彻落实国家重大政策措施情况跟踪审计

3. 外资运用审计司及 18 个特派办联合实施的中国铁路总公司 2016 年贯彻落实国家重大政策措施情况跟踪审计

4. 京津冀特派办实施的河北省 2016 年贯彻落实国家重大政策措施情况跟踪审计

5. 济南特派办实施的山东省党政主要领导干部任期经济责任审计

6. 沈阳特派办实施的中国电子科技集团公司法定代表人任期经济责任审计

7. 京津冀特派办、财政审计司联合实施的北京市市长任期经济责任审计

8. 企业审计司、国资监管审计局联合实施的国资委原主任任期经济责任审计

9. 长春特派办实施的吉林省 2016 年贯彻落实国家重大政策措施情况跟踪审计

10. 长沙特派办实施的 2016 年湖南省农林水专项资金审计

11. 郑州特派办实施的河南省党政主要领导干部任期经济责任审计

12. 太原特派办实施的内蒙古自治区党政原主要领导干部任期经济责任审计

13. 长春特派办实施的吉林省 2015 年保障性安居工程跟踪审计

14. 教育审计局实施的教育部 2016 年贯彻落实国家重大政策措施情况跟踪审计

15. 固定资产投资审计司实施的水利部 2015 年度预算执行等情况审计

16. 长沙特派办实施的中国船舶重工集团公司原法定代表人任期经济责任审计

2017年地方优秀审计项目和表彰审计项目

一、地方优秀审计项目（15个）

1. 河南省审计厅实施的信阳市原市长任期经济责任审计

2. 江苏省审计厅实施的徐州矿务集团有限公司原党委书记、董事长任期经济责任审计

3. 广西壮族自治区审计厅实施的广西物资集团有限责任公司总经理任期经济责任审计

4. 江西省审计厅实施的2014和2015年度省本级科技专项资金分配、管理、使用情况审计调查

5. 山西省审计厅实施的山西煤炭进出口集团有限公司董事长任期经济责任审计

6. 安徽省审计厅实施的安徽省农垦集团有限公司固定资产投资和房地产开发项目审计

7. 福建省厦门市审计局实施的厦门市人防办原党组书记、主任任期经济责任审计

8. 山东省德州市审计局实施的临邑县原县委书记、原县长任期经济责任审计

9. 山东省日照市审计局实施的日照港集团有限公司2011年至2015年资产负债损益审计

10. 浙江省湖州市审计局实施的湖州师范学院党委书记、原院长任期经济责任审计

11. 湖南省长沙市审计局实施的长沙市本级2015年度财政预算执行和其他财政收支情况审计

12. 云南省昭通市审计局实施的昭通市交通运输局2015年度预算执行及其他财政财务收支审计

13. 浙江省宁波市江北区审计局实施的宁波市妇女儿童医院北部院区一期工程竣工决算审计

14. 山东省胶州市审计局实施的胶州市李哥庄镇镇长履行自然资源资产管理及生态环境保护相关责任情况审计

15. 山东省济南市长清区审计局实施的济南市长清区10处基层医疗卫生机构2014年至2015年6月运行情况专项审计调查

二、地方表彰审计项目（30个）

1. 云南省审计厅实施的云南省省本级2013年至2015年科技项目资金管理使用情况专项审计调查

2. 浙江省审计厅实施的浙江工业大学党委书记、原校长任期经济责任审计

3. 甘肃省审计厅实施的十天高速公路甘肃段土地征用费管理使用情况专项审计调查

4. 江苏省南京市审计局实施的江宁经济技术开发区管委会原常务副主任、工委副书记任期经济责任审计

5. 四川省审计厅实施的四川省国土资源厅厅长任期经济责任审计

6. 四川省成都市审计局实施的成都市规划管理局原局长任期经济责任审计

7. 湖北省武汉市审计局实施的东湖新技术开发区豹澥街办事处2014年度财政决算及其他财政收支审计

8. 湖南省审计厅实施的株洲市委书记、市长任期经济责任审计及自然资源资产离任审计试点

9. 广东省审计厅实施的华南师范大学校长任期经济责任审计

10. 重庆市审计局实施的巴南区委书记、区长任期经济责任审计

11. 河北省审计厅实施的秦皇岛市2016年领导干部自然资源资产审计试点

12. 辽宁省大连市审计局实施的大连市部分中等职业学校财务管理及绩效情况审计调查

13. 辽宁省审计厅实施的辽宁省部分县镇生活垃圾处理场建设和运营情况审计调查

14. 陕西省审计厅实施的引汉济渭工程建设项目跟踪审计

15. 辽宁省锦州市审计局实施的锦州市市属粮食企业资产负债损益情况专项审计调查

16. 湖北省咸宁市审计局实施的湖北省九宫山国家级自然保护区管理局2013至2015年度财政财务收支审计

17. 安徽省合肥市审计局实施的安徽省巢湖管理局2015年度预算执行和其他财政收支情况审计

18. 重庆市九龙坡区审计局实施的2015年度区级财政预算执行及其他财政收支暨决算（草案）编制审计

19. 贵州省黔南布依族苗族自治州审计局实施的三都县领导干部自然资源资产责任扩大试点审计

20. 甘肃省天水市审计局实施的麦积区马跑泉镇党委书记、镇长任期经济责任和机构编制情

况审计

21. 江苏省无锡市审计局实施的无锡市公共工程建设中心主任任期经济责任审计

22. 山西省运城市审计局实施的闻喜县人民政府2016年政策措施落实情况及2015年财政决算审计

23. 内蒙古自治区乌兰察布市审计局实施的察右中旗2014至2015年度财政决算及其他财政财务收支审计

24. 海南省海口市审计局实施的海南海口粮油储备有限公司2012至2014年度财政财务收支情况审计

25. 上海市浦东新区审计局实施的上海浦东农业发展（集团）有限公司总经理任期经济责任审计

26. 河南省项城市审计局实施的项城市2014年度本级预算执行及其他财政收支审计

27. 江西省丰城市审计局实施的江西省丰城市24个乡镇2014年至2016年6月底部分涉农资金专项审计调查

28. 河北省大名县审计局实施的大名县扶贫开发办公室主任任期经济责任审计

29. 浙江省杭州市余杭区审计局实施的2015年度余杭区本级财政预算执行和其他财政收支情况审计

30. 湖北省十堰市郧阳区审计局实施的柳陂镇党委书记、人大主席任期经济责任审计

2017年全国医疗保险基金审计优秀审计项目和表彰审计项目

一、全国医疗保险基金优秀审计项目（6个）

1. 广州特派办实施的广东省医疗保险基金审计

2. 重庆特派办、重庆市审计局联合实施的重庆市医疗保险基金审计

3. 沈阳特派办实施的辽宁省医疗保险基金审计

4. 江西省抚州市审计局实施的乐安县医疗保险基金审计

5. 湖北省荆州市审计局、监利县审计局联合实施的公安县医疗保险基金审计

6. 江西省审计厅实施的江西省本级医疗保险基金审计

二、全国医疗保险基金表彰审计项目（10个）

1. 京津冀特派办、天津市审计局联合实施的天津市医疗保险基金审计

2. 长沙特派办实施的湖南省医疗保险基金审计

3. 哈尔滨特派办实施的黑龙江省医疗保险基金审计

4. 西安特派办实施的陕西省医疗保险基金审计

5. 浙江省丽水市审计局实施的丽水市医疗保险基金审计

6. 河南省审计厅实施的周口市医疗保险基金审计

7. 黑龙江省审计厅实施的齐齐哈尔市医疗保险基金审计

8. 浙江省宁波市审计局实施的宁波市医疗保险基金审计

9. 四川省审计厅实施的绵阳市本级医疗保险基金审计

10. 江苏省扬州市审计局、南京市审计局联合实施的溧阳市医疗保险基金审计